中国文化产业
年鉴

2012

中国文化产业年鉴编辑部

CHINA CULTURAL INDUSTRIES YEARBOOK

光明日报出版社

图书在版编目（CIP）数据

中国文化产业年鉴 . 2012 /《中国文化产业年鉴》
编辑部编 . -- 北京：光明日报出版社，2013.6
ISBN 978-7-5112-4805-3
Ⅰ . ①中… Ⅱ . ①中… Ⅲ . ①文化产业 – 中国 – 2012 – 年鉴 Ⅳ . ① G124-54
中国版本图书馆 CIP 数据核字 (2013) 第 127082 号

中国文化产业年鉴 . 2012

作　　者：《中国文化产业年鉴》编辑部 编
出 版 人：朱　庆　　　　终 审 人：孙献涛
责任编辑：祝　菲　　　　责任校对：傅泉泽
封面设计：UN 视觉工作室　　责任印制：曹　净

出版发行：光明日报出版社
地　　址：北京市东城区珠市口东大街 5 号，100062
电　　话：010-67078251（咨询），67078870（发行），67078235（邮购）
传　　真：010-67078227，67078255
网　　址：http://book.gmw.cn
E – mail：gmcbs@gmw.cn　zhufei@gmw.cn
法律顾问：北京市洪范广住律师事务所徐波律师
印　　刷：北京盛源印刷有限公司
装　　订：北京盛源印刷有限公司
（本书如有破损、缺页、装订错误，请与本社联系调换）

开　　本：889×1194　1/16
字　　数：2000 千字　　　印　　张：58
版　　次：2013 年 6 月第 1 版　　印　　次：2013 年 6 月第 1 次印刷

书　　号：ISBN 978-7-5112-4805-3
定　　价：368.00 元

图片记事

4 月 30 日，国家主席胡锦涛考察中新天津生态城国家动漫产业综合示范园，鼓励中国动漫产业不断做大做强。

8 月 11 日，国家主席胡锦涛考察深圳华强文化科技集团股份有限公司。

10月15日至18日，中国共产党第十七届中央委员会第六次全体会议在北京举行。胡锦涛总书记作重要讲话，会议通过《中共中央关于深化文化体制改革推动社会主义文化大发展大繁荣若干重大问题的决定》。

6月8日，国务院总理温家宝在国家博物馆会见日本首相特使、前首相麻生太郎以及中日两国影视、动漫界代表，并出席了中日合办影视周、动漫节的启动仪式。

5月12日至15日，中共中央政治局常委李长春赴深圳就加快转变经济发展方式、深化文化体制改革、推进文化事业和文化产业等进行调研。

8月28日，中共中央政治局常委李长春到吉林动画学院进行视察，勉励学院努力成为在全国具有较强影响力和竞争力的动漫研发生产基地。

8月31日，中共中央政治局常委李长春参观第十八届北京国际图书博览会。

8月26日，中共中央政治局委员、中央书记处书记、中宣部部长刘云山参观第二十届北京国际广播电影电视设备展览会。

7 月 19 日，中国科技出版传媒集团有限公司暨中国科技出版传媒股份有限公司成立大会在北京举行，中共中央政治局委员、国务委员刘延东出席并为集团揭牌。

12 月 19 日，中共中央政治局委员、国务委员刘延东出席首届中华艺文奖颁奖典礼并为获奖者颁奖。

文化部文化产业司

2011年是“十二五”规划开局之年，也是我国文化产业发展史上又一个里程碑之年。文化产业工作在党中央、国务院的正确领导下，在各级文化行政部门的积极努力下，以贯彻落实党的十七届六中全会精神为契机，不断开创发展的新局面。全国文化产业蓬勃发展，总体态势良好，为成为国民经济支柱性产业奠定了良好开局。

一、起草编制“十二五”时期文化产业相关规划，协调制定产业政策

在研究分析文化系统各文化产业门类发展现状，就有关政策措施和相关部门对接的基础上，文化部启动编制《文化部“十二五”时期文化产业倍增计划》，明确“十二五”时期我国文化产业发展的指导思想、发展思路、主要任务和保障措施等，计划实现“十二五”时期文化系统文化产业增加值至少翻一番的目标。积极参与国家发改委牵头的《“十二五”现代服务业发展规划》的制订工作，并推动将文化部策划的特色文化产业发展工程纳入到该规划的重大工程之列。多次向全国人大、政协、中办汇报文化产业发展情况。与商务部等部门联合制定发布《服务贸易发展“十二五”规划纲要》。会同扶持动漫产业发展部际联席会议相关成员单位，共同研究制定《“十二五”时期国家动漫产业发展规划》。

1月10日，文化部与保监会在北京联合举行“保险支持文化产业试点工作启动仪式”，同时公布了第一批11个文化产业保险试点险种和3家试点保险公司。

紧抓新一轮西部大开发的有利时机，文化部积极争取国家发改委支持，将西部文化产业有关门类纳入《西部地区鼓励类产业目录》，凡目录范围内的文化企业在2020年以前可享受减按15%的税率征收企业所得税、投资总额内进口的自用设备免征关税等相关优惠政策。推动财政等部门出台了《动漫企业进口动漫开发生产用品免征进口税收的暂行规定》，经认定的动漫企业在进口高端设备时免征进口关税及增值税。协调有关部门延续动漫营业税、增值税优惠，首次将动漫版权转让收入予以3%的营业税优惠。形成《文化部关于加快演艺产业发展的指导意见》初稿，并积极沟通国家发改委等有关部门共同探讨支持演艺产业发展的具体政策措施。

二、评选中国文化艺术政府奖首届动漫奖、实施国家动漫精品工程，引导动漫产业加快发展

经积极争取，中央批准在中国文化艺术政府奖中增设动漫奖。这是中央大力整顿压缩各类奖项背景下，继文华奖、创新奖之后文化部的第三个国家级奖项，体现了中央对动漫及文化产业工作的高度重视，也是全国动漫界期盼已久的大事，必将对动漫产业内容引导、结构优化、产业升级起到积极的促进作用。10月，文化部会同扶持动漫产业发展部际联系会议办公室成员相关单位组织开展了首届动漫奖和国家动漫精品工程的评选和宣传推介工作，累计共评定奖项30个。并于12月在天津举办首届动漫奖颁奖典礼，同期举办"十一五"至今动漫产业发展成果展、动漫产业高峰论坛等活动。通过评选、宣传、提供资金支持，激发动漫精品力作不断涌现，为扶持和奖励动漫精品的创作、生产、推广和传播，发挥了积极作用。

1月19日，由日本文部科学省主办的第三届中日韩文化部长会议在日本奈良举行。中国文化部部长蔡武、日本文部科学大臣高木义明、韩国文化体育观光部长官柳仁村率代表团与会。会议期间，三国文化部长签署了进一步加强中日韩文化艺术、非物质文化遗产和文化产业合作的成果文件《奈良宣言》。

三、加强文化产业示范园区、基地建设，支持骨干企业发展

加强园区、基地管理引导，严格控制数量，努力提升质量，推动文化产业园区、基地和骨干文化企业健康有序快速发展。开展国家文化产业示范基地影响力评价工作，评选出十大最具影响力国家文化产业示范基地，举办第三批共两家国家级文化产业示范园区和四家试验园区授牌仪式。面向园区、基地征集了一批重大文化科技和文化产业项目，向国家有关部委积极推荐。开展第三批动漫企业认定工作，继续落实相关税收优惠政策。支持中国动漫集团公司起步发展，发挥行业龙头作用。会同北京市、天津市加快建设中国动漫游戏城和国家动漫产业综合示范园，其中由文化部与天津市共建的国家动漫产业综合示范园今年 5 月成功举办开园仪式，项目建设取得重大进展。

四、持续推进文化产业投融资工作

配合财政部等部门开展“2011 年度中央财政文化产业发展专项资金”的申报和评审工作。全年共为各地约 140 个文化产业项目提供总计约 5 亿元的资金扶持。在文化部的争取下，首次将文化企业的保费补贴纳入专项资金支持范围。先后组织召开金融支持文化产业工作座谈会、文化产业财政金融专项协调会，推进文化产业与金融对接。进一步深化部行合作机制，据统计，截止到 2011 年底，通过部行合作机制完成的重点文化企业信贷项目 68 个，涉及金额 188.91 亿元，贷款余额 97.32 亿元。印发《文化部、中国建设银行关于贯彻落实支持文化产业发展相关工作的通知》。下发《文化部关于推进文化

1 月 21 日至 22 日，全国文化产业处长会在黑龙江哈尔滨召开。

2 月 28 日，文化部在北京举行第三批国家级文化产业示范园区和国家级文化产业试验园区命名授牌会议。

企业境内上市有关工作的通知》，建设“文化企业境内上市资源储备库”，鼓励和推荐符合条件的文化企业上市融资。与保监会共同举办“保险支持文化产业试点工作启动仪式”，发布了第一批试点保险产品和试点保险机构，启动保险支持文化产业试点工作。积极参与国发〔2011〕38 号文件和文化部等五部门《关于贯彻落实国务院决定加强文化产权交易和艺术品交易管理的实施意见》的制定，对文化产权交易加以引导和规范。

五、有效搭建文化产业推广展示、交易合作和信息服务等平台

文化部联合相关部委成功举办了第七届中国（深圳）国际文化产业博览交易会、2011 中国义乌文化产品交易博览会、第六届中国北京国际文化创意产业博览会、第四届中国东北文化产业博览交易会、第七届中国国际动漫游戏博览会和第 29 届中国洛阳牡丹文化节等博览会和节庆活动，有效促进了文化产业的交易与合作。本届深圳文博会总成交额突破 1200 亿元；义乌文博会实现档次、成交额、影响力三提升；第六届北京文博会共签署各类协议总金额 786.85 亿元人民币，比上届增长 65%。中国洛阳牡丹文化节在由文化部首次参与主办后，文化内涵更加丰富，打造特色品牌的潜力进一步增强。实施“中国原创动漫推广计划”，成功组织原创动漫进新疆活动，成为文化援疆工作的一大亮点。举办了“中日动漫节”，分别在东京、北京两地举办了开幕式、论坛等活动，得到了两国高层的高度重视，成为两国动漫产业交流的高端平台。

5 月 27 日，由文化部与天津市政府共同建设的国家级重大文化产业项目——国家动漫产业综合示范园正式开园。

11 月 23 日，文化部在北京举行 2011 国家文化产业示范基地影响力评价结果发布会。

继续做好全国文化产业项目资源库建设、新增开通动漫产业项目资源库，开发“文化企业金融服务在线办理系统”，改版“文化部文化产业投融资公共服务平台”，文化产业投融资服务的便利化程度进一步增强，公共服务功能进一步体现。建立文化产业信息通讯员制度，加强与全国各地的信息交流，文化产业公共信息服务平台的内容得到明显充实。加强了对现有 13 个国家级动漫公共技术服务平台的引导和管理，发挥了对中小企业公共技术服务的支持作用。投入运行国家动漫公共信息服务平台，动漫公共素材库建设初具规模。完成文化产业统计指标体系建设课题研究，首次公布经国家统计局批准的动漫产业专项调查结果。

六、加大文化产业人才培养力度、深入开展理论研究工作

举办了全国文化产业处长培训班、第八期西部文化产业经营管理人才培训班、文化产业信息通讯员培训班和 5 期投融资业务培训班以及 3 期动漫产业发展高级研修班，累计约 850 名学员参加培训，取得了良好效果。借助高校优质教育资源优势，与教育部联合启动实施动漫高端人才联合培养实验班计划。推动文化部文化艺术人才中心、中国动漫集团共同实施“动漫产业人才标准化建设项目”。总结 2010 年度文化产业课题完成情况，将 2011 年文化产业课题纳入国家社科基金艺术学项目和文化部部级课题评审范围。出版《国家文化产业课题研究报告（2010 年度）》《中国动画史研究》等多项研究成果。

12 月 26 日，由中国录音录像出版总社转企改制、引进北京首都创业集团有限公司资本组建的中国数字文化集团有限公司在北京成立。文化部部长蔡武，北京市市委副书记、市长郭金龙为集团揭牌。

12 月 27 日，中国文化艺术政府奖首届动漫奖颁奖典礼在天津举行。

国家广播电影电视总局办公厅

2011 年，广播影视行业全力推进宣传、改革和事业产业发展，各方面都取得显著成绩，无论是在重点工作、难点工作上，还是在工作创新上都有新突破、新亮点，实现了“十二五”时期良好开局。

一、紧扣主题主线，抓好重大宣传，为服务党和国家工作大局作出新贡献。

坚持以宣传为中心，紧紧围绕科学发展这一主题和加快转变经济发展方式这一主线，紧密结合国际国内形势，深入宣传中央重大决策部署和政策措施，重点做好党的十七届六中全会精神、中央经济工作会议精神的宣传，为推动社会主义文化大发展大繁荣、推动经济社会又好又快发展提供了有力舆论支持。精心组织、圆满完成庆祝中国共产党成立 90 周年、纪念辛亥革命 100 周年、纪念西藏和平解放 60 周年、天宫一号和神舟八号发射、深圳大运会等宣传报道任务。深入开展“走转改”活动，把话筒和镜头对准基层、对准群众，制作播出了一大批生动鲜活、感人至深的节目，新闻报道亲和力、吸引力、感染力切实增强。积极加强国际新闻报道，日本海啸、利比亚战争、泰国水灾等重大事件都有我国广播电视记者现场采访报道，及时有力地发出中国的声音。在强化新闻节目的同时，进一步办好经济、文艺、体育、生活以及少儿、农村等其他各类节目，较好满足了人民群众多样化多方面的文化需求。

1 月 11 日至 12 日，2011 年全国广播影视工作会议在北京召开。

二、配合重大活动，加强创作引导，影视精品创作生产再上新台阶。

围绕庆祝中国共产党成立 90 周年、纪念辛亥革命 100 周年，及早动员筹备，精心组织策划，强化创作引导，强化重点扶持，强化跟踪管理，推出了一大批优秀电影电视剧和重大理论文献片，其中庆祝建党 90 周年推出了 28 部献礼影片、推荐了 50 部优秀献礼电视剧。这些优秀作品，思想性艺术性观赏性相统一，唱响了时代主旋律，受到了广泛好评。同时，充分利用政府评奖和政府专项扶持资金，积极引导和鼓励支持精品创作生产。全年生产电影故事片 558 部、电视电影 102 部、电影动画片 24 部、电影纪录片 26 部、电影科教片 76 部，电视剧 1.5 万集，重大理论文献影视片 42 部 335 集，电视动画片突破 4000 小时，保持和发展了创作繁荣、质量提升的良好势头。

三、着眼为民惠民，实施重点工程，广播影视公共服务水平有了新提高。

一是巩固成果，继续实施村村通、西新和农村电影放映工程，圆满完成年度目标任务。二是在有线电视网络未通达的农村地区大力实施直播卫星公共服务工程。组织宁夏、内蒙古、河北的部分乡村牧区开展试点，与中宣部在宁夏联合召开现场会部署全国推广。目前，总局已成立卫星直播管理中心，全国 21 个省（区市）的 1.1 万个乡镇建立了企业销售服务网点，覆盖用户超过 2500 万。宁夏党委政府高度重视，主要领导亲自抓，通过采用每户政府补贴 270 元、电信企业补贴 160 元、农户自己出 50

2 月 23 日，2011 年全国广播影视科技工作会议在海南省海口市召开。会议充分肯定了“十一五”期间广播影视科技工作取得的成绩，部署了 2011 年全国广播影视科技重点工作。

元的办法加快推广普及，春节前完成 80 万户安装任务，实现全区广播电视户户通。三是大力实施县级城市数字影院建设工程，着力解决县级城市群众看电影难的问题。与中宣部联合在河北召开现场会，推动县级城市数字影院建设全面展开。河北省按照政府扶持、市场运作、院线经营、逐步规范的思路，加强县级城市数字影院建设，到 2011 年 9 月底全省 149 个县（市、区）已全面实现数字影院全覆盖。

四、紧跟科技趋势，加大创新力度，广播影视数字化网络化和新媒体发展取得新进展。

一是大力推进有线电视网络数字化、双向化改造和业务开发，目前全国共有 2 亿有线电视用户，已有 1.1 亿户实现数字化，其中双向覆盖用户超过 5700 万、实际用户超过 1200 万。二是积极筹备开办 3D 电视。顺应世界电视业发展最新趋势，把发展 3D 电视作为抢占科技发展制高点、满足人民群众精神文化新需求新期待、推动战略性新兴产业和民族工业发展的重要举措抓紧推进。及时组织研发相关技术标准，制定具体实施方案，中央电视台等 6 家播出机构联合开办的 3D 试验频道于 2012 年元旦顺利试播，社会反响热烈。三是加快发展网络广播电视，全国共批准开办 17 家网络广播电视台、615 家互联网视听节目服务单位，同时推动成立了中国网络视听节目服务协会。四是加快发展移动多媒体广播电视，目前已基本覆盖全国 336 个地级以上城市、855 个县级城市，终端用户超过 3500 万，付费用户达到 1600 万。五是认真落实三网融合工作要求，规范发展 IPTV、手机电视、互联网电视等新业务，中央电视台已完成 IPTV、手机电视集成播控平台建设，三网融合试点地区广电播出机构完成了 IPTV 集成播控分平台建设。六是继农村胶片放映全部转化为数字放映后，城市数字电影放映基本普及，目前已拥有 8200 块 2K 数字银幕、1000 块左右的 1.3K 数字银幕，我国电影数字放映已领先全世界。

五、配合对外工作大局，加快走出去步伐，广播影视国际传播能力建设取得新突破。

中央电视台新建成 20 个海外记者站、2 个海外分台，海外站点总数达 70 个，超过 CNN 和 BBC，同时 6 个语种 7 个国际频道在 171 个国家和地区落地，整频道用户达 2.49 亿、落地酒店 594 家，

3 月 23 日，国家广电总局局长蔡赴朝，副局长田进考察第十九届中国国际广播电视信息网络展览会，并参观 NGB、CMMB 等主题展区。

其中全年新增整频道用户 5090 万、新增落地酒店 150 家。中国电视长城平台已建成 8 个系列平台，全球付费用户突破 10 万。中国国际广播电台完成 5 个地区总站、18 个境外制作室建设，新增境外整频率电台 13 座、整频率电台总数达 70 座，全年累计播出 3000 多小时，收到海外受众来信 323 万多封。中央人民广播电台进一步加强了全球华语广播协作网建设。地方外宣频道建设加强。继西藏藏语卫视、青海藏语卫视之后，四川康巴卫视实现在亚太地区覆盖，产生积极影响。据初步统计，全年共有 49 部次影片在 17 个电影节上获得 74 个奖项，52 部国产影片销往 22 个国家和地区、海外票房和销售收入 20.24 亿元，电视剧动画片纪录片等影视节目出口 1.14 亿美元。积极开展对外培训，全年共举办对外培训班 13 期，培训发展中国家管理和专业人员 390 余人次。

六、顺应人民群众呼声，加强节目和广告治理，广播影视管理工作呈现新气象。

一是坚决遏制广播电视节目过度娱乐化倾向，专门制定出台《关于进一步加强电视上星综合频道节目管理的意见》。该意见于 2012 年 1 月 1 日正式实施，取得了良好效果。据初步统计，上星综合频道新闻类节目增加了三分之一，黄金时间娱乐性较强的节目减少了三分之二，同时开办了一批思想道德建设栏目，推出了 50 多档新创节目，荧屏更加丰富多彩、健康向上。二是广告治理方面，在继续清理整治违规广告和违规电视购物短片广告的同时，重点出台了取消电视剧插播广告的管理措施。这项措施受到了人民群众的普遍欢迎。为了做好上述两个方面的管理工作，各级广电行政部门和播出机构的同志们讲政治、顾大局、谋大义、勇担当，坚决贯彻、迅速行动，克服了许多困难，充分体现了高度的政治责任感、社会责任感，充分体现了高度的文化自觉、文化自信。三是继续深入开展抵制低俗之风专项行动，全年共清理整改 400 余个广播电视节目，同时查处 136 家违规视听节目网站。四是改进影视剧管理，调整充实电影电视剧审查委员会，做到既有影视艺术家，也有党史、国史、军史方面的专家，还有熟悉党的文艺方针政策的实际工作者，切实增强了委员的广泛性、代表性、权威性。五是完善监管体系，总局整合机构组建统一的监管中心，各地加强监管机构建设，监看监测监管和安全播出保障能力进一步提升。六是加强法制建设和依法管理。最高人民法院出台《刑法》第 124 条的司

4 月 26 至 28 日，2011 年全国影视动画工作会议在杭州召开。

4 月 29 日，江苏（国家）未来影视文化创意产业园揭牌仪式在南京溧水县举行，国家广电总局副局长田进，江苏省委常委、常务副省长李云峰，省委常委、南京市委书记杨卫泽，副省长曹卫星出席揭牌仪式，并共同为产业园揭牌。

法解释，为维护广播电视播出安全提供了有力的法律保障。《电影产业促进法》立法工作取得实质性突破，目前草案已向社会公开征求意见。坚决整治个别地方出现的私人非法设立台（站）现象，坚决打击非法“网络共享”设备产品及卫星地面接收设施，也都取得积极效果。

七、抓住重点领域，着力攻坚克难，广播影视改革取得新成效

国有电影电视剧制作机构转企改制全面完成，推进重点企业上市融资工作取得进展。紧密结合有线电视网络数字化双向化改造，加快有线电视网络整合，目前已有25个省（区市）完成或基本完成一省一网整合，国家级网络公司筹建工作扎实推进，为全国网络整合、实现互联互通打下良好基础。电影院线制改革深化，数字影院建设加快，全国城市新增影院803家、新增银幕3030块，银幕数累计9200多块，全年电影票房超过125亿元，比2010年增长25%。规范推进电台电视台合并，新批准6个省级和17个市（地）级两台合并，目前全国县（市）级已全部实现两台合并，市（地）级已有227个实现两台合并，省级已有14个实现两台合并。

八、立足提高整体素质，加强思想、业务和作风建设，广播影视队伍呈现新面貌

紧密结合工作实际和党员干部思想实际，深入开展创先争优和创建学习型党组织活动，扎实开展“杜绝虚假报道、增强社会责任、加强新闻职业道德建设”专项教育和“走转改”活动，有力推动了党的建设和队伍建设。圆满完成第一期总局机关干部到基层调研蹲点任务。举办“激情 · 奉献”先进事迹报告会，推出一批广电系统先进个人和集体。扎实开展了反腐倡廉工作。切实改进工作作风，强化督察督办，促进了各项工作的落实。深化干部人事制度改革，重点加强了干部选拔任用制度化建设，加大了干部交流力度和人才培训力度。总局共举办各类培训班97期，集中脱产培训8000余人次，特别是开展网络远程培训，扩大了培训覆盖面。

8月9日至10日，2011年全国广播影视局长座谈会在西安召开。国家广电总局局长蔡赴朝发表重要讲话。

8月25日，第九届中国国际影视节目展在北京展览馆开幕，国家广电总局局长蔡赴朝、副局长田进、张丕民等出席开幕仪式并参观展会。

新闻出版总署出版产业发展司

2011年，新闻出版总署紧紧围绕党中央的决策和部署，认真贯彻落实胡锦涛总书记“三加快一加强”的指示精神，根据李长春同志提出的“三改一加强”的要求，按照中央加大力度、加快进度、巩固提高、重点突破、全面推进的原则，狠抓落实，稳妥推进新闻出版体制改革各项工作，新闻出版工作在进一步深化改革方面迈出了新步伐。

一、非时政类报刊出版单位转制全面推进

非时政类报刊出版单位体制改革，是继中央各部门各单位出版社体制改革工作后党中央交办的一项重要改革任务，是2011年新闻出版体制改革的核心工作。截至2012年初，已有1600多家非时政类报刊出版单位登记或转制为企业；省级党报发行机构已经全部完成转企改制，正在整合区域报刊发行资源。

为进一步引导和推动非时政类报刊出版单位更好地完成体制改革任务，加强典型经验的示范和借鉴作用，新闻出版总署认真总结并精心选编了中国科学杂志社、中国电力报社、中国文化传媒集团公司、中国新闻出版传媒集团公司、北京卓众出版有限公司、湖北知音期刊集团、中国汽车报社、环球时报社、体坛周报社、辽沈晚报社等10家报刊出版单位改革典型经验，并以简报形式集中刊发，供各非时政类报刊出版单位借鉴参考。同时，通过新华社、光明日报、经济日报、中国新闻出版报等中央媒体进行宣传报道，扩大影响。

1月11日，全国新闻出版工作会议在北京召开。新闻出版总署党组书记、署长、国家版权局局长柳斌杰作主题报告。新闻出版总署党组副书记、副署长蒋建国主持会议，党组成员、副署长李东东、邬书林，党组成员、副署长、国家版权局副局长阎晓宏，党组成员、副署长孙寿山，中宣部出版局局长陶骅等出席会议。

二、中央各部门各单位出版社改革持续深入

2011 年，总署在继续鼓励和支持完成转企改制的出版社尽快建立现代企业制度，完善法人治理结构，推进内部机制改革和创新的同时，继续推进以下工作：一是确保出版社享受税收优惠政策。为保证已完成转企改制的出版社能够切实享受到国家的税收优惠政策，为 138 家出版社申报了享受税收优惠的认定材料，到 2012 年初，已有 96 家出版社享受了税收优惠。据不完全统计，2010 年这些出版社共计减免税达 3 亿多元。二是为出版社争取国家文化产业专项资金支持。为支持出版社转制后的快速发展，通过为出版社落实出版产业发展项目，争取国家文化产业专项资金的支持。到 2012 年初，已落实出版产业项目近 50 个，项目资金近 5 亿元。三是推动出版社进行联合重组。按照“三个一批”的要求，积极支持出版社在完成转企的基础上进行兼并和重组，先后促成了中国戏剧出版社与中国唱片总公司、中国致公出版社与湖北知音传媒集团有限公司进行资产重组，以及甘肃读者出版传媒股份有限公司对新星出版社有限责任公司的增资扩股。四是协调解决遗留问题。与北京市人社局积极沟通协调，一揽子解决了出版社转制前已退休人员 2010 年按照北京市事业单位退休标准增加退休费、少数出版社的劳动合同制工人和编外人员补缴养老保险费时减免系数以及部分在本系统内获评高级职称的职工无法享受养老保险待遇等改革遗留问题。五是举办主题沙龙，扩大改革影响。为进一步总结和宣传中央各部门各单位出版社体制改革工作，邀请中国少儿新闻出版总社等 6 家出版社领导和普通职工举办了主题沙龙，畅谈“转企改制带来的新变化”，并在《中国新闻出版报》等媒体上进行了专题报道，在社会上引起了热烈反响。六是开展培训工作。为使转制后的出版社迅速掌握现代企业运作知识，专门举办了中央各部门各单位出版社转制后劳动合同培训班，指导出版社开展企业劳动合同签订工作，受到出版社的欢迎，先后有 300 多人参加了培训。

2 月 16 日，新闻出版总署署长柳斌杰与中国工商银行董事长姜建清在北京签署《新闻出版总署与中国工商银行支持新闻出版产业发展战略合作协议》。新闻出版总署副署长蒋建国、中国工商银行行长杨凯生出席签约仪式。

三、出版传媒集团化发展格局基本形成

2011 年，新闻出版总署加速推进出版传媒企业落实“三改一加强”，实现跨地区、跨部门、跨行业联合重组。在各方努力下，2011 年 7 月 19 日，以中国科学出版集团有限责任公司为主体，由人民邮电出版社和电子工业出版社参股共同组建中国科技出版传媒集团有限公司正式挂牌，这标志着我国出版业在国家层面上的人文、教育和科技三大国有出版传媒集团公司的格局已经形成。为加快推进南北两大发行物流集团公司组建工作，2011 年，总署展开了专题调研，为制定两大发行集团组建方案做了大量的前期准备工作。与此同时，各地方出版传媒集团也在积极探索跨地域、跨行业行业、跨所有制的联合、兼并、重组，以集团化、资本化为内核的新一轮整合正在勃发。目前，全国已组建 120 多家各种类型的出版传媒集团。

四、利用资本市场做大做强

2011 年，长江出版集团、凤凰传媒、浙报传媒、中原出版传媒等 4 家出版传媒企业成功上市。其中，2011 年 11 月 30 日，江苏凤凰出版传媒股份有限公司在上交所正式挂牌，募集资金 44.8 亿元，成为了目前规模最大的文化传媒类上市公司。中国出版集团传媒股份公司、中国教育出版传媒股份有限公司和中国科技出版传媒股份有限公司三家中央出版传媒集团正在积极进行上市的筹备工作。目前，全国出版传媒在境内外上市企业已达 49 家，拓展了投融资渠道，壮大企业实力。

7 月 5 日，新闻出版总署署长柳斌杰，中国移动董事长王建宙签署《共同推进数字出版产业发展战略备忘录》，双方同时启动“新青年掌上读书计划”。

五、出版产业发展成为主导力量

制定并实施《新闻出版业“十二五”时期发展规划》及 11 个专项规划。新建 5 个国家级新闻出版产业基地，已累计建成各类国家级产业基地（园区）27 个，产业聚集效应充分发挥。全国 58 个省市级印刷园区总投资 210 亿元、产值 217 亿元，9 个国家级数字出版基地建设成效显著。国家出版基金资助项目、《大中华文库》项目和四大科技创新工程深入实施。新闻出版改革发展 400 多个项目获中央和地方资金支持，中央文化产业发展专项资金支持达 9.3 亿元。新闻出版九大专项资金获财政拨款近 24 亿元，增长 26%。战略性新兴出版传媒产业快速增长。第 7 届深圳文博会、第 21 届全国书博会、2011 年北京图书订货会成果丰硕。

六、大力推进国家音乐产业基地建设

根据总署的战略规划，在北京、上海和广东建立三个国家音乐创意产业基地（园区）。上海音乐基地于 2009 年 11 月批准建立，2010 年 7 月正式挂牌；广东音乐基地于 2011 年 5 月批准建立，深圳园区和广州园区分别于 2010 年 5 月和 12 月正式挂牌。北京音乐基地建设得到市委市政府的高度关注，总署会同北京市有关部门多次到各区县调研，并召开多次论证会，最终确定北京国家音乐产业基地“双轮驱动、多点支撑”的格局，“双轮”是指音乐文化产业基地(朝阳区)和北京音乐创意产业园(朝阳区)，“多点”是指中国唱片总公司创作园（东城区、西城区）、天桥演艺园区（西城区）、中国乐谷（平谷区）和西山文化创意大道（海淀区）等特色鲜明的音乐产业聚集区。

7 月 30 日上午，新闻出版总署和江苏省政府在南京签署《关于共同推进江苏新闻出版强省建设战略合作框架协议》。新闻出版总署署长、国家版权局局长柳斌杰，江苏省省长李学勇出席签约仪式，并代表合作双方在协议上签字。

七、数字出版亮点纷呈

2011 年，我国数字出版领域在提升科技支撑作用，促进数字出版产业发展，强化网络出版管理，推动“走出去”方面成效显著，亮点纷呈，主要体现在五个方面：一是科技带动产业发展的动力作用更加突出，二是数字出版引领新闻出版发展方向的趋势更加明显，三是网络监管净化网络文化环境的保障措施更加有效，四是标准“走出去”的步伐更加坚实。在科技工作上，通过推进重大科技工程建设，带动产业科技创新；进一步完善了科技工作制度与项目管理机制，加大了对行业内科技项目的经费扶持力度；坚持标准先行原则，标准编制更加适应行业发展的新需求；通过深入调研，掌握了行业科技发展状况，宏观调控能力显著提高。在数字出版工作上，成功召开全国数字出版工作会，谋新篇、布新局，全面部署发展数字出版新业态的具体举措；发挥数字出版基地的推进器作用，带动区域发展；大力强化内容、技术和渠道三方的合作，推动传统出版单位转型升级，为中国出版业实现跨越式发展提供动力。

八、实体书店平稳发展

（一）加大政策支持力度。2011 年 6 月，中宣部、新闻出版总署和住建部三部门联合出台了《关于加强城乡出版物发行网点建设的通知》。一是明确了中宣部、新闻出版总署、住建部密切配合、齐抓共管的工作机制，将城乡出版物发行网点建设纳入公共文化服务体系、纳入城市公共服务设施建设整体规划、纳入《全国文明城市测评体系》。二是进一步强调了网点拆迁安置要就近、定额还建的要求。三是提出了加强出版物发行网点建设目标和任务。即到“十二五”末，千人拥有出版物发行网点数达到 0.13 个，要基本实现“市市有书城、县县有书店、乡乡有网点、村村有书屋”的目标。四是专门就加强农村出版物发行网点建设提出要求。

10 月 30 日，新闻出版总署与天津签署战略合作协议。

11 月 3 日，新闻出版总署与甘肃省人民政府在兰州共同签署《关于促进甘肃新闻出版业繁荣发展协议》。

（二）营造良好的出版物市场经营环境。一方面加强出版物市场监管，坚决打击盗版盗印活动，维护市场秩序。另一方面从我国出版业的实际出发，使中小书店获得合理的利润空间，实现可持续发展。

（三）支持骨干企业面向基层，向“专、精、新、特”方向发展，向学校、社区、超市等延伸。2011年12月，总署召开“学习贯彻十七届六中全会精神，推动发行连锁便民文化工程”座谈会，支持实体书店，如新华文轩出版传媒股份有限公司实施商超对接，依托商超、便利店、校园周边店、药店建立覆盖全国的商超书店连锁网络。

九、继续推动中国出版走出去

以项目为中心落实“走出去”战略，从产品、市场、渠道等方面提高“走出去”实效。制定《关于加快我国新闻出版业走出去的若干意见》，召开《大中华文库》出版工程暨新闻出版走出去先进单位表彰大会。国际传播力工程、经典中国国际出版工程、中国图书对外推广计划、文化产品和服务出口重点企业与重点项目奖励计划等扎实推进。与拉加代尔集团麾下3100家书店合作开辟国际主流营销渠道，开展百家海外华文书店联展活动，开设亚马逊“中国书店”，中国出版物国际营销网络构建初见成效，中国原创网络游戏海外收入达到3.6亿美元。成功举办第43届开罗国际书展中国主宾国活动，第63届法兰克福书展中国展团版权输出再创历史新高，第18届北京国际图书博览会交易成果突出。实现对台版权输出和出版机构实体入岛双突破。与古巴等国政府及英美等国的跨国企业集团签署战略合作协议，我国新闻出版国际传播力影响力进一步提升。

11月10日至11日，全国数字出版工作会议在安徽合肥举行。

12月22日，全国新闻出版“走出去”工作会议召开。

1月1日，“2011中华文化游”正式启动。“游中华、品文化”成为国内旅游市场的推介主题。

1月1日，中央电视台纪录频道开播。这是中国第一个面向全国播出的国家级纪录片上星频道，也是中国首个面向全球覆盖的中英文双语纪录片频道。

1月8日至9日，由北京大学主办的“2011中国文化产业新年论坛”在北京召开。本届论坛主题是“面向2020，中国文化产业新十年”。

1月10日，国内第一家动漫游戏产业股权投资管理公司在北京成立。

1月12日，国内首家实行“艺术品份额交易”的产权交易所——天津文化艺术品交易所，首推两幅国画作品正式面向社会申购。

1月18日，第五届中国原创手机动漫游戏大赛颁奖典礼在长沙举行，18家全国首批重点动漫企业联合发表《全国重点动漫企业创新合作发展长沙宣言》。

1月18日，湖北知音传媒集团有限公司在武汉成立，标志着知音期刊集团完成整体改制。

1月18日至21日，2010年度中国游戏产业年会在北京开幕。本次年会主题为“挑战、创新、发展”。

1月21日，首届中国冰雪动漫展在哈尔滨开幕。

1月30日，上海首个4D动漫体验中心正式落户全国首条动漫生活体验街——汶水路动漫街。

2月1日，北京市海淀区邮电局携手北京卡酷动画卫视，推出第一个创意邮局“卡酷邮局”。

2月15日，文化部外联局与韩国文化产业振兴院在北京签署《中韩文化产业合作2011~2012年行动计划》。

2月21日，中国动漫集团（青岛）“国际动漫园区”项目落地青岛，由中国动漫集团有限公司投资建设。

3月18日，“书香中国”第二届中国出版政府奖颁奖典礼在北京举行。

3月23日至25日，第十九届中国国际广播电视信息网络展览会（CCBN）在北京举行。

4月6日，中国教育出版传媒股份有限公司在北京成立。

4月8日，我国现代服务业领域迄今规模最大的中外合资项目——投资达245亿元的上海迪斯尼乐园破土动工。

4月13日 安徽再芬黄梅艺术股份有限公司在安庆市举行成立仪式。这是全国第一家转企改制、股份制改造和上市融资为一体的国有文艺演出院团。

4 月 17 日，第 30 届香港电影金像奖颁奖典礼在香港会展中心举行。

4 月 20 日至 23 日，2011 年中国义乌文化产品交易博览会在浙江义乌举行。本届义乌文博会总成交额为 40.62 亿元，同比增长 44.71%。

4 月 23 日至 28 日，由国家广电总局与北京市政府联合主办的第一届北京国际电影季在北京举行。第 18 届北京大学生电影节颁奖典礼同期举行。

4 月 25 日，山西广电信息网络（集团）有限责任公司、山西日报传媒（集团）有限责任公司、山西广电传媒（集团）有限责任公司、山西演艺（集团）有限责任公司、山西影视（集团）有限责任公司在太原举行揭牌成立大会。

4 月 28 日，第七届中国国际动漫节“美猴奖”颁奖晚会在杭州举行。

4 月 28 日至 5 月 3 日，第七届中国（杭州）国际动漫节在杭州举行。

4月30日至5月1日，全国文化体制改革工作会议在合肥举行。中宣部、文化部、国家广电总局、新闻出版总署联合表彰84个全国文化体制改革工作先进地区。

5月2日，中国首届漫画拍卖会在杭州举行，最终以总成交额1180万元、总成交率100%的成绩落槌。

5月8日，中国新闻出版传媒集团有限公司成立大会在北京举行。

5月10日，科学出版传媒股份有限公司在北京创立。

5月13日，“文化部动漫产业投融资项目资源库”启动仪式在深圳举行。

5月13日至16日，第七届中国（深圳）国际文化产业博览交易会举行。

5月13日至16日，由中国演出家协会、河南省文化厅和洛阳市人民政府共同主办的2011中国（洛阳）国际演出交易会在洛阳市举办。

5月27日，文化部与天津市合作建设的天津国家动漫产业综合示范园正式开园。

6月1日，上海国际文化服务贸易论坛暨上海国际文化服务贸易平台项目签约仪式在北京举行。

6月6日至10日，第17届上海电视节开幕。超过200家海内外各大影视制作公司、发行商和播出机构设展，视频网站成为展会亮点。

6月15日，全国红色旅游工作会议在北京召开，部署今后5年红色旅游发展工作。

6月19日，首钢二通厂动漫产业城正式动工建设。

6月26日，贵州日报报业集团传媒有限责任公司、贵州广电传媒集团有限责任公司、当代贵州期刊传媒集团有限责任公司、贵州文化演艺集团有限责任公司省直四大文化企业集团在贵阳举行成立大会。

6月30日，中央电视台与中国移动签署“联合运营中国手机电视台暨达成战略合作框架协议”，将着重发展中国3G手机电视业务。

7月6日，首支国家级文化基金——中国文化产业投资基金在北京揭牌。该基金由财政部、中银国际控股有限公司、中国国际电视总公司和深圳国际文化产业博览交易会有限公司等共同发起成立，基金规模为200亿元。

7月7日至11日，第七届中国国际动漫游戏博览会在上海世博馆中国馆举行。

7月23日，第三届中国（宁夏）国际文化艺术旅游博览会综合展览在银川国际会展中心开幕。

7月28日至31日，第九届中国国际数码互动娱乐展览会（2011ChinaJoy）在上海举行。

7月29日至8月2日，第13届香港动漫电玩节在香港会议展览中心举行。

7月30日，由中国传媒大学、澳大利亚昆士兰科技大学主办的第六届“创意中国·和谐世界”文化产业国际论坛在北京召开,本届论坛以“创新·管理·合作——文化产业与经济转型”为主题。

8月11至16日，第十二届台北漫画博览会在台北举行。

8月17日，民营视频网站土豆网在美国纳斯达克上市。

8月19日，中国网络视听节目服务协会在北京举行成立大会。

8月19日至22日，第四届青海国际唐卡艺术与文化遗产博览会在西宁城南国际会展中心举行。

8 月 24 日至 27 日，第二十届北京国际广播电影电视设备展览会（BIRTV2011）在北京举行。主题为“创新媒体、精彩生活”。

8 月 25 日，第二十八届电视剧“飞天奖”颁奖典礼在北京举行。

8 月 25 日，第九届中国国际影视节目展在北京展览馆开幕。

8 月 25 日至 29 日，第四届东北文化产业博览交易会在辽宁工业展览馆举行。

8 月 26 日，第五届亚洲青年动漫大赛在贵阳开幕。

8 月 28 日，第十四届中国电影“华表奖”颁奖典礼在北京展览馆举行。。

8 月 31 日，第十八届北京国际图书博览会（BIBF）拉开帷幕。

9 月 8 日至 11 日，第二届“海峡两岸文化创意产业展”在台北举行。

9 月 12 日，方特欢乐世界在湖南株洲开园，这是方特在中国设立的第 7 个主题公园。

9 月 15 日，2011 东京电玩展（TGS）开幕。

9 月 16 日至 19 日，2011 中国（天津）演艺产业博览会举行。

9 月 17 日，第三届“中国文化产业 30 人高端峰会”在北京举行。本届峰会以“文化创新与文化发展”为主题。

9月22日至27日，第三届中国国际动漫创意产业交易会在安徽省芜湖市举办。

9月24日，由中国工艺美术协会主办，以“汇聚八方才智，开拓多种渠道，振兴工美文化产业”为主题的第七届中国工艺美术行业年会在贵阳开幕。

9月25日，“2011中国艾菲奖”颁奖典礼在第十八届广告节期间举行。

9月28日，第三届中国国际影视动漫版权保护和贸易博览会在广东省东莞市隆重开幕。

9月28日，多彩贵州城开工仪式在贵阳举行。

9月29日，华中国家数字出版基地揭牌暨基地总部（华中智谷）奠基仪式在武汉举行。

9 月 29 日，浙报传媒正式上市，成为国内第一家实现经营性资产整体上市的省级报业集团。

9 月 29 日至 10 月 3 日，2011 第三届中国西部动漫文化节在重庆举行。

9 月 30 日至 10 月 7 日，中国动漫游戏城启动暨首届中国动漫游戏嘉年华在北京举行。

10 月 13 日，第五届中国（合肥）国际文化博览会暨 2011 中国工艺美术精品展览会在合肥开幕。

10 月 13 日，湖北省政府批准成立湖北省文化产业发展投资有限公司，挂牌成立湖北长江广电传媒集团有限责任公司、湖北省广播电视信息网络股份有限责任公司、湖北省演艺集团有限责任公司等企业。

10 月 19 日至 22 日，第 20 届中国金鸡百花电影节之第 28 届中国电影金鸡奖在合肥举行。

10 月 21 至 30 日，第十二届世界漫画大会暨 2011 北京国际动漫周在中国动漫游戏城举行。

10 月 25 日，第四届中国（武汉）期刊交易博览会开幕。

10 月 26 日至 29 日，第十届华中图书交易会在武汉举行。

10 月 27 日，中国首部完整 3D 影片《兔侠传奇》荣获第七届中美电影节最高荣誉“金天使奖”。

10 月 28 日，“天桥演艺区”和“天坛演艺区”项目正式启动，这是未来十年北京打造首都核心演艺区的重大项目之一。

10 月 28 至 31 日，［ANIWOW！ 2011］第六届中国（北京）国际大学生动画节在中国传媒大学举行。

11 月 4 至 6 日，以“漫画创意生活”为主题的首届中国（杭州）国际漫画节举行。

11 月 8 日，国家统计局在北京举行社会科技和文化产业统计司成立仪式。

11 月 9 日 第七届中国国际徽商大会暨第十一届中国（合肥）自主创新要素对接会文化产业项目推介会暨签约仪式在合肥举行。

11 月 9 日，在第三届国际艺术授权博览交易会上，国内首个集艺术、动漫、品牌授权于一体的服务平台正式启动。

11 月 9 日至 13 日，第六届中国北京国际文化创意产业博览会举行。本届主题是“文化融合科技、创新驱动发展”。

11 月 11 日至 13 日，第十一届四川国际电视节在成都市举行。

11 月 15 日，中南国家数字出版基地揭牌仪式在长沙举行。

11 月 17 日至 19 日，首届中美文化艺术论坛在国家大剧院和国家博物馆举行。

11 月 18 日，国家对外文化贸易基地揭牌仪式在上海举行。

11 月 25 日，贵州广播电视台成立暨挂牌仪式。

11 月 26 日，第 48 届台湾电影金马奖颁奖典礼在新竹市举行。

11 月 30 日，江苏凤凰出版传媒股份有限公司正式挂牌上海证交所。

11月30日至12月1日，2011中国动画年会在江苏省昆山市召开，本届年会主题是“引领行业，给力产业”。

12月6日，中国动漫集团有限公司与秦皇岛经济技术开发区正式签约，标志着中国动漫集团（秦皇岛）动漫游戏产业基地项目正式落户秦皇岛。

12月15日，2011中国网络视听产业论坛在上海举行。

12月17日，首都剧院联盟、首都博物馆联盟、首都出版发行联盟、首都影院联盟、首都影视产业联盟正式成立。

12月20日至21日，全国文化系统对外贸易工作会议在上海召开。

12月23日，被称为中国会展行业“奥斯卡”的“中国会展风尚大奖”评选结果在北京揭晓。

12月27日，“‘十一五’以来中国动漫产业发展成果展”在中新天津生态城国家动漫产业综合示范园开展。

12月27日，北京国家音乐产业基地授牌暨签约仪式举行。

12月28日，中国出版传媒股份有限公司成立大会暨挂牌仪式在北京举行。

12月29日，百视通新媒体股份有限公司正式在上海证券交易所挂牌上市，成为国内第一家实现广电新媒体可经营性资产整体上市的公司。

12月31日，甘肃省首次文化产业大会在兰州召开。

12月31日，中国文化艺术政府奖首届动漫奖获奖名单揭晓。共评选出12个大类共30个奖项和98个入围奖项。

指导单位

文化部文化产业司

国家广播电影电视总局办公厅

新闻出版总署出版产业发展司

主办单位

中国传媒大学

承办单位

中国传媒大学文化发展研究院

《中国文化产业年鉴》编辑委员会

周　玉　安徽省文化发展改革办公室主任
石建平　福建省委宣传部副部长
罗勇兵　江西省委宣传部副部长
李国琳　山东省文化厅副厅长
陈连生　湖北省委宣传部副部长
蒋祖烜　湖南省委宣传部副部长
李建国　贵州省委宣传部常务副部长
洪　波　广西壮族自治区文化厅副厅长
张松林　海南省委宣传部常务副部长
孟晓林　西藏自治区党委宣传部常务副部长
李军民　陕西省文化厅副厅长

委　　员　王　娜　文化部文化产业司综合处
王　楠　新闻出版总署出版产业发展司统计（综合）处
卢　婷　国家广播电影电视总局办公厅改革处
于秀山　天津市文化广播影视局文化产业处
郭贵领　河北省委宣传部文事办
李秀科　辽宁省委宣传部文化产业办
佟德军　吉林省委宣传部文化产业处
田凤志　黑龙江省委宣传部改革发展办
姜晓安　黑龙江省委宣传部改革发展办
王明珠　江苏省委宣传部新闻文化改革与发展办公室
申中华　浙江省委宣传部文化事业发展处
康福升　安徽省委宣传部发改办
黄苇洲　福建省委宣传部文化发展改革处
苏忠明　福建省文化厅市场与产业处
涂云云　江西省委宣传部改革办
刘显世　山东省文化厅文化产业处
方新海　湖北省委宣传部改革发展办
王美珍　湖南省委宣传部政策法规研究室
班华勤　广西壮族自治区文化厅文化产业处
祁亚辉　海南省委宣传部改革办
何　浩　重庆市委宣传部文化产业处

《中国文化产业年鉴》学术委员会

《中国文化产业年鉴》编辑部

开启文化产业新征程

——2012 年版《中国文化产业年鉴》卷首语

回首2011，文化体制改革与文化产业发展带给我们的惊喜令人难忘。经营性文化单位转企改制继续深化，公共文化服务体系加快构建，各种文化产业扶持资金和文化上市企业如雨后春笋般涌现，文化管理体制和文化市场环境日益优化，文化产品生产和服务体系逐渐完善，文化走出去步伐日趋沉稳矫健——可以说，从政府的文化民生到民间的产业浪潮，文化的影响比任何时候都更加广泛；转变发展方式、提升发展质量、增进民生幸福、促进社会和谐，文化已经成为不可或缺的重要内容和衡量指标。

2011 年是“十二五”规划的开局之年，也是我国文化产业发展向国民经济支柱性产业目标迈进的起步之年。党的十七届六中全会定下“文化强国”的主旋律，进一步明确把文化产业培育成为国民经济支柱产业，表明我国取得举世瞩目的经济成就后，在文化领域提出了更高追求。尤其是随着《中共中央关于深化文化体制改革推动社会主义文化大发展大繁荣若干重大问题的决定》《关于加快国有文艺院团体制改革的通知》《中共中央、国务院办公厅关于深化非时政类报刊出版单位体制改革的意见》《文化部关于推进文化企业境内上市有关工作的通知》《文化部、中国建设银行关于贯彻落实支持文化产业发展相关工作的通知》等一系列文件法规的相继出台，2011 年我国文化产业发展拥有了新的空间，找到了新的发展路径，激发了新的动力。

来自国家统计局的数据显示，2011 年我国文化及相关产业法人单位增加值为 13479 亿元，比 2010 年增长 21.96%，高于同期现价 GDP 年均增长速度 4 个百分点，文化产业继续保持快速发展的态势。文化产业法人单位增加值占当年国内生产总值(GDP)的比重达 2.85%，比上年提高 0.1 个百分点，文化产业法人单位增加值在国内生产总值中的比重稳步提高。与此同时，文化产业结构不断优化，文化服务业发展较快。2011 年，文化服务提供单位的增加值占文化产业法人单位增加值的 55.9%，比上年提高 2.2 个百分点；占第三产业增加值比重为 3.68%，比上年提高 0.25 个百分点。从核心产业门类的突出成绩亦可窥见整体发展态势，2011 年我国广播电视产业在三网融合战略的推动下，新媒介、新业务和新业态发展势头强劲而且正在改变产业结构与布局；我国电影市场在 2011 年以超过 130 亿的票房成绩，成为仅次于北美和日本的世界电影第三大市场，不仅发展要快而且发展要好的共识，正在推动整个产业转型升级；2011 年我国新闻出版产业主要经济指标持续向好，数字出版风生水起，图书出口与版权输出迈上新台阶。

在我国文化体制改革的总体进程中，2011 年无疑值得写下浓墨重彩的一笔。这一年，国有文艺院团体制改革阶段性任务全面完成，开始向演出市场主体全面转型；国有电影电视剧制作机构转企改制全面完成，影视产业资源实现集约化、规模化发展，组建了一大批影视制作集团公司和一批重点影视基地；中央各部门各单位出版社体制改革工作基本完成，省级党报发行机构全部完成转企改制，非时政类报刊出版单位登记或转制为企业取得重要进展。正是得益于文化体制改革的不断深入，经营性文化单位转企改制取得决定性进展，覆盖城乡的公共文化服务体系基本形成，文化产业结构调整和资源整合力度不断加大，形成了公益性文化事业日益繁荣、经营性文化产业快速发展的崭新局面。

2011 年我国文化产业发展迎来了投融资活跃期和整体上市潮。在党的十七届六中全会的激励下，从中央到地方各级政府发展文化产业的热情空前高涨，普遍制定文化产业发展规划，广泛设立文化产业专项资金，财政支持力度进一步加大，进而带动各种投资基金和产业引导基金快速集结进入文化产业领域，资本市场更是形成了文化企业排队上市的景观。2011 年，文化产业专项资金累计安排 60 亿支持文化产业发展，累计支持项目达 1000 多个。2011 年全国共设立了 43 支文化产业基金，其中 34 支公布募资规模的文化产业基金共募集资金 528.1 亿元，单支平均募资规模达 15.53 亿元。2011 年浙报传媒成为中国首家经营性资产整体上市的报业集团；凤凰传媒募集资金 44.79 亿元，超过 2010 年中南传媒 42.3 亿元募集金额，成为 A 股市场迄今规模最大的文化企业 IPO 项目；上海东方传媒集团旗下百视通在上海证券交易所成功挂牌上市，开创了主流广电系统新媒体企业上市先河。

2011 年我国文化企业走向海外市场的步伐越来越坚定，进入扭转文化贸易逆差，全面创新“走出去”模式的时期。根据商务部统计，从 2001 年到 2010 年，我国文化产品和服务出口规模分别增长了 2.8 倍和 8.7 倍，图书版权进出口比例从 2003 年的 9:1 下降到 2010 年的 3:1。2011 年，我国核心文化产品进出口总额达到 198.9 亿美元，同比增长 21.4%。其中，出口 186.9 亿美元，同比增长 22.2%；进口 12.1 亿美元，同比增长 10.4%；贸易顺差 174.8 亿美元。但是，我国对外文化贸易存在总体顺差、结构性逆差的问题，整体而言还处于文化产业全球价值链的低端，文化服务特别是视听、新媒体、表演艺术等领域的贸易逆差尤其显著。随着“十二五”时期全方位、宽领域的对外开放格局逐步形成，我国必须要抢占科技创新和新兴产业的制高点，提升国际文化贸易能力。

时间如白驹过隙，匆匆而去，我国文化产业已走过“十二五”的第一年，如今文化产业既是国家经济结构战略性调整的重要支点，又是国民经济新的增长点，更是转变发展方式的重要着力点。在党的十七届六中全会发出推动文化大发展大繁荣的时代强音，各地各部门开始积极部署文化强国建设工程的全新征程中，我国文化产业已经调整脚步，准备再塑辉煌！

《中国文化产业年鉴》编辑部

编辑说明

一、《中国文化产业年鉴》是翔实记录和反映全国文化产业年度发展状况的大型综合性、权威性、资料性年刊，也是我国文化产业研究领域信息容量大、资料索引全、可供长期保存和反复查阅的大型工具书。本刊力求全面监测文化产业统计数据，记录分析文化产业重大政策，全景展示文化产业发展轨迹，忠实反映文化产业领域的突出成果，服务于中央和地方政府决策、企业实践以及理论研究。

二、本刊坚持“存史”和“镜鉴”的指导原则，采用“分头编撰、汇总审校”的编纂方法。

三、本刊自2010年起，每年出版一卷。2012年版为第3卷。本卷共设14个栏目：1. 图片记事；2. 特载；3. 文件与法规；4. 全国概况；5. 地方概况；6. 统计与数字；7. 理论研究与出版；8. 规划与项目；9. 园区与基地；10. 改革与创新；11. 投融资；12. 走出去；13. 大事记；14. 附录。

四、本刊2012年版主要发表2011年的资料，部分栏目也收入了2012年上半年的有关资料。

五、有关文化体制改革与文化产业发展的情况是本刊的主要内容，着重在以下各栏目中反映：

《图片记事》——党和国家领导人、中央有关部委主要领导以及各省市自治区主要领导参加文化产业相关重要活动的照片；全国和部分省（市、自治区）文化产业大型活动的照片；

《特载》——党和国家领导人、中央有关部委主要领导以及各省（市、自治区）主要领导关于文化体制改革与文化产业发展的重要讲话摘编；

《文件与法规》——国务院和中央各部委、各省（市、自治区）出台的文化产业相关政策法规；

《全国概况》——全国文化产业发展总体情况和各行业基本情况；

《地方概况》——全国各省（市、自治区）及港澳台地区文化产业发展总体情况和各行业发展基本情况；

《统计与数字》——全国各省（市、自治区）文化产业主要统计指标及图表；

《理论研究与出版》——文化产业学术论文摘编、报刊辑览、图书评介、课题研究等；

《规划与项目》——全国各省（市、自治区）重要文化产业规划和重点文化产业项目；

《园区与基地》——国家级文化产业示范基地（园区）以及各省（市、自治区）文化产业示范基地（园区）；

《改革与创新》——文化体制改革成果、文化企业典型案例、文化产业园区（基地）先进经验以及文化企业家突出事迹；

《投融资》——全国和地方文化产业领域财政政策性投融资和商业性投融资发展情况；

《走出去》——全国和地方文化产业“走出去”总体情况和各行业“走出去”基本情况；

《大事记》——以日记式的方式记录文化产业领域各类重大事项，包括全国和各省（市、自治区）举办的综合性、行业性节庆、展览、博览、交易、评奖、表彰、论坛、研讨会、重要工作会议、文化企业集团成立、重大项目立项等。

六、关于文化产业各行业发展情况的统计数据，来自政府有关部门和行业分析机构，主要在《全国概况》、《统计与数字》等栏目中介绍。关于各省（市、自治区）文化产业各行业发展情况的统计数据，主要在《地方概况》栏目中介绍。

七、香港特别行政区、澳门特别行政区和台湾省的文化产业情况，在《地方概况》中介绍。本刊所列全国性统计数据，均未包括香港特别行政区、澳门特别行政区和台湾地区。

八、本刊发表的信息资料均由权威部门提供，或经权威部门审定。

目录

第一部分　特载

第二部分　文件与法规

第三部分　全国概况

第四部分　地方概况

第五部分　统计与数字

第六部分 理论研究与出版

第七部分 规划与项目

第八部分　园区与基地

第九部分　改革与创新

第十部分　投融资

第十一部分　走出去

第十二部分　大事记

附录

第一部分

特载

党和国家领导人重要讲话摘编

要继续大力推动社会主义文化大发展大繁荣

——胡锦涛在庆祝中国共产党成立 90 周年大会上的讲话(节选)

（2011 年 7 月 1 日）

在前进道路上，我们要继续大力推动社会主义文化大发展大繁荣，坚定不移发展社会主义先进文化。

社会主义先进文化是马克思主义政党思想精神上的旗帜。面对当今文化越来越成为综合国力竞争重要因素的新形势，我们必须以高度的文化自觉和文化自信，着眼于提高民族素质和塑造高尚人格，以更大力度推进文化改革发展，在中国特色社会主义伟大实践中进行文化创造，让人民共享文化发展成果。

要坚持发展面向现代化、面向世界、面向未来的，民族的科学的大众的社会主义文化，推动社会主义先进文化更加深入人心，推动社会主义精神文明和物质文明全面发展，不断开创全民族文化创造活力持续迸发、社会文化生活更加丰富多彩、人民基本文化权益得到更好保障、人民思想道德素质和科学文化素质全面提高的新局面，建设中华民族共有精神家园。

发展社会主义先进文化，必须把社会主义核心价值体系建设融入国民教育、精神文明建设和党的建设全过程。要坚持用马克思主义中国化最新成果武装全党、教育人民，引导广大干部群众深刻领会党的理论创新成果，坚定理想信念。要在全体人民中大力弘扬以爱国主义为核心的民族精神和以改革创新为核心的时代精神，增强民族自尊心、自信心、自豪感，激励全党全国各族人民为实现中华民族伟大复兴而团结奋斗。要坚持用社会主义荣辱观引领社会风尚，深入推进社会公德、职业道德、家庭美德、个人品德建设，加强对青少年的德育培养，在全社会形成积极向上的精神追求和健康文明的生活方式。要加快文化体制改革，加快构建公共文化服务体系，加快发展文化事业和文化产业。要着眼于推动中华文化走向世界，形成与我国国际地位相对称的文化软实力，提高中华文化国际影响力。中华民族创造了源远流长、博大精深的中华文化，中华民族也一定能够在弘扬中华优秀传统文化的基础上创造出中华文化新的辉煌。

（据 2011 年 7 月 2 日《人民日报》）

2011 年政府工作报告（节选）

温家宝

（2011 年 3 月 5 日）

文化对民族和国家的影响更深刻、更久远。要更好地满足人民群众多层次多样化文化需求，发挥文化引导社会、教育人民、推动发展的功能，增强民族凝聚力和创造力。加强公民道德建设，在全社会树立中国特色社会主义的共同理想和信念，加快构建传承中华传统美德、符合社会主义精神文明要求、适应社会主义市场经济的道德和行为规范。加强诚信体系建设，建立相关制度和法律法规。增强公共文化产品供给和服务能力，重点加强中西部地区和城乡基层的文化基础设施建设，继续实施文化惠民工程。扶持公益性文化事业，加强文化遗产保护、利用和传承。进一步繁荣哲学社会科学。发展新闻出版、广播影视、文学艺术、档案事业。加强对互联网的利用和管理。深化文化体制改革，积极推进经营性文化单位转企改制。大力发展文化产业，培育新型文化业态，推动文化产业成为国民经济支柱性产业。大力开展全民健身活动，促进群众体育和竞技体育协调发展。加强对外文化体育交流与合作，不断扩大中华文化国际影响力，让博大精深的中华文化再展辉煌。

（据 2011 年 3 月 15 日新华社电）

关于《中共中央关于深化文化体制改革推动社会主义文化大发展大繁荣若干重大问题的决定》的说明（节选）

李长春

（2011 年 10 月 15 日）

发展文化产业是社会主义市场经济条件下满足人民多样化精神文化需求的重要途径。文化产业是最具发展潜力的新兴产业之一，对推动经济结构战略性调整、加快转变经济发展方式具有重要作用。近年来，我国文化产业总体发展较快，2004 年至 2010 年全国文化产业增加值年平均现价增长速度超过 23%。2010 年，我国文化产业增加值突破 1.1 万亿元，占国内生产总值比重为 2.75%。《决定》强调，必须坚持社会主义先进文化前进方向，坚持把社会效益放在首位、社会效益和经济效益相统一，按照全面协调可持续的要求，推动文化产业跨越式发展，使之成为新的经济增长点、经济结构战略性调整的重要支点、转变经济发展方式的重要着力点，为推动科学发展提供重要支撑。

围绕这项任务，《决定》从4个方面作出工作部署。一是构建现代文化产业体系。《决定》提出，必须构建结构合理、门类齐全、科技含量高、富有创意、竞争力强的现代文化产业体系，在重点领域实施一批重大项目，推进文化产业结构调整，发展壮大传统文化产业，加快发展新兴文化产业，加强文化产业基地规划和建设，加大对拥有自主知识产权、弘扬民族优秀文化的产业支持力度，推动文化产业与旅游、体育、信息、物流、建筑等产业融合发展。二是形成公有制为主体、多种所有制共同发展的文化产业格局。

《决定》提出，加快发展文化产业，必须毫不动摇地支持和壮大国有或国有控股文化企业，毫不动摇地鼓励和引导各种非公有制文化企业健康发展。要培育一批核心竞争力强的国有或国有控股大型文化企业或企业集团，在发展产业和繁荣市场方面发挥主导作用。在国家许可范围内，引导社会资本以多种形式投资文化产业，营造公平参与市场竞争、同等受到法律保护的体制和法制环境。三是推进文化科技创新。科技创新是文化发展的重要引擎。

《决定》提出，要发挥文化和科技相互促进的作用，深入实施科技带动战略，增强自主创新能力，加强核心技术、关键技术、共性技术攻关，依托国家高新技术园区、国家可持续发展实验区等建立国家级文化和科技融合示范基地，把重大文化科技项目纳入国家相关科技发展规划和计划。四是扩大文化消费。增加文化消费总量，提高文化消费水平，是文化产业发展的内生动力。

《决定》提出，要创新商业模式，拓展大众文化消费市场，开发特色文化消费，扩大文化服务消费，提高基层文化消费水平，有条件的地方要为困难群众和农民工文化消费提供适当补贴。要积极发展文化旅游，发挥旅游对文化消费的促进作用。

（据2011年10月27日《人民日报》）

中央政府部门主要领导讲话摘编

·中宣部·

我国文化改革发展进入一个新的阶段

——刘云山在全国宣传部长会议上的讲话

（2011年10月18日）

以党的十七届六中全会召开为标志，我国文化改革发展进入一个新的阶段。宣传思想文化战线要按照中央统一部署，把学习宣传贯彻全会精神作为重大而紧迫的政治任务，以高度的文化自觉，以强烈的责任意识，全力以赴做好工作，推动兴起学习宣传贯彻全会精神的热潮。

党的十七届六中全会是在全面建设小康社会关键时期和文化改革发展重要阶段召开的重要会议。全会审议通过的关于深化文化体制改革、推动社会主义文化大发展大繁荣若干重大问题的《决定》，在总结历史经验、科学分析形势的基础上，阐明了中国特色社会主义文化发展道路，确立了建设社会主义文化强国的宏伟目标，提出了新形势下推进文化改革发展的指导思想、重要方针、目标任务、政策举措，充分体现了我们党文化上的高度自觉和政治上的远见卓识，是推进我国文化改革发展的纲领性文件。胡锦涛总书记在全会上发表重要讲话，全面回顾了一年来中央政治局的工作，深刻阐述了关系党和国家长远发展的重大问题，就贯彻落实全会精神、做好当前工作提出了明确要求，为推动文化改革发展、促进党和国家事业发展指明了前进方向。全会必将对推动社会主义文化大发展大繁荣，对全面建设小康社会、推进中国特色社会主义伟大事业产生重大而深远的影响。

十七届六中全会主题重大、内涵丰富，就文化改革发展提出一系列重要论断、重要部署、重要举措。推动全会精神的贯彻落实，需要广泛深入、扎实有效的宣传动员。要全面把握全会基本精神，大力宣传阐释文化改革发展的巨大成就和机遇挑战，宣传阐释文化改革发展的指导思想和重要方针，宣传阐释坚持中国特色社会主义文化发展道路的现实依据和基本要求，宣传阐释文化改革发展的奋斗目标和主要任务。要运用多种形式、多种渠道宣传报道全会精神，集中开展面向干部群众的宣讲活动，切实加强对重大问题的研究解读，把人们的思想和行动统一到全会的决策部署上来。

落实全会精神的过程，是一个不懈努力、深化实践、创新创造的过程，必须树立良好的精神状态和工作作风。要自觉用全会精神指导实践、推动工作，进一步明确文化改革发展思路，进一步加大文化改革发展推进力度。要围绕社会主义核心价值体系建设、为人民提供更好更多的精神食粮、发展公益性文化事业、发展文化产业、深化文化领域改革开放、建设文化人才队伍等方面的任务，明确工作责任，明确时间进度，明确保障措施，把长远目标和阶段性目标结合起来，有计划分步骤地推进。要坚持求真务实，抓实抓细抓具体，把全会提出的原则要求变为可操作的工作措施，把全会确定的目标任务变成可实施的工作项目，对确定的目标咬住不放，对认准的事情一抓到底，切实把全会精神转化为建设社会主义先进文化的强大动力，转化为推动文化改革发展的实际行动。

（据 2011 年 10 月 18 日新华社电）

加快推动文化产业成为国民经济支柱性产业

孙志军

（2011 年 10 月 12 日）

胡锦涛总书记在庆祝中国共产党成立 90 周年大会上，对继续大力推动社会主义文化大发展大繁荣、坚定不移发展社会主义先进文化进行了深刻阐述，明确把加快发展文化产业作为形成与我国国际地位相对称的文化软实力、创造出中华文化新辉煌的一项重要举措。这为我们进一步加快发展文化产业指明了方向、提供了遵循，一定要深入学习领会，切实抓好贯彻落实。

一、加快发展文化产业是党中央国务院作出的战略决策

中央高度重视发展文化产业，先后作出了一系列重要论断和部署，明确提出了加快发展文化产业的重大意义、总体思路、目标任务和原则要求。中央这一战略决策，充分体现了我们党高度的文化自觉和对文化建设规律的科学把握，丰富和发展了中国特色社会主义文化建设理论。

（一）中央关于加快发展文化产业的重要论述和工作部署

为适应社会主义市场经济深入发展的新形势和加快发展社会主义先进文化的新要求，党的十五届五中全会强调要完善文化产业政策，加强文化市场建设和管理，推动有关文化产业发展，这是我们党在中央文件中首次提出“文化产业”概念。党的十六大进一步明确把文化区分为文化事业和文化产业，强调一手抓公益性文化事业、一手抓经营性文化产业，标志着我们党在文化建设的认识上实现了一个重大突破，对文化产业发展具有里程碑的意义。2005 年，中共中央、国务院下发《关于深化文化体制改革的若干意见》，把加快文化领域结构调整、培育现代文化市场体系、形成以公有制为主体多种所有制共同发展的文化产业格局作为深化文化体制改革的重点任务进行了系统部署。2006 年，中办、国办下发《国家“十一五”时期文化发展规划纲要》，明确了“十一五”时期文化产业发展的重点任务、重大工程和重要举措。党的十七大从增强国家文化软实力、兴起社会主义文化建设新高潮、推动社会主义文化大发展大繁荣的战略高度，强调要大力发展文化产业。国际金融危机爆发后，国务院颁布《文化产业振兴规划》，系统提出了新形势下文化产业发展的指导思想、基本原则、目标任务、重点项目和扶持政策，这是我国第一部文化产业发展专项规划，标志着中央把发展文化产业提升为国家战略。2010 年 2 月，胡锦涛总书记、温家宝总理等中央领导同志在省部级主要领导干部深入贯彻落实科学发展观加快经济发展方式转变专题研讨班上，深刻阐述了发展文化产业在加快经济发展方式转变中的重要地位，强调要加快发展文化产业、加快开拓文化市场。2010 年 3 月，中办、国办转发《中央宣传部关于党的十六大以来文化体制改革及文化事业文化产业发展情况和下一步工作意见》，强调加快推进文化产业发展，把文化产业培育成为推动我国经济发展方式转变的战略性新兴产业。2010 年“两会”期间，温家宝总理在政府工作报告中强调，国家发展、民族振兴，不仅需要强大的经济力量，更需要强大的文化力量，要在继续加快文化体制改革、发展文化事业的同时，加快发展文化产业，满足人民群众多样化的文化需求。2010 年 7 月，中央政治局专门就深化我国文化体制改革专题进行了第二十二次集体学习，胡锦涛总书记明确提出了“三加快一加强”的文化改革发展总体布局，强调要加快发展文化产业，增强文化产业整体实力和竞争力。国家“十二五”时期国民经济和社会发展规划纲要，从夺取全面建设小康社会新胜利、推进中国特色社会主义伟大事业的高度，明确提出未来五年要推动文化产业成为国民经济支柱性

产业。中央政治局常委李长春在《深入学习实践科学发展观推动社会主义文化大发展大繁荣》《正确认识和处理文化建设发展中的若干重大关系努力探索中国特色社会主义文化发展道路》等重要讲话和文章中专门就文化产业的属性特征、发展思路和目标任务进行深入阐述，并多次就文化产业发展问题进行专题调研，作出重要指示。2011 年 5 月，中央政治局委员、书记处书记、中宣部部长刘云山主持召开文化产业发展座谈会，研究加快推动文化产业发展的政策措施，强调要以新的视角认识文化产业的地位作用，坚持内容为王，以更有力的措施推动我国文化产业实现新的更大发展。

（二）中央关于加快发展文化产业的总体思路

认真贯彻党的十七大和十七届五中全会精神，以邓小平理论和“三个代表”重要思想为指导，深入贯彻落实科学发展观，牢牢把握社会主义先进文化前进方向，紧紧围绕科学发展这个主题和加快转变发展方式这条主线，以改革创新和科技进步为动力，以壮大实力、提高竞争力为核心，以满足人民群众多样化、多层次、多方面精神文化需求为目标，深化文化体制改革，推进经营性文化单位转企改制，培育合格文化市场主体，做大做强骨干文化企业，加大推进力度、加快发展步伐、提高质量效益，努力实现我国文化产业的跨越式发展，推动文化产业成为国民经济支柱性产业，促进社会主义文化大发展大繁荣。

（三）中央关于加快发展文化产业的原则要求

归纳起来，就是要始终坚持社会主义先进文化的前进方向，注重内容为王，把社会效益放在首位，努力实现社会效益和经济效益的统一；坚持面向群众、面向基层、面向农村、面向市场，一手抓艺术创新、一手抓市场开拓，切实把遵循艺术规律与遵循市场规律结合起来；坚持以体制改革和科技进步为动力，增强文化产业发展活力，提升文化创新能力；坚持走中国特色文化产业发展道路，学习借鉴世界优秀文化，积极推动中华民族文化繁荣发展；坚持以转变发展方式为主线，加快推进重大工程项目，调整产业结构，扩大产业规模，增强文化产业整体实力和竞争力；坚持内外并举，积极开拓国内国际文化市场，增强中华文化在国际上的影响力。

二、加快发展文化产业具有重大意义

当今时代，文化越来越成为民族凝聚力和创造力的重要源泉，越来越成为综合国力竞争的重要因素，丰富精神文化生活越来越成为我国人民的热切愿望，越来越需要文化产业又好又快发展。加快发展文化产业，是新时期新阶段文化建设一项十分重大而又紧迫的战略任务，是兴起社会主义文化建设新高潮、推动社会主义文化大发展大繁荣的迫切需要，是社会主义市场经济条件下满足人民群众多样化、多层次、多方面精神文化需求的必然选择，也是推动经济结构调整、加快经济发展方式转变的重要抓手，对于推动经济社会发展、增强综合国力、实现社会主义现代化，具有十分重大的现实意义和深远的历史意义。

（一）加快发展文化产业是推动科学发展、促进经济发展方式转变的重要途径

文化产业是文化与经济相互交融的集中体现，文化的经济功能很大程度上通过文化产业体现。文化产业具有优结构、扩消费、增就业、促跨越、可持续的独特优势和突出特点，是一个朝阳产业、绿色产业，对促进经济增长、提升经济发展质量、推动经济发展方式转变发挥着重要作用。在调整经济结构方面，文化产业是现代服务业的重要组成部分，既为生活服务，又为生产服务，是经济结构调整的重要支点。抓住文化产业，就抓住了经济结构和产业结构调整的突破口。在扩大内需方面，文化产业与物质生产和服务业相融合，可以有效提高物质产品和服务业的文化含量与创意附加值，促进消费升级；同时，对文化自身的需求也是内需的重要方面，文化产品和服务可以形成新的消费需求和消费热点，直接拉动消费的增长，挖掘文化消费潜力、拓展文化消费空间，已成为扩大内需的重要引擎。按国际经验测算，我国每年文化消费可达 4 万亿元，但实际消费不足 1 万亿元，巨大的文化消费潜力和产业发展空间有待挖掘。在可持续发展方面，文化产业资源消耗低、环境污染小，科技含量高、发展潜力大，市场需求强、消费空间大，开发价值高、投资机会多，对建设资源节约型、环境友好型社会的作用日益凸显。推动经济社会科学发展、加快转变经济发展方式，开辟发展的新途径新空间，迫切需要文化产业有一个更大发展。

（二）加快发展文化产业是充分利用市场资源和科技条件、繁荣发展社会主义文化的重要载体我国文化产业在国民经济中所作的贡献远远低于美国等发达国家，美国的文化产业占整个 GDP 的 25%，英国达到 11%，而中国只占到 2.6%

当今时代，文化的发展越来越离不开市场和科技的支撑。市场和科技如同鸟之双翼，为社会主义文化大发展大繁荣提供强大动力。从市场经济发展看，市场在资源配置中的基础性作用日益凸显，文化与市场的接轨已经成为文化发展的必然趋势。只有加快发展文化产业，

建立健全现代文化市场体系，让文化生产要素在市场中高效流通和配置，才能充分调动方方面面的积极性、主动性、创造性，形成推动社会主义文化大发展大繁荣的强大合力；让经营性文化单位成为合格的市场主体参与市场竞争，才能更好地利用丰富的市场资源做大做强；让文化产品真正成为市场上的商品，变为广大群众的消费，才有可能最大限度地实现产品的文化功能，实现社会效益和经济效益的有机统一。运用符合市场经济的思路、办法、手段来推动文化发展，借助市场的力量生产制作优秀文化产品、扩大先进文化的影响，迫切需要加快发展文化产业。从科技发展应用看，现代科技深刻改变了文化的生产方式、传播方式和消费方式，也赋予文化新的内涵、新的功能和新的形态，为文化发展提供了强大的后发优势。文化产业在运用最新科技成果发展文化和推动文化科技创新方面具有天然的敏感和优势。电影业的迅速发展，是内容创新和科技创新的结果，也是强大的产业基础和有效的市场运作的结果。适应当代科技发展的新趋势，推动文化与科技的融合，抢占文化发展制高点，形成新的文化创造力和竞争力，迫切需要加快发展文化产业。

（三）加快发展文化产业是满足人民群众精神文化需求、保障人民群众文化权益的重要内容市场经济条件下，文化产业是满足人民群众多样化、多层次、多方面精神文化需求的主要途径，是改善文化民生、提高人们生活质量和幸福指数的重要手段

国际经验表明，人均国内生产总值达到 3000 美元时，居民消费进入物质消费和精神文化消费并重时期；超过 5000 美元时，居民消费将进入精神文化需求的旺盛时期。现在，我国人均国内生产总值已经达到 4200 美元，居民消费正由生存型、温饱型，向小康型、享受型转变，人民群众精神文化需求呈“井喷”之势。随着经济条件的宽裕、教育水平的提高、闲暇时间的增多，人们追求自我文化表达、参与自主文化创造活动的愿望更加强烈，实现和维护自身文化权益的意识更加高涨。相比之下，我国文化产业发展水平还不高，总体上还不能很好地适应人民群众精神文化需求快速增长的新形势和人们繁荣文化市场的新期待。可以说，文化产业是少数几个总供给还不能满足总需求的朝阳产业之一，为加快文化产业发展提供了广阔的市场空间，也对加快转变发展方式、提高发展质量和水平提出了更高要求。满足好群众精神需求、维护好群众文化权益、引导好群众文化消费，使全体公民在“文化享有”上健康向上、各得其利，在“文化创造”上迸发活力、各尽其能，迫切需要我们在构建公共文化服务体系的同时，深化文化体制改革，加快文化发展方式转变，推动文化产业又好又快发展。

（四）加快发展文化产业是提高国家文化软实力、增强中华文化竞争力的重要举措

文化产业承载着一个国家的文化理念、文化价值和文化追求，反映着一个国家的文化软实力。当今世界，思想文化交流交融交锋趋势更加明显，一些西方发达国家更加注重通过文化产业、借助文化产品，输出其价值观念和生活方式。近年来，美国一直控制着世界主要的电视和广播节目制作，每年向国外发行的电视节目总量达 3 万小时，并占有世界 2/3 的电影市场总票房。我们要在激烈的国际竞争中赢得主动，扭转文化贸易逆差，维护国家文化安全，就必须加快发展文化产业，增强我国文化的整体实力和国际影响力。与此同时，随着我国综合国力的不断增强和国际影响的日益提升，国际社会对中国发展道路和发展模式更加关注，了解中华文化和我国科学发展的愿望更加强烈，我国所承载的国际期待和国际责任明显加重，迫切需要我们加快发展文化产业，统筹国际国内两个市场、两种资源，积极探索市场化、产业化的运作手段，以企业为主体、以文化贸易为主要方式，推动更多的文化产品和服务走出去，参与国际竞争、形成特色品牌，不断扩大中华文化影响力，增强国家文化软实力。

三、近年来文化产业发展的基本情况和主要成效

为深化文化体制改革、加快文化事业文化产业发展，中央专门成立了由中宣部等 17 个部门组成的中央文化体制改革工作领导小组，负责协调指导和推动文化体制改革和文化事业文化产业发展工作。各地也建立了指导和推动文化改革发展的领导体制和工作机构。按照中央部署和要求，中央和各地各有关部门制定实施了支持经营性文化单位转企改制和文化企业发展、非公有资本进入文化产业、促进影视和动漫产业繁荣发展、金融支持文化产业、扩大文化出口、鼓励民营文艺表演团体发展等政策文件，建立规范文化产业统计制度，成立文化产业发展专项资金和文化产业投资基金，推动文化产业又好又快发展，取得显著成效，初步开创了中国特色社会主义文化产业发展的新局面。2011 年 1 月 10 日，文化部与保监会在京联合举行“保险支持文化产业试点工作启动仪式”，同时，公布了第一批 11 个文化产业保险试点险种和 3 家试点保险公司。

（一）推动国有经营性文化单位转企改制，国有文

化单位市场主体缺失的状况得到明显改善

按照“区别对待、分类指导、循序渐进、逐步推开”的原则和“创新体制、转换机制、面向市场、壮大实力”的要求，在不断完善配套政策的同时，加大力度、加快进度推进出版、发行、影视制作、演艺、广电网络、新闻网站、非时政类报刊等经营性文化单位转企改制，着力培育和重塑新型文化市场主体，取得实质性成果。截至2011年6月底，中央各部门各单位出版社体制改革任务如期完成，全国出版发行、电影电视剧制作等领域基本完成全行业转制，国有文艺院团完成转制590家，非时政类报刊完成转制595家，人民网等10家重点新闻网站完成转制任务，22个省区市实现省内广电传输网络整合。全国共注销经营性文化事业单位4000多家，核销事业编制18万个以上。经营性文化单位转企改制后，形成了新的经营管理机制、投融资机制、内部激励约束机制，员工积极性得到充分调动，国有文化资产得到有效盘活，在市场竞争中迸发强大生机和活力，为文化产业的发展奠定了良好基础。一是创作生产能力不断提升。建立适应文化企业特点的业务流程、生产营销机制和评价激励机制，创作活力得到极大释放，实现了依靠“输血”向自我“造血”的转变。如，北京市儿童艺术剧院转企后，推出《红领巾》《安徒生》《迷宫》等一系列“叫好又叫座”的精品儿童剧，演出场次从转企前的100场增加到600多场，总收入从77万元增加到7000万元，人均年收入从2.9万元增长到5.4万元。二是国有资产普遍大幅增值。建立法人治理结构和资产经营责任制，加强了成本控制和财务监管，改变了粗放型的经营方式，文化企业的资产、利润和员工收入普遍增长。2011年入选的第三届“文化企业30强”，其平均主营收入、税前利润、净资产都比第一届翻了一番。江苏凤凰出版传媒集团公司转制后，营业收入每年增长10多亿元，2010年达142亿元，总资产接近200亿元，净资产超127亿元，实现了资产、营收、净资产均超百亿元。三是市场占有率和影响力迅速提高。文化企业普遍加强市场运作，完善营销网络，开发市场需求。国有图书发行系统焕发生机活力，恢复了主渠道作用。天津日报社改革发行体制，组建报刊连锁发行销售网络，不仅结束了10年发行亏损，安置了2000多名下岗职工，还推动《天津日报》以及代理发行的《人民日报》等党报党刊走进街头报亭、便利店、社区和高校，变单纯机关和国有单位订阅为订阅与市场零售并举，扩大了党报的社会影响。

（二）推进文化领域资源战略性重组，文化产业整体规模和实力日益增强

坚持以发展为主题，以结构调整为主线，把经营性文化单位转企改制与联合重组结合起来，实施重大项目带动战略，推动跨地区、跨行业、跨部门、跨所有制兼并重组，着力培育骨干文化企业和战略投资者，并鼓励非公有资本进入政策许可的文化产业领域，促进文化产业布局结构进一步优化，文化产业呈现持续健康发展的良好局面。一是形成一批总资产和总销售收入超过或接近百亿元的“双百亿元”大型骨干文化企业，文化产业的规模化、集约化、专业化水平不断提高。各地整合成立了46个演艺企业集团，区域性龙头演艺企业正在逐步发展壮大。2010年，全国经批准成立的120家出版集团、报刊集团、发行集团和印刷集团资产总额3234.2亿元、主营收入1785.8亿元，在书报刊出版和出版物发行领域所占比重分别达73.5%和53.8%，“行业龙头”的地位与作用初步显现。辽宁北方联合出版传媒公司进行跨地区资本合作，与天津出版传媒集团有限公司、内蒙古新华发行集团股份有限公司签署股权合作协议。人民教育出版社、高等教育出版社等单位整合组建成立中国教育出版传媒集团有限公司。中国科学出版集团有限责任公司、人民邮电出版社、电子工业出版社等单位联合成立中国科技出版传媒集团有限公司。中南出版传媒集团股份有限公司通过上市实现融资额42.43亿元，并作为内容运营商与华为公司、中国联通等开展股权和业务合作，共同打造面向全球的数字资源营销服务平台，企业活力迸发，综合实力大大加强，市值超过200亿元。二是文化创意、影视制作、出版发行、印刷复制、广告、演艺娱乐、文化会展、数字内容和动漫等重点文化产业快速发展，实力迅速增强。2005年以来，长篇小说创作生产量每年上千部，新创作并首演的剧目每年也达上千种。2010年生产电视剧1.5万集，几年保持世界第一。我国电影业进入跨越式发展的快车道，国产电影年产量由2003年以前的不足100部发展到2010的526部，国内票房从2003年的不足10亿元发展到2010年的超过100亿元，连续六年保持30%以上增长，其中票房过亿元的国产电影10多部，接近亿元大关的有30部，我国成为世界第三大电影生产国，改变了进口大片主导我国电影市场的格局。新闻出版产业继续保持平稳增长态势，2010年全国出版、印刷和发行服务业实现总产出12698亿元、增加值3503亿元，较2009年分别增长19%、13%，其中数字出版总产出和增加值分别增长31.6%和23.7%，超过全行业增长速度，在各产业类别中位居前茅。据文化部统计，2010年我国动漫产业总

产值达480亿元，比2009年增长27.8%。三是我国文化产业对国民经济增长的贡献不断上升，日益成为新的经济增长点。2004年至2008年间，文化产业增加值的年平均现价增长速度达22%以上，高于同期国内生产总值年平均现价增长速度3.6个百分点。2009年我国文化产业增加值占国内生产总值的比重为2.5%，比2004年比重高出近0.4个百分点；北京、上海、广东等省市文化产业占国内生产总值比重都超过5%。

（三）构建现代文化市场体系，文化市场繁荣健康发展

加快发展文化产品和要素市场，大力推进现代流通组织形式和营销方式，推动文化市场综合执法改革，强化文化市场日常监管和专项整治活动，条块分割、城乡分离等突出问题得到有效解决，统一开放、竞争有序的现代文化市场体系逐步形成，文化市场空前繁荣，呈现持续健康发展的良好局面。

一是书报刊、电子音像、演出娱乐、动漫游戏、电影、广播电视节目等文化产品市场规模迅速扩大，文化人才、信息、技术、产权、资本等要素市场快速发展，文化产权交易、文化经纪代理、担保、拍卖等中介服务逐步完善，文化资源配置效率不断提高。金融支持文化产业力度加大，越来越多的文化企业通过开展银企合作、融资担保、上市融资等方式实现要素集聚。目前，全国几大银行给文化产业授信融资总额超1000亿元；文化企业上市融资步伐加快，全国共有26家上市文化企业，融资规模不断扩大，逐步成长为A股市场的一个新兴板块，2010年新增的8家上市企业融资104亿元。二是现代流通方式在出版发行、电影发行放映领域广泛应用，广电传输网络发展势头迅猛。新华书店基本实现省内基层店的连锁和配送。城市电影院线达37条，覆盖影院2000家、银幕6500块。22个省区市完成广电传输网络的全省整合，越来越多的用户通过电视可点播影视节目、收听广播、从事娱乐活动、了解政府政务信息、开展远程教育、支付家庭水电费用等，还可以接入和浏览互联网，实现了由“看”电视向“用”电视的转变。三是文化市场准入制度和管理调控能力进一步增强，文化市场更加健康有序。政府职能转变进一步加快，文化行政管理部门与企事业单位的关系得到理顺，实现由主要管理直属单位向社会管理转变，由行政管理手段为主向综合运用法律、经济、行政、技术等多种管理手段转变，政府的政策调节、市场监管、社会管理和公共服务能力得到提升。据不完全统计，全国已有20多个省区市成立了省级文化产业发展专项资金，资金总规模迅速扩大；中央和江苏、上海、安徽、陕西等省市已设立20多支文化产业投资基金，募集资金300亿元；深圳、上海等地分别成立文化产权交易所，增强了运用经济手段调控文化市场的能力。非公资本进入文化产业的门槛进一步降低，社会力量普遍看好文化产业，纷纷进入政策许可的文化产业领域，在出版物发行、电视剧制作、文艺演出等领域涌现了一大批具有较强实力竞争力的民营文化企业。民营演艺业快速发展，全国已有民营文艺院团7000多家，远远超过2000多家的国有院团总量，其中中国旅游演艺第一股杭州宋城旅游发展股份有限公司，推出大型歌舞《宋城千古情》，累计演出12000余场，接待观众2800万人，2010年演出1414场，观众超过300万人，主营收入4.45亿元。2010年12月上市融资22亿多元，促使其更好更快地发展。

（四）推动文化与科技、旅游等相关产业融合发展，新兴文化产业快速成长

积极推动文化企业走技术创新和市场开发相结合的产业发展道路，大力发展文化会展、数字内容、网络文化、手机电视、现代文化娱乐等新兴文化产业，促进文化产业结构升级，各类新兴文化业态发展迅猛，各种新的文化产品形态和文化服务业务层出不穷，受到人们特别是年轻人的追捧和喜爱，成为文化产业中最具活力和潜力的部分。

一是网络文化发展迅猛。截至2011年6月，我国网络游戏用户规模达3.11亿人，占网民总数64.2%；2010年网络游戏市场实际销售收入323.7亿元，比2009年增长26.3%，带动电信、IT、媒体广告等相关产业产值631.2亿元。网络文学用户规模增长迅速，2011年6月达1.95亿人，占网民总数42.2%，网络文学影响力不断增强，更多传统文学作家借助互联网发表和传播作品，网络文学改编的电影电视剧热播。网络视频用户规模3.01亿人，占网民总数62.1%，网络视频已经发展成为人们获取电影、电视、视频等数字内容的重要媒体，在互联网行业中的地位不断凸显。以手机为平台的新兴媒体如手机报、手机音频、手机视频、手机电视、手机小说、手机网站等使用范围和影响力不断扩大。我国自主研发的移动多媒体广播电视（CMMB）已覆盖国内331个城市、用户近1000万户，并已走向国外。二是新兴文化业态迅速发展。数字出版产业总产值从2006年的200亿元增长到2010年的900亿元，年均增长速度超过45%。取得《电视动画片发行许可证》的动画制作机构从2005年的35家增长到2010年的200家；影视动画产量从2005年的4.2万分钟增加

到2010年的22万分钟，增长了4倍以上，扭转了进口动画片占主导的局面。新兴文化会展业发展势头强劲，2011年第七届中国（深圳）国际文化产业博览交易会总成交额和出口交易额再次分别突破千亿元和百亿元大关，与第一届相比都有数倍增长。三是文化休闲旅游业发展迅猛。大型文化主题公园进入迅速扩张期，深圳华侨城在深圳、北京、成都、上海运营的四个欢乐谷2010年游客接待量达1000万人次；深圳华强集团公司在芜湖、重庆、汕头建成3个自主规划设计的大型主题公园，其中芜湖方特欢乐世界接待游客量每年达200万人次。红色旅游已经成为我国旅游业重要组成部分和生力军，6年共接待游客13.5亿人次，其中2010年4.3亿人次，占国内旅游人数的20%，带动直接就业人数91.2万人、间接就业371.1万人，综合收入超过4000亿元，取得了良好的社会效益和经济效益。

（五）加快文化“走出去”步伐，文化产品和服务出口规模不断扩大

坚持“两条腿”走路，在继续大力推动政府间文化交流的同时，积极探索市场化、商业化、产业化的文化“走出去”运作方式，培育外向型骨干文化企业和大型文化中介机构，大力打造具有核心竞争力的文化产品和文化品牌，推动文化与国际商贸、旅游相结合，加强与境外经营机构的合作，扩大我国文化产品和服务的国际市场份额，推动形成全方位、多层次、宽领域的对外文化交流新格局。

一是涌现出一批拥有自主研发能力和自主品牌的外向型文化企业。比如，安徽出版集团公司运用图书、光盘与电子产品捆绑出口模式，版权输出覆盖50多个国家地区，并成功在俄罗斯开办印刷产业基地，近五年文化服务出口产值年均增幅78%。中国对外文化集团公司近三年在全球80多个国家组织演出、展览达15000余场，海外观众总量超过3000万人次。深圳华强文化科技集团公司向美国、加拿大等40多个国家和地区输出70套“环幕4D影院”系统，每年出口配套影片20余部；开创文化主题公园整体设计理念打包输出的新路子，与伊朗、南非、乌克兰等国合作兴建华强文化科技主题公园，使我国成为继美国之后的第二个大型文化主题公园出口国。二是文化产品和服务进出口逆差逐步缩小。“十一五”期间，我国核心文化产品出口总额为560.9亿元美元，相比“十五”增长100%；文化服务出口总额为11.8亿元美元，相比“十五”增长255.6%。图书版权进出口比由2003年的15.4:1下降为2010年的3:1；法兰克福书展的版权输出连年攀升，从2005年615种到增长到2010年的2685种。2010年国产游戏产品出口规模比2009年增长116%。三是主流媒体的国际传播力和影响力不断提高。中央电视台已开播英语、西班牙语、法语、俄语、阿拉伯语、汉语6个国际频道，在141个国家和地区落地，海外用户超过1.6亿元。中国国际广播电台已建成56个境外整频率电台，使用61种语言对外播出。

实践充分证明，中央关于深化文化体制改革、加快文化产业发展的决策部署是完全正确的，顺应了实现中华民族伟大复兴的时代发展要求，顺应了各族人民过上更好生活的新期待，顺应了文化建设的内在规律和发展趋势。实践同样昭示我们，深化文化体制改革、加快文化产业发展是促进文化大发展大繁荣的强大动力，是解放和发展文化生产力的根本途径，是满足人民群众日益增长的精神文化需求的必由之路，是推动经济社会科学发展的新引擎。

四、进一步加快文化产业发展的主要任务

当前，随着我国整体经济实力迅速增强，人均收入水平持续提升，文化体制改革不断深化，国际影响力明显扩大，文化产业正迎来一个加快发展的黄金期，面临着难得机遇和有利条件。党中央、国务院高度重视发展文化产业，把加快发展文化产业作为一项重要的战略任务，出台一系列政策措施，为我们加快发展文化产业提供了最为有力的保障；世界各国强烈希望了解中国，“中国热”、“中华文化热”持续升温，为文化产业发展提供了广阔的国际市场空间；文化体制改革创造了新的体制机制环境，全社会参与支持文化产业发展的热情空前高涨，现代文化市场体系初步形成，为加快发展文化产业营造了良好环境；现代信息技术日新月异、文化传播手段更加丰富，新的文化业态、文化样式不断涌现，为我们发挥后发优势、抢占文化产业发展制高点提供了强劲动力。同时也要看到，我国文化产业仍然处于起步阶段，无论是规模总量还是质量效益，无论是对内满足人民需求还是对外扩大文化影响，都还存在许多不适应，都还有不小的差距。既要充分看到成绩、增强信心，又要清醒认识差距、增强紧迫感，以更有力的措施，推动我国文化产业有一个新的更大发展。

（一）坚持社会主义先进文化前进方向，着力提升文化产品服务的内涵和质量

文化产业有其自身的性质和特点，承载的是思想观念、审美情趣、价值选择，内容永远是根本，是核心竞争力，是决定其生存与发展的关键所在。要牢固树立内

容为王的观念，始终坚持正确导向，把内容建设摆在十分突出的位置，着力提升文化产品的内涵和质量，以内容优势赢得产业发展优势。一是注重文化资源的挖掘。坚持不忘本来、吸收外来、面向未来，汲取一切有益的文化营养进行创作生产，切实增强文化产品的思想震撼力和艺术感染力，以此赢得市场青睐和产业发展空间。二是注重文化创意的提升。把传统元素与时尚元素结合起来，把民族特色与世界潮流结合起来，用符合时代发展要求的思想表达、符合广大受众心理的情感抒发，推出更多具有原创价值的文化产品，做到人无我有、人有我新，避免照搬跟风、克隆雷同。三是注重文化品牌的打造。进一步强化品牌意识，潜心创作、精心培育，推出更多高品位、高水准的文化精品，打造一批具有自主知识产权和核心竞争力、市场号召力的知名产品品牌、服务品牌和企业品牌。四是加强对文化产业发展的引导。要始终坚持社会主义核心价值理念，加强和改进文艺评论，完善评价激励机制，科学合理地设置票房、收视率、发行量等量化指标，强化国有文化资产管理考核评估中的导向要求，推动文化企业统筹考量社会效益与经济效益、导向要求与利润指标，以对人民、对社会、对未来高度负责的态度，抓好文化产品的生产。

（二）着眼做大做优做强，培育一批有实力有竞争力的文化产业发展主体

文化企业是文化产业发展的基础，文化企业的规模和实力，决定着文化产业发展的总体质量和水平。加快文化产业发展，必须把做大做优做强文化企业作为一项紧迫任务，倾力打造一批有实力、有活力、有竞争力的文化企业和企业集团。一是继续规范深入推进国有经营性文化单位转企改制。按照"加大力度、加快进度、巩固提高、重点突破、全面推进"20字总要求，以更大力度推进国有经营性文化单位转企改制，巩固扩大已有的改革成果，形成更多合格的文化市场主体。要按照现代企业制度的要求，推动已转制的文化企业完善法人治理结构，实行公司制和股份制改造，建立现代产权制度，形成体现文化企业特点的经营理念、管理运行机制和发展模式，使文化企业真正走上自主经营、自我约束、自我发展的道路，不断提高经营管理水平和市场竞争能力。二是着力培育骨干企业，扶持中小企业，完善文化产业分工协作体系。要在演艺娱乐业、动漫游戏业、网络业、影视业、出版发行业等领域，选择一批改革到位、成长性好的大型国有或国有控股集团公司，加大政策扶持力度，鼓励其以资本为纽带进行跨地区、跨行业、跨所有制兼并重组，推动条件成熟的文化企业上市融资，鼓励已上市公司通过并购重组做大做强，尽快成为文化产业的中坚力量，提高产业集中度；鼓励、支持和促进中小文化企业向"专、精、特、新"方向发展，形成富有活力的优势企业群体，形成合理的文化产业发展格局。三是统筹推进文化产业带、产业集群、产业基地和产业园区建设。坚持科学规划、合理布局、提高水平，突出地区特色和资源优势，加快建设一批文化产业创新、示范和孵化基地，促进各种文化资源合理配置和产业分工；推进边疆少数民族地区文化产业振兴，促进东中西部文化协调发展。

（三）推进文化与科技融合，增强我国文化产业的发展后劲

科技是经济社会发展的强大动力，也是文化发展的强大动力。文化产业的快速发展，离不开现代科技的强力支撑。要自觉站在科技发展的最前沿，紧紧抓住信息化深入发展的有利契机，加快文化与科技的融合，着力增强文化产业的科技含量，牢牢掌握文化发展的主动权。一是充分利用高新技术改造传统文化产业。大力推进文化数字化建设工程，加快文化资源、文化生产、文化传播的数字化，提高文化产品和服务的吸引力、感染力、影响力。加快推进广播电视有线网络整合、数字化转换和双向改造，推进"三网融合"业务发展，跨部门集成文化资源、产品和服务，提高广播电视服务水平。进一步提高数字电影制作生产能力，加快城镇数字影院建设，发展数字院线，实现电影产业的升级换代。鼓励出版企业开发和制作数字图书、数字报刊，发展电子阅读、有声阅读，鼓励印刷复制企业加快生产流程和设备更新改造，逐步实现传统出版向数字出版转型。加快高新技术在演艺业中的应用，加强舞台艺术的数字化采集和传播，延伸产业链条，实现文化生产和消费模式转变。二是加快发展新兴文化业态。要以超前的眼光敏锐捕捉文化产业发展的新机遇，大力发展文化创意、手机电视、网络电视、数字出版、动漫游戏等新兴文化产业，催生新的文化业态，拓展文化产业发展领域，不断提升新兴文化业态的比重。三是加强文化科技创新。加快建立以企业为主体、市场为导向、产学研相结合的文化科技创新体系，促进创新要素向文化企业集聚，推出更多兼备科技含量和文化含量的新兴文化产品。推动文化领域的科技研发纳入国家科技创新体系，主动参与高新技术研发和标准制定，在重点领域和关键环节形成更多具有自主知识产权的创新技术，努力抢占文化产业发展的制高点。

（四）着力培育和开拓市场，打开文化产业发展的广阔空间

繁荣发展文化产业离不开完善的市场体系，文化市场发育的程度决定着文化产业发展的水平。凡是文化市场发育较好、市场体系较为完善的地方，文化产业发展的活力和竞争力往往也比较强。要适应发展社会主义市场经济的新形势，加快构建统一开放竞争有序的现代文化市场体系，充分发挥市场在国家宏观调控下对文化资源配置的基础性作用，发挥市场对文化产品和文化服务的延伸扩展作用。一是加快构建现代文化市场体系。要继续加强文化产品市场建设，加快发展书报刊、电子音像、演出娱乐、动漫游戏、电影、广播电视节目等产品市场。积极培育文化要素市场，有序发展文化人才、信息、技术等交易市场，建立健全文化资产评估体系、文化产权交易体系，发展以版权交易为核心的各类文化资产交易市场，不断提高文化生产要素流通的市场化程度。推进资本市场建设，引导文化企业开展银企合作、融资担保，实现金融资本与文化资源有效对接。发展中介服务机构，引导其规范运作，为文化企业的成长壮大创造良好市场条件。二是进一步完善市场准入制度。建立健全文化产业投融资体系，降低准入门槛，提高政策透明度，充分调动社会资本发展文化产业的积极性。鼓励和引导文化企业面向资本市场融资，支持社会资本以多种形式投资文化产业，鼓励、扶持民营文化企业发展，形成以公有制为主体、多种所有制共同发展的文化产业格局。三是培育扩大文化消费。要把投资拉动与消费拉动结合起来，适应人民群众文化消费需求日趋多样化、个性化的趋势，加快发展大众性文化消费市场，积极发展文化服务消费，开发中高端消费市场，培育特色文化消费，形成新的文化消费增长点。着力扩大基层消费，降低文化消费门槛，引导文化企业投资兴建更多适合普通群众需求的文化消费场所，加强基层和农村文化消费网点建设，推动电影院线、演出院线向县乡延伸，鼓励演艺团体到基层和农村演出。

（五）扩大文化产品和服务出口，不断提高我国文化产业的国际竞争力

2011 年 5 月 13 日，第七届中国（深圳）国际文化产业博览交易会在深圳会展中心隆重开幕。推动文化“走出去”，是扩大中华文化影响力、提升国家文化软实力的战略举措，也是我国文化产业参与国际文化市场竞争、拓展发展空间、提高发展质量水平的必然选择。要创新文化“走出去”模式，统筹对外文化交流与对外文化贸易，统筹国内与国际两个市场两种资源，进一步完善支持文化“走出去”的政策措施，努力构建以政府为主导、以企业为主体、以市场化运作为主要方式的文化“走出去”新格局。一是积极创新文化“走出去”模式。要在继续加强政府主导的对外文化交流的同时，积极探索市场化、商业化的运作方式，开发适销对路的文化产品，提供国外受众易于接受的文化服务，扩大我国文化产品和服务在国际文化市场中的份额。二是进一步强化对外营销。深入研究国际文化领域竞争的状况，熟悉和掌握现代营销理念，更好地运用世贸组织规则，积极探索符合国际惯例和市场运作规律的营销方式。继续办好中国（深圳）国际文化产业博览交易会、中国国际广播电视博览会和北京国际图书博览会等国际性文化产品交易平台。三是鼓励文化企业通过投资、合资、控股、参股等多种方式，在境外设立分支机构，使我国文化产品更直接地进入国际文化市场。

（六）加强人才培养、完善政策保障，为文化产业又好又快发展创造良好环境

文化产业是一个新兴的产业门类，前景广阔、大有可为。同时，我国文化产业起步较晚，各方面基础和条件都还比较薄弱，特别需要政策的引导和激励。各级党委、政府要把发展文化产业纳入重要议事日程，纳入经济社会发展总体规划，纳入科学发展考核评价体系，在战略性、前瞻性问题上加强研究，在资金投入、政策保障、人才培养等方面加大扶持力度，不断提高文化产业的科学发展水平。一是进一步完善工作机制。坚持和完善“党委统一领导、政府组织实施、宣传部门协调指导、行政主管部门具体落实、有关部门密切配合”的领导体制和工作机制，形成推进文化产业发展的工作合力。加快政府职能转变，进一步强化政府“公共服务、政策调节、社会管理、市场监管”职能，特别要加强知识产权保护，依法打击各种形式的侵权盗版行为，切实保护文化工作者的创造性劳动，保护文化企业的合法权益，形成有利于文化产业健康快速发展的良好市场秩序。二是建立协调配套的政策体系。要结合我国文化产业发展的实际，借鉴国外的有益做法，完善和落实税收、金融、土地等优惠政策，加大政府投入力度，扩大中央和地方财政文化产业发展专项资金规模，发挥文化产业投资基金引导功能，积极利用资本市场作用，更好地扶持战略性、先导性、带动性强的文化产业项目。三是加强文化人才的选拔、培养与使用。要正确处理充分调动广大文化工作者积极性与培养造就大批文化领域创新型、复合型、外向型、科技型等新型人才的关系，立足当前、着眼长远，深入实施“四个一批”人才培养工程和文化名家工程，按照视野开阔、业务精湛、德艺双馨的要求，在各个领域、各个门类培养一批领军人物，造就一批文

化名家大师和民族文化代言人。适应社会主义市场经济深入发展的新要求，着眼壮大职业经理人队伍，加强宣传思想文化业务和现代经营管理知识的培训，培养一批懂文化、会经营、善管理的高层次文化经营管理人才。适应文化与科技日益融合的新趋势，着眼壮大专业技术人才队伍，加强数字技术、网络技术等专业技术的培训，加强政治和文化业务培训，培养一批掌握现代高新技术、善于运用科技手段推动文化产业发展的创新型人才。适应对外开放进一步扩大的新形势，着眼壮大文化贸易人才队伍，加强涉外文化政策和现代营销理念的培训，培养一批熟悉国际文化市场规则、善于开拓国际文化市场的外向型人才。

（据 2011 年 10 月 12 日《时事报告》杂志）

·文化部·

建设文化强国的“十二五”方位

蔡武

（2011 年 11 月）

胡锦涛同志在庆祝中国共产党成立 90 周年大会上的重要讲话中强调：“继续大力推动社会主义文化大发展大繁荣，坚定不移地发展社会主义先进文化。”我们要认真学习和领会锦涛同志的重要讲话精神，结合当前贯彻落实“十二五”规划的实际，坚持以科学发展为主题，解放思想，开拓创新，努力做好文化体制改革和文化建设的各项工作。

一、准确把握“十二五”时期文化建设的总体思路和目标

“十二五”时期是全面建设小康社会的关键时期，是深化改革开放、加快转变经济发展方式的攻坚时期，是文化建设实现跨越式发展的关键阶段。

胡锦涛同志在讲话中指出：“要加快文化体制改革，加快构建公共文化服务体系，加快发展文化事业和文化产业。”推动社会主义文化大发展大繁荣，是一项长期而复杂的工程，我们必须坚持社会主义先进文化前进方向，牢固树立新的文化发展理念，遵循文化发展的特点和规律，适应新时期文化建设的新要求和人民群众对文化发展的新期待，以科学发展为主题，以体制机制改革和科技进步为动力，以满足人民群众日益增长的多样化多层次多方面精神文化需求、促进人的全面发展为出发点和落脚点，努力推动社会主义文化大发展大繁荣，争取到 2015 年，基本建成较为完善的现代公共文化服务体系，让人民群众公平、就近、便捷地享受公共文化服务；文化产业实现跨越式发展，逐步成为促进经济发展方式转变、优化经济结构、扩大就业创业的国民经济支柱性产业；统一、开放、竞争、有序的现代文化市场体系基本构建，文化市场经营秩序更加规范；文艺创作生产体系日益完善，精品力作不断涌现；文化遗产得到全面保护与有效传承，保护文化遗产理念深入人心；对外文化交流和贸易迈上新台阶，基本形成官民并举的对外和对港澳台文化工作新格局，中华文化影响力不断扩大。文化体制改革重点任务基本完成，文化管理体制和运行机制充满活力；文化引导社会、教育人民、推动发展的功能充分发挥，国家文化软实力显著提升。

在推动文化建设过程中，必须把握好以下几个方面：

一是坚持社会主义先进文化前进方向。贯彻“二为”方向、“双百”方针，弘扬主旋律，提倡多样化，建设社会主义核心价值体系，始终把社会效益放在首位，实现经济效益和社会效益的有机统一。

二是坚持以人为本。充分尊重人民群众的主体地位，不断激发全社会的文化创造活力，努力发挥广大文化工作者的积极性和创造性，鼓励他们贴近实际、贴近生活、贴近群众。坚持文化发展为了人民、文化发展依靠人民、发展效果由人民评判、发展成果由人民共享。

三是坚持改革创新。树立新的文化发展理念，创新管理思路，提高文化科学发展水平，加快推进体制机制、内容形式、传播手段和发展业态创新，不断解放和发展文化生产力，增强社会主义文化的吸引力、凝聚力。

四是坚持统筹兼顾。正确处理和把握文化改革发展中的重大关系，一手抓公益性文化事业，一手抓经营性文化产业，实现两轮驱动。统筹城乡、区域发展，形成城市带动农村和东中西优势互补、良性互动的发展格局。统筹国内国际两种资源，继承弘扬中华优秀文化，吸收借鉴世界文明有益成果，维护世界文化多样性。处理好改革与发展、繁荣与管理的关系，促进文化协调健康发展。

五是坚持重在建设。以繁荣发展为主题，着眼长远，立足当前，持之以恒地推进思想建设、队伍建设、制度建设、业务建设，扎扎实实地加强基础设施建设，实施重大文化工程，不断推动各项文化工作取得新突破。

二、全面落实“十二五”时期文化建设的主要任务

为了实现“十二五”时期文化发展繁荣的宏伟目标，我们必须明确目标，突出重点，把各项任务落到实处。

大力推动文化创新，增强文化发展活力。加强文艺生产创作的创新，以内容形式创新为主导，以实施精品战略、国家艺术创作引导扶持工程为抓手，引导广大文化工作者和文化单位自觉践行社会主义核心价值体系，坚持社会主义先进文化前进方向，努力创作生产更多思想深刻、艺术精湛、群众喜闻乐见的文化精品。继续扶持体现民族特色和国家水准的重大文化项目，设立国家艺术基金，鼓励文化产品原创，提高文化产品质量。推动文化生产传播方式的创新，实施国家文化提升计划，不断加强科技创新和推广，促进文化与科技的进一步融合。实施国家文化创新工程，推动创新成果在公共文化服务、文化产业、文化资源保护、舞台演艺等领域的运用与推广，提高服务能力和水平。推动文化体制机制改革创新，理顺文化宏观管理体制，增强微观主体生机和活力，健全统一、开放、竞争、有序的现代文化市场体系，形成以公有制为主体、多种所有制共同发展的文化产业格局和以民族文化为主体、吸收外来有益文化的开放格局。要深入推进国有经营性文化单位转企改制，完成一般性国有文艺院团转企改制，稳步推进公益性文化事业单位改革创新；加快推进文化宏观管理体制改革，切实转变政府职能。

大力推进公共文化服务体系建设，保障人民基本文化权益。按照体现公益性、基本性、均等性、便利性的要求，以政府为主导、以公共财政为支撑、以全民为服务对象、以基层特别是农村为重点，构建覆盖全社会的公共文化服务体系，实现公共文化服务的均等化。继续推进实施文化资源共享、公共电子阅览室重点文化惠民工程建设，研究实施一批新的文化工程建设项目。全面加强公共博物馆、文化馆、纪念馆、美术馆、图书馆建设，进一步推动免费开放。积极探索适合基层特点、适应群众需要的新的文化服务方式，提高对农村、低收入群体、特殊人群的文化服务供给，加强少数民族地区文化建设。

加强文化遗产保护传承与利用，弘扬优秀传统文化。按照“保护为主、抢救第一、合理利用、传承发展”的原则，不断加大文化遗产保护的力度。着力实施一批重大文物保护工程，加强基本建设中的考古发掘和文物抢救工作，加强大遗址、世界文化遗产、水下文物的保护和展示工作，推动文物由抢救性保护向预防性保护转变。全面贯彻实施《非物质文化遗产法》，进一步完善非物质文化遗产保护体系及保护机制，加强代表性传承人保护，推进文化生态保护区建设，探索与人民群众生产生活密切相关的非物质文化遗产项目的生产性保护，积极推动非物质文化遗产的合理利用。开展中华优秀文化传统教育活动，组织丰富多样、健康有益的民间民俗文化活动。做好文化典籍的整理工作，编制《中华古籍总目》。建立《国家珍贵古籍名录》，加快清史纂修工程的进度，加强对少数民族文字古籍的普查和保护。

加快发展文化产业，推动文化产业成为国民经济支柱性产业。把满足人民群众日益增长的多样化多层次多方面的精神文化需求作为扩大内需的重要内容。从增加总供给和扩大总需求两个角度来认识加快文化产业发展的必要性、重要性和紧迫性。实施重大文化产业带动战略，科学规划、合理建设文化产业园区和基地，依托各地文化资源，走差异化、特色化发展之路，培育壮大一批优势明显、特色突出的文化产业基地和文化产业集群。以新兴文化产业为突破口，加快发展动漫业、游戏业、文化旅游业等新兴业态。通过资源整合、资产重组和高新技术运用，提升传统文化产业发展水平。大力培育骨干文化企业和战略投资者，通过兼并、重组，尽快形成一批实力雄厚、竞争力强的大型文化企业集团，培育国际知名文化企业品牌。进一步加强文化市场建设，建立、规范和完善文化市场体系，促进文化产品和生产要素的合理流动，充分发挥市场在可经营文化资源配置过程中的基础性作用，鼓励和引导文化消费。降低准入门槛，提高政策透明度，充分调动社会资本发展文化产业的积极性。鼓励和引导文化企业面向资本市场融资，促进金融资本、社会资本和文化资源的对接。进一步强化政府服务职能，为文化产业的发展创造健康、良好的政策环境，打造公共服务平台。

推动中华文化“走出去”，提升国家文化软实力。开展对外及对港澳台文化交流，加强中华文化“走出去”，提升国家文化软实力，是关系全局的重要战略任务。我们要采取切实措施落实好胡锦涛同志在讲话中提出的“要着眼于推动中华文化走向世界，形成与我国国际地位相对称的文化软实力，提高中华文化国际影响力”的战略任务。“十二五”期间，要进一步强化文化在国家对外工作大局中的独特作用，密切我国与世界各国及重要国际组织的文化关系，加强与周边国家和区域组织的文化交流与合作，加大对外文化援助力度，积极参与国际文化事务，增强话语权。以驻外中国文化中心建设为立足点，全球布局，扩大规模，完善保障体系，构建综合平台，加快驻外文化机构的整体建设。深入开发对外文化交流项目，精心组织国家文化年、中国文化节、文化周、“欢乐春节”等重大品牌活动。加强思想文化领域的国际对话，倡导相互尊重、开放兼容的文明观，增强国际学术界的中国声音。大力加强对外文化贸易，促进文化产品和服务更多更快"走出去"，加快打造具有自主知识产权和较强竞争力的知名文化品牌，推出更多具有中国特色、中国风格、中国气派的文化精品，增强在国际文化市场上的竞争力。配合国家对港澳台工作的整体部署，不断深化文化艺术和文化产业合作，增强青少年的文化认同，鼓励民间文化交往，发展文化贸易，促进港澳的繁荣稳定，促进两岸关系的和平发展。

全面加强保障体系建设，为文化发展提供强大动力。加强人才队伍建设，进一步创新人才培养方式，拓展人才培养领域，采取多种措施，努力培养造就大批文化领域创新型、复合型、外向型、科技型人才。加大政府对文化建设的投入力度，保证各级财政文化支出增幅高于同级财政经常性收入的增幅。完善文化投入专项资金制度，建立公共文化服务体系经费保障机制。增加文化产业发展专项资金规模。创新政府扶持方式，充分利用国家文化艺术发展基金，引导文化产品创作生产和人才培养。鼓励社会组织、机构和个人捐赠、赞助文化艺术事业，推动兴办公益性文化事业的税收优惠政策进一步完善并落实。要加强政策法规体系建设，不断出台支持文化体制改革、推动文化产业发展和非物质文化遗产生产性保护的各项政策，完善鼓励文化企业自主创新、推动文化企业"走出去"的各项优惠政策。加快推进立法进程，建立健全文化法律体系。加强依法行政，完善文化行政执法体制和机制。

新的起点，新的使命。广大文化工作者要认真学习贯彻中共十七大六中全会精神，扎实工作，努力实现"十二五"期间文化建设的宏伟目标，向文化强国进军。

（据 2011 年第 11 期《决策与信息》）

切实发挥国家艺术院团示范作用 为推动社会主义文化大发展大繁荣做出应有贡献

——蔡武在 2011 年国家艺术院团优秀剧目展演表彰会上的讲话（节选）

（2011 年 12 月 16 日）

近年来，文化部直属院团的创作演出呈现前所未有的繁荣局面，各个院团深化体制机制改革，优秀人才崭露头角，新作佳作不断涌现，充分显示了中直院团作为国家院团的示范性。2011 年国家艺术院团优秀剧目展演活动是在去年首届中直院团展演的基础上举办的第二次展演。活动期间，9 个院团在北京各大演出场所演出 36 台剧目共 65 场，观众人次超过 10 万，在坚持低票价的前提下，票房总收入超过 1000 万元；在国家博物馆举办了国家艺术院团优秀剧目展览，观众人数超过 8 万；举办了演出交易推广会，与国内外演出机构签约各类演出共 571 场，金额超过了 1 亿元。展演活动充分展示了国家艺术院团的整体实力和艺术风采，得到了中央领导同志的高度评价，赢得了广泛的社会赞誉，取得了社会效益和经济效益的双丰收，在党的十七届六中全会召开前夕，向党和全国人民交上了一份合格的答卷。

2011 年 10 月 15 日至 18 日，中国共产党第十七届中央委员会第六次全体会议在北京举行。这次全会是我们党历史上第一次由中央全会专门讨论文化问题，第一次以党中央名义就文化改革与发展的重大问题做出决定。这也是我们共和国历史上第一次提出建设社会主义文化强国的宏伟目标和战略任务。这次全会及全会通过的《决定》，对于中国特色社会主义文化建设，具有历史性的里程碑的意义，标志着文化建设进入了一个新的历史发展阶段。11 月 22 日，胡锦涛总书记在中国文联第九次全国代表大会、中国作协第八次全国代表大会上发表重要讲话，殷切希望广大文艺工作者认清时代和人民赋予的神圣使命，坚持为人民服务、为社会主义服务，坚持百花齐放、百家争鸣，坚持贴近实际、贴近生活、贴近群众，高擎民族精神火炬，吹响时代前进号角，创作生产更多无愧于历史、无愧于时代、无愧于人民的优秀作品，奋力开创文艺发展新局面，为推动社会主义文化大发展大繁荣、建设社会主义文化强国贡献智慧和力量。目前，全国文化系统正精心组织、周密安排，迅速掀起深入学习、全面贯彻党的十七届六中全会精神以及胡锦涛同志重要讲话精神的热潮。刚才，各直属院团负责人围绕学习贯彻党的十七届六中全会精神，就院团改革发展问题做了发言，既有总结，也有展望，讲得很好。今后一段时间，国家艺术院团的全体干部群众、演职人员要把思想和行动统一到全会重大决策部署上来，把力量凝聚到实现全会确定的各项任务上来，在新的历史起点上，扎实推进国家艺术院团各项工作，为推动社会主义文化大发展大繁荣做出应有的贡献。

一、国家艺术院团要进一步充分发挥导向性、代表性、示范性作用

党的十七届六中全会全面总结我国文化改革发展的丰富实践和宝贵经验，科学分析了文化建设的新形势新

要求，对坚持中国特色社会主义文化发展道路、努力建设社会主义文化强国做出重大战略部署。党的中央全会专题研究和部署文化建设问题，体现了党中央对当今时代发展趋势和文化建设承载历史使命的科学把握，反映了我们党在新的历史条件下的文化自觉。《决定》既有理论上的新根据，又有实践上的新要求；既明确了目标方向，又提出了措施保障；既全面系统，又重点突出，是当前和今后一个时期推进我国文化改革发展的行动纲领。对于动员全党和全国各族人民为建设社会主义文化强国而努力奋斗具有十分重要的作用。

国家艺术院团是中国舞台艺术的“国家队”和“排头兵”，肩负着建设国家主流文化的重要战略任务。抓好国家艺术院团改革发展，充分发挥国家艺术院团的导向性、代表性和示范性作用，对于贯彻落实六中全会精神，引领和带动全国文艺繁荣发展具有重要意义。国家艺术院团应当从党和国家事业发展的战略高度出发，将学习贯彻全会精神作为当前的中心工作和首要任务，在学习贯彻十七届六中全会精神上发挥表率作用。要精心组织，务求实效，使全体文艺工作者充分认识党的十七届六中全会的重大意义，深刻认识推动文化改革发展的重要性和紧迫性，准确理解中国特色社会主义文化发展道路的深刻内涵和基本要求，深入领会社会主义文化强国的战略目标，全面贯彻党的文艺方针和原则。要结合国家艺术院团工作实际，把全会精神融会到院团艺术创作、生产、演出各方面和全过程之中，扎实推进改革发展各项任务，更加自觉、更加主动地担当起国家艺术院团的光荣职责和历史使命。

二、国家艺术院团要始终坚持正确的文艺方向

文化是民族的血脉，是人民的精神家园。坚持社会主义先进文化前进方向，以优秀的作品教育人，着眼于提高民族素质，塑造高尚人格，为人民提供更好更多的精神食粮，满足人民精神需求，丰富人民精神世界，增强人民精神力量，促进人的全面发展，发挥文化引领风尚、教育人民服务社会、推动发展的作用，是文化工作的追求和目标，也是国家艺术院团神圣的使命和职责。

社会主义核心价值体系是兴国之魂，是社会主义先进文化的精髓，决定着中国特色社会主义发展方向。国家艺术院团要始终坚持弘扬社会主义核心价值体系，坚持马克思主义的指导地位，坚定中国特色社会主义的共同理想，弘扬以爱国主义为核心的民族精神和以改革创新为核心的时代精神，树立和践行社会主义的荣辱观。要坚持把社会主义核心价值体系体现到艺术创作生产传播的各个方面。

要坚持以人民为中心的创作导向。一切进步的文化创作生产都源于人民、为了人民、属于人民。要更好地坚持“二为”方向和“双百”方针，尊重人民群众主体地位，把人民群众作为艺术作品的表现主体，深入实际、深入生活、深入群众，鼓励原创和现实题材创作，推出更多反映当代现实生活、充满人文关怀的艺术作品。

近年来，国家艺术院团面向群众、面向市场，推出了话剧《这是最后的斗争》、儿童剧《西游记》、芭蕾舞剧《牡丹亭》等一批优秀新创剧目，在国内国际都取得了很好的反响。参加此次展演的京剧《汉苏武》，话剧《四世同堂》《问苍茫》，歌剧《红河谷》等一大批剧目，或直面现实生活，或以当代精神关照历史，都贯穿着爱国主义精神，体现着社会主义核心价值，得到了专家和观众的一致好评。也正是坚持了正确的文艺导向，坚持思想性、艺术性和观赏性的有机统一，国家艺术院团展演才能获得社会各界的欢迎和好评。国家艺术院团应当始终坚持把社会效益放在首位，推出更多倡导社会主义核心价值的优秀文艺作品；要坚持开展“文化下乡”“高雅艺术进校园”等公益性文化活动，把社会主义核心价值体系体现到艺术创作生产的各方面，融入人们的日常生活中，巩固好我们共同的思想道德基础。

三、国家艺术院团要切实全面贯彻“百花齐放、百家争鸣”的文艺方针

当代中国正处在全面建设小康社会的关键阶段，经济社会文化等各领域正在发生深刻变革，人们的思想观念也正在发生深刻变化，社会思想意识日益活跃，呈现出多元、多样、多变的发展趋势，人民群众的文化需求和文化消费呈现出快增长、多样化、分层次的趋势。与此同时，当今世界正处在大发展大变革大调整时期，世界多极化、经济全球化深入发展，各种思想文化交流交融交锋更加频繁，作为综合国力的重要组成部分，各国文化竞争日益激烈，维护国家文化安全任务更加艰巨，增强国家文化软实力、中华文化国际影响力要求更加紧迫。因此，推动社会主义文化大发展大繁荣，必须要全面地、不折不扣地贯彻“百花齐放、百家争鸣”的方针，顺应时代潮流、人民需求和全面改革开放等各方面的要求，坚持发展先进文化，给有益的、健康的、流行的、时尚的文化以充分发展的空间，不断丰富文化产品和服务的供给，促进不同品种、样式、载体和风格文化艺术的繁荣发展，形成百花齐放、多姿多彩的艺术发展局面。

国家艺术院团贯彻“百花齐放、百家争鸣”的文艺

方针，必须用科学发展观统领改革发展各项工作，要坚持统筹协调，坚持辩证唯物主义，处理好几个重大关系问题。

（一）传统与创新的关系

传统文化是现代文化的深厚根基，是我们的精神家园。中国优秀文化传统包括中华民族五千年来形成的优秀历史文化传统，以及五四运动以来我们党领导的革命文化运动形成的革命文化传统。这些优秀文化传统是我们宝贵的精神文化财富，是维系中华民族的精神纽带。我们要充分认识中华传统文化的历史意义和现实价值，要有敬畏之心。创新是文化的本质属性和显著特征。对传统文化，要坚持取其精华、去其糟粕，推陈出新、古为今用，更好地传承民族精神，同时勇于创新、善于创新。只有与时俱进，不断创新，才能保持旺盛的生命力。创新意味着超越，需要有超越前人、超越自我的勇气与自信，不断焕发创作激情、增强原创能力；需要勇于追赶时代潮流，去接近、研究、借鉴新的文化现象、文艺现象；需要进一步解放思想，大力推进文艺观念、内容、风格、流派的创新，推进文艺体裁、题材、形式、手段的发展；需要大力推动文化创新体系建设，推动文艺与科技的融合，提高文艺产品的感染力和传播力。

（二）高雅与通俗的关系

艺术创作要遵循艺术规律，要源于生活，又要高于生活，既保持生活的鲜活又不拘泥于生活。作品不能仅诉诸人的感官，而是要给受众以更持久的影响，把高尚的思想境界、健康的人生追求、美好的艺术情趣传递给人们，升华他们的思想和境界。文化的多样性赋予人民选择的空间，我们应当努力满足人民群众日益增长的多层次、多样性的文化需求。要提倡高雅艺术，坚持文艺作品思想性、艺术性和观赏性的统一，同时又要努力形成尊重差异、包容多样，既有统一意志又有个人心情舒畅、既包容多样又有力抵制各种错误和腐朽思想的生动局面。文艺创作和演出既要尊重市场规律，更要尊重艺术规律；既要注重文艺产品的商品属性，更要注重其意识形态属性，不能一味地追随市场而忽视文艺自身审美规律的要求。尽最大努力寻求艺术规律与市场规律辩证统一的艺术创作与生产道路，使得文艺创作和文艺市场互相促进，共同繁荣。

（三）普及与提高的关系

普及与提高的关系，与如何实现艺术的功能、与如何满足人们的精神文化需求息息相关。艺术既有教育、引导人民的功能，又有娱乐、审美功能。文艺工作者有责任为了满足人民群众的精神文化需求，为保障人民群众最基本的文化权益而提供更好更多的服务。我们对于群众精神文化生活的引导是必要的，不可或缺的，但是我们更要考虑通过何种手段去满足人民群众的精神文化需求。着眼“提高”，才能真正地“普及”，而摈弃“提高”的“普及”，势必流于迎合与媚俗。同时，提高不是靠空洞的说教，而是通过文化艺术的认识功能和审美功能来实现的。寓教于乐，寓“提高”于满足人民群众的需求之中，文艺才能在提高全民族思想道德素质和科学文化素质方面发挥其不可替代的重要作用。

（四）社会效益与经济效益的关系

经济与文化的融合已成为当今社会发展的一种趋势。文化既为经济社会全面协调发展提供强大的精神动力、智力支持和道德基础，同时本身也是经济社会发展的重要内容。因此，社会主义文化建设既能产生社会效益，也能产生经济效益，如何处理两个效益的关系，是一个重大问题。艺术生产要坚持把社会效益放在首位，这是精神产品创作与生产的内在规律所决定的。在市场经济条件下，文学艺术产品又有一般商品的属性，要遵循价值规律。我们把社会效益放在首位，并不是否认经济效益，而是要通过正确处理两者的关系，努力实现两个效益的统一。如果不讲社会效益，经济效益最终也无从谈起。近两年的国家艺术院团展演，在剧目质量广受社会好评的基础上，也取得了较好的演出收入。事实证明，好的作品既能产生很好的社会效益，同样能产生巨大的经济效益。

四、国家艺术院团要以多出人才多出好戏为根本任务

创作生产更多无愧于历史、无愧于时代、无愧于人民的优秀作品，是文化繁荣发展的重要标志。推动社会主义文化大发展大繁荣，队伍是基础，人才是关键。因此，国家艺术院团必须以多出人才多出好戏为根本任务，不断创造新的精品佳作，培养高层次人才，进一步丰富和完善我国文艺百花园的产品积累和人才储备。

国家艺术院团拥有光荣的传统和辉煌的历史。国家艺术院团一大批经典性的艺术作品和一大批德艺双馨的艺术名家，构成了我国当代艺术史上的华彩篇章。在新的历史时期，国家艺术院团更需要不断推出一批批思想性艺术性观赏性相统一、人民喜闻乐见的优秀作品，造就一批批人民喜爱、在国内外有影响力的艺术大师和顶尖人才，来真正实现国家艺术院团的导向性、代表性和示范性作用。国家艺术院团要全面贯彻“二为”方向和“双百”方针，着力提高文化产品质量，为人民群众提供更

好更多的精神食粮。既要唱响时代主旋律，弘扬社会主义核心价值体系，又要努力满足人民群众多样化多层次的文化需求；既要注重优秀保留剧目的排演传承，又要努力推出更多具有时代特征和国家水准的艺术新作。既要创排代表国家一流水平的优秀剧目，又要移植排演经典的外国优秀剧（曲）目。各院团要坚持“人才兴文”战略，切实做到政治上充分信任，创作上热情支持，生活上真诚关怀，营造有利于优秀人才健康成长、脱颖而出的良好环境；要充分调动艺术工作者的积极性、主动性和创造性，建立优秀人才人尽其才、才尽其用的工作机制，形成各类文艺人才不断涌现，艺术创作活力竞相迸发的生动局面；要积极创造条件，鼓励艺术工作者深入实际、深入生活、深入群众，通过建立联系基层基地等方式，增强与基层群众与基层生活的联系；要建章立制，鼓励全社会优秀艺术人才共同参与国家艺术院团的改革发展。

近年来，各国家院团结合工作实际，在艺术创作和人才培养上进行了大胆探索，取得了显著成绩。连续两年实施的优秀剧目展演活动，为展示各院团改革发展成果搭建了一个有效平台，增强了国家艺术院团演出品牌的影响力和认同感。我们欣喜地看到，在展演中一大批国家院团的优秀青年演员崭露头角，挑起演出剧目的大梁，以出色的艺术表演得到观众的肯定。同时，展演对院团内部管理和艺术生产起到了积极的促进和激励作用，提升了国家院团从业人员的精品意识。今后，文化部将从完善国家院团艺术生产和人才培养机制入手，进一步开展好国家艺术院团展演工作。同时，文化部将逐步增加对国家艺术院团艺术创作和人才培养的投入，改进艺术生产和人才培养投入方式，进一步促进国家艺术院团出人才出好戏。

五、国家艺术院团要切实深化文化体制机制改革

改革创新是艺术发展的动力。改革的目的是破除阻碍文化艺术发展的体制机制性障碍，解放和发展文化生产力，是为了充分调动广大艺术工作者的积极性、创造性和主动性。在中央领导同志的亲切关怀指导下，国家艺术院团的体制机制改革取得了显著成效。中国东方歌舞团整体转制后面貌焕然一新；其他国家院团深化内部机制改革，内部活力不断增强。本次展演活动是在各院团大力推动体制机制改革的背景下进行的，国家艺术院团的艺术家们高度重视、精心组织、紧密配合，以优秀的艺术成果充分展示了文化体制改革给国家院团带来的生机与活力。国家京剧院在排演京剧《文姬归汉》时，著名京剧表演艺术家李世济老师，不顾自己78岁高龄，拖着病体坐在轮椅上为主演李海燕几个小时地说腔说戏，并为剧本修改提供了很多建议；中国歌剧舞剧院新创歌剧《红河谷》吸引了我国著名艺术家殷秀梅和魏松加盟，两位艺术家为了发展我国的歌剧事业，倾心投入创作，毅然决定零报酬演出。这些发生在展演期间的真实生动的故事，还有很多，都让人非常感动。演职人员饱满的精神状态和无私的奉献精神，是国家艺术院团深化文化体制机制改革成果非常直观的体现。

国家艺术院团一定要进一步深化文化体制机制改革，按照中央的统一部署，坚持面向市场，面向群众，注意发挥市场在文化资源配置中的积极作用；要进一步改革劳动人事和用工制度，改革内部分配制度，改革和完善社会保障机制，增强艺术院团企业化管理能力和文化服务能力，成为充满活力、富有效率的艺术创作和演出单位，发挥好“国家队”的表率作用。

（据2011年12月16日《中国文化报》）

·国家广播电影电视总局·

发展现代传播体系
提高社会主义先进文化辐射力和影响力

——蔡赴朝在学习贯彻党的十七届六中全会精神上的讲话

（2011年11月7日）

当今世界，一个国家文化的影响力不仅取决于其思想内容，而且取决于其传播能力。谁的传播能力强大，谁的思想文化和价值观念就能更广泛地流传，谁就能更有力地影响世界。《中共中央关于深化文化体制改革、推动社会主义文化大发展大繁荣若干重大问题的决定》（以下简称《决定》）指出，提高社会主义先进文化辐射力和影响力，必须加快构建技术先进、传输快捷、覆盖广泛的现代传播体系。这是党中央根据世情国情党情深刻变化，对宣传文化工作作出的重要战略部署。

近年来，我国宣传文化部门大力加强传播能力建设，国内国际传播水平显著提高，为凝聚民族力量、推动社会进步、扩大我国在世界的影响作出了积极贡献。但是，与我国经济社会快速发展的要求相比，与人民群众不断增长的精神文化需求相比，与现代科学技术和传播手段迅猛发展的形势相比，与我国日益提升的国际地位相比，我国的文化传播能力还不相适应、存在差距。贯彻落实《决定》部署，

加快构建现代传播体系，努力形成与我国经济社会发展水平和国际地位相称的国内国际传播能力，已经成为宣传文化工作面临的一项十分重要而紧迫的战略任务。

一、加强重要媒体建设

《决定》强调，要加强党报党刊、通讯社、电台电视台和重要出版社建设。党报党刊、通讯社、电台电视台，是党的新闻宣传事业的主阵地、主力军，必须作为构建现代传播体系的战略重点。当前，我国正处在改革发展的关键时期，社会思想观念深刻变化，人们思想活动的独立性、选择性、多变性、差异性明显增强；同时，高新技术特别是信息网络技术迅猛发展，媒体传播理念、传播渠道、传播方式正在发生深刻的变化和调整。加强重要媒体建设，必须科学把握这些新形势、新趋势，着力提高舆论引导能力、数字化采编播能力、统筹传统媒体新兴媒体发展能力。

要把坚持正确导向、提高舆论引导能力贯穿媒体建设始终。要紧紧围绕深入贯彻“三贴近”原则，大力推进宣传创新，切实增强新闻宣传的亲和力、吸引力、感染力。要建立常态化的深入基层、深入群众新闻工作机制，正确引导社会舆论，有效回应社会关切，更好服务百姓生活。要健全新闻报道快速反应机制，第一时间发出权威声音。要积极探索把握新形势下舆论引导机制，提高新闻信息量，提高现场直播能力，增强引导和回应群众参与互动的能力。

数字化是媒体发展的重要趋势，不仅促进了媒体采编、发行、播发系统的技术升级，而且带来了媒体内部管理体制、运行机制的全方位变革。要坚持以数字化为龙头，以科技创新带动体制机制创新，加快媒体现代化进程，实现多媒体综合集成发展。要加强党报党刊采编系统数字化网络化建设，加快存量资源数字化转换，积极推进数字出版、数字印刷、数字发行、数字阅读。要加快电台电视台台内数字化建设，构建采、编、播、存、用一体化的数字技术新体系，构建面向多个播出平台、多种用户终端的综合制播系统，大幅度地提升广播电视播出质量和水平。

互联网等新兴媒体发展迅速，已经成为覆盖广泛、影响巨大的大众传媒。占领文化传播制高点，就必须抢占科学技术制高点。把握舆论引导主动权，就必须把握新媒体发展主动权。党报党刊、通讯社、电台电视台和重要出版社要从战略高度重视新媒体、发展新媒体，切实增强统筹传统媒体新兴媒体发展的能力。要充分发挥资源优势，积极拓展网络报刊、网络广播电视、手机报刊、手机电视、移动多媒体等新兴领域和新兴传播阵地，使新兴媒体成为传播社会主义先进文化的新阵地、提供公共文化服务的新平台、人们健康精神文化生活的新空间。

二、加强国际传播能力建设

《决定》对我国国际传播能力建设作出了部署。我们必须服从服务国家对外工作大局，紧紧围绕提升我国综合国力，切实把国际传播能力建设作为构建现代传播体系的重要内容，着力扩大对外宣传，建设全球传输覆盖网络，加强对外文化交流合作，切实增强我国国际舆论话语权，提升中华文化国际影响力。

强大的媒体是衡量一个国家国际传播能力的重要标志，是建设文化强国的重要途径。经过多年发展，我国重点媒体已经具备了打造国际一流媒体的良好基础和条件。人民日报建设新闻资源系统，加快海外版数字化转型；新华社驻外分社超过 140 个，形成比较健全的全球新闻信息采集网络和新闻发布体系；中国国际广播电台建有海外记者站 32 个，建成 62 个境外整频率电台，使用 61 种语言对外播出；中央电视台海外记者站达 50 个，开播英语、西班牙语、法语、俄语、阿拉伯语、汉语 6 种语言 7 个国际频道，在 141 个国家和地区落地，海外用户超过 2 亿；中国日报形成国内旗舰版、美国版、欧洲版、亚洲版共同发展的局面；中新社海外供版覆盖 22 个国家；人民网、新华网、中国网络电视台影响力不断增强；等等。但是，我们必须清醒看到，与国际大型传媒集团相比，我国重点媒体在制播能力、传播能力、新媒体发展能力等方面还有明显的差距，国际舆论影响力、国际事务话语权还相对较弱。必须加大工作力度，采取有力措施，加快打造语种多、受众广、信息量大、影响力强、覆盖全球的国际一流媒体，实现我国重点媒体国际传播能力的跨越式发展，使我国主流媒体的图像、声音、文字、信息更广泛地传播到世界各地。

打造国际一流媒体，要立足我国媒体发展实际，充分借鉴跨国传媒有益经验，坚持硬件和软件并重，同步推进基础设施建设和信息内容建设。一要完善新闻信息采集网络。把新闻触角延伸到世界各地，提高采编播发综合业务能力，特别是能够做到现场报道、权威报道重要国际新闻事件，努力提高新闻信息原创率、首发率、落地率。二要加强内容建设。深入研究国外受众心理特点和接受习惯，贴近中国和世界发展的实际，贴近国外受众对中国信息的需求，贴近国外受众的思维习惯，利用现代传播技巧，运用国外受众听得懂、易接受的方式和语言，增强内容的吸引力和影响力。三要加强本土化建设。逐步实现信息采集、编辑制作等业务流程的本土化运作，切实增强传播实效。四要扩大海外传播发行、落地覆盖。在巩固传统传播方式的同时，积极利用互联网等新技术手段完善全球传输覆盖网络，扩大在境外的覆盖面。要注重培育市场化、专业化的营销主体，构建符合市场运作规律、覆盖广泛的营销体系，不断提高新闻信息产品营销能力。

三、建立国家应急广播体系

建立统一联动、安全可靠的国家应急广播体系，是党中央根据国际经验和我国实际，对我国现代传播体系建设提出的新任务新要求。从国际上看，利用广播电视传播紧急信息、发布预警消息是世界各国普遍采用的有效手段，欧洲、美国、日本等都把广播电视作为政府应急体系中最重要的信息发布渠道，将广播电视机构纳入应急体系，建立应急广播系统。从 1963 年开始，美国就逐步建设了连接数千个广播电视台、有线电视网、卫星广播网络的覆盖全美的应急广播系统；欧洲建立的应急体系也将广播电视作为重要组成部分；日本已经建成较为完善的应急广播系统，遇有突发事件能够通过广播电视迅速发布紧急信息。

从国内看，近年来，我国发生了南方雨雪冰冻、“5·12”汶川特大地震、“4·14”玉树强烈地震等重大自然灾害，给国家造成巨大损失，使人民群众生产生活受到重大影响。在这些重大自然灾害等突发公共事件的应急处置中，广播电视在及时传达政令、发布信息、引导舆论、稳定人心、协助救灾等方面发挥了不可替代的作用，充分证明了其在应急处置中的独特功能和重要地位，已经成为国家应急体系不可缺少的重要组成部分。

目前，国家应急广播体系建设已列入我国“十二五”规划纲要，有关工作正在抓紧推进。国家应急广播体系建设要根据国家应急体系建设总体要求，充分利用无线、有线、卫星等传输资源，综合采取中短波广播、调频广播、移动多媒体广播和数字音频广播等技术手段，以中央人民广播电台为龙头、联结省市县，着力建立健全应急广播的信息采集播出、传输覆盖、接收等系统，努力做到统一联动、安全可靠，使之在应对突发公共事件中发挥更大作用。按照计划，2015 年年底前基本完成国家应急广播体系建设，实现应急广播的全国覆盖和稳定运行。

四、推进三网融合

三网融合是指电信网、广电网、互联网在向宽带通信网、数字电视网、下一代互联网演进过程中，其技术功能趋于一致，业务范围趋于相同，网络互联互通、资源共享，能为用户提供话音、数据和广播电视等多种服务。三网融合是我国经济和社会信息化的重大战略任务，是充分发挥各类信息网络设施文化传播作用的内在要求，必须作为构建现代传播体系的重要工作来推进。

按照党中央、国务院部署，三网融合正在扎实推进。2010 年 1 月 21 日，国务院印发实施《推进三网融合的总体方案》，全面阐述了推进三网融合的重要意义、指导思想和基本原则，明确了三网融合总体目标，提出到 2015 年，实现电信网、广电网、互联网融合发展，新型信息产品和服务不断涌现，网络利用率大幅提高，科技创新能力明显增强，国民经济和社会信息化水平迅速提升，网络信息安全和文化安全保障能力进一步增强，信息产业、文化产业和社会事业进一步发展，社会主义文化进一步繁荣，人民群众享有更加丰富多样、快捷经济的信息和文化服务。总体方案提出了分两步走的工作目标，2010–2012 年为试点阶段，2013–2015 年为推广阶段；确定了推动广电、电信业务双向准入，加强网络建设和统筹规划，强化网络信息安全和文化安全监管，推动产业发展等 4 个方面的任务。2010 年 6 月，国务院办公厅印发了三网融合试点方案，并公布了第一批 12 个试点地区（城市）名单。目前，试点工作已取得积极进展。

推进三网融合，对改造提升广播电视网提出了紧迫要求。截至 2010 年年底，我国有线电视干线网络超过 330 万公里，全国有线电视用户达 1.89 亿户，覆盖全国所有大中城市、部分乡镇以及不少农村地区，其中数字电视用户 8799 万户。但不容忽视的是，有线电视网络资源分散、条块分割，不少地区网络技术水平落后。适应三网融合要求，必须加快有线电视网络由小网向大网、模拟向数字、单向向双向、用户看电视向用电视的转变。一方面，要加快有线电视网络整合。抓紧组建国家级广播电视网络公司，逐步实现全国有线电视网络统一规划、统一建设、统一运营、统一管理。另一方面，要加快有线电视网络大容量、双向交互升级改造。具体目标是，到 2015 年全国县级以上城市有线电视网络全面实现数字化，80% 基本实现双向化。同时，以有线数字电视、移动多媒体广播电视等网络为基础，以我国自主创新的核心技术为支撑，加快下一代广播电视网（NGB）建设，努力建设以视频服务为主、提供多种信息服务、可管可控、安全可靠的综合信息网络。目前，12 个三网融合试点城市正在抓紧下一代广播电视网示范区建设。

推进三网融合，必须加强内容和服务创新。要大力开发高清电视、视频点播、互动电视、政务信息、远程教育医疗、电子商务等数字广播电视网络多样化服务。符合条件的广电企业还可经营增值电信业务、比照增值电信业务管理的基础电信业务、基于有线电视网络提供的互联网接入业务、互联网数据传输增值业务、国内IP电话业务。要加快发展移动多媒体广播电视，加强和丰富节目内容，增强针对性和吸引力；加强网络建设，从地市延伸到区县，扩大深度覆盖，更好地满足人民群众随时随地收听收看的需求。要通过三网融合，真正让人民群众感受到精神文化生活新变化和新实惠。

推进三网融合，必须积极发挥各类信息网络设施的文化传播作用。在加强监管的前提下，符合条件的国有电信企业可从事除时政类节目之外的广播电视节目生产制作、互联网视听节目信号传输、转播时政类新闻视听节目服务，以及除广播电台电视台形态以外的公共互联网音视频节目服务和交互式网络电视（IPTV）传输服务、手机电视分发服务。

推进三网融合，必须维护国家文化安全和信息安全。这是三网融合顺利开展的基础和前提，必须贯穿于三网融合全过程。要落实网络信息安全和文化安全管理职责，加快建立健全相关安全监管机构和监管系统，确保内容可控可管、安全播出。三网融合总体方案和试点方案明确，广播电视播出机构负责IP电视、手机电视集成播控平台的建设和管理，包括节目的统一集成和播出监控、电子节目指南、用户端、计费、版权等管理。目前，已经完成三网融合试点地区IPTV、手机电视集成播控平台建设，正在积极推进监管平台建设，目的就是要确保播出内容安全和传输安全，切实维护人民群众的视听权益，促进健康有序发展。

（据2011年11月7日《人民日报》）

推动广播影视大发展大繁荣

蔡赴朝

党的十七届六中全会《决定》，是当前和今后一个时期指导我国文化建设的行动纲领。深入学习贯彻十七届六中全会精神，是广播影视战线当前和今后一个时期的首要政治任务。我们必须按照建设社会主义文化强国的要求，加快建设广播影视强国。

一、始终高举旗帜，坚定不移走中国特色社会主义广播影视发展道路

旗帜就是方向，《决定》鲜明提出要坚持中国特色社会主义文化发展道路，这是新中国成立特别是改革开放以来我国文化建设实践探索的根本结论，是实现社会主义文化大发展大繁荣的唯一正确道路。必须高举旗帜，坚定不移走中国特色社会主义广播影视发展道路。

坚持广播影视意识形态属性，始终把握正确舆论导向。文化具有鲜明的意识形态属性。广播影视作为党和人民的喉舌、重要的宣传文化阵地，处在意识形态领域的前沿。坚持社会主义意识形态属性，是我国与西方广播影视发展道路的分水岭，是坚持中国特色社会主义广播影视发展道路的前提。这一点，必须立场坚定，旗帜鲜明，毫不动摇。坚持意识形态属性，首要的是坚持党性原则，牢固树立政治意识、大局意识、责任意识、阵地意识，自觉与以胡锦涛为总书记的党中央保持一致，确保广播影视始终掌握在忠于党、忠于人民的人手中。坚持意识形态属性，根本的是牢牢把握正确舆论导向。《决定》强调，舆论导向正确是党和人民之福，舆论导向错误是党和人民之祸。要把舆论引导能力建设放在更加突出的位置，坚持团结稳定鼓劲、正面宣传为主，唱响主旋律、打好主动仗，大力加强主流媒体能力建设，巩固和壮大积极健康向上的主流舆论，更好地宣传党的主张、弘扬社会正气、通达社情民意、引导社会热点、疏导公众情绪。特别是重大突发公共事件新闻报道，要在第一时间发出权威声音，把握主动权，掌握话语权，扩大正面舆论场，不断提高舆论引导的及时性、权威性和公信力、影响力。

坚持社会主义先进文化前进方向，大力弘扬社会主义核心价值体系。社会主义先进文化是马克思主义政党思想精神上的旗帜，是坚持中国特色社会主义广播影视发展道路的根本任务。广播影视必须坚持为人民服务、为社会主义服务，坚持百花齐放、百家齐鸣，把弘扬主旋律和提倡多样化统一起来，把继承与创新统一起来，努力建设面向现代化、面向世界、面向未来的，民族的科学的大众的社会主义文化，充分发挥社会主义先进文化的引领作用，在全党全社会形成统一指导思想、共同理想信念、强大精神力量、基本道德规范。社会主义核心价值体系是社会主义先进文化的精髓。坚持社会主义先进文化前进方向，必须大力弘扬社会主义核心价值体系。当前，我国正处在改革发展攻坚期和社会矛盾凸显期，经济社会深刻变革，社会思想意识多元多变，社会热点互相叠加，杂音噪音时有出现。同时，我国社会文化环境深刻变化，互联网等新兴媒体迅猛发展，信息传播手段日益多样便捷，各种文化产品和思潮纷纷涌入。

以社会主义核心价值体系引领多样社会思潮的任务更加紧迫而重要。广播影视必须准确把握世情国情党情的深刻变化，在多元中求主导、在多变中求共识，用中国特色社会主义共同理想凝聚力量，用以爱国主义为核心的时代精神鼓舞斗志，用社会主义荣辱观引领风尚，忠实履行好引导社会、教育人民、推动发展的重要职责。

遵循社会主义文化发展要求，始终把社会效益放在首位。把社会效益放在首位，实现社会效益和经济效益的有机统一，是贯穿中国特色社会主义广播影视发展道路始终的重要方针。广播影视提供的是特殊的精神文化产品，潜移默化影响人们的世界观、人生观、价值观。社会主义市场经济条件下，广播影视既要充分发挥市场经济的活力，更好地促进文化与经济的融合，又要努力克服市场经济对精神文化产品生产的消极影响，在承载先进文化价值中体现市场价值，实现社会效益和经济效益相统一。广播影视工作者必须坚守精神追求，担当文化使命，创作生产出更多体现核心价值、振奋民族精神、引领时代风尚的优秀作品，努力推动社会全面进步，促进人的全面发展。广播影视管理部门必须加强引导，完善政策，努力使这一重要方针成为广播影视工作者的自觉遵循。特别是要按照《决定》要求，完善评价体系和激励机制，坚持把遵循社会主义先进文化前进方向、人民群众满意作为最高标准，把群众评价、专家评价和市场检验统一起来，形成科学的评价标准。必须采取有效措施抵制低俗之风，把低俗庸俗媚俗的风气坚决压下去，把积极健康向上的风气牢固树起来。

二、坚持以人为本，努力满足人民群众精神文化需求

文化工作的出发点和落脚点都在人。坚持以人为本，实现和维护最广大人民根本利益，是广播影视工作的根本宗旨。如何通过改革发展，提高广播影视产品和服务的供给能力，满足人民日益增长的精神文化需求，是摆在广播影视面前的紧迫任务。必须牢固树立人民至上观念，始终牢记人民利益高于一切，自觉贯彻党的群众路线，真正做到发展为了人民，发展依靠人民，发展成果由人民共享。

一是充分尊重和表现人民群众主体地位。人民群众是文化产品的创造者和享有者，文化精品来源于人民群众，服务于人民群众，最终应该由人民群众来评判。要深入贯彻“三贴近”原则，建立深入基层、深入群众的常态化机制，把更多的镜头话筒对准人民群众，把群众观点、群众路线体现在新闻宣传实践中，有效回应社会关切、更好服务百姓生活。要强化以人民为中心的创作导向，从火热的现实生活中激发灵感、选取素材、提炼主题，以充沛的激情、生动的语言和多彩的画面深刻反映时代的进步、人民的创造，大力唱响“劳动者之歌”。

二是切实保障和实现人民群众基本文化权益。《决定》强调，加强公共文化服务是实现人民基本文化权益的主要途径，并且提出到 2020 年，基本建立覆盖全社会的公共文化服务体系，基本公共文化服务实现均等化。构建公共服务体系，是社会主义制度的必然要求，也是社会主义制度优势的重要体现。近年来，广播影视把解决农村群众听广播看电视看电影难的问题，作为保障和实现人民群众基本文化权益的重中之重，统筹无线、有线、卫星多种技术手段，大力实施村村通工程、西新工程、农村电影放映工程等重点惠民工程，努力构建农村公共服务体系，已基本实现全国所有行政村和 20 户以上自然村村村通，基本实现全国所有行政村一村一月放映一场公益电影的目标。今后一个时期，还将继续深入实施好这几大工程，同时抓紧推动直播卫星公共服务工程、县级城市数字影院建设工程和应急广播体系建设工程，扩大公共服务覆盖范围，提高公共服务水平。

三是努力满足人民群众丰富多样的精神文化需求。《决定》指出，增加文化消费总量，提高文化消费水平，是文化产业发展的内生动力。这一重要判断，准确把握了我国文化发展的客观规律，是促进广播影视发展、满足人民群众精神文化需求的有效途径。随着人民生活水平的提高，我国文化需求快速增长，呈现出高品位、高质量和个性化、多样化的特征。目前，我国人均国内生产总值超过 4000 美元，城乡恩格尔系数降到 0.4 以下。国际经验表明，这个阶段是文化消费的快速增长期、加速升级期。广播影视必须抓住这一难得的历史机遇，重点发展电影电视剧影视动画纪录片等内容产业，发展有线电视网络产业，发展基于数字技术、网络技术的广播影视新兴产业，努力在满足人民需求中实现新的跨越。

三、坚持科学发展，加快推动广播影视发展方式转变

全会强调，新形势下推进文化改革发展，必须以科学发展为主题。推动由广播影视大国向强国的历史性跨越，必须加快转变发展方式，切实改变过去主要依靠数量规模增长的外延式发展方式，坚持走质量效益提高为主的内涵式科学发展道路。这是覆盖广播影视各个领域的重大战略任务，也是一项系统工程。当前，要突出抓好两个方面：

以提高质量为重点，努力推动广播影视内容产业科学发展。从数量看，我国已经是世界广播影视大国，全国有广播电台电视台 2000 多座，开办节目 3000 多套。2010 年国产电影故事片产量达 526 部、电视剧产量约 1.5 万集、影视动画产量达 22 万分钟，均居世界前列。但从人民需求、时代要求和对发展社会主义先进文化的追求来看，叫得响、传得开、留得下的优秀作品数量偏少，质量不高的问题日益突出，已经成为制约广播影视繁荣发展的主要瓶颈。推动科学发展，必须在数量稳定增长的同时，把提高质量放在更加突出的位置，大力实施精品战略，努力创作生产更多思想性、艺术性、观赏性相统一的精品佳作。要抓好重点影视作品的创作生产，继续扶持现实题材、重大革命和历史题材以及工业、农村、少儿、少数民族题材等创作生产。抓紧推进迎接党的十八大重点影视作品的创作生产。重视贺岁片的创作生产，推出一批格调健康、愉悦身心、大众喜爱的优秀贺岁片。提高质量，必须正确处理党委政府引导与发挥市场机制的关系。近年来的实践证明，出精品，要在坚持政府主导的同时充分发挥市场机制的作用。党委政府要加强引导、重点扶持、宏观调控，真正有所作为、科学作为、大有作为。党委政府引导与市场机制有机统一，才能最大限度调动积极因素，最大限度整合利用资源。当然，在社会主义市场经济条件下，影视创作生产有其自身规律，党委政府的领导、指导、引导，应当科学、准确、内行、到位。

以增强效益为重点，努力推动公共文化服务科学发展。公共文化服务必须由政府主导。《决定》从加大财政投入等方面提出了一系列支持公共文化服务体系建设的政策措施，这是十分正确的，必须落到实处。但是有投入，就要讲效益，讲投入产出比。比如，我们着眼于提高直播卫星使用效率和公共服务水平，实施了直播卫星公共服务工程，国家财政每年只需投入 1 个多亿，就可以让两亿农户免费收听收看到 48 套高质量的广播电视节目，还可以实现应急广播入户、固定电话入户，大大缩小了城乡居民在收听收看广播电视方面的差距，大大改善了广大农村的文化民生。实践证明，公共文化服务建设，只有讲究质量、讲究效益、讲究创新，才能确保政府的投入和公共文化服务设施最大限度发挥作用，才能实现可持续发展、科学发展。

四、坚持改革创新，不断增强广播影视发展动力和活力

《决定》指出，文化引领风气之先，是最需要创新的领域。我们必须解放思想、实事求是、与时俱进，坚持用时代要求审视广播影视工作，以改革创新精神推动广播影视工作，不断提高广播影视工作科学化水平。当前要着力抓好以下三个方面的改革创新。

一是创新观念。当前，广播影视正处在战略转型的关键时期，传播理念、发展方式、管理模式、体制机制等都在发生深刻变革。越是在这样的时期，越要推进观念创新，破除一切束缚发展的陈旧观念、惯性思维，以创新求发展，以创新争主动。在发展思路上，要改变广播影视是单纯的公益性事业的观念，树立广播影视具有事业产业双重性质的观念，在把社会效益放在首位的前提下，做到公益性事业、经营性产业两手抓、两加强。在媒体建设上，要改变新兴媒体仅仅是广播影视技术升级的观念，树立发展新兴媒体是广播影视一场深刻革命的观念，努力促进由发展传统媒体为主向传统媒体与新媒体融合发展转变。在有线电视网络建设上，要改变网络的主要功能仅仅是传输覆盖的观念，树立发展全功能、全业务网络的观念，加快网络整合、技术升级和业务开发。在管理方面，要改变以行政手段为主实施系统内管理的观念，树立综合运用法律、经济、行政、科技等手段实施社会管理的观念，真正做到科学管理、依法管理、全面管理。在传播能力建设方面，要改变以国内传播为主的观念，树立统筹国内国际传播的观念，加快构建国际传播体系，加快国际一流媒体建设步伐。

二是创新制度。制度创新带有根本性、全局性，是实践创新的核心任务。党的十六大以来，广播影视制度创新取得了长足进展，但新形势新任务要求我们在制度创新上还要不断有所进步。一方面，要切实加强法制建设。随着我国社会主义民主法制进程的加快、人民法治意识的普遍增强，随着社会主义市场经济的深入发展和文化体制改革的不断深化，广播影视管理范围不断扩大、对象日益多元、内容更加多样，推进依法行政、依法管理日益重要而紧迫。要继续推动《广播电视传输保障法》和《电影产业促进法》的立法进程，加强部门规章、规范性文件立改废工作。积极争取在更多的国家相关法律中增加必要的广播影视条款。要加大知识产权保护力度。另一方面，近年来，广播影视在抵制低俗之风、建立频道频率退出机制、加强广告管理等领域进行了一系列有益探索，取得了宝贵经验，要认真总结梳理，抓紧把一些条件成熟的做法制度化、常态化，努力形成相互衔接、相互联系的制度体系，为广播影视繁荣发展提供强有力的遵循和保障。

三是创新工作。工作创新是观念创新、制度创新的

落脚点。要贴近实际、贴近生活、贴近群众，加大"走转改"力度，深入推进节目创新，切实增强节目的针对性、实效性和亲和力、吸引力、感染力，真正使广播电视节目入耳入脑入心，为广大人民群众喜闻乐见。要遵循广播影视发展规律，适应社会主义市场经济要求，深入推进体制机制创新，着力在深化公益性单位内部改革，推进国有经营性单位转企改制和建立现代企业制度，加快网络整合等方面取得突破，全面完成中央确定的广播影视各项改革任务。要适应数字、网络、信息技术发展趋势，深入推进科技创新，加快构建技术先进、功能强大、覆盖广泛、传播快捷的现代传播体系，增强广播影视国内国际传播力影响力。要深入推进管理创新，建立健全现代化的广播影视监管体系，实现从传统媒体到新媒体，从有线、无线到卫星，从技术到内容的全面、实时、有效监管，确保可控可管、安全播出、健康发展。总之，要把创新贯彻到广播影视每一项工作和工作的各个方面，使广播影视工作更好地体现时代性、把握规律性、富于创造性，不断开创中国特色社会主义广播影视繁荣发展的新局面。

（据2012年第1期《求是》杂志）

·新闻出版总署·

以版权工作新突破推动文化大发展

——柳斌杰在2011年中国版权年会上的主题演讲

（2011年11月12日）

在全国深入学习宣传贯彻党的十七届六中全会精神、兴起社会主义文化建设新高潮的大好形势下，中国版权协会主办的第四届中国版权年会召开，很有意义。

党的十七届六中全会通过的《中共中央关于深化文化体制改革、推动社会主义文化大发展大繁荣若干重大问题的决定》，全面总结我党领导文化建设的经验，分析了文化建设的新形势，提出了中国特色社会主义文化发展道路和建设社会主义文化强国的战略目标，明确了文化改革发展的指导思想、重要方针、目标任务、政策措施，具有重要的历史意义和现实意义。传达好、学习好、贯彻好、落实好全会精神，是新闻出版、版权全行业当前首要的政治任务，要用全会精神武装思想、统一认识、指导实践、推动发展，把中央作出的重大战略决策切实贯彻到版权工作当中去，认真分析版权工作面临的新形势、新机遇，深入研究版权相关产业发展的新态势，在新的起点上，大力提升版权的创造、管理、使用和保护水平，为推动社会主义文化大发展大繁荣服务，确保"十二五"期间取得版权工作新突破。这是国家的需要，也是版权工作者的光荣历史使命。

一、认识版权独特作用，发挥知识资源优势，推动文化大发展大繁荣

文化创造的成果主要表现为版权，保护版权就是保护文化创造力。因此，六中全会通过的《决定》在部署繁荣文化时特别指出，要加大知识产权保护力度，依法惩处侵权行为，维护著作权人合法权益。这是抓住了文化发展的一个关键问题。当前，随着经济全球化的不断深入和高新技术的快速发展，知识产权制度正在日益成为国家发展的战略性资源和国际竞争力的核心要素，在推动社会主义文化大发展大繁荣中的地位越来越重要，作用越来越突出。版权是知识产权三大支柱之一，在知识产权体系中，与专利权、商标权等工业产权相比，版权是文化价值的利益化，不仅具有独特的社会属性，更具有显著的经济属性。版权制度一方面通过激励创作，推动优秀文化成果的不断涌现，为社会公众提供了必需的精神食粮，促进了文化繁荣、培育民族创新精神、推动社会全面进步，创造了不朽的精神财富；另一方面，作为一种基础性资源，版权还具有复合财产权利的独特经济属性，几乎每项权利都支撑着一个产业，比如，复制权支撑着图书音像业，广播权支撑着广播电视业，摄制权支撑着影视业，著作权支撑着文学艺术。可以说，新闻出版、广播影视、文学艺术、文化创意、广告设计、计算机软件、信息网络等相关产业的创新和发展如果没有版权保护的制度支撑，就会成为无源之水、无本之木，缺少产业生存发展的基础。版权制度正是以其独特的智力保护和产业属性，促进文化繁荣和经济发展，从而推动社会的全面进步。

据世界知识产权组织统计，无论在发达国家还是发展中国家，国内生产总值（GDP）中核心版权产业所占份额大约在3%－6%左右，全部版权产业大约占10%以上。在美国，版权产业已经成为其经济中最大、增长最快、最具活力的行业，成为支撑美国经济增长的支柱，美国的版权行业雇员年收入水平超过美国其他所有行业的年均报酬率，而美国版权行业发展的速度及其对美国经济的贡献率也远远超出了其他实体经济门类，很大程度上支持着美国经济的实际增长，增加了美国国内生产总值，并从海外销售和出口中增加了收入。在我国，国

家版权局与世界知识产权组织为期 3 年的中国版权相关产业的经济贡献调研，统计结果表明，2006 年，版权在我国经济和社会发展的贡献率达到 6.4%，上海市已经达到 12%。湖北、湖南、四川等地也积极开展版权相关产业经济贡献率调研，数据显示，以版权为生产要素和战略资源的版权相关产业已经成为推动国民经济又好又快发展的重要力量。

值得注意的是，版权作为文学艺术和科学领域的智力成果，不仅可通过授权，规模性生产、复制并广泛传播各类文化产品，就其产品内容而言，又与意识形态安全密切相关。由于版权产业被视为 21 世纪的“朝阳产业”，加快发展版权产业，已经逐步引起众多国家的关注和重视。美欧一些发达国家一方面把版权问题与经贸问题挂钩，为维护其经济利益，不断以版权问题向我国施压，抢占我国市场；另一方面，利用版权交易对我国进行文化渗透，输出其意识形态和价值观，挑战我国的社会制度。从这一点而言，版权制度已日益成为我国加强文化内容管理、传播渠道管理，维护意识形态安全，促进社会主义文化大发展大繁荣的重要保障。

二、认真学习贯彻六中全会精神，为文化创新提供支持

六中全会《决定》明确指出：要激发文化内容创作和文化生产活力，提高文化产品质量，为人民提供更好更多的精神食粮。要大力构建公共文化服务体系，满足人民基本文化需求。要加大知识产权保护力度，依法惩处侵权行为，维护著作权人合法权益。可以看出，《决定》对做好新时期的版权工作提出了新的更高要求。这对于版权产业界来说，既是难得的机遇，也面临更大的挑战，更意味着肩负的重任。对此，我们要有足够清醒的认识，积极有效的对策，把版权支持创新作为工作的重点。

创新是一个民族进步的灵魂，是国家兴旺发达的不竭动力。一个没有创新能力的民族，是没有希望的民族，难以屹立于世界民族之林。版权工作要坚决支持文化内容、文化科技、传播方式、管理模式“四个创新”，为创造更多版权作品、发展版权产业服务。

推进文化内容创新是版权促进发展的首要任务。持续地推出更多更好的优秀产品，满足人们越来越多的精神需求，是文化繁荣的标志。而版权制度是激励自主创新的基础性制度，通过确定创作者的专有权利，使得权利人可以通过作品的转让、使用和传播获得应有的回报。这种以法定产权进行激励的利益机制，充分保障了对智力创作的尊重和肯定，极大地激发起人们的创作热情，从而鼓励创作出更多、更优秀的智力作品，为人类知识宝库增添了无数精神财富。我们要借六中全会的东风，引进和培养自己的优秀人才，开发出更多更好的有自主版权的作品，为推动本民族及整个人类的知识创新作贡献。

推进文化科技创新是版权产业发展与繁荣的重要引擎。要充分发挥文化内容和科技手段的相互促进作用，为文化产业发展提速。就版权而言，文化科技创新是双刃剑，不仅促进了版权产品的生产和传播，还有可能对现行版权制度形成冲击，对传统版权执法手段形成挑战。随着数字化技术和网络化日趋广泛的应用，文化科技创新的空间还相当大，我们与国外发达国家的差距也是存在的。这需要我们在推进文化科技创新的同时，注意把握技术发展对版权产业提出的新问题，有能力解决新技术带来的版权使用和保护新课题。

推进传播方式创新是文化产业的主要方面，因为计算机、互联网、数字技术总体是改变了传播方式，而传播中的版权纠纷是当前最突出的。版权在支持传播方式创新问题方面，要从技术、政策等方面大胆跟进。既不能因为技术而助长侵权盗版，也不能因为保护阻碍新技术的应用，这是版权发挥作用的重要领域。

推进管理模式创新是版权产业发展与繁荣的有力保障。不断创新的智力作品对版权制度产生了越来越大的需求，强烈要求版权管理模式不断适应创新的要求。在知识创新活动中如何共同遵守文化行为规则，有效保护文化创新成果，对于政府部门来说，是当务之急。创新管理就是改善服务。各级版权行政管理部门要进一步解放思想，改造传统的管理模式，加快职能转变，由管理型政府向服务型政府转变，并且要以改革的精神创新管理模式，改善和强化版权保护工作，因地制宜，分业使策，根据当地版权产业发展的实际需要和各行业版权形成的特点，提供优良的版权服务，促进版权创造和相关产业发展。有条件的地区要积极开展本地区版权产业发展状况调研，摸清底数，出谋献策，排忧解难，为促进当地的经济文化发展发挥积极作用。

三、认真落实“六项任务”，提升版权工作水平

中央领导多次指出，要进一步做好打击侵犯知识产权和制售假冒伪劣商品工作，对版权行政执法、软件正版化等工作提出新的要求，并强调要着眼完善法律法规、落实监管责任、强化监管手段、提高执法能力、鼓励公众参与，抓紧建立标本兼治的保护知识产权的长效机制。作为版权工作部门，要从实际出发，进一步抓好 6 个方

面的工作任务：

一是进一步完善版权法律体系。要顺应全球经济一体化和科技迅猛发展的新形势，以解决数字技术和互联网传播版权、数字出版版权等新问题为重点，完善版权法律制度。目前，要全力做好第三轮《著作权法》修订工作，充分体现实战需要，努力创造一个权利人、使用人和社会公众等各方利益和谐发展的法治环境。

二是进一步健全版权执法体系。要从上至下形成行政、公安、法院相互配合的版权执法体制，整合行政资源，突出工作重点，依法严厉打击侵权盗版行为，切实保护版权权利人的利益，净化版权市场运行环境，为版权产业的发展创造公平竞争的氛围，为全民族自主创新能力的提升、建设创新型国家的战略目标服务。

三是进一步构建版权公共服务体系。进一步加强以作品登记为基础的版权公共服务体系建设，强化版权公共服务职能，增加版权公共服务队伍，规范版权公共服务行为，不断开发、扩充新的版权公共服务项目。当前，特别要做好各类作品登记工作，加快建立全国统一、开放的作品信息平台，切实提高版权公共服务水平。

四是进一步理顺版权交易市场体系。运用市场机制，引导和支持市场主体创造和运用版权，充分发挥版权行业协会和著作权集体管理组织在版权市场化中的作用，建立交易平台，加强市场管理，引导市场主体采取转让、许可、质押、入股、合同备案等方式实现版权的市场价值，建立规范综合性版权要素市场，促进版权产业大发展。

五是进一步加强版权创新体系。支持创新要落实到产业政策、区域政策、科技政策、贸易政策上，鼓励各类版权部门和机构在与版权相关产业基地建设中引入版权创造机制，努力实现版权创造、运用、保护、管理的内在统一。扶持北京、上海、福建、广东、浙江、江苏、四川等符合条件的地区建设国家版权创新基地、版权产业发展基地，增强我国版权产业的自主创新能力。

六是进一步培育社会公众参与的版权保护体系。通过培养和提高社会公众的版权意识，依靠社会各种力量参与版权保护，是治本之策。要加强法律意识、版权意识教育，使“尊重知识、崇尚创新、诚实守信”的文化成为社会群体的价值体系。著作权人、版权单位、社会组织都要维护自己的权益，参与著作权保护。在全社会逐步形成有利于创新、有利于和谐社会建设、有利于公平竞争、有利于维护经济秩序的良好的版权文化氛围。

四、积极探索新技术条件下的版权保护问题

今年版权年会论坛的主题是“云计算·数字出版·版权保护”，这是技术前沿的问题。随着信息时代的来临，知识经济的兴起，以先进的云计算技术作为发展助推器的数字出版模式也顺应时势，破土而出，逐渐成长为新闻出版业的战略性新兴产业和新的经济增长点。然而，在数字出版方面，目前依然存在版权、技术、市场等制约因素，尤其是盗版，是致命的杀手。如果不能有效地解决版权问题，数字出版整个行业都会面临很大的风险。

新技术给社会经济发展带来了划时代的变革，广泛深入地渗透到经济社会各个领域，在促进国民经济增长、转变经济增长方式、提高管理水平和能力、促进文化发展、满足群众文化需求等方面都发挥了重要的作用。然而，新技术的飞速发展也对现有版权的法律制度、管理模式、社会规范、意识形态带来了冲击和挑战，比如，互联网的版权问题已经成为制约互联网产业创新发展的突出问题和引发国际争端的焦点，对等网络 P2P 技术、博客与播客、搜索引擎链接、临时复制等技术的应用，包括今天要讨论的云计算等新技术，都给互联网版权保护提出了新课题。各国都通过加强互联网版权法律制度的建设，实现更为有效的版权管理和保护。如何利用现有法律体系和技术手段解决新技术带来的版权保护难题，是我们必须认真对待、深入研究的。数字版权监管平台等项目就是为此而努力的一部分。

国家版权局长期以来一直关注新技术发展带来的版权问题。在“十二五”期间，国家版权局将继续关注技术发展对于产业和版权制度的要求，努力建立与现代传播技术迅猛发展相适应的版权保护机制、保护技术，有效解决新技术条件下的各类版权问题，调整和平衡不同主体间的利益关系，使版权工作更好地适应新技术的发展。

五、努力做好中国版权协会的工作

近年来，中国版权协会在版权服务领域做了很多工作，开拓了不少新的工作渠道和平台，希望更好地发挥作用。我看版权协会今后还应该继续在“协”字上做文章，在协助、协调、协力上下工夫。在这里，我提三点希望。一是当好参谋助手，为版权工作全局服务，加强自身学习和调研，掌握版权产业发展动态，反映行业要求，多提政策建议，为领导机关提供决策依据和参考。二是加强协调和沟通，真正成为联系广大版权工作者、权利人和专家、学者的桥梁，不断拓展服务领域和服务功能，特别对版权产业中涉及区域经济发展的关键项目以及国家和地区性的特色版权产业，予以重点关注，加大服务力度，在服务中摸索切实有效的服务模式。三是

为行业服务，解决单个企业不能解决的问题，克服单个企业遇到的困难，把分散的版权企业联合起来，凝聚成一股社会力量，同心协力推动版权产业的大发展。

我们身处一个知识创造财富的时代。利用知识，保护知识，创造财富，造福人类，是时代赋予我们的责任和使命。而实践证明，版权就是一种巨大的财富资源和产业资源，随着版权制度的不断完善，文化创造力的潜在价值得以全面认识和提升，版权将会为促进社会主义文化大发展大繁荣、促进经济社会快速发展作出新的贡献。我相信，随着市场经济不断规范，随着中国版权制度的不断完善，有着五千年文明历史的中华民族，依靠自己的勤劳和智慧，一定会为人类文明作出贡献，中国版权产业也将呈现出独特的魅力和广阔的前景。希望与会的各位朋友，以版权事业为平台，以版权协会为纽带，加强交流合作，不断增进友谊，共同谋求 21 世纪全球版权发展的光辉前景！

（据 2011 年 11 月 25 日《中国新闻出版报》）

大力提升我国新闻出版业的国际竞争力

——柳斌杰在全国新闻出版走出去工作会议上的讲话

（2011 年 12 月 22 日）

实施走出去战略是党中央、国务院赋予我们新闻出版战线的重大任务，是提升国家文化软实力和弘扬中华文化的重要手段，也是中华文明对人类进步事业有所贡献的重要途径，党中央对此始终高度重视。

今年 10 月召开的党的十七届六中全会，审议并通过了《中共中央关于深化文化体制改革、推动社会主义文化大发展大繁荣若干重大问题的决定》。《决定》在集中全党智慧的基础上，阐述了中国特色社会主义文化发展道路，确立了建设社会主义文化强国的战略目标，提出了新形势下推进文化改革发展的指导思想、重要方针、目标任务、政策举措，是当前和今后一个时期指导我国文化改革发展的纲领性文件，是党中央全面、深刻分析和审视当代中国所面临的形势任务，对文化改革发展所作出的重大决策。《决定》和胡锦涛总书记在全会上的重要讲话，不仅为新闻出版业下一步的改革与发展指明了方向，也为加快推动新闻出版业走出去带来了巨大的动力。在这样一个关键时期，我们召开走出去工作会议，全面总结“十一五”时期新闻出版业走出去工作取得的经验，表彰先进、树立榜样，研究部署新形势下如何推动新闻出版业走出去工作，这对贯彻落实好十七届六中全会精神，认真实施好《新闻出版业“十二五”时期发展规划》和《新闻出版业“十二五”时期走出去发展规划》，加快推动文化产业成为国民经济支柱性产业，加快推动我国向新闻出版强国迈进，不断提升我国新闻出版业的国际传播力、竞争力和影响力，无疑具有十分重要的意义。

一、“十一五”时期新闻出版业走出去的成效

“十一五”期间，我国新闻出版业全面实施走出去战略，版权输出、产品出口、数字传播、加工外贸和对外投资总体规模扩大，领域拓宽、形式多样，影响力显著增强，涌现了一批走出去的品牌产品和骨干企业，新闻出版业国际化进程明显提速，国际竞争力和影响力显著增强。

（一）版权贸易逆差不断缩小，输出数范围逐步扩大

经过多年的努力，我国版权贸易逆差情况大为改观，从 2002 年到 2010 年，我国版权输出数量逐年增长，特别是 2009–2010 年两年间更是实现了快速增长。2010 年全国共输出出版物版权 5691 种，引进出版物版权 16602 种，版权贸易逆差从“十五”末的 7.2:1 缩小到“十一五”末的 2.9:1，五年间版权输出总量增长 275%。作为版权贸易主体的图书版权输出结构不断优化，特别是与重点发达国家之间的版权贸易逆差实现较大转变，对美、日、加、英、法、德、俄等重点发达国家的图书版权输出总量比“十五”末增长近 14 倍。对港澳台地区的版权输出依赖程度明显降低，占版权输出总量的比例从 2005 年的 59% 下降到了 2010 年的 34%。版权输出的产品形态越来越多元化，从过去比较单一的图书、期刊版权拓展到报纸、音像电子、数字版权等多种形态。

（二）出版实物出口稳步增长，部分产品在海外创出品牌

出版产品出口是新闻出版业走出去的中坚力量，尽管近年来受到数字化浪潮、金融危机和人民币升值等多重因素的影响，但新闻出版产品出口仍继续保持增长。2010 年全国出版物进出口经营单位累计出口图书、报纸、期刊、音像制品、电子出版物 96.5 万种次，出口总量为 1047.5 万册（份、盒、张），出口金额为 3758.2 万美元。与“十五”末相比，出口数量增长近 30%，金额增长 7.4%，输出品种保持了大于引进品种的势头。目前，我国出版物已进入世界 190 多个国家和地区，据海关报告显示，今年又是突飞猛进的势头。尤

其值得重视的是，一些重点产品在海外市场创出了品牌。

（三）数字出版产品出口势头强劲，境外收益不断提高

数字出版产品出口是新闻出版业走出去的新领域，发展迅猛。借助国外技术平台，我国数字出版产品大量输出海外，一些学术期刊的海外下载量、国际影响因子和国际投稿量明显增加。2010 年我国期刊数据库的海外付费下载收入近千万美元，电子书海外销售收入超过 5000 万元人民币，网络游戏出口额突破 2 亿美元。依靠雄厚的资金实力，一些重点数字出版企业实现了在国际市场中的广泛覆盖和收益倍增。截至 2010 年年底，清华同方中文期刊全文数据库海外机构用户数量超过 1000 家，分布在 38 个国家和地区，五年累计出口额达 3227 万美元；汉王电纸书海外销量突破 5 万台；完美世界公司开发的 10 款民族游戏用户遍布四大洲 60 多个国家地区，海外收入超过 9000 万美元；盛大网络文学在线阅读，读者分布在几十个国家。

（四）印刷加工外贸产值逐年增加，顺差优势明显

印刷加工外贸既是新闻出版业走出去的一种模式，也是我国新闻出版国际劳务输出的重要渠道。2010 年，我国印刷加工服务出口收入总计为 661.65 亿元人民币，占印刷工业总产值的 8.6%。占全国印刷总产值 3/4 的珠三角、长三角、环渤海三大印刷产业带已成为全球重要的印刷加工基地。广东、北京、上海的印刷外贸集散地功能明显，输出规模逐年增长。中国印刷集团公司、北京华联印刷有限公司、深圳雅昌彩色印刷有限公司等企业的年出口额都达到了千万元乃至上亿元。

（五）国际投资成果丰硕，在外企业竞争力逐步形成

资本国际输出、在境外办实体是新闻出版业走出去的高级模式，要求企业不仅有国际化发展眼光，有境外本土化运作经验，还要有境外投资的实力。据不完全统计，目前我国新闻出版企业已在境外投资或设立分支机构 459 项，其中，从事图书出版的分支机构 28 个，从事期刊出版业务的分支机构 14 个，报刊及新闻采编分支机构 275 个，数字出版子公司 15 个，出版物发行网点 65 个（包括网络书店 4 个），印刷或光盘复制工厂 45 个，出版教育、培训、版权、信息服务机构 7 个。另外，通过收购或参股建立的海外网点有 10 个。走出去企业的国际竞争力得到提升，跨国发展的经验也更加丰富。

（六）走出去渠道不断拓展，传播力不断增强

借助国外主流零售渠道，覆盖海外高端读者和主流人群，是我国新闻出版业拓展国际营销渠道的一个重大突破。“十一五”期间，经过“中国出版物国际营销渠道拓展工程”的助推，我国新闻出版产品成功进入国际知名图书连锁机构，一批优秀外文图书已经逐渐进入法国拉加代尔集团的 3100 多家国际书店销售网络，近万种图书通过“全球百家华文书店中国图书联展”被推介到五大洲的数十个国家。中国国际图书贸易集团有限公司和美国亚马逊公司联手启动的亚马逊“中国书店”合作项目，目前已有两万余种中国图书上线至美国亚马逊网站，并将在一年内达到 10 万种的规模。不少出版企业还十分重视与世界跨国出版传媒企业建立稳定的战略合作关系，将中华文化内容源源不断地传播到世界各地。

（七）国际书展参展水平和质量不断提高，中国主宾国活动成为亮点

国际书展是版权输出及实物出口的重要平台。自 2005 年以来，我国每年举办和组织参加 40 多个国家和地区的书展、书市，改变了过去年年“人变书不变”的状况，注重图书品牌和商业利益，参展水平不断提高，版权输出和实物出口逐年增加。这期间，先后在法国、俄罗斯、韩国、德国、希腊、埃及等国家举办了国际书展中国主宾国活动。特别是在 2009 年德国法兰克福国际书展中国主宾国活动举办期间，我国参展团共签署版权输出合同 2417 项，相当于 2008 年的 5 倍多，超过当年版权输出总量的一半。2011 年法兰克福国际书展上，中国展团实现了版权输出 2424 项，再创历史新高。北京国际图书博览会经过多年培育已经成为世界四大书展之一，2011 年博览会期间实现版权输出 1652 项，版权引进与输出之比为 1：1.46，实现我国图书版权输出的重大突破。国际书展及中国主宾国活动已成为中国出版物版权输出的重要平台，有力地推动了中外出版业的国际交流与合作和走出去战略的实施。

（八）走出去人才队伍日渐壮大，素质逐步提高

几年来，通过“请进来”、走出去等各种方式，开展了走出去专门人才培训，举办国际高层出版论坛，取得了较好成效。目前，各个出版集团和较大规模的出版单位都有专门的国际机构和人员，专职负责出版走出去工作。每年重要国际书展的参展人员也相对比较专业化，与几年前的状况相比大有改观。出版领域的版权贸易人才、出版翻译人才、外向型经营管理人才等人才队伍正在日渐壮大，一些企业也有外籍员工，成为走向国际的新力量。

总体说，“十一五”时期新闻出版业走出去工作成效显著、成果丰硕。这些成绩的取得，是广大新闻出版单位努力实践和不懈探索的结果，是新闻出版战线广大

干部职工集体智慧的结晶。

二、“十一五”时期新闻出版业走出去的经验

“十一五”期间，新闻出版系统按照“高举旗帜、围绕大局、服务人民、改革创新”的总要求，进一步培育走出去主体，完善走出去政策，实施走出去项目，搭建走出去平台，扩充走出去队伍，不断创新合作模式，拓展国际渠道，积累了宝贵的国际化运作经验。总结五年来走出去工作的成功经验，对我们加快推动“十二五”时期新闻出版走出去工作，无疑具有十分重要的指导和借鉴意义。

（一）党中央、国务院的关怀支持是根本保证

党中央、国务院始终高度重视走出去工作，并在国家层面对走出去战略进行了重要部署。特别是进入新世纪以来，以胡锦涛同志为总书记的党中央根据国内外形势的新发展和新变化，对文化走出去提出了一系列新要求。党的十六大报告指出：“继续扩大对外文化交流，增进人民之间的友谊，推动国家关系的发展。”党的十七大报告首次提出“提高国家文化软实力”的新要求，再次强调要“加强对外文化交流，吸收各国优秀文明成果，增强中华文化国际影响力”。十七届六中全会首次提出“建设社会主义文化强国”的宏伟目标，进一步提出要“提高文化开放水平，推动中华文化走向世界”。在坚定不移地实施走出去战略的同时，党中央、国务院还在国家“十五”、“十一五”、“十二五”时期发展规划、《国家“十一五”时期文化发展规划纲要》《文化产业振兴规划》等重要文件中明确了一系列支持文化走出去的方针政策，有力地推动了中华文化走出去的实践。中央领导非常重视新闻出版业走出去，对走出去工作不断给予关怀与支持，每次北京国际书展，中央领导都亲自到场指导。特别是2009年法兰克福国际书展中国主宾国活动，多位中央领导同志先后几十次就活动的整体工作作出重要批示，并就工作中遇到的具体问题及时研究、大力支持，使该项活动最终取得圆满成功，在国际社会上引起强烈反响，有效展示和弘扬了中华文化精神。

（二）争取扶持政策是走出去的基本条件

党中央高瞻远瞩地提出实施走出去战略以来，新闻出版总署就把政策制定作为基本条件。经过努力，中央有关部门从出版产品和服务出口、出口重点企业和重点项目等方面提出了一系列鼓励和支持出版走出去的政策措施，如财政部等部门印发了《关于鼓励和支持文化产品和服务出口的若干政策》《文化产业发展专项资金管理暂行办法》《宣传文化发展专项资金管理办法》《关于支持文化企业发展若干税收政策问题的通知》，商务部等部门出台了《关于进一步推进国家文化出口重点企业和项目目录相关工作的指导意见》《关于金融支持文化出口的指导意见》，等等。这些政策从财政、金融、税收、信贷等多个方面对走出去产品、企业和项目给予大力扶持，极大地调动了走出去企业的积极性，为新闻出版业走出去起到重要推动作用。

（三）深化新闻出版业改革是走出去的强大动力

十六大以来，我国新闻出版业深化改革，以转企改制为突破口着力培育新型市场主体，加快产业结构调整和发展方式转变，激活了走出去的动力。目前，经营性图书和音像出版单位已基本完成转企改制，非时政类报刊出版单位转企改制全面启动，120多家新闻出版企业集团成功组建，49家新闻出版企业成功上市。民营文化工作室有序参与出版策划服务，非公有资本和外资已全面进入印刷、复制、发行和新媒体硬件制作等领域，参与国际竞争是企业内在的发展冲动，不再是“被”走出去。经过改革，制约新闻出版业发展的体制性障碍得到进一步消除，新闻出版业的实力和竞争力不可与往昔同日而语。目前，我国日报总发行量居世界第一位，图书出版品种和总印数居世界第一位，电子出版物总量居世界第二位，印刷业年产值居世界第三位。2010年，新闻出版业总产出达到1.27万亿元。这就为新闻出版业走出去夯实了基础、铺平了道路、积聚了力量。如果没有改革，哪有条件和实力走向国际市场？哪有动力和能力参与世界出版业竞争？只有改革后的企业才有动力。

（四）加强规划引导是落实走出去战略的关键环节

为贯彻落实中央精神，加快推动新闻出版业走出去，新闻出版总署高度重视政策导向和规划引导，一方面鼓励企业积极用好中央有关扶持政策加快走出去，另一方面在新闻出版业“十一五”发展规划、加快推动新闻出版体制改革与发展的指导意见等相关文件中出台了多项走出去的引导措施。特别是今年，新闻出版总署还专门制定下发了《新闻出版业“十二五”时期走出去发展规划》，提出对实现走出去的新闻出版企业，在出版资源上给予优先配置和政策倾斜；支持出版集团公司和具有一定版权输出规模的出版社成立专门针对国外图书市场的出版企业，经批准可配备相应出版资源；对列入走出去重点工程中的出版项目所需出版资源给予重点保障；对走出去成效显著的完全外向型的非公有制企业给予特殊扶持政策，等等。在《关于加快我国新闻出版业走出

去的若干意见》中，提出要有效利用国家和相关部委的现有政策的同时，进一步优化新闻出版资源配置。对新增或续批的中外版权合作期刊，在原创中国内容被国外合作期刊转载的数量上作出明确规定；在出版单位等级评估办法中增加新闻出版产品与服务出口年收入、从事国际业务拓展人员数量两项走出去相关指标；在出版物进出口经营单位的考核指标中，明确年度出口金额增长幅度须大于进口金额增长幅度，并按出口实绩配置进口权限，在职称考评和“中国出版政府奖”等各种奖项的评定中增加走出去的内容等。这些引导措施，具有很强的针对性、指导性和实践性，有力地推动了新闻出版业走出去战略的落实。

（五）实施重大工程是落实走出去战略的重要举措

为有效推动新闻出版业走出去，新闻出版总署实施了一系列走出去重点工程。《大中华文库》工程、经典中国国际出版工程、中国图书对外推广计划、中国出版物国际营销渠道拓展工程、重点新闻出版企业海外发展扶持工程、文化产品和服务出口重点企业与重点项目奖励计划等工程的实施，目标明确、扶持到位，有效调动了新闻出版企业走出去的积极性。《大中华文库》已推出 87 种汉英对照版和 15 种汉韩对照版，56% 的产品销往国外，成为国际著名大学、图书馆的必备中国书。经典中国国际出版工程致力于通过学术作品和文学作品的版权输出与合作出版，向国际市场全面、深入、准确地介绍当代中国的发展和中华文明的精髓，鼓励出版物面向发达国家主流读者发行，借助发达国家的全球影响力来扩大中国文化影响。工程入选项目学术和文学水平高，市场定位准，受到国外中国问题研究专家、学者的重视，产生了良好的带动和辐射效应，目前已有 400 多种获得资助的中国图书在海外出版发行。中国图书对外推广计划已在 40 多个国家推出千余种中国图书。中国出版物国际营销渠道拓展工程通过实施“借船出海”战略，构建包含国际主流营销渠道、海外主要华文书店、重要国际网络书店等在内的国际立体营销网络，破解了多年来困扰中国出版物走出去的渠道难题，推动更多的中国优秀出版物走向世界。可以说，走出去重大工程的实施，实实在在地带动了新闻出版业走出去。

（六）新闻出版企业主体作用是走出去的实践力量

随着体制改革的不断深入，中国新闻出版企业市场主体作用越来越大，它们不仅创造走出去的产品，而且寻求国外发展空间，直接在海外布点，投资、合资、合作，甚至并购国外出版公司。近年来，安徽出版集团在俄罗斯创建的新时代印刷有限公司业务已经拓展到了全俄境内的 10 个州，企业综合实力位居俄罗斯中央区前列。人民卫生出版社投资收购了加拿大 BC 戴克出版公司的全部医学图书资产。中国青年出版总社在英国注册成立了第一家以出版英文图书为主的专业出版社，而且实现了当年赢利。外语教学与研究出版社先后与牛津大学出版社等十多家国际著名出版公司合作，出版了 100 多种对外汉语教材，销往全世界 100 多个国家和地区，应用人数超过 1 亿。接力出版社、二十一世纪出版社的儿童系列书，都进入几十个国家。湖北长江出版集团出版的《狼图腾》已向全球输出 25 个语种的版权，全球销量 15 万册。中华书局出版的《于丹〈论语〉心得》已输出 28 个语种的版权、33 个版本，海外总销量达到 30.4 万册。一批具有实力和竞争力的新闻出版骨干企业通过成功实施以进带出战略、“借船出海”战略、本土化战略，成为走出去的典范。要知道：微软、苹果、好莱坞就是美国文化的推动者。中外这些企业的成功经验证明，企业主体作用的发挥，是走出去的实践力量。我们要用这些典范带动其他新闻出版单位的外向型发展。

（七）科技创新是走出去的重要支撑

当今时代，人类社会已经进入技术创新不断涌现、结构调整不断加快的重要时期。科技竞争日益成为综合国力竞争的焦点，科技进步和技术创新成为新闻出版业发展的重要推动力。特别是以互联网为代表的信息技术的迅猛发展及其在新闻出版领域的广泛应用，使出版物的传播手段更加多样，传播渠道更加通畅，传播能力不断增强，也使得越来越多的出版物通过新型出版方式和互联网等传播载体在海外传播成为可能。国际上，发达国家的出版传媒集团主要业务均已融入互联网，并开展了大规模的电子商务，数字产品和服务收入在业务收入中的比重正在不断上升。我国数字出版产业的总产值每年均保持着高速增长的态势，以国际学术出版平台、网络游戏出版、手机出版、互联网出版等为标志的新型出版业态异军突起。科技进步和技术创新，丰富了出版形态，拓展了传播渠道。我们要大力使用这些跨国界出版平台和技术，为新闻出版走出去构建重要支撑。

三、充分认识做好“十二五”新闻出版业走出去工作的紧迫性

（一）应对变局、抢抓机遇，刻不容缓

当前，新闻出版业数字化、国际化、全球化趋势进一步走强。受金融危机影响，国际出版业兼并、收购、重组步伐不断加快，国际出版传媒格局出现新变化。资本、技术、人才等生产要素在世界范围内正在进行重新

配置，对国际出版市场份额的争夺更加激烈。这对推动我国新闻出版业走出去，加快海外并购、拓展海外市场、抢抓海外资源，扩大国际出版市场份额，创造了有利的外部环境。随着我国经济社会的持续快速发展，我国的国际地位和影响力正在不断提升，国际社会渴望了解中国的愿望正日趋强烈。在中国经济保持持续增长的态势下，新闻出版业也呈现出快速发展的势头，一枝独秀的中国出版物市场引起了国际社会的广泛关注，世界上几乎所有国际大型出版传媒集团都以不同方式在我国设立了相关机构。这对我国新闻出版走出去，在国际上进一步赢得话语权、掌握主动权提供了有利条件。受互联网等新兴文化产业的冲击，世界范围内出版产业结构调整步伐加快，一批互联网技术、数字技术、移动通信技术企业正向内容产业进军，国际出版传媒企业也加快了数字化转型步伐，一个全新的出版产业正在形成，新兴业态的发展成为国际出版业增长的新动力。这对我国新闻出版走出去，抢占新兴产业制高点提出了挑战也提供了机遇。及时应对、乘势而上就能前进，迟迟不动、坐失良机就会落伍，拉开的差距还会加大，甚至既走不出去，也守不住阵地。

（二）排除困难、解决问题，时不我待

我们要清醒地认识到，新闻出版业走出去还存在着不少问题。比如，我们生产的高质量作品仍然较少，一些出版物出口量虽然较大，但一时还难以进入国外主流渠道；版权引进和输出逆差仍旧存在，差距虽呈逐年下降态势，但总体状况仍未根本改变，输出到欧美等发达国家和地区的版权数量仍然偏少；一些企业对走出去的规律认识把握不够、动力不足，影响了走出去的效果；我国尚未形成具有国际影响力的出版传媒骨干企业，在国际竞争中难与国际大型出版传媒集团相抗衡；一些优惠政策尚未完全到位，走出去企业境外经营依然困难重重；外向型出版人才，尤其是从事海外投资和经营管理的领军人物仍然严重缺乏，等等。这些问题在一定程度上困扰和阻碍着新闻出版业的国际化之路，亟须我们开拓思路、创新举措，切实解决目前存在的问题，克服困难，打开局面。

（三）国际较量、实力竞争，只争朝夕

当今世界正处在大发展大变革大调整时期，世界多极化、经济全球化深入发展，科学技术日新月异，各种思想文化交流交融交锋更加频繁，文化在综合国力竞争中的地位和作用更加凸显，维护国家文化安全任务更加艰巨，增强国家文化软实力、中华文化国际影响力要求更加紧迫。由于意识形态的差异难以在短时间内消除，个别国家对我国国情的曲解，对中华文化固有的偏见，对世界范围内客观存在着的不同文化价值取向的交锋和对立心理，使我国新闻出版业走向世界增加了阻力和难度。与西方主要媒体和出版传媒集团强大的整体实力相比，我国新闻出版业的整体实力、影响力和竞争力都还较小。在新一轮国际竞争面前，我国新闻出版业在内容的原创性、人才、技术、设备、开拓国际市场等方面实力较弱，竞争力不强。新闻出版业走出去必须立足国际较量、实力竞争，只争朝夕地追赶发达国家。

（四）明确使命、深化认识，加快步伐

党的十七届六中全会的召开、文化强国战略的提出，对新闻出版业走出去提出了新的历史使命。站在新的历史起点，我们必须更加深刻地认识到，加快推动新闻出版业走出去是提升我国文化软实力、增强中华文化国际竞争力和影响力的必然要求；是发展国家公共外交、促进国际社会对中国的理解和认同的重要途径；是深化文化体制改革，打造新闻出版强国，推动文化产业成为国民经济支柱性产业的重要举措；是新闻出版业调整产业结构、转变经济发展方式的必要手段；是积极利用“两种资源，两个市场”，提高企业抗风险能力的现实需要。全行业一定要切实把思想和行动统一到中央的精神和要求上来，进一步加深对建设文化强国重要性和紧迫性的认识，切实增强机遇意识和忧患意识，切实增强推动新闻出版业走出去的使命感和责任感，增强主动性和积极性，以更加坚决的态度、更加坚定的信念、更加开放的眼光、更加务实的作风，加快新闻出版业走出去的步伐，不断推动中华文化走向世界，不断提升我国新闻出版业的国际影响力。

四、贯彻落实十七届六中全会精神，开创“十二五”时期新闻出版业走出去的新局面

党的十七届六中全会，审时度势提出了“坚持中国特色社会主义文化发展道路，努力建设社会主义文化强国”的战略目标，并提出到 2020 年，我国文化产业成为国民经济支柱性产业，整体实力和国际竞争力显著增强，以公有制为主体、多种所有制共同发展的文化产业格局全面形成，以民族文化为主体、吸收外来有益文化、推动中华文化走向世界的文化开放格局进一步完善等 6 个方面的奋斗目标。新闻出版业作为我国先进文化的主阵地、改革开放的排头兵和发展文化产业的主力军，应当在社会主义文化强国建设历史进程中作出更大的贡献。

2010 年年初，在总结“十一五”时期新闻出版工作，规划“十二五”时期新闻出版业发展方向、目标任务和

政策措施时，经中央领导同志批准，新闻出版总署党组提出了巩固新闻出版大国地位、向新闻出版强国迈进的战略目标，得到了全行业的广泛认同和积极响应，也得到了中央领导同志的充分肯定。今年4月，新闻出版总署正式发布了《新闻出版业“十二五”时期发展规划》和《新闻出版业“十二五”时期走出去发展规划》，明确提出了新闻出版业要通过大力实施走出去战略，提升在国家政治、经济、文化、外交大局中的地位和作用。到“十二五”末，新闻出版业要向全世界推出一批有影响力的知名品牌和六到七家实力雄厚、有国际竞争力的龙头企业；要在30个左右的重点国家和地区完成市场布局；使新闻出版业走出去的政策体系更加完备，版权贸易逆差进一步扭转，新闻出版企业实力大大增强，新闻出版业的国际传播力、竞争力和影响力显著提升，一个覆盖广泛、重点突出、层次分明的新闻出版业走出去新格局基本形成。要实现上述目标，全行业必须共同努力，做好以下几项重点工作：

（一）不断开拓进取，创新走出去的思路

要准确把握市场需求，创造更多优秀版权产品，加快推动版权走出去，不断提高版权输出的数量和质量，优化版权输出的区域结构、语种结构、内容结构和市场结构。要加快推动数字出版产品走出去，鼓励和扶持新闻出版企业生产更多外向型数字出版产品，推动数字出版重点企业和产业基地走出去。要加快推动传统出版产品走出去，充分调动各种所有制企业产品出口积极性，使实物出口数量和金额继续保持增长。要加快推动印刷业走出去，鼓励印刷企业拓展海外印刷业务，扩大加工贸易，开拓国际新兴市场。要支持各种所有制企业投资境外新闻出版业、生产出口新闻出版产品，为新闻出版业走出去作贡献。要继续探索其他走出去的方式和途径，面向世界、开拓未来。

（二）加快内容创新，打造一批有影响的品牌产品

没有品牌产品是走不出去的，这是实践的结论。由于缺少一批被国际社会广泛认可的中国品牌出版产品，在很大程度上制约了中华文化的国际影响力。我们要加大对国际市场的研究，加强内容自主创新，力争在新闻报刊、大众图书、专业图书、教育图书、大众消费类期刊、专业类期刊、学术类期刊等重点领域打造一批具有自主知识产权和核心竞争力的国际知名品牌。要重点推出一批展示中华文化独特魅力、反映当代中国精神风貌和学术水准、贴近国外受众文化需求和消费习惯的品牌产品。要借鉴国际文化传媒市场运作模式，推动国内名刊名报名著进入欧美主流社会。要通过北京国际图书博览会、法兰克福国际书展、伦敦书展和重要国际书展中国主宾国活动等国际大型展会和文化活动，不断提高中国文化品牌的国际知名度和市场占有率。

（三）加快科技融合，推动数字出版产品走出去

相对于书报刊等纸介质产品，数字出版产品容量大、速度快、覆盖面广，更容易进入海外市场。“十二五”时期是数字出版产业快速发展的重要时期，要鼓励新闻出版企业积极利用新技术改进新闻出版产品形态，加大数字出版产品的版权输出和国际传播。鼓励和扶持新闻出版企业生产更多外向型数字出版产品和传播平台，重点支持电子图书、数字报刊、网络动漫、网络游戏、数据库出版物、手机出版物等数字出版产品进入国际市场。要搭建数字出版走出去内容投送平台，加快数字内容资源整合，发挥规模优势，全面提升我国数字出版产品的核心价值和数字出版企业的国际传播力。

（四）整合优势资源，构建立体化国际传播渠道

深入实施中国出版物国际营销渠道拓展工程，进一步拓展国际主流营销渠道。在投资建设、巩固发展自主经营渠道的同时，也要积极实施“借船出海”战略，一是加强与全球性和区域性大型连锁书店的合作，利用国外的主流渠道；二是积极利用海外资金、人才、管理经验等要素，整合和巩固海外华文出版物营销网络和渠道，进一步拓展海外市场；三是利用国际新型传播渠道，扩大市场覆盖面。要积极运用新技术，搭建数字内容资源跨境投送平台，加大对数字出版产品的输出，积极开拓网络书店等新型出版物销售渠道。通过大力构建包括国际主流营销渠道、海外主要华文书店、重要国际网络书店在内的中国出版物国际立体营销网络，推动更多优秀中国出版产品走向世界。

（五）鼓励联合重组，打造一批外向型骨干企业

要加快推动新闻出版企业跨区域跨行业跨媒体跨所有制经营和重组，切实提高新闻出版企业的综合实力和竞争力，着力打造一批实力强大、竞争能力突出、具有世界影响力的综合性跨国出版传媒集团。重点扶持一批外向型骨干企业，通过独资、合资、合作等方式，到境外建社建站、办报办刊、开厂开店；鼓励和支持有条件的新闻出版企业以多种方式兼并、收购境外新闻出版企业，壮大企业自身实力；鼓励有条件的新闻出版企业通过上市、参股、控股等多种方式，扩大境外投资，参与国际资本运营和国际企业管理；引导各种所有制企业有序到境外投资合作，提高国际化经营水平，防范和化解境外投资风险。

（六）加强国际合作，提升新闻出版业国际竞争力

开展国际合作是推动中华文化走向世界，共享世界文明成果有效形式。新闻出版企业是国际合作的主力军，在国际化的大趋势下，要继续扩大国际合作的领域和范围。在保持原有版权合作、项目合作的基础上，继续加强对文学类、科技类、少儿类、学术类等出版物的版权合作，不断提高版权合作的质量。要继续加强同发达国家、周边国家和地区的合作力度，探索同发展中国家的合作方式。鼓励新闻出版企业在动漫网游、期刊数据库、电子书等方面，加大对传统出版产品和数字出版产品的版权、技术、资源和人才等方面的合作力度。

五、努力为新闻出版业走出去营造良好的发展环境

为深入贯彻落实十七届六中全会精神，持续推动新闻出版业走出去，在出台《新闻出版业“十二五”时期走出去发展规划》的基础上，新闻出版总署历时一年多，又制定了《关于加快我国新闻出版业走出去的若干意见》，吸纳了诸多专家学者和新闻出版企业的建议和意见，对当前我国新闻出版业走出去面临的态势与机遇、主要目标与重点任务及推动走出去的主要措施等问题进行了细化，使走出去工作更具可操作性。下一步的关键是要抓好落实。全行业要把中央和相关部委有关走出去的各项扶持政策落到实处，要把总署出台的《规划》和《意见》落到实处，形成新闻出版业走出去良好的发展环境，戮力同心，再创走出去的新辉煌。

（一）做好走出去布局规划

“十二五”时期，新闻出版业要加快完成走出去的国际布局，从战略高度对全球布局工作进行统筹规划和重点部署。要以发达国家、周边国家和地区为重点，以发展中国家为基础，以海外重点市场为依托，在 30 个左右的国家和地区有计划地进行布局布点，建立起覆盖广泛、重点突出、层次分明的走出去新格局。鼓励新闻出版企业走出去，在欧美发达国家和地区建立分支机构，加强与世界发达国家新闻出版企业的深层合作，生产出更多符合当地需求、有国际影响力的新闻出版产品，不断将中华文化推向国际主流市场。要加大对周边国家和地区走出去的力度，进一步加强沟通和了解，稳定中华文化传播的重要区域，加强承载中国优秀文化的新闻出版产品的带动力，使走出去工作出现新的成效。要重视对发展中国家的产品覆盖，加大新闻出版走出去在发展中国家的扶持力度，争取以优秀新闻出版产品的传播增进发展中国家对中国的了解和支持，扩大我国在发展中国家中的影响力。要增强对海外华文市场的联系，准确了解消费需求，加强与港澳台地区出版企业的合作与交流，联手开发国际市场，共同发展民族出版产业，更好地弘扬中华优秀文化。

（二）切实完善走出去体制机制

“十二五”时期，新闻出版业走出去要加快建立完善以政府为主导、企业为主体、市场化运作的新闻出版走出去运行体制和政策扶持、项目带动、平台支撑相结合的走出去运行机制。要实施差异化战略，根据不同国家和地区的不同文化需求，采取不同的走出去策略和方式。要实施多元并举，鼓励出版集团、专业出版社、数字出版企业和民营企业挖掘自身独特优势，拓展不同领域的国际市场。要实施本土化战略，注重与海外资金、技术、渠道、人才等要素相结合，开发推广适合当地阅读和消费习惯的出版物产品。要实施以进带出战略，借助国际合作企业的资源优势，带动出版物走出去。要实施科技带动战略，发挥高新技术的平台和渠道优势，推动出版物走出去。

（三）健全走出去机构

各地新闻出版行政管理部门要把推动新闻出版业走出去作为“一把手”工程，建立健全对外合作机构，指定领导专职负责走出去工作。重点地区和外向型企业要增加人员编制，理顺工作机制，确保经费支持。要做好走出去的相关指导、协调和管理工作，不断创新工作思路、提高工作水平，为推动走出去提供强有力的组织保障。充分发挥行业协会的作用，鼓励和支持企业在自愿基础上成立新闻出版产品和服务出口促进组织，加强行业自律，扩大对外宣传，维护企业权益，提供政策咨询和信息服务，帮助企业开拓海外市场。充分发挥投资促进机构、版权代理机构、人才培训机构、法律咨询机构、会展服务机构等社会中介组织的作用。要结合本地区实际情况，制定本地区新闻出版业“十二五”时期走出去发展规划，出台目标明确、切实可行的扶持政策。要加大对走出去工作的宣传与奖励，及时总结和推广各地区、各单位、各部门在走出去方面的典型经验，对走出去的年度优秀出版物、重点出口企业及版权输出优秀单位和个人给予重点奖励。

（四）落实走出去经济政策

加快推动新闻出版业走出去，要认真贯彻落实国家关于支持文化企业走出去的相关财政、金融、税收等经济政策，充分用好各部门设立的国家文化产业发展基金、国家出版基金、国家文化出口重点企业和项目扶持资金、民族文字出版专项资金等，做好走出去项目的申请、申报和组织等相关工作。要认真落实总署为推动新闻出版

业走出去设立的相关扶持政策，特别是做好《新闻出版业“十二五”时期走出去发展规划》和《关于加快我国新闻出版业走出去的若干意见》这两个政策性文件的落实，积极争取地方党委、政府的重视和支持，加强部门间的协调和沟通，落实配套资金和相关政策，确保各项规划任务的完成。

（五）建设利用好走出去平台

要充分发挥会展平台作用，努力打造北京国际图书博览会、法兰克福国际书展、伦敦书展等具有重要影响力的国际出版、版权交易平台，下工夫办好大型国际书展的中国主宾国活动。探索以新疆、西藏、广西、云南、内蒙古和吉林等边疆省（区）为中心、建设辐射周边国家的新闻出版国际合作交易平台。以信息共享、互联互通为重点，构建翻译人才库、版权交易信息库、重点项目库、中外作家库，搭建多语种的国家级走出去信息服务平台，为企业提供市场供求、版权贸易、政策咨询、法律服务、翻译服务等全方位信息服务。

（六）抓好走出去工程

要认真做好“十二五”规划中有关走出去重点工程的实施与推广。经典中国国际出版工程要重点扶持外向型文学类、学术类精品出版物的翻译、出版、营销、推广，完善输出出版物境外销售额和影响力评价指标体系。中国图书对外推广计划要巩固品牌效应，完善长效机制。中国出版物国际营销渠道拓展工程要着力拓展国际主流营销渠道，扩大海外华文书店规模，挖掘国内外网络书店潜力，切实促进新闻出版实物产品出口。要加大“中外图书互译计划”实施力度，继续与30个重点国家签订双边出版交流与合作协议，不断扩充“中外互译图书”系列，办好“中外互译图书”展和“中外互译图书”双边出版经验交流会。要继续做好国家文化出口重点企业和重点项目的推荐工作，结合项目库建设，确保新闻出版领域重点支持企业和项目逐年递增。要着力实施新闻出版企业海外发展扶持工程，结合文化产业发展专项资金、宣传文化发展专项资金和国家出版基金，着力培育保障国家文化和意识形态安全、占领境外战略制高点的重点企业。要实施边疆地区新闻出版业走出去扶持计划，充分利用新疆、西藏、云南、广西、内蒙古、辽宁、吉林、黑龙江等省（区）与周边国家密切的经贸往来关系，扩大新闻出版产品与服务对周边国家的输出，对在境外建立或举办的出版物零售点和展览给予资金支持。

（七）培养走出去人才

新闻出版业走出去离不开一支高水平、高素质的专业人才队伍。“十二五”时期，要以外向型的经营管理人才、版权贸易人才、专业技术人才、翻译人才的培养为重点，构建新闻出版业走出去人才培养体系。要实施走出去领军人才引进计划，鼓励新闻出版企业聘用和引进符合走出去人才标准、拥有国际业务拓展经验的外向型新闻出版经营管理人才，依照国家有关规定，对其薪酬待遇给予相应的资助和补贴。要重点培养外向型专业技术人才，建立中外新闻出版企业专业技术人才交流培训机制，通过考试选拔外向型新闻出版专业技术人才，分期分批输送到重点跨国出版传媒集团中进行培训。要大力培养版权贸易人才，加大对版权贸易人才的培训力度。要实施翻译人才培养计划，建立中外翻译人才数据库，分期分批资助入库翻译人员赴境外就其所在专业翻译领域开展学术交流活动。同时，还要注重对国外人才与“海归”人才的引进，吸纳国际出版业的高端人才到中国发展，充分发挥国外作者、翻译人才、经营管理人才对新闻出版走出去的重要作用。

党的十七届六中全会的召开和国家“十二五”规划的制定与实施，为新闻出版业深化改革、加快发展带来了难得的机遇，也为继续推动新闻出版业走出去创造了更加有利的条件和更为宽广的空间。全系统一定要认真学习、深刻领会、贯彻落实，准确把握我国经济社会发展新要求，准确把握当今时代文化发展新趋势，准确把握人民群众精神文化生活新期待，把中央精神贯穿到推动新闻出版业走出去的全过程，不断攻坚克难、开拓创新，为实现新闻出版业“十二五”时期走出去的各项目标任务而努力，为早日建成新闻出版强国而奋斗！

（据2012年第1期《中国出版》）

·财政部·

坚持科学发展　推进改革创新
努力开创财政教科文和事业资产管理工作新局面

——张少春在在全国财政教科文暨事业资产管理工作会议上的讲话（节选）

（2011年11月11日）

“十一五”时期，按照党中央、国务院总体部署，各级财政部门充分发挥财政职能作用，大力支持文化体制改革、公共文化服务体系建设和文化产业发展。

支持建设覆盖城乡的公共文化服务体系。“十一五”

时期，支持实施广播电视“村村通”、乡镇和社区综合文化站、文化信息资源共享、农村电影公益放映、农家书屋等五大农村文化惠民工程，确保各项工程如期或提前完成了“十一五”预定目标；支持1444家文化文物部门归口管理的公共博物馆、纪念馆和全国爱国主义教育示范基地向社会免费开放；支持开展“文化下乡”和城市社区文化活动，改善基层公共文化设施条件等。“十一五”时期，中央财政累计安排专项资金302亿元，地方也积极筹措资金、落实各项政策措施，公共文化产品和服务供给能力明显提高，覆盖城乡的公共文化服务体系框架基本建立。同时，积极支持文化遗产保护，增加大遗址、全国重点文物、非物质文化遗产保护专项资金投入力度，支持第三次全国文物普查、红色旅游和古籍保护等工作，中央财政共计安排专项资金63亿元，是“十五”时期的近4倍。文艺精品创作和对外文化交流所需经费也得到了较好保障。

支持文化体制改革。研究制定文化体制改革相关配套政策，出台财政税收、投资融资、资产管理、收入分配、社会保障和人员分流安置等扶持措施，保证经营性文化事业单位转企改制顺利实施。完善中央国有文化企业资产管理制度，积极探索建立管人、管事、管资产相结合的新型国有文化企业资产管理和运营机制，研究解决文化企业出资人问题。截至2010年底，中央各部门各单位出版社体制改革任务如期完成，全国出版发行、电影电视剧制作等领域基本完成全行业转制，宣传文化系统国有文艺院团完成转制461家，非时政类报刊完成转制512家，人民网等10家重点新闻网站完成转制任务，20个省份实现省内广电传输网络整合。全国共注销经营性文化事业单位4000多家，核销事业编制17.2万个。

支持文化产业快速发展。按照国务院《文化产业振兴规划》要求，中央财政和20多个省份设立文化产业发展专项资金，重点支持转制文化企业发展和骨干文化企业培育等，“十一五”时期，中央财政共安排文化产业发展专项资金42亿元。中央和一些省份还设立了文化产业投资基金，有效搭建起文化产业融资平台，对创新财政支持文化方式进行了有益探索。同时，制定扶持文化产业发展的税收优惠政策，对电影、动漫、新闻出版和发行等文化企业给予税收优惠。2010年，我国文化产业法人单位实现增加值11052亿元，占GDP的2.75%，比2004年高出近0.65个百分点，全国共有23家上市文化企业，总市值2040亿元。

根据新时期财政教科文和事业资产管理的总体要求，今后三年的重点工作任务是：

建立财政文化投入稳定增长机制。财政文化投入是推动文化改革与发展的重要保障。各级财政部门要认真贯彻落实党的十七届六中全会《决定》精神，把文化投入作为预算保障的重点，年初预算和预算执行中超收部分的安排，都要体现《决定》要求，确保全年预算执行结果实现公共财政对文化建设投入增长幅度高于财政经常性收入增长幅度的要求，并逐步提高财政文化支出占财政支出的比例。同时，进一步扩大公共财政覆盖范围，完善投入方式，发挥财政资金的杠杆作用，采取政府采购、项目补贴、定向资助等政策措施，鼓励和引导各类单位和个人参与文化建设。建立健全财政投入激励约束和绩效评价机制，把向社会提供更多更好的文化产品和服务作为财政增加投入的重要依据。

支持公益性文化事业繁荣发展。一是支持公共文化服务体系建设。按照体现公益性、基本性、均等性、便利性的要求，坚持以政府为主导、以公共财政为支撑，把主要公共文化产品和服务项目、公益性文化活动纳入公共财政经常性支出预算，建立健全保障公共文化服务供给的长效机制。支持实施文化惠民工程，支持开展乡村社区文化活动，推进基本公共文化服务的均等化。二是支持优秀传统文化保护与传承。加大对国家重大文化和自然遗产地、重点文物保护单位、非物质文化遗产保护等的投入，加大对革命文物和少数民族特色文化的保护力度，支持红色旅游。三是支持文化产品创作。设立“国家文化发展基金”等艺术基金，采取公开、竞争和择优的方式，支持优秀文化作品创作和人才培养。四是支持中华文化“走出去”。支持政府间文化交流，支持海外文化中心建设并开展文化交流活动，加强重点媒体国际传播能力建设，不断提升中华文化的竞争力和影响力。

支持文化体制改革。科学界定文化单位性质和功能，分层次、分类别实施有针对性的扶持政策，推动文化体制改革取得新进展。一是支持经营性文化事业单位转企改制。落实支持经营性文化事业单位转企改制的各项扶持政策，将扶持政策执行期限再延长5年。二是推进公益性文化事业单位改革。在加大投入的同时，支持公共图书馆、博物馆、美术馆、文化馆等公益性文化事业单位改善服务方式，强化服务功能；支持文艺院团、党报党刊、广播电台电视台等单位深化内部改革，创新管理机制，不断增强其发展的内在动力与活力。落实鼓励社会捐赠和兴办公益性文化事业的税收优惠政策，引导社会资本投入公益性文化事业。三是推进形成以公有制为主体、多种所有制共同发展的文化产业格局。加大财政、税收、金融等方面对文化产业的政策扶持力度，加强政策衔接，鼓励和引导文化企业面向资本市场融资，促进金融资本、社会资本和文化资源有机对接。支持实施重大文化产业项目带动战略，努力发展新媒体和新的文化业态。同时，要切实加强文化体制改革过程中国有资产管理，推动国有文化资产优化配置和结构调整，增强文化整体实力和竞争力。要积极探索建立党委宣传部门与财政部门、文化行政主管部门“各司其职、合理分工、共同监管”的新型经营性国有文化资产管理体制。

（据 2011 年 11 月 11 日财政部网站）

·工业和信息化部·

信息技术：文化发展的新引擎

苗圩

（2011 年 12 月）

工业是文化发展的重要物质基础，为文化事业和文化产业发展提供技术和产品支撑。文化发展为工业发展提供强大智力支持和精神动力，先进文化为工业产品和服务不断注入新的内涵，促进产品质量、品牌和附加值提升。

当前，我们要切实把全会精神转化为推动建设社会主义先进文化的强大动力，转化为坚持走中国特色新型工业化道路、加快工业转型升级的实际行动，在不断夯实文化改革发展物质基础的同时，充分发挥行业特色和优势，促进行业核心价值体系建设，为推进社会主义文化大发展大繁荣作出积极贡献。

当今时代，信息技术成为推动文化事业和文化产业发展的新引擎，为文化发展提供了强大动力，已是不争的事实。我们将密切跟踪把握信息技术发展趋势，充分发挥信息技术在文化改革发展中的重要作用，促进文化产业成为国民经济支柱性产业。

一是推进现代文化产业体系建设。深化信息技术普及和推广应用，促进传统文化产业改造提升，加快发展手机电视、网络电视、动漫游戏等新兴文化产业。推进文化产业和信息高新技术产业融合，鼓励商业模式创新，壮大数字内容产业，大力发展软件服务，加快发展工业设计，增加相关产业文化和科技含量。

二是增强技术装备支撑服务能力。加快健全信息技术产业创新体系，支持产业技术联盟和公共服务平台建设，加强数字文化产业核心技术、关键技术、共性技术攻关，加强技术标准研究制定，加快科技成果转化和产业化，以先进技术支撑文化产业发展所需的装备、软件、系统研制和自主发展。

三是在公益性文化事业发展中积极发挥作用。充分利用数字技术、网络技术，推动构建覆盖广泛、技术先进的现代文化传播体系，提高公共文化产品和服务的数字化、网络化水平。支持公益性信息资源开发利用，推进数字图书馆等公益性文化信息基础设施建设。继续实施“通信村村通工程”，完善农村网络覆盖，全面开展信息下乡活动。协调推进教育信息化。抓好少数民族语言文字软件研发及产业化。

四是积极营造非公经济和中小文化企业发展环境。鼓励和引导各种非公有制文化企业健康发展，在国家许可范围内，引导社会资本以多种形式投资文化产业，营造公平参与市场竞争、同等受到法律保护的体制和法制环境。

新时期新形势下，工业和信息化部将进一步加强网络文化建设和管理，发展健康向上的网络文化，是发展社会主义先进文化、满足人民精神文化需求的迫切需要，是净化网络文化环境、保护青少年身心健康的迫切需要，也是保障互联网持续健康快速发展、深入推进信息化建设的迫切需要。

工业和信息化部将认真履行互联网行业管理职责，贯彻积极利用、科学发展、依法管理、确保安全的方针，进一步完善思路和措施，加强互联网的管理和引导，促进网络文化持续健康发展：

一是全面构建宽带、泛在、融合、安全的国家下一代信息基础设施。研究实施“宽带中国”战略，加快 3G（第三代移动通信）和 TD 发展，统筹推进 3G 网络向 LTE 演进。

二是着力推进网络内容建设。充分发挥网络技术和行业管理等优势，配合有关部门推动优秀传统文化瑰宝和当代文化精品网络传播，支持重点新闻网站、综合性网站和特色网站发展，支持培育壮大一批网络文化领军企业。

三是加强互联网行业基础管理。健全完善互联网管理机制和工作流程。加快健全行业管理法律法规和技术标准，强化域名和 IP 地址资源管理。加大互联网信息服务和接入服务管理力度，逐步完善网站实名制，探索建立企业信用制度。加强对微博客、即时通信、社交网站等的引导和管理，规范网上信息传播秩序。

四是营造和谐网络文化发展环境。加强技术保障手段建设，建立新技术新业务网络与信息安全评估机制。配合打击利用网络制作传播有害信息等违法犯罪活动，推进整治网络淫秽色情和低俗信息专项行动。

（据 2011 年 12 月 6 日《光明日报》）

·海关总署·

发挥“文化把关”作用 坚持“文化兴关”

——于广洲在海关总署党组扩大会议上的讲话

（2011 年 10 月 27 日）

海关作为国家进出境监督管理机关，要坚决贯彻中央决定，在促进中华文化“走出去”和国外优秀文化成果“引进来”、支持文化事业和文化产业创新发展中，努力发挥应有作用。一是要把六中全会精神贯彻到落实国家“十二五”规划的实践中。要立足海关职能，大力支持文化产业创新发展，充分发挥文化产业在促进结构调整、转变经济发展方式中的重要作用。二是要把六中全会精神贯彻到海关服务经济促进发展的工作中。要发挥海关税收、加工贸易、特殊监管区域等政策优势，推动文化产业创新发展，促进文化产业成为我国支柱产业。改革通关监管制度，提高海关通关监管效能，为对外文化交流提供高效便捷的服务。推进贸易便利化国际合作，通过双边、多变及区域合作等渠道，帮助文化企业巩固和扩大国际市场，推动我国在国际文化战略竞争中占据优势地位，实现从经济国际化向文化国际化的跨越。三是要把六中全会精神贯彻到加强文化产品进出境监管的行动中。发挥海关保护关境职能，加大对进出境印刷品和音像制品的监管力度，集中打击和治理各类非法出版物走私活动，严厉打击侵权音像制品等货物进出口。四是要把六中全会精神贯彻到推动企业征信系统的建设中。海关要把诚信建设摆在突出位置，力争在“十二五”期间将“金关工程”建设成为进出口环节的企业诚信监督系统，在外贸企业信用信息记录、整合和应用等方面取得突破，在全国征信大系统建设中发挥积极的带头示范作用。

要以社会主义核心价值体系为引领，把握海关文化的发展方向，把社会主义核心价值体系融入海关改革与建设全过程，引导广大关员积极践行社会主义核心价值体系，使社会主义核心价值体系内化于心、外化于行。一是爱国。中国海关是保卫祖国大门的钢铁长城，忠于党、忠于国家是我们的天职。要爱国、爱民、爱关。二是厚德。每个海关关员都要坚守公务员的职业道德，促使崇尚道德、清正廉洁在海关蔚然成风。三是增信。要高度重视政务诚信，坚决做到依法行政、政行一致，必须加强商务诚信建设，突出诚信守法便利、失信违法惩戒的原则。四是创新。要着眼于党和国家工作大局，坚持解放思想、先行先试，寓管理于服务之中，真诚为一切守法管理相对人提供最优质的通关服务和便利。五是奉献。海关作为一支实行衔级制的准军事化纪律部队，倡导奉献精神十分必要。要让勤奋敬业成为全海关的高度共识和自觉行动。

（据 2011 年 10 月 28 日海关总署网站）

·国家旅游局·

赋文化以活力、给旅游以魅力

邵琪伟

（2011 年 11 月 2 日）

旅游与文化有着天然的不可分割的联系，自有旅游活动以来，旅游与文化就从未分离。旅游是旅游者经历文化、体验文化、欣赏文化的过程，而文化因素则渗透在旅游活动的各个方面。从一定意义上讲，没有旅游的文化就没有活力，没有文化的旅游就没有魅力。

从产业发展的角度看，旅游产业和文化产业相互融合，相得益彰，密不可分。站在旅游产业角度看，抓住了文化就抓住了核心价值；站在文化产业角度看，抓住了旅游就抓住了一个巨大的市场。要充分认识发展旅游业对推动文化大发展大繁荣的重要作用，推进旅游产业与文化产业紧密融合、共同繁荣，这既是经济社会发展的客观要求，也是推动文化大发展大繁荣的必然要求和重要途径。

我国旅游业的快速发展，得益于丰富灿烂的文化遗产和文化资源，同时旅游业也极大地促进了传统优秀文化资源保护、传承和发展。旅游能够使很多“地下的东西走上来、书本的东西走出来、死的东西活起来、静的东西动起来”。

目前我国有世界文化遗产和世界自然遗产 41 处，国家重点文物保护单位 2351 个，历史名镇名村 251 个，博物馆 2141 个，文化馆 3258 个，我国还有佛教寺院 1.3 万余座，道教宫观 1500 余座，伊斯兰教清真寺 3 万余座，天主教教堂4600余座，基督教教堂1.2万余座等。据不完全统计，其中用于旅游开发的有6000多家。我国有56个民族，各民族丰富多彩的民族风情、风俗习惯等也都是重要的文化资源。

实践证明，开发旅游业，需要对各类文化文物资源进行梳理和修整，需要对古城、古镇、古村落进行挖掘和保护，从而让文化文物资源多年沉睡的价值展现在游客面前，有利于文化文物资源的保护和可持续发展。敦煌的同志有句话讲得好，“敦煌的优势在文化，出路在旅游，未来在文化旅游”。

旅游是和平的使者，友谊的桥梁，是民间对民间、人民对人民友好交往、传递友谊的渠道。现代大众旅游已成为传播文化的最有力载体之一，人们在旅游中对文化的接受是在一种完全自愿的环境中发生的，是出于旅游者个人意愿而对其产生潜移默化影响的，因而也最有力、最持久。

旅游还是跨时空的交往和跨文化的交流，中国历史上的每一位旅游旅行者都是文化的传播者，是促进沟通交流的文化使者。随着现代交通条件的改善，旅游在更广范围展开，为各国人民加深了解、增进共识提供了更为广阔的平台。

实践证明，旅游可以使不同国家、不同地区、不同民族、不同文化、不同文明、不同宗教信仰、不同生活方式的人民增进了解、加深理解、促进友谊。很多国外游客通过旅游加深了对中国和中国人民的了解，也使更多的中国人“零距离”的了解了外国和外国文化。

中华民族创造了源远流长、博大精深的中华文化，在中国特色社会主义道路的伟大实践中，形成了面向现代化、面向世界、面向未来的，民族的科学的大众的社会主义先进文化，这是中国旅游发展的文化根基。

发展旅游可以弘扬中华文化，推动中华文化走向世界，提高中华文化国际影响力。每年数千万国际游客来到中国，首先接触到的“中国印象”更多的是“中国旅游印象”。中国是一个真诚、真实、开放的国度，依托旅游资源和旅游渠道，通过丰富多彩的旅游线路、活动和产品来加强对外传播，能够使各国的游客在旅游中认识、了解、感知一个真实发展变化的中国，传播我国良好的国家形象。

2010年，我国出境旅游已达5739万人次，如此众多的中国公民出境旅游，把具有五千年历史的中华文明传播到世界各地，有利于宣传中国和平发展的国家形象，有利于推进与世界各国和地区人民的友好交往。外宣和旅游、文化部门要共同推动，把塑造中国国家旅游整体形象上升为国家战略，作为提升我国文化软实力的重要手段。

当今世界处于大发展大变革大调整时期，文化的作用广泛而深刻。从国际看，许多国家特别是主要大国都把提高文化软实力作为增强国家核心竞争力的重要战略。从国内看，文化越来越成为民族凝聚力和创造力的重要源泉、越来越成为综合国力竞争的重要因素、越来越成为经济社会发展的重要支撑。

目前我国旅游文化产业融合虽取得一定进展，但存在着领域不宽广、机制不顺畅、政策扶持不到位等问题，文化旅游发展现状与当前日益增长的市场需求还不完全适应。例如江西景德镇是千年瓷都，瓷文化历史悠久、积淀深厚，在国内外有重大影响，但整理、挖掘、提升与弘扬都还不够到位。

目前全球已有49个饭店国际品牌进入了我国旅游市场，我们还没有一个品牌走出去；美国迪斯尼主题公园在香港、上海“登陆”，我们还没有一个主题公园走出去。目前针对国际游客的旅游线路，仍以京西沪桂广为主，丝绸之路、黄河文化、长江文化、瓷器文化等都还没有打造出成熟完整的旅游线路和旅游产品。

此外，如美国百老汇的音乐剧、英国伦敦的歌剧、俄罗斯莫斯科的芭蕾舞剧等，成为国际游客必看的旅游演艺节目。我国更多还是形象宣传，从形象推广走向产业推广，无论在思想观念上还是具体办法上都还存在很多不足，必须广泛借鉴吸收国际经验，加快我国旅游文化产业发展。

创新是一切发展的动力。目前文化旅游体制机制、内容形式、传播手段和发展业态等方面创新有广阔空间。既要发挥市场配置资源的基础性作用，又要发挥政策的导向性作用，要落实好《文化产业振兴规划》《国务院关于促进旅游业发展的意见》的有关政策措施，注重体制和机制改革创新。

科技是第一生产力。现代科技为旅游发展提供新的理念和新的空间，也形成了一种新的旅游文化。要加大信息技术在文化旅游业中应用的深度和广度，形成一批智慧旅游城市、智慧旅游景区、智慧旅游企业。鼓励运用现代高新技术推进旅游文艺演出形式创新，提升旅游演艺节目创意。要加强旅游信息服务功能建设，提升面向游客的文化演出、文化产品的信息服务和从业人员的科技涵养。

通过改革创新和依靠科技进步，要打造更多像深圳华侨城、杭州宋城集团、浙江横店影视基地这样的文化旅游企业，更多像新疆维吾尔族古尔邦节、广西壮族三月三歌会、宁夏回族开斋节、西藏藏族雪顿节、内蒙古蒙古族那达慕大会这样的旅游民俗节庆活动，更多《印象刘三姐》《禅宗少林音乐大典》《大漠敦煌》这样制作精美、演绎精湛、格调高雅的旅游文化演艺作品，为古老又现代的文明中国，扬起现代旅游的风帆。

（据 2011 年 11 月 2 日新华社电）

各省（市、自治区）主要领导讲话摘编

·北京市·

文化中心建设必须培育文化航母

——刘淇在“做大做强首都文化企业，打造首都文化航母”专题座谈会上的讲话

（2011 年 10 月 14 日）

做大做强文化企业是北京推动文化产业发展的重要任务。我们进一步加强国家文化中心建设，发挥示范作用，必然需要培育一批文化航母企业，引领文化产业发展。北京聚集了大量大型文化企业总部和众多文化人才，在文艺演出、影视制作、艺术品交易、广告、出版、网络等领域走在了全国前列，具备打造文化航母的基础条件。我们要认真贯彻落实即将召开的党的十七届六中全会精神，进一步提高文化自觉、增强文化自信，推出一系列政策措施，做大做强文化企业，加快文化产业发展，使其与首都地位更加相称。

打造文化航母企业，提升首都文化软实力和竞争力，重点需要做好以下工作：一是深化改革，加快文化企业转企改制步伐，让企业成为市场主体，卸掉历史包袱“轻装上阵”，努力提高竞争力；二是搭建平台，建立和完善文化资产管理机构，加强对文化企业发展的管理，积极对资产进行重组盘活；三是整合资源，中央在京文化企业、市属文化企业、民营文化企业都要树立强烈的首都意识，进一步加大资源整合力度，围绕具有发展潜力的企业进行强强联合；四是完善政策，积极与金融机构联系，建立各种文化基金、文化资金，对优秀文化企业给予补贴支持，加大财政资金投入，扶持重点企业发展，鼓励原创，积极支持主业突出、核心竞争力强的文化企业发展壮大；五是规划好文化产业园区，促进文化企业实现集群式发展；六是建立和完善人才吸引、培养、流动、合作机制，加强艺术院校特别是高等职业技术学校建设，培养适应文化产业现实发展需要的各类高、中级文化人才，鼓励人才流动，不求所有、但求所用，进一步加强与国际高端文化人才的交流与合作。

积极推动文化与科技的融合，是加快文化产业发展的重要战略，有利于推动文化企业做大做强，巩固北京的全国文化中心地位，进一步把中华文化推向世界。他说，我们要充分发挥中关村国家自主创新示范区创新能力强的优势，进一步促进科技与文化的结合，鼓励科技企业与文化企业加强合作，鼓励文化企业更多地运用科技，使我们的文化产品既有深刻的文化内涵，又有强大的吸引力、感染力、传播力和影响力，努力推动文化发展进入新的时代。刘淇最后希望所有文化企业在首都这块文化沃土上茁壮成长，结出更多硕果。

（据 2011 年 10 月 14 日《北京日报》）

·天津市·

推进文化改革发展是实现天津城市定位的战略选择

——张高丽在中共天津市委九届十一次全会上的讲话

（2011 年 11 月 2 日）

推进文化改革发展，是增强综合实力的迫切需要，是深入贯彻落实科学发展观的必然要求，是实现天津城市定位的战略选择。我们一定要深入学习贯彻党的十七届六中全会和胡锦涛总书记的重要讲话精神，从全局和战略的高度，充分认识加强文化建设的重大意义，进一步增强文化自觉和文化自信，把推动经济发展与推动文化建设作为统一的决策部署，把转变经济发展方式与转变文化发展方式作为统一的战略任务，把抢占经济发展制高点与抢占文化发展制高点作为统一的工作目标，把解放社会生产力与解放文化生产力作为统一的改革要求，努力建设富有独特魅力和创造活力的文化强市，提高天津的综合实力、创新能力、服务能力和国际竞争力。

建设文化强市，必须全面贯彻党的十七大和十七届六中全会精神，高举中国特色社会主义伟大旗帜，以马克思列宁主义、毛泽东思想、邓小平理论和“三个代表”重要思想为指导，深入贯彻落实科学发展观，坚持社会主义先进文化前进方向，坚持中国特色社会主义文化发

展道路，按照胡锦涛总书记对天津工作的一系列重要要求，以科学发展为主题，以建设社会主义核心价值体系为根本任务，以满足人民精神文化需求为出发点和落脚点，以改革创新为动力，全力打好文化大发展大繁荣攻坚战，推动文化事业和文化产业全面协调可持续发展，充分展现天津深厚的历史文化底蕴、独特的文化魅力和现代化大都市文化气派，充分发挥文化引领风尚、教育人民、服务社会、推动发展的功能，为实现天津科学发展和谐发展率先发展提供坚强思想保证、强大精神动力、有力舆论支持、良好文化条件。

建设文化强市，必须大力发展创新文化、开放文化、和谐文化，把文化注入到经济社会发展和城市规划建设的各个领域，贯穿于现代化建设的全过程，努力实现六个方面重大突破，做到文化引领功能更加凸显，文化创作生产更加繁荣，公共文化服务更加完备，文化产业体系更加健全，文化体制机制更加完善，文化人才保障更加有力。

要着力构建社会主义核心价值体系，融入国民教育、精神文明建设和党的建设全过程，贯穿改革开放和社会主义现代化建设各领域，体现到精神文化产品创作生产传播各方面，在全社会形成统一指导思想、共同理想信念、强大精神力量、基本道德规范。要着力加强文化产品创作生产引导，全面贯彻“二为”方向和“双百”方针，坚持以人民为中心的创作生产导向，坚持发扬学术民主和艺术民主，坚持以重大现实问题为主攻方向，坚持思想性艺术性观赏性相统一，坚持团结稳定鼓劲、正面宣传为主，创作生产更多无愧于历史、无愧于时代、无愧于人民的优秀作品。要着力保障人民群众基本文化权益，按照公益性、基本性、均等性、便利性的要求，加强文化基础设施建设，大力发展公益性文化事业，加快构建公共文化服务体系、现代传播体系、优秀传统文化传承体系，推进城乡文化一体化发展。要着力推动文化产业成为支柱产业，加快健全文化产业体系，加快完善文化产业格局，加快推进文化科技创新，加快促进文化服务消费，不断满足人民多样化的精神文化需求。要着力推进文化体制机制改革创新，深化国有文化单位改革，构建现代文化市场体系，推进文化管理体制创新，落实完善文化经济政策，健全文化对外开放格局，建立完善充满活力、富有效率、更加开放、有利于文化科学发展的体制机制。

加强和改进党对文化工作的领导，是推进文化改革发展的根本保证，也是加强党的执政能力建设和先进性建设的内在要求。各级党委和政府要把文化建设摆在全局工作的重要位置，把文化建设纳入经济社会发展总体规划，把文化改革发展成效纳入科学发展考核评价体系，充分调动各方面的积极性，形成推动文化建设的强大合力。要深入实施人才强市战略，建设结构合理、素质优良的文化人才队伍，造就一批文化名家、文化大师和各领域领军人物，让各类文化人才的价值得到充分体现。要尊重人民主体地位和首创精神，认真总结文化创新经验，在全社会营造鼓励文化创造的良好氛围。

（据 2011 年 11 月 2 日《天津日报》）

·山西省·

构建具有山西特色的现代文化产业体系

——袁纯清在中央宣讲团党的
十七届六中全会精神报告会上的讲话
（2011 年 12 月 8 日）

一要抓好建设社会主义核心价值体系这一根本任务。坚持用马克思主义中国化最新成果武装头脑、指导实践、开展工作，大力弘扬以爱国主义为核心的民族精神和以改革创新为核心的时代精神，大力弘扬太行精神、吕梁精神、右玉精神等宝贵精神财富，打牢全省党员干部群众团结奋斗的共同思想基础。加强学习型党组织建设，践行社会主义荣辱观，扎实推进公民道德建设工程，深化群众性精神文明创建活动，高度重视学校德育体系建设，积极推进社会诚信建设，形成有利于核心价值体系建设的文化生态和强劲态势。坚持一手抓繁荣，一手抓管理，努力在多元中立主导、在多样中谋共识、在多变中把方向，最大限度地凝聚社会共识。

二要加强发展文化事业和文化产业这一中心工作。加快构建有利于文化繁荣发展的体制机制，稳步推进公益性文化事业单位改革，加快推进经营性文化单位转企改制，深化国有文化单位改革。加快文化产业园区建设，支持非文化企业特别是资源型企业兴办文化项目，引导带动金融资本和其他社会资本投入文化产业，大力发展新型文化业态，构建具有山西特色的现代文化产业体系。实施“大作品表现、大集团运作、大景点支撑、大服务引领、大会展集聚”战略，促进文化与旅游、科技深度融合，做大做强重点文化企业，打造一批文化精品，推进三晋文化走向全国、走向世界。

三要坚持满足人民精神文化需求这一出发点和落脚

点。把文化发展繁荣的重心放在基层，精力、资源向基层倾斜，深入推进文化惠民工程，积极开展全民阅读、全民健身活动，推进文化馆、图书馆、博物馆、纪念馆建设和免费开放，加快构建覆盖城乡的公共文化服务体系。突出人民群众在文化生产、创造、消费中的主体地位与作用，大力扶持发展群众自办文化。

四要强化文化队伍建设这一重要保障。各级党委和政府要把文化建设摆在全局工作的重要位置，加强调查研究，及时解决文化改革发展中遇到的困难和问题。抓好文化单位班子建设，培养引进一大批高层次文化人才，加强基层文化人才队伍建设，健全激励机制，鼓舞和引导更多的人才投身文化事业和文化产业，为建设文化强省提供不竭动力。

（据 2011 年 12 月 8 日《山西日报》）

·吉林省·

提升文化自觉　增强文化自信　推动吉林文化大发展大繁荣

——孙政才在中共吉林省委九届十二次全会上的讲话（节选）

（2011 年 12 月 8 日）

党的十七届六中全会审议通过的《中共中央关于深化文化体制改革、推动社会主义文化大发展大繁荣若干重大问题的决定》，具有很强的战略性、时代性、针对性和可操作性，是当前和今后一个时期指导我国文化改革发展的纲领性文件。我们一定要认真学习、深刻领会，紧密结合吉林实际，全面抓好贯彻落实。

一、着力提升文化自觉、增强文化自信

深刻理解、准确把握党的十七届六中全会精神，首先要对“培养高度的文化自觉和文化自信”有更加深刻、更加准确的认识，始终保持强烈的文化自信心和自豪感，坚定崇高的文化信念和文化追求，鼓起奋发进取勇气，焕发创新创造活力，以高度的政治责任感，肩负起推动文化繁荣发展的重大使命。

“文化自觉”与“文化自信”两者相互包含、相互依存、相互促进，是一个有机整体。一定意义上讲，文化自觉来源于文化自信，文化自信又会推动文化更加自觉。从大的外部环境看，中国特色社会主义伟大事业正在波澜壮阔地向前发展，改革开放的深入推进和取得的丰硕成果，既为文化建设提供了有力支撑，也为文化创新创造开辟了广阔空间；同时也要看到，在当前这样一个大发展大变革大调整的历史时期，各种思想文化交流交融交锋更加频繁，社会思想意识多元多样多变日趋明显。这就要求我们必须通过文化的繁荣发展进一步凝聚人心、鼓舞斗志、引领风气，在多元中确立主导、多样中谋求共识、多变中把握方向，确保党和国家在统一的指导思想指引下不断前进。从文化自身发展阶段看，改革开放以来，文化建设实现了历史性跨越，总体实力大幅度增强，文化体制改革深入推进，公共文化服务体系更加健全，文化产业蓬勃发展，文化产品创作持续繁荣，文化人才队伍不断发展壮大，为文化繁荣发展奠定了坚实的工作基础；同时也要看到，当前城乡居民消费正由生存型、温饱型向小康型转变，人民群众的精神文化需求前所未有的强烈，而我们的文化产品无论是数量上还是质量上，都还不能满足人民群众日益增长的精神文化需求。这就要求我们必须更加自觉地把文化繁荣发展作为深入贯彻落实科学发展观的一个基本要求，作为转变经济发展方式的重要着力点，作为保障和改善民生的重要支撑点，大力推动文化改革发展，努力让文化发展成果惠及全体人民。。我们必须站在全局和战略的高度，深刻认识加强文化建设的重大意义，进一步增强推进文化改革发展的自觉性和坚定性，以高度的文化自觉和文化自信，以更加坚决的态度、更加有力的措施，推动吉林文化大发展大繁荣，为实现“科学发展，努力让城乡居民生活得更加美好”提供强大支撑。

二、牢牢把握吉林文化建设的战略重点

推动吉林文化改革发展，必须坚持正确方向、突出工作重点、注重抓好落实，深入实施社会主义核心价值体系建设、现代传播体系建设、公共文化强基惠民、地域历史文化资源建设、文化创作繁荣、文化产业发展提速等六项工程，进一步深化文化体制改革、加强文化人才队伍建设、切实加强和改进党对文化工作的领导，确保取得实实在在的效果。实际工作中，要突出把握好以下几个重大问题：

1. 坚持前进方向，推动社会主义核心价值体系深入人心。坚持中国特色社会主义文化的前进方向，必须牢牢把握社会主义核心价值体系这个“兴国之魂”，始终坚持马克思主义指导地位、始终坚定中国特色社会主义共同理想、始终弘扬以爱国主义为核心的民族精神和以改革创新为核心的时代精神、始终树立和践行社会主义

荣辱观，在全社会形成统一指导思想、共同理想信念、强大精神力量、基本道德规范。建设社会主义核心价值体系是一项长期任务，必须将其融入国民教育、精神文明建设和党的建设全过程，贯穿改革开放和社会主义现代化建设各领域，体现到精神文化产品创作生产传播各方面，做到旗帜鲜明、坚持不懈、务求实效，使其更加深入人心，真正成为全体社会成员的普遍共识、转化为广大干部群众的自觉行动。

2. 坚持正确导向，着力营造有利于主流文化发展的舆论环境和社会氛围。有什么样的导向就有什么样的文化。必须坚持高举旗帜、弘扬主流、凝聚人心，把正确导向融入到文化事业和文化产业发展全过程，体现到社会生活各领域，坚持什么反对什么、倡导什么抵制什么，都要旗帜鲜明、毫不含糊，真正做到褒优贬劣、激浊扬清、扶正祛邪。要坚持正确新闻舆论导向。坚持团结稳定鼓劲、正面宣传为主，唱响主旋律，把握主动权，不断增强舆论引导的及时性、权威性和公信力、影响力。加强社会热点问题的引导，做到积极引导、正面引导、深度引导，切实提高舆论引导实效。着力增强重大突发事件应急报道能力，第一时间发出权威声音，掌握舆论引导先机。要坚持文化产品正确创作导向。

3. 坚持科学发展，不断满足人民群众日益增长的精神文化需求。科学发展是党和国家工作的鲜明主题，也是文化改革发展的鲜明主题。必须自觉把以人为本、全面协调可持续的要求贯穿文化改革发展各个方面，着力转变文化发展方式，提升文化发展的质量和效益，不断满足人民群众日益增长的精神文化需求。要推动文化事业、文化产业共同繁荣发展。把两者统筹起来谋划、协调起来发展，坚持文化事业和文化产业两手抓、政府扶持和体制改革两加强，实现文化事业和文化产业双轮驱动、比翼齐飞。在文化事业上，坚持以政府为主导，以公共财政为支撑，以公益性文化单位为骨干，以全体人民为服务对象，加快构建覆盖城乡的公共文化服务体系。加强文化资源整合，加强文化基础设施建设，加强公共文化服务机制创新，不断提高基本公共文化服务供给能力，着力满足人民群众基本文化需求。在文化产业上，坚持做大总量和优化结构并重，坚持提升存量和扩大增量并进，坚持发展产业和繁荣市场并举，加快文化产业带、产业基地和产业园区建设，推动规模化、集约化、专业化发展，加快构建具有吉林特色的现代文化产业体系。

4. 坚持改革创新，切实增强文化繁荣发展的动力和活力。改革创新是文化的本质和生命力所在。这些年我省文化建设取得的成绩得益于改革创新，今后文化发展要实现新的更大跨越，归根到底还是要依靠改革创新。必须把改革创新贯穿到文化建设的全部过程、各个环节，不断激发文化创造活力，解放和发展文化生产力。要着力深化文化体制改革。推动国有文化单位改革，加快文化单位公司制股份制改造、跨地区重组。积极培育文化市场主体，鼓励和引导各种非公有制文化企业健康发展，在国家许可范围内为社会资本进入文化产业领域营造公平的体制和法制环境。创新文化管理体制，切实理顺文化行政管理部门与文化企事业单位、中介组织的关系。深化文化市场综合执法改革，健全文化市场综合行政执法机构。

5. 坚持统筹兼顾，全面提高文化改革发展的科学化水平。统筹兼顾是科学发展观的根本方法，也是推进文化改革发展必须把握的重要原则。必须正确认识和妥善处理文化改革发展若干重要关系，统筹推进文化改革发展各项工作。要把文化建设与经济、政治和社会建设统筹起来。把文化建设纳入经济社会发展全局，摆到更加突出的地位，努力实现文化与经济、政治、社会以及生态文明建设共同推进、协调发展。要把社会效益与经济效益统筹起来。坚持把社会效益放在首位，以经济效益的提升促进社会效益的放大，以社会效益的不断发展促进经济效益的持续增长，努力实现社会效益和经济效益的有机统一，决不能为追求经济效益而放弃社会责任、损害社会效益。

6. 坚持突出特色，进一步增强吉林地域历史文化的影响力。特色是文化发展的优势和潜力所在，也是推动区域文化繁荣发展的重要基础。必须坚持以吉林特有地域历史文化资源为依托，坚持保护、挖掘、管理、开发、利用有机结合，推动文化资源优势转化为文化发展优势，不断提高吉林文化的凝聚力和影响力。要着力在传承保护上下工夫。强化文化保护措施，创新文化保护形式，更好地保护历史文化遗存，使吉林特有文化资源绵延不断、接续推进。要着力在深入挖掘上下工夫。提炼升华各种文化元素，物化活化各种文化资源，利用各种文化形式深度挖掘地域历史文化资源的历史价值、科学价值、经济价值和社会价值，推动地域历史文化实现可持续保护，并得到弘扬传播和繁荣发展。

三、切实提高领导文化改革发展的能力

加强和改进党对文化工作的领导，是推进文化改革发展的根本保证，也是加强党的执政能力建设和先进性建设的内在要求。必须牢牢把握意识形态工作主导权和文化改革发展领导权，进一步提高推动文化改革发展的

能力和水平，为吉林文化大发展大繁荣提供坚强保证。要切实担负起推进文化改革发展的政治责任。把文化建设摆在全局工作的重要位置，纳入经济社会发展总体规划，与经济、政治、社会建设一同研究部署，一同组织实施，一同督促检查，纳入科学发展考核评价体系，作为衡量领导班子和领导干部工作业绩的重要依据。要加强文化领域领导班子和党组织建设。把政治立场坚定、思想理论水平高、熟悉文化工作、善于驾驭意识形态领域复杂局面的领导干部充实到领导岗位上来，加强领导干部文化理论学习和文化问题研究，真正造就一支具有高度政治敏锐性和政治鉴别力、具有深厚文化素养、熟知文化建设工作的干部队伍。

总之，深化文化体制改革、推动社会主义文化大发展大繁荣，事关全局，意义深远，责任重大。让我们紧密团结在以胡锦涛同志为总书记的党中央周围，高举中国特色社会主义伟大旗帜，深入贯彻落实科学发展观，解放思想，开拓创新，扎实工作，不断开创吉林文化建设发展的新局面，为实现"科学发展，努力让城乡居民生活得更加美好"作出新的更大的贡献，以优异的成绩迎接党的十八大胜利召开！

（据 2011 年 12 月 8 日《吉林日报》）

·黑龙江省·

推进文化改革发展要重点抓好八大工程

——吉炳轩在中共黑龙江省委十届十八次全会上的讲话

（节选）

（2011 年 10 月 25 日）

近些年来，省委始终把文化建设摆在与经济建设同等重要的战略位置，坚持物质文明和精神文明两手抓，坚持依法治国和以德治国相结合，促进文化事业和文化产业同发展，推动全省文化建设取得了显著成绩。为了推进文化改革发展，当前要重点抓好八个方面的工作。

一是建设核心价值体系，切实打牢共同思想道德基础。必须着眼于提高全省人民思想道德素质，坚持用社会主义核心价值体系引领社会思潮，努力形成统一指导思想、共同理想信念、强大精神力量和基本道德规范。要加强理论武装工作，坚持马克思主义指导地位，深入推进学习型党组织建设，扎实开展理想信念、责任使命、形势政策、革命传统、改革开放教育，用建设"八大经济区"和"十大工程"的战略规划、建设平安和谐幸福龙江的美好目标凝聚全省干事创业谋发展的强大力量。坚持以爱国主义为核心的民族精神和以改革创新为核心的时代精神鼓舞斗志，大力弘扬"闯关东精神"、"北大荒精神"、"大庆精神"、"铁人精神"、"大兴安岭精神"和"龙江交通精神"，加强爱国主义教育基地建设，提高思想政治工作水平。坚持用社会主义荣辱观引领风尚，积极倡导公民基本道德规范，全面加强学校德育体系建设，大力推进诚信建设，充分发挥人民军队在构建社会主义核心价值体系中的重要作用。

二是打造文化精品力作，扎实推进龙江特色文化建设。必须坚持为社会主义服务、为人民服务的方向，百花齐放、百家争鸣的方针，贴近实际、贴近群众、贴近生活的要求，生产出更多更好具有龙江特色、龙江风格、龙江气派的文化精品。要挖掘龙江特色文化资源，紧紧围绕历史文化、少数民族文化、流寓文化、外来文化、革命文化、创业文化以及冰雪文化、山水文化和生态文化等，加强学术研究、开发利用和宣传推介。大力繁荣发展哲学社会科学，推出一批具有龙江特色的优秀研究成果。加强和改进新闻舆论工作，牢牢把握正确导向。着力打造龙江特色文化产品，鼓励原创和现实题材创作，深入实施精品图书出版工程，叫响龙江特色文化品牌。发展健康向上网络文化，加强和改进网络文化建设和管理，唱响网上思想文化主旋律。

三是丰富群众文化生活，积极培育健康文明社会风尚。必须着眼于满足人民群众不断增长的精神文化需求，最大限度地发挥文化引领风尚、教育人民、服务社会、推动发展的作用，努力提高人民群众的文明素质，促进人的全面发展和社会全面进步。大力开展群众性精神文明创建活动，形成精神文明创建热潮。深化"三优"文明城市创建活动，使讲文明重礼仪、讲公德重诚信、讲秩序重规范蔚然成风。增加农村文化服务总量，丰富农民精神文化生活。扎实开展基层群众文化活动，不断提升层次和水平。积极探索和创新乡镇文化站、村文化活动室和城镇社区文化活动的内容和形式，使群众在参与中享受美好生活、陶冶思想情操、升华道德境界、提高自身素质。

四是发展公益文化事业，健全完善公共文化服务体系。必须着眼于公益性、基本性、均等性、便利性要求，完善覆盖城乡、结构合理、功能健全、实用高效的公共文化服务体系，让人民群众共享文化建设成果。加强文化基础设施建设，完善公共文化设施服务功能，建立健全覆盖省、市（地）、县（市、区）、乡镇（街道）、村（社区）

的公共文化服务设施网络。巩固重大文化惠民工程建设成果，切实解决基层群众看书难、看戏难、看电影电视难问题。提高基本公共服务能力，为城乡群众提供更多更好的文化服务。积极推进基层公共文化服务设施资源整合、共建共享，不断满足广大人民群众的文化生活需求。加大对特定区域群众和特殊群体的公共文化服务，使他们享受到文化发展的成果。加强文化资源保护利用，延长文化资源产业开发链条，不断提高我省非物质文化遗产的影响力。

五是提升文化产业实力，培育形成经济发展新增长极。必须着眼于推动文化产业成为新的经济增长点、经济结构战略性调整的重要支点、转变经济发展方式的重要着力点，以大开发带动文化产业大发展，切实把文化产业打造成龙江经济支柱性产业。依托地域特色和资源优势，构建结构合理、门类齐全、科技含量高、富有创意、竞争力强的现代文化产业体系。要以项目建设促进文化产业发展，努力形成公有制为主体、多种所有制共同发展的文化产业格局。要以园区建设承载文化产业发展，大力培植规模效益好、产业贡献率高、具有较强竞争能力的文化产业园区。要以新城开发带动文化产业发展，着力打造具有鲜明特色的文化新城。要以旅游开发牵动文化产业发展，推动全省文化旅游产业提质升级。要以科技创新支撑文化产业发展，培育一批特色鲜明、创新能力强的文化科技企业。

六是深化文化体制改革，不断解放和发展文化生产力。必须着眼于创新体制、转换机制、面向市场、增强活力，建立健全党委领导、政府管理、行业自律、企事业单位依法运营的文化管理体制和富有活力的文化产品生产经营机制。加快公益性文化单位改革步伐，全面推进人事、收入分配和社会保障制度改革，创新公共文化服务设施运行机制。深化经营性文化单位改革，形成符合现代企业制度要求、体现文化企业特点的资产组织形式和经营管理模式。创新投融资体制，支持国有文化企业面向资本市场融资和吸引社会资本进行股份制改造。扎实推进文化领域结构调整，重点培育发展一批实力雄厚、具有较强竞争力和影响力的大型文化企业和企业集团。健全完善文化管理体制，加快政府职能转变，提高文化建设法制化水平。加快构建现代文化市场体系，重点发展产品市场，加快培育要素市场，扩大文化消费市场，更好地满足群众文化需求。

七是推进文化交流合作，提升黑龙江对外开放的影响力。必须着眼于增强中华文化的国际竞争力和黑龙江对外交往的影响力，健全完善以政府为主导、企业为主体、中介组织为辅助的对外文化交流机制，开展多渠道多形式多层次对外文化交流活动。积极参与国家重大对外文化交流项目和各类国内国际会展活动，努力促进我省文化产品和服务出口。加强外宣媒体建设，加强与国内外主流媒体合作，介绍龙江、宣传龙江，让世界了解龙江，让龙江走向世界。发挥口岸城市作用，努力把口岸城市打造成中华文化走出去的前沿阵地。构建人文交流机制，把政府交流和民间交流结合起来。培育外向型文化企业和中介机构，开拓国际文化市场。吸收借鉴国外优秀文化成果，广泛吸收一切有益营养丰富发展壮大自己。

八是抓好文化队伍建设，强化文化繁荣发展人才支撑。必须着眼于夯实文化科学发展的人才基础，坚持服务发展、人才优先、以用为本、创新机制、高端引领、整体开发的方针，加强文化人才培养和引进，造就一支德才兼备、锐意创新、结构合理、规模宏大的高素质文化人才队伍。抓好文化党政人才和专业人才队伍建设，加大文化人才引进力度，进一步优化文化队伍结构，提升我省文化创造经营水平。加强职业道德建设，造就一大批与党同心同德、具有广泛社会影响的理论家、思想家、新闻出版家、文学艺术家，更好地承担起推动龙江文化繁荣发展的崇高使命。抓好基层文化人才队伍建设，完善基层文化人才培养机制，激发各类人才的文化创造活力，带动基层文化活动红红火火地开展起来。

（据2011年10月26日《黑龙江日报》）

·安徽省·

以壮大产业为重点 提升文化竞争力

——张宝顺在加快推进文化强省建设大会上的讲话（节选）

（2011年3月22日）

发展文化产业，既是建设文化强省的重要途径，也是增强文化实力的必由之路。我们要紧紧抓住当前有利时机，强力推动文化产业大发展，努力打造成为经济增长的支柱产业。

一要大力培育骨干文化企业。骨干企业是文化产业的重要支撑。要坚持以大企业引领大产业，以大项目促进大发展，鼓励有条件的骨干文化企业跨地区、跨行业、跨所有制并购重组，着力打造一批“徽”字号文化航母。

要大力推进文化产业集群发展，坚持走特色差异化之路，重点发展高科技创意产业园区、地方特色文化产业园区，加快形成一批特色鲜明、富有活力、辐射力强的文化产业集群。现在，社会力量参与和投入文化产业的积极性越来越高，作用越来越突出。要因势利导，大力扶持民营文化企业，积极发展专、精、特、新的中小型文化企业，努力形成百花齐放、竞相发展的生动局面。

二要加快发展新型文化业态。新型文化业态是文化产业中最具活力和潜力的部分。这方面，我们从无到有、发展喜人，比如动漫产业已经建成全国最大的网上交易平台，打造了一批国家级产业基地。要紧跟文化产业发展潮流，大力推动文化与科技融合，充分运用高新技术改造传统文化产业，加快发展手机电视、网络电视、数字出版、动漫游戏等新型文化业态，不断增强文化产业的科技实力。发展新型文化业态，关键是创意制胜。要积极鼓励各类文化创意活动，集中培育文化创意群体，建立健全文化创意服务体系，催生更多具有自主知识产权的创意产品。

三要积极打响安徽文化品牌。文化产业的竞争，核心是品牌竞争。这些年，我们在打造文化品牌上取得了积极成效。比如安徽卫视、安徽出版在业内享有盛誉，中国农民歌会等成为“国”字号的安徽文化品牌。要继续走品牌化发展之路，充分挖掘利用地方特色文化资源，围绕市场需求，加强深度开发，努力培育一批知名文化产品，不断增强文化产业核心竞争力。要强化品牌营销理念，大力整合品牌资源，搞好策划、包装和推介，提升安徽文化品牌影响和品牌价值。要坚持办好各类有影响的文化活动，提升层次品位，办出鲜明特色，形成品牌效应，打造成为展示安徽文化的靓丽名片。要大力推进文化“走出去”，加强对外文化交流，扩大对外文化贸易，努力提升安徽文化的国际知名度。

（据 2011 年 3 月 23 日《安徽日报》）

建设文化强省要做好“五篇文章”

——王三运在加快推进文化强省建设大会上的讲话（节选）

（2011 年 3 月 22 日）

《加快建设文化强省若干意见》已经明确，到“十二五”末，全省文化发展主要指标、文化事业整体水平、文化综合实力要力争处于中西部领先水平，部分行业和领域位居全国前列，文化产业形成较大规模，增加值达到 1000 亿元以上，成为国民经济支柱产业。实现这些目标，要特别重视做好“五篇文章”。

第一，做好资源利用文章，大力增强文化发展的内生力。建设文化强省，丰富的文化资源是基础支撑和有效载体。安徽文化资源深厚，戏曲曲艺有 60 多种，影响最大的有黄梅戏、徽剧、花鼓灯、庐剧、泗州戏等，国家级珍贵文物 800 多件，16 大类 1 万多条非物质文化遗产线索等等，这些丰厚的文化资源为文化发展提供了得天独厚的重要条件。加快文化建设，需要我们立足我省丰富的文化资源，大力提高文化资源的“保护、利用、再生”能力，不断把文化资源优势转化为文化产业优势、文化竞争优势。要着力在发展中保护文化，以实施文化资源保护工程为重点，把文化保护与发展文化产业、促进文化事业、扩大文化民生更好结合起来。要着力在创新中保护文化，加快文化与科技的融合，充分利用现代技术和手段，推动传统文化资源改造升级，增强传统文化产品表现力和影响力，努力抢占文化发展的制高点。这方面兄弟省市有许多成功的范例，比如《印象刘三姐》《印象丽江》和《印象西湖》等都引起很大轰动，我省也即将打造《印象九华》，这些都是在创新中传承和保护了优秀文化，值得学习借鉴。要着力在开放中保护文化，更好地学习借鉴人类优秀文化成果，把安徽本土的文化资源与外部的文化资源更加紧密地嫁接起来，把徽文化与现代艺术更好地融合起来，在开放中实现保护，在融合中提升价值。

第二，做好阵地建设文章，大力增强公共文化服务的保障力。文化阵地是建设文化强省的重要平台，更是实现文化民生的有效形式。这方面，全省基本形成了阵地建起来、活动办起来、群众乐起来生动局面。但文化设施不够、承载能力不强、阵地辐射有限等问题仍不可忽视，特别是县级公共文化服务体系建设基础薄弱，县乡村文化设施相对落后的问题长期没能得到有效解决。要解决这些问题，需要加大投入力度，重点加强农村和基层文化阵地建设，主要是县图书馆、文化馆、乡镇综合文化站和村文化活动室的建设，争取用 3 年左右的时间，全面实现省辖市有文化馆、图书馆、博物馆，各县有文化馆、图书馆的目标。要进一步完善固定设施、流动设施与数字文化阵地相结合的基层文化网络，做好巩固、完善和提升工作，实现文化信息资源共建共享，让老百姓基本文化权益得到有效保障。

第三，做好精品打造文章，大力增强文化产品的影响力。出精品、创品牌是文化建设的重要内容。要在近年来文化品牌建设取得显著成绩的基础上，继续推进文化精品工程建设，大力提升品牌核心价值，着力推进文化外延扩张，努力打造一批在全国拿得出、叫得响的文化品牌。要加强原创性作品的创作生产，力争每年都能推出5－8部融思想性、艺术性、观赏性于一体的精品力作，提升安徽文化内涵与形象。要加快建设一批规模体量大、科技含量高、文化韵味浓、发展后劲足的标志性文化设施，像芜湖方特、安庆五千年文博园等，同时立足自然和历史文化优势，精心打造一批有特色、有品位、有市场的文化功能区，像屯溪老街、三河古镇等，使安徽文化走入寻常百姓生活。要继续推出有底蕴、有特色、有影响的文化平台，重点是打造地方特色物产与人文精神有机统一的节庆、旅游、会展品牌，使文化品牌的影响力得到最大限度的发挥。

第四，做好转型升级文章，大力增强文化产业的竞争力。发展文化产业，是转方式、调结构的重要内容和抓手，当前要不失时机地推动文化产业由散到聚、由小到大、由低到高、由弱到强的全面转型。由散到聚，就是要加快推动文化产业与旅游、休闲、制造、电信、交通、房地产等产业的深度融合。特别是近年来，文化与旅游的融合被广泛关注。一次难忘的旅游，必定是一次文化之旅、精神之旅。广西、云南等地在这方面动作很大，展示了文化旅游的魅力。我省也要自觉地加快文化与旅游融合步伐，培育新的业态，开发特色项目，促进文化旅游产业转型升级。由小到大，就是千方百计把那些成长性好的苗子培育成参天大树，成为文化产业发展的新亮点。未来五年，全省要力争培育3-5家甚至更多的资产规模、销售收入双超百亿的文化企业，进一步壮大文化产业的规模和实力。由低到高，就是要积极发展文化会展、数字内容、手机电视、网络文化、动漫产业等5大新兴文化业态。合肥、芜湖等地要先行先试、敢闯敢试，推动全省加快形成文化新兴业态的燎原之势。由弱到强，就是充分利用文化产业园和产业带推动文化产业集群发展。“十二五”期间，全省提出建设30个左右的省级文化产业园目标，各地要因地制宜、科学规划，推动文化产业规模化、集约化、专业化发展。

第五，做好文化引领文章，大力增强先进文化的感召力。建设文化强省的成果，最直接的体现可能是有多少文化企业、多少文化品牌、多少文化产值，但最根本的体现还是在公民素质和人文精神上，因此，必须大力发挥文化在新形势下的凝聚引领作用，重点实现“三个突破”：要在建设社会主义核心价值体系上实现新突破，大力加强思想道德建设，用先进文化凝聚人心、鼓舞士气，浇灌文明之花，引导和谐发展。要在精神文明创建上实现新突破，积极推广合肥、淮北、马鞍山等市经验，坚持为民惠民、共建共享，大力推进结对创建、城乡共建、区域联建等活动，不断提高城乡文明程度。要在开展群众文化活动上实现新突破，坚持面向基层、服务群众，继续组织好文化科技卫生“三下乡”、“江淮情”等公益性文化活动，同时创新载体和方式，丰富内容和主题，进一步开展群众喜闻乐见的文化活动，丰富基层群众精神文化生活。

（据2011年3月23日《安徽日报》）

·山东省·

推动文化产业跨越发展要做到“七个加快”

——孙守刚在全省文化产业发展座谈会上的讲话（节选）

（2011年9月3日）

推动文化产业跨越发展，是一项紧迫而艰巨的硬任务，必须想实招、求实效，抓重点、求突破，切实把各项工作抓紧抓实抓好。要做到“七个加快”：

一、加快构建现代文化产业体系

任何产业的发展都不能盲目，必须适应时代发展要求，符合产业发展规律，切合各地的实际情况。现在，文化产业发展进入一个新的阶段，单一的、松散的、粗放的发展模式已经过时了。工业要建立现代工业体系，农业要建立现代农业体系，文化产业也要建立起自己的现代产业体系。这个现代体系就是要把握文化产业发展的趋势方向，瞄准发展前沿，以传统优势产业为基础，以培育新兴产业为重点，以技术创新和内容创意为手段，努力形成结构合理、特色鲜明、优势突出的产业体系。一要突出坚持内容为王。文化产业有其自身的性质和特点，文化产品和文化服务承载的是思想观念、审美情趣、价值选择。一本书、一部电影、一部电视剧，只有具备深刻的思想、感人的故事，生动的情节，才能受到消费者的欢迎和市场的青睐。如果没有内容、内涵，散失了思想、精神，再华丽的场面、再新颖的形式，也很难留下长久的回味和深刻的印记。对文化产业发展来说，内容永远是根本，是决定其生存与发展的关键所在。如果讲文化产业的核心竞争力，内容就是核心竞争力，必须牢固树立内容为王的观念，把内容建设摆在十分突出的位置，着力提升文化产品的内涵和质量，以内容的优势赢得产业发展的优势。二要突出核心层和新兴业态。核心层是文化产业的重点，也是我省的弱项。新兴文化产业是文化与现代科技结合的最新产物，是文化产业中最具潜力的部分，也是我们发挥后发优势，实现赶超的关键所在。要进一步优化文化产业发展的布局结构，拓展发展领域，重点发展文化创意、平面传媒、广播影视、出版发行、印刷复制、演艺娱乐、网络文化服务和动漫、广告会展、艺术品展览交易、文化旅游、农村手工艺等11大产业。三要强化科技支撑。充分发挥科技作为第一生产力的作用，着力提高文化领域自主创新能力，加快建立以企业为主体、市场为导向、产学研相结合的文化科技创新体系，努力在重点领域和关键环节形成更多具有自主知识产权的创新技术，抢占文化产业发展的制高点。各地要立足发展实际，合理确定重点产业和发展目标，形成区域文化产业发展优势。

二、加快实施重大项目带动战略

大项目带来的是大投入、大产出，有没有大项目，有多少大项目、好项目，决定着文化产业发展的后劲、质量和潜力。一要参照工业项目招商的办法，像抓工业项目一样抓文化产业项目招商引资。加强对外合作交流，充分利用文博会、交易会和重大经贸活动、文化活动，积极开展多层次、多渠道、多领域的文化产业招商。要进一步建立完善重大文化产业项目数据库，定期发布文化产业投资信息，切实做好项目策划、包装和推介工作。近期，省里将在北京专门组织一场重点项目推介会。二要进一步加大重点项目扶持。省里每年将筛选确定一批重点文化产业项目，使之享受与省重点项目同等优惠政策。各级要充分利用文化产业发展专项资金和文化产业投资基金，重点扶持培育一批辐射带动力强的文化产业项目。三要完善文化产业项目管理推进长效机制，建立重大文化产业项目推进责任制，实行领导包保、指挥部体制等有效办法，责任到人头，奖惩到干部，加强跟踪服务和定期调度，确保抓一个、成一个。

三、加快发展壮大骨干文化企业

文化企业是文化产业发展的基础，决定着文化产业发展的整体水平。加快文化产业发展，必须把做大做优做强文化企业作为一项紧迫的任务，倾力打造一批有实力、有活力、有竞争力的文化企业和企业集团。今天，我们表彰的山东省文化企业三十强，是这几年来深化文化体制改革，培育文化发展主体的重要成果。但有的还不大不强。要总结成功经验，进一步加大培植力度，推动更多优势文化企业脱颖而出。一要大力推动资源整合。按照“三改一加强”的要求，进一步深化改革，建立完善现代企业制度，推动骨干文化企业跨地区、跨领域、跨所有制兼并联合重组，不断做大做强。现在，报业传媒、演艺娱乐、出版发行、影视制作等资源整合的趋势非常明显，各省市都有一些大手笔大动作，组建了一些大集团。要把这些领域作为主攻方向，以龙头企业为主体，以资产为纽带，加快推动相关文化资源的有效整合，力争培育几个资产、经营规模均过百亿元、走在全国前列的大型骨干文化企业，加快培育一批“专、精、特、新”的中小文化企业，精心培育一批成长性好的后备文化企业。二要大力促进文化企业上市。上市融资是文化企业尽快发展壮大的重要途径。省里已专门制定出台了促进文化企业上市的意见，近期还举办了专题培训班。一方面对文化企业上市的热情要保护好，另一方面要选取一批上市条件成熟的企业，切实加大支持力度。省直有关部门要积极为企业上市创造条件，力争早日有一批文化企业成功上市。三要大力发展民营文化企业。民营文化企业是推动文化产业跨越发展的重要力量。全国民营书业前10强中，我省占了3强，这说明民营文化企业发展潜力是非常大的。要积极为民营文化企业发展营造宽松环境，按照“非禁即准”的原则，放宽民营企业的文化市场准入，完善金融支持民营文化企业发展的办法，全面激活民间文化产业的潜能，加快培植一大批潜力大、活力足、机制新、效益好的民营文化企业。除国家有特别规定的个别领域，对民营文化企业与国有文化企业要“一视同仁”和“同等照顾”。

四、加快文化产业园区和基地建设

产业园区是推动文化产业集聚集群集约发展、形成规模效应的重要载体，既是吸纳项目和企业的平台，更是促进创业、孵化企业、研发技术的基地。近年来，我省积极推进文化产业园区建设，取得了积极成效。但总体上看，我省文化产业园区数量偏少，层次偏低，有的园区甚至有名无实，名义上是文化产业园区，实际上是在经营其他产业，这在一定程度上影响了文化产业的健康发展。一要加强科学规划布局。在园区规划中，要让发改、城建、规划、国土等部门参与进来，组织专家科学论证，广泛听取各方面的意见和建议。要突出资源优势和区域特色，突出差异化、错位化，防止重复建设、同质竞争和资源浪费。与重点区域带动战略相呼应，黄蓝经济区所在的各市，要在建设特色文化园区上走在前列。各市有各市的优势和特色，杨家埠这样的历史文化村和特优手工艺，每个市都有。目前国家发改委在叫停各种形式的主题公园，各地要密切关注，避免盲目上马，同时要杜绝以建文化产业园区的名义跑马圈地、搞房地产项目。二要形成产业链条。根据每个园区的定位，要有针对性地引导文化企业向园区集中，推动园区集约化、规模化、专业化、品牌化发展。要以核心产品为主导，搞好上下游产品配套开发，拉长增厚产业链条，形成园区配套集聚优势，增强文化产品和服务竞争力。三要加强园区管理。省里已出台了重点文化产业园区认定管理办法，一个很重要的认定标准，就是要看这个园区有没有形成规模、有没有骨干企业、有没有辐射带动能力和良好的成长性，对认定的重点园区，省里要进行扶持，并实行动态管理，三年一考核、一认定。

五、加快培育文化消费市场

繁荣发展文化产业离不开完善市场体系，市场繁荣的程度决定着产业发展的水平。凡是市场发育较好，市场体系较为完善的地方，文化产业发展活力和竞争力往往也比较强。应当看到，我省文化市场有了一定的发展，但是文化要素市场不完善，流通渠道不畅通、文化产品和服务不适销对路的问题依然存在，这成为制约文化消费不活跃的重要原因。下一步，要把扩大居民文化消费、提升文化消费水平作为一项重要工作。一要建立完善文化消费市场。针对不同文化消费群体，加快发展大众性文化消费，开发中高端文化消费，培育特色文化消费，形成分众化的文化消费增长点。要重点兴建适合普通群众的文化消费场所，推动电影院线、演出院线向城乡基层延伸，鼓励新闻出版单位推出更多适合群众购买的图书报刊，鼓励在商业演出中开辟一定低价位的演出形式，鼓励文化演艺团队或志愿者组织通过集资、募捐等方式进行文化下乡等活动，引导民间资本以冠名、赞助、捐助等方式参与兴建文化活动、消费场所。二要加强文化消费引导。在这方面，政府应发挥重要作用。要通过政府购买、免费提供文化服务的方式，刺激群众文化消费欲望，培养公众文化消费意识。要研究推行“文化消费补贴计划”和“国民文化消费卡工程”，积极探索对群众看电影、看戏、看有线电视、购买图书等基本文化消费进行适当补贴让利的方式方法。三要创新文化消费经营模式。适应现代消费特点，积极发展连锁经营、网点直销、一站式服务、电子商务等新模式，进一步把经营渠道延伸到基层城乡，不断活跃群众文化生活。要促进文化消费与商贸、餐饮等的联动发展，建设一批集购物、娱乐、休闲、餐饮于一体的消费综合体。四要培育完善文化要素市场。大力发展文化产权评估、拍卖、交易和艺术品鉴定，完善人力资源市场和产权交易市场，不断优化生产要素配置，更好地促进群众文化消费。

六、加快推动文化与其他产业融合发展

融合发展是文化产业的一个显著特性，是加快文化产业发展的重要趋势。一要推动文化与金融融合。文化产业的发展离不开金融业的支持，尤其是在宏观调控的形势下，争取金融支持更显重要。要引导金融机构进一步改善金融服务，创新金融产品，探索金融支持文化产业发展的有效渠道和形式，把更多的金融资本投向文化领域，更好地支持文化企业发展和文化项目建设。要鼓励各类风投基金进入文化产业，不断壮大文化资本市场。二要推动文化与旅游融合。文化与旅游的联系非常紧密，要加强深度融合。大力发展文化旅游项目，开发文化旅游产品，打造旅游演艺品牌。三要推动文化与现代信息产业融合。现代信息技术的快速发展和推广应用，不仅为文化产业发展提供了先进的手段和多样的形式，同时也催生出许多新兴文化业态。我省信息产业比较发达，拥有像浪潮、海尔、海信这样的一批龙头企业，许多自主创新技术走在了全国前列，要加强与文化企业的技术合作，不断拓展文化产业发展的新领域，提升文化产业发展的竞争力。四要推动文化与现代工业、农业以及体育、交通、房地产等其他产业融合，不断延伸产业链，提高附加值。

七、加快推动文化产品和服务“走出去”

发展文化产业，必须统筹国际国内两个市场。我省文化产品和服务的对外出口虽然呈上升趋势，但总量还是很小，竞争力很弱。要利用好我省濒临日韩的区位优势，抓住中日韩自由贸易区建设这一机遇，推进中日韩文化交流，不断扩大面向日韩的文化贸易。要大力培育外向型文化企业，支持文化企业在海外投资、收购、营销、参展或组建跨国战略联盟，鼓励生产境外市场喜好的文化产品，让更多具有齐鲁文化内涵的产品，持续地大量地进入国际市场。要加强对文化产品出口的指导，定期发布指导目录和服务指南，进一步优化文化贸易的政策环境。

（据 2011 年 9 月 3 日大众网）

·湖北省·

将丰富的文化资源转化为强大的文化力量

——李鸿忠在贯彻十七届六中全会精神推进文化强省建设会议上的讲话（节选）

（2011年12月22日）

湖北作为文化大省，目前主要体现为文化资源方面的优势。比如，我们的报刊杂志在全国是一流的，影视创作在全国有一定的影响力，特别是“文化鄂军”有相当的影响力，被全国文学界视为一个高地。但湖北现在的文化实力与我们丰富的文化资源优势相比，差距还很大。当前，我们深入贯彻落实党的十七届六中全会精神、推进文化大省向文化强省跨越，关键还是要将湖北丰富的文化资源，包括楚文化、三国文化、神农文化、宗教文化、红色文化、土家文化等，转化为文化的力量、转化为产品作品、转化为文化事业和文化产业，要着重在把文化资源优势转化为文化软实力和生产力上下工夫。

1. 要把文化资源转化为政治力量、道德力量、精神力量和竞争力量。我们建设文化强省，首要任务就是要把湖北文化资源优势与马克思主义指导思想和中国特色主义理论体系结合起来，巩固中国共产党的执政地位彰显中国特色社会主义制度优越性，提振干部群众走中国特色社会主义道路的信心。在这方面要狠下工夫。一是要把文化优势转化为政治力量。发展社会主义先进文化，为巩固党的执政地位服务，为人民群众服务，是我们做思想文化工作的首要任务。印度在五六十年代曾经强于中国，但改革开放以来，中国的发展远远快于、好于印度。现在尽管美国等西方国家从政治角度积极扶持印度，但印度与我们的差距仍然相当大。我在广东工作的时候，广东一个省的出口总额就相当于印度的1.5倍。这是我们走中国特色社会主义道路的结果，充分显示了中国特色社会主义制度的巨大优越性。我们文化战线的首要任务，就是加大宣传、教育、引导力度，坚定广大干部群众走中国特色社会主义道路的信心，巩固中国共产党的执政地位。二是要把文化优势转化为道德力量。文化的核心是价值观。党的十七届六中全会强调要加强社会主义核心价值体系建设。我们必须把建设社会主义核心价值体系作为文化建设的灵魂，积极彰显和弘扬。比如，孝感以孝感天下，孝文化是一种传统的、优秀的、精粹的文化。黄梅戏中的董永，宁可卖身当长工，也要换钱安葬父亲，弘扬的是孝道。这就是通过文艺作品来弘扬一种价值观。法制史底线，管小人不管君子；道德力量才是根本的力量。我们要把湖北优秀的传统文化资源转化为弘扬社会主义核心价值体系、促进社会和谐进步的道德力量。三是要把文化优势转化为精神力量。要结合当前实际，把湖北优秀的文化资源转化为推动科学发展、跨越式发展的精神力量，提振精神、激励士气。我们强调要建设精神高地，就是要让文化为现实服务，变成一种精神力量、一种软实力。最近，省委、省政府专门致电祝贺宜昌荣获全国闻名城市称号。宜昌在全省率先实现全国文明城市零的突破，其意义十分重大，不仅在于宜昌一个市，不仅在于一个金字招牌，关键在于将文化力量转化为精神动力，激励广大干部群众更加奋发有为地推动湖北科学发展、跨越式发展。四是要把文化资源转化为竞争力量。要通过创新创造，把文化资源转化为支撑我省构建战略支点的软实力、竞争力和生产力。再好的文化资源如果仅仅只是摆在那儿，没有进行深加工、精加工，就像土特产一样，还不能称之为作品，还不能产生力量。湖北电视台的节目一直办的不错，其主要经验就是对文化资源进行创新。比如湖北最重要的图腾式标识是长江、汉江，湖北电视台新的标识将此表现出来了，把湖北的主要优势体现出来了，反映了中国新和世界观，让人眼前一亮。中国心，体现湖北位于中国中部，弘扬的是中国的文化，宣传的是中国特色社会主义道路；世界观，表示我们并不闭关自守，我们是全面开放的，具有世界视野的。这就彰显了湖北在中部的中心地位。这样对文化资源进行创新创造，就能产生影响力、彰显力，最终转化为竞争实力和经济实力，创造形成生产总值。

2. 要把文化资源转化为文化作品特别是文化精品。文化资源转化为文化作品、文化精品，其中的桥梁就是创造。当前，我们的文化产品、文化实力与湖北文化资源的丰富底蕴相比，还不相适应，需要进一步加大工作力度。比如，文学鄂军很厉害，但有影响力的作品还不够多；我们创作了很多文学作品，但还可以进行再创作、再加工，由一般的文化作品想精品延伸，形成影视作品，形成一些其他的文化作品，产生更大的影响力和更大的经济社会效益。我们的文化作品不少，精品力作也不少，如《张居正》《天行者》等等，但作为文化资源大省，应该产生更多的作品、更多的精品。如果在这么好的文化资源基础上，创作出来的却是二流、三流的、平平淡淡的作品，就是用做西装的料子做了围裙，降低了、浪费了文化资源的价值。要加强文化资源和科技的结合，用文化资源和初级文化作品创造更多的精品。比如湖北市三国文化的发源地，大多数三国故事发生在这里，但我们却只有文字的东西，缺少影视作品、游戏作品，影响力、彰显力不够大。我们要把这些资源与科技相结合、与物质产品相结合，加大创新力度，加大资源转化力度，在作品、产品、精品上下工夫。比如越往勾践剑，做成旅游产品后，其价值就得到了充分延伸和发挥。

3. 要把文化资源转化为文化事业和文化产业。随着人民群众物质生活水平的提高，对文化消费的需求、对公共文化产品的需求会越来越多、越来越高。湖北文化资源丰富，但我们提供的公共文化服务还不能完全满足群众的需要。在繁荣文化事业方面，我们要创造更多的公共文化产品，让人民群众享受到文化盛宴、文化大宴。我们不是没有好的文化产品，而是要做得更好，力争把湖北的文化作品推向全国。我们提出在农产品加工方面要力争让全国人民喝长江水、吃湖北粮、品荆楚味，从文化资源方面看，我们应该让全国人民看湖北戏、听湖北曲、看湖北影视作品。在发展文化产业方面，我们要积极转变发展方式，将文化资源转化为文化生产力、转化为地区生产总值。近年来，全省文化产业增加值占生产总值的比重有所提高，但仍然偏低。我们要从转变发展方式的角度认识文化资源，比如说，某省有气田，我们有教育。这些都是我们的根本优势，但最后一定要转化成文化生产力，一定要产生经济效益。要按照国生省长刚才要求的，大力发展传媒、动漫、演艺、新闻出版、科技文化等产业。我们一定要把老祖宗传承下来的文化资源，通过创新创造，转化成文化经济优势、文化产业优势。前不久我去意大利访问，深有体会。意大利的工业设计产业世界第一，全球最风靡、最高端、影响力最大的奢侈品、时髦产品、新潮产品，相当一部分品牌都是意大利的或受意大利影响的。欧洲中世纪之后的文艺复兴源于佛罗伦萨，米开朗基罗、拉斐尔等创造现代艺术的大师都在那里，这是重要的文化资源。但他们现在的工业设计、文化设计搞得那么好就是把文化资源优势转变成了现代发展优势。湖北是文化资源大省，我们一定要把文化资源优势转化成生产力优势、转化成GDP优势，用文化换黄金、换经济实力，实现建设文化强省的目标。

（据2012年第1期《湖北宣传》）

努力实现湖北由文化大省向文化强省跨越

——王国生在贯彻十七届六中全会精神推进文化强省建设会议上的讲话（节选）

（2011年12月22日）

我省文化强省建设的阶段性目标是：到2015年，文化体制改革重点任务全面完成，形成有利于出精品、出人才、出效益的文化发展环境；公共文化服务体系进一步完善，文化消费在城乡居民消费结构中的比重明显提高，人民群众基本文化权益得到有效保障；现代文化产业体系和文化市场体系基本建立，文化产业成为支柱性产业，占全省生产总值的比重达到6%以上；现代文化产品创作生产体系进一步完善；文化创新能力进一步增强、精品力作大量涌现，精神文化产品更加丰富；社会主义核心价值体系深入人心，思想道德建设进一步加强，社会文明程度明显提高，文化软实力明显提升。按照上述目标和基本任务，当前和今后一个时期，要重点抓好以下几个方面的工作：

一、深入推进社会主义核心价值体系建设

社会主义核心价值体系是兴国之魂，是社会主义先进文化的精髓。要坚持用社会主义核心价值体系引领社会思潮，在全省形成统一指导思想、共同理想信念、强大精神力量、基本道德规范，激励全省人民为湖北科学发展、跨越式发展努力奋斗。积极开展理论进机关、进社区、进农村、进学校、进企业为主题的送理论下乡基层活动，推进马克思主义大众化。加强形势政策教育、爱国主义教育和思想道德教育，结合全国“双百人物”、“功勋湖北人物”评选，引导全省人民强化社会功德、职业道德、家庭美德、个人品德和社会责任意识。发挥“湖北群星现象”的示范效应，坚持用社会主义荣辱观引领社会风尚，在全社会形成知荣辱、讲正气、作奉献、促和谐的良好风尚。深入推进“文明湖北”建设，培养诚信自尊、理性平和、积极向上的社会心态。

二、深入推进文化体制机制创新

一是要进一步解放思想。思想解放的程度，决定改革的力度和深度。深化文化体制改革，提升文化软实力，建设文化强省，必须坚持从解放思想入手，做到真解放、敢解放。坚持以解放思想促改革、促发展、促繁荣，坚决破除一切不利于文化发展的体制机制障碍，解放文化生产力，激发文化发展活力。中央决定，继续执行文化

体制改革的配套政策，对转企改制国有文化单位扶持政策执行期限再延长五年。要按照中央关于深化文化体制改革的总体部署和要求，以建立现代企业制度为重点，加快推进经营性文化单位改革；着眼于突出公益属性、强化服务功能、增强发展活力，全面推进文化事业人事、收入分配，社会保障制度改革。

二是要健全现代文化市场体系。充分发挥市场在文化资源配置中的基础性作用。加快发展文化产品、服务和要素市场，发展连锁经营、物流配送、电子商务等现代流通组织和流通形式，建设大型文化流通企业和文化产品物流基地，构建以大城市为中心、中小城市相配套、贯通城乡的文化产品流通网。加快组建湖北文化产业发展投资有限公司、湖北文化产业促进会，进一步拓展和完善华中文化产权交易所服务功能，规范文化资产和艺术品交易。建立健全文化产业组织和中介机构，加强文化招商和投融资平台建设。

三是要创新文化管理体制。加快政府职能转变，强化政策调节、市场监管、社会管理、公共服务职能，进一步推动政企分开、政事分开，理顺政府和文化企事业单位关系。要科学界定文化单位的性质和功能，区别对待、分类指导，在改革中不搞“一刀切”。要积极探索和完善管人、管事、管资产、管导向相结合的国有文化资产管理体制，确保国有文化资产安全和保值增值。要健全文化市场综合执法机构，提高文化执法水平。

三、加快构建现代文化产业体系

一是要突出抓好“四个一批”。即：做大做强一批国有文化企业和企业集团，扶持一批民营文化企业，引进一批文化战略投资者，建设一批文化产业孵化园区。要重点支持省广电网络公司、知音传媒集团公司、江通动画股份有限公司等条件成熟的文化企业上市融资。积极培育文化市场主体，力争到“十二五”期末，全省文化企业达到2.5万家，销售收入过5亿的文化企业达到50家，资产和销售收入过百亿的文化企业达到6-8家，规模以上的文化企业总数达到1000家。要加快实施重大文化产业项目带动工程，建设一批各具特色的文化产业基地（园区），打造区域特色优势产业集群。“十二五”期间，重点建设华中数字出版基地、华中印刷物流产业园、181创意产业园、荆楚文苑、武汉华侨城东湖欢乐谷、武汉中央文化区、武汉 中国文谷、国家大遗址保护荆州片区、宜昌809创意园、潜江梅苑等文化园区。

二是要发展壮大传统优势文化产业和大力培育新兴文化产业。调整优化文化产业结构和布局，重点支持新闻出版、广播影视、印刷复制、文娱演出、电影放映等传统产业转型升级。加快培育和发展游戏动漫、数字出版、数字传输、新型文化装备制造等新兴产业，支持移动多媒体广播电视、网络广播影视、数字多媒体广播、手机广播电视发展、开发移动文化信息服务、数字娱乐产品的等增值服务，加快推进“三网融合”和下一代广播电视网建设。加大对拥有自主知识产权、弘扬民族优秀文化产业的支持力度，建设格局特色的文化创业创意产业园区，打造具有荆楚特色的知名文化品牌。

三是要积极推动文化与经济、科技融合发展。文化与经济、科技共生互动、交融发展，能够产生极大的聚合和发散效应。要积极实施文化科技带动战略，充分发挥科技对文化产业发展的支撑和引领作用，加快构建以企业为主体、市场为导向、产学研相结合的文化科技创新体系。充分利用我省科教文化人才富集和通讯发展的优势，加快推动文化与经济、科技、旅游、教育等融合发展，不断催生新型文化业态，推动文化产业升级、拓展文化产业空间。

四、着力打造更多的文化精品

一是要切实强化创意策划工作。大手笔、高起点、高水平的创意策划，无论是对充分挖掘和发挥文化资源优势，还是对进一步提升文化影响力和竞争力，都至关重要。要加强文化发展研究，尤其是在加强对楚文化、三国文化、巴土文化等区域特色文化研究的基础上，积极组织和精心谋划一批需要重点打造的文化品牌，提升湖北文化的影响力和竞争力。要加强重点文化产品项目库建设，组织在国内外有重大影响力的创意策划大师和文化名人，努力打造一批立得住、叫得响、传得开的文化精品。

二是要切实把文化节庆活动打造成“文化名片”。重点办好世界华人炎帝故里寻根节、中国 三峡文化旅游节、武当国际武术节、中国曹禺文化节、文博会等节会活动，打造有内涵、有影响、有实效的文化节会品牌。

三是要加大对“一县一品”文化品牌的培育力度。运用政府推动与市场运作相结合的方式，吸引更多投资主体参与创建，形成产业链，打造区域经济新的增长点。

五、切实完善公共文化服务体系

一是要加强公共文化设施建设。坚持以政府为主导，以农村基层为重点，加大投入力度，优化资源配置，基本建成覆盖城乡、结构合理、功能齐全、实用高效的公共文化建设网络。着力抓好省广播电视基地、省图书馆新馆、省博物馆扩建、荆楚文苑等重点文化工程，加强市州“三馆”（公共图书馆、群艺馆、博物馆）、县市“两馆”（公共图书馆、艺术馆）和乡镇综合文化站建设。

二是要加强文化惠民工程建设。进一步加大广播电视“村村通”、文化信息资源共享、农村电影放映和农家书屋等重点文化惠民工程建设力度，保障人民群众看电视、听广播、读书看报、文化鉴赏、参与文化活动等基本文化权益。

三是要加大公共文化服务供给。引导公益性文化单位面向基层提供文化产品和服务，继续做好流动舞台车、图书车、电影放映车等配送和利用工作，推进公共文化阵地免费向社会开放。大力发展企业文化、校园文化、社区文化、村庄文化、广场文化，扩大公共文化服务面，满足人民群众多层次、多样化的文化需求，形成政府与民间展的良好文化生态。

四是要加强文化遗产保护。坚持“保护为主、抢救第一、合理利用、加强管理”的原则，加强各级文物保护单位、历史文化名城名镇名村保护建设，抓好非物质文化遗产保护传承。

六、加强文化人才队伍建设

一是要加快实施文化人才培养工程和文化名家工程。文化精品的创作、文化企业的培育发展和壮大，关键要靠文化大家、大师、领军人才。要加快实施《湖北省宣传思想文化人才培养五年规划》，在重要舆论部门、文化企业等领导班子中充实一批思想素质好、文化企业等领导班子中充实一批思想素质好、业务能力强、懂文化会经营善管理的复合型人才。重点抓好中青年文化人才、各类紧缺文化人才的引进工作，着力造就一批文化名人、大家、大师和领军人物。尤其要重视培养和引进创意策划、新媒体技术、动漫游戏、广告会展、文化经纪、传播营销等文化产业人才。

二是要抓好基层文化人才队伍建设。基层文化人才队伍是文化改革发展的基础力量。要制定实施基层文化人才队伍建设规划，完善机构编制、学习培训、待遇保障等方面的政策措施，吸引优秀文化人才服务基层。要认真组织实施民间文化人才保护抢救工程和“民间艺术大师”寻访命名活动，培养一批乡土艺术家、民间艺术传人等特殊文化人才。

三是要进一步完善文化人才评价激励机制。在对文艺领域取得卓越成就的文艺工作者授予突出贡献艺术家称号。开展“荆楚社科名家”、“楚天艺术家”、“湖北青年十大文化杰出人才”等评选表彰活动。鼓励和支持文化人才参与重大文化工程和项目，并将其业绩作为职称评审的重要内容。

（据 2012 年第 1 期《湖北宣传》）

·四川省·

经营“荒凉”也是西部发展文化的一个优势

——刘奇葆在省委九届九次全会研究文化改革发展工作时的讲话

（2011 年 11 月 9 日）

要解决一个认识问题，文化要有一定的经济基础这是真理，是不是经济落后文化就一定落后？实际情况不是这样，差异化和特色化是文化发展的规律，西部地区经济发展落后一些，但文化有自己的特色，文化资源、文化产品、文化精神并不落后。

西部有漫漫黄土、无疆沙漠、雪域高原、千山万壑，这些有别于其他地方特点，虽然显得荒凉，却是西部发展文化的一个优势，经营这些“荒凉”同样能够创造特殊的文化价值和优秀的文化作品。历史上，正因为四川行路难，才有李白“蜀道难，难于上青天”的佳作；正因为有西北边塞的独特风情，才能产生那么多脍炙人口的塞外诗歌。从当代来讲，荒凉的西部也孕育了《黄土高坡》《青藏高原》《在那遥远的地方》这样的优秀歌曲和《红高粱》《牧马人》《新龙门客栈》等优秀电影。刘奇葆还专门举了宁夏银川市郊的镇北堡的案例，这个地方利用古堡雄浑、苍凉、悲壮、残旧的景象，成功打造出西部影视城，出了不少优秀作品。刘奇葆强调，西部地区文化改革发展不能妄自菲薄，要有文化自信，辩证审视文化发展的优势和劣势，走差异化和特色化发展之路，突出特色，做强优势。

（据 2011 年 11 月 10 日《四川日报》）

全力推进文化体制改革
完善公共文化设施

——蒋巨峰在深入部分省直文化单位调研领导小组会议上的讲话

（2011 年 6 月 17 日）

推动文化改革发展，是“十二五”时期的一项重要任务，既关系到综合国力和文化软实力的提升，也是满足人民群众日益增长的精神文化需求的需要。他就进一步完善全省公共文化服务体系、加快把文化产业培育成为四川省重要支柱产业提出六点意见。一要全力推进文化体制改革。组织专门的协调推进小组，订出时间表，分类指导，按中央的要求保质保量限期完成。二要完善公共文化设施。制定省级重大公共文化项目的“十二五”专项规划，整合资源，逐步实施。三要打造精品力作。加强人才队伍建设，紧密联系一大批高水平的创作人才，完善打造精品力作的运作机制和激励政策。四要加强基层公共文化服务。完善机构编制、运作规范、运作机制，明确需要首先保障的公共文化产品。县级政府要切实成为加强基层文化服务的工作主体、责任主体、实施主体。五要加快发展文化产业。全面梳理现有产业基础，分析市场前景和自身条件，重点培育一批具有比较优势的产业、企业、产品。六要整合资源，完善政策。对相关的政府性资金进行梳理，优化支出结构，集中力量办大事。摸清政府性文化资产，逐一制定促进资产保值增值的政策措施。完善加快全省文化改革发展的政策体系，形成规范和统一的要求。

（据 2011 年 6 月 20 日《四川日报》）

·贵州省·

把贵州文化体制改革引向深入

——王富玉在全省文化体制改革工作会议上的讲话（节选）

（2011 年 6 月 29 日）

省委、省政府《关于深化文化体制改革的意见》对全省文化改革发展作了宏观部署和具体安排，并富有突破性、开创性地提出了一系列改革配套政策，是指导我省当前及今后一个时期深化改革、加快发展较全面系统的重要文件，为我们下一阶段攻坚克难、全面完成改革任务提供了强有力的政策支撑和保障。这里，就贯彻落实《意见》，攻坚克难、全面完成改革任务，提几点要求。

1. 明确任务、摸清家底，加大力度、加快推动。全省文化体制改革目标任务已非常明确：就是力争在 2012 年省第十一次党代会召开前，基本完成国有经营性文化单位转企改制任务，基本完成建设一批国有骨干文化企业任务，基本完成有线电视网络整合任务，基本完成文化市场综合执法改革任务，基本完成公益性文化事业单位内部机制改革任务，基本完成文化行政管理体制改革任务，并不断巩固提高；努力在党的十八大召开前全面完成上述 6 项改革任务。

一是基本完成国有经营性文化单位转企改制任务。今年初，中央改革办印发了《关于开展文化体制改革任务完成情况检查验收的通知》对文化体制改革的标准和要求作了明确。各地各部门一定要坚决贯彻落实《通知》精神，按照注销事业法人、核销事业编制、进行国有资产产权登记和工商登记、依法与在职职工签订劳动合同，建立和接续社会保险关系等标准，高标准高质量地全面完成各项既定任务。要按照“可核查、不可逆”的要求，改革一块、巩固一块、提高一块，在深化拓展、规范运行上下工夫，在提高层次、提高水平上下工夫，确保改革不走回头路，改革出活力出效益。

二是基本完成建设一批国有骨干文化企业任务。对于经营性文化单位，如我省已组建的五大集团公司，转制为企业只是改革的第一步，能否真正成为合格市场主体，还要看运行机制怎样，看内部治理结构如何，看经营管理水平的高低，必须要在转企改制的基础上，把建立现代企业制度作为核心目标。要进一步完善法人治理结构，明确转制企业的出资人主体，确保产权清晰、权责明确；强化企业内部管理和成本核算，形成面向市场的运行机制；扩大投融资渠道，以资本为纽带兼并重组，提升资本运作能力；加强企业文化建设，不断提高企业的凝聚力和整体形象，形成体现文化企业特点的经营理念和发展模式，力争在较短时间内培育一批富有活力、实力和竞争力的国有骨干文化企业。

三是基本完成有线电视网络整合任务（包括“两台合并”）。我省在全国率先组建了“省、地、县一张网”的贵州省广电网络股份有限公司，受到中央领导和有关部门的高度评价，被评为全国文化体制改革的先进单位，为全国广电网络改革提供了示范。要加快完善各项改革的手续，真正打造合格市场主体，并按省委、省政府的要求，积极做好融资上市各项准备工作。关于“两台合并”工作，贵州人民广播电台、贵州电视台合并组建贵州广播电视台方案待省委、省政府研究后要抓紧组织实施。尚未实施“两台合并”工作的遵义、安顺、六盘水、黔南、黔西南、铜仁等市（州、地）需加紧按中央和省的要求完成“两台合并”任务，促进广播电视优势互补，融合发展。

四是基本完成文化市场综合执法改革任务。按前段全国文化市场综合执法改革工作会议要求，全国文化市场综合执法改革工作要在年内全面完成任务。省文化市场综合管理办公室要集中力量，组织推动此项工作，协调指导各市（州、地）落实机构和人员参公、三定方案、执法经费纳入财政预算等。省编办、财政、人事社保等部门要加大工作力度，推动配合各市（州、地）全面完成文化市场综合执法改革工作。通过完善执法制度，充实执法力量，提高执法效能，推动文化市场执法工作进一步法制化、科学化、规范化。

五是基本完成公益性文化事业单位内部机制改革任务。公益性文化事业单位主要集中在各级文化系统，省文化厅要抓紧制定措施推动全省公益性文化事业单位完成内部机制改革任务。既要与国家事业单位改革作好衔接，又要考虑到公益性文化事业单位在文化发展中的特殊性，加快提前完成内部机制改革。此外，党报、党刊、电台、电视台等实行事业体制的新闻媒体，也要在把牢正确导向，强化社会责任，切实履行好承担意识形态和公共文化宣传职能的同时，完成内部三项制度改革，调动职工积极性、激发创造活力，坚持“三贴近”，推出更多深受群众喜爱的文化精品。

六是基本完成文化行政管理体制改革任务。加快推进政企分开、政事分开、政资分开、政府与市场中介组织分开和管办分离，进一步理顺文化行政管理部门与所属企事业单位的关系，推动文化行政管理部门切实履行好政策调节、市场监管、社会管理、公共服务等职能。整合文化（新闻出版）、广电等行政管理部门组建统一的文化行政综合主体，这是既中央作出的明确要求，也是推动文化发展的现实需求。文化和文化发展具有特殊性，文化要实现大发展大繁荣，不仅需要文化资源的整合，也需要相关行政资源的整合，各地各部门不能从机构改革的角度来对待这项工作，而应从适应整个文化改革发展需求的角度来看待组建综合行政主体的工作。希望贵阳市、安顺市在已有工作基础上，加快组建统一的文化行政主体，早日宣布全面完成改革任务，为全省作出示范表率。其他市（州、地）也要不甘落后，加速推进。

2. 突出重点、着力难点，狠抓落实、取得突破。文艺院团和非时政类报刊社转企改制具有特殊性，是全国文化体制改革的两个重点和难点。能否在这两个方面取得突破、完成任务，直接关系我省文化体制改革的整体进程，关系各项改革目标任务的实现。各地各部门对此一定要予以高度重视，狠下工夫，着力在这两个改革的重点和难点上取得突破，不掉队、不拖后腿，确保全面完成任务。

关于文艺院团转企改制。按照中宣部、文化部《关于加快国有文艺院团体制改革的通知》（文政法发〔2011〕22 号）精神，我省除省黔剧团保留事业体制、实行企业化管理外，其他所有国有文艺院团均应按要求实施转企改制。就文艺院团转企改制，我强调三点：一是有关部门要积极探索建立扶持文艺院团发展的长效机制，充分考虑文艺院团资产底子薄、人员包袱重、市场发育程度低的实际情况，在财税、土地、人员安置、优秀剧目创作、演出场地建设等方面出台更加优惠的政策。这方面，毕节地区作出了积极示范，他们在人员安置、财政扶持、场地支持等方面大力扶持院团改革的做法值得各地借鉴。二是一定要牢牢坚持改革标准。过去条件不成熟，一些地方以“一团两制”、“两块牌子一套人马”等方式探索改革，但现在标准已明确，各方面保障措施也十分到位，必须严格按标准坚决推动国有文艺院团实施转企改制，绝不允许走回头路、做无用功。三是要充分结合我省旅游资源丰富的优势，积极推动演艺与旅游结合，借助旅游市场，大力发展旅游演艺产业，充分体现和展示贵州民族文化特色。今年下半年，中宣部、文化部将联合开展对国有文艺院团体制改革工作的督查，2012 年上半年，将进行验收。各地各有关部门要抓紧认真组织相关文艺院团实施转企改制，对照标准完成任务，迎接督查验收。

关于非时政类报刊社转企改制。中央已下发了文件，今天又召开了非时政类报刊社改革的电视电话会议。要按照统筹规划、分类指导、突出重点、分批实施的原则，本着“做大做强一批，调整重组一批，淘汰退出一批”的要求，抓紧组织上报实施非时政类报刊社转企改制方案。对具有独立法人资格的非时政类报刊社一律在2012 年上半年前完成转企改制的任务。要以拥有品牌的省级党报集团和期刊传媒集团为重点，着力推动非时政类报刊社完成转企改制后整合进入以党报党刊为出资人的综合性报刊集团公司，加强联合重组，推动地方报刊传播力建设。在省文改文产领导小组的统一领导下，省新闻出版局要认真履行好行政主管部门具体落实的职责，各非时政类报刊社的主管主办单位要按照“谁主管谁负责”的原则切实组织实施好所属报刊出版单位体制改革工作。这里，我再强调一点，对应转制而不能如期完成转企改制任务的非时政类报刊社，各级财政一律停拨原有事业经费。

（据 2011 年 6 月 30 日《贵州日报》）

·西藏自治区·

大力实施文化兴区、文化强区、文化富区、文化稳区战略

——张庆黎在全区文化发展大会上的讲话

（2011 年 1 月 19 日）

我们党历来高度重视文化建设，始终以先进文化引领前进方向、凝聚奋斗力量、推动事业发展。我们党领导西藏革命、建设和改革开放波澜壮阔的历史，是一部社会制度的跨越史，是一部经济社会发展的跨越史，也是一部文化繁荣发展的跨越史。新中国的成立给西藏文化繁荣发展带来了希望，西藏和平解放开启了西藏社会主义文化建设的历史新纪元，民主改革开辟了西藏社会主义文化建设的新天地、确立了马克思主义在意识形态领域的指导地位，改革开放开创了西藏社会主义文化建设的新时代，一大批现代文化设施拔地而起，一大批优秀文化工作者茁壮成长，一大批脍炙人口的优秀作品不断推出，文化事业蒸蒸日上，艺术百花璀璨夺目。党的十六大以来特别是近年来，我区始终坚持以邓小平理论和“三个代表”重要思想为指导，深入贯彻落实科学发展观，认真贯彻中央关于西藏工作的指导思想和一系列大政方针，按照高举旗帜、围绕大局、服务人民、改革创新的总要求，牢牢把握正确导向，唱响主旋律，打好主动仗，主流思想舆论昂扬向上，群众文化生活丰富多彩，民族优秀文化弘扬发展，特色文化交流空前活跃，文化安全得到有效维护，文化工作为推进跨越式发展和长治久安提供了有力的思想保证、舆论支持、文化条件和精神动力。

先进文化是一个国家和地区经济发展和社会进步的主心骨、精气神、发动机。中央第五次西藏工作座谈会，对我区文化建设作出战略部署，提出要把西藏建设成为重要的中华民族特色文化保护地，为我区推动文化大发展大繁荣开辟了广阔前景。当前，全区上下正在深入贯彻中央第五次西藏工作座谈会精神，积极为“十二五”开好局、起好步，奋力推进跨越式发展和长治久安，向着全面建设小康社会目标阔步前进。建设社会主义新西藏，必须建设社会主义先进文化。全区各级党委、政府要进一步增强责任感和使命感，顺应时代和实践的发展，立足全面建设小康社会宏伟目标，充分认识文化对提高各族人民整体素质、推动社会文明进步的重要作用；立足西藏社会的主要矛盾，充分认识文化对推进跨越式发展、保障和改善民生的重要作用；立足西藏的特殊矛盾，充分认识文化对促进社会和谐稳定、实现长治久安的重要作用；立足建设重要的中华民族特色文化保护地，充分认识文化对展示西藏良好形象、维护国家利益的重要作用；立足党的建设新的伟大工程，充分认识文化对党的执政能力建设、先进性建设的重要作用，更加自觉、更加主动地承担起推动文化大发展大繁荣的历史责任。

推动我区文化大发展大繁荣，必须高举中国特色社会主义伟大旗帜，以邓小平理论和“三个代表”重要思想为指导，深入贯彻落实科学发展观，全面贯彻落实中央第五次西藏工作座谈会精神，坚持社会主义先进文化前进方向，牢牢把握科学发展、跨越式发展和长治久安的主题，遵循社会主义精神文明建设和文化发展的特点和规律，以建设社会主义核心价值体系为主线，以满足人民群众日益增长的精神文化需求为出发点和落脚点，以维护意识形态安全为重大责任，以改革创新为动力，大力实施文化兴区、文化强区、文化富区、文化稳区战略，走有中国特色、西藏特点的文化发展路子，切实发挥文化在西藏跨越式发展和长治久安中的重要作用，切实保障各族人民群众的基本文化权益，凝结起维护祖国统一和民族团结的重要精神纽带，把西藏建设成为重要的中华民族特色文化保护地。当前和今后一个时期，要重点抓好以下工作：一是坚持方向，大力建设社会主义核心价值体系；二是壮大主流，大力唱响时代主旋律；三是全面覆盖，大力发展公益性文化事业；四是增添动力，大力推动文化体制改革；五是注重特色，大力弘扬民族优秀传统文化；六是打造精品，大力繁荣文化产品创作生产；七是完善功能，大力打造我区特色文化产业；八是打防结合，大力构筑文化安全防控体系。

推动文化大发展大繁荣，关键在于党的领导。各级党委、政府和领导干部一定要从战略全局的高度，提高思想认识，明确工作责任，加强队伍建设，强化督促检查，切实把文化建设摆在更加突出的位置，思想上高度重视、政策上大力支持、工作上强力推进、落实上务求实效。宣传思想文化部门要勇于承担肩负的历史责任，进一步增强政治鉴别力、工作创新力、队伍战斗力，不断提高文化工作的科学化水平，努力建设一支政治强、业务精、作风正的文化工作队伍。各级各部门要切实关心文化工作者的学习、工作和生活，做到政治上真诚关心、学习上热情帮助、工作上大力支持、生活上十分体贴，多为他们办实事、做好事，创造更好的工作生活条件，充分调动他们的积极性、主动性、创造性。

（据 2011 年 1 月 19 日《西藏日报》）

·甘肃省·

加快形成文化建设的强大合力 推动事业繁荣和产业发展

——王三运在甘肃省文化产业大会上的讲话

（2011 年 12 月 30 日）

甘肃是华夏文明的重要发祥地，历史悠久，文化厚重，是中华民族重要的文化资源宝库。多年来特别是党的十七大以来，全省各级党委政府深入贯彻落实科学发展观，出台了一系列加强文化建设的政策措施，有力地推动了甘肃省文化事业繁荣和文化产业发展，为促进经济社会又好又快发展增添了强大的精神动力。

“十二五”时期是加快该省文化大省建设和文化产业发展的关键时期。全省各级各部门要认真贯彻落实党的十七届六中全会和省委十一届十四次全委会议精神，从全局和战略的高度，充分认识大力发展文化产业的重要性，真正把思想和行动统一到中央和省委的重大决策部署上来，在扎实有力地抓好文化事业发展的同时，把智慧和力量凝聚到推动文化产业跨越式发展的伟大实践中去。要把文化大发展大繁荣作为党执政兴国第一要务的重要内容，深入实施我省进一步加快文化大省建设的《意见》，党政一把手要切实担负起第一责任人的职责，做到文化事业、文化产业与经济社会发展一同研究部署、一同组织实施、一同督促检查。要大力强化政策、人才和组织保障，通过采取政府主导、市场运作、项目带动的方式，加快构建现代文化产业体系和市场体系，尽早把该省的文化资源优势转化为产业优势和经济优势，力争将文化产业培育成为我省国民经济的支柱性产业。要抓紧研究制定具有甘肃独特优势的文化资源保护、传承和开发利用的综合建设方案，积极争取各种资源要素的整合。要建立健全党委统一领导、党政齐抓共管、宣传部门组织协调、有关部门分工负责、社会力量积极参与的工作体制和工作格局，把对文化产业发展成效像对其他经济考核指标一样作为衡量领导班子和领导干部工作业绩的重要依据，加快形成文化建设的强大合力，积极营造文化产业发展的良好环境，充分调动全社会的积极性和创造性，共同推动甘肃省文化事业的繁荣和文化产业的跨越式发展。

（据 2011 年 12 月 31 日《甘肃日报》）

·青海省·

落实六中全会精神 要处理好“五个关系”

——强卫在全省文化改革发展大会上的讲话（节选）

（2011 年 11 月 25 日）

文化自强，既是一个民族、国家和地区增强文化软实力，扩大文化影响力，提升文化竞争力的必由之路，也是文化自觉、文化自信的最终目的。实现文化自强、建设文化名省，不仅要有高度的文化自信、文化自觉，还要注重和把握工作方法。我们党在长期的文化发展实践中始终坚持一个根本方法，就是善于运用马克思主义的世界观和方法论推动文化工作。毛泽东同志提出要坚持“百花齐放”和“百家争鸣”方针；邓小平同志提出要坚持物质文明与精神文明两手抓；江泽民同志提出要坚持依法治国与以德治国相结合；胡锦涛同志提出要促进文化事业和文化产业同发展。党的领导同志抓文化的战略思维启示我们，抓文化必须坚持唯物论的思想、辩证法的思维和“两手抓”的思路。现在，中央和省委关于文化建设的大政方针已定，在推进落实的过程中，我们尤其要注重方法，处理好“五个关系”。

一要正确处理“魂”与“体”的关系。当代中国文化的“魂”，就是社会主义核心价值体系；文化的“体”，包括国民教育体系、公共文化服务体系、文化产业体系以及各种形式的文化产品和服务等；“魂”和“体”相互依存，相辅相成。我省是一个多民族聚居、多宗教并存、多元文化共生的省份，文化建设面临的形势更复杂、存在的问题更敏感、肩负的任务更艰巨，我们必须始终把推进社会主义核心价值体系建设作为一条红线贯穿于文化名省建设的全过程和方方面面。要紧密结合实际，不断创新形式、丰富载体、完善机制，坚持不懈、持之以恒地把社会主义核心价值体系融入到全省国民教育、精神文明建设和党的建设全过程，贯穿于推动“四个发展”、建设富裕文明和谐新青海各领域，体现在精神文化产品创作生产传播各方面，使之真正成为全省各级党员干部和各族人民群众的普遍共识和自觉行动。

二要正确处理“教”与“乐”的关系。文化既能愉悦人的心灵、丰富人的知识，又可陶冶人的情操、涵养人的品德；既有社会教化、引领风尚——“教”的功能，又有满足人民群众文化需求——“乐”的作用。“教”也好，“乐”也好，最终都要通过文化产品来实现。在社会主义市场经济条件下，如何把“教”与“乐”有机地结合起来，真正发挥“寓教于乐”的作用，是我省文化产品创作中亟需解决的重大问题。因此，在建设文化名省、推进青海文化繁荣发展的过程中，我们必须全面贯彻“二为”方向和“双百”方针，坚持把社会效益放在首位，坚持社会效益和经济效益有机统一，加强对文化产品创作生产的思想引导，努力为各族群众提供更好更多的精神食粮。要坚持正确创作方向。要繁荣哲学社会科学。要发展健康向上的网络文化。

三要正确处理“政”与“企”的关系。一方面，发挥政府主导作用，要求各级领导决不能推卸政治责任，要重视文化建设、研究文化工作、发展文化事业。各级党委政府要紧密结合自身实际，研究破解制约本地区文化发展的突出问题，重点推进公益性文化事业发展，保障各族群众的基本文化权益。要结合正在开展的民生指标创先体系建设，构筑覆盖城乡的文化公共服务体系，按照公益性、基础性、均等性、便利性的原则，推动公共文化资源向基层倾斜，深入实施“文化惠民”工程，力争使我省公共服务文化民生指标走在西部前列。另一方面，发挥企业主体作用，就是要引导支持企业勇于承担社会责任，积极进入文化市场、投资文化项目、发展文化产业。充分调动企业参与文化产业发展、文化名省建设的积极性、主动性和创造性，进一步培育壮大文化市场企业主体。要依托青海得天独厚的文化资源禀赋，通过“放水养鱼”、“扶上马、送一程”的办法，既要扶持发展一大批文化中小企业、文化大院、文化中心户和文化能人，又要下大力气尽快培育一些大型文化企业集团；同时，要加大“大美青海”文化品牌对外宣传推介力度，改革和完善我省文化投融资体制，加强服务型文化园区建设，通过“筑巢引凤”、“引进来、走出去”的办法，吸引更多实力雄厚的大企业、大集团开拓青海文化市场。

四要正确处理“管”与“放”的关系。一方面，要牢牢把握正确方向，建立健全党委领导、政府管理、行业自律、社会监督、企业单位依法运营管理的文化管理体制。要认真贯彻文化名省建设《意见》和文化改革发展政策措施《意见》，加大财政、税收、金融、市场准入、土地、人才等方面的政策支持力度，设立并用好文化产业发展专项基金，加快地方性文化立法进程，加快推进我省文化市场综合执法改革，健全完善文化市场综合执法体制机制，为文化改革发展营造良好的政策和法制环境。另一方面，要发挥市场在文化资源配置中的积极作用，建立健全富有活力的文化产品生产经营机制。要深化经营性文化单位改革和文化事业单位改革，以组建演艺集团公司为平台，进一步探索形成符合现代企业制度要求、体现文化企业特点的资产组织形式和经营管理模式；着力抓好非时政类报刊社体制改革、党报党刊管理运行机制改革、重点新闻网站改革、有线广电网络整合、广播电视两台合并、影视剧制播分离等方面的改革，促进文化产品和要素合理流动。要把培育市场环境作为解放和发展文化生产力的关键因素来抓，组织实施文化市场建设工程，加快构建统一开放、竞争有序的现代文化市场体系。

五要正确处理“多”与“精”的关系。既要在壮大基层文化人才队伍上下工夫，又要在造就高层次领军人物和高素质文化人才上下工夫，努力走一条具有青海特色的文化人才队伍建设之路。在壮大基层文化人才队伍方面，要鼓励支持各类民间文化团体发展，评选民间文化技艺大师，培养非物质文化遗产技艺传承人才，创造壮大基层人才队伍的成长条件；健全完善人才教育和培训、人才选拔和使用、人才管理和评价机制，形成基层人才成长的良好环境；制定实施基层文化人才队伍建设规划，配好乡镇、街道文化工作专职人员，壮大文化志愿者队伍，建立起一支立足基层、服务基层、奉献基层的专兼结合的基层文化工作队伍。在造就高层次文化人才队伍方面，要按照“队伍出精英、文化出精品、工作出精神”的要求，重点培养造就一批在全国乃至世界有重要影响的青海文化名人和文化大师，一批理论、新闻、出版、文艺等专业领域的领军人物，一批掌握现代传媒技术的高级专业人才，一批懂经营善管理的复合型人才。特别要针对我省文化领军人才匮乏、吸引高端人才优势不明显的实际，注重做好“引才引智”工作，树立“不求所有，但求所用；不求所在，但求所为”的观念，坚持人才刚性流动与柔性流动相结合，引进人才和引进智力并重，采取有效措施，促进人才合理流动，努力打造青海“文化人才小高地”。

（据 2011 年 12 月 1 日《青海日报》）

·宁夏回族自治区·

把文化旅游产业打造成宁夏的支柱产业

——张毅在宁夏党委中心组学习会时的讲话

（2011 年 8 月 26 日）

把文化旅游产业打造成我区的支柱产业，既是必要的，也是完全可能的。伴随经济增长和城市化进程，文化旅游需求持续扩大，产业体系日趋成熟，进入了一个大发展的时期。国内外发展经验表明，文化旅游产业是拉动经济增长、获得高额稳定回报的重要产业，大抓大得益，快抓快发展。“十二五”时期，我们要加快建设和谐富裕新宁夏，文化旅游产业应该是一个重要的突破口，必须下决心做大做强，这是培育新的经济增长点、推进跨越式发展的必然选择，是促进结构调整、转变发展方式的必然选择，是积极扩大就业、增加群众收入的必然选择，是传播先进文化、弘扬民族精神的必然选择。

文化旅游产业在我区经济社会发展中的作用和地位将越来越重要，无论是外部环境还是内部条件，都具备了培育成国民经济支柱产业的可行性。一是有得天独厚的资源优势。我区文化多元，积淀深厚，相互包容，交相辉映，旅游资源独特，种类比较齐全，要素匹配性强。二是有良好的工作基础条件。近年来，自治区党委、政府十分重视文化旅游产业发展，先后出台了一系列政策文件，有力推进了文化旅游产业发展。我区文化旅游产业整体上台阶、上层次具备一定基础。三是有大力发展的重大机遇。我区打造黄河金岸、加快发展内陆开放型经济，着力扩大面向阿拉伯国家和伊斯兰世界的交流合作，都为推动文化旅游产业发展注入了新的活力。四是做大做强文化旅游产业符合发展规律。我国已进入文化旅游消费需求的迅速膨胀期，文化旅游产业将出现爆发式增长，我区文化旅游产业也将进入新的发展阶段。

做大做强我区文化旅游产业，必须推进文化和旅游深度融合、整体联动。只有推进文化和旅游的融合，才能相互促进、相互提升，才能彰显魅力、激发活力，才能挖掘潜力、发挥优势。要进一步搞好文化产业和旅游产业发展规划。要在旅游产业中处处体现文化内涵。要借助文化宣传推介旅游，精心做好“塞上江南·神奇宁夏”整体形象的包装，使宁夏成为人们心驰神往的旅游目的地。要下决心、下工夫培育和打造文化旅游核心品牌，在众多特色中凝练核心主题。要按照“人无我有、人有我特”的思路，坚持“突出重点、梯次推进”的原则，对一些重点景区，按照核心品牌的标准和要求，集中力量进行改造和完善，防止小、散、乱，特别要防止恶性竞争、自毁形象。要围绕核心品牌加强基础设施投入，围绕核心品牌宣传推介，围绕核心品牌规划开发点、线、面旅游产品，围绕核心品牌把特色做优、特色做强、品牌叫响。

要进一步解放思想，在管理体制和机制上有新突破，在对外开放上有新突破，在发展环境上有新突破，以改革创新精神推进文化旅游产业做大做强。既要重视改善硬环境，加快文化旅游产业基础设施建设，也要重视改善软环境，提升服务层次，健全服务体系，切实增强文化旅游产业的软实力。既要立足当前，抓紧解决当前发展中存在的突出问题，也要着眼长远，科学规划，确保文化旅游产业可持续发展。

（据 2011 年 8 月 26 日《宁夏日报》）

第二部分

文件与法规

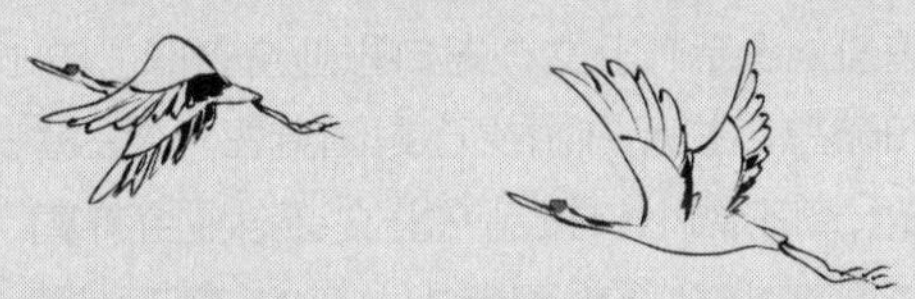

中央各部委

中共中央关于深化文化体制改革推动社会主义文化大发展大繁荣若干重大问题的决定

（2011 年 10 月 25 日发布）

中国共产党第十七届中央委员会第六次全体会议全面分析形势和任务，认为总结我国文化改革发展的丰富实践和宝贵经验，研究部署深化文化体制改革、推动社会主义文化大发展大繁荣，进一步兴起社会主义文化建设新高潮，对夺取全面建设小康社会新胜利、开创中国特色社会主义事业新局面、实现中华民族伟大复兴具有重大而深远的意义。全会作出如下决定。

一、充分认识推进文化改革发展的重要性和紧迫性，更加自觉、更加主动地推动社会主义文化大发展大繁荣

文化是民族的血脉，是人民的精神家园。在我国五千多年文明发展历程中，各族人民紧密团结、自强不息，共同创造出源远流长、博大精深的中华文化，为中华民族发展壮大提供了强大精神力量，为人类文明进步作出了不可磨灭的重大贡献。

中国共产党从成立之日起，就既是中华优秀传统文化的忠实传承者和弘扬者，又是中国先进文化的积极倡导者和发展者。我们党历来高度重视运用文化引领前进方向、凝聚奋斗力量，团结带领全国各族人民不断以思想文化新觉醒、理论创造新成果、文化建设新成就推动党和人民事业向前发展，文化工作在革命、建设、改革各个历史时期都发挥了不可替代的重大作用。

改革开放特别是党的十六大以来，我们党始终把文化建设放在党和国家全局工作重要战略地位，坚持物质文明和精神文明两手抓，实行依法治国和以德治国相结合，促进文化事业和文化产业同发展，推动文化建设不断取得新成就，走出了中国特色社会主义文化发展道路。我们坚持解放思想、实事求是、与时俱进，不断推进马克思主义中国化时代化大众化，形成和发展了中国特色社会主义理论体系，为开辟和拓展中国特色社会主义道路、确立和完善中国特色社会主义制度提供了科学理论指导；坚持推进社会主义核心价值体系建设，用马克思主义中国化最新成果武装全党、教育人民，用中国特色社会主义共同理想凝聚力量，用以爱国主义为核心的民族精神和以改革创新为核心的时代精神鼓舞斗志，用社会主义荣辱观引领风尚，巩固了全党全国各族人民团结奋斗的共同思想道德基础；坚持为人民服务、为社会主义服务的方向和百花齐放、百家争鸣的方针，发扬广大人民群众和文化工作者的创造精神，推动优秀文化产品大量涌现，丰富了人民精神文化生活；坚持推进文化体制改革，创新文化发展理念，解放和发展文化生产力，推动文化事业全面繁荣、文化产业健康发展，大幅度提高了人民基本文化权益保障水平，大幅度提高了文化在经济社会发展中的地位和作用；坚持发展多层次、宽领域对外文化交流格局，借鉴吸收人类优秀文明成果，实施文化走出去战略，不断增强中华文化国际影响力，向世界展示了我国改革开放的崭新形象和我国人民昂扬向上的精神风貌。我国文化改革发展，显著提高了全民族思想道德素质和科学文化素质、促进了人的全面发展，显著增强了国家文化软实力，为坚持和发展中国特色社会主义提供了强大精神力量。

当今世界正处在大发展大变革大调整时期，世界多极化、经济全球化深入发展，科学技术日新月异，各种思想文化交流交融交锋更加频繁，文化在综合国力竞争中的地位和作用更加凸显，维护国家文化安全任务更加艰巨，增强国家文化软实力、中华文化国际影响力要求更加紧迫。当代中国进入了全面建设小康社会的关键时期和深化改革开放、加快转变经济发展方式的攻坚时期，文化越来越成为民族凝聚力和创造力的重要源泉、越来越成为综合国力竞争的重要因素、越来越成为经济社会发展的重要支撑，丰富精神文化生活越来越成为我国人民的热切愿望。我国仍处于并将长期处于社会主义初级阶段，人民日益增长的物质文化需要同落后的社会生产之间的矛盾仍然是社会主要矛盾。全面建成惠及十几亿人口的更高水平的小康社会，既要让人民过上殷实富足的物质生活，又要让人民享有健康丰富的文化生活。我们必须抓住和用好我国发展的重要战略机遇期，在坚持以经济建设为中心的同时，自觉把文化繁荣发展作为坚持发展是硬道理、发展是党执政兴国第一要务的重要内容，作为深入贯彻落实科学发展观的一个基本要求，进一步推动文化建设与经济建设、政治建设、社会建设以及生态文明建设协调发展，更好满足人民精神需求、丰富人民精神世界、增强人民精神力量，为继续解放思想、坚持改革开放、推动科学发展、促进社会和谐提供坚强

思想保证、强大精神动力、有力舆论支持、良好文化条件。

我国文化领域正在发生广泛而深刻的变革，推动文化大发展大繁荣既具备许多有利条件，也面临一系列新情况新问题。我国文化发展同经济社会发展和人民日益增长的精神文化需求还不完全适应，突出矛盾和问题主要是：一些地方和单位对文化建设重要性、必要性、紧迫性认识不够，文化在推动全民族文明素质提高中的作用亟待加强；一些领域道德失范、诚信缺失，一些社会成员人生观、价值观扭曲，用社会主义核心价值体系引领社会思潮更为紧迫，巩固全党全国各族人民团结奋斗的共同思想道德基础任务繁重；舆论引导能力需要提高，网络建设和管理亟待加强和改进；有影响的精品力作还不够多，文化产品创作生产引导力度需要加大；公共文化服务体系不健全，城乡、区域文化发展不平衡；文化产业规模不大、结构不合理，束缚文化生产力发展的体制机制问题尚未根本解决；文化走出去较为薄弱，中华文化国际影响力需要进一步增强；文化人才队伍建设急需加强。推进文化改革发展，必须抓紧解决这些矛盾和问题。

全党必须深刻认识到，社会主义先进文化是马克思主义政党思想精神上的旗帜，文化建设是中国特色社会主义事业总体布局的重要组成部分。没有文化的积极引领，没有人民精神世界的极大丰富，没有全民族精神力量的充分发挥，一个国家、一个民族不可能屹立于世界民族之林。物质贫乏不是社会主义，精神空虚也不是社会主义。没有社会主义文化繁荣发展，就没有社会主义现代化。在新的历史起点上深化文化体制改革、推动社会主义文化大发展大繁荣，关系实现全面建设小康社会奋斗目标，关系坚持和发展中国特色社会主义，关系实现中华民族伟大复兴。我们要准确把握我国经济社会发展新要求，准确把握当今时代文化发展新趋势，准确把握各族人民精神文化生活新期待，增强责任感和紧迫感，解放思想，转变观念，抓住机遇，乘势而上，在全面建设小康社会进程中、在科学发展道路上奋力开创社会主义文化建设新局面。

二、坚持中国特色社会主义文化发展道路，努力建设社会主义文化强国

坚持中国特色社会主义文化发展道路，深化文化体制改革，推动社会主义文化大发展大繁荣，必须全面贯彻党的十七大精神，高举中国特色社会主义伟大旗帜，以马克思列宁主义、毛泽东思想、邓小平理论和“三个代表”重要思想为指导，深入贯彻落实科学发展观，坚持社会主义先进文化前进方向，以科学发展为主题，以建设社会主义核心价值体系为根本任务，以满足人民精神文化需求为出发点和落脚点，以改革创新为动力，发展面向现代化、面向世界、面向未来的，民族的科学的大众的社会主义文化，培养高度的文化自觉和文化自信，提高全民族文明素质，增强国家文化软实力，弘扬中华文化，努力建设社会主义文化强国。

建设社会主义文化强国，就是要着力推动社会主义先进文化更加深入人心，推动社会主义精神文明和物质文明全面发展，不断开创全民族文化创造活力持续迸发、社会文化生活更加丰富多彩、人民基本文化权益得到更好保障、人民思想道德素质和科学文化素质全面提高的新局面，建设中华民族共有精神家园，为人类文明进步作出更大贡献。

按照实现全面建设小康社会奋斗目标新要求，到二〇二〇年，文化改革发展奋斗目标是：社会主义核心价值体系建设深入推进，良好思想道德风尚进一步弘扬，公民素质明显提高；适应人民需要的文化产品更加丰富，精品力作不断涌现；文化事业全面繁荣，覆盖全社会的公共文化服务体系基本建立，努力实现基本公共文化服务均等化；文化产业成为国民经济支柱性产业，整体实力和国际竞争力显著增强，公有制为主体、多种所有制共同发展的文化产业格局全面形成；文化管理体制和文化产品生产经营机制充满活力、富有效率，以民族文化为主体、吸收外来有益文化、推动中华文化走向世界的文化开放格局进一步完善；高素质文化人才队伍发展壮大，文化繁荣发展的人才保障更加有力。全党全国要为实现这些目标共同努力，不断提高文化建设科学化水平，为把我国建设成为社会主义文化强国打下坚实基础。

实现上述奋斗目标，必须遵循以下重要方针。

——坚持以马克思主义为指导，推进马克思主义中国化时代化大众化，用中国特色社会主义理论体系武装头脑、指导实践、推动工作，确保文化改革发展沿着正确道路前进。

——坚持社会主义先进文化前进方向，坚持为人民服务、为社会主义服务，坚持百花齐放、百家争鸣，坚持继承和创新相统一，弘扬主旋律、提倡多样化，以科学的理论武装人，以正确的舆论引导人，以高尚的精神塑造人，以优秀的作品鼓舞人，在全社会形成积极向上的精神追求和健康文明的生活方式。

——坚持以人为本，贴近实际、贴近生活、贴近群众，发挥人民在文化建设中的主体作用，坚持文化发展为了人民、文化发展依靠人民、文化发展成果由人民共

享，促进人的全面发展，培育有理想、有道德、有文化、有纪律的社会主义公民。

——坚持把社会效益放在首位，坚持社会效益和经济效益有机统一，遵循文化发展规律，适应社会主义市场经济发展要求，加强文化法制建设，一手抓繁荣、一手抓管理，推动文化事业和文化产业全面协调可持续发展。

——坚持改革开放，着力推进文化体制机制创新，以改革促发展、促繁荣，不断解放和发展文化生产力，提高文化开放水平，推动中华文化走向世界，积极吸收各国优秀文明成果，切实维护国家文化安全。

三、推进社会主义核心价值体系建设，巩固全党全国各族人民团结奋斗的共同思想道德基础

社会主义核心价值体系是兴国之魂，是社会主义先进文化的精髓，决定着中国特色社会主义发展方向。必须强化教育引导，增进社会共识，创新方式方法，健全制度保障，把社会主义核心价值体系融入国民教育、精神文明建设和党的建设全过程，贯穿改革开放和社会主义现代化建设各领域，体现到精神文化产品创作生产传播各方面，坚持用社会主义核心价值体系引领社会思潮，在全党全社会形成统一指导思想、共同理想信念、强大精神力量、基本道德规范。

（一）坚持马克思主义指导地位

马克思主义深刻揭示了人类社会发展规律，坚定维护和发展最广大人民根本利益，是指引人民推动社会进步、创造美好生活的科学理论。要毫不动摇地坚持马克思主义基本原理，紧密结合中国实际、时代特征、人民愿望，用发展着的马克思主义指导新的实践。坚持不懈用中国特色社会主义理论体系武装全党、教育人民，推动学习实践科学发展观向深度和广度拓展，引导党员、干部深入学习贯彻党的基本理论、基本路线、基本纲领、基本经验，学习马克思主义经典著作，系统掌握马克思主义立场、观点、方法。科学分析世情、国情、党情新变化，深入研究解决改革开放和社会主义现代化建设新课题，不断深化对共产党执政规律、社会主义建设规律、人类社会发展规律的认识，不断把党带领人民创造的成功经验上升为理论，不断赋予当代中国马克思主义鲜明的实践特色、民族特色、时代特色。坚持以领导班子和领导干部为重点，以提高思想政治素养为根本，以建设学习型党组织为抓手，大力推进马克思主义学习型政党建设。深入推进马克思主义理论研究和建设工程，实施中国特色社会主义理论体系普及计划，加强重点学科体系和教材体系建设，推动中国特色社会主义理论体系进教材、进课堂、进头脑，加强和改进学校思想政治教育。

（二）坚定中国特色社会主义共同理想

中国特色社会主义是当代中国发展进步的根本方向，集中体现了最广大人民根本利益和共同愿望。要深入开展理想信念教育，引导干部群众深刻认识中国共产党领导和中国特色社会主义制度的历史必然性和优越性，深刻认识中国特色社会主义道路既是实现社会主义现代化和中华民族伟大复兴的必由之路，也是创造人民美好生活的必由之路，自觉把个人理想融入中国特色社会主义共同理想之中，最大限度把广大人民团结和凝聚在中国特色社会主义伟大旗帜之下。紧密结合中国特色社会主义成功实践，联系干部群众思想实际，针对社会热点难点问题，从理论和实践结合上作出有说服力的回答，引导干部群众在重大思想理论问题上划清是非界限、澄清模糊认识，有力抵制各种错误和腐朽思想影响。深入开展形势政策教育、国情教育、革命传统教育、改革开放教育、国防教育，组织学习中国近现代史特别是党领导人民进行革命、建设、改革的历史，坚定广大干部群众对中国特色社会主义的信心和信念。

（三）弘扬以爱国主义为核心的民族精神和以改革创新为核心的时代精神

爱国主义是中华民族最深厚的思想传统，最能感召中华儿女团结奋斗；改革创新是当代中国最鲜明的时代特征，最能激励中华儿女锐意进取。要广泛开展民族精神教育，大力弘扬爱国主义、集体主义、社会主义思想，增强民族自尊心、自信心、自豪感，激励人民把爱国热情化作振兴中华的实际行动，以热爱祖国和贡献自己全部力量建设祖国为最大光荣、以损害祖国利益和尊严为最大耻辱。广泛开展时代精神教育，引导干部群众始终保持与时俱进、开拓创新的精神状态，永不自满、永不僵化、永不停滞，以思想不断解放推动事业持续发展。大力弘扬一切有利于国家富强、民族振兴、人民幸福、社会和谐的思想和精神，大力发扬艰苦奋斗、劳动光荣、勤俭节约的优良传统。加强民族团结进步教育，增进对伟大祖国和中华民族的认同，促进各民族共同团结奋斗、共同繁荣发展。加强爱国主义教育基地建设，用好红色旅游资源，使之成为弘扬培育民族精神和时代精神的重要课堂。

（四）树立和践行社会主义荣辱观

社会主义荣辱观体现了社会主义道德的根本要求。要深入开展社会主义荣辱观宣传教育，弘扬中华传统美德，推进公民道德建设工程，加强社会公德、职业道德、

家庭美德、个人品德教育，评选表彰道德模范，学习宣传先进典型，引导人民增强道德判断力和道德荣誉感，自觉履行法定义务、社会责任、家庭责任，在全社会形成知荣辱、讲正气、作奉献、促和谐的良好风尚。深化群众性精神文明创建活动，广泛开展志愿服务，拓展各类道德实践活动，倡导爱国、敬业、诚信、友善等道德规范，形成男女平等、尊老爱幼、扶贫济困、扶弱助残、礼让宽容的人际关系。全面加强学校德育体系建设，构建学校、家庭、社会紧密协作的教育网络，动员社会各方面共同做好青少年思想道德教育工作。深入开展学雷锋活动，采取措施推动学习活动常态化。深化政风、行风建设，开展道德领域突出问题专项教育和治理，坚决反对拜金主义、享乐主义、极端个人主义，坚决纠正以权谋私、造假欺诈、见利忘义、损人利己的歪风邪气。把诚信建设摆在突出位置，大力推进政务诚信、商务诚信、社会诚信和司法公信建设，抓紧建立健全覆盖全社会的征信系统，加大对失信行为惩戒力度，在全社会广泛形成守信光荣、失信可耻的氛围。加强法制宣传教育，弘扬社会主义法治精神，树立社会主义法治理念，提高全民法律素质，推动人人学法尊法守法用法，维护法律权威和社会公平正义。加强人文关怀和心理疏导，培育自尊自信、理性平和、积极向上的社会心态。弘扬科学精神，普及科学知识，倡导移风易俗、抵制封建迷信。深入开展反腐倡廉教育，推进廉政文化建设。

四、全面贯彻“二为”方向和“双百”方针，为人民提供更好更多的精神食粮

创作生产更多无愧于历史、无愧于时代、无愧于人民的优秀作品，是文化繁荣发展的重要标志。必须全面贯彻为人民服务、为社会主义服务的方向和百花齐放、百家争鸣的方针，立足发展先进文化、建设和谐文化，激发文化创作生产活力，提高文化产品质量，发挥文化引领风尚、教育人民、服务社会、推动发展的作用。

（一）坚持正确创作方向

正确创作方向是文化创作生产的根本性问题，一切进步的文化创作生产都源于人民、为了人民、属于人民。必须牢固树立人民是历史创造者的观点，坚持以人民为中心的创作导向，热情讴歌改革开放和社会主义现代化建设伟大实践，生动展示我国人民奋发有为的精神风貌和创造历史的辉煌业绩。要引导文化工作者牢记为人民服务、为社会主义服务的神圣职责，坚持正确文化立场，认真对待和积极追求文化产品社会效果，弘扬真善美，贬斥假恶丑，把学术探索和艺术创作融入实现中华民族伟大复兴的事业之中。坚持发扬学术民主、艺术民主，营造积极健康、宽松和谐的氛围，提倡不同观点和学派充分讨论，提倡体裁、题材、形式、手段充分发展，推动观念、内容、风格、流派积极创新。把创新精神贯穿文化创作生产全过程，弘扬民族优秀文化传统和五四运动以来形成的革命文化传统，学习借鉴国外文化创新有益成果，兼收并蓄、博采众长，增强文化产品时代感和吸引力。

（二）繁荣发展哲学社会科学

坚持和发展中国特色社会主义，必须大力发展哲学社会科学，使之更好发挥认识世界、传承文明、创新理论、咨政育人、服务社会的重要功能。要巩固发展马克思主义理论学科，坚持基础研究和应用研究并重，传统学科和新兴学科、交叉学科并重，结合我国实际和时代特点，建设具有中国特色、中国风格、中国气派的哲学社会科学。坚持以重大现实问题为主攻方向，加强对全局性、战略性、前瞻性问题研究，加快哲学社会科学成果转化，更好服务经济社会发展。实施哲学社会科学创新工程，发挥国家哲学社会科学基金示范引导作用，推进学科体系、学术观点、科研方法创新，重点扶持立足中国特色社会主义实践的研究项目，着力推出代表国家水准、具有世界影响、经得起实践和历史检验的优秀成果。整合哲学社会科学研究力量，建设一批社会科学研究基地和国家重点实验室，建设一批具有专业优势的思想库，加强哲学社会科学信息化建设。

（三）加强和改进新闻舆论工作

舆论导向正确是党和人民之福，舆论导向错误是党和人民之祸。要坚持马克思主义新闻观，牢牢把握正确导向，坚持团结稳定鼓劲、正面宣传为主，壮大主流舆论，提高舆论引导的及时性、权威性和公信力、影响力，发挥宣传党的主张、弘扬社会正气、通达社情民意、引导社会热点、疏导公众情绪、搞好舆论监督的重要作用，保障人民知情权、参与权、表达权、监督权。以党报党刊、通讯社、电台电视台为主，整合都市类媒体、网络媒体等宣传资源，构建统筹协调、责任明确、功能互补、覆盖广泛、富有效率的舆论引导格局。加强和改进正面宣传，加强社会主义核心价值体系宣传，加强舆情分析研判，加强社会热点难点问题引导，从群众关注点入手，科学解疑释惑，有效凝聚共识。做好重大突发事件新闻报道，完善新闻发布制度，健全应急报道和舆论引导机制，提高时效性，增加透明度。加强和改进舆论监督，推动解决党和政府高度重视、群众反映强烈的实际问题，维护人民利益，密切党群关系，促进社会和谐。新闻媒

体和新闻工作者要秉持社会责任和职业道德，真实准确传播新闻信息，自觉抵制错误观点，坚决杜绝虚假新闻。

（四）推出更多优秀文艺作品

文学、戏剧、电影、电视、音乐、舞蹈、美术、摄影、书法、曲艺、杂技以及民间文艺、群众文艺等各领域文艺工作者都要积极投身到讴歌时代和人民的文艺创造活动之中，在社会生活中汲取素材、提炼主题，以充沛的激情、生动的笔触、优美的旋律、感人的形象，创作生产出思想性艺术性观赏性相统一、人民喜闻乐见的优秀文艺作品。实施精品战略，组织好“五个一工程”、重大革命和历史题材创作工程、重点文学艺术作品扶持工程、优秀少儿作品创作工程，鼓励原创和现实题材创作，不断推出文艺精品。扶持代表国家水准、具有民族特色和地方特色的优秀艺术品种，积极发展新的艺术样式。鼓励一切有利于陶冶情操、愉悦身心、寓教于乐的文艺创作，抵制低俗之风。

（五）发展健康向上的网络文化

加强网上思想文化阵地建设，是社会主义文化建设的迫切任务。要认真贯彻积极利用、科学发展、依法管理、确保安全的方针，加强和改进网络文化建设和管理，加强网上舆论引导，唱响网上思想文化主旋律。实施网络内容建设工程，推动优秀传统文化瑰宝和当代文化精品网络传播，制作适合互联网和手机等新兴媒体传播的精品佳作，鼓励网民创作格调健康的网络文化作品。支持重点新闻网站加快发展，打造一批在国内外有较强影响力的综合性网站和特色网站，发挥主要商业网站建设性作用，培育一批网络内容生产和服务骨干企业。发展网络新技术新业态，占领网络信息传播制高点。广泛开展文明网站创建，推动文明办网、文明上网，督促网络运营服务企业履行法律义务和社会责任，不为有害信息提供传播渠道。加强网络法制建设，加快形成法律规范、行政监管、行业自律、技术保障、公众监督、社会教育相结合的互联网管理体系。加强对社交网络和即时通信工具等的引导和管理，规范网上信息传播秩序，培育文明理性的网络环境。依法惩处传播有害信息行为，深入推进整治网络淫秽色情和低俗信息专项行动，严厉打击网络违法犯罪。加大网上个人信息保护力度，建立网络安全评估机制，维护公共利益和国家信息安全。

（六）完善文化产品评价体系和激励机制

坚持把遵循社会主义先进文化前进方向、人民群众满意作为评价作品最高标准，把群众评价、专家评价和市场检验统一起来，形成科学的评价标准。要建立公开、公平、公正评奖机制，精简评奖种类，改进评奖办法，提高权威性和公信度。加强文艺理论建设，培养高素质文艺评论队伍，开展积极健康的文艺批评，褒优贬劣，激浊扬清。加大优秀文化产品推广力度，运用主流媒体、公共文化场所等资源，在资金、频道、版面、场地等方面为展演展映展播展览弘扬主流价值的精品力作提供条件。设立专项艺术基金，支持收藏和推介优秀文化作品。加大知识产权保护力度，依法惩处侵权行为，维护著作权人合法权益。

五、大力发展公益性文化事业，保障人民基本文化权益

满足人民基本文化需求是社会主义文化建设的基本任务。必须坚持政府主导，按照公益性、基本性、均等性、便利性的要求，加强文化基础设施建设，完善公共文化服务网络，让群众广泛享有免费或优惠的基本公共文化服务。

（一）构建公共文化服务体系

加强公共文化服务是实现人民基本文化权益的主要途径。要以公共财政为支撑，以公益性文化单位为骨干，以全体人民为服务对象，以保障人民群众看电视、听广播、读书看报、进行公共文化鉴赏、参与公共文化活动等基本文化权益为主要内容，完善覆盖城乡、结构合理、功能健全、实用高效的公共文化服务体系。把主要公共文化产品和服务项目、公益性文化活动纳入公共财政经常性支出预算。采取政府采购、项目补贴、定向资助、贷款贴息、税收减免等政策措施鼓励各类文化企业参与公共文化服务。鼓励国家投资、资助或拥有版权的文化产品无偿用于公共文化服务。加强文化馆、博物馆、图书馆、美术馆、科技馆、纪念馆、工人文化宫、青少年宫等公共文化服务设施和爱国主义教育示范基地建设并完善向社会免费开放服务，鼓励其他国有文化单位、教育机构等开展公益性文化活动，各类公共场所要为群众性文化活动提供便利。统筹规划和建设基层公共文化服务设施，坚持项目建设和运行管理并重，实现资源整合、共建共享。加强社区公共文化设施建设，把社区文化中心建设纳入城乡规划和设计，拓展投资渠道。完善面向妇女、未成年人、老年人、残疾人的公共文化服务设施。引导和鼓励社会力量通过兴办实体、资助项目、赞助活动、提供设施等形式参与公共文化服务。推进国家公共文化服务体系示范区创建。制定公共文化服务指标体系和绩效考核办法。

（二）发展现代传播体系

提高社会主义先进文化辐射力和影响力，必须加快

构建技术先进、传输快捷、覆盖广泛的现代传播体系。要加强党报党刊、通讯社、电台电视台和重要出版社建设，进一步完善采编、发行、播发系统，加快数字化转型，扩大有效覆盖面。加强国际传播能力建设，打造国际一流媒体，提高新闻信息原创率、首发率、落地率。建立统一联动、安全可靠的国家应急广播体系。完善国家数字图书馆建设。整合有线电视网络，组建国家级广播电视网络公司。推进电信网、广电网、互联网三网融合，建设国家新媒体集成播控平台，创新业务形态，发挥各类信息网络设施的文化传播作用，实现互联互通、有序运行。

（三）建设优秀传统文化传承体系

优秀传统文化凝聚着中华民族自强不息的精神追求和历久弥新的精神财富，是发展社会主义先进文化的深厚基础，是建设中华民族共有精神家园的重要支撑。要全面认识祖国传统文化，取其精华、去其糟粕，古为今用、推陈出新，坚持保护利用、普及弘扬并重，加强对优秀传统文化思想价值的挖掘和阐发，维护民族文化基本元素，使优秀传统文化成为新时代鼓舞人民前进的精神力量。加强文化典籍整理和出版工作，推进文化典籍资源数字化。加强国家重大文化和自然遗产地、重点文物保护单位、历史文化名城名镇名村保护建设，抓好非物质文化遗产保护传承。深入挖掘民族传统节日文化内涵，广泛开展优秀传统文化教育普及活动。发挥国民教育在文化传承创新中的基础性作用，增加优秀传统文化课程内容，加强优秀传统文化教学研究基地建设。大力推广和规范使用国家通用语言文字，科学保护各民族语言文字。繁荣发展少数民族文化事业，开展少数民族特色文化保护工作，加强少数民族语言文字党报党刊、广播影视节目、出版物等译制播出出版。加强同香港、澳门的文化交流合作，加强同台湾的各种形式文化交流，共同弘扬中华优秀传统文化。

（四）加快城乡文化一体化发展

增加农村文化服务总量，缩小城乡文化发展差距，对推进社会主义新农村建设、形成城乡经济社会发展一体化新格局具有重大意义。要以农村和中西部地区为重点，加强县级文化馆和图书馆、乡镇综合文化站、村文化室建设，深入实施广播电视村村通、文化信息资源共享、农村电影放映、农家书屋等文化惠民工程，扩大覆盖、消除盲点、提高标准、完善服务、改进管理。加大对革命老区、民族地区、边疆地区、贫困地区文化服务网络建设支持和帮扶力度。深入开展全民阅读、全民健身活动，推动文化科技卫生“三下乡”、科教文体法律卫生“四进社区”、“送欢乐下基层”等活动经常化。引导企业、社区积极开展面向农民工的公益性文化活动，尽快把农民工纳入城市公共文化服务体系。建立以城带乡联动机制，合理配置城乡文化资源，鼓励城市对农村进行文化帮扶，把支持农村文化建设作为创建文明城市基本指标。鼓励文化单位面向农村提供流动服务、网点服务，推动媒体办好农村版和农村频率频道，做好主要党报党刊在农村基层发行和赠阅工作。扶持文化企业以连锁方式加强基层和农村文化网点建设，推动电影院线、演出院线向市县延伸，支持演艺团体深入基层和农村演出。中央、省、市三级设立农村文化建设专项资金，保证一定数量的中央转移支付资金用于乡镇和村文化建设。

六、加快发展文化产业，推动文化产业成为国民经济支柱性产业

发展文化产业是社会主义市场经济条件下满足人民多样化精神文化需求的重要途径。必须坚持社会主义先进文化前进方向，坚持把社会效益放在首位、社会效益和经济效益相统一，按照全面协调可持续的要求，推动文化产业跨越式发展，使之成为新的经济增长点、经济结构战略性调整的重要支点、转变经济发展方式的重要着力点，为推动科学发展提供重要支撑。

（一）构建现代文化产业体系

加快发展文化产业，必须构建结构合理、门类齐全、科技含量高、富有创意、竞争力强的现代文化产业体系。要在重点领域实施一批重大项目，推进文化产业结构调整，发展壮大出版发行、影视制作、印刷、广告、演艺、娱乐、会展等传统文化产业，加快发展文化创意、数字出版、移动多媒体、动漫游戏等新兴文化产业。鼓励有实力的文化企业跨地区、跨行业、跨所有制兼并重组，培育文化产业领域战略投资者。优化文化产业布局，发挥东中西部地区各自优势，加强文化产业基地规划和建设，发展文化产业集群，提高文化产业规模化、集约化、专业化水平。加大对拥有自主知识产权、弘扬民族优秀文化的产业支持力度，打造知名品牌。发掘城市文化资源，发展特色文化产业，建设特色文化城市。发挥首都全国文化中心示范作用。规划建设各具特色的文化创业创意园区，支持中小文化企业发展。推动文化产业与旅游、体育、信息、物流、建筑等产业融合发展，增加相关产业文化含量，延伸文化产业链，提高附加值。

（二）形成公有制为主体、多种所有制共同发展的文化产业格局

加快发展文化产业，必须毫不动摇地支持和壮大国

有或国有控股文化企业，毫不动摇地鼓励和引导各种非公有制文化企业健康发展。要培育一批核心竞争力强的国有或国有控股大型文化企业或企业集团，在发展产业和繁荣市场方面发挥主导作用。在国家许可范围内，引导社会资本以多种形式投资文化产业，参与国有经营性文化单位转企改制，参与重大文化产业项目实施和文化产业园区建设，在投资核准、信用贷款、土地使用、税收优惠、上市融资、发行债券、对外贸易和申请专项资金等方面给予支持，营造公平参与市场竞争、同等受到法律保护的体制和法制环境。加强和改进对非公有制文化企业的服务和管理，引导他们自觉履行社会责任。

（三）推进文化科技创新

科技创新是文化发展的重要引擎。要发挥文化和科技相互促进的作用，深入实施科技带动战略，增强自主创新能力。抓住一批全局性、战略性重大科技课题，加强核心技术、关键技术、共性技术攻关，以先进技术支撑文化装备、软件、系统研制和自主发展，重视相关技术标准制定，加快科技创新成果转化，提高我国出版、印刷、传媒、影视、演艺、网络、动漫等领域技术装备水平，增强文化产业核心竞争力。依托国家高新技术园区、国家可持续发展实验区等建立国家级文化和科技融合示范基地，把重大文化科技项目纳入国家相关科技发展规划和计划。健全以企业为主体、市场为导向、产学研相结合的文化技术创新体系，培育一批特色鲜明、创新能力强的文化科技企业，支持产学研战略联盟和公共服务平台建设。

（四）扩大文化消费

增加文化消费总量，提高文化消费水平，是文化产业发展的内生动力。要创新商业模式，拓展大众文化消费市场，开发特色文化消费，扩大文化服务消费，提供个性化、分众化的文化产品和服务，培育新的文化消费增长点。提高基层文化消费水平，引导文化企业投资兴建更多适合群众需求的文化消费场所，鼓励出版适应群众购买能力的图书报刊，鼓励在商业演出和电影放映中安排一定数量的低价场次或门票，鼓励网络文化运营商开发更多低收费业务，有条件的地方要为困难群众和农民工文化消费提供适当补贴。积极发展文化旅游，促进非物质文化遗产保护传承与旅游相结合，发挥旅游对文化消费的促进作用。

七、进一步深化改革开放，加快构建有利于文化繁荣发展的体制机制

文化引领时代风气之先，是最需要创新的领域。必须牢牢把握正确方向，加快推进文化体制改革，建立健全党委领导、政府管理、行业自律、社会监督、企事业单位依法运营的文化管理体制和富有活力的文化产品生产经营机制，发挥市场在文化资源配置中的积极作用，创新文化走出去模式，为文化繁荣发展提供强大动力。

（一）深化国有文化单位改革

以建立现代企业制度为重点，加快推进经营性文化单位改革，培育合格市场主体。科学界定文化单位性质和功能，区别对待、分类指导，循序渐进、逐步推开，推进一般国有文艺院团、非时政类报刊社、新闻网站转企改制，拓展出版、发行、影视企业改革成果，加快公司制股份制改造，完善法人治理结构，形成符合现代企业制度要求、体现文化企业特点的资产组织形式和经营管理模式。创新投融资体制，支持国有文化企业面向资本市场融资，支持其吸引社会资本进行股份制改造。着眼于突出公益属性、强化服务功能、增强发展活力，全面推进文化事业单位人事、收入分配、社会保障制度改革，明确服务规范，加强绩效评估考核。创新公共文化服务设施运行机制，吸纳有代表性的社会人士、专业人士、基层群众参与管理。推动党报党刊、电台电视台进一步完善管理和运行机制。推动一般时政类报刊社、公益性出版社、代表民族特色和国家水准的文艺院团等事业单位实行企业化管理，增强面向市场、面向群众提供服务能力。

（二）健全现代文化市场体系

促进文化产品和要素在全国范围内合理流动，必须构建统一开放竞争有序的现代文化市场体系。要重点发展图书报刊、电子音像制品、演出娱乐、影视剧、动漫游戏等产品市场，进一步完善中国国际文化产业博览交易会等综合交易平台。发展连锁经营、物流配送、电子商务等现代流通组织和流通形式，加快建设大型文化流通企业和文化产品物流基地，构建以大城市为中心、中小城市相配套、贯通城乡的文化产品流通网络。加快培育产权、版权、技术、信息等要素市场，办好重点文化产权交易所，规范文化资产和艺术品交易。加强行业组织建设，健全中介机构。

（三）创新文化管理体制

深化文化行政管理体制改革，加快政府职能转变，强化政策调节、市场监管、社会管理、公共服务职能，推动政企分开、政事分开，理顺政府和文化企事业单位关系。完善管人管事管资产管导向相结合的国有文化资产管理体制。健全文化市场综合行政执法机构，推动副省级以下城市完善综合文化行政责任主体。加快文化立

法，制定和完善公共文化服务保障、文化产业振兴、文化市场管理等方面法律法规，提高文化建设法制化水平。坚持主管主办制度，落实谁主管谁负责和属地管理原则，严格执行文化资本、文化企业、文化产品市场准入和退出政策，综合运用法律、行政、经济、科技等手段提高管理效能。深入开展“扫黄打非”，完善文化市场管理，坚决扫除毒害人们心灵的腐朽文化垃圾，切实营造确保国家文化安全的市场秩序。

（四）完善政策保障机制

保证公共财政对文化建设投入的增长幅度高于财政经常性收入增长幅度，提高文化支出占财政支出比例。扩大公共财政覆盖范围，完善投入方式，加强资金管理，提高资金使用效益，保障公共文化服务体系建设和运行。落实和完善文化经济政策，支持社会组织、机构、个人捐赠和兴办公益性文化事业，引导文化非营利机构提供公共文化产品和服务。加大财政、税收、金融、用地等方面对文化产业的政策扶持力度，鼓励文化企业和社会资本对接，对文化内容创意生产、非物质文化遗产项目经营实行税收优惠。设立国家文化发展基金，扩大有关文化基金和专项资金规模，提高各级彩票公益金用于文化事业比重。继续执行文化体制改革配套政策，对转企改制国有文化单位扶持政策执行期限再延长五年。

（五）推动中华文化走向世界

开展多渠道多形式多层次对外文化交流，广泛参与世界文明对话，促进文化相互借鉴，增强中华文化在世界上的感召力和影响力，共同维护文化多样性。创新对外宣传方式方法，增强国际话语权，妥善回应外部关切，增进国际社会对我国基本国情、价值观念、发展道路、内外政策的了解和认识，展现我国文明、民主、开放、进步的形象。实施文化走出去工程，完善支持文化产品和服务走出去政策措施，支持重点主流媒体在海外设立分支机构，培育一批具有国际竞争力的外向型文化企业和中介机构，完善译制、推介、咨询等方面扶持机制，开拓国际文化市场。加强海外中国文化中心和孔子学院建设，鼓励代表国家水平的各类学术团体、艺术机构在相应国际组织中发挥建设性作用，组织对外翻译优秀学术成果和文化精品。构建人文交流机制，把政府交流和民间交流结合起来，发挥非公有制文化企业、文化非营利机构在对外文化交流中的作用，支持海外侨胞积极开展中外人文交流。建立面向外国青年的文化交流机制，设立中华文化国际传播贡献奖和国际性文化奖项。

（六）积极吸收借鉴国外优秀文化成果

坚持以我为主、为我所用，学习借鉴一切有利于加强我国社会主义文化建设的有益经验、一切有利于丰富我国人民文化生活的积极成果、一切有利于发展我国文化事业和文化产业的经营管理理念和机制。加强文化领域智力、人才、技术引进工作。吸收外资进入法律法规许可的文化产业领域，保障投资者合法权益。鼓励文化单位同国外有实力的文化机构进行项目合作，学习先进制作技术和管理经验。鼓励外资企业在华进行文化科技研发，发展服务外包。开展知识产权保护国际合作。

八、建设宏大文化人才队伍，为社会主义文化大发展大繁荣提供有力人才支撑

推动社会主义文化大发展大繁荣，队伍是基础，人才是关键。要坚持尊重劳动、尊重知识、尊重人才、尊重创造，深入实施人才强国战略，牢固树立人才是第一资源思想，全面贯彻党管人才原则，加快培养造就德才兼备、锐意创新、结构合理、规模宏大的文化人才队伍。

（一）造就高层次领军人物和高素质文化人才队伍

高层次领军人物和专业文化工作者是社会主义文化建设的中坚力量。要继续实施“四个一批”人才培养工程和文化名家工程，建立重大文化项目首席专家制度，造就一批人民喜爱、有国际影响的名家大师和民族文化代表人物。加强专业文化工作队伍、文化企业家队伍建设，扶持资助优秀中青年文化人才主持重大课题、领衔重点项目，抓紧培养善于开拓文化新领域的拔尖创新人才、掌握现代传媒技术的专门人才、懂经营善管理的复合型人才、适应文化走出去需要的国际化人才。创新人才培养模式，实施高端紧缺文化人才培养计划，搭建文化人才终身学习平台。鼓励和扶持高等学校和中等职业学校优化专业结构，与文化企事业单位共建培养基地。完善人才培养开发、评价发现、选拔任用、流动配置、激励保障机制，深化职称评审改革，为优秀人才脱颖而出、施展才干创造有利制度环境。重视发现和培养社会文化人才。对非公有制文化单位人员评定职称、参与培训、申报项目、表彰奖励同等对待。完善相关政策措施，多渠道吸引海外优秀文化人才。落实国家荣誉制度，抓紧设立国家级文化荣誉称号，表彰奖励成就卓著的文化工作者。

（二）加强基层文化人才队伍建设

基层文化人才队伍是文化改革发展的基础力量。要制定实施基层文化人才队伍建设规划，完善机构编制、学习培训、待遇保障等方面的政策措施，吸引优秀文化人才服务基层。配好配齐乡镇、街道党委宣传委员、宣传干事和乡镇综合文化站专职人员。设立城乡社区公共

文化服务岗位，对服务期满高校毕业生报考文化部门公务员、相关专业研究生实行定向招录。重视发现和培养扎根基层的乡土文化能人、民族民间文化传承人特别是非物质文化遗产项目代表性传承人，鼓励和扶持群众中涌现出的各类文化人才和文化活动积极分子，促进他们健康成长、发挥作用。壮大文化志愿者队伍，鼓励专业文化工作者和社会各界人士参与基层文化建设和群众文化活动，形成专兼结合的基层文化工作队伍。

（三）加强职业道德建设和作风建设

文化工作者要成为优秀文化的生产者和传播者，必须加强自身修养，做道德品行和人格操守的示范者。要引导广大文化工作者特别是名家名人自觉践行社会主义核心价值体系，增强社会责任感，弘扬科学精神和职业道德，发扬严谨笃学、潜心钻研、淡泊名利、自尊自律的风尚，努力追求德艺双馨，坚决抵制学术不端、情趣低俗等不良风气。鼓励文化工作者特别是文化名家、中青年骨干深入实际、深入生活、深入群众，拜人民为师，增强国情了解，增加基层体验，增进群众感情。文化工作者要相互尊重、平等交流、取长补短，共同营造风清气正、和谐奋进的良好氛围。

九、加强和改进党对文化工作的领导，提高推进文化改革发展科学化水平

加强和改进党对文化工作的领导，是推进文化改革发展的根本保证，也是加强党的执政能力建设和先进性建设的内在要求。必须从战略和全局出发，把握文化发展规律，健全领导体制机制，改进工作方式方法，增强领导文化建设本领。

（一）切实担负起推进文化改革发展的政治责任

各级党委和政府要把文化建设摆在全局工作重要位置，深入研究意识形态和宣传文化工作新情况新特点，及时研究文化改革发展重大问题，加强和改进思想政治工作，牢牢把握意识形态工作主导权，掌握文化改革发展领导权。把文化建设纳入经济社会发展总体规划，与经济社会发展一同研究部署、一同组织实施、一同督促检查。把文化改革发展成效纳入科学发展考核评价体系，作为衡量领导班子和领导干部工作业绩的重要依据。制定社会主义核心价值体系建设实施纲要。在全党深入开展社会主义核心价值体系学习教育，使广大党员、干部成为实践社会主义核心价值体系的模范，做共产主义远大理想和中国特色社会主义共同理想的坚定信仰者。深入做好文化领域知识分子工作，充分尊重知识分子创造性劳动，善于同知识分子特别是有影响的代表人士交朋友，把广大知识分子紧紧团结在党的周围。

（二）加强文化领域领导班子和党组织建设

坚持德才兼备、以德为先用人标准，选好配强文化领域各级领导班子，把政治立场坚定、思想理论水平高、熟悉文化工作、善于驾驭意识形态领域复杂局面的干部充实到领导岗位上来，把文化领域各级领导班子建设成为坚强领导集体。加强领导班子思想政治建设，增强政治敏锐性和政治鉴别力，筑牢思想防线，确保文化阵地导向正确。各级领导干部要高度重视并切实抓好文化工作，加强文化理论学习和文化问题研究，提高文化素养，努力成为领导文化建设的行家里手。把文化建设内容纳入干部培训计划和各级党校、行政学院、干部学院教学体系。结合文化单位特点加强和创新基层党的工作，发挥文化事业单位、国有和国有控股文化企业党组织的领导核心和政治核心作用，重视文化领域非公有制经济组织、新社会组织党的组织建设。注重在文化领域优秀人才、先进青年、业务骨干中发展党员。文化战线全体共产党员要牢固树立党的观念、党员意识，讲党性、重品行、作表率，在推进文化改革发展中创先争优、发挥先锋模范作用。

（三）健全共同推进文化建设工作机制

推动社会主义文化大发展大繁荣是全党全社会的共同责任。要建立健全党委统一领导、党政齐抓共管、宣传部门组织协调、有关部门分工负责、社会力量积极参与的工作体制和工作格局，形成文化建设强大合力。文化领域各部门各单位要自觉贯彻中央决策部署，落实文化改革发展目标任务，发挥文化建设主力军作用。支持人大、政协履行职能，调动各部门积极性，支持民主党派、无党派人士和人民团体发挥作用，共同推进文化改革发展。推动文联、作协、记协等文化领域人民团体创新管理体制、组织形式、活动方式，履行好联络协调服务职能，加强行业自律，依法维护文化工作者权益。全面贯彻党的宗教工作基本方针，发挥宗教界人士和信教群众在促进文化繁荣发展中的积极作用。

（四）发挥人民群众文化创造积极性

人民是推动社会主义文化大发展大繁荣最深厚的力量源泉。要牢固树立马克思主义群众观点，自觉贯彻党的群众路线，为广大群众成为社会主义文化建设者提供广阔舞台。广泛开展群众性文化活动，提高社区文化、村镇文化、企业文化、校园文化等建设水平，引导群众在文化建设中自我表现、自我教育、自我服务。积极搭建公益性文化活动平台，依托重大节庆和民族民间文化资源，组织开展群众乐于参与、便于参与的文化活动。

支持群众依法兴办文化团体，精心培育植根群众、服务群众的文化载体和文化样式。及时总结来自群众、生动鲜活的文化创新经验，推广大众文化优秀成果，在全社会营造鼓励文化创造的良好氛围，让蕴藏于人民中的文化创造活力得到充分发挥。

中国人民解放军和中国人民武装警察部队文化建设工作，由中央军委根据本决定精神作出部署。

中华民族伟大复兴必然伴随着中华文化繁荣兴盛。全党要紧密团结在以胡锦涛同志为总书记的党中央周围，满怀信心带领全国各族人民在坚持和发展中国特色社会主义的伟大实践中进行文化创造，为把我国建设成为社会主义文化强国而努力奋斗！

财政部 国家税务总局关于继续执行宣传文化增值税和营业税优惠政策的通知

财税〔2011〕92 号

（2011 年 12 月 7 日发布）

为支持我国宣传文化事业的发展，经国务院批准，在 2012 年底以前，对宣传文化事业继续执行增值税和营业税税收优惠政策。现将有关事项通知如下：

一、自 2011 年 1 月 1 日起至 2012 年 12 月 31 日，执行下列增值税先征后退政策

（一）对下列出版物在出版环节执行增值税 100% 先征后退的政策：

1. 中国共产党和各民主党派的各级组织的机关报纸和机关期刊，各级人大、政协、政府、工会、共青团、妇联、科协的机关报纸和机关期刊，新华社的机关报纸和机关期刊，军事部门的机关报纸和机关期刊。

上述各级组织的机关报纸和机关期刊，增值税先征后退范围掌握在一个单位一份报纸和一份期刊以内。

2. 专为少年儿童出版发行的报纸和期刊，中小学的学生课本。

3. 专为老年人出版发行的报纸和期刊。

4. 少数民族文字出版物。

5. 盲文图书和盲文期刊。

6. 经批准在内蒙古、广西、西藏、宁夏、新疆五个自治区内注册的出版单位出版的出版物。

7. 列入本通知附件 1 的图书、报纸和期刊。

（二）对下列出版物在出版环节执行增值税先征后退 50% 的政策：

1. 除本通知第一条第（一）项规定执行增值税 100% 先征后退的图书和期刊以外的其他图书和期刊、音像制品。

2. 列入本通知附件 2 的报纸。

（三）对下列印刷、制作业务执行增值税 100% 先征后退的政策：

1. 对少数民族文字出版物的印刷或制作业务。

2. 列入本通知附件 3 的新疆维吾尔自治区印刷企业的印刷业务。

二、自 2011 年 1 月 1 日起至 2012 年 12 月 31 日，对下列新华书店执行增值税免税或先征后退政策

（一）对全国县（含县级市、区、旗，下同）及县以下新华书店和农村供销社在本地销售的出版物免征增值税。对新华书店组建的发行集团或原新华书店改制而成的连锁经营企业，其县及县以下网点在本地销售的出版物，免征增值税。

县（含县级市、区、旗）及县以下新华书店包括地、县（含县级市、区、旗）两级合二为一的新华书店，不包括位于市（含直辖市、地级市）所辖的区中的新华书店。

（二）对新疆维吾尔自治区新华书店、乌鲁木齐市新华书店和克拉玛依市新华书店销售的出版物执行增值税 100% 先征后退的政策。

三、自 2011 年 1 月 1 日起至 2012 年 12 月 31 日，对科普单位的门票收入，以及县（含县级市、区、旗）及县以上党政部门和科协开展的科普活动的门票收入免征营业税。对境外单位向境内科普单位转让科普影视作品播映权取得的收入免征营业税。

四、自 2011 年 1 月 1 日起至 2012 年 12 月 31 日，对依本通知第一条规定退还的增值税税款应专项用于技术研发、设备更新、新兴媒体的建设和重点出版物的引进开发。对依本通知第二条规定免征或退还的增值税税款应专项用于发行网点建设和信息系统建设。

五、享受本通知第一条第（一）项、第（二）项规定的增值税先征后退政策的纳税人必须是具有国家新闻出版总署颁发的具有相关出版物的出版许可证的出版单位（含以“租型”方式取得专有出版权进行出版物的印刷发行的出版单位）。承担省级以上新闻出版行政部门指定出版、发行任务的单位，因进行重组改制等原因尚未办理出版、发行许可的出版单位，经省级财政监察专员办事处商同级新闻出版主管部门核准，可以享受相应的增值税先征后退政策。

纳税人应将享受上述税收优惠政策的出版物在财务上实行单独核算，不进行单独核算的不得享受本通知规

定的优惠政策。违规出版物和多次出现违规的出版单位不得享受本通知规定的优惠政策，上述违规出版物和出版单位的具体名单由省级及以上新闻出版行政部门及时通知相应省级财政监察专员办事处。

六、本通知的有关定义

（一）本通知所述“科普单位”，是指科技馆，自然博物馆，对公众开放的天文馆（站、台）、气象台（站）、地震台（站），以及高等院校、科研机构对公众开放的科普基地。

（二）本通知所述“出版物”，是指根据国家新闻出版总署的有关规定出版的图书、报纸、期刊、音像制品和电子出版物。所述图书、报纸和期刊，包括随同图书、报纸、期刊销售并难以分离的光盘、软盘和磁带等信息载体。

（三）图书、报纸、期刊（即杂志）的范围，仍然按照《国家税务总局关于印发 < 增值税部分货物征税范围注释 > 的通知》（国税发 [1993]151 号）的规定执行。

（四）本通知所述“专为少年儿童出版发行的报纸和期刊”，是指以初中及初中以下少年儿童为主要对象的报纸和期刊。

（五）本通知所述“中小学的学生课本”，是指普通中小学学生课本和中等职业教育课本。普通中小学学生课本是指根据教育部中、小学教学大纲的要求，由经国家新闻出版行政管理部门审定而具有“中小学教材”出版资质的出版单位出版发行的中、小学学生上课使用的正式课本，具体操作时按国家和省级教育行政部门每年春、秋两季下达的“中小学教学用书目录”中所列的“课本”的范围掌握；中等职业教育课本是指经国家和省级教育、人力资源社会保障行政部门审定，供中等专业学校、职业高中和成人专业学校学生使用的课本，具体操作时按国家和省级教育、人力资源社会保障行政部门每年下达的教学用书目录认定。中小学的学生课本不包括各种形式的教学参考书、图册、自读课本、课外读物、练习册以及其他各类辅助性教材和辅导读物。

（六）本通知所述“专为老年人出版发行的报纸和期刊”，是指以老年人为要对象的报纸和期刊，具体范围详见附件 4。

（七）本通知第一条第（一）项和第（二）项规定的图书包括租型出版的图书。

七、办理和认定

本通知规定的各项增值税先征后退政策由财政部驻各地财政监察专员办事处根据财政部、国家税务总局、中国人民银行《关于税制改革后对某些企业实行“先征后退”有关预算管理问题的暂行规定的通知》[（94）财预字第 55 号] 的规定办理。各地财政监察专员办事处和负责增值税先征后退初审工作的财政机关要采取措施，按照本通知第四条规定的用途监督纳税人用好退税或免税资金。

八、本通知自 2011 年 1 月 1 日起执行。《财政部国家税务总局关于继续实行宣传文化增值税和营业税优惠政策的通知》（财税 [2009]147 号）同时废止。

按照本通知第二条和第三条规定应予免征的增值税或营业税，凡在接到本通知以前已经征收入库的，可抵减纳税人以后月份应缴纳的增值税、营业税税款或者办理税款退库。纳税人如果已向购买方开具了增值税专用发票，应将专用发票追回后方可申请办理免税。凡专用发票无法追回的，一律照章征收增值税。

关于贯彻落实国务院决定加强文化产权交易和艺术品交易管理的意见

中宣发〔2011〕49 号

（2011 年 12 月 30 日发布）

为贯彻落实《国务院关于清理整顿各类交易场所切实防范金融风险的决定》（国发〔2011〕38 号，以下简称《决定》），推动文化产权交易和艺术品交易健康有序发展，现制定实施意见如下：

一、文化产权交易是指文化产权所有者将其拥有的资产所有权、经营权、收益权及相关权利全部或者部分有偿转让的一种经济活动

交易范围包括文化创意、影视制作、出版发行、印刷复制、广告、演艺娱乐、文化会展、数字内容和动漫等领域。文化产权交易所是为文化产权转让提供条件和综合配套服务的专业化市场平台，业务活动主要有政策咨询、信息发布、组织交易、产权鉴证、资金结算交割等，是文化领域多层次市场的重要组成部分。

二、按照“总量控制、合理布局、依法规范、健康有序”的原则，统筹规划文化产权交易场所的数量规模和区域分布，制定文化产权交易品种结构规划和审查标准，加强对文化产权交易的宏观调控和分类管理

根据文化体制改革和文化产业发展实际，原则上只

允许在省一级设立文化产权交易所。清理整顿期间，不得设立新的文化产权交易所。

三、明确设立文化产权交易所的基本条件

申请设立文化产权交易所的省份，须基本完成文化体制改革重点任务，文化企业数量达到一定规模；文化资源资产化程度较高，文化企业间的联合、重组、并购活跃。设立文化产权交易所，须有法定注册资本、固定交易场所、完整交易规则、专业交易人才，须提供权威专业的投资咨询、评估鉴定、金融服务等中介服务。

四、完善审批设立程序

设立文化产权交易所，必须由省级人民政府批准。批准前应征求文化部、广电总局、新闻出版总署意见，并经中央文化体制改革工作领导小组办公室和清理整顿各类交易场所部际联席会议认可。文化产权交易所的业务活动须符合现行法律、行政法规以及文化市场准入政策和行业管理规范。

五、稳妥推进文化产权交易试点

国家重点支持上海和深圳两个资本市场成熟、产权交易基础好的城市设立文化产权交易所作为试点，经批准可以进行文化产权交易方式探索，积累经验，发挥示范引导作用。中央文化企业国有产权转让须在上海和深圳两个文化产权交易所挂牌交易；鼓励各地文化企业国有产权进入上海和深圳两个文化产权交易所交易。按照国务院文件要求，上海文化产权交易所和深圳文化产权交易所经批准可探索采取非公开发行或其他方式进行艺术品交易。

六、加强各类文化产权交易所的整顿规范

各省（区、市）文化、广电、新闻出版部门要在同级文化体制改革工作领导小组、清理整顿交易场所工作领导小组领导下，切实履行监管职责，组织力量开展对各类文化产权交易所的整顿规范工作。对未按审批设立程序批准、已注册使用“交易所”名称的文化产权交易所，应限期予以规范。文化产权交易所不得将任何权益拆分为均等份额公开发行，不得采取集中竞价、做市商等集中交易方式进行交易；不得将权益按照标准化交易单位持续挂牌交易，任何投资者买入后卖出或卖出后买入同一交易品种的时间间隔不得少于5个交易日。对从事违法证券期货交易活动的文化产权交易所，严禁以任何方式扩大业务范围，严禁新增交易品种，严禁新增投资者，并限期取消或结束交易活动。对逾期不取消、继续或变相违法从事证券期货交易的各类文化产权交易所，文化、广电、新闻出版部门要积极协助证监会作出认定，依照有关规定从严惩处。其他类型的产权交易所参照本规定对已开展的文化产权交易活动进行清理。

七、加强文化艺术品交易管理

艺术品经营企业应当履行公平交易责任，禁止交易、展示假冒他人名义、侵犯著作权、没有合法来源、产权归属不清晰的艺术品。开展艺术品拍卖违法违规行为治理整顿专项活动，由商务部会同文化、文物、公安、工商、版权、人民银行等相关部门重点就拍卖主体资格、拍品来源、确权和流转、拍卖程序进行专项整治，重点解决艺术品拍卖中无资质拍卖、知假拍假、虚假拍卖等突出问题。研究制定相关法规，明确艺术品市场主体准入条件、从业人员资质条件，完善艺术品交易规则，规范艺术品市场交易秩序。建立拍卖交易、画廊经纪、展览展销、进出口、鉴定评估、复仿制等艺术品市场管理制度，依法监管艺术品市场，促进其健康发展。加强文物市场管理，依照《文物保护法》规范文物交易行为。文化行业相关主管部门要加强对广播、电视、报刊、网络等媒体中艺术品鉴定、拍卖等节目（栏目）的管理。

文化部关于推进文化企业境内上市有关工作的通知

文产函〔2011〕440号

（2011年4月12日发布）

为贯彻落实“十二五”文化发展规划和《文化产业振兴规划》，以及《关于金融支持文化产业振兴和发展繁荣的指导意见》精神，充分利用资本市场进一步拓宽文化产业投融资渠道，加快文化企业境内上市融资步伐，鼓励、扶持和引导一批成长性好、发展潜力大的优秀文化企业通过上市做大、做优、做强，不断提升我国文化产业的竞争力，促进文化产业又好又快发展，现通知如下：

一、切实转变观念，提高对文化企业上市融资重要性的认识

目前，文化企业的融资方式仍以银行信贷等间接融资为主。各级文化行政部门要充分认识借助资本市场发

展文化产业的重要性，积极转变管理方式和服务方式，鼓励文化企业探索利用多层次、多渠道的融资手段，引导有条件的优质文化企业通过公开发行股票直接融资，进一步完善文化市场主体。

证券市场作为金融市场的重要组成部分，具有资金融通、价格发现、资源配置等功能。文化企业上市将募集到充足资金，提高自身信用状况，并获得长期稳定的融资和再融资渠道，形成良性的资金循环，有利于企业持续发展。同时，上市对提升企业管理水平、发展前景、企业形象和信誉，扩大市场影响力，促进文化企业建立现代企业制度，完善公司治理机制，吸引优秀人才，增强企业的发展后劲等方面有着重要的推动作用。

二、主动开展工作，储备企业资源

各级文化行政部门应加强与本地区文化企业的联系，对企业情况进行认真摸底，并建立文化企业境内上市资源储备库。根据文化企业上市进程，将上市资源储备库中的文化企业分为3类。一是已进行股改，与保荐、财务、评估、律师等中介机构正式签订合作协议并进入实质性操作阶段的拟上市文化企业；二是已设立股份有限公司并与中介机构签订改制辅导协议的上市培育文化企业；三是基本符合上市要求，且在近3年内有运作上市设想及初步方案的上市后备文化企业。各地文化行政部门应在2011年4月30日前初步建立文化企业境内上市资源储备库（企业信息表样见附件），将有关情况报送文化部，并根据当地文化企业发展实际情况及时进行更新和充实，实现各级上市资源储备库信息联动。

三、强化扶持引导，实施跟踪服务

各级文化行政部门要增强服务意识，主动联系证券、经济、法律、工商等有关部门，依托各类中介服务机构和行业协会，开展广泛宣传和引导，调动企业上市融资积极性。认真梳理本地区扶持企业上市的各项政策，协调有关部门，帮助文化企业尤其是转企改制企业用足、用好各项促进企业发展的优惠措施。对上市资源储备库中文化企业给予重点指导，开展资本市场知识培训及上市政策辅导，推荐和支持实力强、信誉好的中介服务机构为其提供上市服务，为文化企业规范和发展创造有利条件，尽快形成“储备一批、培育一批、申报一批、发行一批”的梯次推进格局。

四、建立推荐机制，助推企业上市

对于演艺、动漫、文化娱乐、游戏、文化会展、文化旅游、艺术品和工艺美术、艺术创意和设计、网络文化内容提供服务等文化行政部门主管行业的文化企业，如已进入实质性操作阶段，各地文化行政部门要在文化企业向证监会报送申请之前20个工作日，向文化部专文推荐。推荐材料内容包括文化企业的基本信息、发展情况、改制情况、股权结构、股东性质、拟上市板块、募资投向等。文化部将根据国家有关政策和文化产业重点支持方向进行审核，提出主管部门意见，并请有关部门和中介服务机构对重点推荐企业进行针对性辅导和跟踪帮扶，推动文化企业早日进入上市发展轨道。

由于文化企业上市是一项全新的工作，工作难度大，复杂性和挑战性强，需要各级文化行政部门、文化企业和证券主管部门共同努力才能有实质性推进。文化产业司将加强与各方的指导和沟通联系，及时解决存在的问题，推进文化企业上市融资，促进文化产业快速发展。

中共中央宣传部　文化部
关于加快国有文艺院团体制改革的通知

文政法发〔2011〕22号

（2011年5月11日发布）

按照中央关于“加大力度、加快进度、巩固提高、重点突破、全面推进”的总要求，为加快国有文艺院团体制改革，现将有关工作通知如下：

一、进一步明确改革任务

加快国有文艺院团体制改革，是党中央确定的文化体制改革重点任务。贯彻落实中央的决策部署，对于解放和发展文化生产力，发挥国有文艺院团在演艺市场的主导作用，满足人民群众不断增长的精神文化需求，推动社会主义文化大发展大繁荣具有重要的战略意义。党的十六大以来，国有文艺院团解放思想，大胆实践，积极推进体制机制创新，取得明显进展。但与中央的要求相比，改革进程仍相对滞后，人员老化、演出少、缺乏活力的状况并没有根本改变，适应市场、服务群众的体制机制还没有形成。必须以科学发展观为指导，进一步解放思想、转变观念，把思想统一到中央的决策部署上来，以高度的责任感和紧迫感，抓住机遇、攻坚克难，加大力度、加快进度，积极推动国有文艺院团体制改革取得突破性进展，确保在2012年上半年之前完成改革任务。

按照区别对待、分类指导的原则，根据国有文艺院团的不同性质和功能，明确不同的改革任务。中央文化体制改革工作领导小组已确定少数保留事业单位性质的院团（名单附后），其他国有文艺院团（不含新疆、西藏地区）都要转制为企业。鼓励已列入名单的保留事业单位性质院团转企改制。今后原则上不得新设或恢复事业单位性质的文艺院团。

国有文艺院团转制改革，要严格标准、规范操作，按照现代企业制度要求，完善法人治理结构，建立充分体现艺术规律的经营管理体制。要完成企业工商注册登记，核销事业编制，注销事业单位法人，同职工签订劳动合同，按照企业办法参加社会保险。要把转制改革和资源整合、结构调整结合起来，同城不同层级的同类国有文艺院团，原则上要予以合并。鼓励转制文艺院团以资本为纽带跨区域、跨所有制兼并重组，培育演艺产业的骨干企业和战略投资者。

不具备进入市场条件、不再保留建制的国有文艺院团，可提出注销申请，报同级文化行政部门和编制管理部门批准，依法履行注销手续。地方戏曲、曲艺等国有文艺院团中，演出剧（曲）种属濒危稀有且具有重要文化遗产价值的，经批准可不再保留文艺院团建制，允许其转为公益性的保护传承机构，或将相关保护传承职能连同相关人员、编制和经费转入当地文化馆、群艺馆、艺术院校、艺术研究院所等机构，专门从事研究、传承和展演。

保留事业单位性质的国有文艺院团，要按照“政府扶持、转换机制、面向市场、增强活力”的方针，深化内部机制改革，形成自我发展的活力，在面向市场、服务群众的过程中不断发展壮大。

二、加大政策保障力度

要加大对国有文艺院团转制的政策扶持力度，中央已经出台的支持文化体制改革和文化产业发展的各项政策，适用于转制文艺院团。各地要结合实际，制定更具操作性、更加优惠的地方性政策。积极支持国有文艺院团通过改革，解决长期以来欠账多、底子薄、包袱重、发展后劲不足等突出问题，增强转制文艺院团的发展实力和活力。

国有文艺院团转制前由各级财政安排的正常事业经费，转制后在一定期限内继续拨付。中央财政和地方财政通过安排文化产业发展专项资金、宣传文化发展专项资金等渠道，对转制文艺院团重点产业发展项目予以支持，分批为县级转制文艺院团配备流动舞台车、交通车，资助转制文艺院团更新设备、改善排练和演出条件。鼓励以政府购买服务或按场次补贴等方式，支持转制文艺院团深入基层、深入群众，培育和引导农村演艺市场。以政府采购或资助方式举办的政策宣传性演出活动、重大节庆演出活动、对外文化交流、慰问演出等，在同等条件下，优先安排转制文艺院团承办或参演。国家非物质文化遗产保护专项资金，要向承担非物质文化遗产保护任务的转制院团倾斜，鼓励生产性保护。

国有文艺院团转制前支配或使用的国有资产（含土地），转制后作为其国家资本注入。工商登记注册时货币出资达不到标准的，财政部门或国有文化资产管理机构应予补足。

国有文艺院团转制后按企业办法参加社会保险，做好社会保障政策衔接，采取有效措施解决好企业与事业单位退休待遇差问题。转制前已经离退休人员的离退休待遇标准不变，待遇支付和调整执行国家相关规定。对转制前参加工作、转制后退休人员的退休待遇差问题，要通过加快收入分配改革、建立企业年金、加发养老金补贴等多种方式予以解决。

国有文艺院团经批准停办退出的，要做好资产财务清算和人员分流安置工作，切实保全国有资产，保障职工的合法权益，确保社会稳定。充分尊重演职人员的择业意愿，拓宽转岗途径，加强转岗培训，经考核可充实到文化馆（站）、群众艺术馆等公益性文化单位，也可安排其从事城市社区和农村文化辅导以及中小学艺术教育等文化普及工作。经协商一致自谋职业的，依照国家有关规定支付经济补偿、接续社会保险关系。临时聘用人员，要按照有关规定处理。

积极发展多层次、多业态的演出场所。加大改造、新建剧场的力度，以配置、租赁、委托管理等多种方式提供给转制文艺院团使用。鼓励通过建立演出院线等形式整合转制文艺院团的剧场和剧目资源，提高演艺产业的规模化、集约化水平。

鼓励和支持各种所有制的企业以控股、参股、并购、重组等方式，积极参与国有文艺院团改革。鼓励艺术名家和其他演职人员以个人持股的方式参与转制院团的股份制改造。

三、切实加强组织领导

国有文艺院团改革政治性、政策性强，各级党委宣传、文化行政部门要高度重视，纳入重要议事日程，切实加强组织领导。各地党委宣传部门要在文化体制改革工作领导小组的领导下，协调指导本地区国有文艺院团体制改革工作，统筹安排、周密部署，强化保障措施，推动各项改革任务的落实。文化行政部门要切实担负起组织实施本地区国有文艺院团体制改革的职责，按照本通知精神，深入调查研究，抓紧制定本地区国有文艺院团体制改革工作方案，明确工作要求和时间进度，确保改革任务的落实。在改革中一定要切实维护职工基本权益，充分调动职工参与改革的积极性，确保改革积极稳妥推进。

今年下半年，中宣部、文化部将联合开展对地方国有文艺院团体制改革工作的督查。2012 年上半年，将对各地国有文艺院团体制改革工作进行验收。

文化部　中国建设银行关于贯彻落实支持文化产业发展相关工作的通知

文产发〔2011〕28 号

（2011 年 5 月 18 日发布）

为贯彻落实《国民经济和社会发展第十二个五年规划》关于推动文化产业成为国民经济支柱性产业的相关要求，建立健全多层次、多渠道、多元化的文化产业投融资体系，推进文化体制改革创新和产业结构调整升级，文化部与中国建设银行将在文化产业领域开展深入合作，将对方作为最重要的战略合作伙伴。

文化部作为政府文化行政部门，在现有部行合作机制框架下，将大力支持中国建设银行为文化企业提供金融服务，在政策保障和重点文化项目金融业务的协调等方面给予支持与协助。中国建设银行作为中国大型国有控股商业银行，将在遵循国家法律法规、金融政策和市场化原则的前提下，在符合中国建设银行信贷政策和内部规章制度的范围内，通过建设银行“民本通达”的第五品牌——“文化悦民”综合服务方案，为文化部及其直属单位、地方各级文化行政部门、国内优质文化企业提供全方位、优质和高效的金融服务。

一、支持对象和范围

文化部与中国建设银行将在以下领域择优支持文化企业的发展，为文化产业发展提供金融服务，包括但不限于：

1. 文化部支持的文化体制改革过程中转企改制的文化企业及其产业项目；

2. 文化部命名的国家级文化产业示范园区和试验园区、国家文化产业示范基地及其产业项目；

3. 列入商务部、文化部等 4 部委公告的《国家文化出口重点企业目录》和《国家文化出口重点项目目录》的重点出口企业和项目；

4. 符合《文化部文化产业投资指导目录》鼓励类条件的优质文化企业和项目；

5. 符合《文化部关于加快文化产业发展的指导意见》所强调的发展重点要求，即涉及演艺业、动漫业、文化娱乐业、游戏业、文化会展业、文化旅游业、艺术品和工艺美术、艺术创意和设计、网络文化、文化产品数字制作与相关服务等十大门类的优质文化企业和项目；

6. 符合商务部、文化部等部门共同制订的《文化产品和服务出口指导目录》条件，并经文化系统组织推荐的优质文化出口企业和项目；

7. 通过“文化部文化产业投融资公共服务平台”申报的，以及在文化部重点支持的文化产权交易平台上交易的重点文化项目。

二、提供金融服务

中国建设银行将在法律法规和本行规章制度允许的范围内，扩展服务领域，通过建设银行“文化悦民”综合服务方案，积极向上述支持对象提供全面的金融创新产品和服务，包括但不限于：

1. 依托文化部政策和资源优势，通过提供并购贷款等产品服务优先支持文化企业重组并购和文化体制改革，支持重点文化企业做强做大；

2. 充分发挥建行投行业务及产品优势，通过财务顾问、引入战略投资者，发行理财产品、短期融资券、产业基金、信托投资等产品，为文化企业量身提供个性化服务，解决文化部重点支持企业的融资问题，提高企业市场竞争能力；

3. 充分调动建行境内外分支机构的联动效用，在结算、融资、境内外上市等方面支持文化部重点扶持的优质文化企业“走出去”，为企业提供全方位国际化的金融服务；

4. 充分利用建行的合作伙伴平台，借助信托公司、金融租赁公司等非银行金融机构相关产品，通过信托计划等产品的合作，为文化部重点支持企业提供融资解决方案，满足文化企业发展中的资金需求；

5. 对优质文化企业建设类融资项目要综合运用流动资金贷款和中长期贷款、贸易融资、供应链融资和融资租赁等结构化融资工具，满足文化企业业务发展需求；对产权交易类融资项目，充分与文化部重点支持的产权交易机构合作，促成交易进行；

6. 与文化部及各级文化行政部门协同，在文化部支持的文化行业领域，做好中小文化企业的运作特点研究，提供针对中小文化企业的专业化金融服务，在管理模式、信贷流程、产品创新、服务价格等方面采取不同于大企业的金融服务模式，满足中小文化企业快速发展的资金需求；

7. 充分发挥建行自身网点、网络和科技优势，向文化部支持的优质文化企业提供公司理财、信用增级、代发工资、电子银行、银行卡及现金管理等服务，通过各种方式扩大文化企业知名度；

8. 根据文化部进一步加强文化企业体制改革的方案导向，配合文化企业建立企业年金制度，通过建行专业年金团队的服务及时向转制文化企业提供包括受托管理或受托顾问、账户管理、基金托管在内的企业年金基金管理服务；

9. 积极配合文化部及文化系统开展各项创新性工作，参与文化系统组织的文化企业融资专项对接、金融培训活动等，协助规范文化企业财务制度，提供金融产品、产权交易、贷款担保、产业政策、企业诊断等方面的信息咨询；

10. 加强与政策性银行合作，共同服务文化产业发展。发挥中国建设银行作为国有控股大型商业银行的多方面优势，探索商业银行与政策性银行在文化领域合作的新模式、新业务，通过商业金融与政策性金融的优势互补，共同为我国文化产业发展提供全方位、深层次、高质量金融服务。

三、开展全面合作

文化部及各级文化行政部门将全力支持中国建设银行及其分支机构参与文化产业发展，包括但不限于：

1. 文化行政部门向中国建设银行及其分行和子公司推荐有金融需求的重点文化企业和文化项目；

2. 发挥政府统筹协调优势，加强与其他产业规划管理部门担保、评估、产权交易等相关机构的交流沟通，积极争取上述部门对文化企业融资工作的关注和支持，加大知识产权保护力度，为文化产业融资创造良好环境；

3. 根据国家产业政策和产业布局调整思路，确定文化产业重点扶持方向。通过搭建文化部文化产业投融资公共服务平台和优质项目数据库，向中国建设银行进行项目推荐，实现项目资源共享，拓宽文化企业融资渠道；

4. 加强与中国建设银行的联动，共同组织文化企业融资专题讲座和培训活动，邀请中国建设银行及参加“宣讲、咨询、指导、服务”等各种融资专项对接工作；

5. 适时以研讨会和座谈会等形式，向中国建设银行通报金融支持文化产业发展典型工作实例和有关信息，并提供有关政策、行业知识支持。

四、工作要求

1. 接到通知后，各地文化行政部门和中国建设银行各分支机构应尽快建立部行合作机制框架下的地方合作机制和信息共享制度，工作责任到人。各省（区、市）文化厅（局）文化产业投融资工作联系人即为部行合作机制文化系统的联系人。请建设银行各分支机构确定一位联系人，于2011年5月20日前填妥附件“文化系统与中国建设银行分支机构合作机制联系信息表”（附件1），分别报送文化部文化产业司和中国建设银行总行机构业务部。表格内部分联系信息将在中国文化产业网“文化部文化产业投融资公共服务平台”专栏中公布，以便各地文化企业进行业务咨询。中国建设银行“文化悦民”综合服务方案将由分行联系人为各级文化部门提供。

2. 该合作机制要切实履行沟通信息、合作培训、项目报送、推荐和跟踪的职责，及时向对方提供相关政策和行业知识支持，建立有效的文化金融服务渠道。有条件的地区可建立本地区包括地市相关部门在内的联系合作机制。

3. 各地文化行政部门对贷款项目申报材料进行初审后，可直接向中国建设银行相关分支机构推荐，并在信贷项目落实后督促相关企业通过“文化部文化产业投融资公共服务平台”填报项目数据信息；对无法直接向中国建设银行相关分支机构推荐的项目，可在初审后通过“文化部文化产业投融资公共服务平台”向文化部报送，经文化部评审后向中国建设银行推荐。中国建设银行总行将项目分解到各分支机构，进行独立审贷。双方要高度重视数据交换与上传工作，为下一步财政资金支持提供数据支持。

文化部
关于加强艺术品市场管理工作的通知

文市发〔2011〕55号

（2011年11月7日发布）

近年来，我国艺术品市场发展迅猛，2010年，我国有实行经纪代理制度的画廊1512家，艺术品拍卖企业300余家，经营性艺术品网站205家，有一定规模的艺术聚集区76个，市场交易总额达1694亿元。但是，艺术品市场存在的侵权假冒商品泛滥、私下交易盛行、经营行为不规范、市场发展不均衡、法规不健全、管理不到位、行业组织建设滞后等问题，严重制约了艺术品市场的健康发展。为规范市场秩序，保护知识产权和消费者权益，现就加强艺术品市场建设和管理有关工作通知如下：

一、大力加强艺术品市场建设

（一）积极支持画廊行业发展。画廊行业是艺术品市场繁荣发展的基础，各级文化行政部门要积极培育画廊行业，充分发挥画廊作为艺术品市场主体性和基础性作用。鼓励画廊建立以经纪制为主体的经营模式，拓展艺术品授权、艺术品有限复制等新兴业务领域，鼓励艺术博览会建立以画廊为参展主体的营销模式，鼓励社会资本通过画廊进行艺术品投资和收藏。积极推动改善画廊发展的政策环境。

（二）深化艺术品市场诚信制度建设。2004年以来，文化部先后开展了3批“诚信画廊”的评选活动，评选出60家规范经营、业绩良好的画廊，并通过举办“中国诚信画廊精品巡回展”等活动予以宣传推广，产生了良好的示范引导效果。今后，文化部将继续开展“诚信画廊”推荐和评选工作。2012年4月30日前，省级文化行政部门要完成“诚信画廊”复核和第四批诚信画廊的推荐工作。文化部将组织专家审核，并向社会公示，合格的统一颁发“诚信画廊”证书；对于不符合条件的，取消其称号。获得 “诚信画廊”称号的单位，应当在其章程或经营规范中做出“不得展示、销售侵权和假冒他人名义艺术品”的公开承诺。

（三）推动艺术品行业协会建设。各地文化行政部门要积极推动和指导艺术品经营协会开展服务标准、自律公约、经纪合同示范文本的制定和推广工作，充分发挥协会在行业监督和自律方面的作用。

二、依法规范艺术品市场交易秩序

（一）艺术品经营单位不得交易、展示含有《美术品经营管理办法》禁止内容的、没有合法来源的艺术品。

（二）艺术品经营单位应买受人要求，应当提供所交易艺术品合法性的证明文件，包括艺术创作者出具的原创证明、艺术品收购凭证或者交易双方认可的鉴定评估意见等。

（三）艺术品的创作者或者作品权利人对所交易艺术品合法性提出质疑的，经营单位应当组织调查和鉴定，能够证明艺术品合法性的，可以继续交易，否则不得交易。

（四）艺术品经营单位应当对所交易艺术品的瑕疵进行说明，故意隐瞒瑕疵给买受人造成损害的，买受人有权依法向经营单位要求赔偿。艺术品经营单位应当在交易合同中明确艺术品售后服务、交易纠纷等处理方案。

（五）切实贯彻执行《国务院关于清理整顿各类交易所切实防范金融风险的决定》（国发〔2011〕38号），禁止艺术品经营单位将艺术品权益拆分为均等份额公开发行，不得采取集中竞价、做市商等集中交易方式进行交易；不得将艺术品按照标准化交易单位持续挂牌交易，任何投资者买入后卖出或卖出后买入同一交易品种的时间间隔不得少于5个交易日；经批准的文化产权交易所可探索采取非公开发行或其他方式进行艺术品交易，但权益持有人累计不得超过200人。

三、切实执行艺术品市场管理制度

（一）根据《美术品经营管理办法》规定，文化行政部门对于从事美术品经营活动的经营单位实行备案制度。2012年4月30日前，县级文化行政部门要完成艺术品经营单位备案登记工作并录入文化市场综合执法办公系统，5月30日前，省级文化行政部门要将艺术品经营单位备案情况统计表报文化部文化市场司。

经营单位应当填报备案登记表并提交工商营业执照副本复印件，文化行政部门对于依法备案的，颁发备案证明；逾期不备案的，由县级以上文化行政部门及文化市场综合执法机构按照《美术品经营管理办法》予以查处。

（二）根据《互联网文化管理暂行规定》，文化行政部门对于利用互联网从事艺术品生产、传播和流通的经营单位实行许可制度。2012年4月30日前，省级文化行政部门要完成经营性艺术品网站的核查工作。逾期未办理审批手续的，由县级以上文化行政部门和文化市场综合执法机构按照《互联网文化管理暂行规定》予以查处。

（三）根据文化部、海关总署《美术品进出口管理暂行规定》，文化部对于美术品进出口经营活动实行审批制度，并委托省级文化行政部门负责美术品进出口审批。省级文化行政部门要加强与海关的协作，组织专家小组协助内容审核，提高审批效率和水平；要做好进出口数量、品种、国家和地区等方面的统计，每半年将进出口审批统计分析表报文化部文化市场司备案，具体项目的审批文件不再报送。

四、积极推进艺术品市场立法进程

（一）每年3月中旬，文化行政部门应当开展艺术品市场专题宣传和培训工作，向相关管理部门、经营单位、消费者宣传政策法规，增强经营者守法经营意识和消费者依法维权意识，提高交易风险防范能力，引导艺术品市场理性消费和投资，提升人民群众艺术鉴赏水平。

（二）文化行政部门要加强艺术品市场研究，总结管理经验，探索艺术品市场管理和行政执法的有效办法；有条件的可以试点开展艺术品鉴定和评估行业管理等工作，并将试点情况报文化部，为《艺术品市场管理条例》的起草做好基础性工作，以推动艺术品市场法规建设。

文化部关于加强演出市场有关问题管理的通知

文市发〔2011〕56号

（2011年12月7日发布）

近年来，我国演出市场规模稳步增长，演出产品日益丰富多样，在满足人民群众精神文化需求方面起到了重要作用。但是新的演出业态、组织形式和经营方式也对演出市场管理和执法工作提出了新的要求。为进一步完善和加强演出市场管理，促进演出市场的发展，现就有关问题通知如下：

一、规范音乐节等节庆类营业性演出活动的申报与运作

（一）音乐节等节庆类营业性演出活动（以下简称“节庆演出”），是指冠以“节、周、月、季”等字样，演出场次3场以上、持续时间1天以上的主题性演出活动。

节庆演出应当由符合《营业性演出管理条例》（以下简称《条例》）及《营业性演出管理条例实施细则》（以下简称《实施细则》）规定的演出经营主体举办，政府或者政府部门不得主办或者承办节庆演出，不得直接参与投资节庆演出；节庆演出不得冠以中国、中华、全国、国家、国际等字样；举办节庆演出应当将整体方案报县级以上文化行政部门审核，未经审核的，不得以“节、周、月、季”等名义进行宣传。

（二）节庆演出过程中通过网络直播、转播等方式与观众互动的，应当由具有《网络文化经营许可证》的互联网文化经营单位负责提供网络服务；演出举办单位应当于演出活动举办3个工作日前，将演出现场播放的视频资料和网络互动方案报送演出地县级文化行政部门备案。

（三）演出举办单位应当严格按照文化行政部门核准的演出人员和演出内容组织演出；指定专人负责现场巡查，落实安全应急措施；积极配合文化行政部门、文化市场综合执法机构及其他相关部门的现场监管。

（四）演出举办单位要创新思路，丰富节庆演出内容与形式，完善演出活动市场运作方式。各级文化行政部门要促进节庆演出与当地文化、旅游资源的深度融合，加强区域内节庆演出的统筹协调，引导节庆演出特色化、品牌化发展。

二、严格演出票务经营单位的市场准入与监管

（一）演出票务经营是演出营销的重要环节，从事营业性演出活动票务代理、预订、销售业务的经营单位，应当按照《条例》及其实施细则关于设立演出经纪机构的规定，取得《营业性演出许可证》。未取得《营业性演出许可证》的，应当于2012年3月30日前到所在地省级文化行政部门办理相关手续。擅自从事营业性演出活动票务代理、预订、销售业务的，由文化行政部门、文化市场综合执法机构依照《条例》第四十三条规定予以处罚。

（二）演出票务经营单位应当核验演出活动的批准文件，不得擅自预订、销售未经审批的演出活动门票；应当与演出举办单位签订票务销售合同，公开不同票价的座位区域及可售数量；不得对演出活动进行虚假、夸大宣传。演出票务经营单位预订、销售未经审批的演出活动门票的，由文化行政部门、文化市场综合执法机构依照《实施细则》第五十五条规定予以处罚。

三、明确演出场所经营单位的义务与责任

（一）为营业性演出活动提供场所的，应当核验演出活动的批准文件，并建立现场演出日志。为未经批准的营业性演出活动提供场地的，由文化行政部门、文化市场综合执法机构依照《条例》第四十四条规定予以处罚。

（二）演出场所经营单位应当指定专人负责现场巡查，对演出活动中有《条例》第二十六条禁止情形的，主动采取措施予以制止，并及时报告所在地县级文化行政部门。未及时采取措施制止、未及时报告的，由文化行政部门、文化市场综合执法机构根据《条例》第四十六条规定，依照职权予以处罚。

（三）非演出场所经营单位擅自举办营业性演出的，由文化行政部门、文化市场综合执法机构依照《条例》第四十三条规定予以处罚；非演出场所经营单位为未经批准的营业性演出活动提供场地的，移送有关部门处理。

四、研究制定服务演出市场发展的政策与措施

（一）各级文化行政部门要积极支持各类演出区域联盟、演出企业联合体、演出院线等行业合作机制建设，充分发挥合作机制在资源共享、风险共担、降低演出成本、防范恶性竞争等方面的积极作用，推动形成高效的演出市场运作机制与合理的演出市场定价机制，扩大演出文化消费。统筹协调演出交易会、博览会等会展活动的布局和时段，研究制定具体措施，以培育满足区域市场需求为核心，强化地方性会展活动的交易功能，以示范引导交流为核心，提升全国性会展活动的影响力。大力推进演出与网络、旅游等领域的深度融合，拓宽演出市场新空间。

（二）加强演出行业协会建设，指导行业协会推进演出市场规范化、标准化、专业化建设，制定行业自律规范，健全以演出经纪人为主体的演出从业人员资格认定和培训机制。

（三）文化行政部门要进一步转变职能，提升服务水平和效率，规范和简化行政审批程序。要通过举办演出法规培训、经营管理培训、演出市场案例研讨等活动，培养适应演出市场发展需求的复合型人才。营业性演出经营主体的法定代表人和主要负责人，应当参加所在地文化行政部门和行业协会组织的培训，提高法制意识和经营管理能力。

电视剧内容审查实施细则

广发〔2011〕63号

（2011年8月18日发布）

第一条　为了规范电视剧内容审查工作，引导和服务电视剧创作，促进电视剧产业的健康发展，根据国家广播电影电视总局颁布的《电视剧内容管理规定》，制定本细则。

第二条　本细则所称的电视剧内容审查包括对申请备案公示材料中内容梗概的审核，对剧本、大纲及完成剧的审查，电视剧播前审查和重播重审。

第三条　省级以上广播影视行政部门应设立电视剧审查机构，进行电视剧内容审查，并对其工作进行指导、监督。

第四条　广播影视行政部门应建立并规范电视剧审查机构工作程序，落实责任制度，保障专项审查经费，并配备相应的审查人员、审看设施。

第五条　广播影视行政部门应及时向电视剧审查机构通报国家相关法律法规、方针政策，组织审查工作业务培训和交流，评估电视剧审查机构工作质量。

第六条　电视剧审查机构应由具有高度社会责任感、较高文化修养、良好职业道德，熟悉国家相关法律法规、方针政策和广播影视文艺工作的人员组成，机构负责人应由本级广播影视行政部门主要负责人担任。

第七条　电视剧审查机构应配备一定比例的本级广播影视行政部门现职公务人员参加，聘用其他人员担任审查机构成员的，受聘人员应有广播影视或文化、新闻、出版等相关领域高级职称。

第八条　电视剧审查人员审查每部电视剧时应完整审看全部内容，不得快进和遗漏，每部电视剧审查人员不得少于三人。

第九条　电视剧审查人员应按照本细则的规定，客观、公正地提出电视剧审查意见。审查人员与送审方存在近亲属等关系、可能影响公正审查，或者参与送审电视剧创作的，应当申请回避。负责具体剧目审查人员的信息，不得向送审机构公开。

第十条　电视剧审查机构应向送审机构出具书面审查意见，审查意见应明确指出需要修改的问题、是否同意播出，并说明理由。

第十一条　省级电视剧审查机构应按照本细则的规定，切实履行审查职责。所审电视剧确属内容重大敏感、把握不准的，应及时向上级广播影视行政部门请示。

第十二条　电视剧送审机构在送审电视剧前，有责任自行检查并修改送审电视剧中违反审查标准的内容。对于存在较多明显问题的送审电视剧，审查机构可以要求送审机构自查修改后再行送审。

第十三条　电视剧送审机构送审的电视剧样片应完整规范，图像、声音、字幕、时码等符合审看要求。

第十四条　电视剧送审机构应按照国家语言文字规范标准对送审电视剧的文字质量进行检查，以确保用字用语正确、规范。对于存在较多文字错误的送审电视剧，审查机构可以要求送审机构自查修改后再行送审。

第十五条　送审电视剧字幕除书法题写的片名及相关文字外，应为中文简体。剧中有歌词的歌曲，外语标题、台词、有特定含义的词汇及标识等，应加中文字幕。

第十六条　各级电视播出机构应建立相应的电视剧播前审查和重播重审制度。

第十七条　剧本及完成剧的内容审查包括：

（一）审查电视剧的政治导向、价值导向和审美导向；

（二）审查电视剧的情节、画面、台词、歌曲、音效等具体内容。

第十八条　禁止制作、播放载有下列内容的电视剧：

（一）违反宪法确定的基本原则，煽动抗拒或者破坏宪法、法律、行政法规和规章实施的；

（二）危害国家统一、主权和领土完整的；

（三）泄露国家秘密，危害国家安全，损害国家荣誉和利益的；

（四）煽动民族仇恨、民族歧视，侵害民族风俗习惯，伤害民族感情，破坏民族团结的；

（五）违背国家宗教政策，宣扬宗教极端主义和邪教、迷信，歧视、侮辱宗教信仰的；

（六）扰乱社会秩序，破坏社会稳定的；

（七）宣扬淫秽、赌博、暴力、恐怖、吸毒，教唆犯罪或者传授犯罪方法的；

（八）侮辱、诽谤他人的；

（九）危害社会公德或者民族优秀文化传统的；

（十）侵害未成年人合法权益或者有害未成年人身心健康的；

（十一）法律、行政法规和规章禁止的其他内容。

第十九条　电视剧中出现下列内容的，要修改、删除，问题严重的，不得发行、播出：

（一）不符合国情和社会制度，有损国家形象，危害国家统一和社会稳定：

1. 贬损国家形象、国家制度和方针政策；

2. 损害人民军队、武装警察、国安、公安、司法人员等特定职业、群体，以及社会组织、团体的公众形象；

3. 渲染、夸大社会问题，过分表现、展示社会阴暗面；

4. 贬低人民群众推动历史发展的作用；

5. 以反面角色为主要表现对象，或为反动的、落后的、邪恶的、非法的社会势力、社会组织和人物立传、歌功颂德，着重表现其人性、积极的方面；

6. 宣扬中国历史上封建王朝对外的武力征服；

7. 宣扬带有殖民主义色彩的台词、称谓、画面等。

（二）有损民族团结：

1. 伤害民族感情的情节、台词、称谓、人物形象、画面、音效等；

2. 对独特的民族习俗和宗教信仰猎奇渲染，甚至丑化侮辱；

3. 表现伤害民族感情的民族战争、历史事件；

4. 将历史上民族间的征伐表现成国与国之间的战争。

（三）违背国家宗教政策：

1. 宣扬宗教极端主义和邪教；

2. 不恰当地比较不同宗教、教派的优劣，可能引起抗议或引发宗教、教派之间矛盾和冲突；

3. 过多展示和宣扬宗教教义、教规、仪式等内容；

4. 对宗教内容过度戏说和调侃。

（四）宣扬封建迷信，违背科学精神：

1. 宣扬灵魂附体、转世轮回、巫术作法等封建迷信思想；

2. 宣扬愚昧、邪恶、怪诞等封建文化糟粕；

3. 在当代现实生活中表现鬼神。

（五）渲染恐怖暴力，展示丑恶行为，甚至可能诱发犯罪：

1. 渲染暴力、凶杀，表现黑恶势力的猖狂；

2. 细致展现凶暴、残酷的犯罪过程，及肉体、精神虐待；

3. 暴露侦查手段、侦破细节，可诱导罪犯掌握反侦查手段；

4. 表现离奇、怪诞的犯罪案件；

5. 对真假、善恶、美丑的价值判断模糊不清，混淆正义与非正义的基本界限；

6. 详细展示吸毒、酗酒、赌博等不良行为；

7. 过度的惊悚恐怖、生理痛苦、歇斯底里，造成强烈感官、精神刺激并可致人身心不适的画面、台词、音乐及音效等。

（六）渲染淫秽色情和庸俗低级趣味：

1. 表现卖淫、嫖娼、淫乱、强奸等丑恶行为；

2. 表现和展示非正常的性关系、性行为，如乱伦、同性恋、性变态、性侵犯、性虐待及性暴力等；

3. 展示和宣扬不健康的婚恋观和婚恋状态，如婚外恋、一夜情、性自由等；

4. 较长时间或较多给人以感官刺激的床上镜头、接吻、爱抚、沐浴，及类似的与性行为有关的间接表现或暗示；

5. 有明显的性挑逗、性骚扰、性侮辱或类似效果的画面、台词、音乐及音效等；

6. 展示男女性器官等隐秘部位；

7. 未成年人不宜接受的涉性画面、台词、音乐、音效等。

（七）侮辱或者诽谤他人：

1. 损害重要历史人物、其他真实人物的形象、名誉，造成不良社会影响；

2. 贬损他人的职业身份、社会地位或身体特征。

（八）歪曲贬低民族优秀文化传统：

1. 渲染、夸大或集中展示民族愚昧或社会落后方面；

2. 违背基本史实，为已有定论的历史人物、历史事件“翻案”，或为尚存争议的历史人物、历史事件“正名”；

3. 篡改名著，歪曲原著的精神实质。

（九）危害社会公德，对未成年人造成不良影响的：

1. 表现未成年人早恋、抽烟酗酒、打架斗殴等不良行为；

2. 违反国务院广播影视行政部门有关规定的吸烟镜头和吸烟场景；

3. 人物造型过分夸张怪异，对未成年人有不良影响；

4. 其他有违社会公德的不文明行为。

（十）法律、法规和国家规定禁止的其他内容：

1. 违反国家有关规定，公开展示某专项工作的内部制度、程序；

2. 可能引发国际纠纷或造成不良国际影响；

3. 违反国家有关规定，滥用、错用特定标识、呼号、称谓、用语；

4. 剧名及剧中台词、字幕等语言文字使用不规范，违反《国家通用语言文字法》及相关规定；

5. 剧中的产品和服务信息植入违反国务院广播影视行政部门有关规定；

6. 破坏生态环境、虐待动物的内容；

7. 其他有违法律、法规精神，不利于国家建设发展的内容。

第二十条　重大革命和重大历史题材电视剧的剧本和完成剧内容审查，依照有关规定执行。

第二十一条　本细则自发布之日起施行。2006 年 5 月 24 日国家广播电影电视总局制定的《电视剧内容审查暂行规定》同时废止。

关于进一步加强广播电视广告播出管理的通知

广发〔2011〕79 号

（2011 年 10 月 11 日发布）

《广播电视广告播出管理办法》（广电总局令第 61 号）实施一年多来，执行情况总体良好，社会各界普遍认可。但近来一些违规问题出现反弹，主要表现在：一是影视剧片头、片尾插播广告；二是超时插播广告；三是一些传输转播机构在传送转播节目时插播游动字幕广告；四是一些广告夸张宣传；五是一些时政新闻类节目商业冠名等。为坚决纠正这些问题，切实规范广告播出秩序，现就进一步加强广播电视广告播出管理工作，通知如下：

一、必须始终坚持把社会效益放在第一位

广播电视广告是广播电视节目的组成部分。广播电视播出机构要始终坚持把社会效益放在首位，牢牢把握广告内容的正确导向，认真履行对广告的依法审查职责，坚决抵制虚假违法广告，坚决抵制内容低俗的不良广告，严格依法经营和播出广告。

二、规范影视剧中间插播广告行为

电视台在影视剧中间插播广告时，必须严格遵守总局 61 号令规定：非黄金时间每集（以 45 分钟计）中可以插播 2 次商业广告，每次时长不得超过 1 分 30 秒；黄金时间（19：00 至 21：00）每集中可以插播 1 次商业广告，时长不得超过 1 分钟；插播广告时，应当对广告时长进行提示。同时要做到：（1）禁止在片头之后、剧情开始之前，以及剧情结束之后、片尾之前插播任何广告；（2）在非黄金时间影视剧持续播出时间不少于 15 分钟、黄金时间影视剧持续播出时间不少于 25 分钟后，方可依据 61 号令规定插播商业广告；（3）播出片尾画面以及演职人员表等内容时，禁止播出任何形式的广告。

三、规范新闻节目中插播广告行为

新闻节目中插播广告时，应当安排在不同版块之间的自然间歇段内，不得在整点新闻的整点之后，以及新闻内容结束之后、工作人员字幕前插播广告。时政新闻类节目不得以企业或者产品名称等冠名。不得使用新闻报道及其素材，或以新闻采访形式作商业广告。新闻节目主持人不得为商业广告作形象代言。

四、清理违规电视购物短片广告

根据《广电总局关于加强电视购物短片广告和居家购物节目管理的通知》（广发〔2009〕71 号）和《广电总局关于进一步加强广播电视广告审查和监管工作的通知》（广发〔2010〕21 号），广播电视播出机构必

须严格审验电视购物短片广告投放企业资质，必须严格审查电视购物短片广告内容。对不符合条件的企业投放的短片广告，或者内容违反规定的短片广告，一律不得播出。对违规播出电视购物短片广告的播出机构，广播影视行政部门要依法依规查处。对在广播电视播出机构投放虚假违法电视购物短片广告的企业，总局将通报全系统禁止接受其投放的任何广告。

五、整顿虚假违法健康资讯广告

广播电视播出机构要严格审验医疗、药品、医疗器械、保健食品等健康资讯广告的资质、证明等法定材料。要严格把握健康资讯广告的内容导向和格调，坚决禁止播出涉性广告。要规范健康资讯广告形式，不得以健康资讯专题节目形式变相发布广告。健康资讯专题节目应当侧重介绍疾病预防、控制和治疗等科学知识，不得含有宣传医疗、药品、医疗器械、保健食品等广告内容，不得以患者和医生、药师、专家等名义作证明。

六、坚决禁止在转播节目时插播各类广告

广播电视播出机构、转播台（站）、发射台（站）和有线电视网络机构，在转播传送节目时，必须保证被转播节目的完整性，不得以游动字幕、叠加字幕、挂角广告、贴片广告等任何形式插播广告；不得以自行组织的商业广告替换被转播节目中的正常广告。

七、严格按规定要求播出公益广告

广播电视播出机构要切实履行媒体的社会责任，认真执行每套节目每日黄金时段公益广告播出数量不得少于4条（次）、全天公益广告播出时长不得少于商业广告总量3%的规定。因公共利益需要等特殊情况，广播影视行政部门可要求广播电视播出机构在指定时段播出特定内容的公益广告，各播出机构必须按要求播出。

八、从严查处各类广告违规行为

广播电视播出机构和转播机构要对照本《通知》要求，立即开展全面自查自纠，主动清理违规问题。省级以上广播影视行政部门要对自查不力、仍存在违规问题的，给予其警告、通报批评、暂停商业广告播出等处理，并追究违规机构主要负责人和直接责任人的责任。对被给予通报批评、暂停商业广告播出等处理的机构，取消其参加当年广播影视系统任何“评优评先”资格。省级广播影视行政部门在对违规行为作出处理决定后5个工作日内，应当将处理情况报总局传媒机构管理司备案。

近期，总局将组织检查小组，对重点地区、重点播出机构进行抽查。

请接到本通知后，立即转发辖区内各有关机构，并督促切实贯彻落实，确保广播电视广告播出秩序继续明显好转。

广电总局关于进一步加强电视上星综合频道节目管理的意见

广发〔2011〕83号

（2011年10月21日发布）

近年来，电视上星综合频道不断创新节目内容，积极拓展节目形式，在宣传各地改革发展成就、扩大传播覆盖面、增加观众收视选择等方面取得了可喜进展。但近一时期以来，部分电视上星综合频道出现过度娱乐化和低俗倾向，损害了广播电视媒体的形象和公信力，观众意见较大，反应强烈。为进一步促进广播电视健康繁荣发展，推动节目创新创优，鼓励高品位节目形态，提高广播电视节目制作水平，更有效地满足广大人民群众多样化、多层次、高品位的精神文化需求，现就进一步加强电视上星综合频道节目管理提出如下意见：

一、坚持电视上星综合频道定位

电视上星综合频道定位是以新闻宣传为主的综合频道。地方电视上星综合频道的主要任务是围绕中心，服务大局，宣传地方成就，展示区域特色，反映社情民意，引导社会热点，传播主流价值。电视上星综合频道要牢固树立马克思主义新闻观，坚持导向立台、新闻立台，坚持贴近实际、贴近生活、贴近群众，坚持团结稳定鼓劲、正面宣传为主，紧紧围绕党和国家工作大局，以及当地党委、政府中心工作，以宣传当地改革发展、服务当地人民群众为重点，营造健康向上、丰富生动的主流舆论，提高主流媒体的权威性和公信力、影响力。

二、增强电视上星综合频道新闻类节目采制能力和播出总量

电视上星综合频道要着力提高新闻类节目采编播能力，从发展规划、资源配置、人才保证、播出时间等各个方面实施倾斜政策，使电视新闻类节目比例明显增加、质量明显提高。要在最好的时段办好新闻类节目。从2012年1月1日起，每个电视上星综合频道每日6:

00至24：00新闻类节目不得少于2小时，含转播中央电视台《新闻联播》节目；18：00-23：30必须有两档以上自办新闻类节目，每档新闻节目时间不得少于30分钟，含新闻专题节目、新闻访谈节目，不含娱乐资讯节目。

三、扩大经济、文化、科教、少儿、纪录片等多种类型节目的播出比例

在着力办好新闻类节目的同时，电视上星综合频道要适应人民群众多层次、多方面的精神文化需求，扩大经济、文化、科技、教育、少儿、纪录片等类型节目的播出比例，加强教育服务功能，改善节目类型结构，着力提高节目质量，通过导向正确、知识丰富、内涵深刻、格调健康、贴近生活、制作精良的电视节目给人以教育、启迪和精神文化陶冶。各电视上星综合频道至少开办一个弘扬中华民族传统美德和社会主义核心价值体系的思想道德建设栏目。电视播出机构要认真研究广大群众精神文化生活的新特点、新趋势，不断把握大众审美需求的新变化、新规律，丰富和创新节目的题材、体裁、风格、样式，努力提高节目的思想内涵、格调品位和艺术质量，增强节目的吸引力、感染力和影响力。

四、建立科学全面的节目综合评价体系

各广播电视播出机构要坚持把社会效益放在首位，坚持社会效益和经济效益的有机统一，重视社会公众对节目、频道的评判和监督，建立科学客观公正的节目综合评价体系。不得搞节目收视率排名，不得单纯以收视率搞末位淘汰制，不得单纯以收视率排名衡量播出机构和电视节目的优劣，坚决扭转唯收视率的倾向。要加强对节目创作生产的正面引导。国家广电总局每年将根据节目播出情况，对在导向、内容、格调、形式等方面具有引导性、示范性、创新性的节目以及节目制片人、主持人予以表彰。省级广播电视行政管理部门也要建立相应的表彰制度。

五、完善电视上星综合频道节目播出管理制度

自2012年1月1日起，电视上星综合频道18：00至22：00播出的电视节目，需向国家广电总局和省级广电行政管理部门履行备案手续。省级广电行政管理部门对属地电视上星综合频道新开播的电视节目需提前两个月将节目名称、类型、内容、形式、时段、时长等情况报国家广电总局备案。国家广电总局根据报备时间、内容导向、违规记录等因素对所报节目进行备案管理。鼓励办好积极健康的娱乐节目，对节目形态雷同、过多过滥的婚恋交友类、才艺竞秀类、情感故事类、游戏竞技类、综艺娱乐类、访谈脱口秀、真人秀等类型节目实行播出总量控制。每晚19：30-22：00，全国电视上星综合频道播出上述类型节目总数控制在9档以内，每个电视上星综合频道每周播出上述类型节目总数不超过2档。每个电视上星综合频道每天19：30-22：00播出的上述类型节目时长不超过90分钟。总局还将对类型相近的节目进行结构调控，防止节目类型过度同质化。全国电视上星综合频道19：30-22：00播出的电视剧，要严格执行国家广电总局关于进一步规范电视上星综合频道电视剧编播管理的有关文件要求，坚持思想性、艺术性、观赏性相统一的原则，弘扬社会正气，传播主流价值，引导审美趣味，防止出现过度娱乐化和低俗倾向。

六、建立引进境外电视节目形态备案制度

各电视上星综合频道引进境外电视节目形态，须报省级广播电视行政管理部门审查。各省级广播影视行政管理部门要对境外制作机构的背景、节目模式、节目内容等进行认真审查，并提前两个月将本辖区电视上星综合频道引进播出境外电视节目形态的情况报国家广电总局备案。引进的境外电视节目形态，要遵守有关法律法规，适合中国国情，杜绝格调低下和内容庸俗。防止跟风、抄袭、简单模仿境外或他台的节目类型。国家广电总局将综合调控引进电视节目形态的数量、题材内容、类别比例等，防止集中引进同一地区、同一类型、同一内容的节目形态。

七、强化各级广播电视行政管理部门监管责任和播出机构的把关责任

按照“谁主管谁负责”、“分层管理”的原则，各级广播电视行政管理部门要切实履行监管职责，建立完善监看、审查、处置、表彰制度，把防止广播电视过度娱乐化和低俗倾向的工作作为制作播出机构年审、栏目节目调整、系统评价、业绩奖惩的重要依据。各级广播电视行政管理部门要按照国家广电总局宣传管理的各项规定，坚决做到依法依规管理，及时发现问题，果断严肃处理。对在节目中出现政治导向、价值取向、格调基调等方面的问题，有关广播电视行政管理部门和播出机构要视其性质和严重程度，对该节目分别采取批评、责令整改、警告、调整播出时间以至停播等措施。对违规节目放任不管或对重大违规情况漏查漏报的广播电视行政管理部门，国家广电总局将向全国通报批评。各播出机

构要落实节目三审制度，严格节目把关。电视上星综合频道节目的管理实行播出机构一把手责任制。要进一步加强国家广电总局和地方收听收看机构建设，省级广播电视行政管理部门均须建立专门收听收看机构，并配备专业人员，定期报告监听监看结果，切实负起监管责任。收听收看机构要重点跟踪检查广播电视节目过度娱乐化和低俗问题，注意研究新节目形态产生的苗头性、倾向性问题，及时发现、及时警示、及时纠正。

八、切实加强行业自律和社会监督

广播电视行业组织要在行业自律方面发挥重要作用。广播电视行政管理部门要设立并公布投诉举报电话和信箱，随时接受社会各界关于过度娱乐化和低俗问题的意见，并及时作出处理反馈。要支持广播电视行业组织建立“听众观众委员会”，广泛听取社会各界对广播电视节目的意见建议，形成有效的社会监督机制。鼓励支持各媒体对广播电视节目开展科学理性健康的评论。深入推进“三项学习教育活动”、“走基层、转作风、改文风”活动和广播电视宣传管理规定的培训。国家广电总局将分别举办电视上星综合频道总监培训班和省级收听收看中心负责人培训班。各级广播电视行政管理部门和播出机构也要组织开展其他频道和收听收看机构负责人，以及节目终审人、制片人、主持人的教育培训。

各省级广播电视行政管理部门要切实履行行政管理职责，认真落实上述各项规定和要求，完成好电视上星综合频道节目调整和日常监管工作。

持有互联网电视牌照机构运营管理要求

广办发网字〔2011〕181号

（2011年10月28日发布）

一、互联网电视集成业务管理要求

1. 互联网电视集成平台由节目集成和播出系统、EPG管理系统、客户端管理系统、计费系统、DRM数字版权保护系统等主要功能系统完整组成，互联网电视集成机构对所建集成平台应当独家拥有资产控制权和运营权、管理权。

2. 互联网电视集成平台只能选择连接广电总局批准的互联网电视内容服务机构设立的合法内容服务平台，在提供接入服务前，互联网电视集成机构应对互联网电视内容服务平台的合法性进行审核检查。

3. 持证的互联网电视内容服务机构，要求互联网电视集成平台为其内容平台向互联网电视终端播放节目提供路径和其他必要的技术支持时，互联网电视集成机构不得予以拒绝，并应当提供多种技术和商务合作模式供选择。

4. 互联网电视集成平台不能与设立在公共互联网上的网站进行相互链接，不能将公共互联网上的内容直接提供给用户。

5. 互联网电视集成平台为内容服务平台提供接入服务时，可以依据自身成本情况：制定公开、透明、公平合理的收费标准。

6. 目前阶段，互联网电视集成平台在功能上以支持视频点播和图文信息服务为主，暂不得开放广播电视节目直播类服务的技术接口。

二、互联网电视内容服务管理要求

1. 互联网电视内容服务平台只能接入到总局批准设立的互联网电视集成平台上，不能接入非法集成平台。同时，内容服务平台不能与设立在公共互联网上的网站进行相互链接。

2. 互联网电视内容服务中，新闻节目点播服务仅由广播电视播出机构开办，影视剧点播服务和图文信息服务可以由广播电视播出机构与拥有版权资源的机构合作开展。

3. 互联网电视内容服务机构应当遵守与广播电视一致的宣传管理要求，保持正确的舆论导向。应当建立、健全节目内容采集、组织、审核、播出等制度和相应的应急处理机制。

4. 互联网电视内容服务平台播放的节目内容在审查标准、尺度和管理要求上，应当与电视台播放的节目一致，应当具有电视播出版权。

5. 目前阶段、互联网电视内容服务以向用户提供视频点播和图文信息服务为主，暂不开展广播电视节目直播类服务。

三、互联网电视业务运营要求

1. 同时开办互联网电视集成和内容服务的机构，应将集成平台和内容服务平台分开设立，分设部门运营，使用不同的播出呼号，保障集成平台的中立性。

2. 同一互联网电视集成平台应当至少为3家以上的互联网电视内容服务平台提供集成运营服务。在许可证有效期内达不到这一要求的，其集成平台许可证期满将不予换发。

3. 同时开办互联网电视集成和内容服务的机构，其内容服务平台除接入到自身集成平台外，还应当接入到1家以上其他集成机构开办的集成平台，在许可证有效期内达不到这一要求的，其内容服务平台许可证期满将不予换发。

4. 互联网电视集成机构应当建立互联网电视独立的用户管理，计费认证体系，不得与传输网络运营商合作进行互联网电视业务的用户管理、计费认证工作。

5. 互联网电视集成机构和内容服务机构在业务开展中各自承担相应的审查把关责任，集成机构主要负责审查所接入的内容服务平台资质是否合法，但不负责对具体的节目进行播前审查；内容服务机构负责审查其开办的内容服务平台上的节目是否符合相应的内容管理、版权管理要求，对具体的节目要进行播前审查，承担播出主体责任；内容平台的合作方负责对自身所提供的节目内容和版权进行审查，向内容平台承担相应责任。

6. 互联网电视集成机构与互联网电视机顶盒生产企业合作生产的机顶盒产品，应在“三网融合”试点地区有计划地投放，不得擅自扩大机顶盒产品投放的地域范围。

7. 开展互联网电视业务过程中，重要的发展计划、方案，应事先报总局，包括所签署的重要合资、合作协议等。未经总局批准，不得将牌照载明的业务擅自转授其他机构运营或其他机构合作运营。

四、互联网电视机顶盒等终端产品管理要求

1. 互联网电视集成机构所选择合作的互联网电视终端产品，只能唯一连接互联网电视集成平台，终端产品不得有其他访问互联网的通道，不得与网络运营企业的相关管理系统、数据库进行连接。

2. 集成机构所选择合作的互联网电视终端产品，只能嵌入一个互联网电视集成平台的地址，终端产品与平台之间是完全绑定的关系，集成平台对终端产品的控制和管理具有唯一性。

3. 集成机构选定拟合作的终端产品的类型、厂家、型号后，向广电总局提交客户端号码申请，广电总局将按照统一分配、批量授权、一机一号等现行的互联网电视客户端编号规则，针对合格型号的终端产品授权发放相应的号段，允许在号段范围内生产终端产品。经授权的集成机构，负责按照唯一原则确定每一台互联网电视客户端的编号。

《广播电视广告播出管理办法》的补充规定

国家广播电影电视总局令第66号

（2011年11月25日发布）

为贯彻落实《中共中央关于深化文化体制改革推动社会主义文化大发展大繁荣若干重大问题的决定》，坚持把社会效益放在首位，充分发挥广播电视构建公共文化服务体系、提高公共文化服务水平、保障人民基本文化权益的作用，现对《广播电视广告播出管理办法》（国家广播电影电视总局令第61号）作如下补充规定：

一、第十七条修改为：“播出电视剧时，不得在每集（以四十五分钟计）中间以任何形式插播广告。

播出电影时，插播广告参照前款规定执行。”

二、删除第十八条。

三、本补充规定自2012年1月1日起施行。

此外，根据本规定对《广播电视广告播出管理办法》（国家广播电影电视总局令第61号）部分条文的文字作相应调整和修改。

有线广播电视运营服务管理暂行规定

国家广播电影电视总局令第67号

（2011年12月2日发布）

第一章 总则

第一条 为了规范有线广播电视运营服务行为，提高服务质量，维护用户合法权益，根据《广播电视管理条例》，制定本规定。

第二条 本规定所称有线广播电视运营服务，是指依法设立的有线广播电视运营服务提供者，利用有线广播电视传输覆盖网向用户提供服务的活动。

第三条 有线广播电视运营服务工作应当遵循用户为本、安全畅通、公平合理、公益优先的原则。

有线广播电视运营服务提供者应当按照科学审慎、安全可靠、提高效率的原则，加快有线广播电视数字化转换，持续改进服务质量，使有线广播电视网络成为国家信息化服务的普及平台。

第四条 有线广播电视运营服务监督管理工作应当遵循公开、公平、公正的原则，实行政府监管、行业自律、社会监督相结合的机制，促进有线广播电视运营服务提供者不断提升公共服务水平，提高用户覆盖率和服

务质量。

第五条　国务院广播影视行政部门负责全国有线广播电视运营服务监督管理工作。

县级以上地方人民政府广播影视行政部门负责本行政区域内的有线广播电视运营服务监督管理工作。

第六条　县级以上人民政府广播影视行政部门按照有关规定，对在有线广播电视运营服务工作中做出突出贡献的组织、个人给予奖励。

第二章　服务要求

第七条　有线广播电视运营服务提供者应当向社会公布其业务种类、服务范围、服务时限、资费标准，并向省、自治区、直辖市人民政府广播影视行政部门备案。

有线广播电视运营服务提供者向用户提供的业务质量指标和服务质量指标应当符合国家和行业标准、要求。

第八条　有线广播电视运营服务提供者应当向社会公布所传送的基本收视频道目录。

基本收视频道的数量应当符合国务院广播影视行政部门的规定。基本收视频道中应当包括国务院广播影视行政部门要求转播的广播电视节目和县级以上地方人民政府广播影视行政部门要求转播的经国务院广播影视行政部门批准的本地广播电视节目。

第九条　有线广播电视运营服务提供者在由模拟电视向数字电视整体转换过程中，应当在国务院广播影视行政部门规定的时间内保留一定数量的模拟电视节目供用户选择收看。

鼓励有线广播电视运营服务提供者利用有线广播电视传输覆盖网传送广播节目。

第十条　除下列情况外，有线广播电视运营服务提供者不得更改所传送的基本收视频道：

（一）国务院广播影视行政部门依法做出的决定；

（二）信号源不符合传送条件或者已停止播出的；

（三）与节目提供方的协议有效期满或者节目提供方承担违约责任的；

（四）法律、行政法规、规章规定的其他情形。

终止传送基本收视频道的，有线广播电视运营服务提供者应当向所涉及用户公告，并采取措施保证基本收视频道数量。有前款第（二）项规定情形的，有线广播电视运营服务提供者应当于当日向省、自治区、直辖市人民政府广播影视行政部门报告。

第十一条　有线广播电视运营服务提供者停止经营某项业务时，应当提前30日通知所涉及用户，并公平合理地做好用户善后工作。

第十二条　有线广播电视运营服务提供者应当以书面或者其他形式，明确与用户的权利和义务。格式合同条款应当公平合理、准确全面、简单明了，并采取适当方式提醒用户注意免除或者限制服务提供者责任的条款。

第十三条　有线广播电视运营服务提供者应当根据网络规模和用户分布情况设置服务网点，合理安排服务时间，方便用户办理有关事项。

有线广播电视运营服务提供者应当按照当地人民政府的要求，向残疾人和行动不便的老年人等用户提供便捷的服务。

第十四条　有线广播电视运营服务提供者向用户提供的服务项目应当包括安装、业务开通、迁移、变更、暂停、恢复、终止（注销）、故障维修、缴费、咨询、投诉和公告等内容。

第十五条　有线广播电视运营服务提供者应当在用户办理业务时，真实准确地向用户说明该项业务的功能、使用范围、取消方式、资费标准及缴纳办法、服务保障、客服电话等内容。

第十六条　有线广播电视运营服务提供者在接到用户的安装或者业务开通申请后，对城镇地区的用户应当在2个工作日内答复，对农村或者交通不便地区的用户应当在5个工作日内答复；未予受理的，应当向用户告知原因。

第十七条　有线广播电视运营服务提供者应当设立统一的客服电话，为用户提供7×24小时故障报修、咨询和投诉等服务。其中故障报修应当提供7×24小时人工服务。

第十八条　有线广播电视运营服务提供者接到用户故障报修后，需要上门维修的，应当自接报后24小时内与用户预约上门维修时间。

第十九条　城镇用户的网络和设备故障，有线广播电视运营服务提供者应当自接报之日的次日起或者用户同意的上门维修时间起24小时内修复，重大故障应当在48小时内修复；农村或者交通不便地区用户的故障，有线广播电视运营服务提供者应当自接报之日的次日起或者用户同意的上门维修时间起72小时内修复。

第二十条　因不可抗力原因造成不能按时上门维修或者修复的，有线广播电视运营服务提供者应当及时向用户说明，修复时限从不可抗力原因消失后开始计算。

第二十一条　有线广播电视运营服务提供者委派的上门维修人员应当遵守预约时间，出示工作证明并佩带本单位标识，爱护用户设施。需要收取费用的，应当事先向用户说明。

第二十二条 有线广播电视运营服务提供者更改、调整数字广播电视频道序号，或者因系统设备及线路计划检修、设备搬迁、工程割接、网络及软件升级等可预见的原因影响用户收看或者使用的，应当提前 72 小时向所涉及的用户公告；影响用户的时间超过 24 小时的，应当同时向所在地县级以上地方人民政府广播影视行政部门报告。

前款规定的原因消除后，有线广播电视运营服务提供者应当及时恢复服务。

第二十三条 因不可抗力、重大网络故障或者突发性事件影响用户使用的，有线广播电视运营服务提供者应当向所涉及用户公告；因其他不可预见的原因影响用户使用的，可以不予公告，但应当在用户咨询时告知原因。

第二十四条 有线广播电视运营服务提供者应当执行国家有关价格管理的规定，明码标价，需要调整资费标准、计费方式等重要事项时，应当向用户公告。

有线广播电视运营服务提供者应当为用户缴费和查询费用等提供便利，并为用户免费提供一年内的缴费记录查询。

第二十五条 用户逾期未按照约定缴纳有线广播电视基本收视维护费的，有线广播电视运营服务提供者可以暂停或者终止相应业务服务，但应当提前 24 小时通知用户。暂停服务期间，不得终止中央电视台第一套节目信号传送服务。

用户补足应缴费用的，有线广播电视运营服务提供者应当及时恢复服务，最迟不得超过 24 小时。

第二十六条 有线广播电视运营服务提供者应当建立用户投诉处理机制，形成包括受理、调查、处理、反馈、评估、报告、改进、存档等环节的完整工作流程。对用户关于服务的投诉，应当在 15 个工作日内答复。

有线广播电视运营服务提供者收到广播影视行政部门或者其设立的投诉处理机构转来的用户投诉后，应当在要求的期限内完成有关投诉处理事宜；不能按时完成的，应当向有关广播影视行政部门或者投诉处理机构提前说明情况。

第二十七条 有线广播电视运营服务提供者如需委托其他单位向用户提供安装、故障维修、缴费等服务，应当选择有相应技术实力、服务和管理能力、在工商管理机构注册登记、无不良记录的单位，并应当签订委托协议，对受委托单位进行定期检查和评估，加强日常管理。

受委托单位因其服务行为与用户产生纠纷的，由有线广播电视运营服务提供者依法承担责任。

第二十八条 有线广播电视运营服务提供者应当建立用户信息安全监管体系，如实登记用户个人信息，并依法负有保密义务。未经用户许可，不得泄露用户个人信息。

第二十九条 有线广播电视运营服务提供者应当按照国务院广播影视行政部门的要求，对从业人员进行服务规范方面的培训。

第三十条 有线广播电视运营服务提供者应当配合广播影视行政部门依法实施的监督检查，如实提供有关资料和情况。

第三十一条 有线广播电视运营服务提供者应当建立健全服务质量管理体系，按照省、自治区、直辖市以上人民政府广播影视行政部门的要求，对本单位服务质量进行自查，并向社会公布本单位服务质量状况。

有线广播电视运营服务提供者应当每年将自查情况通过省、自治区、直辖市人民政府广播影视行政部门向国务院广播影视行政部门报告。

第三十二条 为应对突发事件，有线广播电视运营服务提供者应当按照所在地人民政府的部署和要求，接受广播影视行政部门的指挥调度以及对有线网络资源的调配。

第三十三条 有线广播电视运营服务提供者应当创造条件，积极整合、运营和管理城市社区有线电视系统，向其用户提供符合本规定要求的服务。

第三章 监督管理

第三十四条 省、自治区、直辖市以上人民政府广播影视行政部门应当制定工作规划，组织开展有线广播电视运营服务质量评价活动，及时掌握服务动态，督促有线广播电视运营服务提供者不断提高服务质量。

第三十五条 国务院广播影视行政部门制定全国有线广播电视运营服务质量评价的具体标准，并指导、监督省、自治区、直辖市人民政府广播影视行政部门的有关具体实施工作。

全国有线广播电视运营服务质量评价的具体标准应当将用户满意度作为服务质量评价的核心指标。

第三十六条 省、自治区、直辖市以上人民政府广播影视行政部门应当不定期组织对本行政区域内有线广播电视运营服务提供者的服务质量进行抽查，并向社会公布抽查结果。

第三十七条 县级以上人民政府广播影视行政部门

应当根据实际情况建立有线广播电视运营服务投诉处理机构，积极处理和妥善解决用户投诉，并将用户投诉情况作为有线广播电视运营服务质量评价的指标和内容。

第三十八条　广播影视行政部门或者投诉处理机构接到用户投诉后，应当予以记录并及时调查、处理；用户需要回复意见的，应当将处理结果告知用户。

第三十九条　广播影视行政部门的工作人员在监督检查有线广播电视运营服务质量和处理用户投诉时，可以行使下列职权：

（一）询问被检查的单位及有关人员，并要求提供相关资料；

（二）进入被检查单位的工作场所，查询、复制有关资料和原始记录。

第四十条　广播影视行政部门的工作人员实施的监督检查工作应当由两名以上工作人员共同进行。执法人员应当出示执法证件，并对查询、复制的资料依法负有保密义务。

第四十一条　县级以上人民政府广播影视行政部门可以聘请社会义务监督员，对有线广播电视运营服务提供者侵害用户权益的行为和有关部门工作人员在监督检查工作中的违法失职行为进行监督。

第四章　法律责任

第四十二条　有线广播电视运营服务提供者违反本规定第七条、第八条、第十条、第二十八条、第三十条、第三十一条的，由县级以上人民政府广播影视行政部门责令改正，给予警告；情节严重的，并处1万元以上3万元以下的罚款。

第四十三条　有线广播电视运营服务提供者违反本规定第十一条、第二十二条、第二十三条的，由县级以上人民政府广播影视行政部门责令改正，给予警告；情节严重的，并处5000元以上2万元以下的罚款。

第四十四条　有线广播电视运营服务提供者违反本规定第十七条、第十八条、第十九条、第二十一条、第二十六条、第二十九条的，由县级以上人民政府广播影视行政部门给予警告；情节严重的，并处5000元以下的罚款。

第四十五条　广播影视行政部门、投诉处理机构的工作人员未按照本规定履行职责或者有其他滥用职权、玩忽职守、徇私舞弊行为的，依法给予处分。

第五章　附则

第四十六条　有线广播电视运营服务的具体技术指标和要求，由国务院广播影视行政部门另行制定。

第四十七条　有线广播电视运营服务提供者可以根据所服务区域实际情况，制定不低于本规定要求的具体服务标准。

第四十八条　本规定自2012年3月1日起施行。

出版管理条例（修订）

中华人民共和国国务院令第594号修订

（2011年3月19日发布）

第一章　总则

第一条　为了加强对出版活动的管理，发展和繁荣有中国特色社会主义出版产业和出版事业，保障公民依法行使出版自由的权利，促进社会主义精神文明和物质文明建设，根据宪法，制定本条例。

第二条　在中华人民共和国境内从事出版活动，适用本条例。

本条例所称出版活动，包括出版物的出版、印刷或者复制、进口、发行。

本条例所称出版物，是指报纸、期刊、图书、音像制品、电子出版物等。

第三条　出版活动必须坚持为人民服务、为社会主义服务的方向，坚持以马克思列宁主义、毛泽东思想、邓小平理论和“三个代表”重要思想为指导，贯彻落实科学发展观，传播和积累有益于提高民族素质、有益于经济发展和社会进步的科学技术和文化知识，弘扬民族优秀文化，促进国际文化交流，丰富和提高人民的精神生活。

第四条　从事出版活动，应当将社会效益放在首位，实现社会效益与经济效益相结合。

第五条　公民依法行使出版自由的权利，各级人民政府应当予以保障。

公民在行使出版自由的权利的时候，必须遵守宪法和法律，不得反对宪法确定的基本原则，不得损害国家的、社会的、集体的利益和其他公民的合法的自由和权利。

第六条　国务院出版行政主管部门负责全国的出版活动的监督管理工作。国务院其他有关部门按照国务院规定的职责分工，负责有关的出版活动的监督管理工作。

县级以上地方各级人民政府负责出版管理的部门（以下简称出版行政主管部门）负责本行政区域内出版

活动的监督管理工作。县级以上地方各级人民政府其他有关部门在各自的职责范围内，负责有关的出版活动的监督管理工作。

第七条 出版行政主管部门根据已经取得的违法嫌疑证据或者举报，对涉嫌违法从事出版物出版、印刷或者复制、进口、发行等活动的行为进行查处时，可以检查与涉嫌违法活动有关的物品和经营场所；对有证据证明是与违法活动有关的物品，可以查封或者扣押。

第八条 出版行业的社会团体按照其章程，在出版行政主管部门的指导下，实行自律管理。

第二章 出版单位的设立与管理

第九条 报纸、期刊、图书、音像制品和电子出版物等应当由出版单位出版。

本条例所称出版单位，包括报社、期刊社、图书出版社、音像出版社和电子出版物出版社等。

法人出版报纸、期刊，不设立报社、期刊社的，其设立的报纸编辑部、期刊编辑部视为出版单位。

第十条 国务院出版行政主管部门制定全国出版单位总量、结构、布局的规划，指导、协调出版产业和出版事业发展。

第十一条 设立出版单位，应当具备下列条件：

（一）有出版单位的名称、章程；

（二）有符合国务院出版行政主管部门认定的主办单位及其主管机关；

（三）有确定的业务范围；

（四）有30万元以上的注册资本和固定的工作场所；

（五）有适应业务范围需要的组织机构和符合国家规定的资格条件的编辑出版专业人员；

（六）法律、行政法规规定的其他条件。

审批设立出版单位，除依照前款所列条件外，还应当符合国家关于出版单位总量、结构、布局的规划。

第十二条 设立出版单位，由其主办单位向所在地省、自治区、直辖市人民政府出版行政主管部门提出申请；省、自治区、直辖市人民政府出版行政主管部门审核同意后，报国务院出版行政主管部门审批。设立的出版单位为事业单位的，还应当办理机构编制审批手续。

第十三条 设立出版单位的申请书应当载明下列事项：

（一）出版单位的名称、地址；

（二）出版单位的主办单位及其主管机关的名称、地址；

（三）出版单位的法定代表人或者主要负责人的姓名、住址、资格证明文件；

（四）出版单位的资金来源及数额。

设立报社、期刊社或者报纸编辑部、期刊编辑部的，申请书还应当载明报纸或者期刊的名称、刊期、开版或者开本、印刷场所。

申请书应当附具出版单位的章程和设立出版单位的主办单位及其主管机关的有关证明材料。

第十四条 国务院出版行政主管部门应当自受理设立出版单位的申请之日起60日内，作出批准或者不批准的决定，并由省、自治区、直辖市人民政府出版行政主管部门书面通知主办单位；不批准的，应当说明理由。

第十五条 设立出版单位的主办单位应当自收到批准决定之日起60日内，向所在地省、自治区、直辖市人民政府出版行政主管部门登记，领取出版许可证。登记事项由国务院出版行政主管部门规定。

出版单位领取出版许可证后，属于事业单位法人的，持出版许可证向事业单位登记管理机关登记，依法领取事业单位法人证书；属于企业法人的，持出版许可证向工商行政管理部门登记，依法领取营业执照。

第十六条 报社、期刊社、图书出版社、音像出版社和电子出版物出版社等应当具备法人条件，经核准登记后，取得法人资格，以其全部法人财产独立承担民事责任。

依照本条例第九条第三款的规定，视为出版单位的报纸编辑部、期刊编辑部不具有法人资格，其民事责任由其主办单位承担。

第十七条 出版单位变更名称、主办单位或者其主管机关、业务范围、资本结构，合并或者分立，设立分支机构，出版新的报纸、期刊，或者报纸、期刊变更名称的，应当依照本条例第十二条、第十三条的规定办理审批手续。出版单位属于事业单位法人的，还应当持批准文件到事业单位登记管理机关办理相应的登记手续；属于企业法人的，还应当持批准文件到工商行政管理部门办理相应的登记手续。

出版单位除前款所列变更事项外的其他事项的变更，应当经主办单位及其主管机关审查同意，向所在地省、自治区、直辖市人民政府出版行政主管部门申请变更登记，并报国务院出版行政主管部门备案。出版单位属于事业单位法人的，还应当持批准文件到事业单位登记管理机关办理变更登记；属于企业法人的，还应当持批准文件到工商行政管理部门办理变更登记。

第十八条 出版单位中止出版活动的，应当向所在地省、自治区、直辖市人民政府出版行政主管部门备案并说明理由和期限；出版单位中止出版活动不得超过180日。

出版单位终止出版活动的，由主办单位提出申请并经主管机关同意后，由主办单位向所在地省、自治区、直辖市人民政府出版行政主管部门办理注销登记，并报国务院出版行政主管部门备案。出版单位属于事业单位法人的，还应当持批准文件到事业单位登记管理机关办理注销登记；属于企业法人的，还应当持批准文件到工商行政管理部门办理注销登记。

第十九条　图书出版社、音像出版社和电子出版物出版社自登记之日起满180日未从事出版活动的，报社、期刊社自登记之日起满90日未出版报纸、期刊的，由原登记的出版行政主管部门注销登记，并报国务院出版行政主管部门备案。

因不可抗力或者其他正当理由发生前款所列情形的，出版单位可以向原登记的出版行政主管部门申请延期。

第二十条　图书出版社、音像出版社和电子出版物出版社的年度出版计划及涉及国家安全、社会安定等方面的重大选题，应当经所在地省、自治区、直辖市人民政府出版行政主管部门审核后报国务院出版行政主管部门备案；涉及重大选题，未在出版前报备案的出版物，不得出版。具体办法由国务院出版行政主管部门制定。

期刊社的重大选题，应当依照前款规定办理备案手续。

第二十一条　出版单位不得向任何单位或者个人出售或者以其他形式转让本单位的名称、书号、刊号或者版号、版面，并不得出租本单位的名称、刊号。

出版单位及其从业人员不得利用出版活动谋取其他不正当利益。

第二十二条　出版单位应当按照国家有关规定向国家图书馆、中国版本图书馆和国务院出版行政主管部门免费送交样本。

第三章　出版物的出版

第二十三条　公民可以依照本条例规定，在出版物上自由表达自己对国家事务、经济和文化事业、社会事务的见解和意愿，自由发表自己从事科学研究、文学艺术创作和其他文化活动的成果。

合法出版物受法律保护，任何组织和个人不得非法干扰、阻止、破坏出版物的出版。

第二十四条　出版单位实行编辑责任制度，保障出版物刊载的内容符合本条例的规定。

第二十五条　任何出版物不得含有下列内容：

（一）反对宪法确定的基本原则的；

（二）危害国家统一、主权和领土完整的；

（三）泄露国家秘密、危害国家安全或者损害国家荣誉和利益的；

（四）煽动民族仇恨、民族歧视，破坏民族团结，或者侵害民族风俗、习惯的；

（五）宣扬邪教、迷信的；

（六）扰乱社会秩序，破坏社会稳定的；

（七）宣扬淫秽、赌博、暴力或者教唆犯罪的；

（八）侮辱或者诽谤他人，侵害他人合法权益的；

（九）危害社会公德或者民族优秀文化传统的；

（十）有法律、行政法规和国家规定禁止的其他内容的。

第二十六条　以未成年人为对象的出版物不得含有诱发未成年人模仿违反社会公德的行为和违法犯罪的行为的内容，不得含有恐怖、残酷等妨害未成年人身心健康的内容。

第二十七条　出版物的内容不真实或者不公正，致使公民、法人或者其他组织的合法权益受到侵害的，其出版单位应当公开更正，消除影响，并依法承担其他民事责任。

报纸、期刊发表的作品内容不真实或者不公正，致使公民、法人或者其他组织的合法权益受到侵害的，当事人有权要求有关出版单位更正或者答辩，有关出版单位应当在其近期出版的报纸、期刊上予以发表；拒绝发表的，当事人可以向人民法院提起诉讼。

第二十八条　出版物必须按照国家的有关规定载明作者、出版者、印刷者或者复制者、发行者的名称、地址，书号、刊号或者版号，在版编目数据，出版日期、刊期以及其他有关事项。

出版物的规格、开本、版式、装帧、校对等必须符合国家标准和规范要求，保证出版物的质量。

出版物使用语言文字必须符合国家法律规定和有关标准、规范。

第二十九条　任何单位和个人不得伪造、假冒出版单位名称或者报纸、期刊名称出版出版物。

第三十条　中学小学教科书由国务院教育行政主管部门审定；其出版、发行单位应当具有适应教科书出版、发行业务需要的资金、组织机构和人员等条件，并取得国务院出版行政主管部门批准的教科书出版、发行资质。纳入政府采购范围的中学小学教科书，其发行单位按照

《中华人民共和国政府采购法》的有关规定确定。其他任何单位或者个人不得从事中学小学教科书的出版、发行业务。

第四章　出版物的印刷或者复制和发行

第三十一条　从事出版物印刷或者复制业务的单位，应当向所在地省、自治区、直辖市人民政府出版行政主管部门提出申请，经审核许可，并依照国家有关规定到工商行政管理部门办理相关手续后，方可从事出版物的印刷或者复制。

未经许可并办理相关手续的，不得印刷报纸、期刊、图书，不得复制音像制品、电子出版物。

第三十二条　出版单位不得委托未取得出版物印刷或者复制许可的单位印刷或者复制出版物。

出版单位委托印刷或者复制单位印刷或者复制出版物的，必须提供符合国家规定的印刷或者复制出版物的有关证明，并依法与印刷或者复制单位签订合同。

印刷或者复制单位不得接受非出版单位和个人的委托印刷报纸、期刊、图书或者复制音像制品、电子出版物，不得擅自印刷、发行报纸、期刊、图书或者复制、发行音像制品、电子出版物。

第三十三条　印刷或者复制单位经所在地省、自治区、直辖市人民政府出版行政主管部门批准，可以承接境外出版物的印刷或者复制业务；但是，印刷或者复制的境外出版物必须全部运输出境，不得在境内发行。

境外委托印刷或者复制的出版物的内容，应当经省、自治区、直辖市人民政府出版行政主管部门审核。委托人应当持有著作权人授权书，并向著作权行政管理部门登记。

第三十四条　印刷或者复制单位应当自完成出版物的印刷或者复制之日起 2 年内，留存一份承接的出版物样本备查。

第三十五条　从事出版物总发行业务的单位，经所在地省、自治区、直辖市人民政府出版行政主管部门审核后，报国务院出版行政主管部门批准。国务院出版行政主管部门应当自受理申请之日起 60 日内，作出批准或者不批准的决定。

从事出版物批发业务的单位，须经省、自治区、直辖市人民政府出版行政主管部门审核许可。

从事出版物零售业务的单位和个体工商户，须经县级人民政府出版行政主管部门审核许可。

从事出版物连锁经营业务的单位，在省、自治区、直辖市范围内经营的，应当经其总部所在地省、自治区、直辖市人民政府出版行政主管部门批准；跨省或者在全国范围内经营的，应当经其总部所在地省、自治区、直辖市人民政府出版行政主管部门审核后，报国务院出版行政主管部门批准。国务院出版行政主管部门应当自受理申请之日起 60 日内，作出批准或者不批准的决定。

从事出版物发行业务的单位和个体工商户经出版行政主管部门批准、取得《出版物经营许可证》，并向工商行政管理部门依法领取营业执照后，方可从事出版物发行业务。

第三十六条　通过互联网等信息网络从事出版物发行业务的单位或者个体工商户，应当依照本条例规定取得《出版物经营许可证》。

提供网络交易平台服务的经营者应当对申请通过网络交易平台从事出版物发行业务的单位或者个体工商户的经营主体身份进行审查，验证其《出版物经营许可证》。

第三十七条　从事出版物发行业务的单位和个体工商户变更《出版物经营许可证》登记事项，或者兼并、合并、分立的，应当依照本条例第三十五条的规定办理审批手续，并持批准文件到工商行政管理部门办理相应的登记手续。

从事出版物发行业务的单位和个体工商户终止经营活动的，应当到工商行政管理部门办理注销登记，并向原批准的出版行政主管部门备案。

第三十八条　出版单位可以发行本出版单位出版的出版物，不得发行其他出版单位出版的出版物。

第三十九条　国家允许设立从事图书、报纸、期刊、电子出版物发行业务的中外合资经营企业、中外合作经营企业、外资企业。

第四十条　印刷或者复制单位、发行单位不得印刷或者复制、发行有下列情形之一的出版物：

（一）含有本条例第二十五条、第二十六条禁止内容的；

（二）非法进口的；

（三）伪造、假冒出版单位名称或者报纸、期刊名称的；

（四）未署出版单位名称的；

（五）中学小学教科书未经依法审定的；

（六）侵犯他人著作权的。

第五章　出版物的进口

第四十一条　出版物进口业务，由依照本条例设立的出版物进口经营单位经营；其他单位和个人不得从事出版物进口业务。

第四十二条　设立出版物进口经营单位，应当具备下列条件：

（一）有出版物进口经营单位的名称、章程；

（二）有符合国务院出版行政主管部门认定的主办单位及其主管机关；

（三）有确定的业务范围；

（四）具有进口出版物内容审查能力；

（五）有与出版物进口业务相适应的资金；

（六）有固定的经营场所；

（七）法律、行政法规和国家规定的其他条件。

第四十三条　设立出版物进口经营单位，应当向国务院出版行政主管部门提出申请，经审查批准，取得国务院出版行政主管部门核发的出版物进口经营许可证后，持证到工商行政管理部门依法领取营业执照。

设立出版物进口经营单位，还应当依照对外贸易法律、行政法规的规定办理相应手续。

第四十四条　出版物进口经营单位变更名称、业务范围、资本结构、主办单位或者其主管机关，合并或者分立，设立分支机构，应当依照本条例第四十二条、第四十三条的规定办理审批手续，并持批准文件到工商行政管理部门办理相应的登记手续。

第四十五条　出版物进口经营单位进口的出版物，不得含有本条例第二十五条、第二十六条禁止的内容。

出版物进口经营单位负责对其进口的出版物进行内容审查。省级以上人民政府出版行政主管部门可以对出版物进口经营单位进口的出版物直接进行内容审查。出版物进口经营单位无法判断其进口的出版物是否含有本条例第二十五条、第二十六条禁止内容的，可以请求省级以上人民政府出版行政主管部门进行内容审查。省级以上人民政府出版行政主管部门应出版物进口经营单位的请求，对其进口的出版物进行内容审查的，可以按照国务院价格主管部门批准的标准收取费用。

国务院出版行政主管部门可以禁止特定出版物的进口。

第四十六条　出版物进口经营单位应当在进口出版物前将拟进口的出版物目录报省级以上人民政府出版行政主管部门备案；省级以上人民政府出版行政主管部门发现有禁止进口的或者暂缓进口的出版物的，应当及时通知出版物进口经营单位并通报海关。对通报禁止进口或者暂缓进口的出版物，出版物进口经营单位不得进口，海关不得放行。

出版物进口备案的具体办法由国务院出版行政主管部门制定。

第四十七条　发行进口出版物的，必须从依法设立的出版物进口经营单位进货。

第四十八条　出版物进口经营单位在境内举办境外出版物展览，必须报经国务院出版行政主管部门批准。未经批准，任何单位和个人不得举办境外出版物展览。

依照前款规定展览的境外出版物需要销售的，应当按照国家有关规定办理相关手续。

第六章　监督与管理

第四十九条　出版行政主管部门应当加强对本行政区域内出版单位出版活动的日常监督管理；出版单位的主办单位及其主管机关对所属出版单位出版活动负有直接管理责任，并应当配合出版行政主管部门督促所属出版单位执行各项管理规定。

出版单位和出版物进口经营单位应当按照国务院出版行政主管部门的规定，将从事出版活动和出版物进口活动的情况向出版行政主管部门提出书面报告。

第五十条　出版行政主管部门履行下列职责：

（一）对出版物的出版、印刷、复制、发行、进口单位进行行业监管，实施准入和退出管理；

（二）对出版活动进行监管，对违反本条例的行为进行查处；

（三）对出版物内容和质量进行监管；

（四）根据国家有关规定对出版从业人员进行管理。

第五十一条　出版行政主管部门根据有关规定和标准，对出版物的内容、编校、印刷或者复制、装帧设计等方面质量实施监督检查。

第五十二条　国务院出版行政主管部门制定出版单位综合评估办法，对出版单位分类实施综合评估。

出版物的出版、印刷或者复制、发行和进口经营单位不再具备行政许可的法定条件的，由出版行政主管部门责令限期改正；逾期仍未改正的，由原发证机关撤销行政许可。

第五十三条　国家对在出版单位从事出版专业技术工作的人员实行职业资格制度；出版专业技术人员通过国家专业技术人员资格考试取得专业技术资格。具体办法由国务院人力资源社会保障主管部门、国务院出版行政主管部门共同制定。

第七章　保障与奖励

第五十四条　国家制定有关政策，保障、促进出版产业和出版事业的发展与繁荣。

第五十五条　国家支持、鼓励下列优秀的、重点的出版物的出版：

（一）对阐述、传播宪法确定的基本原则有重大作用的；

（二）对弘扬社会主义核心价值体系，在人民中进行爱国主义、集体主义、社会主义和民族团结教育以及弘扬社会公德、职业道德、家庭美德有重要意义的；

（三）对弘扬民族优秀文化，促进国际文化交流有重大作用的；

（四）对推进文化创新，及时反映国内外新的科学文化成果有重大贡献的；

（五）对服务农业、农村和农民，促进公共文化服务有重大作用的；

（六）其他具有重要思想价值、科学价值或者文化艺术价值的。

第五十六条　国家对教科书的出版发行，予以保障。

国家扶持少数民族语言文字出版物和盲文出版物的出版发行。

国家对在少数民族地区、边疆地区、经济不发达地区和在农村发行出版物，实行优惠政策。

第五十七条　报纸、期刊交由邮政企业发行的，邮政企业应当保证按照合同约定及时、准确发行。

承运出版物的运输企业，应当对出版物的运输提供方便。

第五十八条　对为发展、繁荣出版产业和出版事业作出重要贡献的单位和个人，按照国家有关规定给予奖励。

第五十九条　对非法干扰、阻止和破坏出版物出版、印刷或者复制、进口、发行的行为，县级以上各级人民政府出版行政主管部门及其他有关部门，应当及时采取措施，予以制止。

第八章　法律责任

第六十条　出版行政主管部门或者其他有关部门的工作人员，利用职务上的便利收受他人财物或者其他好处，批准不符合法定设立条件的出版、印刷或者复制、进口、发行单位，或者不履行监督职责，或者发现违法行为不予查处，造成严重后果的，依法给予降级直至开除的处分；构成犯罪的，依照刑法关于受贿罪、滥用职权罪、玩忽职守罪或者其他罪的规定，依法追究刑事责任。

第六十一条　未经批准，擅自设立出版物的出版、印刷或者复制、进口、发行单位，或者擅自从事出版物的出版、印刷或者复制、进口、发行业务，假冒出版单位名称或者伪造、假冒报纸、期刊名称出版出版物的，由出版行政主管部门、工商行政管理部门依照法定职权予以取缔；依照刑法关于非法经营罪的规定，依法追究刑事责任；尚不够刑事处罚的，没收出版物、违法所得和从事违法活动的专用工具、设备，违法经营额1万元以上的，并处违法经营额5倍以上10倍以下的罚款，违法经营额不足1万元的，可以处5万元以下的罚款；侵犯他人合法权益的，依法承担民事责任。

第六十二条　有下列行为之一，触犯刑律的，依照刑法有关规定，依法追究刑事责任；尚不够刑事处罚的，由出版行政主管部门责令限期停业整顿，没收出版物、违法所得，违法经营额1万元以上的，并处违法经营额5倍以上10倍以下的罚款；违法经营额不足1万元的，可以处5万元以下的罚款；情节严重的，由原发证机关吊销许可证：

（一）出版、进口含有本条例第二十五条、第二十六条禁止内容的出版物的；

（二）明知或者应知出版物含有本条例第二十五条、第二十六条禁止内容而印刷或者复制、发行的；

（三）明知或者应知他人出版含有本条例第二十五条、第二十六条禁止内容的出版物而向其出售或者以其他形式转让本出版单位的名称、书号、刊号、版号、版面，或者出租本单位的名称、刊号的。

第六十三条　有下列行为之一的，由出版行政主管部门责令停止违法行为，没收出版物、违法所得，违法经营额1万元以上的，并处违法经营额5倍以上10倍以下的罚款；违法经营额不足1万元的，可以处5万元以下的罚款；情节严重的，责令限期停业整顿或者由原发证机关吊销许可证：

（一）进口、印刷或者复制、发行国务院出版行政主管部门禁止进口的出版物的；

（二）印刷或者复制走私的境外出版物的；

（三）发行进口出版物未从本条例规定的出版物进口经营单位进货的。

第六十四条　走私出版物的，依照刑法关于走私罪的规定，依法追究刑事责任；尚不够刑事处罚的，由海关依照海关法的规定给予行政处罚。

第六十五条　有下列行为之一的，由出版行政主管部门没收出版物、违法所得，违法经营额1万元以上的，并处违法经营额5倍以上10倍以下的罚款；违法经营额不足1万元的，可以处5万元以下的罚款；情节严重的，责令限期停业整顿或者由原发证机关吊销许可证：

（一）出版单位委托未取得出版物印刷或者复制许

可的单位印刷或者复制出版物的；

（二）印刷或者复制单位未取得印刷或者复制许可而印刷或者复制出版物的；

（三）印刷或者复制单位接受非出版单位和个人的委托印刷或者复制出版物的；

（四）印刷或者复制单位未履行法定手续印刷或者复制境外出版物的，印刷或者复制的境外出版物没有全部运输出境的；

（五）印刷或者复制单位、发行单位或者个体工商户印刷或者复制、发行未署出版单位名称的出版物的；

（六）出版、印刷、发行单位出版、印刷、发行未经依法审定的中学小学教科书，或者非依照本条例规定确定的单位从事中学小学教科书的出版、发行业务的。

第六十六条　出版单位有下列行为之一的，由出版行政主管部门责令停止违法行为，给予警告，没收违法经营的出版物、违法所得，违法经营额 1 万元以上的，并处违法经营额 5 倍以上 10 倍以下的罚款；违法经营额不足 1 万元的，可以处 5 万元以下的罚款；情节严重的，责令限期停业整顿或者由原发证机关吊销许可证：

（一）出售或者以其他形式转让本出版单位的名称、书号、刊号、版号、版面，或者出租本单位的名称、刊号的；

（二）利用出版活动谋取其他不正当利益的。

第六十七条　有下列行为之一的，由出版行政主管部门责令改正，给予警告；情节严重的，责令限期停业整顿或者由原发证机关吊销许可证：

（一）出版单位变更名称、主办单位或者其主管机关、业务范围，合并或者分立，出版新的报纸、期刊，或者报纸、期刊改变名称，以及出版单位变更其他事项，未依照本条例的规定到出版行政主管部门办理审批、变更登记手续的；

（二）出版单位未将其年度出版计划和涉及国家安全、社会安定等方面的重大选题备案的；

（三）出版单位未依照本条例的规定送交出版物的样本的；

（四）印刷或者复制单位未依照本条例的规定留存备查的材料的；

（五）出版进口经营单位未将其进口的出版物目录报送备案的；

（六）出版单位擅自中止出版活动超过 180 日的；

（七）出版物发行单位、出版物进口经营单位未依照本条例的规定办理变更审批手续的；

（八）出版物质量不符合有关规定和标准的。

第六十八条　未经批准，举办境外出版物展览的，由出版行政主管部门责令停止违法行为，没收出版物、违法所得；情节严重的，责令限期停业整顿或者由原发证机关吊销许可证。

第六十九条　印刷或者复制、批发、零售、出租、散发含有本条例第二十五条、第二十六条禁止内容的出版物或者其他非法出版物的，当事人对非法出版物的来源作出说明、指认，经查证属实的，没收出版物、违法所得，可以减轻或者免除其他行政处罚。

第七十条　单位违反本条例，被处以吊销许可证行政处罚的，应当按照国家有关规定到事业单位登记管理机关或者工商行政管理部门办理注销登记或者变更登记；逾期未办理的，由事业单位登记管理机关撤销登记或者由工商行政管理部门吊销营业执照。

第七十一条　单位违反本条例被处以吊销许可证行政处罚的，其法定代表人或者主要负责人自许可证被吊销之日起 10 年内不得担任出版、印刷或者复制、进口、发行单位的法定代表人或者主要负责人。

出版从业人员违反本条例规定，情节严重的，由原发证机关吊销其资格证书。

第七十二条　依照本条例的规定实施罚款的行政处罚，应当依照有关法律、行政法规的规定，实行罚款决定与罚款收缴分离；收缴的罚款必须全部上缴国库。

第九章　附则

第七十三条　行政法规对音像制品和电子出版物的出版、复制、进口、发行另有规定的，适用其规定。

接受境外机构或者个人赠送出版物的管理办法、订户订购境外出版物的管理办法、网络出版审批和管理办法，由国务院出版行政主管部门根据本条例的原则另行制定。

第七十四条　本条例自 2002 年 2 月 1 日起施行。1997 年 1 月 2 日国务院发布的《出版管理条例》同时废止。

音像制品管理条例（修订）

中华人民共和国国务院令第 595 号修订

（2011 年 3 月 19 日发布）

第一章　总则

第一条　为了加强音像制品的管理，促进音像业的健康发展和繁荣，丰富人民群众的文化生活，促进社会主义物质文明和精神文明建设，制定本条例。

第二条 本条例适用于录有内容的录音带、录像带、唱片、激光唱盘和激光视盘等音像制品的出版、制作、复制、进口、批发、零售、出租等活动。

音像制品用于广播电视播放的，适用广播电视法律、行政法规。

第三条 出版、制作、复制、进口、批发、零售、出租音像制品，应当遵守宪法和有关法律、法规，坚持为人民服务和为社会主义服务的方向，传播有益于经济发展和社会进步的思想、道德、科学技术和文化知识。

音像制品禁止载有下列内容：

（一）反对宪法确定的基本原则的；

（二）危害国家统一、主权和领土完整的；

（三）泄露国家秘密、危害国家安全或者损害国家荣誉和利益的；

（四）煽动民族仇恨、民族歧视，破坏民族团结，或者侵害民族风俗、习惯的；

（五）宣扬邪教、迷信的；

（六）扰乱社会秩序，破坏社会稳定的；

（七）宣扬淫秽、赌博、暴力或者教唆犯罪的；

（八）侮辱或者诽谤他人，侵害他人合法权益的；

（九）危害社会公德或者民族优秀文化传统的；

（十）有法律、行政法规和国家规定禁止的其他内容的。

第四条 国务院出版行政主管部门负责全国音像制品的出版、制作、复制、进口、批发、零售和出租的监督管理工作；国务院其他有关行政部门按照国务院规定的职责分工，负责有关的音像制品经营活动的监督管理工作。

县级以上地方人民政府负责出版管理的行政主管部门（以下简称出版行政主管部门）负责本行政区域内音像制品的出版、制作、复制、进口、批发、零售和出租的监督管理工作；县级以上地方人民政府其他有关行政部门在各自的职责范围内负责有关的音像制品经营活动的监督管理工作。

第五条 国家对出版、制作、复制、进口、批发、零售音像制品，实行许可制度；未经许可，任何单位和个人不得从事音像制品的出版、制作、复制、进口、批发、零售等活动。

依照本条例发放的许可证和批准文件，不得出租、出借、出售或者以其他任何形式转让。

第六条 国务院出版行政主管部门负责制定音像业的发展规划，确定全国音像出版单位、音像复制单位的总量、布局和结构。

第七条 音像制品经营活动的监督管理部门及其工作人员不得从事或者变相从事音像制品经营活动，并不得参与或者变相参与音像制品经营单位的经营活动。

第二章 出版

第八条 设立音像出版单位，应当具备下列条件：

（一）有音像出版单位的名称、章程；

（二）有符合国务院出版行政主管部门认定的主办单位及其主管机关；

（三）有确定的业务范围；

（四）有适应业务范围需要的组织机构和符合国家规定的资格条件的音像出版专业人员；

（五）有适应业务范围需要的资金、设备和工作场所；

（六）法律、行政法规规定的其他条件。

审批设立音像出版单位，除依照前款所列条件外，还应当符合音像出版单位总量、布局和结构的规划。

第九条 申请设立音像出版单位，由所在地省、自治区、直辖市人民政府出版行政主管部门审核同意后，报国务院出版行政主管部门审批。国务院出版行政主管部门应当自受理申请之日起 60 日内作出批准或者不批准的决定，并通知申请人。批准的，发给《音像制品出版许可证》，由申请人持《音像制品出版许可证》到工商行政管理部门登记，依法领取营业执照；不批准的，应当说明理由。

申请书应当载明下列内容：

（一）音像出版单位的名称、地址；

（二）音像出版单位的主办单位及其主管机关的名称、地址；

（三）音像出版单位的法定代表人或者主要负责人的姓名、住址、资格证明文件；

（四）音像出版单位的资金来源和数额。

第十条 音像出版单位变更名称、主办单位或者其主管机关、业务范围，或者兼并其他音像出版单位，或者因合并、分立而设立新的音像出版单位的，应当依照本条例第九条的规定办理审批手续，并到原登记的工商行政管理部门办理相应的登记手续。

音像出版单位变更地址、法定代表人或者主要负责人，或者终止出版经营活动的，应当到原登记的工商行政管理部门办理变更登记或者注销登记，并向国务院出版行政主管部门备案。

第十一条　音像出版单位的年度出版计划和涉及国家安全、社会安定等方面的重大选题，应当经所在地省、自治区、直辖市人民政府出版行政主管部门审核后报国务院出版行政主管部门备案；重大选题音像制品未在出版前报备案的，不得出版。

第十二条　音像出版单位应当在其出版的音像制品及其包装的明显位置，标明出版单位的名称、地址和音像制品的版号、出版时间、著作权人等事项；出版进口的音像制品，还应当标明进口批准文号。

音像出版单位应当按照国家有关规定向国家图书馆、中国版本图书馆和国务院出版行政主管部门免费送交样本。

第十三条　音像出版单位不得向任何单位或者个人出租、出借、出售或者以其他任何形式转让本单位的名称，不得向任何单位或者个人出售或者以其他形式转让本单位的版号。

第十四条　任何单位和个人不得以购买、租用、借用、擅自使用音像出版单位的名称或者购买、伪造版号等形式从事音像制品出版活动。

图书出版社、报社、期刊社、电子出版物出版社，不得出版非配合本版出版物的音像制品；但是，可以按照国务院出版行政主管部门的规定，出版配合本版出版物的音像制品，并参照音像出版单位享有权利、承担义务。

第十五条　音像出版单位可以与香港特别行政区、澳门特别行政区、台湾地区或者外国的组织、个人合作制作音像制品。具体办法由国务院出版行政主管部门制定。

第十六条　音像出版单位实行编辑责任制度，保证音像制品的内容符合本条例的规定。

第十七条　音像出版单位以外的单位申请设立独立从事音像制品的制作业务的单位（以下简称音像制作单位），由所在地省、自治区、直辖市人民政府出版行政主管部门审批。省、自治区、直辖市人民政府出版行政主管部门应当自受理申请之日起 60 日内作出批准或者不批准的决定，并通知申请人。批准的，发给《音像制品制作许可证》，由申请人持《音像制品制作许可证》到工商行政管理部门登记，依法领取营业执照；不批准的，应当说明理由。广播、电视节目制作经营单位的设立，依照有关法律、行政法规的规定办理。

申请书应当载明下列内容：

（一）音像制作单位的名称、地址；

（二）音像制作单位的法定代表人或者主要负责人的姓名、住址、资格证明文件；

（三）音像制作单位的资金来源和数额。

审批设立音像制作单位，除依照前款所列条件外，还应当兼顾音像制作单位总量、布局和结构。

第十八条　音像制作单位变更名称、业务范围，或者兼并其他音像制作单位，或者因合并、分立而设立新的音像制作单位的，应当依照本条例第十七条的规定办理审批手续，并到原登记的工商行政管理部门办理相应的登记手续。

音像制作单位变更地址、法定代表人或者主要负责人，或者终止制作经营活动的，应当到原登记的工商行政管理部门办理变更登记或者注销登记，并向省、自治区、直辖市人民政府出版行政主管部门备案。

第十九条　音像出版单位不得委托未取得《音像制品制作许可证》的单位制作音像制品。

音像制作单位接受委托制作音像制品的，应当按照国家有关规定，与委托的出版单位订立制作委托合同；验证委托的出版单位的《音像制品出版许可证》或者本版出版物的证明及由委托的出版单位盖章的音像制品制作委托书。

音像制作单位不得出版、复制、批发、零售音像制品。

第三章　复制

第二十条　设立音像复制单位应当具备下列条件：

（一）有音像复制单位的名称、章程；

（二）有确定的业务范围；

（三）有适应业务范围需要的组织机构和人员；

（四）有适应业务范围需要的资金、设备和复制场所；

（五）法律、行政法规规定的其他条件。

审批设立音像复制单位，除依照前款所列条件外，还应当符合音像复制单位总量、布局和结构的规划。

第二十一条　申请设立音像复制单位，由所在地省、自治区、直辖市人民政府出版行政主管部门审核同意后，报国务院出版行政主管部门审批。国务院出版行政主管部门应当自受理申请之日起 60 日内作出批准或者不批准的决定，并通知申请人。批准的，发给《复制经营许可证》，由申请人持《复制经营许可证》到工商行政管理部门登记，依法领取营业执照；不批准的，应当说明理由。

申请书应当载明下列内容：

（一）音像复制单位的名称、地址；

（二）音像复制单位的法定代表人或者主要负责人的姓名、住址；

（三）音像复制单位的资金来源和数额。

第二十二条 音像复制单位变更业务范围，或者兼并其他音像复制单位，或者因合并、分立而设立新的音像复制单位的，应当依照本条例第二十一条的规定办理审批手续，并到工商行政管理部门办理相应的登记手续。

音像复制单位变更名称、地址、法定代表人或者主要负责人，或者终止复制经营活动的，应当到原登记的工商行政管理部门办理变更登记或者注销登记，并向国务院出版行政主管部门备案。

第二十三条 音像复制单位接受委托复制音像制品的，应当按照国家有关规定，与委托的出版单位订立复制委托合同；验证委托的出版单位的《音像制品出版许可证》、营业执照副本、盖章的音像制品复制委托书以及出版单位取得的授权书；接受委托复制的音像制品属于非卖品的，应当验证委托单位的身份证明和委托单位出具的音像制品非卖品复制委托书。

音像复制单位应当自完成音像制品复制之日起2年内，保存委托合同和所复制的音像制品的样本以及验证的有关证明文件的副本，以备查验。

第二十四条 音像复制单位不得接受非音像出版单位或者个人的委托复制经营性的音像制品；不得自行复制音像制品；不得批发、零售音像制品。

第二十五条 从事光盘复制的音像复制单位复制光盘，必须使用蚀刻有国务院出版行政主管部门核发的激光数码储存片来源识别码的注塑模具。

第二十六条 音像复制单位接受委托复制境外音像制品的，应当经省、自治区、直辖市人民政府出版行政主管部门批准，并持著作权人的授权书依法到著作权行政管理部门登记；复制的音像制品应当全部运输出境，不得在境内发行。

第四章 进口

第二十七条 音像制品成品进口业务由国务院出版行政主管部门批准的音像制品成品进口经营单位经营；未经批准，任何单位或者个人不得经营音像制品成品进口业务。

第二十八条 进口用于出版的音像制品，以及进口用于批发、零售、出租等的音像制品成品，应当报国务院出版行政主管部门进行内容审查。

国务院出版行政主管部门应当自收到音像制品内容审查申请书之日起30日内作出批准或者不批准的决定，并通知申请人。批准的，发给批准文件；不批准的，应当说明理由。

进口用于出版的音像制品的单位、音像制品成品进口经营单位应当持国务院出版行政主管部门的批准文件到海关办理进口手续。

第二十九条 进口用于出版的音像制品，其著作权事项应当向国务院著作权行政管理部门登记。

第三十条 进口供研究、教学参考的音像制品，应当委托音像制品成品进口经营单位依照本条例第二十八条的规定办理。

进口用于展览、展示的音像制品，经国务院出版行政主管部门批准后，到海关办理临时进口手续。

依照本条规定进口的音像制品，不得进行经营性复制、批发、零售、出租和放映。

第五章 批发、零售和出租

第三十一条 设立音像制品批发、零售单位，应当具备下列条件：

（一）有音像制品批发、零售单位的名称、章程；

（二）有确定的业务范围；

（三）有适应业务范围需要的组织机构和人员；

（四）有适应业务范围需要的资金和场所；

（五）法律、行政法规规定的其他条件。

第三十二条 申请设立音像制品批发单位，应当报所在地省、自治区、直辖市人民政府出版行政主管部门审批。申请从事音像制品零售业务，应当报县级地方人民政府出版行政主管部门审批。出版行政主管部门应当自受理申请书之日起30日内作出批准或者不批准的决定，并通知申请人。批准的，应当发给《出版物经营许可证》，由申请人持《出版物经营许可证》到工商行政管理部门登记，依法领取营业执照；不批准的，应当说明理由。

《出版物经营许可证》应当注明音像制品经营活动的种类。

第三十三条 音像制品批发、零售单位变更名称、业务范围，或者兼并其他音像制品批发、零售单位，或者因合并、分立而设立新的音像制品批发、零售单位的，应当依照本条例第三十二条的规定办理审批手续，并到原登记的工商行政管理部门办理相应的登记手续。

音像制品批发、零售单位变更地址、法定代表人或者主要负责人或者终止经营活动，从事音像制品零售经营活动的个体工商户变更业务范围、地址或者终止经营活动的，应当到原登记的工商行政管理部门办理变更登记或者注销登记，并向原批准的出版行政主管部门备案。

第三十四条 音像出版单位可以按照国家有关规定，批发、零售本单位出版的音像制品。从事非本单位出版的音像制品的批发、零售业务的，应当依照本条例第三十二条的规定办理审批手续，并到原登记的工商行政管理部门办理登记手续。

第三十五条　国家允许设立从事音像制品发行业务的中外合作经营企业。

第三十六条　音像制品批发单位和从事音像制品零售、出租等业务的单位或者个体工商户，不得经营非音像出版单位出版的音像制品或者非音像复制单位复制的音像制品，不得经营未经国务院出版行政主管部门批准进口的音像制品，不得经营侵犯他人著作权的音像制品。

第六章　罚则

第三十七条　出版行政主管部门或者其他有关行政部门及其工作人员，利用职务上的便利收受他人财物或者其他好处，批准不符合法定设立条件的音像制品出版、制作、复制、进口、批发、零售单位，或者不履行监督职责，或者发现违法行为不予查处，造成严重后果的，对负有责任的主管人员和其他直接责任人员依法给予降级直至开除的处分；构成犯罪的，依照刑法关于受贿罪、滥用职权罪、玩忽职守罪或者其他罪的规定，依法追究刑事责任。

第三十八条　音像制品经营活动的监督管理部门的工作人员从事或者变相从事音像制品经营活动的，参与或者变相参与音像制品经营单位的经营活动的，依法给予撤职或者开除的处分。

音像制品经营活动的监督管理部门有前款所列行为的，对负有责任的主管人员和其他直接责任人员依照前款规定处罚。

第三十九条　未经批准，擅自设立音像制品出版、制作、复制、进口、批发、零售单位，擅自从事音像制品出版、制作、复制业务或者进口、批发、零售经营活动的，由出版行政主管部门、工商行政管理部门依照法定职权予以取缔；依照刑法关于非法经营罪的规定，依法追究刑事责任；尚不够刑事处罚的，没收违法经营的音像制品和违法所得以及进行违法活动的专用工具、设备；违法经营额1万元以上的，并处违法经营额5倍以上10倍以下的罚款；违法经营额不足1万元的，可以处5万元以下的罚款。

第四十条　出版含有本条例第三条第二款禁止内容的音像制品，或者制作、复制、批发、零售、出租、放映明知或者应知含有本条例第三条第二款禁止内容的音像制品的，依照刑法有关规定，依法追究刑事责任；尚不够刑事处罚的，由出版行政主管部门、公安部门依据各自职权责令停业整顿，没收违法经营的音像制品和违法所得；违法经营额1万元以上的，并处违法经营额5倍以上10倍以下的罚款；违法经营额不足1万元的，可以处5万元以下的罚款；情节严重的，并由原发证机关吊销许可证。

第四十一条　走私音像制品的，依照刑法关于走私罪的规定，依法追究刑事责任；尚不够刑事处罚的，由海关依法给予行政处罚。

第四十二条　有下列行为之一的，由出版行政主管部门责令停止违法行为，给予警告，没收违法经营的音像制品和违法所得；违法经营额1万元以上的，并处违法经营额5倍以上10倍以下的罚款；违法经营额不足1万元的，可以处5万元以下的罚款；情节严重的，并责令停业整顿或者由原发证机关吊销许可证：

（一）音像出版单位向其他单位、个人出租、出借、出售或者以其他任何形式转让本单位的名称，出售或者以其他形式转让本单位的版号的；

（二）音像出版单位委托未取得《音像制品制作许可证》的单位制作音像制品，或者委托未取得《复制经营许可证》的单位复制音像制品的；

（三）音像出版单位出版未经国务院出版行政主管部门批准擅自进口的音像制品的；

（四）音像制作单位、音像复制单位未依照本条例的规定验证音像出版单位的委托书、有关证明的；

（五）音像复制单位擅自复制他人的音像制品，或者接受非音像出版单位、个人的委托复制经营性的音像制品，或者自行复制音像制品的。

第四十三条　音像出版单位违反国家有关规定与香港特别行政区、澳门特别行政区、台湾地区或者外国的组织、个人合作制作音像制品，音像复制单位违反国家有关规定接受委托复制境外音像制品，未经省、自治区、直辖市人民政府出版行政主管部门审核同意，或者未将复制的境外音像制品全部运输出境的，由省、自治区、直辖市人民政府出版行政主管部门责令改正，没收违法经营的音像制品和违法所得；违法经营额1万元以上的，并处违法经营额5倍以上10倍以下的罚款；违法经营额不足1万元的，可以处5万元以下的罚款；情节严重的，并由原发证机关吊销许可证。

第四十四条　有下列行为之一的，由出版行政主管部门责令改正，给予警告；情节严重的，并责令停业整顿或者由原发证机关吊销许可证：

（一）音像出版单位未将其年度出版计划和涉及国家安全、社会安定等方面的重大选题报国务院出版行政主管部门备案的；

（二）音像制品出版、制作、复制、批发、零售单位变更名称、地址、法定代表人或者主要负责人、业务范围等，未依照本条例规定办理审批、备案手续的；

（三）音像出版单位未在其出版的音像制品及其包装的明显位置标明本条例规定的内容的；

（四）音像出版单位未依照本条例的规定送交样本的；

（五）音像复制单位未依照本条例的规定留存备查的材料的；

（六）从事光盘复制的音像复制单位复制光盘，使用未蚀刻国务院出版行政主管部门核发的激光数码储存片来源识别码的注塑模具的。

第四十五条　有下列行为之一的，由出版行政主管部门责令停止违法行为，给予警告，没收违法经营的音像制品和违法所得；违法经营额 1 万元以上的，并处违法经营额 5 倍以上 10 倍以下的罚款；违法经营额不足 1 万元的，可以处 5 万元以下的罚款；情节严重的，并责令停业整顿或者由原发证机关吊销许可证：

（一）批发、零售、出租、放映非音像出版单位出版的音像制品或者非音像复制单位复制的音像制品的；

（二）批发、零售、出租或者放映未经国务院出版行政主管部门批准进口的音像制品的；

（三）批发、零售、出租、放映供研究、教学参考或者用于展览、展示的进口音像制品的。

第四十六条　单位违反本条例的规定，被处以吊销许可证行政处罚的，应当到工商行政管理部门办理变更登记或者注销登记；逾期未办理的，由工商行政管理部门吊销营业执照。

第四十七条　单位违反本条例的规定，被处以吊销许可证行政处罚的，其法定代表人或者主要负责人自许可证被吊销之日起 10 年内不得担任音像制品出版、制作、复制、进口、批发、零售单位的法定代表人或者主要负责人。

从事音像制品零售业务的个体工商户违反本条例的规定，被处以吊销许可证行政处罚的，自许可证被吊销之日起 10 年内不得从事音像制品零售业务。

第四十八条　依照本条例的规定实施罚款的行政处罚，应当依照有关法律、行政法规的规定，实行罚款决定与罚款收缴分离；收缴的罚款必须全部上缴国库。

第七章　附则

第四十九条　除本条例第三十五条外，电子出版物的出版、制作、复制、进口、批发、零售等活动适用本条例。

第五十条　依照本条例发放许可证，除按照法定标准收取成本费外，不得收取其他任何费用。

第五十一条　本条例自 2002 年 2 月 1 日起施行。1994 年 8 月 25 日国务院发布的《音像制品管理条例》同时废止。

订户订购进口出版物管理办法

中华人民共和国新闻出版总署令第 51 号

（2011 年 3 月 25 日发布）

第一条　为了满足国内单位和个人、在华外国机构、外商投资企业外籍人士和港、澳、台人士对进口出版物的阅读需求，加强对进口出版物的管理，根据《出版管理条例》和有关法律、法规，制定本办法。

第二条　在中国境内订户订购进口出版物适用本办法。

本办法所称进口出版物，是指由出版物进口经营单位进口的，在外国以及在中国香港特别行政区、澳门特别行政区和台湾地区出版的图书、报纸（含过期报纸）、期刊（含过期期刊）、电子出版物等。

本办法所称出版物进口经营单位，是指依照《出版管理条例》设立的从事出版物进口业务的单位。

本办法所称订户，是指通过出版物进口经营单位订购进口出版物的国内单位和个人、在华外国机构、外商投资企业和在华长期工作、学习、生活的外籍人士以及港、澳、台人士。

本办法所称订购，是指订户为满足本单位或者本人的阅读需求，向出版物进口经营单位预订购买进口出版物。

第三条　进口出版物分为限定发行范围的和非限定发行范围的两类，国家对其发行实行分类管理。

进口限定发行范围的报纸、期刊、图书、电子出版物等实行订户订购、分类供应的发行方式；非限定发行范围的进口报纸、期刊实行自愿订户订购和市场销售相结合的发行方式；非限定发行范围的进口图书、电子出版物等实行市场销售的发行方式。

限定发行范围的进口报纸、期刊、图书、电子出版物的种类由新闻出版总署确定。

第四条　订户订购进口出版物由出版物进口经营单

位经营。其中，订户订购限定发行范围的进口报纸、期刊、图书、电子出版物的业务，须由新闻出版总署指定的出版物进口经营单位经营。

未经新闻出版总署批准，任何单位和个人不得从事订户订购进口出版物的经营活动。

出版物进口经营单位委托非出版物进口经营单位代理征订或者代理配送进口出版物，须事先报新闻出版总署同意。

第五条　国内单位订户订购非限定发行范围的进口报纸、期刊，持单位订购申请书，直接到新闻出版总署批准的报纸、期刊进口经营单位办理订购手续。国内个人订户应通过所在单位办理订购手续。

第六条　可以订购限定发行范围的进口报纸、期刊、图书和电子出版物的国内单位订户由新闻出版总署确定。

第七条　国内单位订户订购限定发行范围的进口报纸、期刊、图书、电子出版物等，中央单位订户由所属中央各部委审批；地方单位订户经所在地省、自治区、直辖市新闻出版行政部门审核后报送同级党委宣传部审批。获得批准的订户持单位订购申请书和有关批准文件，到新闻出版总署指定的出版物进口经营单位办理订购手续。

国内单位订户订购限定发行范围的进口报纸、期刊、图书、电子出版物等，应制定相应的使用管理办法。

第八条　在华外国机构、外商投资企业和在华长期工作、学习、生活的外籍人士和港、澳、台人士订购进口报纸、期刊，应持单位订购申请书或者本人身份证明，到新闻出版总署批准或者指定的报纸、期刊进口经营单位办理订购手续。

第九条　出版物进口经营单位负责对订购限定发行范围的进口报纸、期刊、图书、电子出版物的订户进行审核，并将审核后的订户名单、拟订购进口报纸、期刊、图书、电子出版物的品种和数量报送新闻出版总署批准。出版物进口经营单位依照批准后的订户名单及进口报纸、期刊、图书、电子出版物的品种和数量供应订户。

第十条　未经批准，擅自从事进口出版物的订户订购业务，按照《出版管理条例》第六十一条处罚。

违反本办法其他规定的，由新闻出版行政部门责令改正，给予警告；情节严重的，并处3万元以下的罚款。

第十一条　本办法自公布之日起施行。新闻出版总署2004年12月31日颁布的《订户订购进口出版物管理办法》同时废止。

出版物市场管理规定

中华人民共和国新闻出版总署、商务部第52号令

（2011年3月25日公布）

第一章　总则

第一条　为规范出版物发行活动及其监督管理，建立全国统一、开放、竞争、有序的出版物市场体系，发展社会主义出版产业，根据《出版管理条例》和有关法律、行政法规，制定本规定。

第二条　本规定适用于出版物发行活动及其监督管理。

本规定所称出版物，是指图书、报纸、期刊、音像制品、电子出版物等。

本规定所称发行，包括总发行、批发、零售以及出租、展销等活动。

总发行是指由唯一供货商向其他出版物经营者销售出版物。

批发是指供货商向其他出版物经营者销售出版物。

零售是指经营者直接向消费者销售出版物。

出租是指经营者以收取租金的形式向读者提供出版物。

展销是指主办者在一定场所、时间内组织出版物经营者集中展览、销售、订购出版物。

第三条　国家对出版物发行依法实行许可制度，未经许可，任何单位和个人不得从事出版物发行活动。本规定另有规定的除外。

第四条　新闻出版总署负责全国出版物发行活动的监督管理，负责制定全国出版物发行业发展规划。

省、自治区、直辖市新闻出版行政部门负责本行政区域内出版物发行活动的监督管理，制定本省、自治区、直辖市出版物发行业发展规划。省级以下各级人民政府新闻出版行政部门负责本行政区域内出版物发行活动的监督管理。

制定出版物发行业发展规划须经科学论证，遵循合法公正、符合实际、促进发展的原则。

第五条　发行行业的社会团体按照其章程，在新闻出版行政部门的指导下，实行自律管理。

第二章　出版物发行单位设立

第六条　设立出版物总发行企业或者其他单位从事出版物总发行业务，应当具备下列条件：

（一）有确定的企业名称和经营范围；

（二）以出版物发行为主营业务；

（三）有与出版物总发行业务相适应的组织机构和发行人员，至少一名负责人应当具有高级以上出版物发行员职业资格或者新闻出版总署认可的与出版物发行专业相关的中级以上专业技术资格；

（四）有与出版物总发行业务相适应的设备和固定的经营场所，经营场所的营业面积不少于 1000 平方米；

（五）注册资本不少于 2000 万元；

（六）具备健全的管理制度并具有符合行业标准的信息管理系统；

（七）最近三年内未受到新闻出版行政部门行政处罚，无其他严重违法记录。

除出版物总发行企业依法设立的从事总发行业务的分公司外，总发行单位应为公司制法人。

第七条　申请设立出版物总发行企业或者其他单位申请从事出版物总发行业务，须向所在地省、自治区、直辖市新闻出版行政部门提交申请材料，经其审核后，报新闻出版总署审批。

新闻出版总署应当自受理申请之日起 60 个工作日内作出批准或者不予批准的决定，并书面告知申请人。批准的，由新闻出版总署颁发《出版物经营许可证》，申请人持《出版物经营许可证》到工商行政管理部门依法办理相关手续；不予批准的，应当书面说明理由。

申请材料包括下列书面材料：

（一）申请书，载明单位基本情况及申请事项；

（二）组织机构和章程；

（三）注册资本信用证明；

（四）经营场所的情况和使用权证明；

（五）法定代表人及主要负责人的身份证明；

（六）负责人的发行员职业资格证书或其他专业技术资格证明材料；

（七）企业信息管理系统情况的证明材料；

（八）其他需要的证明材料。

第八条　设立出版物批发企业或者其他单位从事出版物批发业务，应当具备下列条件：

（一）有确定的企业名称和经营范围；

（二）有与出版物批发业务相适应的组织机构和发行人员，至少一名负责人应当具有中级以上出版物发行员职业资格或者新闻出版总署认可的与出版物发行专业相关的中级以上专业技术资格；

（三）有与出版物批发业务相适应的设备和固定的经营场所，其中进入出版物批发市场的单店营业面积不少于 50 平米，独立设置经营场所的营业面积不少于 200 平方米；

（四）注册资本不少于 500 万元；

（五）具备健全的管理制度并具有符合行业标准的信息管理系统；

（六）最近三年内未受到新闻出版行政部门行政处罚，无其他严重违法记录。

除出版物发行企业依法设立的从事批发业务的分公司外，批发单位应为公司制法人。

第九条　申请设立出版物批发企业或者其他单位申请从事出版物批发业务，须向所在地地市级新闻出版行政部门提交申请材料，经审核后报省、自治区、直辖市新闻出版行政部门审批。

省、自治区、直辖市新闻出版行政部门自受理申请之日起 20 个工作日内作出批准或者不予批准的决定，并书面告知申请人。批准的，由省、自治区、直辖市新闻出版行政部门颁发《出版物经营许可证》，并报新闻出版总署备案。申请人持《出版物经营许可证》到工商行政管理部门依法办理相关手续。不予批准的，应当书面说明理由。

申请材料包括下列书面材料：

（一）申请书，载明单位基本情况及申请事项；

（二）企业章程；

（三）注册资本信用证明；

（四）经营场所的情况及使用权证明；

（五）法定代表人及主要负责人的身份证明；

（六）负责人的发行员职业资格证书或其他专业技术资格证明材料；

（七）企业信息管理系统情况的证明材料；

（八）其他需要的证明材料。

第十条　设立出版物零售企业或者其他单位、个人从事出版物零售业务，应当具备下列条件：

（一）有确定的名称和经营范围；

（二）至少一名负责人应当具有初级以上出版物发行员职业资格或者新闻出版总署认可的与出版物发行专业相关的初级以上专业技术资格；

（三）有固定的经营场所。

第十一条　申请设立出版物零售企业或者其他单位、个人申请从事出版物零售业务，须向所在地县级人民政府新闻出版行政部门提交申请材料。

县级新闻出版行政部门应当自受理申请之日起 20 个工作日内作出批准或者不予批准的决定，并书面告知申请人。批准的，由县级人民政府新闻出版行政部门颁发《出版物经营许可证》，并同时报上一级新闻出版行政部门备案，其中营业面积在 5000 平方米以上的应同时报省、自治区、直辖市新闻出版行政部门备案。申请人持《出版物经营许可证》到工商行政管理部门依法办理相关手续。不予批准的，应当书面说明理由。

申请材料包括下列书面材料：

（一）申请书，载明单位基本情况及申请事项；

（二）经营场所的使用权证明；

（三）经营者的身份证明和发行员职业资格证书或其他专业技术资格证明材料。

第十二条　设立出版物出租企业或者其他单位、个人从事出版物出租业务，应当于取得营业执照后15日内持营业执照复印件及经营地址、法定代表人或者主要负责人情况等材料到当地县级人民政府新闻出版行政部门备案。

第十三条　设立出版物连锁经营企业或者其他连锁经营企业从事出版物连锁经营业务，应当具备下列条件：

（一）有确定的企业名称和经营范围；

（二）符合连锁经营的组织形式和经营方式；

（三）注册资本不少于300万元，其中从事全国性连锁经营的不少于1000万元；

（四）有10个以上的直营连锁门店；

（五）有与出版物连锁业务相适应的组织机构和发行人员，至少一名负责人应当具有中级以上出版物发行员职业资格或者新闻出版总署认可的与出版物发行专业相关的中级以上专业技术资格；

（六）有与出版物连锁业务相适应的设备和固定的经营场所，其中样本店的经营面积不少于500平方米；

（七）具备健全的管理制度并具有符合行业标准的信息管理系统；

（八）最近三年内未受到新闻出版行政部门行政处罚，无其他严重违法记录。

第十四条　申请设立出版物连锁经营企业或者其他连锁经营企业申请从事出版物连锁经营业务，须向总部所在地地市级新闻出版行政部门提交申请材料。经审核后报省、自治区、直辖市新闻出版行政部门审批；省、自治区、直辖市新闻出版行政部门自受理申请之日起20个工作日内作出批准或者不予批准的决定，并书面告知申请人。批准的，由省、自治区、直辖市新闻出版行政部门颁发《出版物经营许可证》，并报新闻出版总署备案；不予批准的，应当书面说明理由。申请设立全国性出版物连锁经营企业或者其他连锁经营企业申请从事全国性出版物连锁经营业务，须向总部所在地省、自治区、直辖市新闻出版行政部门提交申请材料，经审核后报新闻出版总署审批。新闻出版总署应当自受理申请之日起60个工作日内作出批准或者不予批准的决定，并书面告知申请人。批准的，由新闻出版总署颁发《出版物经营许可证》。申请人持《出版物经营许可证》到工商行政管理部门依法办理相关手续。不予批准的，应当书面说明理由。申请材料包括下列书面材料：

（一）申请书，载明企业基本情况、申请事项等；

（二）组织机构和章程；

（三）注册资本信用证明；

（四)总部和连锁门店经营场所名单及使用权证明；

（五）法定代表人及主要负责人的身份证明；

（六）负责人的发行员职业资格证书或其他专业技术资格证明材料；

（七）企业信息管理系统使用情况证明材料；

（八）其他需要的证明材料。

第十五条　出版物连锁经营企业设立直营连锁门店不需单独办理《出版物经营许可证》，可以凭出版物连锁经营企业总部的《出版物经营许可证》复印件到门店所在地县级人民政府新闻出版行政部门备案后，到工商行政管理部门依法领取非法人的营业执照。

出版物连锁经营企业开设非直营连锁门店，连锁门店须按照本规定第十条、第十一条的有关规定办理审批手续，已具有《出版物经营许可证》的除外。

第十六条　国家允许设立从事图书、报纸、期刊、电子出版物发行活动的中外合资经营企业、中外合作经营企业和外资企业，允许设立从事音像制品发行活动的中外合作经营企业；其中，从事图书、报纸、期刊连锁经营业务，连锁门店超过30家的，不允许外资控股；外国投资者不得以变相参股方式违反上述有关30家连锁门店的限制。

设立外商投资出版物总发行、批发、零售、连锁经营企业应具备的条件及新闻出版行政部门的审批程序按照本规定第六条至第十五条的有关规定执行；申请人获得新闻出版行政部门批准文件后，还须按照有关法律、法规向商务主管部门提出申请，办理外商投资审批手续，并于获得批准后90天内持批准文件和《外商投资企业批准证书》到原批准的新闻出版行政部门领取《出版物经营许可证》。申请人持《出版物经营许可证》和《外商投资企业批准证书》向所在地工商行政管理部门依法领取营业执照。

第十七条　通过互联网等信息网络从事出版物发行业务的单位或者个人，应当依照本规定取得《出版物经营许可证》，外商投资企业还应按照相关规定办理外商投资审批手续。

已经取得《出版物经营许可证》的出版物发行单位在批准的经营范围内通过互联网等信息网络从事出版物发行业务，应自开展网络出版物发行业务15日内到原批准的新闻出版行政部门备案。

第十八条 申请设立从事出版物发行的书友会、读者俱乐部或者其他类似组织，按照本规定第十条、第十一条的规定办理。出版物发行企业可以设立不具备法人资格的书友会、读者俱乐部或者其他类似组织，无需审批，但应于设立后15日内持相关材料到原批准的新闻出版行政部门备案。

第十九条 出版物发行单位可在原批准的新闻出版行政部门所辖行政区域一定地点及时间内，设立临时零售点开展其业务范围内的出版物销售活动，但须提前到设点所在地县级新闻出版行政部门履行备案手续，并须遵守所在地其他有关管理规定。

第二十条 出版物总发行单位可以从事出版物批发、零售业务；出版物批发单位可以从事出版物零售业务。

出版物发行单位设立不具备法人资格的发行分支机构，根据拟设分支机构的业务范围，分别按照设立出版物总发行、批发、零售单位的有关规定办理审批手续。

出版单位设立发行本版出版物的不具备法人资格的发行分支机构，出版单位须持《出版物经营许可证》复印件及分支机构设立地址、人员情况等相关材料于分支机构设立后15日内到分支机构所在地省、自治区、直辖市新闻出版行政部门备案。

第二十一条 从事出版物发行业务的单位和个人变更《出版物经营许可证》登记事项，或者兼并、合并、分立的，应当依照本办法到原批准的新闻出版行政部门办理审批手续，并持批准文件到工商行政管理部门办理相应的登记手续，外商投资企业还应按照相关规定办理外商投资审批手续。

从事出版物发行业务的单位和个人终止经营活动的，应当到工商行政管理部门办理注销登记，并向原批准的新闻出版行政部门备案。

第三章 出版物发行活动管理

第二十二条 任何组织和个人不得发行下列出版物：

（一）含有《出版管理条例》禁止内容的违禁出版物；

（二）各种非法出版物，包括：未经批准擅自出版、印刷或者复制的出版物，伪造、假冒出版单位或者报刊名称出版的出版物，非法进口的出版物；

（三）侵犯他人著作权或者专有出版权的出版物；

（四）新闻出版行政部门明令禁止出版、印刷或者复制、发行的出版物。

第二十三条 内部发行的出版物不得公开宣传、陈列、展示、销售。

内部资料性出版物只能在本系统、本行业或者本单位内部免费分发，任何组织和个人不得发行。

第二十四条 从事出版物发行业务的单位和个人在发行活动中应当遵循公平、合法、诚实守信的原则，依法订立供销合同，不得损害消费者的合法权益。

从事出版物发行业务的单位和个人，必须遵守下列规定：

（一）从依法设立的出版发行单位进货；发行进口出版物的，须从依法设立的出版物进口经营单位进货；

（二）将出版物发行进销货清单等有关非财务票据至少保存两年，以备查验；

（三）不得超出新闻出版行政部门核准的经营范围经营；

（四）不得张贴和散发有法律、法规禁止内容的或者有欺诈性文字的征订单、广告和宣传画；

（五）不得擅自更改出版物版权页；

（六）《出版物经营许可证》应在经营场所明显处张挂；利用信息网络从事出版物发行业务的，应在其网站主页面或者从事经营活动的网页醒目位置公开《出版物经营许可证》和营业执照登载的有关信息或链接标识；

（七）不得涂改、变造、出租、出借、出售或者以其他任何形式转让《出版物经营许可证》和批准文件。

第二十五条 出版物发行单位应当建立职业培训制度，按照《中华人民共和国劳动法》和国家确定的职业分类以及出版物发行员职业技能标准，组织本单位从业人员参加经过国家劳动行政部门批准的考核鉴定机构所实施的职业技能鉴定考核。

第二十六条 出版单位对本版出版物具有总发行权。

出版单位不得向无出版物总发行权的单位转让或者变相转让出版物总发行权，不得委托无出版物批发权的单位批发出版物或者代理出版物批发业务，不得委托非出版物发行单位发行出版物。

第二十七条 建立发行出版物的网络交易平台应向所在地省、自治区、直辖市新闻出版行政部门备案，接受新闻出版行政部门的指导与监督管理。

提供出版物发行网络交易平台服务的经营者，应当对申请通过网络交易平台从事出版物发行的经营主体身份进行审查，核实经营主体的营业执照、《出版物经营许可证》，并留存证照复印件备查。不得向无证无照、证照不齐的经营者提供网络交易平台服务。

提供出版物发行网络交易平台服务的经营者，发现在网络交易平台内从事各类违法活动的，应当采取有效措施予以制止，并及时向所在地新闻出版行政部门报告。

第二十八条　省、自治区、直辖市新闻出版行政部门和全国性出版、发行行业协会，可以申请主办全国性的出版物展销活动，并须提前6个月报新闻出版总署审批。

全国性出版、发行行业协会可以主办跨省专业性出版物展销活动；市、县级新闻出版行政部门和省级出版、发行协会可以主办地方性的出版物展销活动；主办单位须提前2个月报所在地省、自治区、直辖市新闻出版行政部门备案。

第二十九条　中学小学教科书发行单位应当具有适应教科书发行业务需要的资金、组织机构和人员等条件，并取得新闻出版总署批准的教科书发行资质。纳入政府采购范围的中学小学教科书，其发行单位还须按照《中华人民共和国政府采购法》的有关规定确定。其他任何单位或者个人不得从事中学小学教科书的发行业务。

中小学教科书发行管理办法由新闻出版总署另行制定。

第三十条　任何单位和个人不得从事本规定第二十二条所列出版物的征订、储存、运输、邮寄、投递、散发、附送等活动。

从事出版物储存、运输、投递活动，应当接受新闻出版行政部门的监督检查。

第三十一条　从事出版物发行业务的单位和个人应当按照新闻出版行政部门的规定接受年度核验，并按照《中华人民共和国统计法》、《新闻出版统计管理办法》及有关规定如实报送统计资料，不得以任何借口拒报、迟报、虚报、瞒报以及伪造和篡改统计资料。出版物发行单位不再具备行政许可的法定条件的，由新闻出版行政部门责令限期改正；逾期仍未改正的，由原发证机关撤销《出版物经营许可证》。

第四章　罚则

第三十二条　未经批准，擅自设立出版物发行单位，或者擅自从事出版物发行业务的，依照《出版管理条例》第六十一条处罚。

未经批准擅自设立发行分支机构、出版物批发市场，擅自主办全国性出版物展销活动或者不符合本条例规定的主办单位擅自主办地方性或者跨省专业性出版物展销活动的，按照前款处罚。

第三十三条　发行违禁出版物的，依照《出版管理条例》第六十二条处罚。

发行新闻出版总署禁止进口的出版物，或者发行进口出版物未从依法批准的出版物进口经营单位进货的，依照《出版管理条例》第六十三条处罚。

发行其他非法出版物和新闻出版行政部门明令禁止出版、印刷或者复制、发行的出版物的，依照《出版管理条例》第六十五条处罚。

发行违禁出版物或者非法出版物的，当事人对其来源作出说明、指认，经查证属实的，没收出版物和非法所得，可以减轻或免除其他行政处罚。

第三十四条　违反本规定发行侵犯他人著作权或者专有出版权的出版物的，依照《中华人民共和国著作权法》和《中华人民共和国著作权法实施条例》的规定处罚。

第三十五条　发行未经依法审定的中学小学教科书，或者未经法定方式确定的单位从事中学小学教科书的发行业务的，依照《出版管理条例》第六十五条处罚。

第三十六条　出版物发行单位未依照规定办理变更审批手续的，按照《出版管理条例》第六十七条处罚。

第三十七条　单位违反本规定被吊销《出版物经营许可证》的，由原发证单位吊销其法定代表人或者主要负责人及直接责任人的出版物发行员职业资格证书；其法定代表人或者主要负责人自许可证被吊销之日起10年内不得担任发行单位的法定代表人或者主要负责人。

第三十八条　违反本规定，有下列行为之一的，由新闻出版行政部门责令停止违法行为，予以警告，并处3万元以下罚款：

（一）未能提供近两年的出版物发行进销货清单等有关非财务票据的；

（二）超出新闻出版行政部门核准的经营范围经营的；

（三）张贴和散发有法律、法规禁止内容的或者有欺诈性文字的征订单、广告和宣传画的；

（四）擅自更改出版物版权页的；

（五）《出版物经营许可证》未在经营场所明显处张挂或未在网页醒目位置公开《出版物经营许可证》和营业执照登载的有关信息或链接标识的；

（六）出售、出借、出租、转让或擅自涂改、变造《出版物经营许可证》的；

（七）发行内部资料性出版物的，或公开宣传、陈列、销售规定应由内部发行的出版物的；

（八）向无总发行权的单位转让或者变相转让出版物总发行权，委托无出版物批发权的单位批发出版物或代理出版物批发业务，委托非出版物发行单位发行出版物的；

（九）提供出版物网络交易平台服务的经营者未按本规定履行有关审查及管理责任的；

（十）应按本规定进行备案而未备案的；

（十一）不按规定接受年度核检的。

第三十九条 征订、储存、运输、邮寄、投递、散发、附送本规定第二十二条所列出版物的，按照本规定第三十三条进行处罚。

第四十条 违反本规定第三十一条未报送统计数据的，按照新闻出版总署《新闻出版统计管理办法》处理。

第五章 附则

第四十一条 香港特别行政区、澳门特别行政区、台湾地区的投资者在其他省、自治区、直辖市设立出版物发行企业，按照本规定第十六条办理，并作如下补充规定：

（一）允许香港、澳门服务提供者在内地以独资、合资形式提供音像制品（含后电影产品）的发行服务；

（二）对于同一香港、澳门服务提供者在内地从事图书、报纸、期刊连锁经营，允许其控股，但出资比例不得超过65%；

（三）香港、澳门服务提供者应分别符合《内地与香港关于建立更紧密经贸关系的安排》及《内地与澳门关于建立更紧密经贸关系的安排》中关于“服务提供者”定义及相关规定的要求，取得香港、澳门服务提供者证明书。

第四十二条 除已依法设立的出版物批发市场外，各省、自治区、直辖市不得再设立或者变相设立出版物批发市场；进入出版物批发市场的经营单位在出版物销售前，须将出版物样本报送批发市场管理机构审验，报送审验的出版物样本必须与所销售的出版物一致。

第四十三条 本规定所称全国性连锁经营，是指跨省、自治区、直辖市连锁经营。

第四十四条 《出版物经营许可证》正、副本的样式由新闻出版总署规定，由新闻出版总署或者省、自治区、直辖市新闻出版行政部门统一印制。

第四十五条 本规定自公布之日起施行，此前新闻出版总署和有关部门颁布的《出版物市场管理规定》、《音像制品批发、零售、出租管理办法》、《外商投资图书、报纸、期刊分销企业管理办法》和《中外合作音像制品分销企业管理办法》及有关补充规定同时废止，本规定施行前与本规定不一致的其他规定不再执行。

数字印刷管理办法

新出政发〔2011〕2号

（2011年1月11日发布）

第一章 总则

第一条 为规范数字印刷经营活动，促进数字印刷健康发展，根据《出版管理条例》、《印刷业管理条例》及相关法律法规，制定本办法。

第二条 本办法适用于采用生产型数字印刷机从事出版物、包装装潢印刷品和其他印刷品印刷的经营活动（以下简称数字印刷经营活动）。

本办法所称生产型数字印刷机，是指具备较高的印刷速度，印刷质量稳定，能实现工业化连续、批量生产的数字印刷设备。

生产型数字印刷机应当配备数字工作流程；高速数字复合机类设备不属于生产型数字印刷机。

第三条 新闻出版总署负责全国数字印刷监督管理工作，县级以上地方新闻出版行政部门负责本行政区域内数字印刷监督管理工作。

县级以上地方新闻出版行政部门应当加强对本行政区域内从事数字印刷经营活动的企业（以下简称数字印刷经营企业）的引导和监督管理，加强对数字印刷经营者有关法律法规的培训。

第四条 国家支持、鼓励数字印刷经营企业采用新技术、开拓新模式、提供新服务。

数字印刷经营企业应当建立质量保证体系，印刷产品质量应当符合国家和行业标准。

第二章 企业设立

第五条 国家对数字印刷经营活动实行许可制度；未经许可，任何单位和个人不得从事数字印刷经营活动。

第六条 设立数字印刷企业，应当具备下列条件：

（一）有企业的名称、章程；

（二）有确定的业务范围；

（三）有适应业务范围需要的固定生产经营场所，建筑面积不少于50平方米；

（四）有能够维持正常生产经营的资金，注册资本不少于100万元人民币；

（五）有1台以上生产型数字印刷机；

（六）有适应业务范围需要的组织机构和人员；

（七）有关法律、行政法规规定的其他条件。

审批设立数字印刷企业，除依照前款规定外，还应当符合国家有关印刷企业总量、结构和布局的规划。

第七条　设立数字印刷企业，应当向所在地省级新闻出版行政部门提出申请，并提交下列申请文件：

（一）申请书。载明申请单位的名称、地址，法定代表人或者主要负责人的姓名、住址，资金来源、数额，资本构成以及申请的主要事项。

（二）企业名称预先核准通知书和章程。

（三）法定验资机构出具的资金信用证明。

（四）可行性研究报告。

（五）经营场所和必备的生产条件证明。

（六）法定代表人或者主要负责人的身份证明和履历证明。

第八条　省级新闻出版行政部门应当自受理申请之日起20日内作出批准或者不批准的决定，并通知申请人。批准设立申请的，由省级新闻出版行政部门颁发《印刷经营许可证》，经营范围栏注明“以数字印刷方式从事出版物、包装装潢印刷品和其他印刷品的印刷”；不批准的，应当说明理由。

省级新闻出版行政部门应当自颁发《印刷经营许可证》之日起20日内将批准文件和《印刷经营许可证》（正、副本）复印件报新闻出版总署备案。

第九条　数字印刷经营活动可以采取连锁经营的形式。

数字印刷连锁经营企业在连锁经营总部（以下简称连锁总部）的统一管理下开展数字印刷经营活动，实行规范化管理。

数字印刷连锁经营企业除应当符合本办法第六条的规定外，还应当符合直营连锁、特许连锁等连锁经营方式的管理要求。从事数字印刷连锁经营活动的企业，应当由5个以上连锁门店组成，连锁总部注册资本不少于500万元人民币。

第十条　设立数字印刷连锁经营企业，应当由连锁总部向所在地省级新闻出版行政部门提交本办法第七条规定的申请材料和连锁总部及连锁门店经营场所名单、运营计划。连锁总部获得许可后，各连锁门店持连锁总部的《印刷经营许可证》（副本）及总部的申请材料到所在地省级新闻出版行政部门备案，领取《印刷经营许可证》（正、副本），经营范围栏注明“以数字印刷连锁经营方式从事出版物、包装装潢印刷品和其他印刷品的印刷”。

第十一条　设立外商投资数字印刷企业的，除符合本办法规定外，中、外方投资比例和权益还应当符合《设立外商投资印刷企业暂行规定》以及补充规定的有关规定。

第十二条　现有从事出版物、包装装潢印刷品或者其他印刷品印刷经营活动的企业在原批准的经营范围内开展数字印刷经营活动的，免于办理数字印刷审批手续。

现有从事出版物、包装装潢印刷品或者其他印刷品印刷经营活动的企业超出原批准的经营范围开展数字印刷经营活动的，应当依照本办法第六条至第八条的规定到所在地省级新闻出版行政部门办理数字印刷审批手续。

第三章　经营活动管理

第十三条　数字印刷经营企业必须严格遵守国家有关法律法规，接受所在地新闻出版行政部门的日常监督管理。

数字印刷经营企业法定代表人或者主要负责人应当定期接受新闻出版行政部门组织的业务培训，并取得省级新闻出版行政部门颁发的《印刷法规培训合格证书》。

第十四条　数字印刷经营企业应当建立、健全承印委托、承印验证、承印登记、印刷品保管、印刷品交付、印刷活动残次品销毁等制度。

第十五条　数字印刷经营企业应当在经营场所醒目位置悬挂《印刷经营许可证》。

通过互联网从事印刷经营活动的，应当在网站首页显著位置公示《印刷经营许可证》。

第十六条　数字印刷经营企业接受委托印刷出版物的，应当按照《印刷业管理条例》有关规定，验证印刷委托书及其他法定文书。

第十七条　数字印刷经营企业接受委托印刷包装装潢印刷品和其他印刷品的，应当按照《印刷业管理条例》办理相关手续。

第十八条　数字印刷连锁经营企业建立了规范、统一的业务管理系统，并在连锁总部的统一组织下接受委托印刷出版物的，由接受委托的连锁总部或者连锁门店验证并留存相关印刷委托书和接受委托印刷的出版物样本备查，其他连锁门店免于办理相关手续。

第四章　法律责任

第十九条　未经批准，擅自从事数字印刷经营活动的，由公安部门、工商行政管理部门依据法定职权予以取缔。

第二十条 数字印刷经营企业违反有关规定的，根据《印刷业管理条例》依法给予行政处罚；情节严重的，由原发证机关吊销许可证；构成犯罪的，依法追究刑事责任。

第二十一条 数字印刷连锁经营企业的连锁总部应当对连锁门店日常经营活动加强管理。

连锁门店受到新闻出版行政部门罚款（含罚款）以上行政处罚的，行政处罚实施单位应当将处罚结果向连锁总部所在地省级新闻出版行政部门备案。

连锁门店一年内累计受到两次罚款（含罚款）以上的行政处罚的，连锁总部应当撤销该连锁门店或终止与该连锁门店的连锁经营关系，并依照《印刷业管理条例》违法行为"情节严重"的有关规定，由原发证机关吊销该连锁门店的《印刷经营许可证》。

一年内三分之一以上的连锁门店受到罚款（含罚款）以上行政处罚的，省级新闻出版行政部门应当责令连锁总部进行整改；若整改不通过，依照《印刷业管理条例》违法行为"情节严重"的有关规定，由原发证机关吊销连锁总部及全部连锁门店的《印刷经营许可证》。

第二十二条 本办法施行前已经从事数字印刷经营活动的企业，应当自本办法施行之日起 180 日内到省级新闻出版行政部门依照本办法办理相关手续。

第二十三条 本办法自 2011 年 2 月 1 日起施行。

国家印刷复制示范企业管理办法

新出政发〔2011〕18 号

（2011 年 12 月 6 日发布）

第一条 为贯彻落实国务院印发的《文化产业振兴规划》提出的建设一批印刷复制产业示范基地的要求，对印刷复制企业分类实施综合评估，规范国家印刷复制示范企业的建立和管理，充分发挥国家印刷复制示范企业在转变发展方式、调整产业结构、提升行业素质等方面的引导和辐射作用，将我国建设成为世界印刷强国，特制定本办法。

第二条 国家印刷复制示范企业，是指资质合格、遵纪守法、管理规范、技术先进、产品优质、业绩突出、创新节能、人才聚集、诚信经营，在全国具有示范作用的骨干印刷复制企业或者企业集团。

第三条 建立国家印刷复制示范企业的宗旨，是通过对具有示范作用的骨干印刷复制企业或者企业集团的认定、挂牌、扶持和宣传，进一步优化产业结构、培育优势企业，加快自主创新和技术进步，鼓励节能减排，倡导绿色印刷，引导整个产业实现转型和升级。

第四条 新闻出版总署负责制定国家印刷复制示范企业总量、结构、布局的全国规划，对国家印刷复制示范企业进行审核、认定和管理。各省、自治区、直辖市新闻出版行政主管部门负责对国家印刷复制示范企业进行初审、申报和日常管理。

第五条 国家印刷复制示范企业的规划目标，是从 2012 年开始，到"十二五"期末，在全国范围内建立 100 家左右"国家印刷示范企业"和 10 家左右"国家光盘复制示范企业"，国家印刷复制示范企业的引导作用和辐射效应明显显现，骨干印刷复制企业国际竞争力明显增强，产业分工合理，区域协调发展，形成相对完善的现代化印刷复制产业体系。

第六条 国家印刷复制示范企业必须具备的条件：

（一）合法经营方面

印刷复制企业模范遵守《出版管理条例》《印刷业管理条例》《音像制品管理条例》以及《复制管理办法》等法规和规章，没有盗版盗印等不良记录，近三年内未被新闻出版行政主管部门给予过行政处罚。

（二）规模效益方面

印刷复制企业主要经济效益指标及全员劳动生产率居国内同行业前列，在最近三个财务审计年度实现盈利。其中，印刷企业资产总额 3 亿元以上（主营出版物印刷企业或者数字印刷企业 1 亿元以上），年度销售收入 5 亿元以上（主营出版物印刷企业或者数字印刷企业 2 亿元以上），或者近三年销售总收入 10 亿元以上（主营出版物印刷企业或者数字印刷企业 5 亿元以上）且其间年度增长率均值超过 20%，年度上缴税收 1000 万元以上；只读类光盘复制企业年度产量 1 亿片以上，销售收入 1.2 亿元以上，年度上缴税收 500 万元以上；可录类光盘生产企业年度产量 2.5 亿片以上，销售收入 2.8 亿元以上，年度上缴税收 1000 万元以上。

（三）技术装备方面

印刷复制企业关键生产设备居行业先进水平。其中，印刷企业拥有多色高速、自动、联动等先进技术设备，或者在数字印刷、柔印、印刷设备数字化自动控制、数字资产管理、数字直接制版、数字化工作流程等方面具备较强实力；光盘复制企业拥有 DVD、DVDR 或者高清光盘生产线以及配套的检测设备。

（四）创新研发方面

印刷复制企业研发投入达到销售收入的一定比重。其中，印刷企业研发投入占销售收入比重不低于 1%，光盘复制企业研发投入占销售收入比重不低于 4%。印刷复制企业建有国家级或省级企业技术中心或者研发机构，企业持有授权专利，且持有数量居国内同行业前列。印刷复制企业在新产品拓展、产业链延伸、商业模式探索等方面有实质性创新和相对成熟的创新成果。

（五）管理体系方面

印刷复制企业建立了规范的现代产权制度和科学的管理机制；通过了质量管理体系认证，按照国际与国内先进标准组织生产，产品质量经检测符合有关标准；建立了基于网络的企业管理信息化系统；企业安全生产管理体系完善，责任制健全，近三年内未发生重大安全生产事故。

（六）绿色环保方面

印刷复制企业积极开展绿色生产，通过环境管理体系及相关国际绿色认证；推行清洁生产审核；使用的各种原辅材料符合国际标准，应用节能减排、清洁生产的设备、材料与工艺；排放、节能等指标符合国家环保标准。其中，印刷企业能够达到国家绿色环保印刷标准的要求。

（七）人才队伍方面

印刷复制企业具有较强的经营管理和技术研发队伍。其中，印刷企业大专以上学历或者中级以上（含中级技工以上）职称人员人数比例不低于 70%，高级技术人员（含技师以上）比例不低于 20%；光盘复制企业大专以上学历或者中级以上职称人员人数比例不低于 90%，技术人员比例不低于 20%。

（八）地方扶持方面

印刷复制企业所在地省、自治区、直辖市对建立国家印刷复制示范企业给予了切实可行的扶持政策和措施。

第七条　为鼓励印刷企业“走出去”，对具备以下条件的印刷企业可以认定为国家印刷示范企业：印刷企业年度承接境外印刷加工业务占企业全面主营业务量的 30% 以上，且年度对外加工业务营业额达到 2000 万美元；企业的总资产报酬率应高于同期银行贷款利率；企业应不欠税、不欠工资，不欠社会保险金，企业资产负债率一般应低于 60%，企业银行信用等级在 AA 级以上（含 AA 级）。在同行业中企业的产品质量、产品科技含量、新产品开发能力居领先水平，原料综合利用率高，主营业务符合国家产业政策、环保政策和质量管理标准体系。

第八条　国家印刷复制示范企业实行自愿申请、初审、终审和认定的程序。凡符合本办法第六条或者第七条要求的印刷复制企业，均可申请建立成为国家印刷复制示范企业。

第九条　印刷复制企业应当向所在地县、市新闻出版行政主管部门提交《国家印刷复制示范企业申请表》（见附表），经所在地县、市新闻出版行政主管部门核实确认后，报送所在地省、自治区、直辖市新闻出版行政主管部门初审。审核同意后，由各省、自治区、直辖市新闻出版行政主管部门向新闻出版总署报送书面报告以及有关申请材料。报告要同时载明地方给予的扶持政策和措施。

第十条　新闻出版总署组织评审专家组，对各省、自治区、直辖市新闻出版行政主管部门申报的国家印刷复制示范企业进行考核和终审。

通过考核和终审的印刷复制企业在新闻出版总署门户网站(www.gapp.gov.cn)上进行公示,公示期为 7 天。

通过公示的印刷复制企业，由新闻出版总署认定为国家印刷复制示范企业，授予“国家印刷示范企业”或者“国家光盘复制示范企业”的称号，颁发牌匾和证书，并通过媒体向社会公告。

第十一条　经过认定的国家印刷复制示范企业，新闻出版总署建议其所在地人民政府给予扶持和奖励。国家印刷复制示范企业享有以下方面的优惠扶持：

（一）项目资金方面

新闻出版总署对认定成为国家印刷复制示范企业的印刷复制企业优先给予产业发展项目和发展资金的支持。

（二）产业政策方面

认定成为国家印刷复制示范企业的中外合资、中外合作出版物印刷企业、其他印刷品印刷企业或者只读类光盘复制企业，外方可以控股或者占主导地位，但中方比例或者权益不得低于 30%。

（三）管理措施方面

认定成为国家印刷复制示范企业的印刷复制企业，在接受委托印刷复制境外的印刷复制产品时，各省、自治区、直辖市新闻出版行政主管部门在保证文化安全的基础上，可以根据管理实际，适当简化审批程序，提高审批效率。

（四）评选奖励方面

中国出版政府奖（印刷复制奖）、全国文化重点出口企业、全国文化高新技术企业等的评定，在同等条件下，优先考虑被认定成为国家印刷复制示范企业的印刷复制企业。

（五）进口设备方面

认定成为国家印刷复制示范企业的光盘复制企业，可以进口境外性价比高且使用年限不足3年的光盘复制生产设备，但进口各种类型设备的总数量不得超过企业原有设备总数量的30%，而且进口设备只限于企业自身使用。

第十二条 新闻出版总署和各省、自治区、直辖市新闻出版行政主管部门对国家印刷复制示范企业进行跟踪管理。根据“目标考核、动态管理、能进能退”的原则，建立并完善国家印刷复制示范企业的年度考核机制。年度考核采取书面考核和现场考评相结合的方式。具体程序为：

（一）国家印刷复制示范企业应当于每年1月底前向所在地省、自治区、直辖市新闻出版行政主管部门提交上年度总结。

（二）各省、自治区、直辖市新闻出版行政主管部门对年度总结材料进行审核后，每年2月底前将本地区国家印刷复制示范企业发展情况、审核意见和有关审核材料报送新闻出版总署。

（三）新闻出版总署组织评审专家组对国家印刷复制示范企业进行考核，确定年度考核结果。对考核结果不合格的，撤销国家印刷复制示范企业称号。

第十三条 新闻出版总署对国家印刷复制示范企业年度考核情况予以通报，通过媒体向社会公告，并发布国家印刷复制示范企业年度发展报告。

第十四条 有下列情形之一的，由新闻出版总署直接撤销国家印刷复制示范企业称号并通过媒体向社会公告：

（一）严重违反《出版管理条例》《印刷业管理条例》和《音像制品管理条例》有关规定且情节严重的；

（二）发生重大生产安全和质量事故，造成严重后果的；

（三）有其他严重违法违规行为的。

第十五条 本办法由新闻出版总署负责解释。

第十六条 本办法自2012年1月1日起施行。

互联网文化管理暂行规定

中华人民共和国文化部令第51号

（2011年2月17日发布）

第一条 为了加强对互联网文化的管理，保障互联网文化单位的合法权益，促进我国互联网文化健康、有序地发展，根据《全国人民代表大会常务委员会关于维护互联网安全的决定》和《互联网信息服务管理办法》以及国家法律法规有关规定，制定本规定。

第二条 本规定所称互联网文化产品是指通过互联网生产、传播和流通的文化产品，主要包括：

（一）专门为互联网而生产的网络音乐娱乐、网络游戏、网络演出剧（节）目、网络表演、网络艺术品、网络动漫等互联网文化产品；

（二）将音乐娱乐、游戏、演出剧（节）目、表演、艺术品、动漫等文化产品以一定的技术手段制作、复制到互联网上传播的互联网文化产品。

第三条 本规定所称互联网文化活动是指提供互联网文化产品及其服务的活动，主要包括：

（一）互联网文化产品的制作、复制、进口、发行、播放等活动；

（二）将文化产品登载在互联网上，或者通过互联网、移动通信网等信息网络发送到计算机、固定电话机、移动电话机、电视机、游戏机等用户端以及网吧等互联网上网服务营业场所，供用户浏览、欣赏、使用或者下载的在线传播行为；

（三）互联网文化产品的展览、比赛等活动。

互联网文化活动分为经营性和非经营性两类。经营性互联网文化活动是指以营利为目的，通过向上网用户收费或者以电子商务、广告、赞助等方式获取利益，提供互联网文化产品及其服务的活动。非经营性互联网文化活动是指不以营利为目的向上网用户提供互联网文化产品及其服务的活动。

第四条 本规定所称互联网文化单位，是指经文化行政部门和电信管理机构批准或者备案，从事互联网文化活动的互联网信息服务提供者。

在中华人民共和国境内从事互联网文化活动，适用本规定。

第五条 从事互联网文化活动应当遵守宪法和有关法律、法规，坚持为人民服务、为社会主义服务的方向，弘扬民族优秀文化，传播有益于提高公众文化素质、推动经济发展、促进社会进步的思想道德、科学技术和文化知识，丰富人民的精神生活。

第六条 文化部负责制定互联网文化发展与管理的方针、政策和规划，监督管理全国互联网文化活动。

省、自治区、直辖市人民政府文化行政部门对申请从事经营性互联网文化活动的单位进行审批，对从事非经营性互联网文化活动的单位进行备案。

县级以上人民政府文化行政部门负责本行政区域内

互联网文化活动的监督管理工作。县级以上人民政府文化行政部门或者文化市场综合执法机构对从事互联网文化活动违反国家有关法规的行为实施处罚。

第七条　申请设立经营性互联网文化单位，应当符合《互联网信息服务管理办法》的有关规定，并具备以下条件：

（一）单位的名称、住所、组织机构和章程；

（二）确定的互联网文化活动范围；

（三）适应互联网文化活动需要并取得相应从业资格的 8 名以上业务管理人员和专业技术人员；

（四）适应互联网文化活动需要的设备、工作场所以及相应的经营管理技术措施；

（五）不低于 100 万元的注册资金，其中申请从事网络游戏经营活动的应当具备不低于 1000 万元的注册资金；

（六）符合法律、行政法规和国家有关规定的条件。

审批设立经营性互联网文化单位，除依照前款所列条件外，还应当符合互联网文化单位总量、结构和布局的规划。

第八条　申请设立经营性互联网文化单位，应当向所在地省、自治区、直辖市人民政府文化行政部门提出申请，由省、自治区、直辖市人民政府文化行政部门审核批准。

第九条　申请设立经营性互联网文化单位，应当提交下列文件：

（一）申请书；

（二）企业名称预先核准通知书或者营业执照和章程；

（三）资金来源、数额及其信用证明文件；

（四）法定代表人、主要负责人及主要经营管理人员、专业技术人员的资格证明和身份证明文件；

（五）工作场所使用权证明文件；

（六）业务发展报告；

（七）依法需要提交的其他文件。

对申请设立经营性互联网文化单位的，省、自治区、直辖市人民政府文化行政部门应当自受理申请之日起20日内做出批准或者不批准的决定。批准的，核发《网络文化经营许可证》，并向社会公告；不批准的，应当书面通知申请人并说明理由。

《网络文化经营许可证》有效期为 3 年。有效期届满，需继续从事经营的，应当于有效期届满 30 日前申请续办。

第十条　非经营性互联网文化单位，应当自设立之日起 60 日内向所在地省、自治区、直辖市人民政府文化行政部门备案，并提交下列文件：

（一）备案报告书；

（二）章程；

（三）资金来源、数额及其信用证明文件；

（四）法定代表人或者主要负责人、主要经营管理人员、专业技术人员的资格证明和身份证明文件；

（五）工作场所使用权证明文件；

（六）需要提交的其他文件。

第十一条　申请设立经营性互联网文化单位经批准后，应当持《网络文化经营许可证》，按照《互联网信息服务管理办法》的有关规定，到所在地电信管理机构或者国务院信息产业主管部门办理相关手续。

第十二条　互联网文化单位应当在其网站主页的显著位置标明文化行政部门颁发的《网络文化经营许可证》编号或者备案编号，标明国务院信息产业主管部门或者省、自治区、直辖市电信管理机构颁发的经营许可证编号或者备案编号。

第十三条　经营性互联网文化单位变更单位名称、网站名称、网站域名、法定代表人、注册地址、经营地址、注册资金、股权结构以及许可经营范围的，应当自变更之日起 20 日内到所在地省、自治区、直辖市人民政府文化行政部门办理变更手续。

非经营性互联网文化单位变更名称、地址、法定代表人或者主要负责人、业务范围的，应当自变更之日起 60 日内到所在地省、自治区、直辖市人民政府文化行政部门办理备案手续。

第十四条　经营性互联网文化单位终止互联网文化活动的，应当自终止之日起30 日内到所在地省、自治区、直辖市人民政府文化行政部门办理注销手续。

经营性互联网文化单位自取得《网络文化经营许可证》并依法办理企业登记之日起满 180 日未开展互联网文化活动的，由原审核的省、自治区、直辖市人民政府文化行政部门注销《网络文化经营许可证》，同时通知相关省、自治区、直辖市电信管理机构。

非经营性互联网文化单位停止互联网文化活动的，由原备案的省、自治区、直辖市人民政府文化行政部门注销备案，同时通知相关省、自治区、直辖市电信管理机构。

第十五条　经营进口互联网文化产品的活动应当由取得文化行政部门核发的《网络文化经营许可证》的经营性互联网文化单位实施，进口互联网文化产品应当报文化部进行内容审查。

文化部应当自受理内容审查申请之日起20日内（不包括专家评审所需时间）做出批准或者不批准的决定。批准的，发给批准文件；不批准的，应当说明理由。

经批准的进口互联网文化产品应当在其显著位置标明文化部的批准文号，不得擅自变更产品名称或者增删产品内容。自批准之日起一年内未在国内经营的，进口单位应当报文化部备案并说明原因；决定终止进口的，文化部撤销其批准文号。

经营性互联网文化单位经营的国产互联网文化产品应当自正式经营起30日内报省级以上文化行政部门备案，并在其显著位置标明文化部备案编号，具体办法另行规定。

第十六条　互联网文化单位不得提供载有以下内容的文化产品：

（一）反对宪法确定的基本原则的；

（二）危害国家统一、主权和领土完整的；

（三）泄露国家秘密、危害国家安全或者损害国家荣誉和利益的；

（四）煽动民族仇恨、民族歧视，破坏民族团结，或者侵害民族风俗、习惯的；

（五）宣扬邪教、迷信的；

（六）散布谣言，扰乱社会秩序，破坏社会稳定的；

（七）宣扬淫秽、赌博、暴力或者教唆犯罪的；

（八）侮辱或者诽谤他人，侵害他人合法权益的；

（九）危害社会公德或者民族优秀文化传统的；

（十）有法律、行政法规和国家规定禁止的其他内容的。

第十七条　互联网文化单位提供的文化产品，使公民、法人或者其他组织的合法利益受到侵害的，互联网文化单位应当依法承担民事责任。

第十八条　互联网文化单位应当建立自审制度，明确专门部门，配备专业人员负责互联网文化产品内容和活动的自查与管理，保障互联网文化产品内容和活动的合法性。

第十九条　互联网文化单位发现所提供的互联网文化产品含有本规定第十六条所列内容之一的，应当立即停止提供，保存有关记录，向所在地省、自治区、直辖市人民政府文化行政部门报告并抄报文化部。

第二十条　互联网文化单位应当记录备份所提供的文化产品内容及其时间、互联网地址或者域名；记录备份应当保存60日，并在国家有关部门依法查询时予以提供。

第二十一条　未经批准，擅自从事经营性互联网文化活动的，由县级以上人民政府文化行政部门或者文化市场综合执法机构依据《无照经营查处取缔办法》的规定予以查处。

第二十二条　非经营性互联网文化单位违反本规定第十条，逾期未办理备案手续的，由县级以上人民政府文化行政部门或者文化市场综合执法机构责令限期改正；拒不改正的，责令停止互联网文化活动，并处1000元以下罚款。

第二十三条　经营性互联网文化单位违反本规定第十二条的，由县级以上人民政府文化行政部门或者文化市场综合执法机构责令限期改正，并可根据情节轻重处10000元以下罚款。

非经营性互联网文化单位违反本规定第十二条的，由县级以上人民政府文化行政部门或者文化市场综合执法机构责令限期改正；拒不改正的，责令停止互联网文化活动，并处500元以下罚款。

第二十四条　经营性互联网文化单位违反本规定第十三条的，由县级以上人民政府文化行政部门或者文化市场综合执法机构责令改正，没收违法所得，并处10000元以上30000元以下罚款；情节严重的，责令停业整顿直至吊销《网络文化经营许可证》；构成犯罪的，依法追究刑事责任。

非经营性互联网文化单位违反本规定第十三条的，由县级以上人民政府文化行政部门或者文化市场综合执法机构责令限期改正；拒不改正的，责令停止互联网文化活动，并处1000元以下罚款。

第二十五条　经营性互联网文化单位违反本规定第十五条，经营进口互联网文化产品未在其显著位置标明文化部批准文号、经营国产互联网文化产品未在其显著位置标明文化部备案编号的，由县级以上人民政府文化行政部门或者文化市场综合执法机构责令改正，并可根据情节轻重处10000元以下罚款。

第二十六条　经营性互联网文化单位违反本规定第十五条，擅自变更进口互联网文化产品的名称或者增删内容的，由县级以上人民政府文化行政部门或者文化市场综合执法机构责令停止提供，没收违法所得，并处10000元以上30000元以下罚款；情节严重的，责令停业整顿直至吊销《网络文化经营许可证》；构成犯罪的，依法追究刑事责任。

第二十七条　经营性互联网文化单位违反本规定第十五条，经营国产互联网文化产品逾期未报文化行政部门备案的，由县级以上人民政府文化行政部门或者文化市场综合执法机构责令改正，并可根据情节轻重处

20000 元以下罚款。

第二十八条　经营性互联网文化单位提供含有本规定第十六条禁止内容的互联网文化产品，或者提供未经文化部批准进口的互联网文化产品的，由县级以上人民政府文化行政部门或者文化市场综合执法机构责令停止提供，没收违法所得，并处 10000 元以上 30000 元以下罚款；情节严重的，责令停业整顿直至吊销《网络文化经营许可证》；构成犯罪的，依法追究刑事责任。

非经营性互联网文化单位，提供含有本规定第十六条禁止内容的互联网文化产品，或者提供未经文化部批准进口的互联网文化产品的，由县级以上人民政府文化行政部门或者文化市场综合执法机构责令停止提供，处 1000 元以下罚款；构成犯罪的，依法追究刑事责任。

第二十九条　经营性互联网文化单位违反本规定第十八条的，由县级以上人民政府文化行政部门或者文化市场综合执法机构责令改正，并可根据情节轻重处 20000 元以下罚款。

第三十条　经营性互联网文化单位违反本规定第十九条的，由县级以上人民政府文化行政部门或者文化市场综合执法机构予以警告，责令限期改正，并处 10000 元以下罚款。

第三十一条　违反本规定第二十条的，由省、自治区、直辖市电信管理机构责令改正；情节严重的，由省、自治区、直辖市电信管理机构责令停业整顿或者责令暂时关闭网站。

第三十二条　本规定所称文化市场综合执法机构是指依照国家有关法律、法规和规章的规定，相对集中地行使文化领域行政处罚权以及相关监督检查权、行政强制权的行政执法机构。

第三十三条　文化行政部门或者文化市场综合执法机构查处违法经营活动，依照实施违法经营行为的企业注册地或者企业实际经营地进行管辖；企业注册地和实际经营地无法确定的，由从事违法经营活动网站的信息服务许可地或者备案地进行管辖；没有许可或者备案的，由该网站服务器所在地管辖；网站服务器设置在境外的，由违法行为发生地进行管辖。

第三十四条　本规定自 2011 年 4 月 1 日起施行。2003 年 5 月 10 日发布、2004 年 7 月 1 日修订的《互联网文化管理暂行规定》同时废止。

动漫企业进口动漫开发生产用品免征进口税收的暂行规定

财关税〔2011〕27 号

（2011 年 5 月 19 日发布）

一、根据《国务院办公厅转发财政部等部门关于推动我国动漫产业发展若干意见的通知》（国办发〔2006〕32 号）中对经国务院有关部门认定的动漫企业自主开发、生产动漫直接产品，确需进口的商品可享受免征进口关税及进口环节增值税政策的精神，特制定本规定。

二、本规定所指经国务院有关部门认定的动漫企业应符合以下标准：（一）符合《文化部财政部国家税务总局关于印发〈动漫企业认定管理办法（试行）〉的通知》（文市发〔2008〕51 号）中动漫企业的基本认定标准；（二）具备自主开发、生产动漫直接产品的资质和能力；（三）企业注册资本金达到 80 万元人民币及以上。

三、本规定所称动漫直接产品包括：

（一）漫画：单幅和多格漫画、插画、漫画图书、动画抓帧图书、漫画报刊、漫画原画等；

（二）动画：动画电影、动画电视剧、动画短片、动画音像制品，影视特效中的动画片段，科技、军事、气象、医疗等影视节目中的动画片段等；

（三）网络动漫（含手机动漫）：以计算机互联网和移动通信网等信息网络为主要传播平台，以电脑、手机及各种手持电子设备为接收终端的动画、漫画作品，包括 FLASH 动画、网络表情、手机动漫等。

四、符合本规定第二款条件的企业于每年的 3 月底前向文化部提出申请，由文化部会同财政部、海关总署、国家税务总局对动漫企业的免税资格进行审核。审核合格的，由文化部、财政部、海关总署、国家税务总局联合公布享受进口税收优惠政策的动漫企业名单，并在已取得的“动漫企业证书”中对该企业是否享受本规定的进口税收优惠政策予以标注。

对经认定获得进口免税资格的动漫企业实行年审制度。进口免税资格的年审由文化部直接负责，对年度认定合格的企业在证书上加盖年审专用章。不提出年审申请或年度审核不合格的企业，其动漫企业进口免税资格到期自动失效。

五、经认定获得进口免税资格的动漫企业，凭本年度有效的“动漫企业证书”及证书上标注的享受本规定的进口税收优惠政策的相关规定，向主管海关申请办理享受进口税收优惠政策的手续。动漫企业在本年度有效期内进口《动漫企业免税进口动漫开发生产用品清单》（附件）范围内的商品免征进口关税和进口环节增值税。该清单由财政部会同相关部门根据国内配套产业发展能力的提高及动漫企业的需求变化适时调整。海关审核该类进口商品免税时，以《动漫企业免税进口动漫开发生产用品清单》所列的产品名称和技术指标为准。

六、经认定的动漫企业应在每年的 2 月底前将上一年度实际免税进口的商品、数量、免税金额及所用于的项目报文化部文化产业司，并由文化部文化产业司汇总后报财政部关税司，抄送海关总署关税征管司和国家税务总局货物和劳务税司。

七、对用于自主开发、生产动漫直接产品免税进口的商品，未经海关核准，不得抵押、质押、转让、移作他用或者进行处置。如经查实，获得免税资格的动漫企业存在以虚报情况获得免税资格、非法转让免税物资、偷税、骗税等违法经营行为，将被撤销进口免税资格，并予以公布。

八、本规定执行时间暂定为 2011 年 1 月 1 日至 2015 年 12 月 31 日。

进一步加快发展旅游业促进社会主义文化大发展大繁荣的指导意见

旅发〔2011〕61 号

（2011 年 11 月 16 日发布）

党的十七届六中全会是我们党在全面建设小康社会关键时期召开的重要会议。会议从中国特色社会主义事业总体布局的高度，对深化文化体制改革、推动社会主义文化大发展大繁荣进行了部署。会议通过的《中共中央关于深化文化体制改革推动社会主义文化大发展大繁荣若干重大问题的决定》，体现了我们党对肩负历史使命的深刻把握，对国内外形势的科学判断，对文化建设的高度自觉，是当前和今后一个时期指导我们各项工作的纲领性文件。为深入贯彻落实党的十七届六中全会精神，发挥好旅游业在促进社会主义文化大发展大繁荣中的积极作用，特提出如下意见：

一、深刻理解文化体制改革的重大意义，增强促进社会主义文化大发展大繁荣的自觉性和责任感

当前，我国正处在全面建设小康社会的关键时期和深化改革开放、加快转变经济发展方式的攻坚时期，文化越来越成为民族凝聚力和创造力的重要源泉，越来越成为综合国力竞争的重要因素，越来越成为经济社会发展的重要支撑；越来越成为人民群众丰富精神文化生活的重要组成部分。促进社会主义文化大发展大繁荣，是党中央做出的关系我国经济社会发展全局的重大决策，是促进社会主义经济建设、政治建设、文化建设、社会建设以及生态文明建设的重要内容，是推进中华民族伟大复兴的重要部署。

旅游与文化密切相关。旅游需求本质上属于精神文化需求；旅游活动客观上是人们认知社会、感受自然的文化交流；旅游产业是资源消耗低、带动系数大、就业机会多，社会、经济、文化和生态综合效益好的战略性支柱产业。全国旅游行业学习和贯彻十七届六中全会精神，要全面把握旅游和文化的相互关系，以高度的自觉精神和政治责任感，积极地把旅游业作为丰富人民群众精神文化生活的重要领域，自觉地把旅游业作为先进文化传播和民族文化传承的重要渠道，努力地提升旅游业的文化精神，创造性地探索旅游产业和文化产业相互促进发展的思路、模式和方法，紧紧抓住文化大发展大繁荣的重要机遇，为把旅游业培育成为国民经济的战略性支柱产业和人民群众更加满意的现代服务业增添动力，为促进社会主义文化大发展大繁荣做出贡献。

二、明确旅游业的文化责任，自觉发挥其在促进社会主义文化大发展大繁荣中的作用

旅游与文化的密切关系，决定了旅游业促进社会主义文化大发展大繁荣应承担的文化责任。

（一）以旅游业大发展促进社会主义文化大发展大繁荣

旅游需求是当前人民群众最旺盛的精神文化需求之一，加快发展旅游业是全面建设小康社会的必然要求，是促进社会主义文化大发展大繁荣的应有之义。旅游业促进文化大发展大繁荣，首要任务就是要进一步贯彻好、落实好《国务院关于加快发展旅游业的意见》，加快实现“两大战略目标”，不断满足人民群众精神文化新要求、新期待。全国旅游行业要站在促进社会主义文化大发展大繁荣的战略高度，大力发展旅游业，同时充分发挥旅游对文化的传播功能，使旅游业成为展示中华文明和民族精神风貌的重要平台；充分发挥旅游对文化的传承功能，促进提高公民文明素质；充分发挥旅游业对文化的激发功能，扩展文化产业空间，为文化创新注入活力；充分发挥旅游业对外文化交流的优势，推动我国的

国际形象和文化软实力提升。

（二）以社会主义核心价值体系为统领大力培育健康、丰富、包容的旅游文化

社会主义核心价值体系是健康旅游的文化之魂，健康的旅游文化是社会主义先进文化的组成部分。要系统总结旅游活动和旅游产业发展中各种文化现象的价值内涵，研究建立从旅游资源评价、规划建设、市场推广、服务经营以及旅游消费全过程的旅游文化评判标准，引导追求真善美，推动旅游行业确立健康文明的价值取向。要充分认识文化的丰富性和多样性，善于以文化为资源开发优质旅游产品；要充分认识旅游的文化效益，深入挖掘旅游产品的文化内涵，从旅游目的地建设和旅游产业吃、住、行、游、购、娱各个环节提升旅游产品的文化价值追求。要以社会主义核心价值体系为统领，大力倡导以人为本的服务文化，大力宣传寓教于游的游览文化，大力推动健康文明的消费文化，大力推行尊重环境、尊重目的地居民、尊重旅游者和服务者的负责任文化。培育深受广大人民群众欢迎、符合社会主义文化发展方向的旅游文化，为旅游业建设国民经济战略性支柱产业和人民群众更加满意的现代服务业，提供思想基础和精神动力。

（三）以改革创新精神开创旅游产业与文化产业融合发展的新局面

《中共中央关于深化文化体制改革，推动社会主义文化大发展大繁荣若干重大问题的决定》指出“要推动文化产业与旅游、体育、信息、物流、建筑等产业融合发展”；提出“要积极发展文化旅游，发挥旅游对文化消费的作用”，这对以旅游产业发展促进文化产业发展提出了明确要求。旅游产业和文化产业同属于精神消费，在形式和内容上互相支撑，有很强的互补性和广阔的发展前景。要按改革创新的要求推动旅游产业和文化产业的结合，创新资源优势、产品模式和市场需求。要以包容的精神学习吸收各领域的优秀文化，把文化优势转化为旅游产品；要遵循市场规律加大对文化旅游创意策划、资源整合、营销推广，开拓旅游产业和文化产业的新业态、新市场；要注重现代科技在旅游领域中的应用，不断提升旅游发展的科技文化含量；要充分发挥旅游市场的活力，为更多符合“二为”方向和“双百”方针的文化产品创造市场需求；要充分运用旅游业改革开放以来积累的宝贵经验和形成的发展机制，为推动文化体制改革、促进文化产品进入市场提供支持。

三、当前要重点抓好的几项工作

（一）科学引导和积极培育健康丰富的旅游文化

一是要探索建立能够体现社会主义先进文化方向和社会主义核心价值体系要求的旅游文化评价机制，探索形成客观、公正、权威的评价工作手段。二是要加强基础理论研究，组织各个领域的专家研究旅游文化建设的重大理论和实践问题。三是要组织一批具有引导意义的旅游发展规划和产品规划，指导旅游产业、文化产业融合发展，打造更加符合旅游发展规律和文化发展规律的复合型产品。四是要加强对旅游开发和旅游消费活动的引导，组织开展针对各种低俗文化、伪民俗现象的市场检查，防止庸俗低劣、格调不高的文化进入旅游市场。五是要与宣传、文化等部门合作，大力宣传体现社会主义核心价值体系的旅游文化；树立旅游业的文化精神。

（二）继续加强文化旅游精品建设

一是要重点支持一批全国性的文化旅游活动品牌，逐步建立国家和地方层面的文化旅游活动重点名录库。二是围绕非物质文化遗产的传承保护推出一批旅游精品。三是继续提升一批具有地方文化特色的旅游演艺精品。四是继续引导、支持和规范文化旅游名街、名镇发展，加快推进文化旅游实验区、示范区建设，探索建设文化旅游特色产业聚集区。五是要继续鼓励创意和制作具有地方文化特色的旅游工艺品、纪念品，不断丰富中国特色旅游商品体系。

（三）充分发挥红色旅游的独特作用

一是要充分认识红色旅游在推进社会主义核心价值体系建设中的作用，全面落实红色旅游“十二五”规划。二是要通过深入研究挖掘红色旅游思想文化内涵，改进创新红色旅游宣讲和展陈方式，不断丰富讲解内容，充分展示中华民族宝贵的精神财富。三是要大力推动红色文化精品创作，打造一批适应旅游市场的红色文化舞台艺术作品，增强红色旅游产品感染力和影响力，促进党的精神财富在建设社会主义核心价值体系中发挥更大作用。

（四）创新旅游产业和文化产业共同发展的体制机制

一是要主动与宣传、文化、建设、体育、农业、林业、水利、地质、海洋、环保、气象等多部门建立和完善协同发展机制，在发展规划、投资项目、扶持政策、宣传推广和人才培养等方面，进一步深化合作。二是要深入研究国家出台的推动文化大发展大繁荣政策，积极争取有利于促进旅游业发展的政策措施和资金支持。三是要按照文化体制改革目标要求，积极引导有条件的文化企业进入旅游市场，为旅游业发展注入新活力。四是要探索部门合作、政企合作、行业合作、区域合作的旅游宣传促销新模式，创新宣传促销机制，更好地展示国

家旅游形象和文化软实力。五是要紧密跟进重点省市正在推进的文化旅游改革试验，支持文化旅游资源富集的城市和地区先行先试，创新文化旅游发展机制，为旅游产业和文化产业共同发展积累经验。

（五）提升旅游从业人员的政治素质和文化素养

一是要组织好对十七届六中全会的学习，全行业各级领导干部要成为弘扬社会主义核心价值观的中坚力量和行业表率。二是要认真落实《旅游业“十二五”人才规划》，培养符合旅游产业和文化产业融合发展需要的复合型人才。三是要确立一批文化旅游实践基地，促进大专院校对文化旅游人才的培养。四是高度重视对导游、讲解员等旅游从业人员的教育培训，不断提高他们的职业道德、服务水平和文化底蕴。把导游、讲解员队伍作为文化交流使者来要求。要抓紧研究鼓励专业技术人员特别是离退休老专家、老教师从事导游工作的具体办法，吸纳更多的文化科技人才进入旅游队伍，带动导游队伍整体素质提升。五是要健全人才使用机制、激励机制和流动机制，激发旅游队伍的创造活力，形成良性循环。

各级旅游行政主管部门要认真组织学习党的十七届六中全会精神，切实抓好对本意见贯彻落实的督促、指导和检查，用实际行动，为把旅游业培育成为国民经济的战略性支柱产业和人民群众更加满意的现代服务业，为更好地发挥旅游业促进社会主义文化大发展大繁荣的积极作用贡献力量。

关于“十二五”期间促进拍卖业发展的指导意见

商流通发〔2011〕480号

（2011年12月15日发布）

为加快转变拍卖业发展方式，促进拍卖业持续健康发展，根据《中华人民共和国国民经济和社会发展第十二个五年规划纲要》《商务发展“十二五”规划纲要》《国内贸易发展规划（2011–2015）》，现提出如下指导意见：

一、“十一五”期间我国拍卖业发展情况

“十一五”期间，我国拍卖业稳步发展，拍卖已逐渐成为重要的商品流通渠道，在国民经济发展中发挥日益重要的作用。一是拍卖行业和市场规模不断扩大。2010年末，全国有拍卖企业5222家，注册拍卖师9075人；2010年拍卖业成交额6565.45亿元，比“十一五”初期增长136.37%。二是价格发现、公平交易等作用进一步显现。拍卖成为政府部门公平、公正出让土地使用权、处理罚没资产和涉诉资产的主要交易方式，2010年，政府部门及法院委托的拍卖成交额为4720亿元，比“十一五”初期增长200.85%。三是市场化程度逐步提高。除法院、政府部门、金融机构、破产清算组等传统委托来源外，其他机构委托、个人委托等民间委托的私有财产拍卖业务稳步增长，我国已经成为世界最重要的文物艺术品拍卖交易市场之一。四是专业化分工不断加强。一些拍卖企业在各类拍卖业务的细分市场上各有专长，主营业务不断明晰，形成了艺术品拍卖、资产拍卖等专业分工。五是拍卖方式逐步丰富。一些地方拍卖协会及企业在开展传统拍卖业务的同时，建立了网络拍卖平台，积极开拓网上拍卖业务，取得初步成效。

“十一五”期间，拍卖业虽然取得了长足进步，但仍存在一些亟待解决的问题，如法律法规和管理制度有待进一步修改完善，企业创新意识不强，一些企业行为和行业秩序有待规范，诚信体系尚不健全等，影响了行业的健康可持续发展，应在“十二五”期间加以解决。

二、指导思想和总体目标

（一）指导思想

坚持科学发展观，以推动拍卖业转变发展方式为中心，以完善行业法律法规为基础，引导行业创新管理方式，走市场化、专业化、规范化、信息化的发展道路，提高管理和服务水平，推动行业自律和诚信体系建设，促进拍卖业持续健康发展。

（二）总体目标

完善拍卖业法律法规和制度体系；培育专业化市场，全面提升拍卖企业经营管理水平，形成一批适应市场经济和行业发展要求、具有市场竞争力的骨干拍卖企业；加强诚信体系建设和行业宣传工作，行业的社会公信力和社会认知度、拍卖交易在商品流通中的重要性大幅提升。“十二五”期间，行业成交总额年均增长18%，达到社会消费品零售总额的6%。

三、工作任务

（一）拓展业务领域

以市场化和专业化为目标，引导拍卖企业开拓新市场，调整业务结构，大力开拓社会委托资源，积极培育机动车拍卖、无形资产拍卖等创新项目，采取相关配套

和保障措施，推动拍卖业务领域的拓展。积极探索农产品拍卖，制定相应的鼓励发展政策，选择具备条件的地区，有计划地建立农产品拍卖市场，选择适合拍卖交易的农产品品种探索进行拍卖交易，逐步推动拍卖成为大宗农产品流通的重要交易方式。

（二）形成区域特色

结合不同区域市场发展情况，推动各地拍卖业发展，支持北京等有基础和条件的地区重点发展文物艺术品拍卖，逐步形成世界文物艺术品交易中心；支持和引导东部拍卖企业探索新业务领域，推动传统业务和新兴业务协调发展；鼓励中西部地区发展粮食、蔬菜、花卉、辣椒等特色农产品拍卖。

（三）规范行业秩序

积极推动企业及拍卖行业协会参与诚信体系建设，引导拍卖企业规范运作，逐步建立良好的并得到社会公认的拍卖业诚信体系。加强对经营性拍卖活动的监督管理，依法治理各类违规经营，打击各种违法拍卖活动，开展艺术品拍假、假拍治理整顿专项活动，规范各种名义的竞价、网络竞拍、电子竞买等变相经营性拍卖活动，治理扰乱拍卖市场正常秩序的违法行为，倡导拍卖企业间的良性竞争，形成规范的行业经营秩序。

（四）提高经营管理水平

引导拍卖企业学习国外先进经营管理经验，不断提高经营管理水平和核心竞争力，推动企业运用互联网等现代信息技术，提高企业管理信息化水平，降低服务成本。鼓励具有竞争力的拍卖企业打造品牌、走向国际市场。

（五）发展电子化、信息化的拍卖方式

推动网络拍卖平台建设，建立适合网络拍卖活动的交易规则和流程，充分运用信息化技术提高拍卖业运营效率、降低运营成本、整合信息资源、建立公开透明的信息发布机制和监督机制。将信息化成果应用到工商报备、统计报送、诚信建设等领域。切实维护网络拍卖活动参与各方的权益，推动网络拍卖健康发展。

（六）完善行业准入和退出机制

建议进一步健全和完善拍卖企业准入及退出的标准和机制。将符合行业发展规划作为行业准入的重要依据，严把拍卖企业设立审批关；根据经济发展程度和市场培育情况，适当提高准入门槛。加强日常监督和考核，建立和完善拍卖企业退出机制，对违法违规和不遵守各项管理制度的企业要限期整改，对于严重违法违规及丧失继续经营条件的拍卖企业要坚决收回《拍卖经营批准证书》，取消其拍卖经营资质。

（七）提高从业人员素质

把发展拍卖师队伍和提高拍卖师综合素质结合起来，规范各类拍卖执业资格认定，改革拍卖师执业资格制度，推进拍卖师资格考试面向社会开展，拍卖师考试制度要与行业发展需要相适应。开展拍卖师继续教育工作，建立考核标准，实行执业与非执业拍卖师分类管理。规范从业人员执业资格制度，提高从业人员执业水平。

四、保障措施

（一）完善法律法规

推动修订《拍卖法》，起草《拍卖法实施细则》等配套法规，根据经济和社会发展需要，对全国拍卖企业的发展和布局实行规划管理，保障并促进拍卖业健康有序发展。

（二）制订标准规范

加快制订各类拍卖业务标准，建立完善拍卖业标准体系，引导拍卖企业规范运作、科学发展。根据实际需要制订企业标准、行业标准、国家标准。加大标准规范的宣传和贯彻力度，不断提高全行业标准化水平。

（三）建立部门协调机制

建立多部门联系协调机制，加强与公安、财政、国土、文化、国资、海关、税务、工商、文物等部门的合作，解决拍卖行业发展中的困难和问题，加强政策协调，争取包括国有产权拍卖、司法委托拍卖、文物进出境和税收等方面的扶持政策。

（四）发挥行业协会作用

指导并支持行业协会为企业发展提供服务，并在加强行业自律、建设诚信体系、沟通行业信息、推广先进经验、认证企业资质、标准制订和宣传贯彻、国际交流与合作等方面开展工作。发挥行业协会作为企业和政府主管部门之间的桥梁作用，加强行业自律，规范企业行为。

（五）营造良好发展环境

加大宣传力度，利用电视、报纸、杂志、互联网等各种媒体，提升拍卖业社会形象，加强拍卖业务知识的宣传普及，加快相关学科建设，扩大拍卖业的社会影响力，为行业发展营造良好的舆论环境。

关于“十二五”期间促进会展业发展的指导意见

商服贸发〔2011〕463号

（2011年12月20日发布）

根据“十二五”规划纲要确定的会展业发展要求，

为推动会展业健康有序发展，现提出以下指导意见。

一、重要意义

会展业是现代服务业的重要组成部分，影响面广、关联度高，发展潜力大，其发展程度体现一个国家文化、经济和社会的综合发展水平。发展会展业，能够汇聚人流、物流、资金流、技术流，直接拉动和间接带动相关产业和配套行业发展，引导产业升级与转移，促进就业，拉动消费，优化资源配置，促进创新发展。当前，会展业已成为行业间、地区间和国家间交流与合作的桥梁组带，宣传推介各行业和各城市的窗口平台，反映一国文化、经济、社会发展状况的晴雨表和风向标。“十二五”是全面建设小康社会的关键时期，会展业在推动产业结构调整、加快转变经济发展方式中的重要作用将日益凸显。因此，必须从科学发展观的战略高度，认识发展会展业的重要性，把其作为一项长期任务抓紧抓好。

二、基本状况

“十一五”时期，我国会展业发展迅速，2010 年，我国举办展览面积 5000 平方米以上展览会项目 6200 余个、总面积 7440 万平方米，专业场馆 300 多个、可供展览总面积约 1000 万平方米。我国会展业巨大的市场潜力受到国际会展行业的青睐，吸引了一批国际会展企业跻身中国市场，促进了我国会展业国际竞争力的提升。与此同时，我国会展业发展中还存在一些不容忽视的问题，与发达国家相比还有一定差距。总体来看，我国会展业结构不合理，专业化、市场化水平偏低，国际竞争力不强，仍处于重数量、轻质量，重形式、轻效益的粗放型发展状态，对服务业及国民经济发展的贡献率亟待提高。因此，必须加大对会展业的支持力度，加快提升国际竞争力，推动我国会展业实现跨越式发展。

三、指导思想

以邓小平理论和“三个代表”重要思想为指导，按照科学发展观的要求，深化改革创新，坚持“市场化、产业化、国际化、法制化”的方向，遵循“低碳、环保、绿色”的理念，经过“十二五”时期的不懈努力，把会展业培育成我国现代服务业的战略先导性产业，逐步提高我国会展业的国际竞争力，力争使我国从会展大国发展成为会展强国。

四、总体目标

在规范秩序、完善统计、确定标准的基础上，通过市场筛选、专业评审，抓大放小、扶优选强，突出重点，做大做强几个综合性龙头展会，搞好搞活若干个区域性重点展会，做精做实一批专业品牌展会，培育几个有一定影响力的境外展会，打造若干展览中心城市和核心展馆，造就一批大型办展实体和人才队伍，形成与国际水平接轨，服务体系完备、服务品质优良、市场竞争有序、专业化程度高的会展业发展格局。

五、基本原则

以“整合资源，错位发展，提高质量，调控总量”为宗旨，以统筹规划、规范市场、引导促进为核心，处理好全国布局与区域发展、境内展与出国展、国际展与内贸展，综合展与专业展、政府主导与商业运作的关系，推动会展业健康有序发展。

六、主要任务

（一）加强产业规划

各行业、各地方应充分发挥自身的资源和人才优势，开展符合经济发展水平和产业特色的会展活动，各展所长；理性布局大型场馆建设，避免对展会资源的恶性竞争。逐步实现地区和城市会展业发展的合理定位，形成各具特色、互为补充、竞争有序、协调发展的格局。根据行业和地方实际，定期发布引导支持的展览会目录，加快会展业科学布局和结构调整。

（二）加快市场化和专业化进程

进一步加强政策导向，创造条件，着力完善市场运行规则，营造统一、开放、竞争、有序的市场环境。鼓励规范有序的市场竞争，重视资本对会展项目规模化和打造龙头市场主体的积极作用。加快政府主导型展会的市场化进程，逐步淡化政府主导色彩，适度调控政府主导型展会。重点支持专业化展会，引导综合性、区域性展会逐步向专业化方向发展，提高各类展会的专业化水平。

（三）着力扶持品牌展会发展

研究建立以行业标准为基础的科学合理的展会评价指标体系，鼓励建立和发展评估机构，提倡第三方评估。在此基础上，评选、认定和扶持品牌展会，鼓励按照区域和行业特色发展各类特色展会，努力打造区域特点显著、产业特色鲜明的品牌展会，推进有基础、有条件的展会向国际化、品牌化、高端化发展。

（四）引导各类会展主体协调发展

鼓励大型龙头骨干会展企业通过收购、兼并、控股、参股、联合等形式组建国际会展集团，打造具有较强竞争力的会展领军企业，发挥示范和带动作用；支持各类中小企业与展馆、制造业企业、商协会等开展合作，培育有潜力的中小企业向规模化、专业化和品牌化发展。

（五）推动构建会展业服务体系

加快政府职能转变，着力培育市场和优化服务。充分利用会展活动带来的人才、信息、资金和技术，推动产业联动发展。大力发展会展相关产业，加速构建以交通运输、通讯、金融、物流、娱乐、旅游、餐饮、住宿、教育等为支撑，策划、设计、广告、印刷、装修等为配套的产业集群，形成行业配套、产业联动、运行高效的会展业服务体系。

（六）夯实行业发展基础

结合行业特点和市场需求，构建会展业行业标准体系，制订和推广经营服务、等级评定、从业人员资质和岗位规范、信息技术等一批行业标准。健全会展业统计制度，完善指标体系、调查制度和统计网络，及时掌握行业运行和发展的全面信息，建立信息发布平台，为制订产业政策和管理决策提供依据。

（七）稳步推进行业信用体系建设

研究建立全行业诚信体系，开展“诚信办展示范”活动，树立一批遵纪守法、诚实守信、管理规范、服务到位，能够积极履行社会责任，自觉接受监督的诚信办展典型。探索建立信用档案和违法违规单位信息披露制度。推动部门间监管信息的公开和共享，实行信用分类监管，切实推动会展业的信用体系建设。

（八）加强对外交流合作，开拓国际市场

加强与国际展览业组织、会展企业的交流与合作，学习有关国家和地区的先进经营理念、管理经验。开展办会办展、场馆设施、人员培训、信息交流等方面的广泛合作。科学引导国外资金、技术和管理人员进入中国会展市场，引进国际知名会展品牌到境内合作办展，提高境内展会的质量、水平和效益。组织有条件、有实力的企业到境外参展办展，扶持品牌展览和会展主体积极开拓国际市场，扩大我国会展业的国际影响力。

七、保障措施

（一）加强组织领导

要加强对会展业的整体协调和统筹管理。明确行业主管部门，分清职责，整合资源，对会展业进行宏观指导、统一规划和科学管理，密切与发展改革、工商、公安、消防、海关、质检、知识产权等部门的协调与合作，引导、规范和促进会展业发展。

（二）完善法律法规和管理制度

完善现行法律法规体系和管理制度，清理废止阻碍行业发展和妨碍公平竞争的政策规定；在健全市场机制，优化市场环境，规范经营秩序的同时，简化管理程序，推行网上审批，建立相对统一的内外贸会展业管理体制。

（三）出台扶持政策

研究制订促进会展业发展的政策措施。逐步加大对会展业的资金支持力度，落实会展活动承办单位税收优惠政策，完善相关土地使用政策，为会展主体提供融资支持。

（四）优化公共服务

建立和完善会展业公共服务体系，扶持发展会展业公共服务平台。利用中国服务贸易指南网，为会展活动和办展企业提供信息和宣传服务。协调相关部门，为展会活动提供展品通关、安全、交通、住宿、餐饮、通讯、物流、知识产权保护等一系列优质配套服务。

（五）强化知识产权保护

尽快修订并贯彻落实《展会知识产权保护办法》，加强会展业知识产权保护。支持和鼓励办展主体通过专利申请、商标注册等手段保护展会知识产权。会同有关部门，为展会主办单位和参展商提供知识产权法律服务，指导展会主办单位设立专门机构、制定专门措施，在防止参展产品侵犯他人知识产权的同时，保护参展商自身知识产权。

（六）加强人才培养和引进

开展多层次、多渠道的会展职业教育和培训，鼓励中介机构、行业协会与大专院校和培训机构合作培养会展业专门人才。探索建立会展专业人才职业资格认证制度。制定相关优惠政策，采取有效措施，引进国外高层次会展策划、市场营销和管理人才。

（七）加强行业自律

积极推动成立全国性会展业中介组织，充分发挥现有行业中介组织“服务、协调、自律”作用，加强行业协调与监管。行业中介组织要加强与政府、行业、社会之间的沟通与协调，协助政府部门积极开展行业自律、指导咨询、制定和推广标准、统计调查、行业培训、信用建设、评估认证、信息发布、政策研究等工作，指导企业运用行业标准，遵守经营准则，开展良性竞争；同时提高行业整体素质，依法自我保护，维护行业合法权益，推动行业健康有序发展。

（八）加强理论研究

鼓励支持专业研究机构、大专院校开展会展业的科学理论研究和应用性技术创新研究，着力研究会展业对国民经济的促进作用，提出符合我国实际的会展业经济理论、发展规划和政策措施建议。

（九）抓好贯彻落实

各地会展业务主管部门要根据当地经济发展和产业特点等情况，按照本指导意见确定的目标、任务和政策措施，制定符合本地会展业实际的发展规划，建立工作协作机制，明确职责、落实任务，出台政策措施，提供保障与服务，促进当地会展业又好又快发展。

各省（市、自治区）

·北京市·

中共北京市委关于发挥文化中心作用加快建设中国特色社会主义先进文化之都的意见

京发〔2011〕28号

（2011年12月26日发布）

为深入贯彻党的十七届六中全会精神，全面落实《中共中央关于深化文化体制改革推动社会主义文化大发展大繁荣若干重大问题的决定》（以下简称《决定》），现就深化文化体制改革，推动首都文化大发展大繁荣，发挥首都全国文化中心示范作用，建设中国特色社会主义先进文化之都，提出如下意见。

一、提高文化自觉，增强文化自信，在社会主义文化强国建设中发挥更大作用

文化是民族的血脉，是人民的精神家园，是城市发展进步的灵魂。转变发展方式、提升发展质量，增进民生幸福、促进社会和谐，文化不仅是重要的内容、衡量的指标，更是强大的动力和支撑。

北京是享誉世界的历史文化名城，文源深、文脉广、文气足、文运盛。这座伟大的城市有着3000多年建城史和850多年建都史，积淀了中华民族优秀传统文化的精华，传承了“五四”运动以来形成的革命传统文化精髓，凝结了改革开放以来文化领域形成的一系列新思想新观念新风尚。新中国成立后，北京作为全国政治中心、文化中心，极大地推动了文化资源的聚集，极大地推动了文化事业的繁荣发展。改革开放特别是近年来，在党中央、国务院的坚强领导下，全市上下以北京奥运会、残奥会、新中国成立60周年、纪念中国共产党成立90周年为重要契机，着力推进社会主义核心价值体系建设，着力推动文化体制改革，着力构建公共文化服务体系，着力加快文化创意产业发展，着力加强对文化产品创作生产的引导，进一步解放了文化生产力，首都文化焕发出巨大生机与活力，文化繁荣发展成为首都科学发展的鲜明特色和突出亮点。以北京奥运会、残奥会的圆满成功为标志，中华文化昂首阔步走向世界，展示了科技与文化结合、中华优秀传统文化与世界现代文化结合的巨大魅力，首都文化发展进入了一个新的阶段。

当前，北京已经进入了实施“人文北京、科技北京、绿色北京”战略，建设中国特色世界城市的重要阶段。

——首都经济服务业主导格局总体确立，经济发展方式深刻转变，文化经济方兴未艾，文化消费进入快速增长期，文化创新日益成为推动首都科学发展的强大引擎。

——首都社会转型加速，社会结构和形态深刻变化，社会利益诉求更趋多元，市民精神文化需求快速增长，文化引领日益成为促进首都社会和谐的重要支撑。

——首都城市布局和形态走向完善，城市规划、建设、管理中的文化作用更加凸显，提升城市文明程度成为社会各界的热切期望，文化塑造日益成为提升首都城市品质和形象的巨大力量。

——首都开放程度日益扩大，随着我国国际地位不断提升和奥运会的成功举办，世界更加关注中国、关注北京，增强首都文化软实力日益成为提升国家形象和文化影响力的重要标志。

面对新形势，首都文化发展的质量水平与首都经济社会发展的要求，与人民群众日益增长的精神文化需求，与不断扩大的对外开放的要求还不完全适应，加快文化改革发展，推动首都文化的大发展大繁荣需求迫切、任务艰巨、责任重大。

党中央高度重视首都文化建设，对首都的文化改革发展作出了一系列重要指示，党的十七届六中全会《决定》提出发挥首都全国文化中心示范作用的要求。认真贯彻落实中央精神，打造中国特色社会主义先进文化之都，建设具有世界影响力的文化中心城市，是当前和今后一个时期全市重要而紧迫的战略任务。全市各级党委和政府必须以高度的文化自觉和文化自信，按照首善的标准，更加自觉地承担起推动社会主义先进文化发展的重任，更加自觉地承担起传承中华民族优秀文化的重

任，更加自觉地承担起满足人民群众更高精神文化需求的重任，更加自觉地承担起为提升国家文化软实力服务的重任。

二、明确目标任务，加快改革发展，建设好国家文化中心

总体要求：高举中国特色社会主义伟大旗帜，以马克思列宁主义、毛泽东思想、邓小平理论和“三个代表”重要思想为指导，深入贯彻落实科学发展观，坚持社会主义先进文化前进方向，全面推进人文北京、科技北京、绿色北京和中国特色世界城市建设，以科学发展为主题，以建设社会主义核心价值体系为根本任务，以满足人民群众精神文化需求为出发点和落脚点，以改革创新为动力，大力弘扬和践行北京精神，实施思想道德引领战略，实施文化创新、科技创新“双轮驱动”战略，解放和发展文化生产力，发挥首都全国文化中心示范作用，推动首都文化大发展大繁荣，努力建设中国特色社会主义先进文化之都，为建设社会主义文化强国做出更大贡献。

发展目标：到 2020 年，把首都建设成为在国内发挥示范带动作用、在国际上具有重大影响力的著名文化中心城市，成为全国文化精品创作中心、文化创意培育中心、文化人才集聚教育中心、文化要素配置中心、文化信息传播中心、文化交流展示中心，发挥好首都文化中心的表率引领作用、辐射带动作用、提升驱动作用、桥梁纽带作用、荟萃集聚作用。

——思想道德显著提升。社会主义核心价值体系建设进一步推进，城市文明程度居全国前列，城乡居民的思想道德素质、科学文化素质、身心健康素质明显提高，城市文明形象充分展示。

——文化事业全面繁荣。率先建成高水平、全覆盖的公共文化服务体系，建成一批国家级标志性公共文化设施，实现公共文化服务均等化，公共文化服务的信息化、现代化水平显著提高。

——文化体制活力迸发。建立充满活力、富有效率的文化体制机制，文化事业、文化产业发展更加协调，成为体制机制创新策源地，不断创造新鲜经验。

——文化创意产业发达。率先建成现代文化产业体系，不断提高发展的质量，文化创意产业增加值占全市地区生产总值的比重力争达到 18%，整体实力和国际竞争力位居全国前列。

——城市文化魅力彰显。展现古都北京的历史文化风貌和独特城市魅力，逐步恢复古都壮丽景观，充分发挥利用丰富的历史文化资源，着力聚合浓郁京味文化，城市建设文化品位明显提升。

——文化名家精品荟萃。高层次领军人物和高素质文化人才不断涌现，建成具有世界影响力的文化产品原创中心、展示中心和国家优秀文化产品生产中心，“北京创意”、“中国创造”成为首都文化的鲜明标识。

——文化科技深度融合。科技创新优势转化为文化发展的强大动力和现实竞争力，文化的信息化、现代化走在全国前列，网络文化健康发展，新型文化业态充分发育，文化科技融合机制不断成熟。

——文化国际影响力显著增强。坚持走出去，引进来，加强国际国内合作，文化交往交流中心地位更加凸显，使首都成为展示社会主义先进文化的平台，成为展示中华民族优秀文化的窗口，成为中华文化走向世界的基地、桥梁和纽带。

基本原则：

——坚持思想引领，以马克思主义为指导，用中国特色社会主义理论体系武装头脑、指导实践、推动工作，不断夯实全市人民团结奋斗的共同思想基础。

——坚持以人为本，以满足人民群众文化需求为目标，发挥人民在文化建设中的主体作用，实现文化发展为了人民、文化发展依靠人民、文化发展成果由人民共享。

——坚持创新驱动，进一步解放思想、更新观念，推动理论创新、体制创新、机制创新、服务创新、管理创新、业态创新，不断增强首都文化的创造力。

——坚持把社会效益放在首位，遵循文化发展规律，适应社会主义市场经济发展要求，加强文化法制建设，一手抓繁荣、一手抓管理，实现社会效益和经济效益的有机统一。

——坚持统筹协调，处理好国际与国内、中央与北京市、北京市与兄弟省区市、国有与民营、体制内与体制外、文化与相关产业的关系，推动文化全面协调可持续发展。

——坚持开放合作，广泛吸纳、融汇一切外来优秀文化成果，提高文化开放水平，扩大文化影响力和竞争力，推动首都文化服务全国、走向世界。

三、实施思想道德引领战略，践行北京精神，深入推进社会主义核心价值体系建设

社会主义核心价值体系是兴国之魂，是社会主义先进文化的精髓。推进首都文化改革发展，必须始终坚持以社会主义核心价值体系为统领，用马克思主义中国化的最新理论成果教育人民，用中国特色社会主义共同理

想凝聚力量，用以爱国主义为核心的民族精神和以改革创新为核心的时代精神鼓舞斗志，用社会主义荣辱观引领风尚，在全社会形成统一指导思想、共同理想信念、强大精神力量、基本道德规范。

大力弘扬和践行北京精神。成立北京精神宣传践行工作指导小组，统筹协调相关工作，组织实施重大活动。进一步加大宣传力度，开展北京精神的理论研究、社会宣传和主题教育，挖掘、阐释北京精神的思想内涵，宣传普及北京精神。把“爱国、创新、包容、厚德”融入首都经济社会发展的各领域和全过程，使北京精神家喻户晓、人人践行，内化为全体市民的价值认同和精神追求，凝聚和团结全市人民为首都科学发展、社会和谐贡献智慧和力量。

强化社会主义核心价值体系教育引导。坚持用发展着的马克思主义指导新的实践，加强走中国特色社会主义道路的理想信念教育，广泛开展民族精神教育和时代精神教育。深入开展形势政策教育、国情教育、革命传统教育、改革开放教育、国防教育。加强法制宣传教育，弘扬社会主义法治精神，树立社会主义法治理念。全面加强学校德育体系建设，构建学校、家庭、社会紧密协作的教育网络，加强改进大学生思想政治教育工作和未成年人思想道德建设，推动社会主义核心价值体系进校园、进课堂、进教材、进头脑。深入开展反腐倡廉教育，建设廉政文化阵地，推进廉政文化进机关、进社区、进学校、进农村、进企业、进家庭活动。加强爱国主义教育基地建设，加大扶持力度，整合教育资源，提高管理服务质量，抓住重要节庆日及重大历史纪念日，组织开展丰富多彩、形式新颖的文化活动。

扎实推进首都精神文明建设。落实首都公民道德建设实施工程，抓好社会公德、职业道德、家庭美德、个人品德建设。评选、学习、宣传道德模范等先进典型，在全社会形成知荣辱、讲正气、作奉献、促和谐的良好风尚。深入开展“做文明有礼的北京人”主题活动，注重从广大市民最关心的实事做起，推进公共文明引导行动，提升首都市民文明素质和社会文明程度。开展道德领域突出问题专项教育和整治，大力推进政务诚信、商务诚信、社会诚信和司法公信建设，构筑社会诚信体系。弘扬雷锋精神，建立健全志愿服务体系，广泛开展志愿服务，拓展各类道德实践活动。健全群众广泛参与精神文明建设的工作机制，全面推进文明区县、文明单位、文明村镇、文明社区创建活动。

持续推进学习型城市建设。坚持用中国特色社会主义理论体系武装党员干部、教育人民群众，推动学习实践科学发展观向深度和广度拓展。按照马克思主义中国化时代化大众化要求，加强党的思想理论建设，实现百姓宣讲活动常态化。坚持以领导班子和领导干部为重点，提高思想政治素养，建设学习型党组织。以全民阅读活动为抓手，营造多读书、读好书、好读书的良好文化氛围。充分利用首都资源，积极培育学习型单位、学习型企业和学习型社区。弘扬科学精神，鼓励科普创作，普及科学知识，健全服务网络，提升首都市民科学文化素养。

四、实施文化创新、科技创新“双轮驱动”战略，推动首都文化大发展大繁荣

（一）实施文化精品工程，提供更好更多的精神食粮

创新文化产品生产机制。坚持“二为”方向和“双百”方针，遵循文化生产规律，加强对文化创作生产的引导，弘扬主旋律、提倡多样化。围绕创作更多无愧于历史、无愧于人民、无愧于伟大时代的优秀作品，成立北京市文化精品工程办公室，创新精品创作生产体制机制，实行项目化管理，加大优秀文化产品推广力度，建立健全文化产品评价体系和激励机制，设立文化艺术发展基金和首都文化贡献奖，营造多出精品的氛围。建设高水平文艺理论和评论员队伍，倡导主流价值取向，坚决抵制庸俗、低俗、媚俗之风。结合迎接党的十八大胜利召开，集中推出一批原创、当代、北京的精品力作。

充分发挥哲学社会科学作用。深入推进马克思主义理论研究和建设工程，实施中国特色社会主义理论体系普及计划。加强基础理论、发展战略和应用对策研究，努力推出更多的优秀学术成果，培养造就一批马克思主义理论家特别是中青年理论家。加强首都文化发展顶层设计，加强中华传统文化、中国特色社会主义文化、首都文化的研究。开展北京文化大系研究。建设首都智库，成立战略联盟，整合研究力量，推进学科体系、学术观点、科研方法创新。加强哲学社会科学信息化建设。加强对社科类社会组织和民办社科研究机构的引导、服务和管理。

加强和改进新闻舆论工作。牢牢把握正确导向，坚持团结稳定鼓劲、正面宣传为主，不断提高主流媒体的影响力，不断增强舆论引导的有效性。巩固壮大党报党刊、电台电视台等主流舆论阵地，整合都市类媒体、网络媒体等宣传资源，努力构建首都舆论引导新格局。坚持贴近实际、贴近生活、贴近群众，深化拓展“走转改”活动，用“身边的感动”引领社会风尚。抓好热点难点问题、重大突发事件的引导，完善新闻发布制度，健全应急报道和舆论引导机制，提高实效性，增加透明度。

加强和改进舆论监督。积极推进“三网融合”试点，加快构建覆盖广泛、技术先进的文化传播体系。加强重要新闻媒体建设，做大做强精品报刊。

抓好品牌文化活动。着力打造具有国际影响力的文化品牌，重点办好北京国际音乐节、北京国际戏剧·舞蹈演出季、“相约北京”联欢活动、北京中国广告节、北京国际图书节、北京国际摄影节、北京国际青年戏剧节、青年京剧演员北京擂台邀请赛、北京国际书画双年展、北京国际芭蕾舞比赛、寻找北京最美丽的乡村等活动。充分挖掘中华民族传统节日的文化内涵，突出时代特点，体现京味特色，丰富市民生活，营造首都节庆文化。

（二）实施文化惠民工程，率先建成城乡均衡的公共文化服务体系

加快首都标志性公共文化设施建设。推进国家美术馆新馆、中国工艺美术馆、中国国学中心等重点项目建设，打造北京博物馆中心区。发挥好国家级文化场馆的功能，支持国家音乐博物馆、中国出版博物馆等文化设施建设，积极争取新的国家级文化设施落户北京。在天桥和天坛地区集中规划建设首都核心演艺区，打造亚洲演艺中心，展示全国优秀剧目，汇聚世界艺术精品。推动完成奥运博物馆、北京文化艺术活动中心、北京国际戏剧中心、首都图书馆二期、北京儿童文化艺术中心、北京歌舞剧院剧场、北京美术馆、首都交响音乐厅、北方昆曲艺术中心等一批市级和区县级文化设施建设。盘活现有文化设施资源，利用好新建文化设施，提升文化设施的利用率和服务水平。

加强公共文化设施建设。推进公共文化设施向城南地区、城乡结合部、重点新城、新建大型社区及农村地区倾斜，优先安排涉及基层和农村群众切身利益的文化项目。以建设综合性、多功能乡镇文化站为龙头，加强农村文化基础设施建设，逐步实现城乡公共文化服务均等化，切实增强京郊农村文化吸引力和感染力。注重将文化元素融入城乡结合部和新农村建设。加大对城乡公园、文化广场和各类公共场所的投入。提高广播电视户户通、文化信息资源共享、农村电影放映、益民书屋等服务水平。加快街道级文化休闲中心、郊区城镇数字影院、“八网合一”、数字文化社区、24 小时自助图书馆等建设，实现建管并重、资源共享。在北京历史文化特色街区建立博物馆、民俗馆、文化中心等社区文化设施。推进文化馆、博物馆、图书馆、美术馆、科技馆、纪念馆、工人文化宫、青少年宫等公共文化服务设施建设并向全社会免费开放。

完善基层公共文化服务。广泛开展群众文化活动，提高社区文化、村镇文化、企业文化、校园文化等建设水平，组织群众文化汇演，健全基层文化组织员队伍，加强基层宣传文化队伍和文化志愿者队伍建设。加强社区群众文化组织建设，支持开展多种形式的群众文化活动。充分发挥农民在农村文化建设中的主体作用，培养建立一支乡土化的农村文化骨干队伍，使之成为农村文化的承载者和传播者。支持以农民群众喜闻乐见的形式，创造性的组织开展各类群众文化活动。丰富流动人口的文化生活，建立政府主导、企业共建、社会参与的文化工作机制，切实保障来京务工人员、困难群体的基本文化权益。推动基层公共文化服务由“一街一品”向“一村一品”延伸，形成首都公共文化服务特色品牌。支持创建国家公共文化服务体系示范区。制定公共文化服务指标体系和绩效考核办法，建立健全基层公共文化设施建设、管理和服务评估机制。

（三）实施历史文化名城保护和利用工程，彰显古都文化魅力

切实加强历史文化遗产保护。积极推进中轴线申遗工作，重点抓好南北中轴线、朝阜大街“一轴一线”建设。严格控制名城地区新建重大项目。恢复永定门瓮城和外城东、西角楼及内城西南角楼等名城建筑，整治钟鼓楼周边环境、再现晨钟暮鼓的历史景观。加强重大文化遗产的保护利用和复建。加强优秀近现代建筑和重要工业遗产的保护利用。

充分展示古都文化价值和内涵。在保护“物”的同时，强化对“文”的保护和利用。深入挖掘历史文化遗产的文化内涵和文化价值，提升城市文化品位。加强城市生态文化建设，挖掘园林文化内涵，打造风格协调的园林景区、魅力建筑群和各具特色的城市景观。发挥孔庙、国子监等在国学文化传承中的重要作用。保护北京传统地名。打造一批历史文化名镇、名村、名街。挖掘城乡传统文化遗产，发展特色乡村（街区）民俗文化。

开发利用历史文化资源。鼓励和支持社会力量参与旧城保护和老字号、名人故居、胡同、四合院、会馆、历史宗教建筑等的修缮保护与合理利用。创新旧城街区整体保护利用机制。推进皇城文化、宣南文化、运河文化等的挖掘利用，对前门地区传统商业店铺进行有机更新，提升琉璃厂、大栅栏等传统商业文化街区功能，推动形成国家级老字号聚集区。恢复一批北京老字号演出场所的功能。支持京剧、昆曲、评剧、河北梆子、曲剧等传统民族戏曲艺术的发展。加强文化典籍整理和出版工作，推进文化典籍资源数字化。加强对非物质文化遗产的保护、挖掘、传承和利用。加强对具有北京特色的

传统工艺的传承和保护。

（四）实施文化创新工程，激发体制机制活力

创新文化管理体制。按照管人管事管资产管导向相结合的要求，组建国有文化资产监督管理机构，统筹规划和实施文化改革发展相关工作，负责文化投资、资本运作、国有文化企事业单位资产管理及文化创意产业园区、重大文化项目、重点文化工程的规划立项和组织实施。建立健全党委领导、政府管理、行业自律、社会监督、企事业单位依法运营的文化管理体制和富有活力的文化产品生产经营机制。建立首都文化资源创新中心平台。成立全市重大文化项目推进办公室，健全区县文化建设协调机制，搭建工作平台，促进信息共享、人才交流。加快文化立法，制定和完善公共文化服务保障、文化产业振兴、文化市场管理等方面的地方法规，加大文化市场综合执法力度，坚持“扫黄打非”，营造安全的文化市场秩序和良好的文化发展氛围。

加强知识产权保护和运用。严格执行《著作权法》《商标法》《专利法》等，加强知识产权依法登记、保护和利用，完善版权、专利、商标、设计的管理，提升知识产权服务水平。设立北京版权保护基金，完善数字版权保护平台等，大力推进“正版工程”、“远航工程”、“护航工程”、“科技维权工程”。鼓励引导各类知识产权中介机构加强文化领域的服务，鼓励规范知识产权评估机构发展，建立健全知识产权信用保证机制。开展知识产权培训教育，加强知识产权保护与促进的国际交流。

健全文化投融资服务体系。建立北京文化发展专项资金，在整合资源的基础上，每年统筹资金 100 亿元，用于支持首都文化发展。启动北京市文化创意产业创业投资引导基金，设立北京市文化创意产业投资基金、担保基金等，支持内容生产、科技研发、平台建设和渠道拓展。推进文化金融创新，促进文化和资本市场全面对接，构建满足不同类型、不同成长阶段文化企业需求的金融服务体系。采取项目资助、贷款贴息、股权投资、奖励等多种方式支持非公有制文化企业和中小企业发展。实施项目式投资，形成政府资金引导、社会资本参与、文化资源优化配置的投融资格局。

深化文化事业单位改革。紧紧抓住转企改制中心环节，积极稳妥推进一般性国有文艺院团和非时政类报刊出版单位转企改制。鼓励名家领办文艺院团。推进文化事业单位分类改革，对经营性文化事业单位实行企业化管理，探索通过转换内部机制增强活力、改善服务的途径，不断深化劳动人事、收入分配、劳动保障制度改革。推动党报党刊、电台电视台进一步完善管理体制和运行机制。探索建立支持文化艺术发展的赞助机制，拓展文化艺术的投入渠道。

健全文化市场体系。加快文化产品和要素市场建设，重点发展图书报刊、演出娱乐、影视剧、动漫游戏等产品市场，进一步完善北京国际电影季、中国北京国际文化创意产业博览会、春秋两季首都电视节目推介会等交易平台。充分发挥北京国际版权交易中心、中国设计交易市场、北京国际设计周等平台功能，使北京成为版权之都、设计之都。推动设立北京文化创意产业交易平台、北京文化产权交易所、中国艺术品交易中心。建立健全文化资产评估体系和交易体系。建立艺术品评估机构，健全艺术品产业链。加强行业组织建设，健全中介机构。对文化创意产业驰名商标、著名商标予以行业保护。

推动文化资源的整合利用。强化服务保障，为中央在京文化单位发展创造更好条件。推动国有文化资本和社会资本向重点领域集中，推进市属文化资源和中央文化资源合作、兼并重组。促进国有文化资源和非公经济文化资源的有机结合。进一步推动落实华北五省区市文化发展战略合作。强化文化资源的整合，充分发挥首都剧院联盟、博物馆联盟、出版发行联盟、影院联盟、影视产业联盟等创新型社会组织的协调服务职能。

（五）实施文化创意产业提升工程，率先建成现代文化产业体系

健全文化产业体系。以积极培育大型企业集团和上市公司为重点，进一步巩固壮大出版发行、影视制作、印刷、广告、演艺、娱乐、会展等传统文化产业。以加大研发投入、健全产业链条、促进产业协作为重点，加快发展数字出版、网络电视、移动多媒体、动漫游戏、设计创意、艺术品交易等新兴文化产业。支持软件设计、工业设计、建筑设计、服装设计等，提升设计产业国际化水平。支持文化企业开发原创性文化产品，提高市场占有率。加快推动文化与教育、体育、旅游等相关服务业的融合，培育形成首都经济新的增长点。健全文化创意产业统计指标体系。

科学规划产业布局。加强对区域文化发展的统筹，引导区县实现差异化、特色化发展，建设一批规模化、集约化、专业化程度较高的市级文化创意产业集聚区，培育一批各具特色的文化创意村落、创意工厂、主题楼宇、文化街区。以首都功能核心区和朝阳区、海淀区为中心，优化产业布局，集中力量建设好海淀文化和科技融合发展示范区、朝阳 CBD- 定福庄传媒走廊、怀柔文化科技高端产业新区、通州新城文化创意产业园等集

聚区。加快建设国家广告产业园、北京国家音乐产业基地、国家新媒体产业园、中国怀柔影视基地、中国北京出版创意产业园、中国动漫游戏城、798和宋庄艺术区、国家大剧院舞美基地等。推动首钢旧厂区、北京焦化厂转型利用。

打造骨干企业和文化航母。加快建立现代企业制度和现代产权制度，体现文化企业特点，推进股份制改造，完善法人治理结构，着力培育一批世界一流的骨干文化企业。实施跨地区、跨行业、跨领域战略重组，吸引世界五百强企业、特大型国有企业投资文化创意产业。积极支持文化企业上市融资，构建上市公司的北京文化板块。抓好有发展潜力、具有自主知识产权的文化品牌，使之成为发展社会主义先进文化的排头兵。加大对国家大剧院、北京人民艺术剧院、北京京剧院、都市传媒集团、出版发行集团、广告传媒集团、演艺集团、新媒体集团等的扶持力度，支持和壮大国有或国有控股文化企业，打造一批引领中国、影响世界的首都文化航母。充分发挥市场机制的作用，着力培育500家骨干文化企业、100家文化上市公司、50家百亿级文化企业集团、3至5家千亿级文化企业集团。

支持非公有制文化企业和中小企业发展。鼓励和引导各种非公有制文化企业健康发展。支持社会资本以多种形式进入国家许可的文化领域，参与国有经营性文化单位转企改制，参与重大文化项目实施和文化创意产业园区建设，从投资核准、信用贷款、土地使用、税收优惠、上市融资、发行债券、对外贸易和申请专项资金等方面支持非公有制文化企业，进一步优化发展环境。支持中小文化企业向“专、精、特、新”方向发展，扶持非公有制优秀文化创意企业，形成富有活力的文化创意企业群体。

培育提升文化消费业态。加强对市民文化需求和文化市场消费的调查研究，积极开拓大众文化消费市场，创造和提供适销对路的文化产品和服务，健全文化产品营销服务渠道，满足市民群众多层次、多样化的消费需求。引导社会资本投资兴建书店、剧场、影院等文化设施。通过政府引导、市场调节，进一步丰富文化市场，培育文化消费。鼓励在商业演出和电影放映中安排一定数量的低价场次或门票。积极引导文化与教育、体育、旅游、休闲等结合的服务性消费。引导文化设施和重要交通节点周边配置便民商业设施，推动文化产品销售和服务向大型购物中心、售卖场及大型社区延伸，构建首都文化地理标识系统，创造良好的人文氛围。

（六）实施文化科技融合工程，让科技助力文化的大发展

推动文化科技融合发展。借鉴中关村国家自主创新示范区发展模式，为文化与科技融合提供政策支撑。开展文化和科技融合示范基地的认定工作。支持建设产学研战略联盟、市级文化科技创新工程实验室和公共服务平台，提升文化科技创新能力和水平。加快科技创新成果转化，积极利用高新技术改造传统文化产业，提高文化企业装备水平和科技含量，大力发展新兴文化产业。加强“数字北京”建设，在全国率先建成无线城市，方便城乡居民文化生活。

构建文化技术创新体系。坚持以企业为主体、市场为导向、政产学研用相结合，加快高新技术在文化领域的运用，加强核心技术、关键技术、共性技术攻关，培育一批特色鲜明、创新力强的文化科技企业。重点支持一批战略性文化项目和工程。支持对文化制造、展示、传播技术的研发投入。培育新兴文化业态，为文化内容创新和运用提供新动力、新载体、新空间。

（七）实施网络文明引导工程，科学建设和利用互联网

发展健康向上的网络文化。坚持积极利用、科学发展、依法管理和确保安全，加强网络文化建设，整合现有新闻网站、理论网站资源，加大主流网站建设，做强骨干网络文化企业，发挥网络功能和作用，服务人民、促进发展。支持发展网络新技术、新业态。推动文化资源的数字化和网络化，建设人文北京数据库。开展文明网站创建评选，大力推动文明办网、文明上网，举办健康有益的网络文化活动。

规范互联网信息传播秩序。推行互联网真实身份信息注册制度，科学利用管理微博客，发挥“北京微博发布厅”等平台引导舆论的作用，健全和完善网络发言制度。建立完善新兴媒体行业的准入、监管和退出机制，落实信息安全管理责任制。探索网络虚拟社会的法制建设，构建网络诚信体系，把依法管理、行业自律和社会监督结合起来，打造可管可控、双向交互、绿色安全的播控平台，净化网络文化环境。

（八）实施文化名家领军工程，建设首都文化人才高地

加强文化名家培育。制定完善首都高端文化人才引进、培养和使用的相关政策措施，建立首都高端文化人才数据库和重大文化项目首席专家制度，实施“百人工程”，培养一批德艺双馨的文化名家和各领域的领军人物，对突出贡献者授予首都人民艺术家称号。推动中央和地方、不同所有制单位间文化高端人才的交流与合作。

围绕名家大师，从编剧、策划、评论、宣传、营销、投融资等方面形成全方位、立体式的专业人才服务支撑体系。

加强文化人才队伍建设。实施“四个一批”人才培养工程，健全机制，创新方式，拓展领域，提高质量，努力构建一支德才兼备、锐意创新、结构合理、规模宏大的首都文化人才队伍。统筹组织实施创新型人才、复合型人才、外向型人才、科技型人才及宣传文化人才的培养、培训和素质提升计划。加大支持力度，加强艺术院校、高职学校中高级文化人才和专业特需型人才培养，加强文化人才队伍职业化建设。

完善文化人才激励机制。多渠道吸引海内外优秀文化人才来京创业，吸引优秀文化人才服务基层。采取股权、期权、年薪制等多种方式，激励文化创新人才。扶持资助优秀中青年文化骨干参与主持重大课题、承担重点项目、领衔重要演出，充分调动非公有制文化单位人员积极性。鼓励艺术院校与社区结对建立艺术实践基地，支持艺术类院校毕业生参与社区文化建设，拓宽人才培养途径。设立城乡社区公共文化服务岗位，对服务期满高校毕业生报考文化部门公务员、相关专业研究生实行定向招录。

（九）实施文化走出去工程，扩大中华文化影响力

扩大文化交流合作。积极组织参与国际重大文化交流活动，构建多元文化传播载体和文化营销网络，培育奥林匹克公园等国际文化交流平台，着力打造具有北京风格、中国特色、世界水准的文化交流品牌。健全北京与友好城市的合作机制，重视对海外在京留学生、外籍务工人员、游客等的引导，推动文化交流向深度拓展。鼓励体现国家水准的各类学术团体、艺术机构在相应国际组织中发挥建设性作用。积极利用海外中国文化中心和孔子学院等平台推介北京文化。建设好“奥运之家”网络平台。组织对外翻译优秀学术成果和文化精品。发挥北京作为国际交往中心的优势，构建人文交流机制，把政府交流和民间交流结合起来，支持拓展民间交流合作领域，鼓励社会力量从事对外文化交流。加强同香港、澳门的文化交流合作，加强同台湾的各种形式文化交流，共同弘扬中华优秀传统文化。

加强对外文化宣传。全方位多层次宽领域开展对外宣传，塑造良好的城市形象，为首都发展营造友好的国际舆论环境。发挥境外驻京媒体的积极作用，展示北京城市良好形象。加强国际传播能力建设，不断提高在境外落地内容的生产能力，不断扩大海外营销力、传播力、影响力。

推动文化产品和服务的输出。依托国际友好城市、驻外机构、海外华人等资源，积极协助文化创意企业开拓海外市场，建立国际化的营销渠道。积极扶持文化产品和服务的出口，支持文化产品出口基地和北京国际文化贸易服务中心建设，支持优秀剧目、文化艺术品海外巡演巡展，支持图书出版、影视作品、动漫网游等文化企业开拓国际市场，支持企业参与国际文化市场竞争，加快培育外向型文化企业和对外文化中介机构，完善译制、推介、咨询等方面扶持机制，进一步扩大对外文化贸易。

五、加强和改进首都文化改革发展的领导

（一）加强党对文化改革发展的领导

全市各级党委和政府要切实担负起推进文化改革发展的政治责任，把文化建设摆在全局工作重要位置，纳入经济社会发展总体规划，把文化改革发展成效纳入科学发展考核评价体系，作为衡量领导班子和领导干部工作业绩的重要依据。建立首都文化建设指导委员会，加强总体规划和统筹协调，充分发挥中央和国家机关、央属文化企事业单位在首都文化建设中的积极作用。

（二）全面落实支持文化改革发展的政策

加快转变政府职能，加强绿色通道建设，改善文化投资环境，统筹协调重大文化项目的落地。加大财政投入，保证公共财政对文化建设投入的增长幅度高于财政经常性收入增长幅度，提高文化支出占财政支出比例。加大对文化基础设施建设的投入。落实和完善文化经济政策，支持社会组织、机构、个人捐赠和兴办公益性文化事业，引导文化非营利机构提供公共文化产品和服务。继续执行文化体制改革配套政策，对转企改制国有文化单位扶持政策执行期限再延长五年。从财政支持、土地供应、税收优惠、金融创新、企业认证、股权激励、市场准入、项目落户、人才保障等方面探索实行先行先试政策。建立重点文化创意企业认证机制。支持以净资产、知识产权或股权、债权方式出资设立文化企业或集团。鼓励文化企业和社会资本对接，对文化内容创意生产、非物质文化遗产项目经营实行税收优惠。

（三）形成全社会共同推进文化建设合力

建立健全党委统一领导、党政齐抓共管、宣传部门组织协调、有关部门分工负责、社会力量积极参与的工作格局，统筹文化改革发展中的各种关系。文化领域各部门各单位要加强领导班子和党组织建设，自觉落实首都文化改革发展的各项任务。支持人大、政协履行职能，调动各部门积极性，支持民主党派、无党派人士、宗教

界人士和人民团体发挥作用，推动文联、作协、记协等文化领域人民团体履行好服务职能，共同推进文化改革发展。发挥人民群众在文化建设中的主体作用，发挥广大党员的先锋模范作用，积极开展创先争优活动，让蕴藏于人民群众中的文化创造活力得到充分释放。

建设中国特色社会主义先进文化之都，责任重大、使命光荣。全市上下要紧密团结在以胡锦涛同志为总书记的党中央周围，进一步增强紧迫感、责任感和使命感，大力弘扬和践行北京精神，切实推动文化建设与经济建设、政治建设、社会建设及生态文明建设协调发展，奋力开创首都文化建设新局面，不辜负党中央和全国人民的重托，为把我国建设成为社会主义文化强国作出新的更大的贡献！

·天津市·

关于鼓励和支持文化产业发展的实施意见

津政办发〔2011〕52号

（2011年5月11日发布）

为认真落实《中共天津市委天津市人民政府关于打好文化大发展大繁荣攻坚战的实施意见》（津党发〔2010〕3号）和市人民政府《关于印发天津市文化产业振兴规划和第一批文化产业振兴重点工作计划的通知》（津政发〔2010〕1号）要求，加快推进文化产业发展，实现建设文化强市的目标，根据国家和我市有关政策规定，经市人民政府同意，现就鼓励和支持我市文化产业发展提出如下实施意见：

一、指导思想

深入贯彻落实科学发展观，把发展文化产业作为加快我市经济发展方式转变的重要内容，创新工作和思路，落实市委、市政府关于打好文化大发展大繁荣攻坚战的实施意见，在推动文化产业发展的思想观念、工作方式和政策措施等方面实现新的突破，大力改善文化企业的发展环境，不断增强发展活力，促进我市文化产业实现跨越式发展，文化产业总体水平达到全国前列。

二、财政扶持政策

（一）充分发挥天津市文化产业发展专项资金的作用，由市委宣传部、市财政局按照相应的使用和管理办法，采取贴息、补助和奖励等方式，支持文化企业发展。

（二）科技型中小文化企业享受《中共天津市委天津市人民政府关于加快科技型中小企业发展的若干意见》（津党发〔2010〕9号）的相关政策。

（三）从市经济和信息化委管理的专项资金中安排相应资金，支持软件产业发展；从市发展改革委管理的服务业引导资金中安排相应资金，支持文化创意产业发展；从市商务委管理的专项资金中安排相应资金，支持会展项目发展；从市旅游局管理的专项资金中安排相应资金，扶持旅游特色村建设。

（四）加快城镇电影院建设。加快影院新建和改造步伐，鼓励各类资本投资建设商业影院和社区影院，对新建或改造的多厅影院给予资金扶持。

（五）充分发挥市中小企业信用担保基金管理中心作用，鼓励合规担保机构在风险可控前提下适当降低担保条件，创新担保方式，采取分保、联保和再担保等方式，为文化企业提供融资担保服务。

三、税收扶持政策

（六）根据《中华人民共和国营业税暂行条例》（国务院令第540号）、《中华人民共和国企业所得税法实施条例》（国务院令第512号）、《国务院办公厅关于印发文化体制改革中经营性文化事业单位转制为企业和支持文化企业发展两个规定的通知》（国办发〔2008〕114号）、《财政部国家税务总局关于文化体制改革中经营性文化事业单位转制为企业的若干税收优惠政策的通知》（财税〔2009〕34号）、《财政部海关总署国家税务总局关于支持文化企业发展若干税收政策问题的通知》（财税〔2009〕31号）等国家有关规定，我市文化企业按照相关标准享受税收优惠政策。

（七）对我市承办国际性、全国性文化会展、大型文艺演出等活动的单位，按照本市有关规定享受相关优惠政策。

（八）根据《财政部国家税务总局民政部关于公益性捐赠税前扣除有关问题的通知》（财税〔2008〕160号）规定，企业通过公益性社会团体或者县级以上人民政府及其部门，用于公益事业的捐赠支出，在年度利润总额12%以内的部分，准予在计算应纳税所得额时扣除。

四、工商管理扶持政策

（九）允许内资文化产业有限责任公司注册资本延期缴付，首期注册资本可在注册登记后3个月内缴纳，其余部分在规定期限内缴足。工商行政管理部门在规定期限到期前30日内实施行政提示，对超过规定期限仍未缴纳（缴足）出资的，督促办理减资或注销登记。

（十）实施海外留学人员、高校师生、科技人员等创办科技型中小文化企业注册资本“零首付”政策，放宽名称核准条件，鼓励以知识产权等智力成果出资，放宽企业住所限制。

（十一）支持文化企业实行资产重组、优化资源配置。支持国有文化企业通过合并、并购、重组、委托等方式处理各类不良资产。改制的文化企业经国有资产监管机构批准划转资产进行重组的，可以凭国有资产监管机构的批准文件直接办理变更登记手续，不须提交股权转让协议；经资产重组被撤销的国有或国有控股文化企业，可以凭国有资产监管机构的批准文件和吸收单位同意接受债权债务的证明文件，申请办理注销登记手续。

（十二）支持文化企业走向市场。按照“非禁即入”的原则办理新兴业态文化企业的注册登记，新兴业态文化企业的经营范围可依据企业申请，根据其行业和经营特点予以核定。

（十三）支持文化企业总部落户天津。对在我市设立综合性地区总部企业的，允许在名称中使用“总部”、“地区总部”字样，并按照相关规定享受有关优惠政策。

（十四）允许企业利用各类经济功能区、闲置场所创设集中办公区，从事文化产业、创意类等现代高端服务业。申请利用集中办公区作为企业住所（经营场所）的，在营业执照企业住所（经营场所）栏内缀以“集中办公区”字样。

（十五）支持文化企业集团化发展。申请组建文化企业集团，母公司注册资本达到1000万元人民币，并有3个子公司，母子公司注册资本总额达到2000万元人民币，即可注册登记。

（十六）对文化企业跨区县设立多个分支机构或连锁门店，开展集团化经营的，工商行政管理部门按照统一时间、统一地点、统一要件、统一程序、统一办结模式，开展集中办公，实行团体化登记。

（十七）支持文化企业经营广告业务。工商行政管理部门对文化企业利用书籍、自办刊物、电影等媒介经营广告的，简化审批手续。对内容一样的随刊广告、随（电影）片广告，经过原登记机关审批后，在我市不须另行报批。

（十八）加大对农村文化旅游发展的扶持力度。支持农民兴办演出团体和其他文化团体，支持城市文化机构到农村拓展服务，引导有条件的农村文化旅游企业品牌化经营和开展连锁经营。

五、土地扶持政策

（十九）加强城市居民住宅区的配套公共文化设施建设。新建、扩建、改建城市居民住宅区，必须按照《天津市居住区公共服务设施配置标准》（DB29-7-2008）配套建设公共文化设施。建设单位不得擅自改变配套公共文化设施建设项目、规模、用地标准和功能。配套公共文化设施建设应当与居民住宅区主体工程的建设同步进行。建设单位必须按照公共文化设施建设的有关要求如期实施。

（二十）文化事业单位可以对其享有使用权的土地、房产、建筑物依法进行经营、租赁、转让。对于以划拨方式取得土地使用权及地上的房产进行经营、租赁、转让的，必须持有关批准文件向县级以上人民政府土地行政主管部门提出申请，由有批准权的人民政府审批，并依法办理有偿用地手续。

六、投融资扶持政策

（二十一）鼓励和引导银行业金融机构加大对文化企业的信贷资金投入，并在国家允许的贷款利率浮动幅度内给予一定的利率优惠。推广应用股权质押、专利权质押、商标专用权质押等适合文化企业发展特点的各类信贷产品。

（二十二）拓宽直接融资渠道，积极引导创业风险投资基金、私募股权投资基金投资科技型中小文化企业，支持企业在天津股权交易所挂牌融资，在国内外资本市场上市融资。

（二十三）发挥好保险业在促进文化产业发展中的作用。鼓励保险机构探索开发以出版权、著作权、专利权、商标权等无形资产为标的的保险产品，创新“保险+担保+信贷”融资模式，加大对文化产业发展的支持力度。争取保险资金以债权和股权等方式投资我市重大文化基础设施建设和重点文化产业项目的试点。从事出口信用保险业务的保险机构要积极开发相关险种，支持文化产品和服务扩大出口。

（二十四）鼓励和帮助文化企业通过资本市场筹集资金。积极创造外部条件，支持中小文化企业按照统一冠名、分别负债、统一担保、集合发行的模式发行企业信托债券，破解融资难题。引导符合条件的广播影视、新闻出版、文化旅游等行业中效益好、偿债能力强的骨干企业和企业集团，通过发行企业债、可转换债券、短期融资券和中期票据，筹集发展所需资金。

七、非公有资本进入文化产业政策

（二十五）根据《国务院关于非公有资本进入文化产业的若干决定》（国发〔2005〕10号）的规定，进一步引导和规范非公有资本进入文化产业，提高我市文化产业的整体实力和竞争力。

八、人才政策

（二十六）支持高等院校设立文化创意产业相关专业，建立一批产学研一体化的文化创意培养和实训基地。采取定向招生、联合培养等方式，加速文化产业紧缺急需人才的培养。

（二十七）市教委和市外专局对中、高层次文化产业人员出国培训、进修或聘请外国文化产业专家、留学人员来我市讲学和工作给予支持。

（二十八）海外高层次人才来津创办文化企业，可享受国家和我市高层次人才相关政策待遇，已加入外国籍的，可享受外国专家来华待遇和我市对文化企业的各项优惠政策，并允许个人持股、技术入股、租赁承包、合作开发。

（二十九）从事文化产业的海外高层次留学人员和华侨、华人中高级人才在国外或来天津工作期间，其合法提供的国外新产品、新工艺或科研成果被采纳投产，由使用单位给予一次性成果转让费或连续3年按其产生效益的税后利润5%奖励本人，也可将其成果作价入股，参与企业收益分配。

九、文化产业示范园区政策

（三十）市文化广播影视局在市文化体制改革工作领导小组办公室的指导下负责市级文化产业示范园区的申报、命名、管理和考核。

（三十一）认定条件。符合我市城市总体规划和土地利用总体规划，基础设施完善，能够为文化企业发展提供必要的硬件环境，有丰富的文化内容，在全国或我市具有代表性和示范性，经济和社会效益显著。

（三十二）认定程序。申报单位向区县文化广播影视局提出申请，区县文化广播影视局按照相关认定管理办法进行初审，对初审合格的向市文化广播影视局提交市级文化产业示范园区命名申请，并提交申请报告。市文化广播影视局组织相关部门及专家对申请报告进行评审，形成评审意见。对评审合格的，在天津文化产业网、天津文化信息网上进行公示，公示结束没有异议的，市文化广播影视局在报经市文化体制改革工作领导小组办公室审核后，对符合条件的命名为市级文化产业示范园区。

（三十三）管理考核。市文化广播影视局对已命名的园区进行建设目标考核，考核每两年进行一次，考核结果分为通过考核、限期整改、撤销命名三种。

（三十四）市级文化产业示范园区列入全市重点支持的区县示范工业园区范围，享受同等待遇。

（三十五）市级文化产业示范园区建成起3年内，对园区用于文化企业经营的房屋出租或转让产生的营业税、契税给予补贴。对市级文化产业基地给予一定额度的贷款贴息支持。

（三十六）对被认定为天津市青年就业见习基地的文化产业示范园区，按照本市有关规定给予补贴。

十、工作要求

（三十七）各区县人民政府要把发展文化产业作为加快经济发展方式转变的一项重要任务，出台相关优惠政策和支持措施，切实抓好落实。

（三十八）各相关职能部门要加强协作，密切配合，主动提供优质服务，为文化产业发展营造良好环境。

（三十九）各文化企业要加强创新，积极开发拥有自主知识产权的原创性产品，努力做大做强，争当文化强市建设的排头兵。

关于促进我市电影产业繁荣发展的实施意见

津政办发〔2011〕53号

（2011年5月11日发布）

为贯彻落实《国务院办公厅关于促进电影产业繁荣发展的指导意见》（国办发〔2010〕9号）和市委、市政府关于加快文化产业发展的整体要求和部署，促进我市电影产业繁荣发展，结合我市实际，经市人民政府同意，现提出如下实施意见：

一、目标任务

总体目标：到2015年底，在我市建成市场公平竞争、企业自主经营的电影产业运营体系，市场运作、企业经营、政府购买、群众受惠的电影公共服务体系，依法行政、科学调控、保障有力、管理有效的电影行政管理体系和覆盖城乡的电影数字化发行放映网络，不断提高我市电影的创作生产能力、经营管理能力、科技创新能力、公共服务能力和国际传播能力，满足城乡群众日益增长的精神文化需求。

基础设施建设明显改善，公共服务能力显著加强。建成覆盖全市的电影数字化发行放映网络，到 2012 年底完成区县院线的整合、改造和提升，完成全市数字影院建设改造任务，数字电影放映覆盖全市城乡。加强数字电影院线建设，建成流动放映与固定放映相结合的电影数字化放映体系，确保每个行政村每月放映一场公益电影，确保每个学期为中小学生放映两场爱国主义教育影片。逐步推广社区电影、广场电影相结合的公益电影放映活动。

科技支撑作用显著增强，产业综合效益明显增长。建立天津市电影数字化服务监管平台，完善科技监管措施。打造我国北方地区 3D 电影后期特技制作加工中心和 3D 数字电影制作中心。电影产业产值和城市电影票房年均增幅分别达到 20% 和 30% 以上，并带动相关产业发展，使电影产业成为我市服务业的重要组成部分。

天津电影形成品牌，影响力明显提升。支持天津北方电影集团等国有电影企业发展成为实力雄厚的大型骨干电影企业。每年推出一批具有较高水准的主旋律精品力作、主流商业力作以及动画电影等题材影片，更多作品摘取华表奖、" 五个一工程 " 奖等奖项，形成具有天津特色的电影品牌。大力开展国际合作，增强天津电影在国内外的影响力和竞争力。

二、主要措施

（一）加强影院基础设施建设

1. 大力支持数字影院建设。各区县人民政府要将城镇、乡村数字影院建设和改造任务纳入本地区国民经济和社会发展规划，纳入文化产业发展规划和精神文明建设总体部署，纳入城乡建设和土地利用总体规划，按照《镇规划标准》（GB50188–2007）进行合理配置。坚持政府推动和市场运作相结合，各相关部门对数字影院建设项目在选址、立项、征地、投入、办证等方面要给予大力支持。对城镇数字影院建设使用国有土地符合土地利用总体规划和城市总体规划的，给予土地供应支持。投资者要专地专用，不得改变用途。

2. 鼓励和支持新建、改建多厅影院，加大多厅影院建设力度，到 2012 年底，没有多厅影院的区县至少新建或改建扩建一家 5 个影厅以上、达到规定标准的多厅数字影院。对于新建、改建的多厅影院给予资金扶持，资金从国家电影事业发展专项资金中支出，不足部分从我市文化产业发展专项资金中统筹解决。

3. 贯彻执行《电影管理条例》（国务院令第 342 号）有关规定，新建、改建、拆除电影放映设施，须报区（县）级以上电影行政管理部门批准；对被侵占或擅自改变用途的电影放映场所，要进行整改，限期恢复电影放映。

（二）推进城市电影院线建设

1. 增强我市国有城市电影院线实力。支持以天津北方电影集团为龙头，投资新建、参股或控股国有电影院线，整合全市电影制片发行放映资源，以资本为纽带与区县电影发行放映企业进行合作，发展主流院线市场，提高国有院线发行供片的控制力。鼓励国有、民营企业投资参股国有电影院线，增强国有电影院线的实力和竞争力。

2. 各相关部门要支持我市电影院线参与投资区县新影院建设和旧影院改造。

3. 拓宽数字电影播映渠道。天津广电网络公司、北方网股份有限公司等企业要积极开发电影的电视点播、家庭影院放映、互联网点播、手机等移动多媒体播映市场，形成传输快捷、覆盖广泛、层次多样的现代电影市场体系。

（三）完善公共服务体系

1. 大力实施农村电影数字化放映工程。各区县人民政府要积极培育发展多种所有制形式的农村电影院线公司和农村电影放映队，普及数字化流动放映。对于农村电影公益放映活动，按照《天津市农村电影公益放映场次补贴专项资金管理办法》（津财教〔2010〕21 号）给予场次补贴。确保全市农村电影放映“全面数字放映”、“全部数字监控”工作目标顺利实现。

2. 各区县人民政府要充分利用乡镇文体中心、农家书屋、村文化室建立固定电影放映点，电影放映设备纳入政府采购。

3. 市教委要将观看爱国主义教育影片纳入中小学、中等职业学校教育教学计划。农村义务教育阶段学校为学生放映爱国主义电影所需经费从公用经费中开支，城市义务教育阶段学生的影视教育经费纳入公用经费开支范围。

（四）培育新型市场主体

1. 鼓励我市国有电影企业重组上市。符合条件的企业可依据《天津市支持企业上市专项资金管理办法》（津财企一〔2008〕15 号）规定，获得专项资金支持奖励。

2. 鼓励社会资本投资，积极发展多种所有制形式的电影生产企业，工商行政管理部门在法律法规许可范围内，减少审批环节，简化审批手续，优化审批服务。相关部门对非公有制电影企业在投资核准、土地使用、财税政策、融资服务、对外贸易等方面给予国有电影企业同等待遇。充分发挥我市担保机构的作用，对电影企业提供贷款担保支持。

落实《国务院办公厅关于印发文化体制改革中经营性文化事业单位转制为企业和支持文化企业发展两个规定的通知》（国办发〔2008〕114号）要求，对电影制片企业销售电影拷贝、转让版权取得的收入，电影发行企业取得的电影发行收入，电影放映企业在农村的电影放映收入免征增值税和营业税。执行期限为2009年1月1日至2013年12月31日。

（五）提升电影科技水平

1.加快推进国家动漫产业综合示范园、中国天津3D影视创意园区、国家影视网络动漫实验园和国家影视网络动漫研究院等产业园区建设。鼓励开展电影产业领域基础性、战略性和前瞻性的新技术研发和应用。电影企业开发新技术、新产品、新工艺所发生的研究开发费用，允许按国家税法规定在计算应纳税所得额时加以扣除。执行期限为2009年1月1日至2013年12月31日。

2.鼓励国内外大型特种电影研发、制作机构落户天津，鼓励影视制作机构在天津设立电影后期特技制作加工中心、数字电影制作中心。特种电影研发、制作企业总部落户天津的，按照《天津市促进现代服务业发展财税优惠政策》（津财金〔2006〕22号）及相关规定，享受有关优惠政策。

3.支持电影企业申报天津市科技创新专项资金、科技型中小企业技术创新资金。对符合《财政部 国家发展改革委 国家税务总局 科学技术部 商务部关于技术先进型服务企业有关税收政策问题的通知》（财税〔2009〕63号）规定的影视企业，可享受有关优惠政策。

4.市文化广播影视局建立天津市电影数字化服务监管平台，监管平台设备纳入政府采购。加强对农村电影数字化放映的技术监控，完善0.8K数字电影流动放映，1.3K、2K数字电影放映的市场服务和技术监管系统。

5.天津北方电影集团实施资料影片数字化修护工程，加快数字影片节目库的建设和利用。

（六）促进电影创作生产

1.落实《国务院办公厅转发财政部中宣部关于进一步支持文化事业发展若干经济政策的通知》（国办发〔2006〕43号）要求，推进影视互济金制度，支持我市电影精品摄制。

2.充分发挥天津市文化产业项目推介交易平台的作用，促进电影产品和版权、著作权、作品肖像权等各类产权的交易活动，实现电影产业与金融资本的有效对接。

（七）增强国内外影响力

大力实施电影“走出去”战略，落实国家鼓励和支持文化产品和服务出口优惠政策，加大对电影产品和服务出口支持力度。发挥天津北方电影集团在文化出口方面的基础和优势，大力开展国际合作，拓宽影片海外发行渠道。通过制片、节展、培训等各种方式广泛建立国际关系，搭建国际营销渠道。电影企业要积极争取与国际电影节展组委会、电影机构、社会组织、行业协会等建立友好合作关系。市文化广播影视局要支持电影企业、电影作品参加重要的国际电影节展和交易市场，不断扩大国际交流与合作。

（八）加强人才队伍建设

充分利用我市高校教育资源和研发优势，市教委要鼓励院校设置电影相关专业，形成优势学科，重点加强电影创作、技术、经营管理等各类专业人才队伍培养和建设。建立健全电影人才引进和激励机制，对符合我市人才引进条件的优秀电影人才进入我市电影产业领域，在收入分配、落户等方面给予相应优惠政策。加强电影从业人员培训，提高业务技能。加强基层放映员队伍建设，提高服务水平。

三、加强组织领导

各有关部门要按照职能分工，加强沟通协商，密切配合，形成工作合力，确保各项扶持政策和保障措施落实到位。建立电影行政管理部门、财政补贴发放部门、放映设备落实部门相结合的工作协调监管机制。电影行政管理部门要切实强化责任意识，完善组织结构，落实分级责任，认真抓好具体实施工作，结合我市电影产业发展实际，及时研究新情况、解决新问题，确保取得实效。

天津市文化产业示范园区认定管理办法（试行）

津文广产〔2011〕3号

（2011年7月15日发布）

第一章 总则

第一条 为了贯彻落实《天津市文化产业振兴规划》的部署，培育文化产业聚集、示范区，引导并促进本市文化产业园区健康发展，为申报国家级文化产业示范园区打好基础，创造条件。根据文化部《国家级文化产业示范园区管理办法（试行）》以及国家和本市有关扶持文化产业发展的政策规定，特制定本办法。

第二条 本办法所称文化产业示范园区是指进行文化产业资源开发，文化产业和行业集聚及相关产业链汇聚，对我市及所在区县文化及相关产业发展起示范、带动作用的特定区域。

第三条 在天津的行政区划内建立的文化产业园区均有资格申报天津市文化产业示范园区。

第四条 天津市文化产业示范园区的认定遵循公开、公平、公正、重点文化产业领域优先等原则。

第二章 认定管理

第五条 天津市文化广播影视局（以下简称市文广局）在天津市委宣传部领导下，负责确定全市文化产业示范园区认定管理工作方向，指导、管理和监督全市文化产业示范园区的认定工作。

第六条 文化产业示范园区每两年命名一次，每次命名不超过三个，原则上每个区县示范园区总量不超过两个。

第七条 天津市文化产业示范园区认定管理办公室设在天津市文广局产业处。主要职责为：

（一）具体组织实施文化产业示范园区认定管理工作；

（二）协调、解决认定及相关政策落实中的重大问题；

（三）组织建设和管理“文化产业示范园区认定管理工作平台”；

（四）负责对已认定的文化产业示范园区进行监督检查和年审，根据情况变化和产业发展需要对文化产业示范园区的具体认定标准进行动态调整；

（五）受理、核实并处理有关举报。

第八条 各区县文化产业主管部门根据本办法开展下列工作：

（一）按照属地管理原则对本区县申报单位的申报材料进行汇总并给出初审意见；

（二）负责对本行政区域内已认定的文化产业示范园区进行监督检查；

（三）受理、核实并处理本行政区域内有关举报，必要时向市文广局报告；

（四）市文广局委托的其他工作。

第三章 认定标准

第九条 申请认定为文化产业示范园区应同时符合以下标准：

（一）符合国务院《文化产业振兴规划》和《天津市文化产业振兴规划》，在土地、消防、安全、节能、环保、卫生等方面符合国家相关规定和标准；

（二）具有合法、完备的立项审批手续；

（三）具有完善的基础设施，能够充分利用区域优势，为文化企业发展提供必要的硬件环境。园区内非文化类商业及其他配套面积不得超过园区总建设面积的20%；

（四）有突出的文化内容和鲜明的文化产业特色，规范运营两年以上，经济效益和社会效益显著；

（五）园区内文化企业数量占园区企业总数的70%以上，且文化企业所生产的文化产品和所提供的文化服务内容健康，向上；

（六）具有组织健全的管理机构和完备的管理制度，没有发生违法违规行为；

（七）有配套的公共服务体系，能够为园区内企业提供企业孵化、融资中介、技术、信息、交易、展示等公共服务；

（八）建设和运营管理单位是企业法人；

（九）法律法规确定的其他条件。

第四章 认定程序

第十条 申报文化产业示范园区的单位需提交下列申请材料：

（一）天津市文化产业示范园区认定申请表；

（二）按照第三章有关认定标准草拟的申报材料；

（三）企业营业执照副本复印件；

（四）银行开具的资信证明；

（五）近年来获得的各项荣誉证书复印件；

（六）第三章有关认定标准中所需要的各种数据的有效证明材料。

第十一条 申报单位填写相关申请表，并将申请表加盖公章连同其他书面材料一式五份报所在区县文化产业主管部门。各区县文化产业主管部门按本办法的认定条件进行初审，对符合条件的，签署初审意见后将材料报送市文广局。市文广局对申报单位进行现场考察。

第十二条 市文广局聘请文化产业方面的专家、学者及政府相关部门代表组成专家评审组，根据本办法及现场考察结果对申报单位进行评审，并给出评审意见。聘请的专家从市委宣传部专家库中选定。

第十三条 市文广局根据专家评审组意见对申报单位及材料进行审核，评定出合格的文化产业示范园区。

对未入选的园区于5个工作日内给予通知并说明原因。评审结果在天津文化信息网上公示（公示期7天），无异议的申报单位由市文广局上报市委宣传部后授予“天津市文化产业示范园区”称号，并颁发证书和牌匾。对公示期间产生异议的申报单位，将进行资格复核，不能通过复核的申报单位不能被认定为文化产业示范园区。

第五章 管理和考核

第十四条 按照本办法认定的文化产业示范园区，可申请享受天津市有关优惠和扶持政策。

第十五条 文化产业示范园区每年四月底前须通过辖区文化产业主管部门向市文广局报送年度发展情况。

第十六条 市文广局依照本办法规定对已命名的文化产业示范园区进行考核，考核每两年进行一次，包括以下方面：

（一）园区发展方向符合国家有关政策法规和本办法要求；

（二）园区发展规划实施情况；

（三）园区管理及整体运营是否遵纪守法；

（四）园区服务体系建设情况；

（五）园区内文化企业发展情况；

（六）当地文化产业主管部门对园区管理的意见。

第十七条 考核结果分为通过考核、限期整改、撤消命名三种，限期整改的期限不超过六个月，考核结果由市文广局上报市委宣传部；

第十八条 园区有下列行为之一的，将撤消其文化产业示范园区称号：

（一）损害消费者利益，并造成严重社会影响的；

（二）宣传虚假文化产品和服务信息并造成严重社会影响的；

（三）经营管理不善，不能达到园区认定标准的；

（四）考核不合格，并在规定期限内整改不达标的；

（五）有重大违法违规行为，受到法律、行政处罚的；

（六）其他对社会造成不良影响的行为。

第十九条 对被撤消命名的文化产业园区，同时停止其享受有关优惠和扶持政策的资格。

第六章 附则

第二十条 “文化产业示范园区”的证书、牌匾，由市文广局统一监制。

第二十一条 按照本办法认定的文化产业示范园区享受的有关优惠和扶持政策的具体范围、具体内容由相关行政机关另行发布。

第二十二条 本办法由天津市文化广播影视局负责解释。

第二十三条 本办法自公布之日起实施。

·河北省·

关于促进文化与旅游融合发展的指导意见

（2011年12月14日发布）

为贯彻落实党的十七届六中全会和全省第八次党代会精神，推进文化与旅游协调发展，进一步壮大文化旅游产业，现提出以下指导意见。

一、准确把握我省文化旅游业面临的新形势和新任务

文化是旅游的灵魂，旅游是文化的重要载体。近年来，在各级党委、政府的重视和支持下，河北省文化产业与旅游业相互融合、相互促进，取得了一定的经济和社会效益。但因行业合作领域不宽广、合作机制不顺畅、政策扶持不到位等诸多原因，我省文化旅游发展现状与建设经济强省、和谐河北的奋斗目标要求还不能完全适应。

当前，我省文化旅游业面临着良好的发展机遇。党的十七届六中全会通过的《关于深化文化体制改革推动社会主义文化大发展大繁荣若干重大问题的决定》明确提出“推动文化产业与旅游、体育、信息、物流、建筑等产业融合发展，增加相关产业文化含量，延伸文化产业链，提高附加值”，强调“要积极发展文化旅游，支持旅游对文化消费的促进作用”。这些要求为我省文化旅游融合发展指明了方向。《国务院关于加快发展旅游业的意见》（国发〔2009〕41号）也明确提出，要推进旅游与文化等相关产业和行业的融合发展。要丰富旅游的文化内涵，把提升文化内涵贯穿到吃住行游购娱各环节和旅游业发展全过程。由于我省产业结构偏重，必须紧抓国家推动社会主义文化大发展大繁荣和致力于把旅游业培育成为国民经济支柱产业以及人民群众满意的现代服务业的难得机遇，以“树形象、提品质、增效益”为目标，全面促进文化、旅游深度融合发展，为建设文化强省、实现从旅游资源大省向发展强省的跨越打下坚实基础。

二、推进文化与旅游融合发展的主要措施

（一）打造文化旅游系列活动品牌

提高文化旅游节庆市场化运作水平，做大做强一批

有影响力的文化旅游节庆品牌，形成定位准确、主题突出、特色鲜明、梯次发展的节庆会展格局。省文化厅、省旅游局每两年公布一批文化旅游节庆活动扶持名录，并通过联合举办、政策优惠、资金补贴等多种方式进行支持，期满后根据活动绩效对扶持名录进行调整并予以公布。举办全国性文化旅游节庆活动，做大做强中国吴桥国际杂技艺术节、中国崇礼国际滑雪节、中国廊坊国际热气球节、中国承德文化旅游节、中国秦皇岛葡萄酒文化旅游节等在国内外具有重大影响的文化旅游节庆活动。引导区域性文化旅游节庆活动，重点做好中国剪纸艺术节、中国吹歌节、张北草原音乐节、中原（邯郸）民间艺术节、邯郸市“欢乐乡村”农村文化活动、武安磁山文化节等文化旅游节庆活动。

（二）打造高品质旅游演艺产品

从促进旅游发展的角度，鼓励社会资本进入旅游演出市场，鼓励运用现代高新科学技术，打造优秀文化旅游演出节目。重点打造西柏坡《人间正道》、秦皇岛《海上生明月》、张家口《大好河山》、承德《康熙大典》、秦皇岛《海上生明月》、蔚县《火树金花》等旅游演艺产品，使其成为景区的亮点。同时旅游景区（点）要广泛吸纳文艺演出团体和艺术表演人才以多种方式灵活参与景区经营，不断提高景区（点）的文化内涵。

（三）充分利用全省丰富的非物质文化遗产资源和自然旅游景观优势，促进文化旅游共同发展

按照“保护为主、合理利用”的方针，既要保留非物质文化遗产的原生态和本真性，又可通过旅游渠道向外界宣传推广。以民俗文化为特色带动和提振当地旅游业发展，以旅游为载体促进民俗文化的保护和发展，相互借势，相互推动，形成良性循环。以曲阳石雕和衡水内画国家级非物质文化遗产生产性保护示范基地、蔚县剪纸产业园区等示范区为依托，开发一批文化旅游产品。

（四）实施品牌引领战略，引导文化旅游产品开展品牌化经营

以旅游热点地区为重点，采取地方申报，省文化厅和省旅游局联合认定的方式，对社会效益和经济效益突出的旅游热点并具备非遗项目生产性保护的地区，优先命名为河北省非物质文化遗产生产性保护示范基地、河北省文化产业示范基地，支持其向品牌化方向发展。引导和支持优秀旅游城市规划建设旅游文化名街、名镇，推进文化旅游示范县建设，打造文化旅游特色产业聚集区。

（五）鼓励主题公园、旅游度假区设立连锁网吧、旅游游艺场所

结合不同主题公园、旅游度假区的特点，鼓励网吧连锁企业在符合一定标准和条件的主题公园和旅游度假区开设直营连锁门店，鼓励游艺娱乐企业在主题公园和旅游度假区开设游艺娱乐场所，丰富文化主题内容，创新文化传播体验方式，提升主题公园和旅游度假区的感染力和吸引力，打造一站式旅游消费和文化娱乐园区。

（六）宣传推介文化旅游项目，推动企业开展合作

省文化厅和省旅游局通过联合举办论坛、投资洽谈会、项目交易会等形式，推进文化企业与旅游企业的沟通与合作。积极利用国内外具有重大影响力的文博会宣传推介文化旅游项目，提高其知名度和影响力。旅游企业要积极组织和宣传具有地方特色的文化项目和文化活动，提升旅游产品的文化品位。

（七）深度开发文化旅游工艺品（纪念品）

各级文化行政部门和旅游部门要积极创造条件，鼓励创作符合地方文化特点的文化旅游工艺品（纪念品），保护获外观设计专利的文化旅游工艺品（纪念品）的知识产权。举办全省文化旅游工艺品（纪念品）博览会和全省文化旅游工艺品（纪念品）创意设计大赛。支持平泉县中国活性炭科技创意城、藁城屯头宫灯文化产业园、七夕乞巧手织汉锦技术改造、晋州紫铜浮雕工艺品新产品研发等项目建设。

（八）加强文化旅游产品的市场推广

文化旅游推广与对外文化工作相结合，文化部门在文化产品生产和对外文化交流活动中，增加河北旅游宣传元素，在各类文化活动中增设旅游产品和项目展示，整合各方资源，增强宣传效果。旅游部门发挥市场推广优势，将反映河北文化特色的文化产品纳入国内外旅游项目推广计划，充实旅游产品的文化内涵。对具有良好市场前景文化旅游产品的生产，优先向金融机构推荐融资。

（九）积极培育文化旅游人才

省文化厅和省旅游联合编制文化旅游人才培训规划，确立一批文化旅游实践基地，加强文化旅游人才培训。根据市场需求和文化旅游产业发展实际，定期组织文化旅游从业人员业务培训，联合开展导游和讲解员培训，努力培育一支高素质、专业化的文化旅游人才队伍。

（十）规范文化旅游市场经营秩序

旅游质监机构要会同相关部门建立规范文化旅游市场经营秩序的联合监管机制，依法开展联合执法和日常监督检查。坚决打击欺骗、胁迫旅游者参加计划外自付费项目或强制购物的行为，打击导游司机私自收受高额回扣行为，打击假冒伪劣文化旅游工艺品（纪念品），打击宣扬低俗色情和封建迷信的文化旅游产品和非法经营行为。

三、加强组织领导，完善工作机制

推进文化产业与旅游产业紧密融合，共同繁荣，既是经济社会发展的客观要求，也是推动文化大发展大繁荣的必然要求和重要途径。为此，必须建立文化部门与旅游部门协作配合长效工作机制，进一步加强对文化旅游融合工作的领导。要制定规划，加强政策扶持和宏观指导，要打造文化旅游精品，培育精品品牌。要遵循文化产业和旅游产业发展的客观规律，坚持有效保护、合理利用、自觉传承，不断提高文化旅游发展的科学化水平。省文化厅和省旅游局成立两部门分管厅局领导牵头，相关职能处室参加的文化旅游合作发展领导小组。各市文化部门和旅游部门要建立相应合作协调工作机制，制定本地区文化旅游发展规划，定期通报文化旅游融合发展的最新动态，加强本地区文化旅游的紧密合作。

各市文化和旅游部门要进一步增强对文化旅游融合发展重要性的认识，增强使命感和责任感。要按照本《意见》要求，在当地党委和政府的领导下，结合本地工作实际，创造性开展工作，确保各项政策措施落到实处。要加强统筹、分工协作，进一步健全完善文化旅游合作机制，积极探索推进文化旅游协作的新方法、新思路、新途径，不断开创我省文化旅游工作的新局面。

·辽宁省·

关于加快文化产业发展的若干政策规定

辽委办发〔2011〕34号

（2011年9月26日发布）

为加快发展我省文化产业，结合我省实际，现制定如下政策规定。

1. 从2011年起，省级文化产业发展专项资金提高至每年1亿元，采取贴息、奖励等形式，支持我省重大文化产业项目、重点基地和园区以及文化产业公共服务平台等建设。

2. 设立辽宁省文化产业投资基金，省财政投入引导资金，吸收国有大型企业、骨干文化企业和金融机构等资金，通过股权投资和项目投资方式，对文化产业重点领域进行战略性投资，推动文化领域资源重组和结构调整。

3. 对获得国家专项资金支持的文化产业项目，省文化产业发展专项资金给予资助。对具有重大示范效应和产业拉动作用的文化产业项目，列入全省经济和社会发展规划，给予前期经费补助和贷款贴息。

4. 支持处于成熟期、经营较为稳定的文化企业在境内外主板市场上市融资。鼓励信誉度好、发展潜力大的文化企业，发行中长期企业债券和短期融资债券。鼓励已经上市的文化企业通过增发、配股等方式进行再融资，用于企业发展和资源整合。支持符合条件的中小文化企业在创业板市场上市。

5. 健全完善辽宁沈阳文化知识产权交易所文化产权交易服务平台功能，为我省文化企业提供债权融资、股权交易、并购重组等市场化服务。

6. 符合《关于印发〈高新技术企业认定管理办法〉的通知》（国科发火〔2008〕172号）和《关于印发〈高新技术企业认定管理工作指引〉的通知》（国科发火〔2008〕362号）规定的文化领域高新技术企业，企业所得税可减按15%税率征收。

7. 文化企业为开发新产品、新技术、新工艺发生的研究开发费用，未形成无形资产计入当期损益的，在按照规定据实扣除的基础上，按照研究开发费用的50%加计扣除；形成无形资产的，按照无形资产成本的150%摊销。

8. 文化企业在组建企业集团时，如合并改建为一个企业，且原投资主体存续的，对其合并后的企业承受原合并各方的土地、房屋权属，免征契税和其他行政事业性收费（不含除证照类行政事业性收费）。

9. 对生产重点文化产品而进口国内不能生产的自用设备及配套件、备件，按现行税收政策有关规定，免征进口关税。

10. 积极鼓励利用存量土地发展文化产业。对利用空余或闲置工业厂房、仓储用房等存量房地资源兴办文化创意产业，不涉及重新开发建设且无需转让房屋产权和土地使用权的，经市、县人民政府批准，其土地用途和土地使用权类型可暂不变更。

11. 推动文化产品和服务出口。对国家文化出口重点企业予以表彰和奖励。财政部门会同相关部门研究制定财政支持文化出口的政策，通过贷款贴息、项目补助、奖励、保费补助等多种方式支持文化出口。贯彻落实《财政部、国家税务总局关于支持文化企业发展若干税收政策问题的通知》（财税〔2009〕31号）规定的支持文化企业出口的税收政策。

12. 各级政府要对文化产业基地（园区）给予政策和资金扶持。进入文化产业基地（园区）的文化企业，可享受高新技术开发区相关优惠政策。文化产业专项资金对基地内公共技术服务平台建设项目给予资金支持，对入驻企业生产性用房给予房租补贴。

13. 对于文化事业单位改制为公司制企业的，其注册资本中货币出资的比例不受 30% 的限制。

14. 鼓励和支持文化企业兼并重组，组建跨地区、跨行业、跨所有制的文化企业集团。凡母公司注册资本达到 1000 万元，有 3 个以上子公司，集团母子公司注册资本总额达到 2000 万元，支持申请设立企业集团。

15. 鼓励我省高等院校与文化企业创设人才培养、研发等基地，开展国际交流和培训，培养引进高级管理、经纪、创新等人才，聘用海内外高水平人才。

16. 制定我省原创优秀文化产品的奖励政策。对我省具有自主知识产权的影视动画片以及影视作品、文艺作品和专题节目等，给予资金奖励。

17. 设立省级文化产业发展突出贡献奖，对发展文化产业做出贡献的集体和个人给予表彰和奖励。支持文化企业对有突出贡献的优秀人才实施股权、期权激励政策。

18. 加强全省文化产业统计工作。按照国家统一标准，建立健全文化产业统计制度及文化产业统计指标体系，及时准确地掌握和分析文化产业发展状况。

各地区、各部门可依据本规定，结合自身实际，制定实施细则或分行业制定扶持发展政策规定。

上述政策执行期限为 2011 年 10 月 1 日至 2015 年 12 月 31 日。国家、省已出台的其他优惠扶持政策，继续执行。

·上海市·

关于促进上海电影产业繁荣发展的实施意见

沪府办发〔2011〕14 号

（2011 年 4 月 2 日发布）

上海作为中国电影的发祥地，在我国电影发展史上具有举足轻重的地位。大力发展上海电影产业，对加强社会主义文化建设，满足人民群众不断增长的精神文化需求，全面增强城市文化软实力和国际影响力，加快建设国际文化大都市，具有重要意义。近年来，上海电影业深化改革、锐意创新，产业链不断完善，市场化运作机制逐步确立，市场体系更加完备，取得了良好的社会效益和经济效益。为进一步提升上海电影产业发展水平，根据《国务院办公厅关于促进电影产业繁荣发展的指导意见》（国办发〔2010〕9 号，以下简称《指导意见》）精神，现就促进上海电影产业繁荣发展提出以下实施意见：

一、总体思路和主要目标

（一）总体思路

以满足人民群众日益增长的精神文化需求为出发点和落脚点，以改革创新为动力，以市场为主体，以数字化技术为支撑，以影院基础设施为依托，以科学化管理为保障，着力于电影产业链的发展建设，着力于丰富产品、繁荣市场，提高质量、改善服务，引导消费、促进增长，使上海成为电影市场繁荣、制作机构集聚的电影产业基地。

（二）主要目标

2011 年至 2015 年期间，夯实上海电影产业基础，提升上海在制片、译制、动画、院线等方面的产业优势。力争上海电影制片、电影票房继续保持全国前三。依托数字技术，提升电影制片的科技含量、艺术水准，争取上海电影创作生产数量逐年增长、艺术质量稳步提高。继续扩大电影市场规模，提升电影消费水平，推动区县主要商业区数字化影院建设改造的全覆盖，电影票房收入和观影人次保持年 20% 左右的增长率，电影产业经济总量年平均增长在 20% 以上。积极拓展上海电影产业新的经济增长点，推进上海国际电影节等相关品牌建设，建设 1 至 2 个集电影拍摄、制作、研发为一体的综合影视基地，培育 2 至 3 个电影产业创意园区，扶持 1 至 2 家具有国际影响力的重点企业，使上海初步形成电影企业集聚、产业链完整、具有一定国际影响力的电影产业基地。

二、工作重点

（一）面向群众、面向市场，大力实施精品战略，多出优秀作品，努力繁荣电影创作生产

弘扬主旋律，提倡多样化，精心组织好弘扬民族精神和时代精神、反映现实生活的重点影片生产。强化思想性、艺术性和观赏性的有机统一，努力形成多类型、多品种、多样化的电影创作生产格局，促进故事片、动画片、纪录片等类型的影片生产，特别是适合网络、手机等新媒体传播的电影产品。切实加强影视制作、动漫等产业基地建设，努力推进电影创作生产的集约化、规模化发展。开展积极健康的文艺批评，营造良好的创作

环境。建立健全政府资金投入机制，扶持重点影片拍摄，使政府资金在引导创作、繁荣创作方面发挥更大的作用。

（二）推动国有企业的上市，做大做强国有企业，推进国有企业市场龙头地位的建设

加快资源整合、清产核资，做好引进战略投资者等上市前期准备，积极推动有条件的国有影视企业重组上市，推动国有企业做大做强。努力打造龙头国有企业，培育主业突出、品牌名优、实力雄厚、具有显著行业竞争力的大型电影支柱企业。

（三）加快影视产业园区和创意园区的建设，加强数字化影视基地建设，努力使上海成为电影产业机构的集聚地，推进电影产业链的建设

积极推进以电影拍摄、后期制作为主业的综合性产业园区的建设。引导、鼓励有条件的区县，以建立影视文化创意园区、工作室注册管理等多种方式，在项目、资金、平台、渠道等方面给予支持，促进中外电影业知名人士与上海的合作，努力使上海成为集电影拍摄、后期制作、电影衍生产品开发生产、电影旅游、影视经纪代理等多类型、多样化、多品种的中小型企业、新型企业的产业机构集聚地。鼓励社会资本投资电影，鼓励有实力的企业、团体依法发起组建各类电影投资公司，促进、培育电影领域的战略投资者，积极发展多种所有制形式电影生产企业，加强影视拍摄制作的产业基地建设。

（四）以资本为纽带，扩大院线经营规模，积极拓展电影发行、放映、服务等消费市场建设

以创新企业品牌为核心，加快本市国有电影院的产权重组。以资本为纽带，进一步深化电影院线制改革，强化电影院线公司的经营和管理功能，继续做大做强电影市场。鼓励公平竞争，提升电影发行放映的服务质量和管理水平。鼓励本市院线公司积极拓展全国市场，实现跨区域的联动发展。支持外省市电影院线公司在本市注册，鼓励全国跨省电影院线公司和各类社会资金来沪投资电影市场。支持各电影院线公司培育和拓展由电影放映衍生的电影消费信息服务、影片信息资讯服务、在线观影等新型业态，提高市场竞争力，扩大市场占有率，实现电影市场的跨越式发展。

（五）推进全市电影院基础设施的升级改造，大力支持城镇数字影院建设

引导、支持和鼓励各类资本投资建设数字影院，推进电影院基础设施的现代化改建。按照《指导意见》中关于“将城镇数字影院建设和改造任务纳入国民经济和社会发展规划，纳入文化产业发展规划和精神文明建设总体部署，纳入城乡建设和土地利用总体规划重点推进”的要求，将数字影院建设和改造列入市郊新城、新市镇文化建设发展规划，促进电影市场资源均衡配置。到“十二五”期末，市郊各区县的主要商业中心至少建有一家 5 个影厅以上的数字影院。

（六）充分发挥上海国际电影节的交流作用和产业影响，培育扶持上海国际电影节进入世界一流电影节的行列，推进产业交流平台建设

加大对上海国际电影节的支持和资金投入力度，支持上海国际电影节以更加开放的方式，发挥文化推广、产业集聚和经济带动的功能，进一步扩大国际影响力。积极争取上海国际电影节的获奖影片每年有 2–3 部纳入国家进口影片额度的政策支持。以上海国际电影节为对外电影交流、合作的重要平台，探索建立国产影片海外推广营销渠道，密切保持与各国电影机构、国际电影节组委会的合作交流。以扶持影视新人成长为重点，增强上海电影产业的凝聚力和辐射力。

三、具体举措

（一）建立电影精品专项资金，促进电影内容生产的繁荣，支持电影技术的创新发展，鼓励电影新人新作

建立上海市电影精品专项资金，制定电影精品专项资金管理制度，以政府资金为引导、社会投入为主体，重点扶持本市优秀影片的拍摄，支持电影摄制技术的创新发展，培养优秀青年电影人才，扶持新人新作，大力繁荣电影的创作生产。

上海文化发展基金会继续对符合条件的电影剧本给予资助；对列入上海市重大文艺创作选题的项目，根据《上海市重大文艺创作项目资助扶持办法》的有关规定，给予拍摄资助；对在国内外获奖的优秀电影给予奖励。

（二）设立新（改）建影院补助资金，引导和鼓励社会资本投资影院建设

“十二五”期间，对市郊现有的乡镇影剧院以及部分新建的乡镇社区文化活动中心（影剧场）的电影放映功能实施数字化改造，给予一次性的政府资金补助，使其成为符合我国数字电影标准的数字影院。组建上海乡镇电影院线，统一品牌，统一经营，保持较低票价水平。

对 5 年内各类资本投资新建高标准的数字影院，影厅数、座位数、硬件设施符合国家三星级电影院以上标准，年票房收入 500 万元以上的影院，给予一定数额的政府资金补助。不断扩大电影市场规模，促进放映场次和观影人次的增长，为电影产业发展奠定基础。

（三）继续推进农村数字电影放映工程，完善电影公共服务功能

大力推进公益性电影放映，继续实施本市农村文化信息共享工程、农村数字电影放映工程和农村信息苑一并建在村级文化综合活动室的举措。进一步深化农村数字电影院线公司的机制改革，建立市场运作、企业经营、政府购买、群众受益的电影公共服务发行放映新体制。健全完善本市社区文化活动中心数字电影设施，方便市民就近、低成本地享受国产影片放映服务。“十二五”期间，做到年放映公益电影 10 万场，受惠市民上千万。

（四）依托上海国际金融中心建设的区位优势，创新电影投融资机制，鼓励设立各类电影风险投资基金，使上海成为电影投融资中心

进一步贯彻《国务院办公厅转发财政部中宣部关于进一步支持文化事业发展若干经济政策的通知》（国办发〔2006〕43 号）等文件精神，鼓励金融机构加大对电影投融资的支持，探索建立电影风险投融资机制。积极推动和鼓励电影制作企业与商业银行开展金融合作，鼓励商业银行等金融机构积极开发适合电影产业发展特点的信贷产品，鼓励商业银行对影视企业加大有效的信贷投放，推动多元化、多层次的信贷产品开发和创新，积极探索适合电影产业发展的多种信贷模式。

（五）加强电影人才队伍建设，针对电影行业特点开展教育培训，积极引进优秀人才，为上海电影产业持续发展提供人才保障

各级电影部门要坚持以提高履行岗位能力为核心，认真抓好关键岗位、重点岗位和紧缺人才的培训工作。依托上海高等教育资源的优势，针对电影行业特点，开设分类别、多形式、重实效的教育培训，特别是要注重培养适合电影产业发展的实用、创新、复合型人才。加大引进和培养优秀人才、领军人物的力度，积极引进优秀的电影编导演和制作管理人才。以本市宣传系统文化领军人才队伍建设专项资金为依托，建立电影行业优秀人才培养计划，有力提高本市电影人才队伍的综合素质。

（六）建立媒体宣传协调机制，加强对优秀国产影片的宣传力度

对优秀国产影片，提供媒体相关版面、栏目、公益广告时段宣传。以政府间的各类文化交流为平台，加强国产影片对外宣传力度，支持中国电影和电影从业人员进入海外推广营销体系。对于从事国产影视片海外推介销售的文化企业和电影项目，根据影视企业“走出去”的实际业绩，推荐申请《上海市服务贸易发展专项资金》，以资鼓励。

（七）建立行政执法工作协调机制，切实保护电影作品的知识产权，维护市场公平

不断完善电影监管体系，维护电影市场秩序。协调本市文广影视、版权、工商行政、文化市场综合执法等部门和单位加大与电影相关的知识产权保护和执法力度，建立电影知识产权保护的行政执法工作会商机制，坚决打击电影知识产权侵权行为。

（八）建立健全电影产业评估体系，加强产业引导，规范电影产业统计工作

建立健全电影产业经济统计评估体系，对电影产量、电影票房、广告收入、利润、税收等指标作出科学的统计、评估。紧密跟踪国内外电影产业最新动态，关注、分析发展趋势，为电影产业提供信息服务，为政府决策提供科学依据。

关于促进上海市创意设计业发展的若干意见

沪经信都〔2011〕282 号

（2011 年 5 月 27 日发布）

为贯彻落实《国务院关于加快发展服务业的若干意见》（国发〔2007〕7 号）以及工业和信息化部等部门《关于促进工业设计发展的若干指导意见》（工信部联产业〔2010〕390 号），促进本市经济发展方式转变和城市发展转型，推进重点产业的设计创新，提升产业核心竞争力，打造更具创新活力和国际影响力的“设计之都”，现就促进本市创意设计业发展提出如下意见。

一、充分认识促进创意设计业发展的重要意义

创意设计是综合运用科技成果和工学、美学、心理学、经济学等知识，对产品的内容、功能、结构、形态及包装等进行整合优化的创新活动。促进创意设计业发展，加快全市设计创新体系建设，有助于提升产品附加值，扩大消费需求；有助于提高企业竞争力，创建自主品牌；有助于转变经济发展方式，加快形成以服务经济为主的产业结构；有助于促进创意设计更加贴近群众生活，提高人们的生活品质；有助于增强城市软实力，扩大上海城市影响力，促进创新型城市建设。

二、明确指导思想、基本原则、发展目标和重点支持领域

1. 指导思想。坚持以科学发展观为指导，围绕上海

加快推进“四个率先”、建设“四个中心”的工作大局，以加入联合国教科文组织“创意城市网络”、建设“设计之都”为契机，不断提高企业设计创新能力，营造设计创新氛围，优化设计创新服务体系，完善政策措施，全面推动创意设计业快速发展，进一步促进产业转型升级，提升城市竞争力和文化软实力。

2. 基本原则。坚持专业化发展和在企业内发展相结合，扩大设计产业规模，提升设计创新水平；坚持全面提升与重点突破相结合，聚焦本市重点产业领域，推进创意设计业与相关产业的融合发展，发挥创意设计的高端引领作用；坚持走出去与引进来相结合，提升设计国际化水平；坚持政府引导和市场调节相结合，为设计创新营造良好环境。

3. 发展目标。形成 5–8 家具有国际竞争力的设计企业和一批“专、精、特、新”设计企业；打造 20–30 家企业设计中心，力争 2–3 家成为国家级企业设计中心；建设 2–3 个辐射力强、带动效应显著的国家级工业设计示范园区；扶持一批设计创新示范项目；建成一批创意设计类人才实训基地，培育一批创意设计类领军人才和青年高端创意人才，吸引一批海外设计人才和设计大师；引进一批国际著名设计组织、机构。到 2015 年，使上海设计产业知识产权保护环境更加完善，基本形成创意设计要素资源集聚、市场主体活跃、产业布局合理、带动效应显著的设计创新体系，使企业设计创新能力显著增强，创意设计业对全市经济和社会的贡献度进一步提高，使上海成为更具国际影响力的“设计之都”。

4. 重点支持领域。结合上海产业发展重点和优势，选择工业设计、时尚设计、建筑设计、多媒体艺术设计等产业规模较大、产业带动效应强、在国内外具有一定影响力、具有较好发展基础和潜力的创意设计行业给予重点支持。

三、提升产业设计创新能力

1. 鼓励有条件的企业建立设计中心，不断提升其创意设计水平，创新业务流程和组织架构，促进企业技术、设计、管理创新的有效结合。对符合条件的企业设计中心由市经济信息化委组织认定，并向工业和信息化部等国家有关部门推荐，争取成为国家级企业设计中心。

2. 鼓励专业设计企业加强设计和服务能力建设，加大信息技术产品等软硬件投入，加强人才队伍建设，创新服务模式，提高专业化服务水平。对符合相应条件的企业由市经济信息化委组织开展设计创新示范企业认定。

3. 鼓励专业设计企业和机构间加强资源整合，优化产业组织结构，支持一批拥有自主知识产权和知名品牌、具有较强竞争力的、成长性好的创意设计类龙头企业。加强创意设计类中小企业服务体系建设，重点培育一批行业内基础较好、潜力较大、具有一定行业带动性的中小企业，促进其向“专、精、特、新”发展。

4. 鼓励社会培训机构开展重点企业负责人创意设计类培训项目，加强企业设计创新典型案例宣传，提高企业对于设计创新的重视程度和认识水平。

5. 鼓励企业将可外包的设计业务发包给专业设计企业或设计机构，提升企业竞争力，扩大设计服务市场。支持在先进重大装备、汽车、船舶和海洋工程装备、消费品等重点领域实施一批投资规模大、科技含量高、产出效益好、拉动能力强的设计创新示范项目。

6. 鼓励科研机构、工业企业、设计单位、高等院校间加强合作，开展产学研联合攻关，加强基础性、通用性、前瞻性的创意设计理论与技术研究，实施一批产学研合作项目。

四、加快培养和引进高素质设计创新人才

1. 完善创意设计教育体系。探索建立有利于创意设计业人才成长的教育体系和人才培养模式，培养适应产业发展需求的复合型设计人才。加强高等院校的创意设计类学科建设，加大对创意设计类专业教学、科研、实验的软硬件支持，提升教师水平，支持聘用有实践经验的设计人员任教。完善创意设计的基础教育，在中小学加强相关启蒙教育和基本素质教育。

2. 建立健全创意设计人才的培训机制。鼓励企业、高等院校、科研机构和社会中介组织共建人才实训基地。支持符合条件的创意产业集聚区、创意设计类企业设立博士后科研工作站。支持有条件的单位选送优秀设计师出国培训，学习借鉴国外先进设计经验。鼓励行业协会、高等院校、科研机构和企业联合开展创意设计类培训。

3. 建立健全优秀设计人才认定、选拔和激励机制。将创意设计业列入上海市领军人才选拔、培养的范围。进一步完善创意设计业的人才开发目录。进一步完善创意设计业职业资格制度，在已开展的工业产品造型设计师、时装设计师、包装设计师等相关职业资格鉴定的基础上，继续研发创意设计业职业培训项目，完善培训计划与大纲。组织实施青年高端创意人才促进计划，对入选人才给予媒体宣传、培训交流、产业政策扶持等方面的优先支持。

4. 积极引进优秀创意设计人才。鼓励海内外优秀创

意设计人才来沪创业和从事创意设计类研究、教学工作。鼓励企业招聘海内外优秀创意设计人才，完善技术入股等激励机制，妥善解决社会保障和工作生活待遇等问题，为海内外优秀创意设计人才来沪工作创造良好条件。

五、推动创意设计业集聚发展

1. 促进创意设计业在重点产业基地和工业园区的配套布局。引导先进重大装备、汽车、船舶和海洋工程装备等领域的配套设计企业在临港装备制造业基地、长兴岛造船基地、嘉定汽车工业基地等相关产业基地内部或周边集聚，推动产业升级。

2. 优化创意设计业在创意产业集聚区的建设布局。鼓励创意产业集聚区加强园区环境和设施建设，提高园区管理和服务水平，引导经认定的设计创新示范企业、企业设计中心向园区集聚。

3. 对提供工业设计等相关服务的企业和机构集聚并达到一定产业规模、在提升相关制造业产业竞争力及发展区域经济方面成效明显、具有一定示范和带动效应的园区或基地，由市经济信息化委组织开展工业设计示范园区认定，并向工业和信息化部等有关部门推荐，争取成为国家级工业设计示范园区。

六、推进创意设计类公共服务平台建设

1. 建立完善创意设计信息化服务平台。依托上海市创意产业展示与服务平台网站，深化服务功能，加强创意设计产业信息与相关专业行业网站和在线交易平台的交互对接，加强创意设计产业基础数据库建设。

2. 建立完善创意设计产业化服务平台。重点推进设计服务外包对接、设计创新成果展示交易、设计创新材料展示交易、设计资源共享等方面的服务平台建设。

3. 建立完善创意设计产业投融资服务平台。探索推进创意设计产业种子基金、孵化基金和创业投资基金建设，鼓励政策性担保机构和商业性融资担保公司为创意设计企业提供担保业务，改善创意设计产业的投融资环境。

4. 建立完善创意设计产业孵化器。鼓励创意产业集聚区、设计企业、高等院校、科研机构及社会力量建设创意设计产业孵化器，支持创意设计的专业化、市场化发展，提升科技条件、技术转移、专业咨询、投融资和市场推广等方面的专业服务能力，完善创业孵化功能，为大学生创业就业创造条件，推动中小设计企业集聚和成长。

七、加强创意设计业的知识产权保护和应用

1. 鼓励企业和个人加强创意设计成果保护，及时进行专利申请和著作权登记。将知识产权保护与企业诚信体系建设相结合，建立知识产权信用公示制度和纠纷预警机制，依法打击知识产权违法行为，处理侵犯知识产权行为。鼓励行业协会加强行业知识产权保护自律。

2. 建立完善提供创意设计业知识产权和设计成果的交易、托管等服务的综合性公共服务平台，促进知识产权和设计成果的有效流通。

3. 鼓励和支持公民、法人以知识产权作价出资形式创办企业。鼓励在产品或包装等相关物品上标注设计机构或设计者名称。鼓励权利人充分利用知识产权维护自身的合法权益。

八、加强创意设计业的展示、宣传和交流合作

1. 加强创意设计的国际交流合作。充分依托联合国教科文组织“创意城市网络”以及国内创意产业联盟组织，吸引跨国公司和国外著名设计机构来沪设立设计研发总部或分支机构。鼓励上海设计企业开拓海外市场，积极承接国际创意设计类外包业务。鼓励有条件的企业在境外建立设计研发中心。鼓励设计企业、机构和设计师参与国际设计领域的市场竞争，扩大国际影响力。

2. 围绕“设计之都”建设，进一步丰富上海国际创意产业活动周的内涵，完善活动筹办机制，逐步将其打造成为集展览展示、论坛和奖项评选等于一体的综合性品牌活动。

3. 积极支持和鼓励参与包括中国国际工业博览会、中国国际动漫游戏博览会、上海时装周、上海国际服装文化节、上海国际室内设计节、国际黄金珠宝展等在内的一批创意设计类大型活动，为创意设计业发展提供成果展示、发布和交易的平台。

4. 建立完善对“设计之都”整体形象和相关资源的宣传机制，在电视频道、主流报刊媒体、网络媒体中，开设创意设计类专题栏目。鼓励企业和社会中介组织创办创意设计类刊物和专题网站。

5. 开展创意设计全民参与计划。组织创意设计类展览走进社区，鼓励相关行业中介组织与社区联合开展创意设计类活动，丰富居民文化生活，宣传和推广设计理念。

九、优化创意设计业发展的政策环境

1. 加大财政资金投入。加大市服务业发展引导资金、市中小企业发展专项资金等财政性资金对创意设计业的扶持力度，创新资金使用方式，重点用于支持设计创新

示范企业、示范项目、公共服务平台和工业设计示范园区等的建设。放大财政性资金的杠杆效应，吸引社会资本投入，推动设立一批创意设计类产业基金。有条件的区县应安排设计创新专项资金。

2. 落实税收扶持政策。企业用于工业设计的研究开发费用，按照税法规定享受企业所得税前加计扣除政策，鼓励企业加大设计研发投入。鼓励符合条件的设计企业参与高新技术企业、技术先进型服务企业认定，经认定的企业可按国家规定享受相关税收优惠政策。

3. 加强对创意设计业的金融服务。引导金融机构开发适合创意设计类企业需求的综合金融产品和特色金融服务。鼓励金融机构开展创意设计类企业知识产权质押融资业务试点，加大信贷支持。发展面向创意设计类企业的融资租赁业务、经营性租赁业务。鼓励信用担保机构为创意设计类企业提供贷款担保。将创意设计类企业纳入科技型中小企业信贷政策支持范围。鼓励风险投资等各类社会资本加大对创意设计业的投资。支持符合条件的创意设计类企业在境内外资本市场上市融资。

4. 健全创意设计业的人才政策。将创意设计人才纳入本市紧缺人才目录。制定和完善吸引国内外高端创意设计人才来上海创业、就业、居住以及子女就学、保险等方面的优惠政策。对符合条件的高端创意设计人才，优先推荐其参与“劳动模范”、“三八红旗手”等荣誉的评选。

5. 加强创意设计产品和服务的政府采购。对于经认定纳入政府采购自主创新产品目录的创意设计产品和服务，在本市重点工程和公共事业项目的政府采购中予以优先。

十、健全工作推进机制

1. 加强组织领导，形成推进合力。市经济信息化委负责促进本市创意设计业发展工作。本市各有关部门按照各自职责，协同做好促进创意设计业发展的有关工作。

2. 完善创意设计业统计分析制度。探索便于统计的创意设计类企业注册登记办法。建立完善创意设计业统计制度和统计指标体系，及时准确跟踪、监测和分析创意设计业的发展状况，把握产业运行态势，及时发现产业发展中的矛盾和问题，做好产业经济运行的预警预报工作。

3. 各区县经济主管部门要会同有关部门，加强本地区创意设计业发展的调研、分析和管理工作，可结合本地区实际，制定并实施贯彻本意见的具体办法。

4. 支持相关行业中介组织建设，充分发挥上海创意设计联席会议以及各相关行业中介组织在服务企业、规范行业、发展产业方面的协调促进作用。

·江苏省·

关于加强文化科技创新的意见

苏政办发〔2011〕70号

（2011年5月23日发布）

加强文化科技创新，是实施省委、省政府创新驱动核心战略的重要组成部分，是加快文化强省建设的迫切需要，是推动江苏文化大发展大繁荣的重要支撑。为切实推进文化科技创新，提升文化科技创新水平，实现文化凝聚力和引领力强、文化事业和产业强、文化人才队伍强的目标，现提出如下意见：

一、总体要求

紧紧围绕“推动科学发展、建设美好江苏”主题和加快转变经济发展方式主线，以培育自主知识产权、自主品牌和创新型企业为重点，加快构建有利于文化与科技紧密结合的体制机制，大力推动文化与科技紧密融合，积极运用高新技术提升文化创作、生产和传播方式，建立健全以企业为主体、市场为导向、产学研相结合、具有江苏特色的文化创新体系，提高文化企业自主创新水平和文化产品、文化服务的科技含量，增强江苏文化的创造力、影响力和传播力。到“十二五”期末，全省高新技术支撑的文化产业新项目占文化产业项目比例由目前的30%提高到60%；文化类高新技术企业、技术先进型服务企业达100家；科技创新型文化产业园区（基地）占新评定的国家级、省级文化产业园区（基地）的比例高于40%；新兴文化业态实现增加值占文化产业增加值的比例提高到1/3以上。

二、重点领域

（一）加强公共文化服务科技创新

坚持公益性、基本性、均等性、便利性原则，完善覆盖全社会的公共文化服务体系。加快建设综合性、多功能、有特色的公共文化设施，推进公共文化服务资源共建共享。适应群众文化需求的新变化新要求，加快发展数字图书馆、网上博物馆、网上文化馆、网上剧院等。大力提升广播影视数字公共服务水平，推进地面数字电视覆盖工程建设，基本实现广播电视户户通。认真做好农家书屋数字化建设工作，开展网络等多形式的全民阅读活动。加强现代科学技术在文物和非物质文化遗产保护中的运用，促进文化遗产的科学保护和合理利用。

（二）着力发展新兴文化业态

运用高新技术对传统文化产业进行升级改造，同时，加快发展创意设计、动漫游戏、移动多媒体广播电视、高清晰度电视、立体电视、公共视听载体、移动电视、数字（3D、巨幕等）电影、数字出版、网络出版、手机出版等附加值高的新兴产业，积极拓展基于数字、网络等高新技术的文化业态。加快广播电视制作、播出、传输和电影制作、发行、放映数字化进程，积极推进下一代广播电视网建设、三网融合和物联网服务，开发应用手机电视、网络广播电视、影视动漫、内容创意等三网融合新业务。妥善处理新兴文化产业发展与网络信息安全的关系，切实维护文化和信息安全。积极发展纸质有声读物、电子书、手机报和网络出版物等新兴出版发行业态及高新技术印刷。加快建设与互联网、物联网相结合的文化产品交易平台，重点建设传输快捷、覆盖广泛的文化传播渠道。

三、主要措施

（一）加大文化科技创新投入

各级人民政府要把文化科技创新作为文化投入的重点，支持重大文化科技创新项目，支持省内文化企业跨地区兼并重组和实施重大技术改造，支持高科技文化产业园区建设，支持文化领域新产品、新技术的研发应用。省文化产业引导资金和文化、广电、新闻出版部门相关专项资金优先支持文化科技创新。科技行政管理部门在同等条件下优先支持文化科技项目，省科技支撑计划、省科技成果转化专项资金、省产学研联合创新资金加大对文化科技项目的支持力度。将文化产品和服务纳入政府采购范围，鼓励并促进我省预算管理的机关、事业单位和社会团体优先选用我省自主创新并拥有自主知识产权的文化产品与服务。

充分发挥江苏紫金文化产业发展基金的作用，通过股权投资等方式，重点扶持有发展潜力的重点文化项目以及处于初创期、成长期的创新型文化企业和高成长性文化企业。各地可利用中小企业创业、发展等投资基金支持文化产业风险投资。鼓励金融机构创新和开发多元化、多层次的信贷产品，制定着作权、专利权、商标权等无形资产评估和质押办法，开展创建文化产业小额贷款公司试点，加快发展文化产业金融服务专营机构，加大对文化科技创新的金融支持力度，建立以财政资金为引导、吸纳文化企业和社会资本参与的文化科技创新投融资平台。

（二）培育骨干文化科技企业

鼓励文化企业加大自主创新投入，企业为开发新技术、新产品、新工艺发生的研究开发费用，未形成无形资产计入当期损益的，在按照规定据实扣除的基础上，按照研究开发费用的50% 加计扣除；形成无形资产的，按照无形资产成本的 150% 摊销。对研究开发实际支出占当年销售收入比例超过 5% 的企业，可由企业纳税关系所在地政府从企业贡献中拿出部分资金给予奖励。对重大技术改造项目（含设备更新），采取贴息、补助、奖励等方式，由省文化产业引导资金、省科技成果转化专项资金给予支持。

鼓励兴办高新技术文化企业，鼓励引导社会资本投资高新技术文化企业。结合文化企业特点，加快对文化类高新技术企业、技术先进型服务企业的认定，符合国家规定条件的高新技术企业，经认定后减按 15% 的税率征收企业所得税。

发挥企业主导作用，重点扶持创新能力强、辐射范围广的大企业建立关键技术研发中心、服务中心，支持省属重点文化企业集团建立文化科技创新基地，鼓励企业加强数字技术、数字内容、网络技术、安全播出等核心技术和关键共性技术的研发，加快关键技术设备改造更新，促进新技术广泛应用和创新成果共享，打造一批具有核心竞争力的知名文化品牌。落实国家鼓励和支持文化产品及服务出口的优惠政策，鼓励骨干文化科技企业“走出去”，支持影视动画、动漫、网络游戏、数字出版等科技含量高的文化产品进入国际市场。

（三）打造文化科技创新园区（基地）

统筹规划、合理布局，优先发展文化产业园区、创意文化街区、数字出版基地、动漫和数字电影产业基地，支持高新区、科技产业园、科技创业园等各类科技园区建立文化创意产业集聚区，大力推动以创意设计、动漫游戏以及数字内容原创为主的文化企业集聚，加强园区公共技术、投资融资、综合服务等保障体系建设，加快对中小企业的孵化培育，开发具有自主知识产权和自有品牌的原创作品。

加强文化产业园区（基地）认定管理，国家级、省级文化产业园区、示范基地评选应向文化科技创新园区（基地）倾斜；实施动态管理，建立并完善文化科技创新园区和示范基地的退出机制，打造一批集创意研发、产业孵化、产品交易、人才培训为一体的示范园区。

加强产学研合作，采用政府牵头、企业界和学术界广泛参与的方式，对基础性强、公共特征明显的共性技术进行规划和研发，建设一批文化科技企业孵化器，支持高等院校、科研院所参与文化企业科技创新活动，利用创新成果创办科技型文化企业，逐步建立产学研一体化和利益共享、风险共担机制。

加强公共服务平台建设，重点扶持创意产业技术开发平台、动漫公共技术服务平台、软件外包测试平台、影视动画制作技术平台、农村数字电影公共服务平台、数字出版公共服务平台、版权综合服务平台以及新媒体应用、内容开发、传输覆盖研发平台等专业性公共技术服务平台建设，向中小文化企业提供技术支持服务。对文化产业园区公共技术和服务平台建设，各级财政给予适当支持。

（四）发展文化科技中介服务

培育和发展面向社会从事文化科技咨询、技术评估、技术转移、成果转化的文化科技中介服务，有效降低文化科技创新风险，加速推进具有自主知识产权的文化科技成果产业化。建设文化科技成果供需对接平台，为文化科技创新成果的信息发布和产权交易提供便捷高效的服务。建立文化科技成果转化和文化技术推广奖励制度，鼓励高等院校、科研院所、企业和各类社团从事文化科技成果展示推广与文化技术中介服务。鼓励发展文化领域的知识产权代理、推介、交易和法律保护等服务产业，逐步构建覆盖全省的文化知识产权服务网络。文化科技中介服务机构要不断创新服务方式、服务手段和组织形式，规范服务行为，全面提高中介服务水平。

（五）培养文化科技创新人才

组织实施高层次文化人才工程，以全省高校和科研院所为主阵地，培养一批高素质创新型、应用型、技能型文化人才，造就一批在国内外有影响的文化科技创新拔尖人才和领军人物。依托“省高层次创新创业人才引进计划”、“江苏省创新团队”，引进一批文化科技创新领军人才、文化产业领军人才和具有国际影响的文化创新团队。优先推荐文化科技创新型人才申报文化产业领军人才（100 人）、“333 高层次人才培养工程”、全省宣传文化系统“五个一批”人才选拔培养等项目。支持文化企业多方式、多渠道培养优秀科技人才，鼓励企业聘用国内外高层次科技人才并给予政策支持。

表彰奖励有突出贡献的文化科技人才，对经营者、管理人员、业务技术骨干可实行年薪制和试行期权等激励制度，允许和鼓励拥有特殊才能和自主知识产权的人才以知识产权入股，并参与收益分配。文化科技项目申报评审要注重技术创新能力特别是原创能力的评价，注重科技人员和团队素质、研究能力与水平的评价，为各类文化科技人才特别是青年人才脱颖而出创造条件。

四、保障条件

（一）加强组织协调

省文化厅、科技厅、财政厅、广电局、新闻出版局等部门在省人民政府的统一领导下，进一步明确职责，加强协作，集成资源，协同推进文化科技创新工作，并加强对地方推进文化科技创新的督促指导。各地建立相应的工作机制，统筹协调、有序推进文化与科技结合相关工作。

（二）完善项目管理

建立文化科技项目申报、评审与评估制度和多部门协调的文化科技项目管理联动机制。省科技成果转化专项资金积极支持以企业为主体、高校及科研单位为技术依托、产学研相结合的文化科技创新项目。对具有自主知识产权、实现核心技术重大突破、能够显着推动文化发展的重大文化科技创新项目，省文化产业引导资金、省科技成果转化专项资金共同给予支持。建立文化科技创新的业绩分类评价制度，对创新性较强的小项目、非共识项目以及学科交叉项目给予积极支持。

（三）优化创新环境

实施《江苏省知识产权战略纲要》，完善知识产权法制体系和保护机制，培育有利于创新的知识产权文化，提升知识产权创造、运用、保护和管理能力。加大知识产权保护力度，有计划、有重点地开展知识产权执法专项行动，完善文化领域重大知识产权案件的联合督查督办制度，依法惩治、有效遏制文化领域知识产权侵权和犯罪行为，为加强文化科技创新营造良好的知识产权法治环境。

江苏省文化产业示范基地、文化产业示范园区评选命名管理办法

苏文教〔2011〕21 号

（2011 年 11 月 28 日发布）

第一章　总则

第一条　为积极培育文化产业市场主体，充分发挥文化产业示范基地、文化产业示范园区的示范、窗口和辐射作用，引导并促进我省文化产业快速健康发展，特制定本办法。

第二条 在江苏省内注册并合法经营两年以上，文化行政部门管理的创意设计业、演艺娱乐业、动漫游戏业、工艺美术业、文化旅游业、文化产品数字制作和相关服务、文物和艺术品业以及艺术培训业等各类所有制文化企业均可申报文化产业示范基地（以下简称“示范基地”）。

第三条 在江苏省内进行文化产业资源开发、文化企业和行业集聚及相关产业链汇聚，对区域文化及相关产业发展起示范、带动作用的特定区域，均可申报文化产业示范园区（以下简称“示范园区”）。

第四条 示范基地、示范园区原则上每两年评选命名一次。示范基地每次原则上控制在10家以内，示范园区每次原则上控制在2家以内。

第五条 省文化厅对示范基地、示范园区在资金扶持、信息服务、宣传推广、平台建设等方面给予重点支持。

第二章 基本条件

第六条 申报示范基地的文化企业应当符合以下基本条件：

1. 坚持先进文化发展方向，企业发展符合社会主义精神文明建设与国家文化产业政策的要求；

2. 有一定生产规模，经济效益显著，并形成一定的品牌知名度和影响力，在本省同行业处于领先地位；

3. 管理制度健全，有一支坚强有力的管理团队和行之有效的内部管理制度；

4. 有较好的自主创新精神。

省级示范基地原则上应从市级文化产业示范基地中产生。

第七条 申报示范园区应当具备以下条件：

（一）符合国家及本省文化产业发展规划，在土地、消防、安全、节能、环保、卫生、文化遗产保护等方面符合国家相关规定和标准；

（二）具有完善的基础设施，规划建筑面积不少于2万平方米，能够充分利用区域优势，为文化企业发展提供必要的硬件环境。园区内非文化类商业及其他配套面积不得超过园区总建设面积的30%；

（三）有丰富的文化内容和明确的文化产业特色，成绩显著，在全省具有代表性和示范性；

（四）已经集聚了一定数量的文化企业，园区内文化企业数量占园区企业总数的60%以上。园区内文化产业产值、交易额等经济效益指标居于省内领先地位，骨干文化企业具备市场竞争能力和品牌影响力。园区内文化企业所生产的文化产品和所提供的文化服务内容健康；

（五）有专门的管理机构和管理人员，管理制度健全，没有发生违法违规行为；

（六）有配套的公共服务体系，能够为进入园区的企业提供融资中介、技术、信息、交易、展示等公共服务，并发挥园区的项目及企业孵化功能；

（七）建设和运营管理单位是法人单位；

（八）规范运营两年以上，且经济和社会效益业绩显著；

（九）法律法规确定的其他条件。

第三章 申报程序

第八条 省属文化企业和文化产业集聚区向省文化厅科教与产业处申报；各地文化企业和文化产业集聚区向省辖市文广新局申报，情况特殊的可直接向省文化厅科教与产业处申报。

第九条 申报单位需要提交以下材料（一式5份）：

1. 文化企业和集聚区的基本情况；

2. 文化企业和集聚区的生产经营情况及所取得的社会效益和经济效益；

3. 文化企业和集聚区的发展规划和发展战略；

4. 文化企业和集聚区的营业执照复印件；

5. 开户银行提供的资信证明以及近两年的审计报告；

6. 文化企业和集聚区近两年来的科研成果、专利及获奖情况。

第十条 申报材料必须实事求是，如发现弄虚作假行为，取消申报资格。

第四章 评审原则

第十一条 示范基地、示范园区评审应遵循以下原则：

1. 公开、公平、公正的原则；

2. 经济效益与社会效益相统一的原则；

3. 兼顾地区平衡的原则；

4. 择优扶重的原则。

第五章 评审程序

第十二条 各省辖市文广新局对申报企业和集聚区的材料进行初审。

第十三条 省文化厅科教与产业处负责对各省辖市文广新局上报的材料进行审核，符合条件的组织专家评审。

第十四条 专家评审组对上报材料进行认真评审，

提出评审意见。

第十五条　根据专家评审意见组织实地考察。

第十六条　根据专家评审意见和实地考察情况，确定文化产业示范基地、示范园区候选名单，报省文化厅审定。审定后在江苏省文化厅网站上公示一周。公示后无异议的，由省文化厅命名和授牌。

第六章　管理机制

第十七条　省文化厅科教与产业处负责示范基地、示范园区的指导和监督管理工作，并协调示范基地、示范园区申请贷款和专项资金扶持。

各省辖市文广新局负责协调、指导辖区内示范基地、示范园区的建设，并配合地方人民政府出台相关的优惠政策和支持措施。

第十八条　每两年组织一次对示范基地、示范园区的巡检。对巡检中发现的问题限期整改。整改期满达不到要求的，不再发文公布。

第十九条　组织示范基地、示范园区交流经验、相互观摩，对示范基地、示范园区的管理人员进行培训。

第二十条　组织有关领导和专家指导示范基地、示范园区的建设。

第二十一条　省级示范基地、示范园区应于每年 3 月底前，以书面形式向省文化厅科教与产业处汇报上一年的发展情况，并送省辖市文广新局备案。

第二十二条　对在促进文化产业发展方面做出突出贡献的示范基地、示范园区，省文化厅给予通报表彰。

第二十三条　示范基地、示范园区有下列行为之一的，省文化厅对其示范基地、示范园区称号予以撤销：

1. 申报时提供虚假材料或采取其他手段骗取示范基地、示范园区资格的；

2. 宣传虚假文化产品和文化服务信息，造成严重后果的；

3. 损害消费者利益，形成一定危害的；

4. 所生产的文化产品或提供的服务以及其他行为对社会造成不良影响的；

5. 不按规定时限上报企业和集聚区发展情况的；

6. 其他应当撤销称号的行为。

第二十四条　涉及示范基地、示范园区发展的重大事项应及时向省文化厅报告。

第七章　附则

第二十五条　本办法由省文化厅负责解释。

第二十六条　本办法自发布之日起施行。《江苏省文化产业示范基地评选命名管理办法》（苏文教［2006］60 号）同时废止。

·山东省·

关于促进全省广告产业发展的意见

鲁政发〔2011〕6 号

（2011 年 2 月 10 日发布）

为认真贯彻落实国家关于加快文化产业发展的有关部署，振兴发展全省广告产业，充分发挥广告产业在促进转方式、调结构、提高经济发展质量等方面的重要作用，加快推进经济文化强省建设，现就促进全省广告业发展提出以下意见：

一、促进全省广告产业发展的重要意义

广告产业是文化产业和现代服务业的重要组成部分，也是创意经济的重要产业，具有知识密集、技术密集、人才密集等特征，其发展水平直接反映一个地区的市场经济发育程度、科技进步水平、综合经济实力和社会文化质量。改革开放以来，全省广告产业发展迅速，截至 2010 年底，全省广告经营单位发展到 15095 户，从业人员 9.6 万人，年实现广告经营额 85.9 亿元，广告市场专业化服务水平不断提高，广告人才队伍日益壮大，在扩大生产、引导消费、增强经济发展内生动力、促进经济社会全面发展中发挥了重要作用。但是，制约全省广告发展的矛盾和问题也很突出，特别是广告企业规模不大、竞争力不强，尤其是缺乏具有综合实力和国内外竞争力的广告企业，全省广告业发展状况与山东经济文化大省的地位不相称，广告产业发展区域性不平衡，缺乏高端人才，公益广告事业发展缓慢，广告市场秩序有待进一步规范，等等。当前，广告产业作为直接服务于经济社会发展的新兴产业，既面临严峻挑战，又面临新的发展机遇。省委、省政府把广告产业作为十大文化产业之一予以重点支持发展。推动广告产业发展，提高广告产业在全省文化产业和现代服务业中的比重和发展水平，是适应对外开放新形势、加速市场信息交换、提高资源配置效率、增强自主创新能力和市场竞争力的迫切需要，是促进全省加快转变经济发展方式、调整优化产业结构，推进文化产业发展的有效途径，是建设社会主义精神文明和推进社会和谐的内在要求。各级、各部门必须要转变观念，从落实党的十七届五中全会精神、繁荣发展文化产业的战略高度，充分认识发展广告产业的

重要意义，抓住机遇，强化措施，进一步发挥广告产业在促进全省转方式、调结构、加快建设经济文化强省等方面的重要作用，努力促进经济社会又好又快发展。

二、促进广告产业发展的指导思想、主要目标和工作重点

（一）指导思想

全面贯彻党的十七大、十七届五中全会精神，以邓小平理论和“三个代表”重要思想为指导，深入贯彻落实科学发展观，紧紧围绕建设经济文化强省，实现广告产业发展的新突破，始终坚持经济效益与社会效益、管理与服务并举的原则，积极调整优化广告产业结构，扎实推进广告产业市场化、现代化、国际化，努力培育具备较强竞争力的广告市场主体，逐步构建广告产业公共服务管理体系，严厉整治虚假违法广告，全面提升全省广告产业的整体素质和市场竞争力。

（二）主要目标

加快行业结构调整，大力发展广告会展经济；积极推动网络、数字和新兴广告媒体的规范发展；不断提升广告策划、创意、制作的整体水平，培育一批具有较大影响的广告业商标；充分发挥优势媒体集团带动作用，努力形成布局合理、结构优化的广告产业体系，使广告经营总额继续保持较快增长，广告产业总体发展水平与全省全面建设小康社会和市场经济的发展水平相适应。经过努力，力争 2015 年全省广告经营额达到 150 亿元左右，确保全省广告经营的增长高于同期地区 GDP 的增长速度，争取在 3 至 5 年内发展一批广告策划、创意、制作产业群体，扶持一批龙头企业，培育一批有竞争力的广告创意园区（基地），打造一批广告著名品牌，建设一批广告人才培训和实践基地，使广告产业成为一个新的经济增长点。

（三）工作重点

1. 提升广告创意制作水平。重点扶持发展广告创意、策划、制作企业，广泛开展广告创意、策划活动，建设省级重点广告产业园区、创新基地，不断提升广告从业人员创意、策划、设计、制作水平。

2. 培育大型广告企业集团。推行现代企业制度，引导广告产业转方式、调结构，尽快培育一批拥有著名品牌和先进技术、主业突出、核心创新能力强且具有较强市场竞争力的大型广告企业集团；鼓励拥有著名品牌的大型企业通过为其提供全面服务的广告公司，提高国际市场竞争力；鼓励具有竞争优势的广告企业通过参股、控股、承包、兼并、收购、联盟等方式扩大市场份额。重点扶持山东长城梅地亚文化传播有限公司、山东省国际广告有限公司、山东通广传媒广告有限公司、青岛天马广告有限公司、山东新之航文化传播有限公司、潍坊晨鸿集团等企业发展。

3. 做大做强广告会展项目。提高广告会展业知识、技术、人才、资本的密度，吸引国内外高端机构进入我省广告会展市场，提升我省广告会展业的技术和水平；以“山东省广告节”、“山东省文化产业博览交易会优秀广告作品展”及“中国（枣庄）广告设备交易会”为龙头，扶持打造一批定位准确、主题突出、特色鲜明的广告会展项目，为全省广告业相互交流合作搭建平台。

4. 发展新兴广告产业。发展以互联网、广播电视有线网络、数字化、多媒体等高新技术为依托的电子网络、数字出版、数字传输、动漫游戏、新型广告装备制造业等高科技含量、高附加值的新兴广告产业；支持网络广告、移动电视、楼宇视频、手机广告、LED 显示屏等新兴广告媒介市场健康有序发展；鼓励环保型广告材料的广泛运用，支持开发低成本的替代广告材料，重点培育一批创意独特、科技含量高的新兴广告企业。

5. 打造广告创意品牌。通过实施品牌战略，做大做强优势广告产业品牌。争取利用 3 至 5 年时间打造一批广告创意制作品牌、广告龙头企业品牌、广告会展品牌、多媒体广告品牌、动漫广告创意品牌、新型现代广告设备制造品牌等一批品牌价值高、竞争力强、影响力大的广告产业品牌集群，力争推出具有特色鲜明、优势突出、结构合理的广告产业品牌体系，形成在全国有影响的广告品牌创意群体，增强广告产业综合竞争力。

6. 扶持影视、音乐、动漫、平面广告创意制作。充分发挥创意在影视、音乐、动漫、平面设计制作中的作用，广泛开展广告创意活动，在影视、音乐、动漫、平面创意制作发行和广告衍生产品的开发上，多出精品，推动广告产业、市场、资本的对接，及时转化为现实生产力。

三、促进广告产业发展的政策措施

（一）发挥政府引导作用，积极扶持广告产业发展

认真落实省委、省政府关于促进服务业发展和文化产业振兴的扶持政策，将广告业纳入文化产业发展专项资金或投资基金等重点扶持的行业，支持广告创意设计、广告会展、人才培训、公益广告及新兴广告企业，以龙头企业、重点项目、园区（基地）建设带动广告产业快速健康发展。

（二）建设大型综合性广告媒体

鼓励进行跨行业、跨地区、跨媒体和跨所有制的资

产重组，整合广告经营资源，促进广告资源优化配置和集约化经营，使广告企业在市场公平竞争中增强经营实力，扩大国内外广告服务市场，形成一批大型综合性的广告媒体。

（三）认真落实税收优惠政策

对企业发生的符合条件的广告费支出，除国家财政、税务主管部门另有规定外，不超过当年销售（营业）收入 15% 的部分，准予扣除；超过部分，准予在以后纳税年度结转扣除。广告经营单位发生的社会公益性捐赠支出，符合条件的，不超过年度利润总额 12% 的部分，准予税前扣除。广告经营单位发生的职工教育经费支出，符合条件的，不超过企业年工资薪金总额 2.5% 的部分，准予税前扣除；超过部分，准予以后年度结转扣除。广告企业以股权、期权等形式给予其高级管理人员的奖励，符合条件的，按现行税收政策规定在计征个人所得税时给予优惠。属于增值税一般纳税人的广告经营企业销售其自主创作开发生产的动漫软件、动漫作品、广告原创作品，按 17% 的税率征收增值税后，对其增值税实际税负超过 3% 的部分，实现即征即退政策。对被认定为高新技术的广告企业，符合规定条件的，减按 15% 的税率征收企业所得税。对符合条件的小型微利广告企业，减按 20% 的税率征收企业所得税。从事广告代理业务的，以其全部收入减去支付给其他广告公司或广告发布者（包括媒体、载体）的广告发布费后的余额为营业额。

（四）放宽市场准入管理，支持新办广告企业

取消各种不利于广告业健康发展的准入限制，除国家法律、法规或者国家规定的企业登记的前置审批外，其他一切审批项目均不得作为广告企业登记的前置审批项目。凡是来我省投资创办广告企业的，注册资本均可按法定最低注册标准执行，除法律、法规另有规定外，一般性广告公司注册资本可降低到 3 万元。组建广告企业集团，控股子公司由 5 个放宽至 3 个，母公司注册资本放宽至 1000 万元，母子公司合计注册资本放宽至 2000 万元。依法允许租用或自用家庭住宅为广告企业住所；房屋开发者或实际所有者出具的能够证明房屋归属合法安全使用的文件、材料，可视为办公场所证明。允许以公司股权出资设立新的公司，以知识产权等非货币出资设立广告企业的，其比例最高可达企业注册资本的 70%。放宽企业名称核准条件，积极支持广告企业使用冠省行政区划和免冠行政区划企业名称；转制后的企业名称，可使用原单位名称（去掉主管部门）；允许广告企业名称体现行业特点，使用表明其广告产业内容和经营方式的各类新兴行业用语；允许企业在名称中使用“文化传媒”、“文化传播”、“广告创意制作”、“广告传媒”、“广告产业”等字词；注册资本额在 1000 万元以上的广告改制企业在企业名称中可不使用字号；允许广告企业在牌匾中将企业名称简化使用；允许连锁广告企业使用总部字号。新办广告企业根据企业税收缴纳和同级财力情况给予重点扶持。对登记失业人员、高校毕业生、失地农民、残疾人、城市困难人员、复退军人、返乡农民工等 7 类人创办的广告企业，按规定享受各类财政、税收优惠政策。实行固定形式印刷品广告试运营业制度，成立满 2 年以上广告公司可申办《固定形式印刷品登记证》，试办固定形式印刷品广告业务。广告企业在办理年度检验和工商登记事项时，依法从快从简办理。

（五）清理收费项目，拓宽广告产业发展投融资渠道

凡未列入国家和省行政事业性收费目录的收费项目一律不得收取；对广告经营企业的行政事业性收费，凡是收费标准有上、下限幅度规定的，一律按下限额度收取。鼓励金融机构加大对广告企业的信贷支持。商业银行对符合信贷条件的广告企业，可在国家允许的贷款利率浮动幅度内给予利率优惠。引导和鼓励金融机构拓展适合广告产业发展特点的贷款融资方式和相关的保险服务。支持广告企业用市场运作方式筹措发展资金，按照国家有关规定发行中长期企业债券和短期融资债券。鼓励重点园区（基地）、重点龙头企业通过主板和创业板上市，将拟上市广告企业纳入全省上市企业资源后备库，享受“山东省企业上市专项扶持资金”等政策扶持。积极引导社会资金支持广告业发展，鼓励外资投资广告企业，鼓励各类创业风险投资机构和融资性担保机构向发展前景好、吸纳就业多以及运用新技术、新业态的广告企业提供融资服务；引导广告企业实施股权质押、债权质押、动产抵押贷款，开展广告企业驰、著名商标专用权质押贷款试点工作，为广告企业发展提供资金支持。

（六）在用地政策上对广告业予以支持和倾斜

广告业建设项目要尽量利用存量土地，确需新占用土地的，优先办理用地手续。对以划拨方式取得国有土地使用权的单位利用工业厂房、仓储用房、可利用的传统四合院区域、传统商业街等存量房产兴办广告产业的，可暂时不变更土地用途和使用权人。

（七）提高中小广告企业市场竞争力

鼓励中小型广告企业加快提高自身专业化服务水平，在市场准入、信用担保、金融服务、人才培训、信息服务等方面，对资质好、经营行为规范的中小型广告企业进行扶持。引导广告经营单位争创中国驰名商标、

山东省著名商标和“守合同重信用企业”、“文明诚信民营企业”、“消费者满意单位”及广告资质等级认证。对获得中国驰名商标和山东省著名商标的广告企业，按照有关专项资金管理办法予以奖励。

（八）引导扶持广告园区（基地）建设

借助“山东半岛蓝色经济区”和“黄河三角洲高效生态经济区”建设规划的实施，采取“政府引导、企业主体、市场运作、社会参与”的原则，培植文化创意产业项目，打造配套功能完善、综合效益突出的文化创意、广告影视音乐、平面创意制作、广告会展、动漫游戏、多媒体广告新兴产业园区，在济南大学科技园、青岛市和潍坊创意产业园等地建设一批国家级、省级重点广告创新园区（基地），对列入国家和省级重点园区（基地）的广告产业项目，财政给予一定奖励或补贴。对涉及重点广告产业园区（基地）拆迁、改造、建设等发生的各类行政事业性收费，按规定予以减免。对入驻重点园区（基地）、预期经营时间在 10 年以上的企业从事技术转让、技术开发业务和与之相关的技术咨询、技术服务业务取得的收入，应缴纳的营业税、城建税、教育费附加和地方教育附加，按有关规定给予补贴。

（九）积极开发和利用户外广告资源

制定科学合理的户外广告设置规划；建立健全全省户外广告网上审批系统，对经审批的户外广告，实行备案制度，不再进行异地审批，减少登记审批环节和程序，提高工作效率；对已批准设立合法有效的户外广告设施，因城市拆迁等因素予以拆除的，要按实际损失给予补偿。

（十）促进公益广告发展

积极发挥政府主导作用，进一步加强公益广告建设，明确公益广告的主管部门及相关职责，整合和利用各类资源，构建积极参与公益广告的良性机制；落实和实施公益广告减免税费政策，鼓励各种社会力量积极投入公益广告的策划、创意、制作和刊播；支持公益广告作品评优工作，从文化事业建设费中列支部分资金奖励公益广告优秀作品；采取鼓励措施，提高公益广告的刊播比例，扩大公益广告的社会影响力。

（十一）落实创意产业的扶持政策，加强广告业对外开放与交流

扶持发展重点广告创意设计企业，积极发挥创意在广告产业中的核心作用。依托两年一届的“山东省广告节”及“山东省文化产业博览交易会优秀广告作品展”，广泛开展“泰山杯”、“学院杯”和公益广告创意大赛活动，充分利用文化产业发展专项资金，奖励在中国国际广告节和山东省广告节作品征集活动中获奖的影视、音乐、动漫、平面等创意作品和为广告节作出突出贡献的集体和个人。加强与国内外广告业的交流合作，把参与国内外广告市场竞争，作为转变发展方式、培育驰名商标、提升广告业对外开放水平的重要内容，积极融入国内外广告产业链。鼓励广告企业走向国内外市场，实现跨国、跨区域经营。

（十二）提高监管效能，创造广告产业健康发展良好环境

进一步创新监管机制和监管方式，加强重点领域的广告监管，加大虚假违法广告整治力度，建立健全虚假违法广告长效监管机制，完善整治虚假违法广告联席会议制、集中监测制、联合通报制、典型违法广告公告制、信用监管制和违法广告责任追究制等项制度，形成决策科学、权责对等、分工合理、执行顺畅、监管有力的广告监管体系；加强广告发布前行政指导，发布中的动态监督，发布后的违法广告查处，积极采用建议、劝告、提示、警示、宣传教育等手段，引导经营者诚信、规范经营；加快广告监管工作信息化建设，建设全省上下联动、标准统一的现代化信息监测系统；完善广告分级管理和属地管理责任制，建立虚假违法广告应急处理机制，提高预防及处置虚假违法广告的能力；充分发挥联席会议部门的作用，相互配合，齐抓共管，积极调动社会各方监督力量，努力形成整治虚假违法广告的合力，营造有利于广告产业良性发展的市场秩序。

四、加强组织领导

（一）高度重视促进广告产业发展工作

各市、县（市、区）人民政府要高度重视促进广告业发展工作，纳入重要议事日程，认真组织有关部门加强对本地广告业发展工作的研究，根据实际，制定广告业发展规划，提出发展目标、发展重点和保障措施，完善相关产业政策。要进一步明确各职能部门的广告管理职责。工商行政管理部门要认真履行职责，积极会同发展改革委等有关部门建立相应工作协调制度，会同财政、税务、金融、物价、人力资源社会保障、国土资源、住房城乡建设、教育、新闻出版、科技等有关部门，研究、制订全省广告业发展规划和产业政策，解决广告业发展中的问题，认真落实产业政策和产业发展规划，加强宏观调控和政策引导，推动全省广告产业快速健康发展。

（二）建立健全广告产业公共服务管理体系

加强产业发展政策和广告监管制度理论研究，积极促成研究成果及时转化为相关政策，推动工作开展。鼓励广告业理论创新和拓展，加快广告与品牌的理论体系

建设，促进广告理论和实践的有机结合。建立科学的广告业调查统计制度，完善广告业调查统计方法和指导体系，加强广告业信息统计和预算的系统性、权威性，为宏观决策提供依据。建立广告业信息发布制度，加强广告企业广告数据的统计申报和管理，定期对广告企业统计数据进行核实检查，为广告市场提供科学准确、完整及时的数据服务。推进政府部门间的信息互通和共享，建设广告监管和自律信息发布共享平台，为宏观监管和投资主体的科学决策提供信息支持。

（三）鼓励培养和引进高层次广告创意人才

要优化教育结构和课程设置，改革教材体系，创新教学方式，加强理论与实践的对接，开展广告新媒体研究，促进现代科技在广告专业教育中的普及和运用；要建设广告人才培养基地，支持有关院校、科研机构实施不同类别的多层次人才培养计划，加快培养造就一批高级广告专家；在山东大学、山东工艺美术学院、青岛大学等高等院校建设一批各具特色的广告业发展研究和人才培养基地和广告人才职业水平考试培训基地，在山东长城梅地亚文化传播有限公司、山东省国际广告有限公司、山东通广传媒广告有限公司、青岛天马广告有限公司、山东新之航文化传播有限公司、潍坊晨鸿集团等知名广告企业及济南长清大学城山东数娱文化广场等地建设一批各具特色的广告实践基地，建立和不断丰富广告经营管理人才库；要积极推进广告专业技术人员职业水平评价工作，实现广告人才信息共享，促进人才有序流动；结合广告业发展需求，有针对性地加大国际广告高端人才的引进力度。

（四）强化行业组织在促进广告产业发展中的作用

大力发挥广告协会在自我服务、自我管理、引导行业健康发展方面的积极作用，支持广告协会建立广告企业信用评价和企业资质评级体系。扶持一批经营效益好、社会信誉高的骨干企业，建立完善的管理制度，规范广告行业秩序，提升行业形象。

各地、各有关部门要根据本意见的要求，结合本地、本部门的实际，按照各自职责范围，研究制定促进广告业发展的具体实施办法，进一步加强协调配合，抓好贯彻落实。

山东省文化产业示范园区认定管理暂行办法

鲁政发〔2011〕30号

（2011年7月31日发布）

第一章　总则

第一条　为落实国家和省文化产业振兴规划，促进我省文化产业又好又快发展，推动文化产业园区建设，规范园区申报、认定命名和监督管理，更好地发挥园区建设对地区经济和社会发展的促进作用，根据《国家级文化产业示范园区管理办法（试行）》等有关规定，结合本省实际，制定本办法。

第二条　本办法所称的文化产业示范园区（简称园区）是指主要依托当地文化资源优势进行文化产业开发、行业集聚，集创意研发、产业孵化、产品交易、人才培训等为一体，对区域文化及相关产业发展发挥辐射、带动作用的特定区域。

第三条　园区发展遵循统筹规划、合理布局、严格标准、突出特色、主业明确、自主创新的原则。园区建设应遵守国家、省和地方各项政策法规。

第四条　经本办法认定、命名的省级园区可享受与之配套的相关优惠政策，并从中推荐申报国家级文化产业示范园区（基地）。

第五条　本规定适用于园区申报、认定命名和监督管理。

第六条　山东省文化厅成立园区认定管理工作领导小组，负责园区的申报、认定命名、监督管理等工作。负责研究制定和修改完善园区认定管理办法；统筹协调指导全省省级文化产业示范园区的规划布局；对园区建设发展情况予以监督考核。园区认定管理工作领导小组办公室设在省文化厅文化产业处。

第七条　市级文化行政主管部门具体负责组织辖区内园区的申报和监管。

第八条　园区原则上每两年申报认定一次，每次命名不超过五个。

第二章　申报与命名

第九条　申报单位应具备以下条件：

（一）符合国家、省文化产业发展规划和当地整体发展规划，在土地、消防、安全、节能、环保、卫生等方面符合国家、省相关规定和标准；

（二）发展战略目标明确，具有切实可行的发展规划；有突出的文化产业特色和明确定位；对区域文化产业发展具有显著的示范带动作用。

（三）建设运营及管理单位是规范运营2年以上的独立法人，实际投资额在10亿元人民币以上（以传承优秀的民族传统文化为主要内容的园区实际投资额在2亿元以上）。

（四）园区的总建筑面积 10 万平方米以上，园区年总营业收入 1 亿元人民币以上（以传承优秀的民族传统文化为主要内容的园区在 2 万平方米以上，年总营业收入 2000 万人民币以上）。园区内非文化类商业及其他配套面积不得超过总建筑面积的 20%；园区内文化企业数量占园区企业总数的 60% 以上（或园区文化产业项目占总经营项目的 60% 以上），园区年文化产业收入占总营业收入的 60% 以上。

（五）具有完善的基础设施和公共服务平台，能够为文化产业发展提供必要的硬件和软件环境。

（六）守法经营，无违法、违规行为。

（七）法律法规规定的其他条件。

第十条 申报单位须向所在地市级文化行政主管部门提出创建申请，经其初审同意后，由市级文化行政主管部门向省认定管理工作领导小组办公室提报《山东省文化产业示范园区申请报告》。

第十一条 领导小组办公室组织相关部门及专家对申报单位提交的申请报告等相关材料进行评审，形成评审意见后报领导小组批准。

第十二条 通过评审的申报单位将在省内主要媒体上公示。公示时间为 7 天。

第十三条 公示结束后，省文化厅将对符合条件并经公示无异议的申报单位命名为山东省文化产业示范园区，并授予标牌和证书。

第三章 管理和考核

第十四条 文化产业处负责按本办法规定组织园区管理和考核工作；组织园区之间学习交流活动；推动园区对外合作交流；推动园区与金融机构的合作。

第十五条 园区所在地的市级文化行政主管部门负责协调、指导园区建设和对园区的监管，并配合地方人民政府出台相关的优惠政策和措施。

第十六条 园区对发展规划和重要文化产业项目作重大调整时，须报省文化厅文化产业处备案。

第十七条 园区每年 3 月须经由市级文化行政主管部门向省文化厅文化产业处报送年度发展情况。

第十八条 省级文化产业示范园区实行建设目标考核制度。领导小组办公室组织相关部门及专家，对已命名的园区进行建设目标考核，考核每 2 年进行一次。考核结果分通过考核、限期整改、撤销命名三种。

第十九条 对园区的考核包括以下方面：

（一）园区发展方向是否符合国家、省有关政策法规和本办法要求；

（二）园区发展规划实施情况；

（三）园区管理及整体运营情况；

（四）园区文化企业发展情况、文化产业经营指标情况；

（五）园区公共服务体系建设情况。

（六）市级文化行政主管部门对园区管理的意见；

（七）其他方面情况。

第二十条 园区有下列行为之一的，省文化厅将撤销其“山东省文化产业示范园区”命名：

1. 申报时提供虚假材料或采取其他手段骗取园区资格的；

2. 宣传虚假文化产品和服务信息并造成不良社会影响的；

3. 损害消费者利益的，造成不良影响的；

4. 经营管理不善，已不符合园区认定条件的；

5. 经考核不合格的，并在规定期限内整改不达标的；

6. 存在重大违法违规行为，受到处罚的；

7. 因政策或经营方向调整而改变园区性质的；

8. 其他对社会造成不良影响的行为。

第四章 附则

第二十一条 本办法由山东省文化厅负责解释。

第二十二条 本办法自发布之日起施行。

·河南省·

关于促进动漫产业发展的意见

豫政办〔2011〕47 号

（2011 年 5 月 10 日发布）

为促进全省动漫产业又好又快发展，根据《国务院关于印发文化产业振兴规划的通知》（国发〔2009〕30 号）、《国务院办公厅转发财政部等部门关于推动我国动漫产业发展若干意见的通知》（国办发〔2006〕32 号）精神，经省政府同意，现提出如下意见：

一、充分认识发展动漫产业的重要意义

动漫产业是指以创意为核心，以动画、漫画为表现形式，包含动漫图书、报刊、电影、电视、音像制品、舞台剧和基于现代信息传播技术手段的动漫新品种等动漫直接产品的开发、生产、出版、播出、演出和销售，

以及与动漫形象有关的服装、玩具、电子游戏等衍生产品的生产和经营的产业。动漫产业为资金、技术、知识密集型产业，具有市场需求大、生命周期长、能源消耗低、附加值高等特点。大力发展动漫产业，对推动文化产业发展，加快经济发展方式转变，培育新的经济增长点，满足人民群众精神文化需求，促进中原经济区和文化强省建设，实现中原崛起、河南振兴具有重要意义。

近年来，我省动漫产业发展迅速，规划建设了集信息、技术、服务、交易、培训于一体的动漫产业园区和基地，涌现出一批涉及动漫图书、报刊、手机动漫、网络游戏和衍生产品开发等的动漫企业，创作生产了一批立意新颖、广受欢迎的原创动漫产品。但也要看到，我省动漫产业发展还存在企业规模小、竞争力不强、市场占有率低、产品原创水平不高、产业链条不合理等问题，与先进地区相比还有较大差距，不能很好地满足人民群众的精神文化需求。各地、各有关部门要高度重视，采取切实措施，加强规划管理，加大扶持力度，促进动漫产业快速发展。

二、发展动漫产业的总体思路

（一）指导思想

深入贯彻落实科学发展观，坚持重在持续、重在提升、重在统筹、重在为民的实践要领，按照政府引导和市场运作相结合、自主创新和引进吸收相结合、发挥集群优势和培育龙头企业相结合、中华文化的弘扬和传承相结合的原则，整合优势资源，培育市场主体，打造知名品牌，促进产业集聚，加强交流合作，创作生产一批内容积极向上、形式丰富多样、群众喜闻乐见的动漫产品，形成规划科学、布局合理、特色鲜明、技术先进、竞争有序的动漫产业发展格局。

（二）发展目标

建设一批规划科学、功能完备、特色鲜明、优势突出的动漫产业园区和基地，加快培育研发能力强、经济效益好、综合竞争力强的大型动漫企业，发展一批充满活力、专业性强的中小型动漫企业，打造体现中原文化特色、占有较高市场份额、具有国际影响的动漫品牌，建设2–3个具有河南特色的动漫主题公园，开办电视少儿卡通频道，构建动画播出体系，培养一批有创意、懂技术、善管理、会营销的动漫高端人才，形成集动漫创作、研发、制作、出版、发行、教育培训、播出和衍生产品生产经营等为一体的比较完整的产业体系。“十二五”时期，力争把我省建成全国动漫强省。

三、促进动漫产业发展的政策措施

（一）完善产业链条

构建以漫画、动画、动漫舞台剧、网络动漫、手机动漫等互为支撑的动漫产业链，提升动漫产业竞争力。高度重视漫画、动画在产业链中的基础性作用，积极引导漫画、动画创作，以动漫形象为核心，着力构建产业良性发展的内生机制。大力发展动漫舞台剧，鼓励儿童剧、青春剧等艺术形式向动漫化、多媒体化方向延伸。鼓励经营性互联网文化单位从事网络动漫业务、代理动漫版权，打造动漫产业发展的网络平台。加快发展手机动漫，不断增加和提高原创手机动漫作品的数量和质量。支持计算机图形技术、动漫技术及其衍生技术在国民经济各个领域的运用，大力培育河南特色动漫产业及企业。

（二）培育产业集群

规范动漫产业园区和基地布局，国家级、省级动漫产业园区和基地建设要优先与高新技术开发区和软件园区建设相结合，充分利用已有政策、技术、服务、场所等条件。完善动漫产业园区和基地配套设施，扶持动漫技术培训和公共技术设备服务等服务项目。有服务外包业务的动漫园区和基地，可享受国家和地方对服务外包基地建设的各项优惠政策。推进动漫主题公园建设，打造集观光旅游、产业拓展、人才培养为一体的产业集群。简化动漫产业园区和基地用地审批程序，同等条件下优先安排用地计划。

（三）构建公共平台

省发展改革委每年要从省服务业发展引导资金中安排一定数量支持省动漫产业公共技术和信息服务平台等重点项目建设，优先选择符合国家政策的动漫产业重点项目申请国家服务业引导资金。省科技厅要积极支持动漫企业技术创新平台建设。省工业和信息化厅、广电局、新闻出版局、通信管理局等部门要和有关动漫企业建立合作机制，建设特色鲜明、优势突出、受众广泛的公共传播平台。动漫企业、软件企业为合力开发工具软件、提高动漫技术、拓展衍生产品链等而建设的技术支持与服务中心，享受国家和省规定的优惠政策。

（四）支持产品出口

用足用活国家和我省现有扶持政策，支持我省动漫企业开拓海外市场，对动漫产品译制经费给予适当补助。积极利用国家出口信用保险促进动漫产品海外市场营销，我省动漫企业的动漫产品出口可等同于货物贸易出口，享受出口信用保险保费补贴政策。动漫企业出口产品的，相关部门要协助向中国进出口银行申请出口信贷支持。

（五）增加财政投入

2012-2016 年，省财政每年从省级宣传文化发展专项资金中安排 1000 万元，设立扶持动漫产业发展专项资金，以奖励、资助、贷款贴息、资本金（股本金）投入等方式，加大对动漫产业发展的扶持力度。扶持动漫产业发展专项资金主要用于支持优秀原创动漫产品创作生产、动漫产品出口奖励、项目建设补助等方面。省财政厅、文化厅要制定具体管理使用办法，加强资金管理。

（六）强化投融资支持

将具备条件的中小型动漫企业纳入科技型中小企业技术创新基金资助范围。政府有关部门、行业协会和金融机构要抓紧制定与动漫产业贷款需求特点相适应的信贷管理制度，制定对创意、形象、软件、知识产权等无形资产的评估标准。鼓励金融机构对动漫企业开展无形资产质押贷款、设备投入质押贷款、担保贷款业务。省文化产业投资有限公司和有关中小企业投资担保机构要积极支持动漫产业发展，为动漫企业提供融资担保服务。引导社会资本投资动漫行业。优先安排符合条件的自主创新型动漫企业在境内外上市融资或发行债券。

（七）落实税收优惠

经国家认定的动漫企业可申请享受国家规定的有关税收优惠政策。符合条件的动漫企业经认定为高新技术企业或软件企业，依法享受国家高新技术企业或软件企业相关税收优惠政策。动漫企业从事技术转让、技术开发和与之相关的技术咨询、服务收入，免征营业税。动漫企业符合税法规定条件的技术转让所得，一个纳税年度内不超过 500 万元的部分免征企业所得税，超过 500 万元的部分减半征收企业所得税。动漫企业由于技术进步，产品更新换代较快的固定资产，符合税法规定条件的，可采取缩短折旧年限或加速折旧的方法加速折旧。动漫企业为开发新技术、新产品、新工艺发生的研究开发费用，未形成无形资产计入当期损益的，在按照规定据实扣除的基础上，按照研究开发费用的 50% 加计扣除；形成无形资产的，按照无形资产成本的 150% 摊销。对缴纳房产税、城镇土地使用税确有困难的动漫企业，经地方税务机关批准，可酌情减征或免征。对动漫企业发生的职工教育经费支出，不超过工资薪金总额 2.5% 的部分准予扣除，超过部分准予在以后纳税年度结转扣除。

（八）加强人才培养

要把动漫人才培养纳入全省教育发展规划和文化艺术类人才培养规划，大力推进动漫人才培养。有关大中专院校要结合我省动漫产业发展实际，调整优化专业结构，加强动漫学科建设，深化教学改革，推进校企合作，提高学生的实践能力，培养具有创新精神的复合型人才。支持大中专院校、企业建设或合作建设动漫产业研发（技术、创作、培训）中心，对经国家、省认定的国家级或省级中心，给予一定资金支持。完善动漫产业评价机制，统筹推进实行职业资格制度。将动漫人才列入省人才引进目录，享受我省引进人才的有关优惠政策。省科技拔尖人才专项资金对动漫行业的高水平创新创业人才、优秀企业家给予倾斜支持。

（九）营造良好环境

加强知识产权保护和市场监管，为动漫产业发展创造公平竞争的市场环境。以原创动漫形象、品牌及其衍生产品为重点，加大知识产权保护力度，依法追究侵权行为对被评为中国驰名商标和省著名商标的自主动漫品牌、行业知名品牌的企业以及保护知识产权业绩突出的单位和个人，依据有关规定给予奖励。通过日常监管和专项整治，严厉打击走私、侵权和盗版行为，保护合法经营，规范市场秩序。加强动漫产品内容监管，依法查处存在暴力、色情、淫秽、危害社会公德和民族优秀传统文化、侵害民族风俗习惯等违法内容的动漫产品。支持以实物、知识产权、土地使用权、股权等可以用货币估价并可以依法转让的非货币财产作价出资设立动漫企业，非货币出资金额最高可达企业注册资本金的 70%。

四、形成推动动漫产业发展的合力

（一）加强组织领导

各地要把动漫产业发展纳入当地经济社会发展规划，列入议事日程，结合实际制定支持动漫产业发展的具体措施。各地、各有关部门要认真落实国家和省支持动漫产业发展的各项政策，对原创动漫产品的创作生产、动漫产业支撑平台建设、园区和基地建设、媒体运营等予以重点扶持。

（二）强化部门协作

省扶持动漫产业发展厅际联席会议成员单位要按照《河南省人民政府办公厅关于建立河南省扶持动漫产业发展厅际联席会议制度的通知》（豫政办文〔2009〕30 号）要求，加强协调、形成合力、抓好落实，共同推动动漫产业发展。联席会议办公室要主动开展工作，积极协调解决动漫产业发展中的问题。

（三）发挥行业组织作用

鼓励根据动漫产业发展的集聚程度成立不同层次的动漫行业协会，支持行业协会配合政府有关部门开展工作，参与动漫产业发展规划和行业标准制定，加强交流研讨和专业人才培养，开展招商推介和依法维护权益工作，发挥其在联系政府、服务企业、行业自律方面的作用。

·广东省·

关于加快珠江三角洲地区文化创意产业发展的指导意见

粤府办〔2011〕42号

（2011年6月20日发布）

为加快发展文化创意产业，推进珠江三角洲地区产业结构升级和经济发展方式转变，根据国务院批准的《珠江三角洲地区改革发展规划纲要（2008-2020年）》和《中共广东省委广东省人民政府关于贯彻实施〈珠江三角洲地区改革发展规划纲要（2008-2020年）〉的决定》（粤发〔2009〕10号）、《中共广东省委广东省人民政府关于印发〈广东省建设文化强省规划纲要（2011-2020年）〉的通知》（粤发〔2010〕12号）等文件精神，结合珠三角地区实际，制定本意见。

一、指导思想和发展目标

（一）指导思想

以邓小平理论和“三个代表”重要思想为指导，深入贯彻落实科学发展观，从提升珠三角地区文化软实力、调整产业结构和转变经济发展方式的战略高度，发挥政府引导、市场配置和企业主体的作用，优先培育和发展具有一定基础与发展潜力的文化创意主体和产业门类，扶持和壮大文化创意产业集聚区，坚持经济效益和社会效益相统一的原则，促进文化的繁荣发展，不断满足人民群众日益增长的精神文化需求。

（二）发展目标与布局

以广州、深圳市为核心，珠三角地区其他7个地级市为支点，以若干文化产业集群、文化产业园区（基地）和重大项目为支撑，构建珠三角地区文化创意产业带，形成区域布局合理、产业特色鲜明、科技水平先进、集聚效应显著、经济效益高、国际竞争力强的产业发展新格局，把珠三角地区建设成为拉动全省、辐射全国的文化创意产业中心。重点支持广州、深圳市发展创意设计、动漫游戏、数字出版、影视制作等高端和新兴文化创意产业，建设“设计之都”、“创意之城”。发挥珠三角地区其他城市在文化旅游、工艺美术、游戏游艺等领域的特色和优势，整合资源，实现错位发展。支持珠海市发展软件设计、文化旅游和数字内容产业，建设文化创意产品生产基地和出口基地；支持东莞市发展创意设计、文化会展业，搭建文化创意产业与制造业的对接平台，提升文化产品制造业发展水平；支持中山市发展游戏游艺、粤台文化交流，建设一镇一品的镇级文化产业集群；支持江门市建设华侨文化旅游区、印刷创意和古典红木家具产业基地；支持惠州市建设广东（惠州）港澳台影视拍摄基地；支持佛山、肇庆市结合本地历史、人文、自然资源、产业优势，发展文化旅游、工艺美术、工业设计等特色文化产业。加强粤港澳台合作，打造“珠江两岸文化创意产业圈”。到2020年，珠三角地区文化创意及相关产业增加值占区域生产总值的比重达到10%以上，成为重要的战略性新兴产业、国民经济的带动性产业，成为经济结构优化的重要推动力、经济发展的重要增长点。

二、发展战略

（一）产业集聚战略

构建一批主业突出、功能互补、集聚效应明显、具有国际影响力的标志性文化创意产业集聚区，发展跨区域、跨行业的文化创意产业集群。完善园区（基地）基础设施和公共服务平台建设，以产业园区（基地）为主要载体，促进产业联合、孵化和相互推动。

（二）科技创新战略

积极运用“文化加科技”的发展模式，推动现代科技在文化创意产业中的运用，促进文化创意产业与高新技术产业的融合，开发具有自主知识产权的核心技术，提高创意产品的科技含量和附加值，促进文化创意产业和产品结构优化升级，助推“广东制造”向“广东创造”的转变。

（三）品牌特色战略

形成一批实力强大的文化创意产业领军企业，发挥其引导示范和资源整合作用，带动行业整体发展，培育一批品牌产品、品牌企业、品牌园区和品牌展会活动。根据不同城市资源条件和优势特色，坚持差别化定位、特色化发展、合理化布局，明确各市发展的重点行业和项目。

（四）“走出去”战略

支持文化单位在国外兴办文化实体，建立文化产品营销网点。扶持有国际竞争力的文化单位参加境外艺术节、动漫展、影视展、演艺展、游艺游戏设备展览等国际大型展会和文化活动。扶持广播影视作品、出版物、动漫游戏等文化产品和服务出口。加强与港澳台地区在文化创意产业方面的合作，形成分工合作、优势互补的文化创意产业城市群，把珠三角地区打造成为中国文化产品和服务“走出去”的重要窗口。

（五）人才培养战略

实施人才培养工程和引进工程，加快培养各类文化创意人才，积极引进亟需的高层次高素质人才，着力培养文化创意产业研究开发和经营管理的带头人和团队，建设结构合理、素质优良的文化创意产业人才队伍，构筑珠三角地区创意人才高地。加强与海外研究机构的交流与合作，引进境外创意设计培训机构。发挥广东高校的作用，增加文化创意产业人力资本投资，建立健全培养文化创意产业人才成长的激励和评价机制。

三、产业发展的重点领域

（一）出版发行业

优先发展内容出版产业，以传统出版形式为基础，建设一批具有战略性和带动性的重大出版项目。优先发展数字出版等新兴出版产业，积极发展互联网出版、手机出版等以数字化内容、数字化生产和数字化传输为主要特征的出版新业态。立足创新技术和管理服务平台，整合全省的各类出版资源并形成品牌效应。支持有条件的出版企业股改上市，打造一批具有较强竞争力的出版集团和报业传媒集团。做大做强印刷复制业，支持珠三角地区国际印刷基地、深圳国家标准化印刷示范基地建设，建成4至6个国家级印刷复制生产基地或产业集群，打造若干个上规模、上档次、有知名度、年产值30亿元以上的企业及其品牌。鼓励印刷复制企业实施数字印刷和印刷数字化工程，推动印刷复制产业从单纯加工服务型向现代服务型转型升级。加快发展以跨地区连锁经营、信息化管理和现代物流为特征的大型现代出版流通组织。整合发行渠道，重点培育一批主业突出、辐射带动能力强的大型国有或国有控股新闻出版物流企业和企业集团。

（二）广播影视业

全面推进广播影视数字化网络化，建设集播出、传输和覆盖于一体的全功能广播电视综合网络；积极推进各级电台、电视台数字化网络化；加快推进有线电视数字化整体转换和双向化改造；加快推进新一代广播电视网、移动多媒体广播电视、城市数字影院、影视动画等重大项目建设。大力推进视听新媒体发展，推广网络广播电视和移动多媒体广播电视，构建视听新媒体产业，使视听新媒体成为广播电视服务与消费的重要渠道。推动重大项目建设，支持南方广播影视传媒集团发展网络广播电视和移动多媒体广播电视；支持珠江电影集团打造完整的电影产业链，成为华南地区最具竞争力的电影产业基地和电影人才集聚中心。

（三）动漫业

坚持自主创新与引进品牌相结合，创意内容与数字科技相结合，鼓励原创动漫产品的创作和研发，提高动漫产品在全国的影响力。以广州、深圳市的国家级动漫产业基地为载体，构建完善的产业孵化、展示交流、技术支撑等公共服务平台，吸引动漫创意、研发制作、衍生品开发与服务等各类相关企业，培育和完善动漫产业链，集聚人才、资本、技术等关键要素，形成各具特色和专业性的集聚发展态势，逐步建立和完善包括生产创作、市场运营、传播流通、销售等主要环节的产业体系，打造国内具有重要影响力的动漫产业集聚中心。重点建设广东动漫（玩具）创意产业集群、广东动漫城，使其发展成为集动漫原创、生产、衍生品开发、教育培训、粤港澳文化合作等于一体的综合性基地。在坚持企业集群发展的基础上，培育一批实力强、发展潜力大的本地中小型动漫企业，引进一批国内外大型知名动漫企业，通过重点扶持，打造一批有规模、有核心竞争力的知名企业和品牌产品。

（四）游戏娱乐业

发挥珠三角地区在游戏游艺设备制造和生产方面的优势，加强核心技术的研发，促进拥有自主知识产权的网络游戏技术、电子游戏软硬件设备等产品的开发，开拓手机游戏、家用视频游戏和网络游戏的市场，提高游戏产品的文化内涵。组织实施中国民族网络游戏出版工程，重点建设广东动漫游艺游戏产业集群、广州国家网络游戏动漫产业发展基地。鼓励民间资本进入网络游戏产业，积极引进产业扶持基金或风险基金参与运作。培育若干知名的游戏游艺连锁品牌，提高珠三角地区游戏娱乐业的国际竞争力和影响力。到2020年，实现省内企业自主研发制造的游艺游戏设备占全国总量的70%，出口产品占全国出口市场的75%。

（五）演艺业

建造一批满足不同层次消费需求、服务优质、管理先进的剧院群,重点打造一批设施先进的现代演出场馆。建立演出院线制，扩大和延伸品牌剧场的影响力。在院线制的基础上，打破地域界限和隶属关系的限制，推进剧场、剧团和中介机构的联盟，实现行业重组。繁荣舞台艺术创作，打造一批适合不同层次消费群体的优秀文艺剧目。鼓励和支持符合条件的公民、法人和其他组织依法开办演出经纪机构，组建演出团体，设立演出场所；培育具有较强竞争力和影响力的演出经营实体和演出经营品牌，拓展海外市场，支持优秀文艺剧目“走出去”。发展壮大珠三角地区演出经纪人队伍，推广制作人制度。推动演艺设备制造业的发展，建立广东演艺设备产业集群。

（六）文化会展业

发展一批具有国际影响力的专业文化会展，打造世界一流的文化会展品牌，培育、扶持一批文化会展业龙头企业，把珠三角地区建设成为我国最有影响力的文化会展核心区域，为我国文化创意产业发展搭建一批高起点、高规格的展示、交易和信息平台。重点打造中国（深圳）国际文化产业博览交易会、中国（东莞）国际动漫版权保护与贸易博览会、中国（中山）国际动漫游戏游艺博览交易会、中国国际漫画节、广东国际广播影视博览会、广东国际旅游文化节、广州国际纪录片大会、广州国际艺术博览会、中国（广东）国际印刷技术展览会等会展活动。

（七）文化旅游业

加强对珠三角地区的世界文化遗产、水下文化遗产、国家和省重点文化保护单位、国家级历史文化名城和名镇（村）、国家级和省级非物质文化遗产的保护和利用。发掘旅游文化内涵，完善旅游设施，大力开发旅游特色商品。将岭南文化与旅游休闲相结合，打造旅游精品线路和国际化文化主题公园旅游品牌，推出以粤菜、潮州菜、客家菜为代表的美食文化之旅，以历史文化名城、名镇、名村为依托的名城、名镇、名村之旅，以广州、深圳、佛山市为代表的商旅文化之旅，以佛山武术影视为代表的影视文化之旅。建设以开平碉楼为依托的华侨文化旅游区及广东香云纱文化产业园区、肇庆端砚文化产业基地等，培育文化创意产业集聚区的旅游功能，建设若干个在全国有影响、知名度高的文化旅游项目。

（八）创意设计业

大力发展工业设计、软件设计、广告设计、建筑设计、平面设计等创意设计产业，不断壮大规模。加强政府、企业、科研院所互动结合，有效整合和引进各类设计资源，鼓励发展高等级研发机构和专业化的创意设计公司，以行业设计中心、各类研发机构为主要载体，提高创意设计业的自主创新能力，通过设计创新促进新产品开发，将珠三角地区建设成为区域创意设计中心。制定并落实促进创意设计产业发展的配套措施，完善为设计业服务的支持机构，发展各类设计中介服务。重点建设粤港澳文化创意产业园、粤台（中山）文化产业园、广州北岸文化码头、羊城创意产业园、深圳设计之都创意产业园、华侨城 LOFT 创意园、松山湖创意产业园、佛山创意产业园、广东工业设计城、中凯文化商务港、瀚天科技城数字内容产业基地等产业集聚区，促进一批有影响力的设计企业和机构聚集，引进和培育一批具有影响力的知名设计大师。鼓励设计创意企业、机构和个人参与国际展览、学术交流和项目合作。支持具有民族传统的文化创意产品扩大国际推广。

（九）工艺美术业

整合全省工艺美术资源，重点建设 1 至 2 个规模大、品位高、品种多、配套齐的工艺美术品创作与交易中心。大力推动工艺美术行业的市场化进程，加强行业认证监管，规范艺术品交易行为，培育艺术品展示、艺术品拍卖、艺术经纪等中介服务机构，加快推进工艺美术品的商品化经营和产业化生产。抢救并传承传统工艺美术技艺，加强对国家级、省级工艺美术大师等高端人才的保护和各种传统技艺继承人的培养。大力发展工艺美术教育，依托各类院校进行多类型多层次的工艺美术教育，加强艺术品经纪、艺术品市场管理人才等专业人才的培养和引进。

（十）新兴业态

大力推动文化产业升级，支持主要媒体发展移动多媒体广播电视、网络广播电视、手机广播电视、手机网站、手机报刊，开发移动文化信息服务、数字娱乐产品等增值服务。

四、工作机制和保障措施

（一）加强统筹和组织领导，完善工作协调推进机制

各级政府要高度重视文化创意产业发展，将其列入重要议事日程，明确分管领导及相关工作责任人。要根据文化创意产业特点，结合各地实际和自身优势，认真谋划，科学选定重点发展领域。在促进文化创意产业发展区域一体化同时，突出特色化发展和错位发展，避免同质化竞争。省由宣传、文化、经济和信息化、科技、财政、地税、广电、新闻出版、知识产权、旅游等部门共同建立工作协调机制，统筹协调珠三角地区文化创意产业发展各项工作，加强宏观规划指导；各市也要明确部门职责，完善工作机制，形成分工合理、省市联动的工作网络。各市应根据本意见制定有地域特色的文化创意产业发展政策，实施积极的扶持政策和推进措施，推进工作落实。

（二）加大财政资金支持力度，建立多元化投融资

机制

落实国家对文化产业发展的现行税收优惠等政策，研究制订支持珠三角地区文化产业发展的配套经济政策。落实金融机构对文化产业的信贷支持政策，创新贷款融资方式、信贷产品和服务方式，在国家允许的贷款利率浮动幅度范围内给予一定利率优惠。畅通政府资金引导、银行贷款筹资、民间资本投资、上市融资等多元化投资渠道。推进广东南方文化产权交易所、深圳文化产权交易所等文化创意产业投融资平台和其他文化知识产权交易市场的建设。珠三角地区各市要运用文化产业发展专项资金等，支持文化创意产业发展，对符合国家和省重点支持方向的文化产业重大项目、产业创意产品和服务加大扶持力度。

（三）引导群众文化需求，大力培育文化消费

把文化消费作为扩大内需的重要手段，引导和培育多层次、多样化的文化消费群体和积极向上的文化消费观念。探索建立面向消费者的文化消费补贴机制，扩大基本文化需求，努力提高文化消费在城乡居民日常消费中的比重。加快构建传输快捷、覆盖广泛的文化传播体系，培育网络游戏、网络音乐、网上书店、网络视频点播、网络购物等文化消费新模式，引导潜在的文化消费需求转变为现实消费。

（四）鼓励支持文化产品和服务出口，促进对外文化艺术交流

积极开展国际交流与合作，鼓励有条件的文化创意企业和企业集团依法开展境外投资活动和承接国际服务外包业务。重点培育一批外向型文化出口企业和产业基地，支持文化创意产品和服务出口业务。鼓励文化创意企业增加对出口产品和服务的研发投入。落实文化产品出口退税等优惠政策。鼓励企业进行文化产品及服务出口的相关业务培训，为文化企业产品和服务“走出去”培养和储备人才。利用各类国际性文化博览会、文化产品交易会或商务洽谈活动，积极主动地向外推销优秀文化创意产品。开展一批常设性的具有专业影响力的国际性文化艺术活动，加强与我国驻外使领馆文化部门及海外文化中心的合作。

（五）加大知识产权保护力度，营造良好的产业发展环境

建立健全知识产权保护体系，加大宣传和执法力度，形成尊重创新、鼓励创新、保护创新的发展环境。设立专门的专利申请通道，为企业创意设计成果提供及时的知识产权保护，加快创意成果的产业化速度。鼓励和规范知识产权评估机构的发展，建立健全知识产权质押贷款的培育引导机制、信用激励机制、风险补偿机制、组合融资机制和风险分担机制。加强知识产权的教育培训和宣传，引导文化创意企业建立健全知识产权管理体系。

·广西壮族自治区·

关于推动广西动漫产业发展的若干意见

桂文发〔2011〕137 号

（2011 年 11 月 29 日发布）

为深入贯彻落实党的十七届六中全会精神和《国务院关于印发文化产业振兴规划的通知》（国发〔2009〕30 号），扶持新兴文化业态，壮大广西动漫产业，培育新的经济增长点，推动文化产业成为国民经济支柱性产业，结合广西实际，现提出如下意见：

一、充分认识推动动漫产业发展的重要意义

（一）动漫产业是指以“创意”为核心，以动画、漫画为表现形式，包含动漫图书、报刊、电影、电视、音像制品、舞台剧和基于现代信息传播技术手段的动漫新品种等动漫直接产品的开发、生产、出版、播出、演出和销售，以及与动漫形象有关的服装、玩具、电子游戏等衍生产品的生产和经营的产业。动漫产业是文化产业中极具生机和活力的组成部分，在文化产业整体格局中地位突出。大力发展动漫产业，对于满足人民特别是青少年的精神文化需求、培育新的经济增长点、优化调整经济结构、加快转变经济发展方式、推动科学发展具有十分重要的意义。

（二）近年来，广西动漫产业迅速发展，涌现出一批颇具潜力的骨干企业，形成了初具规模的动漫园区，聚集了一批优秀动漫人才，创作生产了一批具有较高水准的动漫产品，初步形成了涵盖漫画、动画、动漫演出、新媒体动漫、动漫软件及动漫衍生产品开发等较为完整的动漫产业体系，发展势头良好。但必须清醒地认识到，广西的动漫产业起步相对较晚，在产业规模、产品数量、企业实力、人才储备等方面与先行省区仍有较大差距，与人民多样化的精神文化需求仍有较大差距，与构建现代文化产业体系的要求仍有较大差距，与建设民族文化强区的要求仍有较大差距。各地、各有关部门要高度重视，采取切实措施，加强规划引导，加大扶持力度，合力推动广西动漫产业健康快速发展。

二、推动动漫产业发展的指导思想、基本思路和发展目标

（三）指导思想。按照推动社会主义文化大发展大繁荣，努力建设具有时代特征、壮乡风格、和谐兼容的民族文化强区、成为在全国具有较大影响力的区域文化中心、中国与东盟文化交流枢纽、中国文化走向东盟的主力省，使文化软实力成为发展硬支撑的目标定位，遵循动漫产业发展规律和社会主义市场经济规律，加大扶持力度，强化激励措施，积极构建体系相对完整、结构布局口趋合理、整体技术水平先进、市场竞争有序、经济效益显著的动漫产业发展格局。

（四）基本思路。立足广西动漫产业发展实际，加强规划引导和政策支持，努力营造动漫产业发展的良好环境和氛围；坚持自主培养和引才引智相结合，有效聚集宏大的动漫专业人才队伍；坚持“抓大壮小扶微”，积极培育动漫骨干企业；依托民族地域优势文化资源，打造本土原创动漫品牌；鼓励企业向园区聚集，促进产业集群发展；逐步完善原创动漫产品推广机制，力推广西动漫产品走向市场、走向东盟、走向世界；努力促进动漫产业与相关产业融合发展，鼓励与动漫形象有关的服装、玩具、电子游戏等衍生产品的生产和经营。

（五）发展目标。通过政策推动，发展若干个具有较强实力和竞争力的大型动漫龙头企业，培育一批充满活力和创造力的中小型动漫骨干企业，打造一批具有时代特征、壮乡风格的动漫品牌，建设若干个功能完备、效益突出的动漫产业基地、园区，造就一支有创意、懂技术、善管理、会营销的高素质动漫人才队伍。力争用5至10年时间，逐步形成结构合理、特色鲜明、优势突出的成熟动漫产业链，使动漫产业成为广西文化产业发展的重要支柱之一。

三、加大投入力度，重点支持原创动漫产品创作推广

（六）自治区财政从广西文化产业发展专项资金中，以项目补助、贴息、奖励等方式，重点扶持动漫骨干企业、人才培养基地、试验基地、试验园区发展以及优秀动漫原创产品创作生产，推动形成成熟动漫产业链。有关主管部门和项目单位应按照《广西壮族自治区财政厅关于印发〈广西壮族自治区文化产业发展专项资金管理暂行办法〉的通知》（桂财教〔2010〕151号）诚实申报，规范资金管理，提高使用效益。

（七）对在境外有影响的电视台，国内中央电视台、省级电视台首播的广西原创动画片，按等级给予奖励。在多个电视台首播的按照从高不重复的原则给予奖励。对获得省部级以上奖励或表彰的广西各级电视台优秀动画栏目（频道）予以适当奖励，具体奖励办法由自治区广电局制定并报自治区扶持动漫产业发展厅际联席会议审定。对在国家级、省级出版机构出版的广西原创动漫作品，按等级给予奖励，具体奖励办法由自治区新闻出版局制定并报自治区扶持动漫产业发展厅际联席会议审定。

（八）支持和鼓励动漫骨干企业、人才培养基地、试验基地、试验园区和相关机构举办各种动漫原创大赛和展览等活动，宣传推广动漫原创产品。

四、加强实体培育，夯实动漫产业发展基础

（九）自治区扶持动漫产业发展厅际联席会议研究制定《广西壮族自治区动漫骨干企业、人才培养基地、试验基地、试验园区评选命名暂行办法》，评选命名一批自治区动漫骨干企业，加强跟踪服务，培育一批达到国家认定标准的动漫企业。鼓励动漫人才培养基地建设，为动漫产业发展提供人才保障。稳妥推进动漫基地、园区建设试点，促进动漫产业聚集发展。探索建立动漫骨干企业、人才培养基地、试验基地、试验园区的长效管理和考核机制。

（十）经认定的自治区动漫骨干企业、人才培养基地、试验基地、试验园区可优先享受有关财政资金的扶持和奖励。

（十一）对区内动漫企业、研发机构、培训机构实行资产重组或上市的，可优先给予适当资金扶持。

五、推动公共服务平台建设，促进动漫“产、学、研”一体化发展

（十二）根据《广西壮族自治区人民政府关于加快信息服务业发展的实施意见》（桂政发〔2010〕75号）要求，整合区内高新技术开发区、软件园区和高等院校的现有资源，推动“广西动漫产业公共服务平台”建设，为动漫企业提供大型开发工具、开发软件、后期制作设备和具有民族、地域特色的动漫素材库，建立公共服务平台共享机制。

（十三）将广西动漫产业公共服务平台建设纳入自治区服务业发展专项资金的支持范畴，对符合条件的动漫产业公共服务平台建设项目，优先予以扶持。自治区科技厅加大对动漫产业关键技术研发的支持，推动动漫产业公共服务平台建设。

（十四）鼓励广西企业、院校设立或合作设立动漫

产业研发（技术、创作）中心，提供服务和开展动漫教学培训项目，凡被认定为国家级、省部级的，可优先给予适当资金扶持。

六、支持动漫产品出口，拓展动漫产业发展空间

（十五）按照《广西壮族自治区人民政府关于促进广西服务外包产业加快发展的意见》（桂政发〔2010〕66号）的要求，充分利用广西区位优势，扩大动漫产品向东盟出口，开拓海外市场，扩大服务外包。对动漫产品出口译制经费给予适当补助，对企业出口动漫版权予以适当奖励。自治区商务厅协助符合条件的动漫企业争取“中小企业国际市场开拓资金”、“外经贸区域协调发展促进资金”、“国家文化产业发展专项资金（出口补贴）”等外向型专项经费支持。

（十六）对从事动漫产品和服务出口，符合软件产品出口奖励条件的，可按现行政策给予奖励。

七、加强投融资服务，鼓励金融支持动漫产业发展

（十七）支持动漫企业依照《中央宣传部、中国人民银行、财政部、文化部、广电总局、新闻出版总署、银监会、证监会、保监会关于金融支持文化产业振兴和发展繁荣的指导意见》（银发〔2010〕94号）和《保监会、文化部关于保险业支持文化产业发展有关工作的通知》（保监发〔2010〕109号）的有关规定，结合企业性质和实际需要，按规定程序申请金融支持。

（十八）支持符合条件的中小型动漫企业申请“科技型中小企业技术创新基金”。支持符合条件的动漫企业申请“微型企业扶持资金”补助。

（十九）积极向有关银行推荐重点动漫企业、动漫项目，引导银行加大对动漫企业的信贷投入，并根据国家有关规定提供利率优惠。

（二十）支持和引导担保机构为动漫企业融资提供担保。

八、落实税收优惠政策，扶持动漫企业发展

（二十一）经文化部、财政部、国家税务总局认定的动漫企业，符合条件的，可根据《财政部、国家税务总局关于扶持动漫产业发展有关税收政策问题的通知》（财税〔2009〕65号）规定，申请享受《财政部、国家税务总局关于企业所得税若干优惠政策的通知》（财税〔2008〕1号）的相关优惠政策。

（二十二）符合条件的动漫企业，可申请享受《财政部、海关总署、国家税务总局关于印发〈动漫企业进口动漫开发生产用品免征进口税收的暂行规定〉的通知》（财关税〔2011〕27号）的相关优惠政策。

（二十三）符合条件的动漫企业，可申请享受《财政部、海关总署、国家税务总局关于支持文化企业发展若干税收政策问题的通知》（财税〔2009〕31号）的相关优惠政策。

（二十四）对动漫企业在境外提供劳务获得的境外收入不征营业税，境外已缴纳的所得税款可按规定予以抵扣。

（二十五）符合条件的动漫企业，可申请享受自治区关于加快服务业发展、促进民营经济发展、加快中小企业发展以及微型企业发展的相关优惠政策。

（二十六）在西部大开发税收优惠政策执行期内，符合条件的动漫企业可申请享受相关的税收优惠政策。

（二十七）在《广西北部湾经济区发展规划》所确定的南宁、北海、钦州和防城港4 市及功能组团中涉及的凭祥和龙潭范围内的动漫企业，符合条件的，可申请享受《广西壮族自治区人民政府关于促进广西北部湾经济区开放开发的若干政策规定的通知》（桂政发〔2008〕61号）所规定的相关优惠政策。

九、保障动漫产业发展用地

（二十八）依法办理动漫骨干企业、人才培养基地、试验基地、试验园区用地审批程序，统筹安排用地计划。

（二十九）动漫项目用地符合《划拨土地目录》的，可以采取划拨方式供应；对属于依法应当有偿使用的土地，可以适当缩短出让年限或采取租赁方式供应。

（三十）用地企业一次性缴纳土地出让金确有困难的，可申请在土地出让合同签订后1个月内缴纳出让价款的50%，余款在1年之内补足。

十、加强动漫人才培养，增强动漫产业发展后劲

（三十一）把动漫人才培养纳入全区教育发展规划和文化艺术类人才培养规划。鼓励有关大中专院校结合广西动漫产业发展实际，调整优化专业结构，加强动漫学科建设，促进校企合作，提高学生的实践能力，努力培养具有创新能力的复合型人才。

（三十二）将动漫人才培养列入自治区人才培养计划，享受广西人才引进的相关优惠政策。

（三十三）建立人才激励机制。鼓励动漫企业引进高层次动漫人才。对广西引进的，创作开发的原创动漫作品入选国家动漫精品工程的主创人员，给予一定奖励。

十一、加强知识产权保护，鼓励科技成果和专利技术就地转化

（三十四）以国产原创动漫形象、动漫品牌及其衍生产品为重点，鼓励动漫作品著作权登记，加大动漫产业知识产权保护。

（三十五）加强动漫市场监管，依法追究侵权行为。保护合法经营，规范市场秩序，为动漫产业发展创造公平竞争的市场秩序。对保护动漫知识产权业绩突出的单位和个人给予表彰和奖励。

·海南省·

关于支持文化产业加快发展的若干政策

琼府〔2011〕54 号

（2011 年 7 月 22 日发布）

为贯彻落实党中央、国务院关于加快推进文化产业发展的决策部署，实现建设海南国际旅游岛的战略目标，推动文化产业成为我省国民经济支柱性产业，根据国家《文化产业振兴规划》、《国家“十二五”时期文化改革发展规划纲要》和省委、省政府《关于加快推进文化改革发展的决定》精神，制定本政策。

文化产业是指从事文化产品生产和提供文化服务的经营性行业。本政策主要支持符合国际旅游岛建设规划、对地方经济社会发展和文化繁荣发展具有较大带动作用的文化产业重点项目，包括规模化、集聚化、专业化程度高的省级以上文化产业园区、示范基地和文化主题公园，战略性、先导性、带动性强的新兴文化产业，与旅游高度融合的富有民族民俗风情的地方特色文化产业，以及在海南举办的国内一流、国际著名的大型文化活动、体育赛事和填补我省产业空白的文化产业项目等。文化产业重点项目认定办法，由省文化体制改革与文化产业发展领导小组组织制定。

一、土地政策

（一）文化产业重点项目用地应优先纳入各级土地利用总体规划和土地利用年度计划，优先保障项目用地计划指标。文化产业重点项目涉及占用耕地，因耕地后备资源有限，在项目所在市县区域范围内无法完成耕地占补平衡的，可按有关规定，由省土地行政主管部门组织省内易地补充。

（二）按照“项目带土地”原则，对地方经济发展具有较大带动作用的文化产业重点项目，对原土地使用者利用已取得的非经营性用地兴办文化产业的，经市县政府批准，可以协议出让、作价出资、租赁等方式供地；对经省政府批准立项的文化产业重点项目，可采取招标方式供地，出让底价可按不低于该项目土地取得费、土地前期开发成本和规定应收取的相关费用之和确定；对国有企业将划拨土地用于文化产业项目的，可以作价出资或者授权经营方式处置其划拨土地使用权。依法取得的文化产业项目用地，未经批准，不得擅自改变用途。

（三）对文化产业重点项目用地，经市县政府同意，可按国家有关规定分期缴纳土地出让金，全部土地出让金可在 2 年内缴清。所缴纳土地出让金，按照“收支两条线”办法管理，并通过预算支出安排，优先用于所在区域的基础设施建设。

（四）对国家级和省级文化产业重点项目，在 3 年内实际投资额达到 10 亿元（人民币，下同）以上或投产后 3 年内每亩土地年均销售收入达到 300 万元以上的，经省政府批准，可在同一区域以公开出让方式，根据土地利用总体规划及城市规划，安排适当面积的配套经营性项目用地，支持其可持续发展。

二、财政税收政策

（五）充分发挥省文化产业发展专项资金的引导作用。在 2011 年度安排 2000 万元基础上，2012 年增加到 4000 万元，至 2015 年每年递增不低于 1000 万元。专项资金采取贴息、补助、奖励等方式，专项用于引导扶持符合海南省文化产业发展规划和相关政策的文化产业重点项目建设、培育骨干文化企业、扶持重点转制文化企业发展等。省文化产业发展专项资金使用管理办法，由省财政厅会同省文化体制改革与文化产业发展领导小组办公室组织制定。有条件的市县财政也应安排文化产业发展专项资金。

（六）为组建省文化产业集团注入资本金。省财政通过注入资本金，支持省综合性传媒集团、文化产业投资控股集团、出版文化集团、演艺集团和影视集团等发展壮大。

（七）鼓励我省文化产品和服务出口。积极推荐我省文化出口企业列入全国重点文化出口企业名录。组织指导我省文化出口企业积极申报国家文化出口奖励资金。

（八）鼓励我省文化企业开拓国际市场。对符合支持条件的文化企业，外经贸区域协调发展促进资金和中小企业国际市场开拓资金给予支持。

（九）对文化企业引进在我省举办的经营性国际或国家级大型会展、体育赛事和经典演出，省文化产业发展专项资金、省服务业发展专项资金给予奖励或补助。具体奖励办法由省文化体制改革与文化产业发展领导小组组织制定。

（十）鼓励相关政府资金向文化产业倾斜。省级财政安排的服务业发展、高新技术产业发展、企业技术改造和产业升级、知识产权、宣传文化发展、信息产业发展、中小企业发展、中小企业成长性奖励等专项资金，应按照资金管理办法，向文化企业和文化产业集聚区倾斜，形成支持文化产业发展合力。

（十一）继续执行中央关于支持文化单位转企改制及其发展文化产业的优惠扶持政策，确保转制文化企业享受增值税、所得税、营业税、出口文化产品退税等各项优惠待遇落实到位。自 2014 年 1 月 1 日起至 2016 年 12 月 31 日止，以转制文化企业缴纳的企业所得税地方留成数额为测算依据，核定并安排奖励资金，专项用于支持缴交企业发展文化产业项目。

（十二）在文化产业支撑技术等领域内，对国家需要重点扶持的高新技术企业，减按 15% 的税率征收企业所得税。对 2008 年 1 月 1 日后登记注册并符合国家重点扶持要求的文化领域高新技术企业，自在海南经济特区取得第一笔生产经营收入所属纳税年度起，第一年至第二年免征企业所得税，第三年至第五年按照 25% 的法定税率减半征收企业所得税。

（十三）对从事数字广播影视、网络传输、数字出版、动漫游戏、文化创意等文化创新型企业、高新技术文化企业或高新技术项目，按规定给予行政性收费减免；自取得第一笔生产经营收入所属纳税年度起 3 年内，以其实际缴纳的企业所得税地方留成数额为测算依据，核定并安排奖励资金，专项用于支持企业发展。文化创新型企业、高新技术文化企业或高新技术项目的认定办法，由省文化体制改革与文化产业发展领导小组组织制定。

（十四）对文化企业从事文化产业技术转让、技术开发及其相关的技术咨询、技术服务取得的收入，免征营业税。

（十五）对引进国内外著名文化企业总部（含地区总部）、文化主题公园、文化产业园区（基地）和国际知名品牌的大型文化活动及体育赛事等，采取“点对点”招商方式和“一企一策、一事一议”的政策予以支持。对经省政府审批同意的文化主题公园规划项目中的应税土地，依法按当地（市县）土地使用税的最低税额标准征收城镇土地使用税。

（十六）对转制文化企业、新办微利文化企业，纳税确有困难的，自注册成立之日起，对其自用房产免征 3 年房产税。

（十七）对文化企业为研究、开发和生产所需进口的自用设备、物资，符合国家有关税收优惠政策的，享受相应进口货物的税收减免优惠政策。

三、投融资政策

（十八）积极争取国家支持，设立省文化产业投资基金。按照有关管理办法，省财政注资引导，吸收国有骨干文化企业、大中型国有企业和金融机构出资认购，在国有资本控股前提下，也可吸收股份公司、上市企业和优质社会资本参与。基金通过股权投资等方式，推动资源重组和结构调整，带动社会资本投资文化产业。对各类股权投资基金投向文化产业，按照省政府有关政策规定给予奖励。

（十九）将文化产业信贷融资纳入区域信贷政策重点支持领域，鼓励金融机构进一步创新金融服务方式，对文化产业项目实行利率优惠贷款等融资政策。支持开展无形资产质押贷款，建立文化企业无形资产评估机制，为文化企业无形资产质押贷款提供服务。

（二十）经认定的省级文化产业重点项目，投资规模在 10 亿元以上，对其建设资金国内贷款部分，按照年日均贷款余额的 1% 给予贴息，贴息期限可长达 3 年。

（二十一）鼓励各类担保机构对中小文化企业和项目提供融资担保服务。积极吸引国内外风险投资公司，鼓励建立合资经营的风险投资公司，探索建立“创业投资+担保贷款”的经营模式，为文化企业提供资金保障。

（二十二）支持文化企业上市融资及再融资。对在资本市场上完成上市融资且募集资金到位的文化企业，以及通过配股、增发新股、发行可转债等形式进行再融资的已上市文化企业，按照省政府有关政策规定给予奖励。

（二十三）鼓励文化企业发行债券。文化企业发行中长期债券（含中小企业集合债）和中期票据的，按实际融资金额的 2‰给予一次性费用补助。

四、市场准入政策

（二十四）鼓励非公有资本和外资进入政策允许的文化产业领域。凡参与文艺表演团体、演出场所等国有文化单位公司制改造的，非公有资本可以控股。鼓励非公有资本通过产权交易、收购兼并、股份制改造、经营权有期限转让、政府特许经营权拍卖等多种形式，参与政策允许的文化市场竞争。非国有文化企业在项目审批、核准、备案和资质认定、融资等方面，享受与国有文化企业同等待遇。

（二十五）鼓励原有文化企业特别是改制文化企业引进战略投资者，进行资源整合和企业重组。对采取整体改制、分立、合并等方式进行的，简化工商登记手续。对原有企业取得的特许经营范围，由改制后的企业继续承接。原文化事业单位改制为企业或原非公司类企业法人改制为公司类企业法人的，允许在原有名称基础上直接加“有限公司”或“股份有限公司”字样，以保留原有单位品牌价值，提高改制后企业的市场知名度。

（二十六）放宽文化企业出资方式限制。支持、鼓励投资者用股权、债权和商标、专利等知识产权作为出资，拓宽文化企业出资渠道，鼓励文化企业做大做强。

（二十七）国有文化企业整体改制为公司的，可以原企业净资产作为注册资本出资，提供经当地国有文化资产管理部门审查的审计报告即可，不必再提交验资报告。

（二十八）鼓励、支持、引导社会资本以参股、控股或独资等形式，兴办政策允许的、适合国际旅游岛建设需要的各类文化企业，并放宽企业注册条件。凡组建集团公司的，其母公司注册资本可降低至 2000 万元，母公司和子公司的注册资本总和可降低至 5000 万元，子公司可降低至 3 家。

（二十九）积极引导文化企业实施商标战略，争创驰名、著名商标。对认定的省级文化产业园区、示范基地和重点项目，在申报、认定驰（著）名商标时，省文化产业发展专项资金给予专项补助。

（三十）对认定的省级文化产业园区、示范基地和重点项目，所在地政府应在政策许可范围内，减少行政审批环节，简化审批手续，不得收取政策规定之外的任何附加费用。

五、人才政策

（三十一）省政府建立文化事业和文化产业发展顾问制度，聘请国内外著名艺术家、优秀文化企业家、担任过国家文化行业的部级领导等担任顾问，为海南文化建设和文化产业发展提供咨询。

（三十二）按照“不求所有、但求所用”的原则，鼓励高层次文化产业人才在我省从事文化建设、文艺创作和文化产业项目投资。高层次文化产业人才在海南工作期间，享受我省制定的高层次人才的各类政策待遇。高层次文化产业人才的认定办法，由省文化体制改革与文化产业发展领导小组组织制定。

（三十三）对我省引进的高层次文化产业人才，个人所得税地方分享部分，自认定之日起 5 年内，由省级和市县财政分别全额奖励给个人；对用人单位按照国家统一规定发放的安家补助费，免征个人所得税；对省政府颁发的奖金以及经省政府同意给予的奖励，免征个人所得税。每月的奖励在下个月兑现。

（三十四）用人单位应积极帮助正式调动来我省的高层次文化产业人才解决落户、亲属随迁，及其配偶、子女就业和就学问题，单位自行安排有困难的，可提请政府有关部门协助解决。已调入我省且聘期在 5 年以上的高层次文化产业人才，其户籍在我省的子女接受基础教育和报考普通高校时，享有本省户籍居民的同等待遇；属留学回国人员的，其随归子女如不属归侨或归侨子女，在回国后 2 年内参加高考、中考的，参照“三侨”子女入学规定给予照顾。

（三十五）鼓励文化企业对有突出贡献的高层次文化产业人才以著作权、知识产权等无形资产折价入股，参与收益分配。

（三十六）对参与海南文化产业发展工作的海外专家学者及投资者提供如下便利：（1）对需要多次临时入境的外籍人员，可根据需要由邀请单位申办有效期为 1 年的多次入境有效访问签证。如需延长，可以续签；（2）对需在琼长住的人员，可根据需要签发 1 年以上 5 年以下的外国人居留许可（在该居留许可有效期内可多次往返）；(3) 对符合条件申请在琼定居的人员（包括配偶和未成年子女），可尽快受理、审核并向公安部申报外国人在华永久居留资格（即绿卡）。

（三十七）鼓励文化产业企业参与境外业务交流和合作。对其企业管理人员简化因私出国（境）审批手续：（1）申请因私出国护照，凭行业主管部门签发的文化产业企业证书，可按急事急办规定优先给予办理；（2）需经常往来港澳地区从事企业事务活动的，凭行业主管部门签发的文化产业企业证书及该企业法定代表人签发的证明函件，可申办一年期“多次往返”签注；（3）申请赴台湾地区等其他出入境事由的，凭行业主管部门签发的文化产业企业证书及该企业法定代表人签发的证明函件，可按急事急办规定优先办理；（4）同一文化产业企业有 5 人以上同时申请出国（境）的，出入境管理部门可直接到该企业受理申请。

（三十八进一步完善人才评估和奖励制度吸引财经、金融、科技等优秀人才进入文化产业领域。对各级各类文化产业人才，不分单位所有制，在评优（推优）文艺作品、表彰奖励先进、职称评定等方面，享受同等待遇。

六、附则

（三十九）本政策的具体应用问题，由省文化体制改革与文化产业发展领导小组组织有关职能部门负责解释。

（四十）本政策自发布之日起施行。

关于鼓励和引导民间投资进入文化体育领域的实施办法

琼文发〔2011〕141 号

（2011 年 8 月 23 日发布）

为贯彻落实省政府印发的《关于鼓励和引导民间投资健康发展的实施意见》（琼府〔2011〕33 号）和《关于支持文化产业加快发展的若干政策》（琼府〔2011〕54 号），鼓励和引导民间投资进入文化体育领域，加快文体事业产业发展，结合我省实际，现提出实施办法如下：

一、鼓励引导民间资本进入公共文体领域

（一）进一步完善支持公共文化体育建设的相关政策。采取采购、招标、以奖代补、行政划拨用地、减免税收等方式，吸引和鼓励民间资本投资建设博物馆、图书馆、文化馆、文化站、电影院、非物质文化遗产展示馆、体育场馆、健身房（室）等公共文体设施，投资兴办公共文化实体，提供公共文化产品和服务，运作重点文化艺术项目。

（二）大力发展农村民办文化和体育。通过民办公助、政策扶持，鼓励民间资本兴办农村文化室、篮排球场、电影放映队、民间职业剧团和业余文艺演出队。加大财政扶持力度，资助和支持民办文化实体以公司加农户、专业加工户等形式，从事农村特色文化产品生产和文化服务活动。

（三）鼓励参与文化遗产的保护利用。充分利用国家规定的经济和税收优惠政策，鼓励和支持民间资本在有效保护的基础上，合理利用黎锦技艺、椰雕、琼剧、黎族歌舞等非物质文化遗产代表性项目开发文化产品和文化服务，参与文化遗产保护及其扩张项目的基础建设，支持民营资本介入文化遗产保护扩张项目中的盈利和非盈利性投资活动，形成一批具有海南地方特色和市场潜力的文化品牌企业。

（四）允许非公有资本的公司制文化企业以股权出质、出资，参与影视制作、发行、演艺等国有文化事业单位的生产经营，或进入鼓励类和允许类公益性文化事业和经营性文化产业领域。参与国有文化企事业单位改组改制的非公有制企业，可享受有关改组改制企业的优惠政策。

二、鼓励引导民间资本进入文体产业领域

按照全省文体产业“一区三带九重点”的规划布局，凡国家没有明令禁止的文体产业投资领域，均面向民间资本开放。

（一）鼓励引导民间资本进入文化创意产业。以国际旅游岛先行试验区、海南国际创意港、三亚创意新城、陵水国际智慧企业村（互联网文化产业园）、海南生态软件园、三亚动漫产业园为重点区域，引导民间资本进入文化创意研发设计、产品生产、推广销售等产业链。打造一批具有海南风格、能辐射国内外市场的文化创意品牌，形成一批具有较大影响力的文化创意产业集聚区，培育一批具有较强竞争力和影响力的文化创意龙头企业。

（二）鼓励引导民间资本开发与国际接轨的文化体育娱乐项目。以海口、三亚、兴隆为重点，开发大型文化旅游演艺项目，走产业化发展之路。办好文化旅游节庆活动，推出国际性选美、艺术节、模特大赛、音乐节、体育节、电影节以及绘画、摄影大赛等时尚文化活动。结合城市建设和旧城改造，鼓励发展不夜城、娱乐城、运动城、酒吧街等设施，丰富夜间娱乐产品。允许民间资本参与研发运营竞猜型体育彩票和大型国际赛事即开彩票。

（三）鼓励引导民间资本深度开发文化体育旅游业。规划建设一批黎族苗族风情、琼崖革命历史文化、地方民间民俗、漂流、探险、登山等特色文化体育旅游区。合理利用联合国教科文组织急需保护的非物质文化遗产项目黎锦技艺等传统手工技艺类和琼剧等表演类非物质文化遗产，深度开发文化旅游工艺品。

（四）鼓励引导民间资本参与文化体育会展业。以办好博鳌亚洲论坛、博鳌国际旅游论坛和中国体育旅游博览会为重点，发展一批在国内外有影响的专业文化体育会展；加强与国内外会展组织的合作交流，广泛吸引知名会展企业和机构来琼举办文化体育会展，对入境参展商品给予税收优惠和通关便利。拓展文化体育会展项目，增加文化体育会展的展示效应和经济效益。

（五）鼓励民间资本进入政策许可的广播影视产业。民间资本可以建设和经营有线电视接入网，参与有线电视接收端数字化改造，从事上述业务的文化企业国有资本必须控股 51% 以上；民间资本可以控股从事有线电

视接入网社区部分业务的企业。鼓励境内非涉外社会组织、企事业机构设立广播电视节目制作经营机构或从事广播电视节目制作经营活动。鼓励社会资本投资电影院，积极发展多种所有制形式的电影生产企业，对非公有制电影企业在投资核准、土地使用、融资服务、对外贸易等方面给予国有电影企业同等待遇。鼓励民间资本从事广播电视设备器材生产制造和技术服务。

（六）鼓励引导民间资本进入政策许可的新闻出版产业。鼓励和支持非公有制文化企业以内容提供、项目合作、作为国有出版企业一个部门等方式，有序参与科技、财经、教辅、音乐艺术、少儿读物等专业出版活动。其合作项目符合我省重点项目条件的，享受相关土地、财政、税收等优惠政策。鼓励和支持非公有制文化企业开拓境外新闻出版市场。对符合支持条件的文化企业，给予外经贸区域协调发展促进资金和中小企业国际市场开拓资金支持。鼓励民间资本从事印刷业。

（七）鼓励引导民间资本投资体育产业。通过招标、入股等形式吸引民间资本成立“环海南岛国际公路自行车赛、环海南岛国际大帆船赛、海南‘金椰子’高尔夫球公开赛”专业赛事公司，推动三大赛事市场化、国际化进程。争取创办国家级体育产业园区，大力发展高尔夫，游艇、冲浪、海钓，体育竞赛表演，体育健身休闲等体育产业，引导民间资本投资城乡体育俱乐部、体育场馆、休闲体育设施，以及体育健身教育培训。

（八）鼓励引导个人注册组建文化体育企业。允许以商标、品牌、技术、科研成果等多类型知识产权以无形资产形式评估作价出资组建或入股文化体育企业；允许以持有的有限责任公司和股份有限公司股权作价出资设立文化体育企业。

（九）支持发展文体产业行业组织。重点培育和扶持文化体育经纪代理、评估鉴定、版权交易、推介咨询等中介服务机构。

三、进一步改善政务环境，为民间投资健康发展创造条件

（一）确立民间资本平等的市场主体地位。在资金扶持、财政税收、土地使用、融资优惠、政府采购、职称评定、命名评比、表彰奖励等方面，与国有文体企业一视同仁。

（二）进一步优化行政审批服务。在国家政策允许的范围内，减少行政审批环节，简化审批手续，对重点项目设立“绿色通道”。

（三）进一步加大投融资政策支持力度。通过设立投资基金、基金会等方式，拓宽文体产业融资渠道。支持符合国家产业政策、信誉良好、实力较强的文化企业按照国家有关规定，发行企业债券和短期融资券。

（四）坚持“扫黄打非”，加强文化市场监管。建立依法经营、违法必究、公平交易、诚实守信的文化市场秩序，建设统一开放、竞争有序的文化市场体系。

（五）进一步完善人才工作机制。将民间投资兴办的文体企业人才工作纳入文体系统人才整体工作，在文体人才开发、培养等方面，为企业提供必要的服务。

·重庆市·

关于深入贯彻落实十七届六中全会精神助推文化产业大发展大繁荣的实施意见

渝工商发〔2011〕40号

（2011年11月18发布）

为深入贯彻落实《中共中央关于深化文化体制改革、推动社会主义文化大发展大繁荣若干重大问题的决定》和《重庆市“十二五”时期文化改革发展规划纲要》，支持文化体制改革，助推全市文化产业大发展大繁荣，现结合工商行政管理职能，提出如下意见：

一、加大政策扶持力度，大力发展文化市场主体

（一）引导社会资本以多种形式投资文化产业

鼓励各类社会资本以股权、商标专用权、高新技术成果等无形资产投资设立文化类市场主体，鼓励参与国有经营性文化单位转企改制、重大文化产业项目实施和文化产业园区建设，促进形成以公有制为主体、多种所有制共同发展的文化产业新格局。

（二）鼓励发展新兴文化业态和经营形式

引导、支持投资者向新闻出版、广播影视、文化艺术等核心产业投资的同时，鼓励发展文化创意、数字出版、移动多媒体、动漫设计、网络文化服务、旅游文化服务、文化艺术经纪、艺术创作、广告、会展等新兴文化业态。支持文化企业发展连锁经营、特许经营、电子商务、电影院线、物流配送、专卖店等现代经营形式，办理注册登记时按照“非禁即许”的原则灵活核定企业名称和经营范围。

（三）支持外资依法进入文化产业

外国（地区）自然人投资设立文化类公司，可免予

提交经当地公证、认证的投资者主体资格证明，凭其身份证明复印件并提交原件核对一致后，作为投资者主体资格证明文件。对在国内已设立企业的境外投资者申请设立文化创意公司的，若其主体资格（身份）证明在有效期内且公证认证或签章转递文件出具未满一年，可凭上述主体资格（身份）证明文件复印件和原登记机关“已收取主体资格（身份）证明原件”的文书办理工商注册登记，无须再次办理相关公证认证或签章转递手续。

（四）吸引知名文化企业落户重庆

支持广告、影视动漫、传媒等文化类世界500强企业来渝设立外商投资企业，或以股权受让、合资合作等方式参与国有文化企业的改组改造。支持文化企业总部落户重庆，鼓励国内外知名文化企业在重庆设立子公司、分支机构、代表机构，扩大对外经济文化合作和技术交流。

（五）大力发展微型文化创意企业

放宽对微型文化创意企业经营场所面积、用工人数、企业规模的限制，给予较一般行业微型企业更高的财政补助资金。力争在“十二五”期间，发展微型文化创意企业10000户以上。

（六）大力发展广告产业

支持广告产业发展，协调相关部门出台扶持广告产业发展的优惠政策。积极配合相关部门大力推动公益广告发展，打造“全国公益广告示范城市”。支持两江新区创建国家级“广告创意产业园区”，协助做好创建申报工作。

（七）支持网络文化产业发展

大力建设文化产业公共服务平台，引导文化企业兴办网上交易市场，鼓励发展网络新闻、网络视频、网络出版、网络文学、网络音乐、网络游戏等网络文化产业，指导和帮助网络文化企业增强市场竞争能力。

（八）培育发展文化中介机构

支持文化产权交易服务、文艺作品经纪、文艺活动组织策划、艺术品鉴定、拍卖等文化中介机构发展，促进文化产品和要素合理流动，健全现代文化市场体系。加大经纪执业人员免费培训工作力度，大力培育发展农村文化经纪人，丰富农村精神文化生活。

（九）扶持农村文化旅游产业发展

对围绕当地特色资源和市场需求，申请设立企业发展特色产业带动型、都市村庄型、景区依托型、农场庄园型、特色技艺展示型等农村文化旅游事业的，若经营范围不涉及前置许可，可依当事人申请直接登记。支持农民兴办演出团体和其他文化团体，支持城市文化机构到农村拓展服务，引导有条件的农村文化旅游企业开展品牌化、连锁化经营。对农民利用庭院、湖泊、塘堰、果园、林地等自然条件，从事农家乐旅游服务的，可以农民的居住地点作为住所办理工商登记。允许农家乐登记为公司、合伙企业、个人独资企业、个体工商户、农民专业合作社等各种组织形式。

二、支持文化企业做大做强，提升文化企业市场竞争力

（十）支持文化企业向基层、社区和农村延伸

凡从事图书、报纸、期刊、音像制品、电子出版物连锁经营的企业，其直营连锁门店不需单独办理《出版物经营许可证》，可凭出版物连锁经营企业总部的许可证复印件到门店所在地县级人民政府新闻出版行政部门备案后，依法办理分支机构营业执照。

（十一）支持文化企业做大做强

降低企业集团组建条件，支持文化企业集团化经营。内资文化企业集团母公司注册资本由最低5000万元降至500万元，母子公司注册资本总额由最低1亿元降至1000万元，子公司数量由最低5家降至3家。外资企业集团母公司注册资本降至3000万元人民币或500万美元，母子公司注册资本总额降至5000万元人民币或600万美元。企业集团的名称可用简称，母公司可在企业名称中使用“集团”或“（集团）”字样，子公司可在自己的名称中冠以企业集团名称或者简称。

（十二）指导文化企业实施商标战略

引导文化企业积极申请注册商标，对市场占有率高、广告宣传面广、社会影响力大的文化企业，鼓励其申报著名、驰名商标。在同等条件下，对文化企业争创著名、驰名商标，予以重点关注和优先认定，扶持中小微型文化企业发展壮大。

三、支持文化体制改革，加快文化资源重组整合

（十三）放宽转制文化企业名称核准条件

文艺院团、非时政类报刊、电影发行放映机构等经营性文化事业单位向企业转制，在符合企业名称登记管理规定的情况下，允许转制后的企业延用原单位名称，或在原单位名称后缀“有限公司”、“股份有限公司”。对非时政类报刊转制为公司的，可突出使用原单位名称，将行政区划放在原单位名称之后、组织形式之前。对经市委、市政府批准的市级文化体制改革重点单位，允许转制后的企业在名称中不使用字号。经营性文化事业单位转制后，企业名称属于国家工商总局核准权限的，积

极协调国家工商总局，争取获得支持。

（十四）放宽国有独资文化公司投资主体限制

除国有资产监督管理机构外，经批准的市级其他部门或机构也可成为国有独资文化公司出资人。

（十五）简化文化企业改制登记手续

文化企业进行现代企业制度改革，原企业经营范围涉及前置许可项目，改制前已取得相关许可证件且在有效期限内的，由改制后的企业继续延用，申请办理改制变更登记时，可不再重新办理审批手续，法律法规另有规定的除外。国有文化企业改制为国有独资公司或国有性质一人有限责任公司的，可不进行资产评估，凭国有资产监督管理机构出具的国有净资产数额确认文件进行验资，登记机关凭验资证明办理登记。

（十六）支持文化企业改制上市

支持优势骨干文化企业上市融资，由有限责任公司改制为股份有限公司办理变更登记时，可不提交审计报告和资产评估报告，但验资报告中应当载明资产评估情况和评估结果。对净资产账面审计值不超过评估值的，可以按审计值确定公司股本。

四、发挥市场监管和消费维权职能，维护文化市场经营秩序

（十七）加强文化市场监管

强化文化市场管理，打破行业垄断和地区分割，努力构建统一开放、竞争有序的现代文化市场体系。加大知识产权保护力度，查处文化领域商标侵权案件。强化文化消费市场日常监管和文化用品、设备及相关文化商品质量检测工作，配合有关部门严厉打击盗版、盗印、仿冒和制售假冒伪劣商品等违法违规行为。严厉打击虚假违法广告，切实保护文化产业经营者和消费者的合法权益。加强文化领域无照经营行为整治，坚持引导规范和查处取缔相结合，指导具备条件的经营户依法办照，对不具备条件的经营户依法予以取缔。

（十八）规范文化市场中介行为

依法加强对文化中介机构经营活动的监督管理，规范文化中介市场秩序。加强文物艺术品拍卖监管，营造公平竞争的文物艺术品拍卖市场环境，促进文物艺术品消费增长。

（十九）加强文化领域企业诚信体系建设

建立文化企业信用档案，充分整合分散在各个单位的文化企业信用信息记录，并与相关部门共享。加强信用监管，开展信用评价，对失信企业在享受文化产业相关政策等方面进行制约。加强文化企业的信用教育和信用培训，引导企业增强诚信意识，开展企业内部信用管理，自觉守法经营、文明经营、诚信经营。

（二十）净化文化市场环境

积极配合有关部门整顿规范文化市场秩序，加强网络文化市场监管，打击网络文化违法经营行为。大力推进“扫黄打非”、整顿“黑网吧”、打击“网络共享”网站及设备产品、整治非法销售卫星地面接收设施等行政执法工作，净化社会文化环境。

（二十一）开展文化消费教育引导

广泛宣传国家鼓励文化消费的政策措施和法律法规，定期发布文化消费警示、提示，引导消费者树立科学、健康、文明的文化消费理念，鼓励文化消费。

（二十二）化解文化领域消费纠纷

健全文化消费维权网络，畅通消费者诉求渠道，在文化消费集中的重点地区和重点场所，建立12315消费维权服务站。探索开展文化消费维权行政指导，推广和完善消费纠纷和解机制及直通直联机制，进一步提高文化消费纠纷和解率，着力解决文化消费领域热点问题。

·贵州省·

关于振兴文化产业的意见

黔府发〔2011〕18号

（2011年5月17日发布）

为深入贯彻落实中央关于深化文化体制改革和加强文化建设的精神，进一步加快振兴我省文化产业，加快经济发展方式转变，培育新的经济增长点，根据《国务院关于印发文化产业振兴规划的通知》（国发〔2009〕30号）要求，结合我省实际，制定本意见。

一、振兴文化产业的指导思想、基本原则、主要目标

（一）指导思想

坚持以邓小平理论和“三个代表”重要思想为指导，深入贯彻落实科学发展观，牢牢把握社会主义先进文化的前进方向，适应社会主义市场经济发展的要求，树立新的文化发展观，以丰富的文化资源为依托，以改革创新为动力，以丰富文化产品、繁荣文化市场、加快产业发展为主线，以满足人民群众日益增长的精神文化需求为根本出发点，着眼实际、与时俱进、艰苦奋斗，在促

进资源保护的同时加强开发利用，推动贵州文化产业跨越式发展，为加快转变全省经济发展方式，促进贵州经济社会又好又快、更好更快发展做出积极贡献。

（二）基本原则

坚持把社会效益放在首位，努力实现社会效益和经济效益的统一。坚持以体制改革和科技进步为动力，增强文化产业发展活力，提升文化创新能力。坚持政府推动、市场运作相结合，充分发挥政府宏观调控作用，主要依靠市场配置资源，促进文化资源合理流动。坚持整体推进与重点突破相结合，提升传统文化产业发展水平，培育扶持新兴文化产业。突出资源优势和文化特色，利用旅游市场渠道和旅游产业链，发展以民族文化产业为龙头的特色文化产业，促进文化与旅游共享市场、共生繁荣。坚持资源整合，集聚优质文化资源，推进跨地区、跨部门、跨行业、跨媒体、跨所有制兼并重组。坚持项目带动，集聚资金、技术、人才、产权及信息等发展要素，推进重大项目建设，扩大产业规模，增强整体实力和竞争力。

（三）主要目标

到“十二五”期末，文化发展整体实力明显增强，初步形成具有贵州特色的文化产业体系，文化在旅游业中的贡献率大幅上升，文化产业增加值年均增长速度明显高于同期全省经济增长速度，在国民经济中所占比重逐步提高，成为我省国民经济支柱性产业；各门类传统文化产业持续健康发展，新兴文化产业逐步发展壮大；以民族文化产业为龙头的特色文化产业增长强劲，资源优势转化为产业优势和经济优势成效明显；培育一批具有自主知识产权和品牌优势的骨干文化企业和文化企业集团，打造资产和营业收入过百亿元的龙头文化企业和重点文化产业园区。

二、重点发展的产业

（一）文化旅游业

充分利用丰富的文化旅游资源，提升文化内涵，分类构建特色鲜明、较为完整的文化旅游产品体系。在保护的基础上合理开发，推出一批突出民族文化、历史文化和地域文化的文化旅游景区，打造一批文化特色突出、旅游功能齐备的文化旅游村寨、文化旅游城镇和文化旅游城市。建设贵阳文化产业中心区，遵义红色和茶酒文化产业圈、安顺黄果树文化产业圈、黔东南苗侗文化产业圈，贵州西线喀斯特文化产业带、荔波平塘世界遗产和地质科普文化产业带、铜仁梵净山佛教文化产业带、乌江文化产业带、夜郎文化产业带、奢香古驿文化产业带，形成“一心三圈六带”的文化产业格局。积极推动文化旅游资源跨区域整合，探索创建跨区文化旅游联合营销新模式，提高贵州文化旅游的影响力和知名度。

（二）民族民间演出业

挖掘利用多彩的民族民间文艺资源，构建特色鲜明的民族民间文艺演出产品体系。结合发展乡村旅游和提升旅游景区文化内涵的需要，逐步实现各旅游景区、各民族城镇拥有一台特色演出剧目、一批民族文化特色演艺精品。着眼特色文化品牌的塑造，推动重点旅游城市、中心城市探索通过市场运作的方式，创编一批文艺演出精品。积极打造有竞争力、有实力的演艺实体，引导演出经纪、票务营销、信息咨询、市场评估等中介机构发展壮大，逐步拓展走向国内外市场的渠道。加快建成具有浓郁民族特色和地域特色的山水实景演出基地。

（三）民族民间工艺美术业

发挥各类博物馆等场所收藏展示稀有民族民间工艺品的作用，建立健全规范的拍卖机制。适应不断增长的旅游商品市场需求，加强民族民间工艺美术的保护与开发。强化品牌意识，加强工艺美术创意设计和创新策划，重点打造一批具有代表性的民族民间工艺美术品牌。扩大和提升“多彩贵州‘两赛一会’”活动的带动效应和运作水平，组织开展全省工艺美术大师评定活动，积极做好全国工艺美术大师的推荐和申报工作。加大对民族民间工艺品公共服务平台建设的支持力度，做好市场衔接，发挥示范作用。引导我省企业加快在北京、上海、深圳等文化贸易活跃地区建立民族民间工艺美术品商业网点，延伸销售网络。建立完善地理标志申报机制，培育创建拥有自主知识产权和核心竞争力的民族民间工艺美术品体系。制定和完善我省特色工艺美术品标准体系。强化政府对行业宏观引导和跟踪管理的职能。

（四）会展广告与民族节庆业

重点支持贵阳、遵义、六盘水等地培育打造成主题突出、特色鲜明的全国性会展城市，努力形成知名会展品牌，提高影响力，充分发挥会展经济对相关产业的带动作用。利用我省民族节庆众多的优势，把会展广告与民族节庆结合起来，以重大民族节庆为载体，促进会展广告业快速发展。加强会展广告方面的相关基础设施建设，通过利用现代网络技术和采用先进的声、光、电等数字设备，全面提升展览展示的服务水平。

（五）广播电影电视业

在完善机制的同时积极深化电台电视台制播分离以及管办分离、局台分开等体制改革，为广播电影电视业健康快速发展创造良好环境，促进广播新闻宣传主业发展壮大。巩固电台、电视台对外合作的良好态势，完善营销模式，拓展发展平台，提高规模化、集约化发展水平。做大做强电视购物、移动多媒体产业，打造一批收视品牌节目，拍摄一批体现贵州文化特色的精品影视剧目。全面完成有线电视网络整合，扩大数字电视用户规模，加快推进“三网融合”。以企业为主体，以资金和业务为纽带，通过资源整合盘活各级电影（放映）资源，加快市（州、地）中心城市和部分县（市、区）数字化影院建设，组建贵州电影放映发行院线，扩大电影发行放映地域和人口覆盖面。整合省直广电系统所属经营性文化资产组建贵州广电传媒集团有限公司。

（六）新闻出版业

全面深化出版、发行、印刷等领域体制机制改革，提升新闻出版国有企业市场竞争力。鼓励以企业为主体，采取多种形式，扩大产业规模。加强出版规划和出版创意策划，推进实施精品出版工程，培育一批知名图书、音像和数字出版品牌，推出一批集中展现贵州丰富文化资源的趣味性普及读物。通过政策支持、资金扶持等，加快网络出版、手机出版、动漫出版、网络游戏开发等数字出版业发展。优化出版产业结构，积极发展数字印刷和特色印刷，加强印刷技术改造和设备换代升级，提高印刷水平和质量。加快发展包装装璜业，为我省相关产业提供配套支撑。加强规划论证，重点在贵阳、遵义等地建设文化产业园区或基地，不断提高产业聚集度，促进出版、发行、印刷业向规模化、集约化方向发展。推动各级新华书店完成公司制改造，加大对外合作力度，开展连锁经营，实现主业突出、关联行业多种经营的发展格局。支持民营图书发行企业发展壮大，提高市场份额。

（七）休闲娱乐业

适应不同消费群体的需要，积极开发娱乐市场，增加休闲娱乐业的种类和数量。加大监管力度，培育规范健康的娱乐市场。重点依托城市中人流密集的广场、文化街区、公园等场所，完善设施条件，开展演出展演，逐渐打造一批集视听享受、娱乐餐饮、休闲购物、文化体验等为一体的城市休闲文化聚集区。依托独特的气候资源优势和优质的温泉资源优势，打造一批康体消夏避暑品牌、冬季温泉休闲品牌和养老养生等品牌，满足不同消费者的休闲娱乐需求。适应乡村旅游蓬勃发展的需要，因地制宜、合理规划，建设一批富有地方特色和民族风情的乡村旅馆等服务设施，积极打造以高品位“农家乐”为主要形式的乡村休闲旅游品牌。

（八）网络、新媒体与动漫网游业

大力推动信息网络平台及新媒体建设，加快发展网络媒体、移动媒体及手机电视、手机广播、手机游戏、移动电视等新媒体产业。争取早日开通省级网络电视台和网络广播。做大做强贵州信息港门户网站，推进新闻网站资源整合，组建省网络传媒集团公司。支持金黔在线网发展，努力跻身全国重要门户网站行列。以亚太动漫协会入驻贵阳和亚洲青少年动漫大赛定点在贵阳举办为契机，努力打造国际化动漫展示交易平台。着力推出一批以民族文化、历史文化、山水风光、民族医药、教育、军事、科技等为基本创作元素的动漫精品。加强动漫产业与传统产业的结合，依托动漫形象和品牌，开发、生产、经营动漫关联品和衍生品，完善产业链，提高经济效益。鼓励支持民营动漫企业发展，增强原创力和市场竞争力。建立技术先进、服务高效、成本低廉的公共技术服务平台和教学培训平台，为动漫产业发展提供良好服务环境。

（九）文化艺术创意设计业

以丰富的民族民间文化和历史文化资源为依托，大力发展文化艺术创意设计业，推动民族民间手工艺传承向工艺美术创意设计转变。不断提高设计质量和水平，增强文化艺术产品的市场适应性，拓展市场覆盖面，满足国内外消费市场需求。文化艺术创意设计业要重点服务于民族工艺品业、民族服饰业、民族建筑业、旅游纪念品业等相关民族文化产业的改造提升。扶持创意设计企业和服务机构发展。探索建立创意项目评估机制。

三、主要措施

（一）培育骨干文化企业

加大政策扶持和资源整合力度，科学规划、合理布局，重点选择一批成长性好、竞争力强的文化企业或企业集团，逐步培育发展成为有实力、有竞争力的行业引领者。力争到“十二五”期末由2至3家文化企业上市。支持贵州日报报业集团传媒有限责任公司、贵州出版集团公司、贵州文化演艺集团有限责任公司、贵州广电传媒集团有限公司、当代贵州期刊传媒集团公司等不断做大做强。

（二）推进文化产业园区和特色文化产业群建设

以贵阳为中心、各市（州、地）中心城市为节点，加快建设一批高起点、规模化、体现区域特点和未来产业发展方向的文化产业园区。以各地民族文化和特色文化为核心，推动形成苗文化产业群、布依文化产业群、侗文化产业群、彝文化产业群、屯堡文化产业群、红色文化产业群、夜郎文化产业群、民族民间工艺美术产业群、三线文化创意产业群以及其他具有地域和民族特色的产业群。积极争取国家支持，建立国家级文化产业示

范园区和国家级文化产业示范基地。加快推进文化出版产业园、多彩贵州城、贵州文化

广场等重大项目和一批影视制作、艺术创作、文化创意、出版发行、印刷复制、演艺娱乐、动漫等产业基地及交易平台的建设。统筹规划文化产业园区相关基础设施和产业配套建设，建立和完善我省文化产业的现代配套服务，加快形成覆盖全省、辐射全国的文化物流交易体系。

（三）大力发展新兴文化业态

加快推进文化产业升级，积极运用高新技术创新文化生产方式、消费形式和服务方式，大力发展新兴文化业态，培育我省文化产业新的增长点。支持移动多媒体广播电视、网络广播影视、数字多媒体广播、手机广播电视以及物联网等的发展，开发移动文化信息服务、数字娱乐产品等增值业务，为各种便携显示终端提供内容服务。加快广播电视传播和电影放映数字化进程。积极推进下一代广播电视网建设，发挥第三代移动通信网络、宽带光纤接入网络等网络基础设施的作用，促进互联互通和资源共享。积极发展纸质有声读物、电子书、手机报和网络出版物等新兴出版发行业态。发展高新技术印刷。运用高新技术改造传统娱乐设施和舞台技术。加强数字技术、数字内容、网络技术等核心技术的研发和应用。运用新技术手段丰富文化生产方式与表现形式。加大对新兴文化业态的支持力度，积极扶持具有创新能力的中小企业，促进形成一批以高新技术为依托、以数字内容为主体的新兴文化业态，提升文化产品的附加值，加快我省文化产业升级和结构调整。

（四）扩大文化消费

大力开发文化消费需求，积极拓展文化市场，不断创新文化产品和服务，提高文化消费意识，培育新的文化消费热点。降低文化生产成本，适应不同的消费群体，提供价格合理、丰富多样的精神文化产品和服务。支持文化消费行业的中小企业发展，积极培育“专、精、特、新”的特色企业和经营户，拉动多层次、多群体的文化消费。建立和完善我省文化消费行业的质量标准，充分发挥相关行业组织（商会、协会）的作用，加强对文化消费市场的监管，提高服务质量。大力实施品牌战略，培育打造以“多彩贵州”为龙头、以各地特色文化品牌为支撑、覆盖全省的文化品牌体系，加快形成一批地域文化特色浓厚、在国内外有影响的文化消费品牌。依托文化旅游产业，密切结合“行、游、住、吃、购、娱”六大要素的各消费环节，大力开发具有区域特色的休闲养生、茶文化、酒文化、温泉文化、山石文化、中草药文化、文化主题公园以及古玩、字画收藏等多种服务性消费，加快相关文化消费产业的发展。积极培育文化娱乐、体育健身、教育培训、信息咨询等消费热点，大力发展社区大众文化消费服务。加强我省地域特色文化和文化消费产品的对外宣传，培养和扩大多种层次的文化消费。积极引导广大人民群众科学消费、文明消费、健康消费，不断提高文化素养、追求更高生活品质，提升全民文化生活的水平。

（五）建设现代文化市场体系

建立门类齐全的文化产品市场和文化要素市场，促进文化产品和生产要素的合理流动。加强资本、人才、技术、产权、信息等要素市场建设，打破条块分割、城乡分离的市场格局，形成统一、开放、竞争、有序的现代文化市场体系。建立文化产权交易市场和专业化市场中介，促进文化产品和文化物权、债权、股权、知识产权等的交易。培育和规范以网络为载体的新兴文化市场，积极发展现代流通组织形式，推进文化连锁经营、物流配送、电子商务等业务。建立书报刊、影视产品、音像制品、电子出版物、手工艺品、演出剧目的现代市场销售系统。建立贯通城乡的图书发行网络。推进文化票务网络建设，建成全省演出票务销售终端。发展和完善文化经纪、代理、评估、鉴定、咨询、拍卖等中介机构，提高文化产品和服务市场化程度。鼓励农民自办文化，开展多种形式文化经营活动，大力培育和开拓农村文化市场。支持文化企业以科技应用为先导，通过市场的方式，加强科技创新体系建设，不断提高核心竞争力。组建贵州文化产业投资公司和担保服务企业，搭建有效的投融资平台。推动建立文化产业方面的协会组织，提升行业自律和引导发展的能力。

（六）扩大对外文化贸易

落实国家鼓励和支持文化产品及服务出口的优惠政策，在市场开拓、技术创新、海关通关等方面，支持有条件的文化企业开拓省外、国外市场。加大支持力度，大力培育我省列入国家文化出口的项目和重点企业。重点扶持具有民族特色的文化艺术、展览、电影、电视剧、动画片、网络游戏、出版物、民族音乐舞蹈和杂技等产品和服务的出口。积极探索和建立国际营销渠道，支持动漫、网络游戏、特色出版物、民族民间工艺美术等文化产品进入国际市场。鼓励文化企业通过独资、合资、控股、参股等多种形式，在国外兴办文化实体，建立文化产品营销网点。积极鼓励我省文化企业充分利用国内外文化贸易交流平台，推动文化产品和文化服务“走出去”，打造国际文化品牌，扩大对外文化贸易规模，提

高贵州文化产品的知名度和市场份额。

（七）实施重大项目带动

把文化产业项目列为国民经济与社会发展的重要内容统筹安排，切实加强重点项目库建设。力争在民族文化艺术、文化旅游、移动多媒体、电影院线、出版发行、包装装潢、印刷复制、文化会展等方面建成一批重大文化产业项目。通过科技创新和引进，发展一批涵盖文化创意、动漫、数字出版等新兴文化业态的重大文化技术专项和产业化项目。积极争取国产动漫振兴工程、国家数字电影制作基地建设工程等国家重大文化建设项目的支持，不断提高我省文化产业发展的质量和水平。

（八）加强知识产权保护

建立健全文化产业知识产权地方法规及政策体系，建立完善知识产权保护机制和激励机制，鼓励以版权、商标、专利及专有技术商业秘密等无形资产评估作价出资或参股组建文化企业。建立健全知识产权管理服务体系，满足不同层次、不同方面的知识产权保护需求。发挥行业协会和中介组织沟通政府、服务社会的作用，提高权利人的自我管理能力。建立知识产权的推介和交易平台，促进知识产权的商品化、产业化和市场化。加大对创新成果的扶持力度，促进创新成果及时转化为知识产权，鼓励创新主体申请知识产权。加强对知识产权价值、知识产权经济、知识产权法律保护的认识和宣传，实施知识产权文化培育工程，推动形成有利于文化产业健康发展的知识产权文化氛围。加强文化知识产权执法，依法严厉打击盗版、侵权及假冒等违法行为。积极鼓励和支持原创，大力培育发展自主知识产权和知名品牌，增强核心竞争力。

（九）加大招商引资力度

建立完善的文化产业招商引资长效机制。重点抓好文化产业的投资环境建设和贵州文化产业招商引资项目库建设，编制年度招商引资项目指南，定期举办文化产业招商引资洽谈会，充分利用国际国内大型文化展示展览交易平台，以多种方式吸引国内外重大战略投资者参与文化项目建设。建立我省文化产业招商引资和商品交易的重要平台。依托中国文化产业网以及省内相关重点网站等，征集发布文化产业招商引资项目。大力引进优势企业、龙头企业和重点文化产业项目。

四、配套政策

（一）增加财政投入

积极争取中央财政文化产业发展专项资金支持。继续设置省级文化产业发展专项资金，并确保逐年增长。各级政府要把文化产业纳入财政资金扶持的重点领域，不断加大投入力度，采取贷款贴息、项目补助、补充资本金、以奖代补等形式，支持文化产业园区和基地建设，支持文化领域新产品、新技术的研发，支持重大特色文化产业项目的实施。组建贵州省文化产业发展基金，依法加强监管和运营，在文化领域逐步建立包括风险投资、股权投资等多元化投资模式。

（二）落实优惠政策

认真贯彻落实《国务院办公厅关于印发文化体制改革中经营性文化事业单位转制为企业和支持文化企业发展两个规定的通知》（国办发〔2009〕114 号）、《财政部、海关总署、国家税务总局关于支持文化企业发展若干税收政策问题的通知》（财税〔2009〕31 号）、《财政部、海关总署、国家税务总局关于文化体制改革中经营性文化事业单位转制为企业的若干税收优惠政策的通知》（财税〔2009〕34 号）和《财政部、国家税务总局、中宣部关于转制文化企业名单及认定问题的通知》（财税〔2009〕105 号）等文件精神，确保各项支持文化产业发展的优惠政策落到实处，发挥效益。

（三）加强金融支持

认真贯彻执行中宣部等 9 部委《关于金融支持文化产业振兴和发展繁荣的指导意见》（银发〔2010〕94 号）精神。调整信贷结构，建立完善文化企业信用评级制度及授信贷款具体操作办法，创新适应文化产业发展的金融产品，引导银行等金融机构加大对文化产业的信贷力度，对投资开发战略性、先导性重点文化产业项目的企业优先给予扶持。支持和引导担保机构为中小企业特别是中小文化创意企业、中小高新技术企业的融资提供担保。鼓励金融机构开展文化创意企业知识产权权利质押业务试点。充分利用资本市场，扩大直接融资比重，支持处于成熟期、经营较为稳定的优质文化企业在主板市场上市，加强符合创业板条件的中小文化企业的筛选和储备。培育发展文化产业保险市场。

（四）鼓励社会资本进入文化产业领域

认真贯彻执行《国务院关于非公有资本进入文化产业的若干决定》（国发〔2005〕10 号）、《国务院关于鼓励和引导民间投资健康发展的若干意见》（国发〔2010〕13 号）、《国务院关于印发文化产业振兴规划的通知》（国发〔2009〕30 号）、《中共贵州省委贵州省人民政府关于大力推进个体私营等非公有制经济又好又快发展的意见》（黔党发〔2009〕12 号）等文件的有关规定，通过独资、合资、合作等多种途径，积极吸收社会资本和外资进入政策允许的文化产业领域，参与国有文化企业的股份制改造，培育一批大型民营文化企业。逐步形成投资主体多元化、投资方式多样化、投资机制市场化的投融资体制。在工商登记、土地征用、规费减免、财政扶持、信贷等方面，给予民营文化企业与国有文化企业同等待遇。

（五）确保土地供给

将文化产业项目用地列入各地用地计划统筹安排。对列入省重点项目的文化产业园区、基地建设项目及重大文化产业项目，在土地利用总体规划布局、年度用地计划安排和耕地占补平衡指标调剂等方面给予优先保障。按照《国务院办公厅关于印发文化体制改革中经营性文化事业单位转制为企业和支持文化企业发展两个规定的通知》（国办发〔2008〕114号）要求，对符合《划拨用地》目录的公共文化设施，采取划拨方式供应土地；对应实行有偿使用的项目用地，可采取出让、租赁或作价出资（入股）方式供应土地。

五、保障条件

（一）强化组织领导

各级政府要把文化改革发展列入重要议事日程，纳入经济社会发展总体规划，纳入科学发展考核评价体系和评价地区发展水平、衡量发展质量和领导干部工作实绩的重要内容。各级文化体制改革和文化产业发展工作领导小组要在当地党委、政府领导下履行协调推动本地区文化体制改革和文化产业发展工作。各相关部门要高度重视，切实履职，按照要求提出具体工作计划或实施方案，建立议事协调机制，落实工作任务。

（二）深化文化体制改革

严格按照中央明确的“路线图”、“时间表”和标准要求，以经营性文化单位转企改制为重点，加快推进文化体制改革，大力培育打造合格文化市场主体。深入推进文化行政管理体制改革和政府职能转变，加快建立统一、高效的文化市场综合执法机构。认真执行中央和省关于文化体制改革的政策措施，切实解决好财政投入、社保衔接和人员分流安置等重点、难点问题。充分调动广大职工群众参与改革的积极性、主动性，确保各项改革任务如期完成，为文化产业发展创造更好的市场环境。

（三）加强国有文化资产管理

各级财政部门负责对本级国有文化资产进行监督管理。各级文化行政主管部门按照《财政部、中央宣传部、文化部、广播电影电视总局、新闻出版总署关于在文化体制改革中加强国有文化资产管理的通知》（财教〔2007〕213号）及《国务院办公厅关于印发文化体制改革中经营性文化事业单位转制为企业和支持文化企业发展两个规定的通知》（国办发〔2008〕114号）等有关文件要求，切实履行有关职责。各级党委宣传部门对国有文化资产的重大变更事项进行审查把关。

（四）加强人才队伍建设

加强省内高等院校文化产业人才培养的力度，设置相关专业，形成特色学科。整合专业教育、职业教育和其他社会教育资源，建立文化产业实训等人才培养基地，形成不同层次的文化人才培养体系。继续实施宣传文化系统“四个一批”（含“六大门类”）人才工程。不断加大培训力度，培养一批熟悉社会主义市场经济规律和文化产业发展规律，懂经营、善管理的人才。支持高校和科研机构与文化企业联合建设文化产业人才培养基地，加强创新型人才的培养，注重企业家的研修和提高。重视产品研发、文化创意、经营管理等方面的高层次人才培养和引进，提高我省文化产业的发展活力和核心竞争力。建立健全人才引进和激励机制，完善竞争和分配机制，吸引优秀人才进入文化产业领域。

贵州省相关产业与文化融合发展总体方案

黔文改通〔2011〕13号

（2011年9月6日发布）

根据李长春同志在参加十一届全国人大四次会议贵州代表团审议时的重要讲话、刘云山同志考察我省时的重要讲话和栗战书同志在省委常委会议传达学习刘云山同志考察我省重要讲话精神时的讲话等精神，结合《贵州省国民经济和社会发展第十二个五年规划纲要》、《贵州省“十二五”文化事业和文化产业发展规划》及我省实施“六个一批”文化工程等精神和要求，为推动相关产业与文化深度融合，加快把文化产业培育成为重要的支柱性产业，促进我省文化繁荣发展，制定本方案。

一、相关产业与文化融合发展的指导思想及主要目标

1. 指导思想。坚持以科学发展观为统领，以李长春同志、刘云山同志关于发挥贵州文化资源优势、推动相关产业与文化深度融合等重要讲话精神为指导，按照“依靠改革创新、建设文化强省、促进历史跨越”的根本要求，把深入挖掘我省丰厚的历史文化资源、民族民俗文化资源、红色文化资源、生态文化资源，大力整理加工，巩固和提高我省文化资源优势，切实保护和合理开发利

用各种资源，推动相关产业与文化深度融合，全方位、多形式延长产业链、提高附加值，作为进一步拓展实施“六个一批”文化工程的重要内容，努力将文化产业培育并发展成为我省国民经济支柱性产业，实现文化跨越发展，促进经济社会又好又快、更好更快发展。

2. 主要目标。通过不断努力，大力推动旅游、农业观光、创意设计和工艺观摩、城乡建设、动漫制作、康体养生、传统民族商品生产及地方特色商品制造、赏石藏石、风味餐饮、科技等产业与文化深度融合，到“十二五”期末，形成若干条寓文化于产业、富有文化内涵和特质的产业。

二、相关产业与文化融合发展的基本原则

坚持在保护中开发、在利用中保护，合理适度地开发文化资源，使文化资源成为我省可以永续利用的宝贵财富；坚持政府引导、行业管理、市场运作；坚持统筹协调，强化“谁主管、谁牵头、谁组织实施”的管理责任制；坚持突出自身特色、发挥自身优势，切实推动本领域产业与文化深度融合发展。

三、相关产业与文化融合发展的内容和责任分工

1. 旅游与文化融合发展。由省旅游局牵头，省文化厅、省委党史研究室、省民委、省住房城乡建设厅、省林业厅、省经信委、省新闻出版局配合，研究制定我省旅游与文化融合发展的实施方案。

2. 农业观光与文化融合发展。由省农委牵头，省文化厅、省水利厅、省林业厅配合，研究制定我省农业观光与文化融合发展的实施方案。

3. 创意设计和工艺观摩与文化融合发展。由省经信委牵头，省发改委、省民委、省文化厅、省教育厅、省商务厅、省地税局、省知识产权局、省工商局、省工艺美术协会配合，研究制定我省创意设计和工艺观摩与文化融合发展的实施方案。

4. 城乡建设与文化融合发展。由省住房城乡建设厅牵头，省文化厅、省文物局、贵州社会科学院配合，研究制定我省城乡建设与文化融合发展的实施方案。

5. 动漫制作与文化融合发展。由省文化厅牵头，省广播电影电视局、省新闻出版局、省旅游局、省商务厅、省教育厅、省科技厅、省经信委、贵阳数字园区管理办公室配合，研究制定我省动漫制作与文化融合发展的实施方案。

6. 康体养生与文化融合发展。由省体育局牵头，省文化厅、省卫生厅、省商务厅、省食品药品监督管理局配合，研究制定我省康体养生与文化融合发展的实施方案。

7. 传统民族商品生产及地方特色商品制造与文化融合发展。由省经信委牵头，省文化厅、省商务厅、省民委、省知识产权局配合，研究制定传统民族商品生产及地方特色商品制造与文化融合发展的实施方案。

8. 赏石藏石与文化融合发展。由省国土资源厅牵头，省文化厅、省经信委、省商务厅、省科技厅、贵州观赏石协会配合，研究制定赏石藏石与文化融合发展的实施方案。

9. 风味餐饮与文化融合发展。由省商务厅牵头，省文化厅、省旅游局、省工商局、省食品药品监督管理局、省民委、贵州省餐饮行业商会、省烹饪协会配合，研究制定我省风味餐饮与文化融合发展的实施方案。

10. 科技与文化融合发展。由省科技厅牵头，省文化厅、省广播电影电视局、省新闻出版局、省经信委、省商务厅、省教育厅、省知识产权局配合，研究制定我省科技与文化融合发展的实施方案。

四、有关要求

1. 切实加强组织领导。各牵头单位主要领导要亲自研究部署，分管领导（原则上为省文改文产领导小组成员）要亲自推动实施；配合单位要高度重视、加强领导，从自身工作实际出发，积极配合、全力支持，形成齐抓共管、狠抓落实的工作格局。

2. 及时组织考察调研。由各牵头单位牵头，组织相关单位近期进行考察调研，为提出和制定相关产业与文化融合发展的实施方案作好充分准备，打下扎实基础。

3. 认真制定上报方案。各责任单位要在考察调研的基础上，组织相关单位、专家和企业认真研究制定相关产业与文化融合发展的具体实施方案，明确指导思想、目标及相关数据、基本原则、具体内容（包括一批园区、基地和重点项目）、本单位支持与文化融合发展的相关政策措施、实施的时间步骤、需省委省政府研究出台的政策建议等，方案经省文改文产领导小组研究同意后按程序报省委、省政府研究。

·青海省·

关于加快文化改革发展建设文化名省的意见

青发〔2011〕31 号

（2011 年 11 月 18 日发布）

为深入贯彻落实党的十七届六中全会精神，更加自觉、更加自信地加快青海文化改革发展，建设文化名省，不断满足人民群众日益增长的精神文化需求，提出如下意见。

一、认真学习贯彻六中全会精神，把加快文化改革发展、建设文化名省摆在全局工作重要位置

党的十七届六中全会站在党和国家事业发展的全局，对深化文化体制改革、推动社会主义文化大发展大繁荣作出了全面部署。全会通过了《中共中央关于深化文化体制改革、推动社会主义文化大发展大繁荣若干重大问题的决定》，胡锦涛总书记发表了重要讲话。《决定》以邓小平理论、“三个代表”重要思想和科学发展观为指导，全面深入分析了我国文化改革发展的形势，深刻阐明了文化改革发展的指导思想、重要方针、目标任务和政策举措，是当前和今后一个时期指导我国文化改革发展的纲领性文件，对动员全国各族人民在党的领导下，推动各项事业不断发展，夺取全面建设小康社会新胜利，开创中国特色社会主义事业新局面，实现中华民族伟大复兴，具有重大的现实意义和深远的历史意义。

党的十七大和省十一次党代会以来，全省各级党委政府认真贯彻落实中央的决策部署，坚持把繁荣发展社会主义先进文化作为践行“三个代表”重要思想，贯彻落实科学发展观，全面建设小康社会的重要任务，不断加大文化建设力度，全省各族人民团结奋斗的共同思想基础不断得到巩固，文明和谐的社会风尚正在形成，文化体制改革深入推进，公共文化服务体系建设成效明显，特色文化产业逐步兴起，文化品牌建设取得积极进展，文艺精品不断涌现，文化遗产得到有效保护，为提高各族人民的思想道德素质和科学文化素质，推动“四个发展”提供了坚强思想保证和强大精神动力。同时，必须清醒地看到，我省文化建设总体上还滞后于经济社会发展，与人民群众日益增长的精神文化需求还不相适应，与实现新青海建设目标的要求还不相适应。一些地方和单位，部分党员干部特别是领导干部对文化建设的重要性、紧迫性认识不够，对青海特色文化认识不清、定位不明、挖掘不够、开发不足。文化体制改革推进难度大，公共文化基础设施建设相对滞后，文化产业规模小，文化人才队伍建设亟待加强。要实现加快文化改革发展，建设文化名省的目标，必须抓紧解决这些矛盾和问题。

文化是民族的血脉和灵魂，是人民的精神家园。当前，全省经济社会发展正处在重要的转型时期，文化改革发展已经站在新的历史起点，进入新的发展阶段。在推进“四个发展”、加快新青海建设的进程中，文化的重要地位和作用日益凸显。加快推进文化改革发展，是落实科学发展观、树立自信开放创新的青海意识、推动经济发展方式转变和“四个发展”的必然要求，是提升青海文化软实力、满足人民群众日益增长的精神文化需求的迫切需要，是青海各民族团结和睦和社会长治久安的关键所在，是进一步宣传青海、提高大美青海影响力和美誉度的重要举措。要准确把握当前经济社会发展新要求，准确把握当今时代文化发展新趋势，准确把握各族人民精神文化生活新期待，把学习贯彻六中全会精神作为当前政治生活中的一件大事，把加快文化改革发展、建设文化名省摆在全局工作重要位置，切实增强责任感使命感紧迫感，引导广大干部群众进一步提高思想认识，牢固树立文化不仅是强大的精神力量，而且是重要的生产力，也能产生经济效益的新理念。要抓住机遇，真抓实干，乘势而上，把干部群众的思想和认识统一到中央和省委省政府的决策部署上来，把智慧和力量凝聚到加快文化名省的建设目标上来，以更加昂扬的精神状态、更加扎实的工作举措，进一步激发全社会的文化创造活力，为推动科学发展、促进社会和谐，提供坚强思想保证、强大精神动力、有力舆论支持和良好文化条件。

二、坚持中国特色社会主义文化发展道路，加快推进文化名省建设

加快文化改革发展、建设文化名省，必须坚持以邓小平理论和“三个代表”重要思想为指导，深入贯彻落实科学发展观，坚持中国特色社会主义文化发展道路，坚持社会主义先进文化的前进方向，以科学发展为主题，以建设社会主义核心价值体系为根本任务，以满足人民精神文化需求为出发点和落脚点，以改革创新为动力，着力构建覆盖城乡的公共文化服务体系，保障各族群众的基本文化权益；着力构建青海特色的文化产业发展体系，把文化产业培育成我省国民经济支柱性产业；着力构建以昆仑文化为主体的多民族多元文化体系，精心打造特色文化系列品牌；着力构建面向全国和世界的文化

传播体系，进一步增强大美青海的影响力和知名度。建立完善有利于促进文化建设的体制机制，不断增强文化发展的动力和活力，全面推进文化繁荣发展，增强文化软实力，为建设富裕文明和谐新青海提供坚强的思想保证、精神动力、舆论支持和文化条件。

“十二五”时期，要牢牢把握加快文化改革发展、建设文化名省这一主线，牢牢把握建设社会主义核心价值体系这一根本任务，牢牢把握文化事业和文化产业“两手抓”这一基本思路，牢牢把握改革创新这一根本动力，精心组织实施《青海省“十二五”文化发展规划》，着力完成国有文艺院团、非时政类报刊出版单位转企，党报、广播电视台、新闻网站管理运行机制，有线广电网络整合，影视剧制播分离，文化市场综合执法等八项改革，全面完成文化设施、文化惠民、文化产业、文化园区、文化市场、文化品牌、文化交流、文化人才等文化建设八大工程确定的目标任务。

按照全面建设小康社会、建设富裕文明和谐新青海的要求，到 2015 年，文化改革发展奋斗目标是：全省广大干部群众高度的文化自觉和坚定的文化自信牢固树立，社会主义核心价值体系深入人心，良好思想道德风尚进一步弘扬，公民素质明显提高；公共文化服务体系基本建立，文化产品、文化服务和文化生活更加丰富多彩，人民群众基本文化权益得到更好保障；优秀传统文化得到有力传承，文化遗产得到有效保护，青海特色文化品牌打造取得新突破，对外文化传播和交流取得新进展，文化名省的影响力和覆盖面进一步扩大；文化市场主体不断成长壮大，市场进一步繁荣规范，文化产业创新能力、发展活力明显增强，形成若干产业园区（基地）和区域产业集群。省、州、县、乡、村五级公共文化服务网覆盖率达到 95% 以上，广播、电视人口综合覆盖率达到 98% 以上，全省州县文化体育活动场馆覆盖率达到 80% 以上。文化产业增加值年均增长 18%，成为国民经济重要的增长点。文化发展体制机制进一步优化，文化人才队伍建设不断加强，全社会文化创造活力进一步迸发，文化事业和文化产业共同推进，文化建设与经济建设、政治建设、社会建设以及生态文明建设协调发展。

到 2020 年，文化改革发展奋斗目标是：社会主义核心价值体系建设深入推进，思想道德建设取得明显成效，公民的精神风貌更加昂扬向上；适应人民需要的文化产品更加丰富，精品力作不断涌现；文化事业全面繁荣，覆盖全社会的公共文化服务体系基本建立，努力实现基本公共文化服务均等化；文化产业成为国民经济支柱性产业，公有制为主体、多种所有制共同发展的文化产业格局全面形成；文化管理体制和文化产品生产经营机制充满活力、富有效率，文化传播体系进一步完善；高素质文化人才队伍发展壮大，文化繁荣发展的人才保障更加有力，把青海建设成为文化事业繁荣、产业优势明显、发展活力强劲、品牌效应突出、民族特色浓郁的文化名省。

实现上述奋斗目标，必须遵循以下重要方针。

——坚持正确方向。坚持以马克思主义为指导，坚持社会主义先进文化前进方向，坚持用社会主义核心价值体系引领多样化的社会思潮，坚持“二为”方向、“双百”方针和“三贴近”原则，坚持把社会效益放在首位，实现社会效益和经济效益的有机统一，弘扬主旋律、提倡多样化，在全社会形成积极向上的精神追求和健康文明的生活方式。

——坚持以人为本。充分尊重人民群众的主体地位，切实保障和实现人民群众的基本文化权益，文化发展为了人民、文化发展依靠人民、文化发展成果由人民共享，不断满足人民群众日益增长的精神文化需求，促进人的全面发展。

——坚持改革创新。着力构建充满活力、富有效率、更加开放、有利于文化科学发展的体制机制，激发文化创造热情，创新观念、内容、形式、方法和手段，进一步增强我省文化的吸引力、感染力和影响力，不断开创文化改革发展新局面。

——坚持统筹兼顾。坚持一手抓繁荣，一手抓管理；坚持一手抓公益性文化事业，一手抓经营性文化产业。统筹城乡、区域文化协调发展，统筹发展、改革与管理，统筹繁荣精品文化与活跃群众文化，统筹对内凝聚人心与对外塑造形象，努力实现文化建设重点突破与整体推进。

——坚持特色引领。实施青海特色文化品牌战略，深入挖掘我省历史、地域、民族、宗教等优势文化资源，积极发展特色文化产业，精心打造特色文化品牌，着力提升青海文化的影响力和美誉度。

三、深入推进社会主义核心价值体系建设，打牢全省各族人民团结奋斗的共同思想道德基础

社会主义核心价值体系是兴国之魂，是社会主义先进文化的精髓，决定着中国特色社会主义发展方向。必须始终坚持把建设社会主义核心价值体系作为根本任务，融入国民教育、精神文明建设和党的建设全过程，贯穿新青海建设各领域，体现到精神文化产品创作生产传播各方面，坚持用社会主义核心价值体系引领社会思潮，在全省各族人民中形成统一指导思想、共同理想信

念、强大精神力量、基本道德规范。

（一）坚持用马克思主义武装头脑

坚持马克思主义基本原理，紧密结合中国实际、时代特征、人民愿望，用发展着的马克思主义指导新的实践。坚持不懈用中国特色社会主义理论体系武装全党、教育人民，推动学习实践科学发展观向深度和广度拓展，引导党员、干部深入学习贯彻党的基本理论、基本路线、基本纲领、基本经验，系统掌握马克思主义立场、观点、方法。坚持以领导班子和领导干部为重点，以提高思想政治素养为根本，深入推进学习型党组织建设。紧密结合我省实际和时代特点，深入研究新青海建设的重大课题和热点焦点问题，推出更多有价值有影响的研究成果，加快研究成果的转化应用。广泛开展中国特色社会主义理论体系宣传普及活动，深入浅出地回答干部群众普遍关心的问题，更好地析事明理，解疑释惑，使中国特色社会主义理论体系日益深入人心。繁荣发展哲学社会科学，实施社会科学普及工程，组织“社会科学普及周”，建设“社科普及网”，编写社科普及读物，不断提高广大干部群众掌握和运用科学理论的能力。

（二）坚持用中国特色社会主义共同理想凝聚力量

深入开展理想信念教育，引导干部群众自觉把个人理想融入中国特色社会主义共同理想之中，把广大人民团结和凝聚在中国特色社会主义伟大旗帜之下。紧密结合中国特色社会主义成功实践，联系干部群众思想实际，针对社会热点难点问题，从理论和实践结合上作出有说服力的回答，引导干部群众在重大思想理论问题上划清是非界限、澄清模糊认识，有力抵制各种错误和腐朽思想影响。深入开展形势政策教育、国情教育、省情教育、革命传统教育、改革开放教育、国防教育，组织学习中国近现代史特别是党领导人民进行革命、建设、改革的历史，坚定广大干部群众对中国特色社会主义的信心和信念。

（三）坚持以爱国主义为核心的民族精神和以改革创新为核心的时代精神激励斗志

要广泛开展民族精神教育，大力弘扬爱国主义、集体主义、社会主义思想，增强民族自尊心、自信心、自豪感，激励干部群众把爱国热情化作新青海建设的实际行动。广泛开展时代精神教育，引导干部群众牢固树立自信开放创新的青海意识，大力弘扬“五个特别”的青藏高原精神、“人一之，我十之”的实干精神和“大爱同心、坚韧不拔、挑战极限、感恩奋进”的玉树抗震救灾精神，大力弘扬一切有利于国家富强、民族振兴、人民幸福、社会和谐的思想和精神，大力发扬艰苦奋斗、劳动光荣、勤俭节约的优良传统。深入开展民族团结进步宣传教育和示范区创建活动，夯实民族团结进步的思想基础，增进对伟大祖国和中华民族的认同，促进各民族共同团结奋斗，共同繁荣发展。

（四）坚持用社会主义荣辱观引领风尚

牢固树立和践行社会主义荣辱观，深入开展社会主义荣辱观宣传教育，弘扬中华传统美德，推进公民道德建设工程，加强社会公德、职业道德、家庭美德、个人品德教育，培育文明道德风尚，构建道德行为规范，引导社会成员形成诚信、正直、敬业、守法、慈善、包容、感恩等道德品格，形成知荣辱、讲正气、作奉献、促和谐的良好风尚。精心组织实施“文明青海”建设工程，大力推动诚信社会建设，广泛深入开展文明城市、文明村镇、文明行业、文明单位等群众性精神文明创建活动，全面提高公民文明素质和社会文明程度，展示大美青海良好形象。加强法制宣传教育，弘扬社会主义法治精神，推动人人学法尊法守法用法。弘扬科学精神，普及科学知识，形成学科学、用科学、爱科学、讲科学的社会风气。深入开展反腐倡廉教育，推进廉政文化建设。

四、健全完善公共文化服务体系，不断提高公共文化供给能力和服务水平

加强公益性文化事业建设，保障人民基本文化权益，是各级党委和政府的一项基本职责，也是社会文明进步的重要标志。必须坚持政府主导，按照公益性、基本性、均等性、便利性的要求，大力推进“公共文化设施建设工程”和“文化惠民推进工程”，加快形成省、州、县、乡、村五级公共文化服务体系，让群众广泛享有免费或优惠的基本公共文化服务。

（一）加强公共文化服务体系建设

坚持政府主导，加大投入，健全完善各类公共文化设施，消除盲点，扩大覆盖面。创新公共文化服务运行机制，深化内部改革，创新服务方式，拓展服务内容，提高服务水平，从资金投入、设施场所、机构编制等方面保障公共文化设施正常运转，着力构建覆盖城乡、结构合理、功能健全、实用高效的公共文化服务体系，充分发挥公共文化服务体系的效能，努力为人民群众提供高质量的文化服务。大力推动文化馆、博物馆、图书馆、美术馆、纪念馆等公共文化设施和爱国主义教育示范基地免费向社会开放服务，保障人民群众看电视、听广播、读书看报、进行公共文化鉴赏、参与公共文化活动等基本文化权益。

（二）加大公共文化设施建设力度

坚持以公共财政为支撑，以公益性文化单位为骨干，继续加大投入，加强各级文化馆、博物馆、图书馆、美术馆、科技馆、纪念馆、工人文化宫、青少年宫等公共文化服务设施建设。健全完善乡镇综合文化站和村（社区）文化室或文化活动中心。继续推进广播电视村村通、西新工程、文化信息资源共享、农村牧区电影放映、城镇数字影院、农（牧）家书屋及体育场馆设施等重点文化项目建设。结合城市建设改造，统筹规划公共文化服务设施建设，大力推动省市文化设施统建共享、部门合作、政企联建、社会参与等多种形式，建设公共文化设施，促进共建共享与综合利用。

（三）加快城乡文化一体化发展

健全完善以城带乡联动机制，合理配置城乡文化资源，加大公共文化资源向农牧区倾斜力度，推动对口援建省份加大对援建地区、我省有条件的地区对青南地区、城市对农牧区的文化帮扶。鼓励文化单位面向农村牧区提供流动服务、网点服务，做好主要党报党刊在农村牧区基层发行和赠阅工作。扶持文化企业以连锁方式加强基层和农村牧区文化网点建设，推动电影院线向市县延伸，支持演艺团体深入基层和农村牧区演出。推动文化科技卫生“三下乡”、科教文体法律卫生“四进社区”和“送欢乐下基层”等活动经常化。

（四）广泛开展群众性文化活动

适应人民群众求知求乐求美的需要，充分发挥公共文化设施、广场的作用，积极搭建公益性文化活动平台，推进机关文化、校园文化、社区文化、村镇文化、企业文化、军营文化建设，通过开展文艺调演、汇演、展演等评比表彰活动，引导群众广泛开展健康向上、丰富多彩的文化活动。深入挖掘传统节日中蕴藏的优秀文化资源，利用春节、清明节、端午节、中秋节和少数民族重要传统节日，组织好有特色、影响大、效果好的群众文化活动，丰富城乡居民精神文化生活。支持群众依法兴办文化团体，鼓励群众自办文化，精心培育植根群众、服务群众的文化载体和文化样式。及时总结来自群众、生动鲜活的文化创新经验，推广大众文化优秀成果。

五、加快发展文化产业，推动文化产业成为国民经济支柱性产业

发展文化产业既是社会主义市场经济条件下满足人民群众多样化精神文化需求的重要途径，也是建设文化名省的重要支撑。必须坚持社会主义先进文化前进方向，按照全面协调可持续的要求，大力实施“特色产业培育工程”和“文化园区建设工程”，推动文化产业成为我省一个支柱性产业。

（一）建设一批特色文化产业园区

根据国内外文化产业发展趋势和青海文化特点优势，着力扶持一批重点文化产业门类，加快建设一批重点文化产业园区。要以文化创意设计、民族民间工艺、演艺休闲娱乐、文博节庆会展、广播影视制作译制、印刷出版发行、文化旅游、动漫产品等产业门类为重点，依托文化资源和产业优势，通过文化项目的空间集聚，着力建设国家级热贡文化生态保护区、西宁城南文化产业聚集区、西宁海湖新区影视旅游文化产业聚集区、西宁生物园区博物馆群、西宁市文化生态公园、海东地区河湟文化走廊、海南州藏文化创意产业园、海北州“中国原子城”红色文化旅游基地和民族文化音乐城、海西州昆仑文化园、果洛州格萨尔史诗展示园、玉树州康巴文化风情园等一批具有示范、集聚、辐射和推动作用的重点文化产业园区，促进文化资源优化配置和产业合理分工，逐步形成特色鲜明、规模较大、结构合理、效益显著的优势文化产业集群。

（二）打造一批特色文化产业基地

以文化企业为主体，充分调动社会各方力量，加快建设一批具有市场前景好、发展潜力大、比较优势明显的文化产业项目。重点实施省民文图书批发配送中心、广播影视外景拍摄基地、西宁现代工艺礼品生产基地、湟源丹噶尔文化创意城、互助土族民俗文化展示中心、民和桃花源文化休闲度假区、化隆群科文化娱乐中心、循化撒拉文化产品生产基地、贵南藏绣艺博园、海晏王洛宾音乐体验基地、刚察民族工艺品研发基地、祁连宝玉石研发基地、格尔木昆仑玉开发展示中心等建设项目。鼓励和支持各地谋划和建设有影响、有特色、有市场、有发展潜力的文化产业项目，对文化产业中符合条件的重点文化产业项目，在政策、资金等方面对其进行重点扶持。

（三）做强一批特色文化企业

加大政策扶持力度，优先培育一批主业突出、实力雄厚的大型文化企业，重点培育一批成长性好、竞争力强的文化龙头企业，鼓励有实力的文化企业跨地区、跨行业、跨所有制兼并重组，引导鼓励社会资本进入文化产业领域，大力发展“专、精、特、新”中小企业，形成公有制为主体、多种所有制共同发展的文化产业格局。引导文化企业开发适销对路的文化产品，培育新的文化消费热点，培养文化消费主体。优化文化产业结构，促进文化产业与高新技术产业融合发展，提升自主创新能力，加快对传统文化产业改造和升级，增强文化产品和服务的科技含量。推动文化产业与旅游、体育、信息、

物流、建筑等产业融合发展，研究制订我省文化产业和旅游业、体育业等全面合作的实施方案，推动产业间联动发展。

六、深化文化体制改革，为文化繁荣发展提供强大动力

文化体制改革是推动文化建设与时俱进、创新发展的根本之道，是实现文化繁荣发展的动力之源。必须按照十七届六中全会确定的目标任务，加大力度、突出重点、全面推进，建立健全党委领导、政府管理、行业自律、社会监督、企事业单位依法运营的文化管理体制。

（一）深化文化行政管理体制改革

加快政府职能转变，强化政策调节、市场监管、社会管理、公共服务职能，推动政企分开、政事分开、管办分离，理顺政府和文化企事业单位关系。完善管人管事管资产管导向相结合的国有文化资产管理体制，加强国有文化资产管理，形成既有利于促进文化产业做大做强，又有利于确保意识形态安全和国家文化安全的体制模式。加快地方性文化立法进程，把文化建设的重大政策措施上升为法律法规，提高文化建设法制化水平。加强文化法制宣传和文化市场综合执法队伍建设，强化监管，维护文化生产、经营市场秩序。深入开展“扫黄打非”，坚决扫除毒害人们心灵的文化垃圾，切实营造确保国家文化安全的市场秩序。坚持主管主办制度，落实谁主管谁负责和属地管理原则，严格执行文化资本、文化企业、文化产品市场准入和退出政策，综合运用法律、行政、经济、科技等手段提高管理效能。

（二）深化文化事业单位改革

按照国家分类推进事业单位改革的总体要求，科学界定现有文化事业单位的性质和功能，进一步深化文化事业单位内部人事、收入分配和社会保障等各项改革，明确服务规范，加强绩效评估考核，强化内部管理，增强发展活力。图书馆、博物馆、文化馆（站）、艺术馆、美术馆等文化事业单位，在坚持公益性的前提下，着力推进内部管理运行机制改革，改善服务方式，强化服务功能；保留事业性质的时政类报刊社和民族自治地区的文艺院团等，逐步实行企业化管理，增强其面向市场、面向群众提供服务的能力；深化广播电视台内部改革，形成良好管理运行机制，促进广播电视优势互补、融合发展。

（三）深化经营性文化单位改革

完善经营性文化单位法人治理结构，推动国有文化企业积极参与市场竞争、自觉承担经济和社会责任。积极推动国有文艺院团全面转企改制，组建演艺集团，加大扶持力度，落实排练演出场所。推进非时政类报刊出版单位转企改制，整合资源，培育形成若干综合性或专业性报刊传媒企业。推动党报党刊进一步完善管理和运行机制，不断扩大党报党刊影响。深化新闻网站内部管理和运行机制改革。有序推进影视剧制播分离改革。加快各级广电网络传输机构的转企改制，推动省内广电网络整合，实现全省一张网，推进“三网融合”。各级政府要继续加大对文化改革的扶持力度，确保各项改革稳步有序推进。

（四）健全现代文化市场体系

组织实施“文化市场建设工程”，加强文化产品、服务和要素市场建设，培育现代文化交易市场，促进文化产品和要素跨区域流动。加快建立市场中介机构和行业组织，建成和壮大一批文化经纪机构、代理机构、仲裁机构。发展连锁经营、物流配送、电子商务等现代流通组织和流通形式，构建文化产品流通网络，培育产权、版权、技术、信息等要素市场，健全完善统一开放竞争有序的现代文化市场体系。

七、挖掘整合文化资源，精心打造青海特色文化品牌

文化品牌是一个地区文化形象的集中体现，是文化软实力的核心。要紧紧围绕文化改革发展、建设文化名省的目标要求，坚持高起点谋划、高标准建设，大力实施青海“特色文化品牌打造工程”，推出一批具有浓郁地方民族特色、在国内外有重要影响的文化品牌；创作一批思想性艺术性观赏性相统一、人民喜闻乐见的优秀文艺作品，切实增强文化竞争力和影响力。

（一）合理布局特色文化发展

按照“四区两带一线”区域发展战略规划，有效挖掘整合全省文化资源，着力构建“一核三带四区”特色文化发展格局，一核：立足于省会城市西宁独特的经济、政治、文化中心地位，全力打造地域和城市文化品牌，提升文化形象和文化品位，强化引领带动辐射作用。三带：以黄河为依托，体现源远流长黄河上游文化和神奇独特的生态文化带；以唐蕃古道为依托，体现青海悠久文明史的人文历史文化带；以青藏铁路、公路为依托，体现各民族团结进步的和谐文化和新青海建设的当代文化带。四区：河湟文化区、青海湖文化区、三江源文化区、柴达木文化区。支持和鼓励各地区发挥比较优势，实行差异化发展，走出各具特色的文化发展之路。

（二）全力打造特色文化品牌

按照构建以昆仑文化为主体的多民族多元文化体系

的定位要求，深入挖掘我省历史文化、民族文化、宗教文化、当代文化等资源，精心打造以昆仑文化为重点的系列文化品牌。打造河湟文化、青海湖文化、三江源文化、柴达木文化等区域性文化品牌；打造史前文化、古羌文化、彩陶文化、唐蕃古道文化、南丝路文化等历史文化品牌；打造十世班禅大师、宗喀巴、文成公主、根敦群培、王洛宾等名人文化和格萨尔、吐谷浑、大禹、西王母等历史传说人物品牌；打造民族歌舞、青海“花儿”、藏戏、土族纳顿等民族文化品牌；打造热贡艺术、昆仑玉文化、藏毯、民族服饰、刺绣、堆绣、盘绣、皮绣、皮影、农民画、木雕、排灯、金银铜器、奇石等民族民俗民间工艺文化品牌；打造原子城、西路军纪念馆等红色文化旅游品牌；打造塔尔寺、东关清真大寺、瞿昙寺等宗教文化品牌；打造青海湖国际诗歌节、青海国际水与生命音乐会、青海国际唐卡艺术与文化遗产博览会、三江源国际摄影节、世界山地纪录片节等会展节庆文化品牌；打造以环青海湖国际公路自行车赛、青海国际藏毯展览会等活动为依托的文化创意品牌。

（三）精心组织文化精品创作生产

坚持“二为”方向和“双百”方针，引导广大文化工作者充分认识肩负的重大社会责任，把提高质量贯穿文化创作生产全过程，大力推进文化内容形式的创新，加强题材策划，努力在民族题材、历史题材、地域题材等方面的创作取得新突破，创作一批体现国家和青海水准、在全国产生一定影响的无愧于时代、无愧于人民的精品力作。提高民族语言译制数量和水平，向少数民族提供更多的优秀文化作品。健全完善选题论证、资金投入、考核评价、表彰激励、宣传推广、组织保障等机制，建立以文化生产单位和个人为主体，以优秀文艺作品的市场化开发为重点，以完整的价值链和完备的产业链为依托，以版权保护为保障的文化创新机制，用更多健康向上的文化精品引领文化发展潮流，使反映主流价值取向、体现时代发展要求的精品在全社会得到广泛认同和传播。

八、拓展历史文化发展空间，推进文化遗产保护开发利用体系建设

历史悠久底蕴深厚的文化积淀，是我省各族人民智慧和精神的结晶。认真贯彻执行“保护为主，抢救第一，合理利用，加强管理”的文物工作方针，以依法加强文物抢救保护为重点，以提供优质公共文化服务为中心，努力加强基础工作，提高管理水平，改进服务质量，建立健全科学保护、合理利用、有效管理的文化遗产保护开发利用体系，为建设文化名省提供不竭之源。

（一）加强文化遗产保护建设

进一步完善文物保护体系，全面提升文物保护水平。健全完善文物普查、登记、建档、认定制度，编制青海珍贵文物名录。着力抓好大遗址和各级重点文物保护单位的保护修缮工作，实施喇家遗址、热水墓群、柳湾遗址、明长城等4处大遗址保护工程，实施中国第一个核武器研制基地旧址、循化西路红军革命旧址以及塔尔寺、隆务寺、却藏寺等10处全国重点文物保护单位的维修保护工程。积极推进历史文化名城名镇名村的保护与申报工作。加强对民间收藏文物的指导与服务、各民族古籍的整理保护和重点档案的收集、保护及开发利用，推进考古学术研究。加大对现有博物馆建设改造力度，完善馆舍设施，充实馆藏文物，拓展服务功能，不断提高利用率和展示水平。建设一批具有青海地域文化特色的博物馆，形成以省级博物馆为龙头，以州级博物馆为骨干，以民办博物馆和专题博物馆为补充的具有青海优势和特色的展览展示体系，充分发挥其收藏、展示、教育、研究的功能。

（二）加大非物质文化遗产保护利用

要通过循序渐进，分步实施，抓紧抢救具有重大历史、文化和科学价值且处于濒危状态的民族民间艺术种类和项目，有效保护并合理开发利用优秀民族民间艺术资源，充分展示区域文化特色，促进民族民间艺术的传承和发展。重点加强对国家级和省级“非遗”名录项目保护。深入进行包括民族民间民俗在内的非物质文化遗产资源普查、挖掘和整理，编制分布图集，开展“非遗”实物征集和成果编纂，完善名录体系，构建非物质文化遗产保护展示利用、宣传推广和产业运作机制。加强非物质文化遗产保护工作专业人员队伍和传承人队伍建设，建设各级非物质文化遗产传习所，推进非物质文化遗产的抢救保护和传承。重视生产性保护和开发利用，与教育培训相结合，培养造就一批民族民间艺术传承人，与旅游业相结合，提升旅游景区、景点文化含量，与发展文化产业相结合，加快形成富有青海特色和优势的民族民间艺术产品系列，促进文化资源优势转化为文化产业优势。

九、搭建文化传播平台，努力扩大青海特色文化的覆盖面和影响力

大力发展文化传播事业，壮大文化传播产业，对巩固主流舆论阵地，丰富主导产品供给，满足广大人民群众日益增长的精神文化需求，扩大青海特色文化的知名度和影响力具有重要意义，必须加快构建技术先进、传输快捷、覆盖广泛的现代文化传播体系。

（一）发展文化传播事业和产业

整合宣传资源，发挥整体合力，形成全方位、多层次、宽领域的文化传播格局。坚持党报党刊、广播电视在舆论引导中的主导作用和正确导向，提高舆论引导的及时性、权威性、公信力和影响力，更好地发挥宣传党的主张、弘扬社会正气、通达社情民意、引导社会热点、疏导公众情绪、搞好舆论监督的重要作用。充分发挥网络媒体优势，发展健康向上的网络文化，健全完善各类文化传播网络，提高网络文化产品和服务供给能力，唱响网上思想文化主旋律，巩固壮大网络文化阵地，形成共建共享的网上精神家园。加快运用先进科技武装文化传播媒体，实施数字化引领、结构化升级工程，积极发展以数字、网络等高新技术为支撑的新兴文化业态。加强党报党刊采编系统数字化网络化建设，加快电台电视台内部数字化网络化建设，大力发展数字出版等业务，推动网络报刊、手机报刊、电子图书、网络广播电视、手机电视、移动多媒体等新兴领域快速发展，使新兴媒体成为传播社会主义先进文化的新阵地、发展文化产业的新平台、人民群众精神文化生活的新空间。

（二）推动青海特色文化走出去

加大青海特色文化对外传播力度，组织实施“文化开放交流工程”，创新走出去模式，拓展对外文化传播途径，提高文化辐射力和影响力。创新对外宣传方式方法，增强对外宣传的针对性和实效性。充分发挥文化传播媒体的作用，加强与中央主流媒体、省外媒体、境外国外媒体的交流合作。着力提高对外宣传品的质量和品位，创作既有青海特色，又符合境外、国外受众心理和鉴赏习惯的外宣作品，增强亲和力和吸引力。精心搞好重大文化节庆会展、重大体育活动和特色旅游的对外宣传，全面推介展示青海特色文化。加强对外文化交流活动的策划运作，精心打造对外文化交流品牌，有针对性地与广大发展中国家、周边国家和西方发达国家开展文化交流，推动青海特色文化走向全国、走向世界。

十、大力开发人才资源，为加快青海文化繁荣发展提供智力支撑

文化靠人才创造，文化繁荣，人才为先。要坚持尊重劳动、尊重知识、尊重人才、尊重创造，牢固树立人才是第一资源思想，加快推进人才兴文战略，组织实施“文化人才培养工程”，全面贯彻党管人才原则，造就一支德才兼备、锐意创新、结构合理、规模宏大的文化人才队伍。

（一）健全完善优秀人才脱颖而出、施展才干的机制

扎实推进文化人才队伍建设，全面实施《青海省宣传文化中长期人才发展规划》，培养造就一批具有重要影响的文化名人和文化大师，一批理论、新闻、出版、文艺等领域的领军人物，一批掌握现代传媒技术的专门技术人才，一批懂经营善管理的复合型人才。健全完善人才教育培训、人才选拔使用、人才管理评价机制。坚持人才刚性流动与柔性流动相结合，引进人才与引进智力相并重，千方百计、不拘一格引进人才和智力。要着力构筑文化人才高地，营造人才“洼地”效应，形成以业聚才、以才兴业、人才辈出的良好人才环境。创新奖励激励机制，建立“青海省文化杰出贡献奖”省级荣誉制度，对在国家级权威和著名载体发表、演出、播放、参展并获得较高奖项或专家、媒体好评，产生较明显的社会效果，思想性、艺术性兼备的文化精品，实行重奖；对塑造青海新形象、填补创作空白或在国内外产生重大影响的优秀文化项目和作品，授予“青海省文化杰出贡献奖”。建立文化发展顾问制度。聘请国内外著名艺术家、优秀文化企业家及曾担任国家文化行业的部级领导等担任顾问，为我省文化改革发展出谋划策。

（二）壮大基层文化人才队伍

贯彻落实《关于加强地方县级和城乡基层宣传文化队伍建设的若干意见》，切实加强基层文化人才队伍建设，努力造就一支政治坚定、素质优良、扎根基层、服务群众的人才队伍。配好配齐乡镇、街道党委宣传委员、宣传干事和乡镇综合文化站专职人员。设立城乡社区公共文化服务岗位，对服务期满高校毕业生报考文化部门公务员、相关专业研究生实行定向招录。鼓励支持乡土文化能人在基层文化活动中发挥所长，贡献力量。鼓励支持各类民间文化团体发展，对民间优秀文化人才授予荣誉称号。鼓励和扶持群众中涌现的各类文化人才和文化活动积极分子，促进他们健康成长、发挥作用。壮大文化志愿者队伍，鼓励专业文化工作者和社会各界人士参与基层文化建设和群众文化活动，形成专兼结合的基层文化工作队伍。

（三）加强职业道德建设和作风建设

引导广大文化工作者自觉践行社会主义核心价值体系，充分认识肩负的历史使命和庄严职责，积极推进文化繁荣发展，不辜负党和人民的期望，不辜负时代的召唤。大力弘扬科学精神和职业道德，发扬严谨笃学、潜心钻研、淡泊名利、自尊自律的风尚，努力追求德艺双馨，坚决抵制学术不端、情趣低俗等不良风气。鼓励文化工作者深入实际、深入生活、深入群众，拜人民为师，深化省情认识，增加基层体验，增进群众感情。文化工

作者要相互尊重、平等交流、取长补短，共同营造风清气正、和谐奋进的良好氛围。

十一、加强和改进党对文化工作的领导，为建设文化名省提供可靠保证

加强和改进党对文化工作的领导，是推进文化改革发展的根本保证，也是加强党的执政能力建设和先进性建设的内在要求。必须从战略和全局出发，把握文化发展规律，健全领导体制机制，改进工作方式方法，增强领导文化建设的本领。

（一）加强组织领导

各级党委政府要充分认识加强文化建设的重大意义，切实担负起推进文化改革发展的政治责任，切实把握文化的意识形态属性，加强和改善党对文化工作的领导，始终保证文化改革发展的正确方向，努力维护国家文化安全。坚持把推动文化繁荣发展、建设文化名省摆在全局工作的重要位置，纳入经济社会发展总体规划，纳入干部目标责任考核体系，进一步推动文化建设与经济建设、政治建设、社会建设以及生态文明建设协调发展。各级党委政府要成立分管领导为组长和副组长的文化改革发展领导小组，统一领导和协调解决文化改革发展中的重大问题。高度重视和加强宣传思想文化领域领导班子建设，把政治立场坚定、思想理论水平高、熟悉文化工作、善于驾驭意识形态领域复杂局面的干部充实到领导岗位上来，把文化领域各级领导班子建设成为坚强领导集体。加强和创新基层文化单位党的工作，充分发挥党组织的政治核心作用和党员的先锋模范作用，为文化改革发展提供坚强有力的组织保证。

（二）创新扶持政策

按照推进文化改革发展、建设文化名省的新形势新任务新要求，各地各部门要在认真落实中央和省委省政府已有政策的基础上，进一步解放思想、转变观念，创新投入机制，拓宽投入渠道，加大投入力度，配套出台进一步促进文化改革发展的措施和办法，营造良好政策环境。要充分发挥政府公共财政主导作用，保证公共财政对文化建设投入增长幅度高于财政经常性收入增长幅度，提高文化支出占财政支出的比例。省、州、县设立农村牧区文化建设专项资金，保证一定数量的转移支付资金用于乡镇和村文化建设。逐步加大省级文化产业发展专项资金投入，采取贴息、补助、奖励等方式，支持文化园区（基地）和重点项目建设。完善文化产业发展专项资金管理办法，形成良好的管理运行机制，确保投资发挥效益。

（三）形成强大合力

加快文化改革发展、建设文化名省是全社会的共同责任。必须建立健全党委统一领导、党政齐抓共管、宣传部门组织协调、有关部门分工负责、社会力量积极参与的工作体制和工作格局。文化领域各部门各单位要自觉贯彻中央和省委省政府的决策部署，落实文化改革发展目标任务，切实担负起历史重任，充分发挥文化建设主力军作用。支持人大、政协履行职能，调动各部门积极性，支持民主党派、无党派人士和人民团体发挥作用，共同推进文化改革发展。推动文联、作协、记协等文化领域人民团体创新管理体制、组织形式、活动方式，履行好联络协调服务职能，加强行业自律，依法维护文化工作者权益。全面贯彻党的宗教工作基本方针，发挥宗教界人士和信教群众在促进文化繁荣发展中的积极作用。组织动员群众积极参与文化建设，发挥主体作用，在全社会营造鼓励文化创造的良好氛围，让蕴藏于人民中的文化创造活力得到充分发挥。

加快文化改革发展，事关富裕文明和谐新青海建设全局，使命光荣，任务艰巨，责任重大。让我们更加紧密地团结在以胡锦涛总书记为核心的党中央周围，以邓小平理论和“三个代表”重要思想为指导，深入贯彻落实科学发展观，解放思想，振奋精神，真抓实干，为加快文化改革发展、建设文化名省作出新的更大贡献！

·宁夏回族自治区·

关于做强做大文化旅游产业的决定

（2011 年 12 月 22 日发布）

为深入贯彻落实党的十七届六中全会精神，充分发挥我区文化旅游资源优势，做强做大文化旅游产业，使其成为国民经济重要支柱产业，特作如下决定。

一、统一思想认识，把做强做大文化旅游产业作为推动我区经济社会发展的战略重点

1. 充分认识文化旅游产业在经济社会发展中的重要作用。文化旅游产业是关联度大、覆盖面广、带动能力强、综合效益好的新兴产业，也是惠及民生的富民产业。我区历史文化深厚、民族风情浓郁、自然景观独特，拥有悠久厚重的黄河文化、特色鲜明的回族文化、走向胜利的红色文化以及神秘独特的西夏文化等区域特色文化，

具有加快发展文化旅游产业的良好潜质和广阔前景。做强做大文化旅游产业，对于深入贯彻落实科学发展观，推动消费升级和带动相关产业，促进经济结构调整和发展方式转变，扩大社会就业，提高人民生活质量，推进全面开放，弘扬优秀文化，加快和谐富裕新宁夏建设具有重要战略意义。

2. 切实增强加快发展文化旅游产业的紧迫感和责任感。近年来，自治区党委、政府坚持把发展文化旅游产业作为富民强区的重大战略，文化旅游产业呈现出快速发展的良好态势。但在发展中还存在文化旅游资源特色优势尚未充分发挥，产业融合不深，资源整合不够，品牌不精不强，配套服务不足等问题。文化旅游产业发展水平与资源条件还不相称，与人民群众的新期待还不相适应。当前，文化旅游产业迎来了重大发展机遇，我国经济社会快速发展，文化旅游消费需求迅猛增长，为做强做大文化旅游产业提供了广阔的市场空间；西部大开发战略深入实施，经济发展方式加快转变，文化改革发展全面推进以及国家加快发展旅游业意见的进一步落实，为做强做大文化旅游产业提供了有力的政策支持；沿黄经济区建设加快推进、内陆开放型经济格局逐步建立，对外开放特别是向西开放进一步扩大，为做强做大文化旅游产业提供了强大的内生动力。各级党委、政府要进一步增强机遇意识和发展意识，增强责任感和紧迫感，用更新的思路、更大的力度、更实的举措，推动文化旅游产业科学发展、跨越发展。

3. 进一步明确做强做大文化旅游产业的总体要求和发展目标。做强做大文化旅游产业，要高举中国特色社会主义伟大旗帜，以邓小平理论和“三个代表”重要思想为指导，深入贯彻落实科学发展观，围绕建设和谐富裕新宁夏的总体要求，大力推进文化旅游融合发展，深入挖掘和彰显黄河文化、回族文化、红色文化和西夏文化等特色文化，以文化提升旅游吸引力，以旅游增强文化影响力，着力培育文化旅游产品品牌，着力提升文化旅游内涵品质，着力增强文化旅游服务能力，着力优化文化旅游发展环境，努力把文化旅游产业培育成我区重要支柱产业和新的经济增长点。

经过 5–10 年的发展，全区文化旅游基础设施进一步完善，产业结构不断优化，产品吸引力不断增强，服务质量进一步提高，带动作用更加明显，特色文化进一步彰显，基本建成面向全国乃至阿拉伯国家和穆斯林地区独具特色的文化旅游目的地。到 2015 年，全区文化旅游产业总收入占地区生产总值的比例达到 8% 以上。

二、坚持文化引领，全力打造富有地方文化特色的知名文化旅游景区

4. 深入发掘文化内涵，加快形成布局科学的产业格局和国内外知名的精品景区。文化是旅游的灵魂，旅游是文化的载体。充分发挥我区特色文化资源优势，切实提高旅游的文化品位，加快形成以“一带三板块”为重点的文化旅游景区布局。以黄河为轴线，沿两岸科学布局展示壮美自然风光、特色人文资源的文化旅游园区，重点做精做大沙湖、沙坡头、黄河大峡谷、镇北堡西部影城、水洞沟、贺兰山岩画等景区，形成多姿多彩的黄河文化旅游带；以永宁、吴忠为重点，合理布局展示回族历史文化的文化旅游园区，做特做优中华回乡文化园、纳家户民俗村等景区，形成风情浓郁的塞上回族文化旅游板块；以六盘山地区为重点，延伸布局展示红军长征会师、西征光荣历史以及边区革命史的文化旅游园区，完善六盘山红军长征纪念馆、同心红军西征纪念馆、盐池边区革命纪念馆等景区，形成走向胜利的红色文化旅游板块；以贺兰山东麓为重点，科学布局展示西夏历史文化、古迹遗存的文化旅游园区，建设完善西夏王陵、西夏博物馆、西夏避暑行宫、108 塔等景区，形成神秘历史的西夏文化旅游板块。统筹建设好须弥山丝路文化旅游景区。

开发建设精品景区，要加强宏观调控，坚持市场导向，注重消费定位，突出资源特色，完善配套服务，形成规模效益，增强文化艺术性和参与娱乐性。推进文化旅游景区科学化管理、规范化运营，不断完善管理体制，允许所有权、经营权和管理权适当分离，形成资源统一管理、企业市场化运作的景区管理模式。支持利用文化创意、演艺传媒、动漫艺术、时尚设计等对精品景区、品牌形象进行深度创意包装，努力提升文化旅游产品的吸引力和核心竞争力。争取到 2015 年，再有 2–3 个文化旅游景区跻身国家文化产业示范基地或 5A 级旅游景区行列、5–10 个文化旅游景区进入自治区文化产业示范基地或国家 4A 级旅游景区行列。

5. 突出重点、统筹兼顾，加快实施一批重大文化旅游项目。实施项目带动战略，突出大特色、打造大景区、形成大容量、构建大循环，重点建设一批比较优势明显、对周边资源具有整合功能、对旅游线路具有支撑作用、对区域旅游具有带动效应的重大文化旅游项目。自治区重点建设项目中增加文化旅游基础设施项目比重，加强和完善沙湖、沙坡头、黄河大峡谷、西夏王陵、镇北堡西部影城、水洞沟、黄沙古渡、六盘山等文化旅游基础设施建设。支持社会力量参与新建和改扩建重大文化景

区项目。鼓励有条件的县（市、区）建设富有地方特色的文化旅游景区、街区和名村名镇。加强区、市、县文化旅游项目储备，力争有一批项目进入《国家文化旅游重点项目名录》。

6. 培育壮大市场主体，切实增强文化旅游企业经营活力和市场竞争力。支持文化旅游企业兼并收购、合资合作、战略重组，引导文化旅游资源向优势企业集中。鼓励文化旅游企业采取资本扩张、特许经营等方式，推进连锁、联合和集团化经营，实现文化旅游企业规模化、集团化、网络化发展。支持国内外知名文化旅游集团、大旅行社来宁设立分支机构。支持各市县建设文化旅游综合体和实验区，推行旅游资源一体化管理。放宽文化旅游市场准入条件，鼓励各类资本公平参与文化旅游业发展，鼓励不同所有制企业依法投资文化旅游产业，鼓励有条件的文化旅游企业跨地区、跨国境连锁经营。支持宁夏文化产业投融资公司做强做大，加快组建宁夏旅游集团公司，重点培育3–5个年收入过亿元的大型文化旅游企业。促进中小型文化旅游企业向“专、精、特、新”方向发展。支持发展各类文化旅游经纪公司，加快培育一批版权交易、文化演艺、艺术品交易、体育休闲等中介服务机构，促进文化旅游市场要素合理配置。加强和改进对非公有制文化旅游企业的服务和管理，引导企业自觉履行社会责任。

7. 适应市场发展需求，建设具有省际集散延伸功能和覆盖全区的文化旅游线路网络。依托宁蒙陕甘青毗邻地区旅游资源，打造“丝绸之路”、“西北风情”等旅游线路，联合长城沿线省区，积极融入“万里长城”精品旅游线路。加强与阿拉伯国家和穆斯林地区的旅游合作，积极开辟宁阿国际旅游线路。适应区域消费需求，加快完善银川连接其他四市核心景区快捷便利的旅游环线，形成覆盖全区的旅游线路网络。培育发展一批以银川为中心的一日游、两日游、多日游等品牌线路，满足不同群体的旅游消费需求。

8. 拓展文化旅游业态，不断提高文化旅游产业综合效益。以创新创意为核心，以资源禀赋为基础，以扩大消费为导向，丰富产品供给，延长产业链条，提高综合效益。围绕重点文化旅游景区建设，统筹城乡文化旅游协调发展，支持有条件的地区结合当地资源和特色生产活动，积极发展城市旅游、工业旅游、节庆会展旅游、森林湿地旅游、自驾旅游及文化观光游、航空运动游、科普体验游等新兴文化旅游。充分发挥和合理利用我区得天独厚的农业资源，积极发展以民俗农耕文化为主题的农业体验游和乡村休闲游，大力提升“农家乐”、休闲农庄等旅游产品品质，推进旅游与文化、农业等相关产业和行业的融合发展。积极发展黄河漂流、休闲垂钓、运动健身、冬季“冰雪运动”等特色体育休闲旅游。支持地级市和有条件的县（市）开发具有地域特点和体验功能，集住宿、餐饮、购物、娱乐于一体的特色休闲文化旅游园区。建立文化旅游商品研发中心、生产基地和销售体系，加强文化旅游商品、纪念品开发，利用非物质文化遗产资源优势，重点支持发展回族服饰、剪纸刺绣、书画艺术、砖雕泥塑、民间宫灯、二毛裘皮、贺兰石刻、枸杞制品、清真食品、特色餐饮等文化旅游商品及工艺美术产品。

三、完善服务体系，着力提升产业综合服务能力和水平

9. 切实加强基础设施建设。构建安全快捷的铁路、公路、航空客运网络体系，实现国内外重点客源地到我区旅游中心城市的直接通达、我区旅游中心城市到景区便捷通达。重点开工建设银川–西安快速铁路，完成包兰铁路银川–兰州段扩能改造等工程，尽快开通太中银铁路动车组，积极推动银川至华东、华南沿海开通直达火车。完成银川河东机场三期扩建工程，提升中卫、固原支线机场吞吐能力，加大银川至环渤海、长三角、珠三角等主要客源地和重点旅游城市航班密度，完善银川至迪拜国际航线，创造条件开通银川至吉隆坡等城市和北非地区重点城市的国际航线，做好开通银川至日本、韩国、新加坡等周边国际航线的筹划工作。高标准建设A级以上旅游景区与高速公路等交通干线的连接道路，推进景区与国道、省道、县道互连互通，开通城市至文化旅游景区的旅游客运专线。优化调整收费站卡，提高旅游通行效率。加快建设旅游集散地和景区安防系统、数字化系统、供水供电、垃圾处理、停车场、旅游厕所等基础设施。

10. 加快完善中心城市服务功能和配套设施。以提升服务功能、扩大接待能力、满足游客需求为重点，加快城市文化旅游功能和服务设施建设。建设和完善地级市游客综合服务中心和重要景区游客服务中心，完善景区、道路、城市旅游标识系统。加强城市文化的传承和保护，科学规划城市色彩和空间布局，积极培育夜间文化旅游消费街区，加快城市周边休闲度假带建设。建设一批星级旅游宾馆饭店，到2015年，新增三星级以上饭店50家。鼓励支持有条件的景区和社会力量建设家庭旅馆、乡村客栈、汽车旅馆和旅游宿营地。支持旅行社业务拓展，鼓励各类旅行社开展在线服务、网络营销、网络预订等业务，

允许旅行社参与政府采购和服务外包，旅行社发票可作为报销依据。地级市和有条件的县要高水平规划一批标志性文化旅游景观、旅游服务中心、商品购物中心、餐饮中心、娱乐一条街，支持引导各级各类文艺院团以市场为导向，打造一批形式多样、特色鲜明、雅俗共赏的旅游演艺节目，推动文艺节目进景区。大力发展特色餐饮，推动品牌清真餐馆连锁经营、扩张发展。

11. 着力提升行业整体素质和服务质量。充分发挥文化旅游部门服务和管理职能，健全监管体系，规范市场秩序，提高行业整体素质和服务水平。开展文化旅游诚信创建活动，制订诚信服务准则，建立信用等级制度，加大文化旅游执法和市场监管力度，整治各类侵害游客权益的行为，维护旅游者和旅游经营者的合法权益。认真落实旅游经营单位安全主体责任和属地监管责任，建立健全文化旅游安全教育、预防检查、应急处置、紧急救援、善后处理和保险赔付制度。制定全区酒店、餐饮、购物统一服务标准，全面提升文化旅游接待服务水平。加强文化旅游人才队伍建设，制定文化旅游人才发展规划，加强高等院校文化旅游学科专业建设，加快建设宁夏艺术学校、旅游学校，逐年扩大区内院校文化旅游专业本科招生规模，着力培养一批具有较高素质的文化旅游专业人才。建立阿语人才培养机制，设立阿语人才培养专项资金，加快培养“阿语翻译”队伍。加强文化旅游从业人员培训，提高导游人员专业素质。有计划引进一批文化旅游创新创意、艺术策划、资本运作、经营管理等方面的高端人才，鼓励国内外享有一定知名度的各类名人参与文化旅游开发和建设。

四、加强宣传促销，大力拓展客源市场

12. 进一步加大宣传推广力度。建立完善政府主导、企业参与、部门联合、上下联动的宣传促销机制，制定旅游宣传营销规划，强化“塞上江南·神奇宁夏”文化旅游形象宣传，将其纳入公益宣传，在对外宣传、重大文化经贸交流活动中使用“塞上江南·神奇宁夏”标识和带有其标识的宣传品、纪念品。宣传、文化、旅游、邮政部门要密切合作，提高宣传策划水平，加大宣传推广力度，规范文化旅游景区导游词和各类文化场所解说词，提升我区文化旅游美誉度。区内主流媒体要在重要版面和黄金时段开设文化旅游公益专栏节目，扩大我区文化旅游的影响力。利用区内外大型文化交流、节庆会展、经贸论坛、招商引资、体育赛事等活动，全方位地开展文化旅游宣传推介。移动、电信、联通等单位要大力支持文化旅游宣传推介工作。加快网络营销渠道建设，主动与区内外各类互联网站建立联合协作关系，扩大宣传覆盖面。搭建中外文化旅游交流协作平台，加强面向国际特别是阿拉伯国家和穆斯林地区的宣传。积极邀请国（境）外媒体来宁制作文化旅游节目。加强文化旅游创新创意，鼓励全社会为文化旅游产业发展献计献策。

13. 积极拓展国内外文化旅游市场。加大文化旅游对外开放与合作力度，积极参与国内外文化旅游交流合作与竞争。深化毗邻省区文化旅游合作，发展壮大周边、太中银铁路沿线地区、环渤海湾、长三角、珠三角、港澳台的文化旅游客源市场。拓展入境文化旅游客源市场，全面开展中阿国际文化旅游协作，进一步巩固日本、韩国、东南亚等文化旅游市场，加快开发欧美等新兴文化旅游市场。加强与国内外文化旅游组织、知名文化旅游企业的合作，利用国际会议、国际友好省（城市）和中阿经贸论坛等平台加大促销力度。

五、优化发展环境，为做强做大文化旅游产业提供有力保障

14. 切实加强领导。成立自治区文化旅游产业发展工作领导小组，组长由自治区主要领导担任。制定文化旅游重大项目审核管理办法，文化旅游规划审核、重大新建扩建及资源整合等项目需经领导小组审核。成立文化旅游专家咨询委员会，聘请区内外知名文化创意、旅游经济、城市建设等方面的专家学者担任专家委员，加强自治区重点文化旅游产业项目的策划、指导、评审和监督，对我区文化旅游发展中的重大问题进行探讨、咨询并提供智力服务。各级党委、政府要切实担负起做强做大文化旅游产业的任务，进一步加强文化旅游工作，切实解决文化旅游发展中的实际问题。加强文化旅游部门领导班子建设，提高各级领导班子领导文化旅游发展科学化水平。

15. 强化规划引导。坚持科学开发、永续利用，按照节约资源、保护环境、可持续发展的理念，把文化旅游产业规划纳入全区经济社会发展总体规划，科学编制全区统一的文化旅游产业发展总体规划、区域规划及专项规划，重点做好主题文化旅游板块、精品旅游线路、重点文化旅游景区规划，形成覆盖全区的规划体系。各市、县（区）要在自治区总体规划和专项规划的基础上，衔接做好本地文化旅游发展规划。建立严格规范的文化旅游规划制定和评审程序，强化规划的权威性，加大监督执行力度，坚决杜绝有规不依，防止盲目开发和低水平重复建设。严格执行自然保护区、风景名胜区、生态功能区、重点文物保护单位环境影响评估制度。

16. 加大财政投入。各级政府要加大对文化旅游产业发展的投入。自治区级财政逐年扩大文化旅游发展专项资金规模，市县两级也要相应设立发展专项资金。支持文化旅游景区基础设施建设、文化旅游宣传推介和重点文化旅游商品研发。创新财政资金投入方式，通过财政贴息、以奖代补、股权投资、平台投放、比例收回等方式，扶持有前景的文化旅游企业发展。通过多元化融资，建立文化和旅游产业投资基金，对文化旅游产业进行贷款担保和贴息，支持骨干文化旅游企业加快发展。建立文化旅游项目开发激励机制，通过政府引导投入，吸纳各类资本兴办文化旅游项目。开展文化旅游先进县（区）等评选活动。编制国民休闲计划，推行国民旅游福利奖励政策，全区义务教育阶段中小学生、60 岁以上老人及现役军人、烈士家属、残疾人给予旅游门票减免优惠。全面落实城镇职工带薪休假制度。

17. 实行税费优惠。认真落实国家及自治区已出台的文化旅游产业发展税收优惠政策，进一步完善有利于做强做大文化旅游产业的税收减免政策。对鼓励类文化旅游企业按 15% 的税率征收企业所得税，文化娱乐业营业税率按 5% 执行。在现有税收优惠政策基础上，文化创意、动漫、网络游戏、网络文化、非物质文化遗产保护性生产、文化旅游商品开发企业经认定符合高新技术企业条件的，享受国家高新技术企业的税收优惠政策。国家鼓励范围内的新办文化旅游企业，免征 5 年企业所得税地方留成部分。文化旅游企业用水执行工业水价标准、用电执行一般工业电价标准。旅行社按营业收入缴纳的各种收费，计征基数应扣除各类代收服务费。旅游企业用于宣传促销的费用依法纳入企业经营成本。星级饭店有线电视收费按不高于现行收费标准的50%收取。清理整顿文化旅游行政性收费，坚决查处“三乱”现象。规范旅游参观点价格行为，加强文化旅游行业价格监管，加大旅游行业明码标价检查力度。

18. 加强土地保障。落实好转企改制国有文化企业原划拨用地经评估作价后转增国家资本金的政策。把文化旅游产业用地纳入城乡规划和土地利用总体规划，优先安排自治区文化旅游产业重点项目用地，并参照高新技术产业开发区用地有关政策给予优惠，对重大文化旅游项目要确保规划建设用地。对利用存量土地建设的文化旅游项目，优先办理建设用地供地手续。对确需建设用地的乡村文化旅游项目，各地按年度用地计划统筹安排。鼓励农村集体经济组织和承包人利用林权、集体土地承包权，在符合土地利用总体规划和不改变土地用途的前提下，投资入股或租赁开发文化旅游景区。鼓励支持利用荒山、荒滩、荒漠以及废弃矿山开发文化旅游项目。支持企事业单位利用存量房产、原划拨土地兴办文化旅游企业。文化旅游产业发展中的经营性用地，优先安排招标、拍卖、挂牌出让。

19. 扩大金融支持。引导和鼓励各类金融机构开发和推广适应文化旅游产业发展需要的个性化金融产品。支持文化旅游企业采取项目特许权、运营权和版权、专利权、旅游景区门票质押担保等方式扩大融资规模。鼓励文化旅游企业上市融资，支持符合条件的文化旅游企业发行短期融资券、企业债券和中期票据。自治区各融资性担保公司要把文化旅游企业融资贷款作为信用担保的重要项目，解决贷款难问题。积极发挥保险对文化旅游产业的保障作用。

20. 加强考核监督。将文化旅游产业发展纳入党政领导班子和领导干部综合考评体系，纳入年度目标管理责任考核体系，切实加大考核监督力度，营造文化旅游产业发展的良好环境。宣传、文化、旅游等部门要充分发挥规划、协调、管理和服务职能，加快形成有利于文化旅游产业全面协调发展的工作机制。发改、财政、土地、金融、税收、公安、交通、扶贫等部门要切实优化服务方式，完善扶持措施，加大支持力度。各级电力、通讯部门要优先解决文化旅游景区相应配套设施，对文化旅游线路和文化旅游景区实施通讯全覆盖。建立健全激励约束机制，对推进文化旅游产业贡献突出、成绩显著的地方、部门、企业及个人给予表彰奖励。

第三部分

全国概况

广播电视产业

2011年中国广播电视产业总体上呈持续发展态势，三网融合进程进一步推进，新媒介、新业务和新业态发展势头强劲并正在改变着产业结构与布局，广播电视走出去的步伐加速，旨在规范市场行为的政策频现。具体到电视产业而言，无论是节目内容生产还是市场格局都在进行调整和变革，表现在节目类型和评估体系在变化，电视剧市场和卫视竞争更加激烈，网络融合步伐加快，资本运作力度在加大，电视新业务和新业态层出不穷，可以说，融合和转型成为2011年中国电视产业乃至整个广播影视产业的两大关键词。

一、2011年广播电视产业总体情况

（一）广播电视总收入持续增长，付费数字电视收入增幅强劲

据统计，2011年中国广播电视总收入达2717.32亿元，比2010年增长了415.45亿元，增幅有所下降，为18%。其中广告收入最多，为1122.90亿元，比2010年增加了152.9亿元，增幅达15.76%；其次是其他收入，达716.55亿元；第三是网络收入（包括有线电视和付费数字电视），为563.78亿元，其中有线电视收入比2010年增加41.65亿元，增幅达12.91%；最后是财政补贴，为314.09亿元，比去年增加了21.1亿元，增幅为7.2%。

从收入结构上看，广告收入仍居于主导地位，占总额的42%。在广告收入中，电视广告居于首位，为934.54亿元，占总额的37%。广播广告次之，为123.32亿元，比重为5%；在网络收入中，有线广播电视收视费收入为最高比重达15%，付费数字电视收入达37.688亿元，比重仅1%；其他收入和财政补助所占比重分别为29%和13%。

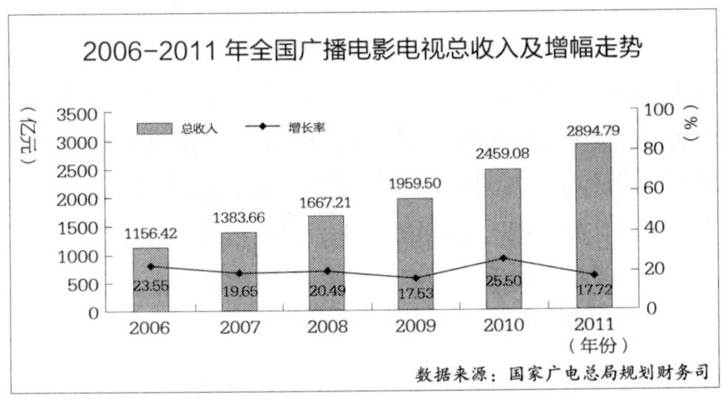

（二）广播影视内容生产稳步发展，献礼影视剧呈井喷之势

2011年广播影视内容生产总体呈现稳步上升态势，内容类型更加丰富。据统计，全年制作广播节目时间694万小时、电视节目时间295万小时、生产电视剧1.5万集、重大理论文献影视片42部335集、电视动画片突破4000小时、电影故事片558部、电视电影102部、电影动画片24部、电影纪录片26部、电影科教片76部，《永不磨灭的番号》《借枪》《幸福来敲门》《裸婚时代》等口碑和收视率俱佳的新剧层出不穷，抗战、现实、都市和古装等类型剧不拘一格。

围绕庆祝中国共产党成立90周年和纪念辛亥革命100周年，一大批优秀电影电视剧和重大理论文献片涌现，其中庆祝建党90周年推出了28部献礼影片、50部优秀献礼电视剧，而且播出时间集中在4月到7月之间。

（三）三网融合进程加速推进，广播电视覆盖率稳步提高

自2010年三网融合首批试点城市确定以来，广电、电信和互联网之间的冲突、竞争与融合全方位展开，广播电视行业内部融合加速。首先，2011年三网融合试点地区广电播出机构完成了IPTV集成播控分平台建设，中央电视台已完成IPTV、手机电视集成播控平台建设。其次，电台电视台合并以及有线网络整合进程进一步加快，截至到2011年年底中国县（市）级已全部实现两台合并，市（地）级已有227个实现两台合并，省级已有14个实现两台合并。2011年云南省、陕西省、贵州省等6个省级和沈阳17个市（地）级两台完成了合并。同时，有线电视网络整合步伐加快，到2011年底已有25个省（区市）完成或基本完成一省一网整合，预计在2012年底实现一省一网，同时国家级网络公司“中国广播电视网络公司”筹备工作也在有序推进。

2011年中国广播电视综合传输覆盖能力进一步增强，有线广播电视用户和数字电视用户双双破关。据统计，全国有线广播电视用户首次突破2亿户，比2010年增长了8.19%，达20264万户；数字电视用户首次突破1亿户，比2010年增长了30.58%，达11489万户，其中付费数字电视用户1761万户。全国广播人口综合覆盖率达97.06%，同比增长0.28%；全国电视人口综合覆盖率达97.82%，同比增长0.2%。

（四）广播电视新媒体发展提速，视听新业态步入新的发展阶段

2011年网络广播电视台、移动多媒体等广播电视

新媒体发展迅速，构筑基于广播电视的全媒体传播平台步伐加大。2011 年共有 17 家网络广播电视台、615 家互联网视听节目服务单位获准开办，截至到 2011 年年底移动多媒体广播电视已基本覆盖全国 336 个地级以上城市、855 个县级城市，终端用户超过 3500 万，付费用户达到 1600 万。

中国网络视听节目服务协会于 2011 年 8 月 19 日在北京成立，此后《持有互联网电视牌照机构运营管理要求》等文件的出台。这不仅规范了互联网电视、IPTV、手机电视等视听新业态的发展，也带来了新的发展契机，标志着中国互联网视听等业态步入了新的发展阶段。

（五）广播影视规范性政策频出，监管力度加大

2011 年国家广播影视总局加强广播影视节目内容和广告等方面的管理，有关政策的出台频次和规范力度可谓近年来最高，主要集中在以下三个方面：一是对广播影视内容的规范。2011 年 2 月 15 日出台的《广电总局办公厅关于严格控制电影、电视剧中吸烟镜头的通知》要求影视剧中不得出现烟草的品牌标识和相关内容及变相的烟草广告、不得出现在国家明令禁止吸烟及标识禁止吸烟的场所吸烟的镜头等；10 月 25 日，旨在遏制广播电视节目过度娱乐化倾向的《关于进一步加强电视上星综合频道节目管理的意见》出台；此外还开展了抵制低俗之风专项行动，2011 年共清理整改 400 余个广播电视节目和查处 136 家违规视听节目网站。二是对广播影视广告的规范。重点对电视剧中插播广告的时间、长度以及广告类型出台一系列的管理措施，比如《关于进一步加强广播电视广告播出管理的通知》《〈广播电视广告播出管理办法〉的补充规定》等，同时继续加强对违规广告和违规电视购物短片广告的清理和整治，比如 5 月 9 日广电总局停播 44 条违规电视购物短片广告，这也是近年来叫停违规广告数量最多、最集中的一次。三是加强法制建设和完善监管体系的力度。2011 年 6 月 7 日，最高人民法院出台了《最高人民法院关于审理破坏广播电视设施等刑事案件具体应用法律若干问题的解释》（《刑法》第 124 条的司法解释），为维护广播电视播出安全提供了有力的法律保障；9 月 19 日，国家广播电影电视总局监管中心宣告成立，该中心整合了原来的广播电视监测中心、收听收看中心、安全播出调度中心、信息网络视听节目监管中心和中视卫星公司五个单位，进一步完善监管体系；12 月 15 日，国务院法制办在中国政府法制信息网上正式公布《电影产业促进法》草案，向社会公开征求意见。

（六）广播影视国际化进程增速，国际传播能力逐步提高

十七届六中全会通过的《中共中央关于深化文化体制改革推动社会主义文化大发展大繁荣若干重大问题的决定》明确提出，要加强国际传播能力建设，打造国际一流媒体，提高新闻信息原创率、首发率、落地率。由此，2011 年广播影视加快了走出去的步伐，国际传播能力有了显著提高。2011 年中国共有 49 部次影片在 17 个电影节上获得 74 个奖项，52 部国产影片销往 22 个国家和地区，海外票房和销售收入达 20.24 亿元，电视剧动画片纪录片等影视节目出口达 1.14 亿美元。此外，中央电视台新建成 20 个海外记者站、2 个海外分台，海外站点总数达 70 个，超过 CNN 和 BBC，同时 6 个语种 7 个国际频道在 171 个国家和地区落地，整频道用户达 2.49 亿、落地酒店 594 家，其中全年新增整频道用户 5090 万、新增落地酒店 150 家。中国电视长城平台已建成 8 个系列平台，全球付费用户突破 10 万。中国国际广播电台完成了 5 个地区总站、18 个境外制作室建设，新增境外整频率电台 13 座、整频率电台总数达 70 座，全年累计播出 3000 多小时。

二、2011 年广播电视产业发展特点

（一）电视节目制播时间持续缓增，评估体系重构在即

中国电视节目制作和播出时间近年来均在低幅增长，2010 年制作时间比 2009 年增加了 9.77 万小时，播出时间比 2009 年增加了 58.7 万小时，制作时间占播出时间的比重却呈现低幅下降趋势。

构建公平、合理和科学的综合性评价体系、改变以收视率唯一评价标准的局面，是学界和业界多年来一直关注的热点话题，2011 年电视评价体系改革有了实质性进展。2011 年 7 月 1 日中央电视台正式实施了“中央电视台栏目综合评价体系优化方案暨年度品牌栏目评选办法”，开启了电视评价体系革新的先河，预计省级卫视综合评估体系也将于 2012 年起在全国实施。中央电视台新的栏目综合评价体系包括引导力、影响力、传播力和专业性四项一级指标和若干二级指标。其中分值最高的为传播力，占到了 50%，其次是影响力为 25%，引导力为 20%，专业性为 5%。新的卫视综合评价体系同样不再以收视率为唯一评估标准，而是从宣传引导力、平台传播力和品牌竞争力三方面予以评价，并将观众和专家的满意度首次纳为评估指标。

（二）电视纪录纪实产业迎来了发展的春天，综艺

节目呈多元化发展趋势

2011 年中国纪录纪实产业步入了一个蓬勃发展时期，2011 年 1 月 1 日，中央电视台纪录片频道开播，作为中国首个全国播出的国家级专业纪录片频道和首个全球覆盖的中英文双语纪录片频道，其开播的意义远超于频道本身的价值，而是预示和彰显了中国影视的一种发展态势和国家提高中国文化国际竞争力和影响力的决心和态度。此前，2010 年 10 月，广电总局下发《关于加快纪录片产业发展的若干意见》为纪录纪实产业的发展提供了政策支持，加大对国产纪录片扶持力度，在 2011 年 12 月 5 日在广州由广电总局组织的 2010 年度国产纪录片及创作人才扶持项目首度颁奖仪式上，对国内优秀纪录片导演和制作人奖金总额高达 500 万元人民币。截至到 2011 年 12 月，省级以上纪录片频道已达 4 个。其中，中央电视台纪录片频道国产纪录片播出比例占播出总量的 70%，覆盖人口超过 6.5 亿，收视人群从开播之初的每天 2700 万增加到 4200 万，2012 年的广告签约收入已超 2 亿元；中国教育电视台纪录片频道年盈利超过 3000 万元，其纪录片收视率远远高于电视剧收视率；2011 年 7 月 1 日国内首家高清纪实频道——北京电视台纪实高清频道开播。

2011 年电视综艺节目除了像江苏卫视的《非诚勿扰》、东方卫视的《中国达人秀》、湖南卫视《快乐大本营》和《天天向上》以及浙江卫视《我爱记歌词》等老牌节目稳居婚恋、真人秀、互动游戏等节目类型鳌头之外，涌现出许多新节目，比如中央电视台的《我要上春晚》、江苏卫视的《非常了得》和浙江卫视斥资引进的《中国梦想秀》等。无论是自制还是引进，电视台都开始关注和塑造自己的特色，加之“限娱令”和“限广令”的出台，综艺节目的发展趋于多元和理性。

（三）电视剧市场竞争近乎零和博弈，电视网络时代即将来临

从 2007 年以来中国电视剧产量稳居世界第一，日均生产电视剧 40 集以上，在全国 1974 个电视频道中，播放电视剧的频道有 1764 个，占总数的 89.4%，电视剧广告收入占全国各级电视台广告总收入的50%以上。2011 年电视剧市场不仅有大量资本涌入，而且电视价格之战步入白热化阶段，但电视剧消费市场并没有多大增长，每年能有效播出的只有 7000 集 -9000 集，有幸进入黄金档的仅有 3000 集 -4000 集，电视剧市场竞争开始步入零和博弈时代。由此，电视剧在编排和播出方式上新招迭出，比如以新版《水浒传》等以“4+X”或“3+X”的模式首播、央视八套暑期日播剧集 17 小时等依托节假日的季播模式。

据 CNNIC 的最新统计，截至到 2011 年 12 月底，中国网络视频用户数量增至 3.25 亿，年增长率达到 14.6%，在网民中的使用率从 2010 年底的 62.1% 升至 63.4%，相较于其他网络娱乐类呈逆势上扬之势，已成为第五大互联网使用。这其中一个重要缘由是视频网站涌入电视剧和综艺节目等电视市场，网台联动步伐不断加快，可以预见电视即将步入一个全新的网络时代。首先是互联网站竞相高价购买电视剧等节目内容，电视剧网络版权飙升。2011 年 6 月，还未杀青的《攻心》网络版权卖出 2000 万元；7 月，搜狐视频以 3000 万元购买了 98 集新版《还珠格格》网站独家播映权；9 月，电视剧《浮沉》以超过百万元的单集版权卖给搜狐，总成交价突破 3000 万元。其次是电视台和互联网全方面相互联动和渗透，在影视剧等生产、包装、营销以及生产方式、商业模式等方面开始全面融合。比如，北京卫视和搜狐视频的合力营销的《永不磨灭的番号》成为 2011 年夏季最热门的电视剧；PPTV 于 11 月 24 日在北京宣布获得了 IMBC、KBS 和 SBS 三家韩国电视台的韩剧转播权等。再次，视频网站加大自制内容的力度，并开始向电视台反向输出。比如，奇艺 2011 年 7 月以来与多家电视台达成合作，旗下《环球影讯》《头号人物》《娱乐猛回头》《恐怖！健康警报》等多档自制节目已经实现网络对电视台的反向输出。最后，《持有互联网电视牌照机构运营管理要求》（广办发网字〔2011〕181 号）文件的出台使得互联网电视机顶盒获得了进入市场的合法身份，进一步促进了网络电视的发展。

（四）卫视品牌化竞争更加激烈，地方广播电视台联盟步伐加大

2011 年卫视更加关注和塑造品牌形象，多家电视台大力塑造品牌形象。2011 年伊始，甘肃卫视全新改版，推出《我爱每一天》《今晚男得》《超级娱乐夜》等七档智慧生活类节目，全力塑造“中国第一生活卫星频道”品牌形象；同时，四川卫视以“中国爱”为品牌定位，以此对频道包装、节目内容进行改版升级和推出一系列大型公益活动，塑造传播爱的第一电视平台；3 月 1 日，重庆卫视也推出全新版面，全天候全力塑造“主流媒体、公益频道”——“中国红”频道特色，而且首开卫视不播放商业广告之先河；6 月贵州卫视正式改版，塑造“苹果”符号和推出“苹果”副品牌。此外，湖南卫视、江苏卫视和东方卫视等第一方阵卫视也在整合资源、精心编排节目带，巩固和优化其品牌特色。在 2011 年 6 月 28 日世界品牌实验室（WorldBrandLab）

发布的“2011年（第八届）中国500最具价值品牌”，广播电视行业有中央电视台、凤凰卫视、湖南广播电视台、江苏广播电视总台、浙江广电集团、北京电视台和中央人民广播电台等7家位列其中。中央电视台的品牌价值高达1261.29亿元，仅次于工商银行、国家电网和中国移动，四家省级广电机构品牌价值均在86.69亿元之上，可以看出卫视的品牌价值在不断提升。

2011年地方广播电视台联盟无论是在范围和模式都有很大的进展，整合资源和合作共赢成为地方广播电视台一种发展趋势。2011年1月8日成立的城市联合网络电视台（简称CUTV），就是多家电视台以股份制的形式组建的新形态，旨在整合资源，联合发展新媒体。截至2011年底，城市联合网络电视台成员台及紧密合作媒体达到63家，覆盖全国26个省市自治区直辖市。12月18日，京、津、冀、晋、蒙五省市电视台召开首届华北五省（区）省级电视台联席会议，签订了华北五省区市文化发展战略合作框架协议，确立了华北五省区市省级电视台的联席会议制度，并深入探讨在节目生产、技术合作、版权交易、人才流动等方面深层次的合作等网台。

（五）体制改革进一步深化，资本运作大步推进

2011年影视剧制作等电视经营性产业体制改革更加深入，企业融资上市和股份制改造步伐也在加速。截至2011年年底，国有电视剧制作机构转企改制全面完成，9家广播影视企业重组上市。2011年11月以电视剧为主业的海润影视和华录百纳酝酿已先后分别通过港交所上市委员和中国证监会的审批，12月29日上海广播电视台、上海东方传媒集团有限公司（SMG）旗下百视通新媒体股份有限公司宣布正式在上海证券交易所挂牌上市。2011年6月17日，幸福蓝海影视文化集团有限责任公司以现有股东江苏省广播电视集团有限公司、江苏广电创业投资有限公司为发起人，以发起方式整体变更为股份有限公司。

（六）电视新业态新业务发展迅猛，电视转型加速

随着新信息传播技术的发展和应用，电视数字化和网络化进程进一步推进，电视新业态新业务发展迅速。一是有线电视网络数字化双向化进程稳步推进，截至2011年年底中国有线电视用户已达2亿，有1.1亿户实现了数字化，其中双向覆盖用户已超过5700万、实际用户超过1200万；二是电视购物专业化、经营规模化程度进一步提高。以江苏的“快乐购”和湖南的“好享购物”为首的11家电视购物开始圈地运动，同时发展模式不断创新。比如，CCTV中视购物推出了针对战略供应商的“零广告费、零进场费、零账期”的无障碍合作发展模式。三是3D电视实验频道开播就绪。2011年12月12日，广电总局发布的《关于开办中国3D电视试验频道的通知》指出，2012年元旦中央电视台、北京广播电视台、上海广播电视台、天津广播电视台、江苏广播电视总台、深圳电视台等六家单位联合试播3D电视，春节后正式开播。此外，手机电视、IPTV、互联网电视等新业务进一步拓展，中央电视台完成了IPTV、手机电视集成播控平台建设，首批三网融合试点地区的广播电视播出机构完成了IPTV集成播控分平台建设。

“云计算”、“云服务”、“云平台”等“云”无疑是2011年科技领域的热门现象之一，云计算也开始运用到电视领域，电视行业亦是风起云涌，同时3D电视、手机电视、智能电视等新形态层出不穷，传统电视向综合信息终端转型步伐加快，看电视向用电视转变。山东电视台齐鲁频道在国内首推“新闻云系统”的概念，而湖南电广、江苏有线也将云电视产品化，而海尔、海信、长虹和TCL等彩电巨头也生产和推销其云电视，2011年10月28日中怡康、TCL、凤凰网、第一财经日报等20家权威机构和媒体联合推出了《云电视行业推荐标准》，从系统、平台、硬件、软件、应用、交互、服务、产业链等角度全面界定云电视，这在全球也是首次，“云电视”成为《2011年度中国媒体十大新词语》之一。

（中国传媒大学 胡正荣、李继东、黄炜）

电影产业

2011年中国电影市场影院票房超过130亿，成为仅次于北美和日本的世界电影第三大市场；内地影院正向10000块银幕的目标逼近，观众的电影消费需求依然旺盛，电影市场发展动力强劲。但是，中国电影的整体收益水平、国产片的单片收入、观众人均观影频次、每10万人均拥有的银幕数量等指标却还很难与欧美日韩等国家相比。尤其是2011年国产电影的供给疲态尽显，大片未能担当票房中流砥柱，进口电影的市场优势更加明显。不仅发展要快而且发展要好的共识，正在推动中国电影产业向“快上加好”的方向转折。

一、2011 年电影产业总体情况

（一）电影产量连续 10 年稳步上升，动画片、纪录片生产更加活跃

2011 年中国内地全年生产各类电影共计 791 部，包括故事影片生产 558 部，动画片 24 部，纪录片 26 部，科教片 76 部，特种影片 5 部，电影频道出品数字电影 102 部。由于银幕增加，电视频道、视频网站和新媒体平台对内容需求的扩大，不仅故事片产量提升，而且分众电影、小众电影、微电影、网络电影等特殊影片的生产也更加活跃。

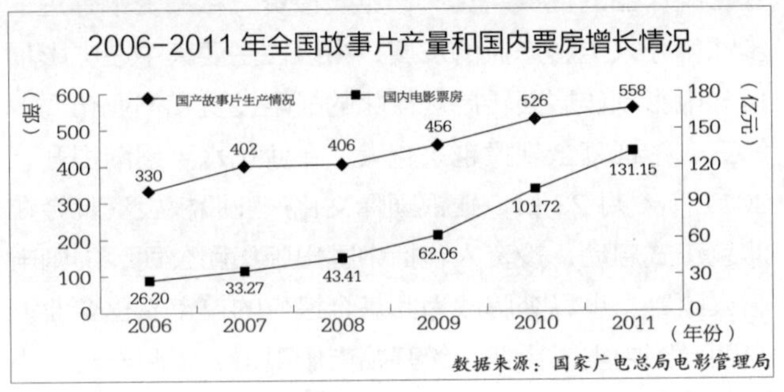

（二）内地银幕数量爆发式增长，3D 银幕总数居全球第二

2011 年中国内地新增影院 803 家，新增银幕数 3030 块，平均每天新增 8.3 块银幕，全国城市影院银幕总数突破 9200 块，增幅约 50%。其中，90% 的银幕具备数字放映条件。3D 数字银幕已发展到约 4700 块，数量接近美国，IMAX 银幕则达到 61 块。

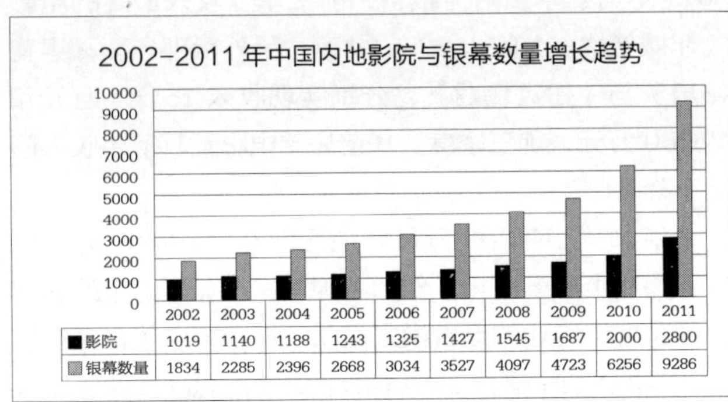

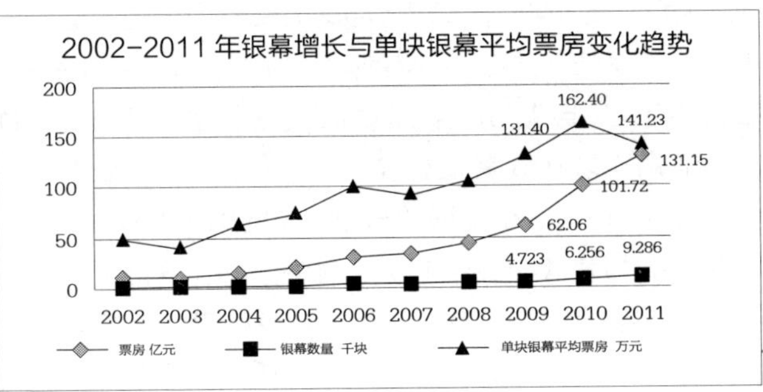

（三）票房年度增幅超过 28%，中国已成为世界第三大电影市场

2011 年中国内地电影票房达 131.15 亿元，同比增长 28.93%，成为仅次于北美和日本的世界电影第三大市场。内地城市影院观影人次 3.7 亿左右，同比增 8000 多万人次，观众规模增幅约 28%，与票房增长比例大致相当。观众总人次在印度、北美市场之后居全球第三位。全年共有 55 部影片销往 22 个国家和地区，总收入 20.46 亿元，近 8 年来首次出现明显下降。

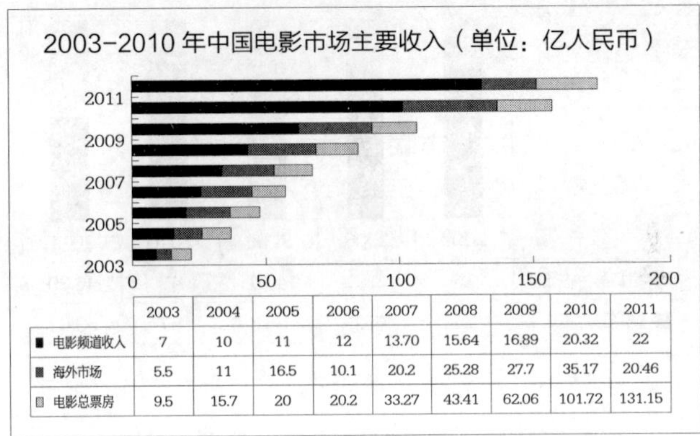

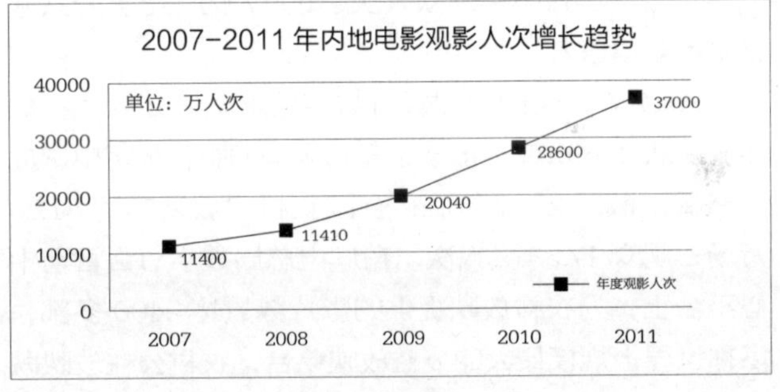

（四）票房过亿的国产影片达到 20 部，国产影片票房总份额继续保持 50% 以上

在 2011 年上映的 215 部影片中，共有 35 部中外电影的票房收入过亿，约占年度总票房的 70%。20 部国产影片票房过亿（包括上年度开始上映的《非诚勿扰 2》），票房超过 40 亿，占年度国产影片票房份额近三分之二，其中 7 部影片票房超过 2 亿元。票房排名前 5 名中，《变形金刚 3》以 10.8 亿元成为年度票房冠军，第二名《功夫熊猫 2》票房超过 6 亿，《加勒比海盗 4》《哈利波特与死亡圣器（下）》《建党伟业》《金陵十三钗》和《龙门飞甲》的年度票房均超过 4 亿。截至 2011 年 12 月 31 日，《金陵十三钗》以 4.67 亿元成为年度国产影片票房冠军。按照电影局公布的数据，国产影片票房总额为 70.31 亿元，占全年总票房 53.61%，继续维持国产影片市场份额过半的格局。

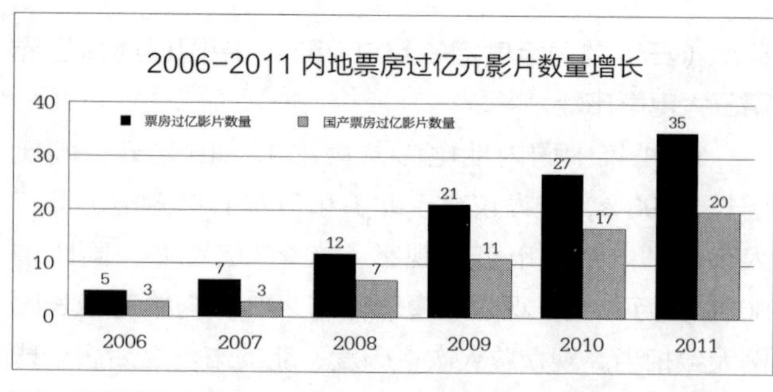

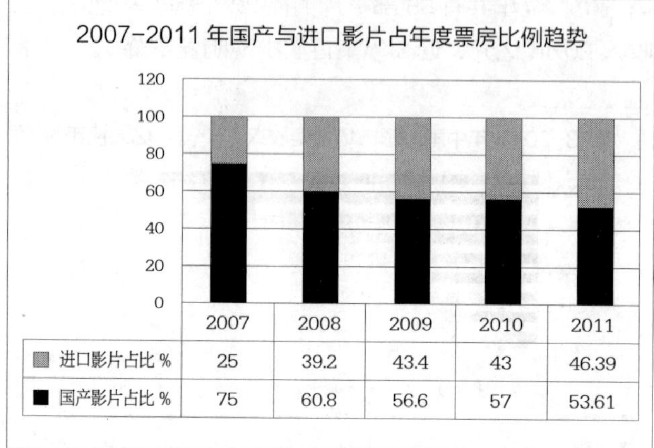

	2007	2008	2009	2010	2011
进口影片占比 %	25	39.2	43.4	43	46.39
国产影片占比 %	75	60.8	56.6	57	53.61

（五）农村电影观众人次超过 17 亿，电影公共服务平台规模惊人

2011 年，全国组建农村数字电影院线 246 条，数字放映队 47692 支，形成了遍布全国的农村数字电影放映格局。截至 2011 年底，全国农村已放映影片 812.3 万场，观众 17.53 亿人次。在广电总局数字节目管理中心平台上，为农村放映提供的影片数量达 2400 多部，堪称世界上规模最大的公益放映平台，农村公益放映既为电影内容提供了公共购买，同时也为电影市场培育了潜在观众。

二、2011 年电影产业发展特点

（一）政策法规为电影产业发展保驾护航

2011 年 11 月 29 日国家广电总局正式发文公布对电影产业的利益分配的建议意见，包括"影城的首轮分账比例不超过 50%"。尽管这种意见并没有强制性作用，但是对于电影产业链的利益分配，保护电影内容生产机构的利益，规范电影市场有一定的引导作用。

2011 年 12 月 15 日，国务院正式发布《中华人民共和国电影产业促进法（征求意见稿）》，作为国内首次对促进电影产业发展进行的立法实践，征求意见稿共包括 6 章 62 条，包括降低电影产业的市场准入门槛；减少电影生产和发行的行政审批；明确财政、税收、金融扶持政策等内容，涉及电影创作、摄制、发行、放映等各环节，并规定了具体的保障措施和法律责任，充分显示国家对电影产业的高度重视和促进电影产业发展的信心与决心。

（二）资本市场影响进一步深化，上市企业谋求多元发展

首先，银行等金融机构加大对电影企业的信贷支持力度。民生银行以版权质押的方式为《金陵十三钗》的拍摄和宣传提供贷款 1.5 亿元，利息在基准利率基础上略有上浮。北京银行朝外支行以影片质押、院线等为担保一次性贷款给博纳影业 1 亿元，用于《龙门飞甲》等影视作品的拍摄。其次，风险投资、私募资本等进一步深度介入电影产业的发展，由以往主要集中在电影项目与电影制作层面转向规模化的战略投资和产业布局。第三，影视基金规模越来越大、专业化水平逐渐提升。2011 年 4 月 23 日，建银国际文化产业股权投资基金在北京正式启动，投资人包括中国出版集团公司、中国电影集团等，小马奔腾成为此基金投资的首家文化企业。第四，国内电影企业纷纷开始市场重组、资源整合。小马奔腾入股顶级特效制作公司——DigitalDomain 数字王国，成为中国内地首位成功入股全球顶级特效公司的电影制作公司。华谊、博纳共同参股北美华狮电影发行公司。

2011 年，华谊兄弟作为上市影视公司，加强与国际影视公司合作，深化全产业链拓展，通过参股"华狮"，布局海外市场，并继续加大内地影院的建造，与腾讯展开合作、尝试打通产品渠道。根据已经公布的华谊兄弟 2011 年前三季度财务报告，前三季度收入最高的电影《非诚勿扰 II》收入 9855.39 万，另外两部电影《雪花秘扇》与《建党伟业》，分别实现收入 154.44 万元和 176.60 万元。前三季度，华谊兄弟电影及其衍生收入同比下降 41.18%。

2011 年 12 月 9 日是博纳影业在纽约纳斯达克股票交易所上市一周年，作为中国首家在美国上市的影视公司，博纳影业的运营模式是以发行为核心整合产业链上下游的产业资源。因博纳影业的公司总部和业务收入都在中国，国内的很多营销活动大都不为美国投资者所知，存在美国上市的中小盘概念股面临的共性问题——流通性不足。自上市以来，博纳影业的股票由开盘价 8.41 美元下跌至现在 6 美元左右。

2011 年前三季度博纳影业参与的国产影片分别是：博纳参与投资《建党伟业》、博纳出品、发行《窃听风云 2》、博纳参与投资、发行《新少林寺》；博纳代理发行《白蛇传说》，第三季度《窃听风云 2》《白蛇传

说》票房分别超过 2 亿元人民币。根据博纳影业已经公布的财报，其 2011 年前三季度的营业收入 7351 万美元超过 2010 年全年，第三季度营业收入 3750 万美元，同比增长 83.1%，2011 年全年净利约为 1729 万美元。前三季度博纳影业的营业收入分别为发行占比达 64%，影院占 25%，投资制作占 10%，艺人经纪占 1%。

2011 年 8 月，光线传媒在深圳创业板上市。至此，影视传媒国内上市的公司已达 3 家，且均为民营企业的三家影视传媒公司各有侧重，华谊兄弟为电影制作和影院等，华策影视为电视剧制作发行等，光线传媒为电视节目制作发行等。2011 年光线传媒前三季度实现营业收入 4.14 亿元，同比增长 33.8%，净利润 1 亿元，同比增长 57.6%；其中第三季度营业收入 1.5 亿元，同比增长 25.5%，净利润 4035 万元，同比增长 65.6%。实现影视剧收入 1.14 亿元，同比增长 45.9%，毛利率为 29.6%，同比增加 15.12 个百分点。

（四）互联网公司进军电影产业

新媒体入股影视公司、投资电影制作发行成为 2011 年电影市场的热点。2011 年 4 月 14 日，腾讯公司正式设立 5 亿规模的影视投资基金，这是第一次向互联网及 IT 产业以外的行业跨界发展。另外，盛大集团的华影盛视是影片《龙门飞甲》的重要投资方之一，凭借盛大的丰富资源在《龙门飞甲》新媒体及后产品开发中发掘和延伸影片价值，涉及游戏、文学、微电影等多元化市场。随着搜狐、腾讯、盛大、新浪、网易等互联网公司的加入，国产影片的生产、发行呈现多元化趋势。

中小成本制作影片以低风险、投入少、产出快的特点成为互联网公司投资电影生产的首选。淘米网、腾讯等游戏公司借助其面向少年儿童的网络产品优势，进入动画电影市场，开发适合家庭娱乐的动画影片和衍生品市场。游戏内容和网路小说成为未来中小成本国产影片的来源，以 80 后、90 后年轻人为主要受众的网络产品与电影类型或成为电影市场的重要组成部分，电影衍生市场的潜力或因互联网企业的加入影片的创作、生产和发行而得到快速发展。视频网站作为网络播放平台正在成为中小成本影片进入市场的“快捷”渠道，特别是正在成为电影营销重要方式的“微博营销”、“粉丝营销”速度快、成本低，成为中小成本影片进入市场的另一种途径和推广策略。2011 年，《武侠》和《大武生》独家网络版权分别以 1000 万的价格销售给迅雷和乐视网。《金陵十三钗》的网络价格则突破 2000 万。2011 年 12 月，国产小成本喜剧影片《不怕贼惦记》与电影网正式签署独家网络版权合作协议，从院线转向网络播放平台。

（五）合拍片数量大幅增长，合拍效果有待提升

近年来中国的合拍政策逐渐放宽，促使 2011 年合拍片立项增长 30%。2011 年，中国电影合作制片公司共接受合拍片申请 99 部，其中 73 部通过立项，57 部拍摄完成。其中，内地香港合拍片占全年合拍片数量的 70%。另外，我国已经先后与加拿大、意大利、澳大利亚、英国、法国、新西兰、新加坡等国签署了合作拍摄协议。

（六）国产 3D 电影生产低迷，整体不敌引进大片

2011 年 12 月 15 日上映的武侠片《龙门飞甲》是首部真人 3D 国产动画电影，国际水准的 3D 效果和传统武侠题材，使得《龙门飞甲》在贺岁档上映三周后创造 4.12 亿的国产 3D 影片票房新纪录。但是整体来看，国产 3D 影片质量和数量都不能满足观众期待和日益高涨的观影需求。暑期档上映的国产动画 3D 影片《兔侠传奇》，尽管在场景设计、人物塑造等方面都有不错表现，但其不足 1700 万元的票房差强人意。

自 2009 年以来上映的国产 3D 电影与同期上映的好莱坞 3D 电影在质量和票房上皆不可同日而语，由于国内引进的好莱坞 3D 电影大片，如《里约大冒险》《赛车总动员 2》《蓝精灵》都是作为特种片引进，不受进口份额的限制，并从一定程度上推高内地电影市场的总票房，导致大量好莱坞“豪华巨制”的不断涌入。2011 年票房过亿的 17 部进口影片中，13 部都有 3D 版本，只有《速度与激情 5》《洛杉矶之战》《致命伴旅》和《关键第四号》为非 3D 影片。中国 3D 电影一旦落伍，好莱坞大制作的竞争将再次垫高国产电影与之竞争的门槛。

（七）引进大片与进口买断片的市场表现依然强劲

2011 年进口影片票房达到 60.84 亿元，进口影片在前十个月的票房统计数据中一直高于国产影片。2011 年，全年票房冠亚军均为进口电影，暑期档票房前三位均为进口影片，票房过亿的进口影片增长最多。进口影片的票房成绩呈现出越来越强的趋势。

2011 年，进口买断片（批片）正在成为中国电影市场中不可忽视的组成部分。2011 年共有 8 部进口分账片、批片票房过 2 亿元，共计 35.08 亿元（2010 年全年 35 部批片总票房不足 5 亿元），远超过 8 部票房过 2 亿元的华语影片的总票房 20.63 亿元）。2011 年的批片大多数是好莱坞的中等制作水准的商业类型片（《源代码》《永无止境》《夺命深渊》《女巫季节》《狂暴飞车》），并且开始缩短与海外首映之间的间隔，如 11 月 11 日上映的《惊天战神》与美国同步上映，是进

口买断片的商业运营中的新策略和方式。

（八）国产电影海外市场逐渐萎缩

根据国家广电总局的统计数据，2011 年共有 55 部国产电影销往 22 个国家和地区，海外票房和销售收入达 20.46 亿元，比 2009 年（27.7 亿）、2010 年（35.17 亿）的海外票房和营销收入明显下降。2011 年销往海外的影片仍然以合拍为主。14 部影片销往美国（合拍片 13 部），销售收入 8.59 亿元，占全年总和的 42.44%。7 部合拍片销往欧洲地区，总收入 1.75 亿元，占全年总和的 8.64%。国产影片的出口公司主要集中在中影集团（发行 10 部合拍片，占收入总和 33%）、上影集团（发行合拍片 5 部，占收入总和 13.49%）、新画面（发行合拍片 4 部，占收入总和 13.39%）、光线影业（发行 4 部合拍片，占收入总和 6.08%）、银都机构（发行 3 部合拍片，占收入总和 5.09%）、保利博纳（发行 4 部合拍片，占收入总和 4.45%）。以上 6 家公司票房发行销售总额达到 15.28 亿元，占全年销售总额 75.49%。《功夫梦》《辛亥革命》《金陵十三钗》《赤壁（下）》《英雄》《阿童木》《新少林寺》《龙门飞甲》《窃听风云 2》《关云长》等 10 部影片海外销售成绩最好，其中本年度生产的影片占一半。

2011 年，尽管多部影片号称卖出了多国海外版权，甚至全球同步放映，其实仅仅是在海外的华人聚集区集中放映而已，主要观众群体均为海外华人。国产影片在题材选择、价值观念、制作水准、营销能力方面仍然缺乏国际竞争力。

（清华大学 尹鸿、程文）

新闻出版产业

2011 年是“十二五”时期开局之年，也是新闻出版体制改革深入推进、新闻出版产业加快发展的关键一年。新闻出版业按照中央要求，全面深化改革，不断加快发展，保持了快速、平稳、健康的发展态势。新闻出版产业继续成为文化产业的主力军，并真正成为国民经济的一个重要组成部分。

一、2011 年新闻出版产业总体情况

（一）新闻出版产业主要经济指标持续向好

全国出版、印刷和发行服务实现营业收入 14568.6 亿元，较 2010 年增加 2193.4 亿元，增长 17.7%；增加值 4021.6 亿元，较 2010 年增加 518.3 亿元，增长 14.8%。表明在社会主义文化大发展大繁荣的总体格局下，新闻出版体制改革成效不断显现，产业继续保持快速稳步增长。

（二）图书品种和重版重印品种同步增长

全国共出版图书 37.0 万种，较 2010 年增加 4.1 万种，增长 12.5%，达到历史最高水平，图书品种的快速增长，说明出版单位的生产能力进一步提高。重版、重印图书 16.2 万种，较 2010 年增加 2.3 万种，增长 16.5%，重版、重印图书品种增长率为 2005 年以来最高，图书再版率大幅上升表明图书生产的品种结构优化，获利能力强的品种增多。

（三）期刊、报纸均出现品种下降

全国共出版期刊 9849 种，较 2010 年减少 35 种，降低 0.4%；全国共出版报纸 1928 种，较 2010 年减少 11 种，降低 0.6%。表明深化非时政类报刊出版单位改革、调整报刊结构的效果初步显现。

（四）图书、期刊、报纸印数创历史新高

图书出版总印数 77.1 亿册（张），较 2010 年增加 5.7 亿册（张），增长 7.5%；48 种书籍的单品种当年累计印数超过 100 万册，较 2010 年增加 16 种。全国期刊总印数 32.9 亿册，较 2010 年增加 0.7 亿册，增长 2.2%；14 种期刊平均期印数超过 100 万册。全国报纸总印数 467.4 亿份，较 2010 年增加 15.3 亿份，增长 3.4%；26 种报纸平均期印数超过 100 万份，其中党报和由党报主办的报纸占到半数以上。图书、期刊、报纸印数均创历史新高，表明纸介质出版物在数字阅读不断增长的情况下仍然有发展空间。

（五）音像制品、电子出版物品种下降但利润增加

全国共出版音像制品 19408 种，较 2010 年减少 2144 种，降低 10.0%，利润总额 2.8 亿元，较 2010 年增加 0.4 亿元，增长 15.6%。全国共出版电子出版物 11154 种，较 2010 年减少 21 种，降低 0.2%，利润总额 1.3 亿元，较 2010 年增加 0.3 亿元，增长 28.0%。表明音像出版社和电子出版社转企改制后，企业的市场意识增强，效益有所提高。

（六）数字出版继续保持快速增长

数字出版实现营业收入 1377.9 亿元，较 2010 年增加 326.1 亿元，增长 31.0%，占全行业营业收入的 9.5%，较 2010 年提高 1.0 个百分点。数字出版的增长速度虽然较 2010 年有所放缓，但仍超过全行业增长速度，在

各产业类别中位居前茅，表明产业转型升级步入稳步发展的轨道。

（七）印刷复制在全行业中居主要地位

全国印刷复制实现营业收入 9305.4 亿元，较 2010 年增加 1387.2 亿元，增长 17.5%，占全行业 63.9%；增加值 2324.9 亿元，较 2010 年增加 204.3 亿元，增长 9.6%，占全行业 57.8%。表明印刷复制业仍然是新闻出版业的支柱产业。

（八）出版物发行业面临严峻考验

出版物发行业实现营业收入 2162.9 亿元，较 2010 年增加 264.4 亿元，增长 13.9%；实现利润总额 185.1 亿元，较 2010 年减少 21.6 亿元，降低 10.5%，在所有产业门类中降幅最高。表明受宏观环境因素影响，出版物发行成本、费用上涨较多，企业经营压力加大。

（九）版权输出和实物出口取得新突破

全国共输出出版物版权 7783 种，较 2010 年增加 2092 种，增长 36.8%；版权输出品种与引进品种比例由 2010 年的 1:2.9 提高至 1:2.1。其中，对台湾地区版权输出 1656 种，引进 1497 种，首次实现了版权输出顺差。全国累计出口图书、期刊、报纸、音像制品、电子出版物 1557.5 万册（份、盒、张），金额 7396.6 万美元。其中，出版物进出口经营单位累计出口 1151.9 万册（份、盒、张），较 2010 年增加 104.4 万册（份、盒、张），增长 9.9%；金额 3940.7 万美元，较 2010 年增加 182.5 万美元，增长 4.9%。版权输出引进比提高，出版物出口数量和金额增加，表明实施新闻出版“走出去”战略取得明显成效。

（十）集团和上市公司规模不断壮大

全国出版、报刊和发行集团共实现主营业务收入 2094.6 亿元，较 2010 年增加 354.3 亿元，增长 20.4%，占全国出版发行全行业主营业务收入的 57.5%；拥有资产总额 3680.1 亿元，较 2010 年增加 530.3 亿元，增长 16.8%，占全国出版发行全行业资产总额的 73.4%；实现利润总额 173.4 亿元，较 2010 年增加 21.2 亿元，增长 13.9%，占全国出版发行全行业利润总额的 43.2%。其中，江苏凤凰出版传媒集团有限公司、湖南出版投资控股集团有限公司主营业务收入和资产总额均突破 100 亿元。表明新闻出版企业集团和上市公司的骨干地位进一步凸显。

（十一）民营经济比重进一步提高

在全国 15.3 万家新闻出版企业法人单位中，民营企业数量占 81.2%，较 2010 年提高 5.1 个百分点。在印刷复制企业中，民营企业营业收入占 86.3%，增加值占 85.4%，利润总额占 86.5%，较 2010 年分别提高 0.1 个百分点、0.9 个百分点和 1.9 个百分点。在出版物发行企业中，民营企业营业收入占 62.9%，增加值占 67.6%，利润总额占 68.7%，较 2010 年分别提高 1.1 个百分点、4.1 个百分点和 2.7 个百分点。表明民营企业继续成为新闻出版业一支重要的生力军。

（十二）人均出版物拥有量稳步增长

全国百万人均拥有当年出版图书 274 种，较 2010 年增长 11.8%；人均年拥有图书 5.7 册，较 2010 年增长 7.3%；人均年拥有期刊 2.4 册，较 2010 年增长 1.7%；每千人日均拥有报纸 95.1 份，较 2010 年增长 2.8%；报纸普及率每户 0.35 份，较 2010 年增长 2.9%；人均书报刊用纸 230.0 印张，较 2010 年增长 5.0%。表明新闻出版业的供给与服务能力进一步增强。

（十三）新闻出版产业基地（园区）首次统计

经国家统计局批准，2011 年新闻出版统计年报第一次开展新闻出版产业基地（园区）统计。依据 12 家新闻出版产业基地（园区）报送的数据汇总，上述基地（园区）2011 年共实现营业收入 489.0 亿元。在 12 家新闻出版产业基地（园区）中，营业收入超过 100 亿元的有 1 家，即上海张江国家数字出版基地。在 50~100 亿元之间的有 4 家，降序依次为江苏国家数字出版产业基地、杭州国家数字出版产业基地、中国北京出版创意产业园区和湖南中南国家数字出版基地。前 5 家基地（园区）合计占到全部基地（园区）的 89.8%。不足 10 亿元的有 6 家。

二、2011 年新闻出版产业发展特点

（一）出版品种数量持续增长，主流出版物持续畅销

2011 年，我国新闻出版业发挥主阵地作用，出版了一大批精品力作。围绕纪念建党 90 周年、辛亥革命 100 周年、西藏和平解放 60 周年，倾力打造了 2000 多种阐述科学发展观、中国特色社会主义理论、建设社会主义核心价值体系，以及反映中共党史、中国革命史和中华民族发展史等方面的精品出版物，成为“叫好又叫座”的书籍。

1. *出版规模继续扩大*。2011 年，全国出版图书 37.0 万种，较 2010 年增长 12.5%，图书出版总印数 77.1 亿册（张），较 2010 年增长 7.5%。期刊总印数 32.8 亿册，增长 2.2%。报纸总印数 467.4 亿份，增长 3.4%。音像制品出版数量 4.6 亿盒（张），增长 9.6%。

2. *精品力作不断涌现*。2011 年新闻出版总署组织

开展了三大主题出版活动，出版庆祝中国共产党成立90周年重点出版物80种，纪念辛亥革命100周年重点出版物选题20种，纪念西藏和平解放60周年重点出版物选题82种。《理论热点面对面2011》发行270万册，《中国共产党历史》（第二卷）发行126万册，《红色精神》发行80万册，《历史的轨迹——中国共产党为什么能》发行30万册。《中华民国史》《孙中山传》等图书不仅有良好的市场效益，更是在海内外受到较好评价。

3. 畅销出版物进一步增多。《公众安全应急手册》《朱镕基答记者问》《好妈妈胜过好老师》《生命进行曲》《新华字典（第11版）》《纳税人权利与义务公告解读》《建设幸福中国·小学中高年级读本》等50种书籍当年印数超过100万册，其中《公众安全应急手册》总印数达到1300万册。与2010年相比，超过100万册图书增加了18种，内容涉及时政、社科、教育、文艺、卫生等多方面。《读者》《特别关注》《求是》《半月谈》《青年文摘》等15种期刊的平均期印数达到100万册以上，其中《读者》平均期总印数达到351万册。《参考消息》《人民日报》《广州日报》《环球时报》等24种报纸的平均期印数超过100万份，党报和由党报主办的报纸占到半数以上，其中《参考消息》平均期总印数达到307万份，满足了读者多方面、多层次、多样化的阅读需求。

（二）新闻出版体制改革不断深入，改革成效进一步显现

2011年是新闻出版体制改革巩固提高、深入推进的关键一年，根据中央“加大力度、加快进度、巩固提高、重点突破、全面推进”的要求，一方面鼓励和支持完成转企改制的出版社尽快建立现代企业制度，完善法人治理结构，推进内部机制改革和创新，另一方面扎实稳步推进非时政类报刊出版单位转企改制。与此同时，加快新闻出版投融资体制改革，加强省部合作，加大与金融机构合作力度，大力拓宽投融资渠道，推动出版传媒企业实现跨地区、跨部门、跨行业重组，支持有条件的企业上市融资。

1. 新闻出版企业法人地位进一步凸显。2011年，新闻出版企业法人单位营业收入比重由87.7%提高到91.8%，增长4.1个百分点；增加值由80.4%提高到87.3%，增长6.9个百分点，总产出占全行业比重由2010年的87.5%提高到91.7%，资产总额由89.2%提高到89.6%，增长0.4个百分点；利润总额由71.2%提高到88.6%，增长17.4个百分点。

2. 新闻出版传媒集团实力进一步增强。截止2011年底，新成立的中国科技出版传媒集团有限公司，江苏凤凰出版传媒集团有限公司、湖南出版投资控股集团有限公司资产总额和主营业务收入均突破“双百亿”。成都传媒集团、中国教育出版传媒集团有限公司、解放日报报业集团、浙江出版联合集团有限公司四家集团的资产均超过百亿。全国出版、报刊和发行集团共实现主营业务收入2094.6亿元，拥有资产总额3680.1亿元，实现利润总额173.4亿元，较2010年分别增长20.4%、16.8%和13.9%，占全国出版发行全行业主营业务收入的57.5%、资产总额的73.4%和利润总额的43.2%。

3. 新闻出版企业上市取得新进展。2011年11月30日，江苏凤凰出版传媒股份有限公司在上交所正式挂牌，募集资金44.8亿元，成为了目前规模最大的文化传媒类上市公司。另外，大地传媒、长江传媒、盛通股份、康得新、浙报传媒、淘米网等6家新闻出版企业相继通过IPO或“借壳”方式在国内外上市。值得一提的是，2011年以来，特别是党的十七届六中全会召开之后，国内A股市场文化传媒产业板块涨势凶猛，业绩喜人。其中，2011年10月，天舟文化连续4个交易日涨停，股价从13.75元飙升至20.13元。

（三）新媒体新业态亮点纷呈，新闻出版产业转型加速

2011年，我国数字出版领域在提升科技支撑作用，促进数字出版产业发展，强化网络出版管理，推动“走出去”方面成效显著，亮点纷呈。国家级数字出版、音乐生产、版权创意等基地建设稳步推进，产业规模化、专业化水平进一步提升。网络出版、手机出版、动漫网游和数字印刷等战略性新兴出版传媒产业快速增长。

1. 数字出版继续保持快速增长。2011年，数字出版实现营业收入1377.9亿元，较2010年增长31.0%，占全行业营业收入的9.5%，较2010年提高1.0个百分点。数字出版的增长速度虽然较2010年有所放缓，但仍超过全行业增长速度，在各产业类别中位居前茅。

2. 新闻出版产业园基地积聚效应逐渐显现。截止2011年底，上海张江等27个涵盖出版、音乐、印刷、物流和数字出版的国家级新闻出版产业基地建立，各具特色的区域产业集群基本形成。据不完全统计，7家国家数字出版基地营业收入占整个数字出版产业的比重为19.5%，大约占到五分之一。

3. 实施重大项目带动战略取得实效。2011年，国家出版基金资助项目、《大中华文库》项目和四大科技创新工程深入实施。新闻出版改革发展400多个项目获中央和地方资金支持，中央文化产业发展专项资金支持达9.3亿元。新闻出版九大专项资金获财政拨款近24

亿元，增长26%。

（四）走出去战略成效明显，民营经济比重进一步提高

加快推动新闻出版走出去，鼓励和引导民间资本积极参与出版经营活动，是新闻出版行业实施开放战略的重要方面。2011年，改革取得成效，开放同样有了突破。

1.版权贸易逆差进一步缩小。2011年全国共输出出版物版权7783种，较2010年增长37.8%。其中，图书5922种，录音制品130种，录像制品20种，电子出版物125种，电视节目1559种。2011年版权输出品种与引进品种比例由2010年1：2.9缩小至1：2.1，进一步缩小了版权贸易逆差。

2.版权输出的结构优化。除了比例的变化之外，版权输出的结构也得到了优化，输出到欧洲主流市场的版权逐渐增多，2011年图书版权输出英国433种，比上年增长了41.1%，输出德国146种，比上年增长了21.67%，法国129种，比上年增长了7.5%。

3.对港澳台图书版权输出取得新突破。2011年图书版权输出到香港地区448种，澳门地区37种。对台湾地区图书版权输出1656种，引进1497种，第一次实现了版权输出的顺差。

4.出版物出口实物量持续增长。2011年全国出版物进出口单位累计出口图书、报纸、期刊、音像制品、电子出版物出口实物量1151.9万册（份、盒、张），增长9.9%；金额3940.7万美元，增长4.8%。其中，图书出口969.17万册、4341.36万美元。与上年相比，仅就出版物进出口经营单位而言，图书出口的数量增长21%，金额增长1%；期刊出口543.91万册、1497.30万美元，与上年相比，仅就出版物进出口经营单位而言，数量增长30%，金额增长35%。

5.民营企业已经成为新闻出版业一支重要的生力军。2011年在全国15.3万家新闻出版企业法人单位中，民营企业数量占81.2%，较2010年提高5.6个百分点。在印刷复制企业中，民营企业营业收入占86.3%，增加值占85.4%，利润总额86.5%，较2010年分别提高0.1个百分点、0.9个百分点和1.9个百分点。在出版物发行企业中，民营企业营业收入占62.9%，增加值占67.6%，利润总额占68.7%，较2010年分别提高1.1个百分点、4.1个百分点和2.7个百分点。

（新闻出版总署出版产业发展司）

演艺产业

2011年，对于国内演艺行业而言，有两大特点最为突出，首先是国有艺术表演团体全面部署加快推进体制改革任务，基本完成向演出市场主体全面转型与转轨的战略目标；同时，国内演艺行业舞台艺术生产力进一步解放，国有民营演艺机构各显其长、各展风采、竞争发展，演出市场在艺术创作、舞台展示、投资渠道、市场营销诸方面实现全方位、多体制、立体化发展，在社会、经济双方面获得更好效益。

一、2011年演艺产业总体情况

（一）国内演艺业向良性运转方向发展，各项指标均呈现持续增长态势。

2007年至2011年，国内演艺业在机构总数、从业人员、演出场次、观众人次、总收入的基本行业数据如下图所示：

年份	演出机构总数（个）	从业人员（人）	国内演出总场次（万场）	国内观众总人次（万人）	演艺机构总收入（万元）
2007年	4512	220653	92.7	75895.6	829045
2008年	5114	208174	90.5	63186.8	933685
2009年	6139	184678	120.2	81715.9	1121559
2010年	6864	185413	137.1	88455.8	1239255
2011年	7069	227430	155.0	74759.2	1554622

数据来源：文化部财务司《2012中国文化统计提要》

通过对2007-2011年国内演出行业综合数据的分析，可以得出以下结论：

1.国内演出行业的演出机构数量、演出收入、演出总场次等指标总体保持了逐年增长的态势

五年来，国内演出行业的演出机构数量、演出收入两大指标一直保持逐年增长的态势，而国内演出总场次在2009年以来的三年中，也表现出持续增长的态势，它们显示出了演艺产业社会化、市场化的改革对舞台艺术生产力提升的积极作用。

2.国内演艺机构从业人员增减数据呈现出两头高、中间低的V型态势

上表显示的2007-2011年国内演艺机构从业人员

增减数据，呈现出一条由波峰到低谷再到波峰的 V 型变化曲线。它反映了国有文艺院团深化体制改革后，新的人力资源机制对剧团艺术人才资源战略的积极影响，也反映了演出市场主体体制转换完成后，表演艺术团体的人才结构优胜劣汰的合理结果和艺术生产力的有力提升。

V 型曲线还显示：2009、2010 年两年，正是中宣部、文化部全面推进国有文艺院团体制改革，艺术表演团体的总体布局调整、人员结构更新相对剧烈的两年，因此这期间出现从业人员数据的自然下降。而到了 2011 年，由于相当多国有院团转换为文化企业的体制机制，其用人自主权大大提升，从业人员数量在两年连降之后强劲增长至五年最高记录，比 2009 年增长 23.15%，甚至比四年前的高峰 2007 年也高出 3%。

3. 国内演出总场次在 2008 年短暂下降之后连续上升

上表数据显示，除了受汶川特大地震影响的 2008 年，国内演出总场次比上一年下降 2.37% 外，此后的 2009、2010、2011 三年，国内演出场次一直保持增长，尤其是 2009 年的强劲反弹最为突出，竟比上年度增长 32.8%；到了 2010、2011 年，增长趋于平稳，分别为 14%、13%。这正是演艺行业改革正面效应的真实反映。

4. 赴农村演出场次及其在年度演出总场次中所占比重，连续三年持续增长

统计显示，2009 年以来三年，国内艺术表演团体赴农村基层演出的总场次分别为 74.1 万场、87.4 万场、100.8 万场，年均增长 16.22 万场，它们在本年度演出总场次中所占比例，高达 61%，2011 年这个比例更增至 65.04%。数据表明，我国县级以下城乡演出市场的需求正逐年增长。这是国民人均收入和人民文化生活需求日益增长的自然结果。

5. 改革促进了演艺行业和演出市场效益的总体提升

2011 年，国内的演艺机构数量、从业人员数量、演出总场次、演艺总收入四项指标，较之 2010 年，分别增长了 2.98%、18.47%、13% 和 25.4%，仅有国内观众总人次减少 15.48%。但是，当年国内演艺机构年度综合总收入和演出收入两项指标却并未降低。2011 年国内演艺的总收入，创五年来最高纪录，达到 155.4622 亿元，比上年增长 26.6979 亿元，同比增长 20.7%，高于当年国内电影总票房 131.15 亿元的纪录。尤其令人欣喜的是，其中全国艺术表演团体的演出总收入 2011 年达到 52.8106 亿元，比上年增加 18.5410 亿元，增长率为 54.1%。

演艺机构和演艺市场整体效益的提升，不仅反映出国内演出行业在文化体制改革深入展开、国家连续出台演出新政，推动国有剧院团转企改制后活力焕发、民营剧团演出效益更加趋好的积极态势，而且也反映出国内演艺机构的演出产品和综合服务，在适应市场和社会多样化、多层次文化消费需求方面进行积极创新，努力适应演出市场消费群体分众化新格局的良好效果。

（二）艺术表演团体的市场化程度不断提升，企业体制绩效大幅改善

改革推动了发展，更激活了艺术表演团体的演出积极性，多年来困扰国有剧团的“不演不赔，多演多赔”的扭曲现象正在得到扭转。在演艺体制改革市场化趋向日益明显的态势下，艺术表演团体的年均每团演出场次，除了 2008 年因汶川特大地震而从 2007 年的 205.45 场猛跌至 173.45 场的特殊情况外，自 2009 年开始稳步回升，并逐年增长。2011 年，这个数字达到 219.32 场，超出了震前水平。这是改革引起的最大变化，值得充分肯定。

随着文化体制改革政策体系的深化完善与全面推

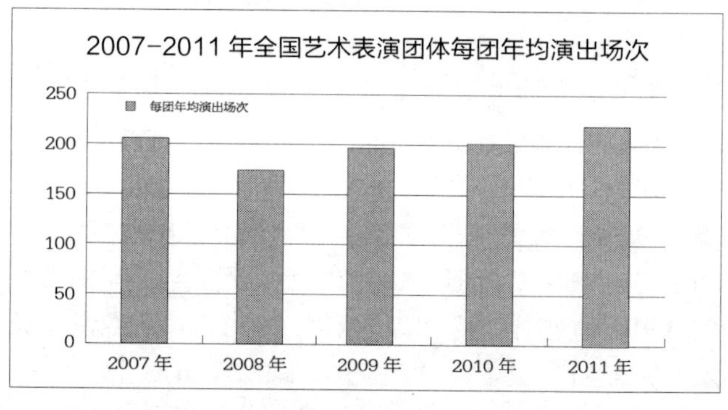

进，2011 年，国内执行事业单位会计制度的艺术表演团体继续减少，而实行企业体制的艺术表演团体数量则持续增加。其中，全国实行企业会计核算制度的各级各类国有、民营艺术表演团体总计为 4772 个，其中民间职业剧团 3113 个，占此类剧团总数的 65.3%。这些企业体制、市场运作的演艺机构按注册类型划分：国有性质 158 个，集体性质 86 个，其他 4528 个。在全部企业型演艺机构中，国有企业体制剧院团仅占 3.3%。而执行事业会计制度的剧院团从上年的 2435 个减为 2297 个，减少 5.7%；而执行企业会计制度的剧院团则从上年的 4429 个，增加到 4772 个，增长 7.74%。

这些自负盈亏走向市场的艺术表演团体中，隶属于县（市、区）的剧团为 4448 个，占总数的 93.2%，显示出城乡基层演出需求的大幅增长。值得注意的是，这

些剧团的从业人员的数量，仅为团均 19 人，可见大多属于小型演出团体。与之相比，唯一的中央直属演艺企业中国东方演艺集团，其从业人员为 560 人；而省、自治区、直辖市直属的此类演艺企业，平均为 98.6 人，这样的结构，是一个稳定合理的金字塔结构。如果将这些演艺机构按管理口径分，则文化部门仅为 167 个，而其他部门为 4605 个，后者占总数的 96.5%。因此，如何实现政府对全国演艺行业的有效管理和业务指导，已经突出地摆在各级文化主管部门面前。

值得大书一笔的是实行企业会计制度的艺术表演团体的绩效，他们充分显示出文化体制改革的必要性和演艺业巨大的市场效益前景。

文化部的统计数据显示，全国企业运作的艺术院团

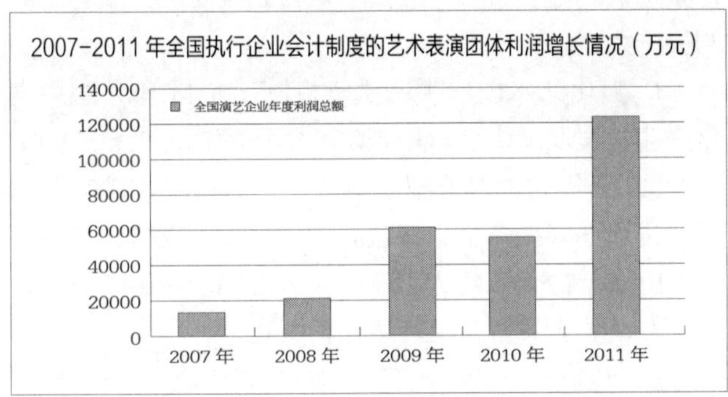

2007-2011 年各年度的利润总额分别为 12932.0 万元（2007），20994.4 万元（2008），60542.1 万元（2009），55450.5 万元（2010），122752.0 万元（2011），虽有波动，但总体呈现持续上升态势，而 2011 年利润总额，几乎是 2007 年的 10 倍。

（三）演出场馆同步增长、效益明显提升

多年来影响演出团体社会经济效益的一个主要原因，是国有演艺团体与演出场馆不配套，演艺生产、营销在管理体制和工作机制上严重不协调，以致演出收入因扭曲性转移流失而无法反哺舞台艺术产品的再生产。这已成为近些年来各地推进国有文艺院团改革着力解决的重点之一。

1. *城市大型体育场馆已经成为大型演艺活动的首选地，也是反映演出市场冷热的风向标*。据拥有 229 个会员的北京演出行业协会统计，2011 年北京市 9 个大型场馆（首都体育馆、工人体育馆、工人体育场、朝阳公园、五棵松体育馆、人民大会堂、丰台体育场、国家体育场（鸟巢）、国家体育馆）总计演出场次达到 109 场，同比增长 43.4%；平均票价 652 元，同比（772 元）下降 15%，平均上座率达 86%，演出收入 6.43 亿元，占全市当年演出总收入的 45.6%，同比增加 2.6 亿元。实际上，京城的大型演唱会近三年的平均增长率都超过了 40%。

2011 年各地演出“团、场”配套的情况继续改善，并逐步形成同步态势。如下图所示：

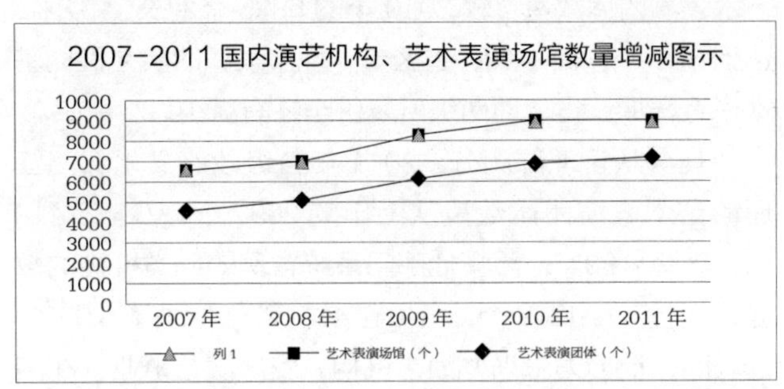

上表显示，2011 年，演艺行业社会化发展趋势进一步加快，国内职业演出机构与演出场馆的总量，大体上保持了相对平衡的增长，很多原来已经与国有文艺演出院团脱离关系的国有剧场，在管理体制上重新调整，回到了更多为演出活动服务的正轨。

2. *演出场馆总数减少，演出总场次却持续增长*。2009 年以来，由于各地公共文化设施在新建、改扩建的过程中对大型演出场馆的选址、功能和特色均有调整，国有艺术演出场馆的数量一直处于变化之中。

2011 年，国内综合性艺术演出场馆总数为 1959 个，比上年减少了 153 个。与此对比，这些场馆的年度演（映）出总场次，却保持了连续增长的态势，2010 年以来的演出场次分别为 81.2 万场、104.1 万场，各比上年增长 33.9% 和 28.2%，它们表明了 2009 年以来国内演出市场需求持续增长的态势。

（四）社会力量办演艺机构获得更大发展、民营职业剧团效益提升。

文化部统计资料显示，2011 年，国内演艺机构和从业人员总量比上年分别增长 2.98% 和 22.66%。

2010-2011 国内演艺机构隶属关系及其数量增减变动情况表(个)

	中央	省、自治区、直辖市	地、市	县、市、区	总计
2010 年	16	258	765	5825	6864
2011 年	17	249	755	6048	7069
较上年增减比例或数量	+1	-9	-10	+223（3.8%）	+205（2.98%）

与此同时，文化部系统所属的国有演艺企事业机构和从业人员的数量与上年比较，因国有剧院团转企改制、布局调整深入展开，分别下降了 –6.9% 和 –2.6%。突出表现在服务基层的县市区级艺术表演团体和社会管理的演艺机构数量增长两个方面：

首先从隶属关系看，2011 年，国内县市区隶属的艺术表演团体数量，较 2010 年的 5825 个增长了 3.8%，达到 223 个，而中央、省区市、地市隶属的演艺机构基本没有增加，省、地两级所属甚至还有减少。

其次从管理部门分，2011 年各级政府文化部门管理的艺术表演团体数量从上年的 2597 个减少到 2418 个，下降 6.89%；而其他部门系统管理的此类机构的数量，从上年的 4267 个，增加到 4651 个，增长了 8.99%。这表明，社会力量兴办演艺机构，发展演艺事业，在国内演出市场获得了更多的份额。

另一个非常重要的现象是，虽然民营职业剧团的机构、业者和观众数量下降，但演出场次、经济效益有较大提升。

2010–2011 年国内民间职业剧团主要指标一览表

项目 / 年	机构数（个）	从业人员（人）	演出场次（万）	观众人次（万）	总收入（万元）
2010 年	3804	71104	85.1	37058	195225
2011 年	3113	66031	95.18	20580	756350

如上表所示，民间职业剧团的机构、从业人员和观众人次的数据，都有较大回落，但同期演出的场次却有较大增长，年度总收入比上年增长 3.87 倍。这表明，国内演出市场的发展渐趋常态，民营剧团在演出市场投放的舞台产品，在艺术质量、市场份额与演出收益方面，正在进一步提升。

二、2011 年演艺产业发展特点

（一）多管齐下，营造演出市场良性发展空间

1. 完善演艺产业链，拓展演艺公共空间平台

在中演、保利、东部、西部、北方等全国性、区域性演出院线不断扩大市场的同时，各地文化行政部门为巩固改革成果，积极推动本地区国有演艺企业完善产业链、发展旅游演艺新业态，构建地方演出院线，使国有和民营演艺企业竞争发展的空间得到有效拓展。江苏省演艺集团公司组建的以市、县基层为目标市场的“苏演院线”，获得十余家剧院加盟，连锁剧院延伸到省内 10 多个县市。

2. 演艺产品评价体系与激励机制逐步建立

推动演艺产品创作生产真正面向市场，改变国有艺术表演团体长期习惯的“投资主体是政府，基本观众是专家，唯一目的是拿奖，最后归宿是仓库”的扭曲困局，是文化体制改革的根本目的；而演艺行业的评价体系与激励机制的建立健全，正是其中的关键。2011 年在以下方面取得了新进展：

A. 完善演艺产品评价体系。继 2009 年文化部设立“不演 400 场，别想来评奖”的优秀保留剧目大奖基本“门槛”后，2011 年，文化部将“文华奖”的参评“门槛”再次提高，规定除昆曲、歌剧、舞剧不变外，其他类别剧目与演员的参评起点，均需演出百场以上。各级政府在激励机制健全方面，加大了对转制院团优秀演艺产品的扶持力度。

B. 强化艺术创作生产激励机制。2011 年，中央文化产业发展专项资金对转制院团实行倾斜，来自转制院团的 23 个优质项目全部获得资助；文化部在落实非物质文化遗产保护资金、配置流动舞台车、支持转制院团“走出去”等方面，将大力扶持转制院团放在重要位置。

3. 演艺企业与资本对接初见成效

自 2009 年文化部与多家银行机构建立“部行合作”机制以来，各家银行积极创新文化产业信贷担保方式，对演艺业投融资需求的重视程度明显提升。2011 年，北京银行、中国银行、中国进出口银行等，分别为北京、陕西、上海、杭州多家演艺企业的各类项目提供了 2000 万 –2.8 亿元不等的贷款。

4. 一批熟悉市场运作、符合投融资条件的演艺企业，通过银行贷款或借助资本市场融资不断发展壮大

靠《功夫传奇》起家的北京天创国际演艺制作交流有限公司，2009 年通过金融贷款收购了美国布兰森白宫剧场后，已在美国形成了自己的演出市场。杭州宋城旅游发展股份有限公司 2011 年初在深圳证券交易所创业板挂牌，募集资金 22 亿元。杭州印象西湖文化发展有限公司、陕西华清池旅游有限公司也通过银行贷款，解决了创作费及灯光、舞美、音响等急需资金。北京市文化创意产业发展基金针对转企改制的艺术院团和民营艺术院团进行扶持，为其申报的项目提供总投入 1/3 的资金。

5. 设立演艺产业专项资金扶持民营演艺业。继 2009 年 6 月文化部发布《关于促进民营文艺表演团体发展的若干意见》（文市发〔2009〕15 号），提出“各级文化行政部门要积极争取设立民营文艺表演团体专项

扶持资金”，大力扶持民营剧团繁荣发展的政策后，2011 年 10 月，上海市宣传、文广部门在国内率先设立“民营院团发展专项扶持资金”，开创了公共财政支持民营艺术表演团体发展的先例。这一专项资金不仅使民营演出团体的剧节目可以以“零场租”方式进驻上海市中心剧场演出，还可用于资助民营剧团购买、打磨剧本，对于改变民营演艺业的发展生态环境，具有开拓意义，受到上海 80 余家民营职业剧团的欢迎，被称为民营剧团专属“种子基金”。

6. 加强演艺市场管理，促进演艺业良性健康发展

伴随着演出市场的逐步复苏和繁荣，一些地方的演出活动出现低俗色情表演，一些地方面对演出新业态和新形式暴露出管理漏洞。针对这些情况，2011 年 4 月 26 日文化部下发《关于切实履行监管职责全面加强演出市场管理的通知》（文市发〔2011〕19 号），就在当地开展一次全面集中整治，严格执行营业性演出经营主体准入制度、演出活动审批制度、演出场所管理、营业性演出现场监管，构建演出市场诚信体系，发挥演出行业组织作用等问题作出具体部署。12 月 7 日，又下发文化部《关于加强演出市场有关问题管理的通知》（文市发〔2011〕56 号），以进一步规范音乐节等节庆类营业性演出活动的申报与运作，严格演出票务经营单位的市场准入和监管，明确演出场所经营单位的义务与责任，研究制定服务演出市场发展的政策措施。应该说，这是演艺业走向繁荣过程中的一种必然。

（二）城市演艺产业集聚区渐成气候

1. 中心大城市加快推进演艺产业集约化进程

根据城市演艺业发展的特点，一些中心大城市近年来加强演艺产业发展规划，推进演艺业集约化进程，演艺集聚区以文化产业集群区域模式，纳入城市规划并开始建设。至 2011 年，全国已知运营的演艺业集聚区早已超出 10 个。除北京正在打造的天桥演艺区和天坛演艺区外，北京市一批已有知名度的剧场群，如东城区南锣鼓巷剧场群、西城区繁星戏剧村、朝阳区“九个剧场”等已成“气候”。上海市安福路话剧一条街、以华山路到南京西路为主轴的现代戏剧谷、天津蓟县“盘龙谷”文化城、沈阳太原北街与西塔街周边“演艺一条街”，还有西安市文艺路、合肥市庐阳区、南京市杨公井等城市主城街区，已经成为遐迩闻名的城市演艺文化集聚区。

2. 北京借助全国文化中心优势地位着力打造国际演艺区

2010 年，北京国内外游客高达 1.23 亿人次，游客总量是纽约的 2.5 倍，伦敦的 4.7 倍。但是，来北京的游客中，观看演出的观众比例却远低于国际著名演艺区美国纽约百老汇（汇聚 50 家剧院）和英国伦敦西区（汇聚 47 家剧院），而纽约与伦敦的欣赏演出的观众总数中，游客比例高达 60%。依托全国文化中心和中国旅游首善之区的优势，经过 10 年调研、筹划，北京市于 2011 年批准实施《北京演艺核心园区概念性策划及规划方案》。10 月 28 日，北京市东城、西城两大主城区同时启动了“天桥”、“天坛”两大国际演艺集聚区工程建设项目。

A.“天桥演艺区”。北京市西城区依托其老北京天桥民俗演艺传统区位优势，启动了“天桥演艺区”建设规划。该区域占地面积 207 万平方米，空间布局为“一带（演艺剧场带）三区（演游商互动区、商业活力区和文体娱乐区）”，建设周期预计 10 年，总投资 150 亿元。期间拟新建一座大型演艺中心，改造提升 15 个旧剧场，同时修缮、改建区域内各类老会馆、宾馆、茶楼、戏楼，最终打造一个以演艺产业为主导，拥有 30 个剧场，集演艺总部、文艺演出、文化创意、文化展示、文化商务、休闲体验、旅游购物、金融配套等功能于一体的中国特色、世界影响的国际演艺集聚区。

B.“天坛演艺区”。北京市东城区不仅拥有京城 1/3 的演艺场所，而且占有全市票房的 70%；天安门广场每年游客 3000 万，天坛公园年均游客 700 万，海外游客占 16%。北京“天坛演艺区”由北京东城区政府和港中旅集团合作开发建设，在北起两广路、南至南护城河、东至东护城河、西至天坛东侧路的58.86 万平方米（另有水面 40.5 万平方米）的区域内，花 5 年时间新建 34 座剧院，改造 27 座老剧院，使东城区剧院总数达到 61 座，新增观众座席 2 万余个，建设一个以演艺业为核心，集酒店、写字楼、购物商业、餐饮等业态为一体的综合文化商业休闲区。

（三）演艺“走出去”取得新进展

1. 民营演艺企业成为中国对外商演的先锋

北京市著名的民营演艺企业——天创国际演艺制作交流有限公司（简称：天创公司），是国内拥有舞台演艺文化产品进出口资质和策划、制作、管理、运营演出项目的国际级演出公司，控股股东为港中旅集团。天创公司成立 12 年来，始终以传承、发掘和艺术地再现中华文化价值为己任，成功将拥有自主知识产权的优秀作品《天幻》《梦幻漓江》《梦苏州》《少林魂》《功夫传奇》《天女》《海边的梦》《喜玛拉雅》《新白蛇传》《梦想者》十大剧目推向了国内外演出市场，取得了不俗业绩。其《功夫传奇》制作了英、俄、日、西四种语

言的演出版本，以“一出剧目三班人马”（一个在北京驻场演出，一个在美国驻场演出，一个在全球巡演）的营销模式，创造了一个剧目连演5000余场的奇迹。

2. 国内演艺产品就地出口创汇的新营销业态在京沪形成

上海杂技团与中国对外文化集团合作的杂技综艺节目《时空之旅》在上海的“天天演”营销模式，北京以“北京之夜”、“朝阳剧场杂技之夜”营造的对外旅游演出模式，经过多年实践，已经形成了以一种“内演外销”的新业态。

2011年，北京市18家以旅游演出为主的剧场全年共演出6416场，占当年演出总场次30%；观众人数258万人次，与上年持平；总收入12973万元，比上年增加2171万元。上海《时空之旅》累计演出2479场，票房收入2.6亿元，其中70%为外汇收入，观众人数249万，70%为外国观众。

3. 赴非洲完成首次商演尝试。“2011年中国文化聚焦”文化部、商务部联合组派中国残疾人艺术团《我的梦》一行50人，对塞内加尔、加纳、津巴布韦、南非、毛里求斯非洲5国进行访演。与以往不同的是，除完成塞内加尔、毛里求斯国家计划交流项目外，艺术团在加纳、津巴布韦、南非进行了7场商演、1场义演，演出盈利捐给了当地残疾人组织。这表明，南非已有较成熟的商演市场，肯尼亚、坦桑尼亚、津巴布韦、毛里求斯等国也都具备开展商业演出的潜力，只要运作得当，非洲商演市场大有可为。

（四）以市场需求作为表演艺术创作生产取向使演艺机构获益。

1. 海外音乐剧中文版走红国内演出市场

2011年，国内演出市场上，引进的、国产的音乐剧均受青睐，沪、京、穗成为2011年国内引进海外音乐剧的三大市场，以至于评论界称之为“音乐剧元年”。上海作为引进海外音乐剧的桥头堡，继《妈妈咪呀！》7月11日晚在上海大剧院全球首演成功后，《佐罗》中文版、《吻我，凯特》（又译《刁蛮公主》）中文版相继于下半年经上海进入中国，而且取得了良好票房业绩。

A.2011“音乐剧元年”的瞩目标志，是国内演艺业首个购得国际版权并由中国制造的世界经典音乐剧《妈妈咪呀！》中文版的演出“狂飙”。百老汇音乐剧《妈妈咪呀！（MammaMia！）》已拥有巡演世界240个城市、观众4200万、票房20亿美元、盛演12年不衰的全球纪录，迄今已有12种非英语演出版本，《妈妈咪呀！》中文版是它的第13个非英语版本。2011年7月，《妈妈咪呀！》中文版在沪、京的112场演出，吸引了13万观众，票房突破4500万元；当年在国内巡演总场次达到200场，票房近8000万元。

B.《妈妈咪呀！》中文版创新模式获得成功。《妈妈咪呀！》中文版出品人是亚洲联创文化发展有限公司。这是一个由中国对外文化集团公司、上海东方传媒集团有限公司、韩国CJ集团3家企业联合出资组建的，专门从事音乐剧版权引进、商业融资、生产制作以及批量化营销的创新型国际化演艺公司，这也是2011年中国演艺市场发展的一大亮点。这个新的国际化的中国演艺机构，全面引入了音乐剧国际化制作技术流程，它使《妈妈咪呀！》中文版的演出可以持续3–5年。

2. 国产原创音乐剧创作迎来丰收年

国产原创音乐剧的相继亮相，是2011年的另一亮点。《三毛流浪记》《爱上邓丽君》《二泉吟》《断桥》《初恋》《杜拉拉》《茉莉花》《白日梦》《爷们儿》等一批剧目的面世和热演，就是明证。

从本年度音乐剧上演的舞台节奏可见一斑：

2月14日，中国唯一以原创音乐剧制作演出为主营业务的创意型文化企业——北京松雷传媒新推出的原创音乐剧《爱上邓丽君》开始国际巡演，该剧于7月荣获韩国“大邱国际音乐剧节”最高奖；

5月，在“三毛之父”张乐平逝世20周年之际，著名音乐人三宝与青年导演带着《三毛流浪记》重返上海舞台热演；

8月，江苏常熟锡剧团的大型原创儿童音乐剧《快乐木马》在中国儿童剧场亮相；

9月15日，投资逾2000万元，由王晓鹰导演，浙江杭州大剧院等联合推出的大型原创音乐剧《断桥》拉开全球巡演序幕，业绩是“历时4个月、连走5个省、演出40场、票房500万”；

11月24日浙江歌舞剧院将8年前首部浙江原创音乐剧《蓝眼睛黑眼睛》再度隆重推出；

12月6日，孟京辉第三部音乐剧新作《初恋》在北京保利剧院上演后票房突破180万元；

12月24日，音乐剧《杜拉拉》登陆青岛。

3. 小剧场话剧受到青年观众的青睐

从京沪刮起的小剧场话剧创演之风，近年来向国内大中城市吹拂，一批由专业和业余戏剧爱好者创演的小剧场话剧热门作品脱颖而出。由中国戏剧文学学会主办的第二届“全国戏剧文化奖·2011小剧场优秀戏剧展演季”可以视为全国小剧场话剧的大检阅。6月22日至 8 月底，从全国各地申报剧目中遴选出来的 36 台小剧场戏剧和 18 个小戏小品，陆续在北京风尚剧场、国话先锋剧场、文联小剧场演出，总场次达 120 余场。展演之剧目品类，涵盖了话剧、歌舞剧、音乐剧和京剧、昆曲、越剧、评剧、秦腔、花鼓戏、柳琴戏、采茶戏、淮海戏、白剧、陇东小调等十余个戏曲剧种。《牡丹亭》《闪婚》《艳遇十小时》《安提戈涅》《秃头歌女》《你好，打劫！》《还魂三叠》等广受好评，票房热烈。

4. 旅游演艺竞相打造自己的特色演出品牌

2011 年，以旅游观众为基本对象量身打造的旅游演艺特色品牌，成为国内这一行业的主流。主要表现在：

A. 实景演出依然是热门演艺市场。2011 年，山水实景与历史文化大遗址实景演出项目依然受到市场的青睐。由张艺谋、王潮歌、樊跃团队打造的山水实景演出“印象系列”，由实景演出项目的首创者梅帅元打造的以《禅宗少林·音乐大典》为代表的实景演出系列，以及由陈凯歌、冯小刚、李前宽等电影名导陆续打造的其他实景演出项目，已经成为中国旅游演艺产业的支柱项目。

6 月 18 日，一场投资 2.2 亿元，历经数月打造的大型皇家文化实景演出——《康熙大典》在河北承德著名清代历史文化景区避暑山庄首演；之后，投资 3000 多万元的大型原创风情歌舞诗《帝苑梦华》又在充满民族风情的承德大剧院盛装上演。“白天逛避暑山庄，晚上看文化大戏。”成为 2011 年 6 月以后承德旅游的新亮点，它们成功助推了承德旅游的“井喷”，仅 1–10 月，接待中外游客总人次达到 1588.2 万，旅游收入 110 亿元，同比分别增长 31% 和 34%。

8 月 19 日，投资 1.05 亿元，由著名导演李前宽执导的大型实景演出《太行山》在山西武乡县风景秀丽的太行龙湖正式首演，600 多名太行儿女的倾情演出让人们重新回到 70 年前太行山那段血与火的峥嵘岁月。该项目已成为山西省“八大文化品牌”和“三大精品演艺”工程之一。

B. 推出富有地方历史文化特色的大型综艺类旅游演出项目，成为本年度旅游演出市场的另一热点。7 月 12 日晚，江西省展演中心首演大型历史风情魔幻歌舞剧《神奇赣鄱》。这是由江西省委宣传部策划，历时两年创作编排隆重推出的以弘扬江西历史文化、推介赣鄱美景、繁荣江西文化产业、助推江西旅游业发展为目标的演出新品，它成为江西旅游演出的一张崭新名片。观众用“很震撼、很传奇、很穿越、很自豪”来评价它，可见其品牌效应。

5. 大型体育场馆举办的流行歌星演唱会大幅增加

流行音乐大型演唱会是演艺市场的标识。2011 年可以称之为中国流行音乐演唱嘉年华。它们表现出几大特点：

一是单个城市举办的大型演唱会密集举办，市场火爆并首破每年百场纪录，如北京市 2011 年就举办了创纪录的 109 场大型演唱会。

二是大型演唱会市场竞争加剧，不仅继续了每年最后两个月演唱会扎堆出现，而且还出现同一城同一天内，在多家体育场馆同时举办不同的大型通俗演出会的罕见现象，如 11 月 12 日孙楠、凤凰传奇的演唱会；11 月 26 日张靓颖、苏打绿的演唱会；12 月 10 日汪峰、谭咏麟演唱会；12 月 18 日小娟与山谷里的居民、理查德·马克思、辛晓琪、屠洪刚演唱会；12 月 24 日庾澄庆、羽·泉演唱会；12 月 31 日、小野丽莎、张宇、宋祖英演唱会等等。

三是国外、境外和国内流行歌星纷纷聚焦京城，争相举办北京演唱会，不仅有港台的费玉清、苏芮、姜育恒、罗大佑、巫启贤，甚至已 18 年未在北京开唱的谭咏麟，也于 12 月 10 日在首体举办了北京个人演唱会。

四是在京沪穗等大城市，举办大型演唱会，历来以港台籍歌手居多，而 2011 年却是内地歌手超过港台歌手，并且票房业绩都不错。

五是过去中外流行歌星的大型演唱会主要在京沪等大城市举办，很少进入中小城市，而 2011 年在地级城市举办的演唱会，使一些港台明星也难以拒绝。以 1–3 月台湾著名女歌手苏芮在大陆的演唱会安排为例，她于 1 月 19 日赴河北省沧州市参加《放歌沧州》压轴演出，两天后飞抵广东东莞与巫启贤等参加《感恩十载、再创辉煌——宇阳集团十周年庆典》演出，2 月 16 日与姜育恒等艺人到河北燕郊镇参加国家高新区 2011 年元宵文艺盛典，3 月 26 日飞到湖南郴州，参加“孝敬父母走进郴州”音乐会演出，苏芮在参加国内中等城市大型演唱会活动的日程，正是演出市场从复苏走向繁荣的明证。

（五）“新、奇、炫、艳”成为演艺产品占领市场夺人眼球的基本特色。

1.“神曲”以新的“无字歌”演唱方式引发观众狂欢

2011 年湖南卫视跨年演唱会上，旅居德国多年的龚琳娜因演唱无词歌《忐忑》在网络上迅速蹿红。这首歌被冠以“神曲”而街知巷闻，相关视频的网络下载已有几十万次；早在 1999 年就获得文化部“民歌状元”称号的龚琳娜，也因为“表情帝”般的投入表演而被奉为“神人”，终于尝到走红滋味。时长三分四十多秒的

《忐忑》既像民歌又像戏曲，它由笙、笛、提琴、扬琴等多种乐器伴奏，节奏极快，而龚琳娜则在演唱中将嗓音不停地在老旦、老生、黑头、花旦等多个音色中变换。她曾经带着这首作品参加在欧洲举办的聆听世界音乐作家作品演唱会并获得演唱大奖。

2. 综合高新科技、打造奇幻新剧目，成为吸引观众的有力手段

江西省7月推出的大型历史风情魔幻歌舞《神奇赣鄱》，首创多维立体演出方式，集舞台艺术和环幕影视高科技于一体，将舞台与360° 环幕投影、180° 穹顶投影完美融合，形成540° 全空间，并配以目前全国唯一的室内剧场9.1声道音效系统，给人以强烈的视听震撼，成为助推江西旅游发展的拳头产品。这一特点，在各地精心打造的规模化实景演出项目中尤为鲜明和突出。

3. “艳舞表演”成为少数剧团吸引观众的噱头。不可否认，在一些县与乡镇基层演出市场，以低俗的“艳舞表演”为特色的小型民间剧团，仍然有市场。这种方式成为一些小型演艺机构在监管不力或监管盲区的基层演出市场获得生存空间的“法宝”。这也是文化部在2011年4月和12月连续下发两个有关演出市场管理工作的文件的现实原因。

（六）国有艺术表演团体仍然是国内演艺市场的主力

中央和省级直属艺术表演团体是中国舞台表演艺术的主力军和国家代表队。

1.2011年国家艺术院团优秀剧目展演活动意义重大

文化部直属的9个国家艺术院团于8月24日至9月26日在北京联合举办了以演出展览、市场交易、艺术研讨等系列演出推广为内容的“2011年国家艺术院团优秀剧目展演活动”。展演期间，九个演艺国家队分别在北京各大演出场所举办了36台剧目共65场演出，其中新创剧目18台，占50%，100元以下的低价演出票超过了展演总票数的1/4，不仅引起媒体和公众高度关注，而且一些经典节目备受热捧。有关此次展演的新闻报道高达752篇，博客论坛主题信息65篇，论坛博客跟帖700余条。

2. 优秀剧节目是市场的宠儿

此次展演活动期间，中国歌剧舞剧院由殷秀梅主演的歌剧《红河谷》和由李玉刚主演的大型原创歌舞剧《四美图》，国家话剧院话剧《问苍茫》和话剧《四世同堂》，成为“2011新现实主义年”的亮点；中央歌剧院采用管弦乐团伴奏版的歌剧《白毛女》、中国东方演艺集团的风情歌舞晚会《炫》、中国儿童艺术剧院的动漫舞台剧《绝对小孩》、国家京剧院的新版京剧《强项令》、中央民族乐团的古诗词合唱音乐会《声诗润朱弦》等精彩演出，让处于感动和兴奋中的观众们久久不愿离席。

3. 国家艺术院团演出推广交易会和坚持低票价服务大众受到欢迎

与“国家艺术院团优秀剧目展演”同时举办的“2011年国家艺术院团演出推广交易会”，成为国内外演艺经营机构关注的热点。这次交易会上，文化部直属的9个国家艺术表演院团实现各类演出协议签约达571场，协议演出场次总金额达到1.16亿元。国家艺术院团优秀剧目展演的另一特色，是他们在面向市场举办商业演出时，坚持面向大众、回报社会的原则，通过低票价、进校园等多种形式，使更多普通观众、青年观众能看得起高品质、低价格的演出。如中央芭蕾舞团、中国交响乐团在北京大学的演出，最低票价仅为20元。统计显示，整个展演活动在坚持低票价惠及大众的前提下，共有超过10万人次的观众观看了演出，票房总收入超过1000万元。

（七）国有、民营剧场综合效益显著提高

1. 国家大剧院成立四周年业绩引人注目

2011年12月22日，是国家大剧院成立四周年的纪念日。四年来，国家大剧院共策划组织了16个演出季（周），自制21部演出剧目，完成商业演出305场、演出323场，平均每年演出157场。演出平均票价从四年前的500元降至目前的314元。

2011年，国家大剧院根据剧院歌剧场的优势和演出市场的需要，安排了20部带有大剧院品牌烙印的艺术作品上演，其中包括8部最新制作推出的力作，以及12部复排再演的作品。8部新剧目包括：由大剧院独立制作的四部中外歌剧：外国的《托斯卡》《蝙蝠》《塞维利亚理发师》和中国的《赵氏孤儿》；也有联合制作的国内歌剧：与东方演艺集团联合打造的新版民族歌剧《白毛女》、与香港歌剧院合作打造的原创歌剧《孙中山》，与张艺谋合作的京剧《春秋》；还将复排歌剧《卡门》《西施》《艺术家生涯》《爱之甘醇》《弄臣》，舞剧《马可·波罗》、京剧《赤壁》等自制剧目。

2. 全国艺术演出场馆业务效益有所提升

2011年，全国国有专业艺术演出场馆在经历了2009年的数量增长高峰期后，继续了小幅下降趋势，但是在从业人员、演出场次、总收入和艺术演出收入4项指标方面，却表现不俗，尤其是后两项，增长突出。

如下图所示：

上表显示，2011年，国内艺术演出场馆的演出场次较上年增长28.2%，总收入较上年增长77.68%，演

年份	机构数（个）	从业人员（人）	演（映）出场次（万场次）	观众数（万人次）	总收入（万元）	演出收入（万元）
2009	2137	46436	60.6	12319	373557	128735
2010	2112	42387	81.2	13272	406062	137972
2011	1959	42607	104.1	10931	721511	191524

出收入较上年增长 38.8%，它们表明国有艺术演出场馆的综合经济效益趋向良性发展。

以北京为例，2011 年，北京市 94 个演出场馆中，当年演出场次超 200 场的剧场总计达到 43 个，超 50 场的有 81 家。他们不仅包括国家大剧院、保利剧院、北京剧院、梅兰芳大剧院、长安大戏院、中国木偶剧院、首都剧场、北京音乐厅、中山公园音乐堂、欢乐谷剧场、北京华侨城大剧院等大型演出场馆，也包括恭王府大戏楼、大观园戏楼、湖广会馆、梨园剧场、朝阳剧场、崇文区工人文化宫、老舍茶馆、北京之夜剧场、天地剧场、广德楼戏园剧场、市工人俱乐部、刘老根大舞台等中型剧场，更涵盖了东方先锋小剧场、繁星戏剧村剧场、北青盈之宝剧场、枫蓝国际小剧场、木马剧场、金萍萍二人转剧场、广茗阁茶楼剧场、嘻哈包袱铺东四环剧场、TNT 剧场、东创蜂巢剧场、魔山剧场、中华皮影文化城剧场、人艺试验小剧场、麻雀瓦舍剧场、中央戏剧学院实验剧场、周末剧场等京城新兴小剧场。大、中、小剧场各显神通，国有民营场馆各显优势，表明北京演出市场的全面复兴开始。

2011 年，国内各类演出总平均票价与 2010 年基本持平，但某些方面又有所变化。根据北京演出行业协会的统计数据分析，大致可见如下特点：

A. 超大型演出场馆票价因演唱会总量增加而有所下降。2011 年，以人民大会堂、首都体育馆、工人体育馆、工人体育场、五棵松体育馆、国家体育场等为代表的北京市超大型演出场馆平均票价为 652 元，与 2010 年平均票价 772 元相比，下降 15%，平均上座率 86%。

B. 多功能综合性大剧院因需求增长且服务特色和观赏效果优于超大场馆，票价有所上升。2011 年，京城以国家大剧院、首都剧场、保利剧院、北展剧场等为代表的多功能综合大剧院，的演出平均票价 294 元，比去年平均票价 221 元略有上升，平均上座率 78%。

C. 不同舞台艺术演出类型的平均票价和上座率大体维持良性运转。以北京演出行业协会的统计数据为例：

1. 高雅音乐、交响乐、民族音乐类演出平均票价 299 元，平均上座率 75%。

2. 各类演唱会演出平均票价 656 元，平均上座率 83%。

3. 音乐剧类演出平均票价 480 元，平均上座率 75%。

4. 歌剧类演出平均票价 277 元，平均上座率 80%。

5. 京剧类演出平均票价 147 元，平均上座率 62%。

6. 话剧类演出平均票价 245 元，平均上座率 80%。

7. 地方戏类演出平均票价 212 元，平均上座率 80%。

8. 曲艺类演出平均票价 211 元，平均上座率 80%。

9. 儿童剧类演出平均票价 88 元，平均上座率 81%。

可以看出，源自西方的舞台表演艺术，票价与上座率略高于民族艺术，其中大型演唱会和音乐剧演出较为突出；而民族舞台艺术演出，地方戏、曲艺、儿童剧的上座率均高达 80%，民族艺术演出正在稳步复苏。

（中国动漫集团 徐世丕）

动漫产业

一、2011 年动漫产业总体情况

2011 年，我国动漫产业继续保持较快较好的发展局面和势头。全年生产电视动画片 435 部 261224 分钟，比 2010 年增长 18.5%，其中 82 部获得广电总局推荐播出；2011 年完成制作动画影片 24 部，加上 10 部引进动画电影，合计票房收入达到 16.63 亿元，首次突破 10 亿元大关，与 2006 年的 1.61 亿元相比，五年时间票房收入扩大了 10 倍；合计票房收入约为 3.2 亿元，创历史新高。2011 年出版发行动漫报刊 1.8 亿册（份）、图书 1.1 亿册，合计发行总码洋 24.5 亿元。

2004 年以来，短短七年间我国动画产量突飞猛进，早在 2008 年就已经取代日本成为世界第一动画产量大国。与此同时，动漫演出、新媒体动漫、应用动漫、动漫授权服务等蓬勃发展，动漫在社会生活各领域的应用更加广泛，在推动文化产业结构升级、转变经济发展方式方面发挥了重要作用。

根据文化部首次全国动漫产业专项调查显示，2010年中国动漫产业总产值共计470.84亿元，相比2009年增长了27.8%。根据各省的动漫产值规模，排名前10名的地区为：广东省168.67亿元、上海市50.9亿元、湖南省46.55亿元、北京市41.37亿元、湖北省37.85亿元、浙江省34.98亿元、江苏省19.58亿元、黑龙江省14.02亿元、吉林省13.19亿元、福建省9.01亿元。

2010年，全国从事动漫生产经营的企业已达8300多家，产值在3000万元以上的企业已有24家，年产值超过亿元的大型企业13家；涌现出湖南拓维信息、广东奥飞动漫等成功上市的大型动漫企业，中南卡通、江通动画、炫动卡通等企业也在积极申请上市。动漫企业集团化发展趋势明显，初步形成了中国动漫集团、吉林动漫集团、天津北方动漫集团、小樱桃动漫集团、华夏动漫集团等多种体制模式的大型动漫集团。2011年，有121家动漫企业通过文化部、财政部、税务总局的认定，连同2009年的100家和2010年的169家，累计通过认定的动漫企业已达到390家。这些优秀的动漫企业作为行业的领军企业，在创造骄人成绩的同时，也通过引领示范效应带动了整个行业的发展，促进了动漫市场的培育。

二、2011年国产电视动画片情况

2011年全国共有310家机构进行了国产电视动画片的制作备案，备案动画片数目566部共计491814分钟。全年当中以8月、10月和11月为三大备案数量的高峰期，备案的动画片分钟数分别达到了63925分钟、54986分钟和68830分钟；备案机构所处省份除了甘肃、青海、贵州、西藏、广西五个省、自治区以外均有涉及。特别应该指出的是新疆在2011年有所突破，有两家公司报备了动画片制作；而江苏、广东、浙江的备案机构数目依旧名列前茅，分别达到了59家、42家和33家。

在这310家机构中制作报备数量的前十大机构依次是：宁波水木动画设计有限公司、大连翰星传媒有限公司、深圳华强数字动漫有限公司、平潭水木动画有限公司、无锡亿唐动画设计有限公司、浙江中南卡通股份有限公司、大连卡秀数字科技有限公司、北京万豪天际文化传播有限公司、杭州漫奇妙动漫制作有限公司和北京义方天下教育科技有限公司。其中浙江省有3家，北京有2家，辽宁省有2家，江苏省1家，福建省1家以及广东省1家。将这十大机构备案的分钟数总和与310家机构总体的备案分钟数进行比对，我们会看到其比重达到了27%。

根据《国产电视动画片制作备案公示管理制度暂行规定》中对于国产电视动画片的题材分类标准，国家广电总局统一划分为现实、历史、教育、科幻、童话、神话、特殊和其他八种题材。2011年，进行制作备案公示的全国国产电视动画片，按题材划分，现实题材是48部33226分钟；历史题材是47部36752分钟；教育题材是111部122490分钟；科幻题材是45部39793分钟；童话题材是240部201150分钟；神话题材是33部32666钟；其他题材是41部24957分钟；特殊题材1部780分钟。按照所占比例，顺序依次是：童话题材、教育题材、科幻题材、历史题材、现实题材、神话题材、其他题材及特殊题材。

经统计，2011年全国制作完成的国产电视动画片共435部261224分钟，比2010年增长15%。全国共有21个省（区、市）以及中直有关单位生产制作了国产电视动画完成片。其中，全国动画片创作生产数量排在前五位的省份是浙江、江苏、广东、辽宁、福建，国产电视动画片的生产数量较2010年增幅较大的省份是福建和河北，实现零的突破的省份有江西、陕西、吉林和云南。

按国产动画片的生产数量，我国原创动画片制作生产十大机构是：深圳华强数字动漫有限公司、无锡亿唐动画设计有限公司、平潭水木动画有限公司、杭州漫奇妙动漫制作有限公司、宁波水木动画设计有限公司、浙江中南卡通股份有限公司、央视动画有限公司、大连卡秀数字科技有限公司、沈阳易品动漫有限公司、福州翰格文化传播有限公司。

2011年，国务院以及各地政府出台的动漫产业优惠扶持政策收效显著，一些主要城市动画片生产积极性持续增长。国产动画片创作生产数量位居前列的十大城市分别是：杭州、深圳、无锡、沈阳、广州、苏州、宁波、北京、福州、大连。

2011年国家动画产业基地自主制作完成国产动画片276部190290分钟，约占全国总产量的73%。生产数量排在全国前列的国家动画产业基地是：杭州高新技术开发区动画产业园、深圳市动画制作中心、沈阳高新技术产业区动漫产业园、无锡国家动画产业基地、南方动画节目联合制作中心。

2011年，国家广电总局共向全国电视播出机构推荐播出82部优秀国产动画片。其中，江苏动画制作机构16部，浙江动画制作机构14部，福建动画制作机构11部，广东动画制作机构9部，安徽动画制作机构5部，上海、中央电视台及其所属动画制作机构各4部，北京、河北、辽宁动画制作机构各 3 部，江西、河南、湖南动画制作机构各 2 部，天津、黑龙江、湖北、中直动画制作机构各 1 部。

通过对 2011 年国产电视动画片备案、生产、收视排名情况的回顾与统计，可以得出以下结论：

成果：生产总量在稳步上升；产业基地的发展更加均衡化；广东、浙江、江苏三省不论在备案数量、生产数量，还是优秀推荐片目数量和收视排名上均保持着不可动摇的地位；辽宁在 2010 年加大发展力度、扩大产量后在 2011 年又取得了进一步的成就，在优秀推荐片目数量和收视排名方面都有所收获；2011 年福建发展势头强劲，紧随辽宁之后；全国除甘肃、青海、西藏以外其他西北、西南地区的省、市、自治区均已出现动画企业进行动画项目的备案工作，2011 年新疆有两家企业，宁夏有一家，云南有一家。

不足：产品是否受大众喜爱要依靠市场的反响呈现出来，电视动画片同样如此。在 2011 年 36 个主要城市电视台收视排名前十位的 200 部动画片中有 105 部是海外引进动画片这点就可以清楚地看到我们的差距。

三、2011 年国产动画电影情况

近年来，在国家相关政策的正确引导下，在动画电影的投资、制作、发行、放映等多方面的共同推动下，动画电影的制作备案数量和实际生产数量都在逐年递增。据了解，2008 年共有 31 部动画电影获得国家广电总局电影局批准制作，发展到 2011 年，立项数量增加至 80 部，获得发行许可证的影片数量也由 16 部增加至 24 部，由此可见，动画电影的投资热情在持续升温，制作实力也在稳步提升。

2011 年，国内动画电影总票房为 16.4 元，其中进口片为 13.3 亿元，占 81％。《功夫熊猫 2》《里约大冒险》以及《蓝精灵》的相继上映，一度掀起动画电影的观影热潮。对动画电影容量的适当扩充，有利于培养国内观众对动画影片的观影习惯，与此同时，也给国产动画电影的上映带来一定的压力。2011 年国产动画电影票房总计 3.1 亿元，上映数量总计 14 部，相对于 2010 年的 1.7 亿元票房，可以说中国动画电影自身的发展取得了一定的突破。票房领头的影片依然是喜羊羊系列《喜羊羊与灰太狼之兔年顶呱呱》（1.42 亿元），除此之外票房较好的影片有《熊猫总动员》（4660 万元）《赛尔号之寻找凤凰神兽》（4382 万元）《洛克王国！圣龙骑士》（3350 万元），表现一般的有《兔侠传奇》（1620 万元）《摩尔庄园冰世纪》（1790 万元），其余的如《魁拔之十万火急》《老夫子之小水虎传奇》《劳拉的星星在中国》票房均在 300 万元上下，而《西柏坡》的票房更是少得可怜。

从以上数据中我们可以看出，国产动画电影 3.1 亿元的票房总额中，喜羊羊系列仍然是国产票房收入的主体，春节档依然是“喜羊羊”的稳定阵地，延续着国产动画精品力作的示范效应。除此之外，2011 年，国产动画电影还涌现出几部票房新宠，似乎让国内的动画电影人有了少许的安慰，那就是同样在春节档上映的中德合拍 3D 动画电影《熊猫总动员》，暑期档上映的《赛尔号之寻找凤凰神兽》，以及十一档的《洛克王国！圣龙骑士》。暑期一般都是电影上映的必争时间段，2011 年就有 7 部动画电影在暑期档狭路相逢，拍片如此密集，可见电影放映市场对动画电影的放映渠道在逐渐放宽，但是国产动画电影除了《赛尔号之寻找凤凰神兽》和《兔侠传奇》具有一定的票房收益之外，其余几部都遭遇了意想不到的冷遇。

从制作方面看，2011 年国产动画电影制片风格开始向类型化、多样化发展，动画电影产业体系也在日趋成熟，特别是国产动画激战暑期档，其市场反馈为研究国产动画电影创作发行模式提供了很好的样板。此外，国产动画电影的民族化、国际化概念意识在不断加强当然，从市场反应的角度而言，国产动画电影还存在诸多问题，例如口碑与票房成反比、发行放映仍旧不够给力，市场定位不准以及忽视衍生产品的开发等。

四、2011 年漫画产业情况

在“十二五”规划的第一个年头，漫画产业呈现出蓬勃发展的态势，原创漫画逐渐摆脱青涩，开始走向成熟，漫画期刊、图书的品种、质量和发行数量再创新高，在文化阅读领域的影响力进一步提升。而借助 3G 网络和苹果平台的高速升级，新媒体动漫得以与世界动漫强国在同一起跑线上竞逐，成为当前我国动漫产业中的一抹亮色。中国的漫画市场变得更加开放和多元，部分原创漫画走出国门，被世界所接受。由于市场空间巨大，吸引了越来越多的海外名企投身进来，展开交流和合作，推动了我国漫画产业的成熟完善，加速了其从文化产业的“生力军”向“主力军”转变的进程。

从漫画的国际化进程来看，2011 年初，天津神界漫画公司对外输出了彩色繁体中文版、彩色泰文版等版本的四大名著系列漫画；日本人气漫画《海贼王》和《钢之炼金术师》的正版授权作品先后在我国报纸上连载；3 月 18 日，汉王书城动漫频道正式上线，为读者提供包括《足球小子》《上班族金太郎》《怪异实闻录》等日本创河社的精品漫画的下载；6月，国务院总理温家宝与日本首相特使、前首相麻生太郎共同参加了中日合办动漫节的启动仪式，并在中、日两国分别举办“电影电视周”和“动漫节”；7月，继《子不语》之后，漫画作者夏达的最新漫画《长歌行》也开始在集英社旗下的ULTRAJUMP上连载；天闻角川亦于9月尝试发行了首本漫画月刊杂志，并在国内开创了由日方提供剧本，中方负责绘制的崭新漫画创作模式；同月，日本讲谈社与广西出版传媒集团宣布组建合资企业，浙江出版联合集团与日本电话电报公司（NTT）下属的SOLMARE株式会社就输出手机漫画签署协议；国庆期间，由风靡亚洲的同名网游改编的韩国超人气漫画《冒险岛》中文版在广州的中国国际漫画节上首发；而在法国引起巨大轰动的中法合作系列连环画《包拯传奇》，其中法文对照版随后在我国正式出版。这一切表明，国际化已经成为中国动漫在当前这个发展阶段的一个必然选择和重要契机。

从漫画创作者来看，2011年，中国漫画创作保持着迅猛发展的良好势头，漫画作者由单打独斗逐步过渡到工作室作业，除已有的专业创作公司越做越大之外，部分成功的工作室纷纷转制为公司化运作，其中的佼佼者有神界漫画、夏天岛、潜艇工作室、漫唐堂、小樱桃和盒子动漫社等。得益于日益规范的团队化创作、流水线式的生产模式，原创漫画作品产量和质量均大幅提高。另外，由于香港、台湾本土漫画市场的长期不景气以及日版漫画牢固的统治地位，加之内地漫画市场的日益升温，港、台漫画家内地发展渐成风气，除早已扎根上海的孙家裕、赖有贤之外，蔡志忠、朱德庸及黄玉郎等也相继在杭州设立工作室或公司。当然，也有个别漫画家的工作室在这一年将规模缩小，如台湾漫画大师敖幼祥设在广州的漫画工作室。

在动漫期刊市场方面，截至2011年12月，全国动漫期刊批发零售市场调查数据显示，各地涌现出来的各类动漫期刊（其中部分是以图书形态出现，即MOOK）达到60种左右，且运营状况趋于稳定。内容以中式作品为主的期刊，市场占有率达85%，内容以日式作品为主的期刊，仅占其中15%的份额。2011年漫画出版物的发行总码洋为24.5亿元人民币。在漫画市场方面，国内权威报刊发行研究专业机构——北京开元策略信息咨询有限公司2011年市场化报刊零售发行调查报告显示，以打造“漫画之都”为目标的广州已连续几年成为中国最大的漫画消费市场，几乎每种漫画杂志都能在这里取得很好的销售成绩。在未来相当长的一段时间内，广州作为漫画杂志根据地的重要地位不可动摇，并将通过其玩具制造业基地的先天优势，向动漫产业的其他领域快速辐射。此外，杭州成为近年崛起速度最快的漫画市场。虽然其总体规模同北京、上海、广州三大都市无法相比，但《漫画世界》和《幽默大师》两大漫画期刊在该地的销量甚至已和《瑞丽》等时尚大刊的不相上下，这与当地近年来对动漫产业的大力扶持不无关系。开元策略数据显示，在漫画杂志运营方面，漫友文化旗下的皇牌幽默漫画期刊《漫画世界》的销售指数跃升至6.9，成功抢占了国产漫画杂志的制高点；2010年排名首位的老牌幽默杂志《幽默大师》本期以6.6的销售指数位居次席；《知音漫客》则凭借着在部分市场的优异表现排名第三。三者俨然已经形成了漫画杂志的第一集团。

上述第一集团三大期刊的成长速度让人惊叹。在北京、上海、广州、杭州四大城市杂志总体零售市场中，《漫画世界》的销售指数排名为所有市场化杂志的第29位，相比上期排名提升了4位，《幽默大师》紧随其后排名第30位；在十大城市杂志总体零售市场中，《知音漫客》则更加强势，一举冲至第15位，《漫画世界》、《幽默大师》两刊也同时入选并分别位列第19位和第29位。以上数据充分证明，以幽默漫画为代表的漫画杂志在阅读市场上的影响力显著提高，甚至在某些地区已经具有冲击主流阅读市场的趋势。

在动漫图书绘本方面，2011年，我国漫画图书的发行总规模已达1.1亿册。根据国内知名网络图书销售商当当网（DANGDANG.COM）截止到2011年12月的统计，该网站在销动漫、幽默类图书共有10334种，比上年增长了1256种，增幅达10.84%。在当当网2011年度动漫、幽默类图书畅销榜前100位中，有24种动漫图书为2011年出版的作品，其中9种为国外作品，日本绘本漫画家高木直子以4种的数量排在首位，15种为国内作品（含港、澳、台），国内作品数比例达到63%。在15种国内作品中，超过半数都是绘本图书。但与往年名家大家独揽天下不同的是，2011年众多新生力量开始崛起，局面喜人。

自从2004年首届金龙奖把绘本包含到动漫类别之后，这种有别于一般故事漫画的创作形式，便开始被纳入“漫画”的领地，并迈出了快速发展的步伐。随着绘本市场呈现出欣欣向荣的热闹景象，将绘本图书内容用杂志形式进行包装的“杂志书”（MOOK）应运而生，并打出了“绘本阅读志”这一全新噱头。一时间，《本色》

《OZ 奥兹》《绘心》《约会》和《绘梦》等好多部作品接连推出，将绘本热推向另一个高潮。值得一提的是，在 2011 年度图书畅销榜动漫分类中，漫画作者夏达的绘本《哥斯拉不说话》排名次席，仅次于朱德庸的《大家都有病》，其 2008 年推出的原创漫画《游园惊梦》销量仍居高不下，位居所有动漫／幽默类图书的第三名，同时排在所有国产漫画单行本的首位，其最新画集《初夏》也名列前茅，并有 12 款图书进入当当网 2011 年度动漫图书销售排名 TOP100，让人看到了国产原创漫画的巨大潜力。

从漫画出版新业态来讲，在科技推动下，动漫的传播载体正日趋丰富，新媒体动漫备受青睐。动漫已不再局限于报纸、杂志、图书、广播、电视、电影和音像制品等传统媒体，与时俱进地延伸到综合应用声、像、文、图等信息符号的互联网和无线互联网等新的

媒体领域。2011 年，漫友文化和天津神界先后推出了手机动漫周刊《动漫鱼》和《村人画趣》，开创了中国原创漫画的掌上期刊出版模式；同年 2 月，中国电信动漫运营中心“爱动漫”平台正式启动商业运营；3 月，漫友文化上线华语动漫数字出版门户 91AC.COM；而新一代移动多媒体 IPAD 的横空出世，则被世界动漫界看做是拯救传统漫画出版的跨时代的阅读平台，一时间，各大出版企业争相在该平台上推出自己的数字化漫画产品，并期望由此引发纸质漫画图书的再度热销。

此外，如火如荼的微博也已成为各大动漫杂志、漫画作者和专业公司进行宣传营销的全新媒介，它开始为漫画作者、动漫杂志搭建更顺畅的信息交流、思想沟通和资讯互动的平台，并有望在将来开发出适应微博平台的全新漫画创作形式。而第 9 届金龙奖原创漫画动画艺术大赛结合“微生活”这一主题，特别增设了“微漫画主题奖”，一方面借助微博传播的优势，提升原创作品的社会认知度；另一方面也希望探索出适应新媒体时代的短、平、快式漫画表达方法。

五、2011 年动漫展会情况

据国家文化部、国家广电总局以及中国动漫网和各地政府网站的相关信息统计，截至 2011 年 12 月底中国各类型各规模的动漫展会总数超过 151 个。按照展会性质进行类别划分，可以大致分为：综合性展会、专业性展会、学术性论坛或年会、教育界赛事展映评比与颁奖典礼。

（1）综合性展会的内容涵盖了动漫领域的方方面面，包括传统媒体和新媒体下的动画、漫画、游戏产品本身的介绍推广宣传以及周边衍生产品，像影视剧、舞台剧、COSPLAY、彩车游览等各种演出形式、书籍玩具服装鞋帽等商品的销售、各种学术论坛、高峰论坛、商业性赛事、产品推介与交易会等。

这类展会的特点是：

1. 内容涉及面极广；2. 并不以某一产业为主，动画、游戏、漫画、新媒体等不同产业都能以比较均衡的比例在这类展会中看到；3. 尽可能地扩大展会的社会性效应，吸引越来越多的民众以各种形式参与到其中。这类展会的代表是：不同城市举办的国际文化创意产业博览会、不同城市举办的国际动漫节等，在所有展会中这类展会占了大约 45％的比重。

（2）专业性展会相比综合性展会。其特点是：只关注于某一产业或以这一产业为主其他产业为辅的方式构成整个展会。内容同样丰富多彩，也包含了作品展映与介绍、赛事、论坛、推介交易会、演出、衍生产品销售等组成部分。这类展会的代表有：中国国际玩具及模型展览会、中国国际数码互动娱乐展览会、电子游戏国际产业展、中国漫画家大会等，在所有展会中这类展会占了大约 45％的比重。

（3）学术性论坛或年会是针对专业人士搭建的行业内交流学习的平台。其特点是：1. 面向行业内人士，包括艺术创作领域、技术开发与技术支持领域、商业运作市场研究领域、辅助本行业发展的上下游行业领域的从业人员和专家；2. 内容相比面向大众化传播的综合性及专业性展会要简单得多，只由不同主题的论坛或会议构成。这类展会的目的非常明确，促进行业内人士的交流学习。这类展会的代表有：中国动画年会等，在所有展会中所占比例约为 5％。

（4）教育界赛事展映评比与颁奖典礼一般是由高等院校主办的专业赛事，活动以教育界的论坛、会议、参赛影片放映及颁奖典礼构成。这类展会的代表有：北京电影学院“动画学院奖”、中国（北京）国际大学生动画节等，在所有展会中所占比例约为 5％。

综合性和专业性展会在时间上多集中于 5 月至 8 月的暑期，仅 7 月全国各地各类动漫展会及相关活动就超过 31 个，除北京、上海、广州等一线城市以外，在长沙、南宁、成都以及港澳台等地都有各类动漫展会及活动。其中规模相对较大的动漫展会数量和范围都开始增加，其中包括第六届北京国际文化创意产业博览会、北京第十二届世界漫画大会暨 2011 北京国际动漫周、上海第十届中国国际玩具及模型展览会、上海第七届中国国际动漫游戏博览会、上海第九届中

国国际数码互动娱乐展览会（CHINAJOY2011）、杭州第七届中国国际动漫节、第23届广州国际玩具及模型展览会、2011年广州电子游戏国际产业展（GTIASIAGUANGZHOUEXPO2011）、广州第四届中国国际漫画节、广州2011ACG穗港澳动漫游戏展、广州第四届中国动漫版权交易会、广州第五届中国漫画家大会、2011中国（广州）文化创意博览会、第二届深圳动漫节、第七届中国（深圳）国际文化产业博览会、东莞第三届中国国际影视动漫版权保护和贸易博览会、中国（沈阳）第三届动漫电玩博览会、第五届中国吉林国际动漫大展、第六届中国（济南）国际儿童产业博览会等，其中大型动漫展会多集中在北京、上海、广州等一线中心及周边城市，动漫游衍生及文化博览会等综合性展会较多，动画片、漫画及衍生产品的专业性展会相对较少，在综合性展会中杭州国际动漫节发展最为迅速，参展企业达450家，参会人数超过200万，成交金额达128亿元。专业展会方面，上海第九届中国国际数码互动娱乐展览会（CHINAJOY2011）在互动娱乐（游戏）领域，广州第23届广州国际玩具及模型展览会在动漫衍生领域，第四届中国国际漫画节在漫画领域分别有较为长期、深入而专业的发展并取得瞩目的成绩。

（中国北京电影学院 卢斌，中国传媒大学 郑玉明，青岛市动漫创意产业协会 牛兴侦，部分内容摘自《中国动漫产业发展报告》（2012））

游戏产业

一、2011年游戏产业总体情况

（一）游戏市场实际销售收入

2011年中国游戏市场（包括PC网络游戏市场、手机网络游戏市场、PC单机游戏市场等）实际销售收入446.1亿元人民币，比2010年增长了34.0%。

（二）PC网络游戏市场实际销售收入

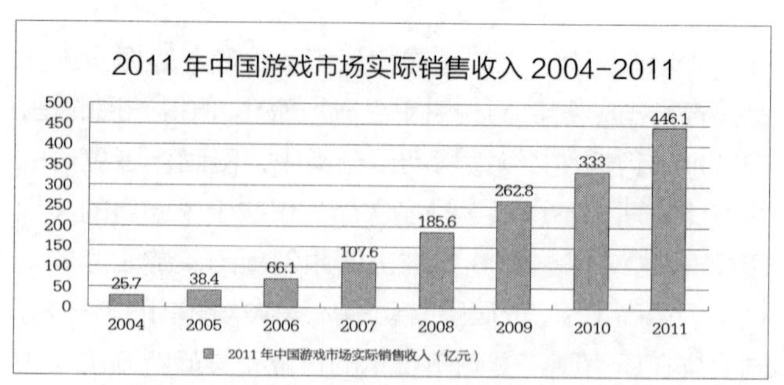

2011年，中国PC网络游戏市场实际销售收入（包括了客户端网游、网页游戏、社交游戏及游戏平台的市场销售额）为428.5亿元人民币，比2010年增长了32.4%。预计2016年中国PC网络游戏市场实际销售收入将达到858.0亿元人民币，2012年到2016年的年复合增长率为14.9%。

（三）PC网络游戏带动相关产业增加的收入

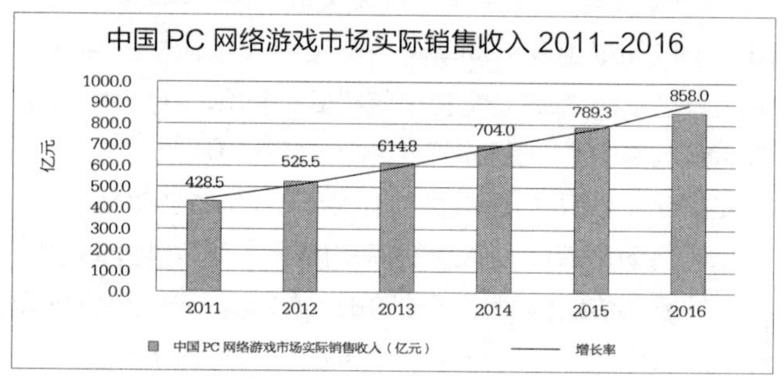

2011年，电信业务受PC网络游戏带动产生的直接收入达466.0亿元人民币，比2010年增长了15.0%，为PC网络游戏市场实际销售收入的1.1倍；IT行业由此产生的直接收入达155.4亿元人民币，比2010年增长了11.0%，为PC网络游戏市场实际销售收入的36%，此项收入的主要来源是PC、网络游戏服务器、网络及存储产品、软件及服务等；出版和媒体行业产生的直接收入达到111.8亿元人民币，比2010年增长了30.0%，其主要来源是相关网络媒体与杂志书籍的广告销售收入。

（四）客户端网络游戏市场实际销售收入

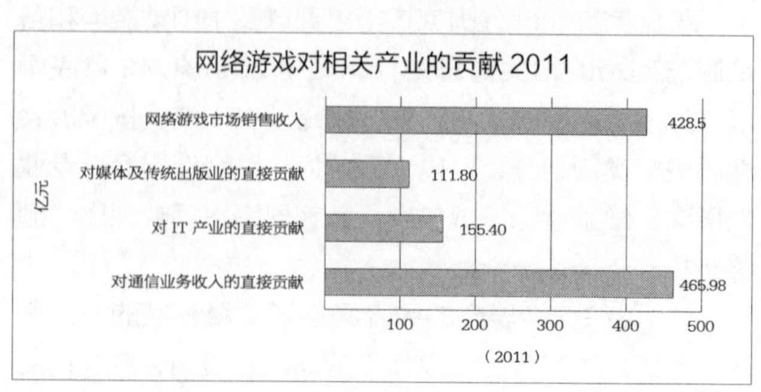

2011 年，客户端网络游戏市场实际销售收入 366.9 亿元人民币，比 2010 年增长了 30.2%。预计 2016 年客户端网络游戏市场实际销售收入将达到 711.1 亿元人民币，2012 年到 2016 年的年复合增长率为 14.2%。

2011 年，大型角色扮演类客户端网络游戏市场

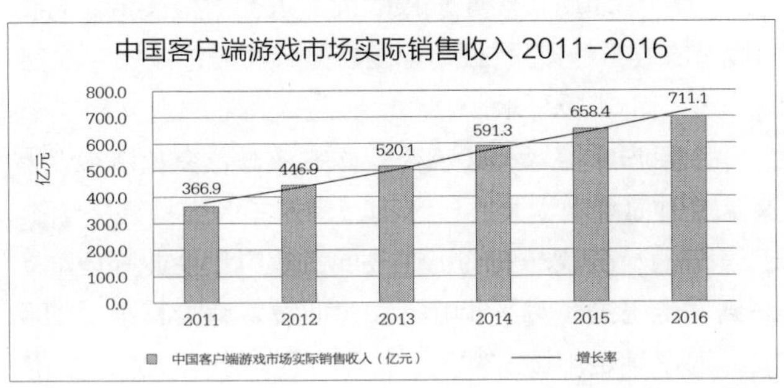

实际销售收入 250.8 亿元人民币，比 2010 年增长了 23.4%。预计 2016 年大型角色扮演类客户端网络游戏市场实际销售收入将达到 429.9 亿元人民币，2012 年到 2016 年的年复合增长率为 11.4%。

2011 年，休闲客户端网络游戏市场实际销售收

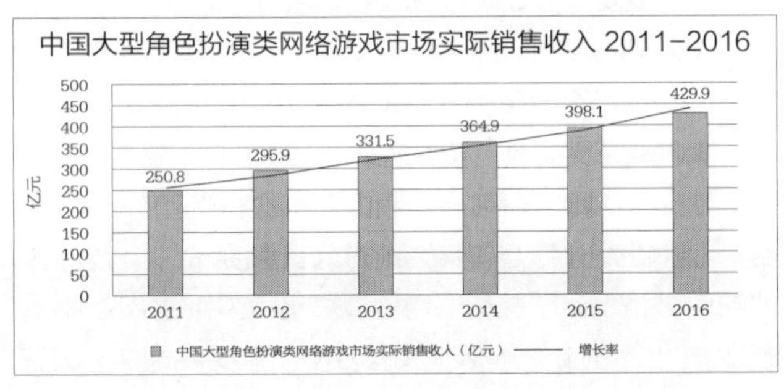

入 116.1 亿元人民币，比 2011 年增长了 47.9%。预计 2016 年休闲网络游戏市场实际销售收入将达到 281.2 亿元人民币，2012 年到 2016 年的年复合增长率为 19.4%。

（五）网页游戏市场实际销售收入

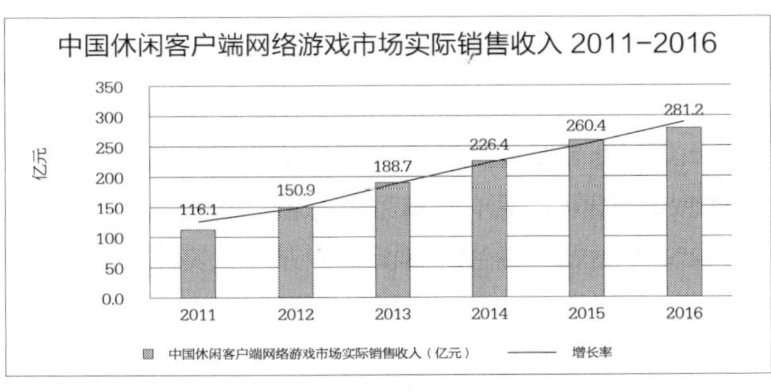

2011 年，网页游戏市场的实际销售收入 55.4 亿元，比 2010 年增长了 32.4%。预计 2016 年网页游戏市场实际销售收入将达到 130.0 亿元，2012 年到 2016 年的年复合增长率为 18.6%。

（六）手机网络游戏市场实际销售收入

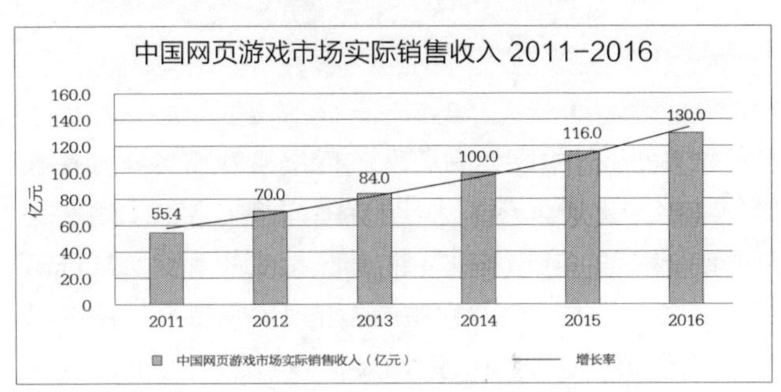

2011 年，中国手机网络游戏市场实际销售收入 17.0 亿元人民币，比 2010 年增长了 86.8%。预计 2016 年中国手机网络游戏市场实际销售收入将达到 75.0 亿元，2012 年到 2016 年的年复合增长率为 34.6%。

（七）PC 单机游戏市场实际销售收入

2011 年，受游戏大作出版与商业模式创新的推动，中国 PC 单机游戏市场实际销售收入 6100.0 万元人民币，比 2010 年增长了 301.3%。2011 年累计出版发行新 PC 单机游戏 7 款，比 2010 年减少约 66.7%。

（八）自主研发网络游戏海外市场实际销售收入

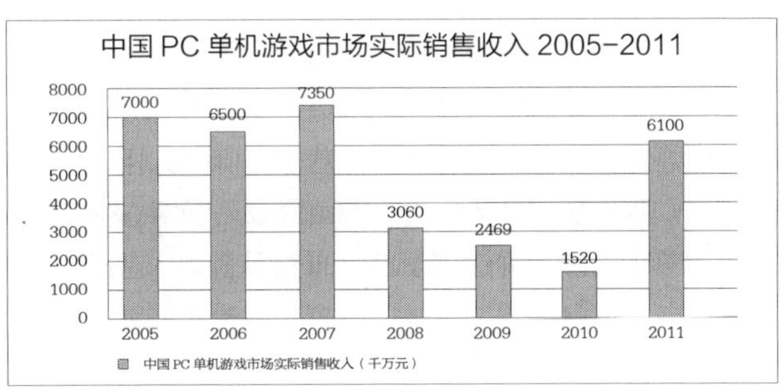

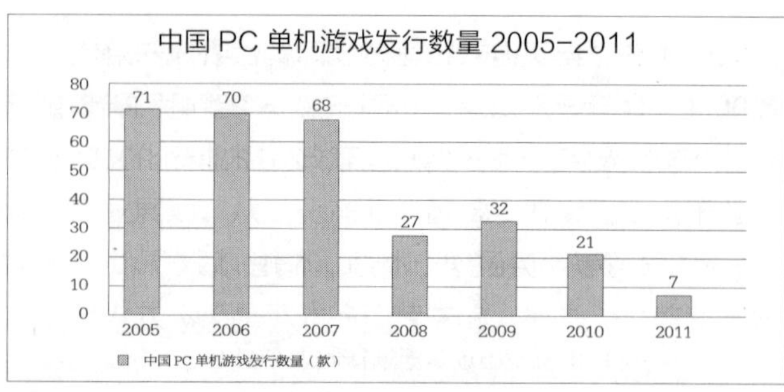

2011 年，中国自主研发的网络游戏市场实际销售收入 271.5 亿元人民币，比 2010 年增长了 40.7%，占中国PC 网络游戏市场实际销售收入的63.4%。2011 年，总计有 34 家中国企业自主研发的 131 款 PC 网络游戏进入海外市场，实现销售收入 3.6 亿美元，比 2010 年增长了 56.5%。

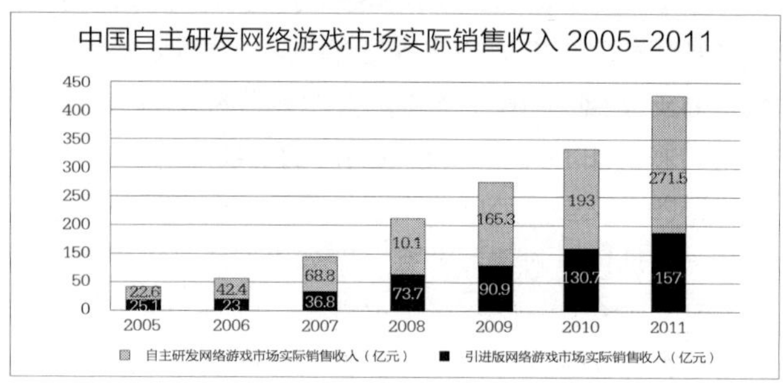

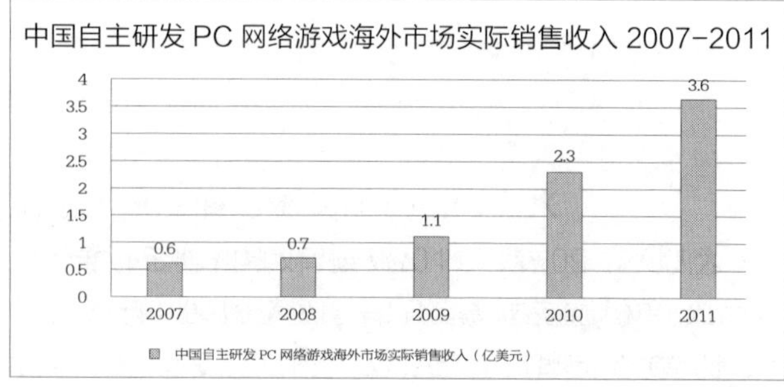

二、2011 年游戏产业发展特点

（一）政策法规

1. 国家空前重视文化产业发展

《国民经济和社会发展第十二个五年规划纲要》首次提出“推动文化产业成为国民经济的支柱性产业”。各级地方政府根据“十二五”规划所提出大力发展文化产业的要求，为扶持中国游戏产业行业发展，设立了各种扶持政策，各种配套法律法规得到进一步完善。

2. 国家加大知识产权保护力度，管理部门与企业合力保护游戏版权

2011 年 1 月 8 日，“中国网络游戏版权保护联盟”在北京国际版权交易中心举行的 2010CPCC 中国版权服务年会上成立，国家新闻出版总署副署长孙寿山，中国版权保护中心主任段桂鉴、国家新闻出版总署科技与数字出版司副司长寇晓伟等领导出席成立仪式，并为首批 18 家联盟发起单位授牌。该联盟通过与政府相关部门建立绿色通道，代理侵权取证、进行举报投诉、打击非法“外挂”与“私服”等侵权盗版行为。

（二）市场环境

1. 国内外游戏业交流合作意愿强烈，会展活动开启交流合作窗口

伴随着游戏产业的迅速发展，政府和企业都逐渐意识到“走出去”对产业崛起和企业发展有极其重要的意义。为了满足市场的需要，推动各游戏行业之间、国内外开发与运营商的交流与合作，政府组织、企业参与的会展活动发挥了巨大作用。中华人民共和国新闻出版总署、中华人民共和国科学技术部、中华人民共和国工业和信息化部、中国国家体育总局、中国国际贸易促进委员会、中华人民共和国国家版权局、上海市人民政府等部门共同主办的中国国际互动娱乐展览会（ChinaJoy），历经 8 届成功举办，成为与国最知名游戏会展活动之一，发挥国内外游戏产业交流窗口和合作平台的重要作用，促进了中国乃至全球数码互动娱乐产业的发展。

2. 游戏市场份额高度集中，新业态、新业务逐渐凸显

经过多年的发展，中国游戏产业的市场份额已经越来越倾向于经过多年发展的大型网游企业。通过人才的引进、资金的注入、以及互联网新应用的快速扩张，游戏产业的创新与普及应用也迅速地发展起来。其三个趋势值得高度关注：一是无论是单机游戏还是手机游戏，在发布和运营过程中都实现了网络化出版发行；二是游戏产业正在向“无端化”、“可移动”、“便携化”方向加速发展。移动游戏的兴起，催生了新的传播形态、产业形态、业务形态和商业形态；三是通过海量用户积累之后的游戏平台媒体化和深刻影响现实的特点日趋明显。

腾讯、网易、畅游等优势企业，继续保持高于市场平均的收入增速。而中型企业收入增长则普遍放缓，多数低于市场平均。小型企业或新兴企业，特别是一些网页游戏公司增长迅速，网游产业链正在不断拓宽。

3. 游戏市场竞争程度激烈，细分市场呈现差异化

游戏产业的各细分板块市场产值均有一定增幅，游戏产业的规模依旧保持增长趋势，但增长速度趋于平缓。游戏产业的市场格局正在发生变化，2011 年，中国PC 网络游戏市场实际销售收入为428.5 亿元人民币，比 2010 年增长了 32.4%。网页游戏市场的实际销售收入 55.4 亿元，比 2010 年增长了 32.4%。中国手机网络游戏市场实际销售收入 17.0 亿元人民币，比 2010 年增长了 86.8%。客户端网络游戏增长与去年持平，网页游戏市场、手机游戏市场、单机游戏市场增长强劲。

4. 游戏产业资本运作受国际金融危机影响放缓

2011 年上半年，游戏市场依旧持续了多年的“研发为王”的产业定位，以网页游戏开发团队为主的中小型团队广泛受到资本市场的青睐。特别是东南亚的风险投资机构频频在国内出手，希望通过集中投资多个开发团队，建立以资本为纽带的产品研发平台。

2011 年下半年，随着国际金融市场的动荡和年末国内经济出现增速降低趋势，风险投资公司纷纷在投资市场收紧投资。作为近年来资本运作主力的国内大型网游企业，也因为自有运营游戏产品数量趋于饱和等原因而减少投资力度。全年，仅部分网页游戏开发和移动互联网游戏开发团队获得投资。伴随着资本市场的变化，国内开发公司总量增长趋于平稳。

5. 游戏人才供需矛盾大，人才培养与企业需求严重脱节

伴随着游戏产业的高速发展，市场竞争的日趋激烈，导致游戏企业对游戏专业人员的要求与日俱增，但有经验的高素质人才毕竟是少数，所以更多有实力的公司从挖角逐渐转移至校园招聘和建立研究院机构自行培养。因为游戏学院等第三方培训机构必须要在现有的教育体制下运作，教授内容必须要理论化，教学内容与市场的实际需求严重脱节，导致学员实际操作能力偏弱，因而在招聘中往往得不到游戏企业的重视。而双方供求关系矛盾的扩大，也进一步导致了行业人才争夺的加剧。

6. 大企业陆续开放平台

网游平台商由于不受到产品线的限制，也可以通过运营多款游戏降低风险，话语权越来越大，客户端游戏厂商纷纷推出开放平台，网页游戏的联运平台发展也快于产品研发公司。

目前以腾讯、360、百度为代表的互联网平台纷纷在 2011 年加大了平台开放的力度。虽然还没有达到全面开放的程度，但是依然有数千家企业通过技术对接的方式进驻这些平台。内容开发商提供产品和服务，互联网平台提供海量用户和有偿的推广行为，双方通过优势互补、开放共赢、能力聚合为中国互联网用户提供更优质的游戏产品。

7. 游戏海外市场正向更远方向发展

南美、中东及俄罗斯等国家和地区成为网络游戏新一轮海外出口的热点区域。东南亚各国的网游市场已进入平稳增长期，2010 到 2015 的复合年均增长率（CAGR）均在 20% 以下。而南美、中东及俄罗斯等国家和地区虽然目前网游市场规模较小，但互联网渗透率较高，网络基础设施较好，人口规模较大，因此市场潜力巨大。

随着代理门槛的急速提升，中国企业纷纷在海外设立子公司，独立运营公司的游戏，而不再把授权作为唯一的海外出口模式。腾讯、盛大、九城等中国网游企业纷纷在韩国建立子公司。腾讯韩国子公司就通过网页游戏《七雄争霸》正式吹响了其在韩国本土直接运营游戏的号角；盛大游戏也在考虑未来加强海外运营，并在欧洲筹建运营公司。中国游戏企业通过海外子公司运营网游的时代正式开启。

（三）用户及产品

1. 产品类型更加丰富，移动互联网游戏和网页游戏发展尤为突出

目前，网游产品的类型更加丰富。首先，以“赛尔号”为代表的儿童类网游发展迅速，网游玩家年龄的低龄化趋势逐渐明显。其次，以“红色网游”、“各类体育赛事网游”等为代表的主题性网游开始扩充市场。从去年开始，国内网络游戏可大致分成三大板块，客户端网络游戏、网页游戏以及手机游戏。在每个板块中又有多种游戏类型的细分，比如客户端中的动作角色扮演类游戏（ARPG）、回合制等；网页游戏中的策略类游戏（SLG）、横版动作等。

网页游戏和 SNS 社交游戏扩大了传统游戏产业的概念范畴，拓展了网络游戏市场的份额和游戏用户群体的数量。据调查，页面游戏数量（包括社交游戏）已超过千款，基于苹果 IOS 和谷歌 Andriod 系统下的手机和平板电脑的娱乐快速崛起。

2. 游戏研发时间更长，投入更大，客户端游戏市场呈现“大作化”趋势

畅游在《鹿鼎记》上累计投入近 8000 万美金，400 多名研发人员，耗时 4 年创作。巨人打造《征途 2》也投入 400 余人的精英研发团队，历时 2 年创作。大型角色扮演类网络游戏客户端网络游戏现在普遍都需要 2 年以上的研发，同时配备上百人的研发团队，客户端网络游戏市场已经是“大作”的天下和“大作”之间的竞争。

3. 游戏平台更丰富，游戏类型与往年相比创新性较大

2010 年中国的网络游戏以客户端网络游戏和网页游戏为主，而 2011 年移动互联网游戏、单机游戏网络

化正在形成一种新的趋势。相对于2010年以武侠、仙侠、神话等游戏题材居多的中国古典游戏，2011年关于玄幻、现代都市、经营策略、SNS社交等的网络游戏快速发展，虽然在用户基数上仍无法超越中国传统文化为题材的游戏，但已成为新的产业增长突破口。

4. 游戏厂商注重技术研发，新技术成为游戏产品升级驱动力

虽然国产游戏在市场上鲜有大作，但其游戏品质相对前几年有明显进步。游戏开发引擎根据玩家体验的开发创新升级、美术水平标志国内网络游戏产品制作水平提高。网页游戏3D图形技术、HTML5标准带来的Web表现技术进一步推动产业升级、产品更新迭代。

各大游戏厂商建立技术研究院，通过技术预演的方式为企业技术创新提供依据，也为领导决策和后期产品研发方向提供了具体的参考方向。

5. "敏捷开发"和"微创新"成为游戏开发的热门关键词

以十年软件开发经验作为积累，现有成熟的网络游戏引擎作为支撑，游戏产品的开发内容和方式正在进入一个个性化时代。为抓住这新一轮的机遇，"敏捷开发"和"微创新"逐渐成为各开发商手中的利器。在网页游戏开发上，为避免与其他产品雷同，"微创新"成为开发商在产品制作过程中关注的重点，因为它一方面迎合了广大玩家对产品差异化的追求，另一方面也降低了开发本身的难度。而且，可以提高开发的效率，使得作品在众多产品中率先脱颖而出。

（中国出版工作者协会游戏工委）

视听新媒体产业

2011年，随着三网融合进程的加快，视听新媒体行业秩序逐步规范，各类视听新媒体业态发展迅速，业务开办主体数量多，内容形态多样，市场规模日益增大，社会影响力和舆论影响力与日俱增。

一、2011年视听新媒体产业总体情况

（一）内容生产建设情况

1. 内容生产主体多元化

2011年，中国网络电视台（CNTV）日均视频制作时长达500小时，并深度挖掘了中央电视台50万小时的历史库存节目资源，视频数据库存量达378万条。CNTV同时注重原创品牌栏目的建设，重点打造了"网络春晚"、"我要上春晚"、"直播中国"、"中国公开课"、"中国网络视频盛典"、"明星来了"、"宝贝来了"、"红镜头"、"爱西柚原创频道"、"5＋网球"等一批网络视听节目新品牌新栏目。

截至10月31日，2011年中国广播网日均发稿量突破1万条，制作专题97个，播出视频新闻18562篇，大型活动视频直播62场，播出视频总时长10256分钟。上海百视通构建了超过30万小时的内容资源库，成为视听新媒体内容市场的主力。商业视频网站开始尝试并制作专用于互联网播出的专业类视听节目和网络短片。搜狐完成多部网络剧和微电影的制作，以及《军情前哨站》等一系列自制栏目。腾讯陆续推出了十多款综艺原创节目，以及9分钟电影大赛、快女微电影等。

优酷推出了《老男孩》等系列"优酷出品"节目。新浪的《四夜奇谭》第一集上线两个月累计点击量超过2.1亿次。有的商业视频网站还尝试向电视台提供节目。实力较强的广播电视节目制作机构，将部分内容提供给各视听新媒体平台，同时也与视听新媒体机构合作生产制作适合新媒体平台的内容产品。

国家广电总局发展研究中心调查数据显示，2011年，北京市属广播电视节目制作机构中，54.6％的机构向视听网站提供内容，也有少数机构向手机电视、移动多媒体广播电视、公共视听载体等平台提供内容。用户上传内容（UGC）仍是视听新媒体尤其是视听网站的内容来源之一。如酷6网转型专注UGC和视频社区，优酷网等纷纷将用户上传内容商业化。

2. 内容形态丰富多样

国家广电总局发展研究中心的调查显示，从节目形态来看，目前视听网站发布的内容主要包括影视剧、纪录片、动画片、访谈节目、综艺娱乐等，但以电视剧为主。调查显示，2011年，293家视听网站平均每家每周更新节目量达553.6小时，其中"电视剧"更新占比最大，为141.4小时，占25.5％；其次是"综艺娱乐"类节目，为50.6小时，占9.1％；"新闻资讯"及"集成的电视频道"更新比例均为7.1％。从节目的技术格式来看，视听网站提供的内容中，"标清"内容占比达73.2％，"高清"和"全高清"内容比例为16.6％。

（二）发布平台建设情况

1. 互联网视听节目服务充满活力

截至2011年年底，持有《信息网络传播视听节目

许可证》的机构达 616 家。广电机构是互联网视听节目服务的重要力量，由这些机构开办的视听网站约占持证视听网站总数的 47%。广电机构还积极开办网络广播电视台，以宽带互联网、移动通信网等信息网络传播广播影视节目。

截至 2011 年年底，全国获批开办的网络广播电视台达 17 家，其中 2011 年新增 9 家，包括山东、浙江、河南、甘肃、四川、山西、北京、吉林等 8 家省（市）广电机构各自开办的网络广播电视台和深圳联合十几家地市广电机构共同开办的城市联合网络电视台（CUTV）。中国国际广播电视网络台（CIBN）以及山东、浙江、河南、甘肃、四川、山西等省（市）网络广播电视台在 2011 年上线播出。

民营机构成为互联网视听节目服务的有生力量，约 220 多家民营机构开办了视听网站，并以其市场化运营的优势成为互联网视听节目服务市场强劲的竞争力量。

2.IPTV 集成播控平台建设更加有序

截至 2011 年年底，CNTV 负责的中央 IPTV 集成播控总平台和首批三网融合试点地区广电播出机构负责的 IPTV 集成播控分平台已基本建成，实现了相互对接，并已做好与电信企业 IPTV 传输系统对接的准备。2012 年 2 月 1 日，CNTV 与上海广播电视台在北京签署 IPTV 集成播控平台合并协议，双方将以中央电视台开办、CNTV 建设和运营的 IPTV 集成播控总平台为基础，建设和完善全国唯一的 IPTV 中央集成播控总平台。截至 2011 年年底，CNTV 的 IPTV 平台已开通 103 路标清直播和 7 路高清直播节目，发布点播节目 11.7 万小时，完成了辽宁、北京等地两套电子节目单的上线测试工作，并开发完成高清、悬浮电子节目单。

3. 互联网电视平台建设取得新进展

截至 2011 年年底，中央人民广播电台、中国国际广播电台、中央电视台等 7 家获批开办互联网电视集成业务的机构，其集成平台全部通过验收，业务开展取得新进展。CNTV 互联网电视开发了灵动、舞动、炫动三个版本的客户端，并在此基础上开发了浏览器版客户端、安卓版客户端，根据不同的版本策划了相应的内容架构，推出了 20 余个特色专辑。在济南、石家庄开通互联网电视业务，结合互联网数据传输和广播电视服务，为观众提供高清视频点播、回放，以及下载、订阅等互动应用。2011 年 6 月 22 日，中国国际广播电台互联网电视建设项目通过国家广电总局验收；8 月 8 日，其互联网电视运营平台开始内部测试；12 月 3 日，“CIBN 互联网电视”上线投入试运营。

2011 年 10 月国家广电总局下发《持有互联网电视牌照机构运营管理要求》（广办发网字（181）号），将互联网电视平台建设推向一个新阶段。2012 年 2 月 21 日，CNTV 与 PPLive 在北京联合召开发布会，正式宣布在互联网电视业务领域结为战略合作伙伴。双方将在内容运营及视频云技术等方面展开合作。2012 年 3 月，CNTV 与腾讯公司在北京宣布展开战略合作，共同推进中国互联网电视产业发展。

4. 手机电视平台功能不断完善

根据国家有关规定，基于通信专网的手机电视集成播控平台由广电播出机构负责建设。中央电视台、中央人民广播电台、中国国际广播电台、上海广播电视台、杭州市广播电视台、辽宁广播电视台等 6 家单位分别获批建设全国手机电视集成播控平台。截至 2011 年年底，6 家单位的 3G 手机电视集成播控平台全部获得国家广电总局验收，并不断完善相关功能。

2011 年，CNTV 对手机电视集成播控平台进行了完善。该系统可支持大规模直播、轮播和点播业务，直播频道达 512 个。6 月，CNTV 与中国移动合作正式发布了“视频手机报客户端”，提供的内容涵盖时政、社会、经济、军事、体育、娱乐等方面，全天 24 小时不间断更新，日均活跃用户过万。7 月，移动互联网客户端“CNTV 我爱非洲”在非洲落地，截至 2012 年 3 月底，用户数突破 66.1 万。此外，还推出了“中国国新办”、“直播中国”等多个移动客户端产品。中央人民广播电台的央广手机台与三大电信运营商的合作不断深入。该台分别与中国移动的上海视频基地、厦门动漫基地、广东 MM 基地，中国联通的北京视频公司，中国电信的上海天翼视讯、厦门动漫基地等 6 大基地展开合作，逐渐形成了均衡发展、多渠道经营的业务布局。中国国际广播电台的 3G 手机电视集成播控平台于 2011 年 12 月 16 日通过国家广电总局验收，正在按要求进一步完善。

5. 多媒体广播电视（CMMB）平台建设取得新进展

截至 2011 年年底，全国 31 个 CMMB 省级运营主体全部成立，其中，29 个省级运营主体由中广传播控股 60%，2 个由中广传播完全控股。2011 年，按照“统一管理、统一标准、统一建设、统一运营”的基本原则，CMMB 平台建设取得新进展，在继续丰富现有广播电视频道的基础上，形成了以“睛彩”为品牌的专业新媒体频道体系，逐步完善了广播式智能导航业务，并陆续上线了包括时事资讯、排行榜、政务信息、大众生活、睛彩报纸、睛彩杂志六大板块的多媒体数据业务体系，大幅提升了 CMMB 的新媒体价值。

6. 公共视听载体成为重要的视听新媒体平台

公共视听载体主要包括车载移动电视、室内固定场所电视（也称楼宇电视或城市电视）、户外大屏幕三个类别。2011 年，公共视听载体平台建设稳步推进。CNTV 移动电视在大力发展已有公交、饭店、快客、民航频道基础上，开通了列车、地铁、楼宇、广场等频道，累计常态节目制作量 516 小时，储存节目近 8000 小时。其公交频道在北京、上海、南京、深圳等 30 多个大中城市建设公交电视传播网络，覆盖公交线路 1200 条，公交车 47000 余辆。民航频道已形成覆盖北京、上海、广州等全国 37 家国际机场的航空媒体网络。快客频道依托全国高速公路网，建设了以城际快速豪华大巴为载体的移动电视系统。列车频道和广场频道主要覆盖北京、上海、广州等城市。各地广电机构也加强了公共视听载体平台建设。江苏移动电视服务完成内容平台整合，积极推进移动电视国标整转，规范节目和广告播出流程，开发流动字幕广告资源，不断提升平台品质。江西移动电视通过改版和研发新节目，积极扩大终端覆盖面，新增显示屏 292 块，并安装了 80 块 21 寸高亮度 LED 显示屏。云南电视台在楼宇、公交、机场、轻轨以及各州市旅游车上发展公共视听载体服务取得新突破，不仅在昆明地区新增终端数量，还在邻国老挝万象地区发展了不少终端。

（三）传送与分发网络情况

1. 有线电视网络加快升级改造，成为视听新媒体重要传送通道

近年来，中国有线电视网络正经历着从模拟到数字、单向到双向、标清到高清、看电视到用电视的转变，逐步具备传送视听新媒体业务的条件，有望成为视听新媒体重要的传送通道。CNTV 互联网电视业务就计划在有线电视网具备双向传送功能的城市推广。2011 年，各地加快推动有线网络数字化、双向化改造以及网络整合，推广高清交互、在线支付、可视互动等新业务和多功能服务。到 2011 年年底，全国双向网络覆盖用户超过 5700 万户，开通双向业务用户超过 1300 万户。上海 NGB 示范网发展高清交互用户 35 万户，江苏有线网络建立了云媒体服务平台，三网融合各试点地区有线电视网络和业务系统已基本具备向用户提供融合业务的条件。

2. 地面数字电视网络基本覆盖地级以上城市，建成全球最大移动多媒体广播电视网

地面数字电视网络是移动多媒体广播电视、公共视听载体等视听新媒体业务的重要传送渠道。截至 2011 年年底，全国地级以上城市基本完成地面数字电视覆盖工程的建设任务。其中，317 个城市完成了工程技术验收工作，将陆续开通地面数字电视信号。全国 336 个地级以上城市以及 855 个县级城市完成移动多媒体广播电视信号的基础覆盖，建成大功率发射点 2200 余个，中小功率增补点 5000 余个，总覆盖人口达到 8 亿人。中国移动多媒体广播电视网成为全球最大的移动广播电视覆盖网络。

3. 固定宽带互联网加快发展，成为视听新媒体业务最主要的基础网络

固定宽带互联网是现阶段视听新媒体业务最主要的基础网络。工业和信息化部数据显示，截至 2012 年 1 月底，中国宽带接入用户约 1.53 亿户，其中 2M 以上用户超过 84.4%。运营商发布的数据显示，截至 2012 年 1 月底，中国电信宽带用户 7803 万户，中国联通 5657 万户。宽带建设成为国家信息化建设的重要方向，也是通信运营商的战略任务。2011 年年底，工信部上报国务院实施国家宽带战略的建议方案，建议将“宽带中国”作为国家战略。2011 年 2 月，中国电信全面启动“宽带中国·光网城市”工程，2011 年光纤入户（FTTH）累计覆盖 4000 万户家庭；南方城市（含县城）实现 8M 接入带宽全覆盖，20M 覆盖率达到 70%；东部发达城市和中西部省会城市 20M 覆盖率达到 80% 以上。中国联通也将在 2012 年全面启动“光网世界·沃宽天下”的宽带提速计划，这将有力促进中国视听新媒体业务的发展。

4. 移动网络的快速发展正在使“视听无处不在”变成现实

2011 年，移动网络加速发展，为音视频服务的无处不在创造良好环境。2011 年 1–11 月，中国电信、中国移动和中国联通三家基础电信企业共完成 3G 专用设施投资 941 亿元，3G 基站规模达到 79.2 万个，3G 网络已覆盖所有城市以及部分乡镇，进入规模化发展阶段。截至 2011 年年底，中国移动 3G 用户数达到 5121.2 万户，中国联通 3G 用户 4001.9 万户，中国电信 3G 用户 3629 万户。中国移动已在各省建成 140 个达标无线城市，拓展超过 2400 万户无线城市用户。其中，广东、江苏、福建等 8 个省用户数超过 100 万户。无线城市累计访问页面（PV）量达到 4 亿次，其中广东、湖北、福建、浙江、河南 5 省占全网总量的 80%，PV 量均超过千万次。无线宽带（WIFI）热点建设也成为运营商发展的重点。截至 2011 年年底，中国电信 WIFI 热点进一步覆盖科技园区、商务楼宇、机场、车站、酒店及商业区，覆盖

热点接近70万个。上海电信部署WIFI热点7300个，这一WIFI网络成为上海最大的无线宽带接入网络。

（四）接收终端发展情况

1. 互联网电视终端进入有序发展时期

根据国家广电总局有关规定，现阶段互联网电视终端主要包括互联网电视机和互联网电视机顶盒两类。随着互联网电视集成平台建设的逐步完善，互联网电视终端发展迅速。创维、海尔、海信、TCL、长虹、康佳等各大电视机厂商纷纷与集成平台合作，推出互联网电视机。随着云计算等新技术的不断应用和升级，互联网电视机也不断升级改造，逐步向智能化方向发展，一些电视机厂商相继推出了集传统广播电视服务、音视频点播等各种应用服务于一体的升级版互联网电视机。2011年10月国家广电总局下发《持有互联网电视牌照机构运营管理要求》（广办发网字〔181〕号），互联网电视机顶盒进入有序规范发展时期。相关厂商和集成平台积极响应。CNTV与海信公司签署战略合作协议；上海百视通联合迈乐数码、上广电、创维等20多家互联网电视机顶盒厂商，计划2012年在上海发放100万台互联网电视机顶盒；杭州广电集团拟与众多机顶盒厂商以及内容服务商联合推出互联网电视机顶盒。

2. 智能手持终端迅速普及

2011年，各种智能手机、平板电脑等智能手持终端迅速普及，功能越来越多，逐步成为主流音视频消费终端。电信、互联网、消费电子乃至家电等多领域企业纷纷加入智能手持终端的生产消费行列。部分电信运营商还通过定制、补贴终端的方式，加快在智能手持终端产业链中的布局，使智能手机市场份额迅速提高。据电信运营商统计显示，2011年国内智能手机销量累计达7358万部，同比增长165%，占整体手机市场的29%。

3.CMMB终端逐步智能化和多功能化

随着CMMB运营体制的逐步完善和业务形态的日益丰富，CMMB终端推广形成相当规模。截至2011年年底，CMMB终端类型已超过千款，数以千万计具备CMMB功能的终端设备已步入人们的生活。三星、摩托罗拉、诺基亚、LG、HTC、联想、中兴、华为等主要国际品牌都推出了CMMB手机；一汽、二汽、上汽、广汽、奇瑞等汽车厂商和奔驰、宝马、奥迪等高端车型均已加入CMMB阵营，英特尔、ARM、高通、AMD等一大批企业在生产相应的芯片。

（五）用户规模增长情况

1. 用户增长迅速

互联网视听节目消费用户增长迅速。中国互联网络信息中心（CNNIC）发布数据显示，截至2011年年底，中国网民规模达5.13亿，其中网络音乐、网络视频用户规模分别为3.86亿和3.25亿，使用率分别达75.2%和63.4%，分居互联网网络应用的第三位和第五位，保持了一贯的领先地位。2011年，CNTV网络门户最高日均独立用户突破1500万，其CBOX网络视频客户端累计安装次数已超过3500万次，其中海外安装量超过300万次，日均独立用户超百万。商业视频网站的影响力日益扩大。艾瑞咨询的数据显示，截至2011年7月，优酷月度用户整体规模已突破3亿，日均用户访问量达4000万，日视频播放量达2.4亿个。2011年9月，土豆网月独立访问用户规模达2亿左右，注册用户约9000万，爱奇艺月度用户规模超过1.91亿。

其他视听新媒体用户稳步增长。IPTV方面，截至2011年年底，三网融合试点地区试商用业务用户约350万户。手机电视方面，CNNIC数据显示，截至2011年年底，手机网民规模达3.56亿，手机网络音乐、手机网络视频的使用率分别达到了45.7%和22.5%。截至2011年年底，“CNTV手机电视”用户达154万，iPhone、iPad平台用户分别达632万、258万；中国国际广播电台“CRI手机电视”包月用户达200万。截至2011年10月，中央人民广播电台“央广手机台”在中国移动平台拥有100万收费用户和500万免费用户，在中国联通平台拥有超过50万收费用户，在中国电信平台拥有超过100万用户。互联网电视方面，CNTV互联网电视业务已发展用户7000户。移动多媒体广播电视方面，截至2012年2月，终端用户超过3500万户，付费用户达1600万户。公共视听载体方面，截至2011年年底，中央电视台公交频道终端总量达7万个，民航频道每年可为将近4亿人次的商旅人士提供视听节目服务，快客频道在江浙沪地区拥有3000余辆快客巴士、5000余块高清显示屏。

2. 新闻资讯是用户访问最多的内容

调查数据显示，被调查视听网站中，近半数（47.7%）的机构表示，“新闻资讯”是用户访问次数最多的节目内容之一，其次是“综艺娱乐”节目、“生活类”节目、“电影”和“电视剧”。从节目时长来看，“10分钟以下”的内容最受欢迎。调查数据显示，超过半数（55.4%）的机构表示，“10分钟以下”内容是用户访问最多的内容；其次是“10~20分钟”、“20~30分钟”、“30~60分钟”内容，所占比例分别为34.0%、25.2%和21.4%。

二、2011 年视听新媒体产业发展特点

2011 年，技术迅猛发展和市场竞争加剧是推动视听新媒体发展最重要的两股驱动力。视听新媒体也以其日益凸显的优势正在成长为媒介生态中的重要一极。总的来看，2011 年视听新媒体发展呈现出以下特征：

（一）政策环境不断完善，行业监管日益成熟

2011 年，作为视听新媒体行业主管部门，国家广电总局基于行业特点大力规范行业秩序，引导行业健康发展。一是启动了新版《信息网络传播视听节目许可证》换发工作，建立完善了持证机构信息数据库。二是加强对 IPTV 业务的管理，对非法 IPTV 业务进行查处，并推动上海广播电视台 IPTV 集成播控平台并入中央电视台 IPTV 集成播控总平台。三是要求手机电视内容服务平台在领取许可证时应提供与手机电视集成播控平台运营机构签署的正式合作协议及《内容服务平台与集成播控平台对接上线报告书》。四是坚决打击非法开展互联网电视服务的行为，规范发展可管可控的互联网电视，并下发了《持有互联网电视牌照机构运营管理要求》（广办发网字〔181〕号）。五是指导和推动了中国网络视听节目服务协会的成立。这些措施针对互联网电视在发展过程中出现的问题，提出了解决办法，为互联网电视规范发展提供了政策保障，对加强行业自律、推动行业健康发展具有重要意义。

（二）传统媒体与视听新媒体融合发展势头强劲

2011 年，广电媒体开办的视听新媒体不再仅仅是传统媒体的“碎片化机器”，新老媒体融合程度加大。

一是新媒体深入开发利用传统媒体的主持人品牌、历史库存资源等。截至 2011 年年底，CNTV 为中央电视台 24 个开路频道建设了官网，为 298 个央视在播栏目建设新官网并开设微博，开通央视主持人俱乐部 208 个，开设央视主持人微博 155 个、博客 142 个，宣传提升传统媒体，丰富新媒体内容，增强用户黏性；“微博联播”栏目依托中央电视台遍布国内外的记者站和新媒体记者队伍，全天 24 小时不间断发布权威信息。

二是传统媒体充分利用新媒体的互动性，丰富节目内容和形式。2011 年 2 月，CNTV 网络春晚的第一场在中央电视台综艺频道播出，收视率高达 2.44%，收视份额达 6.28%；中央电视台综合频道《天生我才》栏目，利用 CNTV“爱西柚”播客平台，为栏目挖掘选手、提供制作思路与素材，大大提高了栏目影响力。

三是通过内部机构重组、流程再造，促进传统媒体与新媒体资源共享。深圳广电集团建立了融合新闻中心，综合利用传统媒体、新媒体设备采集新闻，分别编排发布，打破传统媒体以频率、频道划分的组织结构，大大提高了新闻的即时性和及时性。

四是跨媒体、跨区域联合运营视听新媒体。视听新媒体天然具有跨区域特征，不同区域、不同媒体机构具有不同的优势，整合各自优势共同运营视听新媒体符合新媒体发展特征。2011 年，城市联合网络电视台的开播，成为视听新媒体资源整合的全新探索和典型案例。

（三）视听新媒体与社交媒体的结合日益密切

2011 年，以博客、微博为代表的社交媒体迅速发展，社会影响力与日俱增。越来越多的视听新媒体希望通过社交网络获取用户流量，内容平台的社会化成为突破口。一方面，新媒体运营机构纷纷与新浪微博、开心网、人人网等合作，实现视听内容通过社交网站“一键分享”。另一方面，新媒体机构积极构建自己的社交平台，CNTV 搭建自己的微博平台，人人网以 8000 万美元购买视频网站 56 网，实现视听新媒体机构与社交网站相互渗透。

（四）资本运作能力进一步增强

2011 年，资本市场继续成为支撑视听新媒体运营的重要资金源泉。12 月 29 日，百视通新媒体股份有限公司正式在上海证券交易所挂牌上市，开广电新媒体机构上市融资之先河。商业视听新媒体机构再掀 IPO 新高潮。截至 2011 年年底，共有 8 家中国互联网公司实现上市，在全球融资 14.76 亿美元。优酷网累计融资额高达 53 亿元。除此之外，行业间并购重组力度也在明显加大，如新浪入股土豆网、人人公司收购 56 网、优酷网和土豆网宣布以 100% 换股的方式合并等。

（五）赢利模式多元化

在行业整体亏损、电视仍将占媒体广告市场主要份额的形势下，视听新媒体行业积极探索多元化赢利模式。2011 年点播付费、版权分销成为视听新媒体行业在广告之外的主要赢利模式。2011 年，乐视网版权分销收入达 3.56 亿元，同比增长 571.7%，占公司总收入的比重达 60%。搜狐、优酷、爱奇艺等都推出了影视剧点播付费模式。市场在不断发展，视听新媒体的赢利模式也将不断丰富和成熟。

（国家广播电影电视总局发展研究中心 吕岩梅、熊艳红、朱新梅）

广告产业

2011 年是国家“十二五”开局之年，也是面临着诸多挑战的一年。在外部国际经济形式动荡，内部经济面临结构调整的情况下，我国广告市场仍取得了良好成绩，但成绩背后仍隐藏了诸多问题。

一、2011 年广告产业总体情况

2011 年，中国经济面临着外部国际经济形势动荡，内部投资及消费需求拉动不足、新经济增长点尚未明确的双重挑战。经济形势总体上释放出了较为清晰的下行盘整信号。据国家统计局信息显示，2011 年全年国内生产总值 471564 亿元，按可比价格计算，比 2010 年增长 9.2%。增速低于 2010 年 10.2% 的增长速度，与 2009 年增速持平。

根据国家工商行政管理总局的统计，2011 年中国广告市场继续保持平稳增长，发展势头良好。以刊例价计算，广告投放总额为 6693 亿元，比 2010 年增长 14.5%，高于 GDP 的 9.2% 增长率。全国广告经营单位达到 29 万余户、广告从业人员 167 万多人、广告经营额 3125 亿元，分别比上年同期增长 21.80%、13.03%、33.54%。在各媒介形式中，电视媒体仍然是企业主最主要选择的媒体形式，增幅与去年基本持平为 13.9%；电台继续维持着较高的增长，但增幅低于去年同期，为 30.2%；报纸和杂志增幅放缓，同比增长 12.0% 和 15.3%；户外是所有媒体增幅中最低的，仅为 3.7%；互联网继续保持高速增长局面，增幅为 35.6%，是所有媒体中增幅最高的媒体，但增幅明显低于去年同期。

二、2011 年广告主投放情况

（一）费用审慎紧缩，营销推广策略盘整

2011 年，在国内经济下行盘整、国际经济复苏不力的情况下，广告主营销推广费用占销售额比例呈现清晰调整态势。广告主营销推广费用占销售收入比例降至 8 年来历史最低点，也是金融危机后首次显示出的较为清晰的下调迹象。费用审慎紧缩背后，是广告主营销推广策略的一系列盘整，概括而言，体现出三大特征：

*1. 终端销售推广在企业营销推广活动中的地位逐年提升。*伴随经济下行压力，企业销售压力陡增，终端销售推广成为企业越来越重视的销售推广环节。中国传媒大学广告主研究所连续八年调查数据显示：在被访广告主营销推广费用基本分配中，媒体广告投放占营销推广费用比例连续多年排名第一，维持在 37%–38% 之间，多年来占比较为稳定。而面向消费者的终端推广费用占营销推广费用比例尽管连续多年位列第二，却连续 5 年持续攀升，从 2008 年的 22.4% 已上升至 2012 年预期的 26.7%。

*2. 企业品牌传播活动进入商誉竞争阶段，企业公关投入日益增加，公关传播、危机管理与企业社会责任活动日益活跃。*2011 年，企业公关危机事件依旧频发不断，从双汇“瘦肉精”、味千拉面“骨汤门”到达芬奇涉嫌造假、蒙牛奶制品黄曲霉素超标，中国企业仍面临着频繁的危机轰炸，单纯依靠广告投放早已无法有效建设企业品牌与声誉，广告、日常公关与危机公关三位一体、建设与维护企业声誉双管齐下方能有效。

*3. 广告投放日益重视媒体广告投放平台品质，广告投放进入精细化深耕细作阶段。*2011 年经济的下行态势、2012 年经济形势的不明朗，以及广告主普遍面临的成本上升、利润摊薄的境况，使得广告主愈加重视广告投放活动的有的放矢，注重“好钢用在刀刃上”，力求将有限的资金投放在具有较高品质，契合企业传播需求的媒体平台上。2011 年生态课题组调研结果显示，被访广告主在选择广告投放媒体的主要依据时，选择“媒体受众与企业目标消费者的吻合度”这一代表媒体品质的选项比例达 69.92%，跃居第一位，而代表媒体量化指标的“媒体覆盖范围”选项的选择比例为 56.1%，下降到第二。在 2010 年，企业选择媒体的主要依据中，“媒体的覆盖范围”（61.7%）居于第一位，“媒体受众与企业目标消费者的吻合程度”（47.85%）位于第二。

（二）广告投放重整合，互联网投放比例首超报纸

近年来，伴随受众注意力的碎片化和媒体环境的变化，使得广告主传播成本不断提升、传播难度日益加大，广告主日益重视多种媒体相互配合触达目标消费人群的整合化广告投放。在整合化广告投放中，电视媒体一直保持着领先优势。2011 年中国广告生态调研数据显示，被访广告主在电视媒体投放上的费用比例为 40.6%，和 2010 年基本持平，保持着占总投放金额比例第一的地位。而以互联网为代表的新媒体则近年来上升势头明显，2011 年更是由于消费者媒体接触度的持续上升及电子商务的迅猛发展而在广告主广告投放组合中再攀新高。2011 年，被访广告主媒体广告投放费用比例中，互联网首次超过报纸（11.5%），份额占比达到了 15.4%，成为份额排名第二位的媒体，广告主对 2012 年预期投

放中也呈现互联网广告投放继续攀升的势头。

（三）新媒体投放聚焦社交化、整合化、体验化三大热点

2011 年中国广告生态调研数据显示，被访对“互联网将成为企业整合营销传播核心平台”这一观点持同意态度的比例为 63.2%。近年来，广告主新媒体投放日益活跃，并已经形成了适应中国市场特色的投放经验。聚焦 2011 年，可以发现广告主新媒体投放的三大热点：

第一，新媒体广告投放的社交化。随着以新浪微博、人人网为代表的社会化媒体迅猛发展，越来越多的广告主开始重视社会化媒体平台的营销传播价值。首先，社会化媒体所提供的人际口碑传播在增加消费者对品牌的信任和推动销售方面作用更直接。其次，伴随电子商务的迅猛发展，越来越多的企业通过社交媒体建立从营销传播到促销、销售的一体化营销方案。目前，已有包括三星、百威、戴尔、可口可乐等 100 多家企业进驻人人网公共主页，有招商银行、奔驰、三星等 5 万多家企业进驻新浪微博，广告主试图通过社交化模式创新销售渠道、增进消费者关系。例如专注于正品鞋网上商城的好乐买在腾讯微博上推出“微卖场”，通过“精选商品”和“转播降价”两个栏目实现与消费者之间的互动。消费者不仅仅能够通过转发和抽奖获得商品价格优惠而且还能够直接点击“精选商品”栏目实现一件购买。对于好乐买而言，这种新型的社会化营销方式增强了品牌曝光度的同时也提供了新的销售渠道，提高了好乐买的成交量。最后，社交化媒体还是企业维护与消费者关系的良好平台。社交网络将真实的人脉关系搬到线上，为广告主提供了发出自己声音以及更加自然观察和倾听消费者声音的平台。广告主可以利用专业工具倾听和分析消费者的态度和意向，从而提供更好的产品和服务。

第二，策略性整合。广告主由以往粗放式的网络形式组合向策略性整合多种互联网广告形式转变，提升互联网广告投放的精益性。一般来说，广告主会选择以搜索引擎作为整合营销传播的入口和收口，以搜索引擎为主线，串联起其他网络广告形式门户网站、垂直网站以及社交网站等，利用社交网站、论坛上吸引性的话题以及用户的分享，驱动产品及品牌信息的二次甚至是 N 次传播。

第三，传播体验化。体验化即通过有趣的、吸引消费者的传播内容，根据消费者行为模式，选择信息接触点，从感官、情感、思想、行动等各方面营造体验氛围，利用更具亲近性的、有趣味的话题、引导消费者的关注点从价格向精神愉悦、文化时尚等方面转移，最终使得消费者达成认同、共鸣和购买，从而实现传播目标。例如报喜鸟专门为其网络商城构建了电子商务直销品牌 eBONO。为了配合 eBONO 品牌的推广，报喜鸟专门推出了线下社区实体店，消费者可以在社区店进行体验，同时利用媒体特别是新媒体升级线上感官体验，通过主题周、游戏竞技大赛、网上体验馆、设计大赛等吸引消费者参与线下活动，感受企业文化。

三、2011 年媒体广告经营情况

据 eMarketr 发布的数据，2011 中国媒体广告总收入相比 2010 年增长 14.0%，预计达到 383 亿美元。中国传媒大学中国广告生态调研课题组的数据显示，2011 年有 85.9% 的被访媒体在上半年实现了实际广告收入的增长，这一比例创历年新高。然而，增长的背后暗流汹涌。2012 年国际经济形势不稳定，我国经济发展受到连带影响，净出口额度减少、投资增速下滑、消费市场增长乏力，广告主广告投放趋于谨慎，媒体将很有可能重新面临类似 2008 年的困境。重压下，媒体之间必然通过更加激烈的竞争来抢夺客户、确保自身广告市场份额。

从整个媒体市场来看，以互联网为代表的数字媒体不断对传统媒体造成压力；伴随智能手机和 3G 技术的发展，移动互联增长性突出，成为搅动行业格局的新因子。分媒体类型来看，根据中国传媒大学广告主研究所相关调研数据显示，2011 年上半年互联网的广告收入平均增长幅度最大为 43.1%，接近所有媒体平均增幅的两倍；广播媒体广告收入平均增长幅度为 25.1%；电视 2011 年上半年的广告收入增幅为 19.9%，而报纸媒体增幅仅为 13.7%，为所有媒体中增幅最低媒体。

（一）电视媒体——格局分化加剧，各级媒体加快调整步伐

迄今为止，中国电视观众的日均收视时间大约有 175 分钟，超过其他任何媒体。此外，电视的受众覆盖率超过 97%，这些都决定了电视在中国媒介产业当中的特殊地位。但另一方面伴随经济盘整，以及广告主营销传播投入趋向谨慎，中国广告市场、电视媒体市场的竞争压力也随之加大，整体媒体广告市场格局两级分化的马太效应加剧。

在收视、覆盖人群、自身品牌建设等方面具有优势的央视及强势省级卫视受到广告主的青睐。2012 年中央电视台黄金资源广告招标预售总额达到 142.5757 亿元，比 2011 年增长了近 16 亿元，增长率为 12.54%，创 18 年来新高。央视以其权威、高端的品牌影响力得

到了广告主的认可，再上新高的招标额也验证了其在广告主心中的份量。与此相呼应，2011 年中国广告生态调研数据显示，2011 年被访广告主分配在央视上的广告费用比例为 31.7%，2012 年这一比例预计仍会上升。面对央视持续有力的竞争，省级卫视则通过进一步深化定位，创新营销，打造特色品牌，赢得受众和广告主两方面的一致认同。中国广告生态课题组调研结果显示，2011 年被访广告主分配在省级卫视上的媒体广告费用比例为 32.8%，这一比例预计 2012 年还会继续攀升。

而实力相对较弱的省级卫视、地市级电视台则相对受到冷遇。电视媒体竞争格局中的马太效应愈发明显，出现强者恒强、弱者式微的趋势。从收视份额来看，2011 年上半年，省级地面频道和市（县）级频道都出现小幅下滑，而省级卫视则持续增长。另外，从广告主的费用分配来看，2011 年中国广告生态调研数据显示，2011 年被访广告主分配在卫视以外的省台和地市县级电视台上的比例呈现持续下降趋势。目前，相对弱势省级卫视正努力通过强弱合作、弱弱携手、加强自身特色品牌及内容建设等方式来实现经营收入的增长，避免弱者式微的怪圈。如青海卫视自 2011 年开始，在区域化上提出“有种 2011”的口号，努力打造西部频道的风格，以改变“湖南卫视二台”的尴尬。而地市级电视台则立足本地资源，努力发挥地域接近性和终端接近性的优势，寻求广告经营上的自我突破。

（二）互联网——竞争日趋激烈，新热点不断涌现

2011 年，整体互联网广告市场发展态势良好，但内部竞争却日益激烈，并形成了搜索、视频、社交化媒体等多个热点。具体来看：

第一，众多网络巨头投入搜索引擎市场竞争，搜索技术升级向智能化、社区化发展，搜索领域进一步细分。虽然百度在中国搜索引擎市场中的优势地位仍然难以被撼动，但腾讯、新浪、奇虎、微软等都在加快在这一领域的布局，并呈现出技术升级向智能化、社区化发展，搜索领域细分化的特征。在智能化搜索上，搜狗、奇虎等抛弃了传统的搜索框形式，采用浏览器 + 搜索的模式，能根据用户的阅读习惯主动推送相关信息，大大缩短了网民获取有效信息的时间。另外，伴随社区媒体的迅猛发展，依托社区用户关系的搜索业务也正在蓬勃发展。如美国密西根州的婚礼摄像师通过 Facebook，搜索“24–30 岁”、“已订婚”的“女性”用户，将自己的广告定位推送给她们，结果在 12 个月中获得了 4 万美元的收入，但只花费了 600 美元的广告费。最后，在搜索领域细分上，新浪借势微博开拓微博搜索，一淘网借力“淘宝客”开拓网络购物搜索。

第二，由于互联网用户对网络视频的使用时间的快速增长，网络视频媒体也在加快合纵连横布局，构筑竞争优势。优酷增发募资，人人网收购 56 网，乐视网和土豆网宣布成立合作，凤凰新媒体正式启动凤凰视频“凤鸣计划”。迅雷看看耗资百万人民币，购买 kankan.com 新域名，并宣布正式启用。与此同时，传统门户网站，腾讯、新浪、搜狐、网易等，也纷纷通过合作与收购股权来强化自己的地位：搜狐视频与 MSN 中国大成食品业务战略合作伙伴关系，新浪收购土豆 9.05% 的股份。并通过加强内容差异化强化网站品牌差异化定位，通过差异化定位以及更为规范的网络版权环境为广告主营造更为安全和高效的投放环境，争取客户投放。

根据艾瑞咨询的数据，截至 2011 年 10 月，中国社交网站用户规模已达到 2.5 亿，而微博用户规模已达到 2.6 亿。强大的用户规模和用户黏着性使得社交网站的价值愈加凸显。2011 年，各大网站开始为微博的商业化之路展开行动，如新浪微博改版推出微号和微币，腾讯微博尝试社区电子商务。越来越多的广告主开始尝试依托社交媒体平台的营销活动。如百思买与腾讯合作“微卖场”，通过腾讯微博直接向自己的粉丝销售商品，每转发一次微博，商品价格就会自动下降 0.1 元，而网友可自由选择不同价位购买直至商品售罄。另外，伴随移动互联的发展，“SoLoMo”（So–Social，社交；Lo–Local，本地位置；Mo–Mobile，移动网络）也正逐渐升温。人人网已全面布局 SoLoMo 模式，新浪微博也在加紧改版，而开心网也不甘示弱发力移动社交和社区电商。

（三）平面媒体——压力重重，借力资本、技术、市场下沉谋求突破

央视市场研究中心（CTR）的数据显示，2011 年前三季度报纸、杂志媒体广告刊例花费相比 2010 年同期涨幅均为 15%，涨势趋缓。实力传播相关数据显示，报纸和杂志的广告支出自 2007 年起均呈下滑趋势。全球范围来看，平面媒体唱衰之势在劫难逃。由于国际经济形势持续低迷对中国经济的连带影响，平面媒体主要广告客户如房地产、机动车等行业震荡下滑，这对平面媒体影响颇大。而且由于广告经营增长乏力、人力资源成本上升、原材料价格上涨、各种发行成本的增加等，使得平面媒体经营压力重重。

重压之下，平面媒体亦在积极谋求突破。2011 年，平面媒体继续“全媒体”之路，依托资本、技术、市场下沉不断探索新的发力点。首先，在资本市场上，2011

年报业集团新一轮的借壳上市热潮又显端倪。9 月 29 日浙江日报报业集团借壳 st 白猫完成经营性资产整体上市，并于 10 月 31 日正式启动为期 5 年的全媒体战略行动计划。广西日报传媒集团正与索芙特签订重组框架协议。南方报业传媒集团也拟借壳 *ST 炎黄上市。其次，迎合受众生活方式和阅读习惯的改变，平面媒体依托新技术拓展受众群。如随着 ipad 引领的一股平板电脑风潮的袭来，许多杂志媒体纷纷推出 ipad 版以占领这个终端市场。再次，对于报纸来说，其新闻的本地化、区域化是新媒体难以匹敌的，而且对于三四线城市，新媒体对报纸的冲击还没有那么严重。因此，也有部分报纸媒体在本地化和三四线市场深耕细作，以布局长远。

（四）广播——运营态势良好，依托新媒体化压力为动力

据中国传媒大学广告主研究所相关调研数据显示，2011 年，90.9% 的广播媒体在 2011 年上半年广告收入实现了增长。但与此同时，也有高达 54.6% 的广播媒体经营者表示出对来自互联网媒体竞争压力的担忧。因此，很多广播媒体开始主动出击，通过与新媒体领域的延伸，拓展媒体经营领域，变压力为动力。如北京人民广播电台于 2011 年 7 月推出了菠萝网络电台，在菠萝网络电台，受众可根据个性化需求，形成自己的专属电台，还可以通过菠萝台的互动功能对每个菠萝台进行评论或推荐。上海第一财经广播则登陆苹果应用商店，第一财经的听众未来将可通过 iPhone、iPad 免费下载客户端软件，实时收听精彩节目。

四、2011 年广告公司发展情况

1. 增长面、盈利面均有所扩大，呈现谨慎乐观预期

2011 广告业生态调研数据显示，被访广告公司营业额同比增长的比例创历史新高，达到 66.2%；2011 年上半年，60% 的被访广告公司表示税后利润实现同比增长，较 2010 年的 48.5%，盈利面明显扩大。2011 年 76.2% 的被访广告公司预期在 2012 年的营业额将会增加，与 2010 年的比例基本持平；2011 年 70.3% 的被访广告公司预期 2012 年税后纯利润将会增加，高于 2010 年的 65.1%，广告公司对 2012 年的经营状况整体预期谨慎乐观。

2. 资本助推广告公司迅速圈占优势资源，谋求规模扩张

2010 年蓝色光标、广东省广、昌荣传播等广告公司纷纷挂牌上市，2011 年这三家广告公司都相继收购多家广告公司股份、拓展业务领域。在通过兼并、收购不断壮大的过程中，资本成为推动广告公司迅速圈占优势资源，拓展产业链。如昌荣收购上海世奇进军精准搜索广告业务，同时联手安吉斯，整合数字媒体业务；蓝色光标收购互动营销全案代理广告公司北京美广互动等。但与此同时，资本也是一把双刃剑，由于盈利压力，资本刺激，容易带来盲目拓展业务、恶性竞争等诸多问题。这对广告公司高管也提出了新的课题。

3. 2012 隐忧仍在：媒体依旧强势，广告主依旧领先

据中国传媒大学广告主研究所连续八年数据显示，被访广告公司利润贡献第一的业务始终都是媒介广告资源开发、代理及销售业务，并且 2011 年的选择比例相对前两年明显上升，说明广告公司的媒体依赖性不降反升。而在对广告市场主导者的判断上，连续十年数据皆显示广告主及媒体轮番做主担当广告市场主导者，选择广告公司作为广告市场主导者的比例逐年降低。在 2012 经济下行盘整，广告主营销传播投入审慎紧缩，媒体经营竞争压力加大情况下，广告公司未来生存发展仍存在较大压力。

（中国传媒大学 黄升民、邵华冬）

艺术品产业

一、2011 年艺术品产业总体情况

2011 年我国艺术品市场呈现规模性的扩张。艺术品市场交易总额达到 2108 亿元，年增长率为 24%，名列世界第一。其中，我国艺术品拍卖市场交易额为 975 亿元，画廊、艺术经纪和艺术品博览会的交易额为 351 亿元，艺术品出口额为 30 亿元，艺术品网上交易额为 12 亿元。此外，现当代原创工艺美术品（工艺画、陶瓷、玉器、珠宝首饰、家具、织锦、刺绣、编织、地毯、壁毯、漆器、金属等）的交易额为 590 亿元，艺术授权、艺术复制品、艺术衍生品的交易额为 150 亿元。

2011 年我国艺术品市场的经营主体以画廊业、艺术品拍卖业为主。2011 年我国画廊业发展速度较快，画廊总数量达到 1649 家，同比增长 9%。国内艺术品博览会总体运营情况良好，参展商数量同比上升 40%，销售价格整体提高 30%。画廊业、艺术品经纪和艺术品博览会交易活跃，体现了我国艺术品一级市场的良好发展态势，但尚未扭转国内艺术品拍卖业占比过大的现

状格局。2011 年我国艺术品拍卖业的发展再次引起世人关注，国内艺术品拍卖企业注册数量已达 400 家，同比增长 34%，成交额同比增长 66%，其中绘画、装置、雕塑、素描、摄影、版画等拍卖总金额为 693 亿元，同比增长 69%，各项市场指标名列全球第一，交易额全球占比进一步扩大。除了画廊、拍卖行和艺术品博览会之外，2011 年以艺术投资基金、艺术品信托等为代表的新经营主体活跃，国内艺术投资基金数量为 70 余家，资金规模达到 64 亿元，国内艺术品信托数量为 45 只，共募集资金 55 亿元，但尚处于起步阶段。2011 年艺术品网络交易逐渐形成共识，成为突破传统交易模式的新尝试，未来十年我国艺术品网络交易额将突破 70 亿元，是我国艺术品市场新的增长点。

2011 年我国艺术品整体价格增长稳定，其中油画及当代艺术的市场价格增长尤为明显。以艺术品拍卖市场为例，2011 年艺术品成交均价为 30 万元 / 件，同比增长 15%，油画及当代艺术作品成交均价为 80 万元 / 件，同比增长 36%。2011 年共有 31 件艺术品的拍卖成交价格超过亿元，同比增长 41%。2011 年齐白石作品《松柏高立图 · 篆书四言联》以 4.255 亿元成交，创出我国艺术品拍卖市场成交价的新高。国内的画廊市场以交易当代艺术品为主，2011 年当代艺术品的画廊交易价格逐渐走高，代表性画廊在艺术品交易数量和交易价格上取得良好业绩，整体盈利水平有所提高。2011 年我国艺术品市场的经营产品以原创艺术作品为主，中国书画作品和油画及当代艺术在高端价格成交上所占比重较大。艺术收藏品受众广、基础大，深受收藏爱好者的喜爱，基本占据了中等价格的市场交易。艺术复制品、艺术授权产品定价较低，面向艺术消费人群，全年交易额为 150 亿元，同比增长 15%。尤其是艺术衍生品，2011 年产业化发展形态初具规模，为公益性美术博物馆的良性运营添砖加瓦，因此 2011 年被称之为“艺术衍生品元年”。

2011 年我国艺术品市场购买力明显提高，市场购买力结构更为多元。在政府扶持政策和专项资金支持下，以国内美术博物馆为代表的公共收藏发展很快，有效推动了我国艺术品收藏价值标准的确立。2011 年国内企业收藏和私人收藏增长明显，企业收藏资金规模约为 400 亿元，同比增长 30%，国内私人收藏介入海内外艺术品市场的力度增强，国际影响力进一步扩大。2011 年国内企业收藏和私人收藏的公共化逐渐形成共识，企业美术馆、私人美术馆成为发展方向，亟待政府政策的大力扶持和积极引导。2011 年国内艺术消费和艺术投资渐成热潮，反映出目前市场购买力在收藏之外的两个发展趋向，大力提倡艺术消费、美化人民生活是符合我国文化产业健康发展方向的积极举措，对于国内艺术投资过热甚至出现投机化的市场现象，社会引导和市场监管的双管齐下才能起到更积极的作用。

二、2011 年画廊业发展情况

2011 年我国画廊行业规模进一步放大，画廊总数量达到 1649 家，同比增长 9%，主要分布于大中型城市之中。北京、上海、香港、台北是我国画廊业的主要聚集区，北京地区的画廊有 721 家，占比 44%，上海地区有 256 家画廊，占比 16%，港澳台地区有 143 家画廊，占比 9%。

1. 市场竞争加剧，经营状况分化

2011 年我国画廊行业虽然在整体上呈现出良好的发展势头，但是市场竞争更为激烈，经营状态两级分化。其原因在于，经过 2000 年至 2007 年的急速发展和 2008 年至 2010 年面对全球性金融危机的严峻形势之后，我国画廊行业已经进入到了品牌竞争、人才竞争、资源竞争的新阶段，而粗放型的经营管理和小作坊式的经营业态更无法适应新的发展形势，优胜劣汰势在必行。一些具有国际视野和运用新的经营方法的画廊逐步脱颖而出，取得了较好的经营盈利，如北京 798 艺术区的博而励画廊，全年经营收入达到 2000 万元，净利润水平提升较快。根据 2011 年 4 月 AMRC 艺术市场分析研究中心的“画廊信心度调查”，画廊销售业绩表现平稳的占比 74%，销售业绩非常好的占比 24%，销售业绩表现不佳的占比 2%，说明目前我国画廊业在整体上已经适应了激烈竞争的市场局面，而在竞争中被淘汰的画廊占比较小。

2. 国际资本进入，行业竞争压力加大

自 2008 年以来国际资本陆续进入我国画廊行业，市场格局已经出现变化。画廊行业发展较快的北京、上海和香港地区，是国际资本持续关注的主要城市，外资画廊数量的增长尤其明显。国际资本选择在这些城市开设画廊的原因，主要是从艺术资源、商业环境、城市交通以及人才素质等方面加以考虑。而从国际资本的来源国别来看，2011 年的特点是欧美地区已经取代了日本、韩国等亚洲各国，成为了国际资本的主要来源地，尤其在香港地区表现得更为明显。如 2011 年 1 月全球画廊业知名品牌高古轩画廊在香港中环毕打行开设亚洲的首间分支机构，随后英国的顶尖级画廊白立方画廊也在香港开设分店。国际资本的陆续进场，一方面带来了国际化经营模式和成熟市场经验，促进了我国画廊业的国际化发展，一方面也对国内尚未成熟的画廊行业造成了竞争压力。

3. 地区优势明显增强，聚集度进一步提高

2011年我国画廊行业的地区性发展优势更趋明显，行业聚集度进一步提高。从画廊市场区域表现来看，目前北京、上海、香港、台北是我国画廊业发展程度较高的四个城市，尤其是北京、上海两地不仅集中了国内众多有代表性的画廊，专业化程度较高，而且还出现了多处画廊产业的聚集区。以北京为例，北京以721家画廊，占我国画廊总数的44%，同比增加了116家，占比上升了4%。北京也是国内画廊聚集区数量最多的城市，包括了传统文化聚集区“琉璃厂画廊区”，自发聚集形成的“798艺术区”、“草场地艺术区”、“宋庄艺术区”，以及在规划设计前提下所形成的“望京酒厂艺术区”、“观音堂艺术区”等。形形色色的艺术区构成了颇具规模的北京画廊市场。画廊市场的规模化发展，尤其是画廊聚集区的出现，对于我国画廊业的发展具有良好的推动作用，但是现阶段地区优势的明显提高也在一定程度上反映了我国画廊行业在整体布局上发展的不平衡现状。

4. 行业规范化成为共识，诚信形象建设成效初现

2011年我国画廊行业在加强行业沟通、规范行业行为、提高行业素质等方面逐渐形成广泛共识。2011年文化部文化市场司为了进一步推动我国画廊行业的诚信经营，继续在全国推行“诚信画廊”的评比和考核，树立了一批具有行业示范作用的画廊案例，体现了政府主管部门的管理力度和管理决心。在行业自律方面，2011年在北京市文化局的主导下，程昕东国际当代艺术空间、百雅轩、北京公社、长征空间、博而励、偏锋艺术、世纪翰墨、亚洲艺术中心、星空间、艺凯旋艺术空间等画廊联合发起成立了国内首家画廊行业的专业团体——“北京画廊协会”，随后上海地区的画廊业自发组织了“上海画廊联盟”。画廊行业协会和画廊联盟的成立，不仅有助于与政府相关部门的沟通，有助于画廊间的资源互补和行业规范，同时也扭合了行业内的发展力量，塑造了行业的整体形象，协调了行业间的相互关系，加强了与海外画廊界的互动，为我国画廊业提供了可持续发展的条件。

三、2011年艺术品拍卖业发展情况

2011年我国艺术品拍卖行业整体发展良好，继续延续规模化发展的态势。2011年取得国家文物局文物拍卖企业资质的拍卖企业共有308家，同比增长18%，取得一类文物拍卖企业资质的拍卖企业达到95家。2011年有240家艺术品拍卖企业举办拍卖活动，同比增长38%。全年共举办450场拍卖活动，上拍量为44万件，同比增长47%，总成交量为32万件，同比增长39%，交易额为975亿元（港、澳、台拍卖市场成交额为148.68亿元），同比增长66%，再创历史新高。另据法国Artprice网站的数据，2011年中国在全球纯美术品拍卖市场所占份额达到41.4%，同比增长8.4%，蝉联世界排名第一，显示出目前我国艺术品拍卖业在全球较为强劲的发展态势，进一步巩固了我国在全球艺术市场中的核心地位。

1. 冲击全球市场旧有格局

根据国外统计数据，在全球艺术品拍卖成交额前10位的拍卖公司中，国内艺术品拍卖公司占比40%。其中，中国嘉德、北京保利全球排名第三、第四，北京匡时、北京翰海分列全球第五、第七。在我国艺术品拍卖企业的强劲冲击下，全球艺术品拍卖的老牌企业苏富比、佳士得的市场统治力有所下降。2000年苏富比、佳士得两家拍卖公司的成交总额全球占比曾达到73%，2011年则已经下降到了47%，反映出了此消彼长的格局性变化。在另一方面，虽然以苏富比、佳士得为代表的西方艺术品拍卖业出现了明显的业绩滑坡，但是它们自身实力仍不可低估。2011年苏富比、佳士得仍以全年58亿美元、57亿美元的成交额名列全球前两位，我国艺术品拍卖企业与它们之间的差距明显，尚无法在短期内撼动它们在世界的领先地位。

2. 北京、香港形成拍卖“双中心”

2010年以来随着我国拍卖企业的崛起，逐渐形成了北京、香港“双中心”的市场格局，也凸显了全球艺术品拍卖市场多中心化的市场趋势。2011年北京、香港两地艺术品拍卖市场的竞争渐趋激烈，反映出在新格局形成的过程中围绕着中心话语权争夺的白热化。从2011年的情况来看，北京地区的艺术品拍卖企业主要是通过规模化的发展，建立起了针对香港艺术品拍卖市场的优势，具体表现在拍卖专场的数量比、拍卖成交金额的总量比等方面。如中国嘉德、北京保利分别以121亿元、112亿元的总成交额，领先于香港佳士得和香港苏富比。以香港佳士得、香港苏富比为核心的香港艺术品拍卖市场，又以在书画拍卖上的精致运作、瓷器古董拍卖上的“高、精、尖”形成特色，强化了香港艺术品拍卖企业的专业化水准和国际化能力。同时依靠良好的商业投资环境和优异的商业服务系统，香港同样成为了海外艺术品拍卖市场增长最快的地区，其对亚洲乃至全球的市场影响力也逐步扩大。

3. 新公司强势亮相

2011 年我国艺术品拍卖业的增长，还表现在新的艺术品拍卖企业的不断涌现上。据中国拍卖行业协会的统计数据，截止到 2011 年 12 月 31 日国内文物艺术品拍卖企业已经达到了 308 家，同比增加了 56 家。在新增企业中，北京有 23 家，占 41%，长三角地区有 17 家，占 30%，其他地区 16 家。北京、上海两地的增长幅度最大，这也从一个侧面反映出国内艺术品拍卖集中化发展的趋势。新拍卖企业的加入，既导致了我国艺术品拍卖市场的激烈竞争，同时也给市场带来了新的发展活力。其中一些新的拍卖公司由于具有金融资本的背景，因此在企业治理、商业运作、资金实力等方面与传统类型的艺术品拍卖公司相比更具优势，推动了我国艺术品拍卖企业的专业化发展。2011 年我国艺术品拍卖企业在经营策略上更加多元化，呈现出注重对海外的拓展、深度挖掘内地市场资源、拍卖品类的多元化等特点。

虽然我国艺术品拍卖行业取得了全球瞩目的发展业绩，但是目前艺术品拍卖行业仍存在着假拍、拍假、私下交易和买家不付款的不良现象，既影响到了我国艺术品拍卖行业的整体形象，也成为了行业自身可持续性发展的制约因素。如买家不付款的情况，在 2011 年已经成为社会各界普遍关注的话题。据中国拍卖行业协会数据统计，2011 年我国艺术品拍卖市场买家不付款率高达 40%。

2011 年 6 月中国拍卖行业协会发布了《中国文物艺术品拍卖企业自律公约》，公约重点对违规收费、知假拍假、虚假宣传等方面进行了严格规范并提出自律要求，有近 60 家国内文物艺术品拍卖企业承诺遵守公约。2011 年 11 月文化部下发了《文化部关于加强艺术品市场管理工作的通知》，12 月商务部发布了《关于"十二五"期间促进拍卖业发展的指导意见》。这些政策的相继出台，充分反映了国家政府对于国内艺术品拍卖市场的关注，明确了我国拍卖行业的发展目标，推进了拍卖业的法律法规和制度体系的完善，加强了诚信体系建设和行业宣传等工作的力度，为我国艺术品拍卖业的可持续性发展建立了良好的政策环境。

四、2011 年艺术品博览会发展情况

2011 年我国艺术品博览会整体发展势头稳定，市场活跃度和影响力明显增强，市场规模有所扩张，参展商数量同比上升了 40%，销售价格整体提高 30%。与此同时，随着我国经济环境和艺术品市场的全面发展，2011 年国内艺术品博览会在地域差异性上日趋明显，展会质量、资源整合、服务创新等方面也呈现出了新的特点。

1. 地区差异日趋明显

随着中国艺术品市场的进一步发展，我国艺术品博览会行业的地区差异日趋明显。2011 年北京、香港两地艺术品博览会凭借地区资源优势得到了长足发展，打破了 2000 年以来京、沪、港"三足鼎立"的既有格局。其中北京地区的艺术博览会，依托北京在我国政治、经济、文化中的中心地位，立足于北京的艺术家资源、美术院校资源、艺术媒体资源，尤其是在画廊规模、藏家群体以及艺术爱好者等诸方面的区位优势，在 2011 年表现出了很高的活跃度和跨界的整合力。以"艺术北京·当代艺术博览会"为例，自 2006 年成立以来，展会规模、展商构成、参观人次、成交状况等方面稳步前进。2011 的"艺术北京·当代艺术博览会"，来自 20 个国家和地区的 111 个专业机构参展，大陆、港澳台地区和海外的参展比例达到了 64:15:21 的合理水平，初步实现了艺术北京"团结亚洲，融入国际"的发展定位。为期 4 天的"艺术北京·当代艺术博览会"，参观人数达 4 万人，展会交易活跃，展会成交金额突破 1 亿元，成交的画廊占比 90% 以上，大陆买家的比例达到了 70%，体现了大陆买家对于艺术品博览会交易形式的广泛关注。2011 年香港地区、台湾地区的艺术品博览会也稳步发展。香港国际艺术展（ARTHONGKONG）自 2008 年创办以来，经过 4 年发展已经成为亚洲地区顶尖的国际性艺术展会之一。香港国际艺术展的国际化发展方向和增长速度已经吸引了欧美地区的广泛关注，而 2011 年全球艺术品博览会品牌巴塞尔艺术博览会（ARTBASEL）入股香港国际艺术展，更确定了其全球化的发展方向。2011 年香港国际艺术展的实际交易情况良好，参展画廊在数量和质量上都有明显提高，而从巴塞尔入股的举动来看，全球艺术品博览会业普遍看好香港地区艺术品展会的发展前景。

2. 战略合作资源共享

2011 年我国艺术品博览会行业，出现了战略合作和资源共享的行业发展新趋势。4 月，艺术北京宣布与香港国际古玩及艺术品博览会正式确立战略合作伙伴关系，进行全面的合作与交流，其内容将涉及画廊资源的互换交流、收藏家团体的合作访问、媒体宣传支持及学术教育交流共享等多个方面。香港国际艺术展和亚洲艺术文献库（AAA）的合作也更加紧密，通过合作，香港国际艺术展提升了学术地位，作为创立于香港而辐射东亚地区的亚洲艺术文献库也借助这种合作关系，搭建起了面向公众、服务社会的公共平台，提高了自身的社

会影响力。此外创办仅两年的艺术广东(ARTCANTON)也和香港国际古玩及艺术品博览会形成战略合作关系，得到了参展商资源上的海外支持，取得了发展速度上的倍增效应。因此，艺术品博览会的战略合作和资源共享，不但能够提升彼此的品牌影响力和服务质量，同时也以丰富的合作形式，取长补短，推动了行业的多元化发展。

3. 提升质量完善服务

2011 年我国艺术品博览会，在注重展会质量和提升服务水平上继续加大力度，取得了较好的成效。艺术品博览会，首先必须通过对参展商的专业审核来把好展会的质量关，2011 年国内的艺术品博览会通过建立学术委员会等方式方法，不断提高招展的专业水准和服务水平。如 2011 艺术北京，在招展过程中强调和专家一起建立参展商的核心名单，在确定参展商名单之后长期跟踪画廊的营运，并在审核资格通过后进一步与各参展商进行联络沟通，通过对参展作品的积极建议，为展会质量的提升打下基础。艺术品博览会的成功与否还取决于展会的招商能力和营销策略。作为艺术品交易的大型平台，通过不断提高招商的专业水准和针对性服务，我国艺术品博览会逐渐摸索出一套有关招商的服务方案，其中在 VIP 客户服务方面更加多样化。如 2011 艺术北京，除传统的“VIP 专场”之外，根据自己的定位并结合所在城市的优势，推出了丰富多样的艺术品赏鉴活动和 VIP 专项服务，吸引了众多艺术收藏家和美术爱好者的参与。

由于我国艺术品博览会起步较早但成熟较晚，很多服务环节和服务流程仍是缺环，在艺术品博览会和所在城市的互动上也缺乏经验，同时国内艺术品博览会的国际化水平普遍较低，缺乏国际化的视野和接轨全球的渠道。与此同时，人才的匮乏、专业化的不足、团队的不稳定也是制约现阶段国内艺术品博览会发展的不利因素。2011 年我国艺术品博览会普遍出现了决策层和执行团队动荡的现象，如创办于 2007 年的上海艺术博览会当代国际艺术展，原由意大利博罗尼亚展览集团出资掌控，自成立以来数次更换展会执行团队，2011 年执行总监再次出现更换，由意大利人 MassimoTorrigiani 接替连续两届担任总监的秦思源，呈现了很多不确定性，不利于展会的稳定发展。

五、2011 年现当代原创工艺美术品市场发展情况

近年来现当代原创工艺美术品市场有了长足发展。工艺美术品也称工艺品，是以美术技巧制成的各种与实用相结合并有欣赏价值的物品。原创工艺美术品，指的是融会了一定艺术理念、非批量复制的工艺美术品，主要分为陶瓷工艺品、雕塑工艺品、玉器、漆器、金属工艺品、工艺画、珠宝、仿古家具等。《2011 中国艺术品市场年度报告》的数据显示，2011 年现当代原创工艺美术品（工艺画、陶瓷、玉器、珠宝首饰、家具、织锦、刺绣、编织、地毯、壁毯、漆器、金属等）的总交易额为 590 亿元。我国工艺美术创作队伍庞大，产值较高、品种较多、声誉较盛的集中产区，主要分布在北京、天津、上海三大城市和山东、江苏、浙江、福建、广东、四川、湖南七个省份。

原创工艺美术品是我国艺术收藏品中的重要组成部分，由于更接近大众阶层，因此参与的人数众多，影响地域更广。以景德镇陶瓷工业为例，改革开放以来，景德镇陶瓷工业在产权制度方面进行了一系列改革。随后陈设艺术瓷发展迅速，保持着国内领先地位，无论在品种、质量、造型、花面方面还是在创作、设计、制造水平上，都有巨大的变化和迅速的提高，目前陈设艺术瓷已发展到以陶艺家为主导的百花齐放、推陈出新的局面，成为景德镇陶瓷工业中的重要支柱之一。此外，景德镇陶瓷交易市场特别是陈设艺术瓷交易市场建设得到了较快发展。过去以马路市场为主的交易市场通过“陶瓷大世界”等展贸结合的陶瓷市场的建设，陶瓷交易市场已大有改观。2004 年，景德镇工艺美术陶瓷总产值就达到 10 亿元，占本地陶瓷总产值的比例也由国企改革之初的 15 % 提高到 50 % 。目前，景德镇艺术陶瓷年产值超过 50 亿元。

近年来，国家为保护传统的工艺美术，进行了陶瓷艺术品阶层制度改革，一些在陶瓷生产领域有特殊技艺的工艺师、美术师相继获得了国家认可的称号，如 2002 年开始评选的陶瓷艺术大师，就囊括了国内很多陶瓷艺术界的名人。这些省高级工艺美术师以上的高级工艺美术从业人员在景德镇艺术陶瓷年产值中贡献率都在 60% 以上。

与此同时，现当代原创工艺美术品相较原创艺术作品和“古董”工艺品更受社会各阶层的欢迎，因其有一定艺术价值，价格适中，适合社会消费群体的审美需要。面对新的需求，2011 年我国艺术品市场在原创工艺美术品的市场拓展上大有进展，如中国嘉德等专业拍卖公司纷纷推出“现当代陶瓷专场”拍卖，专场拍卖的成交金额稳步上升。此外，北京华辰拍卖公司也推出了“苏绣”拍卖专场，以近现代刺绣作品为对象，拓展了艺术收藏品的领域。

（AMRC 艺术市场分析研究中心 张秀娟）

文化会展产业

2011 年是“十二五”开局之年，我国文化会展产业在国内外经济环境错综复杂的环境下继续发展，呈现良好增长态势。2012 年 2 月，《文化部“十二五”时期文化产业倍增计划》（以下简称《倍增计划》）发布，根据该计划，“十二五”期间文化部将力争实现中国文化会展业新的突破，形成 3 至 5 个覆盖全国并具有国际影响力的文化会展，逐步建立结构合理、特色明显、功能互补的文化会展业体系。

一、2011 年文化会展产业总体情况

（一）2011 年我国会展业产业结构基本特征

中国会展业呈现“起步晚，发展快”的特点，会展项目从 2008–2010 年约为 4500–5500 个，到 2011 年约为 6000 个，项目规模继续扩大。2011 年我国会展场馆超过 269 个，涉及 34 个省、市、自治区以及港澳特别行政区。会展场馆总展览面积超过 1000 万平方米，室内展览面积超过 700 万平方米。会展场馆数量最多的广东省为 38 个，超过 20 个的为山东（26）、江苏（24）和浙江（24），10–20 个的有北京、上海、福建。

中国会展业以长三角、珠三角和环渤海为主，产业集中度比较高。就城市而言，分别为上海、北京、广州；就省级行政区划来看，上海、北京、广东、浙江、江苏居前五位。2011 年开始形成了“京会”、“沪展”两大中心。北京以其举办国际会议的核心优势和特质成为“中国会展经济的会议之都”，上海以其数年举办展会的规模和质量成为“中国会展经济的展览之都”。

（二）2011 年文化会展发展环境

1. 政府政策支持

与以往地方政府出台的扶持政策所不同，无锡、厦门、南京、南宁等城市 2011 年分别出台新政以发展会展业。新出台政策扶持力度更大，覆盖范围更广，申请程序更加规范。主要有以下三个方面：一是财政资金支持力度大。无锡市对会展业扶持资金的总盘子每年约 800 万元，目标直指“海内外有一定知名度的区域性会展中心城市”。厦门市正式公布的《关于扶持会议展览业发展的若干意见》将会展业奖励标准设为一次“会展”最高奖 100 万元。有的政府将扶持标准从原规定展览面积 13 万平方米调整为 1 万平方米的最低标准，政策导向性强。二是重点扶持。对组织举办会展论坛、研讨会、专业买家考察活动，以及参加全国性、国际性会展行业专业展览、会议等重要活动的经费进行扶持。东莞设立会展业发展专项资金，推动东莞会展业持续发展。三是申请程序更加规范。各地的政策纷纷改进了会展奖励、资助项目的核查办法，规范和明确会展专项资金申请、审核与拨付程序。

2. 政府规范指导

由于会展经济发展在各地的水平与规模差异很大，各地方政府因地制宜地规范指导会展业。从国家层面，2011 年商务部采取促进品牌展会发展等四大措施，即促进品牌展会发展，发展绿色低碳展会，加强规范化管理，夯实行业发展基础，以此推动我国会展业健康发展。四川省专门下发《四川省加强管理服务促进会展业发展的规定的通知》，对冠名“××市”的会展活动，须在当地商务部门备案。遵义颁布实施《遵义市会展业管理办法（试行）》，凡是在遵义市境内举行的各种展会、博览会等，必须提前一个月报当地商务部门批准，同时向公安、消防、工商、住建、质量技术监督、卫生、食品药品监督等多部门备案，并依法完善各项手续，事后必须呈总结报告。

3. 政府直接推介

2011 年，地方政府到主要会部、中国国际贸易促进会和重庆市人民政府在北京共同举办“重庆会展北京推介会”，旨在进一步加强重庆与国际国内会展行业的交流与合作，宣传和推介重庆会展。为此，重庆市政府制定 10 项扶持政策，多措并举，促进会展企业和会展活动健康发展。无锡、济南等市人民政府也在北京推介展城市推介本地会展的举动较为明显，有的地方携手国家其他部门共同推介，比如，商务本地会展业。

2011 年，文化部联合相关部委举办了第七届中国（深圳）国际文化产业博览交易会、2011 中国义乌文化产品交易博览会、第六届中国北京国际文化创意产业博览会、第四届中国东北文化产业博览交易会、第七届中国国际动漫游戏博览会和第二十九届中国洛阳牡丹文化节等国家级博览会和节庆活动，有效促进了文化产业的交易与合作。

二、2011 年国内文化会展情况

综合类

第七届中国（深圳）国际文化产业博览会

由中华人民共和国文化部、中华人民共和国商务部、国家广播电影电视总局、中华人民共和国新闻出版总署、

中国国际贸易促进委员会、广东省人民政府和深圳市人民政府联合主办的第七届中国（深圳）国际文化产业博览交易会于 2011 年 5 月 13 至 16 日在中国深圳会展中心举行。

此次文博会主会场展览面积 105000 平方米，设立 40 个分会场。全国 31 个省、市、自治区及港澳台地区全部参展，再次实现政府组团“满堂红”，展商数量达到 1896 家，来自全球 89 个国家和地区 12000 多名海外采购商受邀参会。参加本届文博会各项活动的观众达到 389.46 万人次，其中专业观众 55.2900 万人次。

本届文博会突出“文化 + 科技”等有利于经济发展方式转变的新业态，更加突出项目、促进交易、推动出口。与前几届相比，本届文博会规模更大，展会内涵进一步提升。主会场首次扩容，设立文化产业综合馆、非物质文化遗产馆等 9 个专业展馆，国内 31 个省、自治区、直辖市及港澳台地区全部参展。

本届文博会交易更加活跃，成交额再创新高。截止到 2011 年 5 月 16 日中午 12 点，总成交额达到 1245.49 亿元，比上一届增加 156.93 亿元，同比增加 14%。其中，文化产品出口交易额为 124.11 亿元，占总成交额的 9.96%，同比增长 8.81%。

此外，本届文博会重点更加突出，内容更加丰富，人气更加旺，参展人数超过 354 万人，其中专业观众超过 50 万人，同比增加 28.83%。文博会 5 月 16 日还评出优秀组织奖、优秀展示奖，中国文化部文化产业部、北京代表团等 99 个单位获得优秀组织奖，广东省展团、浙江省展团等 229 个单位获得优秀展示奖。

五大国家级综合性文化产业博览会项目签约协议总金额一览表

成交金额（亿人民币） 名称 年份	中国（深圳）国际文化产业博览会	中国北京国家文化创意产业博览交易会	中国西部文化产业博览会	中国东北（沈阳）文化产业博览会	中国义乌文化产品交易博览会	合计
2009	880.69	375.46	未举办	330.00	18.49	1604.64
2010	1088.56	478.00	675.00	/	28.07	2269.63
2011	1200	786.00	未举办	超过 300.00	40.62	超过 2326.62

第七届中国北京国家文化创意产业博览交易会

中国北京国际文化创意产业博览会（以下简称“文博会”）是经国务院批准，由文化部、广电总局、新闻出版总署和北京市政府共同主办，北京市委宣传部等 28 个委办局协办，北京市贸促会承办的大型国际文化创意产业盛会。

与往届相比，第七届文博会规模空前，以文化为内涵、科技为支撑、创意为引领的特色鲜明，产业化、市场化、国际化程度提升。文博会期间，共有逾百万人参与了展览、推介交易、论坛、创意体验及分会场百余场次活动。

据不完全统计，本届文博会期间，共签署文化创意内容产业的产品交易、艺术品交易、文化创意集聚区建设和入驻、银企合作等协议总金额 786.85 亿元人民币，比上届增长 65%。其中，文化创意产业投资类项目 117 个，协议总金额 510 亿元人民币；艺术品交易 212 亿元人民币；原创文化内容产品成交 64.85 亿元人民币。

与往届相比，本届文博会签约、成交呈现四大特点：一是中国原创的内容文化产品，包括广播影视节目、网络游戏研发制作、动漫研发制作、出版发行、版权贸易、设计创意等类产品成交比往届大幅增加；二是园区、集聚区投资类项目规模大，产业集聚和带动性强；三是文化、科技、创意融合的新业态项目多；四是银企合作投资内容产业的项目多。凸显了六大特色：推广文化创意内容产业和原创文化产品，扩大文化品牌影响力；展示文化与科技融合的新业态新产品，推进文化产业转型升级；搭建文化资源整合和要素配置的市场平台，促进产业合作；激荡交流新思想，为产业发展引路领航；引领文化消费时尚，扩展文化消费市场；激发创意灵感，助推创意人才成长。

第六届中国义乌文化产品交易博览交易会

2011 中国义乌文化产品交易博览会（简称文博会）由中华人民共和国文化部、浙江省人民政府共同主办，浙江省文化厅、浙江省文化产业促进会、义乌市人民政府承办，于 2011 年 4 月 20–23 日在义乌国际博览中心举办，以“提升文化内涵，壮大文化产业”为办展宗旨。

此次文博会设文体用品类、工艺品类、印刷包装类、文化创意产品类、工艺美术类、书画古玩类 6 大类 10 多个行业区。主展馆展览面积 64000 平方米，设国际标准展位 3204 个，同比增长 35.13%；吸引了来自境内 26 个省市及俄罗斯、乌干达、毛里求斯、泰国、韩国等 14 个国家和地区的 1309 家企业参展，同比增长 31.16%；实现展览成交额 40.62 亿元，同比增长 44.71%，其中外贸成交额 24.89 亿元，同比增长 47.28%，占总成交额的 61.28%。展会吸引了来自 116 个国家和地区的 81916 名专业观众参会，其中境外客商 5252 名，与上届基本持平。

此次文博会主要以贸易展览、会议论坛和配套活动等板块组成，重点突出经贸功能，以文化产品贸易为核心，开展展览、洽谈、论坛等配套活动。结合文博会主题同期还将举办各种类型的专题展览活动，如国际文化商品交易展、亚太论坛、中国创新设计红星奖巡展、携手义乌文博会－书画名家进义乌活动等。

第四届中国东北（沈阳）文化产业博览会

2011 年 8 月 25 日，由文化部、广电总局、新闻出版总署和辽宁、吉林、黑龙江三省人民政府共同主办，沈阳市人民政府承办的第四届中国东北文化产业博览交易会（以下简称“本届东北文博会”）在沈阳市辽宁工业展览馆广场开幕。

本届东北文博会以“繁荣文化事业，发展文化产业”为宗旨，以“文化、融合、创新、发展”为主题，坚持以会展培育文化品牌，以市场整合文化资源，以交易创造文化价值，以论坛汇集文化信息，以活动丰富文化生活，以科技推动文化创新，立足东北，面向全国，辐射东北亚，构建内容丰富、形式新颖、特色鲜明、功能完善的文化交流展示和交易合作平台，努力培育国内一流文化展会，推动东北地区文化产业健康快速发展。

本届东北文博会设“品牌展示”、“产品交易”、“项目推介”、“文化活动”四大板块，共规划主会场五个展馆和十个分会场。展示、展览面积共 15 万平方米（含分会场），展位数达 6500 个（含分会场），推出文化产业项目 280 余项，参展商及观众突破 200 万人次，国内 20 个省市的参展企业达 800 余家，境外 15 个国家和地区的著名参展文化企业 50 余家，其中美、俄、日、韩等国家和台湾地区的知名文化企业更是携本地区具有鲜明特点的文化产品组团参展。

展会期间举办东北文化产业项目招商推介会。推介会上各省市联袂推出文化产业投资项目 280 余项，其中黑龙江省推出文化设施类、旅游类、网络科技类等共 70 余项产业项目；吉林省重点推介 30 余项文化产业项目；辽宁省以省内各市文化特色产品为重点推出文化产业项目 50 余项；内蒙古通辽等市推出以旅游为重点的文化产业项目 60 余项；沈阳市力推沈北新区文化产业园、浑南动漫产业基地等投资项目 40 项。

动漫游戏类

第七届国际动漫游戏博览会

中国国际动漫游戏博览会（CCG EXPO）是由中华人民共和国文化部和上海市人民政府共同主办、上海市文化广播影视管理局、上海东方传媒集团有限公司（SMG）和（上海）国家动漫游戏产业振兴基地共同承办的动漫游戏类综合展会。自 2005 年首届展会成功举办以来，年度性的 CCG EXPO 已形成了专业化、国际化、高层次、大规模的特点，并且确立了以商家对商家（BtoB）为主、商家对终端用户（BtoC）为辅的特色定位。

第七届国际动漫游戏博览会于 2011 年 7 月 7 日－11 日，在上海世博中国馆举办。5 天会期内，共有 280 多家海内外动漫游戏知名企业参展，观众达 35 万人次，达成交易额 8.1 亿元，意向交易额 34.9 亿元，在展会规模、交易总额等方面均超过往届。

本届博览会以“构建平台、扶持原创、驱动创新、繁荣市场”为主题，致力于把博览会打造成为亚洲领先并充满上海活力的知名展会。为此，博览会推出了“1+5”的大空间展示架构，除中国国家馆主会场外，还在上海动漫博物馆、东方明珠零米广场、徐家汇绿地公园、宝山动漫衍生品产业园区以及苏州设立 5 个分会场，形成了巨大的同城效应。在上海世博发展（集团）有限公司的大力支持下，本届展会仅在中国国家馆主会场的面积就达到 3 万平方米，比第六届展会面积翻了一番。此外，本届展会近 70% 的参展商都设置了 100 平方米以上特装展台，带来了高品质的展示内容，较好地满足了不同年龄层次的观展需求。

第七届中国杭州国际动漫节

中国国际动漫节（China InternationaI Cartoon& Animation Festival）由国家广电总局和浙江省人民政府主办，杭州市人民政府、浙江广播电影电视局和浙江广播电视集团承办，是唯一国家级的动漫专业节展，也是目前国内规模最大、人气最旺、影响最广的动漫专业盛会，被《国家“十二五”文化改革发展规划纲要》列为重点扶持的文化会展项目、“中华文化走出去”的重要平台。

第七届中国国际动漫节以“动漫的盛会，人民的节日”为宗旨，以“专业化、国际化、产业化、品牌化”为目标，以“动漫我的城市，动漫我的生活”为主题，将组织包括会展、大赛、论坛、活动等四大板块的50余个项目，共吸引了来自美国、法国、日本、韩国等54个国际和地区参展、参会、参赛，室内外展会面积超过7万平方米，参观人次达202万，签约金额128亿元人民币。

网络文化类

第九届中国国际网络文化博览会

第九届中国国际数码互动娱乐展览会（ChinaJoy）

中国国际数码互动娱乐展览会是由中华人民共和国新闻出版总署、中华人民共和国科学技术部、中华人民共和国工业和信息化部、国家体育总局、中国国际贸易促进委员会、中华人民共和国国家版权局和上海市人民政府共同主办。

展览会在展示新产品、传播新技术的同时，也能成为中国政府机构传达产业政策、获取市场信息、了解产业发展状况以及吸收国内外企业意见、建议的窗口。为中国数码互动娱乐产业的健康、规范和快速发展起到积极的作用。

第九届中国国际数码互动娱乐展览会与2011年7月28日–31日在上海新国际博览中心举行，以“中国创造”成为中心词，专业观众人数达10660人次。展会上，以盛大、游族网络、网易、腾讯、完美时空、巨人网络等为代表的以自主研发为核心竞争力的中国游戏企业，纷纷展示了自己原创开发的具有中国文化特色的网络游戏，盛大游戏、巨人网络、光宇在线等大型运营企业均在ChinaJoy展会上推广其各项联合运营和扶持计划，积极与中小型开发团队和工作室互动合作。

广播电视类

第九届中国国际影视节目展

“中国国际影视节目展”由国家广播电影电视总局主办、中央电视台承办的一年一度国家级、国际性广播影视盛会。据本届《中国国际影视节目展节目指南》收集资料及现场统计：本届展会参展电视剧2938部，80984集；电影500部；纪录片、专题、栏目4039部；动画片991部，89244集，展会交易金额（含意向交易金额）达30.12亿人民币。

本届展会展出面积22000平米，招展率达100%，参展商1300余家，民营公司占设展比例的76%，国内媒体占设展比例的13.6%，国际展商占设展比例10.4%。据展会总体统计，民营公司占参展比例的32.8%，国内媒体占参展比例的30.7%，国际展商占参展比例36.5%；参展节目共计8468部，现实类题材总计占88.3%；现实题材电视剧1617部，占19.1%；革命历史题材电视剧271部，占3.2%，参展节目数量较2010年提高25%。

第十一届四川电视节

第十一届四川电视节于2011年11月11日至11月13日在成都举行。本届电视节有来自世界77个国家和地区及各省区的几千家机构报名参评、参展，5000多名来宾参加，参与群众达到12万人次。其中，四川电视节传统特色的“金熊猫”奖国际电视节目评选活动，吸引了来自54个国家和地区的916部作品参加了“金熊猫”奖国际纪录片评选，参评国家和参评作品数量创下历届之最。截至落幕，各项活动达成意向性协议交易22.46亿元，较上届增长50.7%。据不完全统计，在为

第九届中国国际影视节目展基本情况

参展节目类别		参展数量
电视剧	现实题材	1617部/24474集（1053704分钟）占19.1%
	革命历史题材	271部/5485集（241344分钟）占3.2%
	古典历史题材	398部/8916集（334061分钟）占4.7%
	海外电视剧	652部/42109集（1615307分钟）占7.7%
电影	国产	263部/占3.1%
	海外	237部/占2.8%
纪录片/专题/栏目	国产	3243部/582523分钟占38.3%
	海外	796部/388390分钟占9.4%
动画片	国产	551部/52838集（1028116分钟）占6.5%
	海外	440部/36406集（632049分钟）占5.2%
		总计：8468部

期3天的节目交易市场中，达成意向性交易的电视节目多达12353部（集），成交额达18.96亿元，较第十届增长59.5%。

本届电视节中来自韩国的《承诺》、丹麦的《共同时光》、格鲁吉亚的《战争与爱情》分别荣获“金熊猫”奖大学生影视作品剧情片、纪录片、实验作品大奖。

第十一届四川电视节“金熊猫”奖国际大学生影视作品评选活动旨在鼓励大学生关注社会，用影像纪录时代变迁，为未来影视业培养新生力量。参评作品来自35个国家和地区，共1735部，参评国家和节目数量创下历史新高。作品分为剧情片、纪录片、实验作品三大类，分别设有最佳导演、最佳摄影、评委特别奖等23个奖项，其中，剧情片、纪录片、实验作品大奖是压轴的3个奖项。

电影类

第一届北京国际电影季

2011年4月23日至28日，北京举行了第一届北京国际电影季，该活动为北京市打造的具有北京风格、中国特色、世界品位的文化交流品牌之一，由北京市人民政府、国家广播电影电视总局主办。第一届北京国际电影季包括电影季开幕式、北京展映、电影魅力·北京论坛、北京电影洽商、电影音乐会、闭幕式与第18届北京大学电影节颁奖典礼等六大组成部分。

为期十天的“北京展映”分为国产和外国两部分，分别安排了六个展映单元，其中，展示北京城市风貌的“城市影像·北京”电影展和入围“记录电影展”的20部优秀纪录片，成为此次活动的最大亮点。

“电影魅力－北京论坛”第一次将22名国际著名电影节主席及高层人士齐聚北京，促成了最大规模的世界电影节主席聚会。“中外著名导演对话”论坛亦受到国内外电影人士的高度关注。同时，还有四场讲座于4月25日至27日在北京电影学院举行，7位著名的电影技术专家将分别围绕世界数字3D动画电影创新模式探索等四个电影技术话题进行讲授。

第十四届上海国际电影节

上海国际电影节（SHANGHAIINTERNATIONALFILMFESTIVAL（S.I.F.F）创办于1993年，宗旨是呈现并鼓励多元艺术创作，创办以来在专业架构及服务、社会影响力等方面迅速提升，已成为亚太地区最具规模、最具影响力的电影盛会，也被誉为是“全球成长最快的国际电影节”。

第14届上海国际电影节的主体活动由竞赛单元、电影市场、电影论坛、国际电影展映组成。其中竞赛单元包括：金爵奖国际影片评选、亚洲新人奖评选、手机电影节短片大赛。电影市场包括：电影交易市场和电影项目市场（包括中国电影项目创投与合拍片项目洽谈）。电影论坛以“发现中国、发现价值”为宗旨，把脉症结、激荡思想，共探通衢——发掘产业新引擎，达到助推中国电影全面升级的目的。每年的论坛由“主席讲坛”、“产业论坛”和“电影新浪潮”“电影大师班”四大板块十多个专场组成，为业内交流合作搭建平台，为产业发展提供风向标。影展单元是亚洲规模最大、也是最多元的电影展映活动，每年都会集中展映数百部来自世界不同国家和地区的优秀影片，成为最受大众热捧的观影嘉年华。

新闻出版类

第十八届北京图书博览国际交易会（BIBF）

2011年9月4日下午17时，为期5天的第十八届北京国际图书博览会在中国国际展览中心圆满闭幕。本届书展面积53600平方米，展台2155个，来自60个国家和地区的逾2000家中外出版单位展览展示20万种精品图书，举办近千场文化交流活动，荷兰是主宾国。经初步统计，本届图博会共达成中外版权贸易协议2953项，比去年增长24.13%。其中，达成各类版权输出与合作出版协议1652项，比去年同期增长17%，达成引进协议1301项，引进与输出之比为1：1.3。

第十八届图博会紧紧抓住国际社会对中国经验、中国模式的关注，把握行业数字化发展的热点与趋势，积极主动地利用书展平台，策划有关数字出版、国际合作、中国作家和文学“走出去”等一系列具有国际吸引力的专业及文化交流活动，帮助国际出版业界更深入地了解中国，促进中国出版业更快速地开拓国际市场。

书展期间，还颁发了第五届中华图书特殊贡献奖，积极推动了中华文化的“走出去”进程；以“数字时代的国际出版业走向”为主题的“2011北京国际出版论坛”、“中国图书馆与国际出版社高层对话论坛”、“中荷10+10国际出版人会议”、“中欧出版人圆桌会议”、“POD按需印刷论坛”、“华语出版交流会”等一系列专业出版领域的研讨会，有效促进了国际间的版权贸易与出版合作。

北京全国图书订货会

2010年北京图书订货会11月11日闭幕。订货会现场成交额近30亿元，比去年增加3亿元。红色系列、少儿经典图书和数字出版物是今年北京图书订货会订量最大的品种。

今年订货会在控制的情况下，展位总数达2283个8，最后有81个展位没被接受；展区面积则达46000多平方米，两者均超往届。参展单位内地共计663家，其中出版社513家，民营批发单位96家，出版相关产业54家。港澳台展区面积达到400平方米，展位34个；有200多家出版机构的图书参展，也是历届最多的一年。图采会书架总数达到1260个，有1000多家图书馆参会现场采购。

演艺娱乐类

2011广州国际演艺交易会

由文化部、广东省人民政府主办，广州市人民政府、广东省文化厅承办的2011中国广州国际演艺交易会于2011年10月7日–9日在广州白云国际会议中心举办，来自30多个国家和地区的近300家演艺机构、中介组织、艺术院团携千台精品剧目参展。本次演艺交易会以“搭建舞台艺术交易平台，推动中华文化走出国门”为理念，致力于打造可持续发展的中国演出交易第一品牌。演交会期间将举办产品交易、名家论坛、演艺培训等一系列活动。

广州演艺交易会的前身是2010年第九届中国艺术节期间首创的优秀舞台艺术演出交易会。作为市场在文化资源配置中发挥基础性作用的一个成功尝试，去年广州演交会达成国内外交易项目66个，演出场次1540场，累计交易成交额达1.77亿元。据统计，2011年广州演交会共达成国内外交易项目58个，累计交易成交额达4.17亿元。

第十三届中国上海国际艺术节演出交易会

2011年10月18日至19日，第十三届上海国际艺术节演出交易会在上海展览中心西一馆如期举行，近40个国家和国内25个省市相关演艺机构、表演团体等的参与。上海演出交易会共吸引了近100个国家和地区的超过1000家海内外艺术节、演出经纪机构和表演团体的代表参加。

广告类

第十八届中国国际广告节

2011年9月24日–27日，第十八届中国国际广告节在沈阳东北大厦举办。中国国际广告节由国家工商行政管理总局批准，中国广告协会、沈阳市人民政府、辽宁省工商行政管理局主办。

本届中国国际广告节，以推进产业升级、推广创意成果、推动商务合作为宗旨，以抓住“十二五”新机遇、创造广告业新辉煌为主题，在主办、承办单位的共同努力下，本届广告节顺利进行，共举办了七场颁奖晚会、八场高峰论坛、四场专业展览展示、三项大型活动。各项活动精彩纷呈，收到了良好效果，达到了预期目的，共有4万人参会，300多家参展商参展，展览面积达3万多平方米，展出作品3200余件。

文化旅游类

2011中国旅游产业博览会

由国家旅游局和天津市人民政府共同主办、联合国世界旅游组织特别支持的“2011中国旅游产业博览会”于2011年9月4日圆满落幕。据天津市旅游局统计，旅游产业博览会期间，参观市民、游客突破25万人次；参展参会和采购人员达5万人次；签订采购房车、游艇、帆船、豪华轿车、游乐设备、户外旅游装备、旅游项目开发、节能环保设施等合同29项，交易额达25.6亿元；意向签约600多项，意向交易额达28亿元。

2011中国旅游产业博览会围绕“旅游产业的盛会、合作共赢的舞台”的主题搭建旅游产品、用品交易的平台，旅游文化演绎交流的舞台，旅游产业发展研讨的讲台。

与前两届中国旅游产业博览会相比，第三届中国旅游产业博览会主题更鲜明、专业更突出、商品更丰富、活动更精彩、影响更广泛。来自北京、上海、重庆等国内26个省市区和港澳台地区以及哈尔滨、西安、成都、昆明、南京等9个省会城市的旅游代表团参加了博览会，国内外500多家旅游企业和协会参展参会。

三、2011年文化会展产业发展特点

专业化、品牌化的文化会展逐渐形成。文化会展逐渐向细分产业延伸、向地方特色延伸。细分产业化的品牌展会有中国国际动漫游戏博览会、中国演艺产业博览会等，已成为动漫业、游戏业、演艺业的主要展示平台和产业提升的拉动器。地方特色化的品牌展会有青岛国际啤酒节、烟台国际葡萄酒博览会、中国洛阳牡丹文化节、中国义乌文化产品交易博览会等，展会把地方节庆、产业特点、展览和交易等元素糅合在一起，成为一个地方的城市名片。

文化会展业从地理上形成以“南深北北”（深圳、北京）为龙头，以西安、沈阳、上海、郑州、义乌、南京、厦门等城市为重点城市，辐射全国各省份、各地区的局面。深圳的中国国际文化产业博览交易会和北京的中国北京国际文化创意产业博览会作为文化会展业的两大标杆，体现了中国文化会展业的最高水平。西安的中国西部文化产业博览会、沈阳的中国东北文化产业博览交易会、义乌的中国义乌文化产品交易博览会等会展，承担着地方特色文化交流和国家文化产业发展布局的责任。

文化会展业在运作上由政府一手操办转向政府主

导、市场协同的模式。越来越多的文化会展由政府推动举办，但策划、组织、运行和资金来源都交由市场主体运作。如中国（深圳）国际文化产业博览交易会由有关部委主办，交由深圳报业集团、深圳出版发行集团公司、深圳国际文化产业博览交易会有限公司等文化企业进行市场化运作，形成政府主导、市场协同的运作模式。

（中国传媒大学 耿全颖、张纬）

文化旅游产业

2011 年，我国国内旅游和出境旅游保持快速增长态势，入境旅游轻微增长，旅游市场呈现出“两高一平”格局。旅游产业运行总体上处于令人满意的“较为景气”区间。旅游业对于经济社会发展的战略性支柱作用进一步显现，特别是旅游市场的常态化发展以及业态创新对产业成长的带动等方面，体现出一种中长期的趋势。

一、2011 年旅游产业总体情况

2011 年我国旅游业在经济社会良好基本面的支撑下，克服了世界经济增长放缓等困难和挑战，总体上保持了平稳较快发展。

（一）总体情况

国内旅游和出境旅游快速增长，入境旅游轻微增长，旅游市场呈现出“两高一平”格局。2011 年全年旅游业总收入为 2.2 万亿元，同比增长 18%。

国内旅游快速增长。国内旅游在两个黄金周表现良好。2011 年春节黄金周期间，全国共接待游客 1.53 亿人次，比上年春节黄金周增长 22.7%，实现旅游收入 820.5 亿元，增长 27.0%。2011 年“十一”黄金周期间，全国共接待游客 3.02 亿人次，比上年同期增长 18.8%，实现旅游收入 1458 亿元，比上年同期增长 25.1%；游客人均花费支出 483 元。2011 年前三季度，我国国内旅游达 19.8 亿人次，同比增长 12.6%，国内旅游收入 1.43 万亿元，增长 20.1%。预计全年国内旅游人数约 26 亿人次，同比增长 12%，国内旅游收入约 1.9 万亿，同比增长 21%。

出境旅游快速增长。2011 年前三季度，出境旅游人数 5100 万人次，同比增长超过 20%。预计全年出境旅游人数 7000 万人次，同比增长 22%；出境旅游花费 690 亿美元，同比增长 25%。入境旅游轻微增长。2011 年前三季度，我国累计接待入境旅游人数 1 亿人次，同比增长 1%，其中，过夜旅游人数 4200 万人次，增长 1%。旅游外汇收入 350 亿美元，同比增长 2%。预计全年入境旅游人数 1.3 亿人次，同比增长 1%，旅游外汇收入 464 亿美元，同比增长 1.5%。

2011 年我国旅游产业运行总体较为景气，景气水平持续上升，企业绩效良好。前三季度旅游景气指数分别为 124.68、132.79 和 133.61。旅行社、饭店、景区和综合旅游企业的景气均保持在“较为景气”水平，景气指数分别为 129.97、134.36、134.90 和 131.37。旅游对民航、铁路、零售、餐饮等相关行业的带动作用进一步增强。相关数据显示，2011 年前 10 个月，全国铁路累计发送旅客近 16 亿人次，同比增长 11%；民航旅客运输量累计完成 2.45 亿人次，同比增长 8.7%；社会消费品零售总额 147357 亿元，同比名义增长 17%；餐饮收入 1.67 万亿元，同比增长 16.5%。2011 年，旅游服务贸易逆差进一步扩大，达到 225 亿美元。

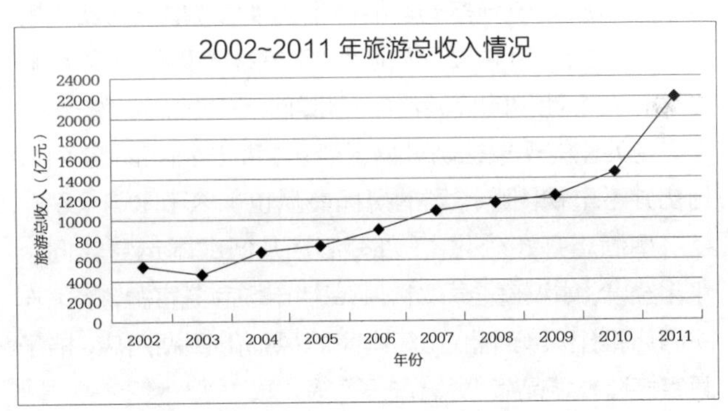

（二）主要特征

1. *旅游产业政策环境进一步优化*

2011 年，从中央政府到各级地方政府制定的“十二五”纲要规划中都明确提出要加快旅游业发展。《我国国民经济和社会发展“十二五”规划纲要》单独设立“积极发展旅游业”一节，明确指出：“要全面发展国内旅游，积极发展入境旅游，有序发展出境旅游。坚持旅游资源保护盒开发并重，加强旅游基础设施建设，推进重点旅游区、旅游线路建设。推动旅游特色化发展和旅游产品多样化发展，全面推动生态旅游，深度开发文化旅游，大力发展红色旅游。完善旅游服务体系，加强行业自律和诚信建设，提高旅游服务质量。”

2. 旅游市场进入常态化发展阶段

经过多年以来的快速发展，我国旅游市场已经进入常态化的发展阶段。无论从人数还是消费上，城镇居民占我国国内旅游的比重都在稳步上升，特别是城镇居民旅游消费已占国内旅游收入的3/4。同时，城镇居民旅游花费占其可支配收入的比重，多年来已经稳定在10%左右，这表明旅游已经成为城镇居民的日常生活方式。从发展趋势来看，城镇居民的旅游消费更多地将表现出一个常态化的增长机制，也就是随着经济的增长而增长；旅游经济的额外增量主要是农村居民消费率的提高和农村居民向城市居民的转变。

3. 基于大众需求的业态创新成为产业成长的关键力量

2011年9月13日，《财富》杂志公布了2011年全球"100家增长最快的公司"排行榜，携程、如家分列中国增长最快公司第二、三位。这两家公司分别是近年中国旅游产业发展最快的两个领域在线旅行服务和经济型酒店的典型代表。这两个领域的发展动态说明基于大众需求的业态创新越来越为产业成长的关键力量。目前，淘宝、腾讯、百度等大型电子商务企业均已介入在线旅游市场，特别是腾讯斥资8440万美元收购艺龙16%的股份，对中国在线旅行市场格局可能产生重要影响。一些新兴的旅游网站则将目光投向旅游线路、景区门票、旅游攻略之类更为个性化的旅游产品。团购业务的发展也是2011年广受关注的现象，去哪儿网于今年初推出酒店团购项目，起初并不重视团购市场的携程最后也加入了团购大军。经济型酒店开始分化，一部分酒店从低成本运营转向个性化经营，如汉庭全季瞄准中高档市场商务客源，怡莱连锁酒店推出具有个性化江南民居风格的西湖门店，桔子酒店打造高端品牌"水晶桔子"等。

4. 区域非均衡旅游发展格局在固化中有变化

2011年区域旅游发展中，东部地区领先继续保持领先优势，中西部地区持续稳定增长，区域旅游发展的总体格局没有太大变化。但这种固化的格局中也有若干变化。特别是在入境旅游方面，中西部地区旅游发展加快。从接待总量来看，中、西部地区省（市）受经济活动和缺乏大型口岸等条件制约，在接待量上仍然与东部地区保持着较大的差距，东部地区省（市）在量上仍然占据明显的优势地位；但从增长速度上看，青海、四川、湖北、陕西、吉林、黑龙江、重庆、江西、陕西、广西等中西部地区省市包揽全国29个省、直辖市、自治区的前十位，显示了中西部地区入境旅游发展的巨大发展潜力。

5. 游客满意度止跌回升，但影响旅游服务质量的深层次矛盾没有根本解决

根据各季度抽样调查数据，2010年第一季度至2011年第三季度全国游客满意度指数分别为80.09、80.05、77.80、77.85、75.05、78.83和80.46。2011年全国游客满意度指数在第一季度跌到谷底之后又开始逐渐回升，第三季度已回升到"满意水平"。在国内、出境、入境三大旅游市场中，入境游客和出境游客满意度有所波动，国内游客满意度持续提升，且散客满意度提升较快，与团队游客的差距不断缩小。旅游行业中，景区的满意度最高，交通、购物和餐饮的满意度相对较低，旅游公共服务、旅行社服务质量是影响游客满意度的主要因素。区域分布上，目前满意度水平较高的城市仍以东部为主，但地区间差距在缩小；从城市满意度差距看，平均差距从第一季度的0.38持续缩小到第三季度的0.32；从满意度水平看，2011年第三季度满意度水平较高的城市和满意度较低的城市均有东部、中部和西部的城市。

6. 虽然旅游服务贸易条件进一步恶化，但国际合作的主动权增强

由于各种保护主义的抬头、人民币升值以及通货膨胀等因素，我国旅游服务贸易条件在2011年进一步恶化，旅游服务贸易逆差扩大到225亿美元。但与此同时，由于我国出境旅游消费能力的提高，成为国际旅游市场举足轻重的力量，这为我国开展国际旅游合作增强了主动权。

二、2011年文化旅游产业发展特点

（一）顶层设计引领，发展文化与旅游业成为国家战略

国家层面，密集出台文件为文化与旅游的深度融合指引方向。进入21世纪以来，国家高度重视文化及旅游业的发展。2002年12月党的十六大报告明确提出要大力发展文化产业，2007年党的十七大报告再次提出要大力发展文化产业，2011年党的十七届六中全会提出，要积极发展文化旅游。期间各种推进旅游与文化产业发展的文件相继颁布。其中，《文化产业振兴规划》（2009）《关于加快发展旅游业的意见》（2009）《关于促进文化与旅游结合发展的指导意见》（2009）《关于金融支持文化产业振兴和发展繁荣的指导意见》（2010）等是推动文化与旅游发展的重要文件。2011年3月，《我国国民经济和社会发展"十二五"规划纲要》明确提出要推动文化产业成为国民经济支柱性产业的战略目标。10月，十七届六中全会审议并通过了《中

共中央关于深化文化体制改革、推动社会主义文化大发展大繁荣若干重大问题的决定》，对建设“社会主义文化强国”目标进行部署。其中明确提出：“要推动文化产业与旅游、体育、信息、物流、建筑等产业融合发展”，“要积极发展文化旅游，发挥旅游对文化消费的促进作用”。这两大文件的出台标志着“十二五”期间、甚至更长的一段历史时期内，文化与旅游产业面临难得的发展机遇。

地方层面，主动对接国家战略使文化旅游成为新的经济增长点。湖北、四川、云南、福建、陕西、甘肃、山东等省份纷纷拉开文化旅游发展的新序幕。湖北省出台《2009-2020 年鄂西生态文化旅游圈发展规划》，拉开了湖北文化旅游发展的新序幕。四川省在“5·12”地震后，将文化旅游作为复苏旅游业的重要内容。云南、福建等省份制定并出台了《云南省旅游文化产业规划纲要（2009-2015）》《福建省文化旅游业 2010-2012 年发展规划》。2010 年，陕西省印发了《陕西省服务业发展规划》，强调文化旅游业聚集区的建设；甘肃下发《关于加快发展旅游业的意见》，提出要建设文化旅游大省。2011 年，山东省颁布《关于进一步促进文化和旅游融合发展的意见》，详细制定了山东文化旅游发展的重点任务和措施。围绕“中华文化游”主题年，各地深入贯彻落实《国家旅游局关于进一步加快发展旅游业，促进社会主义文化大发展大繁荣的指导意见》，开展文化旅游活动的数量剧增，文化旅游在带动地方经济繁荣和就业增长、提高居民文化素养等方面的作用明显增强。

（二）市场需求推动，社会资本促成文化与旅游深度融合

要推动文化旅游产业的大发展，就要有健全而活跃的资本市场作支撑。当前，我国文化产业和旅游产业都处于快速发展期，仍处于从小众参与到大众分享的过程中，面临着日益扩大、日益多元的市场需求。“十五”末，我国面向海内外游客的较大规模的演艺项目不足 200 个，到“十一五”末，这一数字增加到 600 个左右，演出达 12 万场次，观众近 2 亿人次。《云南映像》《丽水金沙》、“印象”系列、《长恨歌》《禅宗少林音乐大典》等一批独创性文化旅游精品进入市场。文化主题公园更是生机勃勃，深受广大游客喜爱。目前，国内主题公园已经发展到第四代，数量已超过 2500 家，成为重要的旅游吸引物和文化传承与创新的重要平台。深圳华强集团投资的方特系列主题公园在全国范围内取得了巨大的成功，其中去年开业的“泰山方特欢乐世界”2011 年上半年共接待游客 58.8 万人次，实现门票收入 8526 万元。目前这一国内原创的文化主题公园已出口南非、伊朗、沙特、伊朗等国家，使我国成为继美国之后第二个大型主题公园出口国。此外，文化与旅游融合发展还造就了以深圳华侨城、杭州宋城集团、首旅集团、浙江横店影视基地为代表的一大批知名文化旅游企业。

（三）特色产品迭出，红色旅游成为新兴热点

文化与旅游在融合过程中，创新型产品层出不穷。影视旅游、动漫旅游、节庆旅游、工业文化旅游、农耕文化旅游等等均已成为人们热捧的旅游产品。近年来，红色旅游是文化旅游中最为突出的热点。2004 ~ 2010 年间，红色旅游共接待游客 13.5 亿人次，接待游客数年均增长 20.4%，已占国内旅游人数的五分之一。到 2015 年，全国红色旅游年出行人数将突破 8 亿人次、年均增长 15%，占国内旅游总人次的比例提高到四分之一。2011 年更可谓是“红色旅游年”。2011 年 3 月，全国红色旅游发展规划获批准；2011 年 4 月，涵盖延安、嘉兴、瑞金、井冈山、遵义、韶山、西柏坡、古田等目的地的我国第一部年度红色旅游指南《2011 年红色旅游产品手册》正式发布；红色旅游的网络关注度直线上升，特别是 2011 年 6 月份，较去年同期有 3 倍的增长。红色旅游线路短线、长线均火爆；红色旅游目的地重庆、延安、江西、湖南、河北等地成为红色旅游热点地区。

（四）区域创新活跃，文化与旅游的融合提升了产业竞争力

各地推动文化旅游结合发展的自觉性普遍提高，创新性进一步增强，形成了文化和旅游发展相得益彰的良好局面。一是打破传统旅游资源范畴，创新利用文化资源。近年来许多地方积极探索，找到了一条“旅游文化化、文化旅游化”的发展道路。工业废弃地、农业基地、市政建筑、影视基地、动漫基地、文化创意园区等资源被旅游业利用，成为人们喜闻乐见的旅游产品。北京的 798、上海的 800 艺术区就是其中的典型。从区域上看，各地都很重视文化旅游的发展。山西、甘肃、贵州、河南、云南等地都提出要建设文化旅游大省。城市层面，对文化旅游产品的创新更是层出不穷。2011 年 5 月，常州“环球动漫嬉戏谷”，开园 12 天，实现了 1550 万元的营业收入。深圳是利用文化资源发展旅游业的典型，它的成功为所有缺少传统旅游资源的现代化都市发展旅游做出了榜样，凭借世界之窗、锦绣中华等人文景观成为中国文化旅游领域最耀眼的明星。二是深入挖掘资源内涵，将地方文化优势转为旅游产业优势。许多地方大胆改革创新，致力于以文化来丰富和提升旅游内涵，有效激发

了当地旅游发展潜能，地方旅游竞争力实现跨越式提升。桂林印象刘三姐、杭州西湖印象、海南印象、张家界天门狐仙、梯玛神歌、绍兴沈园之夜、南京1912等文化旅游产品都是依托地方文化的旅游精品。丽江在推进文化与旅游紧密结合、互动发展的过程中，坚持把民族文化作为旅游业可持续发展的重要支撑，塑造了东巴文化、纳西古乐、摩梭风情等知名文化品牌，相继推出了《丽江金沙》《印象·丽江》等一批文化旅游精品，极大地丰富了丽江旅游的民族特色和文化内涵。《印象·丽江》2010年共演出770余场，接待游客突破150万人次，门票收入突破2亿元。

当前我国文化与旅游实现了一定程度的融合发展，但仍存在一些发展瓶颈。突出表现在以下几个方面：市场机制的作用没有得到充分发挥，还存在一些政绩工程导向和不合理的政府干预；对于历史文化资源的关注较多，甚至多次上演了争抢名人故里之类的闹剧，而对现代生活方式等活的文化资源缺乏认识和重视；在对文化的开发利用中存在一些过度消费，神圣的文化仪式被庸俗化、商品化；旅游与文化结合的过程重借鉴和模仿，轻本土创新和产业升级等等。

（中国旅游研究院）

第四部分
地方概况

·北京市·

一、2011 年文化产业发展总体情况

（一）总体情况

1. 产业规模

2011 年北京市文化创意产业实现增加值 1989.9 亿元，同比增长 17.2%，占地区生产总值的 12%。全年文化创意产业收入达到 9012.2 亿元，增速超过 21.1%。

2. 产业构成

全市 7300 余家规模以上文化创意产业法人单位中，企业法人单位 6800 多家，主要分布在软件网络、广告会展、旅游休闲娱乐等领域，占单位总数比重为 93%，实现收入占总收入比重为 91.1%；企业单位从业人员 79.7 万人，占从业人员总数比重达 90.4%。规模以上事业法人单位 510 多家，主要分布在文化艺术、新闻出版领域，占单位总数比重为 7 %，实现收入占总收入的比重为 8.9%；从业人员 8.5 万人，占从业人员总数比重为 9.6%。

3. 经济效益

2011 年 1–11 月，全市规模以上文化创意产业法人单位实现利润 455.8 亿元，同比增长 21.3%；上缴税金 299.5 亿元，增长 18.9%。其中，大中型企业效益指标增长较快；1–11 月大型企业利润、税金同比分别增长 22.9% 和 17.8%，中型企业利润、税金同比分别增长 31.2% 和 24.5%。

4. 从业人员

2011 年，全市文化创意产业法人单位从业人员达到 140.9 万人，同比增长 14.6%。其中，非公经济从业人员增长明显，1–11 月非公有制及混合所有制经济从业人员同比增长 9.4%，增速高于公有经济从业人员 7.2 个百分点。

5. 外商投资

2011 年全市文化创意产业外商投资项目合计 392 个，合同外资金额 26.7 亿美元，实际利用外资额 14.98 亿美元，占全市实际利用外资总额的 21.2%。

6. 进出口情况

2011 年，北京地区全年实现文化产品进出口 5.7 亿美元，同比增长 4.9%；其中，出口 1.7 亿美元，同比增长 16.3%；进口 4 亿美元，同比增长 0.5%。2011 年全市文化服务贸易额（文化服务贸易统计数据包括服务贸易中的广告宣传、电影音像两项）达到 21.12 亿美元，其中出口 12.24 亿美元，同比增长 40%；进口 8.88 亿美元，同比增长 11%，均保持全国领先地位。2012 年上半年我市文化服务贸易进出口额（文化服务贸易统计数据包括服务贸易中的广告宣传、电影音像两项）为 11.30 亿美元，同比增长 24.16%，占全国文化贸易总额的 29.12%。其中，出口额为 6.69 亿美元，同比增长 35.84%，占全国文化贸易出口总额的 29.29%；进口额为 4.61 亿美元，同比增长 10.39%，占全国文化贸易进口总额的 28.87%。

（二）发展特点

大力发展文化创意产业是加快转变经济发展方式，推动北京科学发展的必由之路。五年来，文化创意产业持续快速健康发展，呈现出 12 个特点：

一是在全国率先建立了推动文化创意产业发展的最高决策机制，成立了以刘淇同志为组长的北京市文化创意产业领导小组。

二是文化创意产业增加值占地区生产总值的比重较高，达到 12%，是内地第一个占 GDP 比重突破 5% 的省市。

三是文化创意企业总量和门类居全国之首。

四是文化创意原创性较强，全市作品著作权登记数占全国的 50% 以上；工业设计水平领跑全国，被入选世界“设计之都”。

五是文化产业的聚集效应明显，各类艺术院团、机构数量较多，市级和区级文化创意产业集聚区 70 余个。

六是广播影视资源在全国最为丰富，其中电视剧生产数量居全国第一，电影生产制作占全国的 1/2，数字电影后期制作能力已占全国 2/3；全市共有影院 120 多家，电影银幕 600 余块（人均拥有电影屏幕数量接近巴黎、日本），全国第一；电影票房已连续四年居全国城市之首。

七是文化市场活跃，其中文物艺术品交易总量今年将超过 500 亿元，约占全国的 80%，北京已经成为全球最大的中国文物艺术品交易中心；并且还有全国三大国际版权交易中心。

八是新闻出版产业规模较大，其中图书出版单位占全国的 41%，报刊种类占全国的 30%，音像出版单位占全国的 43%。

九是网络资源丰富，全市网站总数突破 30 万家，其中全国重点门户网站 90% 都在北京，在境内外上市的网站达 29 家，总市值 980 亿美元。

十是文化“走出去”的优势明显，国家文化出口重点企业占全国的 26.5%，电影出口占全国的 1/2，电视

剧出口占全国的 1/4，动漫网游出口占内地的 60%。

十一是率先在全国建立了文化创意产业的投融资服务体系。市财政专项资金每年 5 亿元，已拨付 25 亿元，各区县也都设立了专项资金，每年大约 3.18 亿元。从 2012 年起，市财政拨付 100 亿建立文化创新发展专项资金。十二是文化创意产业固定资产投资总额已达 400 多亿元，居全国之首。

二、2011 年文化产业各行业发展基本情况

（一）文艺演出业

1. 演出收入

2011 年北京市实际演出场所 94 家，各类营业性演出场次共计 21075 场；观众人数共计 1026 万人次；演出收入共计 14.05 亿元，比去年同期增长 28.9%。

2. 演出场次

各类演出中，综艺类和其他演出场次最多，为 4927 场，占全部演出场次的 23%，地方戏及曲艺、话剧和杂技、儿童剧演出场次占比也均超过 10%。京剧演出场次最少，仅为总场次的 6%。音乐和儿童剧的演出场次占比分别为 7% 和 10%，与 2010 年同期相比增长最大。

根据北京市演出行业协会的统计，2011 年国内艺术团体（含外省市）在京演出 19253 场，占总演出场次的 91%，比去年同期（18443 场）增长 4.4%。外国艺术团体在京演出 1474 场，占全年总场次的 7%，比去年同期（523 场）增长 181%。港、台艺术团体及个人在京演出 348 场，占全年总场次的 1.65%，比去年同期（129 场）增加 62.9%。

3. 观众人数

2011 年全市演出观众 1026 万人次，与去年同期基本持平。其中：音乐类观众 238.5 万人；舞蹈类观众 99.4 万人；京剧类观众 39.2 万人；话剧类观众 101.9 万人；地方戏类观众 32.3 万人；杂技类观众 167 万人；曲艺类观众 34.7 万人；儿童剧类观众 87.7 万人；综艺类观众 74.9 万人；其他类型演出及各种小剧场演出观众 150 万人。以上数据包括中央在京表演院团及表演场所，以及不在北京地区注册、但也在进行营业性演出或者非营业性演出的演出场所，如人民大会堂，政协礼堂，各部队所属的礼堂、报告厅，以及各个机关学校的礼堂。

4. 旅游演出

2011 年，北京市 18 家以旅游演出为主的剧场共演出 6416 场，占全年总场次的 30%；观众人数 258 万人次，演出场次及观众人数与去年基本持平；总收入 12973 万元，比去年增加 2171 万元。

（二）新闻出版业

1. 新闻出版业稳步发展，新闻出版产品日益丰富

2011 年，全市新闻出版业整体态势平稳，各项指标较去年稳中有升。根据北京市统计局数据，截至 11 月底，全市新闻出版业规模以上单位实现收入 522.8 亿元，同比增长 14.2%；资产总额达到 1018.9 亿元，同比增长 10.1%；利润总额 42.2 亿元，同比增长 37.7%。从业人员 10.4 万余人；在全市十六个区县中，以西城、海淀、朝阳和东城占比最大，以上四区新闻出版收入总额占全市新闻出版总收入的 82%。不算其他辅助服务新闻出版业收入总额在全市文化创意产业九大行业中排名第四，低于软件网络及计算机服务、广告会展业及旅游、休闲娱乐业。市属出版社共计出版图书 7000 余种；出版报纸 8.2 亿余份；出版期刊 0.3 亿册。网络出版、手机报刊、电子书等新兴出版业态也快速发展。

2. 在全国新闻出版产业总体经济综合评价中处于领先地位

北京新闻出版产业在全国同行业排名名列前茅，2011 年 7 月新闻出版总署出版产业司所作的《2010 年新闻出版产业分析报告》显示，在 2010 年新闻出版产业各地区总体经济规模综合评价中北京新闻出版排名第二，仅落后于广东省，而北京日报报业集团总体经济规模综合评价已由 2009 年的第八位升至第三位。

3. 市属非时政类报刊出版单位转企改制工作稳步推进

根据中央《关于深化非时政类报刊出版单位体制改革的意见》，全市也加快市属非时政类报刊出版单位转企改制工作，目前已有市属 17 家图书出版社、12 家音像电子出版社转企改制全面完成。相关部门正在协调落实各项政策。鼓励和推动我市出版单位继续深化改革，建立产权清晰、权责明确、政企分开、管理科学的现代化企业制度。

4. 中国北京出版创意产业园区建设稳步开展

在新闻出版总署的支持下，京华出版社完成转企改制，更名为“北京联合出版有限责任公司”，为园区入驻企业提供出版服务平台。目前已有 33 家实力雄厚的品牌企业签约入驻，其中，图书选题策划发行企业 26 家，数字出版企业 7 家。在严格执行出版选题确定权、内容审定权、印制委托权的基础上，园区规范了国有出版单位和非公有企业合作的科学流程。坚持实施精品战略，推出了一批社会效益和经济效益俱佳的原创精品。出版的 200 余种原创作品中，单品销售量超过 3 万册的

达 100 余种。园区被列为《北京市国民经济和社会发展十二个五年规划》中的重点文化产业项目。

5. 数字出版发展迅速，已覆盖传统出版所有领域

北京地区的数字出版产业，目前已经覆盖传统出版的所有领域。手机出版、数字期刊、数字报纸、网络原创文学、网络音像、网络游戏、网络教育、网络数据库等不同业态，均表现出强劲的增长势头。据市新闻出版局统计，目前北京拥有数字出版企业近 300 家，在国内所占比例约为三分之一。2011 年，北京市数字出版产业总值突破 225 亿元。北京市知名的电子图书运营公司包括中文在线、北大方正、书生公司、超星公司等，占据了全国电子书市场 90% 的份额.

（三）广播电影电视业

1. 产业发展迅速，综合实力继续保持全国领先

北京作为全国的政治、文化和国际交往中心，影视资源极其丰富，已经成为全国影视生产制作中心和交流交易中心。2011 年北京市影视产业发展迅速，广播影视产业资产总额 347.8 亿元，比 2010 年 200.98 亿元增长了 73.05%，位居全国第一；广播影视产业创收收入为 164.2 亿元，比 2010 年 145.08 亿元增长 13.2%；广播影视产业增加值 47 亿元，比 2010 年 29.81 亿元增长了 57.67%。

2. 产业资源丰富，发展环境不断优化

影视产业资源富集，影视机构集中度较高。北京地区拥有中央电视台、中影集团、中国电视剧制作中心等众多国家级影视企事业单位。2011 年，北京市广播电影电视局批准设立的广播电视节目制作经营机构新增 92 家，达到 1330 家。

产业集聚初显，30 个市级文化创意产业集聚区中，与影视相关的集聚区就达 8 个。这些影视产业集聚区集聚效应初显，发展前景良好，仅怀柔影视产业基地 2011 年前三季度税收总额就已达到 1.09 亿元。

3. 产业门类齐全，技术水平提升

2011 年北京影视产业在有线电视数字化、网络电视、移动多媒体广播电视等领域全面推进，付费数字电视以及包括移动多媒体广播电视、电视购物等新媒体业态的比重不断提升。

截止到 2011 年底，北京市有线电视注册用户数为 475.92 万户，入户率为 95.9%，其中高清交互数字电视用户 272.34 万户。2011 年移动多媒体广播电视新增用户 69.17 多万户，累计达 80 万户。此外，2011 年底北京市共有 1.2 万辆车安装了显示屏（每辆车有 2 块屏，共计 2.4 万块屏），其中本年新加装显示屏的有 490 辆车；楼宇电视终端数为 8440 块；播放地铁电视公司节目源的终端显示屏总计 1.5 万块。

4. 电影市场持续升温，民营资本投资院线热情高涨

2011 年北京地区票房收入达到 13.5 亿元，同比增长 12.7%。持续火爆的电影市场，带动了民营资本投资院线的热情，仅一年时间，就新增了 3 条院线，新建影院 16 家，新增银幕 107 块（不包括新增的 IMAX 巨幕），各种院线的硬件设施以平均增速超过 15% 的速度快速增长。

（四）动漫业

2011 年，北京动漫游戏行业继续保持良好的发展势头。据北京动漫游戏产业联盟对全市从事动漫游戏产业设计、制作、运营的三百余家重点单位进行的统计，2011 年北京动漫游戏行业的产值达到 130 亿元，比 2010 年的 105 亿元增长约 24%。

2011 年，全国共有 121 家动漫企业通过国家有关部门的认定，享有国家对动漫企业的税收优惠政策，其中北京企业 8 家，分别是北京联盟影业投资有限公司、北京中视互动科技发展有限公司、北京科影国际影视策划有限公司、北京每日视界先锋数码图像制作有限公司、北京颜开文化发展有限公司、北京禹田文化艺术有限责任公司、北京缘成中视传媒广告有限公司、北京迪生动画科技有限公司。至此，全市共有经认定的动漫企业 38 家，占全国的 9.77%。

2011 年全国制作完成的国产电视动画片共 435 部 261224 分钟，比 2010 年增长 18%。其中北京（不含中央电视台及所属机构）生产电视动画片 20 部 11168 分钟，中央电视台及所属机构生产电视动画片 13 部 9964 分钟，合计 33 部 21132 分钟，比 2010 年的 18714 分钟增长 12.92%，占全国动画产量的 8.09%。

2011 年，在原创电视动画片生产前十大城市排名中，北京（不含中央电视台及所属机构产量）位居全国第八位。如果包括中央电视台及所属机构的产量，则位居全国第三。

2011 年度，广电总局共向全国电视播出机构推荐播出 82 部优秀国产动画片。其中，中央电视台及其所属机构 4 部，北京动画制作机构 3 部，合计 7 部，占全国总数的 8.54%，位居全国第八。

（五）游戏业

从游戏出版物数量来看，2011 年，北京游戏出版物数量再创新高。据市新闻出版局统计，截止 2011 年底，共审核游戏出版申请 160 款，比 2010 年的 110 款增加 45%，占全国游戏出版总量 583 款的 27%，创造

了北京年度出版游戏数量的历史纪录，在全国仅次于上海，名列第二。

从企业收入来看，根据文化部 2011 年游戏企业自查不完全统计，北京市备案登记的网络游戏企业实现业务总收入 120 亿元，占全市动漫游戏产业总收入的 92.3%，比 2010 年增长 37.9%，并保持逐年递增的趋势。另根据市场研究机构艾瑞公司的估算，2011 年在中国网络游戏企业收入市场规模前十五位的企业中，北京游戏企业占 7 席，分别为完美时空、搜狐畅游、光宇华夏、金山、昆仑万维、趣游和中华网。

从从业人员来看，据北京动漫游戏产业联盟统计，2011 年，网络游戏重点单位从业人员共 1.78 万人，同比增长 7.8%。

从上市企业数量来看，2011 年递交首发（IPO）申请的游戏企业北京掌趣科技股份有限公司已于 2012 年 1 月 12 日获中国证监会创业板发审委审核通过，将成为继完美时空、搜狐畅游、金山之后北京第四家上市游戏企业，也将成为北京第一家在境内和创业板上市的游戏企业。据预披露材料显示，此次将发行 4091.5 万股，发行后总股本为 10668 万股。该公司已成为国内领先的移动终端游戏开发商、发行商和运营商，在中国移动游戏业务的评级中名列前三。

从海外收入来看，据北京动漫游戏产业联盟统计，在以完美世界、昆仑万维、蓝港在线、畅游时代为首的原创游戏研发企业带领下，北京网络游戏出口额达到 12.7694 亿元，继续稳居全国第一，其中仅完美世界一家公司的游戏出口额就达到了 6.3458 亿元，北京昆仑万维科技有限公司达到 4 亿元，蓝港在线（北京）科技有限公司为 1 亿元，北京畅游时代数码技术有限公司为 5000 万元。

（六）广告业

1. 广告业整体规模不断扩大，在文化创意产业中占有重要地位

北京市广告业整体发展态势良好，增速平稳。2011 年 1–11 月，北京广告会展业实现总收入 745.1 亿元，在全市文化创意产业九大行业中居第三位，占全市文化创意产业总收入的比重为 11%。2011 年全市广告业经营额已达 809.62 亿元。共有广告经营单位 18297 户，其中，广告公司 15782 家，外资广告经营单位 268 家，兼营广告的企业 428 家，广告专业从业人员 12.1 万人。

2. 成为全国最大的广告媒体中心，广告媒体规模居全国第一

北京以其独特的首都功能和区位优势，集中了中央电视台、人民日报、人民出版社等一大批中央级专业媒体，以及北京电视台、北京出版社等众多北京地区的媒体资源，成为全国最大的广告媒体中心。目前，北京市共有广告媒体机构 2346 个，其中电视台 22 家，广播电台 12 家，各类报纸 212 种，期刊媒体 2100 余种。此外，北京还有从事网络广告的媒体 8 万多家，各类户外经营性广告 2.4 万余块。北京的广告媒体资源主要集中在东城、西城、朝阳、海淀等中心城区，这四区共有 2145 家媒体，占全市广告媒体总量的 91.4%，其中海淀 746 家、东城 529 家、西城 469 家、朝阳 403 家。报纸媒介、综合性杂志等综合性媒体也主要分布在海淀、东城、西城三个区。密集的媒体资源优势，推动着北京广告业快速健康发展。近年来，北京广告经营额中，媒体占据三分之二，广告公司只占据三分之一，其中电视台和报社的广告经营额超过了 50%。

3. 网络广告等新形式发展迅速，成为广告业的新增长点

从广告的投放形式看，平面媒体和电视广告仍占据主体地位，但随着互联网和新技术的普及应用，网络广告、移动广告等新形式不断兴起，逐步成为当今最具活力的新兴广告形式。百度跃居全国广告媒体收入榜首，2011 年各企业网络广告营收方面，百度以 143.56 亿元的广告收入稳居第一，淘宝与谷歌紧随其后。据统计，排名前 15 位的媒体广告营收在网络广告整体中的比重已超过 80%，核心媒体对我国网络广告市场的影响日益增强。网络广告具有时效性、互动性强等优势，门户网站展示广告、搜索引擎竞价广告等主要模式高速增长，网络视频广告、广告游戏等新兴模式也逐渐兴起。移动广告、微电影广告等其他形式的广告也日益呈现出良好发展态势。

4. 广告企业呈现较明显的地域集中特征，CBD 等高端功能区成为广告业的重要聚集区

与其他现代服务业一样，北京广告业的发展也呈现出较为明显的地域集中布局特征，拓展区和核心区优势明显。目前，全市共有广告经营单位约 1.83 万家，其中朝阳区 5382 家，海淀区 2666 家，丰台区 1635 家，东城区 1309 家，占全市广告经营单位的 60.1%；此外通州区有 1166 家，西城区 1163 家，大兴区 759 家。尤其是经济强劲、商务活动活跃的高端产业功能区，其广告业的发展较为突出，企业聚集度大、广告投放力度强。据统计，朝阳区、海淀区、东城区和西城区四区共聚集了全市近 90% 的大型广告公司，主要集中于 CBD、金融街等高端产业功能区，且围绕高端产业发展

的需求，形成了较完善的广告服务体系。

5. 广告市场环境整体运行良好

2004–2011 年，北京市工商局共监测各类广告 3025 万条次，发现违法广告 12.5 万条次，平均违法率控制在 0.4% 以下，社会对于违法广告的投诉和举报不断减少，全市广告业发展市场环境总体情况良好。

（七）古玩和艺术品交易业

2011 年，古玩艺术品交易业继续保持良好的发展势头，行业收入稳步增长。黄金饰品、工艺品销售取得良好业绩；拍卖行业受宏观经济环境调整，流动性过剩趋势逆转以及市场对资金需求增加等因素的影响，成交额和成交率有所下滑。但以北京为主的京津唐地区凭借多年的积累、较为完善的产业链以及政府的大力支持，领先地位仍继续保持。

根据北京市统计局统计，2011 年 1–11 月，古玩艺术品交易类全市规模以上文化创意产业实现收入 385.9 亿元，增幅为 40.9%。其中工艺品销售收入合计 356.1 亿元，增幅为 37.9%；艺术品拍卖服务收入 29.8 亿元，增幅为 91.7%；从业人员约 1.1 万人，增幅为 7.4%。全市金银珠宝类 2011 年 12 月实现零售额 26.4 亿元，比上月增长 43.1%；全年实现零售额 317.4 亿元，同比增长 54.8%，拉动零售额增长 2.3 个百分点。

1. 一级市场

（1）画廊

根据 2011 年 6 月文化部文化市场司主编的《2010 中国艺术品市场年度报告》，2010 年中国正规画廊总数达 1512 家，主要分布于大中型城市之中。北京、上海、香港、台北是我国画廊业的主要聚集区，其中北京地区画廊 605 家，占比 40%；上海地区 237 家，占比 16%；港澳台地区 120 家画廊，占比 8%。”北京地区画廊主要分布在 798 艺术区、环铁艺术区、酒厂艺术区、草场地、观音堂等地区，大部分处于小型或者微型企业范畴，其运营模式和管理方式、团队建设都处于探索阶段，尚未发展成规模。

（2）文物市场

民间文物流通市场发展较为活跃，目前北京地区有十余家文物监管旧货市场。随着文物流通市场的开放及文化创意产业政策的推动，北京地区民间文物流通市场繁荣发展，形成了一批在全国乃至于世界都具有影响力的古玩和艺术品交易市场，并逐渐形成几大古玩艺术品交易园区。如以北京古玩城、潘家园古玩市场、天雅古玩城为主体的潘家园古玩艺术品交易区，2011 年交易总额超过 40 亿元。另外还有琉璃厂文化街、报国寺地摊式旧货市场以及朝阳区十八里店（以加工、修复旧家具、旧货为主）等。

2. 二级市场

（1）古玩艺术品拍卖

a. 拍卖成交总额增长趋缓

中国艺术品拍卖市场 2010 年的高速增长在 2011 春季拍卖得以延续，全国春季拍卖成交额达到 428.42 亿元，较 2010 年春季拍卖成交额的 201.41 亿元增长了 112.7%。2011 年下半年，伴随宏观经济环境的调整，增长速度明显放缓，秋季拍卖成交额为 428.07 亿元，较 2010 年秋季拍卖成交额的 372.11 亿元增长仅 15.0%。

以北京为主的京津唐地区，2011 年成交总额 547.14 亿元，占全国成交总额的 63.9%，较 2010 年的 347.52 亿元增长了 57.4%，但与 2010 年 186.2% 的增幅相比，增长速度明显放缓。其艺术品拍卖额占全国的比重也由 2011 年春季拍卖的 68.0% 下降到秋季拍卖的 59.8%。

b. 拍卖规模持续增加，成交比率有所下降

在 2010 年艺术品拍卖市场高速增长的影响下，更多资本进入艺术品拍卖行业。2011 年秋季全国举办拍卖会的公司数量为 295 家，比当年春季增加了 76 家。拍卖专场数量由春季的 1103 场增加到 1709 场，增幅为 54.94%。艺术品上拍件数由 2010 年的 42.20 万件增加到 2011 年的 59.82 万件，增幅为 41.8%。以北京为主的京津唐地区上拍件数也由 2010 年的 24.70 万件增加到 2011 年的 31.38 万件，增幅为 27.1%。北京地区 2011 年中国艺术品专场数量为 1308 场，比 2010 年 719 场增幅达 81.19%。

拍卖会数量和艺术品上拍件数的增长并没有带来成交额的相应增长。拍卖市场规模的扩张和宏观经济环境的调整形成矛盾，拍卖成交率不断下滑。2011 年秋季拍卖会成交率出现历史新低。全国艺术品秋季拍卖成交率仅为 41%，以北京为主的京津唐地区也仅达到了 44%。

c. 拍卖价格开始回归，高价拍品仍有显现

伴随流动性紧缩和市场观望情绪的加重，艺术品拍卖的价格开始向理性回归。安全保值、传承有序的艺术精品成为拍卖市场的首选。在今年秋季艺术品拍卖中，全国共有 11 件作品突破亿元。其中书画仍然占据主体地位，共有 7 件超过亿元。北京仍占据绝对优势地位，11 件超过亿元作品有 8 件出自北京拍卖公司举办的拍卖会。

d. 新拍卖公司不断加入，优势企业继续领跑

2011 年秋季，又有 76 家公司加入艺术品拍卖行业，共带来超过 33 亿元的成交额成为这一拍卖季的一大亮点。老牌拍卖公司北京保利、中国嘉德、香港苏富比和香港佳士得四家在拍卖行业的地位仍然牢不可破，秋季拍卖成交总额共计 139.02 亿元，占整个中国秋季拍卖成交额的 32.47%。

2011 年北京地区共有北京保利、中国嘉德、北京瀚海以及北京匡时等 4 家拍卖企业年拍卖成交额超过 40 亿元，其中北京保利和中国嘉德超过 100 亿元。

e. 主流板块市场份额下降

从拍卖品成交的比例来看，2011 年秋季拍卖中国书画、瓷器杂项、油画及当代艺术三大品类仍占据主要份额，总成交额为 376.19 亿元，占中国艺术品拍卖总成交额 87.9%，但低于春季拍卖 95.55% 的市场份额。中国书画和瓷器杂项板块艺术品类成交额占比均有所下降，仅当代艺术及油画在上拍品数量增加的优势下成交额有所增长。

2011 年秋季拍卖，中国书画板块仍占据主体地位，成交总额为 253.98 亿元，占中国艺术品拍卖成交总额的 59.33%。瓷器杂项市场份额跌幅较大，由上一季度的 27.22% 跌至 19.92%。油画及当代艺术的成交总额为36.92亿元，比上季度增长了1.46亿元，增幅为 4.12%。

（2）艺术品博览会

中国古玩艺术品博览会行业目前主要以北京、上海和香港特区最具代表性。在这三个城市中，共有艺术北京当代艺术博览会、中艺博国际画廊博览会、中国北京国际美术双年展、上海艺术博览会国际当代艺术展和中国香港特区国际艺术展等五场主要艺术博览会。2011 年艺术北京当代艺术博览会共有近百家展商参展，来自近 20 个国家和地区，包括 75 家当代艺术画廊、10 家影像画廊以及 13 家特别参展机构，共有 4 万余观众到场参观，超过 90% 的参展画廊均有成交。

（八）文化旅游业

2011 年北京旅游业实现了三个突破：国内旅游人数首次突破 2 亿人次，达 2.09 亿人次；入境游人数首次突破 500 万人次，达 520.4 万人次；旅游总收入首次突破 3000 亿元，达 3216.2 亿元。旅游购物与餐饮消费占社会消费品零售总额比重达到 25% 左右，旅游相关产业投资占全市固定资产投资总额比重达 9.1%。

根据北京市统计局 2011 年 1–11 月规模以上文化创意产业单位收入情况统计，旅游、休闲娱乐收入为 546.8 亿元人民币，占北京市文化创意产业总收入的 8.33%，位居九大领域中第四名。

1. 民俗旅游

民俗文化作为地区最具特色的文化，是旅游文化中一个重要的组成部分，开发地区民俗文化旅游，打造民俗文化精品，带动文化旅游业的发展。近年来，民俗旅游接待人数和总收入都有明显增幅，据北京市统计局调查总队农调队统计：截至 2011 年底，乡村旅游接待户 1.5 万户，从业人员 6.4 万人。接待乡村旅游人数 3511.8 万人次，同比增长 5.5%；乡村旅游收入 30.4 亿元，同比增长 20.9%。

2. 重点文化旅游项目

截止 2011 年底，北京市推出多个重点文化与旅游相结合的项目，包括首都军事主题公园项目、北京华嬉数字文化旅游体验中心、斋堂旅游集散特色镇整体开发项目、北京华润希望小镇项目、长阳半岛温泉休闲度假区等。这些项目涉及休闲娱乐、传统文化、生态度假、汽车营地、农业旅游及工业旅游等新型旅游业态。这些项目的设置将有助于丰富北京旅游产品，提升北京文化旅游水平，帮助北京文化旅游业态打造高端市场，提升附加值与含金量。

·天津市·

一、2011 年文化产业发展总体情况

2011 年，天津市文化产业在经历了“十一五”时期快速增长后继续保持快速增长，实现良好开局。2011 年全市文化产业实现增加值 392.73 亿元，比上年净增 89.78 亿元，增速达到 29.6%，均高于 2010 年净增 67.46 亿元、增速 28.6% 的水平，比 2011 年全市 GDP 现价增速（21.3%）也高出 8.3 个百分点。文化产业总体规模不断壮大，占 GDP 的比重达到 3.51%，比上年提高了 0.18 个百分点，呈现出稳步增长的良好趋势。

（一）工业增长快、贡献大，其他服务业亟待提速

2011 年全市文化产业中工业实现增加值 173.26 亿元，比上年增长 34.1%，占全市文化产业的比重达到 44.12%，其中贡献较大的仍是以彩色电视机生产为代表的家用视听设备制造业和以地毯挂毯编织为代表的工艺品制造业，照相机及器材制造业虽然 2011 年出现了负增长，但仍然占有较高的比重；批发零售业实现增加值 44.84 亿元，比上年增长 30.7%，占全市文化产业的比重为 11.42%，贡献较大的仍然是家用视听设备销售、

工艺美术品及收藏品销售、文具用品销售等行业；其他服务业实现增加值 174.63 亿元，比上年增长 25.3%，占全市文化产业的比重为 44.46%，贡献较大的是旅游、文艺创作和表演、广播电视、娱乐、广告等行业。

工业在全市文化产业中始终占有较高比重，2011 年增速又比上年大幅提高了 9.7 个百分点，因此在全市文化产业中的比重进一步提高。其他服务业增速比上年大幅下降 12.2 个百分点，主要是受新闻出版和广播电视两大行业的拖累，前者增速仅 5.7%，后者增速为 15.8%，这两个行业增加值合计占到其他服务业的 41.1%，影响较大，因此亟待提速。

（二）相关层文化产业优势仍然突出

2011 年，全市文化产业核心层实现增加值 116.48 亿元，比上年增长 19.0%，外围层实现了 66.70 亿元，增长 37.8%，相关层实现了 209.54 亿元，增长 33.8%。总体上看这三个层次都呈现出快速增长的趋势，但与上年相比，核心层、外围层增长速度明显下降，核心层下降了 11 个百分点，外围层下降了 5.3 个百分点，只有相关层增速大幅提高了 11.5 个百分点。

从结构看，2011 年全市文化产业中核心层占 29.66%，外围层占 16.98%，相关层占 53.36%，与上年相比，核心层下降了 2.64 个百分点，外围层提高了 0.98 个百分点，相关层提高了 1.66 个百分点。

（三）文化产业发展保持强劲势头

2011 年，由于政策的引导和扶持力度进一步加大，全市文化产业发展保持了强劲的态势。国家级滨海新区文化产业示范区形成“一区多园”发展格局。国家动漫产业综合示范园一期工程建成投入使用。中国天津 3D 影视创意园区、国家级滨海广告产业园加紧建设，天津国家数字出版基地建成创新体验中心、云计算中心、数字版权交易所等公共平台，团泊文化产业示范园区、国家影视网络动漫研究院、中国纪录片产业基地完成规划设计。全市文化产业园区已达 26 个，其中国家级文化产业园区 8 个。

（四）积极搭建服务平台，市场竞争能力和产业发展环境不断提升

全市制定实施鼓励和支持文化产业发展、促进电影产业繁荣发展等一系列扶持政策。发放天津文化产业发展专项资金 4000 万元奖励支持重点文化项目，中央文化产业发展专项资金资助全市文化企业 4690 万元，滨海新区及各功能区发放文化产业发展引导资金 2 亿元，有力带动了社会资本对文化企业和项目的投入。搭建文化企业与金融机构合作平台，市委宣传部与 11 家金融机构分别签署协议，授信额度达 360 亿元，完成融资 2 亿多元。建立天津文化产业股权投资基金。成立天津文化产权交易所、天津海泰数字版权交易服务中心，文化产品、产权交易平台更加完善。制定《天津市文化产业示范园区评选管理办法》，评选 20 家文化企业为第二批天津市文化产业示范基地。建立文化企业境内上市资源储备库，10 余家企业申报入库，资产总额接近 30 亿元。加强文化产业统计工作，制定文化产业半年统计制度和季报制度，为科学决策提供了依据。

天津文物公司成功举办春、秋两届大型拍卖会，成交率均超过 80%。天津国际拍卖有限责任公司全年共举办 38 场拍卖会，成交额达 5.1 亿元。天津舞台科学技术研究所荣获中国照明设计金奖。组织文化企业参加北京、深圳、广州、上海等地文化产业展示交易会，实现社会效益和经济效益双丰收。

各区县加快文化产业发展的积极性不断提升，普遍建立了专职机构，制定了产业发展规划，大力推动本地区项目建设。滨海新区设立 5 亿元文化产业发展引导资金，有力推动了滨海新区文化产业的持续发展。武清区积极营造促进文化产业发展的有利环境，健全政策保障、人力保障、资金保障、平台保障和市场保障体系，吸引多家文化企业落户。

（五）文化体制改革迈出新步伐

深化广播电视制播分离改革，成立天津广播电视台，组建天津广播电视传媒集团有限公司。完成宣传系统所属非时政类报刊社转企改制。继续深化出版发行、电影制作发行放映体制改革，完成区县电影公司、电影院转企改制。全面完成区县文化市场行政执法大队组建工作。我市获得“全国文化体制改革工作先进地区”称号，中央媒体对我市改革经验作了集中报道。

积极稳妥推进国有文艺院团和经营性文化单位改革，进一步完善了天津北方演艺集团有限公司、天津北方文创产业集团有限公司组建方案。将天津人民艺术剧院和天津市儿童艺术剧团整合为天津人民艺术剧院，注册成立了天津市曲艺有限公司，优化了资源配置，增强了发展活力。天津市杂技艺术有限公司创新内部管理机制，与国内外强手联合，资源共享，优势互补，创出了出精品、出品牌的新模式。加强文化事业单位内部机制改革，积极推进岗位设置管理。创新和改进行政管理方式，建立了区县文化广播影视和文物工作评估表彰制度，圆满完成 2011 年度评估，完善了对全市文化发展的宏观指导和激励机制。全市行政审批事项实现“五统一”，向滨海新区下放审批权限得到市领导表扬。

二、2011年文化产业各行业发展基本情况

（一）广播电视业

伴随数量增长的同时，津产电视剧质量稳步提升。先后有《幸福来敲门》《解放》《小站风云》《草根王》《辛亥革命》《玉碎》《大河套》等7部津产电视剧通过央视频道播出，被广电总局有关领导赞为“天津现象”；本市生产的电视剧《幸福来敲门》摘得中国广播影视第28届电视剧“飞天奖”；电视剧《解放》先后荣获中国广播影视第28届电视剧“飞天奖”、第25届中国电视金鹰奖“最佳电视剧奖”、第八届全国电视制片表彰“优秀电视剧特别奖”等十项重大表彰；国内首部完整3D动画电影《兔侠传奇》，先后获得第十四届电影华表奖“优秀动画片奖”、第二十届金鸡百花电影节“最佳美术片奖”、第七届中美电影节最高荣誉“金天使奖”和第三届英国（伦敦）万象国际华语电影节“最佳动画片”等国内外重大表彰；天津北方电影集团有限公司成为全国唯一一家连续16届获得电影华表奖表彰的电影制片单位。

（二）电影业

2011年全市新增影院9家、新增银幕66块，全市电影院线达到12条、影院53家、银幕236块。2011年电影票房收入2.5亿元，同比增长30%。电影放映数字化程度日益提升，2K数字放映机和3D数字影厅数量快速增长。贯彻落实市文化大发展大繁荣攻坚战指挥部办公室《关于加快推进区县城镇数字影院建设的通知》文件精神，启动城镇多厅数字影院建设，推进具备条件的乡镇建设数字电影放映场。

（三）演艺业

2011中国（天津）演艺产业博览会取得圆满成功，展区面积1.5万平方米，展位656个，是上届的2倍多，吸引了20个省区市代表团，300多家艺术院团、演艺企业和演出中介机构参展，全市静海、西青、北辰、河西等区县踊跃参展，展示了天津文化产业的蓬勃态势。观众近5万人次，现场成交额2.3亿元，协议成交额近5亿元，举办了演艺剧（节）目及演艺收藏品拍卖活动、“华夏神韵”第五届中国民族戏曲优秀剧目大汇演、高雅艺术精品系列演出、全国动漫剧精品展演等活动，进一步打造了全国演艺产业展示交易、推动创新和引领发展的平台。

各院团遵循艺术规律和市场规律，创作排演了一批排得起、演得起、看得起的优秀剧目。天津人民艺术剧院等单位建立制作人制度，采用票务连锁和网络等现代流通手段，积极开拓演出市场，提高演出收入。中国大戏院编排“中国戏曲声画《红梅颂》”、演出总公司策划经典剧目《迎来春色换人间》等系列演出活动获得观众好评。港台流行歌手演唱会、酒吧音乐繁荣有序，日趋活跃。与今晚传媒集团合作创建的本市首个演艺信息平台——“今晚演艺资讯”正式开通，本市首个集演艺、影视、文化、会展于一体的杂志《演界》实现试刊。河西区整合多种文化资源，“西岸”文化产业品牌效应进一步显现。静海县加大乐器产业的扶持力度，成立了促进其发展的乐器行业协会。河东区进一步提升天津音乐街建设管理水平，音乐街商户全年营业额达1200万元。

（四）动漫业

2011年，全市动漫产业发展迅速，年生产动画能力超过30000分钟，总产值突破20亿元，产值跨入全国各省市前十名行列，步入高速发展的快车道。

1. 龙头动漫企业蓬勃发展

全市经营范围包括动漫业务的企业有300余家，主营动漫的企业100余家，核心从业人数3000余人。全市有17家通过国家动漫企业认定，2011年新增6家。通过国家认定的动漫企业共生产创作原创漫画作品53部、动画作品16部，生产创作的网络动漫（含手机动漫）下载次数达900万次；实现营业收入4245.1万元，利润总额1300余万元，全年动漫产业产量比去年增加约30%。神界漫画、福丰达影视、画国人、仁永动画、蓝猫卡通、天津北方动漫集团、华漫兄弟（天津）、星达兴、卡通先生等一批领军型企业实力雄厚，在行业引领、技术创新、市场开拓、品牌塑造、产业升级等方面发挥着重要的引领带动作用。全市动漫企业结构涵盖了漫画设计与出版、动画设计与制作、手机游戏研发、网络游戏研发、数字教育培训和动漫衍生品研发等各个领域。产品不但有传统的漫画、动画、电影等，还有动漫舞台剧、网络游戏等新兴门类，营销范围覆盖了大陆和港澳台地区，以及欧洲、北美、日本、韩国、澳大利亚等多个国家。

2. 原创动漫作品佳绩频传

动画电影《兔侠传奇》荣获中国文化艺术政府奖首届动漫奖最佳动画电影奖、第十四届电影华表奖“优秀动画片奖”、第二十届金鸡百花电影节“最佳美术片奖”、第七届中美电影节最高荣誉“金天使奖”等国内外重大奖项。中国原创漫画“四大名著”系列和手机动漫《三国演义之关云长》分别获中国文化艺术政府奖首届动漫奖最佳漫画作品奖和最佳新媒体动漫奖。手机动漫《寻找自我的世界》和《与红嘴的战争》分别获第五届中国原创手机动漫游戏大赛漫画类金奖和银奖。神界漫画的

《棒槌日记》、蓝猫传媒集团的《生命之花》分别荣获第七届中国国际动漫游戏博览会“中国原创动漫游戏大奖”最佳故事漫画大奖和最佳收视表现大奖。动画电影《赛尔号Ⅰ》摘得2011年国产动画电影暑期票房冠军。天津爱迪通智科技有限公司推出的3D网络游戏《三界演义》获得“2011年度最受期待网络游戏奖(金手指奖)”和“最佳创新奖”两项大奖。

3. 动漫产业技术水平显著提升

2011年，全市动漫产业技术水平取得了长足进步。全国首个国家级动漫产业综合示范园正式开园，注册企业260家，总注册资金60亿元，动漫产业公共技术服务平台达到国际领先水平。国家动漫产业综合示范园公共技术服务平台经过一年多的建设，已建成亚洲最大的动作捕捉室，40个镜头运动捕捉器可以同时完成6个人、设置5000个标志点的动作捕捉，是目前国内最大的多人动作捕捉系统，也是世界上唯一一款可以实现室外日光直射条件下使用的动作捕捉系统。此外，由动漫园自主研发的3D实时动画渲染预监系统，可以让导演在拍摄时就能看到最终成型的动画作品，大大提高动画制作技术的效率。2011年平台参与完成的项目已达10余个，对产业的技术支撑作用日益突出。国家影视网络动漫实验园建设完工，中国天津3D影视创意园开工建设，国家影视网络动漫研究院完成方案设计。由文化部与天津市政府主办的中国文化艺术政府奖首届动漫颁奖典礼系列活动在津成功举办，“十一五以来动漫产业发展成果展”和“中国动漫的提升与跨越”高峰论坛受到广泛好评。

4. 领军人才聚集

随着全市动漫产业发展政策效应的逐步显现，越来越多的国内动漫产业尖子人才选择来津创业发展。神界漫画创始人陈维东致力于中国漫画产业模式的研究与推广，编创的漫画作品已进入欧洲、日本、韩国等国际漫画市场。“潜艇工作室”创始人周鸿滨的作品《偷星九月天》自在《知音漫客》连载至今，始终占据着人气漫画第一名的宝座，其本人也凭此作品荣登第六届漫画作家富豪榜第三位。蓝猫卡通董事长贺梦凡打造的卡通品牌“虹猫蓝兔”被评为“中国动漫产业最具影响力品牌”。

·河北省·

一、2011年文化产业发展总体情况

2011年，河北省文化产业实现增加值472.8亿元，同比增长33.7%，占生产总值的1.95%。2011年，河北省设立了2亿元的文化产业发展引导资金、1亿元的文化产业振兴奖励资金，制定了多项促进文化产业发展的优惠政策，积极实施重大项目带动战略，大力培育龙头文化企业，建设文化产业园区，推动文化与科技、创意等生产要素深度融合，加速与其他产业互动发展，展现出良好的发展势头。

(一)文化体制改革助推文化产业迅速发展

2011年，河北省169家出版发行单位、223家电影制片和发行放映单位、92家文艺院团、4家新闻网站全部完成转企改制；省、市、县1400多家文化事业单位内部机制改革创新进展明显；11个设区市和172个县(市、区)全部完成文化、广播、新闻出版三局合一，建立文化市场综合执法机构，实现广播、电视两台合并；河北电台、电视台和各市广播电视台全部完成制播分离；整合广电网络传输机构，形成全省一张网；省、市、县三级党报党刊实现宣传经营两分开。

改革使文化单位迸发出勃勃生机，国有经营性文化单位成为新的市场主体，“龙头”带动作用进一步彰显，其中，河北出版传媒集团销售收入61.88亿元，同比增长25.59%。河北广电信息网络集团实现收入16.6亿元，同比增长27.7%。两大集团效益的增长均展现出河北省文化体制改革所取得的成果。

(二)县域文化产业百花竞放

2011年，河北省积极推进县域特色文化产业，打造一批各具特色的文化产业发展重点县(区)。一是以县(区)作为发展文化产业的突破口，制定推动县域文化产业发展指导性文件，完善河北省县域特色文化产业政策规定。二是突出抓一批以蔚县、曲阳、武强、平泉、北戴河、丰宁、双滦等为代表的特色文化产业发展重点县(区)，积极推进非遗生产性保护成为产业，实施产业带动战略，树立一批县域文化发展典型。

以河北蔚县为例，为了将剪纸这一民间艺术打造成支柱产业，县委、县政府按照区域化布局、集约化生产、专业化销售的模式进行重点扶持，使得产业层次大大提升，全县22个乡镇561个村，有16个乡镇96个村分布着剪纸艺人，其中剪纸专业户1100户，从业人员3万多人。2011年，该县生产剪纸600多万套，产品畅销欧洲、美国、日本、东南亚等100多个国家和地区，产值达到4亿元，占全县GDP的5%，成为该县重要的富民产业。

(三)文化精品战略效益明显，打造本省文化品牌

为了推进文化精品建设，河北提出了文化发展“五

个一”工程，即：各设区市分别打造一台精品舞台剧目、拍摄一部有影响的影视剧、抓好一个重点文化产业项目、建成一个大型产业园区、组织一个品牌文化活动。“五个一”工程直接推动了一批大项目好项目落地生根，一批既叫好又叫座的精品佳作涌现：经统计，在2011年国家级政府奖评比中，3篇作品荣获中国新闻奖，4篇作品获中国广播影视大奖。6件作品获国家广电总局广播电视节目技术质量奖，2件作品获全国广播影视科技创新奖，另有10件作品获中国广播影视大奖提名奖，8件作品获中国广播电视协会创优节目奖等奖项。《唐山大地震》《西柏坡》获第14届中国电影华表奖，《骏马少年》获第8届美国圣地亚哥国际儿童电影节最佳儿童片奖，导演陈力荣获第28届中国电影金鸡奖最佳导演奖。在狠抓“五个一”工程的同时，河北还借助自己独特的文化资源优势，打造“红色太行、壮美长城、诚义燕赵、京畿神韵、弄潮渤海”五大文化品牌。

（四）实行文化“走出去”战略，文化产品出口取得重大突破

2011年，河北省文化产品出口1.13亿美元，首次超过1亿美元，同比增长10.3%。河北省文化产品出口主要以视觉艺术品及乐器为主。2011年，全省出口视觉艺术品8075.4万美元，出口乐器2650.3万美元。出口目的地涉及127个国家和地区，其中意大利和美国是最大出口国，对其分别出口5434.6万美元和1433.2万美元。出口额在百万美元以上的国家还有德国、加拿大、墨西哥、英国、西班牙、日本、韩国等。

二、2011年文化产业各行业发展基本情况

（一）广播电视业

2011年河北省广播电视产业发展迅速，广电产业经营创收达10.12亿元，同比增长10.28%。

1. 强化品牌意识，节目创新和精品创优取得新成效

2011年，河北广电系统持续开展了一系列“办一流节目，让人民群众满意”活动，不断加大节目综合评估力度，完善创新常态化机制。河北电视台台《阳光热线》《读书》《今日资讯》《村里这点事》等原有品牌节目社会影响力不断增强，《家政女皇》《真心英雄》等节目受到社会各界的广泛关注和好评。

2. 抓改革促调整，广电产业发展展现新气象

一是大力推进省两台新闻节目改革，河北电台倾力打造“全新闻”广播，实现24小时全天候播出；河北电视台全新改版，新闻节目日播总时长增加了1倍；二是长城网日点击量达2500多万人次，在全国省级新闻网站排名又有了新提升；三是拓展多元经营，全省各类CMMB终端用户超百万，三佳电视购物频道开播，河北冀广投资股份有限公司挂牌成立；四是广电产业经营创收达10.12亿元，同比增长10.28%，其中河北电台、河北电视台广告创收分别达到1.80亿元和7.58亿元，同比分别增长28.57%和9.57%。

3. 拓展多元文化产业，新媒体建设取得突出成效

2011年，河北省多元化拓展文化产业，重点推进CMMB商业运营，在全省11个设区市建立了30个营业网点，全省CMMB终端用户数超过60万，正式注册用户数已超过20万，均位居全国前列。与上海文广集团共同出资组建河北广电传媒技术有限公司，致力于发展数字广播影视和新兴媒体等文化产业，已正式运营。完成河北冀广投资股份有限公司的工商注册和税务登记。三佳电视购物频道筹建工作有序推进，注册成立了公司，确定了频道经营模式和运营合作伙伴，并已开播。

（二）电影业

2011年，全省电影票房收入1.66亿元，同比增长45.03%；其中，省电影公司控股的中联院线收入6046万元，同比增长42.69%。在电影产业基础设施建设方面成绩显著，完成全省149个县（市区）的数字影院建设工程。

1. 影院建设取得突出进展

截至2011年年底，全省县城数字影院数量已经达到149家、银幕173块，加上新增的11家城市影院，全年新增影院数量问鼎全国第一。在已经投入运营的149家影院中，多厅影院23家，安装2K电影放映设备的139家，安装3D立体电影放映设备的47家。县城数字影院运营状况良好，2011年，全省县级数字影院共放映电影22646场，票房收入646万多元。

2. 精品电影产品生产卓有成效

2011年，河北省相关部门精心打造影视精品力作，精品创作生产卓有成效。《辛亥革命》《革命人永远是年轻》《新亮剑》《牛铁汉和他的儿女们》等一批影视剧播出后反响良好。《唐山大地震》《西柏坡》获第14届中国电影华表奖，《骏马少年》获第8届美国圣地亚哥国际儿童电影节最佳儿童片奖，导演陈力荣获第28届中国电影金鸡奖最佳导演奖。

3. 依托本土文化资源，打造河北红色影视品牌

2011年，河北省以庆祝建党90周年为契机，充分发挥西柏坡独特的历史优势，积极谋划筹办了“2011中国·西柏坡红色电影周”活动，与此同时，又加盟纪念辛亥革命100周年献礼大片《辛亥革命》的拍摄制作，

并成为领衔联合出品方之一。

4. 深化改革优化结构，培育影视产业市场主体

2011 年，河北省基本完成了河北电影制片厂、河北省电影公司等单位的转企改制，制定出台了河北影视集团一系列符合现代企业制度要求的规章制度。重点进行河北影视集团改制后续工作，按照现代企业制度全面规范运营，真正实现实质组建、实质运转、实质见效的改革目标。河北省以项目带动为抓手，谋划实施精品生产、11 个设区市连锁影城以及特色影视基地建设等产业项目，推动河北影视集团实现跨越式发展。

（三）新闻出版业

2011 年，河北省新闻出版业总产出 613 亿元，增加值 144 亿元，综合实力居全国第七位。其中，河北出版传媒集团销售收入 61.88 亿元，同比增长 25.59%。河北广电信息网络集团实现收入 16.6 亿元，同比增长 27.7%。河北日报报业集团经营收入 7.2 亿元，同比增长 18.3%。

1. 报刊业经济指标稳步提高

根据河北省 2011 年度报刊核验统计，2011 年，河北省共出版报纸 93 种，期刊 219 种，全省报纸出版单位的经营总收入为 19.90 亿元；广告收入为 14.45 亿元，发行收入为 5.10 亿元，利润总额为 2.90 亿元，纳税总额为 9085 万元。期刊出版单位经营总收入 3.07 亿元，广告收入 9236 万，发行收入 1.70 亿，利润总额 4872 万元，纳税总额 2593 万。均比 2010 年有所增长。

2. 版权保护工作明显提升

2011 年，河北省版权保护中心共注册登记各类作品 246 件，比上年增长 50%，内容涉及小说、剧本、音乐、美术、卡通动画形象、产品标识等多种类型，其中有不少名家名作，如杨舒棠新编京剧《响九霄》、王自勇《内画佛龛》、石家庄市深度动画科技有限公司的三维动画片《赵云与咔哒盒子》动漫人物等。

3. 开拓数字出版产业领域

截至 2011 年年底，河北冠林数字出版有限公司拥有员工 200 人，资产规模 3000 万元，年销售收入 1 亿元。河北冠林数字出版有限公司致力于形成一个基础完善，产业链条完整，综合实力较强的数字出版产业体系，一是为河北出版传媒集团公司系统信息化建设提供服务；二是在已有出版资源的基础上，用数字技术再造出版流程，加快数字出版业务步伐；三是不断做大做强数字产品的销售渠道，扩大经营规模，提高经济效益。

（四）文化旅游业

2011 年，河北省以发展国内旅游为重点，努力扩大旅游消费市场。全年全省共接待国内游客 1.86 亿人次、创收 1192 亿元，同比分别增长 25.42% 和 33.83%。其中，石家庄、唐山、张家口、承德、衡水等市加快国内旅游工作力度，都把旅游业放到战略主导地位，大力发展文化旅游，加大投入，加快培育，全省发展旅游业的氛围日趋浓厚，文化旅游业发展成效显著。

一是全省旅游产业地位明显提升。省委省政府高度重视旅游业发展，大幅增加省级旅游产业发展资金，不断加大对于文化旅游的支持力度。2011 年 8 月 6 日，河北省玄元股权投资基金管理股份有限公司在石家庄挂牌，这也是河北省成立的首家旅游文化产业股权投资基金。该基金由河北省环渤海湾经济技术集团有限公司、河北省玄元文化产业发展股份有限公司等发起成立，注册资金 5000 万元人民币。

二是产品结构不断优化。着力推进战略性、结构性项目建设，2011 年完成投资 320 亿元，同比增长 77.8%。一批超 10 亿、超 50 亿元项目落地开工。旅游产品结构加速转型升级，新评 3A 级以上景区 41 家，4A 级以上景区达到 109 家，乡村旅游、购物旅游、滨海旅游等新型业态日渐兴起。

三是形象宣传效果凸显。实施“捆绑营销”策略，在央视多个频道集中播出河北旅游四季广告。通过“走出去”与“请进来”相结合拓展营销渠道，推动形成全省旅游营销大格局，入境旅游万人客源国和地区增至 24 个，国内游客年新增 3000 万人次。

四是发展环境日趋完善，随着全省近 20 条高速铁路和客运专线、30 多条高速公路和 5 个机场的开工建设，快速便捷的立体交通格局初步形成。通过强化市场监管，实施标准示范，推进信息化建设，开展大规模培训，全省旅游管理和服务水平有效提升，游客满意度不断提高。

五是改革开放明显加快，积极探索旅游资源一体化管理的有效途径，西柏坡、北戴河新区、清东陵、白洋淀等重点景区旅游体制机制改革取得突破。秦皇岛国家旅游综合改革试点工作扎实推进。全面引进国内外大型企业集团，旅游业成为展示河北省改革开放成果的重要窗口。

六是综合效能有效释放。作为扩大消费的重要领域，每年增加旅游收入近 300 亿元；作为增加就业的重要渠道，带动了全省数百万人就业，数十万农村剩余劳动力实现就地转移。作为结构调整的重要方向，旅游业成为境内外商家投资的热点领域。旅游业尤其是文化旅游业的快速发展，促进了河北省城市和新农村建设，有效改善了投资环境，丰富了群众文化生活，推动了河北省文化产业的发展和社会文明进步。

·山西省·

一、2011年文化产业发展总体情况

2011年，山西省文化产业实现增加值380亿元，占GDP比重为3.4%，对经济增长的贡献率达到4.9%。过去五年间，山西省文化产业增加值年均增长速度达到23%，成为经济增长新亮点。

（一）省属五大文化企业集团挂牌，助力文化产业大繁荣

2011年4月25日，省属五大文化企业集团正式挂牌成立。五大文化企业集团包括山西广电信息网络集团、山西演艺集团、山西日报传媒集团、山西广播电视传媒集团、山西影视集团，涵盖网络、演艺、传媒、报业、影视等文化产业核心层的多个领域，成为壮大山西省文化产业的主力军。

（二）特色文化产业集群不断涌现，五大产业区统筹发展

2011年，山西省根据文化资源的区域分布状况和特点，在深入研究分析的基础上，以突出地域特色，调整优化区域结构为基本原则，以加快文化产业基地和区域性文化产业集群建设为主攻方向，科规划了全省文化产业的区域布局，提出要打造五大特色文化产业区，即北部佛教与边塞文化产业区、中部晋商文化产业区、南部根祖文化产业区、东南部太行红色文化产业区、西部黄河风情文化产业区。

（三）文化体制改革主要任务全面完成

截至2011年11月，山西省163家国有文艺演出院团、154个电影发行放映单位全部完成转企改制任务。全省11市全部完成文化体制改革任务。市县文化广电新闻出版局三局合并、广播电台、电视台合并重组、文化市场综合执法机构成立。市县电影公司电影院、文艺院团转企改制任务完成，完成率100%。按照新闻采编和经营业务两分开要求，各市党报将广告、发行、印务等经营性业务剥离，实施“两分开”，组建企业性质的公司。

（四）全面实施大作品表现、大集团运作、大景点支撑、大服务引领、大会展集聚的“五大战略”

在大作品展现方面，围绕建党90周年，精心策划、打造一批具有“山西特色、中国气派、国际水准”的作品，充分发挥山西历史文化特色。如影视剧《红军东征》《晋阳秋》《高君宇石评梅》，舞台剧《千手观音》《大红灯笼》等。在大集团运作方面，全省出版系统事业单位全部转企改制。山西出版集团经营收入由原来的27亿元达到了2010年的突破46亿元。在大景点支撑方面，文化部门与旅游部门将联手对五大文化产业区域进行精心打造，以取得文化与旅游的深度融合。在大服务引领方面，一大批文化设施将陆续投入使用，同时在景点建设一批酒店等服务设施，给广大游客提供便利，扩大和增强景点的吸引力。在大会展集聚方面，在搞好现有的平遥国际摄影大展、五台山国际文化旅游节、我们的节日·清明节等知名文化节的基础上，打造太原晋商文化节、大同云冈文化旅游节、右玉西口风情文化节，以及黄河壶口文化节等十大文化节庆会展活动。

二、2011年文化产业各行业发展基本情况

（一）广播电视业

1. 山西卫视全线变革，打造甜蜜娱乐节目纵贯线

2011年山西卫视全面升级，升级后的山西卫视结合山西本土文化、地域特点，热情奔放，青春时尚。在创新节目、电视剧等各方面，融入“甜蜜”元素，周播节目《爱唱老情歌》唱甜蜜、《情侣无间道》晒幸福，季播节目《抢年货》《财神来了》抢快乐，形成甜蜜娱乐节目纵贯线。

2. 组建广播电视传媒集团

2011年，山西省委、省政府决定在重组山西广播电视台的同时，组建山西广播电视传媒（集团）有限责任公司。山西广电传媒集团的整合范围包括五个部分：一、剥离山西广播电视台部分可经营业务，将老年福、彩民在线和优购物三个数字频道可经营资源和频道机构、人员划入广电传媒集团。二、将山西广电新媒体公司等山西广播电视台所属公司划入广电传媒集团。三、将山西中广传播有限公司等山西广播电视台所属合资公司的股权全部划入广电传媒集团。四、山西网络广播电视台（山西视听网）及媒资管理、节目集成平台建设业务划入广电传媒集团。五、涉及广电节目生产购销、电视剧生产购销、广告经营代理、大型活动开发引进、纪录片生产购销、节目栏目频道包装及营销推广、动漫节目开发制作、外宣节目开发制作等相关业务资源适度剥离划入广电传媒集团。

3. 依托三网融合实现数字山西梦想

2011年，山西省在推进“三网融合”方面进一步加大力度。由新成立的山西广电信息网络集团将分散运营的170多张有线电视网络进行整合，按照行政推动、市场运作、先垂直管理、后资产重组，先市后县的思路，先期对人事财务实行统一管理，通过重组全省广电网络

资产，组建集团，建立全省一级法人，总分垂直管理体制的方式来实现全省一张网。

4. 出台规划部署广电科技发展

2011年10月，山西省广播电影电视局印发《山西省"十二五"时期广播影视科技发展规划纲要》。《规划纲要》要求，全省广播影视系统要加强对全省广播影视科技创新和发展的统一规划和综合协调；要广泛宣传，形成有利于实施的环境和氛围；要完善体制机制，加快队伍建设，为全省广播影视科技发展提供技术和智力支撑。

5. 成立山西广播电视台

2011年1月12日，国家广播电视总局正式批复同意成立山西广播电视台。这是山西广播与电视改革发展的一个崭新历史时刻，也是山西省文化体制改革在重点领域、关键环节取得的又一个突破性进展。2011年山西广播电视台实现广告经营收入4.07亿元，同比增长7.1%。

（二）电影业

1. 影院建设规模与质量并重

2011年，中影·国际影城太原新影都在开业两周年之际，被国家广电总局授予五星级影城称号，成为全省首家目前硬件设备最好的五星级影城。截至2011年10月底，票房收入已突破4079万元，观影人次高达124万人，创造了山西电影放映历史上年票房收入、月票房收入、日票房收入、单片放映收入、单座产值收入、观影人次等八个第一。在北京新影联院线全国110多家影院中排名第三，超过3万余名影迷在影城办理了会员业务，为全省文化产业的转型跨越发展和满足人们日益增长的文化娱乐需求做出了突出的贡献，成为山西电影市场名副其实的"领头羊"。

2. 组建影视集团打造完整产业链

2011年，为提升山西影视产业的竞争力和影响力，让"山西制造"深入人心，省委、省政府决定组建山西影视（集团）有限责任公司。山西影视集团组建方案在全省文化体制改革和文化产业发展领导组会议原则通过。山西影视集团通过整合山西电影制片厂有限公司、山西省电影公司、山西音像出版有限责任公司、山西广电影视艺术传媒有限公司等四家省属国有影视企业组建而成。经过整合，影视产业的生产、发行、放映全部划转新组建的山西影视集团，形成了较为完整的产业链条。山西影视集团运营将实行母子公司两级法人治理结构，设立山西电影制片公司、山西电视剧制作公司、山西影视演艺经纪公司、山西数字院线发展公司、山西音像网络出品公司、山西电视频道运营公司6个子公司，实行分级核算，子公司独立核算、自负盈亏。

3. 影视文化产业园区建设成果显著

2011年3月，经大同市人民政府批准，设立大同市影视文化产业园区和魏都影视基地。大同市影视文化产业园区占地5000亩，包含外搭景区、摄影棚区、工厂区；文化产业区、出版产业区、教学培训区、会议会展区、版权交易区、国际交流区；行政管理区、商务办公区、生活区、外交公寓。园区从产业划分为影视文化产业园、出版产业园、文化艺术产业园、文化教育产业园。6月，大同影视文化产业园区与北京中视丰德影视版权有限公司正式开展战略合作。双方计划联合中视影视等国内影视制作、娱乐网站、文学出版、电影的领军企业，共同组建中国大同国际影视版权交易所，扶持"山西中视丰德影视版权有限公司"在国内创业板上市。

（三）动漫业

1. 动漫类会展赛事相继推出，展示产业实力

2011年9月5日，由省委宣传部、省文化厅共同主办的2011山西省原创动漫大赛正式开赛。此次大赛有效检阅了山西省动漫产业发展的新成果，推出了一批动漫精品和一批动漫新人，更好的调动了广大动漫企业和动漫的人才的积极性。10月1日至7日，2011山西动漫3C节在山西省展览馆举行。期间，别具创意的动漫真人集体婚礼、电子竞技大赛、桌游三国杀大赛等活动精彩纷呈。

2. 动漫产业基地发展红火，精品迭出

全省形成以太原高新区数码港"山西动漫游戏产业发展基地"为中心，部分地市动漫企业为补充的动漫游戏业发展格局。该基地拥有电子数码港、创意产业街、动漫谷等多个文化创意产业孵化器，建筑面积达13万平方米；聚集各类创意企业120余家，其中动漫游戏企业38家，从业人员约2500余人。山西问天科技股份有限公司、山西汇众动漫科技开发有限公司、山西盖亚文化传媒有限公司、山西创影影视动画有限公司等企业已跨入全国一流动漫企业行列。从创立到2011年，该基地企业完成动漫作品150余部，30余部原创动画片在省、市电视台播出，38部作品获国际、国内大奖。在"2011山西原创动漫大赛"中，该基地企业有5部作品获得最佳奖，12部作品获提名奖。山西盖亚文化传媒有限公司制作的《汉字岛》系列原创动画片，输入海外市场。山西汇众动漫科技开发有限公司开发了一系列具有中华民族文化特色的原创动画产品《苏州会馆》《说文解字》《点点豆豆》及《手机动画》等，为

太原市动漫游戏产业走出一条特色发展之路起到了积极作用。

（四）文化会展业

1. 大型会展品牌发展势头强劲

2011年山西省推出“四个10”文艺精品工程，打造7个国家级大型会展品牌。其中7个国家级大型会展品牌分别为中国非物质文化遗产博览会、中国（平遥）国际摄影大展暨古城文化节、中国（河曲·左权）国际乡村音乐大奖赛暨乡村音乐旅游节、中国（太原）国际民间艺术节及古玩艺术品博览交易会、中国（云冈·五台山）国际佛教文化旅游节、中国（运城）国际关公文化节、中国（山西）国际鼓乐艺术节等。其中，平遥国际摄影大展以其国际性、艺术性、权威性产生的强大吸引力和凝聚力，已经成为世界知名的摄影大展和中国举办规模最大、艺术水准最高、持续成功举办时间最长、最具影响力的节庆活，正在从“艺术作品的盛会”转变为“艺术产业的盛会”。

2. 专业化、品牌化会展逐渐形成

2011，山西省文化会展逐渐向细分产业延伸、向地方特色延伸。细分产业品牌展会有2011中国山西旅游博览会、2011山西广告博览会、2011中国太原国际收藏文化博览会暨古玩书画珠宝玉器工艺品佛教用品交易会、2011第二届山西珠宝玉石首饰暨工艺礼品展览会等，成为旅游业、广告业、艺术品交易业的主要展示平台和产业提升的拉动器。地方特色品牌展会有2011太原晋商收藏文化博览会、2011中国（山西）国际煤化工展览会等，展会把地方人文特色、产业特点、展览和交易等元素糅合在一起，成为山西省的一大文化名片。

3. 政府主导、市场协同模式初显

2011年1月24日，山西省会展行业协会第一届一次会员代表大会暨成立大会召开。会上通过审议《山西省会展行业协会章程》，选举产生出理事会和常务理事会以及执行机构负责人。新成立后的山西省会展行业协会将研究制定全省会展行业发展规划，制订行业政策和行业标准；与政府有关部门、社团组织和专业展览公司联合举办或承办各类展会；与省内外学校联合，加大对会展人才的培训教育。

（五）文化旅游业

1. 政府高度重视，景区开发力度加大

为了加快山西文化旅游业发展，山西省委、省政府加大了对地上资源的传承和开发力度，以五台山、云冈石窟、平遥古城等为龙头，加大重点景区开发提升力度，完善配套设施，打造精品线路，开发特色产品，组建旅游投资集团，培育旅游龙头企业，促进旅游与文化融合发展。其中，2011中国·山西旅游博览会以“行大运、品文化、游山西”为主题，在充分展示山西省旅游形象的同时，更让人了解了山西文化的力量。博览会签约总金额达337亿元，充分体现出文化产业与旅游业的深度融合。

2. 经济效益和社会效益显著提高

2011年，山西省文化旅游产业贡献率居第三产业首位。2011年全省旅游业增加值为719.23亿元，占全省GDP的比重为6.48%，占第三产业的比重为18.53%。2011年，山西省入境旅游外汇收入相当于全省出口贸易总值的10.44%。同时，2011年旅游产业带动经济社会发展的作用十分显著，全省旅游业新增直接就业人员2万人，间接新增就业人员10万人；为全省增加财政收入250.9亿元，占全省财政总收入的11.1%；为全省城乡居民增加收入344.1亿元，占全省城乡居民总收入的8.2%。

·内蒙古自治区·

一、2011年文化产业发展总体情况

2011年，内蒙古自治区深入挖掘民族特色资源，打造特色文化产业格局，建设特色文化产业园区，实现了文化产业在平稳中快速增长。据统计，到“十一五”末，内蒙古文化经济总量达到150亿元，占GDP的比例为1.31%。2011年，全区文化体育与传媒支出达68.9亿元，比上年增长30.1%，共培育形成了4个国家级、21个自治区级文化产业示范基地。

（一）制定专项规划，指导文化产业健康快速发展

2011年，内蒙古自治区编制了《内蒙古自治区“十二五”文化发展规划》，提出建设民族文化强区的目标。规划内容围绕“文化为民，文化惠民”为主线，依靠“体制改革、文化创新”两大力量，实现加快公共文化服务体系建设，加快文化产业发展速度，加快民族文化走出去，加强优秀文艺产品生产，加强民族文化遗产保护和弘扬等五大重点任务。

（二）推动政银合作，发展新兴文化业态

2011年，自治区积极联合金融机构支持文化产业发展。内蒙古自治区文化厅与10家银行签订的《支持文化产业发展战略合作协议》顺利推进，已有东联影视动漫科技公司、秦直道文化产业园、呼伦贝尔文化园、

阿盟定远营旅游开发等项目获得银行贷款 9.3 亿元，并向国家开发银行内蒙古分行推荐 16 个文化产业重点项目。

（三）集中打造重点剧目，进一步拓宽演出市场

2011 年，自治区在挖掘民族资源民族文化的基础上，致力于打造自治区优质文化演出项目，《鄂尔多斯婚礼》成为优秀保留剧目；《花落花开》和《拓跋鲜卑》入选国家舞台艺术精品工程资助剧目。同时，自治区积极拓展演出市场，2011 年 2 月 21 日，内蒙古乌兰恰特与北京保利剧院管理有限公司正式签约开展合作经营，此后保利剧院公司每年向乌兰恰特引进不少于 100 场的国内外不同种类的优秀剧目，并负责将优秀民族舞台艺术作品推向保利院线在国内的 18 个城市剧院，为内蒙古艺术表演团体"走出去"开辟途径。

二、2011 年文化产业各行业发展基本情况

（一）广播电视业

2011 年，全区广播电视总收入 296063.46 万元，同比增长 49136.46 万元，增幅 19.99%。实际创收收入 148968.01 万元，同比增长 11050.01 万元，增幅 8.01%。其中：广告收入 48650.82 万元，同比增长 769.82 万元，增幅 1.61%。广播广告收入 14531.47 万元；电视广告收入 33213.53 万元；其他广告收入 905.8 万元。网络收入 95870.16 万元，同比增长 12718 万元，增幅 15.29%。其他创收收入 4422.23 万元。

2011 年，全区广播影视各项收入继续平稳增长。全区广播影视实际创收收入 15.03 亿元，比上年增加 1.24 亿元，增长 9%，其中：有线电视网络收入 9.66 亿元，比上年增加 1.35 亿元，增长 16.2%。

2011 年，全区电视剧节目创作生产繁荣，保持良好的发展态势。内蒙古电台专题节目《半个世纪的心结》获中国广播影视大奖，广播剧《青山峰火》等 7 部作品获中国广播影视大奖提名奖；内蒙古电视台新闻节目《农民代表与总理真诚对话》获中国广播影视大奖，另有两部作品分获"金熊猫"奖和中国广播影视大奖"飞天奖"提名奖。电视剧《嘎达梅林》获第 28 届"飞天奖"长篇二等奖。

2011 年，自治区积极推进有线电视网络整合和转企改制，内蒙古广播电视网络集团有限公司挂牌成立，标志着自治区有线电视网络改革发展步入新阶段。稳步推进盟市两台合并，10 个盟市完成了电台、电视台合并，成立了新的广播电视台。

2011 年，自治区具备开办视听节目的网站共 13 家。内蒙古广播网、内蒙古电视网建成的流媒体互动应用平台，实现了各个频率频道网络直播、网络视频互动直播、异地视频直播功能，成为具有民族特色、地域特色的网络新媒体。内蒙古中广传播有限公司现已在全区 12 个盟市所在地开通手持电视信号，覆盖率达 95% 以上，用户超过 10 万户。

（二）电影业

2011 年，自治区电影市场继续保持平稳较快增长，全区建成 11 条城市电影院线，52 家电影院，其中包括全国第一条民族品牌的电影院线——内蒙古民族电影院线。2011 年，全区电影票房收入 1.32 亿元，同比增长 39.5%，比 2005 年增长 23 倍。

2011 年，内蒙古民族电影创作取得巨大成就，电影《额吉》分获第 28 届中国电影金鸡奖最佳女主角奖和最佳故事片等四项提名奖、第 14 届中国电影华表奖优秀女演员奖和优秀故事片等两项提名奖。电影《天边》获第 16 届洛杉矶国际家庭电影节最佳外语影片奖。组织举办了第八届草原文化节"民族电影展映周"、全区首届大学生电影节等活动，进一步扩大了民族电影的传播力和影响力。

2011 年，自治区加速推进农村电影放映工程，出台了《关于促进电影产业繁荣发展的实施意见》，组建了自治区级星河院线公司，11 个盟市成立了农村牧区数字电影院线公司，全区全年共放映电影 15 万场，发放农村电影补贴 2934 万元。

（三）新闻出版业

2011 年，自治区积极稳妥推进非时政类报刊改革，逐一核查了全区各报刊出版单位，制定《内蒙古自治区非时政类报刊出版单位体制改革实施方案》。继续深化出版、发行改革，内蒙古出版集团整合出版资源，完善投入机制，在产业园区建设、项目合作、数字出版上取得新进展；新华发行集团在完善法人治理结构的基础上，努力提高外向度，稳步推进电影院线建设和合作上市项目，与新华社非洲分社合作共同开发非洲地区电信增值服务业务。

2011 年，自治区全年精审出版物 130 多种，6000 多万字。审核选题 6726 种，不同意出版选题 1276 种，完成重大选题备案 3 种，送审选题 14 种，更名选题 60 种。加强书号网上实名申领管理，撤销敏感选题 20 余种。对区内 77 种报纸、148 种期刊以及 83 家驻区记者站进行了年检。核验报刊出版单位新闻记者证、发放年检标签 2700 个，向广电系统发放新闻记者证年检标签 4500 个。加强印刷发行行业管理，完成 120 家出版物印刷企

业、270 家包装印刷企业的年检工作。对 61 家出版物批发企业实行了网上年检。

2011 年，自治区新闻出版编制实施了《自治区新闻出版业“十二五”发展规划》。争取国家蒙古文出版基地落户自治区。加强项目申报工作，有 8 个项目列入总署新闻出版改革发展项目库，18 种图书和 1 种音像项目列入《“十二五”国家重点图书、音像电子出版规划》。全力推进了中央财政支持的少数民族新闻出版东风工程县级流动售书车、地市级党报采编信息化建设、民族出版编辑信息化等项目，落实专项资金 1762 万元。推动产业升级，加快发展以数字化内容、数字化生产和数字化传输为主的战略性新兴产业。

2011 年，自治区 6 种图书被评为全国首届百种优秀民族图书；2 种图书入选第三届“三个一百”原创图书出版工程。《科学王国漫游记》一书累计发行 50 多万册，发行码洋超 1000 万元，实现了汉文单本图书在全国发行超千万元的突破。全年共出版图书 3309 种，其中，新出图书 1329 种；出版音像制品 129 种，再版 47 种，生产光盘 72 万张。落实项目扶持资金 1827.4 万元，全年出版蒙古文图书 1700 种（含教材），新出 582 种。出版图书入选“全国农家书屋推荐书目”汉文图书 28 种，入选“草原书屋”采购目录图书 1086 种。

（四）演艺娱乐业

2011 年，全区共有艺术事业机构 155 个，从业人员 6461 人，比上年增长 4.3%；艺术表演团体 123 个，其中乌兰牧骑 75 个，分别比 2009 年增长 1.07% 和 0.86%。

自治区举办第 9 届“中国・内蒙古草原文化节”，推出了一大批文化精品。设立自治区艺术“萨日纳奖”等奖项，推动舞台剧等快速发展，催生 1500 多个各艺术门类剧节目，其中 60 多个作品在国内外一些重大艺术活动中获得 100 多个奖项；连续组织“五个一工程”奖评选活动，截至 2011 年，全区共有 751 部作品获得自治区“五个一工程”奖，63 部作品荣获中宣部“五个一工程”奖。2011 年锡林郭勒盟民族歌舞团创作的舞剧《草原记忆》入选中宣部十台优秀剧目并在全国进行巡演。第九届全国舞蹈大赛中，自治区选送的选送作品 56 个，13 个入围决赛，《月狐吟》《苍雁》《盅・碗・筷》《四勇赞》4 个作品获奖。

（五）文化会展业

自治区以草原文化为独特文化品牌，依托文化资源优势，开展会展节庆业，取得初步成效，培育了一批地域特色、民族特色鲜明的节庆活动品牌，如中国・内蒙古草原文化节、昭君文化节、鹿城文化艺术节、成吉思汗文化节、胡杨节、河套文化艺术节，以及萨拉乌苏文化节、安代艺术节、巴林石节，各盟市旗县那达慕大会等。其中，昭君文化节是自治区最具影响力的节庆活动，入选“中国十大节庆活动”。2011 年 7 月，第十二届昭君文化节在呼和浩特市举办，活动集文化旅游、体育、经贸、会议研讨四大类共 49 项活动。节庆包括有中国・呼和浩特首届少数民族文化旅游艺术系列活动、文化部群星奖・内蒙古巡演活动、第 26 届全国青少年科技创新大赛、全国民族题材新人新歌演唱会、张学友演唱会等 33 项文化旅游活动。2002 年，第二届昭君文化艺术节招商引资仅 5.3 亿元，到第十二届时，招商引资 550 亿元，十年内呈现百倍增长，为自治区的文化经济产业不断注入活力。

（六）文化旅游业

2011 年，全区接待入境旅游者 151.52 万人次，同比增长 6.1%；入境创汇 6.71 亿美元，同比增长 11.48%；接待国内旅游者 5177.95 万人次，同比增长 15.4%；国内旅游收入 847.28 亿元，同比增长 22.28%；全区实现旅游业总收入 889.55 亿元，同比增长 21.41%。

2011 年自治区旅游局编制完成《自治区旅游业发展十二五规划》《呼伦贝尔国家级生态旅游目的地区域发展规划》《元上都遗址旅游服务体系规划》等专项和专题规划，加强了对全区各盟市旅游业发展规划和重点旅游景区开发建设规划的指导和管理。

2011 年，自治区继续推进高 A 级旅游区的创建，提升了内蒙古旅游景区的档次和水平。积极推进乡村旅游工作，乡村旅游产品得到了新的发展，对 59 家乡村旅游接待户按照四、五星级标准进行了验收评定，评定了 25 家全区首批 4 星级乡村，确定赤峰市喀喇沁旗等 5 个旗县为全区示范县，呼伦贝尔市海拉尔农业发展园区等 19 单位为全区示范点。积极推动红色旅游景区的建设工作，2011 年，对 4 个列入全国第一、二批红色旅游经典景区给予了资金扶持。

2011 年，全区推出了 116 个旅游节庆活动，有效拉动了旅游消费增长。成功组织了“第八届中国蒙古族服装服饰艺术节暨蒙古族服装服饰大赛”和第二十二届内蒙古旅游那达慕大会。自治区积极拓展国际市场，组织参加了第 14 届海峡两岸旅游行业联谊会、俄罗斯莫斯科国际旅游展、德国柏林国际旅游展、澳门国际旅游与世界遗产博览会、台湾国际旅游交易会、香港旅游博览会、英国伦敦国际旅游展和韩国首尔国际旅游展。

·辽宁省·

一、2011 年文化产业发展总体情况

2011 年，辽宁省继续深入推进文化体制改革，文化产业实现了持续稳定发展，印发《辽宁省文化产业发展规划纲要》，下发《辽宁省加快文化产业发展的若干政策规定》，召开全省文化产业项目推进会议，围绕做大做强省直九大文化集团，集中培育各市重点产业项目。充分发挥了文化产业在调整结构、扩大内需、增加就业、推动发展中的重要作用。

（一）文化产业总量平稳较快增长，社会效益经济效益同步提升

2011 年，全省文化产业增加值达 688.1 亿元，与上年相比，现价增长 21%，高于同期地区生产总值现价增速 0.8 个百分点，文化产业增加值占 GDP 的比重为 3.12%，比上年提高 0.04 个百分点。就业人数持续增加。2011 年末辽宁省文化产业有从业人员 44.35 万人，比上年增长 3.3%，文化产业有从业人员占全部从业人员的 1.9%、城镇从业人员的 3.9%。

2011 年全省法人单位文化产业增加值 552.4 亿元，与上年相比，现价增长 24.5%，高于同期地区生产总值现价增速 5.2 个百分点，法人单位文化产业增加值占 GDP 的比重为 2.51%，比上年提高了 0.11 个百分点。辽宁文化产业核心、外围层和相关层增加值之比为 31.9:33.4:34.7。其中，规模以上文化服务企业法人单位的实现利润达 10.2 亿元，比上年增长 2.4%；上交税金 9.1 亿元，比上年增长 21.5%。

从构成文化产业九大行业要素看，九大行业增速均超过 15%，网络文化服务增速最高，达 47.7%。其中新闻服务、网络文化服务、文化用品、设备及相关文化产品销售增加值占全部文化产业增加值的 0.38%、1.03% 和 4.16%。相关文化产品生产实现增加值总量是全部的近三分之一，达到 30.6%。反映了相对固化、稳定的工业发展模式仍是辽宁省文化产业主要组成部分。

2011 年，全省城镇居民文化娱乐支出仅为 856.6 元，占人均消费总支出的比重为 5.79%，比全国城镇居民文化娱乐支出占人均消费总支出的比重（7.27%）低 1.47 个百分点。

（二）文化产业资金投入和扶持力度进一步加大

2011 年，辽宁省大力提高对文化产业的资金投入和扶持力度，投资主要集中在旅游休闲娱乐、软件网络、广告会展、文化艺术和广播影视等五大领域。新建辽宁省图书馆新馆，建筑面积 10 万平方米；辽宁省博物馆，建筑面积 10 万平方米；辽宁省群众艺术馆，建筑面积 2 万平方米。全省各区县文化设施都得到大力改善，形成了较为完善的文化基础设施布局，全省公共文化服务设施建有率大幅提升。

（三）编制实施“十二五”规划，完善政策与加强监管并举

完成《辽宁省“十二五”文化发展规划》的编制工作并组织落实各项措施。加强文化市场综合执法队伍素质建设。开展文化市场专项整治行动。以保护知识产权、维护未成年人合法权益、保障国家文化安全为重点，探索建立地区协作机制，推进沈阳经济区文化市场建设。大力发展民营演出。举办全省民营演出团体汇演，进一步推动民营演出团体发展，增加数量，提高质量，繁荣演出市场。探索加强对农村文化市场监管。继续加大对网吧连锁扶持和监管力度。巩固全省网吧连锁成果，进一步规范网吧经营秩序。

（四）积极推进文化产业示范园区（基地）建设

以文化产业“四个一”工程建设为抓手，建设一批重点文化产业园区（基地）、培育一批我省重点文化企业和优秀文化产品，带动全省文化产业的快速发展。加大对纳入《辽宁省社会经济十二五发展规划》的 10 个国家级文化产业示范园区（基地）（不含演艺产业）和 11 个省重点文化产业园区（基地）进行跟踪指导服务。

二、2011 年文化产业各行业发展基本情况

（一）广播电视业

2011 年全省广播影视创收 55 亿元，同比增长 11.29％。其中，辽宁广播电视台收入 21.18 亿元，同比增长 17.1%。全省广告收入 25.12 亿元，全省有线广播电视网络收入 16.73 亿元，比去年增长 2.84%。

北方联合影视集团生产的电影《郭明义》在人民大会堂首映并获第 14 届华表奖优秀故事片奖，《钢的琴》接连入围加拿大多伦多、荷兰鹿特丹等国际电影节，继获得东京电影节最佳男主角等近 10 项大奖后，又获第 14 届华表奖优秀故事片和最佳新人导演奖。电视剧《金色农家》和《女人当官》分获第 28 届中国电视剧“飞天奖”二、三等奖。电视剧《情系北大荒》获第 25 届中国电视金鹰奖优秀电视剧奖。电视剧《中国地》《相亲相爱》《太阳·月亮·一条河》分别在央视一套和八套黄金时

段播出。电视剧《孙子大传》《百花深处》《大戏法》和《阳光路上》均已被中央电视台收购，其中电视剧《阳光路上》和《大戏法》分别在央视作为开年大戏播出。

辽宁北方广电传媒（集团）有限公司积极整合资源，进一步形成了跨地域、跨业态、全媒体的大型综合性传媒集团。七星传媒拍摄的《中国地》《满秋》《火红的日子》等电视剧取得了社会效益和经济效益双丰收。辽宁北方新媒体有限公司业务范围辐射全国。广联视通新媒体有限公司积极推进手机电视平台建设，在全国范围内向中国联通用户提供流畅的手机视频服务。北方联合影视集团在影视生产、制作发行等方面创下了历史新高，集团全年营业收入达到 4.17 亿元，仅电影《郭明义》发行就创下 6000 万票房，收入达到 800 万元。辽宁北方院线公司创造了 3.8 亿票房，在全国单体影城票房整体下滑的情况下，保持了逆势增长的态势。以辽宁广播电视报为核心，重组的《城市生活信报》无论在发行、版面内容及广告经营，都取得了良好的成效，2011 年广告收入比原广播电视报增加了 500%。

2011 年辽宁广播电视台夺得 16 个国家级大奖和 178 个省级一等奖，广播电视产业规模化、集约化、专业化水平不断提高，全年经营收入增长 17.1%，创历史最好水平。

2011 年，广联视通新媒体有限公司公司净资产 4843.9 万元，实现贡献收入 2.4 亿，业务收入 2784.46 万元，利税总额 254.76 万元。公司引入节目 4065 条，累计时长 1900 小时。北方手机台内容以辽视为核心，突出地方特色。广联对集团各类门户也进行了重新规划，突出品牌形象。建立了运营周报制度，提高了运营工作效率。完成对大连 IPTV 平台播控平台的割接工作，广联 IPTV 拥有直播频道 111 套，既融合了辽宁广播电视台的地方特色，又包含了中央电视台海量节目内容，截至年底节目储备 5 万小时。先后推动手机音乐产品在集团上线、手机阅读产品在集团申报、裸眼 3D 产品平台建设论证、2G 门户平台建设论证等多个新项目，初步形成了广联视通在联通集团包括视频、阅读、音乐等全项增值产品覆盖。

（二）电影业

2008 年全省电影票房 1.44 亿元，2009 年 2.33 亿元，2010 年 3.2 亿元。2011 年达 4.85 亿元，同比增长 30.7%，高于全国 28.93% 的平均增幅。2009 年全省只有沈阳、大连、丹东等少数城市拥有现代化影院。2011 年底，全省 14 个市全部建成至少 1 家现代化影院。13 家县城数字影院已在沈阳、大连等 8 个城市的县级行政区建院开业，另在建县城影院 5 家，2012 年拟建影院的县（县级市）13 个。截止 2011 年年底，全省共有 14 条电影院线，所属影院 75 家，银幕 390 块，银幕数量同比增长 61%，我省拥有院线数量位居全国前列。

电影《郭明义》荣获“华表奖”，票房收入 6000 万元。北方联合影视集团与中影集团合作的《建党伟业》、与完美文化艺术有限公司合作的《钢的琴》、与中影集团合作的锦州新玛特影城，以及集团投资的《郭明义》《工人大院》《大戏法》等均产生良好效益。

（三）新闻出版业

推出一批重点图书。迎接建党 90 周年，推出《中国共产党奋斗进取的 90 年》及《红色少年读本——抗战铁血关东魂》丛书。《东北老工业基地改造纪实》《当代雷锋郭明义》《龙的传人》和《雷锋传》等参评“五个一工程”。《家谱中的名人身影》《超高密度超快速光信息存储》入选第三届“三个一百”原创图书出版工程。

推动图书出版“走出去”。科技社建立香港、英国和美国国际连锁出版机构，直接在海外策划发行图书。万卷公司与国家汉办合作，推出《汉话连篇》，并把电影《郭明义》改编成 8 集汉语视听教材《中国好人》，配译英法德日韩 5 个语种。2011 年公司国际出版销售码洋近 3000 万元，被新闻出版总署评为全国“新闻出版‘走出去’先进单位”。

数字出版初具规模。美术社数码动漫产品——大耳娃智趣学习宝典，已经进入生产和市场推广阶段；国际出版中心实现出版产品与美国数字网络对接，产品按批次进入美国数字出版市场；春风社与中国移动、中国联通合作，进入手机等阅读平台；辽海社开发数字教育产品，为实现数字化转型提供准备。

以项目带动产业发展。北方图书城搬迁不影响业绩，实现“确保平稳过渡，确保当年效益，确保持续经营”目标。北配公司在 21 个省（市）建立区域代理机构，成功举办全国图书馆订货会，销售 6000 余万元。积极推进与黑龙江图书音像发行集团跨区域连锁经营，连锁量 48 家。票据公司取得都邦保险票据印制业务，开始走向全国市场。

（四）演艺娱乐业

1. 艺术创作生产繁荣活跃

组织参加重要艺术赛事和演出活动。重点抓好入选国家舞台艺术精品工程初选剧目的辽宁人民艺术剧院话剧《黑石岭的日子》的修改加工工作，力争进入“重点资助剧目”行列。抓好建党 90 周年、辛亥革命 100 周年纪念演出活动。组织参加第六届中国京剧节、全国现实题材优秀剧目展演、全国歌剧展演。继续举办辽宁省优秀剧、节目演出季活动，组织实施辽宁省戏曲推广工程，举办第二届东北民歌展演，组织辽宁芭蕾舞团赴北京贺新春演出，组织好《放歌 2012》新年音乐会。启动第十二届全运会开闭幕式文艺演出策划有关工作。

抓好一批重点创作选题的创作。主要有：辽宁人民艺术剧院话剧《郭明义》《辛亥魂》，辽宁歌剧院歌剧《赵尚志》（完成阶段性创作任务），辽宁演艺集团舞剧《珍珠湖》，辽宁芭蕾舞团舞剧《胡桃夹子》《仙女》、晚会《国风·2011》，沈阳京剧院京剧《将军道》《锡伯人》，沈阳评剧院评剧《繁漪》，大连京剧院京剧《廉颇》，大连杂技团杂技舞蹈剧《霸王别姬》。

继续实施辽宁省优秀剧目再创作工程。主要有：辽宁人民艺术剧院话剧《黑石岭的日子》《木匠村官》，辽宁儿童艺术剧院儿童剧《水晶之心》，辽宁歌剧院轻歌剧《在那遥远的地方》，辽宁芭蕾舞团芭蕾舞剧《白蛇传》，抚顺满族艺术剧院话剧《长子》，本溪民族艺术剧院评剧《女人是座山》，锦州市歌舞团音乐舞蹈诗《大辽西》，盖州市辽剧团辽剧《回家》。

实施送戏下乡工程。组织全省 60 余个专业艺术院团、400 余个民营演出团体，深入全省农村开展演出活动。全年为每个乡镇送戏演出 2 场，全年送戏下乡演出近 2000 场。

2. 演艺集团发挥示范带动作用

2011 年，辽宁演艺集团收入 3525.89 万元，同比增长 10.18%。其中，剧场经营和院团演出收入分别为 771 万元和 750 万元；舞美工程公司 106 万元，主营业务收入占 49.68%。

完成大型综艺晚会《洒满阳光的家园》的创作和演出，作为辽宁省第五届“演出季”的开幕式节目隆重推出，演出 5 场。与辽中县委、县政府合作，共同投资创排新的满族神话舞剧《珍珠湖》，5 月 18 至 20 日在辽宁大剧院进行了三场首轮演出。创排“辽宁省文化系统首届春晚——龙舞辽河”和“元宵晚会”。

探索艺术创作与市场运营新模式。将《珍珠湖》打造成优秀的旅游文化产品，为集团探寻投资主体多元化模式打下良好基础。在市场运营上，与万达集团合作海南万达演艺项目，派出杂技团进驻。

繁荣省内演出市场。开启“辽宁省首届文化惠民演艺工程春节特别节目”，演出 35 场，观演人数突破 30000 人次。运作“辽宁省第五届优秀剧节目演出季”，演出首次超过 100 场次。尝试“送戏下乡”和“高雅艺术进校园”活动。

剧院联盟建设步入正轨。引进优秀演出项目 10 个，逐步培育辽宁演艺市场，实现省内常态化演出。

3.“走出去”战略初显成效

2011 年，以辽宁民间艺术团为核心组建而成的本山传媒集团加大沈阳、北京等全国 7 所“刘老根大舞台”精品建设力度，继续通过拍摄影视剧、央视春晚这两个全国渠道，打造演艺明星，提升剧场票房。沈阳演艺集团积极开拓国外市场，实现大型舞蹈诗画《满风神韵》赴加拿大、澳门商演，京剧武戏《花木兰》创赴日连演 15 场。沈阳杂技演艺集团组织自创品牌杂技晚会《海盗》、杂技短剧《惊天饭店》国外演出，开展与德国合作制作杂技晚会《孔子》《道》，与南美最大娱乐公司 CIE 合资合作《天幻Ⅱ》，全力打造杂技演出外向型企业。

（五）动漫业

2011 年，全省动画产量继续呈增长态势，达 39 部 2676 集 28368 分钟，比 2010 年增长 2661 分钟，同比增长 10.4%，排名全国第 4。2011 年，全省制作生产的动画片内容创意和制作质量比往年都有明显提高，共获得 4 个国家级奖项。其中，3 部动画片获全国优秀动画片称号，并由广电总局向全国播出机构推荐播出。沈阳哈派动漫有限公司的《开心南瓜村》获优秀动画片三等奖（初评结果）。大连乾豪数字科技有限公司制作生产的国产原创动画片《侠义小青天》获 2011 年度国家动漫精品工程动漫创意大奖，排名在动画电视创意类第一位。《发现王国》《望儿山》等一批动漫产品获得全国优秀动画片奖。

2011 年，大连卡秀数字科技有限公司生产国产原创动画片 3 部 6580 分钟，排名全国十强动画企业第 8 名，沈阳易品动漫有限公司生产国产原创动画片 8 部 6300 分钟，跻身全国十强动画企业第 9 名。其他一些骨干动画企业如沈阳非凡、沈阳哈派、沈阳宏辉、辽宁治图、沈阳心乐园、沈阳明天文化等动画企业也都不断推出质量较高的动画片，具备相当的市场竞争力。2011 年，沈阳动漫产业基地制作生产国产原创动画片达 31 部 1630 集 20157 分钟，排名全国十强动漫产业基地第 3 名，大连动漫产业基地制作生产国产原创动画片达 7 部 1020 集 7872 分钟，首次跻身全国十强动漫产业基地第 10 名。此外，辽宁省在深入调研基础上制定出台了《关于促进全省影视动画产业发展的若干意见》，并首次设立了我省“国产原创动画奖”，纳入“辽宁广播电视大奖”评奖体系。

·吉林省·

一、2011 年文化产业发展总体情况

2011 年，吉林省文化产业增加值总量为 274.13 亿元，同比增加 65.36 亿元，增幅为 31.31%；占 GDP 比重达到 2.59%，同比提高 0.18 个百分点。2011 年，吉林省出台《吉林省文化产业提速计划（2011–2015 年）》，提出到 2015 年，文化产业增加值占全省地区生产总值比重达到 6% 以上，成为全省国民经济新的支柱产业。

（一）总体规模较小，但发展速度较快

2011 年，法人单位仍是全省文化产业增加值的主要创造者，其全年共创造增加值 237.68 亿元，占到全省文化产业增加值总量的 86.70%，比例上占有绝对优势；产业活动单位创造的增加值较小，仅为 8.61 亿元，占文化产业增加值总量的 3.14%；文化产业个体经营户共创造增加值 27.85 亿元，占文化产业增加值总量的 10.16%。法人单位中，从事文化用品生产的规模以上工业企业、服务业企业及服务业事业单位创造的增加值相对较高，分别达到 52.16 亿元、93.64 亿元和 37.73 亿元，三者之和达到 183.53 亿元，占法人单位增加值总量的 77.22%，占全省文化产业增加值总量的 66.95%。从事文化产品生产的规模以下工业企业、从事文化产品销售的批发和零售业企业增加值数额较小，分别为 14.80 亿元和 35.28 亿元，占法人单位增加值的 6.23% 和 14.84%。

与上年相比，除规模以下工业企业、限额以上批发和零售企业、服务业社团和其他单位及无财务数据单位创造的增加值有所下降外，其他类型单位创造的增加值均出现同比上升。其中，从事文化用品生产的规模以上工业企业、服务业事业单位、产业活动单位和个体经营户创造的增加值增幅较大，分别达到 121.28%、128.94%、216.37% 和 315.67%；法人单位创造的增加值同比提高 19.23%，增幅比文化产业增加值低 12.08 个百分点，比产业活动单位和个体经营户分别低 197.14 个百分点和 296.44 个百分点。

九个市州中，长春市文化产业优势相对明显，2011 年全市文化产业增加值达到 129.93 亿元，占全省文化产业增加值总量的 47.40% 为全省最高。松原市文化产业增加值达到 31.89 亿元，占全省文化产业增加值总量的 11.63%，仅次于长春；四平市文化产业增加值为 24.04 亿元，居全省第三，占全省文化产业增加值的 8.77%；白城市文化产业增加值为 5.82 亿元，占全省总量的 2.12%，是九个市州中文化产业增加值总量最小的地区。

从文化产业增加值的 GDP 占比看，长春市以 3.25% 的占比排名第一，比全省均值高出 0.66 个百分点；辽源市和延边州以 2.60% 并列第二；四平市文化产业增加值占当地地区生产总值的 2.44%，排名全省第三；白城市文化产业增加值占当地地区生产总值的 1.05%，低于其余八个市州。

（二）文化体制改革扎实推进

截止 2011 年年底，全省 50 家发行单位、16 家出版单位、1 家电影厂和 9 个市（州）所属的市本级电影公司、电影院全部完成转企改制。全面整合广电网络传输机构，基本实现了全省“一张网”。广电系统所属的 2 个影视剧制作单位全部完成了转企改制。吉林人民广播电台、吉林电视台制播分离改革工作取得较好成效。省曲艺团、省歌舞团、长春市杂技团完成了转企改制。吉林日报正在积极推进党报与子报子刊分离改革。全省 9 个市（州）都成立了文化市场综合执法机构，60 个县（市、区）中有改革任务的 42 个县（市、区）全部建立了综合执法机构，其他没有综合执法机构组建任务的 18 个区实现了文化、广电、新闻出版的“三局合一”。

（三）骨干文化企业快速发展

2011 年，长影集团公司、吉林出版集团公司、吉视传媒股份公司、吉林日报报业集团、吉林歌舞剧院集团、吉林省影视剧制作集团、吉林动漫集团等整合组建的省属文化企业发展活力增强。

长影集团电影创作和产业发展实现双突破，2011 年实现净利润近 1 亿元，总资产达 20 亿元。创作生产影片 52 部，《大太阳》和《辛亥革命》两部影片作为纪念建党 90 周年和纪念辛亥革命 100 周年献礼影片，其中，《辛亥革命》票房已超亿元，《大太阳》在中美电影节上获奖。农村题材影片《信义兄弟》获华表奖和金鸡奖两项提名（2011 年创作生产 52 部，其中 25 部故事片获准立项正在积极拍摄中。已拍摄完成的故事片 27 部，含农村题材影片 9 部，其中 8 部基地创作、1 部挂标）。长影电影艺术馆、长影世纪城二期项目开工建设，同时走进海南建设电影主题公园，实现跨区域发展。

吉林出版集团的上市工作取得重大进展，成立了东北亚出版传媒集团公司，妥善解决了吉林出版集团整体改制过程中政策性资产处置等问题，使吉林出版集团在完善法人治理结构和公司股份制改造方面取得实质性进展。吉视传媒公司首发上市申请通过国家证监会审核，公司上市工作取得重大突破。吉林日报报业集团整合子

报子刊资源，组建了吉林报刊传媒（集团）有限公司，进一步优化报业资源配置，提高了经营能力和水平。

吉林省歌舞团创排了大型歌舞《长白神韵》，全年演出近80场，并参加在哈萨克斯坦举办的上海经合组织会议开幕式演出，取得圆满成功。吉林歌舞剧院集团应邀参加了建党90周年、上海游泳锦标赛开幕式等大型演出，全年演出272场，实现演出收入1504万元。

期刊产业发展迅速，全省已有20余种发行量超过10万份，5种超过50万份。其中《意林》期发行量达300万份，被称为“中国励志第一刊”。启动了文化产业品牌培育工程，与省工商局共同培育一批名牌文化企业和文化产品。

在整合国有文化资源的同时，大力支持民营文化企业发展，鼓励民营资本及个人投资兴办文化企业，涌现了一批以“东北风二人转”、“中筝艺术人才培训”、“宇平工艺品制造”等为代表具有地方特色的民营文化企业，成为我省文化产业发展的新生力量。

（四）招商引资取得显著成效

2011年，全省加大文化产业招商引资力度，把开展文化产业招商作为“盘活存量，扩大增量”，做大做强文化产业重要途径。2011年，面向全省征集了一批重点文化产业项目，建设了省级重点文化产业项目库，并精选一批带动力强、发展潜力大的重点项目编印了《吉林省重点文化产业投融资项目手册》，利用深圳文博会、沈阳文博会、东北亚博览会、北京文博会等平台，举办吉林省重点文化产业项目推介会，进行集中推介。全省重点文化产业项目签约190多亿元，文化产业招商工作取得重大突破。

（五）园区基地驶入发展“快车道”

截至2011年，全省共有60家文化产业园区和23家文化产业基地，其中投资超10亿元的园区达14家。先后有吉林歌舞剧院集团有限公司等6家文化企业通过申报被评选为国家级文化产业示范基地，享受国家提供的优惠政策；有17家文化企业被评为省级文化产业示范基地，4家企业被评为省级文化产业示范园区，2家企业被为省级文化产业试验园区。

（六）产业保障措施不断强化

近年来，我省加大对文化产业发展的资金支持。吉林省文化产业发展专项资金由每年1000万元增加到3000万元，各市（州）和有条件的县（市、区）也都积极安排文化产业发展专项资金，采取贴息和专项补助等方式，支持文化产业发展。设立2000万元吉林省文化产业投资引导资金，并以其为种子资金，正在发起设立规模为2.5亿元的吉林省文化产业投资基金，鼓励文化企业通过银行贷款、发行企业债券等方式，投资开发战略性、先导性文化产业项目。省委宣传部还同中信银行长春分行签署了30亿元授信额度的战略合作协议，整合政府、社会和市场多方面资源，建立我省文化产业投融资平台，解决文化产业发展遇到的资金“瓶颈”。近年来，省里累计拨付专项资金2亿多元，用于协调解决和消化历史债务，为改革发展提供有力的资金保障。同时，研究制定《吉林省支持文化体制改革和文化产业发展的若干政策》和松花石、动漫、“二人转”、影视等文化产业发展和人才队伍建设等专项扶持政策，为文化产业发展和文化体制改革提供了良好的政策环境，有力保障了改革和产业的发展。

二、2011年文化产业各行业发展基本情况

（一）广播电影电视业

1. 广播电视业综合情况

2011年，吉林省广播综合覆盖率98.53%，电视综合覆盖率98.64%，分别比上年增加0.06和0.05个百分点。全省共有中波发射台34座，发射机87部，829千瓦；调频发射台78座，发射机268部，378.95千瓦；电视发射台156座，发射机415部，443.25千瓦；广播电视微波站133站，3285.85公里。

2011年，吉林省共有广播电台10座，电视台10座，县级广播电视台41座；开办广播节目69套，开办电视节目76套。吉林省播出机构全年播出广播节目时间44.62万小时，全年播出电视节目时间50.24万小时；全年制作广播节目时间25.59万小时，全年制作电视节目时间8.74万小时，制作电视剧13部383集；各级播出机构在中央台共发稿件2848条。

2011年，吉林省有线电视传输网络干线总长9.36万公里，比上年增长9.99%。有线电视用户487.17万户，比上年增长7.68%，有线电视入户率51.47%，增长2.7个百分点。农村有线电视用户达到182.08万户，比上年增长6.61%。农村有线电视入户率37.92%，增长2.26个百分点。有线电视数字化转换进一步加快，2011年全省有线数字电视用户达到325.45万户，比上年增长16.66%。

2011年，吉林省广电系统从业人员共计21039人。全省广播电视总收入36.02亿元，比上年增加5.28亿元，增长17.18%。全省广电系统资产总额达到102.83亿元，比上年增加5.32亿元，增长5.46%。事业单位固定资产原值为27.22亿元，比上年增加6.57亿元，增长

31.82%；企业单位固定资产净值23.31亿元，比上年增加8.24亿元，增长54.70%。

2011年，吉林省创收收入29.45亿元，比上年增加4.55亿元，增长18.27%。其中，广告收入12.39亿元，比上年增加1亿元，增长8.78%，广告收入占总创收收入的42.07%；网络收入16.08亿元，比上年增加3.37亿元，增长26.52%，网络收入占总创收收入的54.6%。全省广播电视广告收入共计12，39亿元，其中省级广告收入8.58万元，占总收入的69.26%，地市级广告收入3.11亿元，占总收入的25.09%，县级广告收入0.70亿元，占总收入的5.65%。

2. 有线广播电视网络

2011年，吉林省有线广播电视网络用户发展迅速。到2011年底，我省广播电视网络覆盖户数540.5061万户，覆盖率为63.36%。2011年，新增有线电视永华37.55万户，累计入户数达到414.49万户，同比增长8.2%。其中，城网用户新增16.43万户，累计入户数达到295.69万户，同比增长5.88%；农网用户新增15.12万户，累计入户数达到118.80万户，同比增长14.58%；数字用户新增41.37万户，累计入户数达到319.60万户，同比增长14.87%，全网数字化率达到了77.10%。城网数字化率24.57%，同比增长17.25%。模拟用户因农网数字化整体转换减少9.82万户，累计入户数达到94.89万户，同比减少9.38%。

2011年，吉林省有线电视网络收入增长显著。吉视传媒股份有限公司全年有线电视网络收入达15.1亿元，比2010年增长26.64%，净利润3.64亿元，比2010年增长34.01%。其中，全省收入规模超过2000万的市（县）由2010年的16个增加到20个，分别是长春、吉林、延吉、通化、榆树、松原、四平、敦化、梅河口、扶余、公主岭、白山、白城、燎原、农安、柳河、珲春、汪清、辉南、前郭。收入规模低于1000万元的市（县）由2010年的18个，减少为2011年的10个。这说明吉林省有线电视网络总体收入呈现出全面增长的强劲势头。

3. 电视剧

2011年，我省完成并获得《国产电视剧发行许可证》的剧目共6部176集。在业已获准发行的电视剧题材中当代剧5部，近代剧1部。数量上较2007、2008年稍有下降，但与2009、2010年基本持平，保持了稳步发展的局面。

2011年全国生产电视剧共469部14939集，我省生产电视剧6部176集，分别占全国的1.2%、1.17%；2010年全年生产电视剧436部14685集，我省生产电视剧7部266集，分别占全国的1.6%、1.8%；2009年全年生产电视剧402部12910集，我省生产电视剧6部157集，分别占全国的1.49%、1.21%。总体上讲吉林电视剧创作生产的数量较小、投资规模较低，与发达省份上有较大的距离，尤其是民营影视剧制作力量有待培育。

4. 电影业

2011年，吉林省城市影院电影放映场次、观影人次和票房收入等各项指标同比均有较大增幅，创作生产影片的社会影响力和市场竞争力有明显提升，取得了较好的业绩。

2011年，全省创作生产故事影片18部，占全国影片生产总数的3.2%。较2010年影片生产数量略有下降，但质量明显提升，2部影片进入全国城市电影院线市场，比2010年增加1部；1部影片在第七届中美电影节上获得2个奖项；2部影片被列入建党90周年重点献礼影片；1部影片被列为纪念辛亥革命100周年重点献礼影片。

2011年，全省城市影院票房收入18569.2万元，增幅27.39%；城市影院观影人次499万人，增幅24%。年度票房收入占全国城市院线票房的1.5%，较2010年略有下降。全省影院放映电影16.28万场次，增幅49%；平均票价37.23元，比2010年上涨0.55元。放映国产及进口影片共276部，其中，国产影片194部，9.52万场次，票房9469.4万元；进口影片82部，6.76万场次，票房9111.9万元。1部影片在全省的票房收入超过1000万元；8部影片在全省的票房收入超过500万元，票房总数为6267.75万元，占全省票房总量的30%，其中，国产影片4部，进口影片4部。全省电影票房主要集中在长春市，12座城市影院的票房总数达到1.44亿元，成为全国电影票房成绩过亿的32座城市之一。票房收入占全省票房总量的77.74%。吉林市城市电影院线票房超过1800万元。其他城市的影院票房均未达到1000万元。

截至2011年年底，全国共有城市电影院线39条。在吉林省经营电影发行放映业务的有8条，占全国院线总数的23%。其中票房排名在全国前10位的有3条，分别是万达、北京新影联、广东大地电影院线。年内新进入吉林省的电影院线1条，为湖南潇湘数字电影院线。万达电影院线所属的5家影院，放映电影6.32万场次，观影群众254万人次，票房收入达到1.15亿元，占全省总票房的61.82%，是全省电影发行放映产业的龙头企业。时代华夏金典院线所属 7 家影院的总票房超过 1000 万元。其他院线省内所属影院的总票房均未达到 1000 万元。吉林吉影电影院线是 8 条城市院线中唯一一条吉林省院线。该公司 2011 年发行中外影片 100 余部，所属影院放映电影 2 万多场次，电影票房收入达到 751 万元。公司先后与 5 家影院签订加盟协议，省内加盟影院达到 10 家。经报国家广电总决电影局批准，公司获得跨省经营资格，并与郑州红毯影院签订了加盟协议。

2011 年，全省新增影院 12 座，银幕 47 块，坐席 10075 个。其中，市、州中心城市新增影院 4 座，银幕 9 块。1 家影院停业，为万达电影院线所属的新长江影城。截止 2011 年底，全省共有影院 32 座，银幕 137 块，坐席 28876 个。其中，单厅影院 6 座，2 厅影院 2 座，3 厅及以上影院 24 座。标准多厅数字影院 15 座，银幕 95 块。新建 2 个巨幕影厅，2 个 DMAX 影厅。目前，全省共有 1 块 IMAX 银幕，2 块 DMAX 银幕，2 块巨幕，在东北三省处于领先位置。32 座影院中，国有影院 12 座，民营影院 19 座，外资影院 1 座，为广东大地电影院线 2011 年在白山市新建的白山合兴数字影院。影院主要分布在市、州中，长春市建有 12 座影院、吉林市建有 4 座影院，松原市尚无影院。41 个县（市、区）中，只有双阳、农安、桦甸、蛟河、敦化、大安、前郭、长岭等地的 8 家影院进入城市电影院。

2011 年，省内 4 条农村数字影院公司在全省 9403 个行政村共计放映农村公益电影 11.28 万场，其中，放映故事影片 5.64 万场次，放映科教片 5.64 万场次，观影群众 942 万人次，增幅 13%。

（二）演艺娱乐业

吉歌集团作为“春晚常青树”，连续 14 年参加中央电视台春节联欢晚会的演出，创排的大型时尚歌舞晚会《长白神韵》在省内演出多场后进京展演并获得广泛好评。历时三个月倾心打造的大型原创舞剧《金孔雀——楠蝶蒂娜》，填补了吉林省多年没有大型舞剧的空白。2011 年，吉歌集团完成大型晚会约 30 台，共完成各类演出约 350 场（含部分公益性演出），收入约为 3553 万元。另外，吉林省传统演艺类型“二人转”开始向多元化演艺模式发展。以东北风二人转剧场、和平大戏院、刘老根大剧场和关东剧院为龙头的演出市场体系日益稳固。在保持收入稳定增长的基础上，积极开拓北京、上海等外埠演出市场。在积极倡导“绿色二人转”的同时，在演出形式和内容上融合了小品、杂技、歌舞等多种艺术门类，并逐渐演化、形成了以北方式幽默为主的表演风格，适应了大众的消费需求。仅东北风一家 2011 年的演出收入就达到 3000 万元。

（三）动漫游戏业

2011 年，全国备案公示动画片共 566 部 491814 分钟，吉林省公示备案 6 部 2638 分钟，分别占全国总数的 1.06% 和 0.5%；2010 年，吉林省公示备案 4 部 2106 分钟，占全国总署的 0.7% 和 0.4%；2009 年，吉林省公示备案 4 部 2989 分钟，占全国总数的 0.8% 和 0.7%。

2011 年，全省动漫产业呈现出良好的发展态势，成为国内重要的动漫教育培训基地和极具发展潜力的研发生产基地。年初以来，吉林动漫集团与多方合作，注重向不同行业连接产业链，触角延伸到艺术、工艺品生产业等不同领域，综合发展的势头良好。

知合动漫国际动漫产业园已有 13 个外商企业及项目进驻，2011 年引进外资 2 亿元，引进新项目 17 个。正在逐渐实现由单一外加工企业向以外包为主、原创为辅的跨国企业的过渡。吉林动漫游戏原创产业园入园动漫企业达 30 余家，是全省发展动漫、游戏教育及其产业的重要园区和具有多功能作用的创意产业孵化平台。

为推动游艺娱乐场所健康发展，全省积极开展游艺娱乐场所连锁经营工作，积极支持吉林动漫集团开展连锁经营业务，打造“阳光世界”健康游艺品牌。实现规划设计、设备采购、日常运营、售后服务的“四个统一”，发挥市场手段和企业内部监督的作用，依托企业自身发展需求进一步规范游艺娱乐场所经营行为。已在省内各市、县发展连锁门店 40 多家，市场运营平稳有序，社会各界反映良好。

（四）工艺美术业

2011 年，长春市紫玉木兰公司的工艺鞋、省宇平工艺品制造有限公司的人形、东丰县的农民画、长春市双阳区的宝凤剪纸、吉林市的松花湖浪木根雕、敦化市的刀油画等特色产品注重挖掘文化内涵，注重加强包装和宣传推介，正日益向品牌化发展。截止到 2011 年年底，宝凤剪纸销售额约达 2000 余万元；敦化刀画销售额约达 600 余万元，林田远达集团销售额近 2 亿元；宇平人形和紫玉木兰出口创汇均约 500 万美元。

以通化和白山市为主的松花石产业发展迅速，省委宣传部、省文化厅、省国土厅等部门先后印发了扶持与管理的相关政策，为吉林省松花石产业的发展提供了强大动力，使得松花石产业正逐步走上科学开采、规模发展、品牌宣传的正轨。2011 年“五一”期间，由省委宣传部、省文化厅、通化市政府、白山市政府主办，省博物院承办的“松花石韵”——吉林省松花石、松花砚精品展在省博物院开幕，精选了 227 件总价值 5000 万元的作品展出，参观人数近 4 万人次，成交金额近 30 万元，产生了良好的社会反响，宣传推介了松花石、松花砚品牌。

（五）艺术培训业

2011 年，中筝文化集团在企业顺利发展的基础上，提出了“光明文化艺术综合体”项目，致力于将“吉林艺术培训现象”提升为“吉林传统文化产业发展现象”。项目包括“传统文化艺术人才培养工程”、“传统文化艺术创新工程”、“传统文化艺术普及推广工程”、“传统文化艺术主题家园工程”等四大工程，在建设“四大工程”的基础上，通过整合营销策略，在全国打响“光明文化艺术综合体”品牌，并迅速在国内和国际推广。另外，辽源显顺琵琶学校已与世界各地的中国孔子学院建立业务联系，在坚持走多元化、规模化发展道路的同时，扛起文化大旗，把业务向国外拓展。

（六）新媒体业

1. 网络电视

2011 年 12 月 29 日，国家广播电视总局正式下发文件批复，同意吉林电视台作为开办责任主体与吉林人民广播电台在原“吉林电视台吉视互联网站”的基础上联合开办吉林网络电视台，播出呼号为“吉林网络广播电视台”，英文名称为 Jilin Net Television（简称 JLNTV），互联网登录地址为 www.jlntv.cn。至此，吉林电视台成为全国范围内第二批取得网络广播电视播出资质的省级电视台。

2011 年，吉林电视台自筹资金和利用想省委宣传部的文化产业发展专项扶持基金，启动吉林网络广播电视台一期建设工程。其主要建设内容包括面向宽带互联网业务的吉林网络广播电视台的网络播控系统、手机播控系统、监看系统、安全防御系统的搭建工作，已完成对现有吉林电视网直播系统升级改造工作，实现了 9 套电视节目自适应多码流直播和 9 套广播节目直播。

2. 手机电视

截止到 2011 年年底，吉林电视台各频道节目与观众互动的范围涵盖了全国 21 个省会城市、70 多个地级市。包括移动、联通、电信用户在内，累计超过 50 万的观众参与了吉林电视台的互动业务。

2011 年，吉林吉视公众资讯有限公司取得《吉林省增值业务经营许可证》，成为真正意义上可以自主经营电信增值业务的 SP 企业，计划与移动、联通、电信三大运营商合作，筹备搭建电信增值业务技术平台，以吉林电视台自由平台和号码开展全台的互动增值业务。

·黑龙江省·

一、2011 年文化产业发展总体情况

2011 年，黑龙江省着力优化产业结构，转变发展方式，围绕传统文化产业振兴、新兴文化产业发展和特色文化产业培育，不断壮大市场主体，文化产业呈现出传统产业与新兴产业齐头并进，文化与科技、旅游等融合互动，国有文化与民营文化多元发展的良好态势。

（一）文化产业实力进一步提升

2011 年，黑龙江省文化产业实现增加值 285 亿元，占 GDP 比重为 2.27%，同比提高 0.24 个，增长率达 36%，增速是全省 GDP 同期增速的 3 倍。全省文化产业机构达到 6.59 万个，从业人员 36 万人。全省总体上已迈进文化消费需求旺盛阶段，为文化产业快速发展打下了坚实基础。2011 年，城镇居民人均文化娱乐服务支出 483 元，农村居民人均文化教育娱乐用品及服务支出 569 元，分别占全省城镇和农村居民家庭人均生活消费支出的 9.37% 和 12.77%。

（二）园区基地建设取得成效

2011 年，黑龙江省出台文化产业示范园区（基地）管理暂行办法，加强政策引导和资金投入，大力加强文化产业园区（基地）和区域性特色文化产业群建设，产业集聚步伐加快，集聚效应进一步凸显。截至 2011 年年底，全省已建或在建各类文化产业园区（基地）20 个，国家级文化产业试验园区 1 个，国家级文化产业示范基地 5 个，带动了传统文化产业加快发展，促进了新兴文化产业迅速兴起，引进建设了中国国际音乐之城、中国云谷等一批特色文化产业项目。如黑龙江（大庆）国家级文化产业试验园区注重文化与科技、旅游、信息、休闲、建筑等产业融合发展，加快推进新华 08（大庆）国际石油资讯中心、北国之春梦幻乐园、联想数据城、黑鱼湖国际艺术村、国际动漫城等重大项目建设，园区规划总占地面积 18 平方公里，预计投资 776 亿元。

（三）重大项目建设进展顺利

2011 年，全省超千万元已建、在建重点项目 64 个。其中，超亿元项目 45 个，已实现投资 268.3 亿元。群力新城文化产业园区、哈尔滨哈南数据城、大庆新华 08 等重大文化产业项目建设进展良好，突出了优先发展重点领域的产业导向，体现了集约型、科技型和扶持重点领域率先突破的发展思路。新闻服务、出版发行和版权服务、广播电视电影服务及文化艺术服务等核心层项目 20 个，占项目总数的 31.3%；网络文化服务、

文化休闲娱乐服务等外围层项目 30 个，占项目总数 46.8%；文化用品、设备及相关文化产品的生产和销售等相关层项目 14 个，占项目总数的 21.8%。三层项目比例约为 3:5:2。文化与旅游、文化与科技结合项目分别为 22 个、15 个，占项目总数的 34.4%、23.4%，体现了产业与改革、产业与事业相促进的特点。在 2011 年举办的第七届中国（深圳）“文博会”黑龙江文化产业展，实现签约 151 亿元人民币，第 22 届哈洽会文化旅游产业展，实现签约近 60 亿元人民币。第六届龙江国际文化艺术产业博览会，成交金额突破 1700 万元。

（四）骨干文化企业做大做强

截至 2011 年年底，黑龙江出版集团、黑龙江日报报业集团、黑龙江广电网络公司等 8 家重点文化企业的总资产、总收入、税收总额分别达 81.97 亿元、62.84 亿元、1.9 亿元。与此同时，民营文化企业发展明显加快。涌现出以哈尔滨松雷集团、同源文化发展有限公司等为代表的一批民营文化企业，以公有制为主体、多种所有制共同发展的文化产业格局基本形成。同源文化发展有限公司的母品牌“同源文化”和以打造少儿经典为主的“小笨熊”以及以弘扬中华传统经典为主的“知书达礼”两个子品牌，经资产评估约为 1.5 亿元，年发行量超过 6000 多万册，已位居全国民营书业非教辅类图书发行榜第一名。

（五）积极推进文化“走出去”

2011 年，黑龙江省出版集团积极拓展海外市场，版权输出日、韩、朝、印、英等多个国家。黑龙江省冰尚杂技舞蹈演艺制作有限公司连年赴欧洲等地演出，被评为“国家重点文化出口企业”和“国家重点文化出口项目”。哈尔滨松雷集团的音乐剧《蝶》在国内巡演 200 余场，涉外演出 20 余场，获得韩国第二届大邱国际音乐剧节评委特别奖、第十三届中国文化艺术政府奖“文华大奖特别奖”。

二、2011 年文化产业各行业发展基本情况

（一）广播影视、出版和演艺业

全省共有艺术表演团体 84 个，文化馆 131 个，公共图书馆 101 个，博物馆 54 个。广播综合人口覆盖率 98.6%；电视综合人口覆盖率 98.8%。有线电视用户 436.2 万户；有线数字电视用户 42.8 万户，增加 19.9 万户。全省共有档案馆 198 个，已开放各类档案 144 万卷。

2011 年 3 月 28 日，黑龙江网络广播电视台正式开播。黑龙江网络广播电视台是全国第三家取得网络电视播出资质的电视台，也是第一家将广播节目融入其中的网络全媒体，功能涵盖“文字、图片、视频、广播”。首期推出的视频网站域名为 www.hljtv.com。网站依托直播、点播两种形式，提供黑龙江电视台 7 个频道和黑龙江人民广播电台 10 个频率的节目 24 小时实时收看收听，7 天之内随时回看。

2011 年，哈尔滨市电影票房为 1.6 亿元，较上年增长 18.52%；银幕数达到 80 块，现代化影城达到 10 家，在建和即将建设的 4 家。2011 年，全市新增银幕 30 余块，吸引各类经济组织投资 8000 余万元，实现票房收入 1.6 亿元。

2011 年全年出版报纸 89960 万份，出版杂志 4249 万册，出版图书 8869 万册（张）。冰雕艺术自 60 年代初在哈尔滨发展起来，至今已产生广泛影响。二人转已有 200 余年历史，它是在东北秧歌、民歌基础上，吸收借鉴了莲花落、评剧、皮影等艺术，逐渐发展起来的，流传于吉林、辽宁，也流传于黑龙江，并形成北路的特点：表演细腻，唱腔优美，以唱功取胜。龙江剧是新中国成立以来在二人转基础上形成的新剧种，乡土味浓郁。

（二）动漫业

2011 年，黑龙江动漫产业基地生产制作了《酷酷小吉正传之钩钩岛》（第一、二、三部）《卡卡和他的朋友们》（第一、二部）《甜甜圈宝贝之蜜蜂花园》《莫待忏悔时》等 9 部原创动画片计 5325 分钟，位居全国第 10 名，黑龙江动漫基地生产制作分钟数首次跻身全国十强。黑龙江动漫基地全年共生产创作动画片 30 部，网络游戏 11 款。截止到 2011 年年底，黑龙江动漫产业基地共有入驻企业 300 多家，已有《帽儿山的鬼子兵》《探索地球村》（第一、二、三部）《雪娃》《龙娃》《大志有话说》等 7 部原创龙江特色动漫作品，先后在中央电视台播出，其中 4 部作品入选全国少儿节目及动画节目精品，3 部作品获国家优秀动画片奖，《探索地球村》《万国争霸》成功出口 30 多个国家和地区。同时，动漫产业基地还致力于在移动媒体领域开疆拓土，长篇系列手机动漫《大志有话说》就是动漫基地抢占手机动漫新高地的先头部队，已与中国移动、新联通和华视移动达成意向播出协议，时长将达 3000 分钟，该片已入选国家文化部中国手机动漫原创推广计划。

2011 年 1 月 21 日至 24 日，首届中国冰雪动漫展在哈尔滨国际会展体育中心成功举行。此次展会是由黑龙江日报报业集团和深圳广播电影电视集团倾力打造的青少年寒假动漫文化盛会，不仅是中国首个以冰雪为主题的动漫节展活动，在国际上开辟了先河，而且首次集合珠三角、港、澳、台等地区的优秀动漫企业进行展示，

促进了海内外动漫产业交流合作。

此外，大庆市动漫产业以纳奇网络、盛源文化、红光科技等企业为代表，生产出了一批优秀动漫作品，截至2011年年底，大庆市创作动漫5000分钟，拥有动漫游戏企业10家，注册资金近6000万元，从业人员近千人。牡丹江传媒集团积极拓展校企合作模式，将动漫制作环节服务外包，着力向创意研发、市场营销等高端领域拓展，动漫产业链条不断延伸。

（三）新媒体业

黑龙江省有线数字电视、网络电视、数字出版、网络报纸、手机报、网上书店等新兴业态蓬勃发展，高新技术含量不断提高。截至2011年年底，全省共有有线数字电视用户702万户，网络文化服务单位已达197家，实现收入超过6亿元；东北网络台日点击量迫近2000万次，在全国54家省市级重点新闻网站排名稳居前5位，其推出的移动彩信手机报和移动邮件手机报用户突破40万户，并积极推进龙版图书数字化出版工程建设；省电视台龙视传媒移动终端达到2600部，网络电视台快速成长；省报业集团的生活报手机报、生活知道网初具规模。

·上海市·

一、2011年文化产业发展总体情况

2011年，上海市文化创意产业围绕“创新、融合、提升、开放”的发展思路，产业规模不断增长，产业结构趋于优化，产业活力得到提升，产业活动不断丰富。2011年，上海文化创意产业规模持续扩大，占GDP比重达10.02%，对全市经济的贡献率达15.5%，较往年持续提升。

（一）总体情况

2011年，上海文化创意产业从业人员118.02万人；实现总产出6429.18亿元，比上年增长16.9%；实现增加值1923.75亿元，比上年增长13%，高于全市GDP增幅4.8个百分点；占上海全市生产总值的比重为10.02%，比上年提高0.27个百分点；对上海经济增长的贡献率达到15.5%。在文化创意产业中，文化产业实现总产出3798.69亿元，增加值1098.97亿元，比上年增长11.1%，占上海生产总值的比重为5.73%。

从分行业结构来看，2011年上海文化创意服务业全年实现增加值1702.14亿元，比上年增长13.6%，占文化创意产业增加值的比重为88.5%，占上海全市第三产业增加值的15.3%，分别比上年提高0.2个和0.3个百分点；文化及创意相关产业实现增加值221.6亿元，增长9.2%，占文化创意产业增加值的比重为11.5%，下降0.2个百分点。

在上海文化创意产业中，软件与计算机服务业、建筑设计、咨询服务业经济规模较大，占文化创意产业增加值比重分别为18.6%、14.7%和12.4%。

1. 工业设计等行业发展迅速

2011年，工业设计发展迅速，实现增加值189.45亿元，增长速度达37.6%，是文化创意产业10个行业大类中增幅最高的行业。以咨询服务和信息服务为主要内容的文化创意行业也实现较快增长。其中，咨询服务业实现增加值237.83亿元，增幅达21.5%；网络信息业实现增加值80.48亿元，增长16.3%，均高于文化创意产业的平均增长幅度，带动整个上海文化创意产业的发展。

2. 传统的文化行业增长明显加快

2011年，以媒体业、艺术业为代表的传统文化行业增幅明显高于前几年。其中，媒体业和艺术业增加值分别增长了14.7%和8.8%，比2010年提高了11.2和3.2个百分点，成为带动整个文化创意产业发展的新增长点。

3. 与世博会关联度密切的行业增长放缓

2010年上海成功举办了世博会，与世博会关联密切的一些行业当年都实现了高速增长，形成了较高基数，这些行业增加值增幅在2011年出现了不同程度的回落。2011年，广告及会展服务增加值比上年减少5.3%，其中会展服务业受世博会基数较高等因素影响，增加值减少51%；建筑设计业和休闲娱乐服务业增加值分别增长12.2%和12%，增幅分别回落5.6和0.4个百分点。

（二）创新体制机制，形成全市发展合力

2011年，上海文化创意产业不断理顺体制机制，努力做到“一个班子统筹、一个规划指导、一个目录统计”，初步形成了部门合作、市区联动、合力推进的工作格局。市、区两级成立了文化创意产业推进领导小组及办公室。5月，市委办公厅、市政府办公厅正式印发《上海市文化创意产业发展“十二五”规划》。9月，《上海市文化创意产业分类目录》修订完成，建立起全市统一的文化创意产业统计指标体系和统计数据发布制度。

2011年，区县、社会力量对文化创意产业发展的参与度和贡献度进一步增强。各区县纷纷加快制定文化创意产业发展规划、设立产业扶持资金、探索特色发展模式，将发展文化创意产业作为区县工作重点予以推进，

区县产业发展定位越发清晰，产业布局不断优化，初步实现“1+1>2”的效应。。

（三）以融合发展为主线，新业态发展迅速

2011 年，上海大力推动文化创意与科技、金融、市场的融合发展，着力培育上海文化创意新业态和新模式，一批以文化为元素，以创意为驱动，以科技为支撑，以市场为导向的新业态产业迅速崛起，成为 2011 年上海文化创意产业发展的新亮点。2011 年，上海动漫产业产值约为 63 亿元，同比增长 23.7%，电视动画产量和质量实现突破性增长，动漫原创能力全国领先，动漫产业集聚区建设效应凸显，动画电影票房屡创新高；2011 年，上海网络游戏产业产值达到 149 亿元，同比增长 24%，约占全国网络游戏产业的 30%，网络游戏骨干企业贡献突出，“走出去”步伐加快；2011 年，上海网络视听产业整体规模超过 30 亿，同比增长超过 100%，上海网络视听企业全国覆盖用户占比已超过 60%。

另外，上海设计产业发展速度日益加快，分类和结构趋于合理。2011 年，上海工业设计业实现产值 685.71 亿元，增加值 187.45 亿元，增长率 37.6%，为增长速度最快的产业门类，上海国际工业设计中心、江南智造创意产业集聚区等一批特色设计园区和基地已初具规模，青年高端创意人才、优秀女设计师等一批优秀人才不断涌现；2011 年，上海时尚设计业实现总产出 1511.13 亿元，增长 18.13%，增加值 421.81 亿元，增长 13.69%，明显高于传统消费品产业；上海建筑设计业总产出 1043.77 亿元，增加值为 283.67 亿元，行业中涌现了一批在全国具有重要影响力的龙头企业。

（四）着力加强内涵建设，促进园区转型升级

截至 2011 年，上海已拥有 114 家市级文化创意产业园区，园区基本覆盖全市，规模居全国前列。国家基地引领发展，园区辐射效应增强。上海文化创意产业园区呈现从规模扩张向质量提升的发展态势，社会经济效益和特色品牌效应凸显。国家数字出版基地、国家音乐产业基地、中国（上海）网络视听产业基地、国家绿色创意印刷示范园区、国家对外文化贸易基地等积极发挥带动效应。江南智造创意产业集聚区、环同济设计创意集聚区、昌平路时尚设计集聚带、环东华时尚创意产业集聚区等一批集群化发展的园区逐步形成。张江文化产业园区、环同济设计创意集聚区等营业收入过百亿元的园区引领产业集聚效应持续增强。数字出版领域的张江国家数字出版基地、网络视听领域的中国（上海）网络视听产业基地和金桥网络文化产业基地、工业设计领域的上海国际工业设计中心、建筑设计领域的环同济设计创意产业集聚区、动漫领域的上海动漫衍生产业园、电子商务领域的金沙 3131 等均已形成产业集聚特色。

（五）强化平台功能建设，提升服务企业的水平

2011 年，上海文化创意产业公共服务平台建设继续升级，努力发挥产业服务带动作用。文化创意金融平台取得重大突破。

上海文化产权交易所在市场开发、交易品种创新、交易系统建设、交易制度完善等方面取得积极进展，中宣部等五部委《关于贯彻落实国务院决定加强文化产权交易和艺术品交易管理的意见》确立上海文交所全国性地位。

从事中小文化创意企业担保服务的“上海东方惠金文化产业担保公司”创新开发了“软性反担保条件”为主的八类担保产品。

国内首个在国家发改委备案的文化创意产业基金——“华人文化产业投资基金”成功投资星空中国、东方梦工场等重大项目；上海市创意（设计）产业投资基金联盟组建成立，管理资金总额达 282 亿元。文化创意贸易平台再上新台阶。

2011 年，上海国际文化服务贸易平台被文化部正式命名为“国家对外文化贸易基地”。基地积极拓展文化资产保税仓储服务，探索文化设备保税租赁服务，加强国际渠道建设。2011 年基地年贸易总额达 5 亿元，形成税收贡献近亿元。

上海市创意产业展示与服务平台作为上海设计之都建设的基础性服务平台，确立了信息服务、展示推广、产业研究、产业融合对接、设计人才培养、设计合作交流等六大核心服务内容，设计之都官方网站访问量达到 130 万次。

此外，上海动漫公共技术服务平台、上海市多媒体公共服务平台、数控机床优化技术专业技术服务平台、虚拟制造技术公共服务平台、中意设计创新中心、荷兰设计孵化器等一批支撑新兴业态发展的技术服务平台形成体系化发展态势。

（六）积极优化产业环境，营造良好的产业生态

2011 年，上海出台了《关于促进上海市创意设计业发展的若干意见》《关于促进上海电影产业繁荣发展的实施意见》《上海动漫游戏产业发展扶持奖励办法》《上海市网络视听产业专项资金管理办法》等文化创意产业推进政策和扶持办法。在财政扶持方面，初步制定完成《上海市促进文化创意产业发展财政扶持资金实施办法》。在税制改革方面，发布营业税改征增值税试点

办法，文化创意企业纳入试点范围，致力于降低企业税负，促进行业分工细化。在人才开发方面，启动编制《上海市文化创意产业人才开发目录》，加强紧缺人才培养，同时“上海千人计划”把文化艺术大师和创意人才列入重点领域。

此外，上海逐步加大文化创新创意氛围的营造，社会大众文化创意活动参与面进一步扩大，文化创意氛围渐趋浓厚，形成宽容宽松的良好生态环境。通过政府推动、企业参与、社区网络、院校培训等方式，采用“创意市集”、“创意社区”等形式，培养全民创意意识，让市民更加广泛和多层次地参与文化创意活动，从而更主动地关注和参与文化创意产业的发展。

（七）深化国际合作，加快“走出去”步伐

2011年，上海文化产品和服务贸易持续增长，进出口总额达到166.2亿美元，同比增长10.9%，实现顺差约达34.5亿美元，广告和会展服务、文化休闲娱乐服务、出版物和版权服务进出口成为贸易顺差的主要来源，美国、日本、中国香港和中国台湾成为上海四大文化贸易伙伴。上海在新闻出版、广播影视、文化艺术、数字娱乐等领域已集聚了一批具有较强“走出去”能力的文化创意企业。在提高文化传播力方面，世纪出版集团2011年出版《中国震撼》一书，累计印数超过60万册，繁体版已在香港出版，英文版翻译工作已启动，此书出版为中国在世界拓展话语权发挥积极作用。在创新“走出去”模式方面，《时空之旅》天天演，发展就地出口创汇新业态，2011年累计演出2479场，票房收入达2.6亿元，其中70%为外汇收入，观众人数249万，70%为外国观众。在丰富“走出去”形式方面，百视通推动IPTV技术和营利模式向法国、印尼等国家的输出。此外文化信息服务出口发展迅猛，盛大网络、征途信息等一批企业出口额大幅增长。

2011年，上海紧抓“国际文化大都市”和“设计之都”建设重要机遇，不断深化拓展国际交流和合作，提升产业发展国际影响力。2011年上海国际电影节吸引102个国际和地区的11304部报名参展。中国国际动漫游戏博览会吸引海内外参展商280家，海外展商展出面积达到37%。中国国际数码互动娱乐展览会打造“中国数码娱乐产业国际化交流平台”，综合商务洽谈区国外展商占48%，产业论坛国外嘉宾占50%。参与“上海国际创意产业活动周”“上海室内设计节”的国际组织和机构不断增加，“上海时装周”“工业设计高峰论坛”等行业大型活动的国际化程度进一步提高。“2011上海国际室内设计节”邀请联合国教科文组织的10个“设计之都”的室内设计组织机构和设计师团体联盟，以及亚太设计中心、美国国际设计协会等多个组织参与，联合发出《“设计之都”合作发展倡议书》。2011年上海与意大利政府合作，在米兰召开“米兰－上海创意产业论坛”，四个创意项目举行了合作签约仪式，达成30项合作意向。与奥地利格拉茨达成共建信息交流平台的战略合作协议，提升上海在创意城市网络中的影响力。

二、2011年文化产业各行业发展基本情况

（一）广播电视业

统计数据显示，2011年广播影视服务业是上海文化创意产业中增长最快的中类产业，增幅高达56.2%，充分显示了上海媒体业巨大的发展潜力和空间。2011年上海制作完成电视剧35部1189集，上海广播电视台、东方传媒集团在各类节目评选中共获得368个奖项，上影集团共获得80个奖项。

截至2011年6月30日，上海广播电视台、上海东方传媒集团有限公司(SMG)及下属公司经营总收入实现64亿元，较去年同期增长14亿元，增幅达28%。东方购物收入增幅37%。百视通新媒体公司收入增幅50%。

上海是国内最早获得三网融合试点授权的城市之一，三网融合推进工作处于全国领先地位，在三网融合互通、业务应用创新、网络建设改造、带动产业发展等方面都取得了明显的进展，截止2010年，上海电信IPTV用户数已超过152万户，2011年实现350万户“光纤到户”覆盖；上海有线数字电视用户已超过180万户，上海东方有线正在推进100兆到户的宽带覆盖。随着2011年10月中国国际“三网融合”技术与应用展览会、2011中国（上海）三网融合创新与发展大会的举行，“上海模式”正在成为中国三网融合试验和探索中的重要亮点。

（二）电影业

2011年，上海市电影票房收入达到10.91亿元，在全国各省市中排名第三位，仅次于广东省和北京市。上海从事电影制片的企业已经超过80家，影院的座位数已经突破12万个。2011年，上海电影票房收入占全国市场份额将近10%，特别是2011年1到5月份上海电影票房增长非常快，同期相比增长44%。

从2011年起，市文化专项资金将年均拨款2500万元，设立上海市电影精品专项资金；“十二五”期间，从市文化专项资金中，每年投入1500万元，设立新（改）

建数字影院补助资金，引导和鼓励社会资本投资影院建设；年均拨款 1000 万元，用于扶持每年举办的上海国际电影节；推动金融机构加大对电影投资融资的支持。

2011 年 4 月，上海市政府出台《促进上海电影产业繁荣发展的实施意见》，确定了上海推进电影产业发展的战略思路，同时提出了在繁荣电影制片、扶植电影企业，完善电影产业链、拓展电影市场、建设电影院基础设施、电影人才培养等方面具体工作目标。

在 2011 年第十四届上海国际电影节上，电影交易市场共达成交易意向的有 700 多项。项目创投和合拍片洽谈吸引了 17 个国家和地区的 209 个项目，33 个入围项目全部达成意向。

（三）新闻出版业

2011 年，上海新闻出版产业呈现“快速发展、结构优化、效益提升”的良好发展态势。全年实现营业收入 1172 亿元，比上年增长 18.6%；全年实现增加值 330 亿元，比上年增长 24.1%。

2011 年，上海数字出版产业总产值达 278 亿元，同比增长 26.36%，比“十一五”初期增长了 618.35%。上海共有新闻出版总署核发的网络出版许可企业 54 家，在全国居第二位。2011 年新增的许可企业有 28 家，超过了以前上海已有网络出版许可企业的总数。

2011 年，上海工业总产值 5000 万元规模以上的印刷企业数量达 246 家，占上海 4631 家印刷企业的 5.31%，但仍属于上海印刷产业的“重头部队”。数据显示，这 246 家印刷企业工业总产值为 493.05 亿元，占上海印刷业工业总产值的七成，其利润总额为 40.28 亿元，占上海印刷业利润总额的八成。2011 年，上海印刷业实现工业总产值 689.53 亿元，同比增长 17.72%，占上海新闻出版业总产值 1172 亿元的 58.83%，继续保持快速增长的强劲势头。

通过加强内容创新，上海出版业在全国的影响力显著提升。数据显示，上海在第二届中国出版政府奖评比中，一举获得 48 个奖项，占中国出版政府奖奖项总数量的十分之一。而在“十二五”国家重点图书规划中，上海新闻出版界又有 220 项入选，列居全国首位。

在推动中国文化“走出去”方面，上海新闻出版企业同样“阔步前行”。《文化中国》丛书不仅进入了美国、加拿大等世界图书的主流零售市场，而且还在专业高端的纽约大都市艺术博物馆书店、波士顿美术馆书店里“秀”出了中华文化的博大精深、精致优雅。

此外，上海通过部市合作机制与国家多部门携手建立了张江国家数字出版基地、国家数字出版基地虹口园区、上海国家音乐产业基地、金山国家绿色创意印刷示范园区等一大批国家级文化产业基地，形成了文化产业先行先试、蓬勃发展的强劲势头。

（四）演艺娱乐业

2011 年，上海演出市场共有经营主体 724 家，其中剧场 123 个，文艺表演团体 154 家，演出经纪公司 447 家。演出市场总收入 13.7 亿元，同比增长 35%。其中，123 个剧场总收入 2.3 亿元，全年共举办营业性演出 12392 场，同比增长 20%，吸引观众 688 万人次，同比增加 67%。154 个文艺表演团体总收入 3.5 亿元，共完成国内外演出 21356 场，其中境外演出 419 场。按文艺表演团体性质区分，16 家市级国有文艺表演团体完成演出 8148 场，占总场次的 38%，16 家其他系统国有和区县文化系统文艺表演团体完成演出场次 3177 场，占总场次的 15%，122 家民营文艺表演团体完成演出 10031 场，占总场次的 47%。447 家演出经纪机构总收入 7.9 亿元，收入排名前 10 位的演出经纪机构中，上海白玉兰文化艺术发展有限公司、上海宏泰会务服务有限公司、上海艺翔文化传播有限公司、上海锦辉艺术传播有限公司等 4 家为民营企业，主要业务范围分别是涉外大型演唱会、歌舞娱乐场所涉外演出、涉外音乐会和话剧、滑稽戏，显示出民营资本在演出经纪领域的实力。

2011 年，中国上海国际艺术节、上海之春国际音乐节等重大演出节庆品牌活动继续发挥演出市场集成作用，吸引了柏林爱乐乐团、维也纳爱乐乐团、瑞士贝嘉洛桑芭蕾舞团、奥地利哈根四重奏、美籍小提琴家伊扎克·帕尔曼、意大利指挥家穆蒂、歌剧名伶安吉拉·乔治乌等，以及中国国家话剧院、中国国家京剧院等国内外名家名团参与。上海大剧院“京昆群英会”，东方艺术中心“名家名剧月”，上海话剧艺术中心“全国小剧场话剧优秀剧目展演”“上海国际当代戏剧季”，上海交响乐团“上海夏季音乐节”，上海京剧院“菊坛名角·走马换将”等系列活动，以及由民营公司主办的 2011 爵士上海音乐节、2011 上海迷笛音乐节等都受到市场欢迎。

2011 年，上海有文化广场剧场、大宁剧院、城市剧院等多个剧场建成并正式投入使用，成为文化演出新地标。上海文化广场剧场先后上演夏季音乐节、音乐剧《极致百老汇》《妈妈咪呀！》《巴黎圣母院》（英文版）等剧目，吸引观众近 10 万人次，票房收入近 2400 万元。坐落于闸北区和闵行区的大宁剧院、城市剧院分别聘请中演集团、东上海集团等专业团队作为剧场运营管理方，举办了一系列演出，成为区域文化中心。梅赛德斯－奔驰文化中心在“后世博”时期成为上海最重要的演出场所之一，全年共举办40余场演唱会，共吸引观众近80万人次。卡雷拉斯演唱会、张学友跨年演唱会、滚石30上海演唱会、Super Junior亚洲巡演、老鹰乐队（Eagle）全球巡演上海站等均在上海演出市场形成热点。

2011年，全年国（境）外来沪的营业性演出达到427批次（不含歌舞娱乐场所），同比增长15%。德国德累斯顿国家交响乐团，意大利佛罗伦萨五月音乐节管弦乐团音乐会，台湾云门舞集《流浪者之歌》，英国TNT剧院话剧《无事生非》，维也纳爱乐六把大提琴音乐会等均大幅提升了2011年上海演出市场的国际化水准，其中许多团体都是既2010年来沪参加上海世博会相关活动后再次来沪演出，“后世博”效应对涉外演出的带动效应显现。演唱会方面，费玉清、刘德华、王力宏、梁静茹、“苏打绿”、陈绮贞、小野丽莎、东方神起、艾薇儿、老鹰乐队、鲍勃·迪伦、西城男孩（West Life）等一大批境外著名歌手或组合纷纷来沪演出，在市场上引起了强烈反响。

2011年，上海的旅游演出市场进一步发展，形成了“时空之旅”、“浦江情”、“金海岸大舞台”及“欢乐谷杂技”等多个旅游演出品牌。其中，“时空之旅”、“浦江情”是由上海杂技团分别在上海马戏城、商城剧院常年上演的杂技演出品牌，主要以境内外来沪游客为主要观摩对象，全年共上演近600场，吸引观众50万人次，票房收入合计超过1600万元。松江欢乐谷邀请了来自乌克兰、俄罗斯等国的专业杂技团体常年驻场演出，全年演出场次近500场，成为欢乐谷吸引游客的重要手段。“金海岸演艺大舞台”位于经过全面改造的原杨浦大剧院，由在全国经营旅游演出连锁剧场的知名企业“金海岸”运营，2011年继续保持了良好的增长态势，全年演出场次365场，吸引观众18.3万人次，票房收入达到270万元。总体来说，上海的旅游演出市场已经形成了若干品牌，但演出内容以杂技为主，显得较为单一。

2011年，市委宣传部和市文广影视局共同设立了总额1000万元的上海市公益性演出专项资金和总额500万元的上海市民营院团发展专项资金，旨在使更多市民能走进艺术殿堂观赏高雅艺术和优秀民族民间艺术，打造一批具有示范性的优秀民营院团。两项扶持资金自2011年第四季度启动以来，打造了一批具有广泛影响力的公益性演出品牌，营业性低价票试点工作顺利开展，民营院团以绩效发展为主线得到了实实在在的补贴，充分发挥了财政资金的引导作用和杠杆作用。

公益性演出专项资金方面，市文广影视局发布了《上海市公益性演出专项资金补贴办法（2011版）》，确立了上海大剧院“艺术课堂”、上海东方艺术中心“东方市民音乐会”、上海文化广场剧场“剧艺堂”等十个公益性演出定点剧场和品牌，明确了城市剧院等2家非定点剧场和马兰花剧场等2家少儿戏剧定点剧场，在上海大剧院、东方艺术中心、上海文化广场、逸夫舞台等4家标志性剧场开展营业性演出低价票试点工作。此项资金实施以来，10余个公益性演出品牌共举办了百余场演出，平均上座率超过95%，覆盖观众近10万人次。开展营业性演出低价票试点工作的4家剧场在近两百场营业性演出中保留了约5%的低价票，仅2011年第4季度就售出低价票8万张，低价票场次中还包括了马友友、荷兰阿姆斯特丹皇家音乐厅管弦乐团、德国汉堡国家歌剧院芭蕾舞团等一批世界顶尖的名家名团演出。

民营院团扶持资金方面，市文广影视局发布了资金的《使用方案》和民营院团《发展绩效评估办法》，经专家评审和对外公示，对上海张军昆曲艺术中心、上海现代人剧社等28家主要民营院团进行了评估考核等级并给予相应补贴；为18家民营院团的211场演出提供免费演出场地，并对其中部分优秀剧目租赁设备等进行补贴；对上海星光杂技艺术团等参加全国性或跨地区艺术赛事、赴国外和港澳台地区商演、参与重要国际文化交流项目的民营团体进行了补贴。

（五）动漫游戏业

2011年，上海动漫产业总产值达到63亿元，同比增长23.7%，约占全国总产值的10%，与全国的产业增长速度基本持平。截至2011年年底，上海共有300余家企业营业范围涉及动漫创作与制作，其中111家正常开展业务并有动漫作品问世。

2011年上海动漫产业发展具有六大特点：一是电视动画产量增长240%，作品质量显著提升；二是动漫原创作品不断涌现，多部作品获得国家奖项；三是动漫园区发展迅速，集聚效应更加明显；四是动漫展会全面升级，展会效果明显提升；五是动漫电影市场热点不断，取得了观众口碑与票房的双丰收；六是动漫作品主动“走出去”，海外市场拓展成效明显。报告指出，当前上海动漫产业发展有着深厚的历史积淀，综合优势和基础资源优势明显，政府的产业扶持政策环境良好，迪斯尼、梦工厂等两大世界动漫娱乐产业巨头落户的助推作用明显等优势。但产业发展仍然面临产业融资渠道不畅、人才缺口较大、知识产权保护和品牌影响力均有待加强等问题。报告对 2012–2013 年上海动漫产业发展趋势进行了研判：未来两年，上海的动漫产业整体规模将继续保持增长，产业链发展日趋完善，原创能力得到明显提升，各公共服务平台的支撑作用将显著提高，新媒体动漫加速增长，动漫产业与其他行业融合发展的趋势更加显著。

2011 年，上海网络游戏产业（包括互联网游戏和移动网游戏）总产值达到 149 亿元，同比增长 22%，占全国总产值的 30%。其中互联网游戏产值（包括客户端游戏和网游游戏）约 144 亿元，同比增长 20%，占上海总产值的 96.6%；移动网游戏（基于移动网络和智能终端的游戏）产值约 5 亿元，同比增长 150%，占上海总产值的 3.4%。

2011 年上海网络游戏产业发展具有六大特点：一是产业总体在全国名列前茅，二是传统的客户端游戏在网游市场上占据绝对优势，三是移动网游戏新领域受到企业和用户的高度关注，四是产业高度聚集，少数骨干企业贡献主要产值，五是面对国内市场激烈竞争，企业选择主动拓展海外市场，六是网游产业与文学、影视、动漫等跨界融合趋势十分明显。报告指出，当前上海网络游戏产业发展有着产业政策、基础资源、市场体系等多方面的优势，但是游戏内容与样式有待创新，企业核心竞争力有待加强，运营模式仍有待转型。报告对 2012–2013 年上海网游产业发展趋势进行了研判：未来两年，上海的网游产业整体规模将继续保持增长，原创能力将进一步提升，骨干企业数量进一步增加，网页与移动网游戏将实现加速增长，跨界整合发展成为重要趋势。2011 年上海动漫产业继续保持良好的增长势头，全年产值约 63 亿元，比 2010 年的 50.9 亿元增长了 23.7%，动画电影《马兰花》、电视动画《大耳朵图图》等一批优秀作品荣获中国文化艺术政府奖首届动漫奖，体现了既重数量更重质量的产业发展理念。

（六）新媒体业

上海视听新媒体产业的发展一直走在全国前列，2011 年，以网络为代表的新兴媒体发展迅速，尤其是以互联网商业网络视听的产品生产与传播最具成长性，已经形成比较完整的网络视听产业链，并成为广大网民获取信息资源的重要渠道和休闲娱乐的重要方式。

2011 年 12 月 1 日，国家广电总局和上海市人民政府正式签署部市合作协议，共建我国首个国家级网络视听产业基地，总投资将超过 35 亿元。未来这个基地将成为集视听节目制作、节目生产分发、国际交流合作、产业研究和人才培养等功能于一体的产业园区，将重点搭建云计算中心、内容制作中心、国际交流中心、三网融合监管中心以及中国视听产业研究院，致力于形成辐射全国的视听产业集群，打造成为年产值超过 100 亿元、国际一流的国际视听产业基地。

同时，为推动上海视听新媒体行业健康发展，全国首家省级视听新媒体行业协会——上海市视听新媒体行业协会成立。百视通等 23 家机构当选为协会第一届理事会理事单位，其中土豆网、东方财富网、PPTV、PPS、分众传媒、新文化传媒、紫竹高新技术产业开发区等 11 家机构当选为常务理事单位。协会共有创始会员单位 62 家，设立了网络视听、产业发展、公共视频、内容制作等专业委员会，包括来自广播电视播出机构、网络视听节目服务持证机构、节目内容制作机构、技术设备研发机构、科研和教育机构等与视听新媒体产业链相关机构和组织。

·江苏省·

一、2011 年文化产业发展总体情况

2011 年，江苏省文化产业整体实力和市场竞争力快速提升，经济总量连年扩增，增速亦高于地区生产总值和第三产业增速，已成为“推动科学发展、建设美好江苏”进程中的重要引擎。

（一）文化体制改革逐步深化，文化产业步入快速发展轨道

全省文化产业总量规模不断扩大，发展逐步进入快速运行轨道。2011 年全省文化产业法人单位完成增加值 1535.8 亿元，按不变价计算，比上年增长 21.1%，比全省生产总值的增长速度（11%）高 10.1 个百分点；比第三产业增加值的增长速度（11.1%）高 10 个百分点。2011 年，全省文化产业（含个体经营户）增加值占地区生产总值的比重为 3.69%；法人单位文化产业实现增加值占 GDP 的比重为 3.16%，比 2010 年（2.87%）提升 0.29 个百分点；比 2004 年（1.72%）提升 1.44 个百分点。

（二）传统产业焕发生机活力，新兴产业迅速崛起

2011 年，以新闻、出版、广电、文化艺术等传统文化为主的“核心层”实现增加值 373.1 亿元，比 2004 年增长 3.5 倍；以网络文化、休闲娱乐、旅游文化、

广告、会展及文化商务代理等为主的新兴文化产业“外围层”实现增加值 423.4 亿元，比 2004 年增长 11.4 倍。全省广播电视已基本形成有线、无线、卫星等多种技术手段相结合的传输覆盖体系。截至 2011 年年底，全省有线广播电视用户达到 1987.9 万户，比 2002 年增加 1318 万户。全省广播电视总收入比 2002 年增加 223.4 亿元，增长了 4.95 倍。全省传媒业正在向集团化、产业化方向发展。2011 年，全省公共图书馆总藏量 5381.8 万册（件、套），比 2002 年增长 93.8%；总藏量中的科技产品增长较快，2011 年缩微制品、视听文献与电子图书已有 680.4 万件（套），比 2002 年增加近 8 倍；书架单层总长度比 2002 年增长 165.8%；阅览室座席数 4 万个，比 2002 年增长 73%。以互联网技术为基础的新闻、游戏、短信、广告等网络文化服务业亦得到了迅速发展，截至 2011 年年底，江苏互联网接入用户达到了 1221.2 万户，比 2002 年增加 888.7 万户，增长 2.7 倍，互联网信息交流量也大幅提高。

（三）科技与文化融合发展，文化产品市场竞争力显著增强

2011 年，江苏省重视科学技术在文化产业中的应用，信息技术已被全面引入江苏媒体、影视、演出、娱乐、广告等文化领域。江苏广播电视信息网络公司自主研发的“云媒体电视”可以让用户足不出户享受浏览网页、在线购物、阅读报刊等多项便利服务。2011 年，江苏动漫游戏产业收入继续位居全国第一，江苏广电集团收入跃居全国省级台第一，江苏新闻出版业营业收入约占全国新闻出版产业的十分之一。新华日报报业集团依托传统新闻资源优势，大力发展新兴媒体，江苏手机报用户目前已超过 220 万。科技已成为江苏文化产业发展不可或缺的重要基础。

（四）农村文化建设工程加速推进，公共文化服务设施基础改善

2011 年末，在全省 956 个乡镇中共有影剧院 183 个，图书室（文化站）992 个，广播电视站 1101 个。近年来，各地还通过组织实施“共享工程”和“三送工程”，不断丰富农民群众的精神文化生活，农民群众的文化活动日趋丰富，农村文化的影响力不断增强，为新农村建设提供了强大的精神动力。

（五）市场管理体制逐步理顺，文化娱乐市场日益繁荣

2011 年，全省共有文化娱乐机构 6832 家，其中歌舞娱乐场所 3165 家、电子游艺厅 3648 家、其他娱乐场所 19 家，网吧 7967 家，全年文化娱乐业营业收入达到 423.7 亿元，实现主营业务利润 165.2 亿元。另外，全省共有群众艺术馆和文化站 1429 个，全年举办各类展览 6952 个，组织文艺活动 30534 次，举办训练班 15768 次，有 119 万人次结业。健康运行的文化娱乐市场为人民群众提供了丰富多彩的业余文化生活。

2011 年，全省城市电影院放映电影 115.5 万场，观众数量 3287.67 万人次，票房收入 10.8 亿元，在全国排名第三。2005 年，农村电影市场全面放开，在政府扶持、企业运作、社会赞助形式下，露天电影放映重新出现在乡镇与社区。2011 年全省农村共计放映中外影片 22.13 万场。与此同时，全省演出市场通过探索社会化办文艺院团的新模式，初步建立起市场化的运作体制，改革成果斐然。2011 年，全省共有各类艺术表演团体 370 家，其中属于创作首演的剧目就达到 50 个，全年共演出 83.7 万场。

二、2011 年文化产业各行业发展基本情况

（一）广播电视业

2011 年，江苏广电产业发展继续保持较好态势。截至 2011 年 12 月底，广电实际创收收入达 192.98 亿元，全国占比 8.94%，同比增长 32.33%。

1. 从结构分析

广告收入 89.38 亿元，占总创收的 46.32%，，全国占比 8.32%。有线网络收入 53.18 亿元，占总创收的 27.55%，，全国占比 9.88%。其他创收收入 50.42 亿元，占总创收的 26.13%，全国占比 9.24%。广告和有线网络经营仍是广播电视收入的主要来源，两项合计占总创收的 73.87%。其他创收占总创收比重已达 26.13%，且同比增速达 51.12%，说明江苏省广电新媒体、新业务发展迅猛。

2. 从层级分析

省级收入 100.64 亿元，同比增幅 54.07%，占总创收的 53.26%。地市级收入 47.36 亿元，同比增幅 13.82%，占总创收的 24.37%。县级收入 44.98 亿元，同比增幅 15.63%，占总创收的 22.37%。上述数据显示江苏省广电集团和江苏省有线网络公司产业规模不断扩大、资源集聚能力持续增强，经营创收超全省一半，主体地位突出。另外，从同比增幅看，县级远远低于省、市，说明基层广电发展面临挑战。

3. 从区域分析

省以下实际创收 92.34 亿元份额中：苏南地区 55.99 亿元，占 60.63%，市均创收 11.19 亿元。苏中地区 20.93 亿元，占 22.66%，市均创收 6.97 亿元。苏北

地区 15.42 亿元，占 16.71%，市均创收 3.08 亿元。上述数据表明，我省广播电视地区发展不平衡状况仍较突出。

4. 从个体分析

江苏省创收过亿元的县达 13 家（苏南 8 家，苏中 5 家），分别为昆山、江阴、常熟、张家港、吴江、宜兴、太仓、武进；如皋、海门、海安、如东、江都。上述 13 县共创收 24.77 亿元，占全省县级总创收的 55.07%（苏中 5 县因有线电视整转，今年网络收入增长较大）。从数据看，县级广电发展“二八”现象突出。

5. 其他情况分析

截止 2011 年底，江苏省有线电视用户数达 1970.12 万户，比上年末净增 84.24 万户，全国占比 9.79%。有线数字电视用户达 1177.48 万户，全国占比 10.28%。

（二）电影业

2011 年，江苏省电影票房收入为 10.6 亿元，同比增长 45.24%，全年总收入首次突破 200 亿元（不含电影票房）。2011 年，全省新增影院 56 家，新增银幕 334 块、座位 46531 个，新增 3 个 IMAX 影厅，平均每周增加 1 家影院，每 10 天增加 9 块银幕，每天增加 127 个座位。截至 2011 年年底，全省已有影院 183 家、银幕 946 块、座位 164278 个，同比分别增长 44%、55% 和 36%，为群众高质量观影提供了条件。随着影院的爆炸式增长，为确保影院安全，江苏省还实施了“群众看电影、政府买平安”，由政府出资购买“电影院公众责任保险”，首年已投入 80 余万元，今年将再投入 130 余万元。

（三）新闻出版业

1. 综合情况

2011 年全省新闻出版业总产出 1289.55 亿元，营业收入 1266.19 亿元，资产总额 1026.11 亿元，净资产 472.26 亿元，利润总额 126.59 亿元，增加值 304.53 亿元，全行业产业活动经济单位 26677 个，直接就业人员 33.07 万人。

2. 图书出版

2011 年全省共有图书出版单位 19 个，出版图书 17763 种，其中新版图书 9681 种，重版、重印图书 8082 种，总印数 5.48 亿册（张），总印张 37.45 亿印张，折合用纸量 8.80 万吨，定价总金额 59.63 亿元。

全省图书出版单位从业人员 2177 人，资产总额 96.59 亿元，营业收入 24.54 亿元，增加值 5.29 亿元。（注：以上 4 项指标中含出版社所办报纸、期刊）

3. 报纸出版

2011 年全省共有报纸出版单位 142 个，出版报纸 142 种（含高校校报 51 种），平均期印数 1229.05 万份，总印数 28.46 亿份，总印张 142.27 亿印张，定价总金额 24.20 亿元，年用纸量 33.43 万吨。

全省报纸出版单位计有从业人员 9970 人，资产总额 67.10 亿元，营业收入 54.05 亿元，增加值 21.74 亿元。

4. 期刊出版

2011 年全省共有期刊出版单位 441 个，出版期刊 438 种（全年休刊 3 种），平均期印数 508.19 万册，总印数 1.1601 亿册，总印张 4.4768 亿印张，定价总金额 6.5775 亿元，折合用纸量 1.05 万吨。

全省期刊出版单位计有从业人员 3036 人，资产总额 3.3055 亿元，营业收入 3.0222 亿元，增加值 2.0866 亿元。

5. 电子和音像出版物出版

2011 年全省共有电子和音像出版物出版单位 10 个，出版音像制品及电子出版物 1090 种，2599.0448 万盒（张）。

全省电子和音像出版物出版单位计有从业人员 177 人，资产总额 0.7479 亿元，营业收入 0.4849 亿元，增加值 0.1194 亿元。

6. 音像电子制品复制

2011 年全省共有音像电子复制单位 9 个，复制音像电子制品 18.5541 亿盒（张），复制加工设备生产线 171 条。

全省音像电子复制单位计有从业人员 2959 人，资产总额 28.3951 亿元，营业收入 19.4532 亿元，增加值 3.87 亿元。

7. 印刷业

全省印刷单位合计 14011 个，其中：出版物印刷企业 282 个，包装装潢印刷企业 5303 个，其他印刷品印刷企业 3858 个，专项印刷企业 137 个，三印企业 4430 个，数字印刷 1 家。全省外商投资印刷企业投资总额 311716 万美元，注册资金总额 175444 万美元。全省印刷行业资产总额 672.01 亿元，工业总产值 1001.27 亿元，利税总额 80.72 亿元，对外加工贸易额 80.70 亿元，从业人员 26.20 万人。

8. 出版物发行

2011 年共有出版物发行网点 12045 家，较上年增加 111 家，增长 0.93%。全省外商独资企业、合资发行企业 4 家，总发行企业 4 家，出版物全国连锁经营企业 4 家，出版物批发市场 2 处。

2011 年共有音像制品发行单位 3426 家，较上年减少 1190 家，减少 25.20%。全省音像制品批发单位 106 家，中外合作零售单位 20 家，省内连锁经营单位 5 家，零售、出租单位 3295 家。

（四）演艺业

2011 年是江苏省演艺集团成立十周年、转企改制七周年。成立于 2001 年的江苏省演艺集团，2004 年正式全面整体转企改制，全员身份置换，成为全国率先整体转为企业的国有文艺院团之一。经过 10 年发展和 7 年体制机制改革，江苏省演艺集团已成为全国大型综合性演艺类文化集团，取得了收入翻番、效益翻番、资本翻番的成绩，2011 年的经营收入和演职员工人均年收入与去年相比，都增加 13% 以上。该集团三度蝉联“全国文化企业 30 强”，三度获得“国家文化出口重点企业”，并获得“全国文化体制改革优秀企业”“全国文化体制改革先进企业”等荣誉。

体制改革后，江苏省演艺集团运用“主流化、国际化、时尚化”的艺术生产理念，通过高质量、高品位的艺术产品引导市场，一批艺术作品取得了良好的社会效益和经济效益。此次进京的 3 台演出中，富有浓郁江苏风情和中国特色的交响音乐会《江苏风韵》，今夏曾在维也纳金色大厅奏响；合唱音乐会《爱之歌》是由中国东方演艺集团、江苏省演艺集团强强联合打造的颠覆传统合唱模式的崭新音乐会，已开始在全国商业巡演；清唱剧《孙中山与宋庆龄》则是江苏省演艺集团汇集全国艺术精英推出的拥有自主知识产权的品牌性保留剧目。

·浙江省·

一、2011 年文化产业发展总体情况

2011 年，浙江省大力实施《浙江省文化产业发展规划（2010–2015）》和《浙江省文化服务业“十二五”发展规划》，培育壮大市场主体，夯实产业发展基础，加强要素配套保障，着力推动文化产业跨越式发展，实现了“十二五”发展的良好开局。

（一）总量规模持续扩大，产业实力显著提升

2011 年，全省文化产业实现增加值 1290 亿元，比 2007 年翻一番，同比增长 22%，连续 5 年增速在 15% 以上，保持了快速增长的势头；文化产业增加值占 GDP 比重为 4.03%，比 2010 年提高 0.23 个百分点，比 2009 年提高 0.53 个百分点，比 2010 年提高 0.83 个百分点。全省文化产品和服务外贸额达 59.5 亿美元，同比增长 19.24%。

从全省各市发展的情况看，作为浙江省文化产业重点规划发展的“一核三极”，杭州、宁波、温州、金华四市 2011 年文化产业增加值总计 863.8 亿元，占全省总量的 66.96%，成为全省文化产业发展的“龙头”和“引擎”。其中杭州文化产业增加值达 399.8 亿元，占 GDP 比重达 5.7%，占全省总量的三成以上。绍兴、台州、嘉兴三市文化产业增加值超过或接近 100 亿元，成为全省文化产业发展的第二梯队，湖州、衢州、舟山、丽水三市文化产业总量偏小，GDP 占比低于全省甚至是全国平均水平（2.75%），当地文化产业总体上处于培育和成长发展的初级阶段。

（二）主体实力不断增强，收入效益持续提升

2011 年，全省继续加大培育扶持力度，扎实推动各种文化市场主体蓬勃发展，国有文化集团规模实力稳步提升，民营文化企业增长势头良好，形成大型文化集团与众多中小企业竞相发展、国有资本与民营资本齐头并进的良好局面。2011 年，全省文化企业法人单位总数为 56140 家，其中文化服务业 28604 家，文化制造业 21182 家，批发零售业 6354 家。

1. 国有文化集团实力显著增强

浙江日报报业集团、浙江广电集团、浙江出版联合集团等 10 多家大型国有文化集团集团化改革步伐加快推进，收入和利润增幅不断攀升，实力竞争力持续提升。2011 年，浙江出版联合集团公司实现总销售 114 亿元，同比增长 8.7%；营业收入 82.5 亿元，同比增长 9.2%，连续三年入选全国“文化企业 30 强”，列全国出版集团总体经济规模综合排名第 3 位。浙江日报报业集团实现营业收入 25.8 亿元、同比增长 11%，利润 2.32 亿元，浙报集团控股子公司浙报传媒集团于 9 月 29 日成功登陆上交所，成为浙江省第一家上市的国有文化集团，在 2011 年沪深股市 2000 多只 A 股股票涨幅中位列第 7 位。浙江广电集团实现经营总收入达 55.6 亿元，同比增长 50.8%，广告收入达 36.5 亿元，同比增长 27.1%，位居省级广电集团第 1 位。与此同时，浙江省还通过加快体制机制转换和资源重组整合，新组建了宁波出版发行集团、宁波演艺集团、温州广电集团等 8 家市级国有文化集团，国有文化集团在发展文化产业中的主导作用进一步凸现，发展活力得到有效释放。

2. 民营文化企业蓬勃发展

2011 年，全省继续加大对民营资本投资文化产业的引导力度，民营文化企业的重要“生力军”地位作用

进一步凸现。全省 90% 以上的影视制作机构、80% 以上的文艺演出团体、98% 以上的动漫企业、80% 以上的印刷包装企业都是民营企业，全省 80% 以上的文化产业增加值由民营企业创造。宋城旅游发展股份公司、思美传媒股份公司、浙江华策影视公司、浙江长城影视传媒集团、浙江中南集团卡通影视公司、浙江横店影视城有限公司等一批行业龙头企业收入和效益持续向好，发展活力进一步激发。

（三）政策措施不断加强，发展氛围日渐浓厚

1. 工作创新力度进一步加大

省委、省政府制定文化产业发展“122”工程和文化产业倍增计划，明确了浙江省文化产业发展的主要抓手和工作载体。各地结合本地区实际，纷纷提出了推动文化产业发展的工作目标和载体。杭州市提出要打造“全国文化创意中心”和“创意城市网络”在亚太地区的关键性节点城市，宁波市提出实施文化产业发展“1235”工程、温州市提出“1030”文化产业工程，金华市提出“2151”文化产业工程、台州市提出“1135”文化产业工程等。另外，各级党委政府还通过设立专项扶持资金，加大了对文化产业的扶持力度。省级文化产业发展专项资金整合扩大为 1 亿元规模，省级服务业财政引导资金规模增加到 1 亿元，杭州市设立了 4.11 亿元的文化创意专项资金、5 亿元规模的文创产业投资基金，宁波文化产业发展专项资金达 1500 万元，温州市新设文化产业专项资金 2000 万元，丽水市设立了 1000 万专项资金，2011 年全省各市县文化产业发展专项资金总额近 8 亿元。

2. 产业规划体系初步形成

围绕加快推动文化产业成为国民经济支柱性产业的战略目标，加强谋划部署，编制发展规划，文化产业在全局工作中的重要位置得到进一步凸现。11 月，省委召开十二届十次全会，审议通过《关于认真贯彻党的十七届六中全会精神大力推进文化强省的决定》，对全省未来几年增加值力争比 2010 年翻一番、占全省 GDP 比重 7% 的目标任务进行了重点部署。省政府于 1 月、7 月先后颁布实施《浙江省文化产业发展规划（2010–2015）》和《浙江省文化服务业“十二五”发展规划》，进一步明确了浙江省“十二五”期间文化产业发展的目标要求、总体布局、发展重点和保障举措。省文化厅、省广电局、省新闻出版局等部门分别编制了《浙江省文化发展“十二五”规划》《浙江省广播影视发展“十二五”规划》《浙江省新闻出版业“十二五”发展规划》，全省 11 个市和部分县（市、区）也都编制了文化发展规划或文化产业区域规划，明确目标、任务和政策措施，切实加强了对各地发展文化产业的全面指导引导。

3. 政策支撑体系日渐完善

为加快培育和振兴文化产业，各级党委政府制定出台了一批含金量高、力度大、操作性强的政策意见，文化产业发展的政策环境进一步优化。省政府颁布实施《关于进一步加快发展服务业的若干政策意见》（浙政发〔2011〕33 号），加大了财政、税收、融资、用电用水用地、人才等方面的政策优惠力度，有利于推动出版、影视、演艺、动漫等在内的文化服务业进一步加快发展。省委宣传部与省工商银行签订《支持文化产业发展战略合作协议》，提供不少于 300 亿元的融资授信，东方星空文化产业基金增资扩股到 5 亿元规模，切实帮助解决文化企业融资难问题。有关部门协调制定了《关于加快广播电视有线网络“一省一网”整合发展的通知》《浙江省省属文化集团国有资产管理暂行办法》《关于加快全省县级城市数字影院建设的意见》《关于加快我省工业设计产业发展的实施意见》等政策文件，进一步加强相关内容产业的扶持措施。全省多数市、县都出台了扶持文化产业发展的政策性文件。其中，杭州市制定了《关于加快“一名城、四强市”建设的若干政策意见》《关于加快文化创意产业人才队伍建设的实施意见》等政策文件，宁波市专门出台了《关于支持文化体制改革和鼓励文化产业新兴业态发展的若干意见》《关于鼓励和引导民间资本投资发展文化产业的若干意见》，温州市制定了《关于促进温州市文化产业发展的意见》和“1+6”的一揽子政策文件，等等，这些政策文件涵盖财政投入、税收减免、土地供给、人才支撑等方面，形成了较为完备的文化产业发展的政策支撑体系。

（四）文化产业园区建设扎实推进

全省各地文化产业园区（基地）开发建设力度进一步加大，园区数量快速增长，集聚示范带动效应逐渐显现。截至 2011 年年底，全省拥有各种类型的文化产业园区（基地）115 个，其中国家有关部门授牌的有 16 个，占比 13.91%，分别是经文化部授牌的 10 家，经国家广电总局授牌的有 6 家，经新闻出版总署授牌的有 1 家。在全省 11 个市的文化产业园区建设中，杭州、宁波两地的园区建设成效尤其引人瞩目，杭州 16 家市级文创产业园区建成面积达 236.45 万平方米，集聚企业 2642 家，实现营业收入 62.29 亿元。宁波 10 个文化发展集聚区建设已全部启动，2011 年实现总投资 43.25 亿元，30 个重点文化项目中有 24 个已动工建设，实现总投资 59.29 亿元。杭州高新区国家动画产业基地、横店影视

产业实验区等一批品牌文化产业园区发展势头喜人。其中，杭州高新区国家动画产业基地入驻506家动画制作企业，实现总产值21.7亿元，生产原创影视动画作品38部32581分钟，连续4年居全国动漫产业基地之首。横店影视产业实验区新增入驻企业50家，累计达435家，接待影视剧组143个，拍摄影视剧3665（部）集，实现收入32.23亿元，同比增长54.48%。

二、2011年文化产业各行业发展基本情况

（一）广播影视业

2011年，全省广播影视业主要经济指标均保持了两位数的高增长率。全年实现经营收入达204.29亿元，同比增长16.6%；其中广告收入68.07亿元，同比增长14.69%；有线电视网络业务收入49.13亿元，同比增长21.1%；其他产业收入77.34亿元，同比增长13.9%；广播影视业实现增加值94.52亿元，同比增长37.2%。全省拥有影视节目制作机构606家，总注册资金超过62亿元，位居全国第3位，其中注册资金在1000万以上的有150家；全年共制作电视剧51部1778集，约占全国总量的12%，位居全国第2位（见图2），其中《东方》《五星红旗迎风飘扬》《中国1921》和《能人冯天贵》等在央视一套黄金时段播出；参与投资拍摄电影38部，增幅为18%，位居全国第5位；数字多厅影院建设加快推进，新建多厅数字影院34家199个影厅22691个座位，截至目前，全省已建成数字多厅影院137家858个放映厅，累计已有66个县（市区）城市建有多厅影院，占全省总数的74%；全省共有银幕数878块，城区平均每4万人拥有一块银幕；全年城市观影人次达2600多万，实现电影票房收入9.75亿元，列全国第5位，同比增长36.5%；浙江时代院线拥有影院92家、银幕542块，票房收入5.59亿元，名列全国院线第7。横店院线拥有影院89家、银幕432块，票房收入3.5亿元，位居全国第11位。

（二）新闻出版业

2011年，全省新闻出版业实现总产出1542.63亿元，占全国的11.37%，居全国第2位；营业收入1291.02亿元，占全国的9.79%，居全国第2位；增加值316.88亿元，占全国的8.72%，居全国第3位；资产总额1779.11亿元，占全国的12.34%，居全国第2位；所有者权益（净资产）693.80亿元，占全国的9.45%，居全国第3位；利润总额94.34亿元，居全国第3位。新闻出版业总产出、营业收入、增加值、资产总额、所有者权益、利润总额等主要经济指标均进入全国前3位，总体经济规模连续第3年居全国第3位，且与排名第2位的北京差距明显缩小，同排名第4位的江苏拉开了距离。与此同时，图书出版品种、印册同步增长。全省14家图书出版社，共出版图书9958种，总印数3.2亿册；公开发行报纸71种，年发行量34.2亿份，平均每千人每天拥有174份报纸；出版期刊220种，年发行量0.75亿册。

（三）动漫业

2011年，全省制作原创动画片71部4.7545万分钟，约占全国总量的20%，排名全国第1位，约90%的浙产动画片进入播出平台。《天眼神兔》《洛宝贝爱心小剧场》《超级优优》《虹猫蓝兔海底历险记》《水文化——五水奇缘明珠传》《小超人队》《少年阿凡提》《梦幻猫咪屋》《龙太子之神奇的七巧板》《金螺号》《虹猫蓝兔梦之国历险记》《杰米熊之魔幻马戏团》《极速之星》《今童王世界》等14部动画产品被列入国家广电总局推荐优秀动画片，约占全国总量的17.07%，居全国第2位。动画电影《梦回金沙城》入围第83届奥斯卡最佳动画片奖提名，并获第14届中国电影华表奖优秀动画片奖；杭州漫奇妙、宁波水木动画、浙江中南卡通等3家动漫企业入选全国原创动画片制作生产十大机构，分别排名第4、第5、第6位，入选企业数量居全国各省区市第1。杭州、宁波入选全国动画片创作生产数量十大城市，杭州共制作动画片45部34606分钟，连续三年位居全国城市之首；宁波制作动画片22部11873分钟，排名全国城市第7位。

（四）演艺业

截至2011年年底，全省共有国有艺术表演团体75个，演出场次15080场，收入17385.5万元。省属院团共演出4320场，商业演出收入14794万元，其中浙江歌舞剧院演出收入2141.8万元，同比增长23%以上，浙江话剧团演出收入480万元，同比增长40%以上，浙江曲杂总团演出收入727.3万元，同比增长3%以上；全省共有657家登记注册的民营文艺表演团体、演出场所402家、演出经纪机构197家，2011年演出约32万余场次，观众人数近1.1亿人次，营业额12.6亿元，营业性涉外演出500余批次，约3000场。民营剧团年演出量约占全省年营业性演出场次总量的80%以上，从业人员3万余人次。宋城千古情、印象西湖、西湖之夜、梦幻太极、印象普陀等一批演艺品牌的影响力进一步提升，演出经营收益实现较快增长。

（五）文体用品制造业

文体用品制造是浙江省重要的特色优势产业，经过

多年培育形成了富阳体育用品、桐庐分水制笔业、宁波文具业、永嘉桥下教玩具、德清钢琴产业、东阳木雕产业、义乌商品油画、仙居工艺礼品、云和木制玩具等一大批文体用品制造集群。2011 年，在国内外经济形势复杂严峻的情况下，全省主要的文体用品产业区块保持了平稳较快发展，龙头骨干企业经营效益持续向好，整体实力和竞争力进一步提升。富阳体育用品产业实现产值 30 亿元，较往年有大幅增长；桐庐分水制比业实现总产值 23.78 亿元，同比增长 16.34%；宁波文具制造业实现产值 282 亿元，同比增长 15.1%；温州桥下教玩具产业实现总产值 40 亿元，同比增长 30% 以上，占全国产值和市场份额的 50% 以上；德清钢琴产业实现总产值 4.7 亿元，同比增长 10%，产量占全国 12% 以上；仙居工艺礼品产业实现总产值 63 亿元，同比增长 5%；云和木制玩具产业实现总产值 54.64 亿元，同比增长 50.86%。

（六）新媒体业

2011 年，全省广电有线网络数字化、双向化改造加快推进，拥有有线数字电视用户 1016.24 万户，数字化率 74.6%，县以上城市已全部完成数字化发展任务，农村地区整体转化完成率和双向化改造完成率分别达到 62.9% 和 44.1%。互联网数字视听产业初具规模，浙江广电集团建成 IPTV 集成播控平台，浙江电信拥有 IPTV 用户 210 多万户；浙江网络广播电视台（新蓝网）正式上线播出，45 家县级广播电视台正式加盟浙江网视联盟；全省共有网络视听节目服务持证网站 45 家，占全国持证网站总数的 7.5%，视听节目数量总计达 1528 万个。民营商业视听网站 21 家，涌现出爆米花网、九州梦网等一批国内知名的网站。浙江手机台正式上线运营，据不完全统计，仅 iPhone 平台用户下载数就超过 3 万，点播量峰值达 3 万余次。浙江广电集团 CMMB 手机电视正式投入商业运营，已发展 58 万用户。车载、楼宇、可移动电视等新媒体发展处于全国前列，其中由杭州、宁波、温州等地开办的移动电视共覆盖 6200 多辆公交车。

截至 2011 年年底，全省拥有互联网网站约 38 万个，其中约 10% 的网站已经涉足网络出版业务，已形成规模的有 200 家左右，具有互联网出版资质的有 30 家。手机报、网络报快速发展，拥有《浙江手机报》《杭州手机报》《宁波播报》等 3 份专业手机报，省市两级党报全部推出电子版或网络版报纸，《钱江晚报》《都市快报》《东南商报》等推出电子版。杭州数字出版基地建设取得显著成效，集聚数字出版企业 198 家，实现产值超过 60 亿元。中国移动手机阅读平台，中国电信天翼数字阅读平台和华数数字阅读平台等三大内容投送平台初步建成，目前三大数字内容投送平台入库图书逾 50 万册，日访问量近千万人次，2011 年产值近 30 亿元。其中中国移动数字阅读基地平台上线发布图书30万册，手机阅读月访问用户突破 7000 万户，日均点击量过 4.2 亿次，2011 年累计业务总收入 15 亿元（图 3）；电信天翼阅读基地平台上线发布图书 12 万册，注册用户接近 4000 万户，月活跃用户超过 1000 万户，阅读订购量超过 1 亿元人次。

（七）网络游戏业

2011 年，全省共有网络游戏运营企业 170 家，其中拥有网游出版许可资质单位 15 家，网络游戏从业人员近 1.4 万人，实现总营业额 24.58 亿元，同比增长 14.7%，实现利润 5.59 亿元、税收 9848 万元。趣玩数码、乐港科技、宣逸网络、边锋网络、泛城科技、渡口科技、华人卡通、比奇网络等一批网络游戏开发运营企业实力逐步壮大，其中趣玩数码为全国最大的桌游在线平台和资讯网站，比奇网络拥有全国 90% 左右的网游物品交易份额。网络游戏精品不断涌现，在新闻出版总署 2011 年公布的第六批“中国民族网络游戏出版工程”入选选题中，浙江省共有 6 部网络游戏入选，占全国总数的 27.2%，位居全国第一。

·安徽省·

一、2011 年文化产业发展总体情况

2011 年是安徽省文化体制机制改革巩固深化、文化产业跨越发展的关键一年。2011 年全省文化产业实现增加值 613.47 亿元，占 GDP 的比重为 4.01%，比上年提高 0.12 个百分点。

（一）大力实施集团化战略

2011 年，省属报业、出版、发行、演艺、广电五大集团实现营业收入 133.91 亿元，同比增长 24.57%；利润总额 11.13 亿元，同比增长 28.50%。安徽出版集团连续三年进入“全国文化企业 30 强”，安徽出版集团、安徽新华发行集团综合实力分别位居国内同行业第四位和第三位。安徽出版集团所属华文国际公司加快股份制改造步伐，引进战略投资者，融资 1.8 亿元，并被安徽证监局列为上市辅导备案企业。安徽演艺集团正式组建演出院线，首批吸纳 7 家剧院参加。

（二）扎实做好文化产业项目管理

继续实施重大项目带动战略，256个文化项目进入省“861”项目投资计划，总投资2036亿元。省委宣传部坚持每季度对入库项目进行一次跟踪，每月对省属文化企业项目进行一次跟踪管理。截至年底，列入2011年省“861”行动计划的文化产业项目当年完成投资195.82亿元，完成年度计划的116.6%；当年新开工项目53个。

（三）着力抓好文化产业招商

征集、编印《安徽文化产业招商项目册》，共推介重点招商项目280个，投资总额1267.62亿元。全省文化企业积极参加皖台经贸文化交流活动、徽商大会、深圳文博会、北京文博会、厦门投洽会等重要文化经贸活动，文化产业招商活动集中签约项目76个，总投资566.06亿元。截至2011年底，2006年以来全省文化产业重点招商活动签约的430个项目中，已履约项目240个（建成投用项目82个），占55.81%。实际到位资金256.24亿元。其中，2011年度新增到位资金116.56亿元，同比增长105.03%。

（四）积极推进文化产业园区建设

各地文化产业发展集聚度进一步增强，据初步统计，全省建成和在建文化产业园区（基地）56个，入驻企业4100多家，形成了阜南柳编、桐城印刷、来安文具、蚌埠玉器等一批特色、专业的文化产品加工贸易区。

（五）积极培育民营文化企业

2011年，13家民营文化企业、29位民营文化企业家，首次入选全省非公有制经济优秀企业和优秀企业家，分别占全省各行业入选总数的13%、11.6%。全省21家民营企业被授予国家级和省级文化产业示范基地。37家民营文化企业商标荣获“安徽省著名商标”，占总数的8.4%。

（六）强力推动文化“走出去”

全省文化企业积极参加“铭传亲缘宝岛行”、“意大利安徽文化周”等文化经贸交流活动，安徽文化的对外影响力和辐射力不断提升。安徽出版集团被评为全国文化“走出去”先进单位，在北京国际书博会上版权输出连续四年居全国第一；与波兰马萨雷克出版公司共建时代－马萨雷克集团，成为首家在波兰成立合资公司的中国出版企业。安徽新华发行集团与新西兰TV33电视台达成合作意向，旗下新龙图公司出口额大幅提升，成为我省文化“走出去”的新亮点。

二、2011年文化产业各行业发展基本情况

（一）广播电视业

2011年，全省广播电视经营创收突破50亿元大关，达到53.87亿元，同比增长29.86%。其中省级40.55亿元，同比增长34.87%，占全省创收的75.27%；市级10.76亿元，同比增长20.57%，占全省创收的19.98%；县级2.56亿元，同比增长2.75%，占全省创收的4.75%。广告收入和网络收入增幅较大。广告36.84亿元，同比增长27.22%，占总创收的68.39%；网络10.64亿元，同比增长26.07%，占总创收的19.75%。

在第七届中国国际徽商大会暨第十一届中国（合肥）自主创新要素对接会上，全省广电系统入选第《2011年安徽文化产业招商项目册》项目34个，参加徽商大会和文化产业项目推介会暨签约仪式的签约项目6个。认真组织赴台湾文化产业合作交流项目，经过征集、论证，组织报送了合肥滨湖电视塔、中国电影科技高峰论坛、青铜帝国主体公园、马鞍山动漫产业等4项与台湾洽谈合作的产业项目。6个动漫产业项目在第三届中国（国际）动漫创意产业交易会上成功签约，金额2.25亿元。全省最大的文化产业融资项目——安徽广播电视数字化项目首批2亿元贷款放款到位。中科·安广股权投资基金首期10亿元资金募集到位。金鹏广告IPO全面启动，并完成重组改制，金鹏广告股份有限公司挂牌成立。省动漫协会与合肥华厦银行签订融资战略合作协议。

2011年全省有5项广播影视重点工程项目入选安徽省861项目。同时，申报了省广院新校区建设、数字调频同步广播技术研究及产业化等8个项目，获得130万元文化强省建设专项资金的支持。2011年，中部地区最大的视频产业基地、中国全生态广告产业基地等多个大型影视产业园区启动建设，泗县皖北星光影视基地成功签约，淮南焦岗湖影视城通过国家3A级旅游景区验收，马鞍山视聆通动漫公司、安徽中卡通动画制作有限公司、黄山中权影视文化传播有限公司等动漫产业示范基地建设加快推进，广播影视产业开始向规模化、集约化、专业化迈进。

（二）电影业

2011年，全省城市影院票房收入和国家电影专项资金征缴数额分别达到2.22亿元、0.98亿元，同比增长69.46%、75.68%，增幅双双居全国第一。全省新开城市影院29家、新增银幕137块，影院总数达55家、银幕总数达341块、座位5.61万个、院线13条，放映电影25万多场次，同比增长148.5%；观影人数近710万人次，同比增长87.09%；电影票房收入达2.22亿元，同比增长69.46%。另据国家电影专资办通报，我省城

市影院票房收入增幅排名全国第一。特别是 2011 年 10 月 19 日至 22 日，在合肥成功举办第二十届中国金鸡百花电影节，并举行安徽电影周活动，成为历届电影节首次举办的地方性影展。

安徽广电传媒产业集团首次投资的商业电影《关云长》在海内外发行放映；参与中影集团牵头拍摄的电影《建党伟业》在全球公映；与安徽电视台合作投资拍摄的电视剧《永远的忠诚》在央视一套黄金时段播出，全剧平均收视份额超过 8%，成为全国同时段收视冠军，荣获第三届全国新农村电视艺术节最佳电视剧、最佳编剧、最佳导演和最佳男演员四项大奖。《建党伟业》和《新安家族》今年分获“华表奖”和“飞天奖”；黄梅戏高清电影《六尺巷》和电影《第一书记》分获“华表奖”优秀戏曲片和优秀故事片提名奖。围绕建党 90 周年和纪念辛亥革命 100 周年，《梨花似雪》《粟裕大将》《无法伤悲》等，将在央视和部分省级卫视播出；电影《留守姐妹》《情系拉魂腔》《你是太阳，我是月亮》等进入后期制作。

（三）新闻出版业

2011 年，全省新闻出版业实现营业收入 446.81 亿元，较 2010 年增长 17.89%；增加值 134.33 亿元，增长 20.11%；总产出 460.25 亿元，增长 18.07%；资产总额 423.48 亿元，增长 19.36%；所有者权益（净资产）234.62 亿元，增长 17.67%；利润总额 66.95 亿元，增长 13.9%；纳税总额 26.43 亿元，增长 21.91%。根据新闻出版总署今年 7 月公布的《2011 年新闻出版产业分析报告》，全省新闻出版业在全国的综合排名第 9；省出版集团、发行集团继续跻身中国“文化企业 30 强”，在全国同类集团中综合排名分别为第 4、第 2 位，资产总额分别占全省新闻出版业的 22% 和 16%。

全省共出版图书、报纸、期刊、音像制品和电子出版物 152073.79 万册（份、盒、张）。其中，报纸的总印数占全部出版物总印数（出版数量）的 79.42%，图书占 16.56%，期刊占 3.91%，录音、录像制品和电子出版物占 0.11%。全年共出版图书 7804 种，较 2010 年增长 38.22%；新版图书 4087 种，增长 49.60%；重版、重印图书 3717 种，增长 28%；总印数 25185.17 万册，增长 5.65%；总印张 1863056.1 千印张，增长 13.69%；定价总金额 273466.69 万元，增长 28.78%。全年共出版报纸 98 种；总印数 120769 万份，较 2010 年增长 3.49%；总印张 6077340 千印张，增长 25.18%；定价总金额 76377 万元，增长 8.42%。全年共出版期刊 180 种，较 2010 年增长 1.82%；总印数 5947.53 万册，增长 1.12%；总印张 246750.98 千印张，增长 6.75%；定价总金额 40329.6 万元，增长 7.41%。全年共出版音像制品、电子出版物 308 种，较 2010 年增长 19.84%；出版数量为 172.26 万盒（张），增长 28.32%。

全省印刷复制业（包括出版物印刷、包装装潢印刷、其他印刷品印刷、专项印刷、打字复印、复制）实现营业收入 267.48 亿元，增长 14.05%，占全行业营业收入的 59.86%；增加值 78.47 亿元，增长 26.57%，占全行业增加值的 58.42%；资产总额 271.58 亿元，增长 19.49%；利润总额 32.96 亿元，增长 17.63%；纳税总额 17.42 亿元，增长 24.43%。

全省总发行单位（省新华书店系统、安徽经纶文化传媒集团有限公司）、出版社自办发行单位共销售出版物 88450.5 万册（张、份、盒），较 2010 年增长 3%；总销售额 906918.19 万元，增长 15.46%。全省共有出版物发行网点 8858 处，增长 14.7%。

对外版权贸易增长迅速，且实现大幅度逆差，全省全年输出出版物版权较上年增长 192%，在北京国际图书博览会连续 4 年位居全国各省（市、区）第一。全省共输出出版物版权 573 种，全部为图书，较 2010 年增长 192%。其中，美国 13 种，韩国 52 种，中国台湾 403 种，其他地区 105 种。全省共引进出版物版权 218 种，其中图书 217 种，电子出版物 1 种。较 2010 年增长 65%。其中，美国 55 种，英国 56 种，法国 3 种，加拿大 2 种，日本 47 种，韩国 13 种，中国台湾 35 种，其他地区 7 种。

（四）演艺业

2011 年，全省进一步强化精品意识、品牌意识，面向市场，以打造原创剧目为重点，推出一大批有影响、有市场的精品力作。省黄梅戏剧院创排“3D 全息黄梅戏”《牛郎织女》，开创了将 3D 全息科技手段运用于中国传统戏曲舞台的先河，有效延伸了演艺产业链，2011 年共演出 22 场，收入 75 万元。省歌舞剧院推出原创舞剧《徽班》，该剧强化安徽地域特色，以市场为导向，采用“先进市场，再入赛场”的市场化运作模式，2011 年共演出 21 场，收入 66 万元，并作为“2011 年第九届北京国际戏剧、舞蹈演出季”特邀首演剧目在国家大剧院连演两场，场场爆满。省话剧院继续弘扬主旋律、唱响正气歌，推动原创话剧《魂系小岗》在全省 16 个城市巡演 103 场次、收入 310 万元，为主旋律作品成功参与市场运作开了一个好头。省徽京剧院创新艺术样式，创排徽韵动漫剧《黑脸大包公》，为传统艺术融入时尚元素，广受欢迎，在省内外演出50场，收入60万元。省杂技团面向市场需求，坚持在美国驻场演出，编排《水流星》《中国结》《浪桥钻圈》《大排椅》《跳板蹬人》《俏花旦》等一批节目，深受观众喜爱。同时，由省黄梅戏剧院全新打造的黄梅戏《风尘女画家》、大型红色经典黄梅戏清唱剧《红梅赞》，安徽乐团编创的多媒体动漫视听交响音乐会《哆唻咪A梦畅想》、省话剧院创作的悬疑剧《记忆底牌》等剧同样受到市场欢迎。省徽京剧院创作排演的现代京剧《天地人心》以演出107场、收入246万元成为安徽省京剧历史上演出场次最多、演出收入最高的创作剧目，并入选2011年由文化部主办的第六届中国京剧艺术节。

出台全省民营文艺表演团体发展“3311”计划，即用3年时间，壮大临泉杂技、埇桥马戏、安庆黄梅戏三大特色区域民营演艺产业，重点扶持100个民营文艺表演团体，培训1000名民营文艺表演团体骨干。评选表彰望江县百花黄梅戏剧团等26个民营艺术院团为第三批“百佳院团”。全省1530多个民营院团年演出40余万场次，总收入超6亿元，成为繁荣城乡文化市场的生力军。在临泉举办第二届省民间杂技艺术节，36个民营院团、400多名演职员演出60多个节目。中宣部《宣传工作》和文化部《文化要情》专刊推介安徽扶持发展民营艺术院团的经验。

（五）动漫游戏业

2011年，全省有8家动漫企业通过文化部、财政部、国家税务总局2011年动漫企业认定，认定数并列全国第三位，显示出安徽动漫产业强劲的发展势头。省政府正式发布《安徽省“十二五“时期动漫产业发展规划》，提出用5至10年时间，使我省的知名动漫品牌数、动漫企业“航母”数和动漫企业总数居于中西部领先地位，成为全国“第一方阵”。动漫产业增加值年均增速达到30%以上，位居全国前列。力争到2015年，把安徽省初步打造成为富有吸引力、竞争力和创造力的动漫人才聚集地，形成动漫创新人才高地。

2011年，在芜湖市成功举办第三届中国（国际）动漫创意产业交易会，共签约55个项目，总投资190.2亿元，并报请文化部同意，将中国国际动漫创意产业交易会永久落户安徽芜湖。动漫交易会成为全省乃至我国动漫产业最新发展成果和亮点的一次集中展示，也为我国动漫产业的腾飞搭建起交流、合作和发展的平台。全省已形成以合肥、芜湖两个国家级的动漫基地为主干，以马鞍山、淮南、六安、池州动漫集群为两翼的产业布局。合肥市、芜湖市两家国家级动漫基地发展良好，已入驻企业200多家。马鞍山动漫基地，签约企业已有80余家并形成动画后期渲染、音效合成、网络运营等一系列产业链条。淮南志高文化科技动漫产业园总投资60亿元，建成后每年可接纳游客200多万人次。

（六）艺术品与工艺美术业

安徽省是工艺美术大省，传统工艺美术历史悠久、门类众多、享誉中外，全省现有20多万人从事工艺美术品生产，规模以上企业年产值100亿元以上。为积极推动艺术品和工艺美术产业发展，全省举办了多项大型综合性展会。2011年10月，第五届中国（合肥）国际文化博览会暨2011中国工艺美术精品展览会在合肥举行，来自全国各地以及缅甸、老挝、斯里兰卡、巴基斯坦、韩国等国的1000多家文化企业云集合肥，2200个展位签约参展本届文博会，数十位国家级工艺美术大师同台竞技，“全国版权示范单位”授牌仪式、“皖津文化产权交易所签约仪式”及“专家鉴宝”活动更是将本届大会推向高潮。据统计，4天展会期间，前来参观、采购的观众约35万人次，同比增长20%；现场交易额2.13亿元，同比增长17%；意向合同交易额3.2亿元，同比增长23%，均创下历届文博会之最。2011年12月，由省经信委、省文化厅、省人力资源和社会保障厅共同举办的安徽省传统工艺美术作品展在合肥举行，汇集了200多家企业的近千件工艺美术作品，涵盖了文房四宝、工艺雕刻、刺绣和染织、工艺家具、金属工艺和首饰、工艺画、其他工艺美术等12类，代表了全省传统工艺美术行业发展的最新水平。

（七）新媒体业

2011年，安徽省积极扶持手机报、手机电视、移动电视、网络广播电视等潜力巨大的新媒体新业态，初步形成了传统媒体与新媒体相互融合、共同发展的格局。安徽日报报业集团主办的手机报，用户达40多万。安徽出版集团与中国移动合作开发手机动漫杂志《移动漫》，用户突破80万。安徽新华发行集团与淘宝网等开展合作，打造以“华仑书店”为旗舰的网上书店连锁体系。

积极推动文化产业与工业、农业、旅游、体育、教育等深度融合，不断提升产业产品的附加值。安徽出版集团积极进军影视业，签订了9个影视合作项目，创造了文化企业全媒体运营的新格局。安徽演艺集团谋划推出3D全息黄梅戏《牛郎织女》，开发《中国戏曲掌上3D互动宝典》，延伸了产业链条，拓展了合作渠道。集景观、主题乐园、创意产业基地为一体，投资数十亿元的淮南志高文化科技动漫产业园、蚌埠文化科技创意产业园等一批文化科技型项目加快建设，“时代 e 博”、3G 互动阅读等全媒体数字化出版运营平台正式上线。

（八）广告业

为深入贯彻国家《关于促进广告业发展的指导意见》和《关于促进安徽省广告业发展的指导意见》，2011 年8月31日，安徽省召开了首次促进广告业发展座谈会，进一步促进安徽省广告业健康快速发展。会议强调，要进一步发挥广告业在推动全省文化产业发展、现代服务业发展以及创意经济发展中的重要作用，进一步加强品牌建设，推动广告业取得经济效益和社会效益“双丰收”。

合肥、芜湖、安庆等市先后出台广告业发展“十二五”规划和配套措施，纷纷提出要多措并举、积极引导广告业的产业结构调整，尽快形成一批拥有著名品牌和先进技术、主业突出、创新能力强且具有较强竞争力的大型广告企业集团，形成门类齐全的广告产业集群，广告创意设计、服务质量和辐射效应显著提升。合肥市高新区、芜湖市鸠江文化产业园积极申报“国家广告产业园”。

·福建省·

一、2011 年文化产业发展总体情况

2011 年，全省文化产业结构转型升级加快，重点项目建设有序推进，骨干文化企业实力增强，招商引资和项目对接取得新进展，文化产业总体实现平衡较快发展。

（一）从总量规模来看，文化产业实力日益增强

1. 文化产业总量提升较大

文化产业统计调查数据显示，2011 年全省文化产业活动单位 5.15 万家，全年完成主营业务收入 2697.54 亿元，比上年增长 29.6%；拥有资产 2631.05 亿元，比上年增长 22.9%，实现文化产业增加值 802.32 亿元，比 2010 年增加 200.66 亿元，比上年增长 33.3%。

2. 十大文化产业稳中有升

2011 年列入全省重点发展的十大文化产业平稳增长，实现增加值 567.24 亿元，占全省文化产业的 70.7%，比上年提高 1.8 个百分点，十大文化产业增加值比上年增长 36.8%，增速比全省文化产业高 3.5 个百分点。

3. 文化制造业发展突出

从文化产业九大行业看，增长速度超过全省增长速度的行业有 3 个，分别是文化用品、设备及相关文化产品生产（40.7%）、其他文化服务（37.3%）和广播、电视、电影服务（35.3%）。文化用品、设备及相关文化产品生产创造增加值占全省总数的 46.2%，其次是文化休闲娱乐服务，占 13.5%，第三位是出版发行和版权服务，占 11.2%。

4. 产业集聚化程度提高

全省文化产业园区建设正处于快速发展时期，项目建设稳步推进，截至 2011 年底，全省各地市文化产业园区项目已建 25 项、在建 74 项，逐步形成了一批不同类型、形态多样、功能互补的产业园区。截至 2011 年底，全省建成省级以上文化产业示范基地 71 家，其中国家级 6 家；厦门和福州分别获评“国家动画产业基地”和“国家影视动画综合实验园”。在全省范围内逐步形成了动漫游戏、文化旅游、工艺美术等一批文化产业示范基地和陶瓷艺术、木雕工艺等若干较有优势的文化产业集群。

（二）从产业结构来看，文化产业发展层次和水平进一步提升

1. 区域结构层次清晰

福州、厦门、泉州文化产业发展快速，领跑全省，其他各设区市稳中有升。2011 年，福州市、厦门市、泉州市文化产业增加值分别为 181.99 亿元、180.72 亿元和 180.11 亿元，三市占全省文化产业的比重为 67.7%；三明市、莆田市和厦门市文化产业增加值比上年增长速度分别为 53.0%、49.0% 和 45.1%，高于全省平均水平；莆田市、厦门市和福州市文化产业增加值占地区生产总值的比重分别为 7.7%、7.1% 和 4.9%，超过全省平均水平。

2. 业态结构进一步优化

文化服务业产业规模和产业层次提升明显。2011 年，全省文化服务业、文化制造业、文化销售业分别完成增加值 366.22 亿元、370.72 亿元、65.38 亿元，三者占全省文化产业增加值分别为 45.65：46.20：8.15，文化服务业增加值已逼近文化制造业。在文化服务业中，新闻服务、出版发行和版权服务、广播电视电影服务、文化艺术服务等组成的传统文化产业实现增加值 143.59 亿元，比上年增长 32.6%；网络文化服务、文化休闲娱乐服务、其他文化服务等组成的新兴文化产业实现增加值 222.63 亿元，比上年增长 28.3%。福建省成为全国动漫产业发展的重地，动漫游戏业总体水平居全国前列，2011 年全省动漫游戏业收入 56 亿元，同比增长 42%，厦门软件园二期动漫园区、福州软件园影视动漫产业基地分别获评“国家动画产业基地”和“国家影视动画综合实验园”。

3. 文化产品和服务对外贸易持续增长

2011年全省文化产业进出口达20.40亿美元，出口较多的产品为除绘画之外的其他视觉艺术品，占当年出口总额的88.6%，增长较快的是印刷品、绘画和新型媒介；进口的主要产品是印刷品，占比为71.7%。2011年文化产品进出口排前五位的省分别是：广东、福建、浙江、湖北、江西。

（三）从产业主体来看，文化企业实力和竞争力逐渐增强

1. 一批重点文化企业竞争力有所提升，对文化产业总体发展支持作用逐渐增强

2011年度“福建省文化企业十强”企业实现收入35.63亿元，完成增加值11.74亿元，分别比上年同期增长33.6%和37.2%，远高于全省平均水平。

2. 省属文化集团实力不断增强

福建日报、省广播影视、海峡出版发行三大省属集团坚持经济效益、社会效益两手抓，在推进产业发展、引领先进文化、履行社会责任、支持改革发展等方面发挥了带头模范作用。全年营业收入、净资产、纳税总额合计达43.65亿元、51.69亿元、3.07亿元。

3. 民营文化企业渐成新兴力量

福建省先后颁布相关政策和配套措施，在市场准入、资金、税收优惠等方面给予扶持，引导和鼓励民营资本进入文化产业 。在政策鼓励和自身发展需求的促动下，民营文化企业在动漫、游戏、数字印刷等高科技领域不断加大投入，成为这些领域省内市场的主导。全省动漫游戏相关民营企业达到200多家，2011年实现增加值56亿元，网龙成为中国领先的网络游戏开发商、运营商和中国第二大网络游戏出口商，厦门游家网络公司运营的4399游戏动漫平台2011年实现营业收入超5亿元，成为国内最大的中文游戏平台；民营资本大举进入工艺美术、印刷产业等传统业态，3家民营印刷企业在深交所上市；全省有民间职业剧团800多个，从业人员近4万人，2011产值超过7亿元，已形成一个庞大的文化演艺方阵。此外，2011年福建新华发行集团和福建源昌茶业有限公司以股份制形式联合组建福建新华茗茶文化发展有限公司，探索国有资本与民营资本的战略合作，是福建省国有文化企业与民营企业跨所有制合作发展的一次有益尝试。

（四）从对经济增长的贡献来看，文化产业对国民经济促进作用更加凸显

1. 增加值占GDP比重不断提升

2011年全省文化产业增加值802.32亿元，占地区生产总值的比重为4.6%，对经济增长的贡献率达7.5%。

2. 吸纳就业平稳扩大

2011年文化产业单位吸纳就业人员75.20万人，比上年增加5.93万人，增长8.6%，增速高于“十一五”年均增长1.4个百分点，高于全社会从业人员增速5.5个百分点。

3. 文化消费拉动有力

2011年，全省城镇居民人均教育文化娱乐服务支出为1879元，按当年价计算较2010年增长5.2%，占城镇居民家庭人均消费支出的比重为11.3%；福建省农村居民人均文化教育娱乐消费支出达到506.71元，按当年价计算较2010年增长9.6%，占农村居民家庭人均消费支出的比重为7.7%。

4. 文化产业投资迅猛增长

2011年，全省文化体育和娱乐业固定资产投资达129.18亿元，比上年增长75.8%，占全社会固定投资额的1.28%，比上年提高0.33个百分点。

（五）从发展文化产业的特色优势来看，两岸文化产业合作发展潜力巨大

1. 闽台文化会展产业合作全面推进

厦门文博会、台北两岸文化创意产业展、莆田艺交会、晋江鞋博会、石狮海博会、漳州花博会、厦门国际动漫节（厦门）、海峡两岸动漫创意产业展、两岸创意产业合作与发展高峰论坛、两岸创意设计作品巡回展等载体建设效果突出。

2. 海峡两岸文化艺术交流持续深入

歌仔戏艺术节、海峡两岸民间艺术节、南音大会唱、闽台文学 / 文化学术研讨会、中华闽南语歌曲创作大赛、海峡两岸舞蹈艺术文化交流等活动有声有色，两岸文化交流与合作机制更加成熟，走向品牌化与常态化。

3. 闽台文化产业对接与合作全面启动

一批以闽台合作为重要构成的园区和基地进入规划和建设阶段，如福州三坊七巷历史文化街区、（红坊）海峡文化创意产业园、海峡影视文化创意产业园等，厦门产业园，莆田的仙游工艺创意产业园，龙岩的志高动漫科技文化产业园、台湾群创创意园，南平的建瓯武夷根艺城、政和塔山竹文化创意园等。积极吸引台资文化企业入驻文化产业园区。福州芍园一号创意园区入驻文化企业中，港资、台资机构达到三分之一，多家台资动漫企业进驻福建。工艺产业、印刷产业两岸合作持续深入，福建省两岸出版交流合作工程等一批重大项目生成。随着平台和载体的日趋成熟，两岸文化产业合作发展的巨大潜力更加显现。

二、2011 年文化产业各行业发展基本情况

（一）广播电影电视业

1. 总体情况

2011 年，全省广播电视实际创收 46.41 亿元，同比增长 20.92%。其中，广告收入 20.26 亿元，同比增长 24.83%；网络收入 16.55 亿元，同比增长 2.6%；其他收入 9.6 亿元，同比增长 59.5%。全省有线电视用户数 652.13 万户，同比增长 6.3%，其中数字电视用户 333.93 万户，同比增长 15.37%，有线电视入户率 64.55%。全年电影票房 3.51 亿元，电影放映 33.95 万场次，观影人数 946.17 万，分别比上年增长 42.1%，86.9%，34%；新增影院 25 家、银幕数 117 块，其中开业 3 块 IMAX 巨幅银幕，实现了全省巨幅银幕零的突破。

2. 发展运行特点

一是广电网络整合全面推进。2011 年 4 月，省委办公厅、省政府办公厅制订下发《福建省广电网络集团股份有限公司组建方案》，确定省广电网络集团股份有限公司性质、股权构成、管理架构及组建步骤。6 月，省领导主持召开省委专题会议，成立省广电网络整合工作办公室，全面推动广电网络整合和省广电网络集团公司组建工作的组织实施。12 月份，省广电网络集团公司完成工商注册登记。

二是影视精品生产取得新成效。2011 年省政府办公厅出台《福建省促进电影产业繁荣发展实施意见》，广播影视作品生产迎来又一个“春天”。共有 8 部电影投拍；生产电视剧 5 部 189 集，年增 49%；动画片 46 部 26079 分钟，年增 242%。其中 4 件影视作品获得中国广播影视大奖，3 件作品获得中国新闻奖，8 部动画片入选“优秀国产动画片”，6 部动画片在央视播出。电影《爱在廊桥》获第 28 届中国电影金鸡奖 4 项提名并获最佳导演奖；4 部电视纪录片获得全国性奖项，其中 2 部获“年度十大纪录片”奖。福建恒业电影公司制作的《倾城之泪》等电影、电视剧取得了经济和社会效益双丰收，成为 2011 年福建省影视剧市场的突出亮点。

三是公共文化服务水平持续提升。省委、省政府连续将解决广大群众听广播、看电影电视问题列入为民办实事项目予以强力推动。基本完成农村有线广播村村响工程建设。截至 2011 年底，全省累计投资 1.43 亿元，14154 个行政村设立广播室，实现了平时转播各级广播节目和插播当地广播服务，应急时可远程强制启动广播预警等强大功能。完成 20 个县（市）城区数字影院建设，有效解决了县（市）城区居民看电影难的问题。启动 20 户以下自然村广播电视村村通工程建设和小片网提升改造。进一步巩固农村电影放映工程建设成果，全省全年完成放映场次 181212 场，观影人数约 2493 万人次，完成计划场次的 103%，超额完成“一村一月一场电影”的任务，其中商业片 90609 场，占全年农村电影放映计划场次的 50%。

四是对台对外交流合作更加频繁。成功举办“第三届海峡论坛·海峡影视展映展播周暨两岸影视制作业峰会”；在第四届厦门文博会上影视签约项目达到 21 个，金额约 18.09 亿元。《妈祖之光》大型综艺晚会分别在台中市和新竹市举办；海峡卫视实现全频道澳门落地；厦门卫视积极开展在澳大利亚、新西兰的频道推介宣传活动；福州电台“左海之声”方言节目在大纽约侨声广播电台播出；泉州电视台在菲律宾成功举办第二届“中国泉州电视周”等，福建省广电媒体在台在外影响力持续扩大。

（二）新闻出版业

1. 总体情况

截止到 2011 年底，福建省新闻出版产业共有 9148 家单位（含打字复印店和发行零售店），较 2010 年底增加 438 家。产业拥有总资产 620.79 亿元，同比增长 3.39%；其中，新媒体总资产增加 10.15 亿元，是拉动全省新闻出版产业总资产增长的主要因素。产业现有净资产 326.53 亿元，同比增长 7.55%；其中，印刷复制业和新媒体对全省新闻出版产业净资产增长贡献巨大，贡献率达 70.55%。产业实现营业收入 617.54 亿元，同比增长 15.21%，其中印刷复制业和新媒体分别增加 54.39 亿元和 14.72 亿元。从业人员总数为 167,539 人，较上年同期减少 18.56%。

2. 发展运行特点

一是总体呈现稳步发展态势，新媒体行业驶入发展快车道。2011 年全省新闻出版产业实现增加值和营业收入的增速分别达到 15.03% 和 15.21%，其中新媒体增加值增长率达 120.6%，为全行业增速的 8 倍，营业收入增长率 216.42%，为全行业增速的 14 倍。

二是产业结构调整优化初显成效，出版业占比有所提升。图书出版、报纸出版、期刊出版、音像电子出版等均有不同程度的增长，出版业增加值增长 22.26%，营业收入增长 27.51%；印刷业受外部宏观环境的影响发展减缓，增加值增长 8.82%，营业收入增长 12.41%；发行业受市场竞争的冲击增长最慢，增加值增长 5.31%，营业收入增长 6.42%；三者增加值在新闻出版产业中的比重由 8.84%：75.37%：10.95% 调整为

9.39%：71.30%：10.02%，营业收入的比重由 4.08%：81.80%：12.73% 调整为 4.52%：79.81%：11.76%。

三是体制改革持续深化，市场化程度明显提升。省新闻出版局根据国家非时政类报刊体制改革精神，结合福建省实际情况，起草了《福建省非时政类报刊出版单位体制改革实施方案》等 4 个相关文件，认真做好报刊体制改革的前期准备工作。同时，出版印刷发行单位积极深化内部机制改革，建立健全现代企业制度，转企改制进一步深化，2011 年印刷业和发行业加大市场化程度，国有和集体单位所占比重下降，私营经济的主体地位进一步提升，印刷业和发行业私营企业所占比重分别提高 2.8 个百分点和 15.8 个百分点，印刷业的股份制企业也略有增加。

四是产业集聚进一步强化，区域产业优势更加明显。初步形成以福州、厦门为发展中心的数字出版格局，福建人民出版社数字出版项目研发实验基地已在福州大学落户；中国移动、中国电信在厦门设立了动漫出版基地；目前统计的新媒体行业，均分布于福州和厦门，2011 年新增统计的 10 家网络出版单位整体规模较大，其中有 3 家资产过亿元，分别为厦门游家网络有限公司、福建网龙计算机网络信息技术有限公司、厦门读客信息科技有限公司，三家企业实现的增加值和营业收入分别达 4.8 亿元和 12.3 亿元，在新媒体中的占比分达到 39.78% 和 57.17%。

五是对台、对外交流进一步加强，有效推动产业新发展。福建省两岸出版交流合作工程项目被列为国家总署“十二五”时期重大项目之一。在第三届海峡论坛上，总署宣布 5 条在福建先行先试的惠台政策，得到台胞热烈欢迎。海峡出版发行集团与台企签署合资组建海峡书局股份有限公司协议，拟将设立大陆首个闽台合资的互联网出版企业。厦门外图集团有限公司被总署评为全国新闻出版“走出去”先进单位，2006 年至 2011 年期间实物出口位列全国第三，其中对台图书出口成绩突出，出口图书 500 万册，人民币码洋 2.5 亿元，占全国图书出口台湾市场 60% 份额。成功举办第三届海峡新闻出版业发展论坛、第二届海峡版权（创意）产业精品博览交易会、第七届海峡两岸图书交易会、第六届金门书展、首届海峡两岸青少年快乐读书会等。平潭时报经总署正式批准创办，将以“共同家园、前沿媒体”为办报理念，用以记录平潭快速崛起、见证两岸交流。由福建省对外文化交流协会、福建省新闻出版局、美国福建同乡会联合创办的海外华人社区第一家书屋——“闽侨书屋”在美国福建同乡会正式成立。

（三）演艺娱乐业

1. 总体情况

截至 2011 年底，全省艺术表演团体 454 个，从业人员 15797 人，全年共演出 44469 万场，其中国内演出 43457 万场，国内演出观众人次 5120847 万人次，演出总收入 41218 万元；全年共组织政府采购公益演出场次 1280 场，观众人次 76689 万人次，政府采购演出补贴收入 602 万元；全省共有艺术表演场馆 49 个，坐席数 31583 个，全年演出 2784 万场次，观众人次 161988 万人次；文化市场经营单位 6003 家（不含经营性艺术表演团体和经营性艺术表演场馆），从业人员 67059 人，其中，互联网上网服务营业场所 3264 家，娱乐场所 2246 家，经营性互联网文化单位 51 家。2011 年文化市场经营单位全年营业总收入 63.85 亿元，利润总额为 17.86 亿元，增加值 41.59 亿元。2011 年演艺娱乐业全行业资产 137.51 亿元，比 2010 年增长 20.8%，主营收入 114.56 亿元，比 2010 年增长 22.5%，实现增加值 58.96 亿元，比 2010 年增长 18.5%。

2. 发展运行特点

一是舞台艺术精品迭出。福建京剧院《北风紧》获 2009–2010 年度国家舞台艺术精品工程“精品剧目”。福建省实验闽剧院《王莲莲拜香》入选国家舞台艺术精品工程 2010–2011 年度资助剧目。福建人民艺术剧院的大型多媒体话剧《小平，您好！》获“2011 年全国现代戏优秀剧目展演奖”，福建京剧院的京剧《大唐才女》获第六届中国京剧艺术节银奖。福建省剧院的《荔枝红了》在第九届全国舞蹈比赛中获群舞组表演二等奖，福建师范大学音乐学院的《永远的笑容》获群舞组表演优秀奖，福州市歌舞剧院的双人舞《青・恋》获创作优秀奖。仙游鲤声剧团的莆仙戏《白兔记》参加第五届法国巴黎中国戏剧节获“最佳传统剧目奖”。儿童剧《渔童》荣获首届中国儿童戏剧节优秀展演剧目奖，福建省杂技团《缘——绳技》获法国“明日”杂技节铜奖。福州市艺术创作研究中心的闽剧《南归梦》获第 25 届“田汉戏剧奖”一等奖。

二是大型演艺精品市场良好。“印象大红袍”作为第一台以联合国“双世遗”为平台的集山水实景、声、光、电艺术于一体，把历史文化与现代文明较好地融合在一起的大型山水实景演出项目，拥有坐席数 1986 个，2011 年演出场次 300 多场，收入 6000 万元。

（四）动漫游戏业

1. 总体情况

2011年，福建省动漫游戏产业快速稳步发展。据统计，到2011年底，全省从事动漫游戏相关业务的企业总数已超过200家，从业人员近2万人。行业总收入从2009年的27.5亿元增长至2011年的56亿元，年平均增长43%。其中网龙公司等6家企业收入超过亿元（新增2家），中国移动手机动漫基地、中国动漫集团中娱文化传播股份有限公司等22家企业收入超过千万元（新增14家），增幅为历年之冠。动漫游戏企业研发能力、盈利能力有了显著地提高。共有46部26079分钟动画片获得播出许可证，排名全国第五；11部动画片获得国家广电总局推荐的优秀国产动画片奖，排名全国第三。

2. 发展运行特点

一是产业布局更加均衡。本土动漫游戏企业大量涌现，在福、厦两地聚集了一批在全国动漫游戏产业中具有重要影响力的骨干企业，其他设区市动漫游戏产业也有了较大的发展。

二是产业发展更加理性。各设区市纷纷结合自身产业优势、走地区经济特色与动漫游戏产业相结合的道路，动漫作品与周边衍生品产业得到了同步快速发展。

三是产业分工日趋明显。基本初步形成了福州、厦门两地发挥人才技术聚集优势，发展原创动漫游戏产业园；泉州、漳州发挥轻纺工业发达优势，发展动漫游戏衍生品产业园；三明、南平、龙岩等地发挥生态旅游资源优势，发展动漫游戏周边产业园的整体格局。

四是动漫衍生产业发展取得了良好成效。泉州子燕动漫科技有限公司衍生品收入达到2亿元、晋江恒盛集团实现玩具销售收入1.2亿元、厦门蓝帽子文化传播有限公司实现相关衍生品销售收入达到千万元，厦门大拇哥动漫系列产品专卖店在全国各地陆续开业。

五是产业政策和人文环境不断完善，吸引了中国移动手机动漫基地、中国电信动漫运营中心、中国动漫集团、中国数码港科技、深圳华强、上海水木动漫、北京水晶石、台湾西基、远东动画等知名动漫企业落户，使福建省成为全国动漫产业发展的重地。

（五）工艺美术业

1. 总体情况

2011年，福建省工艺美术规模以上总产值603亿，比增28.9%，销售额590亿，比增28.4%，全年全行业实现增加值264.73亿元，比2011年同比增长43%，在全年文化产业增加值中占比46.8%。

2. 发展运行特点

一是工艺美术人才队伍建设进一步加强。积极组织评审推荐参评第六届中国工艺美术大师，开展第四届福建省工艺美术大师和工艺美术名人评选活动，评选出省工艺美术大师人选117名，工艺美术名人240人。目前全省拥有中国工艺美术大师29人（在世21人）。福建省工艺美术大师276人。福建省工艺美术名人448人，还有数千名中、高级工艺美术师、工艺美术技师。成立了省工艺美术行业协会、学会、省古典工艺家具行业协会等省级协会，福州、莆田、泉州、厦门、漳州、宁德、南平和部分县也先后成立了工艺美术行业协会。

二是工艺美术产品在全国地位突出。全年全行业总产值800多亿元，出口交货值250亿，比增22.2%，产值和出口额均位居全国第四位。

三是产业发展配套扶持政策更加完善。2月17日省政府颁布实施《福建省传统工艺美术保护办法》，为工艺美术产业的法制化、规范化和制度化发展提供了更加有力的措施保障。全年安排工艺美术专项保护资金200万，用于开展工艺美术行业重大活动、扶持重点项目和公共服务平台建设。

（六）广告业

1. 总体情况

截止2011年底，全省共有广告经营单位8837户，广告从业人员5.55万人；广告业主营收入164.16亿元，实现增加值43.67亿元。全年广告税收达3.4亿元，占全省税收的0.2%，为社会提供了6.77万个工作岗位。拥有中国一级广告资质企业16家，拥有福建一级广告资质企业26家，福建二级资质广告企业29家。同时，全省还有18家广告公司广告营业额突破亿元大关，最高达到3.4亿多元。东南卫视、奥华、蔚蓝、新恒基、九龙宝典等十多家公司先后进入了全国广告企业百强行列。广告产业规模初步形成。

2. 发展运行特点

一是广告资源日益丰富。不仅有本土企业和大型国企（如通信、金融等）客户，还有省外部分商家。

二是广告种类日益增多。除传统主流媒体、户外广告和整合营销三大板块之外，信息、展会、演示、车载、电影、DM、IPTV、电子商务、网络、通讯、数字库营销等广告层出不穷，形成了庞大的广告家族。

三是广告载体日益扩容。报刊种类增多，不断扩版，发行量增加；电视、广播普及，覆盖全部乡镇和农村，东南、海峡、厦门卫视节目上星，中央主流报刊在闽增设福建专版等等，使广告受众率、广告发布量、广告效果大大提高。四是产业链条已经形成。随着广告业发展，服务广告业的关联产业日益发达。广告设备制造商，广告器材和广告喷绘、广告产品制作、广告专业摄影等商家，已经形成庞大的广告产业链，并日臻完善。全国首家广告专业市场在福州工业路挂牌形成，福建广告人才服务中心成立，专门为广告业提供人才服务，广告新技术、新设备、新材料、新媒体展会，渐成常规，广告人俱乐部、广告业内各类组织和广告专业刊物和网站应运而生。

（七）文化会展

1. 总体情况

截至 2011 年底，全省文化会展业资产总计 43.62 亿元，主营收入 16.06 亿元，从业人员 0.5 万人，实现增加值 6.20 亿元，分别比 2010 年增长 35.59%、164.14%、56.25%、126.28%。

2. 发展运行特点

一是文化展会种类丰富，涵盖新闻出版报刊服务、广播影视、文化创意、动漫游戏、演艺娱乐、文化旅游、工艺美术等文化产业各门类。

二是主要文化展会不断提升，展会规模、辐射区域、投资交易和展会质量等方面都有新发展。如第四届海峡两岸文博会的总展览面积超过 4 万平方米，参展的文化企业共有 819 家，其中大陆地区的参展企业来自 12 个省份，共有签约项目 155 个，总签约额为 359.7109 亿元人民币，分别比上届增长了 12.32% 和 263.40%。超过5000万元的项目达55个，签约金额达225.8221亿元；现场交易总额为4.73亿。第二届版博会共有532家（名）单位和个人作者参展，比上届增长 70%；参展作品共 1530 件，比上届增长 17%；参观人数超过 60 万人次，比上届增长 13%；项目签约及现场交易额 61.2 亿元。第六届艺博会共设置 666 个标准展位，现场签订 98 个合同，签约总金额超过 5 亿元，产品交易额 6380 万元。

三是海峡特色鲜明。参加第四届海峡文博会的台湾本岛文化企业和机构共计 349 家，比上届增长了 71.08%，覆盖台湾所有县市；香港企业 22 家；越南有 6 家，第二届版博会 8 家台湾专业协会为协办单位，台湾参展精品 530 件，占全部参展作品 30.4%，台湾作品比例比上届 20% 提高 10.4%；台湾参展企业和作者 240 家（名），占总参展单位的近 50%，并在建筑设计、动漫展区、陶艺展区、石雕展区都安排了台湾专区。第六届艺博会有来自海峡两岸、港、澳地区和国外工艺品生产企业的 26 大类上万件工艺精品参展。

（八）文化旅游业

1. 总体情况

2011 年，福建省紧紧围绕建设国际知名的旅游目的地及我国重要的自然和文化旅游中心的战略目标，加快文化和旅游相互融合，大力推进文化旅游产业发展，呈现健康稳步发展势头，旅游经济各项主要指标全面超额完成年初预定目标。全省累计接待游客 14022.43 万人次，比上年增长 19.0%；旅游总收入 1597.78 亿元，比上年增长 19.5%。其中，接待国内游客 13595.01 万人次，增长 19.1%；国内旅游收入 1361.66 亿元，增长 20.0%；接待入境游客 427.42 万人次，增长 16.1%；旅游外汇收入 36.34 亿美元，增长 22.0%。

2. 发展运行特点

一是特色文化旅游不断壮大，影响力逐步扩大。2011 年，福建省以“中华文化，多彩海西 ”、“畅游精彩海西，体验中华文化”等为旅游宣传口号，推出世界遗产文化探奇游、宗教文化朝圣游、民俗文化探寻游、茶文化养生游、红色之旅文化游等 5 条独具特色的文化旅游线路，进一步宣传推广闽南文化、朱子文化、茶文化、海丝文化、妈祖文化、客家文化等一批特色文化旅游精品。

二是红色旅游加快发展，区域合作成效显现。与广东、江西省签订了《闽粤赣三省红色旅游精品线路推广合作协议》，共同打造中央苏区红色旅游品牌，在产品规划开发、品质提升、宣传促销等方面扎实发力，促使红色旅游持续升温。2011 年，古田会议旧址累计接待游客 122.79 万人次，增长 20.2%；长汀红色旅游旧址群累计接待游客 43.03 万人次，增长 53.3%；泰宁的红军街和总司令部累计接待游客 80.1 万人次，约增长 56%；武夷山大安源红色旅游景区累计接待游客 21.63 万人次，增长 39.1%。在红色旅游的强力带动下，周边乡村旅游景点游人如织，如上杭五龙农家乐全年累计接待游客 76.56 万人次，同比增长 9.7%；莆田九龙谷累计接待游客 56.10 万人次，增长 24.0%；宁德上金贝累计接待游客 18.8 万人次，增长 16.8%；漳州古山重累计接待游客 12 万人次，较上年翻了一番。

三是文化主题活动多彩，主要景区游客倍增 。各地市联动配合，隆重举办贯穿全年的“2011 年中华文化游 · 海西行”系列节庆活动，如福州温泉旅游节、三坊七巷民俗文化节，厦门的海峡两岸龙舟赛、中秋博饼文化节，泉州的郑成功文化节、“闽台戏棚”文化旅游演出月活动，漳州的海峡两岸（东山）关帝文化节、国际帆船文化节，莆田的湄洲妈祖文化旅游节，龙岩的海峡客家旅游欢乐节，三明的泰宁丹霞文化旅游节、中国（沙县）小吃旅游文化节，南平的武夷山海峡两岸茶博会，宁德的世界地质公园文化旅游节等等。丰富多彩的文化主题活动，吸引力了大量游客，全省旅游市场不断扩大。

四是景区升级转型，成为全省旅游经济新的推动因素。特别是福建土楼（永定、南靖）旅游区和泰宁风景旅游区荣升国家5A级景区，马尾船政文化、武夷大安源等11个景区新晋国家4A级，加上知名老牌A级景区的传统影响力，全年游客接待量超百万的A级景区数量达16家，比上年增加2家，拉动全省A级景区接待总量持续稳定较快增长。

·江西省·

一、2011年文化产业发展总体情况

2011年，江西省文化产业继续保持快速增长势头，产业规模持续扩大、产业结构呈现新的变化，文化产业总量实现了大增长、大跨越。2011年，全省实现文化产业增加值294.85亿元，占GDP的比重为2.52%，主营业务收入突破千亿大关，达1020.4亿元。

（一）文化产业增势强劲，全省主营业务收入突破千亿大关

根据江西省统计局数据，2011年，全省实现文化产业增加值294.85亿元（国家统计局认定数），同比增长28.5%，比2011年地区生产总值（现价）增速高出4.7个百分点，比第三产业增加值增速高出2.9个百分点；文化产业增加值占GDP的比重为2.52%，比2010年提高0.09个百分点；主营业务收入突破千亿大关，达1020.4亿元。文化产业增加值的排名在全国居16位，高于江西省GDP在全国排名3个位次。根据南昌海关数据，2011年，全省文化出口9.4亿美元，同比增长71.3%，高出同期全国文化产品出口平均增速49.3个百分点，居全国第5位，中部第2位，仅次于湖北。

（二）文化产业规模进一步扩大，吸纳就业能力进一步增强

文化产业规模的扩大对就业的贡献尤为明显。截至2011年年底，全省文化产业法人单位8508家，比2010年增长11.1%；年末从业人员数达到27万人，比2010年增长13%，增幅比全社会二、三产业从业人员高出近10个百分点。

（三）文化产业聚集区发展态势良好，重点项目快速推进，招商引资成效显著

2011年，江西省以打造“中部文化产业高地”为目标，规划建设了一批布局合理、功能完善、主业突出、产业配套、管理规范的文化产业园区和基地，形成了一批有较强实力和竞争力的领军文化企业，培育了一批具有自主知识产权和核心竞争力的知名文化品牌。全省投资规模超亿元的文化产业项目61个；江西数字出版产业基地、南昌华夏艺术谷文化产业园、江西慧谷·红谷创意产业园、泰豪国际动漫产业园、景德镇陶瓷创意文化产业基地等一大批投资5亿元以上的重大产业项目正积极推进。文化产业园区（基地）的品牌示范效应显现。全省拥有国家级文化产业园区（基地）14家，省级文化产业园区（基地）39家。

以鄱阳湖生态经济区为例，2011年鄱阳湖生态经济区文化产业法人单位和年末从业人员分别占全省的45.4%和51.2%；从产值观察，主营业务收入和增加值分别占全省的64.7%和60.9%，其中文化服务业发展尤为明显，主营业务收入和增加值分别占全省文化服务业的75.2%和67.8%。

此外，2011年5月13日，在中国（深圳）第七届国际文化产业博览交易会上，江西省参展单位、参展人数、展位面积、展示项目等方面均超历届。南昌、赣州、九江、景德镇、抚州、新余6个设区市和江西新闻出版集团共7个单位参展，展厅面积386平方米，通过图片、文字、实物进行展示，浓墨重彩地展示了赣州客家文化和红色旅游文化，景德镇陶瓷精品，九江金星砚，南昌瓷板画，新余夏布刺绣，江西知名书画家作品，以及江西出版集团、中文天地出版传媒股份有限公司推出的文化产品等，富有江西特色的文化精品吸引海内外观众纷纷进馆参观。此外，20个国家级和省级非物质文化遗产项目的代表性传承人在展示区现场献艺，同样赢得了海内外观众的青睐。在本届文博会上，江西省代表团各参展单位完成现场成交金额112.1万元，达成项目签约金额97.15亿元，为历史之最。

（四）地市发展各具特色，骨干龙头企业快速成长，民营企业异军突起

2011年，全省各地市以改革创新为契机，以项目建设为抓手，充分挖掘和整合本地资源，区域文化产业发展各具特色，一批骨干龙头企业快速成长，民营企业异军突起，有力地促进了全省文化产业发展。

省会城市南昌呈现以书报刊发行、广播电视等传统文化服务业为主和以动漫产业、休闲娱乐等新兴文化服务业并重发展的良好格局。江西出版集团和省广播电视网络传输有限公司规模不断扩大，在高新技术应用方面领跑全省传统文化服务业向特、新、专方向发展；以泰豪动漫为主的12家动漫企业落户南昌，占全省动漫企

业总户数的80%；景德镇呈现出以陶瓷工艺品为特色的文化产业聚集，景德镇佳洋陶瓷有限公司和景德镇海畅法兰瓷有限公司的工艺产品名扬中外；萍乡形成了以休闲娱乐为主特色文化产业，锦绣城、凯天动漫等公司在不断成长壮大；新余工艺美术、休闲娱乐也在不断得到发展，华腾地毯产业园、仙女湖文化发展有限公司等企业快速成长；鹰潭的风景名胜、赣州的玩具制造业、吉安的工艺美术与红色旅游、宜春的印刷包装装潢、抚州的油画与工艺美术、九江、上饶的工艺美术与风景名胜都在不同程度地得到快速发展。

截至2011年，全省各类民营文化企业总数4334家，占全省文化产业法人单位数的56.6%，吸纳就业人员8.6万人，占35.5%，拥有资产311.7亿元，占35.5%，创造主营业务收入246亿元，占29.1%，实现增加值74.2亿元，占32.3%。全省各地以民营资本为投资主体、投资规模千万元以上，且已开工建设的文化产业项目超过60个，其中超亿元的项目有20个。文化产业投资主体日趋多元，一个以公有制为主体、多种所有制共同发展的文化产业新格局正在逐步形成。如巴士在线传媒有限公司2011年营业收入达2.4亿元，上缴税收2100余万元，被国家科技部评为第一批现代服务业示范企业（全国仅48家，江西唯一一家），江西金太阳教育有限责任公司与全国8000所普通高中建立了稳定的合作关系，密切联络的学校达到12000所，占全国普通高中数量的75%，被评为全国“十大品牌教育集团”， 2011年销售码洋收入达13.5亿元，实现销售收入4.6。此外，景德镇陶瓷创意产业园、宜春“天工开物园” 、靖安中部梦幻城、华文光电等等，也是全省民营文化企业的亮点。

（五）文化产业财政投入得到显著增强，城乡居民文化市场消费能力不断提升

近年来，江西省出台了一系列促进文化产业大发展的政策和措施，文化产业发展的财政支持力度得到进一步增强， 2011年全省文化与传媒支出39.7亿元，同比增长39.7%，增幅比2010年高出近16个百分点，为全省文化产业发展提供了重要的资金支持，这不仅在很大程度上聚集了社会各界对文化产业发展的关注，也在一定程度上提升了市场客体，丰富了居民文化生活，提升了居民文化娱乐消费能力。2011年全省城镇居民人均文化娱乐用品及服务支出为818.61元，同比增长15.9%；全省农村居民家庭人均文化娱乐用品及服务支出达到319.4元，同比增长12%。城乡居民文化市场消费能力的提升，为进一步促进和拓展文化产业发展市场提供了重要的引擎和动力。

（六）文化服务业内容不断拓展，传统产业和新兴产业并行发展，创下了可喜的成效

从九大门类看，传统的新闻出版、广播电视电影和文化艺术等核心文化产业得到不断发展。2011年广播电视电影服务、文化艺术和新闻出版业的主营业务收入增长速度均同比超过了24%以上，与此同时，文化休闲娱乐业的发展势头呈现强劲态势，2011年主营业务收入同比增长达23.4%，增加值同比增长34.7%。

与此同时，全省新兴的动漫产业发展也迈出了可喜步伐。虽然2011年全省具有一定规模并登记在册的动漫企业只有15家，但全省动漫产业发展水平在不断提高。主要表现在：一是原创作品水平不断提高，并于2011年首次走出国门。泰豪动漫制作的《阿香游中国》和《铁皮青蛙》分别入选2011年度“最佳动漫出版物奖”和首批全国47部动漫作品国家动漫精品工程；更为可喜的是，由萍乡市凯天网络有限责任公司原创的《星梦园》被法国国家电视台、中东9国等国家级影视机构联合收购，创下了全省动漫产业原创作品走出国门的成效。二是基地建设不断推进。截至2011年年底，全省有南昌国际动漫产业园、江西省动画漫画中心园等4家动漫基地正在筹建。三是动漫企业和作品认定获得可喜进展。截至2012年3月，全省获得国家认定的动漫企业9家，其中江西泰豪动漫有限公司获得国家重点动漫企业的认定，其制作的手机动漫《阿香日记》荣获全国第一批认定的重点动漫产品。由江西笛卡传媒有限公司自主原创《笛卡特警队》和《小虫乐事》荣获国产优秀动画片称号，其中《笛卡特警队》于2012年1月4日在央视少儿频道“动画连连看”栏目播出，填补了江西无动画片在央视播出的空白。

（七）文化体制改革不断深入，市场活力进一步显现

随着文化体制改革的不断深入，文化产业政策日趋完善，全省文化产业不仅市场主体日益多元化，而且产业资源在不断整合，使得我省不断涌现出中文天地出版传媒、泰豪动漫、井冈山华严、安源锦绣城等一批规模较大、效益较好、具有核心竞争力的大型骨干文化企业集团和战略投资企业，呈现出国有、集体、民营和外资等多种市场主体共同发展的良好格局，共同促进全省文化产业规模的发展壮大。2011年全省文化产业法人单位共有经营性单位6644家，比上年增加765家，同比增长13%，从业人员23.9万人，占全省文化产业从业人员的88.5%。

与此同时，全省涌现出一大批与高新技术相融合的

优秀精神文化产品，如：《世纪精灵点读大礼包》《阿香日记》《笛卡特警队》《小虫乐事》等作品一经推出，就深受读者的喜爱。

二、2011年文化产业各行业发展基本情况

（一）广播电视业

2011年，全省广电产业整体实力稳步增强。截至2011年年底，全省广电系统资产总额达到78.38亿元，其中省广电局本级57.64亿元。2011年，全省广播影视经营收入达到30.91亿元，同比增长18.88%，其中省广电局本级经营创收22.7亿元，同比增长20%。尤其是广告创收实现稳步增长，江西卫视全国覆盖总人口达到7.54亿，比上年同期增长3000万，在全国35个主要城市的收视排名列第8位，经营创收达到11.04亿元，连续五年保持20%以上的稳健增长，连续4年创收位列全国省级卫视前10强。广播电视光缆干线网达到7.6万公里，全省有线广播电视用户487万户，其中数字电视用户222万户。其中，全省广播和电视人口综合覆盖率分别达到97.06%和98.18%。

全省影视制作产业迈上新台阶。江西电视剧制作有限公司独立运作电视剧取得不错的经济效益。投资拍摄的电视剧《风云1911》《地下地上》《天下兄弟》获利近3000万元，利润率达到50%左右。改制后的江西电影制片厂有限责任公司，积极参与市场竞争，以第一出品方的身份完成了6部数字电影的出品创作并实现了赢利，初步形成了企业市场开拓的良好局面。此外，广电节目栏目制作发行业推行品牌化营销，并加强对后产品和衍生产品的深度开发。通过推出中国红歌会精品专辑DVD和红歌手巡回演唱会，进一步深挖江西红色资源，突出江西特色，延伸《中国红歌会》的品牌影响和产业链开发。《传奇故事》《金牌调解》《绝对想演》《娱评天下》等自办电视栏目也通过市场运作、营销，获得较好收视和赢利。

（二）新闻出版业

2011年，全省共出版图书约4721种，报纸63种6.7亿份，期刊163种6400万册，音像电子出版物528种，网络出版物2226种。全省新闻出版产业实现总资产355亿元，同比增长20%；总销售收入340亿元，同比增长24%。其中，江西省出版集团销售收入和总资产双双突破百亿元大关，实现销售收入100.95亿元，较上年增长36.96%；完成利润6.2亿元，较上年增长16.76%；总资产106亿元，较上年增长26%；净资产71.23亿元，较上年增长27.93%；资产保值增值率为127.93%。自2009年开始，江西出版集团公司连续入选第一、第二、第三届“全国文化企业30强”，总体经济规模综合评价位居全国出版企业第五位。2011年江西日报社报刊总期发量突破120万份，实现总收入6.6亿元，同比增长17.2%。其中，广告收入首次超过3亿元，达到3.25亿元，同比增长13.2%。

（三）动漫业

2011年，江西省省电视动画创作生产取得历史性突破。制作完成的电视动画片《笛卡特警队》，成为我省动画制作机构创作生产的第一部原创电视动画作品。全省全年共生产电视动画片5部208集2730分钟，产量跃居全国前16位。全省登记在册且有一定规模的18家动漫企业，正在筹建的动漫基地的有4家，获得国家认定的动漫企业9家，获得全国重点动漫企业认定的1家。其中江西泰豪动漫有限公司制作的手机动漫《阿香日记》还获得了2010年全国第一批认定的重点动漫产品；动画《阿香游中国》入围2011年度“中国文化艺术政府奖首届动漫奖”的“最佳动漫出版物奖”，这是江西省唯一一部入围首届动漫奖的动漫出版物。2011年，我省在广电总局注册登记的电视动画片共有5部208集2730分钟，原创动画跃居全国前15位。作为省十大战略性新兴产业之一的文化及创意产业中的重点项目，动漫产业“十个一”工程建设进展顺利，已完成90%以上。

（四）新媒体业

截至止2011年年底，全省网络新业务和增值业务完成收入9.4亿元，同比增长36.27%。江西移动多媒体广播电视、风尚购物电视频道、移动电视等新媒体、新业态发展势头良好，风尚购物频道创收超过2亿元，实现销售收入翻一番的目标。今视网日页面访问量超过500万人次，在全国同类网站中名列前茅，推出的手机报和江西手机电视用户均超过10万户；移动多媒体广播电视在全省的覆盖率由上年的30%提高到65%，用户数由上年的1万人提高到9万人；移动电视新增270多个移动终端，覆盖面、影响面进一步扩大，取得了较好的社会效益和经济效益。

（五）创意陶瓷业

传统特色的创意陶瓷产业发展迅猛。2011年全省创意陶瓷产业产值达到124.45亿元，居全国首位。其中，景德镇作为有着1700余年制瓷史的世界瓷都，自2009年以来，将陶瓷文化创意产业列为八大战略新兴产业之一进行重点扶持，并紧紧抓住鄱阳湖生态经济区发展上升为国家战略的契机，确立陶瓷产业转型升级的路线，

加快培育高新技术陶瓷和文化创意陶瓷。

2011 年，该市陶瓷工业总产值达到 192.6 亿元，同比增长 20%。2011 年 1 至 10 月，该市陶瓷文化创意产业总产值达 60 亿元，陶瓷文化创意产业已成为该市经济发展的新引擎。到 2012 年初，景德镇已培育陶瓷文化创意产业实体 3000 多家，拥有国家级文化产业示范基地 2 家，省级文化产业示范基地 5 家。创意经济的发展也带动了人才的汇聚，景德镇有中国工艺美术大师 23 人（约占全国的三分之一），中国陶艺大师 27 人，中国陶瓷设计艺术大师 24 人，省工艺美术大师 74 人，省高级工艺美术师 1800 多人，还有一大批陶瓷艺术工作者；同时，景德镇还汇集了包括来自国内外 3000 多名陶瓷家和爱好者，是全国陶瓷工艺美术人才最富集的城市。

与此同时，景德镇重点打造“一轴四片六厂”陶瓷工业文脉，做好老城区近现代陶瓷工业遗存保护、开发、利用及规划，将近现代陶瓷工业生产空间、里弄生活空间与当代陶瓷文化创意产业有机结合，形成了一条现代陶瓷工业文脉的陶瓷工业遗存保护区。2011 年，景德镇陶瓷产业规模在国内主要产瓷区的排位从 2007 年的第九位上升到了第五位，并且持续保持强劲增长势头。

为进一步有效地促进全市陶瓷产业的快速发展，共享“景德镇”的城市品牌资源，打造自主品牌，景德镇市陶瓷产业从 2009 年起实施品牌发展战略，品牌创建经历了从少到多、从低到高的跨越。现如今，景德镇市陶瓷行业已拥有 1 个中国驰名商标，33 个江西省著名商标，28 个市知名商标，陶瓷注册商标达到 500 件，实现了三年连续翻番增长的可喜局面。

依托陶瓷文化创意产业的蓬勃发展，将文化产业与会展业紧密结合，把景德镇市打造成为世界陶瓷会展中心和展示陶瓷文化的窗口。中国景德镇国际陶瓷博览会已成功举办 8 届，成为我国陶瓷行业国际化、专业化的品牌展会。自举办以来，瓷博会共吸引了来自世界 49 个国家和地区的 3600 多家企业前来参展，参会的专业采购商达到 4 万多名，前来旅游、观光人员达到 100 多万人次。会展业在推动该市陶瓷产业发展、提高贸易成交水平、扩大招商引资规模和增进文化交流等方面发挥了越来越大的作用和影响。

以陶瓷文化创意产业的迅猛发展推动旅游业发展。景德镇市把保护开发陶瓷文化资源作为壮大旅游业的突破口，突出文化观光、休闲度假、陶瓷创意等特色，打造“世界瓷都、艺术之城、千年名镇、生态家园”的旅游城市新形象。并通过抓好旅游项目招商，推进旅游产业发展壮大；加强旅游线路对接，推出面向国际国内精品线路，促进旅游区域合作，着力打造以景德镇为内核的精品旅游圈。2011 年 1 至 10 月，该市共接待国内外游客 1504.14 万人次，同比增长 24.12%；旅游总收入 75.58 亿元，同比增长 38.54%。其中国内游客 1482.32 万人次，创收 70.51 亿元，境外游客 21.82 万人次，创汇 7478.59 万美元。陶瓷特色旅游已成为景德镇经济发展的主要特色。

·山东省·

一、2011 年文化产业发展总体情况

2011 年，根据新口径统计数据，全省文化创意产业增加值达到 2300 亿元，同比增长 16%，跨入全国“两千亿”俱乐部；全省文化产业固定资产投资累计完成 1434 多亿 元，增长 22.8%。其中，出版发行、广播影视、演艺娱乐等传统文化产业所占比重较大，文化产业核心层、外围层增加值比重呈上升趋势；全省文化产品实物出 口 13.5 亿美元，同比增长 16%，位居全国前列，开创了文化产业蓬勃发展的新气象。

（一）重点区域规划编制工作积极推进

积极推动山东半岛蓝色经济区、黄河三角洲高效生态经济区文化产业快速发展，省文化厅组织编制了《黄河三角洲高效生态经济区文化产业发展规划》、《黄河三角洲高效生态经济区文化事业发展规划》、《山东半岛蓝色经济区文化产业发展规划》，列入山东省蓝黄战略的专项规划。《山东半岛蓝色经济区文化产业发展规划》已经省政府同意正式颁布实施。青岛、滨州等市也制定了配合蓝黄战略实施的文化产业发展专项规划；威海市两办印发了《威海市加快文化产业发展实施方案》，明确了市直部门及各市区在发展文化产业方面的责任分工。

（二）重大项目引领战略顺利实施

2011 年，全省文化产业固定资产投资施工项目累计完成投资 1434.4 亿元，同比增长 22.8%。筛选确定 2011 年投资 2 亿元以上的重大文化产业项目 103 个，列入全国文化产业重大投融资项目库。一批重点文化产业项目开工或建成运营：一期投资 40 多亿元，规划面积 2 平方公里，包括 11 个功能分区、8 大景区和 29 个景点的台儿庄古城顺利开埠；投资 20 亿元的青岛华强方特梦幻王国正式运营；投资 30 亿元的兖州兴隆文化

园建设进展顺利；齐河县投资118亿元的黄河生态文化旅游大观园陆续开工建设，其中投资10亿元的泉城海洋极地世界已建成开放，日接待游客1.5万人。潍坊中动动漫产业基地、泰山刘老根大舞台等大型产业项目奠基建设，呈现出项目投资大、发展后劲足的特点。2011年11月29日，由省政府主办，省委宣传部、省发改委、省财政厅、省文化厅等联合承办的山东省文化产业重点项目推介会在北京举行。本次推介会共推介了236个文化产业项目，重点项目122个，投资总额1304.62亿元，融资总额567.91亿元，投资超过10亿元的文化产业签约项目共15个。

（三）园区基地建设长效管理机制日渐形成

对文化产业园区实行动态管理、目标考核，制定发布了《山东省文化产业示范园区认定管理暂行办法》、《山东省文化产业示范基地认定管理暂行办法》，不断加大文化产业示范园区、基地的扶持培育力度，增强文化产业集群的辐射带动作用。一是完成了全省国家级文化产业示范园区、基地2010年度发展情况的总结和自查，以及71家省级文化产业示范基地的自查，并对泰安、滨州、淄博等市的部分省级文化产业示范基地发展情况进行了抽查。二是组织开展首批文化产业示范园区和第三批文化产业基地的评选认定工作。在各地申报、实地检查、专家评审的基础上，命名5家投资额在10亿元以上、示范带动作用明显的文化产业示范园区和33家第三批省级文化产业示范基地。目前我省拥有1家国家级文化产业示范园区、9家国家级文化产业示范基地、3家国家级动漫基地，5家省级文化产业示范园区，104家省级文化产业示范基地，年主营业务收入达240多亿元，对全省文化产业发展的示范引领和辐射带动作用初步显现。

（四）金融支持文化产业发展力度不断加大

一是搭建保险业支持文化产业发展的平台。深入贯彻文化部、中国保监会《关于保险业支持文化产业发展有关工作的通知》精神，针对我省文化产业发展现状，会同省人保财险公司制定下发《关于保险业支持文化产业发展的实施意见》，明确以我省国家级、省级文化产业示范园区基地、各市重点文化产业项目和企业为首批保险试点的范围，开发设计了演艺活动财产保险、演艺活动公共责任保险、演艺人员意外和健康保险、动漫游戏企业关键人员意外和健康保险、文化活动公共安全综合保险、艺术品综合保险六款文化产业保险专属产品。保险业通过提供风险保障、推出便捷服务、发挥投融资功能，不断加大支持和服务文化产业发展力度，成为建立健全多渠道、多层次的文化产业投融资体系不可或缺的环节。滨州市印发了《关于印发滨州市保险业支持文化产业发展实施方案的通知》，出台了保险业支持文化产业发展的具体措施。

二是搭建银行业支持文化产业发展的融资平台。与农业银行、工商银行等建立良好合作关系，全省文化产业项目、企业累计获得银行贷款60多亿元。青岛市局与人民银行青岛市中心支行制定了《文化创意产业版权质押贷款指导意见》，并进一步整合优质文化企业资源，积极与银行沟通，通过“金融支持文化创意产业发展观摩交流会”达成银企之间总计7.58亿元的贷款合作意向；日照市局会同市农业银行出台《关于搭建融资平台支持文化产业发展的实施意见》，并通过文化产业发展银企座谈会，促成市农业银行与文化企业2000万元的贷款意向。菏泽市出台了《关于充分发挥工商行政管理职能作用服务文化繁荣发展的试行意见》，进一步放宽文化企业市场准入条件，采取有效措施扶持文化企业发展。

三是搭建文化产权交易平台、文化企业投融资平台和文化艺术品流转平台。山东文化产权交易所挂牌成立，成为我国经营比较规范的国有文化产权交易所之一。潍坊市建立了潍坊产权交易所，积极开展进场交易见证业务、艺术品银行等业务。

四是积极争取各级文化产业发展专项资金对文化产业发展的扶持。中央文化产业专项基金支持国家级文化产业示范基地刘公岛实业发展有限公司和重点文化出口企业山东华瀚公司贷款贴息、出口补贴890万元；省级文化产业专项资金400万元用于省直文化系统转企改制单位的发展。全省17市都设立了文化产业发展专项资金，总计6亿元。济宁文化产业专项资金每年1000万元用于曲阜国家级文化产业示范园区的建设与发展。

五是建立文化企业上市资源库。根据文化部关于推进文化企业境内上市有关工作的通知要求，了解掌握全省各市文化上市企业的基础材料，初步建立文化企业上市资源库，为推进文化企业上市进程、争取上市融资准备条件。另外，济南市成立专门担保机构为文化企业贷款提供担保服务，解决了文化企业因无形资产难以评估造成的贷款难的问题，减轻了文化企业的资金压力。一年来，各市不断加大工作力度，建立文化产业行政主管部门与金融机构协调沟通的长效机制，积极搭建银企政合作平台，有效缓解了文化企业融资难题。

（五）文化产业宣传推介工作有序开展

制定县域文化产业系列报道方案，与中央媒体《中国县域经济报》社联合推出“山东县域文化产业发展系列报道”活动，专题报道全省县域文化产业发展典型经验及做法；与大众日报联合推出《大众文化》专刊，开辟文化产业专栏，大力宣传报道全省文化产业发展成就，为推动文化产业发展营造了良好氛围。同时建立县域文化产业发展动态通报制度，不定期编发县域文化产业发展动态，为县域文化产业发展搭建信息交流、经验借鉴、项目推介、相互合作平台，取得良好成效。截至2011年，已编发动态11期3300余份。

（六）文化产业人才培养成效明显

针对各类文化产业人才供不应求的局面，大力实施文化产业人才培养工程，为进一步丰富基层党政领导干部文化产业理论知识，提高其推动文化产业发展的能力水平，我厅与省委组织部联合在北京大学成功举办第二期山东省县（市、区）长文化产业高层研修班，标志着全省140个县（市、区）领导干部的轮训工作顺利完成，成为全国大规模对基层党政领导干部进行文化产业专题培训的先例，对促进全省县域文化产业交流合作与发展起到积极的作用，得到文化部领导的充分肯定。

（七）文化产业基础研究与统计工作扎实推进

文化产业理论研究工作取得新的成效。编辑出版了《山东省文化产业基地发展报告（2010）》（山东大学出版社）《山东省文化产业年度发展报告》；制定了《山东省文化产业专家库管理暂行办法》，评选确定首批20名入选成员，建立了文化产业专家库，并将实行动态管理，为推动文化产业的持续健康快速发展提供理论研究和智力支持。文化产业统计工作取得新进展，力求正确反映文化产业发展动态和规律，建立健全文化产业统计监测制度，在全国范围内实现“三个率先”，率先建立了文化产业统计季报制度、率先建立了文化服务业基层单位网上直报平台、率先建立了文化产业统计综合考核办法，受到文化部、国家统计局的肯定。较好地完成全国文化产业快报试点工作、2010年度省文化产业统计年报及2011年文化产业统计定报工作，各市的统计上报率有较大提高。

（八）文化体制改革与文化市场执法继续深化

2011年省文化厅组织起草了山东省《关于深化国有文艺院团体制改革的实施意见》，提出了改革的目标要求、主要任务、保障政策和实施步骤，并就有关政策与人社、财政等部门进行了多次沟通协调。《山东国有文艺院团改革发展暨组建山东演艺集团方案》已经制定，青岛演艺集团有限公司挂牌成立，全省国有文艺院团体制改革进入加速推进的新阶段。

文化行政管理体制改革和文化市场综合执法改革基本完成，通过整合文化市场执法力量，全省执法人员由1040人增加到2100人，执法队伍得到壮大，执法条件明显改善。文化市场综合执法规范化建设全面推进，率先在全国建成文化市场综合执法办公系统，山东省成为全国第一个执法办公系统省、市、县三级全覆盖的省份。坚持管理与繁荣并重，强化文化市场监管措施，开展文化市场专项保障行动，加大对营业性演出市场、网络文化市场、农村文化市场的监察力度，积极与地税部门协调降低税负，减轻文化经营业户负担，营造了有利于文化产业发展的市场环境。

二、2011年文化产业各行业发展基本情况

（一）广播电视业

根据山东省广播电影电视局发布的数据，2011年，山东省广电系统实现经营收入达到103亿元，突破百亿大关。全省共有省级广播电视播出机构2家，市级播出机构30家，县级播出机构95家。有广播节目156套，电视节目170套。全省广播综合人口覆盖率达到98.19%，电视达到97.91%。全省广播电视有线网络基本实现全省“一张网”，总长达到31万公里，网络干线通达99%的乡镇和85%以上的行政村，有线电视用户2000万户，数字电视用户872万户。

近五年来，全省广电系统坚持走正道、出精品、出效益，精品生产不断取得新成绩。相继推出电视剧《大染房》《闯关东》《沂蒙》《我们的八十年代》，电影《沂蒙六姐妹》，动漫《孔子》等一大批精品力作，“鲁剧”成为文化强省建设的一张靓丽名片，有17部作品荣获“五个一工程奖”“飞天奖”“金鹰奖”等35个奖项。广播电视节目创新创优不断迈出新步伐，有94件作品荣获“中国新闻奖”“中国广播影视大奖”等国家级大奖。

（二）电影业

2011年，山东城市主流院线影院票房收入达到4.16亿元，相比于2010年增幅达40.5%，远远高于全国票房不到30%的增幅。2011年，山东城市影院放映共91.9万余场，观众达1385万余人次，票房收入4.1亿元。新增数字影院60家，新增银幕291块，已加入城市电影院线开展经营活动的影院达到156家，银幕总数达到707块。在现有的18条城市电影院线中，主流院线有10条，两条省内电影院线——山东新世纪电影院线和山东鲁信电影院线在山东的电影市场中占据重要地。作为省广电局局属省电影公司投资的新世纪电影院线，到2011年已拥有50家现代化影城，电影票房也由2002年院线刚成立时的每年600万元左右，发展到2011年

票房突破亿元大关。山东鲁信电影院线则在影城建设方面实现全省 17 市无缝覆盖。另外，2011 年济南电影市场实现票房收入 1.5 亿元以上，占据全省电影票房收入的三分之一以上。

截止到 2011 年年底，全省农村公益电影共放映 367 万场，观众达 14.87 亿人次，各级财政投入场次补贴费 4.12 亿元，其中省财政投入 2.76 亿元。2011 年，全省农村公益电影放映覆盖 97% 以上的行政村，基本实现“一村一月放映一场电影”的目标。全省 3200 多支放映队全部配备了数字放映机，实现了数字化放映。

（三）新闻出版业

2011 年，全省新闻出版业总产出 910 亿元，实现增加值 220 亿元，分别比上年增长 17.8% 和 12.1%。一批国有骨干文化企业加快发展。2011 年大众报业集团、山东出版集团、山东广电网络公司分别实现营业收入 22.99 亿元、98.65 亿元、21.2 亿元，同比增长 26.89%、17.94%、15%。大众报业集团综合实力排名进入全国前六位，省报集团第一位。民营出版企业实力增强，拉动效应明显，尤其是山东民营书业继续保持了全国领先的发展态势。在山东省 5400 多家出版物发行单位中，有 4200 多家民营发行企业，占 77% 以上，全省民营出版物发行业年销售码洋 100 多亿元，占全省发行业销售总码洋的一半以上。山东世纪金榜科教文化股份有限公司作为民营书业的典型代表，2011 年图书销售码洋已突破 17 亿元。另外，2011 年，全省有 700 多家企业从事数字出版业务，实现总产值 90 多亿元，占全省新闻出版营业收入的近 10%。

（四）动漫业

截至 2011 年底，全省已建成 3 个国家级动漫产业基地，动漫企业发展到 440 多家，经营范围涉及游戏开发，游戏策划设计，游戏运营，人才培训等多个领域，形成了较为完整的动漫游戏产业链。动漫产业正在成为山东省新兴的服务业发展的新亮点和新增长点。全省动漫产业主要集中在济南和青岛。2007 年济南市政府成立了“济南市动漫游戏行业协会”。截至 2011 年，济南市动漫游戏企业从业人数已超过 1 万人，国产动画片年制作能力 1.5 万分钟，年产值达到 20 亿元。截至 2011 年，山东省共有 5 家企业通过了国家级动漫企业认定，分别是济南海水科技有限公司、潍坊太阳风数字科技有限公司，山东中动文化传媒有限公司、山东美猴动漫文化艺术传媒有限公司、济宁豆神动漫有限公司。2011 年 3 月 27 日，中国首届“金拇指”手机动漫大赛启动仪式在山东工艺美术学院举行。山东工艺美术学院是国内较早设立动漫专业的艺术高校之一。由山东世博文化传播有限公司运作的“齐鲁动漫展”和“世博动漫嘉年华”两个品牌，已经成功运作 9 年，累计参展观众达 200 万人次，邀请到国内外动漫大师 135 人，参展企业 890 余家，展会交易额逾亿元。

（五）工艺美术业

山东省是工艺美术大省，传统文化和手工艺技艺底蕴深厚、品种丰富、技艺精湛，许多品种是中国传统工艺美术的代表，展现着齐鲁手工技艺的悠久历史和文明。彩陶、黑陶、青铜器、刺绣、雕刻、风筝等都有上千年甚至几千年的历史。

截至 2011 年，全省已有山东省工艺美术特色产业基地 10 个，中国工艺美术之乡、区 8 个，全行业国家级技术中心 1 个，省级技术中心 4 个，拥有国家级大师 17 个，省级大师 156 人，特色产品展馆 30 余个，专家工作室 1000 余个。威海地毯、文登抽纱刺绣、莱州草编、博兴和临沂柳编、淄博琉璃和美术陶瓷、济南龙山黑陶，潍坊风筝、年画和嵌银漆器，青岛贝雕等在国内外享有较高盛誉。截至 2011 年，山东工艺美术产业农村加工队伍 150 多万人，年投放农村加工费超过 80 亿元，该产业成为惠及民生、拉动就业的千亿元产业。

（六）文化会展业

2011 年，山东省会展行业产业环境进一步优化，展会质量、规模和档次较往年有较大程度的提高。2011 年全省共举办展览会 571 个，较去年减少了 11%，同时，1 万平方米以上的展会举办了 199 个，较去年增长了 36%，展览总面积达 694.3 万平米，较去年增长 25%。2011 年，全省会展业直接收入达 42.48 亿元，较去年增长约 18%，拉动相关产业收入 383 亿元。

2011 年，全省共有主要会展场馆 36 个，总建筑面积 282.2 万平方米，室内可供展览面积 100.5 万平方米，室外展览面积 129.8 万平方米，国际标准展位 4.6 万个。其中，各类科技馆、博物馆近 200 个；文化馆、文化宫和文化活动中心 157 个；艺术表演场馆 82 个，体育场馆 32416 个。截至 2011 年年底，山东省会展业协会共有会员 114 家，其中，会展组织者 29 家，会展场馆 14 家，会展服务商 65 家，会展教育与培训机构 6 家；副理事长单位 9 家，理事单位 21 家，普通会员单位 84 家。

（七）文化旅游业

2011 年，全省旅游总收入 3736.6 亿元，同比增长 22.1%，相当于 GDP 的比重达 8.23%，比 2010 年提高 0.5 个百分点，占服务业增加值的比重达 21.45%，对财税的贡献率达 8.1%。全年累计完成旅游投资 1230 亿元，占服务业投资的9.5%。全省接待国内游客4.17亿人次，其中省内游客占50%左右，达到2亿多人次，居民省内旅游的人均出游率超过2次。旅游已经成为广大人民群众享受改革发展成果的重要方面，旅游业已经成为名副其实的国民经济支柱产业。

2011年，全省旅游业主动参与一二三产业结构调整，推动与其他产业融合发展，旅游业带动和渗透作用明显增强。主动参与农业产业发展和新农村建设，全年乡村旅游总收入706亿元，相当于全年农业增加值的17.8%。积极参与工业结构调整，工业旅游成为经济转型新亮点，烟台张裕、青岛啤酒、东阿阿胶等企业纷纷把旅游作为企业重要的产业板块和新的经济增长点。积极推进旅游文化产业融合发展，《封禅大典》、《蒙山沂水》、《神游华夏》等旅游演艺项目已经成为重要文化项目。

从2009年上半年启动"山东人游山东"活动，到2011年下半年在全国率先发布国民休闲纲要并组织开展"国民休闲汇"活动，山东旅游业在服务扩内需战略上亮点不断。"好客山东"这一品牌集经济、文化、社会于一体，凝聚了齐鲁文化和民风民俗，得到了广大人民群众的普遍认同和广泛赞誉。创新打造"好客山东贺年会"、"好客山东休闲汇"等活动，在国内外产生了积极影响。

2011年，全省在利用国际国内两种资源、两个市场方面，加快"引进来"与"走出去"步伐，旅游产业竞争力明显增强。积极引进国内外大集团投资开发了泰山方特欢乐世界、德州东盟生态城、曲阜尼山、青岛海泉湾、长岛休闲度假岛以及国际旅游度假酒店集群等一大批项目。引进了21家世界著名旅游饭店管理公司参与36家高星级饭店管理。截至2011年，世界前10位的旅游饭店管理公司全部进驻山东。

·河南省·

一、2011年文化产业发展总体情况

2011年，全省文化产业法人单位实现增加值比上年增长17%，达到430亿元。，"十一五"期间，河南文化产业增加值保持年均18%的增长速度。全省文化产业持续向好，重大项目带动效应明显，集团化战略成效明显，文化产业集聚发展，新兴业态蓬勃发展。

（一）明确打造华夏历史文明传承创新区目标

2011年在河南省文化发展史上，具有里程碑意义。国务院下发了《关于支持河南省加快建设中原经济区的指导意见》，将打造华夏历史文明传承创新区作为中原经济区五大战略定位之一。河南省委九届二次全会通过了《中共河南省委<关于贯彻落实中共中央关于深化文化体制改革推动社会主义文化大发展大繁荣若干重大问题的决定>的实施意见》，提出以打造华夏历史文明传承创新区为载体，弘扬中原大文化，增强文化软实力，努力建设文化强省，把河南打造成全国重要的区域性文化中心的战略目标。

（二）文化产业发展政策体系初步构建

2011年，河南省政府办公厅下发了《关于促进动漫产业发展的意见》，文化厅与省财政厅联合制定了《河南省扶持动漫产业发展专项资金管理使用办法》，大力支持全省动漫产业发展。省文化厅与省工行、省农行、省建行签订了支持文化产业发展300亿元的授信额度战略合作协议，2011年共向全省文化企业、文化产业特色乡村发放贷款26亿元。省文化厅与旅游局签订《关于促进旅游与文化融合发展的合作框架协议》，共同推动文化旅游融合发展。

（三）文化产业园区基地建设稳步推进

截至2011年，全省已建成10个文化改革发展试验区、1个国家级文化产业园区、7个国家级文化产业示范基地，涌现出禹州钧瓷、镇平玉雕、宝丰魔术、民权画虎、平乐牡丹画等一批文化强县、文化强村，形成了富有活力的特色文化产业集群。2011年5月26日，河南省文化厅与省商务厅联合出台《河南省文化产品出口示范基地认定管理办法》，濮阳豪艺杂技（集团）有限公司等7家单位成为首批省级文化产品出口示范基地。年底，根据《河南省文化产业示范基地评选管理办法》（豫文产业〔2006〕9号），河南省文化厅命名郑州动漫产业园、郑州金水文化创意园等20个单位为第四批"河南省文化产业示范基地"。本次命名的第四批省级文化产业示范基地，年收入都在600万元以上，在当地乃至全省都有较大的示范带动作用，具有较好的经济效益和社会效益。至此，河南省已拥有省级文化产业示范基地72家。

（四）文化产业繁荣发展

截至2011年，河南省已认定网吧连锁企业64家，新备案设立连锁直营门店560家，河南省文化厅被文化部评为全国推进网吧连锁工作十佳单位。全省新增游艺娱乐场所600余家、演出经纪机构34家，引进68台涉外、涉港澳台营业性演出活动。全省图书出版总印数

2.11 亿册，期刊出版总印数 0.91 亿册，报纸出版总印数 21.84 亿份。全省新增游艺娱乐场所 600 余家、演出经纪机构 34 家，引进 68 台涉外、涉港澳台营业性演出活动。全省动漫企业已超过 80 家，生产动漫片近 2 万分钟，其中在央视播出 5 部，实现出口 3 部，1 部作品获得中国文化艺术政府奖首届动漫奖。小樱桃、华豫兄弟、少林海宝等一批动漫品牌成为“河南制造”的知名品牌。

（五）文化“走出去”步伐加快

2011 年，河南省出口企业发展到 65 家，全省文化产品、文化服务年出口额首次超过 2 亿美元。省文化厅出台了《河南省文化领域对外开放工作方案》，进一步拓宽文化产品和服务的贸易、招商渠道，组织 80 多家文化企业参加了杭州国际动漫节等 4 个国内外大型文化博览交易会。执行文化部“央地合作”计划，在韩国成功组织了“中韩文化交流年”活动，“河南民俗艺术展”“河南风情图片展”“少林禅武文化讲座”“中韩文化交流研讨会”等项目受到欢迎。《程婴救孤》剧组赴美国演出、豫剧《大祭桩》剧组赴意大利演出、少林武僧团赴以色列交流演出、漯河市杂技团赴塔吉克斯塔参加“中国文化节”演出等获得圆满成功。在日本举办“华夏文明之源——河南文物珍宝展”，在维也纳联合国总部举办“中国文字展”。

二、2011 年文化产业各行业发展基本情况

（一）广播电视业

至 2011 年末，河南省共有广播电台 18 座，中、短波广播发射台和转播台 30 座；电视台 18 座，教育台 10 座；有线电视用户 791.17 万户。广播人口覆盖率 97.7%，电视人口覆盖率 97.8%。截至 2011 年 5 月底，河南省“十一五”广播电视村村通工程基本完成。“十一五”期间，河南省共完成了 14316 个 20 户以上已通电自然村的广播电视村村通工程建设，比国家下达的 11996 个村的建设任务多完成 2320 个，解决了全省 270.6 万偏远地区农民收听收看广播电视问题，进一步扩大和提高了农村广播电视公共服务的覆盖范围和水平。5 月，河南省广电局下发《关于开展县级有线广播电视网络整合试点工作的通知》，正式启动县级有线广播电视网络整合试点工作。

广播电视节目精彩纷呈。3 月，在 2011 年全国春节文艺晚会及春节特别节目评优表彰大会上，河南电视台选送的“《祝福 2011》——河南电视台春节联欢晚会”荣获春节文艺晚会最佳作品奖，“第六届擂响中国《梨园春》全国戏迷擂台赛总决赛暨 2011 河南电视台春节戏曲晚会”荣获 2011 年春节特别节目最佳作品奖。8 月，在中国广播电视协会主办的“盛视 2011　绽放牡丹江”第二届全国春晚电视文艺晚会评选颁奖晚会上，河南电视台选送的“第六届擂响中国《梨园春》全国戏迷擂台赛总决赛暨 2011 河南电视台春节戏曲晚会”，获得春晚节目一等奖；《梨园春》主持人关枫获得最佳春晚主持人；2010 年总决赛的金奖擂主 87 岁的新乡老农李庆太获得了“最佳演唱奖”。

河南影视制作集团出品的电视剧《山里的汉子》荣获中国广播影视大奖第 28 届电视剧“飞天奖”戏曲电视剧二等奖。为纪念中国共产党成立 90 周年，河南电视台《都市报道》栏目与省委党史研究室联手，推出了大型系列纪录片——《红色中原》。河南电视台大型系列报道《中原正春风·直播河南》，在国家广电总局《收听收看日报》（2011 年第 88 期）节目中，获得高度评价。河南影视制作集团出品的 22 集电视剧《湖光山色》（又名《丹湖边的乡亲们》）在中央电视台电视剧频道黄金时间播出。

（二）电影业

电影放映渠道建设快速推进。2011 年 1 月，河南省文化影视集团在郑州独资建造的第三座现代化五星级影城奥斯卡曼哈顿国际影城开业，影城总建筑面积 3800 ㎡，包括 8 个专业电影放映厅、1306 个豪华座椅，被列为省广电局“双新战略”重点节点工程。2011 年内，河南省广电局共批复广东大地影院建设有限公司漯河分公司等 19 座影城加入广东大地电影院线等多条院线。

优秀电影作品创作成果显著。4 月，河南影视制作集团出品的电影《叶问 2：宗师传奇》入围第 30 届香港电影金像奖 10 项提名，荣获“最佳剪辑”、“最佳动作设计”两项大奖，同月 23 日，荣获国家广电总局“2010 年度电影走出去工作表现突出影片奖”。8 月，在第 14 届电影华表奖颁奖典礼上，河南影视制作集团出品的电影《中原女警》荣获优秀数字影片大奖、电影《清风亭》荣获优秀戏曲影片大奖，参与投资拍摄的电影《建党伟业》荣获优秀故事影片大奖。9 月，由河南影视制作集团、省煤监局联合出品的电影《生命监管》在北京首映，被列为庆祝中国共产党成立 90 周年重点献礼影片。

此外，由河南影视制作集团、华谊兄弟、天马电影制作公司（香港）等联合出品摄制的商业影片《忠烈杨家将》，由河南影视制作集团、西藏自治区党委宣传部、内蒙古电影集团等单位联合摄制的庆祝西藏和平解

放60周年重点影片《唐卡》，由河南文化影视集团、河南视界文化传媒公司、奥斯卡电影院线广告公司联合投资拍摄的电影《少年岳飞》，由河南影视制作集团、洛阳真不同饭店有限责任公司等联合出品的电影《洛阳水席》等，已于2011年内开机。

影视创意产业集聚区建设初见成效。2011年8月，河南影视制作集团与开封县人民政府就"中国朱仙镇文化旅游、影视创意产业集聚区"项目在开封签约。"中国朱仙镇文化旅游、影视创意产业集聚区"项目是河南影视制作集团与开封有关方面贯彻落实省委、省政府"文化强省"战略部署，大力推进文化体制改革和文化产业发展的重要举措。按照规划方案，开封县人民政府将在朱仙镇经济区内分期分批为河南影视制作集团和合作投资方提供总占地5000亩土地供应规模，河南影视制作集团与合作方将先后投入80亿元资金，用于该项目的建设。

（三）新闻出版业

2011年，全省图书出版总印数2.11亿册，期刊出版总印数0.91亿册，报纸出版总印数21.84亿份。新建、改扩建县级图书馆24个。建成农家书屋2.5万个。年末共有综合档案馆177个，已开放各类档案310.04万卷。

2011年5月，河南省传统戏曲数字化出版传播系统等10个项目被新闻出版总署出版产业发展司批准为新闻出版改革发展项目库入库项目。6月，河南省《史学月刊》入选教育部教育部高校哲学社会科学第三批"名刊工程"。7月，经新闻出版总署（新出审字〔2011〕488号文）批准，《营销时报》变更为《动漫报》，主管单位为中原出版传媒投资控股集团有限公司，主办单位和出版单位为河南销售与市场杂志社有限公司。《动漫报》是我国第一份动漫业界的专业性报纸，弥补了河南省报刊类型的空白。12月，中原大地传媒股份有限公司在深圳证券交易所主板上市（证券简称"大地传媒"，证券代码000719）。"大地传媒"上市标志着河南省文化企业迈向资本市场取得了重要成果，实现了河南省文化企业上市零的突破，成为全国第6家在境内上市的出版传媒企业。中原出版传媒集团2010年收入达到70.23亿元，资产总额达到85.55亿元，年实现利税5.43亿元，入选"全国文化企业30强"。

（四）演艺业

截至2011年末，河南省共有艺术表演团体199个，文化馆184个。全省新增游艺娱乐场所600余家、演出经纪机构34家，引进68台涉外、涉港澳台营业性演出活动。省辖市级图书馆、群众艺术馆新建、改扩建项目11个，新建、改扩建县级图书馆、文化馆24个，1705个乡镇综合文化站基本建成并投入使用。

1. 艺术生产取得重大收获

举办"迎接建党90周年河南省新剧目展演"、"辛亥革命100周年演出周"活动，推出一批优秀剧节目。话剧《红旗渠》、舞剧《水月洛神》、豫剧《苏武牧羊》、《兰考往事——焦裕禄》《红高粱》《斗笠县令》《王屋山的女人》、曲剧《情系母亲河》等新剧目产生强烈反响。"拜祖大典文化活动周""新年音乐会""新春戏曲晚会""元宵民族音乐会"等成为全省艺术品牌。据不完全统计，全省国有专业艺术院团新创剧目53台，改编移植剧目54台，复排剧目128台。豫剧《常香玉》被文化部评为2011年度国家舞台艺术精品工程"十大精品剧目"第一名。《水月洛神》承担上海国际艺术节开幕式演出获得巨大成功，并荣获全国舞蹈"荷花奖"金奖第一名。越调《老子》成功入选国家舞台艺术精品工程资助项目。群舞《版画谣》获全国第九届舞蹈大赛奖。举办了全省钢琴比赛、杂技大赛、优秀剧本征集等活动，促进了各艺术门类的繁荣发展。

2. 演出市场持续活跃

全省"舞台艺术送农民"活动迈上了一个新台阶，据不完全统计，由省财政资助的演出活动达到3138场。郑州市每年采购演出1000场，洛阳、许昌、濮阳400场，鹤壁、济源200场，禹州、永城、舞钢等县（市）都扩大了政府购买范围。豫剧《铡刀下的红梅》和《村官李天成》在全国巡演。省豫剧二团《苏武牧羊》在京演出，受到李长春等9位党和国家领导人亲切接见。河南艺术中心全年组织演出110场，公益文化活动150余场。成功举办第二届中国豫剧节，包括台湾在内的全国12个省区的19个豫剧团20台剧目参加了豫剧节，演出33场，在全国引起了巨大反响。

（五）动漫业

2011年，省政府办公厅下发了《关于促进动漫产业发展的意见》，文化厅与省财政厅联合制定了《河南省扶持动漫产业发展专项资金管理使用办法》，大力支持全省动漫产业发展。

截至2011年，全省动漫企业约60多家，已完成和正在创作、制作的动漫作品计33部，共5219集，总时长约500小时，投资达2.8亿元；已经或正在创作、出版的漫画作品计22部，总册数超过183册，总页数超过7220页，总投资超过800万元；开发网络游戏2款，创作手机动漫20多个系列；设计动漫衍生产品突破2000个品种；拥有自主知识产权动漫软件3个，移动电视、手机报、手机广播电视等新媒体相继开通。组织首届“中原杯”河南省原创动漫画大赛。郑州动漫产业基地、国家动漫产业发展基地（河南基地）开工。《小樱桃第二部》《公路Q车吧》《少年司马光》《代号12348》等河南原创动画片陆续在央视播放；《少年司马光》《雪孩子》等一批动漫原创在美国、意大利、伊朗、罗马尼亚、新加坡等几个国家播放，国外版权输出已达3部以上。全年在示范园区项目补助、专项资金申报、出口补贴动漫奖励几个方面为企业争取资金总额共2370万元。争取商务部为出口文化企业补助9家，补助资金约25万元，奖励企业2家，补助资金175万元。评选出40个“河南省文化产业工作先进集体”，40名“河南省文化产业工作先进个人”。

（六）新媒体业

2011年3月，河南中广传播有限公司已基本完成CMMB市级布点，并即将开展县级覆盖建设工作。11月，河南省广电局与中国移动通信集团河南有限公司在中原福塔新闻发布厅举行战略合作框架协议签约仪式。根据协议，省广电局和河南移动将充分发挥各自优势，在手机和互联网业务上开展广泛深入合作，积极推进三网融合新业务，打造手机网络新媒体。

（七）文化旅游业

1. 制定产业规划，构建合作平台

2011年，《河南省“十二五”旅游产业发展规划》制定完成，规划确定了“一区两带四个板块”总体布局。2011年10月中旬，由省旅游局、河南日报报业集团、郑州市人民政府共同主办的以“大中原、大黄河、大联盟、大合作”为主题，中原经济区区域旅游合作交流会议暨沿黄九省（区）黄河之旅旅游联盟第一次会议，进一步提高了河南旅游的影响力，确立了河南旅游在中原经济区区域合作和沿黄九省旅游合作中的地位。

2011年，河南省旅游局分别与香港、台湾、新加坡、日本三重县、马来西亚槟州等5个国家和地区旅游部门，与上海、江苏、山东、广东、新疆等5省市区旅游局，与省农业厅、省委农办、省扶贫办、省文化厅、省农信社等5个厅局，与洛阳、焦作、许昌、信阳、平顶山、济源等6市，与河南财经政法大学、南阳师范学院等2所高校，与港中旅、康泰、永安等10多家旅行商签订了战略合作协议，构建了多方合作的平台。

为推动文化和旅游融合发展，实现文化资源大省向文化旅游强省跨越，2011年10月，河南省旅游局、河南省文化厅签订《关于促进旅游与文化融合发展的合作协议》。此次协议将贯穿整个“十二五”期间，重点合作“七个一批”：即，打造一批重点文化旅游活动品牌、提升一批高端文化旅游演艺产品、开辟一批文化体验旅游线路、培育一批文化旅游上市企业、确定一批重点文化旅游示范基地、创办一批文化旅游项目推介平台，以及开发一批具有地方特色的文化旅游商品。省旅游局与省文化厅将依据协议内容，对全省文化与旅游融合发展工作进行全面引导、重点扶持、强化宣传，并全力打造强化政策法规保障体系，规范文化旅游市场经营秩序，加快推进中原经济区旅游、文化大跨步发展。

2. 旅游景区建设再铸新品牌

2011年，河南省成功创建3家5A级景区：尧山－中原大佛、青天河、老君山－鸡冠洞景区，加上2007年创建的少林寺、龙门石窟、云台山和2010年创建的清明上河园、殷墟、白云山、神农山，河南省已有10家国家5A级旅游景区，数量位居全国之首，标志着河南旅游品牌建设迈上新的台阶。

2011年是国家旅游局推出的“中华文化游”主题旅游年，1月1日，由国家旅游局、河南省人民政府主办，省旅游局、郑州市人民政府、登封市人民政府联合承办的2011“中华文化游”启动仪式在嵩山少林景区举行。9月，云台山景区继获得省长质量奖之后，又荣获全国质量奖，是获得该荣誉的单位中唯一的旅游景区，也是迄今为止我国首个获得质量最高奖项的旅游景区企业。云台山景区全年旅游收入接近4亿元，财税贡献大首次超亿元，名列全省纳税500强第52位，是全省唯一进入纳税500强的旅游企业。

3. 新型业态不断涌现，招商引资超额完成

2011年，全省旅游系统围绕省政府下达的“双二百亿”目标任务，坚持以精品项目为龙头，以旅游集聚区建设为抓手，提前超额完成了年度目标任务。全年全省共完成旅游招商项目67个，引资356.01亿元；在建旅游项目393个、总投资2527.24亿元，年度完成旅游投资248.57亿元。

2011年，全省旅游呈现出多元化发展趋势，温泉、滑雪、演艺等旅游新型业态不断涌现。旅游演艺进一步提升档次，旅游节庆活动进一步扩大影响。10大温泉、7个滑雪场等新业态节假日异常火爆，出现了供不应求的情况。春节、“十一”黄金周等假日经济已成为促进社会和谐、拉动经济增长的主要动力。

4. 乡村旅游成为惠民新途径

省旅游局与省农业厅、省委农办、省扶贫办等部门签定了战略合作协议，会同省财政厅从旅游发展资金中安排专款对30个特色旅游村进行重点扶持，推动85个乡村旅游项目开工建设，拉动乡村旅游投资7.02亿元，新增就业人数4万余人。制订下发了《乡村旅游经营单位等级评定与管理规范》和《乡村旅游经营单位等级评定标准》，重点宣传推介了12条特色乡村旅游线路。2011年，全省共有特色旅游村188个，规模以上休闲农庄672家，农家乐10985家，从业人员达31.5万。全年全省乡村旅游共接待游客5270万人次，创收148亿元，同比分别增长20%、26%。

·湖北省·

一、2011年文化产业发展总体情况

2011年，湖北省文化产业持续快速健康发展，总体实力和竞争力显著提升。按照国家统计局新的统计口径，2011年全省文化产业实现增加值504.88亿元，同比增长27.6%，超出同期GDP增速13.8个百分点，占GDP比重为2.58%，比2010年提高0.11个百分点。

（一）市场主体茁壮成长

2011年，全省坚持以市场为导向，以“双效”为目标，在报纸期刊、出版发行、印刷复制、电影放映、广电传媒、数字传输、网络服务、版权交易、游戏动漫、文娱演艺等多个领域，精心组建、培育和打造了一大批国有、民营文化领军企业和企业集团，成为湖北文化产业发展的行业支柱和重要支撑。着力引进了大连万达、柏斯琴行、华侨城集团、香港名店街集团、香港冠云集团、深圳雅图集团、中国平安等一批重量级的文化战略投资者。文化企业上市成功实现零的突破，长江出版传媒、湖北广电网络借壳重组上市先后获批，知音传媒集团、江通动画筹备上市取得重大进展，标志着我省文化产业进入到更高的发展阶段。我省越来越多的龙头和骨干文化企业借助政策利好、市场运作和资本力量做大做强，实现了快速扩张和跨越发展。

（二）核心板块增速加快

2011年，全省新闻出版业总产值达391亿元，同比增长21%；广播电视总收入达57.35亿元，同比增长18.08%；电影票房首破5亿元大关，达到5.76亿元，同比增长35%，位居全国第七、中部第一；动漫产业总产值达到26.8亿元，同比增长67.5%，跃升至全国第五，进入第一方阵；出口文化产品达10.2亿美元，同比增长30.5倍，出口值跃居全国第四、中部第一；全年输出图书版权506种，引进版权228种，首次实现版权输出大于版权引进。

（三）品牌培育成绩卓著

2011年，湖北省着力实施文化精品名牌战略，从537种报刊中成功培育出《楚天都市报》《特别关注》《新周报》《知音》《知音漫客》《新传奇》《大家文摘报》《小学生天地》《初中生天地》《情感读本》等“十大百万报刊”品牌，在全国报刊界独一无二，被中央领导誉为“湖北现象”。湖北京剧、武汉杂技、银兴院线、垄上频道、江通动画等文化品牌，影响力和辐射力不断扩大。重点打造的长江出版传媒、长江广电传媒、长江垄上传媒、长江电影集团等“长江系”文化品牌，正成为我省新兴文化品牌方阵。

（四）园区建设方兴未艾

2011年，湖北省依托特色资源优势，以打造新型文化业态为方向，建成了华中出版物流产业园、楚天传媒产业园、知音文化产业园、传奇文化产业园、武汉光谷创意产业基地、东湖欢乐谷等一批各具特色的现代文化创意产业园区（基地），成功争取到华中国家数字出版基地、武汉东湖国家级文化和科技融合示范基地、华中国家版权交易中心等三块“金字招牌”落户湖北，发挥出强劲的积聚效应和孵化作用，吸引了大批的项目、资金、信息、人才、技术，推动了新兴文化产业集群快速崛起。

（五）项目招商硕果累累

2011年，湖北省通过先后组织举办中国中部（武汉）文化产业博览交易会、“八艺节”湖北省文化产业项目签约会、湖北文化产业招商博览会、香港文化产业项目招商活动、鄂台文化创意产业合作交流会等大型文化招商活动，以及每年组团参加深圳文博会，策划推出重点文化项目1000多个，成功签约300多个，签约金额达1000多亿元，取得各大银行金融授信1500多亿元，全省逐步形成了以公有制为主体、多种所有制共同发展的文化产业格局。

（六）服务平台不断完善

2011年，湖北省致力于搭建和完善五大平台：（1）文化产业投资平台。我们正在谋划组建湖北省文化产业发展投资有限公司和湖北文化产业投资基金，按照“党委政府主导、市场公开运作、社会广泛参与、强化监管引导”的原则，通过企业股权投资和项目投资等方式，培育和扶持优势文化企业和产业项目，加速推进文化企业发展壮大，促进产业资源整合重组。（2）文化产权交易平台。以湖北华中文化产权交易所为主体，加强文化产权交易市场建设，规范文化产权交易行为，完善文

化产权交易的规则和制度体系，大力开展各类文化产权交易。（3）文化产业招商平台。以湖北省文化产业促进会为主体，按照“大招商、招大商”的工作思路，切实挖掘我省特色文化资源，着力策划重点文化项目，有组织、有计划地实施“走出去”“引进来”招商引资活动。（4）文化产业融资平台。大力推动文化企业加强与银行、金融、证券行业的合作，推进银企联姻，不断拓宽文化融资渠道。（5）文化产业统计平台。以省统计局和各级统计部门为主体，科学准确及时测算全省文化产业发展情况和总体态势，为科学决策和宏观调控文化产业发展提供基础性的权威数据。

二、2011 年文化产业各行业发展基本情况

（一）广播电视业

1. 广播电视经营创收情况

2011 年，湖北省广播电视系统全年总创收收入 57.35 亿元，比上年增长 18.08%。其中，广告收入 23.07 亿元，比上年增长 25.93%，占总创收收入 40.23%，网络收入 25.69 亿元，比上年增长 16.72%，占总创收收入 44.80%。其中，收视费收入（含付费电视收入）20.64 亿元，广播电视互联网业务收入 0.85 亿元。全行业实现增加值 31.22 亿元，比上年增长 15.96%。全行业固定资产原值为 102.08 亿元，比上年增长 12.88%。

2011 年，湖北广播电视台经营创收总收入 28.5 亿元，其中，广播电视频道频率实现广告经营创收 14.18 亿元，比上年增长 3.36 亿元，增幅 31.1%。武汉广播电视总台创新广告经营模式，相继与上海雅润、华夏勤加缘成功合作，实现公司化运作，年度广告收入超过 4 亿元；广通购物与上海东方购物合作，引资 3000 万元，电视购物收入同比增长 59%。

2. 广播电视节目及影视剧生产经营情况

2011 年，湖北省影视剧创作取得较大突破。全年共完成电视剧制作备案公示 19 部 553 集，完成动画片备案公示 35 部 1934 集 20，349 分钟，完成电影备案公示 16 部；发放电视剧制作许可证 12 部，发放电视剧发行许可证 10 部 324 集，发放电影审查决定书 6 部，发放动画片许可证 7 部 151 集 1642 分钟。以上数据均比 2010 年同比上升 50% 以上。全年制作广播节目 236298 小时，比上年略有增长。制作电视节目 98309 小时，比上年增加 3.58%。制作电视剧 10 部 324 集，制作动画电视 10 部 295 集。

武汉华旗影视公司与省电影公司联合出品的电影《人在囧途》，获第 18 届北京大学生电影节荣获喜剧片创作奖、第 14 届中国电影“华表奖”优秀故事片提名奖；湖北电影制片厂的《虾蟹混养技术》，获得华表奖优秀科教影片提名奖；电影《琴动我心》，获第 8 届圣地亚哥国际儿童电影节最佳家庭电影奖（电影节最高奖），男演员高曙光获得最佳演员奖；湖北省广播电影电视局、武汉青雨影视制作有限公司联合出品的电视剧《借枪》，获第 17 届上海电视节白玉兰奖最佳编剧、最佳男演员两项大奖；电视剧《洪湖赤卫队》《万历首辅张居正》分获第 28 届电视剧“飞天奖”提名荣誉奖。电视剧《大汉口》《圣天门口》已在多家卫视频道和地面频道播出，电视剧《国门英雄》，作为央视一套跨年大戏热播。

2011 年，湖北广播电视台 8 个电视频道电视剧总播出量为 1018 部 33219 集，共签约电视剧合同 166 份 5768 集 24025 万元。重点打造以《汉阳造》《牧马人》《特警突击队》为代表的汉派电视剧。其中，《汉阳造》已经正式投入拍摄，联合制作的 25 集电视剧《特警突击队》是全国首部反映公安特警的主旋律电视剧。

3. 社会广播电视节目制作和经营机构生产经营情况

2011 年，纳入统计的全省社会广播电视制作机构和经营机构共 52 个。全年共制作电视节目 1674 小时，制作电视剧 5 部 175 集，制作动画电视 10 部 295 集。

2011 年，全省社会广播电视节目制作和经营机构全年创收收入为 34956.93 万元，比上年增加 27.87%。在总创收收入中，广告收入 2475.23 万元，占 7.08%，广播电视节目销售收入 26603.29 万元，占 76.10%，其他创收 5933.69，占 16.97%。年末实现增加值 13468.79 万元。固定资产原值为 22996.09 万元。

（二）电影业

2011 年，全省电影票房势头强劲，全年实现电影票房 5.76 亿元，比 2010 年增长 35%，电影票房位居全国第七、中部第一；观影人次达到 1574 万人次，放映场次达到 52 万场，较 2010 年同比增长 19% 和 51%。本省两条电影院线“银兴”、“天河”票房达 3.15 亿元，占湖北市场的 54.69%。截至 2011 年，进入湖北省的电影院线公司有 11 家：北京万达、广州金逸、浙江横店、广东大地、北京九州中原、中影数字、潇湘影视传播、北京时代华夏今典、北京华夏联合、中影星美、浙江时代电影大世界。2011 年，湖北省正常营业影院达 86 家，主要分布在武汉、宜昌、黄石、襄阳等地区，除天门、神农架林区以外的 14 个地级市（省直管市）已全部建有现代化多厅影城。2011 年全省新建及改造影院 33 家，

新增银幕171块，新增座位数27576个，比2010年分别增长51.74%、94.32%和93.16%。33家影城中有13家影院坐落在县级市。中小城市电影票房比例已经由2010年的16%上升到2011年的23%，提高了7个百分点。

全年全省共完成农村电影放映332477场，观众达64074796万人次，其中，"三下乡"放映活动22608场，观众471万人次，超额完成放映任务，全面实现每个行政村每月放映1场电影的任务目标。2011年底，由全省11条农村数字电影院线共同参股，组建了湖北垄上农村数字电影院线管理有限公司，在广告招商和市场开发方面起步良好，前景广阔。

（三）新闻出版业

全省新闻出版产业加快发展，态势良好。据统计，2011年全省新闻出版业总产值达391亿元以上，同比增长21%，创历史新高。

2011年，湖北省新闻出版企业上市实现了零的突破，长江出版集团主业资产成功上市，成为全省文化产业"第一股"。知音传媒集团完善法人治理结构，完成了转企改制工作，上市工作进入冲刺阶段。非时政类报刊出版单位体制改革方案获总署批准，全省已有68种非时政类报刊转企改制。加大资源整合力度，推进跨媒体、跨行业、跨地区、跨所有制发展取得新进展。长江出版传媒股份有限公司和华中师范大学共同出资组建盘古教育科技有限公司，知音传媒集团成功控股中国致公出版社，长江文艺出版社并购北京民营书业公司成立"书尚天下文化公司"，省新华书店集团与省电影公司共同组建新华银兴影业公司。

数字出版产业发展取得新进展。华中国家数字出版基地在武汉经济技术开发区揭牌奠基，基地建设扎实推进，吸纳社会资金13.6亿元，每年获得省财政1000万元、开发区财政3000万元的专项资金支持，并在土地、税收、招商引资等方面享受相关优惠政策。数字电视阅读项目在第四届中国数字出版博览会上荣获"创新技术奖"，长江出版集团数字出版公司荣获"示范企业奖"。

产业园区建设加快推进。湖北日报传媒集团的楚天181文化创意产业园和荆门日报传媒集团产业园分别有40余家和20家企业入驻。武汉出版集团的武汉出版文化产业园二期工程开工建设，黄石日报传媒集团的东楚传媒文化产业园一期工程预计今年3月份完工。知音传媒集团、长江日报报业集团及鄂州日报社、随州日报社等市州党报产业园和襄阳印刷工业园、咸宁印刷城、仙桃东莞印刷产业园等园区建设进展顺利。

图书生产规模进一步扩大。全省14家图书出版社共出版图书15096种。2011年，全省图书出版总产值达到27.5亿元，同比增长45.5%；音像电子出版业总产值为2.1亿元，同比增长10.5%。报刊业保持良好发展态势，《特别关注》期发行量达360万份，《知音漫客》月发行量突破400万份，《前卫》进入"百万报刊"行列，三峡日报等5家传媒集团实现销售收入过亿元。2011年，全省报刊业总收入达52亿元，同比增长30%。印刷业招商引资取得明显成效，超过13.5亿元。绿色印刷强力推进，中印南方印刷有限公司和中闻集团武汉印务有限公司成为全国首批绿色印刷企业。大枫纸业等6家印刷企业入选2011年中国印刷企业100强。我省入选"全国百强印刷企业"的数量连续5年位居中部六省第一、全国前列。2011年，全省印刷业总产值达到205亿元，同比增长17.1%。发行业大力开展连锁经营，大众图书销售大幅增长，全年实现销售113.6亿元，同比增长31.5%。第四届中国（武汉）期刊交易博览会、第十届华中图书交易会盛况空前，交易额达33亿元，，同比增幅高达214%，成为全国响亮的展会品牌。

版权贸易有新进展。全年共输出图书版权506种，引进版权228种，首次实现版权输出大于版权引进。在中国版权年会上，武汉出版社荣获2011年中国版权产业"新锐企业奖"，中南财经政法大学校长吴汉东被评为"全国十大知识产权保护最具影响力人物"，华中科技大学出版社社长阮海洪荣获"新锐人物奖"。

（四）新媒体业

1. 网络电视和网络广播

2011年7月1日，湖北网络广播电视台（www.hbtv.com.cn）正式上线播出。湖北网络广播电视台是湖北省委省政府的喉舌，是国家批准的第三家省级网络广播电视台。作为以宽带互联网、移动通讯网等新形式下的网络传媒播出机构，2011年采取一系列措施加快发展。

一是强化网络内容建设，先后推出了在"新系列""8点晨报""9点资讯""火凤周刊""爆料台""网事往事"等系列栏目；首创大型网络主持人互动栏目《天天读网》和全媒体直播《边看边聊》专栏，将视频直播、图片报道，和资深媒体人的实时互动，以及论坛、新闻专页等多元素有机地组合在一起。全年直播42场，已成为网络媒体传播亮点并逐渐体现其商业价值。

二是积极对接市场，探索"以营销带内容"等多样的商业模式，首创"网展汇"、"在线发布"等专页呈现模式，成功组织大型报道50多个。

三是强化传播能力，通过CDN分发，在全球布设了70多个传输站点，用更为流畅的视听体验，把湖北生动的影像和声音传向全国传向世界。2011年度，湖北网络广播电视台《新资讯》专栏被评为“2011年度湖北网络媒体十大品牌栏目”。“穿越大别山”系列报道活动获中央对外宣传办公室、国家互联网信息办公室颁发的“庆祝中国共产党成立90周年互联网宣传优秀作品‘优秀创意奖’”。此外，8套电视直播频道在中国网络电视台（CNTV）正式上线，拓展了在新媒体领域的传播能力和湖北的国际影响力。

2.IP 电视

三网融合工作完成节目集成播控平台建设，湖北省广播电视总台IPTV集成播控平台向上已经与国家平台对接，向下已经具备与电信运营商对接条件，基本完成日常监控系统的建设，跨省长途链路已经接通，正陆续接收总平台下传的直播和点播节目。

3. 移动电视

2011年，湖北移动电视稳步发展，完成经营收入657万元，覆盖公交线路数保持100条、2200台车、2900块屏。作为武汉公交移动电视行业的领导者，节目到达率持续攀升，稳定在95%以上的较好水平。在节目制作上结合公交车播出平台的特点，积极开展“争创文明城市”、“尊老爱幼”、“消防安全”等公益宣传；选取湖北广电台的优秀新闻资讯类节目转播，提高兄弟频道收视覆盖率的同时也赢得了观众的喜爱。

4. 手持电视

移动多媒体广播电视（CMMB）基础设施建设和网络覆盖工作进展顺利，形成了湖北中广传播有限公司及7个分公司、13个办事处的运营管理格局。2011年，网络覆盖方面，CMMB信号已覆盖湖北全省17个地市州及103个县级行政单位（区、县）中的81个，覆盖率达85%以上，城市信号覆盖率达到98.22%。用户发展方面，已有单、双向终端用户共约100万，其中武汉市达50万，并以每天新增1000户的速度递增。2011年累计新发展TD-CMMB用户为606,468户，2011年底存网用户数为440,405户,用户发展全国排名第三，仅次于江苏、广东。双向终端完成比例全国排名第一。单向终端用户数预估计超过25万户。重大项目方面，领导车载项目获批，CMMB通过卫星进行全国信号传输，即使在车辆高速行驶时，CMMB车载电视也能稳定接收电视信号。

5. 城市电视

2011年，湖北城市电视成功开亮世界第一高屏——湖北龟山电视塔大屏，以及光谷大屏、洪山广场大屏、省委大屏、百步亭大屏等7块户外高清大屏，安装了1500多台液晶小屏，覆盖党政机关、公共服务、商业卖场、餐饮服务等八大公共系统，实现了户外大小屏每天15个小时联网播出，整体规模已跃居全国前茅。近年，由其发起成立了全国城市电视联盟，已与北京、上海、深圳、江西、重庆、湖南、河南、安徽、青岛、济南等十余省（市）签约合作。

6. 武汉数字网络

武汉市广播影视局（总台）、数字网络公司与中国电信合资成立武汉广信新媒体信息网络有限公司，开创三网融合的“武汉模式”；与武汉移动合作，将高清电视、有线宽带和移动手机业务捆绑发展，成为全国范例；托管省网在汉网络，完成新城区网络整合，同城同网实现重大突破；全市有线电视网络用户达260万户，数字电视用户170万户，高清互动电视用户10万户，跻身全国三大城市有线网络之列。

7. 武汉黄鹤TV等新媒体

武汉网络电视台——黄鹤TV成功上线，与武汉俊杰公司合作成立武汉网络电视公司；成立中广传播武汉分公司，武汉电视一套上线播出，完成16座CMMB发射基站建设，CMMB手持电视用户数量规模位居省会城市第一；地铁电视公司轨道交通1号线节目经营运行良好,并获得武汉市未来所有轨道交通地铁电视运营权。

8. 网站

截至2011年12月，“湖北省信息网络传播视听节目监控系统”统计显示，全省开办视听节目的网站571家，提供的视听节目内容基本以影视剧、商业广告、娱乐为主，也有教育、体育、医疗、证券、商业、新闻以及点对点的视频播放和下载（P2P）等内容。其中，新闻视频类网站26家，影视剧视频类网站55家，娱乐视频类网站60家，专业视频类网站38家，其他视频网站392家。持有《信息网络传播视听节目许可证》的网站共12家；在省广电局办理视听节目服务备案手续的有24家。

·湖南省·

一、2011年文化产业发展总体情况

（一）产业规模不断扩大

2011年，湖南省文化和创意产业总产出2352.49亿元，比上年现价增长25.9%；增加值为1013.97亿元，

同比增长 22.5%，占 GDP 比重 5.2% 左右，对经济增长的贡献率达 8%；收入过亿元的文化企业达 110 个，利润过千万元的企业达 235 个，上市文化企业 4 家。截至 2011 年年底，全省共有各类文化经营单位 15403 家，文化市场从业人员近 20 万人。

湖南广电继续保持良好的发展势头，经营收入继续在省级广电前列。湖南出版投资控股集团总资产和经营收入双过百亿元，居全国出版集团第二位。全省动漫产业总产值排名全国第三。全省上市文化企业 4 家，电广传媒、中南传媒、拓维信息进入全国文化企业 30 强，湖南日报进入全国省级党报第一方阵。

（二）产业品牌影响力不断提升

以“广电湘军”、“出版湘军”、“动漫湘军”、“演艺湘军”为代表的文化湘军品牌在全国脱颖而出。“快乐大本营”、“天天向上”、“小年夜春晚”、“元宵喜乐会”、“汉语桥”、“快乐女声”等节目深受观众喜爱，特别是“汉语桥节目”连续四年在湖南省成功举办，大大提升了湖南卫视国际影响力。中南传媒跻身《财富》2011 中国企业 500 强。作文、科普图书在全国细分市场占有率排名第一，古典名著、音乐、艺术、医学类图书排名第二。《体坛周报》占据了全国同类市场发行和广告份额的 61%。张家界国际乡村音乐节、橘洲国际音乐节等活动影响力不断扩大，长沙酒吧歌厅继续火爆繁荣。动漫产业保持了一定优势，朝手机动漫等新领域延伸。金鹰卡通等 7 家企业的 6 个项目被确定为国家文化出口重点项目，国际文化部评选的 18 家重点动漫企业和 30 个重点动漫产品中我省分别占 6 家和 13 个。

（三）新型业态异军突起

继广电、出版、演艺、动漫等传统优势产业，湖南省数字媒体、电视购物等新兴文化业态发展较快，涌现了快乐购、红网、华声在线、金鹰网等一批新兴文化品牌。《长沙晚报》上星发行系统的中文报纸，覆盖全球 153 个城市的卫星报纸销售终端。快乐购创业仅 6 年多，其营业收入就超过 30 亿元，年均增长在 50% 以上。文化与旅游深度融合，张家界已形成演艺剧场 11 个，魅力湘西、梯玛神歌、天门狐仙等节目深受旅客欢迎，形成了“白天看风景，晚上赏大戏”的新型文化旅游模式。2011 年，张家界旅游演艺总产值超过 4 亿元，接待观众 200 万人，慕“戏”而来重游张家界的“回头客”占 30% 左右，演艺业已完全融入张家界旅游，也成为全省文化产业发展的新亮点。

（四）民营文化成长迅速

动漫游戏、演艺娱乐、出版、工艺品等领域的民营文化企业发展迅速，民营文化企业增加值占全部文化产业增加值的 1/3，就业人数占全部文化产业就业人数的 2/3. 全省卡通动漫、文化娱乐、民间工艺主要为民营投资。拓维信息、天舟文化成功上市，分别称为中国“手机动漫第一股”和“民营书业第一股”。农村演艺市场活跃，湖南省常德市有各类演艺团体 2000 多家，年经营收入近 6 亿元，形成了极富地方特色的演艺品牌。

二、2011 年文化产业各行业发展基本情况

（一）广播电视业

2011 年，全省共有广播电台 13 座，电视台 15 座。有线电视用户 695.94 万户，增加 54.48 万户。年末广播综合人口覆盖率 92.6%，电视综合人口覆盖率 96.8%，分别比上年提高 0.6 个和 0.4 个百分点。

2011 年，湖南广电创收 151 亿元，比 2010 年增长 48 亿元。电广传媒、中南传媒跻身 2011 年中国企业 500 强。2012 年 6 月世界品牌实验室发布《中国 500 最具价值品牌榜》，湖南广播电视台以 96.92 亿元上升到 119.58 亿元，总排位由 117 位上升到 115 位，同时排名中国媒体品牌价值排行榜第六位，在所有省级广电中位居第一位。截止 2011 年 6 月 30 日，湖南卫视在全国市场平均收视份额为 3.41%，仅次于中央一套排名第二，份额较去年同期上涨 14.4%，全天时段 36 次排名全国市场第一。

湖南卫视推出《超级女声》《快乐大家族》《越策越开心》等节目，深受广大观众的喜爱，收视率名列全国省级电视台前茅，综合实力进入全国文化产业 50 强。其节目辐射海内外，成为中国电视文化的品牌频道和大众娱乐的潮流先导，“湘字号”文化品牌开始走出国门。

（二）电影业

2011 年，全省实现电影票房收入 2.82 亿元，同比增长 26.5%，在全国处于中上游水平。2011 年，长沙市新增影院 9 家、改扩建 1 家，新增银幕 65 块。目前，共有影（院）城 23 家、银幕 133 块，座位 21000 余个，较上年翻了一番。2011 年，全市票房 1.5 亿元，增长 13.3%，占全省票房的 55%。同时，各级影院共成立农村电影放映队 77 支，2011 年累计完成电影放映 20326 场，观影人数 748 万人次。

根据省广电局票房统计数据，全省各市州中，长沙、株洲、湘潭 3 市排名前三位。长沙 1.55 亿元，占全省的 55.1%；株洲和湘潭均超过 2000 万元，分别占 13.8%、8.2%。从 2010 年的 1.36 亿元，到 2011 年的 1.55 亿元，长沙票房的增幅有所减缓。长沙去年增加了

不少影院，但票房总量并未明显增加，14% 的增幅更是远远低于全省的增长速度。同时，长沙所占的比例也逐年递减，由 2009 年的 71.7%、2010 年的 61.3%，下降到 2011 年的 55.1%。全省 2011 年观影人次 877 万，同比增长 20%，增速不如票房总额。业内人士认为，这是因为去年上映的 3D 影片达 30 多部，如《哈利波特 7》《龙门飞甲》等，其票价是普通电影的 2 至 4 倍，从而拉高了平均票价。

2011 年是湖南省影院建设最快的一年。全年新建影院 34 家，改建 2 家，增加银幕 162 块。数据显示，截至 2012 年 1 月 1 日，全省已开业的影院为 80 家，共有 375 块银幕。其中长沙市区影院分布最多，开业的有 17 家，仅五一商圈便有 5 家影院。不足的是，长沙以外的各市州影院建设没有跟上。县级城市影院建设已纳入了公共文化服务体系，国家的目标是到“十二五”末，每个县有一家现代化数字影院。在全省 88 个县（市）中，只有不到 30 个有现代化影院。地级市的影院建设也不够，永州、怀化、湘西、张家界都只有一家影院。

（三）新闻出版业

2011 年，全省新闻出版业总产出 442.72 亿元；实现增加值 104.90 亿元，营业收入 434.48 亿元；利润总额 44.62 亿元。其中，总产出、营业收入和利润总额分别是 2007 年的 2.66 倍、2.61 倍和 2.66 倍。

1. 图书出版水平全国领先

湖南省图书出版综合实力整体居全国前列。十七大以来，湖南图书出版继续保持全国领先地位，出版能力不断提升，图书出版品种从 2007 年的 4354 种增长到 2011 的 9949 种。全省现有图书出版社 13 家，其中有 6 家出版社被评为一级出版单位，获“全国百佳图书出版单位”称号，数量居全国第二。湘版科普读物、古典名著、音乐图书、医卫图书、新开心作文等是全国较有影响的出版品牌，在全国图书细分市场的占有率长期位居前列。重点选题策划组织能力居全国前列，在国家“十一五”、“十二五”重点出版规划中，湖南分别有 52 种、98 种选题入选，入选数量均居全国第二。获大奖图书数量居全国前列，在历届全国性图书评奖中，湘版图书获奖数量均居全国领先地位，先后有 100 多种图书获得三大国家级奖项。湖南还是全国重要的教材出版基地，湘版新课标教材年发行总码洋超过 10 亿元。

2. 音像电子出版方兴未艾

全省现有音像出版单位 11 家，电子出版单位 6 家，形成了涵括出版、制作、复制各环节的完整体系和科技、教育、文艺、动漫等各方面的出版格局，出版了一大批在全国产生较大影响的音像电子产品，有 100 余个品种获省部级以上奖项。

3. 数字出版来势喜人

2011 年，全省数字出版业发展势头强劲，规模不断扩大，共有 22 家出版单位获得互联网出版资质。规划实施了一批重点项目，许多项目都极具市场竞争力；同时，涌现了天闻数媒、青苹果、纽曼、拓维信息、快乐阳光等为代表的一批数字出版骨干企业。2011 年 11 月 15 日，新闻出版总署批准湖南建设的中南国家数字出版基地正式挂牌，这是继上海、重庆、浙江之后新闻出版总署批准建设的第四个国家数字出版基地。

4. 报刊出版花繁果硕

2011 年，全省报刊品种不断丰富，结构日趋合理，形成了以各级党报党刊为主体，都市类、经济类、科技类、文化类报刊全面发展的合理格局，现有报纸 87 家，期刊 248 家。2011 年，出版报纸 12.22 亿份，出版期刊 12584.49 万册。培育了一批品牌报刊，潇湘晨报社年销售收入过 6.5 亿元，经济总量在全国报纸中排名第十，2011 年获评“中国最具品牌价值报媒”和“中国都市报类品牌十强”。体坛周报发行量和广告收入均占据全国体育报刊市场 70% 以上的份额。今日女报发行量、广告收入、经营总收入均居全国女性报纸第一位。湖南期刊出版逐步由数量增长型向质量效益型转变，全省 CSSCI 来源版、扩展版期刊分别达到 15 种、7 种，进入全国前十。

5. 印刷复制业快速崛起

2011 年，湖南印刷复制业快速发展，企业数量大幅增长，技术设备普遍提高，印刷技术突飞猛进，产业经济快速发展，行业监管不断规范。2007 年至 2011 年，全省印刷工业总产值从 104.34 亿元上升到 254.58 亿元。印刷园区建设扎实推进，全省形成了长沙、岳阳、永州、怀化、衡阳等市级和邵东、宁乡、浏阳等县级印刷工业园区布局，印刷企业分工协作，初步出现整合形成产业链和产业集群的发展势头，其中长沙印刷科技产业基地年产值近 12 亿元。一批大型印刷集团迅速崛起，其中湖南天闻新华印务有限公司总体经济规模列全国印刷集团第三位。至 2011 年底，全省共有印刷企业 5299 家。

6. 发行物流业有序发展

全省现有书报刊交易市场 7 家，出版物发行网点 8132 处，形成了以新华书店、出版社自办发行和民营发行共同发展的发行网络体系。2011 年，全省出版物发行总产出 60.75 亿元。在历届全国书市和区域性图书订货会上，湘版图书订货码洋基本上都位居前三位。在国有出版物发行业保持主力军地位的同时，民营发行业快速发展，出现了一批实力较强的民营发行企业。在城市发行网络不断巩固和完善的同时，农村发行网络也得到了前所未有的发展。总体上，发行企业实力不断增强，全省出版物总发行企业已达4家，新华书店、邮政报刊亭连锁经营业务覆盖全省，发行单位和网点遍布全省城乡各地，出版物市场覆盖率和占有率不断提高。

7. “走出去”不断拓展

全省版权输出数量逐年增加，输出和引进比例渐趋平衡，初步形成了以合作共赢为基础、以文化融合为特色、以出版项目为平台的“走出去”模式。2011年，全省输出版权166项，其中向欧美输出33项，实现了历史性突破。

（四）演艺业

2011年，全省演艺产业快速发展，以张家界魅力湘西和天门狐仙为代表的旅游演艺、以琴岛和田汉大剧院为代表的娱乐演艺、以湖南大剧院为代表的高雅艺术演艺等多种演艺业态竞相争辉，“演艺湘军”的品牌日益响亮。同时形成了长沙剧场演出和张家界旅游演艺两个聚集地，有包括国有、民营在内的数千个演艺团体。2011年，7个省直国有文艺院团及湖南大剧院、省演出公司的经营收入，首次突破1亿元。

1. 张家界旅游演艺现象形成

截至2011年末，张家界全市共有正式营业的演艺剧场8个，座位1万多个，研制人员1200余人。其中《张家界·魅力湘西》拥有座位2600个，演职人员247人，总投资1.75亿元，年门票收入超过6000万元，已累计演出3658场次（截止2012年7月25日）；《天门狐仙 新刘海砍樵》投资1.2亿元，演职人员538人，拥有座位2888个，已累计演出450场次（截至2012年7月22日）。

张家界旅游演艺产品主要分为三种模式：1、剧院类旅游演艺产品以《张家界·魅力湘西》为代表，包括《张家界大剧院》《黄龙洞剧场》和《梦幻张家界》等；2、实景类旅游演艺产品以《天门狐仙·新刘海砍樵》《武陵魂·梯玛神歌》为代表；3、景区综艺类旅游演艺产品以《袁家寨子》《老院子》为代表。

以《天门狐仙·新刘海砍樵》《张家界·魅力湘西》和《武陵魂·梯玛神歌》为代表的旅游文化演艺产业集群，每年接待了200万人次以上的观众，累计创造了数以亿计的产值，促进了旅游与文化的融合发展，带动了旅游产业的提质升级。据张家界市物价局对7家演艺场所的调查统计，2011年上半年共实现销售额1.213亿元，旅游人数为1152万人次，比去年同比增长35.9%，其中境外人数达66.9万次，同比增长17.6%。

2. 剧目创作生产机制不断创新

截至2012年5月31日，湖南省列入改革范围的85家国有文艺院团已全部完成改革阶段性任务，其中转企改制的院团有72家。国有文艺院团的体制改革为“演艺湘军”增添了新的活力，一批摆脱体制束缚的演艺企业正迫不及待地涌入演艺产业大潮中跃跃欲试。

湖南省歌舞剧院有限责任公司转企改制以后，充分调动员工的积极性，目前他们正以此为契机带动公司精品剧目的创作生产。创排的《温暖》由平均年龄不到30岁的年轻人担纲主创，演员的平均年龄不到23岁。

湖南省话剧院有限责任公司结合自身优势，在儿童话剧和话剧方面分别推出精品。2012年成立了专业儿童剧场，每周定点演出儿童剧《马兰花》；公司还与香港春天舞台剧制作公司合作，创排了适合小剧场演出的成人话剧《洛丽塔》内地版；并与广州军区战士话剧团联合创作演出大型话剧《支部建在连上》，该剧于7月上旬投排。

由原湘西凤凰县阳戏剧团转制成立的凤凰阳戏凤飞演艺有限公司则结合凤凰旅游业的发展，实行文企联姻。目前公司正与天下凤凰大酒店合作打造一台大型民族风情实景旅游晚会《凤凰传奇》，并将与北京天创国际演艺有限公司共同创作演出。

（五）动漫业

湖南动漫在全国动漫产业中一直处于领先地位，被誉为“动漫湘军”，省会长沙也被美誉为“中国原创动漫先行者”。截至2011年末，湖南省共有动漫游戏企业150多家，原创人员8600多人，相关从业人员5万多人，年原创动漫生产能力近4万分钟，动漫游戏衍生产品种类达17975种，产值达110多亿元。2011年，湖南省动漫业产值46.5亿元，排名全国第三。

为进一步推进湖南动漫游戏产业的发展，促进湖南实施“文化强省”战略，2011长沙国际动漫游戏展于7月14日至18日在湖南省展览馆举办。本次展会秉承“动漫携手游戏，欢动全城”的理念，以“助力长沙，打造中国原创动漫之都”为目标，着眼原创，面向国际，着力打造动漫的盛会、产业的平台、城市的节会、群众的节日。

2011年12月27日晚，中国动漫界的最高奖——中国文化艺术政府奖首届动漫奖在天津举行颁奖典礼，来自全国动漫界的30个获奖项目中，蓝猫动漫的《蓝猫龙骑团》获得最佳动画电视片奖，湖南宏梦卡通的“虹猫蓝兔”获得最佳动漫品牌奖，拓维信息的“手机动漫公共服务平台”获得最佳动漫技术成果奖。

金鹰卡通频道作为我国第一家动画专业卫星频道，现已覆盖19个直辖市、省会城市的161个县市、1.5亿人口，广告收入2009年已过亿元。深交所上市的拓维信息和以其为代表的新媒体动漫，以及浩丰文化、长沙无双等多家知名的行业新锐。全国3个知名动漫品牌“蓝猫”、“虹猫蓝兔”、“喜羊羊”，湖南省占2个。经国家首批认定的重点动漫企业16家，湖南省就有6家，占全国的1/3。全省150家动漫企业，原创人员1.3万多人，相关从业人员5万多人，人才集群优势无与伦比。

山猫卡通的《山猫吉咪历险记》《山猫和吉咪》之快乐篇、《山猫和吉咪》之嘉年华等动画节目已经出口到美国、中东等10多个国家和地区。公司连续两个年度被国家商务部、国家文化部、国家广电总局、国家新闻出版总署联合评定为“国家文化出口重点企业”，开发的图书、音像、玩具、文具、服装、鞋帽、餐具等跨越10多个行业的几千个衍生品，90%以上出口。金鹰卡通频道在推出品牌卡通节目的同时，进入动画片制作领域，“小飞猪”、“企鹅仔仔”以及“超女娃娃”已经小有名气。拓维公司正在参与筹备新一届的原创手机动漫游戏大赛。该大赛已在湖南省举办6届，得到广泛好评，产生了良好的效益，大赛收入呈几何增长，由2006年的240多万元增加到2011的7000万元，参赛各方总收入超过3亿元。

2011年，湖南省积极落实高新技术企业、促进创业就业等优惠政策，全年共计减免税收47.83亿元，有力推动了高新技术产业发展。为促进动漫产业健康快速发展，湖南省自2012年开始对属于增值税一般纳税人的动漫企业销售其自主开发生产的动漫软件，按17%的税率征收增值税后，对其增值税实际税负超过3%的部分，实行即征即退政策。动漫软件出口免征增值税。对动漫企业为开发动漫产品提供的动漫脚本编撰、形象设计、背景设计、动画设计、分镜、动画制作、摄制、描线、上色、画面合成、配音、配乐、音效合成、剪辑、字幕制作、压缩转码（面向网络动漫、手机动漫格式适配）劳务，以及动漫企业在境内转让动漫版权交易收入（包括动漫品牌、形象或内容的授权及再授权），减按3%税率征收营业税。

（六）文化旅游业

2011年，湖南省红色旅游的发展迅猛，全省红色旅游呈现各级领导高度重视、发展合力明显增强、景区建设提质升级、宣传促销力度加大、发展机制不断创新、人员队伍素质提升等特点。一是综合效益日益凸显。全年共接待红色旅游游客4042.4万人次，同比增长24%，实现红色旅游综合收入227.78亿元，同比增长22%。红色旅游已成为新的消费热点和经济增长点，对推动经济社会经济发展，提升人民生活水平发挥了重要的作用。二是红色旅游内容越来越丰富。全省红色旅游以革命战争时期内容为重点，将1840年以来发生的爱国主义和革命传统精神为主题、有代表性的重大事件和重要任务的历史文化遗存纳入了发展范围。三是发展方式越来越灵活。全省各地在红色旅游产品建设、市场营销，提升服务等方面创新体制机制，有力促进了红色旅游发展方式的转变。

·广东省·

一、2011年文化产业发展总体情况

2011年，广东省文化产业实现增加值2529亿元，同比增长30%，约占全国1/4，占全省GDP比重4.8%，拉动GDP增长超过1个百分点，文化产业已经成为广东省国民经济支柱性产业之一，为推动我国经济增长和转型升级做出了积极贡献。

（一）文化“走出去”优势明显

2011年，广东出口文化产品73.5亿美元，增长0.4%，占同期我国文化产品出口的39.3%，为我国文化产品出口最大省份。同期，福建和浙江分别出口20.3亿和19亿美元，分别增长54.5%和12.2%，分列第二、三位。

（二）文化民生显著改善

2011年，广东省先后出台了《广东省公共文化服务体系建设规划（2011–2020年）》和《广东省文化事业发展“十二五”规划》。至2011年底，全省有县级以上公共图书馆133个、文化馆（群艺馆）144个、国有博物馆161个，镇综合文化站、村文化室、文化站达标率达到70%；建成具有一定规模的文化广场5000多个，面积达200多万平方米，全省基层公共文化设施在总量、单位平均面积、省市县镇村五级的覆盖率均处于全国领先地位。组织实施全省美术馆、公共图书馆、文化馆（站）、博物馆（纪念馆）免费开放工作，在全国率先实现了“三馆一站”全面免费开放。牵头组织或参与举办了奥运会广东文艺演出、世博会“广东周”、广东省群众艺术花会、首届广东社区文化节、广东省第

十届“百歌颂中华”、“二沙岛户外音乐季”等系列群众文化活动，丰富活跃了群众文化生活。2011 年全省共组织庆祝建党 90 周年及纪念辛亥革命 100 周年文化活动近 300 场，在南粤大地营造了浓厚的文化艺术氛围。

（三）文化遗产保护成果丰硕

2011 年，开平碉楼与村落成功申报为世界文化遗产，填补了广东省空白。顺利完成“南海Ⅰ号”整体打捞并开展试掘工作，开世界水下考古之先河。实施了“南澳Ⅰ号”沉船遗址水下考古发掘工作，取得阶段性成果。完成了第三次文物普查野外调查，登记不可移动文物 3。7 万余处，其中新发现文物 27110 处，位居全国前列。2011 年，全省接连荣获多项国家级文物年度奖，包括“全国博物馆十大陈列展览精品奖”、“全国十大考古新发现”、“全国十大文物维修工程奖”、“中国十大历史文化名街”、国家历史文化名城等，囊括了国家文物保护领域的所有大奖，实现了历史性的突破。完成全省首次非物质文化遗产普查，已公布三批省级非物质文化遗产名录项目 446 项，其中 129 项成功列入了国家级非物质文化遗产名录，粤剧、古琴艺术、中国剪纸 3 项入选联合国教科文组织非物质文化遗产名录项目。公布了市级非物质文化遗产名录 904 项、县级名录 1355 项，初步建立起国家、省、市、县四级名录体系。建立了非物质文化遗产项目代表性传承人扶持机制。

（四）对外文化交流合作深入开展

2011 年，广东省与 120 多个国家和地区开展了文化交流与合作，与外国、港澳台地区的双向文化交流量合共 4651 批、70216 人次，居全国首位，获“2011 年对外对港澳台文化工作突出贡献奖”。春节期间，组织 10 多支艺术团队赴亚洲、欧洲、美洲、非洲等多个国家和地区开展“欢乐春节”文化交流活动。粤港澳文化合作特色鲜明，合作机制成效显著，每年广东对港澳文化交流的批次和人数占全国的一半以上。推动粤港澳三地公共文化服务和文化产业合作初见成效，签署了 5 个协议或合作意向书，确定了粤港澳 32 个交流合作示范点，组织实施了 183 个文化交流合作项目。对台文化交流取得突破，两地频繁交流高质量的文艺节目，文化产业合作逐步加强，2010 年组织文化分团参加“台湾广东周”系列活动，受到台湾各界好评。广州三年展、广东现代舞周、连州国际摄影年展等一批国际性文化专业交流活动凸现了品牌效应。

（五）文化创新成效明显

2011 年，全省不断深化文化体制改革，实现了厅系统所辖全部经营性文化单位和 4 家国有文艺院团的转企改制。加快推进市县两级国有文艺院团转企改革，全省已有 61 家院团完成了改革任务。以科技手段做大做强“广东文化网”，建立了全国首家“网络文化馆”，推出“网上图书馆”、“网上博物馆”、“网上剧场”等系列数字化文化服务。鼓励建设民办博物馆、美术馆，促进文物博物和美术事业的繁荣发展。成立广州交响乐团基金会，支持发展交响乐事业。成立广东省文化志愿者总队，在全省积极开展文化志愿服务。鼓励引导企业、集团成为重大文化艺术活动“赞助商”或直接参与承办，如吸引品牌企业支持赞助上海世博会广东周文化活动，与民营文化企业联合承办第八届全国杂技（魔术）比赛等。

二、2011 年文化产业各行业发展基本情况

（一）广播电影电视业

2011 年，广东省广播电影电视业的总资产、净资产、产业增加值、广告收入和网络收入等各项主要产业发展指标，继续位居全国前列。

1. 精品创作势头良好

2011 年，广东省文艺精品创作势头良好，特别是电视剧和动漫在全国排名前列。广东省共有影视公司 919 家，2011 年共生产制作广播节目 54 万小时、电视节目 13 万小时，生产电影 25 部；电视剧 44 部，2022 集；动画片 54 部，2725 集，30967 分钟，产量居全国三甲。2011 年电视剧制作投资额 3.35 亿元、动画电视制作投资额 2.3 亿元；实现国内电视节目销售 6.2 亿元，销售额为 2006 年的 3.5 倍。近年来，广东省共有近 20 部动画片被国家广电总局评为优秀国产动画片，由广州原创动力公司制作的系列动画电影《喜羊羊与灰太狼》（共 3 部）创造了过亿的票房纪录。由南方电视台参与制作的电视连续剧《潜伏》在全国掀起了收视热潮。在第 28 届中国电视剧“飞天奖”评选中，全国共 38 部获奖作品中，广东就有 7 部电视剧作品获奖，成为飞天奖大赢家。

2. 经济指标领跑全国

2011 年，广东广播电视总收入达 198.29 亿元，居全国第 2 位，比 2006 年增长 92.8%，年均增长 18.56%。在总收入中，广告收入达到 82.38 亿元，居全国第二位，比 2006 年增长 39.6%；网络收入达到 56.70 亿元，居全国第 1 位，比 2006 年增长 122.2%。“十一五”期间，我省广播电视总收入、广告收入和网络收入连续多年位居全国三甲。2011 年 1–4 月，广东广电营业收入为 8.48 亿元，净利润为 1489 万元。而随着对珠江数

码、天威视讯，以及700万县乡网络资产的整合，广东广电网络的资产总额将超过百亿，而用户数量最终将达到1900万户，而年收入将突破50亿元。2011年，广东省在全国率先完成了无线覆盖环评工作。全省广播、电视综合人口覆盖率已达到98%。

2011年，广东省全年电影票房总收入18.65亿元，占全国城市电影院线市场票房的六分之一，连续第7年位列全国第一。深圳市2011年电影票房总收入为5.842亿元，约占全省的30%。全省共有影院257家，银幕总数1070块。在农村电影公共服务方面，政府不断加大投入，使公益放映场次逐年攀升。2011年，全省全年农村电影总放映场次达到296509场，超额26.7%完成一村一月一场电影的目标，观影人数达7211万人次。

3. 对外文化传播力度加大

2011年1月18日，广东电视台国际频道成功试播，5月15日正式开播。随着国际频道的开播，广东省已实现国际频道、珠江频道海外版、珠江频道香港版、新闻频道澳门落地、马来西亚家娱卫视、点心卫视、广东电视台越南语频道、南方卫视、深圳卫视等9个频道有针对性的、全方位多频道的境外覆盖。在大力推动广播电视频道走出去的同时，广东省还着力打造两个广播影视对外交流展会平台。中国（广州）国际纪录片大会已成功举办8届，2011年成功升级为中国（广州）国际纪录片节，是目前国内唯一拥有纪录片交易功能的平台，已成为我国影响力最大的纪录片专业性、国际性节展活动。中国国际影视动漫版权保护和贸易博览会在东莞已成功举办3届，吸引了海内外众多著名原创及衍生品企业参展。

（二）新闻出版业

2011年，广东省报纸的种类、印数、总收入、报刊进口销售总额等主要指标均名列全国第一；广东的漫画期刊和图书出版发行占全国30%以上的市场份额，音像制品品种数量和发行量在全国名列第一，光盘生产能力和市场占有率占全国的1/2，音像制品出口在全国领先。其中，2011年，深圳版权产业增加值为2200.82亿元，同比增长24.25%，占深圳GDP的19.13%。白皮书还显示，深圳版权产业从业人数为141.12万人，同比增长26.67%；软件产品收入1050.2亿元，同比增长24.3%；软件出口134.6亿美元，同比增长10%，占全国比重近50%。2011年，深圳报业集团、广电集团、出版发行集团三大文化集团账面总资产达112亿元，较上年增长8%，三大集团合计利润达到3.94亿元，比上年增长4.6%。

（三）演艺娱乐业

2011年广东省举办了第十一届省艺术节，推出了舞剧《骑楼晚风》、雷剧《雨仔落泱泱》、粤剧《三家巷》、话剧《与妻书》、粤剧《小凤仙》《孙中山与宋庆龄》《青春作伴》、山歌剧《合家福》、音乐剧《三毛流浪记》、舞剧《西岚卡普》等一批精品力作和舞台新秀。组织了优秀舞台剧目到省内各地进行巡演，让基层群众欣赏到文艺精品。

2011年，广东省设立每年5000万元的文艺精品扶持资金。2011年4月，52个项目被评选为文艺精品扶持项目，政府工拨款25000万元给予支持。

（四）动漫游戏业

2011年，广东动漫行业的总产值达到223.8亿元，占全国比重的36%，位列全国第一。华强数字动漫有限公司2011年入选“中国十大原创动画企业”，继2010年荣获全国十大动画生产企业亚军以来，2011年生产动画18512分钟，比上年增长44%。截至2011年，华强动画已出口至100多个国家和地区，累计出口超过10万分钟。

2011年，广东省网络文化及相关数字互动游戏产业年收入占全国三分之一，其中拥有自主知识产权游戏的收入占全国1/2，海外营业额超过100亿元人民币，居全国第一，成为广东新文化产业的领军行业。在游戏产品的生产研发领域，广东一直走在全国的前列，是我国网络及数字互动游戏产业重要基地。

2011年，广东省数字出版产值年均增长超过30%，网络游戏、网络音乐产值年均增长超过20%，全省网游产业总产出超过250亿元。全省获得新闻出版总署批准的互联网出版企业共有46家，其中民营企业23家，这23家民营企业中有17家获准从事互联网游戏出版、手机游戏出版业务。广东拥有腾讯、网易、21CN、火石、中青宝等近百家网络游戏企业，此外还有数字互动游戏相关企业近3000家，其中仅中山以及番禺两地数字互动游戏产业就占据全球超过65%的市场份额，并基本形成研发、生产、销售一条龙服务的产业群。广东还是全国网络游戏用户最多的省份，约占全国12%。

（五）文化会展业

2011年，广东省会展业发展主要集中在广州和深圳。广州会展产业规模不断扩大、带动力不断增强，已连续三年荣膺“中国最具活力会展城市”称号，成为全国最有影响力的三大会展城市之一。2011年广州市主要展览馆展览面积734万平方米。其中广州国际展览中心展览项目 85 个，展览面积达到 580 万平方米，世贸场馆展览项目 53 个，展览面积 53 万平方米，锦汉展览 65 场，展览面积达到 50 万平方米，中洲中心 12 场，展览面积达到 21 万平方米，另有流花展馆、白云会议中心、跨国采购中心、广州保利世贸博览馆、广州市新体育馆展览中心等展览馆办展面积 28 万平方米。

2011 年深圳共办展会 102 个，展览总面积 256 万平方米，比上年增长 13.8%。在大陆会展城市中，深圳展览总面积位列上海、北京和广州之后，稳居第四位。深圳已建立起较为完善的会展业政策扶持和市场运行体系。深圳已先后出台《关于发展深圳会展业的意见》，发布了《关于进一步完善办展环境促进会展业发展的若干措施》，建立了“深圳会展业发展协调联席会议制度”，设立了 2000 万元的会展业财政资助资金，并在国内率先制定了品牌展会排期规则，为会展业发展营造了优良的市场环境。

深圳已培育、引进了一批在国内外具有重要影响力的品牌展会。高交会已成为国内高科技第一展，正在向打造“世界科技第一展”的目标迈进。文博会作为我国唯一国家级、国际化、综合性文化产业博览交易盛会，在国内外引起了巨大反响；安博会、光博会已是该行业全世界规模最大、影响力最广的专业展会。其中，第七届中国（深圳）国际文化产业博览交易会于 2011 年 5 月 14–17 日在深圳会展中心举办。截至 5 月 16 日 12 时，文博会总成交额达 1245.49 亿元，同比增长 14.42%，再创历史新高。本届文博会共吸引观众达 354.05 万人次，其中专业观众 50.26 万人次，同比增加 28.83%。展会上，产业核心层和龙头企业更加突出，主会场龙头企业参展比例达 56%，比上一届提升 5 个百分点；文化产业核心层参展率达 92%，其成交总金额达 417.69 亿元。此外，4D 球幕影院、陪伴型小机器人、交互式翻书机等“文化 + 科技”产品纷纷亮相本届文博会。截至 5 月 16 日 12 时，科技型文化产业成交额达 440.71 亿元，比上届增长 36.95 亿元，其中，合同成交 250.91 亿元。

第四届中国国际漫画节暨 2011（第六届）全国大学生原创动画大赛在动漫版权交易方面的签约额约为 30.2 亿元，比上届增加 12%；金龙奖收到来自世界各地的投稿 7453 份，比上届增加 10%；穗港澳动漫游戏展吸引 300 个参展商参展，5 天参观人数达 24 万，比上届增长 24%；大学生原创动画大赛吸引大陆、香港和台湾近 200 所高校参与，参赛作品达 1268 件；庆祝建党 90 周年宣传画藏品选展展出中国版本图书馆独家收藏的、以中国共产党历史题材为内容的宣传画藏品 190 幅。

此外，为期七天的第三届中国国际影视动漫版权保护和贸易博览会上，入场参观和直接参与的观众超过 50 万人，海内外参展企业 275 家，其中 15 个国家和地区共 43 家海外企业参展，现场签约投资合作项目 6 个，签约金额 23 亿元。

（六）文化旅游业

2011 年，广东省旅游业实现总收入 6443 亿元，同比增长 20%，旅游增加值占广东 GDP 的 5.18%，主要旅游指标继续保持全国第一，按照国际旅游行业标准，旅游已经成为广东省的支柱产业。2011 年，广东省投资超 1 亿元的在建旅游景区项目达 66 个，投资总额约 2300.3 亿元。国民旅游休闲卡累计发卡量突破 400 万张，拉动旅游消费近 200 亿元。截至 2011 年底，广东省累计投入扶贫资金 4.07 亿元，吸引资金累计达 1045 亿元，直接解决就业人数 13.8 万人，间接带动就业 33 万人。

·广西省·

一、2011 文化产业发展总体情况

2011 年，广西文化产业呈现加速发展、迅速崛起的良好势头。全区文化产业规模逐步壮大，文化市场主体实力增强，文化产业重点项目进展顺利，政策支撑体系不断完善。

（一）全区各市文化产业政策规划陆续出台

《广西文化产业十二五发展规划》（桂发改规划〔2011〕607 号）作为自治区“十二五”重点专项规划获自治区政府常务会议审议通过并正式下发。《规划》提出，到 2015 年，广西文化及相关产业增加值达到 1000 亿元，在全国处于中等偏上水平，对全区生产总值、财政收入、社会就业增长的贡献率大幅跃升，占全区 GDP 的比重达到 5% 左右，成为国民经济和现代服务业中新的支柱性产业。

《加快文化产业发展工作方案》（桂政办发〔2011〕86 号）获自治区政府批准并下发，确保了《广西壮族自治区人民政府关于加快文化产业发展的实施意见》（桂政发〔2010〕63 号）的贯彻落实。自治区人民政府办公厅转发《自治区文化厅等部门关于推动动漫产业发展的若干意见》（桂政办发〔2011〕210 号），对动漫游戏产业的工作思路、发展目标、扶持措施等进行了系统的部署，成为我区第一个推动动漫产业发展的

专题政策文件。在此引导和推动下，南宁、柳州、桂林、梧州、玉林、贺州、来宾、北海等多个市均在积极制定十二五规划、加快文化产业发展的实施意见等政策文件，各地推动文化产业发展的积极性和主动性明显增强。

（二）北部湾经济区成为文化产业发展重点区域

近年来，广西北部湾经济区经济社会发展取得显著成就，经济实力明显增强，北部湾经济区在面向东盟开放合作中的地位日益凸显。

1、文化产业增加值占广西的 40%

2011 年，北部湾经济区文化产业增加值 98.58 亿元，占全区文化产业增加值的 40.4%；北部湾经济区文化产业增加值占 GDP 的比重 2.62%，比 2010 年提高 0.19 个百分点。文化产业增加值中法人单位增加值 89.98 亿元，产业活动单位增加值 1.85 亿元，个体户增加值为 6.73 亿元，法人单位文化产业增加值占全部单位增加值的 91.28%，是创造文化产业增加值的主体。

2. 规模以上文化产品生产企业是主导力量

2011 年北部湾经济区文化产品制造业增加值为 34 亿元，其中规模以上工业文化产业增加值为 30.43 亿元，占文化产业法人单位的 37.79%。主要分布在包装装潢和其他印刷业、书报刊印刷业、金属工艺品制造业、其他工艺美术制造业等，其中，北海的珠宝首饰及饰品的制造业比重较大，钦州的雕塑工艺品制造比重较大。

3. 文化产品销售对拉动文化产业发展起到一定作用

2011 年北部湾经济区文化产品销售增加值为 5.64 亿元，其中，限额以上批发和零售业企业增加值为 2.76 亿元，限额以下批发和零售业企业增加值为 2.88 亿元，限额以上贸易业实现增加值略低于限额以下贸易业实现的增加值。

4. 文化服务业是文化产业发展的主要动力

2011 年，北部湾经济区文化服务业企业实现增加值 39.09 亿元，占法人单位文化产业增加值的 39.65 %，高于规模以上文化产品生产企业的文化产业增加值，是推动该区域文化产业发展的主要动力。按照单位数量来看，主要分布在娱乐文化服务业、其他计算机服务业、广告业、互联网信息业，其中娱乐文化服务业单位数量在四个市数量都是最多，广告业和互联网信息业的单位数量也在前列。

（三）建立广西文化产业重点项目库，一批重点项目取得新进展

广西文化产业发展重点项目库建设取得阶段性成果，明确了入库项目的范围、分类、申报程序以及后续管理等。共征集重大文化产业项目资源信息 90 条（项），实现了项目的动态跟踪和常态化管理服务。广西文化产业城规划方案获原则通过，初步确定 13 个入选项目，占地近 3000 亩，此外，柳州市刘三姐文化娱乐中心，桂林雁山动漫戏曲文化产业园、来宾金龟岛民族文化博览园等重大项目建设取得新的进展。

（四）文化产业基地实力增强、文化骨干企业进一步发展壮大

截至 2011 年底，广西拥有的 5 个国家文化产业示范基地资产总值达 4.5 亿元人民币，年经营收入 2 亿元；28 个自治区文化产业示范基地资产总值达 550 亿元，年经营收入逾 5 亿元。桂林广维文化旅游文化产业产业公司、广西钦州坭兴陶艺有限公司、广西金壮锦文化传播公司、桂林力港网络科技公司等文化骨干企业保持良好的发展态势，广西榜样传媒集团公司、桂林云尚动画公司、南宁九金娃娃动漫公司等产业新秀迅速崛起。广西还积极筹建广西文化产业投资集团有限公司、广西演艺集团有限公司。

（五）参与举办文化产业展会，搭建交流合作平台

2011 年，广西文化会展业发展迅速。第十三届南宁国际民歌艺术节、2011 广西动漫节、第三届中国·桂林创新创意文化节暨桂林国际动漫节等文化产业节庆营造了文化产业发展的良好氛围，搭建了交流合作平台，产业带动效应明显。自治区文化厅充分利用第七届深圳文博会、第六届中国北京国际创意产业博览会平台，拓宽我区文化产业投融资渠道，促进文化产品交易，获深圳文博会优秀组织奖和优秀展示奖，北京文博会最佳组织奖。举办 2011 中国－东盟文化产业论坛，搭建了中国与东盟文化产业交流合作平台。

二、2011 年文化产业各行业发展基本情况

（一）广播电视业

1. 广播电视人口覆盖率和电视用户总数增加

截止 2011 年底，全区广播综合人口覆盖率为 95.2%，比上年提高 0.2 个百分点，电视综合人口覆盖率 97.2%，比上年提高 0.2 个百分点；农村广播综合覆盖率 94.56%，比上年提高 1 个百分点，农村无线广播综合覆盖率 90.33%，比上年提高 3 个百分点，农村电视综合覆盖率 96.57%，比上年提高 0.7 个百分点，农村无线电视综合覆盖率 92.63%，比上年提高 3.6 个百分点。全区有线广播电视用户数和数字电视用户总数比上年增加 18.43 万户，增长 6.89%，各项业务指标均达到或超过预期任务数。

2. 广播电视收入平稳增长，广告和网络收入占一半

2011年新媒体新业务得到健康发展，网络广播电视等新媒体新业务发展成为新的收入增长点。截止2011年底，全区广播电视总收入为36.3亿元，比上年增长13.73%，收入总量在西部12个省中排第4位。广播电视行业广告资源价值不断提升，广播电视总收入中，广告收入11.08亿元，占30.5%，广告收入在西部12个省中排第4位。广播电视网络收入13.05亿元，网络收入占35.9%，广播电视网络收入在西部排第5位，广告和网络收入占全区广播电视总收入超过整个广播电视总收入的一半。

3. 广播电视从业人员增加

2011年底，全区广播电视共有行政机构91个，广播电视监测中心1个，广播电视网络股份有限公司1个，广播电视报社9个。全区广播电视从业人员1.38万人，比上年增长2.09%，其中专业技术人员占从业人员的9.79%。

4. 少数民族语言类节目覆盖率提高

繁荣和发展少数民族广播影视艺术事业，推进国家级少数民族文化事业载体建设，尊重、使用和发展少数民族语言文字，推进少数民族语言文字的规范化、标准化和信息化工作，是文化大发展大繁荣的需要，进一步加强我区少数民族语言广播电影电视节目的译制、制作能力，提高边境地区少数民族语言广播电视覆盖率也是广西广播电视制作的一个重要任务。2011年，广西少数民族语言广播覆盖率39.5%，少数民族语言电视覆盖率40.17%，少数民族语言类节目覆盖率有所提高。

5. 广播电视宣传力度增加，播出时间增加

广西广播电视宣传力度不断加大，在播出时间、节目类型、节目制作上都有进一步的提高。各种节目类型广播电视节目播出时间均有不同程度增加，2011年全年对国内公共广播节目播出时间297125小时，比上年增加20391小时，增长7.37%。2011年全区新闻资讯类广播节目播出时间72071小时，比上年增长9.8%；综艺益智类广播节目播出时间92673小时，比上年增长9.6%；广播剧类广播节目播出时间8306小时，比上年增长5.9%；广告类广播节目播出时间24662小时，比上年3.1%。

全年对国内公共电视节目播出485286小时46分，比上年增加4115小时52分，增长0.86%。2011年全区专题服务类电视节目播出时间比上年增长3.6%；综艺益智类电视节目播出时间比上年增长0.8%，；影视剧类电视节目播出时间比上年增长1.5%广告类电视节目播出时间比上年增长4.2%。

6. 广播电视事业建设稳步发展

广西广播电视事业建设稳步发展，2011年广播综合人口覆盖率95.2%，比上年增加0.2个百分点，电视综合人口覆盖率97%，比上年略有增加，从覆盖节目和覆盖方式上都有进展。

按覆盖节目分，中央台、省级台、地市级台广播节目覆盖率比上年分别增加1.19、0.99、1.22个百分点；中央台、省级台、地市级台电视节目覆盖率比上年增加1.09、0.88个、0.24个百分点。

按覆盖方式（无线和有线）分，全区无线广播覆盖率91.97%，比上年增加2.58个百分点，其中：无线中央、无线省级、无线地市级广播节目覆盖率、比上年分别增加2.53，3.35和3.69个百分点。全区无线电视覆盖率93.52%，比上年增加2.99个百分点。其中：无线中央、无线省级和无线地市级电视节目覆盖率比上年分别增加4.86个、4.6个、5.43个百分点。2011年全区有线广播电视传输干线网络总长44,973.3公里，比上年增加4,708公里，增长11.69%。

7. 广播影视创收继续增长

2011年度广西广播影视创收继续保持增长态势，全年实际创收收入26.53亿元，与去年同比增长12.79%。其中，自治区本级20.78亿元，同比增长11.14%；市级3.59亿，同比增长16.95%。在实际创收收入中，广告收入10.79亿元，同比增长11.35%；网络收入12.65亿元，同比增长14.69%，电影院线票房收入1.77亿元，同比增长30.08%。

（二）演艺娱乐业

2011年，广西大力推动演艺娱乐业发展，加强演艺娱乐场所管理，增加演艺娱乐场所文化含量，优化演艺娱乐产业结构。2011年，广西共有文化市场经营企业7963家.其中互联网上网服务营业场所（网吧）4973家，歌舞娱乐场所1622家，游艺娱乐场所1273家，演出经纪机构23家，民营艺术表演团体19家，艺术品经营机构11家，文化市场其他经营单位39家，艺术表演场馆2家，网络游戏企业2家；从业人员5万多人，资产总计31.6亿元，主营业收入25.4亿元，交税1.9亿元，创造增加值20.8亿元。

制定了《广西壮族自治区网吧连锁经营管理暂行办法》（桂文发〔2011〕49号）和《广西壮族自治区文化厅关于规范网吧管理推进网吧连锁工作的通知》（桂文发〔2011〕50号），指导各市推进网吧连锁品牌化、规范化经营，引导全区网吧连锁化、规模化良性发展。文化厅、公安厅、工商局结合广西的实际，联合下发了

《关于进一步加强游艺娱乐场所管理的实施意见》，对我区的游艺娱乐场所的准入条件、总量布局、审批变更、管理办法、职责分工作了明确规定。这两个文件的出台，从管理部门政策引导和市场资源重组两个方面推进了网吧连锁、电子游戏游艺场所结构调整，促进了广西网吧和电子游艺场所繁荣规范发展。

（三）动漫游戏业

文化厅会同厅际联席会议成员单位，制定了《2011年自治区扶持动漫产业发展厅际联席会议办公室工作要点》《广西动漫骨干企业、试验园区、试验基地、人才培养基地评选命名暂行办法》，评选命名了9个动漫骨干企业、2个试验园区、8个人才培养基地。南宁九金娃娃动漫有限公司、桂林云尚动画制作有限公司入选文化部、财政部和国家税务总局公布的2011年通过认定的动漫企业名单。文化厅与桂林市高新区联合举办了第三届桂林国际动漫节，组织区内主要动漫企业参展，营造了推动我区动漫产业发展的良好氛围。动漫产业发展出现了可喜的新气象

鼓励文化内容与网络技术结合，着力推动网络游戏等网络文化新业态发展，涌现出桂林力港网络科技有限公司、南宁市平方软件新技术有限责任公司、桂林高地网络公司等一批网络游戏企业。桂林力港网络科技有限公司共推出具有自主知识产权的网络游戏产品26款，产品涵盖客户端版、手机版、网页版、单机版等多种游戏类型，用户规模达1800多万人次，日新增注册用户4万余人，用户群覆盖全国及东南亚、欧美部分国际市场。南宁市平方软件新技术有限责任公司联手北京新画面影业公司，先后结合张艺谋电影《三枪拍案惊奇》《山楂树之恋》，自主开发运营网络游戏“麻子面馆”和《山楂树之恋》衍生休闲游戏，注册用户数达百万，日均活跃用户20万以上。

（四）文化会展业

1. 第十三届南宁国际民歌艺术节

10月21–24日，由南宁市人民政府主办的第十三届南宁国际民歌艺术节在南宁举行。本届民歌节文化活动主要包括“大地飞歌·2011”民歌大赛、“大地飞歌·2011”开幕晚会、绿城歌台群众文化活动、外国艺术家专场演出等活动。其中民歌大赛作为2011南宁国际民歌艺术节的创新之举，历时五个月，在广西14个地市进行海选，吸引了上万人参加选秀，将八桂大地变成了一片歌海。10月21日晚，“大地飞歌·2011”开幕晚会以“水”为主题，运用了目前亚洲最大的LED屏幕，面积多达1800平方米，众多明星大腕现身让现场掀起阵阵高潮。10月22日–24日期间绿城歌台活动总共在各县区、各社区设置在15个歌台，来自五大洲十四个国家的一百多名外国艺术家到各歌台演出。10月22日晚，外国艺术家专场演出在南宁剧场火爆上演，场上场下互动强烈。本届民歌节文化活动更丰富、群众参与性更强。

2. 第三届中国·桂林创新创意文化节暨桂林国际动漫节

9月23日–25日，由自治区文化厅、自治区科技厅、新闻出版局和桂林市人民政府共同主办的第三届中国·桂林创新创意文化节暨桂林国际动漫节在桂林国家高新区举行。本届文化节由展会、大赛、论坛、推介、活动等五大板块46项活动组成，内容为历届展会之最。展厅展位面积2.7万平方米，参展商近300家，其中动漫展共有55个动漫企业参展。展会吸引了30万观众参观。“桂林高新杯”软件设计大赛报名总人数1020人。在投资环境推介会暨项目签约仪式上，共签约了9个项目，签约金额达66亿元，其中超亿元项目6个。桂林银行分别为5家高新企业授信，授信金额超过1亿元人民币，并与桂林国民村镇银行等4家金融单位签署了战略合作协议。文化节官方网站点击率达到九万人次。中央、区市及境外的60多家媒体参与报道。

3. 举办“2011中国——东盟文化产业论坛”

10月19日至21日，由国家文化部、国家文物局、自治区人民政府共同主办的省部级论坛“中国–东盟文化产业论坛”在南宁成功举办，该论坛同时被列为中国–东盟博览会系列活动之一。来自东盟十国、东盟秘书处的文化官员，东盟十国的国家博物馆馆长、专家及日本国立民族学博物馆专家，中国国家博物馆、故宫博物院、各有关省博物馆馆长近200人围绕“博物馆运营管理与博物馆文化产品创意开发”主题展开了讨论与发言。论坛同时举办了“缅甸文化展”和“博物馆文化创意产品展示”，与会嘉宾还考察了柳州博物馆、在建项目柳州工业博物馆、柳侯祠、柳州中华奇石园等。

4. 参加第七届中国（深圳）文化产业博览交易会并获奖

5月13至16日，广西组团参加第七届中国（深圳）文化产业博览交易会组成了由自治区党委常委、宣传部部长沈北海任团长，自治区政府办公厅、党委宣传部，自治区文化厅、新闻出版局及各市有关部门、有关企业代表近250名成员组成的代表团参加本届博览会。博览会期间，广西设特装展位270平方米，以“创意引领新产业，文化铸就新广西”为主题，通过电视专题宣传片

以及图片、文字、宣传资料、表演、实物展销等，宣传广西文化产业发展成果，突出展示主题城市桂林的文化产业发展情况，新增展示广西动漫产业企业和项目。此外，广西有 33 个招商引资项目在深圳文博会上推出，分别进入文博会《中国文化产业 2011 投融资项目手册》和《2011 广西文化产业重点投融资项目册》。广西获本届深博会“优秀组织奖”和“优秀展示奖”。

5. 参加第六届中国北京文化创意产业博览会并获奖

11 月 9 日至 13 日，广西组团参加第六届中国北京文化创意产业博览会。紧紧围绕本届文博会“文化融合科技、创新驱动发展”的主题，在省市馆专设特装展位，展示了壮锦、绣球、南珠等富有广西特色的文化产品，重点宣传了《印象・刘三姐》、桂林愚自乐园、靖西绣球、钦州坭兴陶等国家及自治区级文化产业示范基地项目，将广西独具特色的民族文化、充满生机的创意文化、潜力无限的产业项目精彩呈现，吸引了众多观众的目光和镜头。广西展位获本届博览会组委会颁发的“最佳组织奖”和“最佳展示奖”。

（五）文化旅游业

2011 年，广西旅游业总收入首次突破 1000 亿元，实现了“十二五”时期广西旅游业发展良好开局。

旅游总收入首次突破 1000 亿元，旅游总人数突破 15000 万人次。2011 年，广西旅游总收入首次突破 1000 亿元，达 1277.81 亿元，比上年增长 34.1%，提前一年完成了自治区党委、政府制定的千亿元产业的目标和任务，旅游总人数 17560.19 万人次，比上年增长 22.6%。其中，国内游客人数达 17257.4 万人次，比上年增长 22.6%，国内旅游收入 1209.46 亿元，增长 34.7%；入境旅游者 302.79 万人次，增长 21%，国际旅游（外汇）收入 105187.5 万美元，增长 30.3%。

乡村旅游项目建设力度进一步加大。2011 年广西多渠道筹集资金 5000 多万元，扶持并指导阳朔县兴坪镇、北海市涠洲镇、大新县硕龙镇等 3 个自治区特色旅游名镇和三江县丹州村、龙胜县龙脊村、东兴市竹山村、桂平市前进村、靖西县旧州村、乐业县火卖村、藤县道家村等 7 个自治区旅游名村建设。加大工农业旅游示范点、星级农家乐创建工作力度，全年新增工农业旅游示范点 16 个，星级农家乐 186 个。恭城县被评为全国休闲农业与乡村旅游示范县，北流绿满地提子观光园、三江县丹洲村休闲农业旅游区、南宁乡村大世界、梧州市藤县石表山休闲旅游景区 4 个点被评全国休闲农业与乡村旅游示范点。

旅游 A 级景区创建成效喜人，2A 级以上景区总数突破 150 家。2011 年，全区 2A 级以上景区总数突破 150 家，达 166 家，比上年增加 33 家，其中 5A 级景区 2 家，与上年持平，4A 级景区 81 家，比上年增加 10 家，3A 级景区 67 家，比上年增加了 15 家，2A 级景区 16 家，比上年增加了 8 家。

广西旅游整体形象进一步提升。围绕广西各地城市形象提升，加大了广西旅游整体形象的宣传力度，进一步提升了广西旅游目的地的知名度和吸引力。2011 年广西联合全区各市进一步加大了在中央电视台的整体形象宣传力度，除了延续已有的 CCTV-1 新闻《朝闻天下》栏目，还增加了 CCTV- 新闻《共同关注》和 CCTV-4《海峡两岸》两个栏目，宣传口号为“天下风景 美在广西”、“壮美广西欢迎您”，内容覆盖了广西全部 14 个地级市。成功举办了 2011 中国（桂林）国际旅游博览会，着力打造了一批具有传统文化和地方特色的旅游节庆活动，有效地提高了广西以及相关城市的知名度和美誉度，进一步提升了广西的整体旅游形象。

旅游资源整合进一步加强，成立了广西西部旅游联盟。在“十二五”旅游业实现转型、升级，创新发展，旅游业竞争加剧的大背景下，为了整合资源，推动桂西旅游实现跨越式发展，经自治区旅游局批准，于 2011 年 3 月，由百色市旅游局牵头，崇左市、河池市旅游局配合共同组建的紧密型旅游联合体——广西西部旅游联盟。它立足于旅游资源最为丰富独特的桂西地区，以“神奇桂西，人间美丽的养生天堂”为统一宣传口号，强势打造“桂西山水，养生福地”旅游品牌，精心推出感恩祈福红色之旅、养生长寿体验之旅、世界地质公园乐业天坑群之旅、桂西少数民族风情之旅、中越边关探秘之旅、异国风情越南之旅 6 大特色旅游主题产品。联盟下设旅游景区、旅行社、旅游酒店、餐饮、旅游车队和旅游商品销售六大分联盟。目前，桂西地区的旅游企业非常踊跃，加入联盟的已达 130 多家，使联盟成为了广西最大的紧密型旅游合作组织。

・海南省・

一、2011 年文化产业发展总体情况

2011 年，海南省文化产业增加值为 71.15 亿元，比上年增加 27.89 亿元，增长 55.5%，比上年高 35.8 个百分点。文化产业增加值占全省 GDP 和第三产业增加值的比重分别为 2.8% 和 6.2%，呈现出快速发展的态势。

（一）省委省政府高度重视，政策规划陆续出台

2011 年，海南省委省政府高度重视，紧紧围绕国际旅游岛建设，把发展文化产业摆上更加重要位置，深入推进文化体制改革和文化产业跨越式发展，并相应出台了文化产业发展若干政策，通过政策优惠和创新，吸引文化产业大项目、优化结构和布局及完善人才战略，促进全省文化产业总量规模增长加快，呈现快速增长态势。

一是继中国农业银行海南省分行、交通银行海南省分行、国家开发银行海南省分行、深圳发展银行海口分行之后，海南省文化厅又与中保财产海南分公司、太平洋保险海南分公司建立了战略合作关系，为我省文体企业融资提供保障。二是健全完善政策体系，降低准入门槛，鼓励支持非公有资本积极参与文化改革发展。省委、省政府出台了《关于支持文化产业加快发展的若干政策》，在土地、财政、税收、投融资、市场准入、人才和重点项目等方面，推出了一系列优惠、宽松、灵活的政策措施。三是创新研发国内首创、海南独有的模拟赛事竞猜体彩玩法“飞鱼”游戏，建立了“政府主导、行政管理部门监管、彩票销售机构管理、国有（或国有控股）企业代销”的运营管理机制，9 月在全省试运行。体育彩票销售系统平台正抓紧搭建，为落实国家给予海南先期试点开展“体育娱乐视频电子即开型彩票”优惠政策创造条件。

2011 年，省委省政府有关部门牵头组织参加第七届中国深圳文化产业国际博览交易会，文化产业项目签约金额达 9.4 亿元人民币。海口动网先锋网络科技有限公司研发的《商业大亨 2》《海岛大亨》《功夫》等六款网络游戏营业性收入达亿元，其中对外出口创收两千多万元，游戏出口到美国、英国、港澳台等十余个国家和地区。成功举办 2011 中国体育旅游博览会，10 个国家和地区、18 个省市区的 720 多家中外企业参展，吸引 18 万人次观展，成交和意向成交金额达 27263.60 万元。

（二）发展势头强劲，占 GDP 比重快速提高

文化产业的发展正逐渐成为全省产业结构升级、转变增长方式、实现跨越式发展的重要产业之一。2011 年，全省文化产业增加值为 71.15 亿元，比上年增加 27.89 亿元，增长 55.5%，比上年高 35.8 个百分点。全省文化产业增加值自 2006 年以来，连续 5 年实现两位数的增长。2011 年，全省 GDP 为 2515.29 亿元，其中第三产业增加值为 1141.64 亿元，文化产业增加值占全省 GDP 和第三产业增加值的比重分别为 2.8% 和 6.2%，比上年高 0.7 个百分点和 1.7 个百分点，全省文化产业增加值占 GDP 的比重快速提高。

按行业分层来看，2011 年，由网络文化服务、文化休闲娱乐服务和其他文化服务构成的“外围层”实现增加值 41.91 亿元，占 58.9%，比 2010 年上升 3.4 个百分点；由新闻服务、出版发行和版权服务、广播电视电影服务和文化艺术服务构成的“核心层”实现增加值 21.53 亿元，占 30.3%，比 2010 年下降了 6.7 个百分点。以文化用品设备产品的生产、销售为主体的相关文化产业层实现增加值 7.71 亿元，占 10.8%，比 2010 年上升了 3.2 个百分点。核心层、外围层和相关层的增加值之比为 21.53：41.91：7.71。

（三）行业发展步伐加快，大项目带动效应明显

2011 年，海南省直院团共演出 497 场，实现演出收入 660 万元，观众 90 多万人次；全省城市影院票房收入达 9368 万元，较去年增长 26%；全省有线电视收入达 3.28 亿元，广播电视播出机构收入达 3.86 亿元；全省新华书店系统图书销售码洋达 6 亿元。移动多媒体广播电视在全省各市县开通，超额完成年度推广任务，新增近 10 万用户。组团参加在哈尔滨举办的第 21 届全国图书交易博览会，展出图书、期刊 1000 多种，充分展示全省新闻出版改革发展成果。五指山举重训练基地、保亭国家射击飞碟训练基地、黑龙江海南临高体育训练基地建设进展顺利，为全省体育冬训产业发展奠定基础。海南体育旅游业中的高尔夫球、潜水、沙滩运动、海上运动、热带雨林探险、自行车运动、重阳登山、轮滑等项目已经发展得初具规模。

2011 年，全省实施“大企业进入、大项目带动、高科技支撑”的文化产业发展战略，引进了一批知名文化产业集团落户海南。2011 年下半年，随着海南金海浆纸业有限公司 90 万吨文化纸的投产，其为全省创造文化产业增加值 7 亿元。在大项目带动，成效显著，大大地促进了全省文化产业高速发展。

（四）港澳台文化交流大幅增长

2011 年，海南省对外、对港澳台文化交流总量比上年增长 32% 和 72%，其中出访 38 项，来访 142 项，与 50 余个国家及港澳台地区开展了文化交流往来。

2011 年，海南国际旅游岛建设迎来第二年。海南坚持“走出去”与“引进来”相结合，打造国际文化交流平台。大力促进非遗等中外文化项目合作；推动琼剧、黎苗族歌舞等外访联络乡情；加强对港澳台文艺演出、文物保护研讨、画展、会展、体育赛事等全方位、多领域、深层次的交流。

2011年,50项重大文体活动的成功实施,使海南"月月有赛事,季季有节庆"。观澜湖高尔夫世界名人明星赛、环海南岛国际公路自行车赛、环海南岛国际大帆船赛、环海南岛飞行拉力赛等为标志的文体活动,"陆海空"整体推进,丰富了人民群众的文化生活和展示了多元开放的国际旅游岛文化。

二、2011年文化产业各行业发展基本情况

(一)文化旅游业

2011年是"十二五"规划开局之年,是海南国际旅游岛建设全面推进,加快发展的关键之年。启动了境外旅客购物离境退税和离岛旅客免税购物政策试点,开辟了以三亚为母港至越南的邮轮旅游航线,不断完善旅游规划编制,强力推进旅游产品开发、项目建设,加大旅游宣传促销力度,进一步优化市场环境,较好地完成了各项阶段性建设发展任务,实现旅游经济"十二五"的良好开局。2011年旅游接待人数将突破3000万人次,同比增长16%左右,其中接待入境游客81万人次,同比增长22%;实现旅游总收入322亿元,同比增长25%。

1.积极推动海南国际旅游岛重大政策的落实

一是积极配合财政厅、国税局、海口海关等单位,推动离境退税、离岛免税政策的落实、宣传。境外旅客购物离境退税和离岛旅客免税购物政策已分别于2011年1月1日和4月20日正式启动试点,尤其是离岛免税政策顺利实施,三亚免税店销售持续火爆,截至目前,三亚免税店累计接待游客250万人次,累计完成交易笔数80多万笔,日均交易约3656笔,日均销售额600多万元。海口免税店开业五天,销售额已突破1000万元。

二是大力推动26国免签证政策的全面实施,在国家旅游局驻外办事处的支持下,针对新增免签国开展宣传和推介。

三是推动《海南省游艇管理试行办法》的落实,积极推动游艇旅游新业态的发展。加快建设海口、三亚的邮轮母港,推动邮轮旅游发展,丽星邮轮公司已于2011年11月3日开辟了三亚到越南的旅游航线。

2.进一步抓好旅游规划编制和管理工作

一是专项规划编制取得新成果。编制完成《海南省旅游业发展"十二五"规划》,近期将形成正式成果上报国家旅游局及省政府。组织编制《海南省热带森林旅游发展总体规划》,拟于近期报省旅游规划委员会全体会议审核。房车露营旅游、温泉旅游、乡村旅游等专项规划编制工作已经启动。

二是旅游规划管理工作稳步推进。省旅规委办公室已正式挂牌办公,正扎实做好各县旅游规划和重点景区点编制和管理工作。据统计,全省18个市县已有16个完成了旅游发展总体规划的编制并获批复。17个重点旅游景区和度假区规划,已有12个编制了总体规划,其中9个已经通过评审并获批复。2011年以来,海南省积极推动重点旅游景区和度假区规划的修编和完善,推动万宁石梅湾旅游度假区控制性详细规划(调整)、昌江棋子湾旅游度假区控制性详细规划(调整)通过评审并获批复,推动三亚海棠湾"国家海岸"休闲度假区规划整合通过评审。

3.积极推动重点旅游项目建设

一是主题公园项目相继落地。海南航天主题公园于2010年12月5日举行开工奠基仪式,太空家园、太空营两个项目的选址工作正加紧推进。陵水海洋主题公园于2011年3月30日举行开工奠基仪式,目前该项目进展顺利。海口长影世纪城已基本完成项目创意和概念性规划。

二是旅游购物中心项目加紧推进。万宁奥特莱斯大型购物中心于2010年12月30日开工,项目正按既定时间节点推进,预计2012年底前建成。海口免税店已于2011年12月21日正式开业。

4.深入开展旅游环境综合整治工作

一是突出春节黄金周、五一、十一黄金周等重点时段和三亚、万宁、琼海等重点旅游市县,围绕旅游六大要素存在的突出问题,组织精干人员进行拉网式排查,将问题解决在节假日前。

二是联合工商、物价、交通等相关部门严厉打击旅游违法经营行为,加强日常监管。2011年,海南省委对41家星级饭店予以取消星级、27家星级饭店予以限期整改的处理,查处违规旅行社25家,对23家旅行社企业给予通报批评,注销了8家分社或服务网点备案登记证明、6家无固定经营场所和9家未按规定缴纳质量保证金的旅行社业务经营许可证;查处违规景区(点)2家,1家被责令停业整顿;查处擅改行程等违规行为导游42人次。

三是深入开展旅游行业创先争优活动,2011年10月上旬,省委、省政府召开全省旅游行业创先争优活动动员大会,部署全省旅游行业创先争优活动。努力实现旅游市场从整治到规范、从打击违法违规到树先进弘正气立标准、从治标到治本的飞跃,对夯实国际旅游岛建设基础具有重大而深远的意义,并以此为契机优化旅游环境,提升旅游行业整体素质,树立海南国际旅游岛新

形象。

四是积极推动旅游系统文明大行动。认真贯彻落实省委、省政府全省文明大行动动员大会精神，积极开展旅游系统文明大行动活动，切实加强海南国际旅游岛软实力建设。

5. 进一步完善旅游公共服务体系建设

截至 2011 年，海南省已建成包括海口美兰国际机场、三亚凤凰国际机场等 20 家旅游咨询服务中心，还有一批旅游咨询服务中心正在加紧建设中。制定出台了《旅游咨询服务中心设置与服务规范》和《旅游信息采集管理规范》两个地方标准；完成海南国际旅游岛旅游门户网站一期建设任务，目前二期可行性研究报告已经通过工信厅组织的专家评审；加快全省旅游标识系统改造项目建设；加快推进东环铁路沿线站点旅游标识牌建设；全省所有 A 级旅游景区都基本完成了厕所建设任务，有部分景区还超额完成了省政府下达的厕所建设指标。

6. 进一步加大旅游宣传促销力度

一是积极打造"大营销"格局，推进旅游与航空、宣传、文化、外事工作的结合，借助其他部门的力量和平台开展促销；推进政府部门与企业的营销合作，推进省市县旅游部门的联合促销和市县之间的区域联合促销，动员组织市县旅游委和企业积极参与全省旅游的整体宣传促销，开展针对不同市场的分工协作，构建全省上下整体促销合力。

二是成立"海南国际旅游岛旅游宣传媒体联盟"，围绕海南的整体形象塑造新产品、新线路，进行积极、全面的宣传促销，建立了旅游业和媒体之间的长效合作机制，已有 24 家省内外媒体加入媒体联盟组织。

三是开展旅游线路产品创新设计大赛，评比出 6 大精品线路和 19 条差异化旅游线路，改变海南单一的产品销售格局，使海南丰富的旅游产品更好地适应差异化、个性化、多样化的市场需求。

四是做好"请进来"和"走出去"促销的文章。实施"请进来"战略，邀请韩国、日本、乌克兰、意大利、瑞士等客源地的旅行商团和媒体团到我省考察，开展业界交流。组织我省主要市县旅游委、企业"走出去"，赴澳大利亚、新西兰、德国、俄罗斯、韩国、日本、丹麦、瑞典、芬兰、新加坡等海外客源地参加国际旅游展和召开专场推介会，在北京、昆明、广州、西安、成都、重庆、贵阳、柳州、榆林等地组织专项促销和参加全国的旅游展会。

五是台湾新航线拓展成效显著。加强台湾市场旅游宣传促销活动，分别于 1 月、8 月、11 月三次组织大型促销队伍到台湾进行专项旅游促销，积极开拓台湾市场；积极推动与台湾航空公司的合作，进一步加大两地之间直航航班的密度，今年以来台湾中华航空与长荣航空共新增了 7 条琼台直航航线，目前每周往返琼台直航航班已达 13 班次。

7. 逐步完善旅游法规体系建设

组织起草了《海南经济特区旅行社管理规定》《海南省旅游景区景点管理规定》《海南经济特区导游人员管理规定》，配合做好《海南国际旅游岛建设发展条例》《海南经济特区旅游价格管理规定》，5 部旅游法规由省四届人大常委会第十九次会议于 2011 年 1 月 14 日通过，自 2011 年 2 月 1 日起施行，在体制上初步解决了影响旅游业发展的瓶颈难题。已完成《海南经济特区旅馆业管理规定》起草，正加快修订《海南省旅游条例》，积极研究推进旅游仲裁规则出台等。

8. 不断加强旅游人才队伍建设和教育培训工作

一是加大选拔交流力度，合理配备和使用干部。2011 年以来我委提拔任用处级干部 8 名、科级干部 11 名，引进干部 2 名，机关内部交流任职 6 人次；机关和直属单位、直属单位之间交流任职 5 人次；提拔任用直属单位领导班子成员 5 名。

二是高度重视对党政紧缺专业人才的培养和管理工作。我委专门研究制定《紧缺专业人才培养管理工作方案》，对紧缺人才的岗位安排、跟踪管理、学习培训和生活保障等多方面做出周密安排。

三是认真做好旅游人才调研和规划编制工作。编制《海南省旅游人才发展中长期发展规划（2011–2020 年）》，完成《海南省旅游人才发展状况调研报告》。

四是精心抓好市县旅游管理干部专项培训和综合营销。组织市县旅游局（委）负责人和有关部门领导共 80 余人参加了 2011 年全省市县旅游管理干部专题研修班。在岛内集中培训基础上，分三批组织市县旅游管理干部和相关部门负责人共 58 人分别赴西班牙、新加坡和印尼巴厘岛进行旅游规划、营销、文化开发和乡村旅游的专题培训和综合营销，取得了突破性成效，为培养具有国际视野的旅游管理人才创造了成功经验。

五是认真实施导游资格、等级考试；举办乡村旅游、海洋旅游、高尔夫旅游、饭店、旅游景区（点）等一线服务员技能培训班 8 期，共培训 800 多人；2011 年共培训导游人员 11500 多人次，参培率达 90.7%。

（二）文化会展业

被称为朝阳产业的会展业其绿色无污染和高效益回收，逐渐成为海南产业发展的重心。2011 年，海南省重大会展活动超 80 个，成交额 500 多亿元，参观人数超 100 万人次。而近 1 月 12 日至 14 日在海南举办第八届中国会展经济国际合作论坛，再次给海南的会展业发展带来良好的发展机会。

2011 年底，海南国际会展中心首次承接了一个省外千人大型商务会议，出席会议的人数达 1700 人，所带来的经济效益近 2000 万元。此前，海南国际会展中心已先后承接了多场国际性的大型展览活动，提高了会展业水平和档次。而以往，受场地、配套设施等条件影响，海口的千人会议和大型展览活动相对较少，海南国际会展中心落成后，结束了海南没有大型展会的历史。

海南国际旅游岛建设上升为国家战略后，会展业持续升温。每年 10 月后，大小展会、年会一个接一个。据统计，2010 年，仅海口会展中心举办的商业展览、赛事活动就有 61 个，总使用面积 169 万平方米，成交金额 541 亿元人民币。

近年来，经过不断的摸打锤炼，除了海南“冬交会”、“房展会”、“旅游商品交易会”等一批依托海南本土资源和产业优势逐步成熟起来的会展项目，一批由政府主导、企业参与、市场运作、高档次的大型主题展会闪亮登场，如 2011 中国体育旅游博览会、2011 中国森林旅游博览会、世界厕所峰会暨展览会等，来自海内外的参展商日益增多，人气旺盛。如于去年 11 月举行的 2011 中国体博会，为期 4 天吸引了 18 万人次参观，展览总面积共约 6 万平方米，720 多家国内外参展商，成交和意向成交金额超 1.5 亿元，创下中国体育旅游博览会之最。

1. 海南会展业区域发展 海口三亚博鳌三足鼎立

四季如春的海南每年 10 月至次年 4 月，吸引国内外各种重要会议和展会活动将地点锁定海南，让海南会展业“进步神速”，并初步形成了海口、三亚、博鳌三足鼎立的局面。海口作为海南省的省会，是海南省政治、经济、文化、交通中心，在会展业发展方面是以综合性会展为主，博鳌借助于“博鳌亚洲论坛”的影响力，已经瞄准国际市场，打造“亚洲会都”；三亚市作为国际滨海旅游城市，侧重会展与旅游相结合。三个地方有机组合，互为补充，形成南北中呼应之势。

据不完全统计，2011 年，海南会展重大活动达到 80 个以上，协议和意向成交贸易额 500 多亿元，展会参观人数 100 万人次，展会总使用面积 160 多万平方米。会展业带动了旅游业的持续升温，海口市旅游委的调查显示，海口市会议接待数量和人数呈逐年递增的势头，2011 年海口大中型会议超 9000 个，大型展会数量逼近 100 个，会议和展览两项收入占海口全年旅游总收入的 13% 左右。

2. 培育国际会展品牌 改变海南旅游“旺丁不旺财”

2011 年，会展业写入海南省“十二五”规划中，将以博鳌亚洲论坛为龙头，以海口、三亚为重要基地，培育国际会展品牌。拓展博鳌亚洲论坛效应，办好国际旅游商品博览会、中国(海南)国际热带农产品交易会、中国体育旅游博览会等大型会展，争取申办 2017 年世界石油大会。引进各类国际性、区域性会议、论坛等，吸引国内外大型企业、行业组织来海南召开年会、专题会议等。同事，在完善海口、三亚等会展服务设施外，引进国际顶级专业会展公司，培育国际会展企业，提升会展专业化水平。

3. 积极开展形式多样、丰富多彩的旅游会展节庆活动

一是成功举办了 2011 海天盛筵会展活动、“中国旅游日”主会场活动、2011 年中国体育旅游博览会、2011 海南国际旅游商品交易会、2011 世界厕所峰会暨博览会、2011 中国（海南）国际度假休闲博览会、2011 中国（海口）游艇经济论坛暨国际游艇展览会等多个高规格、高级别的会议论坛和展览活动，提升了海南作为会展旅游目的地和经济文化交流平台的形象。

二是依托海南特色自然资源和民俗风情资源，举办了 2011 首届海南乡村旅游文化节、中国海南第九届盈滨龙水节、2011 保亭七仙温泉嬉水节、2011 海南黎苗“三月三”等精彩纷呈的节庆活动。

三是整合资源，创新思路，举办了“国际旅游岛杯”海南景观楹联海内外征联活动、第二届“第一美差”选拔活动、中华易经文化与海南国际旅游岛建设主题讲座、2011 年海南万宁国际冲浪节等等一批文体赛事和文化活动，有效提升海南知名度和旅游吸引力。

四是成功举办了 2011（第十二届）中国海南岛欢乐节。通过举办一届欢乐节，留下一个产业，带动一方经济的办节原则和目标，把海南文化事业和文化产业进行大融合，促进文化与旅游共同发展，展示了万宁和海南的美好形象。

·重庆市·

一、2011 年文化产业发展总体情况

2011 年，重庆市文化产业实现增加值 309.48 亿元，按现价计算，比上年增长 29.6%，文化产业增加值占 GDP 比重达 3.09%，略高于全国平均水平，在西部

八省市处于中上水平。全年文化产业发展呈现出新的特点和格局，为“十二五”末将文化产业打造成为全市国民经济支柱性产业奠定了坚实基础。

（一）重大项目建设进展顺利，成为重庆文化产业发展重要引擎

2011 年重庆文化产业在项目建设方面有序推进，成效明显。一批项目建成并投入使用。重庆新华物流配送中心建成运行，技术水平达到同行业一流，实现了收货、存储、拣选和退货处理环节的飞跃。黄桷坪艺术园区建成川美·创谷项目，引入 40 余家企业入驻登记。区县有线电视网络整合项目完成，总资产 33 亿元，用户数达 500 万户。一批项目取得实质性进展。重庆新闻传媒产业中心和重庆日报报业集团创意产业园于 2011 年底分别在渝北区空港新城、渝北农业园区奠基启动。出版传媒创意中心施工进展顺利，主体结构在 2011 年底前全部封顶。天健创意（动漫）产业基地与战略投资者新加坡元大投资咨询有限公司签订联建框架协议，引入外资 3 亿元。中国出版发行交易云平台策划方案报经市政府领导批准，拟与新闻出版总署联合实施。重庆文化产业促进中心项目完成前期可行性研究并初步确定选址。

（二）投融资平台建设加强，重庆文化产业发展获得源源不断的后劲和动力

2011 年，重庆推进文化产业投融资平台建设，对文化发展繁荣支撑作用初步显现。文化产业专项资金发挥“杠杆作用”，以贷款贴息方式为主，2011 年共资助 32 个项目，资助总金额 2000 万元。重庆文化产业融资担保有限公司加大对文化企业的支持力度，全年为 27 个文化项目提供了融资担保，金额 1.14 亿元，支持了一批中小文化企业实现贷款融资。创新打造票据流贷平台，市文资公司成功发行 14 亿元中期票据，为“十二五”重大文化项目建设提供有力支撑。重庆文化产权交易中心经市政府批准筹建，注册资本 1 亿元，开展了管理制度和交易规则拟定、软件硬件建设、人员培训、（拟）转让资产的登记托管、（拟）转让文化商品的登记托管等前期工作。

（三）以动漫、网络为代表的新兴文化业态异军突起

动漫产业发展迅速。全市已有主要动漫企业 48 家，其中，动画企业 30 家，漫画企业 2 家，游戏企业 4 家，衍生品、教育培训等周边产业领域企业 12 家，从业人数近万人，基本形成了动漫产业链的上下游合理化分工。2011 年，重庆原创电视动画片产量共 7 部 3340 分钟，排名西部原创电视动画片生产总量第一。2007 年以来，重庆动漫有 16000 多分钟在央视播出，1 万多分钟出口美国、中东、越南等 60 多个国家和地区。

网络服务业成长性良好。华龙网用足用活新闻门户网站的品牌和技术优势，敏锐捕捉信息技术发展机遇，大力拓展区县政务、无线增值和技术输出等业务，营业收入、利润和资产总额分别实现 60%、37% 和 71% 的高速增长。2011 年，手机报平均月发行量达 180 万户。腾讯·大渝网（重庆腾汇科技有限公司）经过 5 年多发展，公司年市场业绩已超 8000 万元，现拥有 850 万本地 QQ 用户，与 800 多个商家、企业、单位等建立了良好的合作关系。猪八戒网实现了战略转型，从国内最大的威客网站升级为第三产业交易平台，向全服务业电子商务进军，截至 2011 年年底，猪八戒网累计交易额突破 6 亿元人民币，注册会员 580 万人，日均增长达 200 万元，交易总数超过 50 万件，年增长率超过 500%。

（四）国有文化主体成长壮大，国有文化产业板块领军市场

2011 年，重庆市报业、广电、出版、新华书店四大文化集团资产总额近 184.61 亿元，同比增长 23.70%，营业总收入 68.37 亿元，增长 13.80%，利润总额 2.51 亿元，同比增长 20.42%。重庆日报报业集团提出“建设综合性文化传媒集团”目标，着力解决都市报同质化问题，实施晨、晚、商报差异化发展战略。重庆广电集团（总台），推行频道制改革，形成 14 个各具特色、相互补充的频率频道群。重庆出版集团彻底完成转企改制，教材教辅实现 30% 以上增长，单品种入库码洋和重印再版率双双大幅提高。重庆新华书店集团在巩固免费教材和“农家书屋”阵地的同时，继续拓展自主教辅产品市场，采取合作出版、分印造货、地区代理经营模式，全年实现发货码洋 2.48 亿元，同比增长 25.25%。同时，新培育的国有文化主体逐步发力。演艺集团全年实现总收入 9659 万元，演出 1000 余场。红岩文化产业集团充分依托红岩品牌，全年实现总收入 3064 万元。电影集团注册成立后以参投和加盟的方式切入一线影视公司电影项目取得初步成效。

（五）“国进民也进”，微型文化企业成为重庆文化产业生力军

2011 年，在市委市政府的强力推动下，全市鼓励新办了 4700 多家微型文化创意企业，涵盖网络文化服务、民间工艺美术品、演艺、媒体资讯等多个领域，获市财政补助资金 1.43 亿元，解决 3 万多人就业，年产值近 6 亿元。微型文化企业的迅速成长进一步催生对重点微型文化创意园的培育。比如，以四川美术学院“虎

溪公社”为主体，设立了重庆市大学城文化创意微型企业园，重点发展设计类、绘画类、雕塑类、动漫类等文化创意类产业。园区成立以来，已申办微型企业73家，入驻“虎溪公社”的微型企业58家。

（六）拓展视野，重庆文化企业“走出去”迈开新步伐

一方面，走出重庆，提高重庆文化在全国的知名度。2011年，重庆组团参加了第七届深圳文化产业博览会、北京文博会。第七届深圳文博会期间，共有近50家来自国内外的演出机构与重庆代表团进行了洽谈，并基本确定8个合作意向，推出招商引资项目70余个，签订项目合作协议16个，累计签约资金近15亿元。北京文化创意产业博览会重点推出了“川美·创谷”等原创艺术精品。

另一方面，面向世界，增强重庆文化在国际上的话语权和影响力。2011年重庆在澳大利亚、美国、加拿大、英国开展海外春节文化活动，在英国、泰国举办重庆文化周，组团赴波黑、捷克、新加坡、白俄罗斯演出，充分展示了重庆非物质文化遗产和文艺精品剧目，加强了国际文化交流。其中，重庆演艺集团加大海外市场开拓力度，第一个海外演出基地在美国布兰森挂牌，以重庆杂技为主的文化产品出口到了美、英、法等10多个国家，重庆杂技《花木兰》《红舞鞋》，民族音乐会《巴渝风》等剧目海内外上演800余场，年总收入达9659万元，比2010年增长59%，其中自主创收5101万元，比2010年增长了201%。

（七）政策给力，产业发展保障机制日臻完善

2011年在市级有关部门共同努力下，文化政策执行有力，并在一些方面作了积极探索。市区两级财政投入大幅增长。2011年，市财政对文化建设投入的增长幅度为28.3%，高于财政经常性收入增长幅度（2011年财政经常性收入增长幅度为21%）。文化产业发展专项资金增加到每年2000万元。从2007年至2011年，全市文化设施建设已累计投入三个“100亿”，分别用于市级重大文化设施、区县公益文化大件和乡镇、街道文化设施建设。文化体制改革政策到位给力。不折不扣落实中央文化改革发展政策，2011年会同财政、税务部门认定文化企业12家，减免税收1亿多元。认真执行“老人老政策，新人新办法”，转制前已经离退休人员，工资待遇和经费渠道一律不变；经营性文化事业单位转制时所有在职在编事业人员作为“老人”，可自愿选择按事业身份或企业身份参加养老保险，需补缴部分由市财政承担。市财政对国有文艺院团投入不减反增，以2009年对院团投入为基数，转制后每年按递增10%的标准拨付经费；每个院团转制时一次性给予400万元改革配套经费。从2011年起，市级文艺院团在职演职人员按照财政性补贴人均3000元/月的标准执行，由市财政负责解决；市政府购买文艺演出场次由每年1000场增至2000场，平均每场1万元。重庆国有文艺院团改革没有后顾之忧。大力扶持民营微型文化企业。在降低企业集团组建条件方面，明确内资文化企业集团母公司注册资本由最低5000万元降至500万元，母子公司注册资本总额由最低1亿元降至1000万元，子公司数量由最低5家降至3家。外资文化企业集团母公司注册资本降至3000万元或500万美元，母子公司注册资本总额降至5000万元或600万美元。重庆创办微企用工要求在4人以上，文化微企则可低于4人，不低于2人。文化微企还可使用家庭住所作为办公场所，经营面积不再限定在40平米以上。市财政对新创办文化微企给予补贴，最高可达5万元。税收方面，按企业实际缴付所有税收中地方留存部分，以注册资本金补助金额等额为限，给予税收优惠财政补贴。

二、2011年文化产业各行业发展基本情况

（一）广播电视业

1. 内容创作生产

2011年，重庆广电集团（总台）所属的重视传媒、视美动画、纪实传媒、银龙公司、剧龙公司等制作生产的情景剧、动漫、纪录片、电视剧等对外销售收入5730万元，占集团营业总收入的2.5%；演艺业务实现收入3015万元，占集团营业总收入的1.3%。

一是内容生产势头良好。电视剧《解放大西南》在中央台和全国省级台播出，并获得“飞天奖”一等奖；《中国1945·重庆风云》在中央台和天津、北京、重庆三大卫视同时播出，反响热烈；新版《鸟瞰新重庆》、40集电视系列片《人文地理志——重庆》完成拍摄制作已上市销售；舞剧《邹容》在国家大剧院成功上演，并荣获中国戏剧奖“优秀剧目奖”；动漫节目生产完成二维、FLASH动画片共计1,586分钟，商业动画《东方少年之击斗战车》制作完成获得发行许可证，《梦月精灵》进入量产。

二是内容研发力度增强。老牌栏目继续提升品质，《冷暖人生》栏目获得“情感类2011十大品牌电视栏目”，《有话好好说》栏目获得“生活服务类2011十大品牌电视栏目”；积极研发新的品牌栏目，重视传媒公司精心制作的《经典电影》《百家故事台》栏目已正式在重

庆卫视播出，大型日播公益服务类栏目《我来帮你忙》栏目公益品牌与服务理念已初步树立，纪实传媒公司精心打造的《记忆》栏目取得了良好的社会反响。

三是内容外销取得突破。《百家故事台》等实现对外销售收入 755 万元，同比增长了 74%，预计年内可以实现发行金额过千万元的目标；与央视 12 频道紧密合作，向央视 12 频道销售 200 余集系列剧《走进监狱的女人》，并接受委托承制了系列剧《走出婚姻的女人》首批 60 集；视美动画《麻辣小冤家》继续授予麒麟电视台在线播映权，《缇可》（冬、春季篇）与百度奇艺公司签署了网络播映协议，玩具销售代理创收 1200 多万元，《弹珠传说》已实现累计销售收入过亿；时尚购物频道日均销售已突破 180 万元大关。

四是活动营销再创佳绩。第三届中国西部动漫文化节取得圆满成功，成为最具全国影响的动漫展会之一；重视传媒公司先后成功举办或承办了四十余项各类商业活动。交广传媒举行大型品牌公益活动十多场，并以交通行业为依托，以交广车友为群体开展系列专业活动近百场。歌舞团公司举办了天府煤矿迎春晚会、铜梁龙文化节、达州旅发大会开幕式、潼南高粱节开幕式晚会及闭幕式、彭水渝东南民族生态文化节、开县三色文化节、第五届巫山红叶节等演出活动。纪实传媒公司举办了“首届重庆国际纪录片发展论坛”等大型活动。

2. 广播电视广告

2011 年，重庆市广播电视广告收入共计 7.36 亿元，占重庆广电集团（总台）营业总收入的 32.5%。重庆广电集团（总台）一方面积极做大做强电视地面频道，提高本地市场份额，引导卫视广告向地面频道转移，全年实现电视广告收入 6.27 亿，较好地弥补了卫视不播商业广告带来的部分损失。另一方面努力提高广播广告创收能力，广播广告创收首次突破亿元大关，全年实现广播广告收入 1.09 亿。

3. 有线网络

2011 年，重庆市有线网络全年实现收入 1.29 亿元，占重庆广电集团（总台）营业总收入的 57.3%。

一是全程全网运营格局已经形成。随着 2011 年全市广播电视网络整合的完成，全市广播电视网络已形成了全市“统一经营管理、统一规划建设、统一业务平台、统一技术标准、统一运行维护”的发展格局，进一步拓展了业务空间，加快了网络发展的步伐。

二是业务规模继续扩大。截至 2011 年末，重庆有线公司直接经营管理的全市有线电视网络资产总量为 33.72 亿元；共有有线电视用户 450 万户，其中数字电视用户 262.2 万户、互动电视用户 50.3 万户（高清互动 25.1 万户）、宽带互联网用户 12.3 万户、集团专线用户数千个。资产规模在全市文化类企业中名列第一，资产总额和用户数量在西部地区也位居前列。

三是业务融合步伐加快。重庆广电集团（总台）分别与中国移动重庆分公司及重庆通信服务有限公司签订了战略合作框架协议，探索双方在产品、终端、渠道、内容、互联网出口、三网融合业务等多层次、全方位的合作模式。其中，与重庆移动合作推进了手机支付及联合宽带产品项目，目前手机支付项目已上线试运行，联合宽带产品已在珠江花园进行商用试点；合作共建的沙南街联合营业厅已于 11 月底正式营业。除此之外，与长城宽带达成了全面战略合作关系，4 个月内发展高清终端 2500 多台。

四是参与城市信息化建设。重庆广电集团（总台）落实了“阳光警务”终端机部分移动改网业务。取得了“平安重庆”项目的建设经营权，已成功签约巴南、北碚、合川、潼南、永川等 5 个区县。为重庆交旅集团、融汇温泉、协信集团等数家公司量身定做的“重庆有线高清数字电视综合信息服务系统”，已与协信集团达成 155 万元的业务合作协议并全面实施；获得“重庆警备区高清视频会议系统项目”建设经营权，未来 10 年将每年为集团公司带来 180 万元的收入。在社区信息化项目上，“万事通”综合信息基础应用平台上线试运营。

4. 广电新媒体

2011 年，重庆广电新媒体实现收入 5644 万元，占重庆广电集团（总台）营业总收入的 2.5%，正逐渐成为重庆广电未来发展的新增长点。

一是车载移动电视计划推广顺利。公交车终端累积已安装 220 条线路 4603 辆车，出租车推广安装 2000 辆的移动电视终端，户外静屏已安装楼宇 130 个，置放于火车北站的移动 LED 大屏车以租赁广告代理方式经营，市场反映较好。

二是移动多媒体业务取得新进展。重庆广电集团（总台）与《重庆法制报》合作的“公众多媒体法制信息宣传平台”项目已达成合作意向协议，并配合完成宣传平台的建设、运行试验；成功开发了 CMMB 自办频道的广告经营代理业务，为移动多媒体业务开发增加了持续稳定的现金流；流媒体电视业务与重庆联通签订了线路传输业务合作协议，结算金额较去年大幅度增加；IPTV 技术平台的基础设施建设已进入施工阶段，与重庆电信的战略合作项目已经启动。

三是数字专业频道的影响力扩大。新财经频道完成了新节目框架的搭建，形成了以《直播新财经》为主的财经资讯节目《理财这点事》《股会》为主的财经服务节目以及以《声音》为主的财经观赏类节目的节目体系，节目影响力逐渐扩大。魅力时装频道专业化节目所占比例由54%提升到72%。频道节目日更新量330分钟，较去年增加37%。品牌栏目《时尚救兵》从节目质量和节目生产量上明显提高，周更新量上升100%。汽摩频道实现了节目全面改版，频道总计播出栏目达11个，日更新量达3.6小时。

四是动漫新媒体运作取得突破。视美动画投入上百万资金研发的亲子励志网络动漫游戏于2011年初进入测试，获得了几千名测试玩家普遍好评。重庆广电集团（总台）与重庆电信合作开展彩信动画的设计、制作、传播和推广的项目进展顺利，共计制作数百条动画彩信，在电信手机用户中广泛传播。

（二）电影业

2011年，受宏观政策种种利好因素的影响，重庆市电影创作生产、城市院线电影发行放映、农村惠民电影放映工程等呈现齐头并进的良好态势。

1. 电影制片方兴未艾

2011年，全市新增电影制作企业12家，重庆电影集团完成登记注册。全年共审读《中国远征军》《柠檬花开》《一起去看天安门》等电影剧本（梗概）16部，初审《狂风》《太阳花儿开》《音乐江湖》等影片8部，其中《狂风》《猩猩乔巴》《太阳花儿开》三部获得公映许可证。2011年，重庆市组织创作的《杨闇公》《我最好的朋友江竹筠》《太阳花儿开》等电影作品获得较好社会反响。

2. 电影发行蓬勃迈进

2011年，重庆市共有电影院线13条，除全国10强中的北京万达、中影星美、上海联合、中影南方新干线、广州金逸珠江、广东大地、四川太平洋等7条院线外，浙江横店、浙江星光、华夏经典、保利万和、九州中原、北京红鲤鱼等6条院线也在重庆创造了良好的票房收入。本地的重庆保利万和院线2011年共有53家影院、228块银幕，35833个座位，票房收入24190万元，其中，保利万和院线在重庆境内有影院36家，票房收入6806.37万元。2011年，重庆市共发行电影283部，其中国产影片206部。随着电影放映数字化进程的推进，重庆市城市院线影院数字机已达85%，电影放映已实现全国同步公映新片的目标。

3. 电影票房迅速飙升

2011年，全市新增影院18家，影院累计达74家；新增银幕113块，银幕累计达394块；新增数字厅126个，数字影厅累计达337个；新增座位12887个，影院座位累计达53030个。2011年，重庆继续实施电影专项资金对新建、改建影院补助政策，全年共补助资金1000余万元。电影专项资金管理工作连续三年获全国一等奖。2011年8月，全市城市数字影院建设现场交流会在丰都召开，市政府出台了《关于推进区县数字电影院建设的意见》，提出到2012年底实现全市所有区县建成至少一座“一大厅两小厅”数字影院的目标。2011年，重庆UME国际影城（江北店）票房达6398万元，位居全国单座影院票房收入第六位。

截至2011年12月底，全市城市影院全年累计放映电影49万场次，观众1253.5万人次，票房收入40099万元，同比分别增加76.42%、40.84%、34.15%。全年城市电影票房收入位居全国第九位、西部第二位。全年电影票房收入突破1000万元的影院有13家。2011年，3D电影票房占全市总票房的30.22%；主城九区票房占全市总票房的90.3%；重庆人均电影消费比2010年增长了34%；电影平均票价下降了4.76%。2011年，重庆占全国电影总票房的3.1%。

4. 农村电影放映稳步推进

2011年出台了《重庆市农村数字电影公益放映管理实施细则》，从放映场次统计、经费补贴等五个方面进行规范。2011年，全市累计放映惠民电影18.591万场次，完成年度任务的106.6%；累计观影人次达4922.5426万，全面完成农村行政村“一村一月一场电影”和农村中小学观影率100%目标。先后开展了纪念建党90周年、纪念辛亥革命100周年、“农民工电影周”、“新中国电影选粹”等展映活动，免费放映4万余场次。

（三）新闻出版业

2011年，重庆市有图书出版社3家、音像电子出版社6家、互联网出版单位11家；报纸45种、期刊135种、内刊近600种；发行企业及个体3000多家，其中批发商140多家；印刷企业及个体3500多家，其中出版物印企86家、包装印企600多家。

1. 重点项目启动

2011年，全市共有7个项目进入新闻出版总署改革发展项目库、8个项目进入重庆市重大建设项目库（含前期项目）。一批项目取得阶段成果：现代印刷包装基地一期投产；解放碑时尚文化城基本完成拆迁；十大书城中涪陵、黔江书城建成，江北、渝北、大学城书城正在建设；重庆书刊交易市场升级全国库存（特价）图书交易市场；新华物流中心投入使用；出版传媒创意中心主体工程竣工；总署教育培训中心重庆分中心获准设立。

2. 投资增长迅猛

新增投资主要来自三个方面。一是新上马的园区项目。如天健创意产业基地、江南书城、西部书城，都是当年签约、投资甚巨的物业。二是新注册的印刷企业。裕同、美盈森等国内印刷龙头来渝办厂，注册资本纷纷过亿。重庆印企有海内外上市公司背景的不下 10 家。三是试水的技术项目。包括电子书签、游戏工厂等，前期投入不大，后期看市场反应。2011 年全行业新增投资超 70 亿元，比"十一五"年均水平翻一番。

3. 出版精品迭出

2011 年，重庆市获得国家"十二五"重点出版项目 18 个。一批渝版图书赢得精品口碑：《读点经典》累计发行超2000万册，"口袋书做成了文化大工程"；《中国抗战大后方历史文化丛书》出版 10 卷；《中华大典·法学典》出版刑法、法律分典；《域外汉籍珍本文库》出版第 2 辑；《农家丛书》累计出版 350 种。一批渝版图书畅销长销：《藏地密码》收官之作第 10 辑发行 40 万册；《气场》由当当网独家包销 26 万册，后又跟进《潜意识》、《信念力》等，击中公众议题；官场小说《二号首长》、引进版魔幻传奇《冰与火之歌》、"愈合系"的《我终于可以不再爱你了》、实话实说的《我们台湾这些年》、虫虫、Milly 的"小清新"图文书及独行特立的《寡人》，都引人眼球。重庆出版集团、重大出版社及重报图书公司，在国有民营互动后，书路变开阔了。出版集团内部严厉推行控量提质，提高了品种效益。

4. 数字化转型加快

2011 年，市政府办公厅转发了《关于加快重庆数字出版产业发展的指导意见》。国家数字出版基地加快建设。全国出版发行交易云平台完成论证启动申报，其核心功能和商业模式被设计为"构建出版单位网上直销的第三方服务平台，即出版业的淘宝网（B2B、B2C），并成为国家知识元数据库的组成部分"。数字出版监管平台购置物业及硬件，数字印刷及个性化应用工程启动建设，仓储式出版平台上线，"名师在线"一期建成。新推《商界传奇》《大剑 OL》等本土网络游戏。聚购科技成我市首家获互联网出版权的民营企业。至此，业界出版环节的初级数字化已基本完成，即编辑出版流程数字化和电子书制作，但高级数字化尚待时日，即数字内容结构化加工和全媒体同步。

5. 改革稳步推进

全市图书、音像电子出版单位完成了转企改制的实质动作：注销事业法人、登记企业法人。新办的互联网出版单位均为企业。我市 38 家非时政类报刊出版单位改革（首批 9 家，第二批 29 家）将于 2012 年 9 月底前全部完成。报刊综合质量评估工作启动试点，32 家效益差的报刊纳入评估范围，报批后将有序退出。《都市热报》转型免费轻轨（地铁）报后复刊，电子阅报屏、自动售报机现身街头。

6. 政策扶持加大

2011 年，业界新获 2165 万元国家出版基金（《中华大典·法学典》1262 万元、《中华大典·地学典》419 万元、《中华大典·天文典》414 万元、《马恩列画传》70 万元）和 500 万元中央文化产业专项资金（天健网）。近 5 年来，新闻出版总署已批准重庆创办 1 报 3 刊 8 网 2 家出口企业 2 个全国书展和 2 个国家基地，协调中央财政直接投入 2.39 亿元，市财政也配套投入 1 亿多元，政策实惠增多。

（四）演艺业

2011 年，重庆市共有演出场馆 47 座、演出团体 5479 个（含民间演出团体）；演出活动 95370 场次（含公益和民间演出），比上年增长 12%；观众 1596.9 万人，增长 11%；演出收入 23129.6 万元，比上年增长 15%；增加值达 31784.7 万元，增长 14.9%。

1. 艺术创作精品成绩显著

一是舞台艺术创作好戏连台。2011 年，围绕重点题材新创排演舞剧《邹容》、歌剧《钓鱼城》、川剧《杨闇公》和《灰阑记》、京剧《张露萍》、话剧《大刺客》，并成功公演。深度打磨文化部资助 2 台剧目——话剧《三峡人家》、川剧《鸣凤》。围绕 2011 年举办的全国现代戏优秀剧目展演、第六届中国京剧艺术节、第五届全国歌剧优秀剧目展演、第九届全国舞蹈比赛、第十二届中国戏剧节、第二十五届全国戏剧梅花奖大赛（第三届中国戏剧奖·梅花表演奖）等全国艺术类大型赛事，对已公演的川剧《李亚仙》《鸣凤》《风雨女人路》、音乐剧《城市丛林》、话剧《河街茶馆》《乡村公园》、京剧《金锁记》、杂技剧《花木兰》等剧目，采取边演边改的形式，进一步提高其思想性、艺术性和观赏性。

二是文艺作品推展成绩斐然。第一，全年共荣获国家级奖项 12 个。其中，荣获第十二届中国戏剧节奖项 10 个：京剧《金锁记》获得优秀剧目奖、优秀导演奖，主演程联群获得优秀表演奖；川剧《鸣凤》获得优秀剧目奖、优秀导演奖；舞剧《邹容》获得优秀剧目奖；话剧《河街茶馆》获得剧目奖，主演王弋获得优秀表演奖；川剧《灰阑记》获得剧目奖，主演吴熙获得优秀表演奖。荣获第九届全国舞蹈比赛奖项 2 个：舞蹈《川江》获得创作优秀奖；舞蹈《囍》获得表演优秀奖。第二，3台剧目入选国家级展演活动，其中：话剧《三峡人家》入选2011年全国现代戏优秀展演剧目，是全国入选本次展演的4台话剧之一；话剧《大刺客》入选2011年全国小剧场优秀展演剧目，是西部12省区市唯一入选的展演剧目；京剧《张露萍》入选第六届中国京剧艺术节参评剧目。第三，《大三峡·大移民－中国画创作工程》《“巴渝风”綦江农民版画创作项目》两个文化部“全国画院优秀创作研究奖励扶持计划”项目圆满完成，走在了全国各省市画院前列。三是人才建设成果丰硕。市川剧院院长沈铁梅夺得第二十五届中国戏剧梅花大奖（“三度梅”），成为川剧历史上的第一位，同时也是西部地区第一位梅花大奖（“三度梅”）得主；三峡川剧团团长谭继琼夺得第二十五届中国戏剧梅花奖（“一度梅”）。市京剧团有限责任公司程联群、重庆市话剧团有限责任公司王弋、市川剧院吴熙3人分别荣获第十二中国戏剧节优秀表演奖。王亚利等10人荣获“2011年重庆市舞台艺术之星”，马骏等10人荣获“2011年重庆市舞台艺术新秀”。

2. 重庆大剧院演出成效显著

2011年，重庆大剧院票房突破7000万元，重大文化基础设施市场化运营模式日趋完善。重庆大剧院全年组织演出199场次，接待观众34.87万人次，总上座率73.6%，票房收入7007.43万元，助推重庆大剧院综合业绩连续两年居保利院线全国23家剧院中的前三名。其中，爱尔兰史诗舞剧《欲望之舞》、中国煤矿文工团《声音的暖流——红色经典朗诵演唱会》《爱与和平——世界著名歌星诺雅与米娜音乐会》、大型音乐剧《三毛流浪记》等名剧受到广大市民热捧。重庆大剧院完全市场化运营模式得到广泛认可，对市内文化设施管理运营产生积极示范效应。

3. 对外演出交流不断扩大

2011年，重庆深化“走出去、请进来”战略，先后组织有杂技、民乐、川剧等经典艺术门类，完成出访20起345人次，来访69起872人次，其中商业演出44批297人次。到美国、澳大利亚、英国、加拿大参加了海外春节文化活动，成功举办“英国威尔士重庆文化周”和“泰国重庆文化周”。受文化部派遣，组团访演了波黑、捷克、新加坡、白俄罗斯，杂技童话剧《红舞鞋》赴美驻场演出1年。2011年，重庆第一个海外演出基地在美国布兰森挂牌。以重庆杂技为主的文化产品出口到了美、英、法等10多个国家，重庆杂技剧《花木兰》《红舞鞋》，民族音乐会《巴渝风》等剧目海内外上演800余场。

4. 重庆演艺集团快速发展

2011年，重庆演艺集团紧紧围绕打造西部一流、全国领先的文化产业集团目标，实施三大调整，狠抓三大市场，实现三大突破，在体制上完成了市越剧团、市演出管理处两家单位整合并，组建了重庆演出有限责任公司，成立了杂技、曲艺、会展、舞美4家分公司，四家单位离退休人员全部划转艺员管理培训中心管理。通过资源整合承接了区县和社会单位的一系列大型商业演出活动，包括“中国森林旅游节”开幕式、“中国邮政贺卡开奖盛典”、渝北等区县庆祝建党90周年晚会等8台。在创作上实现重大突破，完成了芭蕾舞剧《追寻香格里拉》项目前期一度创作，对大型杂技剧《花木兰》进行了深度打造，创排了全新大型民族管弦乐《重庆狂想》并将献演2012年新年音乐会；应法国商要求，由《花木兰》全新改编成的《木兰传说》也已全部完成；启动了重庆国际马戏城首场驻场剧目《江山》及大型歌舞剧《竹枝九歌》的前期一度创作工作。全年演艺集团共演出1329场，其中商演1145场。全年收入突破1亿元，其中自主创收达7000余万元，两项数据相比2009年翻了三番。

5. 演艺与旅游完美结合

2011年，重庆市武隆县在推动文化与旅游融合发展上进行了有益探索，成功推出“印象·武隆”实景演出项目。项目规划占地300亩，分为服务区、剧场和即将建设的文化展示中心三大部分。由著名“印象铁三角”张艺谋出任艺术顾问，王潮歌、樊跃出任总导演，150多位特色演员现场真人献唱的大型实景演出。“印象·武隆”实景演出剧目充分结合喀斯特世界自然遗产资源和地方特色文化，以自然山水为舞台背景，以群众生产生活、民风民俗、历史人文和美丽传说为艺术素材，以濒临消失的“号子”为主要内容，让观众在演出中亲身体验自然遗产地壮美的自然景观和巴蜀大地独特的风土人情。演出的舞美设计除延续了“印象”品牌的一贯品质——瑰丽精巧、气势磅礴、如诗如画、山水之美与高科技多媒体交相辉映以外，还根据演出场地的特征，在崖壁上投射巨幅光影，铺陈出灿若星辰的时光之河，展现巴蜀地区恢弘壮阔的地理风貌和历史人文。独特的视角和艺术手段，与当地淳朴的风土人情配合，显得相得益彰，带给观众完美的视听享受和精神震撼。通过艺术再现“号子”，这极富地方特色的劳动景象，来反思消失和传承，展现巴蜀人隐忍、坚韧、不辞辛苦、团结协作，在险境中顽强求生又乐观豁达的意志。2011年10月国庆黄金周期间成功试演 10 场，售出门票 27600 张，平均上座率达 100%，预计 2012 年 4 月中下旬全球公演。

6. 第十二届亚洲艺术节暨重庆“三艺节”影响广泛

2011 年 9 月 12 日至 11 月 7 日，由文化部、中共重庆市委、重庆市人民政府主办，文化部外联局、中共重庆市委宣传部、重庆市文化广播电视局、重庆市文学艺术界联合会、中国艺术研究院、中国国家话剧院、中国对外文化集团公司承办的第十二届亚洲艺术节暨第三届中国重庆文化艺术节（简称“两节”）在重庆成功举办。“两节”历时 57 天，37 个国家和国际组织、490 位中外要客嘉宾、120 个中外文艺团队和机构、3300 名中外职业艺员会聚重庆，向世界集中展示了“亚洲风情、中国风格、重庆风采”。中外经典剧目展演、“艺动亚洲・情聚重庆”广场歌舞巡演、港澳台演出周、亚洲经典影视歌曲明星演唱会等 6 项舞台展演活动相继举办。《爱我中华・放歌重庆－宋祖英演唱会》、《重庆声音・张迈演唱会》、舞剧《千手观音》、杂技芭蕾《天鹅湖》、香港话剧《盛势》、澳门《少年合唱音乐会》、台湾豫剧《美人尖》、日本松山芭蕾舞团《白毛女》、西班牙国家舞蹈团弗拉明戈舞剧《莎乐美》、加拿大男声组合《天籁男伶演唱会》、德国北莱茵洲青年弦乐团《经典弦乐音乐会》等 66 台 111 场国内外舞台剧（节）目轮番登台，精彩亮相。来自北京、上海、西藏等 18 个省、市、自治区和中央直属机关及部队的 32 台参演剧目，涵盖昆曲、京剧、川剧、豫剧、秦腔、越剧、黄梅戏、吉剧等 15 个戏曲剧种以及话剧、舞剧、音乐剧等戏剧形式，在重庆人民大礼堂、重庆大剧院、重庆人民大厦等场馆隆重演出 62 场。在“艺动亚洲・情聚重庆”东盟 10 国广场歌舞巡演中，东盟艺术家与重庆江北、九龙坡、渝中、长寿、合川、荣昌等 6 个区县观众激情互动，欢快拉歌，场面热烈。在亚洲影视经典歌曲明星演唱会上，四川、贵州、重庆等地观众汇聚重庆永川，享受中外经典影视音乐，领略美妙异域风情。

（五）动漫业

2011 年，重庆市共有动漫游戏类生产企业 48 家，整体产值超过 4000 万元，动漫产业链已初步搭建完成，形成了以原创动漫生产为核心、以上下游产业为依托、以衍生产业为发展重点的整体产业布局，整体呈现出多元化和纵深化的发展态势。

1. 原创动画生产

2011 年，重庆动画生产总量继续领跑西部地区，动画产量共 7 部 3340 分钟，居全国第 14 位，西部地区第一位，继续保持了在西部地区的绝对优势地位。制作质量、艺术水平则不断提高，在国家广电总局 2010 年度少儿精品发展专项资金及国产动画发展专项资金项目评审中，由重庆视美动画艺术有限责任公司制作的《夏桥街》获得优秀国产动画片鼓励奖，同时，视美动画公司制作的《缇可》（春季篇）还获得了“2011 中国西部国际动漫文化节”的“最喜爱动漫形象”、“最喜欢动漫歌曲”奖。

2. 动漫出版

2011 年，重庆动漫卡通图书出版成果喜人，共出版图书 48 种，其中新书品种 29 种，合作书 9 种，与 2010 年相比，码洋与销售收入增长了 2 倍，平均单品种印量超过 1 万册。在精品图书方面，天健卡通公司推出了《神精榜外传》《辗转红尘》《世界童话经典》等系列图书，《仓鼠乐园》等原创动漫图书，《酷奇科学大冒险》系列等引进版图书，并与著名魔术师傅琰东合作打造了国内第一本魔术绘本《魔术师东炎与镜之王国》及自传小说《我爸爸的爸爸的爸爸》。值得一提的是，重庆天健卡通公司于 2011 年底推出奇幻史诗小说《冰与火之歌》系列，并利用 HBO 电视剧集《冰与火之歌》播出的契机，继续发挥公司书媒互动、跨媒体出版的经营优势，对该书第一卷的出版发行进行了全方位的营销推广，在网络媒体、全国各主要平面媒体、各大书城卖场、网络书店发布新书的书评、推介和出版消息，引起出版界和广大读者的广泛关注。此外，还运用全新的营销模式在北京、上海、深圳三地进行了同步实况首发，在首发活动过程中还借助线上直播、微博等形式与广大读者进行了积极沟通，不仅使全书的第一卷迅速站稳市场，同时还为预计 2012 年上市的其他各卷火热造势。

3. 动漫产业基地建设

为进一步做大做强重庆动漫产业，发挥动漫产业基地的综合经济效应，从 2008 年开始，视美动画公司和天健卡通公司即开始筹划动漫产业园区的立项和落地工作。2011 年 5 月，视美动画公司所申报的“视美动画产业园”项目被列为重庆市“十二五”十大文化产业申报项目，各项推进工作已有序展开。2011 年 11 月，重庆出版集团与新加坡元大投资咨询有限公司正式签订“基地”项目《房地产联合开发合同》，该合同的签署，标志着重庆天健创意（动漫）产业基地的开发建设工作正式拉开了序幕。此外，2011 年，重庆动漫企业在衍生产业方面做足了文章。据不完全统计，2011 年全年，重庆动漫衍生产业创收已超过 1.2 亿元。

·四川省·

一、2011年文化产业发展总体情况

2011年，全省文化产业增加值为656.18亿元，比上年增长25.9%，占GDP比重3.12%，比上年提高0.09个百分点。四川实施文化强省战略5年来，国有文化品牌和民营文化产业发展并驾齐驱，文化产业总收入实现年均超过20%的增长，凸显出成长为国民经济支柱性产业的巨大潜力。

（一）文化市场主体不断壮大

坚持“大集团带大产业”战略，省本级在全国率先组建七大文化集团，到2011年底，资产规模超过260亿元，实现总收入超过110亿元。四川新华发行集团位列全国同行业综合实力第一，连续两次被评为“全国文化企业30强”。省电影公司综合实力居全国省级电影公司第一。新华文轩成为内地第1家在香港上市的文化企业。各市州文化企业也不断壮大，到2010年末，全省文化产业法人单位超过22000个，总资产近2000亿元。成都传媒集团总资产超过120亿元，成为全省首家资产规模超百亿的大型文化集团。实施成都东区音乐公园、“峨影·1958”电影城、宽窄巷子等一批重点项目，建成国家级文化产业示范基地12个，省级文化产业示范基地33个，文化产业集群发展格局初步显现。

（二）文化产品日益丰富

充分挖掘四川特色文化资源，精心打造图书、报刊、电影、电视剧、艺术品、民族民俗工艺品等重点文化产品以及文化旅游、演艺娱乐等领域特色文化产品。“十一五”期间，全省出版图书28406种，制作电视剧42部1225集，拍摄电影23部。推出《金沙》《大美四川》《藏谜》《天下峨眉》等一批演艺节目。华西都市报、成都商报发行量均超过60万份，领跑全国都市类报业，以至有了大家所说的三大文化品牌即“长沙的电视业、广州的期刊业、成都的报刊业”的说法。2011年全省电影票房收入达到7.2亿元，位居全国第六。动漫游戏、创意设计等新兴文化产品蓬勃发展，仅“十一五”期间就推出动漫游戏产品213部，发展势头良好。

（三）文化市场体系进一步完善

文化产品市场不断完善，电影、演出院线和出版物销售网点加快建设，到2011年底，全省城市电影院线达到14条，影院128家；文艺演出院线3条，剧场超过110个；新华文轩销售网点拓展到全国27个省份。动漫游戏、移动电视、网络广播电视等新兴市场份额不断扩大。人才、信息、版权等要素市场进一步发育，资产评估、产权交易、经纪代理等文化服务市场不断繁荣。“十一五”期间，全省实现图书输出294种。加强文化市场管理，查处非法出版物2000余万件，文化市场环境进一步净化。

（四）文化发展活力不断增强

全面推进文化领域体制改革和机制创新，全省114家发行单位、17家出版单位、15家电影公司、18家电影院、3家电视剧制作机构、49家国有文艺院团、25家非时政类报刊出版单位转制为企业。文化领域宏观管理体制改革不断深化，文化艺术、新闻出版、广播影视领域实现政事、政企分开和管办分离，文化行政管理部门职能实现从办文化为主向管文化为主转变，宏观调控、依法行政和市场监管、公共服务职能得到进一步强化。

（五）文化产业链条进一步延伸

大力推进文化资源深度融合，四川出版集团和四川新华发行集团联合重组新华文轩，实现了出版发行资源的有机聚合。推动省级电影资源战略重组，组建新的峨影集团，初步构建起制作、发行、播出、放映一体化的电影产业链条。成立四川期刊传媒集团有限公司，实现了省级非时政类期刊的集团化整合、股份化运作。文化产业与旅游、体育、信息、物流、建筑、节庆、广告、会展等产业融合发展态势良好，新的文化业态不断涌现。

（六）文化产业集聚发展格局基本形成

2011年11月，省文化厅命名成都东区音乐公园等10家社会效益和经济效益突出、成长性高、发展前景好、具有引领和示范作用的单位为第三批四川省文化产业示范基地。至此，全省共有文化产业示范基地44家，其中国家级文化产业示范基地12个，省级文化产业示范基地32个。2011年，全省文化产业示范基地总收入达987899万元，集聚企业约1171个，直接解决就业近4万人，带动周边解决相关就业人口数十万计，获得了经济效益和社会效益双丰收。2011年，成都文化旅游发展集团有限责任公司（原成都市兴文投资发展有限公司）等国家文化产业示范基地新增贷款1.5亿元，对促进基地园区建设、解决重大项目资金缺口、培育具有品牌影响力的优秀文化企业起到了有力的助推作用。

二、2011年文化产业各行业发展基本情况

（一）广播电视业

2011年，全省有广播电台8座，电视台8座，广播电视台158座；共有取得资质的影视制作机构162家；有线电视用户1340.34万户。全省广播电视产业实际创

收收入 617310.62 万元，增加值 482066 万元，其中，广告收入 274878 万元，比 2010 年增加 41511 万元；网络收入 279725 万元，比 2010 年增加 347819 万元；广播电视节目销售收入 1111 万元；广播电视企业单位资产总额 1232733 万元，固定资产投资额 133236 万元。

（二）电影业

2011 年，全省进一步整合电影制发放资源，完善电影产业链，实施重大项目带动战略，狠抓电影精品创作生产，加快城市影院建设，新开业影院 37 家（其中新建县城影院 22 家），新增银幕 167 块（其中县城影院新增银幕 76 块），新增观影座位 23229 个，全省影院数达到 128 家，银幕数共 640 块，院线达 14 条，城市电影票房达 6.1 亿元。峨眉电影集团联合出品、参与摄制的电影，包括《让子弹飞》《观音山》《密室之不可靠岸》《大武生》《无价之宝》等在中国大陆地区共取得近 7 亿元的票房收入。

（三）新闻出版业

2011 年，全省新闻出版、印刷和发行服务业总产出 394.83 亿元，较上年增长 20.56%；增加值 124 亿元，较上年增长 17.64%，占同期全省生产总值（GDP）的 0.61%；营业收入 380.43 亿元，比上年增长 17.85%；利润总额 38.27 亿元，比上年增长 5%；资产总额为 599.11 亿元，比上年增长 27.33%；所有者权益（净资产）297.04 亿元，比上年增长 9.72%；纳税总额为 37.54 亿元，比上年增长 14.77%。

2011 年全省共出版图书 8081 种，比上年增加 21.61 %。其中新出图书 3951 种，比上年增长 16.34 %；再版图书 4130 种，比上年增长 27.12 %；总印数 24787 万册，比上年增加 27.16 %；总印张 1794896 印张，比上年增加 21.86 %；定价总金额 23.90 亿元，比上年增长 19.56%；

2011 年，全省出版期刊 343 种（含高校学报、公报、政报、年鉴），平均期印数 470.65 万册，比上年减少 5.41%；总印数 9293.14 万册，比上年减少 18.06%；总印张 674243.07 千印张，比上年增加 30.25%；定价总金额 62685.83 万元，比上年增加 6.90%。

2011 年，全省实际出版报纸 136 种（含高校校报），平均期印数 670.77 万份，比上年增长 1.92%；总印数 174021 万份，比上年增长 2.56%；总印张 10192339 千印张，比上年增长 2.40%；定价总金额 13.53 亿元，比上年增长 25.48%。

2011 年，全省共出版录音制品 32 种，出版数量 25.77 万盒（张）。与上年相比，品种下降 31.91%，出版数量下降 9.20%。共出版录像制品 96 种，出版数量 73.13 万盒（张），与上年相比，品种下降 49.74%，出版数量下降 18.50%；共出版电子出版物 309 种，出版数量 114.21 万张。与上年相比，电子出版物品种增长 72.63%，出版数量增长 60.57%。

2011 年，全省共有出版物发行单位 1 万余家，完成总销售 15.12 亿册（盒）、码洋 144.27 亿元、实洋 99.25 亿元。出版物发行实现总产出 90.37 亿元，较上年增长 20.38%；增加值 20.09 亿元，较上年增长 17.62%；营业收入 87.48 亿元，较上年增长 18.36%；利润总额 6.64 亿元，较上年减少 2.06%。

全省其有出版物印刷企业 180 家，2011 年完成黑白印刷产量 768.30 万令，彩色印刷产量 2754.90 万对开色令，装订产量 656.35 万令，用纸量 447.89 万令，约 63.73 万吨。印刷复制业实现总产出 202.30 亿元，较上年增长 20.47%；增加值 66.39 亿元，较上年增长 12.28%；营业收入 193.33 亿元，较上年增长 21.16%；利润总额 15.03 亿元，较上年增长 22%。

2011 年，全省输出图书版权共 84 项，版权购买者主要分布在 4 个国家和地区，其中英国 1 项、韩国 1 项、香港地区 25 项，台湾地区 6 项、其他 51 项。合同约定出版数量 20.75 万册，年度收入码洋 26.30 万元。

2011 年，全省引进图书版权共 181 项，其中图书 171 项、软件 7 项，其他 3 项。

（四）演艺业

2011 年，全省演出市场发展势头良好，据统计，全省共举办种类演出近 4 万场（其中涉外涉港澳台演出 3400 余场），直接收入 5 亿元，极大地丰富了人民群众的精神文化生活，满足了人民群众不同层次的文化需求。高水平、高票房、高观众满意度的大型演出接二连三，张学友成都演唱会、刘德华成都演唱会、第十五届全球华语榜中榜暨亚洲影响力大典、2011 年小野丽莎成都个人独唱会、蔡康永脱口秀、经典芭蕾舞剧《天鹅湖》、理查德·克莱德曼新年钢琴音乐会等相继举办。与此同时，基层演出市场逐步活跃，德阳杂技团、广元鹏飞马戏团等我省民营文艺表演团体发展迅猛，业绩突出，九寨沟演艺群为代表的文化旅游演出市场稳步发展，不断促进文化与旅游的融合，四川龙城演出中心、蓬安县民营文艺表演团体组成“文化超市”等创新了全省基层演出市场发展繁荣的新模式，成都大庙会、成都汽车音乐节等众多地方节庆演出活动促进了基层文化市场发展。

（五）艺术品与工艺美术业

近几年，全省工艺美术产业以科学发展观为指导，在党和政府的大力支持下，坚持开发与保护并重原则，将传统技艺和现代技艺相结合，使传统工艺美术焕发了新的活力。工艺美术行业经济发展势头迅猛，产业聚集趋势明显，持续推进的科技创新与品牌建设让工艺美术行业的发展渐入佳境。截至2011年，全省共拥有涉及12个大类的103个工艺美术品种，列入国家非物质文化遗产保护的品种达33项；有中国工艺美术大师和省工艺美术大师181人。据统计，全省从事工艺美术品生产企业3000多户，带动近80万人就业，实现了良好的经济效益和社会效益。

（六）网络游戏业

从2005年到2011年，全省网络游戏产业发展取得长足发展。网络游戏运营企业47家，年产值达到26亿元。全省网络游戏在大型网游稳步发展的同时，网页游戏也迅速崛起，今年新增产品12款，企业年收入上亿元的2家，年收入上1000万元的企业达到12家，新增年收入上1000万元的企业比上年增加了7家。地方色彩和国际元素的原创游戏作品和项目不断涌现，受到海外市场的青睐。市场从港澳台、新加坡、越南等东南亚国家和地区扩展到了英国、德国、俄罗斯等欧洲国家，出口额超过2000万人民币。

依托四川良好的产业基础和发展环境，原创网络文化产品日趋丰富，“四川造”网络游戏产品深受资本市场关注，多家本土原创企业被盛大、完美时空等国内知名企业并购，在全国有一定的影响力。同时，腾讯、盛大、金山等一批行业领军企业纷纷将网络游戏研发、客服等环节布局在四川。以腾讯公司为例，2008年腾讯公司宣布投资5.5亿元建设腾讯成都研发中心、信息处理与客服中心，2011年，腾讯公司追加投资额度至20亿元，腾讯公司在成都天府新区启动建设两栋办公大楼，建筑面积超过20万平方米。

（七）数字内容与新媒体业

截止到2011年，四川省拥有网民2229万人、网站71724个，均在西部大开发的十二个省市区中稳居第一。四川省手机网民数量达到1722万，增速为13.1%，手机网民在整体网民中的比例从2010年末的76.2%提升一个百分点至77.2%。四川省网民使用台式电脑上网的比例为69%，使用手机上网的网民比例超过台式电脑，手机终端成为最重要的上网终端。在电子信息产业方面，我省定位于“IT第四极”，富士康、联想、德州仪器等一批行业领先企业纷纷落户四川；成都已聚集超过200家的移动互联网应用服务企业，年产值超百亿元，一批移动互联网企业取得巨大成功。另外，全省网络文化产品消费增长迅速，以网络视频和网络游戏为例，2011年四川省网络视频用户为1392万人，较上一年底增长了12.6%，是用户增幅较为明显的网络应用，网络游戏用户规模达到1469万，比2010年增长4.6%。

在广播电视新媒体方面，2011年，在四川省委省政府指导下开始了“四川网络广播电视台”的筹备建设工作。4月，四川广播电视台通过四川省广电局向国家广电总局提交的“四川网络广播电视台”申办报告以及相关文件材料通过审核。9月，李长春同志莅临四川网络广播电视台视察并亲自揭牌，标志着位于产业链顶端的四川网络广播电视台、IP电视、3G手机电视等视听新媒体业务播控平台全面建成并正式投入使用。与此同时，为加快台网建设的步伐，原四川广播电视台官方网站“神韵在线”更名为“四川广播电视台”并改版增加了网台的相关内容版块。

2011年，四川网络广播电视台利用自身节目策划、内容优势，完成了四川本地EPG设计、内容架构策划、内容组织工作，可为用户提供包括中央电视台、全国省级电视台以及四川广播电视台、绵阳电视台在内的超过百路电视直播、轮播频道，并提供电视频道回放与时移功能，准备了包括热点专题、电影、热剧、娱乐生活在内的大量极具本地特色、老百姓喜闻乐见的点播节目，除了支持直播、点播、轮播、时移、回放等基本业务能力外，IPTV播控平台还支持政务信息、便民服务、便农服务、在线教育、购物等增值互动业务能力，并且各种服务能力都可以根据用户需求快速扩容，为IPTV业务在四川的开展打下了坚实的基础。与此同时，四川网络广播电视台也在大力研发和制作适合本地观众的节目内容和资源，每天对现四川广播电视台播出的节目进行再编辑、整合，向观众提供包括本地新闻、方言剧场、故事栏目等一系列贴近观众的节目内容。

此外，四川网络广播电视台于2011年5月与四川联通签署了包括手机电视以及互联网电视相关业务在内的新媒体战略合作协议，打通了上下游产业链的同时，也已积极着手手机电视以及互联网电视的建设。在积极高薪招聘引进专业的手机电视客户端开发人员的同时，四川网络广播电视台准备了包括Windows Mobile、Andriod、Apple ios等不同系统的手机开发、测试平台，面向不同的手机终端开发相应的客户端，网民使用3G/Wifi网络就可以通过手机客户端收看包括不同的音、视频直播及点播内容。

（八）文化会展业

2011年5月，在2011年全国图书交易博览会上，四川展团共设展位 50 个，16 家图书出版单位 3000 余种图书参展。“5·12”汶川大地震三周年暨“感恩·奋进”主题图书展是四川展团在此次书博会的重点及特色。这是第一次在全国集中展出的以我省出版界为主体的全国出版单位出版的 400 余种灾后重建类出版物。灾后三年来，全省 16 家图书出版社共出版抗震救灾及灾后重建题材图书 310 多种，总印数超过 500 万册。

2011 年 9 月，四川省图书出版行业近 70 人参加第十八届北京图书交易博览会。本次博览会四川省图书出版单位预订展位 14 个，参展图书品种数近 800 种；共达成中外版权贸易意向协议 106 项，其中引进 14 项，输出 92 项。版权输出区域主要有美国、英国、德国、日本、韩国、马来西亚、泰国、越南等国家和地区。

2011 年 9 月，第 13 届西博会系列活动之一四川文化产业项目推介会暨签约仪式举行，在仪式上，全省共总体推荐文化产业项目 208 个，项目投资总额超过 2000 亿元人民币。其中文化系统文化产业项目 153 个，包括文化旅游业 128 个，演艺娱乐产业 12 个、动漫游戏产业 4 个、创意设计产业 9 个，重点推介了 35 个项目。

（九）文化旅游业

全省文化旅游资源丰富，特色鲜明、品位高，三国文化、藏羌文化、佛教文化、道教文化等在国内外旅游市场的吸引力和影响力很大，如：三星堆、青城山、都江堰、乐山大佛、峨眉山这些文化产品是我省发展文化旅游的世界一流的资源。2011 年，四川省将国际非物质文化遗产博览园、熊猫绿岛国际休闲度假区开发项目、剑门关蜀道三国文化精品旅游景区、大千文化旅游产业园项目、仙市古镇、龙凤古镇等 6 个文化旅游重大项目纳入省重点项目库，北川老县城地震遗址、汶川水磨古镇等成功创建国家 4A 级景区。同时，旅游部门联合文化部门支持建设了中国绵竹年画村、西昌安哈彝寨、阿坝藏族羌族自治州的桃坪羌寨等少数民族聚居区等一批文化旅游品牌产品。

2011 年，旅游部门与文化部门建立和完善协同发展机制，打好旅游产业的‘文化牌’，注意在旅游节庆活动中融入文化元素，提升旅游文化品质，加强对旅游节庆活动的文化包装。重点策划推出了一系列品牌活动，包括中国国际文化旅游节、国际文化旅游推介会，成都美食节、凉山国际火把节、自贡恐龙灯会、绵竹年画节、都江堰放水节、成都龙泉国际桃花节、蒙顶山国际茶文化节等具有鲜明地域特色的系列节庆活动。

2011 年，四川省致力于做大做强四川文化旅游商品。首先，推进四川旅游商品的标准化工作，用标准化来衡量区域旅游商品经济发展的杠杆和尺度；其次，加大对旅游商品的整体规划和研发设计力度。对旅游商品的开发、设计、生产、销售进行整体规划，创新研发“新科技”、“新业态”和“新产品”且具有地方特色的旅游商品，增加旅游商品的科技文化含量和地方特色，把握区域文脉，突出特色，着力提升四川旅游商品的品味和内涵；第三，积极谋划开展各类旅游商品活动，如每年举办的旅游纪念品设计大赛、旅游商品十佳评选活动、义乌旅游商品博览会、旅游商品开发研讨会等；第四，深度挖掘我省文化内涵，加大对我省“大熊猫”、“金沙”、“三星堆”文化旅游工艺品和纪念品、礼品的设计、开发和市场推广工作。

·贵州省·

一、2011 年文化产业发展总体情况

2011 年，贵州省文化产业总收入 394 亿元，文化产业增加值 140 亿元，占全省 GDP 比重 2.46%，与过去的 2009 年、2010 年相比，年均增速达到 30%，远高于全国和全省的 GDP 增速。

（一）公共文化服务体系建设注重民生

全省新增免费开放博物馆 14 家，贵州省博物馆新馆建设积极推进。承担的全省“十大民生工程”相关任务全面完成，其中送文化下乡达到 1000 余场。按照财政部、文化部要求向全省 8 个市（州）级图书馆、7 个市（州）级文化馆、84 个县（市、区）级图书馆、87 个县（市、区）级文化馆、1345 个乡（镇）综合文化站下达了免费开放资金。与此同时，积极深化公益性文化事业单位内部机制改革，进一步调动干部职工积极性，提升服务质量。举办群众喜爱的“大家乐”春节品牌文化活动，组织《多彩贵州风》赴德江县等地巡回演出等，实现精品共享，彰显文化民生。

（二）重大文艺活动影响广泛

“中国（贵州）酒博会暨投洽会”专场文艺演出得到省领导和国内外嘉宾一致好评。第九届全国少数民族传统体育运动会开闭幕式文艺演出得到运动会组委会及各方高度评价。大型花灯剧《月照枫林渡》在第二届全国戏剧文化奖上荣获原创剧目大奖、表演大奖等七项奖项。旅游版《多彩贵州风》于 3 月推出以来实现了天天演、场场满，目前已演出 300 余场，演出收入突破 3000 万元。10 月，《多彩贵州风》文化艺术和旅游推介团再次

出访美国纽约、亚特兰大、拉斯维加斯、洛杉矶等城市，宣传推介了贵州丰富的人文旅游资源，展示了贵州的良好形象。

（三）文化遗产保护利深入推进

生态博物馆的本土化探索得到文化部和国家文物局充分肯定，以此为抓手的“百村保护”工程写进了省委十届十二次全会意见之中。由省文化厅、省文物局牵头委托国家发改委宏观经济研究院编制的《渝黔、贵广快速铁路沿线文化遗产保护与文化产业发展专项规划》获省人民政府批准实施，成为我省首个涉及文化遗产保护利用与文化产业发展在内获省人民政府批准的专项规划。非物质文化遗产的保护利用积极推进。贵州侗族大歌赴法国参加巴黎国际旅游展、第三届中国成都国际非物质文化遗产节等。“贵州苗族服饰”申报人类非物质文化遗产代表作名录工作积极推进。丹寨石桥古法造纸被列为国家级非物质文化遗产生产性保护示范基地。

（四）文化体制改革向纵深发展

全省 299 家经营性文化单位完成转企改制任务，核销事业编制 9017 个。组建成立省直报业、广电、出版、期刊、演艺 5 大集团公司，打造行业内的“旗舰”集团，市各（州）组建的广电、报业、演艺、文化旅游集团公司，均纷纷通过整合资源、合纵连横，跨区域、跨行业发展，催生出一批市场竞争力强的文化先行军。

（五）文化市场监管日益规范

9 个市（州）、88 个县（市、区）文化市场综合执法机构已全部组建，执法经费已全部列入同级财政预算，工作进度居全国前列。网吧连锁、游艺娱乐场所设立和监管等不断规范，违规接纳未成年人、超时经营等得到有效遏制。

（六）对外文化交流力度加大

对外及对港澳台文化交流项目共计 33 起，490 人次，涉及美国、法国、菲律宾等国家和香港、澳门、台湾地区。在这些交流项目中，“多彩贵州风”演出团赴菲律宾参加的庆祝中菲建交 36 周年演出受到热烈欢迎，影响广泛；由谢庆生副省长率团赴法国、奥地利、意大利参加的“贵州苗族服饰展”进一步增进了中法两国人民的友谊，很好地展示了贵州多彩文化和良好形象。

二、2011 年文化产业各行业发展基本情况

（一）广播电影电视业

2011 年，新组建的广电传媒集团公司所属各子公司坚持改革标准，实施并不断深化完善改革。继 2010 年认定发布贵州大众广播传媒有限公司为转制文化企业享受财税减免政策后，2011 年又组织认定发布了贵州电视文化传媒有限公司、贵州卫星广播影视产业发展有限公司为转制文化企业。贵州东方音像出版社转制成立公司，注销事业法人、核销事业编制，全面完成改革任务。批复实施贵州电视剧制作中心、贵州有线广播电视信息网络中心转企改制方案，目前均注册成立公司，其他相关改革手续的办理近期即可完成。启动省广电网络公司上市工作，有关申请材料已按程序上报国家有关部门审批。

贵州人民广播电台、贵州电视台已合并组建了贵州广播电视台，全省 9 个市（州）已全面完成“两台”合并任务。毕节、黔西南、贵阳、安顺 4 个市（州）已完成整合文化（新闻出版）、广电行政资源组建成立统一的综合文化行政主体任务；遵义市、黔东南州“两局”合并方案已经省编委办批复；六盘水市、铜仁地区方案已经市（州）委常委会研究通过并报省编委办审批。黔南州加快“两局”合并工作，完成方案制定并正在按程序研究上报，力争近期完成任务。

（二）新闻出版业

2011 年，全省新闻出版改革稳步推进、亮点呈现。研究制定并在全国最早上报审批非时政类报刊出版单位体制改革实施方案。按照新闻出版总署的批复要求，完成大众科学杂志社、科学快报社变更主管主办单位及相关手续移交工作。贵州文化音像出版社完成“两销”任务，出版资源划转进入当代贵州杂志社成立公司进行市场化运作。毕节、六盘水两地推进资源共享，联合创办《乌蒙新报》，组建大乌蒙传媒公司拓展市场。会同省新闻出版局研究《贵州都市报社转企改制方案》，待修改完善后报新闻出版总署审批实施。

（三）演艺娱乐业

2011 年，省直文化系统所属贵州民族歌舞剧院、省话剧团、省花灯剧团、省杂技团、人民剧场、河滨剧场、北京路影剧院、朝阳影剧院 8 家单位加快实施转企改制，已注销事业法人，核销事业编制共 685 名。尤其是省文化演出中心主动转制成立省演出公司，注销事业法人，核销事业编制，全面完成改革任务。

市县级 18 家国有文艺院团中，已有 15 家注销事业法人，核销事业编制共 1376 名，剩余 3 家（贵州京剧院、都匀市歌舞剧团、凯里市文工团）改革方案已经市县党委、政府批复实施，近期完成改革任务。

国有文艺院团改革后积极面向市场经营，在闯市场上取得了明显效果，如：省杂技团转企后开发精品剧目在国内外商演取得了成功；省演出公司与赫章夜郎文工

团实施省、县跨区域合作，联袂打造《“多彩贵州”黔印象》，向省内外充分展示多彩贵州良好形象；剑河县文体广播旅游局创新理念，与深圳市雅特文化发展有限公司合作共同管理运作仰阿莎民族歌舞艺术团，推出的《剑河苗族水鼓舞》不仅在央视夺金，同时还走向港台、走出国门，宣传推介贵州丰富多彩的民族民间文化；纳雍“滚山珠”艺术团参加了2011年中国首届民间艺术节非物质文化展演、中央七台农民春晚等演出，在国内外的影响力得到不断增强。

（四）文化旅游业

“十一五”以来，贵州省以旅游产业发展大会为平台，整合资源，着力抓好软硬环境建设，旅游产业以年均34.3%的速度迅猛增长，实现了由旅游资源大省向旅游大省的转变，我省将争取尽快建成文化旅游发展创新区。

2011年，贵州省旅游业实现总收入1429.48亿元，接待游客总人数1.7亿人次，同比分别增长34.7%和31.8%。同时，旅游业在拉动消费、优化结构、增加就业等方面的作用也进一步凸显，成为贵州省经济社会发展的重要推动力量。据测算，2011年，贵州省旅游业增加值达410亿元，占全省GDP的比重超过7.1%，在第三产业增加值中所占比例达15.5%；旅游直接、间接就业人数达105万人，同比增长7.7%。

从2006年开始，贵州每年举办一届全省旅游产业发展大会，以推动旅游产业转型升级。安顺、黔南、黔西南等7个承办地也因旅游产业发展大会的召开，而在基础设施、生态环境、接待能力和旅游产业发展等方面实现提速发展。

·云南省·

一、2011年文化产业发展总体情况

2011年，云南文化产业增加值达到534亿元，比上年增长21.6%，占全省GDP的比重达6.11%，成为全国5个文化产业增加值占GDP比重超过5%的省市之一。

（一）扎实推进文化体制改革，激活云南文化活力

2011年，云南省通过扎实推进文化体制改革，一批骨干文化企业集团不断发展壮大，省歌舞剧院、省杂技团等经营性文化事业单位转企改制已取得明显成效，公益性文化事业单位“三项制度”改革的完成，不仅理顺了体制机制，更为创新公共文化投入机制进行了有益的探索。2011年，云南省文化体制改革和文化产业发展成效显著，各州市全面完成文化市场综合执法改革，各级电台、电视台初步完成制播分离改革，国有文艺院团和非时政类报刊改革推进顺利，“10+1”省级重大标志性文化设施建设稳步推进，全省各地科学规划、积极招商引资，先后推出了一批特色鲜明、前景广阔的文化产业项目，全省文化产业发展竞争力得到显著增强。

（二）一系列新举措和新协议助推文化产业发展

2011年10月19日，云南省人民政府与文化部在北京签订《关于加快云南桥头堡文化建设合作协议》，助力云南文化强省建设。此举措旨在落实中央精神，助力西部少数民族边疆省份的文化发展，推动云南绿色经济强省、民族文化强省，中国面向西南开发的桥头堡的“两强一堡”建设步伐。

2011年12月16日，云南省文化厅与中国人民建设银行云南省分行签订《关于支持云南文化产业发展战略合作协议》，推动云南文化产业快速发展。协议的签署以“政府引导、金融支持、服务民生、繁荣文化”为突出点和落脚点，旨在借助银行的金融平台和良好信誉，及其服务社会的责任，为文化企业发展搭建有利的金融平台，并为其提供优质、高效的金融服务。

（三）夯实骨干文化企业、打造特色文化品牌

先后组建了云南文化产业投资控股集团、云南出版集团、云南报业传媒集团、云南广电网络集团以及云南云广传媒集团、云南云视传媒集团、云南电影集团、云南演艺集团、云南文博产业集团等大批国有文化企业，文化产业发展活力得到极大释放。与此同时，云南映象文化产业发展有限公司、云南润视荣光影业制作有限公司、昆明新知集团有限公司、昆明福保文化城有限公司、云南柏联和顺旅游文化发展有限公司、西双版纳傣族园有限公司等一大批知名民营骨干文化企业，在民族演艺、旅游文化、休闲娱乐、珠宝玉石、民族民间工艺5大产业中成为主角。

在特色文化产业品牌上，云南形成了一批特色文化产业集群、文化产业版块和文化产品市场。2011年年初，由云南文投集团及其下属企业云南省杂技团有限公司打造的大型杂技情景剧《雨林童话》，在法国进行了为期4个半月的巡演，门票收入达1000万欧元。这是云南省杂技团有限公司首次与国际演出公司合作，独立组团进入欧洲主流杂技市场，从而成为云南文化产品“走出去”的又一成功范例。

（四）实施重点文化基础设施建设和文化产业项目

省博物馆新馆续建、西南国际民族文化艺术交流中心新建、云南非物质文化遗产博物馆新建、云南美术馆迁建、东南亚南亚考古研究和文物保护基地新建、省花灯剧院迁建、云南文化艺术职业学院扩建、省话剧院迁建、云南民族民间文化传习学校续建等。2011 年，云南省启动实施了 10 大标志性文化设施项目以及 30 个重大文化产业项目，极大地增强了文化产业发展的后劲。截止到 2011 年，云南省文化产业项目储备近 1500 个，近年推介近 500 个，签约近 300 个，协议金额近 520 亿元，实际到位资金超过 100 亿元。

二、2011 年文化产业各行业发展基本情况

（一）广播电影电视业

1. 广播影视重大项目建设取得进展

服务于广播影视“桥头堡”建设的七个重大项目有序推进。包括亚广传媒项目、云南少数民族语及东南亚南亚语种广播影视译制中心项目、云南农村广播影视公共服务体系建设项目、云南广播影视走出去项目、影视基地项目、边境地区广播影视基础设施建设项目、新建云南传媒职业学院项目。

2011 年 12 月 2 日，国家广电总局批复云南省广播电视局，同意云南广播电视台开办国际频道。该频道为云南广播电视台开办的第八套电视节目，通过长城平台以汉语、英语两种语言向境外播出。播出时呼“云南电视台国际频道”，英文名称为：Yunnan TV International，频道标识为“云南广播电视台台标 +YNTV- 国际”。云南广播电视台国际频道的开办和播出，是云南省广播电视“走出去”工程的重要内容，必将为服务全省“桥头堡”建设产生重大而深远的作用。

同时，云南电视台借 2011 第二届中国东南亚、南亚电视艺术周活动在昆明成功举办，与柬埔寨、泰国、缅甸、老挝、孟加拉、尼泊尔和斯里兰卡等七个东南亚、南亚主流电视传媒机构签订了有效期为 5 年的双边合作协议，就加强影视节目交流、互派新闻采访摄影队、加强技术合作、人员培训等业务领域内的合作达成共识。云数传媒在老挝琅勃拉邦、沙湾拿吉、巴色三省国标地面数字电视基站实现了双国标（DTMB+ 中国数字音视频编解码标准 AVS）测试信号的播出，又与老挝全面达成了在全国建设的合作协议。老挝万象地区国标地面数字电视用户已达 37108 户，收视观众突破 20 余万人。云南省广播影视企业考察团到缅甸以及皎漂市，达成合作开办中缅广播影视合资公司的意愿。

2. 广播影视公共服务和事业建设稳步推进

一是全面启动广播电视直播卫星公共服务建设。积极开展直播卫星公共服务户户通第一批重点推进地区的试点工作和专营服务网点建设工作，并按照时间节点要求，完成云南省直播卫星公共服务区域划分工作。二是农村电影放映工程持续健康发展。2011 年，全省各州市基本都成立以州市为单位的农村数字电影院线公司，共组建数字电影放映小队 876 支，确保了一村一月放映一场电影的公益服务目标任务的实现和完成。

3. 技术创新和应用进一步提速

2011 年，顺利完成 16 个州市级城市地面数字电视安装、调试、测试、验收工作，新建普洱、版纳、保山 3 个发射塔，实现了全省州市级城市地面数字电视全覆盖和地面模拟电视与地面数字电视、地面标清与地面高清、中央与地方节目的“同台同播”。另外，省两台在新技术、新媒体领域实现了采、编、播的网络化、数字化。云南人民广播电台广播网络初步实现了台网互动；云南电视台全台网建设进一步完善，各类高清演播系统改造完毕，完成高清录制和直播任务 100 余场；新建 3D 数字媒体审片厅，完成各类审片放映 153 场。IPTV、CMMB 新媒体不断扩大信号覆盖和推广应用，用户数分别突破 20 万户和 50 万户，实现了较快发展的目标。

（二）新闻出版业

1. 不断完善对外交流合作机制，积极 "走出去 "

云南省以展览会为平台，加强与东盟国家在产品、物资、设备上的合作，实现互利共赢，同时还积极支持云南印刷出版单位去东盟国家投资，争取成为我国新闻出版业面向东南亚合作交流的重要平台和品牌展会。

云南省现有各类印刷企业 5785 家，其中出版物印刷企业 149 家。印刷业总产值约占全省文化产业产值的四分之一。云南省 " 走出去 " 的印刷包装企业和承接东南亚、南亚来料加工的印刷包装企业取得了一定的经济效益和社会效益，实力进一步增强。现已有多家印刷包装企业与泰国、缅甸、老挝等国的客户开展业务往来。另外，云南人民出版社近年来为配合国家对东南亚、南亚的宣传和研究，出版了许多介绍东南亚、南亚历史、旅游、文化、经贸等方面的出版物，云南运城制版有限公司分别在印度尼西亚、缅甸等国设立了 4 家子公司。

2. 项目带动催生音像电子出版精品

近年来为满足群众的多种文化需求，云南省音像电子出版单位抓住国家设立国家出版基金和民族文字出版专项资金扶持优秀的民族图书和音像电子出版物的契机，以大项目建设为龙头，着力推进云南音像电子出版工作。立足云南，突出特色，积极策划出一批保护、传

承和弘扬少数民族优秀传统文化，传播社会主义核心价值体系的生动读物，获得了国家出版基金、国家民族文字出版专项资金资助。其中，2011 年云南省音像电子出版单位共取得国家出版基金、国家民族文字出版专项资金 801.3 万元，创历年之最。2011 年，云南音像出版社的《云南非物质文化遗产影像纪录片专辑大系——古韵长青》、云南民族文化音像出版社的《最后的遗产——云南七个人口较少特有民族原生音乐》《多情的红土地——90 首云南各少数民族歌咏新生活音乐专辑》、晨光音像电子出版社的《56 个民族一个家》等 4 种音像选题入选国家"十二五"重点音像、电子出版物出版规划。

（三）演艺娱乐业

1.《辉煌新加坡》积极探索海外演艺市场

2011 年 10 月 9 日，大型情景歌舞史诗《辉煌新加坡》在新加坡嘉龙剧院上演。这是继柬埔寨大型旅游晚会《吴歌的微笑》之后，云南又一次对海外演出市场的探索，《辉煌的新加坡》，也是云南的演出院团去演绎新加坡的历史，是一次纯商业模式驻演。演出包括发现新加坡、历史新加坡、成长新加坡、美好新加坡和辉煌新加坡 5 个篇章，总导演由国家一级编导、云南省歌舞剧院公司总经理陶春担任。《辉煌新加坡》是由云南文化产业投资控股集团有限责任公司通过其全资子公司云南演艺集团有限公司投资的演艺项目，总投资额达到 800 万新加坡元，项目由云南演艺集团有限公司与亚洲文化产业发展有限公司共同合作。

2. 打造"文化强省百艺盛会"

2011 年 9 月 3 日，为期 5 个月的 2011 云南"文化强省 百艺盛会"文化艺术系列活动在昆明剧院启动。活动旨在充分体现文化艺术在建设民族文化强省和"桥头堡"文化建设中的重要性，为文化的大繁荣、大发展发挥积极作用，让广大人民群众尽情享受文化艺术的丰盛大餐。主要有以下内容：一是舞台艺术类，包括戏剧演唱会、花灯优秀剧展演、京剧艺术节活动、获奖新剧（节目）展演、金秋诗歌朗诵会、古琴古筝演奏会等。二是社会文化和非物质文化遗产类，有《舞云南 颂祖国》云南省第二届"大家乐"群众文化广场舞蹈大赛决赛，国际标准舞推广活动，还有由省 16 个州市的民族民间歌、舞、乐节目参加，充分展示云南少数民族能歌善舞特点与魅力的《云南省第七届民族民间歌舞乐展演》活动。三是展览类，包括书法、摄影、美术名家作品展、文化创意活动设计展、文物藏品展等。四是讲座类，将举办文化产业系列讲座，邀请著名文产专家、文化企业家介绍经验，交流体会。五是文博类，包括各种典藏精品的拍卖与鉴定等。

3. 第七届民族民间歌舞乐展演

第七届民族民间歌舞乐展演经过 3 场集中展示，63 个根植民间、风情浓郁、原生原味的民族民间歌舞乐节目，呈现出一场场难以忘却的民族文化视听盛宴。共产生了 14 个金奖，18 个银奖，22 个铜奖及 9 个优秀奖，9 支代表队荣获传承奖，11 支代表队荣获组织奖。对优秀节目评选传承奖，是历届展演活动首次设置，旨在表彰那些有传承人参演，节目列入"非遗"保护名录，并在加工过程中较好地保留了原生精粹，同时，又有艺术性和观赏性的节目。本届展演还是全省历届参演人数最多、范围最广、规模最大、水平最高的一届，充分展示了云南民族民间歌舞乐的巨大成就和独特魅力。

4. 推动文化大篷车项目

2011 年 7 月 5 日，"文化大篷车 · 千乡万里送戏行"活动在昆明启动，6 个演出分团分别开赴昭通、大理、普洱、德宏、楚雄、玉溪等州市的乡镇进行演出。本次活动以云南省文化厅直属六院团为主，组成六个演出分团，每个演出分团演职人员不少于 35 人，以综艺节目为主，不仅有歌舞、戏剧，还有声乐、器乐、杂技等内容。从 7 月起，开展全省"文化大篷车 · 千乡万里送戏行"爱国主义主题教育活动，用五年的时间走遍全省 1497 个县、乡（镇），保证每个月都有演出分团在乡镇演出。是省属文艺院团有史以来力度最大的一次文化亲农、规模最大的一次送戏下乡、时间最长的一次惠民演出、阵容最强的一次公益行动。

（四）艺术品与工艺美术业

2011 年，云南工艺美术行业的总产值达到了 325 亿元，其中珠宝占的比重较大。鹤庆的新华村有八九千位银匠，产值也达到了 25 个亿。虽然云南工艺美术界这几年发展较快，尤其是云南省工艺美术行业协会成立后，对行业的推动非常快。但和中国东部相比，云南的工艺美术产业发展还比较滞后。而且云南的优势在于工艺品种类较多，保存了较多的原生态工艺，尤其是近年来，建水紫陶、剑川木雕和官渡乌铜走银，发展形势比较快，规模逐步扩大，进入了滚动发展的良好势头。

同时，云南省工艺美术行业协会争取了不少国家级培训项目落户云南，除这次大理鹤庆的银饰培训，之前还举办了建水紫陶、剑川木雕、芒市玉雕等培训，有 700 多人先后接受了国家级培训，极大提高了工艺美术师的技艺制作和理念更新。

（五）文化会展业

1. 中国·瑞丽第十一届中缅胞波狂欢节暨第四届国际珠宝文化节

由云南省文产办、云南省旅游局和缅甸国家旅游部旅行社宾馆饭店司、中共德宏州委、州人民政府主办，瑞丽市委、市人民政府、缅甸木姐地区政府承办。2011年10月2日至4日在国家重点开发试验区瑞丽隆重举行。活动围绕瑞丽国家重点开发开放试验区、中缅胞波友谊、珠宝文化为主题精心设计，共有19项。“中缅胞波狂欢节”是中缅双方为传承和增进中缅胞波情谊，弘扬两国多姿多彩而又各具特色的民族文化而举办的，融国际性、民族性、参与性为一体的旅游节日。节日紧紧围绕“和平、发展、吉祥、共欢”主题，尊重中缅两国文化、风俗、信仰，突出和谐共欢的民族风情。曾在2007年、2008年连续两年被评为“云南省年度最具影响力的旅游节庆活动”。已成功举办了三届的国际珠宝文化节，以“弘扬珠宝文化，推进和谐发展”为主题，充分展示了珠宝文化的丰富内涵。

2. 第三届中国云南国际旅游休闲文化产业博览会

为响应文化部和国家旅游局“2011年中国文化旅游主题年”的号召，由云南省旅游局、云南省体育局、昆明市人民政府以及中国国际贸易促进委员会云南省分会共同主办。休博会以“文化云南休闲天堂”为主题，根植于云南旅游文化大省的沃土，传播、推广旅游休闲娱乐文化，契合了云南省落实旅游发展改革规划纲要、推动云南旅游二次创业的时代要求；为中国与世界旅游休闲文化产业的合作发展搭建一个服务完善、亮点创新、互动开放的展示、交流、合作平台，共同促进文化旅游事业又好又快发展。

3.2011 首届云南文化创意周

2011年10月22日至10月26日，首届云南文化创意周在陆军讲武堂隆重开幕。数千个创意产品齐聚于此，为百年军事学校赋予了与众不同的时代特色。本届创意周以"创新繁荣文化、创意成就发展"为主题，历时5天，活动内容涵盖大学生创意作品展、创意集市、原创音乐及剧目表演、中国云南文化创意产业高峰论坛、年度文化创意产业颁奖活动等；首次全方位、多角度将云南文化创意产业所覆盖的产品、艺人、产业、企业，以及文化创意衍生的产业链联动汇聚，创新融入国际国内领先和颇具特色的活动内容，为云南呈现业态缤纷、创意多彩、特色鲜明、价值显著和意义深远的文化大观。

（六）文化旅游业

2011年，《云南省旅游产业“十二五”发展规划》获得云南省人民政府批复同意，正式进入贯彻落实阶段。“十二五”期间，云南将进一步深入贯彻落实《国务院关于加快发展旅游产业的意见》，紧紧抓住桥头堡建设这一重大战略机遇，以科学发展为主题，以转变发展方式为主线，按照优化结构、转型升级、提质增效的总体要求，进一步调整产业结构，壮大市场主体，深化改革开放，加强支撑保障，强化统筹发展，努力形成旅游要素集群化、旅游产品特色化、旅游服务国际化、游客进出便利化、旅游环境优质化发展的新格局，全面提升旅游产业的国际化和现代化水平，进一步推进云南旅游大省向旅游经济强省转变，为桥头堡建设和全省经济社会又好又快发展做出更大贡献。《规划》还明确了旅游产业的发展原则、方向和目标。《规划》称，到2015年，力争云南各项旅游经济指标在2010年的基础上翻一番。其中，接待海内外游客达2.5亿人次（其中海外旅游者超过550万人次），年均增长12%以上；旅游总收入达2000亿元，年均增长14%以上；旅游业增加值占GDP的比重力争在2010年6.23%的基础上有明显提高。

·西藏自治区·

一、2011年文化产业发展总体情况

2011年，西藏自治区明确提出要提升特色文化产业的竞争力，通过五年的发展，使得文化产业增加值占到GDP的3%以上，并逐步成为西藏新的特色支柱产业。

（一）提升特色文化产业竞争力，打造支柱性产业

2011年，在积极稳妥地推进公益性文化事业单位内部改革和经营性文化单位转企改制的基础上，西藏自治区开始大力发展文化创意、文化旅游、影视制作、演艺娱乐、出版发行、民族手工业、高原极限运动等特色文化产业，并促进文化与旅游、科技、生态产业相结合。弘扬民族优秀文化，抓好优秀文化的保护传承，加大文物和非物质文化遗产的保护力度，加强传统文化的挖掘、保护和整理，建设重要的中华民族特色文化保护地。

（二）文化产业主体加快发展，龙头企业不断涌现

截止到2011年，全区拥有从事文化产业发展的企业和单位3000多家，从业人员2万余人，门类20余种，每年实现税收1000余万元。全区有8家自治区级文化产业示范基地，2个国家级文化产业示范基地。涌现出了拉萨娘热民俗风情园、唐古拉风演艺中心等一大批龙头文化企业和娘热乡民间艺术团等一批文化产业先进集

体，极大地提升了西藏文化产业的整体实力和竞争力。

（三）多元化投资、多种所有制并进格局形成

截止到2011年，全区共有各级各类文化经营场所1709家，各类文化市场从业人员7398人，初步形成多门类、多层次的文化市场发展格局。同时，西藏文化产业呈现多元化投资、多种所有制齐头并进的发展态势，文化经营的品种、项目逐年递增。拥有深厚底蕴的西藏文化被国内外越来越多的人所熟识，文化产业与市场的有机结合，使西藏文化产业走市场的步子迈得更加坚定。

二、2011年文化产业各行业发展基本情况

（一）广播电视业

2011年，自治区广播电视收入总体平稳增长。全年广播广告收入80万元，电视广告收入8000万元，广播电视有线网络收入1400万元。

1. 节目生产

2011年，广播电视节目生产制作数量呈现上升趋势，生产规模不断加大。新闻节目在广播电视中的重要位置凸显，品牌栏目引领收听高峰。通过节目改革改版，一批老品牌节目《圣地西藏》《西藏新闻联播》《新闻早世界》《今日关注》《说唱格萨尔》等焕发生机，一批新品牌节目《正午直达》《西藏诱惑》《西藏讲堂》《健康教育》《西藏交通》《开心路路通》《车行拉萨》等应运而生。西藏电视台汉语卫视的特色化栏目《西藏诱惑》已形成了固定的观众群体，知名度越来越高。

节目制作质量提高，作品的原创性、本土特色、多元化特点突出。西藏人民广播电台高标准高质量制作了具有西藏特色的藏汉语广播剧《天路盛开格桑花》《金珠多吉和他的爷爷》《圣山》、音乐广播剧《雪山百灵》，制作完成了系列广播音乐专题《党旗下的歌声》，藏文讲堂节目《西藏讲坛》、系列专题《雪域丰碑－新西藏60年英模人物榜》《红色记忆》、广播系列访谈《60年、60人——新西藏见证者访谈录》、网络视频专题《高端访谈》《网络讲坛》、网络图片专题《光辉历程电子相册》、60集新闻系列报道《走遍西藏看变化》、纪实性新闻系列报道《足迹－再走红色路》，策划推出了《穿越西藏》大型采访活动、《精彩西藏——纪念西藏和平解放60周年大型系列特别直播节目》。西藏电视台成功开办了《走遍西藏看变化》《西藏放歌》《见证西藏》《中央媒体关注西藏》《辉煌60年》《一个将军的西藏史·阴法堂》等40多个系列专题专栏和《足迹－再走红色路》等大型系列报道，精心制作了《解放》等大型纪录片，《放歌西藏》《共产党人》等大型系列专题片。广播全年制作专题、文艺等栏目2789期1010小时。电视全年制作专题、文艺等栏目1390期470小时。

纪录片创作生产日趋活跃。根据国家广电总局《关于加快纪录片产业发展的若干意见》，西藏广播影视制作播出了一批具有重大社会影响的纪录片，如文化专题片《西藏放歌》、文献纪录片《西藏和平解放》、高清电视文献片《雪域军魂》等。西藏音像出版社出版发行了《西藏农牧业实用新技术系列科教片》《藏语传统儿歌》等10多个音像制品。2011年中央电视台纪录片频道播出了西藏大型纪录片《解放》、高清电视文献片《雪域军魂》，进一步促进了西藏广播影视对纪录片的创作生产。

2. 影视制作机构发展

2011年，按照总局有关文件规定，西藏广播影视局受理新发展了2家影视制作机构，即西藏白玛岗文化影视传媒有限公司和西藏明灯影视有限公司。截止2011年12月31日，西藏持有《广播电视节目制作经营许可证》的机构共有7家，分别为：西藏音像出版社、中国西藏新闻网、西藏多宝传媒有限公司、西藏圣地文化有限公司、西藏香格里拉文化传播有限公司、西藏白玛岗文化影视传媒有限公司、西藏明灯影视有限公司。

3. 广电新媒体

2011年，中国西藏之声网坚持“相互依托、相互促进”发展战略，积极发展新媒体，创新台网互动模式，初步成为西藏人民广播电台四套广播频率和中国西藏之声网相互支撑、共同发展的重要组成部分，成为集图片、文字、音频、视频于一体的大型综合性涉藏宣传门户网站，被自治区列为我区两大新闻门户网站之一。全年，中国西藏之声网完成视频播出平台建设和视频演播室建设。同步直播了四套广播节目，推出《西藏拍客》等大型网络活动，拍摄了三十集大型网络访谈节目，与中央人民广播电台中国之声做现场记者连线报道100余次，制作了《西藏音乐》等节目，开设了《音乐资讯》《热点音乐排行榜》《热点歌手排行榜》《流行》《朗玛》《堆谐》《藏戏》《舞蹈》《卡鲁》《谐庆》等10个子栏目，目前，该栏目平均每天访问量达8000多人次，每月的访问量达25万人次左右，已成为国内外网民非常喜爱的节目之一。

（二）电影业

2011年，全区共有5家城市电影院线，票房收入在1400万元以上。订购、下载、灌制影片487部，订购影片支出总额达163.2万元。与2010年相比，订购、下载、灌制影片增加40131场次。2011年底，全区库

内有890部影片，其中故事片731部、纪录影片6部、科教片78部、拉萨藏语片67部、康巴语科教片3部，片目总数比2010年增加445部。

(三)新闻出版业

2011年，全区新闻出版业总产出预计达到6.94亿元，实现增加值预计达到1.39亿元，同比增长12%，实现了“十二五”良好开局。

1. 生产供给跃上新台阶

以建设社会主义核心价值体系为根本，围绕中国共产党成立90周年和西藏和平解放60周年，倾力打造了《新中国的西藏60年》《西藏的昨天、今天和明天》等22种献礼丛书，围绕宣传普及中国特色社会主义理论体系，组织推出了《马克思主义理论在西藏的研究成果》《中国共产党在西藏的执政基础研究》等一批优秀理论读物，围绕推进跨越式发展和长治久安，组织推出了《安居乐业在高原》《西藏特色农牧业发展与科技支撑体系研究》等一批重点出版物。全年共出版各类藏汉文图书1010种1600万册，同比增长15.8%、21.5%；出版报纸6700万份、出版期刊170万册，同比增长2%、5.6%；出版音像电子产品120种90万盘。推出的出版物在质量品种数量等方面都迈上了新台阶，其中藏文类占76%，更好地丰富了精神文化产品，为推进跨越式发展和长治久安作出了积极贡献。

2. 公共服务体系建设实现新突破

全面提速农家书屋工程建设，启动实施寺庙书屋建设，新建农家书屋3331个、寺庙书屋480个，每个农家书屋配备844种、2462册(盘)出版物，总价值达3.1万多元，每个寺庙书屋平均配备354种、1052册(盘)出版物和10个书架，总价值达2.9余万元，农家书屋覆盖全区92.7%的行政村。同时，积极推进社区书屋、职工书屋、警营书屋建设，加快构建覆盖城乡的新闻出版公共服务体系。成功召开全国新闻出版系统对口援藏工作会议，衔接落实对口援藏项目资金3080万元，着力推动基层公益性新闻出版事业发展。全面启动少数民族新闻出版“东风工程”，积极推动藏文出版基地、县级新华书店等基础设施建设的前期工作。深入实施全民阅读工程，组织开展图书下乡、世界读书日、“六一”优秀少儿图书赠送暨让利展销等活动，先后向基层群众、学校师生、部队官兵免费赠送图书6000多种3万多册，价值60余万元，努力营造全社会多读书、读好书的良好氛围。

3. 出版产业发展迈出新步伐

科学编制了西藏新闻出版业“十二五”时期发展规划，确定总投资2.1亿元的6大类13个重点基础设施建设项目。全年本版图书销售额达到1300万码洋，同比增长8%；发行图书25万种6000万册，实现图书销售码洋1.4亿元，同比增长4%、5%和12%；印刷复制业总产出达到3.3亿元，同比增长10%；报纸期刊分别完成15.4万千印张和1.13万千印张，同比增长41%和12.6%。贯彻落实中央和自治区关于文化体制改革的决策部署，巩固扩大已有改革成果，研究谋划西藏人民出版社机制改革、自治区新华书店转企改制和非时政类报刊体制改革，明确“路线图”、“时间表”和“任务书”。加大印刷发行骨干企业培育力度，着力推动技术改造，促进传统产业技术升级。谋划实施“西藏出版文化产业园”建设，落实自治区非公有制经济跨越式发展大会精神，按照“五放”、“六支持”的要求，大力扶持和发展非公有制企业，推动形成以公有制为主体、多种所有制共同发展的新闻出版产业格局。积极推进新闻出版“走出去”，组团参加埃及开罗国际书展、印度新德里国际书展，组织行业系统参加的第21届全国图书交易博览会取得丰硕成果。

(四)演艺娱乐业

经过多年的培育、建设和发展，自治区娱乐演出业呈现出蓬勃发展的态势，改变了以往文化市场经营体制单一、缺乏竞争机制的状况。截止到2011年底，全区共有娱乐演出经营单位1398家，从业人员达6334人。其中：歌舞娱乐场所200家，民族娱乐场所128家，酒吧184家，网吧343家，茶园219家，经营性互联网文化单位3家，旱冰场3家，其他7家(游乐园、健身房)。

随着改革开放力度的不断加大，市场经济体制的日趋完善，具有西藏特色的社会主义文化市场体系逐步形成。一是结构日趋多元化逐步形成了多元化、多种社会成分的组成方式，呈现出国家、集体、个体一起兴办文化市场的良好态势。二是服务形式多样化已形成多层次、多形式的服务格局，形成满足人民群众对精神文化生活多样化需求的服务方式。三是布局分布全区化以拉萨市为龙头向六个地区和各县及乡镇辐射的局面。四是经营特色民族化民族歌舞娱乐场所以独具特色的表演内容和方式传播藏民族优秀传统文化，成为了解西藏传统文化、风土人情的重要窗口。

(五)广告业

自治区广告业从无到有，从小到大，发展迅速。截至2011年年底，全区工商机关共登记注册广告经营单位621户，从业人员3892人，广告经营额2.26亿元，同比 2010 年分别增长 48.92%、46.15% 和 30.35%。国有广告经营单位 49 户，其广告经营额占全区广告经营单位总经营额的 40.02%，同比 2010 年增长 13.01%。共登记备案各类广告 1450 条（个）。2011 年全年累计检查各类媒体、药店、医疗机构、网站等各类市场经营主体 8520 余户（个），检查相关食品、保健食品、药品、医疗等各类户外广告 7269 条（个）。全区共查处虚假违法广告案件 77 件，责令停止发布广告 45 条，罚没款共计 28.3 万元。

（六）文化旅游业

2011 年全区累计接待国内外游客 869.76 万人次，比去年同期增长 26.9%。其中：接待入境游客 27.08 万人次，同比增长 18.6%；接待国内游客 842.68 万人次，同比增长 27.2%。外汇收入 1.29 亿美元，同比增长 25.1%；国内收入 88.63 亿元，同比增长 37.6%；共实现旅游总收入 97.06 亿元，同比增长 35.8%。

一直以来，西藏旅游业立足于我区独有的自然旅游资源和丰富的人文旅游资源，高度重视挖掘非物质文化资源，如原生态的民间文化、歌舞民谣、绘画、风俗习惯等，精心培育和开发建设了一大批贯穿体验文化与感受自然于一体的精品旅游线路产品，成功打造了如“布达拉宫”、“大昭寺”、“娘热民俗风情园”等为代表的文化旅游景区（点）。截至目前，西藏自治区已有世界文化遗产 3 处、国家 A 级景区 80 余处，形成了文化与旅游相交融的发展模式。

一是充分挖掘具有浓郁地方特色、民族风情的传统节日，打造特色文化旅游产品，让这些资源能够更好地为当地旅游业发展服务，使民族文化资源中优秀的内容通过旅游业得以彰显，如雪顿节、雅砻文化节、恰青赛马节、珠峰文化节、雅鲁藏布大峡谷旅游节等。

二是提升民族文化资源的质量和品位，通过“幸福在路上”、“喜马拉雅”、“唐古拉风”等形式多样的演艺节目产品，以高质量、高品位的文化资源来吸引更多的游客。

三是挖掘民俗文化资源，鼓励游客参与农村旅游、体验原生态民俗风情，让游客真正走进民族文化中，使游客体验西藏、感受西藏、品位西藏的愿望得到更大的满足，增强了旅游目的地的旅游竞争力。

2011 年，为进一步丰富旅游文化内涵，促进四季旅游全面发展，自治区以“冬季西藏 别具一格；冬游西藏 优惠多多；西藏冬景 值得一游”为主题，进一步加强了旅游与文化相结合的力度，策划并组织开展了诸如：“冬游西藏 享受阳光”、“2011 拉萨传统赛风筝旅游文化节”、“第三届藏族佳丽大赛”等丰富多彩的旅游促销和主题活动，推出了“冬游西藏”冬季旅游主打产品，为实现四季旅游全面发展奠定了基础。林芝地区被中国文联民间艺术家协会、联合国教科文民间艺术组织、中国农业电影电视中心、中国网络电视台共同举办的中国首届《乡土盛典》上评为“最具风情民俗文化旅游目的地”。西藏旅游业在全国乃至全世界成功塑造了享有较高知名度和美誉度、具有鲜明特色的旅游目的地形象，并通过旅游业的大发展实现了文化事业迈向文化产业，体现文化价值的发展之路。

·陕西省·

一、2011 年文化产业发展总体情况

2011 年，陕西省文化产业实现增加值 374.86 亿元，比上年增长 30.2%，占 GDP 比重为 3.03%，较上年提 0.21 个百分点。2007 年至 2011 年，陕西省文化产业发展迅猛，文化产业增加值先后突破了 100 亿元、200 亿元、300 亿元三个整数关口。5 年来，按可比价格计算，文化产业增加值年平均增速为 31.8%，比同期 GDP 年平均增长速度高出 16.9 个百分点。

（一）加大政策力度推进改革发展

2011 年，陕西省委省政府将文化体制改革作为全省“一把手工程”，制定了一系列促进文化体制改革和文化产业发展的政策措施，不断加快推进全省公益性文化事业单位内部改革。2011 年，陕西省基本完成县级改革任务，全省 221 家县级文艺院团、电影公司、电影院改制，涉及人员 7712 人，县级财政支付改制资金 9138 万元。至此，陕西省已全面完成三级文化体制改革，省、市、县三级共改制单位 427 家，涉及 2.9 万多人，荣获“全国文化体制改革工作先进地区”称号。其中，国有文艺院团体制改革取得重大进展，全省 111 家国有文艺院团全部实现转企改制，成为全国较早完成演艺单位改制任务的省份。与此同时，政府财政对文化产业发展的投入进一步增加。陕西省文化产业发展专项资金从 2007 年设立初的 2900 万元增加到 2011 年的 1 亿元。

（二）文化产业基地建设成果显著

截至 2011 年，全省共有国家级文化产业示范园区 1 个，国家级文化产业示范基地 8 个，省级文化产业示范基地（单位）86 个。有国家级公共文化服务体系建设示范区创建市 1 个，国家级公共文化服务体系建设示

范项目 2 个。有联合国教科文组织“人类非物质文化遗产代表作名录”项目 3 个（西安鼓乐、中国剪纸、中国皮影戏），国家级非物质文化遗产名录项目 62 项，省级 435 项，市级名录 956 项，县级名录 2292 项。国家级文化生态保护实验区 2 个（陕北文化和羌族文化），国家级非物质文化遗产生产性保护示范基地 2 个，省级示范基地（单位）25 个，陕西省中小学优秀传统文化教育社会实践基地 34 个。

（三）依托上市计划壮大骨干集团实力

2011 年，陕西省大力实施“文化企业上市促进计划”，不断推动已转制文化企业加快建立现代企业制度，完善法人治理结构，提高市场竞争力，提升企业经营水平。省广电系统全年收入达到 32.29 亿元，较上年增长 19.6%；陕西日报社创新经营模式，推动科学管理，实现总产值 3.05 亿元，增长 13%；陕西文化产业投资公司目前已拥有 13 家全资和控股子公司，集团资产规模达 50 亿元，经营收入 10.7 亿元，实现利润 1 亿元，已成为助推我省文化产业跨越式发展的强大引擎；西部电影集团积极打造影视文化创意园，启动院线建设，主业生产势头良好，实现总收入 9600 万元，增长 25.4%，净利润 750 万元，增长 21%；省演艺集团不断拓宽演出市场，主营业务收入 2560 万元，增长 48.5%，净利润 840 万元，增长 171%；省出版集团加大产品结构调整，出版主业的核心竞争力快速攀升，全年出版图书 4000 多种，营业收入 9.1 亿元，增长 40%，净利润 6000 万元，增长 35%；省新华发行集团不断挖掘市场潜力，大胆创新营销模式，增强发展活力，营业收入总额 18.7 亿元，增长 25%，净利润 2400 万元，增长 7.99%。目前，全省以国有重点文化企业集团为龙头的文化产业新格局已初步形成，改制后文化企业集团职工收入普遍大幅增长。

（四）打造文化精品和文化品牌

不断适应当前城乡居民消费结构的新变化和审美的新需求，创新文化产品和服务，在文化创意方面积极探索，在艺术品创作、演出以及会展等方面打造了一批具有较高品位的文化精品，涌现出一批能够代表陕西形象、体现陕西特色的文化品牌。农民画、皮影、刺绣和布艺品等，已成为陕西省馈赠国内外宾客及市场看好的民间艺术精品，民间艺术品的开发前景十分可观。旅游演出方面进一步扩大了题材领域，挖掘了思想意蕴，得到了艺术上的丰富与创新，《长恨歌》《仿唐乐舞》《汉唐百戏》等节目已成全省旅游演出的知名品牌。陕西演艺集团组建以来，努力实现资本与资源的嫁接，面向市场，艺术创作和演出取得了新进展，承办的陕西省迎春晚会《春天你好》《春天的歌》之“春天系列”，得到高度评价。《十月的颂歌》《永远的旗帜》、西洽会开幕式演出、第六届艺术节开幕式演出等重要文化盛会和建党建国重要节庆演出业已成为集团的老牌阵地和重要演出项目。精心策划、着力打造出《周末大荟彩》新演艺品牌，旨在通过小剧场培育演出产业大市场，培养文化消费新群体，锻造创作、演出、营销人才队伍，让艺术惠及大众。大唐西市先后承办由文化部和省政府主办的三届中国西安文化遗产博览会，并举办了两届“大唐西市春节文化庙会”、和三届“西部非物质文化遗产展演”等系列文化会展活动，取得了很好的社会反响，向省内外展示了陕西文化的影响力，带动了园区内文化企业发展。

（五）加快重点文化产业项目建设

积极研究国家以及省级文化产业规划和相关政策，建设了一批具有重大示范作用和产业拉动作用的文化产业项目。如西安曲江国家级文化产业示范园区积极搭建多功能文化企业孵化平台，创建文化创意产业孵化基地，设立“基金＋担保＋风投＋财税＋房补＋专项奖励＋小额贷款”的扶持举措，为文化企业提供全方位一站式服务，园内聚集了 1500 多家文化创意企业。示范区先后投资建成大唐芙蓉园、大唐不夜城、曲江池遗址公园、大明宫遗址公园、楼观台道文化等主题公园，探索出一条古迹保护与产业开发、文化园区建设与城市改造互动的路径。宝鸡周秦文化产业示范区项目建设快速推进，累计完成投资 6 亿多元，已实施周礼文化主题公园、石鼓山公园等十余个文化精品工程。大唐西市是国内唯一在遗址原址上再建的以盛唐商业文化、丝绸之路文化为主题的国际商旅文化产业项目。富平陶艺村建成了以革命传统教育、农业休闲观光体验、国际陶艺博物馆群为一体的综合文化产业园区，取得了很好的经济和社会效益。礼泉县袁家村发展的以民俗文化旅游为主题的关中民俗文化旅游项目，建成了集餐饮、观光、休闲娱乐于一体的关中印象体验地，为新农村产业升级转型，农民发家致富探索了新途径。

（六）积极开展国内外文化交流

为进一步拓展文化对外交流与合作的渠道，提升文化的影响力和竞争力，不断吸收借鉴国内外文化交流与科技保护成果，创新文化交流的形式和手段，开展了多项国内国际文化交流活动。富平陶艺村以国际陶艺博物馆群为基地，面向澳大利亚墨尔本、法国巴黎、美国纽约等十多个国家（地区），建立了陶艺文化博物馆群，每年举办国际陶艺学术交流活动，全球知名陶艺家来此创作交流，推进陶文化产业国际化发展和运营。陕西铁山内画艺术研究院积极开展文化艺术交流，接待了国内外文化艺术交流团1000多人次，代表国家、省、市在20多个国家和地区进行文化艺术交流。神采演出公司多年来成功引进了大型演出剧《42街》《猫》《阿依达》等数十部优秀演出项目。碑林科技产业园组织了两届“中国西安原创动漫大赛”，并组织获奖作品参加了德国国际汉堡动漫大赛、法国安纳西动画节等重要国际赛事。西安高新区积极组织入区创意企业参加“中国互动娱乐大会”、“游戏开发者大会”、举办了“首届中国手机动漫发展高峰论坛”“中韩数字内容企业对接会”等一系列国际性合作交流活动，促进创意企业开发国际合作的步伐。

（七）开发特色文化旅游市场

不断尝试开发新的文化旅游产品的同时，结合深厚的历史底蕴、地域特色文化和民俗风情开发出了更为广阔的文化旅游市场，部分区域已形成“文化+旅游+商贸”的多元化、产业化发展格局。西安大唐西市多元化的开发各种旅游文化产品，融合各类文化演出、会展等活动，开拓了更为宽广的旅游文化市场。华清池明确了五大文化旅游区建设构想，力争将华清池打造成“中国唐文化旅游标志性景区”。

与此同时，独具地域特色的民俗文化村形式的文化产业园区也大力发展旅游事业。秦巴民俗村把陕南民俗文化的挖掘、整理与展示作为自己鲜明的特色，以此来发展特色文化旅游。袁家村集餐饮、观光、休闲娱乐于一体的关中印象体验地、村史博物馆、唐保宁寺和40多户农家乐，成为闻名遐迩的旅游首选地。沙河古桥风情园凭借园内世界第一的古桥遗址，还有动物园、植物园等来发展集休闲、娱乐、餐饮、旅游于一体的民俗风情园。

二、2011年文化产业各行业发展基本情况

（一）新闻出版业

截至2011年，全省共有图书出版社18家，音像电子出版社9家，报纸87种，期刊268种，出版集团1家，各类印刷企业4228家，出版发行单位3454家，新闻出版从业人员10万多人。全行业经营收入的年增长幅度在20%左右。2011年全省新闻出版行业资产总额为271亿元、总产出为246.20亿元，在全国的排名为第15位。在全省文化产业中占有很大的比重。

（二）演艺业

横跨歌舞、话剧、戏曲、杂技、木偶、皮影等创作及演出、剧场经营、演出经纪领域、集合了陕西省演艺优势资源的演艺航母——陕西演艺集团公司自2009年转企改制以来，以现有陕西省歌舞剧院、省乐团、省杂技艺术团、省民间艺术剧院、省京剧团、陕西人民艺术剧院、西安人民剧院、省演出公司8家单位的资产为基础，逐步发展成为一个崭新的现代文化企业。据估算，2011年主营业务收入完成2559.65万元，比改制前增长94.90%；国有资产保值增值完成11255.20万元，比改制前增长65.07%；职工个人收入3.62万元，比改制前增长83.76%；净利润完成839.61万元，比年度目标任务增长152.14%；演出场次完成1808场，比改制前增长43.95%。

（三）动漫业

2011年，陕西省动漫产业实现快速增长。动漫产值主要集中在西安，且主要聚集在高新创业园区、陕西动漫产业平台（碑林区）、曲江。

高新区自2006年以来，一直致力于发展文化创意产业。短短5年多时间，文化创意产业产值超过100亿元，成为区域经济增长的重要力量。高新区大力发展网络运营、游戏开发、动漫制作等高附加值的文化创意产业，入区创意文化企业2150家，其中动漫、游戏、影视制作企业140家，从业人员近万人，聚集了西安85%的动漫、游戏、影视制作企业。依托其成立的陕西省动漫游戏行业协会成立于2009年，现有企业会员91家，个人会员87人。2011年，高新区动漫游戏企业推出了一批新作品，西安长风文化公司推出了3D动画片《仙黎谷》，并策划了陕西特色动漫形象“秦亲宝贝”，衍生出的动漫周边产品为企业带来了源源不断的经济效益。西安新昆信息技术公司策划推出动画片《木木与唐虎》，并成功推出了IPAD平台客户端《中国传统文化——曲艺》。西安创梦数码有限公司在世园会期间推出了12集3D动画片《绿色大拯救》在央视少儿频道播出，还有一批诸如魔立方、袖意无限等手机游戏开发公司也取得骄人业绩。

陕西动漫产业平台作为国家服务业综合改革试点城市西安市的六个创新型聚集区，自2008年创办以来，平台共完成投资近6000万元，一些动漫作品已开始制作发行，走向市场，经济和社会效益已开始显现。2011年上半年，园区总产值达到6769万元。2011年6月，在2011年德国汉堡第八届国际动漫大赛颁奖典礼上，陕西动漫产业平台推荐企业——陕西飞鸟文化发展有限公司制作的动画片《太阳神树》和我国上海选送的《秋思》获得大赛的中国国家奖。2011年8月，陕西动漫产业平台在集群渲染系统、高清非线性编辑室、数字录

音棚及图形工作站系统等平台的基础上，投资建设了云计算、云储存平台。

（四）文化旅游业

陕西省是全国最早推出文艺演出与旅游融合的省份。近5年，陕西旅游以“人文陕西·山水秦岭”为形象品牌，以发展生态休闲和红色旅游产品为重点，以秦兵马俑、华清池、法门寺、大唐芙蓉园、大唐西市、关中民俗博物馆等关中精品文化景区建设为基础，增强文化景区的人文特性；以建设秦岭国家山水休闲度假旅游胜地为契机，整合绿色山水旅游资源，打造秦岭山水文化旅游品牌；以延安革命圣地为龙头，做大做强红色旅游，向文化产品和服务业的延伸，继续保持红色旅游在全国的领先地位。

2011年，陕西省全省累计接待境内外游客1.84亿人次，同比增长26.3%，旅游总收入1325亿元，同比增长34.7%；其中，接待境外游客270.4万人次，同比增长27.45%，收入13亿美元，同比增长28%，接待国内游客18135.3万人次，同比增长26.34%，旅游收入1240亿元，同比增长35.3%；旅游总收入相当于全省GDP的11.04%。陕西省接待境外游客增速比全国平均水平高出26.45个百分点，旅游外汇收入增速比全国平均水平高出26.5个百分点；接待国内游客增速比全国平均水平高出13.14个百分点，国内旅游收入比全国平均水平高出11.7个百分点；旅游总收入增速比全国平均水平高出13.9个百分点。

·甘肃省·

一、2011年文化产业发展总体情况

2011年，甘肃省文化产业呈现快速增长态势。全年文化产业增加值达到62.03亿元（含个体户、无财务数据和产业活动单位数据），较上年增长19.1%，占GDP比重为1.24%。

（一）文化产业增加值涨幅逐年加快

2006年至2011年，甘肃省文化产业增加值增长了1.02倍，并呈现逐年加快的趋势，年均增长率达到15.07%。2011年，甘肃省文化产业核心层实现增加值29.79亿元，占甘肃省文化产业增加值的56.20%；外围层实现增加值12.69亿元，占甘肃省文化产业增加值的23.95%；相关层实现增加值10.52亿元，占甘肃省文化产业增加值的19.84%。与2010年相比，核心层占文化产业增加值的比重提高了4.11个百分点；外围层占文化产业增加值的比重降低了8.52个百分点；相关层占文化产业增加值的比重提高了4.41个百分点，文化产业结构比重出现较为明显变化，但核心层的主导地位仍未变。

（二）影视服务等核心产业占据主导地位

截至2011年，全省已有文化产业机构3887家，资产规模达到259.51亿元。全省从事文化产业及相关产业的从业人员已接近10万人，分布于广播、电视、电影、出版及文化艺术服务各个行业。并且其中直接从事文化活动的文化产业从业人员就达6.78万人，由他们创造的文化产业增加值达到42.48亿元。

截至2011年，全省直接从事文化活动的“文化服务”各行业的机构有2911个，从业人员6.78万人，实现增加值42.48亿元。其中广播、电视、电影服务、出版发行和版权服务实现的增加值分别占“文化服务”增加值的25.90%、23.93%、19.31%和18.04%；提供文化用品、设备及相关文化产品的生产和销售活动的“相关文化服务”各行业有机构976个，从业人员2.87万人，实现增加值10.52亿元。其中提供文化用品、设备及相关文化产品的生产的“相关文化服务”实现增加值4.67亿元，占“相关文化服务”增加值的44.4%，提供文化用品、设备及相关文化产品的销售的“相关文化服务”实现增加值5.85亿元，占“相关文化服务”增加值的55.6%。数据显示，直接从事文化活动的“文化服务”核心层占据发展的主体地位，对文化产业的支撑作用进一步显现。

（三）区域差距和不平衡性仍旧突出

就全省14个市州文化产业发展而言，存在着明显的区域差距和发展的不平衡性。兰州无论是从业人员、增加值，还是占全省文化产业增加值的比重，在14个市州中都处于领先，数据显示，兰州市从业人员达30526人，2011年文化产业增加值为22.2亿元，占全省增加值比重41.91%，为14个州市之首。其次为酒泉市，占比重为9.45%；天水市占比重6.93%。

（四）产业现代化、市场化程度有所提高

2011年，全省文化部门艺术表演团体经费自给率19.53%；文化市场经营机构2978个；文化市场经营机构利润总额达4.61亿元。初步形成了演艺业、音像业、网络文化业、文物和艺术品业、图书报刊业、文化旅游业、艺术培训业、动漫制作等产业。文化产业门类更加齐全，结构趋于合理，较为完备的现代文化产业体系初步形成。在此基础上，2011年，甘肃省文化系统对现有的文化资源进行分类评估，在对传统优势文化产业数

字化、信息化改造，实现产业升级的同时，不断创新，推进现代传媒、动漫游戏、数字视听、演艺娱乐、艺术培训、文化旅游、网络文化、会展博览等新兴文化产业的发展，以此推进文化产业的现代化进程。

（五）借助金融杠杆推动企业蓬勃发展

2011 年，甘肃省金融机构把文化产业作为业务发展新的增长点，加大了对文化产业的信贷支持力度，创新了文化产业金融服务方式，有效地促进了金融与文化的融合发展。截止到 2011 年 9 月，甘肃银行业金融机构累计发放文化产业贷款近 14 亿元，2011 年 9 月末贷款余额为 11 亿元，较好地满足了全省重点文化产业项目建设和文化企业资金需求。

2011 年，省文化厅从全省文化产业协会员单位中梳理出 60 家重点文化产业企业、基地（园区），作为发展甘肃省文化产业的抓手，通过申报国家和省级文化产业基地（园区）、国家动漫企业认定、组织参加文博会等方式，使更多的甘肃文化企业扩大影响力，增强竞争力。依托这些重点企业，形成具有较强竞争力和带动效应的文化产业集群，增强了区域核心竞争力。同时，针对国家对西部地区的倾斜政策，积极研究引进大型文化产业项目投放甘肃的具体措施，加大招商引资力度，使甘肃文化产业在大项目的引领和带动下，达到资源整合、形成产业规模的目的。

（六）“文化大省”战略打造敦煌文化品牌

2011 年，甘肃成立文化大省建设领导小组，制定了文化产业主要发展指标，预计 2015 年，全省文化产值增加值将超过 170 亿元，2020 年达到全国平均水平并成为国民经济支柱性产业。2015 年全省资产百万元以上的文化企业预计约为 1500 家，从业人数约为 33 万人，2020 年企业数约为 2600 家，从业人数将超 90 万人。

2011 年，敦煌市第三产业占当地国内生产总值的比重为 53.6%，其中景区门票、住宿交通成为主要构成部分。敦煌市每年单列 1000 万元的文化旅游发展资金，并确定年增幅不低于财政经常性收入增幅；在政策上，敦煌市对投资 1 亿元以上的文化项目，优先配置文化资源、优先安排用地计划、优先申报立项审批、优先配套基础设施、优先帮助授信融资等。由西航实业集团有限公司开发建设的龙行天下国际旅游城项目，投资总额高达 60 亿元。由南特数码科技股份有限公司控股，引进国内一些园区资金和风险投资资金打造的敦煌文化创意产业园，占地面积 309 亩，计划总投资 10 亿元，已到位资金 2.2 亿元。这个园区建成了 6000 平方米的建筑物，并根据敦煌壁画的内容，制作出了 9 集《敦煌传奇》动漫剧。

（七）非物质文化遗产保护极大加强

2011 年，甘肃省非物质文化遗产保护工作有序开展并取得丰硕的成果。共有 27075 条非物质文化遗产线索、4133 项非物质文化遗产项目、61 项国家级非物质文化遗产名录。为了不断扩大非物质文化遗产影响力，甘肃省还举办了一系列展示、展演、宣传活动，并积极参加成都国际非遗节等活动，重点宣传展示了甘肃丰富多彩的非物质文化遗产项目。各地还深入挖掘非物质文化遗产资源，积极打造了庆阳香包节、松鸣岩花儿会、乞巧节等代表区域文化特色的地方节会。2011 年 3 月，武山县被市文化局命名为“天水市书画艺术之乡”；2011 年 5 月，被省文化厅命名为“甘肃省书画艺术之乡”；2011 年 11 月，武山县被国家文化部正式命名为“中国书画艺术之乡”。

二、2011 年文化产业各行业发展基本情况

（一）广播电视业

2011 年，西北 5 省区第一家网络广播电视台——甘肃网络广播电视台挂牌成立，标志着甘肃省广电总台向广电网、互联网、通信网“三网融合”实践道路上迈出了关键性一步，同时，也标志着甘肃省广电网络事业的改革发展已进入了一个新的历史阶段。

2011 年，甘肃卫视全面改版，包括标识、宣传片、内容、编排在内的所有频道元素焕然一新。立志打造“生活卫星频道”的甘肃卫视一举在晚间推出飞天剧场、生活类栏目，热点话题脱口秀栏目，草根才艺栏目等多档全新节目。

（二）新闻出版业

2011 年，全省新闻出版业实现产值突破 50 亿元，达到 54.74 亿元，比 2010 年净增 9.14 亿元，实现了产值增速 20% 的目标。在精品出版、品牌发展、版权产业、数字转型等方面亮点频出。全省有十余个选题入选国家“十二五”重点出版规划，获得国家出版基金、民族文字等专项资金的资助，《甘肃宕昌藏族家藏古藏文苯教文献》等顺利出版，引起国内外学术界的高度关注；甘肃省各新闻出版单位在数字出版、动漫、影视等产业领域大胆布局，积极探索，读者数码公司、读者动漫公司等新型产业实体相继成立，甘南日报社“藏汉双语手机报及网站建设”项目进入国家新闻出版改革发展项目库，读者手机报订阅客户超过 20 万人，进入国内生活类手机报排名前十位；“读者电子书”保持了良好的研发和销售势头，2011 年实现销售收入近 800 万元。

《读者》是甘肃人民出版社主办的一份综合类杂志，迄今已走过了30年的风雨历程，成长为中国期刊第一品牌，被誉为“中国人的心灵读本”。2011年是《读者》杂志诞生的第三十个年头，发行量也从最初创刊的3万份到如今750万份。同时读者出版集团进军影视业，成为电视剧《射天狼》的最大投资方。读者出版集团在依托出版资源优势，不断延伸产业链的过程中，将触角向影视领域延伸。读者出版集团向全媒体运营的出版传媒企业迈进的重要一步，《读者》正式吹响了进军影视业的号角。

截止到2011年10月底，全省新建成农家书屋1930个，提前完成了全年建设任务。至此，全省农家书屋总数达到了14930个，覆盖了84%以上的行政村。五年来，全省农家书屋数量增加近250倍。

（三）动漫业

2011年以来，动漫业成为全省文化产业发展的新亮点。2011年12月3日，甘肃读者动漫科技有限公司投资1000万拍摄甘肃省首部原创商业动画片——《龙玉》。这是一部集神话、童话、传奇于一体的大型动画连续剧。集数长度为102集，每集15–20分钟。

2011年，由兰州南特集团与敦煌动漫基地文化传播有限公司投资2.2亿元建设的“敦煌动漫产业园”项目获批。“敦煌动漫产业园”项目首期占地120亩，北距敦煌市中心3公里，南临鸣沙山、月牙泉，总投资达到22000万元。计划一期建成2万平方米左右的动漫基地大楼，内部划分为100–200平方米不等的办公区域，为动漫企业提供入驻和孵化的场所，在条件具备后将申报“国家动漫产业发展基地”。

（四）文化旅游

2011年，全省旅游业呈现出蓬勃发展的良好势头。2011年，甘肃省旅游人数同比增长36%，实现全省旅游收入333.7亿元，同比增长40.68%，分列全国第四和第二位。数据显示，2011年全省接待游客5835万次，比上年增长35.99%。全省接待游客5835万次意味着甘肃接待游客数量首次超过全省人口总数的两倍；333.7亿元意味着旅游收入首次超过全省GDP的6%，比2010年增长0.85个百分点。

截至2011年，甘肃省现有成熟的旅游景区点236处，其中A级景区达到140处，有3个国家5A级景区，8座中国优秀旅游城市，有4个国家级地质公园，3个国家级风景名胜区，13个国家级自然保护区，72处全国重点文物保护单位，23座国家级森林公园。全省有旅游星级饭店329家，408家旅行社。

2011年，甘肃省创建旅游村120个、农家乐2245户，乡村旅游人数达到1080万人次，乡村旅游收入12.5亿元，直接促进了农村经济发展。种种迹象表明，甘肃旅游业已呈现出跨越发展的良好态势。

2011年，全省在百万人次景区创建成效显著，2011年实施“年接待过百万人次景区创建”的3家景区，会宁红军会师旧址接待游客达113万人次，嘉峪关长城文物景区106万人次，敦煌鸣沙山·月牙泉景区104万人次，全部实现创建目标。

2011年，《甘肃省“十二五”旅游业发展规划》作为甘肃省旅游规划首次列入省级重点专项规划，并由省政府印发实施。它标志着甘肃省已经把旅游业提升到全省经济社会发展全局的战略高度，并作为现代服务业的龙头产业和国民经济的战略性支柱产业来培育。

2011年成功举办的“敦煌行·丝绸之路国际旅游节”以丝绸之路文化为背景，以“感知敦煌、畅游甘肃”为主题，突出甘肃丝绸之路文化特色和品牌效应，进一步提升了“精品丝路、绚丽甘肃”的旅游品牌形象。节会共有46项活动，其中的重要活动有开幕式、《丝绸之路》特种邮票首发仪式暨邮票展、中国·河西走廊第二届有机葡萄美酒节、兰州黄河文化旅游节、庆阳红色文化旅游节、百家旅游媒体敦煌行、万名台胞敦煌行、旅游发展合作洽谈会、中国天水伏羲文化旅游节、百强旅行商敦煌行、旅游商品创新大赛暨展销会、敦煌飞天文化旅游节、首届中国·兰州牛肉拉面节、中国丝绸之路自驾旅游节、甘肃精品剧目展演月、2012崆峒文化旅游节、“丝路·长城”中国嘉峪关国际旅游摄影大展、文化旅游产业融合发展高层论坛等18项。

·青海省·

一、2011年文化产业发展总体情况

2011年，全省实现文化及相关产业增加值29.45亿元（现价），比上年增长31.6%，占全省生产总值的比重为1.76%。青海省以深化文化体制改革为契机，以青海独特历史、文化资源为基础，引导扶持特色文化产业，彰显了大美青海的无穷魅力。

（一）文化产业经济贡献进一步提升

截至2011年底，全省从事文化及相关产业（以下简称为文化产业）的法人单位、产业活动单位、个体户共有7198个，从业人员8.9万人。其中，法人和产业

活动单位6188个，从业人员5.4万人；个体户1010个，从业人员3.5万人。在全部法人单位中，执行企业会计制度的（以下称为经营性单位）1809个，从业人员1.6万人；执行行政事业会计制度的（以下称为公益性单位）864个，从业人员1.1万人；执行非营利组织及其他单位会计制度的2968个，从业人员1万人。

2011年，全省文化产业吸纳就业人员最多的行业集中在相关层的文化产品的生产、销售，核心层的出版发行和版权服务，外围层的文化休闲娱乐服务业和其他文化服务业。"核心层"、"外围层"和"相关层"的增加值之比为34.2 ∶ 28.5 ∶ 37.3，与2010年相比，外围层增加值比重下降20.1个百分点，核心层和相关层增加值比重分别提高9.1和11个百分点。

（二）文化产业收入稳步增长

以新闻、出版、广播影视、文化艺术为主的传统意义上的文化产业，实现增加值10.06亿元，占全部文化产业增加值的34.2%，比上年增长36.2%。其中，新闻出版服务业实现增加值4.21亿元，占14.3%，比上年增长66.5%；广播、电视、电影服务业实现增加值3.45亿元，占11.7%，比上年增长23.6%；文化艺术服务业实现增加值2.4亿元，占8.2%，比上年增长16.3%。

以网络、旅游、休闲娱乐、经纪代理、广告会展等新兴文化服务业为主的文化产业，实现增加值8.4亿元，占全部文化产业增加值的28.5%，比上年增长22.4%。其中，网络文化服务业实现增加值3.22亿元，占10.9%，比上年增长0.7%；文化休闲娱乐服务业实现增加值2.67亿元，占9.1%，比上年增长43.8%；其他文化服务业实现增加值2.51亿元，占8.5%，比上年增长38.9%。

以文化用品、设备及相关文化产品生产和销售为主的文化产业，即相关层，实现增加值10.99亿元，占全部文化产业增加值的37.3%，比上年增长35%。

（三）文化产业投入持续增加

2011年，为了壮大青海省文化产业，青海省先后下达国家级、省级文化产业示范基地文化产业扶持资金270万元，文化企业、示范户文化产业扶持资金1090万元，并加强与金融机构的合作，在文化资源、产业建设、科技文化、人才培养、信息交流等方面采取优势集成与互补，实现互利共赢，共同发展的策略。2007年至2011年，省财政投入文化产业发展专项资金8500万元，重点扶持了一批文化产业项目，开发了藏毯、昆仑玉、农民画、皮绣、牛角制品、民族歌舞、藏绣、唐卡等一大批文化旅游产品。截止到2011年，全省培育出国家文化产业示范基地6个，省级文化产业示范基地33个、省级文化产业示范单位17个、文化产业示范园8个、文化产业示范户10个。

二、2011年文化产业各行业发展基本情况

（一）新闻出版业

全省2家图书出版单位在"十一五"期间，出版汉文图书1060种345.6万册，出版藏文图书220种60.97万册。现有音像出版社2家，年生产音像制品20余种；电子出版社1家，年生产电子出版物20余种；手机出版单位4家。全省出版物发行单位拥有总发行资质的企业3家，二级批发发行企业33家，出版物零售书店280多家。全省出版物发行单位资产总额达3.7亿元，年销售额达3.3亿元。全省新闻出版业已初步形成包括出版、印刷、发行等结构较为完整的产业链。通过多视角、多领域的挖掘、整理，编纂了一系列反映青海特色的文化著作，其中代表性文献有《青海首批国家级非物质文化遗产代表名录丛书》《河湟民族文化丛书》等，并整理出版了《十世班禅佛学文集》《藏族文学史》等一批珍贵的藏文化典籍。

（二）演艺娱乐业

截止2011年，全省共有国有文艺院团13家；文化类社会组织87家，民办非企业单位74家，社会团体13家；注册登记的营利性演出团体18个，营业性演出经纪机构7个。全省拥有各类文化经营单位1806家，从业人员5517人。全省创作完成大型剧目29台，小型节目48个，涉及歌舞、杂技、交响乐、藏戏、话剧、平弦戏、秦腔等多个艺术品种。"十一五"期间，共完成各类演出7829场，观众达790万人次。

青海对文艺精品创作高度重视，推出了舞台剧《秘境青海》《藏羚羊》《中国·撒拉尔》，报告文学《青藏大铁路》《马复兴》，电影《天边的情歌》《藏客》《玉树花开》，电视纪录片《百年青海》《铸剑昆仑》，广播剧《爱心天使——熊宁》，歌曲《溜溜青海溜溜情》等一批富有青海特色的文艺作品，特色文化资源得到发掘，民族文化得到弘扬。

（三）动漫业

青海省以发展原创动漫、游戏产品的少数民族语言译制出版工作为突破口，成立了青海省民族语动漫发展中心，译制完成《天上掉下个猪八戒》《三国演义》《玩具总动员Ⅱ》等各类动漫剧节目467部集182小时。2011年，省民族语动漫发展中心创作拍摄了青海省第一部原创动漫作品《寻找智慧精灵》，片子共分五集，

以黄河、长江、澜沧江、青海湖等青海省各地著名景点为场景，并把具有青海特色的虫草、藏獒、普氏原羚等动植物作为片中的主要形象和故事元素来设计创编。全片旨在以动漫的形式，提升青海文化宣传和旅游宣传的整体实力。

（四）工艺美术业

2011 年，全省工艺美术行业上规模企业（单位）达 100 余家，工艺美术品销售商店、个体作坊达 2300 多家，全行业实现年销售额 18.42 亿元，从业、就业人员超过 5 万人。“十一五”期间，全省工艺美术行业销售产值年平均增长率达 12%。现有中国工艺美术大师 5 位，青海省工艺美术大师和民间工艺大师、民间工艺师 156 位。2011 年，青海省命名西宁宝光金银首饰实业总公司等 23 家单位为第三批省级文化产业示范基地、西宁妙莲工艺品进出口贸易有限公司等 6 家单位为第二批省级文化产业示范单位、祁连县祁连山黑河奇石园等 4 家单位为第二批省级文化产业示范园、加羊卓玛和大手印手工皮雕艺术工作室为第二批省级文化产业示范户。中国工艺美术协会授予青海省同仁县“中国唐卡艺术之乡”荣誉称号。

（五）文化会展业

从 2003 年起至今，青海省已连续举办了九届青海民族民间工艺美术品展，为全省文化企业、单位和个体户搭建了产品展销、信息交流和项目洽谈的平台，在行业发展中产生了重要的推介、辐射、凝聚和带动效应。如今，参展单位已从第一届时的 10 余家、几百个品种增加到近 50 家、8 大类、4000 多个品种，效益和规模不断显现。组织参加第八届深圳文博会，产品销售收入 104 万元，签约意向性协议金额 2813 万元。参加第 22 届全国图书交易博览会，销售图书码洋达 20 万元，发行单位订货码洋达 80 万元。组织参加 2012 中国（青海）工艺美术博览会，累计销售 8.4 万元。青洽会上，文化类招商引资项目签约金额 4.17 亿元，青海民族文化展销售收入达 125 万元，意向性签约及订货金额 136 万元。成功举办了 2012 青洽会“高原特色文化产业专题论坛”。

（六）文化旅游业

2011 年，青海旅游业以提升“大美青海”旅游品牌，增强旅游产业的市场竞争力为目标，加快向国际型、复合型、四季游的高原特色旅游目的地迈进。全年累计接待国内外游客 1412 万人次，增长 15.2%，完成年度计划的 104%；实现旅游总收入 92 亿元，增长 30%，完成年度计划的 109%；旅游人均花费 653.5 元，较上年增加 74.3 元，增长 12.8%。超额完成省政府确定的全年旅游目标任务。旅游消费对住宿业的贡献率超过 90%，对民航和铁路客运业的贡献率超过 80%，对餐饮业和商品零售业的贡献率超过 40%。旅游消费对社会消费品零售总额的贡献高于全国平均 10% 的水平。全省开工建设旅游项目 193 个，总投资 50.4 亿元，同比增长 15.6%；累计到位资金 21.3 亿元。其中，开工建设宾馆 22 个，总投资 13.1 亿元；完工 6 个，总投资 9043 万元。全省有国家 A 级旅游景区 71 家。其中，5A 级 1 家，4A 级 17 家。星级宾馆 124 家，其中，五星级 2 家，四星级 13 家；社会宾馆 1440 家；旅行社 213 家；“农（牧）家乐”1867 家；全省旅游从业总人数 35 万人。

·宁夏回族自治区·

一、2011 年文化产业发展总体情况

宁夏作为西部少数民族地区的典型代表，具有独特的历史文化资源，既有鲜明的回族特色，又有西夏文化、黄河文化、边塞文化和红色文化等，具备推进文化产业发展的良好基础。2011 年，宁夏文化产业增加值占 GDP 的比重为 2%，高于 2010 年的 1.94%，继续呈现上升趋势。

（一）深入开展调研，科学谋划文化产业长远发展

坚持规划先行，组织修改完善《宁夏文化产业发展“十二五”规划》。深入区内外开展做大做强文化产业专题调研，形成《关于做大做强宁夏文化产业的专题调研报告》。着眼于把文化产业培育成为国民经济支柱性产业，制定《自治区“十二五”时期文化产业倍增计划》。制定新增鼓励类文化产业目录。

（二）突出优势特色，加快建立现代产业体系

在深入开展调查研究基础上，按照自治区做大做强文化旅游产业的决策部署，以文化包装旅游，以旅游承载文化。推动文化产业和旅游产业深度融合，在积极与各大旅游景点进行对接基础上，开展“文艺院团进景区”活动，大型舞剧《月上贺兰》常驻中华回乡文化园演出，大型原创回族花儿风情剧《回乡婚礼》入驻沙湖景区，迈出了文化与旅游结合发展的新步伐。召开 2011 第四届贺兰山岩画艺术节暨文化产业与旅游产业协作发展研讨会，在更大范围、更广领域探索文化旅游产业做大做强的有效方法途径。大力发展动漫旅游、文化会展等产业，建设马兰花动漫广场，推出大型游戏《魔刃》、原

创动漫作品《薯仔历险记》，开发了一批动漫衍生产品。初步形成了以文化旅游业、新闻出版业、广播影视业、演艺业、娱乐业、网络动漫游戏业、文化创意业、节庆会展业、文物复仿制及工艺美术品业等为主的九大文化产业体系。

（三）文化产品亮点纷呈

大力实施文化精品创作工程，《月上贺兰》《花儿》《回乡婚礼》《铁杆庄稼》《开边大将》《海上升明月》《王洛宾与五朵梅》等30多台具有地方特色、民族风格的优秀演艺产品，创作了《黄河金岸交响组曲》大型交响作品，拍摄了电影《同心》《画皮》和《农机站长》、《乡村医生》等《西海固纪事》系列影片，推出了《不周山传奇》《薯仔历险记》等原创动漫作品，成为宁夏文化走向全国、走向世界的靓丽名片。

大型原创回族舞剧《月上贺兰》和《花儿》先后到国家大剧院及全国各地演出获得好评，其中《月上贺兰》进驻中华回乡园演出，入选全国首批国家级文化旅游演出类重点项目。同时，文学作品、主题美术、“花儿”音乐创作质量、数量也大幅提高。民族手工艺、民族医药、民族服饰等产品生产规模扩大，杨氏泥塑、伏兆娥剪纸、赵桂琴刺绣、回族汤瓶八诊、闫家砚等品牌产品深受市场欢迎，对满足群众多方面、多层次、多样化的文化需求发挥了作用。

中华黄河坛等“黄河金岸”文化展示线一批重大项目的实施、回族优秀文化的深入挖掘展示、西夏陵等文物古迹的发掘维修保护、红色生态文化的充分保护利用，增加了文化旅游的积累，以塞上湖城、回乡风情、西夏古都、六盘山红色生态为特色的文化旅游越来越热；以宁夏独特的地理环境和民族特色文化为资源的影视及相关产业影响广泛；以自治区“六大节会”为重点的节庆会展业品牌效应凸显；以丰富的非物质文化遗产产品为主的手工艺业方兴未艾，吴忠的回族服饰和隆德的书画、海源的刺绣等地方特色文化产业不断成长；新型文化产业应运而生，以801创意产业园为代表的文化创意产业初见端倪，以银川动漫产业园为重点的动漫游戏产业走在了西北地区前列，成为文化产业发展的新亮点。

（四）文化市场主体培育壮大

积极推进文化体制改革，着力培育国有文化市场主体，组建了宁夏报业集团、广电传媒集团、电影集团、黄河出版传媒集团、演艺集团、文化产业投融资公司、银川艺术剧院、石嘴山万璋传媒有限公司等一批国有重点文化企业，有效解决了文化市场国有主体缺失的问题，为文化产业发展注入新的动力。

大力扶持民营文化企业发展，中华回乡文化实业有限公司、华夏西部影视城有限公司等民营文化骨干企业不断成长，中华回乡文化园、镇北堡西部影城被评为国家级文化产业示范基地，成为我区重要的文化旅游景区；宁夏新科动漫、网虫信息技术、荧屏天天传媒、幻影重工等网络动漫游戏企业不断涌现，银川童话餐饮文化传播有限公司等歌舞娱乐、网络经营企业连锁化、规模化发展步伐加快；宁夏红旗集团、吴忠艺馨民间工艺有限公司、宁夏泾水文化传播公司等民族工艺品研发生产企业加快发展，银川文化城、西塔古玩城、西夏文化城、六盘山文化城等文化产业市场主体形成一定规模，一批特色文化街区日益活跃，文化产业正在向规模化、特色化、专业化迈进，以公有制为主体、多种所有制共同发展的文化产业发展格局基本形成。

（五）大力开拓文化市场，搭建文化产业展示交易平台

精心举办第三届中国（宁夏）国际文化艺术旅游博览会文化旅游影视产品展览展销，有25个国家、7个中央部委、港澳台和全国29个兄弟省区市以及国内外2130家文化旅游影视企业参展，观展观众达到29万人次，现场交易额达到9200万元。积极参与宁夏香港经贸文化活动周综合展览，组织参加第六届中国北京国际文化创意产业博览会、第四届海峡两岸（厦门）文化产业博览交易会、第七届深圳文化产业博览会成效明显。牵头举办“2011宁夏创意产业发展研讨会”，邀请全国政协副主席厉无畏和知名专家作现场指导、专题演讲、高层对话，形成发展文化创意产业的广泛共识。举办了2011海外高层次人才文化创意产业报告会，在更大范围、更宽领域搭建了文化产业发展平台。

二、2011年文化产业各行业发展基本情况

（一）广播电影电视业

2011年，宁夏广播影视各项工作取得新进步、新成绩，广播影视业步入了发展繁荣的快车道，广播影视产业从无到有，从小到大，整体实力逐步增强。

广播电视公共服务体系建设成效显著。大力实施了20户以上盲点村广播电视村村通工程和中央广播电视节目无线覆盖等工程，建成了全区移动多媒体广播电视网。全区广播综合人口覆盖率达到93.5%，电视综合人口覆盖率达到98.6%，成为全国第一批提前实现20户以上盲点村通广播电视的省区。到2011年，全区直播卫星公共服务在全国率先基本实现“全覆盖、户户通”目标，自治区约80万户、300多万农民群众免费收听

收看到了60多套中央、地方卫星广播电视节目和地方数字电视节目，有力保障了群众收听收看广播电视节目的基本文化权益。

大力推进农村电影放映工程。五年来，共放映农村电影21万多场次，观影人次约2600万人，全面实现一村一月放映一场数字电影目标，农村电影放映工作走在全国前列。统筹城乡电影发展，深入推进院线制改革，大连万达、北京九州、湖南萧湘、上海新干线等院线公司相继进入宁夏，城市电影迅速恢复。2011年城市电影院线票房收入超过5000万元。

基础设施的改善，全面提升了宁夏广电的技术装备水平，综合传输覆盖能力显著增强。目前，宁夏建成有线电视数字平台，2000余公里骨干网络实现了光缆传输，数字电视用户超过70万户，广播实现了数字化播出，视音频实现了网上播出。

成功举办两届塞上江南影视节和“中国－阿拉伯国家广播电视合作论坛”，全方位提升了宁夏对外形象。宁夏卫视落地范围不断扩大，覆盖全国40个省会和地级城市，收视人口近3亿。

影视剧创作实现历史性突破。拍摄制作的电影《画皮》《英雄无语》《冯志远》《同心》和电视专题片《中国回族》《花儿的故乡》等先后获得“五个一”工程奖、中国新闻奖、华表奖、金像奖等殊荣，影视剧创作步入量、质双提升的新阶段。

广播影视队伍不断壮大。通过加强广播电视新闻采编人员和播音员、主持人的职业道德建设，强化了广播电视行业编辑记者、播音员主持人资格管理。截至2011年，宁夏全区广播影视系统从业人员达4000余人，为推进广播影视大发展大繁荣提供了强有力的人才保障。

（二）新闻出版业

2011年，全区新闻出版事业和产业稳步发展，产业规模快速提升。截至2011年末，全区新闻出版行业拥有各类企事业单位和经济组织1247个，行业总资产20.7亿元，实现主营业务收入30.12亿元、利润总额2.81亿元、增加值12.15亿元，分别比“十一五”初期有了较大幅度增长。

新闻出版单位改革取得了实质性进展。全区3家图书出版单位：宁夏人民出版社、阳光出版社和宁夏人民教育出版社，全部转企改制整合为黄河出版传媒集团有限公司；第一批非时政类报刊出版单位转制工作正在积极推进新闻出版体制改革稳步推进，改革时间表已确定，确保2012年底之前全面完成改革任务；资源整合工作取得重大进展。

集约化经营初见成效。黄河出版传媒集团公司全力推进集约化经营和资本运营，与中国出版集团的战略合作取得重大进展。黄河出版传媒集团共出版图书1975种，比上年增长21%；总码洋3.34亿元，比上年增长32.5%；实现营业收入2.69亿元、利润3088万元，同比分别增长13.75%和13.11%。同年，集团借助中阿经贸论坛这个平台成功举办了“穆斯林出版机构版权贸易洽谈会”，并与来访伊斯兰国家的37家出版机构代表签订图书出版协议217种，与阿拉伯出版商协会签订图书翻译出版和文化交流的战略合作协议，通过版权输出等方式把宁夏回族自治区优秀的历史文化成功地传播到海外。

宁夏日报报业集团率先实现编辑业务与经营业务两分开，组建了宁夏报业传媒有限责任公司，增强了广告、印务和发行等经营业务的竞争实力。2011年，宁夏报业传媒有限公司实现销售收入3.77亿元、利润3298万元，同比分别增长35%和34%。在增强广告、印务和发行等传统经营业务的同时，公司向会展、房产、物业、信息服务领域进军，走出了多元化的发展路子。

积极争取项目支持，以项目建设为重点促发展。2011年，全区共有10个项目进入国家新闻出版总署项目库。全年共争取到国家“东风工程”建设项目等新闻出版产业发展项目资金1750万元，新闻出版产业发展项目资金支持取得了历史性突破。

（三）文化旅游业

2011年是自治区实施旅游兴区战略，打造“西部独具特色旅游目的地”和“面向阿拉伯国家和穆斯林地区的国际旅游目的地”的黄金发展期初年。为此，自治区继续强化“塞上江南、神奇宁夏”的形象宣传，实施了“2011中华文化旅游年”主题活动和“走出去、请进来”等战略。

2011年，全区国内旅游和入境旅游发展迅速，主要旅游经济指标实现较快增长。全区接待国内外旅游者总人数达1169.61万人次，比上年增长14.6%；实现旅游总收入84.21亿元，增长24.2%。其中，接待国内游客1167.66万人次、实现国内旅游收入83.81亿元，分别比上年同期增长14.6%和24.6%。全区旅游住宿设施平均床位出租率65.0%。全区星级旅游饭店（宾馆）接待过夜入境旅游者达19479人次，增长8.3%。其中，接待外国人13659人次，增长6.2%。全区星级旅游饭店（宾馆）接待过夜入境旅游者人天数为38893人天，与去年同期基本持平。其中，外国人为29251人天，增长 11.1%，占总人天数的 75.2%，港澳台同胞为 9642 人天，较上年减少。日本、美国、德国、韩国、马来西亚、英国、新加坡、法国、加拿大、澳大利亚、香港、台湾等成为宁夏入境游主要客源地。全区实现旅游外汇收入 619.57 万美元（折合 4025.66 万元人民币）。来我区旅游的入境游客停留天数为 2 天，人均每天消费 159.31 美元。2011 年，银川市接待入境旅游者 14413 人次，占全区接待入境旅游者总人数的 74.0%。

·新疆维吾尔自治区·

一、2011 年文化产业发展总体情况

作为一个文化资源大区，新疆文化资源优势尚未转化为产业优势，文化产业起步较晚，发展相对滞后，速度和效益都有待提高。根据规划，“十二五”期间，新疆将重点开发演艺业、非物质文化遗产生产性保护、艺术品和工艺美术、文化产品数字化开发与服务等四个领域，力图推动文化产业成为国民经济支柱性产业。据不完全统计，新疆现有娱乐性文化经营单位 6528 家，其他文化经营机构 4389 家，基本形成多种所有制并存、门类齐全、品种多样、具有浓郁地方特色的文化市场经营格局。

2011 年是新疆的“文化产业发展元年”。2011 年，国际大巴扎宴艺大剧院舞台升级改造项目获得 2011 年度国家文化产业专项资金 300 万元的扶持。同年 11 月，自治区文化产业发展专项资金正式设立，总金额达 1000 万元，对起步发展阶段的文化产业项目进行专项扶持。自治区文化系统有 4 家企业的 4 个申报项目共获得 580 万元的专项资金扶持，并于当天签约。

2011 年，新疆致力于以经营文化产业集聚区为轴心全面开发，利用新疆文化资源的“点面结合型”文化产业发展模式，推动新疆文化产业升级，例如，新疆首个文化产业集聚区也是新疆规模最大、最专业、最活跃的文化创意产业集聚区——“新疆 7 坊街文化创意产业示范基地建设项目”正式获得 140 万元资金扶持。

二、2011 年文化产业各行业发展基本情况

（一）广播电视业

2011 年，新疆拥有广播电台 6 座，中、短波广播发射台和转播台 53 个，广播综合人口覆盖率 94.9%。电视台 8 座，电视人口综合覆盖率 95.3%。有线电视用户 208.01 万户，增长 8.1%，其中，有线数字电视用户 188.45 万户，增长 43.5%。拍摄故事片 1 部，译制少数民族语故事片 134 部。

（二）电影业

2011 年，新疆电影市场总票房首次破亿，达到 1.2 亿元，相比 2010 年的 9700 万元，同比上涨 23%。2008 年，新疆电影票房仅为 3800 万元，在短短 4 年内增长了 3 倍。其中，乌鲁木齐影院贡献 8600 万元，占近九成票房份额。

2011 年，全疆新增电影院 20 家，新增银幕 67 块，全疆能够正常营业的电影院由 2010 年的 29 家增加到 2011 年的 49 家，银幕数量也由 2010 年的 139 块增加到 2011 年的 206 块。2011 年，全疆已有 50 家电影院，乌鲁木齐有 14 家，许多县还是空白。其中乌鲁木齐奥斯卡友好国际影城以 2900 万元的票房位居全疆各大影院的榜首，票房过千万的电影院也全部在乌鲁木齐。

（三）新闻出版业

截止到 2011 年年底，自治区共有出版社 12 家，其中图书出版社 10 家，音像电子出版社 2 家；全区有公开报纸 125 种，其中少数民族文字报纸 52 种；公开期刊 207 种，其中少数民族文字期刊 111 种，外文 3 种；各类印刷经营单位 3821 家，其中出版物印刷企业 174 家，包装装潢印刷企业 114 家，其他印刷品印刷企业 552 家，专项排版、制版、装订企业 39 家，打字复印企业 2967 家；县以上新华书店 96 家，新华书店发行网点 177 个；设立了辐射全区的新疆出版物交易中心，有书刊批发单位 147 家。全区零售书店 1800 家；新闻出版从业人员近 4 万人，其中少数民族从业人员占 60%。

2011 年，自治区各出版社共出版各类图书 12254 种，其中新出版图书 4681 种，重印再版 7573 种，出版音像制品和电子出版物 227 种。2011 年 6 月 1 日，全疆 107 个各级公共图书馆、108 个各级文化馆、1097 个乡镇（街道）文化站免费开放工作已全面展开。截至 2011 年 11 月，4584 个农家书屋的建设任务完成。

（四）演艺娱乐业

截止到 2011 年年底，自治区拥有文化馆 110 个，公共图书馆 103 个，博物馆 73 个。地、县两级专业艺术表演团体共有 95 个，其中，县级 76 个，地级 19 个，从业人员 4361 人。全疆县级艺术表演团体年均下乡演出场次 82.9 场，有的年平均场次超过了 100 场。

2011 年 12 月 1 日，大型音乐杂技剧《你好，阿凡提》在新加坡演出两场，受到热烈的欢迎，售票现场非

常火爆。这也是新疆整台舞台剧第一次走出国门，完全市场化的国外演出。2011年5月8日至12日，应塔吉克斯坦文化部邀请，木卡姆艺术团赴塔吉克斯坦参加“沙什木卡姆”艺术节。木卡姆艺术团至今已赴亚洲、欧洲、非洲的30多个国家演出，不断向世界传播维吾尔木卡姆艺术。2011年5月28日，首部体现“西域”文化概念的大型民族歌舞音画《吐鲁番盛典》在吐鲁番大剧院首演获得成功。《吐鲁番盛典》是新疆首次启用专业歌舞团进行的常态化商业演出，演职人员超过70人，是新疆人数最多的商业演出。《吐鲁番盛典》的整场演出历时90分钟，游客可以一边品尝新疆美食，一边观赏演出。演艺、餐饮均贯穿着吐鲁番当地文化乃至古代丝绸之路西域文化的深厚印记。

（五）动漫游戏业

2011年，新疆动漫产业发展迎来了一个新契机。9月8日，由文化部主办、文化部文化产业司和自治区文化厅承办的“原创动漫边疆推广计划”走进新疆活动在乌鲁木齐7坊街创意产业集聚区正式启动，为十多所中小学捐赠了近万册漫画书籍和三千多张动画光碟，约三万名各族群众和青少年享受到了这一文化大餐、动漫盛宴，成为文化援疆的新亮点。同年，新疆达雅风尚文化传播有限公司、乌鲁木齐龙喜汇动漫有限公司首次通过国家动漫企业认定。其中新疆达雅风尚文化传播有限公司启动50集爱国手机原创动画《博物宝宝》的制作，用手机看动漫，让“博物宝宝”讲述新疆的人文历史、民族风情，向全国和世界进行传播，开创以新媒体为桥梁的文化经济盈利模式。此项目获得190万元国家和自治区文化产业专项资金。

（六）艺术品与工艺美术业

新疆工艺美术行业仍处于管理松散、企业自我发展的状态。根据规划，“十二五”期间，自治区将以新疆玉石文化和民族手工艺品为基础，引导社会对于艺术品和工艺美术的关注，加强规划和指导，鼓励工艺美术技术创新，鼓励手工艺从业者通过手工技艺增收致富。加强对和田玉产品的设计、开发，鼓励技术创新，加大对和田玉文化的宣传推广，大力弘扬优秀的玉雕艺术。同时，大力发展民族特色手工艺，如手工地毯、木作雕刻、花毡、土陶等，使当地各民族群众参与其中，既能提供各类文化产品，还可以扩大就业，增加收入，拉动经济，促进旅游，使文化产业的发展带领民族地区各族群众走向富裕生活。

（七）文化会展业

新疆独特的地理位置和资源优势，以及在我国对开放大局中的重要战略地位，决定了会展在新疆经济发展中重要不可替代的地位。目前，新疆大型会展90%以上集中在乌鲁木齐，乌鲁木齐积累了20多年举办会展的经验，集聚了大量新疆会展界专业人才，成为最有条件发展大型会展的城市。

2011年乌鲁木齐举办各种展会53个，展会经贸总额为901.28亿元，展览面积达到45.8万平米，参展参会人数197万人。首届中国－亚欧博览会期间，共有36个国家和地区，56个交易团，1400家企业参展，境外采购商近4000名，国内客商2万多人，创下新疆展会史的新纪录。实现对外贸易成交总额46.08亿美元，其中，出口成交总额23.75亿美元，进口订货总额22.33亿美元，对外经济技术合作项目及利用外资总额8.98亿美元。

乌鲁木齐会展业起步于1992年的第一届乌鲁木齐对外经济贸易洽谈会。2011年，乌洽会升格为“中国－亚欧博览会”。首届中国亚欧博览会于2011年9月1日至5日在新疆国际会展中心举办，设国际板块、国内板块、新疆板块、专业板块，以及高新技术园区和开发区板块等“4+2”个展示板块。在5天展览期间，累计进馆人数达31.58万人次。直接收入约为4645万（包括门票收入和展位收入）。

（八）文化旅游业

2011年，新疆旅游业发展迅速，无论是旅行社总数、入境旅游人数，还是国际和国内旅游收入都实现了较快增长。2011年，新疆旅游超额完成年初确定的目标。全区接待入境游客达到132万人次，创汇4.7亿美元；接待国内游客达到3829万人次，旅游收入达411亿元人民币，同比增长26%和46%；旅游接待总人数3961万人次，旅游总收入442亿元，同比增长26%和44%，全区旅游业呈现出强劲发展势头。2011年5月，新疆召开了改革开放以来的首个旅游产业发展大会，明确提出要把旅游业建设成为战略性支柱产业，并制定了具体目标：到2015年，实现接待国内旅游者8000万人次，国内旅游收入850亿元，旅游总收入占自治区GDP的8%。

2011年5月14日，在第七届深圳文博会的“乌鲁木齐文化和旅游产业项目推荐会暨签约仪式”上，7个项目成功签约，签约金额2.23亿元，相当于该市在上届文博会期间签约总额1亿元的2.23倍。两年来，新疆文化产业项目在第七、第八届深圳文博会上分别签约13亿元和253.62亿元。2011年9月3日，在首届中国－亚欧博览会上，克拉玛依市签约项目总额达637.2亿元。

其中，西班牙凯达赛集团投资200亿元建世界名人文化城项目，北京汉博商业投资管理有限公司投资40亿元建文化创意园及酒店商业地产开发项目，香港卓益主题乐园投资公司投资60亿元建主题乐园、湿地公园、旅游度假村项目，新加坡VHQ传媒（北京）集团、新疆东坤投资公司投资3亿元建数字文化传媒基地，新疆淘宝网络科技公司、河北九天农业科技公司投资100亿元建设诺亚方舟生态城项目，成为首届亚博会克拉玛依签订的5个涉及文化、旅游和信息产业的项目。这5个项目投资额达403亿元，占克拉玛依签约项目总额的63.2%。克拉玛依11个内联签约项目呈现出产业种类多样化的格局，特别是文化旅游产业项目，成为亚欧博览会的亮点。

此外，自治区还成功举办了第七届中国新疆国际旅游节、第二届新疆国际特种旅游文化节暨2011年千车万人穿越塔克拉玛干大沙漠等活动，举办第六届中国新疆冰雪旅游节暨冬季旅游产业博览会。旅游系统开通12301旅游服务热线，24小时全天候向疆内外游客提供旅游提示、咨询、投诉、救援等服务，以热线接听和网络解答相结合的旅游信息服务平台已初具规模。

·香港特别行政区·

一、2011年文化及创意产业发展总体情况

香港文化及创意产业分为三类，包括十一个行业。第一类是文化艺术类，包括艺术品、古董及手工艺品，音乐，表演艺术。第二类是电子媒体类，包括数码娱乐，电影与视像，软件与电子计算，电视与电台。第三类是设计，包括广告，建筑，设计，出版与印刷。

2011年发布的香港2009–2010年施政报告，确认六项优势产业在香港享有明显的优势，并具备很大潜力作进一步发展，文化及创意产业名列其中。根据特区政府新闻处出版的《香港便览之创意产业》统计，2010年本港约有32000家与创意产业相关的企业，从业人员达189430人，占总就业人数的5.4%，增值额逾776.83亿港元，比上年增长22.8%，占本地生产总值约4.6%。

香港文化及创意产业在经济社会领域中扮演日趋重要的角色，通过将传统文化和创新思维结合并转化成商机而成为最具活力的经济环节之一，有助于促进经济增长和创造就业机会，培育多元化的文化和香港的创新能力。

（一）政府资助与工程建设

2010–2011度，政府共拨款29.1亿元用于资助文化艺术团体、艺术教育和推广以及支付相关的行政费用。这笔拨款不包括基本工程开支。根据《香港年报2011》中“香港2010–2011年度文化艺术拨款”情况分析，公共表演场地及节目（包括向香港艺术节提供的资助）为8.63亿元，占29.67%；公共图书馆活动为7.542亿元，占25.93%；文化遗产、博物馆及展览为5.898亿元，占20.27%；9个主要演艺团体为2.642亿元，占9.08%；香港演艺学院为2.277亿元，占7.83%；香港艺术发展局（包括7960万元经常开支及1810万元艺术及体育发展基金）为9770万元，占3.36%；粤剧发展基金委860万元，占0.30%；艺术发展基金为340万元，占0.30%；其他为1.001亿元，占3.44%。

1. 艺术及体育发展基金

近年来，香港政府不遗余力地支持文化及创意产业发展。2010–2011年度，政府特别注资30亿港元作为“艺术及体育发展基金”的种子基金，艺术与体育部分各占15亿港元，利用每年投资的回报，提供持续性的额外资金，资助文化艺术及体育的长远发展。以年投资回报率约4%计算，预计基金每年可带来约6000万元的投资收益。香港艺术发展局也积极推动“香港艺术发展工艺基金”，争取社会资源支持本地文化艺术的发展。

2. 艺能发展资助计划

为补足现有文化艺术资助计划，政府于2011年6月推出新设的艺能发展资助计划，每年的资助额约为3000万元，通过配对形式为艺术团体提供资助的“跃进资助”及提供直接资助的“项目计划资助”，提升本土艺术家和艺术团体的发展能力，以及推动公私营企业合作发展本地艺术。

3. 粤剧发展基金

为进一步支持粤剧发展，政府于2010–2011年度向粤剧发展基金注资6900万元，以资助更多承传、推广和发展粤剧的计划和新措施，其中900万元用于推行第二届“香港梨园新秀粤剧团”三年资助计划，支持两个新秀粤剧团，为粤剧界培育更多新血。该基金于2005年成立，截至2011年年底，共批出约4900万元，资助约410个粤剧计划。

4. 艺术团体资助

香港民政事务局向九个主要艺术团体提供定期资助，这些艺术团体包括中英剧团、城市当代舞蹈团、香港芭蕾舞团、香港中乐团、香港舞蹈团、香港管弦乐团、

香港话剧团、香港 小交响乐团和进念二十面体。2010-2011 年度，这些艺术团体共获得约 2.64 亿元政府拨款。

5. 工程拨款

2011 年，政府在全港共有 15 个不同大小的表演场地。改建油麻地戏院和红砖屋为戏曲中心的工程已经完成。兴建中的高山剧场新翼大楼是一个拥有 600 个座位的剧院。此外，政府正筹划在观塘建设大型演艺场地，以配合东九龙地区的需要；有关为新界东地区提供新演艺场地的技术可行性研究，也已完成。另外，政府还同时管理 14 所公共博物馆、香港电影资料馆、两所文物中心及艺术推广办事处，并运营由 67 间固定图书馆和 10 间流动图书馆组成的公共图书馆系统。政府正推行多项工程，包括重置多个公共图书馆，以及兴建新的将军澳公共图书馆。为配合文化艺术长远的基建及发展需要，政府已拨款 216 亿元用于西九文化区管理局，以发展西九文化区计划。

6. 场地伙伴计划

香港政府在保证文化及创意产业的场地供应方面一直都在积极努力，“场地伙伴计划”就是其中之一。“场地伙伴计划”于 2009 年 4 月开始推行，有助于推动演艺场地与演艺团体建立伙伴关系，主要目的是加强个别场地及其伙伴的形象和特色、扩大观众层面、善用场地的空间和设施、制定市场推广策略、寻求赞助以及鼓励社会人士参与本港的艺术发展。2011 年，这些场地伙伴共举办 678 场舞台表演和 704 项教育、推广及观众拓展活动，观看表演和参与活动的人数约为 695300 人次。

（二）创意香港及创意智优计划

2009 年 6 月，政府成立专门办公室“创意香港”，隶属商务及经济发展局通讯及科技科，专责推动香港创意产业的发展，采用全面而多方位的策略，为业界提供一站式服务和更好的支援。其中，2009 年 6 月设立的由“创意香港”负责管理的“创意智优计划”，旨在资助目标与政府推动创意产业发展的策略方向相符的项目。自 2011 年 6 月起，创意智优计划涵盖以往由设计智优计划资助的设计项目。设计智优计划包含两项计划，分别是设计业与商界合作计划和创新中心的设计创业培育计划，前者旨在推动中小型企业更广泛地使用设计，后者则培育新成立的设计公司。截至 2011 年 8 月底，创意智优计划共接获 149 份申请，其中有 58 个项目获得批准，涉及资助款额达 1 亿 1650 万元；设计智优计划则接获 583 份申请，其中有 407 个项目获得批准，所涉资助款额达 1 亿 8600 万元。

“创意香港”一直与业界及相关机构开展紧密合作。2011 年由创意香港举办的相关活动包括国际唱片业协会有限公司 3 月主办的“香港亚洲流行音乐节”，由亚洲顶尖歌手与新进歌手携手演出，推广香港成为亚洲音乐之都；还有计算机器学会电脑图像及互动技术小组 12 月主办的一年一度的亚洲区电脑图像与互动科技界盛事——“亚洲电脑图像与互动科技研讨会议及展览”。其他年度盛事包括由贸发局统筹的“影视预科博览”，是亚洲最大型娱乐业活动；香港设计中心主办的“设计营商周”；香港设计大使主办的公众参与活动“设计游”。“设计营商周”和“设计游”已经成为亚洲甚至全球设计业的重要活动。

“设计智优计划”之下的“设计业与商界合作计划”致力于推动中小型企业多采用设计服务。2011 年，“设计业与商界合作计划”资助 40 个项目，资助额达 100 万元。此外，“创意香港”为设计中心推行的“设计创业培育计划”提供支援，栽培新成立的设计公司。创新中心是设计师和实际服务用户之间的桥梁，并为新进设计公司及与设计有关的活动提供场地。“设计创业培育计划”由 2006 年推出至 2011 年 12 月底，共纳入 100 家新公司。

此外，“创意香港”还与内地及澳门当局合办了首届“粤港澳青年电影盛典”，促进三地的新一代电影导演和兼职交流合作。香港驻海外经贸办也在海外主要城市筹办香港电影界，宣传香港作为电影制作中心的优势。

二、2011 年文化及创意产业各行业发展情况

（一）设计

近年来，香港正在成为亚洲地区重要的设计中心，其设计行业领域涵盖各类专门的设计活动，包括室内设计和家具设计、多媒体、视觉及平面设计、时装及配饰设计（包括珠宝设计）以及工业设计。而设计作为创新元素的源头，在提升产品的经济价值及商业竞争力的驱动力的过程中日益发挥重要的作用。

香港设计中心自 2001 年成立以来一直是政府推广设计的主要伙伴。中心由本港五个主要专业设计团体成立并得到政府支持。中心旨在推广设计作为一项增值的活动，提高设计水平和推行与设计有关的教育，以及提高香港作为创新和创意中心的地位。中心也在发展创新中心方面扮演重要和积极的角色。由中心每年举办的重点活动“设计营商周”，已成为区域内举足轻重的设计盛事，英国、意大利、荷兰、法国和日本都曾是活动的合作伙伴。

创新中心是专业设计人士、见习设计人员与设计公

司建立组群并进行高增值设计的集中地，启发和培养他们进行研究，构思创新的概念，并把这些概念转化成商品和品牌。中心提供写字楼给设计公司租用，开办专业教育和培训课程，举办与设计有关的展览、研讨会、工作坊，成立设计资源中心（如设计图书馆），推行促进业界人士交流与联系的活动，并在设计创业培育计划下为新晋设计公司提供培育服务。截至 2011 年 8 月底，中心共有 69 间设计公司租户及 97 间培育公司。

（二）电影与视像

电影及录像和音乐业涵盖多类相关的活动，包括电影、录像及电视节目制作活动、录音及音乐出版活动、摄影活动、已储录资料媒体的复制、乐器的制造，以及音乐及录像影碟的批发、零售和租赁。

近年来，透过互联网和网上广播以数码化媒体传销电影、录像和音乐的方式渐趋流行，并取代部分以门市方式销售的渠道。因此，音乐及录像的批发、零售及租赁，以及音乐和录像媒体复制的次组成行业持续萎缩，抵消了其他次组成行业，例如电影、录像及电视节目制作、录音和音乐出版，以及摄影活动的增长。

电影与视像在香港文化及创意产业中占有重要地位。在电影产业鼎盛时期，香港电影出口仅次于美国好莱坞。为了有利于香港电影业长远及健康发展的项目在财政方面能够得到支持，推动更多商业资金投资拍摄电影、培育更多与电影有关的活动、增加就业机会，以及协助电影业复苏和进一步发展，2001 年 7 月，电影发展基金成立，获注资 3 亿元。发展基金在财政方面提供支持的项目和活动包括：为中低成本的电影制作提供部分融资；加强在内地和海外推广香港电影；增强在电影制作和发行各方面培育人才的措施；以及提高本地观众对香港电影的兴趣和欣赏能力。截至 2011 年 8 月底，共有 16 个电影制作及 61 个其他电影相关计划获得批准，所涉款额达 1 亿 5194 万元。

2011 年，香港国际影视展吸引了 596 家商号参展，共有 5073 名买家出席，其中海外参展商及买家分别为 463 家及 2616 名。香港国际影视展、戛纳影展的电影交易市场以及美国圣莫尼卡美洲电影交易会，是电影业界的三大盛事。香港国际影展已经成为亚洲地区首要的电影交易盛会，被认为是发掘亚洲合拍电影机会的重要平台。

（三）表演艺术

香港表演艺术包括创作及表演艺术活动（例如管弦乐团、芭蕾舞表演团体及音乐会表演团体、舞台设计、剧场监制等）、艺术创作人、音乐人及作家，以及私营的表演艺术场所经营（例如可作现场表演的剧院）。

1. 香港艺术节

香港艺术节在每年 2 月至 3 月举行，是亚洲区享负盛名的国际艺术节之一。2011 年，艺术节入场人次超过 154000 人 。在艺术节亮相的节目中，有 14 个属全世界首演，另有 9 个是亚洲首演。为艺术节揭开序幕的是女中音塞西莉亚芭托莉的独唱会。此外，舞蹈节目精彩纷呈，包括著名的纽约市芭蕾舞团的代表作以及伯明翰皇家芭蕾舞团的《爸爸的选择》。

本届艺术节的另一焦点是德国莱比锡历史最悠久的三大乐团在一星期内先后登场，这三大乐团分别是莱比锡歌剧院、莱比锡布业大厅乐团和圣多马少年合唱团，他们除了演出华格纳的经典歌剧《崔斯坦与依索尔德》外，还演绎了德伏扎克和布鲁克纳的乐曲，以及巴赫的合唱作品。音乐剧场方面，艺术节为观众呈献柏林剧团的《三毛钱歌剧》和台湾著名导演吴兴国的《水浒 108——忠义堂》。

本届艺术节推出两个新节目系列：“游乐民族”汇聚世界各地的独立音乐乐手，“新锐舞台系列”则为剧场和乐坛新秀提供表演平台。

2011 年，艺术节还有一项特别节目《声光园》，这项大型户外声光装置表演吸引了逾 20000 名观众前往九龙寨城公园观赏。

2. 国际综艺合家欢

香港康文署在7月至8月主办的“国际综艺合家欢”是每年夏天最大型的艺术节，为一家大小提供内容健康、教育与娱乐并重的节目。为“合家欢”揭开序幕的是俄罗斯大型杂技表演《莫斯科奇艺杂技团冰极版》。“合家欢”共有 11 个访港艺术团体和 30 个本地艺术团体参与演出，节目丰富多彩，包括多媒体剧场、木偶剧、音乐和舞蹈。“合家欢”共有 411 场节目，参加者约有 143600 人次。

3. 世界文化艺术节

2011 年举办的第四届“世界文化艺术节”以“游艺亚洲”为主题，展示亚洲艺术文化瑰丽多姿的一面。艺术节共有 146 场节目，吸引约 143100 人次参加。著名的中国国家芭蕾舞团为艺术节揭开序幕，呈献多出风格不同的经典芭蕾舞剧。闭幕节目则有上海越剧院的精彩演出，以及由享誉艺坛的孟加拉裔英国舞蹈大师艾甘汉呈献的五星级亚洲首演舞蹈剧场作品《源》。此外，艺术节亦让观众有机会欣赏本地艺术团体的最新作品。

（四）出版与印刷

在香港文化及创意产业中，出版业涵盖书籍、报纸及期刊的印刷、出版、批发和零售，亦包括新闻通讯社及其他信息服务活动。

截至2011年年底，在香港注册的报纸包括24份中文日报、13份英文日报、八份中英文双语日报和五份日语报纸。在中文报纸总，19份以报道香港本地和世界新闻为主，三份集中报道财经新闻，其余专门报道赛马活动。规模较大的报刊分销范围远及海外华人社会。香港一家英文报社与香港盲人辅导会合作，每日刊印点字版的报纸。香港有多个新闻从业员组织。香港报业公会代表中英文报刊营办人，获授权处理影响会员权益的事宜。香港记者协会是香港本地规模最大的记者公会，现有会员超过500人。

每年一度的香港书展是香港出版业的盛事，吸引来自中国台湾、中国内地以及世界各地的出版商、图书销售商、发行商、作家及读者参与。与香港书展2011同期举办的国际出版论坛，主题是“出版电子化的新机遇”。2011年，共有526家商号参加香港书展，其中约100家来自外地，大会吸引了近95万人到场参观。为了迎合电子书日趋普及的大势，“香港书展2011”还特别为电视出版业设立两个专区，吸引32家商号参展，较2010年增加60%。其中，“未来书店体验区”在2011年首次登场，吸引了10000名参观者。

香港的印刷业十分发达，为香港出版业提供有力的支持。但据香港印刷业商会估计，逾70%的香港印刷厂已迁往珠三角地区。

（五）电视及电台

香港的电视及电台包括电视及电台节目广播。广播可应用多种科技进行，或经无线广播、或经卫星、或经有线网络，又或经互联网。

香港是应用先进广播科技的先驱。截至2011年，香港约有700条数码化的卫星及收费电视频道，在网络电视技术方面未予全球的领先位置，网络电视用户约有100万。现有17家持牌卫星电视广播机构，为亚太区提供仨月200条频道。2011年年底，电台广播服务共有26条频道（包括13条模拟频道及13条数码频道），其中香港商业广播有限公司占3条频道，香港数码广播有限公司占7条频道，新城广播有限公司占3条频道，凤凰优悦广播有限公司占1条频道，余下12条频道属香港电台。

香港政府鼓励业界采用数码地面电视广播技术，以便更有效使用频谱，并提供崭新服务，例如高清电视广播。根据2011年12月进行的公众意见调查，香港有68.8%的住户经机顶盒、综合数码电视机或电脑接收数码电视服务。亚洲电视有限公司和电视广播有限公司于2011年把数码广播的范围进一步扩展至覆盖96%人口。政府考虑到数码地面电视服务的实际覆盖范围和渗透率，于2011年年底决定，终止模拟电视广播的日期由2012年年底延至2015年年底。

2011年年底，香港本地免费电视节目服务共提供15条频道（包括4条模拟频道及11条数码频道），其中亚洲电视有限公司占8条频道，电视广播有限公司占7条频道。由于此类电视节目服务最普及，对社会的影响力也最大，因此受到较严格的规管。本地收费电视节目服务共提供354条频道，其中香港有线电视有限公司占113条频道，电讯盈科媒体有限公司占196条频道，无线收费电视有限公司占45条频道。与渗透率接近100%的本地免费电视节目服务相比，本地收费电视节目服务的普及程度和影响力均有所不及。由于是否成为订户完全出于个人选择，加上该等服务必须提供锁码装置，保障措施十分足够，因此这类服务所受的规管亦较为宽松。

（中国传媒大学文化发展研究院 耿全颖）

·澳门特别行政区·

一、2011年澳门经济发展总体情况

2011年，澳门在主流产业的强劲带动下，尽管外部环境复杂多变，整体经济仍保持较高的增长。根据澳门统计暨普查局数据显示，2011年全年澳门本地生产总值（GDP）为2921亿澳门元，增长率为20.7%。全年本地人均生产总值为53.1723万元（约6.6311万美元），较2010年增长34.2%。

经济增长的动力主要来自旅游博彩服务出口升幅及内部需求扩大；其中，博彩服务出口增加34.6%，全年博彩毛收入上升至2678.67亿澳门元；2011年全年入境旅客超过2800万人次，按年上升12.2%，旅客人均消费增加7%；酒店住客增加11%。在内部需求方面，2011年全年失业率为2.5%，就业人数及工作收入上升，带动私人消费支出增加10.2%；而零售业的销售额亦上升41.7%。博彩旅游业仍是独占鳌头。

为推动澳门经济适度多元化发展，澳门特别行政区政府于2010年正式全面启动各项发展澳门文化创意产业的工作，在保持和巩固旅游业发展，以及适当调控博彩业发展的速度和规模，促进博彩业适度、有序和规范发展之同时，致力扶持适合澳门的新兴产业成长。文化

创意产业作为其中一项重点扶持的新兴产业，与旅游业、会展业、中医药产业、商贸服务等共同作为澳门本地发展多元经济的重要环节，并且配合国家"十二五"规划中明确澳门作为"世界旅游休闲中心"的主定位，以及在粤澳合作的层面上将澳门作为"区域贸易合作平台"的次定位，以区域合作发展策略推动澳门经济适度多元化发展。

二、2011年文化创意产业发展情况

澳门文化局文化创意产业促进厅自2010年3月底成立以来，经过大半年的筹组、运作，已基本完成前期的准备工作。2011年，促进厅一方面先行先试的进行产业推动工作，另一方面则同时进行澳门文化产业定位研究工作，其中尤须特别处理好文化创意产业与文化事业的关系和定位，文化的经济功能和社会功能的关系，注意发挥文化产业建设发展对城市形象塑造的作用。

特区政府在2011年加大力度对文化创意发展的资源投放，支持本地的文化创作，研究加强保留具有卓著艺术贡献、本土气息的文化作品，丰富特区的文化遗产内涵。其中，在文化局增设的文化创意产业促进厅和新成立的文化产业委员会的基础上，开始研究设立"文化创意产业基金"之可行性，结合政策的制订和实质的支持，务实地推动澳门的文化创意产业发展。

2011年，澳门文化创意产业的具体推动工作主要集中在产业推广、空间资源、产业合作、人才培养及产业研究等四个领域。

（一）产业推广

积极组织澳门文创产业商户、团体及个人，参与本地及海内外的文创产业博览交易会，协助业界开拓内地及海外市场，致力宣传推广本地文创产品，打造澳门特色品牌。2011年组织参与的文博交易会及展销会，包括："南京活力澳门推广周"、"天津·澳门周"、"2011第七届中国（深圳）国际文化产业博览交易会"、"第十六届澳门国际贸易投资展览会"（MIF）等。

除了支持业界参与展销活动之外，同时积极协助和支持业界人士参加海内外与文创产业相关之竞赛及奖项，包括视艺展、电影展、音乐会、动漫展及文创产品展等，有助提升澳门品牌形象。其中部分海外参展文创人士亦获重要奖项，如蔡安安导演的影片《还有一星期》，由文化局资助前往第16届洛杉矶国际家庭电影节，获最佳外语喜剧片奖；本澳年青电影导演周钜宏的《错过的美丽时光》和黄婷婷的《震动》亦获入围参与海外电影展竞奖项；本澳题材电影《星海》亦在"第二十届中国金鸡百花电影节"获提名奖。除此之外，2012年10月，澳门电影《堂口故事2·爱情在城》在香港亚洲电影节中举行首映礼。

为加强本地市民对文化创意产业的认识，增进本地及海外文创业界之间的交流与合作，2011年8月正式启用澳门文创网，利用网站信息平台，有效发布最新本地文创消息，推广本地文化创意品牌产品。

（二）空间资源

重新规划和再利用文化局辖下文化资源，开发利用澳门本地合适的闲置空间，开发成为本地文创产品宣传、展演及销售平台。其中部分合适的空间，经由公开招商，以租金优惠政策，让更多有意发展文创产业之业界人士进驻使用。2011年开幕启用的文创空间有郑家大屋咨询处暨礼品店、旅游文化活动中心澳门创意馆（3月至11月）。

另外，文化局逐步适度提高对文创产业主题活动的资助金额和项目数量，以择优原则进行支持。2011年的资助金额约近1200万澳门元，共计115项；资助对象包括文创商户、社团和个人工作者；主题涵盖视觉艺术、设计、电影录像、流行音乐、表演艺术、服装、动漫等；项目内容包括人才培训课程、讲座、工作坊、视觉艺术及设计展览，海外参访文创项目，参加文博交易会、展销会，以及参加电影节、音乐会等。

（三）产业合作

锐意建立人才与产业媒合机制，为创作人的创作意念与企业投资者之间搭建中介平台，协助创作人与产业接轨，促进创意转化为商品投入市场。文化局自2010年8月开始筹建"澳门文化创意产业数据库"，目的在于了解本地文化创意产业的发展情况，加强政府与业界之间的沟通，有利于制定辅助文创产业的政策及发展方向，积极推动企业间的商业配对，共同构建具有本地特色的文创产业。数据库的数据征集计划以分阶段形式进行，首阶段以专业公司及社团为对象，并以设计作为首个征集范畴，之后陆续开展视觉艺术、表演艺术、服装、流行音乐、出版、电影录像、动漫及跨类型文创范畴的征集工作。截至2011年年底，文创数据库已收集的澳门公司及团体共180个单位。

（四）人才培养及产业研究

由于澳门文创产业正处于起步阶段，有需要透过教育培训将文创知识推广和普及，文化局于现阶段正积极鼓励和支持澳门院校、企业及民间团体开办文创相关课程，鼓励本地学生海外升学和进修文化创意产业相关科系及课程，为发展文化创意产业建立人力资源的基础。

2011 年 4 月，在社会文化司的支持下，澳门业余进修中心与清华大学合办的“文化创意产业管理高级研修班”，为本地文化创意产业业界人士提供理论、案例与考察相结合的课程。

由于文化艺术管理人才是串联文化事业与文化产业发展的关键性人才类型之一，考虑到澳门未来的实际需要，文化局与旅游学院共同合作，在 2011 年 6 月至 9 月开办“艺术行政证书课程”，积极培训文化艺术专业管理及营运人才。该课程获录取学员出席率达 80%，且考试合格，将获文化局提供学费辅助。同时，澳门旅游学院亦正持续开办不同类型与文化创意相关的短期课程。

为了协助澳门文化艺术社团逐步迈向专业化发展，文化局亦于 2011 年 9 月启动“文化艺术管理人才培养计划”，配合过往每年进行的文化活动年度资助，接受本地各民间文化艺术社团推荐一名人员申请培训资助。

除此之外，为了探索澳门文化创意产业未来的发展定位，厘订及修正本地文化创意产业的发展方向，持续进行学术性研究实必不可少。其中，文化产业委员会在 2011 年积极开展“澳门文化产业定位及分类研究”，邀请包括内地、台湾和香港的专家学者进行研究，共同为澳门文化创意产业发展方向把脉，相关研究成果于 2012 年完成。同时，文化局亦委托了香港大学莫健伟博士进行“澳门文化创意产业指标体系”研究，梳理澳门现有相关统计资料，对澳门文创产业现况进行实地访查及考察，尝试建立科学性的文化创意产业指标体系的分析工具，评估产业发展条件和水平，研究成果于 2012 年完成。

三、与内地文化创意产业交流合作情况

2011 年 3 月 6 日，粤澳双方正式签署《粤澳合作框架协议》。为落实协议中有关文创产业合作的内容，促进澳门经济适度多元化发展，珠江电影集团有限公司负责人于 2011 年 6 月 8 日访澳拜会文化局局长，商谈粤澳两地在电影产业的合作展望。2011 年 6 月 16 日，“第十一届华语电影传媒大奖”在澳门举行，这是《粤澳合作框架协议》签署后两地文化产业合作的首个试点项目。活动由粤澳两地主管部门引导，两地主流文化机构打造的文化产业合作的先锋项目，充分体现了粤澳合作中先行先试的特色，活动不仅增加粤澳两地文化产业的合作，更促进了澳门电影产业的持续发展。

第十二届粤港澳文化合作会议于 2011 年 6 月在广州举行，粤港澳三地代表围绕演艺人才交流和节目合作、文化信息交流、文博合作、图书馆交流合作、非物质文化遗产合作、文化（创意）产业合作等多个文化领域的交流进行了深入探讨和交流，对加快粤港澳文化产业项目的合作具重大意义。会议签署了粤港澳“加强粤剧艺术人才培训交流”、“联合举办海上瓷路－粤港澳文物大展”、“合作创编现代舞作品”三个合作意向书，期望进一步加强合作，实现三地文化互利共赢。会议期间，举行了“粤港澳文化信息网”标志设计大赛颁奖仪式，与会者还参观了广州塔、广东省博物馆以及 TIT 创意产业园等。

在深澳合作方面，双方加强互访沟通，积极探索和开展合作项目。2011 年 1 月 27 日，文化局应深圳市人民政府港澳事务处之邀，参访华强文化科技集团、深圳市文化博览交易有限公司及深圳市创意文化投资发展有限公司（F518 时尚创意园）。深圳市文体旅游局港澳台文化事务处亦于 4 月 21 日来澳访问，与文化局商讨在深圳文博会新增演艺馆，邀请澳门方组织澳门艺术节、澳门国际音乐节等内容参展事宜。澳门文化局并于 5 月 13 至 16 日组织澳门文创单位，参加第七届中国（深圳）国际文化产业博览交易会，以原创动漫为主题设立“澳门馆”，向深圳市民及业界介绍澳门动漫文化创意，提供展示平台及增加与海内外同行交流机会。

2011 年 11 月 28 日，深澳双方举行合作会议，由双方代表签订“深澳文化创意产业合作意向书”，双方协议建立定期会晤沟通交流机制，指派人员跟进信息通报制度，并从 2012 年起，深圳每年组团参展澳门国际贸易投资展览会之文化创意产业展示区，在展示区内举办文博会精品展，组织文博会的创意设计、动漫游戏、工艺品等品牌产品、项目和龙头企业参展，展示介绍深圳文化创意产业发展情况、政策及未来趋势，并加强深圳文化创意产品在葡语国家的推广，推动深圳文化企业开拓海外市场。

此外，江苏省文化厅与澳门文化局于 10 月 21 日在澳门合作举办“澳门江苏周”，在开幕仪式上签订了《苏澳文化创意产业合作备忘录》，奠定了双方日后在文化产业上的合作基础。同时，由双方联合主办“苏澳文化创意产业对接会”，举行苏澳两地文化创意产业论坛，以及推介产业合作项目，推动两地文创业界的沟通与交流。

（澳门特别行政区文化局文化创意产业促进厅厅长　陈炳辉）

·台湾省·

一、2011 年台湾经济发展总体情况

2011 年，台湾总体经济稳定成长，带动休闲文化消费支出较 2010 年高，但因 2011 年上半年欧洲希腊债信风暴再起，加上意大利、西班牙、葡萄牙等国问题，使欧盟经济增长率不及 2%，美国由于高失业率等因素影响，增长率在 3% 以下，使得台湾对外出口需求降低。不过台湾依托既有的“两兆双星(Two Trillion & Twin Star)”（“两兆”系指将半导体产值与彩色影像显示器两项产业的产值在 2006 年时，各自突破一兆元；“双星”是指推动数字内容与生物科技产业成为具发展潜力的两个明星产业）及信息产业的优势，参考未来世界节能减碳、人口老化、创意经济兴起等趋势，选定生物科技、绿色能源、精致农业、观光旅游、医疗照护及文化创意等六大新兴产业，从多元化、品牌化、关键技术等面向，带头投入更多资源，加强辅导及吸引民间投资，以扩大产业规模、提升产值及提高附加价值，期能在维持台湾经济持续成长的同时，亦能兼顾国民的生活质量之提升。

二、2011 年台湾文化创意产业发展总体情况

根据台湾经济研究院 2012 年报告指出，2011 年，全球文化创意产业市场规模持续扩大，市场达到 1.08 兆美元，年增长率由 2010 年的 0.9% 提高到 2.93%。根据台湾财政部统计数据，2011 年台湾文化创意产业销售值达到新台币 4683 亿元，虽然年增长率由 2010 年的 7.12% 降至 5.42 %，呈现成长缓慢现象。但庆幸的是政府政策扶植、产品多元发展、举办国际大型活动等利基，结合民间各项文创产业尚可平缓成长的放大效应，如电影产业中《赛德克. 巴莱》及《那些年，我们一起追的女孩》等，创造可观的产值，带动相关产业成长；数字产业因应新媒体平台，内容更加多样化，刺激各种不同的载体蓬勃发展，满足消费者多样化的娱乐需求，多媒体内容传输平台如网络电视、移动电视以及有线电视厂商，涉足宽带上网等服务市场，台湾文化创意产业仍能维持整体成长的态势。

根据行政院经济建设委员会 2012 的相关报告，台湾六大新兴产业的发展策略和细部计划已陆续完成规划，初步估计自 2009 至 2012 年间，政府已投入经费超过 2000 亿元，未来计划定期检讨执行进度，以达成预期效益，为台湾带来改变，并厚植社会整体竞争力。在文化创意产业方面，以华文市场为目标，加强创意产业集聚效应、扩展国内外消费市场、资金挹注、产业研发及重点人才培育等环境整备策略，致力推动电视、电影、流行音乐、数字内容、设计及工艺等六大旗舰产业。相信在产、官、学、研合力的努力，并继续从生活美学、在地文化形塑、文化传播、文化产业加值等层面，厚植文化创意活力，协助民间社会与产业，迈向更多元且具深度的文化发展，定能逐步使台湾文创产业更加成长，向下扎根，创造更美好世界，也正是文化创意产业真正价值所在。

尤其是 2011 年适逢辛亥百年，结合各项庆祝活动定为“设计年”，全年串连全台各地各领域设计活动，并在 10 月由台湾创意中心筹办“台北世界设计大会”及“台北世界设计大展”两大设计盛会，引爆“设计年”的最高潮，集结企业、设计公司、设计院校以及设计推广组织，以善念设计之手法，诠释主题“交锋（Design at the Edges）”，邀集全球 34 个国家，1200 位顶尖设计师，6 千多件作品，吸引国内外超过 400 万人次参与，带动观光消费达新台币 80 亿元以上，大幅提高了台湾国际形象及知名度，让全民得以体验世界设计产业的脉动与能量，并且欣赏台湾设计师的巧思与风采，展现出台湾文化创意产业的特色，随后开始积极申请台北市为 2016 设计之都(World Design Capital)，力图在智能生活、生态永续、生活质量、都市在升等层面，带给市民更幸福美好的生活。

2011 年，台湾处于“文化创意产业计划”第二期计划中，依文建会所规划，其重点在于辅导艺文产业的发展，以政策引导地方政府，加强文化创意产业之推动，建立创意银行数据库，提供艺术界与企业界媒合平台，并扶持青年艺术家；同时积极建构文创产业园区中的文化群聚与异业结合，作为推动创意产业的平台，以获得更大的发展空间，计划引进民间参与力量及资源，创造具有竞争力的美感创新产业，建立以文化创意高附加价值的园区，将台湾打造成为创意人才聚集地，办理国际大型活动等。根据行政院文化建设委员会设定的八项关键策略目标评估成效，详述如下：

（一）结合政府与民间力量，共同推动文化创意产业发展

2011 年，台湾文化创意产业界通过办理政策性补助项目，促成跨界产品研发，举办国际性文创展览会并辅导业者参加国际相关会展及大赛，拓展国际通路。以

五大创意文化园区及工艺园区为据点，结合城市发展轴带概念，进行区域产业串连及资源整合，达到产业集聚效应。设立“文化创意产业项目办公室”，辅导文创业者，完成 110 个个案诊断、补助研发、营销及鼓励成立公司等服务，有效协助业者解决相关问题等，完成 2336 件咨询服务。主要案例包括：协助策办“Art Taipei 2011 台北国际艺术博览会”，参展之国内外画廊共计 124 家，参观人数达 4.5 万人以上，成交金额 10 亿元；办理“2011 台湾国际文化创意产业博览会”，参观人数达 7.2 万人次，厂商销售及接单金额达 2.5 亿元；协助文创业者拓展海外市场，补助 70 家厂商参加英国伦敦 100% 设计展、东京国际家居生活设计展、上海国际时尚家居博览会、香港家庭用品展等国际会展活动，有效形塑台湾文创精品之整体品牌意象；顺利推动业者参与大陆地区台湾名品展，如参与南京台湾名品交易会，参观人潮达 13904 人次，现场商谈记录 205 笔；参与湖北台湾名品博览会，参观人数达 35976 人次，现场商谈记录 143 笔。

（二）向地方社区扎根，建构艺文发展环境

2011 年，台湾各地政府透过地方文化提升生活圈规划，有效整合相关资源，创造全方位小区发展，辅导了 204 处小区影像记录，55 处小区建设小区剧场、完成 47 部小区剧场剧本，实际协助小区以艺文方式参与公共事务讨论，进行文化记录工作，并出版“这一站，请按赞”小区改造案例专辑，办理地方文化馆特色展览，超过 43 万人次参观。各县市均推出别出心裁的营销方案，如嘉义县和新竹县的地方文化馆，与商场超市相互营销，成效良好。辅导各县市办理重点馆舍升级计划 103 案，共辅导 84 个馆舍，补助硬件设施及设备改善、典藏研究、营销教育推广、资源发掘、特色活动整合等，以全面提升重点馆舍的精致度，改善空间舒适度和亲和力。

（三）强化文化输出，走向国际舞台

2011 年，为了加强国际艺文交流，政府辅导三处海外文化中心（纽约、法国、日本）为台湾文化国际交流平台，办理海外国际艺文展演，推动文化输出海外，即使面临欧债危机阴霾，仍能积极争取国际合作机会，成功推动 44 项展演计划，将台湾优秀表演团体推向世界级的舞台。主要包括：17 项台湾团体赴美加展演（表演计划 8 项、展览计划 9 项）——与加拿大亚裔协会合办“台湾文化节”、掌中戏剧团、豫剧团、云门舞集、采风乐坊、台原偶剧团、历史博物馆、舞蹈家布拉瑞杨、漆艺等文化展演活动；17 项台湾团体赴欧洲地区展演（表演计划 9 项、展览计划 8 项）——主要与法国国立剧院、亚眠文化之家、夏优剧院、里昂舞蹈之家、德国达姆斯特剧院、法国北加莱 FRAC 当代艺术典藏中心、法国 Jeu de Paume 国家艺廊、法国吉美博物馆、意大利热那亚当代艺术馆、匈牙利拉德为博物馆等单位合作艺文展演，并推动团体参与法国科诺博尔艺术节、梅杰尔世界偶戏节、外亚维依台湾小剧场艺术节等展演计划；10 项台湾团体赴日展演（表演计划 5 项、展览计划 5 项）——参与目黑第六届国际文化交流艺术节、台日舞蹈交流、东日本大地震赈灾义演、台日青年音乐家赈灾演奏会、革命百年文物纪念国父与日本友人展、山形国际纪录片电影节、台湾文化讲座、台湾文化放送新潟水与吐大地艺术季、第 25 回池袋人形祭等活动。

此外，以台湾博览会的概念，展开一整年的活动，顺利办理百年庆典等 13 项大型庆祝活动、标志设计、吉祥物、百年经典好戏、演唱会、纪录片、梦想家园游会……并且各部会同步办理相关国际性活动，得以将现况传播至国际场合，提升国际形象，藉此带动观光旅游及文创产业，包括交通部、客委会、原民会、侨委会、故宫，分别举办了 5 项主题系列活动、经济部主办的世界设计大会、新闻局举办国际新闻协会年会及嘉义市主办世界管乐年会等，以文化艺术展现出台湾社会发展特色，亲切友善的朴实民风，站上国际舞台。

（四）促进全民艺文欣赏，激发文化消费热情

2011 年文建会所属工艺中心办理特展约 50 次、常设展 5 次、常设活动 11 次，国际交流活动 10 次，及 2011 国际工艺设计大展，更邀及台、日、韩、泰、美、法、丹麦约 250 作品，各项活动均获好评，国内外邀展与合作邀约不断，亦有效推动国人艺文欣赏的习惯，共吸引了约 113 万人次参观，未来还将以更方便偏远地区民众与学童的方向努力。而台湾交响乐团亦举办 95 场演出音乐会，观众达到 20.3 万人次，影音文化广场达 4.4 万人次。NTSO 国际音乐节，结合观光带给游客美景与人文艺术的音乐之旅，参与人次达 8 万多。台湾美术馆以“分龄”、“分众”方式规划教育服务，建立美术馆与不同族群分享艺术资源的平台，参观人次达 108.858 万人次。

（五）维护与活化文化资产，厚植文化底蕴

2011 年，台湾完成辅导县市政府推动古迹、历史建筑修复并达活化之工程达 15 件，包括：“新北市历史建筑公司田溪程氏古厝修复及再利用工程”、“苗栗县县定古迹中港慈裕宫修复工程”、“南投县县定古迹明新书院保存修复工程”、“彰化县历史建筑员林曹家

开台祖茔修复工程”、“彰化县国定古迹马兴陈宅再利用工程”、“云林县县定古迹虎尾糖厂铁桥修复暨景观改善工程”、“嘉义县县定古迹新港水仙宫修复工程”、“嘉义县县定古迹朴子配天宫第二期修复工程”、“台南市市定古迹爱国妇人馆修复工程”、“台南市市定古迹原台南放送局修复工程计划”、“台南市国定古迹孔子庙明伦堂壁画修复工程”、“台南市市定古迹善化庆安宫彩绘修复工程”、“高雄市市定古迹旗山天后宫修复工程”、“高雄市市定古迹楠梓天后宫修复工程”、“屏东县县定古迹佳冬杨氏宗祠修复工程”，及结合当地观光游憩及宗教、民俗，推动文化艺术相关展览、体验及学习活动，持续推动历史及文化资产维护发展计划，各类文化资产相关人才培育课程，知识推广活动参加人次与上网浏览人次达 301.2867 万人次。

（六）推动组织再造，充实文化设施

2011 年，台湾推动成立文化部，以统筹文化事务，并凝聚各界对文化之共识转化为文化政策，建构国家、县市、乡镇、小区脉络相连完整的文化生活，关注工程进度及研讨改进作法，检讨各种法规之适用性，推动组织再造，充实文化设施，如：“大台北新剧院兴建计划”、“北部流行音乐计划”、“海洋文化及流行音乐中心计划”、“台湾戏剧艺术中心兴建计划”、“台湾历史博物馆筹建计划”、“卫武营艺术文化中心兴建计划”、“苗北艺文中心演艺厅工程兴建计划”、“台中大都会歌剧院兴建计划”、“屏东县演艺听兴建计划”、“县市文化中心整建计划”，以提升人民的文化生活水平，创造多元文化空间，已建设完成的有国立台湾历史博物馆，已于 2011 年 10 月开馆，计划通过营运管理与馆际合作，达到创新、多元的服务质量，发挥建馆效益，提供民众就近参与艺文活动的机会。

（七）提高文化预算，强化执行效能

2011 年，台湾致力于建立文化发展机制，拟定长期执行策略，统一事权，整合资源，争取文化预算。节约政府支出，合理分配资源，降低一般经常性开支，使财政收支平衡。包括：推广无形文化、补助县市政府、业者及个人从事文创活动、文创产业市场拓展及交流……，如 2011 年辅助县市政府与民间办理民俗文化资产推广活化祭典仪式传承，共有新社九庄妈祖、白沙屯妈祖进香、大甲镇澜宫遶境进香、北港朝天宫营妈祖、台中旱溪妈祖遶境 19 庄、盐水蜂炮、台南东山营妈祖、邹族战祭、口湖牵水藏、平埔夜祭等民俗信仰约 22 案，参与人数逾 400 万人。

（八）建立文化行政专业，培育文化志工

因应台湾文化部成立，并增进文化专业知能，安排相关文化行政及志工进阶训练课程，以提升业务承办人员相关知识，并安排至文化艺术展演场所参访，培育民间人力参与文化建设，呈现文化发展的新活力。根据行政院文化建设委员会 100 年度施政绩效报告 2012 的统计，2011 年相关志工人数达约 2 万人，协助推广及办理各类文化活动，并接受教育训练，提供必要的文化服务，约为 2700 多万人次。

（台湾艺术大学推广教育中心主任 张国治
台湾艺术大学推广教育中心研究助理 江季凌）

第五部分

统计与数字

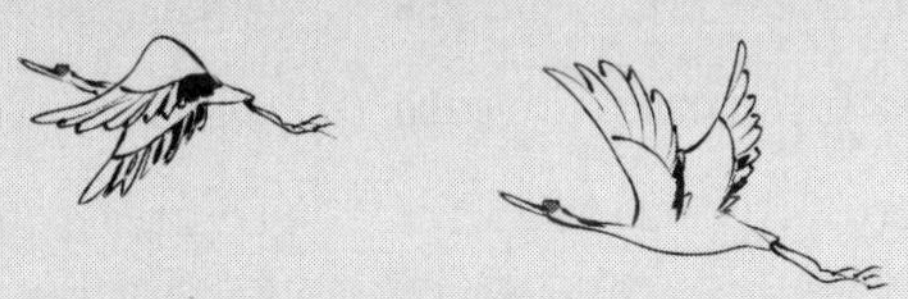

一、广播电视业

表 1　2011 年全国广播电视发展主要指标一览表（一）

	节目制播情况								覆盖	
	广播节目播出时间	增长率	电视节目播出时间	增长率	广播节目制作时间	增长率	电视节目制作时间	增长率	广播综合人口覆盖率	电视综合人口覆盖率
	万小时	%	万小时	%	万小时	%	万小时	%	%	%
全国总计	1305.75	3.14	1675.30	2.43	693.70	1.80	295.05	7.57	97.06	97.82
总局直属	27.46	16.12	25.19	12.31	22.36	2.03	12.05	91.87	–	–
北京市	12.03	1.46	11.32	5.07	11.82	–17.72	10.01	18.85	100.00	100.00
天津市	13.81	3.58	18.25	20.28	7.56	–0.72	2.20	0.95	100.00	100.00
河北省	60.73	3.96	75.53	1.79	32.00	3.21	13.94	6.23	99.33	99.26
山西省	37.80	1.81	47.21	0.63	16.29	5.86	9.32	–1.81	93.61	97.70
内蒙古自治区	64.95	2.13	63.32	0.22	24.52	7.86	6.74	4.25	97.41	96.19
辽宁省	72.29	1.01	72.89	3.46	44.27	–3.25	18.43	–2.42	98.51	98.64
吉林省	44.62	9.49	50.24	2.98	25.59	12.55	8.74	13.59	98.53	98.64
黑龙江省	43.81	4.54	67.74	2.47	24.36	42.95	9.77	19.87	98.57	98.77
上海市	13.80	5.00	17.72	1.10	7.23	–15.15	4.27	–13.76	100.00	100.00
江苏省	78.59	1.41	82.39	1.58	58.08	1.96	19.11	–15.73	99.99	99.88
浙江省	71.32	0.47	72.20	1.39	45.54	2.23	18.13	26.68	99.20	99.38
安徽省	51.96	3.14	64.13	0.03	19.19	15.87	7.70	–6.64	97.62	97.74
福建省	50.98	0.80	34.01	1.82	26.06	3.87	6.13	10.55	98.00	98.54
江西省	35.18	1.83	63.26	–2.82	18.65	4.08	8.63	28.63	97.06	98.18
山东省	85.63	2.02	96.45	1.25	47.41	–0.51	17.10	8.31	98.19	97.91
河南省	63.60	1.59	86.75	–0.18	29.73	2.68	13.91	–1.06	97.70	97.77
湖北省	44.70	–0.07	67.35	2.69	23.63	0.38	9.83	3.58	98.18	98.23
湖南省	35.15	4.97	72.27	1.15	16.91	6.55	13.45	5.43	92.61	96.82
广东省	77.27	1.02	78.17	17.95	51.45	–4.67	14.87	17.46	98.00	98.00
广西壮族自治区	29.71	7.37	48.53	0.86	16.94	–4.06	10.28	27.51	95.24	96.99
海南省	10.88	0.90	8.18	2.07	5.72	10.29	1.69	73.51	96.45	95.42
重庆市	13.28	22.09	26.17	4.45	6.12	4.96	5.04	–6.80	98.02	98.56
四川省	54.05	2.55	103.86	4.54	19.04	5.62	10.49	–4.18	96.60	97.69

情况		有线电视发展情况							
无线广播综合人口覆盖率	无线电视综合人口覆盖率	有线广播电视用户	增长率	数字电视用户	增长率	付费数字电视用户	增长率	有线广播电视入户率	有线广播电视网络传输干线总长
%	%	万户	%	万户	%	万户	%	%	万公里
95.17	94.52	20264.39	7.38	11488.96	29.52	1760.59	59.32	49.43	369.73
–	–	–	–	–	–	–	–	–	4.09
100.00	99.74	475.92	6.20	345.48	21.82	0.12	137.04	95.97	16.39
100.00	100.00	290.71	10.88	227.61	6.90	21.90	–5.95	84.81	0.66
98.34	96.87	719.60	7.34	456.43	19.37	6.54	–18.12	32.64	15.60
93.52	97.56	462.60	9.10	270.83	33.53	8.98	189.74	39.02	9.63
97.03	88.83	317.23	1.05	200.56	3.27	10.67	50.26	38.40	4.43
98.37	96.96	810.27	7.67	358.57	17.06	10.10	54.85	51.43	11.70
98.29	93.42	487.17	7.68	325.45	16.66	24.17	17.65	51.47	9.36
98.56	98.61	550.78	5.65	309.74	41.03	94.50	8.15	45.25	17.24
100.00	100.00	627.18	9.45	285.55	21.18	44.27	95.91	120.78	3.75
99.93	99.87	1987.86	5.41	1195.80	18.65	234.23	1.52	82.24	44.29
98.34	98.17	1330.93	12.44	970.10	64.78	213.38	280.41	82.78	22.99
97.48	97.39	490.78	6.44	259.72	34.38	24.43	52.50	23.45	4.65
96.62	94.75	652.13	6.36	333.93	15.37	43.50	130.13	64.55	15.19
96.05	96.53	489.70	11.43	219.04	428.95	16.41	34.55	41.19	8.22
97.87	97.29	1802.26	9.17	872.01	48.99	54.36	282.39	61.91	31.31
97.63	97.65	787.23	8.56	100.80	14.99	8.06	48.07	25.80	14.66
97.95	97.55	987.75	10.48	674.84	36.26	93.45	85.90	49.28	22.46
90.18	93.98	695.94	8.49	542.01	21.33	57.18	70.99	36.11	10.72
97.57	96.25	1825.03	7.26	1116.93	17.52	197.06	277.53	74.58	21.05
91.97	93.52	436.22	–6.77	282.54	6.98	78.92	60.84	31.89	4.50
96.26	95.14	85.48	7.19	68.00	7.16	4.76	58.04	33.71	0.22
88.67	88.99	508.76	3.38	249.91	26.16	10.95	–10.17	44.06	14.31
91.68	92.19	1340.34	3.13	319.45	61.43	91.90	201.30	45.65	30.59

续表 1

	节目制播情况								覆盖	
	广播节目播出时间	增长率	电视节目播出时间	增长率	广播节目制作时间	增长率	电视节目制作时间	增长率	广播综合人口覆盖率	电视综合人口覆盖率
	万小时	%	万小时	%	万小时	%	万小时	%	%	%
贵州省	18.92	19.91	22.72	−7.98	10.24	56.75	3.10	−28.64	88.00	92.81
云南省	28.09	3.36	76.78	3.19	15.09	−8.35	9.53	0.33	95.69	96.72
西藏自治区	4.22	8.97	4.56	−3.08	2.81	0.01	0.71	26.21	91.67	92.80
陕西省	41.05	1.13	58.60	1.41	19.64	−0.44	10.74	28.94	97.02	97.87
甘肃省	28.32	4.18	42.33	2.03	10.88	0.92	5.94	0.96	93.70	94.05
青海省	5.50	−2.04	6.93	−0.54	3.05	−21.00	2.19	14.79	91.64	95.69
宁夏回族自治区	10.22	0.60	15.31	0.40	4.43	7.97	2.51	−11.46	93.50	98.60
新疆维吾尔自治区	75.82	3.82	94.93	1.29	27.09	3.99	8.50	11.16	94.90	95.29
新疆生产建设兵团	–	–	–	–	–	–	–	–	96.50	98.50
计划单列市合计	33.69	2.47	39.55	0.88	25.87	−1.97	9.10	−4.30	99.40	99.56
大连市	7.51	0.72	8.87	0.34	4.83	−10.20	1.45	4.26	98.97	99.84
宁波市	9.17	−0.11	8.60	−1.86	7.16	−3.48	2.14	−9.08	100.00	100.00
厦门市	4.08	16.86	5.27	2.06	3.27	3.05	0.76	23.86	99.19	100.00
青岛市	8.66	−0.08	8.91	4.73	6.60	2.82	1.30	−15.92	98.50	98.30
深圳市	4.27	4.56	7.91	−0.36	4.01	0.24	3.45	−4.28	100.00	100.00

情况		有线电视发展情况							
无线广播综合人口覆盖率	无线电视综合人口覆盖率	有线广播电视用户	增长率	数字电视用户	增长率	付费数字电视用户	增长率	有线广播电视入户率	有线广播电视网络传输干线总长
%	%	万户	%	万户	%	万户	%	%	万公里
67.50	58.00	396.57	18.30	349.68	49.11	83.59	106.28	34.25	4.89
93.57	87.71	533.74	7.61	315.86	20.79	210.10	−11.04	42.59	8.39
90.63	91.74	17.88	1.93	4.26	124.01	0.50	150.00	25.93	0.36
95.52	96.06	551.11	8.61	381.61	29.70	98.77	70.42	45.99	6.73
89.98	89.07	220.46	6.56	147.79	20.30	10.28	95.15	28.57	4.72
91.19	95.29	40.15	1.00	36.45	6.74	6.95	365.76	26.94	0.61
92.80	96.86	79.56	12.74	79.56	12.74	–	–	41.04	1.31
94.58	94.63	208.01	8.09	188.45	43.47	0.56	−9.12	34.16	2.96
–	–	55.03	4.74	–	–	–	–	63.18	1.75
99.25	99.33	706.86	−20.74	570.09	−16.69	47.80	2.94	72.43	10.28
98.97	99.84	64.53	−54.56	31.95	−68.11	0.13	−97.11	31.09	1.08
100.00	100.00	218.68	6.40	157.61	39.41	6.11	19.47	98.08	3.87
99.19	100.00	62.94	−2.57	48.07	3.85	1.60	−34.40	108.85	0.47
97.89	97.36	147.91	−41.73	122.28	−43.66	6.09	131.16	60.16	2.47
100.00	100.00	212.80	−5.79	210.18	1.20	33.87	6.70	88.14	2.39

表 2　2011 年全国广播电视发展主要指标一览表（二）

	总收入	增长率	实际创收收入	增长率	广告收入	增长率	广播广告收入	增长率	电视广告收入
	亿元	%	亿元	%	亿元	%	亿元	%	亿元
全国总计	2717.32	18.05	2371.18	18.39	1122.90	19.46	123.32	23.84	934.54
总局直属	483.89	13.71	413.63	17.25	270.54	18.98	6.22	30.40	259.75
北京市	210.42	27.13	172.40	20.79	79.61	29.73	12.35	70.66	41.81
天津市	39.57	30.63	33.67	27.85	7.23	−3.42	4.04	10.66	3.14
河北省	47.37	11.38	41.48	12.21	21.49	6.67	5.69	60.85	13.78
山西省	27.10	23.89	19.79	18.97	9.65	25.91	1.57	27.28	7.66
内蒙古自治区	29.61	19.90	14.90	8.01	4.87	1.61	1.45	24.76	3.32
辽宁省	63.70	5.36	54.95	11.32	28.69	15.23	6.55	12.93	21.54
吉林省	36.02	17.15	29.45	18.25	12.39	8.83	2.45	7.96	9.92
黑龙江省	48.72	25.00	42.39	26.63	19.56	14.84	4.49	34.04	13.88
上海市	248.43	15.59	236.39	14.68	78.45	26.05	5.79	25.54	61.55
江苏省	223.43	28.19	211.08	28.72	94.39	28.92	12.86	26.23	78.69
浙江省	207.59	15.51	194.62	15.34	68.08	14.69	10.18	13.16	56.16
安徽省	61.16	25.47	53.87	29.86	36.84	27.22	2.77	11.60	33.41
福建省	56.21	22.66	46.49	21.13	20.25	24.74	2.49	34.35	15.73
江西省	34.29	17.98	29.62	15.67	14.04	1.38	1.24	7.34	12.39
山东省	106.85	19.61	103.64	22.49	53.35	18.39	8.26	16.29	42.56
河南省	50.45	14.59	40.71	18.21	24.40	12.53	3.34	12.34	19.98
湖北省	65.18	18.28	57.35	18.08	23.06	25.90	3.84	78.57	18.54
湖南省	137.66	33.83	130.00	32.61	70.81	30.51	2.78	21.50	67.49
广东省	198.31	14.14	186.16	11.77	82.38	13.25	11.40	15.62	67.08
广西壮族自治区	36.32	13.73	27.98	11.64	11.08	12.69	1.24	22.44	9.52
海南省	12.35	25.16	9.13	24.24	5.72	36.11	0.29	56.66	4.87
重庆市	34.58	0.33	28.06	−7.58	8.04	−27.59	1.19	33.16	6.55
四川省	78.61	17.63	61.73	14.81	27.49	17.79	2.80	23.18	23.03
贵州省	37.64	9.29	32.32	9.53	8.19	5.40	0.55	−20.92	7.55
云南省	42.38	27.78	31.76	24.08	14.28	48.79	1.64	20.09	12.33

增长率	网络收入	增长率	收视费收入	增长率	付费数字电视收入	增长率	资产总额	增长率
%	亿元	%	亿元	%	亿元	%	亿元	%
17.32	563.78	15.66	364.17	12.92	37.69	49.01	6263.36	14.57
19.13	20.61	11.94	7.35	−8.28	2.95	27.94	928.25	11.42
−1.71	21.70	−7.69	9.83	4.53	0.44	5.36	571.04	28.25
−16.98	8.22	14.80	5.58	9.33	0.19	−27.55	85.65	8.44
−4.51	15.32	14.02	12.79	11.15	0.22	86.08	114.58	10.75
24.00	7.56	13.51	6.28	15.74	0.04	−60.89	64.90	3.24
−5.08	9.59	15.60	6.79	3.09	0.76	260.68	46.31	−14.77
16.20	18.07	11.03	13.74	3.65	0.44	187.28	177.57	17.74
9.05	16.08	26.51	12.32	28.78	1.02	225.35	102.83	5.45
9.78	18.27	36.28	13.77	24.61	0.35	−24.87	106.06	29.90
26.71	22.10	5.45	11.51	34.53	1.47	−10.54	500.42	11.93
29.78	56.15	17.15	34.37	18.83	3.41	−5.46	604.64	28.20
15.20	49.28	21.48	25.59	15.58	5.71	46.11	411.10	14.12
28.57	10.64	26.10	4.13	0.15	4.21	71.75	113.24	14.75
17.78	16.55	2.65	10.19	2.89	1.26	72.65	139.11	7.01
2.06	11.08	28.13	7.45	−1.29	0.94	473.41	78.38	12.96
19.93	37.21	21.13	27.89	23.26	0.76	119.00	326.61	22.95
11.70	9.77	12.66	7.67	11.38	0.24	53.93	127.14	7.04
17.18	25.69	16.72	19.22	15.09	1.42	109.78	170.33	−0.80
31.68	22.57	17.25	15.36	9.20	1.72	80.05	287.26	19.25
9.67	56.70	13.45	39.99	12.80	2.16	45.07	489.06	3.35
9.66	13.05	13.95	8.62	5.41	0.60	91.07	83.55	9.41
40.87	3.24	5.47	2.41	9.84	0.10	65.44	25.52	10.07
−33.73	13.90	3.82	8.17	3.10	0.80	56.07	97.15	1.85
14.85	27.97	17.47	17.62	14.70	1.83	93.72	181.83	23.65
7.25	8.83	15.31	6.01	7.89	0.91	90.13	95.36	7.31
51.79	14.20	15.05	7.70	3.60	2.71	62.37	126.63	33.26

续表 2

	总收入	增长率	实际创收收入	增长率	广告收入	增长率	广播广告收入	增长率	电视广告收入
	亿元	%	亿元	%	亿元	%	亿元	%	亿元
西藏自治区	6.11	21.82	1.30	13.45	0.90	19.06	0.01	−20.00	0.90
陕西省	35.57	−7.21	37.54	24.39	16.72	7.54	3.82	−21.25	12.86
甘肃省	15.77	9.73	8.46	10.43	2.82	8.51	0.51	18.89	2.25
青海省	6.17	42.61	2.74	20.99	0.43	19.98	0.10	36.97	0.32
宁夏回族自治区	10.90	31.91	6.62	17.78	3.10	12.98	0.16	29.09	2.90
新疆维吾尔自治区	23.96	10.64	10.23	−0.14	3.73	−2.87	1.24	25.44	2.46
新疆生产建设兵团	1.00	8.42	0.72	19.23	0.31	44.95	–	–	0.31
计划单列市合计	105.28	16.07	95.52	11.49	45.42	23.68	8.32	30.49	35.28
大连市	10.02	−7.17	8.00	−19.32	6.20	22.60	1.97	33.94	4.11
宁波市	16.28	21.55	14.15	22.96	5.79	14.22	0.85	32.56	4.82
厦门市	12.46	32.33	10.46	36.92	2.97	19.62	0.46	25.48	1.88
青岛市	12.69	−5.88	12.04	−8.92	7.01	21.13	2.17	21.97	4.67
深圳市	53.82	23.42	50.86	17.23	23.46	27.95	2.86	35.53	19.81

增长率	网络收入	增长率	收视费收入	增长率	付费数字电视收入	增长率	资产总额	增长率
%	亿元	%	亿元	%	亿元	%	亿元	%
19.59	0.30	-3.30	0.25	15.96	0.01	-85.12	11.84	2.02
20.96	14.50	66.10	9.66	20.05	0.77	39.69	70.04	-3.30
6.38	4.78	8.22	4.09	6.98	0.17	20.04	35.12	12.21
16.25	1.68	2.28	1.35	5.21	0.04	220.45	9.56	12.29
15.94	2.58	4.52	2.33	8.31	–	–	31.78	88.05
-12.42	5.18	12.69	3.46	20.43	0.01	-81.50	50.50	12.03
44.95	0.41	8.82	0.41	8.82	–	–	–	–
21.41	24.88	-12.23	15.49	-13.24	2.44	29.96	236.44	-4.57
23.34	1.43	-67.92	1.25	-64.43	–	-100.00	26.53	-18.40
10.77	6.15	27.82	4.02	17.93	0.34	47.36	42.49	13.28
21.73	2.91	6.69	1.51	35.37	0.51	25.39	33.07	13.79
22.11	2.70	-54.85	2.27	-46.75	0.04	-63.20	34.30	-7.95
23.69	11.70	12.71	6.44	15.96	1.56	55.69	100.03	-10.20

图 1　2011 年全国广播电视制作情况

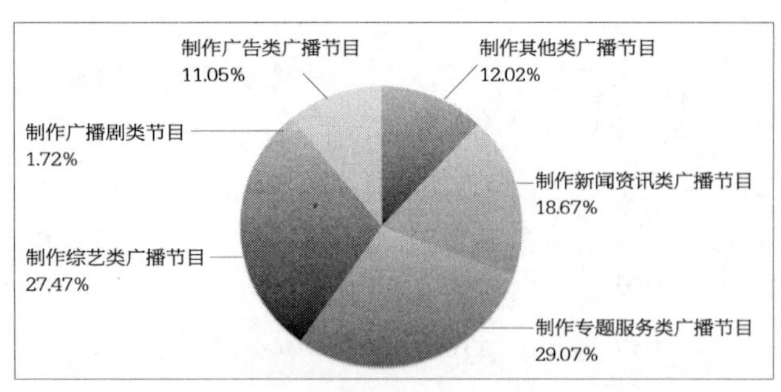

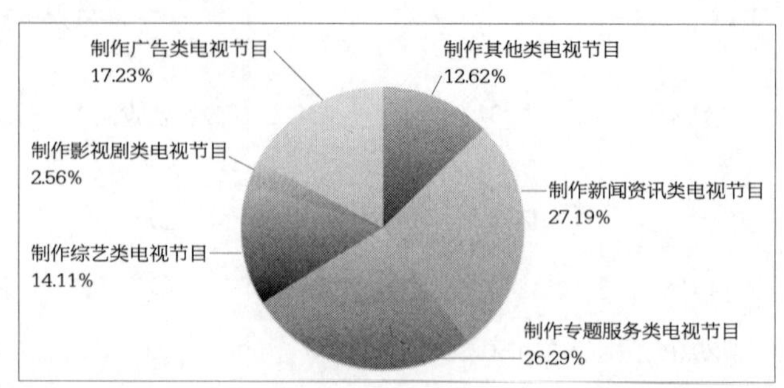

2011 年全国广播节目按类别制作时间情况

制作广播节目类别	时间（万小时）	占全年制作广播节目时间比重（%）
制作新闻资讯类广播节目	129.50	18.67
制作专题服务类广播节目	201.64	29.07
制作综艺类广播节目	190.59	27.47
制作广播剧类节目	11.95	1.72
制作广告类广播节目	76.65	11.05
制作其他类广播节目	83.37	12.02
全年制作广播节目时间合计	693.70	100.00

2011 年全国电视节目按类别制作时间情况

制作电视节目类别	时间（万小时）	占全年制作电视节目时间比重（%）
制作新闻资讯类电视节目	80.24	27.19
制作专题服务类电视节目	77.56	26.29
制作综艺类电视节目	41.63	14.11
制作影视剧类电视节目	7.54	2.56
制作广告类电视节目	50.83	17.23
制作其他类电视节目	37.25	12.62
全年制作电视节目时间合计	295.05	100.00

图 2　2011 年全国广播电视播出情况

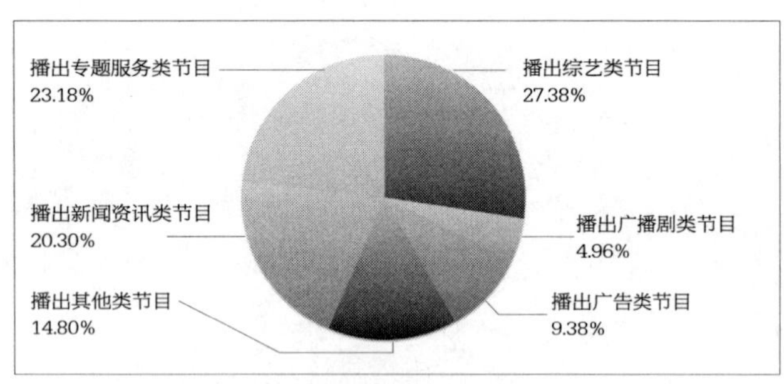

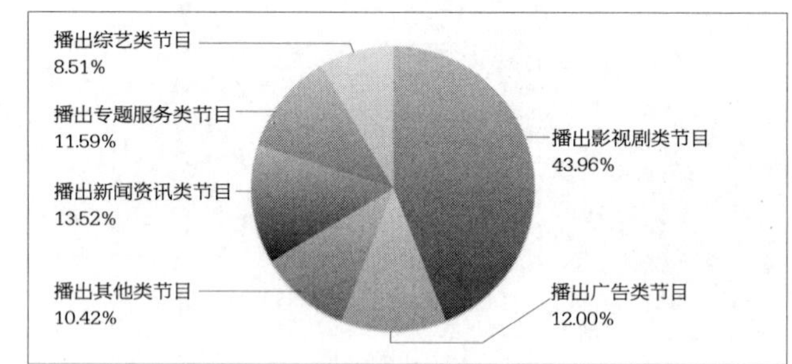

2011 年全国广播节目按类别播出时间情况

广播节目播出类别	时间（万小时）	占全年广播节目播出时间比重（%）
播出新闻资讯类广播节目	265.08	20.30
播出专题服务类广播节目	302.68	23.18
播出综艺类广播节目	357.53	27.38
播出广播剧类节目	64.28	4.96
播出广告类广播节目	122.46	9.38
播出其他类广播节目	193.18	14.80
全年广播节目播出时间合计	1305.75	100.00

2011 年全国电视节目按类别播出时间情况

电视节目播出类别	时间（万小时）	占全年电视节目播出时间比重（%）
播出新闻资讯类电视节目	226.43	13.52
播出专题服务类电视节目	194.23	11.59
播出综艺类电视节目	142.57	8.51
播出影视剧类电视节目	736.43	43.96
播出广告类电视节目	201.09	12.00
播出其他类电视节目	174.55	10.42
全年电视节目播出时间合计	1675.30	100.00

图 3 2011 年全国广播电视广告收入分布情况

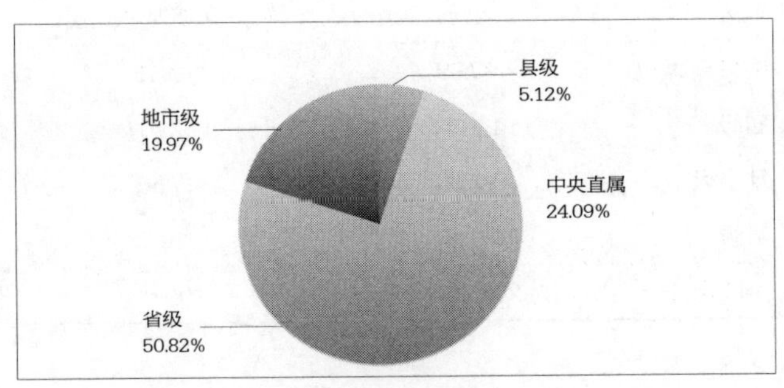

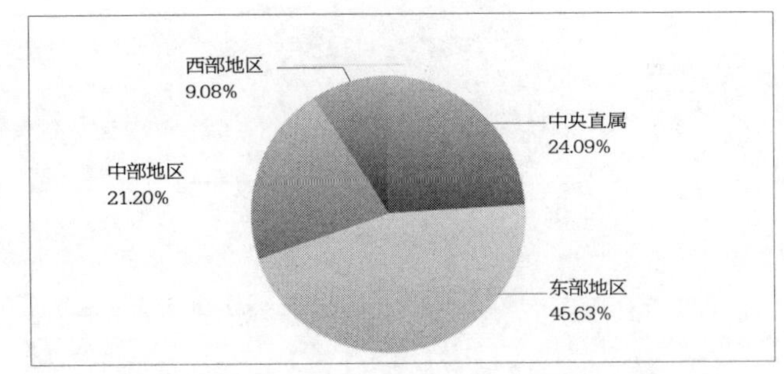

2011 年全国广播电视广告收入分级构成情况

地区	广告收入（亿元人民币）	占全国广告收入比重(%)
中央直属	270.54	24.09
省级	570.62	50.82
地市级	224.20	19.97
县级	57.54	5.12
全国合计	1122.90	100.00

2011 年全国广播电视广告收入区域构成情况

地区	广告收入（亿元人民币）	占全国广告收入比重(%)
中央直属	270.54	24.09
东部地区	512.42	45.63
中部地区	237.99	21.20
西部地区	101.95	9.08
全国合计	1122.90	100.00

图 4 2011 年全国广播电视总收入构成情况

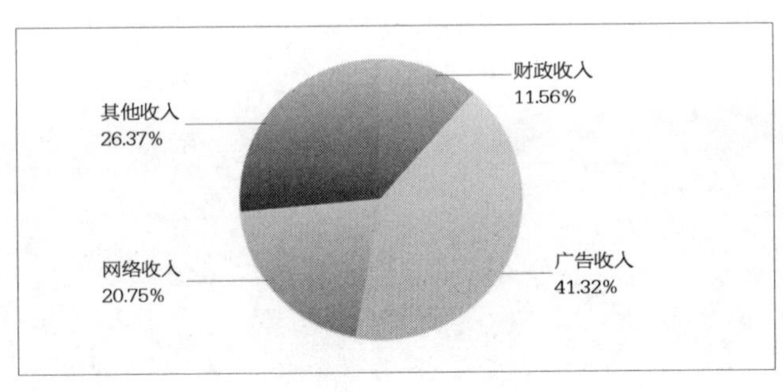

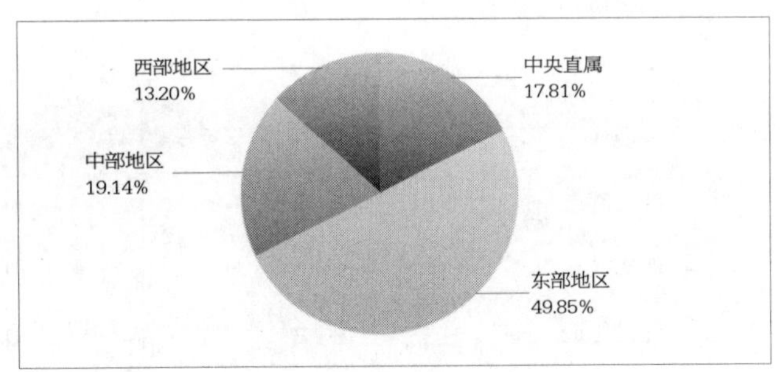

2011 年全国广播电视总收入分类构成情况

指标	总收入（亿元人民币）	占全国广电总收入比重(%)
财政收入	314.09	11.56
广告收入	1122.90	41.32
网络收入	563.78	20.75
其他收入	716.55	26.37
全国总收入	2717.32	100.00

2011 年全国广播电视总收入区域构成情况

地区	总收入（亿元人民币）	占全国广电总收入比重(%)
中央直属	483.89	17.81
东部地区	1354.52	49.85
中部地区	520.29	19.14
西部地区	358.62	13.20
全国合计	2717.32	100.00

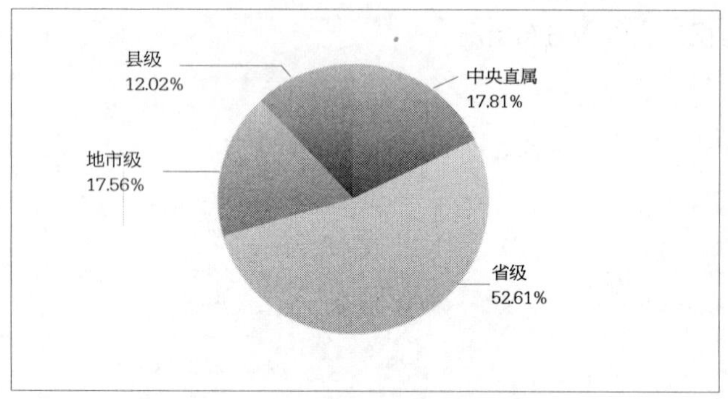

2011 年全国广播电视总收入分级构成情况

地区	总收入（亿元人民币）	占全国广电总收入比重(%)
中央直属	483.89	17.81
省级	1429.57	52.61
地市级	477.16	17.56
县级	326.70	12.02
全国合计	2717.32	100.00

表 3　2011 年度中国获准发行国产电视剧题材

题材分类	部数	百分比	集数	百分比
当代	220	46.91%	6566	43.94%
当代军旅	2	0.43%	44	0.29%
当代都市	152	32.41%	4733	31.68%
当代农村	22	4.69%	507	3.39%
当代青少	11	2.35%	308	2.06%
当代涉案	19	4.05%	524	3.51%
当代科幻	7	1.49%	267	1.79%
当代其他	7	1.49%	183	1.22%
现代	17	3.62%	548	3.67%
现代都市	4	0.85%	138	0.92%
现代农村	1	0.21%	34	0.23%
现代传记	2	0.43%	68	0.46%
现代其他	4	0.85%	117	0.78%
现代军旅	6	1.28%	191	1.28%
近代	158	33.69%	5114	34.23%
近代革命	100	21.32%	3226	21.59%
近代传记	1	0.21%	30	0.20%
近代其他	19	4.05%	595	3.98%
近代传奇	38	8.1%	1263	8.45%
古代	61	13.01%	2322	15.54%
古代传奇	25	5.33%	920	6.16%
古代宫廷	16	3.41%	656	4.39%

续表 3

题材分类	部数	百分比	集数	百分比
古代传记	5	1.07%	190	1.27%
古代武打	5	1.07%	215	1.44%
古代神话	3	0.64%	83	0.56%
古代其他	7	1.49%	258	1.73%
重大	13	2.77%	392	2.62%
重大革命	12	2.56%	354	2.37%
重大历史	1	0.21%	38	0.25%
总计	469	100%	14942	100%

（数据来源：国家广播电影电视总局）

二、电影业

图 1　2011 年全国电影生产情况

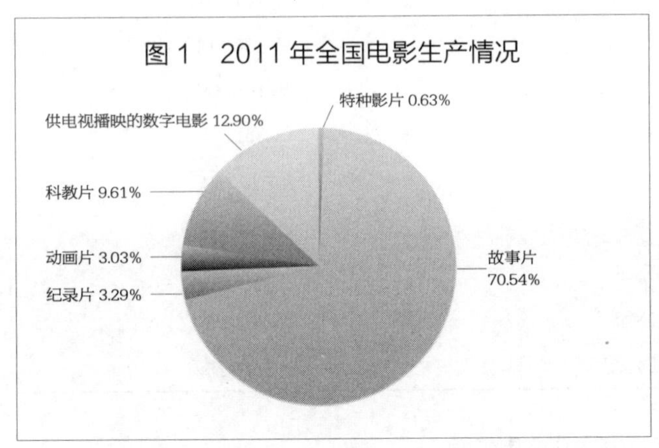

指标	部数（部）	所占比重（%）
故事片	558	70.54
纪录片	26	3.29
动画片	24	3.03
科教片	76	9.61
供电视播映的数字电影	102	12.90
特种影片	5	0.63
合计	791	100.00

图 2　2011 年全国电影综合效益构成情况

海外销售收入 11.53%
电影频道播映电影的收入 14.57%
城市电影票房收入 73.90%

指标	收入（亿元）	占全国电影综合效益比重（%）
城市电影票房收入	131.15	73.90
海外销售收入	20.46	11.53
电影频道播映电影的收入	25.86	14.57
全国电影综合效益	177.47	100.00

表 1　2011 年院线公司票房收入前 10 名进口影片

单位：万元

序号	片名	票房收入
1	变形金刚 3	108285
2	功夫熊猫 2	61711
3	加勒比海盗：惊涛怪浪	47627
4	哈利·波特与死亡圣器（下）	40441
5	速度与激情 5	25775
6	蓝精灵	25498
7	洛杉矶之战	22821
8	猩球崛起	20831
9	铁甲钢拳	14073
10	青蜂侠	14029

表 2　2011 年票房收入前 10 名电影院线

单位：万元

序号	单位名称	票房收入
1	万达电影院线股份有限公司	178475
2	中影星美电影院线有限公司	137701
3	上海联和电影院线有限责任公司	130344
4	深圳中影南方新干线有限责任公司	108598
5	广州金逸珠江电影院线有限公司	85082
6	北京新影联影业有限责任公司	76348
7	广东大地电影院线有限公司	67670
8	浙江时代电影大世界有限公司	55665
9	四川太平洋电影院线有限公司	46796
10	辽宁北方电影院线有限责任公司	38225

表 3　2011 年票房收入前 10 名电影院

单位：万元

序号	片名	票房收入
1	北京耀莱成龙国际影城	7632
2	首都华融电影院	7310
3	深圳嘉禾影城	6871
4	北京 UME 华星国际影城	6740
5	上海万达国际电影城五角场店	6495
6	重庆 UME 国际影城（江北）	6398
7	广州飞扬影城正佳店	6090
8	北京万达国际电影城 CBD 店	6071
9	上海永华电影城	6031
10	上海星美正大影城	5924

表 4 2011 年院线公司票房收入前 10 名国产影片

单位：万元

序号	片名	票房收入	备注
1	金陵十三钗	46714	截止元月 11 日票房为 58400
2	龙门飞甲	41220	截止元月 11 日票房为 52800
3	建党伟业	42290	
4	失恋 33 天	35607	
5	新少林寺	21623	
6	窃听风云 2	21467	
7	白蛇传说	21097	
8	将爱情进行到底	19635	
9	武林外传	18965	
10	画壁	17805	

表 5 2011 年票房收入前 10 名地区

单位：万元

序号	地区	票房收入
1	广东	186544
2	北京	134952
3	上海	110339
4	江苏	109007
5	浙江	101413
6	四川	67106
7	湖北	58643
8	辽宁	48466
9	重庆	42908
10	山东	40418

（数据来源：国家广播电影电视总局）

三、新闻出版业

表 1　2011 年全国新闻出版产业主要经济指标

单位：亿元，%

经济指标	金额	较 2010 年增减
营业收入	14568.60	17.72
增加值	4021.64	14.79
总产出	14942.54	17.68
资产总额	14417.54	13.19
所有者权益（净资产）	7344.79	12.45
利润总额	1128.00	4.84
纳税总额	787.85	11.33

说明：表内经济指标均未包括版权贸易与代理、行业服务与其他新闻出版业务，资产总额、所有者权益（净资产）、纳税总额均未包括数字出版。

图 1　2011 年全国新闻出版产业主要经济指标及增长情况

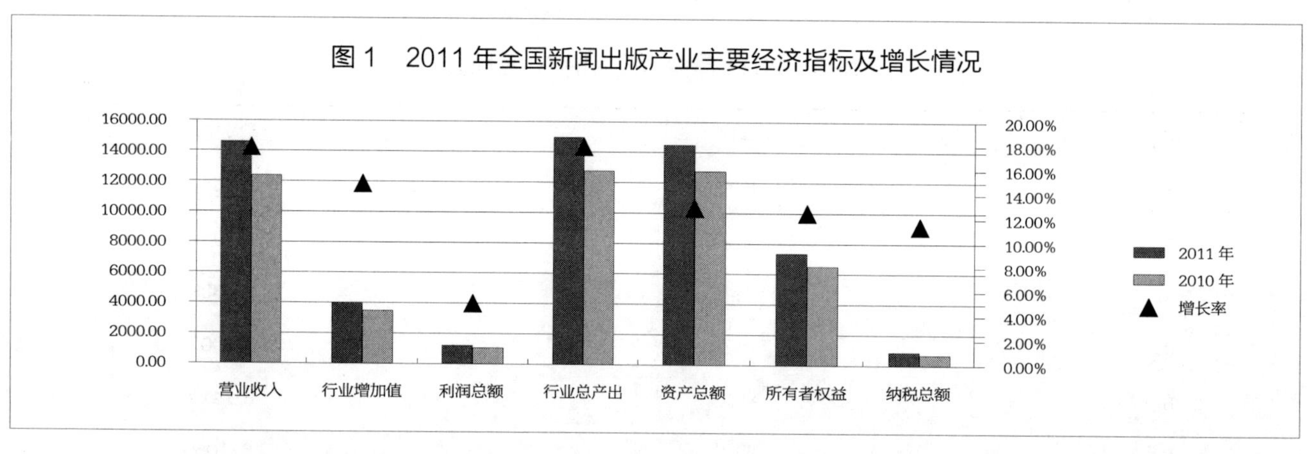

表 2　2011 年全国图书出版总量规模

单位：万种，亿册（张），亿印张，亿元，%

总量指标	数量	较 2010 年增减
品种	36.95	12.53
总印数	77.05	7.46
总印张	634.51	4.65
定价总金额	1063.06	13.57
营业收入	644.40	19.80
增加值	225.28	4.76
总产出	669.14	19.08
利润总额	94.24	22.15

表 3 2011 年全国期刊出版总量规模

单位：种，亿册，亿印张，亿元，%

总量指标	数量	较 2010 年增减
品种	9849	–0.35
总印数	32.85	2.17
总印张	192.73	6.44
定价总金额	238.43	9.53
营业收入	162.61	8.00
增加值	152.42	114.19
总产出	173.27	10.70
利润总额	22.92	23.76

说明：营业收入、总产出与利润总额未包括非独立核算期刊。

表 4 2011 年全国报纸出版总量规模

单位：种，亿份，亿印张，亿元，%

总量指标	数量	较 2010 年增减
品种	1928	–0.57
总印数	467.43	3.38
总印张	2271.99	5.77
定价总金额	400.44	8.91
营业收入	818.85	12.27
增加值	320.17	0.95
总产出	825.93	12.39
利润总额	98.61	–2.19

表 5 2011 年全国音像制品出版总量规模

单位：种，亿盒（张），亿元，%

总量指标	数量	较 2010 年增减
品种	19408	–9.95
出版数量	4.64	9.55
发行数量	3.89	3.50
发行总金额	18.30	–9.26
营业收入	26.06	29.14
增加值	8.17	11.61
总产出	27.04	26.41
利润总额	2.75	15.55

表6 2011年电子出版物出版总量规模

单位：种，亿张，亿元，%

总量指标	数量	较2010年增减
品种	11154	−0.19
出版数量	2.13	−17.71
营业收入	6.21	−15.51
增加值	3.10	8.77
总产出	6.27	−16.62
利润总额	1.28	28.00

表7 2011年全国数字出版总量规模

单位：亿元，%

总量指标	数量	较2010年增减
营业收入	1377.88	31.00
增加值	389.38	34.18
总产出	1377.88	31.00
利润总额	106.68	19.05

表8 2011年全国印刷复制总量规模

单位：亿元，%

总量指标	数量	较2010年增减
营业收入	9305.35	17.52
增加值	2324.91	9.63
总产出	9549.69	16.77
利润总额	614.60	6.26

表9 2011年全国出版物发行总量规模

单位：处，亿元，%

总量指标	数量	较2010年增减
出版物发行网点	168586	0.42
出版物总销售额	1953.49	11.36
营业收入	2162.89	13.93
增加值	593.29	25.97
总产出	2248.46	16.87
利润总额	185.14	−10.46

表 10　2011 年全国出版物进出口经营单位进出口总体规模

单位：亿元，%

总体指标	数量	较 2010 年增减
营业收入	64.35	4.79
增加值	4.91	−39.01
总产出	64.86	4.49
利润总额	1.77	1.72

表 11　2011 年全国出版物对外贸易情况

单位：亿元，%

类型	指标（单位）	累计出口	累计进口	总额	差额
图书、报纸、期刊	种次	1056800	1119975	2176775	−63175
	数量（万册、份）	1549.17	2979.88	4529.05	−1430.71
	金额（万美元）	5894.12	28373.26	34267.38	−22479.14
音像制品、电子出版物	种次	430378	14553	444931	415825
	数量（万盒、张）	8.32	39.62	47.94	−31.30
	金额（万美元）	1502.43	14134.78	15637.21	−12632.35
合计	种次	1487178	1134528	2621706	352650
	数量（万册、份、盒、张）	1557.49	3019.50	4576.99	−1462.01
	金额（万美元）	7396.55	42508.04	49904.59	−35111.49

说明：差额为累计出口减去累计进口之差。正号表示出口大于进口，存在贸易顺差；负号表示出口小于进口，存在贸易逆差。

表 12　2011 年全国出版物对外贸易情况（出版物进出口经营单位）

单位：亿元，%

类型	指标（单位）	累计出口	累计进口	总额	差额
图书、报纸、期刊	种次	914726	1119975	2034701	−205249
	数量（万册、份）	1144.18	2979.88	4124.06	−1835.7
	金额（万美元）	3905.51	28373.26	32278.77	−24467.75
音像制品、电子出版物	种次	8077	14553	22630	−6476
	数量（万盒、张）	7.71	39.62	47.33	−31.91
	金额（万美元）	35.17	14134.78	14169.95	−14099.61
合计	种次	922803	1134528	2057331	−211725
	数量（万册、份、盒、张）	1151.89	3019.50	4171.39	−1867.61
	金额（万美元）	3940.68	42508.04	46448.72	−38567.36

说明：差额为累计出口减去累计进口之差。正号表示出口大于进口，存在贸易顺差；负号表示出口小于进口，存在贸易逆差。

表 13　2011 年全国对外版权贸易总体规模

单位：种，%

总体指标	数量	较 2010 年增减
引进	16639	0.22
输出	7783	36.76

表 14　2011 年对外版权贸易的构成

单位：种

类型	引进	输出	总额	差额
图书	14708	5922	20630	−8786
录音制品	278	130	408	−148
录像制品	421	20	441	−401
电子出版物	185	125	310	−60
软件	273	5	278	−268
电影	37	2	39	−35
电视节目	734	1559	2293	825
其他	3	20	23	17
合计	16639	7783	24422	−8856

说明：差额为输出减去引进之差。正号表示输出大于引进，存在顺差；负号表示输出小于引进，存在逆差。

表 15　2011 年各类出版物在全部出版物总量中所占比重

单位：%

出版物类型	总印数（出版数量）	总印张	定价（出版）总金额
图书	13.19	20.47	61.62
期刊	5.62	6.22	13.82
报纸	80.03	73.31	23.21
录音制品	0.42	——	0.57
录像制品	0.37	——	0.78
电子出版物	0.37	——	——
合计	100.00	100.00	100.00

说明：音像制品和电子出版物采用出版数量和出版总金额，出版总金额数值的测算公式为出版数量 ×（发行金额 / 发行数量）。

表 16 2011 年各类出版物的增长速度与结构变动情况

单位：%，百分点

类型	总印数		总印张		定价总金额	
	增速	变动	增速	变动	增速	变动
图书	7.46	0.50	4.65	–0.14	13.57	1.24
期刊	2.17	–0.10	6.44	0.05	9.53	–0.30
报纸	3.38	–0.35	5.77	0.09	8.91	–0.64
录音制品	3.30	0.00	——	——	–14.28	–0.24
录像制品	17.59	0.04	——	——	–1.72	–0.06
电子出版物	–17.76	–0.09	——	——	——	——

说明：1. 音像制品定价总金额的计算见表 15。

2. 增速系指表内各项指标 2011 年较 2010 年的增长速度；变动系指表内各项指标的结构变动，以百分点表示，由 2011 年各项指标在总量中所占百分比与 2010 年该项指标在总量中所占百分比相减而得。

表 17 2011 年图书产品结构

单位：种，亿册（张），亿印张，亿元，%

类型	品种		总印数		总印张		定价总金额	
	数量	比重	数量	比重	数量	比重	数量	比重
书籍	290359	78.57	42.19	55.02	359.94	56.84	726.41	68.67
社科人文	235978	63.86	38.71	50.47	317.22	50.10	617.66	58.39
科学技术	51638	13.97	3.17	4.14	39.22	6.19	97.58	9.22
综合	2743	0.74	0.31	0.41	3.50	0.55	11.17	1.06
课本	78281	21.19	34.40	44.85	272.94	43.12	330.17	31.22
大专及大专以上	48126	13.02	3.32	4.33	57.80	9.13	97.22	9.19
中学	6307	1.71	16.82	21.93	128.43	20.29	124.78	11.80
小学	5267	1.43	12.18	15.88	62.35	9.85	65.17	6.16
其他	18581	5.03	2.08	2.71	24.36	3.85	43.00	4.07
图片	883	0.24	0.10	0.13	0.26	0.04	1.19	0.11
合计	369523	100.00	76.69	100.00	633.14	100.00	1057.77	100.00

说明：1. 书籍系指使用中国标准书号或统一书号，但不属于课本和图片的出版物。本表中，社科文艺类书籍系指属于中国图书分类法马克思主义列宁主义毛泽东思想、邓小平理论、哲学宗教、社会科学总论、政治法律、军事、经济、文化科学教育体育、语言文字、文学、艺术、历史地理 11 大类（A–K）的书籍，科学技术类书籍系指属于中国图书分类法自然科学总论、数理科学和化学、天文学和地理科学、生物科学、医学卫生、农业科学、工业技术、交通运输、航空航天、环境科学和安全科学 10 大类（N–X）的书籍，综合类书籍系指属于中国图书分类法最后一类（Z）的书籍。

2. 课本系指使用中国标准书号或统一书号的以下各类出版物：（1）由国家教育行政部门和中央各部委、各地区审定、规划的，列入教材征订目录，供高等学校、电视大学、函授大学等高等教育机构，中等专业学校（包括中等师范学校）、技工学校使用的教材、教材习题解答集，以及对成人进行政治、业务、文化教育所使用的课本，包括广播电台、电视台举办或与其他单位合办的业余讲座使用的课本及其他业余教育课本；（2）在国家教育行政部门每年春秋两季颁发的《全国普通中小学教学用书目录》和由各省（自治区、直辖市）教育行政部门审定、补充下达的《中小学教学用书目录》中所列的课本、教学挂图和随课本作教材用的习题解答集，以及由省（自治区、直辖市）以上教育行政机关统一规定为各级学校教员必须采用的“教学参考资料”及“教学大纲”（包括少数民族自治州出版社出版，由少数民族自治州教育行政机关规定的此类出版物）；（3）专供扫盲使用的课本。本表中，其他课本系指中专技校课本、成人教育课本、扫盲课本和教学用书。

3. 图片系指单张或折页的美术画片，包括绘画的印制品和摄影的印制品，年画也归入图片。

4. 以上数据不包含国部标准及小件印品。

表 18 2011 年图书产品增长速度与结构变动情况

单位：%，百分点

类型	品种		总印数		总印张		定价总金额	
	增速	变动	增速	变动	增速	变动	增速	变动
书籍	11.90	–0.44	11.85	2.17	7.73	1.60	18.54	3.20
社科人文	15.58	1.69	13.42	2.64	12.79	3.59	21.57	4.00
科学技术	–3.05	–2.25	–5.65	–0.56	–21.53	–2.07	1.57	–1.04
综合	33.61	0.11	34.78	0.09	21.53	0.07	46.40	0.24
课本	14.87	0.43	2.53	–2.16	0.95	–1.60	4.20	–2.64
大专及大专以上	11.85	–0.08	–5.68	–0.60	–5.51	–0.98	0.15	–1.18
中学	35.46	0.29	–3.33	–2.45	–2.99	–1.60	0.06	–1.52
小学	30.21	0.20	17.00	1.29	18.20	1.13	20.31	0.37
其他	13.20	0.03	–5.88	–0.39	1.20	–0.13	5.11	–0.30
图片	15.42	0.01	0.00	–0.01	8.33	0.00	–3.25	–0.56

说明：1. 各图书类型的说明见表 17。

2. 增速与变动的说明见表 16 说明 2。

表 19 2011 年期刊产品结构

单位：亿册，亿印张，%

类型	总印数		总印张	
	数量	比重	数量	比重
综合	2.54	7.72	12.66	6.57
哲学、社会科学	13.88	42.26	71.81	37.26
自然科学、技术	4.87	14.83	37.97	19.70
文化、教育	7.85	23.91	49.34	25.60
文学、艺术	3.71	11.28	20.94	10.87
合计	32.85	100.00	192.73	100.00

表 20 2011 年期刊增长速度与结构变动情况

单位：%，百分点

类型	总印数		总印张	
	增速	变动	增速	变动
综合	−37.49	−4.90	−33.89	−4.01
哲学、社会科学	16.12	5.07	2.06	−1.60
自然科学、技术	3.50	0.19	14.53	1.39
文化、教育	28.69	4.93	47.12	7.08
文学、艺术	37.46	2.89	46.52	2.98

说明：增速与变动的说明见表 16 说明 2。

表 21 2011 年报纸产品结构（各级报纸）

单位：亿份，亿印张，%

类型	总印数		总印张	
	数量	比重	数量	比重
全国性报纸	68.96	14.75	199. 91	8.80
省级报纸	246.39	52.71	1310.89	57.70
地、市级报纸	151.14	32.33	759.43	33.43
县级报纸	0.94	0.20	1.76	0.08
合计	467.43	100.00	2271.99	100.00

表 22 2011 年各级报纸增长速度与结构变动情况

单位：%，百分点

类型	总印数		总印张	
	数量	比重	数量	比重
全国性报纸	−0.82	−0.55	−13.72	−1.95
省级报纸	2.91	−0.24	6.99	0.66
地、市级报纸	6.28	0.88	10.23	1.36
县级报纸	−4.08	−0.02	−16.19	−0.02

说明：增速与变动的说明见表 16 说明 2。

表 23 2011 年各类报纸产品结构

单位：亿份，亿印张，%

类型	总印数		总印张	
	增速	变动	增速	变动
综合报纸	325.43	69.62	1915.09	84.29
专业报纸	142.00	30.38	356.90	15.71
合计	467.43	100.00	2271.99	100.00

表24　2011年各类报纸增长速度与结构变动情况

单位：%，百分点

类型	总印数		总印张	
	增速	变动	增速	变动
综合报纸	3.70	0.22	6.35	0.46
专业报纸	2.65	−0.22	2.74	−0.46

说明：增速与变动的说明见表16说明2。

表25　2011年各产业类别经济规模综合排名

综合排名	产业类别	综合评价得分
1	印刷复制	2.5676
2	出版物发行	0.2212
3	数字出版	−0.0872
4	报纸出版	−0.2136
5	图书出版	−0.2793
6	期刊出版	−0.4773
7	出版物进出口	−0.5722
8	音像制品出版	−0.5762
9	电子出版物出版	−0.5832

说明：综合评价得分系选取营业收入、增加值、总产出和利润总额四个指标，采用主成分分析方法通过SPSS直接计算所得，仅用来显示各产业类别的相对位置，负数并不代表负面评价。

表26　2011年数字出版的构成

单位：亿元

类别	营业收入	增加值	总产出	利润总额
手机出版	367.34	103.81	367.34	28.44
手机音乐	282.00	79.69	282.00	21.83
手机阅读	45.74	12.93	45.74	3.54
手机游戏	39.60	11.19	39.60	3.07
网络游戏	428.50	121.09	428.50	33.17
数字期刊	9.34	2.64	9.34	0.72
电子书	16.50	4.66	16.50	1.28
数字报纸（网络版）	12.00	3.39	12.00	0.93
网络广告	512.9	144.95	512.9	39.71
网络动漫	3.50	0.99	3.50	0.27
在线音乐	3.80	1.07	3.80	0.29
博客	24.00	6.78	24.00	1.86
合计	1377.88	389.38	1377.88	106.68

表 27 2011 年印刷复制的构成

单位：亿元

类别	营业收入	增加值	总产出	利润总额
印刷	9233.50	2309.53	9477.17	614.26
其中：出版物印刷	1342.68	407.75	1382.92	78.22
包装装潢印刷	6747.94	1517.10	6919.61	405.08
其他印刷品印刷	900.66	295.55	923.86	96.38
复制	71.85	15.38	72.52	0.34
合计	9305.35	2324.91	9549.69	614.60

表 28 2011 年各地区总体经济规模综合评价（前 10 位）

综合排名	地区	综合评价得分
1	广东	2.7654
2	北京	2.5178
3	浙江	2.0470
4	江苏	1.5714
5	上海	1.0703
6	山东	0.9802
7	河北	0.2952
8	福建	0.1935
9	安徽	0.1912
10	四川	0.1656

说明：1. 综合评价得分系选取营业收入、增加值、总产出、资产总额、所有者权益（净资产）、利润总额和纳税总额 7 项指标，采用主成分分析方法通过 SPSS 直接计算所得，仅用来显示各地区的相对位置。

2. 未包括数字出版、版权贸易与服务、行业服务与其他新闻出版业务。

表 29 2011 年营业收入的地区分布（前 10 位）

单位：亿元，%

排名	地区	营业收入	在全国所占比重	
			比重	累计比重
1	广东	2133.17	16.17	16.17
2	浙江	1510.08	11.45	27.62
3	江苏	1291.02	9.79	37.41
4	北京	1089.44	8.26	45.67
5	山东	890.42	6.75	52.42
6	上海	889.78	6.75	59.17
7	福建	617.71	4.68	63.85
8	河北	599.06	4.54	68.39
9	安徽	446.81	3.39	71.77
10	湖南	434.18	3.29	75.07

说明：未包括数字出版、版权贸易与代理、行业服务与其他新闻出版业务。

表 30　2011 年增加值的地区分布（前 10 位）

单位：亿元，%

排名	地区	增加值	在全国所占比重	
			比重	累计比重
1	广东	552.80	15.22	15.22
2	北京	495.89	13.65	28.87
3	浙江	316.88	8.72	37.60
4	江苏	308.48	8.49	46.09
5	上海	270.90	7.46	53.55
6	山东	220.57	6.07	59.62
7	河北	144.52	3.98	63.60
8	安徽	134.33	3.70	67.30
9	四川	124.00	3.41	70.71
10	福建	115.69	3.19	73.90

说明：未包括数字出版、版权贸易与代理、行业服务与其他新闻出版业务。

表 31　2011 年总产出的地区分布（前 10 位）

单位：亿元，%

排名	地区	总产出	在全国所占比重	
			比重	累计比重
1	广东	2177.00	16.05	16.05
2	浙江	1542.63	11.37	27.42
3	江苏	1315.32	9.70	37.12
4	北京	1161.60	8.56	45.68
5	上海	931.46	6.87	52.55
6	山东	910.34	6.71	59.26
7	福建	625.03	4.61	63.87
8	河北	613.50	4.52	68.39
9	安徽	460.25	3.39	71.78
10	湖南	442.40	3.26	75.04

说明：未包括数字出版、版权贸易与代理、行业服务与其他新闻出版业务。

表 32 2011 年资产总额的地区分布（前 10 位）

单位：亿元，%

排名	地区	资产总额	在全国所占比重	
			比重	累计比重
1	广东	1851.45	12.84	12.84
2	浙江	1779.11	12.34	25.18
3	北京	1647.64	11.43	36.61
4	江苏	1040.27	7.22	43.82
5	上海	1025.42	7.11	50.94
6	山东	939.32	6.52	57.45
7	河北	638.14	4.43	61.88
8	福建	600.26	4.16	66.04
9	四川	599.11	4.16	70.20
10	湖南	494.05	3.43	73.62

说明：未包括数字出版、版权贸易与代理、行业服务与其他新闻出版业务。

表 33 2011 年所有者权益（净资产）的地区分布（前 10 位）

单位：亿元，%

排名	地区	所有者权益（净资产）	在全国所占比重	
			比重	累计比重
1	北京	981.30	13.36	13.36
2	广东	803.55	10.94	24.30
3	浙江	693.80	9.45	33.75
4	上海	539.24	7.34	41.09
5	山东	511.85	6.97	48.06
6	江苏	472.06	6.43	54.48
7	河北	349.78	4.76	59.25
8	福建	310.52	4.23	63.48
9	湖南	306.55	4.17	67.65
10	四川	297.04	4.04	71.69

说明：未包括数字出版、版权贸易与代理、行业服务与其他新闻出版业务。

表 34　2011 年利润总额的地区分布（前 10 位）

单位：亿元，%

排名	地区	利润总额	在全国所占比重	
			比重	累计比重
1	江苏	126.59	12.40	12.40
2	北京	117.15	11.47	23.87
3	浙江	94.34	9.24	33.10
4	广东	79.39	7.77	40.88
5	山东	72.24	7.07	47.95
6	安徽	66.95	6.55	54.50
7	上海	59.38	5.81	60.32
8	湖南	44.57	4.36	64.68
9	四川	38.27	3.75	68.43
10	河北	35.39	3.47	71.89

说明：未包括数字出版、版权贸易与代理、行业服务与其他新闻出版业务。

表 35　2011 年纳税总额的地区分布（前 10 位）

单位：亿元，%

排名	地区	纳税总额	在全国所占比重	
			比重	累计比重
1	北京	135.87	17.25	17.25
2	广东	92.03	11.68	28.93
3	浙江	77.73	9.87	38.79
4	上海	54.66	6.94	45.73
5	江苏	52.88	6.71	52.44
6	山东	46.27	5.87	58.32
7	四川	37.42	4.75	63.06
8	河北	26.78	3.40	66.46
9	安徽	26.43	3.35	69.82
10	福建	25.84	3.28	73.10

说明：未包括数字出版、版权贸易与代理、行业服务与其他新闻出版业务。

表 36　2011 年新闻出版单位数量与构成

单位：家，%

类型	数量	较 2010 年增减	比重
法人单位	157559	15.87	45.50
其中：企业法人单位	153113	16.53	——
非法人单位	9461	−13.76	2.73
个体经营户	179267	−13.42	51.77
合计	346287	−2.18	100.00

说明：未包括数字出版单位、版权贸易与代理单位和行业服务与从事其他新闻出版业务的单位。

图 2 新闻出版单位类型构成

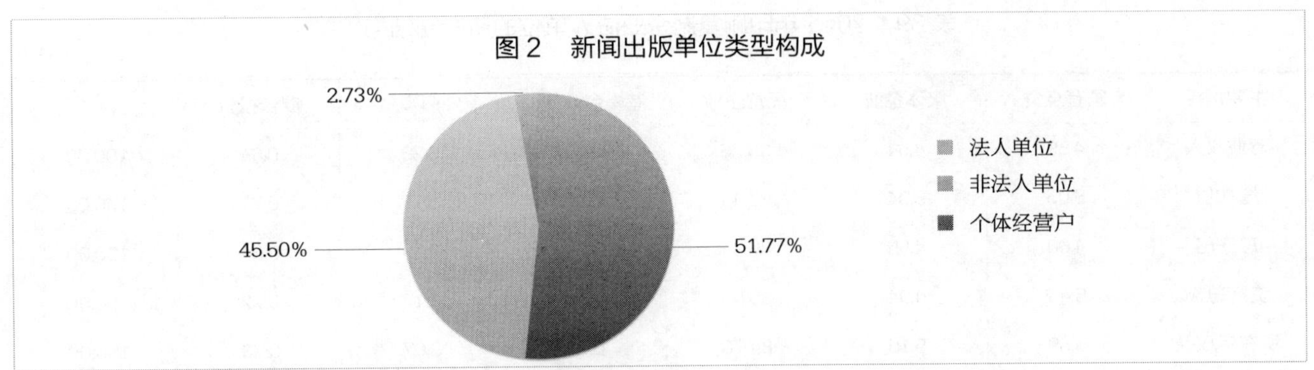

表 37 2011 年企业法人单位的整体规模

单位：家，亿元，%

指标	数额	较 2010 年增减	占全行业比重
单位数量	153113	16.53	91.67
营业收入	12105.31	21.84	91.77
增加值	3170.67	22.69	88.49
总产出	12456.18	22.19	91.90
资产总额	12911.37	13.64	89.55
所有者权益	6495.90	9.70	88.44
利润总额	899.06	27.91	88.69
纳税总额	664.02	11.18	88.02

说明：未包括数字出版、版权贸易与代理、行业服务与其他新闻出版业务企业。

表 38 2011 年企业法人单位的所有制结构

单位：家，%

指标	国有企业	国有全资	集体企业	民营企业	外商投资	港澳台商投资	混合投资	合计
数量	19595	19329	6017	124340	2290	563	574	153113
比重	——	12.62	3.93	81.21	1.50	0.37	0.37	100.00

图 3 企业法人单位的所有制结构

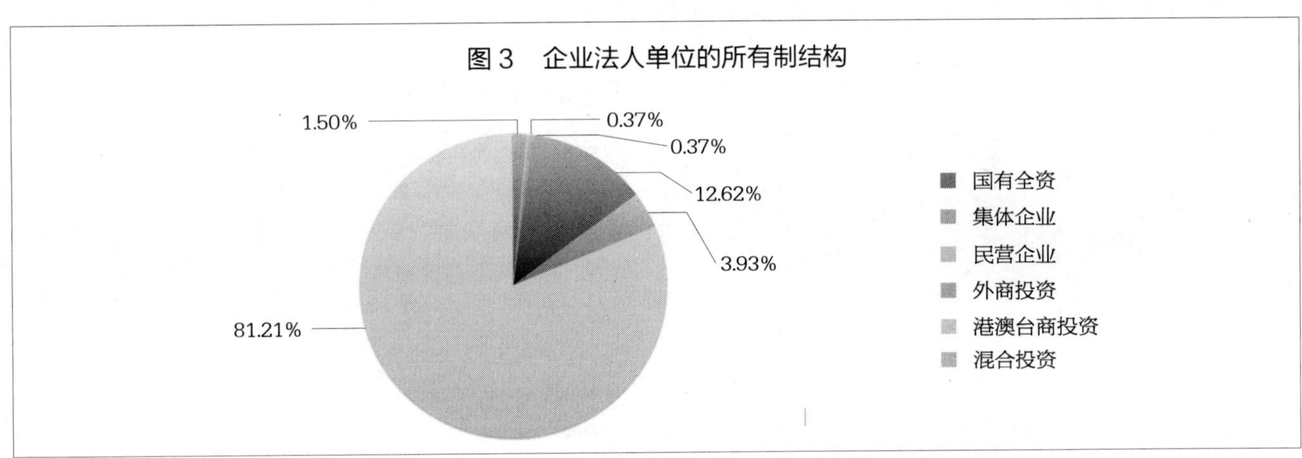

表 39　2011 年印刷复制企业法人单位的所有制结构

单位：%

主要指标	国有全资	集体企业	民营企业	港澳台商投资	外商投资	混合投资	合计
营业收入	4.59	4.54	86.26	0.68	3.29	0.64	100.00
增加值	5.05	5.04	85.44	0.65	3.11	0.71	100.00
总产出	4.60	4.55	86.24	0.68	3.29	0.64	100.00
资产总额	5.44	4.94	85.03	0.70	3.17	0.72	100.00
所有者权益	5.59	5.16	84.76	0.69	3.07	0.73	100.00
利润总额	4.25	4.86	86.52	0.62	3.13	0.62	100.00
纳税总额	5.14	5.04	85.31	0.63	3.15	0.73	100.00

表 40　2011 年出版物发行企业法人单位的所有制结构

单位：%

主要指标	国有全资	集体企业	民营企业	港澳台商投资	外商投资	混合投资	合计
营业收入	32.92	1.10	62.87	0.06	2.18	0.87	100.00
增加值	28.70	1.07	67.55	0.05	1.89	0.74	100.00
总产出	32.78	1.10	63.05	0.06	2.15	0.86	100.00
资产总额	37.94	1.04	58.05	0.06	2.05	0.86	100.00
所有者权益	36.97	1.04	59.04	0.06	2.04	0.85	100.00
利润总额	27.53	1.08	68.74	0.05	1.86	0.73	100.00
纳税总额	29.23	1.05	67.12	0.05	1.83	0.71	100.00

表 41 2011 年直接就业人数的产业类别构成

单位：万人，%

产业类别	人数	较 2010 年增减	比重
图书出版	6.72	5.16	1.44
期刊出版	10.61	21.67	2.27
报纸出版	24.75	5.59	5.30
音像制品出版	0.51	2.00	0.11
电子出版物出版	0.19	−13.64	0.04
印刷复制	351.85	0.70	75.28
出版物发行	72.44	0.08	15.50
出版物进出口	0.33	3.13	0.07
合计	467.40	1.31	100.00

说明：未包括数字出版、版权贸易与服务、行业服务与其他新闻出版服务。

表 42 2011 年出版集团总体经济规模综合评价（前 10 位）

综合排名	出版集团	综合评价得分	2010 年排名	排名变化
1	江苏凤凰出版传媒集团有限公司	3.4194	1	0
2	湖南出版投资控股集团有限公司	2.1241	2	0
3	中国教育出版传媒集团有限公司	1.6733	——	——
4	安徽出版集团有限责任公司	1.0575	4	0
5	浙江出版联合集团有限公司	0.9667	3	−2
6	江西省出版集团公司	0.8620	5	−1
7	山东出版集团有限公司	0.5865	6	−1
8	中国出版集团公司	0.5489	7	−1
9	广东省出版集团有限公司	0.4629	9	0
10	河北出版传媒集团有限责任公司	0.3596	10	0

说明：1. 综合评价得分系选取主营业务收入、资产总额、所有者权益和利润总额四项指标，采用主成分分析方法通过 SPSS 直接计算所得，仅用来显示各单位的相对位置。

2. 安徽出版传媒集团有限责任公司不包含安徽新华发行（集团）控股有限公司。

表43　2011年报刊集团总体经济规模综合评价（前10位）

综合排名	报刊集团	综合评价得分	2010年排名	排名变化
1	成都传媒集团	3.4179	4	3
2	广州日报报业集团	3.0333	2	0
3	解放日报报业集团	2.4612	1	−2
4	北京日报报业集团	1.9020	3	−1
5	山东大众报业（集团）有限公司	1.3593	6	1
6	文汇新民联合报业集团	1.3211	5	−1
7	南方报业传媒集团	0.7608	7	0
8	杭州日报报业集团	0.5865	9	1
9	深圳报业集团	0.4726	10	1
10	江苏新华日报报业集团有限公司	0.4563	11	1

说明：1. 综合评价得分系选取主营业务收入、资产总额、所有者权益和利润总额四项指标，采用主成分分析方法通过SPSS直接计算所得，仅用来显示各单位的相对位置。

表44　2011年发行集团总体经济规模综合评价（前10位）

综合排名	发行集团	综合评价得分	2010年排名	排名变化
1	四川新华发行集团有限公司	2.5319	1	0
2	安徽新华发行（集团）控股有限公司	2.3061	3	1
3	上海新华发行集团有限公司	1.2142	4	1
4	浙江省新华书店集团有限公司	1.1168	5	1
5	山东新华书店集团有限公司	1.0919	8	3
6	湖南新华书店有限责任公司	1.0916	6	0
7	河北省新华书店有限责任公司	0.6557	7	0
8	江西新华发行集团有限公司	0.6084	9	1
9	河南省新华书店发行集团有限公司	0.3302	21	12
10	重庆新华书店集团公司	−0.0751	14	4

说明：1. 综合评价得分系选取主营业务收入、资产总额、所有者权益和利润总额四项指标，采用主成分分析方法通过SPSS直接计算所得，仅用来显示各单位的相对位置。

2. 江苏凤凰新华书业股份有限公司因并入上市公司，不再作为发行集团独立报送数据并参与综合评价。

表 45 2011 年印刷集团总体经济规模综合评价（前 10 位）

综合排名	印刷集团	综合评价得分	2010 年排名	排名变化
1	中国印刷集团公司	2.8234	1	0
2	上海印刷（集团）有限公司	0.6271	2	0
3	湖南天闻新华印务有限公司	0.3705	3	0
4	北京印刷集团有限责任公司	0.0943	5	1
5	上海印刷新技术（集团）有限公司	–0.1018	9	4
6	江西新华印刷集团有限公司	–0.2258	6	0
7	浙江印刷集团有限公司	–0.2890	7	0
8	辽宁新闻印刷集团有限公司	–0.3178	4	–4
9	河南新华印刷集团有限公司	–0.6407	10	1
10	广西正泰印刷包装集团	–0.7192	12	2

说明：1. 综合评价得分系选取主营业务收入、资产总额、所有者权益和利润总额四项指标，采用主成分分析方法通过 SPSS 直接计算所得，仅用来显示各单位的相对位置。

2. 安徽新华印刷股份有限公司因并入上市公司，不再作为印刷集团独立报送数据并参与综合评价。

表 46 2011 年出版发行和印刷上市公司的业务类型与上市地点

单位：家

业务类型	中国内地	中国香港	美国	合计
书报刊出版	12	3	0	15
发行	4	1	1	6
印刷	10	1	0	11
合计	26	5	1	32

说明：书报刊出版上市公司包括业务内容描述为出版、出版发行、期刊和报业的上市公司。

表 47 2011 年出版发行和印刷上市公司流通市值排名（前 10 位）

单位：亿元人民币

排名	上市公司	股票简称	业务类型	上市地点	流通市值
1	华闻传媒投资集团股份有限公司	华闻传媒	书报刊出版	深证 A 股	60.93
2	深圳劲嘉彩印集团股份有限公司	劲嘉股份	印刷	深证 A 股	60.86
3	上海新华传媒股份有限公司	新华传媒	发行	上证 A 股	59.70
4	上海紫江企业集团股份有限公司	紫江企业	印刷	上证 A 股	57.74
5	成都博瑞传播股份有限公司	博瑞传播	书报刊出版	上证 A 股	51.34
6	北京康得新复合材料股份有限公司	康得新	印刷	深证 A 股	48.39
7	珠海中富实业股份有限公司	珠海中富	印刷	深证 A 股	44.51
8	北方联合出版传媒（集团）股份有限公司	出版传媒	书报刊出版	上证 A 股	42.92
9	中南出版传媒集团股份有限公司	中南传媒	书报刊出版	上证 A 股	35.98
10	中文天地出版传媒股份有限公司	中文传媒	书报刊出版	上证 A 股	30.87

说明：1. 书报刊出版上市公司包括业务内容描述为出版、出版发行、期刊和报业的上市公司。

2. 在中国香港和美国上市的出版发行和印刷企业以人民币计价的流通市值系根据人民币对港元或美元当日平均汇率折算。

表 48　2011 年书报刊出版上市公司流通市值排名

单位：亿元人民币

排名	上市公司	股票简称	上市地点	流通市值
1	华闻传媒投资集团股份有限公司	华闻传媒	深证 A 股	60.93
2	成都博瑞传播股份有限公司	博瑞传播	上证 A 股	51.34
3	北方联合出版传媒（集团）股份有限公司	出版传媒	上证 A 股	42.92
4	中南出版传媒集团股份有限公司	中南传媒	上证 A 股	35.98
5	中文天地出版传媒股份有限公司	中文传媒	上证 A 股	30.87
6	长江出版传媒股份有限公司	长江传媒	上证 A 股	27.94
7	时代出版传媒股份有限公司	时代出版	上证 A 股	25.45
8	广东九州阳光传媒股份有限公司	粤传媒	深证 A 股	23.83
9	江苏凤凰出版传媒股份有限公司	凤凰传媒	上证 A 股	23.41
10	浙报传媒集团股份有限公司	浙报传媒	上证 A 股	21.92
11	北京赛迪传媒投资股份有限公司	*ST 传媒	深证 A 股	14.73
12	现代传播控股有限公司	现代传播	香港联交所	11.01
13	中原大地传媒股份有限公司	大地传媒	深证 A 股	9.97
14	财讯传媒集团有限公司	财讯传媒	香港联交所	3.24
15	北青传媒股份有限公司	北青传媒	香港联交所	1.92
–	合计	–	–	385.46

说明：在中国香港和美国上市的出版发行和印刷企业以人民币计价的流通市值系根据人民币对港元或美元当日平均汇率折算。

表 49　2011 年发行上市公司流通市值排名

单位：亿元人民币

排名	上市公司	股票简称	上市地点	流通市值
1	上海新华传媒股份有限公司	新华传媒	上证 A 股	59.70
2	中国当当网公司	当当网	美国纳斯达克	22.18
3	安徽新华传媒股份有限公司	皖新传媒	上证 A 股	16.57
4	广东广弘控股股份有限公司	广弘控股	深证 A 股	16.23
5	四川新华文轩出版传媒股份有限公司	新华文轩	香港联交所	11.28
6	湖南天舟科教文化股份有限公司	天舟文化	深圳创业板	7.76
–	合计	–	–	133.72

说明：在中国香港和美国上市的出版发行和印刷企业以人民币计价的流通市值系根据人民币对港元或美元当日平均汇率折算。

表 50　2011 年印刷上市公司流通市值排名

单位：亿元人民币

排名	上市公司	股票简称	上市地点	流通市值
1	深圳劲嘉彩印集团股份有限公司	劲嘉股份	深证 A 股	60.86
2	上海紫江企业集团股份有限公司	紫江企业	上证 A 股	57.74
3	北京康得新复合材料股份有限公司	康得新	深证 A 股	48.39
4	珠海中富实业股份有限公司	珠海中富	深证 A 股	44.51
5	黄山永新股份有限公司	永新股份	深证 A 股	26.21
6	东港安全印刷股份有限公司	东港股份	深证 A 股	23.68
7	上海界龙实业集团股份有限公司	界龙实业	上证 A 股	20.98
8	陕西金叶科教集团股份有限公司	陕西金叶	深证 A 股	19.04
9	福建鸿博印刷股份有限公司	鸿博股份	深证 A 股	10.05
10	北京盛通印刷股份有限公司	盛通股份	深证 A 股	3.51
11	北人印刷机械股份有限公司	北人印刷	香港联交所	1.25
–	合计	–	–	316.22

说明：在中国香港和美国上市的出版发行和印刷企业以人民币计价的流通市值系根据人民币对港元或美元当日平均汇率折算。

表 51　2011 年出版发行和印刷上市公司总市值排名（前 10 位）

单位：亿元人民币

排名	上市公司	股票简称	业务类型	上市地点	总市值
1	江苏凤凰出版传媒股份有限公司	凤凰传媒	书报刊出版	上证 A 股	212.34
2	中南出版传媒集团股份有限公司	中南传媒	书报刊出版	上证 A 股	162.72
3	安徽新华传媒股份有限公司	皖新传媒	发行	上证 A 股	99.19
4	中文天地出版传媒股份有限公司	中文传媒	书报刊出版	上证 A 股	93.10
5	成都博瑞传播股份有限公司	博瑞传播	书报刊出版	上证 A 股	77.87
6	华闻传媒投资集团股份有限公司	华闻传媒	书报刊出版	深证 A 股	76.02
7	北京康得新复合材料股份有限公司	康得新	印刷	深证 A 股	73.38
8	浙报传媒集团股份有限公司	浙报传媒	书报刊出版	上证 A 股	62.01
9	深圳劲嘉彩印集团股份有限公司	劲嘉股份	印刷	深证 A 股	60.86
10	上海新华传媒股份有限公司	新华传媒	发行	上证 A 股	59.70

说明：书报刊出版上市公司包括业务内容描述为出版、出版发行、期刊和报业的上市公司。

表52 2011年书报刊出版上市公司总市值排名

单位：亿元

排名	上市公司	股票简称	上市地点	流通市值
1	江苏凤凰出版传媒股份有限公司	凤凰传媒	上证A股	212.34
2	中南出版传媒集团股份有限公司	中南传媒	上证A股	162.72
3	中文天地出版传媒股份有限公司	中文传媒	上证A股	93.10
4	成都博瑞传播股份有限公司	博瑞传播	上证A股	77.87
5	华闻传媒投资集团股份有限公司	华闻传媒	深证A股	76.02
6	浙报传媒集团股份有限公司	浙报传媒	上证A股	62.01
7	时代出版传媒股份有限公司	时代出版	上证A股	59.35
8	中原大地传媒股份有限公司	大地传媒	深证A股	59.27
9	长江出版传媒股份有限公司	长江传媒	上证A股	43.44
10	北方联合出版传媒（集团）股份有限公司	出版传媒	上证A股	42.92
11	广东九州阳光传媒股份有限公司	粤传媒	深证A股	38.26
12	北京赛迪传媒投资股份有限公司	*ST传媒	深证A股	14.82
–	合计	–	–	942.13

说明：书报刊出版上市公司包括业务内容描述为出版、出版发行、期刊和报业的上市公司。

表53 2011年发行上市公司总市值排名

单位：亿元

排名	上市公司	股票简称	上市地点	流通市值
1	安徽新华传媒股份有限公司	皖新传媒	上证A股	99.19
2	上海新华传媒股份有限公司	新华传媒	上证A股	59.70
3	广东广弘控股股份有限公司	广弘控股	深证A股	37.03
4	湖南天舟科教文化股份有限公司	天舟文化	深圳创业板	23.64
5	合计	–	–	219.56

说明：书报刊出版上市公司包括业务内容描述为出版、出版发行、期刊和报业的上市公司。

表 54 2011 年印刷上市公司总市值排名

单位：亿元

排名	上市公司	股票简称	上市地点	流通市值
1	北京康得新复合材料股份有限公司	康得新	深证 A 股	73.39
2	深圳劲嘉彩印集团股份有限公司	劲嘉股份	深证 A 股	60.86
3	上海紫江企业集团股份有限公司	紫江企业	上证 A 股	57.74
4	珠海中富实业股份有限公司	珠海中富	深证 A 股	44.51
5	黄山永新股份有限公司	永新股份	深证 A 股	26.35
6	东港安全印刷股份有限公司	东港股份	深证 A 股	24.07
7	福建鸿博印刷股份有限公司	鸿博股份	深证 A 股	22.23
8	上海界龙实业集团股份有限公司	界龙实业	上证 A 股	20.98
9	陕西金叶科教集团股份有限公司	陕西金叶	深证 A 股	19.04
10	北京盛通印刷股份有限公司	盛通股份	深证 A 股	14.04
–	合计	–	–	363.21

说明：书报刊出版上市公司包括业务内容描述为出版、出版发行、期刊和报业的上市公司。

表 55 2011 年全部图书出版单位总体经济规模综合评价（前 10 位）

综合排名	图书出版单位	综合评价得分	2010 年排名	排名变化
1	人民教育出版社	11.9396	1	0
2	高等教育出版社	10.1870	2	0
3	重庆出版社	7.0841	3	0
4	外语教学与研究出版社	5.4156	4	0
5	科学出版社	4.8057	5	0
6	人民卫生出版社	4.7495	6	0
7	江苏教育出版社	3.2778	7	0
8	机械工业出版社	2.9701	8	0
9	中国轻工业出版社	2.6824	50	41
10	上海书画出版社	2.6556	18	8

说明：综合评价得分系选取主营业务收入、资产总额、所有者权益和利润总额四项指标，采用主成分分析方法通过 SPSS 直接计算所得，仅用来显示各单位的相对位置。

表 56 2011 年中央各部门各单位图书出版社总体经济规模综合评价（前 10 位）

综合排名	图书出版单位	综合评价得分	2010 年排名	排名变化
1	人民教育出版社	11.9396	1	0
2	高等教育出版社	10.1870	2	0
3	科学出版社	4.8057	3	0
4	人民卫生出版社	4.7495	4	0
5	机械工业出版社	2.9701	5	0
6	中国轻工业出版社	2.6824	21	15
7	中国劳动社会保障出版社	2.0999	7	0
8	中国地图出版社	1.9050	6	−2
9	人民邮电出版社	1.8378	8	−1
10	知识产权出版社	1.7727	10	0

说明：综合评价得分系选取主营业务收入、资产总额、所有者权益和利润总额四项指标，采用主成分分析方法通过 SPSS 直接计算所得，仅用来显示各单位的相对位置。

表 57 2011 年大学图书出版社总体经济规模综合评价（前 10 位）

综合排名	图书出版单位	综合评价得分	2010 年排名	排名变化
1	外语教学与研究出版社	5.4156	1	0
2	北京师范大学出版社	2.5589	2	0
3	清华大学出版社	2.3071	3	0
4	上海外语教育出版社	1.9384	4	0
5	中国人民大学出版社	1.5190	5	0
6	北京大学出版社	1.4633	6	0
7	广西师范大学出版社	1.0457	8	1
8	中央广播电视大学出版社	0.9494	7	−1
9	华东师范大学出版社	0.7614	9	0
10	西南师范大学出版社	0.7094	10	0

说明：综合评价得分系选取主营业务收入、资产总额、所有者权益和利润总额四项指标，采用主成分分析方法通过 SPSS 直接计算所得，仅用来显示各单位的相对位置。

表 58 2011 年地方图书出版社总体经济规模综合评价（前 10 位）

综合排名	图书出版单位	综合评价得分	2010 年排名	排名变化
1	重庆出版社	7.0841	1	0
2	江苏教育出版社	3.2778	2	0
3	上海书画出版社	2.6556	7	4
4	浙江教育出版社	2.3348	3	−1
5	青岛出版社	2.2252	5	0
6	内蒙古教育出版社	1.6998	4	−2
7	北京出版社	1.6884	6	−1
8	安徽教育出版社	1.4590	9	1
9	山西教育出版社	1.4060	11	2
10	四川教育出版社	1.2870	16	5

说明：综合评价得分系选取主营业务收入、资产总额、所有者权益和利润总额四项指标，采用主成分分析方法通过 SPSS 直接计算所得，仅用来显示各单位的相对位置。

表 59 2011 年各新闻出版产业基地（园区）的营业收入

排名	基地（园区）	营业收入（亿元）	在全体中所占比重（%）	
			比重	累计比重
1	上海张江国家数字出版基地	150.00	30.67	30.67
2	江苏国家数字出版产业基地	93.98	19.22	49.89
3	杭州国家数字出版产业基地	80.49	16.46	66.35
4	中国北京出版创意产业园区	57.96	11.85	78.20
5	湖南中南国家数字出版基地	56.91	11.64	89.84
6	西安国家数字出版基地	23.11	4.73	94.56
7	重庆北部新区国家数字出版基地	8.28	1.69	96.25
8	天津国家数字出版基地	6.94	1.42	97.67
9	上海金山国家绿色创意印刷示范园区	6.45	1.32	98.99
10	西安国家印刷包装产业基地	3.98	0.81	99.80
11	上海国家音乐产业基地	0.73	0.15	99.95
12	黑龙江平房国家动漫出版产业基地	0.23	0.05	100.00
——	合计	489.04	100.00	——
——	平均	40.75	——	——

（数据来源：新闻出版总署）

四、动漫业

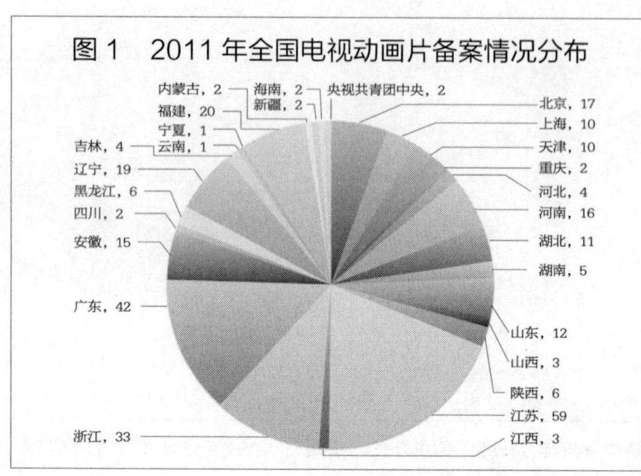

图 1　2011 年全国电视动画片备案情况分布

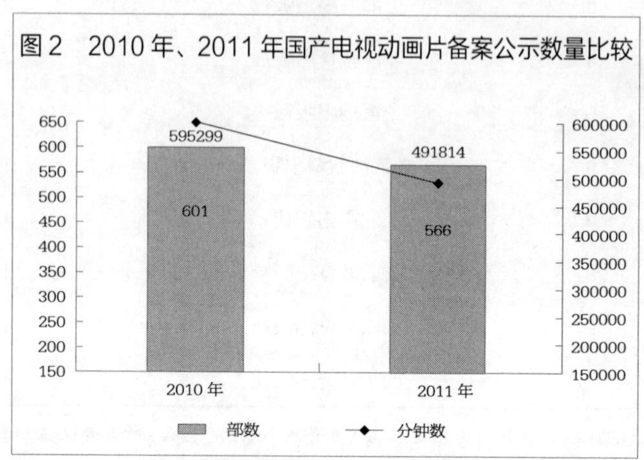

图 2　2010 年、2011 年国产电视动画片备案公示数量比较

表 1　2011 年备案数量前十位企业名单

排名	省市	备案机构	部	分钟	以分钟为单位的比重（%）
1	浙江	宁波水木动画设计有限公司	11	16998	3.50
2	辽宁	大连翰星传媒有限公司	4	16300	3.30
3	广东	深圳华强数字动漫有限公司	17	15067	3.10
4	福建	平潭水木动画有限公司	7	14460	3
5	江苏	无锡亿唐动画设计有限公司	9	14450	3
6	浙江	浙江中南卡通股份有限公司	9	11668	2.40
7	辽宁	大连卡秀数字科技有限公司	6	11500	2.30
8	北京	北京万豪天际文化传播有限公司	3	11100	2.30
9	浙江	杭州漫奇妙动漫制作有限公司	4	10510	2.10
10	北京	北京义方天下教育科技有限公司	1	10150	2.10
总计			71	132203	27

表 2 2011 年备案的国产电视动画片不同题材的数量统计

类别	1月	2月	3月	4月	5月	6月	7月	8月	9月	10月	11月	12月	总计
历史	9部 4995'	3 2486	2 554	2 1219	3 1166	4 4900	4 1415	3 5580	3 4110	6 4039	4 4236	4 2052	47部 36752'
童话	21部 22849'	23 12331	7 7106	19 14961	13 17603	12 9010	20 11803	32 25318	23 19843	26 21466	19 17770	25 21090	240部 201150'
教育	7部 4485'	16 12979	4 1967	6 5480	7 6696	7 21216	5 3372	10 9423	10 6460	12 11266	18 33888	9 5258	111部 122490'
科幻	2部 806'	3 2236	3 3446	7 4914	4 3486	5 3562	1 1430	1 1144	5 5135	6 5622	6 6940	2 1072	45部 39793'
现实	4部 2312'	4 1664	3 1974	5 3960	5 1869	1 390	1 832	4 2468	6 6022	8 5629	1 1600	6 4506	48部 33226'
神话	2部 418'		1 1300			2 1520	2 1404	13 19992	4 1728	6 4822	3 1482		33部 32666'
其他	7部 1845'		6 4168	3 658		1 510	3 3276		4 3934	5 2142	5 2914	7 5510	41部 24957'
特殊		1 780											1部 780'

图 3 2010 年国产电视动画片备案情况分布

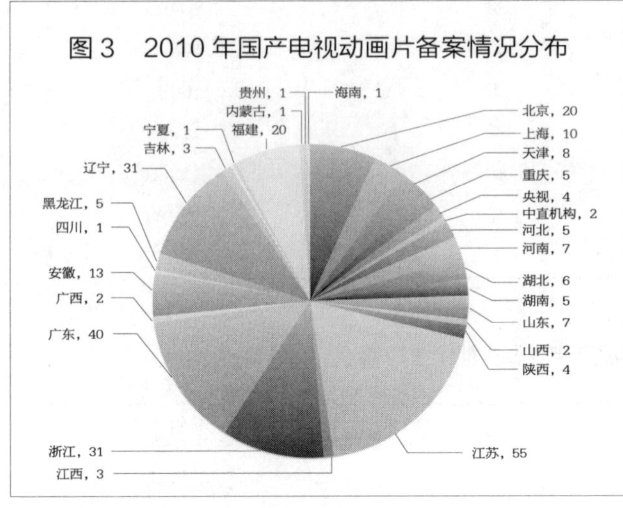

图 4 2010 年、2011 年备案公示的国产电视画片题材比较

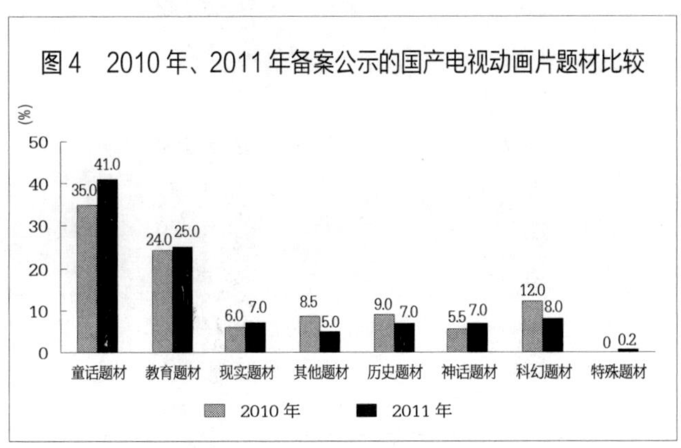

表 3 2011 年全国各省电视台、中央电视台及所属机构国产电视动画片生产情况统计

排序	省（区、市）	部数	分钟数
1	浙江	71	47545
2	江苏	68	45913
3	广东	55	42164
4	辽宁	39	28367
5	福建	46	26079
6	北京	20	11168
7	中央电视台及所属机构	13	9964
8	安徽	21	7729
9	河南	10	6188
10	黑龙江	9	5325
11	湖南	6	5268
12	上海	26	4303
13	天津	8	4100
14	重庆	7	3340
15	湖北	10	2758
16	江西	5	2730
17	河北	6	2045
18	内蒙古	3	1936
19	陕西	3	1856
20	中直机构	3	993
21	吉林	4	741
22	山东	1	572
23	云南	1	140
合计		435	261224

表 4　2011 年全国原创电视动画片生产企业前十位

排序	生产单位	部数	分钟数
1	深圳华强数字动漫有限公司	15	18512
2	无锡亿唐动画设计有限公司	12	15321
3	平潭水木动画有限公司	9	9850
4	杭州漫奇妙动漫制作有限公司	2	9125
5	宁波水木动画设计有限公司	8	8845
6	浙江中南卡通股份有限公司	10	8320
7	央视动画有限公司	11	8224
8	大连卡秀数字科技有限公司	3	6580
9	沈阳易品动漫有限公司	8	6300
10	福州翰格文化传播有限公司	8	5466

表 5　2011 年全国原创电视动画片生产十大城市

排序	城市	部数	分钟数
1	杭州	45	34606
2	深圳	24	23683
3	无锡	21	20563
4	沈阳	32	20495
5	广州	30	18449
6	苏州	29	16451
7	宁波	22	11873
8	北京	20	11168
9	福州	20	10028
10	大连	7	7872

表 6　2011 年国家动画产业基地国产电视动画片生产情况

排序	基地	部数	分钟数
1	杭州高新技术开发区动画产业园	38	32581
2	深圳市动画制作中心	24	23683
3	沈阳高新技术产业区动漫产业园	31	20157
4	无锡国家动画产业基地	19	19243
5	南方动画节目联合制作中心	30	18449
6	北京市文化创意产业集聚区	20	11168
7	苏州工业园区动漫产业园	19	10841
8	福州动漫产业基地	20	10028
9	中央电视台中国国际电视总公司	13	9964
10	大连高新技术产业园区动画产业园	7	7872
11	厦门软件园影视动画产业区	16	6058
12	黑龙江动漫产业（平房）发展基地	9	5325

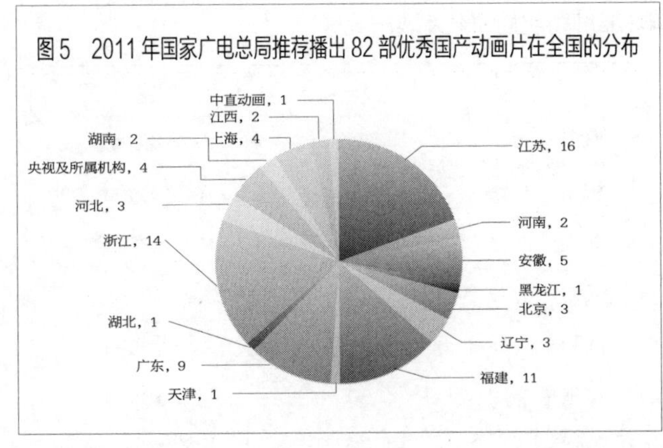

图5 2011年国家广电总局推荐播出82部优秀国产动画片在全国的分布

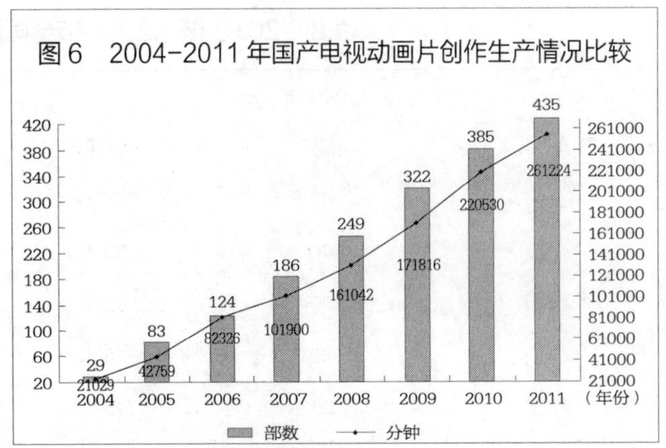

图6 2004-2011年国产电视动画片创作生产情况比较

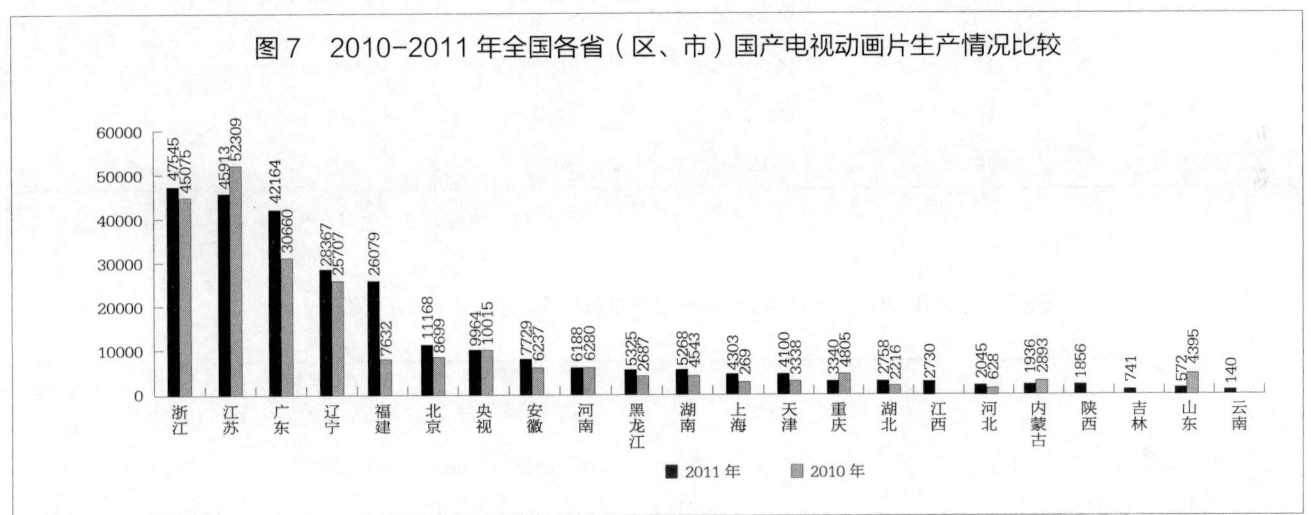

图7 2010-2011年全国各省（区、市）国产电视动画片生产情况比较

表7 2010-2011年全国原创电视动画片生产企业前十位比较

2010年				2011年		
排序	生产单位	部	分钟	生产单位	部	分钟
1	无锡亿唐动画设计有限公司	10	15904	深圳华强数字动漫有限公司	15	18512
2	深圳华强数字动漫有限公司	17	12818	无锡亿唐动画设计有限公司	12	15321
3	杭州漫奇妙动漫制作有限公司	7	11502	平潭水木动画有限公司	9	9850
4	沈阳非凡创意动画制作有限公司	5	10080	杭州漫奇妙动漫制作有限公司	2	9125
5	仰视动画有限公司	20	9915	宁波水木动画设计有限公司	8	8845
6	浙江中南卡通股份有限公司	10	7020	浙江中南卡通股份有限公司	10	8320
7	沈阳哈派动漫有限公司	5	6476	央视动画有限公司	11	8224
8	宁波水木动画设计有限公司	5	6005	大连卡秀数字科技有限公司	3	6580
9	杭州时空影视文化传播有限公司	3	3506	沈阳易品动漫有限公司	8	6300
10	杭州宏梦卡通发展有限公司	5	3304	福州翰格文化传播有限公司	8	5466
小结	江苏1家、浙江5家、广东1家、辽宁2家、央视动画			浙江3家、江苏2家、广东1家、辽宁2家、福建2家、央视动画		

表 8　2010 年、2011 年全国原创电视动画片生产十大城市比较

2010 年			2011 年		
城市	部数	分钟数	城市	部数	分钟数
杭州	42	35008	杭州	45	34606
无锡	40	30350	深圳	24	23683
沈阳	29	25707	无锡	21	20563
深圳	29	16393	沈阳	32	20495
广州	24	13794	广州	30	18449
苏州	20	11190	苏州	29	16451
宁波	16	9573	宁波	22	11873
北京	17	8699	北京	20	11168
郑州	13	6280	福州	20	10028
合肥	14	5512	大连	7	7872

表 9　2010–2011 年国家动画产业基地国产电视动画片生产情况一览

	2010 年			2011 年		
排序	基地	部	分钟	基地	部	分钟
1	杭州高新技术开发区动画产业园	38	32996	杭州高新技术开发区动画产业园	38	32581
2	无锡国家动画产业基地	38	29410	深圳市动画制作中心	24	23683
3	沈阳高新技术产业区动漫产业园	27	25261	沈阳高新技术产业区动漫产业园	31	20157
4	深圳市动画制作中心	29	16393	无锡国家动画产业基地	19	19243
5	南方动画节目联合制作中心	24	13794	南方动画节目联合制作中心	30	18449
6	中央电视台中国国际电视总公司	20	9915	北京市文化创意产业集聚区	20	11168
7	北京市文化创意产业集聚区	17	8699	苏州工业园区动漫产业园	19	10841
8	苏州工业园区动漫产业园	17	8646	福州动漫产业基地	20	10028
9	常州国家动画产业基地	12	4756	中央电视台中国国际电视总公司	13	9964
10	厦门软件园影视动画产业区	10	4061	大连高新技术产业园区动画产业园	7	7872
11	福州动漫产业基地	9	3428	厦门软件园影视动画产业区	16	6058
12	南京软件园	8	3244	黑龙江动漫产业（平房）发展基地	9	5325
13	重庆市南岸区茶园新区动画产业基地	5	3046	天津滨海新区国家影视网络动漫实验园	6	3164
14	湖南金鹰卡通基地	5	2947	重庆市南岸区茶园新区动画产业基地	6	2768
15	黑龙江动漫产业（平房）发展基地	4	2687	昆山软件园	4	2282
16	天津滨海新区国家影视网络动漫实验园	3	1846	南京软件园	4	2272
17	江通动画股份有限公司	2	1050	常州国家动画产业基地	4	2236
18	三辰卡通集团	1	510	江通动画股份有限公司	3	1016
19				湖南金鹰卡通基地	1	728
20				上海炫动卡通卫视传媒娱乐有限公司	1	312
21				上海美术电影制片厂	1	143

表 10　2010-2011 年全国推荐播出优秀动画片分布对比

2010 年		2011 年	
省份	部数	省份	部数
江苏	16	江苏	16
浙江	10	浙江	14
中央电视台	9	福建	11
广东	8	广东	9
北京	6	安徽	5
辽宁	6	上海	4
福建	6	中央电视台	4
河南	4	北京	3
重庆	4	河北	3
湖北	3	辽宁	3
天津	2	江西	2
河北	2	河南	2
安徽	2	湖南	2
湖南	2	天津	1
云南	1	黑龙江	1
		湖北	1
		中直机构	1

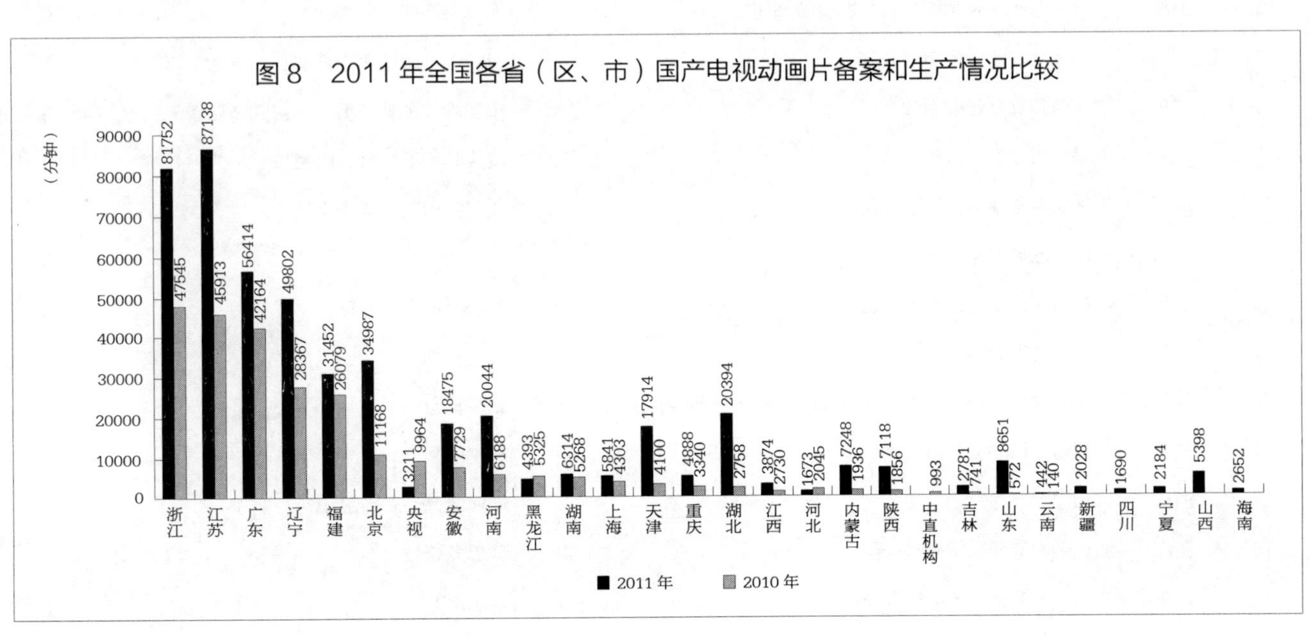

图 8　2011 年全国各省（区、市）国产电视动画片备案和生产情况比较

表 11　2011 年备案数量前十位企业与生产数量前十位企业比较

2011 年备案公示数量排序				2011 年实际生产数量排序		
排序	备案单位	部	分钟	生产单位	部	分钟
1	宁波水木动画设计有限公司	11	16998	深圳华强数字动漫有限公司	15	18512
2	大连翰星传媒有限公司	4	16300	无锡亿唐动画设计有限公司	12	15321
3	深圳华强数字动漫有限公司	17	15067	平潭水木动画有限公司	9	9850
4	平潭水木动画有限公司	7	14460	杭州漫奇妙动漫制作有限公司	2	9125
5	无锡亿唐动画设计有限公司	9	14450	宁波水木动画设计有限公司	8	8845
6	浙江中南卡通股份有限公司	9	11668	浙江中南卡通股份有限公司	10	8320
7	大连卡秀数字科技有限公司	6	11500	央视动画有限公司	11	8224
8	北京万豪天际文化传播有限公司	3	11100	大连卡秀数字科技有限公司	3	6580
9	杭州漫奇妙动漫制作有限公司	4	10510	沈阳易品动漫有限公司	8	6300
10	北京义方天下教育科技有限公司	1	10150	福州翰格文化传播有限公司	8	5466

表 12　各制作公司 2011 年发行的动画作品进入 2011 年全国各地区动画节目收视排名前十的次数统计

序号	地区	公司名称	作品名称	次数
1	广东	广州原创动力文化传播有限公司	喜羊羊与灰太狼快乐加油、奇思妙想喜羊羊	15
2	上海	上海上影大耳朵图图影视传媒有限公司	大耳朵图图第四季	6
3	广东	广州奥飞文化传播有限公司	巴啦啦小魔仙之彩虹心石、火力少年王二	5
4	广东	广州蓝狐文化传播有限公司	超兽武装勇者无惧、超兽武装仁者无敌	5
5	上海	上海美术电影制片厂	没头脑和不高兴、渔童	3
6	湖南	湖南宏梦卡通传播有限公司	兔宝宝和三件神奇宝贝	3
7	广东	广州灵动创想文化科技有限公司	斗龙战士	3
8	广东	广东明星创意动画有限公司	开心宝贝之开心超人	2
9	广东	广州炫动卡通科技有限公司	宇宙星神	2
10	江苏	三昧元文化发展（北京）有限公司常州飞彩动漫有限公司	磁星骑士	2
11	辽宁	沈阳漫工坊动漫有限公司	摩尔庄园	2
12	浙江	杭州宏梦卡通发展有限公司	虹猫蓝兔海底历险记	1
13	浙江	浙江中南卡通股份有限公司	梦想竞速	1
14	广东	广州市博艺文化传播有限公司	音乐奇侠	1
15	北京	北京辉煌动画公司	秦汉英雄传	1

表 13 各制作公司作品进入 2011 年全国各地区动画节目收视排名前十的次数统计

序号	地区	公司名称	次数
1	上海	上海美术电影制片厂	55
2	广东	广州原创动力文化传播有限公司	29
3	广东	广东咏声文化传播有限公司	18
4	上海	上海上影大耳朵图图影视传媒有限公司	13
5	广东	广州奥飞文化传播有限公司	9
6	广东	广州蓝狐文化传播有限公司	6
7	浙江	杭州宏梦卡通发展有限公司	5
8	湖南	湖南宏梦卡通传播有限公司	5
9	浙江	浙江中南卡通股份有限公司	5
10	天津	天津蓝猫卡通传媒有限公司	4
11	浙江	浙江缔顺科技有限公司	4
12	广东	广州艺洲人文化传播有限公司	3
13	广东	广州灵动创想文化科技有限公司	3
14	广东	广东明星创意动画有限公司	3
15	江苏	南京合谷科技信息技术有限公司	3
16	湖南	湖南金鹰卡通有限公司	3
17	广东	深圳市方块动漫画文化发展有限公司	2
18	广东	深圳华强数字动漫有限公司	2
19	广东	广州炫动卡通科技有限公司	2
20	江苏	常州江通动画有限公司	2
21	浙江	浙江蓝巨星国际传媒有限公司	2

续表 13

序号	地区	公司名称	次数
22	江苏	无锡哈皮动画有限公司	2
23	江苏	南京鸿鹰动漫娱乐公司	2
24	江苏	三昧元文化发展（北京）有限公司常州飞彩动漫有限公司	2
25	北京	北京太阳金贝文化艺术有限公司	2
26	辽宁	沈阳漫工坊动漫有限公司	2
27	广东	广州市博艺文化传播有限公司	1
28	广东	广州市达力影视文化传播有限公司	1
29	湖南	湖南蓝猫卡通传媒有限公司	1
30	湖北	江通动画股份有限公司	1
31	浙江	杭州玄机科技信息技术有限公司	1
32	江苏	无锡第五映象空间动画制作有限公司	1
33	江苏	无锡世纪宏柏数码动画有限公司	1
34	江苏	无锡电视台	1
35	江苏	常州银河动漫发展有限公司	1
36	江苏	常州恐龙园文化创意有限公司	1
37	江苏	南京鸿宝影视文化有限公司	1
38	北京	北京辉煌动画公司	1
39	北京	北京科影国际影视策划有限公司	1
40	北京	北京密贴夏国际影视传媒有限公司	1
41	北京	北京禹田文化艺术有限责任公司	1
42	重庆	重庆视美动画艺术有限责任公司	1

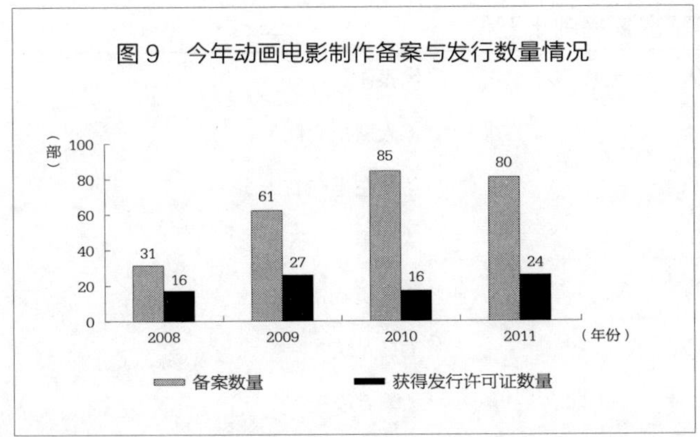

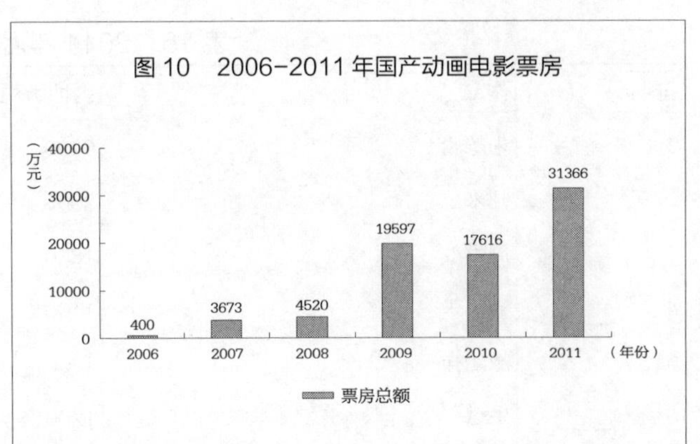

表 14 2011 年动画电影市场票房情况

单位：万元

序号	影片名称	票房收入	放映日期
1	喜羊羊与灰太狼之兔年顶呱呱	14204	1 月 21 日
2	老夫子之小水虎传奇	300	1 月 27 日
3	熊猫总动员	4660	2 月 3 日
4	丛林有情狼	1465	2 月 25 日
5	里约大冒险	14215	4 月 8 日
6	恐龙宝贝	300	4 月 29 日
7	劳拉的星星在中国	255	4 月 30 日
8	西柏坡	65	5 月 27 日
9	功夫熊猫 2	61711	5 月 28 日
10	动物总动员	6525	6 月 24 日
11	魁拔之十万火急	305	7 月 8 日
12	兔侠传奇	1620	7 月 11 日
13	藏獒多吉	135	7 月 15 日
14	赛尔号之寻找凤凰神兽	4382	7 月 28 日
15	蓝精灵	26372	8 月 10 日
16	摩尔庄园冰世纪	1790	8 月 11 日
17	赛车总动员 2	7955	8 月 24 日
18	少年岳飞传奇	500	9 月 29 日
19	洛克王国！圣龙骑士	3350	9 月 30 日
20	柯南：沉默的 15 分钟	2810	11 月 4 日
21	丁丁历险记	13260	11 月 15 日

表 15　2011 年漫画作家富豪榜前十五位

排名	作家	内地版税总收入（万元）	代表作
1	朱德庸	6190	《大家都有病》
2	几米	2500	《向左走向右走》
3	周洪滨	1830	《偷星九月天》
4	猫小乐	1700	《阿衰 online》
5	敖幼祥	1350	《乌龙院》
6	朱斌	1200	《爆笑校园》
7	Hans	420	《阿狸・梦之城堡》
8	阿桂	400	《疯了！桂宝》
9	颜开	310	《星海镖师》
10	陈翔	270	《神精榜》
11	穆逢春	230	《斗罗大陆》
12	魔王 S	195	《暗夜协奏曲》
13	猪乐桃	170	《世说新语・八周刊》
14	阿尤	150	《逍遥奇侠》
15	夏达	100	《子不语》

（数据来源：国家广播电影电视总局）

五、网络游戏业

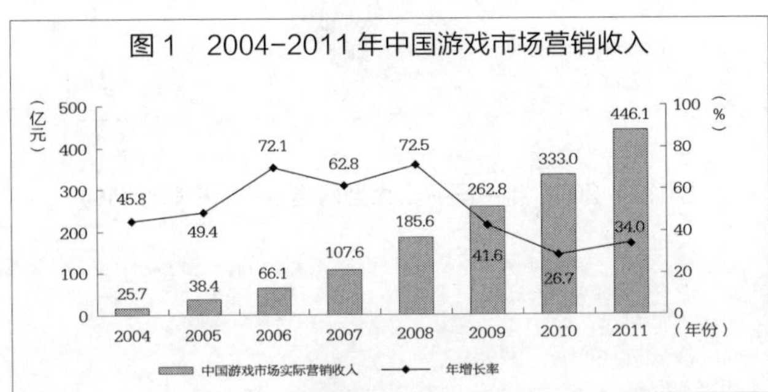

图 1　2004-2011 年中国游戏市场营销收入

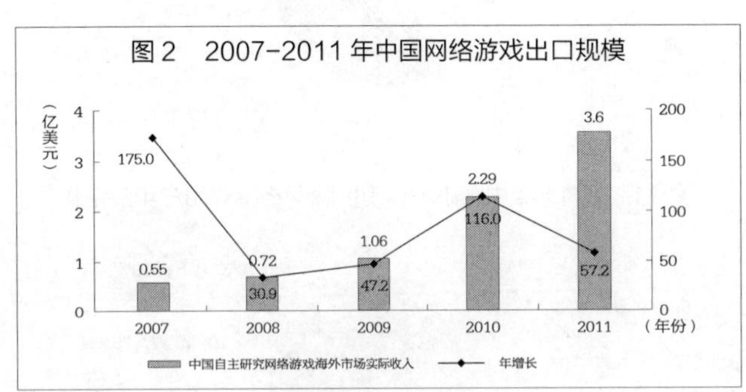

图 2　2007-2011 年中国网络游戏出口规模

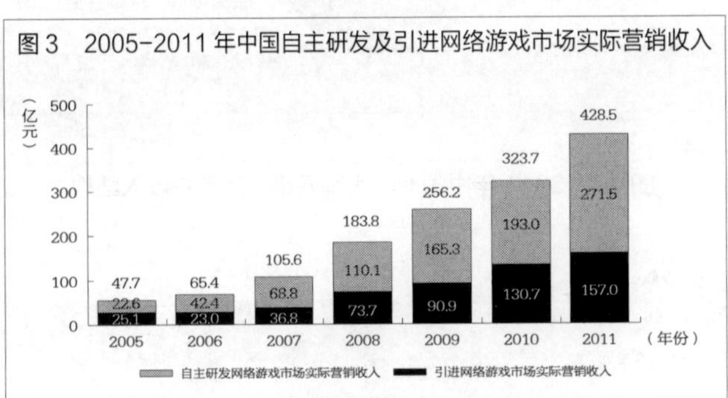

图 3　2005-2011 年中国自主研发及引进网络游戏市场实际营销收入

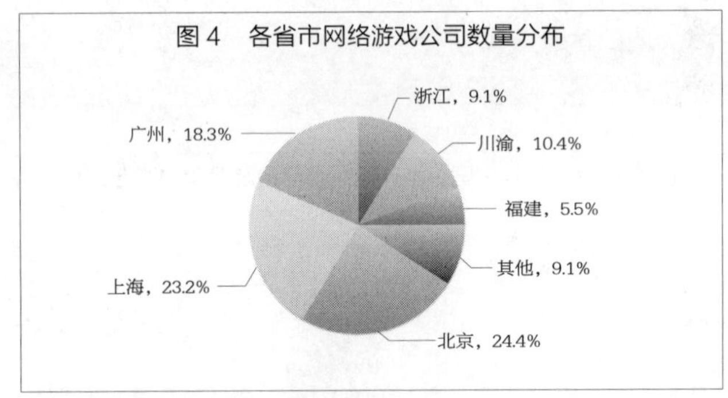

图 4　各省市网络游戏公司数量分布

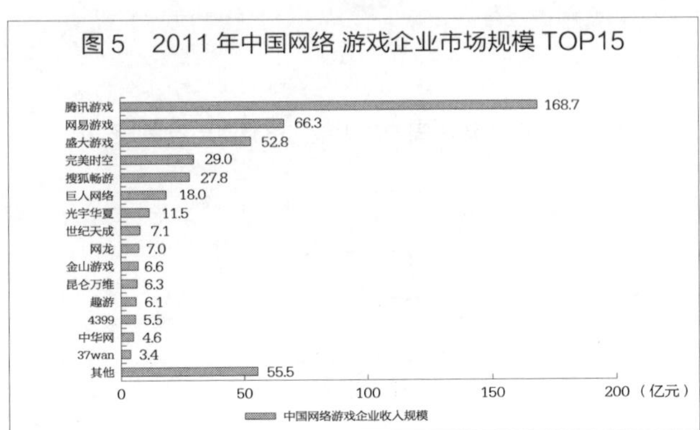

图 5　2011 年中国网络 游戏企业市场规模 TOP15

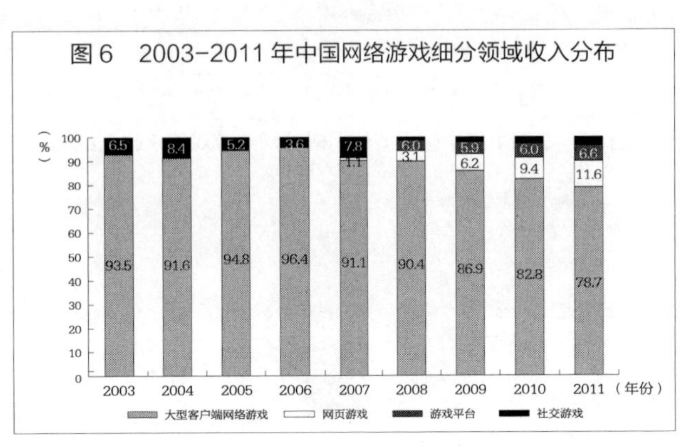

图 6　2003-2011 年中国网络游戏细分领域收入分布

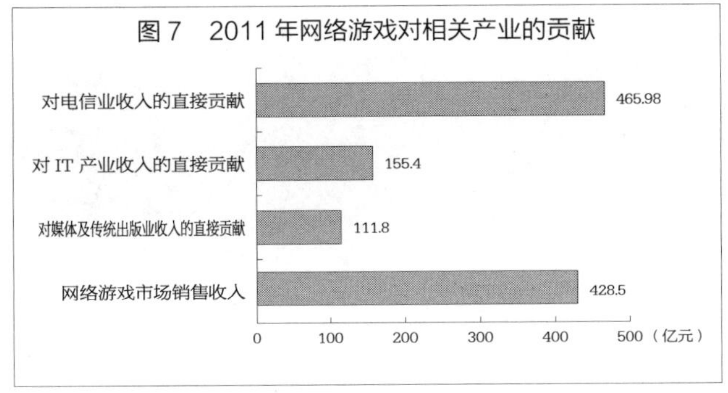

图 7　2011 年网络游戏对相关产业的贡献

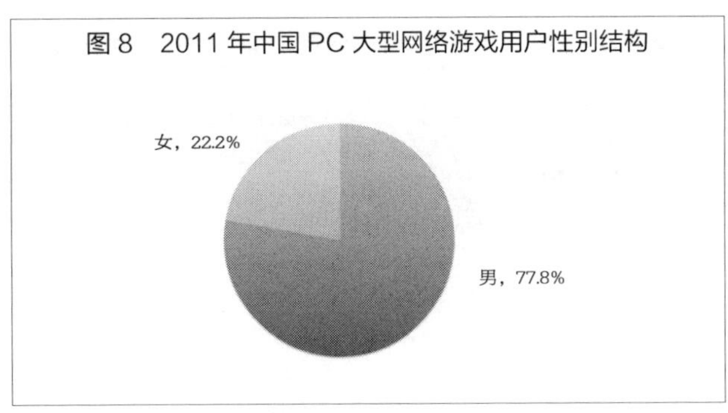

图 8　2011 年中国 PC 大型网络游戏用户性别结构

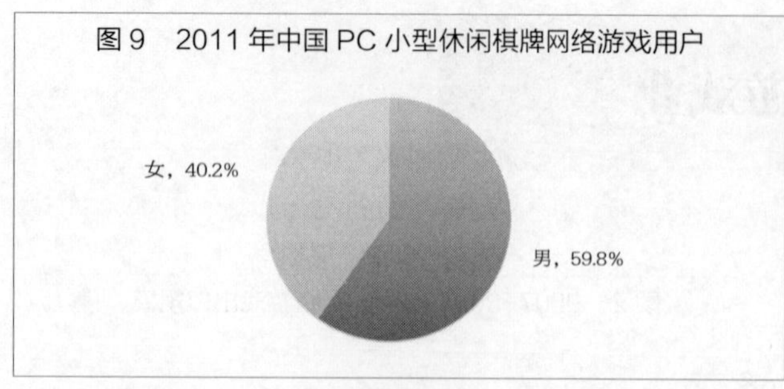

图 9　2011 年中国 PC 小型休闲棋牌网络游戏用户

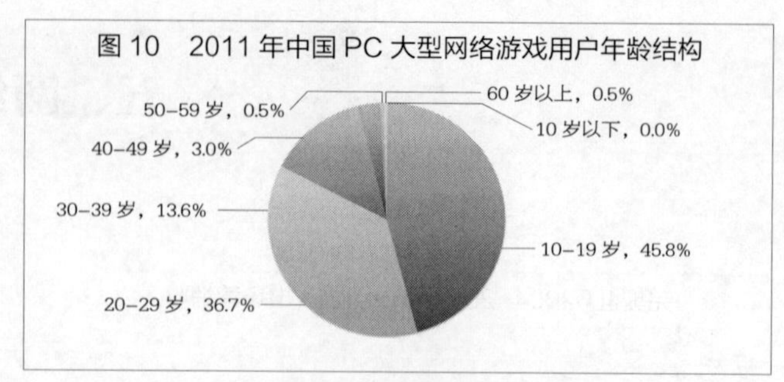

图 10　2011 年中国 PC 大型网络游戏用户年龄结构

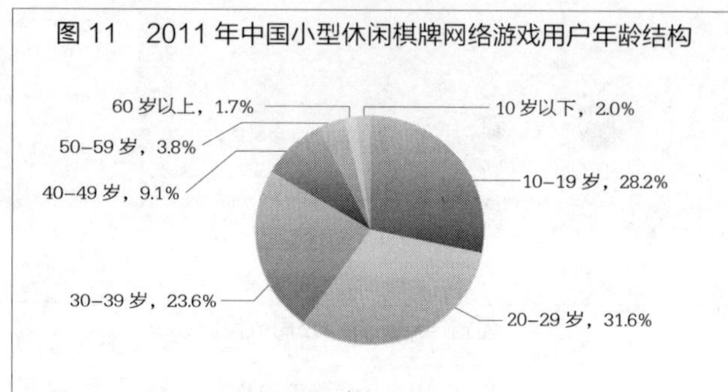

图 11　2011 年中国小型休闲棋牌网络游戏用户年龄结构

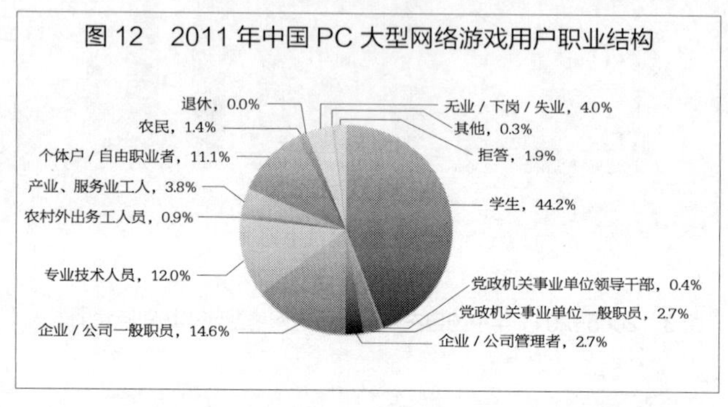

图 12　2011 年中国 PC 大型网络游戏用户职业结构

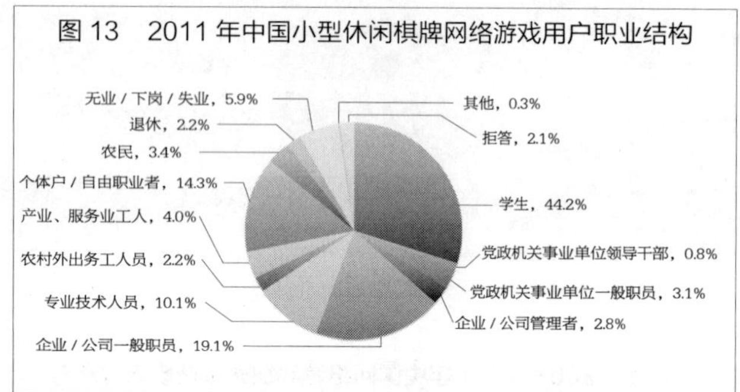

图 13　2011 年中国小型休闲棋牌网络游戏用户职业结构

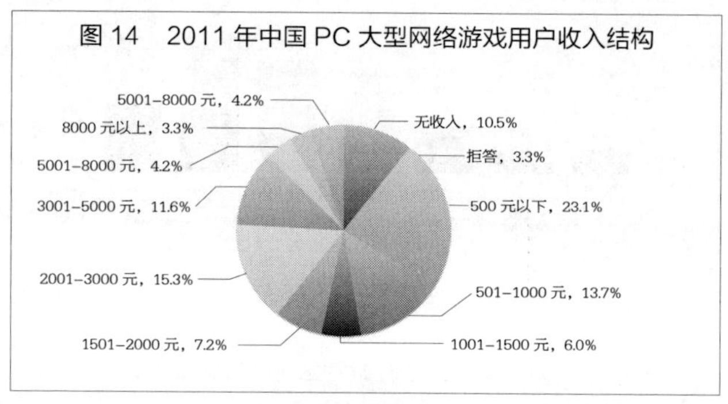

图 14　2011 年中国 PC 大型网络游戏用户收入结构

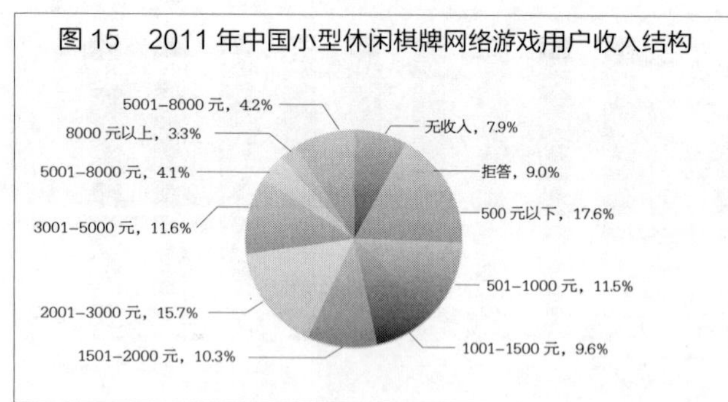

图 15　2011 年中国小型休闲棋牌网络游戏用户收入结构

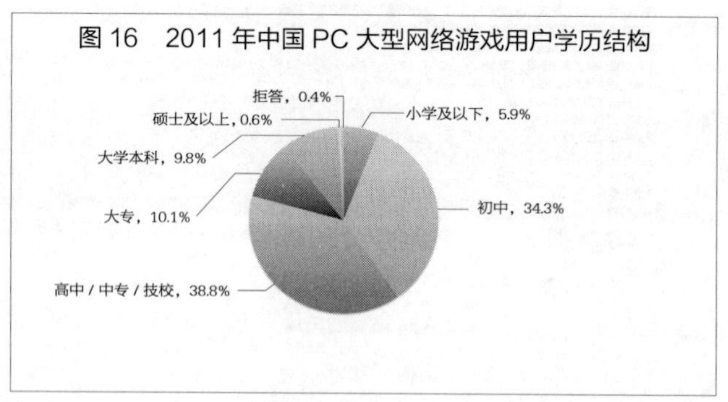

图 16　2011 年中国 PC 大型网络游戏用户学历结构

（数据来源：GPC; CNNIC and IDC, 2012）

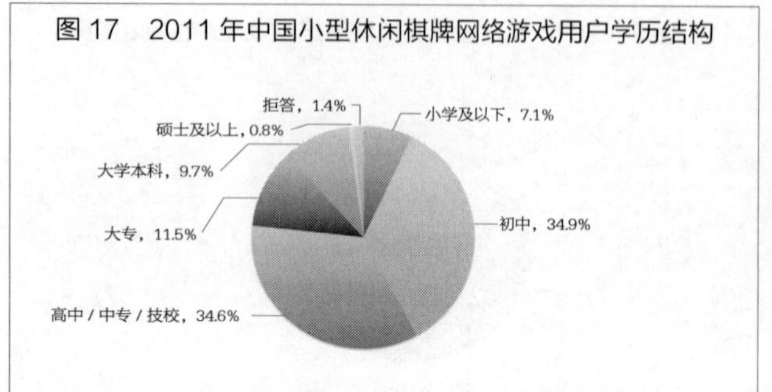

图 17　2011 年中国小型休闲棋牌网络游戏用户学历结构

表 1 2011 年度中国民族游戏海外拓展情况一览表

序号	游戏名称	游戏类型	出口国家或地区	申报公司名称	2011 年在海外收入（亿美金）	2011 年在海外收入（美金）
1	完美世界	MMORPG	中国中国台湾、泰国、越南、韩国、俄罗斯	完美世界（北京）网络技术有限公司公司	1.0000	100000000
2	武林外传	MMORPG				
3	完美世界国际版	MMORPG				
4	诛仙	MMORPG				
5	赤壁	MMORPG				
6	口袋西游	MMORPG				
7	神鬼传奇	MMORPG				
8	梦幻诛仙	MMORPG				
9	神魔大陆	MMORPG				
10	降龙之剑	MMORPG				
11	神鬼世界	MMORPG				
12	热舞派对	MMORPG				
13	三国风云	WEBGAME	新加坡、马来西亚西亚、越南、中国中国台湾、日本等其他国家	北京昆仑万维科技股份有限公司	0.7662	76615384
14	快打旋风	WEBGAME	意大利、法国、西班牙、德国			
15	昆仑世界	WEBGAME	中国香港、中国澳门			
16	美眉梦工厂	WEBGAME	其他国家（98 个）			
17	武侠风云	WEBGAME	其他国家（98 个）			
18	傲视天地	WEBGAME	中国香港、中国台湾、韩国、日本、英国、泰语、马来西亚、印度尼西亚			
19	傲剑	WEBGAME	中国香港、中国台湾、日本、韩国、泰语、马来西亚、印度尼西亚			
20	千军破	WEBGAME	中国香港、中国台湾、日本、韩国			
21	彩虹岛	MMORPG	中国香港	盛趣信息技术（上海）有限公司	0.45	45000000
22	风云	MMORPG	欧洲、塞浦路斯、中国台湾			
23	疯狂赛车	MMORPG	菲律宾、印度、印度尼西亚			
24	疯狂赛车 2	MMORPG	中国香港			
25	龙神传说	MMORPG	中国香港			
26	魔界 2	MMORPG	俄罗斯、日本、中国台湾、泰国、新加坡、马来西亚			
27	星尘传说	MMORPG	美国、中国台湾、中国香港			
28	星辰变	MMORPG	韩国、中国台湾、越南			
29	英雄之门	MMOSRPG	塞浦路斯			
30	诸侯	MMORPG	韩国			
31	纵横天下	WEBGAME	韩国			

续表 1

序号	游戏名称	游戏类型	出口国家或地区	申报公司名称	2011 年在海外收入（亿美金）	2011 年在海外收入（美金）
32	傲视天地	WEBGAME	泰国、马来西亚西亚、印度尼西亚、日本、韩国、繁体版地区、英文版地区	上海锐战网络科技有限公司	0.2032	20316000
33	诸神之战	WEBGAME	欧美、繁体版地区			
34	剑侠情缘网络版叁	MMORPG	韩国，中国台湾	北京金山数字娱乐科技有限公司	0.148	14796821
35	剑侠世界	MMORPG	越南，中国台湾			
36	剑一系列	MMORPG	越南，中国台湾			
37	剑二系列	MMORPG	越南，中国台湾，马来西亚，柬埔寨			
38	封神系列	MMORPG	越南，中国台湾			
39	春秋	MMORPG	中国台湾，马来西亚			
40	反恐	MMORPG	泰国，马来西亚，中国台湾，印度尼西亚，北美，港澳，柬埔寨，菲律宾			
41	弹弹堂	WEBGAME	中国香港、中国澳门、法国区、西班牙、波兰、越南、欧美、英国、日本	深圳第七大道科技有限公司	0.1364	13640701.49
42	超级舞者	ACG	中国台湾、越南、马来西亚、泰国、马来西亚	久游网	0.122	12201511
43	宠物森林	ACG	越南、马来西亚、泰国、新加坡			
44	神兵传奇	MMORPG	韩国、俄罗斯			
45	GT 劲舞团 2	ACG	中国香港			
46	劲舞团（代理授权）	MMORPG	中国香港			
47	SD 敢达（代理授权）	MMORPG	中国香港			
48	魔力宝贝 2(代理授权）	MMORPG	中国香港、中国台湾			
49	梦幻古龙（代理授权）	MMORPG	越南			
50	天龙八部	MMORPG	越南、中国台湾、中国香港、马来西亚、泰国	北京畅游时代数码技术有限公司	0.0865	8646639
51	盘龙神墓记	WEBGAME	中国香港、中国澳门、中国台湾、新加坡、马来西亚、越南、日本、韩国	广州菲音信息科技有限公司	0.0804	8043333
52	明朝时代	WEBGAME	中国香港、中国澳门、中国台湾、新加坡、马来西亚			
53	凡人修真	WEBGAME	中国香港、中国澳门、中国台湾、韩国			
54	射雕传	WEBGAME	中国香港、中国澳门、中国台湾			
55	梦幻修仙	WEBGAME	中国香港、中国澳门、中国台湾、越南、韩国			
56	飘渺雪域	WEBGAME	中国香港、中国澳门、中国台湾			
57	大唐真龙	WEBGAME	中国香港、中国澳门、中国台湾	广州菲音信息科技有限公司	0.0804	8043333
58	洪荒神话	WEBGAME	中国香港、中国澳门、中国台湾、大洋洲、越南、新加坡、马来西亚			
59	九天仙梦	WEBGAME	中国香港、中国澳门、中国台湾			
60	英雄王座	WEBGAME	中国香港、中国澳门、中国台湾、日本			
61	江湖令	WEBGAME	中国台湾			

续表 1

序号	游戏名称	游戏类型	出口国家或地区	申报公司名称	2011 年在海外收入（亿美金）	2011 年在海外收入（美金）
62	咪呼侠	WEBGAME	俄罗斯	苏州蜗牛数字科技股份有限公司	0.0767	7666630.99
63	黑金	WEBGAME	俄罗斯			
64	琥珀（暂定名）	WEBGAME	俄罗斯			
65	天子	MMORPG	北美、中国台湾、越南、韩国、中国香港			
66	英雄之城	WEBGAME	北美、俄罗斯、日本、越南、韩国、中国香港、中东、中国台湾、欧洲、新加坡、马来西亚、泰国、土耳其			
67	航海世纪	MMORPG	德国、俄罗斯、土耳其、北美、马来西亚、中国台湾			
68	舞街区	ACG	北美、菲律宾、马来西亚、中国台湾、泰国、新加坡、印度尼西亚、越南、俄罗斯、土耳其、芬兰			
69	帝国文明	WEBGAME	北美、欧洲、俄罗斯、印度尼西亚、越南、韩国、新加坡、马来西亚、菲律宾、中国香港、中国台湾、土耳其、中东、日本			
70	龙	MMORPG	中国台湾、中国香港、中国澳门、马来西亚、新加坡、泰国、越南、欧洲、北美、俄罗斯、阿联酋、韩国	空中网	0.0616	6160000
71	圣魔之血	MMORPG	中国台湾、中国香港、中国澳门、新加坡、马来西亚、俄罗斯＆前苏联地区、韩国			
72	功夫英雄	MMORPG	中国台湾、中国香港、中国澳门、马来西亚、新加坡			
73	倾城	WEBGAME	中国香港、中国澳门、中国台湾、俄罗斯、越南、老挝、柬埔寨、泰国、缅甸、马来西亚、新加坡、印度尼西亚、文莱、菲律宾、东帝汶	成都汉森信息技术有限公司	0.0519	5190000
74	迷失	WEBGAME	中国香港、中国澳门、中国台湾、美国、加拿大和格陵兰岛、巴林、埃及、伊朗、伊拉克、以色列、约旦、科威特、黎巴嫩、阿曼、卡塔尔、沙特、叙利亚、阿联酋和也门，巴勒斯坦、马格里布国家（阿尔及利亚、利比亚、摩洛哥、突尼斯）以及苏丹、毛里塔尼亚和索马里）、土耳其	成都汉森信息技术有限公司	0.0616	6160000
75	聊斋	WEBGAME	中国香港、中国澳门、中国台湾			
76	八部群侠传	WEBGAME	中国香港、中国澳门、中国台湾			
77	快乐江湖	MMORPG	中国台湾	蓝港在线（北京）科技有限公司	0.0516	5155000
78	火影世界	WEBGAME	新加坡、马来西亚、印度尼西亚、泰国、越南			
79	魔神无双	MMORPG	马来西亚、印度尼西亚、泰国、俄罗斯、日本			
80	佣兵天下	MMORPG	泰国			
81	魔晶幻想 2	WEBGAME	日本、泰国、中国台湾、美国、马来西亚	杭州乐港科技有限公司	0.0481	4810000
82	热血三国	WEBGAME	捷克			
83	十年一剑	WEBGAME	韩国、越南、泰国、新加坡和马来西亚西亚	上海游族信息技术有限公司	0.0442	4415113.296

续表 1

序号	游戏名称	游戏类型	出口国家或地区	申报公司名称	2011 年在海外收入（亿美金）	2011 年在海外收入（美金）
84	征服	MMORPG	欧洲、北美等地区、中国香港、中国台湾、西班牙、南美、法国、加拿大、埃及、沙特阿拉伯、巴西、土耳其	福建天晴数码有限公司	0.0412	4123601
85	征服网页版	WEBGAME	欧洲、北美等地区			
86	征服 Ipad 版	WEBGAME	欧洲、北美等地区			
87	魔域	MMORPG	欧洲、北美等地区、中国香港、中国台湾、越南、马来西亚			
88	机战	MMORPG	欧洲、北美等地区、中国香港、中国台湾、马来西亚、日本"			
89	投名状	MMORPG	越南			
90	Crazy Tao	MMORPG	欧洲、北美等地区			
91	南帝北丐(Legend of Hero)	WEBGAME	中国香港、中国台湾、中国澳门、韩国	北京新娱兄弟网络科技有限公司	0.036	3600000
92	黄金国度	MMORPG	韩国、泰国、欧美、俄罗斯、中国台湾、日本、巴西、土耳其	上海征途信息技术有限公司	0.032	3200000
93	征途	MMORPG	俄罗斯、越南、中国台湾	上海征途信息技术有限公司	0.032	3200000
94	龙魂	MMORPG	欧美			
95	巨人	MMORPG	中国台湾			
96	影之战	MMORPG	巴西	成都炎龙科技有限公司	0.0252	2515000
97	东游记	MMORPG	中国香港、中国澳门、中国台湾			
98	将魂	MMORPG	印度尼西亚、新加坡、马来西亚、中国香港、中国澳门、中国台湾			
99	神迹大陆	WEBGAME	中国香港、中国澳门、中国台湾、日本			
100	奇想咕噜团	WEBGAME	越南			
101	钢魂	WEBGAME	中国香港、中国澳门、中国台湾			
102	窝窝世界	WEBGAME	中国香港、中国澳门、中国台湾、日本			
103	神魔遮天	WEBGAME	马来西亚、新加坡、中国台湾、中国香港、中国澳门、日本	厦门游家网络有限公司	0.0155	1550000
104	大唐真龙武	WEBGAME	中国台湾、越南			
105	帝国重生	WEBGAME	韩国、北美、日本	浙江宣逸网络科技有限公司	0.0133	1333000
106	叱咤九州	WEBGAME	中国台湾			
107	海盗王	MMORPG	北美、俄罗斯、马来西亚西亚、新加坡、泰国、中国台湾、巴西，葡萄牙、印度尼西亚	上海摩力游数字娱乐有限公司	0.0132	1315000
108	海之梦	MMORPG	泰国、新加坡、印度尼西亚、中国香港、中国澳门			
109	诛神 online	MMORPG	中国台湾、越南	呈天游(北京)信息技术有限公司	0.0113	1130424.55
110	醉江湖 online	MMORPG	中国台湾、越南			
111	诛神	手机网游	中国台湾、中国香港、中国澳门、新加坡、马来西亚、日本、韩国			
112	战将 online	WEBGAME	中国台湾、中国香港、中国澳门、日本、韩国	杭州冰川科技有限公司	0.0095	950000

续表 1

序号	游戏名称	游戏类型	出口国家或地区	申报公司名称	2011 年在海外收入（亿美金）	2011 年在海外收入（美金）
113	成吉思汗Ⅱ	MMORPG	柬埔寨、土耳其、阿拉伯	北京麒麟网信息科技有限公司	0.0079	785000
114	梦幻聊斋	MMORPG	中国台湾、中国香港、中国澳门			
115	龙腾世界	MMORPG	中国台湾、中国香港、中国澳门、马来西亚	目标软件（北京）有限公司	0.0071	710000
116	MKZ	ACG	中国香港、中国台湾			
117	名将三国	MMORPG	泰国，越南	上海第九城市信息技术有限公司	0.0044	463800
118	热血球球	WEBGAME	马来西亚西亚、中国台湾、印度尼西亚、日本、新加坡、马来西亚、泰国、菲律宾、越南、美国、韩国			
119	九刃	MMORPG	中国香港、中国澳门、中国台湾、土耳其、韩国	成都魔方软件科技有限公司	0.0042	423600
120	魔力学堂	WEBGAME	印度尼西亚	杭州泛城科技有限公司	0.0024	237800
121	水浒英雄	WEBGAME	中国香港、中国澳门、中国台湾、新加坡、马来西亚			
122	问道海外版	MMORPG	美国、加拿大、格陵兰	厦门吉比特网络技术股份有限公司	0.0022	220000
123	逍遥 online	MMORPG	中国台湾			
124	英雄世界 World of Heroes	WEBGAME	北美、巴西、中国台湾、中国香港、韩国、日本	杭州德道网络技术有限公司	0.0021	210000
125	水浒豪侠	WEBGAME	中国台湾			
126	七龙纪	WEBGAME	韩国、日本、巴西	北京光辉互动网络科技有限公司	0.0019	190000
127	七龙纪 II	WEBGAME	日本、韩国、欧美、东南亚			
128	野人纪	WEBGAME	中国台湾、日本			
129	七龙传说	WEBGAME	日本、泰国、韩国			
130	猎刃	MMORPG	中国香港、中国台湾、北美地区、东南亚地区、欧洲地区	北京中娱在线网络科技有限公司	0.0018	180000
131	勇者斗斗龙	MMORPG	越南	广州网游数码科技有限公司	0.0003	25000

（数据来源：中国出版工作者协会游戏工作委员会）

六、艺术品业

表 1　2011 年中国艺术品市场总体数据

序号	市场分类	金额（亿人民币）
1	艺术品拍卖（原创艺术品）	975
2	画廊、艺术经纪、艺术博览会	351
3	艺术品出口额	30
4	艺术品网上交易	12
5	现当代原创工艺美术品	590
6	艺术授权品、艺术复制品、艺术衍生品	150
总计		2108

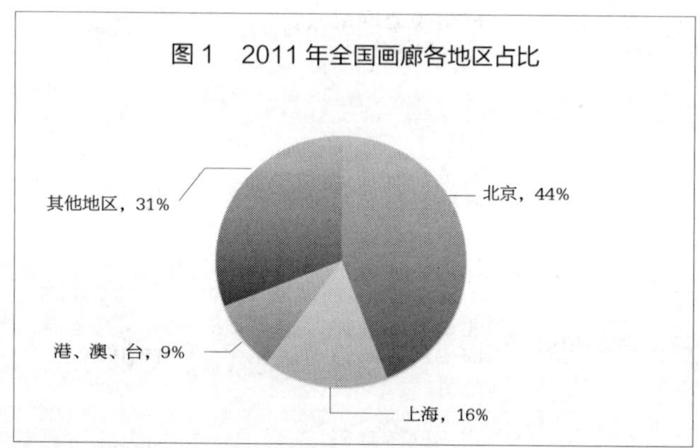

图 1　2011 年全国画廊各地区占比

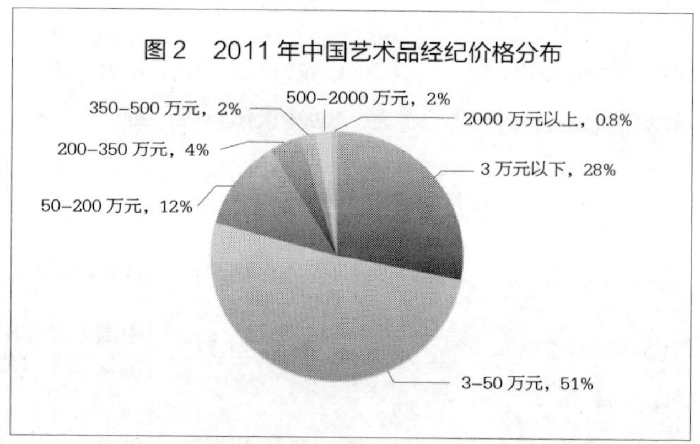

图 2　2011 年中国艺术品经纪价格分布

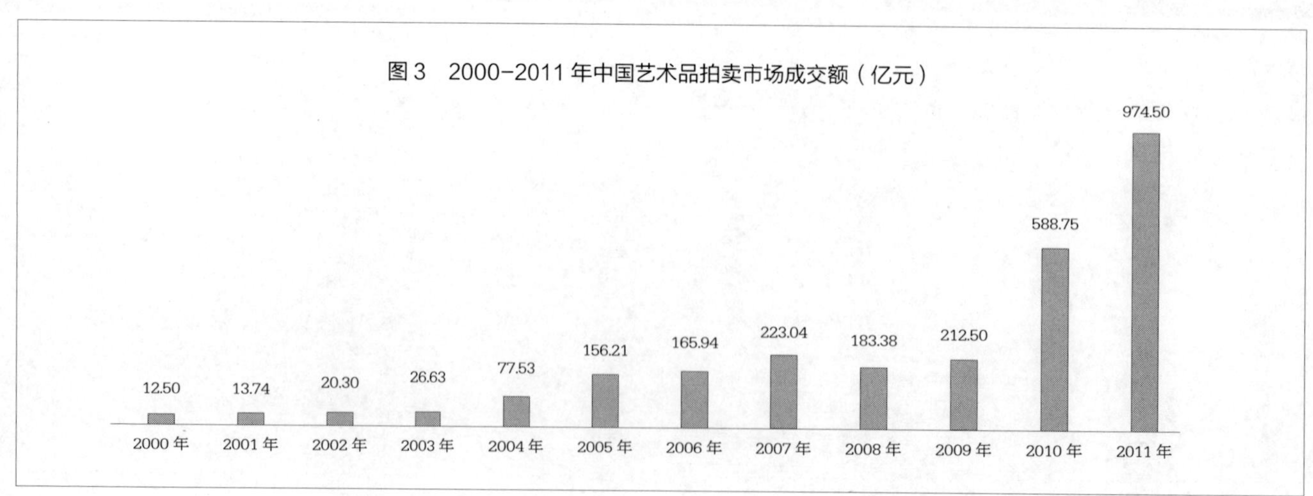

图 3　2000-2011 年中国艺术品拍卖市场成交额（亿元）

表 2 2011 年中国艺术品拍卖市场分类市场成交数据

	上拍量（件数）	成交量（件数）	成交金额（元）
中国书画	239,866	180,363	59,344,425,420
油画及当代艺术	13,976	9,966	7,927,217,408
瓷器杂项	191,597	134,492	30,178,565,070
总计	445,439	324,821	97,450,207,890

表 3 2011 年中国艺术品拍卖市场书画市场成交数据

类别	上拍量（件数）	成交量（件数）	成交金额（元）
古代书画	34,858	25,675	12,610,609,570
近现代书画	133,001	101,171	38,832,626,110
当代书画	72,007	53,517	7,901,189,732
总计	239,866	180,363	59,344,425,412

表 4 2011 年中国艺术品拍卖市场油画和当代艺术市场成交数据

类别	上拍量（件数）	成交量（件数）	成交金额（元）
油画及当代艺术（平面）	12,523	8,897	7,504,145,508
影像（数码及多媒体）	544	324	55,054,680
雕塑、装置（三维艺术）	909	745	368,017,220
总计	13,976	9,966	7,927,217,408

表 5 2011 年中国艺术品拍卖市场瓷器杂项市场成交数据

类别	上拍量（件数）	成交量（件数）	成交金额（元）
瓷器	23,460	14,723	9,645,544,755
玉器	21,765	13,219	3,005,714,477
文玩	20,278	14,685	2,206,641,807
古籍善本	16,832	12,154	782,300,439
钱币	32,303	24,711	95,876,508
邮票	5,648	4,158	9,088,814
佛像	4,146	2,681	975,343,485
家具	4,478	3,500	1,616,407,497
珠宝	11,870	7,248	4,319,798,222
犀角雕	2,098	1,592	1,394,531,336
名酒	12,697	10,940	1,039,478,483
其他	36,022	24,881	4,143,151,346
总计	191,597	134,492	30,178,565,070

（数据来源：文化部、AMRC 艺术市场分析研究中心）

七、互联网与新媒体业

图1 中国网民规模与普及率场成交数据
万人
50000
40000
30000
20000
10000
0
9400
11100
13700
21000
29800
38400
45730
51310
7.2%
8.5%
10.5%
16.0%
22.6%
28.9%
34.3%
38.3%
40%
35%
30%
25%
20%
15%
10%
5%
0%
2004
2005
2006
2007
2008
2009
2010
2011
网民数
互联网普及率

图2 家庭宽带网民规模
万人
45000
40000
35000
30000
25000
20000
15000
10000
5000
0
30849
38137
38977
39177
2010.6
2010.12
2011.6
2011.12

图3 手机上网网民规模
万人
40000
35000
30000
25000
20000
15000
10000
5000
0
11760
23344
30273
35558
133.3%
98.5%
29.7%
17.5%
200%
180%
160%
140%
120%
100%
80%
60%
40%
20%
0%
2004
2009
2010
2011
手机网民数
年增长率

图4 网民上网设备
100%
80%
60%
40%
20%
0%
78.4%
73.4%
66.2%
69.3%
45.7%
46.8%
台式电脑
手机
笔记本电脑
2010.12
2011.12

图5 网民使用电脑上网场所
100%
80%
60%
40%
20%
0%
89.2%
88.8%
35.7%
27.9%
33.7%
33.2%
23.2%
18.7%
16.1%
13.6%
家里
网吧
单位
学校
公共场所
2010.12
2011.12

图6 网民平均每周上网时长
小时
20
19
18
17
16
15
18.3
18.7
2010
2011

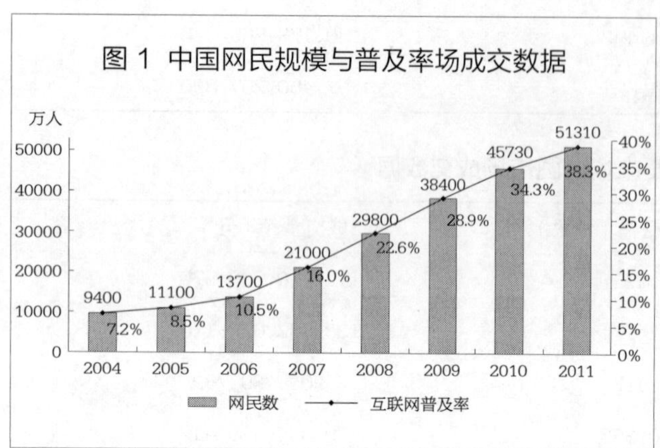

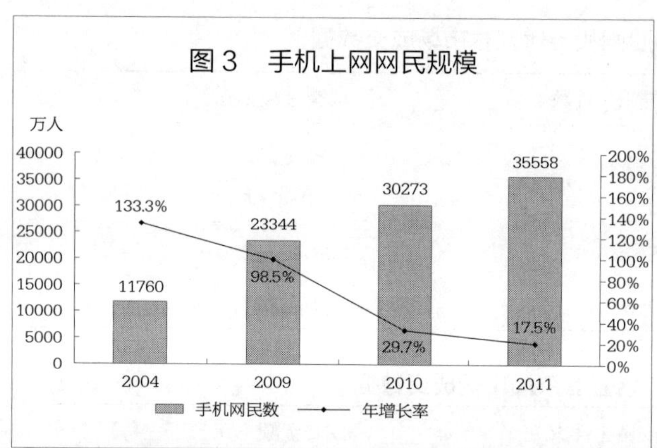

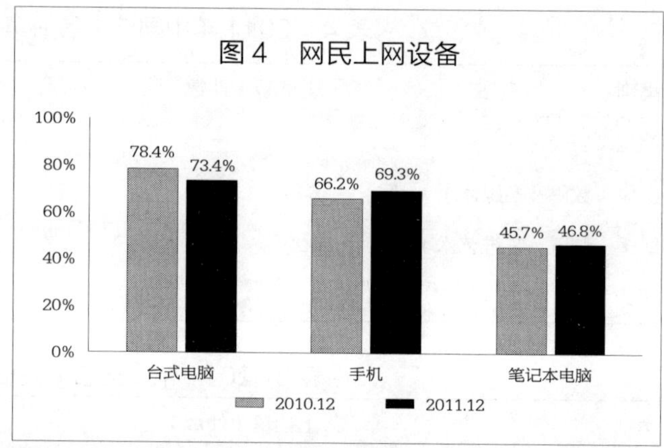

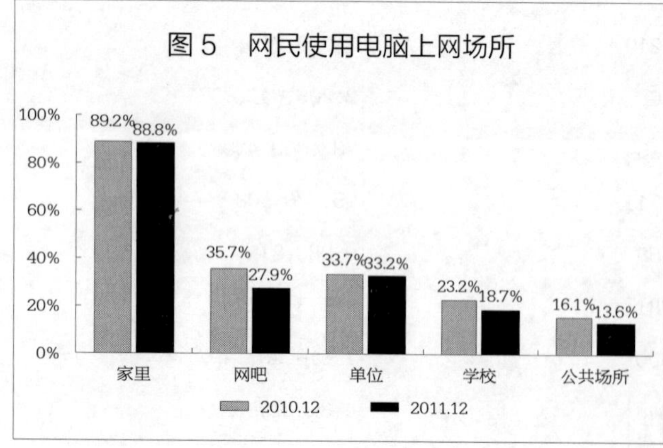

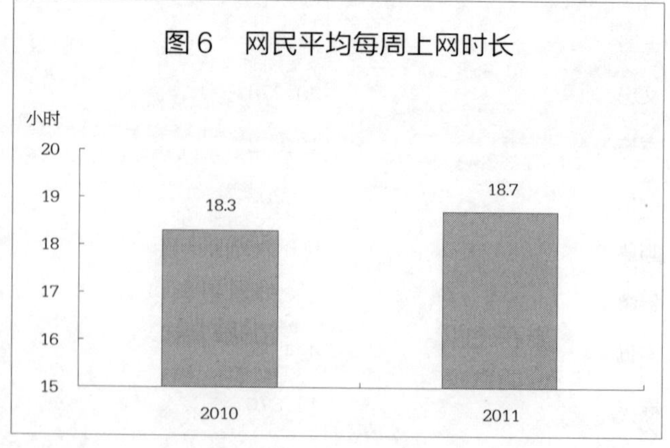

表 1 2011 年分省网民规模及增速

省份	网民数（万人）	普及率	增长率	普及率排名	网民增速排名
北京	1379	70.3%	13.2%	1	9
上海	1525	66.2%	23.1%	2	1
广东	6300	60.4%	18.3%	3	2
福建	2102	57.0%	13.7%	4	8
浙江	3052	56.1%	9.5%	5	23
天津	719	55.6%	10.9%	6	17
辽宁	2092	47.8%	9.2%	7	25
江苏	3685	46.8%	11.5%	8	15
新疆	882	40.4%	7.7%	9	28
山西	1405	39.3%	12.4%	10	10
海南	338	38.9%	11.4%	11	16
陕西	1429	38.3%	10.3%	12	22
山东	3625	37.8%	8.8%	13	26
湖北	2129	37.2%	11.9%	14	11
重庆	1068	37.0%	7.9%	15	27
青海	208	36.9%	10.4%	16	20
河北	2597	36.1%	18.2%	17	3
吉林	966	35.2%	9.5%	18	24
内蒙古	854	34.6%	14.4%	19	6
宁夏	207	32.8%	18.2%	20	4
黑龙江	1206	31.5%	7.0%	21	29
西藏	90	29.9%	10.8%	22	19
湖南	1936	29.5%	10.8%	23	18
广西	1353	29.4%	10.4%	24	21
四川	2229	27.7%	11.6%	25	14
河南	2582	27.5%	6.8%	26	31
甘肃	700	27.4%	6.9%	27	30
安徽	1585	26.6%	13.9%	28	7
云南	1140	24.8%	11.7%	29	13
江西	1088	24.4%	14.5%	30	5
贵州	840	24.2%	11.9%	31	12
全国	51310	38.3%	12.2%	–	–

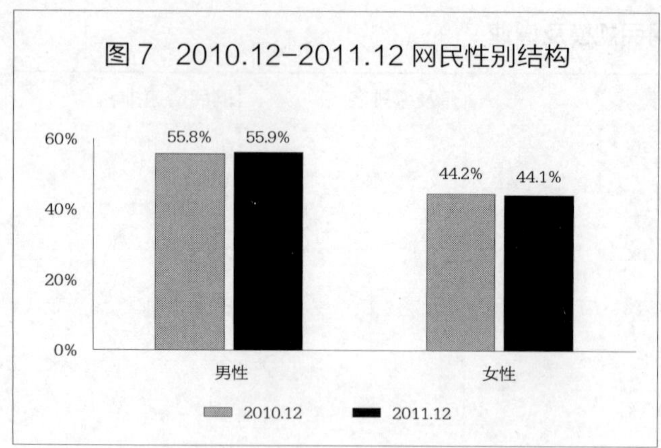
图 7 2010.12-2011.12 网民性别结构
60%
40%
20%
0%
55.8%
55.9%
44.2%
44.1%
男性
女性
2010.12
2011.12

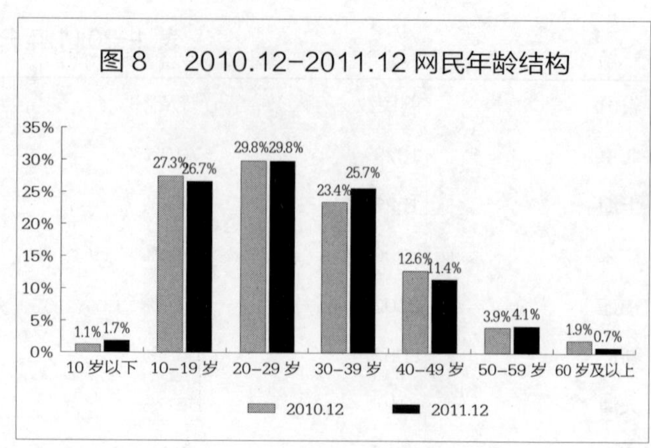
图 8 2010.12-2011.12 网民年龄结构
35%
30%
25%
20%
15%
10%
5%
0%
1.1% 1.7%
27.3% 26.7%
29.8% 29.8%
23.4% 25.7%
12.6% 11.4%
3.9% 4.1%
1.9% 0.7%
10 岁以下
10-19 岁
20-29 岁
30-39 岁
40-49 岁
50-59 岁
60 岁及以上
2010.12
2011.12

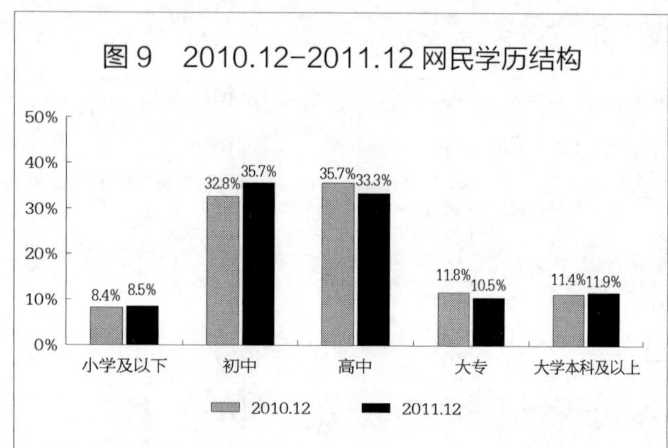
图 9 2010.12-2011.12 网民学历结构
50%
40%
30%
20%
10%
0%
8.4% 8.5%
32.8% 35.7%
35.7% 33.3%
11.8% 10.5%
11.4% 11.9%
小学及以下
初中
高中
大专
大学本科及以上
2010.12
2011.12

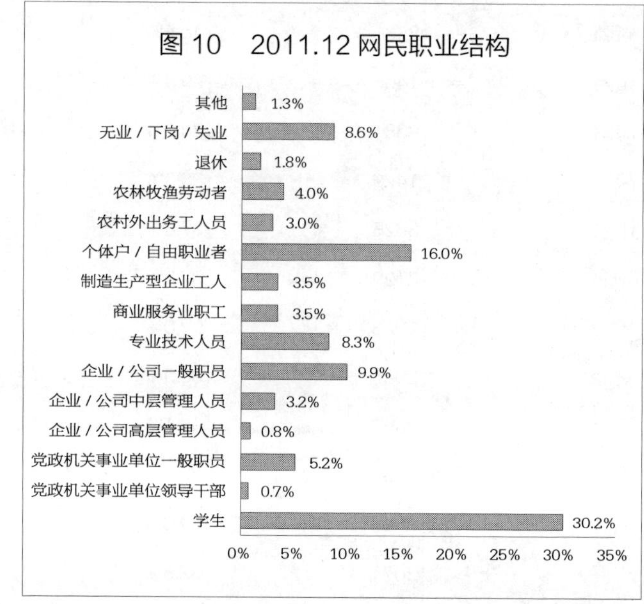
图 10 2011.12 网民职业结构
其他 1.3%
无业 / 下岗 / 失业 8.6%
退休 1.8%
农林牧渔劳动者 4.0%
农村外出务工人员 3.0%
个体户 / 自由职业者 16.0%
制造生产型企业工人 3.5%
商业服务业职工 3.5%
专业技术人员 8.3%
企业 / 公司一般职员 9.9%
企业 / 公司中层管理人员 3.2%
企业 / 公司高层管理人员 0.8%
党政机关事业单位一般职员 5.2%
党政机关事业单位领导干部 0.7%
学生 30.2%
0% 5% 10% 15% 20% 25% 30% 35%

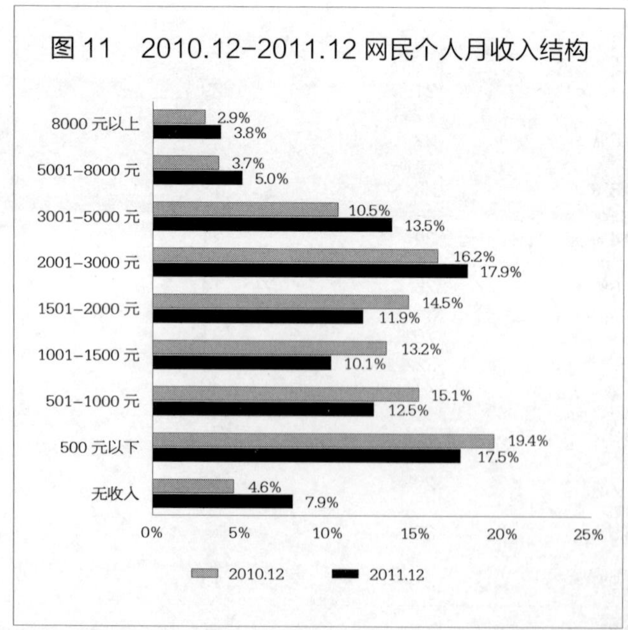
图 11 2010.12-2011.12 网民个人月收入结构
8000 元以上 2.9% 3.8%
5001-8000 元 3.7% 5.0%
3001-5000 元 10.5% 13.5%
2001-3000 元 16.2% 17.9%
1501-2000 元 14.5% 11.9%
1001-1500 元 13.2% 10.1%
501-1000 元 15.1% 12.5%
500 元以下 19.4% 17.5%
无收入 4.6% 7.9%
0% 5% 10% 15% 20% 25%
2010.12
2011.12

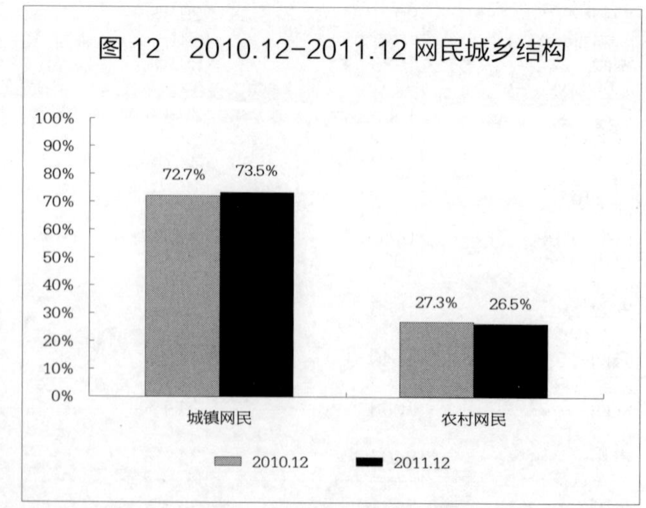
图 12 2010.12-2011.12 网民城乡结构
100%
90%
80%
70%
60%
50%
40%
30%
20%
10%
0%
72.7%
73.5%
27.3%
26.5%
城镇网民
农村网民
2010.12
2011.12

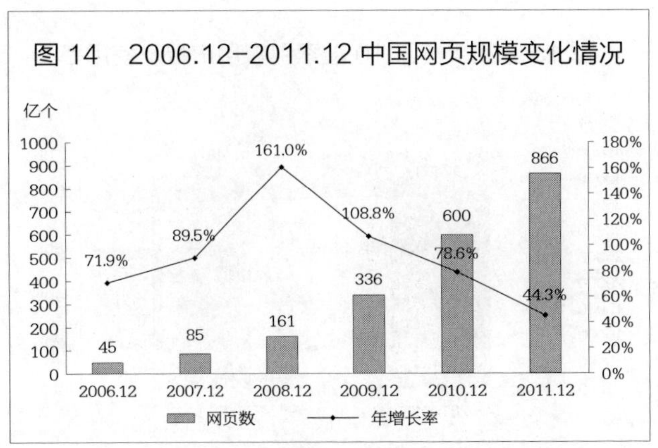

表 2 2010-2011 各类网络应用使用率

应用	2010 年		2011 年		年增长率
	用户规模（万）	使用率	用户规模（万）	使用率	
即时通信	41510	80.9%	35258	77.1%	17.7%
搜索引擎	40740	79.4%	37453	81.9%	8.8%
网络音乐	38585	75.2%	36218	79.2%	6.5%
网络新闻	36687	71.5%	35304	77.2%	3.9%
网络视频	32531	63.4%	28398	62.1%	14.6%
网络游戏	32428	63.2%	30410	66.5%	6.6%
博客 / 个人空间	31864	62.1%	29450	64.4%	8.2%
微博	24988	48.7%	6311	13.8%	296.0%
电子邮件	24577	47.9%	24969	54.6%	−1.6%
社交网站	24424	47.6%	23505	51.4%	3.9%
网络文学	20267	39.5%	19481	42.6%	4.0%
网络购物	19395	37.8%	16051	35.1%	20.8%
网上支付	16676	32.5%	13719	30.0%	21.6%
网上银行	16624	32.4%	13948	30.5%	19.2%
论坛 /BBS	14469	28.2%	14817	32.4%	−2.3%
团购	6465	12.6%	1875	4.1%	244.8%
旅行预订	4207	8.2%	3613	7.9%	16.5%
网络炒股	4002	7.8%	7088	15.5%	−43.5%

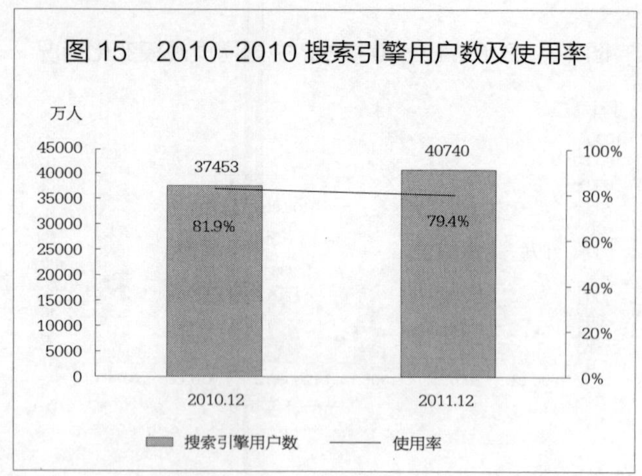
图15 2010-2010 搜索引擎用户数及使用率
万人
45000
40000
35000
30000
25000
20000
15000
10000
5000
0
37453
40740
81.9%
79.4%
100%
80%
60%
40%
20%
0%
2010.12
2011.12
搜索引擎用户数
使用率

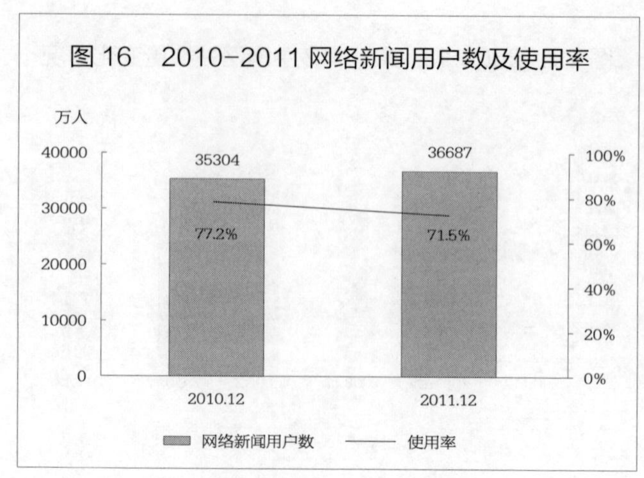
图16 2010-2011 网络新闻用户数及使用率
万人
40000
30000
20000
10000
0
35304
36687
77.2%
71.5%
100%
80%
60%
40%
20%
0%
2010.12
2011.12
网络新闻用户数
使用率

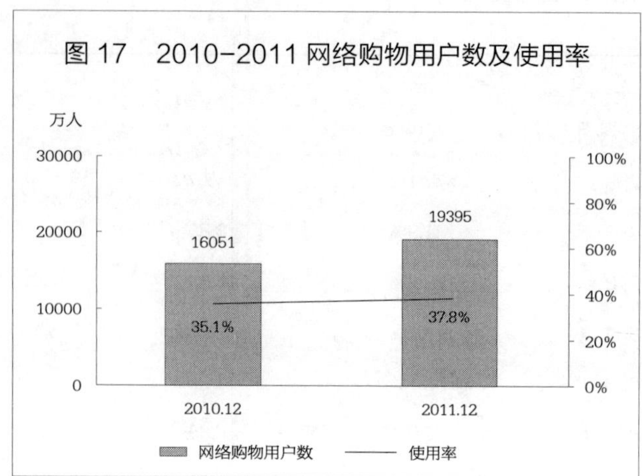
图17 2010-2011 网络购物用户数及使用率
万人
30000
20000
10000
0
16051
19395
35.1%
37.8%
100%
80%
60%
40%
20%
0%
2010.12
2011.12
网络购物用户数
使用率

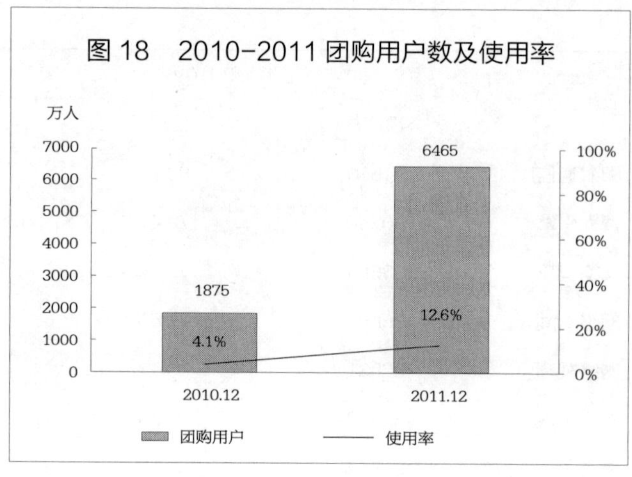
图18 2010-2011 团购用户数及使用率
万人
7000
6000
5000
4000
3000
2000
1000
0
1875
6465
4.1%
12.6%
100%
80%
60%
40%
20%
0%
2010.12
2011.12
团购用户
使用率

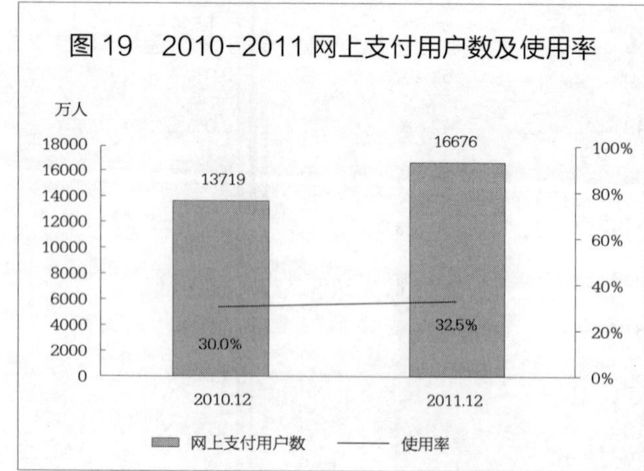
图19 2010-2011 网上支付用户数及使用率
万人
18000
16000
14000
12000
10000
8000
6000
4000
2000
0
13719
16676
30.0%
32.5%
100%
80%
60%
40%
20%
0%
2010.12
2011.12
网上支付用户数
使用率

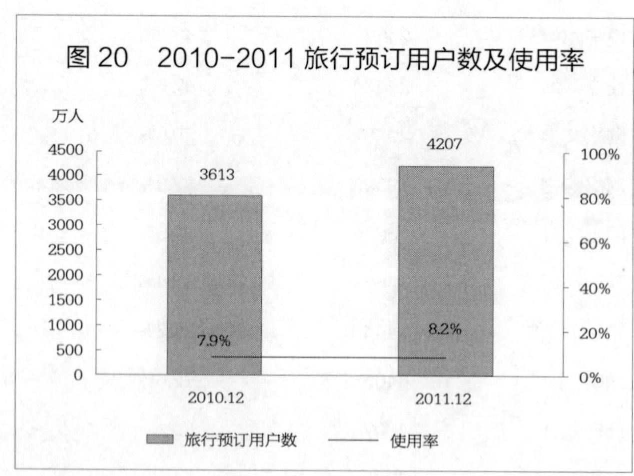
图20 2010-2011 旅行预订用户数及使用率
万人
4500
4000
3500
3000
2500
2000
1500
1000
500
0
3613
4207
7.9%
8.2%
100%
80%
60%
40%
20%
0%
2010.12
2011.12
旅行预订用户数
使用率

图 21 2010-2011 即时通信用户数及使用率
万人
2010.12 35258 77.1%
2011.12 41510 80.9%
即时通信用户数
使用率

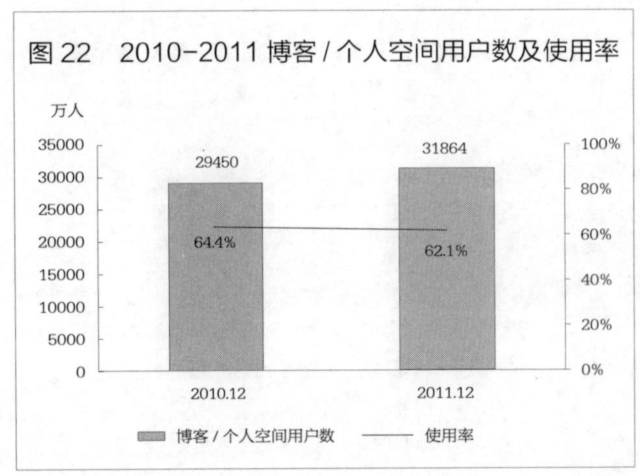
图 22 2010-2011 博客 / 个人空间用户数及使用率
万人
2010.12 29450 64.4%
2011.12 31864 62.1%
博客 / 个人空间用户数
使用率

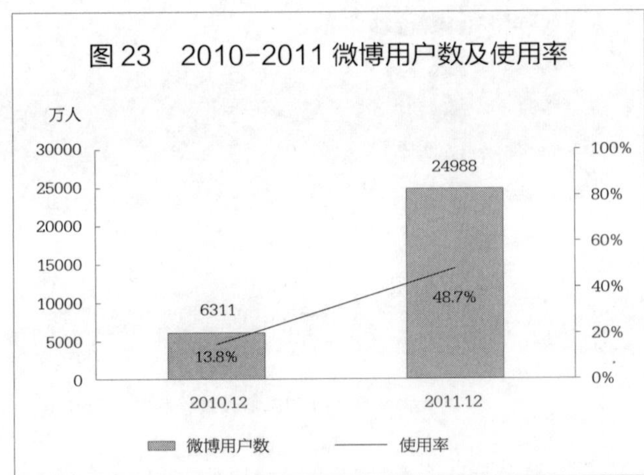
图 23 2010-2011 微博用户数及使用率
万人
2010.12 6311 13.8%
2011.12 24988 48.7%
微博用户数
使用率

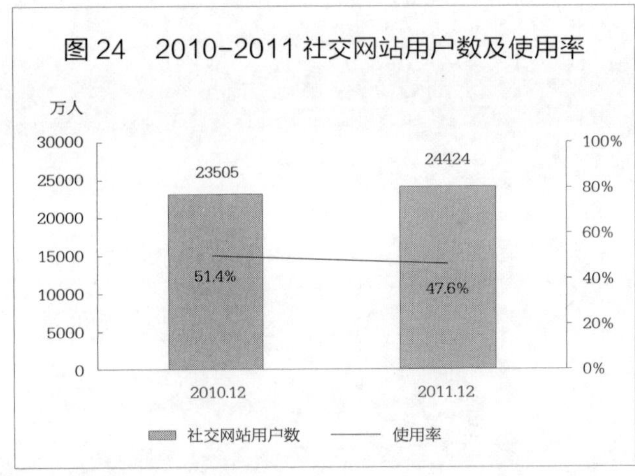
图 24 2010-2011 社交网站用户数及使用率
万人
2010.12 23505 51.4%
2011.12 24424 47.6%
社交网站用户数
使用率

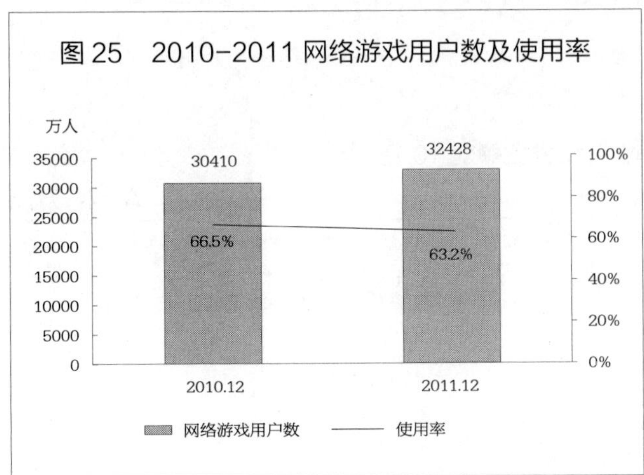
图 25 2010-2011 网络游戏用户数及使用率
万人
2010.12 30410 66.5%
2011.12 32428 63.2%
网络游戏用户数
使用率

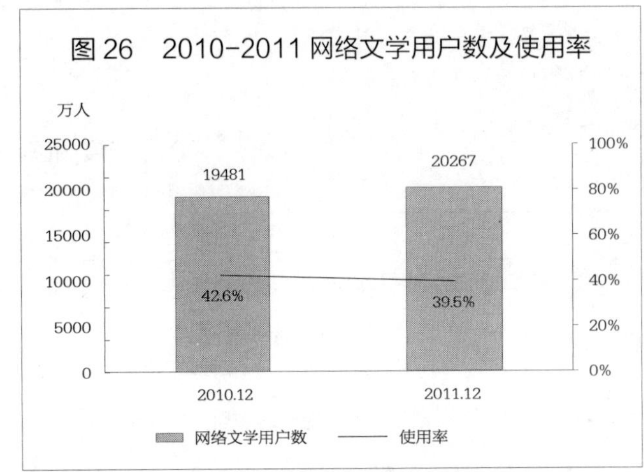
图 26 2010-2011 网络文学用户数及使用率
万人
2010.12 19481 42.6%
2011.12 20267 39.5%
网络文学用户数
使用率

图 27　2010-2011 网络视频用户数及使用率

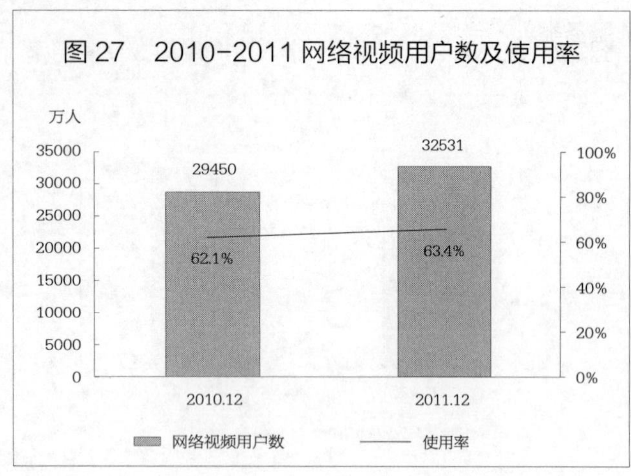

图 28　2010-2011 手机网民网络应用

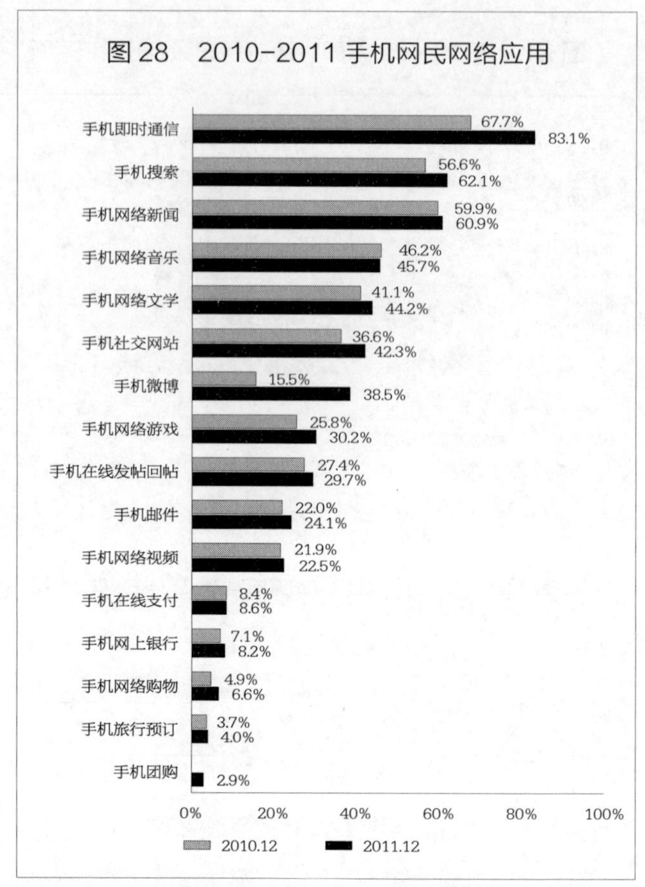

（数据来源：中国互联网络信息中心 CNNIC）

八、广告业

表 1　2011 年度中国媒体单位广告营业额前 10 名

单位：万元

序号	单位全称	营业额
1	中央电视台	2280000
2	上海东方传媒集团有限公司	700000
3	湖南电广传媒广告分公司	600000
4	江苏省广播电视总台	435267
5	深圳报业集团	399062
6	浙江广播电视集团	352794
7	山东广播电视台	337003
8	北京电视台	325000
9	安徽（广播）电视台广告中心（电视）	245800
10	深圳广电集团	244900

表2　2011 年度中国广告企业（媒体服务类）广告营业额前 10 名

单位：万元

序号	单位全称	营业额
1	群邑（上海）广告有限公司	879284
2	上海新兴媒体信息传播有限公司	314104
3	上海分众德峰广告传播有限公司	307600
4	凯帝珂广告（上海）有限公司	296550
5	中视金桥国际传媒集团有限公司	259514
6	北京东方博杰广告有限公司	151183
7	谷歌广告（上海）有限公司	148716
8	大贺投资控股集团有限公司	124680
9	北京首都机场广告有限公司	120137
10	海南白马广告媒体投资有限公司	118478

表3　2011 年度中国广告企业（非媒体服务类）广告营业额前 10 名

单位：万元

序号	单位全称	营业额
1	盛世长城国际广告有限公司	666822
2	上海李奥贝纳广告有限公司	621828
3	北京电通广告有限公司	573372
4	昌荣传媒有限公司	565200
5	北京恒美广告有限公司上海分公司	495802
6	智威汤逊－－中乔广告有限公司上海分公司	376756
7	广东省广告股份有限公司	371694
8	上海广告有限公司	187344
9	中航文化股份有限公司	173045
10	北京广告有限公司	165574

表4　2011年度中国广告企业户外广告营业收入前10名

单位：万元

序号	单位全称	户外广告营业收入
1	上海新兴媒体信息传播有限公司	314104
2	上海分众德峰广告传播有限公司	307600
3	凯帝珂广告（上海）有限公司	296550
4	北京首都机场广告有限公司	120137
5	海南白马广告媒体投资有限公司	118478
6	大贺投资控股集团有限公司	85737
7	上海定向广告传播有限公司	78108
8	上海申通德高地铁广告有限公司	62119
9	上海新分众广告传播有限公司	59781
10	上海雅仕维广告有限公司	56600

（数据来源：中国广告协会）

第六部分

理论研究与出版

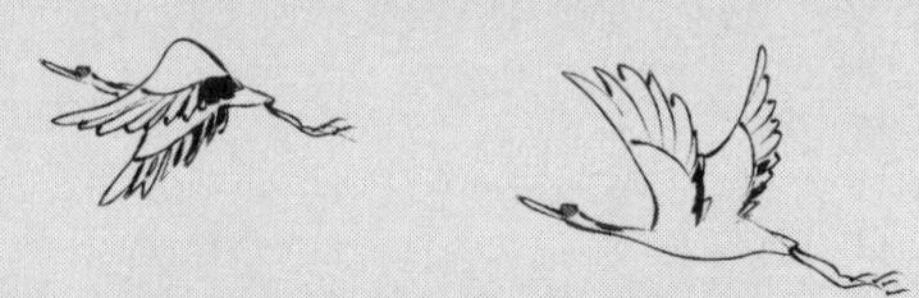

2011 年度文化产业论点摘编

文化产业的资本运作及发展的思考

田海明在《学术界》2011 年第 1 期撰文认为：

文化产业的发展需要资本运作的支撑，文化产业引入资本资源可以确保长远投入、融聚产业资源、推动产业升级和融合、形成人才优势。上市出版企业的资本运作思路重点在于资本并购重组、创新传统出版、开展新媒体业务、“走出去”发展、开拓印刷复制产业、实施“大出版产业”发展战略、开展文化关联产业多元化业务。

推动文化产业的集聚发展

花建在《社会科学》2011 年第 1 期撰文认为：

文化产业的集聚发展，指的就是在一个特定的区域内，以一个主导产业为核心，吸引大量彼此联系密切的企业群和相关服务机构在空间上集聚，从而形成可持续竞争优势的现象。全球的文化产业竞争，在能级和规模的意义上讲，主要就是文化产业集群的竞争。中国“十二五”期间文化产业发展的重大战略之一，就是吸收各国的经验，立足中国的国情，大力推进产业集聚发展，依托不断壮大的各类产业集群，全面提升文化产业的综合竞争力。

中国文化产业近十年发展之路回眸

韩永进在《华中师范大学学报》（人文社会科学版）2011 年第 1 期撰文认为：

自 2000 年中国“文化产业”的地位和作用得到政府和社会的认可，已经过去了十年。回顾总结近十年中国文化产业发展之路，可以发现，十年来中国文化产业发展道路是理论创新、地位作用显著提升之路；是文化事业和文化产业协调发展之路；是制度创新、深化改革、促进发展之路；是“两手”协同、充分发挥市场机制作用和政府宏观调控有机结合的发展之路；也是一条目标任务路径方法日益清晰、越走越宽广的战略发展之路。

关于文化产业发展若干问题的思考

高书生在《中国编辑》2011 年第 1 期撰文认为：

中国的文化产业是伴随着文化体制改革而发展起来的新兴产业。在不到十年的时间里，文化产业从无到有、从小到大、从自发到自觉、从局部到全局，在人类产业发展史上都属罕见。要促进文化产业又好又快发展，需要集思广益，进一步理清思路，并就文化事业和文化产业的关系、内容生产和传播渠道的关系、骨干文化企业和中小文化企业的关系、文化和经济的关系、文化产业的区域布局、文化贸易的海外布点等六个重点问题进行深入分析，提出独到的意见和建议。

将文化产业培育成支柱性产业的政策体系研究

迟树功在《理论学刊》2011 年第 1 期撰文认为：

将文化产业培育成我国重要的支柱性产业，就需要通过建立与完善文化产业政策体系加以推进。建立完善的文化产业政策体系应包括促进文化产业发展的人才政策、科技政策、投融资政策、财政政策、税收政策、土地政策、培育品牌的政策、培育与规范文化市场的政策、推进文化产业企业“走出去”的政策等，发挥文化产业政策体系的综合作用。

我国文化产业法治的历史发展

张庆盈在《社会科学家》2011 年第 1 期撰文认为：

中国社会主义市场经济体制下的文化产业健康发展离不开文化产业法制体系的建立与完善。社会主义文化体制的改革过程实际上就是文化产业法治的建立与完善过程。改革开放后文化产业法治的发展大致经历了萌芽、发展和完善三个历史阶段。梳理总结文化产业发展的历史对于今后制定完善文化产业的法律法规具有一定的参考意义。

促进文化产业发展的税收政策探讨

胡绍山在《山西财经大学学报》2011 年第 1 期撰文认为：

我国促进文化产业发展的税收政策主要散居于几个相关税种中，其对文化产业的发展虽起到一定的积极作用，但仍存在不足之处。应在充分借鉴国外促进文化产业发展成功经验的基础上，梳理我国文化产业发展的税收政策，分析其利弊，并制定相应的完善政策，以促进我国文化产业的发展。

版权保护与文化产业创新能力的灰色关联分析

姚颉靖、彭辉在《首都经济贸易大学学报》2011 年第 2 期撰文认为：

创新能力是衡量一个国家或地区文化产业发展水平的重要参考指标，版权保护是文化产业创新能力的基础制度和重要保障。以 1999–2008 年的中国数据为样本，采用灰色关联法对版权保护与文化产业创新能力之间的关联度进行的定量分析表明，版权保护对创新投入能力、创新产出能力和创新管理能力的影响都比较显著。基于此，可以针对性地完善版权立法体系和优化版权执法保护环境。

论中国文化产业发展与民族文化精神的传承

杜开林、赵欢春在《学术论坛》2011年第2期撰文认为：

文化产业是以经营符号性商品和信息为主的活动，这些商品的基本经济价值源自于它们的文化价值。民族文化精神是一种具有相对稳定性和巨大规范性的精神力量，它不仅体现在人民的精神生活和精神世界里，而且也体现在这个民族产生的一切优秀文化艺术作品中。文化产业与民族文化精神之间是互动互补关系，具体表现为：发展文化产业推进民族文化精神的弘扬和培育；高扬民族文化精神的旗帜引领文化产业的发展。

文化产业价值的经济学分析

周玉波在《求索》2011年第2期撰文认为：

在全球化背景下，文化竞争成为国际竞争新的发展态势。文化不仅具有精神层面的价值，更可以转化为巨大的经济价值。文化资本成为经济增长的一种解释变量。文化产业正在成长为国民经济的支柱产业，其对于经济发展的贡献主要表现为经济能力的提升和经济理论的创新。

从马克思“艺术生产”理论看文化产业的兴起

范周、储钰琦在《山东社会科学》2011年第2期撰文认为：

基于马克思“艺术生产”理论的相关论述，结合当代文化产业兴起的现实背景和时代特色，可以重新认识和理解“艺术生产”的精神实质，并深化这一理论。应深度挖掘文化产业和当代社会、政治、经济和科技的特殊关系，把握文化产业的四种角力，即文化凝聚力、文化软实力、文化生产力和文化创造力，来探索中国文化产业发展的重要思路和原则。

文化产业发展中的风险防控机制研究

刘彦武、周红芳在《中华文化论坛》2011年第2期撰文认为：

文化产业风险是指在文化产业发展中遇到的不确定性。实施文化产业风险管理目的就是在损失事故发生前预防损失、损失事故发生时减轻损失、损失事故发生后弥补损失。在文化产业兴起的今天，建立行之有效的风险防控机制是极为必要的。健全的文化产业风险防控机制应该包括防控策略、防控主体、防控手段三个方面。

促进金融与文化产业融合发展

白婧、王大鹏、刘澄在《宏观经济管理》2011年第2期撰文认为：

文化产业是朝阳产业，其发展需要金融产业的支持。在提供金融资金投资机会的同时，文化产业也促进金融产业进行机构改革和产品创新，二者在相互融合的过程中催生出文化金融产业。文化金融产业是当今新的经济增长点，大力发展文化金融产业，可以提高两个行业资源配置的效率，促进经济持续稳定的增长。

论文化产业发展中的“反文化性”

柏定国在《东岳论丛》2011年第3期撰文认为：

全球文化工业对世界最大的影响，在于使文化“下沉”为物质基础；因为不断被物化，文化逐渐远离了上层建筑，进而表现出“反文化性”趋向。文化产业发展的当务之急在于文化价值体系的建构。文化产业发展的意义不限于提升文化资本的赢利，也不限于推动文化艺术市场化进程，更重要地是去提升文化以及基于文化的创意对于国家、民族在政治、经济领域的引领作用，使文化产业成为一种新的社会发展与经济增长的模式。

论文化产业与旅游联动发展的五大模式

花建在《东岳论丛》2011年第4期撰文认为：

文化产业的特殊规律之一，就是“越界－扩散－渗透－联动”，能够与其他多个产业包括旅游业实现联动发展。加强文化产业对旅游产业的联动作用，能够促进文化产业链向旅游方面延伸，也能够促进旅游产业获得更多的文化内容和文化附加值。这是中国作为旅游大国和文化大国提高文化资源的利用率，推动文化产业可持续发展的一个重要路径。

当代文化产业理论研究现状和发展趋势

王骏飞在《社会科学研究》2011年第4期撰文认为：

中国文化产业基础理论研究处于起步阶段，在理论突破和理论创新方面严重落后于实践的发展。文化产业理论研究的趋势是：对经济和文化理论的整合；多学科交叉运用于对文化产业的研究；加重对文化产业中的创意性部类、知识性部类的研究；注重对各产业门类的具体分析研究；注重理论对现实的实际运用；注重前瞻性研究。

非物质文化遗产进入文化产业的评估研究

李昕在《东岳论丛》2011 年第 4 期撰文认为：

作为一种特殊的文化产业，非物质文化遗产保护的产业化运作既要受产业发展因素的影响，又与其作为民族文化组成部分的准公共品性质密切相关。非物质文化遗产产业化运作的这种复杂性决定其在具体实践中必定会遇到许多棘手的问题，所以，就各项非物质文化遗产能否进入文化产业进行评估，是一项艰巨的任务。

文化产业投资基金的运作模式与发展思路

鞠宏磊在《求索》2011 年第 4 期撰文认为：

2010 年从中央到地方，全国已设立多只专注于文化产业的投资基金。文化产业投资基金属新事物，大部分文化产业投资基金或处于资金募集过程中，或对投资项目处于观望状态，没有进入实质性操作阶段。以刚创建并投入运营的湖南文化旅游产业投资基金为案例，对其运作机制和发展思路进行剖析，探讨对新兴的文化产业基金政府的投资和引导应如何体现，基金应如何更好地发挥对文化产业的高效支撑作用，为我国文化产业投资基金的发展提供借鉴。

试论以“文化自觉”意识推动文化产业发展

范周、储钰琦在《福建论坛》2011 年第 4 期撰文认为：

当今世界的文化发展呈现不平衡和不和谐的状态，而产业的强大力量使得文化价值的渗透更加隐蔽，又将加速这种文化的不平衡和不和谐，致使原有的文化生态被破坏。面对如此形势，我们在大力发展文化产业的同时，必须以一种开放的胸怀和平等的姿态参与到与其他文化的对话与沟通中去，要以一种“文化自觉”意识来推动文化产业的发展，并始终贯穿于文化生产、文化产品和文化传播的这三个重要环节中。

我国文化产业战略转型问题探析

曹海峰在《长白学刊》2011 年第 4 期撰文认为：

在各国经济进入产业结构深刻调整和竞争热点深度切换的复杂经济形势下，世界产业发展轨迹、文化产业与生俱来的本质特点、产业竞争优胜劣汰的规律等因素都揭示了我国文化产业是否能够可持续发展，关键在于能否抓住机遇并实现战略转型。要做到这一点，需要企业、政府及学界的合作与努力。

走向文化产业强国的对策思考

陈少峰在《福建论坛》（人文社会科学版）2011 年第 4 期撰文认为：

在未来十年之内，我国有望进入世界文化产业强国之列。成为文化产业强国作为一个综合性目标，它包含文化产业增加值、内容产业及媒体收入所占比重、内容产业产品结构、文化企业的国际并购能力等相互关联的若干方面。分阶段实现这个目标，需要打造数字文化产业发展平台、文化产业集聚发展平台、中国文化产业出口平台等三大平台来支撑；同时实现政府服务从行政推动主导向目标管理、反向问责的转型，从物质资源使用和依赖历史文化遗存向人力资源创造价值的转型，从制造业思维向高端服务业方法的转型等四个转型。与以上平台打造和转型相对应，还要完成提升产业集聚园的产业集聚度、建立健全文化产业管理学科体系、促进中国文化出口等五项重点任务。

文化产业发展中文化研究的选择

卢衍鹏在《学术论坛》2011 年第 4 期撰文认为：

文化产业的发展让文化研究必须作出相应调整，文艺产业化、价值评判的商业化、研究平台的媒介化已经成为文化研究的基本特征。文化研究被吸纳进文化产业运作流程，成为传媒产业的生产资料和生产方式之一。生产化、消费化正在改变文化研究的原有路径，学术中心向媒介转移。引导文化研究的产业、媒介转型在于开拓多元化的研究范式，保持文化研究的开放性和反思性。既要开拓理论视野，加快文化研究的理论转型，也要积极参与文化生产，建构独立的话语平台。

中国文化产业园区存在的问题及对策

王天铮在《当代传播》2011 年第 4 期撰文认为：

针对文化产业园区在园区定位、产业集聚、主业发展、投融资和人才等方面的问题，园区应进行文化定位和产业定位、优化园区企业类型和结构、科学规划园区各项运营业务、构建投融资平台、完善人才引进与培养机制。

产业链视角下的我国文化产业发展

冯华、温岳中在《国家行政学院学报》2011 年第 5 期撰文认为：

国家十二五规划提出要加快文化产业发展，推动文化产业成为国民经济支柱性产业。以市场为导向是文化产业发展的前提，提供优质的文化产品及服务是发展文化产业的基础，开发衍生产品是其重要内容，人才、技术、资本是发展文化产业的重要支撑；有效的产业组织是发展文化产业的载体；形成产业集群是发展文化产业的助推器，完善政策机制体制是发展文化产业的保障；构建完整的产业链是发展方向。

论文化消费增长与文化产业发展趋势

林东生在《东岳论丛》2011 年第 5 期撰文认为：

我国的文化消费和文化产业，近年来呈现出互动发展的良好趋势。文化消费增长和不断发展，成为拉动文化产业发展的主要动力，将助推文化产业成为中国国民经济的支柱产业；我国文化体制改革和文化政策的不断深入和完善，为文化消费和文化生产提供了良好的发展机遇，文化产业将形成多种所有制共同发展的格局和趋势；文化产业并购重组不断涌现，将出现一批较大规模的文化类企业引领我国文化产业的发展；随着文化消费的不断升级，文化产业将呈现出信息化、网络化、数字化等新的发展趋势。

文化产业发展进程中的政府职能

齐仁庆在《中共中央党校学报》2011 年第 5 期撰文认为：

在文化产业的发展进程中，政府职能的合理定位和充分发挥至关重要。政府的主要职能包括宏观调控、维护国家文化安全和提供公共服务。为促进文化产业的快速发展，政府要转变职能，制定战略和政策，加强监督和管理，提供良好的公共服务，充分发挥自己的职能作用。

文化产业与旅游业互动发展模式研究

袁俊、刘建徽在《改革与战略》2011 年第 5 期撰文认为：

文化产业与旅游业之间具有强烈的互动关系，两者的互动发展具有必要性。通过世界各地区文化产业与旅游业互动发展案例的系统思考和梳理，可以归纳出文化产业与旅游业互动发展的三种模式：产业融合的旅游新产品模式、产业联动的新型旅游营销模式、产业链延伸的文化产业景点化模式。

我国文化产业发展与意识形态安全研究

吴佩芬在《思想战线》2011 年第 5 期撰文认为：

文化是一个国家、一个民族发展向上的灵魂和动力。要推动文化大发展大繁荣，就必须大力发展文化产业。而文化产业的发展又是一把“双刃剑”，符合主流意识形态的文化产业对意识形态安全的维护具有正效应，反之则对意识形态安全的维护具有负效应。为此，我国在大力发展文化产业的过程中，必须坚持马克思主义主流意识形态的主导地位、建立体现本民族特色的文化产业模式、正确处理文化产业的经济效益与社会效益的关系、构架国家文化产业安全预警机制等，以实现我国文化产业发展与意识形态安全的双赢。

文化体制变革与文化产业增长

凌金铸、王俞波在《上海交通大学学报》2011 年第 5 期撰文认为：

文化体制变革与文化增长反映的是在特定的中国社会转型时期文化制度变迁与文化经济发展的互动关系。传统文化体制之所以阻隔了文化产业的成长，是因为过度依赖行政权力对文化发展的作用，从而遏制了文化市场的产生。三十多年来的文化制度变迁是沿着有限放松管制和体制内优先的路径展开的，对文化产业的发展起到了积极的推动作用。当下文化产业增长遇到了许多制约因素，主要制约因素还是来自制度方面；在技术创新增长路径和制度变革增长路径的选择上，最终必须依靠制度创新才能驱动文化产业的持续增长。

我国文化产业金融创新方式分析

于孝建、任兆璋在《上海金融》2011 年第 5 期撰文认为：

我国文化产业金融创新方式有两个特点：“融资方式多样化”与“融资参与主体多样化”，应当在分析单个企业多个版权集合质押担保贷款方式的基础上，借鉴中小企业集合债原理和版权质押贷款方式，提出更适合中小型文化企业的多个企业版权集合质押担保贷款的新融资方式，可灵活采用各种无形资产进行集合质押，可引入多种金融机构增强文化企业贷款信用，从而提高企业贷款能力，降低银行贷款风险。

文化产业发展与国家文化软实力的提升

李怀亮、王锦慧在《河北学刊》2011 年第 6 期撰文认为：

文化产业对国家文化软实力建设有着十分突出的作用，这主要表现为文化产业可以为社会提供文化生产力、能够保障国家传播力以及能够提升国家影响力等几个方面。当前，随着中国经济建设取得举世瞩目的新成就以及中国传播基础设施的发展与壮大，国际文化软实力格局正面临着新一轮重构，中国应抓住这一大好机遇，加快文化产业发展和提升中国文化软实力。

论文化事业、文化产业与大众文化建设

杜彩在《文艺理论与批评》2011年第6期撰文认为：

文化从传统的文化事业观念转向文化产业的观念，这是社会文化的一个历史进步。但怎样理解和处理社会主义核心价值体系和当代中国的大众价值体系的关系？这两者之间，既存在差异和矛盾，又存在协调统一。文化的生产和消费，一方面要受到文化市场的制约，同时又要遵循建构社会主义核心价值体系的诉求。如何取得两者的双赢？显然，用主流文化价值尺度贬抑大众文化价值尺度，或以大众文化价值排斥主流文化价值都是非辩证的。我们的文艺创作要实现社会主义核心价值与大众文化价值的辩证统一。文艺创作既要体现主旋律和社会主义的核心价值观，又要同时具有很好的票房、收视成绩等。只有抑制消费主义的片面强调"消费至上"、"娱乐原则至上"的这些明显带有金钱拜物教性质的价值取向，才能有利于建构社会主义的核心价值体系，实现我国社会主义文化事业的真正繁荣和发展。

文化产业增强国家软实力的机能分析

赵学琳、陆静在《中国特色社会主义研究》2011年第6期撰文认为：

文化产业是经济文化一体化趋势的新兴载体，对于增强国家文化软实力具有强大的支撑作用。文化产业在资源形态、社会评价、民族风貌、意识形态、产品责任和教育功能等方面，对于国家文化软实力产生着独特影响，具有不可替代的功能和价值。我们需要因势利导，创造条件，推进文化产业的科学发展和繁荣，进一步增强国家文化软实力。

文化与科技融合引领文化产业发展

祁述裕、刘琳在《国家行政学院学报》2011年第6期撰文认为：

科技创新是文化产业发展的重要引擎。人类历史上三次科技进步，带来了文化生产方式三次革命。在现代科技推动下，当代文化形态发生了四个深刻变化，形成了新兴文化产业、传统文化产业、地方特色文化产业三足鼎立的格局。落实十七届六中全会精神，促进文化与科技融合引领文化产业发展，应进一步深化文化体制改革，从搞活经营性国有文化单位转到搞活公有制文化经济；打破国有和民营藩篱，鼓励社会力量参与提供公益性文化产品；完善文化内容管理体制和机制；推动制度创新。

关于培育文化产业知名品牌的几点思考

赵小娜在《戏剧文学》2011年第6期撰文认为：

文化产业的最高价值是创造品牌，品牌是文化产业快速发展的重要引擎。以吉林省为例，目前吉林省就把打造和培育文化产业知名品牌列为经济社会发展重点予以大力研究和推动，力求在文化产业的品牌发展方面取得新进展、实现新突破。培育文化产业知名品牌必须在创新中求发展；打造一批实力雄厚竞争力强的龙头企业；重点培育文化创意品牌；利用高科技手段催生文化产业知名品牌；培育文化产业知名品牌需要提供人才支撑；多方营造培育文化品牌的良好氛围；加强政府及职能部门对品牌建设的支持力度。

文化产业语境中的广播电视体制改革之路

冯欣在《当代电影》2011年第7期撰文认为：

随着文化领域的体制改革逐渐走向深入，广播电视经历了集团化、经营性产业转企改制、制播分离、三网融合等体制改革探索。只有在文化产业语境中面对现实问题，探索和实现体制创新，才能使广电产业在高速发展、承担经济转型重任的同时，在意识形态和社会公益方面保持健康稳妥的基调。

中国文化产业空间集聚特征研究

雷宏振、潘龙梅在《东岳论丛》2011年第8期撰文认为：

通过对中国文化产业2005–2009年集聚程度的测定，从区域视角来看，中国文化产业已显现出较强的集聚现象，且有明显的地域和产业特色，市场化程度高的产业主要集中在广东、江苏、浙江、上海、山东等东部沿海省市，省域间发展极不均衡；从行业视角来看，音像制品出版业、广告业等行业集聚水平近年来呈下降趋势，其中音像制品出版业降幅最大；而艺术表演团体、艺术表演场馆、图书馆业等行业集聚水平较低，但其集聚程度呈增长趋势，其中艺术表演团体增幅最大。

文化产业园区有关理论问题重述

张凌云在《东岳论丛》2011年第8期撰文认为：

文化产业园区在经济领域中与其他产业种类的园区有一定的演进和第承关系，是文化产业经济时代的历史

必然产物，是城市文明进程中出现的地域性抑或概念性空间的特殊表现形式，它将生产、生活、生态三者在工业化时代两两对立的人类重要社会活动转化为后工业时代高度融入的三者合一。而对文化产业园区定义的重新梳理，有助于解释文化产业园区建设和发展中出现的许多新现象和新问题，对园区种类的细致划分，是文化产业园区实践中理论层面的及时跟进与合理解释。

我国文化产业的生存状态和成长潜力

段升森、张玉明在《东岳论丛》2011 年第 9 期撰文认为：

在梳理文化产业发展理论和我国文化产业发展状况的基础上，运用 2008 到 2010 年上市公司行业数据，对我国文化产业的生存状态和发展潜力及其主要影响因素的实证检验表明：我国文化产业具有良好的成长潜力，但内部各行业的生存状态差异较大，人才资源、技术创新和融资能力是影响我国产业文化发展的主要因素，与制造业和其他行业相比，技术人员比重、R&D 投资、银行借款比例等方面的作用更加突出。其政策含义是：推动我国文化产业发展，一方面要求管理部门制定区别性的政策法规来优化文化产业发展的外部环境，另一方面也需要文化企业拓宽融资渠道，加大技术创新投入，健全人才培训机制。

少数民族地区文化产业特色推进发展

王雅荣、张璞在《技术经济与管理研究》2011 年第 9 期：

目前，少数民族地区旅游业、演艺业、工艺美术业及会展业发展初具规模，并探索民族文化资源产业化的方式，但产业化的发展却出现了扭曲或忽略民族文化精神价值的经营运作形态，短期的经济利益会使得文化产业失去可持续发展的生命力。总体上，少数民族地区文化产业处于随意发展状态，缺乏鲜明民族特色的发展重点引导，也没有形成突出民族特色文化产业发展途径。由此，我国文化产业新的发展阶段，少数民族地区政府应运用文化生态观引导地区文化产业发展思路，确定特色推进的文化产业发展模式，培育民族特色文化产业成长与发展，寻求文化产业的均衡发展。

浅析文化产业的区域整合发展路径

顾海燕、朱君梅在《改革与战略》2011 年第 9 期撰文认为：

中共十七届五中全会提出推动文化产业成为国民经济的支柱性产业，作为区域间竞争焦点的文化产业迎来了发展的历史契机。同时，为了提升竞争力，区域发展日益趋向于整合。作为文化产业推动主体的政府部门，针对文化产业的区域整合，需要以部门的横向与纵向的协调运作为整合机制，以区域内的横向区位环境为整合载体，以不同时期所形成的纵向文化资源为整合内容，形成统一的文化产业品牌，以文化产业集群模式建构区域内整合发展路径。

文化事业与文化产业协调发展的关键

张小平在《前线》2011 年第 10 期撰文认为：

文化事业和文化产业协调发展的关键是，不要机械理解文化事业和文化产业的属性，让政府调控得其所哉，并且凸显非政府组织的作用，健全多元化投融资渠道。

论文化消费与文化产业的互动关系

房宏婷在《理论学刊》2011 年第 10 期撰文认为：

文化消费和文化产业作为相互促进与相互制约的两个方面，目前已成为人民生活和社会发展的重要内容。两者的互动关系主要体现在：文化消费对文化产业发展的决定作用，文化消费的水平可以体现文化产业发展的程度；文化产业对文化消费具有反作用，文化产业的发展水平又决定了文化消费的发展趋向。

中国文化产业种创意人才的困境与对策

曹宏在《山东社会科学》2011 年第 10 期撰文认为：

文化产业创意人才的特点在于创意本质的创造性、创意过程的不可控性、创意成果价值的不可测度性以及创意环境的个性。在现行的教育体制中，培养人们的兴趣和非智力性因素，是培养创意人才的关键。在大学教育中，可以利用大学文化氛围和专业方向的设置培养专业性创意人员。

我国文化产业发展契机与发展趋势研究

王一川在《生产力研究》2011 年第 10 期撰文认为：

自改革开放以来，我国文化产业取得了较快的发展，但金融危机的到来给我国文化产业发展带来了一定的影响。未来文化产业的发展必须以我国经济增长方式转型为契机，推进体制创新，加强价值观引导，构建公共服务体系，实现文化产业发展的重点突破。

理性发展我国的文化产业

薛保勤、解国记在《中国党政干部论坛》2011 年第 10 期撰文认为：

党的十七大报告把增强文化软实力提高到国家战略的层面，提出“文化大发展、大繁荣”的战略目标。近些年，我国的文化产业也获得了前所未有的蓬勃发展。面对文化产业大发展、推动文化产业大发展，尤其需要冷静，需要清醒。形势越好，越要科学发展；形势越好，越要注意可持续发展；形势越好，越需要理性发展。

新型文化产业人才的培育路径

刘慧在《人民论坛》2011 年第 11 期撰文认为：

文化产业的发展离不开新型文化产业人才的培养。新型文化人才应该是集文化型、产业型、研究型和技术型等多种特质于一体的复合型人才。培育新型文化产业人才应建立尊重人才的体制，发挥企业搭建的人才培养平台的作用，采取“请进来，走出去”的培养人才方法，并需要借鉴他国先进的人才培养方案。

财政支持文化产业发展的路径分析

刘吾康在《财政监督》2011 年第 12 期撰文认为：

目前整个国家的文化产业发展尚未步入一个有序、高效的轨道，问题的关键在于，在当前的探索阶段，国家只有充分发挥自己的文化所长，展现中国特色文化，深入挖掘中国历史，给传统的文化产业赋予新生，生产之路才能越走越宽。

文化产业发展要紧抓新兴业态

彭伟步在《新闻爱好者》2011 年第 12 期撰文认为：

文化产业在发达国家经济中的地位越来越重要，已成为世界经济中的支柱产业之一，特别是当前涌现的网络信息服务业等新兴业态，成为世界经济新的发展动力。我国要想高效推进文化产业的发展，提高文化产品的生产水平，就必须紧抓新兴文化产业，在世界新兴文化产业中占据一席之地。

文化产业与总体经济互动机制研究

王安琪在《商业时代》2011 年第 13 期撰文认为：

文化产业在经济发展中占据重要地位，其通过经济贡献、文化观念、关联带动、人力提升等中介支撑、带动、促进总体经济的增长，总体经济又通过经济的质与量对文化产业产生作用。文化市场存在“格雷欣法则”，文化生产与需求存在良性循环与不良循环两种模式。文化产业的可持续发展有赖于良好的产业内运行机制和外部环境，文化产业与其他产业相互依存、相互制约、和谐共生，并与总体经济相互依存、相互促进。

中国文化产业发展的双重效益

史方倩在《前沿》2011 年第 15 期撰文认为：

文化生产兼有文化的意识形态和市场的商品属性。这种文化产品的二重性决定了文化产品生产者和部门必须注重经济效益和社会效益。文化产业作为一种特殊的产业门类，具有精神生产和商品生产、物质文明和精神文明创新、社会效益和经济效益双重属性。中国文化产业的发展，既要追求经济效益，也要追求社会效益。

创意产业与文化产业的逻辑关系研究

薛绯、曹如中、高长春在《科技管理研究》2011 年第 18 期撰文认为：

推动创意产业的发展，发挥创意产业在现实经济生活中的作用，必须对创意产业进行清晰的要素界定和逻辑解释。创意产业与文化产业具有密切的关联性。创意产业源于文化产业，但创意产业又超越文化产业。创意产业是知识经济时代文化产业与高科技产业相结合而产生的一种新经济形态。

创新和完善文化产业投融资体系

齐勇锋在《中国金融》2011 年第 22 期撰文认为：

推动民族文化资源创意开发和现代转化，加快文化产业发展离不开金融的支持，在一定程度上可以说，投资就像一根指挥棒，引导着文化资源的市场配置和结构优化。与此同时，文化产业作为新兴产业，其快速发展的良好态势和巨大的发展空间也为金融业务创新、扩大产业规模、提高盈利水平提供了广阔的市场。

文化产业发展中的金融支持

李德在《中国金融》2011 年第 22 期撰文认为：

金融是支持文化产业发展的重要手段之一。近些年来，我国金融业与文化产业日益融合。一方面文化产业融资需求较大。文化产业具有知识和资本密集的特点，需要进行大量的创意和研发工作，相应的资金投入规模较大；另一方面需要金融引导文化企业提高经营管理能力和资金运营的规范化水平。

建设文化强国必须加快发展文化产业

范周在《人民论坛》2011 年第 32 期撰文认为：

打造文化产业强国关键是接轨国际竞争规则。只有文化产品和服务符合国际消费者的审美需求，在传播渠道和形式上符合现代消费的潮流和趋势，在主题思想和文化表达上消弭国家和民族的界限，才能使文化商品广泛的传播，创造良好的社会效益和经济效益。打造文化产业强国重点是传播核心价值体系。只有中国文化源源不断的走出去，使承载着中华文明和传统文化的文化产品广泛而深入地植入到世界受众的文化生活中，才能够实现文化的复兴和文明的传承，进而构建起强大的文化产业竞争力。

文化产业发展中的金融支持

顾江在《人民论坛》2011 年第 35 期撰文认为：

文化产业集团“做大”“做强”。对于中国文化产业来说，今后几年既是大企业盘活存量、重新洗牌的机遇期，也是建立文化产业要素市场，大力发展中国自主品牌战略的大好时机。我们要打破地区、部分分割和垄断等不利因素，促进各种生产要素的合理、自由流动，造就一批优秀的文化企业，承担起引领中国文化产业发展的历史使命，使中国文化产业在国际市场上占据一席之地。在做大中国文化企业的同时，更要积极做强中国具有自主品牌的具有世界影响力的优秀文化企业。

2011 年度文化产业报刊辑览

文化产业发展要培育品牌

汪波在《光明日报》2011-01-11 撰文认为：

文化品牌既深刻地揭示了市场运行的内在规律，又鲜明地张扬了先进文化演进的历史逻辑，不仅具有合理配置文化资源的导向作用，而且呈现抚慰心灵、理顺情绪、启悟心智的人文功效。一方面采用市场化运作模式，吸纳和整合冰雪文化资源，塑造城市发展新的经济增长点；另一方面采纳优秀文化的生成机制，在立足本地文化资源的基础上引进其他优良文化种类，利用高科技手段，制作内蕴丰赡、形质俱臻的艺术佳构与文化精品，从而实现了文化品牌的商品属性与人文属性的辩证统一。文化品牌是文化理念和精神力量的展现，其功能一旦与消费者的文化需要和审美追求产生共鸣、达成默契，就会将无形的文化价值转化为有形的经济价值，就会把文化财富转化成差异化的经济优势。

通过金融创新推动文化产业发展

张道政在《人民日报》2011-02-21 撰文认为：

金融是现代经济的核心。推动文化体制改革和文化产业发展，需要通过现代金融要素的渗透，带动和促进各种资源优化组合、高效配置，进一步激活文化活力。具体而言，应通过金融创新，实现和放大融“资”、融“智”、融“制”三大功能。

文化产业要寻求“跨界”突破

蒋祖烜在《光明日报》2011-03-24 撰文认为：

推进文化产业跨行业、跨地域、跨所有制的“跨界”发展，着力提高文化产业规模化、集约化、专业化水平，变“小舢板”为“旗舰”和“航母”，是文化发展的必然逻辑，也是政府和企业的共同愿景。当下，应从“满足人民群众多样化、多元化文化需求”的价值观出发，解决体制、机制和管理、技术上的短板，鼓励和扶持有优势的文化企业做主体的合格者、做内容的集约者、做渠道的整合者、做技术的引领者、做人才的保障者，尽快形成一批国有和国有控股的大型骨干文化企业和企业集团，增强文化软实力和国际竞争力。

发展文化产业应体现文化自觉

安世银在《人民日报》2011-03-28 撰文认为：

文化自觉主要是指一个民族、一个政党在文化上的觉悟和觉醒，包括对文化在历史进步中地位作用的深刻认识、对文化发展规律的正确把握、对发展文化历史责任的主动担当等。发展文化产业应体现文化自觉，是推动社会主义文化大发展大繁荣的必然要求，是不断提升我国文化软实力的重要前提。发展文化产业必须遵循文化自身的发展规律，既讲求经济效益，又讲求社会效益，自觉克服单纯追逐利润的倾向。同时，应形成有效的监督机制，为文化产业健康发展提供良好环境。落实到实践中，就是要加强对文化产品创作生产的引导，要以先进文化支撑的文化产品和服务教育人、鼓舞人、塑造人、引领人，把发展文化产业的过程变为对先进文化自觉追求和传播的过程，用先进文化产品引领社会思潮，构筑精神文化高地，促进社会发展进步。

传统文化的现代转换

齐勇锋在《人民日报》2011-04-01 撰文认为：

在传统文化资源的现代化转换过程中，最关键的环节是项目的创意策划。根据资源的性质、特点确定开发的对象和恰当的开发模式。中华民族生生不息，屹立于世界民族之林五千余年，创造了悠久的历史和灿烂的文化，积累了极为丰厚的文化资源。我们欣喜地看到，随着近几年来文化产业提升到国家战略的高度，文化资源的转换利用对加快发展文化产业起到了积极的作用。与此同时，目前存在的一哄而起、急功近利的破坏性开发、低层次的粗放式和雷同化开发，以及对文化资源不加区别的盲目性开发等问题，也必须引起我们的高度关注。文化消费的快速增长，成为推动传统文化资源现代化转换，加快文化产品和服务供给的动力源泉，从而使蕴涵在文化艺术工作者和人民群众中的潜在创新能力被大大激活。然而，市场机制毕竟存在着自发性配置资源的缺陷，公共政策和法制作为政府干预市场，从而弥补市场自发性缺陷的主要手段，在支持传统文化资源开发的现代化转换过程中能够发挥积极的引导和规范作用。

深入挖掘文化产业的低碳潜力

姜范在《经济日报》2011-04-17 撰文认为：

与其他产业相比，文化产业具有资源消耗低、环境污染少、发展潜力大的特性，因而成为引导传统产业优化升级的产业，被不少专家称为低碳产业。在大力推进文化产业快速发展的同时，我们也应当正视这样一个事实：在文化产业链条的多个环节上，特别是在文化产品的制造、储存、流通等方面，依然需要消耗不少能源和资源。比如，在印刷品、音像制品的生产中，在各种文艺演出的过程中，在影视剧的拍摄中，在文化产品的消费中，都伴随着一定的资源消耗。可以说，在文化产业自身的发展过程中，还存在着较大的节能环保空间和潜力，文化产业可以并且应该更低碳。文化产业要引领经济发展方式的转变，不仅需要通过各种载体和各种艺术手段宣传、展示低碳环保理念，还应将低碳观念、低碳技术引入文化产业自身生产、储存、流通、再生产的方方面面，深入挖掘潜力，构建并形成低碳的文化发展模式和消费模式，真正提升发展内涵，使文化产业成为面向未来的低碳产业。

文化产业如何迈向高端

胡谋、吕绍刚在《人民日报》2011-05-30 撰文认为：

文化产业，代表着一个国家文化与精神的创新、创业能力，已成为全球经济增长的崭新动力。具体到中国，文化产业发展主要依托三方面的资源："乡土中国"资源，包括很多手工技艺产品；"中国制造"资源，包括产品的文化包装与设计；"现代都会"资源，主要指与世界同步，带来的新技术、新想法。高端文化产业的特点：内容是根本，科技是制高点，而产业整合是关键。我们的困难在于，面对丰富的文化资源和工业资源，既缺乏文化创意和科技的点亮，也缺乏产业之间的兼容与提升。我们既需要知道高度在哪，也要立足现实国情。虽然文化产业面临诸多困难与不足，但同时也面临整个国家转变经济增长方式的历史机遇。它能以高附加值、环境友好、高融合性等特性，扮演着重要一极，助力"中国制造"向"中国创造"的转变。我们要牢牢把握中国文化精神与特质，科学化、精细化地挖掘和包装丰富的文化资源，依托庞大的工业制造基础，实现产业之间的有效联姻，逐步靠近世界先进潮流。同时，得紧扣文化产业属性，规避浪费与虚火。

文化品牌榜：文化产业发展的风向标

柏定国在《光明日报》2011-05-31 撰文认为：

我国文化产业和文化品牌进入了一个快速发展期，文化品牌的评估价值提升的幅度较大，上榜品牌的类型也大大地丰富了。但是，我们也能看出一些问题。譬如：一、依托文化存量资源发展的文化产业门类优势明显，文化增量型产业门类无论是市场体量还是品牌影响都稍显不足；二、电影、广播电视、报业、图书出版发行等保有相当国有大、中型文化企业的产业门类依然是文化产业发展的主力军，民营文化产业、新型业态的文化产业对总量的贡献度偏低；三、动漫游戏产业下滑明显，业态整体发展绩效与政府投入之间的"剪刀差"态势进一步加剧；四、受日渐强势的新媒体的冲击和影响，一些品牌期刊纷纷调整定位，平面媒体产业的市场空间经受挤压。随着我国城乡居民家庭收入持续增长，文化产业发展的市场空间必然增大。但是，基于国民文化需要创造的市场空间，并不等于本国文化产业发展的必然水平。这里有一个世界文化市场一体化的问题。如果我们能够生产足够多的文化产品，拥有足够多的文化品牌，特别是具有影响世界文化市场的文化品牌，那么我们的文化产业总量将大于国民实际的文化需求空间；反之，我们将连自己的文化市场份额都被世界其他文化产业强国占领。并且，这还不是单纯的市场竞争的问题，还关系到国家文化安全。因此，推动中国气派的文化品牌的快速、健康成长，是我国文化产业乃至社会全方位可持续发展的当务之急。

发挥高科技对文化产业的引擎作用

汪波在《光明日报》2011-07-03 撰文认为：

在发展文化创意产业的实践中，从国家层面应编制自主知识产权的主要文化产品名录，强化对知识产权的管理；从地方政府角度应加大资金投入，对文化品牌给予重点支持；从文化企业的角度应建立产学研知识产权联盟，促使知识产权管理服务与文化创新活动有机结合。文化产业界既要利用高科技对文化品牌的内容和形式进行革故鼎新、推陈出新，不断开发生产已有文化品牌的派生品和衍生品，更要注重对文化品牌的知识产权保护；既要在文化品牌受到侵权时拿起法律武器进行维权，还要开展大范围、高层次、多频率的知识产权交易，努力向国外输出中国文化品牌版权，逐步扩大本国文化产品在国际市场上的份额。

优化文化产业结构　推动文化跨越发展

聂辰席在《人民日报》2011-08-03 撰文认为：

文化产业以创意为源头，以内容为核心，以技术为手段，是经济和文化高度融合的统一体，既有意识形态属性、又有经济产业属性，既能创造社会效益、又能创造经济效益，既是经济社会发展的新引擎、又是加快转变经济发展方式的重要战略支点，能够引领支持经济发展由过度依赖资源的硬驱动向主要依靠技术和管理创新的软驱动转化，由产业链延伸向价值链提升转化，由适应市场需求向创造引导供给需求转化，由要素的一次性简单利用向多次性综合利用转化，由单一效益目标向多重效益目标转化。我们要按照胡锦涛总书记“七一”重要讲话精神，依托河北特色文化资源，加强战略谋划、总体策划，加强品牌培育、市场开发，大力发展具有示范带动效应的文化产业项目，加快培育一批特色鲜明的文化产业集群，推进文化产业结构优化、科学发展，充分发挥文化产业的独特优势和作用，为实现文化跨越式发展、助推经济发展方式转变做出新贡献。

打一场文化体制改革攻坚战

张贺在《人民日报》2011-08-06 撰文认为：

改革不可能一蹴而就，革除体制机制的弊端，需要的不仅是勇气和魄力，还需要创新的理念和思维。目前，文化市场条块分割、区域壁垒和行政干预的问题虽然有所改观，但还没有从根本上得到扭转。原有的行政主导的文化管理体制并未彻底改变，文化管理权限分散的问题并未得到解决，极易造成资源浪费和多头管理。转变职能，让公共文化服务更贴心。建立遍布城乡、惠及全民的公共文化服务体系，是文化体制改革的一个重要目标。各地因地制宜，以“增加投入、转换机制、增强活力、改善服务”为重点，在创新公共文化服务运行机制上做了大量卓有成效的探索。

文化产业保险市场亟待专业化

温云在《经济日报》2011-08-12 撰文认为：

2010 年，中国艺术品市场总成交额超过 500 亿元，但国内艺术品展览 9 成以上没有保险。绝大多数博物馆和美术馆中的多数藏品也都处于无保状态，较欧美等成熟完善的艺术品保险市场，中国的市场巨大，但却极其不成熟。艺术品保险是从传统财产保险和货运保险基础上演变发展而来的，主要承保火灾以及其他自然灾害和意外事故造成的艺术品直接损失。保险标的包括投保人所有、代他人保管或与其他人共有，由投保人负责保管、展览、装卸、运输的艺术品。显然，对于艺术品保护而言，投保艺术品保险是最直接的风险管控手段之一。目前中国的文化产业保险，尤其是艺术品保险问津者寥寥，国内保险公司也不积极。要推进国内的文化产业保险，特别是艺术品保险，专业人才队伍的培养和专业机构的建立尤为关键。

文化产业安全不容忽视

王耀中、彭新宇在《光明日报》2011-08-20 撰文认为：

在以和平与发展为主题的当今世界，文化安全对于国家安全的重要性，在一定意义上已远远超过了经济安全和军事安全，文化软实力成为了各国政府的重大关切。我国自 2009 年 9 月出台《文化产业振兴规划》之后，文化产业得到了空前发展，但是产业安全没有引起应有的重视。文化产业具有意识形态功能，必须未雨绸缪，先期谋划，在产业振兴阶段就要适时构建产业安全维护机制，以提高文化软实力，确保国家文化安全。

文化产业立法滞后期待提速

朱磊在《法制日报》2011-08-29 撰文认为：

当前我国文化体制改革取得突破性进展，正在全面深入推进；文化产业发展势头很好，北京、上海、广东、湖南、云南等省市文化产业已成为国民经济支柱产业；各项文化事业发展态势良好，给社会大众提供了越来越丰富的文化产品和服务；文化“走出去”领域不断拓展，国家“软实力”日益提高。但仍然存在着文化产业高层次人才稀缺、市场主体不够完善、市场管理有待加强等问题，尤其是文化立法薄弱的问题较为突出，需要引起高度重视。

文化产业发展趋势与创意领导力建设

向勇在《光明日报》2011-08-30 撰文认为：

文化产业学科建设的核心在于文化产业经营管理能力的训练，这种核心竞争能力就是创意管理能力，就是创意领导力。研究发现，这种文化产业的创意领导力具有专业胜任力和基础胜任力复合叠加，是理论学习和实践训练的双重结果，是“创意”与“管理”的有机融合，是深谙文化产业价值链之道的加值术，是“艺术”与“商业”、“文化”与“产业”的平衡术。这种创意领导力由于对实践经验的依赖而不利于在大学本科阶段就开设这 样的专业，却最适宜于在硕士研究生层次进行学习。因此，开办创意领导力学院，组建创意实验室教学模式，建设创意管理专业硕士，就成为高校开发文化产业创意领导力最迫切的一种应对方式。

文化产业也要防 GDP 崇拜

杨亮在《光明日报》2011-09-08 撰文认为：

发展文化产业，不能不看 GDP，但也不能只看 GDP。过于强调文化产业占 GDP 的比重，在政绩考核的压力下，就可能导致两个问题：一是一些地方盲目上马文化产业项目；二是一些似是而非的东西被装到文化产业的框框里，导致数量与质量失衡、规模与效益失衡。近年，随着文化产业的快速发展，各种文化产业基地和园区、大型主题公园等如雨后春笋般出现，由此带来的盲目跟风、重复建设、资源浪费等现象让人忧虑。文化产业占 GDP 的比重不能搞“一刀切”，推动文化产业发展也要有先有后，结合当地经济社会实际，扎实推进；不要头脑发热，要警惕在文化产业发展中陷入脱离实际、不求实效的 GDP 崇拜，更不能为了眼前利益而牺牲了长远利益。文化产业虽然具有产业属性，但作为精神产品的文化，更重要的是强调质，而非量。否则再大的量，也无法发挥精神产品的影响力。

准确把握文化产业发展的着力点

李林宝在《人民日报》2011-09-09 撰文认为：

文化产业的崛起和迅猛发展是近年来我国文化领域的重大事件。快速发展的文化产业对提高我国文化发展品质、优化经济结构发挥了重要作用，同时有效提升了我国文化软实力，成为推动我国经济、政治、文化、社会协调发展的战略性产业。“十二五”时期推动文化产业进一步发展，需要准确把握以下几个着力点：进一步扩大内需，充分释放居民文化消费需求；积极参与经济结构战略性调整，充分发挥文化产业提高经济增长质量和效益的作用；加速培育各类新型文化业态，加快文化产业发展步伐；发展新型城市文化经济，促进区域协调发展；优化对外贸易结构，实现国家文化软实力发展战略与对外贸易发展战略有机结合等等。

群众需要是文化创新的出发点

郭国昌在《人民日报》2011-09-09 撰文认为：

人的需要是文化创新的动力，文化原创力正是蕴藏于人的各种需要之中的，人的需要为文化创新奠定了最基本的物质基础和精神根底，只有那些从人的需要出发而进行的文化活动才能真正地达到文化创新的境界，而不是流于一般意义上的简单的文化模仿和文化复制的表层。只有从群众需要出发，才能在文化大发展大繁荣的时代潮流中真正做到顺势而为，从而激发出文化创新在社会变革中的推动力。

文化生产方式变化需求文化体制机制创新

祁述裕在《人民日报》2011-10-14 撰文认为：

在“十二五”时期，文化体制改革除完成既定目标之外，建议解决以下四大问题：一是应从搞活经营性国有文化单位，转到搞活公有制文化经济。经营性国有文化单位转企改制以后，一些文化企业经营状况明显改善，但更多文化企业将无法适应激烈的市场竞争，这需要进一步放宽政策，允许社会力量参与收购和兼并。二是应打破国有和民营藩篱，鼓励社会力量参与提供公益性文化产品。提供公益性文化产品并不是国有文化事业单位的专责。政府的责任不是自己直接提供公共文化服务，也不是仅仅扶持国有文化单位提供公共文化服务，而是要通过购买服务，鼓励各种类型文化企业，努力为公众提供价廉物美的公共产品。三是依法管理文化内容，满足公民多样化的消费需求，激发公民艺术创造力。包括实行文化艺术消费的分众管理，制定文化内容管理标准，明确底线，进一步做到有章可循。四是进一步转变党委和政府职能。继续探索管理模式创新，做到由直接管理转为间接管理，由管微观转为管宏观，由行政管理为主，转为以经济、法律手段为主，辅之以必要的行政手段。比如，引入营利与非营利组织管理概念，对公益性文化事业单位管理，采取由直接管理转为间接管理。大力强化文化艺术教育和培训，把政府工作重点放在培育市场、提供公民艺术素质上来。

文化产业区域发展模式探略

韩美群在《光明日报》2011-10-16 撰文认为：

文化产业作为我国经济发展的重要支柱产业已经引起政府部门和整个社会的高度关注。近些年来，特别是在国家文化产业相关政策逐渐明晰后，我国文化产业进入高速发展期。从文化产业的区域发展来看，由于其所拥有的资源禀赋、资本、技术、市场条件等差异的存在，其发展模式应该是具体的和特殊的。但是，目前我国区域文化产业还存在着发展思路单一、产业结构雷同、区域特色不够明显、文化创造束缚因素较多、文化市场主体弱小等问题。因此，要从这种抽象的单一的状态中摆脱出来，就必须探讨各种特殊的区域发展模式，为人们从实际出发采取不同的模式提供多样化的选择空间。

提升幸福：文化产业发展的重大使命

唐珍名、肖冬梅、柳礼泉在《光明日报》2011-10-23撰文认为：

幸福是人类行为的终极目的，它有层次和境界之分，层次和境界愈高，幸福感愈强，社会与人本身的共同发展是提升幸福的必由之路。经济，富裕生活的支柱；文化，幸福生活的支撑。与经济相比，文化的特殊性就在于其根本目的是人自身，优化人的存在是文化的根本使命。文化改变人，也改变社会发展模式，因而是人类提升幸福的深层基础。作为文化与经济的结合物，文化产业直指人的精神需求，它与个人快乐或幸福之间存在着一种必然的联系，其发展方向直接关系到文化乃至人类的未来。关注和提升民众的幸福，是文化产业发展不可推卸的责任和使命。

文化产业发展的源头活水从何而来

黄伟在《中国教育报》2011-11-09撰文认为：

文化产业是智慧型、知识密集型产业，文化人才的数量和素质决定了文化产业的前途与命运。要继承和发扬传统文化，要加快培育和发展新兴文化，需要一大批高素质文化人才。高校作为文化产业人才的“青训营”，肩负为行业输送各类人才的使命，对文化产业的发展具有举足轻重的作用。文化产业是21世纪最具发展前景的朝阳产业之一，更是国家软实力的突出标志。在新时期，文化产业被赋予了新的内涵，出现了诸多新的细分领域。前不久召开的中共中央十七届六中全会提出，要加快文化体制改革，推动文化大发展大繁荣，而人才，正是文化产业发展的源头活水。没有人才的支撑，文化产业发展将成为空谈。

文化建设与文化产业刍议

朱奇志在《光明日报》2011-11-13撰文认为：

在文化建设过程中，大力发展文化产业是至关重要的有效举措。文化产业是经济全球化条件下建设文化强国的重要战略举措，不仅是满足人民群众日益增长的精神文化需求的有效途径，也是优化我国产业结构、推动经济持续、健康发展的重要着力点。在国家政策的支持下，我国文化产业蓬勃发展，已经逐步成为国民经济新的增长点。文化产业结构调整和资源整合力度不断加大，文化企业规模实力快速提升，一批实力雄厚、竞争力强的大型文化企业集团逐步发展壮大。

给文化产业配上数字科技的翅膀

金元浦在《经济日报》2011-11-23撰文认为：

文化创意产业已经成为经济发展中的高端产业，是现代服务业的高端形态。当前，我国产业结构要调整，要从低端制造业走向高端制造业，要从制造业为主，逐渐调整走向高端服务业，特别是向生产型服务业转型，实现从中国制造到中国创造的提升改造。作为先进生产力，文化创意产业是产业发展的高端形态，具有高附加值和高文化价值、经济价值；具有低碳环保、生态发展的基本特征，并具有创造就业岗位的优势。它将推动我国整体产业结构的升级、调整和重组。当代世界正在不断创新开发，一系列过去时代从未有过的“资源”，像数字网络技术等高新科技，给世界创造了财富增长的新机会和巨大资源。它所创造的创意新业态正越来越成为当代社会财富增值的源泉。创意产业是文化产业发展的高端形态，它在不断创造一种新的需求，也将文化产业发展从传统模式中解放出来。

文化产业人才应注重实践

范周在《光明日报》2011-11-24撰文认为：

目前，我国文化产业存在人才匮乏问题。表面上看，从业人员很多，然而从实际应用的角度考虑，高素质专业人才以及综合型创作人才还比较缺乏。主要体现在：过度重视理论教育致使专业与实践相脱离，动手能力差；文化产业成果缺乏转化；核心理论体系建设存在诸多不足，主要体现在学科建设、课程设置、教材编写以及师资力量几个方面。我们必须进一步做到：重视文化产业人才培养的创新，主要包括机制、培养模式和内容创新，以及人才评价体系创新；在文化产业教育的发展过程中，对在职人员进行跨界教育、跨界培训以及跨界融合，以开辟新的教育思路；改变精英化教育与职业技术化教育不对称的现状，要让学生根据自身特长和社会需求选择自己的培训和发展方向，使人才培养多元发展；建立更多的教育培训平台，应建立更完善的教育平台来支持可持续发展；文化产业学科应在教育部的学科门类中得到定位、认可。需要有专业的文化产业人才以及从业人员组织和编写专业、系统、高质量的教材；在企业计税中借鉴研发费用抵扣方式，将文化创意企业用于员工产业培训方面的费用予以适当的减免，提高企业人才培训的积极性；吸纳文化产业从业人员走进高校任教，可以在短时间内解决师资问题，同时保证教学质量；各高校的文化产业教师应当具备丰富的实践经验，在时间和条件允许的情况下鼓励高校文化产业教师建立工作室，与实践密切结合。

明确文化产业发展的道德坐标

郭国昌在《人民日报》2011-11-25 撰文认为：

发展文化产业是文化大发展大繁荣的必由之路，中国文化也可以由此增强自己的国际竞争力。然而，在全球化的时代背景下，中国文化要想获得世界各民族的认可，除了培养必要的文化个性以外，也要展示普遍的文化共性。从文化产业发展的层面来说，就是要注重文化的民族精神，养成国民普遍的道德关怀。也就是说，文化产业发展必须确立基本的道德坐标，这既符合文化的本质属性，也是文化自觉和文化自信的表现。只有如此，中国文化才能走向自强，国家软实力的提升才有可能。

诚信：文化产业发展壮大的基石

安世银在《人民日报》2011-11-25 撰文认为：

推进社会信用体系建设，营造良好社会环境。“十二五”期间，我国将全面推进社会信用体系建设。我们应以此为契机，加快建立健全符合时代发展要求的信用制度体系。进一步创新管理理念，强化服务意识，着力构建有利于文化科学发展的体制机制，建立和完善社会征信制度，为企业讲诚信提供良好社会环境；充分发挥市场的作用，培育合格市场主体，加快构建和培育现代文化市场体系；建立统一高效的文化市场执法机构，加强管理，净化文化市场，维护诚信、公平、竞争、有序的市场秩序。同时，大力培养诚信意识，培育文明消费习惯，从自律和他律两个方面让诚信生产和诚信消费成为社会共识，形成诚实守信和遵纪守法的良好氛围。

积极推进新型文化产业发展

毛建海在《经济日报》2011-11-25 撰文认为：

在抓好文化产业项目建设方面，还须认真落实国家文化产业政策，扎实抓好项目信息收集、策划设计、争取立项、组织实施和项目建设投产等各项基础性工作。同时，还需进一步优化文化产业项目建设社会环境，不断深化行政审批制度改革，取消不必要的行政收费，简化行政审批手续，完善项目服务运行机制，并且积极引导民营资本和其他社会资本有序进入新兴文化产业领域，努力形成全社会关心、支持、参与和服务新兴文化产业发展的良好社会氛围。

积极促进文化创意产业发展

荆林波、李蕊、依绍华在《人民日报》2011-12-02 撰文认为：

文化创意产业一般是指源自个人的创造力、技能和天赋，通过知识产权的开发和运用创造财富和就业机会的行业，它以文化创意、知识产权和高科技为核心内容。我国文化产业要增强创新能力，改变模仿复制的发展模式，加快转变发展方式，需要积极促进文化创意产业发展。

发挥传统文化在文化产业发展中的作用

林日葵在《人民日报》2011-12-02 撰文认为：

传统文化是发展文化产业的重要元素。发展文化产业，应该植根于本土文化，融合和渗透传统文化元素，在传统与现代的碰撞中创造优秀的创意产品和文化品牌，不断增强市场竞争力和影响力。转变文化产业发展方式，加快发展文化产业，需要充分发挥优秀传统文化的作用。推动优秀传统文化走出去，中华文化在几千年的历史发展中已在世界上产生了深远影响。应抓住机遇，用产业化的方式把具有中国特色的文化产品和服务出口到国外，抢占世界文化市场的制高点；以优秀传统文化输出为突破口。形成多元化的文化输出格局与模式。提升国家文化软实力。

破解文化产业发展中深层次问题

方伟在《人民日报》2011-12-02 撰文认为：

在正确认识和把握文化事业与文化产业不同的目标追求和运行机制的同时，应注重二者的互动发展。在一定条件下，可以把文化事业与文化产业的互动发展作为实现文化跨越式发展的突破口。其理由是：文化产业大多是从传统文化事业中分离出来的，二者有着天然的关联，虽然它们在效益诉求上的侧重不同，但文化事业的发展会支持文化产业的市场培育、公众文化消费习惯的养成，而文化产业也将为文化事业发展繁荣提供内在支撑、营造有利环境；强化文化事业与文化产业的互动发展，有助于两方面建设主体的协同配合，有助于实现文化事业与文化产业的互补共生、互促共进，有助于形成更加科学、合理的文化发展方式和运行模式，从而更好地实现社会效益与经济效益的统一。

国有控股商业银行与文化产业发展

张建国在《光明日报》2011-12-07 撰文认为：

在为文化领域提供金融服务的实践中，尤其是推出“文化悦民”方案以来，我们深深认识到，不断创新、勇于创新才是我们赢得客户、赢得市场的前提和基础。没有对全社会文化消费市场的全面认识，没有对国家推动文化强国战略深远意义的理解，没有对我国现阶段文化发展趋势的把握，我们很难将业务做大、做实、做出影响力，也不会得到客户的认同。在助力社会主义文化大发展大繁荣中，探索国有控股商业银行业务转型之路。文化及文化产业，是我国社会、经济发展的亮点和重要组成部分，是满足人民群众多样化、多层次、多方面精神文化需求的重要途径和重要的民生领域，同时也是推动经济结构调整、转变经济发展方式的重要着力点。建设银行作为具有 57 年经营历史、市值排名世界第二、拥有近 12 万亿资产的大型国有控股商业银行，我们深知身上的责任十分重大，任务十分艰巨。我们面临的最为紧迫的任务之一，就是实现结构优化和业务转型。

创新机制路径，壮大文化产业

田学斌在《光明日报》2011-12-10 撰文认为：

在文化产业的发展初级阶段，应当鼓励多渠道、多形式的探索创新，把文化产业快速发展、做大规模、提高市场占有率放在首位，同时积累人才、技术和制度建设方面的知识。因此，在政策导向上，既要鼓励大企业，又要扶持小企业，以形成一种鼓励多种所有制并存、大中小企业竞相发展、传统与新兴产业互动融合的新的发展格局。创新机制路径，加快文化产业发展，一是加快机制创新，提升文化主体内源动力。二是加快技术创新，激发文化产业创造活力。三是加快人才培育机制创新，提高文化精品创作生产经营能力。四是加快政府职能转变，增强文化发展服务保障能力。

发掘农村文化产业潜力

潘鲁生在《光明日报》2011-12-13 撰文认为：

在特色文化资源和自然资源丰富的农村地区，以农民为创作和生产主体，发展传统手工艺生产、乡村旅游等产业，有助于促进农村产业结构调整，增加农民收入，实现文化富民，对传承优秀传统文化和加强农村文化建设也具有积极作用。当前，农村文化产业很大程度上仍处于自发状态，广大农户处在产业链末端，设计和营销能力不足，经济发展空间有限。整体上看，在文化生态保护、教育科研协作、区域资源整合、产业机制完善以及实施品牌战略、维护手艺农户利益等方面都存在不足。

提升文化产业竞争力的思考

纪良在《光明日报》2011-12-17 撰文认为：

文化产业已成为我国实现新一轮经济增长的战略产业，而发展文化产业，其核心在于增强文化产业的竞争力。从理论和实践两个角度分析，能否尽快切实解决以下制约提升我国文化产业竞争力的重大问题，直接关系到文化产业能否真正成长为我国国民经济的支柱性产业。

2011 年度文化产业图书评介

《艺术经济与文化产业新论》

林日葵著，中央文献出版社，2011 年 1 月 1 日

内容简介：《艺术经济学与文化产业新论》一书是目前国内在研究艺术经济学与文化产业学学科和领域的新成果。主要分为三个部分：一是对艺术经济学理论与体系的研究；二是对文化产业学与文化产业相关理论的研究；三是当代中国文物艺术品市场研究。全书有以下三个特点：第一，把哲学的理论和方法运用到艺术经济和文化产业的学科和领域，分析和研究了艺术经济学与文化产业学的产生和发展的历史进程；第二，在艺术经济学和文化产业学

学科方面提出了许多新的观点和论点，这对于我们深入认识艺术经济学与文化产业学学科体系和内容会有积极的帮助；第三，理论联 系实际的分析和研究了一些问题，并且用新的思维和理念、从新的视野批评和批判了一些“文化现象”，这对于结合我国的国情研究艺术经济学与文化产业学有着重要的现实意义。

《2010年山东省文化产业基地发展报告》

亢清泉著，山东大学出版社，2011年1月1日

内容简介：本报告共分两大部分，即总报告和公司报告。“总报告”通过数据分析和资料整理，对基地总体发展情况进行了客观分析。“公司报告”力求提供第一手的基地发展资料，为其他文化产业园区（基地）提供有价值的战略决策依据。本报告是对我省文化产业园区基地近几年发展的全面回顾与总结，旨在发现并扶持具有重大文化影响、新颖商业模式的文化产业园区基地跨越发展。目的是鼓励和支持文化产业园区基地顺应新形势下中国文化产业发展新方向，对具有重大示范效应的文化产业园区进行测评宣传，树立行业标杆，提高文化产业的创新意识，加速我省文化产业发展。

《区域文化产业》

韩骏伟、姜东旭著，中山大学出版社，2011年1月1日

内容简介：文化产业作为经济产业部门之一，区域化发展趋势明显。本书对区域文化产业相关概念、理论与案例进行介绍，内容包括区域文化产业发展的决定因素、区域文化产业空间结构与布局、区域文化产业结构优化、文化产业集群与文化产业园区、区域文化市场与贸易、区域文化产业协调发展与创新、区域文化产业发展战略与规划和区域文化产业政策与管理等问题。同时，为了帮助读者加深对区域文化产业基本概念和理论的理解，本书精选了国内外的一些案例、相关政策，供读者阅读时参考。

《我国区域文化产业竞争力的研究》

马萱著，社会科学文献出版社，2011年1月1日

内容简介：本书以区域文化产业竞争力为研究对象，以文化经济学理论、比较优势理论、产业集群理论和生产前沿面理论为依托，以数据包络分析方法为评价工具，采用理论和实证相结合、定性与定量相结合的方法，从产业效率的角度出发，根据评价原则建构了我国区域文化产业竞争力评价体系与评价模型。然后通过对我国31个省、自治区、直辖市（港、澳、台地区除外）的文化产业进行实证研究，从技术效率、纯技术效率、规模效率3个方面对我国东部、中部、西部区域文化产业竞争力结果进行了综合评价。最后，该书深入分析了我国区域文化产业发展面临的优势、劣势、机遇与挑战，在剖析我国文化产业支持政策的基础上，提出了区域文化产业发展的战略构想与提升对策。可供从事相关工作的人员作为参考用书使用。

《文化产业研究》（第4辑）

顾江主编，东南大学出版社，2011年1月1日

内容简介：本书是由南京大学国家文化产业研究中心、南京大学文化产业发展研究所和南京大学经济学院联合主办的、连续性学术刊物，本刊融合现代经济学、管理学、社会学、法学、历史学、艺术学等多学科的理论与方法，从多个视角、多个领域研究国内外文化产业的发展。本书为《产业文化研究》第4辑，主要有4个主题构成：（1）文化遗产经济学专题，从不同角度与视域讨论了世界文化遗产经济发展、我国历史文化资源保护与开发，以及文化遗产产业发展的构想与思路；（2）文化市场结构专题，充分讨论了我国文化产业法制体系的构建 与完善、文化产业升级、文化产业市场结构中存在的问题及解决的途径；（3）文化产业与区域发展专题，主要探讨了高端文化产业发展、文化产业集聚园区建设、文化产业品

牌建设等问题；（4）文化消费与贸易专题，研究了大众文化消费模式、文化消费影响因素、文化消费需求差异，以及当前国际文化产业贸易格局、中韩文化贸易、我国文化贸易中存在的问题及对策。

《传统文化隐喻：禹州神垕钧瓷文化产业现代性转型的社会学研究》

王洪伟著，中州古籍出版社，2011年1月1日

内容简介：本书为“黄河文明研究”丛书之一，以豫中古镇禹州神垕钧瓷特色文化历史变迁为研究对象，运用“文化资本”、现代性等前沿理论，从钧瓷艺人、钧瓷烧造技艺、钧窑组织现代性转换的多元视角，通过对钧瓷文化带动禹州神垕地方经济发展战略的历史和结构分析，致力建构“名”文化或特色文化带动区域经济发展战略的一般性运作机制和运转逻辑，为建构传统文化资源现代性转型的一般性理论框架提供独特的理论新思维。

《文化产业研究读本》

胡惠林、单世联等编著，上海人民出版社，2011年2月1日

内容简介：单世联编著的《文化产业研究读本》共分为上、下两册，上册中国卷多方位、多视角论述我国文化产业的发展实践和问题，并且在论文中都对问题提出了合理的应对意见。下册西方卷围绕“文化产业”，选取国外文化研究领域诸多名家的经典之作，较为详尽地介绍了西方文化理论各个领域的代表之作，弥补了国内该类型读本相对缺乏的现状，为国内学术界和各高校相关专业 的研究人员进行文化产业理论的深入研究提供了一本很好的参考指南。

《文化产业案例》

胡晓明、殷亚丽编著，中山大学出版社，2011年3月1日

内容简介：德国法兰克福学派代表人物之一本雅明所著《机械复制时代的艺术》预言了资本主义文化工业时代的到来；美国哈佛大学教授塞缪尔·亨廷顿《文明的冲突和世界秩序的重建》提出的“冷战后世界冲突的基本根源是文化差异，主宰全球的将是文明的冲突”这一观点，把文化发展置于全球的焦点。当代全球文化产业理论与实践的发展，需要梳理中外文化产业发展史，需要拓展文化产业基础理论及应用理论，同时也需要对文化产业实践经验的总结与思考。《文化产业案例》（胡晓明、殷亚丽主编）则为文化产业实践者及文化产业管理专业学生提供了丰富鲜活的个案。

《文化产业经典命题100例》

顾江主编，东南大学出版社，2011年3月1日

内容简介：本书是南京大学国家文化产业研究中心研究团队在长期的科研与实践当中，归纳整理而成的案例分析书籍。该书共收集了100多个中外典型的文化产业案例，内容涉及新闻、出版发行和版权、广播电视、文化艺术、网络文化、文化休闲娱乐、文化用品等行业。本书将案例按双边市场、产业集聚、文化创意、商业模式、产业链、文化软实力、文化品牌、文化资本、知识产权、文化产业经营管理等专题进行分类，方便读者按自己感兴趣的方向和领域进行阅读。本书的案例评析，在介绍案例的基础上，更加注重对其的评论与分析，把案例所蕴含的理论依据和实践意义一一挖掘出来，做到抽丝剥茧、层层深入。本书是广大文化产业科研工作者以及文化产业经营管理人员的有益参考书，也可以作为本科以及研究生教学的案例教材。

《中国文化产业评论》（第13卷）

胡惠林、陈昕主编，上海人民出版社，2011年3月1日

内容简介：《中国文化产业评论》是上海交通大学国家文化产业创新与发展研究基地主办的

连续出版物。本书有理论与政策、改革与发展、国际文化产业观照等栏目，收入学者相关研究领域的最新研究成果。

《传统文化的产业化发展》

余则忠、林日葵、徐水宝主编，中国商业出版社，2011年3月1日

内容简介：任何一种文化创意活动，都要在一定的文化背景下进行。属相文化是中国传统文化的重要组成部分，经过两千多年来的发展和沉淀，丰富而深厚，具有广泛的群众基础。从古到今，凡是中国人，从出生的那一天起，就有一个生肖属相伴随一生，终生不变。本书介绍了传统文化的产业化发展、论文化传承与文化产业、属相文化与产业化发展探索等内容。

《文化创意产业——引论》

金冠军、郑涵主编，中国书籍出版社，2011年3月1日

内容简介：本书全面分析了文化创意产业的形态、组织机制、市场结构、投资与贸易，介绍了美国、英国、澳大利亚，以及日本、韩国的文化创意产业，具有较强的理论性和实践指导性。

《浙江海洋文化产业发展研究》

苏勇军著，海洋出版社，2011年4月1日

内容简介：海洋是生命诞生的摇篮，是人类文明的重要发祥地，在人类社会发展的进程中起着举足轻重的作用。2世纪是海洋世纪，海洋已是人类社会可持续发展的宝贵财富和最后的地球空间。加快海洋经济发展，已成为世界沿海各国的共识，也是新世纪经济发展和资源开发的重要一环。世界各沿海国家都在积极开发海洋生物资源、矿产资源、化学资源和海洋能源，大力发展海洋交通运输业、海洋油气业、海水综合利用业、海洋环保业、临海工业、海洋工程等。逐鹿海洋、竞争海洋、深度开发利用海洋乃当今世界大势所趋。

《中国城市文化产业发展评价体系研究》

彭翊著，中国人民大学出版社，2011年5月1日

内容简介：本书从理论思考和实际调研两个方面认真开展研究工作，在借鉴国内外研究成果的基础上，创新性地建立了中国城市文化产业发展评价指标体系，深入剖析城市文化产业发展的生产力、驱动力和影响力，客观探讨了城市文化产业发展的关键要素和规划思路，并在此基础上为城市文化产业发展提出了独到的政策意见和建议。在我国文化产业发展与研究均处于探索阶段的情况下，该著作的出版弥足珍贵，对研究和探索中国城市文化产业的发展，具有较高的参考价值。

《文化创意产业集群发展理论与实践》

张京成、李岱松、刘利永著，科学出版社，2011年5月1日

内容简介：文化创意产业是文化、科技和经济融合发展的产物，作为现代服务业的核心产业形态，已经成为衡量一个国家或地区综合竞争力的重要标志。为解决文化创意产业发展中的理论滞后问题，张京成、李岱松、刘利永 编著的《文化创意产业集群发展理论与实践》一方面从实证分析的角度，对文化创意产业集群发展的主体、模式、体制、机制、布局、对策等方面进行了科学、全面、系统、深入地研究，并以文化创意产业集聚发展的代表城市——北京作为典型研究对象，对其近30个文化创意产业集聚区进行了实地调研。另一方面，在发现和分析现实问题的基础上，对文化创意产业集聚区进行了规范分析，并提出了一些发展建议。本书体系性强，论述全面，结合了访谈调研和数量分析，既可为从事创意产业及产业集群研究的理论界同仁提供研究参考，也可为相关政策部门开展工作提供借鉴，还可为对创意产业和集群发展感兴趣的广大读者的入门读物。

《世界文化产业园》

李季主编，人民日报出版社，2011 年 5 月 1 日

内容简介：本书对当今世界许多经典的文化产业园作了介绍，涉及二十多个国家。这些著名的文化产业园，如大都会、好莱坞、伦敦西区等，都是世界这类园区成功的范例。本书分析了他们的创建、发展、延续、成功的过程，对于中国人的文化产业寻梦，少走弯路，是一个不可多得的参考。

《文化产业政策激励与法治保障》

何敏等编著，法律出版社，2011 年 5 月 1 日

内容简介：《文化产业政策激励与法制保障》一书，作为论文集从不同角度对我国文化产业面对新机遇与新挑战时的发展问题进行了系统分析与探讨。这些主题明确、内容丰富的系列文章折射出科学研究院这一科研团队的集体智慧与学术研究的开拓精神，这使我依稀看到了科学研究院这一科研集体快速崛起的美好前景。

《微观视角的西部地区少数民族文化产业可持续发展研究》

王克岭著，光明日报出版社，2011 年 5 月 1 日

内容简介：近年来，国内学者基于微观视角对文化产业研究的著述正在逐渐面世，但对西部民族地区文化产业微观主体的培育和文化企业运行机制等方面的研究仍比较缺乏。文化产业在西部民族地区尚处于起步、探索、培育的初级阶段，国内关于西部少数民族文化产业的理论研究已然落后于实践。《微观视角的西部地区少数民族文化产业可持续发展研究》基于微观视角对西部少数民族文化产业可持续发展的相关问题进行一些探索性的研究，以期对我国西部少数民族文化产业的发展有所裨益。

《中国文化产业合同案例精选与评析》

张今主编，知识产权出版社，2011 年 5 月 1 日

内容简介：张今主编的《中国文化产业合同案例精选与评析》精选 49 个文化产业的真实案例，涉及图书出版，音乐制作和表演，影视制作和传播，网络传播，委托创作和著作权转让与许可各个领域。每个案例分析都包括关键词、案情简介、法律分析、拓展分析和法律建议五部分，简要介绍案情，指出争议焦点，作出法律评析，提供切实的法律建议，以期增进从业人员对著作权法，合同法等的认识和理解，从而在工作中力避相关风险纠纷，以保障我国文化产业健康有序的发展。《中国文化产业合同案例精选与评析》阅读对象：文化产业从业者。

《文化产业政策与文化产业发展研究》

欧阳坚著，中国经济出版社，2011 年 6 月 1 日

内容简介：本书笔者欧阳坚将重点就如何提高文化产业政策的针对性和有效性方面进行系统的研究和探索，以力求更加全面准确地把握文化产业自身的规律和特点，从而使我们的政策更能做到有的放矢、切中要害，解决好文化产业政策指导性、针对性不强的问题。同时，借助其他产业政策的成功经验和公共政策的基本原理，研究和探索文化产业政策制定和实施中应遵循的原则、处理好的 关系和解决好的问题，以此提高政策的科学性和有效性。

《文化与文化产业发展新论》

范建华著，人民出版社，2011 年 6 月 1 日

内容简介：文化是不同民族在不同时代，依据自己所处的特定地理环境，为适应环境和人类生存发展需要而创造出来的；它是人类社会的思想与行为的结晶。在不同的地理环境下，由不同的族群体，创造出不同的文化类型，丰富而多元，是人类文明的基本状态。诚然，

我们认同在同一时代不同文化也会呈现出某种先进与落后的反差，但决不能认为族群体间人种学上的高下之分。为此，只能以平等的心态、尊敬的眼光去感受和认知不同文化，而切忌以“我”为中心，或居高临下，或卑微仰视地去对待“他”文化。

《文化资源、文化产业、文化软实力》

李发平、傅才武主编，中国社会科学出版社，2011年6月1日

内容简介：本书为在世界文化遗产地——武当山举办的2010年·中国文化创新高峰论坛的论文集。文集的出版有着双重含义：一是武当山作为我国重要的世界遗产地，在“保护第一”的原则下，如何进行文化创新、发展文化产业，为区域社会发展提供文化支撑，已经和正在进行探索，并取得了一些很好的经验。二是借助于“论坛”这种“智慧模式”，广泛动员政府、社会、学界的力量，齐聚武当“论剑”，以期为进一步推动国家文化创新体系的建立和完善建言献策。

《音乐文化产业与执政效能》

颜建国著，人民日报出版社，2011年6月1日

内容简介：音乐产业应该列入国家大战略。音乐可以提高国民素质，增强执政效能。音乐可以建国，音乐可以治国，音乐可以富国，音乐可以强国！音乐不仅可以提高无形生产力，还可以提高有形生产力。音乐最能体现一个城市的灵魂，音乐就是一个城市的灵魂。音乐产业，最后一片未被开发的新大陆。将音乐产业革命进行到底。

《台湾地区文化产业与文化营销》

马群杰著，科学出版社，2011年6月1日

内容简介：西方国家的地区文化营销理念自引进台湾后，至今已拥有十数年的在地化实证基础，地区文化营销也如雨后春笋般蓬勃发展。本书运用地区文化营销的基本观点、方法和理论，以台湾地区文化产业发展和政策为研究对象，阐述了台湾地区文化产业发展的背景和特征，并对影响台湾地区文化 发展的政策体系和相关经验进行了论述；解析并深入讨论了台湾地区文化产业发展的结构及台湾地区文化产业发展与文化营销的趋向；进而指出，地区文化营销不仅是一种强调企业性的地方发展行动，更是一种通过文化投资与建设以促进公共价值创造的规范性地方管理策略。本书适合从事地区发展和文化产业发展研究的管理学、经济学等专业及相关专业的研究人员、大学师生参阅，也适合政府文化政策研究及制定部门的管理人员和对文化产业发展感兴趣的读者阅读。

《澳门文化创意产业：策略与发展》

郝雨凡等著，中国社会科学出版社，2011年6月1日

内容简介：澳门的城市发展，要从历史出发，也要考虑到现状，更重要的是关注它的未来。而会议第一天上午的有关发言，实际是种种不同观点的展示，这些观点之间并不是互相排斥的。有位代表在回应观众提问时讲了个很好的意见：并存。在并存的过程中去找到共同点，然后去树立这座城市的符号。关于行业发展路向。澳门文化产业的行业发展，在会议上也有尖锐的、争论。这在学术层面上是一种很可喜的现象，意味着我们能够包容不同见。在会议上大家梳理出来的有如下行业：会展业、动漫业、艺术品画廊、旅游、演艺、博彩等。这些行业都应该是文化产业的重点发展行业，但是它们之间，以什么为主体？互相之间是什么样的关系？在讨论中也得到了较多的阐述。大家对这些行业做了充分探讨的同时，大都谈到两个问题。一是对新兴文化业态的关注。所谓新兴文

化业态，就是这样一种文化产业的存在方式和当今生产力发展方向的一种结合，比如数字娱乐业。比如新濠天地的“龙腾”，实际就是数字技术和娱乐业的结合；会议上也有人提起 用现代信息技术、网络游戏等其他新兴手段来拓展文化产业的发展空间，包括动漫、旅游、演艺等，除了在传统思路上加以拓展外，利用新的生产力的表现，找到一种结合方式，可能是一个新的思考点。这也是此次会议一个值得关注的思想和讨论成果。

《2011年中国文化产业发展报告》

张晓明、胡惠林、章建刚主编，社会科学文献出版社，2011年7月1日

内容简介：本书秉承了《文化蓝皮书》10年来一贯的风格。“总报告”、“宏观视野”和“专家论坛”等栏目注重评估形势，分析问题，预测发展，提出建议。“行业报告”、“区域报告”、“个案研究”、“统计指标 研究”等栏目侧重展示不同行业、不同区域文化产业的年度发展动态和个案剖析。“国际文化产业”栏目介绍了全球文化产业发展的最新动态和理论探索。蓝皮书认为，“十二五”期间，宏观经济环境有利于文化产业的发展。但“十二五”期间文化产业的发展不应该是“十一五”发展的简单的量的放大，而是要有质的 提升，要开辟新思路，看到新空间，寻找新路径，激发新的动力。如果文化体制、机制、政策到位，将有可能进一步提高发展速度，实现推动文化产业成为国民经济的支柱性产业这一宏伟目标。但如果管理体制和政策缺乏价值取向和制度基础，时而收紧、时而放任，则会动摇市场的良性预期，抑制文化产业的健康发展。蓝皮书认为，“十二五”期间推动文化产业实现新的跨越式“大发展”需要抓住五个重大契机。一是通过扩大内需来充分释放居民文化消费需求，这是我国文化产业大发展的基本依据。二是参与国民经济结构的战略性调整，充分发挥文化产业作为生产性服务业的优势，这是我国文化产业大发展的主攻方向。三是加速培育各类新型文化业态，实现文化产业超常规增长，这是我国文化产业大发展的重大机遇。四是发展新型城市文化经济，促进区域协调和错位发展，这是我国文化产业大发展的独特优势。五是优化对文化外贸易结构，使国家软实力战略与促进文化贸易的战略有机地结合起来，这是我国文化产业发展的新天地。“总报告”认为，“十二五”来临之际，中国的文化产业已经站在了新的历史起点上，必将创造新的奇迹。

《中国文化产业的西部模式》

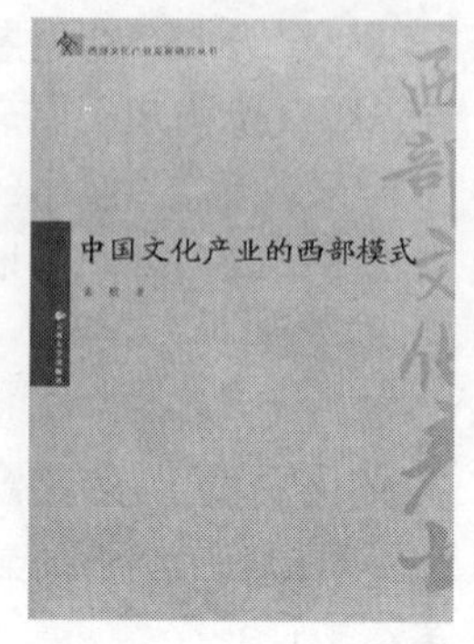

孟航著，云南大学出版社，2011年7月1日

内容简介：孟航编写的《中国文化产业的西部模式》是“西部文化产业发展研究丛书”之一，全书分为文化产业发展模式概述；西部文化产业发展模式研究的基本问题；西部地区镇域文化产业发展模式；西部地区城市文化产业发展模式；西部地区文化产业与旅游产业互动发展模式等内容。

《制度与环境：西部乡村文化产业》

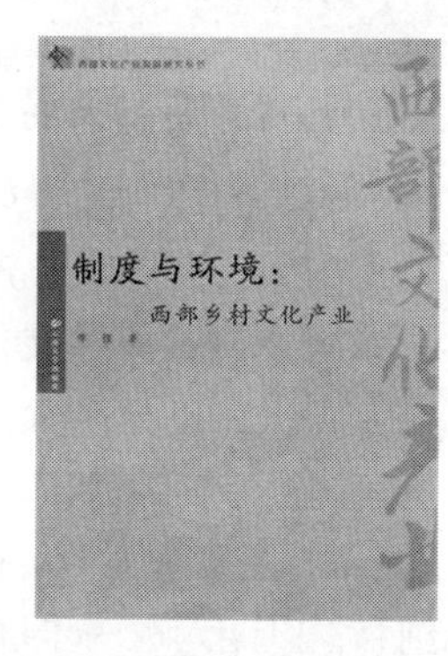

李佳著，云南大学出版社，2011年7月1日

内容简介：这本《制度与环境——西部乡村文化产业》由李佳 著，全书分为六章，内容包括：乡村文化产业：一个全球化与乡村社会经济结构的分析；乡村文化产业发展的基础缺失及重构；分工、比较优势与乡村文化产业发 展；乡村文化产业的微观生产组织方式选择；乡村文化产业发展的多元性与演进性；乡村文化产业的成长要素分析。

《文化产业商业模式》

陈少峰、张立波著，北京大学出版社，2011年8月1日

内容简介：研究文化如何驱动经济和产业发展为基础，以探讨文化产业商业模式为核心，着重分析了文化市场的特性和产品特性、顾客导向及其双重顾客的特点、塑造文化品牌的方法，以及企业家在经营管理中如何选择和改进商业模式等内容。书中不仅总结和提炼出了60种左右的通用商业模式及其简要案例，还比较系统地提出了文化

产业主要行业领域的发展趋势及其中的商业模式选择问题。

《文化产业策划实务》

李锡东著，清华大学出版社，2011 年 8 月 1 日

内容简介：《文化产业策划实务》是一部全面剖析文化创意产业相关领域如何进行策划的工具书，它不仅有理论的基础，而且也具有很强的实用性，力求达到一种从理论走向实际的应用效果。《文化产业策划实务》填补了创意产业侧重文化产业方面的图书市场空白，是文化产业（影视、广告、媒体、出版等行业）相关人员学习入门及从业的必备图书。

《文化产业园理论与实践》

王齐国、张凌云著，山东大学出版社，2011 年 8 月 1 日

内容简介：以创意为根本手段的文化产业的发展，不仅为人类精神消费商品的生产提供了机遇，而且为经济增长方式提供了不竭源泉。适逢中国向新经济一一低碳、环保、绿色一一增长模式转变的重要时期，文化产业作为国家战屡在各地得到大力提倡和扩张。本书从文化产业发展的本质与园区的概念及新聚集理论内涵入手，结合大量实际案例，系统阐述了文化产业园区在规划、设计、运营、管理等诸方面的实践操作过程与经验，是对文化产业园区真实运作的全面解析，同时书中也不乏西方与中国最前沿的有关园区的理论阐释。本书是国内文化产业园区建设实践与理论方面首次较为全面系统的著述，为业内实践者和理论研究者提供第一手的实践真知和最前沿的理论指导。

《中国文化产业年度发展报告》（2011）

叶朗主编，北京大学出版社，2011 年 8 月 1 日

内容简介：《中国文化产业年度发展报告（2011）》（以下简称本年度报告）是由北京大学文化产业研究院和国家文化产业创新与发展研究基地为主发起人，联合国内文化产业领域内的众多知名学者和企业家共同编撰而成的年度报告。2011 年度的报告秉承以往年度报告的编撰原则，继续以文化产业领域内的微观企业主体为重点分析对象，全力考察那些充满创新精神与进取意识的文化产业企业和企业家们的经营行为。此外，为了全面反映我国文化产业的发展现状和发展趋势，我们还将在报告中重点探讨我国文化产业领域在 2010 年内比较有代表性的创新行为和商业模式。同时，我们也将在报告中对相关文化产业的政策体系进行系统的考察和分析。

《北大讲坛：面向 2020，中国文化产业新十年》

向勇主编，金城出版社，2011 年 8 月 1 日

内容简介：本书收录的是 2011 年第八届文化产业新年论坛的嘉宾讲话以及部分论文，主要内容和观点涵盖以下领域：面向 2020——中国文化产业新十年；中国之梦——民族传承与国际视野；蓝海之光——资本时代与数　字变革；资本之翼——金融政策与产业振兴；问计创意——园区建设与产业动力；融合创新——遗址保护与持续发展；创意管理——学科建设与人才培养。理论与实践并重，不仅涵盖了各个领域的前沿观点，而且结集了经典案例解析，有助于文化产业从业者了解最新的产业动态和行业趋势。

《文化与经济：民族文化与文化产业发展》

施惟达等著，人民出版社，2011 年 8 月 1 日

内容简介：这本《文化与经济——民族文化与产业化发展》由施惟达著，全书分为上、下两编，内容包括：民族文化的价值及其经济化；民族文化生态：民族文化的共生体；民族文化生态保护与民族文化发展；建立民族文化生态评估指标；民族文化产业在西部地区的勃兴等。

《空间、布局与特色：云南文化产业现状与对策》

李炎、王佳等著，云南大学出版社，2011年8月1日

内容简介：西部文化产业的发展也突破了西部传统资源依赖型发展的老路，对生态保护发挥积极作用。自然资源是不可再生资源，西部地区的经济过去长期地依赖于不可再生的自然资源，如煤、矿、森林等，而且由于加工技术的限制，这些资源大多以初级产品的形式供应给发达地区，产品附加值低，对生态的破坏日趋严重。文化产业开发的是民族文化资源，是人的文化创意，这就大大减少了对自然资源的开发强度，使生态环境的保护有了新的支撑。

《经济学与文化》（文化创意产业译丛）

思罗斯比著；王志林等译，中国人民大学出版社，2011年9月1日

内容简介：在一个日益全球化的世界里，经济驱动力和文化驱动力可以被视为影响人类行为的两种重要力量。本书分别从学术话语领域和社会组织系统两个层面思考了经济学与文化之间的关系。采用广义的“文化”定义，本书考察了文化的经济学视角和经济学的文化语境。建立在价值理论基础之上，本书发展了经济价值与文化价值这样两个概念，以此作为融合两部分内容的基本原则。书中讨论了文化资本与可持续性的思想，该思想特别适用于分析文化遗产的具体问题，比如分析生态经济学中的自然资本。随后本书讨论了在艺术商品与艺术服务生产过程中的创意经济学，经济发展中的文化、文化产业与文化政策。

《广告与民族文化产业－民族经济研究丛书》

孙信茹著，人民出版社，2011年9月1日

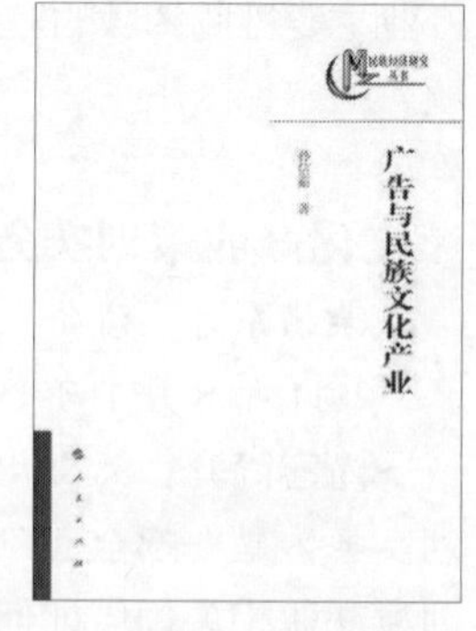

内容简介：本书立足于民族学和文化产业的研究视角，将广告看作是一种凭借符号手段，运用象征体系的基础而展开的经济和产业活动。在符号占据重要地位的现代社会中，符号控制的基础使得文化产业得以成为经济领域中的一个重要产业。广告不仅是文化产业中的一个重要组成部分，而且广告还不可避免地嵌入到了各类文化产品的制作中。因此，广告与民族文化产业关注的核心及重点正是将广告视为民族文化产业发展中的一种典型类型，探讨在民族经济的发展过程中，文化要素何以能够被运用、如何被有效运用、以什么方式来运用，以及这些文化要素如何为民族文化产业的发展开辟一条新的发展道路等问题。这一研究视角对于民族文化产业发展来说，无论在理论层面的探讨，还是实践层面的思索，都具有较强的理论价值和参考意义。

《中国文化产业评论》（第14卷）

胡惠林等主编，上海人民出版社，2011年9月1日

内容简介：这本《中国文化产业评论（第14卷）》由胡惠林和陈昕主编，书中设置了：特稿、理论与政策、钱江学者论文化产业、文化产业与区域发展等栏目，收入了《文化自觉与文化产业发展》、《浙江模式与国家战略：论中国文化产业发展的四项战略调整》、《集团化策略、专业化运作与资本化追求——关于内蒙古草原文化产业化之路径》等论文。

《文化产业热点问题对策研究》

王国华等著，国家行政学院出版社，2011年9月1日

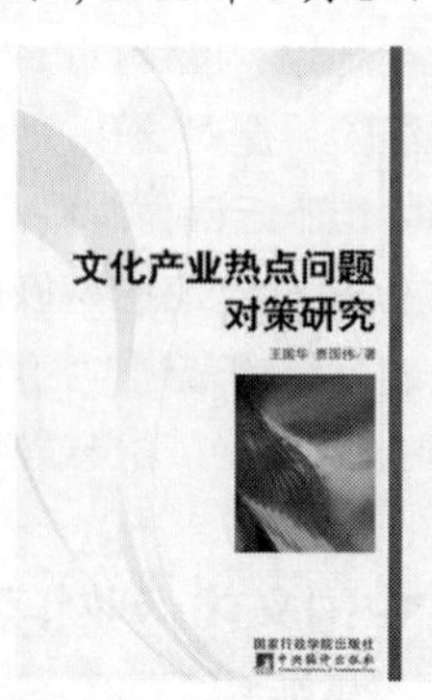

内容简介：1928年，沃特·迪斯尼的笔下诞生了名为米老鼠和唐老鸭的两个虚拟卡通动物，这两个卡通形象先是走进图书，然后被搬上银幕，如今成了迪斯尼主题乐园的主角。米老鼠和唐老鸭的艺术形象为迪斯尼带来了数千亿美元的大产业，这正是文化创意产业的魅力所在。苹果ipad、美国华尔街、红楼选秀、北京欢乐谷、分众传媒、传奇游戏……无数个创意创富的传奇，充分证明了资本和技术主宰一切的时代已过去，创意时代已经来临。在这样一

个创意制胜的时代里，企业如何开发创意带来的无尽商机？中华民族上下五千年，历史悠久，文化灿烂，企业如何将创意与中国传统文化融合开拓市场？带着这些问题，本报采访了北京工业大学创意产业研究所所长王国华教授。

《文化产业创意师——职业技能培训鉴定教材》

人力资源部和社会保障部教材办公室编写，中国劳动社会保障出版社，2011 年 9 月 1 日

内容简介：《文化产业创意师（职业技能培训鉴定教材）》（作者沈小君）通过文化产业概述、文化产业创意师职能界定以及职务能力、思维能力、方法能力的训练等内容，系统地介绍了文化产业创意师的任职条件与能力要求，是文化企业选聘、考评文化产业创意人员任职资格和工作绩效的最佳参考资料，同时，也是文化企业对文化产业创意人员开展岗前职业教育的必备读本。

《国家文化产业课题研究报告》（2010 年度）

文化部文化产业司编，云南大学出版社，2011 年 10 月 1 日

内容简介：摆在各位读者面前的《国家文化产业课题研究报告》，是部分高校的国家文化产业理论研究机构根据文化部下达的课题研究任务而推出的文化产业最新理论研究成果。党的十六大以来，在国家文化产业政策的积极引导和文化体制改革的有力推动下，我国文化产业从探索、起步、培育的初级阶段进入了快速发展的新时期。期间，为推动文化产业理论研究，以战略性、前瞻性的科学理论有效地指导文化产业实践，1999 年和 2002 年，文化部分别与上海交通大学和北京大学共同组建了国家文化产业创新与发展研究基地；2005 年在中国传媒大学和深圳特区文化研究中心设立了国家对外文化贸易研究基地；2006 年又与清华大学、南京大学、南京航空航天大学、中国海洋大学、华中师范大学、云南大学等高校共建了国家文化产业研究中心。近年来，各研究基地和中心不断加强自身建设，集聚了一大批具有较高学术造诣的专家学者，在文化产业理论研究、人才培养、学术交流、服务地方等方面做了大量有益的工作，促使许多文化产业理论研究成果转化为现实的文化生产力，为推动我国文化产业快速发展发挥了重要作用。

《网络文化产业公共治理论》

解学芳著，同济大学出版社，2011 年 10 月 1 日

内容简介：网络已渗透到人类生产生活的方方面面，网络文化产业的发展也大大超出了人类的预期，也超越了人类固有的管理思维与方法，各种问题层出不穷。如何对网络文化产业进行有效管理，本书对此提出了自己的看法。本书可供网络文化产业相关人士参考。

《文化产业的营销与管理》

李锡东著，清华大学出版社，2011 年 10 月 1 日

内容简介：本书是一部全面剖析文化创意产业相关领域如何进行策划及文化产品如何营销的工具书，它不仅有理论基础，而且也具有很强的实用性，力求达到一种从理论走向实际的应用效果。本书填补了创意产业侧重文化产业方面的图书市场空白，是文化产业（影视、广告、会展、旅游、媒体、出版等行业）相关人员学习入门及从业的必备图书。

《北京文化创意产业发展的金融支持研究》

徐丹丹等著，经济科学出版社，2011 年 10 月 1 日

内容简介：本书基于课题研究成果，目的是要为北京市文化产业发展提供政策参考。作者注重实际，以发放问卷、实地走访和座谈等形式进行了大量实际调研，掌握了宝贵的第一手资料，并从供需角度对北京市文化产业融资现状进行分析，提出了影响产业融资的因素。他山之石，可以攻玉。世界上很多重要城市，尤其是国

外一些城市文化产业起步较早，积累了很多有益经验，如能为我所用，是十分必要的。本书又运用了比较分析的方法，分别选取了国内外文化产业发展典型城市，包括伦敦、纽约、东京和上海、深圳、西安、香港等，对金融支持文化产业发展经验进行比较分析，归纳出具有借鉴意义的一般性规律。

《中国文化产业发展前沿——“十二五”展望》

祁述裕主编，社会科学文献出版社，2011 年 11 月 1 日

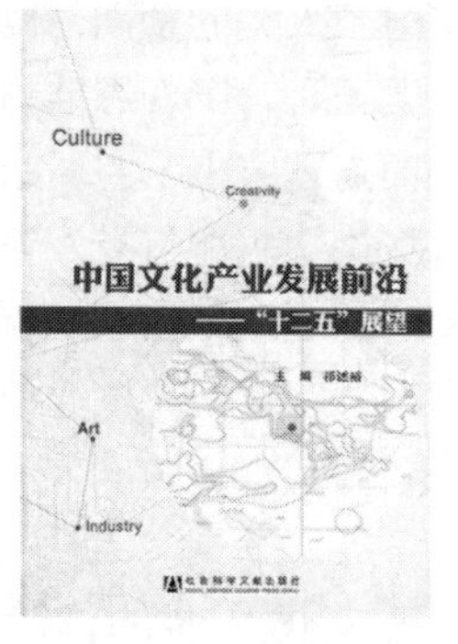

内容简介：受文化部文化产业司委托，文化部等 10 多个部委，国家行政学院、北京大学、中国传媒大学等文化产业研究权威高校，中国设计协会、香港李嘉诚基金会等社会组织共同参与，30 多位学者协作研究，完成本著作。《中国文化产业发展前沿——“十二五”展望》对“十一五”时期我国文化产业以及十一个子产业的发展现状进行了系统分析，并重点探讨了“十二五”时期我国文化产业以及演艺业、网络游戏业、文化产品数字制作、艺术创意和设计业、文化旅游业、文化娱乐业、节庆业、文化会展业、艺术品业、工艺美术业、网络音乐业和网络美术业等十一个子产业的宏观环境、发展思路，对文化产业发展的前沿问题以及文化产业的发展前景进行了分析预测，并提出了相应的对策建议。这些分析研究和对策建议必将对我国社会主义文化大繁荣大发展起到积极的推动作用。

《文化产业应用理论》

向勇等主编，金城出版社，2011 年 11 月 1 日

内容简介：本书是北京大学文化产业研究院学术研究部 2010 年的重点项目，既是首次对国内外文化产业应用理论的一次初步总结，也是为文化产业的人才培养所做的理论教材准备。通过一学期的读书与整理，最终收录理论共 159 条，以四大篇章分别予以介绍。每则理论都注以出处、释义以及要点归纳，希望成为文化产业初学者与研究者的基础工具读本。

《我国文化产业“走出去”发展研究——基于文化产品和服务的国际贸易视角》

陈柏福著，厦门大学出版社，2011 年 11 月 1 日

内容简介：本书在归纳和整理现有相关理论和文献研究的基础上，进一步阐明了文化产业、文化产品和服务等基本概念的经济学内涵。以及我网文化产品和服务贸易发展的状况，发达国家文化产品和服务贸易发展的国际经验和启示，从文化产品和服务的国际贸易视角提出了中国文化产业实现越常规发展的战略构想。最后也提出了加快我国文化产品和服务贸易发展、缩小和拉平与国外文化产业发达国家文化贸易逆差的对策建议。

《文化创意产业翻译》

吕和发等编，外文出版社，2011 年 11 月 1 日

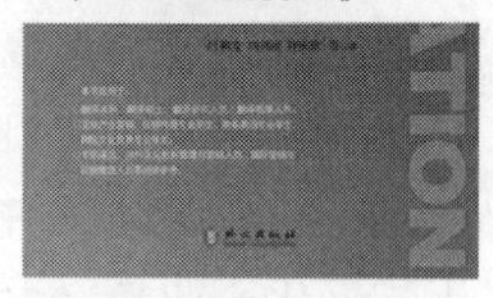

内容简介：本书是《应用翻译理论与实务丛书》之一，是一部关于文化创意产业翻译的力作。本书涉及主题主要有主持翻译、影视翻译、美术翻译、图片说明翻译、文博景点翻译、演出翻译、会展翻译、广告翻译、新闻翻译、 网络翻译、旅游业翻译、合约翻译、翻译的质量管理等，对我国新兴的一些行业的英文翻译进行了详细而具体的分析，无疑具有很重要的指导意义。

《文创进行式：走访 25 个台湾文化创意产业现场》

财团法人国家文化艺术基金会策划；韩良露、廖家展、钟永丰、颜世桦、王玉萍等著，远流出版社，2011 年 11 月 10 日

内容简介：文创是行走的，需要跨域对话成一股力量，在地串联成一种态度，释放文艺想象成一方风景，于是，台湾的美好亮点处处。本书分为「乐活」、「旅

行」、「创艺」、「空间」、「聚力」五部，收录25个以跨域整合汇聚力量的文创成果，同时，也是25个用文创努力筑梦的故事。故事的初衷，多萌芽于一颗想好好生活的心念；即使旅行或假期，也要玩得别出心裁，传承在地的温度；他们是创意集结的大本营，也是艺术群聚的生发地；他们为空间妆点奇景，让创作与大众相遇并贴近；他们是一项经营、一种生活态度、一个不断行走的有机体……。书中，真实记录着这些文创产业在实践过程中抱持的原点与理想、面对的难题与挑战、展现的硕果与愿景，也看到每一个积极行动、热情不灭的身影，绘写出台湾最丰富的表情。

《北大文化产业评论》（2011年上卷）

叶朗主编，金城出版社，2011年12月1日

内容简介：本书是北京大学文化产业研究院主办的文化产业研究性学术作品，以理论分析、政策解读和前沿观察的形式对文化产业相关领域展开理论性、批判性、历史性和国际性的研究论述，倡导以跨学科的视角研究文化产业现象和趋势，希望成为海内外学者研究成果发表的论坛，成为架起华人学者文化产业研究通向国际学术前沿的桥梁。

《文化创意产业的知识产权价值评估研究》

张晶晶著，经济科学出版社，2011年12月1日

内容简介：《文化创意产业的知识产权价值评估研究》在分析文化创意产业知识产权的基本特征的基础上，结合资产评估理论和方法，分析文化创意产业的知识产权价值评估的思路、方法以及评估中需要注意的问题，并且结合具体评估目的和案例分析，探讨文化创意产业的知识产权在转让与许可、企业并购、质押融资等活动中的应用。

《文化产业的集聚发展》

花建等著，上海人民出版社，2011年12月1日

内容简介：本书由联合国贸易和发展会议创意经济项目总监埃德娜·多斯桑托斯亲自作序，并给予高度评价。作者花建为国际文化产业和创意经济研究领域的著名学者，在全球长期跟踪研究，承担过20多个国家和部委省市院重点课题。先后承担成都、上海申请加入“联合国教科文组织创意城市”报告的撰写，并亲赴联合国进行陈述，获得圆满成功：曾荣获“上海社会科学院建院五十周年学术贡献奖”等多个重大奖项。此书为作者多年研究的结晶。《文化产业的集聚发展（从创意集群到文化空间）》大量采用第一手资料，从美国沙漠创意小城圣达菲、英国文学之都爱丁堡、日本设计之都名古屋到中国国家文化产业示范园区，融入实地调研的丰富案例。全书文笔流畅，插图精美，包括全球主要文化产业集群分布图等，为不可多得的重要文献。

《文化产业与文化创新》

张帆主编，江苏大学出版社，2011年12月1日

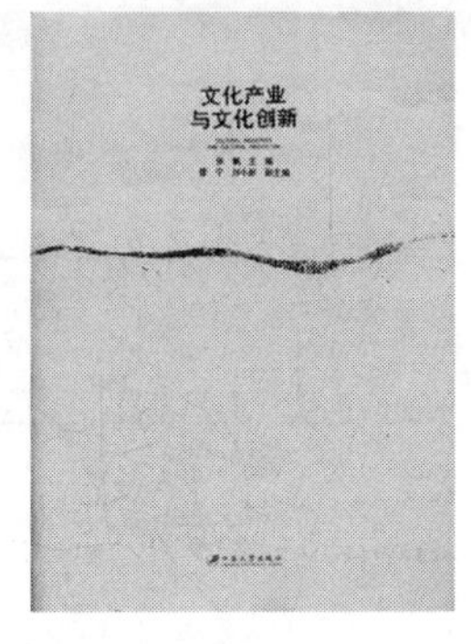

内容简介：《文化产业与文化创新》以“文化产业与文化创新”为主题从多个方面展开讨论，全书收录了36篇高质量的论文，从“理论探讨”、“政策阐释”、“资源保护”、“文化管理”、“网络文化”、“海西文化”、“台湾经验”和“国际视角”8个方面，对我国当前文化产业的现状及面临的问题展开了深入的剖析和理论探讨，并提出“文化创新”是我国当前文化产业做大做强的唯一出路。

《中国文化产业综述》

（西）米格尔、（西）玛利亚著，王留栓、徐玲玲译，复旦大学出版社，2011年12月1日

内容简介：本书从文化环境、音乐市场、舞台艺术、电影产业等等方面概略地介绍了蓬勃发展的中国文化。这本书在2010上海世博会期间，成为西班牙畅销书之一，不少来上海世博会参观的西班牙人把它当做了解中

国文化的向导书。虽然由于篇幅所限，内容不可能面面俱到，巨细无遗，但是书中所述内容却十分精要，尤其在基本事实和必要知识方面显得非常具体。作为一个外国人，能这般细心地观察中国文化，用心推广中国文化，推动中外文化交流，实属不易。

《广州蓝皮书：中国广州文化创意产业发展报告》（2011）

王晓玲著，社会科学文献出版社，2011 年 12 月 1 日

内容简介：该报告由广州市相关文化部门、科研院校、行业内的专家学者的 10 余篇调研报告组成，共分成总报告、综论篇、区域篇、政策篇、案例篇和专论篇等 6 个篇章。

总报告中，明确指出广州市 2010 年文化产业发展主要呈现如下特点：文化创意产业成为经济增长新引擎，确立了其产业支柱地位；文化创意产业吸纳就业效果显著，具有明显的社会效益；龙头企业实力强劲，拥有极强的品牌影响力等。

总报告在后半部分进一步提出广州下一步应按照“完善一个组织、营造两个环境、打开三个局面、建设四大发展平台、打造五个工程、注意六个结合”的发展战略。随后又从产业整体发展动态、区域发展状况、产业政策建议、优秀个案解剖和专题研究论述等不同角度，对广州文化创意产业进行全面深入的分析和研究。

2011 年度国家社科基金部级重点课题项目

2011 年度国家社科基金重大项目相关立项名单

批准号	首席专家	课题名称	责任单位
11&ZD023	李凤亮	文化与科技融合创新的内在机理与战略路径研究	深圳大学

2011 年度国家社会科学基金资助项目相关立项名单

序号	项目名称	负责人	所在省市	工作单位	项目类别	预期成果	计划完成时间	批准号
马克思主义·科学社会主义（5 项）								
41	“十二五”时期推进文化体制改革创新研究	凌金铸	上海	上海交通大学	一般项目	专题论文集	2012-12-30	11BKS034
44	以马克思主义意识形态为指导构建当代中国文化软实力研究	桂翔	高校	中国矿业大学（北京）	一般项目	专著	2014-8-31	11BKS037
45	维护国家文化安全的综合研究	涂成林	广东	广州大学	一般项目	专著	2013-12-30	11BKS036
102	中国文化“走出去”战略研究	杨利英	河南	安阳工学院	青年项目	专著	2013-12-31	11CKS014
103	中国特色社会主义文化模式的选择与构建	付秀荣	吉林	吉林大学	青年项目	专著	2014-12-30	11CKS017

续表 1

序号	项目名称	负责人	所在省市	工作单位	项目类别	预期成果	计划完成时间	批准号
党史・党建（4 项）								
28	文化软实力的历史语境与文化模式研究	刘怀光	河南	河南师范大学	一般项目	专著、研究报告	2013-12-30	11BZX019
30	文化国防资源的开发利用	喻云涛	云南	云南师范大学	一般项目	专题论文集 研究报告	2012-12-31	11BZX018
164	彝族美学与文化创意产业发展研究	肖国荣	云南	楚雄师范学院	青年项目	专著	2014-12-30	11CZX068
172	文化产业对提高国家文化软实力的价值与实践研究	赵学琳	河北	河北师范大学	青年项目	专著	2013-12-31	11CZX076
应用经济（2 项）								
169	我国文化产业向价值链高端攀升路径研究	郭新茹	江苏	南京师范大学	青年项目	专题论文集 研究报告	2014-1-15	11CJY006
244	创意经济背景下旅游业与文化创意产业融合发展机制及实证研究	张玉蓉	重庆	重庆交通大学	青年项目	研究报告	2013-6-30	11CJY081
社会学（1 项）								
122	我国文化产业发展中的政府角色定位与治理结构研究	张森	高校	中国政法大学	青年项目	专著	2013-12-31	11CSH037
新闻学（2 项）								
46	中国动漫产业转型升级研究	盘剑	浙江	浙江大学	一般项目	研究报告 专题论文集	2013-12-31	11BXW040
82	台湾文化创意产业发展研究	陈晓彦	福建	厦门大学	青年项目	专著 研究报告	2013-12-31	11CXW040
图书馆・情报与文献学（1 项）								
7	出版产业国际竞争力研究	黄先蓉	湖北	武汉大学	一般项目	专题论文集	2013-12-31	11BTQ001
管理学（7 项）								
118	中国文化产品走向世界的战略对策研究	雷兴长	甘肃	兰州商学院	一般项目	专著	2013-8-30	11BGL109
119	基于超限战视角的文化产业国际竞争战略研究	钱寿海	江苏	江苏省委党校	一般项目	研究报告	2013-12-31	11BGL106
120	我国文化产业管理模式与绩效评估研究	杨卫武	上海	上海师范大学	一般项目	专题论文集 研究报告	2013-12-31	11BGL108
127	低碳经济背景下我国创意产业园区发展的经济空间动力机制和创新模式研究	易华	湖南	湖南商学院	青年项目	专题论文集 研究报告	2013-12-31	11CGL001
231	我国文艺演出院线运行机制研究	王文杰	高校	对外经贸大学	青年项目	专著	2014-10-20	11CGL109
232	基于国际竞争力视角的我国文化产品出口促进机制和对策研究	邵军	江苏	东南大学	青年项目	专题论文集 研究报告	2014-12-31	11CGL107
233	基于文化产业发展的版权保护优化研究	彭辉	上海	复旦大学	青年项目	专著	2013-3-1	11CGL108

2011 年度国家社科基金艺术学项目相关立项名单

立项批准号	项目名称	立项类别	项目负责人	项目负责人所在单位
11AG008	艺术品交易方式及制度设计研究	国家重点	杨胜刚	湖南大学
11BF050	中国艺术品拍卖市场管理模式的优化研究	国家一般	顾颖	南京艺术学院
11BH064	可持续设计与文化创意产业发展的关系研究	国家一般	刘新	清华大学

续上表

立项批准号	项目名称	立项类别	项目负责人	项目负责人所在单位
11BG069	文化与科技融合背景下新型文化业态复合型人才的需求与培养	国家一般	许一新	中国传媒大学
11BG070	文化产业公共服务平台建设标准与服务规范	国家一般	牛维麟	中国人民大学
11BG071	国家艺术节管理运营模式创新研究－以第十届中国艺术节为例	国家一般	亓清泉	山东省文化厅
11BG072	国有表演艺术院团改革及其国际化发展战略研究	国家一般	李嘉珊	北京第二外国语学院
11BG074	中国动漫产业发展模式研究	国家一般	马宁	江苏省文化厅
11BG079	推进文化与科技融合的政策与措施研究	国家一般	黄昌勇	上海戏剧学院
11CC089	电影产业链问题研究	国家青年	刘藩	中国艺术研究院
11CG123	我国演艺产业发展与政策研究	国家青年	陈思宇	文化部
11EG140	藏羌文化产业走廊项目集聚研究	国家西部	赵红川	四川省文化信息中心
11EG141	借鉴与创新：文化演出产业运营模式与发展机制研究——以重庆市为例	国家西部	张海燕	西南大学

2011年国家社科基金后期资助项目相关立项名单

序号	项目名称	项目负责人	工作单位
	法学（1项）		
21	国际文化产品贸易公法研究	张蹇	浙江财经学院
	图书·情报与文献学（1项）		
3	中国古代图书出版业的营销研究	李鹏	中央财经大学
	管理学（1项）		
7	红色旅游开发绩效评价研究	阎友兵	湘潭大学

2011年度国家社科基金西部项目相关立项名单

批准号	课题名称	负责人	工作单位	预期成果	拟完成时间
11XGL010	创新文化走出去的内容、形式和途径研究	王春林	中共广西壮族自治区委员会党校	研究报告	2013-12-30
11XGL012	拉萨非物质文化遗产旅游开发研究	巴桑吉巴	西藏大学理学院	研究报告	2014-12-30
11XGL013	青海藏区民族文化旅游产业化发展研究	边世平	青海大学财经学院旅游公共管理系	专著 研究报告	2014-12-31
11XGL022	中国文化发展指数研究	张凤琦	重庆社会科学院	研究报告 专著	2013-6-30
11XJY016	西部地区民族文化资源开发与文化产业发展研究	熊正贤	长江师范学院乌江流域社会经济文化研究中心	专著	2013-12-31
11XMZ037	西部地区民族民间文化产业发展的金融支持研究	毛有碧	贵州财经学院	专著	2013-12-31
11XZS019	云南少数民族文化遗产保护与文化产业开发研究	郭家骥	云南省社会科学院民族文化保护与发展研究中	专著	2013-12-31

2011 年度国家广播电影电视总局部级社科研究项目立项名单

序号	课题名称	申报人
1	中国电影市场需求与票房预测研究——基于 3D 电影市场	张 辉
2	中国电影文化价值观的建构	贾磊磊
3	电影票房统计、监管与服务体系研究	姜 涛
4	中国特色社会主义理论体系关于新闻工作重要论述研究	陈富清
5	传统媒体与视听新媒体融合发展模及路径研究	黄小雄
6	全媒体时代广播影视教育培训研究	刘继南
7	“四位一体”的乡镇广播影视综合服务站建设及运行模式研究	胡建华
8	影视创作弘扬社会主义核心价值体系研究	陆贵山
9	中国电影发展的“顶层设计”	陆绍阳
10	中国电影创作战略研究——基于十家电影公司的样本分析	杨 柳
11	全媒体环境下的中国电影宣传与营销研究	高 山
12	我国纪录片产业化发展与行业评价体系建设	何苏六
13	广播电视推进“三网融合”发展研究	罗 文
14	主旋律影视剧的有效传播研究	刘永昶
15	媒介融合与电视创新——国外主流电视媒体创新机制研究	俞 虹
16	全媒体电视新闻报道模式研究	王玉玮
17	我国电视体育节目主持人队伍现状与发展研究	王大中
18	城镇化加速背景下农村电影发展面临的问题及其对策研究	刘汉文
19	中国制造：电影政策导向与主流价值观建构	陈清洋
20	“中国（动画）学派”核心元素深度研究	丁海祥
21	电影制片的风险管控体系研究	赵海城
22	影视基地建设研究	韩晓黎
23	中国广播电视“走出去”战略研究	王庚年
24	当代中国电影的政治社会化功能研究	宋 震
25	我国电影行业统计指标体系的构建	罗良清
26	国产 3D 电影内容创意发展研究	檀秋文
27	国有院线规划建设管理的政策与对策	徐 辉
28	多元媒体语境中电影批评空间的拓展与舆论建设	杨俊蕾
29	植入式广告法律规制研究	张海燕
30	三网融合背景下的广电制播分离改革研究——制播分离与广电在三网融合中的挑战与机遇	徐明明
31	广播电视应对群体性事件的舆论引导研究	曾庆香
32	主持人非言语传播力研究	成越洋
33	蒙古语广播电视跨境传播的创新策略研究	张丽萍
34	高校培养面向基层广播影视综合人才队伍的建设研究	白妙青
35	广播电视应对突发公共事件舆论引导研究	戚姚云
36	频道管理基础指标体系研究	张 宁

续上表

序号	课题名称	申报人
37	三网融合条件下我国云视听的技术平台与内容产业发展模式研究	李本乾
38	我国3D电视新型规制研究	李岭涛
39	互联网视听节目内容建设与管理政策研究	罗建辉
40	新媒体视听产品创作与传播引导机制研究	皇甫宜川
41	中国纪录片国际传播发展战略研究	冷冶夫
42	媒介融合背景下我国广播电视产业资本运营制度创新研究	刘逸帆
43	国产电视剧质量评估体系研究	钱　蔚
44	央视频道集群的品牌化建设研究	张　健
45	广播影视人才队伍建设研究	白　玲
46	农村题材影视剧创作研究	王霄冰
47	网络时代提升广电媒体舆论引导力的研究	胡文杰
48	国外24小时新闻频道“台网融合”研究	沈国麟
49	中外电视剧产业发展报告（2012）	张海潮
50	广播电视推进“三网融合”发展研究——“三网融合”发展趋势与广播电视发展研究	华　鸣
51	电视音乐节目的专业化与大众化研究	吴爱芳
52	国际主流媒体对中国电视国家形象传播的评价及我们的应对策略	刘　琛
53	中央电视台电视剧核心竞争力研究	周冠宇
54	文化产业背景下中国电视的媒体责任问题研究	孔令顺
55	提高广播电视舆论引导水平研究	赵忠颖
56	影视剧与地域文化关系研究——以徽文化为例	黄　雯
57	传统节日的文化仪式与电视传播研究	周　文
58	电视剧可持续发展研究	李京盛
59	传统广播与视听新媒体融合路径及发展模式研究	丁　钊
60	数字新媒体内容分类及监管标准体系研究	刘燕南
61	中央电视台品牌化战略实践研究	张利生
62	全球十大网络传媒集团发展特点、趋势研究及启示	伍　刚
63	三网融合背景下中国电视新闻发展路径探究——美国三网融合的经验给中国的启示	连少英
64	农村广播电视公共服务体系内容建设研究	刘自雄
65	省级网络电视台发展研究	吕　萌
66	三网融合下的高速移动宽带多媒体广播电视发展策略研究	万本庭
67	西部广播电视发展战略研究	魏文楷
68	非洲国际媒体竞争格局及我国电视媒体对非传播策略研究	李向东
69	城市电视频道专业化品牌化发展研究——以本土服务为导向的频道设置	孙　健
70	互联网移动终端发展研究报告	黄为群
71	微博传播与广播电视舆论引导力建设研究	谢进川
72	三网融合视域下我国有线电视网络产业绩效与业务发展模式研究	金雪涛
73	新媒体背景下突发群体性事件中的公众心理与电视引导研究	郭小平
74	三网融合背景下的新农村社区数字影视传播平台建设研究	宋宝瑜

续上表

序号	课题名称	申报人
75	广播影视基层党建工作考核评价机制研究	杨 烁
76	媒体内容资产价值评估及产业化经营模型构建研究	王 甫
77	自媒体时代网络广告监管问题研究	徐凤兰
78	我国植入式广告的法规管理研究	刘中望
79	国家应急广播体系建设研究	林长海
80	娱乐真人秀节目形态及其管理标准的对策研究	周 凯
81	电视剧市场的运营管理规制研究	杨林书
82	网络影视播放法律问题研究	王贵勤
83	电视购物频道发展及管理政策研究	李云华
84	国家文化战略与中国电影的国家形象研究	陈林侠
85	世界电影内容及运行机制的舆论监管、法律控制与产业引导研究	钟大丰
86	新世纪以来中国电影表现方法与电影产业的发展	张智华
87	关于电影科教片市场化模式研究与探索	李 欣
88	中国电影“引进来”问题的研究	徐 红
89	新媒体电影受众特点研究	杨永安
90	影视剧创作队伍建设研究	王 群
91	新世纪电影批评价值取向的伦理性研究	袁智忠
92	中国主流大片的创作趋势与营销策略研究	俞 洁
93	亚洲新电影对中国电影强盛的启示	周安华
94	农民工电影放映研究	蒋东生
95	新疆少数民族题材电影研究	阿不来提·吉力力
96	中外电影博物馆比较研究——以上海电影博物馆筹建为例	任仲伦

2011 年新闻出版总署课题立项名单

一、新闻出版业改革问题研究

课题题目	主持人	所在单位
非时政类报刊出版单位体制改革中突出问题研究	李晓晔	中国新闻出版研究院
非时政类报刊出版单位体制改革中突出问题研究	谭大双	湖南省新闻出版局
党报党刊发行体制改革方案设计	肖赞军	湖南师范大学
引导和规范非公有制经济参与新闻出版业的模式研究	徐升国	中国新闻出版研究院
新闻出版企业无形资产评估和使用问题研究	冀素琛	新闻出版总署产业发展司

二、新闻出版产业发展问题研究

课题题目	主持人	所在单位
“十二五”时期新闻出版产业政策研究	朱建纲	湖南省新闻出版局
“十二五”时期新闻出版产业园区规划、建设与管理研究	倪 宁	中国人民大学
新闻出版业大型物流和基层发行网络体系建设研究	张天明	湖南出版投资控股集团有限公司

续上表

三、提高新闻出版公共服务能力研究

课题题目	主持人	所在单位
农家书屋工程建管用长效机制研究	赵 鸣	连云港文化广电
新闻出版局	谭大双	湖南省新闻出版局

四、新闻出版管理工作研究

课题题目	主持人	所在单位
出版物质量保障机制研究	李红强	中国出版集团
新闻采编秩序治理和规范研究	陈 龙	苏州大学
教材教辅出版发行问题研究	罗紫初	武汉大学
“扫黄打非”工作体制创新研究	张志强	南京大学
“扫黄打非”工作体制创新研究	陈春怀	广东省“扫黄打非”工作领导小组办公室

五、新兴出版业态及技术研究

课题题目	主持人	所在单位
我国数字出版产业发展模式研究	金雪涛	中国传媒大学
我国数字出版产业发展模式研究	黄孝章	北京印刷学院
数字出版内容监管平台建设与管理技术研究	张 博	上海理工大学
新闻出版业科技发展趋势研究	谢俊旗	新闻出版总署
绿色印刷产业发展研究	沈忠康	中国印刷技术协会

六、新闻出版“走出去”问题研究

课题题目	主持人	所在单位
新闻出版“走出去”体制、政策研究	范 军	中国新闻出版研究院
新闻出版国际布局和实施方案研究	姜晓娟	中国新闻出版研究院

七、版权管理工作研究

课题题目	主持人	所在单位
版权公共服务体系建设问题研究	段桂鉴	中国版权保护中心
版权监管长效机制研究	韩志宇	北京市新闻出版局
版权示范城市（基地）建设问题研究	彭 翊	中国人民大学
数字版权的技术保护问题研究	施勇勤	上海理工大学

八、新闻出版法律法规研究

课题题目	主持人	所在单位
西方主要发达国家新闻出版法律规制研究	赵 冰	中国新闻出版研究院
关于我国著作权法权利体系专题研究	张 今	中国政法大学
著作权法“限制与例外”制度应用研究	华 鹰	重庆工商大学
新闻出版标准与新闻出版法规体系的协调发展研究	黄先蓉	武汉大学

第七部分
规划与项目

规划

版权工作“十二五”规划

一、指导思想

高举中国特色社会主义伟大旗帜，以邓小平理论和“三个代表”重要思想为指导，深入贯彻落实科学发展观，认真贯彻落实《国家知识产权战略纲要》，按照激励创造、有效运用、依法保护、科学管理的方针，着力完善版权法律制度，加大版权执法力度，强化公共服务功能，增强版权保护意识，加强国际交流合作，积极努力营造良好的版权法治环境、市场环境、文化环境，大幅度提升版权的创造、运用、保护和管理能力，促进版权相关产业又好又快发展，推动经济、文化和科技事业的发展与繁荣，为建设创新型国家和全面建设小康社会服务。

二、发展目标

“十二五”时期，版权工作要同我国经济社会发展水平基本相适应，版权法律和政策体系更加完备，版权监管体制和机制更为健全，版权法治和社会环境进一步改善，版权公共服务体系和功能进一步加强，版权相关产业进一步发展。通过激励创新与加强保护，版权创造、运用、保护和管理能力不断增强。培育一批有重大影响的版权相关产业和版权企业，版权相关产业经济贡献占国内生产总值的比重明显提高，版权的国民认知度达到80%以上，侵权盗版行为明显减少，版权保护的社会环境和版权相关产业发展的市场环境明显改善，为我国进入创新型国家行列打下坚实基础。

三、重点任务

（一）强化版权服务功能，完善公共服务和社会参与体系

1. 加强公共服务体制机制建设，完善版权公共服务体系。探索构建国家基础版权信息公共服务平台，为相关部门和社会公众提供更多的版权相关信息和咨询服务。

2. 创新版权公共服务形式，提高版权公共服务能力。修改完善《作品自愿登记试行办法》和著作权合同登记备案办法，统一登记标准，规范登记流程，完善登记制度。

3. 大力发挥集体管理组织、行业协会和版权中介机构的作用。在版权市场化程度日益提高的条件下，要充分发挥集体管理组织、行业协会和版权中介机构在版权运用过程中的市场主体作用。

4. 适应版权保护新形势，探索建立版权争议调解机制。版权争议调解机制是化解平等民事主体纠纷，减轻司法审判和行政执法压力，实现社会和谐的重要手段。

（二）鼓励版权创造运用，促进版权相关产业健康发展

1. 建立完备的版权相关产业统计制度。完善现行版权统计制度，突出版权统计工作的科学性、有效性，为制订版权相关产业发展政策提供基础数据。

2. 推动建立公开、公平、公正的“最具价值版权产品”评估、评选、奖励制度。推动建立“最具价值版权产品”奖励制度，奖励市场价值和文化价值俱佳的优秀作品。

3. 加强版权贸易的基础性建设。积极探索构建综合性的版权要素市场，大力推动版权贸易。

4. 推进版权示范城市、示范单位和示范园区（基地）建设。充分发挥各版权示范主体在版权保护工作中的引导和示范作用，切实增强我国版权相关产业的自主创新和市场竞争能力。

5. 鼓励企业制定版权战略长远规划，加强版权创造人才培养，提高自主版权作品开发能力，优化版权产业生产与传播方式，将企业版权发展规划与国家相关产业发展规划相结合，争取国家的政策支持。

（三）完善宣传培训机制，提高公众版权保护意识

1. 逐步建立起政府主导、新闻媒体支持、社会公众广泛参与的版权宣传普及教育常态机制。充分利用“4·26知识产权宣传周”、“世界图书和版权日”以及国家重大节庆或纪念日，借助版权博览会等各种大型活动平台，集中开展形式多样的版权宣传普及活动。

2. 广泛开展版权培训活动，不断增强全社会的版权保护意识。各级版权行政管理部门要加大版权培训力度，各地版权行政管理部门要加强与有关版权行业组织和协会的合作，争取将知识产权相关知识纳入各级党校和行政学院培训内容。

3. “十二五”时期，各级版权行政管理部门要采取多种形式，开展“版权干部工程、版权孩子工程、版权人才工程、版权公益宣传工程”，使版权保护意识“进党校、进学校、进园区、进社区”。同时，加强对权利人、使用者集中的各种社会团体、组织等的版权知识宣传，逐步在全社会形成“尊重知识、尊重劳动、尊重创作、尊重版权”的良好社会氛围。

（四）完善法律政策体系，加强版权执法监管能力

1. 进一步完善版权法律制度。充分发挥法律制度建设在加强版权保护、维护市场秩序、促进版权相关产业健康发展方面的基础保障作用。

2. 逐步完善版权行政执法体制。各级版权、文化综合执法和知识产权等部门要在各自职责权限范围内，认真落实版权行政执法和市场监管责任。

3. 坚持“日常监管与专项行动”相结合的版权管理工作机制。根据国家重点工作的调整及侵权盗版形式的变化，及时开展其他有针对性的版权保护专项执法工作。

4. 运用技术手段，提高版权保护工作管理水平。“十二五”时期，要逐步建设统一、规范的数字网络国家版权监管平台，支持各地建立符合实际需要的版权监管平台。

5. 广泛动员社会力量参与打击侵权盗版违法犯罪行为。发挥好打击侵权盗版举报中心的作用，依靠各方力量共同打击侵权盗版。

6. 充分发挥涉外权利认证机构在打击侵权盗版方面的作用。加强对境外著作权人组织和相关行业协会在华权利认证机构的监督管理和业务指导，进一步规范涉外版权认证行为。

7. 全面推进政府部门和企业使用正版软件工作。各级版权行政管理部门要加大使用正版软件的工作力度，大力推进政府部门和企事业单位软件正版化。

（五）强化国际应对体系，切实维护国家根本利益

1. 加强与世界知识产权组织（WIPO）、世界贸易组织（WTO）、亚太经合组织（APEC）等与版权有关的国际组织之间的合作。

2. 积极推进版权双边交流与合作。加强中美、中欧、中日、中澳、中俄等重要版权双边关系沟通，本着“加强沟通、积极合作、消除误解、求同存异”的原则，妥善处理与美欧发达国家在经贸关系中的版权保护问题。

3. 建立和完善版权国际应对工作机制。跟踪了解国际版权保护发展新动向，特别是美欧发达国家版权保护的新情况和新趋势，及时掌握涉外版权工作动态。

4. 加强版权国际应对事务专业队伍建设。“十二五”时期，要进一步加强版权涉外队伍建设和人才培养，打造一批政治素质强、业务水平高、研究能力强，外语基础好、熟悉国际国内版权保护制度的专业版权业务骨干。

四、保障措施

（一）高度重视《版权工作“十二五”规划》的实施工作

各级版权行政管理部门要把贯彻落实《版权工作“十二五”规划》作为“十二五”时期一项重要工作，并结合各地实际，制订符合本地区特点的版权工作“十二五”规划，保证“十二五”时期各项版权重点工作的有效落实。

（二）创造条件保证《版权工作“十二五”规划》的顺利实施

各级版权行政管理部门要争取本级党委、政府和宣传部门的支持，协调好与相关部门的工作关系，把版权工作纳入当地经济社会发展总体规划和全局工作的重要日程，加大政府对版权保护和版权相关产业的投入力度，全面实现《版权工作“十二五”规划》，为促进经济、文化和社会发展服务。

（三）加强调查研究，为有效实施《版权工作“十二五”规划》打好基础

研究制订实施《版权工作“十二五”规划》的指导、协调、评估、奖励机制；研究制订科学实施《版权工作“十二五”规划》的相关政策；充分调动社会资源和各种力量参与版权保护工作，保障“十二五”规划的有效落实。

（四）加强版权人才队伍建设，为科学实施《版权工作“十二五”规划》提供智力支持

加强对各级版权行政管理部门执法人员的培训工作，探索建立版权从业人员执业资格准入和培训制度，不断提高版权行政管理、执法队伍的综合素质。加强版权贸易、市场运用和涉外版权人才队伍建设，组建版权人才库、专家库，造就一支具有世界眼光和现代版权理论的高层次人才队伍。

新闻出版业“十二五”时期发展规划

一、指导思想

以邓小平理论和“三个代表”重要思想为指导，高举旗帜，围绕大局，服务人民，改革创新，以科学发展为主题，以转变经济发展方式为主线，以深化改革为动力，着力保障人民群众基本文化权益，着力激发市场主体活力，着力调整产业结构，着力提升行业自主创新能力，着力增强中华文化的传播力和影响力，大力弘扬中华文化优良传统，为实现新闻出版强国目标打下坚实的基础。

二、发展目标

到“十二五”期末，新闻出版业发展方式转变基本

到位。新闻出版产品和服务更加丰富，公共服务能力和水平进一步提高。基本扭转新闻出版产品和服务的出口逆差状况。基本形成以公有制为主体、多种所有制共同发展的产业格局，以民族文化为主导、吸收外来有益文化共同繁荣的开放格局。基本建立起统一开放、竞争有序、健康繁荣的现代出版物市场体系。

（一）经济总量

“十二五”时期，新闻出版产业增长速度达到19.2%，到“十二五”期末实现全行业总产出29400亿元，实现增加值8440亿元。

（二）产品规模

到“十二五”期末，年图书出版总印数达到79.2亿册（张）；报纸出版总印数达到552.3亿份；期刊出版总印数达到42.2亿册。出版物实物出口数量超过1150万册（份、盒、张），版权输出品种数达到7000种。

（三）社会贡献

到“十二五”期末，实现人均年拥有图书5.8册、期刊3.1册，每千人拥有日报达到100份，国民综合阅读率达到80%，人均书报刊用纸量达到240印张，千人拥有出版物发行网点数0.13个，版权登记数量70万件。

（四）节能降耗

“十二五”时期，科技投入在行业增加值中所占比重逐年增加，单位能源消耗逐年降低，绿色印刷企业在全部印刷企业数量中所占比重超过30%。

三、重点任务

（一）社会主义核心价值体系建设工程

1.中国共产党思想理论资源数据库与传播工程(二期)

围绕“有序保管、永续保存、高效传播”的目标，整合党的思想理论类图书、报刊文章资料，重点完成对党的思想理论类图书20万种、报刊文章200万篇，以及相关图片、音视频作品入库及数字化。开发“中国共产党思想理论词库”，完成马列著作、领袖著作、党和

“十二五”时期新闻出版业发展主要指标

指标	单位	2010年	2015年	年均增长（%）
经济指标				
增加值	万亿元	0.35	0.84	19.2
总产出	万亿元	1.22	2.94	19.2
品种数量指标				
图书出版品种数	万种	32.8	41.9	5.0
图书出版总印数	亿册	71.7	79.2	2.0
报纸出版总印数	亿份	500.2	552.3	2.0
期刊出版总印数	亿册	35.4	42.2	3.6
出版物出口数量	万册、份、盒、张	1047.5	1156.5	2.0
版权输出与合作出版品种	种	5691	7000	4.2
社会服务指标				
人均年拥有图书数量	册/人	5.3	5.8	1.5
人均年拥有期刊数量	册/人	2.6	3.1	3.1
每千人拥有日报份数	份/千人	91.7	100.6	1.9
人均书报刊用纸量	印张/人	220.7	240.1	1.7
千人拥有出版物发行网点数量	个	0.125	0.132	1.0
国民综合阅读率	%	77.1	80.0	0.7
版权登记数量	件	506700	700766	6.7

国家文件文献的语义标注。开发建设手持阅读器、卫星传播系统和短版印刷业务。推动全国乡镇以上党政机关和相关单位网站与中国共产党思想理论数据库网站建立链接。

（二）新闻出版精品生产工程

1. 国家重大出版工程

重点抓好马列经典、经济社会发展、哲学社会科学等领域100种国家重大出版项目，推动弘扬民族精神和时代精神的出版物和倡导社会主义荣辱观、树立正确世界观人生观价值观出版物的出版，推出一批传承历史、服务当代、惠及后人的精品出版物。

2. 国家古籍整理出版工程

推出300种国家重点古籍整理出版项目，系统整理散失海外的中华古籍珍本，甄选精品进行翻译，促进出版“走出去”。加强对数学、天文历法、农医、少数民族等科技典籍的整理出版，提高古籍整理出版成果的使用和应用能力。

3. 国家重点学术期刊建设工程

建立学术期刊科学遴选和培育机制，重点支持代表我国学术水平、具备国际办刊能力、具有良好发展前景的学术期刊发展。培育20种国际一流学术水平的国家重点学术期刊，培育一批有影响力的优秀学术期刊，推动我国学术期刊整体学术水平和国际影响力的提升。

4. 国家学术论文数字化发布平台

建立覆盖主要学科领域数字学术期刊，打造基于“云计算”技术的学术论文发布平台，建立多学术期刊单位的在线投稿、同行评议、出版与发布系统，鼓励传统学术期刊与数字学术期刊互动，推动学术期刊出版数字化转型，带动原创学术文献数字出版的产业化、规范化、规模化发展。

（三）新闻出版公共服务建设工程

1. 农家书屋工程

到2012年基本完成农家书屋覆盖全国所有行政村的任务。逐步扩大农家书屋工程实施范围。建立出版物更新机制，争取每年为已建成书屋更新一定数量的出版物，逐步提高农家书屋音像制品和电子出版物供应比例。

2. 城乡阅报栏（屏）工程

“十二五”期间，采取政府支持、报社（集团）实施、社会力量参与、市场化运作模式，在城市和乡镇车站、集贸市场、商场、广场等人流密集地点建设10万个阅报栏和电子阅报屏。

3. 新闻出版东风工程

在新疆、西藏等地建设民文出版基地。为一批民族语言文字出版单位、民族地区党报党刊、重点民文期刊和主要承担民文印刷任务的单位配置必要的业务用房和编辑印刷生产设备。

4. 重点民文出版译制工程

每年资助重点民文（含民汉双语）图书1000种，重点民文音像制品500种。资助优秀汉文、外文出版物的民文翻译，每年翻译图书800种、音像制品500种。

5. 盲文出版工程

加强盲文出版基地建设，配置盲文刻印机和盲文制版印刷生产线，实现年生产盲文书刊1600种、70万册的规模。开发符合盲人认知的盲文乐谱、工具书、期刊、数字有声读物，出版《盲人百科全书》等重点图书。建设中国盲文图书馆（中国视障文化资讯服务中心）。

6. 全民阅读工程

以推动儿童阅读与青少年阅读、满足特殊群体阅读需求为重点，大力推广数字阅读，传播阅读理念，培养全民阅读习惯，提高全民阅读能力。重点开展儿童“阅读起跑线”和阅读援助活动，推动全民阅读示范基地建设。

7. 中国出版博物馆建设项目

汇集和展示中国出版业历史资料、典藏文物，展现中国出版业的悠久历史；开设互动体验区，使参观者亲身体验中国出版文化的悠久魅力和技术水平；开展学术交流，促进中国出版文化研究，发挥博物馆的教育启蒙和历史传承作用。

（四）新闻出版产业发展重点

1. 传统出版产业发展重点

构建国家、省级和出版单位三级重点出版物出版规划网络体系，形成精品生产的长效机制，组织实施《“十二五”国家重点图书、音像电子出版物出版规划》（2000种）。组织开展“三个一百”优秀原创作品评选活动。实现期发行量超过百万份的综合性日报20种，期发行量超过百万册的大众服务类期刊30种。全国报刊出版单位数量减半，降至5000家以下。非独立法人报刊编辑部占报刊出版单位总数的比例减半，下降到30%以下。

2. 新兴新闻出版产业发展重点

到“十二五”期末，力争实现数字出版总产值达到新闻出版产业总产值的25%，整体规模居于世界领先水平。在全国形成10家左右各具特色、年产值超百亿的国家数字出版基地或国家数字出版产业园区，建成5-8家集书报刊和音像电子出版物于一体的海量数字内容投送平台，形成20家左右年主营业务收入超过10亿元的具有国际竞争力的数字出版骨干企业。

3. 动漫游戏出版产业发展重点

加快发展民族动漫产业，大幅度提高国产动漫产品的数量和质量；大力扶持以手机为主要传播渠道和载体的动漫游戏出版产品的开发；积极发展民族网络游戏产业，鼓励扶持民族原创网络动漫产品的创作和研发。

4. 印刷复制产业发展重点

大力推动绿色印刷发展，到“十二五”期末，争取成为全球第二印刷大国；培育一批具有国际竞争力的优势印刷企业；力争绿色印刷企业数量占到我国印刷企业总数的 30%；数字印刷产值占我国印刷总产值的比重超过 20%。力争大容量高端光盘产品产能增长 500%，小容量低端光盘产品产能淘汰 40%-50%。到“十二五”期末，我国光盘复制产量占全球的 50%，成为全球重要的复制基地。

5. 出版物发行产业发展重点

基本形成以连锁经营、物流配送、电子商务为主要特征，以大城市为中心、中小城市相配套、贯通城乡的出版物发行流通网络。跨地区发展取得重大突破，基本形成以南方、北方全国性新华发行集团和邮政报刊发行集团为主导的发展格局。到“十二五”期末，力争实现出版物发行网点覆盖到全部乡镇。

（五）新闻出版产业振兴工程

1. 中央国有大型出版传媒集团公司扶持工程

整合中央各部门各单位优质出版资源，建设三四个中央国有大型出版传媒集团公司。

2.“原动力”原创动漫及民族网游出版工程

每年重点鼓励 100 种原创漫画图书、40 种原创漫画期刊、60 种原创数字动漫、100 种原创游戏作品的创作出版，扶持 100 个优秀原创动漫、游戏人才（团队），支持 50 个国产动漫游戏技术研发重点项目。重点培育一批月发行量超过 100 万册的原创漫画期刊，推出一批游戏精品。

3. 绿色印刷和数字化印刷工程

实施数字印刷与印刷数字化工程、绿色环保印刷体系建设工程两个子项目，加快印刷技术、工艺、管理的创新和产业化步伐，实现喷墨数字印刷技术自主开发和应用，逐步建立和完善绿色印刷环保质量体系。

4. 全国性出版物物流体系建设项目（含新华书店“一网通”）

以各省级新华书店为基础，加快全国性国有大型发行集团建设。实施出版物现代供应链系统示范工程，建立健全出版物物流标准体系；构建开放式、综合性、多功能集成的出版物流通信息平台，推动出版领域物联网建设。推动全国新华书店信息平台、卖场平台、物流平台以及服务支持平台等有机链接，实现新华书店“一网通”。

5. 农村出版物销售网点建设项目

推广新华书店农村出版物连锁模式，不断壮大农村出版物发行主渠道，培育农村出版物消费市场。到 2015 年，努力实现“市市有书城、县县有书店、乡乡有网点、村村有书屋”。

（六）新闻出版科技创新工程

1. 中华字库工程

到“十二五”期末，完成中华字库工程。实现收录汉字及少数民族文字字符数在 50 万个以上，并完成字符编码，实现字体格式适合于数字出版印刷和网络化、数字化。

2. 国家知识资源数据库工程（一期）

建设国家知识资源数据库架构和应用示范平台，一期工程是建设阶段，目标是整体规划数据库架构，制定相关标准，建设应用示范平台。建设国家出版资源数字样本库，完成重点出版物的数字化整理。

3. 国家数字复合出版工程

制定一系列数字复合出版标准规范，研制协同多个平台及相关公共技术，并进行全行业推广。

4. 数字版权保护技术研发工程

开展适用于数字出版、具有自主知识产权的数字版权保护技术研发，实现关键技术和核心突破，形成数字出版版权保护技术整体解决方案和数字版权公共管理技术体系并推广应用。

5. 电子书包研发工程

研究开发以网络环境为依托，由移动终端设备、电子教学服务平台、资源加工出版支撑体系以及教育教学数字内容共同构的电子书包工程。

6. 国家数字出版服务管理平台建设项目（包括全国党报新媒体信息发布平台项目）

借助复合出版、数字版权保护、数据海量处理、语义分析等高新技术，开发建设开放的数字出版资源集成服务平台，实现数字内容资源共享，逐步成为数字出版生产与加工服务中心、数字内容投送交易中心、数字出版内容监管中心。

（七）新闻出版“走出去”工程

1.“经典中国”国际出版工程

采用项目管理方式资助外向型优秀图书选题的翻译、出版、推广，以版权输出和出版合作等方式，实现对外出版发行；鼓励向发达国家输出，以主流社会读者为对象，向国际市场推广我国优秀思想文化、精神文明以及历史成就。

2. 中国出版物国际营销渠道拓展工程

积极实施“借船出海”战略，加强与全球性和区域性大型连锁书店的合作，拓展国际主流营销渠道；整合和巩固现有海外华文出版物营销渠道；积极开拓重要国际网络书店等新型出版物销售渠道。

3. 重点新闻出版企业海外发展扶持工程

加快我国新闻出版企业海外发展步伐，为我国重点新闻出版企业在产品输出、境外机构设立、境外资本运营等方面提供支持。重点扶持20家外向型骨干企业，到境外建社建站、办报办刊、开厂开店，通过参股、控股等多种方式，扩大境外投资。

4. 两岸出版交流合作工程

大力推进海峡两岸新闻出版交流合作，重点支持挖掘和整合两岸出版资源、文化资源，完善两岸业界交流机制，加强项目合作，共同开拓海外华文市场，弘扬中华文化。

5. 中国国际图书展销中心建设项目

以服务国际出版物贸易、版权贸易为重点，建造国际一流的大型综合性交流平台，为各国参展商提供各项服务，为世界各地的出版商寻找到新的接触机会。

（八）新闻出版市场监管工程

1. 全国“扫黄打非”能力提升项目

建立通达全国各省（区、市）“扫黄打非”办公室以及全国“扫黄打非”工作小组各成员单位的保密信息专网和“扫黄打非”内部工作管理平台等系统；建立非法出版物数据库、非法出版物网上鉴定平台、互联网违禁内容监测管理平台、出版物市场实时监控平台；加强“扫黄打非”的装备保障，全面提高“扫黄打非”工作水平和工作效率。

2. 国家版权监管平台建设项目（二期）

整合现有的各种版权登记资源，完善版权公共服务体系，建立便捷、高效、畅通的日常行政管理渠道，向社会和执法部门提供作品登记、版权许可和转让登记、版权认证登记、版权质押登记等相关信息，为发展版权产业和加强版权执法提供服务。

3. 新闻报刊出版监测系统建设项目

整合报刊内容资源，建立覆盖全国报刊出版单位的内容传输网络，形成实时更新的全国报刊内容数据库系统，全面建成全国报刊电子样本库，通过信息技术手段实现对报刊出版内容的分级监测，依法实现对全国报刊出版情况的统计、分析、评价和引导，为我国新闻报刊出版行政管理提供科学有效的基础平台。

四、保障措施

（一）坚持改革开放

进一步深化新闻出版体制改革。全面完成非时政类报刊出版单位转制工作。加快推进党报党刊发行体制改革，建立健全市场发行体系。推动新闻出版企业建立现代企业制度，打造大型新闻出版传媒集团，提升企业核心竞争力。

（二）加快结构调整

进一步加快新闻出版产品结构、产业结构、企业组织结构等的调整，建立和完善新闻出版产业体系，全面提升产业水平和国际竞争力。

（三）加快转变发展方式

进一步加快新闻出版业发展由主要依靠资源扩张向主要依靠科技进步、文化创新和提高劳动者素质转变，真正实现新闻出版业发展方式由粗放型向效益型转变，由数量型向质量型转变，由扩张型向科技型转变。

（四）加快科技进步

研发一批拥有自主知识产权，具有战略性、引导性和带动性的前沿技术，掌握一批具有支撑作用、保障作用的基础技术，重点支持内容采集与处理技术、声音与图形图像技术、云出版技术等技术的研发，加强知识组织管理与协同编辑管理技术、新型印刷、油墨、材料技术的开发与应用。

（五）加强人才队伍建设

确立人才优先发展战略，以培养新闻出版各类领军人物为目标，统筹抓好领导人才、经营管理人才、专业技术人才特别是复合型人才与行业紧缺和急需人才队伍建设。完善新闻出版专业技术人员职业资格制度，建立多种形式的人才培训机制。

（六）加强政策支持与引导

加大政府投入，争取国家财政加大对各专项资金的支持力度。争取延续并扩大国家对新闻出版业的税收优惠、贸易促进等政策。制定和公布产业发展和投资指导目录，完善、落实投融资政策。制定和实施出版资源向重点出版传媒企业和基地倾斜的政策。完善版权相关法律、法规和政策制度，研究转制后新闻出版企业资产管理、劳动分配等新问题，激发企业发展活力。

（七）加强依法行政

健全保障新闻出版业发展的法制体系，推动新闻出版法规、规章的制定和修订，完善出版相关法律制度。提高政府依法行政水平。建立完善新闻出版企业监管制度。

（八）加强组织领导

从全局高度出发，充分认识新闻出版业的战略性地位，切实加强对规划实施工作的组织领导。新闻出版总署负责本规划的统筹协调和宏观指导，各级新闻出版行政部门要增强推动新闻出版业发展的责任意识，积极争取党委、政府对新闻出版产业的领导和支持。

促进文化产品和服务“走出去”（2011-2015年）总体规划

一、指导思想

坚持以邓小平理论和“三个代表”重要思想为指导，深入贯彻落实科学发展观，全面贯彻中央推动中华文化“走出去”的总体战略，紧密围绕《文化产业振兴规划》相关要求，对内服务于国内文化建设，协助文化产业成为国民经济新的增长点，对外服务于国家外交大局，提升国家文化软实力，扩大国际影响力。

二、基本原则

坚持把社会效益放在首位，努力实现社会效益和经济效益的统一；坚持“政府为引导、企业为主体、市场运作为主要方式”；坚持统筹国内外两种资源、两个市场；坚持从实际出发，加强针对性，分层次、分业态和分区域开展工作。

三、规划目标

1. 培育一批能够在国际文化市场长期立足的、代表中华优秀文化的骨干文化企业和产品；

2. 在国际文化市场上初步形成重点产业类别中国文化产品营销网络；

3. 促进我国文化产品和服务在周边国家影响持续扩大，在欧美打造知名品牌，在南亚、东欧和中亚、拉美及海湾地区等新兴市场有较大增幅，积极培育非洲市场；

4. 文化产品在我对外文化交流和文化外宣项目中所占比重明显增加；

5. 中国文化企业和产品成为扩大我国际影响力的重要力量。

四、重点任务

为落实上述目标，本规划期内将综合运用政策指导、项目带动、资金扶持、信息服务、人员培训等手段，充分发挥政府间文化交流与合作机制作用，重点做好以下几方面工作：

（一）确立重点扶持领域

大力扶持代表中华优秀文化的文化企业和产品。进一步贯彻落实《文化部关于加快文化产业发展的指导意见》，重点扶持表演艺术、艺术品与工艺美术、动漫、游戏等领域的文化企业和产品走向世界；积极协助推动影视、出版、艺术创意和设计、文化旅游、网络文化、文化产品数字制作与相关服务等产业领域的出口。

（二）建立文化产品和服务“走出去”资源库

建立文化企业、产品及人才资源库，编制表演艺术、艺术品与工艺美术、动漫、游戏等领域企业和产品（项目）名录。在每个重点领域培育5-10家有国际竞争力的骨干出口企业和出口示范项目，采取授予“文化出口示范企业”、“文化出口优秀产品”等方式推广经验。

（三）定期发布海外市场、渠道及平台信息

大力开展中国文化产品海外市场调研，加强对海外文化产业、市场的深度分析和国内外案例介绍；汇集文化产业各领域、特别是我重点扶持领域海外商业渠道和平台信息；编发《对外文化贸易参考》《海外文化市场信息》《海外主要文化产品营销公司、会展名录》等资料，为政府决策提供参考，协助企业了解国际市场动态，扩大海外营销网络。

（四）简化审批手续，推动出口便利化

简化文化企业人员出国（境）开展工作的审批手续。依据国家有关规定，制定文化系统派出人员持因私护照出国（境）执行商业项目有关办法；积极与有关部门协商，研究、制定文化产品出口通关便利化措施；根据需要，有选择地在重点口岸建立文化部对外文化贸易出口基地和服务平台。

（五）扶持外向型产品开发

鼓励企业依托中华文化资源优势，发挥创意能力，面向国际市场开发原创产品；积极推动国际文化产业合作，支持中外企业联合研发外向型产品；加强重点领域的人才交流与培训；各驻外文化机构积极推动文化产品研发合作项目。

（六）扶持优秀产品对外推介

逐步提升具有国际市场潜力的优秀文化产品在政府文化交流、文化外宣任务中的比例；为具有国际市场潜力的优秀文化产品参与重大国际文化活动提供更大便利；组织企业参与各类国际展会与交易会，给予参展企业展位费、宣传费、差旅费专项支持；支持举办重点扶持领域的国际经销年会等各类国际推介活动；各驻外文化机构积极为我文化产品、作品、企业搭建推介平台，疏通渠道，培育消费群体。

（七）扶持优秀产品出口及企业海外落地经营

对通过商业渠道和市场化运作出口的优秀文化产品（项目），按照一定的条件，予以国际旅运费、广告宣传费及翻译费用等专项支持；鼓励并支持我文化企业通过独资、合资、控股、参股、收购海外文化资产等多种资本运营形式出口文化产品以及在国外兴办经营实体，建立文化产品长期营销网点，实现海外自主经营。

（八）奖励优秀出口业绩

继续实施《国家文化出口重点企业目录》和《国家文化出口重点项目目录》等已有措施，对出口业绩优秀的企业和项目予以奖励；建立年度表彰机制，进一步细化和适度增加奖励类别，鼓励各种所有制、不同规模的文化企业走向世界，鼓励不同层次文化产品的研发、推广和出口。

（九）加强与港澳台文化产业合作

有计划、有步骤地加强中央政府文化部门与特区政府、两岸文化主管部门在推动文化企业、产品和服务走向世界的合作。加强学习借鉴港澳台地区外向型文化产品开发、推广和海外市场营销经验；搭建平台，推动两岸相互举办“两岸文博会”，鼓励开展两岸三地行业交流、联合制作；支持举办不同业态、不同层次、针对不同区域市场的定期专题研讨会，推动实施两岸三地“中华文化产品创意竞赛”等项目，共同在国际市场推广中华文化产品。

（十）制定实施分区域推广计划

重点推动我文化产品和服务进入欧美地区主流市场，形成重点产品品牌效应；依托中日韩政府文化产业合作平台，重点推动演艺、动漫、游戏等领域三国间产业合作；对东南亚地区，应积极发挥已有优势，提高产品和服务质量、扩大和深化影响；引导我文化企业积极开发南亚、东欧和中亚、拉美及海湾地区等新兴市场；对非洲等经济尚欠发达的地区，通过文化交流、文化援助等方式积极培育中华文化产品市场。

五、保障措施

（一）建立促进对外文化贸易工作协调机制

充分发挥“对外文化工作部际联席会议制度”、部省对外文化工作协调机制以及驻外文化机构负责人年会机制的作用，加强政府文化产业相关主管部门的沟通协调，加强对地方开展对外文化贸易工作的支持和引导，加强对驻外使领馆文化处组和驻外文化中心推动对外文化贸易工作指导，建立对外文化贸易促进工作的统一协调领导机制，为推动对外文化贸易工作提供组织保障。积极发挥行业协会等民间社团的作用，鼓励企业成立文化产品出口商会。

（二）加大财政与金融扶持力度，积极吸引社会各界投入

加强对有国际市场潜力企业的扶持，为扶持文化产品和服务“走出去”提供资金保障，对重点企业和项目的海外市场推广准备和实施工作进行专项奖励。建立中央与地方促进“走出去”的引导资金与配套资金的相结合的资金扶持体系。完善对外文化贸易投融资服务体系，吸引社会各界对中国文化产品国际推广的投入。

（三）加强人才培养与智力引进工作

通过“走出去，请进来”的方式，积极培养具有国际市场运作能力的文化经营管理人才；加强各级文化主管部门人员对外文化贸易专题培训；支持专业教育机构国际文化贸易专业人才培养。加强智力引进工作，加大文化产业和对外文化贸易所需海外高层次人才的引进力度。

文化部将根据本规划进一步制定实施细则及分业态、分地区推广规划。各有关直属单位，各省、自治区、直辖市文化主管部门及驻外使领馆文化处组和驻外文化中心在本规划的指导下，结合本部门实际，根据分层次、分业态、分区域的原则，积极开展专项研究，制定实施计划，完善和落实各项措施，确保本规划的实施。

2011-2015年全国红色旅游发展规划纲要

一、指导思想

以社会主义核心价值体系建设为根本，以爱国主义和革命传统教育为主题，遵循旅游产业发展规律，深入挖掘红色旅游思想文化内涵，不断丰富发展内容，积极创新发展方式，进一步增强红色旅游的时代感和现实感。

红色旅游作为政治工程、文化工程，必须突出强调其在加快构建社会主义核心价值体系中的重要作用，教育和引导广大干部群众充分认识到，是历史和人民选择了中国共产党，选择了社会主义制度，选择了改革开放道路，从而进一步坚定对党的信任、对中国特色社会主义的信念、对改革开放的信心，进一步巩固全党全国各

族人民团结奋斗的共同思想基础。同时，红色旅游作为经济工程、富民工程，其发展必须遵循产业发展基本规律，充分发挥市场作用，不断创新体制机制，广泛吸纳群众参与，才能保持长久生机与活力，不断向前发展。

二、基本原则

坚持把社会效益放在首位，坚持统筹规划、突出重点，坚持实事求是、量力而行，坚持政府推动、多方参与，并进一步提出要坚持产业化发展方向，推动红色旅游与其他产业融合发展，坚持改革创新、提升发展质量。

三、发展目标

到 2015 年，列入全国红色旅游经典景区名录的重点景区基础设施和环境面貌全面改善，重要革命历史文化遗产得到有效保护，红色旅游宣传展示和研究能力明显增强，配套服务更加健全，广大人民群众参与红色旅游的积极性和满意度显著提升，综合效益更加突出。

到 2015 年，全国红色旅游年出行人数突破 8 亿人次，年均增长 15%，占国内旅游总人次的比例提高到四分之一；综合收入突破 2000 亿元，年均增长 10%；累计新增直接就业 50 万人、间接就业 200 万人。

四、主要任务

一是深入挖掘文化内涵，丰富红色旅游内容。自鸦片战争以来，大批仁人志士为了国家昌盛和民族复兴，抛头颅，洒热血，前赴后继，艰难求索，留下了许许多多可歌可泣、催人奋进的爱国主义壮丽诗篇。中国共产党成立以来，在革命、建设、改革的各个历史时期，带领全国各族人民浴血奋战、艰苦奋斗、开拓进取，孕育了极其宝贵的精神财富。在革命战争时期，形成了井冈山精神、长征精神、延安精神、太行精神、红岩精神、西柏坡精神等；在社会主义建设时期，形成了“两弹一星”精神、雷锋精神、铁人精神、焦裕禄精神；在改革开放时期，形成了九八抗洪精神、抗震救灾精神、载人航天精神等，共同熔铸出了以改革创新为核心的时代精神。这些精神都是伟大民族精神在新的历史时期的锤炼和升华，是党的光荣传统和优良作风的集中体现，是我们中华民族极其宝贵的精神财富。我们要通过深入研究挖掘精神内涵，改进创新红色旅游宣讲和展陈方式，不断丰富讲解内容，改善经典景区条件，精心创作打造一批富含这些宝贵精神的文艺精品力作，把这些宝贵精神财富充分展现在人民群众面前，使人们从红色旅游活动中汲取精神力量，并转化为建设中国特色社会主义的强大动力。

二是加强基础设施建设，完善红色旅游经典景区体系。以我党领导下的革命战争时期内容为重点，将 1840 年以来中国大地上发生的以爱国主义和革命传统精神为主题、有代表性的重大事件和重要人物的历史文化遗存纳入红色旅游发展范围，并提出要在进一步充实完善一期规划确立的 100 余处红色旅游经典景区的基础上，再重点建设 130 个内涵丰富、品牌突出、特色鲜明、具有一定规模和较高管理服务水准的红色旅游经典景区，形成全面反映 4 个历史时期的红色旅游经典景区体系。各地对纳入国家名录的经典景区，要加强基础设施建设，提升陈列布展和革命历史文物保护水平，改善外部交通条件，加强人员配备，提高旅游接待能力，使之成为发展红色旅游的重要阵地。

三是转变发展方式，提升红色旅游产业化水平。要大力推动红色旅游和观光旅游、文化旅游、乡村旅游、休闲度假旅游等其他旅游产品相结合，形成以红色旅游为主题、形式多样的复合型旅游产品和线路，增强其吸引力和竞争力，实现产业化发展。要大力推动红色旅游发展和革命老区经济发展相结合，充分发动广大革命老区干部群众共同参与红色旅游发展，结合新农村建设，整合利用各方面资源，提供红色旅游餐饮、住宿等经营服务，延长红色旅游产业链，进一步带动革命老区经济社会发展。要大力推动红色旅游发展和红色文化精品创作相结合。红色旅游重点地区要加强和艺术表演院团合作，打造一批反映地方红色文化的舞台艺术精品，通过旅游与文化融合，丰富红色旅游产品，增强感染力、影响力。要大力推动红色旅游和其他旅游市场主体相结合。鼓励旅行社、酒店集团、运输公司等积极拓展与红色旅游相关的经营业务，培育一批以红色旅游为主营业务的旅游企业，加快完善红色旅游产业体系。

四是创新体制机制，增强红色旅游发展的后劲和活力。目前，红色旅游景区大多数都是财政供养的事业单位，部分存在机制不活、动力不足等问题。必须加大改革力度，按照精简效能的原则，创新景区运行管理体制，引入竞争和绩效考核机制，建立红色旅游景区管理服务综合评价体系。对景区内纳入免费开放范围的博物馆、纪念馆，要认真研究和把握运行规律，优化内部组织结构，整合内部资源，完善激励机制，提高运行效率，提升陈展水平和服务质量。

五是加强红色旅游队伍建设，提高从业人员综合素质。要按照二期规划提出的 5 年轮训一遍的要求，制定专项培训计划，重点开展红色旅游管理人员、导游员和讲解员分级分期专门培训。支持革命老区、民族地区和红色旅游资源丰富的地区发展旅游职业教育。有条件的院校要开设与红色旅游相关的课程和专题班。吸收和培养一批红色旅游研究、规划、设计、管理等各方面的专门人才，建立红色旅游专家库。鼓励教师、大学生和离退休干部等参与红色旅游志愿服务。

五、主要措施

一是要高度重视，切实加强红色旅游的组织领导。发展红色旅游，是以胡锦涛同志为总书记的党中央从巩固和扩大我们党执政的思想基础、群众基础、文化基础的战略高度出发，作出的一项重大决策。六年来的实践证明，发展红色旅游是全国各族人民坚定中国特色社会主义共同理想信念的政治工程，是弘扬民族精神和时代精神、加强思想道德建设的文化工程，是促进革命老区经济社会发展的富民工程、民心工程，对于贯彻落实科学发展观、构建社会主义核心价值体系、建设社会主义和谐社会，具有十分重要的意义。我们要从确保党和国家长治久安的战略高度，认真学习领会中办、国办印发的规划纲要和中央领导同志的讲话精神，充分认识发展红色旅游的重要性，真正把思想和行动统一到中央的决策上来，把发展红色旅游纳入重要议事日程，加强组织领导，完善协调机制，形成党委领导、政府负责、部门联动的强大合力，促进红色旅游持续健康发展。中央已将红色旅游发展纳入《国民经济和社会发展第十二个五年规划纲要》《国家“十二五”时期文化改革发展规划纲要》及其他相关规划，各地也要将红色旅游发展纳入本地区“十二五”经济社会发展规划和相关行业发展规划，在人力、物力、财力等方面落实保障措施。

二是要落实责任，制定具体工作方案。二期规划再次明确了相关部门的责任分工。宣传部门负责会同文献、党史等部门审定陈列布展内容、重要活动和重大事件基本史实及重要提法、宣传报道口径，指导做好红色旅游宣传推广工作；发展改革、财政、交通、文物等部门负责组织红色旅游经典景区基础设施、陈列布展、革命文物保护和配套干线公路建设；旅游部门负责红色旅游宣传促销、市场监管、人员培训等工作；教育部门要将红色旅游作为青少年思想道德教育的重要内容，纳入教育范畴；民政部门要加强烈士纪念设施的建设管理保护工作；铁路、民航部门要配合红色旅游做好有关车次、航班的组织调度工作；住房城乡建设部门要做好红色旅游区规划与城乡规划、风景名胜区总体规划的衔接工作；文化部门要组织革命历史题材文艺和文学创作，指导组织与红色旅游相关的群众性文化活动和文艺演出活动。各部门要按照分工，制定工作方案，将红色旅游工作纳入本部门日常工作，相关工作责任要落实到具体司局、处室和具体岗位，在年度考核中逐项对照落实，确保取得实效。

三是要加大投入，抓好经典景区建设。红色旅游经典景区建设的责任主体是景区所在地人民政府。中央政府继续安排专项资金，支持各地红色旅游基础设施建设、陈列布展和革命文物保护，以及为红色旅游配套的干线公路建设。各地要严格按照规划要求，统筹安排好资金。红色旅游景区建设要注意保持革命历史文化遗产及其历史环境风貌的真实性和完整性，对现有历史遗存以保护修缮和改善基础设施为主。要注意整合利用现有资源，合理确定建设规模和标准，力戒奢华，避免大拆大建和重复建设。各地要严格按照规划要求，集中力量完成规划内红色旅游经典景区建设任务，不得擅自变更国家核定的建设内容、规模和标准。未被纳入规划的革命历史文化遗产要结合当地实际妥善保护。新建、扩建纪念设施，一定要严格执行《中共中央、国务院关于严禁擅自修建已故领导同志纪念设施的通知》(中发〔1999〕7号)和《中共中央办公厅、国务院办公厅关于严格执行建立纪念设施有关规定的通知》(中办发〔1996〕5号)规定，报请中央批准后方可开工建设。

四是要落实政策，调动各方力量参与红色旅游发展。要形成政府主导、市场运作、社会参与的良性发展格局，政府主要履行红色旅游公共基础设施建设、市场监管、公共服务等方面的职责，经营性项目实行市场化运作。各地要充分调动社会力量参与红色旅游发展，积极支持符合条件的项目单位通过银行贷款、企业上市或发行企业债券等渠道筹措资金。要认真贯彻落实《国务院关于加快发展旅游业的意见》和二期规划提出的促进红色旅游发展的各项税收政策，对企业、个人等通过公益性社会团体或者县级以上人民政府及其部门，用于公共博物馆、纪念馆和爱国主义教育基地等的捐赠支出，符合税收法律法规规定的，准予在计算应纳税所得额时扣除。鼓励本地区党政机关、企事业单位、大专院校、部队等与红色旅游地区结对帮扶，开展共建活动。

五是要加大宣传，为红色旅游发展创造良好的社会氛围。结合建党、建军、建国等重大纪念活动及其他重要节假日，组织系列宣传推广活动。要以今年中国共产党成立90周年、辛亥革命100周年、2013年毛泽东同志诞辰120周年、2014年邓小平同志诞辰110周年、2015年抗日战争胜利70周年等重大纪念活动为契机，精心筹划一批主题鲜明、具有较大社会影响的红色旅游产品。要增加刊播红色旅游公益广告，出版红色旅游系列图书，拍摄一批红色旅游宣传片，继续做好爱国主义教育基地和人民英模等题材的电视专题片拍摄播映工作。加强红色旅游网络资源建设，建立完善红色旅游网上展馆，建设红色旅游综合信息系统和数据库。鼓励和支持开设专网专版专栏，宣传推广红色旅游。

六是要加强监管，规范红色旅游发展秩序。红色旅游要真正发挥出引导社会、教育人民的功能，就必须切实加强监管，及时制止编造野史、欺客宰客等有损于红色旅游形象的错误做法和行为。宣传、文化、旅游、文物等部门要组织编写红色旅游培训教材，加强对博物馆、纪念馆解说词、导游词的审核把关。红色旅游景区的导游员、讲解员要认真学习党史知识，增强社会责任感，准确把握历史事件的真实内容和英雄人物的感人事迹、高尚情操，提高宣传讲解的生动性、真实性、权威性，杜绝封建迷信和虚构杜撰，防止低俗化、庸俗化。要加强红色旅游市场监管，大力净化景区旅游环境，严厉打击欺诈行为，整顿规范旅行社经营和导游服务行为，努力实现红色旅游安全、质量、秩序和效益的统一。

天津市文化产业发展“十二五”规划

一、指导思想

高举中国特色社会主义伟大旗帜，以邓小平理论和“三个代表”重要思想为指导，全力打好文化大发展大繁荣攻坚战。坚持社会主义先进文化前进方向，把社会效益放在首位，努力实现社会效益与经济效益相统一。坚持文化发展与环境保护、科技进步紧密结合，大力发展战略性新兴产业，走天津特色文化产业发展道路。坚持政府引导与多元投入相结合，促进金融资本、社会资本和文化资源有效对接和融合。坚持内外并举，积极开拓国内国际市场。

二、发展目标

文化产业发展的主要指标位居全国前列，文化产业整体实力大幅提升，文化产业对其他相关行业的拉动作用明显增强，文化产品和市场的辐射作用更加有力。全市文化产业完成投资超过1000亿元，文化产业增加值年均增长30%，2015年占全市生产总值的比重达到5%，成为支柱产业。

三、发展战略

（一）区域协调发展战略

合理配置、有效使用全市文化资源，形成“四带多点”、特色突出、错位发展的文化产业布局。有效利用“一小时城市圈”交通优势，形成城市间文化资源共享和文化互动。

（二）重点业态优先战略

优化产业布局，充分发挥我市人才密集、技术密集优势，大力发展文化创意、立体影视、新兴媒体、数字出版等新兴战略性文化产业,全面提高我市文化创新能力。

（三）项目聚集带动战略

提高产业集中度，以大项目好项目支撑大产业，形成一批特色鲜明、聚集度高、引领能力强的文化产业聚集区，培育一批成长性好、竞争力强的大型文化产业集团。

（四）特色文化品牌战略

深入发掘天津文化元素，做大做强传统民俗文化品牌。培育津版图书期刊、津产影视剧、津版动漫游戏等新兴文化品牌。

四、空间布局

（一）中心城区都市文化产业带

中心城区是天津文化的发祥地、核心区，以海河为主轴线，形成五大产业板块：

1. 老城传统文化板块

打造以相声为代表的传统曲艺集中演出街区，依托传统商贸聚集区推动文化用品集散贸易。

2. 文化创意产业板块

进一步建设发展文化创业基地。继续扩大天津音乐街建设规模。用好美术学院资源，建设天津美术街。

3. 近现代历史文化板块

加强历史街区的保护利用，发展多元化消费和旅游。发掘名人故居、党史遗址、风貌建筑等历史文化遗存。加强对重要工业遗产的保护开发利用。发掘整合以文庙为代表的古代官学，形成中国近现代教育发展风景线。

4. 当代艺术展演板块

发挥天津文化中心、津湾广场的引领、聚集和辐射作用，发展京剧、评剧、梆子等传统艺术，扶持民族乐、交响乐、室内乐等艺术门类，打造演艺与商贸旅游相结合的特色精品演出，做强“海河之春国际音乐节”、“打开音乐之门”等演出品牌。

5. 总部型高端产业板块

充分利用中心城区资源聚集优势，重点发展核心层文化产业，汇聚总部型文化企业、高端文化产品和服务、知名文化品牌，形成天津文化的核心竞争力、吸引力和辐射力。

（二）滨海新区开放型海洋文化产业带

滨海新区是天津文化最具活力的新生区，以海岸线为主轴、以海河中下游为纵深，形成五大产业板块：

1. 海洋与湿地文化板块

深入挖掘海洋文化的丰富内涵，建成国家海洋博物馆、天津极地海洋世界，形成独具特色的天津海洋文化景观群。

2. 港口与海洋工业文化板块

以天津港为中心，整合开发海运、河运、漕运、渔港等文化资源，进一步树立天津国际港口城市形象和影响。保护开发利用天津船厂（大沽船坞）、永利碱厂遗址等工业遗存，形成完整的海洋工业文明发展史链。

3. 近现代爱国主义文化板块

保护开发以大沽炮台为中心的海防要塞遗址群、小站练兵遗址、日军华工转运站遗址等，建设沿海爱国主义文化景观群。

4. 战略性文化产业聚集示范板块

建设沿汉沽开发区、中新生态城、空港经济区等大型文化产业项目，形成多个战略性文化产业项目聚集示范区。

5. 文化交流与贸易板块

发挥滨海新区开放度高、国际国内联系广泛、交通联络便利等优势，建设相关市场和平台，成为天津文化交流与贸易的重要窗口。

（三）北部山区休闲旅游文化产业带

北部山区是天津文化形态丰富性和多样性的重要组成部分，以蓟县为中点，向京、津两大都市延伸，形成四大产业板块：

1. 山地文化休闲旅游板块

提升山区旅游景点文化含量和服务水平，举办文化旅游节庆活动，扶持发展评剧和具有蓟县地域风格的演艺种类。

2. 革命传统教育板块

整合盘山烈士陵园、抗日战争遗址等文化资源，开展红色旅游。

3. 山地文化与科学教育板块

深度开发利用蓟县国家地质公园等科学文化资源，规划建设登山、探险、攀岩等营地和服务设施。

4. 文化园区板块

建设盘龙谷、国家画院创作基地等大型文化场馆和设施聚集区，引进国际国内文化项目，建设影视、书画、文学等创作基地。

（四）区县民俗文化产业带

挖掘整合用好周边区县资源，重点培育四大文化产业板块：

1. 古运河文化板块

用好用足南运河、北运河、蓟运河的自然景观和漕运文化资源，形成特色突出、错位发展的运河文化集群。

2. 古镇文化板块

结合新农村建设和城镇改造，部分保留或恢复杨柳青古镇、渔阳古镇、杨村古镇等历史名镇。

3. 民间文化艺术板块

培育特色民间艺术，推动产业化、公司化经营运作。扶持发展特色民间花会艺术，鼓励走出去交流演出。发掘民间传说和历史故事，以及传统商业品牌。

4. 文化主题园区板块

发挥周边区县区域和土地优势，发展农业休闲文化体验、文化创意、文化用品制造交易流通、文化娱乐主题公园。

五、重点产业

（一）广播影视业

加快推进制播分离，组建面向市场的节目制作公司。完成全市有线电视双向网升级改造，基本建成下一代广播电视网。开发整合广播节目优势资源，拓展广播节目跨区域经营合作的领域和范围。开办提供互联网视听节目的综合性服务网站。大力发展电影、电视剧、纪录片等内容产业。

（二）新闻出版业

推进报纸、期刊与电子出版、网络出版相融合，加快推进传统媒体数字化转型。建设天津国家数字出版基地、数字出版实验室、天津出版产业园，完成天津印刷工业园二期工程。做好《馆藏民国珍贵史料丛刊》等重点数字出版项目。

（三）演艺娱乐业

完善演艺娱乐基础设施，建设各具特色的重点剧种专门演出场馆，发展相声、曲艺、杂技等集中演出场所。完成国有文艺院团转企改制，扶持多种所有制文艺院团。推动演艺与旅游商贸相结合，打造反映天津文化特色的大型商业舞台剧目。鼓励有条件的院团和剧目走出去开展文化交流和商业性演出。

（四）数字内容与动漫业

建成国家动漫产业综合示范园、国家影视网络动漫实验园、国家影视网络动漫研究院等重大项目。做大做强天津北方动漫集团等龙头企业。建设中国天津3D影视创意园区，扶持鼓励发展3D影视作品、3D游戏及其衍生品。

（五）文化创意园区和文化主题公园

按照国家文化产业园区和基地建设标准打造重点示范园区，力争成为国家重点扶持的全国文化产业示范区。建设和扶持重点文化创意产业聚集区。建设和平区五大道近现代文化旅游街、河西区演艺博览文化带、河东区音乐街等特色文化旅游聚集区。

（六）文化会展和艺术品交易业

整合场馆资源和文化资源优势，发展文化会展中介组织，做大做强文化会展品牌。完善艺术品收藏、拍卖、交易、鉴赏等。发展特色工艺品生产，鼓励民间工艺品创作生产，建立北辰农民画、汉沽木刻、塘沽版画民间工艺美术品生产基地，逐步形成产业化、规模化。

（七）文化旅游业

发掘整合北部山区人文与自然资源，打造休闲度假与科学考察文化旅游板块。发掘整合意式风情街、欧式风情街、五大道等历史风貌建筑，打造近代历史文化旅游板块。发掘整合滨海新区文化资源，打造改革开放和现代化建设文化旅游板块。发掘整合演艺与餐饮资源，打造津味特色休闲文化旅游板块。

（八）广告业

加快广告业行业结构调整，培育广告龙头企业，组建综合性广告传媒集团，促进广告产业向专业化、规模化、品牌化和国际化方向发展，提升广告策划、创意、制作和发布的整体水平。创设有利于广告业健康发展的良好环境。

六、保障措施

（一）加强对文化产业的领导

各级党委、政府要把文化产业发展摆上重要议事日程，纳入经济社会发展总体规划，纳入对领导班子领导干部考核体系。

（二）加大资金支持力度

发挥财政资金的引导和带动作用，支持重大文化产业项目建设、骨干文化企业培育、国家级文化产业园区建设。引导金融资本投资文化产业，开发多种融资方式和多元化融资工具，发展多层次资本市场。

（三）加快文化市场建设

建设文化产业大市场，促进文化产品大流通，形成较为完备的文化市场体系。加大对文化品牌的保护力度。推动有关部门制定和完善相关管理办法。

（四）扶持民营文化企业发展

制定促进民营文化企业加快发展的政策措施。鼓励和引导社会资本进入文艺表演、影视制作、图书发行等政策许可的产业领域。培育发展有特色的中小型文化企业。放宽演出市场准入，大力发展民营演出团体和民营经纪机构。

（五）进一步完善政策法律体系

制定《天津市文化产业促进条例》，制定出台“天津市文化产业示范园区”评选命名和管理办法。制定《天津市金融支持文化产业发展繁荣的实施意见》。建立文化产业优质项目数据库。

（六）加强产业研发和人才培养

推进文化企业、文化产业园区与高校、科研院所的战略合作，形成产学研一体化。发挥高校、职业技术教育以及社会培训机构优势，开设文化产业相关专业和课程。搭建文化产业人才流动平台，创设良好人才环境。实施文化产业人才引进工程，健全人才激励机制。舆论引导政策、文艺创作激励机制等。

吉林省文化产业提速计划（2011-2015年）

一、指导思想

以邓小平理论和“三个代表”重要思想为指导，深入贯彻落实科学发展观，坚持社会主义核心价值体系，坚持社会主义先进文化前进方向，坚持“投资拉动、项目带动、创新驱动”，通过体制机制创新激发内在动力，通过项目集聚发展要素，通过创新释放各类要素活力，使吉林文化产业的综合实力和可持续发展能力得到显著提升，促进吉林文化产业快速发展。

二、发展目标

到2015年末，建设7个左右在全国有较大影响的大型文化企业集团，实现3个左右文化企业在主板上市，争取5–8个文化企业在创业板上市；建设13个左右各具特色的文化产业集聚区；将动漫游戏、网络传媒、数字出版、创意设计、文化会展、艺术培训等新兴文化业态培育成为成熟文化产业形态；推动文化产业与旅游、会展、汽车等特色产业结合发展，形成国内外知名的文化品牌。到2015年，文化产业增加值占全省地区生产总值比重达到6%以上，成为我省国民经济新的支柱产业，实现产业集聚、总量跃升、比重提高、结构优化的吉林文化产业发展新格局。

三、重点任务

（一）着力提升传统文化产业的整体实力

1. 以吉林歌舞剧院集团有限公司为龙头，深度整合歌舞资源，积极培育市场主体，延伸歌舞产业链，引领省直文艺院团与延边、通化、前郭、桦甸等地区歌舞院团共同开拓全国演出市场，提升竞合发展的综合能力。到2015年，吉林歌舞剧院集团有限公司创作3–5部舞台艺术精品，争取实现综合收入1亿元。

2. 加快吉视传媒股份有限公司上市步伐，增强实力，扩大影响，将其打造成区域性大型文化企业集团。积极推进数字电视网络项目和以高清互动视频为核心的宽带网络与业务平台建设项目。将吉林广播网、吉林电视网建设成具有东北亚区域特色的综合型音视频门户网站，培育成国内一流的多媒体音视频内容集成平台。

3. 以长影集团为龙头，进一步加快电影产业发展。坚持电影创作和产业发展“两轮驱动”战略，2012年建成长影世纪城二期工程；依托全国性农村题材电影创作基地，推出一批有市场、有影响的优秀影片；加快长影集团省内中心城市电影院线和全国城市院线建设；加快长影集团上市步伐，争取“十二五”期间上市。通过政府主导、政策促动、资源整合，将长影集团打造成我国重要的综合性电影产业集团。启动吉林卫视高清播出系统建设，谋划吉林省多业务分发高清节目网络集成播控平台和媒体资产管理系统等项目建设，争取2015年底全面实现节目采、编、播、存、管高清化，实现高清电视与标清电视同播。鼓励各种资本投资建设和改造影院，重点加强中小城市数字影院建设改造。2012年底前完成市（州）和部分县（市）城市数字影院建设改造任务；2013年至2015年基本完成县城数字影院建设改造任务。争取影院票房以每年50%的速度增长，到2015年底，票房收入突破6亿元。

4. 以吉林省影视剧制作集团公司为龙头，进一步推进吉林影视剧品牌建设。吉林省影视剧制作集团公司4年内自主投资拍摄7–8部20集以上电视剧。1–2年内拍摄3部向中央电视台综合频道或中央电视台电视剧频道黄金档推荐的电视剧。

5. 以吉林出版集团为龙头，进一步加快出版产业发展。加快吉林出版集团股份制改造，争取在“十二五”期间上市。着力打造长春出版集团长春国标《语文》图书开发工程、高校文科教材工程、读经典系列工程、无障碍阅读工程、网络和数字出版工程，力争用5年时间，使长春出版集团发展成为涵盖出版主要产业链，以长春和北京为依托，辐射全国的产业集团，年发行码洋达到3–5亿元。稳步发展出版物印刷，大力发展包装装潢印刷及其他印刷品印刷，加快长吉图出版物包装印刷产业带和辽源、通化、白山、四平包装装潢印刷产业带建设，分别争取在2015年底和2012年底前建成，实现年产值50亿元和10亿元。继续实施图书出版精优战略，通过培育市场体系，打造具有品牌效应、成系列的既有社会效益又有经济效益的图书。2011年实现发行码洋超500万元的图书品种达到85种（套），其中超千万元发行码洋的图书品种达到30种（套）。

6. 以吉林日报报业集团为龙头，实现报刊产业规模化、集约化经营。“十二五”期间，在现有吉林日报报业集团、长春日报报业集团、意林传媒集团、卓信医学传媒集团的基础上，再组建8–10家区域性、专业性特色鲜明的报刊集团，组建1–2家跨地区、跨行业、跨媒体经营的报刊传媒集团；巩固发展吉刊现象，推进吉林品牌期刊培育和学术期刊质量升级，努力将项目优势转化为产业优势。按照“全国知名、同类领先”的标准，重点培育10刊4报，力争用3–5年时间，将其培育成品牌。加大重点期刊群建设，努力建设社科理论、高校学报、科技专业、市场消费、教育教辅等五大类重点期刊群。力争用3–5年时间，实现百万报刊建设目标，培育出期发行量超千万份的教辅类报纸，培育出1种发行量超百万份的都市类报纸，培育出2种超50万份的都市类报纸，培育出2–3种月发行量超过百万册的期刊，培育出5–8种年创利润超100万元的期刊。

（二）着力加快新兴文化产业发展

1. 将吉林动漫集团培育成国内具有代表性的新兴文化产业集团。支持吉林动漫集团大力发展动漫游戏等新兴文化业态，打造吉林动漫形象和动漫品牌，到2015年实现年产值5亿元的发展目标。

2. 加快发展以手机电视和车载电视为代表的移动多媒体终端。采取多种融资方式，2012年底前完成全省移动多媒体广播电视（CMMB）技术体系建设，用户数达200万以上。

3. 鼓励和支持传统出版向数字出版转型，力争3–5年时间，实现省内传统出版单位全部转型。挖掘吉版图书、报刊资源，同具有新媒体优势的大型企业合作，形成数字出版特色优势。支持动漫、游戏出版产业，形成新兴产业链。鼓励有条件的出版单位通过兼并、重组、合作等方式，积极发展网络出版、手机出版等以数字化内容、数字化生产和数字化传输为主要特征的新兴新闻出版业态。加大对成长性好、竞争力强的企业的政策扶持力度，培育出一批年产值在千万元以上、有一定规模和影响力的数字出版企业。

4. 组建国有资本引导、民营资本广泛参与的吉林省工艺美术集团、吉林省艺术培训集团，实现同质化资源的规模化发展，做大、做强、做优骨干企业。建设吉林省民间工艺美术馆。

（三）着力促进特色文化产业发展

1. 支持吉林特色民间工艺品生产

支持浪木根雕、敦化刀画、东丰农民画、满族剪纸、宇平人形、紫玉木兰工艺鞋、前郭马头琴和四胡、扶余八角鼓等吉林特色民间工艺品生产，将其培育成具有长白山文化特色和品味，在国内外拥有良好市场的系列文化产品。

2. 培育吉林特色文化产业品牌

大力培育人参、梅花鹿、松花石（砚）等地域性资源品牌，扩大产业规模，提升产品质量，加强包装宣传，延伸产业链条；大力发展朝鲜族、蒙古族、满族歌舞和二人转等具有民族和地域特色的演艺品牌，通过整合实现规模化发展，在原创性和“走出去”上取得突破。

（四）着力推进文化产业园区建设

1. 加快动漫、网游等新兴文化产业园区建设

加快东北亚文化创意科技园、知和动漫产业园建设，建设吉林师范大学长春科技创意文化产业园、中国珲春东北亚文化创意产业园和吉林省游艺游戏产业园。

2. 加快具有吉林地域特色文化产业园区建设

加快东北亚文汇不夜城建设，建设东北亚国际标识和创意旅游产业园、关东文化园和国际茶文化产业园。推进东北亚广播影视产业园区建设，打造集广播影视拍摄、制作、研发、培训、媒体体验于一体的产业基地。

3. 加快中国北方出版总部项目建设

广泛吸引国内外战略投资者，积极引进东北亚地区各国重要出版企业投资入园，全面打造面向东北亚国际出版产业合作、交流和技术研发平台。用 3–5 年时间，建成立足东北、面向全国、辐射东北亚，集出版物生产、展示、仓储、物流、销售、人才培养、职业技能培训、质量检验检测为一体的新闻出版产业基地。

4. 加快吉林省数字出版基地建设

充分发挥吉林省数字出版基地的孵化器作用，推动产业发展，组织项目实施，形成品牌和规模效应。“十二五”期间，出版一批自主研发、创作的数字出版产品，培育出一批年产值在千万元以上、有一定规模和影响力的数字出版企业。

5. 建设吉林省教育出版产业园区

力争用 3–5 年时间，使园区基础设施投入实现 30 亿元，承接企业 10 家以上，园区内企业总产值达到 40 亿元。

6. 建设民文出版基地

继续积极推进延边朝鲜族民族出版“金达莱工程”实施，争取于 2012 年底建立中国朝鲜文出版基地。围绕少数民族群众精神文化需求，策划一批民族文字出版项目，推出一批精品力作，积极争取国家有关政策支持。

四、推进措施

（一）深化文化体制改革

按照“加大力度、加快进度、巩固提高、重点突破、全面推进”的要求，推动文化体制改革取得新的发展。进一步巩固出版发行、电影全行业转企改制成果，推动已转制文化企业建立现代企业制度、完善法人治理结构，培育自主经营、富有活力的文化市场主体，大力推动跨地区重组，提高产业集中度。加快国有文艺院团和非时政类报刊体制改革，积极稳妥推进党报党刊发行体制改革和重点新闻网站转企改制。进一步理顺管理体制，加快市（州）、县（市、区）文化、广电、新闻出版行政管理机构整合。加快推进文化资产管理体制改革，加快转变政府职能，完善国有文化资产管理体制。稳步推进公益性文化事业单位改革，创新机制，提高服务水平。

（二）实施文化产业品牌建设工程

科学规划部署文化品牌建设，制定文化品牌建设十年规划和文化品牌建设实施意见。建立文化产业品牌认定标准和评价体系，加强文化品牌建设宣传推广，引导、鼓励文化企业申报国家级、省级名牌商标，重点培育 5–10 个全国驰名商标。

（三）推进文化产业项目招商工作

以项目建设为突破口，围绕提升传统产业、大力发展新兴产业、积极开发文化资源，谋划一批重点文化产业项目。积极利用省里集中组织的招商活动和各种交易平台，组织文化企业有针对性地开展招商活动。通过多途径多渠道招商，吸引更多的境内外资本进入文化领域，推进项目落地与实施。

（四）推进文化产业综合服务平台建设

加快构建文化产业投融资服务平台，进一步完善 30 亿元银行授信的使用，设立吉林省文化产业投资基金和吉林省文化产权交易所。建立完善吉林省动漫公共技术服务平台和动漫播出平台。充分利用好中国（深圳、

北京）国际文化（创意）产业博览交易会和中国吉林·东北亚投资贸易博览会等平台，积极开展文化交流与合作。

（五）推动文化企业上市

重点选择一批改革到位、成长性好、竞争力强的大型国有或国有控股文化集团公司，推动上市融资，做优做大做强。推动吉视传媒股份有限公司、吉林出版集团、长影集团在主板上市。鼓励吉林卓信医学传媒集团有限公司、英语辅导报社、吉林省东北风文化传播有限公司和吉林睿网科技股份有限公司等科技含量高、经济效益好、发展潜力大的中小文化企业在创业板上市，努力实现由产品经营向资本运营的跨越。

五、保障措施

（一）对月营业额5000元以下的文化产业个体工商户及其他有经营行为的个人，不征收营业税、城市维护建设税、教育费附加。

（二）对月收入5000元以下的文化产业个体工商户、个人独资及合伙企业（不含娱乐等行业）不征收个人所得税。

（三）对国家级和省级文化产业示范基地、园区的大型文化产业建设项目，2015年年底前，免收人民防空建设四项费用。

（四）对国家级、省级文化产业示范基地、园区、集聚区文化企业或投资额在3亿元以上的文化产业项目，安排用地指标时予以倾斜，保障用地需求。

（五）积极鼓励支持、促进文化企业申请商标注册，鼓励文化企业商标、商号一体化，推进文化产业品牌建设。对条件成熟的企业，鼓励支持申报驰（著）名商标。对新获得认定的中国驰名商标、新获得国家地理标志商标注册以及新获得省级著名商标的文化企业，从省级预算安排的“驰名商标和名牌产品生产企业奖补资金”中给予奖励。

（六）支持文化企业以合法拥有的注册商标专用权为质押，向银行业金融机构申请贷款。对著名商标企业，申请质押贷款时享受优先办理政策，帮助企业解决融资困难。

（七）支持金融机构加大对符合信贷条件的文化企业的信贷支持，积极开展知识产权抵押贷款。支持金融机构改进授信制度，简化审批程序，改善对文化企业的金融服务。

（八）在现有省级文化产业发展专项资金3000万元的基础上，逐步增加投入。利用省财政2010–2012年累计安排的省级文化产业投资引导资金6000万元，发起设立吉林省文化产业投资基金。这两项资金对符合吉林省产业发展方向的重点文化产业项目和骨干文化企业上市，以及新兴文化产业、特色文化产业、文化产业示范基地和园区，特别是“两江”文化建设工程涉及的县（市、区）文化产业发展要给予重点支持。

（九）经国家和省主管部门批准的动漫游戏企业自主开发、生产的动漫游戏产品，可申请享受国家现行鼓励软件产业发展的增值税优惠；企业自主开发、生产的动漫游戏直接产品，在省级以上电视台和国内外著名网站首播的节目，按每集1000元给予服务业引导资金补助。对在产品创新和专利技术成果就地转化方面做出突出贡献的动漫游戏企业或经认定为省级动漫游戏产业园区（基地）的，从省级文化产业发展专项资金中给予一定的支持。

（十）2015年年底前，对国家级和省级文化产业示范基地、园区及其重点建设项目，按规定申报省服务业发展引导资金并给予重点支持。优先推荐申报国家文化产业发展专项资金。

（十一）对于正式与上市保荐机构订立辅导协议并经吉林证监局辅导备案的拟上市文化企业，可向省金融业发展专项资金申请不超过50万元的上市前期经费补助。如企业3年内未向监管部门申报首发上市材料，企业退还补助资金。企业申报材料被监管部门正式受理后，给予一次性经费补助50万元。对重组我省ST类公司实现借壳上市的省内企业或重组外地ST类公司将注册地迁入我省的文化企业，可申请一次性经费补助100万元。

（十二）支持重点企业、重大项目和特色产品参加中国深圳国际文化产业博览交易会、中国北京国际文化创意产业博览会和中国东北文化产业博览会等国家级文化（创意）产业博览会，对重大文化产业节会活动给予活动经费补助。对符合规定条件的文化企业，在获取国际通行的各类资质认证、出国参展等方面，可优先申请中小企业国际市场开拓资金支持。

（十三）扶持具有吉林特色的文化艺术、电影、电视剧、动画片、出版物、杂技和民间工艺等产品和服务出口。鼓励文化企事业单位拓展对外文化交流，对经省委、省政府批准的符合现有专项资金扶持条件的重大文化交流活动给予支持。

（十四）支持文化产业项目招商引资，建立文化产业项目招商激励机制，对纳入招商引资计划并在招商工作中做出突出贡献的单位和个人给予奖励，统一纳入吉林省省级招商引资年度奖励范围。

上海市文化创意产业发展“十二五”规划

一、指导思想

以邓小平理论和“三个代表”重要思想为指导，深入贯彻落实科学发展观，围绕国家发展文化产业的战略要求和上海加快推进“四个率先”、加快建设“四个中心”和社会主义现代化国际大都市的目标，落实胡锦涛同志对上海创意产业发展的重要指示和市委、市政府关于建设国际文化大都市的部署，抓住加入“创意城市网络”、建设“设计之都”的新机遇，按照创新驱动、转型发展的总体要求，以创新、融合、提升、开放为发展主线，从城市战略的高度规划文化创意产业的新发展，着力营造创新氛围，加强高端要素集聚，构建产业特色和品牌，完善产业服务体系，充分发挥文化创意产业在转变经济发展方式、优化产业结构、提升城市软实力、增强国际竞争力等方面的重要作用，将文化创意产业打造成为引领和支撑上海新一轮发展的重要支柱产业。

二、发展原则

1. 融合发展

以提升产业附加值为导向，在传统产业中融入文化和创意元素，促进科技、金融、贸易与文化创意产业的融合发展，促进一、二、三产业联动发展，推动文化创意产业跨行业、跨部门渗透融合，形成融合型的新业态和产业链。

2. 聚焦突破

聚焦重点产业领域，扶持推动时尚、设计等对传统产业带动性强的产业，巩固提升媒体艺术、咨询服务等优势产业，培育壮大网络信息服务、新媒体等新兴产业；聚焦重点集聚区，完善特色布局和服务功能，构筑辐射高地；聚焦重点品牌，坚持自主创新，提高文化创意产业的原创能力，做大做强品牌和创新主体。

3. 开放合作

提高文化创意市场开放度，加快发展文化创意服务贸易，推动文化创意产品“走出去”。充分结合后世博发展契机，促进文化创意产业要素、活动、服务的国际化。

三、发展目标

围绕把上海建设成为国际文化大都市和“设计之都”的战略目标，依托“四个中心”建设和产业要素资源集聚的优势，推动文化创意产业快速健康发展，形成高端产品、原创产品比例不断提高，产业结构日趋合理、人才队伍不断优化的可持续发展态势。

到 2015 年，文化创意产业增加值增幅快于服务业平均值，占全市生产总值的比重力争达到 12% 左右，战略性支柱产业的作用更加明显。完成一批重大项目建设，建成一批主题突出、特色鲜明、功能完善的文化创意产业集聚区和公共服务平台，成为联合国教科文组织“创意城市网络”的重要节点。

具体目标是：

——文化创意产业结构更趋优化。咨询策划、工业设计、建筑设计、媒体业、软件业等重点行业增加值占比超过 60%，领先主导地位进一步巩固。新媒体、网络信息业、时尚产业等新兴行业进一步做大规模。积极培育、鼓励更多新兴业态健康发展，形成文化创意产业创新、融合、开放的发展格局。

——文化创意市场主体活力和竞争力明显增强。企业的文化创意创新能力显著提升，对传统产业、新兴产业、其他相关产业发展的带动作用进一步增强。形成一批产值过百亿元、国内一流、国际知名的文化创意企业和企业集团，并在境内外上市。

——文化创意产业布局更趋合理。现有市级文化产业园区和创意产业集聚区能级显著提升，打造若干个文化特色鲜明、创意创新能力突出、具有较大规模的文化创意产业集群。

——文化创意产业人才规模进一步扩大、水平显著提升。重视产学研结合，加快创新型人才培养；完善人才培养的实践途径，深化社会培训机制；推进领军人才开发，优化人才引进机制；加快产业专门类、产业环境营造类、政府产业管理类等各类紧缺人才培养。

——文化创意产业的发展环境进一步优化。投融资服务体系进一步完善，结合国际金融中心建设，不断创新金融服务，促进文化创意企业与金融资本、社会资本的有效对接；文化创意科技应用水平和装备水平显著提高，科技对文化创意成果产业化的支撑作用显著增强；文化创意相关活动的专业化、国际化影响力显著提升。

四、重点任务

（一）大力推动产业重点领域发展

文化创意产业在大力推动传统产业转型升级、积极培育新兴业态健康发展的前提下，重点发展好媒体业、艺术业、工业设计业、时尚产业、建筑设计业、网络信息业、软件业、咨询服务业、广告会展业、休闲娱乐业等产业领域。

1. 依托高新技术，促进媒体业快速发展

媒体业是文化创意产业实现转型发展、能级提升的重点领域之一。在继续巩固媒体业传统优势地位的同时，加快媒体业与高新科技的融合发展，不断扩大上海媒体业的对外传播力和影响力。

（1）广播电视。加快完成全市有线电视数字化整转工作和区县有线电视网整合，积极培育发展一批创意创新能力强、制作技术先进、商业模式新颖的节目及广播电视剧制作企业。大力推动数字技术、网络技术在广播电视领域的应用，重视对智能电视产业链、3D电视和激光电视等新技术的应用开发，重视商业模式的创新应用，牢牢把握"三网融合"提升广播电视业发展能级的重大机遇，发展移动多媒体广播电视、高清电视、网络广播电视等新媒体，拓展跨区域数字内容产业空间，构建虚拟消费市场格局，重点做专、做优、做强娱乐新媒体、生活新媒体等特色媒体。大力发展手机电视、电子书、电子阅读器等手持移动新兴媒体。

（2）新闻出版。聚焦重大出版工程，推出一批重量级学者、作家的作品，一批反映经济社会科技文化最新成就、具有广泛市场影响力的精品力作。重点推动传统内容生产供应企业主动实施战略转型，依托多媒体的发展不断扩大数字内容产品开发力度和生产能力。整合优化本市传统新闻出版领域的内容资源，提高本市骨干新闻出版机构对优秀数字版权资源的获取和使用能力，建设数字出版发行平台，积极探索数字出版产业商业模式。重点支持纸质有声读物、电子书、手机报、数字报、电子阅报栏和网络出版物等新兴出版发行业态发展。依托数字出版技术，促进传统印刷复制企业升级转型，向高、精、专、特、分众服务方向发展。

2. 重视原创，提升艺术业整体发展水平

艺术业是文化创意产品创作创新、展示、流通的关键领域。以主旋律创作和上海原创为重点，实施好重点艺术创作工程。积极整合剧场资源，繁荣文艺演出市场。推动电影、动漫产业的快速发展。积极发挥非物质文化遗产保护对产业的带动作用，培育工艺品展示、交易市场健康发展，大力提升艺术业在文化创意创新发展中的引领能力。

（1）文艺创作。努力把上海建成优秀文艺作品的重要原创基地。继续深化重点文学报刊和专业文学出版单位在培育文学原创上的重要作用。支持和引导有影响力的文学网站健康发展。鼓励文学评论与文学创作相互促进。启动上海重大历史题材美术创作项目。建立优秀美术原创作品的政府采购收藏机制。发挥制度创新在面向社会扶植美术原创、资助公益性美术原创活动、建设上海本土美术原创人才储备库方面的积极作用。发挥创意园区、画廊和艺术品经营、美术会展等市场环节对美术原创的推动作用。

（2）演艺。加大对国家级、市级重点院团扶持力度，鼓励各类国有、民营文艺院团或企业开发有特色的舞台艺术原创作品，争取形成一批具有市场效益、长演不衰的原创保留剧目。支持在沪各类具有民族特色、地方特点的文艺院团或企业利用上海的艺术资源优势，不断创新开发适应城市特点和需求的原创舞台艺术作品。积极吸引国内乃至国际知名的演艺企业在本市新建、改建、收购或租用剧场，使国内外优秀演出剧目汇聚上海，推动上海成为演艺交流中心。

（3）电影。以构建国际化电影生产大基地、大市场为目标，充分发挥上海作为国家电影生产老基地的作用。大力扶持民营电影企业诞生和成长，扩大电影生产规模。积极扶持动画电影、科教电影创作和生产，支持特种形式影片的研究和应用，鼓励创新观影形式。加快发展数字放映影院和银幕数量，确保电影院线票房、本地电影票房居全国前列。

（4）动漫。积极推动具有示范和引领作用的优秀动漫电影、电视剧的创作生产。积极支持三维动画电影技术的研发和运用。加强对基于移动通信平台的手机动漫产品的研发。积极推动动漫衍生产品的开发、生产，完善和拓展动漫产业链。继续发挥动漫行业社会组织的服务作用，促进产业链的进一步整合。积极支持动漫企业争取文化部"原创动漫扶持计划"的认定和资金扶持。

（5）非物质文化遗产开发利用。在有效保护非物质文化遗产代表性项目的基础上，充分发挥非物质文化遗产资源的特殊优势，合理利用非物质文化遗产代表性项目，开发具有区域、民族特色和市场潜力的文化产品、文化服务。

（6）艺术品展示及拍卖。继续推动艺术品一级市场发展，继续发挥产业园区、画廊和艺术品经营、美术会展等在艺术品展示、交易、流通领域的重要作用。不断活跃和规范艺术品二级市场，培育壮大国内艺术品拍卖机构，扩大与境外著名艺术品拍卖机构的合作，共同促进艺术品拍卖市场的健康繁荣发展。依托虹桥商务区及世博园区等的新建大型会展场所资源，大力培育发展艺术品展示、交易及拍卖机构，形成一流、高端艺术品展示及拍卖的集聚效应，共同繁荣上海艺术品交易市场。

3. 完善设计创新体系，发展工业设计业

工业设计业是文化创意产业与制造业结合的重要领域，是提高产品附加值、增强企业核心竞争力、提升传统产业能级的重要途径。按照国家促进工业设计发展的精神，围绕上海培育发展战略性新兴产业、提升发展重点优势产业的要求，加强工业设计相关材料、技术等的研究和应用，提高工业设计的信息化水平，提升行业企业设计创新意识和能力，并通过支持工业企业与设计企业对接合作项目、开展设计创新示范企业认定、建设服务平台、建设基地载体和设立设计奖项，鼓励大型企业集团建立工业设计中心，鼓励各类企业设计服务外包，促进专业设计企业发展壮大，打造一批具有较强竞争力的工业设计龙头企业和品牌，促进形成新材料、新能源、新设计、新工艺、新产品、新市场的产业链。

（1）机械及装备设计。围绕新能源汽车、大型客机、支线飞机、高端船舶和海洋工程装备、轨道交通装备、大型工程机械、印刷机械、数控机床、游艇等的发展需要，鼓励加强产品和关键性零部件的外观、结构、功能等设计，提升产品质量、性能和附加值。支持产业基地大力引进设计类企业和提供设计服务配套，支持装备企业加强研发投入和设计能力建设，支持设计服务与重点项目对接，使装备产业领域工业设计自主创新能力明显增强，形成一批国家级工业设计中心，培育若干具有国际竞争力的设计创新企业。

（2）消费品设计。围绕家用电器、生活日用品、工艺旅游纪念品、文体用品、食品、包装印刷等重点消费品领域，以绿色、节能、环保、智能化、时尚等为目标，提升企业和行业对设计的重视和认识水平，促进制造业企业与工业设计企业的对接，把设计创新能力作为自主品牌建设的重要考量指标.加强与国外相关设计中心的交流与合作，借鉴国际经验，整合相关院校、科研院所的设备与技术资源，加快发展快速成型、虚拟制造、逆向工程、检验检测等软件和设备共享的公共技术支撑平台，产权交易、设计产品交易、专利申请等公共信息服务平台，以及设计博物馆、国际创新材料馆等展示与服务平台。加强工业设计相关园区载体建设，形成 3–5 个辐射力强、带动效应显著的国家级和市级工业设计基地。

4. 展现创意魅力，推动发展时尚产业

时尚产业是城市现代化和社会文明程度的重要标志，折射出一个城市的历史文化底蕴和时代气息。通过开放引进和本土原创培育，大力发展多样化的时尚产品及相关服务。加强传统经典产品或老字号产品与现代时尚元素的结合，建立国际化的营销渠道，推动具有自主知识产权的本土时尚产品走向世界。重点围绕服装服饰、日化用品、黄金珠宝首饰、家居用品、时尚数码消费品等提升城市形象和生活品质的具有比较优势的领域，建立产业基金，拓宽融资渠道，支持和鼓励多元投资主体开展时尚地标、时尚人物、时尚品牌、时尚平台和时尚事件等要素资源的整合，推动具有中国文化和上海创意特点的国际时尚之都建设。

（1）服装服饰。鼓励服装服饰龙头企业以自主品牌建设为核心，提高核心竞争力。支持中小服装服饰企业加快营销模式创新，加大原创设计力度，逐步实现由来料、贴牌加工向创建自主品牌转变。支持环东华时尚创意产业集聚区、静安时尚创意产业示范区和上海国际时尚中心等一批重大项目建设，吸引和培育国内外知名设计师。不断提升扩大上海时装周、上海国际服装文化节、中国时尚同盟先锋设计发布等时尚活动的影响力。鼓励企业举办各类时尚产品的展示、交易、咨询、信息交流等活动。

（2）日用化学品。围绕个性化、时尚美容以及旅游、户外活动等特殊需求，以研发、创意为手段，拓展延伸产业链，重点发展高附加值的环保、绿色可生物降解产品，以及源自天然和安全的美容护肤、彩妆、香精香料产品。以自主品牌为核心，进行开放性、市场化重组，培育形成一批著名的企业集团和自主品牌。

（3）黄金珠宝首饰。加强黄金珠宝产品的自主设计和品牌营销，提升产品附加值和文化创意含量，增强龙头企业的核心竞争力。充分利用豫园地区黄金珠宝产业的知名度和品牌集聚度优势，挖掘黄金珠宝产品的工艺精华和潜在优势，建设中国黄金珠宝饰品行业设计研发基地、展示发布平台、交易中心，全面提升黄金饰品附加值，将其打造成名副其实的中国黄金珠宝第一城，并与崇明、奉贤等郊区的黄金珠宝为主题的“商、旅、文”产业形成互动。

（4）家居用品。积极提升上海在家纺、家饰、家具、厨卫用具等家居用品领域的设计、营销能力。支持上海国际家纺产业园建设，吸引一批国内外著名家纺企业总部、研发中心或营销中心落户上海，将上海国际家纺设计与贸易中心建设成为服务长三角家纺产业的公共服务平台。

（5）时尚数码消费品。面向现代社会对多媒体产品的多样化需求，加强时尚设计与产业创意的对接，打造以手机、超薄电脑、数码相机、MP4. 电玩电游等为支撑的现代时尚电子数码产业集群。

5. 提升发展能级，繁荣建筑设计业

建筑设计业直接影响城市形象和市民生活居住环

境。重点围绕城市规划设计、建筑设计、室内装饰设计、工程勘察设计等领域，大力发展规划咨询、概念设计等产业链价值高端环节业务，开拓国际国内高端建筑设计市场，打造具有国际知名度的建筑设计行业领军企业和领军人才。到2015年，上海建筑设计的创新能力和产业实力在国内名列前茅，产业国际竞争力得到大幅提升，拥有若干国际知名建筑设计师和建筑设计企业。

（1）城市规划设计。以打造优良生活环境和空间、建设可持续发展城市为目标，聚焦景观及环境规划、绿化、居民小区、现代商业区街、商业中心、市政工程规划设计等重点领域，着力发展规划咨询服务等行业。在机场、地铁站点、公共绿地等城市公共空间打造和市政工程建设中，鼓励加大对本土设计服务的政府采购力度。

（2）建筑设计。不断提升环同济建筑设计基地等集聚区的发展能级，积极扶持以设计创意为核心的中小建筑设计企业健康成长，努力打造一批优秀的建筑设计行业领军企业和领军人才。积极结合世博园区后续规划开发、虹桥商务区开发和新一轮城市规划建设，进一步拓展建筑设计业的发展空间，提升整体水平，更好地为城市建设服务。

（3）室内装饰设计。以提高市民生活层次、打造优良生活环境和空间、建设可持续发展城市为目标，重点发展室内软装饰设计及与室内装饰设计相关的建筑材料、装饰材料、家居用品等设计，满足消费者审美意识、生活水平、生活层次的提高，以及对健康、绿色、环保室内环境的需求，促进低碳、健康、环保、时尚的室内软装饰系列设计产业联动发展。

（4）工程勘察设计。以提升现有工程设计企业的设计水平和国内国际竞争力为目标，重点发展房屋建设工程设计和道路、隧道、桥梁等工程设计，扩大国内国际尤其是国际工程勘察设计市场的份额。

6. 鼓励新兴业态，拓展网络信息业

网络信息业是依托网络数字技术手段实现信息化时代文化创意产业创新发展的重要领域。进一步提升网络信息内容资源的开发、共享和应用水平，更好地满足社会需求。重点推进网络游戏、网络视听、数字出版产业及面向重点行业的信息服务业，拓展发展空间、创新发展方式。

（1）网络游戏。巩固提升上海在网络游戏领域的优势，使上海成为全国乃至国际网络游戏资源的集聚地。重点鼓励研发体现中国传统文化特色、具有自主知识产权的网络游戏。推动研发单机版、基于3G网络的手机游戏。支持原创民族网络游戏产品出口。

（2）网络视听。将上海打造成全国网络视听资源汇集地和网络视听企业集聚地。重点支持探索网络视听领域的新业务形态和新经营模式。大力发展基于各类新传输方式的内容创作、网络增值业务及应用服务系统。推动内容创作、视频技术开发、新媒体研发等网络视听全产业链的发展。

（3）数字出版。以国家数字出版基地为龙头，促进传统出版企业向数字出版转型，促进民营数字出版企业做大做强。形成贯穿数字内容制作、出版、印刷、传输发行和消费的数字出版全产业链。重点支持研发数字出版原创内容产品，鼓励创新数字出版经营模式，推动建立大型数字出版数据库，建立完整的电子书产业链。

（4）面向重点行业的信息服务业。不断提升上海金融、航运、商贸信息服务业的发展规模和水平。重点推动研发金融、航运、商贸等行业的应用软件，增强行业自主创新能力。支持面向不同细分领域和客户，开展金融、航运、商贸信息服务的模式创新、业务拓展等。

7. 围绕高新技术产业化，发展软件业

软件业是文化创意与信息技术融合发展的重要领域。鼓励企业面向重点行业、重点领域，加快自主创新软件产品研发。同时加强技术改造、生产装备、品牌营销、服务创意等方面的创新发展。

（1）基础软件。发展具有自主知识产权的操作系统、数据库、中间件和办公软件。推动国产基础软件在医疗卫生、教育、社区服务、电子政务等行业的规模应用。建立国产基础软件应用示范区。

（2）工业软件。聚焦航空、钢铁、汽车、船舶、石化等传统优势产业，打造一批具有行业特色和专业特点的工业软件。

（3）行业应用软件。支持研发面向社会保障、医疗卫生、电子政务、智能交通、教育文化、社区、应急指挥、公共安全、农业等重点领域的完整软件产品和整体解决方案。

8. 加强智库建设，发展咨询服务业

重点发展各类智库、商务咨询、科技咨询、社会科学咨询等咨询服务，积极吸引国内外知名咨询策划企业落户上海，探索建立长三角咨询策划产业合作信息平台，到2020年，力争将上海建设成为国际一流的咨询策划服务中心之一。

（1）智库建设。不断加强各类智库建设，努力提升发展能级。鼓励高校、科研院所和各种社会力量举办的咨询研究机构根据自身特点，适应社会和市场发展的需要，围绕重大理论和现实热点问题，深化应用研究，为决策者在处理社会、经济、科技、军事、外交事物等各方面出谋划策。积极提升各类文化创意产业发展研究机构的智库功能，建立完善吸引文化创意产业优秀研究者和决策者加入智库的机制，建立健全对研究成果的评价机制，提高研究人员的积极性，为全市文化创意产业发展重大政府决策、重大项目推动提供智力支持。鼓励各企业集团建立研究院等智囊机构，为企业、行业战略发展提供创造性解决方案，提高企业对重大和突发事件的分析、应对能力，帮助企业应对复杂多变的国内外经济形势和发展环境。

（2）商务咨询。大力发展证券分析咨询、社会经济咨询、保险辅助服务、市场调查等商务咨询服务，建立和培育一批竞争力强、知名度高、公信力强的商务咨询服务品牌机构，基本形成与国际惯例接轨、与宏观管理协调、资源配置合理、配套服务优良、市场竞争有序的商务咨询业发展格局。围绕虹桥商务区的核心功能，建设综合性的商务经济咨询基地。充分利用商务咨询服务对其他产业特别是对先进制造业和现代服务业的带动作用，力争将上海建设成为亚太地区的商务咨询服务中心。

（3）科技咨询。抓住信息化与工业化融合的发展态势，适应各领域低碳发展的需求，重点发展节能环保咨询、信息化咨询、科技评估等科技咨询服务，创新科技咨询服务的商品化、产业化模式，促进科技咨询机构向“专、精、特、新”方向发展。依托张江现代服务业集聚区的既有产业优势，打造具有创新优势的科技咨询服务基地。培育一批与上海未来产业发展相适应且对其起支撑作用的具有国际竞争力的科技咨询服务品牌机构，逐步形成专业化、社会化、网络化的科技咨询服务体系，将上海打造成为中国的科技咨询服务高地。

（4）社会科学咨询。根据上海未来城市的发展特点，着力培育以政策咨询、法律咨询、传统文化咨询、青少年问题咨询、老年问题咨询、社会热点咨询、心理健康咨询等为主的各类社科咨询服务。充分发挥各类社科研究机构的咨询功能，同时大力培育市场需要的社科咨询机构，促进各类社科知识的普及，努力为上海城市发展创造和谐的社会环境，为文化创意产业发展提供坚实的社会支撑。

9. 依托建设国际贸易中心的优势，发展广告业和会展业

广告业和会展业是文化创意产品化及其衍生发展的重要方面。重点促进广告业和会展业提升创意创新能力，不断挖掘其对先进制造业和其他现代服务业的带动作用。

（1）广告。重点发展广告创意策划、广告延伸服务，拓展培育基于移动通信、数字视频、互联网的新型广告发布媒介。拓宽广告企业融资渠道，探索以广告合约、创意作品、时段版面进行质押融资等新型金融产品，支持优质广告经营主体在国内创业板和中小企业板上市。努力推进新型广告产业技术的应用。完善公共服务体系，推进产业基地建设，改革行业组织运营机制，加强行业信用管理体系建设。进一步巩固国际广告运营中心城市的地位，将上海建设成为亚太地区的广告创意设计中心、广告延伸服务中心、广告科技创新高地和跨国广告企业总部基地。

（2）会展。重点提升上海在专业会议、展览会与博览会、大型节事赛事活动等领域的服务水平和服务能级，推进上海会展业向国际化、专业化、品牌化、信息化发展。鼓励申办知名国际会展活动，争取更多知名国际会展项目落户上海。统筹市、区县会展资源，努力形成全市布局合理、各区县优势互补、错位发展的格局，培育一批本市品牌会展项目。到“十二五”期末，上海会展场次和面积达到世界前三、国内第一位，引进培育2–3个国际顶级展会品牌，5–6个亚洲顶级展会品牌，使上海成为与东京、香港、新加坡并驾齐驱的亚太地区会展中心城市之一。

10. 加强融合提升，繁荣发展休闲娱乐业

休闲娱乐业是拉动日常文化创意产品、服务消费的重点领域。促进文化创意与文化娱乐、旅游休闲、婚庆策划、美容保健、体育健身等的融合，繁荣发展多层次的休闲娱乐消费市场。

（1）文化娱乐。大力发展大众娱乐、时尚娱乐、休闲娱乐、体验娱乐、数字娱乐，形成多层次的文化休闲娱乐消费市场。通过世博文化中心、东方体育中心、上海迪士尼项目（一期）等的建设和建成，加快推进以重大娱乐设施建设为基础的产业集群发展。继续扩大本市文化娱乐业的发展规模，支持文化娱乐业与旅游等相关产业的联动发展及衍生产业发展。

（2）旅游休闲。充分发挥上海世博会的带动效应，大力推进旅游休闲业的发展。整合和提升现有旅游资源，创新旅游形式，拓展特色旅游线路。充分挖掘中共一大会址、二大会址和多伦路、外滩、豫园等旅游资源的文化内涵，挖掘金山农民画、松江顾绣、嘉定竹刻、宝山罗店灯彩等非物质文化遗产潜力。促进旅游与金融、航运、信息、商务会展、专业服务、文化、体育等相关行业的融合发展，大力发展红色旅游、会展旅游、文体旅

游、教育旅游、工业旅游、农业旅游等专题旅游，促进邮轮旅游、游艇等水上休闲旅游发展，推进上海国际旅游度假区建设。构建覆盖全市、联动长三角、服务全国的旅游信息平台，做强一批旅游主题类专业服务网站，创新旅游节庆活动形式和内容。加强特色旅游纪念品的创新设计研发。

（3）休闲健身。满足居民提高生活质量、关注身体健康的需求，打造多层次、多品种、多形式，富有文化和创意内涵的休闲健身产业圈。加强对体育产业功能区的统筹规划，研究制定或调整相关园区发展详规。加快体育产业功能区基础设施建设，优化发展环境。促进体育与文化创意、旅游、会展、休闲娱乐的协调联动。培育和引进一批具有国际影响的大型体育品牌赛事。办好体育产业相关展会，加快体育中介服务和体育用品销售业等要素市场的发展。

（二）实施一批重点项目

贯彻实施重大项目带动战略，积极推动一批文化创意产业重点领域中具有代表性、引领性的基地类、平台类、活动类、功能提升类重点项目建设发展。

1.基地类

加强对全市文化产业园区及创意产业集聚区的规划建设，促进其不断深化内涵、提升功能、做强产业。支持在文化产业园区、创意产业集聚区内建设发展一批提供技术研发、信息咨询、投融资、知识产权、人才培训、展示交易、成果转化、合作交流的公共服务平台和企业孵化器，积极提升园区对文化创意企业的服务能力。定期评定一批基础条件好、产业集聚特色鲜明、产业发展水平高、辐射能力强的示范园区、集聚区，并在媒体宣传、基础设施建设、土地使用等方面优先给予扶持，形成激励和示范机制，引领带动全市文化产业园区、创意产业集聚区良性发展。

整合文化创意产业资源，结合社区改造和建设，打造体现区域特色的“创意社区”和“创意城区”，形成集群和联动效应，不断探索推进创意城市示范区的建设。

主要项目有：

（1）国家数字出版基地。依托新闻出版总署与上海市的合作，以电子书工程实施带动国家数字出版基地建设。积极鼓励各出版企业购买数字版权，建立数字出版资源数据库。依托张江国家数字出版基地和虹口延伸园区参与建立国家电子书工程技术标准。依托上海图书馆建立上海数字出版大型数据存储托管平台。依托上海文化产权交易所建立数字版权交易平台。依托新华E店等，建立开放的B2B、B2C的数字出版内容电子商务平台。针对拥有手持移动终端阅读器的庞大群体，实施提供数字内容借阅服务的电子书图书馆工程。配合教育信息化和基础教育教学模式的转变，探索电子书包应用。根据市场细分，针对碎片化阅读、长时间阅读、专业阅读、课本课件阅读等不同需要，研发不同介质、不同规格的手持电子阅读器。探索建立国家电子书工程技术标准，包括电子书内容质量要求、版式格式、服务平台等的产品类标准，电子书内容质量检测要求、发行统计、内容编校、流程控制等的方法类标准，电子书行业准入退出机制等管理类标准，推动电子书产业的健康快速发展，加快促进传统出版业顺利实现转型。

（2）国家音乐产业园区。依托新闻出版总署的产业部署和上海音乐产业发展的传统、整体优势，引进国内外的音乐创意、制作、经纪、代理、咨询、教育、营销等机构，打造“东方音乐梦工厂”，建成若干个以原创内容为核心、产业链完整的国家级音乐产业集聚区，每年创作、生产一批在海内外有影响力的中国原创音乐产品，形成音乐出版、生产的海派新特色和国际竞争力，使上海成为中国主要的音乐作品创作、演出、出版、体验中心和音乐产品生产、销售中心。

（3）国家绿色印刷产业示范园区。通过政策引导和扶持，推动绿色印刷的产业化、集聚化、高端化、组织化发展，支持金山国家绿色创意印刷示范园区成为接纳国际绿色印刷和服务外包转移的重要承载地，成为国内首个国家级绿色印刷产业示范区，推动国家环保印刷标准和国家绿色印刷园区准入标准的制定。吸引具有先进印制水平、具备绿色环保特点、经济规模和效益突出、有能力参与国际竞争的骨干印刷企业和技术创新型企业、专业化配套企业和相关产业链的企业入驻。园区建成后，实现绿色印刷产业链整合、成长型印刷企业孵化、印刷数字化技术创新、印刷高端人才培育、印刷业务国际交流等五大服务功能，从而加快上海印刷产业调整结构，实现从传统印刷向现代服务业和先进制造业的跨越。

（4）国家网络视听产业基地。依托广电总局和上海市的合作，在紫竹园区建设中国（上海）网络视听产业基地。充分发挥基地在网络视听产业链中的孵化作用和集聚效应，探索网络视听节目新业务、新模式及相关技术，孵化和扶持网络视听节目生产、制作、交易、播出、运营等新兴企业，通过提供财政资金、网络基础设施、专项基金、人力资源和生活设施等配套优惠政策，建立网络视听产业投资基金和内容产业创作基金，培养处于网络视听产业核心位置的网络视听运营商，培育世界级的网络视听运营商，形成年产值50亿元的网络视听产业基地。积极扶持央视网络电视台（CNTV）数据中心落户上海，积极扶持中国移动视频运营中心、中国电信视讯运营中心在金桥建设。

（5）国家动漫游戏产业示范区。依托文化部和上海市的合作，依托上海动漫公共技术平台的建设发展，成立国家级动漫游戏技术研究和应用示范工程中心，支持国家级中外动漫产业交流论坛建设运行，办好中国国际数码互动娱乐产品展览会和中国国际动漫游戏博览会，在全国率先形成集研发、孵化、产业化及产业推进管理为一体的、产业群体最密集、产品原创最丰富、产业链最完整、多园区格局的国家级动漫游戏产业示范区，使上海成为国际知名的动漫游戏原创中心、技术创新中心和生产运营中心。

（6）环东华时尚产业基地。建设由“一轴双核三带四片区”构成的环东华时尚创意产业集聚区。“一轴”为凯旋路时尚发展轴；“双核”包含东华大学时尚创意核及东虹桥时尚贸易核；“三带”为苏州河沿线时尚体验带，天山路延安路时尚消费带，虹桥路新华路时尚文化带；“四片区”为环东华时尚创意区，中山公园时尚数码区，凯桥绿地时尚商务区，新十钢时尚休闲区。对接国内服装服饰制造基地，完善时尚品牌运营和支撑功能，大力吸引时尚创意领域研究机构、骨干企业、行业协会、专业服务机构等入驻集聚区，基本形成设计、研发、制造、营销、贸易、零售、会展、传媒、模特演艺、时尚培训、金融服务等组成的时尚创意产业链。

（7）上海国际时尚中心。开展上海国际时尚中心二期、三期项目建设。进一步完善时尚创意、品牌体验、时尚文化、时尚配套、时尚生活和主题炫动等六大主题区域功能，将园区打造成为东亚和东南亚地区规模最大、时尚元素最为丰富的创意园区，成为时尚机构的集聚地、时尚会展的举办地、时尚产业的孵化地、时尚产品的展示地。

（8）江南智造创意产业集聚区。打造以8号桥、智造局、龙之苑等园区为重点的江南智造创意产业集聚区，以“一区多园集群、组团发展”方式，形成以广告设计、工业设计、建筑设计、时尚设计为主的设计创意产业高地。加强以局门路沿线为重点的创意街区建设，打造特色创意展示走廊。发挥创意园区的溢出效应，推进园区、街区、社区的“三区联动”发展，营造和谐发展的创新创意氛围。

（9）昌平路时尚设计集聚带。调整、改造和提升宝石花创意园区、文教园区和明圭园区等一批集聚区，继续推进800秀创意园、源创创意园等一批重点集聚区项目建设，加大对延平路、武定路、江宁路沿线老厂房存量资源的挖掘和利用力度，引进国际品牌区域性研发设计总部，并与南京路的顶级商街和时尚品牌相呼应，完善时尚产业链。以威海路文化传媒街和北部创意产业园区等为载体，集聚传媒、广告、动漫、软件等行业企业，为区域产业发展提供配套要素，完善产业链和产业体系。以现代戏剧谷为核心，依托剧院等文化演艺资源，打造现代戏剧相关产业。结合静安荷兰设计孵化器、安垦孵化器、静安领军人才孵化器等项目建设，对接国际设计资源，引进国际知名设计师和设计团队，巩固和提升静安在全市国际品牌高地和时尚中心的地位。

（10）碧海金沙文化旅游创意园。在奉贤海湾旅游区东部建设集国际一流滨海旅游、休闲度假、游乐运动、文化创意为一体的大型文化和旅游产业园区，开发建设室内沙滩、水上游乐中心、动漫文化创意园、海洋游乐园、商务会展中心等项目。通过建设动漫影视制作基地、3D数字多媒体技术及相关产品的开发制作基地，打造数字内容产业集聚区，为上海数字产业发展提供一流的人才培训和创作支撑。

（11）环同济建筑设计基地。重点依托同济大学周边知识资源集聚优势，加快推进巴士一汽创意设计中心、同济大学设计创意学院、同济－阿尔托设计工厂、设计大师工作室等项目建设，打造现代设计产业核心区，建设面向设计企业的公共服务平台。通过“设计之都”展示交流平台、环同济设计创意发展成果展示厅、上海国际设计图书馆和上海国际设计博物馆（群）等项目，建设设计创意展示平台。通过设计人才培训中心及联合国设计实训基地等项目，建设设计人才培养平台。

（12）国际黄金珠宝产业创意园区。依托上海“四个中心”建设有利条件及打造豫园中国黄金珠宝第一城的独特优势，以黄浦黄金珠宝饰品集聚区为主要载体，重点推进“一园”（即豫园中圈）、“两翼”（即外滩南京路东段和福州路）开发建设，致力于加快开发重点地区，深化资源调整重组，加强对外合作交流，营造文化创意氛围，培养引进设计人才，强化展示发布功能，完善综合服务配套，培养扶持自主品牌，积极促进国内外珠宝饰品龙头骨干企业强强联手、战略合作，联手建设黄金珠宝饰品行业国家级的设计研发基地、展示发布平台和重点要素市场，定期发布流行信息，重点展示时尚精品，加快形成国内外品牌集聚、各类贸易主体云集的全新局面，力争将上海打造成为国家级黄金珠宝饰品行业的设计研发、信息发布、精品展示和采购交易中心，最终成为国际黄金珠宝产业创意园区。

（13）上海迪士尼项目（一期）。根据国务院批复，按计划推进上海迪士尼项目（一期）及配套设施建设，带动相关动画影视制作、休闲娱乐旅游产业提升能级，扩大规模。

（14）上海国际汽车城设计研发港。依托国际汽车城多功能综合性汽车产业基地的基础优势，发挥基地与同济大学嘉定校区的校企联动效应，在已建成上海地面交通工具风洞中心、机动车检测中心、新能源汽车工程中心等国内领先的公共研发服务平台，以及上海大众、上海汽车等整车研发中心以及一批零部件技术中心的基础上，聚集一批国内外知名汽车设计企业和研发机构，打造功能完善、国际先进的汽车研发设计产业基地。

2. 平台类

（1）上海市创意产业展示和服务平台。制定上海创意产业平台发展规划，完善平台建设，发挥平台对已有创意产业相关平台的资源整合作用，将之构建成为相关专业平台的综合性服务平台，并以此带动和提升相关投融资、产权版权登记交易、公共技术研发等专业平台的建设。

（2）“设计之都”展示和交流平台。利用设计一场的配套设施，将平台打造成为上海“设计之都”建设的重要服务平台，积极开拓国际化创意设计展示、交流、信息发布和远程培训（会议）功能，并开展国际性展览、论坛、大师讲座、设计师工作坊和人才交流等项目，促进“设计之都”各城市的经验共享与合作，使之成为“创意城市网络”的重要活动交流平台之一。

（3）设计创新材料展示和服务平台。推进上海国际创新材料馆项目建设，服务于上海、长三角和全国的产业发展，综合借鉴世界各地设计材料馆的建设经验，集聚全球创新材料资源，积极展示和推介自主创新材料，将之打造成为新材料的展示中心、信息发布中心和交易中心，以及新材料创新应用的体验中心，成为联结材料供应商、设计师、设计机构和科研机构的互动合作平台，并形成系统化的产业服务功能。

（4）上海文化产权交易所。支持上海文化产权交易所扩大服务半径，为全国各地文化创意企业和个人的股权、债权、物权、知识产权等资产的转让交易活动提供高效、专业的服务。支持上海文化产权交易所提升服务能级，探索文化创意产业领域兼并重组、股权融资、文化创意成果转化等高端增值服务。积极培育和发展文化创意资产评估、财务审计、法律服务、产权经纪、交易代理等专业服务机构，促进文化创意产权交易市场繁荣发展。

（5）上海国际文化服务贸易平台。加快发展国际服务贸易，着力将平台建设成为文化创意产品和服务的进出口贸易基地、国内国际知名文化创意贸易企业的集聚基地、文化创意贸易金融政策的实验基地、文化创意产品和服务的展览展示推介基地及文化创意贸易经营管理人才的培训基地，促进文化创意服务贸易专业化、集约化和规模化发展。

（6）上海市动漫公共技术服务平台。立足于面向动漫产业提供全流程内容生产服务的第三方、非营利性专业公共服务技术平台定位，不断提升平台对各类高精度数字娱乐内容制作的支持服务能力，打造与国际先进水平相匹配的动漫及影视后期制作生产链，发挥好平台面向动漫产业的内容生成技术支撑、自主技术研究和应用示范、高端精尖人才培养及就业实训等综合性公共服务能力。

3. 活动类

（1）打造上海国际文化创意产业博览会。围绕“设计之都”和国际文化大都市建设，整合现有相关资源，打造集创意创新展览、论坛、奖项评选和发布等为一体的上海国际文化创意产业博览会，为文化创意产业展示、推介营造环境、提供平台、促进交流、扩大影响，培育文化、时尚创意产品和服务的消费市场，加快上海文化创意产业发展。

（2）发挥现有节庆会展活动的引领作用。积极指导和支持包括上海国际创意产业活动周、上海国际电影节、上海电视节、中国上海国际艺术节、上海旅游节、中国国际数码互动娱乐产品展览会、中国国际动漫游戏博览会、“上海之春”国际音乐节、上海双年展、上海艺术博览会、中国国际工业博览会、上海国际广告技术设备展览会、上海时装周、上海国际服装文化节、国际黄金珠宝展、上海购物节、上海国际印刷周、上海书展、上海国际室内设计节、上海汽车文化节、上海国际游艇展等一批重点节庆会展活动，优化运营机制，扩大传播效应，充分发挥国际文化创意交流功能。

4. 功能提升类

（1）“三网融合”试点和下一代广播电视网（NGB）建设。根据国家部署，开展“三网融合”试点和全市下一代广播电视网建设。大力支持上海广播电视台完善集成播控平台，创新用户数据管理模式，实现对 IPTV、手机电视端到端的管理。构建符合“三网融合”试点分业监管要求的上海市信息网络视听监管系统，确保网络信息和文化安全。大力发展广电节目内容的生产和制作，发展数字广播电视、高清互动电视、网络广播电视、手机电视、IPTV、电视购物，拓展有线网络服务领域，提高服务水平。完成广播电视采、编、播的高清化，到“十二五”期末市级广播电视台实现3-4套地面高清频道的播出，高清节目的年产能超过5500小时，全市电视制播设备的高清化达到80%以上。发展地面数字广播电视，实现地面电视数字化，扩大移动多媒体广播（CMMB）有效覆盖面，到“十二五”期末基本实现市、区县两级地面数字电视、移动多媒体广播全覆盖。

（2）设计创新试点示范项目。争取工业信息化部国家工业设计试点示范城市建设。围绕本市先进制造业和现代服务业重点领域，发挥创意设计对于相关产业发展的融合带动效应，促进工业高端化发展。积极促进制造业与创意设计业深度融合，促进创意设计业向专业化、高端化、集聚化发展，逐步形成为产业链提供高端服务的，以企业为主体、政府引导支持、产学研相结合的设计创新体系。“十二五”期间，支持成立25个国家级或市级重点企业设计中心，促进企业技术、设计、管理创新的有效结合。支持50-80个工业企业与设计企业对接合作的项目，鼓励工业企业将可外包的设计业务发包给专业机构，扩大设计服务市场规模。开展设计创新示范企业认定，鼓励设计企业加强服务能力建设，创新服务模式，提高专业化服务水平，促进形成若干拥有自主知识产权和知名品牌、具有较强竞争力的设计类龙头企业。选择若干基础较好的创意产业集聚区、生产性服务业功能区，加强园区公共服务平台建设，优化载体环境，建设一批辐射力强、带动效应显著的国家级工业设计示范园区。

（3）上海电影产业振兴工程。致力于形成电影企业集聚、产业链完整、具有一定国际影响力的电影产业基地，提升上海电影的整体实力、竞争力、影响力，推动电影“走出去”，使之成为上海文化产业的重要行业。支持上海电影集团发展成为产业链完整、多元化发展、多品种并进、国内一流、国际领先的现代化电影企业集团。大力扶持民营电影企业诞生和成长，扩大电影生产规模。依托市区联动，建设高科技影视产业园区项目，集聚国内国际各类影视制作资源，逐步形成200-300部电影电视片的年拍摄制作能力。争取在“十二五”期末，上海主导生产的影片年产量稳定在30部左右，合作拍摄的影片在20部左右，使上海电影产量占全国的比重逐步提高到8%左右，每年有2-3部质量上乘、并在全国票房处于领先地位的精品力作。继续实施电影放映数字化改造，鼓励投资新建、改建多厅影院，银幕数量年递增10%，保持上海电影票房的全国领先地位。

（4）上海出版振兴工程。实施体现上海出版水平的标志性出版工程，推动上海在重大出版项目、国家文化积累工程上继续有所建树，承担“十二五”国家重点规划出版物不少于10%。充分发挥上海出版优势领域，依托世纪出版集团，继续开发一批高质量的大型古籍整理图书、大型工具书、大型学术文化丛书、大型文化和艺术画册。巩固和发展上海在科技、医药、卫生图书出版方面的领先地位。着力打造一批导向正确、主业突出、核心竞争力强的新闻出版骨干企业，重点扶持1家资产超过百亿元、销售超过百亿元的大型新闻出版集团。

（5）上海文化创意资源信息化项目。理清现有文化创意资源的存量和价值，推动上海各类文化创意资源信息化建设。建成可动态更新、方便查询的全市文化创意资源数据库系统。具体项目包括上海图书馆、上海博物馆、上海美术馆馆藏资源数字化建设，上海广播电视内容资源库建设，音乐、图片和动漫制作素材样本库建设，上海图书报刊战略文献数字样本库建设，上海传统工艺美术保护数据库，上海文化遗产数据库建设以及上海沪版图书内容数字化、上海期刊数字化平台、上海电子报库等。推动文化创意产业知识在全社会的普及和市民文化修养的提高，推动重大影视和出版工程的数字化，探索创新数字化文化产品新的营销模式。

（三）优化产业空间布局

根据全市规划的现代服务业集聚带的布局，综合考虑区域文化创意产业发展现状、前景及文化创意产业结构调整和发展空间的需求，形成“一轴两河多圈”的文化创意产业空间新布局。重点梳理“两河”沿线的文化、历史和工业资源，为文化创意产业发展提供载体空间。积极支持区县因地制宜发展特色文化创意产业。

1.“一轴”

范围：横贯中心城区东西向的轴线，西起虹桥商务区，东至浦东金桥、张江。

主要功能：东段延伸到金桥、张江，形成以网络信息产业和动漫游戏产业为主要特征的战略性新兴文化创意产业基地。西段延伸到虹桥商务区，形成以专业会展、广告创意、商贸咨询、数码制作、文化贸易、工艺礼品、高端演艺、特色娱乐等商务型文化创意服务为主要特征的服务全国、辐射长三角的产业基地。要依托虹桥商务区核心区、主功能区和辐射区的依次开发，特别重视文化设施建设、文化创意特色服务项目和文化创意产业功能平台的导入。

重要节点：虹桥商务区、上海虹桥国际舞蹈中心、环东华时尚产业集聚区、静安时尚创意产业示范区、静安现代戏剧谷、淮海中路国际时尚消费区、南京东路－环人民广场文化旅游消费区、陆家嘴金融贸易旅游会展集聚区、张江国家数字出版基地、张江文化科技创意产业基地和动漫谷。

2.“两河”

（1）黄浦江滨江文化创意集聚带

范围：北起杨浦区，南至徐汇区的黄浦江沿岸。

主要功能：以黄浦江两岸开发和世博后效应为契机，重点发展研发设计、会展、广告、旅游、咨询、时尚消费、文化创意展示、演艺娱乐、主题观光等产业，努力打造集中体现产业历史文脉、展现国际化大都市特点的文化创意产业集聚带。

重要节点：上海国际时尚中心、杨浦滨江工业设计功能区、北外滩航运中心咨询策划功能区、十六铺上海码头文化创意旅游功能区、世博园区城市最佳实践创意区、江南智造创意设计功能区、徐汇滨江创意商务功能区等。

（2）苏州河滨河文化创意产业集聚带

范围：西起普陀区，东至虹口区的苏州河沿岸。

主要功能：以普陀、长宁、静安、闸北和虹口等区苏州河两岸开发和旧区改造为契机，充分利用苏州河沿岸的老厂房、老仓库等工业遗存，以及其他历史建筑资源，加快建设一批以设计、媒体、艺术、广告、动漫游戏等为主体特色的文化创意产业，努力打造体现仓库文化与沿岸工业文化相融合、集旅游休闲与创意体验功能于一体的文化创意产业集聚带。

重要节点：普陀长风生态文化园和莫干山路50号创意园（M50）、长宁湖丝栈创意园、静安苏州河沿线时尚体验区、闸北苏河湾、虹口上海音乐城等。

3.“多圈”

范围：全市文化产业园区及创意产业集聚区

主要功能：充分发挥各区县发展文化创意产业的积极性，结合商业副中心和郊区新城建设，进一步发挥已有园区的辐射带动效应，大力推动以文化产业园区、创意产业集聚区为主要形态的产业组团的建设，促进文化创意产业载体从园区到街区、城区的不断拓展，形成文化创意产业“多圈”布局。推动众多文化产业园区、创意产业集聚区坚持标准、突出特色、提高水平、优势互补、差异发展。形成若干个国家级文化产业示范基地、工业设计示范基地，数十个文化产业园区和百个以上的创意产业集聚区。

重要节点：设计卢湾（黄浦）示范创意城区、低碳世博示范创意城区、时尚静安示范创意城区、旅游黄浦示范创意城区、经典虹口示范创意城区、环同济创意产业集聚区、上海汽车设计之都等。

（四）建设现代产业市场体系

充分发挥市场在资源配置中的基础作用，加强资本、产权、技术、人才等要素市场对文化创意产业发展的带动和支撑。大力培育市场主体，完善文化创意产业开放发展格局。积极拉动和扩大文化创意消费，推动文化创意产品和服务“走出去”。

1.培育市场主体，完善产业开放发展格局

扶持各类市场主体，推动形成多种所有制共同发展的文化创意产业开放格局。

（1）加快建设现代文化企业制度。按照国家文化体制改革要求，推动本市重点新闻网站、非时政类报刊社和国有文艺院团等经营性文化单位转企改制，做优做强，促进已转制文化企业加快建立公司治理结构和现代企业制度，实行股份制改造，创新商业模式，增强核心竞争力。大力支持具有引领作用的骨干文化企事业单位以资本为纽带实施跨地区、跨行业兼并重组，提升集约化、规模化经营水平，迅速做强做大。

（2）支持社会资本进入文化创意产业领域。进一步引导各类社会资本进入国家政策规定开放的文化创意产业领域，迅速壮大产业队伍，扩大产业规模，支持民营企业发展。在新型产业领域重点扶持一大批“专、精、特、新”和有核心技术、自主知识产权的中小文化创意企业和个体文化创业者，使之成为上海文化创意产业发展的重要依靠力量，提升产业的活力和能级。

（3）推进文化创意企业上市。抓紧推动符合条件的文化创意企业特别是国有企业上市融资，支持处于成熟期、经营较为稳定的文化创意企业在主板市场上市，支持处于成长期、发展前景广阔的中小文化创意企业在创业板、中小板上市。加强对适合上市融资的文化创意企业的筛选和储备，建立本市“拟上市文化企业资源库”，对适合上市融资的文化创意企业开展辅导。进一步完善本市文化创意企业上市跟踪机制。

（4）扶持文化创意企业著名商标、知名品牌。强化文化创意企业对商标、品牌的管理、培育意识，评选和推介本市文化领域著名商标、知名品牌。加大对著名商标、知名品牌等无形资产的保护、扶持力度，塑造上海文化创意产业领域市场主体的品牌形象。

2.繁荣产品市场，着力拉动文化创意消费

积极培育和发展文化创意产品和服务的“首发市场”，优化文化创意消费市场载体，丰富文化创意产品和服务。

（1）积极培育“首发市场”。发挥上海“大码头”市场特点，在文艺创作、演艺娱乐、动漫影视、时尚设计、艺术培训等具有巨大消费潜力的领域，增强上海文化创意交流平台的吸引力，鼓励和支持优秀文化创意产品和服务在上海首发、首演、首映、首展。

（2）优化文化创意消费市场载体。积极倡导低碳、节能、生态、环保的时尚消费理念。跟踪国际时尚潮流，创造时尚消费热点，引导音乐、舞蹈、美术等领域流行艺术健康发展，鼓励和支持旅游、休闲、体验、娱乐、服饰、珠宝、美容、保健、养生等都市时尚业态创新。结合不同人群时尚消费需求特点，鼓励各类中高档时尚产品的创意、设计、生产和营销。集聚时尚要素和资源、优化时尚发展空间，重点构建一批时尚创意园区、时尚消费商区、时尚娱乐街区、时尚旅游景区、时尚特色城区。

（3）丰富文化创意产品和服务。切实推动文化创意市场扩大开放，加强面向大众的多层次、多品种文化创意消费产品和服务的生产供给，培育大众文化创意消费新业态、新方式，扩大大众文化创意消费市场规模。鼓励开发、生产价廉物美的大众文化创意产品，发展便利大众消费的文化创意服务网点，培育积极健康的大众文化创意消费习惯，最大限度地满足大众文化创意消费需求。

3. 拓展国际贸易，深化国际间交流合作

依托国际贸易中心建设，加快发展文化创意服务贸易，促进文化创意产品“走出去”，扩大对外文化传播。办好面向国际的各类重大文化创意活动，扩大上海文化创意产品和服务在国际市场的竞争力，提升上海城市软实力。

（1）扩大产品出口和服务贸易。

在继续大力推动上海国际文化服务贸易平台建设的基础上，建设若干个有特色的文化创意产品出口基地。鼓励有实力的文化创意企业对外投资，建立海外出口基地，并加强国际市场调研和开发，开展市场宣传、组织和活动。积极开展跨国生产合作，学习先进技术，集中力量开发具有国际竞争力的名牌产品，打入国际市场，利用品牌取得更大的市场效应。积极举办国际性文化创意产业投资洽谈会进行招商引资。安排一定资金支持企业参加国际间有关音乐、动画、漫画、游戏、数字化文化创意产品的展销活动。设立奖励制度，对出口产品成绩突出的企业进行奖励，并为获奖单位提供国内外经营出口的多种优惠服务。

（2）深化国际间交流合作。

以建设“设计之都”为契机，拓展与国际创意城市、国家和地区间在人才培训、产业对接等方面的合作交流，吸引国外知名企业和机构来沪设立总部或分支机构，鼓励上海文化创意企业不断开拓海外市场，在海外设立分支机构，积极承接国际文化创意类外包业务。积极开展国际文化创意交流活动。以上海周、国际友好城市、友好社区、上海城市形象大使等为载体，积极开展上海城市形象推介。支持上海各类有条件的文化创意企业参加国际会展、开拓国际巡演、生产具有国际竞争力的外销重点文化创意产品，扩大上海文化创意产品和服务在国际市场的竞争力。

（五）加强人才队伍建设

文化创意人才是文化创意产业发展的第一资源。要不断解放和发展文化创意生产力，加强文化创意人才队伍建设，完善人才培养、引进和服务机制，为文化创意产业实现跨越式发展提供有力的人才保障。

1. 推进产学研合作，培养创新型人才

深化产学研合作的文化创意人才培养模式。鼓励高等院校及科研机构加强文化创意产业学科建设和理论研究，提升学科建设为文化创意产业实践服务的能力，促进专业人才培养与文化创意产业发展紧密结合。积极探索文化创意与技术、管理相结合的教育培养模式，重点加快创新型、复合型、外向型、科技型文化创意产业人才培养，实现多样化文化创意人才供给。

2. 完善实践培养途径，深化社会培训机制

鼓励市场化经营较为成熟、社会责任感强的文化创意企业、园区、基地建立专业人才实训基地，加强高校教育基地与专业实训基地在人才培养上的工作对接，为高校学生及青年从业者提供充足的实践培养途径和机会，充分发挥实训基地吸纳和储备文化创意人才、优化文化创意产业人才队伍结构的重要作用。加强各类文化创意专业培训机构和基地建设，加大重点专业课程开发力度，加强实践培养环节，不断提升培训质量，鼓励文化创意企业完善内部培训体制，为文化创意产业从业者提供多样化的培训课程和实践机会，不断深化文化创意产业的社会培训机制。

3. 推进领军人才开发，加快紧缺人才培养

依托“四个一批”人才培养工程和上海领军人才培养计划，通过举办专业研修，组织考察，资助专著出版、举行作品研讨、举办成果展示，不断提升文化创意产业领军人才创意创新能力和团队组织能力，推动经认定的领军人才和紧缺人才参加海外培训和考察。实施文化创意产业领军人才后备梯队建设计划，建立以项目为导向的培养、资助机制。适应文化创意产业发展新情况、新

需求，重点加快文化创意经营管理人才、文化创意贸易人才、文化创意金融人才、文化创意策划人才、紧缺艺术人才、网络文化创意人才、新媒体人才、工业设计人才、建筑设计人才、时尚产业人才等紧缺文化创意产业人才的培养，积极推动产业中介等营造产业环境的人才培养，提升政府产业管理人才的水平。加快研究制定本市高端紧缺文化创意人才认定标准，对经认定的各类人才按其贡献逐步研究推出奖励办法。

4.优化人才引进机制，加强人才信息管理

编制和发布文化创意产业高层次人才开发目录，完善有利于文化创意人才来沪发展的绿色通道，完善引进高层次文化创意人才的配套政策，健全海外高层次文化创意人才引进工作体系，引导和扶持一批文化创意骨干企业建立高层次人才引进基地，采取咨询、讲学、聘任制、签约制、项目合作制等多种形式柔性引进高层次文化创意人才和智力，突出环境聚才、项目引才、事业育才，不断优化文化创意人才引进机制。建设高层次文化创意人才信息库，对高层次文化创意人才信息实施全面、准确、实时、动态管理。充分发挥行业管理机构、行业协会和有关专业机构作用，建立行业人才信息库，促进文化创意人才的有序流动和健康发展。

五、保障措施

（一）加强组织领导，健全推进机制

切实提高全市对文化创意产业发展的认识，加强对文化创意产业推进工作机制建设。完善市文化创意产业推进领导小组及办公室机制，加强本市文化创意产业发展的规划编制实施、政策研究制定、公共平台建设和重大项目推进等工作，加大文化创意产业扶持力度。加强市、区联动，积极引导区县形成有利于文化创意产业发展的推进领导机制。

在市文化创意产业推进领导小组及其办公室的统一框架下，进一步完善上海市创意城市推进工作办公室的工作职能，对接联合国教科文组织、中国联合国教科文组织全国委会和其他“创意城市网络”成员，制定相关政策措施，落实创意城市推进工作，并建立创意城市专家委员会评估决策机制，运作好上海创意设计联席会议机制。

充分发挥好文化创意产业领域相关行业协会、产业联盟、社会团体在整合行业资源、协调行业利益、加强行业自律等方面的重要作用，共同促进文化创意产业的健康快速发展。

（二）加大资金投入和政策创新力度

增加财政资金对文化创意产业的必要投入。在全市调结构，促转型的统一安排下，加大对文化创意产业的资金投入力度，在产业公共服务平台建设、技术改造、文化传播渠道建设、文化创意成果对接和转化、集聚区建设、创新型人才培养、高端人才引进、重大奖项和活动等方面支持一批具有重要示范、引导和带动作用的项目。

加强国有文化创意产业投资资金对社会资本的引导作用，引导各类投资资金加大向文化创意产业核心领域、新兴文化创意业态的投资力度。支持本市各区县设立文化创意产业投资机构，引导社会资本扩大对文化创意产业的投资。

根据文化创意产业不同于其他产业的特征，制定完善有利于文化创意产业发展的专项政策。研究细化文化创意企业营业税差额征收等税收优惠政策，制定重大文化创意产业项目资金、用地、对外贸易等方面的优惠政策，实施鼓励和吸纳社会资金参与文化创意产业发展的政策。制定本市促进设计创新的实施意见，落实具体政策。

（三）加强金融对产业发展的支持

认真落实中央九部委《关于金融支持文化产业振兴和发展繁荣的指导意见》（银发[2010]94号）和《上海市金融支持文化产业发展繁荣的实施意见》，依托上海国际金融中心建设，探索金融支持文化创意产业发展的方式、渠道、产品和服务创新，创新文化创意产品、服务消费信贷产品，完善文化创意产业信贷机制。

积极推动文化创意产业多渠道直接融资，进一步开发文化创意产业需求的保险产品，加强和完善对国家和本市重点扶持的文化创意企业、项目和产品出口的保险服务。引导金融机构开发适合文化创意企业需求的综合金融产品和特色金融服务，发展面向文化创意产业的融资租赁业务和融资性担保业务。积极开展文化创意产业金融研究。

（四）加强产业基础工作

加强文化创意产业的决策研究，建立健全研究成果转化机制，进一步加快推动文化创意产业标准化体系建设。加强文化创意产业的统计工作，研究制定规范化的文化创意产业统计制度和指标体系，定期完成数据收集，及时做好文化创意产业发展的年度统计和分析，定期发布上海市文化创意产业发展报告。加强对全市文化产业园区及创意产业集聚区建设发展的规划和指导。

（五）加强对产业发展的宣传

建立完善对文化创意产业及相关资源、创意城市整体形象的持续宣传渠道和机制，依托现有电视频道资源，积极开设文化创意产业专题栏目，在条件成熟时探索建立文化创意产业电视频道；依托解放报业集团、文新报业集团、世纪出版集团等，在主流报刊媒体上定期开设文化创意产业专版、专栏及专刊；依托东方网等主流网络媒体，开辟文化创意产业专栏，并探索创设文化创意产业数字刊物和专题网站。通过加强对本市文化创意产业发展动态和成果、人才、企业等方面的积极宣传，为文化创意产业营造更好的创新发展氛围，进一步提高全社会对文化创意产业重要性的认识，加强文化创意知识的普及。

（六）加强知识产权保护

创新知识产权保护和服务体系。完善知识产权评估体系，鼓励知识产权评估机构发展，建立健全知识产权信用保证机制。鼓励文化创意企业自主创新形成的成果及时申请、注册知识产权，加大知识产权保护和对违法侵权执法力度，严厉打击各种侵权行为，维护知识产权所有人的合法权益。积极发挥上海文化产权交易所等机构的作用，加强文化创意产业版权保护，支持现代著作权保护技术的开发和应用，促进版权授权体系发展。设立数字著作权登记中心，鼓励文化创意企业登记著作权。指导和鼓励文化产业园区和创意产业集聚区、基地结合自身特点，建立知识产权保护组织。加大知识产权宣传力度，保护和推广本市文化创意产业著名商标，定期编制和发布全市文化创意产业著名商标名录，营造有利于推进文化创意产业知识产权保护的舆论环境。

（七）深化制度建设

进一步完善法规规章，依法加强对文化创意产业发展的政策支持和规范管理。完善文化创意市场法规建设，对本市现有文化创意法规进行全面梳理，修订。制定和实施保护知识产权、规范市场行为等方面的文化创意法规，为上海文化创意市场长期健康发展提供法制保障。大力发展文化创意类社会组织，制定有利于文化创意类社会组织发展的政策和优秀社会组织扶持办法，完善社会参与文化创意产业建设的法制保障。形成有利于文化创意产业发展的舆论引导政策、文艺创作激励机制等。

浙江省文化发展“十二五”规划

一、指导思想

高举中国特色社会主义伟大旗帜，以邓小平理论和“三个代表”重要思想为指导，深入贯彻落实科学发展观，继续全面实施“八八战略”和“创业富民、创新强省”总战略，坚持“干在实处、走在前列”，牢牢把握社会主义先进文化的前进方向，以科学发展为主题，以实现文化大省向文化强省跨越为目标，以文化发展方式转变为主线，以体制改革和科技进步为动力，深化文化“三大体系”和“八项工程”建设，不断满足人民群众日益增长的精神文化需求，不断发挥文化对经济转型升级的重要作用，不断增强浙江的文化软实力，为全面建成惠及全省人民的小康社会提供强有力的文化支撑。

二、基本原则

（一）坚持社会主义先进文化的前进方向

以社会主义核心价值体系为根本，加强对社会思潮的正确引导。

（二）发扬浙江精神

以“创业创新”为核心的浙江精神凝聚力量、激发活力，大力弘扬浙江人民善于创业、勇于创新的精神品格和文化传统。

（三）强化以人为本

着眼于满足人民群众不断增长的精神文化需求，不断提高公共文化服务能力，努力提高公民的文明素质，促进人的全面发展和社会的全面进步。

（四）加快转型发展

加快转变文化发展方式，从重文化硬件建设向硬件、软件并重转变，从重社会效益向社会效益、经济效益并重转变，从重文化遗产保护向保护、利用并重转变。

（五）加强统筹协调

树立整体推进、全面发展的理念，统筹城乡、区域文化的协调发展，以城带乡，区域联动。

三、发展目标

“十二五”浙江文化发展主要指标（见表 1）

四、重点任务

（一）文化设施网络建设工程（见表 2）

表 1 "十二五"浙江文化发展主要指标

类别	指标名称	2010 年实际值	2015 年目标值
公共文化服务	每千人均文化设施面积（平方米）	74.21	100
	县级文化设施建设目标	县有两馆（图书馆、文化馆）	县有三馆（图书馆、文化馆、博物馆）
	村级文化活动中心（室）覆盖率（%）	85	100
	省级以上文化先进县比例（%）	46.6	66
	组织"文化走亲"活动（场）	–	500
	人均公共图书馆藏书数（册）	0.75	1
	文化共享工程资源总量（TB）	40	60
文化产业发展	文化部门管理的文化产业增加值（亿元）	80	160
	国家文化产业示范基地（家）	9	15
	促成文化企业上市（家）	2	5
文化艺术发展	全省文艺院团演出场次（万场）	11	13.5
	全省文艺院团演出收入（亿元）	10.29	12.5
	省级文艺院团新创舞台艺术作品（台）	5	10
	评选优秀保留剧目（台）	–	10
	省级重大文化节庆活动品牌（个）	18	25
文化遗产保护	世界文化遗产（处）	0	1–2
	全国重点文物保护单位（处）	132	330
文化遗产保护	博物馆举办陈列展览（个）	800	900
	国家级非物质文化遗产项目（个）	129	200
	省级非物质文化遗产名录项目（个）	587	800
	省级文化生态保护实验区（个）	9	30
对外对港澳台文化交流	对外对港澳台文化交流项目总量（起）	747	800
	"走出去"的文化项目（起）	148	160
	对外商业性文化项目（起）	11	15
	引进的文化交流项目（起）	599	640
文化人才培养	高层次文化人才（名）	89	110
	中级以上专业技术资格人员（名）	7800	11000
	培养和资助优秀青年创作、表演人才（名）	200	250

表 2　文化设施网络建设工程

	实施类	预备类
省本级重点文化设施	浙江小百花艺术中心、中国丝绸博物馆改扩建、杭州剧院改扩建二期（浙江国际文化交流中心）、浙江舞台艺术中心、杭州电影拍摄基地改造、浙江省文物考古研究所新址改造	浙江图书馆二期、浙江艺术职业学院迁建、浙江博物馆孤山馆区改扩建、浙江非物质文化遗产馆、浙江昆剧团新团部、浙江交响乐团新团部
市级重点文化设施	杭州市群文中心和非遗中心（暂名）、宁波市艺术剧院改造、温州艺术中心大楼、温州美术馆、嘉兴博图两馆二期、绍兴市文化中心、衢州文化艺术中心、舟山大剧院、台州市博物馆、丽水市图书馆、丽水市博物馆	杭州艺术馆、宁波市图书馆新馆、嘉兴美术馆、嘉兴马家浜文化博物馆
县级重点文化设施	临安市图书馆、中国水下文化遗产保护基地（北仑区）、慈溪大剧院、龙湾区图书馆、乐清市文化中心、平阳县文化中心、文成县文化中心、德清县图书馆文化馆、中国生态博物馆（安吉县）、海宁市图书馆、平湖市文化馆、桐乡文化中心、中国越剧博物馆（嵊州市）、莲都区文化中心及通济堰博物馆、义乌国际文化中心、普陀大剧院、台州黄岩博物馆、青田县文化会展中心、缙云县文化馆、松阳县文化中心、景宁县非物质文化遗产展示体验馆	奉化市文化艺术中心、吴兴区文体中心、安吉县文化中心、中国太湖博物馆（长兴县）、嘉善县图书馆、海宁非物质文化遗产展示馆、平湖市博物馆、南浔区博物馆、九里桑园——中国蚕桑丝绸文化世遗主题园（嘉兴市）、诸暨剧院、江山市文化艺术中心项目二期、岱山县海洋艺术中心、鲁家峙文化创意园区（普陀区）、温岭市图书馆、临海市文化中心、天台县文化中心、台州市心海文化生态园（椒江区）、庆元县文化中心、遂昌县文化中心、云和剧院、景宁县畲族原生态文化保护示范区
基层公共文化设施建设	以中心镇、社区、村文化设施建设为重点，全面实现县有三馆（文化馆、图书馆、博物馆），乡有一站（综合文化站），村（社区）有一中心（文化活动中心或文化活动室）。	

（二）基层公共文化设施提升计划

1. 推进“两馆一站”建设，争取县级图书馆上等级馆比例达 90% 以上，其中一级馆 1/2 以上；县级文化馆上等级馆达 80% 以上，其中一级馆 1/2 以上；乡镇（街道）全部建有符合省定建设标准和功能的综合文化站，上等级综合文化站达 70% 以上，特级站和一级站比例在 1/3 以上。

2. 加强对乡镇综合文化站的设备配置，提升综合服务能力。

3. 探索推进省级中心镇图书馆（县图书馆乡镇分馆）建设。

4. 加强村落（社区）文化圈建设。以中心村为依托，在全省建设 4000 个以“乡村戏苑”、共享工程基层服务点、村图书阅览室为主要内容的村文化活动中心。

5. 完善各类文化设施管理制度。

（三）文化示范工程

1. 创建浙江省公共文化服务体系建设示范区 10 个、示范项目 20 个，争创国家公共文化服务体系建设示范区 2–3 个、示范项目 4–5 个。

2. 新创建浙江省文化先进县近 20 个，全国文化先进单位 3 个，使全省 2/3 以上的县（市、区）成为省级以上文化先进县，其中全国文化先进单位（县）的比例达到 1/3。加强对欠发达地区创建文化先进县的指导，力争使 1/2 以上的欠发达县（市、区）进入省级文化先进县行列。

3. 创建 150 个浙江文化强镇。

4. 创建 500 个省级文化示范村（社区）。

5. 培育 60 个民间文化艺术之乡。

（四）六大重点文化产业

1. 演艺娱乐业。打造一批艺术表演团体和品牌剧目，进一步扶持民营表演团体发展，发展覆盖全省剧院的文艺演出院线，推动演艺娱乐产业向多元化、品牌化、集约化方向发展。

2. 动漫游戏业。以杭州“中国动漫之都”和宁波“国家级动漫原创基地”建设为重点，建设国内具有重要影响力的动漫游戏产业中心。

3. 网络文化经营业。进一步推动互联网上网服务营业场所实行连锁经营，打造 1–3 个知名网上文化交易平台，建成 1–2 个业内知名的数字企业孵化器。

4. 艺术品和工艺美术经营业。进一步培育和促进特色产业集群的发展，培养国家级、省级工艺美术大师，完善金融支持艺术品交易的融投资体系。

5. 文化创意和设计业。重点培育杭州、宁波和温州三大创意能力突出、辐射能力较强的综合性创意城市，以及嘉兴、台州、义乌三大专业化水平较高并具有地域经济文化特点的特色创意城市。

6. 文化旅游和会展业。挖掘各地特色文化资源，开发文化旅游景点和旅游活动，打造一批文化旅游知名品牌。

（五）文化产业服务平台

1. 交易平台：搭建浙江动漫衍生产品交易中心、浙江文化艺术品交易所。

2. 融资平台：设立由国有企业主导的“文化产业基金”，引导更多的民营资金进入文化产业。与银行等金融机构建立长期合作关系，不断扩大合作领域。鼓励金融机构制定适合文化产业发展的融资模式。

3. 品牌培育平台：借助高校研究力量，搭建浙江省文化品牌研究中心，帮助中小文化企业塑造品牌。

4. 研究平台：整合高校资源，与浙江大学合作筹建文化产业学院，与中国美院合作成立动漫研究基地，与浙江工业大学合作建立文化科研基地，与浙江财经学院合作建立文化产业统计指标研究基地。

（六）文化市场监管体系建设工程

1. 基本建成覆盖城乡的文化市场监管体系。深化文化市场综合执法体制改革，构建统一规范、科学完备的综合执法制度体系。

2. 建设文化市场技术监管平台。编制文化市场技术监管体系标准，逐步建成覆盖全省的统一、高效的文化市场数字化技术监管系统。

3. 加强执法队伍装备建设。配备执法车辆，购置必备的调查取证、内容审查、技术监控等执法装备。力争每个县（区）执法机构配备不少于 2 台执法车辆，3 套基本执法装备；每个地市（含副省级城市）执法机构配备不少于 4 台执法车辆，5 套基本执法装备。统一发放执法证件、配备执法标志。

4. 建设省、市、县三级“12318”举报监督系统，建立省、市、县三级举报平台和综合执法指挥系统。

（七）文化艺术精品工程

1. 设立浙江省文化艺术精品政府奖，启动浙江省青年美术家、书法家年度“双十佳”展评活动。

2. 建立浙江省优秀保留剧目制度，每年从全省范围内精心评选出 10 台左右优秀保留剧目，组织展演活动。“十二五”期间，推出京剧、昆剧、越剧、绍剧、婺剧等各艺术门类 50 台左右优秀保留剧目。

3.“十二五”期间，力争平均每年有 1–2 台（部）作品在“国家舞台艺术精品工程”、中宣部“五个一工程奖”、文化部“文华奖”、“群星奖”等国内外重大艺术评比中取得好成绩。

（八）文化品牌培育工程

1. 重大文化艺术活动品牌。继续办好浙江文化艺术节、中国越剧艺术节、浙江省戏剧节等品牌性重点文化艺术活动，力争每年都有全省性文化艺术活动和重大主题活动。

2. 省级公益性文化品牌。着力打造“钱江浪花”艺术团文化直通车下基层演出，“雏鹰计划”优秀儿童剧巡演活动，民族艺术、高雅艺术进校园等公益性文化品牌。

3. 重大文化节庆活动品牌。深入扶持全省各地已举办多届、具有鲜明地方特色和广泛影响力的重大文化节庆活动，争取使总数扩大到 25 项。

4. 群众文化活动品牌。打造 100 个市级群众文化活动品牌，300 个县级群众文化活动品牌，培育 10 个群众文化“良种”基地。结合“群星奖”评选，开展为农服务优秀作品“八个一百”评选活动。继续抓好浙江省老年文化艺术周、残疾人文化艺术周、中小学生艺术节等特色文化活动。

（九）民营文艺表演团体扶持计划

1. 加大对民营文艺表演团体的扶持力度，在公共文化服务政府采购等项目上，向民营文艺表演团体定向采购。

2. 规范民营文艺表演团体从业人员、中介人员、管理人员的培养与培训机制，建立国有院团和民营文艺表演团体良性互动机制。

3. 鼓励民营文艺表演团体参加政府主办的各类重大节庆文化活动，并对优秀剧节目和演职员予以表彰和奖励。

4. 积极推荐有特色高水准的民营文艺表演团体参加对外演出和国际文化交流活动，开拓国外演出市场。

（十）文化遗产名录体系申报管理计划

1. 推进世界文化遗产申报工作，在杭州西湖 2011 年申遗成功的基础上，力争大运河（浙江段）在 2014 年申遗成功，良渚遗址早日列入我国申报世界文化遗产提名项目。

2. 争取全国重点文物保护单位总数达 330 处左右，省级文物保护单位达 800 处左右，市、县级文物保护单位达 5000 处左右。

3. 积极申报“人类非物质文化遗产代表作名录”和国家级非物质文化遗产名录，保持浙江领先优势，提升浙江非物质文化遗产的影响力。

4. 新公布非物质文化遗产省级名录300项左右，市级名录500项左右，县级名录900项左右。

（十一）文物保护工程

1. 重要不可移动文物抢救保护计划。对一批具有突出历史、艺术、科学价值的省级以上文物保护单位进行重点抢救修缮，争取第一至第六批全国重点文物保护单位和第一至第五批省级文物保护单位的重大险情排除率达到100%，第七批全国重点文物保护单位和第六批省级文物保护单位的重大险情排除率达到70%。

2. 大遗址保护计划。以史前遗址、越国遗址、瓷窑遗址等为重点，确保列入国家大遗址项目库的大遗址保护规划编制完成率达到100%，争取有1 – 2处大遗址被列为国家考古遗址公园。

3. 水下文物保护与考古计划。加强与国家博物馆水下考古中心的合作，重点组织实施东海海域水下文化遗产保护项目、海上丝绸之路水下调查和研究项目、象山渔山清代沉船等水下考古发掘项目。

4. 博物馆免费开放提升计划。建立和健全博物馆免费开放的绩效评估机制，重点扶持原创性、专题性展览，；积极推动民办博物馆的发展，鼓励、支持一批有条件的行业博物馆、民办博物馆对社会免费开放。

5. 国家文化遗产保护科技区域创新联盟试点深化计划。参与国家“中华文明探源工程”、“指南针计划”相关课题2–3个，开展科技考古、文物保护传统工艺科学化、潮湿环境大遗址保护等6方面共性、关键技术研发，争取文物保护科技成果数量达到10–15项。

6. 可移动文物保护与管理计划。实施馆藏受损珍贵文物的技术保护，馆藏一级文物建档率达到100%，馆藏二、三级文物建档率达80%，完成馆藏文物保存环境达标工程的设区市博物馆达80%。

7. 古籍保护计划。基本完成全省公共图书馆、博物馆和教育、宗教、民族、文物等系统的古籍收藏和保护状况普查，建立《浙江省珍贵古籍名录》和全省古籍保护、修复网络。

（十二）非物质文化遗产保护传承工程

1. 非物质文化遗产抢救保护计划。制订出台省级非物质文化遗产名录项目保护与管理办法，设立浙江省非遗保护成果奖，每年推出20个国家级、省级非物质文化遗产名录项目保护示范项目。继续培育100项左右以传统表演艺术为重点的非物质文化遗产精品项目。

2. 非物质文化遗产传承发展计划。继续认定与命名省、市、县三级非物质文化遗产名录项目代表性传承人，五年内新认定300名左右省级代表性传承人；全省建立省市县级非遗项目传承基地300个，传承教学基地200个，传统节日保护基地50个，生产性方式保护基地50个。

3. 非物质文化遗产展示共享计划。争取设立浙江省非物质文化遗产馆，60%的设区市建成非物质文化遗产馆或展示中心，40%的县（市、区）建设符合当地实际的综合或专题性非物质文化遗产展示中心。

4. 非物质文化遗产生态区建设计划。推进象山国家级海洋渔文化生态保护实验区建设，积极申报新的国家级文化生态保护实验区；在全省建立30个省级文化生态保护实验区，研究制订《浙江省文化生态保护实验区管理暂行办法》。

5. 非物质文化遗产研究应用计划。完成100个非物质文化遗产重点项目专项调查；建立省级非物质文化遗产数据库，60%以上的市、县建成非物质文化遗产数据库；继续编纂出版《浙江省非物质文化遗产代表作丛书》，编制《浙江省非物质文化遗产资源分布地图集》；加强非物质文化遗产保护实证性研究和专门史研究。

（十三）对外对港澳台文化交流促进工程

1. 对外总体战略文化服务提升计划。配合文化部的总体计划和部署，积极参与国家组织实施的大型对外文化活动；全力参与省委、省政府在外国和港澳台地区举办的浙江周和其他活动。

2. 对外文化品牌塑造计划。充实并丰富文化外宣品牌的内涵，大力推动浙江文化艺术“走出去”；“十二五”时期，计划在西班牙、美国、英国、西亚北非地区、欧亚地区举办“中国浙江文化节”，每年举办一届“台湾·浙江文化节”。

3. 对外文化精品培育计划。重点打造20个优秀戏曲、民乐、杂技和展览类的产品；实施“一市一品”工程；完成浙江省对外文化交流和文化贸易项目库建设。

4. 对外文化贸易促进计划。重点扶持2–3个文化贸易项目成功进入国际文化市场，培育文化产品贸易和服务的中介机构，构建本省与海外文化经纪和服务机构的合作网络。

5. 对外文化交流渠道拓展计划。借助对外友好省州（城市）关系和华侨华人的亲缘优势，积极开展文化交流与合作；充分利用中国驻海外文化中心的阵地，加强我省文化艺术教育等信息输出；建立浙江省对外文化交流厅级协调机制及省文化厅与各市、县（市、区）文化局对外文化工作指导协调机制。

（十四）文化人才培养工程

1. 艺术教育提升计划。到2015年，实现全日制在校生人数达到5000人的办学规模；开展各种社会艺术培训活动和社会文化服务活动，力争年均达到4000人次；整合和优化艺术教育资源，进一步指导推动市县艺术教育事业的发展，进一步提升浙江艺术职业教育水平。

2. 高层次文化艺术人才培养计划。深入实施省属文艺院团专业技术人员素质教育；构建高层次人才培养选拔体系；建立省级优秀文化人才信息库。

3. 青年文艺人才培养计划。高质量实施全省青年艺术人才培养“新松计划”。争取在“十二五”期间，推出50名左右优秀青年创作、表演人才。

4. 基层文化队伍素质提升工程。加强乡镇综合文化站的人员配备，逐步建立一支素质较高、人员稳定、专兼职相结合的基层文化队伍；每年组织培训农村文化队伍1万人次；力争实现建有1支以上的农（居）民业余文化活动队伍的行政村（社区）比例达85%。

5. 文化创新型人才培养计划。重点培育一批文化科技创新创业领军人才，加大创新型人才引进力度；培育10个文化创新团队，其中重点打造3个具有国际影响、能够突破核心技术、实现产业技术跨越的文化产业创新团队。

6. 文化经营管理人才培养计划。支持高等院校、职业院校建设文化产业人力资源相关学科和专业；培养引进动漫、游戏、演艺、网络经营、艺术品经营等重点优势产业紧缺专业人才；每年重点支持20名文化产业重点企业经营管理领军人才赴境外培训，100名企业经营管理团队核心人才参加国内高校专题研修；定期组织文化产业论坛。

7. 对外文化交流人才培养计划。指导推动市级文化广电新闻出版局成立外事工作部门，配备专职工作人员；培养一批熟悉国际文化市场营销的对外文化经营人才和专业经纪人才。

8. 文化遗产保护人才培养计划。推动各级文化遗产保护机构和人员队伍建设。建立分级负责的培训体系；调整和充实省级非物质文化遗产专家库，建立见习专家制度；充分发挥高校和省非物质文化遗产研究基地培训人才的积极作用。重点培养一批高水平、高素质的水下文物管理和研究复合型人才，争取至“十二五”期末全省水下文物保护人才总量在15人以上；培养一支可移动文物修复保护的技术队伍。

9. 党政干部能力建设培训计划。加强省级文化系统党政干部的教育培训，不断提高指导文化建设发展的能力和依法行政的能力；加强全省各级文化行政干部的教育培训，不断提高政策理论水平和岗位履职能力；实施浙江省文化市场综合执法能力提升工程，全面加强全省文化市场综合执法队伍建设。

五、保障措施

（一）强化组织领导

加强对文化建设的领导。进一步提高各级政府对文化建设重要性的认识，建立健全文化建设的领导组织机构，完善文化市场管理、文化遗产保护、对外文化工作等方面的统筹协调机制，为文化建设提供强有力的组织保障。

研究制定文化发展目标考核测评体系。深入开展公共文化服务体系理论研究工作，研究建立公共文化服务考评标准体系。加强文化产业基础研究，完善文化产业统计指标体系。完善艺术创作评价机制，改革和完善艺术评价，发挥优秀艺术作品和优秀艺术人才的示范和导向作用。

动员全社会力量参与文化建设。加强干部文化素养培育，将文化建设纳入各级党校干部培训的内容，加强有关职能部门之间的合作，普及文化共享理念，提升公民文化素质，充分调动人民群众的积极性和创造性，形成共同推进文化建设的良好格局。

（二）加大文化投入

进一步加大公共财政对文化的投入力度，完善文化投入专项资金制度，建立财政投入稳定增长机制。整合省级文化专项资金，设立浙江省农村公共文化服务建设专项资金、浙江省物质文化遗产保护与征集专项资金、浙江省非物质文化遗产保护专项资金、浙江省舞台艺术繁荣发展专项资金、浙江省文化交流专项资金五大专项资金。加大对重大文化产业项目、企业和基地建设的投入力度。

改革政府对文化事业的投入方式。进一步加大财政投入向基层、农村特别是欠发达地区的倾斜力度。对一些公共文化产品、服务项目、文化活动，引入竞争机制，提高资金使用效益。完善公共文化活动项目的立项、申报、评估制度。创新文艺精品创作扶持办法，推动公共文化设施土地使用纳入土地利用总体规划和城乡规划，积极争取各级政府对用地等方面的支持。

建立多元化投入机制。认真落实国家支持文化事业发展有关政策，从城市住房开发投资中提取1%用于社区公共文化设施建设。完善公益捐赠和赞助优惠政策，资助文化建设或自建面向公众开放、非赢利性的图书馆、博物馆等文化设施。进一步发挥财政资金的杠杆作用，探索以政府投入为引导、鼓励吸收民间资本参与为主要方式的投资新模式。

（三）深化文化体制改革

推进文化宏观管理体制改革。推进依法行政，进一步规范行政行为，提高行政效能和服务水平。进一步强化综合执法队伍建设，完善长效管理机制。强化行政监督，加强党的建设和反腐倡廉长效机制建设。

深化微观运行机制改革。深化公益性文化事业单位改革，推进人事、收入分配和社会保障制度改革。按时完成全省经营性文化事业单位转企改制，建立现代企业制度。指导推动新远文化产业集团发展成为跨行业、跨地区的国有文化龙头企业。完成国办文艺院团转企改制任务，深化保留事业体制院团的内部管理机制改革。

推动文化创新。设立浙江文化创新奖，营造崇尚文化创新的社会氛围。推动文化创新成果的运用和推广。培育重点文化创新主体，实施一批文化创新项目。鼓励文化产品原创，提升文化创意水平。

（四）完善文化政策法规

健全文化产业政策。认真落实《国务院办公厅关于印发文化体制改革中经营性文化事业单位转制为企业和支持文化企业发展两个规定的通知》（国办发〔2008〕114号）、《浙江省人民政府办公厅关于支持文化体制改革和文化企业发展的意见》（浙政办发〔2009〕104号）等有关优惠政策。推进文化产权认定和评估机构建设，对文化产业用地给予优惠政策，完善价格政策，降低文化企业生产经营成本。鼓励和引导各类社会资本进入文化产业领域，支持民营文化企业健康发展。

完善文化体制改革相关政策。积极争取有关部门支持，多渠道筹集资金。对转企改制的国办文艺院团，加快完善政府采购、场次补贴等政策。对经营性文化事业单位转制中资产评估增值涉及的税收给予适当的优惠政策。

建立健全文化贸易促进政策。用好用足国家、我省扶持文化产品和服务出口的政策，进一步制定扶持文化出口优惠政策。

加强文化法规建设。加快地方性文化立法进程，修改完善已有的文化法律法规，抓紧研究制定《浙江省乡镇综合文化站管理办法》《浙江省文化市场综合行政执法条例》等地方性法规或政府规章，营造良好的法制环境。

浙江省文化服务业“十二五”发展规划

一、指导思想

以邓小平理论和“三个代表”重要思想为指导，全面贯彻落实科学发展观，深入实施“八八战略”和“创业富民、创新强省”总战略，以加快建成文化大省为目标，以满足人民群众日益增长的精神文化需求为重点，以转变文化服务业发展方式为主线，以体制机制创新和科技进步为动力，深入推进文化“三大体系”和“八项工程”建设，加快构建覆盖全面、较为完备的公共文化服务体系，加快形成具有较强综合实力和竞争力的文化产业发展体系，加快发展文化服务业，不断提高其在文化产业中的比重，促进经济转型升级，加快推动浙江文化大发展大繁荣，为全面建成惠及全省人民的小康社会提供强有力的精神动力、智力支持和文化条件。

二、基本原则

——以人为本，协调发展。坚持社会主义先进文化前进方向，正确处理“两种属性”（意识形态属性、经济属性）和“两个效益”（社会效益、经济效益）的关系，弘扬主旋律、提倡多样化，统筹公益性文化事业与经营性文化产业，最大限度地满足人民群众日益增长的精神文化需求，努力实现社会效益与经济效益的最大化。

——政府引导，市场运作。抓好政府规划引导，强化政策扶持，推进文化管理体制改革，不断优化文化发展环境；坚持以市场为导向，以企业为主体，加快壮大国有或国有控股的骨干文化企业，充分利用我省民间资本充裕的优势，加快民营文化服务业的发展。

——统筹兼顾，发挥优势。充分调动各方力量，努力形成多元投入、协力发展的新格局；充分利用各地的文化特色资源，进一步发展壮大优势文化产业，培育一批体现浙江地域特色的文化服务业项目和基地。

——改革创新，增强活力。始终把文化创新作为发展的基点和动力，大力创新文化生产、传播、流通、消费方式，提高文化服务的科技和品牌含量，加快文化人力资源开发和高端人才培养，全面提升我省文化服务业整体素质和核心竞争力。

三、发展目标

力争到2015年底，全省文化服务业实现跨越式发展。具体要达到以下发展目标：

——产业总量显著提高。文化服务业总产出、增加值的年均增长速度明显高于同期经济增长速度，在地区生产总值中的比重进一步提高。文化服务业年均增长20%，2015年实现增加值900亿元、占文化产业增加值比重的一半以上。

——业态结构不断优化。在实现文化服务业整体较快发展的同时，进一步加快发展面向大众的广播影视服务、动漫游戏、演艺娱乐、文化体育休闲、网络文化、阅读服务、艺术品鉴赏等重点服务业，大力发展数字电视、手机传媒、网络视听、数字出版等新兴文化业态，积极发展面向文化企业和其他企业两个层次的文化服务，推动有条件的文化企业进行跨地区、跨行业、跨所有制的资源整合和兼并重组，积极打造文化领域战略投资者。

——公共文化服务能力明显增强。按照体现基本性、公益性、均等性、便利性的要求，加快构建覆盖全省城乡的公共文化服务体系，让文化发展成果最大程度地惠及全省人民。城乡公共文化服务基本实现均等化，公共文化服务的各项指标位居各省区前列。

——文化消费稳步增长。生产更多更好的文化产品和服务，不断满足人民群众日益增长的精神文化需求。积极引领人民群众转变消费观念，鼓励文化娱乐服务类消费，提升文化消费水平。

——文化创新加快推进。加快推进体制机制创新，建立健全以市场为导向、企业为主体、产学研相结合的文化创新体系。把运用高新科技作为发展文化服务业的新引擎，广泛运用数字技术、网络技术的最新发展成果，积极推进“三网融合”，加快构建覆盖广泛、技术先进的文化传播体系。进一步提升文化策划和原创水平，努力打造一批具有自主知识产权和核心竞争力的文化品牌。

——文化市场更加健全。发挥市场在文化资源配置中的基础性作用，促进各种文化要素的合理流动。加强和改善政府对文化市场的管理，充分发挥文化行业协会和中介机构的作用，推进文化流通渠道建设，培育文化展示和推介平台。统筹发展城乡文化市场，拓展文化消费领域，扩大文化服务出口，培育一批外向型骨干文化企业和国际知名品牌。

四、重点任务

（一）大力发展面向社会公众的生活性文化服务业

1. 阅读服务业

进一步做优党报、做强都市报、做专专业报、做新县市报，满足人民群众多层次和个性化的新闻资讯需求。

2. 广播影视服务业

切实提升整体规模和能力，提高面向大众的传播服务水平，力争使广播影视业成为引领我省文化产业振兴发展、满足人民群众多样化多层次多方面精神文化需求的重要渠道。广播影视节目和产品更加丰富多样，电影、电视剧和影视动画生产稳步增长，力争年生产电影30部、电视剧1500部（集）以上、纪录片200部（集），质量显著提高，内容产业更加繁荣。

3. 动漫游戏服务业

提升动漫原创能力和水平，创作生产更多内容健康、艺术性强、体现社会主义核心价值体系的动漫产品。

4. 网络文化服务业

加大培育和资源整合力度，把浙江在线等新闻网站打造成为“权威媒体，大众网站”，着力构建多媒体资讯内容提供平台和网上舆论引导的重要阵地。鼓励创办各种电子商务网站、文化信息服务网站，大力发展网络视频、网络音乐等新兴业态，推进网络文化企业规模化、品牌化、连锁化建设，把互联网上网服务业打造成高科技、低价位、大众化的规范健康的现代文化娱乐行业。到2015年，争取实现50%的互联网上网服务营业场所实行连锁；打造1–3个知名网上文化交易平台；建成1–2个业内知名的数字企业孵化器。

5. 演艺娱乐服务业

大力发展歌舞、音乐、戏剧、曲艺、杂技等演艺业，进一步丰富人民群众的文化娱乐生活。完善演出市场网络体系，推动浙江演艺市场向多元化、品牌化、集团化方向发展。

6. 群众文体服务业

加强规划布局，构建布局合理、便于参与、覆盖全面、利用有效的文体服务网络，实现城乡基本公共文化服务一体化、均等化。加快建设文化馆、图书馆、博物馆、乡镇综合文化站、村（社区）文化活动室等公共文化设施。

7. 文化旅游服务业

依托浙江丰富的自然生态人文旅游资源，推进文化与旅游产业的融合发展，大力发展民俗文化、水乡古镇、生态文化、海洋文化、畲族风情等文化旅游，打响“诗画江南、山水浙江”的文化旅游品牌。

8. 艺术品鉴赏服务业

培育规范、健康、高雅的艺术品收藏、鉴赏服务业，不断满足人民群众艺术品鉴赏需求。加快基础设施建设，建设一个整合全省工艺美术资源、规模大、品位高、品种多、配套齐的工艺美术场馆，筹建具有交易收藏展示功能、交流服务功能、科研培训功能和旅游观光功能的“工艺美术园”和“民间收藏博览园”。

（二）大力发展面向企业的生产性文化服务

1. 创意设计服务业

充分发挥文化在产业转型升级中的作用，强化创意设计和品牌营销，提升浙江工业产品的品质和附加值。

2. 文体用品流通业

结合产业结构调整，大力发展书报刊、电子音像制品、文体用品、艺术品等专业性实体市场，推动文体制造业转型升级。

3. 文化会展服务业

以打造国际知名会展目的地、全国重要的会展中心为目标，加快会展业专业化、市场化、国际化进程，加快培养和引进会展业专门人才，完善会展中介机构体系，培育一批具有国际竞争实力的会展市场主体。

4. 广告策划服务业

大力发展广播影视广告、报刊广告、户外广告和新媒体广告，扶持发展网络广告等新兴广告业态。

五、保障措施

（一）加强组织领导

充分发挥省、市、县文化建设领导小组的作用，加强对文化服务业发展的组织领导、统筹协调和督促指导。研究制定全省公共文化服务体系建设和考评标准，支持建立文化产业作品版权登记补助制度，探索建立符合国际惯例和国家统计要求、体现文化及相关产业发展规模和水平的统计指标体系，制定文化及相关产业发展绩效考核评价奖励办法。

（二）加大文化投入

进一步加大公共财政对文化建设的投入力度，建立财政投入稳定增长机制。

（三）深化文化体制改革

深化国有文化单位改革，推动建立健全现代企业制度。支持国有文化集团跨地区覆盖、多业态经营、跨行业拓展，打造文化领域的战略投资者。进一步推动政府职能转变，实现政企分开、政事分开、管办分离，不断优化文化发展环境。

（四）引导促进文化消费

适应城乡居民文化消费需求变化的新趋势，加快发展大众性文化消费市场，开发中高端消费市场，培育特色文化消费，努力培育扩大文化消费。

（五）建立健全文化产业投融资平台

筹资设立省文化产业投资基金，运作好东方星空文化投资基金，鼓励设立社会化文化产业发展基金或文化产业投资公司，吸引更多社会资本参与文化产业发展，逐步建立多元化、社会化、公共化的投融资体系。探索建立文化产业投资风险评估和分摊机制，鼓励组建文化产业融资担保中介机构和知识产权专利评估机构，鼓励担保和再担保机构开发适应文化产业的贷款担保业务。发挥产权交易所的投融资服务功能，为知识产权拍卖和交易等提供一站式服务，为文化企业充分利用无形资本进行融资创造条件。加强银行与文化企业的对接合作，支持符合条件的文化企业通过发行企业债券的方式，投资开发战略性、先导性的文化项目，大力推进文化企业上市融资，打造文化企业上市的“浙江板块”。

（六）加大政策扶持力度

贯彻执行《国务院关于非公有资本进入文化产业的若干决定》（国发〔2005〕10号）、《国务院关于鼓励和引导民间投资健康发展的若干意见》（国发〔2010〕13号）等文件，根据文化产业不同类别，通过独资、合资、合作等多种途径，积极吸收社会资本和外资进入政策允许的文化产业领域，参与国有文化企业的股份制改造，培育一批大型民营文化企业。在工商登记、土地征用、规费减免、财政扶持、信贷等方面，给予民营文化企业与国有文化企业同等待遇。制订《浙江省文化服务业投融资项目指南》，对符合国家政策的文化服务业项目，在立项、报建、项目用地、配套建设和服务等方面给予支持；同时，积极向社会推介，引导金融机构优先给予信贷支持，引导各类投资基金进入。贯彻落实《文化体制改革中经营性文化事业单位转制为企业和支持文化企业发展的两个规定》，落实相关的税收优惠政策，调整完善现有税费政策，支持文化产业发展。对国家需要重点扶持的高新技术企业，减按15%的税率征收企业所得税。文化企业开发新技术、新产品、新工艺发生的研究开发费用允许在计算纳税所得额时加计扣除。认真贯彻《关于进一步加强和改进文化产品和服务出口工作的意见》（中办发〔2005〕20号）等，以我省服务贸易专项资金为导向，引导和推动文化产品和服务更多地“走出去”。

（七）打造文化发展服务平台

以各种园区（基地）为依托，为文化企业提供相应的基础设施保障和政策、人才、信息、金融等生产要素的公共服务活动。积极协调有关部门，落实基础设施建设、土地使用、税收政策和投融资等方面的优惠政策，加强基础环境和产业要素建设，培育具有核心竞争力和辐射力的骨干文化企业，推动形成20个具有全国影响、集聚效果明显和产业特色鲜明的文化产业集聚基地。加大招商引资力度，加快园区公共平台建设，向入区企业提供优质服务，形成产业集聚和规模效应，真正使集聚基地成为文化科技创新的孵化器、文化企业快速成长的助推器、文化产业集约发展的大平台。

（八）加强文化人才队伍建设

推进理论、新闻、出版、文艺和文化经营管理等“五个一批”人才工程建设，努力培养一批在国内外具有重要影响的文化人才。依托浙江大学、中国美术学院、浙江工业大学、浙江理工大学、浙江传媒学院等高校师资科研力量，探索产学研一体化人才培养机制，着力培养创意人才、经营管理人才、产业营销人才和各类高层次专门人才。开设文化经营管理人才培训班，培养一批熟悉市场经济规律，懂经营、善管理的文化人才。注重吸引财经、金融、科技等领域的优秀人才和海外文化创意、研发、管理等高端人才进入文化领域。建立健全人才激励机制，采取签约、项目合作、技术入股等方式，鼓励以岗位聘任、项目聘任等多种方式集聚文化人才，设立“文化产业十大领军人物”等文化产业杰出人才专门奖项，提高优秀人才的表彰和奖励力度，为我省文化服务业的振兴发展提供强有力的人才保障。

福建省“十二五”文化改革发展专项规划

一、指导思想

高举中国特色社会主义伟大旗帜，以邓小平理论和“三个代表”重要思想为指导，深入贯彻落实科学发展观，坚持社会主义先进文化前进方向，遵循文化发展特点和规律，以科学发展为主题，以加快转变、跨越发展为主线，以体制改革和科技进步为动力，以建设社会主义核心价值体系为根本，以满足人民群众的精神文化需求、促进人的全面发展为出发点和落脚点，推动文化体制改革和机制创新，健全完善公共文化服务体系，加快发展文化产业，积极引导文化产品创作生产，不断解放和发展文化生产力，充分发挥文化引导社会、教育人民、推动发展的功能，加快建设文化强省，大力推动海峡西岸经济区文化大发展大繁荣。

二、基本原则

（一）突出民生优先

始终坚持以人为本，将保障和改善民生摆在文化发展的优先位置，关注民生、保障民生、改善民生，深入了解广大群众所思、所想、所盼，准确把握人民群众对精神文化生活的新期待，把群众满意不满意、接受不接受、认可不认可作为文化发展的最终衡量标准，满足人民群众日益增长的精神文化需要，保障人民群众基本文化权益。

（二）突出跨越发展

按照加快海峡西岸经济区建设阶段性发展目标，“好”字优先，能快则快，着力在服务大局、服务群众、服务发展中求作为，着力在加快海峡西岸经济区建设中作支撑，着力在全国对台文化交流合作中求先行，着力在构建有利于文化科学发展的体制机制中求实效，努力促进文化又好又快发展。

（三）突出先行先试

牢牢抓住两岸关系和平发展的重要机遇期，充分发挥福建独特的“五缘”优势，用好用足中央赋予海峡西岸经济区的先行先试政策，以先行抢占先机，以先试闯出新路，不断创造文化发展的新优势，大力促进两岸文化交流合作向更广范围、更大规模、更高层次迈进。

（四）突出改革创新

继续推进国有经营性文化单位转企改制，深入推动公益性文化单位改革；加快推动文化市场体系向统一开放、竞争有序转变；更好履行政府文化部门政策调节、市场监管、社会管理、公共服务的职能。大力推进文化观念、内容、形式、传播手段、风格、流派、业态、科技创新，不断增强文化发展生机和活力，努力创造以中国气派、福建特色、时代精神、现代风格为核心的福建文化。

（五）突出统筹兼顾

增强文化建设的系统性、综合性，科学规划，统筹安排，分步实施，全面推动文化建设各个方面相互促进、良性互动、和谐共进。统筹城乡区域文化发展，积极推进文化资源向农村、基层和欠发达地区倾斜；统筹文化保护和开发，加强历史文物和非物质文化遗产传承和利用，大力发展民间文化；统筹政府力量和社会力量，发挥政府主导作用，鼓励和引导社会资本投入文化建设，形成推动文化建设的强大合力；统筹文化产品的生产与传播、文化资源的存量改革和增量发展，努力实现和谐社会共建共享。

三、发展目标

——到 2015 年，形成与海峡西岸经济区经济社会发展相适应、与提前实现全面建设小康社会的奋斗目标相适应的文化发展格局，努力实现文化发展的主要指标位居全国前列，文化强省建设取得重大进展，把我省建设成为全国重要的自然和文化旅游中心、两岸文化交流的重要基地和全国重要的文化产业基地，力争精神文明建设、未成年人思想道德建设和文化产业发展成为全国示范。

——到2015年，建成比较完备的省、市、县（区）、乡（镇）、行政村五级公共文化服务体系，实现“县有博物馆、图书馆、文化馆、数字电影院、剧院”，“乡镇有综合文化站”，“社区有文化活动中心”，“村有文化活动室、农家书屋”。全省50%以上的公共博物馆达到国家三级以上博物馆的标准；设区市级图书馆、文化馆全面达到国家二级以上标准。

——“十二五”期间，文化产业加快发展，基本建立结构合理、特色鲜明、政策体系完善、效益逐步显现的文化产业运行框架，形成报刊服务、出版印刷发行、广播影视、演艺娱乐、文化旅游、文化创意、动漫游戏、文化会展、广告、工艺美术等十大文化产业群，形成一批在全国乃至国际上有一定知名度的文化品牌，拥有一批在全国有实力、有竞争力的文化企业或企业集团。到“十二五”末，实现文化产业增加值保持两位数增长，占GDP比重达8%以上，成为国民经济支柱性产业。

——“十二五”期间，文化艺术水平大幅提升，精品力作数量增加。一批体现民族特色和福建水准的文化项目和艺术院团得到大力扶持。福建戏曲舞台艺术领先优势继续巩固，全省性重大文化活动的规划与指导进一步加强，福建艺术节、音乐舞蹈节等重要文化活动效应凸显。文化科技创新和推广力度加大，文化与科技进一步有效融合。以数字化生产、网络传播为主要特征的新兴文化业态加快发展。

——“十二五”期间，文化遗产保护发展走在全国前列。全国重点文物保护单位的总量与类别位居全国前列。加强涉台文物保护工程建设，加大历史文化名城名镇名村和海防遗址保护力度。建成一批古籍书库、古籍展览馆、非物质文化遗产专题博物馆、民俗博物馆和传习所。支持非物质文化遗产代表性传承人开展授徒、传艺、交流等活动。

——“十二五”期间，加快对台对外文化交流，打造两岸文化交流重要基地。在重点国家和地区集中开展“福建文化周”、“福建影视周”、“福建非物质遗产博览”、“福建文化艺术品推介展”等活动。努力建立闽台文化交流长效机制，“五缘”优势突出，先行效应彰显。以闽南文化、客家文化、妈祖文化交流为重点，推动海峡两岸文化产业博览交易会、海峡两岸图书交易会、“妈祖之光”、“福建文化宝岛行”、“客家神韵”、闽南文化节、福建族谱展等活动入岛交流，做到“请进来”和“走出去”相结合，官方交流与民间交流相结合，公益性交流与商业性运作相结合，闽台两地文化多层次、宽领域交流合作格局进一步拓展，闽台文化交流居大陆各省（市、区）之首，福建成为两岸文化交流合作重要基地。

——“十二五”期间，文化体制改革重点任务全面完成。2012年底前完成文艺院团、非时政类报刊社、重点新闻网站转企改制和广电网络整合工作。国有经营性文化单位法人治理结构逐步完善，现代企业制度逐步建立。公益性文化单位内部人事、收入分配和社会保障制度改革深入推进。

四、重点任务

（一）公共文化服务工程

1. 文化重点工程建设

主要是海峡演艺中心、海峡文化广场、福建省图书馆改扩建暨海峡数字图书馆、福建省歌舞剧院综合楼、福建人艺剧场、福建省艺术馆新馆、福建省非物质文化遗产保护中心、海峡（永泰）影视文化创意产业基地、海峡出版合作中心等项目建设。加快中心城市综合性大型文化设施和社区文化设施建设。积极推动厦门大剧院、泉州大剧院、龙岩汉剧剧院、宁德大剧院、泉州歌舞剧团新团址、龙岩艺校搬迁重建、漳州招商局经济技术开发区文化广场等项目建设。

2. 文化场馆建设

大力推进县（市）城区数字影院建设；积极推进福州、漳州、泉州、龙岩、三明、南平、宁德、莆田八个市级公共图书馆建设，积极推进福州、漳州、龙岩（含非遗保护中心、美术馆）、莆田（含非遗保护中心、莆田市画院）、三明、南平六个市级文化馆和三明、莆田市博物馆项目建设；加强基层文化场馆建设，支持改扩建未达标的县级图书馆、文化馆，加强乡镇文化站、社区文化中心、村级文化设施建设。

3. 农村文化服务

大力推进农村有线广播村村响工程、广播电视户户通工程和农村电影放映工程建设，推进无线覆盖工程建设、地面数字电视覆盖工程建设。积极培育农村出版物市场和扶持农村出版物发行连锁网点建设，加快农家书屋工程建设，建立农村阅报栏，已建成的农家书屋出版物年更新率力争达到10%。大力实施全民阅读工程。

（二）文化体制改革创新工程

1. 国有文艺院团改革

完成全省一般性国有文艺院团转企改制，确定保留事业性质的少数文艺院团名单，实行企业化管理；整合文艺院团资源，着力培育一批有活力、有影响力的演艺集团公司。

2. 广电网络整合

进一步理顺广播电视有线网络管理体制，实现全省广播电视有线网络一省一网、全程全网、互联互通和数字化进程，形成全省广播电视有线网络统一规划、统一建设、统一运营、统一管理的新体制。积极推进厦门市“三网融合”试点工作，组建省级 IPTV 集成播控平台和监管平台，构建与“三网融合”相适应的广电监管体制。

3. 报刊出版单位体制改革

积极稳妥推进党报党刊发行体制改革、非时政类报刊出版单位转企改制；整合出版资源，关停并转一批软小散滥报刊出版单位，打造一批专、精、特、新的现代报刊出版企业，组建大型报刊传媒集团公司，着力提高报刊出版业集中度。

4. 文化市场综合执法改革

在副省级以下城市完成综合执法机构组建的基础上，不断加强综合执法队伍专业化、基础性、信息化建设，着力提高文化市场监管能力和水平。

（三）文化产业发展工程

1. 重大创意产业园区建设

海西动漫创意之都、德化陶瓷创意产业基地、泉州鲤城源和 1916 创意产业园、海峡文化创意产业基地、武夷山创意产业园、莆田仙游工艺产业园、厦门国家动画产业基地、闽台（漳州）书画创意市场、龙岩新罗志高动漫科技产业园、台湾群创创意产业园、三明闽台（永安）文化创意产业园、海峡闽中动漫创意文化产业园等。

2. 影视产业园区建设

建设省级海峡（永泰）影视文化创意产业基地、厦门国际影视产业基地、三明影视基地、清水岩影视产业园（安溪）、武夷山下梅文化旅游综合体、闽台文化影视城（漳州）等。

3. 十大文化旅游精品

武夷山“双世遗”、福建土楼、泉州清源山（海上丝绸之路）、湄州妈祖、宁化世界客家始祖文化园、三坊七巷历史文化街区、马尾船政文化、福州昙石山遗址、南安郑成功史迹文化旅游、福建茶文化。

4. 十大红色旅游精品

上杭古田会议旧址、省革命历史纪念馆、龙岩红色旅游系列景区、三明红色旅游系列景区、漳州红色旅游系列景区、闽北红色旅游系列景区、闽东红色旅游系列景区、中共闽粤边区特委旧址、闽浙赣游击纵队闽中支队司令部旧址、长汀红色“小上海”。

5. 数字影院建设

2012 年底前，实现所有县（市）城区均有数字影院；到 2015 年，实现每个设区市有一块以上 3D 银幕，每个区各有 1 个四厅以上影院，每个县（市）各有 1 座多厅影院，省定综合试点小城镇各设有数字影厅。

6. 文艺演出院线建设

打破地域界限、市场分割，降低演出流通成本，推动主要城市演出场所连锁经营。

7. 国产动漫振兴工程

加大对原创动漫游戏产品的扶持力度，支持重点动漫企业和动漫产业园区发展，大力发展网络动漫、手机动漫等，推进动漫产业公共技术服务平台建设。加大扶持福州市白马路文化创意产业一条街、海西动漫城——福州动漫游戏产业基地、厦门海峡两岸文化创意产业对接试验区、平潭文化（创意）区建设。提升福州、厦门两个国家动画产业基地建设发展水平。

8. 新闻出版产业基地（园区）建设

重点建设海峡出版产业合作基地、海峡两岸图书物流中心、中国包装印刷产业（晋江）基地、海峡印刷工业园（南靖），组织申报（福州）海峡西岸国家级数字出版基地。

9. 实施版权产业发展战略

闽东南版权产业带进一步扩大，版权相关产业产值占全省国民生产总值的比率不断提高。

（四）文化精品工程

1. 推动文艺精品创作

深入挖掘福建特色文化历史资源，创作 3-5 部戏剧作品，8-10 种出版物，5-8 幅美术作品在全国级比赛中获奖；每年重点推动 3-5 部影视剧生产，五年争取创作生产 50 部影视剧；到 2015 年，年生产动画片超过 2 万分钟。

2. 打造品牌频率频道

将东南卫视、福建电视台综合频道和新闻频道、海峡电视台、厦门卫视频道、福建人民广播电台都市生活广播等打造成全国名牌频道（率），各设区市各有一个电视频道和广播频率打造成区域性名牌频道（率）。

3. 加强新闻媒体建设和出版物生产

积极推进福建日报、厦门日报、海峡都市报等新闻媒体和网站建设，使之成为全国知名报刊和网站。组织策划 200 种学术价值高、出版意义重大的重点选题，打造 5 ~ 8 种在全国有影响的出版物产品线，推出 900 种左右闽版常销出版物。

（五）文化数字化工程

1. 福建新闻网站工程

以东南网为龙头，推动各相关媒体加强网络建设，形成各具特色新闻网站，提升网上宣传福建的水平和质量。

2. 文化信息资源共享工程

建成覆盖城乡的数字文化服务阵地；以数字图书馆建设为核心，推进数字文化资源向基层延伸；推进公益性电子阅览室建设；建成县级以上公共文化机构网络服务平台。

3. 数字出版工程

加快发展数字出版、网络出版、手机出版等以数字化内容生产和数字化传播为主要特征的新兴新闻出版业态，加快福建出版资源数据库和海峡两岸内容资源数据库建设，搭建数字化内容服务平台。

4. 加快推进有线电视数字化双向化

全面实现有线电视网络一省一网，参加国家级有线电视网络公司，加快规模化经营。加快有线电视数字化整体转换，全省完成有线电视数字化。加快网络双向化改造，大力推进光纤入户，到 2015 年全省完成有线电视数字化，80％以上实现光纤到楼，县级（含）以上城市有线网络 80% 实现双向用户覆盖。积极开发多种业务，积极发展高清晰度电视和视频点播服务，大力开发政务信息、社会教育、生活信息、文化娱乐、电视商务、金融支付以及各种接入服务等多种业务，加强管理体系建设。

5. 全面推进广播电台电视台数字化网络化

进一步加快广播电台、电视台台内数字化、网络化应用，基本实现全省设区市广播电台、电视台制作和播出数字化网络化，构建广播电视媒体资产管理系统。加快省级电视台及福州、厦门和有条件的设区市级电视台节目制播高清化建设，其卫视频道和主要频道实现高清播出。

6. 推进下一代广播电视网建设

按照“三网融合”的要求，以现有有线数字电视、移动多媒体广播电视等网络为基础，推进我省下一代广播电视网络示范网的建设和推广，到 2015 年广播电视网达到家庭接入速率 100Mbps、企业接入速率 1Gbps 的能力，与全国网络互联互通、资源共享。开发实现面向政府、企业、社区和个人用户的新业务新业态。建成核心数据交换网络和可管可控的监管网络，内容、业务、网络和终端可管可控。

（六）文化生态保护工程

1. 推动闽南文化生态保护实验区升格为闽南文化生态保护区

组织实施《闽南文化生态保护区总体规划》，推进厦门、漳州、泉州三地设立闽南非物质文化遗产展示馆和南音人类非物质文化遗产专题展示馆。加快推进闽南民俗馆（漳州）、闽南国际木偶中心（泉州）、闽南非物质文化遗产保护中心建设（厦门）、闽南非物质文化遗产中心博览院暨闽南文化生态保护区数据中心（泉州）等项目建设。

2. 加强妈祖文化建设

抓紧编制和报批湄洲岛总体规划和妈祖文化等专项规划，“十二五”期间争取升格为国家级文化生态保护区。建设妈祖信俗人类非物质文化遗产专题展示馆（世界妈祖信俗博物馆）和妈祖糕、湄洲女（服饰、发髻）、妈祖贡品等一批传习所，续建天妃故里遗址公园、湄洲妈祖源流馆、湄洲妈祖研究院。发挥湄洲妈祖祖庙和中华妈祖文化交流协会的作用，开展“天下妈祖回娘家”、“两岸海上祭妈祖”、“湄洲妈祖巡天下”、“两岸妈祖歌曲青歌赛”等活动，办好中国・湄洲妈祖文化旅游节，构建世界妈祖文化交流的核心平台。创建妈祖文化创意产业园，组建“印象・湄洲岛”大型实景演出团队。争取国家有关部委支持将湄洲岛作为两岸事务重要协商地，设立海峡两岸妈祖文化经贸合作试验区，促进世界妈祖文化中心建设。

3. 加强客家文化建设

设立福建客家文化生态保护区。进一步保护整合开发永定客家土楼资源，建设客家文化城；支持宁化石壁客家祖地客家公祠配套设施、三明客家祖地文化园区、龙岩客家祖地博物馆、上杭县以客家族谱博物馆为中心的客家缘文化中心等项目建设；支持长汀县客家首府博物馆、客家母亲缘项目建设和客家母亲河整治；支持武平客家文博园、连城客家博物园、清流灵台山客家文化园、省客家研究联谊会客家文化研究信息交流中心等项目建设。编辑出版客家祖地文化系列丛书，支持《客家文化》专题数据库建设。

4. 加强畲族文化建设

设立福建畲族文化生态保护区，加强畲族文化研究，加强规划和保护。加快建设福建・中国畲族博物馆、福安畲族民俗博物馆、连江畲族民俗博物馆、罗源畲族民俗博物馆、霞浦畲族小说歌传习所等项目。支持宁德市畲族歌舞团升格为市歌舞剧院，推进《畲族文化》专题数据库建设。

5. 加强红土地文化建设

筹建福建・中央苏区博物馆，更新提升闽西、闽东、闽北等地区的革命纪念馆的设施和展示水平；推进古田会议旧址、长汀革命旧址等一批革命文物保护工程，丰富红色旅游资源，培育古田会议旧址、长汀“红色小上海”革命旧址、建宁红一方面军“三总部”旧址、漳州红四军进漳旧址、闽西北赤石暴动旧址、闽东苏维埃政权（柏柱洋）旧址等红土地文化旅游品牌；举办“红土地文化与福建跨越发展”论坛，与中央电视台等新闻媒体合作，策划、筹拍电视文献片《红色闽西》等作品。

6. 加强闽都文化建设

提升闽都文化影响，加强规划研究，扩大陈靖姑、张圣君信仰文化、闽王王审知文化、寿山石文化、船政文化、昙石山文化、“三坊七巷”等影响，加快建立福州市非物质文化遗产资源数据库和展示中心、“两马（马尾——马祖）民俗馆、中国软木画艺术福州展示中心、建设福州脱胎漆艺保护基地、中国（福州）东方漆空间创意园、寿山石文化城等一批文化产业基地、福州评话伬艺传习所（改造工程）等项目建设。

7. 加强朱子文化建设

整合资源，积极推进朱子文化的研究、保护和合理利用，打造“朱子”文化品牌。加快推进尤溪朱熹公园改扩建工程、尤溪朱子文化旅游产业园、武夷山朱子文化项目、建阳朱子文化广场等项目建设。

（七）广电监管体系工程

1. 广播电视安全播出保障体系

完善应急预案，健全省、市、县三级统一协调、快捷有效的安全播出指挥调度系统，加快推进市至县广播电视监测网建设，完善高山发射台站技术监测系统，将IPTV和手机电视的播出平台纳入安全播出监管系统，实现对全省广播电视的技术监测监管，确保我省广播电视传输安全。

2. 广播电视节目收听收看体系

加强省级广播电视节目收听收看中心建设，推进对设区市及县广播电视节目的收听收看技术平台和全省有线数字电视监管平台、IPTV和手机电视等新媒体监管平台的建设，实现对全省广播电视节目的实时监管。

3. 电影放映监管体系

完善农村电影放映GPS监管平台和影院放映内容、售票系统监管平台，实现对电影放映的适时监管。

（八）闽台文化深化交流工程

1. 推动文化团组赴台交流

争取每年组织1–2批“福建文化宝岛行”“妈祖之光”、“海峡两岸合唱节”、“海峡缘·客家欢”电视晚会、“妈祖情缘”文艺晚会、“闽台民俗文化节”等大型文化交流团组入岛交流，积极组团参与每年在金门、马祖、澎湖举办的各类文化活动。

2. 加强新闻媒体对台交流合作

加强海峡卫视、厦门卫视的对外传输覆盖工作，积极推进海峡网络电视台等网站建设，继续办好海峡新闻出版业发展论坛、海峡论坛·海峡影视展映展播周，举办海峡两岸闽南语歌手选拔赛、海峡两岸（泉州）电视主持人大赛等活动，加强闽台广电媒体交流合作。创办手机报在大陆和台湾陆续上线发布，创建两岸民众可登录的手机网站和互联网站——“天e宝”，力争年点击量达5000万次以上。

3. 加强两岸新闻出版业交流合作

推进两岸出版交流试验区建设，鼓励出版企业加强对台交流合作，通过合作出版、版权贸易、兴办实体等形式，加强对台新闻出版交流合作。继续办好海峡两岸图书交易会、海峡印刷技术展览会、海峡版权（创意）产业精品博览交易会。

（九）版权保护工程

1. 实施版权保护工程

完善版权保护法制建设，出台《福建省著作权管理办法》，进一步完善作品登记和转让合同备案等制度。强化版权执法，依法严厉打击各类侵权行为。加强出版物市场监管，持续开展“扫黄打非”行动，进一步净化社会文化环境。

（十）文化人才培养工程

1. 继续实施“四个一批”人才和文化名家培养工程

形成一批全面掌握邓小平理论和“三个代表”重要思想、学贯中西、联系实际的理论家，一批坚持正确导向、深入反映生活、受到群众喜爱的名记者、名编辑、名主持人，一批熟悉党和国家方针政策、社会责任感强、精通业务知识的出版家，一批紧跟时代步伐、热爱祖国和人民、艺术水平精湛的作家、艺术家。

2. 大力培养开发文化领域紧缺人才

包括急需的文化创意人才，复合型专家型记者、编辑、主持人、媒体评论、国际传播、网络宣传人才，文艺编导、评论、戏曲、文化遗产保护、公共文化服务人才，文化企业管理、市场开发营销、资本运作、国际文化贸易管理人才，数字技术、网络技术、广播影视制播技术等研发应用人才。

3. 继续深化干部人事制度改革

完善选人用人制度，形成有利于人尽其才、才尽其用的体制环境。

五、重点产业

（一）文化创意业

以沿海中心城市为重点，打造创意研发设计、产品生产、推广销售等创意产业链，建设若干个海峡西岸经济区创意产业集群。培育省级创意产业园区（基地），实施创意产业发展工程，重点发展创意设计、数字服务创意、文化创意、时尚设计及咨询服务创意四大领域。

（二）动漫游戏业

推进福州、厦门国家级动漫（动画）游戏产业基地建设；重点培育一批动漫原创与核心技术研发能力强的动漫企业和具有中国风格、福建特色、国际影响的动漫品牌；原创动画和网络游戏生产能力明显增强，动漫游戏产业的总体水平位居全国前列；动漫游戏衍生品产业快速发展，形成布局合理、层次分明、核心突出、分工明确的动漫游戏产业链。

（三）报刊服务业和出版印刷发行业

期刊出版业以省会城市为重点区域，报纸出版业以福州、厦门、泉州市为重点区域，调整晚报都市类报纸布局，形成辐射周边、带动全省的现代报刊市场体系。出版物发行业以福州市为中心，其他设区的市为重点，县（市、区）和农村集镇为新发展空间，构建覆盖全省的发行网络。印刷业以福州、厦门、泉州、漳州市为重点区域，完善现代印刷产业基地布局。

（四）广播影视业

加快在影视制作、网络经营、电影、新媒体等各领域选择培育一批骨干影视企业，引导鼓励并壮大广播影视内容生产，进一步推进动画产业和影视基地发展，加强新媒体新业务培育和发展，加快电影市场发展和繁荣。

（五）演艺娱乐业

以组建福建演艺集团为重点，培养带动一批跨地域演艺集团公司。重点扶持一批连锁娱乐企业，争取3-5个文化娱乐企业上市，鼓励扶持有条件演艺娱乐企业上市融资。促进演艺院线形成，做大连锁网吧企业，发展一批大型娱乐项目，促进演艺娱乐业与旅游业结合，打造若干高收益的文化旅游演艺精品。推进演艺娱乐业对文化产业的贡献率有所提高。

（六）文化旅游业

深入挖掘八闽文化独特内涵，重点打造福建土楼、湄洲岛、泰宁古城、马尾船政、三坊七巷、武夷山古汉城、闽南文化生态保护实验区、客家文化（闽西）生态保护实验区、安溪海峡茶博园、德化陶瓷文化旅游基地、宁化客家始祖文化园等文化旅游精品，注重开发宗教文化和民间信俗旅游产品，积极发展旅游文化创意产品、主题公园和演艺产品。加强历史文化街区和历史文化名镇、名村的保护开发，支持海上丝绸之路泉州史迹、鼓浪屿、闽南红砖建筑、闽浙赣廊桥等申报世界文化遗产。打造以红色文化为主题的旅游精品，以古田会址为龙头，重点开发龙岩市红色旅游系列景区、三明市红色旅游系列景区、闽北红色旅游系列景区、闽东红色旅游系列景区等红色旅游资源，完善第一期全国红色旅游规划的5个红色旅游经典景区，加快建设第二期的3个红色旅游经典景区。

（七）文化会展业

建好用好文化会展场馆，加强与国内外会展组织的合作交流，在办展交流的同时扩大文化投资贸易，做大做强海峡两岸（厦门）文化产业博览交易会、海峡两岸图书交易会、中国（莆田）海峡工艺品博览会等主要文化会展项目，厦门市力争进入全国一线会展城市，福州、泉州、莆田、漳州市力争进入全国二线会展城市，三明、南平、龙岩、宁德市要将文化资源优势转化为文化会展产业发展优势，推动全省文化会展产业进入全国前列。

（八）广告业

培育一批拥有自主品牌和技术先进、主业突出、特色明显、核心竞争力强的广告实力企业，促进沿海与山区广告市场共同繁荣和广告业协调发展，形成以福州、厦门、泉州市为中心，辐射和带动其他区域广告业发展，加强与台湾广告业的对接与合作，建立完善广告业公共服务管理体系，初步形成布局合理、结构优化的广告产业体系，广告企业逐步做强做大，广告市场日益繁荣有序。

（九）工艺美术业

加快工艺美术产业结构调整，突出抓好地方特色产业，形成以重点产区为中心、优势产业为支柱、重点产品为骨干的产业体系。进一步壮大工艺美术特色产业区域、产业基地，建设一批特色产业园区，扶持一批能带动行业发展的龙头企业、重点项目和品牌产品，推动福建成为工艺美术产业发达、市场体系完善、创新能力强、行业服务水平高、国际竞争力强的全国工艺美术强省。

六、保障措施

（一）推进文化立法，严格依法行政

加快文化立法进程，逐步形成与现行法律框架相配套、适应全面推行依法行政和建设福建文化强省需要的文化法规、规章体系。“十二五”期间，认真落实国家新出台的文化相关法律法规，抓紧修订《福建省广播电视设施保护条例》《福建省民族民间文化保护条例》《福建省非物质文化遗产名录申报评审管理办法》《福建省非物质文化遗产项目代表性传承人传承传习管理办法》，加快出台《福建省著作权管理办法》《福建省社会科学普及条例》。

（二）完善文化经济政策，加大文化建设投入

各级政府及财政部门要充分发挥公共财政在文化建设中的主导作用，建立文化事业投入自然增长机制，逐年增加公益性文化事业投入，扶持文化产业发展，确保每年全省文化事业的投入高于财政经常性收入的增长。调整和优化公共财政投入结构，突出向基本公共文化需求倾斜，向文化创新和发展项目倾斜，向农村和基层文化建设倾斜，提高财政资金使用效益。

贯彻落实国务院和省委、省政府关于加快发展文化产业的各项优惠政策，加快文化产业重点园区和重点项目立项，用足用好中央给予文化转企改制单位相关优惠政策，落实文化产业发展专项资金、工商税收土地优惠政策、鼓励非公有资本进入文化产业、金融支持文化产业振兴和发展繁荣等一系列扶持政策，推动全省重点文化产业项目建设发展。搭建文化企业与银行的沟通合作平台，探索建立风险投资运行机制，加快建立促进我省文化产业集群发展的多元化投融资渠道。加大已有文化贸易优惠政策的落实力度，进一步制订更加优惠政策促进文化贸易，支持文化企业“走出去”。

把社会力量办文化纳入文化发展的总体规划，积极探索通过引入风险投资等方式，吸引、鼓励社会资本进入文化领域，建立新型的文化投融资机制，推动文化投资市场化。

落实《国务院关于支持福建省加快建设海峡西岸经济区的若干意见》中支持文化发展的若干优惠政策，争取国家对我省文化事业在对台先行先试、“走出去”战略、民族民间文化保护及原中央苏区县、革命老区、少数民族地区文化建设等方面的最大支持。

（三）健全文化人才培养机制，造就高素质文化人才队伍

围绕建设文化强省的目标，以人为本，大力实施文化人才战略，以文化人才资源能力建设为核心，抓住培养、引进、使用三个环节，增加文化人才总量，优化文化人才结构，提高文化人才素质。建立和完善人才评价和激励机制，探索建立以岗位职责为基础、以品德、能力和业绩为导向的人才考核评价机制和评价指标体系。建立和完善人才表彰制度，开展对有突出贡献的文化工作者授予荣誉称号工作。实施文化名家培养工程。深化闽台人才合作与培养。加强重点领域、重点人才培养，巩固文化创意产业人才基地，注重培养一批具备企业经营管理能力的复合型文化人才，提高文化队伍整体素质。

（四）加强组织领导，强化责任落实

落实好本《规划》，推动福建文化大发展大繁荣，关键在领导。各级党委、政府要从全局战略高度，充分认识文化建设的重要地位和作用，切实把文化改革发展摆在全局工作的重要位置，纳入重要议事日程，纳入经济社会发展全局，纳入评价地区发展水平、发展质量和领导干部工作实绩的重要内容，推动文化建设与经济建设、政治建设、社会建设的协调发展；要进一步增强政治意识、大局意识、责任意识，始终掌握对重大事项的决策权、对资产配置的控制权、对宣传文化内容的终审权、对主要领导干部的任免权，牢牢把握文化改革发展的主动权。

河南省文化系统“十二五”时期文化产业发展规划

一、指导思想

以邓小平理论和“三个代表”重要思想为指导，深入贯彻落实科学发展观，全面贯彻落实党的十七届六中全会、省委九届二次全会精神，以科学发展为主题，以建设华夏历史文明传承创新区和社会主义文化强省为目标，以满足人民精神文化需求为出发点和落脚点，以打造全国重要的文化产业基地为载体，以改革创新和科技进步为动力，充分发挥文化产业在建设中原经济区、实现中原崛起河南振兴中的积极作用，努力推动文化产业成为我省国民经济支柱性产业。

二、发展思路

遵循文化发展规律和市场经济内在要求，坚持文化事业和文化产业双轮驱动、两翼齐飞，一手抓公益性文化事业，一手抓经营性文化产业，实现文化事业和文化产业相互促进、共同发展。

以资源为依托、市场为导向、资本为纽带、科技为支撑、改革为动力、创新为突破，全面规划，重点推进。大力发展文艺演出、文化旅游、艺术品与工艺美术、广告会展、休闲娱乐等传统文化产业，加快发展文化创意、文化会展、动漫游戏、网络文化等新兴文化产业。

积极构建结构合理、优势突出、科技含量高、创意新颖、竞争力强的现代文化产业体系，推出一批具有重

大拉动作用的文化产业项目，培育一批具有自主知识产权、知名品牌、市场占有率较高的大型文化企业，扶持一批特色鲜明、优势明显、内涵丰富的文化产业基地，打造一批发扬传统、创新工艺、创造就业的特色文化产业乡村和区域性特色文化产业群，发展一批布局集中、业态多样、功能完备、辐射带动能力强的文化产业园区和集聚区。

三、发展目标

构建传统文化产业和新兴文化产业协调发展，骨干文化企业和中小文化企业全面发展，国内国际两个市场、两种资源综合利用的文化产业发展新格局。“十二五”时期，力争文化部门管理的文化产业增加值年平均现价增长速度达到18%，2015年比2010年翻一番。

四、重点任务

（一）优化产业整体布局

加强区域间文化产业的整合与扩张，形成文化产业跨区域的分工协作，建立合理有序的文化产业地域分工和布局体系。形成以郑州为中心，以中原城市群为主干，以特色文化区块为依托，各具特色、优势互补、竞相发展的文化产业格局。

充分发挥省会郑州在区位、交通、人才、资金、技术和信息等方面的优势，按照市场经济和文化产业发展规律，整合各种资源，把郑州建设成为全省的文化创意中心、文化旅游服务中心、演艺娱乐中心、文化物流中心、文化会展中心，建设若干国内一流、国际知名的文化产业园区、文化景区和标志性文化设施，使其成为区域性文化中心城市，形成对全省文化产业强劲的中心辐射、龙头带动作用。开封、洛阳、安阳等古都要充分挖掘古都文化内涵，大力推动文化与旅游融合，以开封宋都古城、洛阳龙门石窟、安阳殷墟大遗址公园为主，塑造具有国际吸引力的文化旅游品牌。中原城市群要依托经济总量大、文化资源丰富、产业基础好、文化消费市场巨大、区域关联度高的优势，促进资源整合与共享，完善文化产业链条，实现合理分工、有效协作、优势互补、多方共赢。文化改革发展试验区要突出特色的竞争力和创新的推动力，真正为全省文化改革发展闯出一条新路。

（二）培育壮大市场主体

支持国有文化企业发展壮大，鼓励和引导非公有制文化企业健康发展，形成公有制为主体、多种所有制共同发展的文化产业格局。培育文化市场主体，提高文化产业活力和竞争力，促进各类文化企业协调发展。对一些经营分散、规模较小、业务相近的文化企业进行整合，鼓励引导其发展连锁经营、超市经营。积极探索文化企业投资主体多元化的发展道路，以骨干文化企业为龙头、资本为纽带，推动文化企业向集团化、规模化方向发展。鼓励有实力的国有文化企业集中优质资产，实现产品和产业结构的优化升级，努力打造一批有较强自主创新能力、核心竞争力的国有或国有控股大型文化企业和企业集团，形成一批年经营收入过亿元的骨干文化企业，培育1至2家年经营收入过10亿元的大型文化企业集团，力争2至3家文化企业上市。

（三）推进产业结构调整

打破地区、部门、行业和所有制界限，充分利用先进技术和现代生产方式，调整文化产业结构，加快发展科技含量高、产品附加值高、市场竞争力强、市场需求大、产业关联度大的文化产品，促进“新”、“优”、“特”文化产品尽快产业化。充分利用资本力量，打通创意设计、研发生产、营销推广、衍生品等产业链。完善所有制结构，鼓励社会力量投资文化产业，大力发展各类民营文化企业。统筹城乡文化产业发展，充分挖掘农村传统文化资源，因地制宜促进涉农文化产业与现代农业、新农村建设、乡村旅游业有机结合，做出特色和品位，不断缩小城乡文化产业差距，着力改变文化领域的二元结构。

（四）完善文化市场体系

建设一批门类全、功能齐、辐射强的大型文化产业专业市场，使之成为贸易物流、品牌展示、信息交流、文化传播、文化会展、文化旅游、引导消费的文化产业综合平台。进一步建立健全各类文化产业行业组织，引导其依照法律和章程，认真履行市场协调、行业自律、监督服务与维权等职能，发挥沟通政府与文化企业的桥梁和纽带作用，在信息咨询、商贸合作、招商引资、市场拓展、人才培训、科技创新、法律援助等方面为文化企业提供服务。大力发展文化经纪代理、评估鉴定、版权交易、推介咨询等中介机构，引导其规范运作，向品牌化、专业化方向发展。引导、扩大文化消费，不断适应城乡居民消费结构的新变化，培育新的文化消费形态，开拓新的文化消费领域，将居民的潜在消费能力转变为现实消费行为。

（五）实施重大项目带动

每年集中力量抓好一批投资大、规模大、关联度高的具有重大示范效应和产业拉动作用的文化产业项目，带动全省文化产业快速发展。推进郑州华强文化科技产业基地、文化产业公共服务平台、国产动漫振兴工程等重大项目建设。各地要科学论证，抓好一批重点项目，形成带动效应。建立和完善重点项目联动推进机制，及时协调解决项目建设中遇到的困难和问题。同时，按照“实施一批、论证一批、规划一批、储备一批”要求，不断策划和开发新的项目。加大文化产业招商引资力度，建立和完善“河南省文化产业重点项目库”，及时更新，规范管理，加强服务，搭建方便有效的网上招商平台。积极参加国家和区域性重大文化产业招商引资活动，抓好已签约项目的资金落实和开工建设，加强跟踪服务，确保顺利实施。

（六）建设文化产业园区

鼓励各地依据产业发展基础和文化资源特点，规划建设具有地方特色的园区。加大对开封宋都古城、郑州嵩山、镇平玉文化产业园区、龙门文化旅游园区、社旗县赊店商埠文化产业园区、神垕镇钧瓷文化产业园区等国家级、省级文化产业示范园区的指导和扶持力度。依托登封少林武术和温县太极拳，打造以武术表演培训为特色主导产业的园区。加快镇平玉雕产业发展，建设以玉雕产业为特色主导产业的园区。整合濮阳杂技资源，建设杂技产业为特色主导产业的园区。突出钧瓷文化、汝瓷文化特色，建设以陶瓷设计、制作、销售为特色主导产业的园区。充分发挥宝丰民间演艺资源优势，建设以民间演艺为特色主导产业的园区。以郑州、洛阳等市为依托，建设以文化创意、动漫游戏等新兴文化产业为特色主导产业的园区。推动具有自主知识产权、科技含量高、寓中原文化与国外特色休闲文化为一体的郑州华强文化科技园建设。培育3至5家年经营收入过百亿元的园区、10家左右经营收入过20亿元的园区，国家级文化产业示范基地达到15个左右。

继续推进文化改革发展试验区建设。按照试验区规划确定的思路和目标，加大实施力度，加快推进速度，切实发挥其在文化体制改革和文化产业发展中的试验、引导作用，把试验区建设成为文化产业的集聚地、文化创新的示范区、文化强省的排头兵。支持100个左右文化产业特色乡村发展，提高农村文化产业的集聚度和影响力。

（七）打造知名文化品牌

坚持品牌培育和提升相结合，依托我省独特的文化资源，打造具有国际影响力的文化品牌。继续实施“河南文艺精品工程”，每年重点打造3–5部原创文化精品。通过政府引导和有意识地培育、挖掘、包装、推介、宣传，充分发挥市场对资源的配置作用，不断推出新的文化品牌。实施知名品牌提升工程，对于已经形成一定品牌优势的，以《朝阳沟》《程婴救孤》《风中少林》《香魂女》《常香玉》等为代表的经典剧目品牌，以《禅宗少林·音乐大典》《大宋·东京梦华》等为代表的演艺品牌，以古都文化、文字文化、武术文化、寻根文化、宗教文化等为代表的文化旅游品牌，以南阳玉雕、禹州钧瓷、洛阳唐三彩、开封汴绣等为代表的传统工艺美术品牌，以《小樱桃》《少林海宝》、《少年司马光》等为代表的动漫品牌，进一步挖掘其市场价值，开发新产品，拉长产业链条，形成品牌效应。培育50家左右品牌文化企业，打造2至3个社会影响大、综合效益好的文化会展和节庆品牌。

（八）实施走出去战略

积极培育外向型骨干文化企业。支持省级文化产品出口示范基地建设。依托已有的优秀对外文化企业，着力打造一批具有国际竞争力的文化企业和企业集团，使其成为走出去发展战略的主体。鼓励有实力的文化企业在境外兴办分支、分销机构，开拓国际文化市场。积极发展文艺演出、展览、培训等业务的对外文化中介机构，支持引导国内文化企业与国际知名演艺、展览、培训等中介机构或经纪人开展合作。力争省级文化产品出口示范基地达到20家，进入国家重点文化出口企业和项目的企业达到15个。

鼓励支持民间团体、民营企业和个人参与对外文化交流、合作与贸易，推动更多的文化企业、文化产品和文化服务进入国际市场。借助互联网、电子通信等现代传媒手段，充分利用国际性博览会、艺术节、文化产业论坛等多元化的文化交流平台，积极推介我省优秀的文化产品和高质量的文化服务。培育扶持一批体现河南特色、具有较高水平的对外文化交流知名品牌，鼓励引导各类文化企事业单位树立品牌意识、创新意识，积极开发面向国际市场、具有较强竞争力的文化品牌，扩大我省文化产品和服务在国际市场的份额，提升我省文化产业的国际影响力和竞争力。

（九）提升产业竞争力

推动先进科技成果与文化产业的相互融合，注重采用先进科技改造文化产品生产、经营方式以及创新文化服务形式，提高文化产品和服务的科技含量。鼓励研发生产具有自主知识产权的新型数字娱乐、音响、灯光和舞台技术装备。鼓励广大文化产业工作者运用数字、网络等现代信息技术生产、创造更多的文化产品，大幅度提高具有自主知识产权的文化产品的数量和质量，进而提升文化产业核心竞争力。把高新技术引领作为推进文化产业自主创新的重要突破口，促进高新技术与文化产业的结合、互动和创新，争创国家级文化与科技融合示范基地。以信息技术为支撑，推进传统文化产业向新的生产模式、营销模式和消费模式扩展，支持建设一批示范性的文化产业公共技术平台。大力推进内容创新、形式创新，把历史文化资源优势转化为产业优势。大力推进形式创新，建立科学合理、灵活高效、富有活力的文化产业运行机制，实现文化产业核心竞争力的大幅提升。

五、重点产业

（一）演艺业

以深化国有文艺演出团体改革为契机，改制、组建多种所有制形式、面向市场、适应市场的文艺演出团体或演艺企业。坚持精品战略，繁荣艺术创作，打造一批具有中原特色、体现时代气息、展示现代风貌、在全国具有广泛影响的原创演艺精品。加快剧院、剧场、电子票务等演艺基础设施建设，为扩大演艺消费创造条件。加快各类文艺演出经纪机构建设，培育一批大型演艺经纪公司。加强文化演出院线建设，强化演出流通环节。积极推动重点文艺演出团体与各类演出经纪公司的合作，构建演出市场服务体系。鼓励演艺与旅游资源、武术杂技表演资源的整合，在知名旅游景区打造高品质、高收益、有特色的演艺精品，培育旅游演艺市场。

（二）娱乐业

以中心城市娱乐业发展为引领和带动，大力发展歌舞娱乐场所、酒吧、网吧、音乐茶社等规模大、水平高、效益好的传统文化休闲娱乐场所，开发具有河南特色、健康文明、时尚高雅的文化休闲娱乐活动。不断优化娱乐业的类型结构和规模结构，鼓励有实力的娱乐场所对部分规模小、经营管理差、布局不合理的娱乐场所进行兼并和收购，引导娱乐场所向超市化、规模化方向发展，形成品牌化的娱乐场所连锁企业。加强娱乐市场的法规建设和执法工作。进一步规范互联网上网服务场所管理，坚持对互联网上网服务场所从严审批、有效监管，努力提高网吧的经营水平和服务质量。

（三）动漫游戏业

充分挖掘我省丰富的传统文化资源，研发和制作优

专栏一 演艺业发展目标和主要政策措施

发展目标	打造一批具有中原特色、在全国有较大影响、深受人民群众喜爱的文艺精品，大力拓展农村演艺市场，基本满足城乡居民对演艺的消费需求。
主要举措	加快国有文艺院团改革步伐，引导支持民营资本进入演艺领域，培育一批有较强竞争力的骨干演艺企业。
	以大型演艺集团或演艺中心为龙头，以省辖市剧院、剧场为支点，以县域剧场为网络，发展覆盖全省的文艺演出院线。
	积极推进全省文化票务网络建设，打造文艺演出票务平台。
	实施艺术名家推介工程。大理宣传推广在全国有影响力的名家及艺术作品。
	加大艺术人才培训力度。和国内各类艺术高等院校合作办学，对有基础、有潜力的艺术人才进行正规培训。
政策支持	研究创立和落实支持演艺产业发展的经济政策。
	发挥省级各类文化资源的作用，鼓励创作优秀演艺产品。
	坚持每年确定公布全省重点加工提高剧目，并从资金上给予保证。
	鼓励社会资本进入演艺业，形成良性的激励机制，共同推出优秀作品和人才。

专栏二 娱乐业发展目标和主要政策措施

发展目标	“十二五”时期，打造一批具有较大产业规模和较强竞争力的娱乐业品牌，推动娱乐业连锁化、规模化、品牌化，力争2015年游艺娱乐场所达到4000家。
主要举措	以郑汴洛为中心，积极发展集演艺、休闲、旅游、餐饮、购物、健身等为一体的综合性娱乐设施。
	科学规划、适度发展科技含量高、富有中原文化特色的娱乐园区。坚持合理布局、有序规范，防止盲目建设。
	加强娱乐场所引导和管理，加大执法力度，规范娱乐业经营秩序，精华娱乐市场环境。
政策支持	协调有关部门调低娱乐业营业税税率，促进大众娱乐业发展，丰富人民群众精神文化生活。
	推动娱乐场所标准化建设。建立娱乐场所硬件设施标准体系、技术标准体系和服务标准体系。

秀的原创动漫游戏作品和形象，提升动漫产品质量，打造动漫知名品牌。加强创作，培育精品，倡导、扶持动漫产业走民族风格和时代特点相结合的原创之路。坚持走技术创新和市场开发相结合的产业化发展道路，加强音像制品、玩具、文具、服装、鞋帽、食品、饮料、电子产品等动漫游戏衍生产品开发和销售，打造完整的动漫游戏产业链。加强动漫游戏产业园区建设，在具备条件的地区规划建设一批集研发、投资、孵化、制作、培训、交易等功能于一体的动漫游戏产业园区，吸引国内外的创意企业、人才，形成动漫游戏领域的空间积聚效应，增强动漫游戏产业的核心竞争力。重视培养动漫游戏人才。把动漫游戏人才培养纳入全省高等教育发展规划，鼓励有实力的高等院校开设动漫游戏相关专业。

（四）文化旅游业

专栏三　动漫游戏业发展目标和主要政策措施

发展目标	“十二五”时期，力争把我省建成全国动漫强省。建设一批动漫产业园区和基地，培育一批大型动漫企业，发展一批中小型动漫企业，打造一批动漫品牌，建设2-3个动漫主题公园，开办电视少儿卡通频道，培养一批动漫高端人才，形成集动漫创作、研发、制作、出版、发行、教育培训、演出和衍生产品生产经营等为一体的比较完整的产业体系。
主要举措	构建以漫画、动画、动漫舞台剧、网络动漫、手机动漫那、动漫游戏等互为支撑的动漫产业链，提升动漫产业竞争力。
	规范动漫产业园区和基地布局，晚上动漫产业园区和基地配套设施，推进动漫主题公园建设。
	举办省级动漫画大赛，打造“中原杯”动漫画大赛等品牌，鼓励动漫画原创行为。
	支持动漫产业公共技术和信息服务平台，动漫企业技术创新平台、公共传播平台、动漫产业研发（技术、创作、培训）中心等重点项目建设。
	积极利用国家出口信用保险、中国进出口银行、国际性动漫节会等，促进动漫产品海外市场营销。
	加强动漫人才培养，推进小气合作，提高学生的实践能力，完善动漫产业评价机制，统筹推进实行职业资格制度。
	加大知识产权保护力度和形成执法力度，加强动漫产品内容监管，规范市场秩序，为动漫产业发展创造公平竞争的市场环境。
政策支持	用足用活省扶持动漫产业发展专项基金，以鼓励、资助、贷款贴息、资本金（股本金）投入等方式，加大对动漫产业的扶持力度。
	继续组织我省动漫企业参加国家动漫企业认定，争取更多企业享受财税优惠政策。

专栏四　文化旅游业发展目标和主要政策措施

发展目标	提升我省文化旅游的知名度和影响力，建设中原历史文化旅游胜地，创建国家级文化旅游实验区，打造世界知名、全国一流的文化旅游目的地。
主要举措	加强提高一批高端文化旅游演艺产品。
	建设一批重点文化旅游设施。
	开辟一批文化体验旅游线路。
	确定一批重点文化旅游示范基地。
	创办一批文化旅游项目推介平台。
	开办一批具有地方特色的文化旅游商品。
	建立文化部门与旅游部门协作配合长效工作机制。
	编制文化旅游人才规划，制定文化旅游人才标准。
政策支持	对文化旅游工作和文化旅游项目予以关注和政策倾斜。
	支持文化旅游企业或项目参加其组织的对外文化交流项目、招投标活动。
	编制年度《文化旅游重点项目名录》，对列入的项目在行业政策、项目审批、信息服务和市场开拓等方面给予重点扶持。对文化旅游融合发展成效突出的项目，省文化厅和省旅游局共同表彰奖励。
	积极扶持以资本为纽带的文化旅游企业，支持其想集团化、品牌化方向发展。

推动文化旅游融合发展，提升我省文化旅游的知名度和影响力。打造重点文化旅游活动品牌，提升高端文化旅游演艺产品，开辟文化体验旅游线路，开发文化旅游商品，建设重点文化旅游示范基地，打造国家级文化旅游实验区，建设世界知名、全国一流的文化旅游目的地。支持、鼓励省文化产业特色乡村发展文化旅游，生产、销售特色工艺品。深入挖掘中原特色的传统民间工艺、古乐舞、武术、杂技、魔术等富有趣味性、知识性的旅游娱乐项目，重点开发古玩、书画、文物复仿制工艺品、传统民间艺术品等融艺术性、实用性于一体的文化旅游产品，充实旅游活动的文化内涵。把文物保护与旅游开发有机结合，既保护文物，又促进旅游，实现双赢。加大对外宣传力度，塑造具有国际吸引力的文化旅游品牌，将古都文化、武术文化、寻根文化等中原文化推向世界，使河南成为闻名海内外的文化旅游圣地。

（五）艺术品与工艺美术业

运用新技术、新工艺、新材料、新设备，积极开发附加值高、市场占有率高的原创性产品，促进艺术品与工艺美术企业的兼并、联合、重组，培育一批骨干文化企业，建设一批艺术品与工艺美术特色产业基地，扶持发展一批民间工艺、现代艺术品等专业村，打造全国性艺术品展销、交易平台。提高文物复仿制技术和水准，开拓文物复仿制品市场。健全艺术品与工艺美术品市场体系，完善艺术品与工艺美术品经营管理有关规定，推动其健康快速发展。

（六）文化会展业

充分发挥郑州国际会展中心、河南艺术中心、中国文字博物馆、河南博物院等标志性文化设施的展示交易功能，举办若干在国内外有影响的文化会展活动和知名节会。加强与国内外会展组织的合作交流，不断开拓文化会展项目。依托河南优势文物馆藏资源，举办多种形式的文物展览。全面提升博物馆、纪念馆等藏品展览在社会上的影响以及革命纪念馆的历史教育作用，不断拓展贴近群众的巡回展、精品展和专题展，提高市场化运作模式的商业展览比重。大力开展文物对外展览，变文物资源优势为产业发展优势。

（七）创意设计业

以文化创意设计为龙头，重点发展制造业创意设计、文化传媒创意、文化艺术创作、咨询策划创意和休闲消费创意等领域。以郑州、开封、洛阳等城市为创意产业

专栏五　艺术品与工艺美术业发展目标和主要政策措施

发展目标	建设一批艺术品和工艺美术为主业的文化产业园区，打造一批知名艺术品品牌，培育一批大型工艺品企业。
主要举措	推动艺术品与工艺美术企业加大研发和宣传推介力度。
	组织艺术品与工艺美术企业参加国内、国际文化产业博览会和文化产品交易会，举办全国文物艺术品展销会。
	打造诚信度高、交易便捷、品种丰富的艺术品电子商务平台。
	依托丰富的传统民族民间手工艺品资源，以省级文化产业特色乡村为主题，加强创意和技术支持，培育集创意研发、生产销售等方面的企业，推动农村手工艺品发展，帮助农民增收致富。
	对参加文化产业博览会和文化产品交易会的企业给予摊位或交通补助。
政策支持	落实国家针对工艺美术行业的税收优惠政策，建立适应工艺美术产业发展的投融资体系。
	培养艺术品产业领军人才、艺术家、鉴定人才和经纪人才。
	通过大力投入，加强传统工艺美术技艺整理传承、人才保护和技艺保护、技术升级等工作。

专栏六　文化会展业发展目标和主要政策措施

发展目标	打造 1–2 个中原文化会展品牌，提升现有文化节会活动的影响力、知名度，打造国际知名文化节会。
主要举措	推动中国洛阳牡丹文化节提升水平，扩大影响。
	协助开封菊花花会提升举办规格。
	办好中国南阳玉雕节、禹州中国钧瓷文化节、信仰茶文化节、三门峡黄河旅游文化节、濮阳龙文化节、商丘木兰文化节、周口中华姓氏文化节、马街书会大型文化节会。
政策支持	加强对地方文化会展和节庆活动的规范、引导和提升。
	对重点文化展会给予支持。

专栏七　创意设计业发展目标和主要政策措施

发展目标	举办 1-2 个创意比赛活动，提升创意设计水平，支持郑州等市打造创意城市。
主要举措	加快郑州信息创意产业园和郑州金水文化创意园、宝丰文化创意产业园的建设。
	开展河南省设计艺术大赛活动。
政策支持	加强创意设计知识产权保护力度，形成尊重创意设计、维护创意设计创新的良好氛围。
	支持创意设计企业与高等院校联合建设创意设计产业人才培养基地，加快培养创意设计人才。
	推动动漫游戏与创意设计技术融合与发展。
	培育文化科技、传媒创意、艺术创作、数字服务等企业，积极促进文化产业与第一、第二产业融合，增加文化内涵，提高附加值。

专栏八　网络文化发展目标和主要政策措施

发展目标	提高网络音乐娱乐、网络艺术品、网络动漫、网络演出、网络文学等网络文化产品的原创能力和文化品位，发展健康向上的网络文化，进一步增强网络文化的核心竞争力。
主要举措	鼓励文化 内容与网络技术结合，不断创新文化业态，丰富文化表现形态，推进文化产业结构调整。
	促进网络文化产业链相关环节的融合与沟通，创新营销推广模式，研究建立更规范、合理的分成模式。
	鼓励和支持数字技术企业、网络技术企业、计算机硬件企业和通讯企业参与网络文化内容产品的生产和经营。
	继续稳步推进网吧连锁化、规模化、专业化、品牌化经营。
	继续稳步推进网络连锁化、规模化、专业化、品牌化经营。
政策支持	加强宏观规划，完整政策支持体系，支持网络文化企业发展。
	加强知识产权保护体系建设，采用新的科技手段保护网络文化作品。

专栏九　数字文化服务业发展目标和主要政策措施

发展目标	加快传统文化产业的改造提升速度，培育数字技术的新型内容产业，形成一批采用数字技术提供制作、传播、营销、推广等服务的文化服务企业，为文化产业的和高新技术融合发展提供支撑。
主要举措	推进公共数字文化建设制度设计，实现科学规划。
	完善公共数字文化设施网络，实现双向互动。加强公共数字文化资源建设，实现共建共享。
	加快文化资源和产品的数字化、信息化进程，建成覆盖城乡的文化共享网络。鼓励扶持对舞台剧目、音乐、美术、文物、非物质文化遗产和文献资源进行数字化转化和开发。
	打造基于互联网、广播电视网和移动通信网的跨网络、跨终端的服务新业态，实现创新发展。
	加快科技创新成果转化，提高演艺、动漫、游戏、网络文化等领域技术装备水平，增强文化产业核心竞争力。
政策支持	加强数字版权保护，维护数字文化服务单位合法权益。
	加强组织领导和统筹规划，将其纳入当地文化发展规划和公共文化服务体系建设。
	完善投入和保障机制，对重点数字文化惠民工程建设所需经费预计补助。
	注重人才培养和队伍建设，建立人才培养机制，为公共数字文化建设提供人力资源基础。

发展的重点区域，逐步完善创意研发设计、产品生产、推广销售等产业链，发挥创意设计对文化产业、制造业、服务业等产业的促进作用。打造一批具有中原风格和广泛影响的创意品牌，培养一批国内外知名的设计师，培育一批具有较强竞争力和影响力的创意龙头企业。

（八）网络文化业

完善网络文化服务功能，提供文化信息资源的链接服务，构建全省联网并与全国联网的数字化文化信息服务体系。大力拓展互联网服务领域，基本实现我省文化资讯服务的网上运行。做好网上图书馆、博物馆、美术馆、影剧院、艺术培训、娱乐场所等建设。积极发展文化电子商务，构建网络文化产品和生产要素交易平台，降低交易成本，促进产品流通。不断完善我省文化产业招商引资项目网上数据库，为招商引资提供全方位、多形式的服务。

（九）数字文化服务业

推动数字等高新技术在文化领域的广泛应用，培育新兴文化业态。加快数字图书馆、数字报纸、公共电子阅览室等工程建设。促进文化内容以及产品的数字化转化和开发，加快文化产品的生产、传播、消费的数字化进程。

六、保障措施

（一）加强组织领导

各级文化行政部门要在党委、政府的领导下，统一思想，提高认识，把文化产业发展列入重要议事日程，把文化产业发展成效作为衡量领导班子和领导干部工作业绩的重要依据，认真抓好本纲要的组织实施，加强监督检查。要主动加强和发展改革、财政、税务、科技、商务、教育、土地、金融等部门的沟通协调，建立和完善相应的工作机制，确保各项政策措施落到实处。充分发挥各级各类文化产业协会在提供政策咨询、加强行业自律、促进行业发展、维护企业合法权益、制定行业标准等方面的重要作用，使之成为联系文化产业界的桥梁和纽带，努力形成文化企业、行业协会与政府部门之间的良性互动。

（二）完善扶持政策

协调有关部门，落实《中共中央关于深化文化体制改革推动社会主义文化大发展大繁荣若干重大问题的决定》关于“加大财政、税收、金融、用地等方面对文化产业的政策扶持力度”，争取逐步增加省、市两级文化产业发展专项资金规模，逐步完善文化产业政策法规体系，出台具有可操作性的配套政策。加大财政对文化产业的投入力度，充分发挥省文化产业发展专项资金、服务业发展引导资金、动漫产业发展专项资金等财政资金的导向作用。鼓励民间资本进入文化产业领域。加大工商、税收、土地、投融资扶持力度，逐步完善各类文化产业政策体系。制订和完善鼓励非公有文化产业发展的相关优惠政策，对民间资金、个人资金和境外资金投入文化产业，在准入领域、条件等方面作出明确规定。

（三）拓宽融资渠道

建立健全多元化、多层次、多渠道的文化产业投融资体系。加大对文化产业发展的资金投入。充分发挥与农行、中行、工行的省分行的战略合作，简化企业贷款程序，提供高效金融服务。鼓励各类金融机构积极创新，开发真正满足文化产业需求的金融产品，优化资信评估制度，简化审批环节，完善金融服务。鼓励和引导有条件的重点文化企业通过发行股票和债券进行直接融资。建立健全企业信用担保体系，制定完善的信用担保政策，鼓励组建文化产权交易平台，设立文化产业投资基金，为中小文化企业融资提供信用担保服务。积极推进招商引资，利用国外、省外的先进管理技术和雄厚资金实力促进我省文化产业发展。

（四）深化体制改革

通过深化文化体制改革，构建有利于文化产业繁荣发展的体制机制，进一步解放和发展文化生产力，激发全社会的文化创造活力。深化文化行政管理体制改革，加快政府职能转变，强化政府调节、市场监管、社会管理、公共服务职能，推动政企分开、政事分开，理顺政府和文化企事业单位关系。进一步深化国有文化企业改革，建立现代企业制度，完善法人治理结构，增强其面向市场、面向群众提供服务的能力。

（五）强化人才支撑

坚持积极引进、大力培养、合理使用文化产业人才，逐步建立一支懂文化、精技术、善经营、会管理，领军人才、复合管理人才、新兴行业专业人才各展所长的文化产业人才队伍。多层次、多渠道地引进一批文化科技、管理经营、创意型、创作型等紧缺人才和战略人才，复合型、外向型的高层次、高技能人才。通过国内外学习培训、委托培训、定向培养、双向交流等途径，提高管理人才、专业技术人才水平。选拔有潜力的中青年文化产业人才到国内外大型文化企业、著名高校和研究机构学习、研修。建立和完善新型用人机制、分配机制和激励机制，允许和鼓励各类文化产业人才以其创作成果、技术手段、管理方式、知识产权等生产要素参与利润分配。对有突出贡献的经营管理人才和文化创新人才给予重点表彰和奖励。

广东省文化产业振兴规划（2011-2015年）

一、指导思想

深入贯彻落实以科学发展观，按照党的十七届六中全会和省第十一次党代会的部署要求，坚持社会主义先进文化前进方向，以满足人民群众精神文化需求为出发点和落脚点，紧紧围绕“加快转型升级、建设幸福广东”的核心任务，推动文化产业大发展大繁荣，加快转变文化产业发展方式，进一步解放和发展文化生产力，大力弘扬“厚于德、诚于信、敏于行”的新时期“广东精神”，为人民群众提供健康丰富的文化产品和服务，将文化产业培育成国民经济新的增长点和满足人民群众多层次精神文化需求的重要渠道，进一步推动文化强省建设。

二、基本原则

坚持把社会效益放在首位。坚持社会效益和经济效益有机统一，通过做大做强文化产业，更好地满足人民群众提高思想道德素质和科学文化素质的需要，促进人的全面发展。

坚持服务群众优先。坚持面向基层、服务群众，在服务群众的过程中发展壮大产业，更好地满足人们群众多样化、多层次、多方面的精神文化需求。

坚持深化改革。通过深化文化体制改革，大力培育充满生机活力的市场主体，着力构建有利于文化产业科学发展的高效、开放、有序的体制机制。

坚持市场导向。充分发挥市场在文化资源配置中的积极作用，构建“统一、开放，竞争、有序”的现代文化市场体系，繁荣城乡文化市场，推动文化企业提升市场竞争力。

坚持科技创新。发挥科技创新的重要引擎作用，提升文化创新能力，以科技创新推动文化生产、传播方式创新，推动传统优势文化产业转型升级，推动新兴业态成为文化产业新的增长点。

坚持区域协调发展。加强对文化产业的宏观布局和科学规划，形成区域协作、优势互补、城乡文化一体化发展的文化产业发展新格局。

三、发展目标

“十二五”期间，全省文化产业增加值力争实现年均增长12%以上，到2015年占全省GDP的比重达到6.5%以上；文化服务业增加值达到2200亿元，占文化产业增加值的比重超过45%。文化产业规模总量继续保持全国前列，文化服务业比重大幅提高，新兴文化业态领先全国，传统优势文化产品和设备制造业完成转型升级。拥有一批在国内外具有较强实力和竞争力的龙头文化企业、文化品牌和文化人才队伍，形成一大批优势文化产业集群，文化市场繁荣、文化消费旺盛，文化市场管理进一步规范，文化产业总体实力和核心竞争力显著增强。到2015年，文化产业成为广东省重要的支柱产业，将广东省建设成为全国文化产业示范区和在亚太地区具有较强竞争力的文化创意中心。全省基本形成结构合理、科技含量高、富有创意、竞争力强的现代文化产业体系，基本形成统一开放、竞争有序的文化市场，基本形成珠三角和东西两翼、北部山区优势互补、错位发展，粤港澳台深度合作的产业发展格局。

四、重点任务

（一）优化文化产业结构

做大做强文化服务业。健全文化创意和创作生产、经营机制，建设一批文艺创作生产基地。实施内容精品战略，大力发展具有岭南特色的文化服务业，每年推出一批具有广东特色，在国内外影响力强、市场叫得响的新闻出版、广播影视、动漫游戏、创意设计、演艺方面的精品佳作。加快发展数字内容产业，推进文化资源数字化，建设文化和媒体数字资源库。实施重大项目带动战略，建设一批具有战略性、引导性和带动性的重大内容产业项目，在重点领域取得跨越式发展。

培育文化领域新兴产业。大力发展数字出版、流媒体、动漫网游、网络音乐、多媒体广播影视、高清互动电视、数字娱乐等新兴文化业态。推进有线电视数字化双向转换，建设下一代广播电视网；建立数字电影制作、发行和放映体系，加快推进广播电视网、电信网与互联网“三网融合”，促进传统媒体与新兴媒体融合发展，推动出版业向多媒体、网络化发展。促进文化产业与教育培训、旅游休闲、时尚消费、体育健身等产业联动发展，拓展文化产业领域，培育和延伸文化产业链条。

提升文化制造业发展水平。推动广东省具有传统优势的文化产品和设备制造业提高创新能力，培育自主品牌，实现由加工型向精密制造型升级、由产品制造型向内容研发、衍生产品开发升级，将广东打造成为高端文化产品和设备制造基地。大力发展绿色印刷，支持新一代大容量高清光盘的研发应用，鼓励研发新型影院系统、数字多媒体娱乐设备、流动演出系统、多功能集成化音响、游戏游艺设备等。

推动文化科技创新。培育发展一批创新型文化企业，打造若干国家级创新型龙头文化企业。推进重点文化创意产业园区建设技术先进、功能强大的公共技术服务平台，依托高校和科研机构，在广州、深圳等地建设产学研相结合的文化创意研发中心。加强文化领域核心技术研究，重点开发数字动漫制作、数字音视频和高清影视制作、下一代广播电视网、网络出版、语义智能搜索、OED电子纸电泳、MPR多媒体复合关联编码等关键技术，加强研发文化领域具有自主知识产权的软件、技术标准、关键元器件和装备，推动若干重大文化科技成果实现产业化。

（二）优化文化产业布局

建设“珠江两岸文化创意产业圈”。珠江三角洲地区以建设全国文化产业示范区的核心区为目标，重点发展传媒出版、创意设计、动漫游戏、影视制作、音乐创作、网络文化服务、文化领域核心技术研发等高端和新兴文化产业，建设一批全国领先、具有核心竞争力的文化创意产业集群和国家级产业园区。广州、深圳要充分发挥中心城市的引领和辐射作用，通过打造“创意之城”、“设计之都”，力争成为文化创新中心、区域文化产业中心和文化产业示范城市。重点发展新闻出版、影视音乐制作、动漫游戏、创意设计、演艺娱乐、

数字新媒体、网络文化服务、文化会展等产业，建设一批文化企业总部以及研发中心、物流中心、出口基地，培育若干具有国际竞争力的大型文化传媒集团和文化品牌，形成一批规模化、高端化的文化创意产业集群和产业园区。

珠江三角洲地区其余各市重点发展创意设计、印刷复制、动漫游戏、工艺美术、音像电子、演艺娱乐、文化会展、文化旅游、文化设备制造等产业，形成一批空间集聚、分工协作、竞争力强的文化产业集群和园区。

东西两翼和粤北山区依托广府文化、客家文化、潮汕文化、海洋文化等地方特色文化资源，重点发展文化旅游、演艺娱乐、工艺美术、文化产品制造等具有岭南特色的区域特色文化产业，形成区域特色文化产业群。承接珠江三角洲地区文化产品和设备制造等产业转移，形成若干集聚发展的文化产业转移示范园区。

在广州南沙和东圃、深圳前海、珠海横琴新区、东莞松山湖等地建设“粤港澳文化创意产业试验园区”，在中山建设“粤台文化创意产业园”，形成以文化产品和服务出口为主的外向型产业集群。加大扶持力度，在全省范围内发展和认定一批文化产业强市和特色文化产业县（市、区）、镇，充分发挥其示范带动作用。

（三）完善现代文化市场体系

培育和做强文化市场主体。鼓励综合实力强的文化企业跨地区、跨行业、跨媒体、跨所有制兼并重组，打造资产和销售过百亿，核心竞争力强的龙头文化企业。健全文化企业股改上市工作机制，推动南方出版传媒股份有限公司、珠江电影集团有限公司、南航集团文化传媒股份有限公司等国有文化企业，以及一批综合实力强的民营文化企业上市。鼓励中小文化企业向“专、精、特、新”方向发展，形成富有活力的优势企业群体。实施商标品牌带动战略，打造一大批具有广东特色、在国内外具有较高知名度的文化品牌。

发展文化产品和服务市场。规划建设若干个全国性和区域性的书报刊和电子出版物、动漫产品、广播影视节目、演艺节目、音像制品、工艺美术等文化产品和服务交易市场，推动各类文化交易市场拓展规模，深化服务，增强辐射力和影响力。建设现代文化传播体系，重点构建覆盖全省的广播电视传输网络、国有出版物发行网络、数字电影院线以及演出院线。在各地级以上市规划建设一批集新华书店、数字影院、时尚文化娱乐和文化产品销售为一体的大型文化中心。大力发展文化电子商务，推动现代流通形式成为文化流通领域的主要力量。

健全文化要素市场。积极培育版权、资本、金融、信息、技术等文化要素市场，推动广东南方文化产权交易所、深圳文化产权交易所建设成为国内一流的文化产权交易中心。完善文化产权交易机制，鼓励和引导各类文化企业开展文化产权交易。建立健全文化投融资平台，促进文化与资本市场对接。发展版权代理、知识产权评估、演艺经纪、信息服务、融资担保、工艺美术品拍卖等文化中介行业，推动文化中介机构向规范化、品牌化、规模化方向发展。规范发展文化行业组织，充分发挥其在行业规划、平台建设、信息交流、协调维权等方面的作用。

积极培育文化消费。引导和培育文化消费，提高文化消费在社会消费中的比例。开展“文化消费补贴计划”和“国民文化消费卡工程”试点，探索对人民群众看电影、看戏、看有线电视和购买书籍与音像电子产品等基本文化消费进行补贴的机制。鼓励和培育以互联网为载体的文化消费新模式，拓展艺术培训、文化旅游、休闲娱乐等消费。大力培育农村文化市场，加大农村文化基础设施建设，采取多种措施鼓励各类农村文化消费。

（四）大力实施文化“走出去”战略

积极培育外向型文化企业。每两年发布广东省文化出口重点企业和项目目录，培育一批出版发行、广播影视、文艺演出、动漫网游、工艺美术、网络文化服务、文化产品和设备制造等外向型文化企业，建设一批外向型文化产业基地，扩大广东省文化产品和服务在国际市场的份额。

构建国际文化营销网络。鼓励各类文化企业到海外兴办产业实体和建立营销渠道，重点抓好影视音像、动漫玩具、出版物、文艺演出、新闻媒体网络等国际营销网络建设。支持广东省媒体和各种所有制企业在境外办报、办刊、办台、办网，与海外媒体合办频道（率）、栏目、节目；鼓励广东省媒体创办外文报刊、广播和电

视频道，支持广东省网站与国外知名网络媒体合作。

五、重点产业

（一）文化创意业

发展目标：文化创意业产值年均增长20%，到2015年成为文化产业重要门类和新的增长点。其中，创意设计、动漫游戏、音乐制作业产值年均增长超过25%。

主要措施：

——推动文化创意业集聚发展。建设一批国家级和省级文化创意产业园区和基地。扶持成长性好的文化创意企业提升原创能力，培育一批品牌企业和产品。建设若干文化创意公共技术平台和产学研结合的文化创意研发中心。

——大力发展创意设计业。着力发展工业、时尚、平面、工艺美术、建筑与环境等设计产业。以广州、深圳为中心，辐射带动佛山、东莞、珠海、中山、汕头、潮州，打造优势互补、各有侧重、具有较强竞争力的产业集群，扶持发展一批特色鲜明、优势突出的创意设计企业。

——大力发展动漫游戏业。建设广州、深圳两个国家级动漫游戏基地，带动珠海、汕头、佛山、东莞、中山、惠州、肇庆、江门等市发展动漫游戏业。建设一批动漫游戏公共技术平台，加强动漫游戏开发系统等关键技术研发，塑造和培育一批动漫形象和品牌，推动动漫游戏衍生产品开发。推动广东省发展基础好、实力雄厚的企业成为具有国际影响力的动漫网游领军企业，形成集创作、研发、生产、销售、衍生产品开发、人才培训为一体的动漫游戏产业集群。

——大力发展音乐制作业。按照“一基地多园区”格局，扶持和培育一批原创和市场开发能力强的龙头音乐企业和音乐创意园区。推动建设多媒体数字视听平台，鼓励和引导民族音乐、流行音乐原创和开发，打造音乐创作、出版发行、演艺、经纪、培训、后产品开发等音乐产业链。

——大力发展广告业。以规模化、集聚化、专业化、高端化发展为导向，构建现代广告产业体系。重点培育以创意设计、品牌代理和媒体服务为核心业务的综合服务型龙头广告企业。以广州、深圳为中心打造广告业集聚发展平台和创意基地，带动广告业上、下游产业发展。大力扶持以广告创意设计为主和利用高新技术开展广告制作的中小广告企业，充分发挥其主业突出、专业精熟、经营灵活的优势，提升专业化水平。加大广告业人才培养力度，加强与省外和港澳台地区交流合作，打造高素质的广告人才队伍。

（二）平面传媒业

发展目标：平面传媒业经营收入年均增长15%，到2015年，报刊数量和总印数继续位居全国前列，经营收入超过300亿元，打造资产超百亿元的报刊传媒集团。

主要措施：

——推进报刊业分类改革和优化重组。稳步推进非时政类报刊分类改革，塑造合格的文化市场主体。鼓励广东省报刊集团跨地域、跨行业、跨所有制发展经营，推动省、市报刊资源整合，支持平面媒体与广播电视、互联网等媒体合作，形成以党报（党刊）为核心，各类报刊共同发展的报刊业新格局。

——打造具有较强国际国内竞争力的报刊传媒企业。重点扶持南方报业传媒集团、羊城晚报报业集团、广州日报报业集团、深圳报业集团和家庭期刊集团等做大做强。支持重点平面传媒集团上市。

——推动平面媒体与新媒体融合发展。推动平面媒体数字化转型，建立适应全媒体发展的内容生产体系，支持南方报业传媒集团数字复合出版系统和户外新媒体联播系统建设。鼓励重点报业集团与互联网、手机等新媒体融合发展，打造全媒体集团。

——鼓励报刊业拓展产业空间。推动报业集团发挥品牌影响力，积极拓展信息服务、印刷出版、文化会展、文化物流等关联产业。

（三）广播影视业

发展目标：到2015年，广播电视服务业增加值达到200亿元，产业规模达110亿元；全省电影票房总收入达60亿元，电影银幕达1200块以上。

主要措施：

——实施影视精品战略。完善影视精品创作生产资金扶持制度，建立华语电影剧本创作平台，每年生产一批精品电影、电视剧和电视节目。办好动漫频道，打造国际化动漫形象和品牌；创办纪录片频道，打造中国南派纪录片品牌。

——推动南方广播影视传媒集团、深圳广播电影电视集团实施媒体优化重组工程，成为在国内有较强竞争力的广播影视集团；推动广东卫视频道、深圳卫视频道成为国内强势卫星频道。加快南方广播影视创意基地以及广州、深圳网络音视频产业基地建设。

——做大做强广东省广播电视网络股份有限公司，推动双向数字化网络改造，构建互动业务平台，打造技术先进、实力强大的广电网络综合信息服务运营商。

——促进电影产业繁荣发展。做大做强珠江电影集团有限公司，推进广东省数字电影院线建设，加快中小城市电影院建设和改造。力争2012年内普及县级数字影院，力争2014年前，实现县级多厅数字影院全覆盖。

——推动广播影视业创新。加快建设下一代广播电视网，建设国标数字电视地面广播单频网和国家数字音频广播先导网。发展高清电视项目，推动电影产业数字化、网络化，提升3D技术应用水平。开展智慧家庭研发和应用，积极发展广播电视新媒体、新业务，支持建设网络广播电视台，推动移动多媒体广播电视、手机电视等开发多媒体综合信息服务、数字娱乐产品等增值业务。

（四）出版版权业

发展目标：出版版权业产值年均增长10%，到2015年达到3000亿元，增加值达到800亿元；版权服务延伸到70%的核心版权产业园区。

主要措施：

——提升内容生产水平。深入挖掘岭南文化资源，扶持重点优秀作品出版，每年出版一批精品力作。建设以广州为中心、辐射珠三角的出版内容产业带，支持南方出版传媒股份有限公司发展成为具有核心竞争力的精品出版基地。

——加快发展数字出版业。积极发展互联网出版、手机出版，抓好出版流程数字化再造、数字出版服务及管理平台、出版资源智能化数据库等数字出版重大工程。重点建设广东国家数字出版基地。

——优化升级印刷复制业。重点发展数字印刷和新技术光盘，鼓励印刷复制企业采用数字和网络技术改造现有设备和生产流程，打造年产值超过30亿元、拥有核心技术的大型印刷复制企业，推广绿色环保印刷复制技术，扩大“印在广东”的国际影响力。

——积极发展出版物流通业。全面完成全省新华书店改革重组，打造省和广州、深圳三个国有大型发行集团，构建全省连锁经营、覆盖城乡的出版物发行网络。培育新兴出版物销售模式，建设广东出版物物流配送中心。办好“南国书香节”等，推动全民阅读。

——大力发展版权产业。重点发展核心版权产业，抓好版权产业集群建设，推动广州、中山等创建国家版权保护示范城市和世界知识产权组织版权保护示范基地。完善版权服务体系，探索作品代理制和作者经纪人制。

——推动出版版权业“走出去”。实施出版物对外推广计划，支持出版企业开发适应国际市场的产品，发展对外版权贸易，提高版权贸易输出量。鼓励出版企业到境外设立出版机构，参加国际出版展会。

（五）演艺娱乐业

发展目标：演艺娱乐业增加值年均增长20%，到2015年，初步建成以珠三角为核心的现代演艺市场体系，成为国内演艺娱乐业最为活跃的区域之一。

主要措施：

——实施演艺精品战略。以市场为导向，提升节目创意，推出一批常演不衰的演艺精品；扶持高雅艺术普及推广，促进演出内容与样式多元化。

——做大做强演艺市场主体。推进国有文艺院团分类改革，塑造合格的文化市场主体。积极发展多种所有制的演艺机构，打造一批品牌演艺企业，培育一批有影响力的演艺经纪公司。

——完善演出场馆设施建设。新建、改建一批专业演出场馆。推动广州、深圳建设若干个具有国家一流水准的音乐厅和剧院，珠江三角洲其余各市建设一批大中型的专业演出场馆，东西北地区建设一批具有综合演艺功能的影剧院。扶持广东星海演艺集团打造覆盖全省大中城市的演出院线。

——推动演艺娱乐与旅游融合，打造优秀旅游演艺节目。鼓励社会资本进入旅游演艺市场，适度引进境外资本投资旅游演艺市场。

——调整优化娱乐场所结构，鼓励娱乐企业连锁经营，促进娱乐场所健康发展。合理布局、有序发展科技含量高的文化主题公园。

——建设以广州、中山和汕头澄海为集聚区的广东游戏游艺与动漫玩具产业集群，培育若干知名的跨区域游戏游艺连锁品牌。建设以广州、江门为主要集聚区的广东演艺设备产业集群，扶持演艺设备制造重点企业和品牌。

（六）网络文化服务业

发展目标：网络文化服务业总收入年均增长25%，培育一批在全国具有较强影响力的新闻网站和商业网站，形成以广州、深圳为中心，面向全国、辐射东南亚的网络文化服务业基地。

主要措施：

——大力发展网络文化信息服务、网络出版、网络广播电视、网络文学、新一代网络游戏、网络音乐、网络动漫以及手机等移动终端业务，推动广东省重点网站将提供内容服务与提供平台服务相结合，建设一批功能强大的网络传播和服务平台。推动传统媒体与网络媒体以资源、资产、业务为纽带，开展跨媒体经营，集内容创新、推广、服务为一体的网络媒体产业。设立省级新媒体发展基金，扶持网络新媒体发展。

——实施网络品牌战略。推动腾讯、网易等网站继续保持全国领先地位。扶持重点新闻网站建设，推动南方新闻网、深圳新闻网等股改上市，建设一批在全国有较大影响的新闻网站，培育若干国有或国有控股的大型商业网站。

——大力发展网络内容产业。实施网络文化精品工程，举办全省“网络文化精品”评选活动，每年推出一批具有广东特色、健康向上、群众喜闻乐见的原创网络文化作品。积极推动手机音乐、手机动漫、手机游戏等移动网络内容开发。推动网络媒体对内容资源全方位、深层次开发应用，形成多种媒体内容共享、形态共存的网络内容产业格局。

——积极推动网络文化服务业向移动互联网延伸。大力发展手机等移动媒体网站，以“视听互动”为中心，发展海量信息总汇、博客网、视频搜索引擎、台网联动中心以及包括IPTV、手机电视等在内的网上增值服务。支持网络及手机动漫游戏衍生品、移动多媒体文化产品的开发。

——推动网络影视、网络出版、网络动漫、语义智能搜索、手机内容服务、网络协同创作服务等领域关键技术开发和应用平台建设。培育一批创新型网络文化服务企业，建设若干网络文化服务公共技术平台。

（七）文化旅游业

发展目标：到2015年，文化旅游市场规模进一步扩大，产业规模、质量和效益居全国前列，形成一批在全国有影响的文化旅游项目。

主要措施：

——在对广东省世界文化遗产、水下文化遗产、国家和省重点文化保护单位、国家级历史文化名城和名镇（村）、国家级和省级非物质文化遗产有效保护的基础上，充分发掘其旅游功能，积极发展文化观光游、体验游、休闲游等。深入挖掘整理和开发老字号的文化资源。

——实施品牌引领战略。支持文化旅游企业向集团化、品牌化方向发展。引导和支持优秀文化旅游城市规划建设旅游文化名街、名镇、名村，打造文化旅游特色产业集聚区。

——积极开发文化旅游产品。推动文化与旅游结合，打造一批具有岭南文化特色的旅游精品线路和产品。开发文化创意产业集聚区的旅游功能。鼓励设计、制作独具地方文化特色的文化旅游工艺品，挖掘文化旅游品牌形象价值，拓展产业链条。

（八）文化会展业

发展目标：培育一批特色鲜明、具有国际影响力的文化展会品牌和龙头企业，建设在国内外具有较大影响力的珠三角文化会展产业带。

主要措施：

——加强文化会展业规划布局，推动珠三角各市完善会展场馆和设施，承办国内外重大文化会展活动，举办面向各类专业文化会展，形成以广州、深圳为中心，珠三角各市错位发展的文化会展业。鼓励东西北地区根据本地实际举办各类专业文化会展。

——办好中国（深圳）国际文化产业博览交易会、中国（东莞）国际影视动漫版权保护和贸易博览会、广东国际广播影视博览会、中国（中山）国际游戏游艺博览交易会、广东国际旅游文化节、南国书香节、中国（广州）国际纪录片大会、广州国际艺术博览会、中国国际漫画节、中国（广东）国际印刷技术展览会等，推动其向国际化、专业化、品牌化方向发展，打造国际文化会展品牌。鼓励珠三角各市发展一批具有区域影响力的专业文化会展。培育一批专业性强、服务水平高的文化会展龙头企业。完善文化会展配套服务，健全文化会展产业链。

——推动粤港澳台发挥各自优势，联合办展，共同开拓海外文化会展市场，联手打造国际文化会展品牌。推动广东省文化会展企业与国际知名会展企业合作。

六、保障措施

（一）加强组织领导和统筹规划

从建设文化强省和促进经济发展方式转变的高度，把加快推动文化产业发展纳入各级政府重要议事日程，进行专项部署和实施。将文化产业发展列入国民经济和社会发展总体规划，加强对文化产业发展的宏观指导和布局。建立健全文化产业发展的组织领导和协调工作机制，建立相关的考核、评价和责任制度，确保文化产业各项工作落实到位。省、市两级宣传文化等部门会同统计部门，负责完善文化产业统计指标体系，建立健全相关工作制度，每年定期发布文化产业统计报告和数据。

（二）深化文化体制改革

加快政府职能转变，推动政企分开、政事分开、政资分开、管办分离以及政府与市场中介组织分开，强化政府在市场监管、公共服务等方面的职能。

全面完成新华书店、电影发行放映单位、重点新闻网站等经营性文化事业单位转企改制以及非时政类报刊、国有文艺院团改革，推动转制后文化企业完善法人治理机构，建立健全现代企业制度。加快国有文化企业产权制度改革，实现投资主体多元化。

完善国有文化资产监管机制，健全文化市场监督管理体系。建立文化企业信用档案和文化市场信用制度。完善文化市场综合执法机制，维护市场秩序。

加强知识产权保护，继续大力打击侵权盗版及非法出版物等违法行为，构筑政府监管、企业自律、舆论监督、群众参与的知识产权保护体系。

（三）鼓励社会资本进入政策允许的文化产业领域

落实《国务院关于非公有资本进入文化产业的若干决定》（国发〔2005〕10 号）和文化部等有关部委《关于文化领域引进外资的若干意见》（文办发〔2005〕19 号），鼓励社会资本和外资进入政策允许的文化产业领域。鼓励社会资本参与新华书店、电影公司、文艺院团和演出场所等国有经营性文化单位转企改制和股份制改造。引导外资设立印刷复制、书报刊分销、艺术品经营等企业。

（四）加强人才队伍建设

制定实施文化产业经营管理人才培训规划，建立健全在职人员业务培训和继续教育制度。实施高层次人才培养计划，培养一批熟悉市场规律、懂文化、善经营的现代文化企业领军人才。完善分配和激励机制，鼓励优秀拔尖人才脱颖而出。有计划、有重点地从海内外引入文化产业发展亟需的各类人才。加强高等院校文化产业人才培养和相关学科建设，与省内高等院校合作，通过“校企合作”模式建立文化产业人才基地；资助一批重点研究课题，鼓励有条件的高等院校开展文化产业重大理论和实践问题研究。

（五）加强政策保障体系建设

建立健全地方文化产业法规体系，研究制定《广东省文化产业促进条例》。贯彻落实国家和省支持文化产业发展的优惠政策，研究出台加快文化强省建设的政策措施，支持重点文化产业项目发展。有条件的市要设立文化产业发展专项资金。

创新文化产业投融资机制。推动金融机构开发适合文化企业特点的多元化、多层次的信贷产品，积极倡导鼓励担保和再担保机构大力开发支持文化产业发展和文化企业“走出去”的贷款担保等业务品种，鼓励金融机构对中小文化企业开展“捆绑式”融资业务。加快建设文化投融资平台，设立广东省文化产业投资基金、广东省文化传媒投资基金。支持有条件的文化企业上市融资和发行企业债券。

广西壮族自治区文化产业发展“十二五”规划

一、指导思想

坚持以邓小平理论和“三个代表”重要思想为指导，全面贯彻落实科学发展观，牢牢把握社会主义先进文化的前进方向，遵循社会主义精神文明建设的特点和规律，适应社会主义市场经济发展的要求；以满足人民群众日益增长的精神文化需求为目标，以体制改革和科技进步为动力，以调整结构和布局为主线，以实施重大文化产业项目带动战略、加快文化产业基地和区域性特色文化产业集群建设、培育文化产业骨干企业和引进战略投资者为重点；坚持大战略带领、大企业带头、大项目带动，积极开拓国内国际文化市场，增强文化产业整体实力和竞争力，将文化产业培育成我区经济新的增长点和支柱性产业，把我区的人文资源优势转变为经济优势和产业优势，为实现“富民强桂”新跨越提供精神动力、智力支持和文化条件，推动文化产业又好又快发展。

二、发展目标

按照把文化产业打造成为重要的千亿元产业、成为国民经济和现代服务业中新的支柱性产业的要求，综合考虑今后五年发展趋势、有利条件和约束因素，提出我区“十二五”时期文化产业发展的主要目标：

——文化产业规模进一步扩大。文化产业又好又快发展，文化及相关产业增加值年均增长速度高于同期经济增长速度。到 2015 年，文化及相关产业增加值达到 1000 亿元，占全区 GDP 的比重达到 5% 左右。

——文化市场主体活力进一步增强。完成经营性文化单位转企改制，文化市场主体进一步完善，活力进一步增强。文化资源整合取得重要进展，形成一批具有较强市场竞争实力的骨干文化企业和企业集团。

——文化产业结构进一步优化。重要文化产业门类跨越式发展，重点文化产业工程带动作用突出，重大文化产业项目拉动作用明显；文化产业基地、文化产业园区、文化产业项目集群等载体建设初具规模、渐成体系。

——推动经济社会发展的功能和作用进一步发挥。到 2015 年，文化及相关产业增加值总量在全国处于中等偏上水平。文化及相关产业对全区生产总值、财政收入、社会就业增长的贡献率大幅跃升。

经过 10 年左右的努力，把广西建设成为在全国有较大影响力的区域文化中心，成为对东盟文化交流的枢纽、中国文化走向东盟的主力省区，成为我国西部文化产业高地和北部湾文化产业圈，成为具有时代特征、壮乡风格、和谐兼容的民族文化强区。

三、基本原则

坚持把科学发展的主题贯穿于文化产业发展的全过程，充分发挥文化产业在调整结构、扩大内需、增加就业、推动发展中的重要作用，以文化软实力提升经济硬实力。

——坚持把社会效益放在首位，努力实现社会效益与经济效益的统一。

——坚持统筹协调，促进文化产业和文化事业协调发展，文化行业之间、城市与农村之间文化产业优势互补、良性互动。

——坚持以体制改革和科技创新为动力，深化文化体制机制改革，推进文化产业和高新技术融合、与旅游等相关产业联动发展，不断增强文化产业发展动力，提升文化创新能力。

——坚持以结构调整为主线，加快推进重点文化产业、重大工程项目建设和重点文化骨干企业兼并重组，扩大产业规模，增强文化产业整体实力和竞争力。

——坚持走中国特色文化产业发展之路，继承中华民族优秀文化、学习借鉴世界优秀文化，充分利用广西特色文化资源，积极推动广西文化繁荣发展。

——坚持内外并举，积极开拓国内国际文化市场，不断增强广西文化的影响力。

四、重点任务

（一）发展六大重点文化产业

加大扶持力度，完善产业政策，集中优势资源，大力推动基础较好、优势明显、潜力巨大的行业实现跨越式发展。

1. 与旅游业紧密结合的文化娱乐演艺和美术工艺品产业

大力促进文化与旅游的融合互动发展，使文化成为旅游业加快发展的主要动力源。一是坚持保护为主、合理利用原则，依托不同旅游景区的文化遗产资源，通过文化遗址开发、特色博物馆建设、名人故居保护、民间文化艺术之乡评选以及特色餐饮文化开发等，着力打造一批体现广西特色文化的景区和一系列富有文化特色的精品旅游线路。二是以面向旅游市场的文艺精品生产工程为龙头，组织创作生产一批类似实景演艺《印象·刘三姐》的文化演艺精品，推进“漓江画派”美术作品走向国内外美术市场。三是兴建广西演艺城等一批适合不同需求的演艺场所。四是选择一批文化资源丰富、旅游基础较好、当地积极性高的县（市、区），建设集文化旅游、生态文明、新农村建设、城乡风貌改造、农民致富于一体的文化旅游示范县（市、区）。五是培育壮大一批品牌化、连锁化的文化娱乐经营企业，加快娱乐产业的规范化、规模化发展步伐。重点支持成立广西演艺集团，发挥整合资源的龙头作用。六是积极引进国内外有特色的健康文娱项目，加大广西传统文艺娱乐形式的创新力度，规范发展电子、网络娱乐，提高文化娱乐业的品位、档次和科技含量，不断营造新热点。七是举办两年一度的全区工艺品和旅游纪念品设计大赛，大力开发并不断推出具有我区特色和优势的各类工艺品和旅游纪念品等相关产品。扶持建立工艺美术品研发生产机构，保护工艺美术大师、民间艺人及其知识产权，创新工艺美术业的技术和品牌。八是扶持音乐产业，组织创作录制一批优秀歌曲，拍摄一批民族风格浓郁的音乐电视，推广到网络、歌厅和旅游市场。九是整合市、县两级的文化和旅游部门，使之一体化发展，从体制上解决文化与旅游“两张皮”问题。十是鼓励和支持我区文艺表演团体“走出去”，开辟国内国际市场，提高演出效益。

2. 新闻出版产业

推动出版产业结构调整和升级，加大一般图书出版力度，加快从主要依赖传统纸介质出版物向多种介质形态出版物共同发展转型，从主要依赖区域性市场向综合开拓国内市场转变。支持和培育广西日报传媒集团有限公司、广西出版传媒集团有限公司、广西新华书店集团有限公司和广西师范大学出版社集团等有较强竞争力和实力的出版企业，打造社会效益和经济效益显著、具有较强影响力的出版品牌。支持企业联合重组，做大做强。支持广西新华书店集团开展跨地区、跨行业、跨所有制经营，实现规模化连锁经营，建设中国－东盟文化产品物流园区和出版物发行网络体系。印刷复制业注重内涵发展，由数量型向规模型、特色型、品牌型、效益型转变。以重点印刷企业为龙头，整合全区印刷复制资源，提高产业集约化水平，扭转小而散的局面。引进先进的印刷复制设备，加快数字化、网络化等先进技术的运用，提高印刷复制业的技术装备水平，改善印刷复制品的质量，降低印刷复制业的成本。大力发展包装印刷、彩色印刷、高新技术印刷等产品类型，优化印刷产业结构。推进印刷复制业在“大强”、“小专”两种模式上的产业调整升级。重点建设中国－东盟创意印刷产业园区和桂林文化印刷园。实施出版“走出去”战略，拓展版权贸易、图书贸易和合作出版，重点加强与东盟的出版交流合作。

3. 广播影视和动漫产业

以大力提升广播影视引导力、影响力和可持续发展能力为目标，加大广西电视台、广西电台节目在区内、国内的覆盖，打造一批名牌节目、栏目。深入贯彻落实《国务院办公厅关于促进电影产业繁荣发展的指导意见》，大力发展广播影视内容产业，积极推进“广西广播影视剧创作生产繁荣工程”，切实加强对电影、电视剧、广播剧等文艺作品创作生产的领导、引导、扶持。加快广西电影制片厂影视制作生产大楼和广西电视台新媒体大楼工程建设，整合力量做强做大广西电影产业。以广西电影制片厂和广西电视台为龙头，每年创作生产一批反映时代特点、弘扬时代精神、彰显广西形象，思想性、艺术性、观赏性俱佳的广播影视剧作品。加快广西城市电影院线建设和农村数字电影院线建设，到 2012 年基本完成全区地级市数字影院建设改造任务，到 2015 年基本完成全区县级市和有条件县城的数字影院建设改造任务。加快广西卫视高清电视发展，大力发展新媒体业务，努力增强我区广播影视产业整体实力。面向国内外市场，推进专业化制作、集约化经营、集团化管理、规模化发展。建设、命名一批影视剧拍摄基地和外景地。建设南宁动漫城、柳州动漫游戏产业基地、桂林动漫研发制作基地，充分发挥基地孵化、提升、集聚、创新四大功能，培育新兴企业，吸引国内外优秀企业，推动本地资源与外来企业、资金、项目相结合，促进动漫产业“产、学、研、服”一体化发展，大力提升广播影视知识产权的创造、运用、保护和管理能力，打造广播影视知识产权服务和交易平台，培育广播影视知识产权产业。支持动漫游戏企业与大专院校、科研单位密切合作，提升其研发能力、创意水平和队伍素质。鼓励原创产品的研发制作，鼓励开发以广西文化资源为内容的动漫游戏产品，形成动漫游戏产品生产、输出和转化的产业链。推动动漫图书、报刊、电影、电视、音像制品、电子出版物（含互联网游戏作品）、舞台剧和动漫新产品的开发与生产。鼓励文化企业生产制作与动漫形象有关的服装、玩具、电子游戏等衍生产品。建立动漫原创产品评选、奖励和推广机制，积极支持动漫原创产品推广活动，培养引导公众的创意兴趣和消费习惯。

4. 文博和会展节庆业

依托各类美术、工艺、文博场馆，打造产业链。加大投入力度，引进先进技术，推动我区文博信息业和文物复（仿）制业快速发展。加大政府投入，加快会展场馆建设。运用市场机制，强化产业运作，促进会展业快速发展。大力办好中国－东盟博览会、中国－东盟商务与投资峰会、南宁国际民歌艺术节。支持办好桂林山水文化旅游节、柳州国际奇石文化节、河池铜鼓山歌艺术节、北海国际珍珠文化艺术节、钦州国际海豚文化节等地域特色文化节庆和壮族歌圩节、瑶族盘王节、苗族跳坡节、侗族花炮节、仫佬族依饭节、毛南族分龙节、回族古尔邦节、京族哈节、彝族跳弓节、水族端节、仡佬族吃新节等民族特色文化节庆。以南宁、桂林、北海等为基地，积极承办国际性、全国性重大会议、展览和赛事，拓展我区会展业发展空间，提高服务质量，提升会展业的发展水平。

5. 创意设计和广告业

着眼于将南宁建设成为“创意之城”的目标，开展富有广西元素的工艺品、民族时装、建筑装饰、广告设计、特产包装等多种创意设计活动，以此提高广西产品的文化附加值。引导企业高度重视品牌设计、企业形象设计、信息设计、产品设计，加强工业设计服务、建筑及环境设计服务、时尚设计服务、手工艺品设计服务、服装设计服务、产品包装设计服务等各种服务，为第一、二、三产业做大做强提供文化支撑。围绕广西七大支柱产业的发展，在产品设计、技术开发、新品开发、广告营销等方面配套跟进。运用高新技术，融入美学、环境学等因素，通过设计创新和改进，实现新产品的开发，提升广西设计技术和创意水平。针对不同门类的设计产业，鼓励高等院校开设相应的设计教育专业，鼓励学生学习创新的思维、方法，培养有创新意识的人才。鼓励本土设计师参与国内外的行业交流活动，大力开拓国内国外市场。推进广告业的信息化、自动化、智能化建设，建立和完善广告质量评价体系、广告效果监测体系及市场调查网络，不断提高广告服务的科技含量和质量水平，为提升我区的企业形象和打造名优品牌服务。

6. 网络和休闲软件游戏等新兴文化产业

瞄准文化产业发展前沿，大力发展新兴文化业态。倡导绿色休闲、健康娱乐，发展设施先进、内容丰富、安全时尚的综合性游乐项目，丰富休闲娱乐方式。鼓励茶吧、网吧、棋牌馆、歌舞娱乐和曲艺场所等走连锁经营的路子，创新经营方式，扩大经营规模，提高经营档次。推动休闲娱乐业与旅游业、演艺业、影视业、餐饮业等相关产业的融合，催生新的休闲娱乐业态，提升休闲娱乐的文化品味，拓宽休闲娱乐的发展空间。采用数字、网络等高新技术，大力推动文化产业升级，大力推进地面数字电视建设。大力推进广播电视信息网络建设发展，按照“大容量、双向交互”的要求，继续加快有线电视数字化、双向化改造，完成全区乡镇有线网络整合，有条件地区实现区、市、县、乡、村五级联网，全程贯通。

加强集约化经营、本地化服务，大力开发视频点播、高清电视、付费电视、3D 电视、电子政务、生活信息等多种业务和信息服务，使有线数字电视成为进入千家万户的多媒体综合服务平台，实现有线电视网络由小网向大网、由模拟向数字、由单向向双向、由用户看电视向用电视的转变。加快建设下一代广播电视网（NGB），推进“三网融合”，妥善处理新兴文化产业发展与网络信息安全的关系，切实维护国家文化和信息安全。以现有的有线数字电视、移动多媒体广播电视为基础，结合电信网向宽带通信网、互联网向下一代互联网建设发展，统筹规划，分步实施，滚动发展，实现网络互联互通，资源共享，为用户提供语音、互联网接入和 IPTV 等多种“三网融合”新业务。积极发展纸质有声读物、电子书、手机报和网络出版物等新兴出版发行业态。发展高新技术印刷。运用高新技术改造传统娱乐设施和舞台技术，鼓励文化设备提供商研发新型电影院、数字电影娱乐设备、便携式音响系统、流动演出系统及多功能集成化音响产品。加强数字技术、数字内容、网络技术等核心技术的研发，加快关键技术设备改造更新。贯彻落实《国务院办公厅转发发展改革委等部门关于鼓励数字电视产业发展的若干政策的通知》，大力发展数字电视产业。

（二）实施七大重点工程

以重点工程为突破口，带动不同行业、不同区域的发展，夯实产业发展基础，增强总体实力和核心竞争力。

1. 文化产业基础设施建设工程

发挥我区历史遗存丰富、民族文化资源丰厚的优势，大力保护和开发文化遗产资源，建设广西自然博物馆、广西铜鼓博物馆、北部湾博物馆、广西美术馆等展示项目。加快建设一批剧院、图书城、电影院和其他艺术表演场所，将建设和改造任务纳入国民经济和社会发展规划一起部署，纳入城乡建设和土地利用总体规划重点推进。注意突出文化设施的民族地域特色和现代风格，以塑造广西良好的文化形象，提高文化品位，创造与文化产业发展相协调的文化环境。

2. 文化精品生产工程

深入挖掘重点景区景点的文化内涵和文化特色，以增强旅游业的文化魅力和延伸旅游业的产业链条为重点，组织生产一批文化含量高、艺术精湛、观赏性强的文艺精品。鼓励各市打造特色鲜明、常演常新、市场效益好的大型综艺节目。以各地的历史人文资源为题材，创作生产一批叫得响、立得住、传得开的文学、戏剧、音乐、影视、出版作品。继续活跃艺术培训市场，发展一批规模化、专业化、企业化、社会化的艺术教育培训机构，包装培育出一批本土演艺娱乐明星。继续扶持漓江画派创作，建设一批书画创作、生产、销售基地。大力发展雕刻、珠宝、奇石等艺术加工产业，重点发展北海合浦“南珠”加工业、梧州宝石加工业、钦州坭兴陶瓷业和东兴红木艺术品加工业。重点建设靖西绣球、阳朔画扇、临桂五通农民三皮画等乡村传统手工艺品生产基地，进一步推动绣球、壮锦、刺绣、服饰、芒编、竹编、藤编、铜鼓、石琴等民族特色手工艺发展，不断提高工艺美术业的档次和品位、规模和效益。整合各类艺术资源和工艺资源，以实施工艺美术品牌战略为突破口，鼓励和支持相关文化企业加大对工艺美术业的投资和开发力度，进一步提高市场竞争力，进一步提高我区工艺美术品在国内外的知名度和市场占有率。

3. 骨干文化企业培育工程

推进跨地区、跨行业、跨部门的优质资产重组，组建壮大一批有实力、有竞争力的骨干文化企业，促进文化领域资源整合和结构调整，提高集约化经营水平。组建广西演艺集团、广西文物保护与开发集团、广西电影集团、广西党刊集团。继续发展壮大广西广播电视信息网络股份有限公司、广西日报传媒集团有限公司、广西出版传媒集团有限公司、广西师范大学出版社集团和广西新华书店集团有限公司等企业。支持一批成长性好、带动力强的民营文化产业做大做强。以广西演出公司为基础，整合剧院、艺术团体、娱乐企业的优质资产，组建广西演艺集团。以文物部门为主，整合资源，在不改变文物保护管理体制的基础上，吸引旅行社、工艺品生产流通企业共同参与，组建广西文物资源保护与开发集团，开拓文化旅游、文物展览、文物建筑修缮、仿古建筑和园林设计施工、文物购销经营、文物拍卖、文物复仿制品生产等经营领域。鼓励和引导广西广播电视信息网络股份有限公司等文化企业入市，面向资本市场融资，吸引大型文化骨干企业和文化领域战略投资者，实现低成本扩张，进一步做大做强。

4. 文化产业园区和基地建设工程

加强对文化产业园区和基地布局的统筹规划，坚持标准、突出特色、提高水平，促进各种资源合理配置和产业分工。兴建广西文化产业城等一批文化创意、影视制作、出版发行、印刷复制、演艺娱乐和动漫等产业园区，支持和加快发展具有地域和民族特色的文化产业群。进一步做大做强桂林广维文华旅游文化产业有限公司、桂林愚自乐园、临桂五通镇、百色靖西旧州绣球村等国家文化产业示范基地和南宁大地飞歌文化传播有限责任公司、广西金壮锦文化艺术有限公司等自治区文化产业示范基地。对符合规划的产业园区和基地，在基础设施建设、土地使用等方面给予支持。

5. 文化品牌打造工程

充分利用广西民族文化、红色文化、生态文化、开放文化、海洋文化、商贸文化、创新文化、和谐文化优势，进一步打响桂林山水实景演出、南宁国际民歌艺术节、广西电影制片厂、广西师范大学出版社、接力出版社、漓江画派等老品牌，不断打造坭兴陶、长寿文化、金壮锦等新品牌。

6. 文化产业人才队伍建设工程

大力培养、造就和凝聚高层次、创新型文化产业人才，建设一支懂文化、精技术、善经营、会管理的文化产业人才队伍。重点培养和引进文化产业领军人物和复合型人才。加强我区非物质文化遗产项目代表性传承人保护，鼓励和扶持代表性传承人提高技艺和开展传习活动，形成稳定的传承机制，促进我区民族民间优秀传统文化的传承、培育和发展。制定和实施文化产业人才教育培训计划，建立多层次、多渠道的文化产业人才培训体系。继续抓好文化人才小高地建设，办好广西文化产业人才培训班。充分发挥高等院校、科研院所和各类教育机构的作用，鼓励高等院校设立文化产业方面的院系，形成优势学科，培养文化产业人才。推进广西大学、广西师范大学、广西民族大学、广西艺术学院、广西教育学院、广西师范学院、广西艺术学校、广西广播电视学校、广西新闻出版技工学校等自治区级文化产业人才基地建设，培养更多的优秀文化产业创新人才。建立自治区级荣誉制度，表彰有突出贡献的文化产业工作者。允许文化企业对有突出贡献的优秀人才以股权、期权等形式进行鼓励。

7. 文化产业示范点建设工程

制定文化产业示范点的评选办法和奖励措施，每两年评选出一批自然景观优美、人文景观丰富的市（县）、乡（镇）、村（街区），加强文化、旅游、交通、生态保护、城乡风貌改造、新农村建设、扶贫等资源的整合，打造一批特色鲜明的文化产业示范点，各展所长、各具特色而又优势互补、相互辉映，形成串珠成线、连线成片、城乡互动、多产联动的区域文化产业协调发展新局面。

（三）建设一批重点项目

1. 实施重大文化产业项目带动战略

按照“政府引导、市场运作、分级管理”的原则，以文化企业为主体，加大政策扶持力度，充分调动各方面力量，加快建设广西文化产业城、广西电视台新传媒中心、中国－东盟文化产品物流园区、中国－东盟文化产业（传媒）人才培养基地、中国－东盟数字出版基地（北部湾国家数字出版基地）、广西美术馆、广西铜鼓博物馆、广西城市规划展示馆、广西体育中心二三期、广西文化艺术中心、广西刘三姐演艺城、工人文化宫、柳州文化产业园、桂林演艺之都、钦州坭兴陶文化园、百色红色文化产业园、梧州文化产业园、城市数字电影院改造、市县级国家综合档案馆、中国－东盟创意印刷园区、桂林动漫基地、北海（竹林）文化创意产业城等一批具有重大示范效应和产业拉动作用的重大文化产业项目。

2. 把重大项目建设作为实施规划的重要抓手

对规划提出的重点项目，落实建设责任，加强前期工作，完善推进机制，多渠道筹措资金，强化全程跟踪协调服务，加快项目开竣工，进一步增强文化产业跨越发展的支撑能力。

（四）建立现代文化市场体系

1. 建立健全门类齐全的文化产品市场和文化要素市场，促进文化产品和生产要素的合理流动

重点建设传输快捷、覆盖广泛的文化传播渠道。发展文艺演出院线，推动主要城市演出场所、网吧连锁经营。支持全区文化票务网络建设，并与全国文化票务网络联网。继续推进广电有线电视网络整合。积极探索广西广电网络跨省区经营，推进电影院线、数字电影院线的跨地区整合以及数字影院的建设和改造。支持国有出版发行企业以资本为纽带实行跨地区兼并重组。鼓励非公有资本进入文化创意、影视制作、演艺娱乐、动漫等领域。积极开发以互联网为载体的新兴文化市场。支持优先选用拥有自主知识产权、产品质量水平高的文化设备及产品。

2. 进一步扩大文化消费市场

不断适应当前城乡居民消费结构的新变化和审美的新需求，创新文化产品和服务，提高文化消费意识，培育新的消费热点。努力降低成本，提供价格合理、丰富多样的精神文化产品和服务。合理引导大众消费习惯和趋向，提高文化消费在城乡居民日常消费结构中的比重，增加文化有效需求。开发与文化结合的教育培训、健身、旅游、休闲等服务性消费，带动相关产业发展。

3. 努力扩大对外文化贸易

落实国家鼓励和支持文化产品和服务出口的优惠政策，在市场开拓、技术创新、海关通关等方面给予支持。鼓励文化企业通过独资、合资、控股、参股等多种形式，在国外兴办文化实体，建立文化营销网点，实现落地经营。支持境外舞台艺术精品演出、非物质文化遗产展示

等。支持文化企业参加境外艺术节、图书展、影视展等国际文化活动和展会。鼓励广西实景演艺团队开拓国内外市场，推动我区的文化产品和服务出口。努力构建广西广播电视以面向东盟为主的覆盖面广泛、技术先进的现代传播体系，扩大广播电视节目在国（境）外的有效覆盖，提高广西广播电视国际传播能力。

4. 建立健全文化市场中介机构和行业组织

积极培育和完善经纪、代理、评估、鉴定、推介、咨询、拍卖等文化中介机构，重点发展版权代理、知识产权评估、演艺经纪、信息服务、法律咨询、工艺美术品拍卖等文化中介服务，加强对文化中介机构的管理，推动文化中介机构依法依规向规范化、品牌化、规模化方向健康发展。规范发展文化行业组织，完善自律、协调、监督、服务和维权职能，充分发挥文化行业组织在规划行业发展、维护行业利益、制订行业规范、专业资质认证、组织行业交流、开展招商引资等方面的作用。

五、保障措施

（一）加强组织领导

各级人民政府要按照科学发展观的要求，切实将本规划的实施列入重要议事日程，把本规划提出的目标任务纳入经济社会发展总体规划，建立相关的考核、评价和责任制度，作为评价地区发展水平、衡量发展质量和领导干部工作实绩的重要内容。文化行政主管部门在党委宣传部门协调指导下，具体组织实施，相关部门密切配合，确保各项任务落到实处。各市、县要加强领导，定期召开办公会议，重点协调解决文化产业重大项目推进中的具体矛盾和问题，确保文化产业重大项目能够“策划储备一批、招商建设一批、做优做强一批”。

（二）深化文化体制改革

按照中央确定的文化体制改革的“路线图”、“时间表”和“任务书”，进一步加大力度、加快进度，完成经营性文化单位的转企改制，建立现代企业制度。抓好报刊业“两分开”的改革和广播电视节目制播分离改革。大力推动行政管理体制改革和政府职能转变，建立统一高效的文化市场综合执法机构。降低准入门槛，落实国家关于非公有资本、外资进入文化产业的有关规定，根据文化产业不同类别，通过独资、合资、合作等多种途径，积极吸收社会资本和外资进入政策允许的文化产业领域，参与国有文化企业的股份制改造，形成以公有制为主体、多种所有制共同发展的文化产业格局。

（三）加大政府投入

各级人民政府要加大对文化产业的投入，通过贷款贴息、项目补贴、补充资本金等方式，支持国家级、自治区级文化产业基地建设，支持文化产业重点项目及跨区域整合，支持国有控股文化企业股份制改造，支持文化领域新产品、新技术的研发，支持大宗文化产品和服务的出口。从 2010 年起，自治区财政每年安排一定额度的资金，专项用于支持我区文化产业发展。自治区发展改革委将符合国家资金投向的一些重大项目列入申请中央预算内投资项目安排，不断加大对文化产业发展和文化体制改革的支持力度。各相关部门要积极争取国家有关资金和政策的支持，加快振兴我区的文化产业，增强我区文化产业的活力。

（四）落实税收政策

各级政府要认真贯彻执行国家对文化体制改革和支持文化产业发展出台的各项税收优惠政策，加大税收政策宣传力度，优化纳税服务，提高办事效率，加强税收执法监督，为推动文化体制改革和支持文化产业发展营造良好的税收环境，确保我区文化产业又好又快发展。

（五）保障文化产业项目用地

相关职能部门要积极参与文化产业项目的论证，搞好文化产业发展用地布局规划，大力促进文化产业集聚。文化产业用地应符合土地利用总体规划，尽量使用存量建设用地和未利用土地。文化产业重点项目，尤其是重大基础设施和标志性文化工程用地，纳入自治区统筹推进重大项目，优先保障项目用地。加强文化产业项目建设用地批后管理，强化土地开发利用情况的监督检查，防止土地圈而不用。

（六）加大金融支持

鼓励银行业金融机构加大对文化企业的金融支持力度。建立促进文化企业与金融机构合作的机制。积极倡导鼓励担保和再担保机构大力开发支持文化产业发展、文化企业“走出去”的贷款担保业务品种。支持有条件的文化企业进入主板、创业板上市融资，鼓励已上市文化企业通过公开增发、定向增发等再融资方式进行并购和重组，迅速做大做强。支持符合条件的文化企业发行企业债券。争取中国文化产业投资基金对我区文化企业的支持。

（七）成立广西文化产业投资集团有限公司

自治区财政拨付资金 1 亿元，作为广西文化产业投资集团有限公司首期注册资本，吸收国有骨干文化企业、民营文化企业和金融机构入股，实行市场化运作，推动资源重组和结构调整，支持我区重点文化产业项目的发展。

（八）加强立法工作

进一步贯彻落实好国家的相关法规，依法加强对文化产业发展的规范管理。加强对知识产权的保护，严厉打击各类盗版侵权行为，促进广西文化创新能力建设。在条件成熟的情况下，研究制定《广西壮族自治区文化产业促进条例》等地方性法规。

（九）建设信息服务平台

掌握文化产业发展动态，建立文化产业政策数据库、人才数据库、项目数据库以及文化产业统计制度。进一步完善我区文化产业发展的统计指标体系，为我区的文化产业发展提供及时准确的信息支持。

四川省“十二五”文化改革发展规划

一、指导思想

高举中国特色社会主义伟大旗帜，以邓小平理论和“三个代表”重要思想为指导，深入贯彻落实科学发展观，牢牢把握社会主义先进文化的前进方向，按照“高举旗帜、围绕大局、服务人民、改革创新”的总要求，以科学发展为主题，以转变文化发展方式为主线，加快文化体制机制改革，加快构建公共文化服务体系，加快发展文化事业和文化产业，加强对文化产品创作生产的引导，大力推动社会主义先进文化更加深入人心，不断开创文化创造活力持续进发、社会文化生活更加丰富多彩、人民基本文化权益得到更好保障、人民思想道德素质和科学文化素质全面提高的新局面，为推进我省“两个加快”提供强大的精神动力、思想保证和智力支持，为建设文化强省奠定坚实的基础。

立足当前文化建设的良好基础，抓住未来5年重要战略机遇期，在“十二五”时期推动四川文化大发展大繁荣，我省文化改革发展应坚持和遵循以下6条基本原则。

——坚持社会主义先进文化前进方向。以科学发展观统领文化建设，大力弘扬社会主义核心价值体系，顺应人民群众精神文化需求多样多变的客观现实，创作生产思想性、知识性、艺术性、观赏性俱佳的精神文化产品，努力实现弘扬主旋律与提倡多样化的统一。

——坚持文化事业文化产业协调发展。以政府为主导，大力发展公益性文化事业。以市场为导向，大力发展经营性文化产业。促进文化事业文化产业协调发展，充分保障人民群众基本文化权益，着力满足人民群众多样化多层次多方面的文化需求。

——坚持把社会效益放在首位。正确认识文化产品的意识形态属性和经济属性，突出以文化育人的功能，始终把社会效益放在首位。公益性文化事业追求社会效益最大化，经营性文化产业在把社会效益放在首位的前提下，努力实现社会效益与经济效益的有机统一。

——坚持体制机制改革创新。准确把握科学发展主题，着力转变文化发展方式，以改革创新为动力，进一步深化文化体制改革，促进体制机制创新，破解文化发展难题，进一步解放和发展文化生产力，推动社会主义文化大发展大繁荣。

——坚持对内对外开放。统筹国际国内两个市场，挖掘利用独特的巴蜀文化资源，吸收借鉴外来有益文化，塑造四川特色文化品牌。拓展对外文化交流渠道，搭建对外文化传播平台，不断提升四川文化的竞争力和影响力。

——坚持发展与管理并重。始终一手抓发展繁荣、一手抓加强管理，在促进繁荣过程中不断改进和创新管理，进一步转变政府职能，树立新的管理理念，加强依法管理，完善体制机制，通过科学有效的管理促进文化发展繁荣。

二、发展目标

到2015年，社会主义核心价值体系深入人心，全省人民群众文明素质明显提高，抗震救灾精神进一步弘扬。惠及全民的公共文化服务体系基本建成，文化产业成为重要的支柱性产业，人民群众精神文化需求得到更好满足。文化发展综合实力达到全国先进水平，四川文化形象进一步提升，与西部经济发展高地相适应的文化发展新格局基本形成。

——公共文化服务体系基本建成。文化惠民工程深入推进，公共文化设施网络实现全面覆盖，文化遗产得到有效保护，惠及全民的公共文化服务体系基本建成。到2015年，全省城市基本建成“十分钟文化圈”，农村基本建成“十里文化圈”，实现广播“村村响”、电视“户户通”、“县县有两馆”、“乡乡有综合文化站和广播电视站”、“村村有农家书屋”。

——文化体制改革向纵深拓展。中央确定的文化体制改革任务全面完成，公益性文化单位活力明显增强，国有文化企业普遍建立现代企业制度。到2012年，基本完成经营性文化事业单位转企改制任务。到2015年，充满活力、富有效率、更加开放、有利于文化科学发展的体制机制基本形成。

——文化产业实现跨越发展。传统文化产业实现改造升级，新兴文化产业所占比重明显增加，文化产业与相关产业的融合度明显提高，文化产业成为我省重要的支柱性产业，西部文化产业高地和区域文化市场中心地位基本确立。到 2015 年，新增文化企业上市公司 2 家以上，总资产、总收入超过 100 亿元的文化企业（集团）3 家以上，文化产业增加值占全省 GDP 的比重达到 4% 左右。

——文化精品力作不断涌现。文化资源充分开发利用，文化原创能力和文化传播能力明显提高，具有本土文化特色的精品力作不断涌现，文化表现力更加丰富多彩，文化感染力大幅提升。到 2015 年，文化产品生产创作综合能力进入全国前列，形成一批有影响力、有竞争力、特色鲜明的文化品牌。

——现代文化市场体系基本建成。文化产品和消费市场健康活跃，文化要素和服务市场规范有序，统一开放、竞争有序的现代文化市场体系基本建成。到 2015 年，城镇居民人均文化消费占全部消费性支出的比重达到 8% 左右，农村居民人均文化消费占现金消费性支出的比重达到 4% 左右。

——文化人才队伍建设成效显著。文化人才成长的环境不断优化，激励机制不断完善，引进人才力度不断增强。到 2015 年，建成一支素质优良的基层文化队伍，培养一批创新型、复合型、外向型、技能型人才，造就一批具有较大知名度和影响力的文化领军人物，形成梯次分明、结构合理的文化人才队伍。

——文化政策法规体系更加完备。中央支持文化改革发展的政策全面落实，地方配套政策日趋完善，财政对文化的投入得到有效保障，知识产权得到有效保护。地方性文化立法工作取得重要进展。到 2015 年，形成法制保障有力、配套政策完备的文化政策法规体系。

三、重点任务

（一）提高公民素质和社会文明程度重点项目

1.“三基地一窗口”建设

建设地震遗址、地震博物馆、抗震救灾纪念园，建设 150 个地震陈列（馆）室，打造 13 条参观考察路线，建设一批省级爱国主义教育基地，在中国未成年人网建立体验式、互动式三维数字展馆。

2. 中国未成年人网

整合全国未成年人教育、娱乐和社会服务等互联网资源，打造青少年学习交流平台和数字化校园平台。

3. 决策智库工程

包括重大舆情研究中心、重大政策绩效评价研究中心、重大突发事件预防研究中心、社科成果鉴定中心、涉藏五省区社科院合作项目、科研成果转化和重要成果专报平台建设。

（二）构建公共文化服务体系重点项目

1. 文化惠民工程

用好中央资金，落实地方配套资金，大力实施广播电汇村村通、地面数字电视覆盖、农村公益电影放映、乡镇综合文化站设备配送、文化信息资源共享工程设备配送、农家书屋等文化惠民工程。建设青少年活动场所。

2. 省级重大公共文化设施建设

建成省图书新馆、省美术馆新馆、省非物质文化遗产保护中心，新建四川大剧院、四川社科馆、四川文艺家之家、四川省群众文化活动中心、四川省文化演艺中心，力争开工建设四川新闻发布中心、四川社科图书馆。

3. 公共文化服务文化类项目

市（州）、藏区县级文化馆、图书馆建设工程，县、乡镇公共文化设施配套工程，基层流动文化服务工程，公益性电子阅览室建设。

4. 公共文化服务广电类项目

四川广播电视安全播出检测中心建设，县级数字影院建设，民族地区县级广电节目译制能力建设，全省应急广播系统建设。

5. 公共文化服务新闻出版类项目

公益性出版工程，数字出版公共服务平台建设，四川民族文字出版基地建设，党报阅报栏（屏）建设。

（三）提高现代传播能力重点项目

1. 重大技术设施设备建设

广电网络改造与下一代广电网络建设工程，高清数字电视节目制作传输系统工程，移动多媒体广播电视覆盖工程，市（州）、县（市、区）广播电视台数字化、网络化建设。

2. 传播阵地建设

四川网络广播电视台建设，四川电视台国际频道建设，四川日报报业集团全媒体中心建设。

（四）文化遗产保护传承与利用重点项目

1. 重点文化保护工程

实施国家级和省级文物保护单位抢救维修工程，全面启动茶马古道沿线古道、古遗址、古城址、古镇、古建筑、古墓葬维修保护工程。实施古籍保护工程。

2. 重点文化遗产成都片区大遗址保护工程

实施广汉三星堆遗址、成都金沙遗址、成都平原史前城址群、成都十二桥遗址、成都古蜀船棺合葬墓、成都明代陵墓群和邛窖遗址保护工程，建设以三星堆遗址工作站、北湖基地为依托的考古整理基地。

3. 科研基地和博物馆建设工程

省考古院科研基地建设、省博物馆陈列改展及少儿博物馆建设、成都博物馆（成都中国皮影博物馆）建设、成都全国民办博物馆发展示范城市建设和部分市（州）博物馆新建、改扩建工程。

4. 非物质文化遗产保护工程

省非物质文化遗产保护中心建设，市（州）“非遗”展示中心和重点县“非遗”专题博物馆建设，非物质文化遗产文化生态保护区、生产性保护示范基地建设。

（五）重要文化活动

1. 思想道德建设

科学发展观学习实践活动、社会主义核心价值体系教育活动、学习型党组织建设、弘扬伟大的抗震救灾精神系列活动、“感恩奋进”教育互动、民族团结宣传教育活动、文明创建活动和群众性精神文明主题实践活动、天府人文讲坛。

2. 群众文化活动

“三下乡”、“四进社区”、全民阅读、农民读书节、春熙放歌、文化惠民“1223”春雨行动、“情系百姓”文艺展演，四川艺术节、四川少数名族艺术节、巴蜀艺术节、天府合唱节、四川农民艺术节、千乡万村特色文化品牌活动。

3. 文化产业发展

四川文化消费节、四川国际电视节、中国四川国际文化旅游节、中国成都游艺游戏设备博览会、中国西部艺术品博览会、中国西部民族民间工艺品、收藏品博览会。

4. 文化创作生产

精神文明建设“五个一工程”奖、四川文学奖、四川省少数民族文学创作优秀作品奖、四川省巴蜀文艺奖、四川省工艺美术大师评选活动、“名家看四川”文学活动，四川——北京书法双年展。

5. 文化遗产保护

中国成都国际非物质文化遗产节及“非遗”博览会。

6. 文化交流合作

周边国际文化区域合作计划、海外文化中心年度合作计划、“友成文化桥”活动、对外文化贸易品牌建设推广活动、文艺工作者交流互访活动、川版优秀出版物对外推广活动。

四、保障措施

（一）加强组织领导

全省各级人民政府要充分认识文化建设的重要地位和作用，切实把文化改革发展列入重要议事日程，把推动文化改革发展，作为评价发展水平、发展质量和领导干部工作实绩的重要内容，建立相关的考评体系。进一步完善“党委统一领导、政府组织实施、宣传部门协调指导、行政主管部门具体落实、有关部门密切配合”的领导体制和工作机制。省文化体制改革和文化产业发展领导小组统筹协调、指导推动全省文化改革发展工作。省直有关部门要结合自身职能，在资金投入、项目建设、政策扶持等方面给予大力支持。各市（州）、县（市、区）人民政府是提供基层

公共文化服务、推动文化产业发展的责任主体，要结合实际制定具体实施方案，明确工作机构，健全保障机制和目标考评体系，加快推进本地区文化改革发展。

（二）加大投入力度

全省各级人民政府要按照分级负责的原则加大对公共文化建设的投入力度，建立健全文化建设经费保障机制。省直有关部门要积极争取中央支持，加大对贫困地区、少数民族地区和革命老区文化建设财政转移支付力度。支持未达标的市（州）、县（市、区）图书馆、文化馆、博物馆建设和乡镇综合文化站、农村与社区综合文化室建设。各市（州）、县（市、区）人民政府要按照中央和省有关政策规定，确保公共文化设施设备和重大文化惠民工程建设足额投入。统筹使用省级文化产业发展专项资金等各类资金，通过贷款贴息、项目补助、奖励重点产品等方式，支持文化产业加快发展。根据财力情况，加大对省级文化产业发展专项资金投入力度，有条件的市（州）、县（市、区）要设立文化产业发展专项资金。

（三）完善政策法规

全面落实中央关于支持文化体制改革和文化产业发展的各项经济政策、贸易促进政策和版权保护政策。认真执行从城市住房开发投资中提取1%用于社区公共文化设施建设的规定。结合四川实际，制定投融资、国有文化资产监管、社会保障、土地、财政税收等方面的配套政策。建立健全全省文化产业统计监测体系。加快地方性文化立法进程，适时制定《四川省公共文化服务保障条例》《四川省文化产业促进条例》《四川省公共图书馆条例》和《四川省非物质文化遗产保护法实施条例》等地方性法规，修改《四川省科学技术普及条例》，在其中增加社科普及内容。加强文化市场综合执法队伍建设，完善文化（文物）、广播影视、新闻出版（版权）等部门对文化市场综合执法机构的业务指导机制，推进文化执法的法制化、科学化、规范化。

（四）加强文化人才队伍建设

认真落实《四川省中长期人才发展规划纲要

（2010–2020 年）》，努力把四川建设成为西部文化人才高地。结合国家实施“文化名家工程”，深入实施“四个一批”人才培养专项，突出抓好哲学社会科学、新闻出版、广播影视、文化艺术名家和栏目创意策划、文化产业经营管理人才的培养和引进，着力建设高层次文化人才群体。加强基层宣传文化队伍建设，造就一支政治坚定、素质优良、扎根基层、服务群众的工作队伍。实施基层文化队伍培训项目，发展省、市、县各级文化队伍培训网络。大力发展文化职业教育，支持有条件的高校开设文化创意设计等专业，鼓励高校和科研院所与文化企事业单位开展产学研合作，培养实用型、复合型技术人才。着力培育文化人才市场，不断完善人才激励机制，形成有利于文化人才成长和充分施展才华的良好环境。

重庆市文化产业“十二五”发展规划纲要

一、指导思想

高举中国特色社会主义伟大旗帜，以邓小平理论和“三个代表”重要思想为指导，深入贯彻落实科学发展观，坚持社会主义先进文化前进方向，以科学发展为主题，抓住重庆打造内陆开放高地和西部“消费之都”契机，以不断满足人民群众日益增长的精神文化需求为根本出发点，坚持“巩固优势、提升品牌、开放引领、项目带动、区域协调、融合发展”的思路，以体制创新和科技进步为动力，以提高文化产品竞争力为核心，以推进重点文化产业项目和文化产业园区建设为重点，以文化产品“走出去”为突破口，不断提升文化产业的影响力，切实把重庆建成西部文化产业高地和全国前列的文化产业强市。

二、基本原则

（一）坚持政府引导和市场运作相结合

坚持市场化的产业发展方向，充分发挥市场在文化产业资源配置中的基础性作用。切实转变政府职能，在弱化政府直接参与文化产业发展的同时，强化政府在产业引导、政策调节、公共服务等方面的作用，建立健全文化产业发展体系。

（二）坚持重点突破与整体推进相结合

依托全市文化资源和产业优势，重点发展文化创意、文化旅游、数字文化内容和文体会展等新兴文化行业，重点打造一批有影响力、带动力强的大型文化产业集聚区，提升传统文化行业，扶持培育新兴文化行业，逐步实现各文化产业门类整体推进、联动发展，全面繁荣重庆文化产业。

（三）坚持产业集聚与协调发展相结合

着眼于城乡统筹发展大局，不断优化文化产业发展空间布局，明确不同区域发展的功能定位，促进产业一体化发展和资源共享，逐步形成产业集聚带动周边产业，周边产业与集群产业发展互补局面。

（四）坚持自力更生与扩大开放相结合

坚持自力更生，通过整合资源、挖掘自身潜力为文化产业发展提供动力。不断开放文化市场，积极营造宽松、良好的投资环境，吸引国内外资本进入本市文化产业领域，鼓励企业通过兼并、联合、重组等方式，实现跨行业、跨地区、跨所有制的资源整合与重组，积极加强文化产业对外交流与合作。

（五）坚持文化事业和文化产业协调发展

充分考虑文化的两种属性，区分公益性文化事业和经营性文化产业的不同任务，坚持文化事业和文化产业“双轮驱动、两翼齐飞”协调发展。坚持社会效益与经济效益相结合原则，鼓励、支持非物质文化遗产和文物保护与开发、利用相结合，充分展现巴渝文化魅力。

三、发展目标

“十二五”时期，全市文化产业总的发展目标是：实现“十百千万”目标，基本建成西部地区文化产业高地、全国前列的文化产业强市。

（一）文化产业规模大幅提升

实施 10 个西部一流的市级重大项目，培育一批产值 10 亿级和 100 亿级的大型文化企业，年增加值迈上 1000 亿元台阶，产业规模和产品竞争力位居全国前列，文化产业增加值占地区生产总值的比重超过 5%，发展速度明显快于同期地区生产总值，文化产业成为全市新的经济增长点和结构调整的重要突破口。

（二）文化产业结构更加优化

建成 10 大文化产业集聚区、各具形态的文化产业园区和 100 个市级文化产业基地，培育 10000 个中小文化企业。在优势行业上形成前端研发、中端拓展、后端衍生、资源循环利用的产业链结构。核心层、外围层、相关层对产出增长贡献值的比重不断优化，文化产业三大层次增量贡献值的比重调整为 25:20:55。

（三）形成创新水平高的品牌群

文化企业自主创新能力和知识产权保护能力全面

提升，产业研发投入占增加值的比重提高到 2.5%，打造形成西部一流、全国知名的文化产品和文化服务品牌 40 个以上。

（四）文化产业综合效益更加凸显

文化产业年均新增就业岗位不低于 2 万个，2015 年末行业从业人员占全社会就业人数的比重超过 3%；文化产业与相关产业互动融合度显著提升，促进制造业升级作用更加凸显；城乡居民人均文化娱乐服务消费支出占全部消费支出的 6% 以上。

四、产业布局

根据全市各区域独特的资源禀赋和文化产业发展基础，结合全市文化产业发展目标，科学规划文化产业总体布局，力争到“十二五”期末形成“一核两带多节点”的总体构架。

“一核”，即以主城九区为中心的都市文化核心区。依托主城良好的发展环境与文化旅游、会展、广播影视、出版发行等产业发展的坚实基础，把主城九区打造成全市十大文化产业发展的主要载体。分别在 CBD 片区、两江新区及西部新城等区域，布局十个西部一流的重大文化产业项目，规划建设一批差异化发展的国家级及市级文化产业集聚区（产业园区），形成全市文化产业发展的极核，引领全市文化产业高水平发展。注重文化产业与制造业、信息产业、高新技术产业等全市支柱产业的融合发展，积极带动相关产业升级发展，促进全市产业结构调整。

“两带”，长江三峡文化旅游产业带和渝东南 - 渝西特色文化产业带。一是在推进长江三峡国际黄金旅游带建设过程中，依托白鹤梁、白帝城、石宝寨等文化旅游资源，深入挖掘其历史文化内涵，将旅游与文化发展充分结合起来，着力培育长江三峡文化旅游产业带。继续大力推进三峡文化产业富民工程，策划、建设数个市级及一批区县级重大文化产业项目和园区，做大做强三峡文化旅游。二是依托渝东南特色生态文化与土家族、苗族等民族文化资源以及渝西石刻、宗教遗址、古城等历史文化资源，以成渝区域合作、武陵山经济协作区建设为契机，加强川渝、武陵山区文化产业合作与对接，着力培育渝东南 - 渝西特色文化产业带。强化成渝经济区文化资源整合和深度开发，积极融入区域文化产业发展格局，因地制宜规划建设一批重点文化产业基地，形成特色鲜明的文化产业带。

多节点，依托各区县具有特色的文化资源，综合考虑各地的交通区位条件、经济社会发展基础及文化产业发展潜力等因素，形成若干特色文化产业“节点”。重点打造大足石刻景区、江津民俗文化影视基地、黔江土家休闲生活体验区、酉阳桃花源民族文化产业园、长寿湖景区、万州三峡文化创意产业园、巫山三峡非物质文化保护和展示中心等若干重大项目及文化产业基地，充分发挥各节点在所在区域的辐射带动能力，有效支撑全市文化产业大发展。

五、重点产业

加快构建全市“442”文化产业发展体系，大力发展文化创意、文化旅游、数字文化内容、文体会展 4 大新兴文化行业，着力提升广播影视、出版发行、印刷包装、演艺娱乐 4 大传统文化行业，积极培育文化商品制造、艺术品创作和交易 2 大行业，促进文化产业多层次、多元化发展。

（一）文化创意业

1. 发展目标

依托重庆特色文化资源，积极推进文化创意产业发展，重点发展工业和建筑设计、文化科技、时尚设计、咨询策划等行业，加快推进文化创意载体建设，到“十二五”末，将重庆打造成为西部文化创意产业高地。

2. 主要举措

发展文化创意重点业态。立足重庆制造业的产业基础，大力发展工业设计，促进制造业结构调整和产业升级，实现由“重庆制造”向“重庆创造”转变。充分发挥重庆高校、设计企业和研究机构优势带动作用，大力发展以工业设计、建筑设计、软件设计、环境规划设计、园艺设计、城市色彩设计等为主体的创意设计，辅以装潢、图文制作、建筑模型等相关行业。

推进文化创意载体建设。大力推进文化创意基地和园区建设。以主城为核心，在 CBD 片区、两江新区及西部新城等区域，重点建设南滨现代文化产业园区、解放碑时尚文化城、五里店工业设计中心、北碚时尚文化城等文化创意平台。对区县特色创意产业进行合理布局，重点建设巴渝风情文化创意小镇、三峡文化创意产业园、渝东南文化创意产业园等文化创意平台。

专栏 1：“十二五”文化创意重点项目

重庆文化产业促进中心、解放碑时尚文化城、黄桷坪艺术园区、南滨现代文化产业园、五里店工业设计中心、巴国城婚庆创意产业街区、巴渝风情文化创意小镇、渝东南文化创意产业园区等。

（二）文化旅游业

1. 发展目标

充分依托境内丰富的文化旅游资源，优化文化产业布局，强化区域合作，凸显重庆特色，加强旅游产品市场推广，延伸文化旅游产业链条，促进旅游产业升级，打造西部领先的文化旅游高地，把重庆建设成为国际知名的文化旅游目的地。

2. 主要举措

优化布局，凸显特色。依托重庆独特的人文旅游资源，促进文化旅游深度融合，结合长江三峡、大足石刻、山水都市、乌江画廊、天生三桥、温泉之都等旅游精品，重点开发颇具特色的三峡历史文化旅游、宗教文化旅游、都市文化旅游、巴渝民俗文化旅游以及红色革命文化旅游等业态，推出6条特色人文旅游线路、5条抗战遗址旅游线路、9条红色旅游线路，逐步形成“一圈、一带、两翼”的文化旅游产业发展格局。“一圈”指主城区，主要依托抗战文化、红岩文化、现代都市文化等文化旅游资源，着力打造主城都市文化旅游圈。“一带”指长江三峡，主要依托三国文化、巫巴文化等三峡地区历史文化资源，充分发掘白帝城、张飞庙、石宝寨、丰都鬼城、巫山古人类遗址等文化资源，打造长江三峡文化旅游发展带。“两翼”即依托大足石刻、潼南大佛寺等文化旅游资源，在渝西片区打造宗教文化旅游西翼；依托乌江画廊、黔江号子、酉阳土家族摆手舞、秀山花灯艺术等自然民俗文化资源，在渝东南片区打造全市自然民俗文化旅游南翼。

加强合作联动发展。依托区域性文化旅游资源，加强与周边地区合作，推动区域性文化旅游联动发展。一是依托长江三峡，加强与湖北合作，共同开发三峡文化旅游资源，做大做强三峡文化旅游业。二是依托渝西片区宗教文化资源，加强与四川、陕西、甘肃等地合作，积极推动大足石刻与敦煌石窟的旅游联动发展，打造世界知名的宗教旅游区域。三是依托渝东南民俗文化旅游资源，加强与湘西、黔北等地合作，策划、包装各具风情的民俗文化旅游线路，推动民俗文化旅游快速发展。四是加强与媒体合作，提升全市文化旅游知名度。整合重庆媒体资源，制作主题突出、特色鲜明的重庆文化、旅游的形象促销专题片。加强与全国及国际主流媒体合作，采取阵地促销、节会促销、网络促销等多种方式和手段，推动重庆文化旅游项目走向全国、走向世界。

创新内容，延伸产业链。深入挖掘各类文化旅游资源内涵，创新旅游服务内容，加强旅游与其他业态融合发展，不断延伸旅游产业链。支持建设重庆旅游商品展销中心、非物质文化遗产产品市场、工艺美术品交易市场等，着力打造全市文化旅游产品知名品牌。把学术活动与休闲旅游结合起来，鼓励各类学术机构到相关领域文化旅游胜地召开各种学术论坛、专业研讨会等，带动文化旅游业发展。

专栏2：“十二五”文化旅游重点项目

重庆旅游文化创意产业园、五方十泉、一圈百泉、两翼多泉、红色经典旅游区、大型文化主题公园、重庆摩谷、重庆抗战文化遗址长廊、磁器口古镇民俗文化产业园区、万州天仙湖文化娱乐休闲公园、重庆合川钓鱼城文化产业示范园、潼南县大佛寺文物风景区、菩提山中国长寿文化城、丰都鬼城民俗文化产业园区、忠县白公祠综合景区开发、奉节县夔州古城文化产业园区、印象武隆大型山水实景演出等。

（三）数字文化内容业

1. 发展目标

以市场需求为导向，以先进数字技术为支撑，大力发展数字电视、动漫游戏、数字出版、数字广告等数字内容产品，加快培育一批数字文化内容产业龙头企业，形成区域特色明显的数字文化内容产业集群。

2. 主要举措

加强传统内容与数字技术融合。利用信息通信技术、互联网技术、多媒体技术等数字技术，与电影、电视、报纸、艺术、游戏等传统内容产品结合，全力打造包括数字游戏、数字电影、数字电视、数字艺术、网络服务、内容软件、数字出版与典藏等数字内容产品。

吸引国际知名企业来渝投资。支持引进国际知名动漫创作室、影视特效数字工作室、游戏开发商、数字传媒商、内容运营商来渝投资办企业。搭建国际交流平台，促进本地企业加快提升应用技术开发和运营管理水平，增强企业的核心竞争力，实现数字内容产业的跨越式发展。

打造数字文化内容产业集群。合理规划、布局数字文化内容产业，不断完善产业链，构建数字文化内容产业集群。依托重报集团、大渝网、华龙网等媒体网络，依托视美、天健、水星、华龙等动漫基地，吸引一批数字内容企业入驻高新区、两江新区发展数字文化内容产业，着力将两江新区打造成为西部最具竞争力的数字文化内容产业集群。

专栏3：“十二五”数字文化内容重点项目

重庆国家数字出版基地、重庆天健创意产业基地、北碚动漫网游创意园、重庆华岩动漫产业园、西部新媒体数字集成中心及重庆电子商务城、大渝网门户服务平台等。

（四）文体会展业

1. 发展目标

依托文体会展场馆设施，大力发展各类文化会展活动，培育和引进知名文体会展品牌，不断壮大重庆文体会展业，将重庆建设成西部“会展之都”。

2. 主要举措

深度开发会展活动。整合全市体育场馆、会议展馆资源，举办各类会展活动。坚持把会议论坛、重大赛事、文化活动、产品销售与展览展示有机结合，紧紧围绕现代制造业、高新技术产业、特色文化产品等优势产业，整合各类资源，多层次开发会展活动。充分利用互联网和现代信息技术，发展网络营销、网上展览会等新兴业态。

培育知名会展品牌。提升文化会展节庆活动规格和影响力，培育打造品牌会议展览活动，继续办好重庆艺术节、西部动漫节和全球采购会、渝洽会、高新技术博览会、国际汽摩博览会、“重庆读书月”等品牌会展活动。依托区县优势产业和特色民族文化，举办永川国际茶文化艺术节、中国武陵山民族文化节、三峡移民文化艺术节、黄桷坪文化艺术节、万盛夜郎风情节、秀山花灯艺术节、磁器口春节庙会、大足宝顶香会、丰都鬼城庙会等会展节庆活动，构建多元化会展经济体系。

合理布局会展活动。在全市“一圈多点”总体空间格局下，合理布局体育场馆、会展场馆等设施，促进场馆设施建设与会展活动有机结合。着力打造以重庆规划展览馆、重庆国际会展中心、西部国际会展中心等场馆为支撑的重庆会展核心经济圈。依托万州三峡库区中药材城，举办专业医药会展，使其为长江中上游最有影响力的中药材展销中心；依托大足五金国际会展中心，举办各类大型专业博览会，进行学术交流活动；发挥黔江在渝东南的区位优势，建设渝东南会议展览中心。

专栏 4：“十二五”文体会展重点项目

西部国际会展中心、重庆国际博览中心、三峡国际会展中心、渝东南会议展览中心、奥林匹克体育文化中心项目等。

（五）广播影视业

1. 发展目标

大力推动内容产品生产、有线网络发展及新媒体新业态发展，着力培育影视剧制作公司，打造影视剧拍摄基地，力争到 2015 年形成传统媒体产业和新媒体产业协调发展的新局面，广播电视产业竞争力得到较大提升，在本地市场份额每年同比增长 10%，受众收视率排名进入全国五强，基本实现“西部领先、全国一流”的目标。

2. 主要举措

着力推动内容产品生产。加大电影、电视剧、影视动画和纪录片等影视作品创作力度，提升作品质量，促进全市广播影视业跨越发展。着力挖掘巴渝文化资源，制作彰显重庆特色的影视作品，提升重庆广播影视产业竞争力。力争到 2015 年，全市电视剧创作生产达到 50 部 1000 集、电影创作生产达到 20 部、纪录片创作生产达到 50 部，年制作广播电视节目达到 15 万小时。

加快发展有线网络。把有线电视网络作为广播影视产业的战略重点加以培育，加快完成全市有线电视网络整合和数字化转换，开展国家下一代广播电视传输网络（NGB）试点建设。加速推进“三网融合”试点工作。加快有线电视网络由小网向大网、由模拟向数字、由单向向双向、由用户看电视向用电视的转变，拉动上游内容创作生产，扩大下游消费市场。

着力培育新业态。依托重庆作为“中国互动新媒体网络与新业务科技工程建设”第一批试点城市等优势，争取国家网络视听产业基地项目落户重庆，着手战略性新兴产业的布局与研发。搭建全国领先水平的新媒体技术开发和高新技术应用平台，逐步把新媒体新业态培育成广播影视业新的增长点。加快发展网络广播影视，进一步完善移动多媒体广播电视统一运营体制，健全与网络经济发展规律相适应的现代企业制度与运营模式。

培育影视剧制作公司。采用合资合作、项目合作等多种形式，鼓励和吸引社会资本投资影视制作产业，培育在全国具有竞争力和影响力的影视剧制作公司，提升电影、电视剧的生产能力和生产效益。组建重庆电影集团，打造依托广电媒体、独立经营的市场竞争主体，支撑影视制作产业的发展。力争到 2015 年，推出 20 部精品电影，3–5 部获得国际国内电影奖，全市实现年均电影票房 4 亿元。

打造影视剧拍摄基地。按照“一核多点”，影视剧制作 + 影视拍摄基地“双轮”驱动的布局思路，以中国国际影视城为核心重点发展影视剧制作产业，着力打造大足龙水湖、江津民俗文化、武隆乌江、黔江濯水古镇、彭水民俗文化、渝北龙兴古镇、长寿湖、三峡万州等影视基地拍摄点，建设成集拍摄、旅游、观光、休闲、度假、影视教育等多种功能为一体的影视拍摄视基地。

专栏 5：“十二五”广播影视重点项目

重庆数字媒体中心、重庆网络电视台、NGB 下一代广播电视网络、手持移动多媒体项目、中国国际影视城、大足龙水湖影视基地、江津民俗文化影视基地、黔江濯水古镇影视基地、武隆乌江影视基地、彭水民俗文化影视基地、渝北龙兴古镇影视基地、长寿湖影视基地、三峡万州影视基地等。

（六）出版发行业

1. 发展目标

积极培育新兴业态，加快出版发行业转型升级，促进企业集聚发展，到“十二五”时期，出版发行结构更加优化，基本建成我国重要的数字出版基地，力争行业销售收入、年生产增加值增速高于全国行业和全市经济平均水平。

2. 主要举措

培育企业核心竞争力。突出结构调整的主线，推动出版产业转型升级和集约化重组，打造适应现代社会发展的出版、印刷、发行、衍生“四大产业”体系。一是推动转型升级。大力加强原创作品生产，调整优化报刊图书出版结构，注重内涵发展，由数量型向规模型、特色型、品牌型、效益型转变。二是培育龙头企业。落实集约化战略，强化龙头企业在四大产业中的地位和作用。出版产业，要全力支持出版集团打造百亿集团，确保3家出版社在“全国百强”中保级升位，积极培育五大品牌报刊集群。发行产业，要在推动新华集团打造百亿集团的同时，培育5家以上销售收入达到5000万元的民营企业。

健全出版发行市场体系。一是培育市场主体。推进经营性报刊转企改制，力争到2011年底实现报刊改革全覆盖。督导转企后的出版单位“改制”，使所有经营性出版单位完善现代企业制度，真正成为面向市场自主经营的法人主体。二是完善市场机制。逐步形成由市场配置资本、技术、人才、出版资源等生产要素的机制，发挥市场在推动“跨媒体、跨行业、跨地区、跨所有制”战略重组和产业转型升级中的基础作用。三是优化市场布局。鼓励扶持民营经济，进一步形成多元平等竞争的所有制格局。以动态配置书号、有选择地支持报刊更名等方式推进出版单位调整市场定位，形成读者细分、产品互补的“专精特新”的市场格局，减少同质竞争，凝聚核心竞争力。四是建设市场载体。打造西部一流的新华物流中心（二期物联网）和书刊批发市场，建设远郊中心书城及社区、农村的基层发行网点，形成四个层次构建的市场载体。五是推进市场营销。一手抓“引进来”，力争每年举办1至2次全国性或区域性出版物展销活动；一手抓“走出去”，每年组团参与1至2次国际书展，进一步提升重庆新闻出版的辐射影响力。

打造满足多元化产品。一是打造出版品牌。实施精品战略和品牌战略，着力打造和经营具有核心竞争力的出版发行文化品牌。启动实施“十二五”十大出版工程和十大经营性报刊工程。确保一批精品陆续面世，形成重庆出版的民生导向、优势品牌和特色定位。二是丰富出版品类。以倾斜配置出版资源等方式，大力推动出版单位数字化转型，努力实现一个内容多种介质的全媒体发布，形成书报刊碟网、纸质、电子、视听读物等样式齐全、品类新颖、百花齐放的格局。三是扩大出版规模。力争每年全市新出图书增加500种以上；全市报刊期刊印量增加40万份（册）以上，数字出版产业总产出增长50%以上，使重庆出版规模、质量整体提升。

加快出版发行基地建设。以主城区为核心，依托重庆北部新区高新园打造国家级数字出版基地，依托出版集团、新华集团在主城区的出版、发行、销售网络打造图书出版发行基地，加快建设南滨路出版传媒创意中心、渝北传媒产业园和物流发行配送基地。依托六大区域性中心城市，布局区域性大型书城和出版物发行物流中心。重点抓好国家数字出版基地平台建设，以完善电子出版产业链为方向，积极引进中文在线、汉王科技、雅昌集团等国内新闻出版领军企业，积极支持重庆出版集团、重庆大学出版社、西南师范大学出版社、重庆新华书店集团、《重庆晚报》《重庆晨报》《重庆商报》《电脑报》腾讯大渝网、《商界》等市内数字出版企业向基地聚集，并规划引导黔龙、重报、华林等印刷企业发展配套。

专栏6：“十二五”出版发行重点项目

重庆国家数字出版基地、重庆出版传媒创意中心、重庆新闻出版传媒产业中心、重庆光盘制作中心、新华畅快物流等。

（七）印刷包装业

1. 发展目标

不断提升印刷包装技术水平，突出重庆特色，向精细化、品牌化、数字化转变，“十二五”时期建成若干各具特色、技术先进的印刷复制基地，引领西部印刷包装行业的发展。

2. 主要举措

提升印刷包装技术水平。引进先进的印刷包装设备，大力发展彩色印刷、高新技术印刷，加快数字化、网络化等先进技术的运用，提高印刷包装业的技术装备水平，改善产品质量，降低行业成本，优化产品结构。引进光盘生产线，加快光盘复制业发展。

促进印刷包装企业做大做强。鼓励印刷包装龙头企业吸收部分有一定经济实力、基础较好的中小型企业，组建集约化印包集团。鼓励企业跨地区经营，引进和发展外商投资印刷包装企业，全面推进民营印刷包装企业发展，建设一批各具特色、技术先进的印刷包装基地和园区，提升我市印刷包装产业的整体竞争力。

优化行业布局。主动融入两江新区和西永微电园发展，以江津现代印刷包装物流基地与渝北印刷包装基地为“两极”，重点围绕玖龙纸业等重点项目进行配套和产业延伸，积极带动其下游印刷包装及物流产业实现集群式发展。构建以万州、涪陵、长寿为中心的库区印刷复制产业带，着重发展包装装潢印刷业；以黔江区为中心的渝东南印刷复制产业带，并依托民族服饰、饰品、用具等生活装饰特色，发展“民族生活装饰印刷”服务产业；以永川、合川为中心的渝西印刷复制产业带，围绕一小时经济圈各项产业需要，积极内引外联，促进资源、资本、业态的优化集聚，打造以非公经济为主的包装装潢印刷产业集群。

专栏7：“十二五”印刷包装重点项目

现代化刊物印刷及物流集散基地、重庆现代印刷包装基地、重庆日报文化创意产业园、三峡印务包装产业园区。

（八）演艺娱乐业

1. 发展目标

积极培育演艺主体与演艺品牌，有效整合演艺场所资源，加快剧院建设，优化演艺环境，逐步建立健康有序的演艺市场，提升全市演艺娱乐场所的整体层次和文化品位，促进演艺娱乐业繁荣发展。

2. 主要举措

着力培育市场主体。充分发挥重庆市演艺集团在演艺市场上的主体与主导作用，支持其不断发展壮大，实现规模化、集约化经营。推动网络、娱乐、演艺场所资源整合重组，采取收购、兼并、重组或连锁、加盟等方式向规模化、连锁化发展，鼓励企业做大做强。鼓励社会资本投资兴办民营演艺娱乐团体、开办演出机构、举办演出活动，支持民间艺人组建微型演艺娱乐团体。

积极打造演艺娱乐品牌。支持原创性、有文化内涵、价值取向积极的文艺表演作品的创作、生产及营销，提高演出单位的品牌竞争力，打造演出市场知名品牌。加强文化交流演出，积极推动《渝美人》《印象武隆》《梦幻桃源》文艺表演精品实施“走出去”战略，扩大重庆本土文化品牌在国内外的影响力。依托国际马戏城、国泰艺术中心等演出载体，打造1-2台常年性大型文化旅游演出节目。统筹城乡文艺演出，继续开展“城市文化下乡”与“农村文化进城”活动，着力提升铜梁龙舞、土家族摆手舞等演出水平，塑造特色鲜明的文艺品牌。积极扶持培育重庆本土娱乐企业发展，力争形成一批有竞争力的KTV、量贩式综合性娱乐城。

加强剧院建设与资源整合。按照“一核三片四级”的布局思路，以主城为核心，以CBD片区、两江新区、大学城片区为重点，以市、区域性中心城市、区县、中心乡镇四级演艺场馆为基础，建立健全全市演艺娱乐场馆体系。鼓励各区县和民营企业建设各类演出剧院，并充分开发利用现有场馆，维修、改建、开发闲置场馆，通过自主经营、租赁经营等方式，盘活国有演出场馆资产，整合场馆资源，提高资源利用效率。

优化演艺娱乐环境。加强制度和法规建设，营造公平竞争的市场环境，健全演艺娱乐市场体系。整顿演出市场秩序，建立全市统一的票务平台。加强演艺行业协会建设，促进行业自律。规范经营内容，净化经营环境，大力支持积极健康的演艺娱乐项目和经营活动，提升演艺娱乐项目的文化品位和科技水平，引导演艺娱乐业向连锁化、规模化、品牌化方向发展。

专栏8：“十二五”演艺娱乐重点项目

印象武隆大型山水实景演出、濯水古镇大型山水实景演出、重庆大剧院、国泰艺术中心、国际马戏城、区县影剧院、乡镇演出舞台。

（九）文化商品制造业

1. 发展目标

重点围绕文化用品与特色历史文化产品制造，通过建设文化商品产业园，打造特色文化商品品牌，延伸文化用品制造产业链条，促进全市文化商品制造业快速发展，引导带动相关产业提档升级。

2. 主要举措

建设文化商品产业园。按照“一园多点、百花齐放”的布局思路，依托规划建设的文化旅游商品产业园项目，吸引主城区较为分散的文化商品制造企业向园区集中，并积极引进国内外有规模有实力的文化商品制造企业入驻园区发展。不断壮大文具及办公用品等传统文化用品生产规模，鼓励入驻企业研究开发适应现代办公需求的有较高科技含量的新型文化用品。充分利用全市各区县非物质文化遗产资源，建设一批民族民间艺术品研究开发、生产销售基地，提升重庆文化商品制造业的形象和实力。

打造特色文化商品品牌。大力开发具有地方特色的文化产品，展现文化内涵，提升产品质量，展示重庆文化特色，形成特色文化商品品牌。重点依托綦江农民版画、大渡口剪纸艺术、梁平竹帘和年画、铜梁龙艺术品、永川蝴蝶画、永川竹工艺品、荣昌折扇、荣昌陶器、开县临江折扇、重庆蜀绣、万州丝绸、万州木梳、大足石雕石刻艺术品、三峡石、黄杨木雕等特色民间工艺美术品，打造一批独具特色的文化商品品牌。同时通过市场扶持与培育，做大做强大足石刻工艺、乌木工艺、重庆漆艺、手工渝绣等非物质文化特色品牌。

延伸文化用品制造产业链条。坚持将文化用品制造业融入大工业、大市场的格局，支持文化产业各门类间以及与旅游、服装等其他产业的联动发展，不断延伸和完善产业链条，推进文化用品制造业的快速发展。密切结合旅游业，开发独具特色的旅游纪念品，融入地方特色文化内涵与现代科技，提高产品的纪念价值与实用性，在增加旅游魅力的同时壮大文化用品制造业规模。

专栏9：“十二五”文化商品制造重点项目

重庆文化旅游商品创意产业园

（十）艺术品创作和交易业

1. 发展目标

深度挖掘重庆文化资源，鼓励发展艺术品创作和交易，到2015年，依托产业的快速发展，将重庆打造成为西部一流的艺术品创作和交易中心。

2. 主要举措

依托黄桷坪艺术园区、四川美术学院和市工艺美术协会等平台，深度挖掘重庆文化资源，支持当代艺术和工艺美术业发展，重点发展绘画、书法、雕塑和具有重庆优势和特色的工艺美术品。积极扶持和引进工艺美术工作室，建立多种形式的工艺美术品生产基地和经营企业，鼓励民间工艺美术品制作规模化、经营产业化。大力扶持艺术品拍卖、交易、鉴赏、展览等中介组织，建成重庆当代艺术品交易中心等交易市场，规划建设一批艺术品交易卖场、艺术创意工作室、艺术品交易中介机构，通过举办主题沙龙等活动，为重庆的原创艺术品提供交易展示平台，进一步繁荣重庆艺术品交易市场。鼓励民间资本进入行业发展，培育艺术教育、创作、鉴定、交易、会展、文物艺术品开发等产业链。加强策划包装和营销推广，制定出口退税、财政补贴等扶持政策，鼓励工艺美术品出口。

专栏10：艺术品创作和交易重点项目

重庆当代艺术馆、重庆艺术品交易中心、川美·创谷、重庆书刊交易市场等。

六、保障措施

（一）加强政府引导

1. 加强政府宏观引导

成立重庆市促进文化产业发展领导小组，统一指导全市文化产业发展，引导区县制定文化产业发展中长期规划，推动文化产业深入发展。健全重大决策的论证、听证和评估等制度，以及文化消费评价与信息反馈制度。加强文化产业理论研究，重点围绕资源开发、产业发展、非遗保护与开发、市场培育和管理等内容进行研究，引导群众参与文化建设与实践，鼓励合理、健康的文化消费，将文化产业建设和管理纳入法治轨道。

2. 深入贯彻落实国家鼓励政策

深入贯彻落实《国务院关于鼓励和引导民间投资健康发展的若干意见》（国发〔2010〕13号）、中央宣传部等九部委《关于金融支持文化产业振兴和发展繁荣的指导意见》（银发〔2010〕94号）、《文化部、中国工商银行关于贯彻落实支持文化产业发展战略合作协议的通知（文产函〔2010〕1031号）等支持文化产业发展的优惠政策，积极通过税收、金融政策调节杠杆，引导社会资本投资文化产业，鼓励文化企业做大做强。

（二）强化要素保障

1. 出台鼓励投融资政策

整合文化产业发展融资和信贷担保平台，鼓励社会闲置资本、风险投资资本进入文化产业领域，支持有条件的文化企业进入主板、创业板上市融资，支持文化企业跨区域、跨行业、跨所有制发展，推动有条件的文化企业上市融资和通过债券市场融资，实现投资主体和融资渠道多元化。金融机构可在国家允许的贷款利率浮动幅度范围内给予文化企业一定的利率优惠，支持符合条件的文化企业发行企业债券；鼓励有实力的企业、团体、个人依法组建各类文化产业投资公司和文化产业投资基金。增加文化产业发展专项资金份额，奖励扶持文化产业重大项目建设。

2. 保障文化产业发展用地

文化企业和文化创意产业园区用地，可采取划拨、出让、租赁等方式，给予政策优惠；鼓励旧城改造和城市拓展区建设用地中，预留用地指标；鼓励利用工业厂房、仓储用房、传统民居、传统商业街和历史文化保护建筑、街区土地资源兴办文化企业，符合国家规定、属于本市产业升级和城市功能布局优化的产业项目，对划拨土地的经营行为暂不征收土地收益。

3. 加强文化产业人才队伍建设

建立文化产业人才库，制定人才培养计划，加强与国内外高校和文化培训机构的合作，推进人才培训的国际、国内交流，建立健全文化人才教育培训体系；设立专项人才培养基金，建立和完善人才激励机制，加大高端人才引进力度。

4. 加强法制建设

逐步建立和完善体现重庆特色、操作性强的地方文化产业政策法规建设，清理和修订与文化产业发展环境不相适应的政策法规，推动出台《重庆市文化产业促进条例》，促进文化产业可持续发展。加强文化市场执法队伍建设，严厉打击知识产权违法行为，增强知识产权保护意识。

（三）促进产业深度融合

充分发挥文化产业对其他产业发展的引导、辐射作用，鼓励、扶持文化产业与各行业的融合发展，增加文化产业的附加值，增强核心竞争力。

1. 坚持产业之间的融合

借助先进制造业、电子信息业、汽摩业、网络数字业等产业的市场规模和成熟形态，选择优势领域，推进文化与支柱产业和关联产业融合，丰富产业发展渠道和消费模式。

2. 坚持产业内的融合

挖掘文化领域资源整合开发潜力，提高文化产业软实力。坚持内容和形式创新，率先促成文化与旅游、会展、体育融合，加快文化资源向文化产业转化，加快文化作品向文化商品转化。推动核心层、外围层、相关层与上、下游产业链有机结合，不断扩大文化产业外围层和相关层产业门类，加大外围层和相关层的比重，形成整体发展的竞争优势。

3. 坚持产业与科技融合

积极利用最新科技成果，切实将科技成果转化为文化产业发展动力，推动文化产业向高端化、数字化、网络化和信息化方向发展。借助"三网融合"和物联网快速发展的契机，创新商业模式和盈利模式，延伸文化产业链。

（四）扩大对外开放与交流

1. 搭建对外交流平台

紧紧围绕建设全国文化产业强市目标，积极搭建文化产业对外交流服务平台，推进政府间合作、深化企业间合作，鼓励中介服务机构的跨区域合作，不断深化重庆与国际国内交流合作层次，积极引进资金雄厚、管理经验先进的文化企业进驻重庆发展。

2. 支持文化品牌建设

推动建立重庆文化对外文化产品交流项目库，支持重庆文化企业及产品进入文化部重点产品出口名录，鼓励和扶持动漫、杂技、图书、艺术品等文化品牌打造。加强文化产品对外贸易研究，争取建立重庆对外文化产品交流信息中心，积极帮助文化贸易企业对接各项优惠和奖励政策，支持重点文化品牌做大做强。

3. 实施"走出去"战略

通过制定奖励、扶持、出口减税等优惠政策，鼓励有条件的国有、民营文化企业开拓海外文化市场，扩大文化产品输出。支持重庆电影集团采取合资合拍、节目交流等方式，推动重庆影视作品走出去；支持重庆演艺集团等企业在海外建立演出基地，着力推出重庆文化精品。

（五）健全评价机制

建立宏观调控部门牵头、统计部门支撑、有关部门和地方相互协作参与的文化产业发展综合评价体系，掌握文化产业发展动态发。建立健全全市文化产业动态监测制度体系，加强以市场交易规模为主要内容的定期统计报表制度、定期消费者需求倾向调查制度与宏观监测点体系的建设与完善。加快文化产业各领域技术标准、服务标准和管理办法的制订、宣传和实施，开展文化企业等级评估和资质认定工作，建立文化企业信用档案和信用评级制度。结合我市文化产业发展重点领域，科学制定文化产业统计指标及统计口径。积极开展文化市场的调查和预测，掌握文化市场、文化消费规模和结构的变化信息，为引导文化消费和文化产业正确发展提供依据。

陕西省"十二五"文化体制改革和发展规划

一、指导思想

坚持以邓小平理论和"三个代表"重要思想为指导，深入贯彻落实科学发展观，坚持社会主义先进文化前进方向，遵循社会主义精神文明建设的特点和规律，适应社会主义市场经济发展的要求，以科学发展为主题，以改革创新为动力，以社会主义核心价值体系建设为根本，以统筹协调为基本方法，把握正确导向，繁荣文化事业，完善公共文化服务体系，推动文化产业跨越式发展，满足人民群众日益增长的精神文化需求，巩固全省人民团结奋斗的共同思想基础，为推动科学发展、建设西部强省提供有力支撑。

二、基本原则

"十二五"时期，我省文化改革发展要遵循以下原则：

（一）坚持正确导向

始终坚持社会主义先进文化前进方向，弘扬主旋律，提倡多样化，把社会效益放在首位，实现社会效益和经济效益有机统一。

（二）坚持以人为本

以满足人民群众文化需求为出发点和落脚点，重视文化发展的多样性，把文化富民、惠民、安民贯穿于文化发展的始终。

（三）坚持统筹兼顾

统筹协调文化事业与产业，传统文化与现代文化，城市与农村之间以及关中与陕南、陕北各区域间的发展。

（四）坚持改革创新

以改革创新为动力，推动机制体制创新，增强文化发展活力，解放和发展文化生产力。加快文化与科技的融合，提高文化发展的科技含量，努力掌握文化发展的主动权。

（五）坚持项目带动

通过组织实施一批成熟度高、成长性好、具有先导性的重大文化工程项目，发挥示范效应和产业拉动作用。

（六）坚持国有民营双轮驱动

支持民营文化企业发展，加快形成以公有制为主体、多种所有制共同发展的格局。

三、发展目标

到2015年，陕西文化软实力大幅提升，文化发展的主要指标和综合实力位居西部前列，基本建成西部文化强省。主要目标是：

（一）全民文明素质明显提高

以社会主义核心价值体系建设为根本的精神文明建设工作深入推进，公民思想道德素质和城乡社会文明程度有新的提高，延安精神进一步弘扬，诚信陕西建设取得新的成效。陕西人勤劳质朴、宽厚包容、尚德重礼、务实进取的形象进一步树立。

（二）文化体制改革任务全面完成

国有经营性文化事业单位转企改制全面完成。新闻媒体相关改革有序推进。公益性文化单位内部改革不断深化，责任明确、行为规范、富有效率、服务优良的运行机制初步建立。文化宏观管理体制改革深入推进，政府管理效能进一步提高。

（三）公共文化服务体系基本建成

市县级图书馆文化馆（群艺馆）、乡镇综合文化站、行政村（社区）文化中心（活动室）等基层文化设施基本健全，达到国家建设标准。广播电视基础设施基本完善，广播电视综合覆盖率达到99%。覆盖全省的安全播出体系和应急广播体系基本建成，群众文化生活丰富多彩。

（四）文化产业实现跨越式发展

“十二五”末，文化产业总量翻两番，占全省GDP的5%，成为我省重要的支柱产业，居西部前列。文化产业增加值年增速应不低于25%。民营文化企业快速增长，规模以上民营文化企业总数和就业人数大幅增加。

（五）陕西文化影响力显著提升

打造陕西文化品牌，使独具陕西特色的文学、戏剧、影视、音乐、舞蹈、美术、摄影、书法、曲艺及民间文艺精品影响更加广泛，社会效益和经济效益进一步提高。

（六）文化遗产保护工作有效加强

重要的历史、文化遗产濒危项目得到有效保护，重点文物保护、博物馆建设力度进一步加大，历史文化品牌得到提升。

（七）文化人才队伍不断壮大

培养造就大批文化领域的创新型、复合型、外向型、科技型人才，使宣传思想文化人才总量有较大增加，结构不断优化，门类更加齐全，梯次更加合理，素质显著提高。

四、发展战略

实现上述目标，必须围绕文化科学发展这个主题，抓住加快文化发展方式转变这条主线，着力建设“五个体系”，重点实施“六大战略”，积极推动“四项工程”。一是加快建设覆盖城乡的公共文化服务体系、现代文化企业制度体系、现代文化产业体系、现代文化市场体系、现代传播体系；二是着手实施文化品牌战略、重大项目带动战略、文化产业园区和基地发展战略、文化软实力建设战略、文化走出去战略、人才兴文战略；三是积极推动网络文化建设工程、文化精品创作工程、文化遗产保护工程、文化交易平台建设工程。

五、重点任务

（一）重点文化建设项目

1. 省级重大文化设施项目

省第二广播电视发射塔、陕西文化艺术中心、省非物质文化遗产博览馆、陕西美术创意苑、省电视台演播厅、省少儿图书馆、西京大剧院、省演艺人才培训基地（杂技馆）、省秦腔博览馆、陕西国学中心、西部国际图书城项目。

2. 市级三馆建设项目

全面加强10市1区图书馆、文化（群艺）馆和博物馆基础设施建设，提升市级公共文化服务水平。

3. 城市影（剧）院建设项目

实施城市影（剧）院建设专项，从市级向县级逐步推开，新建、改扩建一批城市影（剧）院。结合重点镇综合文体中心建设，在经济强镇建设综合功能的乡镇示范影（剧）院，提升影视服务能力和水平。

4. 县级“两馆一院”改造项目

改扩建不达标的县级图书馆、文化馆。对具备条件的文化馆、图书馆、影（剧）院进行整合，建设集图书阅览、文化信息共享、文艺演出等多功能的县级综合文化中心。

5. 重点镇综合文体中心建设试点项目

对重点镇建设具备培训、影院放映、演出、健身、比赛、娱乐、科普等综合服务功能的文化体育活动中心。

6. 城市社区文化中心（室）建设项目

对社区文化中心（室）进行维修、改造和文化活动设施配送，争取“十二五”末基本实现城市社区有综合文化中心（室）的目标。

（二）公共文化设施设备服务项目

1. 文化信息资源共享工程

建设乡镇基层服务点，推进城市街道（社区）文化中心、文化活动室基层服务点建设，实现共享工程全覆盖。积极推进文化信息资源“进村入户”，数字资源量不少于 16TB，视频资源时长不少于 14 万小时，地方特色精品资源库不少于 15 个。对舞台剧目、音乐、美术、非遗、艺术古籍和各类艺术文献资源进行数字化转化和开发。

2. 公共电子阅览室建设项目

利用文化信息资源共享工程网络，依托市县图书馆文化馆、乡镇综合文化站、村（社区）文化中心，建立公共电子阅览室，完成 10 市 1 区、107 个县、1750 个乡镇、28000 个行政村电子阅览室设施升级和免费开放运行保障。

3. 数字图书馆文化馆建设项目

全省 90% 以上的公共图书馆互通互联，实现图书资源在全省范围内共建共享。建设 24 小时街区流动图书馆，实施全省图书馆联盟、文化馆系统数字文化服务工程，提升省市县文化信息网络建设和数字化服务水平。

4. 村级文化活动器材配送项目

为已建成的村级文化活动室配送文化活动器材，“十二五”末实现 80% 以上的行政村拥有文化器材，具备开展基本文娱活动的条件。

5. 流动文化服务车配送项目

向市县图书馆、文化馆配送流动服务车和文化活动设备，确保图书馆每年下基层服务次数不低于 50 次，文化馆每年组织流动演出和流动展览各 10 场以上。

6. 广播电视村村通工程

完成 4 万多个 20 户以下自然村“村村通”工程，完成乡镇以上“村村通”标准化服务站建设。完成省级广播电视节目无线覆盖 85 个站点建设和高速公路 34 座广播调频台站建设，建设陕西农村广播（应急）网。

7. 农村电影放映工程

通过落实农村电影数字化放映场次补贴，确保全省每个行政村每月放映一场电影，确保每学期为中小学生放映两场爱国主义电影。

8. 农家书屋、社区书屋工程

全面实现全省行政村村村有“农家书屋”，逐步实施城市社区“社区书屋”，基本形成覆盖全省城乡的出版物共享公共服务体系。同时，政府每年集中采购一批图书、报刊，免费发放，使此项文化惠民工程覆盖全省城乡各个社会阶层。

（三）重点文化活动

1. 重大群众文化活动

举办全省艺术节、农民文化节、社区文化节、少年儿童文化节和区域性民歌艺术节，举办陕西省声乐比赛、舞蹈大赛、秦腔大赛、音乐创作比赛、民歌大赛等文化艺术活动，通过示范性、导向性群众文化活动的开展，丰富和活跃人民群众的精神文化生活。

2. 文艺“五进”活动

组织各级各类文艺团体送文艺节目进农村、进社区、进校园、进企业、进军营，省级每年不少于 1000 场，对每年演出 300 场以上的市、县剧团，实行“以奖代补”。实施农村舞台艺术繁荣项目，推进百县千乡万场惠民演出。

3. 全民阅读活动

以“三秦书月”为载体，开展诵读朗诵、读书演讲、经典讲读、读书征文、知识竞赛、捐书助读、送书下乡等，推进图书进机关、进校园、进厂矿、进社区、进军营、进村镇、进工地、进家庭。

4. 公共文化场馆免费开放

推进全省图书馆、群众艺术馆（文化馆）、美术馆、博物馆、纪念馆、科技馆、青少年宫等向全社会免费开放。

（四）特色文化园区

1. 华夏始祖文化园区

依托延安黄帝陵和宝鸡炎帝陵等，打造华夏始祖文化园区和中华民族的精神家园。

2. 周文化园区

在宝鸡建设周文化园区，建设中华礼乐城项目，展示三千年前西周文明的礼乐文化。

3. 秦文化园区

以秦始皇帝陵博物院、秦咸阳宫遗址为基础，建设秦文化主题公园。

4. 汉文化园区

依托汉长安城遗址、汉阳陵、汉茂陵、韩城古城和司马祠遗址、以及汉中两汉三国遗址，建设汉文化园区。

5. 唐文化园区

依托曲江文化产业示范区、大明宫国家遗址公园、唐乾陵等，建设唐文化园区。

6. 红色文化园区

依托延安革命纪念地、照金和川陕革命根据地，打造红色文化园区。

7. 秦岭绿色生态文化园区

依托秦岭丰富的自然和人文资源，打造秦岭绿色生态文化园区。

8. 浐灞生态文化园区

依托2011年西安世界园艺博览会，打造浐灞生态文化园区。道文化园区。依托楼观台、白云山历史文化遗迹和独特的自然景观，打造道文化圣地。

9. 佛文化园区

依托宝鸡法门寺文化园区，打造世界佛都。

（五）重大文化产业项目

1. 西安文艺路演艺基地

以打造一流演艺产业品牌为目标，融文艺资源整合、演艺品牌塑造、文化项目建设、城市街区改造为一体，把文艺路建设成为国内最具文化影响力的演艺平台。

2. 陕西出版传媒产业基地

整合相关产业链上的企业，集出版传媒产品策划、研发、创作、生产、营销、培训功能于一体，形成多媒体、综合性、立体化的大型现代化出版传媒产业基地。

3. 陕西动漫创意产业基地

依托西安动漫创意集聚优势，重点发展影视动漫业、游戏软件业、新兴文化产业等，建设陕西动漫创意基地。

4. 陕北红色文化演艺基地

以陕北红色旅游精品线路及灿烂的革命文化资源为基础，在延安、榆林打造红色文化和黄土文化演艺基地。

5. 西安数字出版基地

以西安高新区为依托，整合陕西出版集团等资源，建设以数字出版传媒业为主的大型策划、研发、创作、生产、营销与培训产业基地。

6. 西安印刷包装产业示范基地

汇集各类印刷包装企业1000余家，“十二五”末，建设成为特色明显、西部领先、全国一流的国家级印刷包装示范基地。

7. 西安文物及艺术品交易基地

依托大唐西市，借鉴国内外艺术品拍卖或交易所模式，开展文物及艺术品交易，将西安发展成为区域乃至全国文物及艺术品交易中心。

8. 西部数字影视动漫产业基地

通过合作开发的方式建设西部数字影视动漫产业园，形成以影视拍摄、动漫制作、数码后期制作、胶片洗印为主业，以电影频道、影视教育、影视旅游等为辅业的电影产业链。

9. 广播电视产业基地

建设集电视制作中心、广告运营中心、网络运营中心、电视购物运营中心及物流中心、影视创意设计研发中心等为主的综合性广播电视产业基地。

10. 陕西文物复仿制品交易中心

以建设高端文物复仿制中心为目标，整合和推动我省文化复仿制市场走向高附加值的产业化道路，培育全国最大的文物复仿制品、旅游产品的研发中心和交易市场。

11. 陕西书画艺术品交易中心

利用我省书画艺术品资源和人才优势，整合资源和市场，推动书画艺术品流通，激活国有存量书画资产，建立完善的产业链，形成全国性的书画艺术品交易市场。

12. 西安电视剧版权交易中心

利用国家批准的第一个电视剧交易机构优势，打造电视剧交易、信息发布、融资和服务平台。

13. 西北出版物物流配送中心

以陕西新华发行集团为主导，建设集出版物分拣包装、仓储运输、网点配送等为一体的，立足陕西、服务西北、辐射全国，现代化程度较高的出版物大型物流中心。

14. 华州国际皮影文化园

传承、保护、挖掘、推广华县皮影，建设皮影黑陶文化产业园、关中民俗文化风情园、民俗文化演艺广场等，打造国际皮影文化中心。

15. 富平国际陶艺村产业项目

建设国际陶艺博物馆群、国际陶艺交易会展中心、陶艺文化创意休闲中心、文化旅游接待中心及黄土文化演艺广场等。

16. 秦楚风情文化产业园项目

充分挖掘商洛秦楚文化交汇优势，建设集演艺、民俗、民居、道情为一体的文化园区。

（六）文化精品工程

1. 舞台艺术精品创作

重点抓好秦腔、眉户、汉调桄桄、商洛花鼓、线腔、阿宫腔、话剧、歌剧、木偶剧、秦派民乐等陕西特色舞台剧的创作、演出和交流。省戏曲研究院、省演艺集团、各市每年各创作1–2部大型剧目，力争五年创作舞台剧目100部以上。重点推出5–10部弘扬主旋律、体现多样化的优秀剧目，力争2–3部获国家级奖项。

2. 影视剧精品创作

以影视生产为突破口，制作高质量、国际化的影视剧，抢占国内、国际电影和主流电视媒体市场。电影电视剧年生产能力各稳定在15部以上，制作1–2部动画电影。每年推出3–5部重点精品，争取1部电影票房过亿，1–2部作品在央视黄金时段播出或在全国产生重大影响，力争2部以上获国家级奖项。

3. 文学美术艺术精品创作

以陕西作家群为主体，以文化演出为重点，以国家舞台艺术精品工程和国家重大历史题材美术创作工程为契机，加强三秦文化艺术作品创作，完成100幅以上表现陕西近现代重大历史事件和重要历史人物的大型绘画和雕塑作品。

4. 精品图书出版发行

利用全省文学、艺术资源，建立文艺资源数据库，对舞台剧目、音乐、美术、非物质文化遗产、艺术古籍资料和各类艺术文献资源等进行数字化转化和开发，出版一批引领西部、全国一流的文艺精品力作，打造在全国叫得响、有市场竞争力的陕西出版物品牌。

（七）新闻媒体重点建设项目

1. 陕西新闻图片资料中心项目

整合陕西日报、华商报、陕西画报、三秦都市报等多种媒体新闻图片资源，抢救性挖掘、整理我省历史文献图片资料，利用现代化技术、设备进行数字化加工和整理，实现新闻图片研究、收藏、交流、展示等。

2. 网络化集成播控平台建设

按照“一中心、三平台”的方案，建设网络化集成监管中心；建设广播电视信号和内容监管平台、农村电影监管平台、互联网和IPTV监管平台。实现政府监管职能。

3. 有线电视网络双向化改造工程

升级改造建设省级骨干网、城域网和接入网，完成县以上城市有线电视用户的双向化改造，建设覆盖全省、适应信息传播的新型广播电视网络。

4. 农村有线电视数字化整体转换

在人口相对密集的农村地区推进有线电视进村入户，新入户150万户，实施300万户农村有线电视数字化整体转换。

（八）重点文物保护工程

1. 大遗址保护工程

完善秦始皇帝陵、汉阳陵、大明宫国家考古遗址公园建设，推进秦始皇陵遗址、汉长安城遗址、大明宫遗址、汉阳陵遗址、秦咸阳城遗址、雍城遗址、汉唐帝王陵园遗址、杨官寨遗址、阿房宫遗址、统万城、丰镐遗址、周原遗址、耀州窑遗址等大遗址保护。

2. 抢救性文物保护工程

做好榆林城墙等135处省内全国重点文物保护单位和重要的省级文物保护单位的抢救性保护工程；做好汉江古会馆群、陕南古民居群、汉中栈道文化、榆林长城保护。

3. 保护项目规划编制

完成秦雍城遗址、丰镐遗址、周公庙遗址等15处进入国家文物局大遗址保护项目库的保护规划编制。

4. 大遗址考古

推进以汉唐帝王陵园遗址为代表，实施姜寨、杨官寨、阿房宫、丰镐、秦直道、秦东陵、统万城、耀州窑、玉华宫、明秦王墓等大遗址考古工作。

（九）非物质文化遗产传承保护工程项目

1. 实施重点或抢救性保护名录项目

重点或濒危项目（130个）：西安鼓乐、中国剪纸、秦腔、陕北民歌、安塞腰鼓等；代表性传承人（30–50人）：西安鼓乐艺人赵庚辰、安塞剪纸艺人高金爱等。

2. 展示馆、传习馆（所）项目

市级博物馆（6个）：西安市、宝鸡市、榆林市、延安市、渭南市、汉中市；县级传习馆（10个）：长安区、华县、凤翔县、安塞县、洋县、绥德县、紫阳县、耀州区、富平县、旬邑县；乡级传习所（30个）：集贤镇、柳枝镇等。

3. 文化生态实验区整体保护项目

陕北文化生态保护实验区申报；关中文化生态保护实验区立项；羌族文化生态保护区建设。

4. 古籍保护项目

古籍专藏书库；建设国家级修复中心1个、省级修复中心2个；省图书馆古籍书库升级优化建设；古籍数字化及专题数据库建设；古籍书目揭示及内容评价出版；古籍普查登记、珍贵名录建立；古籍宣传、培训。

（十）人才队伍建设工程

1. 文化名家工程

培养造就一批造诣高深、成就突出、影响广泛的宣传思想文化领域杰出人才，每年重点扶持、资助一批陕西文化名家承担的重点课题、重点项目、重要演出，开展创作研究、展演交流、出版专著等活动。

2. “四个一批”人才培养工程

加强理论、新闻出版、广播电视、文化文艺领域中青年人才和高层次经营管理人才、专门技术人才培养，加大新媒体新业态人才、基层宣传文化骨干人才、文博人才、民营文化企业和民间文化人才选拔培养力度，进一步扩大工程覆盖面。

六、保障措施

（一）加强组织领导

各级党委和政府要高度重视，把文化改革和发展列入重要议事日程，纳入当地经济社会发展全局，作为目标责任考核和领导干部业绩考核的重要内容，加大考核比重和分值。牢牢把握文化改革发展的主动权，始终掌握对重大事项的决策权、对资产配置的控制权、对宣传文化内容的终审权、对主要领导干部的任免权。各级文化体制改革与文化产业发展领导小组要发挥统筹协调作用，党委宣传部门要加强协调指导，其他相关部门和单位要认真做好重点工程和项目前期工作，落实资金投入、经费保障和各项政策，为实施规划提供强有力的支持。各地各部门要加强对规划实施情况的跟踪分析，做好中期评估。规划中确定的约束性指标，要纳入经济社会发展综合评价和绩效考核体系。

（二）加大投入力度

建立健全同省情相匹配、同人民群众文化需求相适应的政府投入保障体制。逐步提高各级财政文化投入占财政总支出的比重，加大对公益性文化事业和文化产业的投入。县级宣传文化事业费可按辖区人口数制定相应的投入保障标准，最低保障 10 万人以下的县每年不低于 10 万元，随着事业发展和财力增长逐年提高标准。将文化建设事业经费、基本建设投资列入本级财政支出预算和基本建设投资计划。逐年增加省级文化产业扶持专项资金规模，有条件的市设立文化产业发展专项资金。

（三）落实完善相关文化经济政策

对已有支持文化体制改革、支持文化事业和文化产业发展的经济政策进行修订和延续。落实鼓励社会组织、机构和个人捐赠以及兴办公益性文化事业的税收政策，促进企业及民间对文化的投入明显增加。继续征收文化事业建设费和国家电影事业发展专项资金。落实从城市住房开发投资中提取 1% 用于社区公共文化设施的政策，完善城市社区文化设施。创新服务方式，制定政府购买公共文化产品服务办法。建立健全文化产业园区基地建设优惠政策，在基础设施建设、土地使用、税收等方面给予支持，鼓励文化单位、机构和企业的产业项目在园区基地落户，推动项目、资金、人才集聚。出台相关配套政策，采取贷款贴息、项目支持、活动奖励、保费补助等方式支持文化企业发展。金融机构要针对文化产业特点研究制定著作权、文化品牌等无形资产的评估和质押办法，创新信贷产品，探索信贷模式，加大对文化产业的信贷支持力度。

沈阳市“十二五”时期文化产业发展规划

一、指导思想

坚持以邓小平理论和“三个代表”重要思想为指导，全面贯彻落实科学发展观。遵照胡锦涛总书记“要认真落实文化产业振兴规划，精心实施重大文化产业项目带动战略，加强文化产业基地和区域性特色文化群建设，增强文化产业整体实力和竞争力”的指示精神，按照沈阳“文化强市”的战略部署和建设国际化城市的总体要求，将发展高端文化产业作为转变城市经济增长方式、优化产业结构、提升城市综合竞争力的重要着力点；利用沈阳经济区文化产业核心优势，加快国际化步伐，积极探索面向国际市场的文化产业发展新模式；充分发挥沈阳高新技术产业比重大、高校集中和文化多元的特点，强化创意、创新、创造的城市精神，引领区域高端文化产业发展的新潮流；引导传统优势产业走文化改造之路，用文化创意和产品设计促进装备制造业升级；深化文化体制改革，进一步解放和发展文化生产力，通过实施重大文化产业项目带动战略，加快全市资源整合，实现沈阳市文化产业健康快速发展，使其成为国民经济支柱产业；加大对历史文化街区、文物保护单位、历史建筑的开发、利用与保护力度，通过深入挖掘历史文化资源和建设展示文化的重要空间载体，提升城市文化底蕴，以不断满足人民群众多样化、多层次、多方面的精神文化需求，实现文化强市的发展目标。

二、基本原则

（一）坚持社会效益和经济效益相统一

把社会效益放在首位，努力实现社会效益与经济效益的统一。

（二）坚持体制机制创新与产业发展相统一

用文化体制改革的深层次推进，加速文化产业发展，用文化产业的又好又快发展，解决文化体制改革的深层次矛盾和问题。

（三）坚持市场运作与政府推动相结合

充分发挥市场在资源配置中的基础性作用，采取市场运作方式的同时，借助行政推动力量，加快推进资源整合与产业发展步伐。

（四）坚持发展新兴产业与提升传统产业相结合

促进文化产业发展与经济和科技相融合，大力培育和发展数字网络新媒体等新兴文化产业，加快推进数字高新技术改造和提升传统文化产业，鼓励新兴文化产业与传统文化产业相融合。

三、发展目标

1. 实施“文化强市”战略。以文化产业集聚区建设为重点，以推进重大文化产业项目为抓手，按“一轴、两翼、三中心、四大集聚区、五大交易市场”的空间布局，继续大力发展出版发行（印刷）、娱乐演出、动漫制作和文化旅游四大主导产业，继续培育影视传媒、创意设计、广告会展和数字内容等新兴产业，着力打造强势文化品牌。到 2015 年，全市文化产业力争年平均增长速度达到或超过 20%（现价），使沈阳成为东北亚地区文化产业研发与交流中心、文化产品生产与流通中心、文化娱乐休闲与消费中心，努力把沈阳建设成为文化强市。

2. 基本建成与社会主义市场经济体制相适应、特色鲜明的文化产业体系。通过调整产业结构，整合文化资源，将我市重点文化企业构建成多层次、多样化的发展格局；形成文化氛围浓郁、管理体制科学、主导产业优势明显、相关产业协调发展，产业、产品竞争力明显提高的文化产业发展新局面。

3. 在我市大型文化企业中，遴选出如沈阳出版发行集团、沈阳传媒网络有限公司、沈阳四维（4D）数码科技有限公司等 3–4 家骨干文化企业，“十二五”期间，将其打造成为强势品牌企业或上市文化企业。市委、市政府在重点文化产业项目中，确定 20 个重大文化产业项目给予扶持。

4. 再获批 1–2 个国家级文化产业基地（园区）；培育 10 个年产值 1 亿元以上的文化产业龙头企业，1–2 个上市企业；争办 1–2 个国际性大型文化产业展会或论坛。

5. 完成文化产业集聚区建设，形成文化产业集群。以浑南动漫产业基地为核心，整合沈阳经济区动漫产业资源，进入全国动漫产业第一集团；棋盘山国家文化产业示范区积极开发新兴文化创意项目，形成文化旅游项目集聚和人流集聚；沈阳四维（4D）数码科技有限公司以列入国家“十二五”时期文化产业发展规划纲要为契机，力争取得更大突破，进入全国前列；沈阳杂技演艺集团有限公司继续实施“走出去”战略，在与美国快乐时光演出公司签署中美和南美地区巡演 3 年演出合同的同时，进一步扩大对外交流和对接渠道，增强中华文化在世界的影响力；加快沈北华强文化科技产业基地建设进度，2015 年形成产业规模；沈阳（法库）陶瓷文化产业园、沈阳“123”文化创意产业园和沈阳（大东）汽车文化产业园要进一步做大做强产业规模，打造产业集群，进一步增强带动功能、放大辐射效应。

四、发展战略

（一）协调发展战略

坚持集中发展与区域均衡相结合。根据不同文化产业门类和不同价值链环节对配套条件的要求，结合各区域的实际条件和功能定位，统筹项目布局，既能适当促进产业的相对集中，有针对性地选择重点培育的产业，又能兼顾区域均衡，形成产业错位发展和协调发展的格局。

（二）并行发展战略

坚持龙头企业引领、重大项目带动、集聚区拉动并行发展。以中心城区为龙头，带动周边区、县（市）文化区域协调发展；以文化支柱产业和大型文化集团、重大项目为龙头，带动各类文化产业发展；以四大集聚区为文化产业增长的支撑点，明晰产业定位，吸引资源集聚，实现多层次、全方位发展，拉动相关产业与周边区域的发展。

（三）品牌促进战略

充分发掘和利用我市历史的、地域的、现代的多种文化资源，创建名牌文化产品和文化企业，打造城市文化产业品牌，以品牌促进产业发展。

（四）整合联动战略

打破地区、部门、行业和所有制界限，以市场需求为导向，整合文化资源，调整文化产业结构；坚持国际化视野，与国内外文化强市形成互动；利用建设沈阳经济区的良好机遇，发挥沈阳中心城市的辐射带动作用，与周边七城市形成联动发展。

（五）人才推动战略

坚持人才引进与培养并重。加强与高校等人才培养机构的合作，着力建设文化产业人才培养基地。不断优化人才服务环境，把培养和引进高层次人才作为战略性任务，引进和培养高素质、创新型创业人才。

五、重点产业

（一）重点发展产业

1. 出版发行（印刷）业

做大做强沈阳出版发行集团。通过整合社会资源、合资合作等方式，加快体制创新、机制创新步伐，扩大资产规模和经营规模，进一步提升综合实力和竞争能力。到2015年，实现总资产8亿元、经营收入6亿元。支持沈阳出版社出版一批在国内有市场、有影响的精品图书。2015年，出版图书要达到800种，力争获2个辽宁省“五个一工程”奖和1个国家级图书大奖。支持沈阳出版社实施“走出去”战略。2015年，要在沈阳经济区城市群兴办分社或出版中心，以提高大众出版物市场占有率。积极推进市新华书店以品牌建设为基础，以资本运作为手段，以连锁经营为途径，开拓新的经营网点，培育新的经济增长点，力争把图书发行规模做到全省第一，位列全国副省级城市前列。2015年，实现图书发行收入3.5亿元。

2. 娱乐演出业

加强文化娱乐场所和文化设施建设。引入战略投资者，新建、维修和改造沈阳文化艺术中心等一批具有国内一流水准的文化娱乐设施，依托中心城市的文化汇集、人口汇集功能和潮流时尚的优势，打造区域性文化演出中心和娱乐消费中心。充分依托沈阳杂技演艺集团有限公司等群体的人才和资源优势，不断扩大在国际国内演出市场的影响，使沈阳杂技演艺集团有限公司成为文化企业“走出去”的旗舰；沈阳演艺集团整合辽宁京、评剧演出资源，组建跨地区的京、评剧院团，扩大和提升沈阳在全国城市中的知名度和美誉度。积极推进“刘老根大舞台”的连锁发展，做大做强“二人转”特色演出业；弘扬京剧唐派艺术、评剧“韩、花、筱”艺术；积极打造独具沈阳地域特色、富于东北风情的品牌剧（节）目；促进演艺与娱乐餐饮的有机结合，打造与传播文艺演出特色品牌。

3. 动漫制作业

进一步做大做强浑南动漫产业集聚区。通过加大政策和资金的扶持力度，进一步提升公共技术服务平台功能，完成三期项目建设。继续鼓励和壮大原创力量，大力吸引和发展研发实体。至2015年，浑南动漫产业集聚区在确保现有入驻企业数量的基础上，坚持做优扶强，引入世界500强文化企业，如梦工厂及好莱坞地区知名动漫企业；启动沈阳动漫研究院、沈阳动漫城项目。加快版权交易平台建设，鼓励通过动漫形象授权、版权代理和中介服务等形式，延伸动漫产业链，吸引境内外投资，形成全国一流的动漫产业研发、孵化、生产、制作基地和动漫产品发布、展示、交易中心，确立沈阳动漫产业在全省和东北地区的主导地位。启动占地面积500亩的4D立体技术产业园建设项目。以世界领先的4D技术作为产业整合的龙头，在全国范围内充分吸纳整合产业链内及与4D技术具备互补性的优秀创意人才与发展中企业。“十二五”期间，通过以4D技术引领，形成完整的4D产业集群，实现产值40亿元，从而成为国内最卓越、最全面的4D技术产业园区。

4. 文化旅游业

加快棋盘山国际文化旅游产业集聚区建设。以秀湖景区和森林公园为核心重点开发休闲旅游产业，推进温泉养生、户外健身等项目建设；进一步加大招商引资力度，引入国内著名演艺策划机构，共同打造一台在全国有影响的大型山水实景演出。充分依托铁西工业文化区和大东工业文化区等工业遗存，积极打造中国沈阳工业博物馆等项目和品牌，增加体验休闲内容，形成以沈阳工业文化为核心价值体系的特色旅游精品。加快“故宫方城”地区的拆迁和改造工作；推进皇姑乐天世界、北陵文化产业园、辽城文化园等项目建设；扶持于洪丁香湖文化旅游中心、蒲河生态文化休闲体验区、法库辽文化风情小镇体验区等项目建设。支持辽中县全力打造以珍珠湖为龙头的蒲河廊道“水文化”，借助世茂集团投资283亿元兴建辽中珍珠湖世茂生态城项目，抓好景观节点建设和特色文化植入，特别是将投资千万元的室内舞剧《珍珠湖》全面平移至户外，转成大型实景演出项目。以沈北新区申报国家级“锡伯族文化生态保护试验区”为契机，推进以“非遗”为产业增长点的文化品牌战略，鼓励实现“非遗”资源的市场化传承和保护，大力完善沈阳文化旅游载体建设。开发和打造针对“世遗”和“非遗”线路的遗产游，以及工业游、休闲度假游、民俗游、佛教游和环沈阳城市游等旅游路线和品牌，积极引进和培育2-3家大型龙头旅游企业，塑造一批具有全国影响力的特色品牌项目和主题旅游精品；以“一宫两陵”和张氏帅府为依托，整合沈阳经济区文化旅游资源，打造覆盖八城市的文化旅游圈。推进以沈阳故宫和满族历史文化为核心的旅游衍生产品开发、设计、制作和销售，挖掘文化内涵，增加游客体验值；推进旅游景区（点）将自有品牌注册商标，支持特色旅游节庆活动。

（二）积极培育产业

1. 影视传媒业

以沈阳电视台、沈阳人民广播电台合并成立沈阳广播电视台，组建沈阳广电集团有限公司为契机，推进传媒业集团化、规模化发展。鼓励传媒企业跨地区、跨行业经营，增强融资能力、扩大市场覆盖，做大市场份额。努力升级传媒技术，更新传媒设备，结合数字高新技术提高传媒产品的加工、制作水平。依托关东影视城等载体，建设高水平的影视传媒拍摄制作基地，集聚优秀人才，创造良好条件，扶持影视剧本，特别是本市原创剧本的创作、拍摄与生产，实现产品向产业的转化；同时，大力发展电影发行院线，推进县级城市数字影城建设。

2. 创意设计业

以铁西区、大东区、法库县装备制造业和陶瓷制造业为载体，重点发展工业设计。运用先进文化创意理念，引入先进技术，借鉴先进管理模式和运营机制，使文化创意设计在工业、制造业的文化提升功能得到逐步渗透，以促进文化产业与第二产业的融合。分别以铁西区、大东区为区域核心，推进铁西“金谷”国家级生产性服务业总部基地建设，培育一批工业创意研发与设计机构，通过研发、设计、营销提高工业产品的附加值，提升装备制造业产品品牌和企业竞争力。以法库县为核心，进行陶艺创意设计开发，增强陶艺产品文化附加值，提升企业品牌和竞争力。此外，还要积极培育艺术设计、建筑设计、广告设计等创意设计业，对工业遗存、闲置楼宇进行再开发，实现价值的全新提升。

3. 广告会展业

积极培育品牌展会。继续办好中国装备制造业博览会、东北文化产业博览会等品牌展会，努力打造“中国（沈阳）国际动漫产业发展论坛”、“东北亚区域发展与合作论坛”、“世界多媒体与互联网峰会”、“中国（法库）陶瓷博览交易会”等新兴品牌。维护和升级“韩国周”、“皇寺庙会”等节庆活动，争取国际著名会展权威机构和知名企业在我市举办展会或设立分支机构，支持申办国家级专业会议和展览。以国际会展中心为龙头，积极推进现有会展场所的改造升级，构建专业化、现代化、国际化的会展载体。依托沈阳广播电视台和传媒创意带等载体，充分发挥区域广告媒体市场的优势，积极促进网络广告等新兴广告媒体的发展，扶持一批知名广告公司树立品牌、打造本地旗舰企业，全面提升广告业的整体水平。

4. 数字内容产业

积极创新文化内容形式和传播手段，加快文化与科技的融合。以东北大学科学园（东软）、沈阳软件出口基地为载体，支持软件研发、信息集散、科研转化和培训服务，形成东北地区最大软件出口集散中心。积极打造沈阳第四媒体，力争在 2015 年前把沈阳网建成国内知名的新闻网站和区域门户网站。积极开发数字音乐、网络书刊、互联网服务、电子商务、数字出版和数字教育等新兴业态。以沈阳传媒网络有限公司为龙头，大力推进电视数字化进程和数字电视制播设备、传输设备的升级与改造、文化增值服务等。

六、空间布局

（一）一轴：“金廊”文化中轴

以北陵大街－北京街－青年大街－浑河大街为主轴线，再向北延展至黄河北大街至浦河大道，向南延展至浑南新城。通过中轴地带的跨区整合思路，培育具有开放性、包容性、创新意识相融合的区域经济体，使之成为沈阳市文化产业形象标识。

建设重点：

按照城市总体规划，重点打造以沈河区青年公园至浑河核心区段，加大招商引资力度，吸引著名品牌、企业，发展现代传媒、新闻出版、创意设计、现代咨询、体育会展等产业，进一步强化中轴区域的文化辐射功能。加快建设文化艺术中心等文化设施项目，拓展北方传媒大厦服务功能，加强城市文化景观大道的提升与改造，加强商业配套设施的改造和建设，在全市形成良好的文化产业创意环境和氛围。加大媒体宣传力度，使“金廊”中轴成为沈阳文化产业的地标、沈阳城市形象的文化符号之一，用以表征老工业城市的现代商贸和文化活力。

（二）两翼：铁西工业文化区和大东工业文化区

依托铁西区以铸造博物馆、铁西工业走廊等为代表的传统工业特色旅游项目，以沈阳经济技术开发区装备制造业企业为代表的现代工业特色旅游项目和大东区华晨宝马、华晨金杯、北盛通用等汽车整车和零部件产业集群形成的东北汽车城等资源，形成以工业旅游为主导的铁西工业文化区和以工业设计为主导的大东工业文化区，积极促进消费型文化产业发展。鼓励引导生产型文化产业的研发，构建沈阳文化产业未来可持续发展的基础和核心竞争力，打造中国“工业文化”标志城。

建设重点：

做好区域文化产业规划，建好中国沈阳工业博物馆，面向全国征集工业文物；抢救和保护好北方重工、华润雪花啤酒、沈阳水泵、沈阳化工、红梅集团、黎明航发、航天新光、沈阳造币厂、沈阳东基等工业遗存，科学开展空间修缮和资料编撰工作。以工业旅游、工业体验为切入口，打造中国沈阳工业博物馆、老龙口酒文化博物馆、八王寺水博物馆、汽车博物馆等特色项目。设立会展和创意产业促进中心，积极发展旅游、会展、创意设计、休闲娱乐等产业，开发带有工业特色文化符号的大众文化产品和旅游纪念品，促进“工业文化”衍生产品的生产与推广，为文化产业在工业领域的融合和扩大化打下基础。加大宣传力度，塑造沈阳“工业文化”特色品牌，形成独树一帜的中国“工业文化”标志城。

（三）三中心

1. 历史民俗文博中心

坚持保护性开发原则，整合区域内清文化、民国文化、抗日文化、宗教文化和民俗文化等文化资源。以沈阳故宫博物院为龙头，通过历史挖掘、科学规划、合理开发，传承和发扬沈阳历史文化，进而合力构建东北地区独具特色的历史民俗文博中心。

建设重点：

——“故宫方城”历史文博街区。东至东顺城路、西至西顺城路，南至南顺城路，北至北顺城路，形成集文化旅游、休闲购物和娱乐消费于一体的东北知名历史文化综合消费区。充分挖掘“清文化”内涵，打造世界文化遗产品牌，提高沈阳故宫的美誉度和影响力；打通北通天街，将金融博物馆、张氏帅府和沈阳故宫连接为整体，以清代和近代建筑风格为主，逐步复原“故宫方城”建筑风貌，形成“故宫方城”地区独特的文化氛围。重新规划沈阳路，形成宫廷餐饮、皇家酒店和八旗文化主题为主的东、中、西三段的业态布局。规划开发盛京二期古玩市场，引进规模企业和品牌，带动“故宫方城”文气。开发以“清文化”为核心的旅游精品和大众旅游产品等衍生产品。

——北运河历史观光带（皇姑区段）。沿线规划和建设4公里长的包括北陵、新乐遗址、舍利塔等十处展示沈阳历史文化和人文典故的优美景观，形成具有浓郁文化气息的“观光文脉”。以舍利塔为基础，恢复建设回龙寺，形成以佛教文化为特色的产业项目。修缮新乐遗址，开发为具有体验性质的人文产业园。以世界文化遗产昭陵为主体，打造北陵文化产业园。着重挖掘历朝民间传说、典故和神话，以大型歌舞展演、曲艺演出、茶社说书和书画艺术鉴赏等形式，推出“新乐原始人家”等历史文化品牌。

——北市场民俗文化街区。以现有的实胜寺、锡伯族家庙及满州省委旧址为基础，结合每年的皇寺庙会，以体现市井文化、民俗文化和寺庙文化为核心，建设以民俗文化演艺、古玩及工艺品交易、休闲娱乐、旅游服务为主的民俗风情文化区。进一步挖掘和收集北市场历史相关资料和文化资源。恢复传统杂耍表演项目，发展具有老北市特色的大众化娱乐休闲项目；以“皇寺庙会”为驱动，做足庙会民俗活动，形成特色品牌。

——民国、抗日文化遗址带。以张氏帅府为起点，连接孙烈臣、杨宇霆等民国时期六大政要官邸、九·一八历史博物馆、英美二战盟军战俘营等珍贵历史遗址，进行民国、抗日文化旅游开发。通过线路设计、人员培训、展馆建设、史料搜集等方式，挖掘和开发这些历史遗存资源，形成独具特色的民国、抗日文化旅游精品项目。

2. 文化娱乐消费中心

通过在原有繁华商业区进行科学规划，形成政府、商会、企业间良性互动的街区组织管理体系。以文化需求为主导，大力发展特色突出，集商业、饮服、文化娱乐为一体的多功能街区，形成立足辽宁、辐射东北的文化商贸与娱乐消费中心。

建设重点：

——西塔朝鲜族风情街。借助西塔地区丰富的朝鲜族文化资源和现有文化基础设施，发展以演艺、餐饮、娱乐为支撑的演艺娱乐产业，形成民族文化突出、产业类型丰富的西塔朝鲜族风情文化娱乐街区。

——太原街、中街、东中街时尚休闲文化街。借助目前较为成熟的商业发展现状和良好的区域品牌及知名度，注入时尚文化元素，增加文化休闲餐厅、文化体验互动项目、时尚消费项目等，提高文化、旅游、休闲娱乐、餐饮比例。鼓励企业建立集采购、结算、营销、服务、供应商管理、顾客管理等经营全过程的开放式管理系统。从单一功能向复合功能发展，从以实物消费为主向精神消费比例逐渐增大发展，实现由传统购物型商业街向休闲综合性消费商业街的转变。

——南运河文化休闲带。依托沈阳音乐学院、鲁迅美术学院、青年公园、鲁园古玩市场、万泉公园等人文和社会资源，以鲁美文化产业园为节点，积极发展艺术创作、艺术品交易、时尚设计、文化创意等业态，规划建设美术家工作室群落、艺术家作品展览中心等，同时配套建设餐饮、休闲吧等休闲娱乐场所和设施，利用城市核心区水系资源，形成滨河文化创意长廊。

3. 科技传媒创意中心

以电子出版、传统传媒为依托，结合整个大五里河的改造和搬迁，进一步扩大和升级三好街电子科技街区以及电子出版等市场，打造东北地区最大的科技传媒创意中心。

建设重点：

——三好街电子科技街区。以赛博数码大厦等八大楼宇为依托，扩大区域，进一步提升三好街作为电子科技商贸中心的硬件优势和设施优势。促进数字内容产业的发展，促进网上资源共享和交易平台的搭建。加强经销商与浑南高新技术开发区、电子科技企业的合作与发展，促进我市电子信息软件从产业链下游的销售流通向产业链上游的生产和研发环节扩展。

——沈阳传媒集聚带。依托沈阳广播电视台等主流传媒平台，积极发展楼宇经济。大力发展与传媒相关的上下游产业，如电视制作、广告代理、出版、印刷、广告、动漫、网游等，形成从节目制作、大型活动策划、组织广告传媒和教育培训到影视经纪人及金融投资服务等传媒文化企业的集聚。

——浑河滨水休闲带（五里河段）。在五里河公园附近，于 2013 年建成总占地面积 8.5 万平方米，主体建筑包括 1800 座的中央剧场、1200 座的音乐厅、500 座的多功能厅在内的沈阳文化艺术中心，使之成为浑河景观体系中重点标志性建筑。打造艺术文化服务、休闲娱乐和婚庆创意服务等业态，开发创新性旅游项目，形成沈阳南部都市人群休闲观光的目的地和城市滨水艺术乐园。

（四）四大集聚区

由“东南西北”空间布局形成的四个文化产业基地已产生强大的集聚效应，对周边地区的文化产业带动作用和辐射能力逐步增强，初步形成了四大文化产业集聚区。

1. 东部棋盘山国际文化旅游产业集聚区

东至沈抚市界，西至三环高速公路、沈北新区线，南至浑河，北至沈北新区界，占地面积 203 平方公里。规划建设以沈抚同城战略和沈阳区划调整等一系列重大决策为依据，以生态立区为发展思路，依托自然景观、人文环境和“世博园”的品牌优势，重点发展旅游休闲、文化创意、健康科技、绿色宜居四大产业。

建设重点：

——布局产业空间，完善配套设施。按照“绿廊、银带、四园区，形成 L 形发展骨架”的产业布局，沿沈棋路绿色景观走廊和浑河滨水旅游休闲景观带，布局重点旅游项目，实施“四园区”协调联动，同步发展。支持通过政府要素资源的投入，引入外部创新资源和风险投资，完善配套设施，丰富旅游消费内容，开发具有本土特色的旅游商品，培育文化演出市场，满足人们“夜文化”生活消费需求。

——开发重点项目，强化集群效应。以秀湖景区和国家森林公园景区为依托，重点开发“温泉谷”、秀湖山水大型实景演出、中旅国际小镇赛特奥特莱斯商业街、中国书法公园等休闲旅游项目。以国际创意谷、中南卡通城为依托，重点开发出版传媒产业园、万国酒堡、国际数字产业园等集旅游文化、创意设计、数字动漫、影视传媒、会议会展、物联网为一体的创意产业群项目，形成产业集聚。

2. 南部浑南动漫产业集聚区

位于东陵区（浑南新区）国家高新技术产业开发区内。以二十一世纪大厦为核心，沿世纪路和新隆街，在两侧 1 公里范围内延伸，东起浑河大道，西至沈营路，南到沈阳环城高速路，背依苏抚铁路，占地面积约 1.5 平方公里。规划建设动漫产品的发布、展示、销售、制作平台。通过成立专业运营公司和搭建公共技术服务平台，为集聚区内企业提供一流的工作环境和综合性服务；以多种渠道凝聚产业资源和捆绑式招商，在集聚区内打造完整的产业链，从而形成东北地区最大的动漫产品交易中心，并通过浑南动漫产业孵化区将沈阳打造成为中国的“动漫之都”。

建设重点：

——加快载体建设，完善配套设施。规划建设以动漫世界大楼、动漫影视大厦、动漫影视城、昂立信息产业园和 21 世纪大厦等为载体的动漫产业孵化带，吸引具有创意活力和较好发展基础的动漫、数字媒体方面的企业入住，建成集动漫产业孵化、培训、创作、研发、生产、交易和运营为一体的综合性动漫产业集聚区。

——强化平台建设，培育动漫人才。强化并完善公共技术服务平台和版权交易平台等支撑体系。支持举办中国（沈阳）国际动漫产业发展论坛，将其做成动漫信息的发布平台动漫创作交流平台和动漫合作贸易平台。大力发展动漫人才教育培训，在鲁迅美术学院、沈阳音乐学院等高校推进人工智能人机交互三维成像多媒体、美术、音乐等动漫关键技术环节的研发和教育，形成人才互动和培训孵化机制，鼓励学生到动漫基地创业。

——落实扶持政策，形成创意氛围。继续保持原创比重较大的优势，积极支持兼具研发、生产、设计、制作的动漫企业，培育沈阳非凡创意、沈阳哈派动漫、沈阳福娃娃、沈阳深海等动漫制作公司，形成动漫产业孵化氛围。通过设立动漫产业发展基金，对进驻企业给予扶持，从而形成动漫产业发展的创意氛围。

3. 西部胡台包装印刷产业集聚区

位于新民市境内新城，东至胡台镇与于洪区域界线，西至法哈牛镇东边界，北至小浑河南岸和后胡台村北端，南至秦沈快客运专线。规划面积为 22.5 平方公里。规划建设以包装、印刷生产制造为基础，以包装印刷集散和交易为龙头，以包装印刷物流和配送为支撑，发展原材料供应、产品设计、排版制版、包装印刷、物流交易等整个供应链紧密结合的综合产业集聚区，使之成为北方包装印刷产业重点区。

建设重点：

——引入重大项目，优化人才结构。支持从源头（内容）上引入出版印刷的大项目建设，加强与国际国内一流企业合作项目，大力发展印刷产业，建成服务东北区域、辐射全国的印刷中心。通过引入出版印刷包装培训学校，对“三北”（东北、华北、西北）十省出版印刷专业人才进行培养，优化人才结构。

——加速技术改造，形成拳头产品。通过建立包装印刷物流园、印务中心、培训中心，调整产业布局。加速扶持印刷企业、包装企业开展技术改造、技术创新和设备更新，鼓励发展数字印刷，大力发展包装装潢印刷、精品印刷、高档彩色印刷，到2015年，建成若干具有国际水准、各具特色、技术先进的包装印刷生产线，形成拳头产品。建立包装印刷综合大厦，内设包装印刷设计、研发机构、信息机构、包装印刷产品标准制定及检定、检测、认证和咨询机构，包装印刷企业博览平台和技术平台。

4. 沈阳北部文化产业集聚区

沈阳北部文化产业集聚区包括四个产业基地（园区）：一是沈北华强文化科技产业基地；二是沈阳（法库）陶瓷文化产业园；三是沈阳“123”文化创意产业园；四是沈阳（大东）汽车文化产业园。

（1）沈北华强文化科技产业基地。位于道义开发区，东至东规划路，西至梅江北街，南至蒲田路，北至北规划路，规划面积2400亩。在规划建设中，通过建设包括3个主题公园、7个研发和生产基地、科技展示区、商业、服务、交通配套区，繁荣旅游市场、营造产业平台、形成出口基地，成为继陶瓷和丝绸之后传播世界、影响全球的中国第三大文化产品，进而拉动地方经济。

建设重点：

——建设总占地面积450亩的方特欢乐世界项目工程。每年将接待500万游客，按门票300元/人计算，总体消费相当于门票的6倍，全年可为沈阳带来60亿元旅游收入。方特欢乐世界力争在2011年至2013年间陆续对外开放运营。

——完善配套设施，服务消费市场。加快风情小镇、方特旅行酒店、园区绿化工程建设，尽快优化周边商业和居住环境，推动沈北华强文化科技产业基地文化生产商、文化运营商、文化消费者及其他创意机构连接，实现文化产业和市场需求间的有效沟通，形成良性互动。

（2）沈阳（法库）陶瓷文化产业园。以沈阳哈哈尼创意有限公司为龙头的沈阳（法库）陶瓷文化产业园，位于法库经济技术开发区。沈阳哈哈尼创意有限公司东距203国道1500米，南邻中央大道，占地面积50亩，现已建成并实际运营。沈阳（法库）陶瓷文化产业园本着调整“北方瓷都”产业结构，打造“工匠瓷都来，器成天下走”格局的发展思路，通过搭建创意陶瓷设计、生产平台，引入集研发、设计、制造、销售为一体的专业公司，充分利用本土资源，结合景德镇1700年制瓷工艺，进一步弘扬中国陶瓷文化和知名品牌，力争用3-5年的时间，形成南北陶瓷产业一脉相承，陶瓷文化水乳交融的“北方瓷都”新亮点。

建设重点：

——尽快完成与顶级创意设计人才的全方位对接和深度合作。通过已成立的总投资1200万元的沈阳哈哈尼创意有限公司，从景德镇引入国师级工匠，并实现艺术陶瓷生产制作的顶级工艺与中央美术学院、鲁迅美术学院、浙江美术学院，乃至全国设计名家的全方位对接和深度合作，使陶瓷艺术和现代艺术达到完美结合，确保出精品、出效益。

——重点开发陶瓷礼品、艺术品和收藏品。沈阳（法库）陶瓷文化产业园依托沈阳哈哈尼创意有限公司已有“景德”、“环球”、“御牌”、“哈哈尼”、“美人醉”、“景德宝蓝瓷”等商标和自主知识产权产品，引导其致力于对本地原材料的开发、试制，力争研制出适合北方制瓷人的各种原料和配方，在此基础上，大力开发陶瓷礼品、艺术品和收藏品生产，并协助其进一步拓展销售渠道，形成新的产业链，打造出新的品牌，力争成为瑞典“宜家”（IKEA）和德国“麦德龙”（METRO）的全球供应商。

（3）沈阳“123”文化创意产业园。位于沈北新区辉山大街123号，规划面积5万平方米。沈阳“123”文化创意产业园采用政府引导、政策支持、企业主导的规范化市场运作模式，以“科学”加“艺术”、“技术”加“创意”为园区发展的总战略，秉持“数字沈阳、艺术东北”的服务宗旨，力争在“十二五”期间，建设成为全国知名的艺术品创作产业基地和沈阳（国家）数字艺术创意产业基地。

建设重点：

——发展数字艺术产业。通过建设艺术品原创工作区、设计创意工作区、会展交流中心、学院创作实训基地、综合服务中心五个功能区，重点发展创意设计、艺术品原创、游戏动漫、影视制作，打造数字艺术产业集群，实现“文化+智力+科技”三者深度结合。

——完善综合服务平台。继续完善数字艺术公共技术服务平台，以支持动画片制作过程所有必备的高端项目，同时还可为新媒体展示系统、技术培训及艺术品展示空间提供服务，使领先的技术资源在产业内实现共享，缩短产品的开发周期，降低企业的开发成本与风险。继续完善网络游戏公共技术服务平台，实现为200家以上企业提供技术服务的功能。继续完善衍生品开发及交易平台，积极建立与国内外知名创意机构、全国知名展会和地区性专题展会之间的合作关系，将沈阳“123”文化创意产业园打造成为面向东北亚最大的原创艺术品交易和博览中心。

（4）沈阳（大东）汽车文化产业园。位于沈阳汽车城整车核心区的北部中心区域，北至三环、南至劳动路、西至望花北街、东临棋盘山风景区，占地10平方公里。在规划建设中，通过建设汽车主题公园、汽车会展博览中心、汽车创意产业园等设施和配套区域，打造以汽车文化主题公园为核心，集汽车运动、汽车博览、汽车教育、汽车研发、汽车体验、休闲娱乐、旅游观光于一体的汽车文化综合服务体，使沈阳（大东）汽车文化产业园成为东北地区颇具产业特色的生态文化区、汽车城的中心地标。

建设重点：

——加快建设汽车文化设施。汽车文化主题公园建设要做到与汽车赛道、汽车贸易区和创意产业园有机结合；汽车会展博览中心建设要确保满足汽车会展、接纳各类大型展览及接待会务活动需求；汽车创意产业园要通过建设汽车电子城、软件园、数码动漫城、创意文化孵化器、科技大厦、环保产业园，引入动漫、广告、设计、音乐艺术等行业企业进驻，完成相关制作设计。

——完善配套服务功能。在利用区域内天然水系环境、改造提升原有防护林功能的同时，优化建设周边配套设施，包括旅游商业中心、现代化停车场、影视中心等，使汽车文化主题公园成为天然展厅、赛车的观众区、贸易区的后花园、创意产业园的展示区。

（五）五大交易市场

从提升文化商贸业和传统优势产业的创新能力入手，创新商贸业态功能。通过积极推进辽宁·沈阳文化知识产权交易所股份制改造，加快文化与资本的对接，以资本为引擎，创新商贸业态经营方式和交易手段。以拓展经营范围、层次、国际化为导向，将沈阳打造成为市场要素活跃、产业要素齐全、文化特色显著、创新氛围浓郁和功能凸显的东北地区文化物流中心。

1. 书刊批发市场

加快中国·沈阳书刊批发市场的升级改造。扩大经营面积，改善经营环境，建立信息化系统和电子商务交易平台，建立现代物流配送体系，全面提升软硬件设施功能。把中国·沈阳书刊批发市场建设成东北最大、国内一流的书刊批发市场，使书刊批发市场的辐射作用更加凸显，经营范围得以拓展，经营规模明显扩大，在服务振兴东北老工业基地、满足广大人民群众精神文化需求上发挥更大的作用。

2. 电子产品市场

位于三好街地段，通过布局提升与功能拓展，规划发展成为科技信息的集散地、高新技术及产品的贸易中心、东北地区的“硅谷”。进一步提升三好街地段作为科技中心的区位优势，激发创意活力，与科技传媒创意中心进行有机融合。对三好街包括信息产业大厦、赛博广场、百脑汇、新业电脑城和奉天硅谷等几个电子大楼进行规范管理，提升销售商的整体水平。对销售网络进行整合，鼓励完善三好街电子产品市场科技信息产业的开发利用，促进三好街电子产品市场对外业务辐射和科技信息资源交流与共享，促进交易供需双方结合。制定《三好街电子产品市场管理条例》，建设三好街电子产品市场信息中心互联网站，逐步建成三好街电子产品市场内计算机信息流通的局域网，以及与各地、市信息交流的广域网。

3. 古玩艺术市场

在“故宫方城”盛京古玩市场的基础上进行软件和硬件的提升与改造，规划打造立足东北地区的古玩艺术市场。积极扶持古玩、故宫艺术品仿制、创造业的发展，鼓励兴办艺术品经营企业，建立健全当代古玩艺术品市场。支持在三好街、鲁园、“故宫方城”地区等街区设立艺术品销售展示分销区，积极支持古玩艺术品生产、销售和出口。支持通过参与中国古玩艺术品交易博览会等，进行古玩艺术品的外销服务，支持行业组织或企业定期举办文物艺术品展示和艺术品鉴沙龙活动。鼓励相关的行业协会制订“行规”。如画廊业、拍卖业、古玩业、艺博会等，规范行业的运作模式，加强营销和税收管理。争取到2015年将我市建设成东北地区古玩艺术品交易中心，实现古玩艺术品交易额大幅度增长。

4. 文化用品市场

在沈阳路东至抚近门，西至怀远门，北通天街向北延伸至沈阳路，南至热闹路地段规划建设面向沈阳经济区的文具、玩具、礼品和办公用品主题消费市场。积极引进世界或国内著名文化用品代理销售商和专业文化用品经营企业及相关企业。规划建设、整合一批现存的文具、玩具和设计产品（包括家居设计、室内设计和装饰设计等）零散经营商，推出一批适应市场需求的文化消费产品。促进文化艺术用品销售与家居装饰、文博旅游、动漫形象设计（如与玩具、文具和装饰品等）的合作开发，开拓艺术品主题精品消费市场。引入一批国内外知名品牌的文化消费品代理商，重点开展符合市场发展需求和居民文化消费需求的文化消费品经营业务。

5. 文化人才市场

以沈阳市人才市场为中心点，各行业协会和中介组织为连接点，规划建设立足沈阳、面向辽宁、辐射东北地区的文化人才中介平台。支持建立以沈阳为核心、辐射东北地区的“文化产业人才库”，并建立各区、县（市）联络站，由各区、县（市）联络站收集本区、县（市）文化企业对人才和技术的需求，进行人才推荐。积极利用辽宁省人力资源管理调配中心和辽宁就业网等平台，推进以现代传媒技术为手段的人才市场配套设施建设，建立以文化市场需求为导向的文化人才信息储备和发掘、利用工程。通过沈阳海外人才交流协会和中国留学服务中心沈阳分中心等机构，建立以文化人才市场为出口的文化产业人才培训基地，通过与省内、国内知名高校联合培养文化产业发展需要的各类人才。

七、保障措施

（一）建立文化产业组织领导体系

1. 构建文化产业领导管理体系

以成立沈阳市文化产业发展领导小组为契机，设立办公室，由市委宣传部负责全面协调，市发展改革委、财政、规划国土、统计、国税、地税、工商、文广、体育、旅游等部门参加，对全市文化产业工作进行整体统筹协调，避免多头管理、重复审批。

2. 完善文化产业促进体系

积极筹建沈阳文化产业促进中心。建立工作责任制，把文化建设作为评价地区发展水平、衡量发展质量和领导干部工作实绩的重要内容。同时各区、县（市）设立对接机构，使文化产业发展的部署工作落到实处。

3. 构建文化产业市场引导体系

按“政府引导、市场运作、企业参与”的运行机制，发挥政府在推进文化产业发展过程中出台政策、营造环境、搭建平台和服务保障的职能。政府负责制订文化产业发展规划，从战略方向和产业导向等方面对文化产业发展实行针对性指导，通过建立文化产业发展基金，进行产业支持与扶持。

（二）建立文化产业政策支撑体系

1. 落实文化经济、文化产业相关政策

认真落实胡锦涛总书记在十七届中央政治局第22次集体学习时的讲话、刘云山同志在全国文化体制改革工作会议上的讲话精神，落实国务院《文化产业振兴规划》、《辽宁省文化产业振兴规划纲要》，以及《中共沈阳市委沈阳市人民政府关于推动文化大发展大繁荣的决定》精神，加大深入推进文化体制改革的力度，逐步形成文化产业多元化发展格局。加大对文化产业的投入，以确保我市“十二五”时期文化产业规划如期完成。

2. 完善和出台具有针对性的优惠鼓励政策

规划出台主要针对基地（园区）建设、投资者的土地政策和文化企事业单位改制涉及到的土地房产优惠政策。规划出台有利于文化创意及相关企业的财税政策，运用税收、贷款、价格等经济手段支持文化产业发展。落实社会力量对公益性文化事业捐赠所得税扣除政策。

3. 加强文化产业立法建设

研究制定《沈阳文化产业促进条例》，通过法定程序逐步将文化产业政策上升为法律法规。开展文化法制宣传，保护知识产权。加大执法力度，规范执法行为，提高执法水平，保障文化产业的健康发展。

（三）建立文化产业投融资体系

1. 营造鼓励文化产业投融资环境

大力开展文化产业项目招商活动，积极引入战略投资者，鼓励社会资金参与我市文化产业的投资、经营、销售和管理。支持文化艺术产品和服务出口业务，运用审批准入手段引导项目在准入资格、经营模式、经营范围、融资、税费等方面实施配套优惠政策。

2. 逐步完善文化产业投融资管理体制

建立高效的政府、企业、金融及中介机构之间的投融资关系，落实和完善《沈阳市非公有资本投资文化产业指导目录》，鼓励和引导非公有资本及海外资本进入文化产业。通过做大做优文化企业贷款担保资金，建立文化创意产业无形资产评价机制，实现无形资产的有效质押，以及为重点企业与项目提供文化产业专项贷款绿色通道等。

3. 建设文化产业投融资服务功能平台

通过辽宁・沈阳文化知识产权交易所等组织的专业服务机构，为企业在债权融资、私募融资、上市融资、增资扩股、并购重组等方面提供服务。通过研讨会、洽谈会、推介会、博览会等多种方式，积极拓展市场营销渠道，推动社会资本流向文化产业。通过联合、兼并、收购、重组等多种方式，培育一批以资本为纽带的大型文化产业集团。选择重点企业进行上市培训，支持具备条件的文化企业适时上市融资。

（四）建立文化产业人才体系

1. 支持建设文化产业人才中介平台

推进一系列人才机制和人才中介机构的建立。建立起包括信息披露、投融资促进、登记托管、资金结算在内的文化企业投融资人才体系。积极支持各类文化经纪人和经纪执业人员开展业务，充分发挥行业协会在文化产业发展和管理方面的作用。

2. 大力扶持文化产业人才培训工程

支持在沈高校设立与文化产业相关的专业，重点培养文化创意、研发设计、营销管理和经纪人才。支持与北京、上海相关高校及培训机构联合进行文化产业方面的人才培训。推进文化产业人才基地建设，鼓励企业与高校、院所联合，建立一批产学研一体的文化产业人才培养基地，为文化产业的可持续发展储备人才。

3. 努力改善吸纳人才的软、硬环境

建立适应文化产业特点的人才使用、评价和激励机制与特殊艺术人才保护政策。制定并落实鼓励来沈创业的优秀创意人才的薪金、租房补贴、购车、购房、子女就学和社会保险等方面的政策。加大力度引进龙头企业和业内领军人物。积极探索设立文化产业方面各种人才的奖励资金或基金，用于支持和鼓励在文化产业发展中做出突出贡献人员的表彰奖励。

（五）构建文化产业宣传格局与品牌传播机制

1. 达成宣传共识，形成宣传核心

以推介精品项目、打造品牌活动为着力点，逐步明确沈阳市作为“中国东北地区区域性中心城市”、“沈阳经济区核心城市”的城市宣传定位，确立总体宣传思路，建立城市形象识别系统，构建多层次的外宣格局。以市委宣传部为核心，加强各有关部门间的沟通联络，围绕城市的核心价值，统一思想，共同推动我市文化形象建设。

2. 增强宣传意识，营造宣传氛围

根据“宣传也是生产力”的外宣理念，增强宣传意识。建立“统筹协调、各负其责、有序实施”的形象宣传工作机制。扩大宣传载体范围，夯实宣传群众基础，提高宣传的自觉性和积极性。增加形象和品牌宣传的资金投入，安排一定的年度专项资金，用于政府公共宣传，完善宣传服务平台。

3. 建立品牌与传播研究机制

借助专业机构和传媒，专门研究文化产业发展中的品牌与传播问题。从我市文化产业品牌建设的实际出发，结合文化产业规划与发展战略，对文化产业品牌的传播主体、受众、媒介、技巧等实施研究，分析和概括文化产业品牌建设中存在的问题，提出品牌发展与传播的战略性建议及可操作性方案。通过建立有效的品牌传播机制，开发网络和其他传播资源，强化文化产业品牌的传播效果。

长春市“十二五”时期文化产业发展推进计划

一、指导思想

深入贯彻落实科学发展观，以打造东北亚现代文化名城为战略目标，以深化文化体制改革为根本动力，着力推进文化产业项目“双十工程”，着力促进文化产业集群发展，着力打造文化产业知名品牌，着力搭建文化产业发展平台，着力完善文化产业发展体制机制，努力形成传统业态、新兴业态和高端业态融合互动的发展格局，努力实现多业并举、科学布局、错位发展、差异竞争的良好局面。

二、发展目标

到 2015 年，全市文化产业增加值达到 1000 亿元，资产超亿元的文化企业集团力争达到 100 家，上市企业 3–5 家，从业人员力争达到 18 万人。基本形成与广大人民群众精神文化需求相适应的文化产业结构；形成全市统筹规划、城乡协调发展的文化产业布局；形成管办分离、灵活高效的文化产业管理体制和运行机制；建立与社会主义市场经济体制相适应的文化产业政策法规体系；建立竞争有序、开放统一、要素完备、中介发达的文化市场体系。

三、重点任务

（一）影视制作业

着力打造农村题材数字电影基地品牌，打造国内一流的影视策划中心、电影生产制作和娱乐中心。重点推进长春电影世纪城二期工程、红旗街电影城、电影主题酒店和电影主题广场、电影博物馆等项目建设。着力提高广播电视核心竞争力，广播收听率的市场份额要稳定在 45% 以上；电视自办栏目收视率要实现年均 25% 以上的增长。到 2015 年，年实现全口径收入 16 亿元，培育上市公司一户。

（二）休闲体验业

突出冰雪运动和消夏休闲两大主题，着力打造长春独特的现代工业游、影视文化游、雕塑艺术游、冰雪体验游、殖民遗迹游、节庆会展游、消夏休闲游、生态休闲游八大旅游精品。深度开发一批体现关东地域特色兼具纪念性、实用性、工艺性、收藏性的旅游商品。到 2015 年，休闲体验业年收入达到 1070 亿元，新增就业 12000 人。

（三）会展活动业

巩固提升“中国长春国际汽车博览会”、“中国长春电影节”、“中国长春国际雕塑展”等现有品牌展会。重点办好中国长春东北亚文化艺术周、中国长春民间艺术博览会，鼓励支持旅游产品博览会、体育用品博览会、长春国际数字动漫艺术节等新兴产业形态展会。力争每年增加展会项目3–5项，培育品牌会展项目5个以上，年举办各类会展活动120项以上，其中国际性、全国性的达到25项以上，重要展览（博览）会、展销会达到60项以上。到2015年，会展业直接收入和带动相关行业收入年均增长20%左右，会展业实现年收入430亿元，新增就业5000人。

（四）文化创意业

重点发展动漫游戏、网络漫画、研发设计、音乐制作、艺术创作、广告策划等行业，建成全国重要创意产业和动漫产业基地。到2015年，培育20个国内知名品牌和5个国际知名品牌，培育上市公司一户，培育2–3个大型文化企业集团，创意产业实现年收入100亿元。

（五）现代传媒业

按照专业化、对象化、个性化的要求，形成一定规模、面向市场、多种经济成分并存、比较完善的电视剧、动画片等节目生产体系，多出品牌栏目和名优节目，以此拉动广告收入的增长。以有线电视数字化为突破口，全面推进广播影视数字化建设。2015年，全市广播电视制作、播出系统设备全面实现数字化、网络化；基本建成和使用数字电视系统，启动电视数字卫星平台、卫星直播数字音频广播；支持具有综合实力的广告企业组建企业集团，构建影、视、声、平面、户外、网络、移动通讯等全方位、多门类的广告媒介体系，实现从平面到立体的升级。到2015年，培育上市公司一户，现代传媒业年收入力争达到36亿元以上，实现年均5%以上的稳步增长。

（六）出版印刷业

将长春日报报业集团打造成为国内知名报业集团。引导长春出版社创逐步向跨地区、跨行业、集团化和多媒体经营方向发展；办好每年一届的长春图书博览会。到2015年，图书出版达到5000种，年均增长6%；音像电子出版物年均增长7%以上；报纸出版达到3亿份，年均增长5%；期刊出版达到3000万册，增长6%；支持建设我市印刷工业园，提高印刷集约化水平；形成与市场需求相适应的以“专、特、精、新”为特点的中小型印刷企业群。到2015年，培育上市公司1–2户，全市印刷工业总产值增加到120亿元。

（七）民间艺术业

促进我市特色民间文化与相关产业特别是旅游业的结合，发展建设以展示各种民间手艺绝活的艺术家庭和个体展会；培植剪纸、根雕、浪木、草编、柳编、石刻、木雕、萨满面具、农民画等一批具有地域特色的民间工艺和民俗表演项目。培育长春特色民间艺术品牌，重点支持古尘木艺、紫玉木兰工艺布鞋、宝凤剪纸、彭祖述微雕等知名品牌的做大做强。到2015年，民间工艺实现年收入8亿元，新增就业3000人。

（八）演艺娱乐业

鼓励社会资金投入文艺演出和娱乐业，组建各种形式的文艺表演团体，增建演出和娱乐场所。打造1–2个反映长春特色文化、在国内外有影响力的标志性演艺活动。积极开发旅游演出市场、戏剧曲艺类专业小剧场等多场次、低价位演出市场，建立结构合理的多层次演出市场供给体系。至2015年，培育1–2个具有长春特色的演艺产业集团，演出业年收入达到7亿元。

发展游乐园和文化主题公园，全方位满足不同人群的娱乐需求。规范扶持东北民俗娱乐形式，形成以知名民营娱乐企业为代表的连锁经营和规模发展。引进、开发咖啡吧、陶吧等健康新型的娱乐服务，促进餐饮与演艺的有机结合，提升整体层次和文化品位。到2015年，娱乐市场年收入达到6亿元。

（九）教育培训业

大力发展民办高等教育、职业教育、网络教育等，全方位发展以非义务教育为主要内容的教育培训产业。大力扶持民营（办）教育培训机构，培育三大类培训品牌，即以长春新东方、清华外语、大桥外语为龙头为代表的文化补习培训；以光明艺校、春蕾艺校为主体的艺术培训；以工大汉邦、蔚蓝实业为代表的管理类培训。打造国内最大的汽车人才培训中心。依托吉林大学，打造具有世界水平的汽车专业学院，办好长春职业技术学院和长春汽车工业高等专科学校；到2015年，全市教育培训机构达到600家，教育培训产业年收入达到17亿元。

（十）体育健身业

重点培育和发展体育竞赛表演、体育彩票销售、体育健身娱乐、体育技术培训、体育旅游、体育用品六大市场。启动南部新区长春奥林匹克中心规划和建设工程，构建我市以长春体育中心、市全民健身中心、市体育馆健身会馆为中心的辐射东西南北（东有经开体育中心，西有一汽体育中心，南有长春奥林匹克中心，北有铁北体育中心）的点、线、面相结合的全民健身体育场地新格局，夯实体育产业发展基础。推进体育社会化，稳步发展体育中介组织，加强与国内外体育组织的联系与交流，积极引进国内外高水平竞赛活动。进一步加强体育彩票销售和管理工作。到2015年，新增就业4000人，体育产业年收入达到30亿元。

四、保障措施

（一）加强领导，完善工作体制机制

在市委、市政府的统一领导下，各县（市）区委、政府要建立健全推进文化产业发展的工作机构，配强人员。建立文化产业发展联席会议制度，统筹文化产业发展工作。认真研究项目、园区规划，谋划实施措施，解决具体问题。形成文化产业招商机制，不断创新招商方式，拓宽招商领域。建立完善的文化产业工作考核体系，引入激励机制，加强监督检查，切实把市委、市政府关于加快文化发展的部署落到实处。

（二）落实政策，创造宽松的发展环境

切实落实好长春市人民政府《关于促进文化事业及文化产业发展的若干政策》，把各项有利于文化产业发展的政策用足用好。制定完善文化产业专项资金管理使用办法，采取补助、贴息、奖励等形式，支持和引导重点文化产业的发展。支持和鼓励银行、担保公司、风险投资公司等金融机构为我市中小型文化企业提供订单融资贷款、应收账款质押贷款等灵活多样的融资服务。积极引导支持文化企业集团上市，培育具有一定规模的中小型文化创意企业在创业板上市。鼓励民营资本进入文化领域。

（三）突出重点，打造我市文化产业名品

积极开展“争创名优企业、争创名牌产品”活动，重点扶持吉林省林田远达形象集团有限公司、吉林省宇平工艺品制造有限公司等20个有基础、有潜力、成长性好的企业，使其成为我市文化产业名牌企业。扶持长春二人转、宝凤剪纸等10个在国内具有一定影响和市场开发潜力的文化产品，将其打造成我市文化产业名牌产品。其中，力争有5-10个产品和企业进入省级或国家级文化产业品牌。同时，不断加大对文化名企、名品的宣传推介力度，以名企名品为示范，促进文化产业的升级。

（四）注重培训，建立文化产业人才库

依托我市丰富的教育资源，采取多种手段培养文化产业人才，特别要加强文化创意人才、管理人才的培训。建立区域性文化人才培养交流中心。加强高端人才的引进，建立文化产业专家库，为文化产业发展提供人才支撑。

（五）营造氛围，形成文化产业发展的舆论强势

充分利用报刊、电台、电视台、互联网等大众媒体，及时报道我市文化产业发展的规划、目标、政策措施以及文化产业发展的新进展、新成果、新经验，积极营造有利于文化产业发展的良好氛围。

厦门市“十二五”文化产业发展专项规划（2011-2015）

一、指导思想

全面贯彻党的十七大和十七届三中、四中、五中全会精神，坚持以邓小平理论和“三个代表”重要思想为指导，深入贯彻落实科学发展观，紧紧围绕《文化产业振兴规划》确定的文化产业发展的目标任务和当前深化文化体制改革的重点，深入贯彻落实《海峡西岸经济区发展规划》，以建设“活力之城”和“创意之都”为战略目标，利用厦门优越的自然人居环境和社会人文环境、发挥独特的对台区位优势，大力培育市场主体，推动文化与科技和经济的融合，加快转变文化产业发展方式，进一步解放和发展文化生产力，增强文化发展活力，建立和完善文化产业的产业链和价值链，持续做强传统优势产业、培育壮大新兴文化产业、提升文化产业的生产性服务功能，重点发展创意设计、动画影视、文化旅游和数字内容四大产业集群，充分发挥文化产业融合性好、成长性高、带动辐射效应强和自然资源消耗低等特点，推动文化产业成为厦门市经济社会发展的支柱性产业，并通过文化产业的跨越式发展来促进城市功能的提升、城市环境的美化和经济结构的优化。

二、基本原则

制定厦门市“十二五”文化产业发展专项规划的基本原则是：以科学发展观为指导，按照党的十七大和十七届五中全会精神，根据《文化产业振兴规划》《关于支持福建省加快建设海峡西岸经济区的若干意见》《海峡西岸经济区发展规划》《福建省“十二五”文化改革发展专项规划》《厦门市国民经济和社会发展第十二个五年规划纲要》以及《关于进一步推动厦门文化发展的实施意见》的要求，坚持把社会效益放在首位，努力实现社会效益和经济效益的统一，坚持以体制改革和科技进步为动力，增强文化产业发展活力，提升文化创新能力，坚持以优化结构为主线，把握国内外文化产业发展的总体趋势，实施项目带动战略，扩大产业规模，增强文化产业整体实力和竞争力。

三、发展定位

“十二五”时期，厦门市文化产业发展定位：

——两岸文化产业合作的示范区

——区域性创意设计之都

——区域性影视产业中心

——国家级数字内容与新媒体产业基地

——国际知名的文化旅游目的地城市

——国家级文化产品与服务的出口基地

四、总体目标

“十二五”时期，厦门市文化产业发展的总体目标是：

——到“十二五”期末，厦门市文化产业增加值达到400亿元以上，占全市GDP的10%左右，年均增长速度保持在25%以上，成为厦门经济发展的支柱性产业。

——通过“十二五”时期的跨越式发展，厦门文化产业的结构明显改善，在文化产业增加值中，文化产业核心层和外围层比重超过70%，形成以核心文化产业门类或产业集群为主体的文化产业发展格局，实现产业的高端化。

——厦门在全国主要城市的文化竞争力排名在“十二五”时期末进入到前10位，力争成为全国文化产业示范城市。

五、发展模式

本规划所指的文化产业是指以创新创意为核心、以数字技术为支撑、以现代知识产权制度为保障、具有生产性服务功能、满足人民群众精神文化需求的产业集群，内容涵盖创意设计、演艺娱乐、广播电视、影视动画、出版发行、文化会展、数字内容、新媒体、古玩与艺术品产业等。由于文化产业包含众多的产业门类，传统的发展模式一般从行业行政管理部门的职责出发，按照行业门类来各自推进，从而造成了文化产业链的分割，无法实现文化产业集群化发展的内在要求。为此，本规划根据文化产业自身的特点，从完善文化产业链和推进厦门文化产业集群化发展的需要出发，把握文化产业发展的最新趋势，打破按照文化产业门类来推进的传统发展模式，努力克服厦门文化产业发展过程中存在的薄弱环节，把构建比较完善的文化产业链作为我市“十二五”时期文化产业发展的重点领域，确立以产业集群建设为重点、以骨干文化企业或企业集团的培育为抓手、以重大文化产业项目为支撑的发展模式，充分发挥文化产业园区的聚集效应和孵化功能。

六、四大集群

“十二五”时期，厦门市文化产业实施集群化发展模式，重点发展的四大集群依据以下三项标准来遴选：

（一）产业的融合性

产业的融合性是指本规划所要重点发展的文化产业门类必须具有带动辐射效应强、产业关联度高、产业间投入产出关系密切等特点。

（二）产业的前沿性

产业的前沿性是指本规划所要重点发展的文化产业门类必须具有新技术、新业态和新的商业模式等特点，代表文化产业发展的新趋势。

（三）产业的成长性

产业的成长性是指本规划所要重点发展的文化产业门类必须具有较高政策敏感性的特点，能够通过科学规划和政策扶持而实现高成长和跨越式发展。

针对厦门市文化产业以往发展过程中存在的薄弱环节，依据上述三项标准，本规划确立厦门市在“十二五”期间要重点发展四大产业集群，逐步形成相互支撑的比较完善的产业链和能够实现较高增值效应的价值链。四大产业集群包括：

——创意设计产业集群

——文化旅游产业集群

——动画影视产业集群

——数字内容产业集群

创意设计产业集群

1. 发展目标

以推进城市功能转型、产业结构升级、二三产业融合发展为目的，以原创设计为核心，以文化内涵为要素，坚持设计为产业升级服务，坚持自主创新与引进发展相结合，做大做强一批业内领先的创意设计企业，引进和培育一批具有国际影响力的创意设计大师，特别是要大力引进台湾地区的创意设计人才，拥有一批具有较高知名度的创意设计品牌，打造海峡西岸“创意设计中心”，加速创意设计企业集聚，加速创新资源和要素集成，加速设计成果产业化进程，逐步形成创意领先、特色鲜明、人才集聚、配套齐全、产业链条完整的创意设计产业集群，力争到“十二五”期末实现增加值50亿元左右，成为拉动厦门自主创新和产业结构转型升级的引擎，不断提升城市品位和城市创新能力。

2. 产业门类

创意设计产业集群涵盖以下设计产业门类：

（1）工业设计。促进与工业生产相关的研发和设计活动，包括工业设计、平面设计、软件设计、环保设计、广告设计、产品设计、服装设计、工艺美术品设计等领域。

（2）数字设计。促进与网络、数字等高技术产品相关的研发和设计活动，包括数字设计、体验设计、网络游戏、数字娱乐、网络服务等领域。

（3）建筑设计。促进与建筑、环境等有关的研发和设计活动，包括建筑设计、景观设计、装饰设计、室内设计等。

（4）时尚设计。促进与时尚相关联的研发和设计活动，包括概念设计、时尚设计、服装设计、广告设计、品牌企划、时尚沙龙、时尚传媒等。

3. 主要任务

（1）构建创意设计产业链

——构建创意设计的上游原创研发、中游生产制作、下游知识产权交易和咨询服务与产品营销的产业链条，实现集群化发展，加快创意设计向产品的转化、文化创意向财富的转化，充分发挥创意设计的生产性服务功能。

——形成设计创作、信息发布、产权交易、消费引导等产业循环和技术培训、咨询服务、政策引导和知识产权保护等配套服务体系。

——着力建立一个以推动并完善产业链为目的的产业孵化器，鼓励设计企业运用先进技术，引进高级人才，提高创意设计水平，创立自主品牌。

（2）促进创意设计企业集聚发展

——促进与工业生产相关的研发和设计活动，包括工业设计、平面设计、软件设计、环保设计、广告设计、产品设计、服装设计、工艺美术品设计等领域，

——促进与网络、数字等高技术产品相关的研发和设计活动，包括数字设计、体验设计、网络游戏、数字娱乐、网络服务等领域。

——促进与建筑、环境等有关的研发和设计活动，包括建筑设计、景观设计、装饰设计、室内设计等。

——促进与时尚相关联的研发和设计活动，包括概念设计、时尚设计、服装设计、广告设计、品牌企划、时尚沙龙、时尚传媒等。

——促进中小设计公司、个人工作室的发展，重视引进国际知名创意设计机构。

（3）构建创意设计产权交易平台

——加强对创意设计成果的版权登记或专利认证。

——建立创意设计成果的产权交易所等交易平台和搭建多种产权结构融合的互动交易平台，推动创意设计成果交易和知识产权转化，增强生产性服务功能，为其他产业链提供附加值。

（4）形成科学合理的组织形态

——加快创意设计产业集聚区的建设，通过政策引导，在集聚区内部形成科学合理的产业组织形态，营造良好的原创设计氛围。

——夯实原创设计的前端环节，以中小设计企业和个人工作室为主体。

——做强产品化和营销等市场开发的后端环节，以大型企业集团等龙头企业为主体。

——提升中介服务机构等中间环节，以行业协会、中介组织和产权交易所等为主体，链接个人创意与市场需求，提升创意设计产业集聚区的综合竞争力。

4. 发展措施

（1）制定创意设计产业的扶持政策

充分利用厦门具有地方性立法权的优势，制定扶持文化产业发展的地方性法律法规，将创意设计产业纳入高新科技产业范畴，加大对创意设计产业发展的财政扶持力度，结合旧城改造和新诚建设，支持创意设计产业园区基地及重大项目的发展。支持开展创意设计业的对策研究，加强创意设计产业的统计工作，建立创意设计产业评价指标体系。各区根据辖区创意设计产业发展的实际需要，出台扶持创意设计产业发展的政策措施。

（2）推动成立创意设计产业协会

加快成立厦门市工业创意设计协会，争取全国工业设计协会的支持，在职业培训的基础上，开展工业创意设计的设计师资质认证，颁发权威部门认可的工业创意设计技术等级证书。扶持工业设计、建筑设计、数字设计、平面设计等行业协会发展，通过政府采购等方式，向符合条件的行业协会购买重大创意设计活动、行业调研等服务项目。

（3）强化创意设计人才培养与引进

支持行业协会、龙头企业利用行业、企业资源的优势，加强与境内外著名设计专业院校的交流合作，建立创意设计高校教育实训基地，重点扶持和依托厦门大学、福州大学工艺美院、厦门理工学院、集美大学等院校创意设计学科建设，推动创意设计理论教育和实践培训相结合。支持创意设计劳动技能培训机构发展，建立创意设计社会培训网络；加大优秀创意设计人才和专业设计人才的引进力度，不断完善人才引进机制，积极为高层次创意设计人才落实特殊人才政策；设立政府设计奖项，开展各种设计类技能大赛。

5. 重点项目

（1）建立厦门创意设计产业园区

——在工业设计方面，重点聚集、引进以机电产品、

家电、运动器材、家具、卫浴、五金、服装鞋帽、模具等行业门类为主的工业设计企业或工作室。

——在视觉设计方面，重点聚集、引进以产品包装设计、广告和平面设计为主的视觉设计企业或工作室。

——在时尚设计方面，重点聚集、引进以时装、装置等产品设计为主的时尚设计企业或工作室。

（2）建立创意设计公共服务平台

——整合社会资源，创新运作机制，灵活采用政企共建、服务外包、设备租赁等多种形式，加快创意设计公共服务平台建设。

——建设企业及项目孵化基地，为拥有自主知识产权，创意设计水平较高，商品化、产业化和市场前景较好的创意设计企业及项目，提供全方位创业咨询辅导，并鼓励以短期租赁方式使用土地，鼓励利用工业厂房、仓储用房等存量房产从事文化经营活动，提高土地利用效率并减轻设计企业的初期投入。

——建设公共技术服务平台，通过财政补贴等手段，加快推进行业协会及行业龙头企业建设公共技术服务平台，为创意设计业提供仪器设备、科学数据、软件程序、检验检测等技术资源共享服务；建设信息共享服务平台，满足创意设计企业、设计师对设计类文献等基础资源的需求，支持设计官方网站建设。

——建设成果展示及交易服务平台，通过“文博会”、“设计节”和“设计周”等展会和相关活动，为创意设计产业提供设计成果的展示和交易服务。设计师们通过参加“设计节”和“设计周”等展会活动来展示自身设计才能，广大市民通过展会活动来了解设计师的设计理念，共同营造城市的设计文化和城市的创意氛围。

（3）建设两岸创意设计产业合作园区

建设两岸创意设计产业园区，重点引进、聚集台湾知名的创意设计企业和个人工作室，推动海峡两岸设计产业合作，打造两岸创意设计产业交流合作平台。

文化旅游产业集群

1. 发展目标

按照《国务院关于支持福建加快建设海峡西岸经济区的若干意见》和《海峡西岸经济区发展规划》中建设我国重要的自然文化旅游中心的要求，以增强城市旅游多元文化吸引力、营造浓郁的城市文化和创意生活氛围为着力点，通过巩固厦门“中国十大魅力会议目的地城市”的地位，打造具有国际影响力的节事会议会展城市，借助高铁时代和厦漳泉同城化的发展机遇，构筑东南沿海文化体育休闲娱乐中心城市，依托厦门、莆田、惠安、德化、台湾的优势文化艺术品产业的良好基础，建立全国文化艺术品交易集散地，使厦门成为海内外著名的文化旅游目的地城市，使旅游者在厦平均停留天数从 2 天半增加至 4 天。力争“十二五”末，全市文化旅游产业集群实现增加值 100 亿元左右。

2. 产业门类

文化旅游产业集群包括以下文化产业门类：

（1）演艺娱乐业；

（2）文化会展业；

（3）古玩与艺术品业；

（4）文博图业；

（5）主题公园业；

（6）体育休闲产业；

（7）节庆赛事产业等。

3. 主要任务

（1）以城市特色文化带动旅游

——保护和传承闽南文化生态，推动非物质文化遗产产业化，维护和创新南音、高甲戏等民间艺术的本真形态，发展保生慈济文化、福德神文化、妈祖文化等民俗文化旅游，开发古宅村落、土楼建筑、乡土风情文化等。

——营造浓郁的海洋文化风情，营造滨海旅游氛围，发展帆船、游艇水上活动，推动邮轮经济、岛屿经济业态，推广海洋美食文化等。

——弘扬厦门中西文化交融特色，注重地方人文历史的保护，从园林建筑、景观雕塑、商业街区、节庆活动等方面充分体现嘉庚文化、南洋文化、郑成功文化、西洋文化的特色。

——发展现代时尚文化，提升音乐之城、艺术之城的魅力，推动影视、音乐、汽车、游艇、服饰时尚等新兴旅游文化产业，定期举办各类音乐、演艺活动，丰富街头艺术形式。

——促进文化与科技相结合，增强人文科技吸引力，丰富博物馆、美术馆、科技馆、规划馆、纪念馆等展馆的文化与科技内涵，提升主题公园的参与性和体验性功能。

——厚实创意生活氛围，增强城市创意生活方式的吸引力，发展富含文化品位的建筑景观小品、影视拍摄现场、创意市集、创意产品制作与展示街区等特色文化空间，促使创意工作者与旅游文化消费者的融合互动。

（2）以品牌商务会议、节庆和展览活动带动旅游

——树立全国性商务会议和展览举办地的品牌形象，提升各类会议、展览的数量、规格、规模和特色，继续办好海峡两岸文博会、海峡两岸图书交易会、厦门国际动漫节、海峡音乐节等节事和展览活动。

——打造传统优势文化产业会展品牌，构建油画装

饰工艺品、古玩艺术品、时装服饰品等展示交易平台。

——创新会议、展览、论坛、赛事等主题，举办影视、音乐和新媒体等专业会展活动、节庆活动和评奖活动，提升在厦门举办的马拉松赛、海峡摇滚音乐节、汽车赛事、帆船比赛等赛事活动，创设高峰论坛等专业商务会议活动等。

（3）以参与性体验性文体休闲娱乐活动带动旅游

——举办具有拉动人气的大型节庆活动、体育赛事，以市场需求为导向，由市场主体运作，政府加强公共服务和培育期政策扶持力度，迅速形成若干个差异化定位、极具特色的大型品牌活动。

——发展互动体验性强的主题公园，重点是打造文化科技主题公园、影视娱乐主题公园、汽车赛事主题公园、海洋文化主题公园及其他能够成为旅游目的地的文化、体育、娱乐主题公园等。

——培育旅游者与市民共同参与的演艺消费市场，鼓励演艺市场主体举办大型演艺活动、旅游演出活动、高雅艺术活动、群众文化活动，使旅游者深度融入和体验市民文化休闲生活。

——拓展文化体育休闲娱乐空间，利用海滨、湖边、山间等独特空间资源发展情调酒吧、文化沙龙、休闲会所等高端休闲娱乐行业，利用旧厂房旧仓储用房、老别墅、旧街区资源发展艺廊、演艺吧、茶艺馆、体验馆等文化休闲娱乐业。

——丰富闽南乡村文化旅游的内涵，通过传统与现代、生产与生活、互助与互动、绿色与循环的结合，实现观光、休闲与体验的有机融合，提升闽南乡村文化旅游的互动性与体验性；并将闽南非物质文化遗产活动融入乡村文化旅游之中，增强乡村文化旅游的内涵和深度。

（4）以管理规范的艺术品交易市场带动旅游

——打造全国旅游文化产品的展示交易中心，以海峡两岸文化艺术品合作交流为基础，聚合国内外旅游文化精品，逐步成长为全国最具影响力的文化艺术品集散地之一。

——构筑艺术品投资交易的高端市场，引进国内外著名的艺术馆、博物馆等文博资源，鼓励创建私人博物馆和美术馆等，发展原创油画、国画、雕塑、当代艺术等产业，举办国际级艺术品创作、展示、交易、交流活动，发展艺术品拍卖市场。

——开发商品油画、装饰艺术、景观造型市场，推广具有浓郁地方特色和鲜明文化风格的工艺美术品，如漆线雕、青石雕、漆画、瓷艺、木雕、珠绣、树脂工艺品等，通过建立日常性交易市场和大型展销订货会吸引旅游者和专业买家，开发公共场所、家庭的装修装饰市场。

——将艺术品交易市场与旅游线路开发设计有机融合，增强旅游的文化体验性，扩大旅游购物。

4. 发展措施

（1）加强文化旅游营销

——实施城市品牌的整体包装和宣传，运用现代市场营销理念，强化厦门“生态、文明、平安、宜居、创新”的城市形象，突显厦门城市发展的现代化国际化趋势。

——重视文化旅游线路的系统策划和设计，突出文化主题和差异化定位，以龙头带动关联产业链发展。

——加强旅游出发地城市和特定文化旅游者群体的专项营销活动，对文化旅游目的地及其文化吸引物分别实行营销推广，形成多点带动的发展格局。

（2）实施产业政策导向

——对处于市场培育阶段、外部效应显著的文化旅游产业，如大型节庆和展会活动、专业体育赛事，给与资金扶持，完善公共服务。

——对于体现城市文化特色、文化底蕴的文化旅游产业，如处于普及阶段的高雅文化艺术、非物质文化遗产项目等，采取票价补贴等扶持方式。

——对正开展转企改制的市属国有演艺院团，应通过建立完善的体制机制，建立公益性文化产品补贴制度，在保障公共文化产品供给的基础上，提高其满足市场需求、开展市场化运作的能力。

——对于文化旅游龙头产业项目或以带动文化旅游为目的的重大社会公益性项目，优先保障用地指标。

（3）建立文化旅游城市联盟

——打造区域旅游文化集散中心，设计区域文化旅游精品线路，集中展示区域文化旅游纪念品，不断提升文化旅游辐射能级。

——加强与国内外、海内外友好城市的协作，通过文化交流和城市互动，共同开发旅游文化品牌，举办大型节庆活动，推动双向文化旅游消费。

5. 重点项目

（1）打造文化主题游乐区

鼓浪屿艺术体验（蜜月度假）岛、园博苑影视文化旅游园区、中洲岛文化科技主题公园、灌口双龙潭汽车竞技主题公园、洪山山地汽车主题体育公园、香山游艇会、闽台戏曲大观园等。

（2）营造文化休闲娱乐街区

南华青年创意文化休闲区、中山路步行街、员当咖啡一条街、白鹭洲城市休闲广场、观音山休闲娱乐区、海湾公园娱乐休闲区、厦金湾休闲娱乐区、集美学村文化购物一条街等。

（3）完善公共文化艺术体验场馆

文化艺术中心、鼓浪屿博物馆、郑成功纪念馆、华侨博物馆、钢琴博物馆、桥梁博物馆、特区纪念馆等。

（4）建设艺术品展示与休闲购物市场

五缘湾艺术展示区、枋湖文化旅游产业园、中华儿女美术馆、你好网际美术馆、乌石浦油画村、东孚玛瑙城、灿坤商品油画市场、唐颂、闽台缘、东镀等古玩城、惠和海峡石文化产业园、中沧高级瓷艺艺术园、友丰原创艺术品商城、明发艺术品商城。

（5）举办大型文体商务会展

海峡文博会、海峡两岸图书交易会、鼓浪屿钢琴艺术节、海峡两岸民间艺术节、厦门国际动漫节、厦门国际马拉松赛、闽南语歌曲大奖赛、油画装饰工艺品展销订货会、影视博览会和颁奖典礼及影视论坛、海峡摇滚音乐节。

动画影视产业集群

1. 发展目标

遵循“市场主导、产业集聚、错位发展、融合互动”四项原则，依据“国际合作、两岸对接、整合资源”的发展路径，构筑“专业人才、创新金融、品质生活”三大支撑体系，建设“影视剧本创作、影视拍摄、后期制作、总部运营、展示传播、衍生产品开发、影视（音乐）文化旅游目的地”七个基地，围绕把厦门市打造成为国际性影视城和国家级数字影视产业中心的定位，到“十二五”时期末，力争建成影视拍摄基地、影视后期制作基地、剧本创作基地和影视交易平台，基本形成国内重要的现代影视产业基地、两岸影视动画产业合作试验区和国际动画影视产业转移的重要承接地，全市动画影视产业集群实现增加值50亿元左右。

2. 产业门类

影视动画产业集群包括以下产业门类：

（1）影视剧本创作；

（2）影视拍摄；

（3）动画制作；

（4）影视动画后期制作；

（5）动画配音；

（6）影视博览交易；

（7）影视衍生品产业等。

3. 主要任务

（1）夯实产业前端

在动画影视剧本创作环节，建立全国剧本创作基地、类型剧本创作模式和国家级影视动画剧本的交易平台，始终把握影视动画内容产业的发展方向和趋势，源源不断输送影视动画摄制题材。

（2）构建制作环节

在影视内景拍摄环节，规模化、组团化建设摄影棚及相关附属配套设施，差异化建设特技摄影棚，使规模化、差异化成为厦门影视拍摄基地的突出优势。在影视外景拍摄环节，以本市和周边地区既有的自然、人文景观为基础，通过适度改造和补充建设，构成能基本满足相关类型影视剧拍摄需求的外景基地，同时建立影视剧组接待服务中心，把厦门打造成为最受摄制组欢迎的外景拍摄城市。在影视后期制作环节，主要是要确立硬件设施的后发优势，着力引进与培养影视动画制作专业技术人才。

（3）优化服务环节

在影视服务环节，打造影视总部运营基地，主要是发挥厦门既有的自然、人文条件，构建先进的影视动画基础设施、优良的服务配套和政策支持环境，吸引国际、国内包括台湾的著名制片、发行、放映机构来厦设立影视动画营运机构。

（4）拓展产业后端

在动画影视展示传播环节，打造综合性的厦门国际影视节和电影电视交易会，通过影视节、影视展、影视主题活动营造厦门滨海影视城市的氛围。在影视产品通道建设环节，建立新媒体内容产业创意、创作、交易的平台，扩大影视媒体渠道，与内容产业同步发展。在影视衍生开发环节，深度发掘影视动画产业链环节中最具潜力的利润板块，培育成熟、一体化的动画影视衍生产品开发市场，借助成功的影视动画作品所带来的聚合效应，带动演艺娱乐、影视地产、影视旅游业等相关业态发展，带动厦门新城开发。

4. 发展措施

（1）健全管理体制

依托厦门市文化产业发展协调领导小组，统筹协调影视动画产业发展工作，组建厦门影视动画产业发展顾问团，成立厦门影视动画行业协会，建立若干行业服务公司。

（2）制定影视产业扶持政策

在影视动画产业培育期提供相对较低成本的发展用地，对新设立的制作、发行、放映公司提供较大力度的支持；从鼓励两岸影视动画产业合作角度，申报“两岸影视动画产业合作试验区”相关政策。

（3）加强人才培养培训

建立全国性的影视动画人才培训学院和实训基地，

构筑影视动画产业长期发展的人才支撑体系。

（4）创新金融服务

引导产业基金或文创产业投资基金投向较成熟的制作、发行、放映企业，以资本引导和支持产业发展，构筑影视动画产业发展良好的投融资环境。

（5）提供基础服务

通过建立影视剧组接待服务中心满足剧组在内、外景拍摄、制作等的其他服务需求，保障影视剧组赴厦拍摄的基础驻扎条件。

5. 重点项目

（1）厦门及其周边区域影视外景拍摄基地

（2）成立厦门影视剧组接待服务中心

（3）建设影视动画产业基地

（4）建设影视产品与版权交易中心（海西传媒港）

（5）举办海峡两岸数字电影节

（6）建设海峡两岸影视合作试验区

（7）建立从业人员培训机构

（8）成立厦门国际影视职业学院或相关培训学校

（9）影视主题娱乐公园

数字内容产业集群

1. 发展目标

坚持“政府引导、企业主体、多方参与、市场运作”和“原创和外包结合、招引与培育并举”的原则，推动数字内容产业在国家火炬计划软件产业基地、集美科技基地、海峡两岸新闻出版交流与合作基地等专业园区集聚发展，依托厦门广电集团、厦门报业集团、厦门外图集团、厦门三大通信运营商及其他龙头文化企业，着力推进数字内容和新媒体产业跨越式发展，实现数字内容在网络、电脑、手机、电视、移动多媒体等新媒体无缝传输，实现消费者自由“选播”数字内容。到 2015 年，建成海西数字内容原创基地、国家数字出版基地、数字内容外包业务中心、三网三屏融合核心技术平台和运营服务枢纽；全市数字内容与新媒体产业增加值达到 80 亿元左右，培育 5 家以上销售收入过 10 亿元的企业。

2. 产业门类

数字内容产业集群包括以下产业门类：

（1）数字出版；

（2）网络游戏；

（3）数字动漫；

（4）移动多媒体；

（5）数字学习；

（6）互联网视频娱乐；

（7）互联网信息服务业等

3. 主要任务

（1）建设海西数字内容原创及生产基地

发展满足多种媒体、多种终端发展的数字内容的生产，建设一批各有特色的国家级和福建省级的数字内容产业基地和园区。建设海西视音频数字内容制作中心和动漫原创中心、两岸游戏软件设计中心、两岸数字内容原创中心，打造全国一流的数字内容原创基地。设立海峡两岸新闻出版交流与合作基地，建设音视频数字内容制作基地，建设数字出版基地，建设数字学习基地，国家火炬计划软件产业基地，引进一批数字内容生产与运营的龙头文化企业。

（2）建设数字内容播控平台

推进“三网融合”试点工作，支持发展有线数字电视、IPTV、手机电视、网络电视和高清数字电视等新媒体。建成电脑、手机、电视及多样化接收终端等传播和业务运营平台，建设厦门 IPTV 集成播控平台、手机动漫集成播控平台和网络游戏视频播出平台，推动数字内容产业发展。建设网络信息安全监控平台，提高网络信息安全管控能力。

（3）建成数字内容外包业务中心

支持中小企业发展数字内容产业，创新数字内容商业模式，推动数字内容业务外包，建成全国数字内容业务外包示范城市。

（4）加快发展数字出版产业

以“厦门网”为平台，厦门日报社的资源、品牌和新闻采编力量为支持，实施报业数字化改造，建设全媒体综合平台，构建我市数字出版建设示范点。以厦门软件园二期为依托，整合资源，面向两岸，做强网游动漫出版业，以柯达（厦门）图文影像公司为依托，壮大数字印刷产业链，力争到“十二五”末，新闻出版总署授予厦门“国家数字出版基地”。促进传统出版产业的数字化升级转型，推动新媒体、新出版的内容数字化、生产数字化和传播数字化，打造大型综合性内容投送平台。积极对接台湾数字出版产业，构建良好经营模式，产业发展水平和速度达到全国先进水平，全国市场份额有较大提高。至 2015 年末，新增数字出版单位 20 家，培育和扶持在全国有影响的数字出版单位 5–7 家，形成以厦门网、中国移动集团手机动漫基地、中国电信动漫移动营运中心、柯达（厦门）图文影像公司、厦门游家网络有限公司等数字出版公司为龙头，各类数字出版企业共同发展的数字出版产业增长点。

（5）加强新媒体新业务培育和发展

加快移动多媒体广播业务的推广和运营；依托现有

媒体积极发展以互联网为代表的新兴媒体，加快发展多媒体互动和互联网视听节目内容，做强做大网络电视台等网络新媒体；推动手机媒体产业发展，拓展适应手机网业态的手机视频、手机报、手机收费信息、手机电子商务等新媒体内容及产业；加快发展付费电视，积极发展电子政务、电子商务、信息服务等增值业务；大力发展电视购物新业态，推动发展“电视商城”服务；充分利用地面数字电视覆盖系统，大力发展车载电视业务。以厦门日报社为试点，推动我市传统媒体战略转移的进程，加快“厦门网”作为我市门户网站的建设步伐，实现传统媒体和新兴媒体的融合。

4. 发展措施

（1）推进三网三屏的融合

以全国“三网融合”试点城市为契机，发展下一代广播电视网络和新一代通信网络发展，建设厦门 IPTV 播控平台。建设多媒体综合信息服务平台，融合有线电视网、互联网、移动通讯网，面向电视机、计算机、手持终端提供基于三网融合、三屏融合的视音频传输、通讯业务，为用户提供多媒体信息的上传、下载、在线播放、分享、交流、转发等服务。推动网络运营商与内容提供商、应用提供商、终端厂商在产业链上下游的合作，推进三网三屏融合互动。

（2）大力发展数字内容

以网络游戏、内容软件、手机动漫为突破口，支持企业依托各类宽带网络平台、手机平台、户外传播平台和电视播出平台，借助多媒体综合信息服务平台、动漫和游戏的公共技术平台、视音频数据中心、电子出版数据中心和海峡两岸数字内容交易平台，发展数字音乐、数字游戏、数字广告、数字出版和数字学习，开展各类民生应用、电子政务、电子商务、娱乐游戏、视频通讯等基于电视、电脑、手持终端等各种网络服务，加快数字内容产业发展。

（3）建立数字产权交易平台

探索建立数字内容产品研发及产权交易平台，促进健康向上的数字内容产品的创作和研发，推动数字内容产业价值链的形成与发展。

（4）发展数字信息服务

以数字电视、移动电视、手机电视和 IPTV 等发展为契机，推动数字音视频内容的制作与服务，推动内容软件、手机动漫、网络游戏的设计、开发与应用，拓展传统媒体信息服务渠道，拓展通讯运营的增值业务，发挥国有企业的主导作用，促进文化创意产业发展。

（5）制定专项扶持政策

制定专项扶持政策，扶持厦门数字内容企业，支持数字内容的原创、制作、出版、学习、销售与出口；吸引外商在厦门投资国家政策鼓励发展的数字内容产业。加大引资力度，特别要鼓励台湾数字内容企业来海峡西岸经济区合作发展。支持厦门动漫游戏企业与跨国公司合作建立研发中心，鼓励跨国公司研发机构扩大本地分包业务量。

（6）成立行业协会

成立厦门市数字内容与新媒体产业协会，设立数字内容与新媒体产业孵化基地，发展数字内容。

5. 重点项目

（1）提升动漫和游戏的公共技术平台

（2）建设数字出版基地

（3）建设数字学习基地

（4）建立数字内容与新媒体产业孵化基地

（5）建设多媒体综合信息服务平台

（6）建成厦门 IPTV 集成播控平台

（7）建设摆渡船软件商店

（8）建设手机动漫集成播控平台

（9）建设网络游戏视频播出平台

（10）建设视音频数据中心

（11）建设电子出版数据中心

（12）建立数字内容宣传推广机制

七、空间布局

（一）区域布局

1. 思明区

发挥中心城区成熟的环境优势和鼓浪屿品牌效益，重点发展文化旅游、文化会展、演艺娱乐、艺术产业、创意设计、数字内容、影视传媒等文化产业门类，重点打造鼓浪屿艺术岛、环员当湖综合性文化产业聚集区、前埔文化会展旅游产业聚集区、龙山文化创意产业聚集区、软件园二期数字内容产业聚集区、香山 – 观音山休闲娱乐产业聚集区。

2. 湖里区

发挥中心城区交通区位优势，借助老工业区转型升级契机，重点发展创意设计、艺术产业、文化旅游、影视传媒等文化产业门类，重点打造湖里文化创意产业聚集区、五缘湾文化艺术旅游产业聚集区、厦金湾文化休闲旅游聚集区、乌石浦 – 枋湖文化产业聚集区。

3. 集美区

发挥新中心城区交通区位和高校集中的资源优势，增添园博苑、集美学村的文化吸引力，重点发展影视产业、数字内容与新媒体、文化旅游、文化创意产业等文化产业门类，重点打造以园博苑为核心的影视产业聚集区和影视文化旅游目的地、集美科技基地的数字内容与新媒体产业聚集区、集美学村艺术创意产业聚集区、灌口汽车城和双龙潭生态运动主题公园。

4. 海沧区

充分发挥天竺山、蔡尖尾山、马銮湾自然、人文资源，利用文化艺术品产业聚及的优势，重点发展文化艺术品产业、文化旅游产业，重点打造环蔡尖尾山闽南佛教宗教文化旅游区、天竺山休闲养生文化度假区、海沧文化艺术品产业聚集区。

5. 同安区

利用深厚文化底蕴、自然生态和发展空间的优势，发展文化休闲产业和文化制造业；以华强文化科技产业项目和软件园三期建设为契机，重点发展以文化科技主题公园为依托的文化旅游产业；以厦门华强文化科技产业基地和软件园三期为依托的数字内容产业。

6. 翔安区

利用自然生态、发展空间、民俗风情、两岸交流优势，重点发展文化旅游业和文化用品制造业，大力发展农家乐文化生态旅游，重点打造闽台戏曲大观园、洪山山地汽车主题体育公园、吕唐戏乡农家乐文化旅游区、大嶝对台文化交流产业区。

（二）园区布局

1. 影视产业园区

园博苑影视博览中心和影视文化旅游目的地、马銮湾新阳大桥西侧片区综合性影视制作基地、杏林湾路与集美大道南侧用地影视总部基地。

2. 动漫网游产业园区

软件园二期、软件园三期、翔安火炬开发区华强文化科技产业园。

3. 创意设计产业园区

灿坤生活设计产业园、龙山文化创意产业园、宏泰文创产业园、枋湖文化旅游产业园、集美集文创园、悦兴文创产业园。

4. 主题公园与休闲娱乐产业园区

中洲岛厦门华强方特欢乐世界与梦幻王国主题公园、灌口双龙潭汽车竞技主题公园、洪山山地汽车主题体育公园、忠仑公园石文化园；闽南古镇、观音山休闲娱乐产业区、奥网城文化旅游产业区、厦金湾文化休闲旅游区。

5. 艺术产业园区

鼓浪屿艺术岛、五缘湾艺术展示区、友丰文化创意产业园、灿坤商品油画市场、海沧油画及工艺品产业区、东孚玛瑙产业园、唐颂古玩城、裕鑫古玩城、东镀古玩城等。

6. 数字出版产业园区

以厦门软件园为依托，充分利用柯达（厦门）图文影像公司全球领先的数字印刷技术，建设成涵盖数字报刊、网络游戏动漫、数字音乐、电子图书、手机出版、数字印刷等业务板块，实现传统出版产业的数字化升级转型，新媒体、新出版的内容数字化、生产数字化的国家级数字出版基地。

7. 两岸文化产业示范园区

进一步发挥厦门经济特区在体制机制创新方面的试验区作用，利用工业厂房、仓储用房等存量房产资源，设立两岸文化产业示范园区，由两岸文化机构共同发起、规划、投资和招商，创新园区运作和管理模式，落实先行先试政策，吸引两岸有实力的文化企业和知名工作室落户园区发展，推进两岸文化产业的深度对接。园区的文化产业业态以创意设计、数字内容与新媒体、影视节目制作、音乐制作、流行文化包装、广告企画、展演经纪、传统工艺等；园区的功能包括：两岸文化产品设计与研发、两岸文化产品的展销、传统工艺的传承与合作开发、两岸文化展会的合作与推广以及两岸文化产业人才的培训等。

8. 非物质文化遗产产业化园区

依托枋湖文化旅游产业园项目，以优必德、惟艺漆线雕、惠和石雕和厦门珠绣等企业为骨干，结合旅游线路和纪念品开发，建设厦门非物质文化遗产产业化园区，内容包括集中非物质文化遗产项目产业化开发、制作、展示以及工艺流程表演，建设非物质文化遗产展示中心，传承保护与产品研发相结合。

八、保障措施

（一）优化发展环境

1. 加强组织领导

（1）加快建立党委政府统一领导，相关职能部门密切配合，企业和各种社会力量积极参与，合力推进全市文化产业发展的体制机制。

（2）调整充实市文化体制改革与文化发展工作领导小组，由市委、市政府主要领导亲自挂帅，宣传、发改、财税、科技、国土、旅游、工商、经发、贸发、文广新以及其他相关部门主要负责人参加，统筹协调全市文化体制改革和文化产业发展各项工作。各区参照市里规格建立健全组织领导机构，形成市与区两级联动的推进机制。

（3）建立健厦门市文化产业发展领导小组成员单位工作例会制度、重点行业和重点园区联系人制度。按照规划的目标要求，有关区和重点行业牵头部门制定年度工作计划，进行任务分解，明确年度工作的目标、任务、步骤与举措。

（4）加快编制各重点行业和区的产业发展子规划或行动计划。加大对各区和园区年度工作计划完成情况的检查考核力度。

2. 深化文化体制改革

（1）进一步加快经营性文化事业单位转企改制，培育市场主体。

（2）加强文化产品和要素市场建设，积极打造大企业、大集团，培育、引进战略投资者，鼓励非公有制经济参与产业发展，加快形成统一、开放、竞争、有序的现代文化市场体系。

（3）继续深化广电改革，推进事企分开，整合经营性资源。继续推进电台电视台制播分离改革。

（4）加强对报业改革的总体方案的研究和制定，加快推进市属报业传媒集团公司的组建，推进非时政类报刊转企改制。

（5）抓紧推进市属文艺演出院团改革，大力推进演艺资源重组，培育形成有活力、有影响力的国有或国有控股的演艺集团公司。积极培育演艺市场，推动演艺与旅游、会展等相结合，拓展演艺市场。

（6）构建新型的国有文化资产管理体制，按照权利义务责任相统一、管人管事管资产相统一的原则，研究制订市属国有文化资产管理相关办法，探索建立社会效益与经济效益相结合的考评体系，加强国有文化资产的监督管理，确保国有资产保值增值。

3. 构建服务体系

（1）各级政府和有关部门要加强和改善对文化企业的服务，做好公共服务配套。

（2）推进行业协会建设，充分发挥文化创意产业协会和各专业性行业协会在产业发展中的沟通、协调、自律与助推作用。

（3）加强政府、企业和科研院所的合作，培育和发展项目推介、人才培训、风险投资、代理服务等各类中介服务机构。

（4）加快文化市场体系建设，推进文化产权交易和艺术品交易平台建设。

（5）围绕文化产业园区建设，建立和完善信息、技术、人才、交易、创业孵化、融资等公共服务平台。

（6）围绕文化企业登记注册，在经营范围、股东人数、注册资本、集团注册登记条件、出资条件、年检条件等方面适当放宽；支持文化企业以股权出质、出资，拓宽融资渠道；支持发展新业态文化企业。

（7）逐步形成以市场化为方向，以公共服务平台为支撑，各类中介服务机构和行业协会为主体的文化产业服务体系。

4. 推进品牌建设

（1）依托企业、院校和社会团体，创新文化艺术创作机制，营造创新创意宽松环境，积极推出一批文化创意精品。

（2）打造一批文化企业品牌；大力培育厦门国际马拉松、海峡两岸文博会、海峡两岸图书交易会等会展和活动品牌；着力打造中华影视名城、创意之都和艺术家园等，打响一批行业品牌。

（3）依托众多的产品品牌、企业品牌、会展品牌与行业品牌，打响“厦门文化创意”整体品牌。

5. 注重招商推介

（1）坚持“非禁即入”原则，鼓励和引导非公经济进入文化产业领域，发展新型业态。

（2）重点加大对知名企业、规模企业、品牌活动的引进力度。

（3）创立专业刊物和网站，定期编制和发布全市文化产业年度发展报告；创设文化创意活动周、文化产业高峰论坛，扩大对外宣传。

（4）加强对台对外产业合作交流，提升产业发展的国际化水平。

6. 加强考核评估

（1）进一步完善我市文化产业及重点行业统计制度，建立既科学准确、与国家和省有关考核体系相衔接，又创新规范、有厦门特色的文化产业统计体系。

（2）研究建立相关考核督查制度，重点对各区文化产业发展情况、各重点园区计划实施情况和招商引资情况进行考核督查。

（3）开展文化产业先进单位评选活动，表彰奖励一批文化产业先进典型。设立文化产业先进单位和出口大奖，对符合条件的企业和个人予以奖励。

7. 推进文化产业地方立法

针对文化产业发展的状况，制定地方性法规，为文化产业发展提供良好的发展环境。

8. 加强市场监管

（1）加大行业监管力度，大力整顿和规范网络、出版物、演出等文化市场秩序，严厉打击各种违法违规行为，维护产业发展良好环境。

（2）鼓励原创作品出版，对专利申请进行资助，重点行业重点资助，通过开展知识产权优势企业培育等工作，逐步提高企业创造和运用知识产权的能力，与版权保护工作密切结合，为文化产业创新发展创造良好条件。

（二）强化政策扶持

1. 税扶持政策

（1）设立市文化产业专项资金，以奖励、贴息、资助等方式扶持重大文化产业项目及企业。

（2）支持和引导担保机构为我市中小文化企业的融资提供担保。设立政府创业引导基金，采用阶段参股、跟进投资等方式，吸引国内外的风险资本投向初创型文化企业。

（3）支持高等院校和创意培训机构开展相关文化创意培训，对成绩突出者给予一定奖励。

（4）加快研究制订人才培养与实训、文化产业孵化基地、文化产品与服务出口等方面的财政扶持配套政策。

2. 投融资扶持政策

（1）对为向文化企业提供贷款业务的银行等金融机构，经认定后，每年按其新增贷款余额给予适当的风险补偿。

（2）鼓励银行等金融机构积极探索以无形资产质押贷款或以无形资产质押为主的组合贷款业务，为文化企业提供融资服务。充分发挥民间资金优势，放大财政性资金的引导效应，鼓励有关单位按规定发行信托产品为文化企业提供融资服务。

（3）分类指导符合条件的文化企业改制上市，积极培育一批文化产业大企业、大集团及上市企业。力争全市 2013 年前新增 2 家以上文化企业上市，2015 年前新增 6 家以上文化企业上市，使上市文化企业数量达到 10 家以上。

（4）建立由政府有关部门和签定战略合作协议的银行、担保机构等金融机构共同组成的联席会议制度，定期研究文化产业融资工作，研究制订相关举措办法。

（5）每年组织开展有融资需求的文化产业项目征集工作，征集一批具有影响力、符合条件的文化产业项目，以“银企洽谈会”、“投融资洽谈会”等形式，加以推介发布。

（6）建立融资文化企业信用评级制度；每年组织开展文化产业投融资创新产品评奖活动。

3. 文化科技政策

（1）推动我市扶持科技人才创业的优惠政策，向文化产业人才创业延伸。推动我市扶持高科技园区发展的优惠政策，向具有高科技特征的网络传媒、数字内容等高科技文化产业园区延伸。

（2）将科技含量高的文化企业纳入高新技术企业认定范畴，凡经认定的企业可享受财政扶持等优惠政策。

（3）进一步落实国务院《关于推动我国动漫产业发展若干意见》，推动各级扶持软件业、高科技产业优惠政策，向动漫游戏产业延伸。

（4）推动各级扶持和奖励出口的政策，向文化产品出口和文化服务贸易延伸。

4. 文化产业人才政策

（1）坚持自主培养为主，大力实施紧缺人才培训工程。市财政每年安排一定资金，用于实施文化产业人才培养计划，培育、发现一批业内领军人才。注重发现和挖掘民间艺术人才，给予民间艺术人才特殊关注。给予大学生和初创业者租金、税收等方面的支持，向他们提供低价的创作场所，做到“放水养鱼”。依托专业院校、教育培训机构和企业等多方力量，建设一批文化人才实训基地。加强与海外高校和研究机构的交流与合作，培养具有国际视野的文化产业人才。

（2）深入实施“人才强市”战略，积极组织开展海外招聘高层次文化人才工作，参与国际人才竞争，争取引进国际一流的艺术大师、设计大师，着力提升我市文创人才队伍结构。把文化产业人才纳入市高层次人才相关政策文件的适用范围之中，形成包括住房、子女入学、落户等在内的文化产业人才引进“一揽子”政策，使政策惠及文化产业人才。发挥高等院校的“蓄水池”作用，加强与在厦高等校院、科研院所和企事业单位的合作，采取公开招聘、人事调动、合同聘用、项目合作、开办工作室、创作室等多种方式，走以人（大师）引人（团队）、以机会（提供创业机会）引人、以活动引人、以赛事引人的路子，着力引进一批国内外优秀的文化产业人才和创业团队。探索建立高层次的文化产业人才的信息数据库建设，畅通供需信息发布渠道；建立高级人才信息管理协调制度，建立开放共享的高端创意人才信息库、分类人才资源信息库。

（3）推行厦门市文化创意风云人物评选活动，设立文化创意奖，对突出贡献的集体和个人给予表彰和奖励，不断完善创意人才激励机制。

深圳市文化创意产业振兴发展规划（2011-2015）

一、指导思想

以邓小平理论和“三个代表”重要思想为指导，深入贯彻落实科学发展观，牢牢把握社会主义先进文化前进方向，紧紧围绕科学发展主题和转变发展方式主线，以改革创新和科技进步为动力，以壮大实力、提高竞争力为核心，以满足人民群众多样化多层次多方面精神文化需求为目标，发挥经济特区文化多元的优势，强化创意、创新、创造，着力推动文化创意产业规模化、集约化、专业化、高端化、国际化发展，着力构建以“高、新、软、优”为特征的现代产业体系，着力打造有国际影响力的文化创意中心，争当文化产业发展的领头羊。

二、发展目标

文化创意产业快速发展。2011–2015 年，文化创意产业年均增长 25％左右，2015 年文化创意产业增加值达到2200亿元，文化创意产业总产出超过5800亿元，使文化创意产业成为深圳重要的战略性新兴产业和国民经济支柱性产业。

产业结构不断优化。大力发展新兴文化业态，做大做强以创意内容为核心的文化服务业，占领文化创意产业链高端，构建现代文化产业体系。

产业主体发展壮大。培育发展一批骨干文化企业和企业集团，加快规划建设一批文化创意产业重大项目，形成富有活力的优势企业群和具有特色的优势产业集群。

市场体系日益完善。丰富文化产品市场，开拓大众性文化消费市场，促进文化产品和服务的合理流动。着力打造文博会国际知名品牌，构建国家级的文化创意产业发展平台。

三、发展战略

国际文化创意产业发展的主要趋势是高度重视文化创意环节的开发和拓展，要牢牢把握这一基本特征和发展趋势，瞄准文化创意和科技创新两大主攻方向。

（一）两大主攻方向

1. 强化文化创意支撑

坚持内容为王，把提升文化产品的内涵和质量作为发展文化创意产业的基本着力点。注重挖掘文化资源、提升文化创意、开发原创作品和打造文化品牌，凸显“设计之都”、“创意城市”的产业特色和城市形象。

2. 强化科技创新支撑

自觉站在科技发展的最前沿，积极推进文化与科技相融合，用高新技术改造传统文化产业，大力培育新兴文化业态，推出更多兼备科技含量与文化含量的新兴文化产品。

（二）十大重点产业

1. 创意设计业

重点发展工业设计、平面设计、服装设计、城市与建筑设计、室内设计，以及广告创意与设计、品牌策划与营销等行业。

深化“设计之都”品牌建设，提升全社会创意设计意识，营造浓厚的创意设计氛围。落实《关于促进创意设计业发展的若干意见》，加大对创意设计业的扶持力度，设立和打造具有世界影响的创意设计专业展会和专业大奖，规划建设一流水准的创意设计博物馆，完善创意设计业发展的整体环境和设施条件，打造一批具有国际竞争力的创意设计品牌企业，引进和培育一批知名设计大师，进一步巩固深圳创意设计业在全国的龙头地位。积极支持“深圳设计”，推动组建“设计联盟”，促进创意设计各领域的交融与整合，加快发展绿色创意设计产业，提升深圳创意产业的整体水平。大力发展工业设计，着力增强工业设计创新能力，支持拥有自主知识产权的工业设计成果产业化。鼓励企业整合创意设计、策划咨询等环节，设立企业设计中心或独立的创意设计企业，提供行业性、专业化的创意设计服务。鼓励企业将可外包的设计业务发包给专业设计企业或设计机构，扩大设计服务市场。建立健全创意设计业专业技术人员职业资格认定制度，扶持新生设计力量，调动设计师和设计企业的积极性。利用我市作为全球创意城市网络成员的有利条件，发挥市“设计之都”推广办公室和创意文化中心的积极作用，创办“设计之都”中英文网站，加强创意设计领域的国际交流与合作，推动深圳设计力量参与国际竞争，推广“深圳设计”、“深圳创意”品牌，提升深圳创意设计国际化水平。加强城市建筑的人性化设计和艺术化改造，不断提升城市内涵和文化品位。

2. 文化软件业

重点发展文化创意相关软件支撑技术和应用服务模式，推动软件技术与文化创意内容的融合，催生一批先进文化软件产品和公共技术平台。发挥深圳软件产业领军优势，依托软件产业基地、出口基地、研发基地、骨干企业和大学科研院所，突破数字内容的生成、处理、检索与保护等关键核心技术，大力发展面向“三网融合”、数字视听、数字出版、动漫游戏等领域的应用软件和公共技术平台。重点研发 3D 场景建模技术、3D 图形引擎技术、3D 视频编解码技术、三维动作捕捉与识别技术、高逼真快速渲染技术、交互式感知技术等数字内容生成和内容数字化技术；研发网络媒体内容自动分类技术、个性化检索技术、数字内容保护与监管技术，促进数字内容管理与监控；研发面向移动设备的数字信息压缩、摘要、格式转换与传播技术；开发基于超级计算和云计算的3D 内容自动生成软件、跨平台 3D 游戏引擎、智能终端 3D 交互式图形系统、数字电视内容生成软件与中间件；加紧制定数字标准、内容标准和技术标准，力争纳入行业、国家乃至全球标准体系。

3. 动漫游戏业

重点发展原创动漫游戏产品的创作和研发、动漫游戏公共服务平台、以动漫游戏内容开发的衍生产品和服务等。加强动漫游戏公共服务平台建设和技术开发，提高动漫游戏原创能力、开发能力和制作水平，打造受众喜爱的具有民族特色、国际化的动漫形象和品牌，形成创意、制作、营销、播放、版权交易、衍生品开发的完整产业链和盈利模式，将深圳建设成为具有重要国际影响力的动漫游戏产业基地。促进拥有自主知识产权的网络游戏技术、电子游戏软硬件设备等产品的开发，提高游戏产品的文化内涵，大力开拓网络休闲游戏、手机游戏和家庭视频游戏市场，抢占娱乐游戏产业高地。

4. 新媒体及文化信息服务业

重点发展以“三网融合”为基础和运作平台的数字化传媒产业和文化内容服务，完善跨媒体、跨行业、跨地区的传媒产业链。促进传统媒体和新兴媒体的融合发展，加强本市传媒集团与电信运营商的合作，加快发展手机报、手机网站、手机广播电视、网络广播电视、移动多媒体广播电视、数字高清电视、IPTV、电子报、电子杂志，开发移动文化信息服务、数字娱乐产品等增值业务，建设一批新媒体优质品牌。继续推动报网台互动，延伸与拓展传统传媒出版业的产业链。加大对重点网站的扶持力度，稳步推进重点网站以互建链接、内容供应、技术合作等方式开展国际合作，促进主流媒体借助互联网平台扩大影响力。加强基层网站建设，支持基层网站向街道和社区发展。加强网络立法及管理，完善行政监管与行业自律相结合的互联网管理体系，扶持发展优秀商业门户网站。

5. 数字出版业

重点发展教育类电子出版物、数字图书、互联网音像出版物、纸质有声读物、手机出版物等以数字化内容、数字化生产和数字化传输为主要特征的出版新业态。推进平面媒体、图书出版业的数字化战略，推动数字技术、网络技术与传统出版业的结合，促进出版产业向多媒体、网络化发展，实现传统出版向数字出版的转型。建设数字化教育出版平台，提升教育数字化、现代化水平。顺应网络阅读潮流，办好全民阅读网，为市民提供全新的网络阅读体验空间，全方位满足市民阅读文化生活需求。发挥深圳动漫游戏、数字视听产业优势，加强数字化音视频的制作与出品，形成互动教育、数字图书、数字报刊、网络出版、手机出版、电子出版、有声阅读等特色产业集聚的数字出版产业链，打造国家级数字出版基地。

6. 影视演艺业

重点发展影视剧创作、原创音乐、数字影视、高雅文艺演出、主题公园演出以及相关的策划、导演、教育培训等。继续大力实施“影视工程”、“音乐工程”，加强对文艺作品生产的引导，提升影视内容生产制作水平，催生一批体现时代精神、富有艺术内涵、在全国有广泛影响的精品力作，打造深圳影视演艺品牌。推动数字技术在影视、演艺、音乐产业的充分应用，满足多种媒体、多种终端对影视数字内容的需求，实现文化生产、传播和消费方式的转变。大力发展影视后期制作技术和相关产业，加强舞台艺术的数字化采集和传播。加快数字化院线建设，推广社区数字连锁影院，开拓影视发行渠道，完善影视产业链和商业模式。结合青春城市特色支持原创音乐，拓宽原创音乐数字推广平台。鼓励文化设备提供商研发新型电影院、数字电影娱乐设备、便携式音响系统、流动演出系统及多功能集成化音响产品。研究借鉴国际演艺业巨头的成功经验，支持华侨城集团整合演艺资源，做强做大深圳歌舞团演艺公司。扶持高雅文艺演出，大力支持开展群众性演出活动。进一步加强各级各类文化基础设施建设，为市民提供良好的演艺文化服务平台。

7. 文化旅游业

重点发展与主题公园、文化创意产业园区、文化场馆、文化活动、人文历史等深度结合的旅游产业。

支持文化与旅游相互融合、相互促进，推进文化资源向旅游产品转化，丰富旅游文化内涵，提升旅游产品的文化创意水平和旅游服务的人文特质，开启独具魅力的深圳文化体验之旅。依托华侨城、观澜湖等５Ａ级旅游景区和美丽的滨海岸线资源，继续发展文化主题公园和滨海休闲度假型旅游。强化深圳现代都市风情、时尚消费、美食购物的吸引力，大力发展时尚文化旅游。不断发掘本地人文历史、岭南文化和特色古建筑、古村落的潜在价值，开发提升文化创意产业园区和博物馆、纪念馆等文化场馆的旅游功能，形成文化旅游业的新亮点。

以大型展会、重要文化活动为平台，培育新的文化旅游消费热点。

8. 非物质文化遗产开发

重点发展利用优秀非物质文化遗产开发的文化产品和服务，与文化旅游业紧密结合，大力推进有市场前景的非物质文化遗产项目实现产业化。

按照“保护为主、抢救第一、合理利用、传承发展”的方针，切实做好传统技艺的保护和传承工作，创新传承方式，鼓励全国各地具有产业和市场潜力的传统技艺来深开发文化产品，拓展服务项目，开拓旅游市场，推动我国优秀文化遗产走近群众、走向市场，在与产业和市场的结合中实现传承和可持续发展。积极运用数字技术、网络技术以及声光电等现代科技手段研究、发掘、展示传统技艺，再现传统生产技术和工艺流程，不断提高“非遗”的保护和开发利用水平。支持以“非遗”保护开发为特色的文化旅游产业园区建设，营造有利于“非遗”保护传承和开发利用的良好氛围，吸引国家级“非遗”项目向深圳聚集，加大有深圳地方特色的“非遗”开发力度，努力将深圳建设成为我国“非遗”保护传承和产业化的重要基地。

9. 高端印刷业

重点发展数字印刷、绿色印刷、立体印刷、快速印刷等相关产业。

以高新技术手段推动传统印刷业改造升级，继续保持全国最重要的高端精品印刷中心地位。加快发展无版印刷、彩色桌面排版、数字化印刷、多色印刷设备、高档印刷材料等高端印刷产业，逐步实现印前数字网络化，印刷多色高效化，印后多样、自动化和器材高质系列化。发挥龙头印刷企业的带动作用，拓展创意策划、出版传媒、艺术收藏、装帧设计等创意性服务，形成印刷产业链的良性循环，推动印刷复制产业从单纯加工服务型向现代服务型转型升级，全面提升行业核心竞争力。

10. 高端工艺美术业

重点发展黄金珠宝、高档工艺礼品、原创油画及版画等行业。依托工艺美术业产业化、高端化和“走出去”在全国行业领先的优势，建设具有国际影响力的工艺美术产业基地。采用现代前沿科技、设计理念、工艺、材料，结合时尚消费趋势，提升黄金珠宝加工业的创意设计水平和技术含量，打造深圳黄金珠宝业自主品牌。提升工艺礼品产业研发设计和生产营销能力，打造中国品牌高档工艺礼品研发出口基地。依托大芬油画、观澜版画在国内外工艺美术界的影响力，积极推动原创油画、版画发展，促进产业向高端化发展，形成新的文化品牌。

四、主要任务

（一）加大产业创新力度

充分发挥“文化＋科技”、“文化＋金融”、“文化＋旅游”特色，推动文化生产方式、营销方式、传播方式的创新，拓展新型文化产品和服务。

（二）着力构建产业支撑平台

不断优化政府服务，加大资金支持力度，完善产业支撑服务体系。大力推动建设文化创意产业公共技术平台，提高文化创意企业的整体研发能力。完善文化创意产业公共服务平台，为文化企业提供连接国内外市场的产品展示及交易机会。健全文化投融资服务平台，鼓励金融产品创新，畅通文化创意产业投融资渠道。

（三）提高产业集约化水平

发展文化创意产业总部经济，推动内涵式增长、集约化发展。统筹文化创意产业园区建设，打造一批文化创意产业集聚区。加强产业集群内部的有机联系，进一步推动产业融合、集聚以及产业链整合。依托重点文化创意产业园区和龙头文化企业，引进和建设一批文化创意产业大项目。

（四）做大做优做强文化创意企业

支持深圳报业集团、深圳广电集团、深圳出版发行集团积极探索利用资本市场实现创新发展，提高经营管理水平和市场竞争能力。积极参与、运营好国家级文化产业发展平台和重大产业项目，成为文化创意产业的重要推动力量和战略投资者。

支持重点文化创意企业以市场需求为导向，不断提高研发生产和市场开拓能力，扩大投资加快发展，打造一批拥有先进技术和自主知名品牌，具有较强发展实力和国际竞争力的文化创意领军企业。

（五）优化产业布局

根据各区域产业发展基础与资源优势，突出重点、适度交叉、协调推进、错位发展，形成各具特色的功能区域，实现文化创意产业合理布局、集约发展。

福田区：发挥中心城区优势，重点发展创意设计、文化会展、影视演艺、新媒体和文化信息服务业。

罗湖区：发挥现代商贸业、金融服务业优势，重点发展黄金珠宝、工艺礼品等高端工艺美术业和动漫产业。

盐田区：发挥山海自然资源优势，重点发展原创数字音乐产业和文化旅游业。

南山区：发挥高新技术产业和科研教育优势，重点发展文化软件、数字内容、创意设计、文化旅游及演艺娱乐业。

宝安区：发挥先进制造业和人文历史优势，重点发展工业设计、工艺礼品和艺术原创与服务业。

龙岗区：发挥滨海岸线资源和制造业优势，重点发展非物质文化遗产开发、高端印刷、高端礼品饰品和休闲旅游业。

光明新区：发挥高新技术产业聚集和新区体制机制创新优势，重点发展创意技术研发和文化旅游业。

坪山新区：发挥先进制造业聚集和新区体制机制创新优势，重点发展工业设计和影视制作业。

前海片区：贯彻落实《前海深港现代服务业合作区总体发展规划》，发挥特殊的区位和政策优势，重点发展创意设计、新媒体及文化信息服务业、数字出版业。

（六）推动文化创意产业“走出去”

依托文博会促进文化创意产品与项目的国际贸易，鼓励支持本市文化创意企业和单位参加境外文化活动，利用境外节展平台促进文化产品和服务出口，提高深圳文化创意产品和服务在国际市场上的占有率。

（七）深化文化创意国际和区域合作

利用深圳独特的地理位置和改革开放优势，深化深港文化创意产业合作，整合产业资源。加快推进深莞惠、深汕文化创意合作，实现产业互补、资源共享，共同打造珠江东岸文化创意产业孵化中心，提升深圳文化创意产业在珠三角地区乃至全国的影响力、辐射力。

（八）积极扩大文化消费

把扩大市民文化消费、提升文化消费水平作为文化创意产业实现再生产和扩大再生产的关键环节，加快发展大众文化消费市场，开发中高端消费市场，培育特色文化消费，形成新的文化消费增长点。

五、重大工程

实施会展平台、技术支撑、产业集聚、文化金融、传播推广等五大工程，全面提升文化创意产业发展水平。

（一）会展平台工程

将文博会打造成为国际知名品牌。坚持“专业化、国际化、市场化、精品化、规范化”的办展方针，突出文化产业核心层、文化创意度和“文化＋科技”特色，强化高端引领，增加科技含量，进一步提升文博会的国际知名度。完善办展机制，创新招商招展模式，发挥“招商引资”和“招才引智”的积极作用，着力引进代表我国文化创意产业发展水平和方向的龙头文化企业和品牌项目，聚集文化创意人才和创意成果，吸引有实力、有影响力的海外采购商。

做强深圳创意设计奖、深圳·香港城市/建筑双城双年展、中国（深圳）国际工业设计节、中国（深圳）国际工业设计博览会等创意设计节展赛事活动，借助其品牌推广优势，高起点展示和向全球推介深圳创意设计业。

以创新的理念办好中国国际新媒体影视动漫节、中国国际新媒体短片金鹏奖、中国流行音乐金钟奖等，以及一批文化创意产业节展和赛事活动，使深圳成为专业会展云集、影响和辐射广泛的国际文化会展中心城市。

（二）技术支撑工程

依托高等院校、职业技术院校、重点文化创意产业园区基地、相关行业协会及行业龙头企业，在创意设计、动漫游戏、数字出版、影视制作、新媒体等领域加快建设一批技术水平先进、服务功能强大的文化创意产业公共技术平台，为文化创意企业提供仪器设备、科学数据、软件程序、检验检测等技术资源共享服务。

加快推进面向“三网融合”的有线电视基础网络设施、视频业务平台、数字内容集成运营平台、有线电视网络核心机房以及无线电视覆盖系统的建设，为“三网融合”业务的开展提供技术和基础设施保障。

（三）产业集聚工程

建设和提升华侨城创意文化产业集聚区、田面“设计之都”、深圳设计产业园等一批创意设计产业园区基地，增强企业孵化和公共服务功能。

建设和提升深圳创意信息港、华强文化创意产业研发基地、怡景国家动漫画产业基地等一批文化创意产业园区基地，形成行业规模大、竞争力强的新媒体、动漫游戏、影视音乐、数字出版等数字内容产业集群。

建设和提升大芬油画村产业集聚区、观澜版画原创产业基地、欢乐海岸等文化创意产业园区基地，在文化旅游、“非遗”产业化、高端印刷、高端工艺美术等领域打造一批知名品牌。

（四）文化金融工程

加强深圳文化产权交易所建设，提升综合性投融资服务和文化创意企业孵化功能，打造国家级文化产权交易、文化创意无形资产评估和投融资综合服务平台。

重点支持中国文化产业投资基金的发展，推进文化产业与资本市场、政府投资与社会投资的良性互动。

鼓励银行业金融机构创新金融产品和服务，加大对文化创意企业的金融支持力度。

（五）传播推广工程

依托深圳报业集团、深圳广电集团、深圳出版发行集团和腾讯、迅雷等一批知名互联网企业的既有优势，加强与电信企业的合作，建立多形式、多渠道、广覆盖、高效率的文化传播平台，推广深圳文化精品、创意产品和文化服务。鼓励深圳文化企业在国内城市建设数字连锁影院、开展文化会展等活动，建立全国性的文化传播渠道。

六、保障措施

（一）加强组织保障

在市战略性新兴产业发展领导小组的架构下，建立由市委、市政府相关部门参与的深圳文化创意产业发展联席会议制度，协调推动我市文化创意产业发展。

（二）深化文化体制改革

深入总结“全国文化体制改革先进地区”经验，以创新理念引领文化改革发展，加快转变文化发展方式，解放和发展文化生产力，激发全社会的文化创造活力。

（三）建立健全相关制度体系

认真落实国家、省、市鼓励支持文化产业发展的规划、法规和税收、金融、土地等优惠政策，进一步研究制定符合文化创意产业规律的政策措施，完善原创内容、技术研发、人才激励、投融资等各项扶持政策。

（四）加大财政、金融扶持力度

2011–2015 年，市政府每年集中 5 亿元资金，设立文化创意产业发展专项资金并制定相应管理办法，用于引导和支持文化创意产业的发展。加大对文化创意产品和服务的政府采购力度，拓展文化创意产业市场空间。

（五）构筑文化人才高地

坚持培养和引进相结合，落实《关于加强高层次专业人才队伍建设的意见》等全市性人才政策，积极创造有利于培养、吸引、汇集全球创意创新人才的政策环境和人文环境。

（六）保障产业空间需求

将文化创意产业建设用地纳入城市空间专项规划，根据产业布局要求，由规划部门与文化行政部门共同编制。在积极推动节约集约和高效利用土地资源的前提下，优先保障文化创意产业用地，优先安排重大文化创意产业项目用地计划指标，文化创意企业用房优先纳入创新型产业用房规划。

成都市文化产业发展“十二五”规划（2011-2015 年）

一、指导思想

全面贯彻党的十七大和十七届六中全会精神，坚持以邓小平理论和“三个代表”重要思想为指导，贯彻落实科学发展观，深入实施统筹城乡发展战略，结合建设世界生态田园城市的历史定位和长远目标，深入推进文化体制改革，大力推进文化产业快速发展，着力培育市场主体，加强培育重点优势行业，繁荣城乡文化市场，推动文化产业跨越式发展，使之成为新的经济增长点、经济结构战略性调整的重要支点、转变经济发展方式的重要着力点，为推动成都领先发展、科学发展、又好又快发展，打造西部经济核心增长极提供重要支撑。

二、基本原则

——坚持把社会效益放在首位，努力实现社会效益和经济效益有机统一，推动文化持续发展和全面繁荣；

——坚持以体制改革为动力，充分激发文化产业发展活力，为文化大发展大繁荣营造良好环境；

——坚持不断推动文化产业发展方式转变，以集中集聚和均衡发展相结合，实现文化产业规模效应；

——坚持文化与科技融合，构建以企业为主、市场为导向、产学研相结合的文化科技创新体系；

——坚持历史文化与现代文明相结合，增强城市文化软实力，提升城市核心竞争力。

三、总体思路

在“十一五”发展基础上，抓住文化产业发展新机遇，以规划为基础，以园区化、楼宇化为载体，以重大产业项目为带动，以骨干企业为支撑，突出产业优势，重点发展传媒、文博旅游、创意设计、演艺娱乐、文学与艺术品原创、动漫游戏、出版发行等七大行业，构建现代文化产业体系。以文化产业聚集发展区为重点，加快推进文化产业载体建设。以培育和引进骨干企业为重点，发挥资源整合和引导示范作用，带动相关行业发展。以品牌企业、品牌园区、品牌产品为重点，构建文化产业品牌体系。以健全产业发展平台优化公共服务，完善产业政策体系为重点，营造良好的产业发展环境，进一步发挥战略性新兴产业的引领和带动作用。

四、发展目标

“十二五”期间，全市文化产业增加值年均增长 23% 以上，到 2015 年，文化产业增加值超过 700 亿元，占全市地区生产总值比重超过 6%，成为国民经济支柱性产业；着力提升文化要素聚集力、文化产业带动力和文化产品供给力，发挥全省文化产业排头兵、增长极和辐射源作用，把成都建设成为全省文化产业核心发展区。

五、重点任务

（一）建设产业聚集区，促进文化产业集群化发展

加快推进成都东村（即“东部新城文化创意产业综合功能区”）和区（市）县级文化创意产业区建设和发展，坚持文态、业态、形态、生态有机结合，以产业链构建与完善、文化与科技融合、文化与旅游相结合为导向，提升现有园区基地的产业承载能力，培育产业集群，提高文化产业规模化、集约化、专业化水平。统筹文化产业园区基地的规划建设，遵循集约发展、突出特色、合理布局的原则，加强规划在产业集聚发展中的引导作用；实施一批产业特色鲜明、带动作用明显、要素组合得当、投入产出平衡、发展前景好的重大项目，提升产业集聚的综合效益；加快基础设施的建设和完善，充分发挥区域优势，为文化产业创造良好的载体条件；优化产业发展环境，搭建投融资、技术研发、产业交流和产品展示交易等公共服务平台，提高产业集群化发展水平。

（二）培育和壮大市场主体，提升文化产业的竞争力和活力

做大做强国有文化集团，鼓励和引导非公有制文化企业健康发展。扶持本地骨干企业，引进国内外知名企业和机构，重点扶持一批文化领军企业，培育一批特色鲜明、创新能力强的文化科技企业，提高全市文化产业市场主体的数量和质量。鼓励有实力的企业跨地区、跨行业、跨所有制兼并重组，培育文化产业战略投资者。支持企业加大对技术装备和科技研发的投入力度，注重品牌塑造、维护和推广，引进核心创意人才、高端技术人才和经营管理人才，提高文化产业市场竞争力；大力发展中小文化企业，完善新创企业孵化服务，引导企业把握技术应用和消费市场的发展趋势，鼓励企业进行产品研发和市场拓展，完善和创新商业模式，开展产业配套协作，提升中小文化企业的专业化程度和经营管理水平，增强文化产业发展活力。

（三）构建产业品牌体系，扩大文化产业品牌效应

以产品、企业、园区、名人为支撑，构建文化产业品牌体系，扩大资本聚集、消费导向、产业示范和利润增长等多重文化产业品牌效应。以文化与旅游结合为导向，有效挖掘城市物质文化与非物质文化资源内涵，塑造一批具有良好知名度和美誉度，能够占有较高市场份额的特色文化品牌产品；以传媒、文博旅游、演艺、创意设计、动漫游戏为重点，培育一批能够吸纳先进要素，引导市场选择，具有核心竞争力的文化品牌企业；以产业园区、特色街区、艺术聚落为重点，打造一批具有产业示范效应和聚集效应，对城市经济具有带动效应的品牌园区；以文学家、艺术家、设计师、企业家为重点，形成一支具有知名度和影响力，代表行业领先水平的高层次文化人才队伍。

（四）发展城市特色文化产业，培育文化消费新热点

专栏一 “十二五”期间重点发展的文化产业聚集区

1. 成都东村（东部新城文化创意产业综合功能区）	
规划范围	西至沙河，北至成渝高速五桂桥段及成洛路，东至绕城高速，南至老成渝路三环路内段及成龙路南侧，涉及成华区、锦江区和龙泉驿区部分区域，总面积约 41 平方公里。西至沙河，北至成渝高速五桂桥段及成洛路，东至绕城高速，南至老成渝路三环路内段及成龙路南侧，涉及成华区、锦江区和龙泉驿区部分区域，总面积约 41 平方公里。
总体定位	重点发展文化创意产业为主的现代服务业和城市商业副中心。
发展目标	以文化创意产业为主要特征，将文化产业与城市形态完美结合，融合智能化和低碳环保理念，具有独特的城市风貌和文化韵味，充分展示创意设计的“城市中的城市”，建成全国一流、国际知名的文化创意新城。
发展思路	以创意化、数字化、国际化为导向，率先引入或孵化前瞻型业态，重点发展传媒、影音娱乐、动漫游戏、文博艺术、创意设计、数字出版等优势领域，努力占据产业高端，培育核心竞争力，实现产业集聚效应、规模效应和品牌效应。
2. 区（市）县文化创意产业区	
高新区	以文化科技为主的文化创意产业区
锦江区	以创意设计为主的文化创意产业区
成华区	以数字音乐为重点的文化创意产业区
青羊区	以文博为主的文化创意产业区
双流县	以动漫为主的文化创意产业区
都江堰市	以文博旅游为主的文化创意产业区
大邑县	安仁文博旅游区

抓住旧城改造的机遇，发挥历史文化遗产资源丰富的优势，以文化与商业融合为导向，打造文化产业特色街区。发掘历史文化保护区的文化资源，改造利用老工业厂区，创新商业模式，开发特色文化体验消费，拓展大众文化消费市场，提供个性化、分众化的文化产品和服务，培育新的文化消费增长点，实现城市更新、文化传承和产业发展的有机统一。发挥市域旅游资源丰富的优势，积极发展差异化的特色文化旅游产品，促进非物质文化遗产保护传承与旅游相结合，发挥旅游对城市文化消费的促进作用。

（五）健全文化产业发展平台，优化产业发展环境

建立和完善产权交易、投融资、节庆会展、人才培养和企业孵化等服务平台，营造良好的产业发展环境。支持成都文化产权交易所规范化发展，健全文化产权交易平台；鼓励金融机构积极参与推动文化产业发展，创新适合文化企业和文化项目的金融产品和服务，建立文化企业和项目信贷融资评估机制。建立成都文化产业投资基金，引导社会资本投资参与产业发展，健全文化产业投融资平台；依托中国成都国际非物质文化遗产节、成都双年展等节庆会展，培育城市文化节会品牌，促进成都与国内外的文化交流，提升节会平台的国际化水平；依托本土高校、职业培训机构等多层次教育资源，鼓励开展校企合作，建设文化产业人才实训基地，搭建满足企业需要的人才供给平台；依托文化产业园区基地，搭建文化产业孵化器，完善中小企业孵化服务。

六、重点产业

（一）传媒业

1. 发展目标

“十二五”期间，全市传媒业增加值年均增长20% 以上。2015 年，成都传媒集团年产值达到 70 亿元，集团资产规模达到 200 亿元，成为国内知名的以全媒体深度融合为特色的综合传媒集团，打造全国领先的传媒数字内容基地。

2. 发展措施

第一，做大做强成都传媒集团。在稳固传统媒体产业发展的基础上，通过兼并重组、整合资源，建立多元化的新媒体渠道，拓展传统媒体资源的新媒体用户和市场；通过跨领域合作和资本运作，积极与国际国内领先企业合作，提升成都新媒体内容产业在全国的影响力。

第二，继续加强传统媒体建设。打造知名传媒品牌，进一步扩大报纸、广播、电视、杂志、广告等传统媒体传播力和影响力，形成以成都传媒集团为龙头，联合国家、省、市传媒资源的优势突出的传统传媒产业体系。大力加强传媒竞争力建设，通过传统媒体和新媒体的融合，扩大本土传媒覆盖范围。重点打造“成都东村”传媒文化中心，建成现代传媒基地，内容集成与播控中枢、三网融合试点体验区。

第三，大力培育新媒体内容产业。加快推动数字内容发展，依托东村国际文化创意港、东村新媒体产业园，发展数码内容制作、手机游戏动漫，以及移动媒体、数字电视、互联网媒体，搭建新媒体产业发展平台，创新媒体内容的生产和传播方式，打造以数字新媒体产业为主导的文化产业园区。重点发展数字音乐，依托“成都东区音乐公园”，以原创数字音乐为核心，搭建原创数字音乐创作、出版、下载、打榜的网络平台，使其成为中国知名的原创数字音乐网络平台。开展广播电视节目的新媒体内容运营服务，整合本地广电内容和省内具有特色的视听节目，通过战略合作，积极向互联网用户、广电网络用户、CMMB 多媒体移动电

专栏二　“十二五”期间传媒业重点项目

项目名称	项目地点	项目内容
传媒文化中心	成都东村	以传媒内容制作与传播为核心，引进国内外影视内容制作机构，融合线上与线下，跨界整合泛娱乐和创意内容，通过传统媒体和新媒体进行立体放送，建设现代传媒基地、内容集成与播控中枢、三网融合试点体验区。
东村国际文化创意港	成都东村	以数码内容制作和演艺娱乐为核心，建设文化内容产业中心、数码内容体验馆、媒体交流中心，以及百老汇剧院、音乐版权中心、媒体内容制作大厦，打造集数码内容制作发行、手机游戏动漫研发、艺人培训、创意体验、现代商业为一体的文化创意产业聚集区。
东村新媒体产业园	成都东村	以移动媒体、数字电视和互联网等新兴媒体为核心，重点发展新媒体数据、移动媒体内容、新媒体广告，卫星机顶盒服务、数字媒体数据服务、数字电视中间件，互联网数据服务、三维制作与虚拟现实服务，以及动漫出版、网络游戏等领域，搭建新媒体产业研发平台、孵化平台、金融平台、会展平台和培训平台，打造以新媒体产业为主导的文化创意产业园。

视用户，以及其他城域网络用户提供广电节目的新媒体内容产品和服务。

（二）文博旅游业

1. 发展目标

“十二五”期间，文博旅游业增加值年均增长 22% 以上。2015 年，规划建设 1–3 座公益性博物馆，3 个博物馆群，完成 1–3 个历史文化保护街区的修复与利用，兴办 100 座以上民办博物馆。完善文博资源产业化开发的市场机制，建成在国内具有影响力的“文博旅游之都”。

2. 发展措施

第一，提升现有博物馆的现代化水平。以武侯祠博物馆、杜甫草堂博物馆、金沙遗址博物馆、安仁中国博物馆小镇等为重点，充分运用视听、影像、信息、多媒体、互联网等技术手段，提高展陈技术的数字化、信息化水平，构建博物馆信息网络。

第二，加强文博旅游项目的营销推广。发挥成都文旅集团的资源整合平台优势，以锦里拓展区、宽窄巷子拓展区、大慈寺历史文化街区、水井坊历史文化街区等

专栏三　“十二五”期间文博旅游业重点项目

项目名称	项目地点	项目内容
锦里拓展区	武侯区	依托锦里延伸段及周边区域，整体规划拓展特色古街空间范围，进一步挖掘和展示三国文化特色，营造特色风貌和小品。深入开发锦里古街民俗文化产品，完善都市休闲旅游产品结构。有效配置业态，增强城市现代服务功能，提升管理运营水平，打造三国蜀汉文化特色商业街区。
宽窄巷子拓展区	青羊区	将实业街水表厂集成度军区 38 分部进行整体规划，统一拆迁建设，扩大宽窄巷子空间规模。建设宽窄巷子精品文华酒店、1– 家精品特色小型客栈、巧克力博物馆等特色项目，形成以宽窄巷子为核心的特色商业街区。
大慈寺历史文化街区	锦江区	依托大慈寺片区宗教历史文化资源，引导社会力量投资打造集商业、酒店、服务式公寓为一体的文化商业综合体项目，引入现代商业消费业态，培育都市休闲旅游功能，带动周边街道业态转型升级，形成集观光、体验、休闲、购物为一体的文化旅游聚集区。
民办博物馆聚集区	成都东村	以民办博物馆和艺术原创为重点，以文博艺术与旅业游互动发展为导向，以博物馆岛、当代艺术谷地为载体，建设国内最具特色的民办博物馆聚落，打造具有国际影响力的当代艺术创作、展示、交易和学术研究中心。
安仁中国博物馆小镇	大邑县	依托安仁古镇，以近现代历史文化为特色，建成文物交易市场、拍卖中心、鉴赏培训中心及一批商务酒店和家庭旅馆，形成集展览陈列、旅游休闲、文化体验为一体的安仁文博旅游产业片区。
国际非物质文化遗产博览园	青羊区	按照国际化的建设标准、文化展示、传承理念和运作模式，打造国际非物质文化遗产节永久载体，非遗生产性保护的永久平台，建成集非遗文化保护传承、非遗产品生产性开发、科普教育、会议会展、休闲娱乐等功能于一体的文化旅游胜地。力争申报为国家级文化产业示范园区。
天府古镇	双流、崇州、金堂、蒲江、邛崃、都江堰等	依托街子古镇、黄龙溪古镇、平乐古镇、五凤古镇、西来古镇、龙池小镇等项目，培育“天府古镇”品牌。按照“区域统筹、资源整合”的开发理念，突出产品的特色和创意。以古镇开发为核心带动周边旅游资源的开发，形成完善的区域文化旅游产业链。加快城镇化进程，进一步提升“天府古镇”的品牌影响力，发挥旅游对文化产业的带动作用。

专栏四　“十二五”期间创意设计业重点项目

项目名称	项目地点	项目内容
文旅创意设计园	成都东村	以建筑设计为核心，建设“中国建筑设计博物馆”，配置商务、商业、酒店等业态，配套休闲公园、公寓住宅等城市功能，打造融创意、设计、会展、生态、居住于一体的“设计总部基地”。
“红星路 35 号”文化创意产业园三期	锦江区	项目以红星路 35 号文化创意产业园周边适合的楼宇为载体，依托园区形成的产业聚集效应，规划打造园区三期项目。引进符合园区功能定位的机构和企业，完善园区周边配套业态，有序拓展红星路 35 号园区产业发展空间。
东村设计创意产业园	成都东村	建设现代商务楼宇，以创意设计为核心，引进国内外知名的工业设计、建筑设计类企业和机构，完善信息交流、公共技术、展示交易、人才培训等公共服务，打造具有原创力和辐射力的创意设计基地。

历史街区和街子、黄龙溪“天府古镇”为开发重点，面向国内外实施整合营销。整合全市文博资源和旅游资源，联合国内外媒体、旅游组织、旅游机构、旅游网站等旅游产业链上的重点环节，借助国内外知名旅游企业的渠道优势和运营模式，构建成都文博旅游营销网络。

第三，实施文博旅游重点项目。加快推进成都民办博物馆聚集中心、安仁中国博物馆小镇、国际非物质文化遗产博览园等重点项目，不断延伸文博旅游产业链，培育新的文化消费热点，提升我市文博旅游品牌影响力。

（三）创意设计业

1. 发展目标

“十二五”期间，创意设计业增加值年均增长25%以上。2015年，培育1–3个创意设计产业集聚区，引进一批在国内外具有影响力的设计企业、设计师工作室，打造1个在中西部具有影响力的设计主题展会，初步形成“成都设计”品牌效应，建成全国一流的创意设计基地。

2. 发展措施

第一，加快建设创意设计产业园区。依托文旅“领·Show”创意设计园、“红星路35号”文化创意产业园、东村设计创意产业园等载体，大力引进国内外一流的创意设计企业和机构，重点发展工业设计、建筑设计、平面设计、工艺美术设计、服装设计、家居设计等领域。

第二，健全创意设计公共服务平台。搭建工业设计共性技术平台，完善信息咨询、人才培训、展示交易、行业交流等平台，促进设计成果转化。扶持本地重点企业和知名设计机构，发挥骨干企业和领军人物的行业引领和带动作用，培育成都设计品牌。

第三，培育创意设计品牌展会。组织开展创意设计推广活动，举办“太阳神鸟”杯创意设计大赛、创意设计精品展、创意设计论坛等各类交流活动。鼓励本地设计企业参加国内外设计展览、学术交流、项目合作和设计创意类奖项的评选，支持具有成都文化特色的自主品牌设计产品的市场推广。

（四）演艺娱乐业

1. 发展目标

“十二五”期间，演艺娱乐业增加值年均增长22%以上。2015年，创作3台具有全国影响力的经典剧目、5–8部文化旅游剧并实现常态演出。新建3–5个大型综合性剧院，增加座席数20000个。演艺娱乐业主要指标及综合实力居全国同等城市前列，打造中西部演艺娱乐中心。

2. 发展措施

第一，打造一批具有成都特色的演艺娱乐剧目。以经典剧目和旅游演艺剧目为重点，充分挖掘川蜀文化，运用现代高科技的展现手法创新表现形式，提升剧目的吸引力，打造一批具有成都特色的、有全国影响力和市场效益的演艺产品。努力提升《金沙》《天府蜀韵》《魔

专栏五　“十二五”期间演艺娱乐业重点项目

项目名称	项目地点	项目内容
成都东区音乐公园	成华区	依托工业建筑，以数字音乐产业和音乐互动体验为核心，配置音乐平台运营、艺术展示、主题演艺、音乐培训、商务办公等支撑业态，配套文化餐饮、设计酒店、高端会所等商业业态，打造集演艺、商务、休闲、娱乐为一体的公园式文化特色街区。
大魔方文化娱乐综合体	高新区	建设承担大型演艺活动和体育赛事功能的现代文化场馆，形成集超高层写字楼、高星级酒店、大型购物中心、大型电影城于一体的大型城市演艺综合体，打造城市标志性文化设施。
金沙国际演艺中心	青羊区	依托金沙遗址博物馆金沙剧场周边区域，建设西山水景广场，加大技术装备投入，创新舞台设置方式，完善观演区设施及功能配套，打造以金沙文化为特色，汇聚国内和世界演艺资源的国际演艺中心。
东村国际演艺度假区	成都东村	依托十陵生态公园，建设大型剧场、主题剧场和小剧场，超大规模的休闲度假酒店群，国际大型艺术装置空间，海外手工工艺品制作坊，打造以演艺娱乐为特色，集商业、手工艺品观赏体验、艺术品展示、酒店、居住为一体的国际演艺度假区。
《金沙》	青羊区	以金沙古蜀文化为特色，结合现代舞台信息技术、数字技术，加大技术装备投入力度，创新剧目设计和表现形式，打造品牌剧目，加大海外市场营销力度，提升成都文化的影响力。
《天府蜀韵》	金牛区	以川蜀地域文化为特色，依托成都华侨城大剧院，进一步提升科技含量，优化灯光、音响、舞美、特技、武术的设计搭配，以立体影像展示川蜀文化，打造特色旅游演艺精品剧目，培育成都城市文化名片。

幻金沙》等剧目的品牌效应和市场效益。

第二，加大演艺娱乐金川设施建设。以“成都东村”影音娱乐聚集区、“大魔方”、成都大剧院和成都音乐厅为重点，建设影视主题体验区、数字电影中心和演艺基地，并整合影视及衍生娱乐内容，发展影视、音乐、演艺以及娱乐、休闲等旅游配套服务，形成满足不同需求、多层次的演艺娱乐设施。

第三，进一步繁荣演艺市场。以经典剧目、传统剧目和旅游演艺剧目为重点，加大演艺消费政策扶力度。鼓励演艺企业和机构大力生产和引进高端精品剧目，提升演艺产品的质量，繁荣演艺市场，满足人民群众文化消费需求。

（五）文学与艺术品原创业

1. 发展目标

“十二五”期间，文学与艺术品原创业增加值年均增长 22% 以上。打造 1-3 个以文学与艺术品原创为特色的文化产业园区。重点扶持一批现代化、专业化的艺术品经营机构，引导和规范艺术品市场秩序，构建多层次的市场体系。打造我国中西部地区文学与艺术原创中心。

2. 发展措施

第一，鼓励文学与艺术品原创。加大对文学与艺术品原创的投入力度，建立文学与艺术品原创发展基金，重点支持本地文学与艺术品原创项目和人才引进。

第二，搭建文学和艺术品交易平台。大力扶持成都文化产权交易所、成都艺术超市等现代艺术品经营机构，引进和培育一批现代画廊等艺术品交易机构，积极创新艺术品交易模式。支持艺术品规范交易，推广艺术品超市交易模式，提升艺术品的工艺价值。

第三，建设文学与艺术品原创集聚区。扩大蓝顶艺术中心的建设规模和国际影响力，加快东村国际艺术城、西村创意产业园等项目建设，聚集国内外艺术资源，构建艺术品原创和交易产业链，完善艺术品原创、展示、

专栏六 “十二五”期间文学与艺术品原创业重点项目

项目名称	项目地点	项目内容
蓝顶艺术中心	锦江区	依托三圣花乡荷塘月色区域，扩大蓝顶艺术中心建设规模，借助周春芽、何多玲等知名艺术家群体的影响力，举办高水平的艺术展览，开展国际艺术交流，提升蓝顶艺术中心的国际影响力，打造中国当代艺术窗口。
东村国际艺术城	成都东村	以古民居历史建筑为载体，以艺术品原创与交易业为核心，汇聚知名艺术家工作室，具有国际影响力的美术馆、画廊、拍卖公司等艺术品收藏、展示、交易机构，以及相关联的文化创意企业，建设国际化的艺术品交易中心，打造国际艺术特色的商业街区。
西村创意产业园区	青羊区	依托西村艺术空间，以艺术超市为载体，健全原创艺术作品进入大众消费市场的交易平台，以及艺术家和收藏家之间的公共平台，并逐步拓展至原创设计、手工制品以及艺术衍生品经营，提升平价艺术市场的经营管理水平。
成都文化产权交易所	锦江区	积极尝试艺术品与金融工具的结合，创新艺术产权交易模式，建立严谨规范的艺术品交易制度，有效控制交易风险，艺术品转让规范和风险控制，探索搭建艺术品与金融结合的平台。
成都艺术超市	成华区	依托本土画廊和艺术馆，选择在审美鉴赏、品质价格方面符合大众需求的艺术品，培育一批以超市方式经营的中低端艺术市场，为市民提供平价艺术品消费场所，提高艺术市场的活跃度。

专栏七 “十二五”期间动漫游戏业重点项目

项目名称	项目地点	项目内容
天府软件园	高新区	依托天府软件园高新技术企业聚集的基础，引进国内外知名网络游戏企业，搭建成都游戏联盟网站，完善公共技术平台，开展数字娱乐企业技术培训服务，建成国际先进、国内领先、西部第一的游戏动漫内容原创基地、外包服务中心、核心技术平台和运营服务枢纽。
天府新谷		依托高新区南区，建设数字新媒体产业载体，聚集国内外数字新媒体企业，构建和完善产业链，建立扶持文化科技企业的投融资服务机制，搭建创业者交流和公共技术服务平台，打造国内领先的数字新媒体产业集群。
数字娱乐软件园		依托数字娱乐软件园，扩展产业载体规模，增加企业办公场地面积，引进国内外数字娱乐企业，打造国内领先的数字娱乐产业基地。

交易、交流等功能，打造以艺术品原创与交易为特色的文化产业园。

第四，壮大文学与艺术品原创人才队伍。依托文化产业功能区、园区基地和重大项目，大力引进国内外知名和具有潜力的作家和艺术家，探索建立全国性的文学、艺术品原创和交易平台，壮大文学与艺术品原创高端人才队伍。

（六）动漫游戏业

1. 发展目标

“十二五”期间，动漫游戏业增加值年均增长28%以上。2015年，引进1–3家在国内有影响力的知名企业，以数字游戏（包括视频游戏、网络游戏、手机游戏）和数字动漫（包括影视动画、网络动画、手机动画和漫画等）为重点，建设具有全国影响力的动漫游戏研发运营中心、动漫游戏体验消费中心、动漫游戏实用人才供给中心和动漫游戏外包业务中心。

2. 发展措施

第一，建设动漫游戏产业园区。依托天府软件园、天府新谷、数字娱乐软件园等产业载体，发展动漫游戏研发、原创、制作、运营，建设动漫游戏孵化器，搭建动漫游戏发展平台，促进动漫游戏产业聚集发展。

第二，引进和扶持动漫游戏企业。引进国内知名动漫研发运营商，培育具有成都文化特色、自主知识产权的动漫游戏产品，借鉴盛大、金山等知名企业成熟的商业运营模式和盈利模式，提升本地动漫游戏研发运营能力，延伸产业链，带动衍生品的开发、生产和销售，提高全市动漫游戏业的市场竞争力。

第三，打造动漫游戏产品品牌。集聚人才、资本、技术等关键要素，鼓励动漫游戏企业自主创新，研发具有自主知识产权和市场竞争力的产品，提升动漫游戏产品品牌影响力，保持我市动漫游戏业在全国的领先地位。

（七）出版发行业

1. 发展目标

“十二五”期间，全市出版发行业增加值年均增长20%以上。2015年，我市出版发行业年总收入突破360亿元。打造1–3个出版发行产业基地，支持市域骨干企业跨行业、跨区域发展，打造全国领先的出版发行中心。

2. 发展措施

第一，培育壮大出版发行的市场主体。坚持龙头企业的引领作用，鼓励和支持骨干行业企业以资源融合、兼并和重组等形式，跨地区、跨部门、跨行业发展打造出版多形式、多业态集群，培育一批在国内甚至国际上有竞争力的区域性综合集团和行业性专业集团，提升出版发行骨干品牌企业竞争力。鼓励和支持中小发行企业向“专、精、特、新”方向发展，减少同质化竞争。

第二，加快出版发行重点项目建设。加快推动成都现代印务基地、东村国际书街等重点项目，完善出版发行产业链，大力发展现代印务和特色出版市场。加快推动四川文化产业园建设，引导大型出版发行集团数字化转型，鼓励跨行业、跨媒体、跨区域经营，打造复合型特色文化产业基地，促进出版发行产业规模化、集约化、专业化发展。

第三，加快推动数字出版发展。积极申报国家级数字出版产业基地，鼓励国有出版单位利用资金、人才优势，在平稳推进传统出版业的基础上，加快报刊、图书“数字出版”化建设。鼓励本地印刷企业积极采用数字和网络技术，加强与出版业上游环节的结合，大力发展

专栏八　“十二五”期间出版发行业重点项目

项目名称	项目地点	项目内容
成都数字出版产业基地	——	整合全域成都数字出版资源，聚集各类数字出版企业，建设国家级的四川省成都市数字出版基地，促进出版业的数字化转型升级。
成都现代印务基地	蒲江县	依托印刷企业初步集中的基础，进一步完善基础设施，加大招商引资力度，积极引进全国特色包装企业，数字化程度较高的出版物印刷企业，其他印刷品企业，打造中国西部规模最大、效益最好、品牌最响的区域性印务产业基地。
四川文化产业园	温江区	四川省重大文化产业项目。拟打造集文化创意、文化主题旅游、现代娱乐、青少年体验式教育、文化会展及商业配套于一体的复合型的文化产业园区，构建多业态、复合型、互动式的文化产业聚集区和文化主题旅游区，建设全省第一、西部领先、国内一流、国际知名的区域文化产业品牌，国家级文化产业发展示范基地。
东村国际书街	成都东村	以书文化为主题，建设特色书街和文化综合体，集购、读、写、交流、休闲、观光旅游等为一体，打造综合性的国际书文化旅游目的地。

数字印刷。

第四，完善版权服务体系。依托成都版权服务中心，建立集文化产权交易、投融资服务和文化产业项目信息交流、人才培训于一体的综合服务平台，开展孵化、登记、展示、推介、交易、经纪等各类服务，构建中国西部综合性的文化产权要素市场。

七、空间布局

以资源整合、突出特色、聚集发展为导向，构筑“一极七区多园”的文化产业空间发展格局。

——加快成都东村建设。重点发展传媒、影音娱乐、文博艺术、创意设计等行业，打造具有独特魅力的文化创意新城，培育文化创意产业增长极。

——推进七区产业聚集。按照成都高新区以文化科技为主，锦江区以创意设计为主，成华区以数字音乐为主，双流县以动漫为主，青羊区、都江堰市、大邑县以体现各自历史文化特色的文博旅游为主，着力推进文化产业集聚发展。

——建设一批特色文化产业园。依托各地历史文化街区、天府古镇、非物质文化遗产、地方特色文化等文化资源，打造各具特色的文化产业园。

八、保障措施

（一）组织保障

加大文化产业发展的市级统筹力度。成立市级文化产业发展办公室，承担全市文化体制改革、文化产业规划和发展促进、国有文化资产监督管理职责。加强行业管理部门协调，进一步转变政府职能，形成推动文化产业加快发展的合力。市级有关部门和相关区（市）县要建立健全推动文化产业发展的体制和机制，加强统筹领导力度，确保本规划在空间、项目、政策上具体落实。

（二）人才保障

建立多层次的文化产业人才引进、培育和奖励制度。整合全市各项人才引进政策资源，下大力气引进掌握文化产业核心技术的团队和领军人才，鼓励文化企业引进国内外高层次的管理人才、创意人才和营销经纪人才。加强本土人才培养，依托文化产业园区、大型文化项目和骨干企业，建立一批文化人才实训基地。完善公平竞争和分配激励机制，加快人事制度、分配制度、评价与奖励制度改革，支持和激励优秀拔尖人才脱颖而出。

（三）投融资保障

进一步加大财政资金投入力度，扩大文化产业发展专项资金规模，并随着财力的增长逐年加大投入，主要用于文化产业聚集区、文化特色街区建设以及重点文化产业项目的引导支持、贷款贴息、融资担保和文化体制改革。充分发挥财政资金的杠杆作用，在国家政策许可范围内，引导非公有制经济组织和社会资本以多种形式投入我市文化产业，参与国有经营性文化单位转企改制，参与重大文化产业项目实施和文化产业园区建设。创新文化产业投融资方式，设立文化产业投资基金。鼓励金融机构参与推动文化企业发展，建立文化知识产权第三方评估机制，创新金融产品和金融服务，完善文化产业要素市场，构建多层次、多元化的文化产业投融资渠道。

（四）用地保障

在各级土地利用规划中预留文化产业发展空间。把文化基础设施建设、重大文化产业项目建设纳入城乡规划，并严格监督实施；把文化产业建设用地纳入土地利用总体规划和年度计划，对经认定的重点文化产业项目比照工业和高新技术产业用地政策实行挂牌供地。

（五）政策保障

认真落实中央和省关于文化产业发展的各项政策，加快研究制定我市文化产业发展的促进政策。发改、国土、规划、商务、工商、金融、税务等部门，要采取切实措施加大对文化产业政策扶持力度，对文化企业自主创新、文化内容创意生产、非物质文化遗产传承等项目经营按国家规定实行税收优惠；全面落实国家文化改革发展配套政策，对转企改制国有文化单位扶持政策执行期限再延长五年；降低市场准入门槛，鼓励投资者以知识产权等非货币出资方式向公司出资，放宽公司增资对货币出资比例不低于 30% 的限制；完善文化产业园区（基地）和重点项目的认证考核办法，规范文化产业园区（基地）的建设和管理，提升文化产业园区（基地）发展质量。

项目

2011 年度国家文化创新工程项目

序号	项目名称	申报单位	承担单位	共建部门	项目类型
1	吴江市戏曲文化生态保护区建设	江苏省文化厅	吴江市委宣传部、吴江市文广新局、江苏省戏剧学校	吴江市人民政府	重点项目
2	古代龙泉青瓷呈色机制研究及在现代日用瓷中的推广运用	浙江省文化厅	浙江省龙泉市文化广电新闻出版局，龙泉市夏侯文青瓷厂	浙江省龙泉市人民政府	重点项目
3	中国汉族代表性民间歌舞——安徽花鼓灯文化生态保护工程	安徽省文化厅	蚌埠市文广新局	蚌埠市人民政府	重点项目
4	合肥推进文化与科技融合创新项目	安徽省文化厅	合肥市发改委、文广新局、科技局	合肥市人民政府	重点项目
5	“中国白”大型瓷雕艺术品工艺革新	福建省文化厅	福建省德化县凤凰陶瓷雕塑研究所	福建省德化县人民政府	重点项目
6	科学与艺术创新 提升陶瓷产品文化创意价值的研究	江西省文化厅	景德镇陶瓷学院	景德镇市人民政府	重点项目
7	水晶骨瓷工艺文化创新	山东省文化厅	淄博泰山瓷业有限公司	淄博市人民政府	重点项目
8	穿越时空的西安文化之旅	陕西省文化厅	西安曲江奇境网络科技有限公司	陕西西安曲江管理委员会	重点项目
9	中国世界文化和自然遗产历史文献研究与推广	中国艺术研究院	中国范仲淹研究会		一般项目
10	基于数字三维城市的可视化文化社区平台开发与应用	上海市文化广播影视管理局	上海如临其境科技创意有限公司		一般项目
11	动漫衍生产品产业化平台	江苏省文化厅	无锡亿唐动画设计有限公司、无锡市动画产业基地建设领导小组办公室		一般项目
12	中国古典文化科技演绎与展示——大型全景式4D球幕系统《大闹天宫》	广东省文化厅	深圳华强文化科技集团有限公司		一般项目

2011 年度“国家文化科技提升计划”立项项目

序号	项目名称	申报单位	项目研制单位
1	城市公共文化移动服务集成平台建设研究	上海市文化广播影视管理局	上海图书馆上海科学技术情报研究所 上海市群众艺术馆
2	全国少年儿童阅读推广服务平台	国家图书馆	国家图书馆 湖南省少年儿童图书馆
3	国家非物质文化遗产保护与传承技术体系的构建	湖北省文化厅	华中师范大学 武汉数字媒体工程技术有限公司
4	近现代文献脱酸关键技术集成研究与示范	江苏省文化厅	南京博物院 南京工业大学材料科学与工程学院 南京图书馆 南京澳润微波科技有限公司
5	中国传统绘画材料关键技术研究与应用	中国艺术科技研究所	中国艺术科技研究所 北京齐大森国画材料有限公司

续上表

序号	项目名称	申报单位	项目研制单位
6	国家文化宏观决策支持系统研究及应用	文化部政策法规司	文化部政策法规司 中国艺术科技研究所 北京中数创新技术有限公司 中国传媒大学信息工程学院
7	分布式的中国文化对外公共文化传播与服务平台的研究及示范	中外文化交流中心	中外文化交流中心 中国传媒大学信息工程学院 无锡吧视网络技术有限公司
8	基于文艺演出院线业态的服务协同共性技术研发与应用示范	中国对外文化集团公司	中国对外文化集团公司
		江苏省文化厅	江苏省演艺集团有限公司 东方宇阳信息科技（北京）有限公司
9	三维（3D）影像数据处理前沿技术应用研究	辽宁省文化厅	沈阳四维数码科技有限公司
10	快速创意可视化工具与体感技术集成研究及示范	文化部文化市场司	北京邮电大学 北京递归科技有限公司 北京文睿创想信息咨询中心
11	基于绿色光源的舞台功能灯具研究与示范应用	中国艺术研究院	中国艺术研究院 北京星光影视设备科技股份有限公司
12	中国古代青铜器铸造工艺及展示研究	中国国家博物馆	中国国家博物馆 北京大学 北京以诺视景数字艺术有限公司

2011 年度文化部科技创新项目

序号	类别	项目名称	承担单位	申报部门	项目负责人	文化部补助（万元）
1	公共文化服务	基层多功能流动文化服务站的开发与应用	赣州市文化和广播电影电视局	江西省文化厅	钟家伟	5
2		公共文化服务体系建设中社区居民公共文化消费模式研究——以上海市为例	上海对外贸易学院	上海市文化广播影视管理局	左 鹏	0
3		数字图书馆云平台建设及其在公益性数字文化建设中的应用研究	国家图书馆信息网络部	国家图书馆	李志尧	5
4		古籍纸张近红外光谱无损检测系统研究	国家图书馆古籍馆	国家图书馆	李际宁	5
5		缩微文献长期保存保护研究	国家图书馆缩微文献部	国家图书馆	李 健	5
6		少数民族语言数字资源建设与检索平台	新疆维吾尔自治区图书馆、广州图创计算机软件开发有限公司	新疆维吾尔自治区文化厅	王曙光	5
7		玉树地震灾区藏文文献遗产整理保护研究	西南民族大学	四川省文化厅	夏吾李加	5
8	文化市场与文化产业	中国艺术品市场征信体系及其建设研究	中国艺术品市场研究院	湖南省文化厅	西 沐	5
9		基于微机械传感器的人体动作信息捕捉技术开发及系统研制	兰州交通大学艺术设计学院	甘肃省文化厅	王永生	2
10		假唱综合识别技术体系的研究	中国传媒大学信息工程学院	中国艺术科技研究所	田 沛	5
11		创意产业知识管理系统及其应用研究	中国美术学院设计艺术学院	中国美术学院	刘 征	5
12		多媒体非接触互动展示技术在文化展览场馆中的研究与应用	安徽省科普产品工程研究中心	安徽省文化厅	周俊青	0
13		传统艺术元素在文化产业园中的应用效果研究	合肥工业大学	安徽省文化厅	李 早	5

续上表

序号	类别	项目名称	承担单位	申报部门	项目负责人	文化部补助（万元）
14	文化市场与文化产业	多媒体人体信息自动播放的互动视听影像装置系统研究	华东师范大学传播学院	上海市文化广播影视管理局	刘秀梅	0
15		开发引擎和软件平台 Web-Game 统一开发运营平台	完美世界（北京）网络技术有限公司	北京市文化局	易 伟	0
16		中国文化播火工程	精伦电子股份有限公司	中外文化交流中心	涂 刚	0
17		“中国形象”的海外生成——近 20 年国际艺术大展分析研究报告	中央美术学院	中央美术学院	宋晓霞	5
18	文化遗产保护	实验性数字博物馆信息服务协同关键技术研究与应用	中国美术学院上海设计学院、江苏无锡博物院、上海新领地创意设计有限公司	中国美术学院	段卫斌	5
19		唐卡的数字化保护及图像信息资源库建设	西北民族大学	甘肃省文化厅	王维兰	5
20		运用现代科技手段研究唐琴斫制工艺	浙江省博物馆工艺部	浙江省文化厅	范珮玲	5
21		湖北国家地理标志特产的非物质文化遗产地理信息系统	咸宁学院	湖北省文化厅	孙志国	0
22		齐国服饰在现代纺织服装领域的传承及应用研究	山东理工大学	山东省文化厅	王 婧	5
23		新农村建设中非物质文化遗产的传承与保护	山东建筑大学	山东省文化厅	姜 波	5
24		陶胎漆器工艺研究	山东轻工业学院	山东省文化厅	于 泳	0
25		维吾尔族模制法土陶烧造技艺	新疆大漠土艺馆	新疆维吾尔自治区文化厅	张文阁	5
26	演艺科技	数字化舞台技术研究	中央歌剧院、北京理工大学软件学院	中央歌剧院	俞 峰	5
27		交互式多媒体电子音乐光敏控制装置	中央音乐学院中国现代电子音乐中心	中央音乐学院	张小夫	5
28		传统古丝弦原材料处理及制作工艺研究	吉林省文化科技研究所	吉林省文化厅	罗成金	5
29		击弦式古钢琴研发	中央音乐学院	中央音乐学院	赵东升	5
30		低音胡琴和倍低音胡琴	北京市京港雪平提琴厂	中央民族乐团	席 强 胡雪平	5

2011 年度国家出版基金资助项目

党史

序号	项目名称	申报单位
1	李达全集（20 卷）	人民出版社
2	中国共产党军队政治工作史	军事科学出版社
3	中国共产党 90 年历史图志	上海人民出版社有限责任公司
4	中国共产党 90 年主要成就与经验	党建读物出版社
5	图文中国共产党纪事（9 卷）	河北人民出版社有限责任公司
6	中国共产党历史大辞典（增修本）	中共中央党校出版社
7	农村基层党建历程	湖南师范大学出版社

续上表

序号	项目名称	申报单位
8	党和国家领导人著作和生平研究资料汇编	中央文献出版社
9	中国共产党西藏历史图志	中央文献出版社
10	中国空军百科全书（上下卷）	蓝天出版社
11	陈云画传	浙江人民美术出版社有限公司
12	陕甘宁边区史纲	陕西人民出版社有限责任公司
13	风范——老一辈革命家的故事	南京音像出版社
14	中国共产党简史：1921–2011（多文种系列）	外文出版社有限公司
15	党鉴——共产党执政实践与规律研究	山东人民出版社有限公司
16	中国共产党执政兴国图典	浙江人民出版社有限公司
17	为了理想——党史文物中的风云岁月（修订版）	辽宁人民出版社
18	中国共产党奋斗进取的九十年	北方联合出版传媒（集团）股份有限公司辽海出版社分公司
19	纪念建党九十周年百种连环画	人民美术出版社
20	国共两党关系九十年图鉴	九州出版社
21	丰碑——抗美援朝图片集	四川大学出版社有限责任公司
22	雪域军魂	峨眉电影制片厂音像出版社
历史		
1	辛亥革命史稿（全四卷）	上海世纪出版股份有限公司辞书出版社
2	从龟兹到库车——西域城市与建筑调查研究报告	上海中西书局有限公司
3	元明刻本朱子著述集成	华东师范大学出版社有限公司
4	甘肃石窟志	甘肃教育出版社
5	1911	人民文学出版社
6	西方史学通史	复旦大学出版社有限公司
7	中国古代历史图谱	湖南人民出版社有限责任公司
8	欧亚历史文化文库（第二期 37 种）	兰州大学出版社有限责任公司
9	主义之花——浙江革命女儿群相	浙江摄影出版社有限公司
10	辛亥革命图史	湖北美术出版社有限公司
11	上海图书馆藏稀见辛亥革命文献	上海科学技术文献出版社有限公司
12	严复全集	福建教育出版社有限责任公司
13	保路风潮——辛亥革命在四川	四川人民出版社有限公司
14	中国考古大辞典	上海世纪出版股份有限公司辞书出版社
15	孙中山民生思想研究	北京首都经济贸易大学出版社有限责任公司
16	铁血雄风——辛亥革命在安徽	安徽人民出版社
17	黄埔军校史料汇编（5 辑 100 卷）	广东教育出版社有限公司
18	清季外交史料	湖南师范大学出版社
19	辛亥百年图谱	中国文史出版社
20	《康藏前锋》《康藏研究月刊》《康导月刊》校刊影印全本	四川大学出版社有限责任公司
21	孙中山研究集成	团结出版社
22	满铁档案资料汇编	社会科学文献出版社

续上表

序号	项目名称	申报单位
23	辛亥革命资料续编	社会科学文献出版社
24	影像辛亥	福建教育出版社有限责任公司
25	辛亥革命辞典	武汉出版社
26	民国史料丛刊续编	大象出版社有限公司
27	南京临时政府遗存珍档	江苏凤凰出版社有限公司
马克思主义研究		
1	东欧新马克思主义理论研究	黑龙江大学出版社
2	列宁选集	人民出版社
3	马克思恩格斯选集	人民出版社
4	马克思主义中国化史	江苏凤凰出版社有限公司
5	马克思画传、恩格斯画传、列宁画传	重庆出版集团
6	马克思主义哲学形态演变史	黑龙江人民出版社有限公司
政治、社会、法律		
1	法国哲学史（三卷本）	北京大学出版社有限公司
2	贺麟全集	上海人民出版社有限责任公司
3	人民代表大会制度文献集成	中国民主法制出版社
4	西方民主理论思想史（3卷）	山东人民出版社有限公司
5	国情报告（1998–2010）蓝皮书	党建读物出版社
6	中国审判案例要览	中国人民大学出版社有限公司
7	萧公权文集	中国人民大学出版社有限公司
8	中国法律思想通史	湘潭大学出版社有限责任公司
9	人权知识读本	湖南大学出版社
10	马基雅维利全集	吉林出版集团有限责任公司
11	金岳霖全集	东方出版社
12	聚焦中国民生	云南教育出版社有限责任公司
13	中国海上维权法典——国际海事公约篇	大连海事大学出版社
14	香港基本法起草过程概览	三联书店（香港）有限公司
15	中国当代社会史（1–5卷）	湖南人民出版社有限责任公司
民族		
1	30集高清电视文化纪录片《中国草原》	中国民族音像出版社
2	中国朝鲜族文学遗产整编	民族出版社
3	傣族英雄史诗《乌莎巴罗》	深圳市海天出版社
4	中国蒙古族民歌大全	内蒙古文化音像出版社
5	最后的遗产——云南7个人口较少特有民族原生音乐	云南省民族文化音像出版社有限责任公司
6	中国彝族通史	云南人民出版社有限责任公司
7	中国朝鲜族文学史	延边人民出版社
8	《格萨尔》大辞典（藏学研究辞典系列之一）	海豚出版社
9	哈萨克民间文学大典（1–25卷）	伊犁人民出版社

续上表

序号	项目名称	申报单位
经济		
1	当代财经管理名著译库	东北财经大学出版社
2	高速铁路与区域经济发展研究	成都西南交大出版社有限公司
3	我国会计准则的国际协调效果研究	立信会计出版社有限公司
4	中国现代产业经济史	山西经济出版社
5	生态文明与绿色地毯经济发展论丛	中国财政经济出版社
6	财政绩效与政府管理创新	中国财政经济出版社
7	新编经济思想史	经济科学出版社
8	中国式企业管理	机械工业出版社
教育、少儿		
1	特殊儿童教育与康复文库（20 册）	南京师范大学出版社有限责任公司
2	语言与教育百科全书（第 2 版）	上海外语教育出版社有限公司
3	绿色中国（10 册）	安徽少年儿童出版社
4	杨红樱画本馆	湖北少年儿童出版社有限公司
5	中小学讲坛成长起来的杰出人物	北京师范大学出版社
音乐、戏曲		
1	侗族琵琶歌	广西民族出版社
2	相声大词典	百花文艺出版社（天津）有限公司
3	华乐大典	上海音乐出版社有限公司
4	中国歌剧音乐剧通史	安徽文艺出版社
5	昆曲精编剧目典藏（20 卷）	上海中西书局有限公司
6	中国京剧艺术百科全书	中央编译出版社
美术、书法		
1	中国文人画史	上海书画出版社有限公司
2	中国设计全集	商务印书馆
3	中国油画 500 年（1542–2010）	湖南美术出版社有限责任公司
4	20 世纪中国艺术	上海人民美术出版社有限公司
5	中国画像石棺艺术全集	三晋出版社
6	中国民间彩绘泥塑集成	陕西师范大学出版总社有限公司
7	中国汉画・陕北卷	广西师范大学出版社集团有限公司
8	中国陶瓷史	文物出版社
9	商周青铜器铭文及图像集成	上海世纪出版股份有限公司古籍出版社
10	藏族传统手工宝典	西藏人民出版社
11	甲骨文书法大字典（双色精装版）	上海大学出版社有限公司
12	中国美学通史	江苏人民出版社有限公司
13	中国巩义窑	中国华侨出版社
14	中国美术分类全集——中国墓室壁画全集	河北教育出版社有限责任公司
15	关山月全集	广西美术出版社有限公司

续上表

序号	项目名称	申报单位
文学		
1	全球华语大辞典	商务印书馆
2	上海三联人文经典书库	上海三联书店有限公司
3	中华大辞林	福建人民出版社有限责任公司
4	中国古代文体学通编	上海世纪出版股份有限公司上海书店出版社
5	中国诗歌通史	人民文学出版社
6	中国新诗编年史	人民文学出版社
7	全元诗	中华书局有限公司
8	世界文学史（八卷本）	上海文艺出版社
9	陆游全集校注	浙江教育出版社有限公司
10	当代中国比较文学研究文库	复旦大学出版社有限公司
11	中国文学通史	江苏凤凰文艺出版社有限公司
12	邵荃麟全集	武汉出版社
13	全清词・嘉道卷（全十五册）	南京大学出版社有限公司
14	荣宝斋书谱	荣宝斋
15	《大中华文库》多语种对照版出版项目	外文出版社有限公司等 10 家出版单位
16	元代古籍集成・经部・诗类	北京师范大学出版社
17	有声读物"爱之声"	中国康艺音像出版社
18	新越汉词典	广西教育出版社有限公司
文化		
1	域外汉文燕行文献集成	复旦大学出版社有限公司
2	中国影视文化软实力研究	中国传媒大学出版社
3	中国节日志	光明日报出版社
4	王世襄集	生活・读书・新知三联书店
5	中国地域文化通览	中华书局有限公司
6	中华民族（Peoples of China）中英出版合作项目	江苏译林出版社有限公司
7	中华杂技艺术通史	南海出版公司
8	续修四库全书提要	上海世纪出版股份有限公司古籍出版社
9	非物质文化遗产记忆档案系列	山东友谊出版社
10	中国茶书全集校正	文心出版社有限公司
11	停云馆帖考	河南美术出版社有限公司
12	中国丝绸艺术	外文出版社有限公司
13	黎族传统工艺	海南出版社有限公司
自然科学		
1	青藏高原历史地理研究	四川大学出版社有限责任公司
2	中华民族基因组多态现象研究	西安交通大学出版社
3	我们脆弱的星球（共 8 册）	上海科技教育出版社
4	钱学森文集——1938-1956 海外学术文献	上海交通大学出版社有限公司

续上表

序号	项目名称	申报单位
5	中国湿地（中文版、英文版）	高等教育出版社
6	中国两栖动物及其分布彩色图集（DVD 配彩版图书）	华科音像出版社
7	中国古代野生动物地理分布	山东科学技术出版社有限公司
8	林木有害生物识别与防治图鉴	辽宁科学技术出版社有限责任公司
9	自然科学大辞典系列	科学出版社有限责任公司
10	世界维管植物名称和分布	青岛出版社
11	中国蚩生物学研究	厦门大学出版社
医学		
1	王忠诚神经外科学（彩图版）	湖北科学技术出版社有限公司
2	生育力保护和生殖储备	北京大学医学出版社有限公司
3	中华道地药材	中国中医药出版社
4	图说寄生虫学与寄生虫病学	北京科学技术出版社有限公司
5	胎儿及新生儿心脏病学	北京科学技术出版社有限公司
6	中华手术彩图全解	凤凰出版传媒集团江苏凤凰科学技术出版社有限公司
7	中华医学统计百科全书	中国统计出版社
8	英文版中医走出去文库	人民卫生出版社
9	显微外科手术图谱	山东科学技术出版社有限公司
10	航空航天医学全书	第四军医大学出版社
工程技术		
1	太阳能科学开发与利用	江苏凤凰科学技术出版社有限公司
2	中国气象百科全书	气象出版社
3	物联网在中国	电子工业出版社
4	现代装备制造业技能大师技术技能精粹（附配套光盘）	湖南科学技术出版社有限责任公司
5	流量测量技术全书	化学工业出版社
6	新能源出版工程（23 分册）	上海世纪出版股份有限公司科学技术出版社
7	干旱半干旱矿区保水采煤方法与实践	中国矿业大学出版社有限责任公司
8	福建土楼建筑	福建科学技术出版社有限责任公司
9	先进制造技术与应用前沿（14 分册）	上海世纪出版股份有限公司科学技术出版社
10	西安城墙	陕西科学技术出版社有限责任公司
11	三峡工程运用后泥沙与防洪关键技术研究（共 4 册）	长江出版社
12	先进航空材料与技术	国防工业出版社
13	大飞机出版工程（二期）	上海交通大学出版社有限公司
14	高性能计算技术及自主 CAE 软件出版工程	大连理工大学出版社有限公司
15	酶工程手册	中国轻工业出版社
16	中国古建筑文化图史	知识产权出版社
17	装备制造业节能减排技术手册	机械工业出版社
18	中国重大技术装备史话	中国电力出版社有限公司
19	20 世纪世界建筑史	中国建筑工业出版社

续上表

序号	项目名称	申报单位
20	中国煤矿史	中国矿业大学出版社有限责任公司
21	中国高温合金材料（上、下）	中国质检出版社
22	航天科学与工程专著系列	哈尔滨工业大学出版社

2011年“经典中国国际出版工程”资助项目

序号	项目编号	申请单位	项目名称	著作责任者
1	007	北京大学出版社	中国经济专题	林毅夫 著
2	008	北京大学出版社	中国企业的多元解读	张志学 张建军 主编
3	012	北京大学出版社	中国报告 民生 2011	北京大学中国社会科学调查中心 编著
4	015	北京师范大学出版社	2011 中国绿色发展指数报告	李晓西
5	019	高等教育出版社	中国文学概论	袁行霈
6	020	高等教育出版社	中国汉字“六体书”艺术	赵宏、阎伟红
7	025	外语教学与研究出版社	中国故事	铁凝、刘震云、张洁等
8	028	外语教学与研究出版社	梁思成与佛光寺	梁思成 ??
9	029	五洲传播出版社	中国宗教艺术丛书（5册）	赵匡为
10	035	中国人民大学出版社	由“命”而“道”——先秦诸子十讲	黄克剑
11	040	中国人民大学出版社	中国废除不平等条约的历程（修订版）	王建朗
12	041	中国人民大学出版社	论二十世纪中国文学	谢冕
13	045	中国人民大学出版社	文化语境中的20世纪中国文艺	王一川
14	061	人民出版社	在毛泽东身边	王震宇
15	066	东方出版社	中国古代兵器图鉴	伯仲
16	069	商务印书馆	中国法学史纲	何勤华
17	072	中华书局	兵以诈立	李零 著
18	075	生活·读书·新知三联书店	毛泽东的读书生活（第二版）	龚育之，逄先知，石仲泉著
19	076	生活·读书·新知三联书店	福建土楼——中国传统民居的瑰宝（修订本）	黄汉民
20	077	生活·读书·新知三联书店	何处是“江南”？——清朝正统观的确立与士林精神世界的变异	杨念群
21	079	华文出版社	百年西藏——20世纪的人和事（中文版、英文版）	张晓明等 著
22	081	清华大学出版社	中国政治经济史论（第二版）	胡鞍钢
23	085	人民文学出版社	中国戏剧图史	廖奔
24	086	人民文学出版社	山楂树之恋	艾米
25	090	经济科学出版社	中国道路——中国经济学家的思考与探索	金培 李钢
26	092	外文出版社	西藏读本	苏叔阳 著
27	094	外文出版社	中华医学通史	李经纬等主编
28	095	外文出版社	中国共产党简史：1921–2011	中央党史研究室 编著
29	096	外文出版社	水浒传（2册）	施耐庵，罗贯中著；艾勒马哈米·苏黑勒·艾尤布译

续上表

序号	项目编号	申请单位	项目名称	著作责任者
30	097	外文出版社	穆斯林的葬礼	霍达著；外文出版社阿文编译部译
31	099	外文出版社	中国文学批评史新编	王运熙、顾易生主编；张思齐译
32	102	中国检察出版社	中国特色社会主义检察体系研究	孙谦
33	106	社会科学文献出版社	佛教思想史	郭朋 著
34	112	北京对外经济贸易大学出版社	博鳌经济论坛 2011 年度报告（3 册）	编委会
35	122	中国摄影出版社	跨越时空	高琴主编，赵迎新副主编
36	133	上海人民出版社	中国震撼	张维为 著
37	137	上海文艺出版社	我的爱情绽放如雪	裘山山著
38	167	江苏人民出版社	儒家孝道	高望之
39	184	浙江古籍出版社	中国印刷史（插图珍藏增订版）	张秀民著；韩琦修订
40	188	浙江大学出版社	华人的移民研究	李明欢著
41	219	湖北美术出版社	中国最美——图说中国非物质文化遗产（5 册）	（中）王海霞，（英）Andrew Wheatcroft 教授主编
42	231	湖南美术出版社	二十世纪中国艺术史（五卷）	邹跃进 李小山 主编
43	255	太白文艺出版社	从长安到罗马——汉唐丝绸之路全程探行纪实	王蓬
44	270	宁夏人民出版社	中国伊斯兰建筑艺术（英文版）	丁思俭
45	294	西藏人民出版社	西藏概况（藏英版）	本书编委会 编
46	296	西藏人民出版社	西藏宗教概说	彭英全 著

2011 年度少儿精品及国产动画发展专项资金项目

一、优秀少儿广播栏目

一等奖（奖金 10 万元）	
毛毛狗的故事口袋	北京广播电视台
小螺号	广西人民广播电台
大头小当家	重庆人民广播电台
红帆船	贵州贵阳市广播电视台
花儿朵朵（维语）	新疆人民广播电台
二等奖（奖金 8 万元）	
北斗星（哈语）	中央人民广播电台
阿拉腾红	内蒙古呼伦贝尔市人民广播电台
故事魔方	吉林长春市人民广播电台
少儿广播台	上海宝山区广播电视台
东方女孩	江苏连云港市人民广播电台
小小银杏花	江苏泰兴市广播电视台
成长 1+1	福建漳浦县广播电台
成长心连心 – 家庭成长工程	河南人民广播电台
跳动的阳光	西安市广播电视台

续上表

快乐的小飞天	甘肃敦煌市广播电视台
三等奖（奖金5万元）	
快乐童年（蒙语）	中央人民广播电台
爱星满天	北京广播电视台
童年童话	天津广播电视台
青苹果	天津广播电视台
开心点点	内蒙古人民广播电台
成长嘉年华	锡林郭勒盟人民广播电台
儿童成长剧场	吉林延边州人民广播电台
童心乐园	吉林市人民广播电台
欢乐童年	黑龙江牡丹江市广播电台
七色花	江苏吴江市广播电视台
红蜻蜓	福建漳州市广播电台
快乐卷卷猫	河南人民广播电台
阳光哆来咪	广西梧州市人民广播电台
金色年华	云南普洱市广播电视台
阳光城堡	云南德宏州广播电视台
星星草	陕西潼关县广播电视台
七彩阳光	陕西安康市广播电视台
校园内外	甘肃兰州市人民广播电台
少儿乐园（藏语）	青海广播电视台藏语频率
太阳花	新疆伊犁州人民广播电台
鼓励奖（奖金3万元）	
小星星乐园	宁波市人民广播电台
小蜜蜂	安徽安庆市人民广播电台
迷你城堡	江西吉安市人民广播电台
金色少年	山东烟台市广播电视台
打开心天空	广东广州市广播电视台
快乐彩虹桥	四川乐山市广播电视台
小小格桑花	青海海北州广播电视局

二、优秀少儿广播频率

一等奖（奖金15万元）
空缺
二等奖（奖金10万元）
武汉市人民广播电台少儿广播频率
甘肃人民广播电台青少广播频率
三等奖（奖金5万元）
空缺

续上表

三、优秀少儿电视栏目

一等奖（奖金 15 万元）	
智慧树	中央电视台
红色儿童剧场	辽宁广播电视台
好奇探长	上海广播电视台
智者为王	广东南方电视台
乐豆逗斗堂	四川成都市广播电视台
二等奖（奖金 10 万元）	
新闻袋袋裤	中央电视台
快乐大巴	中央电视台
健健康康长大	内蒙古电视台
小鬼当家之少年厨王	上海广播电视台
你猜谁会赢	浙江电视台
七彩路冲关我最棒	安徽广播电视台
刺桐花	福建泉州市广播电视台
非常 3Q	广东惠州市电视台
HI 宝贝	云南广播电视台
三等奖（奖金 5 万元）	
糖心家族	天津广播电视台
宝宝贝贝	河北张家口市电视台
星光闪耀	山西广播电视台
学习也疯狂	内蒙古电视台
娜荷芽	内蒙古电视台
阳光齐步走	营口市广播电视台
青苹果乐园	吉林电视台
葵花朵朵向太阳	黑龙江电视台
成长超动力	浙江电视台
快乐开卖啦	浙江宁波市电视台
宝贝向前冲	福建电视台
加油！好儿女	江西电视台
TICO 跟我来	重庆电视台
小眼看世界	重庆电视台
体验在一线	陕西潼关县广播电视局
PK 先锋	宁夏电视台
雪莲花	新疆电视台
鼓励奖（奖金 3 万元）	
成长	河北电视台
向快乐出发	山西省太原市广播电视台
串串乐	广西南宁市电视台

续上表

剪刀石头布	四川南充市营山县广播电视台
青春加气站	陕西西安市广播电视台
金色童年	青海广播电视台
四、优秀少儿频道、动画频道	
一等奖（奖金 30 万元）	
中央电视台少儿频道	
上海广播电视台哈哈少儿频道	
湖南广播电视台金鹰卡通频道	
甘肃人民广播电台青少广播频率	
二等奖（奖金 20 万元）	
北京广播电视台卡酷少儿频道	
天津广播电视台少儿频道	
江苏省广电总台优漫卡通频道	
福建电视台少儿频道	
广东电视台嘉佳卡通频道	
三等奖（奖金 10 万元）	
上海广播电视台炫动卡通频道	
浙江电视台少儿频道	
广东南方电视台少儿频道	
四川成都市广播电视台少儿频道	
甘肃广电总台少儿频道	
五、优秀国产动画片	
一等奖（奖金 40 万元）	
秦汉英雄传	北京辉煌动画公司
星游记	北京卡酷传媒有限公司
大角牛梦工厂	内蒙古鄂尔多斯市东胜天风动漫影视有限公司
快乐心心	上海卡通派数码科技发展有限公司
小狐狸发明记	江苏苏州天润安鼎动画有限公司
山猫和吉米之全家乐	江苏山猫兄弟动漫游戏公司
淮南子传奇（第一季）	安徽淮南广播电视传媒产业发展中心
熊出没	广东深圳华强数字动漫有限公司
二等奖（奖金 25 万元）	
文字国历险记 – 浩昊三战怪怪城	北京浩昊科技发展有限公司
中华小岳云 2	河北秦皇岛市电视台
水漫金山	江苏南京鸿宝影视文化有限公司
恐龙宝贝之龙神勇士 2	江苏常州恐龙园文化创意有限公司
饼干警长	江苏常州江通动画有限公司
经济学园	江苏卡龙动画影视传媒股份有限公司
天眼神兔	浙江中南卡通股份有限公司

续上表

虹猫蓝兔海底历险记	浙江杭州宏梦卡通发展有限公司
龙太子之神奇七巧板	浙江太子龙文化传播有限公司
金螺号	浙江杭州悦喜动画有限公司
九华小和尚	安徽中卡通动画制作有限公司
神奇的游戏之智慧少年组	福建厦门嘉影动漫有限公司
笛卡特警队	江西笛卡传媒有限公司
开心宝贝之开心超人	广东明星创意动画有限公司
数学荒岛历险记 2	广东广州达力传媒有限公司
三等奖（奖金 15 万元）	
云朵宝贝	央视动画有限公司
豆丁的快乐日记 2	河北玛雅影视有限公司
开心南瓜村（第一季）	辽宁沈阳哈派动漫有限公司
酷酷小吉正传之钩钩岛	哈尔滨七剑数字动漫科技有限公司
滴水精灵	上海星洲文化传媒有限公司
泡泡鱼的美丽生活	江苏苏州欧瑞动漫有限公司
如意兔之开心农场	江苏如意通动漫产业有限公司
彩色豆园	江苏南通妙吧影视动漫有限公司
阿福漫游记	江苏无锡亿唐动画设计有限公司
水文化——五水奇缘明珠传	浙江杭州山岚动漫制作有限公司
小超人队	浙江杭州汉唐影视动漫有限公司
今童王世界	浙江湖州红摩炫动画设计有限公司
杰米熊魔幻马戏团	浙江杭州东方国龙影视动画有限公司
十二生肖之天下属兔	安徽影业有限公司
马拉松王子	福建厦门音像出版有限公司
红军长征的故事	福建神画时代数码动画有限公司
蔬菜不寂寞	湖北武汉天娱动画设计有限公司
神奇的优悠	广东深圳市华夏动漫科技有限公司
百利熊	广东百视联影业发展有限公司
水果宝贝	广东广州爱动影视科技有限公司
六、优秀学院动画短片	
一等奖（奖金 5 万元）	
爱情故事	中国传媒大学
纪念日快乐	中国传媒大学
怕怕不怕	北京电影学院动画学院
知了知道	北京电影学院动画学院
爷爷在天上	北京电影学院动画学院
二等奖（奖金 3 万元）	
圈圈人	中国传媒大学
勇者大冒险	中国传媒大学

续上表

双下山	中国戏曲学院
海报狂想曲	中国传媒大学
阳台	北京电影学院动画学院
寅兔卯虎	北京电影学院动画学院
山林客	北京电影学院动画学院
鱼魅	中国传媒大学南广学院
梦之旅	中国美术学院
水镇	浙江大学
三等奖（奖金 1 万元）	
悬崖	中国传媒大学
糖知道	北京电影学院动画学院
Dec.21st	北京电影学院动画学院
战士	北京电影学院动画学院
十五贯	中国戏曲学院
十八相送	中国美术学院
柏树山上的风	吉林动画学院
棋战	吉林动画学院
雨夜	吉林动画学院
墙	中国传媒大学南广学院
大锡国	云南艺术学院
傣雅洛	云南艺术学院
想你哩	广播电影电视管理干部学院
走西口（剪纸版）	广播电影电视管理干部学院
风筝手	湖南大众传媒职业技术学院

七、少儿精品名牌栏目

奖金 20 万元	
小喇叭	中央人民广播电台

第六批中国民族网络游戏出版工程入选项目

序号	选题名称	开发公司	申报公司
1	星辰变	天津游吉科技有限公司	上海数龙科技有限公司
2	倩女幽魂 ONLINE	网易（杭州）网络有限公司	网易（杭州）网络有限公司
3	奥比岛	广州百田信息科技有限公司	广州百田信息科技有限公司
4	飘渺西游	杭州无端科技有限公司	杭州无端科技有限公司
5	九阴真经	苏州市蜗牛电子有限公司	苏州市蜗牛电子有限公司
6	神仙传	杭州火雨网络科技有限公司	杭州火雨网络科技有限公司
7	功夫派	上海淘米网络科技有限公司	上海淘米网络科技有限公司
8	梦幻诛仙	完美世界（北京）网络技术有限公司	完美世界（北京）网络技术有限公司
9	流星蝴蝶剑	上海久游网络科技有限公司	上海久游网络科技有限公司
10	仙剑神曲 OL	厦门市御风行数码科技有限公司	深圳市迅雷网络技术有限公司
11	霸者无双	夏门吉比特网络技术股份有限公司	夏门吉比特网络技术股份有限公司
12	火凤燎原	智傲游戏代理有限公司（香港）	智傲集团有限公司（香港）
13	悟空传	上海笑游科技信息公司	上海笑游科技信息公司
14	虹猫蓝兔象王剑	杭州宏梦卡通发展有限公司	杭州宏梦卡通发展有限公司
序号	选题名称	开发公司	申报公司
15	梦三国	杭州电魂网络科技有限公司	杭州电魂网络科技有限公司
16	热血三国	杭州乐港科技有限公司	杭州乐港科技有限公司
17	聚仙	北京网元畅游娱乐科技有限公司	北京网元畅游娱乐科技有限公司
18	水浒 Q 传	广州玩酷软件有限公司	广州玩酷软件有限公司
19	仙	山西问天科技股份有限公司	山西问天科技股份有限公司
20	楼一幢	上海恺英网络科技有限公司	上海恺英网络科技有限公司
21	凡人修仙传	广州市百游汇数码网络科技有限公司	广州市百游汇数码网络科技有限公司
22	弹弹堂	深圳第七大道科技有限公司	深圳第七大道科技有限公司

2011-2012 年度国家文化出口重点企业

省市	企业
北京	
1	中国图书进出口（集团）总公司
2	中国国际图书贸易集团有限公司
3	中国科技出版传媒股份有限公司
4	中国教育出版传媒股份有限公司
5	中国大百科全书出版社有限公司
6	中国青年出版社
7	人民卫生出版社
8	北京发行集团有限责任公司

省市	企业
9	北京珍本国际贸易有限公司
10	中华书局有限公司
11	北京语言大学出版社有限公司
12	外语教学与研究出版社有限责任公司
13	商务印书馆有限公司
14	北京大学出版社有限公司
15	中国人民大学出版社有限公司
16	华语教学出版社有限责任公司
17	新世界出版社有限责任公司

续上表

省市	企业	省市	企业
18	外文出版社有限责任公司	56	中国对外翻译出版有限公司
19	五洲传播出版社	57	北京四达时代软件技术股份有限公司
20	海豚出版社有限责任公司	58	北京四达时代通讯网络技术有限公司
21	世界图书出版有限公司	59	北京四达时代国际投资有限公司
22	中信出版股份有限公司	60	完美世界（北京）网络技术有限公司
23	北京求是园文化传播有限公司	61	完美世界（北京）软件有限公司
24	北京天视全景文化传播有限责任公司	62	北京新娱兄弟网络科技有限公司
25	中国印刷总公司	63	北京麒麟网信息科技有限公司
26	北京盛通印刷股份有限公司	64	趣游（北京）科技有限公司
27	北京华联印刷有限公司	65	北京水晶石影视传媒科技有限公司
28	同方知网（北京）技术有限公司	66	幸星数字娱乐科技（北京）有限公司
29	北京龙源网通电子商务有限公司	67	北京辉煌动画公司
30	中国电影集团公司	68	俏佳人传媒股份有限公司
31	中国电影海外推广公司	69	北京数码视讯科技股份有限公司
32	中国国际电视总公司	70	北京星海钢琴集团有限公司
33	中视国际传媒（北京）有限公司	71	北京世纪超星信息技术发展有限责任公司
34	中广电广播电影电视设计研究院		天津
35	央视国际视频通讯有限公司	72	今晚报社（今晚传媒集团）
36	央视国际网络有限公司	73	天津市出版对外贸易公司
37	北京联盟影业投资有限公司	74	天津画国人动漫创意有限公司
38	北京华录百纳影视股份有限公司	75	天津北方电影集团有限公司
39	海润影视制作有限公司	76	天津索浪数字软件技术有限公司
40	北京国立常升影视文化传播有限公司	77	天津神界漫画有限公司
41	北京京都世纪文化发展有限公司	78	天津福丰达动漫游戏制作有限公司
42	北京中北电视艺术中心有限公司		河北
43	北京柯瑞环宇传媒文化有限公司	79	河北出版传媒集团有限公司
44	西京文化传媒（北京）股份有限公司	80	吴桥县龙之传奇杂技演出有限公司
45	北京中联华盟文化传媒投资有限公司	81	吴桥杂技大世界旅游有限公司
46	北京华非瑞克科技有限公司	82	吴桥铭扬杂技演出有限公司
47	好讯通（北京）科技有限公司	83	吴桥华艺杂技演出有限公司
48	汉雅星空文化科技有限公司	84	深州东方实业集团有限公司
49	北京华韵尚德国际文化传播有限公司	85	曲阳宏州大理石工艺品有限公司
50	蓝海天扬影视文化（北京）有限公司	86	霸州贝司克斯乐器有限公司
51	中国广播电视国际经济技术合作总公司	87	河北金音乐器集团有限公司
52	北京中视环亚卫星传输有限公司	88	河北省怀来锣厂
53	中国杂技团有限公司	89	河北瑞特工贸有限公司
54	天创国际演艺制作交流有限公司		山西
55	中国对外文化集团公司	90	中国广灵剪纸文化产业园区

续上表

省市	企业
91	广灵县蕙花民间文化艺术发展有限公司
92	山西宇达集团公司
93	太原特玛茹电子科技有限公司
内蒙古	
94	内蒙古广播电视信息网络有限公司
95	内蒙古东联影视动漫科技有限责任公司
辽宁	
96	辽宁科学技术出版社
97	辽宁少年儿童出版社
98	北方联合出版传媒（集团）股份有限公司
99	沈阳杂技演艺集团有限公司
100	抚顺平天蜡制品有限公司
101	辽宁飞天工艺品有限公司
102	大连理工大学出版社有限公司
103	大连新世纪印刷信息产业有限公司
104	大连杂技团
105	大连金山互动娱乐科技有限公司
106	大连博涛多媒体技术股份有限公司
107	大连坐标数码科技有限公司
吉林	
108	吉林庆达数码有限公司
109	吉林出版集团有限责任公司
110	长影集团有限责任公司
111	长春市紫玉木兰工艺有限公司
112	吉林省宇平工艺品制造有限公司
113	吉林省优而特工艺品有限公司
114	四平市百隆工艺品有限公司
115	长春永裕工艺制品有限公司
116	吉林皇星漫画设计制作有限公司
黑龙江	
117	黑龙江省冰尚杂技舞蹈演艺制作有限公司
118	哈尔滨松雷股份有限公司
119	齐齐哈尔市马戏团
120	黑龙江省冰雪艺术发展有限公司
121	东宁县新华美经贸有限公司
122	牡丹江渤海民族工艺品有限公司
123	伊春市美江木艺有限责任公司
124	哈尔滨英立科技开发有限公司

省市	企业
125	黑龙江龙德天合动漫有限公司
126	哈尔滨三六九科技开发有限公司
127	哈尔滨极光文化传播有限公司
128	哈尔滨品格文化传播有限公司
129	黑龙江伊瑷斯霹电子音响有限公司
130	牡丹江和音乐器有限公司
131	尚志市联宇木业有限责任公司
132	黑龙江省译捷翻译服务有限责任公司
上海	
133	中国图书进出口上海公司
134	上海外文图书公司
135	上海新闻出版发展公司
136	上海日报社
137	上海世纪出版股份有限公司
138	硕科图像（上海）有限公司
139	上海印刷（集团）有限公司
140	上海立珏塑料制品有限公司
141	上海界龙实业集团股份有限公司
142	上海复旦四维印刷有限公司
143	上海中夏彩印有限公司
144	上海中华商务联合印刷有限公司
145	上海宏文网络科技有限公司
146	上海新汇文化娱乐（集团）有限公司
147	上海电影（集团）有限公司
148	上海今日动画影视文化有限公司
149	上海美术电影制片厂
150	上海幻维数码创意科技有限公司
151	上海新文化传媒集团股份有限公司
152	上海联合光盘有限公司
153	上海五岸传播有限公司
154	上海剧酷文化传播有限公司
155	上海话剧艺术中心有限公司
156	上海东上海国际文化影视（集团）有限公司
157	上海城市演艺有限公司
158	上海精涛文化会展有限公司
159	上海东浩工艺品股份有限公司
160	上海唯晶信息科技有限公司
161	上海征途信息技术有限公司

续上表

省市	企业	省市	企业
162	上海皿鎏软件有限公司	199	江苏深特工艺品有限公司
163	盛趣信息技术（上海）有限公司	200	苏州魔卡童创意设计有限公司
164	上海第九城市信息技术有限公司	201	泰州市美画艺术品有限公司
165	上海大承网络技术有限公司	202	连云港多彩矿产品有限公司
166	上海游族信息技术有限公司	203	连云港市石来运好水晶工艺品有限公司
167	上海久游网络科技有限公司	204	江苏华佳控股集团有限公司
168	上海炫动传播股份有限公司	205	苏州蜗牛数字科技股份有限公司
169	上海动酷数码科技有限公司	206	常州飞云信息技术有限公司
170	上海众源网络有限公司	207	江苏山猫兄弟动漫游戏有限公司
171	上海金汇通创意设计发展股份有限公司	208	江苏卡龙动画影视传媒股份有限公司
172	富乐工业（设计）上海有限公司	209	江苏久通动漫产业有限公司
江苏		210	南京艾迪亚动漫艺术有限公司
173	江苏省新图进出口公司	211	南京波波魔火信息技术有限公司
174	江苏人民出版社有限公司	212	常州卡米文化传播有限公司
175	江苏凤凰出版传媒股份有限公司	213	常州渔夫动漫有限公司
176	苏州印刷总厂有限公司	214	江苏永兴多媒体有限公司
177	常州市正文印刷有限公司	215	吟飞（科技）江苏有限公司
178	南京爱德印刷有限公司	216	常州灵通展览用品有限公司
179	江苏凤凰新华印务有限公司	217	江苏奇美乐器有限公司
180	江苏新广联科技股份有限公司	218	江阴杰麦尔乐器有限公司
181	常州市时代包装有限公司	219	江苏凤灵乐器集团
182	苏州福纳文化科技股份有限公司	220	江阴金杯安琪乐器有限公司
183	江苏省广播电视集团有限公司	221	江苏大风乐器有限公司
184	中国普天信息产业股份有限公司	浙江	
185	慈文传媒集团有限公司	222	嘉兴求是园文化传播有限公司
186	江苏省演艺集团	223	浙江华硕国际贸易有限责任公司
187	无锡凤凰画材有限公司	224	浙江省新华书店集团有限公司
188	江苏蓝鸽画材有限公司	225	浙江大学出版社有限责任公司
189	苏州市宝成实业有限公司	226	浙江教育出版社有限公司
190	江苏天阳框业有限公司	227	浙江少年儿童出版社有限公司
191	沭阳东方文体用品有限公司	228	浙江出版联合集团有限公司
192	江苏高淳陶瓷股份有限公司	229	温州日报报业集团有限公司
193	江苏开利地毯股份有限公司	230	浙江华虹光电集团有限公司
194	常州霍克展示器材制造有限公司	231	嘉兴市海鸥纸品有限公司
195	江苏原力电脑动画制作有限公司	232	浙江华人数码印刷有限公司
196	南京金箔集团有限责任公司	233	华谊兄弟传媒股份有限公司
197	江苏桃园家饰有限公司	234	东阳三尚影视传媒有限公司
198	连云港塔山湖草柳工艺品有限公司	235	浙江华策影视股份有限公司

续上表

省市	企业
236	东阳福添影视有限公司
237	浙江金球影视有限公司
238	杭州今古时代电影制作有限公司
239	长城影视股份有限公司
240	东阳拉风影视文化有限公司
241	浙江画之都油画股份有限公司
242	杭州乐港科技有限公司
243	美盛文化创意股份有限公司
244	杭州时空影视文化传播有限公司
245	浙江木玩动漫文化有限公司
246	杭州翻翻动漫文化艺术有限公司
247	浙江中南卡通股份有限公司
248	浙江华人传媒集团有限公司
249	杭州大自然光电有限公司
250	广博集团股份有限公司
251	宁波成路纸品制造有限公司
252	宁波宁兴控股股份有限公司
253	宁波旷世智源工艺设计股份有限公司
254	浙江凌科网络通信股份有限公司
255	浙江宣逸网络科技有限公司
256	宁波音王电声股份有限公司
257	海伦钢琴股份有限公司
258	森鹤乐器股份有限公司
259	宁波金辉摄影器材有限公司
260	宁波康大美术用品有限公司
261	浙江大丰实业有限公司
安徽	
262	安徽轻工国际贸易股份有限公司
263	安徽文艺出版社
264	安徽少年儿童出版社
265	安徽科学技术出版社
266	安徽人民出版社
267	安徽美术出版社
268	黄山书社
269	时代出版传媒股份有限公司
270	合肥杏花印务股份有限公司
271	安徽省新德国际印务有限责任公司
272	安徽吴楚科技文化传播有限责任公司
273	安徽旭日光盘有限公司
274	安徽演艺集团有限责任公司
275	安徽华安达集团工艺品有限公司
276	安徽庆发柳编集团有限公司
277	阜南县金源柳木工艺品有限公司
278	霍邱县亨兴工艺品有限公司
279	华宇（安徽）工艺品有限公司
280	岳西县泉源盛工艺品有限公司
281	中国宣纸集团公司
282	安徽明德竹木工艺制品有限公司
283	黄山徽州竹艺轩雕刻有限公司
284	合肥智明星通软件科技有限公司
285	铜陵百舟网络科技有限公司
286	合肥三高信息科技有限公司
287	安徽时代漫游文化传媒股份有限公司
288	安徽出版集团有限责任公司
289	安徽华文国际经贸股份有限公司
290	安徽时代创新科技投资发展有限公司
福建	
29、	福州福昕软件开发有限公司
292	福建闽台图书有限公司
293	福建省出版对外贸易公司
294	龙岩市海得宝印刷有限公司
295	艾派集团（中国）有限公司
296	闽侯闽兴编织品有限公司
297	福建省佳美集团公司
298	莆田市集友艺术框业有限公司
299	福建省闽侯民间工艺品有限公司
300	漳州市恩扬工艺品有限公司
301	福州星月家居装饰用品有限公司
302	福州闽泉工艺品有限公司
303	福建天晴数码有限公司
304	源兴电子（泉州）有限公司
305	福州锐达数码科技有限公司
306	厦门外图集团有限公司
307	厦门时代华亿动漫有限公司
308	厦门音像出版有限公司
309	厦门市创业人工贸有限公司

续上表

省市	企业
310	厦门游家网络有限公司
311	厦门鑫五洲国际贸易有限公司
	江西
312	赣州金彩包装印刷有限公司
313	江西省出版集团公司
314	江西杰锋印刷包装有限公司
315	江西广兴科技发展有限公司
316	宁都县飞天工艺品有限公司
317	景德镇法蓝瓷实业有限公司
318	江西腾王科技有限公司
319	江西泛美动画影视传媒有限公司
320	江西省萍乡市凯天网络有限责任公司
321	江西金太阳教育研究有限公司
322	江西华文光电股份有限公司
323	江西中文天下文化传播有限公司
324	凤凰光学集团有限公司
	山东
325	山东省莱州工艺品集团有限责任公司
326	山东嘉业日用制品有限公司
327	山东云龙绣品有限公司
328	临沂金柳工艺品有限公司
329	山东超越轻工制品有限公司
330	临沭县荣华工艺品有限公司
331	曹县鲁艺木业有限公司
332	山东省曹县云龙木雕工艺有限公司
333	菏泽珠峰木艺有限公司
334	曹县好多亿工艺品有限公司
335	威海市山花地毯集团有限公司
336	山东华瀚轻工业品有限公司
337	潍坊宏韵乐器有限公司
338	嘉祥京鲁益久织造有限公司
339	日照市国软软件有限公司
340	潍坊科苑数字科技有限责任公司
341	济南市双泽翻译咨询有限公司
342	青岛出版集团有限公司
343	青岛广电中视文化有限公司
344	青岛广电动画有限公司
	河南

省市	企业
345	河南凯瑞数码股份有限公司
346	中原出版传媒投资控股集团有限公司
347	濮阳市豪艺杂技（集团）有限公司
348	濮阳市华晨杂技集团有限公司
349	潢川县永江羽毛制品有限责任公司
350	固始县华源工艺有限责任公司
351	罗山县来朝宝钻有限公司
352	固始县华丰工艺品有限责任公司
353	河南约克信息技术股份有限公司
354	乐凯华光印刷科技有限公司
355	郑州市卧龙游乐设备有限公司
	湖北
356	长江出版传媒股份有限公司
357	江通动画股份有限公司
358	武汉艾立卡电子有限公司
359	环高乐器制造（宜昌）有限公司
360	宜昌金宝乐器制造有限公司
	湖南
361	中南出版传媒集团股份有限公司
362	湖南永州奔腾彩印有限公司
363	湖南媲美印刷有限公司
364	湖南芒果国际文化传播有限责任公司
365	湖南快乐阳光互动娱乐传媒有限公司
366	衡阳市杂技团
367	湖南省杂技艺术剧院有限责任公司
368	湖南龙腾工艺服饰有限公司
369	湖南港鹏实业有限公司
370	岳阳县芭蕉扇业有限责任公司
371	湖南金霞湘绣有限公司
372	湖南山猫卡通有限公司
373	湖南宏梦卡通传播有限公司
374	湖南蓝猫动漫传媒有限公司
375	湖南金鹰卡通有限公司
376	湖南明和光电设备有限公司
377	湖南省青苹果数据中心有限公司
	广东
378	广州合基贸易有限公司
379	中国图书进出口广州公司

续上表

省市	企业
380	中华商务贸易公司
381	广东省出版集团有限公司
382	韶关科艺创意工业有限公司
383	东莞新扬印刷有限公司
384	东莞市中编印务有限公司
385	东莞隽思印刷有限公司
386	东莞金杯印刷有限公司
387	广东省博罗县园洲勤达印务有限公司
388	光明（东莞）柯式印务纸品厂有限公司
389	东莞永洪印刷有限公司
390	东莞虎彩印刷有限公司
391	东莞当纳利印刷有限公司
392	广东星煌文化传播有限公司
393	佛山市顺德区孔雀廊娱乐唱片有限公司
394	湛江华丽金音影碟有限公司
395	揭阳市小梅花艺术团
396	广州市杂技艺术剧院有限责任公司
397	揭阳市青年实验潮剧团
398	广东长城集团股份有限公司
399	广东四通集团股份有限公司
400	潮州市庆发陶瓷有限公司
401	潮州市泽洲陶瓷有限公司
402	佛山市顺德区富德工艺品有限公司
403	和平县华源工艺品有限公司
404	中山市世宇动漫科技有限公司
405	广州菲音信息科技有限公司
406	广州市百游汇数码网络有限公司
407	佛山市顺德区启智数码科技有限公司
408	广州第九艺术网络科技有限公司
409	广东奥飞动漫文化股份有限公司
410	广东原创动力文化传播有限公司
411	广州市达力传媒有限公司
412	广州珠江钢琴集团股份有限公司
413	四会市华凯乐器有限公司
414	四会市华声乐器有限公司
415	得理乐器（珠海）有限公司
416	广州市浩洋电子有限公司
417	广州市番禺区珠江灯光音响实业有限公司
418	深圳市仓颉通文化传播有限公司
419	深圳市久美文化发展有限公司
420	深圳中华商务安全印务股份有限公司
421	深圳雅昌彩色印刷有限公司
422	中华商务联合印刷（广东）有限公司
423	深圳华新彩印制版有限公司
424	深圳市久美博学科技有限公司
425	华为技术有限公司
426	深圳广播电影电视集团
427	深圳市闲云工艺饰品有限公司
428	深圳市大芬文化艺术实业有限公司
429	深圳市永丰源实业有限公司
430	斯达高瓷艺发展（深圳）有限公司
431	深圳市同泰富珠宝首饰股份有限公司
432	深圳华强文化科技集团股份有限公司
433	深圳第七大道科技有限公司
434	深圳中青宝互动网络股份有限公司
435	深圳市卓页科技网络有限公司
436	深圳市方块动漫画文化发展有限公司
437	环球数码媒体科技研究（深圳）有限公司
438	深圳雅图数字视频技术有限公司
439	深圳市海恒智能技术有限公司
440	深圳市骄阳数字图像技术有限责任公司
广西	
441	广西师范大学出版社有限责任公司
442	广西人民出版社有限公司
443	广西金壮锦文化艺术有限公司
海南	
444	三亚太阳鸟文化产业有限公司
重庆	
445	重庆出版集团公司
446	重庆维普资讯有限公司
447	重庆新华多媒体发展有限公司
448	重庆享弘影视股份有限公司
449	重庆演艺集团有限公司
四川	
450	新华文轩出版传媒股份有限公司
451	四川少年儿童出版社

续上表

省市	企业
452	四川辞书出版社有限公司
453	四川省歌舞剧院有限责任公司
454	德阳市歌舞团有限公司
455	德阳市杂技团有限责任公司
456	遂宁市春苗杂技艺术团
457	九寨沟县容中尔甲文化传播有限公司
458	自贡市海天文化传播有限公司
459	自贡灯贸有限公司
460	自贡灯会展出有限公司
461	四川天域景观艺术有限公司
462	自贡市众鑫实业公司
463	自贡市龙盛世纪仿真模型制造有限公司
464	自贡亘古龙腾科技有限公司
465	四川力拓景观科技有限公司
466	四川银河地毯有限公司
467	四川精锐动画有限公司
468	成都炎龙科技有限公司
469	成都金山互动娱乐科技有限公司
470	成都精英设计制作有限公司
471	成都索贝数码科技股份有限公司
	贵州
472	遵义市杂技歌舞艺术有限责任公司
473	多彩贵州文化艺术有限公司
	云南
474	昆明新知集团有限公司
475	云南无线数字电视文化传媒有限公司
476	云南演艺集团有限公司
477	云南杨丽萍文化传播有限公司
478	昆明憨夯民间手工艺品有限公司
	陕西
479	西安荣信文化产业发展有限公司
480	西安环球印务股份有限公司
481	西安市亿利达网络信息技术有限公司
482	西安艺龙动漫科技有限公司
483	西安华炎信息科技有限公司
	甘肃
484	读者出版传媒股份有限公司
485	庆阳锦绣实业有限公司
	宁夏
486	黄河出版传媒集团有限公司
	青海
487	青海伊佳民族服饰有限责任公司
488	青海藏羊地毯（集团）有限公司
	新疆
489	新疆电子音像出版社

2011-2012 年度国家文化出口重点项目

省市	项目名称
	北京
1	中央电视台国际视频发稿平台（央视国际视频通讯有限公司）
2	中国电影海外推广、销售、服务平台（中国电影海外推广公司）
3	中国电视长城平台（中视国际传媒（北京）有限公司）
4	国产影视节目译制交易平台（中国国际电视总公司）
5	中国电视节目海外频道和时段合作（中国国际电视总公司）
6	中国优秀电视剧走进东非（国广传媒发展有限公司）

续上表

省市	项目名称
7	中央电视台国际频道海外落地项目（中视国际传媒（北京）有限公司）
8	央视网海外镜像站点建设（央视国际网络有限公司）
9	央视手机电视非洲落地项目（央视国际网络有限公司）
10	中国国际影视节目展（中国国际电视总公司）
11	北京国际图书博览会（中国图书进出口（集团）总公司）
12	中国国际文具及办公用品展览会（中国轻工工艺品进出口商会）
13	亚马逊中国书店（中国国际图书贸易集团有限公司）
14	荣宝斋传统艺术图书出口项目（荣宝斋）
15	中国学术期刊网络出版总库（同方知网（北京）技术有限公司）
16	读秀知识库（北京世纪超星信息技术发展有限责任公司）
17	美国蓝海电视台运营项目（蓝海天扬影视文化（北京）有限公司）
18	汉雅星空 IPTV 中华文化海外传播项目（汉雅星空文化科技有限公司）
19	ICN 北美电视春节晚会（俏佳人传媒股份有限公司）
20	大纽约侨声广播电台投资项目（俏佳人传媒股份有限公司）
21	尼日利亚等非洲八国数字电视系统建设及运营（北京四达时代通讯网络技术有限公司）
22	美国布兰森白宫剧院经营管理项目（天创国际演艺制作交流有限公司）
23	毛里塔尼亚、安哥拉、斯里兰卡等国广播电视工程设计项目（中广电广播电影电视设计研究院）
24	与德国电视台中国节目时段合作项目（北京华韵尚德国际文化传播有限公司）
25	英国普罗派乐卫视运营项目（北京西京广告有限公司）
26	CATV 国际立体电视台运营项目（中阿精典国际文化传媒（北京）有限公司）
27	《中国新闻周刊》英文版（《中国新闻周刊》杂志社）
28	《东方北京青年周刊》澳洲落地项目（《北京青年》杂志社）
29	体验汉语泰国中小学系列教材（中国教育出版传媒股份有限公司）
30	《环球汉语》（华语教学出版社有限责任公司）
31	中国图书贸易法国百周年出版发行有限公司运营项目（中国国际图书贸易集团有限公司）
32	人民卫生出版社美国分公司（人民卫生出版社）
33	北京语言大学出版社北美分社项目（北京语言大学出版社有限公司）
34	数字电视服务出口项目（北京数码视讯科技股份有限公司）
35	北京放映（中国电影集团公司）
天津	
36	基于 4K 分辨率的胶片修复项目（灵然创智（天津）动画科技发展有限公司）
河北	
37	沧州杂技团杂技表演（沧州杂技团）
38	曲阳石雕出口（曲阳县安信石材雕刻有限公司）
山西	
39	舞剧《一把酸枣》和《粉墨春秋》（山西华晋舞剧团）
内蒙古	
40	原生态阿希达组合（内蒙古新思路文化艺术发展有限公司）

续上表

省市	项目名称
	黑龙江
41	赫哲鱼皮桦树皮工艺品（佳木斯马华赫哲鱼皮文化有限公司）
	上海
42	国家对外文化贸易基地（上海东方汇文国际文化服务贸易有限公司）
43	上海艺术博览会（上海东上海国际文化影视（集团）有限公司）
44	上海世纪出版香港子公司（上海世纪出版股份有限公司）
45	与越南国家电视台中国电视剧时段合作（上海剧酷文化传播有限公司）
46	与美国中文电视台合作运营纽约地区中文频道（上海五岸传播有限公司）
47	“文化中国”系列外文版丛书（上海外文图书公司）
48	中国外语版图书进入拉加代尔全球图书销售网络拓展工程（上海新闻出版发展公司）
49	上海日报英文网站（上海日报社）
	江苏
50	江苏出版物海外推广系列活动（江苏省新图进出口公司）
51	常州创意产品及服务出口公共技术平台（常州市创意产业基地管理委员会）
52	“凤凰画材”越南生产基地建设项目（无锡凤凰画材有限公司）
53	中国地面数字电视标准（DTMB）海外推广项目（中国普天信息产业股份有限公司）
54	中国昆曲海外演出（江苏省苏州昆剧院）
	浙江
55	浙江海宁影视文化国际合作实验区（浙江华策影视股份有限公司）
56	国际影视产品制作基地（浙江横店影视制作有限公司）
57	华策影视节目海外营销机构（浙江华策影视股份有限公司）
58	西泠印社集团日本办事处（西泠印社集团有限公司）
59	法国东方书局（浙江出版联合集团有限公司）
60	美盛动漫文化创意基地（美盛文化创意股份有限公司）
61	温州数字报纸、温州海外手机报（温州日报报业集团有限公司）
62	海外实体书店和中文图书营销网点建设（浙江华硕国际贸易有限责任公司）
63	浙江大学出版社科技图书、期刊国际合作出版项目（浙江大学出版社有限责任公司）
64	浙江省新华书店博库网海外分站（浙江省新华书店集团有限公司）
65	“巅峰与梦想－浙江新经典”版权输出（浙江日报报业集团）
66	中华古帆船研究制作中心（舟山市普陀岑氏木船作坊）
67	南宋官窑瓷烧制技艺推广（浙江萧山宋代名瓷研究所）
68	非洲农业与医疗实用技术书系列（浙江科学技术出版社有限公司）
69	《中国印刷史》等中国文化典籍的翻译出版（浙江古籍出版社有限公司）
70	西溪创意园区国际影视动画题材资源库（杭州西溪湿地经营管理有限公司）
	安徽
71	国际汉语学习资源研发基地（安徽少年儿童出版社）
72	中澳文化交流合作平台项目（时代出版传媒股份有限公司）
73	安徽省杂技团赴美定点演出（安徽演艺集团有限责任公司）

续上表

省市	项目名称
74	中韩“学习型漫画”合作项目（安徽时代漫游文化传媒股份有限公司）
75	时代－马萨雷克出版社及东欧（波兰）文化产业分拨中心项目（安徽出版集团有限责任公司）
76	时代英国文化传媒投资项目（时代出版传媒股份有限公司）
77	时代出版期刊群落地台湾（时代出版传媒股份有限公司）
78	徽墨、歙砚出口项目（歙县老胡开文墨业有限公司）
79	阜南藤柳编织工艺科技研发与创新（阜南县腾祥工艺品有限公司）
80	YoYobooks 动漫互动阅读系列 app 项目（安徽时代漫游文化传媒股份有限公司）
81	青少年图书“简转繁”项目（时代出版传媒股份有限公司）
82	中国传统文化系列丛书（黄山书社）
	福建
83	第六届金门书展（台澎金马巡回展）（福建闽台图书有限公司）
84	闵侨书屋（福建省出版对外贸易公司）
	山东
85	中国鲁绣国际发展促进中心项目（山东万得集团有限公司）
86	临沭县柳编文化产业基地（中国柳编工艺品研发中心）（临沭县工艺品商会）
87	《山东侨报》境外发行及外文版发行（《山东侨报》社）
	青岛
88	《中国——新长征》多语种海外发行（青岛出版集团有限责任公司）
	河南
89	中原文化海外发展中心（中原出版传媒投资控股集团公司）
	湖北
90	艾立卡公司投资美国 SHS 公司项目（武汉艾立卡电子有限公司）
91	黄梅挑花（黄梅挑花工艺有限公司）
	湖南
92	釉彩瓷及釉下五彩瓷技术研发服务平台（醴陵陶润实业发展有限公司）
	广东
93	为香港点心卫视提供节目策划和制作（广东星煌文化传播有限公司）
94	佛山彩灯（佛山市民间艺术研究社）
95	纳米比亚地面数字电视节目（华为技术有限公司）
96	华强文化科技主题公园（深圳华强文化生产科技集团股份有限公司）
97	手工剪纸和景泰蓝版画（深圳市贺贺文化艺术有限公司）
98	《中国通－世界汉语教育动漫系列（形象中文）》对外汉语教材项目（深圳市仓颉通文化传播有限公司）
99	创意陶瓷展销中心（深圳长城世家商贸有限公司）
	海南
100	民族歌舞剧《槟榔·古韵》（甘什岭槟榔谷原生态黎苗文化旅游区）
	四川
101	东方彩灯·恐龙世界博览会彩灯展（韩国）（自贡灯贸有限公司）
102	2011 中国彩灯嘉年华走进荷兰（四川天域景观艺术有限公司）

续上表

省市	项目名称
	云南
103	中国地面数字电视传输标准东南亚推广（云南无线数字电视文化传媒有限公司）
104	驻柬埔寨暹粒大型旅游演艺项目《吴哥的微笑》（云南演艺集团有限公司）
105	新知图书柬埔寨（金边）华文书局（昆明新知集团有限公司）
	宁夏
106	中阿双百经典图书互译出版工程（黄河出版传媒集团有限公司）

2011 年国家动漫精品工程项目

动漫产品

类别	序号	作品名称	单位
漫画	1	《漫画中国》系列	上海京鼎动漫科技有限公司
	2	《三国演义》	天津神界漫画有限公司
	3	《神精榜》	北京颜开文化发展有限公司
	4	《中国动漫百位插画师 CG 作品精选》	上海动画大王文化传媒有限公司
	5	《哥斯拉不说话》	杭州夏天岛影视动漫制作有限公司
新媒体动漫	1	《功夫兔系列动画》	中国传媒大学动画与数字艺术学院
	2	《济公系列》	天津神界漫画有限公司
	3	《崽子兔爱运动》	无锡天使动漫文化发展有限公司
	4	《手机小子》	福建天狼星动漫有限公司
	5	《中国戏曲经典原创动画》	湖南九天星文化传播有限公司 文化部全国文化信息资源建设管理中心
动漫形象	1	“喜羊羊与灰太狼”	广东原创动力文化传媒有限公司
	2	漫画《三国演义》人物形象	天津神界漫画有限公司
	3	张小盒	广州盒成动漫科技有限公司
	4	阿狸	北京梦之城文化有限公司
	5	“蔬菜水果题材动画”形象	成都恒风动漫制作有限公司
动漫演出	1	《武林外传之小贝当家》	北京联盟影业投资有限公司
	2	《童话新世界》	湖南金鹰卡通有限公司
	3	《绝对小孩》	中国儿童艺术剧院
	4	《大闹天宫》	千色境界（北京）国际文化传媒有限公司
	5	《寻找大熊猫》	成都艺术剧院木偶皮影剧团
	6	《糖果的魔力》	天津金灵族文化传播有限公司
	7	《大家都有病》	中国国家话剧院
动漫出版物	1	《尚漫》	人民邮电出版社
	2	《大角牛美德花园》	鄂尔多斯东胜天风动漫影视有限公司
	3	《“小鹿芮卡”原创动漫项目》	河北教育出版社有限责任公司
	4	《达尔文计划——生命美术工程长篇漫画作品》	中国新闻出版传媒集团有限公司
	5	《魔术笔记》	安徽少年儿童出版社

续上表

类别	序号	作品名称	单位
动画电影	1	《西柏坡》	河北西柏坡影视制作中心等
	2	《民的 1911》	江通动画股份有限公司等
	3	《兔子镇的火狐狸》	昆山张浦好山水动画有限公司等
	4	《虎王归来》	中国电影集团公司等
	5	《麋鹿王》	北京中视互动科技发展有限公司等
动画电视	1	《秦汉英雄传》	北京辉煌动画公司
	2	《乐比悠悠》	浙江中南卡通股份有限公司
	3	《开心宝贝》	广东明星创意动画有限公司
	4	《小牛向前冲》	鄂尔多斯东胜天风动漫影视有限公司
	5	《诺诺森林》	苏州士奥动画制作有限公司

动漫创意

类别	序号	作品名称	单位
漫画	1	《神龙九子》	北京漫巢文化传播有限公司
	2	《趣味和尚》	呼和浩特市漫影传媒有限责任公司
	3	《京剧猫》	北京综艺博览文化交流有限公司
	4	《追火车》	深圳市风火广告有限公司
	5	《牛斗士》	呼和浩特市漫影传媒有限责任公司
	6	《红楼梦》	天津神界漫画有限公司
	7	《甜甜圈宝贝》	哈尔滨圣文动画有限公司
	8	《漫画中国》系列	上海京鼎动漫科技有限公司
	9	《长歌行》	杭州夏天岛影视动漫制作有限公司
	10	《龙行天下动漫设计作品产业化生产项目》	北京普罗之声文化传播有限公司
新媒体动漫	1	《帕拉兔》	湖南互动传媒有限公司
	2	《小破孩》	上海拾荒动画设计有限公司
	3	《包子馒头》	无锡世纪宏柏数码动画有限公司
	4	《酷巴熊》	成都牧鹰数码艺术设计有限公司
	5	《E 哥有话说》	浙江中南卡通股份有限公司
	6	《匹果果动漫创意》	北京嘉乐无限文化传播有限公司
	7	《神龙九子》	北京漫巢文化传播有限公司
	8	《红楼梦》	天津神界漫画有限公司
	9	《铁皮青蛙》	江西泰豪动漫有限公司
	10	《蓝猫智乐园》幼教项目	天津蓝猫卡通传媒有限公司
动画电影	1	《封神传奇》	西部电影集团有限公司等
	2	《西游新传》	北京科影国际有限公司等
	3	《西域传奇》	常州渔夫动漫有限公司等
	4	《魁拔之十万火急》	北京青青树动漫科技有限公司等
	5	《世博总动员》	上海红摩炫动画有限公司等

续上表

类别	序号	作品名称	单位
动画电影	6	《赛尔号》	卡通先生（天津）影业有限公司等
	7	《齐天大圣前传》	云南缘成影视制作有限公司等
	8	《郑和魔海劫》	南京朱雀影视动画有限公司等
	9	《石头记》	北京彭措国际文化有限公司等
	10	《崂山道士》	青岛数码动漫研究院等
动画电视	1	《侠义小青天》	大连乾豪数字科技有限公司
	2	《快乐心心》	上海卡通派数码科技发展有限公司
	3	《淮南子传奇》	淮南广播电视传媒产业发展中心
	4	《生肖山传奇》	江苏希际数码艺术网络股份有限公司
	5	《山猫和吉咪》	湖南山猫卡通有限公司
	6	《秦时明月》	杭州玄机科技信息技术有限公司
	7	《三国演义》	北京银河长兴影视文化传播有限责任公司
	8	《孔小如》	通州妙吧影视动漫有限公司
	9	《天上掉下个猪八戒》	江通动画股份有限公司
	10	《数学荒岛历险记》	广州市达力传媒有限公司

第八部分
园区与基地

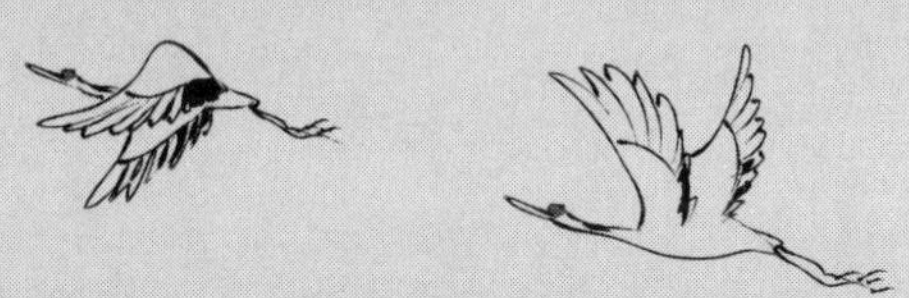

2011年中央各部委命名的国家级园区和基地

国家文化产业示范园区（第三批）

1. 张江文化产业园区

张江文化产业园区位于上海浦东新区张江高科技产业园区，是上海文化产业园区、国家级文化产业示范园区。园区目前集中管理的物业达到 7 万平米，加上其他文化产业用房，共达 20 万平米。

张江文化产业园自 2009 年获得市级文化产业园区授牌以来，坚持“创意科技、创新服务、创业精神”的核心理念，在推动创新发展、加强规范管理、集聚产业集群、打造优秀品牌、形成规模效应等方面，获得了一系列突出成就。2011 年初，由文化部授予国家文化产业示范园区。

张江文化产业园区是一个以科技研发、金融支持、创新服务为特色的文化产业园区。通过搭建多重服务平台，集聚龙头企业实现规模效应。园区内汇集了网络游戏、动漫、数字、新媒体等文化类企业 380 家。就产值而言，张江拥有全国网络游戏产业 20% 的份额，动漫产业占上海的 70%，数字内容产业占全国的 10%。园区明确了主导发展方向，入驻企业集中于网络游戏、动漫、数字内容、新媒体四大领域。

2. 开封宋都古城文化产业园区

园区规划总面积 1486.8 公顷，包括一城四点即古城产业区（14.4 公里古城墙环绕的全部古城区域），面积为 1300 公顷；繁塔禹王台产业区，面积为 40.6 公顷；“城摞城”遗址博物馆产业区，面积为 11.3 公顷；收藏文化产业区，面积为 36.4 公顷；创新文化产业区，面积为 98.5 公顷。

该园区以“宋文化”为核心，以宋都古城保护与复建工程为依托，以文化旅游、演艺餐饮、工艺美术、休闲娱乐等为载体，以精品文化工程为抓手，将文化发展和城市运营相结合，围绕宋文化内涵，打造文化旅游业、文化演出业、书画工艺美术业、饮食文化业、休闲娱乐业、会展收藏业、新兴文化产业等七大文化重点产业，集中力量建设“四河连五湖”水系工程、东京艺术中心、开封城墙保护维修、大宋文化博物馆等一批精品文化工程，形成文化产业链。

国家文化产业试验园区（第一批）

1. 中国曲阳雕塑文化产业园

中国曲阳雕塑文化产业园，位于河北省保定市曲阳县城南部，是全国首批命名的四家“国家级文化产业试验园区”之一，也是河北省唯一一家国家级文化产业园。园区主导产业为雕塑类文化产业，目前已形成了集创意设计、制作加工、市场营销、包装设计于一体的系列化生产流程，构筑起传统雕塑、城市雕塑、园林雕塑、仿古雕塑、巨型雕塑五大类雕塑产业体系，石雕、木雕、玉雕、牙雕、铜雕、不锈钢雕、泥塑等产品领域，掌握了浮雕、圆雕、透雕、镂雕、影雕等多种技术，产品出口到世界 100 多个国家和地区。

现有入驻企业 398 家，其中雕塑类文化企业 358 家，占园区企业总数的 90%，规模以上雕塑骨干企业已经达到 30 余家，年销售收入 30.5 亿元。园区集雕塑展示、综合贸易、信息、电子商务及管理服务于一体。

2. 黑龙江（大庆）文化创意产业园

黑龙江（大庆）文化创意产业园总占地面积 18 平方公里，规划建筑面积 1438 万平方米，投资规模达到 781 亿元，初步形成文化创意、能源资讯、动漫原创、IT 创智、文化休闲等五大产业群。总投资 600 亿元的北国之春梦幻城，一期已启动建设侏罗纪公园等 30 多个单体项目。投资 10 亿元的大庆国际动漫城，引建日本、韩国、台湾及国内知名动漫企业和机构 600 家以上。

按照初步规划，大庆文化创意产业园根据功能分为五大主题区域——百湖艺术群落、动漫梦工厂、东方新文化广场、大庆数码传媒港、国际文化交易所。这五大区域将相互依托，各具特色，汇集了动漫、数字传媒、民间艺术、文化交易、活动展演等多个特色产业，旨在打造包含创意设计、内容生产、版权交易、品牌推广等环节完整的文化产业链条，形成其在国内外市场的竞争实力和品牌影响力，兼具大庆特色的现代化文化科技创意园区。

3. 长沙天心文化产业园区

长沙天心文化产业园成立于 2008 年 4 月，位于国家级“长株潭两型社会试验区”的中心地带；其中园区核心区处于市中心城区，面积 8.5 平方公里；园区拓展区位于长沙市南部解放垸地区，占地 12 平方公里，是长株潭三市融城的最前沿。

天心文化产业园区荟萃了众多湖湘文化精华。现有天心古阁、白沙古井，湖南第一师范等国家和省市文物保护单位44处，拥有火宫殿庙会、湘剧、湖南花鼓戏、长沙弹词等4项国家级非物质文化遗产。园区管理机制健全，制定了《长沙天心文化产业园管理办法》、《文化产业发展扶持和奖励办法》等多项管理制度，基础设施配套完善。

至2011年末，园内共有各类文化企业1680家，其中龙头企业16家，规模以上文化企业45家，文化产业从业人员10.8万人；全年完成文化产业生产总值102.8亿元，较上年增长25%，其中文化产业增加值62.2亿元。

4. 广州北岸文化码头

"北岸文化码头"创意园区，占地45.5公顷，选址珠江新城南方面粉厂码头、员村热电厂、鹰金钱罐头厂旧址一带。目前，"北岸"较出名的两大创意"基地"为红专厂和羊城创意产业园。2011年6月份被命名为国家级文化产业试验园区。

广州北岸文化码头旨在将建筑和文化创意融入市民生活，并倡导城市共生、公众参与的全新生活方式，最终形成一个中国最大和极富感染力的文化创意产业平台。广州北岸文化码头集研发、展览、消费、演出、体验、交流、交易七大业态为一体，打造一个符合城市创意生态的"城市创意综合体"，并通过城市共生、公众参与和可持续发展的三大立意，以国际高度打造一个吸引国内外知名创意机构参与分工协作、资源共享和优势互补的文化创意产业园，塑造广州创意的全球影响力。

国家文化和科技融合示范基地（第一批）

1. 北京中关村国家级文化和科技融合示范基地

中关村国家自主创新示范区是2009年国务院批复建设的首个国家自主创新示范区，是我国高科技自主创新的发源地，是先行先试政策的实验区，是培养聚集高素质人才的基地和战略性新兴产业的策源地，成为跨行政区域的高端产业功能区，并辐射全国。

北京市以中关村国家自主创新示范区海淀园为核心，联合石景山区石景山园、东城区雍和园、西城区德胜园共同建设中关村国家级文化和科技融合示范基地。大力实施科技创新和文化创新双轮驱动战略，坚持先行先试、融合发展、辐射带动、开放交流原则，建立健全以企业为主体、市场为导向、产学研相结合的文化科技创新体系，推进文化和科技深度融合。

基地以信息技术与数字内容产业为核心发展方向，以高端人才、园区建设、创新企业、科研机构为主要抓手，以融合品牌、中介服务、公共服务平台和创新环境建设为支撑，贯彻落实中关村国家自主创新示范区"1+6"政策，推进文化和科技融合特色产业在基地的集聚发展。

2. 天津滨海高新区国家级文化和科技融合示范基地

天津滨海高新区国家级文化和科技融合示范基地，拥有国家综合性高新技术产业基地信息服务业核心区、中国服务外包基地城市示范园区、国家影视网络动漫实验园、国家影视网络动漫研究院、国家级滨海广告产业园等多个国家级文化技术创新平台，有力带动区域文化科技产业快速发展。

滨海高新区大力扶持文化创意产业发展，确立了"文化 + 创意 + 科技"的文化产业发展模式。2011年，滨海新区汇聚了各类核心文化企业100余家，较2010年增加45%，企业数量位居全市各区之首。培育了一批科技文化"小巨人"企业，开发了一批拳头产品，形成了自己的特色和品牌。

2011年高新区文化科技企业总收入105亿元，年均增长率33%，占高新区核心区总收入的比例达到15%左右，已经成为高新区经济增长重要支点，在全市文化产业大发展大繁荣中的重要地位和领航作用日益显现。

3. 沈阳国家级文化和科技融合示范基地

沈阳和平区是国家高新区重点建设的科技文化园区和国家可持续发展实验区，连续六年被评为"全国科技进步先进城区"，有文化科技骨干企业113家，已经初步形成相对完整的数字出版、数字设计、数字传媒、文化技术装备等文化科技创新链条。

沈阳高新开发区将通过现代信息技术、互联网技术、数字技术等高新技术的研发应用，着眼数字设计、数字出版、数字传媒、文化装备等重点，改造提升传统文化产业，培育高科技含量的新兴文化产业，努力将示范基地打造成为地域特色鲜明、工业文化浓郁、主导产业优势明显的文化科技产业发展体系。

市、区两级政府将文化与科技融合的重点企业列入重点支持领域，在科技创新资金中给予重点安排。沈阳市设有4000万元的文化科技融合产业发展专项资金，和平区安排6000万元扶持文化科技产业发展。

4. 哈尔滨国家级文化和科技融合示范基地

哈尔滨依托国家现代服务业新媒体产业化基地，并结合已有的国际数据城，建设哈尔滨国家级文化和科技融合示范基地。整合优势资源，围绕冰雪文化产业、欧陆文化产业、音乐文化产业等，重点建设六园区、四基地、五工程、八中心等项目，走具有自身特色的规模化、国际化、品牌化发展道路。

哈尔滨国家文化和科技融合示范基地以哈尔滨新媒体产业基地和哈尔滨国际数据城这两个已有的文化和科技产业园区一体化建设为依托，整合哈尔滨文化和科技方面的优势资源，利用计算机图像技术、新一代信息技术、云计算等技术在内容数字化、传播网络化、服务移动化等方面的应用，加强文化和科技融合，改造提升传统文化产业，创新发展新兴文化产业，提升文化传播能力，打造东北亚文化科技融合的新媒体产业发展中心，使之成为我国重要的东北亚文化外宣和交流基地。

5. 上海张江国家级文化和科技融合示范基地

上海张江高科技园区是国家级自主创新示范区，园区建有国家信息产业基地、软件产业基地、网游动漫产业发展基地等。在科技创新方面，拥有多模式、多类型的孵化器，建有国家火炬创业园，园区已成为我国高科技产业化的龙头区域。

上海市依托张江国家自主创新示范区建设，实施“一基地多园区”联动发展战略。张江基地从点、线、面三个层次推进文化科技融合：在点上开展文化科技融合关键技术突破工程，在线上开展贯穿文化生命周期的文化科技创新亮点工程，在面上从文化科技跨界人才培养、文化科技公共服务平台体系建设、文化科技骨干企业培育、文化科技融合统计体系建立等推进，最终形成门类齐全、结构优化、特色鲜明的文化产业园区。2011 年上海张江国家自主创新示范区营业总收入达 1.6 万亿元。

6. 常州国家级文化和科技融合示范基地

常州创意产业基地依托国家高新技术产业开发区，具有产业链相对完整的主题公园、动漫游戏、创意旅游等产业集群，先后被授予国家现代服务业文化创意产业化基地、文化产业示范基地、数字娱乐产业示范基地、国家火炬计划软件产业基地、国家广告产业园区等称号。

常州市以常州创意产业基地打造国家级文化和科技融合示范基地，将发展高新区、武进区的两个超百亿元文化产业集聚区，打造创意文化产业带、历史文化产业带、生态文化产业带，建设环球恐龙城、动漫嬉戏谷等体验区，积极打造一核两区三带四平台五中心六产业群七体验区八大项目的文化产业发展格局。

常州市以“园区封闭式管理，产业开放式发展”、“产业上归入园区，地理上分布全市”为基本理念，建立适合文化科技融合的体制机制环境，安排专项资金，制定地方专项政策，积极做好政策兑现等一系列具体政策。

7. 杭州国家级文化和科技融合示范基地

杭州市是浙江省经济、文化、科教中心，是长三角地区最发达、最具活力的城市之一，先后被授予国家创新型城市试点、国家现代服务业创新发展示范城市、国家现代服务业产业化基地。

杭州市以杭州国家现代服务业产业化基地为依托，以杭州国家高新技术产业开发区、之江国家旅游度假区等为平台，发挥杭州历史文化优势、经济金融优势、民营经济优势、环境资源优势，突出特色发展，以点带面，多元多区，合力发展。杭州以现有 16 家园区为基础，打造创意设计产业示范基地、动漫游戏产业示范基地、现代传媒产业示范基地，重点发展工业设计业、游戏娱乐业、数字出版、新媒体等产业。

8. 合肥国家级文化和科技融合示范基地

合肥高新区是首批国家级高新技术产业开发区、国家创新型科技园区和国家知识产权试点园区，拥有各类科技企业孵化器 15 家，拥有国家智能语音高新技术产业化基地等 6 个国家级成果转化基地，拥有科技中介服务机构 210 多家。

合肥高新区按照“创新驱动、高端引领、产业提升、统筹推进”的思路，着眼新兴文化产业发源地、文化科技融合发展先行区、区域文化繁荣发展辐射源、创新型城市建设新亮点的定位，以动漫游戏、数字出版、影视制作、智能语音为重点，着力提升文化科技融合创新能力，着力构建文化科技融合创新体系，推动文化事业、文化产业又好又快发展。

高新区成立基地建设领导小组，制定了《合肥文化和科技融合示范基地建设发展规划》，市财政每年在文化产业专项资金、科技专项资金和人才专项资金中分别安排不少于 20% 的文化与科技融合发展资金；对入驻示范基地的重点文化企业及配套企业，除享受国家有关税收优惠外，再给予适当地方税收留成奖励。

9. 青岛国家级文化和科技融合示范基地

青岛市是国家现代服务业示范城市、全国首批“三网融合”试点城市，连续两年被评为全国文化体制改革先进地区，拥有海尔数字化家电国家重点实验室、海信多媒体国家重点实验室、数字电视国家工程实验室青岛基地、中国数字化舞美科技联合实验室等 4 个国家级公共技术服务平台。

青岛依托青岛国际动漫游戏产业园、凤凰岛影视传媒产业基地和城阳区，着眼现代海洋文化名城建设目标，以数字文化建设为动力、以文化科技为支撑，力争 2015 年拥有自主知识产权的文化科技产品占文化产品比例达到 38%，形成影视传媒、数字内容、出版印刷、动漫游戏、文化创意、文化科技装备等 6 大文化科技产业集群，文化产业增加值突破 1000 亿元，使科技创新成为文化发展的核心支撑与重要引擎。

10. 武汉东湖国家级文化和科技融合示范基地

武汉是国家首批创新型试点城市、国家首批“三网融合”试点城市。东湖新技术开发区是全国第二个国家级自主创新示范区、国家现代服务业试点区域。武汉东湖国家级文化和科技融合示范基地内拥有华中国家数字出版产业基地、光谷创意产业园等 20 多个文化创意产业园区，武汉光电国家实验室、国家多媒体软件工程技术研究中心、国家文化创新研究中心等多个文化技术创新平台。

武汉市东湖新技术开发区以打造“文化五城”、建设文化强市为目标，以推动文化科技创新、引领和支撑文化产业发展为主线，按照“一区多园一带”的总体布局，着力实施数字出版产业发展、民族文化科技保护、文化演艺产业发展、高新技术博览服务、多语言云翻译、文化科技创新人才培养等示范工程，努力将示范基地打造成国家文化科技创新的智力密集区、资本聚合区、产业集聚区、引领示范区。

11. 长沙国家级文化和科技融合示范基地

长沙为全国首批区域技术创新工程示范城市和国家知识产权示范城市、国家创新型试点城市、科技进步示范市和全国第一批三网融合试点城市。长沙市动漫产量连续 4 年居全国第一，2011 年全市文化创意产业增加值 550 亿元。

长沙高新区以“创新、创作、创造、创业”为基本思路，以“新技术、新平台、新体系、新模式、新业态”为基本方略，依托长沙高新区，长沙国家级文化和科技融合示范基地，将以动漫游戏、数字传媒与出版、创意设计、数字旅游等特色产业为突破口，着力构建麓谷动漫游戏产业园、金鹰影视文化城、中南国家数字出版基地、岳麓山文化创意产业园区、天心国家文化产业园等五园区和人才支撑、公共服务两体系。

12. 深圳国家级文化和科技融合示范基地

深圳高新区大力推动文化科技产业新模式，聚集了一批以高新技术为依托、以数字内容为主体、自主知识产权为核心的文化产业集群，单位面积产出居国家高新区首位，专利申请量、发明专利申请量连续多年居国家高新区第二位。

深圳市将坚持自主创新，依托区位优势，发挥“文化 + 科技”、“文化 + 金融”、“文化 + 旅游”特色，坚持政府推动和市场运作相结合、制度创新和研发创新相结合、扩大产业规模与提升产业层次相结合，以“高、新、软、优”为切入点，瞄准文化创意和科技创新两大主攻方向，重点发展数字传媒、数字娱乐、数字出版三大产业，形成龙头企业带动，五大重点项目驱动，七大平台支撑发展的产业链式发展格局，努力打造具有国际竞争力的自主创新和知识经济示范基地，科技辐射、科技孵化的产业化基地，高素质创新人才培养基地。

13. 重庆北部新区国家级文化和科技融合示范基地

重庆市北部新区作为国家级文化和科技融合示范基地，目前也是国家数字出版基地、国家火炬计划软件产业基地、国家动画产业基地，拥有专业化数字出版基地平台，以及商界、维普、华龙网、电脑报、天极网、课堂内外等数字出版内容开发商和渠道提供商 112 家、服务外包企业 197 家、核心企业 64 家、获得互联网出版资质的企业 10 家（西部最多）；构建了包含 26 个工程技术研究中心、18 个重点实验室、12 家科技企业孵化器、20 家生产力促进中心的科技服务体系。

北部新区以数字出版产业为主体，紧扣共性技术研究、核心技术攻关、先进技术集成应用和产业化服务环境建设等关键环节，围绕数字内容制作与分发、出版发行交易与监管、跨媒体复合出版、智能阅读终端研发与制造等重点，努力建设国内首个以“云端结合”为特色的文化与科技融合示范基地。

14. 成都国家级文化和科技融合示范基地

成都高新区是全国首批六家创建“世界一流高科技园区”试点园区，设有国家网络游戏动漫产业发展基地、国家数字媒体技术产业化基地、国家动漫游戏产业振兴基地等。

成都高新开发区以国家现代服务业产业化基地为支撑，以数字音乐、数字传媒、熊猫生态文化、蜀绣传统文化四大领域为重点，以培育壮大产业链为根本目标，针对文化产品设计、生产、传播、运营、体验、交易等环节科技需求，开展关键共性技术攻关和技术集成创新，加快创新载体建设，加强文化科技企业培育，推动文化产业发展模式创新，打造彰显科技魅力的知名文化品牌，构建以企业为主体、市场为导向、产学研相结合的文化科技创新体系，推动文化和科技的深度融合，提高文化创意能力，深入推进文化和科技融合示范基地建设。

15. 西安国家级文化和科技融合示范基地

西安高新区是国家重点建设的六家“世界一流科技园区”之一，曲江新区是国家级文化产业示范区，两区均已形成文化产业发展重点明晰、骨干企业增长迅速、产业聚集效应明显的局面，共聚集了 1500 多家文化企业。

西安高新区已开始启动西安高新区文化与科技融合示范产业园建设，以培育文化创意产业等新兴文化业态为主线，以移动互联网应用、动漫游戏、数字出版为支撑，整合科技资源，加大科技投入，有力支撑西安乃至陕西文化产业振兴和新型文化业态发展，使西安高新区成为世界知名、全国一流的文化创意产业基地。园区计划共投资 30 亿元，面积 2–3 平方公里。

西安以高新区和曲江新区为基地承载主体，依托丰富的历史文化资源和雄厚的科技创新力量，突出文化旅游、移动互联网、动漫游戏、数字出版、新媒体等重点领域，加大文化科技攻关力度。

16. 兰州国家级文化和科技融合示范基地

兰州高新区是 1991 年经国务院批准成立的国家级高新技术开发区，电子信息产业相对集中，服务类产业集聚，形成对兰州地区的联动辐射和延展，并成为甘肃省文化产业的集聚发展区。

兰州市以兰州高新区为承载体，以培育敦煌文化和伏羲文化等特色优势为目标，通过重点工程项目实施、骨干企业培育、重点文化科技产品打造等，把兰州国家级文化和科技融合示范基地建设成为甘肃地区文化和科技融合的产业规模发展的重要集聚地。

甘肃省动员全社会力量建设国家级文化和科技融合示范基地，成立由省委副书记任组长、省常委宣传部部长和副省长任副组长的基地建设领导小组，由省政府负责编制示范基地发展规划并组织实施。积极促进银企、投资机构和企业对接，推进文化科技和金融的创新合作。实施积极的人才政策，加大培养力度。加大财税支持力度，出台《扶持与文化产业融合的科技型企业发展的若干政策》，激励示范基地内文化科技企业加快发展。

国家对外文化贸易基地

1. 国家对外文化贸易基地（北京）

作为文化部和北京市共同建设的国家级对外文化贸易基地，北京国际文化贸易服务中心将集成国家支持中国文化产品和服务的政策资源体系、北京市发展文化创意产业的政策支持体系、天竺综合保税区的政策法规体系，形成政策叠加的综合优势，成为北京发挥全国文化中心示范作用，推动中国对外文化贸易发展的重要平台。

基地规划用地 260 亩，建筑面积 50 万平方米，投资总额 50 亿元。发展定位是国家对外文化贸易的创新示范区、国家级文化贸易口岸、中国文化“走出去”的能力培养区和亚洲最大的艺术品交易市场。基地将国际贸易中针对普通商品的保税政策及通行做法运用在文化贸易领域，并根据文化产品创意、设计、生产、存储、销售的特点进行政策资源的整合和制度创新，形成适应文化产品生产规律、促进文化对外贸易的专门保税形态。

2. 国家对外文化贸易基地（上海）

建在浦东外高桥保税区的国家对外文化贸易基地，有望成为中国文化产品进出口集散中心，推动更多中华优秀文化产品和服务走向世界。建设国家对外文化贸易基地是文化部和上海市委、市政府认真学习贯彻党的十七届六中全会精神，积极落实中央关于推动中华文化“走出去”指示精神的重大举措。这一对外文化贸易平台具有“服务企业、降低成本、吸引人才、促进合作、推动发展”等功能，将在部市合作框架下，探索中华文化“走出去”的有效途径，更好发挥国内文化企业优势。基地内设有全国首家文化产权交易所，3000 平方米的“境内关外”保税展览场所，以及近 80 家文化企业和机构，注册资本近 9 亿元人民币。

国家级非物质文化遗产生产性保护示范基地（第一批）

1. 北京市珐琅厂有限责任公司

——景泰蓝制作技艺

采用传统工艺生产，技艺流程包括制坯、掐丝、点蓝、烧蓝、磨光、镀金等多道传统工序，核心技艺保护和传承良好。工厂设有多个大师工作室，采用名师带徒的传承方式，现有国家级代表性传承人 2 名，市、区级代表性传承人 6 名。产品积极开拓其他应用领域，从瓶、罐、盘、炉、樽发展到建筑装饰工程、城市景观工程、大型壁画等。

2. 北京市内联升鞋业有限公司

——内联升千层底布鞋制作技艺

内联升千层底布鞋从前期准备，到制底、制帮、制垫和绱鞋，共 90 多道工序，均沿用传统手工制作方式，采用棉、麻等天然原材料。技艺传承采取传统师带徒的模式，建立了以国家级非遗传承人为首的师带徒岗位技能培养机制，培养出一批年轻传承人。企业年产量达 40 万双，经济效益和社会效益均较好。

3. 北京市荣宝斋

——木版水印技艺、装裱修复技艺

坚持传统技艺的保护和传承，在木版水印技艺流程中严格按照勾描、刻版、印刷的工序进行生产；在书画装裱方面采用托、拉、镶、扶、砑光、上杆等主要工序；在技艺传承方面，实施首席技师、名师带徒的制度，成立了传承人工作室，培养了一大批传承人；在宣传展示非物质文化遗产方面，成立了木版水印工艺坊。注重企业文化的形成和培养，社会效益和经济效益都较好。

4. 河北省衡水习三内画艺术有限公司

——衡水内画

衡水内画传统工艺分为水晶壶磨制和作画两道工艺，水晶壶磨制分为开坯、磨制、掏膛、光亮、磨砂、细磨等工序，作画过程为构图、勾线、分染、皴染、上色、落款等工序。该企业采用传统工艺生产，在北京、石家庄、衡水建有 3 座内画博物馆，开办了习三内画中专学校，招收残疾人学习内画技艺，培养传承人。产品积极探索功能转型，由鼻烟壶内画转向水晶球内画、香水瓶内画、酒具内画、茶具内画等。

5. 河北省曲阳宏州石业集团有限公司

——曲阳石雕

曲阳雕刻艺术迄今已有 2000 多年的历史，坚持现实主义和浪漫主义相结合，运用圆雕、浮雕、线雕等技法，将透视学、解剖学、美学融于石雕之中，其作品具备木雕之细腻、牙雕之玲珑、玉雕之逼真，造型优美，形神活脱，刀工细腻。曲阳石雕种类繁多，既有仿古作品，又有现代人物肖像，还有各种建筑装饰用品和家庭装饰用品，畅销日本、美国、加拿大、泰国、新加坡等八十多个国家和地区。

6. 山西老陈醋集团有限公司

——老陈醋酿制技艺（美和居老陈醋酿制技艺）

在美和居老陈醋酿制过程中始终坚持“蒸、酵、熏、淋、陈”传统工艺，坚持“夏伏晒、冬捞冰，贮陈老熟”的核心工艺。企业注重对山西老陈醋的经典传统生产技术、制曲工艺、文化实物等进行收集整理，设有美和居老陈醋展示馆和美和居老陈醋酿制技艺传习所，积极开展宣传展示和授徒传艺活动，非物质文化遗产保护意识较强，保护工作成绩显著。

7. 江苏省扬州玉器厂

——扬州玉雕

以新疆白玉和缅甸翡翠为主要原材料，产品工艺上坚持采用传统开料、设计、水作、抛光 4 项工艺流程，坚持采用传统工具生产，核心技艺保护和传承良好，江苏省扬州玉器厂自上世纪 70 年代就创办了扬州玉器学校来培养玉雕后备人才，注重对拥有高超技艺的玉雕行业领军人物的培养，通过师带徒制度，先后培养出 4 名中国工艺美术大师、7 名江苏省工艺美术大师。

8. 江苏省宜兴紫砂工艺厂

——宜兴紫砂陶制作技艺

宜兴紫砂陶，始于北宋，兴盛于明清，鼎盛于当代。自上世纪开元以来，曾在一系列国际博览会上屡获金、银奖等殊荣，享誉世界。该企业在当地声誉较好，采用天然原料生产，保留传统制作工艺，形成了独特的民族风格和艺术特点。企业注重有计划地利用和保护有限的紫砂土资源，积极开展紫砂陶制作技艺保护和传承工作，具有较高的经济效益和社会效益。

9. 江苏省南京云锦研究所有限公司

——南京云锦木机妆花手工织造技艺

江苏省南京云锦研究所有限公司采用传统的大花楼木织机织造，坚持传统手工技艺生产，用料考究，彩丝、金银线和孔雀羽线为其主要用材，具有鲜明的工艺特色。企业注重非物质文化遗产项目的保护和传承，积极开展云锦传统工艺资料的挖掘、整理工作，与南京市教育局有计划地把云锦专业列入职业教育范畴，定期培训学徒，同时还与南京大学开办了“云锦研究生班”，培养云锦技艺高级人才。

10. 浙江省东阳市陆光正创作室

——东阳木雕

浙江省东阳市陆光正创作室雕刻技艺精湛，在继承传统的同时，积极探索木雕艺术的当代化和实用化，注重企业文化的培养和形成，重视非物质文化遗产项目的保护和传承。在传承方面，陆光正既通过师带徒的形式传承东阳木雕技艺，现有徒弟 11 人，培养了省级工艺美术大师 9 人，同时又担任东阳木雕工艺美术学校的校长，主抓教学，每年培养学生数百名。

11. 浙江省青田县二轻工业总公司

——青田石雕

青田石雕因材施艺、因色取巧，雕刻技艺精湛，雕刻题材广泛，表现手法多样。技艺保持传统的相石、开坯、雕琢、封蜡、润色等工序。同时建有青田石雕博物馆、石雕产业园区等，并将石雕技艺纳入青田县职业技术学校专业课进行教学，积极培养后继人才。2011 年 11 月，浙江省二轻工业总公司被文化部命名为“第一批国家级非物质文化遗产生产性保护示范基地”。

12. 安徽省绩溪胡开文墨业有限公司

——徽墨制作技艺

安徽省绩溪胡开文墨业有限公司积极开展传统核心技艺的整理、记录和建档工作，并出版了相关成果。该企业注重开展原材料保护工作，在生产中坚持纯手工生产，坚持传统技艺，并积极申请有关专利。建立长期传承机制，积极激励学徒学习传统技艺，在当地具有较高的知名度，经济效益较好。

13. 中国宣纸集团公司

——宣纸制作技艺

中国宣纸集团公司（从属名称：安徽省泾县宣纸厂）坐落在闻名中外的宣纸之乡——安徽泾县，创建于 1951 年。公司在生产中坚持传统技艺和传统材料，主要采取手工方式进行生产。企业除 1 名国家级代表性传承人外，还有省级代表性传承人 5 人，并建立了师带徒的长期传承机制和激励机制。建有非物质文化遗产专题博物馆和展示馆，接待游客参观游览，并实行免费开放。

14. 福建海峡寿山石文化研究院

——寿山石雕

寿山石雕整个生产加工过程需要近 10 道工序，传统技艺保护和传承良好。该单位坚持寿山石开发与保护并举，积极抢救修复矿业遗迹，加强寿山石资源监管，制定了寿山石近、中、长期发展规划和各种法律法规等保护措施，出版了《国之瑰宝》、《中国寿山石大观》等多部专著，并建有寿山石公园、寿山石艺广场、寿山石博物馆等，在当地具有较大影响。

15. 江西省景德镇佳洋陶瓷有限公司

——景德镇手工制瓷技艺

佳洋陶瓷在传统粉彩瓷制作方面具有代表性，保持了手工制瓷技艺的本真性、完整性，核心技艺保护和传承较好，在青花瓷和粉彩瓷等的绘制和烧炼工序上技艺水平较高，创造了良好的经济效益；在培养传承人方面，联合江西省工艺美术学院和景德镇高等专科学校陶瓷美术系开展校企合作，开办了“佳洋班”，每年招收绘瓷和其他手工制瓷人才。成立了专门的研究院和博物馆，深入挖掘、收集、整理、研究景德镇手工制瓷工艺。

16. 江西省景德镇古窑瓷厂

——景德镇手工制瓷技艺

景德镇古窑瓷厂是一个集传统工艺生产、古代建筑和旅游观光为一体的文博事业单位。自 1980 年秋开始筹建，经过十余年的建设发展，如今古窑已具有一定的生产规模，并以其特有的传统制瓷工艺，古典的明代民俗建筑，清新典雅的环境，再现了一幅反映明代中期景德镇瓷业的风情画。该企业传统技艺保护和传承良好，且在拉坯、修坯、砌窑等方面具有典型性和代表性。企业坚持传统技艺生产，社会效益和经济效益较好。

17. 江西省含珠实业有限公司

——铅山连四纸制作技艺

铅山连四纸产地分布在武夷山脉南、北麓，鼎盛时期有纸槽两千余张。连四纸制造过程的技术关键：一是水质，凡冲、浸、漂、洗所接触的水均不能有任何污染，须采用当地泉水；二是配药，药系采用水卵虫树制成。

该企业建立了师带徒的传承机制，通过签订协议、捆绑考核等方式促进传承。建有2000多平方米的连四纸制作技艺展示中心，宣传和保护非物质文化遗产。

18. 山东省东阿阿胶股份有限公司

——中医传统制剂方法（东阿阿胶制作技艺）

公司地处阿胶发源地东阿县，拥有国家原产地标记注册认证及国内阿胶行业唯一代表性传承人资格。主导产品“东阿”牌阿胶具有2500多年历史，制作工艺从原料加工到成胶共50多道工序，泡皮、切皮、化皮、熬汁、浓缩、凝胶、切胶、晾胶、擦胶等全由手工完成。公司坚持传统技艺，采用原真材料进行生产，取得了较好的经济效益，成为东阿县的支柱产业。

19. 河南省禹州市杨志钧窑有限公司

——钧瓷烧制技艺

钧瓷的制作工序极其繁杂，自古就有“过手七十二方可成器”之说。钧瓷自然窑变形成的“釉色”、“纹路”、“釉画”成就了钧瓷自然神奇、大气磅礴的审美特质。

杨志钧窑积极开展核心技艺的整理、记录、建档和实物征集工作。在生产方面，坚持利用传统钧瓷制作工具和窑炉，以传统手拉坯技法制作作品，保持作品的本真性，在钧瓷生产中具有代表性。

20. 河南省禹州市星航钧窑有限公司

——钧瓷烧制技艺

星航钧窑有限公司在传统技艺保护和传承方面较为成功，坚持核心技艺和既定流程不改变，在产品样式创新方面形成独特的风格和特点，且积极参与社会公益事业，经济效益和社会效益均较好。

目前在禹州从事钧瓷烧制技艺的实践者约300人，他们世代相传，子承父业，在口传心授的过程中，沿袭着传统，丰富着钧瓷烧制技艺的手工实践能力。

21. 湖南省龙山县苗儿滩镇捞车河村土家织锦技艺传习所

——土家族织锦技艺

土家族织锦工艺独特，织造精细，以绚丽多彩而著称，以设色浪漫而见长，与蜀锦、壮锦、云锦合称为“中国四大名锦”，特点主要表现在纹样构成的题材内容及色彩运用的形式法则上，图纹和色彩配置极为完善。

该传习所位于摆手堂旁边，与群众生产生活结合紧密。织锦的过程中使用“通经断纬、断纬挖花”的手法，采用“上下斜”反面织造成各种图纹，材料多采用蚕丝和自制棉纱线，技艺传承较好。

22. 湖南省怀化市通道侗族自治县啰耶侗锦织艺发展有限公司

——侗锦织造技艺

通道侗族自治县啰耶侗锦织艺发展有限公司成立于2009年，按照“公司+基地+农户”的生产经营模式，建立了生产、加工基地，组建了研发、销售团队，带动了妇女群众积极参与侗锦织造，已初步形成了“企业为龙头，基地为载体，农户为纽带”辐射全县境内的侗锦生产示范基地。同时建立了侗锦博物馆，并举办培训班、设立传习所，为侗锦的传承起到了积极的推进作用。

23. 广东省潮州市艺葩木雕厂

——潮州木雕

艺葩木雕厂继承和发扬了潮州木雕的传统特色，核心技艺保护和传承良好。雕刻技法有沉凹雕、浮雕、圆雕、通雕和锯通雕等。该企业积极参与潮州木雕展示交流活动，具有一定的社会影响。积极开展非遗传承工作，与潮州市职业技术学校联合办学，开办了工艺美术班，培训专门人才，经济效益和社会效益均较好。

24. 广东省佛山市新石湾美术陶瓷厂有限公司

——石湾陶塑技艺

新石湾美术陶瓷厂有限公司坚持以生产进行保护的理念，根据市场需求决定发展产品方向，公司已由单纯生产美术陶瓷的小厂发展成为拥有陈设艺术陶、建筑艺术陶、装饰艺术陶、日用艺术陶等四大系列产品的企业，并培养出10位国家级陶艺大师和13位省级陶艺大师。2011年，企业销售额达到5000多万元，较好地实现了石湾陶塑技艺的生产性保护。

25. 广西壮族自治区靖西县壮锦厂

——壮族织锦技艺

壮锦制造过程保持了拉纱、梳纱、穿综、结花板等传统工艺，以棉纱为经，以各种彩色丝绒为纬，坚持传统技艺，采用“通经断纬”的技术制造，纯手工生产。该企业定期举办培训班，在社会上推广织锦技艺的同时，遴选出有织锦技术的人才招进工厂进行系统学习和传承。

26. 四川省成都蜀锦织绣有限责任公司

——蜀锦织造技艺

蜀锦与云锦、宋锦、壮锦并称为四大名锦。四川省成都蜀锦织绣有限责任公司是蜀锦织造技艺保护传承的主要载体，在生产方面保留了蜀锦传统手工生产和织造技艺，经济效益和社会效益较好。建有3000多平方米的成都蜀锦织绣博物馆，收集并保存蜀锦的代表作品，积极开展对丝绸织锦的研究工作。

27. 四川省绵竹年画社

——绵竹木版年画

四川省绵竹年画社继承和采用传统工艺生产，注重保护传承人和老艺人，积极开展资料整理收集工作，常年举办培训班培养相关人才。年画社采取政府推动、社会参与、市场运作方式，从3家作坊发展到4家公司、34家个体作坊，从业人员从十几人发展到800余人，取得了良好的社会效益和经济效益。

28. 四川雅安市友谊茶业有限公司

——黑茶制作技艺（南路边茶制作技艺）

雅安市友谊茶叶有限公司是一家藏茶（南路边茶）专业生产企业，公司坐落于茶马古道第一站——雅安市近郊多营镇川藏公路交通主干线，交通便捷，绝佳的茶叶生态资源。由藏茶世家第五代传人甘玉祥创建于1992年，现有员工200余人，厂区面积20000多平方米并建设有2000平方米集藏茶历史、文化、技艺，以及产品展示于一体的藏茶文化展示厅。

29. 贵州省丹寨县石桥黔山古法造纸专业合作社

——皮纸制作技艺

石桥黔山古法造纸专业合作社传承古老的造纸技艺，利用当地植物原材料，融入当地苗族文化元素，严格遵守传统手工生产过程。作坊数达到66户，从业184人，经营收入230余万元，传统工艺古法造纸已经开始走向产业化。2008年成立黔山古法造纸专业合作社，现聚于黔山造纸合作社38户。石桥纸品具有纯天然、纸质白、拉力强、纤维长等特点，年生产纸350万张。

30. 云南省红河哈尼族彝族自治州建水县贝山陶庄文化产业有限公司

——陶器烧制技艺（建水紫陶烧制技艺）

建水县贝山陶庄文化产业有限公司有从业人员32人，专业技术人员11人，年总产值100万余元，主要经营陶品艺制作、字画装裱服务、木石手工艺制作。制作的紫陶工艺品坚持传统工艺生产，坚持镇浆制泥、手工拉坯、湿坯装饰、雕刻填泥、高温烧成、无釉磨光的工艺流程。建水紫陶与江苏宜兴陶、广东石湾陶、四川荣昌陶并称为“中国四大名陶”。

31. 云南省普洱市宁洱县困鹿山贡技茶场

——普洱茶制作技艺（贡茶制作技艺）

普洱市宁洱县困鹿山贡技茶场坚持以传统的制茶技艺进行生产，遵循300多年历史的制作古法，坚持祭祀茶神、原料采选、杀青揉晒、蒸压成型4道关键程序；坚持核心技艺，保留手工操作传统，注重对茶叶杀青温度、揉茶的力度及方向技巧、压茶的力度及时间、茶膏熬制火候的把握等，注重言传身教和长期实践经验的积累，经济效益较好。

32. 西藏自治区江孜地毯厂

——藏族卡垫织造技艺

西藏江孜卡垫制作技艺具有数百年的历史，织法独特，色泽鲜艳、和谐，毯面柔软。在织法、色彩、纹样组织等方面，鲜明地体现了当地民族特色和地方特色。该企业在制作过程中始终坚持传统的纯羊毛原料及纯手工生产，积极开展非物质文化遗产保护和传承工作，带动当地群众就业，在当地民众中具有良好口碑。

33. 西藏自治区藏药厂

——藏医药（藏药七十味珍珠丸配伍技艺）

自治区藏药厂从原料配料的计量到药品剂量的准确度都是以传统的定量和程序来控制，坚持传统工艺，加工炮制工序无删减，注重保护传统工艺，积极开展传承工作，每年为全区农牧民免费巡诊、治疗，发放七十味珍珠丸等药品，社会口碑好，经济效益高。目前，藏医药已成为西藏主要的支柱产业之一。

34. 陕西省凤翔新明民俗文化传承有限公司

——泥塑（凤翔泥塑）

凤翔泥塑在生产过程中，严格遵守传统配方和流程，产品始终保持最鲜明的地方原生态特色，帮扶带动了500多人从事泥塑手工艺的专业加工和生产。建设传习所“西府民俗艺术博览园”，形成了保护、传承、生产、销售的良性体系，经济效益和社会效益均较好。

35. 陕西省西安大唐西市文化发展有限公司

——民间绣活（西秦刺绣）

西安大唐西市文化发展有限公司为了积极推进陕西秦绣、国家非物质文化遗产保护体系的建立，采取了一系列措施，主要包括：第一，建立1000余平方米非物质文化遗产科研保护展示厅。第二，不断提升非物质文化遗产的传承能力。第三，通过师带徒，强化创作与质检过程中指导，组织公司内部技艺交流和业务培训，组织不同绣种之间的艺术交流及艺术讲座等多种形式，提高刺绣技艺人员的技艺水平。

36. 甘肃省环县道情皮影保护中心（皮影雕刻）

——皮影戏（环县道情皮影戏）

环县皮影雕刻技艺广泛流布于环县及周边地区，环县皮影雕刻借鉴了民间剪纸的传统手法，按照制皮、过样、雕刻、着色、出水、装订等工序进行，以线条镂空进行刻画，以阴刻、阳刻区分不同人物性格。甘肃省环县道情皮影保护中心积极开展非物质文化遗产保护和传承工作，带动当地群众就业，取得了较好的社会效益和经济效益。

37. 甘肃省庆阳岐黄文化传播有限公司

——庆阳香包绣制

甘肃省庆阳岐黄文化传播有限公司坚持绣制项目本真性、完整性和核心技艺的保护，组织整理、摹绘传统刺绣图案，细研传统香包绣制针法。生产的传统产品和新研发产品均保留正宗的香包刺绣技艺。在生产经营方面，坚持传帮带的经营模式，积极带动周围群众就业，有较好的社会效益和经济效益。

38. 青海省黄南州热贡画院

——热贡艺术

黄南州热贡画院坚持传统绘画技巧和艺术风格，造型准确生动，工笔精细绝美，色彩艳亮。现拥有中国工艺美术大师、中国民间美术大师、省市级画师、专职画师以及独具特色的热贡传统艺人80余人。此外，热贡画院招收了多名孤儿，教授他们整套唐卡绘画技艺，注重传授唐卡绘画的文化内涵，让学生在学画的同时学习佛经故事，了解各种造型背后的宗教含义。

39. 青海省互助土族文化传播有限公司

——土族盘绣

土族盘绣在生产制作中严格坚持图案、材料、配色、工艺等环节的本真性，由代表性传承人严格把关，保护和传承传统和原始的盘绣技艺。在经营方面，按照“公司＋基地＋农户”模式，聘请国家级代表性传承人李发秀和省级传承人麻宝琴、马有莲等，面向周边农村妇女进行培训，累计培训1200人次，发展盘绣艺人200人。企业带动了当地中小企业开展土族盘绣生产、销售和保护传承工作。

40. 青海省海湖藏毯有限公司

——加牙藏族织毯技艺

加牙藏族织毯在生产中坚持传统手工生产和传统的连环重叠法工艺，并将传统织毯生产流程细化；注重开展织毯技艺培训，建立织毯加工点51个，企业从业人员均为农牧民，采用“公司＋车间”、“公司＋农户”的生产模式，扩大了传承地区和受益人群，经济效益和社会效益较好。

41. 吾库萨克乡热合曼·阿布都拉传习所

——民族乐器制作技艺（维吾尔族乐器制作技艺）

吾库萨克乡热合曼·阿布都拉传习所的民族乐器在生产过程中，坚持维吾尔民族乐器制作的传统原料、制作工具和传统制作工序。传习所积极开展传统技艺传承培训工作。在经营方面，采取“基地＋农户”的形式，对个体作坊资源进行整合。积极推动民族传统技艺与旅游相结合，研发旅游纪念品，带动当地群众就业，取得了良好的经济效益和社会效益。

国家广告产业园区

1. 北京国家广告产业园区

北京国家广告产业园区位于CBD——定福庄国际传媒走廊地区，占地面积约42.8平方公里。园区及周边地区汇集了1.3万家传媒企业，包括200家中国最具实力和影响力的传媒巨头和新闻传播机构、190家国际知名新闻机构，以及上千家互联网新兴媒体企业。

园区规划打造五个中心即全国广告产品交易中心、广告产业公共服务中心 、广告产业创新发展中心、广告产业人才培养中心、优势广告企业聚集中心； 搭建五个平台即公共技术服务平台、公共信息发布平台、公共行业中介服务平台、广告展示平台、政府“一站式”服务平台。

园区按照其形成区级财政收入的十分之一给予一次性资金奖励。新注册并迁入国家广告产业园的龙头广告企业，在享受上述优惠政策的同时，还可享受最高每年50万元的房租补贴。此外，对于广告企业上市融资给予大力支持，对拟上市企业按完成改制、上市辅导、首次发行和公开上市等步骤，分别给予数十万到数百万不等的补助。

2. 上海国家广告产业园区

上海国家广告产业园区位于嘉定工业区，成立于2007年，通过产业链高度聚集来集约资源，推进中国知名广告企业的扩张与品牌提升。园区以中广国际广告创意产业基地为主体，是上海市文化信息产业示范园区，也是中广协授牌的中国广告创意产业基地。

园区包括亚太广告总部基地、广告创意科技基地、广告创意人才教育与实践基地等八大基地。园区规划用地3000亩，市场化运作，分批建设，滚动开发。规划以八大板块打造全球广告创意服务集聚区。

目前一期园区已基本建成并有部分企业入驻办公。园区已有1800余户广告产业链企业和500余户主营广告企业登记注册，2011年实现广告及其相关产业产值近60亿元。

3. 南京国家广告产业园区

南京国家广告产业园区位于建邺区广告城科技园内，总建筑面积约73万平方米。园区建设广告总部区、广告企业创业区、广告企业发展区、广告媒体区、公共服务区、广告主题公园等“五区一园”。广告创意产业依托新城科技园软件和信息技术产业，与城市设计、工业设计、动漫、传媒、环境艺术、广告设计等组成了园区独具特色的文化创意产业。

园区重点打造广告创意设计业、广告制作业、广告媒体业等全产业链企业集群，推进广告企业与二、三产业的融合发展，构筑国内一流的广告内容、提供商品品牌塑造基地，成为辐射南京都市圈乃至长三角，在全国有较高影响力和知名度的广告创意产业中心、华东广告资源交流中心、南京广告企业集聚中心。

目前，南京国家广告产业园已建成面积达10万平方米的广告产业先导区，与国内外知名广告企业进行了广泛的沟通和洽谈，广告企业集聚效应加快显现。

4. 常州国家广告产业园区

园区规划以“一核三基地”为抓手。一核，即以常州创意产业基地为核心载体的国家广告产业园创意设计核心区，重点发展广告创意、设计、策划及制作，集聚优秀企业形成总部区，提供高端广告技术支撑、投融资、市场交易及人才培育等服务。三基地，即以高新区保纳产业基地为主体的展示交易基地，重点发展广告产业链市场终端，提供一站式交易服务；以高新区三井产业基地为主体的广告新媒体集成研发生产基地，重点形成集网络媒体、搜索引擎、移动互联网、网络视频、数字出版、电子商务等于一体的新媒体产业链；以常州灵通展览用品有限公司为主体广告器材生产基地，重点发展广告会展器材的开发、研制和生产，加快广告新材料、新媒介的产业化。

建设四大中心，即广告研究中心、广告技术中心、广告人才培养中心、广告交易中心。目前，园区已有24万平方米产业用房可投入使用，另有24万平方米用房将于今年年底全面竣工。

5. 青岛国家广告产业园区

青岛国家广告产业园区位于青岛市城阳区城市中心区，距城阳区政府2公里、距青岛流亭国际机场2.5公里。园区总占地600亩，其中：产业用地200亩、商服配套用地400亩，总投资48亿元，建筑面积70万平方米。目前，已完成23.6万平方米建筑物拆迁，建成1.5万平方米公共服务中心，

项目由青岛易和阳光文化实业有限公司负责建设管理运营。产业园区设有国家影视广告制作基地、国家动漫游戏广告基地、国家微电影拍摄制作基地三大基地和广告影视拍摄区、广告展览展示区、国际广告学术交流中心、国际广告人才培训中心、广告创意办公区、动漫科技产业基地等六大功能区。

园区定位在立足青岛、背靠山东、面向日韩、走向国际，跨越传统广告行业，跨界整合创意文化资源，将青岛园区发展成为国家大广告文化产业的典范园区。

6. 潍坊国家广告产业园区

潍坊国家广告产业园区位于城区福寿西街白浪河以西，建筑面积28万平方米。园区规划“两区一园五板块”，包括：东区——广告创意孵化区，由西街广告创意板块、十笏园·城隍庙广告展示交易板块、北宫东影视广告板块组成，主要建设以潍州传统文化为主题，以中小广告企业孵化为主体，集广告孵化、设计策划、产品交易等为一体的多功能广告创意园区。西区——广告总部企业聚集区，主要包括建筑面积33万平方米的广告城板块和以鲁台会展中心、鲁台会议中心为核心的鲁台广告会展板块。广告城主要建设以高端商务楼宇为主、以广告

产业为主题的全封闭式大型城市综合体。鲁台广告会展板块主要承接国内外大型广告交流活动，打造鲁台广告交流的重要窗口和10万平方米的台湾广告总部企业基地。一园即浮烟山·白浪绿洲湿地广告影视文化产业园，依托山水自然景观，建设省内最先进的广告拍摄、制作基地。业务涵盖广告创意策划、设计制作、交易发布、广告设备材料研发等领域。

7. 陕西国家广告产业园区

陕西国家广告产业园位于西安国际港务区核心地段，总占地面积3平方公里，新区广告产业基地，占地800余亩。园区规划建设有国际广告展示交易区、广告传媒聚集区、广告文化创意总部区、高端商务配套区和环球创意体验文化园等，将建成国内唯一一个以广告“四新”研发、内容创意设计制作、营销展示推广交易为主要内容的完整产业链功能的新型广告产业园区。

本项目与其他产业园影视、动漫的产业导向错位发展，主要以广告主题为起点发散，以文化创意产业为大背景，挖掘其产业链中的中高端业态，进行组合。按照“四区一基地”布局，各区功能鲜明，优势互补，形成完整的产业链条。通过新科技、新工艺、新造型、全生态、低能耗等手段打造高品质的工旅结合的国际化新时代园区。园区建成后将成为西安国际港务区最具文化、人文气息的主题地产项目。

8. 广东国家广告产业园区

广东国家广告产业园区位于广州美术学院昌岗校区，总建筑面积9万平方米。第一期位于广州美术学院西南角地段建一幢16层的创意中心大楼。作为唯一一个依托专业院校而建的广告产业园区，园区规划以点带面在周边形成生机勃勃的创意群落，并与位于海珠区的太古仓码头创意产业园、十香园、文化星城、Loft345艺术空间、广州美术学院、岭南画派纪念馆、中山大学、TIT创意园、珠影、广州塔、琶洲会展中心、黄埔古巷、小洲艺术村等一起，共同形成海珠文化创意产业走廊。入园的广告企业也可享有专项资金扶持、优先获得宣传、补贴等优惠。

该园区主要为广告业提供产业信息发布平台、广告作品展示和交易平台、广告业培训平台和高端广告后期影视制作平台，计划吸引60家左右的优质广告企业进驻园区。

9. 长沙国家广告产业园区

长沙国家广告产业园区位于“长株潭两型社会建设综合配套改革试验区”的核心地带，投资约35亿元，三期建设，现已基本完成一期111亩用地的规划设计和征地拆迁。园区核心区处于市中心城区，面积8.5平方公里；园区拓展区位于长沙市南部解放垸地区，占地12平方公里。

产业园将充分发挥湖南媒体、出版、动漫等优势资源，在园区内形成集广告研发、制作、发布、培训、服务等于一体的产业链，逐步实现园区引领、龙头企业带动、中小企业灵活经营、管理服务平台健全合理的园区运行模式。产业园还将通过龙头企业的辐射带动效应，打造中南地区广告企业、资金、人才、项目集聚高地，发展一批跨地区、跨行业的广告创意服务企业集团。目前，园区已经启动了与国内、省内大型广告企业入园的意向性洽谈。

2011年各省(市、自治区)命名的园区和基地

·天津市·

市级创意产业园（第三批）

1. 天津生态城动漫园

天津生态城动漫园一期工程主楼总建筑面积7.7万平方米，公共技术服务平台位于北侧裙房，是国内投资规模最大、技术水平最先进的动漫产业公共技术平台，可以为进驻动漫园的企业提供渲染、动作捕捉等专业技术服务。

动漫园的公共技术平台的管理团队，自主研发建立了利用48个摄像头完成的“基于动作捕捉的三维动画创作系统”，并基于该系统研发了实时渲染动画技术，将生产效率提高35倍。同时，团队与国家超级计算机天津中心合作打造世界级动漫极速渲染中心，将原本需要数月完成的渲染周期缩短至数周。

2. 陈塘科技商务区创意产业园

陈塘科技商务区位于天津市河西区行政区域内，总

占地面积2.78平方公里，西至城市景观带，北至黑牛城道，东至微山路，南至珠江道，规划建筑面积约282万平方米，平均容积率3.6。

陈塘科技商务区在功能上被定位为“总部基地、北方高技术服务核心区和天津文化传播中心”。在产业发展上，将重点发展总部基地，高技术服务业、文化创意产业，并在此基础上发展相关综合配套产业。

总部基地，以研发总部和营销总部为发展重点，同步发展区域政务中心和D-CBD，将陈塘科技商务区发展成为北方经济中心的核心功能区，城市副中心，集聚和辐射要素资源的总部区，一个代表天津发展形象的品牌。

3. 天感科技园

在区政府的重点扶植下，天感科技园突出特色产业发展优势，依托先进制造业、服务业、信息业、咨询业等综合效能，吸引相关科技型中小企业进驻，面向高新技术领域、区域经济特色、传统制造业，实施了资源、技术、产业的优化组合。目前，已汇集数码影像、感光耗材等相关产业的企业30余家以及7条具有国内先进水平的涂布生产线，其中，“数码影像输出材料评价系统建设”项目通过专家验收，“T7型工业射线胶片”和“纳米级二氧化硅胶体系列抛光剂”得到业内专家的好评。园区研发项目有2项被列入天津科技型中小企业创新资金，1项列入市科技创新项目。

4. 创意桥园产业园

创意桥园产业园位于天津市卫国道旁，卫国道是天津CBD与天津机场、滨海新区、天津港的必经轴线，形成陆、海、空立体交通优势。卫国道同时也是天津最重要的国际级迎宾大道，距天津CBD仅5公里车程，距天津空港物流也仅8公里车程，并紧邻地铁二号线太阳城站出口，十余条公交线路、轻轨等便捷的交通路网。产业园面积400亩，其中生态水域面积近200亩，种植各类植物60余种，容积率不到0.04%，是一个天然氧吧，具有无可比拟的生态优势。它是天津市市内最大的人造生态公园，并且在2009年西班牙巴塞罗那世界建筑节上，获得“全球最佳景观奖”。

5. 绿领产业园

绿领产业园位于万柳村大街，是在原天津纺织机械厂138亩厂区、61000平方米厂房的基础上，改造提升载体功能，使之成为拥有10万平方米载体，可容纳400余家建筑节能、绿色照明、工业减排、环保能源等领域企业聚集的新型都市产业园区。

绿领产业园区通过搭建平台、完善政策、整合资源，为企业提供研发、生产、经营等各类服务。目前已经孵化的23家企业，在设计表达、科学仿真、实体验证、销售推广等方面形成了产业链，在更快适应市场的实践中成长壮大。目前园区还成为市政府首批确定的都市工业园区、小企业成长基地、亿元楼宇、现代服务业集聚区和国家级科技孵化器试点。

6. 1895天大建筑创意大厦

该大厦规划用地8400平方米，总建筑面积36818平方米，名字中的“1895”寓意着天津大学的前身中国第一所现代大学北洋大学成立于1895年。1895大厦定位为“科技南开的桥头堡，创意产业的孵化器”，将依托天津大学的人才、学科和技术等优势，打造建筑创意产业集聚区，推动建筑工程设计产业集群发展。

驻区高等学府、科研院所众多，是南开区独特的区位优势。多年来，南开区委、区政府一直在探索促进产学研结合、发挥科教资源优势“为我所用”的有效途径，1895天大建筑创意大厦的出现，搭建起一个将科技创意转化为生产力的广阔平台。

7. 天津鑫茂青年大学生创意创业孵化器

天津鑫茂青年大学生创意创业孵化器在鑫茂高科技园区的依托下，致力于建立国家级青年创就业孵化器（园），为大学生创就业提供切实帮助。根据《天津市创意产业园认定管理办法（试行）》规定，创意产业园是指依托本市先进制造业、现代服务业发展基础和城市功能定位，利用工业等历史建筑为主要改造和开发载体，以原创设计为核心，相关产业链为聚合，以研发设计创意、信息网络创意、文化传媒创意、咨询策划创意、时尚消费创意等为发展重点，并集聚了一定数量创意企业，经市政府有关部门认定的创意产业园区。

8. 天津武清开发区总部基地

天津武清开发区创业总部基地占地1.26平方公里，建筑面积120万平方米，总投资达60亿元。规划一轴一心五区：科技生态轴、中心服务区、企业总部区、商务酒店区、bpo服务外包区、商务综合区和专家公寓区。功能定位为主要发展商务、办公、创意、动漫、研发、IT、服务外包、企业总部等现代服务业，全力打造京津走廊生态城与新的高端产业新“智库”。

市级文化产业示范基地（第二批）

1. 天津电视艺术发展有限公司

天津电视艺术发展有限公司是天津电视台的独资公司，主要经营电视剧、专题、综艺、动画等节目制作、投资与发行，兼营演出及经纪业务。公司独立经营，自负盈亏，以全面实现市场化运作、打造电视艺术精品为目标。公司前身“天津电视台电视剧制作中心”具有较强的创作生产实力。自1979年以来共制作生产300余部电视艺术作品，近年来推出的《玉碎》、《父辈的旗帜》等作品均获社会效益和经济效益双赢。

2. 仁永动画制作传播有限公司

天津市仁永影视动画制作转播有限公司成立于2004年12月8日，是以影视动画制作为主，集广告、制作、出版、发行、销售为一体的文化企业。公司占地面积1000平方米，注册资金为1800万元，员工80余人。公司拥有一支长期从事动画事业的资深技术专家及优秀的管理、销售、服务人员组成的实力不凡的专业团队。这些专业的导演、美术设计、原创动画等人员又组成了完善的创作结构体系，确保了作品的前期策划、中期设计、后期制作的专业化和高质高效性。

3. 凌奥创意产业园集团

凌奥创意产业园位于天津市重点发展板块，距奥林匹克体育中心600米。集团于2007年9月挂牌成立，旗下有凌奥创意产业园、房地产开发公司、佰利华商贸有限公司、凌奥投资公司、金一机械五个分公司，拥有资产8亿元，涉及房地产开发及商品房销售、房屋租赁、投资管理、投资咨询、物业管理、市场经营与管理服务、展览展示、会议服务、文化艺术交流与培训等经营领域。凌奥集团目前重点打造8个工程项目，总建筑面积近50万平方米。

4. 天津市福丰达影视科技投资发展有限公司

天津福丰达影视科技投资发展有限公司成立于2004年，其事业领域已覆盖数字展示、动漫产品制作、立体影视技术、影视特效制作、电影院线、新媒体产品内容等多个方面。 从思维到创作，从资源到研发，公司的业务领域几乎涵盖文化创意产业链的各个环节。目前公司已拥有自主知识产权30余项，并与世界多家著名企业集团建立了紧密的战略合作关系，为公司品牌国际化战略的实施构建了发展平台，通过与海外研发机构的沟通，进一步壮大了自身的技术力量。

5. 意库创意企业管理服务有限公司

意库创意产业园是天津首家基于“工业遗产保护与再利用”的全新理念改造而成的文化创意产业集聚区，于2007年9月28日正式开园。园区自成立以来，植根于文化创意产业特质，以“LOFT创意文化”自由开放的个性打造意库品牌核心价值，成功举办、承办了一系列的文化创意活动。

园区着力打造投融资、人才培养、知识产权保护、餐饮休闲娱乐服务等综合服务平台，并将城市空间设计作为发展文化创意产业的方向，积极投资建设以六个共性技术为核心的城市空间设计公共服务平台。

6. 杨柳青画社有限公司

天津杨柳青画社成立于1958年，以研究、创作和出版具有300余年历史的杨柳青木版年画而著称，隶属天津市文化局，是国家新闻出版署核定的美术图书出版单位和国家文物局认定的文物经营单位。画社开设民间艺术开发经营、图书出版发行等专项部门，下辖杨柳青年画艺术公司、图书编辑部、年画编辑部、市场营销部四个业务部。目前，画社已形成规模化的经营管理体系，并与国内各大省市及美国、法国、日本、韩国、新加坡等国家和香港、台湾地区建立了贸易合作关系。

7. 滨海航母主题游乐园

2005年10月9日天津经济技术开发区实业公司（天津泰达投资控股有限公司的全资子公司）公开拍卖取得原天津国际游乐港有限公司5.57平方千米土地及“基辅”号航空母舰的所有权。

天津滨海航母主题公园，位于天津滨海新区汉沽八卦滩，地处滨海旅游区核心区域，是以“基辅”号航母这一独特旅游资源为主体，拥有特别的“基辅号”航母资源，大面积的陆、海两域规划，高科技含量的军事、海洋主题，富有体验性、参与性、娱乐性、刺激性体验项目，属于特大型的国防教育基地。

8. 名流茶馆

天津名流茶馆始建于1991年，由中建六局安装公司与天津表演咨询委员会横向联合，在天津市繁华地区开设的一处古朴典雅，展示津沽特色的文化娱乐场所。内有伸入式小舞台，台口为圆形，舞台旁设有展销柜台，陈列传统工艺精品、特色小吃，可供观众欣赏选购。目前名流茶馆分为三处经营，一处位于和平区新华路 177 号，营业面积约为 200 平方米，称为“新华路店”；另一处位于南开区古文化街，于 2007 年 2 月开业，营业面积约为 350 平方米，称为“古文化街店”；第三处位于鼓楼南街 52 号，营业面积为 340 平方米，2009 年 10 月开业，简称“名流鼓楼店”。

9. 天津音乐厅

天津音乐厅始建于 1922 年，原名为平安电影院。1949 年新中国成立后，平安电影院一直从事电影放映事业。1956 年平安电影院进行了简单的改造，增大了舞台面积并于当年更名为“天津音乐厅”。

音乐厅的建筑面积为 4860 平方米，严格按照举办大型交响音乐会的声学需求进行设计，充分考虑大规模乐队演奏，增大了舞台面积，增设了多层演奏、合唱升降台，同时观众席面积也进行了适当地扩大。厅内所采用的建筑材料与空间效果均按照声波原理进行设计，乐队在演奏中无需扩音设备就可使观众听到清晰、美妙的乐曲。

10. 蓝猫卡通传媒有限公司

天津蓝猫卡通传媒有限公司是湖南蓝猫动漫传媒旗下的全资子公司，成立于 2010 年 8 月，注册资金 1000 万元，坐落于武清经济技术开发区。公司以动画创意、节目制作、产业经营、动漫人才培训和幼教开发等为主营业务，现有员工 110 余人，其核心制作团队以湖南蓝猫动漫的制作团队为基础，具有丰富的动画节目创意和制作经验。蓝猫卡通传媒有限公司是目前天津地区唯一一家集卡通动漫设计与制作、衍生产品研发生产为一体的大型动漫创意企业，年生产原创动画节目 12000 分钟，累计节目制作量达 8 万余分钟，被誉为中国原创动漫领域的“领头猫”。

11. 鹦鹉乐器有限公司

天津鹦鹉乐器有限公司前身为天津乐器厂，2004 年经天津市人民政府同意、二轻局批准，由天津华韵乐器（集团）有限公司对原天津乐器厂实行资产重组后正式注册更名为天津鹦鹉乐器有限公司。公司总部坐落天津静海开发区（A 区）新兴的工业园区内，占地面积 48000 平方米，建筑面积 36000 平方米；注册资金 2800 万元人民币，固定资产达亿元；现有职工 660 余人，其中高级工程师 18 人、专业技师 48 名。

天津鹦鹉乐器有限公司实现了“鹦鹉”、“雅乐”两大品牌的完美结合，形成了以生产著名品牌“鹦鹉”牌手风琴为主，大力发展“雅乐”牌脚踏风琴、古筝、爵士鼓、军鼓、铜管乐器及少数民族乐器。

12. 盛兴乐器厂

天津市静海县盛兴乐器厂，始建于一九六二年，是全国最大生产民族吹管乐器的专业厂。技术力量雄厚，设备先进。该厂占地 7000 多平方米，厂房面积 4000 多平方米。主要生产 " 森雀 " 牌高质量的专业演奏笛子、专业插口箫、加键笙、排箫、巴乌，用天然葫芦和紫竹精制而成的可拆、可调式专业演奏葫芦丝，各种教学用白竹、紫竹、红竹、中高档插口笛子、六孔或八孔全塑竖笛。

13. 今晚发行快递股份有限公司

今晚发行快递股份有限公司，注册商标“红报箱”，隶属于今晚传媒集团，承担着集团 5 报 3 刊和国内百余种报刊发行任务，注册资金 1000 万元，为中国报业首家股份制发行公司。公司遍布全市有 60 余个发行站，百余台物流运输车辆，职工近 3000 人。

今晚发行公司依托“今晚”品牌优势和宣传优势，整合互联网平台、发行服务网点和物流配送网络，打造三网合一、网店与实体店相结合的“今晚同城电子商务”，开展今晚网超连锁项目。

14. 天津广播技术发展有限公司

天津广播技术发展有限公司是广电集团直属事业单位，隶属天津广电集团，负责广播电视整个播出环节的技术管理工作，承担着广播电视信号传输、中波广播、调频广播和电视广播的发射、卫星信号传送、播出质量的监测、局域网建设和维护、360 局电话系统运行维护和变配电系统运行维护的任务。

15. 天津音乐街

天津音乐艺术街位于河东区八纬路，全长 300 米，总占地面积 1500 余万平方米，建筑面积 3000 平方米，108 间沿街门店。该项目以天津音乐学院（南院）为核心，力求建立一条特色鲜明、业态聚集、装饰靓丽的天津音乐艺术街。

天津音乐街功能定位为：一是建设天津首家音乐艺术专业市场，形成区域经济增长的新亮点；二是满足社会各层面多样化需求，形成“一条龙”音乐艺术服务平台；三是吸引和聚集专业人才发挥自身优势和特长，形成音乐艺术人才创业就业基地。

16. 人民公园管理有限责任公司

天津人民公园位于河西区东北部，东起厦门路，西邻广东路，南自琼州道，北达徽州道，公园总面积14.21公顷，其中水域面积3.3公顷，是一个以游艺娱乐为主的综合性公园。人民公园的前身是津门富豪大盐商李春城的私家别墅，名为“荣园”，天津人习惯称之为“李善人花园”，始建于清同治二年（1863年）。新中国成立后，李氏裔李歧美把荣园献给国家。人民政府对该园进行了全面规划改造，1951年7月1日正式开放，更名为人民公园。1954年，毛泽东主席亲笔题写了园名，这是毛主席为我国公园的唯一题字。

17. 画国人动漫创意有限公司

天津国画人动漫创意有限公司是在天津市政府大力支持下成立的民营企业，成立于2007年，注册资金2000万人民币。经过全体成员三年来的精心打造，国画人已成为具备创意产业链条各个环节的文化创意产业示范基地。

天津画国人动漫创意有限公司积极开发“画国人”主题文化虚拟社区网络平台，该项目是以现实城市为镜像，用FLASH的手法在网络上进行展现，主要由文化集群、虚拟地产、休闲娱乐、广告植入、影院连线等模块集成，目前项目正在进行品牌推广的整合营销。

18. 天津市芦绣艺术品发展有限公司

天津市芦绣艺术品发展有限公司以宁河妇联为主要基地，以服务农村、服务妇女为切入点，以促进妇女就业，增收致富为主线，以发展妇女手工编织业为载体，在芦台、丰台、潘庄、东棘坨等20多个村队建立编织基地，全县妇女就业达1000多人，年产芦绣产品18000多件，年产值达550万元，宁河县妇女依靠手工编织已走出了一条就业创新之路。市县领导在资金、项目、政策方面都给予了很大的支持和帮助，为继续扩大手工编织的影响，举办了宁河县妇女手工编织大赛，参赛作品达600多件，其中芦绣产品“和谐乐章”在全国编织大赛中荣获金奖。宁河芦绣市场前景广阔。

19. 天津广播电视网络有限公司

天津广播电视网络有限公司于2000年4月29日成立，是集广播电视网络运营商和节目集成商为一体的国有企业，承担着对全市有线电视网络进行统一规划、建设、经营和管理的职责。公司目前拥有全市用户200余万，集团用户若干，是全国网络覆盖率最高、用户数量最多、业务开发最丰富的广播电视网络运营商之一。

目前公司已建立了居全国领先水平的数字电视播出系统，可以提供包括数字电视基本节目、专业付费节目、电视导航、付费广播、视频点播、电视网站、电视购物等综合服务。

20. 天津北方报业印务股份有限公司

北方报业印务股份有限公司的前身是天津报业印务有限公司。按照建立现代企业制度的规范化要求实施股份制改造，由天津日报报业集团等7家单位作为发起人，联合注资股改，天津报业印务有限公司整体变更为北方报业印务股份有限公司。公司总资产5亿多元。

北方报业印务股份有限公司的主要业务包括报纸印刷、商业印刷两大类。公司不断优化资源配置和产品结构，转变发展模式，提升运行效率，努力实现从传统体制向现代企业制度的转变，从传统技术到数字技术的转变，从数量型到质量型的转变。

·吉林省·

省级文化产业示范基地（第二批）

1. 吉林省宇平工艺品制造有限公司

吉林省宇平工艺品制造有限公司坐落于风光秀丽的国家级自然景区——吉林省长春市净月旅游区，是一家集开发、设计、制造、销售为一体的具有进出口经营权的民营企业。公司创立于1996年，产品远销27个国家和地区。主要产品（宇平人形）有中国人形、日本人形、欧洲人形、树叶家居饰品、装饰画系列、航海模型系列及树脂工艺品、遥控及静态航空模型系列，六大系列上千种类。

2. 吉林省林田远达形象集团有限公司

吉林省林田远达形象（集团）有限公司，是一家专业性从事“形象产业开发”的集团公司。集团于1987年创办。吉林省地区文化的熏陶，与外来文化的撞击融合，铸就了集团公司特有的艺术观——发扬本土文化，接轨国际标准，开发地方资源，树立独特形象。

公司主要涉足：品牌标识、文化礼品、城市形象三大产业领域。以“形象产业”的创意、研发、制造为核心，拥有七家全资子公司，九家控股、合作配套加工厂，品牌标识单项年产值突破 1.7 亿元。

3. 通化市工艺美术厂

通化市工艺美术厂创建于 1956 年，其前身是 1920 年创办的杜氏家族雕刻工艺社，经过合作化、公私合营逐步发展为集体所有制企业。几十年来，工厂以石雕、木雕为主业，产品在国内外享有一定声誉。1978 年以来，工厂投入大量人力、物力、财力，花费近两年时间，使失传一百余年的大清国宝松花石砚重放异彩，并于 1980 年 5 月在北京召开了规模空前的“松花石砚鉴赏会”，得到了 80 多位著名金石鉴赏家、书画家、历史学家的一致肯定和赞赏。

4. 白山市江源区聚缘松花石技能培训部

白山市江源区聚缘松花石艺术技能培训部，坐落于享有“中国松花石之乡”、“中国松花砚之都”美誉的山川毓秀、民风淳朴、物产丰富的吉林省白山市江源区，企业下设昶友松花石艺术品研发有限公司、长友石艺轩等 9 处生产、加工企业和销售网点，承揽白山市江源区松花石产品研发中心工作任务。白山市江源区聚缘松花石艺术技能培训部是目前吉林省唯一一家集松花石艺术品雕刻技术培训、生产、加工为一体的“以工代学、以业养训”民间培训机构。

5. 松原市创艺文化实业有限责任公司

“创艺文化产业示范基地”前身是松原市创艺广告印业有限公司。成立于 1998 年，秉承“文化成就时尚，创意引领未来”的发展理念，历经十余年的发展，目前，文化产业基地坐落在松原经济技术开发区，面积为 2000 多平方米；创艺文化产业园服务场所 3000 多平方米，拥有员工 160 余人，平均年龄 35 岁以下。现下设公司：松原市创艺广告印业公司、松原市创艺广告培训基地、松原市创艺旅游开发公司、装饰装潢有限公司、松原市创艺文化商务宾馆、松原市创艺演艺策划公司。

6. 吉林风雷网络科技有限责任公司

吉林风雷网络科技有限责任公司成立于 2006 年 6 月，是吉林省首家高科技互联网休闲游戏娱乐公司，主要从事网络游戏开发、网络游戏运营，网络推广和网站运营等业务。

目前公司运营的风雷游戏中心游戏平台上有长春旋风杠麻将、白城鸡宝夹麻将、松原夹五麻将、通化会牌麻将等多款吉林省地方游戏，另外有斗地主、港式五张、扎金花等二十余款深受群众喜欢的大众游戏。截至 2008 年 5 月，风雷游戏中心共拥有注册用户近 2000 万，每日活跃人群达 20 余万人，最高同时在线人数近 3 万人。

7. 敦化市刀画艺术有限公司

中国现代刀画是中国绘画艺术新流派。刀画起源于吉林省延边朝鲜族自治州敦化市。由闫国成先生经过几十年的潜心研习与多位刀油画同行共同创立。

吉林省敦化市刀画艺术有限公司由董事长闫国成于 2007 年创办，同时开设敦化市刀画艺术学校。公司进入产业化，已加入进出口贸易权，众多作品远销海外。并积极响应国家号召，大力扶持下岗职工，迄今已培养千余名学员，其中收纳 200 余名残疾人员，分担了政府对下岗再就业的压力和负担。

8. 吉林动漫集团

吉林动漫集团是国内首家国有资本相对控股，民营资本广泛参与，完全按照现代企业制度和法人治理结构搭建起来的文化企业集团。集团内的 11 家企业总资产近 4 亿元，拥有年加工生产能力超过 3 万分钟的动漫生产线，拥有人员近 400 人，主营业务包括动漫项目投资融资，动漫画、影视特技动画创作生产，动漫衍生产品开发推广，网络游戏研发、制作、运营，手机游戏软件开发，2D、3D 动漫画软件开发，动漫期刊、图书、音像制品出版发行，创作演出动漫舞台剧和组织承办动漫专业展会等，是国内首家拥有完整产业链条，能够基本覆盖全行业的大型动漫集团。

省级文化产业示范园区（第一批）

1. 吉林东北亚文化创意科技园

东北亚文化创意科技园是吉林建筑装饰集团和长春高新区合作共建，以“民办公助”模式，将吉林建筑装饰学院原校区改建成文化创意产业园区，包括了文化企业办公楼、服务平台、创业孵化基地等，集文化、会展、娱乐、休闲等多功能于一体。目前，园区按照明确的主导产业方向设计，已经形成动漫游戏、创意设计、新媒体、计算机软件及服务外包六大产业集群，集聚了近 200 家企业，包括一批省内文化产业龙头企业和知名企业，其中文化创意类企业 140 多家，约占企业集聚总量的 70% 以上。

2. 长春东北亚艺术中心

长春东北亚艺术中心股份有限公司(简称“东艺股份”)是由控股股东长春东北亚总部经济开发有限公司和艺术家、收藏家等相关专家共同投资设立。2007年,“东艺股份”总投资3亿元开发建设东北亚艺术中心,其建筑面积52000平方米,于2009年8月正式运营。东北亚艺术中心内设东北亚艺术馆,以及工艺礼品城、古玩城、东北亚书画院、东北亚拍卖公司、艺术家创作室等。具有艺术品制作、展览、收藏、销售、拍卖等多种功能。

3. 通化市文化产品交易市场

在通化市委、市政府高度重视下,由市文体局、市公用事业局联合筹建的“通化关东文化产品交易市场”,建筑面积3.1万平方米,集购物、旅游、展示、讲座、交流、鉴赏于一体。

一期工程1.6万平方米,投资6500万元,于2010年9月28日开业运营。经营项目以松花石砚、松花石及非遗产品为主,兼营书籍、字画、瓷器、根雕、玉器、古玩、民间工艺品、旅游纪念品等。现市场形成以A区为龙头、B区为基地、C区为亮点的发展态势,2010年12月被吉林省文化厅评为“吉林省文化产业示范园区”。

4. 长白山奇石文化城

长白山奇石文化城于2009年落成,总占地面积8.2万平方米,建筑面积4.3万平方米,总投资24952万元,其中一期工程投资9952万元,建设商铺118户,目前已投入使用,吸引了来自江源域内及通化等周边地区,包括辽宁抚顺等省外的松花石加工和经营业户,对推进江源松花石产业发展起到重要促进作用。2011年再投资1.5亿元完成奇石文化城二、三期工程建设,奇石文化城旨在打造东北地区最大的奇石集散地和工艺品集散地。域内所有松花石馆都既将入驻奇石文化城,变过去的零打碎敲为规模经营,改昔日的独门小户为合作连锁,以充分发挥产业集聚效应和产业带动效应。

省级文化产业试验园区(第一批)

1. 吉林青年创业园

吉林青年创业园于2009年2月正式挂牌运行。使用面积近8000平方米的吉林青年创业园朝阳园区拥有单间面积22平方米的创业办公用房近百间,基础设施完备,服务功能齐全。青年创业园是吉林团组织整合团内外资源打造的一项为青年创业提供全方位服务的长效工作机制,是团组织集中力量服务青年就业创业的具体实践。旨在利用现有相关税收、信贷等政策,发挥共青团的组织优势、人才优势、育人优势,以青年创业企业为重点,通过创业导师指导、团干部帮扶、成熟企业带动等形式,助推青年创业企业健康发展。

2. 中国·四平动漫产业基地

四平动漫产业基地将以动漫产品制作基地、动漫产业服务平台、动漫人才培训基地为核心,打造以动漫文化为主体的新城区。规划面积3平方公里,总投资60亿元。四平动漫产业基地本着模块化教学,因材施教,公共课少,以专业课程实践操作为主,讲求实用性,培养三维动漫复合型高级人才为准则,打造成世界知名的国际动漫产业基地。

目前,中国·四平动漫产业基地创作生产的700集原创大型三维动画片四平《七星传奇》第一部二十六集已经制作完成,并已于2010年4月23日在四平举办开片仪式,并于2011年6月8日在央视以及国内405家电视台播出。

·黑龙江省·

省级文化产业园区(第一批)

1. 哈尔滨新媒体动漫产业园区

黑龙江动漫产业基地成立于2006年10月,占地面积16平方公里,一期规划建设6平方公里。现有办公面积22万平方米。已入驻覆盖新媒体动漫全产业链的各类业300家.其中超10亿元骨干企业1家,高新技术企业14家,火炬计划重点高新技术企业1家,聚集了一大批新媒体动漫及数字内容制作和传播企业,产业集群初具规模。2011年基地产值70亿元,利税7亿元。

基地产业链条涵盖动漫、网络游戏制作、相关衍生产品开发、数字出版发行、影视后期制作、视觉特效加工、电子商务、立体影像技术等多个领域。从业人员5000余人,动画生产能力年超30000分钟,其中,手机新媒体动画生产能力超过10000分钟,年开发手机游戏、网络游戏50余款,漫画生产能力超过10000幅。

2. 哈尔滨群力文化产业园区

黑龙江省群力文化产业示范区2009年投入建设,至目前落实项目17个,已运营项目4个,在建项目13个,总占地面积100万平方米，规划建设规模30万平方米。示范区规划呈“两带一区一园”格局，即文博艺术展览带、文史景观游览带、文化休闲体验区和音乐主题公园。按照聚集国内艺术名品，挖掘龙江特色文化精品的定位，示范区确定了七个功能，即龙江地域文化艺术精品展销、中外著名艺术家作品展览、文化服务会展、文化休闲娱乐、少年生活体验教育、图书阅览销售和文化项目配套服务。填补哈尔滨市文化旅游项目空白，打造“吃、住、学、游、娱、购”一站式的文化旅游体验新地标，建成后将申报国家4A级旅游景区、国家级文化产业示范基地。

3. 哈尔滨冰雪大世界基地

哈尔滨冰雪大世界创办于1999年末的世纪之交，历经十余年的成功举办，已发展成为国家首批文化产业示范基地、哈尔滨市无可替代的城市名片、世界著名的冰雪旅游品牌。总占地面积60万平方米，每届用冰量18万立方米、用雪量14万立方米；每年百余万的游客、2000件冰雕作品、30余项的冰雪娱乐活动、大型冰雪实景演出、富有浓郁地方特色的“酷。哈尔滨”大型冰上杂技表演。

哈尔滨冰雪大世界自1999年年末创办至今已举办十三届，总占地面积已由20万平方米发展为60万平方米，现在每年用冰量均超过18万立方米，用雪量逾16万立方。全园冰雪艺术作品2000余件，娱乐活动项目30余项，均创世界冰雪艺术之最。

4. 哈尔滨太阳岛风景区

哈尔滨市太阳岛风景区资产经营有限公司成立于2004年9月，行政隶属于管理局，注册资金26243.5万元，职工总数481人，在职职工439人。公司设有综合办公室、人力资源部、财务部等11个职能部门及冰雪文化展馆、太阳岛美术馆两个展馆，还有太阳岛园林工程公司、太阳岛旅游公司、太阳岛笨熊乐园股份公司三个分公司。

太阳岛风景区建成“十二馆四园一村一镇一剧院”（即哈尔滨冰雪艺术馆、哈尔滨冰雪文化展览馆、于志学美术馆、太阳岛艺术馆、北方民艺精品馆、俄罗斯艺术馆、俄罗斯风情小镇油画馆、中俄油画艺术创作交流基地、韩建民油画俄罗斯收藏馆、哈尔滨极地馆、黑龙江省科技馆及中国美术家协会黑龙江创作中心；哈尔滨・新潟友谊园、东北抗联纪念园、雪雕艺术园、于庆成雕塑园；俄罗斯画家村；俄罗斯风情小镇；俄罗斯金色剧院）文化展馆群落的格局，不仅提升了太阳岛的文化品位，而且更重要的是带来了一定的经济效益。

5. 黑龙江冰尚杂技舞蹈演艺制作基地

冰上杂技的制作和推广演出是基地的核心业务。基地紧紧地抓着兼容其他艺术，突出独立特色的主线，除了技术上突破，还要在实践中寻找其理论基础，力争尽快完成冰上杂技的理论体系。

基地本着占驻场、抓国际、重培训的方法运用于公司运营的工作中。驻场演出，收入稳定，能保证公司常态化的运营；国际市场演出，利益更大并有助于宣传推广；人才培训能解决演员队伍的稳定，防止青黄不接的局面出现。

企业规模的不断扩大，演员技术技巧不断突破，技术艺术水平的不断提高，市场演出趋于稳定，出口创汇连年攀升，给企业带来了欣欣向荣的崭新面貌。全年国内外演出480多场（次），观众约50万人（次）。

6. 哈尔滨音乐剧基地

哈尔滨松雷股份有限公司成立于1993年，是集地产、商业、教育、文化、金融于一体的综合性集团。2004年，松雷正式投身文化产业，七年来在文化领域累计投资3.7亿，打造了一个集原创音乐剧制作、网络文化传播、动漫设计、新媒体技术开发、对外汉语教学等业态为一体的文化产业平台。松雷旗下的大型原创音乐剧《蝶》《爱上邓丽君》、“美空网”、“快捷汉语”，都已成为具有相当知名度和社会影响力的文化品牌项目。集团制作的大型原创音乐剧不仅填补了国内原创音乐剧的空白，并在国内、外取得了各项殊荣 2008年9月，文化部授予哈尔滨松雷股份有限公司“国家文化产业示范基地”称号。同年，《蝶》荣获了“韩国第二届国际音乐剧节”最高奖“特别大奖”。2010年5月《蝶》荣获第十届中国文化艺术政府奖“文华大奖特别奖”。

7. 黑龙江（大庆）文化创意产业园

大庆文化创意产业园规划面积23.7万平方米，已建成16.2万平方米。总体定位：具备国际水准和全国影响力、以高科技运用为平台基础，以动漫游戏、文化交易、数字传媒、数码设计、大型创意活动为特色产业，以发展经济规模、建立品牌影响为目标，以此架构起资金密集型、艺术密集型、科技密集型的文化创意产业集群。以园区建设为先导，实施“创意・文化・兴城”的战略，以园区为龙头带动大庆文化繁荣，塑造大庆新文化、新经济、新生活圈。

文化创意产业园根据功能分为五大主题区域——百湖艺术群落、动漫梦工厂、东方新文化广场、大庆数码传媒港、国际文化交易所。五大区域将相互依托，各具特色，汇集了动漫、数字传媒、民间艺术、文化交易、活动展演等多个特色产业，旨在打造包含创意设计、内容生产、版权交易、品牌推广等环节完整的文化产业链条。

8. 黑龙江数字化绿色印刷产业园区

绿色印刷产业基地坐落于哈尔滨市阿城区阿什河畔的黑龙江新华印刷二厂有限责任公司厂区内，占地约40万平方米，总投资1.2亿元。

基地以黑龙江新华印务集团为核心，以其所属的黑龙江新华印刷二厂有限责任公司、黑龙江省印刷技术研究所、黑龙江出版科学研究所、黑龙江省印刷物资公司、黑龙江省新闻出版进出口公司等印刷企业、物资供应企业、印刷科研部门为载体，形成了集印刷复制、物资仓储供应、科技研发为一体的综合性的、实力强劲的集群化企业。主要承担黑龙江省义务教育统编教材、地方教材、大中专教材、职业教育教材及其配套用书的开发、经营、复制工作。

9. 中国·黑龙江造型艺术产业园区

中国黑龙江造型艺术产业园区是2010年6月，经省委宣传部批准，由中俄木材交易中心与黑龙江省文联共同创办的。目前，黑龙江造型艺术产业园区正在逐步形成木雕艺术品、刻字艺术品、家具建材、装饰装修产品、家具建材配件及辅料批发流通基地。造型艺术产业园区成功举办了2010年、2011年、2012年中国·黑龙江万象国际木雕艺术节。

园区将立足于宾西经济技术开发区、中俄木材交易中心，形成对俄木材制品进出口加工基地、东北地区一流的装修产业化配套基地、东北地区最大家具建材木制品企业集群、黑龙江省最大高档特色家具建材生产基地、国内最大对俄高档出口家具生产、交易基地，建成国内最具特色的木雕造型艺术品创意产业园区。2012年产业园区已形成具有创意、生产、加工、推广全系列一体化的园区经营模式。截止2012年6月已累计完成投资额8275万元。

10. 黑龙江影视产业园

黑龙江影视产业园由黑龙江电视台、龙视文化传媒集团投资兴建，是一个以影视为主题的大型文化产业项目，初步规划了影视拍摄、影视制作、文化游乐、外景拍摄兼休闲居住四大主体功能区，重点发展影视拍摄、创意、制作、教育、游乐体验、休闲餐饮和旅游地产等产业。

项目选址为呼兰利民开发区中的哈肇公路以东、呼兰河以南、松花江以西的滩涂地。2010年以来，已投入资金两亿多元，用于土地购置和规划设计等。项目的先期工程——影视拍摄区建设已经启动，一座3200平米的全省首个大型室内影视摄影棚建成投入使用，2012年初，大型电视连续剧《闯关东前传》在此完成了内景拍摄，剧组反馈功能上佳。

11. 黑龙江现代文化艺术产业园区

现代文化艺术产业园区规划“五个区域”：即文化艺术研发创意区、文化艺术企业孵化区、文化艺术人才培训区、文化艺术成果展示转化区和文化艺术产业创业、从业人员居住区。

打造“四个中心一个基地”：即黑龙江文化艺术研发创意中心、文化艺术企业孵化中心、文化艺术人才培训中心、艺术成果展示交流中心和大学生创业基地。

发挥“五大功能”：即创意研发、人才培训、企业孵化、成果展示、转化交易。

形成“五个支柱产业”：即文化艺术创意和艺术品业、文化艺术培训业、文艺演出业、文化艺术会展业和影视传媒业。

重点建设“十大项目”：即世界冰雪艺术创意中心、“龙江艺术大师”工作坊、“三屏时代”传媒创新实验室、中国北方边疆文化数字体验馆、5D实验剧场、文化产业咨询服务中心、文化产业创意企业孵化中心、文化产业人才品牌培训中心、艺术长廊、创意市集。

推出“五大品牌”活动：即东北亚文化产业夏季论坛、东北亚系列电影展、“美学散步”文化沙龙、“酷伍零”文化活动周、国际大学生创意大赛东北赛区。

12. 哈尔滨市中华巴洛克历史文化保护街区

哈尔滨“中华巴洛克”历史文化街区，位于道外区中部地区，南起南勋街——丰润街，北至升平街——地灵街——浴海街，西起景阳街，东至十道街，总用地为50.27公顷。

规划区内共有老店、名店、老字号50余家，靖宇街是哈尔滨出现较早的商业街之一，集聚了全市的老店、名店，商业气氛浓郁，老店历史悠久，知名度高，信誉好，这些老店、名店的振兴和再开发，可充分体现传统商业特色的优势。

街区规划总体思想是以商业开发为导向，采取保护与更新相结合。保留有价值建筑按修旧如旧的原则进行保护性改造，充分发挥商业价值；形成以中华巴洛克建筑景观为亮点的现代精品建筑群，打造我市第三产业聚集地，最大限度创造就业渠道，加快三个适宜城市建设发展步伐。在总体定位上突出哈尔滨历史文化名街品牌，将中华巴洛克历史文化街区打造成；在功能定位上以旅游产业做牵动，打造文化旅游商业区。

13. 黑河市北大荒知青文化建设开发园区

黑龙江省北大荒知青文化产业园区位于黑河市爱辉镇，占地面积 22.53 万平方米，总投资 6.778 亿元，其中固定资产投资 6.138 亿元，铺底流动资金 0.64 亿元。资金筹措方式：自筹 1.2 亿元，招商引资 5.578 亿元。。由黑河市北大荒知青文化建设开发有限公司建设处承担建设。北大荒知青文化产业园区分为一馆、四园、会所、研究会、大型实景音画剧。一馆：知青博物馆。四园：知青影视园、知青纪念园、知青旅游度假园、知青文化产业园。会所：哈尔滨老知青会所。研究会：黑龙江省北大荒创业文化研究会。大型实景音画剧：《中国知青之歌》

14. 佳木斯敖其湾赫哲族民俗文化产业园区

企业始建于 2003 年。马华对这一国家级非物质文化遗产进行了深入研究，现已成为非遗文化的生产经营性企业。现有员工 78 人，建立了三个生产加工车间，包括原料鱼皮熟制车间、鱼皮产品深加工车间、礼品包装盒生产车间。现已储备鱼皮原料 15 万张，成品工艺画 2000 幅，储备原料及成品价值达到 500 万元。加工设备已投入 150 万元，年产值已达 800 万元。在省内开设了包含哈尔滨、旅游景区、赫哲族居住地等 8 处销售门市，销售网络已覆盖全省。2011 年销售额 150 万元，截止到 2012 年 6 月底已完成销售额 210 万元。

15. 大兴安岭神州北极文化产业园区

神州北极文化产业园区坐落在中国最北的北极村内，位于大兴安岭山脉北麓的七星山脚下，纬度高达 53° 33′30″，与俄罗斯阿穆尔州的伊格娜恩依诺村隔江相望。神州北极文化产业园区形成集文化、休闲、商业、娱乐等多种功能于一体的综合旅游服务区，极大丰富了漠河的旅游文化市场。

神州北极文化产业示范园区主要以打造“北文化”、“龙文化”、“土著文化”等特色文化为主线。园区主要包括：北方民俗园、北极圣诞村、北极文学创作中心、北极人家等具有地域特色的文化旅游产业。

·上海市·

市级文化产业园区（第二批）

1. 中国（上海）网络视听产业基地

中国（上海）网络视听产业基地坐落于紫竹国家级高新区的核心位置，规划占地约 220 亩，总建筑面积约 40 万平方米。基地坚持“立足中国、面向全球”的高起点规划，将由主题广场及主题轴、数字新媒体研发运营区、综合楼宇区及配套服务区组成，打造企业总部集聚中心、研发中心、运营中心、数据中心等，以满足企业开展新技术、新业务和新模式等多种尝试的研发运营需求。在基地的产业服务功能规划方面，重点推进网络视听公共服务平台建设，包括：网络视听云计算中心、多媒体高清制作中心、节目内容分发中心、节目交易中心、人才培训中心等。

2. 国家对外文化贸易基地

国家对外文化贸易基地作为推动文化服务贸易快速健康发展的重要平台和支持优秀文化产品和服务“走出去”的战略基地，自建立之初就确立了五大功能定位，即文化产品进出口基地、文化贸易品牌企业集聚地、文化贸易金融政策试验基地、文化产品展览展示推介基地、文化经营贸易人才培训基地。

平台在实践中不断开拓创新文化贸易促进功能，打造核心的服务功能优势，帮助企业解决非贸易壁垒和进出口贸易中的实际困难。积极拓展文化“走出去”的展示交流渠道，定期举办和参与具有国际、国内影响力的文化会议和文化活动，组织中国文化企业和产品参加国际性文化展览交流活动，有效促成一批文化企业和项目实现国际交易。

3. 国家音乐产业基地（虹口制作中心）

音乐产业基地（上海）园区总面积近 8 千平方米，是以音乐制作为特色的文化产业园区，目前园区入驻的 15 家企业均为文化企业。基地旨在通过整合新汇在发展音乐产业方面的各种优势资源，形成辐射效应和集聚效应，建成以原创内容为核心、聚合较为完整产业链的音乐产业集聚区。引进国内外的创意、制作、经纪、代理、咨询、教育、营销等机构，打造“东方音乐梦工厂”，推动中国音乐作品“走出去”。基地的主要功能涵盖：音乐人工作室、音乐公司集聚中心、音乐教育中心、音乐制作中心、乐演出中心、音乐（数字）出版中心、音像制品集散中心、唱片展示中心暨中国唱片博物馆、音乐传媒中心、音乐版权交易中心和音乐产业融投资中心。

4. 中广国际广告文化创意产业园

中广国际广告创意产业园区成立于2007年，作为嘉定区二三产业——现代服务业发展重点扶持项目，由中国广告协会和上海嘉定工业区携手打造的一个中国广告产业总部的集聚地，是创意科技产业的集聚中心、亚太创意科技的领先高地和全球创意科技的交流平台。截至2011年10月，中广国际广告创意产业园区已经引进文化信息产业类企业1600多家，其中包括广告创意、设计制作、总部研发、电子商务、软件开发、信息科技等产业的诸多国内外知名企业。中广基地规划用地3000余亩，分批建设，滚动开发。一期汇集了中国广告协会培训中心牵头下的一批优质广告、创意类企业和消费者行为研究中心，孵化和培育一批中小文化信息类企业，入驻企业已达90%；未来，中广国际将分多期陆续呈现，最终打造成东方广告创意科技之都，上海地标，中国名片，中国广告产业的一个符号。

5. 南翔智地

南翔智地企业总部园于2008年建立，总占地面积1.1平方公里（1663.5亩），总建筑面积85万平方米。南翔智地围绕“调整、提升、引进”并举的工作思路，开拓招商渠道、开创创新招商模式，全力打造一个功能完善、环境优雅、设施一流且“承载着八十年历史兼具工业底蕴的现代化产业园区”。园区功能定位于以文化及多媒体影视为先导的生产性服务功能区，主要面向企业总部、文化创意、信息服务、科技研发、生产性服务业等行业。实行园区税收扶持、园区房屋租金扶持、区政策扶持等一系列优惠政策。

6. 东方慧谷

东方慧谷上海文化信息产业园是由中共上海市委宣传部、上海市嘉定区人民政府批准成立的文化信息化产业基地。是由嘉定区马陆镇人民政府、上海东方网股份有限公司、上海宏发集团三方强强联手打造的首个以现代文化产业、信息产业、创意产业融合发展为特色的大型高新技术企业集聚区。

园区占地近600亩，包括500000平方米新江南风格花园式产业社区，40000平方米景观水系，75000平方米绿化面积，以及全面优越的功能配套，总投资30亿元人民币。入驻企业定位于文化、信息、创意产业以及关联配套服务产业。园区是上海市文化和信息化的发展工程。园区将使以文化、信息产业为核心的产业集聚区。着力打造成一个运用立体化市场运作模式的新型产业集聚区。坚持“持续发展、惠及产业”的发展攻略。

7. 金桥网络文化产业基地

金桥网络文化（视频）产业园区是在金桥出口加工区高新技术产品研发和制造的基础上，以网络视频技术（3G及三网三屏）为基础，形成网络文化、视频业务运营、技术服务、内容提供等核心业态的综合性文化产业基地。金桥网络文化产业基地占地面积40万平方米，规划建筑面积60万平方米，建设总投资额达45亿元，以由度工坊、由度工场、金桥创意服务园、Office Park等多个园区为主要物理空间。

为有利于产业集聚效应的充分发挥，金桥集团将打造完善的企业配套设施服务平台，以及围绕视频业务创新、技术创新、运营管理全过程的成果展示平台，不断加强与入驻企业的理念沟通、文化认同，为承接战略性产业链做好准备，推动上、中、下游一体的总部经济升级，加快网络文化产业融合发展。

8. 上海证大喜玛拉雅中心

喜玛拉雅中心坐落于上海浦东，由上海证大集团投资建设的“世博”花木国际会展集聚区的核心发展项目，正对上海新国际博览中心，占地面积逾3万平方米，总建筑面积16万平方米。

顺应上海“设计之都”的建设需求，构建“一个中心，三个平台”的规划，将以全新的操作模式，集文化创意、时尚生活、品牌建设为一体，努力打造上海国际文化艺术中心，成就亚太地区最大的文化艺术交流展示平台。

9. 德必·易园

德必·易园是上海多媒体产业园分园，是以多媒体产业为主的业态聚集地。其设计理念来自《易经》和现代高科技元素的结合，具有浓郁的中国传统文化特色。易园地处长宁区龙头板块——中山公园商圈的中心地带，毗邻上海多媒体产业园，步行至地铁2、3、4号线中山公园站5分钟。

德必开辟了“德必文化创意企业服务中心”，推出了七大增值服务，分别是：基础人才服务、投融资服务、基础法律和政策服务、企业管理咨询服务、财务顾问服务、品牌推广服务、产业资源配置与高层交流。

10. 周家桥文化创意产业园

周家桥创意中心位于上海市万航渡路 2453 号，总建筑面积 12000 平方米。2004 年 12 月，由上海意潮环境艺术有限公司、周家桥文化创意有限公司建设，上海文通物业有限公司物业管理。周家桥创意中心设计策划邀请了曾策划过泰康路艺术街的吴梅森先生与著名油画家彭鸣亮先生担任。外观看似寻常却体现了奇特的创意，大楼为“户”，黄蓝色块勾勒出“非”字，从而暗藏“门扉”之义，寓意着创意之门正在召唤。入驻企业多为设计、摄影等方面的创意公司。

11. 上海多媒体谷

上海多媒体谷位于闸北中部地区，占地约 7.7 平方公里。上海多媒体谷遵循以人为本的原则，营造培养、吸引、凝聚高素质创新型人才和企业家的良好氛围与环境，构筑企业、高校、院所联动的服务平台，实现产学研一体化，以核心技术推动产业化发展，使上海多媒体谷成为推动诚实信息化、促进经济繁荣的多媒体技术中心、多媒体企业集聚地和科技产业化基地。

整个发展区域围绕多媒体产业，划分为三个功能区域，其中洛川路以北、大宁路以南约 1.7 平方公里，面向众多的居民住宅区和大型购物中心，借助于宽带网络连接，以多媒体行业应用及其服务为主；大宁路以北、灵石路以南约 3 平方公里，依托上海大学技术、人才优势和大宁灵石公园的环境优势，以多媒体技术研发、测试平台、企业孵化、创业服务、软件类产品产销为主；灵石路以北、走马塘以南约 3 平方公里，依托市北工业新区和上海现代印刷工业园区，以引进国内外制造企业生产硬件设备和配套产品为主。

12. 新华文化创新科技园

新华文化科技园依托上海新华发行集团、上海杨浦科技创业中心、上海闸北科技创业中心等股东单位优势，选择文化创意、数字出版、动漫产业等数字内容企业为核心主导方向，聚集文化传媒、政府政策、大张江计划、专业孵化等强大资源，选址上海中心城区延长中路沪太路地段，精心打造 10 万平方米新型文化科技产业园区。

园区全面提升服务能力，整合多方资源，分别创建了投融资服务平台、版权交易服务平台、项目申报服务平台、创业导师服务平台、人力资源服务平台、市场拓展服务平台、专业培训服务平台、科技招商服务平台、知识产权和法务咨询服务平台、国际化服务平台等十大服务平台。同时，园区依托上海新华发行集团和上海杨浦科技创业中心参股或控股的投资公 司、小贷公司、典当公司等投融资机构，为企业提供各类借贷或股权融资服务。

13. 上海名仕街时尚文化产业园

上海名仕街时尚创意园区致力于探索打造一个集文化艺术设计、培训教育、信息咨询、技术服务于一体的文化产业基地，并提供一个专业性、功能性、便利性的文化产业专业服务平台，成为文化小企业创业与发展的重要依托和载体。入驻企业主要以服装艺术设计、时尚艺术设计、音像制品、广告传媒策划、数字网络文化、文化娱乐、餐饮文化、教育培训、展览展示等文化艺术类企业为主。截止 2011 年 11 月，园区共入驻企业 104 家，入驻率为 90%，文化企业有 82 家，占了总数的近 80%。2011 年度园区营业总收入约 3 亿人民币，文化企业营业收入将近 1.8 亿人民币。

14. 越界文化产业园

园区总面积 84000 平方米，商业配套服务设施面积 12471.83 平方米。园区入驻企业 87 家，其中文化企业总数 80 家。上年度园区营业总收入 115850 万元人民币，其中文化企业营业总收入 6000 万元。

园区主要业务为：旧厂房改造、招商租赁、园区管理、停车收费、投资咨询（除经纪外）。为了保证“SVA 越界”创意产业园区的服务质量、服务水平，园区首先进行了硬件建设。从 2007 年 7 月开始着手进行“SVA 越界”创意产业园区旧厂房改造工程。

15. 尚街 Loft 时尚生活文化产业园

园区在纺织控股集团推动下于 2007 年 12 月正式开业。以服饰创意设计为核心，以时尚产业平台为特色。其经营特色主要由时尚服饰、时尚设计、时尚生活、时尚办公、时尚秀场五大类组成。园区大牌公司云集，如世界顶级奢侈品牌法国爱玛仕的设计室、500 强服装供应商英国 NEXT、全球彩妆品牌欧莱雅、美国百威、知名时尚心理咨询博士张怡筠情商俱乐部、全球第一工装品牌帝客牛仔，蝶亿公关公司等。目前园区出租率达到 98%，入驻企业 86 家，员工约 2000 人。据统计 2010 年园区总营业额达 8 亿元，上缴税收达 5000 万元。全区注重尚街 Loft 品牌打造，国家扶持项目“上海服装服饰类设计品牌孵化平台”启动。通过这个公共服务平台，将上海纺织拥有的各类相关资源实现，真正的整合销售，扩张集团规模实力和盈利空间。

16. 越界 -X2 创意空间

X2 创意空间是把数字娱乐关联产业集合为一体的一个项目，总建筑面积 13000 平方米，商业配套服务设施面积 1485 平方米，园区入驻企业 49 家其中文化企业 36 家。2010 年度园区实现营业总收入 1.48 亿元，其中文化企业实现营业总收入 0.74 亿元。X2 创意空间定位于为广告、文化传媒、数字娱乐、软件信息、建筑设计等文化创意企业提供运营平台。

17. 卓维 700

卓维 700 位于黄陂南路 700 号，占地面积 4442 平方米，建筑面积 13450 平方米。该地傍依上海文化时尚中心“新天地”，离淮海路仅几条街的黄金地段，A 、B 、C 三栋楼，经改造，形成了集动漫广告制作、投资咨询、软件开发、项目设计等为主体的创意产业集聚区。随着各路英才的入驻，给该老工业区注入了青春活力。

卓维 700 系上海纺织控股（集团）有限公司下属单位上海织袜二厂，位于黄陂南路 700 号，占地面积 4442 平方米，建筑面积 13450 平方米。改造后的 A 、B 、C 、三栋楼汇集了各类 创意企业，并有美、英、德、意、日本、港台等各地区近 60 户客商入住。设计创意产业为园区的一大亮点。

18. 8 号桥

位于上海市中心城区卢湾区建国中路 8-10 号，占地 7000 多平方米，总建筑面积 12000 平方米。园区由 20 世纪 70 年代所建造的上海汽车制动器厂的老厂房改造而成。为了将 8 号桥真正建成一个国内外创意行业交流、推广、传播的平台，成为一个多功能的时尚创作中心，改建工程在功能上做了极大的调整，同时内部公共空间的预留以及对于租户的严格筛选，使得这里建筑风格内外一致又各具特色，在力求创造出艺术化空间的同时，也落实了实用性。改造中，原先那些厚重的砖墙、林立的管道、斑驳的地面被保留下来，使整个空间充满了工业文明时代的沧桑韵味。

整个园区由 7 栋建筑构成，在房屋构成方面没有做大动作，基本上保持了原来的布局。在设计中，没有一味追求建筑面积，而是更多地在其中设置了大量室内、半室内和外部公共空间。因为进入到园区的业主都是室内设计、雕塑等艺术设计类客户，所以尽可能地提供交流的平台和丰富的公共空间，让人有足够的空间和机会交流变得非常重要。

19. 创智天地

创智天地位于上海市杨浦区的江湾五角场城市副中心的中部地块，占地 84 万平方米，总建筑面积超过 100 万平方米。创智天地由创智天地广场、创智坊、江湾体育中心、创智天地科技园四个部分组成，它们各具功能，相辅相成。

创智天地广场是整个创智天地的神经中枢。创智天地广场的智能化办公楼将汇集国内外高科技企业的研发部门、设计创意中心和服务中心。

创智坊位于创智天地广场以西，是不同国际级设计大师的创意杰作，将多层建筑与庭院式花园结合，外观、色彩极富个性。

江湾体育中心是上海“一站式休闲健身”的理想场所，将知识工作者的工作、生活和休闲紧密联系起来。

创智天地科技园在创智天地广场以北，致力发展为世界一流的研发中心。创智天地将打造成中国的数码社区，是“未来城市”的发展蓝图。

20. 尚街 Loft · 五维文化产业园

五维创意园另一名字为“尚街 LOFT 上海婚纱艺术产业园”，原为上海第五化学纤维厂，前身是上海华丰第一棉纺织厂，于 1946 年由民族企业家强锡麟建立。厂内除了有接待来宾的八角亭风景区之外，还有若干大小不一的花园，并为工人们配备生活区、培训场所、足球场、篮球场、大礼堂和疗养所等。1954 年公私合营，1966 年改为国营上海第三十二棉纺织厂，1971 年转产化纤，更名为上海第五化学纤维厂，2000 年开始，与中原经济园区联手成立了中原经济园区军工路工业园。

2007 年起开始向创意产业园转型，园区定位：艺术展示、设计研发、商务办公、时尚休闲。园区内的建筑形态涵盖了上世纪四十年代至今的各种工业建筑风格，有多处仓库形建筑、单层 5 米的锯齿形厂房、多层钢混结构的 8 米高厂房及 3000 多平方米单层空间高度达 20 米的特色厂房。

21. 中国出版蓝桥创意产业园

中国出版蓝桥创意产业园前身为中图公司所属上海竟成印务有限公司，2002 年，开始成为虹口区高科技孵化基地，2007 年，向文化创意产业园方向转型。中图蓝桥文化创意产业园是上海市虹口区政府、中国出版集团公司、中图集团总公司倾力打造的一个以数字出版为特色的全新文化创意产业园。2008 年，园区当选雅虎口碑网发起评选的“2008 最具影响力创意空间”。园区成立“中国图书国际会展中心（中国出版集团公司国际会展中心）”。

22. 上海明珠文化创意产业园

上海明珠创意产业园一期位于虹口区广纪路 738 号，二期位于汶水东路 291 号，均位于汶水东路广纪路口。该园区是虹口区政府批准的创意产业集聚区，由上海市科协事业发展中心下属的上海科房投资有限公司及沪上知名水务、电器企业开发经营及管理。

园区一期于 2008 年 10 月交付使用，总建筑面积为 8800 平方米。成功引进 30 家企业，如伟科软件（上海）有限公司、上海德重科技有限公司等。园区二期为新建五层办公楼，总建筑面积约 1 万平方米。二期项目于 2010 年 10 月前后正式投入运营。

23. SHANGHAI TOP 桃浦文化创意产业园

园区通过短短一年半的建设与发展，目前已入驻企业达到 31 家，其税收落地率达到 78%；同时园区增加就业岗位 500 人次，切实提高了本地区的经济和社会效益。在此基础上，园区将 SHANGHAI TOP——– 桃浦创意园建设成为以文化创意为主，建筑设计创意，咨询策划创意为辅的文化创意产业园区。

园区主要文化产业门类有：当代艺术、时尚设计、建筑设计类。园区主要文化产业门类有：当代艺术、时尚设计、建筑设计类。致力于打造：文化艺术展览平台、引导孵化培育平台、增值服务平台、国际人才交流服务平台。

24. 谈家 28– 文化・信息商务港

“谈家 28– 文化・信息商务港”，是经上海市普陀区人民政府批准建设，以科技信息、研发设计为集聚方向的高科技产业园区，先后被认定为“国家工信部中小企业公共服务平台网络单位”、“上海市公共服务示范平台”、“上海市科技企业孵化器”、“上海市信息服务业产业基地”等。

谈家 28 以“苏州河文化创意产业带”建设为契机，努力实现从传统服务业向现代服务业的转变。实现从“基础服务、提供载体”向“服务平台”输出的转变。园区构筑了以“信息化服务平台”、“投融资平台”、“孵化服务平台”为特色的公共服务体系。通过公益性公共服务平台的搭建，对精心选择的入驻企业开展全方位、全过程服务，形成“搭建平台，创新服务；股权参与，捆绑成长；产业集聚，共同发展”的园区发展模式。目前，园区已培育和引入相关企业近 300 家，产业集聚效应初步形成。

25. 上海动漫衍生产业园

上海动漫衍生品产业园是由上海数字娱乐中心和上海宝山科技园联手打造的中国第一家专业的动漫衍生品产业园区。

园区作为上海数字娱乐中心动漫衍生品基地，将大力吸引国内外动漫衍生品行业的设计、生产（以 OEM 为主）、代理、营销及培训企业入驻；打造产业对接能力强、服务功能齐全、产业集聚度高的动漫衍生品产业园区；力争成为国内外动漫衍生产品设计、营销、展示等企业的聚集地。

园区一期（海纳科技大厦）建筑面积 1.2 万平方米，位于上海大学正门口，紧邻地铁 7 号线站，环境优美，交通便利。主要吸引动漫图书、报刊、音像制品、舞台剧、教育、基于现代信息传播技术手段的动漫新品种，以及与动漫形象有关的食品、服装、玩具、电子游戏等相关企业入驻。

26. m50 半岛文化创意产业园

该园区位于宝山区淞兴西路 258 号，总面积 13.4 万平方米，2011 年上半年园内文化企业总营收达 8000 万元。园区是以艺术设计为特色的文化产业园区，由国棉八厂改建而成，占地面积大、建筑风格独特。园区建立了 M50 半岛 1919 创意设计工作站，引入杨明洁、潘微、日本文化村等设计师、艺术家和多家设计机构。园区通过聚焦艺术设计、艺术培训等特色文化产业，致力于打造国内重要艺术设计创意园区。

27. 七宝古镇

七宝镇位于上海市西南部，是一座既有江南水乡自然风光，又有悠久人文内涵的历史古镇。东临漕河泾高新技术开发区，西接松江、青浦，南靠上海市莘庄工业区，北邻虹桥国际机场。境内七莘路、漕宝路、吴中路、顾戴路、中春路、沪青平路等纵横环道成网，有 91 路、92 路、911 路等 10 余条公交线路起讫或经过；2005 年，从市区途径七宝至松江新城的轨道交通申松线正式通行。全镇地域面积 21.3 平方公里，有 9 个行政村，39

个居委会，人口20余万。

28. 上海众欣文化产业园

园区创立于1995年，以印刷文化为主线，将二、三产业有机融合，优势叠加，突破了经济产业的瓶颈。以文化产业新经济为牵引力，以研发为向心力，以绿色文化经济为耐久力，“三力合一”使本园区在经济转型中迸发新的活力。园区内知名的或有特色的文化企业包括：称秋雨印刷（上海）有限公司、上海伊诺尔防伪技术有限公司、上海伊诺尔印务有限公司。园区已经建了文化总部经济平台、研发设计平台、创新孵化平台、综合服务平台，四大平台将文化产业有机融合，优势叠加。园区主要以文化印刷为主体，以文化产业新产品为引领，以现代信息技术服务为平台。

29. 上海青浦现代印刷产业园区

园区主要是印刷、印刷机械、印刷及印刷机械相关配套产品等文化门类，主要产品是书刊杂志、包装印刷、多色印刷机、印刷油墨等。

园区于1995年11月25日经上海市人民政府批准成立，规划面积56.2平方公里，总共有577家企业，其中文化企业20家。基本形成区域内“四纵四横”主干道路网架，初步形成了信息电子、精密机电及汽车零部件、纺织新材料、生物医药和印刷传媒产业等“4+1”主导产业。

截止到2010年底，青浦工业园区已累计引进外资企业577家，外资注册资本31.86亿美元，实到外资24.6亿美元；引进世界500强企业21家，行业著名企业98家。2010年完成产值近656亿人民币，税收46亿人民币。

30. 尚之坊时尚文化创意园

上海“尚之坊文化时尚创意园”地处大虹桥板块西部，位于青浦区规划中的总部办公、时尚产业聚集区中，是青浦区重点项目之一。2011年12月份获得市宣传部、市经委“文化产业园区”联合授牌。园区致力于创建“文化时尚创意”总部基地，引进国内服装品牌、欧洲时尚商品的入驻，以及纺织服装上下游产业链条，作为总部办公、展览展示、物流配送、批发交易、技术研发、品牌运营等现代服务性平台。尚之坊项目计划建成后，吸引数十家时尚、服饰、设计等领域的知名企业进驻；形成围绕服装品牌及时尚创意产业专业园区；项目一期4.3万坪厂房已进行改造并投入使用，为办公研发、电子商务、物流配送等，入住率近80%。

31. 中国·梦谷－上海西虹桥文化产业园

园区主要文化产业门类、产品和服务是创意设计、包装品牌、文化传播、卡通动漫、电视购物、电子商务、目录销售、呼叫中心、时尚家居生活馆连锁等。是“中国 五天分销”立足上海面向全国的分销管理中心、产品研发中心、财务结算中心、物流配送中心，是以“创意产业”、“新渠道模式产业”、“软件与信息服务业”为主要特色的新经济、新商业模式产业的聚集地和创业孵化中心。园区入驻企业总数28家，其中文化企业15家，大都是从事着创意设计与新经济、新商业模式等现代服务业的拓展。2010年园区销售总额超过20亿，纳税总额超过8000万，提供了2500多个就业岗位。

32. 迎祥文化产业园

金泽镇迎祥文化产业园区总面积6.2万平方米，2011年度园区内文化企业总营收约3000万元。该园区是集传统乡土文化的保护和传承、传承工艺设计和制作作为特色的文化产业园。园区积极与高校合作，已与复旦大学、同济大学、上海戏剧学院等高校搭建了产业平台。

33. 廊下乐农文化创意产业园

廊下旅游以“举农业旗，走旅游路，唱文化戏，打廊下牌”为工作思路，坚持农旅结合、文旅结合，着力发展融现代农业展示、农耕文化体验、新农村参观学习、学生学农实践和乡村休闲旅游为一体的现代农业服务业和乡村休闲旅游业，做亮了农业旅游品牌，打造了诗情画意、世外桃源的新廊下，并成为都市人观光胜地、休闲福地、养身善地、文化宝地。打造成具有国际水平的，国内一流的乡村旅游综合体，成为第六产业的先行者和样板区。发展重点（特色）内容：廊下莲湘、金山农民画、剪纸、廊下土布、廊下乡村游戏、廊下原生态情景剧。

廊下乐农文化创意产业园与金山农村新天地、中华村农家乐、上海农业科普馆金山馆、种子种苗基地、玉环灵芝基地、盛姆桃园组成廊下生态旅游的核心区。

34. 泰晤士小镇文化产业园

园区主要文化产业门类、产品和服务包括：广播、电视、电影服务、文化艺术服务、网络文化服务、文化休闲娱乐服务、文化用品、设备、文化传播类、艺术设计类。

泰晤士文化产业园具二大特色，一是在大学城科技创业园区内设立上海市大学生科技创业基金会松江分基金会，以扶持大学生创业，鼓励文化创意型企业，通过创业带动就业。二是泰晤士小镇内的商业规划以四个商业业态功能组团为主：婚庆产业区、时尚艺术区、度假休闲区、餐饮会所区；特色商品区和文化展示街为辅。

2011 年，在时尚小镇、休闲小镇的基础上，泰晤士小镇进一步提出了全新 SOHO 式创意文化生活的概念，即“生活在小镇”、“创意在小镇”、“休闲在小镇”。

35. 叁零·SHANGHAI 文化创意产业园

园区以上海影视乐园车墩基地为核心，以上世纪 30 年代老上海的独特风情为基础，以影视产业辐射带动产业链发展，融入全新理念打造集影视拍摄、影视创意办公、影视旅游休闲、老上海文化体验旅游、艺术展览、婚庆拍摄为一体的主题式文化创意产业园。园区规划发展产业：1、以影视制作、文艺制作与表演、文化科技、动漫游戏等为主的文化传媒创意产业；2、以老上海影视体验、旅游、休闲、婚庆摄影为主的时尚消费创意产业；3、以影视发布、大型商务活动策划、大型会议展览展示服务的策划类创意产业。园区目前共引进文化创意企业 213 户，创造营业性收入 8600 万元，实现税收 542 万元。同时吸引了一批具有社会影响力的影视文化企业、知名院校创意产业实践基地，公共文化传播平台和著名艺术家工作室入驻园区。目前叁零已拥有自己的网络宣传平台并投入使用。

36. 南上海艺术创意产业园

南上海艺术创意产业园将打造以陶瓷艺术为核心的文化创意全产业链体系，实现创意设计的市场化和产业化运作，建设文化艺术创作、文化展示交流、文化创意服务和文化产品交易四大平台，形成艺术创意的创作、交流、服务、交易的产业价值链体系。

重点建设四大平台：文化艺术创作平台，创意办公服务平台，文化展示交流平台，文化产品交易平台；六个主功能区：艺术创作区，交流活动区，创意办公区，艺术文化中心，人才培训区，展示交易；中心十个功能分区：艺术工作室，创意大道，创作体验中心，陶瓷文化园，创意办公区，创意人才公寓，现代艺术中心，艺术中心配套设施，展示中心，交易市场。园区的发展目标是：打造国家级艺术陶瓷创意示范基地、打造奉贤文化创意产业集聚区、打造奉贤文化旅游新地标。

37. 江南三民文化村

江南三民文化村占地百余亩，以江南地区传统的民间、民俗、民族文化元素为主题，以衣、食、住、行、艺、玩、商为分类，是非物质文化遗产挖掘、展示和传承的重要基地。具有江南代表性的五十六种物品展示馆，集知识性、文化性、史料性、趣味性、娱乐性为一体。

江南三民文化村设八大功能区，三民文化展览馆主题鲜明，展品丰富、琳琅满目。美术馆、土布馆、手工艺馆、农特优馆乡风浓郁、风味独特。演艺区内“扁担戏”、“江南丝竹”古意简炼，余音缭绕。剪纸、陶艺互动区使你心灵手巧。八卦广场主题活动精彩纷呈。垂钓区、采摘区野趣横生。休闲住宿区宾朋满座，茶香流韵。江南美食区的传统风味，更令你满齿留香。

·安徽省·

省级文化产业示范基地（第三批）

1. 合肥市裕丰物业投资有限公司

合肥裕丰物业投资有限公司（合肥供水集团全资子公司），成立于 1998 年，实力雄厚，稳步发展，长期致力于文化市场、商业地产、物业服务等方面的整合和协调发展。

公司建设运营的合肥裕丰花鸟鱼虫市场 1998 年建成开业，占地 4 万平米，环境优美，管理规范，设施完善，建有商网房 600 余间，古玩、文化、奇石、园林机械特色商业街四条，裕丰古玩城和 10000 平米摊位。长期以来，市场致力于文化产业的发展，容纳商户 700 余家，解决就业人员近 3000 人，涉及花卉种植基地和苗圃上百处，经营范围覆盖花鸟虫鱼、文房四宝、奇石古玩、民族工艺、园林机械等。

2. 安徽阜阳开源剪纸艺术有限公司

安徽阜阳开源剪纸艺术有限公司位于阜阳市清河西路西苑小区。职工 38 人，其中剪纸艺术大师、著名剪纸艺术家、剪纸技师等专业人员 26 人。主要剪纸产品有：名胜风光系列、历史人物系列、民俗民风系列、神话传说系列、吉祥龙凤系列、喜庆寿庆系列，还可为景区、企事业单位订做体现企业文化的专题剪纸礼品套装。

公司经营范围：阜阳剪纸、工艺美术品、旅游文化用品、特色剪纸服饰设计及制作、书画剪纸展销及装裱、广告装帧设计等。公司特聘剪纸艺术大师刘继成为艺术顾问，组建了一支以著名剪纸艺术家马骥、谢玉霞、葛庭友、程兴红、陈震等为核心的专业剪纸创作队伍。

3. 淮南市天宝工艺品制造有限责任公司

淮南市天宝工艺品制造有限责任公司（原淮南市八公山紫金砚厂），始建于1997年。企业总投资1000余万元，拥有两项省级“非物质文化遗产”——寿州窑、紫金砚传统制作技艺保护名录，省级非物质文化遗产项目代表性传承人2人。公司以地方传统文化和资源为依托，主要研究、开发、生产寿州窑、紫金砚等旅游工艺品，是八公山政府重点支持发展的观光型旅游商品企业，同时是安徽省、淮南市旅游商品定点生产企业。

4. 淮南市乐森黑马乐器有限公司

淮南市乐森黑马乐器有限公司是电声乐器出口生产企业，主要产品电吉他、电贝司、乐器音频扩大器等全部自营出口。2007年至今该公司多次以安徽省唯一乐器参展商身份参加德国法兰克福世界乐器展并入选中国乐器年鉴。现不仅拥有5个出口商标及1个国家专利，还取得相关产品的CE及ROHS认证。产品远销美国、英国、德国、法国等24个国家。2010年，实现出口销售109万美元，实现利税19.6万元。

5. 霍山玉石公司

霍山玉石公司位处安徽省霍山县城，厂区规模2000多平方，是以玉石开采、研发、生产、销售为一体的新型文化产业项目，以霍山玉石作为媒介，承载和传播霍山独有的文化元素，宣传霍山，推介皖西，促进安徽玉石资源开发。霍山玉石公司由安徽海洋之星文化传媒有限公司投资兴建，以该项目为基础，陆续建成霍山玉石加工的人才培育基地，开设玉器加工、鉴定等专业培训学校，带动当地群众进入玉石文化产业的行列。由政府牵头，以点带面，大力发展玉石产销一体化的玉石产业市场，逐步形成一个较具规模的玉石文化产业街，以玉石产业为纽带，促进周边旅游业、服务业的发展。

6. 安徽华安达工艺品有限公司

华安达集团位于安徽省霍邱县临水镇，1985年以300元起家，经过20年的艰苦创业，现拥有固定资产7600万元（属民营企业）。

公司总部占地面积42000平方米，建筑面积20000平方米（含深圳），杞柳种植基地10000亩，3万农户从事柳编生产，从事外贸大学生45人，技术人员200人，产品主要销往英、美、法和港澳地区，境外客户150多家，遍布40多个国家和地区。

华安达公司坚持“公司+基地+农户”的理念，利用当地杞资源加工生产经营柳制工艺品，出口创汇。2010年实现销售收入24500万元，“十一五”期间年均销售增长率34.82%。

7. 马鞍山市视聆通动漫公司

马鞍山视聆通软件园有限公司于2009年2月成立，注册资金1000万元，是“国家认定动漫企业”、马鞍山动漫基地龙头企业。其不仅是一家动漫制作公司，同时负责马鞍山动漫游戏产业基地的投资、招商、日常管理。

公司目前有60多名员工，主要从事影视动漫、动漫周边、游戏开发工作，逐渐建立起一支由行业精英组成的专业团队，包括创意策划、艺术设计、2D/3D动画制作及市场运营的资深人才。在创作2D/3D动画片、电影、电视广告、栏目包装、虚拟现实等CG、FLASH相关项目中，取得了优异的成绩，并与国内的游戏、玩具开发团队保持着长期的合作关系。主要作品有《李白漫游记》、《森林日记》、《快乐的兔子》、3D片《欢笑满城》。

8. 巢湖市掇英轩文房用品厂

巢湖市掇英轩文房用品厂坐落在巢湖之滨的文化之乡黄麓镇，主要从事传统纸笺的加工生产。1999年，成功地复原了失传近百年的“手绘描金粉蜡笺”。2000年同中国科学技术大学科技史与科技考古系相关课题组合作，纠正了古代文献中的谬误，成功复原了明代“造金银印花笺”，并共同发表论文《造金银印花笺法实验研究》。

2007年5月，真金手绘牡丹花卉粉蜡笺、真金雨雪粉蜡笺入展在法国巴黎举办的中国非物质文化遗产保护成果展。2008年6月，传承的“纸笺加工技艺”被评为国家级非物质文化遗产。2010年9月纸笺产品入选由文化部主办的首届海峡两岸汉字艺术节。

9. 芜湖元木旅游投资有限公司

芜湖市元木旅游投资有限公司是专注文化投资的公司。2009年投资建成的徽商博物馆，是国内首家弘扬徽商精神、展示徽商文化的民间主题藏馆。占地11000平方米，建筑面积6000平方米。采用中国传统园林和徽派建筑手法，整体风格体现了徽派建筑艺术精髓，与赭山风景区融为一体，成为江城又一处靓丽的人文景观。以“徽而新”为主导思想，于现代中感受传统，起承转合、错落有致。徽商博物馆设“徽州古民居”、“主体展馆”、“随园”三个展区。数以万件计藏品，都是芜湖民间收藏人士捐献，以“徽州三雕”（石雕、砖雕、木雕）为主，另有古董玉器、明清家具、历代名人字画、名木古树等。

10. 绩溪县上庄城镇建设投资有限公司

2009 年，上庄镇人民政府成立了国有上庄镇城镇建设投资有限公司，主要经营城镇建设、徽文化产业和旅游开发等。同年，经省人民政府批准，占地 1.2 公顷的上庄徽文化产业园破土动工，园区全部采用徽派建筑格调。目前，已有徽墨、木雕、砖雕、竹刻、黄山绢花等多个行业入驻园区，为保护和传承徽文化提供了强有力的保障。

2010 年公司实现产值 8000 万元，其中木雕业实现产值 1900 万元，现有从业人员 240 余人；砖雕业实现产值 1100 万元；徽墨业从业人员约 80 余人，年产值约 600 万元；黄山绢花业从业人员 900 余人，实现年产值 4000 余万元；竹刻业从业人员 120 多人，年销售收入约 400 万元。

11. 安徽省泾县明星宣纸厂

安徽泾县明星宣纸厂是中国宣纸书画纸产业中，仅次于中国宣纸集团公司的二号宣纸、书画纸生产厂家，是泾县宣纸、书画纸产业重点骨干企业之一。2010 年销售收入达到 1118.9 万元。主要产品：宣纸、书画纸、宣纸加工制品、装裱纸等四大系列，100 多个品种；企业从业人数 110 人；固定资产 348 万元；拥有手工宣纸、书画纸、自动喷浆书画纸；1575 型机械装裱纸、古法宣纸等四条生产流水线，年产宣纸、书画纸各类产品 950 余吨。

12. 安徽金太阳文化旅游发展有限公司

安徽金太阳文化旅游发展有限公司是以创意策划、旅游纪念品研发为先导，传媒整合、代理发布、成绿化亮化综合服务的广告公司。公司成立的工艺美术部、动漫产业部、文化旅游项目部，以产学研相结合的经营模式，积极开发工艺美术产品、影视动漫作品、旅游纪念品。

申报“北京天安门文化旅游纪念品研发创意产业基地”项目，项目总投资 12830 万元，总建筑面积 34570 平方米。该项目已获得宁国市发改委立项，并成为宁国市 2011 年重点项目之一。

13. 泾县三兔宣笔有限公司

安徽省泾县三兔宣笔有限公司是在清末制笔名匠凤保生再传弟子凤元龙于上世纪五十年代邀集十几名制笔老艺人组建湛岭毛笔厂的基础上发展起来的。2008 年 9 年重新获准注册登记为“安徽省泾县三兔宣笔有限公司”。

公司总占地 38000 平方米，其中建筑面积 6000 平米。主营宣笔生产、销售、兼营文房用品零售。是安徽省和国家级非物质文化遗产——宣笔制作技艺项目保护单位。现有从业人员 58 人，其中制笔技工 52 人。年产宣笔 80 余万支，年产值 500 余万元。

14. 界首市卢氏刻花彩陶有限公司

界首市卢氏刻花彩陶有限公司由中国工艺美术大师卢山义和中国民间工艺大师、国家级非物质文化遗产代表性传承人卢群山于 2007 年创办。2010 年实现销售收入达 150 万元，被安徽省旅游局评为“安徽省旅游商品生产示范基地”。

2010 年 10 月，作品“刀马人彩釉陶 – 富贵如意”荣获第十一届中国工艺美术作品暨国际艺术精品博览会上获得 2010“天工艺苑 · 百花杯”中国工艺美术精品奖金奖，作品被中华民族艺术珍品馆收藏。

15. 安徽江南文化园置业有限公司

安徽江南文化园置业有限公司成立于 2006 年 4 月，是一家以文化旅游项目建设、商场、物业管理、文化传媒、餐饮娱乐、酒店管理、婚庆服务等为一体的综合型民营企业，注册资金 8000 万元人民币公司现有员工 300 余人，各类专业技术人员 126 人。

由安徽江南文化园置业有限公司投资开发的中国江南文化园，规划总建筑面积约 22.6 万平方米，总投资 13.6 亿元。目前已投资 8.2 亿元，建成面积 6.3 万平方米，在建面积 8 万平方米。江南文化园自 2008 年 10 月投入运行至今，共接待游客达 100 万人次。

16. 安徽省杏花村文化旅游发展有限公司

安徽省杏花村文化旅游发展有限公司以挖掘“杏花村文化”为原动力，贯穿“打造主体品牌，梳理文化精髓，构建现代文化产业链”这条主线，积极探索融建筑艺术、文化休闲观光、民俗风情为一体的文化、旅游、房地产协同发展的新模式，取得了较好的成绩，实现了社会效益和经济效益的双丰收。

公司配合地方政府有关部门开展多种大型公益性活

动，扩大品牌影响力。“2010 年形象中国·百家报社聚焦池州”开镜仪式、《“徽风墨韵”皖南八市书法篆刻精品联展》、“首届全国网络媒体安徽行”大型采访团齐聚池州杏花村、贵池区关爱农村留守未成年人活动仪式等先后在杏花村举行。

17. 安徽中卡通动画制作有限公司

安徽中卡通动画制作有限公司于 2010 年初在安徽池州市创办。截至 2011 年公司人数为 450 人。公司是一家专业数字影视动漫制作公司，拥有一批中高级技术精英和动漫设计制作人才（包括前期策划、导演、背景、构图、原动画、后期制作等）。公司致力于以专业标准为客户提供从策划、创意、设计到制作的全方位数字视频技术的相关服务，为客户打造高品质的数字影视动画片、广告片；自主研发优秀的原创动漫作品；动漫产品的发行、授权及衍生产品的开发。

18. 安徽省孔雀东南飞文化发展有限公司

安徽省孔雀东南飞文化发展有限公司是一家国有独资公司，隶属怀宁县政府领导。公司及其经营的孔雀东南飞旅游景区坐落在中国古代第一叙事长诗《孔雀东南飞》故事发生地 – 今安徽省怀宁县与潜山县交界处的小市镇（小吏港）。

景区占地 300 余亩，建筑面积近 2 万平方米，在前后城楼之间汇聚了汉代建筑 118 幢。孔雀东南飞文化发展有限公司集景区旅游、影视拍摄、创作演艺、休闲度假、文化研究于一体，深度挖掘孔雀东南飞的文化内涵、民间传说、历史遗迹。引领孔雀东南飞故事发生地的文化旅游业健康发展。2009–2010 年接待游客 20 万人次，旅游总收入 1600 万元。

19. 黄山徽州竹艺轩雕刻有限公司

黄山徽州竹艺轩雕刻有限公司成立于 2006 年，前身是成立于 1997 年黄山徽州竹艺轩雕刻工艺厂，是一家具有传统文化特色的竹木工艺品生产企业。公司位于黄山市徽州区，占地面积 20000 平方米，厂房面积 12000 平方米，员工 150 名。

公司秉承中国传统手工艺精华，立足传统的徽州雕刻工艺和徽州丰富的竹木资源，大力开发竹木雕刻工艺品。2009 年，公司实现销售收入 3600 余万元，且近 3 年来，公司营业收入增长率达到 200% 以上。

20. 黄山市中权影视文化传播有限公司

黄山市中权影视文化传播有限公司，是一家专门从事影视剧置景、道具制作、场景布景服务、兼营影视基地开发经营、影视文化旅游服务为一体的影视文化服务产业。公司位于安徽省黄山市黟县境内著名的世界文化遗产地宏村镇秀里村，注册资本 500 万元，经营范围是：提供影视基地场景服务、提供场景布置和承揽道具制作服务、投资开发和经营宏村秀里影视基地、经营影视基地旅游景点服务。

2010 年，公司承揽的置景业务有《山楂树之恋》、《武侠》、《金陵十三钗》等电影置景和道具制作。2008 年、2009 年，公司对外置景外包服务获经营收入分别达 3800 万元、4800 万元，利税分别达 760 万元、960 万元。

·福建省·

省级文化产业示范基地（第六批）

1. 福建神画时代数码动画有限公司

福建神画时代数码动画有限公司成立于 2007 年，公司一直坚持以原创影视动画为核心，多领域发展。现公司已创建了一支年轻、充满激情、富于创造性、集创作和制作为一体的专业团队，能够同时进行二维和三维动画制作。目前，公司拥有年 3000 分钟的生产能力，并创造了巨大的产值，就产能产量产值而言，已成为福州市乃至福建省内动漫行业的佼佼者。公司不断开拓营销渠道，逐渐将业务拓展至图书出版、动画影音教辅材料、衍生性商品、品牌服务、公共服务及公益性广告等多个领域。同时，公司致力于动漫产业链的开发和完善，以积极进取、思辨创新的企业精神，追求以市场为主导的经营效应，将超前的设计理念、先进的技术方法和国际化的商业操作模式与中国市场的具体情况有机结合，创造出符合中国市场的发展模式。

2. 福建省中视传播有限公司

福建省中视传播公司成立于 1997 年，是一家专业从事各种文艺演出、文化活动交流、企业品牌包装策划、大型商务公关活动策划执行、影视节目制作、各类广告代理发布、经济信息咨询服务等的综合性文化机构。

中视传播有着丰富的商业演出和各类大型活动操作经验，历年来主办了张学友、刘德华、周杰伦、纵贯线等明星个人演唱会，央视“同一首歌”、“欢乐中国行”

等大型综艺晚会，专场音乐会、电影试映会、明星见面会、歌友会等大型演出及活动三百余场。中视传播，是福建省近年来主承办演出活动规模最大、场次最多、活动种类最多样的文化传播公司。

中视传播 2004 年介入与通信运营商的营销传播合作，承办《动感地带飞跃百万周杰伦巨星演唱会》等。2010 伊利周杰伦创世纪演唱会、周华健演唱会、刘若英演唱会等。2010 年，中视传播成为福建移动通信神州行、综合业务品牌广告代理商。

3. 厦门大雅传奇文化传播有限公司

厦门大雅传奇文化传播有限公司致力于动漫文化产业发展，软件、数据库信息服务、广告传媒、品牌策划、整合营销传播的综合类文化传播企业。

大雅传奇文化传播有限公司是一家按照国际商业惯例标准运作的专业性广告公司，致力于“全面商务推广解决方案提供商”。大雅传奇文化传播有限公司依托国际背景与资源，扎根本土，放眼世界。了解中国市场和民生，敏锐的针对行业特性与市场变化，有效实现客户与市场的资源整合，帮助客户实现精准、迅速、有效的行业市场推广。

4. 龙人古琴文化投资（长泰）有限公司

龙人古琴文化投资（长泰）有限公司，是中国第一家、规模最大的集古琴艺术品系列开发生产、古琴文化教育与艺术交流、琴文化研究与推广、文化生态旅游于一体的企业。

为更好地传承和弘扬古琴文化，进一步推进两岸古琴文化交流，公司兴建中国·龙人古琴文化村。该项目位于福建省漳州市长泰县马洋溪生态旅游区，是国内第一个以古琴文化为主题的综合性文化产业项目，占地一千八百余亩，总投资十二亿人民币，建设成一个面向海峡两岸、面向全国、面向世界的一个琴文化传承基地，一个琴文化产品的聚散地，一个充满文化魅力的海西文化旅游目的地。

2011 年 10 月，项目被福建省人民政府列入重点文化产业园区；2011 年 11 月，福建省文化厅命名为第六批省级文化产业示范基地。

5. 漳州市国辉工贸有限公司

漳州市国辉工贸有限公司是一家集研发、生产、营销于一体的现代化、专业化企业，以生产、销售高档欧美式家具为主，产品分为传统和现代两大系列。

公司具有独立的“家具技术创新中心”和专业的生产基地，基地占地面积 280 亩，总建筑面积达 120000 平方米，员工近 2000 人，安溪铁观音拥有进口先进的家具制造设备生产线，和精湛的传统木家具制作工艺、国际化高标准生产水平以及完善的专业化品质管理体系。

公司自 1997 年创办以来，大力实施品牌战略，凭以专业的生产基地、先进的制造管理体系和强大的售后服务团队为后援，积极开拓市场，产品热销欧美、沙特等发达国家及地区。并通过 FSC/COC 产销监管链认证、ISO9001：2008 质量管理体系认证、ISO14001：2004 环境管理体系认证，产品荣获“福建省名牌产品”称号，“GUO HUI”商标被评为“福建省著名商标”。

6. 晋江市艺达木雕美术有限公司

艺达木雕工艺美术有限公司，创办于 1979 年，地处闽南金三角晋江市东石镇。公司拥有各类专业技术人才，技术实力雄厚。主要经营项目有：神龛、结网、门神、神桌、神轿、佛像等，并能根据顾客所需制作设计。在生产过程中将传统工艺与现代工艺手法完美结合，产品风格独特，具有较高的艺术欣赏价值。产品畅销全国各地，并销往台湾、日本及东南亚等国家和地区，深受海内外广大客户的好评和赞赏。

7. 泉州源和创意产业园

泉州源和创意产业园运营有限责任公司由泉州中侨（集团）股份有限公司、福建创新传媒有限公司、泉州筑城设计机构三家共同合资建成。

“源和 1916”创意产业园是泉州首家创意产业园。园区规划占地总面积 188 亩，建筑面积 108518 平方米。包括源和堂蜜饯厂、面粉厂、麻纺厂、油厂、电视机厂等老企业的改造。

“源和 1916”创意产业园拟建设成泉州地区集文化创意、设计创意、数码创意、服务外包、都市工业旅游等于一体的创意产业园。公司将坚持以“创意服务创意”的理念，通过搭建完善的现代服务平台，营造有利于提高创意的灵性空间，建立互利互惠机制，为创意的人服务、为创意的组织服务、为创意的活动服务，以此实现激发灵感、催生创意、变现创意，最终达到推进创意产业化、促进产业创意化的目的，建成海西经济新一轮发展的新亮点。

8. 福建省星光音乐文化投资管理有限公司

福建省星光音乐文化投资管理有限公司是一家源自台湾的集团化企业，主要经营休闲娱乐与餐饮产业。公司以自助式 ktv 连锁运营为主要业务，涉及 ktv 周边产业如音响、ktv 产品技术研发、音乐文化及运动休闲主题项目等。公司以“健康亲情、欢乐共享”作为经营理念，品牌名称为“星光欢乐迪”。星光欢乐迪目前在全国各地拥有同品牌的 ktv 连锁店十余家，分别位于福建省、广东省、四川省、重庆市、深圳特区等地，遍及华南、华中与西南等地区。

公司自成立以来，一直把“面向大众、拥抱大众”作为经营口号，为把“星光欢乐迪”打造成适应现代社会发展的健康、文明的休闲娱乐场所而不断努力。公司被作为北京大学文化产业研究院、国家文化产业创新与发展研究基地的文化产业创新试点单位，同时并获得多项国家与地方的荣誉称号。

9. 闽台（永安）文化创意产业园

闽台（永安）文化创意产业园区位于永安市区西部 2 公里处，是永安市委、市政府推进新一轮产业结构调整和城市化转型的一个重大项目。根据功能定位和总体规划，该园区将挖掘永安与台湾间的历史渊源，充分发挥永安经济、社会、文化资源优势，大力发展文化创意产业、旅游业、服务业和都市型工业，将园区打造成“生态之城、宜居之城、创意之城”。该项目 2010 年被列入全省近期重点推动建设的 11 个创意产业园区（基地）之一。

建设规模及内容：园区规划面积 12 平方公里以上，其中，核心区文龙文化新城规划面积约 6 平方公里，初步规划分为文化休闲旅游街区和文化创意产业孵化基地两个部分。建设时限为 11 年（即 2010 年至 2020 年）。

10. 福建山中古典工艺家具有限公司

福建山中古典工艺家具有限公司是中国明清古典工艺家具代表性生产企业，拥有古典工艺家具生产、管理、营销的丰富经验，公司坐落于山清水秀、人文荟萃，素以“工艺美术之乡”、“国画之乡”、“戏曲之乡”著称的“中国古典工艺家具之都”——福建省仙游县。

公司拥有一支技术精湛的能工巧匠和高素质管理干部团队，数万平方米的现代化生产车间和艺术展馆。先后通过 ISO9000 质量管理体系认证、ISO14001 环境质量体系认证，推行“卓越绩效”管理模式，将传统的古典工艺与现代先进的管理演绎得淋漓尽致美轮美奂。

11. 莆田市荔城区蒲洋佛像工艺品有限公司

莆田市荔城区蒲洋佛像工艺品有限公司的故乡——福建莆田，是专业开发生产各种佛像、佛具用品、各式神龛、供桌、心经屏风、大型木雕佛像、神像雕塑以及从事古建筑设计、寺院规划、工艺品加工等一条龙服务的综合型私营股份制企业。

公司自 1992 年创建以来，不断引进先进的技术和机械设备，严格考核培训每一位员工，合格者方可上岗，使大多数员工都具备了一流的工艺师水平。公司产品皆用沉香木、檀香木、桧木、樟木等多种名贵木材雕刻而成。产品选材优质、工艺精细，造型庄严美观，质量居同行业之首，曾多次参与东南亚大型佛像木雕塑的制作，深受海内外广大信徒的赞赏和法师的高度评价。产品远销日本、台湾、泰国、新加坡、马来西亚、香港等国家和地区。

12. 武夷山慈心园茶博园旅游开发有限公司

武夷山慈心园茶博园旅游开发有限公司成立于 2006 年 12 月，注册资本 3000 万，致力于茶叶及瓷器科研、生产、销售为一体的产业链。旗下拥有数千亩大红袍和正山小种有机茶园和野生茶园，数家茶叶加工厂，遇林窑业有限公司及遇林窑业研究所，在全国已经在北京、上海、南京、深圳、福州等地设有销售公司。公司集茶、瓷的生产研发和销售及茶文化传播和以茶养生于一体，努力打造具有民族特色的品牌。

目前，慈心园在武夷山拥有 6000 亩高山野生茶园，2100 亩的有机茶园，有 70 余年历史的武夷山茶叶总厂。

13. 连城兰花有限公司

连城兰花有限公司位于福建连城，现拥有兰花生产基地 1000 多亩，是国内目前最大的集生产、科研、营销、服务于一体的集团化资深兰花企业，始终致力于走规模化、产业化、集约化、科学化、标准化、品牌化的经营之路。公司在北京、上海、广州、厦门、南京、天津、大连、青州等 30 多个城市设立了“连城兰花”专卖店。

公司 2006 年被福建省林业厅、省花卉协会评为“全省十佳花卉企业”，2007 年被福建省科学技术厅、省财政厅、省科协评为“福建省新农村科普示范基地”，同年还被福建省花协授予“福建省花卉产业发展贡献奖”。2009 年公司被福建省林业厅评为“福建省林业产业化龙头企业”，被龙岩市人民政府评为“龙岩市农业产业化龙头企业”。

公司以“引领国兰文化，推动行业发展”为企业使命，致力于中国兰花文化的传播，成为世界上最优秀的农业产业化企业。

14. 福建邦马饰品有限公司

福建邦马饰品有限公司是一家集研发设计、生产销售为一体的中大型企业，是国内为数不多，真正具有自主品牌的饰品制造企业。公司创立的“邦马”品牌，致力于为消费者提供高品位、高质量的产品，打造行业内知名品牌。近十年来，公司在软硬件方面都有着质的飞跃，公司从产品研发、生产管理、市场营销等方面打造出势不可挡、卓尔不凡的团队；占地近60亩的国际化的标准厂房四周绿色环绕、空气清新，车间宽敞明亮。先后在西南、西北、华北、华东等地区的一线城市开设了分公司或大区办事处，“邦马”品牌受到全国广大消费者极力热捧。

15. 福建客家土楼文化传播有限公司

依托土楼文化资源，永定县成立客家土楼文化传播公司，创作了动画片《星际土楼》，拍摄并播出反映客家民俗风情、传承客家文化为主题的26集《土楼情·客家人》电视系列专题片，开发动漫网络游戏——《摩财宝土楼历险记》，建立土楼网作为宣传永定客家旅游的平台、经营游伴网来开发土楼旅游电子商务。

永定县成立了文化产业发展委员会，对全县文化产业和文化事业的规划与发展统一协调、统一规划、统一管理，推进经营性文化单位的转企、改制，取消原事业单位的汉剧团和客家土楼艺术团。

16. 福建省艺达木业有限公司

福建省艺达木业有限公司是一家以提供少数民族畲族人员就业平台为出发点，集研发、生产、销售于一体的专业生产传统家具及畲族文化木艺品、批发零售各种东南亚、非洲进口原木材料的大型民营企业。

公司致力钻研将畲族传统文化和工艺融入到产品的研发、设计、和生产中，采用进口优质的酸枝木、紫檀等高档原材，通过烘干、定型处理，使材质具有稳定性，运用现代科技结合传统工艺，规模化、产业化制造生产，主要包括：畲族古建、富含民族文化特色的屏风、根雕等木艺装饰品；手提篮，果子盒等民族工艺品；以及畲族婚嫁民俗所需的各种畲族明清家具、工艺木门、床、餐桌、楼梯等传统家具，适用范围涉及：客厅系列、套房系列、餐厅系列、实木门窗系列与书房系列等上百个品种。

·江西省·

省级文化产业示范基地（第三批）

1. 三宝陶艺研修院

三宝陶艺研修院位于离景德镇市区十几公里的三宝村，由旅加著名陶艺家李见深教授于1995年创建，是一个集陶瓷艺术研讨、交流和休闲旅游的场所，也是景德镇国际陶瓷文化国际交流的重要窗口之一。

2000年，陶艺研修院在景德镇出土半永久优质瓷土的山脚下，将长年制作陶器的旧舍进行了改建。目的是为制作出通往1000年后世界的陶艺作品，进行高水准的创作活动，为世界艺术家们的集会，在自由的环境中提供制作活动的场所。

2. 佳洋陶瓷有限公司

佳洋陶瓷有限公司为私营股份制企业，占地面积10亩，建筑面积6800平方米葱。公司生产从原料淘洗到彩绘成瓷均采用景德镇传统的手工工艺。

同时，“景德镇国际陶瓷文化交流中心”与公司相结合，是一个集陶瓷文化旅游，陶瓷藏品的展示，学术交流，古陶瓷鉴赏和陶瓷艺术研修等为一体的艺苑，“中心”的古瓷标本馆，至元代宋、元、明、清、近几百年以来典型产品的瓷片、残瓷丰富。

3. 景德镇市雕塑瓷厂

1956年，由景德镇市美术社、雕塑社和试验瓷厂等3家合并组建工艺美术瓷厂。原属地方国营企业，1961年12月转为集体所有制企业。以生产出口传统瓷雕为主的工艺美术瓷厂。1966年，改称为景德镇市雕塑瓷厂，隶属江西省陶瓷工业公司。占地面积126077平方米、生产用房建筑面积41051平方米。生产方式已由手工掏泥、徒手成型、自然干燥、松柴烧窑转变为机械精制练泥，注浆冲塑成型，蒸气烘坯干燥，煤、电煅烧烤花，并有喷塑包装设备，改进产品包装装潢。

4. 赣州市淦龙旅游开发有限公司

江西淦龙集团是赣州市新兴的以旅游开发、房地产开发、园林绿化为主业的民营企业，下辖赣州淦龙旅游开发有限公司、客家风情度假村、五龙桂园房地产、赣州森林动物园、游乐超市、信丰淦龙房地产开发有限公司、上犹淦龙房地产开发有限公司、大余县绿苑名贵花木有限公司等多家子公司。客家风情园是公司投资 1.2 亿元开发建设占地 1400 亩的集休闲、度假、旅游、观光为一体的综合性生态乐园。

5. 江西桐青金属工艺品有限公司

江西桐青金属工艺品有限公司位于南昌市长堎外商投资工业区，占地面积 79200 平方米，厂房面积 25000 平方米。公司设立了制模、蜡模、铸造、精修、整修、贴金彩绘、机修、配焊中心等车间。公司拥有员工 600 余名，有一大批从事艺术铸造的专业人员，企业总资产达 8000 万元。年产值达 6000 万元，且产品 70% 出口东南亚及台湾地区，有较强的创汇能力。

6. 江西省艺术剧院

江西艺术剧院始建于 1956 年，位于南昌市中心八一大道中段 365 号、八一广场北侧，郭沫若同志题写院名。1994 年在原址重建，1995 年初落成，是江西省重要政治文化活动场所。 江西艺术剧院占地 7200 平方米，总建筑面积 12200 平方米，是江西省舞台设备最先进、功能最全的剧场。

江西艺术剧院兼具歌剧、舞剧、音乐会、电影放映及会议等功能。除演出功能外，江西艺术剧院还是全国最大影院之一，是中国电影集团公司星美院线江西总代理单位。

7. 萍乡市凯天网络有限责任公司

萍乡市凯天网络有限责任公司是首批由国家文化部、财政部、税务总局联合认定的全国一百家动漫企业之一，是江西省团委指定的青年就业创业见习基地、炫动卡通动漫制作基地。

凯天动漫制作基地投资总费用近 2000 万，其中包括所有办公场地、办公设备、公共设施、员工公寓、员工食堂等办公必要的基础设施建设。凯天动漫制作基地占地四层总计 4000 余平方米，分布着动漫创意、加工、制作、合成、录音等各个流程部门，达到 300-500 人同时办公的规模。

·山东省·

省级文化产业示范基地（第三批）

1. 山东鲁信文化传媒投资集团有限公司

山东鲁信文化传媒投资有限公司是山东省鲁信投资控股有限公司全资子公司，成立于 2003 年 9 月，注册资本 6000 万元，业务涉及传媒、文化、娱乐、影视、广告等领域，是目前山东省规模较大的文化传媒投资公司之一。

公司按照国家大力发展文化产业的政策，依托鲁信集团的资金优势，致力于打造“鲁信文化”品牌，先后成功投资拍摄了《花姑子》、《神偷时迁》、《梦里花落知多少》等电视连续剧，取得了良好的社会效益与经济效益；公司出品的高端财经杂志《新鲁商》， 以山东企业家及高级职业经理人为目标读者，以财经人物报道为主要内容，倡导“国际化与本土文化相融”的新商业精神。

2. 济南明湖居演艺有限公司

济南明湖居演艺有限公司是由济南市曲艺团、山东银座旅游集团、济南日报报业集团 3 家单位联合组建的。三家在各自领域实力强，合资成立济南明湖居演艺有限公司将产生资源共享、优势互补的良好效应。公司将发挥其市场竞优势和营销优势，打造文化产业品牌，为济南重现“曲山艺海”盛况作出贡献。

明湖居是清末民初济南的一处曲艺场，1890 年由山东梨花大鼓的创始人郭大妮建造，是清末以来济南知名度最高的曲艺演出场所。刘鹗在《老残游记》中的精彩描述，使明湖居闻名遐迩。多年来，明湖居经历了多次翻建。2009 年大明湖景区扩建，重修了可容纳 200 余人听曲品茗的明湖居。2010 年 4 月，重新修建的明湖居正式开业，目前已演出 170 余场，观众达上万人次。

3. 山东世纪金榜科教文化股份有限公司

山东世纪金榜科教文化股份有限公司，是以教育图书开发为主业、拥有出版物全国总发行权的大型民营出版机构。公司每年策划、发行图书达 4300 多种。“世纪金榜”综合实力连续三年在全国民营同类出版机构中排名第一。公司每年发行图书 1.5 亿册。

企业始终坚持“质量铸就品牌，信誉塑造形象，创新永葆活力，服务赢取辉煌”的经营理念，以“全心全意为客户，殚精竭虑出精品” 为其服务宗旨，力求达到“建一流企业，铸金字品牌”的企业目标。

公司在业内率先通过 ISO9001 认证，享有“书业海尔”的美誉，世纪金榜图书获得“全国教育出版业最佳原创作品奖”、“全国教育出版业最佳品牌价值奖”、“全国教育出版业最佳品牌质量奖”等荣誉。

4. 青岛银海旅游集团公司

青岛银海旅游集团公司于 1993 年 3 月成立，是岛城首家旅游集团公司，青岛市认定的首批著名商标重点保护单位，也是青岛市首家通过 ISO9001 国际质量体系认证的旅游集团企业。集团公司逐步发展成为岛城首家集工商贸于一体，食、住、行、游、购、娱旅游六要素综合配套的旅游集团企业。目前集团公司拥有市南汽车出租公司、银海大世界、银海国际游艇俱乐部、海关银海保税仓库、银海游艇驾驶培训学校、银海学校、青岛市软件技术市场、银海格曼海上交通娱乐中心、银海健康休闲会馆等 32 家具有独立法人资格的经济实体。

5. 青岛韩家民俗村文化有限公司

韩家民俗文化有限公司下辖韩家民俗村、民俗大酒店、韩家客栈、民俗文化博物馆，拥有 1200 平方米宴会大厅，独具特色的渔盐古镇菜品，深厚的民俗文化底蕴，是青岛市著名民俗文化旅游企业。

6. 青岛中联 U 谷 2.5 产业园

青岛中联 U 谷 2.5 产业园是青岛市、市北区两级政府重点推进工程之一，是在原大中型国有破产企业青岛显像管厂、元通电子厂厂区基础上，经创意规划，基本保留原有建筑，并对厂区进行拆、改、扩建改造而成的。整个园区以文化创意产业和 2.5 产业集聚为主要特色。主要面向服务外包、软件与网络、电子科技、影视制作、工业设计、节庆会展、管理咨询、广告传媒等主题产业招商，现已成为国内知名的文化创意产业和 2.5 产业的示范园区。

7. 山东长征教育科技有限公司

山东长征教育科技有限公司的前身是淄博海尔兄弟教育产品有限公司，是山东省科技厅批准的一家专业致力于高科技多媒体教学设备及幼儿电子教材研发、生产、推广于一体的省级高新技术企业，山东省信息产业厅认证通过的“双软企业”，山东省新闻出版局许可的“电子出版物发行企业”，淄博市政府认定的“创新成长型工业企业”，淄博高新区管委会认定的“科技型高成长中小企业”。

山东长征教育科技有限公司具有 12 项国家专利和 8 个著作权登记产品。2005 年以来，山东长征教育科技有限公司走出了一条由产品代理到自主研发、教材自编的跨越发展之路，研发、生产的动漫幼儿英语电子教材现已行销全国各地，全国已有 1 万余所幼儿园，100 多万名幼儿正在使用，全国市场每年都保持了 100% 的速度增长。

8. 淄博泰山瓷业有限公司

淄博泰山瓷业有限公司位于清代著名短篇小说之王蒲松龄先生的故乡——山东淄博市。公司拥有先进的生产设备和精湛的制瓷技术，有雄厚的技术力量和管理人才，为 ISO9901：2000 质量管理认证单位和国家日用陶瓷质量检测中心检测合格单位。产品质量、产量、劳动生产率、经济效益均居全省同行业前列。公司专业制造高档镁质强化瓷、骨质瓷、鲁青瓷、出口瓷、广告瓷、艺术瓷等 10 余类材质 1000 多个品种。其中出口产品行销世界 30 多个国家和地区，高档镁质强化瓷、骨质瓷为全国 600 余家星级宾馆、酒店所选用，并被定为钓鱼台国宾馆国宴用瓷、澳门回归庆典用瓷和中国驻外使馆专用瓷。

9. 山东根德文化产业有限公司

公司总部位于张店，下设北京根德国际文化传媒有限公司、礼品公司、灯光音响工程公司、莫言工作室等分支机构。在短短 6 年的时间里，迅速成长为在行业内颇有知名度、较有影响力的文化产业单位，业务量平均每年以 150% 以上的速度递增，且发展势头强劲。主营业务有影视策划制作，图书编辑出版，会展策划服务，原创音乐制作，文体活动策划，旅游文化策划，艺术品经纪推广，中外文化交流，广告设计制作，环境艺术设计等。

10. 山东洪海集团有限公司

山东洪海集团有限公司现有厂房 1.2 万平米，总投资 1.2 亿元。洪海公司 2006 年、2008 年两度被山东省科技厅认定为“高新技术企业”、“中国专利——山东省明星企业”，2009 年被山东省质量技术监督局评定为山东省名牌产品。

2010 年连续获得四项业内中国第一：1. 被山东省工商局认定为“山东省著名商标”，这是目前国内业内唯一的省级著名商标；2. 洪海三面翻六面翻产品业内独家进入上海世博会；3. 成功举办"中国户外广告技术和产品交易会"，这是中国广告协会和省工商局有史以来唯一的在一个企业举办这样一年一次的全国性会议；4. 东湖 LED 天幕 4680 平米天幕工程，在 30 天的时间内从生产到安装、调试全部完成，创造了同行业的一个奇迹。

11. 东营万叶文化传播有限公司

东营万叶文化传播有限公司是在万叶书园基础上建立起来的以销售图书、音像、软件、数码等信息电子产品和时尚文化生活用品，并从事图书出版、创意设计、广告设计和文化策划的综合性文化经营单位，是山东省书刊发行业协会会员，山东省非国有书刊发行协会理事，山东省文化产业示范基地。

公司现有万叶书园连锁店 14 家，总经营面积 5000 多平方米，经营图书、音像、软件数码、文具等共 4 万余种。万叶还投资创办了青桐出版策划咨询有限公司（简称青桐策划公司）。青桐策划公司是东营首家以文化策划、视觉设计、广告制作、图书出版为主要业务的专业文化顾问公司。

12. 烟台东莱文化街

东莱文化街隶属于山东日宝集团有限公司，位于黄城松岚花园松风苑与松青苑之间，北至北大街，南至实验路，全长 488 米，街宽 18 米，共 105 个商铺，总建筑面积为 20000 余平方米，总投资约 1 亿元，具体业态规划为：古玩字画、文房四宝、手工艺品、花鸟鱼虫等。目前，整条东莱文化街由山东日宝集团有限公司按照市政府要求统一经营管理。

东莱文化街在发展壮大过程中立足长远、高点定位，采取市场化运作模式，着力推动东莱文化街形成繁荣发展自生力。

13. 诸城中国龙城旅游投资有限责任公司

诸城中国龙城旅游投资有限责任公司是国有独资企业，公司注册资金 5000 万元人民币，资产总额 2 亿元人民币，代表诸城市政府行使诸城恐龙世界（白垩纪恐龙地质公园）开发项目投资主体职能，负责诸城恐龙世界（白垩纪恐龙地质公园）的规划，开发、经营范围还包括旅游地产开发经营，旅游纪念品开发、销售，旅游车队经营及旅行社经营等。

14. 山东中动文化传媒有限公司

山东中动文化传媒有限公司坐落于中国潍坊市软件园区，是一家业务面向海内外的、集"产"、"学"、"研"、"服"于一体的专业动画创作、培训、研发机构，业务范围主要包括动漫原创、动漫外包、动漫广告、动漫游戏、动漫出版发行、动漫衍生品开发等。

公司成立以来，已建立起一支近两百人的精英创作团队，核心人员拥有五年以上动漫行业经验。公司通过联合、并购、重组等形式，与美国、加拿大、韩国、日本等国家的知名动漫制作机构建立了长期的合作关系，奠定了公司的整体实力和国际影响力。

2011 年，公司投资 4.5 亿元开启建设中动传媒动漫基地，建筑总面积达 8 万平方米，将打造成为集动漫原创、动漫外包、出版发行、培训实践、衍生品交易于一体的大型综合性动漫产业基地。

15. 羊山古镇国际军事旅游度假区

羊山古镇国际军事旅游度假区地处鲁西南革命老区，坐落在全国著名的"大蒜之乡"、"诚信之乡"、"长寿之乡"——山东省金乡县西北部羊山镇驻地。度假区的前身是羊山烈士陵园，建立在鲁西南战役的遗址——羊山集上。

新规划建设的羊山古镇国际军事旅游度假区以山水、古镇为景观基底，以军事旅游、古镇文化体验为主题，辅以田园观光、文化展示、体育拓展等活动。总体规划面积 15 平方公里，预计总投入 22.4 亿元，共分三期建设。主要规划建设主题文化纪念区、古镇文化体验区、战役模拟区、拓展运动区、地质公园区、农业生态休闲区六大功能分区，内设战争军事、主题文化、古镇民俗、体育拓展和田园休闲五条主题游线。

16. 济宁宏文文化产业有限公司

宏文文化产业园区拟征地约 100 亩，规划建设文化产业展示中心、文化产业策划创意中心、工艺礼品营销中心、文化工艺品生产加工中心、文化旅游休闲中心、物流配送中心等，总投资约为 3.2 亿元。项目建成后，预计年可实现产值 5000 万元。

2011 年 1 月，济宁宏文文化产业有限公司在黄河文化礼品行基础上注册成立，"宏文文化产业园"是济宁宏文文化产业有限公司发展基地，围绕运河文化，将产品从自主研发、设计到开发生产、批发销售和服务宣传全面展开，建立一条龙服务体系，旨在弘扬中华文化、运河文化，利用三年时间打造济宁第一家文化上市企业。

17. 泰安泰山大汶口文化旅游发展有限公司

该公司于 2009 年 4 月成立，注册资金 1 亿元人民币（其中，实物资产 7 千万人民币，货币资金 3 千万人民币），是泰安市岱岳区国有独资公司，是全区文化产业和大汶口文化产业园管理和投融资的平台。公司自成立以来，坚持以市场为导向，以运作文化产业项目为主体，广泛经营文化旅游开发、房屋工程建筑、房地产开发、石膏制品的研究和对外投资等项目。目前，公司成功运作的项目有太阳部落原始文化村项目、天下第一奇石盛宴与世界奇石博物馆项目、泰山盐海神汤国际会议中心项目、岱岳区职业教育中心项目等。2011 年该公司被确定为第三批山东省文化产业示范基地。

18. 泰安泰山方特欢乐世界旅游发展有限公司

泰山方特欢乐世界位于泰安市泰山区，与泰山风景区东侧毗邻，公园占地约 50 万平方米，总投资近 20 亿元，是一个国际一流的第四代主题公园。方特欢乐世界以科幻和动漫为最大特色，采用当今国际一流的理念和技术精心打造，可与当前西方最先进的主题公园相媲美，被誉为“东方梦幻乐园”。

19. 中华泰山封禅大典大型演艺有限公司

《中华泰山 · 封禅大典》是一场涵盖五朝历史的高科技大型实景演出，项目总投资 1.2 亿元，由泰山景区与阳朔帅元旅游文化策划有限公司合作。整个演出以泰山自然山水为背景，以泰山封禅历史及中华文化故事为核心，运用了大量高科技元素及新的艺术表现形式。演出总时长 80 分钟，分为序幕、金戈铁马——秦、儒风雅乐——汉、盛世风华——唐、艺术王朝——清、康乾盛世——清、尾声 7 个篇章，是迄今为止第一个将中国五朝帝王集中在一个舞台上加以展示的文化产品。

《中华泰山 · 封禅大典》真实再现了古代五朝的文化和帝王封禅场景，演出规模庞大，气势磅礴，音画一体，近 500 人的封禅演绎与泰山春夏秋冬的景观变化，合成壮丽辉煌的泰山交响乐章。项目运营后，将填补泰安“夜间游”的空白，成为泰山乃至山东吸引游客的新招牌。

20. 山东乳山维多利亚海湾旅游开发有限公司

山东乳山维多利亚海湾旅游开发有限公司（大乳山滨海旅游渡假区）成立于 2005 年 3 月，拥有员工近 500 人，其中高级工程师 60 多名，专业技术人员 200 多名。度假区是一处集观光旅游、休闲度假、文化娱乐、养生康体，以及包括旅游房地产开发在内的综合性大型旅游胜地。

景区总占地面积 56 平方公里，其中陆地面积 19 平方公里，海洋面积 33 平方公里，旅游房地产 100 公顷。景区规划以“母爱温情福地养生”为文化主线，突出母爱和养生文化旅游品牌。

景区规划为乳山湾旅游风情镇、母爱文化、修身养性、福文化四大片区和乳山湾风情镇、母爱文化体验区、养生文化体验区、宗教文化游览区、滨海休闲度假社区、游乐园区、海岛沙滩活动区、海洋生态体验区、老年养生园区等九大功能分区。

21. 日照市东港区锦丽工艺品有限公司

日照市东港区锦丽工艺品有限公司始建于 2001 年 9 月，主营抽纱、服装、玩具、工艺美术品制作。企业拥有自营进出口权，年生产 50 万件套，产值 700 余万元，产品销往国内大中城市及美国、德国、意大利、挪威、希腊、西班牙及东南亚国家和地区，在全国首创研发了《日照农民画绣》，以文化特色产品为主导，实施文化品牌带动战略。公司系中国家用纺织协会会员单位，山东省文化产业示范基地，山东省旅游商品协会会员单位，日照市文化产业示范基地，日照市旅游商品定点生产企业，日照市进出口家用纺织品协会理事单位。

22. 德州董子文化街

中国 · 德州董子文化街位于山东省德州经济开发区中心地带，南起东方红路，北至三八路，西部是德州行政中心、体育中心和商务中心，东边是占地 600 亩的董子读书台风景区，董子文化街就坐落在景色秀美、文化积淀深厚的风景区内。该项目占地 6 万平方米，规划建筑面积 5.512 万平方米，由国内著名的中国汉嘉设计集团股份有限公司精心设计，由山东兆光集团德州置业有限公司建设，打造成为德州市首屈一指的融商业、旅游、历史、文化于一体的精品工程。

23. 山东海瓷艺术文化传播有限公司

山东海瓷艺术文化传播有限公司，成立于 2009 年 10 月，主营业务：海瓷手工艺品创作、字画装裱；玻璃艺术品、陶瓷制品销售；海瓷艺术品展览；室内外装饰、装修；文化艺术信息咨询；进出口业务等。

24. 山东鼎龙民俗文化传播有限公司

山东鼎龙民俗文化传播有限公司成立于2005年，注册资金2000万元，占地面积360亩，位于山东阳信，是一家专业古建筑修建及仿古建材加工的民营企业基地，具有专业的古建筑施工设计人才及雄厚的经济技术实力，是全国最大的生产基地之一，可承接全国各地大型古建筑修建工程。

公司具有国家园林古建三级资质，拥有专业从事手工制作与机械制作于一体的古建筑材料大型生产车间，现有职工230人，年产值5000万元。产品50%出口欧美及阿拉伯国家。公司系列产品用当地特有的紫砂、陶土和优质粘土经科学配方、特殊加工处理制作及精心焙烧而成。

25. 曹县好多亿工艺品有限公司

曹县好多亿工艺品有限公司，在开发工艺美术应用、服务及其他技术方面，始终保持国内外业界的领先地位。公司对中国工艺美术的发展具有强烈的使命感，公司利用先进的生产技术，生产高质量的工艺美术制品。1997年6月创立以来，凭借先进的技术和优质的服务，公司的系列产品深受欧美广大消费者的欢迎。2007年8月，好多亿工艺品有限公司因发展扩大的需要，来到有着古老文化底蕴的菏泽曹县，首期投资1700多万，征用土地80多亩，修建厂房23000多平方米。现有一线职工300多人，管理人员30多人，国际业务人员20多人。

26. 冠县宝德工艺葫芦有限公司

山东聊城宝德工艺葫芦有限公司是一家集生产加工、经销批发于一体的私营独资企业，烙画葫芦、雕刻葫芦、镂空葫芦、模具葫芦、本长大小压腰葫芦、北京葫芦、扁圆葫芦、砑花葫芦、蝈蝈葫芦、手捻葫芦、观赏葫芦、葫芦丝是山东聊城宝德工艺葫芦有限公司的主营产品。山东聊城宝德工艺葫芦有限公司是一家经国家相关部门批准注册的企业。山东聊城宝德工艺葫芦有限公司以雄厚的实力、合理的价格、优良的服务与多家企业建立了长期的合作关系。

27. 临沂市蒙山沂水演艺有限公司

临沂市蒙山沂水演艺有限公司成立于2009年2月25日，注册资金100万元，是临沂市委市政府大力支持和推动的文化实体。公司的成立是临沂市进一步深化文化体制改革，推动临沂文化大繁荣、大发展的产物。公司主推的大型水上实景演出《蒙山沂水》和大型风情歌舞《蒙山沂水》日趋成熟。

28. 山东孔子文化产业发展有限公司

公司成立于2006年9月，注册资金1000万元，是山东省发展文化产业重点扶植的新兴企业。

公司以弘扬中华儒学优秀正统文化为己任，致力于开发孔子文化及其相关的文化项目、文化产品。公司于2007年8月5日向2008年北京奥组委捐赠铜塑孔子大像，世界各国友人能近距离感受到这位中国圣人的崇高与伟大。已开发生产孔子标准像系列文化产品，包括千足金、铸铜、锻铜、树脂、琉璃、高档红木、楷木及织锦等各类材料的孔子像。

公司还开发儒家文化系列产品，有线装、绢本、手卷、竹简等各种形制的《论语》书以及适应社会不同层面、不同团体需求的系列《论语》读本。除《论语》书外，公司同时开发了孔子六艺拓片、尼山石印章、古今名画、书画织锦图轴、高档文房四宝及其他各种精美文化产品。制作精美，包装雅致，文化内涵丰富。

省级文化产业示范园区（第三批）

1. 青岛国际动漫游戏产业园

青岛国际动漫游戏产业园坐落于青岛市中心城区——市南区，距2008年奥运帆船中心只有2公里，距市政府不到3公里，交通便捷，人流兴旺，商业发达。园区占地150亩，建筑面积11.6万平方米，投资6.3亿元，绿化率达45%以上，容积率不到1，停车场面积2万平米。Q-park依山而建，自然环境得天独厚，三面环山，万余平米的人工湖贯穿整个园区，蓄于湖中的溪水源于浮山，无尽灵气于勃勃生机盈溢整个园区。

Q-park楼宇采用低层设计，室内空间自由组合，拥有面向浮山的开阔视野。每栋楼设立跨层中庭、空中花园及屋顶停车场。

2. 台儿庄古城文化产业园

台儿庄古城文化产业园位于城区东南部，规划面积18平方公里。该园是着眼于文化产业发展和休闲旅游的双重定位，依托大战文化和运河文化的深厚底蕴，以台儿庄古城为核心建设的一处集文化创意、项目孵化、产业推广、人才培养、影视体验、传统教育、休闲娱乐等功能于一体的文化产业园。

3. 杨家埠民俗艺术大观园

杨家埠民间艺术大观园是杨家埠旅游开发区景点的核心部位，园内以年画、风筝为主导，民风民俗为主题。设有风筝博物馆、绘制馆、十八女子作坊、年画博物馆、年画作坊、民俗馆、文物馆、百年婚证展、老粗布作坊、农具展、红色收藏展、书画院、嫦娥奔月台、古店铺一条街、三星湖、度朔山以及杨家埠明清时期古村落、古槐等数十个景点和展厅。

4. 东平水浒文化产业园

该项目计划总投资 100 亿元，规划总面积 300 平方公里，着力打造集文化体验、风情展示、休闲度假、影视拍摄、游客集散、景观地产于一体的综合水浒文化产业园区。项目建设分二期完成。一期工程包括水浒古镇、水浒影视城、水浒度假酒店、六工山山寨水寨、昆山山寨、二龙山山寨、桃花山山寨、石碣村等十几个单体项目。

5. 威海华夏城

威海华夏城投资 40 亿元，由“华夏主题公园”、“华夏山海城”、“华夏山水城”和“欢乐华夏”等组成，是经区特大项目、威海重点项目。整个园区规划近 30000 亩，辐射 20 平方公里。

“威海华夏城”是华夏集团借鉴深圳“华侨城”的成熟模式打造的超大型项目，项目以在建的“华夏生态园”为圆心呈环状放射向外延伸扩展，统一设计，将打造成为集休闲、娱乐、居住、商贸等为一体的高标准、高品位的大型“城区”。

“威海华夏城”整个景区分为东方文化区、黄金小镇、综合服务区、世外桃源、冒险山、养生区、健康运动区、VIP 区、民俗风情区等九大功能区。山海城项目总建筑面积为 182.59 万平方米，占地面积 154.77 公顷，绿化率达 47%，建成后将容纳 16593 户。整个景区由 11 个花园组团组成。

·河南省·

省级文化产业示范基地（第四批）

1. 郑州市动漫产业基地

郑州市动漫产业基地位于中国郑州信息创意产业园，于 2009 年 3 月 15 日正式挂牌，是郑州市唯一的动漫产业基地。基地以郑州市 48 所高等学院的人才资源、国家级生态示范区的优美环境、省内 10 亿元的动漫市场容量和毗邻郑州市CBD的商业配套优势为依托，以建设国家级动漫产业基地为目标，坚持以原创为核心，以服务外包为支撑的发展战略，将逐步建立企业孵化中心、研发中心、展示交易中心、教育培训中心和动漫公共技术服务平台，为入驻企业提供全方位的支持，有效降低动漫企业创业成本和运营成本。

2. 郑州金水文化创意园

郑州金水文化创意园创建于 2009 年 8 月，由河南弘驰实业发展有限公司投建，由中创国基（北京）文化发展有限公司投资，以河南弘驰实业发展有限公司为市场化运作主体的金水区重点文化建设项目。

该园区以金水文化创意园为依托，吸引创意设计、动漫游戏、现代传媒等企业入驻，培育一批具有自主知识产权和较强创新能力的成长型文化创意企业。集聚创意设计、动漫游戏、现代传媒企业，提供物业和平台服务，开展文化创意活动交流，对外合作经营。园区一期已容纳 50–100 家左右中型以上企业入驻，形成集聚、形成规模。

3. 郑州市卧龙游乐设备有限公司

郑州市卧龙游乐设备有限公司位于郑州市南郊，紧靠 107 国道，毗邻环城高速。公司占地 67600 平米，一期工程建筑面积 15000 平米（包括办公楼、厂房、宿舍楼、餐厅）可容纳员工 500 人左右。

公司是专业从事大型充气玩具、水上运动休闲产品、充气广告媒体开发和生产的企业，国际和中国游艺机游乐园协会会员单位。经过近 10 年的发展，公司规模不断壮大，现有员工 500 余人。各类技术人员 60 多人，销售网络遍布全国各个省市，连续多年销量据全国同行业之首。

4. 郑州枫华实业有限公司

郑州枫华实业有限公司集产品开发、生产、安装于一体，精心制作用于轻纺、化纤、烟草、电力、机械、制药、商厦、宾馆、写字楼等高层建筑的空调通风、除尘、环保、消防等成套设备。

公司研发中心近年来先后推出“棉纺厂空调除尘自动化控制系统”获得“科技部中小企业创新基金”；“防化兵消毒系统”获得产学研奖励基金；用于文物修复方面的设备“中国字画清洗装置”获得国家发明专利和实

用新型专利；“复合式高效油烟净化器”获得发明专利证书，并获得多项高新技术产品证书。

5. 开封中国翰园碑林有限责任公司

中国翰园碑林是当代文化愚公李公涛先生1985年创建的国家4A级旅游景区，中国首家书法名园，坐落在河南开封美丽的龙亭风景区，作为翰园碑林强大的经济后盾，翰园团体目前已发展为多元化集团公司，现拥有中国翰园碑林、万岁山国家森林公园、翰园橡塑公司、翰园石油公司、大宋酒业等多个经营实体。目前中国翰园正在积极打造五大书画文化产业基地，即：打造书画培训基地、打造书画家创作和展示的基地，打造书画研究和交流的基地，打造书画活动的基地，打造书画交易的基地，做中国最优秀最有吸引力、形象力的文化产业基地。

6. 河南梦想之旅文化传播有限公司

河南梦想之旅文化传播有限公司创办于2010年5月，总部位于洛阳。是一家集文化论坛、特色文化旅游、文化产品开发以及旅游休闲俱乐部为一体的综合性服务机构。现已拥有10家加盟连锁俱乐部及会员几千人，2011年12月被河南省文化厅评为“河南省文化产业示范基地”。河洛文化论坛、河洛文化之旅和梦想之旅休闲俱乐部是该公司打造的三大品牌。

7. 安阳马氏庄园文化发展有限责任公司

安阳县马氏庄园是国家4A级旅游景区、省级文物保护单位。位于豫北殷商故地的安阳县蒋村乡西蒋村。庄园建于清光绪至民国初期，现存建筑保存完整，被誉为“中原第一大宅”。

马氏庄园东距安阳市20公里，西距林州市30公里，位于殷墟和红旗渠之间，交通便利，有得天独厚的区位优势。建筑群由南、中、北三个区域组成，共6路建筑20个处院落，占地面积2万多平方米，建筑面积5000多平方米，有厅、堂、楼、廊、室等401间，布局严谨，古朴典雅，雄浑庄重。

8. 安阳市富林日用精品有限责任公司

公司主要从事（专利产品、天然矿磁保健水杯、家庭用品、文化礼品、皮肤保健品等）产品的技术开发、工业生产、市场营销。公司属股份制民营企业，经几年来的发展，已形成可大可小的生产规模（可年产值上亿，可保持现有年产值百万的稳步滚动发展的规模）。发展思路与产品定位：开发天然皮肤保健品、家庭用品精品、功能酒、制药。

9. 濮阳市东北庄文化旅游发展有限公司

濮阳市东北庄文化旅游发展有限公司，位于濮阳市华龙区岳村乡东北庄。该公司成立于2010年6月，属私营企业单位，注册资金500万元，现有工作人员45人，主要从事旅游文化传播、旅游市场开发、旅游宣传品制作、旅游商品开发与销售、杂技文化保护、杂技器材销售、杂技表演等。

10. 河南开源实业发展集团有限责任公司

河南开源实业发展集团有限责任公司位于河南省漯河市五一路南段，是由漯河市源汇区干河陈乡干河陈村民委员会和林东风等自然人发起，1998年9月16日成立，并经2005年、2008年两次完成股份制改造的现代企业集团。公司是以房地产业为主导的三产服务型企业集团公司，子公司有：河南开源房地产开发有限责任公司、河南银基商业连锁有限责任公司、河南开源物业管理有限责任公司、漯河市开源建筑有限责任公司金凤凰餐饮连锁有限公司、漯河市开源物流有限责任公司及金凤凰鸟文化园（原漯河市开源森林公园）等。2008年公司净资产已达3.6亿元，年营业收入2.8亿元，纳税额居于漯河市前列。同时，培育了一个团结而精悍的管理团队和优秀的员工队伍。公司现有员工1600人，具备中高级技术职称的员工180人，全体员工都经过岗前培训和在岗培训，每年还有部分员工被选送到高等学府进行专业培训。

11. 三门峡市三人形象策划有限公司

该公司成立于2003年，是三门峡市文化示范单位，公司多年来拍摄各类电视片200余部，举办各类晚会150台，组织大型公益活动50多次，特别是2006年10月举办的豫晋陕三省大型集体婚礼活动被中央电视台报道。公司主营：企业形象策划、大型演出活动、各类庆典活动、各类电视片拍摄。

12. 三门峡市香山红叶饮食娱乐有限公司

三门峡市香山红叶饮食娱乐有限公司创建于1994年，是一家集餐饮、住宿、娱乐、休闲、购物为一体的饮食公司。现拥有香山酒楼、香山红叶大酒店、小肥羊分公司、三星级的会盟大酒店、香山红叶豫西大峡谷度假村和正在筹建中的两个三星级酒店“虢风会馆”、卢氏“迎宾馆”等七个企业实体组成。

13. 河南汝阳刘笔业开发有限公司

河南汝阳刘笔业开发有限公司，在传统制作工艺上创新改进，顺应现代书画家所需，精选上等瞻养毛、石罐毛、黄鼠狼尾毛、紫毫、胎毫等，经八十多道工序精制而成，尖、圆、齐、健，四德俱备。

河南汝阳刘笔业开发有限公司生产的系列“萃文”牌毛笔，曾多次在国内同类产品评比中获得大奖。公司产品以高中档礼品笔为主，有120多个规格品种行销全国各地，并远销美国、法国、日本、东南亚等10多个国家和地区。

14. 汝南一笑堂工艺品有限公司

汝南一笑堂工艺品有限公司是一家专业从事麦秆画和陶瓷工艺瓷的研究、设计、生产、销售，并致力于文化传播的进出口企业，地处河南省汝南县产业集聚区，交通便利，地理位置优越。公司自有原料基地、生产工厂，汇聚了一批一流的数十年麦秆画工艺和陶瓷行业上工艺美术大师及相关技术人员。公司现有固定资产3000多万元，厂房占地面积36亩，拥有专业技术人员20多人、员工580多人，产品遍布全国各地。公司主要产品是陶瓷麦秆画工艺瓶和陶瓷珐琅彩釉艺术瓶，年生产能力在20万只以上。

15. 西平县棠溪剑业有限公司

河南棠溪剑业有限公司是一家集棠溪宝剑挖掘、恢复、研发和生产以及武术学校、旅游开发于一体的河南省文化产业知名企业，公司主要产品为收藏宝剑、礼品宝剑、健身宝剑、镇宅宝剑，公司位于具有中国冶铁铸剑文化之乡美誉的河南省驻马店西平县，公司生产的棠溪宝剑被认定为世界原产地标记国家非物质文化遗产保护产品、河南名牌产品。

16. 西峡恐龙遗迹园

西峡恐龙遗迹园位于河南省西峡县丹水镇的中国西峡恐龙遗迹园，以西峡恐龙蛋化石为主要展出特色。恐龙遗迹园包括西峡恐龙蛋化石博物馆、恐龙蛋遗址展馆、动感4D影院、时空隧道等展馆。

西峡恐龙遗迹园主要由地质科普广场、恐龙蛋化石博物馆、恐龙蛋遗址和仿真恐龙园四部分组成。中国西峡恐龙遗迹园为研究地球演化、天体演变、灾变事件和恐龙的生活习性、生态环境与物种灭绝等提供了理想的科学研究基地，为科普和旅游开辟了一处崭新的园区。

17. 滑县故道家纺粗布有限责任公司

故道家纺坐落于豫北黄河故道，以古老而又闻名的传统脚踏木板织布机为机械，以传统老粗布独特风格，顺应绿色纺织的潮流，采用天然棉、天然彩棉为原料，依靠民间五千年的穿梭艺术，以八十二道工序精织而成。

故道家纺现有职工1268余人，传统木板织布机1008台，采用公司+农户+基地的生产模式，做出的粗布产品具有织布机不可替代的优越性，含棉量100%。从种植棉花到粗布成品，纯手工制作，不使用任何农药和化学染剂，采用不上浆工艺，没有人为污染。

18. 固始县华丰工艺品有限责任公司

固始县华丰工艺品有限责任公司，坐落在“中国柳编之乡”固始县丰港乡，是固始县柳编产业的龙头企业。公司所处地域平均海拔在25米，水分充足，空气湿润，光照充足，加之淮河、泉河、史灌河在那里交汇冲积出宽广肥沃的滩涂地，给柳条生长创造了其他地区无法相比的先天性条件。另外，柳编是当地的传统产业，有近十万技术熟练的编织工人作生产后盾，使固始县华丰工艺品有限责任公司迅速壮大，现占地面积126亩，注册资金1600万元，企业资产达到4603万元。

·四川省·

省级文化产业示范基地（第三批）

1. 成都东区音乐公园

成都东区音乐公园由家琨建筑设计事务所担任总规划和方案设计，是成都市文化创意产业的一个重点项目，以“数字音乐企业聚集"和"音乐互动体验消费"为特色，是目前中国唯一的一个音乐互动体验和数字音乐产业聚集园区。

根据“数字音乐产业园区”和“音乐互动体验园区”两大定位，成都东区音乐公园规划了七大业态，包括商务办公、演艺与展览、音乐培训、音乐主题零售、酒吧娱乐、设计酒店和文化餐饮。在音乐产业的核心动力下，一个集商务、休闲、娱乐为一体的新形态商业街区即将呈现。 为了满足办公、演艺、旅游等各类人群的消费需求，成都东区音乐公园确定了三大重点建设目标：一是音乐消费商业街区；二是数字音乐企业集聚园；三是音乐人才培养基地。

2. 成都国际非物质文化遗产博览园

国际非遗博览园落户成都，成为非遗文化节的永久载体，非遗生产性保护的永久平台。国际非遗博览园位于成都市青羊区光华大道二段。设有世纪舞、五洲情、西城事、时空旅、百味戏五大组团。

博览园发展的三大原则：

唯一性：世界独有的非遗文化交流展示平台。通过非遗博览园为载体，呈现其原生态的风貌，结合文化旅游的手段，与世界各国交流互动，打造独一无二的世界重大文化项目。

长效性：非遗文化是核心生产力，旅游产业是外在承载体。非遗博览园同各种产业链相结合的，走可持续发展之路，从项目构想、策划到实际建设，将事业与产业进行充分结合，使其长效发展，拥有持续的生命力。

国际性：国际视野的文化体验、国际理念的规划设计、国际形态的建筑艺术。以国际化的标准来建设非遗博览园，以国际化的形象来展示非遗文化，以国际化的理念来传承非遗文化。

3. 绵竹年画村

年画村位于四川省绵竹市孝德镇射箭台村，距市区5公里，距离成都、绵阳只有八十公里左右，规划占地面积4平方公里，核心区域450亩，是专业加工、制作、经营绵竹年画系列产品一条龙的生产经营作坊。年画村农产品开发，依托年画村丰富的农产品资源，开发出“年画村”牌的松花皮蛋、猫儿鱼、香辣酱、豆腐干、特色泡菜、山腊肉、浆腊肉等民间食品。

目前，年画村1018户村民中，固定从事年画制作的有近百人，人均年收入超过8000元，业余制作人员200多人，人均年收入超过5000元。随着抗震救灾和灾后重建工作的推进，绵竹以及绵竹年画的知名度不断提升，绵竹年画的销售收入也逐渐增加。

4. 眉山市东坡文化产业园

眉山市地处省“十二五”文化产业规划中的成德绵广雅眉简乐文化产业带，依托眉山独有的东坡文化资源，着力推出和打造一批重大文化产业项目，规划和建设东坡文化产业园，努力创建省级文化产业示范园区，是眉山市融入省文化产业规划和布局的积极举措和重点工作。

依托眉山市得天独厚的东坡文化资源，体现市委、市政府“东坡老家、快乐眉山”的城市主题，按照政府引导、企业主体、市场运作的整体思路，以东坡文化为核心，以文化旅游为主线，建设三大片区（东坡文化旅游产业片区、东坡休闲度假产业片区、东坡养生生态文化产业片区），落实十四大项目（三苏祠、中国四川泡菜城、中岩寺、中国竹艺城、水天花月、锦绣天府、恒大金碧天下、黑龙滩长岛、三岔湖仁寿景区开发、彭祖山、洄水湾生态园、老峨山、柳江古镇、瓦屋山）的总体规划。

5. 四川自贡龙乡文化产业园

自贡市龙乡文化产业园位于成渝经济区中部，即自贡市大安区。自贡以其悠久的盐文化、龙文化、灯文化闻名中外。该产业园区以燊海井、恐龙博物馆、江姐村为中心，概称“一园三景”，即以展现“千年盐都”主题文化的“中华盐文化博览园”；以展现“恐龙之乡”恐龙主题文化的“中华恐龙文化生态园”；以展现红岩经典文化的江姐红色文化示范园。该园区规划面积20平方公里，规划投资120亿元，将建成以休闲、养生、度假、娱乐、居住、文化体验游览的产业群。

6. 四川（安县）羌王城文化产业园

四川安县羌王城文化产业园位于四川省安县境内，以安县罗浮山为中心，占地面积10余平方公里，建筑面积超过60000平方米，已投资总额超过10亿元，规划投资86亿元。该产业园由安县文化旅游发展有限公司任主体，产业园主要实体由成都理工大学旅游与城镇规划研究所、西南交通大学、四川大学、西南民族学院、四川省社科院等专家教授联合策划。

园区内的主要产业项目包括：罗浮山羌王城、罗浮山风景名胜区、罗浮山温泉度假区、晓坝旅游场镇“中国院子”、睢水春社踩桥民俗文化博览园、白水湖风景名胜区、千佛山国家森林公园。

7. 遂宁市观音文化产业园

遂宁观音文化产业园成立于2002年9月，总规划建设面积40平方公里，辖区总人口约13万。一期开发建设10平方公里。园区内有建于1400多年前的灵泉寺，有受过11次皇帝敕封的皇家祥林广德寺。灵泉寺是全国历史文物保护单位，已建成国家4A级风景区；有长11.5公里，占地2300亩，国内一流水平的滨水景观带和生态湿地公园；有14.8平方公里是西湖2.8倍的观音湖；还有数万亩美丽的东山风景林带。现已成为全市生态环境最优、经济发展最快，投资潜力巨大的热点区域之一。

8. 巴中南龛文化产业园

龛文化产业园，是巴中市倾力打造的一个以文化为核心、以旅游为特色、以产业为支撑的文化产业园区。该园区占地 13.8 平方公里，分为历史文化体验区、红色文化展示区、文化创意等三产业集聚区、生态休闲区等四大功能分区。

景区内完好的保存着秦汉米仓古道、三国严颜墓、隋唐时期的南龛、西龛、北龛、东龛石窟、唐太子李贤墓、平梁宋代古城遗址、明清时期恩阳古镇。园区内山山有寺，南龛山有光福寺、玉佛寺，西龛山有龙日寺、圣水洞，西华山有普度寺，阴灵山有灵山寺。光佛寺、灵山寺等是佛教、道教圣地，前来烧香拜佛的人络绎不绝。自发形成的登高节被列为国家和省级非物质文化遗产。在南龛文化产业园规划区内有五山两库：南龛山、大连山、擂鼓寨、西龛山、西华山，黑石嵌水库、群英水库。

9. 四川（白马关）三国文化产业园

四川（白马关）三国蜀汉文化旅游产业园项目总规划面积 14 平方公里，建设用地 9000 亩，建筑面积 180 万平方米，总投资 100 亿元。

园区建设总体布局结构为：“三区、六镇”。“三区”指三国蜀汉文化旅游产业区、佛教文化养生体验区、体育运动休闲区。

“六镇”指六个文化小镇。包括“幸福田园”、“倒湾古镇”、“五丁谷”、“洞天崮”、“云南风情”、“江南水乡”六个农民拆迁集中安置的文化小镇建设。“六镇”分别镶嵌在“三区”之中，建筑面积 60 万平方米。

10. 四川泸县农民演艺中心

四川泸县农民演艺中心旨在培养、挖掘泸县农村民间演艺人才，提升民间演艺队伍素质，不断培育、壮大泸县演艺市场，让泸县的农民演艺队伍全方位拥有泸县演艺市场的股份，形成区域特色文化产业。同时“泸县农民演艺中心”也将作为全省农村演艺队伍（人员）的培训中心、交流平台，加强行业内部的信息沟通、业务交流，从而增强市场竞争力，推动四川文化艺术“走出去”，壮大四川文化产业的区域竞争力。

“演艺中心”的指导思想是坚持“为人民服务，为社会主义服务”的方向，坚持“百花齐放，百家争鸣”的方针，坚持“服务农村、服务农民”的原则，积极开展丰富多彩、人民群众喜闻乐见的艺术实践活动，为繁荣四川省的农村文化事业作出贡献。

·贵州省·

省级文化产业园区（第一批）

1. 贵州文化出版产业园

贵州文化出版产业园是贵州省首个文化出版产业园，园区占地总面积将达 3580 亩，建设用地 2000 多亩。该产业园涉及印刷出版、高档装潢装饰、文化创意、动漫等多项文化产业。

由于历史原因，贵州省工业发展偏向于重型工业，轻工业在工业中所占比例较低。以出版印刷业为例，全省每年有 48.5 亿元左右的印刷需求量，其中却只有不到一半的产值由省内企业加工完成；包装印刷企业的市场占有率仅为 31%，每年省内烟、酒、茶和高档印刷品等包装印刷资源流失就达 15 个亿元。

目前，省文化厅、省新闻出版局和南明区政府联合成立了园区建设管委会，负责项目前期的各项准备工作以及后续的建设工作。

2. 贵阳数字内容产业园

贵阳数字内容产业园，位于贵州省贵阳市白云经济开发区中心，由贵阳市信息产业局与贵阳市白云区人民政府合作建立，是贵州省唯一的以动漫为主导、涵盖网络游戏制作、计算机软件开发、衍生产品加工的专业园区。产业园集物业管理、商务、技术服务为一体，具备孵化、研发、培训、服务、产业化基地等功能，是培育和扶持数字内容产业的服务机构和载体，占地 42 亩，建筑面积 2.7 万平方米。

目前，在产业园内的 27 家企业中，动漫企业有 13 家，网络游戏企业 4 家，数字集成与软件开发企业 8 家，衍生产品开发企业 1 家，动漫及软件培训机构 1 家，产值从起初的 6400 万元增至 2.4 亿元。

3. 中国（遵义）长征文化博览园

中国（遵义）长征文化博览园项目将以长征的大文化概念为基础，重构旅游与资源的时空格局，以“长征文化”、“红军文化”为主线，链接长征沿途的风土人情、传说传奇，与遵义的历史、生态、民俗、民族等文化要素相融合，将“长征文化博览园”打造成长征文化的制高点与核心点。长征文化博览园的建成将使遵义构成以“遵义会议”纪念体系为主导的，“长征文化博览园”为延伸的，娄山关、赤水相对称的，川渝黔金三角旅游区呈辐射的全景化旅游黄金区，中国长征文化的资料、研究、生产、创作基地，遵义旅游商品集散地。长征文化博览园将成为带动贵州红色旅游和相关各产业发展的新龙头。

4. 黔中国际屯堡文化生态园

黔中国际屯堡文化生态园是以云峰屯堡文化景区和旧州古镇为中心，沿邢江河流域的七眼桥镇、大西桥镇、旧州镇、双堡镇、刘官乡等乡镇辖区内的典型屯堡文化与乡村旅游村寨相结合的产业园区。文化产业示范园的建设围绕文化创意、旅游小镇、生态观光、演艺娱乐和动漫创作等，加快发展具有安顺西秀地域和民族特色的文化产业群，丰富西秀区文化产业示范园的内涵，打造文化产业成为西秀区新的经济增长点，建设城市历史文化旅游带。以安顺儒林路及文庙周边的历史文化街区为中心，王若飞故居、武庙、县学宫和清泰庵，以及谷氏旧居、戴氏老宅文物古迹为重点，整合城区历史文化旅游资源，沿中华东路友爱路段、大箭道、铜匠街、蔡衙街、炮台街两侧的传统民居和街巷打造城市历史文化旅游带。

5. 毕节大方古彝文化产业园

大方古彝文化产业园区是贵州省“十二五”规划十大文化产业园区项目之一，同时还是贵州省“六个一批”工程项目之一，贵州省政府出台的《贵州省文化产业振兴规划（2010-2015）》将其列入重大文化产业项目之一，地、县也将其纳入全地区、全县的最重大文化产业项目。2010 年，由大方县委、政府申报，经地委、行署批准，决定恢复重建慕俄格古城，启动古彝文化产业园区建设，并成立了副县级管理机构——大方县慕俄格古城管理处，全面推进古城及古彝文化产业园区建设工作。

项目总占地面积 4.5 平方公里，一期工程配套项目主要包含彝族历史文化展示区、彝族历史文化体验区、十月太阳历广场中心区、宗教祭祀主题文化区、奢香主题文化区中国西南地区重要的影视拍摄基地。二期工程配套项目建筑面积 2.24 平方公里，主要包含古彝族社会历史文化街区、土司兵营文化体验区、非物质文化展演区、彝族文化交流中心、影视精品基地。

省级文化产业基地（第一批）

1. 多彩贵州城

“多彩贵州城”是贵州省开发投资有限责任公司与中国凯瑞国际经济技术合作有限公司联合开发的贵州省大型文化、旅游产业可持续发展项目，是《贵州省“十二五”文化产业发展规划》十大重点项目之一和《“十二五”全省旅游业发展要办的主要实事》，是贵州省走向世界的名片，更是向世界展示贵州魅力的窗口。

“多彩贵州城”项目总投资逾 189 亿元，项目占地 7695 亩，建筑面积 506 万平米，一期占地 2022 亩，二期占地 5673 亩。项目建设根植于贵州多元文化沃土，围绕“文化产业化，产业文化化”和“创意产业，产业创意”做文章。以文化为灵魂，以旅游为平台，以创意为纽带，文化传播与旅游推介紧密结合。将建设成为对外文化交流渠道畅通、软硬件配套设施齐全、个性鲜明、独具特色、定位清晰、内涵丰富的文化旅游主题都市综合体，打造具有世界影响力的旅游目的地——“贵州民族文化的迪斯尼乐园”。

2. 贵州文化广场

贵州文化广场建设项目规划总建筑面积约 188.4 万平方米，总投资 200 亿元左右。其中贵州文化演艺中心项目规划建筑面积约 38000 平方米，设有 3 个文艺演出场所、4 个排练厅、1 个音乐厅及新闻发布和宴会厅，建成后将作为贵州文化广场的核心部分。该项目建成后，将与“多彩贵州城”成为贵州省文化旅游产业发展的一个中心载体，全面推动贵州省民族文化演艺业、民族民间工艺品业和动漫等新兴文化产业的快速发展。

3. 贵州日报报业集团印务传媒研发基地

贵州日报报业集团印务传媒研发基地总建筑面 67788 平方米，总投资 2.6 亿元，是集多种现代媒体和多种文化创意产业形态为一体的媒介研发基地，成为我省新媒体发展的助推器。项目包括印务发行、数字产品开发和新媒介研发培训制作三大部分，形成集多种现代媒体研发制作及全媒体记者培训功能的研发制作基地。基地成为贵州省全媒体发展的一个新平台，其所倚重的各类技术支持和运营模式，全方位提升报业集团竞争力。

4. 贵阳国际会展中心

贵阳国际会议展览中心项目位于贵州省贵阳市金阳新区迎宾路以南、观山东路以北、长岭北路以西，紧邻贵阳市市级行政中心，原生态观山公园以东，由中天城投集团投资建设，建成后将是贵阳市对外经贸活动的重要窗口。

贵阳国际会议展览中心规划用地面积 19.03 公顷，总建筑面积约 97.63 万平方米，其中计容面积约 63.39 万平方米。总投资 29 亿元，由会展中心、会议中心、酒店、观光综合楼、商业及配套办公、公寓等服务设施组成，凸现贵州特有的山地与民族文化元素，是目前西南地区建设规模最大、功能配套最完备、设施最先进的多功能国际会议展览中心。西面是原生态的景观公园——观山湖公园。所有工程于 2011 年初竣工并交付使用。目前已成功举办第三届生态文明贵阳会议、中国（贵州）国际酒类博览会、亚洲青年动漫大赛 2011 首届贵阳国际汽车展会、中国（贵州）国际绿茶博览会等。

5. 铜仁玉屏箫笛研发生产基地

箫笛是玉屏最重要的文化名片和文化形象，近年来，玉屏不断加大对箫笛文化艺术的挖掘和保护力度，“玉屏箫笛研发生产基地”被列为 2011 年贵州省“六个一批”文化工程，是贵州省十大文化产业园区之一。玉屏箫笛专题博物馆和箫笛展示传习基地的成立，对加强箫笛文化的传承、保护和发展、集中展示箫笛文化具有重要意义。

福建木门窗商会决定在飞凤山科技产业园区投资新建占地 100 亩的箫笛研发生产基地、修建侗乡箫笛文化广场、箫笛主题公园等，打造侗乡箫笛文化旅游。基地将修建两栋 10000 平方米的大型现代化标准厂房和占地 15000 平方米的集办公、科研、培训、职工住宿于一体的综合楼，积极开展机械化、电脑程控化生产的科技研发。按照玉屏箫笛生产标准制定新型产、经、销运作模式，统一生产、统一销售，提高玉屏箫笛的经营管理水平，实现 3 年生产箫笛 200 万支，5 年生产箫笛 500 万支的生产计划，力争 5 年上市，提升企业核心竞争力。

·云南省·

省级文化产业示范基地（第一批）

1. 云南演艺集团梦幻腾冲文化发展有限公司

云南演艺集团按照云南省建设“两强一堡”战略部署，承担起打造面向市场的舞台精品剧目、实施文化“走出去”和繁荣发展演艺事业、产业的重任。省歌舞剧院于 2010 年初在腾冲打造的大型旅游演出《梦幻腾冲》演出近 300 场。《梦幻腾冲》作为集团第一个驻场旅游演出，一年时间实现了经营性盈利。在打造演艺产品方面，《梦幻腾冲》不断对 " 三个结合、三个创新 " 进行了有益探索，通过体制机制创新和运作方式创新，取得了显著成效。

在柬埔寨吴哥打造的大型文化旅游演出项目《吴哥的微笑》，于 2010 年 11 月底开演。云南省杂技团积极加强与国际演艺商的沟通合作，大型杂技歌舞晚会《雨林童话》在法国进行了为期 4 个半月的巡演，并不断向美国、加拿大、新加坡等国输出优秀节目。

2. 昆明禹璘花艺有限公司

禹璘公司成立于 2004 年，公司的多位设计师通过撷取大自然中四季盛开、五彩缤纷的鲜花和草叶等材料，经过脱水、保色、干燥、压制等相当繁杂的制作过程，攻克了制作过程中易出现的变形、变色、发霉等多项难题，用独特的构思和灵巧的双手创意和制作出具有浓郁中国特色自然风情的押花艺术作品，并且能呈现出一种刚毅、帅气、质朴和洒脱的山野气息。

禹璘花艺公司的生态花卉压花艺术画定位于高端室内装饰和送礼佳品。因此，所用花材都采用优质高原生态花卉，对花材的颜色、饱满度等都经过严格筛选后，经特殊工艺进行压制，确保压制后花的颜色、形状没有失真，完全保持了花的自然美。

3. 昆明七彩云南实业股份有限公司

昆明七彩云南实业股份有限公司位于昆明安石公路 12 公里处，是集旅游观光、购物、餐饮、商品生产为一体的高档次、综合性旅游接待企业。园区总经营面积 39000 平方米，下设有翡翠珠宝商城、庆沣祥茶庄、怡心园大酒店、名药馆、土特产馆、工艺品馆、植物精油馆、七彩孔雀园八大经营场馆，主要经营“七彩云南”翡翠和“庆沣祥”茶叶两大品牌商品及 67000 多种云南特色商品，是目前全国经营规模最大、经营档次最高的旅游购物中心。

“七彩云南”翡翠品牌已拥有昆明七彩云南、北京七彩云南两大旗舰店，山东淄博旗舰店、江苏南通连锁店、江苏昆山旗舰店、山东青岛旗舰店、山西太原旗舰店、浙江杭州旗舰店六家国内加盟连锁店，每年销售翡翠饰品达数十万件，顾客群辐射全国、港澳及东南亚地区，形成了集翡翠开石、设计、生产、销售、连锁经营一体化的国际翡翠组织。

4. 云南吉鑫集团股份有限公司

云南吉鑫集团股份有限公司于 1990 年 9 月 8 日创建，以经营传统过桥米线为主。目前，其经营领域已涉足文化旅游产业，先后成立吉鑫饮食文化博物馆、西双版纳勐巴拉纳西旅游服务公司和大理风花雪月演艺公司，使餐饮和文化旅游成为吉鑫集团的支柱产业，同时也使该集团成为真正市场化运作的现代民营企业，2003 年底公司总资产达 3 亿多元。曾先后获“云南省 100 强企业”、“昆明市 50 强企业”、“中华餐饮名店”等称号。2005 年，世博吉鑫园主办的 GMS 会议国宴得到参会各国元首的认可。

5. 云南民族村有限责任公司

云南民族村位于昆明滇池国家旅游度假区内，地处昆明市区的南部，背靠西山森林公园，紧邻高原明珠滇池，距市区 10 公里，云南民族村作为全国著名的主题文化公园和国家旅游局指定的黄金周旅游热点地区旅游接待信息发布单位，将云南少数民族的文化风情、建筑艺术、音乐舞蹈、宗教信仰、生活环境浓缩于湖光山色之中，融峻山秀水、玲珑景致和珍稀植物于园林绿化之中。

景区占地面积为 1264.96 亩，其中水域面积 463.96 亩。景区建成开放的有傣族、白族、彝族、纳西族、佤族、布朗族等 25 个云南少数民族村寨。同时还建有滇池大舞台、民族团结广场、风味食品城等集观赏、游乐、度假、水上娱乐、餐饮服务为一体的旅游配套设施。

云南民族村以“传承文化，引领欢乐”为核心价值观，确定了企业的发展目标。推动云南民族村在旅游和文化产业的升级与跨越式发展，真正成为云南文化产业升级的旗舰企业和世界知名、国内一流的旅游主题公园。真正将云南民族村建成文化的胜地、艺术的天堂、欢乐的梦乡、和谐的家园。

6. 腾冲县树明玉雕有限责任公司

腾冲县树明玉雕有限责任公司成立于 2009 年，前身为成立于 2003 年的树明玉雕工作室，由亚洲玉雕大师、中国青年玉石雕刻艺术家杨树明先生创立。“树明玉雕”认定为云南省著名商标，公司 2011 年被评为“云南省最具创意性文化企业”，公司目前下设行政、人力资源、财务、市场营销、后勤、物流、研发设计 7 个管理部门。公司 2011 年销售收入实现 1500 万元，业务涉及国内各大、中型城市和美国、西欧、东南亚国家。公司在册员工 150 人。拥有国家级玉雕大师 1 人，省级玉雕师 5 人。2007 年至今，已对外培训输送玉雕人才 260 人。

公司现拥有国内外先进的玉雕机械设备，具备相关规模的精深加工能力。玉雕加工工艺上不断创新，吸取北派、南派等玉雕流派的精华，集各家所长，在传统的腾冲本土工艺上，与时俱进，开创腾越派玉雕工艺。

7. 腾冲县腾跃园角工艺服饰有限责任公司

腾冲县腾越园角工艺服饰有限责任公司创建于 2005 年 8 月，是国内制作刺绣园角背幺的唯一专业公司。在省、市、县各级党委、政府、建设银行、文产办及相关部门的正确领导和大力支持下，公司坚持文化产业发展方向不动摇，锐意进取，大胆开拓创新，发展迅猛，成为云南省文化产业的一个明星企业，目前拥有 1 个云南省著名商标、29 项国家专利、30 多个系列产品、10000 多名从业人员，社会效益、文化效益、经济效益、人才效益明显，贡献突出。

8. 红河金易文化产业发展有限责任公司

2006 年 7 月，红河金易文化产业发展有限责任公司在个旧成立， 由其下属的 5 个公司和部门组成：个旧市斑锡工艺美术厂、金易文化艺术传媒部、金易艺术项目工程部、昆明金红土经贸有限公司和汇展中心。

9. 云南省大理白族自治州剑川县兴艺古典木雕家具厂

川县古典木雕家具厂始建于 1995 年 7 月，由原剑川县民族木器厂厂长段国梁组建。厂长为中国工艺美术大师，职工多来源于剑川木雕艺人中的尖子，其中高级工艺美术师 1 人，工艺美术师 16 人，初级工艺美术师 28 人，现在职工 200 多人。厂长段国梁 2006 年被评为国家级工艺美术大师，从事木雕工艺制作专业长达四十余年，造诣颇深，是剑川木雕工艺的代表人物。多年来，兴艺古典木雕家具厂在做好木雕经营的同时，成立了“剑川县木雕技艺传习院”，致力于剑川传统木雕技艺的传授和培训，先后与各高校、残联系统合作，培训高校毕业生和残疾人上千名从事木雕生产、加工、销售，成为剑川白族木雕技艺传承的骨干企业。

10. 楚雄汇通古镇文化旅游开发有限公司

楚雄汇通古镇文化旅游开发有限公司原名楚雄汇通房地产开发有限公司，始成立于 2003 年 2 月，注册资本 5000 万元，主要经营房地产开发、旅游、商贸、酒店经营等。现有在职员工 500 余人，公司开发打造的“彝人古镇”荣获“中国最美十大主题公园”、“国家

AAAA 级旅游景区”等多项荣誉称号。

11. 侏罗纪世界投资有限责任公司

侏罗纪世界投资有限公司位于以恐龙、腊玛古猿等古生物化石奇观蜚声海内外的云南省禄丰县，成立于 2005 年 3 月 28 日，经营类型：有限责任公司；经营范围：实业投资；旅游纪念品开发生产、销售，公园经营。公司注册资本 6600 万元，固定资产 5 亿元。

公司投资建设的云南禄丰世界恐龙谷旅游区，共有干部员工 350 余人，占地 1 平方公里，投资 6 亿元人民币，主要由中国禄丰恐龙遗址观光区、侏罗纪世界游览区、侏罗纪嘉年华游乐区等三大区块组成。旅游景区紧邻昆瑞高速公路，建设了“世界恐龙谷”景区高速专用出口；景区以“中国云南禄丰恐龙国家地质公园”世界级的恐龙化石资源为依托，按国家 AAAAA 旅游区标准而建的，集遗址保护、科普科考、观光游览和休闲娱乐于一体的大规模的旅游景区；是一座充满科普性、参与性、知识性、趣味性，高科技、原生态的旅游主题公园。

·陕西省·

省级文化产业示范基地（第三批）

1. 西安曲江文化创意产业聚集区

西安曲江文化创意产业聚集区位于曲江新区核心部位，总占地面积约 450 亩。聚集区以曲江文化大厦为核心，以曲江文化产业孵化中心、曲江智慧大厦、曲江 SOHO 大厦、曲江创意大厦为支撑，形成总面积达 50 万平米的文化创意硅谷，使曲江文化产业“筑巢引凤、产业孵化”成为现实，为全区文化创意产业提供了全方位的扶持和培育。

截至 2011 年 6 月底，区内共有文化企业 1160 家，注册资本达 600 多亿元，并以平均每天注册一家文化企业的速度在不断递增，涵盖会展、影视、演艺、动漫、出版、传媒、网游、创意设计和广告等 20 多个门类，吸引了优酷、百度、女友杂志、乐雅动漫、大秦帝国影视等一大批知名文化龙头企业落户文化创意产业聚集区，初步形成文化产业集群。

2. 陕西动漫产业平台

陕西动漫产业平台是在西安市碑林区委、区政府领导下，西安碑林科技产业园优化调整产业结构，将动漫及软件服务外包作为今后重点发展的产业方向，于 2008 年 12 月正式搭建的。2010 年 4 月，经陕西省扶持动漫产业发展领导小组批准成立“陕西动漫产业平台”。

平台以“打造国家级动漫产业基地，提升服务外包产业示范区”为战略目标，搭建了公共技术服务、实训教育、项目策划和运营、项目投融资、产品发布交易、国际交流与合作六大服务平台，设立国外办事处，积极举办和参加国内外大型专业动漫大赛、交流会等。

研发具有中国特色的原创动漫产品以及与动漫相关高端技术是园区主要特色和发展方向。平台现有企业 50 余家，从业人员 2159 人。企业涵盖了定格、二维、三维影视动画制作，3D 技术的开发与应用，游戏开发，多媒体展示，动画教育，基于 3G 的增值服务运营等多元化产业内容，一条贯穿创意策划、制作、人才培训服务、版权保护、品牌衍生产品开发等的全产业链已基本完善。

3. 陕西演艺集团有限公司

陕西演艺集团有限公司成立于 2009 年 10 月 28 日，是在原省歌舞剧院、省乐团、省京剧团、省杂技团、省人民艺术剧院、省民间艺术剧院、西安人民剧院、省演出公司等 8 家单位实现“转企改制”基础上，按照现代企业制度组建起来的具有独立法人资格的国有独资企业，是经省委、省政府批准成立的省内第一家大型国有文化演艺集团。集团注册资本为 5000 万元，现有演职人员 707 人，离退休职工 1088 人，资产总额 11122.91 万元，经营范围涉及艺术生产、研究和辅导、演出经销、演艺文化衍生产品的开发和销售，舞台美术、服装、灯光、音响设计制作，并主办、承办各类大型艺术活动。

2010 年集团实现主营业务收入 1724 万元，比改制前提高了 31%；净利润为 310 万元；国有资产增加额比改制前提高了 13.55%，达到 7766.6 万元；职工个人平均收入 2.81 万元，比改制前提高了 42.6%；演出场次达 1540 场，比改制前提高了 22.7%。

4. 宝鸡市西部福缘集商贸有限公司

福缘集藏宝楼地处宝鸡市仿古一条街中山路繁华商业圈内，中山路曙光路前后双向通道，南距火车站一步之遥，东靠购物中心华通商厦，西邻宝鸡大酒店，北望道教圣地金台观。

古玩城总营业面积一万余平方米，藏宝楼项目总投资约 1800 万元。一楼是目前宝鸡市规模最大、档次最高、品种最全的古玩、玉器、奇石、瓷器、陶器、瓷器、邮币卡卖场，三楼、四楼是古玩、字画、玉器、工艺品展销收藏基地。五楼是中国非物质文化遗产与宝鸡市民间工艺品会展中心。六层通过与证券公司的合作引进了渤海商品交易所，同时引进了宝鸡目前具有相当规格的婚纱摄影实景摄影棚。七、八、九、层与宝鸡商业人才联合建成了宝鸡目前档次环境高、收费价位低廉的文化商务快捷酒店项目。

5. 铜川市印台区陈炉古镇景区旅游开发有限公司

铜川市印台区陈炉古镇景区旅游开发有限公司，成立于 2011 年 9 月 7 日，注册资金 120 万元，总资产 800 万元，由铜川市印台区陈炉古镇景区管理委员会直接管理，公司设立了执行董事、监事，实行董事领导下的经理负责制。

公司以古镇观光，休闲、养生、娱乐为载体，开发时尚与传统相结合的文化旅游产业，以陈炉镇区为核心，形成包括旅游业核心产业（广场，窑炉和群众性文化创意活动）、支持产业（以工农业为支撑的旅游商品的研发、生产、产品加工，以及推介和促销等）。

公司的主要经营范围有以下几方面：一是古镇特色饮食；二是民俗文化；三是陶瓷文化；四是革命传统教育基地。

省级文化产业示范单位（第三批）

1. 西安长风数字文化科技有限公司

西安长风数字文化科技有限公司成立于 2008 年，注册资金 1000 万元，位于西安高新技术产业开发区，拥有 28 亩文化创意产业园区，办公场所 6300 平方米，员工近 200 人。

公司致力于三维数字技术的综合应用，搭建了西安动漫公共技术研发服务平台，形成一个环环相扣、优势互补的产业链，打造从动画创作、动漫图书制作、动画衍生产品开发制造，到动漫公共技术研发服务、动漫人才培养、动漫文化交流、数字动漫技术工业化应用等为一体的产业链。投资兴建的西安动漫公共技术研发服务平台于 2011 年被文化部授予“西安国家级动漫公共技术研发服务平台”，成为全国仅有的七家平台之一。公司还与兰州军区展开长期的人才培养合作，首期培训已于 2011 年 8 月正式开始，培训时间为 8 个月，为部队数字化建设培养 100 名专业数字动漫人才。

2. 陕西中贝元儿童艺术剧院有限公司

陕西中贝元儿童艺术剧院有限责任公司于 2008 年 9 月成立。主要投资人由儿童戏剧表演业的专业资深人士组成。公司围绕儿童文化艺术教育、儿童戏剧创作及演出经营活动，以儿童参与、儿童表达、儿童互动为核心特色，制造和经营多元儿童文化媒介，承载儿童创意文化及儿童心灵教育使命，达到艺术启蒙与心灵教育有机结合，构建儿童文化产业平台。

目前，公司主要以儿童剧、人偶剧、木偶剧、卡通剧为主，辅以少儿艺术团体的市场开发，拥有一个综合的专业艺术团队。

3. 西安艺典文化传媒有限公司

西安艺典文化传媒有限公司成立于 2011 年 8 月 26 日，是由深圳市艺峰企业形象策划有限公司、香港艺峰文化演艺实业发展有限公司、西宁圣凯广告庆典策划有限公司共同出资组建，横跨香港、深圳、西安、西宁四地，以专业品牌公关顾问为基础，集文化艺术交流、大型演艺制作、中外明星经纪、音乐影视策划、活动赛事运营、会议展览服务、舞美设计制作、音响灯光租赁、广告设计发布等于一体的综合性文化传媒公司。

公司成立之初确定了“立足西部、辐射全国”的经营理念并树立了发展目标：2011 年 –2013 年，以大型线下公关事件（文化艺术交流、大型演艺制作、展览会仪服务、公关赛事运营等）为基础，迅速成为西部地区公关顾问行业的领头羊并完成 100–200 人的精英团队建设。2013 年 –2015 年，整合市场优质资源，投资影视制作，建立线上及线下的双线传播平台，争取创业板上市，成为西部文化产业的标杆性企业。

4. 陕西文化物资公司

陕西文化物资公司成立于 1989 年 5 月，是在原陕西省文化厅物资站基础上按照现代企业制度组建起来的具有独立法人资格的国有企业，是经陕西省文化厅批准成立的省内唯一一家国有灯光、音响、民族乐器等销售及各类演出活动的策划与组织的企业。公司注册资金为 67.2 万元，专业技术人员 20 余名，自有 2000 多平方米的大型库房。

公司秉承“质优、价廉、信誉、服务”的宗旨，强化灯光、音响、乐器等演出设备的采购配送和服务，从 2007 年开始，先后承担了陕西省乡镇、村级、社区文化活动设备配送工程，配合省演出服务公司参与了省内外大型演出活动数十次，服务对象涉及省直表演艺术团体、省内各县剧团、乡镇文化站、村级文化室、城市社区和社会团体等，取得了较好的社会效益和经济效益。

5. 陕西大秦票务营销有限公司

陕西大秦票务营销有限公司成立于2010年10月，是一家民营专业的文化、体育、展览电子票务销售公司，也是西安地区唯一一家获得西安市公安局认可的电子票务公司，注册资金一佰万元，办公地址西安市长安路北段14号(陕西省体育场内)朱雀广场写字楼C312室，公司现有员工28人，网络设计专业人员8人，电子票务后台技术维护专业人员4人，固定的票务销售网点4个。公司主要经营各类文化演出、大型演唱会、体育赛事和各类展览的门票制作、设计及代理销售业务。

公司曾代理体育赛事和演出票务的项目有：来自中国的三个传说、2010年郎朗西安钢琴音乐会、2010张震岳西安演唱会、2010周杰伦西安演唱会、2011刘若英西安演唱会、2011张学友西安演唱会、2011梁静茹西安演唱会、2011王菲西安演唱会等。

6. 周至县剧团

周至县剧团成立于一九五三年，隶属于周至县文化体育广电局，为事改企单位，是陕西省文化厅设立的“陕西省振兴秦腔实验团”，共有两个演出团，现有演职人员136人。创演的主要代表剧目有：《下河东》，封神榜连台戏《进妲己》《黄飞虎反五关》《黄河阵》《狸猫换太子》前后本、《劈山救母》《斩黄袍》《忠保国》《忤逆坟》《法门寺》《飞犬奇案》《白蛇传》《杨门女将》《杨八姐盗刀》《金麒麟》《桃李梅》《金沙滩》《赵氏孤儿》《三闯宫》《回荆州》《追鱼记》《八件衣》等。

7. 凤县羌族艺术团

凤县羌族艺术团组建于2009年，现有100多名专业演职人员。2010年艺术团创编、演出了陕西省首部大型民族情景音画歌舞《凤飞羌舞》，它是一台既有传统之美、又有现代之魅的舞台新作，一场原创性的大型乐舞史诗，向观众呈现出一幅幅精美别致的“凤凰之乡、嘉陵之源、羌族故里”的文化风情画卷，充分展示了凤羌文化之特色、唯美民族之多彩，地域文化得到彰显，开拓出一条民族音乐舞台表演艺术的先河。自2010年7月以来，《凤飞羌舞》在县内外演出140余场次，使观众从丰富多彩、优美迷人的文艺演出中领略到凤县文化的风采和旅游的巨大魅力，提升了凤县旅游文化品位，形成了凤县旅游文化的名片，推动了凤县文化旅游新发展。2010年10月15日，《凤飞羌舞》作为宝鸡文化产品的代表，在第五届中国西部文化产业博览会亮相，成为本届文博会开幕式文艺演出的最大亮点。

8. 宝鸡市新声演艺有限责任公司

陕西省宝鸡市新声演艺有限责任公司是在文化体制改革中新组建成立的国有文化演艺企业，实行独立法人的国有资产授权经营，隶属于陈仓区文化广电局管理。公司占地10.2亩，总建筑面积4736.64平方米，固定资产330万元，现有职工60人。下设新声秦腔剧团、宝鸡市民间社火艺术团、新声剧院、新声民间工艺品推介营销中心，主要从事宝鸡民间社火与民间歌舞演出、秦腔戏剧演出、剧场租赁和宝鸡各类民间工艺品、旅游纪念品推介销售等，主打民间社火、秦腔戏剧（月月有秦腔）、社火马勺脸谱三大文化品牌。

公司成立后，秦腔剧团主打戏剧演出业务，实行送戏下乡演出和城区“月月有秦腔”剧场固定演出，2010年共开展各类演出380场(次)，收入71万元，今年1～6月份，演出158场（次），收入50万元。

9. 咸阳海泉湾有限公司

咸阳海泉湾有限公司成立于2006年1月20日，由香港中旅（集团）有限公司、西北电网有限公司、陕西秦龙电力股份有限公司共同出资组建。公司位于西咸新区世纪大道中段，占地100亩。

公司切合陕西省建设“关中温泉沐浴带”及咸阳市建设“中国地热城”之时势，依托港中旅集团“海泉湾”新型温泉休闲度假品牌在温泉文化旅游产业上的经营管理优势，重视将温泉文化与休闲度假有机融合，对咸阳得天独厚的优质医疗热矿水的开发利用，进行了有益的探索和尝试，建成了目前国内规模较大、配套齐全、设备一流的室内温泉度假中心，打造了世界温泉文化博览区，满足了人民群众体验温泉水疗、享受温泉养生文化的需求。

公司于2009年8月成立了咸阳海泉湾欧洲艺术团，并投巨资精心编排打造的音乐舞蹈诗画《丽影泉情》，是国内最突出的集中外历史文化与温泉养生文化于一体的欧洲佳丽云集的视觉盛宴。

10. 武功县馨绣民间手工布艺开发有限公司

武功县馨绣民间手工布艺开发有限公司成立于2009年12月，是经武功县工商行政管理局批准注册的一家具有独立法人资格的有限责任公司，专门从事民间手工布艺品的研究、生产和开发，并进行民间非物质文化遗产的传承和保护，是武功县招商引资的农业产业化重点龙头企业。

公司采取“公司＋基地＋农户”的运作模式，拥有高级设计人员 16 人，高级技术人员 80 人，专业管理人员 23 人，生产大户 1728 户，从业人员 2600 余人，年产值 500 万元。生产的“馨绣 ”牌系列精品刺绣、装饰壁挂、绣花布鞋、保健枕等 25 大类 100 多个品种的手工艺产品，深受广大消费者青睐。

11. 咸阳泾渭茯茶有限公司

咸阳泾渭茯茶有限公司，成立于 2009 年 10 月，公司注册资金 1200 万，经营范围包括茶叶、茶具及茶叶加工设备的研发、生产及销售。公司现有在职人员 142 人，其中具有大专及以上学历的 14 人，具有茶学专业学历的管理人员 4 人。

公司是国家星火计划项目实施单位，其本着“诚信、专业、合作、创新”的用人观，聚集了一批敬业务实的茶叶经营管理与技术型人才，具有较强的科技研发能力与业务销售能力。所研究的“拼配技术降低茯砖茶氟含量”“紧压茯砖茶加工气孔生产方法”已申请国家专利，目前已进入实质审查阶段。公司对陕西传统茯砖茶加工工艺进行创新开发，并将其推广应用到陕西丰富的有机茶加工业中，解决了陕西省夏秋茶弃采的瓶颈问题，提高了资源利用率。

12. 陕西华典民间艺术开发有限责任公司

陕西华典民间艺术开发有限责任公司是渭南市群众艺术馆独资的国有企业。公司于 2010 年 8 月 31 日由市文化广电新闻出版局正式宣布挂牌成立，地址位于渭南市仓程路中段，注册资金 100 万。董事长由渭南市群众艺术馆馆长唐仙惠同志兼任，员工聘用渭南市群众艺术馆在职职工 29 人。

弘扬其历史悠久、特色鲜明、丰富多彩的民族民间文化艺术，整合资源，在内传承发展，向外宣传推广，对非物质文化遗产保护项目进行生产性保护，使非物质文化遗产保护工作做得更好。

公司成立之初，就研究制定了业务发展方向：首先是民间艺术活动的策划、组织、交流与演出；其次是民间工艺品的包装、组织生产与销售；第三，走特色化发展道路，建设自主研发项目。

13. 渭南演艺集团有限责任公司

渭南演艺集团有限责任公司于 2010 年 8 月 31 日正式挂牌成立。公司下设三个子公司，分别是渭南市秦腔剧团有限责任公司、渭南市剧院管理有限责任公司、渭南市歌舞团有限责任公司。现有职工 121 人，其中离退休人员 76 人，高级职称 22 人，中级职称 52 人。

集团下属的秦腔剧团，多年来在国内、省内重大艺术节（活动）和艺术比赛中取得好成绩，共有一百余部剧（节）目获得国家级、省级奖项，300 余人次荣获各种个人奖项。集团先后举办了“中国银行演出季”、“中国电信演出季”、“祥龙宾馆演出季”、“临渭信合演出季”、“华县演出季”、“欢乐临渭行”、“妇幼之春演出季”、“富平演出季”、“华阴演出季”、“大荔演出季”并推出了富有特色的周末一元剧场秦乐园戏迷演唱专场、余派传人专场演唱会、张爱莲舞台生涯 52 周年代表性剧目展演、河南豫剧专场、宋彩萍阿宫腔个人专场等活动，累计演出近 200 场，受惠群众近 20 万人。

14. 渭南秦东皮影文化传媒有限公司

秦东皮影文化传媒有限公司创建于 2005 年，公司位于渭南市东风街，法人代表马晓敏。公司历经 6 年的艰苦创业，目前拥有员工近百名，主营业务包括皮影设计、生产、加工，皮影戏演艺以及民俗艺术品、古玩营销等。

先后开发了多项皮影雕刻作品，年产销 30 多万件，许多产品被省内外一些博物馆、艺术馆收藏，大型皮影雕刻艺术品《关公》被录入《中国西部书画名人名家精品集》中。

秦东皮影演艺班班底原为大荔县沙底乡段家戏班，现传至第五代段满翁，保留剧目有：《马线》《宝莲灯》《天仙配》《店遇》《连环计》《拜扫》《卫氏捎书》《金碗钗》《文太师显魂》《劈山救母》等。近年来秦东皮影文化传媒积极参与省内外文化交流活动，参加陕西旅游产品博览会、西洽会、收藏博览会等展演和经常性的下乡入户演出，收到了良好的社会经济效果。

15. 榆林市创意文化产业发展有限公司

榆林市创意文化产业发展有限公司成立于 2000 年 6 月，注册资金 1000 万元。创办以来，公司坚持“以事业凝聚人、以创新吸引人、以爱心团结人、以机制稳定人”的发展理念，吸引了一大批优秀的专业人才，目前，公司有 24 名员工，平均年龄不到 30 岁，大学以上文化程度 20 人，管理人员 6 人，本科和硕士研究生占 60%。

公司坚持“敢想、敢干、敢冲”的精神，立足地方文化和区域特色，发展文化创意产业。公司策划的影响较大的活动有：2009 年，为《榆林日报》创刊 60 周年系列纪念活动做策划宣传；2010 年，为榆林市委宣传部成功策划并实施了榆林市首届“全民读书月”活动启动仪式；为榆林市文联策划 4.23 世界读书日大型广场活动；为首届榆林文艺周策划开闭幕式和“送欢乐下基层”活动；2011 年成功策划了榆林市“依法行政图片展”巡展活动、银监局“三个办法、一个指引”知识电视大赛、榆林市首届优秀旅游商品评选大赛及颁奖盛典。

16. 陕西清涧县青涧石板文化艺术品有限公司

陕西清涧县青涧石板文化艺术品有限公司成立于 1995 年，注册资金 600 万元人民币，并于 2004 年注册了“青涧石板”商标，公司致力于陕北青涧石板文化艺术品的研发、生产和销售，是一家规模化、专业化、特色化的专业文化艺术品公司。

目前，企业已开发出汉画像石、秦汉瓦当、中国纹饰、中国石版画、陕北剪纸、名人书画和青石岩画七大系列共 200 多个品种的石材文化艺术品。在销售渠道的创新方面，不仅依靠各种展销会，更是通过电子互联网等形式，做到与市场接轨，为业务拓展、品牌打造创造各种现代化的销售模式。

17. 延安大河智业文化传播有限责任公司

延安大河智业文化传播有限责任公司成立于 2002 年，公司以创意、策划，数字艺术研发、应用为核心，主要涉足数字艺术研发、动漫制作、大型活动策划运作等业务，业务范围有三维动画、虚拟现实、数字影音、平面设计、空间设计等。

近年来，公司推出的数字红色延安创意园区，是以虚拟数字红色延安开发演示、红色动漫创意制作、休闲娱乐等产业为主的新技术研发孵化项目。该项目基于现代网络、多媒体、虚拟视频、转换压缩等先进技术手段和广泛的媒体方法，将红色十三年期间整个延安区域进行三维数字化复原，立体构建当年“红色延安”社会。策划的红色动漫系列《延安童谣》剧本大纲已成案，宣传片剧本已完成，角色造型及部分场景正在设计中，配音、主题曲正在录制中，在国家广播电影电视总局 2011 年 9 月 2 日发布的陕西省 2011 年 8 月国产电视动画片制作备案公示表（陕）字第 323 号公示。

18. 延安山丹丹文化艺术发展有限公司

延安山丹丹文化艺术发展有限公司创办于 2005 年，注册资金 100 万元，拥有员工 18 人，长期合作演员数百人。已发展成为集影视制作、演艺经纪、音乐创作与制作、广告策划、企 业文化策划、庆典礼仪服务、民俗文化开发、广场文化经营等为一体的综合性民营文化企业。公司秉承整合文化资源、打造陕北文化品牌、发展文化产业、努力实现文化效益经济效益相统一的经营理念。

19. 延安民俗博物馆

延安民俗博物馆位于延安（王家坪）革命纪念馆和王家坪“八路军总司令部”旧址之间。2010 年延安黄土风情文化传播有限公司投巨资在此打造了“延安民俗文化村”，博物馆就建在民俗文化村里。整馆占地面积 4000 多平米方米，馆藏珍贵物品一万多件。建馆设计以“穿越窑洞文明”为主线，以再现陕北艰苦岁月生活场景和展销、表演绚丽多彩的民间艺术为主体，是一个集游览、观赏、参与、体验、互动、购物为一体的大型综合性博物馆，也是陕北第一家民营民俗博物馆。馆内建了蕴含着陕北历史遗风的穴居方式——土窑洞、厦子窑、石片窑、砖窑、石窑和延安窑洞等及典型的陕北农家院落。2011 年累计接待观众游客 10 万人次，综合经营收入逾千万。

20. 延安圣世华石业有限责任公司

延安圣世华石业有限责任公司，是在延安圣世华门业有限公司基础上注册设立的民营独资文化企业，办公地及工厂位于延安姚店工业园区，占地 31 亩，拥有员工 176 人，其中艺术研究人员 20 人。公司以陕北优质无辐射石材、著名的清涧石板为原材料，以陕北文化为灵魂，生产石材雕塑、石板书画、园林广场雕塑、家装、家饰、家具、旅游纪念品的文化企业。

公司的产品主要有：陕北民俗石雕、红色文化石材纪念产品、家庭石材装饰品、整体石材家用橱柜等产品以及园林广场石雕工程等。目前在建和完工的主要艺术石雕工程有：延长县红军东征文化广场、榆林石油大厦广场、定边县红太阳广场、黄帝陵碑亭园龙浮雕等。2010 年实现销售收入 2860 万元，利润 820 万元，税金 125 万元。今年新建厂房投资 1680 万元，生产能力再上新台阶，预计 2012 年可实现销售收入 4900 万元，利税 1300 万元，实现就业 300 人。

21. 镇巴县文工团演艺有限公司

镇巴县文工团演艺有限公司成立于 2010 年。两年来，公司着力打造民间文化、苗乡文化和红军文化品牌，以国家非物质文化遗产代表作镇巴民歌和苗族音乐为音乐创作元素，创作演出了一大批具有浓郁“三乡”文化特点的音乐、歌舞、小品等精品。依靠打造这些精品节目，拓宽演出市场，跨行业合作，开展文化交流等。

公司依托镇巴县有独特的旅游资源旅，大力发展演艺事业进行联合开发，以达到优势互补的运作方式，为文化产业寻找发展机遇和空间。通过这些活动，增加了镇巴及镇巴县文工团演艺有限公司的知名度，到镇巴旅游观光的人数不断增加，旅游的兴起也给公司的带来了更多的经济收益，公司给行业宣传每年收入近十万元，参加各类演出活动收入近十万元，每年获得各类奖励资金十余万元。

22. 汉中市石门风景区旅游开发有限公司

石门风景区旅游开发有限公司成立于2004年，由石门风景区管理局出资注册的国有文化旅游企业，有职工近千人。石门风景区地处汉台、勉县、留坝三县区交界的褒谷口，总面积6875公顷，南距汉中市15公里，316国道穿境而过。

公司主营文化旅游，目前经营的主要项目有：世界首例人工开凿的通车隧道——石门；享誉国内外的书法瑰宝——石门石刻遗址遗存；中国古代第三大工程——褒斜栈道；由萧何创修的山河堰水利工程；褒姒的故里——褒城；曹操在石门大坝下200米处挥毫留下了“衮雪”墨宝；石门大坝以及百米高空钢丝杂技表演等文艺演出，跨度260米的高空滑索等游乐项目和休闲餐饮等项目。

项目累计投资2.13亿元，文化旅游设施设备成龙配套。2010年接待游客、观众30万人次，经营收入500万元。

23. 安康市演艺影视公司

安康市演艺影视公司是顺应文化体制改革，由原市歌舞剧团和市影剧院于2010年11月整合而成。现有演职人员53人，占地1800平方米，有能容700余人的标准化剧场一座和近2000余平方米的文化产业用房，年创收200余万元。

公司前身的市歌舞剧团，有近40余年的建团历史。共创作演出歌剧、话剧50余台，音乐、舞蹈专题综艺晚会100余台。

24. 平利县龙头实业有限公司

平利县龙头实业有限公司成立于2009年，主要从事乡村旅游开发建设。近年来，该公司着力开发龙头村旅游产业，在县委、政府的扶持下，按照“一村一品”和发展生态观光农业的要求，大力推进土地流转，积极落实经营业主，发展高效密植精品茶园1000亩、绞股蓝园500亩，把大部分农民从土地中解放出来，放手发展旅游业和劳务经济；新建、改建陕南徽派民居199户，实施房屋普通旧改213户；硬化村道9公里，新修桥梁3座、生态河堤800米，修建人畜饮水工程3处，解决了三个居民区的安全饮水问题；完成路边栽樟3公里，河边植柳6公里，移栽古树100棵，坡地栽竹700亩，庭院绿化200户，美化了村容村貌；按照“游山、玩水、赏园、品茗”的基本格局，精心打造核心景区，招商斥资建设秦楚农耕文化园、休闲垂钓中心、登山游览观光步道、栈道、水上乐园、花卉盆景园和婚俗乐园，把龙头村作为生态公园倾力打造；建设精品乡村客栈10家、传统手工作坊10户、特色产品销售门店15家。组建了锣鼓队、秧歌队，积极开展文娱活动，不断丰富群众文化生活，提升群众素质，形成了良好村风民风。

25. 商州秦韵艺术学校

商洛市商州秦韵艺术学校2006年成立，注册资金160万元，固定资产600多万元，高质量教室60间，拥有一所艺术学校及两所高档的艺术双语幼儿园。成立五年来，学校本着“传播艺术文化，发展艺术事业”的办学理念，由最初的1个古筝班发展至开设有钢琴、古筝、吉他、小提琴、爵士鼓、古琴、少儿美术、少儿舞蹈等多个专业的综合性艺术学校。同时配备专业调音台、电脑、电视、音响、打印机、1000余册专业书籍、200余张专业碟片、5辆校车，学生由最初的5名古筝学员发展至招收各类艺术专业学员千余名，带动大学生就业32余人，其他人员就业53余人。

26. 洛南县宋城文化产业一条街——洛南县大林文化产业发展有限责任公司

陕西大林实业有限责任公司成立于1996年，是一家以房地产开发为龙头，兼营装饰设计、施工、文化旅游开发、教育、酒店等产业的综合性实业公司。公司注册资本1000万元。公司投资兴建的洛南宋城文化产业一条街项目，一期工程已建成8000平方米，二期建设即将展开。该项目是洛南县政府重点招商引资项目，位于洛南县建成区以东，背靠桃园岭，环境优雅、依山傍水、山清水秀、风景秀丽，是文化旅游、休闲娱乐绝佳地段。

宋城文化产业一条街主要分为民俗民间演艺娱乐板块、民间艺术品板块、传统手工艺作坊板块、民间餐饮板块。目前各类文化产业业态正在逐步形成壮大。预计会有很好的社会经济效益。

27. 商洛市天宇广告传媒公司

商洛天宇广告传媒公司成立于 2002 年，注册资金 424 万，现有员工 43 人，公司设有商洛市天宇广告传媒公司西安分公司、丹凤县平娃工艺品开发公司、《清风》杂志、《天南地北故乡商洛人》杂志、《生活向导》商洛分公司、《故乡商洛人》网站、世园会平娃工艺展销厅等分支机构。《清风》杂志 2008 年创办，出刊 21 期，印刷 10 万余份。《生活向导》于 2005 年在商洛创办，出版近 300 期，共印刷 6000000 份，是商洛最早的 DM 报纸，为广大企业、商家、市民搭建信息平台。西安分公司除受市政府委托在世园会商洛园进行工艺品展销外，还展开《天南地北故乡商洛人》杂志和《故乡商洛人》网站的运营。

2010 年，公司在丹凤县万湾村征地 6 亩，现已投资 400 多万元，将建成集艺术品加工、培训、体验和展销为一体的丹凤平娃工艺品开发公司，目前已开发具有商洛地域特色的工艺品 20 多个品类 60 余件， 2010 年完成销售额 150 万元。将以公司 + 基地 + 农户的模式，以木艺和草编等群众能够广泛参与的手工艺品作为主打品类，进行加工、包装和整合营销。

·甘肃省·

省级文化产业示范基地（第一批）

1. 读者出版集团有限公司

读者出版集团有限公司是于 2006 年 1 月在原甘肃人民出版社基础上改制组建的专业出版集团，每年出版图书及电子音像出版物 1500 种，出版《读者》、《读者·原创版》为代表的 10 种期刊。改制以来，集团公司的产业不断发展，事业不断壮大，综合实力和市场竞争力不断增强，取得了良好的社会效益和经济效益，2009 年资产总额、净资产较 2008 年度分别增长了 17.8% 和 16.02%，实现销售收入、净利润较 2008 年分别增长了 21.3% 和 40.57%。

2. 敦煌市阳光博物馆有限公司

敦煌市博物馆位于敦煌市阳关东路，是以历史文物为主的综合地志性馆，现馆址建于 1984 年，主楼三层，建筑面积 2400 平方米。馆藏文物有石、陶、瓷、木器、写经、汉简、丝绸、珠玉、花砖、书画、拓片、古币、铁器、铜器等 14 类，4000 多件。其中，以敦煌藏经洞出土的文书、写经、汉长城烽燧出土的汉简，200 多座东汉及魏晋古墓中出土的墓葬物最有特色。

博物馆现有 4 个展厅。其中二楼东展厅为“敦煌汉长城展览”，以巨型沙盘模型和大量图片，展示了敦煌境内的汉长城、烽燧、古关遗址，并展出有发掘的汉简、火炬、古币、箭镞等实物。三楼东西两展厅设“敦煌历史文物展览”，展出历代出土文物 679 多件，重点反映了汉唐时期敦煌在丝绸之路的重要地位，成为中外游客在短时间内集中了解敦煌历史文化的窗口。

3. 酒泉市晶玉工艺美术有限责任公司

酒泉市晶玉工艺美术有限责任公司（酒泉市夜光杯厂）始建于 1956 年，是一家有 50 多年历史，专业生产“酒泉牌”夜光杯和玉雕旅游工艺品的中华老字号企业，拥有一支初、中、高级玉器加工、雕刻技师专业队伍。公司选用质地优良的祁连老山玉，先后开发生产了酒杯、酒具、茶杯、茶具、仿古杯、玉雕、极品七大系列，100 多个品种的夜光杯产品。2006 年 8 月，酒泉夜光杯雕被列为首批国家级非物质文化遗产保护项目。2007 年被评为甘肃名牌产品，注册的“酒泉”牌商标被评为甘肃省著名商标，成为肃州区唯一获得省级名牌产品和著名商标的旅游商品。

4. 武威沙漠公园

武威沙漠公园是一座融大漠风光、草原风情、园林特色为一体的游览胜地，位于甘肃武威城东 20 公里处的腾格里沙漠前缘，占地近 4000 平方米的游泳池，还有跑马场、赛马场、沙浴场以及“大漠亭”、“陶心阁”、“鸳鸯亭”、“桃花亭”等游乐设施。园内沙丘起伏，百草丛生，有梭梭、桦木、红柳、沙米、蓬棵等沙生植物，是我国第一座大漠风光与沙漠绿洲相结合的游览乐园，现邀请兰大地理系专家教授进行重新设计，进一步建设完善，使其成为一座展示治沙成果、旅游健身、文化娱乐为一体的沙漠公园。

5. 千乡万才（武威）科技有限公司

千乡万才科技（武威）有限公司，是台湾已故温世仁先生生前投资五千万美元，在开曼岛注册、北京转投资建立的一家高新技术企业。公司成立于 2002 年 1 月，总部设在北京，天津、重庆、兰州、黄羊川等地设有分公司或办事处，现有员工 100 余人。温先生去世后，公司在林光信总裁的带领下，坚持以“人文关怀，利他策略、科技网络，共创未来”为企业的使命；采取“始于公益，止于盈利”的经营策略；基于自己的技术实力，并借助“社会创投”，走在新经济的前沿；在自己建立的网络平台上，努力为西部的各种资源，寻找东部的需求和各种合作的可能。

6. 白银市新天地文化商业街

“新天地”现代文化商业街是甘肃宁远房地产开发有限公司与白银市建设局合作开发的白银市首席体验式文化步行街项目。该项目位于白银市西区经济开发区黄金地段，是集购物、休闲 、娱乐、商住、餐饮、康体为一体的现代化多功能商业步行街。

7. 天水飞天雕漆工艺家具有限责任公司

天水飞天雕漆工艺家具有限责任公司（原天水飞天雕漆工艺厂）是全国著名四大漆器流派生产企业之一，距今已有五十多年生产历史。公司是全国漆器行业重点生产企业。公司生产的“飞天”牌金漆石刻镶嵌屏风、桌类产品，分别获省部优质产品奖，全国行业评比第一名，1986 年荣获全国轻工业出口创汇优质产品金牌奖，1986 年和 1991 年先后获得国家工艺美术百花奖银奖和金奖，1998 年被评为甘肃省名牌产品，被外贸部门誉为质量信得过的出口免检产品，2006 年国家商务部还授予公司“中华老字号”企业，产品远销 5 个国家和地区。

8. 甘谷县大漠行麻编鞋业有限责任公司

甘谷县大漠行麻编鞋业有限公司是专门从事麻编工艺制品的研制开发和生产的企业。其产品主要有麻凉鞋、麻拖鞋、休闲鞋，各种帽、包、座垫、装饰腰带、衣架、缆绳 3000 多个品种，形成以大青麻为主要原材料的系列化产品。工厂占地面积 25 亩，建筑面积 6000 平方米，现有职工 520 多名。“大漠行”牌麻鞋及麻编工艺系列产品以天水特有的天然大青麻为原料，主要工艺纯手工制作，融编织、缝纫、刺绣于一体。材质天然，制作精良，柔软舒适，环保时尚；凉爽透气，吸汗防臭；特有预防、根除脚气的理疗效果。

麻鞋及其他麻编工艺品是制鞋行业中的新品种，主要原料大青麻为甘肃省地方特产，大青麻编织产品具有吸湿排汗、透气爽身、屏蔽辐射、柔软适体、隔热绝缘、抗霉抑菌、消散音波、防止静电、坚固耐用、风格粗犷等特点，适宜于穿、戴、包、挂、垫、盖等多种用途。

9. 平凉正道文化艺术发展有限责任公司

平凉纸织画基地位于平凉市崆峒区，工程总投资 1200 万元。纸织画是民间独特的手工艺品，始于盛唐，已有一千三百多年的历史。泾河沿岸的柳湖一带，就是当时纸织画的发源地，并享有“书画之乡”的美誉，平凉纸织画历史上曾与杭州丝织画、苏州刺绣、四川竹簾画齐名，并称为中国四大家织，具有较高的欣赏价值、艺术价值和收藏价值。八十年代以后，在继承传统工艺的基础上，经过多年的探索和技术创新，现已成为平凉市政府重点扶持的文化产业和地方文化品牌产品，多次获得全国性奖项。

10. 庆阳市凌云服饰有限责任公司

甘肃省庆阳市西峰凌云服饰有限责任公司成立于 1997 年 8 月，位于西峰区商业城，是庆阳市区唯一的专业性和颇具规模的服饰加工生产和庆阳香包刺绣加工生产企业。公司现有注册资金 128 万元，占地总面积约 2000 平方米。其中服装生产占地 1000 平方米，香包生产占地 1000 平方米。公司总人数 180 人，其中管理层 16 人，技术人员 30 名，生产人员 134 人。服装年生产量可达 6000 套，香包挂件年产量可达 24000 件。

公司服装加工采用集中生产形式，产品款式有：行政执法标志服、西服、职业服、校服、酒店宾馆工作服、礼仪小姐旗袍、婚礼服、保安服、剧装、舞蹈服、手工缝制唐装。为了打造凌云服饰品牌企业已经申办了“初蔚尔”服饰注册商标，产品质量得到政府技术监督管理部门的鉴定认证，授予“质量信得过”单位，2001 年市政府对企业授予“重合同、守信用”先进单位。

11. 甘肃天赐一秀根石艺术有限公司

甘肃天赐一秀根石艺术有限公司创建于 2008 年，是文化艺术产品生产企业，2010 年被甘肃省批准授牌建立“天赐一秀文化产业园区”，主要经营根艺、奇石、栗亭砚、工艺制品的生产、研发和销售。

“天赐一秀”文化产业园区分两期建设，其中一期投资 8000 万元，二期投资 8400 万元，道路、景观绿化投资 1600 万元。目前一期工程的展览馆、影视城已完成主体工程，在建成的一期文化产业园区内，80% 的自有品牌产品将长年占有主导地位。同时，公司已招商和引入清华大学文化创作基地、北京桃花源画廊、德惠轩、陕西书画院、大明宫练歌城连锁、西安演艺连锁、飞天画廊、汉中奇石园、兰州陇翠堂、成州影视城连锁、慧发酒店、陇南鸿达土特产公司、陇南山核桃工艺品等 20 余个单位陆续入驻园区，力争在五年内逐步形成集吃、住、行、游、购、娱为一体的产业群和消费体，将园区打造成为西北五省乃至在全国具有一定影响的文化产品集散地。

12. 积石黄河民族（保安族、撒拉族）风情游览

积石山保安族东乡族撒拉族自治县位于甘肃省西南部，处于黄土高原与青藏高原交汇地带。全县总面积910平方公里，辖16个乡、2个镇，总人口22.47万人，有保安、东乡、撒拉、汉、回、土、藏、维吾尔、羌、蒙古等10种民族，其中少数民族占总人口的51.9%，是全国唯一的保安族聚居地，保安族人口占全国保安族总人数的95%以上。境内属典型的大陆性季风气候，冬春干燥，夏秋湿润，年降水量467–734毫米。地势西南高，东北低，西南部为高寒阴湿山区，东北部为高寒干旱山区，海拔1735–4309米。

省级文化产业示范园区（第一批）

兰州创意文化产业园

兰州创意文化产业园，是由甘肃现代集团投资，集合各专业力量，在借鉴国内先进经验基础上，结合甘肃本土特点，经过合理规划和资源整合，精心打造的甘肃第一个创意产业经济园区。目前，已经入驻兰州创意文化产业园的企业有20多家。

兰州创意文化产业园原址为兰州恒孚油泵油嘴有限公司（原兰州油泵油嘴厂），占地约30亩，原有工业厂房等建筑面积约4万平米。2009年6月3日，由甘肃现代集团子公司甘肃现代房地产开发有限公司成功收购原资产。

甘肃现代集团收购油泵厂区之后，针对兰州文化艺术市场发展缓慢，远远落后于东部省份的现状，经过深入考察调研和可行性研究，对原油泵油嘴厂房车间进行改造。

2009年6月13日在兰洽会上，产业园与兰州建设银行正式签署了该项目银企合作协议，得到了对口银行给予的资金支持。同日，兰州国家高新技术产业开发区管委会在兰洽会高新区分会上举行了“授牌”仪式，正式授于兰州创意文化产业园为“兰州国家高新技术产业开发区创意文化产业园”。

·青海省·

省级文化产业示范基地（第三批）

1. 西宁宝光金银首饰实业总公司

西宁宝光金银首饰实业总公司，是一家其他型企业，于1983年正式成立，公司位于青海省西宁市城东区乐家湾镇政府高新路，公司资金实力雄厚，生产经营能力强大。目前已发展成为业内一家较具实力的生产型企业。公司主营：足金首饰，铂金首饰，足银首饰。

2. 青海丹噶尔皮绣研制开发有限公司

李永清2007年成立了丹噶尔皮绣公司。公司采用了企业+农户+学校的模式，在湟源县是首家，也是唯一的一家集研发、培训、制作、销售为一体的皮绣公司。李永清聘请专业教师常年培训下岗女工和残疾人，还在湟中县、贵德县、大通县部分农村培训普通农妇学习皮绣。她提供原材料，让这些妇女在农闲时制作皮绣，然后收回成品，付给手工费，很多农妇每个月有800–900元的收入。同时，她还创办了西宁市女子技能职业培训学校，专门培养皮绣制作人才。

丹噶尔皮绣公司已形成了流水线行业模式，各地区分工制作皮绣作品。比如湟中县的极乐乡吉拉口村专门在手工皮鞋上绣花，小寨村做花卉皮绣，西堡乡西堡村残疾人专门做动物皮绣，漠河村主要做箱包，湟源县丹噶尔新村的村民主要做皮绣挂件。

3. 青海玉良工艺有限责任公司

青海玉良工艺有限责任公司成立于2009年，地处西宁市湟中县鲁沙尔镇陈家滩村（高速公路出口处），距黄教圣地塔尔寺2公里，交通便利，是一家集设计、加工、生产、销售民族工艺品为一体的民营企业。

公司占地15亩，现有民族工艺品加工车间3200平方米。公司拥有员工76名、管理人员10名、具有地方特色的民族工艺技师46名。产品销往本省及山西、内蒙、西藏、四川、深圳等地。

公司以湟中“八瓣莲花”产业为依托，展示了青藏高原流传千年的民族、民间和佛教文化的博大精深及无穷魅力，结合传统文化内涵和现代科学技术工艺，加工生产鎏金佛像、贴金佛像、玻璃钢佛像、大型铜质佛像、城市园林景区雕塑及仿旧、文物修复、寺庙彩绘等，品种齐全、工艺精湛。2011年8月被青海省文化和新闻

出版厅确定为青海省文化产业示范基地。

4. 青海藏之堂科贸有限公司

青海藏之堂文化立足高原，扎根青海，以传承民族工艺，弘扬青藏文化为己任，坚持诚信为本，精益求精，分别在土族盘绣之乡互助县，热贡艺术之乡黄南州同仁县设厂，专业生产土族刺绣、手绘及堆绣唐卡，经销昆仑玉、尼泊尔手工艺品、鎏金佛像、藏式家俱及手工藏毯，确保产品均为具有高超工艺水平的少数民族艺人精心制作，努力打造具有鲜明地域风情、浓郁民族特色及深厚文化底蕴的青藏高原文化艺术精品。

5. 青海缘汇木雕工艺有限公司

青海缘汇木雕工艺有限公司坐落于湟中县甘河滩工业区，距离著名的黄教圣地塔尔寺 3 公里。公司由塔尔寺赛多仁波切命名。

公司现有职工 157 名，其中具备优秀木雕工艺工匠68名，画工艺人22名，大多数工匠艺人曾参加过塔尔寺、拉萨等藏区大小寺院殿堂庙宇的修建修缮工程，他们精湛的技艺得到各地僧众的普遍赞誉。

主营行业：藏式家具、佛龛、龙床、罗汉床等家具及木雕工艺品

6. 西宁乡趣农耕文化生态园

西宁乡趣农耕文化生态园地处城北区大堡子镇陶北村口，西湟一级公路 14 千米南侧，毗邻严小、陶南、陶北三个设施蔬菜、果品生产区，园区距离市区10千米，交通便利。自然景观优美，农耕文化丰富，乡村风情浓厚多彩。

乡趣农耕文化生态园成立于 2009 年 5 月，隶属西宁乡趣农业科技有限公司，经过 2 年的规划和建设，在占地面积 300 亩的“西宁乡趣农耕文化生态园”核心区内已完成基础与配套设施建设，投资 2000 万元，建成 120 栋日光节能温室、2000 平方米农耕文化展示钢架大棚、6 座不同时期的青海民居拆旧复原庭院、6 座户外茅草棚、400 平方米乡村大舞台演艺厅和农民培训中心等相关配套设施，建设了认种认养区、种植区、百亩花海观赏区、科技成果展示区、农民演艺培训区、休闲旅游区、乡村文化展示区、餐饮区等 9 个功能区。

7. 循化县圣驼民族工艺品有限公司

循化县民族工业集中区圣驼民族工艺品有限公司，是一家专门生产民族工艺品的企业。2008 年，在政府的支持下，圣驼民族工艺品有限公司盘活了原绒毛厂的闲置资产，成立了循化县圣驼民族工艺品有限公司。随着市场需求量的不断增加，公司将生产的工艺品由过去刺绣鞋冒和枕头，扩展到刺绣牡丹、鸟类、风景画等，使得民族工艺品叫响市场，产品远销北京、广州、东北等地，企业年创收六七百万元，同时，解决了就近农村二百多人的就业问题。

8. 互助土族文化传播有限公司

互助土族文化传播有限公司以“土族盘绣”为主项目，把保护、传承和生产开发作为发展核心，实施生产性保护工作，以“公司 + 基地 + 农户”的生产模式运行，实现保护和传承的目的，增加了当地农民的收入，取得了良好的社会效益和文化效益。

2011 年 11 月，青海省互助土族文化传播有限公司被文化部命名为“第一批国家级非物质文化遗产生产性保护示范基地”。

9. 海南州布绣嘎玛民族工艺品有限责任公司

海南州布绣嘎玛民族工艺品有限责任公司原名为青海布绣嘎玛藏绣有限责任公司，公司原注册地址在西宁市城东区，现已迁址至海南州共和县恰卜恰镇共和东路，是一家主要生产经营民间藏绣、绘画唐卡、民间石雕及各种民族服饰等手工艺产品为主的民营企业。公司生产的布绣嘎玛牌产品色彩艳丽，线条流畅，人物动物活灵活现，做工精美绝伦，具有很高的艺术观赏价值和收藏价值。公司总注册资金为 300 万元，员工达 1000 余人，属下有以下几个实体：贵南县东格尔藏绣科技有限责任公司、青海藏文化艺术宫、贵德县藏绣专营商店、贵德县北山湾关塘新村藏绣生产点、贵南县茫曲镇加土乎村藏绣产业园。

10. 青海天地人缘文化旅游发展有限公司

青海天地人缘文化旅游发展有限公司在贵德创建的黄河奇石苑和贵德国家地质公园阿什贡七彩峰从景区，分别以自然地黄河奇石资源和丹霞地貌资源为观赏载体，用哲学和艺术的四边手法，将生硬的石头和沉默的黄土变成了演绎中国文化和中国土文化的艺术殿堂。前者以丰富多彩的黄河奇石讲述气势滂沱的黄河文化和中国厚重的做人之道；后者以千姿百态的七色土峰讲述人土合一的天地人缘理念和中国人视土如命的传统美德。

11. 玉树藏族自治州民间土风歌舞表演团

青海省玉树藏族自治州民族民间土风歌舞团成立于2009年7月，是由半业余的农牧人组成的民间文艺团体，隶属玉树州文体广电局，目前有团员50人。团长仁青战德，副团长扎西昂江，是国家级“卓”舞的民族艺人。玉树州民间土风歌舞团自创办起，就一直致力于继承和发扬藏族民间土风歌舞的事业，力图将玉树藏族卓舞、依舞、锅哇舞、热依舞、热巴舞等，以及各类山歌、小调等各具特色和魅力的民间艺术集聚在舞台上。为此，歌舞团长期邀请民间最优秀的歌舞艺人为团员传授技艺。多年来，玉树州民间土风歌舞团不但曾应邀赴北京等地演出，而且还参加过全国少数民族非物质文化遗产项目调演活动。

12. 青海虎彩印刷有限责任公司

青海虎彩印刷有限公司隶属于香港虎彩集团，是香港虎彩人言可集团旗下的全资子公司，成立于2003年1月，是一家主要从事中高档烟包、彩盒、彩箱印刷的港资企业。公司注册资本5000万元港币，坐落于西宁市（国家级）经济技术开发区生物科技产业园内，占地面积3.5万平方米，项目总投资1亿元人民币，一期工程投资5000万元，已于2004年5月9日建成投产，主要业务涉及中高档烟包印刷，彩盒、彩箱、酒箱、奶箱等产品；二期工程投资5000万元，已于2006年1月建成投产。公司现有员工500多名，标准工业厂房二栋，面积12760平方米，员工宿舍楼二栋，面积2950平方米，办公楼面积1796平方米（二期工程总建筑面积7140平方米）；二期工程引进国际最先进的瑞士BOBST集团生产的柔性水性印刷机。青海虎彩公司已经成为西北地区最大的彩箱供应基地，可实现年销售额1亿元人民币，利税2000余万元。

13. 青海省新华发行（集团）有限公司

青海省新华发行（集团）有限公司性质为国有独资企业，主体为全省新华书店。公司根据青海各级新华书店的发展现状，将海东地区各县、西宁市各县新华书店改造为集团公司的分公司，将州级新华书店改造为集团公司的子公司，将州属各县新华书店改造为子公司的连锁店，彻底打破了计划经济体制下均衡布局、松散管理的格局，形成了符合市场规律的集团化组织结构。

14. 青海日报社印刷厂

青海日报社印刷厂成立于1949年10月，现有职工159名，五个管理职能部门和激光照排、制版、胶印、彩印、装订五个生产车间。固定资产1500多万元，2003年完成工业总产值1500余万元（不含税值）。1999年被新闻出版署确定为国家级书刊印刷定点企业。担负着青海省主要的汉、藏文报纸、期刊及各类零印件的印刷任务。

青海日报社印刷厂在青海日报社党组的领导下，以提高经济效益为中心，深化企业改革，强化内部管理，突出优质服务，不断推进两个文明建设向纵深发展，使企业的管理水平不断提高，企业的整体素质明显增强，先后多次受到中华人民共和国新闻出版署、中国报纸行业经营管理协会、省委宣传部的嘉奖。

15. 青海西宁印刷厂

青海西宁印刷厂建厂已有五十五年的历史，目前是西宁市惟一的国有印刷企业，现有职工208名。青海印刷网隶属于西宁环宇文化传播有限公司，是一家集设计、排版、印刷于一体的专业化印刷公司，公司拥有专业的印刷设备，提供专业品质的印刷服务， 提供专业的广告策划、创意设计、彩色印刷、企业画册、广告礼品等广告业务。公司本着“质量最高、速度最快、价格最平”的服务宗旨，为满足客户的需求，特推出青海网络印刷平台 www.qhys.cn（青海印刷网），能为客户提供一站式宣传品印刷解决方案。

16. 湟中八瓣莲花文化传播有限公司

湟中八瓣莲花文化传播有限公司于2006年4月26日成立，是具有独立法人资格、拥有自主进出口权的文化传播企业，公司注册资金41万元。公司地址为湟中县鲁沙尔镇迎宾路189号，占地面积11.6亩，建筑面积2776平方米。

公司主要经营：唐卡、堆绣、农民画、银铜器、古建筑彩绘及木雕、藏式家具的生产、人才培训、产品推介、市场销售，并从事以上业务的对外贸易。公司从事的八种民间艺术中，“堆绣和加牙藏毯”被列入国家级非物质文化遗产名录；“镶丝、雕刻、农民画、泥塑、壁画、银铜器”被列入省级非物质文化遗产名录。

从2008年开始湟中县将“八瓣莲花”民间工艺品产业作为一项富民强县产业来抓，为此湟中八瓣莲花文化传播有限公司担负起了“八瓣莲花”文化产业做大做强的任务。

17. 青海藏文化馆

青海藏文化馆坐落于青海省西宁市湟中县鲁沙尔镇莲花湖畔，是一个集知识性、趣味性、观赏性和参与性于一体，整个场景充满梦幻般神秘色彩和强烈的感性震撼力的藏族文化馆。青海藏文化馆是目前国内第一个以现代展陈与表现理念为基点，充分运用现代科技手段和多媒体技术，全方位介绍藏族历史、文化、艺术、宗教和民俗风情的文化旅游景点。

青海藏文化馆对西宁市湟中县有其积极的现实意义。首先，西宁是省会，是全省政治、经济、文化、交通和信息中心；第二，湟中县是青海的人口大县，全县总人口 48 万人，其中少数民族人口 11 万人；第三，藏传佛教圣地塔尔寺就在湟中县鲁沙尔镇。塔尔寺不仅仅是藏传佛教格鲁巴创始人宗喀巴大师的诞生地，而且是安多藏区最大的黄教寺院之一，享誉海内外。

18. 同仁县布达拉文化艺术有限责任公司

青海省同仁县布达拉文化艺术有限责任公司是一家以＂公司＋农户＂为经营模式，集热贡艺术品的制作、销售、参观为一体的企业。公司已发展成为生产、加工、购物、景点旅游为一体的热贡艺术品供销基地，形成了产、供、销一条链运营的市场化企业。主要经营产品有：精品唐卡、彩绘、堆绣、刺绣、铜制嘛呢经筒、泥塑、木刻、石刻、装饰图案及金属工艺品，本公司制作的产品造型准确生动，工笔精细绝美，设色匀净协调，人物刻画惟妙惟肖，具有强烈的线条感、色泽感、运动感和立体感，受到中外人士的喜爱与收藏。

19. 青海唐蕃手工艺产品进出口贸易有限公司

青海唐蕃手工艺产品进出口贸易有限公司成立于 2002 年 3 月，公司位于西宁市城中区 42 号，是一家集原创工艺品和个性设计与生产加工为一体的民族文化艺术公司。公司经过多年的滚动发展，生产规模和研发实力得到不断加强，产品内容涉及商务礼品、民族工艺品、旅游纪念品等三大系列。2010 年底产值已达到 3000 万人民币。目前公司现有员工 83 人，其中国家工艺美术大师 2 人。

公司采用传统唐卡彩绘、珐琅掐丝、藏绣、堆绣、刺绣、皮绣、皮影、玉雕等多种民间工艺技术表现生产出的民族商务礼品、旅游纪念品系列、精工掐丝唐卡系列、礼品唐卡系列等产品。产品远销香港、澳门、台湾等地区，以及日本、韩国、新加坡、美国、德国、新西兰等国家。

20. 青海奇石古玩广场

2006 年 10 月 29 青海省最大的奇石古玩市场——青海省奇石古玩广场在西宁市城南新区正式开张。

随着对外开放步伐的加快和青海省旅游业的兴起，文化产业异军突起，经过全省石界多年的共同努力，精心运作、收藏交流和潜心研究，江河源奇石已成为中华观赏石文化的重要组成部分。尤其两届全国奇石大展的成功举办，促进了青海三江源奇石文化品味的大幅提升，这对青海省文化产业长足发展，创造了良好的机遇。

全省石友积极响应，目前入驻的石商、石友、书画、古玩收藏家已达50多家，基本集中了全省石界和书画、收藏界的精英。该市场占地近百亩，投资 1500 多万元，建筑面积达 15000 多平方米，可同时容纳千余户石商。

省级文化产业示范单位（第二批）

1. 青海喜庆服务有限责任公司

青海喜庆服务有限责任公司成立于 1993 年，是最早从事各类庆典、会展、婚庆、商务礼仪服务并承接各种影视制作，省内外广告制作、发布代理的公司。

公司成立以来，秉承“诚信为本、用心服务”的理念，是历届“青洽会”、“环青海国际公路自行车赛”、“三江源摄影”、“清真食品展”等省、市级政府主办的大型活动的氛围营造、广告代理及运营推广商，被青海省名优评选委员会授予“青海省名优企业”，青海省人民政府授予 2007 年青洽会“先进单位”，青海商业联合会评选为“价格诚信”单位、西宁市会展业协会副会长单位。

2. 祁连县翠光宝玉石公司

祁连翠光宝玉石公司是祁连玉的主要生产厂家。据悉，公司用祁连山玉石制作的各种餐饮用具、玉枕、首饰、花草等，做工精美，款式新颖，不仅有良好的使用效果，同时也具有观赏、收藏和使用价值。企业主要产品有酒杯、餐具、人物造型、动物造型等。

3. 刚察县梦之湖文化产业发展服务中心

刚察县梦之湖文化产业发展服务中心注册成立于 2009 年 5 月，在职职工 16 名。后将原县新华书店和电影发行放映管理站合并，成立了“刚察县文化产业发展服务中心”，并注册成立了刚察县梦之湖文化产业发展服务中心。该中心下设文化旅游产品开发部、电视网络运营部、电影发行放映部及图书经销部，其中文化旅游产品开发部为核心，逐步开发了藏族服饰系列、藏戏纪念品系列、藏经石刻系列、地方民族宗教用品系列、动物标本系列、日用生活系列、民间刺绣系列、恰丝艺术品系列、文化旅游纪念品系列等。

该服务中心重点培育地域民族特色浓郁的文化创意、产品加工、印刷复制、演艺娱乐、文化会展等产业，初步形成以产学研相结合的文化创新体系，文化原创能力进一步提高，数字化、网络化技术广泛运用，文化企业装备水平和科技含量显著提高。

4. 青海一格文化艺术有限公司

青海一格文化艺术有限公司立足于青藏高原，致力挖掘民族文化精髓，是一家集原创工艺品、集佛教礼品专项开发、民族民间文化艺术品销售和雕塑方案设计与制作为一体的文化艺术公司。产品涉及藏传佛教唐卡、堆绣、刺绣艺术品，手工掐丝镶嵌佛艺画，佛教工艺品三大系列上百种。

“一格礼品”经过近十年的发展探索，在青藏特色礼品设计、开发和创作方面积累了丰富的市场经验，拥有一群年轻的专业人才和具有一定知名度的民间艺术家。公司经过多年发展，生产和研发实力不断壮大，产品涉及商务礼品、民族工艺品、旅游工艺品三大系列，现有产品千余种。

省级文化产业示范园（第二批）

1. 祁连县祁连山黑河奇石园

2011 年，祁连县着力建设集玉石、根雕、牛羊头饰品、园林石加工生产与销售为一体的黑河奇石产业园区，这个园区项目投资达 1180.93 万元，是海北藏族自治州和祁连县重点扶持的文化产业园区。

园内的黑河奇石民族工艺品加工厂辐射带动了周边群众和农牧民从事民族工艺品加工生产，安排农村富余劳动力和下岗失业工人 100 余人，带动周边 400 多群众参与采挖掘、加工、运输等，人均年收入达 2 万元，不仅拓宽了群众增收渠道，增加了群众收入，产生了良好的经济效益和社会效益，也使“藏在深闺无人知”的祁连民族工艺逐步走向了省内外更加广阔的舞台，目前，全县已形成从事经营和加工制作奇石、玉雕、唐卡、根雕、牛羊头、首饰等较大规模的文化中心户 6 家。

2. 海晏县河湟剪纸中心

河湟剪纸中心是以海晏县剪纸艺人王凤英为代表的新型剪纸中心。王凤英不仅是省级民间工艺大师，而且还是非物质文化遗产传承人，在剪纸艺术领域颇有影响，她的作品曾在中国国际旅游商品博览会、上海世博会、中国西部文化产业博览会、青洽会以及新西兰、法国、贝宁等国际文化艺术节上参展，获得各种奖项 20 余次。

近年来，河湟剪纸中心培养了一批技艺精湛的民间艺人，使海晏县的文化产业得到不断成长和壮大，成为进一步宣传海晏文化，提升了海晏知名度的又一名片。同时，作为河湟剪纸中心带头人的王凤英也被海北藏族自治州授予“海北州优秀人才”称号，并奖励人民币 5 万元。

3. 海南州五彩藏绣艺术有限责任公司

海南州五彩刺绣艺术公司创办于 2009 年，主要经营加工唐卡刺绣，以及具有民族特色，带各种藏式图案、花卉的刺绣工艺品。运用藏绣独有的工艺，展示藏民族绚丽的文化艺术瑰宝，表现了祖先迁徙，和生息繁衍的历史画卷。

公司产品技艺精湛、针法细腻、立体感强、外观华丽、典雅，大量出售至拉萨及周边藏区，还有部分产品远销北京、上海、苏州、云南等各大城市，深受广大刺绣爱好者的青睐，从中感受着来自藏区的雪域文化，以及藏绣艺术的博大精深。

省级文化产业示范户（第二批）

大手印手工皮雕艺术工作室

大手印手工皮雕艺术工作室设立在主人程文忠的家中。2011 年 8 月 15 日，由于大手印手工皮雕艺术工作室在发展青海省特色文化产业方面贡献突出，被省文化新闻出版厅命名为第二批“青海省文化产业示范基地”。

第四届青海国际唐卡艺术与文化遗产博览会上，程文忠参展的皮雕唐卡将传统性与创意性相结合，一下签了 500 万元的订单。

由于的稀缺性和独特的艺术魅力，手工皮雕已成为一种高端的艺术品。程文忠已经将自己研发出来的皮雕唐卡向国家知识产权局申请发明专利，既能避免同类唐卡泛滥，造成市场混乱的局面，还可以让全世界都知道，皮雕唐卡出自青海。

第九部分
改革与创新

文化体制改革

2011年国有文艺院团体制改革

中宣部、文化部下发《关于深化国有文艺演出院团体制改革的若干意见》三周年（2012年）之际，全国承担改革任务的2103家国有文艺院团中，已有2102家完成改革任务，完成率超过99%，全面完成了国有文艺院团体制改革阶段性任务。

一、国有文艺院团体制改革基本历程及主要成效

党的十六大以来，国有文艺院团体制改革经历了三个主要阶段：2003年6月，中央召开文化体制改革试点工作会议，全国国有文艺院团体制改革试点工作正式启动；2009年7月，在总结试点工作经验基础上，中宣部、文化部下发《关于深化国有文艺演出院团体制改革的若干意见》，明确国有文艺院团体制改革的“路线图”和“时间表”，改革逐步向纵深拓展、向面上推开；2011年5月，中宣部、文化部下发《关于加快国有文艺院团体制改革的通知》，要求各地在2012年上半年之前完成国有文艺院团体制改革任务，改革进入攻坚克难、全面推进新阶段。经过九年来，特别是近三年来不断深化改革，国有文艺院团焕发出勃勃生机与活力，呈现欣欣向荣的繁荣景象。

1. 转企改制中心环节取得大进展，演艺业体制格局发生根本性变化。

坚持把转企改制作为国有文艺院团体制改革的中心环节，作为改革是否取得实质性进展的重要标志，推动大批国有文艺院团转企改制为新型市场主体。在已完成改革任务的院团中，转企改制院团1284家，占比61%，撤销院团444家，占比21%，划转院团374家，占比18%。杂技、话剧、歌舞类院团基本实现全行业转企改制。与此同时，民营院团发展迅速，全国注册民营院团超过11000家。经过多年努力，一个以企业为主体、事业为补充的新型演艺体制格局基本建立。

2. 转变演艺发展方式迈出大步伐，演艺业科学发展水平显著提高。

坚持以科学发展为主题，以转变文化发展方式为主线，推动演艺业向规模化、集约化、专业化发展，演艺业整体实力和市场竞争力显著提高。一是演艺企业资源整合力度加大，国有骨干演艺企业不断涌现。中国东方演艺集团有限公司和北京、辽宁、江苏、上海等14个省（区、市）组建的省级演艺集团公司，成为演艺市场中坚力量。其中，北京演艺集团有限责任公司、安徽演艺集团有限责任公司、湖北省演艺集团责任公司注册资本超亿元，中国东方演艺集团有限公司、北京演艺集团有限责任公司、江苏省演艺集团有限公司年收入超亿元。二是演艺与旅游、创意、高新技术等产业深度融合，演艺产业结构转型升级有效推进。《丽水金沙》、《印象刘三姐》、《时空之旅》、《梦幻腾冲》等剧目，融入科技因子、旅游元素，成为知名演艺品牌。三是演艺院线发展迅速，演艺企业发展空间不断拓展。目前已形成中演演出院线、保利院线两大全国性院线，北方剧院联盟、西部演出联盟、东部剧院联盟、长三角演艺联盟、珠三角演艺联盟五大省际联盟。

3. 国有文艺院团改革发展政策实现大突破，演艺业改革发展的外部环境不断优化。

坚持以政策为支撑，积极出台国有文艺院团改革发展政策，基本建立覆盖各个层级、相关职能部门齐抓共建的国有文艺院团改革发展政策体系。一是会同有关部门，认真贯彻落实国办发[2008]114号文相关精神，结合国有文艺院团改革实际，出台一系列文件，在解决增加财政资金投入、加强基础设施建设、推进政府采购等方面，实现新的政策突破。二是推动地方结合实际出台更加优惠、更具操作性的地方政策。山西、安徽、四川、重庆等16个省（区、市）出台23个省级专项政策。各级财政对国有文艺院团的投入由2008年的57.3亿元增加到2011年的83.5亿元，增幅达45.7%。北京、安徽、山西等省（区、市）积极采取措施，贯彻落实“一团一场”政策，取得明显进展。

4. 演艺产品评价激励机制发生大转变，演艺创作生产取得社会效益和经济效益双丰收。

坚持把遵循社会主义先进文化前进方向、人民群众满意作为评价作品最高标准，把群众评价、专家评价和市场检验统一起来，形成科学的评价标准，催生一大批市场欢迎、群众喜爱的精品力作。修改文华奖评奖规则，要求“除昆曲、歌剧、舞剧外，其他类别的剧目均需演出百场以上才有资格参与评选，演员也必须年均演出场次百场以上才有资格参与评选”。出台《关于鼓励民营文艺表演艺术院团意见》，提出民营演出团体在全国性文艺评奖、文艺调演表彰活动中与国有文艺院团享受同等待遇。在新型评价激励机制的引导下，我国演艺创作生产呈现积极向上、繁荣发展的新景象。2011年

全国文艺院团演出场次达155万场次，比2003年增加了116万场次，增长297%；演出收入达52.8亿元，比2003年增加了45.7亿元，增长643%。各级国有文艺院团打造出《复兴之路》《1699.桃花扇》《梦回长安》《花木兰》《月上贺兰》《苦乐村官》等大批优秀作品。

5. 文化系统广大干部职工思想观念实现大解放，文化自觉文化自信进一步增强。

坚持以新的文化发展理念为指导，做到思想观念不为既有经验所束缚、工作举措不为习惯做法所局限、发展方式不为传统模式所制约，文化自觉文化自信呈现新风貌。一是不断深化对体制与机制之间关系的认识，认识到体制决定机制，机制依附于体制，国有文艺院团改革只有通过创新体制，才能为微观机制转换扫清障碍，真正激发国有文艺院团的生机与活力，破除了"不肯改"守旧观念。二是高度重视市场在文化资源配置中的作用，认识到政府能配置给院团的资源是有限的，而市场却是无限的，国有文艺院团只要积极面向市场、勇于开拓市场，完全可以在市场竞争中发展壮大，扭转了"不敢改"犹疑态度。三是认真总结试点单位改革经验，逐渐确立以"转企改制"为中心环节和"转制一批、整合一批、撤销一批、划转一批、保留一批"的改革路径，消除了"不会改"茫然情绪。通过改革，文化系统广大干部职工深刻认识到深化改革是推动文化大发展大繁荣的必由之路，"想改革发展、议改革发展、谋改革发展"在文化系统蔚然成风。

实践充分证明，中央关于深化国有文艺院团体制改革的决策是完全正确的，改革是解放和发展演艺生产力的根本途径，文化系统广大干部职工是一支贯彻中央决策绝不含糊、敢打硬仗善打硬仗的坚强队伍。

二、国有文艺院团体制改革的宝贵经验

在改革实践中，不断深化国有文艺院团改革规律的认识，为国有文艺院团进一步深化改革加快发展积累了宝贵的经验：

1. 必须紧紧依靠党中央、国务院的坚强领导。

这些年，改革之所以取得历史性突破，最根本的是有党中央国务院的坚强领导。改革每临关键时刻，中央领导同志总是给予及时的指导和有力的支持。党的十六大以来，中央领导同志对国有文艺院团体制改革做出的有关批示、指示达数百件（次）。在中央的正确指引下，文化系统上下不为困难风险所惧，不为杂音噪音所扰，不为传闻谣言所惑，坚定不移、毫不动摇地推动国有文艺院团体制改革向纵深拓展。只有紧紧依靠党中央、国务院的坚强领导，在大局下思考、谋划、行动，改革才能始终沿着正确的方向前进。

2. 必须不断推进解放思想、转变观念。

认真学习贯彻科学发展观，牢固树立新的文化发展理念，坚决革除一切不符合科学发展的错误观念、陈规陋习和体制弊端。深入开展国有文艺院团改革理论研究，不断深化对国有文艺院团改革的规律性认识，提高改革工作的自觉性和科学性。同时，高度重视思想动员，编发大量有针对性的学习读本，举办系列培训班和研讨班，及时推广改革典型，反复宣传国有文艺院团改革的意义、实质和前景。随着改革的深入，越来越多的同志认清了改革发展的规律和形势，切实转变了观念，自觉加入改革的行列。只有牢固树立新的文化发展理念，不断推进思想解放，改革才能真正获得内生动力。

3. 必须坚持目标坚定与策略灵活的统一。

坚决贯彻中央的决策部署，鲜明提出要以转企改制为中心环节，在2012年上半年之前完成国有文艺院团改革任务的总体目标。在改革路径设计上，坚持"区别对待、分类指导"方针，充分考虑各地院团发展实际，采用"五个一批"路径加以推动。只有坚持改革不动摇，执行中央决策不含糊，同时又从实际出发，注意策略的灵活性，改革才能平稳顺利推进。

4. 必须最大限度凝聚共识、汇聚力量。

积极争取各级党委政府支持，推动各地将国有文艺院团改革列为党委政府重要工作内容，组建改革领导机构，完善国有文艺院团改革工作机制，形成推进国有文艺院团改革的强大合力。与此同时，多批次组织关心改革的社会人士参观改革院团，参与工作调研，积极争取社会各界的理解和支持。在实际工作中，注重听取职工意见、建议，维护职工基本权益，充分调动广大演职员工参与改革、推进改革的积极性、主动性和创造性。只有团结一切可以团结的力量，调动一切可以调动的积极因素，改革才能获得最广泛的支持。

5. 必须保持求真务实、奋发有为的精神状态。

坚持以扎实认真的工作作风保障改革质量，以昂扬奋进的精神状态保证改革顺利推进。先后组织了多轮由文化部领导带队的国有文艺院团改革专项督查活动，督促各地加快改革步伐。在重大问题上，态度审慎、讨论充分，比如在确定保留事业性质院团名单的过程中，以约谈的形式，认真听取各地有关负责同志意见和建议。充分发扬知难而进、顽强拼搏的奋斗精神，有效解决改革中前所未有的难题，如期完成国有文艺院团改革阶段性任务。只有常葆奋发有为之态，大兴求真务实之风，

矢志不移攻坚克难，改革才能取得实效。

（文化部改革办）

国有文艺院团体制改革典型案例

1. 中国东方演艺集团有限公司

自2009年转企改制以来，中国东方演艺集团有限公司以“变被动为主动，变一般为一流，变压力为动力，变守旧为破旧”为主轴：一是不断拓展营销渠道、创新演出模式，逐步确立文化品牌展示窗口，在全国20多个城市进行巡演，建立了一条覆盖全国、贯通南北的院线巡演之路。二是不断进行跨地域、跨行业的资源整合，先后与多家单位签订了战略合作协议。一方面以资本为纽带，与社会资本、民营资本结盟，扩大增量，盘活存量，以上市为目标，由产品经营逐步迈向资本运营；另一方面，精心实施重大文化产业项目带动战略，与多家单位达成了合作开发文化产业经营项目的意向性协议。三是不断地培育新的文化业态和经营实体，改变了过去单一的票房经营状态，逐渐走向经营舞台、音像出版、艺术教育、休闲娱乐、电影电视等各种新业态为一体的立体化的产业发展模式。

2011年，集团公司实现演出场次316场，观众人数累计多达63万人次。总收入达到2.0115亿元，突破两亿大关，较2010年增长54.7%；其中演出经营收入达9000余万元。人均年收入达15.12万元，较2010年增长13%。

在剧目创作方面，坚持以创新为理念，成功完成纪念中国共产党建党九十周年大型晚会《我们的旗帜》，先后制作了八台大型剧目，其中东方歌舞团的《炫》、中国歌舞团的《水墨中华·风》、东方民乐团的《东方世纪行》、东方流行乐团的《红歌耀东方》等四台全新晚会同时参加了文化部举办的国家艺术院团优秀剧目展演，并荣获展演优秀剧目、优秀演出、优秀编导、优秀音乐创作、优秀舞台美术、优秀表演等多个奖项。

2011年10月30日，在文化部党组的大力支持和推动下，由王文章副部长授牌，中国东方演艺集团在砮中村的“国家级文艺院团联系基层基地”正式成立，开创了国家级院团基层共建的先河。同时，双方还合资组建了中国东方演艺集团砮中文化产业有限公司，以公司实体为平台逐步开展新农村文化艺术培训、舞台演艺、文化品牌延伸等一系列合作，并将东方演艺集团惠民品牌推广到全国各地。

2. 中国木偶艺术剧院有限责任公司

2006年9月，中国木偶艺术剧院转企改制成为中国木偶艺术剧院有限责任公司。改制后，公司积极面向市场，整合营销资源，寻求多样化发展模式，不断面向市场，增强市场竞争力。

一是积聚品牌实力，增强市场号召力。公司着眼于打造核心项目“木偶城堡”。在全国搭建“品牌加盟、版权输出、连锁经营”的新模式，即以中国木偶艺术剧院有限责任公司作为原创中心，向地方文艺院团输出精品剧目和制作标准，使一个剧目可以在若干地区上演。公司成为原创中心、品牌中心和版权中心，与当地演出团体进行票房分成。为此，公司投资1200万元将原木偶剧院改造成了“木偶城堡”；将废弃的空调机房改造为儿童游乐场“木偶新天地”；对木偶剧院外部进行立体改造，增加了8处轻体造型并安装夜间灯光系统，改造花果山水吧，建立以木偶演出为中心的中国室内大型儿童主题乐园，从过去单一的木偶演出业向儿童娱乐业发展。

与此同时，公司在剧场周边以保底分红的方式引入儿童摄影、少儿英语教学和比萨店等与儿童有关的商业形态，形成集演出、影视、出版、饮食、网络、玩具、娱乐为一体的多元化、产业化的经营链条，大大增强了城堡的服务功能，使剧院拥有强大的市场号召力，每年综合收益突破一亿元。

二是开展多方合作，整合市场资源。公司主动与其他媒介进行资源对接，整合演艺市场优势资源，推动木偶演艺事业继续发展。2006年，公司联合上海盛大网络发展有限公司、中国宋庆龄基金会等单位共同拍摄了电影《网络少年》。2010年9月，公司和上海美术电影制片厂签约，双方就上海美影厂出品的《黑猫警长》《葫芦兄弟》等经典动画影视作品，用人偶剧形式创作和经营演出的合作事宜达成意向。双方采取演出收入分成的方式，上海美术电影制片厂提供《黑猫警长》《阿凡提的故事》《葫芦兄弟》的版权、演出剧本、音乐和配音，公司选派导演、舞美，负责设计与制作及剧目宣传策划、市场营销和日常运营等相关事宜。

改制5年来，公司开创了“品牌组合”商业模式，先后与《喜羊羊与灰太狼》《武林外传》《神话武林》等知名演艺品牌及全国连锁品牌等15家企业开展合作。公司通过版权输出、品牌加盟的形式，先后在新疆克拉玛依、山东青岛等地建立连锁店，并与广州、天津等地的多家公司结成木偶戏演出的合作伙伴关系。

三是开展多样营销，拓宽市场渠道。公司为了开展多样营销，积极尝试在其他艺术形式方面进行业务拓展。先后进行了电影、电视剧拍摄，设立了亲子儿童影院，开辟了大剧场、小星星剧场和月光厅3个放映厅，组织了戏剧、歌舞、曲艺、杂技等各类文艺节目等营销方式。

为将演艺剧目转化为市场产品，公司进行了深入的市场调研，锁定目标消费群体，相继开发了多种木偶剧衍生产品，如在《精卫传奇》剧目演出的同时，公司开发了精卫羽毛翅膀、精卫小徽章、精卫手持棒等衍生产品。为了起到良好的市场营销效果，公司针对消费者的消费心理和需求，委托厂家继续开发4个品种的“猴王”、“智能猴王”系列产品和木偶玩具等，成功取得了相关产品领域的优势份额。

3. 中国杂技团有限公司

2006年10月，具有56年历史的中国杂技团转制为自主运营的股份制文化企业。转制后的中国杂技团有限公司打破观念障碍，树立中国杂技“大品牌”意识，加强知识产权保护工作，初见成效。

（1）及时开展商标注册，树立品牌形象

为保护中国杂技团有限公司杂技作品的知识产权不受侵害，树立中国杂技团有限公司一系列杂技作品的品牌形象，中国杂技团有限公司将《绚技画卷》《龙少年》《三变》等节目注册为商标，并注册了中国杂技团有限公司的龙凤图标，同时将组合商标在美国、日本、法国和澳大利亚等国家成功注册，这是中国杂技团有限公司在知识产权全球布局的第一步尝试。此外，中国杂技团有限公司对商标的使用管理也进行了严格规范。2010年8月，公司印发了《中国杂技团有限公司商标使用管理办法》，将公司的注册商标分为主商标和子商标。

（2）创作杂技精品节目，加强著作权、专利权保护

中国杂技团有限公司始终坚持“创作一批、保护一批、演出一批”的原则，对荣获“世界知识产权组织版权金奖”（中国）作品奖的金牌杂技节目《俏花旦——集体空竹》的3个版本，以及《圣斗·地圈》等部分知名节目进行了著作权登记；对总工程师王建民的可控旋转蹬技座、旋转爬杆、顶级桌子、行走转动软钢丝架等多项发明创新进行了专利注册，以自主知识产权的节目、晚会在国内市场展开巡演并进军国际市场，加强了品牌影响力。2010年自创节目《杂技魅影》在法国巡演4个月，仅巴黎一站就演出55场，创下中国杂技之最。2011年，中国杂技团访问日本100天，在47个城市巡演自编剧目《杂技王》96场，观众达17万。

（3）开拓版权经营模式，发展品牌输出项目

中国杂技团有限公司充分运用知识产权拓展经营模式，拓宽赢利渠道，以精品杂技魔术晚会版权为基础，通过版权许可的形式，与俏佳人文化传播有限公司合作，尝试联合出版发行音像制品。首创杂技音乐剧《再见，飞碟》尝试版权经营模式。一方面，与歌华有线进行深度合作，以《再见，飞碟》音像版权为基础，由歌华有线对该剧进行高清影像制作，并借助歌华有线电视平台，将该剧影像作品作为点播内容置入有线电视频道，观众点播该剧所产生的收益由中国杂技团和歌华有线按照协商比例进行分成，杂技音乐剧《再见，飞碟》音像版权为双方共有；另一方面，以版权股份合作形式与北京市演出有限责任公司在未来开展长期合作。北京市演出有限责任公司将出资参股该剧40%的版权，该剧未来演出收入由合作双方按照各自所持版权股份比例进行分配。

4. 北京歌舞剧院有限责任公司

北京歌舞剧院于2004年8月由事业单位转制为文化企业，成立北京歌舞剧院有限责任公司。作为全国第一家完成转企改制的歌舞类国有文艺院团，公司立足于开拓旅游演出市场，采取“整拆结合”的演出方式，实行“菜单式”管理，积极进行“覆盖式”演出，在出作品、出人才、出效益、出经验等方面取得了良好的业绩。转制7年累计演出10078场，实现收入2.1亿元。

一是推行“整拆结合”。为降低艺术生产成本、提高公司收益，公司坚持项目规模“大、中、小”并举，借用超市商品“分体包装”概念，对产品结构实行“整拆结合”，即根据客户需求、经费的具体情况，将整台剧目完整呈现，或者选择其中一幕或单个节目与北歌其他艺术门类（如曲艺、民乐、歌曲等）重新组合，形成一台全新的综艺剧目。通过化整为零和节目重组，努力提高单个节目的演出场次，这种营销模式实现整剧、分拆剧演出近千场，收入2152余万元。

二是实行“菜单式”管理。为进入高端文化旅游演出市场，公司推出“菜单式”旅游演出产品开发体系，将目标锁定高档饭店，对歌舞、曲艺、民乐类节目进行统一分类整理，把多年积累的400多个节目列成“菜单”，用召开文化产品推介会的形式，邀请北京饭店、建国饭店、新世纪饭店等多家高档酒店现场点“菜”、观赏节目，之后双方签订长期合作协议，拓展酒店行业中圣诞、元旦等节庆晚宴市场。同时，公司还积极为政府、旅游景区、公园庙会和国内外项目提供个性化定制服务。

三是进行“覆盖式”演出。公司凭借京城的特色旅

游资源，将首都旅游演出市场作为突破口，抓住旅游节日，面向旅游景点、旅游饭店进行覆盖式演出。每年春节，公司抓住北京最具民俗特色的地坛庙会，在地坛公园设立演出点进行节目表演。公司立足名下的北京展览馆剧场、前门梨园剧场，并进军京城有名的旅游景点，如老舍茶馆、湖广会馆、大观园等。

公司的艺术家们带着绝活“五音联弹”、含灯大鼓、舞蹈等艺术产品，在这些旅游景点以及旅游饭店进行覆盖式演出。在立足于城市演艺市场的同时，演出也覆盖远郊区县。每年逢“五一”、中秋、国庆等旅游假期，公司借北京市各区县举办“不夜谷”、“梨花节”等风景旅游文化活动之机，进行节目的输送。同时，公司还开发了山东临沂、浙江宁波、山西大同、山东济宁和青岛、河北南戴河等外省旅游地的演出项目。

5. 上海话剧艺术中心

上海话剧艺术中心于 2011 年完成转企改制。中心积极建立健全企业运行机制，不断完善企业发展模式，努力探索企业发展规律，大力创新企业内部管理体制，制定了一系列行之有效的政策和措施，提高了市场适应能力和发展活力，取得了显著成效，收获了良好的社会效益和经济效益。2011 年中心共演出 675 场，演出收入达 2789 万元。

（1）剧目制作实行项目制

在剧目生产时，除了四五个人的基本工作班底外，剧目所需的各类专业人员包括编剧、导演、演员、舞美设计，以及灯光、服装、道具、效果、化妆等操作人员，都通过项目管理结合聘任制的方式解决。中心决策管理层面对制作人的管理也是通过公开招聘、设定目标责任及考核奖励来实现。部分专业人士也可以通过项目招标，在承担一定经济责任的前提下，获得中心临时项目制作人的资格。灵活的项目管理方式和制作人负责制，为中心各种资源、生产要素的优化配置提供了条件。

（2）人才管理实行演员俱乐部制度

根据演员的职业特点，探索建立有利于项目聘任制的“演员俱乐部”会员管理制度。演员俱乐部既是聘任演员的管理机构，又具有演员权益保障维护和职业中介的性质。这种类似于社会行业管理和经纪人中介公司的综合管理方式，便于妥善处理老中青三代演员的关系，为年龄较大的演员搭建了提供基本保障的过渡平台，对中生代演员采取演艺业绩量化指标评估并记入人事管理档案的方式，对青年演员实行量化指标绩效考核加按劳分配和奖惩激励机制的措施。通过会员管理制度，中心逐步建立起一种有利于人才流动的管理体制和竞争机制。

（3）分配与创作演出紧密挂钩

中心严格按照“竞争上岗、多劳多得，尊重人才价值、增强员工凝聚力”的原则进行收入分配，率先建立“低基础和高浮动”的分配方式，全面向话剧创作演出倾斜。中心所有演员只有在参加话剧创作演出时才能得到报酬。所有演员平时拿到的基础工资，必须与话剧演出项目挂钩。如果演员一年内没有参加话剧中心的任何话剧演出，年终时，必须通过其他劳务收入支付单位在过去一年垫付所有开支，否则，按不能完满履行聘任解除其合约。能够完成话剧中心创作演出工作指标的演员，除了能拿到基础工资，还能拿到高于基础工资三倍以上的上岗工资、演出补贴和奖金等。中心通过重新设计薪酬分配、演出补贴和奖励等办法，健全竞争激励机制，激发出员工更高的工作热情。

6. 上海歌舞团有限责任公司

2009 年，上海歌舞团完成转企改制，组建上海歌舞团有限责任公司（以下简称“公司”），成为上海市首批转制院团之一。两年来，公司按照“出人才、出精品、出效益”的要求，不断创新用人机制，取得显著成效。

一是完善收入分配制度。公司在综合考虑演出运营收入的基础上，率先对分配制度进行改革。转制前的上海歌舞团作为差额拨款事业单位，由政府拨付档案工资的 50%。转制后，公司在政府基本事业经费拨付的基础上，从演出运营收入中再提取一部分，补足全体演职人员档案工资 50% 的差额部分，保障了职员享有全额工资的基本待遇。此外，公司还改革演出运营收入的初次分配模式，大幅度提高演职员的分成比例，将基本演出费提高到 300 元 / 场，并采取“按劳取酬、多劳多得”的办法，充分调动演职员的工作积极性。

二是推行干部竞聘制度。公司创新干部选拔任用机制，在全公司范围内公开招聘职能部门负责人，并组织专家和职工代表组成“竞聘委员会”，对竞聘者逐项打分，重新选聘了公司中层干部。同时，公司通过年终述职、任期考核等措施，严格要求每位竞聘上岗的中层干部，营造出“能者上、庸者下，不拘一格选人才、用人才”的良好氛围。中层干部上岗后，积极投入各部门工作，显著提高了公司内部管理效率，为公司事业发展提供了有效保障。

三是设立演员艺衔制度。公司通过学习借鉴世界一流艺术团体运营经验，结合自身实际，按照“地位角色认定，档次责任划开，明星效应凸显，利益劳酬匹配”的原则，设立了舞蹈演员艺衔制度。以年度考核为依据，公司将演员划分为首席、独舞、领舞、群舞四个档次，相应设置艺衔津贴，补贴演员的月收入。同时，在演出收入分配中提高艺衔演员的演出费标准，并创造条件为首席演员举办个人舞蹈专场。艺衔制度使舞蹈演员形成了优胜劣汰的良性循环，培养出大批舞蹈新星，更吸引了全国各地优秀人才的加盟。

四是首创“特邀编导”机制。针对上海舞蹈原创人才匮乏的现状，公司广泛与国内舞蹈界一流编导建立互通机制，创立“特邀编导”机制。在剧团建立起导演工作室，通过为编导人才提供资金、演员、场地等资源，把全国顶尖的编导人才吸引到歌舞团的日常创作排演中，推出了《夜深沉》《秀色》《大地》等原创作品。此外，特邀编导还以开设创作讲座、培养助理编导等方式，为公司内部的年轻编导提供学习实践机会，先后发掘了一批在舞蹈界崭露头角的人才。

五是组建专业营销队伍。公司领导班子率先树立“人人营销”的观念。一方面，从外部引进并从内部发掘和培养了一批宣传策划、产品包装等方面的专业人才；另一方面，将转岗的舞蹈演员充实到营销团队中。这支专业、多元的营销队伍既能从舞蹈专业的角度出发，根据演出需求合理配置节目，又能根据演艺产品的定位，及时包装宣传，迅速占领市场。在全体营销人员的共同努力下，公司已连续三年演出收入超过1000万元，并保持了10%以上的年度增幅。

7. 浙江话剧团有限公司

2010年5月，浙江话剧团转企改制为浙江话剧团有限公司。转企改制后，浙江话剧团有限公司坚持“人才强团”战略，制定人才队伍建设规划，修订完善人才激励机制，既积极引进懂艺术、懂经营、懂科技的复合型人才，又抓紧培养人才，为人才成长搭建平台，一大批艺术新秀脱颖而出，为企业发展取得新突破奠定了坚实基础。2011年公司演出700余场，演出收入600余万元。

一是改革分配制度。转企改制后，公司实行全员劳动合同制，完善了部门责任和全员目标责任，建立健全各项规章制度，按照“多劳多得、优劳优酬”的原则，确立了“低基础、高浮动”的分配方式。根据位设置情况，全公司按照岗位性质划分为主创、演职、营销、行政四个职系，每个职系实行不同的分配制度。主创人员按创作数量、质量等量化标准考核发放稿酬；演职人员按照演出场次多演多得；市场营销人员按照营销业绩提成奖励；行政人员实行年薪制。打破学历、职称、资历、年龄、身份等框框，让有能力的人挑大梁、担重任，把岗位与薪酬、贡献与待遇挂钩，合理拉开了演职员与普通员工、主演与一般演职人员的工资收入差距，激发了演职员排练演出的积极性，使演出由“要我演”变成了“我要演”。

二是引入制作人制。转企改制后，面对市场，浙江话剧团有限公司引入了独立制作人制。2011年，公司首次按照制作人制推出都市情感话剧——《轻度深爱》，一经推出好评如潮。2012年春节，第二部制作人制的儿童剧《小蝌蚪找妈妈》连续上演4场，总票房超过5万元。制作人制激发了剧组自我营销的活力和动力，激发了演职员的积极性，从而锤炼出更适合市场需求的演出剧目。

三是试行末位淘汰制。转企改制后，浙江话剧团有限公司在市场营销部和演员中心试行末位淘汰制。年初，召开公司演出工作会议和演员专题会议，明确公司的年度目标任务，公布营销人员和演员的考核指标体系，年底进行量化考核，试行末位淘汰。营销人员主要按照票房收入进行考核，演员按照工作能力、工作态度、工作成果三个方面进行考核。为了客观公正地考核演员的工作能力，特邀请外省专家担任考核评委，考核采取抽签式进行，对各位演员的语言、形体、声乐、表演、即兴命题进行考核；并且根据《考勤制度》和《排练演出制度》，对演员参加演出的场次，担任主演、次主演、一般演员的场次和各位演员的工作态度、工作成果进行综合评分，优胜劣汰，对排名在末位的营销人员或演员，予以调岗、降职、降薪或待岗甚至解除合同，有效激发了员工工作积极性和主动性。

四是面向全国广纳贤才。转企改制拓宽了演艺人才市场双向选择的空间，公司从全国“招兵买马”，实施紧缺人才软性引进计划。2010年，引进了5名营销人员，2011年，面向全国公开招聘，新招录了25名大专院校优秀毕业生。2010年，邀请新锐导演李伯男加盟，建立李伯男戏剧工作室，工作室相继推出了《暧昧不起》《轻度深爱》《替身情人》《画皮》《只爱你一天》《幸福.COM》等系列都市情感话剧，使一大批青年演员崭露头角。为了庆祝建党90周年，公司还约请金牌编剧孟冰、著名导演宫晓东加盟创作了大型政论体话剧《谁主沉浮》，该剧入选参加了文化部举办的2011年全国现代戏优秀剧目展演，入选“2010-2011年度全国舞台艺术精品工程资助剧目”。

五是组合拳打造“浙话新势力”。公司制订了系统的培养计划，每年组织举办“素质教育”培训，邀请国内知名专家来团为全体演职员集中授课，还分期分批把骨干人才送出去采风、观摩学习、进高校进修深造。公司不断创新人才培养机制，每年积极筹备推出“新松计划”优秀青年演员专场演出，为有潜质的优秀青年艺术人才量身定做新剧目、排演保留剧目。2010年新推出“美丽A计划”，以剧带人，着力包装打造，为青年演员搭建成长的舞台。在老演员的帮助带领下，一大批基本功扎实、技术熟练、热爱事业的新人迅速成长，增强了剧团的发展后劲。

8. 浙江歌舞剧院有限公司

浙江歌舞剧院有限公司成立于2010年5月，转企改制以来，公司以“出人出戏出效益”为目标，呈现出前所未有的活力，在演艺人才队伍建设方面的探索卓有成效。2011年公司完成演出314场，演出收入2628万元，比2010年增长23%。

一是扩充演艺队伍，完善人才培育。为适应市场需要，2011年公司扩充各团力量，以新成员的加入推动自身发展。同时，公司积极利用体制优势，着力营造有利于优秀人才脱颖而出的机制。2011年已基本形成了举办“新松计划”个人专场、全员业务大考核以及以人才引进、聘请名家指导等为主要措施的人才培育机制。一大批青年演员得以快速成长，在全国重要赛事和演出中脱颖而出。如以“引进人才”刘福洋团长为代表的一批青年舞蹈演员，于2010年先后摘得文化部第九届全国舞蹈比赛的最高荣誉“评委会特别大奖”和第八届中国舞蹈“荷花奖”民族民间舞大赛表演金奖第一名。

二是完善业务考核，充实中青年干部。2011年上半年，公司举行了为期两个月的“大练兵、大比武、大提高”业务考核活动，下属民乐团、声乐团和舞蹈团三个专业团总计138名演员全部接受了考核。考核成绩首次作为给演员工资定级的主要依据，彻底打破了旧有的以职称为基准的薪酬制，实行首席制，极大地激发了演员的积极性。与此同时，公司不断完善、充实干部队伍，段永明等18位20至50岁的同志先后被聘任为公司中层干部，形成了年龄结构合理、专业能力强、富有朝气和创造力的中层干部群。

三是利用大剧目，大胆启用、培育新人。声乐团充分利用复排大剧目大力提携和培育青年演员。动漫歌舞剧《魔幻仙踪》采用3组轮换演出制，刚进团不久的年轻演员张劼倩等得以饰演女一号“海婴”，获得同行与专家的一致好评；《蓝眼睛黑眼睛》一剧，在没有任何外援的情况下，每个角色同时安排2组人员。编导和老演员们不厌其烦、口传心授，青年演员们不负众望，圆满完成了全部14场演出。声乐团也进一步增加了团队凝聚力与对工作的热爱。大型原创舞剧《李叔同》参加了第二届“浙江文化艺术节舞台艺术展演暨浙江省首届优秀保留剧目展演”。与往年不同的是，全剧所有演员都属剧院自有。

9. 青岛市歌舞剧院有限公司

2009年12月30日，原青岛市歌舞剧院、青岛市民族艺术剧院、青岛市曲艺团合并转制，成立了青岛市歌舞剧院有限公司。作为青岛市院团转企改制的先行者，青岛市歌舞剧院有限公司坚持打造艺术精品，积极开拓演出市场，取得了较好的社会效益与经济效益。年收入由改革前的200万元提升到2010年的600万元。

（1）打造方言剧目

公司精心打造了第一部青岛方言剧《劈柴院传奇》。该剧第一次以劈柴院为背景，浓缩展示了60年前青岛老百姓的生存状态。该剧的创作团队由著名剧作家代路、文史专家王铎、著名茂腔表演艺术家张梅香等组成。在创作《劈柴院传奇》前，创作团队先后赴重庆和济南观摩了方言话剧《三峡人家》和曲艺喜剧《茶壶就是喝茶的》。经过一年的反复实践和尝试，将《劈柴院传奇》打造成一台囊括多种曲艺和戏曲表演门类的民俗风情方言剧。

该剧首次将大鼓、相声、快板、评书、茂腔、魔术等曲艺、戏曲艺术集结在一台戏中。舞美方面特聘中国儿童艺术剧院的舞美设计师，按照工艺品的水准打造剧目道具，按照旧物风格复原剧中时代背景下的道具。舞台设计上，远景和台口两侧全部用古旧牌楼和成串灯笼的造型装饰，搭建在舞台中央转台上搭建了类似于劈柴院内景的木结构装置，并且使用了目前国内最先进的旋转舞台，提高了换场速度。

（2）打造经典演唱会

为打造邓丽君经典演唱会，公司主创人员专门赴北京保利剧院，观看北京版的邓丽君歌曲演唱会，并特邀知名音乐人担任艺术总监和指挥。

在演出内容的编排和表演形式上，公司通过精准把握剧目、融合多种元素的形式，走精品创作之路。在演出设备和演出场地上，公司斥资配备最先进的舞台设计、音响设备，并对原有的梦幻剧场翻新改造，以期为观众创造最舒适的观演环境。

此外，公司为推广演唱会，采用演出项目负责制和知名歌手聘用制，并成立票务营销机构，出售知名企业冠名权。公司首次尝试采用演艺企业、媒体和专业营销团队"三捆绑"运作模式，营销团队还特别外请拥有丰富演出运作经验的本土营销人员加盟。

（3）打造情景歌舞剧

公司推出了山海城情景歌舞剧《蔚蓝青岛》，于每年7至10月的旅游旺季上演。该剧以青岛的自然风光为依托，以古老的传说、童话为主体，构成一台以浪漫爱情为红线，使"海"、"山"、"城"三场戏有机地串联起来的晚会。该剧曾创造了青岛市连续演出场次、收入、观众人数三个之最，并荣获"青岛十大创意产业"称号。

10. 湖南省杂技艺术剧院有限责任公司

湖南省杂技团于2012年4月完成转企改制，成立湖南省杂技艺术剧院有限责任公司，注册资金800万元。该团在转企改制过程中，同步推进海外市场开拓，与加拿大基奇纳－滑铁卢交响乐团共同创作交响乐杂技晚会——《芙蓉国里》，于2012年5月10日至5月12日在加拿大滑铁卢和多伦多演出4场，场场爆满，观众总人数达1万多人。此次演出开创了杂技与交响乐融合的先河，提升了湖湘文化在国际上的影响力和竞争力，为中国杂技走向国际高端艺术市场开辟了新的道路。

（1）创新表演形式，融合中西艺术特色

2011年6月，加拿大索尼艺术表演中心节目策划、集团客户销售部总监——马克·哈蒙德来到湖南省杂技团，观看了6个有代表性的杂技节目，提出了中国杂技与西方交响乐合作演出的构想。经双方多次沟通，演出构思日渐明晰，决定从技巧、服装、背景、音乐等方面对原《芙蓉国里》进行重新编排，更加突出杂技惊险的特点，打造更符合外国观众欣赏习惯的演出节目。

（2）认真挑选曲目，实现技艺与乐曲的完美结合

杂技是肢体技巧艺术，其语言功能较为薄弱，而交响乐则以曲式结构复杂、富有戏剧性为主要特征。两类艺术形式存在着较大的差异，要求编导必须找准交响乐听觉感受与杂技艺术视觉感受之间的结合点。主创人员根据自身节目特色，从对方提供的近50首交响乐名曲中选择部分曲目作为素材，仔细聆听，认真理解、体会其音乐内涵，并根据音乐的风格、节奏、时长等要素，与现有节目进行匹配，使节目与音乐之间的契合度更高，艺术表现更加流畅。

（3）积极排练节目，提高节目准确率

交响乐现场伴奏与杂技艺术以往背景音乐的演出形式大有不同。现场演奏的过程中，一支完整的曲目，不因演员表演时长的变化而变化，因此要求演员在表演高难度技巧时更为娴熟、流畅、精准。为保证每个节目的准确率，全体演员于2011年11月开始反复排练，力争使绝大多数节目在限定的曲目内分秒不差地完成预定演出内容。

（4）设计多套预案，确保演出万无一失

杂技艺术因其固有特点，必然存在一定的失误率，因此挑选和编排节目时，必须考虑适宜的节目类型和有效的补救办法，使整场演出既具有连贯性和完整性，又不失艺术性。编导将《蹬球》节目中的"斜梯弹球入网"和《钻圈》节目中的"高钻五圈"作为晚会必保的两个主要技巧点，以此为轴心合理构思演出方案，并设计出多套演出预案，以备演员在表演失误时及时进行补救，确保在保持节奏的同时，高难度的杂技技巧得到完美演绎。

11. 广州市杂技艺术剧院有限责任公司

2008年12月，广州杂技团完成转企改制，注册为广州市杂技艺术剧院有限责任公司。公司致力于打造精品，拓展市场。通过改革，公司呈现健康繁荣发展的新景象，2011年共演出436场，观众人次25万，营业收入696万元，比2008年增长55%。演员收入自2009年以来，每年增长10%到11%。

（1）积极创新机制打造精品

公司2006年创作了大型杂技剧《西游记》，2011年《新锐》杂技晚会也已出炉。为确保精品的顺利推出，公司对工资分配方案进行修改，并成立了绩效考评小组，根据杂技的高难动作、创新技巧、危险系数、市场需求等方面进行综合考评定级，极大地提升了剧（节）目的质量，激发了演职员创作、演出精品的热情。在此基础上，公司进一步建立了规范的训练领导责任制和严格的考勤制度，将考勤与绩效工资挂钩，同时推行训练量化管理，提高演艺质量，比如精品杂技剧《西游记》的主要演员，戏份多、技巧高，因此他们的绩效工资和演出收入就明显高于一般演员；对刻苦训练、钻研高难度动作的演员，及时上调其工资及演出费。

（2）结合市场需求改造精品

公司根据市场的实际情况对剧目进行改造，使剧目与市场紧密地结合起来，如公司为了方便大型杂技剧《西游记》巡回演出，将杂技剧《西游记》的260多名演职员压缩到75人，甚至50多人。在保持剧情不变情况下，原来外请的角色演员，全部由本团演员担当，杂技演员既演杂技、武术，也兼伴舞，主要演员一人身兼数职。"硬景"改为"软景"，把体积庞大的佛手改为移动的

莲花，数十个佛龛雕塑以软景代替，道具车减少了几辆。为使外国观众看懂剧情，将四幕投影字幕加注外文，大剧目的“豪华版”变成“精装版”。这一降低成本的转变，充分适应了市场的需求。《西游记》先后在全国十几个大中城市巡演，并应邀赴德国、新加坡、澳大利亚、台湾、香港和澳门等国家和地区进行演出，受到国内外观众的热烈欢迎，体现了剧目与市场结合的重要作用。

（3）壮大营销队伍推广精品

为了使精品剧目走向更为广阔的市场，公司加强了市场部的人才配置，由以前的一个演出经理增加到现在的五六个专职营销人员。公司划分国内市场部和国际部，国际部的成员均为海外留学归来的硕士、有丰富工作经验的专业人才及刚从外国语大学毕业的学生。国际部的员工承担了中国广州国际演艺交易会的国际外联工作，为公司的艺术创作融入了国际元素，大大推动了精品剧目的国际化。通过此次交易会，杂技剧《西游记》签下 2012 年上半年赴新加坡、马来西亚年商演 30 场的合约，并与外商达成 2012 年下半年至 2013 年商演数十场的意向。

12. 广州粤剧院有限公司

广州粤剧院有限公司于 2009 年 6 月 25 日正式挂牌成立。公司全面整合文化资源与旅游资源，打造专业艺术演出品牌，打造旅游剧院，开拓市场。2011 年，公司经营总收入为 1631 万元，同比增长 12%，演出场次合共 251 场，同比增长 18%，观众人数为 28.4 万人，同比增长 15%。

一是对接旅游平台，推动深度结合。依托非物质文化遗产粤剧和旅游文化资源，公司将南方剧院打造成国内第一家以粤剧为主体、进行纯粹驻场性演出的剧场，定位为“粤剧旅游剧场”和“粤剧教育基地”，并提出“游广州、看粤剧，到南方”的口号。针对不同的受众群体，公司进行了旅游剧场的观众细分：分为政府机关、企事业单位的招待外宾、各地办事处人员、外地游客及广州市大中小学校学生等重点观众群体。

公司在具体的工作中注重将戏曲资源同旅游资源相结合，并且与市旅游部门密切磋商，充分利用亚运会、广交会等机会，在旅游线路组合上把南方剧院囊括进去。比如亚运会期间，公司与旅行社合作，制定特色广府文化旅游线路：以太广场集合，参观越秀公园、五羊雕像，外观镇海楼，参观西汉南越王博物馆，后前往参观五仙观、光孝寺，午餐后参观西关大屋（荔湾博物馆），观看南方剧院《广府华彩》演出。以旅游业带动剧场的发展，逐步将南方剧场培育成为广州重要的旅游目的地。

二是实行团场结合，打造旅游剧场。转企改制后，广州市委市政府给公司增加了南方剧院和江南大戏院两个演出基地，并投资 2000 多万元对南方剧院进行了专项改造：拓宽舞台面积，新增升降舞台；舞台上搭建两层长廊小楼，乐队在二楼演奏，乐手们成为演出的参与者；改变以往粤剧演出只配中文字幕的状况，在《广府华彩》一剧中，舞台两侧分别配以中英文字幕；同时，《广府华彩》将舞台打造成为一座岭南风格大宅院，以陈家祠为原型，从灰塑外框到鳌鱼、麒麟等民间雕刻装饰上，将岭南建筑装饰、图案、花纹等视觉艺术元素运用到舞台设计与配乐创作上。

三是做强市场营销，扩大粤剧影响。与各大旅行社签订合作意向书，将《广府华彩》作为自费项目向外地到穗的旅游团队推荐，游客如果感兴趣，旅行社可代购门票或者组织前往。利用报纸、电台、电视台等媒介资源宣传推广南方剧院旅游剧场剧目，实现了商业资源和戏曲文化资源的整合。如《广府华彩》依托旅游剧场，借助旅游商机，积极参加元宵节广府庙会的民俗旅游巡演、越秀区广府文化旅游嘉年华活动等大型旅游文化演出活动。在剧目面世前后，召开主创人员见面会、大型记者新闻发布会、专家座谈会，为剧目宣传造势。

13. 重庆演艺集团

2011 年，重庆演艺集团各公司全体干部职工紧紧围绕打造西部一流、全国领先的文化产业集团目标，解放思想，改革创新，抢抓机遇，锐意进取，在改革和发展上取得了显著成效。全年集团共实现总收入 9659 万元，比 2010 年增长 59%。其中，自主创收 5101 万元，比 2010 年增长了 201%。全年共完成各类演出 1329 场，其中公益演出 184 场，商业演出达 1145 场。杂技剧《花木兰》进入 2011 年国家舞台艺术精品工程 30 强；集团两名民乐和杂技演员荣获 2011 年重庆市舞台艺术之星称号。文化部列为全国文化体制改革重点联系点，并受邀在全国艺术院团体制改革工作会上作经验交流，同时被评为 2011 年重庆市文化体制改革先进单位。在 2012 年全市宣传文化工作会上，演艺集团杂技剧《花木兰》赴欧洲巡演，文化“走出去”实现新突破被评为了 2011 年度全市文化产业发展十大亮点之一，由演艺集团承办的第十二届亚洲艺术节开幕式晚会及第十二届中国戏剧节被评为了 2011 年度宣传文化工作十件大事之一；重庆演艺集团也被评为 2011 年度全市宣传文化工作先进单位；集团总裁张乐同志受邀在大会上作经验交流发言。

14. 重庆话剧团有限责任公司

2010 年 12 月 31 日，重庆话剧团顺利完成转企改制，由重庆红岩联线文化发展管理中心所属的重庆红岩文化产业（集团）注资 400 万元正式注册成立。2011 年，公司实有在编职工人数 100 人，离休职工 11 人，退休职工 82 人，其他长期聘用人员 18 人。2011 年，公司演出各类剧目 145 场，演出收入逾 57 万元。

（1）建立同工同酬、按劳取酬的工资核算制度

重庆市话剧团有限责任公司工作人员分为事业编制和聘用制两种，为了最大限度激发员工的工作积极性，公司建立同工同酬、按劳取酬的工资核算制度。公司所有职工的收入均分为四部分：基本工资、绩效工资和排练费、演出费补贴。基本工资由年终考核后所确定的级别决定，按级发放。绩效工资根据职工当月参加工作的工作量（业务人员按其参加排练演出的天数；行政人员按其本月完成工作件数）、工作成绩、纪律遵守情况（指考勤记录、排练演出纪律、办公室工作纪律）等指标综合评分后细分到个人。排练费、演出费补贴按在剧目中扮演的角色发放：排练费分主演和其他演员两档，主演略高；演出费划为主演、主配和一般演员三档。这项制度既保证了职工无差异化的考核标准，也体现了以工作量和工作能力为依据的差异化发放标准。

（2）完善年终考评制度，以考评成绩定级定薪

年终时，公司对所有职工进行考评，无论事业编制还是聘用制职工统一参加考评，考评分为演员业务组、舞美组和行政组。演员组重点考核其表演能力和台词能力，考评评委由外部聘请的专家和业内知名人士组成，杜绝熟人打人情分情况的出现。舞美组和行政组人员的考评采取公司中干会议集中讨论评定的模式，参会人员对每个人平时的工作业绩、能力和表现情况在固定的评分表上当场打分、计分，取平均分为该同志的最后得分。最后召开专题会议，根据每个人的得分情况对其进行定级，定出的级别将直接影响其工资等级。考评结果在全公司公示，让职工有据可查，保证考评公平、公正、公开。

（3）采取低职高聘、高职低聘的方式定岗定薪

根据年终考评结果，公司对一些工作能力强、职称低、进步快、业绩好的年轻人采取低职高聘的方式进行激励，对一些工作懒散、职称高、业绩差的同志采取高职低聘的方式处理。如四级演员考评分数已达到三级分数线的，将聘为三级演员，基本工资按三级演员发放；三级演员考评分数未达到三级演员分数标准的，将聘为四级演员，基本工资按四级演员标准发放。

15. 四川歌舞演艺有限责任公司

2010 年 9 月，四川歌舞演艺有限责任公司在整合四川省歌舞团、四川省交响乐团、四川民族音乐剧团等演艺资源的基础上组建成立。公司成立后根据市场需求，立足当地资源，进行市场资源的整合和营销活动，取得了良好的社会效益和经济效益。

一是独立运作，自创品牌。经过认真筹划，2011 年 10 月，公司推出了一台精彩纷呈、集中展现四川本土文化的歌舞乐《大美四川》，尝试独立运作，走市场之路。《大美四川》以市场为导向，瞄准政府节庆和企业文化活动，采取边推出、边修改、边调整的动态运作方式，不断调整节目内容及舞台表现形式。同时，为了进一步宣传四川民族特色文化，公司正努力推动《大美四川》走向国际市场。

二是多方合作，拓展市场运作新路子。为进一步提升世界自然文化双遗产地“青城山——都江堰”形象，公司以“青城山——都江堰”作为剧情发展“舞台”，打造大型多媒体原创情景音乐剧《青城》，建立起地方景区管理局、投资运营方和转制院团多方合作的运作机制，打破了以往区域文化艺术创作的旧模式。《青城》剧目以公司为基本班底，汇聚国内顶尖的编、创、演人才，以市场为导向，充分整合社会优势资源，为艺术创作引入了一种新的发展模式。

三是加强营销，扩大市场份额。公司为每一台原创剧目设置精准的市场定位和一整套运作机制，在剧目生产上采取与相关单位合作投资投排的模式，主要紧盯旅游剧市场的开发以及政府采购的重大演出项目，借助社会力量来进行剧目营销，降低剧目制作风险。如与峨眉山旅游股份公司联手创办歌舞晚会《天下峨眉》，与四川省政府有关部门合作策划的大型歌舞晚会《锦绣四川》，为公司开拓演出市场提供了强有力的保障，后者多次赴海外巡演，扩大了公司的海外市场，提高了知名度。公司还针对不同演出国家编排节目，聘请国外演出经纪公司从节目定位、内容、表演形式、宣传推广等方面做出周密策划。现代歌舞《春之祭》为中法导演根据欧洲观众欣赏习惯打造而成；民乐《天姿国乐》则致力于进军日本主流市场。

16. 贵州省杂技团有限公司

2010 年 12 月 18 日，贵州省杂技团转企改制，组建贵州省杂技团有限公司。公司以形成符合现代企业制度要求、体现文化企业特点的资产组织形式和经营管理模式为目标，从多方面积极探索，积累了有益经验。

（1）成立新的职能部门

公司在“一切管理服务于业务和市场拓展”的管理理念引下，确立了以解放艺术生产力为出发点，以拓展国内外市场为目标，以增强核心竞争力为着力点的发展思路，相应成立了艺术市场拓展部和艺术生产研究室，并明确其作为前导和支撑部门。两个部门把市场拓展和业务发展紧密结合，加快了产品向市场延伸的步伐。

（2）强化人力资源管理

一是实行全员劳动合同制，打破了原有的终身制，形成人员能进能出、能上能下的灵活机制，使员工特别是原有在编人员树立竞争意识和危机意识。二是引入现代企业管理理念中的人才竞争战略思想，强化人力资源发展战略，在原有人事部门的基础上，建立现代意义上的人力资源部，完善人才储备管理机制，健全员工职业发展体系，激发了员工的潜能，使各类人才引得进、留得住，实现人才的可持续发展。

（3）完善分配机制

公司逐步推行了新的分配原则，从打破原有分配制度上入手，建立和强化绩效考核体系，建立符合法律法规要求的薪酬分配制度，使分配机制成为激发生产力的积极因素。演员报酬的分配、公司的利润留存、公司与演出经纪人酬劳分配模式，完全参照现代企业管理分配模式，最大限度地体现“多劳多得、优劳优得”的分配原则。商业性演出实行以项目为单位的考核分配制度，对项目负责人及其中的主要演职员工，按比例实行项目奖励制度。在此过程中，演员和演出经纪人的收入得到相应提高，有效调动了演员的积极性，理顺了与演出经纪人的关系，实现了企业发展与个人职业发展的有机结合。

17. 云南省歌舞剧院有限责任公司

2010 年云南省歌舞剧院完成转企改制，在注册成为具有独立法人资格的国有文化企业后更名为云南省歌舞剧院有限责任公司，隶属于云南文化产业投资控股集团有限公司。在新的体制下，公司面向市场求发展，创作出了《梦幻腾冲》《吴哥的微笑》《辉煌新加坡》等大量精品，为建设中国面向西南开放的“桥头堡”，实施文化“走出去”战略，促进对外文化交流发挥了重要作用。

一是打造驻云南腾冲大型旅游演艺项目《梦幻腾冲》。公司把新兴旅游热点腾冲作为改革后第一个演艺产业项目的落地点，打造《梦幻腾冲》这一新的演艺产品，在深度挖掘腾冲文化基础上，实现艺术创新及艺术与高科技、与旅游的紧密结合，形成备受游客欢迎的旅游节目新品牌。运用高科技声、光、电手段，穿越时空隧道，让观众“身临其境”，展现极边之地腾冲的自然文化、历史文化及现实生活的独特魅力，成为独具特色的精品力作。自 2010 年 2 月在腾冲正式开演以来，截至 2011 年 9 月底，该剧演出了 600 多场，接待观众近 30 万人，并创下了演艺项目当年演出、当年实现盈利的良好业绩。

二是打造驻柬埔寨暹粒大型旅游演艺项目《吴哥的微笑》。公司利用云南与东南亚各国间深厚的历史文化渊源，到世界级旅游胜地——柬埔寨吴哥开辟演艺市场。经中柬两国文化部批准，运用“柬埔寨元素，中国手法”，联合柬中两国艺术家共同打造《吴哥的微笑》，并于 2010 年 11 月 28 日正式上演。截至 2011 年 9 月底，该剧共计演出了 300 多场，接待来自全球的观众约 20 万人。《吴哥的微笑》真实体现了柬埔寨文化特色，是中柬文化交流的升华。该项目是中柬两国共同打造的第一个文化合作项目，是开拓国际演艺市场的有益探索。

三是打造驻新加坡大型旅游演艺项目《辉煌新加坡》。在探索和总结驻柬埔寨演艺项目的基础上，云南文投集团与新加坡亚洲文化产业发展有限公司共同合作，总投资 800 万新加坡元，在新加坡嘉龙剧场共同打造演艺项目《辉煌新加坡》。该项目由双方共同投资，云南歌舞剧院有限公司主要负责剧目打造、演出和演职员的管理，新方主要负责剧场承租、管理和市场营销、宣传、推广等，双方按比例进行票房收入分配。该演出已于 2011 年 10 月 8 日在新加坡嘉龙剧场正式上演。

18. 陕西省歌舞剧院有限责任公司

2009 年，陕西省歌舞剧院完成转企改制，注册为陕西省歌舞剧院有限公司，隶属陕西演艺集团公司，实行独立法人，独立核算。公司围绕机制创新，大力推进企业化运行机制的建立和完善，不断探索市场化运营规律，持续提高公司内部管理水平，取得了明显的社会效益和经济效益。从 2009 年至 2011 年，年演出场次从 710 场增加到 900 场，年演出收入从 679 万增加到 1424 万，职工平均收入增长 27%。

（1）实施目标管理制度

公司以建立现代企业为目标，实行法人负责制，积极探索新型管理模式，采取宏观控制、弹性管理、量化考核的办法。根据上级下达的目标任务，针对各部门实际情况将任务分解，逐层落实，签订年度目标任务书，量化任务指标，明确目标责任，授予责任人资源支配的权利，实现责、权、利的统一。通过对责任人定期考核，检查工作进度，确保公司目标任务顺利完成。

（2）创新用人机制

公司实施全员劳动合同制和聘用制，采用竞聘上岗。2011年，通过社会招聘，招录40名专业技术人员和管理人员，极大改善了人员知识结构和专业结构。同时根据市场和人员情况，采用固定期限、无固定期限、项目长期、项目短期和项目聘任等灵活用人机制，对专业技术人员实行评聘分离。同时注重人才梯队的培养，选派有潜力的编创人员重回高校进行深造，并与高校联手成立艺术硕士研究生实习基地，为新人提供实践锻炼机会。定期组织中青年业务骨干深入生活、调研学习、采风观摩，不断提升业务素质。

（3）推行项目化管理运作

公司在剧（节）目创作演出中设置项目负责人，成立项目的创作团队和营销队伍，负责项目的市场调研、策划、立项、实施和市场化运作。《金格灿灿彩》成为公司改制后项目管理运作的典范，该剧首演后，项目组进行二度创作，重新包装，以项目聘用形式聘请陕北民歌原生态歌手参与，进行售票商演和包场，收到了极好的效果。而“唐乐舞非遗”项目产业链则按照“剧目生产——演出——衍生产品开发——衍生产品销售——收益——再生产”的商业运作模式，与各地生产商、民间艺术家研发项目和产品，拓展《唐乐舞》系列文化艺术衍生产品，对《唐乐舞》音像制品进行数字化高端开发，实施多元化经营，带动新产品的研发与销售。

19. 陕西周至县剧团

陕西周至县剧团成立于1953年，是陕西省7个振兴秦腔实验团中唯一的县级剧团。剧团于2010年9月转制为企业，2011年，剧团演出806场，每场演出时观众人数在5000人左右，收入300多万元，与往年比较收入提高了50%，2011年先后两次提升了员工的工资，每人每月平均提升了700元左右。

（1）以市场需求为导向开展创作

剧团在剧目创作中严格坚持以百姓的需求为导向，专门编排了融歌舞、小品、快板、杂技、魔术、武术等多种艺术形式于一体的综艺节目。同时从老百姓生活当中取材，创作贴近人民生活的新剧目，如《花乡风情》《青山魂》《忤逆坟》等新戏，不仅得到了广大观众的认可，而且赢得了良好的市场回报。在对剧目内容的把关上，剧团根据农村市场和群众的需求，对传统剧目进行扬弃，注重对人生意义、法制民主、伦理道德、生活哲理等对社会有益的内容的宣传，摒弃迷信、封建宗法等糟粕思想。在保证剧目内容的同时，剧团还不断改进表演形式。在节目中借鉴杂技、魔术、武术等现代元素与技巧，运用科技手段使演出的剧目更富吸引力。此外，在资金紧缺的条件下，剧团紧缩其他开支费用，先后更换购置了一批服装、道具，并且加入了一部分现代元素，以提升舞台效果。例如在《封神榜》剧目中创造性地融入一些魔术、杂技等艺术元素，通过新颖的舞美设计，诠释出神话戏宏大的场面和梦幻般的气氛。为了适应农村观众的观看习惯，演出中尽可能地加快戏曲节奏，让观众看懂故事，欣赏唱腔。为了吸引新观众，剧团不论白天、晚上都坚持打字幕，以便更好地服务农村观众。

（2）以基层市场规律为依据扩大演艺份额

剧团注重总结农村演出市场规律，在农村的演出淡季积极为计生部门编排宣传计划生育节目。配合有关部门，创作编排了宣传新农村建设、安全生产、绿色环保等内容的现代小戏30多个，使农民群众在休闲娱乐中潜移默化地接受思想教育，推动了农村精神文明建设，并增加了剧团收益。

剧团改过去“订戏上门”为“走出去主动订戏”，积极面向农村市场，派专人深入县内及周边区县乡村甚至陕西、甘肃、宁夏等地乡村进行调研，通过经年累月的调查走访，把陕甘宁地区各个乡村每年1至12月的农村庙会时间、地点备案成册，并搜集大量关于百姓喜欢的剧目、形式及反馈意见等各信息。在此基础上，剧团向观众作出“不相信先预演”、“不满意不付款”的承诺。

此外，剧团主动适应农村文化市场需求实际，把设定演出底价和灵活议价相结合，旺季适当抬高，淡季适当调低，以保证淡季有戏演。并且以企业冠名等方式，与陕西太白酒厂和马鞍桥金矿等企业合作，两企业以合适的价格不定期购买剧团演出，从而在一定程度上保障了剧团的稳定收入。

20. 甘肃演艺集团有限责任公司

以省歌舞剧院、省话剧院（含人民剧院）、省秦剧团、省京剧团（含“金城第一戏楼”）、省曲艺团、省杂技团（含长征剧院）六个院团和省演出公司（含黄河剧院）、甘肃省舞台美术工厂的资产为基础，按照现代企业制度的要求，组建甘肃演艺集团有限责任公司（以下简称“演艺集团公司”），为省属国有独资文化企业。省歌剧院、省陇剧院保留事业单位性质，实行企业化管理，由演艺集团公司代管。

（一）组织架构

演艺集团公司出资人为甘肃省人民政府。省委宣传部对演艺集团实施政治领导，省文化厅进行行业管理，省财政厅履行资产监管职责。演艺集团公司负责人参照省属国有大型企业管理，列入省委干部管理范围，由省委宣传部、省文化厅会同省委组织部考察并提出意见。演艺集

团公司按照精干、高效、务实的原则配备班子和设立办事机构，设董事长（党委书记）1人、总经理1人、副总经理3人和艺术总监1人。集团建立董事会决策制度和党委会、总经理办公会、职工代表大会等决策议事制度。工作人员原则上从现有院团人员中调剂。

演艺集团公司实行母子公司体制，母公司按照《公司法》管理、指导子公司，为子公司提供服务，对子公司资源整合、股权运作、班子队伍建设等重大事项进行决策。子公司作为独立的法人实体和市场主体，充分发挥自主性，自主经营、自负盈亏、自我发展、自我约束，打造精品力作，积极开拓演艺市场。

（二）内部机制

演艺集团公司按照创新体制、转换机制、面向市场、壮大实力的要求，建立与社会主义市场经济相适应的艺术生产、市场营销、财务管理、用人和分配机制。

1. 艺术生产机制。积极采用市场运营项目制、投资主体股份制、演出活动代理制、主要演员签约制、演职人员聘用制等方式开展艺术创作，使生产出的艺术产品更好地适应市场需要，满足人民群众精神文化需要。

2. 市场营销机制。建立强有力的市场营销队伍，开展演艺产品和业务的营销推广；拓展票务营销网点和渠道，加入演出剧场（院）联盟，建立互联互通的演出票务系统和资源共享的院线体系。

3. 用人机制。依照《中华人民共和国劳动合同法》有关规定，演艺集团公司与上岗人员依法签订劳动合同；实行全员聘用制，因事设岗、因岗聘用，竞争上岗；坚持公开、平等、竞争、择优的原则，选贤任能，经营管理者能上能下，演职人员能进能出；专业技术人员实行评聘分离。

4. 收入分配机制。推行岗位工资和绩效工资制度，建立与岗位职责、工作业绩、实际贡献紧密联系和鼓励创新的分配激励机制；经营者、管理者的收入与效率、效益和业绩挂钩，实行绩效工资。

5. 财务管理机制。建立预算控制、成本控制、内部审计等财务监控体系和科学规范的内部经营考核体系。

21. 重庆市歌舞团有限责任公司

2005年3月，重庆市歌舞团转企改制为重庆歌舞团有限责任公司。公司发挥川渝地方特色，打造精品剧目，致力于以剧目闯市场，取得了较好的市场回馈。2010年，公司总收入2796万元，比转制前的2005年增长了8.8倍，完成演出场次近200场。2011年，公司总收入约为2600万元。

一是打造地方剧目。基于富于特色的川渝文化，公司致力于打造川渝特色的地方剧目，推出了最能反映重庆美女特色的时尚精品歌舞剧——《渝美人》。该剧以重庆女性为载体，以重庆女性的情感经历为线索，用红岩精神塑造出坚韧刚烈的红色女性形象，通过紫、红、绿、蓝、金五种不同颜色的变换来折射重庆女性性格的多样性，进而反映重庆厚重沧桑的人文涵养和当代重庆时尚开放的城市风貌。

公司打造创作团队，邀请舞台剧界的“细节大师”赵明担当总导演，著名作家曹路生担当编剧，多年来活跃于中日舞台艺术界的设计师李锐才担当服装设计，《印象刘三姐》的音乐总监刘彤担当音乐总监，场馆舞台特殊科技设计专家李文新担当舞美。为了达到最佳的效果，导演赵明结合了百老汇的表现形式，挑战全新的舞台形式，将全剧的五种颜色以强烈的颜色对比完全地区别开。在剧中，重新编排经典重庆民歌《太阳出来喜洋洋》、《黄杨扁担》等具有地方特色的歌曲，还将吊钢丝、民歌民舞、街舞秀、后现代派的镜前独舞等表演形式融入其中。

二是编排革命剧目。公司立足于革命历史文化，创作了原创大型现代交响舞剧《邹容》。该剧采用交响舞剧这一艺术形式，以浓墨重彩的象征性舞台形象，构织出邹容所处的历史时代的思想、风潮和命运。此剧舞美用表现主义的创作理念，超现实主义的视觉角度，深层次地表现出那个时代的历史特性。如第一幕《旧梦》，舞美设计用撕碎的老照片和蜘蛛网在观众眼前勾画出那个时代的压抑和破碎。音乐创作方面选择交响化音乐，运用个性化的乐器来表现人物内心世界。如选用浑厚丰满的大提琴独奏来表达邹容的情感。在剧中每一幕都选择用一句高亢的川剧帮腔作为结束，每一幕的间歇加入川江号子作为链接，唤起普通观众的心灵共鸣。

为了提升剧目品质，公司还聘请了国家一级编剧、获国务院奖励政府特殊津贴的著名导演苏时进出任导演、编剧和编舞，国家一级舞美设计、中国舞台美术学会理事张继文出任舞美设计制作。

22. 宁夏话剧艺术发展有限责任公司

2009年，宁夏话剧团组建宁夏话剧艺术发展有限责任公司。公司增强自身实力，打造乡村剧目，加强市

场运作，积极服务于宁夏基层演艺市场。2011年公司演出274场，各种商业性演出收入达到290万元。

（1）打造乡村剧目，满足基层文化需求

在打造乡村剧目上，公司始终坚持“二为”方向不动摇，积极创作具有教育意义、适合基层群众欣赏趣味、反映农民生活的乡村剧目。在创作的过程中，剧目创作者积极深入生活，抓住生活中的热点问题和人物形象，先形成剧本故事，接着给农民讲故事。故事得到农民认可以后，再生产剧本，剧本得到农民认可以后，再进入排练，排练完成以后，请农民和村干部审查。同时，根据基层人民的文化水平和接受程度，剧目尝试用宁夏方言演出，并在其中融合了大量的宁夏农村元素。

在剧目的把关上，一旦发现问题，立刻修改剧目，一时不能改的，在收集完毕后统一修改。为了保证剧目的质量，剧团制定了《演出质量认定条例》，规定不管条件如何艰苦，决不能降低演出质量。进行每场演出前，工作人员将《质量认定条例》发给观众，请他们按质量认定条例进行检验，如果达不到标准，可以拒付演出费。

在严格的操作流程之下，公司先后创作了《红白喜事》《这样的庄稼人》《女村长》《连心村的故事》《税官王振举》《梅家小院》等一大批优秀的剧目，其中许多剧目获得了国家级大奖。

（2）加强市场运作，扩大基层演出市场

公司立足于农村市场，积极探索多元化的创作、演出、合作形式。利用公司在舞蹈编导、大型综艺晚会策划和舞台美术设计、制作等方面的优势，积极与电视台等单位合作，承接小品类晚会2次，大型综艺类晚会5次，打造出了《塞上清风》等品牌晚会。

在营销模式上，公司等新戏排出后，用“先尝后买”的办法，让农民先看戏后订货，并借势举行宁夏话剧团演出洽谈会，吸引农村客户群，获得了较好的市场反馈。在演出推广上，公司坚持送戏上门，以“大篷车”流动舞台的形式，进行剧目的演出和推广，而且看戏的时间地点也由观众定，以方便群众看戏，积累基层口碑。为进一步扩大演出市场，公司成立了儿童剧演出队，把语文课文改编成戏送到学校演出。其改编的课本剧《金色鱼钩》《小英雄雨来》《七根火柴》等剧目，使学生们受到了生动的爱国主义和革命传统教育。

此外，公司与中央新闻电影制片厂联合拍摄的电影《农机站长》，除在中央电视台电影频道播出外，还作为公益性影片被国家广电总局收购，并从2011年2月起在全国县以下电影院同时播出，极大地提高了公司在基层的影响力。

23. 银川艺术剧院有限公司

2010年7月，银川艺术剧院和银川市杂技团整合资源，组建银川艺术剧院有限公司。两年来，公司连续受文化部委派，携中国首部原创回族舞剧《月上贺兰》赴埃及、卡塔尔、阿尔及利亚等阿拉伯国家进行文化交流演出，举办了首届、第二届中阿经贸论坛中阿文化艺术节专场演出，被宁夏回族自治区党委、政府授予自治区“文化精品‘走出去’工程奖”。2011年公司演出收入900余万元，演员收入较改制前平均增加30%以上。

几年来，银川艺术剧院有限公司倾力打造艺术精品，为舞剧《月上贺兰》“走出去”付出了艰苦卓绝的努力。《月上贺兰》在宁夏举办的国际回商大会、中国企业500强发布会、中国宁夏国际文化艺术旅游博览会等重大节会上演出，并在中华回乡文化园长期驻点演出。舞剧《月上贺兰》在不断接受各界观众的检验中，充分吸纳各方面的意见，先后进行了4次加工、修改，在音乐、舞蹈、舞美、服装、道具以及演员配备等多方面不断完善。为满足不同场地、不同观众的需求，剧院打造了多个演出版本，有可参加全国重大比赛、重要展演活动的“重量型”版本，适合在大型剧场演出；有队伍精干、舞美道具轻便、携带方便的“轻量型”版本，适合在阿拉伯国家各种中小型剧场演出；有在时间上压缩、编排上精练、增加现场互动表演的“浓缩型”版本，适合在旅游景区为游客演出。同时，还分别组建了可以在国外和国内同期演出的两支精干的演出队伍，为舞剧《月上贺兰》“走出去”奠定了基础。

为了确保出访阿拉伯国家的演出任务顺利进行，银川艺术剧院有限公司花大力气对舞剧《月上贺兰》进行了精编和改装。一是不断强化、凸显舞剧关于“文化交融、民族团结、和平发展”的时代主题和阿拉伯元素，完善调整了舞剧情节结构，加工锤炼了舞蹈艺术编排，加强对舞剧人物形象、性格、情感的塑造和表现，提高舞剧的史诗性与戏剧性；二是根据“便于携带、操作方便、减数量提质量”的要求，对舞美不断进行加工、提高，新制作了大部分舞美道具，更新、添置了大量符合阿拉伯国家审美的服装、道具，加强了灯光配备，丰富了灯光表现手段，使舞剧的舞台展现形式更加新颖、时尚，大气磅礴，解决了在国外进行庞大演出辎重无法携带的难题，舞台美术由原来的4大卡车约30吨，精简为不足2吨，全部随机携带，不仅节省了运输费用，还缩短了装台和切换场景的时间；三是演职人员队伍从原有的100多人精简为由50余人组成的赴外演出队伍，并实现了剧组演职人员的本土化。通过精炼剧情结构、调整舞台美术、精减演职员队伍、制作外文版宣传品等措施，成功打造了适合国际演出市场的舞剧版本。

（文化部改革办）

2011年广播影视体制改革

2011年，广播影视系统认真贯彻中央关于深化文化体制改革的决策部署，按照“高举旗帜、围绕大局、服务人民、改革创新”的总要求，紧密结合实际扎实推进体制改革和机制创新，进一步解放了广播影视生产力，有力地促进了广播影视事业产业发展，广播影视整体呈现快速健康发展的态势。

一、深入推进电台电视台改革，广播电视舆论引导力显著提升

坚持“三贴近”原则，准确把握新闻传播规律，大力推进电台电视台改革创新，广播电视舆论引导力和社会影响力显著提升。一是坚持导向立台、新闻立台，牢牢把握正确舆论导向，积极推进节目创新，节目的针对性、实效性、亲和力和吸引力明显增强。二是建立健全突发公共事件应急报道机制和网络，创造性地开展重大突发事件报道，充分发挥了广播电视在应对突发公共事件中不可替代的重要作用。三是积极适应科技和传媒发展趋势，大力发展网络、手机等新媒体，拓展宣传新阵地。全国共批准开办了615家网络视听节目服务机构，14家网络广播电视台，推动成立了中国网络视听节目服务协会。四是进一步深化电台电视台内部机制改革。加强资源整合，规范推进电台电视台合并，新批准6个省级和17个市（地）级两台合并。目前，全国县（市）级已全部实现两台合并，市（地）级已有227个实现两台合并，省级已有14个实现两台合并。积极推进劳动人事、收入分配和社会保障制度改革，建立健全科学的激励、竞争和约束机制，电台电视台内部活力进一步增强。

二、加快推进农村广播影视公共服务体系建设，人民群众基本文化权益得到更好保障

坚持把解决农村群众听广播看电视看电影难的问题，作为广播影视服务新农村建设、保障和实现农村群众基本文化权益、推进事业发展的重中之重，采取有力措施，积极推进广播影视重点工程建设。综合采用无线、有线、卫星等技术手段推进广播电视村村通，基本实现全国所有行政村和20户以上自然村村村通。在有线电视网络未通达的农村地区大力实施直播卫星公共服务工程，全国21个省（区市）的1.1万个乡镇建立了企业销售服务网点，目前，覆盖用户超过2500万。通过实施西新工程，西藏、新疆等边远少数民族地区广播影视发展薄弱的状况得到根本改善，少数民族语言节目的制作译制、播出传输能力大大提高。按照“企业经营、市场运作、政府购买、群众受惠”的思路，大力实施农村电影放映工程，全国已建立245条农村数字电影院线，数字放映设备超过4.8万套，形成遍布农村的电影数字放映新格局，已基本实现一村一月放映一场电影的公益服务目标。大力实施县级城市数字影院建设工程，推动县级城市数字影院建设。

三、不断深化产业体制机制改革，广播影视产业发展实现新突破

国有电影电视剧制作机构转企改制全面完成，推进重点企业上市融资工作取得进展，已有10家广播影视企业实现重组上市。积极推进影视产业资源重组和集约化、规模化发展，全国先后组建了一大批影视制作集团公司，同时建成了亚洲最大的国家中影数字制作基地以及北京星光影视节目制作基地、浙江横店影视产业实验区等一批影视基地。积极引导鼓励民营和社会资本参与广播影视产业发展，初步形成以公有制为主、多种所有制共同发展的产业格局。

紧密结合有线电视网络数字化双向化改造，加快有线电视网络整合，已有26个省（区市）完成或基本完成一省一网整合，国家级网络公司筹建工作扎实推进。电影院线制改革深化，数字影院建设加快，全国城市银幕数累计9200多块，2011年电影票房超过125亿元。进一步完善影视播映市场和产品交易市场，积极开发影视消费新兴市场，有力促进了影视产业的良性循环和综合效益增长。通过改革，广播影视重点内容产品的创作生产能力显著提高。2011年，生产电影故事片558部、电视电影102部、电影动画片24部、电影纪录片26部、电影科教片76部，电视剧1.5万集，重大理论文献影视片42部335集，电视动画片突破4000小时，保持和发展了创作繁荣、质量提升的良好势头。

四、全面推进数字化，广播影视科技水平大幅提升

坚持以科技创新带动体制机制创新，大力推进广播影视数字化变革，科技创新能力全面提升。一是大力推

进有线电视网络数字化双向化改造和业务开发，全国共有2亿有线电视用户，已有1.1亿户实现数字化，其中双向覆盖用户超过5700万、实际用户超过1200万。二是积极筹备开办3D电视。及时组织研发相关技术标准，制定具体实施方案，中央电视台等6家播出机构联合开办的3D试验频道于2012年元旦顺利试播，春节正式开播，社会反响热烈。三是加快发展移动多媒体广播电视，基本覆盖全国336个地级以上城市、855个县级城市，终端用户超过3500万，付费用户达到1600万。四是落实三网融合要求，规范发展IPTV、手机电视、互联网电视等新业务，中央电视台已完成IPTV、手机电视集成播控平台建设，三网融合试点地区广电播出机构完成了IPTV集成播控分平台建设。五是继农村胶片放映转化为数字放映后，城市数字电影放映基本普及，我国电影数字放映已领先全世界。

五、切实加强“走出去”，广播影视国际传播能力明显增强

加快国际传播能力建设，努力形成与我国经济社会发展水平和国际地位相适应的国际传播能力。一是大力推进国际一流媒体建设。中央人民广播电台进一步加强了全球华语广播协作网建设。地方外宣频道建设加强，继西藏藏语卫视、青海藏语卫视之后，四川康巴卫视实现在亚太地区覆盖。中国国际广播电台建成英语、华语和多语种环球广播工程，每天使用61种语言向全球播出节目3000多小时；建成70家境外整频率电台，直接在海外播出语种46种；建成40个海外地区总站和记者站、24家境外节目制作室。中央电视台海外站点总数达70个，6个语种7个国际频道在171个国家和地区落地，整频道用户达2.49亿、落地酒店594家；中国电视长城平台已建成8个系列平台，全球付费用户突破10万。二是切实加大扶持力度，影视产品和服务出口不断扩大。2011年，共有49部次影片在17个电影节上获得74个奖项，52部国产影片销往22个国家和地区，海外票房和销售收入20.24亿元，电视剧、动画片、纪录片等影视节目出口1.14亿美元。

（国家广播电影电视总局改革办）

广播影视体制改革典型案例

1. 黑龙江省广播电视网络整合情况

2011年12月27日，黑龙江广播电视网络股份有限公司第二次股东大会在哈尔滨市成功召开，这标志黑龙江省广播电视网络整合工作任务已经全面完成。2011年，黑龙江省网络股份有限公司加快推进全省广播电视网络整合，用一年零三个月的时间就完成了全省各市（地）、县（市）广播电视网络整合。黑龙江省网络公司在全省成立64家分公司、1家子公司，分公司全部实现统收统支；拥有职工6000余人，用户数量近600万户；有线电视干线联网光缆线路全长10265公里，已建设完成运营商级别的省级SDH传输网，基本形成“东西双环”的全省光缆网络总体架构。公司总资产达21亿元，净资产14.9亿元，自此，真正实现了全省广播电视网络人、财、物的整合和划转。

（1）领导重视，行政推动

黑龙江省委、省政府高度重视全省广播电视网络整合工作，审议通过了《黑龙江省广播电视网络整合和转企改制实施方案》及相关子方案。《方案》以黑龙江省两办文件下发，省委书记吉炳轩同志就做好整合工作提出明确要求，做出全面部署。成立黑龙江省广播电视网络整合工作领导小组，负责专项推进整合工作。

2010年6月11日，黑龙江广播电视网络股份有限公司创立大会召开，黑龙江电视台联合12个市（地）和54个县网络运营主体共同发起设立省网络公司。2011年年初，全省广电网络整合再次写入省政府工作报告，推动了省直有关部门和各级党委政府对网络整合工作的高度重视和配合。黑龙江省广电局在局及两台抽调专人成立4个综合协调工作组和4个区域推进组，局党组成员包片负责推进，加强了整合的领导力量和推进力度。省文化体制改革领导小组、省广电网络整合领导小组各成员单位对网络整合工作给予强有力支持，在评估审计、人员接收划转等各方面帮助指导工作、破解难题。

（2）政策支持，市场运作

争取有力政策，坚持走市场化运作道路，维护股东单位、省公司利益。省委宣传部、省财政厅、省人保厅、省编办、省建设厅、省国税局、省地税局等部门相继出台了一系列支持全省整合的政策规定，明确省网络公司及所属各分公司为全省唯一收费主体，规范了广电网络市场经济秩序；促进省网络公司成为全国首批“三网融合”试点企业、文化体制改革试点单位，享受所得税减免等相关政策。省网络公司以“集约经营，多业繁荣，

品牌服务，跨越发展”为基本经营方针，坚持市场化运作，全面启动有线电视数字化整转工程，陆续统一了全省数字电视平台，进一步扩大了全省广电网络规模经营、集约经营优势，促进广电网络效益稳步提升。

（3）先统一运营，后清产核资

在全国“三网融合”浪潮下，黑龙江省广播电视网络整合刻不容缓，但按照常规方式推进（即先派驻资产评估组和财务审计组到各市县广电局进行财务审计，将局、台、网的财务进行剥离分账后进行资产评估），至少需要2至5年时间。黑龙江省提出“边转企改制、边审计评估、边运营发展”的工作思路，在实现统一运营、统收统支的同时，推进财务审计和资产评估，把网络整合中最难解决的增资扩股工作放到后面，并通过后期与股东单位的不断磨合，从实际出发探索出符合实际的整合模式。实践证明，这种“先统一运营，后清产核资”整合模式效果非常好。

（4）统一运营后成果显著

首先，2011年公司坚持“集约经营，多业繁荣，品牌服务，跨越发展”的基本经营方针，贯彻落实公司“十二五”规划目标，全年经营收入突破11亿元，超额完成了年初制定的10亿元任务指标，确保了国有资产的保值、增值。其次，陆续统一了全省数字电视前端平台和信源、BOSS系统和终端、器材和节目采购、新建住宅数字电视工程技术规范和造价取费标准等，积极推进全省有线数字电视初装费和基本收视费价格统一工作。第三，进一步扩大了全省广电网络规模经营、集约经营优势，节省了大量的建设成本和运营资金，公司效益稳步提升。

（5）数字整转效果显著

2011年，推进全省数字电视整转工作被省委、省政府列为必须完成并事关全省可持续发展和群众切身利益的40件大事实事之一。为落实这件大事实事，根据省委、省政府关于“加快全省广播电视数字化进程，全省整转广播电视用户100万户，数字化率达到50%”的要求，2011年整转有线数字电视用户120万，超过省政府下达的100万整转任务的20%，全省数字化率已达70%。

（黑龙江省广电局）

2. 浙江省三网融合推进情况

截至2011年底，浙江省共有杭州、宁波两地获批为三网融合试点城市。2011年，浙江省提出以加快信息基础设施建设、推进省IPTV集成播控平台的建设管理和运营、加快融合业务创新、加强安全监管和分业监管、加强组织协调，做好推广准备、推动产业发展、加强宣传引导、推动人才培养等八个方面为重点，扎实推进三网融合试点工作。

（1）加快宽带网络建设

一是加快推进广电有线网络“一省一网”整合发展。目前，浙江省11个市级广电有线网络已有8个加入了省网络公司资本联合，另3个与省网络公司实现了内容业务联合；68个县级广电有线网络已有51个与省网络公司签订了合作框架协议，完成比例为75%，“一省一网”整合工作进展顺利。二是光纤宽带网络建设进一步加快。支持TDLTE杭州试验网建设，2012年3月中旬率先进入测试阶段；宁波市启动TD-SCDMA+WiFi(支持WAPI)为基础的两岸产业合作无线城市建设；华数集团采用“全光交换”技术加快构建主干网络，采用“超光宽网”技术改造接入网，加快推进“云媒体”国家云计算创新试点。三是推进网络共建共享。温州驻地网试点建设取得积极进展，建立了协调小组及其办公室，印发了管理办法和建设标准，确定3个小区作为试点样板。

（2）推进广电IPTV集成播控平台建设与对接工作

浙江省IPTV集成播控平台已形成服务能力。经过多方努力，2012年2月，作为浙江省三网融合重要基础设施——广电IPTV集成播控平台顺利建成，该平台具有内容管理、用户管理、计费、认证鉴权等功能。按照计划目前正在对接中央IPTV集成播控平台和浙江电信IPTVCDN平台和BOSS系统，连接省市两级广电媒体和华数等内容提供商。目前，已能提供100路的直播、20路的轮播以及近3万小时的点播节目。

（3）协调推进浙江广播电视集团和浙江电信加强战略合作

2011年以来，三网融合办公室会同省广电局、省通管局积极推动浙江广电集团、浙江电信开展战略合作磋商，组织起草《浙江广电集团、浙江电信关于加强“三网融合”战略合作协议》文本，促进双方尽快形成合作共识。有关各方加大了合作推动力度，三网融合办公室组织有关部门单位专题研究合作事宜，尽量缩小分歧、寻找合作切入点，特别是经过广电集团和浙江电信友好协商，双方取得了重要共识，向实现双方平台对接和用户割接等实质性合作迈出了重要一步。近期，双方将举行战略合作签约仪式。

（4）推进融合业务和客户资源拓展

协调广电和电信部门，按国家有关部门要求合理合规拓展融合业务和客户资源，同时，加强市场监管，维护市场秩序，确保三网融合业务有序竞争发展。目前，浙江省电信 IPTV 用户接近 200 万户，有线电视宽带用户数超过 130 万户，浙江电信、浙江移动、浙江联通的手机电视用户数超过 400 万户，三网融合试点取得重要进展。华数集团与 PPTV 开展战略合作，双方优势互补，共同推动互联网智能电视机终端、机顶盒以及增值业务开发应用等产业链的发展。

（5）加强宣传与交流合作

加强与外省市工作交流。2012 年一季度，甘肃省和新疆自治区三网融合试点工作调研组分别来到浙江省调研三网融合试点工作并寻求合作发展，双方取长补短、共同探讨，同时促进了华数集团与甘肃和新疆两省三网融合战略合作。长三角地区三网融合试点工作被列入 2012 年长三角信息化合作工作重点。

（浙江省广电局）

3. 四川省三网融合推进情况

为贯彻国务院关于推进三网融合试点工作指示精神，按照广电总局344号文件，根据四川省委、省政府“加快四川地区三网融合试点推进工作要求”和关于加快传统媒体自身新媒体建设和转型发展等相关文件精神，四川广播电视台不等不靠，立即投入 IPTV 集成播控平台的建设工作。2011 年 4 月，国家广电总局正式批准四川广播电视台开办四川网络广播电视台，9 月，李长春同志亲赴四川广播电视台启动上线开播。

目前，四川广播电视台已承建四川地区 IPTV 集成播控平台，负责全省 IPTV 各项业务内容的集成和播控，提供播出服务，确保播出安全。四川广播电视台 IPTV 播控平台可向全省用户播放包括中央电视台、全国省级电视台以及四川广播电视台在内的 100 多个电视直播、轮播频道，并提供电视频道回放与时移功能。具备超过 10 万小时的点播节目播出能力，除了支持直播、点播、轮播、时移、回放等基本业务能力外，IPTV 播控平台还支持政务信息、便民服务、便农服务、在线教育、购物等增值互动业务能力，并且各种服务能力都可以根据用户需求快速扩容。另外，四川广播电视台四川手机电视集成播控平台和四川互联网电视集成播控平台也相继建成并投入使用。

四川网络广播电视台的开办及三大集成播控平台的建设，践行了党的十七届六中全会决议中提出的“加快构建技术先进、传输快捷、覆盖广泛的现代传播体系。加强党报党刊、通讯社、电台电视台和重要出版社建设，进一步完善采编、发行、播发系统，加快数字化转型，扩大有效覆盖面。推进电信网、广电网、互联网三网融合，建设国家新媒体集成播控平台，创新业务形态，发挥各类信息网络设施的文化传播作用。要实施网络内容建设工程，推动优秀传统文化瑰宝和当代文化精品网络传播，制作适合互联网和手机等新兴媒体传播的精品佳作”的精神要点，充分证明四川广播电视台工作方向和重心选择是正确的、主动的、积极的。

（四川广播电视台）

4. 宁夏回族自治区三网融合试点情况

根据《国务院关于印发推进三网融合总体方案的通知》（国发〔2010〕5 号）《国务院办公厅关于印发三网融合试点方案的通知》（国办发〔2010〕35 号），在国家广电总局的指导下，在自治区党委、政府的领导下，宁夏广电局高度重视三网融合工作，极力协调宁夏广播电视网络有限公司进行全区有线电视网络整合和数字化、网络化、双向化改造工作。

目前，宁夏已基本完成了全区广电网络整合，在全区各市、县（区）成立 19 家分公司。建成了全区广电光缆干线约 2000 公里，实现全区所有市、县（区）有线电视网的互联互通，已形成全区一张网的基本格局。宁夏有线数字电视平台向全区各市县区传输 109 套标清数字电视节目、10 套高清数字电视节目和 10 套数字广播节目，同时开展准视频点播（NVOD）、数据广播、股票等增值业务。高清互动及中间件平台已实现高标清视频点播（VOD）、电视回看和时移等交互业务。宁夏广电有线网络拥有有线电视用户约 79 万户，其中数字电视用户约 18 万户。开展三网融合的准备工作已初见成效。

根据《关于申报第二批三网融合试点地区（城市）的通知》（工信明电〔2011〕12 号），宁夏广电局积极向自治区人民政府申请将银川市列为三网融合试点城市，宁夏广播电视网络有限公司为三网融合试点企业。根据《国务院办公厅关于印发三网融合第二阶段试点地区（城市）名单的通知》（国办函〔2011〕164 号），宁夏银川市成为三网融合第二阶段试点城市。根据《关于三网融合第二阶段试点有关工作的通知》（国协办函〔2012〕1 号），宁夏广电局已与宁夏通信管理局进行了沟通协商，在确定相关工作负责人、联系人的基础上，对试点方案相关主要问题进行了沟通。目前，宁夏广电局正协调宁夏广电总台制定 IPTV、手机电视集成播控平台的建设方案，宁夏广播电视网络有限公司制定开展相关电信业务的实施方案，宁夏广播电视监测中心制定广电信息网络视听节目监管平台的建设方案，待方案确定并与电信方沟通后，上报自治区人民政府和国务院三网融合工作协调小组办公室。

（宁夏广电局）

5. 北京电视台卡酷动画卫视打造动漫全产业链

2004 年，国家广电总局批准北京电视台开办上星动画频道。同年，北京卡酷动画卫视动画专业频道正式开播。2006 年，北京电视台创新体制、激活机制，组建北京卡酷传媒有限公司，依托卡酷动画卫视频道进行产业化运作。截至 2010 年 12 月，北京卡酷动画卫视在全国近百个大中城市落地，覆盖 7.9 亿观众；在国内 5 家上星动画频道中收视率大幅领先、稳居第一；4 岁至 14 岁核心受众收视率稳居北京地区所有频道第一位。与此同时，卡酷传媒经济实力大幅增长，2010 年全年总收入 1.8 亿元，总资产 2.7 亿元，净资产 2 亿元；与产业化探索之前相比，总收入增长 5 倍，总资产增长 6 倍，净资产增长 4 倍，国有资产 4 年累计净增 1.6 亿元。

（1）内容为王，推出自有知识产权的原创动画

2007 年，北京卡酷传媒借北京举办奥运会的契机，创作了百集原创动画片《福娃奥运漫游记》，实现全国百家电视台联播，全国铁路、航空、移动媒体全方位出击，收视率创国产动画片新高，赶超欧、美、日动画大片。截至 2011 年上半年，北京卡酷动画卫视已成为国家广电总局认定的全国十大原创动画制作机构之一，拥有《中华五千年》《星游记》《星系保卫战》等知名长篇动画作品的产权和品牌，创作生产了《熊猫总动员》《劳拉的星星》《快乐奔跑》等动画电影作品，还有 2010 卡酷动画月球春晚、2011 卡酷动画兔年春晚等大型动画节目品牌，先后获得“五个一工程”奖、电影华表奖、电视金鹰奖、电视星光奖等国家级大奖，在全国动画创作领域走在前列。

原创动漫形象为公司带来了巨大的品牌衍生效益。由卡酷动漫影视作品衍生的图书发行达 400 万册、DVD 发行 150 万张。国产原创动画商业片《星系保卫战》引起了日本万代集团的浓厚兴趣，卡酷传媒公司以原创形象授权生产的方式，不仅获得 500 万元人民币保底收益，以后万代集团每卖一个玩具，卡酷公司还能得到 7% 的分账收益，成为中国动漫产品“走出去”的成功案例。

卡酷频道在加大自主投资的同时，实现动画投资主体的多元化、社会化、市场化。4 年来，包括长篇动画片、动画电影、Flash 系列作品和动画栏目在内的动画产量逐年上升，相较于产业化探索前 1 至 2 部动画作品的年产量，2010 年产量近万分钟，增长近 9 倍。

（2）播出为重，打造强势动漫节目卫星电视频道

2006 年，北京卡酷动画卫视仅在北京地区播出，只有 8 小时内容滚动播出，两档 5 至 10 分钟小栏目辅助。为改变这一落后状况，北京卡酷动画卫视进行了大胆而艰苦的改制创新。北京卡酷积极推进电视动漫栏目建设，广泛调研国内外优秀动漫栏目节目，改革用人机制、管理体制，一个栏目分 A、B 组竞争上岗，所有栏目实施招投标制，严格以收视率为考核标准，员工收入与收视率考核紧密挂钩，使整个团队充满活力，在播栏目节目储备雄厚。

电视频道也是动漫电影的主要播出窗口。为此，北京卡酷加强频道的电视剧场栏目建设，以需求为导向，发挥播出频道在动画片市场的经济杠杆作用。在全国率先实行购片收视率奖励政策，对于收视表现良好的优秀国产动画片，除了支付购片价格外，还按照收视超标点数给予奖励，这是国内动漫界唯一由电视媒体推出的对动漫电影的激励政策。

截至 2011 年上半年，北京卡酷卫视是国内动画专业频道中落地范围最广、收视人口最多、市场份额最高的动画卫视频道。拥有 10 个强档栏目、专门播出动画电影的 8 大动画剧场，实现每日首播近 10 小时、全天播出 24 小时的规模。2010 年在全国 35 个城市省级卫视收视率大排名中，北京卡酷卫视最高收视率排名全国第 8。

（3）产业拓展，构建全国最具规模的儿童动漫衍生产品销售体系

北京卡酷传媒把握动漫产业衍生特性，积极进行产业拓展。改变卫视频道广告创收的单一盈利模式，开创了“动画制作 + 频道播出 + 玩具制作 + 品牌店销售”的产业模式，并进一步向“三网融合”的网络动漫体系、儿童艺术培训、动画主题公园等新兴业态拓展，打造动漫全产业链，实现多元化、规模化增长。

为实现产业拓展，2008 年 1 月 1 日，北京卡酷传媒公司旗下子公司北京卡酷全卡通动漫文化有限公司正式运营。主要业务包括动画片的投资制作和运营、动漫衍生产品研发生产、动漫衍生产品全国总代理、动漫衍生产品批发销售、动漫衍生产品全国销售网络建设运营。

几年来，卡酷全卡通公司实施品牌战略，积极开办连锁店，以卡酷品牌整合玩具和儿童用品连锁销售。到 2010 年底，在全国各地建成 15 家卡酷全卡通旗舰店、212 家卡酷全卡通特许零售店、24 小时运营的卡酷全卡通网络旗舰店，以玩具产品全国总代理制为核心，形

成了中国最具规模的动漫衍生产品销售体系。

另一方面，北京卡酷积极拓展衍生品开发授权，发行大型儿童动漫全景月刊《卡酷全卡通》。构建以动漫手机电视、儿童社区网络、动漫视频下载“三网合一”的卡酷动漫新媒体平台，在卡酷卫视播出的动漫节目，能即时在网上参与互动。最近，卡酷又准备开发以动漫作品《中华五千年》为主题的动漫历史主题公园、以系列动画片《福娃奥运漫游记》为主题的体育科普主题公园，进一步拓展娱乐游戏产业。

（北京电视台）

6. 山东人民广播电台经济频率创新实践

山东人民广播电台经济频率积极探索，解决了频率定位、听众定位、主持人定位、活动定位、市场定位5个方面的问题，在全国省级经济广播的排名从第5名跃升为第1名，综合绩效考核列山东人民广播电台8个频率的第1名。2009年创收总额达到5100万元，2011年前6个月创收3000万元。

（1）办什么样的节目——频率定位

定位决定出路，定位决定前途，定位决定市场。随着专业频率和类型化广播的兴起，经济广播优势不再。处处皆经济，经济又何在?

山东电台经济频率多年来一直打造“财富”品牌，但在如何实现“财富”诉求上缺乏一个明确的执行理念。2006年底，山东人民广播电台提出了打造“品牌栏目、品牌广告、品牌频道”的目标，经济频率则提出了“服务创造财富”的理念，并于2007年4月进行了较大幅度的改版，撤销了7档与频率定位不一致的故事、娱乐、音乐类节目，推出一批符合频率定位的新节目。目前基本形成了以资讯服务、理财服务、消费服务和文化服务为特色的定位准则和节目架构。

（2）什么人办节目——主持人定位

专业化的定位需要专业化的主持人，财经专业出身的主持人只有四五个人，播音主持专业出身的居多。改版后，原来综合台内容运行下形成的记者、编辑、主持人队伍，显然不能满足专业化的要求，为此，山东广播经济频道采取了扎扎实实的措施，提升采编播人员的财经专业知识和能力。

以职业规划为动力，鼓励员工学习深造、岗位成才。频率高度重视记者编辑主持人的职业规划，提倡把个人进步与频率发展结合起来，共享发展成果。3年多来，频率总监与每一个青年员工就个人职业规划问题，至少进行过3次以上的个别谈话，鼓励他们扬长避短，岗位成才。为了鼓励青年员工考取“上岗资格证书”、“普通话等级证书”，频率出台政策，在时间上给予充分保证，对合格者、优秀者给予补贴奖励。为了鼓励员工成为专家型记者、主持人，频率还积极鼓励青年员工参与社会各种职业资格考试和认证。其中，财经节目主持人李博已经通过国家注册证券分析师资格考试。以学习例会制度为手段，使人才培养制度化、经常化。经济频道每周举行一次全体员工会，每次都会安排学习培训的相关内容，营造了浓厚的学习氛围。以创优为手段，培养锻炼队伍的新闻实战能力。通过创优报告会、优秀稿件评析会、创优专题研讨会等形式，培养员工的新闻敏感，提高创优能力。

（3）给什么人办节目——听众定位

“自产自销、自娱自乐、自生自灭”是业内人士对某些节目的形象总结。造成这种现象的根本原因是节目生产人员太“自我”，根本不关心听众是谁，不知道听众喜欢不喜欢，甚至是有没有听众听。经济频率改版后，随着节目和主持人的逐步到位，听众定位也随之明晰起来。目前，山东广播经济频率的主要听众第一种是股票、基金、证券、彩票投资者。经济频率在实用性服务上下大力气：发挥媒体优势，整合信息资源，在节目中为他们提供全面、实用的信息服务；通过电话、短信互动、网络交流等方式，提供一对一的具体服务；通过理财报告会等形式，提供专业服务。第二种听众是商场、餐馆、汽车等消费者。购物、就餐，买车、用车，关系到这些听众的“幸福指数”。如何让这些听众买的实惠省心，就餐吃的美味开心，买车、用车安全放心，是经济频率的努力方向。第三种是银行储户、保险公司客户。他们是经济频率的潜在听众。

听众定位的明晰使节目的针对性大大提高，用一位主持人的话说，现在坐在话筒前，可以非常清晰地感觉到面对的是什么样的听众，他们想听什么，愿听什么，心里都比较清楚。

（4）办什么样的活动——活动定位

活动应该是频率品牌、节目资源、主持人资源、听众资源的自然延伸。经济频率从1993年开办以来，一些项目连续举办多年，在业内及相关领域产生广泛影响。其中，“‘3·15’消费者权益日现场直播”已连续举办了15年，“中国寿光国际蔬菜博览会”连续举办了11年，成为在省内有较大影响力的广播品牌活动。

从2007年以来，经济频率先后联手中国国际广播电台等国内数十家广播电台，联合直播了“海阳沙滩文化节”、“中国寿光国际蔬菜博览会”、“泰山国际登山节”、

"济南园博会"等大型活动；联手全省10家经济电台在济南举办"3·15"现场直播；在其他各种类型的直播中，先后与全国40多家兄弟电台连线。

2008年以来，经济频率依托《股海冲浪》、《金钱树》等节目，联合投资公司，举办了近30多场投资理财报告会；此外，在房展会、文博会、书博会、汽车用品交易会等各类活动中进行直播，有效地延伸了节目资源。

经济频率十分注重通过活动，打造自己的名牌主持人。比如，连续11年的寿光菜博会培养出主持人王娟等；连续15年的"3·15"直播，培养出主持人晨阳；连续6届的"车友、饭友、股友联谊会"使老段、橘子、小Q、老陈等在听众中的影响力迅速提升；遍及12个地级市的"巡回理财报告会"使财经主持人张敏的知名度显著提升。

活动是听众资源的延伸。开门办广播，把听众资源变成客户资源，是频率举办活动的重要目的。2009年以来，经济频率依托股市、餐饮、汽车等4档主打节目，先后举办了6届"车友、饭友、股友联谊会"，有数千名忠诚听众参加活动并与主持人见面。依托这些活动，让听众既能听广播，也能"看"广播；广告客户既能听广播，也能"看"听众。

（5）市场在什么地方——市场定位

经济频率提出了自己的判断准则："能创收的节目不一定是好节目，不能创收的节目不应该是好节目。"市场定位要以节目定位为指针。在经济频率中，各档节目都有明确的市场分工：《财富早班车》主打证券、汽车、通讯、收藏市场；《金钱树》《股海冲浪》节目主打证券、基金市场；《理财才有财》主打银行、保险市场；《新闻大屏幕》主打家电、汽车、医疗等市场；《大眼大嘴大脚丫》主打餐饮市场；《爱车总动员》主打汽车市场；《快乐GOGOGO》主打商场、卖场、专卖店等。

市场定位要以听众定位为目标。广播广告经营，表面上是经营广告时间，实际上是"销售"自己的听众群。抓住了优质听众，就抓住了广告市场。经济频率紧紧围绕核心听众做文章，确定经营的主攻方向，经常邀请商家、广告公司参加有听众参与的社会活动，让他们对经济频率的优质听众有一个感性认识，增强投放的信任度。

市场定位要以结构调整为动力。对广播频率而言，结构调整有两个方面，一是健康讲座与其他广告的结构调整，二是健康讲座本身的结构调整。经济频率品牌类广告比改版前增长近3倍。健康讲座本身的结构也发生了质的变化，公益性很强的养生保健类内容占了90%以上，纯粹的医药类内容不足10%，杜绝了非法广告。

总之，节目定位、主持人定位、听众定位、活动定位、市场定位是相互联系、相互依存、相互制约的关系。频率定位是根本，听众定位是核心，主持人定位是关键，市场定位是方向，活动定位是辅助。只有协调一致，才能实现社会效益和经济效益的最大化。

（张新刚）

7. 四川广播电视台体制改革和机制创新

（1）体制改革和机制创新情况

四川广播电视台深入推进体制机制改革，大力推进改革创新，广播电视融合顺利完成，组织体系和管理机制逐步完善，适应广播电视发展规律和现代文化传媒发展的激励约束机制初步建立，运行较为高效，发展动力不断增强，发展活力有效激发。为深化台人事制度改革，进一步健全岗位发展通道，构建员工职业生涯长效激励机制，完善台岗位设置管理制度，实现人事管理的科学化、规范化、制度化，参照国家关于事业单位岗位设置的相关规定和要求，

结合台实际，制定岗位设置管理实施方案。新增人员一律按照相关规定面向社会公开考试招聘。近年来，相继制定了《四川广播电视集团人事制度改革方案》、《四川广播电视集团电视机构、综合职能部门、服务机构员工双向选择、竞争上岗的指导意见》、《四川广播电视集团电视机构制片人、主管竞聘上岗实施意见》、《四川广播电视集团直属事业单位领导班子成员竞聘上岗实施办法》等。

（2）经营性文化事业单位转企改制情况

a. 四川星空影视文化传媒有限公司转企改制情况

四川广播电视台根据《中共中央国务院关于深化文化体制改革的若干意见》以及中共四川省委宣传部《2009全省文化体制改革工作要点》的要求，将原四川电视台节目制作中心（事业单位）转企改制为四川广播电视台全资的四川星空影视文化传媒有限公司。经中共四川省委宣传部、四川省文化体制改革领导小组和省直机关国资办、省人事厅、省广电局、省工商局、省税务局、省质检局审核批准后，于2009年12月依法完成各项改制和行政工商税务等手续后开始运行。

b. 四川音像出版社转企改制情况

根据国务院国办发〔2008〕114号文件精神和规定，四川音像出版社目前已顺利完成以下工作：1. 所有在编人员包括退休人员，已按省社会保障厅文件，全部进入省社保，退休人员的养老金已由社保发放；2. 离退休时间不足五年的职工，已按国办发〔2008〕114号文件

享受有关待遇；3. 所有原在编留下工作的职工，已与公司签订了劳动合同书；4. 公司注册情况：核名批准后，全部注册材料已上报省工商局，现正在等待工商局的正式批复。

c. 四川广播电视报转企改制情况

根据国办发〔2008〕114号文件的政策规定，按照国家新闻出版总署有关非时政类报刊出版单位转企改制的工作要求，落实《中共四川省委办公厅四川省人民政府办公厅关于深化非时政类报刊出版单位体制改革的实施意见》，四川广播电视报被列入四川省非时政报刊2011年转企改制范围（第二批次），年底前完成转企改制任务。报社已制定出转企改制工作实施方案即《四川广播电视报社转企改制总体方案》、《关于四川广播电视报社转企改制总体方案的社会稳定风险评估报告》、《四川广播电视报社有限责任公司章程》，2011年年底《四川广播电视报社转企改制总体方案》已经台党委讨论通过，并上报省文化体制改革和文化产业发展领导小组审批，目前报社正根据上级部门部署，进行清产核资审计及资产评估等改制前期准备工作。

（四川广播电视台）

8. 黑龙江电视台节目创新创优经验

黑龙江电视台通过对自身平台、竞争对手、广告客户、受众的深入分析，制定了科学有效的节目创新、创优思路。

（1）扩大新闻优势

第一，在内容上创新。典型报道遵循"主题性报道事件化"的原则。用事实说话，通过事实来解释政策、使主题报道真实可亲，充满生活气息和人情味儿。2011年6月，为纪念建党90周年，《黑龙江新闻联播》推出《红旗飘飘》专栏，报道基层大众的酸甜苦辣。

2011年9月中旬，黑龙江电视台召开"走基层、转作风、改文风"专题推进会，围绕黑龙江省委、省政府"八大经济区"、"十大工程"建设，深入一线，将镜头对准最基层最普通的群众，体验基层群众的喜怒哀乐，关注他们的愿望和诉求。《黑龙江新闻联播》的《密林深处探路人》等报道引起了强烈的社会反响。

在新闻编排上，黑龙江电视台提出了"3+1"组合式报道。在《黑龙江新闻联播》的《学讲话、忆党史、看发展》系列报道中，第一条是一篇省领导考察学习的时政类报道，第二条是主题性报道，找到当地最有特点的点、面做重点报道。第三条配发本台评论。结合胡锦涛总书记讲话精神，深入分析，画龙点睛。报道受到黑龙江省委书记吉炳轩的高度赞扬，指示全省媒体要向《黑龙江新闻联播》学习，推出更多更好地报道。

第二，在画面上创新。新闻画面也可以拍的很美。2011年，《黑龙江新闻联播》被黑龙江电视台领导评为最好看的节目，画面功不可没。特别是黑龙江电视台新闻中心好新闻评选设立最佳摄像员之后，摄像人员的积极性和创造性得到极大的释放。《守护湿地成大美》等报道中，摄像人员创造性的调整摄像机菜单，把黑龙江的雄奇壮美表现得淋漓尽致。

（2）突出栏目剧特色

继续做强栏目剧，以独特的内容和鲜明的特色建立竞争优势。在国家广电总局出台一系列限制娱乐节目的措施下，以《本山快乐营》为首的一系列独树一帜的栏目剧成为黑龙江卫视的特色。

2011年，黑龙江电视台对《本山快乐营》在选题、表演等环节进行了调整。首先，对剧本进行严格的把关，提升剧本的品位。将"以对贬义形象、事件的反讽与鞭挞来教人向善"改为"以积极正面的形态提倡真善美，呈现和谐。在人物塑造与涉及的具体题材上，更多的展现新农村的事与新农民的形象，让故事走出农村，把更多的触手与视线集中在与农村紧密相连的城市或城乡结合部中去，一是丰富荧屏形象，二是让人物更加进步，让故事更加丰满。其次，对演员表演尺度的严格把关。节目组对演员的舞台形象的塑造、表演的方式与尺度，进行严格的把关，杜绝了一些无厘头的漫骂、嘲讽与撒泼等手段，并对演员在舞台上塑造的一些代表社会弱势群体的形象加以关怀，让演员的表演状态达到恰到好处的同时，呈现给观众更加积极、阳光的舞台形象。第三，《本山快乐营》节目组还不定期的制作和筹划特别节目。《本山快乐营》从开播至今，已经成功制作过，首映礼、开播晚会、跨年晚会、小年晚会、周年晚会、中秋晚会和新年晚会等各种形式的晚会与特别节目十余台，每一台都取得了极高的收视率及关注度。

（3）提高娱乐节目品质

品质的好坏直接决定一档节目的生死存亡。为了增加娱乐节目的竞争力，2011年，黑龙江电视台高度重视提高节目品质的工作，对现有娱乐节目提档升级，自主创新和研发新的娱乐节目。

首先，改造《你好丘比特》节目，全力打造精品。《你好丘比特》是一档以帮助单身男女相亲交友为主题的生活服务类节目，原名《快乐大联盟》。为了让《你好丘比特》节目在保持原有质量的基础上，从节目精度、社会贡献等方面进一步提高，节目组进行了既大刀阔斧又细致入微的改版行动。组建全新的团队，使节目的制作实力更壮大、操作更专业、沟通更顺畅；改变节目具体设置，使节目具备更加精致的设计和更加时尚的元素；细化节目舞美设计，使节目的呈现效果有了质量飞跃。经过改版，《你好丘比特》节目焕发出新的色彩，节目质量整体上升，呈现出精致唯美的特点。

其次，研发创作了一档新节目《非笑不可》。《非笑不可》是黑龙江卫视继《本山快乐营》之后又一档大型原创娱乐栏目。节目现场有百名观众制造笑的氛围，5 对选手要在笑的氛围里，在近景喜剧表演过程中控制“笑”。节目将爆笑近景表演、真人秀、互动、游戏、竞技等元素融为一体，通过喜剧演员与参赛选手、现场嘉宾的互动参与，传递“快乐”的理念。

（黑龙江电视台）

9. 东方卫视整合内容资源激活品牌效应

2011 年，在省级卫视群雄并起的格局下，各台间已进入了系统化竞争的时代。系统化竞争体现在节目制作、播出管理、品牌管理、组织文化等各个方面，价值观是统领全局形成合力的关键。在日益多元的社会文化背景下，媒体时时需要做出价值判断，价值判断体系的形成亦需要从核心价值观出发。

东方卫视结合市场环境，通过精心策划，在 5 月份进行全面改版，发布全新口号“梦想的力量，你我同在”，确立了频道的价值核心，强化新闻个性，并在节目制作方面创新创优，树立了多个品牌节目、栏目。

改版后，东方卫视整体收视实现跨越式突破，黄金时段整体收视进入全国卫视五强，特别是进入 11 月份后，通过整体编排出效应及品牌节目全国影响力扩大，全天和黄金时段连续 7 周排名全国卫视前五，第 51 周更有两天实现全天和黄金时段省级卫视收视冠军，刷新纪录。

（1）以“梦想”为核心的价值观聚焦、凸显和强化

对东方卫视而言，这次改版最重要的意义在于以“梦想”为核心的频道价值观的聚焦、凸显和强化，以及围绕这一价值观所建立的整个内容体系和品牌体系。

在“梦想的力量，你我同在”的价值定位之下，东方卫视秉持真爱信任、真诚利他、创新进取、开放合作的团队精神及价值观，做大做强新闻影响力，依托重大项目和自制节目提升品牌价值，打造出“新鲜、新锐、都市、国际”的全新品牌特质。

（2）深化新闻立台的核心，成就频道新闻影响力

东方卫视从 2003 年成立之初就明确了以新闻宣传为主的综合频道定位并坚守至今，得到了业界及社会的一致好评。2011 年，东方卫视继续保持《看东方》《东方午新闻》、《东方新闻》和《东方夜新闻》4 档日播新闻资讯栏目和《东方直播室》、《环球周刊》、《双城记》三个周播新闻专题栏目组成的新闻版面，每天直播自办新闻节目近四个半小时，形成全国省级卫视中容量最大的新闻版面，并通过改版进一步强化了新闻个性，以优质的新闻报道扩大了频道影响力。

《东方新闻》是东方卫视黄金档的主打新闻，曾两获中国新闻奖一等奖。6 月 20 日起，《东方新闻》新版推出，以全新的主持人组合，呈现全新的播报方式，为观众带来 1 小时的新闻资讯。主持人不再局限于演播台后的单一空间，两位主持或坐或站，充分利用演播室各个区域，交流大大增加，在保持权威性的同时，让信息更加流畅地传递给观众。新闻内容方面，节目重点打造焦点板块，强化了直播连线的特色，将图片、图表、动画等图文内容与大屏幕充分结合，使这些“无现场”报道变得直观生动。该新闻栏目 2011 年收视继续稳定在全国前两名。

另一档新闻节目《看东方》通过全新改版，更加强化新闻策划，在 2 小时的容量中将精心编排、梳理的新闻第一时间传达给受众。其中，评论和资讯成为新版《看东方》节目中最出彩的一部分。内容上，新版《看东方》的资讯信息在保留了传统天气、上海本地的市内交通等内容的基础上，新增了全国航空、铁路、公路等实用信息，板块的涵盖范围更大，实用性更强。表现形式上，虚拟环境、超大显示屏等最新电视技术的全面应用，更是让观众在了

解各种信息的同时，享受了最新科技带来的视觉新体验。2011 年，实现 8 年来首次同时段周平均收视登顶，《看东方》11 月底再次斩获全国收视周冠军，并多次蝉联全国收视亚军。

面对国际、国内突发事件，第一时间推出大版面直播特别报道，也成为东方卫视的特色品牌。2011 年，东方卫视多次以特别版面，推出重大新闻报道，其中日本地震、英国王室婚礼等报道收视同时段前三名，充分体现新闻影响力。

此外，大型电视新闻评论类节目《东方直播室》周一、周二黄金档双播，全国市场独树一帜。这档竞争壁垒高、模仿难度大的新闻类节目定位“直播转型中的中国”，关注能够引起民间广泛讨论的热点时事话题，邀请新闻当事人到场，深入探讨核心问题，正面引导，表达社会关怀，积极倡导“公正包容责任诚信”的价值取

向，传播主流价值观，进一步凸显了东方卫视的新闻个性，收视长期稳定，社会影响力广泛。

（3）改版激活品牌效应，带动整体收视刷新频道记录

东方卫视 2011 年改版以《中国达人秀》第二季的开播为改版标志。通过全新调整升级，5 月至 7 月，《中国达人秀》带动整体收视飞跃。与第一季相比，《中国达人秀》第二季对于梦想的展示更加直接，从个体梦到中国梦的追求更加明确。在小人物实现大梦想的感人、励志和奇迹感之外，第二季更着重于梦想本身无关功利物质、最纯粹性的一面，同时也更好地诠释了东方卫视关于“梦想的力量，你我同在”的价值取向。而 11 月开播的《中国达人秀》第三季则大胆突破，花更多篇幅在“大情怀”上，体现节目对梦想的包容，彰显国民大情怀，打造“全民励志书”。《中国达人秀》带动频道收视实现跨越式增长，在全国卫星频道中排名登顶。

另一档品牌节目《百里挑一》在相亲节目的混战格局中实现突破，自开播以来业已成为全国市场上的独有品牌，关注生活中的交往过程，真实还原相亲婚恋的全过程，力求更贴近生活，深度挖掘背后的故事，立体地展示选手间的真诚互动、真实交流，进一步增强服务性。节目自 5 月份后整体收视向好，稳定发展为全国收视冠军栏目。其姐妹篇《谁能百里挑一》也在 8 月份改版后重登荧屏，与《百里挑一》“互为前传，互为结局”，首期节目即在全国 29 城市收视率达 1.03，勇夺同时段第二，域外贡献率更是高达 65%，此后也迅速发展为全国收视冠军栏目。两档节目在真正意义上实现联动，同时在品牌影响力方面也相互助推。

（朱庆竞、李珊珊）

10. 山东卫视节目改版创新经验和探索

2011 年 7 月 23 日，山东广播电视台电视卫星频道组建，山东卫视正式成为一个独立的频道建制，卫视频道紧紧围绕“打造全国一流卫视”、“重塑山东卫视品牌”的战略目标，推进各项改版创新工作。短短 5 个多月，山东卫视在全国卫视中的各项指标大幅提升：71 城市网中排名由第 13 位上升至第 5 位；全国网排名由第 5 位上升至第 2 位；网络影响力指数从第 15 位上升至第 5 位；广告创收 12 亿元，同比增长 33%，创造了 15 年来最高增幅。山东卫视在战略方向精准的同时，战术上重视节目的改版创新和策划编排，既重视节目品质又狠抓经济效益，是山东卫视取得一系列突破的重要原因。

（1）创新电视剧宣传模式，精耕细作，向编播要收视

电视节目形态很多，但是对收视贡献最大的、能够支撑一个省级卫视在市场上得以站得住脚的节目形态无非三大类：新闻节目、综艺节目、电视剧。其中，新闻类节目方面，省级卫视比不过央视的权威性和地面频道的贴近性，因此，省级卫视不适合主打新闻类节目。有数据显示，电视剧在所有节目形态中所占播出份额最高、收视份额贡献率达 33.3%，是绝大部分频道获得基础收视份额的主要工具。因此，卫视在电视剧宣传推介环节进行了一系列创新：

首先，创新推出电视剧“季播”方式。2011 年 7 月底，适值新《水浒传》开播，山东卫视倾力打造了“水浒季”，以“水浒季”作为突破口，充分展开对新《水浒传》的宣传推介工作，制作了涉及演员、梁山后人、专家学者、民间艺人的五大类 160 余条宣传片滚动播出。继“水浒季”之后，“金秋决战季”、“冬日暖心季”递次推出，取得了非常好的收视效果。其中，“金秋决战季”《兵临城下》在播出的四家上星频道中收视第一、“冬日暖心季”《忘掉我是谁》多天位居全国前三。

其次，创新制作专题栏目，强化剧目推介宣传。为配合《水浒传》的播出，制作了短评节目《金圣叹评水浒》、开辟水浒主演严宽担任主持的节目《谁能 Hold 住水浒》。10 月 19 日，推出专题栏目《非常剧精彩》，向电视观众提供山东卫视近期播出的电视剧剧情介绍。

第三，首创“星在线”拉高收视。12 月份，从电视剧《忘掉我是谁》开始，山东卫视再次创新电视剧推介模式，利用短信平台的“星在线”，邀请热播剧演员与观众交流互动，实现电视剧与播出平台的高度黏合，同时也使得山东卫视与观众得以黏合，在短期内凝聚了超高人气，短信量逐日增高，推出不久即突破了 17000 条，取得了收视与推介双赢的效果。

（2）结合自身实际、遵循卫视发展规律，适时推出文化综艺栏目《歌声传奇》

10 月 28 日，山东卫视推出大型文化综艺节目《歌声传奇》，开播即火，前 3 期节目视频点播总量已突破千万，跻身省级卫视强势综艺节目行列。《歌声传奇》的成功经验主要有以下两点。

首先，《歌声传奇》的创制遵循了省级卫视发展规律，同时坚持高雅的节目品质。比照湖南、江苏、浙江等省级卫视成功的经验，无不都是通过大型综艺娱乐节目获得了超高人气和广告创收、拉动收视份额和影响力口碑，省级卫视要有更大发展必须打造品牌综艺节目，这是省级卫视发展规律。《歌声传奇》栏目以传承优秀

的音乐文化为主题，致力于雅俗共赏的探索，采用“老歌新唱”的形式，演绎的歌曲全是观众耳熟能详的经典曲目，在格调上坚持了高雅内涵，潜移默化中对观众起着精神熏陶的作用。在2011年度省级卫视节目改版编排新闻发布会上，国家广电总局对《歌声传奇》在体现文化品位和审美格调方面的创新给予特别表扬，认为此节目能够向观众展示影响几代人的经典好歌，同时弘扬了优秀音乐文化。

其次，节目参考了山东卫视原有受众结构，采用了适合山东卫视自身实际的节目样式。认识到原有受众群结构里，中老年龄段较为稳固，在青年观众中存在着很大潜力可以挖掘，而《歌声传奇》整体结构是明星演唱比赛的框架，既有中老年阶层耳熟能详的老艺术家，又有年轻新生代偶像歌手，形式上完全尊重年轻人对娱乐节目欣赏的心理预期。同时，节目内容不媚俗、不过度娱乐，采用“经典重唱”的形式，能够勾起观众的温暖记忆、赢得情感上的共鸣，一定程度上又抓住中老年人的欣赏趣味，这使得《歌声传奇》受众结构比较均衡，服务了更广泛的电视观众。

（3）《闯关》嬗变升级，突出主题，贴合频道新定位，寓教于乐

首先，探索了竞技娱乐类节目的嬗变升级方向，围绕频道新定位突出主题性。2011年7月底8月初，山东卫视借新《水浒传》之际全力打造了“水浒季”，为配合“水浒季”的开播，山东卫视全面改版原有大型户外竞技娱乐节目，定名为《闯关》，弘扬“水浒”所倡导的英雄豪气和拼搏精神，同时也紧紧贴合了“情义山东公平中国”的频道新定位，适时推出的《闯关》栏目正好达到了这种效果。

其次，该栏目对竞技娱乐类节目寓教于乐、汇集并提升观众做了新探索。节目改版升级后始终坚持主流意识、游戏心态、娱乐手段，秉承着“青春、活力、拼搏、时尚”的理念，给观众提供展示青春和活力的机会，发扬积极向上的拼搏奋斗情怀，传播健、力、美，彰显体育精神，将个人才艺和赛道闯关相结合，奇人绝技与普通百姓共欢乐，呈现给观众青春靓丽的视觉体验。因此，节目深受老百姓喜爱，开播以来，观众报名踊跃，栏目组每天都能接到大量报名电话，网络报名、现场报名也十分火爆，共有7224人参加了节目录制。

该栏目的创新和探索，对山东卫视收视做出了巨大贡献。频道刚刚组建之初，7月24日，在30测量仪城市网省级卫视排名中已跌至第18位。《闯关》推出后，短期内汇聚大量人气、留住了观众，栏目开播仅仅1周，山东卫视即从第18位上升到前10位。

（4）创新观念、大胆策划，实现大型活动发展新突破

2011年，山东卫视成为一个独立建制、全面改版创新以来，全面提升大型活动在节目改版创新中的战略地位。

首先，挑战自我，在策划环节创新理念，大型活动实现多个“第一”。2011年10月2日，挪威国际平衡大师埃斯基尔在泰山之巅做了一场挑战极限平衡表演，山东卫视借此举办了《登峰造极，挑战极限》活动，在泰山之巅做了1小时的现场直播，这是山东卫视海拔最高、难度最大的一次直播活动。12月31日晚，山东卫视转战海南举办跨年晚会，进行了长达5个小时的全程跨省直播，作为首次挺进“跨年行列”，如此远距离跨省直播，也是山东卫视第一次。

其次，与国内传媒界顶尖团队合作，创新合作模式。体现在自办节目的制作和改版中，“请进来，走出去”。例如，《歌声传奇》是与外部优秀综艺节目制作团队合作下完成的；《天下父母》也与中国电视剧演员委员会确定战略合作意向，唐国强、刘劲等著名演员加盟并担任明星主持。通过优秀团队的引入，快速汇集人气，既赢得研发时间又锻炼了自身团队。

同时，山东卫视跨年晚会中，与华谊兄弟传媒集团创新合作模式，打破原有的广告商冠名、电视台制作的传统模式，建立起一套共同参与、资源互补的紧密合作模式。充分利用华谊兄弟传媒集团的艺人资源和山东卫视节目制作、电视直播资源，实现优势互补、强强联合。

（山东广播电视台）

2011年新闻出版体制改革

2011年是“十二五”开局之年，也是新闻出版体制改革巩固提高、深入推进的关键一年。总署紧紧围绕党中央的决策和部署，认真贯彻落实胡锦涛总书记“三加快一加强”的指示精神，根据李长春同志提出的“三改一加强”的要求，按照中央加大力度、加快进度、巩固提高、重点突破、全面推进的原则，狠抓落实，稳妥推进新闻出版体制改革各项工作。

一、全面推进非时政类报刊出版单位体制改革

非时政类报刊出版单位体制改革，是继中央各部门各单位出版社体制改革工作后党中央交办的一项重要

改革任务，是 2011 年新闻出版体制改革的核心工作。2011 年 5 月，中央下发文件，明确了改革的目标任务、实施办法、政策保障和组织领导，建立了由中宣部、新闻出版总署牵头，中纪委、中组部、中编办、中央直属机关工委、中央国家机关工委、财政部、人力资源和社会保障部、审计署、国家税务总局、国家工商总局等部门为成员单位的非时政类报刊出版单位体制改革工作联席会议制度，刘云山同志和刘延东同志担任召集人，联席会议办公室设在新闻出版总署，负责日常工作，新闻出版总署署长柳斌杰同志任办公室主任。按照中央的部署和要求，联席会议办公室积极稳妥推进非时政类报刊出版单位体制改革工作，具体完成了以下工作：

一是筹备召开了联席会议第一次全体会议和电视电话会议。6 月 24 日，召开了非时政类报刊出版单位体制改革工作联席会议第一次全体会议，刘云山同志和刘延东同志作了重要讲话。会议审议并通过了《关于非时政类报刊出版单位体制改革实施方案》以及联席会议工作职责和联席会议办公室工作职责。6 月 29 日，中宣部、新闻出版总署联合召开电视电话会议，对中央及地方的非时政类报刊出版单位体制改革工作进行了全面的动员和部署。

二是确定中央首批转企改制名单。根据中央文件要求，初步拟定了中央各部门各单位首批转企改制的非时政类报刊出版单位名单，并一对一地发函征求主管部门和单位的意见。经过 400 余次电话沟通和近百次的单位人员接谈，截至 12 月初，145 家主管部门全部反馈了意见。该名单得到了中央文化体制改革和发展工作领导小组办公室的确认和同意。拟列入首批名单的报刊 737 种（报纸 95 种，期刊 642 种），涉及报刊出版单位共计 602 家，其中具有独立法人资格的报刊出版单位 565 家（事业法人 152 家，企业法人 413 家），不具有独立法人资格的报刊编辑部 37 家。

三是制定印发各类规范文件。先后制定印发了《关于非时政类报刊出版单位体制改革实施方案》、《中央各部门各单位非时政类报刊出版单位转制工作基本规程》以及《关于规范地方报送非时政类报刊出版单位体制改革实施方案有关问题的通知》；制定了《中央各部门各单位非时政类报刊出版单位体制改革实施方案审批工作流程》和《地方非时政类报刊出版单位体制改革实施方案审批工作流程》。

四是积极协调解决改革中的政策性问题。为妥善解决中央各部门各单位非时政类报刊出版单位转制后参加北京市养老保险问题，经与中宣部、人社部、财政部、北京市人社局等部门反复磋商，确定了转制后的报刊出版单位参加北京市养老保险的时点问题，并已会同人社部、财政部、北京市人民政府制定下发了《中央各部门各单位非时政类报刊出版单位参加北京市基本养老保险有关问题的通知》（人社部发 [2011]125 号）。

五是认真做好方案制定的指导和政策解答工作。先后接待了教育部、农业部、工信部、卫生部、交通部、铁道部、国家民委、全国工商联、中海油总公司等部门和单位以及安徽、上海、山西、江苏等地方新闻出版局来访和座谈累计 80 余次、各类咨询电话近 200 次，并专程赴中国科协等单位进行调研，了解情况。同时编发了 5 期政策解读，进行答疑解惑，指导非时政类报刊出版单位体制改革方案的制定工作。

六是审批中央和地方改革实施方案。初步审核了中国文物报社等 12 家中央各部门各单位非时政类报刊出版单位体制改革方案，以及湖南、宁夏、重庆等 25 个省区市的非时政类报刊出版单位整体改革实施方案。经请示中宣部，目前已对湖南、山西、江苏等 15 个省区市的改革实施方案予以批复。同时，对云南春城晚报社转企改制方案、长江日报报业集团所属 8 家报刊社转企改制方案、上海汽车报社改制上市方案、体坛周报社整体转制方案、辽沈晚报社重组改制方案等进行了认真审核和批复。

七是编发《工作简报》。截至 2011 年 12 月 30 日，共计编发了《非时政类报刊出版单位体制改革工作简报》32 期，及时向联席会议成员单位、非时政类报刊出版单位及其主管部门通报了改革进展情况。八是加强典型引导和宣传报道。为进一步引导和推动非时政类报刊出版单位更好地完成体制改革任务，加强典型经验的示范和借鉴作用，认真总结并精心选编了中国科学杂志社、中国电力报社、中国文化传媒集团公司、中国新闻出版传媒集团公司、北京卓众出版有限公司、湖北知音期刊集团、中国汽车报社、环球时报社、体坛周报社、辽沈晚报社等 10 家报刊出版单位改革典型经验，并以简报形式集中刊发，供各非时政类报刊出版单位借鉴参考。同时，通过新华社、光明日报、经济日报、中国新闻出版报等中央媒体进行宣传报道，扩大影响。

截至目前，已有 1600 多家非时政类报刊出版单位登记或转制为企业；省级党报发行机构已经全部完成转企改制，正在整合区域报刊发行资源。

二、认真做好中央各部门各单位出版社改革后

续工作

中央各部门各单位出版社体制改革工作已经基本完成。今年，总署在继续鼓励和支持完成转企改制的出版社尽快建立现代企业制度，完善法人治理结构，推进内部机制改革和创新的同时，继续推进以下工作：

一是确保出版社享受税收优惠政策。为保证已完成转企改制的出版社能够切实享受到国家的税收优惠政策，为138家出版社申报了享受税收优惠的认定材料，目前已有96家出版社享受了税收优惠。据不完全统计，2010年这些出版社共计减免税达3亿多元。

二是为出版社争取国家文化产业专项资金支持。为支持出版社转制后的快速发展，通过为出版社落实出版产业发展项目，争取国家文化产业专项资金的支持。目前，已落实出版产业项目近50个，项目资金近5亿元。

三是推动出版社进行联合重组。按照“三个一批”的要求，积极支持出版社在完成转企的基础上进行兼并和重组，先后促成了中国戏剧出版社与中国唱片总公司、中国致公出版社与湖北知音传媒集团有限公司进行资产重组，以及甘肃读者出版传媒股份有限公司对新星出版社有限责任公司的增资扩股。

四是协调解决遗留问题。与北京市人社局积极沟通协调，一揽子解决了出版社转制前已退休人员2010年按照北京市事业单位退休标准增加退休费、少数出版社的劳动合同制工人和编外人员补缴养老保险费时减免系数以及部分在本系统内获评高级职称的职工无法享受养老保险待遇等改革遗留问题。

五是举办主题沙龙，扩大改革影响。为进一步总结和宣传中央各部门各单位出版社体制改革工作，邀请中国少儿新闻出版总社等6家出版社领导和普通职工举办了主题沙龙，畅谈“转企改制带来的新变化”，并在《中国新闻出版报》等媒体上进行了专题报道，在社会上引起了热烈反响。

六是开展培训工作。为使转制后的出版社迅速掌握现代企业运作知识，专门举办了中央各部门各单位出版社转制后劳动合同培训班，指导出版社开展企业劳动合同签订工作，受到出版社的欢迎，先后有300多人参加了培训。

三、积极做好组建大型出版传媒集团公司工作

根据《关于加快建设中央国有大型出版传媒集团公司的意见》，在继续做好进一步加强中国出版集团公司和中国教育出版传媒集团有限公司的同时，积极做好组建中国科技出版传媒集团公司的工作。在延东同志的指导下，经与中国科学院、工业和信息化部等部门反复沟通和协调，并征求中宣部和财政部的意见，最终就以中国科学出版集团有限责任公司为主体，由人民邮电出版社和电子工业出版社参股共同组建中国科技出版传媒集团有限公司的方案达成共识。7月19日，中国科技出版传媒集团有限公司正式挂牌。中国科技出版传媒集团有限公司的成功组建，标志着我国出版业在国家层面上的人文、教育和科技三大国有出版传媒集团公司的格局已经形成。

为加快推进南北两大发行物流集团公司组建工作，2011年，总署印刷发行管理司展开了专题调研工作。与此同时，总署党组积极推动所属新闻出版报社转企改制及组建集团的工作，多位署领导亲自参与，改革办积极协调财政部、国家工商总局等部门，促成新闻出版报社转企改制“一步到位”，成功组建了集团公司。5月8日，中国新闻出版传媒集团有限公司正式挂牌。

四、积极推进新闻出版企业上市融资

积极推动中国教育出版传媒集团有限公司和中国科技出版传媒集团有限公司分别设立股份公司，目前，两家股份公司均已正式挂牌运作，正在积极开展上市融资前期准备工作。积极推进江苏凤凰出版传媒股份有限公司的IPO上市工作，11月30日，江苏凤凰出版传媒股份有限公司在上交所正式挂牌，募集资金44.8亿元，成为目前规模最大的文化传媒类上市公司。与此同时，总署积极与中宣部、证监会等相关部门协调沟通，成功促成了浙报传媒控股集团有限公司和湖北长江出版传媒集团有限公司的借壳上市工作，目前，浙报传媒控股集团有限公司已在上交所上市发行。此外，还积极支持和推进南方出版传媒股份有限公司、知音传媒股份有限公司以及民营的北京掌趣科技股份有限公司等多家公司的原发上市工作。目前，多家公司的上市工作已经取得突破性进展。

五、认真核查非公有资本参与出版发行活动

2011年4月，根据国务院办公厅《关于对鼓励引导民间投资健康发展政策措施贯彻落实情况开展自查和督促检查的通知》（国办函〔2011〕19号）精神，按照国务院确定的涉及新闻出版行业的工作分工，组织了对新闻出版行业鼓励引导民间投资健康发展政策措施贯彻落实情况的核查工作，制定了详细的工作方案，下发了核查通知，集中收集、整理各地核查情况报告，形成了《关于新闻出版行业鼓励引导民间投资健康发展政策

措施贯彻落实情况的自查报告》上报国务院办公厅。

根据核查情况，自2010年《国务院关于鼓励和引导民间投资健康发展的若干意见》发布以来，据不完全统计，各地新闻出版系统新增民营企业1598家，主要涉及数字及网络出版、印刷复制、发行等领域。在全国35.7万家新闻出版单位中，民营出版发行、印刷、复制企业超过32.4万家，占总数的90.8%；民营企业所占有的资产总额、实现的增加值、营业收入和利润总额在印刷复制企业中占到80%以上，在出版物发行企业中已占到70%以上。

新闻出版体制改革典型案例

1.《中国科学》杂志社有限责任公司探索学术期刊改革发展新路径

2008年3月21日，作为中国科学院科技期刊改革试点，《中国科学》和《科学通报》改革工作全面启动。3年来，“两刊”的出版单位《中国科学》杂志社立足学术与经营两个目标，积极推进体制改革和机制创新，努力探索学术期刊在市场经济环境下的创新发展道路。“两刊”改革从建立管理体系、明确办刊主体、创新办刊模式等方面稳步推进，呈现出良好发展态势。

转换激励机制，激发采编队伍创造活力

2009年，杂志社完成转企改制，注册成为《中国科学》杂志社有限责任公司。按照现代企业制度要求，建立了董事会、监事会和经营班子，着力推进人事、用工、分配制度等方面改革。为吸引编辑业务人才，杂志社向全社会公开招聘编辑部主任。根据《劳动合同法》，与全体员工签署了劳动合同，明确了职工工作职责和聘期目标。完成了职工岗位工资改革，建立了各项奖励制度，制定了从学术、经营、出版和管理四个方面进行定量打分与定性评价相结合的考核标准。目前杂志社正在进行绩效工资改革，最终将形成完善的有市场竞争力的薪酬体系。

建立新型管理体系，保证期刊学术水平

杂志社建立了理事会——总主编——各辑主编——各辑编委会的新型学术管理体系，保证了“两刊”发展方向和学术水平。

理事会是“两刊”的最高学术领导机构，理事会成员由与中国科学事业发展相关部门的负责人、中科院各学部主任、学部科普和出版工作委员会正副主任、若干著名大学校长、中国科学出版集团负责人以及国内外若干知名科学家组成。各辑编委会在组成上，中青年科学家占了相当大的比例，同时增加了相当比例的海外科学家。如《中国科学：数学》期刊的海外编委占到了40%。

近3年来，“两刊”各辑编委会工作面貌发生了显著变化。编委会带头抓专题的组织工作，邀请国内外知名科学家写稿。2009年和2010年，“两刊”年收稿总量连续两年超过1万篇，约稿数占发稿总数的25%，国际作者发文数（含合作者）占14%。“两刊”编委领衔主持组织各学科热点专题专辑达183个，内容质量都体现了很高的学术水平。

发挥平台作用，鼓励院士积极参与期刊建设

作为学部平台办刊的具体体现，学部负责“两刊”编委会改组和遴选主编工作。三年来，学部科普和出版工作委员会及时指导和推进“两刊”改革工作，与《中国科学》杂志社共同举办了“走进科研院校”、“化学的创新与发展论坛”、“信息科学发展论坛”等层次高、影响大的各项活动，先后组织了以期刊发展和学术进展为主题的13场报告会。杂志社在科研院所和大学等重点学术单位召开了20余场座谈会。总主编和主编带队深入到高端科研群体之中，倾听一线科学家的意见和建议。各辑编辑参加国内外学术会议近300个，走访重点学术单位和重点实验室近400个，与科学家建立了广泛密切的联系，增进了科研人员对“两刊”的支持。3年来，“两刊”共发表院士为第一作者或联系作者的稿件400余篇，64位新当选院士中有44位曾向“两刊”投稿。

主管部门重点支持，有力推进“两刊”改革

中科院规划战略局把“两刊”作为全院期刊改革的试点，积极推进改革。中科院院士工作局作为学部和“两刊”理事会的办事机构，积极落实学部平台办刊，为各级编委会开展工作创造便利条件。中国科学出版集团有限责任公司积极推动《中国科学》杂志社改革，在引进编辑人才、改善办公条件等方面给予大力支持。国家自然科学基金委员会作为“两刊”主办单位之一，2008年首次批准“两刊”按学科参与申请国家自然科学基金重点学术期刊专项经费。

2008年，为促进“两刊”快速发展，国家自然科学基金委员会和中国科学院共同决定将《中国科学》和《自然科学进展》进行整合。合刊后的《中国科学》系列已于2010年1月开始出版发行。通过强强联合，集中优势资源，为“两刊”发展成为中国科技期刊的领军期刊创造了有利条件。

着眼未来发展，杂志社提出，“十二五”期间努力将《中国科学》系列一半以上刊物的学术指标提高到国际同类刊物的前 1/3 水平，《科学通报》的学术指标提高到国际同类刊物的前 1/4 水平。稿件的审校质量、编辑和出版质量、出版周期、录用率、全文国际下载量等达到或接近国际同类刊物水平。为此，杂志社将充分发挥学部平台办刊优势，争取更广泛的支持；深化改革，提升持续发展能力；探索“开放获取”办刊模式，加强国际合作，加快由传统出版向现代出版转型。

2. 北京卓众出版有限公司整合资源实现效益双丰收

北京卓众出版有限公司由《机电商报》社整体转制而来，于 2007 年 6 月正式注册成立。整体转制 4 年来，卓众出版坚持集团化管理、集约化经营和规模化出版，大力整合资源、创新增值服务，公司旗下媒体规模发展到 16 刊 1 报 4 网，涉及汽车、工程机械、农业工程、机电、IT、少儿科普、食品营养等多个行业，员工增加到 400 余人，年营业收入达 2 亿元，实现了社会效益和经济效益双丰收。

优化产品结构，扩大刊群规模

卓众出版在 2007 年整体转制时报刊规模是 1 报 10 刊，已形成面向汽车、工程机械、农业工程等多个行业的刊群。转制后，卓众出版继续调整优化报刊产品结构，通过创办新刊、改造旧刊以及复制办刊经验进入新的行业领域，扩大刊群规模。集群化办刊充分利用公司现有的行业资源、采编资源和客户资源，实现了整体效益的最大化。创办《矿业装备》杂志，就是卓众出版扩大工程机械刊群规模并向相关行业拓展经营业务的重要举措之一。卓众出版原有的《工程机械与维修》和《今日工程机械》杂志在长期办刊过程中，发现一些客户群体与矿山机械行业有一定交叉，并且存在着较大的市场需求空间，经充分论证，决定创办《矿业装备》杂志。由于定位准、起点高、基础好，特别是两种工程机械杂志多年积累的专家资源、客户资源和渠道资源与新刊实现了共享，《矿业装备》受到了行业的认可与好评。

开展多方合作，实现互利共赢

通过重组期刊资源，开展多方合作，卓众出版在资源互补的基础上获得迅速发展，并与合作方实现了互利共赢。具体合作方式主要有以下几种：一是将杂志的主要主办单位和出版单位变更为卓众出版，由卓众出版重新组建团队进行编辑出版经营，不仅稳定了合作期刊的出版经营，更拓展了新的业务领域。二是卓众出版作为期刊的共同主办单位与出版单位，共同出版经营。如，卓众出版与两家出版社合作，共同主办了《设备管理与维修》和《健康与营养》两种期刊。三是卓众出版凭借自身的出版平台、团队优势和资金实力，为合作期刊提供品牌策划、活动宣传、人员培训、美编设计、广告经营、发行代理等个性化支持。

整合媒体资源，推进数字出版

顺应出版数字化、网络化的发展趋势，卓众出版建立了垂直服务性网络平台，形成刊网互动，有效提升传播能力，更好地为读者和行业服务。2010 年 11 月，卓众出版“第一工程机械网”成功上线。网站的创立促进了《工程机械与维修》、《今日工程机械》两种杂志在内容、人才、客户等方面的资源共享；同时，依托中国工程机械工业协会代理商工作委员会和工程机械维修分会两个行业协会，网站在行业厂商客户中形成了很好的品牌效应。通过构建互联网、手机、平板电脑等多层次、多平台的数字期刊产品，卓众出版初步形成了立体化的媒介传播形式。

发掘核心资源，创造增值服务

面对客户日趋多元的市场需求，卓众出版加快了向信息服务提供商转化的步伐，通过复制核心资源，来创造增值服务。旗下《汽车与驾驶维修》杂志 2006 年创办了“中国汽车年度服务品牌、服务供应商暨‘金扳手奖、金手指奖’评选”活动。该评选活动充分整合社会资源、商业资源和公司资源，进一步扩大了杂志的影响力。

未来 5 年，卓众出版计划通过实施“一体两翼”战略，即以资本运作为一体，内涵式发展与外延式发展为两翼，力争成为拥有 10 个左右刊群、产值达 7–10 亿元的专业性报刊出版集团。

3. 湖北知音传媒集团转换体制机制转出新天地

创办于 1985 年的知音杂志社坚持走创新之路，积极探索市场化运营模式，形成了良好的产业发展基础。2000 年 1 月，成立湖北知音期刊出版实业集团有限责任公司，完成公司制改造，由事业法人转变为企业法人；2006 年 8 月，正式组建湖北知音传媒集团；2011 年 1 月，注册成立湖北知音传媒股份有限公司，改制工作顺利完成。

从有限责任公司变更为股份公司，同时建立知音传媒集团公司、知音文化投资公司、知音传媒股份公司三级公司架构，并按照现代企业制度的要求成立股东会、董事会、监事会，通过内部运行机制的逐渐转换，知音传媒集团创新活力显著增强，经济效益连年递增。目前，集团总资产达到 7.92 亿元、净资产 6.42 亿元，年经营收入3.59亿元，净利润0.77亿元。集团在提升核心期刊《知音》品牌质量的同时，跨行业跨媒体经营，新创办7种期刊、2份周报、1个网站和1所学院，经济规模和综合实力居全国期刊集团前列。

规范经营管理

通过改制，理顺了内部公司及股权关系，引进了战略投资者，完善了法人治理结构，强化了以股东会、董事会、监事会为主的管理体制，同时对业务流程、资产权属、财务核算等方面按照公司标准进行规范。始终坚持报刊出版单位的主管主办制度，严格执行国家关于报刊出版的各项管理规定。在资产管理方面，严格执行财务管理制度，做到权属明晰、账实相符、账账相符、公私分明，坚决杜绝账外账；在公司管理方面，严格按《公司法》和国家有关规定执行，严格各项规章制度，守法经营。

改制后重新制定与股份公司和产业发展相适应的激励制度、薪酬制度、人才引进与管理制度等，一方面使大家觉得事业有干头、发展有奔头，另一方面也是为了吸引优秀人才加盟，确保公司的长远发展。

拓宽经营渠道

知音传媒集团共有9刊2报，由于历史原因，这些报刊的权属关系比较复杂。同属一个主体的报刊，主管或主办单位有的为省妇联，有的为知音杂志社，有的为知音集团。以这次改制为契机，知音传媒集团经报批，统一调整规范了9报2刊的主管主办单位。同时，通过引进战略投资者，引进资金和经营管理资源，实施资本运作，开展合作经营。目前，已成功与中国致公党合作经营中国致公出版社，与《中国妇女》杂志社合作出版时尚期刊。这些合作经营项目，给公司带来了新的发展机遇。

坚持正确导向

知音传媒集团在坚持党管干部原则，保证党对编辑出版导向的掌控权、宣传文化主管部门对宣传导向的主导权，加强基层党的组织建设和民主管理等方面，均作了严格的制度设计和规定。在组织建设上，股份公司专门成立报刊编辑管理委员会，负责所办报刊编辑出版的政治导向和质量把关，并对各报刊执行主编进行培训、考核、聘任和业务指导。健全党的各级基层组织建设，抓好公司的思想政治工作和精神文明建设，同时注重发挥监事会、职工代表大会民主监督作用，形成党的领导与公司治理结构相结合的管理体制。

目前，集团公司正在积极筹备股份公司的上市融资工作，力争通过资本市场打造文化综合类、动漫类、时尚类期刊群，做强广告、发行、印刷及新媒体产业。到2015年，争取实现总资产规模100亿元、年收入100亿元、利税15亿元，成为“双百亿”的航母型出版企业。

4. 环球时报社在市场中成长 在创新中发展

1994年，环球时报社按照企业组建。创刊18年来稳步发展，从一张4开8版的周报逐步发展为每周出版6期的日报，并创办英文版，开通中英文环球网，主办《生命时报》、《讽刺与幽默》，成立了环球舆情调查中心。目前已形成中文英文并举、报纸网络结合、涵盖“四报两网一中心”的多元发展格局，在报业改革发展进程中作出有益探索。

创新内容——解读中国、报道世界

环球时报创刊时，正是我国深化改革、扩大开放的时期，中国迫切需要了解世界，世界迫切希望读懂中国。环球时报认真贯彻中央关于新闻宣传和对外交往的一系列方针政策，紧紧围绕党和国家工作大局，牢牢把握正确舆论导向，充分发挥人民日报驻外记者的优势，提出并践行“解读复杂中国，报道多元世界”的办报理念，坚持新闻立报，宣传中国立场，发出民间声音，传播国际新闻，受到了读者的欢迎，也吸引了国外官员、学者、新闻媒体等各界人士的关注，架起了一座沟通内外的桥梁。

健全机制——面向市场、服务读者

环球时报社创立之初，明确提出办一份面向市场、服务读者的国际新闻报纸。环球时报社按照企业组建，拥有经营自主权，独立核算，自负盈亏，逐步摸索出一条符合自身定位的市场化发展路子，形成了一套行之有效的市场化机制，并在实践中不断加以完善。

在采编上健全选题策划、版面评比机制。环球时报编辑部要求所有编辑记者随时关注新闻，随时交流信息，每天早晚和休息日安排专人收集新闻动态；坚持每个出报日召开选题策划会，由版面负责人和编辑们一起筛选新闻，策划报道。编辑部对每期版面进行评选，对好文章、好图片、好策划予以奖励，对延迟付印、漏报新闻、出现错误等予以处罚。

在广告上健全行业监测机制。环球时报广告部设专人监测不同行业客户的广告投放情况，定期出报表和行业动态分析报告，作为拓展广告业务的重要参考。

在采购上健全审核机制。环球时报社审核小组结合事业发展需要，对各部门提交的采购申请进行审核，“货比三家”，发挥采购资金的最大效益。

在队伍建设上坚持科学管理、科学培养，打造人才高地。一是把好“进人关”，坚持公开透明公正招聘，严格依据考试成绩择优录取。二是注重人才培养，形成资深员工对新员工的传帮带机制、员工轮岗机制和业务交流机制，帮助员工拓展事业平台。环球时报涌现了一批名编辑名记者，经常受邀担当电视、广播、网络的访谈嘉宾或高校讲座的主讲人。三是塑造企业文化，关心员工生活，严格按照国家规定落实“四险一金”等福利待遇，帮助员工解决实际困难，增强员工的向心力和凝聚力。

战略定位——拓展多元发展格局

环球时报在办好中文版的基础上，不断拓展传播空间、丰富传播手段，形成了多元的舆论引导和事业发展格局。

2003 年，在“非典”引发社会对生命健康的思考和关注的背景下，环球时报在 8 月创办《生命时报》。该报以“科学”、“责任”、“良知”为报道准则，陆续聘请 13 位中国工程院院士和 26 位健康领域权威专家作为高级医学顾问，与 40 多家政府机构及 300 多家三甲医院开展合作，成为一份广受读者欢迎的健康类报纸。

2007 年 11 月 15 日，环球时报网站——环球网正式上线。环球网突破了报纸在时效性和信息搜集方式上的局限，开辟了突发事件即时报道发布渠道，增强了与读者的互动。2010 年，环球时报与人民网进行战略合作，环球时报成为人民网第二大股东，人民网控股环球网，环球时报继续持有环球网 40% 的股份。

2010 年 8 月 5 日，环球舆情调查中心挂牌成立，专门从事舆情调查研究和咨询服务，进一步开拓了环球时报事业发展的空间，增加了环球时报原创新闻的来源。作为独立的舆情调查机构，该中心促进了中外舆情交流，帮助中国公众及外部世界更准确、更全面地了解中国社会的主流诉求，在世界舆论中扩大中国声音。

5. 中国文化传媒集团有限公司在改革创新中做大做强做优

2009 年 11 月 12 日，中国文化报社正式转企改制组建了中国文化传媒集团有限公司，成为首家整体转企改制的中央部委主管的报社。转企改制使中国文化报社的发展进入了一个全新的发展阶段，集团公司在成立后的不到两年时间里，各项工作取得显著进展。

改扩版促发行增长

报纸是传媒集团的主业，转企改制后的新面貌新气象首先体现在报纸上。挂牌之后，集团先后投资 1200 多万元对《中国文化报》进行了改版扩版。2010 年 1 月 1 日，《中国文化报》以新的面貌与读者见面，从原来的主要面向文化系统的带有机关报性质的报纸，转向了立足系统、面向社会的综合性文化艺术类报纸。权威的文化新闻，沉静的文化气息，较强的可读性、耐读性，成为报纸改版后的主要特色。改版后的《中国文化报》坚持导向，提高品格，贴近读者，受到了读者的好评。报纸的版数也从每周 44 个版增至 56 个版，平均每天 8 个版。信息量明显增加的同时，2010 年的报纸发行量也较上一年增长了 40%。

迅速壮大发展规模

集团组建以后，大力发展平面媒体和网络媒体相结合的新型媒体，搞好主流业务，扩大新的领域，不断增强实力。2010 年 7 月，集团创办了全国第一家文化信息类新型无线媒体《中国文化手机报》。包括公共文化发展中心、文化产业发展研究中心、对外文化传播中心在内，已组建或正在组建若干个二级法人单位。新成立了中国美术院，加上印刷厂及原有和新建的几家文化公司，集团公司的构架基本形成。

在上级领导部门的大力支持下，集团组建后 3 项工程先后上马。一是新文化街印刷厂维修改造工程，于今年 6 月如期竣工。新的办公区建成后，集团总部已于 7 月初迁入，结束了中国文化报创刊 25 年租房借房办公的历史。二是集团建设管理的国家动漫产业信息服务平台管理中心工程，于去年 8 月 26 日正式建成上线。该中心的建成对全国动漫产业的发展起到了强有力的推动作用。三是文化网络中心的建设工程第一期已初具规模。这几项工程的建成，使集团公司的固定资产较改革前增加了 7 倍。

对外合作迈出新步伐

转企改制带来的一个新优势，就是从体制机制上加强对外合作，引进资金、项目、人才，寻找新的经济增长点，把体量迅速做大。集团组建后发布的第一个文件就是加强和规范对外合作，从集团公司、报社与子公司三个不同层次规定了合作的内容、投资方式、所占股份比例等，以确保国有资产的保值增值。

2010 年，集团与中国联通签署了战略合作协议，实现了文化内容与通信新技术的战略共享。今年，集团继续开拓合作领域，在日本设立了总代表处，与北京市西城区政府、新疆乌鲁木齐市政府、广东省东莞市政府、河北省涿鹿县政府以及上海、浙江、深圳、江苏等地的有关部门和企业，签订了战略合作协议或项目协议，其中 5 家新近成立的公司已完成注册。

最大限度保证职工切身利益

在整个转企改制过程中，最大限度地保证职工利益，让广大职工感受到改革带来发展变化的同时，也给职工带来实惠。坚持改革有关政策的公开透明，坚持发挥职工代表会议的作用，让职工理解和支持报社的改革，认识到只有走转企改制之路，才能真正做大做强。这是改革工作得以顺利推进的重要保证。对报纸的改版扩版、转变经营模式和分配方式等改革中的问题，始终坚持积极稳妥的处理方法，在广泛听取职工意见的基础上大力推进。经过深入调研制订的《人员身份转换方案》和《人员身份转换方案实施细则》，在职工代表会议上顺利通过。报社建立了企业年金制度计划，确保职工退休后的工资待遇不低于甚至还要高于事业单位的水平，解除了职工的后顾之忧。

集团组建后，制定了新的考核办法、奖惩措施和薪酬制度，体现了以绩取酬的分配原则。结合新闻工作的特点，报社专门设立了考评部门。收入差距的适当拉开调动了职工的工作积极性，工作节奏和工作效率明显提高，工资水平普遍提高，职工生活得到较大改善。

6. 辽沈晚报社整体改制激发发展活力

2011 年 5 月 30 日，作为全国晚报都市报改革试点，辽宁报业传媒集团所属的辽沈晚报整体转企改制为辽宁北方报业传媒股份有限公司。公司将以辽沈晚报为龙头，整合辽宁报业传媒集团所属的其他非时政类报刊出版单位，以股权合作方式整合辽宁中部城市群部分都市报资源，进一步做大做强，力争成为东北地区报刊传媒的龙头企业。

推进整体转企改制

辽沈晚报是辽宁报业传媒集团主办的一张立足沈阳、覆盖辽宁的省级晚报都市报。曾先后荣获“中国晚报都市报 20 强”、“全球日报发行量百强”、“中国最具成长性创新传媒”、“全国十大创新晚报”、“影响中国十大晚报”等众多荣誉，是东北地区综合实力最强的晚报都市报。近年来，逐步形成了包括辽沈晚报、辽沈晚报地方版、辽沈北国网、辽沈多媒体 E 报、辽宁手机报、辽沈公众新闻视屏等跨地区、跨媒体、多元发展的崭新格局。但与强势媒体相比，辽沈晚报无论是发行数量，还是广告收入都存在较大差距，体量偏小，实力显弱。2010 年，中宣部和新闻出版总署先后批准了辽沈晚报社整体转企改制的方案。方案明确，由辽宁日报传媒集团有限公司和辽报传媒投资公司作为发起人，设立股份公司，辽沈晚报编辑部、辽晚传媒广告有限公司、红马甲报刊发行物流配送有限公司、北国数字传媒有限责任公司股权及北国网的全部资产经评估后，全部采编与经营资产从辽宁报业传媒集团整体剥离，进入股份公司。

目前，辽宁报业传媒集团正着手对半岛晨报、北方晨报、时代商报、辽宁法制报、时尚生活导报、老同志之友、家庭科学、升学指导报、酒世界、记者摇篮、海力网、辽宁电子音像出版社等媒体实施整体转企改制，然后注入股份公司。所有子媒公司全部按照上市标准进行股份制改造，择机公开发行 A 股并在上海证券交易所挂牌上市。

确保社会效益最大化

非时政类报刊出版单位转企改制的关键在于确保社会效益的最大化，争取经济效益的最优化。辽沈晚报整体转企改制新设立的股份公司由辽宁日报传媒集团有限公司和辽报传媒投资公司作为发起人，辽宁报业传媒集团的主管主办地位不变，在宣传导向的管理权、公司日常经营重大事项决策权和重要干部配备权方面处于绝对的主导地位。同时，在强化总编辑管理制度的基础上，辽沈晚报正着手建立一套既能在编辑业务与经营业务间发挥“防火墙”功能，又能使编辑业务与经营业务联系更为紧密、沟通更加顺畅、决策更加有效的新型管控体系，确保改制后辽沈晚报始终坚持正确舆论导向。

切实维护职工合法权益

辽沈晚报整体转企改制涉及事业身份人员 57 名。为平稳地完成这部分人员的身份转换，按照国办发 [2008]114 号文件精神，本着“平等自愿、切实维护职工权益，人随资产走、人随业务走”的原则，制定了切实可行的人员身份转换实施办法，经省文改办批准后实施。办法规定，转企改制涉及的事业编制人员原则上都要转换身份，进入股份公司，重新签订劳动合同。同时为少数不能或不愿转换身份的事业编制人员设计了三个“出口”：一是工龄满 30 年或工龄满 20 年，离退休年限不足 5 年的员工，可以选择离岗内退；二是可以选择自愿离职创业，按照劳动法规定给予一定的补偿；三是可以选择待岗培训，根据集团发展需要双向选择重新上岗。股份公司还将按照国家相关规定为职工建立企业年金和补充医疗保险。

制定并实施切合实际的发展战略

转企改制后的辽沈晚报充分发挥新的体制机制优势，制定并着力实施“两合、五化、一集群”的发展战略。“两合”，即整合与融合，加快以股权合作方式整合辽宁中部城市群部分都市报资源。遵循内容与经营“齐步走”或先内容、后经营“分步走”的合作路径，铁岭、本溪、阜新、抚顺四市的晚报先后更名为辽沈晚报铁岭版、本溪版、阜新版和抚顺版。业务整合后，新闻、技术、渠道等要素的共享，显著提升了地市报质量，赢得了读者认可。《辽沈晚报·铁岭版》短时间内发行量就比辽沈晚报、铁岭晚报两份报纸整合前增长了20%。同时，地市报拥有了稳定的收入来源，辽沈晚报则盘活了资源，增加了信息渠道和新增长点，降低了运营成本，仅铁岭一地就下降30%。合作实现了双赢，使辽宁中部城市群报业整体呈现出资源优化配置，双方优势叠加，社会效益和经济效益双提升的可喜局面。“五化”，即区域化布局，构建适合分众市场的报纸体系；企业化改革，建立适应现代报业与传媒业发展趋势的管理模式与运营机制；立体化经营，形成全媒体、全产业链的业务架构；多元化发展，打造以报业经济为主，多种经营为辅的赢利模式；资本化运作，推动上市融资，确立文化产业战略投资者地位。“一集群”，即要发展成为具有强大内容创新能力与资源整合能力，涵盖平面媒体、网络媒体、移动媒体、户外媒体等多种介质、多元媒体的综合性传媒集群。

7. 体坛传媒有限责任公司从传媒业向体育文化产业拓展

2011年9月，体坛周报社整体转企改制为体坛传媒有限责任公司。转企改制后，体坛传媒加快了战略转型，加快向体育文化产业的延升与拓展。转制与转型并行，为体坛传媒注入了新的活力，带来了新的发展机遇。

体坛周报目前拥有3报8刊1网站，是集报纸、杂志、电视（CCTV高网频道）、网络（体坛网）和手机报等为一体的体育多媒体集团。其中，《体坛周报》是国内期发量最大的体育类综合性报纸，占国内体育平面媒体75%以上的市场份额。2010年，体坛周报社总资产达5.26亿元，主营业务收入3亿元，利税总额6233万元，净利润3181万元，上缴国家利税1871万元。

转企改制带来新收获

体坛周报社原为湖南省体育局所属事业单位。2002年，成立了湖南体坛文化传播有限责任公司，独家代理体坛周报社及下属报刊的广告和发行工作，实现采编和经营两分开。2006年6月，体坛周报社被正式确定为湖南省文化体制改革首批试点单位。2009年9月，体坛周报引进中介机构，正式启动了转企改制工作。经过清产核资与资产评估，不仅摸清了全部资产状况，厘清了各种资产归属，还获准核销了部分不良资产，彻底解决了家底不清楚、资产不明晰、管理不规范等问题。2011年9月，体坛周报社在完成对湖南体坛文化传播有限责任公司的外资清退和业务骨干持股清退工作的基础上，改制为体坛传媒有限责任公司，并完成核销事业编制及注销事业单位法人登记。

在转企改制过程中，体坛传媒有三大收获：一是解放了思想与观念。原来的体坛周报社是事业单位，存在着“等、靠、要”的思想。转企改制后，报社走向市场，全体员工有了破釜沉舟的决心与信心，体坛人的战斗力与凝聚力因此增强了，工作积极性与效率明显提高。二是企业获得了“再生”的机遇。多次的审计评估与清产核资，就像给企业一次全面体检，摸清了家底，发现了问题与隐患，加快了资源整合，重新规划了战略布局与发展方向。三是极大提升了企业管理水平。借转企改制的契机，体坛传媒实现全面数据化管理，每个部门、每个人甚至每辆车每部电话，其数据都一目了然，堵住了漏洞，避免了浪费，管理水平提升了，效益也上来了。

发挥优势拓展体育文化产业

体坛传媒在发展传媒业的同时，以传媒为平台，大力拓展体育文化产业，打造产业链条，形成产业经济增长极，实现社会效益和经济效益双丰收。2010年，体坛传媒发挥品牌优势，开始试水体育文化产业，积极进入高尔夫、体育旅游、国际体育赛事推广经营等领域。目前不仅拥有高尔夫杂志，还与央视合办了高尔夫网球频道，并建成了专门的高尔夫网站。利用丰富的高尔夫媒体资源，2010年，体坛周报组建了高尔夫产业中心，旗下有高尔夫赛事公司、广告公司、培训咨询公司等，还重点打造了高尔夫旅游、欧洲足球旅游、北欧户外旅游、美国NBA旅游等四条体育旅游精品路线。同年注册成立了国际体育经纪公司，主要从事球员形象代言等，当年产值超过1000万元。在经过充分论证、确保风险可控的情况下，还将参与赛事运营、体育经纪、体育用品代理与销售，打造完整产业链，形成新的经济增长点。

体坛传媒未来将致力于传媒出版、数字出版、电子商务、体育赛事、体育表演、体育经纪服务、国际体育旅游等领域的多元化发展，成为体育领域专业性传媒集团公司。

8. 中国电力报社从行业报到全媒体的跨越

2010年，中国电力报社由事业单位转企改制为企业，实现了行业媒体的跨越式发展。报社由改革前的“1报2刊1网”发展为“2报5刊8网1台1社”，年销售收入由2005年的3000万元提高到2010年的2亿元，年净利润由10万元提高到2153万元，资产由3000万元增加到近5亿元。同时，报纸发行量稳步增长，由5

年前的14万份增至18万份；职工队伍由110人壮大到400余人，职工收入明显增加，精神面貌也发生了可喜的变化。

坚持观念创新

2010年，报社制订了《中国电力传媒集团有限公司组建方案》，掀开了集团化发展新的一页。摒弃原有办报模式和观念，不等不靠，自力更生，化电力体制改革的压力为动力，以文化体制改革为契机，从体制机制创新中求生存求发展求效益，打造专业性的现代文化传媒集团。报社先后制定了《中国电力报社发展纲要》《文化建设纲要》《新闻质量建设纲要》《信息化建设纲要》和《人力资源建设纲要》等五个纲要，为全面改革奠定了强有力的思想基础。

坚持体制创新

改变过去以“行政管理为中心”的内部管理制度，调整为“以战略管理为核心，以财务和人力资源管理为两翼”的现代企业管理制度，同时提高决策的科学能力与透明度，加强了重要会议通报通告制度建设，为报社各项改革的稳妥推进提供了强有力的保障。在强化战略管理职能的同时，一方面加强对财务工作的领导，严格财务预决算制度，有效地控制成本，实现了开源节流；另一方面加强人力资源制度建设，建立了人才招聘、引进、培养、晋升、调配、考核等一系列管理制度。

坚持机制创新

实行“按岗定责、按岗定薪、同工同酬、绩效挂钩”的考核激励机制，实现了“五险一金”全员覆盖。在收入分配上，通过与各个公司、部门（中心）签订经营责任书和工作责任书，实现了绩效挂钩，全员考核，打破了过去以行政级别确定收入的做法，鼓励一线采编人员与经营人员多创业绩。在选拔干部过程中，报社党委坚持社内培养和外部引进“两条腿走路”的方针，按照《报社干部选拔任用工作条例》，大胆起用政治和业务素质过硬、工作业绩突出、有能力的干部，建立了一支懂新闻宣传、懂科学管理、懂市场经营、具有改革精神与开放视角的干部队伍。

坚持技术创新

大力发展数字出版、网络出版、手机出版和新媒体，并以中国电力新闻数据库为基础，建立行业新闻资源数据库平台，全力发展内容产业。近5年来，共投资700多万元，用于报业数字化出版平台和新媒体的建设与发展。2009年底开始建设全媒体技术平台，实现报社新闻出版数字化、经营管理和行政管理流程的再造。目前，中国电力新闻网和中国电力网络电视已经成长为电力行业有影响力的新兴媒体，与报社所属的各报、刊形成“各具特色，优势互补，共同促进，协调发展”的电力传媒新格局。

坚持经营创新

明确以“传媒、文化、实业”三大业务为支柱的集团多元化发展战略，大力发展文化产业，做大做强相关实业。2009年，中国电力报社与内蒙古日报社联合创办《网络导报》；2010年，成立了黑龙江中电传媒有限公司和吉林中电传媒有限公司，同时进入影视制作、书画演艺、艺术品收藏等领域；今年又吸引社会资本与资源，控股组建了中电世纪（北京）文化传播有限公司和中电传奇（北京）文化传播有限公司。

坚持党建工作创新

建立报社编委会、党委会联席会议制度，确保所属报刊导向正确。与此同时，加强两级领导班子的建设和党风廉政建设，积极开展“三项学习教育”、“创先争优”和“学习型党组织”等活动，推动报社各项事业向前健康发展。

9. 中国汽车报社创新业态打造专业传媒集团

2010年5月底，中国汽车报社完成企业法人工商注册登记，转企改制工作取得实质性进展。

中国汽车报社自2000年由国家机械工业局划转人民日报社主管后，各项事业始终保持健康发展的良好势头。目前，中国汽车报社主办有《中国汽车报》和《汽车族》《摩托车趋势》《汽车与运动》《家用汽车》《商用汽车新闻》5种杂志，拥有2家网站和电子音像出版业务，初步具备了汽车专业传媒集团的雏形。

坚持正确导向，建立领先型传播优势

在转企改制中，中国汽车报社牢牢把握正确舆论导向，更加重视建立领先型传播竞争优势。在全国“两会”、大型国际车展、汽车行业高峰论坛等关键时间点，积极宣传科学发展观在汽车产业领域的贯彻落实情况，大力倡导汽车工业坚持自主创新、发展自主品牌，鼓励企业开发资源节约、减少排放的汽车产品，积极宣传新能源汽车发展战略，在汽车业界受到广泛好评。

坚持“跳出汽车看汽车”、“跳出行业看行业”，不断拓展报道领域、挖掘新闻深度、提高引导能力，形成了符合报纸特点的报道优势：一是加强新闻评论，坚持以导向正确、信息丰富、文风清新的评论，引导汽车行业舆论；二是建立一支由经济界专家组成的采访资源队伍，增强新闻报道的深度和厚度，注重从经济全局反映汽车产业发展情况；三是动态调整版面定位，根据不同时期的报道需要，增加经济社会报道内容。

坚守媒体主业，夯实集团化发展基础

在集中精力办好中国汽车报的同时，积极拓展汽车媒体的相关业务，细分汽车类杂志，针对不同读者需求打造报道平台。从10年前创办《汽车族》杂志的成功，到近几年创办《摩托车趋势》《汽车与运动》《家用汽车》《商用汽车新闻》等杂志，一步步稳扎稳打，在拓展媒体业务方面取得明显成效。

面对新兴数字网络媒体的挑战，坚持创新跟进，在原有中国汽车报网、汽车爱好者网两家网站的基础上，于2010年专门组建成立新媒体中心，统筹谋划报社数字网络媒体业务，鼓励和引导所属杂志、经营单位创办和发展自己的网站和手机报等新兴媒体。

围绕多年形成的汽车资源，积极拓展相关经营业务。多年前启动的“全国百强县市汽车巡展”已成为汽车业界认可的著名品牌。近两年启动的“中部名城汽车巡展”业务已覆盖到80多个城市，为报社发展提供了新的增长点。

坚持科学管理，打造专业化人才队伍

紧紧抓住转企改制的契机，在转换内部机制和科学管理上狠下工夫。以提高报纸质量为目标，通过ISO/9000质量管理体系认证，进一步完善内部管理的各项规章制度。同时坚持区别绩效管理原则，强化分工负责的组织机制创新，对经营流程建立严格的管控机制。加强报社文化建设，引导员工增强职业道德职业操守，以先进的企业文化增强员工的向心力和凝聚力。

报社高度重视人才培养，加紧建设“十、百、千、亿”工程，把人才引进、培养、使用作为重要内容。如“十个百”中有：一年开展十个专题培训、向员工推荐阅读十本书、开展百文百题百图评比；在十个领域培养“十大”突出人才、引进百名硕士；建立百名专家库；培育百个战略合作伙伴。重视培养懂编采、会经营、能管理的复合型人才。坚持不拘一格选人才，健全有效机制，创造人才成长的宽松环境，努力建设一支高素质人才队伍。

10. 中国新闻出版传媒集团有限公司集团化建设规模化发展

2011年4月27日，中国新闻出版报社完成工商注册登记，5月8日挂牌成立了中国新闻出版传媒集团有限公司。

转企改制后的中国新闻出版传媒集团有限公司组建了党委会、董事会、监事会、编委会及经营管理班子，确定了今后发展的总体目标：从单一的信息提供者发展成为新闻出版业综合信息及资源的开发商、服务商和运营商，成为新闻出版传媒领域的大型骨干企业。

形成全新运行格局

在转企改制进程中，集团公司围绕未来发展的总体目标，制定了具体的发展举措。一是紧紧依托新闻出版行业，面向国际国内两个市场，将开发大型数字化平台及资本运营作为未来市场运营的主攻方向，实现集团公司经营的全面转型升级。二是全面盘活集团现有的报纸、期刊、网络资源，同时面向国内外新闻出版产业，拓宽新的经营领域，拓展集团新的经济增长点。三是依据《公司法》，通过建立“产权清晰，权责明确，管理科学”的现代企业制度、法人治理结构和组织管理形态，形成党委领导与法人治理结构相结合的领导体制，确保集团公司决策的科学化民主化，各项制度的规范有序运行。四是建立适应集团运作的新型管理体制和机制，增强竞争力和总体实力，促进各项事业全面、协调、可持续发展，不断提高职工收入和福利待遇。

转企改制后的中国新闻出版传媒集团有限公司，正在逐步形成以“四大板块”为主营业务的运行格局。一是新闻出版信息服务平台。形成以《中国新闻出版报》为核心，《中国出版》《农家书屋》等刊物及中国新闻出版网组成的媒体群。同时力争通过并购、重组、股份制等多种方式，吸引国内外各类媒体加盟，为新闻出版行业提供全方位的信息产品服务。二是新闻出版数字服务平台。包括中国数字发行运营平台、中国传媒影响力数据分析平台、国家数字出版信息服务平台、手机文摘报等数字化重点服务项目。目前4个项目已进入全国新闻出版改革发展项目库，并开始组织实施。三是面向新闻出版业的投融资板块。通过积极开展与即将上市的新闻出版业内骨干企业资本合作，有效实现集团公司国有资产的保值增值。四是面向文化产业的多元化服务板块。致力于为文化产业特别是新闻出版行业提供包括展会、行业测评、咨询、广告代理、调查统计等一系列专业化服务。

夯实事业发展的基础

中国新闻出版传媒集团有限公司组建后，目前正积极推进各项事业的发展。一是将办好《中国新闻出版报》作为集团的重要使命、事业基础和发展保障。紧紧围绕国家文化建设、新闻出版产业改革发展的实际，加强宣传报道的主题策划，增强报纸的权威性、指导性，加强采编质量管理及版面的改革，提升报纸的可读性。二是加快集团体制机制建设步伐。目前正在着手组建《中国新闻出版报》社有限责任公司、《中国出版》杂志社有限责任公司、华讯传媒网络科技有限责任公司等子公司。连同转企改制前新闻出版报社下属的北京文博信传媒广告公司、北京新闻出版图书发行公司，集团公司将打造全新的市场运行主体。三是加快完成转企改制后续工作。正在进行注销事业法人及核销事业编制、集团职工全员加入社会劳动保险、实行全员劳动合同制及建立在职职工企业年金等工作。四是理顺集团的管理体系，完善内部绩效考核和薪酬分配制度。集团公司自 2011 年 8 月起，启动了“发展战略及管理体系项目建设”和“绩效薪酬体系项目建设”，先后委托中国社会科学院数量经济与技术经济研究所及中国人民大学劳动人事学院的专家学者组成两个专题项目组，对集团内部各部门、各环节人力资源管理现状进行诊断和梳理，在充分分析的基础上，制定出集团的岗位评价与薪酬管理方案、绩效考核方案，使集团的考核与激励机制进一步规范化、科学化。五是推进与即将上市的新闻出版业内大型骨干企业的资本合作。积极探索与大型出版集团、报业集团、发行集团、期刊集团等展开战略合作，力争在重大经营合作项目上有所突破，确立集团公司新的经营支柱及新的经济增长点。

文化企业创新

1. 保利文化集团股份有限公司

保利文化集团股份有限公司隶属于中国保利集团公司，成立于 2010 年 12 月，前身是 2000 年 2 月成立的保利文化艺术有限公司，2010 年 12 月完成股份制改造。

2011 年，保利文化以“渠道优先、内容强势”为战略导向，不断扩充剧院院线、艺术品购销网络和电影院线等“渠道”规模，并逐步强化与之匹配的演出剧目、艺术品经营和影视制作等“内容”生产，充分发挥“渠道 + 内容”的联动效应。

保利文化旗下的北京保利剧院管理有限公司，在全国范围内开展剧院管理业务。截至 2012 年 5 月，保利剧院公司经营管理各地剧院数量达到 24 家，管理资产总额超过 120 亿元，形成了国内规模最大的剧院院线。2011 年，保利剧院院线完成演出 3000 余场，接待观众逾 300 万人次。此外，北京保利拍卖是中国最大的艺术品拍卖企业之一。2011 年，北京保利拍卖以 121.2 亿元的全年艺术品拍卖成交总额蝉联全球中国艺术品拍卖成交冠军。保利文化旗下的保利影业投资有限公司，目前已拥有保利万和电影院线及遍布北京、广州、深圳等城市的数十家终端影城。截至 2012 年 5 月，保利影业拥有直营影城 6 家；保利万和院线拥有加盟影城 55 家，2011 年实现票房收入 2.44 亿元。

2. 杭州宋城旅游发展股份有限公司

杭州宋城旅游发展股份有限公司是中国文化演艺第一股，国家十大最具影响力文化产业示范基地之一，以“主题公园 + 文化演艺”为主营模式，成功打造了“宋城”、“千古情”品牌，2010 年末在深交所创业板成功上市。2011 年，宋城股份共接待旅游和观演游客逾 700 万人次，实现营业收入 50453.22 万元，利润总额 29741.17 万元，纳税 9691.46 万元。

杭州宋城旅游发展股份有限公司的“主题公园 + 文化演艺”独特经营模式，在文化行业开拓了一条全新的发展道路。2011 年 4 月 2 日，全新的杭州乐园盛大开园，全年吸引游客人数增长 50.88%。2012 年 2 月 14 日，杭州乐园大剧院正式推出大型歌舞《吴越千古情》，成为杭州旅游文化的又一张金名片。目前杭州已经形成了“西湖观光，宋城怀古，杭州乐园度假游”的主流旅游线路，带动了数百万游客量的杭州夜游市场，每年带动周边消费数十亿元。

2011 年上市后，宋城股份迅速进入产业集群化的拓展之路，开始了全国布局。三亚、泰安、丽江、石林等项目投资计划相继出台，2–3 年内将在这些一线旅游目的地城市复制“主题公园 + 文化演艺”的模式。

3. 北京演艺集团有限责任公司

北京演艺集团有限责任公司是北京市政府直属的国有文化旗舰企业，横跨演艺、影视、体育、旅游等领域。2009 年 5 月正式组建成立，旗下共有中国杂技团、北京市电影股份有限公司等 15 家企事业单位。先后入选“第二届全国文化企业 30 强”和北京影响力“影响百姓经济生活的 10 大企业”。

2011 年，北京演艺集团进行深入探索，提出“四位一体、同步打造”的改革新模式，进一步丰富了文化体制改革的“北京经验”。精心创作并大力推广了主旋律文化精品，其中电影《第一书记》、电影《杨善洲》放映收入在全国各大院线中遥遥领先。《图兰朵》观众突破 8 万人次；《四世同堂》全国巡演票房超过 3000 万元。同时，集团积极探索奥运场馆赛后利用“全产业链”模式，成功承办央视跨年春节晚会等 64 场大型高端文化项目。

各控参股单位也积极创新产业运营模式。中国杂技团发起国内首支魔术主题基金；北京儿艺推出“全国儿童剧联盟”项目；北歌与南戴河旅游集团合作，量身定制情景乐舞剧《海誓・南戴河》，连续三年在景区成功上演 360 场。

全面彻底的改革使集团及旗下企事业单位综合竞争力，在短短 3 年的时间中得到了明显提升。2011 年，集团实现主营业务收入 2.74 亿元、净利润 2756 万元；资产总量达到近 12 亿元、比组建时翻了近 3 番。同时，中国杂技团、北歌、北京儿艺、木偶剧院等 4 家改制院团分获“全国文化体制改革先进企业”称号。

4. 本山传媒有限公司

本山传媒有限公司前身为辽宁民间艺术团有限公司，成立于2003年，是辽宁省文化厅直属民营文化企业，是集演艺、影视、艺术教育于一身的大型文化产业集团，著名表演艺术家赵本山任董事长。2010 年，“刘老根大舞台”被文化部、国家旅游局联合评为首批“国家文化旅游重点项目”；2010 年起连续三年被中宣部评为“全国文化企业三十强”。

2003 年，赵本山创立了以演出“绿色二人转”为主的“刘老根大舞台”，经过近 10 年的发展“刘老根大舞台”已在沈阳、北京、天津、哈尔滨、长春等地开设了 7 家连锁剧场，已成为中国演艺业具有一定影响力的重要品牌。2011 年，本山传媒所属“刘老根大舞台”连锁剧场全年演出 1744 场，演出收入突破 2.2 亿元，上缴国家税收 7000 余万元，为辽宁省的文化产业发展做出了极为突出的贡献。

本山传媒先后制作了《刘老根》《马大帅》《乡村爱情》《乡村名流》《樱桃》等优秀电视剧。其中《乡村爱情》在 2007 年获中宣部精神文明建设“五个一工程”优秀电视剧奖，已成为本山传媒的品牌电视剧。2011 年，本山传媒制作的电视剧《樱桃》播出后，观众反响良好，剧中“樱桃”朴实善良的形象深深根植到了观众心中，唤起了广大观众的爱心和良知，弘扬了社会主义核心价值观。2012 年，根据中央对国有文艺院团改革的精神，本山传媒制作拍摄了以国有院团文化体制改革为题材的电视剧《不是钱的事》。

5. 中国对外文化集团公司

2004 年 3 月，中国对外文化集团公司经国务院批准成立，是文化央企中唯一一家以对外文化贸易和演展制作营销产业为主业的企业集团，业务范围涵盖国际文化贸易与对外文化交流、内容产品制作与文化资源集成、全国性市场渠道网络建设等领域，并以北京、上海、广州、兰州为战略支点，构建起了“立足国内、面向世界”的全产业链运营的基本格局和模式。集团公司 2011 年第三次入选“全国文化企业 30 强”，获评 2011 年度十大最具影响力“国家文化产业示范基地”。

2011 年，集团公司继续深化文化体制改革，充分发挥国家对外文化交流主渠道功能和中华文化“走出去”核心基地的战略支撑作用。2011 年 10 月 31 日，集团公司与维也纳控股集团签署战略合作协议，确定双方将在世界音乐之都维也纳成立合资企业“中欧创意工场”，在全球近 50 个国家和地区的 200 余座城市，举办各类大中小型演出 6000 余场，商业项目占 60% 以上；在海外 16 个国家，举办 17 项大中型展览活动。

2010 年，集团公司制作推出了首部世界经典音乐剧《妈妈咪呀！》中文版，截至 2012 年 1 月 19 日连续演出 191 场，观众超过 30 万人次，票房超过 8500 万元。集团公司与合作伙伴联合推出的多媒体舞台剧《时空之旅》已连续演出 6 年零 4 个月，累计演出 2700 余场，票房收入达 2.7 亿元，观众超过 270 万人，60% 以上为国外观众。2011 年，中演院线旗下拥有广州大剧院、上海大宁剧院、甘肃大剧院等 3 家直营剧院和 15 个省（市、自治区）的 34 家加盟剧院。

6. 江苏演艺集团有限公司

江苏省演艺集团是迄今为止全国规模最大的综合性表演艺术团体。2005 年公司实现全面整体转企改制，全员身份置换，正式以市场主体身份参与市场竞争。转企改制后，集团公司先后四度蝉联“全国文化企业 30 强”；荣膺“全国文化体制改革优秀企业”；荣获“全国文化体制改革先进企业”称号；三度荣获“国家文化出口重点企业”称号。

2011 年集团成立十周年，集团经营收入达到 1.48 亿元，与 2010 年相比增长 18.4%；演职员工的人均年收入持续增长，达到了 9.2 万元，同比增长 12.2%。

2011 年，江苏省演艺集团全年新创剧（节）目 41 台，复排剧（节）目 44 台，获得省级以上集体奖项 35 项，其中国家级奖项 6 项，省级奖项 29 项；省级以上个人奖项 175 项，其中国际级 6 项，国家级 28 项，省级 141 项。京剧《花蕊》荣获第六届中国京剧艺术节银奖；话剧《最后的堡垒》荣获"第二届全国戏剧文化奖·原创剧目大奖"。

江苏省演艺集团改制后，形成了文化交流与贸易并重、社会效益与经济效益兼收、交流、商演等多种模式共存的对外交流体系，全年实现对外文化交流 28 项，出访 366 人次，境外演出（讲学）230 场。一方面，"走出去"阵地前移，日本、比利时两家海外分公司相继落地生；另一方面，应邀赴欧洲参加"第 27 届肖邦艺术节"开幕式演出，在维也纳金色大厅演出《江苏风韵》——中国作品交响音乐会，成为艺术节举办以来首次也是唯一获邀的中国艺术团体。

7. 上海东方传媒集团有限公司

上海东方传媒集团有限公司(以下简称 SMG) 是我国最大的省级广电传媒集团，2011 年实现总营业收入 152 亿元。其中，广告创收占总收入的比重从 5 年前的 75% 下降至现在的 47%，产业不断升级。

自 2002 年集团化改革以来，SMG 通过数字化、高清化改造优化传统广播电视业务，通过广播电视与 IP 技术的融合发展先后推出了 IPTV、3G 手机电视、互联网电视等新媒体产品和服务。早在 2003 年，SMG 就开始以传统电视频道为主、以网站和商品目录为辅，开展电视购物业务。9 年来，SMG 电视购物业务迅速发展，年销售额平均增幅达 50% 以上，2011 年总销售收入超过 60 亿元，连续多年位居全国同行业第一。

基于当前全球宏观经济形势的不确定性增加和国内经济硬着陆风险逐渐增大的行业外部发展环境，SMG 在"两个转变"的基础上，进一步提出了减少"两个依赖"的发展战略，即：(1) 在巩固现有收听收视市场份额，努力确保 SMG 广告收入继续增长的同时，在总增长中逐步减少对传统业务收入的依赖；(2) 在继续发展壮大核心主业基础上，在总体量中逐步减少对传统广播电视媒体平台的依赖。为实现上述战略目标，SMG 将继续以科技创新和传媒与科技的融合为动力，推动业务创新，推进产业升级，实现战略转型与发展。

8. 江苏广播电视集团有限公司

江苏广电集团公司是一家拥有多家子公司的现代传媒企业集团。2011 年江苏广电集团公司产值和资产双超百亿，产值较 2010 年增长 64.1%，较 2001 年集团成立时增长 21 倍，十年年均增长率达 36%，经济实力和增长幅度稳居全国省级广电第一阵营最前列。

江苏广电内容生产坚持"精品战略"，出品的《人间正道是沧桑》、《中国远征军》、《老大的幸福》2011 年分获第 28 届中国电视剧"飞天奖"长篇电视剧一、二、三等奖；《断刺》勇夺省级卫视年度电视剧收视亚军，发行过亿。面向国内、国际两个市场，努力推进优秀文化产品"走出去"。精品节目《非诚勿扰》、《老公看你的》实现在北美、澳大利亚、新西兰、马来西亚、印尼、港澳地区的播出，国际咨询公司调查表明，《非诚勿扰》已经成为海外 60 多个国家华人每周必看的节目，特别是《非诚勿扰》海外专场系列，在全球华人中引发强烈反响，成为推动中华文化"走出去"的成功实践。

江苏广电坚持"突出主业、相关多元"产业链发展模式。2011 年，仅江苏卫视广告创收就超过 36 亿元，同比增长超 93%，位居全国省级卫视最前列。广播成功打造新闻、交通两个亿元级事业部。江苏广电打通制作、发行、放映、基地的影视全业务链协同推进，电视剧业务全年实现发行收入近两亿；融合文化与科技构建起来的新媒体业 2011 年经营创收突破亿元大关，同比增幅 65%；融合传媒业与零售业构建起的居家购物业务从 2007 年到 2011 年年均增幅达 111%，达到近 25 亿元的销售规模。

集团坚持实体运营与资本运作相互撬动，截至 2011 年底，集团累计对外投资已达 21.02 亿元，旗下目前共有四家公司正积极酝酿上市。

9. 中国电影集团公司

中国电影集团公司（下称"中影集团"）是我国电影行业的龙头企业，旗下共 66 家各类企业，业务范围涉及影视制片、制作、发行、营销、院线及影院、器材生产与销售、放映设备租赁、演艺经纪、后电影开发等众多业务环节。截至 2011 年末，中影集团净资产规模 33 亿元，税前净利润近 7 亿元，纳税总额 5 亿多元，各项财务数据在我国电影行业均居首位。

在影视制片制作领域，近三年中影集团创作生产的各类影片占全国市场份额的 12%，其中票房过亿的影片占全国市场份额的 31%。在电影发行领域，近三年，中影集团签约发行的国产影片实现票房总额占全国市场份额的 34%；在数字影片发行方面，近三年发行的数字影片数量及票房收入均占全国市场份额的 95% 以上。在电影放映领域，中影集团拥有 4 条控股院线（中影星美、中影南方新干线、辽宁北方、四川太平洋）和 3 条参股院线，覆盖全国 200 多个大中城市。在影视服务领域，中影集团拥有 2000 多套数字放映系统，市场份额约 30%。

2008 年至 2011 年，中影集团连续四年入选由世界品牌实验室、世界经济论坛联合主办的《中国 500 最具价值品牌》评选，品牌价值由 2008 年的 7.91 亿元快速增长至 2011 年的 15.89 亿元。

10. 江苏广电有线信息网络股份有限公司

江苏广电有线信息网络股份有限公司(简称“江苏有线”)2008 年 7 月成立，注册资本 68 亿元人民币，业务涉及广播电视的频道集成和传输；广播电视传输网络的设计、建设、改造、经营、维护和管理；因特网接入服务和信息服务；对广播影视、信息传媒等产业进行投融资及管理。

目前，公司联网有线电视用户 1900 万户，数字电视用户 1100 万户，互动电视用户 141 万户，其中高清互动电视用户 60 万户，发展规模居全国前列。经营业绩上，公司净资产现已达 73.91 亿元，2011 年公司营业收入 30.7 亿元，利润 5.1 亿元，分别比上年增长 21.6% 和 25.3%，保持三年持续盈利、两位数增长。

企业创新上，江苏有线实现“六个率先”：在全国率先实现省市县三级互联互通、全程全网的全省“一张网”；在全国率先基本完成全省县城以上数字电视整转，提前完成国家提出的在东部沿海发达地区实现数字电视整转任务；在全国率先建成广电行业传输容量最大、安全等级最高、具备电信运营级的省市县三级干线传输网，这也是全国广电唯一实现地下、空中两条通道、提供双路由环网保护的广电干线传输网；在全国率先建立起可以支撑千万级用户的数字电视、高清、异地备份的数字电视节目平台，以及可以支撑百万级用户的互动电视平台；在全国率先成立“江苏开博有线专修学院”，成为国家广电总局授予的全国首批广播影视实训基地；在全国率先研发成功第三代数字电视——“云媒体电视”，并于 2011 年 8 月 1 日在南京正式上线试运营。

11. 湖南电广传媒股份有限公司

湖南电广传媒股份有限公司(简称“电广传媒”)是一家覆盖有线电视网络运营、投资业务、传媒内容、旅游地产四大业务板块，经营地域横跨长沙、北京、上海、广州、深圳的大型综合性文化传媒公司。2011 年，公司实现主营业务收入 28.45 亿元，实现利润 5.08 亿元，公司总资产达 112.28 亿元，净资产为 37.97 亿元。

电广传媒加快推进“三网融合”试点工作，全力推进湖南全省有线电视网络的整合。目前，电广传媒已完成湖南全省 98 个市州、县(市、区)有线网络的整合，拥有有线电视用户近 500 万户。湖南省“一张网”的格局基本形成。

电广传媒于 2000 年进军创投领域，在深圳市设立了深圳达晨创业投资有限公司，是第一批按市场化运作模式设立的内资创业投资机构。截至目前，达晨创投已累计完成投资 45 亿元，投资项目 151 个，成功上市(过会)26 个，管理基金总规模已达 105 亿元人民币，并在 26 个经济中心城市设立了分支机构。2001 至 2011 年，达晨创投连续 11 年被权威创投行业评比机构清科集团评为“中国风险投资 50 强”。

12. 广东省广播电视网络股份有限公司

广东省广播电视网络股份有限公司是经广东省委、省政府批准，于 2010 年 6 月 6 日成立的省属大型国有文化企业，以广播电视节目传输为主业的大型现代化有线广电网络运营商。目前，公司下辖 19 个地市分公司和 48 个县(市、区)分公司，拥有员工 16000 多人，用户总规模为 1200 万户，其中数字用户 820 万户，用户规模、资产总额均位居“亚洲第一”、“世界第三”。2011 年，该公司实现总收入 30.3 亿元，利润 1.72 亿元，分别同比增长 20% 和 430%。

该公司一直把加快技术标准的转型升级，作为公司创新发展的一项重要工作加快推进，特别是基于 NGOD 的异构平台规范，在全国处于领先水平，并在贵州、湖北等兄弟省市得到应用，开创了全国 NGOD 先河。

面对三网融合和“未来电视”发展新形势，该公司及时布局，加快产业转型升级步伐。2011 年 10 月 26 日，该公司成立广东智慧家庭研究院，进行云计算、物联网等最前沿的信息技术研究和开发，不断将 IT 技术转化为生产力，全面带动下一代广电网络(NGB)以及广电网络创新型产业链的衍生发展，从而实现公司产业的全面转型升级。

13. 江西出版集团公司

江西出版集团公司是一家以江西省出版集团公司为控股公司，以中文天地出版传媒股份有限公司为核心企业，拥有 120 多家成员单位，总资产超过 100 亿元的大型出版传媒企业集团。目前，集团已经形成以图书、报纸、期刊、音像、电子、网络等出版物的出版、印刷复制、发行、物资贸易等传统主业，与艺术品经营、影视剧生产、现代物流、资产经营、资本运营、文化地产和相关文化项目投资等新兴业态相结合的经营格局。

2011 年，集团销售收入和总资产双双突破百亿元大关。总资产106亿元，同比增长26%；净资产71.23亿元，同比增长27.93%；实现销售收入100.95亿元，同比增长36.96%。

2011年，集团在全国率先完成“转企、改制、上市”三步并作一步走，中文天地出版传媒股份有限公司成功实现重组上市，在全国创造了“文化企业上市的经典案例”，被称为“沪深两市中第一家‘边改制、边重组、边上市’的大型国企借壳案”，2010年荣获全国工商联并购工会“最佳并购方案设计奖”。

在“走出去”方面，集团实现版权输出127种，较2010年100种增长27%；图书实物出口和销售额约255万人民币；印刷对外加工服务贸易额558万美元。

14. 中国国际电视总公司

中国国际电视总公司是中央电视台全额投资的大型国有独资公司，是目前中国内地规模最大、营利能力最强的传媒集团公司，拥有全资、控股及参股企业61家，2011年，公司总收入和资产总额均超过百亿元，成为中央电视台第一个双百亿集团公司。

中国国际电视总公司享有中国内地唯一经政府主管部门批准的境外卫星节目代理权，目前共代理美国、英国、日本、新加坡、香港等全球10个国家和地区的33个频道，在全国31个省区市落地。

如今，中国国际电视总公司形成了以传媒产业为核心的多元化产业经营体系，拥有国内最具实力的电视剧制作、节目销售、广告经营、收视调查等龙头企业，业务涵盖节目制作、节目发行、音像出版、广告经营、市场调查、技术开发、实业投资、旅游服务、网络电视、移动电视、电视购物、国际传播、动画产业、体育产业、演艺传播、平面媒体等方面，形成了较为完整的产业链。同时，中国国际电视总公司直属企业在相关业务领域也拥有雄厚的实力，包括中视传媒上市公司、央视市场研究公司、央视国际网络、中视体育娱乐公司、中视国际传媒公司及中央数字电视传媒公司等20余家公司，这些企业已经在传媒市场、新媒体等文化产业领域树立了知名的品牌。

新媒体业务方面，中国国际电视总公司下属的央视国际网络有限公司已形成涵盖电脑终端、手机终端、电视终端三屏融合的全媒体业务布局，网络门户最高日均独立用户数突破1500万，日均图文视频发布量突破5万条。移动互联网、IP电视业务收入实现翻番。iPhone平台用户数达到632万户，iPad平台用户数258万户，IPTV用户总数已经达到76万户。

15. 江苏凤凰出版传媒集团有限公司

江苏凤凰出版传媒集团有限公司走过了十年高速发展的辉煌历程，已连续两届入选“全国文化企业30强”，在中国500家最具价值品牌企业中居242位，所控两家上市公司总市值超过270亿元，是中国规模最大的集团化出版企业。

2011年是凤凰集团实施“十二五”发展规划的开局之年。2011年，集团年度总销售额超160亿元，比上年增长13%；总利润超12亿元，同比口径增长20%；主要经济指标在同业继续保持领先。

2011年11月30日，凤凰传媒成功登陆A股市场，成为资本市场关注焦点。此次IPO发行5.09亿股，融资44.79亿元，同时也创下了文化传媒类市值最大企业、江苏省非金融类企业A股IPO规模第一、网上冻结资金和网下配售冻结资金年度第一等纪录。8家出版社的11种图书入选第三届“三个一百”大奖，4种图书获“中国最美的书”称号，7种图书入选第十届输出版、引进版优秀图书。出版能力显著提升，教育社、人民社、科技社、少儿社进入全国总排名前50名，译林社、美术社列文艺类、美术类出版能力排行第一名。

凤凰集团不断优化经营渠道，在发行总量上领先。2011年，发行板块营业收入87.41亿元，规模稳居全国同业第一。在江苏、安徽、浙江等地中标政府采购项目近亿元；春秋两季馆藏会现货销售超亿元；“农家书屋”配供、“送书下乡”活动促成销售近亿元；成功承办“江苏书展”。

2012年，凤凰集团以“打造创新型文化领军企业”为目标，重点实施思想急迫的战略任务。为此，凤凰集团将推进六大重点工作，一是提升队伍优势，打造制度创新型企业。二是提升产品优势，打造内容创新型企业。三是提升技术优势，打造科技创新型企业。四是提升资源优势，打造业态创新型企业。五是提升智慧优势，打造学习型企业。六是提升文化优势，打造和谐发展企业。

16. 浙江出版联合集团有限公司

浙江出版联合集团有限公司成立于2000年12月，为浙江省政府直属国有独资出版企业集团和国有资产授权经营单位。集团以图书、期刊、音像制品和电子出版物的出版、印制、发行为主业，兼营与出版产业相关的物资贸易、投资等业务。

2011年，集团资产总额达109.79亿元，总销售117.43亿元，营业收入84.15亿元（其中主营业务收入81.87亿元），利润总额5.18亿元。各项指标创历史新高，为成为全国出版第一方阵中发挥骨干作用和重要影响的现代出版传媒集团打下坚实基础。

与改制启动时的2003年相比，2011年，集团资产总额增长193.78%，净资产增长210.98%，主营业务收入增长96.70%。2011年，省店集团实现总销售78.07亿元，同比增长8.5%，继续保持了发行业务在国内领先优势。各出版单位密切与全国22家战略客户的合作，销售同比增长9.47%。目前，网络销售已成为集团图书销售增速最快的渠道。全省213家“小连锁”去年实现销售额5423万元，实现了两个效益相统一。销售结构进一步优化，非教材和非图书业务快速发展，2011年非教材终端销售额达27.25亿元，同比增幅17.1%。

17. 中国教育出版传媒集团有限公司

中国教育出版传媒集团有限公司成立于2010年12月18日，是党中央、国务院批准成立的大型出版传媒集团，由人民教育出版社有限公司、高等教育出版社有限公司、语文出版社有限公司、中国教学仪器设备总公司、中国教育图书进出口公司等单位组成，以图书、期刊、音像制品、电子出版物、数字出版物出版和销售为主业，兼营图书、期刊和教学仪器设备进出口等业务，属中央国有大型文化企业。

2011年3月31日，集团公司联合北京昱畅天下文化发展有限公司发起设立了中国教育出版传媒股份有限公司。2011年，集团公司营业收入59亿元，利润总额10亿元，利润总额比2010年增长4%。2011年，集团公司获得第三届中国文化企业30强和新闻出版总署颁布的新闻出版“走出去”先进单位等荣誉，集团公司成员单位共获国家级出版奖项20余项，省部级奖项百余项。

下一步，集团公司将结合落实中央领导同志关于把教育出版传媒集团建成中国出版业“有主导力的龙头企业、有竞争力的现代企业、有影响力的跨国企业”的要求，采取有力措施，进一步加快推动集团公司改革发展。

18. 安徽出版集团有限责任公司

安徽出版集团成立于2005年底。六年来，完成“整体转企改制、主业整体上市、经营发展创新”三大跨越，走上规模化、集约化、专业化发展道路。2011年，在全国出版集团排名中，安徽出版集团营业收入排名第六、利润排名第五、出版能力排名第五。

2011年，集团营业收入90.87亿元，居全国第六，较2010年增长31.09%，增幅全国第三。2011年，出版图书10293种，其中新版3565种，图书出版能力居全国第五。

按集团持有的股权市值计算，截止到2011年末，总资产125亿元，净资产75亿元。除连续三年荣获“全国文化企业30强”外，集团三次入选“全国文化体制改革先进企业”、全国出版行业10强，系中国服务业500强、安徽企业100强，获得全国文化“走出去”先进单位、首届“全国新闻出版行业文明单位”、“中国版权产业最具影响力企业”“中国出版政府奖先进出版单位”殊荣。

目前，集团有版权输出、合作出版、出版物实物出口、文化及电子传媒产品出口、境外创办实体、文化装备出口等6大“走出去”板块，辐射100多个国家和地区。2011年输出599种，比2010年增长103%，位居全国前列。

19. 中南出版传媒集团股份有限公司

2010年10月28日，中南传媒在上海证券交易所上市，成为市值超过200亿元的中国出版传媒板块龙头股。

中南传媒把发展数字出版作为引领文化与科技融合的载体，成功走在中国出版转型的前列。2006年，正式战略并购政务门户网站红网，与集团所属的湖南最大纸媒潇湘晨报资源共享。

中南传媒上市后，募投资金主要投向科技含量高的新媒体产业，并将数字出版列为第一发展战略，初步形成了具有自身特色的四大数媒平台：以天闻数媒为主体的大众阅读和数字教育平台；以红网新闻门户网站、掌上红网移动门户网站为核心的新闻资源聚合平台；以潇湘晨报数据库和数字社区为基础的社区人群综合服务平台；以动漫和游戏为基本功能的青少年娱乐服务平台。

同时，中南传媒加快转变传统产业发展的方式。成立中南传媒数字资源中心，建立中南E库，目前已聚合两万余种优秀数字资源，数字版本室完成扫描或拍摄图书三万余册。推动新华书店门店改造，发展电子商务，建立直抵终极受众的线上线下互动的营销发行体系。2011年起投入4000多万元升级物流系统。

20. 山东出版集团有限公司

山东出版集团有限公司是集编印发供贸于一体的大型出版文化企业，也是山东省最大的文化企业。2008年底实行整体改企转制，2011年完成股份制改造，成立山东出版传媒股份有限公司，将编印发供主营业务与相关资产纳入股份公司。

现有9家图书出版社、1家电子音像出版社、4家期刊社、5家印刷厂、山东新华书店集团有限公司（全省新华书店系统），以及印刷物资公司和出版外贸公司，员工总数18000多人。2010至2012年，山东出版集团有限公司连续三年荣获全国“文化企业30强”单位。

2011年，山东出版集团有限公司资产总额达到131亿元，比上年增长24.76%；实现销售总收入98.39亿元。效益增速名列全国出版集团第1位，行业综合排名由2010年的全国第6位上升到第5位。在2011年集团出版的7214种图书和电子音像制品中，再版品种数达到5016种，再版率为69.53%。

2011年7月4日，山东出版集团有限公司全面启动股改上市工作。12月28日，山东出版传媒股份有限公司完成工商注册登记。目前，股份公司已按上市公司规范正式运营。

21. 安徽新华发行（集团）控股有限公司

安徽新华发行集团是2002年9月，经安徽省委、省政府同意和中宣部、新闻出版总署批准创立的大型文化企业集团。2010年1月18日，集团核心企业——安徽新华传媒股份有限公司在上交所上市，成为全国发行业主板首发上市第一股，募集资金近13亿元，公司市值一举突破100亿元。

集团主要从事图书音像出版物、教材教辅发行及文体用品经营，并进入音像出版、广告传媒、文化贸易、酒店经营、文化地产等相关领域。集团下辖91个子分公司，拥有600多个发行网点，形成了覆盖全省城乡、较为完整的图书音像出版物分销体系。2010年，集团还以并购重组方式进入江苏、上海的图书零售市场。2011年，集团实现销售73.32亿元、利润总额4.14亿元，资产总额71.18亿元，分别较上年增长13.47%、42.86%和30.04%。在新闻出版总署发布的《2010年新闻出版产业分析报告》中，集团总体经济规模跃居全国同业第三。

“十二五”期间，集团将牢牢把握建设文化强省的历史机遇，围绕“改革、创新、发展”主题，实施重大项目带动和加快文化产业与新技术融合战略，努力实现传统主业提升与转型、资本市场与实体经济两轮驱动的两大目标，从而打造现代综合传媒集团。

22. 中国出版集团公司

中国出版集团是经国务院批准，于2002年4月9日成立的大型出版发行机构。集团公司以出版物生产和销售为主业，是集各种介质出版物的出版和销售、连锁经营、进出口贸易、印刷复制、信息技术服务、科技开发、金融融资于一体的，经营多元化的大型企业集团。全年图书零售市场占有率为7.16%，动销品种近5万种，这两项指标均保持全国第一。2011年销售收入同比增长17%，其中主营收入同比增长17.51%；利润同比增长38.8%。

集团还承担了国家重大数字出版项目“中华字库”工程、“国家数字复合出版”工程、中国图书对外推广网（CBI网）、“电子书内容标准项目”等。“全国出版物发行标准委员会秘书处”协同行业内30多家出版发行集团共同制订了29项数字出版国家或行业标准，为行业发展作出贡献。中国出版集团公司的“走出去”工作也日益加强，主要指标在全国领先。

2011年12月18日，中国出版集团召开了股份公司创立大会，12月28日中国出版传媒股份有限公司正式揭牌。目前，中国出版集团正在抓紧做上市之前的各项准备工作。

23. 四川新华发行集团有限公司

四川新华发行集团是四川省委、省政府批准组建的国有独资文化企业集团之一，是中央确定的全国首批文化体制改革试点单位和四川省政府着力培育的79家大企业大集团之一。按照“打造跨媒体、跨行业、跨区域经营的现代大型文化产业集团”的战略目标，现已发展成为总资产98亿元、员工近9000人的国有大型文化企业。

过去几年，四川新华发行集团交出了一份漂亮的“成绩单”：2010、2011年，新华集团连续两年被中宣部评为“文化企业30强”，是西部地区唯一入选的国有大型文化企业。2009、2010、2011年，全集团资产总额平均增长16.55%、营业收入平均增长14.92%、利润总额平均增长10.32%。根据新闻出版总署公布的“全国发行集团总体经济规模综合评价”，新华集团2010、2011连续两年位居第一。

四川新华发行集团对下一个五年提出了更切合实际的战略目标：全面实现新的市场格局和信息技术条件下的业务转型，大力拓展新兴业态，用大项目促大发展，确保全国发行行业领先优势和地位更加巩固。

24. 西安曲江文化产业投资（集团）有限公司

西安曲江文化产业投资（集团）有限公司（以下简称“曲江文化产业集团”）是西安市政府批准成立的国

有独资有限公司。截至 2011 年底，公司总资产达 275 亿元，累计向社会缴纳各种税费超过 20 亿元。

曲江文化产业集团以积极承担陕西“文化强”的发展责任为战略基点，构建起了以文化旅游为龙头，集会展、演艺、影视、动漫、出版传媒、文化商业、文化体育、文化金融、文化项目建设、城市运营于一体的全文化产业价值链，先后控股、参股大型文化企业 104 家，提供就业岗位约 1.09 万个。

近年来，集团先后投资兴建或运营管理的开放式文化主题公园景区、公共文化场馆累计 87 个，水域面积 68.08 公顷，城市公共绿地 269.77 公顷。2011 年曲江新区共接待游客 3500 万人次，实现累计旅游收入近 50 亿元。曲江文化产业集团先后被评为国家级文化产业示范基地、中国服务业 500 强第 325 名，文化产业综合 9 强第 5 名等荣誉称号。曲江文化产业集团先后荣获飞天奖、华表奖、全国文化体制改制先进单位、五个一工程奖、蒙特利尔电影节评审团大奖、会展金海豚奖等国内外各类重大奖项超 140 项。

25. 上海盛大网络发展有限公司

上海盛大网络发展有限公司是以高新技术和创新模式为平台、以文化内容为产品的国内领先的大型互联网文化企业，2011 年年收入已接近 70 亿元、税收连续多年名列非公经济企业前 20 强；拥有 3 家海外上市公司，近 8000 名员工，1.4 亿多活跃用户。

盛大网络是国内最大的互联网文化内容提供商，在“互联网文化”板块，通过游戏、文学、音乐、视频、影视等主体业务向广大用户提供多元化的互动娱乐文化内容；在“互联网服务”板块，依托自主研发创建的数字出版平台，以云计算、网络支付、定向广告三大业务为主体，为用户提供统一的数据分发支持、支付计费、定向广告等服务，同时也为其他互联网企业定制专业化的用户服务体系。

盛大网络始终进行模式创新，比如开创的网络文学出版模式，提供一个互联网平台，让写作爱好者来写故事，通过互联网让更多用户来阅读，最后按照用户评价来进行支付；目前盛大网络已经拥有超过 520 万部作品，200 万名作家，吸引了 7000 多万读者。

游戏和文字作品版权是盛大传统强项，除了联合运营的游戏外，盛大游戏独立开发或收购了包括单机游戏、传统网络游戏和网页游戏在内的多款游戏，并为其中 39 款大型多人同时在线游戏做了版权登记。盛大文学则拥有中国最大的在线中文写作平台，每日更新 1 亿字，拥有 30 万部以上、730 亿字原创作品版权。目前网络点击率和知名度最高的前 50 位中文网络小说中，盛大文学旗下独占 40 部。

26. 完美世界（北京）网络技术有限公司

完美世界（北京）网络技术有限公司（以下简称“完美世界”）是中国领先的网络游戏开发商和运营商之一。公司成立于 2004 年，一直致力于创造优质的互动娱乐产业品牌，倾力打造拥有自主知识产权的高质量网游精品。

完美世界现主要基于自主研发的 Angelica3D 游戏引擎、Cube 引擎以及 Eparch2D 引擎为平台开发各类网络游戏，陆续推出了《完美世界》《武林外传》《完美世界国际版》《诛仙 2・时光之书》《赤壁》《热舞派对》《口袋西游》《神鬼传奇》《梦幻诛仙 2》《降龙之剑》《神魔大陆》《神鬼世界》等网络游戏产品。

作为网络游戏产品提供商，完美世界面向全球开展业务，全面拓展海外市场。截至 2012 年初，共有 10 余款游戏出口超过 100 个国家和地区，海外收入连续 5 年蝉联中国网游出口第一，占整个中国游戏产业出口份额将近 4 成。

2007 年 7 月 26 日，完美世界成功登陆美国纳斯达克股票市场（NASDAQ:PWRD），并于 2009 年 1 月 2 日登陆纳斯达克全球精选市场（NASDAQ Global Select Market）挂牌交易。2011 年，完美实现了海外发展第三阶段产业升级。同时还采用购买国际知名 IP 开发游戏产品的方式，从产品设计、生产、运营等各方面，真正实现了全球化的产业链条。

27. 深圳华侨城股份有限公司

深圳华侨城股份有限公司成立于 1985 年，经过 20 多年的培育和发展，文化、旅游产业已成为华侨城最具社会影响力的主营业务。

华侨城旗下目前拥有和管理锦绣中华、中国民俗文化村、世界之窗、欢乐谷、何香凝美术馆、华夏艺术中心、OCT 当代艺术中心、华・美术馆、华侨城 LOFT 创意文化园、欢乐海岸等一批著名文化景点和公共艺术场所，而每一处景点都突显了文化与科技结合的特色，并随着科技的更新不断升级。

华侨城文化产业以其原创性、多元化和示范性获得社会各界的高度认可，先后被评为首批“全国文化产业示范基地”，首批两个“国家级文化产业示范园区”之一，连续三年入选“中国文化企业 30 强”。2011 年，华侨城文化相关主营业务收入达61亿元，接待游客人数达到2430万人次，累计接待游客达到2亿人次，是连续五年跻身“全球旅游景区集团八强”的唯一亚洲企业。

“十二五”期间，华侨城将加快文化与旅游、节庆、演艺、科技、艺术、酒店及其他相关产品制造的进一步融合发展，力争在2015年实现年接待游客3000万人次、文化演艺接待观众突破1亿人次、文化产业年收入100亿元的目标，从而跻身“全球旅游景区集团四强”（紧追迪斯尼、美林娱乐、环球影城），成为世界一流的大型国有文化产业集团。

28. 上海东方明珠（集团）股份有限公司

上海东方明珠（集团）股份有限公司成立于1992年8月，系中国第一家文化类上市公司。公司现有注册资本31.86亿元，截至2011年末，（集团）公司总资产达到117.84亿元，净资产72.27亿元。2011年实现营业收入25.7亿元，总利润6.7亿元。

经过十年精心拓展，东方明珠完成了在文化旅游、新媒体、对外投资领域的布局，主营产业连续多年持续、稳步增长。从1992年创立之初到2011年，公司总资产增加18倍，净资产增加12倍，主营业务收入增长56倍，利润总额增长29倍，在全国文化产业中形成了较大的影响力。东方明珠广播电视塔现已成为世界著名旅游景点、上海标志性建筑，年均接待游客超过300万人次，累计实现营收44.76亿元，利润22.3亿元。在媒体产业领域，东方明珠承担了上海地区所有无线广播、电视的传输发射任务。依托这一技术优势，公司逐步构建起终端形式多样的新媒体平台。目前，新媒体平台已经覆盖了上海10000多辆公交车、地铁1–13号线、城市公共楼宇的3.5万块视屏，对上海城区实现了100%覆盖。

在实现高增长的同时，东方明珠始终坚持股东利益最大化。目前，公司市值近200亿元，全体股东投资收益率超过了500%。在分红率高达95.6%的情况下，发起人获得的现金分红已经超过其全部投资。

29. 上海征途信息技术有限公司

上海征途信息技术有限公司是巨人网络旗下的全资公司，巨人网络成立于2004年11月18日，是一家以网络游戏为发展起点，集研发、运营、销售为一体的综合性互动娱乐企业。

巨人网络于2007年11月1日顺利登陆纽约证券交易所，成为在美国资本市场发行规模最大的中国民营企业之一，同时也是除美国本土外，在美国发行规模最大的IT企业之一。

目前，巨人网络自主研发的网络游戏产品《征途》始终扮演着行业“创新者”的角色，最高同时在线人数突破210万，是全球同类产品中第三款同时在线人数突破100万的网络游戏。公司第二款自主研发的现代战争题材巨作——《巨人》已于2008年3月28日正式公测，最高同时在线人数达到34万，是2008年公测表现最好的网络游戏之一。《征途2》作为2011年2D武侠网游巨作，目前已有超过500万玩家对游戏做出了好评，也是今年国内首款自主研发的玩家同时在线50万量级的产品。2012年征途2的“接班”产品《仙侠世界》，将会面世。同时，还有近6款网页新作正在研发中。

30. 深圳华强文化科技集团股份有限公司

深圳华强文化科技集团股份有限公司是国内大型文化科技集团，业务分为文化内容产品及服务和文化科技主题公园两大类，下辖华强智能、华强数码电影、华强数字动漫等27家专业公司，拥有员工近万人。

华强是国内唯一具有成套设计、制造、出口大型文化科技主题公园的企业，拥有未来科幻类主题公园“方特欢乐世界”、中国文化类主题公园“方特梦幻王国”和中国影视类主题公园“方特影视乐园”三个完全知识产权的文化科技主题公园品牌。

华强是目前国内最大、设备最齐全、技术研发最强大，也是国内唯一能设计制作所有特种电影种类的公司，已成功研制出十多类特种电影形式，并成功应用到集团所有方特品牌系列主题公园中。华强特种电影系统已经成功走入国际市场，迄今已有“环幕4D影院”系统已出口到美国、加拿大、意大利等40多个国家，每年有20余部配套电影租赁出口。

华强原创动漫“方特卡通”实现了动画无纸化、规模化生产，是“中国十大优秀原创动画企业”之一。华强动漫产量2011年达18512分钟，位居全国第一，占广东省动画产量的44%。华强原创动画作品已在央视少儿等200多家国内电视台播出，累计出口10万分钟，覆盖美国、意大利、俄罗斯等100多个国家和地区。部分作品还登陆全球知名的尼克儿童频道Nickelodeon。多部动漫作品获得国内外几十项大奖，更在2011年10月在法国戛纳电视节上荣获儿童评审团"Kids' Jury"大奖。

迄今为止，华强文化科技集团已拥有148项国内外专利、153项商标、157项著作权和54项软件产品登记。

（摘自2011年“中国文化企业30强”）

第十部分
投融资

财政性投融资

中央文化产业发展专项资金

一、支持重点

（一）重大项目

本办法所称重大项目，是指财政部按照国家文化改革发展规划要求，组织实施的文化产业重点工程和项目。

财政部根据专项资金支持方向和文化产业发展需要印发年度专项资金重大项目申报通知，符合条件的申请人可按要求进行申报。

重大项目申请人应当是符合申报通知要求的部门或企事业单位。

重大项目申请人应按要求提交项目申请书及其他相关材料。申请书包括以下内容：申请人基本情况、项目背景材料、项目目标及主要内容、项目执行进度安排、申请资金额及预算安排、地方财政资金支持情况和其他相关内容。

（二）一般项目

本办法所称一般项目，是指申请人按照本办法所确定的支持方向自行申报的文化产业项目。

财政部根据专项资金支持方向和文化产业发展需要印发年度专项资金一般项目申报通知，符合条件的申请人可按要求进行申报。

一般项目申请人为在中国境内设立的企业，以及从事文化产业相关工作的部门或事业单位。

二、支持方向

（一）推进文化体制改革。对中央级经营性文化事业单位改革过程中有关费用予以补助，并对其重点文化产业项目予以支持。

（二）培育骨干文化企业。对中央确定组建的大型文化企业集团公司重点发展项目予以支持，对文化企业跨地区、跨行业、跨所有制联合兼并重组和股改等经济活动予以支持。

（三）构建现代文化产业体系。对国家文化改革发展规划所确定的重点工程和项目、国家级文化产业园区和示范基地建设、文化内容创意生产、人才培养等予以支持，并向中西部地区、特色文化产业和新兴文化业态倾斜。

（四）促进金融资本和文化资源对接。对文化企业利用银行、非银行金融机构等渠道融资发展予以支持；对文化企业上市融资、发行企业债等活动予以支持。

（五）推进文化科技创新和文化传播体系建设。对文化企业开展高新技术研发与应用、技术装备升级改造、数字化建设、传播渠道建设、公共技术服务平台建设等予以支持。

（六）推动文化企业“走出去”。对文化企业扩大出口、开拓国际市场、境外投资等予以支持。

（七）财政部确定的其他文化产业发展领域。

三、资助方式

（一）项目补助。对符合支持条件的重点发展项目所需资金给予补助。

（二）贷款贴息。对符合支持条件的申报单位通过银行贷款实施重点发展项目所实际发生的利息给予补贴。

（三）保费补贴。对符合支持条件的申报单位通过保险公司实施重点发展项目所实际发生的保费给予补贴。

（四）绩效奖励。对符合支持条件的申报单位按照规定标准给予奖励。

（五）财政部确定的其他方式。

四、资金使用

（一）财政部确定资金分配方案后，按照预算和国库管理规定，及时下达并拨付资金。

（二）专项资金预算一经批复，应严格执行。资金使用单位应按规定报告资金使用情况。

（三）资金使用单位应当按照“专款专用、单独核算、注重绩效”的原则，及时制定内部管理办法，建立健全内部控制制度，加强对专项资金的管理。

（四）财政部建立重点文化产业项目库，对获得补助资金的项目实施跟踪管理。

（五）专项资金结转和结余按照财政部门有关规定执行。

中央补助地方文化体育与传媒事业发展专项资金

一、补助范围

专项资金的补助范围是县级及县级以上公益性文化、文物、体育、广播电视、新闻出版事业单位基础设施维修改造、设备购置等。具体包括：

（一）地方图书馆、文化馆（中心）、剧院（场）

等公共文化基础设施维修改造及设备购置；

（二）地方博物馆维修改造、改善陈列布展和馆藏条件；

（三）省、市、县级重点文物保护单位维修保护；

（四）地方特色剧团基础设施维修改造、设备购置（含流动舞台车配送）和优秀剧（节）目创作等；

（五）地方体育系统所属体育场（馆）等设施维修及设备购置；

（六）地方广播电台、电视台、发射台等广播电视设施维修及设备购置；

（七）地方新闻出版事业单位设备购置及技术改造补助；

（八）其他符合专项资金分配原则的项目。

二、申请条件

专项资金的申请应符合以下条件：

（一）符合文化体育与传媒事业发展的整体规划和要求；

（二）符合专项资金分配原则和补助范围；

（三）项目应经过充分论证，绩效目标明确、方案合理可行、组织实施有保障。

三、资金审批

每年中央财政预算经全国人民代表大会审查批准后，财政部根据各省（区、市）地方财力和文化体育与传媒财政投入状况、公益性文化事业单位数量和中央补助标准等因素，采用科学合理的方法确定专项资金预算控制数，下达省级财政部门。大型项目和重点项目补助资金根据省级财政部门申请另行下达。

省级财政部门应会同省级文化、文物、体育、广播电视行政主管部门建立本省（区、市）县级及县级以上图书馆、文化馆（中心）、剧院（场）、博物馆、文物保护单位、体育场（馆）、广播电视台站等公共文化设施基础数据库，制定维修改造和设备购置规划和年度计划，根据专项资金预算控制数并结合地方财力确定年度备选项目，报财政部审批。文物保护单位修缮须按有关规定履行相关报批手续后方可列入备选项目。地方特色剧团维修购置、优秀剧（节）目创作以及地方新闻出版事业单位设备购置及技术改造，由省级财政部门根据省级文化、新闻出版部门和下级财政部门申请以及专项资金预算控制数，确定备选项目，报财政部审批。其他符合专项资金补助范围的大型项目或重点项目，由省级财政部门审核汇总后报财政部审批。

省级财政部门应在财政部下达预算控制数后 1 个月内，将专项资金申请报告和《××××年××省(区、市)文化体育与传媒事业发展专项资金项目申报汇总表》、《××××年××省（区、市）文化体育与传媒事业发展专项资金项目申报表（一）》《××××年××省（区、市）文化体育与传媒事业发展专项资金项目申报表（二）》一式两份报送财政部。

财政部对省级财政部门申报项目进行审核确认，根据项目实际情况相应调整预算控制数，正式下达年度专项资金预算。涉及专业性较强的项目，由财政部商相关中央级文化、文物、体育、广播电视、新闻出版等行政主管部门后下达专项资金。

省级财政部门应在收到财政部下达的专项资金通知后 30 个工作日内将补助经费下达到项目单位。实行国库集中支付的，按照国库集中支付有关规定执行。

四、资金监管

财政部按照项目管理要求建立专项资金项目库，省级财政部门应按要求建立地方项目库。

项目执行中要建立项目负责人制度，项目负责人全面负责项目实施中的各项工作。项目单位应保证项目顺利实施。

项目单位应对专项资金实行单独核算并加强管理。

项目单位必须严格按照财政部批复的项目及预算执行，不得自行调整。项目执行过程中，因项目实施环境和条件发生变化确需调整的，应按照规定程序上报省级财政部门审定后进行调整，并报财政部备案。

项目完成后，项目单位应及时组织项目验收和绩效考评，并就项目执行情况和绩效考评结果撰写总结报告，上报省级财政部门备案。省级财政部门应汇总本省（区、市）项目执行情况和绩效考评情况，并在下年度申报专项资金时报送财政部。

项目单位应将专项资金决算纳入本单位年度决算，并单独加以说明。项目完成后如有结余，经省级财政部门批准，可用于项目单位以后年度的设备购置和设施维修等方面的支出。

项目实施所形成的国有资产应严格按照国家国有资产管理有关规定加强管理，防止国有资产流失。

维修改造和设备购置项目应按照规定实行政府采购。

财政部对专项资金实行追踪问效制度，定期组织专家或委托财政部驻各地财政监察专员办事处、中介机构等，对专项资金项目执行情况和绩效考评情况进行检查，并将检查结果作为以后年度专项资金项目预算安排的重要参考依据。

有下列情况之一者，财政部将视情节轻重，对使用专项资金的项目单位或所在省（区、市）实行调减预算或暂缓拨款等处罚：

（一）项目申请内容不真实的；

（二）擅自变更补助项目内容的；

（三）截留、挪用和挤占专项资金的；

（四）因管理不力，给国家财产造成损失和浪费的；

（五）无特殊原因，专项资金拨付不及时造成损失的。

国家电影事业发展专项资金

一、支持重点

（一）对重点影片的资助

表现党、国家、军队重大历史事件，或以描写担任和曾经担任党中央政治局常委（包括党的创始人和相当于常委的领导人）、国家主席、副主席、国务院总理、全国人大常委会委员长、中央顾问委员会主任、中央纪律检查委员会书记、全国政协主席、中国人民解放军元帅职务的党、政、军领导人业绩为主要内容的重大历史故事片，成本超过二百万元、制片厂负担确有困难的，酌情给予资助，资助额最高不超过实际成本的50%。

从1840年鸦片战争以来，特别是1921年中国共产党成立以来的革命斗争为题材的重点历史故事片，成本超过一百八十万元、制片厂负担确有困难的，酌情给予资助，资助额最高不超过实际成本的50%。

反映新中国成立后社会主义革命、建设和改革为题材的重点故事片及经国家电影专项资金管委会批准的其他重点故事片，成本超过一百四十万元、制片厂负担确有困难的，酌情给予资助，资助额最高不超过实际成本的50%。

国家资助拍摄的革命历史和现实题材的重点故事片，国家电影主管部门和国家电影专项资金管委会认为影片的思想艺术质量较高的，发行满二年后累计发行权费收入低偿不了本厂投入的摄制成本的，并经核实实际成本不超过原计划成本，制片厂确有困难的，国家电影专项资金管委会酌情给予资助。如果由于拍摄原因致使影片思想艺术质量不高而发生亏损，由制片厂自行负担，并追究有关领导和直接责任人员的行政、经济责任。

对儿童故事片，原规定由中影公司给各厂的优惠收购和补助办法不变。

国家电影专项资金管委会确认的重点纪录片、科教片和美术片，酌情给予资助。

国家电影专项资金管委会确认为优秀的未受资助的纪录片、科教片、美术片和故事片，对制片厂酌情给予奖励性资助。

（二）对城市电影院的补助或借款

对城市电影院的危险房屋修缮、设备的添置和技术改造，自有资金不足的给予资助。

经财政部门和主管部门批准的城市影院的改造项目，一般由地方或影院自筹资金，不足部分由国家电影专项资金省级管委会酌情给予借款。

（三）对少数民族困难地区的电影企业补贴

在现已确定的少数民族语译制任务之外，经广播电影电视部和财政部批准确需增加的少数民族语译制任务，而地方或电影企业确无力承担的，可给予补助。

少数民族困难地区的放映企业，地方财政补贴后仍有特殊困难的，可给予部分补贴。

（四）对制片厂重点设备更新、技术改造的借款或补助

对制片厂重点设备更新、技术改造（不包括洗印部分），必须以自有资金为主，分期进行。自有资金不足的，给予部分借款或补助。

对制片企业国拨定额流动资金的暂时困难，按照国务院国发［1983］第100号文件规定，企业除每年从生产发展基金中提取补充和在银行贷款后，仍有困难的，可给予部分借款。

（五）经广播电影电视部、财政部批准的其他项目的借款或补助

二、申请程序

（一）摄制影片申请资助程序

凡申请资助拍摄的重点故事片的制片厂，一般应于每年九月底前向国家电影专项资金管委会报送下年度需要资助的影片文学剧本、导演名单及需要资助的金额，以便统筹安排此项计划和预算。

申请资助摄制的故事片，制片厂应报送分镜头剧本、摄制计划和预算汇总表（含计算资料）一式三分（表式见附表一），经电影局和国家电影专项资金管委会审核提出意见，报广播电影电视部、财政部批准资助数额。违反第一、二项者不予资助。

国家电影专项资金管委会根据广播电影电视部和财政部审核批准的资助数额，按摄制进度分二至三次拨款。

受资助的故事片摄制完成经电影局审查通过后，制片厂要在三个月内报送摄制成本决算表（表式见附表二），经电影局和国家电影专项资金管委会审核后，汇总报广播电影电视部和财政部批准。

按国家资助拍摄的革命历史和现实题材的重点故事片申请资助的故事影片，制片厂应填写资助款结算清单（表式见附表三），报国家电影专项资金管委会核定。

城市电影院的维修改造、设备添置和技术改造补助或借款的申请程序，由国家电影专项资金省级管委会制定，报国家电影专项资金管委会备案。

申请重点设备更新、技术改造专款的制片厂，须将分年的申请借款或补助计划，经国家电影专项资金省级管委会审核后，于每年九月底以前报国家电影专项资金管委会核准。

申请流动资金借款的制片厂，须提供所需流动资金额和现有流动资金以及有关数据，经国家电影专项资金省级管委会审核后，于每年九月底以前报国家电影专项资金管委会审核提出意见，报广播电影电视部和财政部批准。

对少数民族地区电影企业的特殊困难补助，以及对电影企业重大问题和特殊困难资助，经国家电影专项资金省级管委会审核后，于每年九月底以前报国家电影专项资金管委会审核提出意见，报广播电影电视部和财政部批准。

国家电影专项资金年度使用计划，由国家电影专项资金管委会报广播电影电视部和财政部备案；国家电影专项资金省级管委会须报同级电影、财政行政主管部门批准。计划如有变动或调整，亦须按上述程序报批。

三、管理与监督

国家电影专项资金管委会应对省级管委会的国家电影专项资金的收缴和使用情况监督检查。并于每年三月将上年度电影专项资金的收缴和使用计划执行情况，向广播电影电视部、财政部提出报告。

国家电影专项资金省级管委会应对本行政区内国家电影专项资金的收缴和使用情况监督检查。并于每年二月底以前将上年度的国家电影专项资金的收缴和使用计划执行情况，向同级电影、财政行政主管部门和国家电影专项资金管委会提出报告。

国家电影专项资金使用单位，提出申请资助、补助、借款项目计划，要据实填报。对下拨款项，要专款专用。并于每年一月底以前将上年度下拨款项的使用情况，上报国家电影专项资金省级管委会。

对管理不善，经济效益差的电影企业，不给予资助。

授权各省、自治区、直辖市和地、市、县电影发行放映公司，负责对本地区国家电影专项资金的催缴，对缴纳单位瞒报少缴或拖延不缴，进行检查监督。

国家电影专项资金省级管委会应制定相应的管理办法。各地电影、财政行政主管部门应给予支持。

国家电影专项资金管委会和省级管委会，以及国家电影专项资金的使用单位，须接受审计部门的监督。

国家电影专项资金管委会，对于管理国家电影专项资金做出优异成绩的省级管委会，可酌情给予奖励。

对违反本办法规定使用国家电影专项资金的单位，国家电影专项资金管委会或省级管委会，可收回或停拨拨款，经报请行政主管部门批准，可给予有关领导和责任者以相应的处分。

四、不予资助领域

国家电影专项资金不得用于以下项目的开支：

不得用于新建厂房、摄影棚、办公楼、技术楼、仓库、片库、电影院、职工宿舍等项目；

不得用于未经国务院批准的电影制片企业和非全民所有制的发行放映企业；

不得用于弥补电影企业主管部门行政经费和事业经费的不足；

不得用于本暂行办法规定使用范围以外的其他支出。

·北京市·

文化创意产业发展专项资金

一、支持重点

（一）文艺演出

（二）出版发行和版权贸易

（三）广播影视节目制作和交易

（四）动漫游戏研发制作

（五）广告和会展

（六）古玩和艺术品交易

（七）设计创意

（八）文化旅游

二、资金规模

2011 年为 5 亿元

三、资助方式

（一）贷款贴息

（二）奖励

四、申报条件

同一单位每一年度只能申报一个项目。如有两个及两个以上项目单位联合申报，须确定其中一个项目单位作为项目申报主体，合作单位应出具同意其作为申报主体的证明。

申请贷款贴息的项目

（一）项目在 2010 年 1 月 1 日至 2011 年 11 月 18 日期间获得贷款，并已还清全部本金和利息；

（二）项目单位主营业务应包括文化创意产业，其从事文化创意产业收入占主营业务收入比例应达到或超过 60%；

（三）贷款及利息应按照贷款合同规定按时归还，无逾期归还记录，如有展期归还，应说明原因；

（四）贷款应用于文化创意产业项目，且不涉及基础设施建设。

申请奖励的项目及单位

（一）申报奖励的主体须为该奖项获奖主体（获奖主体为两个以上的，申请奖励资金需提供其他获奖主体的授权许可），对接受他人委托实施项目并获奖的项目单位，申请时须提供委托单位允许其申报奖励的授权证明；

（二）项目在 2010-2011 年度获国际级、国家级、省部级奖项；

（三）在开拓海外市场，促进文化产品和服务出口等方面做出突出贡献的项目单位。从事生产开发的，年出口额须超过 100 万美元，且年平均增长率超过 30%；从事文化贸易出口平台的，年出口额须超过 1500 万美元；

（四）注册地在北京，于 2010 年 1 月 1 日至 2011 年 11 月 18 日期间在境内外证券交易市场（柜台交易市场除外）挂牌上市的从事文化创意产业研发、生产、服务的企业；

（五）已经上市或资产规模超过五亿元的从事文化创意产业研发、生产、服务的企业，于 2010 年 1 月 1 日至 2011 年 11 月 18 日期间将企业总部注册地址迁至北京的；

（六）已经建成并正式运营，在孵企业达一定数量并具有成功孵化案例的文化创意企业孵化器；

（七）影视动画、网络游戏类项目的奖励条件详见《北京市关于支持影视动画产业发展的实施办法（试行）》（京文创办发 [2009]4 号）、《北京市关于支持网络游戏产业发展的实施办法（试行）》（京文创办发 [2009]5 号）。

·天津市·

文化产业发展专项资金

一、支持重点

（一）文化产业园区、基地。主要包括经国家或我市批准设立的文化创意产业园区、动漫产业基地、文化产业孵化基地等。

（二）具有自主知识产权、良好市场开发前景和市场竞争力的文化产业项目。

（三）文化体制改革转制企业的重点产业项目。

（四）动漫、数字内容等市场潜力大的新兴文化产业项目。

（五）具有天津地方特色和较强优势的文化资源产业化开发利用项目。

（六）其他重点文化产业项目。

二、资金规模

2011 年为 1 亿元

三、资助方式

项目补助、贷款贴息、奖励、配套资助

四、申报条件

（一）项目申报单位为在天津市行政区域内依法登记注册、具有独立企业法人资格和健全的财务管理制度、会计信用和纳税信用良好、会计核算规范、产权关系明晰、资产及经营状况良好，从事文化产业开发、生产经营、中介活动的企业。

（二）项目符合国家产业政策、天津市国民经济和社会发展规划、文化发展规划，具有较好的市场潜力和发展前景。

（三）项目建设的外部条件、自有资金和银行贷款已经落实，项目已实施或具备实施条件。

（四）项目建成后，具有自我发展能力，能取得较好的经济效益和社会效益。

·河北省·

文化产业发展引导资金

一、支持重点

引导资金主要用于支持全省文化产业发展项目，具体使用范围包括：

（一）重点文化产业示范基地、文化产业示范区块、文化产业示范企业建设或改造；

（二）具有示范和带动作用的文化企业技术改造与升级；

（三）影视、文学艺术、动漫、数字内容等重大文化产品及精品生产；

（四）地方传统特色文化资源开发、利用；

（五）拥有自主知识产权的重大文化产品或服务出口；

（六）文化品牌创新；

（七）省级以上文化产业宣传推介活动；

（八）省政府购买公益性文化产品或服务；

（九）专家评审等必要的管理费用；

（十）省委、省政府批准的其他事项。

二、资金规模

2011 年为 2 亿元

三、资助方式

引导资金采取贴息、补助和奖励等方式支持。

（一）对于具有较好经济、社会效益，已通过市场运作方式筹措资金，且投资总额超过 3000 万元的基建、技术改造、文化产品生产、文化资源开发等项目，采取银行贷款（指项目单位实施申报项目的银行贷款，不包括其他用途的贷款和流动资金贷款）贴息方式支持。贴息比例视项目情况分别确定：社会效益和带动作用较大的，按一年期银行贷款利率 100% 补贴；一般项目按一年期银行贷款利率 50% 补贴。

（二）对于具有较好经济、社会效益，已通过市场运作方式筹措主要资金，且投资总额不超过 3000 万元的文化产品生产、品牌创新、文化资源开发等项目，以及省级以上文化产业宣传推介活动，在自筹资金已经到位的前提下，采取无偿拨款方式给予适当补助。补助比例原则上不超过项目投资总额的 20%，补助金额原则上不超过 500 万元。

（三）对于重点文化企业和文化产业项目投保知识产权侵权险、产品完工险、损失险等险种（不包括各类公共场所的公众责任险和意外伤害险）发生的保险费，给予适当补助。补助比例不超过保险费实际发生额的 80%，补助金额不超过 100 万元。

（四）对重大文化产品或服务出口，获得国家级以上且业内公认为最高水平的、具有巨大社会影响力和品牌效应的奖项（金奖或一等奖）的文化产品，给予一次性奖励。

文化产品或服务出口，奖励资金原则上不超过 30 万元，视文化产品或服务的影响具体确定奖励金额。

文化产品获得国家级奖项的，奖励资金不超过 30 万元；获得权威性国际奖项的，奖励资金不超过 40 万元。

奖励资金只能用于本单位文化产业发展，不得用于发放个人工资和奖金。

四、申请条件

（一）项目承担单位为我省行政区域内依法登记注册设立的文化产业类企业法人或实行企业化管理的文化事业法人，财务管理制度健全、会计核算规范、财务状况良好，无违法违规经营记录；

（二）申报项目符合国家产业政策和我省文化产业发展规划，有较强的示范和带动作用，有较好的社会效益和经济效益；

（三）项目可行性报告、初步设计或实施方案已经有关行政管理部门批准，自筹资金或贷款落实，并已投入资金；

（四）申报项目为非财政投资项目，且实行社会化、市场化运作。

文化产业振兴奖励资金

一、奖项设置

（一）设区市文化产业振兴奖，用于奖励上年度文化产业发展社会效益和经济效益突出的设区市政府；

（二）文化产业精品项目奖，用于奖励上年度社会效益和经济效益突出的文化产业精品项目的所属单位。

二、奖金额度

（一）设区市文化产业振兴奖：一等奖 1 名，奖金 2000 万元；二等奖 2 名，奖金各 1000 万元；三等奖 3 名，奖金各 500 万元。

（二）文化产业精品项目奖：一等奖 5 名，奖金各 500 万元；二等奖 10 名，奖金各 100 万元；三等奖 20 名，奖金各 50 万元。

奖励资金原则上 3 年内不重复奖励同一项目。

三、评价指标

（一）设区市文化产业振兴奖评价指标：

1. 文化产业增加值及其增长率；

2. 文化产业上缴税收及其增长率；

3. 财政文化投入总量及其增长率；

4. 财政文化投入占总支出的比重；

5. 文化产业项目全社会固定资产投资完成额及其增长率；

6. 文化产业项目全社会固定资产投资完成额占全社会固定资产投资完成总额的比重；

7. 文化产业就业人数；

8. 文化产业基础设施建设、园区建设以及文化产业发展政策措施等管理情况；

9. 文化产业项目所获上级奖励或表彰情况；

10. 文化产业发展情况的社会反响。

（二）文化产业精品项目奖评价指标：

1. 新闻出版、发行、印刷复制、网络服务类项目

（1）经营收入

（2）利润

（3）纳税额

（4）就业人数

（5）所获奖励或表彰情况

（6）项目发展情况的社会反响

2. 广播、电视、电影、动漫服务类项目

（1）经营收入（或票房收入）

（2）利润

（3）持续经营（演出）时间

（4）所获奖励或表彰情况

（5）项目发展情况的社会反响

3. 文化用品、产品、设备的生产与销售类项目

（1）经营收入

（2）利润

（3）纳税额

（4）就业人数

（5）所获奖励或表彰情况

（6）项目发展情况的社会反响

4. 文化艺术、文化娱乐等文化服务类项目

（1）经营收入

（2）利润

（3）观众人数

（4）演出场次

（5）持续经营（演出）时间

（6）所获奖励或表彰情况

（7）项目发展情况的社会反响

5. 文化会展、节庆、旅游及其他新兴文化产业类项目

（1）经营收入

（2）观众人数

（3）持续经营（演出）时间

（4）所获奖励或表彰情况

（5）项目发展情况的社会反响

四、申报条件

具有独立企业（事业）法人资格；

财务管理制度健全、会计信用和纳税信用良好；

项目已经完工，且已产生社会效益和经济效益的。

·山西省·

文化产业发展专项资金

一、支持重点

（一）对重点文化产业园区、文化产业基地和文化主题公园的扶持；

（二）对文化创意、广播影视、新闻出版、文化娱乐、工艺美术、旅游演艺等文化企业重点项目和产品的扶持；

（三）对原创动漫、数字广播电视、数字出版等新兴文化业态及传统文化产业技术改造升级项目的扶持；

（四）对文化产品和服务出口的扶持；

（五）其他需要扶持的文化产业发展项目。

二、资金规模

未公布

三、资助方式

（一）贷款贴息。贷款贴息是专项资金的主要支持方式。对符合支持条件的文化企业通过银行贷款实施重点发展项目实际发生的利息给予补贴。根据项目水平、贷款规模、贷款年限及其还款能力等情况确定相应的贷款贴息额度和年限。贴息年限最多不超过 3 年。贴息方

式为先付后贴，贴息补贴金额最高不超过实际利息发生额的 80%。

(二)项目补助。对符合支持条件的文化企业，以自有资金为主投资的文化产业项目给予补助，对具有良好市场前景、体现我省特色的文化产业项目，予以重点支持。项目补贴与贷款贴息原则上不重复支持同一个项目。

（三）奖励。对文化出口企业按照出口实绩给予适当奖励。对文化企业获得省级、国家级或国际文化产业相关奖项的项目以及纳入国家重点扶持名录的重点文化企业、重大文化产业项目给予奖励。奖励资金不得变相发放给个人。各类奖励原则上不超过文化产业发展专项资金总额的 5%。

（四）其他支持方式。

四、申报条件

凡在我省注册、具有独立法人资格，从事文化产品开发、生产、销售的文化企业，均可申请专项资金。

·内蒙古自治区·

文化产业发展专项资金

一、支持重点

专项资金主要用于扶持符合国家文化产业政策、列入内蒙古文化产业发展规划、具有民族特色和市场前景的文化产业门类和项目。具体使用范围是：

（一）自治区级文化产业园区和示范基地建设；

（二）新闻出版、广播影视、民族演艺、文化旅游等文化产业领域的开发和创意；

（三）动漫、网游等新兴文化产业的研发和制作；

（四）具有自主知识产权的文化产品和服务出口；

（五）骨干文化企业培育及重点文化产业项目平台建设；

（六）文化体制改革转制企业文化产品开发；

（七）其他自治区文化产业发展领域。

二、资金规模

2011 年为 2 亿元

三、资助方式

专项资金根据项目的不同特点，采取项目补助、贷款贴息、补充国家资本金、绩效奖励、保险费补助等方式。

（一）项目补助。对符合支持条件的文化企业，以自有资金为主投资的重点发展项目所需资金给予补助。对体现民族和地区特色、具有良好市场前景的文化产业项目，可集中资金予以支持。

（二）贷款贴息。对符合支持条件的文化企业通过银行贷款实施重点发展项目所实际发生的利息给予补贴，每个项目的贴息年限一般不超过 3 年。年贴息率最高不超过当年国家规定的银行贷款基准利率。补贴额一般不超过实际利息发生额的 80%。

（三）补充国家资本金。对国有控股文化企业实施股份制改造或跨区域整合可适当补充国家资本金。

（四）绩效奖励。对文化产业经营单位按照经营实绩给予奖励；对取得突出社会效益和经济效益的单位予以奖励。

（五）保险费补助。对文化出口重点项目所必须的财产保险和出口信用保险费用，凭保险合同、保险费发票等有效凭证，给予适当补助。

（六）其他经财政厅批准的支持方式。

专项资金对决定支持的 200 万元以上（含 200 万元）项目，采取按比例分期拨款的方式，原则上第一期拨付 70%，第二期拨付 30%，第二期拨款在第一期拨款绩效考评合格之后拨付。

四、申报条件

（一）具有独立企业法人资格的各种所有制性质的文化企业单位和企业化管理的事业单位。

（二）财务管理制度健全。

（三）会计信用和纳税记录良好。

·黑龙江省·

文化产业发展专项资金

一、支持重点

符合下列条件的应予以受理：

（一）具有独立法人资格，从事文化产品开发、生产、销售和中介服务活动的文化企事业单位；

（二）省级重点文化企业、文化产业园区、产业示范基地建设和重点文化企业重大技术进步项目贷款的贴息；

（三）省级文艺院团实施产业化发展的重点项目；

（四）新兴文化产业项目或产品的开发、研制与合作，重大文化产业资源整合，具有我省特色、良好市场前景的高回报率项目的补助；

（五）我省原创动漫影视作品的播出和出版发行及获得国际、国家、省级奖项，重点文化企业、重大文化产业项目进入国内国际市场以及引进国外重大文化产业项目奖励；

（六）省级重点文化产业项目宣传、展示和推介平台建设以及重点文化产业项目的招商引资等；

（七）吸引、招聘、培养文化产业优秀经营管理人才、高端科技人才，重点课题研究的补助和有突出贡献的文化企事业的表彰、奖励；

（八）经省财政厅与省委宣传部确定的其他扶持对象。

二、资金规模

未公布

三、资助方式

专项资金根据产业和项目的不同特点，采取补助、贴息、奖励等方式，分为补助资金、贴息资金和奖励资金等。

补助资金专项用于支持以自有资金为主投资的文化产业项目。对具有良好市场前景、新兴的和体现我省特色的文化产业项目，可集中资金予以重点支持。对一般项目的补助资金，根据专家评审结果，原则上补助额度不超过 100 万元。

贴息资金用于支付单位或企业按规定项目申请并获得的，且经严格审查后的银行贷款利息。贴息资金的年限视项目单位或企业的贷款额度和贷款年限等情况确定，最多不超过 3 年。贴息金额参照中国人民银行同期贷款基准利率确定或定额贴息。贴息额原则上每年不超过 100 万元。贴息资金可根据项目实施进度和贷款实际发生额一次或分次安排。

奖励资金用于获奖单位的文化产业发展。对获奖单位的奖励资金根据产生的经济和社会效益确定补助标准，原则上不超过 50 万元（以奖代投的项目除外）。

·上海市·

宣传文化专项资金

一、支持重点

专项资金主要用于本市加强党和政府的舆论宣传、支持公共文化服务体系建设、扶持和推进文化产业发展、建立和完善文化市场体系等，具体是：

（一）哲学社会科学与思想理论建设，主要包括：

1. 马克思主义理论研究、宣传、普及和出版工作；

2. 理论研讨、学术交流和决策咨询等活动；

3. 培育学术名刊和基础类学术团体；

4. 理论研究基地建设；

5. 理论骨干培养；

6. 思想文化动向和宣传文化工作综合性、全局性课题调研分析；

7. 社会舆情收集分析；

8. 优秀学术成果奖励；

9. 社会科学管理和学术网站建设。

（二）精神文明建设，主要包括：

1. 精神文明创建活动；

2. 市民素质提高工程；

3. 未成年人思想道德建设；

4. 上海志愿者服务体系建设；

5. 重大社会活动组织；

6. 精神文明信息化建设；

7. 公益广告建设与管理。

（三）党报、党刊、广播电视和重点出版领域建设，主要包括：

1. 党报、党刊、广播电视等编辑业务大楼的改建、维修；

2. 新闻、出版等宣传文化单位的技术改造、设备更新；

3. 古籍整理；

4. 重点出版工程的扶持和奖励；

5. 重点公益性媒体运营补助和政府宣传舆论项目的采购；

6. 媒体品牌建设工程的扶持和奖励；

7. 新闻媒体全国性、全市性重大新闻宣传活动和重大题材的策划、组织、评估及奖励等；

8. 各类全国性、全市性重大新闻出版奖项的培育、评审和奖励等；

9. 全市新闻、出版领域重大活动，包括上海书展、三项学习教育活动等；

10. 新闻出版领域年度专题阅评、督查专项教育的组织、实施、评估和奖励等；

11. 新闻出版学术研讨活动和重大课题调查研究工作；

12. 支持人民日报、求是杂志年度发行收订工作；

13. 资助重点网站的建设。

（四）社会宣传，主要包括：

1. 形势任务宣传教育；

2. 先进典型宣传教育；

3. 重大节庆社会宣传；

4. 重大建设工程与实事工程宣传；

5. 全市爱国主义教育基地主题活动；

6. 全市基层宣传教育工作成就交流展示；

7. 开展思想政治工作研究和企业文化建设；

8. 网宣和网络文化重大活动；

9. 网络文化重大奖项评选；

10. 网络评论平台建设；

11. 网络舆情监管平台建设和升级。

（五）对外宣传，主要包括：

1. 重大对外宣传活动，包括上海城市形象海外推广活动、上海世博会对外宣传、“上海周”、境外驻沪媒体大型活动及文化对外宣传活动等；

2. 重点对外宣传媒体的重要对外宣传项目扶持，包括上海日报、外语频道（频率）、新民晚报海外版、外语新闻网站和中文媒体的海外推广等；

3. 对外宣传设施的运营，包括对外文化交流基地建设、国际访问者中心建设、采访线工程建设、城市呼叫中心建设等；

4. 对外宣传课题的研究；

5. 重要电视形象片、音视频内容、平面出版物等对外宣传品制作发行传播的扶持；

6. 对外宣传工作的奖励，包括“银鸽奖”评选、上海市对外书刊宣传工作先进单位评比、新闻发布及回应联动机制奖励、重要舆情研究、判别及热点问题舆论应对奖励等。

（六）文学艺术的资助、投入、奖励和有关重点项目扶持，主要包括：

1. 重大文化节庆活动及相关群众文化活动资助；

2. 全市重大文化活动的评估和奖励；

3. 国有市属文艺院团的年度考核和奖励；

4. 国有市属文艺院团的设备更新配置；

5. 重大艺术作品收集收藏和艺术档案收藏整理工作（含舞台艺术作品的录制、版权收购，重点演出项目的音像资料制作整理，梳理历史遗留的重点版权问题）；

6. 国家重点扶持的艺术门类发展、国家非物质文化遗产的保护扶持和优秀文化传统艺术的传承、抢救、整理；

7. 上海文艺创作“三品”（新品、优品、精品）的创作资助和奖励；

8. 年度上海市重大文艺创作项目投入和国家重点创作、评比项目的资助、配套奖励和宣传；

9. 上海文化大都市建设创作工程（含文学、舞台艺术、影视剧、美术等创作工程）；

10. 文艺舆情研究判别、加强文艺评论及中央媒体的宣传接待；

11. 重点文学艺术作品的研讨、出版、展览、交流的资助或投入；

12. 资助本市文艺创作骨干和主创人员业务学习、培训、交流、观摩及文艺创作骨干人员、重点文艺人才出国学习考察费用；

13. 本市国有剧场的设备更新改造和剧场修整等费用；

14. 委托上海文化发展基金会等对各类公益性文化资助项目的接受申报、评审、监管、评估和审计等费用。

（七）公共文化服务体系运作扶持，主要包括：

1. 国家重点公共文化服务体系建设工程补助，如：有线电视“村村通”、文化信息资源共享、基层（乡镇）综合文化站、农村电影放映、农家书屋等；

2. 民族、民俗、民间文化工程建设，如：传承人资助、古籍整理、文献抢救、政策宣传普及实施等；

3. 博物馆运行补贴，包括落实公共博物馆免费开放以后中央文件规定的相关补贴，对民间和行业博物馆开展公益性活动的补贴等；

4. 全市公共图书馆网络体系建设补贴；

5. 全市性公共文化服务体系的运行管理经费，如：举办社区文化活动管理人员培训、“管理平台”的研发运行和监管、公共文化服务信息平台等建设、运行、管理经费；

6. 全市性公共文化服务体系的监管、评估工作；

7. 全市性公共文化服务内容配送体系建设；

8. 全市性对群众文化活动的奖励和补贴；

9. 有线电视数字化工程政府资金补贴。

（八）文化产业发展引导和扶持，主要包括：

1. 对政府鼓励的文化产业项目的补贴、奖励；

2. 文化产业公共服务平台建设和符合政府导向的文化产业示范基地建设；

3. 鼓励重点文化产品和服务出口；

4. 重点文化单位和文化项目的补贴和贷款贴息；

5. 对优秀文化企业的奖励；

6. 开展重大的、有影响力的文化产业活动；

7. 投资设立文化产业基金；

8. 政府文化投资公司以控股、参股等方式直接参与战略性文化产业项目建设、产业结构调整优化、维护国家文化安全等，包括互联网视频、音频新媒体等项目；

9. 文化产业规划和研究，包括信息采集、课题调研、项目咨询、发展报告、专项规划和产业统计等；

10. 文化市场建设、监管，包括文化要素市场补贴、文化执法补贴、本市互联网违法违规举报平台建设、网络文化协会建设等。

（九）文化人才资助与奖励，主要包括：

1. 高层次文化人才、紧缺文化人才的引进，包括住房补贴、医疗保险及安置费等；

2. 优秀文化人才的培养，包括"文教结合工程"、"优秀人才成长工程"的人才培养项目及人才实践基地经费等；

3. 优秀文化人才及其团队的培养、奖励和资助，包括对获省、部级以上奖项和荣誉称号的、或有特殊贡献以及有发展潜力的优秀文化人才及其团队进行资助和奖励；

4. 特殊文化人才的保障。根据高端人才的不同层次给予特殊津贴，根据特殊艺术种类从业人员（武戏、舞蹈、杂技等）的特点给予津贴、补助、保险等；

5. 文化人才队伍调研与规划；

6. 文化人才信息服务平台建设，包括文化人才资源状况调研、文化行业人才信息平台专属系统研发、文化人才信息的采集与发布、网络基础设施和相关硬件配置以及运行管理、干部管理工作信息查询系统的开发等；

7. 文化人才评估系统建设。包括干部公开选拔工作、文化行业专业岗位标准的制定、文化人才认证项目的开发、文化人才素质能力测评系统的开发、文化人才测评与认证的实施等；

8. 文化人才培训；

9. 文化界自由择业知识分子联系、教育、引导。

（十）文化发展和改革中必需的其他文化项目支出，主要包括：

1. 专项审计和内部审计表彰等；

2. 信息安全支撑与保障工作等；

3. 党风廉政教育、制度、监督、办信查案和队伍建设等；

4. 各类宣传文化工作项目组、办公室的工作经费保障等；

5. 宣传文化行业党建工作，包括先进典型库建设、工作考评、典型表彰、网站建设及远程教育和重大课题调研等；

6. 其他经市委、市政府批准的文化支出。

二、资金规模

未公布

三、资助方式

专项资金采用资助和补贴、专项投资、贷款贴息等方式安排使用。

（一）资助和补贴主要适用哲学社会科学研究、精神文明建设、党报党刊广播电视和重点出版领域建设、社会宣传、对外宣传、文学艺术资助（包括通过上海文化发展基金会评审资助的项目）、文化人才资助与奖励、公共文化服务体系建设、通过文化产业引导资金扶持的鼓励类文化产业项目、公共服务平台和基地建设、重点文化产品和服务出口、优秀文化企业和管理者的奖 励、重大文化产业活动等。

（二）专项投资，主要对经市委、市政府批准的文化产业基金、重大文化投资项目，通过政府文化投资公司实施并形成固定资产或股权。

（三）贷款贴息主要适用于对文化和精神产品的创作、生产，以及有偿还能力的公共文化设施、技术改造、专业设备更新、部分文化产业项目所发生的银行贷款利息予以补贴。贴息方式分为全额贴息和部分贴息。

对经批准的纳入专项资金预算的资助和奖励项目，由市财政局依据经批准的项目预算，按照项目进度和单位申请，按国库集中支付办法规定程序拨付。属于政府采购的支出项目，应按规定纳入政府采购资金拨付程序办理。

对经批准的纳入专项资金预算的贴息项目，项目主管部门应根据项目实施单位与金融机构签订的贷款协议副本，以及已发生的银行贷款计息单（复印件），向市委宣传部和市财政局提出拨付申请。市财政局根据市委宣传部的办理意见和项目实施单位申请和提供的贷款相关资料，按规定审核后，将贴息资金拨付贷款单位。

贴息金额根据实际贷款金额给予全额或部分贴息；贴息率不超同期同类银行贷款基准利率；贴息期限一般

不超过三年。对贷款单位逾期产生的加息、罚息，不予贴息。

对经批准纳入专项资金预算的重点文化项目投资，由市财政局根据市委、市政府批复和年度预算，将资金以资本金方式注入指定的政府文化投资公司。通过政府文化投资公司投资形成的固定资产或股权项目，应按照现行的国有资产管理办法进行管理。

上海市网络视听产业专项资金

一、支持重点

网络视听产业的内容创意、技术开发、产品创新、文化交流，具体包括：

（一）支持企业从事网络剧的原创制作；

（二）支持企业从事网络短片的原创制作；

（三）支持企业从事视听栏目和节目的原创制作；

（四）支持企业采用高新技术进行上述三类内容的制作；

（五）支持企业快速健康发展，作大作强；

（六）支持企业从事产品创新；

（七）支持为网络视听产业提供的专项服务；

（八）支持为网络视听产业提供的公共服务平台。

二、资金规模

每年 1000 万元

三、资助方式

（一）专项资助，主要用于对成长性高的企业进行资助，对企业和基地参加国内外各类宣传推广交流活动进行资助，对网络视听公共服务平台进行资助；

（二）奖励，主要用于对优秀的企业原创内容或创新项目进行奖励。

四、申请条件

（一）在沪注册的企业单位，具有独立法人资格；

（二）持有《信息网络传播视听节目许可证》或《广播电视节目制作许可证》，或经市级或以上主管部门认定的网络视听产业基地；

（三）在内容创意、技术或产品创新，资源集聚方面已经取得相关成果。

·江苏省·

现代服务业（文化产业）发展专项引导资金

一、支持重点

优先支持原创性强、能形成自主知识产权的项目；重大民营投资项目；已上市文化企业或有助于文化企业上市的项目。

（一）支持创意设计、新兴媒体、影视动漫、网络游戏、电视购物等新兴文化产业发展；

（二）支持出版发行、印刷复制、广播影视、演艺娱乐、文化旅游、工艺美术、广告会展、版权贸易和服务等文化产业发展；

（三）支持国家级、省级文化创意产业孵化器（影视基地、数字电影产业园、动画产业基地、数字出版基地、版权产业基地、文化产业园区和文化产业示范基地等）建设，重点发展高科技文化创意产业园区，积极发展地方特色文化产业园区；

（四）支持骨干文化企业“走出去”及具有自主知识产权的文化产品和服务出口；

（五）支持发展连锁经营、物流配送、电子商务、演出院线、电影院线等现代流通方式和各类文化中介机构；

（六）支持代表江苏文化水准并可产业化运作、在全国有重大影响的文化艺术、电影、电视剧、广播剧、动漫、影视节目（栏目）、出版项目等内容生产和品牌打造；

（七）支持富有地方传统特色的文化资源产业化开发利用；

（八）协调小组确定的其他重大文化产业项目。

二、资金规模

2011 年为 2 亿元

三、资助方式

（一）贷款贴息。主要用于能够形成较大产业规模，经济效益显著的文化产业项目的银行贷款利息贴补。对申请银行贷款贴息的项目，根据项目水平和贷款规模确定相应的贷款贴息额度。

（二）项目补贴。分为事中补贴和事后奖励。事中补贴主要用于项目实施过程中的仪器设备购置等前期投入；事后奖励主要用于对项目完成后的以奖代补。对申请引导资金补贴的项目，根据其重要性和影响力确定补贴额度。

积极探索有偿资助、股权投资、风险投资等其他资助方式，扶持有发展潜力的重点文化项目以及处于初创期、成长期的创新型文化企业和高成长性文化企业，引导社会资金进入文化领域，通过市场机制发展文化产业，相应的管理办法另行制定。同时，加强与江苏紫金文化产业发展基金、省级现代服务业发展引导资金等专项资金的联动，加大对文化企业的金融支持力度，建立多元化的文化产业发展投融资服务体系。

四、申报条件

（一）申请项目的承担主体必须是在江苏省行政区域内依法登记注册设立的文化企业单位和企业化管理的文化事业单位，具有独立法人地位、完善的经营管理机制和健全的财务管理制度，会计核算规范，股权结构清晰合理，技术创新能力特别是原创能力较强；管理团队稳定且素质较高，具备与完成项目相适应的经营管理能力；企业资产及经营状况良好，资信等级较高，注册资本 50 万元以上，项目投资额 300 万元以上，资产负债率低于 60%。

（二）申报项目必须符合国家产业政策及我省国民经济和社会发展规划、文化发展规划。

（三）申报项目所需资金主要由单位通过银行贷款、吸引社会资本以及自筹的方式解决。原则上为非政府资金投入的项目。

（四）申报项目已经按规定程序通过审批。

·浙江省·

文化产业发展专项资金

一、支持重点

全省文化企事业单位（不含宁波市）。主要用于：

（一）文化单位转换经营机制和对产业发展有显著作用的技术改造和设备更新项目；

（二）文化产业基础设施建设和改造项目；

（三）重点文化产业基地、文化产业示范区块及示范企业；

（四）重点文化活动、文化品牌扶持；

（五）具有示范性、导向性的文化产品生产和文化服务项目；

（六）省属艺术表演场所引进国内外高水平演出的场次补贴；

（七）经省财政厅、省委宣传部批准的其他文化产业项目。

二、资金规模

每年 4000 万元

三、资助方式

项目补助、贴息和奖励。按照“突出重点、兼顾一般，效率优先、奖补结合”的原则进行。

四、申报条件

（一）符合国家产业发展政策和《浙江省文化产业投资指南》支持的项目；

（二）能提升我省文化产业水平，引领文化产业发展，预期能产生较好社会效益和经济效益；

（三）项目可行性报告、初步设计或实施方案已经有关管理部门批准，并已投入资金；

（四）单位管理规范，有健全的财务管理制度和会计核算体系；

（五）申请财政贴息的项目自有资金或贷款已落实。

杭州市文化产业发展专项资金

一、支持重点

（一）新闻出版、广播影视、文化娱乐、文化旅游、艺术品等传统文化产业的改造和发展；

（二）动漫游戏、创意设计、数字影视等新兴文化产业的发展；

（三）文化艺术内容生产和文化品牌的打造；

（四）社会力量兴办或社会化运作的重大活动、赛事和展览；

（五）公益事业产业化运作项目；

（六）社会力量兴办或单位自筹资金的文化基础设施建设和改造及设备更新；

（七）市文产委研究确定的其他全市重大文化项目等。

二、资金规模

未公布

三、资助方式

奖励、资助和贴息。

四、申报条件

（一）符合国家、省、市文化产业发展政策，符合《杭州市大文化产业投资指南》，能提升我市文化水平，引领文化产业发展，产生较好社会效益和经济效益；

（二）除市文产委确定扶持的重大文化项目外，其他项目原则要求为部门、单位自筹资金兴办或社会化、市场化运作；

（三）项目已经审批单位批准并投入资金，申报单位经营管理完善，具有健全的财务管理制度，会计核算规范，无违规违法经营记录，申请贴息的项目还贷及时。

·安徽省·

文化强省建设专项资金

一、支持重点

（一）精神文明建设“五个一工程”；

（二）重大题材影视剧创作；

（三）舞台艺术精品工程；

（四）重大新闻出版、公益性出版物项目；

（五）文化“走出去”等项目；

（六）省属演艺院团设施更新、剧目创作、人才培养；

（七）省级电影院线和影城建设、有线数字电视技术开发；

（八）符合我省文化产业发展规划、体现我省特色、市场前景好、自主创新水平高、示范性和带动性强的文化产业项目；

（九）支持设立文化产业创业投资基金，扶持中小文化企业和新兴文化产业、文化业态发展；

（十）为文化强省项目进行投融资服务、招商引资、市场推广、评审论证、资金管理等经费；

（十一）省委、省政府确定的其他文化项目。

二、资金规模

1亿元

三、资助方式

专项资金主要采取项目补贴、贷款贴息、奖励和补充资本金的方式，对符合资金使用范围的项目予以资助和支持。

四、申报条件

（一）项目符合我省建设文化强省规划纲要，能提升我省文化事业发展水平，引领文化产业发展，预期能产生较好社会效益和经济效益；

（二）项目单位系在安徽省境内依法注册登记、具有独立法人资格的文化企事业单位，具有完善的经营管理机制和健全的财务管理制度，会计核算规范，无违法违规经营记录等；

（三）知识产权无争议，项目可行性研究报告、相关设计或实施方案已经有关部门论证和批准，项目已实施或已具备实施条件的。

·福建省·

文化产业发展专项资金

一、支持重点

专项资金重点用于文化改革与发展，支持对象是政府鼓励投资的文化产业项目，即：经济和社会效益显著，能够明显提升福建文化产业自主创新能力和市场竞争力的文化产业项目，能够引导社会资本进入的文化产业项目和领域。

（一）文化产业精品工程、国产动漫产业工程、影视基地建设工程、广告创意基地建设工程、茶文化产业工程；

（二）重点文化产业网站建设和重大文化产业活动，如文博会、艺博会、茶博会、图书交易会等，以及编制文化产业规划经费；

（三）非物质文化遗产开发利用项目，如非物质文化遗产展示中心、非物质文化遗产产业化、市场化项目等；

（四）省级重点国有文化单位转企改制注册资本金、资产评估、财务审计、法律咨询等相关支出；

（五）具有自主知识产权的文化产品和服务出口项目；

（六）省委省政府确定的其他重大文化产业项目。

二、资金规模

1亿元

三、资助方式

（一）贷款贴息。主要用于能够形成较大产业规模，有经济效益的文化产业项目的银行贷款的利息补贴。对申请银行贷款贴息的项目，根据项目水平和贷款规模确定相应的贷款贴息额度。

（二）项目补贴。对申请专项资金补贴的项目，根据其重要性和影响力确定补贴额度。

（三）奖励。主要用于对经济和社会效益显著的文化产业项目进行奖励。

（四）股权投资。主要用于政府鼓励优先发展的成长性良好，示范效应明显的文化产业项目。

（五）其他支出。主要用于文化体制改革、发展文化产业等方向的支出。

四、申报条件

（一）项目申报单位须是在福建省行政区域内依法登记注册设立的文化产业类企业单位、企业化管理的事业单位和正在转企改制的文化事业单位。具有独立法人地位，具有完善的经营管理机制和健全的财务管理制度，会计核算规范，股权结构合理；管理团队素质较高，具备与完成项目相适应的经营管理能力。

（二）申报项目符合国家及我省文化产业发展政策及我省国民经济和社会发展规划、文化发展规划，具备较好的市场潜力和明确可行的、适应市场化竞争要求的运营管理体制，能产生较好的社会效益和经济效益。

（三）申报项目所需资金主要由单位通过银行贷款、吸引社会资本以及自筹的方式解决。

（四）申报项目已经按规定程序通过审批。

·江西省·

文化产业发展专项资金

一、支持重点

专项资金的支持对象是政府鼓励投资且能够引导社会资本进入文化产业领域，明显提升我省文化产业水平，引领文化产业发展，预期能产生较好社会效益和经济效益的文化产业项目。具体支持范围包括：

（一）网络、动漫、新媒体等新兴文化产业；

（二）广播影视、新闻出版、文化娱乐、文艺演出等文化产业；

（三）重点文化产业基地、文化产业示范区块及示范企业；

（四）具有自主知识产权的文化产品生产和文化服务及文化出口项目；

（五）其他文化产业发展项目。

二、资金规模

每年 2000 万元

三、资助方式

（一）项目补助。对以自有资金为主投资，具有良好市场前景、基础性、全局性、新兴的和体现江西特色的文化产业项目，可通过专项资金直接补助。

（二）股权投资。委托省内有资质的投资公司对文化产业注入权益性资本，并通过资本运营直接参与企业经营过程，与文化企业收益共享，风险共担。鼓励各类投资机构参与文化产业项目的股权投入。具体办法另行制定。

（三）奖励。对做出突出贡献的文化企业，特别是获得国际、国家级或省级文化产业相关奖项的项目，取得良好的市场或社会效应的文化产品、服务，推动我省文化产业升级和资源整合具有重要意义的文化项目等给予一定奖励。具体办法另行制定。

（四）其他支出。经省委宣传部、省财政厅批准开支的与支持文化产业发展有关的其他支出。

四、申报条件

（一）申报项目承担主体应是在我省行政区域内依法登记注册设立的法人单位。申报项目必须符合国家产业政策、国民经济和社会发展规划、文化发展规划，具有较好的市场潜力和发展前景。

（二）能提升我省文化产业水平，引领文化产业发展，预期能产生较好社会效益和经济效益。

（三）项目可行性报告、初步设计或实施方案已经有关管理部门批准，并已投入资金。

（四）单位管理规范，有健全的财务管理制度和会计核算体系。

（五）项目所需经费除申请专项资金支持外，其他原则上为非财政资金投入，由单位自筹资金，并吸引社会资本共同兴办，项目单位实行社会化、市场化运作。

（六）申报项目已经按规定审批。

·山东省·

文化产业发展专项资金

一、支持重点

专项资金的支持对象是政府鼓励投资且能够引导社会资本进入文化产业领域，明显提升山东文化产业自主创新能力和市场竞争力，具有显著社会效益和经济效益的文化产业项目。

专项资金重点支持范围：

（一）动漫、数字内容等新兴文化产业项目；

（二）广播影视、新闻出版、文化娱乐、工艺美术、文艺演出、文化旅游等文化产业的技术改造升级项目；

（三）文化创意产业孵化器项目；

（四）具有自主知识产权的文化产品和文化服务出口项目；

（五）代表山东文化水准并可产业化运作的文化艺术、影视节目等内容生产和品牌打造项目；

（六）富有地方传统特色的文化资源产业化开发利用项目；

（七）对山东省文化产业发展做出突出贡献的单位和项目的奖励；

（八）其他文化产业发展项目。

二、资金规模

每年 7000 万元

三、资助方式

专项资金主要采取项目补贴、股权投资、贷款贴息和奖励的方式进行资助，并积极探索资金有偿使用方式。

（一）项目补贴。对以自有资金为主投资的文化产业项目给予补贴，对具有良好市场前景、新兴的和体现我省特色的文化产业项目，可集中资金予以重点支持。

（二）股权投资。委托省内有资质的投资公司对文化产业注入权益性资本，并通过资本运营直接参与企业经营过程，与文化企业收益共享，风险共担。鼓励各类投资机构参与文化产业项目的股权投入。股权投资管理办法另行制定。

（三）贷款贴息。对申请银行贷款贴息的项目，根据项目水平和贷款规模确定相应的贷款贴息额度。贴息管理办法另行制定。

（四）奖励。对获得省级、国家级或国际文化产业相关奖项的项目，重点文化企业、重大文化产业项目进入国内国际市场的，以及引进国外重大文化产业项目的给予奖励。

项目补贴与贷款贴息原则上不重复支持同一个项目。对具有良好社会效益和经济效益的重点项目，可视情况分年度给予支持。

四、申报条件

申请专项资金的项目必须具备以下条件：

（一）项目申报单位必须是在山东省行政区域内依法登记注册的文化产业类企业单位、企业化管理的文化事业单位或财政支持类事业单位，并具备以下条件：具有独立企业法人资格和健全的财务管理制度，会计核算规范；产权关系明晰，股权结构合理；管理团队素质较高，具备与完成项目相适应的经营管理能力；资产及经营状况良好，资信等级较高，资产负债率低于 60%。

（二）项目符合国家产业政策和我省国民经济和社会发展规划、文化发展规划，具有较好的市场潜力和发展前景。

（三）项目建设的外部条件、自有资金和银行贷款已经落实，且能在当年启动，并在规划期内建成。

（四）项目建成后，具有自我发展的能力，能取得较好的经济效益和社会效益。

（五）对省直部门、单位和市、县（市、区）政府安排配套资金的项目给予优先支持。

·河南省·

文化产业发展专项资金

一、支持重点

补助资金主要用于：

（一）省委、省政府确定的重点文化产业项目；

（二）社会效益显著和市场前景可观的重大文化产业项目。

贴息资金主要用于：

（一）省委、省政府确定的重点文化产业投资项目；

（二）科技含量高、成长性好的新兴文化产业投资项目；

（三）辐射带动作用强、市场前景好的文化产业投资项目。

奖励资金主要用于：

（一）取得显著社会效益和经济效益的省属改制文化单位；

（二）较大规模引入社会资本并取得显著社会效益和经济效益的文化单位；

（三）其他在文化产业发展方面取得突出成效的文化单位。

二、资金规模

3000 万元

三、资助方式

专项资金的使用采取补助、贴息、奖励等方式；分为补助资金、贴息资金和奖励资金。

补助资金专项用于规定的文化产业项目支出。对单个项目的补助资金原则上不超过 100 万元。

贴息资金用于项目单位支付规定项目贷款的银行利息。项目贴息期限为 1 年，贴息金额参照银行同期贷款利率确定或实行定额贴息。对单个项目的贴息资金原则上不超过 200 万元。

补助资金与贴息资金不重复支持同一项目。

奖励资金用于获奖单位的文化产业发展。对每个单位的奖励资金原则上不超过 50 万元。

·湖北省·

扶持优势文化产业发展专项资金

一、支持重点

专项资金由省财政从年度预算内安排，专项用于支持从事文化产品开发、生产和服务、并执行企业财务会计制度的本省境内宣传文化单位文化产业的发展。

专项资金优先用于落实国家和省委、省政府确定的文化产业扶持政策，重点支持发展势头好、辐射带动作用强、经济效益和社会效益明显、有本地特色或前景广阔、新兴的文化产业项目。

充分发挥专项资金的引导和带动作用，促进社会资本投入文化产业。

二、资金规模

1000 万元

三、资助方式

专项资金的使用采取补助、贴息、奖励的方式；分为补助资金、贴息资金和奖励资金。

补助资金主要用于宣传文化单位的技术改造、设备更新、设施维修改造、产品开发生产和销售推广等项目补助。

贴息资金主要用于宣传文化单位临时性资金不足借款的利息补助及具有偿还能力的技术改造、设备更新、产品开发生产等项目借款的利息补助。项目贴息期限暂为 1 年，贴息金额参照银行同期贷款利率确定或实行定额贴息。

奖励资金主要用于较大规模引入社会资本并取得显著社会效益和经济效益或文化体制改革与产业发展取得重大成绩的宣传文化单位和个人。奖励资金用于获奖单位的文化产业发展，对每个单位或项目的奖励资金原则上不超过 30 万元。对个人的奖励资金原则上不超过 10 万元。

补助资金与贴息资金不重复支持同一项目。

项目管理费可按年度专项资金的 8% 以内提取，专项用于省文改办扶持优势文化产业发展项目的专家评审费、会议费、项目检查、数据统计等相关费用的开支。

专项资金不得用于楼堂馆所建设，不得用于弥补主管部门行政事业经费。

扶持动漫产业发展专项资金

一、支持重点

湖北省扶持动漫产业发展专项资金重点支持动漫企业研发具有自主知识产权的动漫图书、报刊、电影、电视、音像制品、舞台剧和基于现代信息传播技术手段的动漫新品种；支持动漫直接产品的开发、生产、出版、播出、演出和销售；支持与动漫产品形象有关的服装、玩具、游戏娱乐等动漫衍生产品的生产；举办或者承办的国家级或省级动漫展会。

二、资金规模

未公布

三、资助方式

（一）贴息

——对动漫企业为发展动漫产业新建投资项目和技术改造项目的贷款（贷款资金主要用于购置生产动漫

产品的设备和软件等资产投资以及重要动漫作品生产项目）进行贴息。贷款贴息额为贷款余额的当年利息额，单个项目贴息额原则上不超过 80 万元，贴息时间不超过 3 年。

（二）补助

——对每年经认定的重大原创动漫精品项目实行前期资助，资助标准按项目实际到位投资额的 15% 给予补助，单个项目的补助资金原则上不超过 200 万元。

——对参加由国家部委、省级人民政府组织的动漫游戏产业展会的单位，给予展位费 50% 的补助。

——经省人民政府批准，举办或者承办的国家级或省级动漫展会给予适当补贴，补贴额度另行报批。

——由我省企事业单位创作、演出的动漫舞台剧目在国内或国外演出的，按照年度演出场次给予补贴。

（三）奖励

——对获省级、国家级原创大奖和国际性重大奖项的原创动漫作品（含出版物、影视剧、音像制品、舞台剧），分别给予 10、20、30 万元的奖励，按照从高不重复的原则给予奖励。

——对经文化部批准、正式上线运营的原创网络游戏每款奖励 10 万元；获文化部认定并推广的益智类网络游戏每款奖励 15 万元。

——对省内原创动画片播出给予奖励，在中央电视台播出的，按二维动画片每分钟 1000 元、三维动画片每分钟 2000 元标准奖励，在省级电视台播出的，按二维每分钟 500 元、三维每分钟 800 元奖励，在多个电视台播出的按照从高不重复的原则给予奖励。每部动画片的奖励资金原则上不超过 80 万元。

——由我省影视动画机构立项且参与制作并在国内院线上映的动画电影，按投资比例奖励票房收入的 3% 至 5%，奖励额度最高不超过 100 万元。

——对获得省级、国家级动漫产业示范基地或园区称号的单位给予奖励，省级动漫产业示范基地奖励 10 万元、示范园区奖励 20 万元，国家级动漫产业示范基地奖励 15 万元，示范园区奖励 30 万元，按照从高不重复的原则给予奖励。

——对从事动漫产品和服务出口，符合《文化产品和服务出口指导目录》的项目给予绩效奖励，单个企业的年度奖励资金原则上不超过 200 万元。

——对省内上市动漫企业，参照《省人民政府关于推进企业上市的若干意见》（鄂政发〔2008〕42 号）给予奖励。

——对动漫企业获得授权专利参照《湖北省知识产权局办公室关于印发〈湖北省授权专利补贴专项资金管理办法（暂行）〉的通知》（鄂知办〔2007〕51 号）给予奖励。

——贴息、补助、奖励实施细则另行制定。

四、申报条件

（一）项目申报主体须是在湖北省内依法注册、总部设在湖北省、经国家或湖北省认定的动漫企业，省内从事动漫研发的事业单位、自然人。项目申报单位须具有独立法人资格，健全的财务管理制度和会计核算体系，没有拖欠税款行为，无违规违法经营记录。

（二）申报项目应符合《省政府办公厅转发省文化厅等部门关于推动我省动漫产业发展意见的通知》的相关要求，具备较好的市场潜力和规范的市场运营机制，能产生较好的经济效益和社会效益。

·湖南省·

文化产业引导资金

一、支持重点

（一）动漫、数字内容等新兴文化产业；

（二）广播影视、新闻出版、文化艺术等文化产业的技术改造与升级；

（三）文化艺术、影视节目等品牌创新；

（四）地方传统特色文化资源产业开发利用；

（五）具有自主知识产权的重大文化产品和服务出口；

（六）省级文化产业示范基地建设；

（七）其他重大文化产业项目。

二、资金规模

未公布

三、资助方式

引导资金的使用采取贷款贴息、资金补助、投资参股等三种支持方式。

贷款贴息主要用于项目单位支付规定项目贷款的银行利息，贴息金额根据银行同期贷款利率确定或实行定额贴息。对单个项目年度贴息资金原则上不超过 200 万元。

资金补助专项用于规定的文化产业项目扶助。补助资金安排不得超过项目总投资的 20%，对单个项目的年度补助原则上不超过 400 万元。

积极探索有偿使用、投资参股、融资担保等支持形式。具体办法另行制定。

贷款贴息、资金补助不重复支持同一项目个别重大项目通过中期评估后可跨年度连续予以支持。

四、申报条件

项目承担主体必须是在湖南省行政区域内依法登记注册设立的文化产业类企业法人单位和企业化管理的文化事业单位。

申报项目必须适应国民经济和社会发展规划符合国家产业政策和省文化产业发展规划。

申报项目必须为非财政资金投资项目，项目实施必须实行社会化、市场化运作。

申报项目已经按规定程序和要求进行了项目审批。

·广东省·

文化产业发展专项资金

一、支持重点

（一）资助重点

1. 列入国家文化产业发展规划的重点文化产业项目；

2. 列入《广东省建设文化强省规划纲要（2011–2020 年）》的重点文化产业项目；

3. 对全省文化产业发展具有引导带动性和领先示范性、具有良好的经济效益和社会效益的重点文化产业项目；

4. 文化体制改革任务完成良好的地区所申报的文化产业项目；

5. 省直文化体制改革单位改革和发展有关重点项目。

（二）资助范围

1. 文化资源整合和文化传播网络建设；

2. 数字出版、动画漫画、游戏游艺、电子阅读器、流媒体、数字报刊、网络出版、网络游戏、网络音乐、多媒体广播影视、高清互动电视、数字娱乐等文化新业态的生产、营销；

3. 电影、电视剧、广播剧创作生产和影视节目制作；

4. 图书、音像、电子出版物出版；

5. 文学艺术精品生产，舞台艺术精品创作与演艺；

6. 工艺美术、文化产品等的创意设计和制作；

7. 文化（创意）产业基地和园区的公共服务平台建设；

8. 大型文化会展和交易项目；

9. 文化产品和服务出口项目；

10. 文化产品和产权交易平台建设；

11. 文化产业核心技术研发和推广应用。

二、资金规模

2 亿元

三、资助方式

资助方式分专项补助、贴息、奖励三种。为充分发挥文化产业专项资金的引导作用，鼓励文化产业项目通过贷款等方式进行融资，本年度优先考虑各地和各单位所申报的贴息项目。

每种方式的资助标准如下：

（一）专项补助

根据《暂行办法》的规定，分三个等次补助：

1. 补助 800 万元（含 800 万元）以上的项目。主要包括：一是列入国家文化产业发展规划的重点文化产业项目；二是列入《广东省建设文化强省规划纲要（2011–2020 年）》的重点文化产业项目；三是对全省文化产业发展具有引导带动性和领先示范性、具有较好的经济效益和社会效益的重点文化产业项目。申报项目投资规模必须在 1 亿元以上，资金实际到位率不低于 50%，并已进入实质性建设阶段。申报补助 800 万元以上的项目，在专家评审会上将采取竞争性答辩和专家现场打分相结合的方式进行遴选。

2. 补助 400–800 万元（含 400 万元）的项目。主要包括：一是列入各地级以上市和省级专项文化产业发展规划的重点项目；二是对各地、各行业文化产业发展具有引导带动性和领先示范性、具有较好的经济效益和社会效益的重点文化产业项目。申报项目投资规模必须在 5000 万元以上，资金实际到位率不低于 50%，并已进入实质性建设阶段。

3. 补助 400 万元以下的项目。主要包括符合国家、省、市文化产业发展规划要求、具有地方优势与特色和一定的经济效益和社会效益的文化产业项目。申报项目投资规模必须在 1000 万元以上，资金实际到位率不低于 50%，并进入实质性建设阶段。

（二）贴息

根据《暂行办法》的规定，申请贴息资助的，其贷款必须为所申报项目的专项贷款，并且获得贷款的时间必须在其申请之日前 1 年内。贴息金额为单位实际已支付的银行贷款利息总额的 50%–100%，贴息期限原则上为 1 年，最多不超过 3 年，贴息总额度原则上不超过 500 万元。

（三）奖励

根据《暂行办法》的规定，分三个等次奖励：

1. 奖励 200 万元。获得国际重要奖项，在国内外产生较大影响，具有良好经济效益和社会效益的文化产业项目。

2. 奖励 100 万元。获得国家级重大奖项，在国内产生较大影响，具有良好经济效益和社会效益的文化产业项目。

3. 奖励 50 万元。获得国家级奖项，在国内产生一定影响，具有一定经济效益和社会效益的文化产业项目。

四、申报条件

（一）申报主体

广东省内注册登记，具有独立法人资格的文化企事业单位。

（二）申报条件

申报主体须具备以下条件：

1. 具有健全的财务管理制度和会计核算体系，经营状况良好，资信等级较高，资产负债率低于 60%，三年内无违法违规违纪记录。

2. 申报项目符合我省文化产业发展规划，具有较好的市场潜力、明确可行，相关资金落实到位，对本行业发展有引导推动作用，预期能产生良好的社会效益和经济效益。

深圳市文化产业发展专项资金

一、支持重点

（一）经市文产办认定的，在深圳市注册、具有独立法人资格并从事文化产业开发、生产经营和中介活动的文化企业；

（二）经市文产办认定的，在深圳市注册、具有独立法人资格的文化产业行业协会；

（三）对我市文化产业发展做出突出贡献的个人；

（四）经市政府批准的其他资助对象。

二、资金规模

未公布

三、资助方式

专项资金采取项目补贴、贷款贴息、配套资助、奖励、无息借款五种资助方式，主要支持我市文化产业重点领域内的企业及其重点环节项目的发展。市文产办可根据我市文化产业发展情况以及重点扶持方向提出调整意见报市政府批准后调整；重点环节是指原创研发环节、原创作品的产业化环节、产品推广和市场营销环节、品牌塑造环节。项目补贴、贷款贴息、配套资助、奖励和无息借款五种资助方式原则上分别占专项资金总量的 55%、15% 、5%、15% 和 10%。为体现重点扶持的原则，对经市文产办认定的重点文化企业和重点文化产业项目的资助要占扶持资金总的 65% 以上。

四、申报条件

专项资金项目补贴分为文化产业公共服务平台建设项目补贴、我市文化产业重点领域内的重点环节发展项目补贴和我市文化产业重点领域内的重要赛事活动项目补贴三大类。

·重庆市·

文化产业发展专项资金

一、支持重点

市级新闻出版、广播电视、文化企事业单位。

二、资金规模

2011 年为 2000 万元

三、资助方式

贷款贴息、项目补助和投资入股等多种形式。

四、申报条件

（一）推动全市文化体制改革工作；

（二）符合先进文化要求、符合市场规律、满足人民群众文化生活需要的宏观引导性开支，包括能够带动我市文化产业技术水平提高的重大技术装备及固定资产的购置；能够促进我市文化产业发展的创新开发项目；能够促进我市文化产业升级换代的更新改造项目。

·四川省·

省级文化专项资金

一、支持重点

省级文化专项资金主要包括："两馆"建设专项经费；文化设施维修专项经费；基层文化信息共享工程及示范性乡镇文化服务中心建设专项经费；人才培养专项经费；舞台艺术精品创作及剧目生产专项经费；民族民间文化保护工程专项经费等。

"两馆"建设专项经费，主要用于补助县级及县级以上文化部门所管辖的文化馆、图书馆、群艺馆、文化中心的建设和维修改造设备购置等项目。

文化设施维修专项经费，主要用于补助县级及县级以上文化部门所管辖的文化馆、图书馆、群艺馆、文化中心、排演场（厅）、剧院（团）等文化单位以及农村基层文化设施维修改造和设备更新购置。

乡镇宣传文化中心建设专项经费和基层文化信息共享工程专项经费，是为加快推进农村文化设施建设，从2003年起用5年时间，兴建300个示范性乡镇宣传文化中心和300个基层文化信息资源共享工程示范点的专项配套资金。

舞台艺术精品创作经费、剧目生产经费及人才培养经费，主要是为繁荣文艺创作，活跃文艺舞台，充分调动文艺工作者的积极性和创造性，努力提高艺术产品的质量，使更多的优秀节目脱颖而出而设定的专项资金。

民族民间文化保护工程专项经费，主要用于我省民族民间文化保护工程重大项目的保护和研究，珍贵资料与实物的征集和收购，传承人的培养和资助，传承单位、贫困地区民族民间文化保护工作的补助和扶持，以及省级保护名录的建立等。

二、资金规模

5000万元

三、资助方式

政府补助

四、申报条件

申报民族民间文化保护工程专项经费，必须符合下列条件：

（一）民族民间文化保护工程重大项目，必须是经文化部公布确定为国家级试点项目或经四川省民族民间文化保护工程专家委员会论证，由四川省民族民间文化保护工程领导小组批准公布确定为省级试点的项目。

（二）所征集和收购的资料与实物，必须是经省民族民间文化保护工程专家委员会认定具有重要历史、文化价值，且已濒临灭绝或是不可再生的。

（三）按规定程序由市州财政局、市文化局联合申报，由省民保工程专家委员会论证，被公认掌握某一濒临失传的技艺或独门绝技的年老体弱、生活困难的老艺人，经省民保工程领导小组命名，予以公布的传承人。

（四）民族民间文化资源特别丰富，原生态文化空间、文化生态保护区的建设受到严重破坏和威胁，经省民族民间文化保护工程专家委员会考察调研，确认需及时抢救的传承单位和贫困地区。

扶持文化产业品牌资金

一、支持重点

（一）创意、动漫等新兴文化产业品牌项目；

（二）具有自主知识产权的文化品牌和文化服务项目；

（三）对外文化贸易产品和服务项目；

（四）政府鼓励发展的其他文化产品和文化服务项目。

二、资金规模

未公布

三、资助方式

未公布

四、申报条件

在四川省内范围注册的具有独立法人资格的文化企事业单位。

·贵州省·

文化产业发展专项资金

一、支持重点

专项资金主要用于支持国家和省鼓励优先发展的文化产业项目，以及省委宣传部为推动全省文化体制改革和文化产业发展而组织开展的重要活动。

专项资金使用对象如下：

（一）在我省注册、具有独立法人资格并从事文化产业的企事业单位；

（二）经省委宣传部认定的其他使用对象，包括相关文化活动的承办者，以及能够起到产业示范作用的我省民族民间文化传承人和来黔创办工作室的国内外文化名人等。

二、资金规模

2000 万元

三、资助方式

专项资金采取贴息、补助两种使用方式。

原则上按照以下使用结构安排专项资金年度使用计划：

（一）专项资金的 70% 用于贴息，30% 用于补助。

（二）列入重点扶持名单的使用项目贴息要占专项资金贴息支出总额的 60% 以上。

·西藏自治区·

文化产业发展专项资金

一、支持重点

（一）文化创意孵化项目；

（二）网络、动漫等新兴文化业态发展项目；

（三）影视制作和出版发行产业化运作项目；

（四）非公益性大型原创精品演艺项目；

（五）具有地方特色文化产品研发项目；

（六）自治区政府批准参加的国内外重大文化产品博览会展项目；

（七）具有自主知识产权的大宗文化产品和文化服务出口项目；

（八）经营性文化单位转企改制和文化企业兼并重组中所发生的中介费用支出项目；

（九）国家和自治区级文化产业园区和文化产业示范基地公共服务平台建设项目；

（十）其他具有示范和引领效应的文化产业发展项目。

二、资金规模

未公布

三、资助方式

专项资金支持方式分为股权投资和无偿使用两类。无偿使用方式包括贷款贴息、转制补助、项目补助、保险补助、补充国家资本金五种。

（一）贷款贴息。对符合支持条件的文化企业通过银行贷款实施重点发展项目所实际发生的利息给予补贴。每个项目的贴息年限一般不超过 3 年，年贴息率不超过当年银行贷款基准利率，补贴额最高不超过实际利息发生额的 90%。

（二）转制补助。对自治区确定的转企改制文化单位发生的资产评估、审计、法律服务、财务咨询等中介费用，可据实给予补助。

（三）项目补助。对符合支持条件的文化企业以自有资金为主投资的重点文化发展项目所需资金给予补助（不含境外投资项目）。补助额度一般控制在项目总投资的 50% 以内，且每个项目不超过 400 万元。

对国家和自治区级文化产业示范园区和示范基地公共服务平台建设所需资金，同一园区或基地的公共服务平台建设补助额度控制在 500 万元至 1000 万元。

（四）保险补助。对列入年度国家文化出口重点企业的文化出口重点项目，发生的财产保险和出口信用保险费用，凭保险合同、保险费发票等有效凭证，给予适当补助。保费补助控制在实际保险费的 80% 以内（国家有明确保费补贴标准的除外）。

（五）补充国家资本金。对国有控股文化企业实施股份制改造或跨区域整合可适当补充国家资本金。

（六）股权投资。对文化企业实施市场化经营的文化产业项目，区财政厅委托具有专业投资经营资格的投资管理公司（以下简称受托公司）进行阶段性参股投资。股权投资占被投资企业的股权比重不得超过 50%，最高投资额度不超过 2000 万元。

四、申报条件

（一）在我区行政区域内依法注册的具有独立法人资格的文化企业。

（二）财务管理制度和会计核算体系健全。

（三）会计信用和纳税信用良好。

（四）申报项目具有较好的市场潜力和发展前景。

（五）管理团队素质较高，具备与完成项目相适应的经营管理能力。

·陕西省·

重大文化精品项目专项资金

一、支持重点

（一）按照构建社会主义和谐社会的要求，弘扬以时代精神为主旋律的，反映改革开放后我省城市和新农村飞速发展的文化作品。

（二）能够深入挖掘陕西历史文化内涵，反映重大历史题材或历史事件，重点支持反映周、秦、汉、唐四代历史和红色革命文化作品。

（三）能够充分体现地域特色，开发地方民俗文化，展现陕西黄土文化独特魅力的作品。

（四）支持自主研发，具有自主知识产权的动漫原创作品。

（五）已获得国家立项支持，对宣传陕西、扩大陕西影响具有重要作用的文化精品项目。

（六）获得全国性奖项的文化精品的支持推广。

（七）其他符合政府支持方向的在社会上有较高影响力，深受群众喜爱和好评的文化精品。

二、资金规模

未公布

三、资助方式

专项资金主要采取无偿资助、以奖代补、贷款贴息、后期奖励等方式，具体如下：

（一）对各类企事业单位承担的公益性文艺项目，经评估后主要采取无偿资助或以奖代补等方式。

（二）对事业单位承担的盈利性项目主要采取无偿资助或以奖代补等方式；对企业承担的盈利性项目主要采取贷款贴息、后期奖励等方式。

（三）对个人创作的具有自主知识产权，或获得全国性奖项的作品主要采取以奖代补等方式。

对申请贷款贴息的项目，贴息额度由省委宣传部商省财政厅确定，贴息率最高不超过该项目当期银行贷款利率，贴息期限不超过 3 年。

旅游发展基金补助地方项目资金

一、支持重点

旅游专项资金重点用于补助 A 级以上旅游景区(点)基础设施、公共服务设施建设及完善的项目；补助带动农民脱贫致富的旅游项目和旅游新业态项目。

（一）旅游景区（点）基础设施项目：包括景区周边断头路通路工程，景区游步道、桥涵和河道整治工程，景区安全设施等基础设施的建设及完善项目。

（二）公共服务设施项目：包括景区（点）厕所、停车场的建设和完善项目、城镇通往景区的标识标牌、城镇游客接待服务中心等项目。

（三）带动农民脱贫致富的旅游项目：包括“农家乐”、“渔家乐”等乡村旅游开发或旅游扶贫项目。

（四）旅游新业态项目：包括陆上文化旅游开发保护示范项目；邮轮游艇旅游基地项目；漂流、内河和湖泊游船及旅游码头建设项目；航空旅游基地项目；滑雪、温泉、自驾车营地和生态旅游示范区等新业态项目。

二、资金规模

未公布

三、资助方式

旅游专项资金补助采取旅游项目开发补助和贷款贴息两种形式。各市可根据项目类型、规模大小、经济和社会效益等实际情况，申报以下两种资金使用形式。

（一）旅游项目开发补助：主要用于 A 级以上旅游景区点基础设施、公共服务设施以及带动农民脱贫致富的旅游项目。

（二）贷款贴息补助：主要用于 A 级以上旅游景点开发和旅游新业态开发项目，项目业主为具有独立法人资格或实行企业化管理、独立核算的事业法人资格的建设单位。坚持先有贷款，再安排贴息补助的原则，对 2009 年 1 月 1 日以后的旅游开发项目贷款，经审核同意后适当给予贴息补助。贴息资金的贴息率不超过当期银行贷款利率，贴息期限原则上为 1 年，最多不超过 2 年。

·甘肃省·

文化产业改革发展专项资金

一、支持重点

对甘肃文化产业发展具有战略性、示范性、带动作用强的重大文化产业项目，经省委宣传部、省财政厅研究可不受限制，给予重点支持。

二、资金规模

2011年为1000万元

三、资助方式

专项资金使用主要采取补助、贴息、奖励等方式。

补助主要用于：

（一）支持列入我省“十二五”文化改革发展规划纲要的重点工程和项目。

（二）支持重点文化体制改革转制企业发展。

（三）支持成长性好和新兴文化业态的产业项目。

（四）支持省上组织的重大文化产业活动。

贴息主要用于：

（一）支持具有战略性、引导性和带动性的重大文化产业项目。

（二）支持具有高技术含量、自主知识产权的文化产业项目。

（三）支持省委、省政府确定的其他重点文化产业项目。

奖励主要用于：

（一）获得国家奖项的文化产业相关项目。

（二）在中央电视台、网络和手机媒体播出并获奖的原创影视动漫作品。

（三）拥有自主知识产权的文化产品和服务出口。

（四）较大规模引入社会资本并取得显著社会效益和经济效益的文化产业项目。

补助资金用于规定的文化产业项目支出，对单个项目的补助原则不超过100万元；贴息资金用于项目单位支付规定项目贷款的银行利息，期限一般为1年，对单个项目的贴息资金原则不超过100万元；奖励资金，视奖项的影响力具体确定奖励金额，主要用于获奖单位的文化产业发展，不得用于发放个人工资和津贴补贴，对每个单位奖励原则不超过30万元。

四、申报条件

（一）符合国家产业发展政策和我省“十二五”文化改革发展规划纲要的重点工程和项目。

（二）省上重点国有文化单位转企改制项目。

（三）能提升我省文化产业水平，引领文化产业发展，预期能产生较好社会效益和经济效益。

（四）项目可行性报告、初步设计或实施方案已经有关管理部门批准，并已投入资金。

（五）单位管理规范，有健全的财务管理制度和会计核算体系。

（六）申请财政贴息的项目自有资金或贷款已落实。

附：全国各省市文化产业发展专项资金一览表

省份	专项资金名称	金额	资助方式
北京市	北京文化创意产业发展专项资金	5 亿	贷款贴息、项目补贴、政府重点采购、后期赎买和后期奖励
天津市	天津市文化产业发展专项资金	1 亿	项目补助、贷款贴息、奖励、配套资助
河北省	省级文化产业发展引导资金	2 亿	贴息、补助和奖励
山西省	省级文化产业发展专项资金	未公布	项目补助、贷款贴息、奖励和其他方式
内蒙古自治区	省级文化产业发展专项资金	2 亿	专项补助和贷款贴息
* 辽宁省	省级文化产业发展专项资金	1 亿	资金补助、信贷贴息和奖励
* 吉林省	省级文化产业发展专项资金	0.3 亿	贴息和专项资助
黑龙江省	省级文化产业发展专项资金	未公布	补助、贴息、奖励等
上海市	宣传文化专项资金	未公布	资助和补贴、专项投资、贷款贴息等
江苏省	省级文化产业引导资金	2 亿	贷款贴息、项目补贴
浙江省	省级文化产业发展专项资金	0.4 亿	项目补助、贴息和奖励
安徽省	省级文化强省建设专项资金	1 亿	直接补助、贷款贴息和以奖代补
福建省	省级创意产业发展专项资金	1 亿	项目资助、奖励
江西省	省级文化产业发展专项资金	0.2 亿	项目补助、股权投资、奖励
山东省	省级文化产业发展专项资金	0.7 亿	项目补贴、股权投资、贷款贴息和奖励
河南省	省级文化产业发展专项资金	0.3 亿	补助、贴息、奖励
湖北省	湖北省扶持优势文化产业发展专项资金	0.1 亿	贴息、补助和奖励
湖南省	省级文化产业引导资金	未公布	贷款贴息、资金补助、投资参股
广东省	省级文化产业发展专项资金	2 亿	贴息、专项补助、奖励
* 广西壮族自治区	区级文化产业发展专项资金	1 亿	项目补助、贴息、奖励
* 海南省	省级文化产业发展专项资金	0.2 亿	以奖代拨、项目补助、贴息贷款
重庆市	重庆市文化产业发展专项资金	0.1 亿	贷款贴息、项目补助和投资入股
四川省	省级文化产业发展专项资金	0.5 亿	贷款贴息、项目补助
贵州省	省级文化产业发展专项资金	0.2 亿	贷款贴息、项目补助
* 云南省	省级文化产业发展专项资金	1 亿元	经费补助、贷款贴息
西藏自治区	区级文化产业发展专项资金	未公布	股权投资和无偿使用
* 陕西省	省级文化产业发展专项资金	0.7 亿	贷款贴息、项目补贴、补充资本金
甘肃省	省级文化产业发展改革专项资金	0.1 亿	银行贴息和以奖代补
* 青海省	省级文化产业发展专项资金	0.12 亿	贷款贴息、补助
* 宁夏回族自治区	区级文化产业发展专项资金	0.1 亿	项目补贴、配套资助、奖励
* 新疆维吾尔自治区	区级文化产业发展专项资金	0.1 亿	项目资助

注：* 为详细资料暂缺省份。

商业性投融资

·银行类·

国有商业银行

交通银行

（一）概况

近年来，交通银行积极改进和完善小企业金融服务，并将发展小企业业务作为实施战略转型的重要举措，推动了小企业业务的可持续发展，被美国知名金融杂志《环球金融》授予“中国本土最佳中小企业融资银行”奖项。

交通银行在国内同业率先将小企业贷款纳入零售信贷条线，按照零售化的思路发展小企业信贷业务，初步形成了专业化的小企业金融服务体系。针对小企业融资需求度身定制了“展业通”综合服务品牌，交银“展业通”在“中国中小企业协会成立大会暨首届中国中小企业融资论坛”上被评为“最佳中小企业融资方案”。

（二）相关产品或业务：

“展业通”综合服务品牌

交通银行版权保证贷款（北京分行）

交通银行版权保证贷款针对影视业、出版业、演出业、艺术品经营业、动漫与网络游戏业这 6 个北京市政府重点支持的行业，但试点期间仅接受影视、民族艺术品、动漫与网络游戏业的申请。

该类贷款额最高位 3000 万元，贷款期限最长为 3 年，利率方面控制在基准利率上浮 10% 以内。该项贷款还可面对总资产在 1000 万元以下的小型企业，贷款金额没有下限，利率在央行基准利率上稍有上浮。在风险控制方面，交行通过和担保公司联合，一定程度上抵御了相关的贷款风险。

版权保证贷款可改变目前文化创意产业中小企业主要依赖成本高、纠纷多和民间融资的现状，改变中小企业的自主版权无法实现其资本价值、甚至企业被迫放弃版权，无法实现其持续性发展的现状。交行北京分行要求，申请该项贷款的企业原则上应在北京文化创意产业集聚区内注册，而同时主管部门可能出台相关的贴息政策加以支持。

文化创意企业贷款（北京分行）

产品定义：

文化创意企业贷款是在交银“展业通”小企业金融服务产品的统一品牌下，向文化创意产业中小企业发放的，由企业以合法有效的著作权（或称“版权”）提供质押担保，或以房地产抵押等其他方式提供担保，或提供 2 种或 2 种以上担保方式的组合担保，用于满足其文化产品生产、销售或其融资项目开发、经营过程中正常资金需要的贷款。

适用企业：

符合北京市文化创意产业政策扶持方向的企业

额度、利费率与期限

授信额度最高为2,000万元。授信期限最长为三年。贷款利率按照人民银行规定的同期同档次基准利率上浮一定比例。

产品优势：

——企业可以其自有版权作为担保物，或以多种担保方式（包括商标权质押等）组合申请贷款；

——除信贷服务外，企业还可以得到与之配套的其他金融服务，如财务顾问服务（其中包括融资咨询服务、理财顾问服务、债务重组服务和上市顾问服务）、个人金融服务和结算服务等；

——开辟绿色通道，实行个人签批制，流程简化便捷；

——贷款期限充分考虑融资项目的制作、生产、推广等环节的时间周期，最长不超过三年；

——通过贷后管理，对借款企业融资项目的制作计划执行情况、市场策划与运作、财务预算计划执行情况等方面进行全程监理，保证企业按时完成融资项目，获得预期市场收益；

——获得政府贴息支持。

申请条件：

所属行业符合北京市文化创意产业政策扶持方向，重点为文化演出、出版发行和版权贸易、广播影视节目制作和交易、动漫制作发行和衍生品开发、网络游戏研发制作和经营、广告和会展、艺术品经营、设计创意、文化旅游等行业；

贷款用于融资项目的制作经营的，融资项目应已进入或即将进入具体实施阶段；

企业应满足交行其他规定和一般授信条件。

设质版权必须权属明晰，为出质人合法有效所有或持有，并已在国家相关主管部门办理版权登记，且易于变现；

质物（版权）价值必须全额用于贷款质押担保；

享有设质版权的作品出质时尚未发表的，出质人须提供同意质权人在实现质权时，以行使版权财产权的方式将该作品公之于众的合法有效的书面文件；

以第三方所有的版权设定质押的，第三方权利人须出具书面的、合法有效的证明文件和同意质押的书面文件；

设质版权属于出质人与他人共有的，须提供共有权利人同意质押的合法有效的书面文件；

借款人为出质人股东或实际控制人的，出质人须出具合法有效的股东会或股东大会决议；

交行规定的其他条件。

视融通——影视版权供应链融资服务方案

产品简介：

视融通是交通银行北京市分行致力于为影视产业链各参与主体创造价值，针对影视制作企业（影视版权供应商）希望盘活应收账款、发挥版权资产作用的迫切需求，与中视网合作建立以“影视版权价值”为核心的交易与融资服务平台，推出影视版权供应链融资模式和系列产品，旨在为影视版权供应商提供便捷融资服务而量身定制的金融服务解决方案。

适用对象：

适用对象为电视制片委员会注册会员，经电视制片委员会推荐，在中视网影视节目交易平台进行版权贸易的影视版权供应商。

特色优势：

手续便捷——可通过中视网影视版权交易与融资服务平台（www.ctvcc.com/finance）在线提交贷款申请。

信用为重——影视版权供应商进入中视网信用星级评定体系，可获得相应信用星级，影视版权供应商信用达到一定星级则可申请无担保的信用贷款。

支持赊销——利用应收账款获得融资，影视版权供应商可向购片机构以赊销方式供片，从而增强了企业竞争力，获得更多订单。

担保多样——除可接受影视版权供应商应收账款质押担保之外，还可以接受版权质押担保、固定资产抵押担保，以及上述担保方式任意组合的担保。

成本低廉——可免除担保费用，从而降低影视版权供应商融资成本。

服务周到——中视网为影视版权供应商提供包括收集贷款申请资料、代办版权登记、代办版权质押登记等一系列增值服务。

大额授信——最大贷款额度可达 5000 万元。

期限灵活——最长贷款期限可达 3 年。

产品系列：

国内回购型保理业务

应收账款质押担保贷款

应收账款质押与版权质押组合担保贷款

应收账款质押、版权质押与固定资产抵押组合担保贷款

固定资产抵押贷款

版权质押贷款

信用贷款

授信基本条件：

影视版权供应商为电视制片委员会注册会员，且已纳入中视网信用管理体系。

版权贸易买方为中视网影视节目交易平台注册会员，且已纳入中视网信用管理体系。

影视版权供应商提交电视制片委员会出具的《融资推荐函》。

版权贸易应收账款回款账户须为影视版权供应商在我行开立的专用账户。

企业应满足其他规定和一般授信条件。

（三）成功案例

交通银行北京分行与北京天星际影视文化传播有限公司签署贷款合同，发放 600 万元的贷款，以《宝莲灯前传》的版权作为抵押，用于大型古装神话电视连续剧《宝莲灯前传》的制作。

工商银行

（一）概况

近年来，中国工商银行将文化产业作为推动经济结构转型升级和自身经营结构调整的重要突破口，着力加大金融支持力度，促进了文化产业的健康快速发展。截至 2011 年末，工商银行对文化产业的贷款余额已达到 630 多亿元，比 11 年初新增超过 120 亿元，为 3300 多户文化企业提供了贷款支持，贷款余额和增量均在国内商业银行中位居前列。同时，工商银行还将中小文化企业作为重点支持的对象，目前中小文化企业客户数量达 3200 多户，占到该行全部文化产业客户的近 97%，贷款余额占到全部文化产业贷款余额的 73%。

（二）相关产品或业务

影视通

各类影视文化制作客户与电视台签订购片合同后，或在电视剧播映权出售给电视台后，可直接向工商银行申请融资，用于下阶段电视剧拍摄或经营周转。工商银行根据购片合同直接提供订单融资，或待电视剧播映权出售给电视台形成应收账款后办理国内保理融资，或将两种产品组合使用。

产品准入门宽地，无需另行抵押；签购订片合同或确认应收账款后即可获得融资；帮助改善企业现金流，加快企业资金周转。

目前，已有数十户中小型电视剧制作客户成功向工商银行申请发放影视通贷款，累计支持电视剧30多部，有效解决了电视剧制作客户的“轻资产、无抵押、贷款难”问题。

影视制作项目贷款

影视制作前期投入巨大，客户存在明显的资金缺口。加之影视制作企业的可信资产是其拥有的经营品牌和专业人才，看得见，摸不着，因此银行贷款较少介入。为加大对文化产业的支持力度，工商银行以电影业为突破口，深入解剖运作模式，创新信贷模式产品，实现信贷在影视行业的融资破冰。

影视制作项目贷款是为了满足客户在电影、电视剧制作阶段的用款需求，工商银行以对应电影、电视剧产生的未来收益作为还款来源而创新开发的融资新品种。影视制作项目贷款可对单一影视作品发放，也可将同一主体制作的两部（含）以上的影视作品作为整体，通过“项目集合融资”方式发放，实现多个作品的以丰补缺。

产品创新担保方式，无需另行提供抵押；有效满足影视剧制作初期的大量资金需求；贷款用途灵活，可针对单部或多部影片。

目前，多家国内民营电影企业、电视剧制作客户向工商银行成功申请贷款，实现了近20部知名电影和电视剧的按期拍摄、成功上映，并获得了较好的票房收益。

组合担保融资

随着城市居民生活水平的提高，近年来我国电影消费市场保持快速增长。为发掘这一市场机遇，不少企业在全国范围内开始新一轮的影院建设。“组合担保融资”不仅能为客户新建影院提供配套资金支持，还能为其全国性的影院网络提供资金的集中管理服务。

企业新建影院多采取租赁物业模式，自身并不拥有物业，难以从银行获得融资。结合影院企业现金流稳定、用款集中的特点，工商银行采取信用+账户监管+附加股东担保的组合担保方式，提供中长期项目贷款满足客户影院建设中的资金需求，并根据先进回流情况合理设计还款计划。同时，利用集团张华有效监管其全国性影院票房现金流，协助客户做好资金的集中管理。

产品担保方式灵活，无需另行提供房产抵押；符合影院企业租赁房产的经营模式；协助企业加强资金管理。

某知名影院企业在工商银行的资金支持下，新建影院数量快速增加，市场扩张步伐明显加快。自2009年以来，新开业影城数超过30家，其中在工商银行融资的影城超过半数。

景区收费权支持融资

据预测，2015年我国旅游业总收入将达2.5万亿元。年增长率10%以上，发展前景广阔。拥有景区资源的旅游企业虽然拥有较为稳定的未来现金流，却不易变现，无法满足在景区改、扩建以及日常流动资金方面的资金需求。景区收费权支持融资作为一种有效的融资模式，能够为企业提供充足的资金来源。

根据文化旅游景区这一特定资产以及客户对这一特定资产的永续收费权，创新推出景区收费权支持融资，到期后以企业景区的经营收入归还。

产品担保方式灵活，无需另行提供房产抵押；提前兑现客户的未来现金流；融资期限灵活。

某知名文化旅游客户在工商银行成功办理景区收费权支持融资，融资金额高达10亿元，有效解决了客户的资金难题。更重要的是，工商银行设计了一揽子金融服务方案，为该客户后续的多个主题公园、生态旅游项目资源和酒店建设项目提供优质的金融服务。

收费权质押融资

三网融合推进速度的加快为有线电视产业的发展带来前所未有的巨大商机。三网融合将促使有线电视网络运营商加快跨区域整合、网络改造和市场化运作步伐。有线电视网络运营商要在竞争中去的优势，必须加大在新建网络等方面的资金投入，收费权质押融资可以为其提供项目贷款等综合融资支持。

根据有线电视网络运营商的资产专用性强、可抵押资产少等特点，工商银行采取有线电视收费权质押的方式为企业提供中长期项目贷款支持，有效解决客户在新建网络、设备更新改造、资产（股权）并购等方面的资金需要。同时利用工商银行网点优势和电子银行优势，通过工银灵通卡、网上银行等多种途径帮助客户归集资金，实施账户监管，提高资金使用效率，节约财务费用。

产品担保方式灵活，无需另行提供抵押；符合有线电视运营商的运营模式；协助企业加快资金周转，提高资金效率。

某有线电视运营商在工商银行的资金支持下，市场扩张步伐日益加快，有线电视用户数达到63万户，主营业务收入从不足8000万元，增加到2亿元，取得了较好的经济和社会效益。

买断型国内保理

根据当前国内数字电视整体平移的运作模式，机顶盒等数字电视设备一次性投入，最终通过有线电视收视费或增值服务费的形式逐年收回成本。加之下游广电或政府等付款企业实力增强、市场资源丰富，造成企业结算周期长、应收账款金融大，上游设备供应商存在比较迫切的银行融资和美化报表的需求。由此，买断型国内保理营运而生。

设备供应商与数字电视运营商签署合同后，经发货、设备安装并取得对方确认后，将应收账款无追索性地转让工商银行，在工商银行开立还款账户，工商银行为客户提供最长可达 5 年的银行融资。

产品协助加速企业资金周转；能够有效优化企业财务报表；融资期限较大。

某上市公司在工商银行办理了近 2 亿元的买断型国内保理业务，不但成功实现了应收账款的快速回笼，而且有效优化了企业财务报表，获得了市场投资者的一致好评。

基于广告应收款的国内保理融资

户外大型 LED 电视媒体具有受众率高、接触频繁、媒体品质高等特点，近年来逐渐被越来越多的户外媒体和广告商认可。LED 广告款回收期较长。广告商与多家知名品牌或代理公司建立了长期合作关系，现金流较为稳定。工商银行适时推出基于广告应收款的国内保理融资，有效解决了 LED 广告运营商融资难的问题。

结合广告企业经营特点，客户将相应的应收账款转让给工商银行，工商银行为其办理融资期限 9 个月以内的回购国内保理融资业务。同时附加企业自有的 LED 电子屏做抵押，并由企业股东或实际控制人出具承诺函，承诺不放弃对企业的控制以及不改变经营模式。

产品门槛较低，无需另行提供房产抵押；符合户外 LED 电视大屏幕运营商的经营模式；协助企业加强现金流监管。

某 LED 大屏广告运营商在工商银行成功办理基于广告应收款的国内保理融资，新市场开拓速度明显加快，截至目前已向 415 个品牌销售广告时段，包括梅赛德斯－奔驰、耐克、阿迪达斯、奥迪、宜家、恒生银行、光明乳业等多家知名企业。该客户国内 A 股上市亦在积极筹备阶段。

（三）成功案例

1. 与中国对外文化集团开展“中演票务通”演出票网点代销合作。

2. 与中国动漫集团签署了 50 亿元意向性融资额度的《战略合作协议》。

3. 与中国动漫游戏产业股权投资基金签订《私募股权投资基金业务备忘录》。

4. 为中国文化传媒集团办理企业年金集合计划。

5. 为中国东方演艺集团提供结算服务。

6. 为常州中华恐龙园、张家界景区等 130 余个文化旅游景区发放 124 亿元贷款。

7. 为华侨城集团欢乐谷、广州长隆主题游乐园等众多文化旅游类主题娱乐项目发放 208.78 亿元项目贷款。

8. 为多家文化产业示范基地和示范园区发放各类融资 458.43 亿元。

9. 为《唐山大地震》《风声》《十月围城》《狄仁杰之通天帝国》《我知女人心》《财神客栈》《大魔术师》《河东狮吼 2》《桃姐》等 10 多部影片，以及《江湖绝恋》《锣鼓巷》《借枪》《飞虎神鹰》《黑狐》等 30 余部电视剧的拍摄提供了贷款支持。

农业银行

（一）概况

近年以来，农业银行深入贯彻落实《文化产业振兴规划》，以及《关于金融支持文化产业振兴和发展繁荣的指导意见》，充分发挥在资金、网络等方面的综合优势，创新金融产品，着力探索文化领域金融服务模式，全力为文化事业和文化产业提供全面优质高效金融服务，助推文化企业做强做大。

据悉，2010 年 8 月，农业银行与文化部建立全面战略合作关系，成为“文化企业信贷申报评审系统”合作银行之一，全面提升对文化产业的金融服务能力；2010 年初，农业银行与新闻出版总署签订全面合作协议，积极支持新闻出版行业重点项目实施和集团发展；2009 年 12 月，农业银行与新华社签署全面战略合作协议，支持包括“新华 08”在内的重点项目建设。

截至 2011 年 9 月末，农业银行投放于文化及相关产业的贷款余额已达 472 亿元。其中包括张艺谋执导的大型实景演出《印象・刘三姐》以及在世界海拔最高的实景演艺剧场上演的《印象・丽江》。

（二）相关产品或业务

1. 加大对重点客户的支持力度。建立金融服务方案，重点倾斜和区县匹配资源等方式，与重要客户建立合作模式。

1）推动与新华社等国家级企业建立合作关系，大力支持文化出版、广播电视等相关产业。

2）我行与北京文化创意产业促进中心是战略合作伙伴关系，并投入 200 亿支持文化创意产业发展。又与国粹苑文化艺术投资有限公司签订战略合作协议。截至

2011年9月末，累计支持文化创意产业客户37户。

2. 中国农业银行下发了文化创意产业营销指导意见，从内部管理中，产品创新、激励措施和风险管控多个角度对文化创意产业提供全新要求，建立了分支行联动营销机制，与各区文化创意产业部门沟通机制，文化创意产业学习和市场调研机制，区位特色有效机制，产品创新机制和风险管控机制，极大的激发了全行服务文化创意产业的积极性，取得了显著成效。

3. 成立文化创意产业专业机构，为切实满足文化金融企业的金融需求，我行成立了首家文化创意产业专业机构，北京分行文化金融中心，全方位的为企业提供金融服务。针对文创企业的特点，中心推出了信用保险项下应收账款融资产品。该款产品主要针对上下游客户稳定清晰，拥有真实合法的应收账款，且能够在信用保险公司投保并将赔款权转让给我行的小企业客户。目前，已成功向25家企业发放贷款。投建的国粹苑是全国高端的文化交易市场，蓝色光标是文化创意上市公司等等。这些文化创意产业的客户，都处于国内领先和知名地位，涵盖了文化出版、动漫制作等等多个文化领域。同时还与歌德拍卖等一批特色企业建立业务合作关系。

4. 切实加大信贷政策支持力度，为保障文化创意客户的投资需求，我们在信贷上给予了支持：

1）针对文化创意小企业，设置不同合同额度授信权限。

2）在信贷规模政策下，我们专项匹配信贷规模，保障全行客户的文化金融需求。

5. 推出文化创意客户新产品，如文化创意企业应收帐款质押，文化创意企业应收帐款融资，满足中小文化创意客户的需求。

知识产权质押贷款（广东分行）

产品定义

知识产权质押贷款是指借款人以其自有、第三方所有或与第三方共有的符合我行要求的知识产权提供质押担保，我行向其发放的用于满足借款人正常生产经营过程中周转性流动资金需要的人民币流动资金贷款，是我行专门为中小企业客户设计的短期融资产品。

产品特点

该产品以拥有自主知识产权的科技成长型中小企业客户为主要服务对象，改变传统的抵（质）押担保方式，创新推出知识产权质押担保，有助于推动自主知识产权产业化发展，激励企业科技创新和知识产权创造，促进企业将知识产权转化为资本产权，最终有效缓解中小企业融资难、担保难的问题。

（三）成功案例

1. 将文化创意产业列入我行重点支持行业，加大金融支持力度，以我行所在的石景山区为重点，带动石景山创意产业园等一批重要产业园客户成长壮大。

2. 加大文化创意产业新产品研发和推广力度，下一步北京分行将在认真总结经验的基础上，借鉴农业好的做法，并将实践工作纳入到2012年我行新产品考核，进一步满足文化创意产业的金融需求。

3. 积极探索多形式金融服务模式，我行将积极发挥资金、客户、网络等信贷优势，为文化创意产业提供财务咨询、国际服务、现金服务等多种服务，从提供融资服务为主提供投融资服务，逐步帮助文化创意企业发展壮大。

中国银行

（一）概况

2010-2011年度，广义文化行业在中国银行的客户数量达到1300家，余额突破150亿元。从产品创新角度来讲，中国银行陆续推出一些产品，包括在浙江推出了一些影视通保的产品，实际上以影视版权做质押，2009-2010年仅浙江一省就已经做了6个影片，投入授信达到1.4亿元。

（二）相关产品或业务

影视通宝（浙江省分行）

“影视通宝”是指根据在浙江横店影视产业实验区入驻的影视企业因影视剧制作而产生的资金需求，我行给予其流动资金贷款的短期授信产品。

适用客户

该产品适用于符合我行中小企业业务客户授信基本准入标准的、因影视剧制作而产生的资金需求的中小企业客户。

产品特点

一、贷款方式：以流动资金贷款的形式专项用于支持影视公司影视剧制作过程中的资金需求；

二、担保方式：以应收帐款质押为核心，认可影视作品版权质押；

三、资金监控：设立保证金账户，对信贷资金和回笼资金进行专户管理。

货币种类

人民币

客户申办条件

1）浙江横店影视产业实验区入驻企业，并取得实验区推荐；

2）具有2年以上的持续经营历史，经营管理良好，具有规范的公司治理机制，有较强的合同履约能力，有稳定的推广市场，符合国家产业政策和我行行业、客户授信政策；

3）上一年度纳税额在100万元以上且为横店产业影视实验区上年度年纳税额排名前30；

4）借款人或其实际控制人具备成功制作并发行2部（含）以上已实现销售不低于1000万元且在省级及以上电视台播映的影视剧作品的经验；

5）在我行信用评级为BB（含）以上；

6）借款人及其主要控股股东无不良信用记录。

投产地区

金华东阳、杭州滨江

西泠通宝

“西泠通宝”产品以文化艺术品拍卖公司为核心客户，由拍卖品和拍卖公司提供担保，为拍卖艺术品的个人提供贷款，形成了围绕艺术品收藏和拍卖公司的供应链融资服务，既解决了客户融资难题，也为中行拓展了一批高端客户。该产品正在中行浙江省分行进行试点。

家居银行

“家居银行”产品将千家万户的电视拓展成为继柜面、电脑、手机以外的又一银行服务平台，丰富了客户的选择，提升了银行的电子化服务能力。该产品将在全国多个省市有线电视网络陆续推出。

（三）成功案例

1.2011年6月，中行发挥海内外分支机构联动优势，在较短时间内，克服众多困难，成功为新华社纽约时报广场项目开出备用信用证，用于新华社在纽约时报广场租用大型彩色屏幕，为传播“中国声音”提供了金融支持。

2.2011年7月，中行为中央电视台国际总公司开立美元租赁保函，支持中央电视台赴美设立分台。

3.2011年7月，财政部、中银国际、中国国际电视总公司和深圳国际文化产业博览交易会有限公司等联合发起成立中国文化产业投资基金，推动产业投资基金从事文化产业投资，为中小企业创造良好的融资环境。基金计划募集资金200亿元，主要投资文化传媒领域。

4.广东省分行和深圳市分行抓住当地科技文化产业特色，确立了以科技文化产品制造、高科技彩印、动漫、网络为主的文化客户群。

5.江苏省分行积极利用民间雕刻、刺绣、仿古建筑、主题公园等文化资源，开展相应研究和营销工作。

6.湖南省分行和上海市分行借助本省市大力推进广电行业改革的契机，针对广电行业进行深入研究，创新服务和产品。

建设银行

（一）概况

建设银行“文化悦民”综合服务方案推广以来，截止到2011年9月底，建设银行新增2783家文化行业新客户，文化产业贷款保持快速增长，贷款质量较近年明显提升。截至2011年9月末，建设银行文化产业贷款余额为489.88亿元，不良贷款5.47亿元，不良率1.12%。

（二）相关产品或业务

影视贷

产品简介

“影视贷”业务是指电视剧制作企业将其与电视台订立的《电视剧播放许可合同》所产生的应收账款作为质押，并追加相应版权质押、电视剧项目投资方控股股东或实际控制人承担连带保证责任等担保措施，向建设银行申请贷款的业务。

适用对象

经国家工商行政管理机关核准登记的小企业客户，主营业务应包含电视剧拍摄制作。

额度管理

“影视贷”业务纳入小企业一般授信业务管理。电视剧制作企业信用等级为a+级（含）以上的应收账款质押授信额度有效期原则上不超过1年（含）；a+级以下的一般不超过6个月（含）；业务审批权限同短期贷款业务。

贷款期限

（一）贷款期限根据应收账款期限确定，贷款到期日不得超过应收账款到期日后二十个工作日；

（二）如电视剧制作企业用多笔应收账款为某一笔信贷业务提供担保，该笔信贷业务到期日原则上以多笔应收账款中付款日最后的应收账款到期日后第二十个工作日确定。

民本通达——文化悦民

“文化悦民”方案是“民本通达”民生服务方案的子方案，主要针对文化领域，建设银行在该领域的服务重点放在“悦”字上。“文化悦民”方案包括“振兴演艺”、“繁荣影视”、“支持出版”、“千年旅游”、“特色会展”、“多彩动漫”六个子方案，分别针对文化演出、影视制作、新闻出版、文化旅游、文化会展和动漫动画等六个重点领域提供支持，这六个子方案所覆盖的领域是文化领域中最具活力和发展潜力的领域，也是《文化发展振兴规划》所提出的发展重点，通过建设银行的金融服务支持优秀的文化客户和作品的发展创作，促进文化的大发展大繁荣，进一步满足人民群众心灵及精神层面的需求服务，实现服务民生与银行价值的有机统一。

适用对象

“振兴演艺”——知名度高、市场竞争力强、善于经营、收入持续增长的中直院团、部队文艺院团和省属文艺院团；具有优异市场表现、广泛品牌影响、较强市场竞争力和良好发展潜力的舞台剧制作、经营机构。

“繁荣影视”——服务对象是经营效益良好，具有区域影响力的地市级以上广电集团(总台)、广电局(厅)、电台和电视台与各类有线网络公司、有线电视数字化和移动多媒体广播电视运营商、直播卫星有限公司。还包括创作和出品具有良好口碑、票房和收视率，经营收益突出，市场领先的影视制作机构和电影发行放映公司。

“支持出版”——服务于各类国家批准成立的新闻单位（广电机构除外），从事图书、报纸、期刊、音像制品和数字出版物出版等活动的机构。

“千年旅游”——重点支持国家“5A”级旅游景区、世界遗产和具有千年存续期和重大历史文化价值的重大文化遗存，文博单位，也包括其他著名的旅游景区和经营业绩良好的旅游企业。

“特色会展”——适用于各类政府举办的会展活动，及其延伸产业链。包括三个层级。第一层为以“上海世博会”、“博鳌亚洲论坛”、“东盟博览会”、“夏季达沃斯”及“奥运会”、“亚运会”等大型体育盛会为代表的具有较大政治经济影响力，为国内外所高度关注的重要会展活动；第二层为国际化城市和国际性城市中举办的具有一定影响力的发行展览、会议、论坛以及主题节日，如一年一度的珠海航空展、深圳科技展、大连国际服装节、西部论坛和青岛国际啤酒节等；第三层为其他城市为促进当地经济发展而举办的具有鲜明区域特征、民族特征和产品特征的会展活动。

“多彩动漫”——由中央财政拨专款进行的动漫精品项目、具有品牌潜质的项目、以动漫产品为主效益良好的上市公司、具有自主创作能力、成长性良好、知识产权界定清晰的动漫公司。

政策性银行

国家开发银行

（一）概况

为推动文化产业大繁荣大发展，实施文化强国战略，本行积极发挥中长期投融资优势，创新文化产业融资模式，深化与文化部、新闻出版总署等部委及北京等10省市合作，大力推动文化基础设施建设，支持文化创作、生产、流通等“全产业链”发展，支持文化骨干企业做大做强和兼并重组，支持北方传媒并购、电广传媒广电网整合、华强文化科技产业基地等一批重大文化项目建设。截至2011年末，本行文化产业贷款余额人民币1,204亿元，居金融业首位，成为支持文化产业发展的主力银行。

（二）成功案例

成都东区音乐公园项目

该项目由成都传媒产业集团依托老工业保留区改建而成，有助于丰富人民文化生活。项目总投资人民币35.77亿元，本行承诺贷款人民币7.55亿元，截至2011年末，已全部发放。

江西省有线电视数字化整体转换项目

本行向江西省广播电视网络传输有限公司承诺贷款人民币12亿元，用于完成全省有线电视整体转换工作，项目建成后将有超过600万户家庭享受到数字化电视节目。

中国进出口银行

（一）概况

自2007年在国内金融机构中第一个与文化部等部门签署合作协议以来，重点扶持了一批具有竞争力的外向型文化企业和知名文化品牌。2011年，重点支持了国际非物质文化遗产博览园、长影世界城等一批项目，有效提升了中华文化的国际影响力。

（二）相关产品或业务

文化产品和服务（含动漫）出口信贷

文化产品和服务（含动漫）出口信贷包括出口卖方信贷和出口买方信贷。文化产品和服务出口卖方信贷是指中国进出口银行对我国企业文化产品和服务出口所需资金提供的本、外币贷款。文化产品和服务出口买方信贷是指中国进出口银行向境外借款人发放的用于进口我国文化产品和服务所需资金的本、外币贷款。

贷款对象：

凡在我国工商行政管理部门登记注册，具有独立法人资格，并具有文化产品和服务出口经营权的企业，均可向中国进出口银行申请文化产品和服务出口卖方信贷。中国进出口银行认可的进口商、进口国金融机构或进口国政府授权机构均可向中国进出口银行申请文化产品和服务出口买方信贷，且出口商为我国独立的企业法人，具有中国政府授权机构认定的实施文化产品和服务出口的资格，并具备履行商务合同的能力。

贷款申请条件：

1. 申请文化产品和服务出口卖方信贷应具备以下条件：

1）借款人经营管理、财务和资信状况良好，具备偿还贷款本息的能力；

2）出口的文化产品和服务列入国家有关部门颁布的《文化产品和服务出口指导目录》，或属于图书、报刊、电子音像制品、电影和电视剧版权出口以及文化企业在境外设立出版社、广播电视网、出版物营销机构、广播电视在境外落地、购买境外媒体播出时段、在境外开办广播电视频率频道和文化企业开展对外劳务合作等；

3）提供中国进出口银行认可的还款担保；

4）中国进出口银行认为必要的其他条件。

2. 申请文化产品和服务出口买方信贷应具备以下条件：

1）借款人所在国经济、政治状况相对稳定；

2）借款人资信状况良好，具备偿还贷款本息能力；

3）出口的文化产品和服务列入国家有关部门颁布的《文化产品和服务出口指导目录》，或属于图书、报刊、电子音像制品、电影和电视剧版权出口和文化企业开展对外劳务合作等；

4）借款人提供中国进出口银行认可的还款担保；

5）必要时投保出口信用险；

6）中国进出口银行认为必要的其他条件。

股份制商业银行

招商银行

（一）概况

招行从战略高度重视体制创新，支持文化型中小企业的发展；持续的产品创新为文化企业融资提供了更多可能，如自主贷、置业贷、订单贷、账款贷、担保贷、1 + N 供应链融资、无形资产质押融资、信用融资等；还为中小企业提供避险类、投行类等综合化金融服务产品和咨询服务等。

（二）相关产品或业务

知识产权质押贷

产品介绍

知识产权质押授信是指出质人以依法可转让的注册商标专用权、发明专利权中的财产权质押给我中心作为还款担保，或提供与其他担保方式相结合的组合担保，授信申请人在我中心获得的授信，用于满足企业生产经营过程中的融资需求。

不接受著作权、专有技术以及实用新型专利和外观设计专利等知识产权的质押。

产品特点

担保方式比较特殊，属于无形资产的质押，质物范围被拓宽。质物价值认定比较困难，需要专门的签约评估公司进行评估，并办理质押登记。一般需要与其他担保方式组合运用。

适用对象

适合在行内评级 5 级及以上的科技型企业或拥有著名商标的知名企业，是拟用于质押的商标权、发明专利权的所有人或由所有人授权的唯一被许可方，且已将拟质押的商标权、发明专利权实际运用于生产经营。

营销要点

部分我中心主动介入的优质客户，有符合准入条件的知识产权，在缺乏其他担保方式的情况下，可以以知识产权质押的方式介入。部分有其他合格担保方式，知识产权质押在其中仅仅为了争取政府补贴的，可以适当降低知识产权质押要求。一般地，政府主管部门推荐是找到目标客户的主要渠道，争取银行与政府、担保公司、风投、企业等多个主体的合作来分散风险。

（三）成功案例

2006 年，招行更是为电影《集结号》的拍摄提供了 5000 万元的无担保授信贷款，这一举措曾开创国内银行业为影片拍摄提供无担保贷款的先河。

2007 年开始，招商银行深圳分行便与深圳音乐厅联手精心打造“秋聆音乐厅”演出季，连续举办了 4 届。每一届的“秋聆音乐厅”都是中西荟萃、大师云集，堪称传统文化与现代文化、东方文化与西方文化的大碰撞、大交融，成为深圳市民喜闻乐道的文化盛事。

中信银行

（一）概况

中信银行重点支持省内国家级、省级文化产业示范园区，国家文化产业示范基地，文化产业集聚区和重点文化项目的建设；将为文化企业重组并购和文化体制改革提供贷款；将综合运用中长期贷款、临时周转贷款、贸易融资等结构化融资产品组合，为企业建设类融资项目控制成本；将提供债券融资工具、公司理财等服务；将借助遍布国内外的机构网络，提供全方位的贴身金融服务；将提供受托管理、账户管理、基金托管在内的企业年金基金管理服务；将采取差异化服务模式，针对中小文化企业提供专业化金融服务。

（二）成功案例

与长影集团、吉林动漫集团、吉林省知合动画集团、长春吉广传媒集团、吉林省东北风文化传播有限公司以及显顺琵琶学校签署《银企战略合作协议》。中信银行长春分行向企业提供30亿元人民币的授信及结算、风险管理、金融咨询等金融服务。

华夏银行

（一）概况

开辟文化产业绿色通道。华夏银行将拥有良好信誉、经营效益较好、持续发展潜力较大的文化创意类企业认定为绿色通道客户。针对这些优质客户，在材料合规的前提下，华夏银行采取即报即审的方式予以优先审批，且对于超分行授权的续授信业务，采用分行自行审批的方式，极大提高了对该类客户的服务效率和支持力度。

开发文化创意类产品。为更好支持文化产业，华夏银行制定了文化创意类金融产品开发机制，建立了产品信息收集渠道，产品开发按照“统一管理，分层研发”的原则开展。目前，华夏银行与网络媒体、教育单位、平面媒体等众多主流文化产业加强合作，发行了联名卡。

开辟金融对接文化新路径。华夏银行积极探索与文化产业的对接路径，为文化创意企业提供理财服务；尝试版权、知识产权质押贷款和股权质押贷款；尝试开展文化企业并购融资服务、机构理财、供应链融资、并购贷款、国际业务等综合性金融服务。

通过开展“龙舟计划”进文化创意产业活动，加强与北京市政府相关部门、文化创意园区的交流与合作，积极参与文化金融创新试点，制定文化金融发展计划；整合文化金融类特色产品，举办中小企业文化金融服务及产品推介会；推进文化创意特色支行的试点工作，建立专业化客户经理团队，形成文化金融专业化服务模式。发挥龙舟计划“小快灵”的特殊吸引力和放大效应，加速文化创意小企业业务拓展，新增信贷额度不断向该领域重点倾斜，还选择30家文化创意产业中的龙头小企业，给予授信、融资券发行等金融专业支持。

截至2011年第三季度，华夏银行已服务文化产业客户353户，贷款余额79.19亿元，比年初增加13.82亿元，增幅21.14%，较该行对公贷款平均增速高13.27个百分点。

（二）成功案例

2011年，华夏银行先后为昆明元盛艺术品交易所、西安保利艺术品投资管理有限公司等一批文化艺术品交易平台设计提供个性化金融服务方案，解决了交易资金缺乏三方监管、原始手工处理繁冗滞后、交易制度不规范、信息无法有效披露等一系列制约发展的问题，有效地将地方优势艺术品资源、文化产业以及金融资本整合在一起，依托艺术品评估、质押、担保等金融信用体系，以提供艺术品增值、保值服务为核心，实现全球同步的艺术品网络电子交易投资市场。

城市商业银行

北京银行

（一）概况

几年来北京银行已经累计审批通过创意品牌贷款1500余笔，金额超过2700亿元，而且全面覆盖了文化创意产业9大行业，这其中94%的贷款都发放给了中小文化创意企业，其中最小的一笔贷款是20万元。北京银行不断在文艺演出、文化旅游和广告会展几大方面进行探索，拓宽支持文化产业的渠道，2010年和北京演艺协会建立战略合作关系，对演艺协会副会长理事单位优先提供支持，并且与北京礼品商会签订了十亿元的合作协议，支持企业发展。

（二）相关业务

“创意贷”文化创意系列产品

“创意贷”文化创意系列产品是北京银行专为支持文化创意企业及文化创意集聚区建设而量身定制的特色金融组合产品，旨在满足不同行业文化创意企业的各项融资需求。

贷款主要适用对象

中小文化创意企业及从事文化创意集聚区建设的中小企业。

三大特点：

创新担保方式，接受版权质押等多种组合担保方式；政府贴息支持，减轻企业融资负担；种类多样，满足企业不同融资需求。

根据支持对象不同将产品细分为影视制作贷款、设

北京银行"创意贷"支持对象

领域范围	支持对象
影视制作贷款	广播、电视服务，包括广播电台、电视台及其他广播、电视服务等；广播、电视传输；电影服务，包括电影制作与发行（电影制片厂、电影制作、电影院线发行和其他电影发行等）、电影放映（电影院、影剧院及其他电影放映等）
设计创意贷款	工业设计、建筑设计、平面设计、工艺美术设计、服饰设计、软件设计、网络设计、工程勘察设计等；其他辅助设计和专业技术服务等；文化用品、文化设备的生产和销售等。
出版发行贷款	新闻服务，主要指新闻业；书、报、刊出版发行；图书、报刊的批发零售等发行活动；音像及电子出版物出版发行；图书及音像制品的出租活动等
广告会展贷款	广告服务，主要指广告业；会议、展览及博览会的策划、组织和服务活动等会展服务
文艺演出贷款	文艺创作、表演及演出场所；文化保护和文化设施服务；群众文化服务；文化研究与文化社团服务；文化艺术代理服务及其他文化商务服务等
动漫网游贷款	开发具有资助创新知识产权、具有民族性原创性的动漫产品及网络游戏产品的研发和制作
艺术品交易贷款	艺术品拍卖服务，主要指提供贸易经纪与代理服务等；工艺品的制造和销售，包括首饰、工艺品及收藏品的制造、批发和零售活动等
文化旅游贷款	主要指旅游服务，包括旅行社、风景名胜区、公园、其他游览景区、城市绿化和野生动植物保护等
文化体育休闲贷款	文化体育休闲娱乐服务，包括摄影扩印服务、室内娱乐活动、游乐园、休闲健身娱乐活动及其他娱乐活动等，重点支持和培育一批具有国际影响力的大型体育品牌赛事等
文化创意产业集聚区建设贷款	重点支持经市文化创意产业领导小组认定的文化创意产业集聚区建设，包括文化创意集聚区的基础设施、公共服务平台的建设工作等

（资料来源：《中国文化企业报告2012》）

计创意贷款、出版发行贷款、广告会展贷款、文艺演出贷款、动漫网游贷款、艺术品交易贷款、文化旅游贷款、文化体育休闲贷款、文化创意产业集聚区建设贷款 10 种产品。

申请"创意贷"的文化企业应满足以下四条基本情况：

1. 企业情况：原则上企业成立时间在一年以上，注册资本不低于 100 万元；企业要有以往相关项目的成功操作经验。

2. 项目情况：项目已取得相关部门的立项批准，并提供相关批准文件或备案公示；企业负责人需有相关项目的从业经历；或已进入具体实施阶段的，企业要有一定比例自有资金投入；产品原创性高，具有较好的市场潜力，能够产生较好的经济和社会效益。

3. 版权情况：如申请版权质押融资贷款，应确保版权所有关系清晰，借款人具备版权质押条件。

4. 其他情况：企业应满足北京银行其他规定和一般授信条件。

（三）成功案例

1. 中国电影集团、北京演艺集团、紫禁城影业、博纳影视、万达院线、歌华集团等一批有实力、有竞争力、有影响力的大中型文化企业。

2. 时代金典、现代教育出版社、青青树动漫、凯撒国旅、中外名人、天创国际、极视文化、盛世先锋等 700 余户中小文化企业。

3.《龙门飞甲》、《永不磨灭的番号》等多部电影电视剧的拍摄或推广。

4. 与北京市经信委签署 150 亿元战略合作协议，推出"软件贷"新产品，目前累计授信 6.1 亿元。

5. 与中关村担保公司合作推出"小瞪保"新产品。

6. 与中国节能协会节能服务产业委员会签订战略合作协议，推出"节能贷"特色产品，累计支持企业 40 户，授信 10.2 亿元。

上海银行

（一）概况

总行公司金融部在 2011 年的公司金融营销指导意见中，明确将文化产业列为我行今年重点支持的行业。在实际执行过程中，对于部分优质文化产业项目还予以贷款额度补贴。

截止 2011 年 8 月数据显示，上海银行支持文化企业的贷款规模总计为近 9 亿元，较去年同比增长近 200%，增幅显著。从企业主营业务来划分，信贷投放主要集中在文化传播类、数字媒体服务类、广告传媒类等客户。

（二）相关产品或业务

成长全规划系列产品

小巨人：

风雨同舟、携手共进，具有良好成长性的优质小企业，是我行鼎力支持的 VIP 客户。针对业绩表现优秀、成长潜力明显的小企业，由我行客户经理精心规划，提供贵宾级的综合服务，培育企业快速成长，并在认定为小巨人后得到我行优惠政策支持，为企业提供加速动力。

支持对象

重点支持为主体企业配套的制造类、经营大宗基础物资流通等的商贸类、具有持续创新能力的科技型、市场份额较高的都市型等类型的小企业。

业务特点：

认定为“小巨人”的企业，可享受我行一系列优惠政策：

1. 根据企业资信，给予部分信用贷款，最高可达 500 万元；

2. 房产抵押率可适度提高；

3. 审批流程适用 VIP 客户绿色通道。

创智贷

科技型企业的成长，离不开股权融资和银行融资的结合，离不开政策性融资与商业性融资的结合。我行对于技术领先、具有良好市场前景和较高成长性的科技型小企业，与相关政府部门联手，搭建融资平台，为企业创智生财助力。

1. 科技型小企业委托贷款

指由政策性机构出资，委托我行向本市科技型小企业发放的贷款业务。

业务特点：

1）政府部门可对符合条件的科技型小企业给予最高两年的部分贷款利息补贴，降低企业实际承担的筹资成本；

2）单笔不超过 1000 万元，期限在两年内。

2. 科技型小企业专项担保贷款

指在市区有关政府机构支持下，我行与科技园区等有关机构合作搭建融资担保平台，为符合条件的科技型小企业提供融资支持。

业务特点：

反担保方式灵活，无形资产（如知识产权）、个人保证责任担保等均可作为反担保措施。

南京银行

（一）相关产品或业务

知识产权质押贷款

产品介绍

知识产权质押贷款是指企业把自己享有所有权和处分权的知识产权（包括专利权、软件著作权、商标权等）质押给我行申请融资的授信业务。

适用对象

具有知识产权的企业。

业务流程

1. 企业向我行提出贷款申请，提交相关资料；

2. 专业评估机构对知识产权进行评估；

3. 我行受理，进行调查、审批；

4. 审批通过后，企业与我行签订相关合同；

5. 办理知识产权质押登记后，我行发放贷款。

产品优势

拓宽企业融资渠道，有效提高企业资源利用度，盘活无形资产。

成都银行

（一）相关产品或业务

知识产权质押贷款

业务简介：我行专门为解决科技型中小企业融资难，促进高新技术成果转化的问题，与成都市科学技术局合作，对科技型企业开放的融资服务产品。

适用对象：拥有自主知识产权作为质押的科技型企业。

产品特色：

弹性期限：可根据企业资金需求选择短至数天的贷款期，也可选择长达 3 年的贷款期。

还款灵活：可根据企业的财务状况选择分期还款，也可选择到期一次性还款。

申贷容易：企业只要拥有专业机构认可的知识产权，您即可向我行申请融资。

齐鲁银行

（一）相关产品或业务

智慧贷

业务简介：“智慧贷”是指拥有较多知识产权、具备良好成长能力的科技型中小企业可以申请以所拥有的知识产权作为质押担保，而向齐鲁银行申请融资的业务模式，当前齐鲁银行可接受的知识产权包括专利权和著作权中的财产权。

功能特点：解决科技型企业融资担保难题；助力科

技企业做大作强，快速成长；加快科技成果转化为生产力的速度。

·保险类·

人民财产保险

演艺活动财产保险

是一款专为各类演艺活动提供财产损失保险的产品，能够保障因火灾、爆炸、自然灾害或意外事故造成的直接物质损坏或灭失。

演艺活动财产保险由一切险条款和综合险条款两部分组成。责任包括火灾、爆炸；雷电、暴雨、洪水、暴风、龙卷风、冰雹、台风、飓风、暴雪、冰凌；突发性滑坡、崩塌、泥石流；飞行物体及其他空中运行物体坠落；水箱、水管爆裂及各类自然灾害造成保险标的直接物质损坏或灭失。

演艺活动公众责任保险

是一款专为各类演艺活动提供公众责任保险的产品，能够为活动期间在活动场所提供因意外事故（例如火灾、踩踏、舞台坍塌等）导致的第三者人身伤亡或财产损失的风险保障。

演艺活动公共责任保险责任包括第三者人身伤亡或财产损失；事先经保险人书面同意的诉讼费用；发生保险责任事故后，被保险人为缩小或减少对第三者人身伤亡或财产损失的赔偿责任所支付的必要的、合理的费用。

演艺人员意外和健康保险

演艺人员意外和健康保险分为 A、B、C 三款，A 款产品是针对演艺人员团体投保的意外健康保险；B 款产品针对演艺人员个人投保使用；C 款产品是针对演艺人员境外活动中的意外健康保险。充分考虑到演艺人员的职业特点和特定需求设计了 3 款分别针对团体、个人及境外活动中因意外伤害导致身故、残疾或烧伤的风险保障，3 款分别搭配有十余款附加险条款，能够全面满足演艺人员意外健康的保险保障。

艺术品综合保险

这是一款专门针对艺术品量身定做的综合保险，为艺术品提供火灾、爆炸、自然灾害、盗窃等风险保障并覆盖艺术品在馆藏、展览及运输的各个环节，真正做到各环节无缝连接，责任界定清晰明了不留死角，能够给予艺术品全方位的风险保障。

艺术品综合保险包括财产损失保险和艺术品运输保险两部分。财产损失保险责任包含火灾、爆炸；水渍、烟熏；雷击、暴雨、洪水、暴风、龙卷风、冰雹、台风、飓风、暴雪、冰凌、突发性滑坡、崩塌、泥石流、地面突然下陷下沉；因盗窃造成的艺术品丢失。艺术品运输保险责任覆盖火灾、爆炸；自然灾害；运输工具发生碰撞、出轨、倾覆、坠落、搁浅、触礁、沉没，或隧道、桥梁、码头坍塌；碰撞、挤压导致包装破裂或艺术品损坏；装卸人员进行装卸、搬运过程中因为疏忽、过失导致艺术品损坏。

动漫游戏企业关键人员意外和健康保险

这是一款专门针对动漫企业关键人员的意外伤害保险，为其提供因意外伤害导致身故、残疾或烧伤的的风险保障，并搭配十余款附加险种，能够为企业关键人员的提供充分的意外健康的风险保障。

展览会综合责任保险

是一款专为各类展会主办方提供其对租赁展览场所的建筑物等固定财产遭受损失、对第三者及被保险人雇请人员人身伤亡应当承担的赔偿责任和法律费用进行保障的产品。

文化活动公共安全综合保险

这是一款专门针对文化活动公共安全量身定做的综合保险，为文化活动主办方提供财产损失和公众责任保障的保险产品。

财产损失保险责任包括：火灾、爆炸；雷电、暴雨、洪水、暴风、龙卷风、冰雹、台风、飓风、暴雪、冰凌；突发性滑坡、崩塌、泥石流；飞行物体及其他空中运行物体坠落；水箱、水管爆裂等造成保险标的直接物质损坏或灭失。

文化企业贷款保证保险

是一款专为各类优质文化企业提供贷款保证，使其能够突破有形资产抵押不足的银行贷款限制，获得信贷支持的保险产品。保险责任为：在保险期内，文化企业不能偿还贷款时由保险公司代为偿还银行部分损失。

但此保险对贷款企业资质要求较高。

·信托类·

产品名称	信托公司	投资方向	信托期限	预期最高收益率	收益率说明	资金运用	信托规模	是否可提前终止	是否可转让	资金分配方式	销售起始日
国投飞龙艺术品基金8号集合资金信托计划	国投信托有限公司	艺术品收藏	24个月	8%	1000万元的预期年化收益率为8%；1000万元人民币含以上的预期年化收益率为8.5%	本信托计划的合作方是中国嘉德拍卖。	2亿元	否	否		2011-01-16
宝深I号（它山艺术品投资基金一期）集合资金信托计划（第二期）	新华信托股份有限公司	艺术品收藏	24个月	10%	120万元（含）以上200万元以下的预期年化收益率为10%；200万元（含）以上300万元以下的预期年化收益率为12%；300万元（含）的预期年化收益率为12.5%	本信托计划的资金运用方式应符合法律法规及中国银监会的监管要求，是委托人基于对受托人的信任，自愿将其合法拥有的并有权支配的资金交付给受托人，由受托人根据信托文件的规定，以直接投资、债权购买特定资产权益等方式单一或组合形式投资于国内外油画素描、印章印石及珍宝艺术品。		是	否		2011-12-27
懋源富雅1号艺术品投资集合资金信托计划	北京国际信托公司	艺术品收藏	60个月	10%	100万元（含）-300万元，预期年化收益率为10%；300万（含）-500万，预期年化收益为11%；500万（含）-1000万预期年化收益为11.5%；1000万（含）-2000万，预期年化收益率为12%；2000万（含）及以上的，预期年化收益率为13%	本信托计划资金将主要以货币出资方式投资于懋源富雅（天津）股权投资管理合伙企业（有限合伙），签署基金合伙协议，成为该基金的有限合伙人；该基金由北京懋源泓斋文化投资基金管理有限公司担任普通合伙人和执行事务合伙人。	该信托计划募集资金规模为人民币2.7亿元，其中，优先级信托资金为2亿元，面向社会投资者募集；次级信托资金为0.7亿元（定向认购）。	否	否	在信托计划存续期内，优先级每年于11月20日至少分配一次信托收益。在信托本金支付完毕之前，每个核算日以可分配的信托利益为限按每个受益人分配信托利益。	2011-03-31
中信创悦·丽江文化产业投资基金集合信托计划	中信信托有限责任公司	房地产	24个月	8.75%	100万（含）-300万元（不含）的预期年化收益率为8.75%；300万元（含）-500万元（不含）的预期年化收益率为9%；500万元（含）-1000万元（不含）的预期年化收益率为9.5%；1000万元（含）以上的预期年化收益率为10%	本信托计划以增资方式投资于丽江文产投资开发有限公司。本信托计划资金用途为"丽江民族文化产业示范项目建设"。	6.464亿元	否	否		2011-08-01
雍和园文化创意中小企业发展贷款集合资金信托计划	中信信托有限责任公司	工商企业	18个月	9%		本信托计划所募集的信托资金用于向中关村科技园雍和园管委会辖内四家文化创意中小企业发放贷款，资金用于企业自身业务拓展和产品研发。	2000万元	否	否		2011-09-09

产品名称	信托公司	投资方向	信托期限	预期最高收益率	收益率说明	资金运用	信托规模	是否可提前终止	是否可转让	资金分配方式	销售起始日
“渤海国资公司”应收款转让（回购）集合资金信托计划	天津信托有限责任公司	工商企业	12 个月	7.5%	小于 300 万元预期年化收益率为 7.5%；300 万元（含）–500 万元预期年化收益率为 8.5%；500 万元（含）–1000 万元预期年化收益率为 8.8%	1000 万元（含）–1 亿元预期年化收益率为 9%；1 亿元（含）以上预期年化收益率为 10%	本信托计划资金由受托人集合运用，用于受让天津渤海国有资产经营管理有限公司对天津渤海文化产业投资有限公司的 4 亿元应收款项；信托计划到期后，由渤海国资公司对受托人受让的全部应收款溢价回购，以获取信托收益。	否	否	信托计划到期后 5 个工作日内，直接划入受益人指定的银行账户。	2011–03–28
盛藏财富·复文艺术品投资集合资金信托计划	北京国际信托有限公司	艺术品收藏	36 个月	10.3%	100–300 万预期年化收益率为 10.3%；300（含）–500 万预期年化收益率为 12.3%；500（含）万–1000 万预期年化收益率为 12.8%；1000（含）万–2000 万预期年化收益率为 13.3%	信托资金全部用于受让厦门当代投资集团有限公司合法拥有之艺术品集合的收益权。厦门当代投资集团有限公司将出让艺术品收益权所得资金用于发展集团文化产业。	3 亿元	是	否	信托计划项下信托利益分配日预计为自信托计划成立日起每满一年之日。	2011–09–14
盛藏财富·复文艺术品投资集合资金信托计划第二次扩募	北京国际信托有限公司	艺术品收藏	36 个月	10.3%	100–300 万预期年化收益率为 10.3%；300（含）–500 万预期年化收益率为 12.3%；500（含）万–1000 万预期年化收益率为 12.8%；1000（含）万–2000 万预期年化收益率为 13.3%	信托资金全部用于受让厦门当代投资集团有限公司合法拥有之艺术品集合的收益权。厦门当代投资集团有限公司将出让艺术品收益权所得资金用于发展集团文化产业。		是	否	信托计划项下信托利益分配日预计为自信托计划成立日起每满一年之日。	2011–11–01
龙藏 1 号艺术品投资基金募集计划	中信信托有限责任公司	艺术品收藏	36 个月	浮动收益	三年期存款基准利率基本回报 +6% 的优先回报 + 超额部分 30% 分成的超额回报权益；顺延期基金收益（基本回报 +8% 的优先回报 + 超额部分 30% 分成的超额回报）	艺术品投资市场		是	否	基金信托清算时一次性归还本息并分配信托投资人收益	2011–07–11

·基金类·

2011 年共设立了 43 支文化产业基金分布于综合性基金、艺术品基金、网络游戏基金、动漫影视基金等领域。其中以艺术品基金的数量最高，为 20 支，占 2011 年文化产业基金设立总数的 46.51%；其次为综合性文化产业基金，为 15 支，占总数的 34.88%。

43 支文化产业基金中，有 34 支基金公布基金募资规模。在 34 支公布规模的文化产业基金，以综合性文化产业基金最多，为 15 支，占公布募资规模基金总数的 44.12%。

2011 年文化产业 34 支公布募资规模的文化产业基金共募资 528.1 亿元人民币，其中以综合性文化产业基金募资规模最高，为 363 亿元人民币，占募资总规模的 68.74%；其次为动漫影视基金，为 80 亿元人民币，占募资总规模的 11.36%。

2011 年文化产业基金单支平均募资规模为 15.53 亿元人民币，其中网络游戏基金的单个平均募资规模最高，为 30 亿元人民币；其次为综合性文化产业基金，为 24.2 亿元人民币。

2011 年设立的 43 支文化产业基金分布于国内 11 个省、市和自治区，其中以北京设立的文化产业基金最多，为 15 支，占总数的 34.88%；其次为广东，为 11 支，占总数的 25.58%。

公布基金募资规模 34 支文化产业基金，以广东的数量最多，为 10 支，占公布募资规模基金总数的 29.41%；其次为北京，为 8 支，占总数的 23.53%。

2011 年文化产业 34 支公布募资规模的文化产业基金，其中以广东募资规模最高，为 214.5 亿元人民币，占募资总规模的 40.62%；其次为江苏，为 91 亿元人民币，占募资总规模的 17.23%。2011 年文化产业基金单支平均募资规模为 15.53 亿元人民币，其中以山东地区的单个平均募资规模最高，为 53 亿元人民币；其次为云南，为 50 亿元人民币。

国家级文化产业投资基金

基金名称	成立时间	地域分布	发起方	募资规模	管理机构及模式	投资方向
中国文化产业投资基金	2011.7.6	北京	财政部 中银国际控股有限公司 中国国际电视总公司 深圳国际文化产业博览交易会有限公司	总规模 200 亿元 首期募集 60 亿元	未公布	基金主要以股权投资方式投资传统媒体、新媒体以及文化关联行业，大体比重是 40% 的资金投资于传统媒体，30% 左右的资金投资于新媒体，30% 的资金投资于关联产业。基金投资的标准主要是成长期和成熟期的企业，同时瞄准文化产业新闻行业的龙头，兼顾一些比较早期的项目，部分参与已上市公司的定向增发。

综合性文化产业投资基金

基金名称	成立时间	地域分布	发起方	募资规模	管理机构及模式	投资方向
中国影视出版产业投资基金	2010	北京	中国建设银行与国家有关部门共同发起	总规模 50 亿元 首期募集 20 亿元	建银国际	出版、电影、广播电视、网络游戏、动漫产业等受到十二五规划重点扶持、潜力巨大的文化创意产业。
中外名人文化产业基金	2010.7	北京	未公开	总规模 5 亿元	北京中外名人投资	主要投资影视产业、广告传媒、文化地产、出版发行、动漫、演艺及其他细分子行业。

续上表

基金名称	成立时间	地域分布	发起方	募资规模	管理机构及模式	投资方向
星长城文化产业投资基金	2010.11	北京	星长城文化产业投资基金管理有限公司	总规模50亿元 首期募集5亿元	星长城文化投资	文化娱乐、广播影视、新闻出版、旅游广告、艺术品交易、文化地产等行业发展，推动符合条件的文化企业上市融资。
建银国际文化产业股权投资基金	2011.4.23	北京	建银国际（控股）有限公司 中国出版集团公司 中国电影集团公司 七弦投资 江苏雨润集团 湖北武汉工贸等企业	总规模20亿元	未公开	投资范围涵盖出版、电影、广播电视、网络游戏、动漫产业等受到十二五规划重点扶持、潜力巨大的文化创意产业；并以广播、影视、出版行业作为重点投资方向。
天津文化产业投资基金	2011.12.21	天津	天津北方文化产业投资集团股份有限公司 天津滨海海胜股权投资基金管理有限公司	总规模20亿元 首期募集4亿元	未公开	以股权投资方式投资文化产业领域，引导示范和带动社会资金投资文化产业。
山西同仁股权投资基金	2011.11.30	山西	山西典石股权投资管理有限公司	总规模20亿元	山西同仁股权投资基金管理人为山西典石股权投资管理有限公司。	投资领域为山西省旅游、文化、传媒、物流等行业。
上海东方汇金文化产业投资基金	2006.12	上海	上海市委宣传部 浦东新区人民政府	首期募集1亿元	上海精文投资公司	未公开
东方惠金文化产业基金	2007.8	上海	未公开	未公开	未公开	未公开
上海华人文化产业投资基金	2009.4	上海	文汇新民联合报业集团 上海东方惠金文化产业投资有限公司 国开金融有限责任公司 上海大众集团资本股权投资有限公司 深圳天正投资有限公司 宽带资本等	总规模50亿	华人文化产业基金采用有限合伙制，建立基金出资人设立基金、基金管理人管理运作基金资产、基金托管人保管基金资产的运作架构。	基金将重点为目标公司提供成长性资本、企业重组、管理层收购等市场化融资。
上海文化产业股权投资基金	2012.11.5	上海	海通开元 上海东方传媒 上海新华传媒 上海强生集团等	总规模100亿 首期募集30亿	基金募集对象作为有限合伙人，不参与基金的日常运营和管理。基金管理公司作为普通合伙人，负责基金的日常运营和管理。 海通资本管理有限公司（暂定名），普通合伙人为基金管理人，对基金的债务承担无限连带责任。 有限合伙人以其认缴的出资为限对基金债务承担责任。有限合伙人不执行有限合伙事务，不得对外代表有限合伙。	重点投资领域为文化及相关产业，包括广播影视业、新闻出版业、网络文化产业、动漫产业、旅游广告业、休闲娱乐业、创意设计产业、文化用品及设备产业等。 目标是通过对文化及相关产业的股权投资，参与文化及相关领域企业的重组、改制、上市及并购，帮助企业整合资源，提升价值，并最终实现基金价值。

续上表

基金名称	成立时间	地域分布	发起方	募资规模	管理机构及模式	投资方向
江苏紫金文化产业发展基金	2011.2	江苏	江苏省财政厅及其他社会融资机构	总规模 20 亿元	江苏高投	投资江苏省文化创意、影视创作、出版发行、演艺娱乐、有线网络、数字内容和动漫等产业中的具有高成长潜力的优秀企业和优质项目。
华映苏州文化产业基金	2010.6	江苏	华映资本 江苏高新创投	总规模 10 亿元	华映光辉	文化传媒、影视制作和传播、新媒体、互联网等行业内优秀成长性企业
华映东南文化产业基金	2011.3	江苏	华映资本 常熟东南经济开发区	总规模 10 亿元 首期募集 2 亿元	上海华映光辉投资管理有限公司	影视音乐、移动互联网、旅游目的地等领域。
华映无锡文化产业基金	2011.7.12	江苏	华映资本 无锡广电集团	总规模 10 亿元 首期募集 2 亿元	上海华映光辉投资管理有限公司	对无锡广电集团下属产业公司进行股份制改造和资本化再造，并通过股权收购、资产重组、整合吸纳行业内优质资源，实现传统传媒的产业和地域突围，打造无锡广电新媒体领域的上市公司，支持无锡市文化产业的发展。
南京文化创业投资基金	2011.3.29	江苏	南京市文化集团 南京市高新技术风险投资公司	总规模 1 亿元	南京市高新技术风险投资公司	出版传媒、文化产业连锁、动漫网络游戏、数字音乐及电影、移动多媒体等新兴文化产业。
东方星空文化产业基金	2009.5	浙江	中国烟草总公司浙江省公司 浙江财务开发公司等	总规模 2.5 亿元	浙江新干线	立足主板市场，投资培育文化传媒类骨干企业，并推动跨地区的行业并购，力争培育发展若干家细分领域的龙头企业，立足创业板市场，投资培育新兴文化传媒企业，积极探索新媒体、多媒体的融合发展，参与国内文化传媒领域的行业并购。
浙江文化产业基金	2011.1.9	浙江	浙江天堂硅谷创业投资有限公司 七弦股权投资管理有限公司	总规模 1 亿元	浙江天堂硅谷创业投资有限公司 七弦股权投资管理有限公司	稀缺资源景点、手机游戏门户网站、动漫原创版权等。
杭州文创产业投资基金	2011.10.11	浙江	杭州文投创业投资有限公司 杭州文广投资控股集团 浙江华策影视股份有限公司 浙江金永信投资管理有限公司等	总规模 5 亿元 首期募集 1 亿元	杭州文投创业公司	重点投资杭州具有高增长潜力的重点文创企业或重点文创项目。
泛城文化创意产业基金	2010.7	浙江	杭州泛城科技有限公司为最大出资人	总规模 2 亿元	泛城科技	网络游戏、网页游戏、社交游戏、手机应用与游戏、ipad/iphone 等新平台的应用、娱乐化社区等互联网文化相关产业及动漫、影视等领域。
中科安广股权投资基金	2011.5	安徽	安徽广电传媒 中科招商创业投资管理有限公司	总规模 50 亿元 首期募集 10 亿元	安徽广电传媒与中科招商创业投资管理有限公司	主要投向安徽广电传媒产业集团及安徽省内其他文化产业优质项目。
海峡文化产业投资基金	2011.10.30	福建	福建日报报业集团 海峡出版发行集团 深圳市中科招商创业投资管理有限公司	总规模 10 亿元 首期募集 10 亿元	中科招商公司	立足福建，面向海西，辐射全国，投资方向包括新闻出版业、广播影视业、网络文化产业、数字内容产业、动漫游戏产业、创意设计产业等文化产业，以及大型文化园区等基础设施项目。

续上表

基金名称	成立时间	地域分布	发起方	募资规模	管理机构及模式	投资方向
中原文产创业投资基金	2009	河南	新乡文化产业投资有限公司 新乡县建设投资有限责任公司	未公开	中原文产创业投资有限公司	该基金将主要投资于文化类上市后备企业、具有中原文化元素的影视产品制作与发行、广电传媒产业、文化资源整合项目及文化产业园区建设。
中国炎帝发展基金	2010	湖南	湖南三湘集团有限公司 北京红马天安投资有限公司 湖南省财政出资引导	总规模10亿美元 首期募集2亿美元	亚洲投资	以股权投资的形式，投资于湖南省内及全国具有独特竞争优势及增长潜力的文化产业。
湖南富坤文化产业投资基金	2011.4	湖南	湖南省广播电视局 华谊兄弟传媒股份有限公司	总规模10亿元 首期募集0.95亿元	湖南富坤投资管理有限公司	主要投向具备核心竞争优势且具有上市潜力的成长性文化传媒企业，重点投资于高端"内容制造"与"内容制造相关"子行业。
广东广电基金	2011.10.28	广东	广东省广播电视网络股份有限公司 广东中广投资管理有限公司	总规模50亿元	广东中广投资管理有限公司	广东广电网络上下游相关行业乃至省内文化产业拟上市企业，同时覆盖中广投资在全国范围内配置的其他文化产业及国家战略性新兴产业的优质项目。
广东文化产业投资基金	2011.12	广东	工商银行广东分行 南方报业传媒集团 南方广播影视传媒集团 工银国际投资管理有限公司等	总规模50亿元 首期募集10亿元	广东文化产业投资基金	重点投资的领域包括省直大型文化企业战略性重组项目、科技型创业型中小文化企业或项目、岭南文化精品项目、文化产品和服务出口类项目等
华澳文化产业投资基金	2010	广东	未公开	未公开	华澳资本	新传媒、娱乐服务、教育项目、旅游产业、影视制作、动漫项目、互联网与多媒体等项目以及在快速发展的文化消费领域能提供优异产品或服务的文化创意企业。
深圳鹏德文化产业基金	2011	广东	未公开	总规模 5亿元	深圳市鹏德创业投资有限公司	未公开
凤凰文化产业基金	2011.4.15	未予以公布	未公开	总规模 43–50亿元	未公开	未公开

旅游产业专项投资基金

基金名称	成立时间	地域分布	发起方	募资规模	管理机构及模式	投资方向
云南省文化旅游产业发展基金	2011.5	云南	云南省国资委 工银国际投资公司 北京万方文化传播公司 普洱扬正投资公司	总规模50亿元	工银国际有限公司	开发云南旅游新项目，扶持旅游业的优秀产业。 主要投资影视产业、广告传媒、文化地产、出版发行、动漫、演艺及其他细分子行业。
湖南文化旅游产业基金	2010.12	湖南	由湖南省则政厅和文化厅等部门出资21亿元，采取定向私募方式筹资设立	总规模30亿元 首期募集9亿元	湖南达晨文化旅游创业投资管理有限公司	立足湖南、辐射全国，资金投向将遵循支持湖南文化旅游产业发展和资本收益最大化相结合的原则，体现"三个导向"。
华彬中国文化旅游产业创新发展基金	2011	湖北	未公开	总规模200亿元	未公开	支持湖北的文化事业和文化产业发展。

影视产业专项投资基金

基金名称	成立时间	地域分布	发起方	募资规模	管理机构及模式	投资方向
A3国际电影基金	2007	北京	香港制片人施南生保利博纳总裁于冬联合日本、韩国、香港三维制片人及一名前摩根斯坦利投资银行家共同发起	1亿美元	香港制片人施南生保利博纳总裁于冬联合日本、韩国、香港三维制片人及一名前摩根斯坦利投资银行家共同管理	电影，重点是中国、日本和韩国的合拍片，其中约60%的资金将投资于我国电影
“铁池”电影私募基金	2007		原哥伦比亚、华纳兄弟等电影公司担任高管的署名华人经理人联合组建	10亿美元	原哥伦比亚、华纳兄弟等电影公司担任高管的署名华人经理人共同管理	投资小成本电影，主要力量在加强恒业积累和人才队伍建设。主要拍摄我国题材的电影，投入到西方电影市场
IDG中国媒体基金	2007.05.16	北京		5000万美元	IDG	发掘中国的新电影，未来十年左右在我国投资60～80部电影
亚洲电影基金	2007.09			2.85亿美元	韦恩斯坦兄弟	资金将全部用于资助未来6年以亚洲人为主题的电影的开发、制作、采购、营销和发行。其中又明确规定，超过50%的资金将投资给20部中国影片。
一壹影视文化股权投资基金	2009.08	天津	一壹国际影视文化传媒（北京）有限公司	总规模 5亿元 首期募集1亿元	一壹国际影视文化传媒（北京）有限公司	国内优秀的电影，电视剧项目
汇力影星投资基金	2010.5	北京	汇力基金管理公司	总规模3亿元	汇力基金管理公司	优质的待投影片、电视剧、影视剧本的编创、电影电视新技术、院线建设、文化产业园区、主题影视基地发展等
大摩华莱坞基金	2011.1.22	无锡	摩根士丹利合作基金亚太金融资本	首期募集10亿人民币和1亿美金	亚太基金和擎辉资本	重点投资无锡（国家）数字电影产业园建设，尤其是支持该产业园内企业从事建立电影发行和流通渠道、设置青年导演基金、进行影视内容制作、影视版权交易和文化产品营销等。

艺术品投资基金

基金名称	成立时间	地域分布	募资规模	管理机构	投资方向
深圳杏石投资基金	2010.6	广东	1亿美元	深圳杏石投资管理有限公司	投资我国近现代国画大师的书画作品，如齐白石、张大千、徐悲鸿、傅抱石、李苦禅、潘夭寿、于希宁等已经入选或即将入选文化部《二十世纪美术作品国家档案》的作品。
蓝顶艺术品基金	2008	上海	总规模 0.5亿元	上海蓝顶艺术品发展公司	坚持以当代艺术名家作品为主要收藏、投资对象，尤其是以四川美术学院培养的艺术家为中心，以成都蓝顶艺术工作室为重点，走精品学术路线。
中博雅艺术基金	2010.8	北京	总规模 1亿元	北京中博国际拍卖有限公司	近现代和当代大师级书画艺术精品
德美艺嘉艺术基金	2010.7	上海	总规模 2–3亿元	德美艺嘉艺术品投资基金管理公司	国内顶级的国画和油画艺术家的代表作品
红珊瑚三期艺术品私募基金	2011.3	未公布	总规模 0.15–0.2亿元	未公布	当代艺术、20世纪中国油画、书画

网络游戏专项投资基金

基金名称	成立时间	基金规模	发起人	投资方向	运作方式
18 基金	2008.11.18	30 亿元	盛大	成熟网游精品、半成品网游、早期网游产品、网游创意。	未公开
腾讯产业共赢基金	2011.1.24	总规模 50 亿	腾讯公司	投资产业链上的优质公司，为互联网及相关行业的优秀创新企业提供资本支持，服务腾讯开放平台上用户。	未公开
星基金	2011.6.15	总规模 10 亿元	天津星亿股权投资基金管理有限公司	国产网络游戏海外版权的早期收购，通过与韩国、东盟、北美、南美、欧盟各国网络游戏运营机构的商业合作，加速推进中国国产网游作品的海外投放与传播，为中国网游产业全球边际收益的扩展，以及中国软文化影响力的海外传播，发挥引擎枢纽的结构功效，将天津打造成集散中国原创网络游戏数字版权的出口离岸港。	“星基金”基金会将以天津海泰数字版权交易服务中心为依托，以网游为突破口，将版权资产的商业运作、存量资本的优化配给、商业渠道的扶持搭建相结合，孵化打造网络游戏产业的高端业态。充分利用社会资本的投入，加速推进中国原创网游的海外投放与传播，为国产网游走向海外创建一种新的商业模式。
聚宝计划	2011 年 5 月 16 日	未公开	未公开	面向全国网游人才、创业团队、企业展开的大型网游投资计划。该计划投资内容广泛，覆盖了全国网游人才、创业团队、成熟企业的创意、网游产品及网游相关产业等各个方面。“聚宝计划”旨在网罗行业中高级开发人员和管理人员，以弥补公司自身在人才上的劣势。公司已经投资多家网络游戏公司，包括“犀牛科技”、“乐乐堂科技”和“顶势网络”，为打造精品游戏奠定基础。	技术支持：中青宝为加入者展示七年的艰苦创业经历和丰富的项目开发经验，为成功创业提供鼎力支持。 运营支持：以专业的产品运营管理平台，和累积丰厚的运营经验，为加入者的产品打开未来的时间大门。 资金支持：中青宝凭借出色的资本市场运作能力，丰厚的资金支撑提供资金支持。

其他文化产业专项投资基金

基金名称	成立时间	基金规模	投资人或创立者	投资方向
华夏文化动漫发展基金	2011.5.13	首期募集 1 亿元	海南动漫产业基地 华夏文化遗产基金会	原创动漫作品的创作、产业开发。打造以“3D 全息动漫数字影像”为主的“技术研究 – 应用开发 – 创意制作 – 播出交易 – 衍生品开发”产业链，并为该产业链配套“技术服务、投资融资、教育培训、版权保护、会展交流”五大平台，实现多方共赢。
炫动创投基金	2011．6.8	总规模 1 亿元	未公开	作为国内唯一一家拥有完整产业链布局的国有动漫企业，炫动传播推出的“T 计划”旨在整合各个行业领域的优势合作伙伴，缔结跨界联盟。
环球新传媒整合基金	2010.5.30	5 亿元	环球新产业投资基金管理（北京）有限公司	主要投资于多年沉积于“非物质文化产业”市场的轻资产或股权。通过企业间并购，快速成长。
北京中关村新媒体版权基金	2011.4.26	首期募集 2 亿元	未公开	主要投资范围专注于各类优质电影、电视剧、动漫类节目的新媒体专有许可权，以及相关的电影、电视剧、动漫类项目制作投资
信息与传媒投资基金	2010.10	总规模 50 亿元	中科院 大唐电信 国开金融公司 国联证券 部分民营资本	以物联网和传感产业为主要投资方向，全部用于物联网项目开发
河北玄元基金	2011.8.6	总规模 10 亿元	河北省股权托管中心	未公开

·证券类·

国内证券交易所上市的传播与文化产业类公司

公司名称	股票简称	股票代码	主营业务	上市日期（部分为壳资源上市日期）	上市交易所
北方联合出版传媒（集团）股份有限公司	出版传媒	601999	出版、发行、印刷、物资销售	2007.12.21	上海证券交易所
成都博瑞传播股份有限公司	博瑞传播	600880	印刷、广告、发行及投递、网游	1995.11.15	上海证券交易所
中文天地出版传媒股份有限公司	中文传媒	600373	出版、发行、印刷、贸易及其他	2002.03.04	上海证券交易所
万鸿集团股份有限公司	ST 万鸿	600681	装饰、园林工程	1993.10.18	上海证券交易所
中视传媒股份有限公司	中视传媒	600088	影视、广告、旅游及其他	1997.06.16	上海证券交易所
北京歌华有线电视网络股份有限公司	歌华有线	600037	网络运营服务、器材销售	2011.02.08	上海证券交易所
北京巴士传媒股份有限公司	北巴传媒	600386	公交媒体、汽车服务	2001.02.16	上海证券交易所
陕西广电网络传媒（集团）股份有限公司	广电网络	600831	收视、数据业务、安装、卫视落地及其他	1994.02.24	上海证券交易所
浙报传媒集团股份有限公司	浙报传媒	600633	报纸杂志广告、发行、印刷及新媒体	1993.03.04	上海证券交易所
百视通新媒体股份有限公司	百视通	600637	信息传播、IPTV、手机电视、舞美演艺策划制作、互联网带宽资源租赁、设备销售及租赁	1993.03.16	上海证券交易所
长江出版传媒股份有限公司	长江传媒	600757	出版、发行、印刷、物资销售	1996.10.03	上海证券交易所
安徽新华传媒股份有限公司	皖新传媒	601801	教材销售、一般图书销售、音像制品销售、文体用品及其他、广告代理、出版	2010.01.18	上海证券交易所
中南出版传媒集团股份有限公司	中南传媒	601098	出版、发行、物资、印刷、报纸媒体	2010.10.28	上海证券交易所
时代出版传媒股份有限公司	时代出版	600551	新闻出版、印刷、记录媒介复制、化学制品制造、电子产品制造、商品贸易及其他	2002.09.05	上海证券交易所
吉视传媒股份有限公司	吉视传媒	601929	有线电视	2012.02.23	上海证券交易所
江苏凤凰出版传媒股份有限公司	凤凰传媒	601928	出版、发行	2011.10.30	上海证券交易所
华数传媒控股股份有限公司	华数传媒	000156	新媒体内容技术服务、有线电视网络	2000.09.06	深圳证券交易所
北京赛迪传媒投资股份有限公司	ST 传媒	000504	传媒、存储	1992.12.08	深圳证券交易所
成都聚友网络股份有限公司	S*ST 聚友	000693	信息传播服务	1997.02.26	深圳证券交易所
中原大地传媒股份有限公司	大地传媒	000719	出版、物资销售、印刷	1997.03.31	深圳证券交易所
华闻传媒投资集团股份有限公司	华闻传媒	000793	信息传播服务、印刷、管道天然气、大宗商品交易	1997.07.29	深圳证券交易所
湖南电广传媒股份有限公司	电广传媒	000917	广告制作代理、影视节目制作发行、网络传输服务、旅游业、房地产、艺术品经营、投资管理	1999.03.25	深圳证券交易所
广东广州日报传媒股份有限公司	粤传媒	002181	广告、发行、印刷、旅店服务、图书音像销售、网络服务	2007.11.16	深圳证券交易所
深圳市天威视讯股份有限公司	天威视讯	002238	有线电视传输	2008.05.26	深圳证券交易所

续上表

公司名称	股票简称	股票代码	主营业务	上市日期（部分为壳资源上市日期）	上市交易所
华谊兄弟传媒股份有限公司	华谊兄弟	300027	电影及衍生、电视剧及衍生、艺人经纪及相关服务、电影院、音乐、游戏、品牌授权及服务	2009.10.30	深圳证券交易所
北京蓝色光标品牌管理顾问股份有限公司	蓝色光标	300058	公共关系服务、广告	2010.02.26	深圳证券交易所
北京华谊嘉信整合营销顾问集团股份有限公司	华谊嘉信	300071	电子及 IT、快速消费品、能源、汽车、体育、医药	2010.04.21	深圳证券交易所
乐视网信息技术（北京）股份有限公司	乐视网	300104	网络视频	2010.08.12	深圳证券交易所
浙江华策影视股份有限公司	华策影视	300133	影视、广告、影院票房	2010.10.26	深圳证券交易所
湖南天舟科教文化股份有限公司	天舟文化	300148	图书发行	2010.12.15	深圳证券交易所
上海钢联电子商务股份有限公司	上海钢联	300226	信息服务、网页链接、会务培训、咨询、广告宣传、钢材交易服务	2011.06.08	深圳证券交易所
深圳方直科技股份有限公司	方直科技	300235	金太阳教育软件、技术服务及其他	2011.06.29	深圳证券交易所
北京光线传媒股份有限公司	光线传媒	300251	栏目制作与广告、演艺活动、影视剧	2011.08.03	深圳证券交易所
北京华录百纳影视股份有限公司	华录百纳	300291	影视剧制作、电视剧	2012.02.09	深圳证券交易所
上海新文化传媒集团股份有限公司	新文化	300336	影视剧	2012.07.10	深圳证券交易所

海外上市文化企业

名称	上市地点	2011 年平均市盈率
A8 电煤音乐	香港	9.533
白马户外媒体	香港	12.958
北青传媒	香港	7.763
橙天嘉禾	香港	10.536
大贺传媒	香港	9.533
环球数码创意	香港	11.458
汇星印刷	香港	3.517
三三传媒	香港	3.243
腾讯控股	香港	32.146
新华电视	香港	91.818
新华文轩	香港	9.031
当当网	纽约	–15.67
凤凰新传媒	纽约	–2.74
广而告之	纽约	7.42
巨人网络	纽约	8.46
人人网	纽约	53
淘米网	纽约	10.51

续上表

名称	上市地点	2011 年平均市盈率
网秦	纽约	63.06
优酷网	纽约	-98.8
百度	纳斯达克	48.11
博纳影业	纳斯达克	22
昌荣传播	纳斯达克	33.43
畅游	纳斯达克	6.07
第九城市	纳斯达克	-4.66
分众传媒	纳斯达克	19.89
航美传媒	纳斯达克	-23.71
弘成教育	纳斯达克	46.88
华视传媒	纳斯达克	-13.17
空中网	纳斯达克	-32.37
酷 6	纳斯达克	-1.58
盛大	纳斯达克	63.43
盛大文学	纳斯达克	/
盛大游戏	纳斯达克	7.35
搜狐	纳斯达克	13.96
土豆网	纳斯达克	0
完美世界	纳斯达克	5.34
网易	纳斯达克	15.31
新浪	纳斯达克	13.96

·产权交易类·

天津市

天津文化产权交易所

成立时间：2011 年 12 月 19 日

基本情况：

天津文化产权交易所是综合性文化产权交易服务机构，是以文化股权、债权、物权、版权等各类文化产权为交易对象的专业化市场平台。

业务范围：

广播影视作品、文化艺术产品及创意设计、网络文化、数字软件、动漫网游产品等各类文化产权及版权的交易服务。

文化类企事业单位的产权交易及资产并购重组等文化产权交易服务。

文化产业投融资、咨询、项目评估、并购重组等服务。

知识产权及版权的代理、推介、交易等综合服务。

政府有关部门授权或委托的其他有关交易。

辽宁省

沈阳文化知识产权交易所

成立时间：2010 年 5 月

基本情况：

是以文化产权、股权、物权、债权等各类文化产权以及专利权、商标权、科技成果等各类知识产权为交易对象的专业化、权益性资本市场平台。通过产权交易、投融资服务等方式为各类文化、知识产权主体提供定价、资本进出通道，突出文化与科技相结合，架设文化知识产权与资本、虚拟文化知识产权与实体产业的桥梁，促进各类文化知识产权跨行业、跨区域、跨所有制流动，把辽宁沈阳文化知识产权交易所建设成为立足辽沈、辐射东北、服务全国的综合性文化知识产权市场。

业务范围：

各类文化企业产权、股权交易；

文化物权、债权、版权交易；

新闻出版发行、广播电视电影、文化艺术、文化创意、文化设施、数字软件、动漫动画、品牌时尚等领域中与文化有关的产权交易；

科技企业产权、股权交易；

专利权、商标权、科技成果、专有技术交易；

各类文化、科技企业股权登记托管、股权质押融资、并购重组、项目招商、上市融资咨询服务；

各类政府文化产业扶持基金及创业、风险基金进入退出服务。

吉林省

吉林文化产权交易所

成立时间：2011 年 10 月 21 日

股东构成：吉林长春产权交易中心、上海国艺股权投资基金、北京敦谊文化艺术有限公司、长影集团。

业务范围：

新闻出版物、广播影视作品、文化艺术品及创意设计、网络文化及动漫网游产品等各类文化产权及版权的交易；国际间知识产权合作产品交易；文化艺术经纪和市场服务、电影电视版权交易、电影电视广告播映权、数字软件与设计版权交易、体育赛事权交易；办理各类文化产权的登记、托管，为文化企业提供交易见证、过户、质押登记服务；政府有关部门授权或委托的其他有关交易等。

上海市

上海文化产权交易所

成立时间：2009 年 6 月 15 日

股东构成：上海联合产权交易所、解放日报报业集团和上海精文投资有限公司。

基本情况：是综合性文化产权交易服务机构，以文化版权、股权、物权、债权等各类文化产权为交易对象的专业化市场平台，是中宣部、商务部、文化部、广电总局、新闻出版总署支持的立足上海、服务全国、面向世界的权益性资本市场。上海文化产权交易所通过境内外的分支机构，为各类出资主体提供灵活、便捷的投融资服务，是上海及国家文化体制改革的重要市场平台，也是上海国际金融中心和文化大都市建设中的一个重要组成部分。

业务范围：

新闻出版发行、广播电视电影服务、文化艺术和网络文化服务及休闲娱乐服务、文化艺术经纪和市场服务及文化用品产品服务、各类版权服务、文物及艺术品收藏、数字软件与设计及公关咨询策划、创意产业与品牌时尚、体育卫生旅游等相关文化行业服务、政府文化专用权益、文化系统政府采购等领域中与文化有关的产权交易；文化类企业的股权交易；为文化产业投资、咨询、并购重组等提供服务；国家有关部门和市政府授权或委托的其他有关产权交易。

业务模式：

“产权交易模式”与“资产包模式”相结合。没有二级市场。

江苏省

南京文化艺术产权交易所

成立时间：2011 年 8 月 28 日

股东构成：国影投资基金、国信国际担保有限公司、北京兰亭风文化传播有限公司、南京八城科技有限公司

基本情况：

南京文交所与信托、保险、银行、租赁、担保和基金等机构合作，对市场中拥有渠道价值和市场份额的机构进行辅导，将下游与上游产业结合，利用文交所的职能，协助企业实现发展的目的，业务涉及电影制作、发行，文化艺术品投资、文化旅游、文化景区建设，文化贸易、版权运营、网络新媒体、数字技术、院线投资、私募基金和文化企业贷款担保等服务。透过数字技术实现文化产品和服务的传播，利用金融资源与文化市场有效链接，透过文交所集成化的运营体系，推动文化产品交易、企业改制、资产重组、融资并购、创意成果转化，探索建立文化产业多层次资本市场和金融服务体系。

业务范围：

文化艺术类产权交易和数字化版权交易。前者又包含书画、玉石、紫砂等一系列艺术产权交易；后者涵盖

影视、动漫、网络及电脑游戏，主题是积极推动正版市场的规范。

江苏紫金文化产权交易所

成立时间：2012 年 4 月

股东构成：江苏爱涛文化产业有限公司、南京市文化投资控股集团、江苏苏豪投资管理有限公司

基本情况：

是目前全国首个有上市公司参与、以国有大中型文化企业为主体，包括文化版权、股权、债权、经营权等产权类交易的综合性文化产权交易平台。是国内首家由上市公司（弘业股份 600128）参股的文化产权交易所；拥有文化艺术品、期货投资两个业务板块。既有艺术品经营，又有资本运作。

业务范围：

实物交易、版权交易、股权交易、其他产权交易、创意转让、基金转让、项目融资、人才市场、艺术担保、资产评估。

安徽省

安徽文化产权交易所

成立时间：2010 年 8 月 9 日

基本情况：

安徽省版权交易中心主要组织开展文字、美术、摄影、音乐、影视、动漫、游戏、设计、艺术及软件等版权的许可使用和转让，以及与版权相关权益的交易。同时将版权、技术等知识产权交易与高新技术企业提供配套服务等业务实行嫁接，互相促进、联动发展。

业务范围：

文字、美术、摄影、音乐、影视、动漫、游戏、设计、艺术及软件等版权的许可使用和转让，以及与版权相关权益的交易。

浙江省

浙江文化产权艺术品交易所

业务范围：

在文化版权、开发权、运作权和各个文化艺术品交易环节提供全方位的交易服务，经营范围除了涵盖书法、绘画、雕塑、珠宝等艺术品交易，还包括文学、绘画、影视、动漫等文化类知识产权转让，以及文化企业投融资中介服务等。

福建省

海峡文化产权交易所

批准成立部门：福建省人民政府

股东构成：福建日报报业集团、海峡出版发行集团、海峡都市报社、福建东南拍卖有限公司等

基本情况：

福建省委省政府把海峡文交所定位为：福建文化产业蓬勃发展的助推器；促进福建文化企业产业化的孵化器；推进海峡两岸文化产业交流合作的重要桥梁；面向海峡两岸及全球的文化产权交易平台。

业务范围：

为新闻出版物、广播影视作品、文化艺术产品及创意设计、网络文化、数字软件、动漫网络游戏的产品等各类文化产权、版权提供交易信息服务（不含证券、期货交易服务）；为企事业单位的文化产权、股权交易及资产并购重组提供信息服务；国家和省市有关部门授权或委托的其他有关产权交易信息的咨询服务；艺术品销售及信息咨询服务。

业务模式：

独创“福建模式”，即先立足于艺术品实物交易和整体文化产权交易，活跃文化产品市场，盘活各类文化资源。今后再根据国务院及监管部门的相关文件，规范化开展艺术品电子化交易，让艺术品的虚拟化交易有坚实的市场和产业做后盾。

山东省

山东文化产权交易所

成立时间：2011 年 5 月 9 日

股东构成：大众报业集团、山东产权交易中心

基本情况：

现业务监管部门为中共山东省委宣传部、山东省文化厅、山东省国资委等有关部门。其职能定位是搭建立足山东、服务全国、面向世界的“文化产权交易平台”、“文化企业投融资平台”与“文化艺术品流转平台”，有力促进山东省文化产业的发展，推动山东成为国内最重要的文化产业投融资中心之一。

业务范围：

为文化物权、债权、股权、知识产权等各类文化产权提供产权流转平台，充分发挥市场在文化资源配置中

的基础作用，建设运作规范、交易活跃、功能完善、特色鲜明的文化产权交易市场，促进文化资源有序流转，推动文化与资本的高效对接。

河南省

郑州文化艺术品交易所

成立时间：2010 年 11 月 9 日

基本情况：

郑州文化艺术品交易所依托河南省和中原经济区的文化优势资源，以支持文化产业为己任，致力获取全球文化艺术品定价权，力求打造文化艺术品“金融”中心。遵循公开、公平、公正与自愿、有偿、诚实守信的原则，旨在通过构建文化艺术品服务平台，为客户打造文化艺术品交易中心、文化产业投融资中心和文化产业信息咨询中心。目前，已逐步开展文化艺术品电子化交易服务、文化艺术品质押融资服务。

业务范围：

文化艺术品电子化交易；

文化艺术品质押融资业务；

文化艺术品柜台交易和拍卖业务；

文化艺术品网上交易和拍卖；

文化产业投资基金。

湖北省

华中文化产权交易所

成立时间：2010 年 10 月 9 日

股东构成：湖北省委宣传部、武汉光谷联合产权交易所、湖北日报传媒集团、省广播电视总台、长江出版集团、知音传媒集团、今古传奇传媒公司、东方金太阳科技公司等。

基本情况：

是一个综合性文化产权交易机构，是以文化物权、债权、股权、知识产权等各类文化产权为交易对象的专业化市场，是湖北及华中地区文化体制改革的资源配置平台。省委宣传部、省财政厅负责领导和监管。

业务范围：

为传媒出版、影视音像、演艺娱乐、动漫游戏、工艺美术、文化旅游等文化产权及版权使用权提供交易及登记、托管、鉴证业务；文化系统政府采购；会展服务；为广播电视广告权招商；为文化企业股权交易、资产处置、改制重组提供咨询服务、文化产业项目投资咨询服务。

湖南省

湖南文化艺术品产权交易所

成立时间：2011 年 3 月 30 日

股东构成：湖南省文化艺术基金会、湖南高登艺术产业投资有限公司

基本情况：

力争成为国内一流的文化艺术品产权交易平台。在实际操作中，坚持“公开、公平、公正”原则，规范操作流程，保护投资人权益。通过和银行合作，采用支付中介资金汇划及管理模式，保障投资人的资金安全。湖南文化艺术品产权交易所的成立，架起了文化和资本对接的又一座桥梁。

业务范围：

法律法规、政策允许的范围内组织文化艺术品交易；为文化企业股权、著作权、版权、文化艺术品所有权、收益权及分拆权益、债权提供交易、登记、托管平台等服务。

广东省

南方文化产权交易所

成立时间：2010 年 11 月 8 日

股东构成：南方报业传媒集团、南方联合产权交易中心、广东新金基投资公司、南方广播影视传媒集团、广东省出版集团、广东中凯文化传媒公司。

基本情况：

由六家单位共同出资组建的股份有限公司，注册资金 5000 万元人民币。力争建成全国最大、最具影响力的文化版权产业集聚区和示范基地，旨在打造成为立足南方、连接港澳台、服务全国、面向世界的文化产业权益性资本市场。

业务范围：

新闻、出版、影视、演艺、音乐、口述作品、美术、摄影、动漫、游戏、广告、计算机软件、自然科学和社会科学学术成果的版权交易服务和采购服务；商标、专利、图案、图形作品、工程设计、产品设计、创业设计

等无形资产的交易服务和采购服务；图书、影像制品、玩具、工业品、工艺品、艺术品等文化产品的交易服务和采购服务；版权登记、合同备案、权利认证服务；商标、专利、版权投融资服务；文化企业投融资服务；商标、专利、版权维权服务；商标、专利、版权信息服务和数据服务。

深圳文化产权交易所

成立时间：2009 年 11 月 16 日

基本情况：

截至 2011 年底，深圳文交所征集入库的文化产业投融资项目超过 13000 多个，挂牌项目 900 多个，实现成交的项目超过 300 个，交易总额超过 130 亿元，机构会员超过 600 家，其中金融机构、投资机构和国际买家超过 500 家，为文化企业进场交易提供了强有力的资本支持和保障。

业务范围：

1. 国有文化产权交易平台

提供包括国有股权、物权、债权、知识产权和收益权益的资产和权益的转让，以及国有产权的评估、登记、托管、保管、信息发布、交易结算和交易鉴证等服务。已有中央新影集团和华夏城视网络电视股份有限公司、中国金融博物馆等中央级企业和公益团体在深圳文交所交易平台挂牌交易文化资产权益。

2. 文化企业股权挂牌交易平台

一是打造针对性地服务非上市高成长的文化企业股权交易的股权挂牌交易平台；二是协助各级政府部门做好文化企业改制及上市的配套服务工作，提供存量转让、增资扩股、私募引进、评估、评级、质押融资、债券发行、融资租凭等专业服务，发挥文交所产权市场信息聚集和融资对接功能，使之成为文化企业改制、重组、并购及上市的孵化器。

3. 文化创意版权交易平台

可同步实现各类版权的评估、登记、信息发布、交易结算、权属过户等全流程交易服务，实现版权价值的深度发掘，改变传统版权市场价值开发不足的局面，加快版权价值的流转，助推版权价值开发在文化创意、数字出版、移动多媒体、动漫游戏等新兴文化产业领域的应用，活跃文化创意领域的版权交易及投融资活动。

4. 艺术品投资银行和文化物权交易平台

实现两大业务功能：一是针对文化艺术品所设计的专项服务，通过协调组织评估、登记、实物集保、信息发布、交易结算等全程交易服务，并整合信托、保险、租凭、策展、授权经营等系列延伸服务的方式，激活艺术品的流通性与变现性，充分实现其价值，力争为艺术品、收藏品提供金融创新服务；二是提供针对主流、高端的文化产品开展挂牌电子交易。

5. 投融资项目对接平台及文化产业基金一站式服务

对于权益性质不属于股权、版权、物权类型的其他文化产权项目，专门设立了投融资对接服务平台，功能涵盖文化产业项目的登记、信息发布、路演推介、申报挂牌等一站式、全流程的综合投融资服务内容，同时发挥深圳已经形成的全国创业投资基金和私募基金聚集中心的资金和人才优势，将深圳文交所建成国内规模最大、最活跃的文化产业基金聚集地和领先的文化产业项目融资中心，功能涵盖文化产业基金设立、基金募集、基金管理、项目对接、基金投资、基金权益转让与流通、基金退出，引导社会资本投资文化创意产业。

广西省

广西文化艺术品产权交易所

成立时间：2011 年 12 月 15 日

股东构成：广西日报传媒集团

基本情况：

广西文化艺术品产权交易所是广西日报传媒集团的下属机构，是广西自治区内唯一一家文化艺术品产权交易所。该所集文化产权交易、文化产业投融资服务，文化企业孵化、文化产权登记托管和文化产业信息交流于一体的综合性文化投融资服务平台。

业务范围：

文化类企业物权、股权、债权、知识产权等的权益转让和交易；

文化作品或项目版权的转让和交易（版权包括发表权、署名权、修改权、保护作品完整权、复制权、发行权、出租权、展览权、表演权、放映权、广播权、信息网络传播权、摄制权、改编权、翻译权、汇编权等）；

文化艺术品商标使用权、影视版权、剧本著作权、网络游戏系统转让权、影视作品网络传播权等转让和交易；

文化旅游产业项目、文化创意项目融资；

民间艺术品、工艺美术品、纪念品、综合艺术品、其他类艺术品以及非物质文化产品等的转让和交易。（包括书法、绘画、雕塑、玉器、珠宝、瓷器、奇石等）

四川省

成都文化产权交易所

成立时间：2010 年 5 月 19 日

股东构成：成都博瑞投资控股集团有限公司、西南联合产权交易所、四川宏亿网络科技有限公司和成都文创投资发展有限公司。

基本情况：

成都文化产权交易所以文化物权、债权、股权、知识产权等各类文化产权为交易对象，依法开展政策咨询、信息发布、产权交易、项目推介、投资引导、项目融资、权益评估、并购策划等服务，为各类文化产权流转提供交易平台及专业服务，建设集文化产权交易、投融资服务、文化企业孵化、文化产业信息交流和人才培训为一体的综合服务平台，构建中国西部综合性的文化产业要素市场。

业务范围：

新闻出版物、广播影视作品、文化艺术产品及创意设计、网络文化、数字软件、动漫网游产品等各类文化产权及版权的交易服务；

企业管理及咨询服务，会展服务，设计、制作、代理、发布各类广告业务，文化产业项目投资及投融资咨询服务；商务服务；

政府采购：政府文化专用权益、文化系统政府采购、电台电视台节目采购等服务；

文化体制改革：国有文化企（事）业单位的产权交易及资产并购重组等文化产权交易服务；

文化产业投融资、咨询、项目评估、并购重组等服务；

知识产权及版权的登记、代理、推介、交易等综合服务；

政府有关部门授权或委托的其他有关交易；

陕西省

陕西文化产权交易所

成立时间：2011 年 6 月 16 日

股东构成：陕西文化产业投资控股（集团）有限公司

基本情况：

陕西文化产权交易所秉承“聚合文化资本力量，打造文化金融高地”的宗旨，立足陕西，面向全国，规范运作，诚信经营。立志取信于市场、取信于社会、取信于投资人，力争用最短的时间打造最具公信力的文化产权交易和艺术品交易服务平台。

业务范围：

1. 文化产权交易

文化股权交易、文化物权交易、文化债权交易、著作权交易

2. 艺术品交易

1）长期作品征集：面向大众及机构、征集过程严格保密、鉴定科学估值合理

2）法式保真小拍：随机起拍时间灵活、承诺拍品全部保真、无需先交纳保证金、交易纪录严格保密

3）艺术金融产品：产品设计合理收益丰厚、存续期内信息透明风险可控、管理团队经验丰富实力雄厚

4）质押融资业务

第十一部分

走出去

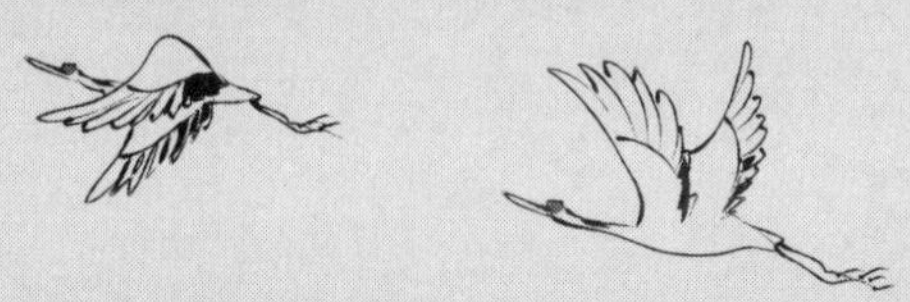

全国文化产业“走出去”总体情况

一、2011 年我国文化贸易总体情况

（一）核心文化产品进出口情况

2011 年，我国核心文化产品进出口总额为 198.9 亿美元，同比增长 21.4%。其中，出口 186.9 亿美元，同比增长 22.2%；进口 12.1 亿美元，同比增长 10.4%；贸易顺差 174.8 亿美元。

1. *产品结构*

(1) 视觉艺术品出口增速最高

2011 年，我国核心文化产品进出口除声像制品外均实现增长。视觉艺术品出口增速最高，当年实现出口总额 93.3 亿美元，同比增长 36.4%，占我国核心文化产品出口总额的半数比重，实现贸易顺差 92.2 亿美元。印刷品出口 26.5 亿美元，同比增长 15%，占比为 14.2%；以宣纸、毛笔、乐器为主要内容的我国传统特色文化产品出口 14.2 亿美元，同比增长 10.9%，占比为 7.6%。

(2) 声像制品进口小幅下降

2011 年，我国声像制品进口 2 亿美元，同比下降 4.1%，占我国核心文化产品进口总额的 16.7%；视觉艺术品和传统特色核心文化产品（宣纸、毛笔、乐器）进口快速提升。其中，视觉艺术品进口 1 亿美元，同比增长 49.1%，占核心文化产品进口总额的 8.6%；宣纸、毛笔、乐器等其他类产品进口 1.4 亿美元，同比增长 30.1%，占比为 11.7%。

2. *贸易方式*

(1) 一般贸易出口增势明显，加工贸易出口增幅最小

2011 年，我国以一般贸易方式出口的核心文化产品增势明显，出口 101 亿美元，比上年增长 40.5%，占我国核心文化产品出口总额的 54.1%；以加工贸易方式出口核心文化产品 71.3 亿美元，同比增长 3.4%，增幅最小，占我国核心文化产品出口总额的 38.1%；以其他贸易方式出口核心文化产品 14.6 亿美元，同比增长 21%，占比为 7.8%。以一般贸易方式出口的核心文化产品中，增幅较大的是视听媒介和声像制品；以其他贸易方式出口的核心文化产品中，声像制品、绘画和新型媒介等产品增势明显。

(2) 各类贸易方式进口均呈现增长

2011 年，我国以各类贸易方式进口的核心文化产品均呈现不同程度增长。其中，以一般贸易方式进口的核心文化产品为 7.3 亿美元，同比增长 14.8%，占我国核心文化产品进口总额的 60.3%；以加工贸易方式进口核心文化产品 3.4 亿美元，同比增长 1.9%，占我国核心文化产品进口总额的比重为 28.1%；以其他贸易方式进口核心文化产品 1.4 亿美元，同比增长 10.6%，占我国核心文化产品进口总额的 11.6%。

3. *企业性质*

(1) 集体、私营及其他企业进出口快速增长

2011 年，集体、私营及其他企业核心文化产品出口增长最快，实现出口 89.2 亿美元，同比增长 39.9%，占比为 47.7%；国有企业核心文化产品出口微降。全年国有企业出口核心文化产品 12.5 亿美元，比上年微降 0.2%，占我国核心文化产品出口总额的 6.7%；外资企业出口核心文化产品 85.2 亿美元，同比增长 11.2%，占我国核心文化产品进口总额的 45.6%。

(2) 外资企业进口占比最大

2011 年，外资企业进口核心文化产品 5.4 亿美元，同比增长 16.3%，占我国核心文化产品进口总额的比重达 45%；国有企业核心文化产品进口小幅下降，进口 5 亿美元，同比下降 1.3%，占我国核心文化产品进口总额的 41.7%；集体、私营及其他企业进口 1.6 亿美元，同比增长 37.6%，占比为 13.3%。

4. *贸易伙伴*

(1) 美国、德国、中国香港和英国为前四大核心文化产品贸易伙伴

2011 年，美国、德国、中国香港和英国为我国前四大核心文化产品贸易伙伴，我国与上述国家分别实现核心文化产品进出口额 66.4 亿美元、17.7 亿美元、13.8 亿美元和 12.3 亿美元，占我国核心文化产品进出口总额的比重依次为 33.4%、8.9%、6.9% 和 6.2%。

(2) 北美洲和欧洲为我国核心文化产品主要出口市场

2011 年，北美洲和欧洲在我国核心文化产品出口市场中位居前列。我国对北美洲出口核心文化产品 67.5 亿美元，比上年同期增长 18%，占我国核心文化产品出口总额的 36.1%，主要出口产品为视觉艺术品和新型媒介。我国对欧洲出口核心文化产品 54.9 亿美元，比上年增长 30.7%，占我国核心文化产品出口总额的 29.4%，出口产品主要为视觉艺术品。

(3) 自亚洲进口核心文化产品占比和增幅领先

2011 年，我国自亚洲进口核心文化产品 7 亿美元，比上年增长 17.1%，占我国核心文化产品进口总额的 58.3%，占比和增速均居各大洲之首。我国自亚洲进口的产品主要为印刷品和新型媒介。

5. 国内地区

(1) 广东、湖北、福建等省核心文化产品进出口增长迅速

2011 年，广东省核心文化产品进出口位列第一，湖北和福建省核心文化产品进出口增长迅速。其中，广东进出口核心文化产品 76.7 亿美元，同比增长 6.8%，占我国核心文化产品进出口总额的 38.6%；湖北省进出口 10.6 亿美元，比上年增长 31 倍，占比为 5.3%；福建省进出口 20.4 亿美元，同比增长 54.2%，占比为 10.3%。

(2) 内蒙古、河南、山东、山西等省（自治区）核心文化产品进出口有所下降

内蒙古、河南、山东、山西等省（自治区）核心文化产品进出口分别比上年下降 68.4%、47.3%、30.2% 和 26.3%。内蒙古进出口降幅较大的是图书和视觉艺术品，河南省文化产品进出口下降源于绘画和新型媒介产品进出口下降，山东省新型媒介和声像制品进出口降幅较大，山西省图书和声像制品进出口下降较快。

(3) 北京市核心文化产品进口居全国首位

2011 年，北京市核心文化产品进口居第一位，其次是广东和上海。三地分别实现核心文化产品进口 3.9 亿美元、3.3 亿美元和 2.4 亿美元，占比分别为 32.6%、27% 和 19.6%。

（二）核心文化服务进出口情况

2011 年，我国核心文化服务进出口总额为 76.3 亿美元，同比增长 33.7%。其中，出口 40.8 亿美元，同比增长 33.5%；进口 35.5 亿美元，同比增长 33.9%。贸易顺差 5.2 亿美元。

广告、宣传服务进出口增长迅速。2011 年，我国广告、宣传服务进出口 66.5 亿美元，同比增长 34.9%。其中，出口 38.9 亿美元，同比增长 34.5%；进口 27.6 亿美元，同比增长 35.3%。贸易顺差 11.3 亿美元。

电影、音像服务出口微降。2011 年，我国电影、音像服务进出口 5.2 亿美元，同比增长 6.1%。其中，出口 1.2 亿美元，同比下降 2.5%；进口 4 亿美元，同比增长 7.1%。贸易逆差 2.8 亿美元。

版权、著作权、稿费进出口增幅显著。2011 年，我国版权、著作权、稿费进出口 4.6 亿美元，同比增长 58.6%。其中，出口 0.7 亿美元，同比增长 52.1%；进口 3.9 亿美元，同比增长 62.5%。贸易逆差 3.3 亿美元。

2011 年，我国境内文化、体育和娱乐业外国附属机构销售收入约为 27 亿美元，其中境内销售收入约为 22 亿美元。

二、我国对外文化贸易的政策环境

2009 年 9 月，国务院颁布《文化产业振兴规划》（以下简称《规划》），文化产业上升为国家战略性产业，中国文化“走出去”成为国家文化发展战略的重要组成部分。《规划》提出的五个发展目标之一便是“文化产品和服务出口进一步扩大。一批外向型骨干文化企业和国际知名品牌逐步形成，对外文化贸易逆差明显缩小，成为中国服务贸易出口的重要增长点。”此外，《规划》还对促进对外文化贸易的机制构建、重点行业、出口主体和平台建设等方面做出了指导和部署。

2010 年 2 月，商务部、中宣部、财政部、文化部、人民银行等十个部门联合出台《关于进一步推进国家文化出口重点企业和重点项目相关工作的指导意见》（以下简称《意见》），提出要着力培养国际文化市场竞争主体，鼓励、支持和引导各种所有制文化企业开拓国际市场，培育和发展一批实力雄厚的外向型大型文化企业，使之成为文化出口的主导力量。同时，该《意见》还提出要保障符合条件的非公有制文化企业依法获得出口经营资格，从事国家法律法规允许经营的文化产品和服务出口业务，并与国有文化企业享有同等待遇。

2010 年 12 月文化部颁布了《文化部关于促进文化产品和服务“走出去”的总体规划》，明确推动了文化产品和服务“走出去”的战略目标，提出了加强文化交流与文化贸易相结合，促进对外文化贸易的重点任务，包括根据外向型文化产品的研发、海外推广及落地经营等环节予以重点扶持，以及建立对外文化贸易基地，推动出口便利化，加强对外文化贸易的国际市场的区域研究与规划等。

此后，商务部、文化部等部委和各行业的主管部门纷纷出台相关政策，大力推动中国对外文化贸易的发展，这些政策可以概括为以下四类：

（一）金融扶持和税收减免

2010 年 1 月 12 日，商务部、文化部、广电总局和新闻出版总署公布了共同制订的《2009–2010 年度国家文化出口重点企业目录》和《2009–2010 年度国家文化出口重点项目目录》。该目录的出台，为政府实行税收优惠政策、提供金融支持提供了依据。

2010 年 3 月，中国人民银行会同九部委联合发布《关于金融支持文化产业振兴和发展繁荣的指导意见》明确指出：“境内资金可以投资国外文化产品。”

2010 年 8 月，根据国务院《文化产业振兴规划》种关于“落实鼓励和支持文化产品与服务出口，扩大对外文化贸易”的目标，国家广电总局与中国进出口银行

2011 年 5 月，经文化部会签，由财政部、国家税务总局、海关总署联合发布了《动漫企业进口动漫开发生产用品免征进口税收的暂行规定》，经文化部、财政部、国家税务总局认定的动漫企业进口动漫开发生产用品，实施免征进口税收政策，免税税种包括进口关税及进口环节增值税。

（二）推进转企改制

2009 年 8 月，中宣部、文化部颁布了《关于深化国有文艺演出院团体制改革的若干意见》，提出了国有文艺演出院团体制改革路线图和时间表。2011 年 5 月，中宣部、文化部联合下发《关于加快国有文艺院团体制改革的通知》，要求各地在 2012 年上半年全面完成国有文艺院团体制改革任务，体现了政府对文化体制改革的坚定决心。国有文艺院团开始积极转变管理方式和观念，顺应市场经济环境，积极走出国门寻求新的发展空间，从而加速了中国演艺走出去的步伐。

新闻出版业的转企改制自 20 世纪 80 年代的试行到 2009 年的攻坚战，虽然困难重重，但是卓有成效，截止到 2011 年末，581 家图书出版单位种除少数拟保留公益性和军队系统的出版社外，中央各部门各单位、地方、高校出版社都已转企改制；全国十多万家国有印刷复制单位、3000 多家国有新华书店全部转企改制；组建了 100 多家报刊集团和出版传媒企业集团。在转企改制的同时，新闻出版业积极实施“走出去”战略，国家新闻出版总署支持和鼓励外向型新闻出版单位，尤其是实力雄厚的集团去境外发展。

（三）项目补贴和奖励

2010 年，文化部实施了动漫游戏产业“走出去”扶持项目，对 34 家动漫企业、16 家游戏企业“走出去”项目进行扶持，支持企业参加海外知名展会、产品译制与海外推广等，共投入 1400 万元的扶持资金。

2011 年，新闻出版总署为业内重点文化出口企业争取获奖资金超过 4000 万元，争取中央财政支持资金 2700 多万元，经典中国国际出版工程资助资金超过 1000 万元，资助书展补贴和重点海外出版项目超过 2400 万元，资金总量过亿元，同时向商务部推荐了一批“走出去”援外项目。

（四）搭建平台和海外推广

中国（深圳）国际文化产业博览交易会、中国北京国际文化创意产业博览会等知名综合性展会，为中国文化企业的展示和推介提供了窗口和平台；chinajoy、中国国际动漫节、中国国际网络文化博览会、上海国际电影节等行业内大型展会或节庆活动，也推动了中国文化产业与国际的接轨。

2010 年 6 月，在文化部的支持下，中国动漫集团有限公司组织 14 家中国优秀动漫企业参加 2010 年法国安纳西国际动画电影节，共达成 8 个中外合作项目，协议总金额达 4.35 亿元。2011 年 6 月，中国动漫集团再次组织国内优秀动漫企业参加了在美国拉斯维加斯举办的 2012 国际品牌授权博览会。

2011 年，新闻出版总署共组织实施了经典中国国际出版工程等七大新闻出版“走出去”工程，组织开展了埃及书展中国主宾国等六项重大活动，组织参加 40 余个国际书展，接待 50 余起外事高访团组，为中国出版企业走出去搭建平台。

三、我国对外文化贸易的发展特点

（一）出口规模更加丰富，贸易式和投资式并存

中国以往大多以劳务输出和产品销售模式参与文化产业国际贸易分工，比如中国的杂技演员加入外国的表演团体，中英文图书直接进入海外书店等直销渠道等。近几年来，中国的文化企业更懂得如何利用国际平台，比如国际书展、国际电影节、国际电视节和国际文化艺术节等国际化商业推广平台来展示自己，实现海外销售和发行。贸易式的出口方式已经从简单的劳务和产品输出，转向更能提升中华文化影响力的版权输出。

同时，中国文化企业积极拓展海外市场，通过直接投资、收购兼并的方式，在海外市场建立自己的“根据地”。比如：中国天创国际演艺制作交流有限公司收购的美国布兰森白宫剧院推出《功夫传奇》驻场演出，《少林武魂》在由东上海文化国际文化影视集团收购的美国大雾山旅游区东上海剧院成功驻演，完美时空等网络游戏公司的海外分公司逐年递增，国产网络游戏产品在俄罗斯、越南等国家占据了主要的市场份额。投资式的贸易方式，有助于改善我国文化企业在贸易渠道上的弱势地位，让优秀的文化产品在海外落地生根。

以合拍片为代表的联合制作模式日臻成熟，国际合作深入发展。国际合拍作为一种商业策略，不仅能够兼顾两国观众的文化偏好，而且利于节目的跨国界发行，避免受到配额限制的约束。但是产品融资以及后期利益分配的问题，以及节目制作过程中不同文化元素的搭配以及两国团队的配合问题，也是合拍片不得不面对的风险。

近三年来，中国电影合拍片的数量保持着 10% 以上的增长速度，而且拍摄水平和影片质量均在稳步上升。比如2010年，中外合拍片只占全年影片数量的不到7%，

却占到了全国票房的65%，而且《叶问2》和《阿童木》海外票房过亿，《功夫梦》更是创造了23.63亿元的海外票房；2011年，《金陵十三钗》《新少林寺》《雪花秘扇》《寻龙夺宝》《幸福卡片》等合拍片，均显现出与其他华语片不同的气质。通过与美国、德国、我国香港和台湾等国家和地区的电影公司的合作，弥补内地公司在项目策划和市场把控方面的不足，内地电影公司在学习与借鉴中受益匪浅。

在“韩流”严重冲击我国原有电视剧出口市场，新加坡以及马来西亚等原有国产剧海外市场迅速萎缩的情况下，中国电视剧制作公司通过合拍片也在探寻着拓展海外市场的新路。2010年中俄合拍片《猎人笔记之谜》，在覆盖俄罗斯全境、独联体国家以及以色列的国家频道REN-TV播出时，收视屡创佳绩，导演尤小刚还拿到了俄罗斯欧亚广播电视协会颁发的“重大贡献奖”。

此外，越来越多的演艺企业、动漫企业、游戏企业以及出版企业通过“联合制作”来参与国际分工，与国际合作伙伴互补短长，共享市场。

（二）出口范围更为广泛，动漫、电视剧等行业的优秀产品进入国际主流市场

近三年来，我国文化产品的出口范围不断扩大。图书版权的出口已经扩展到世界的几十个国家,其中美国、英国、韩国、我国香港和台湾等国家和地区是主要的贸易对象；动漫产业的出口国家也从此前的中东、非洲、南美等欠发达地区转变为欧洲、美国、韩国等动漫发达国家及地区；受到贸易保护壁垒的影响，目前中国电影的主要出口对象是美国、加拿大和欧洲等国家和地区，而电视剧则是美国、新加坡、我国香港和台湾等国家和地区，贸易范围有待继续拓展；国际商演是中国演艺走出去最为成熟的贸易模式，中国演艺团体足迹遍布五大洲，经典作品在美国、欧洲等多个国家和地区实现巡演；而网络游戏的出口范围则是成辐射性扩张，仅完美世界一家游戏公司，出口范围就遍布世界60多个国家和地区。

文化贸易是典型的产业内贸易，文化产品的出口大国往往也是进口大国。中国对外文化贸易额的持续增长和文化企业出口版图的扩大，说明在政府的大力支持下，企业“走出去”的积极性提升，中国越来越融入到国际文化市场的竞争中，中国文化企业在合作与竞争中成长，逐渐可以在国际文化市场上分得一杯羹，这也是中国文化产业国际竞争力的重要体现。

（三）搭建对外文化贸易服务平台，设立国家对外文化贸易基地

2011年11月，文化部将设立在上海外高桥保税区内的上海国际文化服务贸易平台正式命名为国家对外文化贸易平台，这是全国首个国家级对外文化贸易基地。上海国家对外文化贸易基地的设立旨在借助保税区特点和优势，积极探索充分发挥我国对外文化贸易的政策优势和运作经验，通过提供资源、渠道和配套服务等多项举措，大力推动国内文化企业、产品和服务走出去。上海国家对外文化贸易基地已初步具备了“整合政策、开拓渠道、便利企业、吸引人才、促进合作、推动发展”等功能，在国际文化贸易领域起到了示范和指导作用。

近年来，中国文化企业参与国际文化交流活动越发频繁，法兰克福书展等大型国际书展、柏林国际电影节等各种国际影展、法国里昂国际动画电影节等动漫展会上，均不乏中国企业的身影。中国不再是简单地追求成交额的增长，而是放眼长远，思考如何借助这些国际平台，增进中外了解，力争逐步建立全方位的国际合作。

此外，中国政府和相关机构还积极搭建国际交流与合作平台，推动中外文化产业合作，推动中国文化产品走向世界。2010年12月15日，文化部外联局与韩国文化产业振兴院签署了《中韩文化产业合作2011-2012年行动计划》；并举办了中韩文化产业政策对话会，推动中韩两国在演艺、动漫、网络游戏等领域合作。

此外，中国艺术节·相约北京、上海艺术节、上海国际电影节、北京国际电影节、chinajoy、北京国际图书博览会等大型节庆会展活动，不仅吸引了来自美国、加拿大、韩国、日本等几十个国家和地区的数百家文化企业的参与，而且展会期间，还会举行各种展映、颁奖典礼、高层论坛等活动，进一步地促进国际交流与合作，推动中国对外文化贸易的发展。比如：“北京放映”是一年一度的大型国际性中国电影对外推广活动，组委会每年都邀请众多海外采购商和对中国电影感兴趣的国际电影节选片人参与活动。2011年的第十五届“北京放映”共邀请来自美国、英国、德国、韩国、日本等国家的150多位片商，放映国产影片62部。目前，经累计，已经有数百部国产影片通过“北京放映”销往世界70多个国家和地区。

（四）国有文化企业集团成为“走出去”中流砥柱，民营文化企业积极性提高

中国出版集团、中国电影集团、中国动漫集团、中国对外文化集团公司等国有大型文化集团在“走出去”的过程中优势明显，成绩显著，但是民营企业在中国对外文化贸易上的贡献也不容小觑。而且，随着国内文化产业市场的竞争加剧，国内文化企业创意和制作水平的提高，越来越多的民营企业开始积极拓展国际市场，寻找“蓝海”。

表 1 2011 年我国核心文化产品进出口情况（按商品分类）

商品	出口			进口			贸易差额（亿美元）
	金额（亿美元）	同比增长（%）	占比（%）	金额（亿美元）	同比增长（%）	占比（%）	
总计	186.88	22.2	100.0	12.06	10.4	100.0	174.83
文化遗产	0.01	-78.3	0.0	0.14	11.5	1.1	-0.12
印刷品	26.53	15.0	14.2	5.59	8.5	46.3	20.94
图书	16.67	11.7	8.9	1.81	14.7	15.0	14.85
报纸和期刊	0.2	-16.6	0.1	2.20	2.0	18.2	-1.99
其他印刷品	9.66	22.3	5.2	1.58	11.4	13.1	8.08
声像制品	2.02	12.5	1.1	2.01	-4.1	16.7	0.01
视觉艺术品	93.26	36.4	49.9	1.03	49.1	8.6	92.23
绘画	2.14	124.8	1.1	0.16	323.9	1.4	1.98
其他视觉艺术品	91.12	35.2	48.8	0.87	32.8	7.2	90.25
视听媒介	50.91	8.6	27.2	1.87	5.7	15.5	49.03
摄影	0.01	72.45	0.0	0.25	25.7	2.1	-0.24
电影	0.00	-58.28	0.0	0.18	-33.9	1.5	-0.18
新型媒体	50.89	8.56	27.2	1.44	11.0	11.9	49.45
其他	14.16	10.9	7.6	1.42	30.1	11.7	12.75
宣纸	0.10	22.1	0.1	0.00	474.9	0.0	0.10
毛笔	0.10	23.1	0.1	0.00	10.7	0.0	0.10
乐器	13.96	10.7	7.5	1.41	30.1	11.7	12.55

北京水晶石数字科技股份有限公司、华谊兄弟传媒集团、湖南山猫卡通有限公司、趣游科技集团有限公司、洛可可设计集团等，均凭借多年的不懈努力，成为各行业“走出去”的领头羊，不仅创造了可观的出口利润，而且通过拥有自己的产品版权和创意团队，相对平等地与进口方进行谈判。

虽然目前中国民营文化创意企业拓展海外市场的方式相对较为单一，主要通过贸易式来完成文化产品的出口，仅在游戏、出版等少数几个领域出现了海外文化资产收购的案例，但是这些民营企业能够克服困难，遵从国际文化贸易规则，直面国际文化贸易市场竞争，取得了较好的成绩。

表 2 2011 年我国核心文化产品进出口情况按贸易方式分类

贸易方式	出口			进口		
	金额（亿美元）	同比增长(%)	占比(%)	金额（亿美元）	同比增长(%)	占比(%)
总额	186.88	22.2	100.0	12.06	10.4	100.0
一般贸易	101.02	40.5	54.1	7.26	14.8	60.3
加工贸易	71.26	3.4	38.1	3.39	1.9	28.1
其他贸易	14.61	21.0	7.8	1.40	10.6	11.6

表 3 2011 年我国核心文化产品进出口情况按企业性质分类

企业性质	出口			进口		
	金额（亿美元）	同比增长(%)	占比(%)	金额（亿美元）	同比增长(%)	占比(%)
总额	186.88	22.2	100.0	12.06	10.4	100.0
国有企业	12.49	–0.2	6.7	5.03	–1.3	41.7
外资企业	85.21	11.2	45.6	5.42	16.3	45.0
集体、私营及其他企业	89.19	39.9	47.7	1.60	37.6	13.3

图 1 2011 年我国与主要贸易伙伴核心文化产品进出口情况

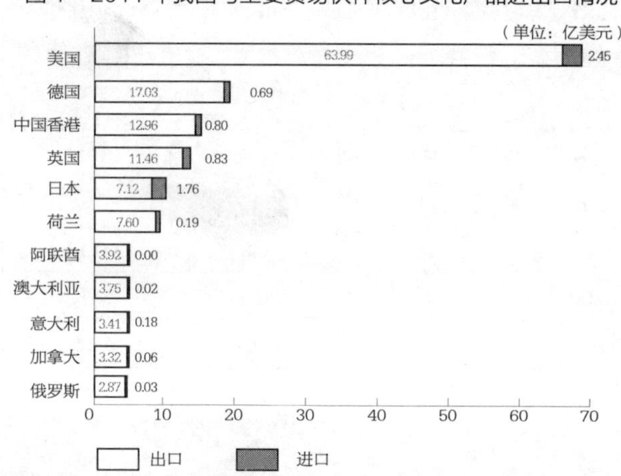

图 2 2011 年我国核心文化产品出口构成

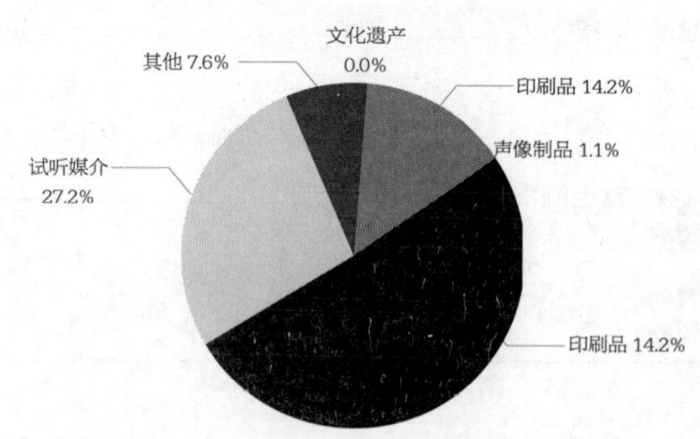

表 4 2011 年我国核心文化产品前十五位进口市场

位次	国别	进口金额（亿美元）	同比增长(%)	占比(%)
1	美国	2.45	3.5	20.3
2	日本	1.76	3.9	14.6
3	英国	0.83	–0.1	6.9
4	中国香港	0.80	–2.1	6.6
5	中国台湾	0.77	53.6	6.4
6	德国	0.69	27.5	5.7
7	新加坡	0.46	21.4	3.8
8	韩国	0.41	43.3	3.4
9	印度尼西亚	0.25	92.8	2.1
10	荷兰	0.19	–1.5	1.5
11	法国	0.18	19.1	1.5
12	意大利	0.18	15.4	1.5
13	泰国	0.09	52.0	0.7
14	瑞士	0.07	48.1	0.5
15	加拿大	0.06	33.3	0.5

表 5 2011 年我国核心文化产品前十五位出口市场

位次	国别	出口金额（亿美元）	同比增长(%)	占比(%)
1	美国	63.99	17.3	34.2
2	德国	17.03	26.2	9.1
3	中国香港	12.96	0.2	6.9
4	英国	11.46	38.3	6.1
5	荷兰	7.60	44.7	4.1
6	日本	7.12	25.0	3.8
7	阿联酋	3.92	29.7	2.1
8	澳大利亚	3.75	38.8	2.0
9	意大利	3.41	17.3	1.8
10	加拿大	3.32	29.1	1.8
11	俄罗斯	2.87	36.6	1.5
12	巴西	2.68	60.4	1.4
13	法国	2.60	16.2	1.4
14	西班牙	2.32	29.1	1.2
15	韩国	2.18	7.1	1.2

注：2011 年我国对欧盟（27 国）出口 50.9 亿美元，对东盟出口 7 亿美元。

（摘自《中国文化贸易统计 2012》《中国对外文化贸易报告 2012》数据来源：商务部服务贸易和商贸服务业司）

全国文化产业各行业“走出去”基本情况

一、电视业

近年来，我国电视产品在对外贸易过程中取得了显著进步，不仅贸易逆差逐渐缩小，而且贸易版图也在不断扩大。美国、加拿大、新加坡及香港、台湾地区是我国电视节目的主要需求国。电视剧是我国电视节目出口的主力军，而纪录片是电视节目中平均售价最高的品种。现代剧在近几年取得了突破，不仅海外获奖而且实现了多国版权的销售，大有赶超古装剧之势。但是，成绩的背后也有不少隐忧，比如收到“韩流”的冲击，国产电视剧在亚洲的市场份额急剧萎缩；国产剧在欧美国家里，主要还是通过华语频道播出，而没能进入主流媒体；此外，新媒体时代为传统电视产业带来的冲击和变革，也不容小视，中国能否把握机遇，直接关系到未来中国电视剧在国际市场中的竞争力。

（一）出口情况

1. 电视节目的进出口总额变化

2010 年电视节目出口额分别比 2008 年和 2009 年增长 68.4% 和 129.04%；而电视节目的进口总额呈现出一定的波动，2010 年电视节目的进口额总体呈下降趋势，比 2008 年和 2009 年分别下降了 5.23% 和 12.41%，只有 43047 万元，为三年最低。

2008——2010 年电视节目进出口总额

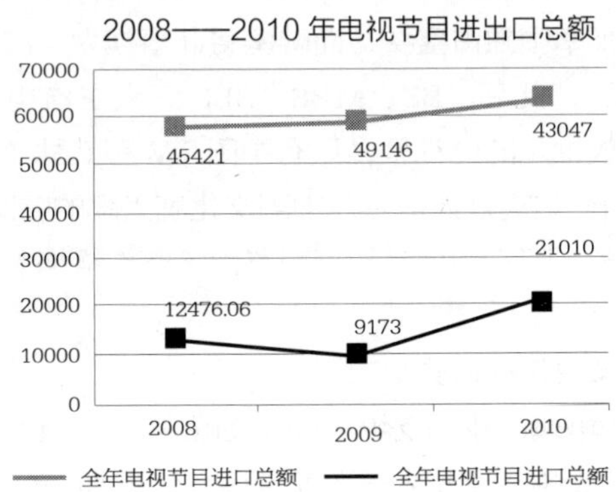

（数据来源：《中国统计年鉴》）

2. 电视节目的出口情况

2010 年，中国电视的出口总时长约为 8300 小时，其中电视剧出口时长约为 5000 小时，占到了 60%，纪录片和综艺专题类节目分别以约 700 小时和约 2600 小时占据 8% 和 32%。2010 年，中国电视的出口总金额约为 3470 万美元，其中电视剧的出口金额为 2700 万美元，占到了 78%，而纪录片和综艺节目类节目分别以 550 万美元和 220 万美元占到了 16% 和 6%。

2010 年中国电视节目出口市场与出口额

	电视节目出口时长（小时）		电视节目出口额（万美元）	
	出口时长	占总时长比例	出口金额	占总金额比例
电视剧	5000	60%	2700	78%
纪录片	700	8%	550	16%
综艺专题类	2600	32%	220	6%
总计	8300	100%	3470	100%

（注：上表数字值均为约数，但所占比例仍具有参考价值）

（数据来源：中广影视网）

从以上数据可以看出，电视剧的出口占据了我国电视节目出口的绝大部分份额，平均每小时的出口价格为 5000 美元；综艺节目类出口时长很高，但是出口额却不高，平均每小时的出口价格仅为 846 美元；而纪录片虽然出口时长不高，出口额却不低，综合下来平均每小时的出口价格为 7857 美元，位居第一。

3. 电视节目的版权进出口情况

由下表可知，2010 年中国电视节目版权进出口总数基本持平：其中，电视节目版权的主要出口国包括美国、加拿大、新加坡及香港、台湾地区；而版权的进口国包括英国、法国、美国及台湾地区。总体上看，美国和台湾地区是中国电视节目版权进出口贸易的交易大国，进口和出口量均很大；中国在与加拿大、新加坡和香港地区的电视剧版权贸易中，顺差优势明显；而中国与英国、法国、日本、韩国以及澳门地区的电视剧版权贸易中出口额远远小于进口额，未来需要努力扭转逆差。

综上所述，虽然我国电视剧的进口额仍然大于出口额，但是逆差额正在缩小。一方面，由于广电总局禁止在黄金档播出引进剧而导致的进口额缩小；另一方面，国产剧的制作水平逐步提升，抢占了更多的播出空间，而且积极走向海外市场。两方面的原因共同作用，中国

2010 年电视节目版权进出口数量

	2010 年输出电视节目版权总数	2010 年引入电视节目版权总数
总计	1561	1446
美国	759	285
英国	2	585
德国	0	0
法国	1	125

	2010 年输出电视节目版权总数	2010 年引入电视节目版权总数
俄罗斯	0	0
加拿大	54	0
新加坡	115	15
日本	6	62
韩国	0	65
香港地区	158	23
澳门地区	0	24
台湾地区	148	102

（数据来源：《中国统计年鉴》）

电视剧的对外贸易呈现了良好势头。目前中国电视剧的出口对象主要集中在华语观众比较集中的国家，海外市场的辐射面有待扩张，尤其是日本、韩国等曾受汉文化影响比较深的国家，以及港澳台等汉语文化圈，更值得拓展。

近两年，国产电视剧在海外获奖次数增多，尤其是一些现代剧获得了海外观众的喜欢，对中国电视剧“走出去”起到了振奋人心的作用。可以预见，未来会有越来越多的国产影视剧走出国门，进军海外市场。而纪录片、综艺类节目等，还需要提高制作水平，争取跟上步伐。

（二）发展特点

1. 欧美地区发行艰难

前些年，《牵手》《欲望》《让爱做主》《拿什么拯救你，我的爱人》等华语电视剧都落地于海外的华语电视台，没能进入欧美主流电视媒体。主要原因在于中国的文化背景和生活方式与欧美国家存在明显差异，制作水平存在较大差距，播映习惯也与欧美国家存在区别，缺少“欧美观众缘”的明星也是原因之一。除了电视剧，综艺节目更是举步维艰。在欧美地区，真人秀、脱口秀节目广受欢迎，语言障碍明显，文化折扣高，华语节目难以进入该市场。

国产电视剧的四个主要市场包括港台地区、东南亚、日韩以及北美的华人集中区域，其中尤以港台地区为重点，因为不仅文化贴合度高，观众容易接受，而且电视剧出口过程中不需要配音，直接就可以卖到比较高的价钱。韩国、朝鲜、日本、新加坡、马来西亚、泰国等国家，与中国同属儒教文化圈，成为中国电视剧出口的次要目标市场，印度半岛、非洲和拉美也开始认同接受中国电视剧，成为潜在市场。

目前来看，中国电视节目比较有希望进入欧美主流电视媒体的类型是纪录片。1997 年，中国和澳大利亚合作推出《中国野生动物》《神秘中国》两大纪录片，卖给全球最大的纪录片频道之一的国家地理频道，播出后很受欢迎。早前，由故宫博物院和中央电视台联合摄制的《故宫》也曾被国家地理频道购进。

2. 港澳台和东南亚市场萎缩

港台地区和内地一脉同根，长久以来这两个地区都是国产剧的最大买家，曾占到中国电视剧出口份额的60%–70%。此外，国产剧在东南亚也曾很受欢迎，马来西亚和新加坡的观众都曾是中国电视剧的忠实拥趸，《空镜子》《永不瞑目》《香樟树》《粉红女郎》等剧都曾进入过这些国家电视台的黄金时段。

然而，这些市场近些年开始遭遇有史以来的最大挑战。随着韩剧大举“进军”东南亚，迅速抢占了国产剧的市场。国产剧最辉煌的时候，每年在台湾可以播出3500–4000 集，而现在的数量大概只有过去的五分之一。因为台湾地区是国产剧的最大买家，这导致国产剧的海外销售整体下滑了 50% 以上。香港、澳门以及东南亚地区的市场，也因韩剧的“入侵”而迅速萎缩。

3. 日韩市场进入难度高

近年来，我国出口韩国和日本的电视剧寥寥无几，日本全国总共才七个频道，电视剧是一周播一集制，不像我国的电视剧能在几十个频道遍地开花，因此日本观众对电视剧的数量需求并不大，对创作品质的要求却格外高。而韩国对本国市场的保护很厉害。2002 年《还珠格格》在韩国播出时盛况空前，在韩国三大电视台黄金时间收视率中独占鳌头，而韩国将此事视为一次深刻的“教训”，此后 KBS、MBS、SBS 三大主流电视台很少再播放中国的电视剧，只有中国 TV 和武林 TV 偶尔还会播出，但观众大多是对中国文化感兴趣的韩国人，数量并不多，国产剧再难超越当年由《还珠格格》创下的辉煌历史。

4. 古装剧保持优势

近 20 年来，我国向境外输出的剧种以古装为主，包括武侠剧、历史剧和名著改编剧等，《三国演义》《红楼梦》《雍正王朝》《西游记》《笑傲江湖》《天龙八部》在很多国家，尤其是东南亚影响很大。其中，《新三国》在 2009 年卖出 100 多个国家的版权，境外发行超过 3.4 亿元，是迄今为止对外销售最好的中国电视剧。2011 年，《步步惊心》登陆韩国 ChinaTV 电视台，并受到了韩国观众的欢迎。

5. 现代剧开始受欢迎

近年来，境外市场越来越青睐国内的现代剧，包括都市剧、家庭伦理剧、话题剧，这一转折是从《蜗居》开始的。境外购买方主动提出购买《蜗居》这类题材，因为剧中展现的代际沟通、房子问题、情感问题，在港台地区引起了很大的共鸣。2010 年，《杜拉拉升职记》累计单集销售突破 1 万美元，分别在中国港澳台地区、新加坡、马来西亚、美国、加拿大和越南等地播出，新加坡更是实现了二轮销售；《裸婚时代》也完成了首轮推广及签约，已销售至美国、马来西亚和越南等地区；《媳妇的美好时代》更是远销非洲坦桑尼亚，还成为台湾地区中天电视台去年收视最高的大陆剧。

（摘自《中国对外文化贸易报告 2012》）

二、电影业

（一）出口情况

根据中国电影家协会产业研究中心《2011 中国电影产业研究报告》的统计数据，2011 年，中国共有来自 23 家制片单位的 52 部影片在海外 22 个国家和地区销售，其中 50 部为合拍片，共计销售 163 部次，海外销售总收入为20.24亿元人民币，比2009年（27.7亿元）、2010 年（35.17 亿元）的海外票房和营销收入明显下降。2010–2011 年度，功夫片（含武侠片）继续成为中国电影国际传播的主流，无论票房收入、发行地区、还是观众数量都在其他影片类型之上。《功夫梦》《叶问 2》《狄仁杰之通天帝国》《十月围城》《武侠》《龙门飞甲》等片是这两年中国电影国际传播的主要内容。

2006–2011 年中国电影海外发行收入

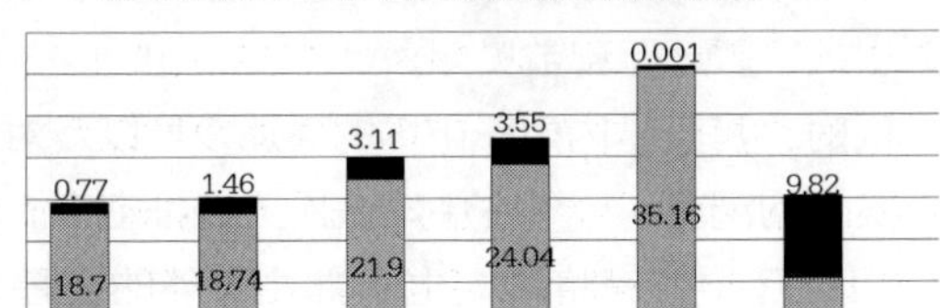

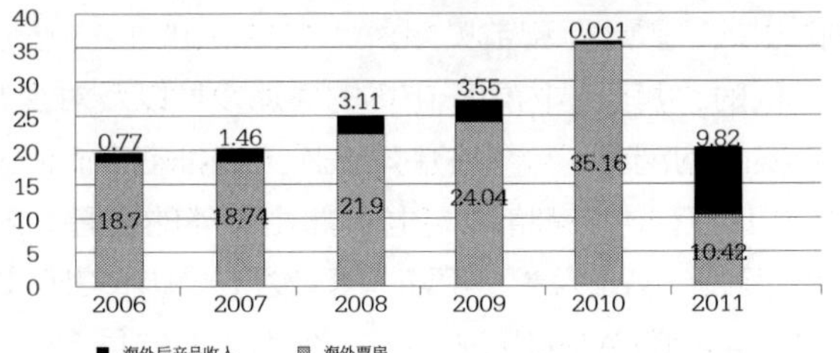

（数据来源：艺恩咨询）

2006–2011 年中国电影海外发行总收入增长率

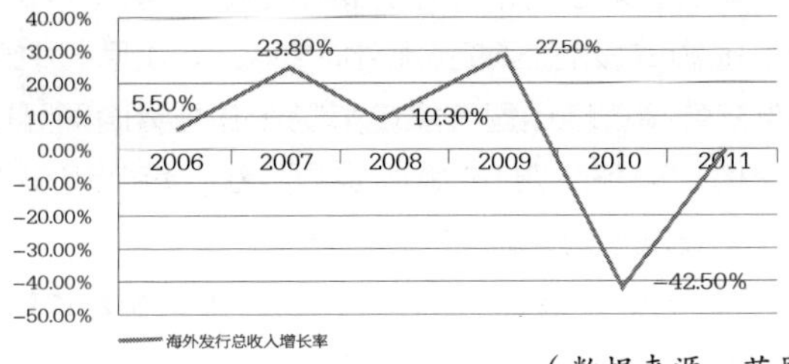

（数据来源：艺恩咨询）

2011 年，在北美上映的亚洲电影票房榜上，前 20 名中只有两部华语片，分别是中美合拍的《雪花秘扇》第 6 名）、《狄仁杰之通天帝国》（第 19 名）。而澳大利亚、日本、菲律宾市场，入围票房前 200 名的华语电影数量比上年有所增长。不过几大传统市场中，前 20 名华语电影却呈现总体票房下滑，新加坡下降 15.4%，台湾更是下降 47%。同时，由于欧洲债务危机的影响，不少海外买家尤其是欧洲的买家在挑选华语影片时明显谨慎了不少，这使得期望通过海外版权来赚回成本的国产小成本电影日子更加难过。

（二）合拍片

在我国的电影生产格局中，在市场上有反响的影片多数都是合拍片，这两年合拍片保持了良好的发展势头，合作的内容和范围不断扩大，合作的国家和地区包括了港、台、美、英、日、韩等。据中国电影合作制片公司统计资料显示，从 2009 年起，每年立项报批的合拍片数量在 60 部左右，实际完成拍摄的在 40 部左右，中国的合拍片数量已经连续两年保持了 10% 的数量增长比例，而 2011 年比 2010 年同期增长了 30%。

2011 年中国合作制片公司共受理合拍片申请 99 部，其中 73 部通过立项，57 部拍摄完成，而在票房前十的国产电影中，《金陵十三钗》《龙门飞甲》《新少林寺》等都是合拍片。其中，《雪花秘扇》整合了中、美、韩等多个国家的创作人员，意图在更广阔的市场上获得收益。此外，还有中澳合拍片《寻龙夺宝》《幸福卡片》，中德合拍片《爱封了》《熊猫总动员》等也在 2011 年上映，这些合拍片均显现出与其他华语片不同的气质。

伴随着《内地与香港关于建立更紧密经贸关系的安排》（即“CEPA”）的颁布，香港电影越来越从“境外电影”在身份上变成了“境内电影”，获得了与国产片基本相同的待遇，香港电影人集体北上。2010 年度，内地与香港合拍、中外合拍影片质量较高 ，不仅在数量上占据主要地位，并且内地公司的参与方式正逐步从劳务、器材、场地折扣等向项目策划与投资转变。香港电影人对于商业片的制作能力以及其对市场的把控能力都为内地电影人起到了良好的示范和带动作用。《建党伟业》《武侠》《非诚勿扰 2》《让子弹飞》《新少林寺》等年度票房大作都有香港电影人程度不一的参与。香港电影人对于技术的大胆探索也为中国电影提供了宝贵经验，2011 年贺岁档推出的 IMAX3D 武侠大片《龙门飞甲》便为中国 3D 电影树立了新的技术标杆。

2010 年 6 月 29 日，台湾与大陆签署《海峡两岸经济合作框架协议（ECFA）》（大陆取消“台湾华语电影大片进口大陆配额限制”），2011 年成为台湾电影进入内地市场的标志性的时间节点。《那一年，我们一起追的女孩》《翻滚吧！阿信》进入内地上映。尽管由于发行方面的种种原因，导致台湾影片的影院票房并不突出，但是其在网络上的流行，已经预示了台湾电影将在内地引起越来越大的市场关注。

（三）港资、外资的制片和放映业

港资和外资通过不同渠道不同方式，注入中国电影制片业和放映业，为国内电影业的发展提供了先进的管理理念和发展范式，对于中国电影进入国际市场参与国际竞争创造了有利条件，也为我国未来电影产业发展带来了机遇。

1. 港资、外资与制片

我国电影产业环境的利好局面，对国际电影资本有较大的吸引力，特别是引起了国际电影大型公司和优秀的产业资本对中国电影产业的频频关注，如香港英皇、迪斯尼、20 世纪福克斯、时代华纳、美国 MAP 电影协会等，都通过不同的渠道介入中国电影业，这对于中国电影进入国际市场，参与国际竞争创造了有利条件，也为我国未来电影产业发展带来了机遇。

2010 年 10 月，橙天嘉禾就以 1.94 亿港元购买好莱坞名制片公司传奇影业的少数权益，拥有了一个董事席位，成为首个入股好莱坞影业的中国公司。但由于商业和文化上的差异，致使橙天嘉禾进入内容生产的构想无法实现，之后，橙天嘉禾出售了所持传奇影业的所有股份，转而布局院线扩张。

2010 年 12 月，博纳国际在美国纳斯达克上市，这是国内影视公司首次进入国际股市融资，成为中国民营电影企业发展的一个里程碑，虽然发展前景还有待冷静观察，但是毕竟这是中国电影企业走向国际化的一次可贵尝试。

2011 年 8 月，华谊兄弟启动了第一次“国际化试水”，通过全资子公司华谊国际通传奇影业及其他投资方在海外成立合资公司——传奇东方，致力于生产以中国为题材但面向全球市场的电影。但由于国际资本市场流动性不足等原因，其他签约方与华谊兄弟认股协议中约定的交割不能按时完成，致使传奇东方项目于今年年初中止。

一系列以中国为主导的中外合拍大片项目也相继展开，如上影集团与好莱坞知名制片人 Mike Medavoy 合作的《魔咒钢琴》，张艺谋执导，好莱坞影星克里斯蒂安·贝尔主演的《金陵十三钗》等。这些探索和实践，为中国电影“走出去”提供了新的思路，开辟了新的道路。但由于面临巨大的文化差异和缺乏国际电影市场运作经验，中国电影走出去，绝不是一蹴而就的事情。

2. 港资、外资与发行营销

中国电影在海外的营销业务，目前主要依靠中影集团、上影集团、香港银都机构、华谊兄弟、北京新画面、保利博纳、橙天嘉禾这几家实力强劲的国企和民营公司。

以香港英皇电影公司为例，英皇电影拥有强大的海外发行能力，海外发行体系，该体系将世界划分为 20 多个区域，公司能够针对不同区域的市场特点制定不同的版权销售计划。其《新少林寺》以近 1 亿元的投资在内地市场上拿到了 2.2 亿元人民币的票房，而细致运作的海外发行让该片又收获了大约 2.2 亿元人民币左右的海外票房，成为内地和香港电影逐步加强联系的一个缩影。

3. 港资、外资与放映

中国香港地区和国外的电影工业起步较早，终端放映业成熟，拥有较为规范的管理模式、先进的技术设备和以人为本的服务意识。与上游制片产业相比，放映业可有效规避投资风险，是不熟悉中国大陆电影市场的港资、外资电影公司的首选。2010 年和 2011 年连续两年位于全国影院票房榜首的北京 UME 华星国际影城由香港 UME 影院投资公司于 2002 年建成，自开业起就成为国内影院发展的标杆。UME 影院用先进的管理理念创造品牌，稳步前进，保证了每一个项目的品质，是全国唯一一个旗下所有影院都是五星级的影院投资公司。而韩国 CGV 影院的母公司 CJ 集团是韩国著名的十大财团之一，也是三星集团和新世界集团的母公司。CGV 影院目前在我国已有五家，包含国内首个 4D 影厅，同时引入了震动厅和宝贝厅。

同时，基于国内电影市场的飞速发展以及对提升文化软实力的渴望，今年在中国政府大力推动下，一些电影公司也开始加速将中国电影推往海外的进程。2010 年 10 月，一家名为“华狮”的电影发行公司在美国成立，通过与美国的 AMC 原先合作，致力于面向华人聚居区同步发行华语电影，华狮公司 2010 年底与美国 AMC 院线合作在北美发行华语片，一年时间里最好的华语片票房已有 15 万美元。[19]2011 年 11 月，国内两大民营电影公司华谊兄弟和博纳影业也宣布参股华狮，在美国扩张华语电影的发行区域。此外，2011 年 3 月，中博传媒宣布在韩国直接运营 4 家电影院，并与釜山国际电影界合作构建一条联盟 50 家影院的院线，每年可望从韩国市场上分走 5%–10% 的票房份额。

（摘自《中国对外文化贸易报告 2012》）

三、新闻出版业

2010 至 2011 年，我国新闻出版业对外贸易快速发展，在“走出去”方面取得了不俗的成绩。特别是在版权贸易方面，2011 年，新闻出版业输出版权 7783 种，版权输出品种与引进品种比例由 2010 年的 2.9:1 下降到 2.1:1，基本实现了新闻出版总署在《新闻出版业“十二五”时期“走出去”发展规划》中提出的版权贸易目标。另外，新闻出版业国际交流方面也很抢眼，两年间，中国积极参与各国际书展以及新闻出版相关活动、努力寻求对外合作，加强了对外联系、拓宽了销售渠道，也提高了国际社会对中华文化的认知度。

（一）出口情况

2011 年，新闻出版业进出口总额 49904.6 万美元（其中，全国出版物进出口经营单位进出口总额 46448.7 万美元，增长 12.9%）。出版物进出口经营单位实现营业收入 64.4 亿元，增加 4.8%；增加值 4.9 亿元，降低 39.0%；利润总额 1.8 亿元增长 1.7%。

1. 劳务

印刷加工外贸既是新闻出版业走出去的一种模式，也是我国新闻出版国际劳务输出的重要渠道。2010 年，我国印刷加工服务出口收入总计为 661.65 亿元人民币，占印刷工业总产值的 8.6%。占全国印刷总产值 3/4 的珠三角、长三角、环渤海三大印刷产业带已成为全球重要的印刷加工基地。广东、北京、上海的印刷外贸集散地功能明显，输出规模逐年增长。中国印刷集团公司、北京华联印刷有限公司、深圳雅昌彩色印刷有限公司等企业的年出口额都达到了千万元乃至上亿元。

2. 产品

出版产品出口是新闻出版业走出去的中坚力量，尽管近年来受到数字化浪潮、金融危机和人民币升值等多重因素的影响，但新闻出版产品出口仍继续保持增长。2011 年，全国出版物进出口经营单位累计出口图书、报纸、期刊、音像制品、电子出版物 148.7 万种次，数量 1557.5 万册（份、盒、张），金额 7396.6 万美元。进出口总额 49904.6 万美元（其中，全国出版物进出口经营单位进出口总额 46448.7 万美元，增长 12.9%）2011 年，全国出版物进出口经营单位累计出口图书、报纸、期刊、音像制品、电子出版物 148.7 万种次，数量 1557.5 万册（份、盒、张），金额 7396.6 万美元。进出口总额 49904.6 万美元（其中，全国出版物进出口经营单位进出口总额 46448.7 万美元，增长 12.9%）。

由下图可见，2010 年、2011 年，全国出版物进出口经营单位出口金额发展平缓。其中，图书出口保持了

2009-2010 年新闻出版业各门类出口金额（单位：万美元）

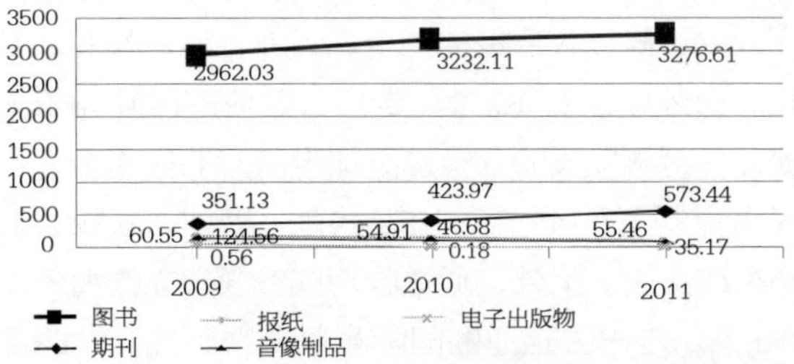

（数据来源：新闻出版总署）

一家独大，音像制品、电子出版物出口金额有所下降。

3. 版权

2011 年，全国累计输出版权 7783 种（其中，图书 5922 种，录音制品 130 种，录像制品 20 种，电子出版物 125 种，软件 5 种，电影 2 种，电视节目 1559 种，其他 20 种），增长 36.8%。（图书、音像制品与电子出版物合计增长 50.7%）；版权输出品种与引进品种比例由 2010 年的 1:2.9 提高到 1:2.1。版权输出地情况如下：美国 1077 种，英国 187 种，韩国 507 种，香港地区 448 种，澳门地区 37 种，台湾地区 1656 种，其他地区 2886 种。

下图是我国“十一五”期间和 2011 年版权输出总量的趋势图。由图可见，我国版权输出增长迅速，长期发展呈良好态势。

2006-2011 年版权输出总量趋势图（单位：种）

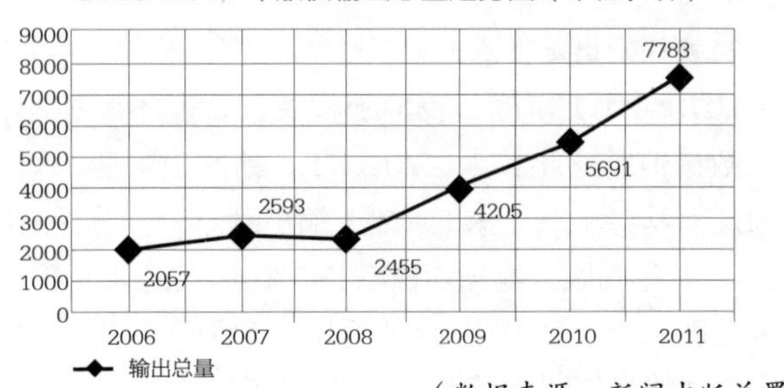

（数据来源：新闻出版总署）

4. 资本输出

2011 年 12 月 22 日，新闻出版总署署长柳斌杰在全国新闻出版走出去工作会议上的讲话指出：资本国际输出、在境外办实体是新闻出版业走出去的高级模式，要求企业不仅有国际化发展眼光，有境外本土化运作经验，还要有境外投资的实力。据不完全统计，目前我国新闻出版企业已在境外投资或设立分支机构 459 项，其中，从事图书出版的分支机构 28 个，从事期刊出版业务的分支机构 14 个，办刊及新闻采编分支机构 275 个，数字出版子公司 15 个，出版物发行网点 65 个（包括网

络书店 4 个），印刷或光盘复制工厂 45 个，出版教育、培训、版权、信息服务机构 7 个。另外，通过收购或参股建立的海外网点有 10 个。走出去企业的国际竞争力得到提升，跨国发展的经验也更加丰富。书店 4 个，印刷或光盘复制工厂 45 个，出版教育、培训、版权、信息服务机构 7 个。另外，通过收购或参股建立的海外网点有 10 个。走出去企业的国际竞争力得到提升，跨国发展的经验也更加丰富。

（二）发展特点

1. 政策支持是支撑点

新闻出版走出去的蓬勃发展离不开国家和相关部门政策的支持。2010——2011 年间，国家和相关部门持续修改和出台了很多新闻出版业相关政策规章，不断为整个行业发展提供全方位的支撑。其中特别重要的是，2011 年，在《中共中央关于深化文化体制改革——推动社会主义文化大发展大繁荣若干重大问题的决定》积极推动中华文化走出去的精神的指导下，新闻出版总署发布《新闻出版业“十二五”时期发展规划》，并同时发布了《新闻出版业“十二五”时期走出去发展规划》，提出了新闻出版产业走出去的指导思想、基本原则和主要目标。这些政策为新闻出版走出去提供了良好的支撑。同时，“国际传播力”工程、“经典中国”国际出版工程、中国图书对外推广计划、文化产品和服务出口重点企业与重点项目奖励计划等扎实推进，为新闻出版业走出去增添动力。

2. 版权输出是重点

2010–2011 年度，我国版权贸易逆差不断缩小，输出数量范围逐步扩大。2010 年，新闻出版业“版权贸易逆差从‘十五’末的 7.2:1 缩小到‘十一五’末的 2.9:1，五年间版权输出总量增长 275%。作为版权贸易主题的图书版权输出结构不断优化，特别是与重点发达国家之间的版权贸易逆差实现较大转变，对美、日、加、英、法、德、俄等重点发达国家的图书版权输出总量比‘十五’末增长近 14 倍。对台港澳地区的版权输出依赖程度明显降低，占版权输出总量的比例从 2005 年的 59%，下降到了 2010 年的 34%。版权输出的产品形态越来越多元化，从过去比较单一的图书、期刊版权拓展到报纸、音像电子、数字版权等多种形态。”新闻出版总署在《新闻出版业“十二五”时期“走出去”发展规划》中提出：力争到“十二五”末，版权输出数量突破 7000 项，引进与输出比例降至 2:1。2011 年，新闻出版业共输出版权 7783 种；版权输出品种与引进品种比例由 2010 年的 2.9:1 降到 2.1:1。这意味着在“十二五”的开局之年，新闻出版业版权贸易就已经基本完成了“十二五”版权贸易目标。

3. 数字出版产品出口是热点

数字出版产品出口是新闻出版业走出去的新领域。2010–2011 年度，数字出版发展迅猛，不仅在 2011 年超过图书成为新闻出版业年度利润总额最高的门类，而且在新闻出版业走出去的推进过程中占据了越来越重要的地位。借助国外技术平台，我国数字出版产品大量输出海外，一些学术期刊的海外下载量、国际影响因子和国际投稿量明显增加。2010 年我国期刊数据库的海外付费下载收入近千万美元，电子书海外销售收入超过 5000 万元人民币。依靠雄厚的资金实力，一些重点数字出版企业实现了在国际市场中的广泛覆盖和收益倍增。截至 2010 年年底，清华同方中文期刊全文数据库海外机构用户数量超过 1000 家，分布在 38 个国家和地区，五年累计出口额达 3227 万美元；汉王电纸书海外销售突破 5 万台。盛大网络文学在线阅读，读者分布在几十个国家。目前，在全球范围内，特别是在美国等发达国家，数字出版产业发展十分迅速，电子书以及各种形式的数字内容正在改变着出版业。不久的将来，在中国，数字出版将成为新闻出版业的主要行业，同时成为“走出去”的主要方式。

4. 国际书展是亮点

2010–2011 年度，中国展团频频出展世界各大书展，收获颇丰，不仅切实推动了版权输出，也对外宣传了中国的文化形象。2010 年越南中国书展作为中越友好庆祝活动之一，向越方转让 34 项图书版权；2010 年第十七届北京国际图书博览会，达成中外版权贸易协议 2379 项；2010 年第 62 届法兰克福国际书展共输出版权项目 2685 项；2011 年第十八届北京国际图书博览会，达成中外版权贸易协议 2953 项；2011 年第 63 届法兰克福国际书展实现版权输出及合作项目共计 2424 项。其中，作为 43 届开罗书展等国际书展的主宾国，中国展团在世界各地举办了各种具有中国特色的文化活动，有力地传播了中华文化，提升了世界人民对中国的认知度。同时，北京国际图书博览会作为世界四大书展之一，规模和影响力正在不断扩大，通过举办多种活动，多种途径和方式实施“走出去”战略，成功地为中国新闻出版业搭建了“走出去”平台。

（摘自《中国对外文化贸易报告 2012》）

四、演艺业

2010–2012 年，我国演艺行业对外贸易在政策利好的环境下取得了进一步的提高。一方面我国演艺产业积极引进国外经典演出剧目以丰富国内演出市场，另一方面我国的更多优秀剧目走向国际舞台，并运用了更多现代营销手段促进演艺产品的市场化运作。我国的文化“走出去”从以前偏重文化交流和政治宣传转向利用商业渠道和市场化运作推进中国演出的国际输出，并在海外市场拓展方面探索出了“剧场模式＋海外驻演”的新道路。此外，进军海外市场时也更加注重国际市场需求和普世价值的呈现，注重市场化经营。

（一）出口情况

随着我国对文化出口的逐渐重视并搭建各类平台，我国文化企业获得了越来越多“走出去”机会。市场先行者们适时求变，通过联合创作、合资公司、购买剧场等方式，积极地向海外拓展着产业链各个环节的合作。海外演艺机构则以更加开放和欢迎的姿态加大与我国演出商合作，具有中国文化元素的演出得到了海外观众的关注和喜爱。

目前我国演艺产业的出口形势主要是劳务出口和产品（项目）出口。根据文化部数据，截至 2011 年 12 月 28 日，全国各省、自治区、直辖市在 2011 年度共有 126 项演艺产品（项目）出国（境）进行商业演出，演职员人数共计 2594 人次；出口总折合人民币约为 2.03 亿元；演出场次为 8090 场，观众为 1316.97 万人次。可以看出 2011 年在出口产品数量及观众数量上均较 2010 年有所下降，这与世界经济衰退的大环境有一定关系，但是出口收入却有所上升，说明演出的平均票价显著提升，出口剧目获得了更高的市场认同，从而实现了更高的市场价值。

杂技在项目数量、演出收入、演出场次以及观众人数上所占比例均为最高，2010 年杂技的项目比例为 47%，收入比例为 56%，场次比例为 90%，观众比例为 95%。而 2011 年杂技的项目比例仍处于高位，为 44%。其他比重较大的项目还有戏曲、歌舞和武术等，这四大类的数量与收入合计占到我国演艺类出口项目的八成以上。其中成功的演出包括在美国剧院成功驻演的《功夫传奇》《少林武魂》，从重庆走向海外的杂技剧《花木兰》，成功驻演柬埔寨的《吴哥的微笑》，注重普世价值和市场运作的大型舞剧《丝路花雨》，以及中国杂技团的《Splendid · 一品一三绝》《再见，飞碟》《杂技王》等。

以《功夫传奇》为例，2004 年 –2011 年底，《功夫传奇》在国内外驻、巡演的场次已突破 5000 场，其中国外驻、巡演场次达 1161 场。仅 2011 年，《功夫传奇》就在国内外演出近千场，其中包括北京红剧场主场演出 617 场，美国布兰森驻场演出 348 场以及西班牙巡演 2 场。此外，《功夫传奇》还曾进入英国的国家级剧院——伦敦西区的伦敦大剧院进行商演。这样良好的市场反应，使《功夫传奇》成为中国演艺产品“走出去”的成功典范。

过去中国演艺产品出口时制作与推广销售相对分散，因此大部分利润归美国的演出代理商，而购买美国布兰森白宫剧院改变了这种状况，打造了一条相对完整的产业链，即在国内开发具有自主知识产权的演艺产品，先在中国总部试演，然后走进美国剧场演出，使“走出去”这个过程中，从创意生产到出口销售的每一个环节都由自己掌握，在有效降低中国演出产品走向国际市场的风险同时增加了演出的利润。

为扩大《功夫传奇》美国演出市场份额，美国天创公司 2011 年采取了一系列的措施：

1. 积极参加各种展演，针对不同观众群推出特别版本和场次，以打开不同层次的市场；

2. 积极建设网络宣传平台，在主流社交网站上建立《功夫传奇》主页，与观众互动，吸引网民浏览、了解剧目。并依托新票务系统建立客户数据库，创造与客户定期沟通机会，发展长期客户群；

3. 立体式营销网络；

4. 积极参加各种社区活动及城市集会，扩大《功夫传奇》在布兰森周边城市的影响；

5. 积极建立合作伙伴关系，与 70 多家票务公司、酒店和其他类型合作伙伴签订市场合作伙伴协议；

6. 剧组成员统一着装，组织集体活动，塑造团结、有纪律、有凝聚力的团队形象；

7. 立足剧院，扩大经营渠道，积极探索场地出租、引进新剧目等业务以分摊演出成本，捆绑销售，争取团队客人；

8. 通过上述努力，天创公司的《功夫传奇》一步步实现“走出去”目标，美国布兰森白宫剧院也在不断的尝试中，搭建着中国演艺产品“走出去”平台与桥梁。

此外，中国演出市场还探索出一条“出口不出国”的“走出去”道路。中国对外文化集团的《时空之旅》就是该模式的典型代表：首先在国内常年演出市场上站稳脚跟，吸引源源不断的国际旅行者前来观看，从而不出国门就实现中国演出产品的“出口”销售。中国对外文化集团的《时空之旅》在上海上演的五年中，演出总场次达 2600 多场，观众人数突破 260 万人次，累计票房收入 2.7 亿元，其观众构成中，海外观众与国内观众之比为 6:4，说明这是一台成功的“外向型”演出。

（二）发展特点

1. 市场化运作

2000 年以前，我国演出“走出去”主要是以文化交流、政治外宣为目的，真正进行市场化运作的极少，因而迟迟扣不开国际市场的大门。近年来，我国逐渐转变理念，积极尝试利用商业渠道和市场化运作来推进中国演出的国际输出，让一批有实力、有自主创新能力、有自己品牌的演艺企业成为“走出去”的主体。

我国演出产业迈向国际市场需要从两方面着手，一是内容，二是市场化运作。精品的演出产品是“走出去”的基础，要推出更多具有中国精神、中国气派、中国风格，反应当代中国文化风貌的优秀作品，增强感染力和市场竞争力。此外，还要拥有国际化眼光、市场化意识和战略性思维，加强对世界市场的研究，提高艺术创作的针对性，明确市场定位，尊重文化产品输入国的欣赏习惯和市场需求，做到适销对路。

2. 剧场收购 + 海外驻演

我国演艺产品在跨国运作方面有了突破性的进展。一方面我国演艺产品在对外贸易的过程中通过与国外大型专业的机构合作，利用这些机构的主流渠道极大提升了中国文化产品在国外的销售。另一方面，我国演艺产业在海外收购方面已经有了切实的动作，探索出一条“收购海外剧院 + 输出内容”的“走出去”创新商业模式。2010 年，《功夫传奇》在被中国天创国际演艺制作交流有限公司收购的美国布兰森白宫剧院成功驻演，保证了中国演出产品在国际市场“落地生根”。2011 年 2 月，中国对外文化集团公司于美国倪德伦环球娱乐公司签署战略合作协议，倪德伦环球娱乐公司将协助中国演艺产品打入其他海外院线，让中国对外文化集团公司制作的演出产品有机会进入纽约百老汇和伦敦西区的主要剧场，为中国优秀演出产品进入国际核心市场创造新的通道。双方第一阶段的合作主要集中在剧院管理、院线运营、人才培训等领域，希望通过合作学习欧美国家的先进经营管理经验，直接与国际市场对接，助推更多中华优秀演艺产品走向世界。

3. 注重国际市场需求和市场化运营

2011 年，我国演出产品开始更加注重满足海外市场的需求及普世价值的呈现，以更好地适应国外观众的口味、文化偏好和思维习惯。不同国家和地区的观众欣赏口味不同，运作的方式也应有所差别。同时，我国的海外演出更加重视市场化运营，对消费者进行细致、量化的研究，加深了对国际市场的理解。

2011 年走出国门的舞剧《丝路花雨》就体现了我国演出走向海外市场时所做的努力。《丝路花雨》以唐朝极盛时期为背景，以丝绸之路和敦煌壁画为素材，讲述了画工神笔张、女儿英娘、波斯商人伊努斯之间的患难与共、生死相交的感人故事。该剧融合了中国古典舞、敦煌舞、印度舞、黑巾舞、波斯马铃舞等多种中外经典舞蹈元素。

另外，市场化运作也是《丝路花雨》成功的一大亮点，主创方直接介入终端销售环节——消费者。在巡演中找当地公关公司和市场营销公司制定并执行适销对路的公关方案和营销方案，每天通过这些专业公司得到包括各区位演出票地销售情况在内的非常细致、量化的市场反馈，这种直面消费终端的做法非常有利于对国际市场的掌握。《丝路花雨》还坚持卖票不送票，这是基于对市场信息的倚重，培养真正对该演出有兴趣的目标观众。

（摘自《中国对外文化贸易报告 2012》）

五、动漫业

2011 年，得益于良好产业政策和技术条件的支撑，我国动漫产业快速发展，对外出口规模逐步增长，中国动漫“走出去”的成果显著。从出口发展来看，2011 年仅核心动漫产品的出口额就达到了 7.14 亿元，较 2010 年出口总收入 5.1 亿元增长 40%。同时，国际交流与合作的趋势增强，一批知名动漫企业成为中国对外文化贸易的中坚力量，中国动漫产品和中华文化的国际影响力得到了进一步提升，

（一）出口情况

近三年来，在政策的持续推动和财政资金的大力支持下，我国动漫“走出去”成果显著，出口规模稳步增长。2009 年全国动漫出口总收入为 3.19 亿元人民币，2010 年动漫出口收入 5.1 亿元，较 2009 年增长 60%。2011 年我国核心动漫产品出口额达到 7.14 亿元，较 2010 年出口总收入增长 40%，占动漫产业出口总体规模的 1.15%。

从电视剧动画出口来看，我国电视动画出口稳步

2009–2011 年我国动漫产业出口规模情况

年份	出口（亿元）	增长率（%）
2009	3.19	0%
2010	5.1	60%
2011	7.14	40%

增长，海外市场日益青睐中国动画。2010 年中国动画电视节目出口 84 部，主要销往欧洲、美国、韩国、非洲等国家和地区，出口总额为 11133.19 万元，[32] 远高于年度进口规模。同时，2011 年全国各影视机构共出口动画片 146 部 20 万分钟，出口总额为 2800 万美元。

2009-2011 年我国电视动画片出口规模情况

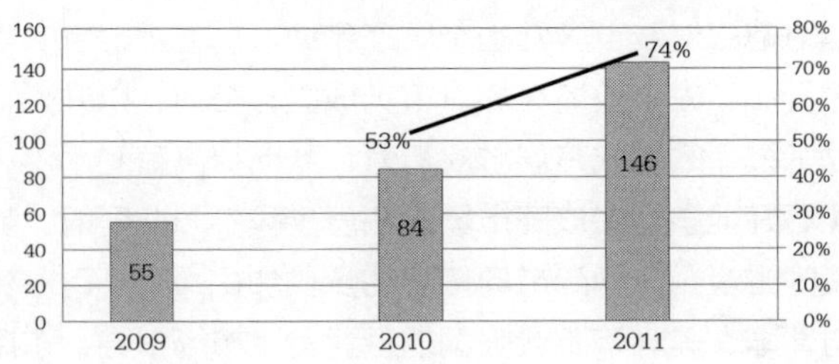

（数据来源：中华人民共和国统计局，《中国统计年鉴》2010 年、2011 年、2012 年。）

从版权输出来看，近年来，我国动漫产品版权输出规模稳步提升，动漫品牌授权不断扩大，越来越多的中国动漫企业和品牌走向世界，影响世界。在 2010 年第 37 届法国安古兰国际漫画节上，由法国仙女出版社、中国著名漫画家聂崇瑞创作、法国著名编剧帕特里克.马蒂制作脚本的《包拯传奇》大获成功，仅凭单本就创下了安古兰漫画节的销售记录，这是中国动漫在国际上的最佳表现；2010 年，中国漫画家夏达的作品《子不语》第二卷《谁也不知道 ~ 子不语 ~》单行本由日本著名出版社集英社正式出版并为该书举办现场签名仪式；同年，《喜羊羊与灰太狼》被翻译为 17 种语言通过迪斯尼频道向亚太区 52 个国家和地区播映，与迪斯尼的播映合作是按照国际惯例收取版权费，业内估计每集约在 6 万元以上，收入甚丰。2011 年，常州春晖动画有限公司在《小虫三宝》外销法国、澳大利亚、德国、意大利、西班牙等多个国家后，再次推出原创动画《果然一町》，这部以江南水乡为场景编创的动画片，还没上映就吸引了世界各地二十多个国家购片商瞩目和青睐，截至年底已经预售十余个国家；泰国中央中文电视台（国家电视台中文频道）购买了武汉银都文化传媒股份有限公司的动画片《家有浆糊》的泰国独家播映权，并约定择机将其推广到越南、印尼等东南他其他国家。2011 年末，中影数字发行的《熊猫总动员》由中、德、法、西班牙、比利时等跨国顶级班底耗资 3.5 亿元打造而成，被戏称“史上最贵熊猫”。由于其“熊猫”题材在全球受众颇广，该片尚未上映就已吸引了多个亚洲及北美国家的兴趣，实现境外预售版权已经卖到 100 多个国家和地区，投资提前回收超过 60% 的良好收益。[33] 此外，北京青青树的动画电影《魁拔》、天津北方电影集团的 3D 动画电影《兔侠传奇》也在积极与国外购片商洽谈合作，并签订了不少海外发行协议。

（二）发展特点

1. 动画出口逐步增长，国际影响力进一步提升

动漫“走出去”是推动我国动漫产业快速发展的重大举措，也是适应进一步改革开放，促进中国动漫企业融入国际产业发展环境，彰显中国动漫品牌和中华文化影响力的客观需要。近三年来，我国动画出口稳步增长，2009 年国产动画出口 79 部，2010 年为 84 部，2011 年则达到了 146 部，出口额达 2800 多万美元，出口规模年均增长 35.94%。而且国产动画的出口对象区域结构发生了重要变化，主要出口对象由 2009 年的中东、非洲、南美等欠发达地区，转变为主要销往欧洲、美国、韩国等动漫发达国家及地区，国产动画国际影响力明显提升，中华文化影响力及传播力得到了进一步增强。

2. 开展多方位的国际合作，漫画国际化进程加速

近几年，随着我国动漫企业日益融入国际市场，国产漫画也加速了国际化进程。2009 年中日两国首个国际漫画产业平台项目正式启动实施，中国内地知名漫画才女丁冰远赴东瀛进行为期半年的研修创作，标志着中国原创漫画家自此走上了国际化合作发展的“快车道”。而在 2010 年，国产动画企业的国际化合作更加频繁和深入，国产动漫冲出亚洲、走向世界的国家合作大趋势不可挡。特别值得一提的是，2010 年 9 月 3 日，神界漫画公司与日本学研社在天津签下了漫画《三国演义》的日文版权，这也是“神界”自 2006 年将漫画《水浒传》打入动漫强国日本之后，又一次在国际文化产业市场上的成功亮相；同年，漫画家夏达的系列动画《子不语》也成功登陆日本，与日本顶级漫画大师同刊连载于日本顶级漫画杂志《Ultra Jump》；2011 年，新西兰 Huhu Studio、日本 81Produce 声优事务所等与北京青青树签订合作协议，进行《飞天小猴王》中人物形象的翻新及《魁拔之十万火急》的日语版配音工作。更值得关注的是，随着中国向 WTO 承诺于 2011 年 3 月 19 日以前对美国进一步打开娱乐产品市场，国际化已经成为中国动漫产业发展的必然选择和重要契机。

3. 知名动漫企业“走出去”，成为文化产品出口的重要力量

企业作为国际市场的主体，是我国动漫“走出去”能力的象征。随着我国原创动漫游戏海外推广计划的出

台与实施，央视动画、奥飞文化、江通动画、宏梦卡通、漫友文化、天津神界等一批知名动漫企业正式“走出去”，参加包括日本东京国际动漫展、韩国富川国际漫画节、法国昂古莱姆漫画节、加拿大渥太华动画节等各大知名动漫类展会，向海外业界与公众展示了我国动漫产业发展现状与实力。同时，一批知名的动漫企业逐渐成为中国动漫“走出去”的重要载体和中坚力量，比如：山猫动画公司的“山猫吉米”品牌系列衍生品出口到美国、日本、韩国、俄罗斯等50多个国家和地区，累计出口创汇超过2000多万美元；中南卡通作品进入63个国家和地区，海外销售额达到500多万元；北京青青树已和英国、新西兰、日本、美国、法国等国家的多家合作伙伴建立合作关系，合作范围涉及落地活动的策划和举办、影片宣传、海内外发行、动漫周边商品开发等诸多领域，海外版权销售收入及其周边衍生品销售收入累计达2000万元等等。

4. 国际交流频繁，展会平台作用凸显

得益于良好的产业政策扶持，我国动漫参与国际交流与合作的趋势逐渐加强。一方面，中国不断提升自身国际化的地位，积极筹备并举办具有国际水准的各类动漫节展，如杭州国际动漫节，为国内动漫产业发展搭建了良好的国际交流与合作的平台；另一方面，国家支持国内优秀的动漫企业积极“走出去”，拓展海外市场，开拓新的盈利空间，一大批重点企业广泛参与国际上各类知名动漫节展活动，实现产品推广与多项合作，取得了显著的成绩。

5. 尊重国际市场规则，以国际标准做标杆

与此前很多国内动漫企业“轻调研，急行动”创作方式有所不同，北京青青树、天津北方电影集团等企业一开始就以国际市场为方向，注重产品先期调研的重要意义，在充分了解国际市场对动漫产品的需求偏好、制作质量、产品风格等基础上，准确把握产品的市场定位，用数据说话、用质量赢市场、用内容吸引观众，并以国际制作标准严格要求自己的创意和制作。比如北京青青树的《魁拔》，在前期就针对国内外动漫市场现状、观众偏好进行周密的调研，从而选择了符合主流、投资最安全的类型片——《少年热血》，为影片的海外推广打好了基础；而天津北方电影集团的《兔侠传奇》，向好莱坞的运作模式学习，无论是卡通形象的选择还是后期配音，都进行了有益的尝试，最终全球发行几十个国家和地区。可见，中国的动漫企业，虽然目前阶段在与国际知名动漫制作商的较量中仍处下风，但是他们通过自己的学习和努力，已经越来越熟悉国际市场规则，正在逐步拉近与世界一流动漫厂商的距离。

（摘自《中国对外文化贸易报告2012》）

六、游戏业

我国游戏产业作为市场化程度最高、出口增速最快的产业，近几年当之无愧成为文化产业“走出去”的领头羊。近五年来，我国游戏产业出口增速超过60%，辐射范围遍及世界几十个国家和地区。完美时空、盛大等行业领先企业还在热点市场成立分公司，以并购和自立子公司的方式开展游戏运营，从而提高盈利水平，并能更好地掌握在该国市场的拓展步伐。与此同时，随着我国游戏企业国际市场拓展的步伐加快，将不可避免地与韩国、美国等游戏强国的企业发生市场争夺，东南亚等文化折扣相对较低的区域，市场已趋近饱和，而南美、中东以及俄罗斯等国家的“蓝海”市场还有待拓展。

（一）出口情况

根据《2011中国网络游戏市场年度报告》的统计，2011年，国产游戏出口规模进一步扩大，收入达到4.03亿美元，同比增长76%。网络游戏已经成为中国对外文化贸易的领头羊行业。而且，网络游戏出口产品数量增加明显，2011年，增66家公司共计92款网络游戏产品出口海外，数量总数超过150款，目的地市场包括美国、英国、德国、意大利、沙特阿拉伯、巴西、韩国、日本、泰国、新加坡、越南、菲律宾、俄罗斯、我国台湾和香港等近50个国家和地区。

新增出口的92款游戏中，网页游戏56款，客户端游戏33款，移动网游戏3款。在56款新增出口的网页游戏中，角色扮演类和战争策略类为出口的主要类型，其中角色扮演类网页游戏27款，战争策略类网页游戏19款；在新增出口的客户端游戏中，角色扮演类27款，占主要地位；新增出口的手机游戏中，角色扮演类、战争策略类、社交类各1款。

值得注意的是，随着苹果应用商店模式（App Store）在全球市场的成功，中国移动应用开发者的激

2007-2011年我国网络游戏海外市场收入情况

年份	海外市场收入（百万美元）	增长率（%）
2007	55	175%
2008	72	30.90%
2009	106	47.20%
2010	229	116%
2011	403	76%

情也随之点燃。自发地投入到全球移动应用产业中，通过App Store等全球平台，向全世界的移动应用网络用户提供产品。这些移动应用软件中很大一部分是游戏软件，制作商跳过代理商，与平台运营商（比如苹果公司）直接分成。据粗略统计，中国移动应用开发商在2009-2010年从苹果公司成功分得1亿美元，占苹果公司向全球开发者提供的分成的十分之一，而且推出了《捕鱼达人》、《二战风云》等原创精品游戏，受到全球玩家的青睐。

中国本土游戏公司将原创游戏交给外国当地的公司运营，曾是中国游戏出口的主要模式，比如完美时空的《武林外传》、《完美世界国际版》、《诛仙2·时光之书》、《神魔大陆》等游戏，就在全球上百个国家和地区运营。但是，随着中国本土网络游戏公司的实力增强，以及他们对海外市场和用户需求的理解的加深，中国游戏企业已经不满足于仅仅将游戏交给国外公司代理运营，他们纷纷开始成立自己的海外子公司或收购当地的公司，独立运营公司的游戏。继盛大收购mochimedia公司和韩国《龙之谷》开发商Eyedentity Game、九城收购前魔兽开发团队Red5并对美国手机游戏平台Open Feint进行战略投资后，2011年2月再度爆出腾讯以超过3.5亿美元的价格收购美国网络游戏开发商Riot-Game。此外，腾讯、盛大、九成、完美时空、趣游等游戏行业的领头羊开始加强海外运营，尝试在东南他、北美、日韩、港台等国家和地区设立自己的子公司。

对外贸易方面，南美、中东及俄罗斯等国家和地区成为网络游戏新一轮海外出口的热点区域。东南亚各国的网游市场已进入平稳增长期，2010年到2015年的复合年均增长率（CAGR）均在20%以下。而南美、中东及俄罗斯等国家和地区虽然目前网游市场规模较小，但互联网渗透率较高，网络基础设施较好，人口规模较大，因此市场潜力巨大。

（二）发展特点

1. 出口规模持续扩大，游戏产业海外收入快速提升

我国游戏产业作为市场化程度最高、出口增速最快的产业，近几年当之无愧地成为中国文化走出去的领头羊。近五年来，中国游戏产业的出口增速超过60%，辐射范围遍及世界几十个国家和地区。无论是PC客户端网络游戏，还是网页游戏，均能在国际市场“开疆拓土”，而近年来，以“阳光牧场”、“开心农场”为代表的一些社交游戏，也开始登陆日本和美国等社交网站平台。

2. 出口模式变得多元，开启子公司运营时代

2010年以前，我国本土游戏企业在进入海外市场时，往往是将自己的原创游戏产品交给当地的运营商来运营。近年来，我国游戏企业的出口模式开始变得多样化，杭州乐港、动网先锋、第七大道、九维等企业依然将自己的产品以授权代理的方式向海外市场推进，而完美时空、腾讯、盛大、趣游等行业领导企业，已经开始在海外市场并购当地团队或者自设子公司，然后独立运营，一方面避免了分成方式带来的收入减少，一方面也能积累本地化经验，为企业在该国市场的长久发展积累经验和人才。而中国的一些中小型游戏研发企业，由于自己没有海外渠道的拓展力量，而把自己的产品交给第三方——代理出口中介机构，比如：炎龙COG，或已经在该国建立运营平台的本土运营商，比如：完美时空的北美分公司，也间接实现了“走出去”。

3. 海外市场辐射范围更广，游戏题材也更加丰富

我国游戏最初出口到港澳台地区，之后在东南亚市场，比如新加坡、越南等市场受到欢迎，主要因为这些市场要么与汉文化同根同源，要么就是受到了中国传统文化的深刻影响，所以相对来说文化折扣低。我传统的游戏题材，比如武侠类，在这些市场都很容易运营和推广，备受追捧。

但是，随着这些市场的竞争加剧，我国游戏企业开始寻找新的“蓝海”，包括美国、加拿大、英国等地区，这些市场对魔幻、冒险类题材的网络游戏更为偏好，需要更加符合西方游戏玩家的情节设置和情景表现，从而也要求我国游戏企业在海外扩张时，需要配备更加国际化的团队，管理难度也相应增加。

（摘自《中国对外文化贸易报告2012》）

七、艺术品业

自2010年中国艺术品市场首次进入“亿元时代”以来，我国艺术品行业的空前繁荣却吸引了全球的关注。一方面，国家新政的出台使艺术品市场逐渐规范并持续升温；另一方面，高新技术的支持使我国艺术品市场逐渐与国际接轨并且衍生出新的行业，因此，这两年间，中国艺术品行业的对外贸易取得了丰硕的成果。

（一）出口情况

2010年，全球艺术品的进出口总额为341亿美元，其中进口总额为166亿美元，出口总额为175亿美元。近年来虽然艺术品贸易的国际化程度有所提高，但2010年美、英两国的艺术品进口总额仍占到了全球的64%，出口总额占到了全球的67%，瑞士排名第三，艺术品进口额占到了全球的5%，出口额占到了全球的

10%。具体来说，美国、英国是目前全球艺术品贸易的主要受惠国，自20世纪80年代以来美、英两国的艺术品贸易一直处于盈余水平，即“顺差”。主要原因是美国、英国采取艺术品进口零关税和执行宽松的艺术品出口政策。其中，2010年美国艺术品的出口额为50亿欧元，进口额为49亿欧元，贸易顺差为1亿欧元。在美国的主要艺术品出口国中，瑞士和英国同样占到了其艺术品出口总额的28%，法国名列第三，占比26%，中国名列第四，占比6%。

从进出口总额来看，2009年我国艺术品市场进口总额约为40亿元，出口总额约为20亿元，贸易逆差为20亿元；2010年我国艺术品市场的进口总额约为50亿元，同比增长25%，出口总额约为25亿元，同比增长25%。2011年艺术品出口额为30亿元，同比增长了20%。

2009-2011年中国艺术品出口额变化趋势图

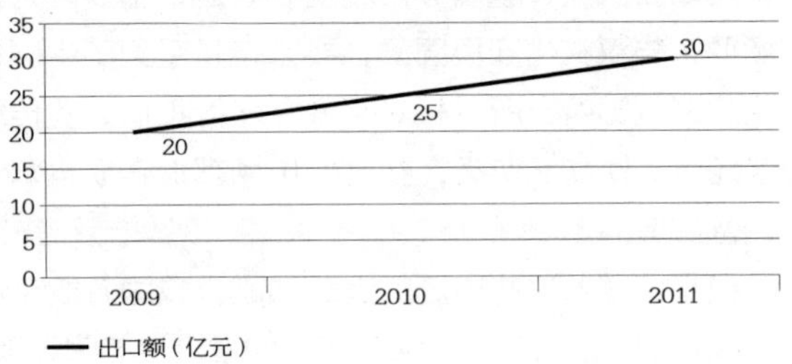

在全球知名权威艺术品网站Artprice发布的年度艺术品市场报告称，2011年全球艺术品交易额中，中国排名第一，占全球市场的41.4%。在艺术家成交总额排名前十位中，中国的艺术家就占据了6个席位，张大千当仁不让地占据了毕加索稳坐21年的霸主地位；同时，在全球艺术品市场前十大城市中，北京、香港、上海、杭州和济南又占据了半壁江山。可以说，在全球艺术品市场上，中国的表现最为突出。甚至有媒体称“在西方老牌艺术市场强国眼中，中国无疑是威胁其地位的一只巨鳄。”

1985年以来，我国艺术品进出口实现了质的飞跃。2010年我国艺术品进出口总额比1985年翻了50倍之多，年增长率也达到了23%。尤其是在艺术品进口方面，1985年我国艺术品进口额为1600万美元，仅占全球的0.4%，2010年我国艺术品进口总额增长到了8.1亿美元，全球占比5%。虽然近年来我国艺术品市场高速增长，但受制于高额的艺术品进口关税，真正从海外直接进入中国内地的艺术品不到总进口额的20%，如果除去1995年、2000年两个特殊年份，平均占比甚至低于5%。选择香港或者其他自由贸易港进行中转成为某种变通的方法。因此降低艺术品进口关税，不仅有利于我国艺术品进口的贸易扩张，推动中国文物艺术品的“海外回流”，而且也有利于我国艺术品市场的国际化发展。

为了推动我国的艺术品进出口，在财政部、文化部会同相关部门充分调研的基础上，12月国务院关税税则委员会下发了《关于2010年关税实施方案的通知》[税委会（2011）27号]，决定自2012年起将油画、粉画及其他手绘画原件，雕版画、印制画、石印画的原本，各种材料制的雕塑品原件的进口关税税率由12%降至6%（暂行1年）。但是由于艺术品无缘增值税优惠，目前仍由海关代征进口环节增值税17%，合计两项税率为23%，与国际平均标准的12%和我国香港地区的5%仍有相当大的差距。此外，向海关缴纳保证金的政策虽然有利于实现海外艺术品进出口的快递通关，但是保证金缴纳比例为作品估价的3%至8%、申请保证金退回周期在120天以上以及15天至6个月的直流期限、超过直流期限需交纳滞纳金的相关规定，都增加了艺术经营机构的运营成本和经营压力。

2011年我国在艺术品进出口的全球排名上仍远远落后于美、英两国，不仅全球占比过低，迄今为止也一直处于逆差。具体而言，2011年我国艺术品出口以现当代绘画作品为主，出口品种单一且大多以香港为中转站。美国是我国艺术品的最大出口国，占比28%；其次是日本，占比17%；新加坡、英国并列第三，占比约为9%。我国艺术品出口总额在2008年时曾达到了阶段高峰，出口额为4.92亿美元，2010年我国艺术品出口额下降到4.52亿美元，这与我国现阶段执行严格的出口限制密切相关，如我国规定1911年之前的艺术品不得出口等。因此，在保护我国优秀文化遗产和现当代优秀艺术创作的同时，将艺术品出口纳入到对外文化输出的国家文化战略之中，执行积极的艺术品出口政策，将是扭转长期以来我国艺术品进出口逆差和提升我国文化软实力的重要举措。

（二）发展特点

1. 出口种类逐渐丰富，质量显著提升

除了传统的艺术品、艺术品授权产品等，艺术品衍生品也逐渐丰富，质量上也不断得到提高。近三年来，中国艺术品的出口额度以每年近5亿元的增长速度增长，在一定程度上是日渐多元的艺术品衍生品出口作出的贡献。

2. 我国艺术品行业海外市场扩大

2009年至2011年，我国艺术品出口额连年递增，

2011 年全球艺术家成交总额排行榜前十

2011 年排行	艺术家	成交金额（单位：美元）	成交量（单位：件）	最高成交纪录（单位：美元）	2010 年排行
1	张大千	554537029	1371	21845000	3
2	齐白石	510576030	1350	57202000	2
3	安迪·沃霍尔	325884120	1624	34250000	4
4	毕加索	314692605	3387	36274500	1
5	徐悲鸿	233488777	416	36679200	6
6	吴冠中	221158432	318	15440000	13
7	傅抱石	198335740	199	31520000	9
8	理查德·里希特	175673073	265	18500000	16
9	弗兰西斯·培根	129202110	127	32957850	108
10	李可染	115361356	298	5118750	11

（数据来源：ARTPRICE）

可见，随着艺术品行业出口种类的不断丰富、产品质量的不断提高，我国艺术品行业在海外市场的规模日益扩大，中国搭建起与世界的艺术品交易平台，并且交流日益频繁。

3. 中国当代艺术的国际影响力逐渐提高

无论是威尼斯双年展上大放异彩，还是在澳大利亚、意大利“中国文化年”上，中国当代艺术的大规模亮相，都在昭示着中国当代艺术受到越来越广泛的国际认可，中国当代艺术在国际上的影响力也越来越不容小觑。

可以说，中国艺术品行业海外市场的不断拓展、中国当代艺术在国际上地位的不断提升，得益于我国综合国力的提升，得益于我国文化“走出去”相关政策的大力推动、更得益于中国当代艺术家的不懈努力。国外文化艺术机构的认可与合作，是对我国艺术品行业近几年快速发展和影响力不断扩大的最有力证明，更加振奋我们向着更好方向努力的信心。但是我们也应该清醒地认识到，在中国艺术品行业发展的同时、在光鲜的拍卖场和交易数字背后，中国艺术品出口依然面临着严峻的挑战，贸易逆差的不断增大也在提醒着我们该反思如何提高我国艺术品在国际市场中的竞争力。

（摘自文化部文化市场司 2010 年、2011 年《中国艺术品市场年度报告》）

第十二部分
大事记

·一月·

1月1日，中央电视台纪录频道开播。这是中国第一个面向全国播出的国家级纪录片上星频道，也是中国首个面向全球覆盖的中英文双语纪录片频道。当日，中国网络电视台（CNTV）同步推出纪录频道中英文官网。

1月1日，“2011 中华文化游”正式启动。“游中华、品文化”成为 2011 年国内旅游市场的推介主题。国家旅游局在 140 个旅游目的地国家和地区开展主题宣传活动，展示我国丰富多彩的文化旅游资源。

1月7日，2011 年扶持动漫产业发展部际联席会议办公室会议在北京举行。各成员单位结合各自职责，总结了在推动动漫产业发展方面所取得的成果和经验，并对下一阶段的工作要点进行了部署。

1月7日，香港动漫画联会正式推出“香港漫画”APPS，首批推出 16 名漫画家、20 部作品，其中包括黄玉郎的《神兵玄奇》、马荣成的《风云》等，希望借此将香港漫画带到海外，开拓商机。

1月8日，在国家新闻出版总署科技与数字出版司和中国版权保护中心指导下，16 家网游企业联合倡议成立“中国网络游戏版权保护联盟”，以应对网络游戏版权保护中出现的问题。

1月8日，由深圳电视台发起的城市联合网络电视台（CUTV）正式成立。

1月8日至9日，由北京大学主办的“2011 中国文化产业新年论坛”在北京召开。本届论坛主题是“面向 2020，中国文化产业新十年”。

1月10日，国内第一家动漫游戏产业股权投资管理公司在北京成立，这标志着动漫游戏产业体系的关键基础平台正式启动。中国动漫游戏产业股权投资管理有限公司将运营专项的私募基金。

1月10日，文化部公布 2010 年全国文化市场十大案件。其中，网络文化案件所占比例大幅增长，基本上与传统文化市场案件平分秋色；涉及知识产权保护的案件有 5 起，占到总数的一半。

1月10日，由上海炫动传播股份有限公司和牡丹江新闻传媒集团共同运营的中国原创动漫期刊《炫动纪》创刊号面世，这是国内第一本由平面媒体与电视媒体全方位联动的全彩原创动漫杂志。

1月11日至12日，国家广电总局召开 2011 年全国广播影视工作会议，会议总结“十一五”及 2010 年广播影视工作，研究部署 2011 年工作。

1月12日，国内首家实行“艺术品份额交易”的产权交易所——天津文化艺术品交易所，首推两幅国画作品正式面向社会申购。

1月13日，中央文化体制改革和发展工作领导小组召开第一次全体会议。

1月13日，广东原创动力文化传播有限公司《喜羊羊与灰太狼》系列动漫作品创作与推广团队获得广东省首届南粤创新奖，资金为 500 万元。

1月16日，西藏自治区举行了历史上首个以党委名义召开的新闻发布会，就西藏文化大发展大繁荣进行了相关发布。根据西藏推动文化大发展大繁荣的决定，到 2015 年，西藏建立健全区、地、县、乡、村五级公共文化服务体系，广播电视人口综合覆盖率达到 95% 以上，人均图书报刊拥有量达到全国平均水平，公共文化服务能力能力显著提高，文化产业在全区生产总值中的比例力争达到 3% 以上。到 2020 年，西藏全区公共文化服务能力接近全国平均水平，文化产业成为西藏支柱产业。

1月16日至17日，2011 年全国艺术创作工作会议在海口市召开。

1月17日，全国文化产业工作会议在厦门市召开。会议指出“十二五”时期，文化系统要努力实现以下目标：文化部管理的文化产业增加值年平均现价增长速度高于 20%。2015 年比 2010 年至少翻一番，实现倍增。

1月17日，由国务院新闻办公室发起拍摄的《国家形象宣传片——人物篇》在美国播放。该部宣传片从当地时间 18 日开始，直到 2 月 14 日宣传期结束，共播放 8400 次。

1 月 18 日，湖北知音传媒集团有限公司在武汉成立，标志着知音期刊集团完成整体改制。

1 月 18 日，第五届中国原创手机动漫游戏大赛颁奖典礼在长沙举行，湖南互动传媒有限公司等 18 家全国首批重点动漫企业联合发表《全国重点动漫企业创新合作发展长沙宣言》。

1 月 18 日，中国国际广播电视网络台（CIBN）成立暨国广环球传媒控股有限公司挂牌仪式举行，标志着已有 70 年发展历史的中国国际广播电台全面进入新媒体领域。

1 月 18 日，第五届中国原创手机动漫游戏大赛颁奖典礼在湖南长沙举行，《寻找自我的世界》《生日礼物》《乌龙院之功夫少林》和《动漫真人秀》分获漫画类、动画类、游戏类和 G3 创新金奖。

1 月 18 日，国内首家新媒体动漫游戏产业研究院成立，研究院由天津神界漫画有限公司、中国移动动漫基地、漫友杂志社、知音杂志社、清华大学 – 网易未来媒体研究中心、杭州夏天岛影视动漫制作有限公司、湖南大学数字媒体研究所、拓维信息系统股份有限公司等单位联合发起成立。

1 月 18 日至 21 日，2010 年度中国游戏产业年会在北京开幕。本次年会主题为“挑战、创新、发展”。

1 月 19 日，由日本文部科学省主办的第三届中日韩文化部长会议在日本奈良举行。中国文化部部长蔡武、日本文部科学大臣高木义明、韩国文化体育观光部长官柳仁村率代表团与会。会议期间，三国文化部长签署了进一步加强中日韩文化艺术、非物质文化遗产和文化产业合作的成果文件《奈良宣言》。

1 月 20 日，中国出版集团公司召开中华动漫资源库项目启动仪式，中华动漫资源库项目包括线上数据库、动漫平台、线下数字出版等方面内容。

1 月 21 日，全国文化产业处长会在哈尔滨市举行。

1 月 21 日，香港迪斯尼乐园举行开园 5 周年庆祝活动，香港迪斯尼乐园自开园以来已接待来自世界各地的宾客超过 2500 万人次。

1 月 21 日，“喜羊羊”电影系列第三部《喜羊羊与灰太狼之兔年顶呱呱》登陆全国影院，最终票房约为 1.5 亿元，再次刷新国产动画电影票房纪录。

1 月 21 日至 24 日，首届中国冰雪动漫展在哈尔滨举行。“中国冰雪动漫展”是经文化部批准，我国首例以冰雪为主题的动漫展会。

1 月 25 日，中国版权保护中心主办的“2010 中国十大著作权人年度评选”结果在北京揭晓，原创 3D 动画电影《兔侠传奇》获得十佳奖项。

1 月 25 日，酷米网在天津滨海高新区正式注册成立天津酷米网络技术有限公司，该公司注册资金为 1000 万元，是国内首家提供网络动画视频发布平台的运营公司。

1 月 25 日，受韩国国立歌剧院邀请，中国国家大剧院版《图兰朵》在韩国首尔艺术中心向韩国观众呈现古老而动人的中国故事。这是“国家大剧院”出品的剧目首次走出国门。

1 月 26 日，天津文交所首批艺术品份额化交易作品《黄河咆哮》和《燕塞秋》上市，遭到市场热炒，又很快持续暴跌。

1 月 28 日，中国网络电视台（CNTV）新增镜像站点悉尼、纽约、多伦多、马德里及法兰克福上线测试使用，与前期已建设完毕的伦敦、莫斯科、迪拜、新加坡、洛杉矶镜像站点一起，形成全球十大镜像站点，标志着 CNTV 全球覆盖主体结构基本形成。

1 月 30 日，上海首个 4D 动漫体验中心正式落户全国首条动漫生活体验街——汶水路动漫街。

1 月 31 日，太合麦田旗下偶像组合 MIC 男团的漫画《MIC 男团》在《知音漫客》上连载，这是中国首部偶像真人成长漫画，开创了音乐与动漫产业相结合的崭新篇章。

·二月·

2月1日，中国国际广播电台意大利米兰调频台（FM101.5）顺利开播。这是国际台开播的第54家海外分台，也是国际台首次在欧洲主要国家实现24小时整频率节目落地。

2月1日，北京市海淀区邮电局携手北京卡酷动画卫视，推出第一个创意邮局“卡酷邮局”。

2月12日，著名收藏家尤伦斯宣布把位于北京798艺术区的尤伦斯当代艺术中心管理权转让给“长期合作伙伴”，并开始陆续在香港苏富比拍卖行拍卖自己收藏的大量中国当代艺术品。

2月15日，中国文化部外联局与韩国文化产业振兴院在中国文化部签署《中韩文化产业合作2011–2012年行动计划》。

2月16日，新闻出版总署和中国工商银行在北京签署战略合作协议，共同支持新闻出版产业发展。中国工商银行将在未来5年内为新闻出版产业发展提供不少于600亿元的意向性融资支持。

2月17日，网络游戏开发及运营商第九城市和华特迪士尼公司在中国的独资子公司华特迪士尼（上海）有限公司联合宣布，双方正式达成内容经销协议，九城经授权可在中国大陆地区通过互动电视游戏领域的相关渠道经销包含迪士尼人物形象的内容。

2月18日，天津神界漫画公司运营的“漫神网”（WWW.MANSHEN.NET）上线试运营。

2月21日，中国动漫集团（青岛）“国际动漫园区”项目落地青岛，由中国动漫集团有限公司投资约30亿元建设。

2月21日，青岛市四方区人民政府与山东鲁信投资集团正式签署青岛动漫传奇海旅游文化综合体项目合作协议书，投资70亿元打造全球首家动漫海洋主题游乐园。

2月23日，2011年全国广播影视科技工作会议在海南省海口市召开。会议充分肯定了“十一五”期间广播影视科技工作取得的成绩，部署了2011年全国广播影视科技重点工作。

2月25日，十一届全国人大常委会第十九次会议通过《非物质文化遗产法》，该法明确了非物质文化遗产的保护原则，建立非物质文化遗产代表性项目名录的政府层级，程序规范及对名录项目的各种保护措施进行了规定，并于2011年6月1日起开始实施。

2月28日，继深圳、上海、天津之后，广东南方文化产权交易所的网上助推器——“南方文化产权交易网”上线。

2月28日，第三批国家级文化产业示范园区和国家级文化产业试验园区授牌会议在北京举行。开封宋都古城文化产业园区和张江文化产业园区被命名为第三批国家级文化产业示范园区，广州北岸文化码头、黑龙江（大庆）文化创意产业园、长沙天心文化产业园区、中国曲阳雕塑文化产业园等4家园区被命名为首批国家级文化产业试验园区。

2月28日，深化文化体制改革专题新闻发布会在北京举行。中宣部副部长孙志军、文化部副部长欧阳坚、广电总局副局长张海涛、新闻出版总署副署长蒋建国出席新闻发布会，分别通报了“十一五”时期文化体制改革取得的进展和成效，就下一步改革工作的目标任务等作了具体说明，并现场回答了中外记者提问。

·三月·

3月5日，十一届全国人民代表大会第四次会议在京举行，会议公布《国民经济和社会发展第十二个五年规划纲要（草案）》。草案提出，要传承创新，推动文化大繁荣大发展，并大力发展文化事业和文化产业。

3月9日，百度旗下视频网站奇艺（QIYI.COM）举办“‘改变视界’2011新媒体与产业发展论坛”，同时中国首个正版原创动漫视频发布平台落户奇艺。

3 月 17 日，乐视网、腾讯网、PPLive、迅雷、暴风影音、激动网等 7 家互联网公司联合发起成立“电影网络院线发行联盟”，组建电影收费在线播放平台。

3 月 17 日，上海广播电视台、上海东方传媒集团（SMG）与联想集团在上海签署协议，宣布在移动互联视频服务领域达成战略合作。双方将通过发挥各自在终端产品、云计算、内容资源、市场运营等方面的优势，联手开拓中国移动互联与数字家庭市场。

3 月 17 至 18 日，中国广告与品牌大会暨《中国广告》创刊 30 年颁奖盛典在上海举行。本次大会主题定为“30后中国广告时代”。

3 月 18 日，文化部正式发布修订后的《互联网文化管理暂行规定》，《规定》于 2011 年 4 月 1 日起施行。

3 月 18 日，“书香中国”第二届中国出版政府奖颁奖典礼在北京举行。中国出版政府奖是国家设立的新闻出版行业的最高奖，2007 年首次开评，每三年评选一次。

3 月 19 日，国务院总理温家宝签署第 594 号国务院令，公布新修订的《出版管理条例》。条例共 9 章 74 条。

3 月 23 日至 25 日，第十九届中国国际广播电视信息网络展览会（CCBN）在北京举行。该届展会的重点集中在三网融合、下一代广播电视网（NGB）、移动多媒体广播电视（CMMB）、高清电视和 3D 电视技术等。来自世界 30 多个国家和地区的 1000 多家企业与机构参展。

3 月 24 日，由全国 140 多家广播电台自愿联合组建的中国广播电视协会广播版权委员会成立。

3 月 24 日，沈阳（国家）动漫产业基地动漫周边产品运营平台正式运行，并推出了首个动漫自主品牌童装产品。

3 月 25 日，56 网（56.COM）宣布与安徽卫视动漫频道达成战略合作，成为国内独家首播原创动画片《大嘴兔说故事》的视频网站。

3 月　中国移动手机视频基地与华特迪士尼公司签署战略合作协议，将引入包括迪士尼影院版动画大片、电视系列动画、新媒体动画作品以及真人影视剧等丰富多彩的内容，着力打造“掌上迪士尼”。

·四月·

4 月 6 日，新闻出版总署体制改革领导小组 2011 年第一次全体会议在京召开，会议确定了 2011 新闻出版发展目标。

4 月 6 日，中国教育出版传媒股份有限公司在北京成立。

4 月 6 日至 9 日，全国电视剧工作会议在济南召开。会议总结了近年来电视剧发展的成绩和经验，研究部署了 2011 年和今后一个时期的电视剧工作。

4 月 7 日，中国网络电视台游戏中心在北京海淀区正式挂牌。CNTV 游戏中心将全权负责中国网络电视台旗下游戏资讯平台——游戏台（games.cntv.cn、www.cctvyouxi.com）的内容建设及运营推广。

4 月 8 日，我国现代服务业领域迄今规模最大的中外合资项目——投资达 245 亿元的上海迪斯尼乐园破土动工。中美双方各占 57% 和 43% 股权。预计于 5 年内开门迎客。

4 月 8 日，第 22 届“星光奖”在武汉颁奖。作为我国广播电视领域的政府最高奖，本届星光奖共有 13 大类 69 部作品获奖。

4 月 10 日，首届中国独立动画电影论坛在北京 798 艺术区开幕。该论坛是国内首次由民间机构共同发起、策划的非官方、非赢利动画电影艺术项目。

4 月 11 日，广东省粤港澳合作促进会在广州成立文化专业委员会。文化专业委员会属于民间机构，是继广东省粤港澳合作促进会成立金融专业委员会和咨询委员会后的第三个专业委员会。

4 月 13 日，国家旅游局宣布自 2011 年起，每年 5 月 19 日为“中国旅游日”。

4 月 13 日 安徽再芬黄梅艺术股份有限公司在安庆市举行成立揭牌仪式。这是全国第一家转企改制、股份制改造和上市融资为一体的国有文艺演出院团。

4 月 17 日，第 30 届香港电影金像奖颁奖典礼在香港举行。本届金像奖的大赢家是《狄仁杰之通天帝国》，共取得最佳导演、最佳女主角等六个奖项，其次是《打擂台》，获得最佳电影等四个奖项。

4 月 20 日，新闻出版总署发布《新闻出版业“十二五”时期发展规划》，对“十二五”时期新闻出版业发展的指导思想、基本要求、主要目标和主要措施等做出了具体部署，并提出了未来五年新闻出版业发展七个方面的重点任务。

4 月 20 日至 23 日，2011 年中国义乌文化产品交易博览会在浙江义乌举行。本届义乌文博会总成交额为 40.62 亿元，同比增长 44.71%。

4 月 21 日，国家版权局正式发布《版权工作“十二五”规划》，对今后 5 年的版权工作进行了总体部署和规划。

4 月 22 日，中国新闻出版研究院在北京发布“第八次全国国民阅读调查”结果。结果称，14–17 周岁未成年人网络游戏的接触率高达 42.3%，14–17 周岁的网络游戏玩家平均每天在网络游戏上的花费时长为 68.32 分钟。9–13 周岁电子游戏接触人群中，平均每天花费在电子游戏上的时长为 56.06 分钟。

4 月 22 日，中国下一代广播电视网（NGB）工作组在北京召开专题组成立大会暨第一次工作会议。

4 月 23 日至 28 日，由国家广电总局与北京市政府联合主办的第一届北京国际电影季在北京举行。电影季囊括了专业论坛、项目洽商、影片展映、文化演出等多种形态，吸引 700 多家中外电影机构参加，10 个项目集中签约，总金额达 27.94 亿元，创国内历届电影节展交易额新高。

4 月 25 日，全新组建的山西广电信息网络（集团）有限责任公司、山西日报传媒（集团）有限责任公司、山西广电传媒（集团）有限责任公司、山西演艺（集团）有限责任公司、山西影视（集团）有限责任公司，在太原举行揭牌成立大会。

4 月 26 至 28 日，2011 年全国影视动画工作会议在杭州召开。

4 月 26 日，建银国际文化产业股权投资基金正式启动。该基金是由中国建设银行、国家广播电影电视总局、新闻出版总署共同倡导和支持，专注于文化产业的人民币股权投资基金。基金规模 20 亿元，投资范围涵盖出版、电影、广播电视、网络游戏、动漫产业等。

4 月 26 日，国家发改委公布新的《产业结构调整指导目录（2011 年版）》，首次把“广告创意、广告策划、广告设计、广告制作”列为鼓励类。

4 月 28 日，第七届中国国际动漫节“美猴奖”颁奖晚会在杭州举行，“美猴奖”是中国动漫节最高奖项。

4 月 28 日，第 18 届北京大学生电影节在北京举行颁奖典礼。

4 月 28 日至 5 月 3 日，第七届中国（杭州）国际动漫节在杭州举行。本届动漫节分会展、论坛、赛事、活动四大板块，共吸引到 200 余万人次参加，签约项目近 50 个，涉及金额 106 亿元，现场成交 22 亿元，总金额达到 128 亿元。

4 月 28 日，中国广播电视协会电视剧编剧工作委员会在北京举行成立大会。著名编剧高满堂被选举为会长。

4 月 29 日，中国广播电视协会电视版权委员会在北京举行成立大会。大会通过了《中国广播电视协会电视版权委员会章程》。

4 月 30 日，胡锦涛主席考察中新天津生态城国家动漫产业综合示范园，鼓励中国动漫产业不断做大做强。

4 月 30 日至 5 月 1 日，全国文化体制改革工作会议在合肥举行。中宣部、文化部、国家广电总局、新闻出版总署联合表彰84个全国文化体制改革工作先进地区。

·五月·

5月2日，中国首届漫画拍卖会在杭州举行，最终以总成交额1180万元、总成交率100%的成绩落槌。

5月6日，北京卡酷全卡通动漫文化有限公司凭借卡酷全卡通特许零售店强大的品牌效应，在第13届中国特许加盟大会暨展览会上获得“中国特许加盟创新奖”，并蝉联“中国特许经营连锁百强”奖项。

5月8日，中国新闻出版传媒集团有限公司成立大会在北京举行。中国新闻出版报社整体转制，成立中国新闻出版传媒集团有限公司，标志着我国非时政类报刊改革取得了新的进展。

5月10日，科学出版传媒股份有限公司在北京创立，标志着科学出版社在股改上市的道路上迈出了关键的一步。

5月12日至15日，中共中央政治局常委李长春深入深圳的企业、社区、科研院所和宣传文化单位，就加快转变经济发展方式、深化文化体制改革、推进文化事业和文化产业等进行调研。

5月13日至16日，第七届中国（深圳）国际文化产业博览交易会在深圳会展中心举行。本届文博会总成交额达1245.49亿元，同比增长14.42%。共吸引观众达354.05万人次，其中专业观众50.26万人次，同比增加28.83%。

5月13日，由中宣部主办的文化产业发展座谈会在深圳召开。

5月13日至16日，由中国演出家协会、河南省文化厅和洛阳市人民政府共同主办的2011中国（洛阳）国际演出交易会在洛阳市举办。本次交易会以“创新、务实”为主题，并举办了“中国文化产品国际营销年会——中国演艺产品走向国际市场”专题研讨会。

5月13日，“文化部动漫产业投融资项目资源库”启动仪式在深圳举行。中国动漫产业项目资源库开设后，将通过一系列配套措施与活动，使众多的动漫项目既能够得到充分地宣传推广，又能更有效、便捷地申请到中央及地方财政资金扶持，同时与各类金融、投资资本完成对接。

5月19日，财政部、海关总署、国家税务总局下发《动漫企业进口动漫开发生产用品免征进口税收的暂行规定》。

5月19日，中国电视长城（欧洲）平台进入法国最大数字有线网Numericable试播，这是长城平台首次进入欧洲有线电视网，基本实现了长城平台在法国的全面覆盖。

5月22日，在中国嘉德2011年春季拍卖会上，齐白石作品《松柏高立图·篆书四言联》以4.255亿元人民币成交，这是齐白石作品的最高拍卖纪录，同时创下中国近现代书画拍卖的最新世界纪录。

5月27日，文化部与天津市合作建设的天津国家动漫产业综合示范园正式开园。该园一期工程30万平方米，主要包括产业用房、技术研发服务平台和交流展示中心，已有180余家企业入驻。

5月27至30日，第21届全国图书交易博览会在哈尔滨举行。本届书博会展位数量、参展人数、订货码洋等均创历届书博会最好水平。

5月29日至6月11日，第三届中国成都国际非物质文化遗产节举行。7000多名代表和展演团体，观摩和参加了活动。1900余个非物质文化遗产项目参加了展演、展示、展销活动，评选产生了“俄罗斯民间舞蹈”等18个太阳神鸟金奖、“阿细跳月”等24个太阳神鸟银奖。直接参与活动的代表、民众和游客达570万人，拉动各类社会消费61.5亿元。

5月30日，在罗芙奥香港2011年春季拍卖会上，海外华裔现代画家常玉《五裸女》油画以1.28亿港元的价格刷新了华人油画最高成交纪录。华人油画正式进入“亿元时代”。

·六月·

6月1日，《非物质文化遗产保护法》开始实施。这是我国文化遗产保护历史上和文化法制建设历史上的里程碑。

6月1日，上海国际文化服务贸易论坛暨上海国际文化服务贸易平台项目签约仪式在北京举行。

6月1至7日，第七届长春国际动漫艺术节举行。

6月4至6日，2011中国西安动漫文化节在西安曲江举办。

6月6日至10日，第17届上海电视节开幕。超过200家海内外各大影视制作公司、发行商和播出机构设展，视频网站成为展会亮点。

6月8日，国务院总理温家宝在国家博物馆会见日本首相特使、前首相麻生太郎以及中日两国影视、动漫界代表，并出席了中日合办影视周、动漫节的启动仪式。

6月9日，中国儿童虚拟社区网站淘米网在纽约泛欧证券交易所首次公开募股（IPO），募资近6470万美元，成为在美国上市的首只中国儿童概念股。

6月10日，中国拍卖行业协会发布《中国文物艺术品拍卖企业自律公约》。公约重点对违规收费、知假拍假、虚假宣传等方面进行了严格规范与自律。60家主要文物艺术品拍卖企业承诺遵守公约。

6月15日，全国红色旅游工作会议在北京召开，部署今后5年红色旅游发展工作。

6月16日，由文化部命名设立的“国家文化财政政策研究基地”在武汉大学揭牌。

6月19日，第14届上海国际电影节在上海大剧院落幕。

6月19日，世界上海拔最高的数字影院——“苹果阿里17.5影院”在西藏阿里首府狮泉河镇正式揭牌，该影院由时代今典集团出资通过苹果基金会捐建。

6月19日，首钢二通厂动漫产业城正式动工建设，该项目规划面积83公顷、总建筑规模120万平方米左右。

6月21日，由南方文化产权交易所主办，CCTV证券资讯频道等多家单位共同协办的南方文交所首届文化产业项目投资洽谈会在广州召开。

6月21日，天津福丰达影视科技投资发展有限公司与美国环球电影公司签署合作协议，将在3年内独立承接5部电影的3D动画制作，订单总额达1亿美元。

6月22日，中国国际广播电台的互联网电视集成业务平台通过国家广电总局的验收，正式获得互联网电视集成业务牌照。

6月24日，德国汉堡国际动漫颁奖盛典上来自中国西安的动画短片《太阳神树》，从入围的150部来自世界各国所推荐的本国原创动漫参赛作品中脱颖而出，摘得2011年度德国汉堡国际动漫大赛的四大奖项之一的“中国国家奖”。

6月24日，国内首个漫威（MARVEL）消费品专区正式落户广州中华广场。

6月26日，贵州日报报业集团传媒有限责任公司、贵州广电传媒集团有限责任公司、当代贵州期刊传媒集团有限责任公司、贵州文化演艺集团有限责任公司省直四大文化企业集团成立。

6月28日，国家广电总局下发《关于加强互联网传播新闻类视听节目管理的通知》，对严重违反《互联网视听节目服务管理规定》和《互联网视听节目服务业务分类目录（试行）》相关规定，各互联网企业尤其是视频网站擅自设立“资讯”、“新闻频道”等新闻栏目板块进行严查。

6月30日，中央电视台与中国移动签署“联合运营中国手机电视台暨达成战略合作框架协议”，将着重发展中国3G手机电视业务。

·七月·

7月1日，全国第三家省级网络广播电视台——湖北网络广播电视台正式上线开播。

7月1日，北京电视台纪实高清频道正式开播，这是国内首家采用全高清格式播出的纪实频道。

7月4日，中央电视台新闻频道实现24小时全天候直播。

7月5日，新闻出版总署署长柳斌杰，中国移动董事长王建宙签署《共同推进数字出版产业发展战略备忘录》，双方同时启动“新青年掌上读书计划”。

7月6日，首支国家级文化基金——中国文化产业投资基金在北京举行揭牌仪式。该基金由财政部、中银国际控股有限公司、中国国际电视总公司和深圳国际文化产业博览交易会有限公司等四家共同发起成立，基金规模为200亿元，旨在通过引导、示范和杠杆作用，促进文化与资本有机融合，加快把文化产业发展成为国民经济支柱性产业。

7月6日，阳光保险在北京推出全球首款“网络游戏运营商用户损失责任险”，将为网络游戏玩家的虚拟财产提供风险保障。此次阳光保险推出的网游责任险属于创新险种，归类为责任险，由网游公司向保险公司投保购买，按照保险合约来保障游戏用户以及网游公司自身的相关利益。

7月7日至11日，第七届中国国际动漫游戏博览会在上海世博馆中国馆举行。本届博览会展馆面积达27000平米，为历届之最，吸引了国内外200多余家知名动漫游戏企业，以及国内10多个国家动漫基地踊跃参展。国外参展商规模占整个博览会参展规模的37%。

2011年7月8日至2012年1月19日，由中国对外文化集团公司、上海东方传媒集团和韩国希杰集团联合制作的世界经典音乐剧《妈妈咪呀！》中文版在上海、北京、广州、重庆、武汉、西安6地连演191场，观众超过30万人次，票房超过8500万元，成为2011年度国内最受瞩目的演出项目。

7月10日，国产3D动画电影《兔侠传奇》在CCTV-6频道《首映》栏目举行全球首映庆典。

7月11日，广州动漫品牌“张小盒”获得中国银行首例以动漫形象为抵押的贷款。

7月14日至17日，2011长沙国际动漫游戏展举行，国内首个动漫配音、音效、音乐的专业赛事——“中国原创漫音大赛”同期举办。

7月15日，中日首部合拍动画片《藏獒多吉》在国内上映，最终票房约为135万元。

7月15日，由深圳市工业设计行业协会、香港设计中心和香港艺术中心联合主办的“第二届深港文化创意论坛”在香港开幕。

7月16日至8月28日，由中国儿童艺术剧院主办的首届中国儿童戏剧节举行。戏剧节以“点亮童心、塑造未来”为主题，国内外18个剧团的32部风格迥异的作品在7个城市演出189场。

7月17日，2011中国播音主持“金话筒奖”颁奖典礼在北京举行。

7月19日，中国科技出版传媒集团有限公司暨中国科技出版传媒股份有限公司成立大会在北京举行，这是继中国出版集团公司、中国教育出版传媒集团公司之后，经中央批准组建的又一国家级大型出版传媒集团。

7月23日，第三届中国（宁夏）国际文化艺术旅游博览会在银川国际会展中心开幕。

7月25日，央视电影频道引进《火影忍者》第三部剧场版，这是央视首次引进日本动画电影。

7月27日，由国家广电总局发展研究中心、中央电视台发展研究中心、黑龙江电视台联合组织的首届中国电视发展年会在黑河举行。

7月28日至31日，第九届中国国际数码互动娱乐展览会（2011ChinaJoy）在上海举办。

7 月 28 日，深圳华强集团在青岛投资建设的主题公园“方特梦幻王国”开园。

7 月 29 日，由中宣部和国家广电总局共同主办的全国县级城市数字影院建设工作现场会在唐山召开，要求到 2015 年年底前全国所有县级城市都建有数字电影院。

7 月 29 日至 8 月 2 日，第 13 届香港动漫电玩节在香港会议展览中心举行，该活动吸引到 69.6 万人次入场。

7 月 30 日，由中国传媒大学、澳大利亚昆士兰科技大学主办的第六届“创意中国・和谐世界”文化产业国际论坛在北京召开，本届论坛以“创新·管理·合作——文化产业与经济转型”为主题。

7 月 30 日，新闻出版总署与江苏省政府在南京签署《关于共同推进江苏新闻出版强省建设战略合作框架协议》。同时，江苏国家数字出版基地揭牌。

·八月·

8 月 1 日，海南省政府发布《关于支持文化产业加快发展的若干政策》。从土地、财税、投融资、市场准入、人才等方面、对符合国际旅游岛建设规划、对地方经济社会发展和文化繁荣发展具有较大带动作用的文化产业重点项目予以政策支持。

8 月 1 日，北京电视台《星游记》获首尔国际动漫节最佳创意大奖，这是中国电视动画作品首次获得该奖项。

8 月 3 日，北京光线传媒在深圳证券交易所创业板正式挂牌上市。

8 月 5 日，国家广电总局向四川康巴藏语卫视捐赠电视剧仪式在成都举行。此次捐赠的电视剧有 59 部 2022 集，均为 2010 至 2011 年创作生产的大剧。

8 月 5 日，国家发改委发布《关于暂停新开工建设主题公园项目的通知》要求即日起至国家规范发展主题公园的具体措施出台前，各地一律不得批准建设新的主题公园项目。

8 月 5 至 9 日，中国（沈阳）第三届动漫电玩博览会在辽宁工业展览馆举行。

8 月 5 至 21 日，国内首个海绵宝宝主题商场登陆广州天河城百货北京路店。

8 月 8 日，由中央新影集团和北京新奥特集团合资成立的中央新影动漫文化城有限公司举行揭牌仪式。

8 月 9 日，中共中央中宣部、中共中央外宣办、国家广电总局、新闻出版总署、中国记协五部门召开视频会议，要求在全国新闻战线组织开展“走基层、转作风、改文风”活动。

8 月 9 日至 10 日，2011 年全国广播影视局长座谈会在西安召开。

8 月 9 日，中国人民财产保险股份有限公司签署了国内文化产业保险第一单艺术品综合保险。由人保财险北京市分公司商务中心区营业部与某金融公司签署，为其旗下拥有、保管的价值高达 1.2 亿元的艺术品，提供从馆藏、展览到运输各个环节的艺术品综合保险保障。

8 月 11 日，胡锦涛主席考察深圳华强文化科技集团股份有限公司。

8 月 11 至 16 日，第十二届台北漫画博览会在台北举行，超过 55 万人次进场，营收达 1.78 亿台币，双创历史新高。

8 月 12 日 安徽演艺院线启动仪式在合肥举行。该院线依托于安徽演艺集团所属安徽大剧院等 7 家单位及全省各地级市的现有剧场资源，以连锁经营、合作经营等模式联手打造。

8 月 17 日，民营视频网站土豆网在美国纳斯达克上市。

8 月 19 日，中国网络视听节目服务协会在北京举行成立大会。

8月24日至27日，第二十届北京国际广播电影电视设备展览会（BIRTV2011）在北京举行。主题为“创新媒体、精彩生活”，全面展示3D影视、高清电视、三网融合、全媒体、云计算、下一代广电网（NGB）、移动多媒体广播电视（CMMB）和数字电影等最新技术、先进设备和解决方案。展出面积超过5万平方米，参展的中外厂商达469家，其中国际厂商190家，超过40%。

8月24日，中共中央政治局常委李长春在北京保利剧院和首都观众一起观看2011年国家艺术院团优秀剧目展演活动开幕演出——大型歌剧《红河谷》，并与主创人员亲切交谈。

8月24至30日，第八届中国（常州）国际动漫艺术周举行，总交易额突破40亿元。

8月25日，由国家广电总局主办，中国电视艺术委员会、中央电视台、北京市委宣传部、北京演艺集团承办的第二十八届电视剧“飞天奖”颁奖典礼在北京举行。电视剧《解放》获特别奖，《沂蒙》《媳妇的美好时代》《医者仁心》等11部电视剧获得一等奖。

8月25日，由文化部、国家广电总局、国家新闻出版总署以及辽宁、吉林、黑龙江三省政府共同主办，沈阳市政府承办的第四届东北文化产业博览交易会在辽宁工业展览馆开幕。

8月25日，第九届中国国际影视节目展在北京展览馆开幕。汇集国内外知名广电集团、电视台、制作发行公司及拟技资文化产业的金融机构共计1000多家。

8月26日，第五届亚洲青年动漫大赛在贵阳开幕。本次大赛征集到的参赛参展作品包括动画1510部，漫画、插画作品12110余件，遍及全球76个国家和地区。

8月28日，第十四届中国电影“华表奖”颁奖典礼在北京展览馆举行。本届“华表奖”共产生16个大项23个小项的奖项。《建国大业》《建党伟业》《唐山大地震》等十部影片获优秀故事片奖。《兔侠传奇》《西柏坡》《梦回金沙城》《兔子镇的火狐狸》获优秀动画片奖。

8月28日，中共中央政治局常委李长春到吉林动画学院进行视察，勉励学院努力成为在全国具有较强影响力和竞争力的动漫研发生产基地。

8月31日，第十八届北京国际图书博览会（BIBF）拉开帷幕。本届图博会吸引了60个国家和地区的出版机构，展览展示20多万种精品图书。

·九月·

9月2日，日本讲谈社与广西出版传媒集团宣布双方将成立合资企业，开展动漫期刊、图书编辑策划、市场运营及版权输出与输入等业务。

9月2至4日，第二届中国长春·东北亚文化艺术周暨2011中国吉林国际动漫游戏论坛举办。其间，吉林动画学院罗尔夫国际动漫游戏博物馆举行了开馆仪式。

9月5日，文化部办公厅印发了《营业性演出审批规范》及《营业性演出申报审批相关文书格式（样本）》。

9月8日，“广东民间工艺精品暨文化创意展”在北京举行。此次展览以“文化＋科技”为核心内容，突出展示广东在影视制作、新闻出版、文化旅游、互联网文化、动漫、演艺、游艺游戏、创意设计、工艺美术等方面取得的成就。

9月8日至11日，第二届“海峡两岸文化创意产业展”在台北举行。展会以“连接”为主题，汇聚了上海、广东、浙江、江苏、陕西、厦门等省市53家文创企业，集中展示近年来大陆文化产业发展成果，向台湾业界和民众推介大陆文创园区、工艺美术、动漫网游、影视传媒等领域文化企业的优质产品和服务。

9月12日，方特欢乐世界在湖南株洲开园，这是方特在中国设立的第7个主题公园。

9月13日，《财富》杂志公布了2011年全球“100家增长最快的公司”，作为中国互联网行业的领先企业，网易百度搜狐等8家中国公司入选，成为全球科技行业增长引人瞩目的中国力量。

9 月 15 日，2011 东京电玩展（TGS）开幕，中国游戏公司昆仑万维获邀参加，成为中国内地第一家参加 TGS 的游戏公司。

9 月 15 日，“2011 年国家艺术院团演出推广交易会”在北京举办。本次活动共有九个国家艺术院团分别与相关单位签约各类演出共 571 场，金额达 1.15945 亿元。

9 月 16 日，国家统计局发布报告显示，2010 年我国文化及相关产业法人单位增加达到 11052 亿元，占国内生产总值的比重达 2.75%。文化产业结构继续优化，文化服务业增加值占文化产业法人单位增加值的 53.7%。

9 月 16 日至 19 日，2011 中国（天津）演艺产业博览会举行。本届演博会共有 15000 平米 656 个展位，20 多个省市代表团、300 多个参展院团和参展企业及中介机构参展，参展商、采购商达 5000 人，观众近 5 万人次，现场成交额达 2.3 亿，协议成交额近 5 亿，演艺拍卖成交 3200 万元。

9 月 16 日，文化部文化市场司授牌第一视频通信传媒有限公司、中国东方演艺集团、中国国际文化艺术公司等 13 家单位作为网络演出试点单位。

9 月 17 日，第三届“中国文化产业 30 人高端峰会”在北京举行。本届峰会以“文化创新与文化发展”为主题，集中探讨“十二五”时期文化创新的主旨和路径，力求为当下经济形势下文化产业的发展提供有益借鉴。

9 月 18 日，“2011 动画教学与产业发展高峰论坛”在青岛举行，来自全国的 30 余位动画学院负责人、动画协会负责人、动漫企业负责人等从动画人才培养和产业发展两方面展开深入交流。

9 月 21 日至 22 日，全国宣传部长座谈会在北京召开。

9 月 22 日，2011 年全国百强印刷企业评选揭晓并在深圳举办颁奖晚会。

9 月 22 日至 27 日，第三届中国国际动漫创意产业交易会在安徽省芜湖市举办。本次展会以“新创意·新动漫·新欢乐”为主题，共推介发布动漫原创项目、动漫衍生产品项目等 69 个，签约项目 55 个，总签约 190.18 亿元。

9 月 25 日，“2011 中国艾菲奖”颁奖典礼在第十八届广告节期间举行。艾菲奖由美国营销协会（AMA）于 1968 年创立。艾菲奖是中国唯一一个以品牌传播运动为评估对象的营销传播奖项，被誉为营销传播界的“奥林匹克团体奖”。

9 月 26 日，辽宁省委、省政府正式以“两办”文件形式下发《关于加快文化产业发展的若干政策规定》。这是该省第一个促进文化产业发展的专项政策。

9 月 26 日，中国广告长城奖 2011 颁奖盛典在沈阳国际会展中心隆重举行。本奖项是以创意和制作为准绳，考核、衡量和奖励年度内已在媒体上公开发布过的商业广告作品。

9 月 28 日，第三届中国国际影视动漫版权保护和贸易博览会在广东省东莞市隆重开幕。

9 月 29 日，浙报传媒正式上市，成为国内第一家实现经营性资产整体上市的省级报业集团。

9 月 29 日，华中国家数字出版基地揭牌暨基地总部（华中智谷）奠基仪式在武汉举行。标志着华中地区首家国家级数字出版基地诞生。

9 月 29 日至 10 月 3 日，2011 第三届中国西部动漫文化节在重庆举行。

9 月 30 日至 10 月 7 日，中国动漫游戏城启动暨首届中国动漫游戏嘉年华在北京举行，“愤怒的小鸟”、“水果忍者”、“植物大战僵尸”三款游戏的真人版首次进入中国。

9 月 30 日，我国首份专业动漫类报纸《动漫报》正式创刊。

·十月·

10月1至6日，2011年法国戛纳秋季电视节（MIPCOM2011）举行，深圳华强数字动漫有限公司创作的动画《笨熊笨事》赢得“儿童评审团”大奖。

10月10日，文化部、国家广电总局、新闻出版总署、教育部、工业和信息化部联合发出《关于评选中国文化艺术政府奖首届动漫奖的通知》，中国文化艺术奖首届动漫奖评选正式启动。

10月11日，国家广电总局发出《关于进一步加强广播电视广告播出管理的通知》（广发〔2011〕79号），明确要求今后全国各家卫视的影视剧中间插播广告要严格遵守时间要求，并禁止在片头之后、剧情开始之前，以及片尾之前插播任何广告。

10月13日 由中华文化促进会、中国工艺美术学会和合肥市人民政府共同举办的第五届中国（合肥）国际文化博览会暨2011中国工艺美术精品展览会在合肥开幕。

10月15日至18日，中国共产党第十七届中央委员会第六次全体会议在北京举行。全会审议通过了《中共中央关于深化文化体制改革、推动社会主义文化大发展大繁荣若干重大问题的决定》。标志着中央从战略高度深刻认识文化发展的重要性，并对文化领域的发展和改革做出全面部署。

10月17日，由中国文化部、广电总局、美国哥伦比亚大学共同主办，俏佳人传媒承办的“2011中国电影文化周”在纽约拉开帷幕。本届电影文化周以“电影中国、文化中国”为主题，旨在通过放映中国近年来的优秀影片，让美国民众欣赏到原汁原味的中国特色文化盛宴，进而了解当代中国社会，促进中美之间的文化交流和对话。

10月19日至22日，第20届中国金鸡百花电影节之第28届中国电影金鸡奖在安徽合肥举行。《钢的琴》获评委会特别影片奖。国产3D动画电影《兔侠传奇》荣获最佳美术片奖。

10月21日，第46届台湾电视金钟奖颁奖典礼在台北举行。天心凭借《我的完美男人》击败之前呼声颇高的隋棠获戏剧节目女主角奖；首次入围的潘玮柏打败四位劲敌成为最佳男主角。

10月25日，第四届中国（武汉）期刊交易博览会在武昌举行。

10月21至30日，第十二届世界漫画大会暨2011北京国际动漫周在中国动漫游戏城举行，中共中央政治局委员、北京市委书记刘淇莅临会场进行调研。

10月25日，广电总局在官网上发布《关于进一步加强电视上星综合频道节目管理的意见》，提出从明年1月1日起，34个电视上星综合频道要提高新闻类节目播出量，同时对部分类型节目播出实施调控，以防止过度娱乐化和低俗倾向，满足广大观众多样化多层次高品位的收视需求。

10月26日至29日，第十届华中图书交易会在武汉举行。全国29个省、市、自治区的700多家出版发行单位携5万余种出版物参展，1万多订货单位参会，参会客商达6万余人次，交易会实现订货码洋33亿元，与上届相比，增幅高达214%。

10月27日，2011中国·石家庄第六届国际动漫博览交易会举行，全国第二届衍生品设计开发大赛颁奖典礼、全国动漫衍生产品设计开发高峰论坛、动漫项目发布及签约仪式、全国动漫考级中心揭牌仪式等活动亦同时举行。

10月27日，中国首部完整3D影片《兔侠传奇》荣获第七届中美电影节最高荣誉“金天使奖”。

10月27日，中国拍卖行业协会正式发布《2010年中国文物艺术品拍卖市场统计公报》。这是中国拍卖行业协会首次以统计公报的形式向社会披露年度文物艺术品拍卖情况及权威数据，首次实现中国文物艺术品拍卖企业的全口径统计。

10月28日，国家广电总局印发《持有互联网电视牌照机构运营管理要求》（广办发网字〔181〕号），进一步规范互联网电视服务秩序。

10 月 28 日，“天桥演艺区”和“天坛演艺区”项目正式启动，这是未来十年北京打造首都核心演艺区的重大项目之一。根据规划，到 2020 年，首都核心演艺区将陆续新建、改造剧场达 50 座。

10 月 28 至 31 日，［ANIWOW！ 2011］第六届中国（北京）国际大学生动画节在中国传媒大学举行。

10 月 30 日，新闻出版总署与天津市人民政府签署《关于发展天津市新闻出版业的战略合作框架协议》。同时，天津国家数字出版产业基地揭牌。

·十一月·

11 月 3 日，新闻出版总署与甘肃省人民政府在兰州共同签署《关于促进甘肃新闻出版业繁荣发展协议》。

11 月 4 至 6 日，以“漫画创意生活”为主题的首届中国（杭州）国际漫画节举行，《朝华纪事》等作品获得了第五届新星杯故事型原创漫画大赛的 17 项大奖。

11 月 8 日，中央电视台 2012 年黄金资源广告招标创下历史新高，总销售达到 142.58 亿元，比 2010 年增长 12.54%。

11 月 8 日，电影集团联盟在西安市成立。该联盟是由西部电影集团、峨眉电影集团发起，潇影集团、珠影集团、河南影视集团、广西电影集团、江西电影制片厂等国内主要电影集团组成的战略合作体。

11 月 8 日，小成本国产电影《失恋 33 天》上映。档期内该片取得 3.56 亿元的票房成绩，成为国产中小成本电影取得成功的典型案例。

11 月 8 日，国家统计局在北京举行社会科技和文化产业统计司（以下简称“社科文司”）成立仪式。

11 月 9 日至 13 日，第六届中国北京国际文化创意产业博览会在北京举行。本届主题是“文化融合科技、创新驱动发展”。

11 月 9 日，在第三届国际艺术授权博览交易会上，中国动漫集团和艺奇文创集团联手成立国内首个集艺术、动漫、品牌授权于一体的服务平台。双方将运用专业的授权规划知识、授权衍生品的设计和制作方案，为中国动漫、艺术及创意产业发展提供专业服务。

11 月 9 日 第七届中国国际徽商大会暨第十一届中国（合肥）自主创新要素对接会文化产业项目推介会暨签约仪式在合肥天鹅湖大酒店举行。本次大会，安徽省推出重点文化招商项目 280 个，总投资 198.1 亿美元。会上签约项目 57 个，总投资 529.3 亿元、协议引进资金 482.3 亿元，分别比上届增长 1.46、1.41 倍。

11 月 11 日至 13 日，第十一届四川国际电视节在成都市举行。该届电视节共吸引 77 个国家和地区及国内几千家机构报名参评参展，达成意向性交易的各类电视节目达 12353 部（集），成交额达 18.96 亿元，较上届增长 59.5%。

11 月 11 日，北京首家以卡通艺术为主题的博物馆——北京卡通艺术博物馆正式开馆，全国首个以动漫文化为主题的“三间房艺水芳园动漫社区”成立。

11 月 15 日，中南国家数字出版基地揭牌仪式在长沙举行。

11 月 16 日，财政部和国家税务总局正式发文，明确从 2012 年 1 月 1 日起，在上海市交通运输业和部分现代服务业开展营业税改征增值税试点。“文化创意”率先纳入增值税试点范围。

11 月 17 日至 19 日，首届中美文化艺术论坛在国家大剧院和国家博物馆举行。美国电影导演乔尔·科恩、奥斯卡影后梅丽尔·斯特里普、大提琴家马友友、中国导演陆川等中美文化名人开展了 6 场专题讨论，话题涉及食品文化、艺术和市场、摄影等主题。

11 月 18 日，国家对外文化贸易基地揭牌仪式在上海举行。

11 月 18 日，上海炫动卡通卫视正式接入北京市有线电视网，这是落地北京的第三家卡通频道，标志着炫动传播全国布局的重大突破。

11月18日，国务院发布《关于清理整顿各类交易场所切实防范金融风险的决定》。

11月18日至12月11日，首届中国动画艺术大展在宁波举行。来自北京电影学院的《8OO8》摘得最佳影片奖；中国传媒大学的《纪念日快乐》、《灯塔》分别获得最佳编剧奖、最佳制作奖；最佳造型奖、最佳场景奖分别由中央美术学院的《红气球的我》和广州美术学院的《红线》夺得。

11月22日，河南小樱桃动漫集团经河南省工商局批准成立，该集团主营业务涉及动画、漫画、书报刊、消费品、产业园五大领域，是中部地区唯一一家跨行业、跨媒体、跨地区、跨所有制的省级动漫集团。

11月22日，中国文学艺术界联合会第九次全国代表大会、中国作家协会第八次全国代表大会在北京人民大会堂开幕。中共中央总书记、国家主席、中央军委主席胡锦涛在大会上发表重要讲话。

11月23日，文化部在北京举行2011年度国家文化产业示范基地影响力评价结果发布会，北京数字娱乐产业示范基地、保利文化集团股份有限公司等10家企业入选2011年度十大最具影响力国家文化产业示范基地。

11月26日，第48届金马奖颁奖典礼在台湾新竹市举行，台湾电影金马奖创办于1962年，是中国台湾地区的电影奖项，与香港电影金像奖和大陆电影金鸡百花奖并称为华语电影最高成就的三大奖。

11月27日，第七届上海国际电脑图形图像大赛在上海多媒体产业园落幕，在上海世博会上大放异彩的动画版《清明上河图》荣获特别贡献奖。

11月27日，第二届中国原创网页游戏峰会暨金竹奖颁奖典礼在成都落幕。来自全国各地400多家企业的600余位业界人士参加了本次盛会，与会企业几乎覆盖了90%的网页游戏行业厂商，涵盖了PC互联网游戏、移动互联网游戏、桌游、视频游戏和电子竞技领域的研发商、运营商及服务商，横跨整个游戏产业生态链。

11月28日，全国法院知识产权审判座谈会在杭州召开。会议强调各级要加大涉及文化领域知识产权的保护力度，促进社会主义文化大发展大繁荣。

11月28日，国家广电总局下发《〈广播电视广告播出管理办法〉的补充规定》（广电总局令第66号），决定自2012年1月1日起，全国各电视台播出电视剧时，每集电视剧中间不得再以任何形式插播广告。

11月29日，国家广电总局正式发文公布对电影产业的利益分配的建议意见，包括“影城的首轮分账比例不超过50%”。

11月30日，江苏凤凰出版传媒股份有限公司正式挂牌上海证交所。

11月30日至12月1日，2011中国动画年会在江苏省昆山市召开，本届年会主题是“引领行业，给力产业”。2011年中国动画学会“美猴奖”颁奖晚会同期举行。评选设立动画长片、连续片、短片、剧本、歌曲、形象、新人、绿色、创新、产业价值十大最佳奖，二十个提名奖。

·十二月·

12月3日，中国人民对外广播事业暨中国国际广播电台创建70周年纪念大会在北京举行。目前，中国国际广播电台使用61种语言全天候向世界传播，是全球使用语种最多的国际传播机构，拥有广播、电视、报刊、网络和手机等五种媒体传播手段。

12月5日，2011中国（广州）国际纪录片节在广州市举行，中国、德国、法国、加拿大等56个国家和地区的683部纪录片参加了评优、展播、方案预售等活动。

12月5日，中共中央政治局常委李长春在北京欢乐谷华侨城大剧院观看由华侨城集团原创的大型舞蹈诗剧《金面王朝》。

12月6日，中国动漫集团有限公司与秦皇岛经济技术开发区正式签约，标志着中国动漫集团（秦皇岛）动漫游戏产业基地项目正式落户秦皇岛。

12 月 6 日，国际电信联盟无线通信局正式将中国的数字电视地面多媒体广播系统（DTMB）标准纳入国际标准。中国 DTMB 标准正式成为继美、欧、日之后的第四个数字电视国际标准。

12 月 7 日，文化部下发《文化部关于加强演出市场有关问题管理的通知》。

12 月 9 日，国务院关税税则委员会下发了《关于 2012 年关税实施方案的通知》，决定自 2012 年起，将油画、粉画及其他手绘画原件，雕版画、印制画、石印画的原本，各种材料制的雕塑品原件的进口关税税率由 12% 降至 6%（暂行 1 年）。

12 月 9 日，吉林省吉视传媒股份有限公司通过中国证监会发行审核委员会的审核，正式获得在主板发行上市的资格。

12 月 15 日，国务院正式发布《中华人民共和国电影产业促进法（征求意见稿）》。作为国内首次对促进电影产业发展进行的立法实践，征求意见稿共包括 6 章 62 条，按照电影创作、摄制、发行、放映等环节规定了相应的制度，并规定了具体的保障措施和法律责任。

12 月 15 日，2011 中国网络视听产业论坛在上海举行。

12 月 17 日，首都剧院联盟、首都博物馆联盟、首都出版发行联盟、首都影院联盟、首都影视产业联盟正式成立。“五大联盟”将集聚、整合首都文化资源，增强文化资源效能，提升首都文化的竞争力和影响力，更好地发挥首都全国文化中心示范作用。

12 月 17 日，海峡动漫影视创意产业发展促进会在福州举行成立大会。

12 月 20 日至 21 日，由文化部外联局、上海市文广局主办，国家对外文化贸易基地（上海国际文化服务贸易平台）承办的全国文化系统对外贸易工作会议在上海市外高桥保税区国家对外文化贸易基地召开。

12 月 23 日，由中国会展杂志社、中国会展经济研究会等主办，被称为中国会展行业“奥斯卡”的“中国会展风尚大奖”评选结果在北京揭晓。

12 月 26 日，天熹（厦门）动漫股份有限公司在天津股权交易所挂牌上市,成为福建省首家上市的动画企业。

12 月 27 日，“‘十一五’以来中国动漫产业发展成果展”在中新天津生态城国家动漫产业综合示范园开展。本次展览由扶持动漫产业发展部际联席会议办公室、天津市人民政府共同主办，文化部文化产业司、中共天津市委宣传部、天津市滨海新区人民政府、天津市文化广播影视局承办。展览面积 2000 平方米，共设四大展示区域。

12 月 27 日，继上海、广东两地国家音乐产业基地之后，新闻出版总署正式给北京国家音乐产业基地授牌，标志着我国三大国家音乐产业基地的格局形成。

12 月 27 日，由中国录音录像出版总社转企改制、引进北京首都创业集团有限公司资本组建的我国首个国家级数字文化企业——中国数字文化集团有限公司，在北京举行成立仪式，这是文化系统近年来组建的第 5 家中央文化企业。

12 月 23 日，温家宝总理主持国务院常务会议，主题是研究部署加快发展我国下一代互联网产业。

12 月 28 日，中共海口市委十一届十一次全体（扩大）会议审议通过了《中共海口市委关于加快文化产业发展若干政策的意见》。《意见》出台将对加快把海口建成国际旅游岛“文化高地”的进程具有重要意义。

12 月 28 日，中国出版传媒股份有限公司成立大会暨挂牌仪式在北京举行。

12 月 29 日，湖北长江出版传媒集团获得中国证监会正式批文，成为湖北文化产业“第一股”。

12 月 29 日，上海广播电视台、上海东方传媒集团有限公司（SMG）旗下百视通新媒体股份有限公司正式在上海证券交易所挂牌上市，成为国内第一家实现广电新媒体可经营性资产整体上市的公司。

12 月 29 日，重庆享弘影视股份有限公司在重庆股权交易所挂牌，成为了我国西部地区首家成功登陆重庆

OTC（场外交易）的动漫企业。

12月31日，甘肃省首次文化产业大会在兰州召开。会议指出要尽早把甘肃省的文化资源优势转化为产业优势和经济优势，力争将文化产业培育成支撑甘肃省国民经济的支柱型产业。

12月31日，国务院办公厅下发《关于印发三网融合第二阶段试点地区（城市）名单的通知》，天津、重庆两个直辖市、浙江宁波市一个计划单列市、22个省会城市以及其他17个城市成为三网融合第二阶段试点地区。

12月31日，中国文化艺术政府奖首届动漫奖获奖名单揭晓。该奖项由文化部会同财政部、教育部、科技部、工业和信息化部、商务部、税务总局、工商总局、广电总局、新闻出版总署等扶持动漫产业发展部际联席会议成员单位共同主办。共评选出12个大类共30个奖项和98个入围奖项。

附录

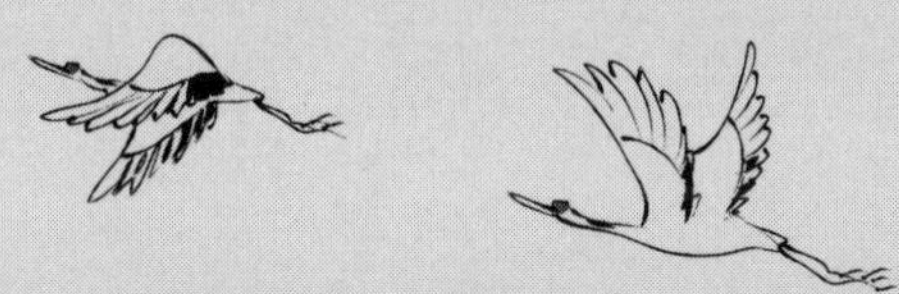

一、经教育部备案或批准设置本科文化产业管理专业的高校

序号	学校名称	专业代码	专业名称	学制	归属学科	批准时间	备注
1	山东大学	110310S	文化产业管理	四年	管理学	2003	
2	中国海洋大学	110310S	文化产业管理	四年	管理学	2003	
3	云南大学	110310S	文化产业管理	四年	管理学	2003	
4	北京广播学院	110310S	文化产业管理	四年	管理学	2003	
5	中央财经大学	110310S	文化产业管理	四年	管理学	2004	
6	江西财经大学	110310S	文化产业管理	四年	管理学	2004	
7	山东艺术学院	110310S	文化产业管理	四年	管理学	2004	
8	湖南师范大学	110310S	文化产业管理	四年	管理学	2004	
9	华东政法学院	110310S	文化产业管理	四年	管理学	2004	
10	复旦大学上海视觉艺术学院 ※	110310S	文化产业管理	四年	管理学	2005	
11	浙江传媒学院	110310S	文化产业管理	四年	管理学	2005	
12	信阳师范学院	110310S	文化产业管理	四年	管理学	2005	
13	湘潭大学	110310S	文化产业管理	四年	管理学	2005	
14	北京师范大学珠海分校 ※	110310S	文化产业管理	四年	管理学	2005	
15	广西师范大学	110310S	文化产业管理	四年	管理学	2005	
16	湖南师范大学树达学院 ※	110310S	文化产业管理	四年	管理学	2005	
17	同济大学	110310S	文化产业管理	四年	管理学	2006	
18	北京印刷学院	110310S	文化产业管理	四年	管理学	2006	
19	石家庄学院	110310S	文化产业管理	四年	管理学	2006	
20	长春大学	110310S	文化产业管理	四年	管理学	2006	
21	徐州师范大学	110310S	文化产业管理	四年	管理学	2006	
22	浙江林学院	110310S	文化产业管理	四年	管理学	2006	
23	浙江工商大学	110310S	文化产业管理	四年	管理学	2006	
24	安徽师范大学	110310S	文化产业管理	四年	管理学	2006	
25	厦门理工学院	110310S	文化产业管理	四年	管理学	2006	
26	山东经济学院	110310S	文化产业管理	四年	管理学	2006	
27	广东商学院	110310S	文化产业管理	四年	管理学	2006	
28	咸阳师范学院	110310S	文化产业管理	四年	管理学	2006	
29	贵州大学	110310S	文化产业管理	四年	管理学	2006	
30	河北经贸大学	110310S	文化产业管理	四年	管理学	2007	
31	上海师范大学	110310S	文化产业管理	四年	管理学	2007	
32	常熟理工学院	110310S	文化产业管理	四年	管理学	2007	
33	临沂师范学院	110310S	文化产业管理	四年	管理学	2007	
34	广西师范学院	110310S	文化产业管理	四年	管理学	2008	
35	中华女子学院	110310S	文化产业管理	四年	管理学	2008	
36	内蒙古师范大学	110310S	文化产业管理	四年	管理学	2008	

序号	学校名称	专业代码	专业名称	学制	归属学科	批准时间	备注
37	上海应用技术学院	110310S	文化产业管理	四年	管理学	2008	
38	浙江师范大学	110310S	文化产业管理	四年	管理学	2008	
39	福建农林大学	110310S	文化产业管理	四年	管理学	2008	
40	山东轻工业学院	110310S	文化产业管理	四年	管理学	2008	
41	洛阳师范学院	110310S	文化产业管理	四年	管理学	2008	
42	湖南商学院	110310S	文化产业管理	四年	管理学	2008	
43	四川文理学院	110310S	文化产业管理	四年	文学	2008	
44	云南艺术学院	110310S	文化产业管理	四年	文学	2008	
45	西南大学	110310S	文化产业管理	四年	管理学	2008	
46	三江学院	110310S	文化产业管理	四年	管理学	2008	
47	吉首大学	110310S	文化产业管理	四年	管理学	2008	
48	首都师范大学	110310S	文化产业管理	四年	管理学	2009	
49	天津音乐学院	110310S	文化产业管理	四年	文学	2009	
50	太原理工大学	110310S	文化产业管理	四年	管理学	2009	
51	山西大学商务学院 ※	110310S	文化产业管理	四年	管理学	2009	
52	黄山学院	110310S	文化产业管理	四年	管理学	2009	
53	安徽财经大学	110310S	文化产业管理	四年	文学	㊎艺 2009	
54	仰恩大学	110310S	文化产业管理	四年	文学	2009	
55	江西师范大学	110310S	文化产业管理	四年	管理学	2009	
56	武汉工业学院	110310S	文化产业管理	四年	管理学	2009	
57	广西艺术学院	110310S	文化产业管理	四年	文学	(艺) 2009	
58	西安理工大学	110310S	文化产业管理	四年	文学	(艺) 2009	
59	西安建筑科技大学	110310S	文化产业管理	四年	文学	(艺) 2009	
60	西南民族大学	110310S	文化产业管理	四年	管理学	2010	
61	邯郸学院	110310S	文化产业管理	四年	管理学	2010	
62	内蒙古大学	110310S	文化产业管理	四年	文学	(艺) 2010	
63	上海外国语大学贤达经济人文学院 ※	110310S	文化产业管理	四年	管理学	2010	
64	南京艺术学院	110310S	文化产业管理	四年	文学	2010	
65	宿州学院	110310S	文化产业管理	四年	管理学	2010	
66	池州学院	110310S	文化产业管理	四年	管理学	2010	
67	福州大学阳光学院 ※	110310S	文化产业管理	四年	管理学	2010	
68	江西师范大学科学技术学院 ※	110310S	文化产业管理	四年	管理学	2010	
69	济宁学院	110310S	文化产业管理	四年	管理学	2010	
70	河南大学	110310S	文化产业管理	四年	管理学	2010	
71	河南中医学院	110310S	文化产业管理	四年	管理学	2010	
73	黄冈师范学院	110310S	文化产业管理	四年	文学	(艺) 2010	
74	华中师范大学武汉传媒学院 ※	110310S	文化产业管理	四年	管理学	2010	
75	湖南涉外经济学院	110310S	文化产业管理	四年	管理学	2010	

序号	学校名称	专业代码	专业名称	学制	归属学科	批准时间	备注
76	重庆三峡学院	110310S	文化产业管理	四年	管理学	2010	
77	四川音乐学院绵阳艺术学院 ※	110310S	文化产业管理	四年	管理学	2010	
78	贵州师范大学	110310S	文化产业管理	四年	管理学	2010	
79	云南大学旅游文化学院 ※	110310S	文化产业管理	四年	管理学	2010	
80	曲阜师范大学	110310S	文化产业管理	四年	管理学	2010	
81	电子科技大学成都学院 ※	110310S	文化产业管理	四年	管理学	2010	
82	贵州民族学院	110310S	文化产业管理	四年	管理学	2010	

注：1. 学校名称加有“※”者为经教育部批准和确认的独立学院；

2. 备注中加有“㊔”者为可按艺术类专业招生办法招生的非艺术类本科专业。

二、招收文化产业相关专业及方向研究生的“211”大学

序号	学校名称	培养层次	专业	方向
1	清华大学	硕士	新闻传播学	新媒体研究
		硕士	新闻传播学	媒介经营管理
		硕士	新闻传播学	新闻学
		硕士	新闻传播学	国际新闻传播
		硕士	新闻传播学	影视传播研究
		专业学位	新闻与传播	——
		硕士	艺术学理论	设计艺术历史与理论研究
		硕士	设计学	设计艺术研究
		硕士	艺术	艺术设计
		硕士	城乡规划学	城市历史与理论
		硕士	城乡规划学	城乡规划与设计
		硕士	城乡规划学	区域发展与城乡规划管理
		硕士	城乡规划学	住房与社区规划
		硕士	城乡规划学	城乡遗产保护规划
		硕士	城乡规划学	城市设计
		硕士	信息艺术设计	动漫编创、交互设计、交互艺术、数字游戏设计
		硕士	信息艺术设计	信息艺术设计研究
		硕士	建筑学	建筑历史与理论
		硕士	建筑学	建筑遗产保护
		硕士	建筑学	建筑设计其理论
		硕士	建筑学	城市设计及其理论
		硕士	建筑学	室内设计

序号	学校名称	培养层次	专业	方向
		硕士	建筑学	建筑技术科学
		硕士	风景园林学	风景园林历史与理论
		硕士	风景园林学	园林与景观设计
		硕士	风景园林学	地景与生态规划
		硕士	风景园林学	风景园林遗产保护
		专业学位	建筑学	——
		专业学位	城市规划	——
		专业学位	风景园林	——
		博士	建筑学	建筑设计及其理论
		博士	建筑学	建筑技术科学
		博士	建筑学	城市设计及其理论
		博士	建筑学	室内设计
		博士	建筑学	建筑历史与理论
		博士	建筑学	建筑遗产保护
		博士	新闻传播学	新闻与传播历史及理论研究
		博士	新闻传播学	新闻传播与社会发展
		博士	新闻传播学	全球传播研究
		博士	新闻传播学	广播影视传播研究
		博士	新闻传播学	新媒体研究
		博士	新闻传播学	文化产业与媒介经济
		博士	设计学	设计学理论研究
		博士	城乡规划学	城市历史与理论
		博士	城乡规划学	城乡规划与设计
		博士	城乡规划学	区域发展与城乡规划管理
		博士	城乡规划学	住房与社区规划
		博士	城乡规划学	城乡遗产保护规划
		博士	城乡规划学	城市设计
		博士	城乡规划学	城乡规划技术科学
		博士	风景园林学	风景园林历史与理论
		博士	风景园林学	园林与景观设计
		博士	风景园林学	地景与生态规划
		博士	风景园林学	风景园林遗产保护
2	北京大学	硕士	传播学	大众传播（含广播影视）
		硕士	传播学	国际传播与文化交流
		硕士	传播学	新媒体与网络传播
		硕士	传播学	广告学
		硕士	传播学	媒体经营管理
		硕士	传播学	编辑出版学

序号	学校名称	培养层次	专业	方向
		硕士	新闻学	新闻史论
		硕士	新闻学	新闻实务
		硕士	新闻学	国际新闻
		专业学位	新闻与传播	——
		硕士	中国现当代文学	新闻与媒体研究
		硕士	图书馆、情报与档案管理	现代出版业研究
		硕士	图书馆、情报与档案管理	出版产业研究
		硕士	图书馆、情报与档案管理	文献与出版史研究
		硕士	图书馆、情报与档案管理	数字出版研究
		专业学位	文物与博物馆	——
		硕士	艺术学理论	艺术管理与文化产业
		硕士	戏剧与影视学	影视文化与传播
		硕士	戏剧与影视学	电视传播与产业
		博士	传播学	全球化与传播
		博士	传播学	新媒体传播与社会
		博士	传播学	国际传播
		博士	传播学	媒体经营管理
		博士	传播学	新媒体与网络传播
		博士	传播学	广告理论与实务
		博士	传播学	品牌传播
		博士	传播学	广播电视产业研究
		博士	传播学	节庆传播研究
		博士	传播学	市场与媒介分析
		博士	传播学	大众传媒与社会变迁
		博士	传播学	影视文化与产业
		博士	图书馆、情报与档案管理	现代出版业研究
		博士	图书馆、情报与档案管理	出版产业与出版文化研究
		博士	艺术学理论	艺术管理与文化产业
		博士	艺术学理论	旅游与城市游憩空间规划
		博士	艺术学理论	旅游功能区规划与设计
		博士	艺术学理论	艺术管理与文化产业
3	中国人民大学	硕士	网络经济学	网络经济学
		硕士	传媒经济学	传媒经济学
		博士	网络经济学	网络经济研究
		硕士	网络经济学	网络经济理论研究与网络经济政府规制研究
		硕士	区域经济学	区域经济学
		博士	文艺学	文化理论与文化创意产业
		博士	传播学	新闻媒体与广告传播

序号	学校名称	培养层次	专业	方向
		博士	传播学	新闻法规与广告管理
		博士	传播学	新媒体传播
		博士	传播学	媒介融合研究
		博士	传播学	新媒体传播研究
		博士	传播学	手机媒体研究
		博士	新闻传播学	传媒经济学
		博士	传媒经济学	媒介产业与社会发展研究
		博士	传媒经济学	出版产业研究
		博士	传媒经济学	数字化与出版转型研究
		博士	理论经济学	网络经济学
		博士	计算机应用技术	网络金融
4	北京工业大学	硕士	建筑学	都市建筑设计及理论
		硕士	建筑学	城市设计方法及理论
		硕士	建筑学	历史建筑的保护与更新
		硕士	建筑学	建筑与城市绿色环境技术
		硕士	城乡规划学	居住区规划与设计
		硕士	城乡规划学	城市设计与景观规划
		硕士	城乡规划学	历史城市与街区保护规划
		硕士	软件工程	物联网技术与应用
		硕士	设计学	工业设计
		硕士	设计学	空间设计
		硕士	设计学	视觉传达设计
		硕士	设计学	数字媒体设计
		硕士	设计学	公共艺术
		硕士	设计学	工艺美术
		专业学位	工业设计工程	——
		专业学位	软件工程	软件服务与应用
		专业学位	软件工程	数字媒体技术与应用
		专业学位	软件工程	物联网软件与系统
		专业学位	软件工程	软件与网络工程
		博士	软件工程	软件工程理论与应用
		博士	软件工程	物联网软件与系统
5	北京理工大学	硕士	科学技术史	科技传播与科技文化
		硕士	科学技术哲学	科技文化与科技传播研究
		硕士	设计学	工业设计
		硕士	设计学	视觉传达设计
		硕士	设计学	环境艺术设计
		硕士	设计学	文化遗产与传统工艺美术

序号	学校名称	培养层次	专业	方向
		专业学位	艺术设计	——
		硕士	软件工程	智能数字表演
		专业学位	软件工程（专业学位）	——
		专业学位	工业设计工程（专业学位）	——
		硕士	图书情报与档案管理	档案信息管理
		博士	机械工程	设计美学
6	北京航空航天大学	专业学位	设计学	数字动画与新媒体传播
		硕士	设计学	数字动画与新媒体传播
		硕士	设计学	视觉传达及其拓展
		硕士	设计学	工业设计
7	北京邮电大学	硕士	应用经济学	电子商业与服务工程、网络产业与信息经济
		硕士	应用经济学	信息经济
		硕士	管理科学与工程（工学）	电子商务与服务工程、网络产业与信息经济
		硕士	管理科学与工程（工学）	服务营销、消费者行为分析、网络营销
		硕士	电子科学与技术	物联网与电子设计自动化及计算机技术
		硕士	新闻传播学	网络文化与新媒体传播、传播学理论
		硕士	新闻传播学	大众文化与传播、网络文化与新媒体传播
		硕士	设计艺术学	信息产品创新设计
		硕士	设计艺术学	数字媒体与音乐研究
		硕士	设计艺术学	数字艺术与创作研究
		博士	管理科学与工程（工学）	文化产业工程
		博士	管理科学与工程（工学）	网络与公共信息管理
8	对外经济贸易大学	硕士	行政管理	文化与休闲产业管理
9	中国传媒大学	硕士	编辑出版学	出版经营与管理
		硕士	编辑出版学	编辑出版理论
		硕士	编辑出版学	媒介融合
		硕士	新闻学	新闻史
		硕士	新闻学	新闻理论
		硕士	新闻学	新闻业务
		硕士	新闻学	网络新闻及新媒体
		硕士	新闻学	报刊理论与实践
		硕士	传播学	媒介与文化传播
		硕士	传播学	国际传播
		硕士	传播学	电视文化传播
		硕士	广告学	品牌传播
		硕士	广告学	受众与市场
		硕士	广告学	新媒体产业
		硕士	广告学	广告理论与广告史

序号	学校名称	培养层次	专业	方向
		硕士	广告学	广告实务
		硕士	广告学	广告媒介
		硕士	音乐学	广播影视音乐理论
		硕士	音乐学	广播影视音乐应用
		硕士	音乐学	传媒音乐研究
		硕士	美术学	影视美术
		硕士	美术学	美术创作与新媒体艺术
		硕士	广播电视新闻学	新媒体策划与制作
		硕士	广播电视新闻学	广播经营
		硕士	产业经济学	文化产业组织理论与政策
		硕士	传媒经济学	传媒产业管理
		硕士	传媒经济学	国际文化贸易
		硕士	传媒经济学	文化产业管理
		硕士	传媒经济学	影视项目管理
		硕士	传媒经济学	区域文化产业发展
		硕士	传媒经济学	文化市场营销
		硕士	动画学	动画产业
		硕士	动画学	动画理论与实践
		硕士	游戏	游戏理论与产业
		硕士	游戏	游戏设计与创作
		硕士	管理科学与工程	媒体管理
		硕士	企业管理	媒体战略管理
		硕士	艺术学	传播艺术与文化
		硕士	设计艺术学	广告设计
		硕士	设计艺术学	设计艺术史论
		硕士	电影学	影视制片
		硕士	数字媒体艺术	数字媒体理论与实践
		硕士	数字媒体艺术	网络多媒体
		硕士	汉语国际教育	中国文化的海外传播
		硕士	计算机应用技术	数字娱乐与动画技术
		硕士	计算机应用技术	网络新媒体技术
		专业学位	广播电视	文化产业项目策划
		专业学位	广播电视	文化市场
		专业学位	广播电视	媒体策划与运营
		专业学位	广播电视	动漫创作
		专业学位	新闻与传播	品牌营销传播
		专业学位	新闻与传播	新媒体采编实务
		专业学位	新闻与传播	媒介市场调查与分析

序号	学校名称	培养层次	专业	方向
		专业学位	新闻与传播	新闻实务
		专业学位	出版	出版经营管理
		专业学位	出版	现代出版业务
		专业学位	工商管理硕士	传媒经营与管理
		专业学位	工商管理硕士	传媒与企业运营
		专业学位	计算机技术	数字娱乐与动画技术
		专业学位	计算机技术	游戏制作
		专业学位	计算机技术	网络多媒体技术
		专业学位	电子与通信工程	数字媒体技术
		专业学位	电子与通信工程	文化信息资源数字处理
		博士	广告学	广告传播与广告业务
		博士	广告学	新媒体产业
		博士	传媒经济学	传媒经济
		博士	传媒经济学	国际文化贸易
		博士	传媒经济学	传媒经营与管理
		博士	传媒经济学	传媒产业系统分析
		博士	传媒经济学	文化经济研究
		博士	编辑出版	编辑出版学
		博士	艺术学	传播艺术与文化研究
		博士	动画学	动画产业
		博士	动画学	动画理论与实践
		博士	广播电视语言传播	传媒艺术与文化研究
		博士	数字媒体艺术	数字媒体艺术与实践
		博士	通信与信息系统	数字移动多媒体
		博士	通信与信息系统	网络新媒体技术
10	中央民族大学	硕士	旅游管理	旅游企业管理
		硕士	旅游管理	旅游策划
		硕士	文物与博物馆	文物学
		硕士	文物与博物馆	博物馆学
		硕士	舞蹈	舞蹈编导
		硕士	舞蹈	舞蹈表演
		硕士	民族学	文化产业创意研究
		硕士	考古学	博物馆管理
		硕士	考古学	文化遗产保护
		硕士	民俗学	中国民俗文化创意产业研究
		硕士	新闻学	新闻史研究
		硕士	新闻学	新闻实务研究
		硕士	新闻学	新闻理论研究

序号	学校名称	培养层次	专业	方向
		硕士	新闻学	广播电视新闻研究
		硕士	传播学	传播理论与应用研究
		硕士	传播学	广播影视传播研究
		硕士	中国少数民族艺术	少数民族音乐文化
		硕士	中国古典文献学	民族古籍文献与非物质文化
		硕士	美术学	装潢设计 服装设计
		硕士	舞蹈学	舞蹈编导学
		硕士	舞蹈学	舞蹈历史与理论
		硕士	中国少数民族史	民族文化史
		硕士	中国少数民族史	民族文化遗产与旅游
		硕士	中国少数民族经济	民族经济与民族文化研究
		博士	人类学	文化遗产研究
		博士	民族学	民族文化产业研究
		博士	民俗学	中国非物质文化遗产研究
		博士	民俗学	中国少数民族民俗文化
		博士	中国少数民族史	南方民族历史文化
11	中国矿业大学（北京）	硕士	城乡规划学	城市规划与设计
		硕士	城乡规划学	城市设计与遗产保护
		硕士	设计艺术学	室内设计与色彩构成研究
		硕士	建筑学	中西建筑文化研究
		硕士	建筑学	建筑设计方法论
		硕士	建筑学	历史建筑与环境保护
		专业学位	建筑与土木工程	艺术设计
12	中央财经大学	硕士	旅游管理	旅游企业管理与营销
		硕士	旅游管理	旅游规划与开发
		硕士	媒体经济	媒体经营与媒体政策研究
		硕士	媒体经济	出版经济研究
		硕士	媒体经济	财经媒体研究
		硕士	文艺学	文化创意产业
		硕士	体育经济与管理	体育经济
		硕士	体育经济与管理	体育管理
13	中国政法大学	硕士	新闻学	新闻媒介管理
		硕士	传播学	文化传播
		硕士	传播学	商业传播
14	中央音乐学院	硕士	音乐学	中国古代音乐史
		硕士	音乐学	中国近现代音乐史（含当代音乐）
		硕士	音乐学	中国传统音乐
		硕士	音乐学	中国少数民族音乐

序号	学校名称	培养层次	专业	方向
		硕士	音乐学	西方音乐史
		硕士	音乐学	音乐美学
		硕士	音乐学	中国音乐美学史
		硕士	音乐学	世界民族音乐
		硕士	音乐学	民族打击乐
		硕士	音乐学	声乐（ 包括专业学位）
		硕士	音乐学	电子音乐作曲
		硕士	音乐学	音乐录音艺术
		专业学位	音乐学	交响乐
15	北京体育大学	硕士	体育人文社会学	体育经济与产业
		博士	体育人文社会学	体育经营管理
		博士	体育人文社会学	体育经济学
16	北京交通大学	硕士	旅游管理	旅游经济
		硕士	旅游管理	旅游规划
		专业学位	软件工程	数字媒体技术
		硕士	建筑学	建筑设计及其理论
		硕士	建筑学	城市设计及其理论
		硕士	建筑学	建筑历史与理论
		硕士	建筑学	建筑技术科学
		硕士	城乡规划学	区域发展与旅游规划
		硕士	城乡规划学	城乡发展历史与遗产保护规划
		硕士	企业管理	企业文化研究
		硕士	设计学	环境艺术设计研究
		硕士	设计学	平面设计研究
		硕士	设计学	艺术设计史论
		硕士	设计学	工业造型设计
		硕士	设计学	数字媒体艺术
		硕士	设计学	服装设计
		专业学位	建筑与土木工程	建筑及城市设计
		专业学位	工业设计工程	——
		硕士	传播学	理论传播学
		硕士	传播学	应用传播学
		博士	软件工程	软件工程
		博士	旅游管理	旅游机制与公共管理
		博士	旅游管理	旅游经济运行与产业发展战略
		博士	旅游管理	旅游规划与旅游目的地管理
17	北京科技大学	硕士	文艺学	影像文化研究
		硕士	文艺学	影视文化研究

序号	学校名称	培养层次	专业	方向
		硕士	设计艺术学	设计心理与设计方法
		硕士	设计艺术学	现代媒体与信息技术
		硕士	设计艺术学	设计策略与设计文化
		硕士	设计艺术学	交互设计与信息设计
		博士	科学技术史	文物保护
		博士	科学技术史	文化遗产保护
18	北京林业大学	硕士	设计学	景观与动画技术
		专业学位	艺术设计	——
		硕士	设计学	艺术设计学理论与研究
		硕士	设计学	环境艺术设计及理论
		硕士	设计学	装潢艺术设计及理论
		硕士	设计学	装饰艺术设计及理论
		硕士	设计学	工业设计
		专业学位	艺术设计（专业学位）	装饰艺术设计
		专业学位	艺术设计（专业学位）	装潢艺术设计
		专业学位	艺术设计（专业学位）	环境艺术设计
		硕士	风景园林学	风景园林规划设计与理论
		硕士	风景园林学	风景园林建筑设计与理论
		硕士	风景园林学	城市规划设计与理论
		硕士	旅游管理	生态旅游
		硕士	旅游管理	旅游地管理
		硕士	旅游管理	旅游规划
		硕士	旅游管理	旅游文化
		硕士	森林经理学	生态旅游
		硕士	旅游管理	生态旅游
		硕士	旅游管理	旅游地管理
		硕士	旅游管理	旅游规划
		硕士	旅游管理	旅游文化
		专业学位	旅游管理	——
		专业学位	艺术设计	——
		硕士	思想政治教育	企业文化研究
		专业学位	软件工程	——
		博士	风景园林学	风景园林规划设计与理论
		博士	风景园林学	风景园林历史与理论
		博士	风景园林学	风景园林建筑设计与理论
		博士	风景园林学	风景旅游规划设计与理论
		博士	农业经济管理	文化传播与农村发展
19	中国农业大学	硕士	城乡规划学	建筑与园林设计

序号	学校名称	培养层次	专业	方向
		硕士	传播学	影视传播
		硕士	传播学	传播社会学
		硕士	传播学	新媒体研究
		硕士	传播学	乡村传播
		硕士	图书馆学	图书馆自动化与数字化技术
		硕士	图书馆学	文献资源建设
		硕士	图书馆学	信息资源组织与管理
		硕士	图书馆学	信息管理技术及其应用
		硕士	教育经济与管理	体育管理
		硕士	机械设计及理论	工业产品设计
20	北京师范大学	硕士	传播学	传播理论
		硕士	传播学	媒介与文化传播
		硕士	传播学	编辑出版
		硕士	考古学	文物考古学
		硕士	考古学	博物馆学
		硕士	中国古典文献学	古籍整理与中国传统文化研究
		硕士	中国古典文献学	文化遗产学
		硕士	中国史	历史文献与传统文化
		硕士	戏剧与影视学	戏剧研究
		硕士	戏剧与影视学	影视文化传播
		硕士	戏剧与影视学	影视创作与文化批评
		硕士	戏剧与影视学	电影文化研究
		硕士	戏剧与影视学	电影历史与理论
		硕士	戏剧与影视学	电影美学
		硕士	戏剧与影视学	电视艺术学
		硕士	戏剧与影视学	电视剧研究
		硕士	戏剧与影视学	电视栏目及频道研究
		硕士	戏剧与影视学	纪录片研究
		硕士	数字艺术学	数字媒体
		硕士	数字艺术学	动画游戏
		硕士	计算机应用技术	数字版权保护技术
		硕士	计算机应用技术	数字媒体技术
		硕士	图书馆学	——
		硕士	音乐与舞蹈学	音乐史与作曲理论
		硕士	音乐与舞蹈学	录音工程
		硕士	音乐与舞蹈学	音乐表演艺术（钢琴、声乐）
		硕士	音乐与舞蹈学	舞蹈学
		博士	中国古典文献学	典籍文化传播

序号	学校名称	培养层次	专业	方向
		博士	戏剧与影视学	影视理论与现状研究
		博士	戏剧与影视学	电影史论与批评
		博士	戏剧与影视学	电影历史与理论
		博士	戏剧与影视学	纪录电影研究
		博士	戏剧与影视学	电影美学
		博士	戏剧与影视学	电视艺术研究
		博士	戏剧与影视学	数字艺术学与文化创意产业
		博士	戏剧与影视学	电视传媒形态及产业研究
		博士	文艺学	文化与传播研究
		博士	文艺学	中国文化与诗学
		博士	人文地理学	区域和旅游规划
		博士	人文地理学	旅游规划
21	中国地质大学（北京）	硕士	地理学	文化和自然遗产保护与开发
		硕士	设计学	珠宝首饰设计与营销
		硕士	设计学	珠宝首饰工艺与首饰文化
		专业学位	艺术设计	珠宝首饰设计与营销
		专业学位	艺术设计	珠宝首饰工艺与首饰文化
		硕士	资源产业经济	旅游资源产业经济与管理
		硕士	工商管理	旅游管理
		硕士	设计学	中国传统文化与艺术
		专业学位	艺术设计	中国传统文化与艺术
		博士	宝石学	珠宝玉石评估与文化
		博士	生态地质学	生态旅游与景观地质学
22	复旦大学	硕士	民俗学	无形文化遗产与文化生态批评
		硕士	文艺学	艺术经济学
		硕士	中国现当代文学	当代文化研究与批评
		硕士	比较文学与世界文学	跨艺术与跨文化研究
		硕士	新闻学	理论新闻学
		硕士	新闻学	中外新闻史
		硕士	新闻学	应用新闻学
		硕士	旅游管理	旅游经济管理
		硕士	旅游管理	旅游资源开发与利用
		硕士	旅游管理	旅游策划
		硕士	旅游管理	旅游文化
		专业学位	旅游管理	旅游企业管理
		专业学位	旅游管理	目的地管理与区域旅游发展
		专业学位	旅游管理	旅游文化创意与休闲旅游
		硕士	考古学	文化遗产学

序号	学校名称	培养层次	专业	方向
		硕士	考古学	博物馆学
		硕士	考古学	文物保护
		专业学位	出版	出版业务与实践
		专业学位	出版	数字出版
		硕士	传播学	编辑出版
		硕士	传播学	国际传播
		硕士	广告学	广告学
		硕士	广播电视学	广播电视新闻
		硕士	广播电视学	广播电视艺术
		硕士	广播电视学	广播电视经营管理
		硕士	广播电视学	当代艺术与设计
		硕士	广播电视学	设计艺术研究
		硕士	媒介管理学	媒介经营
		硕士	媒介管理学	媒介管理
		专业学位	新闻与传播	新闻与传播
		专业学位	新闻与传播	新闻与传播（财经新闻）
		专业学位	文物与博物馆	考古学
		专业学位	文物与博物馆	博物馆学
		专业学位	文物与博物馆	文物学
		专业学位	文物与博物馆	文物保护
		硕士	工商管理	东方管理与企业文化
		硕士	环境科学	环境规划与绿地景观设计
		硕士	环境管理	城市规划与环境设计
		硕士	图书馆学	数字图书馆应用研究
		硕士	图书馆学	信息服务研究
		硕士	计算机软件与理论	软件工程
		硕士	计算机软件与理论	网络多媒体
		硕士	计算机软件与理论	系统软件
		专业学位	软件工程	网络多媒体
		博士	文艺学	文艺理论与文化研究
		博士	影视文学	中国电影文学史
		博士	影视文学	影视艺术理论与批评
		博士	新闻学	理论新闻学
		博士	新闻学	中外新闻史
		博士	新闻学	应用新闻学
		博士	传播学	传媒与大众文化
		博士	传播学	广告与公关
		博士	广播电视学	广播电视理论与广播电视实务

序号	学校名称	培养层次	专业	方向
		博士	广播电视学	影视艺术
		博士	媒介管理学	媒介管理
		博士	旅游管理	旅游资源管理
		博士	旅游管理	旅游文化
		博士	考古学	博物馆学
		博士	考古学	文化遗产学
23	华东师范大学	硕士	民俗学	文化遗产学
		硕士	教育技术学	数字媒体设计
		硕士	体育人文社会学	体育产业与管理
		硕士	旅游管理	旅游资源开发与规划
		硕士	旅游管理	旅游企事业管理
		硕士	旅游管理	现代都市旅游
		硕士	旅游管理	会展管理
		硕士	新闻学	媒介经营与管理
		硕士	新闻学	新媒体
		硕士	新闻学	新闻理论与实务
		硕士	传播学	文化理论与编辑出版实务
		硕士	传播学	广告传播理论与实务
		硕士	新闻与传播	全媒体传播
		硕士	新闻与传播	教育新闻传播
		硕士	戏剧与影视学	动画片
		硕士	戏剧与影视学	影视艺术理论
		硕士	戏剧与影视学	纪录片
		硕士	戏剧与影视学	动画片
		硕士	戏剧与影视学	广播电视理论与实务
		硕士	广播电视	数字媒体艺术
		硕士	美术学	美术史论
		硕士	美术学	艺术市场
		硕士	美术学	美术考古
		专业学位	美术	中国画艺术
		专业学位	美术	艺术市场
		硕士	设计学	动画艺术设计
		硕士	设计学	当代艺术与产业
		硕士	设计学	视觉传达与多媒体设计
		硕士	设计学	工业设计
		硕士	设计学	公共艺术设计
		硕士	设计学	环境设计
		硕士	设计学	设计史论

序号	学校名称	培养层次	专业	方向
		硕士	设计学	设计文化与设计管理
		硕士	设计学	城市更新设计
		硕士	设计学	动漫与影像设计
		硕士	艺术设计	视觉传达与多媒体设计
		硕士	艺术设计	工业设计
		硕士	艺术设计	公共艺术设计
		硕士	艺术设计	环境设计
		硕士	艺术设计	动漫与影像设计
		硕士	艺术设计	设计文化与设计管理
		硕士	艺术设计	城市更新设计
		硕士	旅游管理	旅游资源开发与规划
		硕士	旅游管理	现代都市旅游
		硕士	旅游管理	会展管理
		硕士	区域经济学	城市文化与文化经济
		硕士	区域经济学	区域资源开发与区域经济规划
		硕士	区域经济学	区域发展与规划
		硕士	人文地理学	旅游规划与旅游 GIS
		硕士	人文地理学	旅游发展与管理
		硕士	体育人文社会学	体育产业与管理
		专业学位	旅游管理	——
		博士	民俗学	文化遗产与文化创意产业
		博士	文艺学	非物质文化遗产研究
		博士	产业经济学	服务贸易与国际旅游经济
		博士	新闻学	新闻传播与数字内容产业
		博士	新闻学	新媒体与传媒管理
		博士	新闻学	新闻理论与实务
		博士	新闻学	广播电视新闻与危机传播
		博士	传播学	编辑出版与传媒文化研究
		博士	传播学	传播理论与实务
		博士	传播学	电影文化传播与理论研究
		博士	人文地理学	城市文化与文化经济（含文化创意策划与实务）
		博士	人文地理学	旅游发展与区域（景区）规划
		博士	计算机软件与理论	软件设计方法与技术
		博士	软件工程	新一代软件设计技术
		博士	软件工程	物联网技术
		博士	课程与教学论	中国美术史
		博士	课程与教学论	艺术考古
24	上海大学	硕士	中国语言文学	文化研究

序号	学校名称	培养层次	专业	方向
		硕士	新闻传播学	传媒经济与文化产业
		硕士	新闻传播学	会展与广告艺术设计
		硕士	新闻传播学	人文外交与文化艺术产业
		硕士	新闻传播学	广告理论与实务
		硕士	新闻传播学	新闻与传播理论
		硕士	新闻传播学	新闻传播业务
		硕士	新闻传播学	国际传播
		硕士	数字媒体技术与应用	数字内容创作与设计
		硕士	数字媒体技术与应用	数字媒体展示与控制
		硕士	数字媒体技术与应用	数字娱乐技术
		硕士	计算机科学与技术	多媒体技术与应用
		硕士	旅游管理	旅游规划与开发
		硕士	旅游管理	旅游企业管理
		硕士	图书馆学	数字图书馆理论和技术研究
		硕士	图书馆学	网络信息咨询研究
		硕士	图书馆学	信息资源组织和管理研究
		硕士	中国语言文学	文化研究
		硕士	艺术学理论	艺术传播的理论及历史
		硕士	戏剧与影视学	剧团剧场管理
		硕士	戏剧与影视学	电影制片管理
		硕士	戏剧与影视学	电视经营管理研究
		硕士	设计学	会展艺术与技术
		硕士	设计学	公共视觉传达设计
		硕士	设计学	环境艺术设计
		硕士	设计学	设计艺术理论与历史
		硕士	设计学	城市艺术体验设计
		专业学位	艺术设计	视觉艺术设计
		专业学位	艺术设计	数字媒体艺术设计
		专业学位	艺术设计	城市形象艺术设计
		专业学位	艺术设计	环境艺术设计 （包括：室内外环境艺术设计、公共艺术设计、设施设计会展艺术设计、建筑艺术设计、材料艺术设计、体验设计等）
		专业学位	艺术设计	影视动画
		专业学位	艺术设计	文化经济
		专业学位	新闻与传播	新媒介经营与管理
		专业学位	新闻与传播	广告传播与营销
		专业学位	新闻与传播	会展沟通与品牌推广
		专业学位	新闻与传播	新闻传播业务研究
		专业学位	软件工程	多媒体技术

序号	学校名称	培养层次	专业	方向
		专业学位	建筑与土木工程	建筑设计理论与景观环境设计
		专业学位	工业设计工程	产品设计
		专业学位	图书情报硕士	图书馆
		博士	信息与通信工程	数字媒体技术与应用
		博士	新闻与传播学	传媒经济与文化产业
		博士	新闻与传播学	广告与会展
		博士	新闻与传播学	国际传播
		博士	新闻与传播学	广播电视与数字媒体
		博士	计算机应用技术	网络与多媒体
		博士	艺术学理论	艺术产业与艺术市场研究
		博士	艺术学理论	艺术产业与管理研究
		博士	艺术学理论	艺术管理与博物馆学研究
		博士	戏剧与影视学	影视产业与新媒体研究
		博士	设计学	设计理论研究
		博士	设计学	设计实践研究
		博士	设计学	设计管理研究
25	上海外国语大学	硕士	传播学	媒介经营与管理
		硕士	传播学	外语编辑与出版
		硕士	传播学	国际传播
		硕士	新闻学	国际新闻与文化传播
		硕士	新闻学	中外新闻史
		硕士	新闻学	新闻学理论
26	同济大学	硕士	美学	文化资源规划与创意产业研究
		硕士	美学	媒体理论与媒体产业研究
		硕士	美学	文化资源规划与创意产业研究
		硕士	城乡规划学	城乡发展历史和遗产保护
		硕士	风景园林学	园林与景观设计
		硕士	风景园林学	风景园林遗产保护
		专业学位	建筑学硕士	建筑设计及其理论
		专业学位	建筑学硕士	建筑遗产保护及其理论
		专业学位	建筑学硕士	室内设计及其理论
		专业学位	城市规划硕士	城乡发展历史和遗产保护
		专业学位	风景园林硕士	园林与景观设计
		专业学位	风景园林硕士	风景园林遗产保护
		硕士	软件工程	媒体艺术与科学
		硕士	新闻传播学	广告创意与创新研究
		硕士	新闻传播学	新兴科技与出版研究
		硕士	新闻传播学	电子传媒与新闻研究

序号	学校名称	培养层次	专业	方向
		硕士	艺术设计	计算机动画与视觉特效
		硕士	艺术设计	交互媒体艺术与设计
		硕士	艺术设计	戏剧与影视音乐创作与研究
		硕士	工业设计工程	数字媒体设计及其理论
		硕士	工业设计工程	展示设计及其理论
		硕士	工业设计工程	时尚设计及其理论
		硕士	工业设计工程	视觉传达设计及其理论
		硕士	工业设计工程	环境艺术设计及其理论
		硕士	设计学	环境艺术设计及其理论
		硕士	设计学	视觉传达设计及其理论
		硕士	设计学	数字媒体设计及其理论
		硕士	设计学	展示设计及其理论
		硕士	设计学	时尚设计及其理论
		硕士	设计学	计算机动画与视觉特效
		硕士	设计学	交互媒体艺术与设计
		博士	美学	文化理论与文化产业研究
		博士	建筑学	建筑设计与设计理论
		博士	建筑学	数字设计与设计方法
		博士	建筑学	室内设计与环境艺术
		博士	建筑学	创意设计及其理论
		博士	风景园林学	园林与景观设计
		博士	风景园林学	风景园林遗产保护
		博士	风景园林学	环境艺术设计
		博士	科技发展与管理	创新与文化
27	华东理工大学	硕士	旅游管理	旅游策划与规划
		硕士	旅游管理	旅游文化
		硕士	旅游管理	旅游企业管理
		硕士	体育人文社会学	体育经济管理、
		硕士	体育人文社会学	体育产业经营管理
		硕士	应用经济学	区域经济学
		硕士	设计学	视觉传达设计
		硕士	设计学	社会文化与设计发展
		硕士	设计学	工业设计
		硕士	设计学	环境艺术设计
		硕士	设计学	品牌塑造与设计管理
		硕士	计算机科学与技术	软件工程
		博士	工业设计	设计管理
28	东华大学	硕士	产业经济学	创意产业研究

序号	学校名称	培养层次	专业	方向
		硕士	机械设计及理论	工业设计
		硕士	工业设计工程	——
		硕士	工商管理	时尚创意管理
		硕士	美术学	公共艺术设计与研究
		硕士	设计学	环境艺术设计理论与应用
		硕士	设计学	数码艺术设计理论与应用
		硕士	设计学	InteriorDesign（室内设计）
		硕士	设计学	IndustrialDesign（工业设计）
		硕士	设计学	装潢设计理论与应用
		硕士	艺术	综合艺术设计
		硕士	工商管理硕士（MBA）	时尚创意管理
		硕士	服装设计与工程	服装产业经济研究
		硕士	服装设计与工程	服装营销管理
		硕士	服装设计与工程	服装工程数字化研究
		硕士	服装设计与工程	服装设计与技术
		硕士	纺织工程	服装产业经济研究
		硕士	企业管理	会展与旅游管理
		硕士	艺术	综合艺术设计
		硕士	软件工程	软件设计理论
		博士	服装设计与工程	时尚产业与时尚文化研究
		博士	服装设计与工程	服装产业经济
		博士	服装设计与工程	服装设计方法论研究
		博士	服装设计与工程	图像学与服装美术
		博士	产业组织创新与管理控制	创意产业管理
29	上海财经大学	硕士	新闻学	媒介经营与管理
		硕士	新闻学	经济新闻
		硕士	新闻学	新闻实务
		硕士	传播学	广告与营销
		硕士	传播学	新媒体和商务传播
		硕士	旅游管理	旅游企业管理
		硕士	旅游管理	会展管理
		硕士	旅游管理	旅游规划与策划
		硕士	体育经营管理	体育营销管理
		硕士	体育经营管理	体育产业管理
		硕士	体育经营管理	体育赛事组织与管理
		硕士	建筑学	建筑设计及其理论
		硕士	建筑学	建筑历史与理论及历史建筑保护
		硕士	建筑学	城市设计及其理论

序号	学校名称	培养层次	专业	方向
		硕士	建筑学	室内设计及其理论
		博士	旅游管理	旅游企业与旅游产业研究
		博士	旅游管理	会展经济与管理研究
		博士	旅游管理	旅游规划与策划
		博士	体育经营管理	体育营销管理
		博士	体育经营管理	体育产业管理
		博士	体育经营管理	体育赛事组织与管理
30	上海交通大学	硕士	工商管理	旅游管理
		硕士	新闻传播学	文化产业管理；文化经济；文化政策；文化产业
		硕士	新闻传播学	新闻学
		硕士	新闻传播学	传播学
		专业学位	新闻与传播（专业学位）	——
		专业学位	工业设计工程	平面设计与策划
		专业学位	工业设计工程	多媒体设计与传播
		专业学位	工业设计工程	产品开发设计
		专业学位	工业设计工程	设计管理研究
		专业学位	工业设计工程	平面设计与策划
		专业学位	工业设计工程	环境艺术设计
		硕士	戏剧与影视学	影视创作与国际影视研究；影视批评研究；数
		硕士	设计学	设计管理
		硕士	设计学	产品设计
		硕士	设计学	视觉传达
		硕士	设计学	环境设计
		专业学位	艺术	新媒体
		专业学位	艺术	艺术设计
		专业学位	艺术	广播电视
		博士	工商管理（媒介管理）	传播学、危机管理
		博士	工商管理（媒介管理）	比较文化与传播
		博士	工商管理（媒介管理）	文化传播
31	南开大学	硕士	图书馆学	图书与出版管理
		硕士	旅游管理	旅游市场营销
		硕士	旅游管理	旅游企业管理
		硕士	旅游管理	旅游规划与产业经济
		硕士	设计学	视觉艺术设计
		硕士	设计学	环境艺术设计
		硕士	设计学	服饰艺术设计
		硕士	设计学	工业设计
		硕士	设计学	新媒体艺术

序号	学校名称	培养层次	专业	方向
		硕士	设计学	数字绘画
		专业学位	艺术设计	环境艺术设计
		硕士	考古学	考古学及博物馆学
		专业学位	文物与博物馆	——
		专业学位	新闻与传播	媒介经营与管理
		专业学位	新闻与传播	广电新闻与文化传播
		专业学位	出版	出版经营与管理
		专业学位	出版	现代出版业务
		专业学位	出版	出版物营销
		专业学位	旅游管理	旅游市场营销
		专业学位	旅游管理	旅游规划与产业经济
		专业学位	旅游管理（专业学位）	旅游目的地营销与管理
		专业学位	旅游管理（专业学位）	旅行社经营管理
		专业学位	旅游管理（专业学位）	旅游地产与度假村管理
		专业学位	旅游管理（专业学位）	国际会展管理
		专业学位	旅游管理（专业学位）	港口与游轮旅游管理
		专业学位	旅游管理（专业学位）	旅游电子商务管理
		专业学位	旅游管理（专业学位）	旅游景区经营管理
		博士	文艺学	文学理论与文化研究
		博士	文艺学	文艺美学与文化研究
		博士	比较文学与世界文学	外国文化与文学
		博士	图书馆学	图书馆管理
		博士	图书馆学	出版管理
		博士	图书馆学	现代图书馆管理
		博士	情报学	信息经济与政策
		博士	旅游管理	旅游营销、服务业管理、品牌管理
		博士	旅游管理	旅游发展理论研究、旅游市场营销
		博士	旅游管理	旅游产业经济、旅游竞争力研究
		博士	考古学	中国古代陶瓷器研究
32	天津大学	硕士	旅游管理	——
		硕士	城乡规划学	——
		硕士	风景园林学	——
		硕士	建筑学	——
		硕士	设计学	——
		专业学位	风景园林	——
		博士	信息与通信工程	物联网技术
		博士	建筑学	文化遗产保护
		博士	风景园林学	环境艺术设计及理论

序号	学校名称	培养层次	专业	方向
		博士	风景园林学	景观与公共艺术设计
		博士	风景园林学	当代景观美学与设计理论
		博士	风景园林学	可持续景观设计理论和技术
		博士	城乡规划学	非物质文化遗产保护与研究
		博士	旅游管理	旅游规划与旅游景区管理系统研究
		博士	旅游管理	旅游与区域经济发展
33	河北工业大学	硕士	旅游管理	旅游市场与营销管理
		硕士	旅游管理	旅游企业集成化管理
		硕士	建筑学	建筑设计及其理论
		硕士	建筑学	建筑历史文化与遗产保护
		硕士	建筑学	城市设计及理论
		硕士	建筑学	绿色建筑与建筑节能
		硕士	建筑学	数字化建筑物理环境设计
		硕士	设计艺术学	环境艺术设计及理论
		硕士	设计艺术学	视觉传达设计及理论
		硕士	艺术设计（专业学位）	平面艺术设计
		硕士	设计艺术学	视觉传达设计及理论
34	重庆大学	硕士	城乡规划学	城乡历史文化遗产保护规划
		硕士	技术经济及管理	知识产权管理
		硕士	产业经济学	知识产权管理
		硕士	设计学	视觉传达艺术设计研究
		硕士	设计学	民间艺术与现代设计应用研究
		硕士	设计学	艺术景观设计与工程应用
		硕士	传播学	新媒体产业研究
		硕士	新闻学	传播媒体形象与市场开发
		硕士	新闻学	数字出版研究
		硕士	新闻学	报业集团化研究
		硕士	新闻学	新闻媒体产业研究
		硕士	传播学	文化传播与创意产业研究
		硕士	传播学	文化传播研究
		硕士	传播学	媒介文化与媒体研究策划
		硕士	传播学	传媒经营管理
		硕士	传播学	网络传播
		硕士	传播学	编辑出版
		硕士	体育人文社会学	体育产业经营管理
		硕士	体育人文社会学	体育文化传播研究
		硕士	戏剧与影视学	动漫艺术与创意产业
		硕士	风景园林学	风景园林规划与设计

序号	学校名称	培养层次	专业	方向
		硕士	风景园林学	风景园林历史与遗产保护
		硕士	风景园林学	大地景观规划与生态修复
		硕士	风景园林学	园林工程与技术
		硕士	软件工程	——
		硕士	图书馆、情报与档案管理	知识管理与知识产权
		专业学位	艺术设计	——
		专业学位	新闻与传播硕士	新媒体与媒介融合
		专业学位	新闻与传播硕士	媒介经营管理
		专业学位	新闻与传播硕士	媒体资本运营
		博士	企业管理	电子商务与网络营销
		博士	旅游管理	旅游资源开发与管理
		博士	建筑学	地域文化与建筑理论
		博士	建筑学	文化遗产保护与历史建筑修护
		博士	城乡规划学	城镇历史遗产保护理论与方法
		博士	风景园林学	地域园林历史与自然遗产保护
35	西南大学	硕士	旅游管理	旅游开发与管理
		硕士	旅游管理	旅游景区管理
		硕士	图书馆学	图书馆管理
		硕士	图书馆学	文献管理自动化及数字图书馆
		硕士	风景园林学	风景园林与规划设计
		硕士	新闻学	传媒文化产业研究
		硕士	戏剧与影视学	影视产业与文化传播
		硕士	戏剧与影视学	电影营销
		硕士	戏剧与影视学	影视艺术研究
		硕士	戏剧与影视学	视觉文化研究
		硕士	戏剧与影视学	数字影视技术
		博士	文艺学	西方美学与视觉文化研究
		博士	教育技术学	传媒文化产业
36	太原理工大学	硕士	工商管理（专业学位）	旅游管理
		硕士	风景园林学	地域文化景观保护与旅游开发
		硕士	计算机科学与技术	物联网与云技术
		硕士	软件工程	物联网软件技术
		硕士	建筑学	建筑遗产保护理论与方法
		硕士	竞赛组织（专业学位）	体育赛事的组织管理
		硕士	城乡规划学	古村镇遗产保护理论与方法
		硕士	城乡规划学	城市规划与景观设计理论
		硕士	风景园林学	景观环境艺术设计研究
		硕士	风景园林学	地域文化景观保护与旅游开发

序号	学校名称	培养层次	专业	方向
		硕士	风景园林学	景观园林设计及其技术
37	内蒙古大学	硕士	传播学	媒介经营管理
		硕士	传播学	新媒体与数字出版
		硕士	旅游管理	旅游开发与规划管理
		硕士	信息与通信工程	物联网
38	大连理工大学	硕士	工商管理	旅游管理
		硕士	建筑学	城市规划与设计
39	东北大学	硕士	设计学	装饰绘画艺术研究
		硕士	设计学	环境艺术设计研究
		硕士	设计学	平面设计研究
		硕士	体育人文社会学	体育产业与开发
40	辽宁大学	专业学位	广播电视（电视编导）	——
		专业学位	新闻与传播	——
		硕士	新闻与传播	——
		硕士	广播电视	——
		硕士	旅游管理	——
		硕士	新闻学	——
		硕士	传播学	——
		硕士	广播电视艺术学	——
		硕士	考古学	——
		硕士	图书馆学	——
		硕士	档案学	——
		硕士	软件工程	——
41	大连海事大学	硕士	旅游管理	海洋旅游资源开发管理、航游企业管理
42	吉林大学	硕士	传播学	传播文化化研究
		硕士	传播学	广告理论研究
		硕士	外国语言学及应用语言学	跨文化交际学
		硕士	考古学	文化遗产与博物馆学
		硕士	图书馆学	数字信息资源管理
		硕士	计算机系统结构	物联网技术及应用
		硕士	计算机应用技术	多媒体技术
		硕士	计算机应用技术	计算机动画与计算机游戏
		硕士	计算机应用技术	虚拟现实技术
		博士	文艺学	影视艺术与文化研究
		博士	考古学	博物馆学
		博士	图书情报与档案管理	图书馆管理
		博士	图书情报与档案管理	信息资源管理
		博士	图书情报与档案管理	档案管理

序号	学校名称	培养层次	专业	方向
		博士	计算机应用技术	计算机图形学与数字媒体
43	东北农业大学	硕士	旅游管理	——
		硕士	软件工程	——
		硕士	风景园林学	——
44	东北师范大学	硕士	传播学	文化产业与文化（文学）传播
		硕士	传播学	平面媒体（出版）传播
		硕士	中国史	旅游文化
		硕士	旅游管理	旅游教育
		硕士	旅游管理	旅游经济
		硕士	旅游管理	旅游资源保护与管理
		硕士	旅游管理	旅游企业经营与管理
		硕士	新闻学	新媒体研究
		硕士	新闻学	广告学
		硕士	新闻与传播（专业学位）	广告学
		硕士	人文地理学	文化地理与区域旅游开发管理
		博士	教育技术学	远程教育与新媒体文化研究
45	延边大学	硕士	民族学	民族文化产业创意研究
		硕士	民族学	民族文化比较研究
		硕士	旅游管理	图们江区域旅游合作开发
		硕士	旅游管理	旅游企业管理
		硕士	旅游管理	旅游规划与开发
		硕士	体育人文社会学	休闲体育学
		硕士	民族传统体育学	东北亚传统体育文化比较研究
		专业学位	社会体育指导	休闲体育理论与实践
		硕士	音乐与舞蹈学	音乐表演与教育
		硕士	音乐与舞蹈学	音乐创作理论
46	东北林业大学	硕士	旅游管理	生态旅游学
		硕士	旅游管理	旅游规划与开发
		硕士	旅游管理	旅游经济理论与应用
		专业学位	旅游管理硕士	生态旅游学
		专业学位	旅游管理硕士	旅游规划与开发
		专业学位	旅游管理硕士	旅游经济理论与应用
		硕士	风景园林学	园林设计与理论
		硕士	风景园林学	园林建筑设计与理论
		硕士	风景园林学	城市绿地系统规划
		硕士	设计学	视觉传达设计与研究
		专业学位	风景园林硕士	风景园林设计与理论
		专业学位	风景园林硕士	风景园林建筑设计与理论

		专业学位	艺术设计	视觉传达设计与研究
		博士	风景园林学	风景园林规划与设计
		博士	风景园林学	园林植物与观赏园艺
47	哈尔滨工业大学	硕士	风景园林学	——
		硕士	建筑学	室内设计
		硕士	设计学	设计艺术学
		专业学位	风景园林硕士	——
48	哈尔滨工程大学	硕士	企业管理	旅游经营管理
		硕士	计算机科学与技术	数字媒体技术与艺术
		硕士	思想政治教育	网络文化与德育创新研究
		专业学位	软件工程	——
		博士	建筑历史与理论	中国建筑遗产保护
		博士	建筑历史与理论	历史建筑保护与利用
		博士	建筑历史与理论	中国传统景观历史与理论
		博士	建筑历史与理论	景观遗产保护与利用
		博士	建筑历史与理论	文化景观资源保护与利用
		博士	建筑历史与理论	景观与生态规划
		博士	计算机科学与技术	人机交互与数字媒体技术
		博士	计算机科学与技术	计算机图形图像处理
		博士	计算机科学与技术	软件服务工程与服务计算
		博士	计算机科学与技术	数字艺术与计算技术
		博士	计算机科学与技术	面向媒体艺术的人机交互技术
49	南京大学	硕士	考古学	非物质文化遗产研究
		硕士	考古学	文化遗产研究
		硕士	新闻学	媒介经济
		硕士	传播学	媒介管理
		硕士	传播学	影视与网络传播
		硕士	传播学	广告理论与实务
		硕士	出版	图书出版
		硕士	出版	报刊出版
		硕士	出版	音像及电子出版
		硕士	出版	网络编辑和出版
		硕士	出版	出版营销
		硕士	出版	出版经营与管理
		硕士	图书馆学	阅读文化与文化传播
		硕士	编辑出版学	编辑出版理论
		硕士	编辑出版学	编辑出版实务
		硕士	编辑出版学	编辑出版数字化
		硕士	编辑出版学	外国编辑出版

		硕士	编辑出版学	编辑出版史
		硕士	人文地理学	旅游资源规划与管理
		硕士	建筑学	景观规划与设计
		硕士	计算机应用技术	多媒体计算机技术
		硕士	美术学	现代装饰与设计研究
		专业学位	文物与博物馆	文物与博物馆硕士
		博士	应用经济学	文化产业研究
		博士	社会学	传播与文化
		博士	考古学	文化遗产与文化学研究
		博士	图书情报与档案管理	期刊出版研究
		博士	图书情报与档案管理	出版经济与管理
		博士	图书情报与档案管理	数字图书馆与数字出版
		博士	图书情报与档案管理	出版文化
		博士	图书情报与档案管理	数字化出版
		博士	图书情报与档案管理	多媒体信息处理与检索
		博士	信息管理工程	网络信息资源管理
		博士	地理学	旅游区域效应与旅游规划
		博士	地理学	自然遗产评价
		博士	中国语言文学	文化研究
50	东南大学	硕士	产业经济学	信息经济与知识管理
		硕士	体育学	体育休闲与娱乐
		硕士	旅游管理	旅游文化与发展战略
		硕士	旅游管理	旅游资源开发与规划
		硕士	旅游管理	旅游企业与休闲产业管理
		硕士	旅游管理	遗产旅游
		专业学位	旅游管理	旅游文化与发展战略
		专业学位	旅游管理	遗产旅游管理
		专业学位	旅游管理	旅游企业管理
		专业学位	旅游管理	旅游资源开发与规划
		硕士	艺术学理论	非物质文化遗产
		硕士	艺术学理论	艺术管理
		硕士	艺术学理论	艺术创意产业
		硕士	艺术学理论	艺术传播
		硕士	美术学	书画鉴定与市场
		硕士	设计学	设计历史与文化
		硕士	艺术设计（专业学位）	动画设计
		硕士	建筑学	建筑历史理论与遗产保护
		硕士	城乡规划学	城市规划历史与遗产保护
		硕士	风景园林学	风景园林历史理论与遗产保护

序号	学校名称	培养层次	专业	方向
		硕士	风景园林学	园林与景观设计
		硕士	风景园林学	大地景观规划与生态修复
		硕士	风景园林学	风景园林工程与技术
		硕士	风景园林学	游憩与景观建筑设计
		专业学位	风景园林	风景园林历史理论与遗产保护
		专业学位	风景园林	园林与景观设计
		专业学位	风景园林	大地景观规划与生态修复
		专业学位	风景园林	风景园林工程与技术
		专业学位	风景园林	游憩与景观建筑设计
		硕士	图书情报与档案管理	图书馆学
		博士	建筑学	建筑历史理论与遗产保护
		博士	城乡规划学	城市规划历史与遗产保护
		博士	风景园林学	园林与景观设计
		博士	产业经济学	网络经济研究
		博士	产业经济学	网络型产业的垄断与规制研究
		博士	艺术学理论	艺术管理研究
		博士	艺术学理论	非物质文化遗产研究
		博士	艺术学理论	艺术创意与产业研究
		博士	艺术学理论	艺术传播研究
51	苏州大学	硕士	体育学	体育产业与经济
		硕士	戏剧与影视学	戏剧影视艺术产业
		硕士	旅游管理	旅游文化研究与开发
		硕士	旅游管理	城市旅游研究
		硕士	旅游管理	旅游经济管理
		硕士	设计学	平面艺术设计及理论研究
		硕士	设计学	数码艺术设计及理论研究
		硕士	设计学	艺术设计历史及理论研究
		硕士	设计学	服装艺术设计及理论研究
		硕士	设计学	城市建筑设计及理论研究
		专业学位	艺术设计	建筑艺术设计
		专业学位	艺术设计	艺术设计
		硕士	风景园林学	园林建筑与植物保护
		硕士	风景园林学	苏州园林艺术与设计
		硕士	纺织科学与工程	服装设计与工程
		硕士	图书情报与档案管理	档案学
		博士	服装设计与工程	服装市场研究
		博士	设计学	艺术设计理论及服饰文化
		博士	设计学	建筑设计与艺术课

序号	学校名称	培养层次	专业	方向
		博士	媒介文化	传媒与文化产业研究
		博士	媒介文化	传媒与文化研究
52	河海大学	硕士	新闻传播学	文化传播
		硕士	新闻传播学	影视传播
53	中国矿业大学（徐州）	硕士	美术学	油画艺术研究
		硕士	美术学	装饰艺术研究
		硕士	美术学	现代绘画研究
		硕士	美术学	设计美术研究
		硕士	设计艺术学	环境艺术设计研究
		硕士	设计艺术学	景观设计研究
		硕士	设计艺术学	平面设计研究
		硕士	设计艺术学	工业设计研究
		专业学位	美术	油画
		专业学位	美术	国画
		专业学位	美术	装饰艺术
		专业学位	美术	美术史论
		专业学位	艺术设计	环境艺术设计
		专业学位	艺术设计	景观园林设计
		专业学位	艺术设计	视觉传达设计
		硕士	中国语言文学	影视批评与大众文化
		硕士	中国语言文学	中国现代文学与媒介传播
		硕士	城乡规划学	城市景观规划与设计
54	南京师范大学	硕士	新闻学	编辑出版
		硕士	传播学	广告与公关
		硕士	戏剧与影视学	广告艺术设计
		硕士	民俗学	非物质文化遗产保护
		硕士	人文地理学	旅游管理与规划
		硕士	旅游管理	旅游管理
		硕士	旅游管理	旅游规划
		专业学位	旅游管理	——
		硕士	体育人文社会学	体育经济与产业
		硕士	设计学	视觉传达设计研究
		硕士	设计学	陶瓷艺术设计研究
		硕士	设计学	动画艺术设计研究
		硕士	设计学	摄影艺术研究
		专业学位	艺术设计	视觉传达设计
		专业学位	艺术设计	动画设计
		专业学位	文物与博物馆	考古学

序号	学校名称	培养层次	专业	方向
		专业学位	文物与博物馆	博物馆学
		博士	人文地理学	旅游地理与旅游规划
55	南京理工大学	硕士	传播学	新媒体传播研究
		硕士	传播学	文化艺术与影视传播研究
		硕士	设计学	环境艺术设计及理论
		硕士	设计学	视觉传达设计及理论
		专业学位	工业设计工程	视觉传达设计
		硕士	图书馆学	图书数字资源管理
		专业学位	仪器仪表工程	物联网技术及应用
56	南京航空航天大学	硕士	戏剧戏曲学	舞台美术设计与技术
		硕士	戏剧戏曲学	电视艺术与技术
		硕士	戏剧戏曲学	影视编导与创作研究
		硕士	设计学	设计理论研究
		硕士	设计学	数字艺术设计及理论研究
		硕士	设计学	环境艺术设计及理论研究
		硕士	音乐学	音乐表演与研究
		硕士	戏剧戏曲学	舞台美术设计与技术
		硕士	广播电视艺术学	广播电视艺术理论
		硕士	广播电视艺术学	电视艺术与技术
		硕士	广播电视艺术学	影视编导与创作研究
		硕士	工业设计工程	——
		专业学位	戏剧	戏剧表演
		专业学位	戏剧	戏剧导演
		专业学位	戏剧	戏剧舞美设计
		专业学位	广播电视	影视编导
		专业学位	广播电视	数字影像艺术与技术
		专业学位	广播电视	节目策划与设计
		专业学位	广播电视	编剧
		专业学位	艺术设计	环境艺术设计
		专业学位	艺术设计	视觉传达设计
		专业学位	艺术设计	数字艺术设计
		专业学位	艺术设计	公共艺术设计
		专业学位	舞蹈	舞蹈表演
		专业学位	舞蹈	舞蹈编导
		博士	经济与产业管理	文化产业管理
57	江南大学	硕士	设计学	工业设计及理论
		硕士	设计学	视觉传达设计及理论
		硕士	设计学	环境艺术设计及理论

序号	学校名称	培养层次	专业	方向
		硕士	设计学	公共艺术设计及理论
		专业学位	工业设计工程	工业设计
		专业学位	工业设计工程	公共艺术
		专业学位	艺术设计	环境艺术设计
		专业学位	艺术设计	视觉传达设计
		硕士	设计学	服装设计
		硕士	设计学	服饰文化
		硕士	设计学	现代服装技术
		专业学位	纺织工程	服装设计与工程
		专业学位	艺术设计	服装设计艺术
		硕士	设计学	数字设计艺术及理论
		硕士	设计学	动画及影视设计研究
		硕士	设计学	新媒体设计研究
		专业学位	工业设计工程	数字设计艺术及理论
		专业学位	工业设计工程	动画及影视设计研究
		专业学位	工业设计工程	新媒体设计研究
		硕士	美术学	美术创作研究
		硕士	美术学	美术历史与理论研究
		硕士	企业管理	旅游企业管理
		硕士	教育技术学	数字影视技术
		硕士	音乐与舞蹈学	音乐表演与教学研究
		硕士	音乐与舞蹈学	音乐创作与演唱研究
		博士	产品系统设计及理论	建筑艺术遗产保护与利用
		博士	产品系统设计及理论	城市景观艺术设计理论与方法
		博士	产品系统设计及理论	视觉文化研究
58	南京农业大学	硕士	旅游管理	旅游开发与管理
		硕士	旅游管理	旅游文化
		硕士	旅游管理	休闲农业
		专业学位	农业科技组织与服务	乡村旅游
		硕士	风景园林学	园林与景观规划设计
		硕士	风景园林学	大地景观规划与生态修复
		硕士	风景园林学	风景园林历史与理论
		硕士	风景园林学	风景园林与景观遗产保护
		硕士	计算机科学与技术	物联网技术及应用
		硕士	图书馆学	数字图书馆
		硕士	图书馆学	现代图书馆管理
59	浙江大学	专业学位	体育人文社会学	休闲体育
		硕士	旅游管理	——

序号	学校名称	培养层次	专业	方向
		硕士	广播电视艺术学	视听媒介管理
		硕士	广播电视艺术学	当代影视文化
		硕士	民族传统体育学	中国武术与传统文化
		硕士	设计学	动画设计
		硕士	设计学	视觉传达设计
		专业学位	文物与博物馆硕士	文化遗产保护与鉴定
		专业学位	文物与博物馆硕士	博物馆管理与展示
		专业学位	软件工程	数字媒体技术
		专业学位	风景园林硕士	——
		博士	休闲学	休闲文化产业学
		博士	文艺学	文化研究
		博士	体育人文社会学	体育经济学研究
		博士	体育人文社会学	体育休闲心理学研究
		博士	考古学	文化遗产保护学
		博士	考古学	博物馆学
		博士	新闻传播学	影视动漫传播研究
		博士	新闻传播学	文化创意产业研究
		博士	计算机科学与技术	数字文化保护与传承技术（融合虚拟现实、图象处理、多媒体、交互跟踪等技术）
		博士	计算机科学与技术	文物数字化技术
		博士	计算机科学与技术	视觉计算
		博士	数字化艺术与设计	数字媒体艺术
		博士	数字化艺术与设计	艺术风格动画生成
		博士	数字化艺术与设计	图像艺术风格处理
		博士	数字化艺术与设计	卡通风格游戏
60	安徽大学	硕士	考古学	文化遗产研究
		硕士	戏剧与影视学	民间戏剧与地域文化
		硕士	旅游管理	旅游管理与规划
		硕士	旅游管理	旅游资源与开发
		硕士	旅游管理	旅游经济
		硕士	旅游管理	休闲与度假旅游
		硕士	图书馆学	——
		专业学位	图书情报硕士	——
		专业学位	文物与博物馆硕士	——
		专业学位	旅游管理硕士	——
		艺术硕士	艺术设计	平面设计
		博士	考古学	文化遗产
61	合肥工业大学	硕士	电子商务	网络营销

序号	学校名称	培养层次	专业	方向
		硕士	设计学	视觉传达设计与理论
		硕士	设计学	环境景观设计与理论
		专业学位	艺术设计	平面与视觉传达
		专业学位	艺术设计	造型与公共艺术
		硕士	建筑学	建筑遗产保护研究
		硕士	城乡规划学	传统村落保护与更新研究
		博士	电子商务	网络营销
		博士	旅游管理	——
62	中国科学技术大学	硕士	科学技术史	文化遗产保护与研究
		专业学位	文物与博物馆	藏品管理
		专业学位	文物与博物馆	博物馆管理
		专业学位	公共管理（MPA）	体育管理
		硕士	信号与信息处理	多媒体技术
		博士	公共管理	传媒事业管理
		博士	公共管理	新媒介研究
63	厦门大学	硕士	艺术学理论	新媒体与大众文化
		硕士	艺术学理论	新媒体与与动漫产业
		硕士	艺术学理论	新媒体与影视艺术
		硕士	传播学	广告学
		硕士	音乐与舞蹈学	文化产业与艺术管理
		硕士	网络经济学	网络经济理论与政策
		硕士	区域经济学	旅游规划与休闲管理
		硕士	旅游管理	旅游市场研究
		硕士	旅游管理	旅游资源开发与规划
		硕士	旅游管理	旅游企业管理
		硕士	旅游管理	旅游财务管理
		硕士	设计学	平面设计
		硕士	知识产权与出版管理	出版事业管理
		专业学位	文物与博物馆	文化遗产与博物馆
		专业学位	旅游管理	旅游（地产）投资管理
		专业学位	旅游管理	旅游目的地（景区）规划与管理
		硕士	考古学	文化遗产学
		专业学位	文物与博物馆	文化遗产与博物馆
		硕士	计算机软件与理论	数字媒体技术
		硕士	建筑学	历史建筑与建筑文化遗产保护
		博士	传播学	广告学
		博士	戏剧与影视学	新媒体艺术产业
		博士	民族学	文化遗产研究

序号	学校名称	培养层次	专业	方向
		博士	民族学	民族文化与民族遗产
		博士	旅游管理	旅游理论与市场
		博士	旅游管理	旅游开发与企业管理
		博士	考古学	文化遗产学
		博士	计算机科学与技术	数字媒体技术
64	福州大学	硕士	设计学	视觉传达设计
		硕士	设计学	环境艺术设计
		硕士	设计学	工业造型设计
		硕士	设计学	服装艺术设计
		硕士	设计学	数字艺术设计
		专业学位	艺术设计	视觉传达设计
		专业学位	艺术设计	环境艺术设计
		专业学位	艺术设计	服装艺术设计
		专业学位	艺术设计	鞋帽包艺术设计
		专业学位	艺术设计	数字艺术设计
		硕士	情报学	信息资源管理
		硕士	情报学	知识产权管理
		硕士	情报学	网络信息智能优化管理
		硕士	环境科学	景观生态规划与设计
		硕士	信号与信息处理	数字媒体技术
		硕士	建筑学	——
		专业学位	工业设计工程	家电产品设计
		专业学位	工业设计工程	卫浴产品设计
		专业学位	工业设计工程	电子产品设计
		专业学位	工业设计工程	机电产品设计
		专业学位	工业设计工程	玩具设计
		硕士	美术学	中国画
		硕士	美术学	漆画
		硕士	美术学	雕塑
		硕士	美术学	油画
		专业学位	美术	中国画
		专业学位	美术	油画
		专业学位	美术	漆画
		专业学位	美术	雕塑与公共空间艺术
		专业学位	美术	陶艺
		博士	通信与信息系统	数字媒体技术与艺术
		博士	旅游管理	旅游开发与管理
65	南昌大学	硕士	产业经济学	文化教育产业发展研究

序号	学校名称	培养层次	专业	方向
		硕士	人文地理学	旅游规划与开发
		硕士	旅游管理	区域旅游规划
		硕士	旅游管理	旅游企业经营管理
		硕士	旅游管理	休闲与娱乐业管理
		硕士	旅游管理	旅游经济
		硕士	新闻学	电视传播与电视文化
		硕士	传播学	广告学
		硕士	设计艺术学	视觉媒体与表现研究
		硕士	体育人文社会学	体育产业经济理论与实践
		硕士	图书馆学	数字图书馆
		硕士	软件工程	软件服务工程
		专业学位	旅游管理	旅游规划与开发管理
		专业学位	旅游管理	旅游企业经营与管理
		专业学位	旅游管理	休闲与文化产业管理
		专业学位	旅游管理	会展旅游与管理
		专业学位	新闻与传播	媒体经营与管理
		专业学位	新闻与传播	新媒体的采编与管理
		专业学位	新闻与传播	广告实务
66	山东大学	硕士	传播学	传播与创意产业
		硕士	传播学	出版发行
		硕士	传播学	电影电视与新媒介
		硕士	传播学	广告理论与实务
		硕士	设计学	视觉传达
		硕士	艺术学理论	艺术产业与管理
		硕士	中国史	文化资源与文化产业（民间艺术研究、旅游文化研究、文化资源与传媒产业研究、出版文化研究等）
		硕士	文物与博物馆	博物馆学
		硕士	文物与博物馆	文化遗产管理与保护
		硕士	文化产业管理	历史文化资源与文化发展
		硕士	文化产业管理	文化企业管理
		硕士	文化产业管理	区域文化产业规划
		硕士	文化产业管理	文化产业人力资源开发与管理
		硕士	文化产业管理	文化产业项目策划与运营
		硕士	文化产业管理	现代传媒管理
		硕士	档案学	档案与文化艺术产业管理
		硕士	旅游管理	旅游企业管理
		硕士	旅游管理	旅游市场开发
		硕士	旅游管理	旅游规划与目的地管理

序号	学校名称	培养层次	专业	方向
		硕士	旅游管理	旅游文化与旅游行为研究
		硕士	体育人文社会学	体育管理研究
		硕士	体育人文社会学	体育产业研究
		硕士	考古学	文化遗产学
		硕士	计算机科学与技术	数字化艺术与设计
		博士	考古学	文化遗产学
		博士	考古学	文物学与博物馆学
		博士	传播学	广告学
		博士	传播学	视觉艺术传播
		博士	文艺学	中国传统艺术
		博士	中国史	文化资源与文化产业（民间艺术、旅游文化、文化资源与传媒产业、出版文化、音乐文化等）
		博士	体育管理科学	体育产业管理
		博士	体育管理科学	体育项目管理
67	中国海洋大学	硕士	旅游管理	——
		专业学位	旅游管理	——
		硕士	计算机软件与理论	——
		硕士	计算机应用技术	——
		博士	旅游管理	旅游开发管理与区域经济战略
68	郑州大学	硕士	管理科学与工程	旅游科学与管理
		硕士	旅游管理	旅游企业管理
		硕士	旅游管理	旅游规划开发
		硕士	戏剧与影视学	影视文化产业
		硕士	戏剧与影视学	文化产业与数字媒体艺术学
		硕士	传播学	网络与新媒体传播
		硕士	传播学	影视传播与影视文化产业
		硕士	传播学	媒介经济
		硕士	传播学	编辑出版
		硕士	传播学	广告传播
		硕士	考古学	历史文化遗产保护与研究（含文物鉴定）
		硕士	文物与博物馆	文化遗产保护与管理
		硕士	文物与博物馆	博物馆策划与管理
		硕士	风景园林学	园林与景观设计
69	武汉大学	硕士	传播学	图像与动画设计
		硕士	传播学	媒介经营管理
		硕士	传播学	网络传播
		硕士	传播学	广告传播
		硕士	传播学	广播电视传播

序号	学校名称	培养层次	专业	方向
		专业学位	新闻与传播	广告传播
		专业学位	新闻与传播	网络传播
		硕士	图书馆学	文献与出版研究
		硕士	出版发行学	数字出版研究
		硕士	出版发行学	出版营销研究
		硕士	出版发行学	出版管理研究
		硕士	出版发行学	出版经济研究
		硕士	出版发行学	国外出版业研究
		硕士	出版发行学	出版史与出版文化研究
		硕士	出版发行学	期刊研究
		硕士	出版发行学	版权研究
		硕士	考古学	文化遗产与博物馆
		专业学位	出版	——
		硕士	旅游管理	——
		专业学位	旅游管理	——
		硕士	民俗学	民俗旅游文化
		硕士	民俗学	非物质文化遗产保护
		硕士	设计艺术学	视觉传达设计
		硕士	设计艺术学	公共艺术创作及研究
		专业学位	文物与博物馆	考古与博物馆
		硕士	城乡规划学	遗产保护
		专业学位	城乡规划学	遗产保护
		硕士	计算机技术	影视设计与技术
		硕士	计算机技术	多媒体技术
		硕士	计算机技术	物联网技术
		硕士	风景园林学	风景园林规划设计与理论
		硕士	风景园林学	数字风景园林规划与管理
		博士	媒介经营与管理	媒介经济研究
		博士	媒介经营与管理	媒介经营研究
		博士	广告学	广告传播的运作与管理研究
		博士	图书馆学	图书馆营销与服务
		博士	出版发行学	图书发行学
		博士	出版发行学	出版营销管理
		博士	出版发行学	数字出版
		博士	出版发行学	出版产业管理与版权贸易
		博士	出版发行学	期刊产业研究
		博士	出版发行学	传媒企业管理
		博士	出版发行学	出版供应链与出版战略

序号	学校名称	培养层次	专业	方向
		博士	出版发行学	出版经济与出版产业
		博士	出版发行学	英美出版业研究
		博士	出版发行学	网络传播
		博士	企业管理	旅游经济
		博士	企业管理	旅游规划
		博士	市场营销管理	旅游市场营销
		博士	市场营销管理	网络营销与电子商务
		博士	市场营销管理	网络营销
		博士	文艺学	文化研究
		博士	中国古代文学	中国古代旅游文化与旅游文学
		博士	行政管理	文化产业管理
		博士	媒介经营与管理	媒介经营研究
		博士	考古学	文化遗产保护
		博士	风景园林学	数字景观规划
		博士	风景园林学	园林与景观设计理论与方法
		博士	图书馆学	国家图书馆研究
		博士	图书馆学	数字图书馆研究
		博士	图书馆学	图书馆营销与服务
		博士	计算机软件与理论	物联网技术
		博士	计算机应用技术	多媒体网络传输技术
		博士	计算机应用技术	多媒体技术
70	华中科技大学	硕士	中国史	历史文化与旅游
		硕士	设计学	视觉艺术设计与理论研究
		硕士	设计学	城市环境艺术设计与理论研究
		硕士	体育人文社会学	休闲体育管理与体育政策分析
		硕士	体育人文社会学	体育赛事与体育场馆的经营与管理
		硕士	传播学	网络传播
		硕士	传播学	编辑出版
		硕士	广播电视传播学	电视文化
		硕士	广播电视传播学	电视传播学
		硕士	广告与公关	品牌传播
		专业学位	出版硕士	——
		硕士	设计学	环境景观艺术设计
		硕士	通信与信息系统	多媒体通信与信息处理
		硕士	软件工程	物联网与智能系统技术
		硕士	计算机系统结构	多媒体技术
		硕士	建筑学	建筑文化与遗产保护
		硕士	城乡规划学	城乡发展历史与遗产保护规划

序号	学校名称	培养层次	专业	方向
		专业学位	建筑学硕士	建筑文化与遗产保护
		专业学位	风景园林硕士	——
		硕士	软件工程	数字媒体技术
		博士	文艺学	艺术与文化传播
		博士	行政管理	文化与休闲管理
		博士	传播学	网络传播
		博士	传播学	广告与品牌传播
		博士	传播学	网络传播
		博士	广播电视传播学	新兴媒体研究
		博士	通信与信息系统	多媒体通信与信息处理
		博士	计算机软件与理论	多媒体技术
		博士	软件工程	数字媒体技术
		博士	软件工程	软件服务与应用
		博士	建筑学	建筑文化与遗产保护
		博士	工程景观学	历史理论与遗产保护研究
71	中国地质大学（武汉）	硕士	工商管理	旅游企业管理
		硕士	自然地理学	旅游地理与旅游资源开发
		硕士	设计学	视觉传达设计
		硕士	新闻传播学	媒介经济与管理
		专业学位	工商管理（专业学位）	旅游资源规划与开发管理
		硕士	宝石学	珠宝首饰营销及管理
		专业学位	材料工程	珠宝首饰营销及管理
		硕士	设计学	首饰设计及工艺
		专业学位	艺术设计	首饰设计及工艺
		硕士	设计学	数字设计艺术
		专业学位	艺术设计	数字媒体设计
		专业学位	艺术设计	视觉传达设计
		专业学位	艺术设计	景观设计
		硕士	旅游管理	旅游地学与旅游资源开发
		硕士	旅游管理	区域旅游规划与管理
		硕士	旅游管理	旅游市场研究
		硕士	旅游管理	城市休闲与游憩管理
		专业学位	旅游管理	——
		博士	应用经济学	文化经济学
		博士	资源产业经济	生态与旅游经济
72	华中师范大学	硕士	设计学	视觉传达设计
		硕士	设计学	视觉传达设计
		硕士	计算机科学与技术	计算机软件与理论

序号	学校名称	培养层次	专业	方向
		硕士	图书情报与档案管理	图书馆学
		硕士	工商管理	旅游管理
		博士	人文地理学	区域资源开发与利用
		博士	行政管理	政府管理与公共文化事业发展
		博士	中国民间文学	民俗文化研究
		博士	中国史	文化遗产
		博士	中国史	文化产业
73	华中农业大学	硕士	传播学	广告传播
		硕士	传播学	社会传播
		专业学位	风景园林	园林规划设计
		专业学位	风景园林	园林植物与园林生态
		硕士	生态学	森林生态
		硕士	园艺学	观赏园艺学
		硕士	风景园林学	园林规划设计
		硕士	风景园林学	园林植物与园林生态
		博士	风景园林学	——
		博士	园艺学	观赏园艺学
74	中南财经政法大学	硕士	新闻学	媒介经营管理
		硕士	传播学	新媒体传播
		硕士	传播学	戏剧影视传播
		硕士	旅游管理	旅游与服务管理
		硕士	旅游管理	旅游企业管理
		硕士	旅游管理	旅游规划与项目管理
		硕士	电子商务	网络营销
		硕士	土地资源管理	景区资源开发
		专业学位	旅游管理	——
		博士	产业经济学	体育产业发展理论与战略
		博士	农业经济学	生态休闲与乡村度假旅游管理
		博士	旅游管理	旅游营销管理
		博士	旅游管理	旅游服务质量管理
75	武汉理工大学	硕士	新闻出版学	网络传播与数字出版
		硕士	新闻出版学	编辑出版学
		硕士	新闻出版学	营销传播研究
		硕士	新闻出版学	跨文化传播研究
		硕士	艺术性理论	艺术管理
		硕士	美术学	动画创作及其理论
		硕士	城乡规划学	城市文化遗产保护与城市设计
		硕士	设计学	视觉传达设计及其理论

序号	学校名称	培养层次	专业	方向
		硕士	设计学	数字艺术设计及其理论
		硕士	建筑学	历史建筑修复理论与方法
		硕士	城乡规划学	城市文化遗产保护与城市设计
		硕士	体育教育训练学	体育产业经济开发与管理
		博士	新闻传播学	网络传播与数字出版
		博士	新闻传播学	编辑出版学
		博士	新闻传播学	营销传播研究
		博士	新闻传播学	跨文化传播研究
		博士	美术学	动画创作及其理论
		博士	体育教育训练学	体育产业经济开发与管理
		博士	艺术学理论	艺术管理
76	湖南大学	硕士	工商管理	旅游管理
		硕士	新闻传播学	媒介经营管理
		硕士	新闻传播学	广告传播
		硕士	新闻传播学	影视文化传播
		硕士	新闻传播学	文化创意与活动产业
		硕士	外国语言文学	文化传播
		硕士	考古学	文物学与博物馆学
		硕士	文物与博物馆硕士	——
		专业学位	艺术硕士	媒体艺术设计（数字媒体、平面媒体
		专业学位	新闻与传播硕士	传媒管理
		专业学位	新闻与传播硕士	文化创意
		专业学位	工业设计工程	数字传媒与识别设计
		硕士	计算机技术	物联网技术
77	中南大学	硕士	旅游管理	——
		硕士	传播学	文化产业
		硕士	传播学	媒体经营与管理
		硕士	设计学	动漫设计与研究
		硕士	旅游管理	旅游营销
		硕士	旅游管理	旅游运营管理
		硕士	旅游管理	旅游资源规划
		硕士	旅游管理	旅游企业管理
		专业学位	艺术设计	艺术设计
		硕士	风景园林学	风景园林学
		博士	旅游管理	——
78	湖南师范大学	硕士	文艺学	文化批评与文化产业
		硕士	新闻学	新媒体传播
		硕士	传播学	传播与文化

序号	学校名称	培养层次	专业	方向
		硕士	传播学	广告学
		硕士	传播学	编辑出版学
		硕士	旅游管理	旅游企业管理
		硕士	旅游管理	旅游规划与景区管理
		硕士	旅游管理	旅游文化
		硕士	旅游管理	旅游教育
		硕士	人文地理学	文化和自然遗产研究与旅游规划
		硕士	体育人文社会学	体育管理与经济
		硕士	设计学	环境艺术设计研究
		硕士	设计学	动漫设计与研究
		硕士	设计学	景观设计研究
		硕士	设计学	数码艺术与设计研究
		硕士	软件工程	数字媒体技术
		硕士	计算机应用技术	物联网与信息家电体系结构
		专业学位	出版学	——
		专业学位	旅游管理	旅游企业管理
		专业学位	旅游管理	旅游规划与开发
		专业学位	旅游管理	旅游与社会文化
		专业学位	旅游管理	旅游市场营销
		博士	中国史	中国近现代社会与文化史、当代中国文化产业史
79	中山大学	硕士	非物质文化遗产学	文化事业与文化产业管理
		硕士	企业管理	体育产业与管理
		硕士	旅游管理	旅游企业管理
		硕士	旅游管理	旅游市场营销
		硕士	情报学	网络信息管理与电子商务
		硕士	情报学	网络信息组织传播
		硕士	民俗学	民俗与文化遗产
		硕士	考古学	文化遗产与博物馆学
		硕士	旅游管理	旅游规划与管理
		硕士	旅游管理	旅游与社区发展
		硕士	旅游管理	酒店与度假村管理
		硕士	旅游管理	旅游人力资源管理
		硕士	旅游管理	会展与事件管理
		硕士	旅游管理	旅游企业战略管理
		硕士	旅游管理	旅游经济
		硕士	旅游管理	旅游企业投资
		硕士	旅游管理	旅游信息化
		硕士	人文地理学	区域发展与旅游规划

序号	学校名称	培养层次	专业	方向
		硕士	设计艺术学	媒体设计
		硕士	城市与区域规划	旅游规划
		专业学位	旅游管理	旅游规划与景区管理
		专业学位	旅游管理	会展与节事管理
		专业学位	旅游管理	酒店与俱乐部管理
		硕士	通信与信息系统	物联网与感知技术
		博士	民俗学	民俗与文化遗产
		博士	文艺学	文艺理论与文化研究
		博士	旅游管理	旅游企业管理
		博士	旅游管理	旅游与服务管理
		博士	旅游管理	旅游规划与管理
		博士	旅游管理	旅游与社会发展
		博士	人文地理学	区域发展与旅游规划
80	暨南大学	硕士	文艺学	文化产业与文化管理
		硕士	中国现当代文学	当代影视文化研究
		硕士	新闻学	传媒与文化产业管理
		硕士	传播学	广告策划与品牌传播
		硕士	传播学	新媒体
		硕士	传播学	海外华文传媒与国际传播
		硕士	旅游管理	旅游开发与规划
		硕士	旅游管理	旅游企业管理
		硕士	旅游管理	旅游市场营销
		专业学位	新闻与传播	广告与品牌传播
		专业学位	新闻与传播	传媒与文化产业管理
		专业学位	旅游管理	——
		博士	历史地理学	历史城市与旅游地理
		博士	新闻学	传媒与文化产业管理
		博士	新闻学	媒介文化与媒介批评
		博士	旅游管理	旅游工程研究
		博士	旅游管理	旅游开发与管理研究
81	华南理工大学	硕士	区域经济学	旅游与区域发展
		硕士	旅游管理	旅游度假地开发与管理研究
		硕士	旅游管理	会展经济与节事旅游
		硕士	旅游管理	旅游企业管理
		硕士	旅游管理	旅游消费者行为
		硕士	美学	旅游美学
		硕士	新闻学	影视与新媒体
		硕士	新闻学	传媒管理

序号	学校名称	培养层次	专业	方向
		硕士	城乡规划学	城乡发展历史与遗产保护规划
		硕士	风景园林学	风景园林历史理论与景观遗产保护
		硕士	风景园林学	风景园林规划与设计
		硕士	风景园林学	生态园林建筑技术
		专业学位	建筑学	建筑遗产保护
		专业学位	风景园林	风景园林规划与设计
		专业学位	风景园林	景观建筑设计与理论
		博士	信息与通信工程	图像处理与视频信号处理
		博士	建筑学	建筑遗产保护
		博士	城乡规划学	城乡历史遗产保护规划
		博士	旅游管理	节事旅游与会展管理
		博士	风景园林学	风景园林历史与理论
		博士	风景园林学	园林与景观设计
		博士	风景园林学	风景园林遗产保护
82	华南师范大学	硕士	经济史	历史文化资源与区域开发
		硕士	产业经济学	信息产业与经济增长研究
		硕士	体育人文社会学	运动休闲经营
		硕士	体育人文社会学	体育文化与传播
		硕士	文艺学	出版与文学
		硕士	旅游管理	城市更新与旅游发展
		硕士	旅游管理	旅游经济与休闲服务管理
		硕士	旅游管理	休闲设施布局与城市发展
		硕士	旅游管理	旅游规划与管理
		硕士	旅游管理	旅游消费者行为
		博士	政治经济学	市场经济与文化产业发展
		博士	体育人文社会学	运动休闲研究
83	广西大学	硕士	土地资源管理	土地生态与旅游规划
		硕士	企业管理	媒体与信息管理
		硕士	旅游管理	旅游资源开发与规划
		硕士	旅游管理	旅游经济及管理
		硕士	文艺学	文化批评研究
		硕士	文艺学	音乐文化研究
		硕士	中国少数民族语言文学	民族文化与东南亚文化研究
		硕士	传播学	文化产业
		硕士	传播学	媒介融合研究
		专业学位	旅游管理	旅游企业经营与管理
		专业学位	旅游管理	旅游开发规划与管理
		专业学位	新闻与传播	媒介经营管理

序号	学校名称	培养层次	专业	方向
		硕士	风景园林学	风景园林规划设计
84	四川大学	硕士	文艺学	文化产业运作与管理
		硕士	新闻学	传媒经营研究
		硕士	传播学	编辑出版研究
		硕士	传播学	广告研究
		硕士	传播学	影视传播研究
		硕士	传播学	网络传播研究
		硕士	传播学	生产与文化产业
		硕士	传播学	旅游规划与旅游资源开发
		硕士	文化批评	文化产业运作与管理
		硕士	文化批评	文化研究
		硕士	艺术学理论	艺术生产与文化产业
		硕士	艺术设计	广告设计
		硕士	旅游管理	旅游规划与旅游资源开发
		硕士	旅游管理	旅游企业管理
		硕士	旅游管理	旅游文化
		硕士	旅游管理	会展策划与管理
		硕士	旅游管理	遗产资源开发
		硕士	旅游管理	旅游规划与旅游资源开发
		硕士	旅游管理	旅游文化
		硕士	旅游管理	会展策划与管理
		硕士	旅游管理	遗产资源开发
		硕士	旅游管理	旅游营销管理
		硕士	旅游管理	旅游经济管理
		硕士	体育人文社会学	体育经济
		硕士	体育人文社会学	运动休闲研究
		专业学位	新闻与传播	——
		专业学位	出版	——
		硕士	设计学	视觉传达艺术
		硕士	设计学	环境景观设计
		硕士	设计学	建筑空间与环境艺术研究
		硕士	设计学	公共艺术景观设计
		硕士	考古学	博物馆学
		硕士	文物与博物馆	博物馆管理与研究
		硕士	文物与博物馆	少数民族文物及文化遗产保护
		硕士	风景园林学	园林设计与工程
		硕士	风景园林	风景园林规划设计与工程
		硕士	通信与信息系统	图像处理与网络通信

序号	学校名称	培养层次	专业	方向
		硕士	计算机科学与技术	计算机视觉
		硕士	计算机科学与技术	多媒体技术
		硕士	计算机科学与技术	数字娱乐与人机交互
		硕士	软件工程	网络媒体工程
		硕士	城乡规划学	城乡发展历史与遗产保护规划
		硕士	风景园林学	风景园林规划设计
		博士	文艺与传媒	文化与传媒
		博士	文学人类学	文化遗产与人类学
		博士	文化批评	文化产业研究
		博士	传播学	传媒与文化产业
		博士	艺术学理论	艺术生产与文化产业
		博士	旅游管理	文化遗产与景区管理
		博士	旅游管理	旅游规划与开发
		博士	文化遗产与旅游开发	文化遗产开发与管理研究
85	西南交通大学	硕士	数量经济学	网络经济
		硕士	工商管理	旅游管理
		硕士	体育学	体育旅游
		硕士	中国古典文献学	古籍整理与出版
		硕士	设计学	视觉传达设计
		硕士	新闻传播学	影视传播
		硕士	新闻传播学	广告传播
		硕士	新闻传播学	文化创意
		硕士	新闻传播学	新媒体研究
		专业学位	新闻与传播硕士	——
		硕士	建筑设计及其理论	建筑历史与文化遗产保护
		硕士	建筑设计及其理论	建筑环境视觉艺术设计
		硕士	城市规划与设计	遗产保护与规划
		硕士	城市规划与设计	城市历史与遗产保护
		博士	工商管理	旅游管理
86	电子科技大学	硕士	传播学	新媒体与网络传播
		硕士	传播学	理论传播学
		硕士	传播学	应用传播学
		硕士	新闻与传播	影视传播
		硕士	新闻与传播	编辑与出版
		硕士	新闻与传播	网络传播与技术
		硕士	新闻与传播	新闻业务
87	西南财经大学	硕士	区域经济学	区域旅游经济文化开发
		硕士	旅游管理	旅游企业管理

序号	学校名称	培养层次	专业	方向
		硕士	旅游管理	旅游者消费行为研究
		硕士	旅游管理	旅游投融资管理
		硕士	金融学	网络金融与电子银行
		硕士	金融贸易电子商务	网络金融与电子银行
		硕士	体育经济与管理	体育市场经济
		硕士	体育经济与管理	体育产业管理
		硕士	体育经济与管理	体育赞助与营销
		硕士	媒体经营与管理	传媒经营与管理
		博士	旅游管理	旅游行为与组织研究
88	四川农业大学	硕士	林业经济管理	森林游憩与旅游管理
		硕士	产业经济学	体育产业发展
		硕士	野生动植物保护与利用	野生动物种质资源保护与开发利用
		硕士	野生动植物保护与利用	野生植物种质资源保护与开发利用
		硕士	风景园林学	风景园林规划设计
		硕士	风景园林学	风景资源保护与利用
		博士	森林经理学	景观评价及生态旅游管理
		博士	野生动植物保护与利用	野生动物保护与利用
		博士	野生动植物保护与利用	野生植物保护与利用
		博士	风景园林学	风景园林规划设计
		博士	风景园林学	风景资源保护与利用
89	云南大学	硕士	美学	文化产业
		硕士	民俗学	民族文化与民俗
		硕士	文艺学	民族审美文化
		硕士	新闻学	新闻传播理论
		硕士	新闻学	报刊传播业务
		硕士	新闻学	广博电视业务
		专业学位	新闻与传播	——
		硕士	传播学	电视媒介研究
		硕士	传播学	营销传播研究
		硕士	传播学	民族传播研究
		硕士	考古学及博物馆学	中国西南考古研究
		硕士	考古学及博物馆学	中国美术考古研究
		专业学位	文物与博物馆	文物产业经营与策划
		专业学位	文物与博物馆	中国考古学
		专业学位	文物与博物馆	文物学
		硕士	中国少数民族经济	民族文化产业发展
		硕士	民族文化产业	民族文化产业理论与实践
		硕士	民族文化产业	民族文化产业发展

序号	学校名称	培养层次	专业	方向
		硕士	民族文化产业	少数民族非物质文化遗产保护
		硕士	人类学	旅游人类学
		硕士	民族学	民族经济
		硕士	中国少数民族史	中国西南民族历史文化与旅游文化产业
		硕士	中国少数民族艺术	民族文化与艺术理论
		硕士	美术学	中国画创作研究
		硕士	美术学	油画创作与研究
		专业学位	美术	中国画创作
		专业学位	美术	油画创作
		硕士	旅游管理	旅游经济管理
		硕士	旅游管理	国际旅游管理比较
		硕士	旅游管理	旅游资源开发与保护
		硕士	旅游管理	旅游企业经营管理
		专业学位	工商管理	旅游管理
		专业学位	旅游管理	——
		硕士	图书馆学	图书馆学理论与实践
		专业学位	图书情报	图书馆管理
		专业学位	图书情报	档案事业与档案管理
		硕士	区域经济学	区域旅游开发与规划
		博士	中国少数民族艺术	中国少数民族艺术史
		博士	中国少数民族艺术	生态审美与民族艺术学
		博士	考古学	中国西南民族考古
		博士	档案学	民族历史档案整理与研究
		博士	档案学	档案信息开发利用
		博士	民族学	发展人类学与民族文化资本化
		博士	民族学	非物质文化遗产与民族工艺
		博士	旅游管理	旅游景区管理
		博士	旅游管理	旅游经济管理
		博士	旅游管理	旅游企业经营管理
		博士	旅游管理	旅游管理与文化
		博士	民族文化产业	民族文化保护与文化产业发展
90	贵州大学	硕士	中国少数民族经济	民族文化产业经济
		硕士	中国少数民族经济	民族经济与社会文化
		硕士	新闻学	新闻学
		硕士	新闻学	广播电视新闻学
		硕士	新闻学	新闻社会学
		硕士	艺术学理论	地域文化与民族音乐研究
		硕士	音乐与舞蹈学	民族民间舞蹈研究

序号	学校名称	培养层次	专业	方向
		硕士	戏剧与影视学	表演理论与实践研究
		硕士	美术学	地域民族文化与现代媒介研究
		硕士	设计学	平面设计
		硕士	设计学	品牌形象设计与策划
		专业学位	美术（专业学位）	国画
		专业学位	美术（专业学位）	油画
		硕士	设计学	创新设计研究
		硕士	设计学	工业设计及理论
		硕士	野生动植物保护与利用	野生植物资源保护与利用
		硕士	野生动植物保护与利用	保护生物学
		硕士	野生动植物保护与利用	动植物相互作用生态学
		硕士	风景园林学	山地城市园林景观规划与设计
		硕士	风景园林学	喀斯特景观与民族建筑的理论应用
		硕士	民族学	族群与区域文化
		硕士	民族学	民族社会与生态文化
		硕士	民族学	社会性别与族群文化
		硕士	中国少数民族经济	民族经济与社会文化
		硕士	中国少数民族经济	民族文化产业经济
		硕士	旅游管理	旅游开发与管理
		硕士	旅游管理	旅游市场营销
		硕士	旅游管理	旅游文化产业研究
91	西北大学	硕士	旅游管理	——
		硕士	考古学	文化遗产管理研究
		硕士	考古学	中国考古研究
		硕士	考古学	外国考古研究
		硕士	考古学	科技考古研究
		硕士	考古学	文物保护研究
		专业学位	旅游管理	——
		硕士	图书馆学	——
		硕士	美术学	——
		硕士	新闻学	——
		硕士	传播学	——
		专业学位	新闻与传播	——
		专业学位	文物与博物馆	——
		专业学位	广播电视	——
		专业学位	美术	——
		博士	旅游管理	——
		博士	考古学	文化遗产管理

序号	学校名称	培养层次	专业	方向
		博士	考古学	文物保护研究
92	西安交通大学	硕士	体育人文社会学	体育经济与社会发展
		硕士	产业经济学	网络经济与电子商务
		硕士	建筑设计及其理论	建筑历史与文化遗产保护
		硕士	建筑设计及其理论	建筑计划与设计方法
		硕士	建筑设计及其理论	生态可持续建筑设计研究
		硕士	建筑设计及其理论	公共建筑设计研究
		硕士	建筑设计及其理论	建筑环境视觉艺术设计
		硕士	建筑设计及其理论	城市文脉与建筑设计
		硕士	城市规划与设计	遗产保护与规划
		硕士	城市规划与设计	城市历史与遗产保护
		硕士	设计学	设计史与设计方法及理论
		硕士	设计学	产品设计（科学造型、生态设计）
		硕士	新闻学	——
		硕士	传播学	——
		硕士	美术学	油画
		硕士	美术学	中国画
		硕士	美术学	雕塑
		硕士	设计学	建筑环境设计
		硕士	设计学	室内空间设计
		硕士	设计学	平面设计
		博士	工商管理	网络环境下的营销渠道研究
		博士	应用经济学	电子商务与网络经济
		博士	应用经济学	文化产业发展
93	西北工业大学	硕士	工业设计	创新设计理论
		硕士	工业设计	数字化工业设计
		硕士	工业设计	低碳产品与绿色设计
		硕士	设计学	工业设计
		硕士	设计学	设计艺术学
		硕士	设计学	产品造型艺术
		硕士	设计学	新媒体设计
		硕士	建筑学	绿色生态建筑设计与理论
		硕士	建筑学	公共建筑设计与理论
		硕士	建筑学	居住建筑设计与理论
		硕士	建筑学	地域建筑设计与理论
		硕士	建筑学	城市规划与城市设计
		硕士	艺术学理论	中国文化艺术史
		硕士	艺术学理论	艺术设计美学与实践研究

序号	学校名称	培养层次	专业	方向
		博士	工业设计	计工业设理论与方法
		博士	工业设计	计算机辅助工业设计
		博士	工业设计	设计策略与管理
		博士	工业设计	设计优化与设计工程
94	西安电子科技大学	硕士	旅游管理	——
		硕士	图书馆学	——
95	陕西师范大学	硕士	产业经济学	服务和文化产业
		硕士	文艺与文化传播学	媒介文化研究
		硕士	文艺与文化传播学	大众文化研究
		硕士	文艺与文化传播学	当代文艺与文化传播
		硕士	传播学	编辑出版学
		硕士	传播学	网络传播学
		硕士	传播学	广告学
		硕士	传播学	出版与文化产业
		硕士	传播学	媒介经营与管理
		硕士	新闻学	理论新闻学
		硕士	新闻学	应用新闻学
		硕士	新闻学	新闻传播法
		硕士	戏剧与影视学	影视编导
		硕士	戏剧与影视学	影视批评学
		硕士	戏剧与影视学	广播电视语言传播
		硕士	戏剧与影视学	广播电视媒体研究
		硕士	戏剧与影视学	数字动画设计
		硕士	教育技术学	教育游戏与动漫
		硕士	体育人文社会学	体育产业经济学
		硕士	体育人文社会学	体育经济与休闲体育
		硕士	音乐学	舞蹈
		硕士	艺术学理论	写实油画创作与研究
		硕士	艺术学理论	中国花鸟画创作与理论研究
		硕士	艺术学理论	环境艺术设计
		硕士	艺术学理论	动漫与CG插画
		硕士	中国史	秦汉文献、长安旅游文化
		硕士	中国史	中国文化史
		硕士	美术学	中国画
		硕士	美术学	中国美术史、论研究
		硕士	美术学	油画表现研究
		硕士	设计学	中国传统文化与现代设计研究
		硕士	设计学	数字化艺术设计应用与教育研究

序号	学校名称	培养层次	专业	方向
		硕士	考古学	博物馆与文物研究
		硕士	考古学	科技考古、文化遗产保护
		硕士	中国史	中国文化史
		硕士	中国史	秦汉文献、长安旅游文化
		硕士	人文地理学	旅游开发规划与市场
		硕士	旅游管理	区域旅游开发与市场
		硕士	旅游管理	旅游规划与管理
		硕士	旅游管理	旅游企业经营与管理
		硕士	旅游管理	旅游经济运行与管理
		专业学位	旅游管理	——
		硕士	生态学	区域与景观生态学
		博士	文艺与文化传播学	当代文艺与文化传播
		博士	中国史	艺术设计文化史
		博士	旅游管理	旅游开发与市场分析
		博士	旅游管理	旅游规划与数字旅游
		博士	旅游管理	旅游经济运行与危机管理
		博士	旅游管理	都市旅游与休闲
96	长安大学	硕士	旅游管理	旅游业管理
		硕士	旅游管理	旅游生态与环境
		硕士	旅游管理	旅游地质
		硕士	旅游管理	旅游信息系统
		硕士	旅游管理	旅游资源开发与规划
		专业学位	旅游管理	旅游业管理
		专业学位	旅游管理	旅游资源开发与规划
		硕士	建筑学	建筑设计理论与方法
		硕士	建筑学	地域文化与地域建筑
		硕士	建筑学	人居环境与绿色建筑
		硕士	建筑学	室内设计
		硕士	风景园林学	城市景观环境设计
		硕士	风景园林学	城市景观更新设计
		硕士	风景园林学	可持续景观研究
		硕士	产业经济学	文化产业政策研究
		硕士	产业经济学	文化产业管理研究
		硕士	产业经济学	传媒经济研究
		硕士	经济法学	文化产业法学
		硕士	公共管理	文化管理
		专业学位	公共管理	文化管理研究
		硕士	行政管理	媒介管理

序号	学校名称	培养层次	专业	方向
		硕士	美学	文艺美学
		硕士	美学	影视美学
		硕士	美学	广告美学
		硕士	美学	书画美学
97	兰州大学	硕士	人文地理学	旅游资源开发与管理
		硕士	人文地理学	人文遗迹保护与修复
		硕士	人文地理学	景区建筑与景观设计
		硕士	城市与区域规划	旅游规划
		硕士	中国现当代文学	西部文化产业
		硕士	旅游管理	旅游管理理论与政策
		硕士	旅游管理	旅游与国际酒店管理
		硕士	旅游管理	旅行社经营管理
		硕士	旅游管理	旅游规划与项目管理
		硕士	旅游管理	旅游文化与景区管理
		硕士	新闻学	媒介经营管理学
		硕士	新闻学	理论新闻学
		硕士	新闻学	应用新闻学
		硕士	新闻学	历史新闻学
		硕士	新闻学	广播电视学
		硕士	新闻学	民族传播学
		硕士	传播学	广告学
		硕士	传播学	文化传播学
		硕士	传播学	编辑出版学
		硕士	传播学	网络传播学
		硕士	中国现当代文学	西部文化产业
		硕士	中国现当代文学	影视文学
		专业学位	新闻与传播	媒介融合与新媒体传播
		专业学位	新闻与传播	文化产业与媒介经营管理
		专业学位	新闻与传播	广告与公共关系
		硕士	野生动植物保护与利用	自然保护与保护区管理
		硕士	地质工程	文物保护
		硕士	考古学	考古学及博物馆学
		博士	人文地理学	旅游资源开发与管理
		博士	地质工程	文物保护
		博士	考古学及博物馆学	宗教考古
		博士	考古学及博物馆学	美术考古
		博士	考古学及博物馆学	史前考古与环境考古
		博士	历史文献学	石窟艺术与考古

序号	学校名称	培养层次	专业	方向
		博士	藏学	藏族语言与文化
98	新疆大学	硕士	工商管理	旅游管理
		硕士	新闻传播学	新闻学
		硕士	新闻传播学	传播学
		专业学位	新闻与传播	广播电视学
		专业学位	新闻与传播	广告学
		硕士	工商管理	旅游管理
		专业学位	旅游管理	——
99	石河子大学	硕士	旅游管理	旅游资源开发与规划
		硕士	旅游管理	旅游文化
100	海南大学	专业学位	国际商务	国际商务旅游
		硕士	旅游管理	旅游开发规划与管理
		硕士	旅游管理	旅游企业管理
		硕士	旅游管理	旅游信息管理
		硕士	旅游管理	旅游资源与环境管理
		硕士	野生动植物保护与利用	野生动物保护与利用
		硕士	野生动植物保护与利用	野生植物保护与利用
		专业学位	园艺（专业学位）	园艺植物应用与景观设计
		硕士	风景园林学	园林植物景观设计
		硕士	风景园林学	风景园林规划设计与理论
		硕士	文艺学	文化批评
		硕士	文艺学	影视美学
		硕士	美术学	油画艺术
		硕士	美术学	现代版画色彩语境探索研究
		硕士	美术学	新具象雕塑研究
		硕士	美术学	水彩画
		硕士	美术学	平面设计与理论研究
		硕士	美术学	环境艺术设计与理论研究
		硕士	美术学	服装设计与理论研究
101	宁夏大学	硕士	文艺学	文化与传媒
		硕士	人文地理学	旅游开发与规划
		硕士	民族学	民族文化研究
		硕士	中国少数民族艺术（音乐）	族音乐形态学研究
		硕士	中国少数民族艺术（音乐）	族音乐文化研究
		硕士	中国少数民族艺术（音乐）	族音乐表演研究
		硕士	中国少数民族艺术（美术）	国少数民族绘画艺术研究
		硕士	中国少数民族艺术（美术）	国少数民族美术教育研究
		博士	民族学	民族文化研究

序号	学校名称	培养层次	专业	方向
		博士	中国少数民族史	民族文化史研究
102	青海大学	硕士	旅游管理	旅游文化
		硕士	旅游管理	旅游规划
		硕士	旅游管理	旅游信息资源管理
103	西藏大学	硕士	中国少数民族经济	西藏民族文化与旅游经济
		硕士	中国少数民族艺术	戏剧
		硕士	中国少数民族艺术	歌舞
		硕士	中国少数民族艺术	音乐
		硕士	中国少数民族艺术	艺术设计
		硕士	音乐与舞蹈学	西藏音乐史研究（古代史方向）
		硕士	音乐与舞蹈学	西藏音乐史研究（现当代史方向）
		硕士	音乐与舞蹈学	西藏宗教音乐研究
		硕士	音乐与舞蹈学	西藏传统音乐形态研究
		硕士	音乐与舞蹈学	西藏民间音乐研究
		硕士	音乐与舞蹈学	西藏民族舞蹈研究
		硕士	音乐与舞蹈学	西藏民族舞蹈表演
		硕士	美术学	西藏现当代美术
		硕士	美术学	西藏美术史论
		硕士	美术学	西藏雕塑史论
		硕士	美术学	外国美术与西藏美术比较研究
		专业学位	美术	藏族美术技法
		专业学位	美术	油画技法

注：本目录主要内容来自各高校2011年招生目录，并参照《国家统计局文化及相关产业分类（2012）》，力求与行业分类保持一致。